CAUSES CÉLÈBRES

Par A. FOUQUIER, continuateur de l'Annuaire historique, dit de Lesur (1843-1855).

La collection des **Causes célèbres illustrées** est publiée, depuis 1857, par cahiers de 80 pages in-4°
double, à deux colonnes de texte, avec gravures. Il paraît, chaque année, cinq cahiers formant, réunis, un
magnifique volume de 400 pages, orné de 80 à 100 gravures, accompagné de titre, table et couverture.
Abonnement annuel (ou Volume) : Paris, 6 fr. ; Départements, 7 fr.

CHAQUE PROCÈS A SA PAGINATION PROPRE ET DISTINCTE, ET SE VEND SÉPARÉMENT BROCHÉ, AVEC COUVERTURE ILLUSTRÉE. — ONT PARU :

	centimes		centimes		centimes
Les Chauffeurs.	75	Duel de Mercy-Rozier.	50	Latude.	50
Lacenaire, François, Avril.	50	Le Squelette de la rue de Vaugirard.	25	Les Assassins par amour.	25
Papavoine. — H^{te} Cornier.	25	Madame Lacoste.	50	Charlotte Corday. — Mme Roland.	50
Madame Lafarge.	50	L. de Marsilly. — Collet.	50	Les Assassins de Saint-Cyr.	50
Verger.	25	Cartouche.	50	Les Associations de Malfaiteurs.	70
Soufflard et Lesage. — Montcharmont.	50	Bande Lemaire.	25	La marquise de Brinvilliers.	70
De Praslin.	50	Duel Dujarier-Beauvallon.	50	Alibaud.	25
Damiens. — Louvel.	25	De Marcellange.	90	La Femme sans nom.	25
De Bocarmé.	50	Madame Lavaillant. — Veuve Morin.	40	La Reine de France et Mme Élisabeth.	40
Le Frère Léotade.	75	Lesurques.	75	La Chambre ardente.	50
Louis XVI et Marie-Antoinette.	50	L'Institutrice Doudet.	90	Mandrin.	50
Béranger (Chansons de).	25	Duc d'Enghien.	75	Les Forçats innocents, Lesnier, etc.	70
Mingrat. — Contrafatto.	25	L'Enfant de la Villette.	25	Les Girondins.	75
Fieschi, Morey, Pepin.	75	Veuve Boursier.	25	John Brown l'abolitionniste.	25
Le Capitaine Doineau.	75	Le Garçon de banque d'Orléans.	25	Testament du marquis de Vil'ette.	1f.
Attentat du 14 Janvier 1858.	60	Le Collier de la Reine.	50	Les assassins de Fualdès.	1f. 25
Benoît. — Donon-Cadot.	50	Dautun. — Serres de Saint-Clair.	25	Desrues.	70
Curé Delacollonge.	25	La Reine Caroline.	50	Mirès, Paris et Douai.	2f. 50

LE PLUS BEAU DES ALPHABETS,
MÉTHODE SIMPLIFIÉE DE LECTURE,

30 Illustrations, par Catenacci et Gérard-Séguin, lettres ornées, scènes enfantines, sujets d'histoire naturelle, etc.

Broché, 40 cent. Cartonné, 50 c.

PAGE-SPÉCIMEN

Le Pé-li-can a la par-tie in-fé-rieu-re du bec pour-vue d'u-ne po-che ex-ten-si-ble dans la-quel-le il dé-pose le produit de sa pêche, et d'où il le retire pour le donner à ses petits. De là, la fable qui fait du Pélican l'emblème, le symbole de l'amour paternel.

LEBRUN ET Cie, ÉDITEURS,
RUE DES SAINTS-PÈRES, 8.

PARIS

BELLES ÉDITIONS POUR CADEAUX ET ÉTRENNES.

MUSÉE UNIVERSEL, Histoire, Voyages, Littérature, Sciences, Arts, Industrie, Nouvelles. Beau volume in-4°, 400 pages, 283 belles gravures et portrait gravé sur acier par Bichomme. — Broché, 4 fr.; relié, 5 fr. 50 c.

ÉPITRES ET ÉVANGILES des Dimanches et Fêtes de l'année, avec Réflexions pratiques et prières, par M. l'abbé A.-F. JAMES. Beau volume in-8° de 700 pages, orné de 10 planches à part, avec cadre en couleur, et de 400 à 500 vignettes dans le texte. — Broché, 7 fr. 50; relié, 10 fr.

LES MÊMES, avec 85 gravures imprimées en camaïeu, cadre d'or, par S.Bermann. — Plié, assemblé, 30 fr.

LA VIE DE JÉSUS-CHRIST, d'après les LIVRES SAINTS. 10 gravures encadrées en couleur, 110 vignettes dans le texte. — Broché, 2 fr.; relié, 3 fr.

LE PATER DE FÉNELON, par S.-H. BERTHOUD. Beau volume grand in-18, orné de 8 vignettes et portrait. — Broché, 1 fr.; relié, 2 fr.

PORTRAITS ET HISTOIRE DES HOMMES UTILES, bienfaiteurs et bienfaitrices de l'humanité. 4 volumes grand in-8°, avec 225 portraits gravés sur acier. — Brochés, 50 fr.

HISTOIRE DE LA FAMILLE BONAPARTE, 1815-1848 (années d'exil), par F. WOUTERS. Fort volume grand in-8° raisin, orné de 14 portraits et 16 fac-similé. — Broché, 5 fr.; relié, 6 fr.

LA RUSSIE ANCIENNE ET MODERNE, Histoire, Description Mœurs, par J.-H. SCHNITZLER. Beau volume grand in-8° jésus, orné de 16 grandes gravures. — Broché, 3 fr.; relié, 4 fr.

POMPÉIA décrite et dessinée par E. BRETON, suivie d'une Notice sur Herculanum. Volume grand in-8° jésus, orné de 160 gravures. — Relié, 8 fr.

NOIRS ET BLANCS, Scènes d'esclavage aux États-Unis, d'après Mme STOWE. Volume grand in-18, orné de 25 gravures. — Broché, 1 fr.; relié, 2 fr.

CAUSES CÉLÈBRES, par A. FOUQUIER. Édition Illustrée. Ont paru les tomes I à V, ornée de 375 gravures. — Brochés, 3 fr.

PAUL ET VIRGINIE, suivi de la CHAUMIÈRE INDIENNE. Beau volume in-18, orné de 75 gravures. — Broché, 2 fr.; relié, 3 fr.

SOUVENIRS D'UN AVEUGLE, Voyage autour du monde, par JACQUES ARAGO. 2 volumes grand in-8°, ornés de 150 gravures. — Brochés, 10 fr.; reliés 15 fr.

LA BIBLE EN IMAGES
LECTURES ILLUSTRÉES POUR L'ENFANCE

Magnifique volume in-8° anglais, orné de 400 gravures sur papier fort collé.

Cartonné, 2 fr. **PAGE-SPÉCIMEN** Relié

6 BIBLE EN IMAGES.

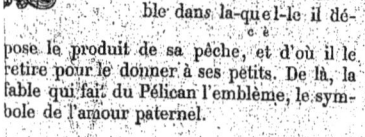

Or, le [serpent] était le [plus rusé] [de] tous les [animaux que] Dieu avait placés sur la [terre,] et il dit à la femme: Pourquoi D[ieu] a-t-il défendu de manger du f[ruit de] tous les [arbres] de ce jard[in?]

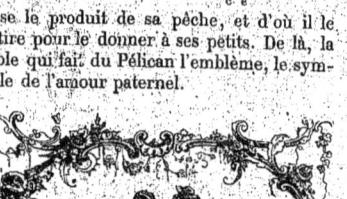

Or, le **serpent** était le plus rusé de tous les [animaux] que Dieu avait placés sur la **terre**, et il dit à la femme, Pourquoi Dieu vous a-t-il défendu de manger du fruit [de tous les] **arbres** de ce jardin?

(GENÈSE, CHAP. III.)

Pagination multiple.

ACCUSATION DE COUPS ET BLESSURES.

ARMAND (1864).

PROCÉDÉ DE M. SERVENT. — LIGATURE DES POIGNETS.

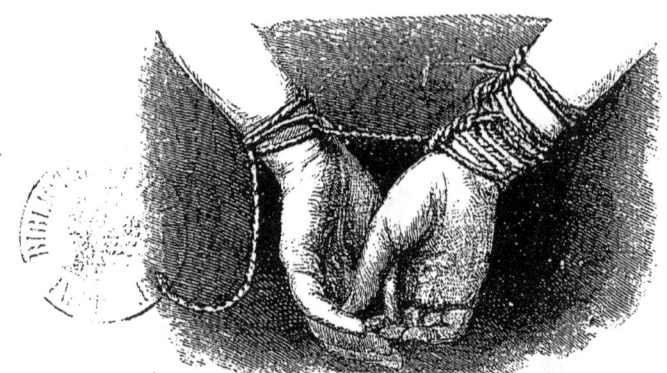

Le témoin Servent. — La corde faisait à peu près *dix tours* autour du poignet droit, et *trois tours* autour du poignet gauche. (Page 30.)
Rapport des Experts. — Et d'abord, comme pièces de comparaison (pièces de conviction), nous avons reçu *quatorze morceaux* de cordes, dont trois longs et onze plus courts. (Page 83, col. 1re.)
Rapport des Experts. — La section Servent a produit quatorze morceaux de cordes dont trois beaucoup plus longs que les autres..... Les morceaux courts obtenus par Servent ont *la plus grande analogie de longueur* avec les pièces de conviction. (Page 83, col. 2e.)

Rapport des Experts. — Par le procédé Servent, on peut facilement se lier les poignets par derrière; toutefois à la condition de laisser entre les deux poignets un intervalle de sept centimètres, sans lequel on ne peut se lier les mains soi-même. (Page 84.)
Rapport des Experts. — Les morceaux courts obtenus par le Commissaire de police sont au nombre de *treize*, plus *trois* longs: mais ils sont *très-irréguliers dans leur longueur*; ils varient entre 25, 17, 13 et 5 centimètres. *Ils diffèrent donc tout à fait des longueurs* que nous ont présentées les bouts de corde qui nous avaient été remis. (Page 83, col. 2e.)

PROCÉDÉ DE M. BAYSSADE. — LIGATURE DES POIGNETS.

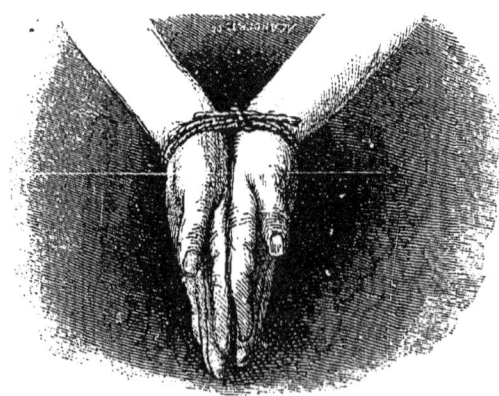

M. le Commissaire de police Bayssade. — Avant de couper les liens qui tenaient les bras, je constatai que les cordes faisaient *trois fois le tour des bras.* (Page 30.)
Rapport des Experts, expérience de M. le Commissaire Bayssade. — Il a circonscrit la circonférence des deux poignets *par dix tours de cordes.* (Page 83, col. 1re.)

Me Jules Favre. — Je désirerais savoir de MM. les Experts lequel des deux systèmes leur paraît plus vraisemblable, d'après les pièces à conviction, ou de celui qui consiste à avoir les deux poignets liés séparément, ou de celui qui consiste à avoir les poignets liés ensemble ?
M. le premier Président pose la question à MM. les Experts.
M. Grumier. — Pour moi, le procédé de M. le Commissaire de police est complètement impossible, et, dans mon âme et conscience, je me prononce pour le procédé Servent.
M. Rimbaud. — Je regarde le procédé de M. le Commissaire de police comme impossible, et celui de Servent comme vraisemblable.
M. Alquié. — J'admets qu'on peut arriver par plusieurs procédés à ces mêmes résultats, ou à des approximations qui tiendront ou du hasard ou de l'habileté de la personne; mais je ne me prononce pas d'une manière absolue.
Me Jules Favre. — Mais n'y a-t-il pas un procédé que préfère M. Alquié?
M. Alquié. — Je me range aux conclusions du rapport.

(*Discussion sur le rapport des Experts, page 87.*)

Il faudrait remonter bien haut dans l'histoire des *Causes célèbres* pour y trouver un procès qui ait excité autant d'intérêt, soulevé autant de passions que celui dont nous présentons aujourd'hui le récit à nos lecteurs.

L'apparence dramatique et étrange des faits ; le contraste que présentent la situation de l'accusé et celle de l'accusateur ; l'absurdité et la futilité du mobile à côté de l'énormité du crime : un maître millionnaire, dit-on, honnête homme, c'est l'opinion générale, assommant, étranglant, garrottant un pauvre domestique, parce qu'il aurait dit que *sa maison était une baraque ;* l'énergique persistance des dénégations et des affirmations du prétendu meurtrier et de la soi-disant victime, en l'absence de tout témoignage direct pouvant éclairer le Juge ; la vivacité de la lutte entre l'accusation et la défense, entre la médecine pratique et la médecine légale, celle-ci représentée par ses sommités ; les discussions auxquelles ont donné lieu dans la presse française et étrangère les débats eux-mêmes et la haute question soulevée par l'arrêt rendu par la Cour d'assises d'Aix, après l'acquittement du prévenu, question résolue par la Cour de cassation en sa faveur, toutes ces causes réunies donnent à l'affaire Armand une importance sérieuse et durable, qui nous a paru devoir lui mériter une place exceptionnelle dans notre recueil.

Ajoutons que notre relation des débats étant rédigée d'après la sténographie même que nous avons fait recueillir à l'audience, elle offre une garantie de fidélité incontestable.

Expliquons simplement les faits.

Le 7 juillet 1863, vers sept heures et demie du soir, un sieur Maurice Roux, domestique chez M. Armand, riche propriétaire de Montpellier, était découvert dans la cave de son maître, étendu sans mouvement, le corps incliné un peu sur le côté gauche, la joue touchant le sol, les pieds et les mains liés, dans un état d'asphyxie imminente.

Averti de l'événement, M. Armand, quittant son repas à peine commencé, descendit à la cave. La clef avait disparu, il envoya chercher un serrurier, Servent, pour ouvrir la porte de la cave ; puis il courut réclamer les secours des médecins, et, comme la chose semblait étrange, il prévint ou fit prévenir en même temps le Commissaire de police.

Le docteur Brousse, cédant aux pressantes sollicitations de M. Armand, consentit, quoique malade, à l'accompagner sur les lieux, en attendant l'arrivée d'un autre médecin, le docteur Surdun, que M. Armand avait fait également prévenir. Après que la porte de la cave eut été enfoncée, M. Brousse s'approcha du moribond, et, passant la main sur sa figure, il sentit une petite corde serrant le cou assez fortement, à plusieurs tours, quatre ou six, mais qui n'était arrêtée par aucun nœud. Il se hâta de l'enlever, et, au moyen de fortes pressions sur la poitrine du malade, il tenta de rétablir chez lui la respiration ; ses efforts ne tardèrent pas à être couronnés de succès ; un mieux sensible se manifesta bientôt.

Sur ces entrefaites, arriva M. le docteur Surdun. Il examina les pieds et les mains du malade. Un simple mouchoir retenait les pieds attachés au-dessus de la cheville ; une corde, formant plusieurs tours sur chacun des poignets (cinq à six sur l'un, trois sur l'autre, selon le rapport de M. Surdun ; dix sur l'un, trois sur l'autre, disent les témoins Servent et Bosc), maintenait les mains derrière le dos, reliées l'une à l'autre à la distance de la longueur d'un doigt (8 à 10 centimètres), par un bout de la même corde. La corde qui entourait les poignets était très serrée, M. Surdun voulut la détacher ; mais déjà la pensée qu'un crime aurait pu être commis était venue à l'esprit de M. le docteur Brousse et, avant de se retirer, il fit observer à M. Surdun qu'il valait mieux, qu'il y eût crime ou suicide, attendre l'arrivée de la police.

Bientôt vint M. le Commissaire de police Bayssade, auquel on rendit compte de ce qui s'était passé. Il était venu avec l'idée d'un suicide à constater ; mais les traces (traces fraîches, sans ecchymose, peu profondes, dit M. Surdun dans son rapport, et dont l'aspect suffisait pour expliquer cette asphyxie incomplète dont le corps était atteint) qu'avait laissées sur le cou de Maurice Roux la corde qui venait d'être enlevée, le portèrent à croire à un meurtre plutôt qu'à un suicide. Après avoir examiné à son tour les mains et les pieds, il donna l'ordre de détacher la corde et le mouchoir qui les retenaient. Le mouchoir, marqué des lettres A. A. put être dénoué ; mais les nœuds de la corde qui enroulait les poignets étaient tellement serrés qu'il fut impossible de les défaire, et Servent fut invité à les couper, opération qu'il exécuta à l'aide de ciseaux, en les passant entre la corde et les poignets de la victime. La section opérée produisit *quatorze bouts de corde, dix courts et quatre longs.*

Cependant l'état du malade exigeait de prompts secours. M. le Commissaire de police le fit transporter dans la chambre qu'il occupait chez M. Armand et le confia aux soins de M. Surdun, recommandant à ce dernier d'examiner et de constater, le cas échéant, les blessures et contusions dont le corps de Roux pourrait porter la trace.

M. le Commissaire procéda aussitôt à une enquête. M. Armand, qui ne doutait pas alors qu'il y eût crime, lui fit part d'une visite suspecte que Roux avait reçue le matin d'une femme d'Alais, qui s'était présentée de la part d'une fille à qui Roux avait promis le mariage, et qui l'accusait de l'avoir abandonnée. Cela était dit à titre de simple conjecture, et sans qu'il prétendit aucunement rattacher cette visite au crime supposé.

Roux, pendant ce temps, avait été transporté à sa chambre. Là M. Surdun le dépouilla complètement de ses vêtements, et, en continuant les pressions sur la poitrine, et à l'aide de frictions énergiques et d'applications de compresses trempées dans de l'eau bouillante, la respiration du malade se rétablit bientôt à l'état normal. A dix heures et demie, Maurice Roux était revenu complètement à lui, et M. Surdun déclarait à un prêtre, appelé par Mme Armand pour remplir son ministère près du domestique, qu'il n'y avait pas de danger imminent. Toutefois il paraissait avoir complètement perdu la voix, et il ne faisait entendre aucun cri, aucun gémissement.

Complètement rassuré sur l'état du malade, M. Surdun le quitta, le laissant sous la garde de personnes attachées à la maison de M. Armand et de deux agents de police. Un étudiant en médecine, Vialette, s'était d'ailleurs offert spontanément à le visiter dans la nuit.

Maurice Roux, s'il était privé de l'usage de la voix, semblait avoir conservé son intelligence. Dans la nuit, vers deux heures du matin, sa physionomie parut se transformer ; elle devint tout à coup vive, expressive. L'agent de police Delousteau, dont ce changement attira l'attention, en profita pour lui faire part des rumeurs qui couraient déjà dans la foule : qu'une femme était descendue à la cave avec deux hommes, que c'étaient ces personnes qui avaient fait le coup, et il lui demanda si ces bruits étaient fondés. Roux lui fit des signes négatifs. Poussant alors plus loin ses questions, l'agent parvint à obtenir du malade, toujours par signes, la déclaration qu'un homme seul l'avait mis dans cet état, et, en outre, que cet homme restait dans la maison Armand. Mais le nom de cet homme, comment le savoir? M. Delousteau alla chercher l'étudiant Vialette, et tous deux joignant leurs efforts, ils réussirent, à l'aide d'un alphabet et par une pression de main de la part de Maurice Roux, à obtenir de lui ce nom si ardemment attendu : *Amand* d'abord, après une première épreuve; *Armand* ensuite, après une seconde épreuve.

M. Surdun vint, vers sept heures, visiter le malade et l'examina de nouveau. Il remarqua, ce qu'il n'avait pas vu la veille, sur la nuque une petite excoriation de couleur brune de deux centimètres de longueur et d'un centimètre dans sa plus grande largeur.

On l'instruisit de la révélation de Roux. Surpris, il voulut en renouveler lui-même l'épreuve. Roux désigna de nouveau Armand.

Mais M. Surdun connaissait M. Armand; il habitait la même maison que lui; cette révélation le laissa complètement insensible, il n'y ajouta aucune foi.

Combien, en effet, une accusation de cette nature devait-elle rencontrer d'incrédules! M. Armand, l'assassin prétendu, était un enfant de Montpellier, qu'il n'avait pas quitté depuis sa naissance.

Orphelin à l'âge de cinq ans, c'est son grand-père qui avait pris soin de son enfance et de son éducation. Il était entré ensuite dans la maison de commerce d'un de ses oncles, comme simple commis d'abord, plus tard en qualité d'associé. Doué d'une activité à toute épreuve, d'une énergique volonté, il s'était trouvé bientôt à la tête d'une des maisons les plus importantes de Montpellier. Mais le besoin du repos s'était fait sentir chez lui, à la suite d'une maladie grave. Possesseur alors d'une fortune assez considérable, il avait quitté les affaires depuis quelques années, et, au moment du fatal événement qui allait le priver de sa liberté, il partageait son temps entre les loisirs que procure la richesse et la surveillance de l'exploitation d'un important domaine. Sans enfants, mais entouré d'une nombreuse famille qui lui en tenait lieu, il en était devenu comme le chef, le conseil, et remplissait vis-à-vis d'elle tous les devoirs qui lui incombaient à ce titre.

Tel était l'homme que Maurice Roux, dans un interrogatoire *muet*, accusait d'être son assassin.

Maurice Roux, la soi-disant victime, était né à Bourg-Saint-Andéol, qu'il avait quitté à l'âge de vingt ans. Depuis lors, il avait servi chez divers maîtres en qualité de cocher. Il n'y avait que trois mois et demi qu'il était au service de M. Armand, ou six semaines seulement, si l'on veut tenir compte des deux mois que M. Armand venait de passer à Paris, d'où il n'était de retour que depuis dix jours seulement.

Cependant M. Armand, à son réveil, avait fait demander des nouvelles du malade. On lui apprit l'accusation dont il était l'objet; il accueillit la nouvelle avec une parfaite indifférence; il parut croire, il exprima la pensée que l'homme qui l'accusait était en délire, et, comme pour s'assurer lui-même de son état, il se rendit avec M. Biquet, son oncle, dans la chambre du malade. Maurice Roux indiqua par un signe qu'il reconnaissait son maître.

Comment la Justice allait-elle accueillir cette dénonciation, considérée d'abord par chacun comme l'œuvre d'un fou ou d'un malade? Attendrait-elle, pour procéder à une instruction régulière, que le malade eût recouvré la voix et les sens, ou se contenterait-elle des réponses par signes? La Justice, peu confiante sans doute dans les déclarations du médecin, et croyant le malade en danger de mort, adopta ce dernier parti.

M. le Commissaire de police Bayssade avait été prévenu par M. Surdun de l'accusation portée contre M. Armand. Quand M. le Procureur impérial arriva vers sept heures et demie dans la chambre du malade, il n'hésita pas à l'instruire de ce qui s'était passé. M. le Procureur impérial, renouvelant lui-même l'expérience de l'alphabet, obtint aussi le nom d'Armand : c'était déjà la quatrième épreuve, et chaque fois elle avait réussi.

Vint enfin M. le Juge d'instruction. Renseigné sur toutes les expériences qui avaient été faites et sur leurs résultats, il s'approcha du lit de Roux, déclina ses qualités, et commença le véritable interrogatoire, cette fois, non pas seulement à l'aide de l'alphabet, mais encore par signes, que le Juge se chargea de traduire.

C'est ainsi qu'en posant au malade diverses questions il obtint toute cette phrase explicative de la manière dont le crime avait été commis ; « Qu'il « (Roux) a d'abord reçu sur le derrière de la tête « un coup de bûche qui l'a renversé et étourdi; que, « se précipitant sur lui, Armand lui a passé une « corde autour du cou qu'il a fortement serrée ; puis « il lui a lié les mains derrière le dos, et enfin, pre-« nant son mouchoir, il lui a noué les jambes au-« dessus des chevilles. »

Mais à quelle cause devait être attribué un aussi cruel traitement? Ici M. le Juge d'instruction eut recours à l'alphabet, et il parvint, sur les indications de Maurice Roux, à composer cette autre phrase que M. Armand aurait adressée à son domestique, au moment de le frapper : *Je vais l'apprendre si ma maison est une baraque.*

« Mais c'est impossible ! dit le Juge à Roux. On ne tue pas un homme pour un pareil motif. C'est une action horrible que vous imputez à votre maître, et vous commettez un crime plus horrible encore que l'action que vous lui reprochez, si vous l'accusez faussement ! »

Roux persista. En vain le Juge lui mit devant les yeux la perspective d'une fin prochaine, en vain le menaça-t-il de la Justice divine ; Roux le regarda, *sourit*, et la main sur son cœur, il affirma énergiquement qu'Armand l'avait assassiné dans les circonstances qu'il venait de déclarer.

Alors une confrontation entre Roux et Armand parut nécessaire. Elle ne produisit que des dénégations énergiques de la part de M. Armand ; des affirmations non moins vives de la part de son accusateur.

Cette confrontation finie, le Juge fit une nouvelle tentative près de Roux : « Vous touchez peut-être à votre dernière heure, lui dit-il ; faites-moi une confession sincère : avez-vous calomnié votre maître? » Roux sourit encore, leva les yeux au ciel, regarda le Juge et lui fit une réponse négative, qu'il confirma par un serment, en levant la main droite.

Ainsi, tout privé qu'il était de la parole, Roux avait pu non-seulement affirmer le crime dont il se prétendait victime, mais encore en expliquer la cause et décrire les circonstances de sa perpétration.

Après de tels aveux, le séjour de Roux dans la

maison de son maître devenait impossible ; le Juge ordonna son transport à l'hôpital.

Cependant le Juge d'instruction, bien qu'il fût vivement frappé de cette persistance énergique de Roux à accuser son maître, bien que les circonstances de la cave fermée, de Roux serré jusqu'à l'asphyxie, attaché par derrière et lié aux pieds par un mouchoir appartenant à M. Armand, lui parussent singulièrement graves, hésitait encore à faire arrêter celui qu'il considérait déjà comme un coupable. Il pria M. Armand de l'accompagner au Palais. Là, dans son cabinet, il l'interrogea, mais seulement en qualité de témoin. M. Armand soutint qu'à l'heure où le crime aurait été commis, c'est-à-dire vers huit heures et demie, il se trouvait dans la chambre de sa femme. Sur cette déclaration, qui établissait un véritable *alibi* en sa faveur, le Juge lui permit de se retirer. Mais il entendit immédiatement la femme de chambre de M. Armand, et celle-ci ayant répondu qu'à l'heure indiquée, elle n'avait pas vu M. Armand dans la chambre de sa femme, le Juge donna l'ordre à M. le Commissaire de police Bayssade de procéder à l'arrestation de M. Armand. Elle eut lieu malgré ses énergiques protestations d'innocence.

L'instruction suivit son cours. Roux, dans la nuit du 8 au 9 juillet, avait recouvré la parole. Dès huit heures du matin, le Juge se transporta à l'hospice Saint-Eloi, où se trouvait le malade. Après lui avoir donné lecture du procès-verbal dressé la veille, et qui contenait la reproduction exacte de l'interrogatoire, et de la confrontation qui l'avait suivi, le Juge procéda à un nouvel interrogatoire. La réponse de Roux, malgré cette lecture, ne fut plus exactement la même que celle qu'il avait faite la veille. « J'avais déjà monté deux fois du bois. A ce « moment la cuisinière m'ayant prié de lui en porter « de plus gros, je redescendis à la cave. Je me mis « à genoux pour envelopper dans mon tablier ce « bois que j'allais monter. Tout à coup, sans que « j'aie entendu le moindre bruit qui m'annonçât « son arrivée, je vis devant moi mon maître Armand. Je le reconnus parfaitement ; il était vêtu « de vêtements sombres qui me parurent noirs. Il « me dit : *Je vais t'apprendre si ma maison est une* « *baraque*. Je me sentis aussitôt frappé à l'aide « d'un bâton ou d'une bûche derrière la tête. Je fus « étourdi et je tombai sans connaissance. Je ne sais « exactement l'heure qu'il était ; mais j'affirme que « c'était entre huit heures et demie et neuf heures. « Dans l'état d'étourdissement dans lequel j'étais « plongé, *je ne sentis pas qu'il m'étranglait et qu'il* « *liait mes bras et mes jambes à l'aide d'un mou-* « *choir*. Je ne puis dire combien de temps je restai « dans cette position ; mais à mon réveil je me sentis « suffoqué, je finis par me rendre compte que j'é- « tais lié. Je suis resté là jusqu'au moment où l'on « est venu me porter secours. J'entendais du bruit « dans les caves voisines ; mais je ne pouvais appeler. »

Roux ajouta : « Quand je suis descendu pour aller « à la cave, *il n'y avait personne dans la loge du* « *concierge*, je l'affirme. »

« Armand, ajouta-t-il encore, me taquinait sans « cesse ; il avait un mauvais regard, et il n'a jamais « jeté les yeux sur moi sans que j'en fusse profon- « dément troublé. Je voulais quitter sa maison. »

Le 10, troisième interrogatoire et nouvelles variantes. Roux avait dit la veille qu'il ne s'était senti ni étranglé ni lié. Il dit aujourd'hui : « Je me sentis « alourdi, dans l'impossibilité de crier et de faire un « mouvement. *Il m'a semblé qu'il se livrait sur moi à* « *quelque acte extraordinaire, et je me suis trouvé* « *étranglé et lié.* »

« Sur vos observations, dit-il ensuite au Juge, je « déclare sur mon âme et conscience que je ne con- « nais pas les causes de cet assassinat. Je jure qu'il « ne s'est rien passé de grave entre mon maître et « moi, et qu'il n'existait entre nous aucun motif « secret de haine. Je respectais mes maîtres. »

Il avait dit la veille, il venait de répéter tout à l'heure qu'il avait fait un seul voyage à la cave, après le départ de la cuisinière pour le marché ; il dit maintenant : « La cuisinière m'ayant dit, vers huit « heures un quart, que je n'avais pas monté assez « de bois, j'ai, après son départ, monté un fagot et « des sarments de plus, et dans mon tablier des bû- « ches moyennes. Cela fait, je me dis que le gros « bois manquant complètement, ayant le temps de « retourner à la cave, je pouvais compléter la pro- « vision, et c'est alors que je descendis une fois en- « core à la cave. »

Le 11 juillet, nouvelle visite du Juge à l'hôpital, nouvelles instances près de Maurice Roux, qui persista à affirmer que tout ce qu'il avait dit la veille était de la plus exacte vérité ; il confirma en même temps sa double descente à la cave après le départ de la cuisinière : « Il était alors près de huit heures et demie ; « je suis descendu à la cave ; j'en suis remonté... « j'y suis redescendu, et c'est alors que j'ai été vic- « time de M. Armand, » et il ajouta : « Le concierge « n'était pas dans sa loge à l'heure où il est descendu « à la cave le 7 juillet. »

Il dit encore que, dans la nuit du 7 au 8 juillet, un prêtre s'étant présenté pour le confesser, M. Armand l'a chassé un peu violemment. « J'ai cru, » a-t-il, qu'Armand redoutait la confession que j'au- « rais faite à ce prêtre pendant la nuit. — Mais, ob- « serva le Juge, il savait bien que j'allais me rendre « près de vous ? — Peut-être, répondit Roux, pen- « sait-il, vu mon état de faiblesse, que je serais mort « avant votre arrivée. »

Sur ces entrefaites, la supérieure de l'hospice Saint-Eloi croyant, contrairement à l'avis des médecins, la vie de Roux en danger, on décida celui-ci à recevoir le sacrement de la Communion. Le 13, au moment indiqué pour la cérémonie, le Juge, comme cela avait été convenu d'avance, se rendit près du malade : « Maurice, lui dit-il, vous allez communier. Le prêtre « est là devant vous : jurez que l'accusation portée « contre Armand, votre maître, est vraie, et qu'il a « commis sur vous une tentative d'assassinat dans « les circonstances que j'ai consignées, ou bien « rétractez-vous ! — Devant Dieu qui m'entend, « devant l'hostie sainte que le prêtre tient dans ses « mains et que je vais recevoir, je le jure, répondit « Maurice Roux, Armand est mon assassin ! »

Et Roux avait ensuite communié.

Mais un point demeurait toujours obscur. Comment M. Armand avait-il eu connaissance de ces paroles qui auraient été la cause du crime : *Sa maison est une baraque !* Roux l'expliqua dans la même journée au Juge, en ces termes : « Les gens de la « maison m'avaient prévenu que monsieur et ma- « dame Armand avaient l'habitude d'écouter aux « portes, la femme de chambre m'a dit plusieurs « fois que la maison était une baraque ; je me rap- « pelle avoir prononcé ces mots la veille ou l'avant- « veille à la table des domestiques en dînant. »

M. Armand, de son côté, avait subi plusieurs interrogatoires. Dans tous, il protesta avec la plus grande énergie contre l'accusation portée contre lui par son domestique. Il avait, dans le premier, exprimé la pensée que Roux était victime d'une vengeance; dans le second, il ne voulut plus voir que de la simulation et du chantage. « J'ai mûrement réfléchi, « disait-il encore au Juge, qui l'interrogeait le 13 juil-« let, à ce qui s'est passé le jour où, en votre pré-« sence, j'ai été confronté avec Maurice Roux, et je « suis à me demander comment il a pu s'exprimer « le 8 au matin avec tant d'énergie et tant de luci-« dité, alors qu'on le croyait très-malade. Cela me « paraît si extraordinaire, que je suis convaincu « que ce crime a été simulé et préparé de longue « main pour obtenir de l'argent. »

Le Juge lui demanda s'il n'aurait pas frappé Roux dans un moment de colère. — « Je n'avais pour « cela aucun motif, dit-il; l'état et le lieu dans « lequel on l'a trouvé excluent d'ailleurs la pen-« sée d'un moment de vivacité, et aucune raison « ne peut faire supposer qu'un maître puisse com-« mettre une action pareille sur son domestique. »

Le Juge. — « Mais Maurice a reçu ce matin la « communion, et il a persisté dans ses accusations « précises et réitérées. — *Armand.* S'il a persisté, « c'est un misérable; si ce n'est pas un misérable, « il se trompe et m'aura pris pour un autre. »

Quant au fait de sa présence dans la chambre de madame Armand à l'heure où le crime aurait été commis, M. Armand dans tous ses interrogatoires continua de l'affirmer.

Le Juge crut devoir ordonner, le lendemain 14, une dernière confrontation entre Roux et Armand. « Nous avons mis l'inculpé, dit le Juge, en présence « de *sa victime.* » De violentes paroles furent échangées entre l'accusateur et l'accusé. Les dénégations d'Armand, les affirmations de Maurice Roux, furent de part et d'autre vives, persistantes, énergiques et soutenues.

On le voit, l'accusation portée contre Armand par Maurice Roux reposait tout entière sur le témoignage de ce dernier. Le crime ou la simulation du crime restait un mystère entre l'accusateur et l'accusé.

Auquel fallait-il croire? L'instruction avait recherché si, dans la vie antérieure de l'un ou de l'autre, il se trouverait quelques actes de nature à déterminer sa préférence. La vie d'Armand était connue de tous; on le savait vif de caractère. Cette vivacité avait-elle pu l'entraîner jusqu'à commettre un crime? On entendit des témoins parmi les gens qui avaient été ou qui étaient encore à son service, domestiques, journaliers travaillant dans ses domaines. Quelques-uns, des gens renvoyés, alléguèrent quelques paroles vives; un seul, Blanc, vint parler d'un coup de canne qu'il paraissait d'ailleurs avoir bien mérité; d'autres en plus grand nombre, à qui le Juge demanda, en vertu d'une commission rogatoire : « *si M. Armand était habituellement violent, emporté et colère,* » répondirent négativement. Tous ceux-ci, gens de Mauguio, de Saint-Marcel, n'avaient été témoins d'aucun acte de colère ni de violence.

Roux entretenait une correspondance suivie avec Lucie Abraham, cette fille d'Alais à laquelle il avait promis le mariage. Dans une lettre qu'il lui avait écrite au moment d'entrer chez M. Armand, le 17 mars, se trouvait ce passage : « C'est une très-bonne place, mais ça demande des renseignements partout; pourvu qu'il ne sache pas que je sorte de chez M. Duplessis ! » M. Duplessis, juge au tribunal civil d'Alais, fut entendu. Les renseignements qu'il donna sur Roux furent peu favorables; mais la Justice n'y vit rien de grave, rien de sérieux, et qui pût aucunement faire suspecter la sincérité de ses déclarations contre Armand.

L'instruction fut alors considérée comme terminée, et le 25 juillet, quinze jours seulement après l'attentat prétendu, Armand, par arrêt de ce jour, fut renvoyé devant la Cour d'assises de l'Hérault, comme prévenu de tentative d'assassinat sur la personne de Maurice Roux, son domestique.

Armand se pourvut inutilement en cassation contre cet arrêt; le 13 août, son pourvoi fut rejeté, et la cause fut immédiatement inscrite au rôle des assises pour le 20 du même mois.

Pourquoi cette marche rapide de la Justice? Parce que cette affaire, comme l'écrivait à Paris le Ministère public de Montpellier, avait excité dans les classes populaires une telle émotion, que tout retard dans le jugement pourrait être mal interprété.

La défense jugea que le temps lui manquait pour préparer ses moyens, et elle demanda le renvoi du débat à une autre session. Grâce à une haute intervention, celle du chef de la Justice, un sursis de trois mois lui fut accordé.

L'ouverture des débats fut enfin fixée au 19 novembre.

La Cour est présidée par *M. Goirand de la Baume*, premier Président. *M. le Procureur général Dessauret* occupe le siège du Ministère public, assisté de l'un de MM. les Avocats généraux.

Me Lachaud, de Paris, et *Me Lisbonne*, de Montpellier, sont assis au banc de la défense. *Me Jules Favre*, malade, n'a pu venir lui prêter son concours. Mais elle a trouvé un puissant auxiliaire dans la science médico-légale. M. Tardieu, le savant professeur, appelé par elle, doit soutenir à l'audience une consultation dans laquelle, réfutant tous les rapports et dépositions des médecins sur lesquels s'appuie l'accusation, il a conclu que Roux est l'unique auteur des violences dont il se dit victime.

Après les formalités d'usage, il est donné lecture de l'arrêt de renvoi et de l'acte d'accusation. Ce dernier document est ainsi conçu :

« Le 8 du mois de juillet, la population de Montpellier fut mise en émoi par la révélation de faits étranges, entourés de circonstances mystérieuses, et dont on a eu peine à déterminer tout d'abord le caractère.

« Dans la soirée du 7, la fille Hauterive, femme de chambre chez le nommé Armand, était descendue à la cave pour les besoins de son service; elle entendit des gémissements sortant d'une pièce voisine de celle où elle se trouvait, et monta en hâte prévenir son maître. Celui-ci parut tout d'abord attacher peu d'importance à ce qu'il appelait les hallucinations de la fille Hauterive, mais il dut céder aux instances de cette dernière, et descendit avec elle et une troisième personne au lieu d'où étaient parties les plaintes qu'elle avait entendues.

« Arrivé là, il lui fut facile, à travers une porte à claire-voie, d'apercevoir, gisant dans la cave à bois affectée à sa location, le corps du nommé Roux, son valet de chambre, qui avait disparu depuis le matin huit heures, enfermé dans ce réduit, dont la clef a disparu et n'a pas été retrouvée depuis. Ce malheureux râlait, la face contre terre, et donnait à peine quelques signes de vie. Son cou était fortement serré à l'aide d'une corde dont les replis avaient laissé dans les chairs des traces profondes. Un autre lien retenait les bras du patient attachés derrière son dos, et ses jambes étaient réunies l'une à l'autre à l'aide d'un mouchoir de poche.

« L'existence d'une corde attachée au cou, sans aucun nœud destiné à le fixer, put un instant laisser croire à un suicide ; mais l'état des bras et des jambes violemment assujettis ne permettait pas de s'arrêter à une pareille supposition. La situation de Maurice Roux était des plus graves ; il n'avait, sans doute, que peu d'instants à vivre, et le premier médecin appelé près de lui constata que la plus grande partie du corps était glacée et le pouls à peine appréciable. L'insensibilité générale était telle, que l'impression du doigt sur le globe oculaire ne déterminait pas la moindre contraction des paupières. Il fallait donc, avant tout, tâcher de rappeler ce malheureux à la vie.

« Ce fut la mission dont s'acquittèrent avec autant de zèle que d'intelligence les docteurs Brousse et Surdun, et dès le lendemain les magistrats instructeurs purent essayer d'obtenir des révélations, sans danger pour le malade. La voix de Roux était complètement perdue, mais il savait lire, et grâce aux secours d'un alphabet placé sous ses yeux, il put signaler le nom d'Armand, son maître, qu'il accusait d'être son assassin.

« Un pareil aveu jeta l'étonnement parmi ceux qui en furent témoins. Armand, il est vrai, n'était pas exempt de reproches ; mais, quelles que fussent la violence trop connue de son caractère et la brutalité de ses manières, on eut peine à comprendre, dès le début, que le *délire de la férocité* eût pu le conduire à de pareils excès. Pourtant Maurice Roux persistait dans ses affirmations, et les accompagnait de gestes tellement expressifs que le doute n'était plus possible.

« Le 7 juillet au matin, entre huit heures et huit heures et quart, il était descendu à la cave à bois pour faire la provision de la journée. Il se trouvait à genoux, près de la porte d'entrée, occupé à remplir son tablier, quand tout à coup il entendit Armand, son maître, et le vit près de lui. Ce dernier lui dit alors : « Je t'apprendrai à ma maison est une baraque ! » et presque instantanément il lui asséna sur le derrière de la tête un coup violent qui le fit tomber la face contre terre. La commotion produite par cette agression paralysa les forces de Maurice Roux, mais n'amena pas pourtant une syncope complète ; aussi put-il, sans se rendre compte de ce qu'on faisait de lui, sentir son corps violemment comprimé, puis il s'évanouit. Il reprit ses sens beaucoup plus tard et sembla ne revenir à lui que pour apprécier l'horreur de sa situation ; une heure encore, ce malheureux allait expirer, sans que la Justice pût découvrir l'auteur du plus odieux attentat.

« Confronté avec sa victime, Armand fut impuissant à conserver le sang-froid apparent systématiquement affiché partout dans la journée du 7 juillet. Maurice Roux, à la vue de son meurtrier, fut atteint subitement de mouvements convulsifs, dont l'éloquente expression n'échappa point aux magistrats instructeurs. Il avait désigné le coupable avant de le pouvoir nommer, et quand la Providence lui rendit l'usage de la parole, il nomma son meurtrier avec même persistance et la même énergie qu'il avait mises d'abord à le désigner.

« Les nécessités de sa défense ont inspiré tour à tour à l'accusé une série de systèmes également insoutenables. Il feignit de croire d'abord à un assassinat commis par des mains inconnues, mais préparé par les soins d'une maîtresse jalouse de Maurice Roux. Plus tard, il imaginait la pensée d'un suicide que les circonstances matérielles du crime rendaient, nous l'avons dit, impossible. Aujourd'hui il s'attache à l'idée d'un chantage honteux, à des blessures simulées dans l'unique but de mettre à contribution son immense fortune. Il couronne enfin ces divers systèmes, qui rivalisent d'invraisemblance, par un alibi dont il ne peut pas prouver le premier élément.

« En résumé, si le mobile connu semble peu grave en présence de l'énormité du crime, on ne saurait oublier que, chez Armand, les actes de cette nature sont à l'état de tradition fort ancienne. Plusieurs fois déjà, et sans aucun motif, il a eu à se reprocher des faits de brutalités inouïes dont il a pu effacer les traces à l'aide de sacrifices que son opulence rendait toujours faciles.

« Quelles que soient d'ailleurs les passions qui ont pu pousser Armand au crime qui lui est reproché, ce crime existe, il est incontestable, et nulle des circonstances qui l'aggravent ne saurait être logiquement écartée. Le mouchoir du meurtrier attachant les jambes de sa victime, les cordes qui liaient Maurice Roux, pareilles à celles trouvées chez Armand, enfin la froide cruauté dont le coupable a donné des preuves, la persistance de sa volonté criminelle, le soin cruel qu'il a mis à prévenir tout moyen de salut, et la perfidie avec laquelle il avait tenté de rendre tout secours impossible, toutes ces considérations démontrent la culpabilité de l'accusé, et révèlent de sa part un dessein prémédité, sans atténuation acceptable et sans excuse possible.

« En conséquence, ledit André Armand est accusé d'avoir, le 7 juillet 1863, à Montpellier, commis une tentative d'homicide volontaire, avec préméditation, sur la personne de Maurice Roux, son domestique, laquelle tentative, manifestée par un commencement d'exécution, n'a manqué son effet que par des circonstances indépendantes de la volonté de son auteur, faits qualifiés crimes, et punis par les articles 2, 295, 296, 297 et 302 du Code pénal. »

Cette lecture terminée, il est procédé à l'appel des témoins. Maurice Roux ne répond pas à l'appel de son nom.

M. le Procureur général. — Maurice Roux est absent ; il est très-malade. On me fait espérer qu'il pourra peut-être comparaître demain. On pourrait commencer par l'audition d'autres témoins. Je n'ai point de réquisition à faire contre Roux ; son absence est malheureusement trop justifiée.

Me Lachaud. — Un incident très-grave, qui occupe à l'heure présente tous les esprits, s'est produit cette nuit à Montpellier. Maurice Roux soutient qu'il a été victime des violences les plus graves. Une instruction est commencée à raison de ce fait. Je supplie la Cour d'ordonner que l'affaire soit remise jusqu'après que cette instruction sera terminée.

M. le Procureur général, tout en s'opposant au renvoi, déclare s'en rapporter à la sagesse de la Cour.

La Cour, après une demi-heure de délibération, rend l'arrêt suivant :

« Attendu que la comparution de Maurice Roux paraît devoir jeter sur le débat une très-vive lumière ; qu'elle peut être considérée comme indispensable, puisqu'elle doit apporter un concours précieux à la manifestation de la vérité ;

« Attendu que cette comparution peut avoir été rendue impossible par suite d'une attaque commise sur Maurice Roux dans la soirée d'hier; que ce crime, qui semble se relier à l'accusation dont la Cour se trouve saisie, est en ce moment l'objet d'une information dont il importe de connaître les résultats pour être à même d'apprécier plus sûrement l'accusation dirigée contre Armand; qu'il existe entre ces deux faits, l'attentat du 7 juillet et l'attentat du 17 novembre, une connexité au moins apparente qui justifie les conclusions prises devant la Cour par les défenseurs de l'accusé;

« Attendu qu'en tout cas l'attentat commis récemment sur la personne de Maurice Roux est envisagé par l'opinion publique comme une mesure d'intimidation; que cette appréciation, juste ou erronée, peut influer sur l'attitude et sur les déclarations des témoins, et gêner ainsi la manifestation de la vérité;

« Par ces motifs, la Cour ordonne que l'affaire sera rayée du tableau des causes devant être jugées pendant le cours de sa présente session. »

Y avait-il réellement connexité entre l'attentat du 7 juillet et celui dont Maurice Roux prétendait avoir été de nouveau victime? Interrogé deux heures après l'événement, à l'hôtel de la Croix de Malte où il avait été conduit, Roux expliqua que la veille, vers sept heures, au moment où il venait de quitter son père chez M. Rivière, rue de la Blanquerie, pour se rendre rue du Palais, chez M. Bertrand, son avocat, il avait été accosté en chemin par un homme vêtu de noir, couvert d'un pardessus, portant un chapeau noir; que cet homme lui avait demandé où il allait; que, lui ayant répondu qu'il allait chez M. Bertrand, cet homme lui avait dit: « Allez, je vous attends et vous me raconterez votre conversation avec cet avocat; » qu'il n'avait pas trouvé M. Bertrand; qu'il était allé ensuite à la recherche de la maison d'une dame Runel; que, fatigué, il était venu s'asseoir sur le banc du café du Palais où *les entrants et sortants avaient pu le voir;* que l'homme était toujours avec lui, et lui parlait sans cesse de l'affaire Armand; qu'enfin, vers onze heures, ne l'ayant pas quitté ou presque pas, l'avait entraîné dans la rue où il avait été découvert gisant sur le sol (rue des Augustins); qu'arrivé là, il s'était senti tout à coup frappé derrière la tête, qu'il était tombé. « L'homme, ajouta-t-il, était porteur d'une petite canne; mais je ne puis dire si c'est avec cela qu'il m'a frappé. *Si je le voyais, je le reconnaîtrais;* mais je ne me souviens pas l'avoir vu pendant mon séjour à Montpellier. »

Le lendemain 19, Roux fut interrogé de nouveau; ses explications différèrent sur des points essentiels de celles qu'il avait données la veille. Ainsi, il déclara que, parti du faubourg de Lattes, de chez son ami Segala, vers 6 heures et demie, il avait parcouru diverses rues pour se rendre chez M. Rivière avec son père, puis seul chez M. Bertrand, et de là à la recherche de Mme Runel, l'homme l'avait accosté, pour la première fois, près de la porte du Peyrou. « Il est de taille ordinaire, dit-il; il n'est pas gros, il est brun, il porte une moustache noire cirée; il était très-bien mis; il portait une canne mince surmontée d'une petite pomme. » Après avoir causé un certain temps avec cet homme, « qui le plaignait beaucoup, lui, et traitait Armand de misérable, de canaille, » il l'avait quitté pour se rendre chez M. Bertrand. « Il devait être alors plus de huit heures. » Il était redescendu vers le Jardin des Plantes, et il était venu ensuite s'asseoir sur le banc du café du Palais. « Il devait être

plus de neuf heures; *on a dû m'y voir,* dit-il, *car j'ai vu beaucoup de monde entrer et sortir.* » L'homme était venu alors s'asseoir près de lui sur son banc; il l'avait vu venir du côté de la place de la Mairie. L'homme était resté près de lui une demi-heure environ, lui parlant toujours d'Armand. Ils s'étaient rendus ensemble chez M. Bertrand où l'homme l'avait attendu non loin de la porte; il l'avait retrouvé, et ils s'étaient promenés jusqu'à 10 heures 1/4, du Palais au Peyrou et du Peyrou au Palais. Il était revenu alors chez M. Bertrand; l'homme l'avait accompagné jusqu'à une certaine distance; puis l'avait salué comme s'il ne devait plus le revoir. « Il pouvait être alors 10 heures et demie environ. » Il était retourné chez M. Rivière; il ne pouvait dire par quelles rues il avait passé, mais il avait rencontré un sergent de ville qui lui avait indiqué son chemin. Il n'avait vu personne le suivre. Il avait trouvé la maison de M. Rivière fermée; il avait résolu alors de retourner chez Segala. Se sentant fatigué, il s'était assis sur le trottoir. Au même instant il avait vu sortir l'individu d'une petite rue venant de la préfecture. Il s'était approché de lui et lui avait dit : « Vous êtes encore là, il faut rentrer. » Il s'était alors dirigé par la place de la Préfecture vers le marché, toujours accompagné de l'individu, et, au moment où il avait voulu tourner vers la droite pour se rendre par la place de la Comédie chez Segala, l'homme, par ses instances, ses manières polies, son langage plein d'intérêt pour lui l'avait décidé à le suivre dans la rue des Augustins, où tout à coup il lui avait donné un coup violent sur la tête. L'individu avait alors pris la fuite, il n'avait pas vu de quel côté.

Mais les deux déclarations s'accordaient sur ce point important : que Roux était venu, en compagnie de l'individu, s'asseoir sur le banc du café du Palais, que les entrants et sortants avaient pu et dû l'y voir.

L'instruction fut suivie d'après les déclarations de Roux; il s'en fallut de beaucoup qu'elle les confirmât.

Parmi cent vingt à cent quarante témoins entendus, il n'y en eut pas un seul qui vînt dire avoir vu Maurice Roux en compagnie de l'individu, même pendant la station d'une heure qu'il prétendait avoir faite avec lui sur le banc du café du Palais; dans toutes les rues de la ville qu'il disait avoir parcourues, on ne l'avait vu, si on l'avait vu, c'était toujours seul.

Le brigadier de police Pugin fixa l'heure de sa rencontre avec Roux, dans la rue de l'Aiguillerie, à onze heures vingt minutes; il déclara, en outre, qu'il avait conduit Roux jusqu'à la pharmacie de M. Rivière, et qu'avant de le quitter, il lui avait offert par trois fois de le reconduire chez lui, ce que Roux avait toujours refusé.

Les témoins qui avaient relevé Maurice Roux dirent qu'au moment où ils avaient entendu ses cris il était environ minuit et un quart.

Le 15 décembre, Roux fut interrogé de nouveau. On avait confronté avec lui des parents et amis de M. Armand, et il n'avait reconnu dans aucun d'eux le donneur du coup de canne. Cette fois, il déclara que le monsieur à la conversation agréable était vêtu d'un paletot boutonné jusqu'au menton; qu'il lui avait été impossible de distinguer sa chemise ni sa cravate. « Le paletot, ajouta-t-il, était, en outre, relevé sur la figure, et il avait remarqué que le collet n'était relevé que d'un côté, et que c'était précisément du côté où se trouvait. »

L'instruction voulut connaître les rues par lesquelles avait passé Roux, pour aller, après dix heures et demie, de la rue du Palais au théâtre de l'événement. Un sergent de ville reçut la mission de renouveler avec lui le même parcours. Roux, dans cet itinéraire rétrospectif, oublia la maison Rivière.

L'instruction, malgré le soin qu'on y apporta, se termina par une ordonnance de non lieu.

L'attentat du 17 novembre, quel qu'en fût le mystérieux auteur, était venu apporter un nouvel aliment aux passions qu'avait soulevées, dans Montpellier, le crime reproché à M. Armand. En face de cet état de surexcitation de l'opinion, les défenseurs de l'accusé formèrent, devant la Cour de cassation, une demande en renvoi devant une autre Cour d'assises que celle de Montpellier, pour cause de suspicion légitime.

L'affaire vint à l'audience du 9 janvier. La Cour ordonna, par arrêt de ce jour, que la requête et les pièces à l'appui seraient communiquées au Ministère public près la Cour de Montpellier.

La communication eut lieu. Elle fut bientôt suivie d'un Mémoire de M. le Procureur général près cette Cour, dans lequel il développa, avec une grande énergie, les raisons qui, selon lui, devaient faire rejeter la demande.

L'affaire revint à l'audience du 30 janvier. Me Rendu avait été chargé de soutenir le pourvoi.

Après avoir décrit l'état de l'opinion publique à Montpellier, fait ressortir que cette opinion devait nécessairement exercer sur les témoins, sur les Jurés, sur la Magistrature elle-même, l'honorable avocat résumait ainsi l'un des arguments du pourvoi :

« Le renvoi est nécessaire, pour que, suivant l'expression de l'honorable défenseur d'Armand devant la Cour d'assises, « la Justice ait son cours dans toute sa liberté et sa dignité. » Magistrats et Jurés peuvent-ils répondre qu'au milieu des passions qui s'agitent autour d'eux, ils conserveront tout le calme dont ils ont besoin pour démêler la vérité dans une affaire si délicate, si mystérieuse, si pleine de problèmes, où le mobile du crime n'est point expliqué, où aucune preuve matérielle n'est produite, où toute l'accusation ne repose que sur des conjectures ou de simples inductions? Les influences antérieures n'ont-elles pas déjà produit des effets irrémédiables? n'ont-elles pas été la cause avouée d'une précipitation dans l'instruction et la mise en accusation; précipitation expliquée par les intentions les plus louables, mais infiniment regrettable au point de vue des intérêts de la défense? »

La Cour, sur les conclusions conformes de M. l'Avocat général Savary, après délibéré, rendit un arrêt par lequel, « adoptant les motifs de la demande, elle renvoya l'affaire devant la Cour d'assises d'Aix. »

Deux charges nouvelles étaient relevées contre M. Armand dans le Mémoire de M. le Procureur général de Montpellier : une tentative de corruption vis-à-vis du gardien chef de la maison d'arrêt de Montpellier, tentative qui avait échoué devant la probité de ce gardien; sa descente à la cave à la suite de son domestique dans la matinée du 7 juillet.

Le second fait donna lieu à une instruction particulière, confiée, comme la première, à M. Amilhau. Elle reposait sur cette déclaration d'une femme Marius, sœur de la concierge de la maison Armand, que celle-ci lui aurait dit « qu'elle avait vu M. Armand descendre à la cave après son domestique dans la matinée du 7 juillet. » Divers témoins furent entendus le 28 février, quinze jours seulement avant l'ouverture des débats d'Aix. Ce qui ressortit plus clairement de leurs témoignages, c'est que le bruit de cette descente à la cave de M. Armand courait depuis longtemps les rues et les places publiques de Montpellier.

Vint enfin le jour des débats. Nous avons scrupuleusement rassemblé tous les éléments de ce premier acte du drame. Peut-être le lecteur aura-t-il vu avec quelque étonnement sortir de ces faits une accusation criminelle; ce n'est pas à nous d'approuver ou de blâmer les magistrats qui ont trouvé dans ce que nous venons de raconter la matière d'un arrêt de renvoi et d'une accusation criminelle. Qu'elle voie juste ou qu'elle s'égare, la conscience du magistrat ne saurait être discutée. Elle a quelquefois des motifs d'action qui, pour échapper à l'appréciation, n'en sont pas moins respectables. Si l'instruction paraît manquer ici d'un lien suffisant avec l'accusation, ce n'est pas à ce défaut de connexité qu'il faut s'arrêter, et il sera plus utile d'examiner isolément la valeur même de l'instruction et le caractère inattendu de l'accusation, qu'on va voir tout à l'heure forcée de s'appuyer plutôt sur elle-même et sur ses convictions propres que sur les données fournies par le magistrat instructeur.

Cet examen, ce n'est pas nous qui le ferons. Il va ressortir des débats ouverts le 14 mars.

Ce grand procès a donné une animation extraordinaire à la ville d'Aix, dont tous les hôtels sont envahis. La salle ordinaire des assises a été jugée insuffisante, et l'on a approprié spécialement pour cette affaire la vaste salle de la première Chambre civile de la Cour.

L'audience est ouverte à dix heures, au milieu d'un immense concours d'auditeurs.

M. Armand est introduit. Il prend place sur une estrade élevée à la gauche de la Cour. Il paraît calme, et promène sur la foule des regards tranquilles. Toute sa famille l'a accompagné à Aix, et assiste aux débats. Mme Armand vient s'asseoir au bas de l'estrade, près de son mari. Elle a voulu, ici comme à Montpellier, témoigner des sentiments d'estime et d'affection qu'elle garde pour celui que la Justice accuse.

A onze heures dix minutes, la Cour entre en séance. Elle est présidée par M. le premier Président Rigaud, assisté de MM. Mouret Saint-Donnat, Président, Rolland et Crouzet, conseillers, ce dernier comme assesseur suppléant.

M. Merville, Procureur général, occupe le siège du ministère public, ainsi que M. Émile Reybaud, Avocat général.

Mes Jules Favre et Lachaud, du barreau de Paris; Me Lisbonne, du barreau de Montpellier, et Me Tassy, du barreau d'Aix, sont au banc de la défense.

La Cour admet les excuses de deux Jurés absents; elle adjoint deux des Jurés présents aux Jurés de jugement, à titre de Jurés supplémentaires.

Il est ensuite procédé à la formation du Jury; neuf récusations sont exercées, quatre par l'accusation, cinq par la défense.

Aux questions d'usage faites à l'accusé par M. le premier Président, il déclare se nommer André Armand, être âgé de 49 ans et propriétaire à Montpellier, où il est né.

Après la prestation de serment par MM. les Jurés, lecture est donnée de l'arrêt de la Cour de cassation du 30 janvier 1864; de l'arrêt de renvoi de la Chambre des mises en accusation de Montpellier, et de l'acte d'accusation, déjà lus à l'audience du 17 novembre.

M. le premier Président, à l'accusé. — Vous êtes accusé d'avoir commis une tentative d'homicide volontaire, avec préméditation, à Montpellier, 1 7 juillet dernier ; vous allez entendre les charges qui seront élevées contre vous, vous produirez ensuite vos moyens de défense. Asseyez-vous.

La parole est donnée à *M. le Procureur général Merville*, qui s'exprime ainsi :

Messieurs, la loi nous accorde le droit de vous adresser quelques paroles rapides au moment où les débats vont sérieusement commencer. C'est ce droit dont nous vous demandons la permission de faire usage, sobrement, sans phrases, dans le seul but de tracer la voie dans laquelle nous allons nous engager en commun. Il est nécessaire, en effet, que cette voie vous soit exactement connue et que vous sachiez sur quel terrain vous êtes appelés à marcher. D'ordinaire, l'acte d'accusation suffit pour cela ; je crois qu'il faut aujourd'hui quelque chose de plus, et je vais vous dire pourquoi.

Je suppose que, en général, vous arrivez ici vierges de toutes impressions, et alors vous vous laissez naturellement aller au courant des débats qui se déroulent devant vous, et dont vous êtes à la fois les spectateurs et les juges. Mais si, par hasard, il survient une affaire où l'on ait employé à l'avance les manœuvres les plus variées pour égarer l'opinion publique et lui donner du procès l'idée la plus fausse, il est à craindre alors, Messieurs, que ces préventions habilement répandues n'aient pénétré jusque dans vos esprits et que vous n'ayez, en quelque sorte, à remonter le courant de certaines idées préconçues, quand vous devriez, comme je le disais tout à l'heure, suivre bonnement et simplement la pente des débats qui vont s'ouvrir.

Permettez-moi donc, Messieurs, de faire tout d'abord un premier appel à la droiture de votre conscience, et de vous dire : Les affaires judiciaires ne s'apprennent ni à la Mule-Noire, ni à l'hôtel Nègre-Coste, ni sur la Cannebière, ni sur le Cours. Elles s'apprennent ici, et rien qu'ici. Tout ce que vous en croyez savoir quand vous entrez ici n'est, en général, qu'erreur et mensonge. Vous êtes le jouet de mille rumeurs, toutes plus controuvées les unes que les autres. Croyez-moi, car je ne vous parle point en maître qui vient vous faire la leçon, je vous parle en guide affectueux qui connaît les pièges où votre inexpérience peut tomber et qui voudrait vous en garantir. Croyez-moi, vous dis-je ; laissez à la porte de cette audience toutes les impressions pour et contre qu'on a pu vouloir vous suggérer d'avance, et comme, dans les temples consacrés à Dieu, toute parole profane se tait, que, de même, dans ce temple de la justice, toutes les rumeurs s'apaisent, et que toutes les sottises mensongères qu'enfantent des manœuvres ténébreuses ou l'agitation des esprits fassent place enfin au grand jour de la vérité.

Voilà, Messieurs, ce que j'avais d'abord à vous dire. Mais ce n'est pas assez, et, comme l'affaire est compliquée, comme vous aurez à entendre un grand nombre de témoins, comme il vous faut un fil pour vous conduire dans ce dédale, laissez-moi jeter un coup d'œil rapide sur l'ensemble des faits et vous les exposer comme je les comprends.

L'accusé que vous avez devant vous est riche, très-riche. Parmi tout ce qu'on a pu vous dire de lui, c'est peut-être la seule chose qui soit vraie. Mais, s'il est très-riche, il est en même temps très-orgueilleux, et, de plus, très-violent, très-dur envers ses inférieurs. Je ne veux pas dire qu'il n'ait pas su se créer quelques amis dévoués. Un millionnaire en a toujours, et celui-ci doit d'autant plus en avoir qu'il n'a pas d'enfants ; c'est un millionnaire à succession. Mais enfin, une chose que les débats vous rendront évidente, incontestable, c'est sa dureté et son emportement envers ses inférieurs. Cet emportement offre même quelque chose d'incroyable. À la moindre résistance, pour les motifs les plus frivoles, Armand se laissait emporter, soit contre ses domestiques, soit contre ses ouvriers, aux invectives les plus grossières, et, maintes fois, des paroles il a passé aux actes. Or, notez ceci, Messieurs, quand il frappait ses gens, c'était toujours à la tête ; c'était toujours là qu'il visait, pour peu qu'il eût une arme à la main. Il en a, de cette manière, blessé plusieurs, et il en aurait blessé bien davantage, si quelques-uns, qui connaissaient sa violence et qui la redoutaient, ne se fussent mis sur la défensive et ne l'eussent menacé à son tour de le frapper s'il avait le malheur d'avancer.

Voilà l'homme, et il est indispensable de connaître son caractère, si l'on veut comprendre l'affaire. Car ce que je viens de vous dire, n'allez pas croire que je l'aie dit pour le triste plaisir d'injurier l'accusé. Ce serait, en vérité, bien peu digne de mon ministère, et, j'ose l'ajouter, bien peu conforme à mes habitudes. Non ; mais encore, une fois, la conduite de l'accusé serait inexplicable, si on ne commençait par bien se rendre compte de cette nature, à la fois pleine d'un orgueil peu intelligent et d'une brutalité extrême.

En effet, supposez que ce même homme apprenne que son domestique cherche à sortir de chez lui, en disant que *sa maison est une baraque*. Ceci ne serait rien pour un autre ; pour lui, ce sera une cruelle blessure faite à la vanité dont il est gonflé, et vous comprendrez très-aisément qu'il a dû se dire, en parlant de l'imprudent domestique : *Tu me payeras cela*. Comment le lui fera-t-il payer ? Par le genre de correction qui lui est familier, — il n'en connaît pas d'autre, — en le frappant à la tête. En conséquence, le 7 juillet dernier, entre huit heures et demie et neuf heures, Armand descend à la cave....

Me Jules Favre. — C'est contraire aux faits.

M. le premier Président. — Défenseur, n'interrompez pas.

Me Jules Favre. — Permettez-moi de le dire, il est impossible d'entendre de telles paroles de sang-froid. M. le Procureur général fait de lui-même une instruction contraire à l'instruction qui existe ; il affirme ce que personne n'a vu, c'est-à-dire qu'Armand est descendu à la cave.

M. le premier Président. — Vous ne savez pas encore si personne ne l'a vu.

Me Jules Favre. — Je parle d'après l'instruction qui m'a été communiquée. Si M. le Procureur général a fait une instruction secrète, c'est différent.

M. le premier Président. — Nous ne sommes pas encore dans la discussion. M. le Procureur général n'a pas fait d'instruction secrète ; il entreprend un exposé des faits : il le fait de la manière qu'il juge convenable. Je vous prie de ne pas l'interrompre.

Me J. Favre. — Je dois insister au nom de la loi. Si elle permet au Ministère public d'user de la parole en ce moment, elle ne lui permet de le faire que dans ces termes : *le Procureur général exposera le sujet de l'accusation*. Et je dois ajouter que ce droit n'a jamais été que bien exceptionnellement exercé. Or le Ministère public vient de tracer de l'accusé un portrait qui fait de lui un personnage en dehors des habitudes ordinaires. Ce sont là des paroles graves, qui auront un grand retentissement, et qui peuvent exercer sur le public, au début de l'affaire, une influence que la loi n'a pas voulu permettre. D'ailleurs, pourquoi la Cour de cassation a-t-elle dessaisi la Cour d'assises de l'Hérault? C'est qu'elle a pensé qu'en dehors de l'enceinte de la Justice, il s'exerçait à Montpellier des manœuvres hostiles à l'accusé et capables de conduire à défigurer la vérité. Eh bien! personne plus que moi ne respecte les intentions de M. le Procureur général; mais je ne voudrais pas que, accueillant des témoignages qui ne sont que la suite des manœuvres dont je viens de parler, il établit comme avérés des faits qui ne sont jusqu'ici rien moins que prouvés.

M. le Procureur général. — L'interruption dont je suis l'objet me force à donner dès à présent une explication qui devait venir un peu plus tard et que mon impartialité ne me permettrait point de laisser ignorer à Messieurs les Jurés. C'est que, pour l'instant, je ne prouve pas, j'expose, c'est-à-dire j'allègue. Je fais connaître les faits tels que l'instruction m'a paru les révéler; quant à la preuve de ces faits, il est clair que je ne puis la discuter encore, puisque c'est le débat oral qui sera chargé de la fournir. Messieurs les Jurés auront donc à voir si les débats confirment ou détruisent mes appréciations personnelles. Il est d'ailleurs étrange qu'on me dénie le droit d'affirmer qu'Armand est descendu à la cave, puisque l'accusation ne peut se concevoir sans cette prétention.

M. le premier Président. — Vous ne pouvez être juge de la manière dont M. le Procureur général fait son exposé. Il faut bien qu'il parle d'après la procédure, et d'après la procédure tout entière, ancienne ou nouvelle. D'ailleurs la défense aura toute latitude pour répondre.

Monsieur le Procureur général, vous avez la parole.

M. le Procureur général. — Je ne sais si l'on s'est proposé de troubler le fil de mes idées pour le rompre; mais je ne veux pas donner à la défense cette satisfaction, et je reprends justement au point où je m'étais arrêté...

Je dis donc que, le 7 juillet, entre huit heures et demie et neuf heures du matin, Armand descend à la cave, où il savait son domestique occupé à charrier du bois. Il le surprend, pendant que ce malheureux était à genoux, rassemblant des bûches dans son tablier, et, d'un ton de colère : « Je l'apprendrai, lui dit-il, si ma maison est une baraque!» En même temps, avec un bâton ou une bûche, il lui assène un coup sur la nuque. Le domestique tombe évanoui.

Jusque-là les coups frappés par Armand sur la tête de ses gens avaient amené des plaies, des blessures, des pertes de sang, des douleurs de tête; mais, enfin, cela n'avait pas eu d'autre conséquence. Ici, soit à cause de la violence du coup, soit à raison de la position penchée, inclinée, de la victime, il en fut autrement. Une perte totale de connaissance s'ensuivit; le domestique resta sans mouvement.

Dès lors, est-ce que vous ne devinez pas ce qui va se passer? Armand conçoit une vive inquiétude sur les conséquences que peut avoir pour lui sa violence. La vie de sa victime paraît sérieusement compromise. Pour la sauver, il faudrait lui donner des soins, appeler du secours, appeler un médecin. Oui, mais alors on saura bien qui est l'auteur de ce grave accident, la justice en demandera compte à Armand, et le millionnaire ira en prison. Lui, en prison! en prison pour un domestique! Vous croyez que l'orgueilleux pouvait accepter cette idée? Non pas. Entre l'humanité qui exigerait qu'il réparât sa faute en la dévoilant et en appelant du secours, et l'égoïsme qui lui fait préférer le salut de son amour-propre à la vie de son domestique, le choix d'un pareil homme ne pouvait être douteux.

En conséquence, à une heure qu'il n'est pas possible de déterminer, puisque la victime avait perdu le sentiment de ce qui se passait autour d'elle, mais enfin dans la journée, Armand redescend à la cave, s'assure que Maurice Roux n'a pas repris ses sens, et alors il se détermine à l'achever en l'étranglant. Puis, pour mieux s'assurer contre un retour à la vie, ou peut-être aussi parce qu'il croyait éloigner d'autant plus les soupçons qu'il aurait multiplié davantage les actes de barbarie, il lui lie les pieds et les mains, lui enfonce la face dans le charbon, et le laisse dans le lamentable état, en attendant que vienne le moment où il faudra entrer dans la cave. Pour ce moment-là, son système est tout prêt : Voyez! dira-t-il, — et c'est ce qu'il a dit en effet. — Voyez, on a tué mon domestique, et il doit y avoir plusieurs assassins, car un seul homme n'aurait pas suffi pour le mettre en pareil état.

Voilà l'affaire : j'en suis fâché pour les amateurs de mystères et de suppositions; elle n'est pas plus romanesque et plus mystérieuse que cela. Vous savez, d'ailleurs, ou vous devinez comment le calcul d'Armand a été déjoué. Celui qu'il croyait qu'on trouverait mort, on l'a seulement trouvé mourant. D'une part, le meurtrier n'avait pas fixé la corde par un nœud, et comme elle était neuve et lisse, elle a dû se desserrer. D'autre part, Armand n'est pas physiologiste, et il ne s'est pas douté de la résistance qu'offriraient certaines circonstances particulières aux effets de la strangulation. De cette manière, Maurice Roux a survécu bien plus longtemps qu'il n'eût dû survivre, et le soir, quand on est allé chercher du vin dans une cave voisine, on a entendu le râlement de son agonie : c'est là ce qui l'a sauvé.

Je crois inutile de prolonger ces détails. Il me suffit de vous avoir exposé le crime tel que je le conçois, afin que vous jugiez, comme je le disais tout à l'heure par anticipation, si les débats qui vont avoir lieu confirment ou démentent mon opinion. Toutefois il me paraît nécessaire de terminer mon récit par celui d'un incident grave qui, étant postérieur en date à l'acte d'accusation, n'a pu naturellement y trouver place.

Armand devait être jugé par la Cour d'assises de l'Hérault le 18 novembre dernier. A cette époque, il n'avait pas encore eu la pensée de décliner la juridiction de sa ville natale et de préférer la justice des étrangers à celle de ses concitoyens. Maurice Roux avait été cité comme témoin. Il arrive à Montpellier avec son père, et, le soir, il entreprend de parcourir la ville pour parler à diverses personnes. Ces personnes étaient le Juge de paix de son pays, un de ses anciens maîtres chez qui a servi plus de sept ans, et enfin un avocat de Montpellier, très-haut placé dans l'estime publique, M. Bertrand. Diverses circonstances multiplièrent les démarches de Maurice et le firent s'attarder dans les rues. Pendant toute cette série d'allées et venues, un monsieur bien mis et parlant un langage qui dénotait de l'éducation, du moins c'est ainsi que l'a décrit le témoin, aborde Maurice Roux par ces mots : « N'est-ce pas vous, mon ami, qui êtes la victime d'Armand ? » La conversation s'engage sur ce ton, c'est-à-dire que le nouveau venu témoigne à Maurice Roux tout l'intérêt possible, se répand en imprécations contre le meurtrier, et s'efforce, par ses questions réitérées et sympathiques, de gagner la confiance de son interlocuteur. Deux fois l'inconnu est obligé de s'éloigner de Maurice; mais il ne le perd pas de vue, et deux fois le hasard est censé le lui faire retrouver. Il le retrouve une dernière fois, vers onze heures un quart, au moment où Maurice allait rejoindre son père. L'inconnu s'offre à accompagner Maurice, lui fait prendre des rues désertes, lorsque tout à coup le malheureux se sent frappé derrière la tête et tombe en poussant des gémissements plaintifs. Au bout d'un certain temps, ces gémissements sont entendus par des passants attardés. Le pauvre Maurice est relevé dans un état de faiblesse extraordinaire et transporté à l'hôtel de la Croix-de-Malte, dans un état qui a longtemps inspiré aux médecins de sérieuses inquiétudes.

Le moment n'est pas venu d'apprécier cet incident; il me suffira de vous faire connaître comment, dès le premier moment, la victime l'apprécia elle-même. Ceux qui relevèrent Maurice l'entendirent crier : *Tas de canaille!* comme s'il avait compris que le bras qui venait de le frapper n'était que l'instrument et l'exécuteur d'un complot. Aux questions qu'on lui adressa, voici, d'ailleurs, quelle fut sa réponse : « On vient de m'assassiner, parce que je devais comparaître demain aux assises comme témoin. »

Il me semble que je puis m'arrêter là, et que je vous en ai désormais assez dit pour vous faciliter l'intelligence de l'affaire. La défense a fait assigner un nombre de témoins considérable; il ne m'appartient pas de savoir ni de prévoir ce qu'ils ont à déclarer; mais il peut y avoir intérêt à vous faire connaître dans quel ordre vous seront présentés les témoins de l'accusation.

Ici M. le Procureur général indique cet ordre, et termine en disant à MM. les Jurés que, malgré la fatigue qui devra résulter pour eux de la longueur présumée des débats, il ne doute pas que leur dévouement soit à la hauteur de leurs devoirs.

Il est procédé à l'appel des témoins, qui sont au nombre de 71 à charge et de 95 à décharge. Plusieurs et parmi eux Maurice Roux, sont absents. *M. le Procureur général* annonce que Maurice Roux s'est trouvé violemment indisposé en arrivant la veille à Aix, mais il espère que le repos suffira pour le rétablir et qu'il pourra venir le lendemain à l'audience.

Me Lachaud. — Il est toujours malade.

M. le premier Président procède à l'interrogatoire d'Armand.

M. le premier Président. — Armand, levez-vous. Vous êtes devant la Justice; vous savez qu'elle ne recherche qu'une chose : la vérité. M. le Procureur général affirme l'avoir trouvée, et il vous poursuit. MM. les Jurés la cherchent encore, et ils en attendent la démonstration.

Pour moi, je suis chargé par la loi, chargé sur mon honneur et sur ma conscience, d'employer tous mes efforts pour favoriser la manifestation de cette vérité. Soyez certain que je ne faillirai pas à ce devoir. Je vais vous interroger, je vous préviens que, par cet interrogatoire, je veux surtout atteindre ce but : faire connaître l'affaire à ceux qui ne la con-

naissent pas, et fixer les points principaux, les points culminants sur lesquels la discussion devra porter. MM. les Jurés pourront ainsi suivre plus facilement les débats nécessairement très-longs qui devront se dérouler devant eux.

Je vais vous questionner d'abord sur votre état de famille.

Aux diverses questions de *M. le premier Président*, l'accusé répond : qu'il est marié, sans enfants, qu'il a perdu ses père et mère dès son enfance, que ses parents les plus proches sont des oncles et des tantes.

— Orphelin à cinq ans et demi, continue-t-il, j'ai été recueilli chez mon grand-père, qui m'a mis en pension; et je suis sorti de là pour entrer chez un oncle commerçant en qualité de commis. J'y suis resté jusqu'à vingt et un ans. Je suis devenu alors son associé, et je ne l'ai plus quitté. Mon oncle Armand étant mort, la société a continué avec mon oncle Biquet. Voulant ensuite me retirer des affaires, nous avons pris comme associés MM. Bonnaud et Martin, auxquels nous avons donné une part plus large qu'à nous, avec des appointements élevés; ils n'avaient pas un centime ni l'un ni l'autre. Je me suis occupé depuis à faire valoir une propriété que j'avais achetée 200,000 fr., et qui a acquis une plus-value considérable par suite des travaux que j'y ai fait exécuter et des soins que j'y ai donnés. Voilà ma vie.

D. Vous avez un cousin que nous avons vu, qui se nomme Camille ; un autre cousin qui se nomme Biquet. Vos parents sont très-nombreux ? — *R.* Lorsque mon oncle est mort, en 1853, il a voulu que je devinsse le conseil de la tutelle de son fils; la mère existait. Depuis cette époque, Camille est resté sous ma direction, soit à Montpellier, soit à Paris. Il en a été ainsi pour tous les enfants de mon oncle, comme pour les fils de M. Biquet, après la mort de leur mère ; j'étais le père de famille de tous et je le suis encore. Ma femme a perdu son père ; elle a deux frères à Montpellier. Excepté mon beau-frère le plus jeune, que je ne vois pas depuis la mort de son père, tous vivent autour de moi.

D. Vous avez encore une tante, la mère de M. Camille, qui habite la même maison que vous ? — *R.* Mon oncle avait fait bâtir une maison pour nous loger; en mourant, quoique père de trois enfants, il a voulu, en reconnaissance de ma bonne conduite comme commis, et comme associé depuis quatorze ans, me donner la jouissance, pour toute ma vie, du logement que j'occupe au second étage.

D. Parlez-moi un peu de votre fortune. — *R.* On l'a énormément exagérée. S'il est utile que vous le sachiez, je dirai que j'ai environ 800,000 fr.

D. La fortune qu'on vous attribue généralement est plus considérable. Enfin, il ne peut être contesté que vous êtes un homme riche. Dites-moi le nombre de vos domestiques ? — *R.* J'en avais trois, une cuisinière, une femme de chambre et un cocher.

M. le premier Président fait placer sur son bureau le plan en relief de la maison d'Armand, plan qui a été introduit au procès par la défense.

— J'invite MM. les Jurés, dit-il alors, à s'approcher de moi, et là, sous l'œil des défenseurs, qui voudront bien s'approcher aussi, nous ferons en quelque sorte l'exploration des lieux.

MM. les Jurés et Me Lisbonne, l'un des défenseurs, s'approchent près du bureau et se livrent à un examen minutieux et prolongé.

M. le premier Président reprend l'interrogatoire. Armand, levez-vous. Quelles sont vos habitudes quotidiennes? — *R.* Le domestique vient chaque matin à huit heures ouvrir les fenêtres de ma chambre, qui est contiguë à celle de madame Armand. Après son départ, je vais trouver madame Armand. De neuf à dix heures du matin, je me lève, je sors, je vais au comptoir, où il reste encore quelques anciennes affaires à liquider. Et puis c'est le rendez-vous d'anciens amis. A midi, je reviens dîner. Souvent, après dîner, je vais à la campagne, sinon je reviens au comptoir. Je sors très-peu en ville. Lorsque je ne vais pas à une campagne, je vais à l'autre : à celle de mon neveu, qui demeure à Paris. Tous les ans je me rends à quelque bain; quelquefois je vais à Paris. Je ne vis qu'en famille, toujours en famille. En hiver, je sors chaque jour deux heures, quelquefois je ne sors pas. Tous les dimanches, nous nous réunissons pour dîner en famille; souvent même cela nous arrive dans le courant de la semaine.

D. Votre comptoir est dans une rue située en face de l'entrée principale de votre maison? — *R.* C'est de l'autre côté du boulevard.

D. Du côté de la rue des Grenadines se trouvent vos écuries et remises : l'écurie d'un côté, la remise de l'autre. La chambre de Maurice Roux était au-dessus de la remise? — *R.* Au-dessus de l'une d'elles, car il y en a deux.

D. A quelle époque avez-vous pris Maurice Roux à votre service? — *R.* Je devais aller à Paris au printemps. Un mois avant, un de mes domestiques, mon cocher, contrairement à mes ordres, donna des vesces à mes chevaux; il en mourut un. Je le renvoyai. Sur le point de partir, je mis mon cheval en pension, ne voulant pas prendre de domestique. Je convins avec le chef de l'établissement qu'il me ferait conduire à la campagne par un domestique à lui jusqu'au moment de mon départ. Un jour il m'envoya Maurice Roux. C'est ainsi que celui-ci fut admis à la maison. Mon cheval était en pension quand Maurice Roux l'a conduit pour la première fois. Au bout de dix jours, il me dit : « Vous devriez me prendre à votre service; vous seriez bien content de moi. » Il me disait et me répétait cela constamment. J'étais satisfait de ses allures, il me conduisait bien. Un jour qu'il était chez moi à me solliciter, vint, pour m'acheter mon vin, un sieur Deleuze, qui, voyant Roux, me dit qu'il était un excellent cocher.

Je devais acheter des chevaux neufs, n'en ayant qu'un seul, vieux; il me fallait un bon cocher, chose rare. Je pris donc l'avis en considération et je demandai à Maurice Roux ses certificats. Il m'en montra un de M. de Lamartine, remontant à une date assez éloignée. Je lui en fis l'observation. Il me répondit qu'il avait quitté M. de Lamartine parce qu'il ne voulait plus servir, et qu'il était allé chez son père. Mais, son père ayant donné tout à son frère aîné, il avait dû quitter le pays, et son intention était de n'y jamais retourner. « J'ai besoin de servir, ajouta-t-il, je n'ai pas un sou. »

Je m'apitoyai sur cette position; j'aimais ce caractère d'indépendance d'un homme qui ne voulait pas rester avec son frère parce que ce dernier ne se conduisait pas bien avec lui. Cependant j'ajournai ma réponse à quelques jours. Je fis écrire à Bourg-Saint-Andéol, d'où Maurice Roux disait venir. On me répondit que sa famille était honorable, et on me donna de bons renseignements. Je lui dis alors : « Je ne veux pas profiter de votre position; je vous prendrai à mon service, je vous donnerai comme aux autres. » En ce moment, il serait venu chez moi pour presque rien; il me remercia, paraissant fort heureux d'entrer à mon service, et me demanda de lui prêter 20 fr. pour payer son auberge.

Quelques jours après, partant pour Paris, je l'envoyai à la campagne, sous les ordres du régisseur, dont il devait faire les commissions.

Pendant qu'il était à la campagne, il a fait beaucoup de sorties, surtout à Mauguio... (*Sur un geste de M. le Président*), cela a de l'importance; on le laissait faire; il n'avait pas d'occupation. Malheureusement il s'est lié avec quelques individus dont vous jugerez plus tard la moralité; ces individus ont été appelés par le Juge d'instruction le lendemain du jour où il a pu parler, et ils ont été entendus dans l'instruction.

Voilà pour l'entrée de Maurice Roux à mon service.

Je suis resté deux mois à Paris; j'en suis revenu un vendredi. En arrivant, je ne trouvai pas mon domestique très-ouvert; mais je n'y fis pas grande attention.

Mme Armand, elle, eut à se plaindre quelquefois de Roux pendant les dix jours qui suivirent notre retour.

Pendant que j'étais à Paris, je me rappelle aussi avoir dit à un de mes amis : « J'ai pris un domestique; il sert très-bien, il traite bien les chevaux; il a tout fait pour entrer chez moi, mais je ne sais que penser de lui. » Aussi le 7 juillet, la première pensée qui m'est venue, quand Maurice n'était pas à la maison, a été de dire à Mme Armand : « Regarde le bahut d'argenterie. » On ne lui avait pas donné de passe-partout de la maison, parce que nous n'étions pas tranquilles sur son compte.

M. le premier Président. — Vous voyez que je vous ai laissé vous expliquer avec toute la latitude que vous pouviez désirer. Maintenant, comme je veux préciser, et que je ne perdrai pas ce but de vue, je vous prie de répondre *oui* ou *non* aux questions que je vais vous poser.

D. Combien de temps Maurice Roux est-il resté chez vous? — *R.* Je ne pourrais le dire au juste. Ce n'est pas moi qui règle les comptes; trois mois environ.

D. Vous aviez recueilli des renseignements sur lui avant de le prendre? Vous avez écrit à Bourg-Saint-Andéol? Les renseignements étaient bons, sans cela vous ne l'auriez pas pris? — *R.* Oui; mais c'est sur sa famille seulement, je crois, que les renseignements ont été donnés.

D. Ce serait fort extraordinaire, puisque vous l'avez pris et qu'il est resté trois mois à votre service. Vous disiez tout à l'heure qu'il vous était un peu suspect; vous êtes-vous jamais aperçu qu'il vous ait manqué quelque chose? Avez-vous été content d'une manière générale de son service? — *R.* Avant de partir pour Paris, j'en étais content; mais il n'a plus été de même à mon retour.

D. A votre retour, vous l'avez bien peu vu? — *R.* Dix jours.

D. Pendant ces dix jours, vous n'avez pas été content de lui? — *R.* Si peu content, que, la veille du jour de l'événement, il devait mettre le couvert à midi, et qu'il ne l'a pas mis; quand il est revenu, à 7 heures, nous étions à table. Il me répugne de faire des reproches, cela me fait de la peine, mais : — « Rappelez-vous bien, lui dis-je, que s'il vous arrive de manquer encore à votre service, je vous mets à la porte. »

D. En quoi négligeait-il son service? — *R.* Je vous répète qu'il devait mettre son couvert à 7 heures, et que la fille de chambre a été obligée de le mettre à sa place. J'avais, depuis mon arrivée de Paris, d'autres sujets de mécontentement. Un jour, il laissa tomber un huilier; un autre jour une carafe. Je trouvais que cela n'allait pas.

D. Vous me disiez tout à l'heure qu'il vous répugnait de faire des reproches à vos domestiques; n'en avez-vous jamais maltraité aucun? — *R.* Jamais. Je ne puis souffrir qu'un homme manque à son service. Je n'aime pas à faire des reproches, mais, quand j'en fais, je les fais un peu sérieux, je crie un peu.

D. Ne vous est-il pas arrivé quelquefois de maltraiter des gens de service, des journaliers à gages, des palefreniers? — *R.* Dans mon interrogatoire devant le Juge d'instruction, j'ai dit qu'une seule fois je m'étais permis de donner un coup de canne à un domestique, parce qu'il m'assassinait. J'ai des témoins. Désirez-vous que je donne des détails?

D. Non; il vaut mieux que vous les réserviez pour le moment où l'incident naîtra dans le débat. Ainsi vous niez avoir donné des coups de canne, si ce n'est une fois à un domestique qui menaçait de vous assassiner? — *R.* Il m'a déchiré ma cravate, ma chemise et mon gilet de flanelle.

D. Il y a des témoins qui ont déclaré dans la procédure écrite que vous avez donné des coups de canne, des coups de bâton, au point d'ensanglanter ceux qui les recevaient. Voilà ce qu'ont dit plusieurs témoins dans la procédure écrite, j'ignore s'ils le soutiendront ici. — *R.* Je ferai observer qu'à moins qu'il n'existe une procédure qui m'est inconnue, je ne sache pas avoir donné de coups de bâton ni de coups de canne; vous n'avez entendu que les témoins de l'accusation, vous en entendrez d'autres.

M. le Procureur général. — On a entendu les témoins que vous avez désignés.

M. le premier Président. — On vous reproche votre caractère violent, emporté, brutal. — *R.* Vif, mais très-bon, jamais je n'ai porté un coup à personne. Depuis que j'ai eu le malheur d'avoir un rhumatisme qui m'a paralysé complétement pendant un an, je m'emporte facilement, mais jamais je n'ai battu personne, ce n'est pas dans mes habitudes.

M. le premier Président. — Voilà un point du débat qu'il faudra éclaircir par les témoignages.

Arrivons au 7 juillet.

Messieurs les jurés, c'est le 7 juillet que l'événement qui amène Armand devant vous s'est passé. Armand, qu'avez-vous fait ce jour-là? Ici, je vous invite à être plus précis. Qu'avez-vous fait le matin? Qu'avez-vous fait l'après-midi? — *R.* Le domestique est venu m'éveiller à huit heures, huit heures un quart; je ne puis le dire au juste, n'ayant pas regardé à la pendule. Je ne conteste pas l'heure qu'il a dite, je n'en sais rien, je dors quand il vient ouvrir. J'ignore si je me suis levé aussitôt après qu'il a eu ouvert la fenêtre, je le crois. Dans tous les cas, ce que j'affirme, c'est qu'à huit heures et demie j'étais ici avec Mᵐᵉ Armand, quand elle a appelé la femme de chambre. J'y suis resté jusqu'à neuf heures et demie sonnées. J'ai dit : la demie a sonné, je vais me lever. J'ai fait ma toilette comme d'habitude, et, après ma toilette, j'ai pris un morceau de pain et de chocolat, et, comme d'habitude encore, je suis allé au comptoir en mangeant mon pain et mon chocolat. Sur la porte j'ai rencontré M. Biroteau qui m'attendait, sachant que j'allais venir, pour me demander un renseignement dont il avait besoin. Je lui donnai ce renseignement, et j'entrai ensuite au comptoir, où je trouvai d'autres personnes : MM. Bruyas et Pugnaire.

A midi, je suis allé déjeuner avec mon beau-frère, dont la femme et la fille étaient aux bains. J'ai été étonné de ne pas voir Maurice Roux. Les femmes, ai-je dit, lui font perdre la tête. On m'avait rapporté qu'il aimait à courir après les femmes. Quand nous eûmes déjeuné, je demandai à la femme de chambre si Maurice Roux n'était pas venu? Quand il viendra, ajoutai-je, vous l'empêcherez d'abord de déjeuner et vous lui direz de venir me parler. Je lui dirai de retourner déjeuner à l'endroit d'où il vient.

Nous sommes restés jusqu'à deux heures ou deux heures et demie, je ne sais pas au juste. Je comptais partir pour la campagne ; je sortis, j'allai à l'écurie, dont je trouvai la porte fermée. Je me rendis chez le serrurier dont la porte était ouverte, ce qui me ferait croire qu'il était trois heures passées, parce que les ouvriers à Montpellier mangent à deux heures.

D. L'heure ici importe assez peu, mais enfin dites ce que vous voudrez.

R. Le fils du serrurier est venu ouvrir la porte de la chambre de Maurice Roux. Je suis monté; j'ai eu un petit pressentiment, sans vouloir me l'avouer, et je ne suis pas entré. Je suis redescendu. J'avais donné une voiture à arranger; j'allai chez le carrossier pour me plaindre de ses retards et savoir si elle était enfin finie. Je lui demandai s'il avait vu mon domestique, qu'on n'avait pas aperçu depuis le matin à la maison.

Je voulais acheter un chapeau panama; j'allai chez plusieurs chapeliers qui n'en avaient pas à mon goût; je priai qu'on m'en fît venir un. De là, j'allai chez l'un de mes amis, M. Castan, marchand-drapier. Comme il faisait très-chaud, nous prîmes une glace au café du Palais. M. Castan m'accompagna à la maison, parce que nous avions à causer au sujet de troupeaux à acheter. Quand nous étions ensemble, passa M. Jean, lequel a écrit qu'il est malade et ne peut venir; c'est un ancien voyageur avec lequel je me suis souvent trouvé. Je l'ai accompagné jusqu'à la fontaine Saint-Guilhem, et me suis ainsi attardé. Je dîne ordinairement à sept heures, et il pouvait être sept heures et demie quand je suis rentré à la maison.

J'ai demandé si l'on avait vu Maurice Roux. Je suis allé chez le domestique de Mᵐᵉ Armand, ma tante, pour savoir s'il ne l'avait pas vu, parce que l'on m'avait dit qu'ils avaient bu ensemble. Il me répondit : Je ne l'ai pas vu depuis ce matin, il est venu m'inviter à aller prendre la goutte, j'ai refusé, et il y est allé tout seul.

Je rentre : on nous sert le potage; la femme de chambre a l'habitude, en été, d'aller deux fois au caveau, à midi et le soir; elle y était allée à midi, elle y fut encore ce soir-là à sept heures et demie. Elle remonta en disant : Je crois que j'ai entendu Maurice. — Comment! lui dis-je, où voulez-vous l'avoir entendu? — Je crois l'avoir entendu à la cave. — Voyez si la clef est à sa place. — La clef n'y est pas. — Alors, prenez le concierge et allez voir si vous ne vous trompez pas.

Elle descendit à la cave avec le concierge, remonta de suite, et dit : C'est Maurice, il est couvert de sang, il est tout mouillé! Alors je descendis avec la bonne, le domestique de ma tante et le concierge.

Maurice Roux était derrière la porte, je ne le voyais pas. Je dis d'avancer la lumière, on l'avança et je le vis. Je détachai quelqu'un pour aller chercher le serrurier et le Commissaire de police. Dans mon impatience, j'allai moi-même chez le Commissaire de police, que je ne trouvai pas. En revenant, je rencontrai mon neveu avec un de ses amis, et je lui dis : Va chercher le Commissaire de police. Ce n'est pas celui qui est venu. Je monte alors chez M. Brousse, médecin, qui ne pratique plus. Il était préparateur à la Faculté, mais la maladie l'a forcé de donner sa démission. Je le priai en grâce de venir en lui disant qu'un homme se mourait. M. Brousse me dit : J'irai, pour vous faire plaisir, mais à la condition que vous me ferez remplacer. Je lui répondis : Soyez tranquille. On est allé chez M. Surdun, mais il dînait chez sa belle-mère; j'envoyai le fils de la concierge le chercher. Je redescendis à la cave.

La porte était ouverte; M. Brousse arrive, on défait les cordons du cou; mais M. Brousse ne veut rien toucher autre chose jusqu'à ce que l'autorité soit arrivée. On disait : Il est mort, il ne bouge pas, il ne dit rien. Cependant il venait de crier assez fort pour être entendu par la fille de chambre, puisqu'il était dans une cave et elle dans l'autre.

M. le premier Président. Ce que vous appelez un cri était un râle...

— *R.* Je ne sais si la fille de chambre connaît ce qu'est un râle. Toujours est-il que Maurice ne bougeait plus. Franchement je le crus mort. On lui enleva les cordes du cou, il ne bougea pas davantage. Le Commissaire de police arriva. Je lui dis : Ce malheureux a été victime d'un assassinat; quelque misérable l'a assassiné. Le Commissaire me fait lui dire cette phrase dans ma chambre. Je l'ai dite à la cave. J'insiste là-dessus, parce que je vois que c'est un argument qu'on veut tourner contre moi dans l'acte d'accusation. Maurice était couché sur le côté, une corde autour du cou; quelle pensée pouvait me venir? Je ne pouvais en avoir d'autre que celle-là. J'ai dit ce que j'éprouvais. La fille de chambre m'avait dit que quelqu'un d'Alais était venu le demander pour un mariage.

Le Commissaire de police étant donc arrivé, on détacha les mains et les pieds de Maurice, et on le porta dans la chambre que vous connaissez, dans une de mes remises. Je suivais. Mme Armand demanda à M. Surdun s'il fallait envoyer chercher un prêtre, et, sur sa réponse affirmative, elle en envoya chercher un. J'étais près du malade avec M. Surdun quand il me dit : Ça va mieux; il revient, il faut qu'on le veille la nuit. Je donnai ordre à deux personnes, au portier et à Malzac, qui depuis trente ans est à notre service, de rester près de lui. Le lendemain, à huit heures, Mme Armand, éveillée avant moi, envoya chercher des nouvelles et vint m'en donner. J'étais dans ma chambre avec mon oncle, qui très-souvent venait le matin me faire lever. Je dis à Malzac : Comment va Maurice Roux? — Il va mieux, mais il vous accuse. — Que dites-vous ? — Oui, il vous accuse. M. Surdun et moi nous en avons ri : le pauvre homme n'a pas ses sens! — dîmes-nous.

Je m'habillai et me rendis près de Maurice Roux avec mon oncle.

Nous étions encore là quand M. le Procureur impérial est arrivé et a procédé à l'interrogatoire. J'avoue que l'attitude de cet homme m'a fait bien de la peine. Cette accusation, cette énergie, ces menaces, m'ont terrifié. L'interrogatoire fini, le Juge d'instruction me dit de l'accompagner à la cave. J'y descendis. En remontant, il me dit : Vous aurez la bonté de venir à mon cabinet pour déposer, et vous ferez venir votre femme de chambre et la concierge. J'envoyai prévenir la fille de chambre et la concierge, et je suivis le Juge d'instruction au Palais.

Le Juge d'instruction m'interrogea. Pendant l'interrogatoire, le Procureur impérial est venu une ou deux fois. La veille au soir, il était avec moi sur les lieux, où nous sommes restés jusqu'à onze heures. Nous étions trois, le directeur des postes, le Procureur impérial et moi. Un individu s'approcha pour écouter. Je lui demandai ce qu'il voulait; il ne répondit pas. Je lui demandai une deuxième fois sans plus de succès. Alors le Procureur impérial le prit au collet et le remit à vingt pas de là à un sergent de ville. Nous causions. M. le Procureur impérial dit : « Il n'y a pas d'exemple qu'un meurtrier soit présent, quand la justice est là, tandis qu'au contraire un homme qui incendie veut jouir de son crime et vient voir brûler les flammes qu'il a allumées; mais il n'y a pas d'exemple qu'un assassin tourne autour de la justice. » Ce sont bien là les paroles du Procureur impérial.

Je reviens à mon interrogatoire, pendant lequel, je le répète, M. le Procureur impérial vint plusieurs fois. Quand l'interrogatoire fut fini, le Juge d'instruction me dit : J'ai un mandat d'arrêt contre vous, mais vous êtes trop honorable, vous appartenez à une famille trop honorable pour que j'en fasse usage. Je prends sur moi, quoique mon devoir soit de vous faire arrêter, de ne pas le faire, au risque de ce qui pourra m'arriver. Je lui répondis : Je serais fâché que quelque chose de fâcheux vous arrivât par rapport à moi. J'ai plusieurs propriétés. Je resterai prisonnier dans celle que vous voudrez. Il me répliqua : C'est inutile, vous êtes trop honorable pour que je vous en rapporte pas à vous; seulement, si j'ai besoin de vous, que je sache où vous trouver.

Quand je sortis, la fille de chambre et la concierge étaient là; le Juge d'instruction leur dit de s'en aller, et de revenir à deux heures. J'insistais pour qu'il ne les laissât pas retourner en ville; il y consentit à la condition que je leur enverrais à dîner, ce que je fis, et, deux heures après que j'avais été interrogé, j'ai été arrêté sur le seul interrogatoire muet de Maurice Roux. J'ai été arrêté à deux heures et demie environ; vous savez le reste.

D. Je suis obligé de reprendre, parce qu'il est possible qu'on n'ait pas suivi exactement ce que vous venez de dire.

Le matin, quand Roux est entré dans votre chambre pour faire vos habits comme à l'ordinaire, vous ne l'avez pas vu? — *R.* Permettez : il m'a ouvert la fenêtre, je me suis retourné dans mon lit. Je ne me souviens plus si je l'ai vu.

D. Une autre fois vous avez dit l'avoir vu. Je veux savoir ce que vous maintenez aujourd'hui. — *R.* Il venait m'éveiller; comment voulez-vous que je dise si je l'ai vu ou si je ne l'ai pas vu?

D. Voulez-vous me répondre que vous ne savez pas? — *R.* Je vous réponds que je ne sais pas.

D. Mais ce que vous paraissez savoir très-bien, c'est qu'à huit heures et demie, vous étiez dans la chambre de votre femme, avec elle? — *R.* Oui, malgré ce que dit la bonne.

D. Vous persistez dans cette déclaration; vous savez que vous êtes en contradiction avec un témoin, la fille de chambre? — *R.* Oui, je le sais.

D. Elle affirme qu'elle est entrée à huit heures et demie dans la chambre de madame Armand et que vous n'y étiez pas. Elle affirme encore qu'à neuf heures moins un quart vous étiez dans la salle à manger, mangeant un morceau de pain : vous êtes en contradiction avec ce témoin. — *R.* J'ai déposé devant le Juge d'instruction de la même manière que je viens de répondre ici.

D. Oui ; seulement, si l'on se reporte aux dépositions écrites, je dirai qu'après avoir affirmé que vous étiez à huit heures et demie avec votre femme, dans sa chambre, vous avez dit plus tard que vous n'aviez pas une mémoire sûre. — *R.* C'est vrai, j'ai une mauvaise mémoire. Mais, ce que je puis affirmer, c'est que j'étais dans la chambre de ma femme ; ce que j'affirme encore, c'est que je ne suis descendu qu'à dix heures.

D. Je constate que vous dites qu'à huit heures et demie vous étiez dans la chambre de votre femme, et que la femme de chambre ne vous y a pas vu, tandis qu'elle affirme vous avoir vu, vers huit heures et demie, dans la salle à manger mangeant un morceau ; or MM. les Jurés savent que Roux fixe huit heures et demie comme étant l'heure à laquelle le crime a été commis sur sa personne, et c'est à ce moment que vous prétendez avoir été dans la chambre de votre femme, dans son lit.

Je vous demande donc d'une façon précise si, dans la matinée, vous êtes descendu à la cave ? — *R.* Je n'y suis pas descendu ; d'abord je n'y descends jamais. Il faut vous dire une chose, c'est que depuis ma maladie nerveuse....

D. Ces détails sont inutiles..... — *R.* Cependant il faut bien que je me défende : vous voulez avoir la vérité. Si je trouve quelque chose en ma faveur, il faut bien que je le dise.

D. Je ne veux pas limiter votre défense, mais que personne ne s'étonne alors de la longueur de l'interrogatoire. Je veux arriver à fixer tous les points. Je veux laisser à la défense, et à l'accusé surtout, la plus grande latitude.

Vous dites que vous n'êtes pas descendu à la cave ? — *R.* Jamais je n'y descends, du moins c'est bien rare, car depuis ma maladie nerveuse, je crains beaucoup de me trouver dans un endroit humide. C'est à un tel point, que, quand on m'a mis en cellule, j'ai demandé, et ma famille l'a obtenu exceptionnellement, d'avoir quelqu'un pour coucher près de moi dans ma cellule. Je ne puis rester dans un endroit fermé, je ne puis monter sur une tour ni regarder en bas. Il est excessivement rare que j'aie besoin de descendre à la cave. Jamais je n'y descends, c'est mon oncle qui veille aux soins qu'elle exige.

D. Non-seulement vous voulez n'être pas descendu à la cave ce jour-là, mais vous dites que vous n'y descendez jamais ? — *R.* Excessivement rarement.

D. A quel moment vous êtes-vous aperçu de la disparition de Maurice Roux ? — *R.* A déjeuner. C'est lui qui servait à table.

D. Vous vous êtes donc aperçu que Maurice Roux manquait à midi ? Je vous ferai observer que vous avez dit une fois vous être aperçu de sa disparition à 9 heures. — *R.* Voici ce que j'ai dit : — précisons-bien. Vous ne me trouverez pas en défaut. — Madame Armand, ne pouvant prendre le bain qu'elle avait commandé, ordonna de lui préparer un demi-bain. Quand on le préparait, on s'aperçut qu'il n'y avait pas d'eau; on chercha Maurice Roux, qu'on ne trouva pas. Mais il est constant que je n'étais pas là; je ne me suis aperçu de son absence qu'à midi, l'heure du déjeuner.

D. Je crois rendre fidèlement votre pensée en disant qu'à neuf heures ou neuf heures et demie, vous avez vu que Maurice Roux n'était pas là, mais que vous n'y avez pas attaché d'importance. — *R.* Il n'était pas attaché à mon service le matin.

D. Quand, à ce moment, vous avez remarqué que Maurice n'était pas là, vous n'avez pas su comment expliquer son absence. Eh bien ! à midi, quand vous vous êtes aperçu de son absence prolongée...... — *R.* Je n'ai pas dit que je m'étais aperçu de sa disparition, j'ai vu seulement qu'il n'était pas là.

D. A neuf heures, il n'est pas là et vous n'y attachez pas d'importance ; à midi, il vous manque essentiellement ; eh bien ! je vous demande si, à ce moment, vous avez interrogé quelqu'un pour savoir si on l'avait vu dans la matinée et ce qu'il avait fait ? — *R.* Mon beau-frère déjeunait avec moi. Madame Armand me dit : Maurice n'est pas venu. — Comment, il n'est pas venu ? — Non. — C'est bien, il viendra, mais quand il viendra, il saura ce que cela vaut. Il faut le mettre à la porte et lui donner son compte.

J'ai dit au Juge d'instruction que j'avais recommandé à la femme de chambre, si Maurice Roux venait, de ne l'envoyer parce qu'il irait déjeuner là d'où il venait. Madame Armand a répété cela. Mon beau-frère l'a dit aussi ; le Juge d'instruction a déclaré que c'était acquis à l'instruction ; mais, il est fâcheux de le dire, cela ne s'y trouve pas.

M. le premier Président. — Cela s'y trouve parfaitement.

M. le Procureur général. — Il est établi dans l'instruction que vous avez dit : Si Maurice Roux vient pour dîner, envoyez-le-moi.

M. le premier Président. — Vous n'avez pas répondu à ma question. Je vous ai demandé si vous n'aviez pas fait à la fille de chambre ou à la cuisinière cette question : N'avez-vous pas vu Roux ce matin ? Ne pourriez-vous me dire ce qu'il a fait ? — *R.* J'ai déjà répondu catégoriquement à votre question.

D. Vous n'avez pas demandé à la cuisinière : Qu'a fait Roux ? Est-il descendu à la cave ? — *R.* C'est madame Armand qui est chargée de cela.

D. Vous constatez qu'il n'est pas là, et vous ne demandez pas si on l'a vu. Vous vous contentez de dire : Quand il viendra, s'il vient, vous me l'enverrez ; après dîner, Roux ne venant pas, vous vous êtes davantage inquiété de lui. — *R.* Jusqu'à un certain point : pourquoi m'inquiéter d'un domestique parce qu'il ne vient pas ? Je pouvais croire qu'il était parti avec quelque femme.

D. Vous vous êtes tellement inquiété de lui, que vous êtes allé faire ouvrir par un serrurier la chambre dans laquelle il couche. — *R.* C'était bien naturel.

D. Vous vous en êtes tellement inquiété, que vous l'avez demandé à tout le monde dans la journée. Eh bien ! avant d'aller chercher un serrurier pour ouvrir la chambre dans laquelle vous espériez le trouver, il ne vous est pas venu à la pensée de demander à la femme de chambre ou à la cuisinière si on ne l'avait pas vu et s'il n'avait pas monté du bois ou de l'eau dans la matinée ? — *R.* Mme Armand m'ayant répondu : « Je ne l'ai pas vu, » je ne me suis pas informé près de la fille de chambre et de la cuisinière, avec lesquelles je n'ai pas de rapport. C'est avec ma femme que je cause : elle est chargée de s'entendre avec les domestiques femmes.

Il faut savoir comment les choses se passent chez moi. Le cocher est en même temps domestique. Quel est son travail ? Il est chargé de monter du bois, de l'eau, il vient ensuite ouvrir mes fenêtres et battre mes habits, puis il va à l'écurie, et personne ne s'occupe de lui, pourvu qu'à onze heures ou onze heures et demie il vienne mettre le couvert.

D. Je comprends parfaitement qu'on ne s'occupe pas de lui; mais ce que je comprends moins, c'est qu'à un moment donné, vous vous en êtes très-occupé; vous l'avez demandé au carrossier, au chapelier. — *R.* Pas au chapelier.

D. Qui vous a servi à dîner ce jour-là? — *R.* A défaut de domestique homme, la femme de chambre sert à table.

D. Vous dites à la femme de chambre qui vous sert : Si Roux revient, vous me l'enverrez, et il ne vous paraît pas naturel de lui demander : L'avez-vous vu? qu'a-t-il fait? est-il descendu à la cave? — *R.* Je sais qu'il a dû aller à la cave avant de venir prendre mes habits.

D. Peu importe; quand vous vous êtes aperçu qu'il manquait et que vous êtes allé le chercher ailleurs, il ne vous est pas venu à la pensée d'aller le chercher à la cave? — *R.* Je l'avoue franchement, cette idée ne m'est pas venue, et elle n'aurait pu me venir.

D. Elle vous serait venue si vous aviez questionné les domestiques. — *R.* Elle n'a pu venir à personne de la maison, puisqu'il avait fait, ce jour-là, la provision de bois très-forte. Il n'était pas besoin de s'occuper de savoir s'il n'était pas à la cave, il ne devait pas y être.

Faut-il vous répéter ce que je vous ai dit et ce qui est établi dans l'instruction? Nous sommes le 7 juillet; Maurice est descendu deux fois à la cave; on n'allume de feu ni dans les chambres, ni dans la salle à manger, ni dans le salon; on n'en allume que dans la cuisine et même très-peu, car la cuisinière n'aime pas le feu plus que nous. La cuisinière, ce jour-là, a dit à Roux : Vous ne m'avez pas monté assez de sarments. Roux lui a répondu : Eh bien! j'irai vous en chercher. En effet il est allé en chercher, mais il a eu l'idée de monter des bûches de bois, et cependant les sarments étaient dans une cave, tandis que le bois était dans celle où on l'a trouvé. Il a monté des bûches qu'on ne lui demandait pas, comment peut-on avoir l'idée qu'il est à la cave? Moi, je ne puis avoir cette idée, car je ne me mêle pas de l'ouvrage des domestiques. Mme Armand n'ayant pas d'enfants, je suis trop heureux qu'elle ait à s'occuper de la maison. Ce n'est que par son intermédiaire que j'ai des rapports avec les domestiques.

Vous êtes étonné que je cherche Maurice dans l'après-midi; mais à ce moment j'ai besoin de lui, et il est naturel que je m'en occupe. Je vais chez le carrossier, non pour le demander, mais au sujet d'une voiture que j'avais donnée à réparer, et je m'informe s'il est venu la chercher. Quand j'ai besoin d'un cocher, je m'adresse au carrossier, il n'est donc pas étonnant que j'aie dit au carrossier : — Voilà ces domestiques, il n'y a plus moyen de se faire servir. Maurice Roux est resté deux mois à la campagne sans rien faire. Il est en ville. Eh bien! on ne l'a pas vu depuis ce matin.

D. Vous ne l'avez pas cherché dans l'après-midi? — *R.* Je ne vous dis pas que je ne l'ai pas cherché à ce moment-là.

D. Vous avez fait ouvrir la remise et vous avez vu qu'il n'y était pas? — *R.* Je suis même monté à sa chambre, et je déclare que j'ai été fâché de l'avoir fait ouvrir. J'ai dit qu'à ce moment, j'avais éprouvé un sentiment de peur; j'étais saisi de l'idée de trouver un malheur.

D. Qui vous donnait ce sentiment de peur? — *R.* Je craignais qu'il ne lui fût arrivé un malheur, ou qu'il ne fût mort d'une attaque.

D. Franchement, vous m'obligez à insister. Vous craigniez qu'il ne fût mort d'une attaque ou qu'il ne lui fût arrivé un malheur. Alors comment n'avoir pas la pensée que cette attaque avait pu arriver dans les endroits qu'il fréquentait, c'est-à-dire à la cave? — *R.* J'ai répondu que la provision de bois était faite; il n'y avait pas de raison pour aller le chercher à la cave. L'idée n'en est venue à personne, ce serait bien heureux qu'on y fût allé.

D. Oui! — *R.* Ah! oui!

D. Vous n'avez pas eu l'idée d'aller le chercher à la cave, vous avez eu celle d'aller ailleurs. Voilà à quoi se borne votre réponse sur ce point.

A quelle heure êtes-vous rentré chez vous? — *R.* Environ à sept heures et demie.

D. En rentrant vous vous êtes mis à table; quand vous étiez à table, la femme de chambre est descendue à la cave pour prendre le vin nécessaire à votre repas? — *R.* Comme elle y était descendue à midi.

D. Quand elle est remontée, qu'a-t-elle dit? — *R.* « J'ai entendu du bruit : je ne sais si c'est Maurice Roux; » alors je lui ai répondu : « Redescendez à la cave. » Mais j'ai déjà eu l'honneur de vous dire cela.

D. Aussi je ne veux pas vous laisser vous étendre à ce sujet; je vous fais remarquer que la femme de chambre n'a pas prétendu avoir dit : « Je ne sais si c'est Maurice Roux. » Elle n'a pas eu cette idée, que ce fût Maurice Roux; elle vous a dit seulement : « J'ai entendu quelque chose à la cave, un râle, un ronflement. » — *R.* Elle m'a dit : « J'ai entendu du bruit; qui sait si ce n'est pas Maurice? »

D. Cela n'est pas dans la déposition écrite. J'y ai vu seulement ceci : « J'ai entendu quelque chose à la cave. » Et vous avez répondu : « Vous êtes une folle; vous avez une hallucination. » Elle est redescendue à la cave, vous l'y avez laissée descendre. — *R.* J'étais en train de manger mon potage; j'ai dit à la femme de chambre : « Prenez la clef, descendez avec le concierge, et allez voir ce que c'est. » Elle est descendue et remontée une seconde fois. Je n'avais pas fini mon potage. J'ai tout quitté et je suis descendu avec elle et le domestique du premier.

D. Ainsi vous lui avez dit qu'elle radotait, et elle retourne accompagnée du concierge; elle est descendue, elle est remontée, et c'est alors qu'insistant auprès de vous, elle vous a décidé à descendre. N'est-ce pas la vérité? Si ce n'est pas la vérité, rectifiez-moi. — *R.* Voulez-vous me permettre? La fille, étant remontée, m'a dit : « C'est bien Roux. » Alors je n'ai pas attendu qu'elle me priât de descendre; je suis descendu de suite avec elle.

D. Il n'y a pas un mot de cela dans la procédure. — *R.* Je vous demande pardon.

D. Il résulte de ce que vous venez de dire aujourd'hui que vous avez attendu pour descendre que la fille de chambre fût déjà descendue deux fois; elle est venue la première fois vous dire : « J'ai entendu quelque chose. » Vous lui avez répondu qu'elle radotait; elle est redescendue avec le concierge; elle est remontée, et vous a dit : « Venez, il y a quelque chose. » Et alors.... — *R.* Ce n'est pas cela, elle ne voulait pas redescendre; elle croyait que c'étaient des chats. Il faut que vous sachiez que la première pensée des domestiques a été que Roux s'était suicidé. Je les ai dissuadés de cette pensée, et j'ai eu de la peine. La femme de chambre était remontée ayant peur; elle ne serait pas redescendue. Je lui ai dit : « Allez avec le concierge. » C'est donc par mon ordre qu'elle est redescendue ; et, quand elle est remontée, je suis descendu de suite avec elle ; je n'ai pas perdu de temps pour aller chercher les médecins et la police, m'intéressant beaucoup trop à cet homme.

D. Vous avez dit à la fille de chambre : « Voyez si la clé est au clou. » Il fallait vous borner à lui dire de descendre. — *R.* Elle m'a dit : « J'ai entendu du bruit. » Elle croyait que c'étaient des chats. C'est alors que je lui ai dit : « Voyez si la clé est au clou, et allez vous assurer de ce que c'est. » Je le répète, elle ne serait pas redescendue si je ne lui en avais donné l'ordre.

D. Enfin vous êtes descendu à la cave. Là, avec qui étiez-vous, qui avez-vous trouvé à la porte ? — *R.* Je suis descendu avec la fille de chambre, avec le concierge ; nous étions quatre ou cinq ; on s'est arrêté devant la porte à claire-voie, et, s'éclairant avec la lumière, chacun à son tour est venu regarder à travers la porte. Aussitôt que j'ai vu Maurice Roux....

D. Je veux constater ceci : chacun a regardé par la porte à claire-voie ; on vous a dit : « Il y a quelqu'un ; il y a un homme couché, j'aperçois les jambes d'un homme. » Alors vous avez regardé à votre tour, et tout ce que les autres avaient vu, vous ne l'avez pas vu ; vous avez dit : « Moi, je ne vois rien. — *R.* Je vous ai expliqué l'empressement avec lequel j'avais voulu aller voir si ce que m'avait dit la fille était vrai. Je regarde, je ne vois pas. On m'approche la lumière, alors je vois et je donne l'ordre d'aller chercher un médecin et le Commissaire de police.

D. Ce que je tiens à établir, ce qui résulte de l'instruction, c'est que deux ou trois témoins ont commencé par regarder et ont dit : « Nous voyons les jambes d'un homme. Vous avez regardé à votre tour, et vous avez dit : « Je le vois aussi. » — *R.* Je répète encore ceci : c'est que si je n'avais pas commandé à la domestique de redescendre à la cave, elle n'y serait pas redescendue. C'est moi qui l'ai pressée d'y aller.

D. Nous le lui demanderons. — *R.* J'espère qu'elle ne dira pas le contraire.

D. Quand vous vous êtes aperçu comme les autres qu'il y avait un homme, vous avez dit : « Il faut entrer ; » mais vous avez trouvé la porte fermée. *R.* Je serais bien entré si la porte avait été ouverte.

D. Elle était fermée ; vous n'avez pas songé à dire à personne : Allez voir si la clé est au clou. — *R.* Je vois un homme étendu ; je suppose qu'un malheur est arrivé, un suicide ; où voulez-vous que je cherche la clé ?

D. Voulez-vous que je vous dise mon impression ? Ce qu'il y a de plus pressé à faire quand un malheur ou un accident est arrivé, quand on voit un homme assassiné ou suicidé, ce qu'il y a de plus pressé à faire, avant d'aller chercher le serrurier, c'est de dire : « Apportez-moi la clé de cette cave. » — *R.* J'ai déjà dit que la domestique avait constaté que la clé n'était pas au clou où elle était accrochée d'habitude.

D. Vous n'avez pas eu la pensée de la faire rechercher ? Je tiens à constater que la déclaration que la clé n'était pas au clou vous avait suffi ; vous ne l'avez pas de nouveau fait chercher, et vous avez dit : « Qu'on aille chercher le serrurier. » — *R.* Je ne sais pas du tout où se tient la clé de la cave ; je ne m'en occupe pas. C'est Mme Armand que cela regarde.

D. Ce que je veux relever en ce moment, c'est que personne ne s'est préoccupé de la clé. La femme de chambre, je le reconnais, vous avait dit que la clé n'était pas au clou, mais vous aviez dit de suite : « Allez chercher le serrurier. » Le serrurier arrive, et vous entrez. — *R.* Non ; j'étais allé chercher le Commissaire de police et le médecin ; j'amenais le médecin quand on ouvrait la porte. Je me suis servi de mes jambes, comme je ne m'en sers pas toujours. J'ai mis beaucoup d'empressement à aller chercher le médecin et le Commissaire de police, vous le verrez quand nous en serons là.

D. A-t-on enfoncé la porte ? — *R.* Le serrurier a enfoncé la porte.

D. On est entré ; vous n'étiez pas là, vous n'êtes arrivé qu'après ? — *R.* Je crois que je suis arrivé quand la porte n'était pas tout à fait ouverte.

D. Vous êtes entré avec le médecin, M. Brousse ? — *R.* Il n'est venu qu'à la condition qu'il ne resterait pas longtemps.

D. C'est le premier qui soit arrivé ; M. Surdun n'est venu qu'ensuite. Enfin vous êtes entré. — *R.* Là, j'ai été témoin de tout.

D. Qu'avez-vous vu ? — *R.* Je l'ai déjà dit : j'ai vu Maurice couché sur le côté, les mains liées derrière le dos, séparées par une certaine distance. J'ai vu qu'il avait le cou serré, et qu'un mouchoir lui liait les pieds.

D. Vous avez vu dans quel état il se trouvait. Vous ne contestez pas qu'il fût en ce moment, je ne dirai pas à moitié mort, mais bien aux trois quarts mort. — *R.* Je dirais mieux ; je crois qu'il était bien vivant.

D. Vous croyez alors qu'il jouait la comédie ? — *R.* La scène qui a suivi prouve bien certainement qu'il n'était pas mort ; il s'en fallait de beaucoup qu'il le fût ; mais à ce moment il a trompé tout le monde, moi le premier.

D. Il a parfaitement joué son rôle ; il a trompé des médecins, qui constatent que son état était à peu près celui d'un *cadavre*. Le mot y est. La respiration n'existait plus ; on ne sentait plus le pouls. Il ne restait qu'un peu de chaleur au ventre. Enfin, il était à deux pas de la mort : ceci a été constaté. — *R.* Ce n'est pas mon opinion.

D. Je croyais qu'on ne le contestait pas. Vous pensez que même à ce moment il n'avait pas de mal. M. Brousse, cependant, a dit : « Cet homme est bien malade. » L'état pitoyable où il se trouvait a encore été constaté dans la chambre où on l'a transporté. M. Surdun, en le quittant, a dit : « Je ne désespère pas de le sauver. » — *R.* J'ai vu M. Surdun le soir ; il ne pas m'a dit cela, mais bien qu'il était sauvé.

D. L'instruction dit qu'en quittant Roux, M. Surdun a déclaré ceci : « Je ne désespère pas de le sauver ; j'ai laissé près de lui un étudiant en médecine. » Mais passons ; ce sont des appréciations ; je constate seulement que, en présence de ce que vous avez appris depuis, vous ne croyez pas même aujourd'hui à l'état sérieux de maladie dans lequel était Roux ; vous croyez que, même à ce moment-là, il jouait la comédie. — *R.* Je le déclare sur mon honneur le plus sacré ; et j'ai l'honneur, vous le verrez plus tard ; ce à quoi je tiens, c'est à mon honneur.

D. Ne jurez pas. — *R.* Cela ne fait rien ; j'y tiens. J'ai toujours dit : « Le misérable a trompé tout le monde, il n'était pas bien malade. » Il est revenu de suite ; cela n'a pas été long.

D. A ce moment vous aviez une opinion toute différente, car vous vous êtes écrié : « Il a été assassiné, et il n'y a que les efforts réunis de plusieurs personnes qui aient pu le mettre dans cet état. » — *R.* Je n'ai pas dit cela.

D. Vous l'avez dit à M. le Commissaire de police Bayssade quelques instants après l'événement. — *R.* J'ai vu que M. Bayssade l'a dit, mais ce n'est pas une déclaration que j'aie faite au Juge d'instruction. Je n'ai pas signé ce procès-verbal ; c'est bien différent.

D. Je ne parle pas de ce que vous avez dit devant le Juge d'instruction ; mais quand vous êtes entré dans la cave, M. Bayssade, qui était là, vous a dit : « Que pensez-vous de cela ? » Vous lui avez répondu : « Il a été assassiné, et il n'y a que les efforts réunis de plusieurs personnes qui l'aient mis dans l'état où il est. » Vous prétendez maintenant n'avoir pas dit cela ? — *R.* Je ne puis l'avoir dit, et je vais vous le prouver. Quand j'ai dit au Commissaire de police : « Quel pauvre malheureux ! quelqu'un l'a mis dans cet état ; » il m'a répondu : « Vous n'avez pas le droit de dire cela. »

D. Vous ne faisiez aucun mal ; vous aviez le droit de tenir ce langage. — *R.* Pourquoi alors le Commissaire de police m'a-t-il fait observer que je ne devais pas parler ainsi ? Je lui ai répondu : « Je ne crois pas avoir manqué. » Il a répliqué : « On ne doit pas exprimer d'opinion. » Le Commissaire de police est resté dix minutes chez moi. Il a écrit sur une feuille de papier grande comme la moitié de la main, et ensuite j'ai trouvé un procès-verbal de quinze pages signé de lui.

D. Ceci tendrait à impliquer le Commissaire de police. Il est témoin, nous l'entendrons.

M. le Procureur général. — Cela se fait toujours ainsi.

M. le premier Président. — Vous ne niez pas le fait du propos ; vous l'expliquez ; voilà ce que je veux établir. — *R.* Je l'ai dit à la cave.

D. Vous avez eu si bien la pensée que cet homme avait été assassiné, que vous avez de suite indiqué où l'on pourrait trouver les traces de ses assassins. — *R.* Moi ? monsieur ?

D. Oui, vous. N'avez-vous pas dit au commissaire de police qu'entre neuf heures et neuf heures et demie une fille d'Alais était venue demander Maurice Roux ? — *R.* Il ne faut pas trop préciser ; ce fait a une très-grande importance, et je ne veux pas mentir...

D. Ne mentez pas ; à coup sûr ce n'est pas moi qui vous donnerai ce conseil. Ne l'avez-vous pas dit au Commissaire de police ? N'avez-vous pas parlé des mœurs légères de cet homme ? — *R.* Je ne suis pas sûr de cela.

D. En d'autres termes, n'aviez-vous pas en ce moment la pensée d'indiquer qu'on pourrait, de ce côté, trouver les traces de l'assassin ; n'était-ce pas votre opinion ? — *R.* Oui.

D. Vous croyiez donc à l'assassinat ? — *R.* Je crois au rapport de M. Tardieu aveuglément.

D. Je le comprends. Enfin, à ce moment, vous croyiez à l'assassinat. On porte Roux dans sa chambre ; vous l'y accompagnez. Là, que s'est-il passé ? Vous n'y êtes pas resté toute la nuit ? — *R.* Je suis entré dans la chambre ; on a apporté toute espèce de choses utiles ; je suis descendu avec le Procureur impérial et le directeur des postes, et nous sommes restés devant la porte de ma maison jusqu'à onze heures. Je vous l'ai dit déjà.

D. Quand vous étiez dans la chambre de Roux, avec plusieurs des personnes qui avaient assisté à l'ouverture de la porte de la cave, le Procureur impérial est arrivé. On s'est préoccupé de savoir de Roux la cause de l'accident dont il avait été victime. — *R.* Pas du tout ; on lui donnait à boire de l'eau ; on lui demandait s'il voulait boire chaud ou froid ; on ne s'est pas occupé d'autre chose.

D. Comment ! on ne songeait pas à savoir de lui ce qui était arrivé ; on ne s'est pas préoccupé de la cause de son état ! Cependant voici ce qui s'est passé : M. Surdun l'a interrogé, puis le Procureur impérial est arrivé. Le médecin a fini par dire : « Il est inutile de lui adresser des questions, il est dans l'impossibilité d'y répondre ; je ne désespère pas de le sauver, mais il est dans l'état apparent d'un cadavre. » — *R.* Vous avez dû voir, Monsieur le Président, qu'il est mort si malade qu'il en avait l'air ; M. Surdun avait défendu de laisser approcher personne de son lit. Cependant nous avons envoyé chercher l'abbé Fraîche, et, lorsqu'il est arrivé, M. Surdun a dit : « Le malade va mieux ; il revient à la vie ; ça ne sera rien, mais ne lui demandez rien. » Roux a prétendu dans son interrogatoire que je me suis approché de lui pour qu'il ne dît pas quel était son assassin. Il n'était donc pas bien malade.

D. N'étiez-vous pas là quand on lui a appliqué les sinapismes et lorsqu'on lui a brûlé les bras avec de l'eau chaude ? Pas un cri, pas un gémissement ne lui a échappé ; il a essuyé tout cela sans rien dire. Vous étiez encore là quand le prêtre est arrivé ? — *R.* Je viens de le dire.

D. Cela prouve au moins qu'à ce moment tout le monde était dupe de sa maladie ; on le croyait mourant. — *R.* Hélas ! oui. Il ne faut pas attendre qu'un homme soit mort pour faire appeler un prêtre ; on fait bien de le faire venir plus tôt. C'est nous qui l'avons fait appeler.

D. J'en conclus que vous pensiez tous que cet homme était mourant. Le prêtre est venu, et, comme son premier mouvement était d'aller au chevet du malade, n'avez-vous pas dit : « Non, non ! c'est inutile ; ne vous approchez pas de lui ; le médecin a dit qu'il ne fallait pas le fatiguer ? » — *R.* Je viens de le dire.

D. Enfin, c'est par ordre du médecin, et par intérêt pour le malade, que vous avez agi ainsi ? — *R.* Parfaitement. Je suis resté avec le Procureur impérial et le directeur des postes devant la porte, puis nous sommes allés nous coucher.

D. Avez-vous dormi ? — *R.* Comme toujours, très-bien.

D. C'est extraordinaire ! Vous avez dormi en présence de ce qui venait de se passer. Je vous déclare que moi je n'aurais pas dormi dans des conditions pareilles. Vous disiez tout à l'heure que vous étiez bon ; ne deviez-vous pas vous apitoyer sur le sort de ce malheureux ? — *R.* Que vouliez-vous que je fisse ? Il avait des médecins. Je dors beaucoup ; j'ai dormi comme si rien n'était.

D. J'en conclus que vous n'êtes pas un homme bon. — *R.* Le soir, il était sauvé quand nous l'avons quitté.

D. Non, pas quand vous avez quitté la chambre. M. Surdun l'a dit, et il le répétera : « C'est l'état apparent d'un cadavre ; qu'on ne laisse approcher personne, je ne désespère pas de le sauver. » Quant à vous, vous êtes parti complétement rassuré. La fille de chambre n'a pas pu dormir; mais vous, vous avez dormi comme à l'ordinaire? — *R.* Oui, j'en conviens; quand je suis rentré à la maison, la domestique ne voulait pas aller se coucher; elle disait que Roux s'était suicidé. Il a fallu qu'une de ses amies allât coucher avec elle. Il me faut huit bonnes heures de sommeil depuis que j'ai été malade.

D. Vous pouvez dormir beaucoup; mais cette nuit-là, dormir comme à l'ordinaire, c'est inexplicable. — *R.* Je ne dis pas que je n'aie pas été préoccupé avant de me coucher; mais une fois couché, j'ai dormi.

(L'audience est suspendue sur la demande de l'un de MM. les Jurés.)

M. le premier Président. — Nous en avons fini avec la journée du 7, et nous commençons celle du 8. Vous avez passé la nuit chez vous, dans votre lit. Qui vous a appris le premier que Maurice Roux vous accusait de l'avoir assassiné ? — *R.* Un domestique, Malzac, que j'avais placé là pour veiller avec le concierge; c'est lui qui est venu me le dire le premier; j'étais au lit.

D. M. Biquet vous l'avait appris déjà? — *R.* J'ai eu l'honneur de vous dire que M. Biquet est venu avec moi dans ma chambre quand Malzac est venu. Biquet fils, mon neveu, est venu ensuite. Mais c'est Malzac qui m'a dit les paroles que j'ai déjà rapportées. Je me suis habillé et suis allé avec mon oncle à la chambre de Maurice Roux. Je l'ai interrogé.

D. Je vous le répète, il résulte de la procédure que c'est M. Biquet qui vous a donné cette nouvelle; M. Biquet le dit lui-même dans sa déposition écrite. Il raconte qu'il était resté dans la chambre de Roux assez longtemps; qu'il avait su que celui-ci vous accusait de l'avoir assassiné; qu'il était venu vous le dire, vous annonçant même assez *brusquement*, ce sont ses expressions, et que vous aviez accueilli cette nouvelle avec une indifférence complète. — *R.* C'est vrai.

D. Vous étiez au lit; vous ne vous êtes levé que quand vous avez su que la Justice était dans la chambre de Roux. — *R.* J'allais me lever; je me suis levé de suite et je me suis rendu à la chambre de Maurice. La Justice n'y est venue qu'après nous.

D. On vous annonce que Roux vous accuse d'être son assassin. Vous accueillez cette nouvelle avec indifférence; vous êtes au lit et vous y restez. Vous dites que c'est un mouvement naturel! Vous ne songez pas à vous lever immédiatement! — *R.* Je pensais qu'il n'avait pas son bon sens, puisqu'il m'accusait. Pouvais-je croire que c'était sérieux? Vous voulez que je m'inquiète d'une chose pareille? Mais alors j'aurais été un assassin! Je ne me suis pas inquiété, et je ne devais pas m'inquiéter.

D. Vous avez pensé que cet homme n'avait pas son bon sens; mais même en admettant cela, il était plus naturel que vous vous fussiez de suite levé, et que vous vous fussiez dit : Je vais voir si cet homme va continuer à m'accuser. — *R.* Cela ne m'a pas effrayé.

D. Enfin, vous vous êtes levé et vous vous êtes rendu dans la chambre de Roux. Qui avez-vous trouvé? — *R.* Je crois qu'il y avait le médecin et le domestique. Je ne pense pas qu'il y eût d'autres personnes.

D. Quelles que fussent les personnes présentes, peu importe; vous saviez que, dans son délire, il vous avait accusé. Avez-vous parlé de cela à quelqu'un ? — *R.* Je me suis approché pour voir s'il avait ses sens, et je l'ai questionné. Quand j'ai vu qu'il me reconnaissait, j'ai demandé à M. Surdun qui était là : Est-ce que cet homme reprendra ses sens? — Ce n'est pas sûr. — Il ne parlera pas ? ce serait fâcheux.

D. Je vois que vous vous préoccupiez beaucoup de la question de savoir s'il parlerait. — *R.* Parbleu ! il m'accusait.

D. Vous saviez qu'il vous accusait, et il ne vous est pas venu à la pensée, vous, innocent, vous, vous disant tel, il ne vous est pas venu à la pensée de dire à quelqu'un : Qu'est-ce que ce fou en délire qui m'accuse de l'avoir assassiné ? — *R.* J'en ai parlé au médecin.

D. Précisons ; vous avez dit au médecin : « Cet homme m'accuse de l'avoir assassiné. » — *R.* Non, il le savait.

D. Vous ne parviendrez pas à m'égarer. — *R.* Je viens de vous dire que Malzac m'avait appris que le médecin avait ri comme lui de l'accusation.

D. Ainsi quand vous êtes entré dans la chambre, vous n'avez pas songé à dire à quelqu'un : « Roux m'accuse de l'avoir assassiné? » Répondez? — *R.* Je ne l'ai dit à personne.

D. Vous avez dit : « Cet homme reprendra-t-il ses sens, ne parlera-t-il pas? » Vous n'avez pas ajouté : « Je tiens à ce qu'il parle, je tiens à savoir ce qu'il dira, parce qu'il m'a accusé de l'avoir assassiné. » — *R.* J'ai eu l'honneur de vous dire qu'il était avec Malzac et le médecin quand il m'avait accusé.

D. Ce n'est pas une réponse, permettez-moi de le dire. Vous n'avez dit à personne en entrant dans la chambre : « Cet insensé, ce fou, m'a accusé de l'avoir assassiné. » — *R.* Je l'ai dit au médecin ; je ne sais quelles autres personnes étaient là.

D. Ceci, c'est une nuance ; vous avez dit au médecin : « Savez-vous qu'il m'accuse de l'avoir assassiné ? » — *R.* On venait de me le dire, je n'en pouvais douter.

D. Répondez : vous avez dit au médecin : « Savez-vous que Roux m'accuse ? » — *R.* Je savais qu'il l'avait dit devant lui.

D. Je vois que vous ne voulez pas répondre. Répondez par oui ou par non. Avez-vous dit au médecin ou à quelqu'un : « Roux m'accuse de l'avoir assassiné. » — *R.* Non, Monsieur.

D. Vous ne l'avez pas dit; continuons. Vous vous êtes approché du lit du malade. Vous étiez avec M. Biquet. N'était-il pas un peu devant vous, de manière à lui masquer votre présence ? — *R.* Nous sommes entrés tous les deux et sommes arrivés au lit sans aucune arrière-pensée.

D. Cependant vous saviez qu'il vous avait accusé? — *R.* Je le croyais fou, dans le délire... Je lui ai dit : « Eh bien ! Maurice Roux, comment cela va-t-il ? Ça va mieux ? » Il m'a fait signe que oui. « Me reconnaissez-vous ? Connaissez-vous votre maître? où est-il ? » Il a levé sa main de mon côté. « Connaissez-vous M. Biquet ? » Il m'a fait signe que oui. — Quand j'ai vu cela, j'ai été fort contrarié qu'il eût recouvré ses sens.

D. Pourquoi étiez-vous contrarié? Vous deviez désirer, si vous étiez innocent, que son délire disparût ? — *R.* Vous voudriez me faire dire que je devais en être content ; je vous répète que j'en ai été fâché parce qu'il m'accusait. Que vouliez-vous que je fisse ?

D. A votre place, au lieu d'être contrarié de ce que cet homme reprenait ses sens, j'en aurais été enchanté. Quand cet homme n'avait pas ses sens, il vous avait accusé : il était donc à désirer qu'il les reprît pour rétracter son accusation. Cela est simple. Quand vous vous êtes approché, ne vous a-t-il pas regardé fixement ? — R. M. le Commissaire l'a dit, mais je ne l'ai pas vu. Il a dit qu'il m'avait repoussé, et l'on soutient que la même chose est arrivée trois ou quatre jours plus tard. Mais quand je lui ai demandé « où est votre maître ? » il m'a touché avec la main.

D. La procédure constate qu'il vous a regardé avec un regard extraordinairement fixe. — R. Pas à ce moment-là.

D. C'est à ce moment. Sa main ne s'est pas portée à votre figure, elle s'est portée à votre gilet. — R. La preuve que non, c'est qu'il a répondu parfaitement à mes questions; et quand je lui ai demandé où était mon oncle, s'il avait eu l'air que lui prête M. le Commissaire, il n'aurait pas répondu du tout.

D. La procédure ne constate pas qu'il ait répondu à vos questions. Vous vous êtes approché, il vous a regardé, il a levé la main. Tout s'est borné là pour le moment.

Pendant que vous étiez là, le Procureur impérial est arrivé ? — R. Avec le Juge d'instruction.

D. Le Procureur impérial s'est approché de Roux. Qu'a-t-il fait ? — R. Le Juge d'instruction et le Procureur impérial nous ont fait sortir.

D. Le Procureur impérial est venu le premier, le Juge d'instruction ensuite. Le Juge d'instruction vous a fait rentrer ensuite ? — R. Nous étions devant la porte ; il m'a prié de rentrer. Il a interrogé Roux par le moyen que vous connaissez. Je ne me rappelle pas les questions qu'il a faites. Cet homme avait une physionomie à m'impressionner beaucoup.

D. Quelle physionomie ? — R. Une physionomie méchante ; celle d'un homme dans toute sa vigueur. Il était mort quelques heures avant, et je vous assure qu'alors il était difficile d'exprimer plus de colère et plus de méchanceté. Les yeux lui sortaient de la tête ; cela m'a bien étonné et m'a fait bien de la peine. J'ai compris alors qu'il nous avait tous trompés.

D. Il a pris à ce moment une attitude telle, que vous avez dit : « C'est écrasant ! » — R. Je ne crois pas avoir dit cela.

D. Vous reconnaissez avoir été vivement impressionné par son regard ? — R. Oui, Monsieur.

D. Ainsi la première fois que vous vous êtes approché de son lit, il vous regarde d'une manière insignifiante, et quelques instants après il vous regarde d'une manière menaçante ! Comment expliquez-vous cela ? R. — Il venait d'être interrogé, Monsieur le Président ; et probablement que les questions et la physionomie de MM. les magistrats lui ont convenu et lui ont donné confiance. Il voyait dans l'attitude de ces Messieurs qu'ils croyaient à sa fable, et il a été plus énergique en leur présence. Voilà mon impression.

D. Alors il n'est entré en scène qu'après avoir été rassuré par le Procureur impérial et le Juge d'instruction. Remarquez bien ceci : il avait déjà dit en votre absence que vous étiez son assassin ; et aujourd'hui, avec le système que vous lui prêtez, ce n'était pas un fou, un insensé qui avait perdu ses sens ? — R. Il les avait tous.

D. Au premier moment où vous vous présentez à lui, il a une défaillance ; il ne vous accuse pas, il vous regarde d'une manière indifférente ; mais quelques instants après, le courage lui revient, et il vous accuse. Voilà votre système. — R. Je suis fâché que vous disiez *mon système* ; je raconte les choses comme elles se sont passées ; mais dire que c'est un système...

D. Ne vous effarouchez pas du mot système ; cela signifie que ce sont vos moyens de défense. — R. C'est ma défense, et en même temps la vérité.

D. MM. les Jurés apprécieront. Je résume les faits : Maurice vous a accusé la nuit en votre absence. Vous êtes arrivé ; devant vous, il a été très-indifférent ; il n'a fait aucun geste. Il n'a pas parlé. En vous reconnaissant il reste calme, paisible, vous le dites vous-même ; il ne fait rien pour faire croire qu'il persiste dans son accusation. Mais, quand plus tard il est interrogé, il vous accuse violemment par le geste, par le regard, et par toute l'attitude de son corps. — R. De manière à m'impressionner vivement, oui, Monsieur.

D. Quand vous vous êtes approché de lui une seconde fois, le Juge d'instruction vous avait déjà averti qu'il vous accusait ? — R. Non ; il m'a fait avancer et m'a dit : « Vous allez entendre Roux, qui prétend que c'est vous qui l'avez mis dans cet état. » Et alors, il lui a fait subir un interrogatoire devant moi.

D. La nuit, il lui avait fait subir un interrogatoire sans vous ? — R. Je l'ai dit.

D. Le matin, il vous fait appeler, et vous dit : « Savez-vous que Maurice vous accuse ? » Et vous répondez : « C'est impossible. » C'est alors que le Juge d'instruction a fait la première confrontation ; il vous a conduit près du lit, et là, Roux a manifesté sa pensée par les moyens qui étaient en son pouvoir. Que lui avez-vous dit, quand vous avez reconnu qu'il persistait dans ses accusations par les gestes et par le regard ? — R. Je ne sais ce que j'ai dit. Quand le Juge d'instruction m'a imposé silence deux fois, chez moi, et qu'il a commencé à me malmener, comme un accusé, j'avoue que cela m'a fait quelque chose.

D. Je comprends que vous ne vous souveniez pas ; mais comme vos paroles ont été transcrites de suite par M. le Juge d'instruction, je puis vous les rapporter. Vous avez dit : « Comment, tu oses dire que je t'ai assassiné ! Mais je suis ton maître ; voyons, mon ami, je ne suis pas méchant, tu le sais ; je suis bon. » — R. Je ne crois pas l'avoir tutoyé ; je n'ai jamais tutoyé mes domestiques ; Mme Armand vous le dira.

D. Il paraît que dans ce moment vous l'avez tutoyé ? — R. Je me suis toujours plaint de cette erreur, parce que je suis à peu près sûr de n'avoir point tutoyé cet homme.

D. Cela n'a pas une grande importance. Enfin vous avez dit : « Comment, vous m'accusez, mais je suis votre maître ; je ne suis pas méchant, je suis bon, mon ami. » — R. Je ne crois pas avoir dit *mon ami* ; je ne puis me rappeler les termes que j'ai employés. On a pu constater cela dans l'interrogatoire, mais cela n'a pas été écrit dans la chambre. Cela a été écrit le lendemain ou le surlendemain. Le magistrat a pu se tromper après un jour ou deux.

D. Votre observation n'a pas une grande portée. Vous reconnaissez que vous avez dit à peu près la même chose. — R. Pas à peu près.

D. Reconnaissez-vous que vous avez parlé ensuite à Roux de la fille d'Alais ? Ne lui avez-vous pas dit : « N'est-il pas venu une fille d'Alais, ce matin, vous demander ? N'étiez-vous pas en correspondance avec cette fille ? Qu'avez-vous fait des lettres ? — R. Je tenais beaucoup à le savoir, parce que Madame m'avait dit avoir appris des domestiques que Maurice avait reçu des lettres. On lui a demandé ce qu'il en avait fait. Il a répondu qu'il les avait brûlées. J'ai demandé pourquoi. Le Juge d'instruction a répondu qu'il en avait eu le droit: C'était juste, mais enfin elles étaient brûlées, elles n'étaient plus là.

D. Quand vous répondiez avec une certaine vivacité, quand vous disiez: Comment, misérable, vous osez m'accuser! lui, que faisait-il? — *R.* Il me faisait des yeux à faire peur à un honnête homme.

D. Et il ne parlait pas; cela ne vous paraissait pas extraordinaire. Vous trouviez cela naturel? — *R.* Je n'ai pas fait de réflexions là-dessus. Je ne suis ni légiste, ni médecin.

D. Il était encore dans un état pitoyable, c'est incontestable. — *R.* Ce n'est pas mon avis.

D. Là, vous n'êtes pas d'accord avec les médecins, bien que leurs affirmations portent sur des faits constants. — *R.* Vous me demandez mon avis, je vous le donne, et non celui des médecins. Je crois que Maurice n'était pas malade; je sais que je ne suis pas d'accord avec les médecins, mais, puisque vous me demandez ce que je pense, je ne puis vous dire ce que je ne pense pas.

D. Aujourd'hui que vous avez beaucoup pensé à cette affaire, puisque vous êtes accusé, comment expliquez-vous qu'il ait gardé le silence, même en présence de votre dénégation; qu'il soit resté muet? Quel intérêt avait-il à cela? — *R.* Celui d'entendre tout ce qui se passait et de voir s'il pouvait jouer son rôle.

D. Je ne comprends plus. Il avait commencé son rôle la nuit, en votre absence. — *R.* Je vais tâcher de me faire comprendre. Maurice Roux a été trouvé à sept heures et demie dans la cave; il a entendu ce qui se disait à la cave et dans la chambre où on l'a transporté, et cela jusqu'au moment où nous sommes partis. Ce n'est que vers deux heures et demie du matin qu'il a songé à m'accuser. Il avait entendu que l'un le croyait mort, l'autre bien malade, enfin beaucoup de réflexions qui se sont faites et qui se font toujours en pareil cas. Rien ne lui avait échappé.

D. Vous voulez dire qu'il ne s'est décidé à persister dans son rôle que lorsqu'il a su qu'il avait produit une illusion suffisante, qu'on le croyait assez malade pour que sa comédie ne fût pas déjouée? — *R.* Il y a un petit fait que je suis bien aise de rappeler. Il était malade. M. Surdun, à ce qu'il paraît, lui avait visité la nuque et n'avait rien trouvé. Vers deux heures et demie, la première chose qu'il fait, c'est d'indiquer qu'il a quelque chose à la nuque. Nous avons vu dans l'instruction qu'il avait fait signe à un étudiant en médecine d'examiner sa nuque, et qu'à ce moment on y avait vu une écorchure.

D. Laissons de côté le coup à la nuque, nous y reviendrons plus tard. Je reprends ma question. Vous avez vu Maurice muet, et cela ne vous a pas étonné, et aujourd'hui vous ne vous expliquez pas pourquoi il simulait le mutisme? — *R.* Je ne suis pas compétent.

D. MM. les jurés apprécieront.

La confrontation se termine; le Juge d'instruction interroge Maurice, qui persiste à vous accuser; alors arrive votre mot : « C'est écrasant. » — *R.* Je n'ai pas dit cela. Je lui ai exprimé mon indignation dans les termes que j'ai rapportés. Du reste, je n'ai vu ce mot écrit nulle part.

D. Vous ne l'avez pas lu ni dit... cela suffit. — *R.* Ainsi que je l'ai déclaré à M. le Juge d'instruction, j'ai si peu de mémoire depuis que j'ai été malade, qu'il m'arrive même d'oublier le nom des personnes.

D. Vous ne paraissez pas manquer de mémoire en nous racontant ce qui s'est passé. — *R.* Je serais bien ignorant, si je ne pouvais le faire. J'ai dû m'occuper de mon affaire. J'en ai eu le temps depuis huit mois que je suis en prison et pendant vingt-sept jours de secret.

D. Continuons. Après la confrontation, le Juge d'instruction vous a quitté et est allé visiter la cave? — *R.* Non, je l'ai accompagné. En remontant, il m'a dit : « Vous viendrez au Palais avec la femme de chambre et la concierge. Alors je suivis le Juge d'instruction, qui voulait bien que j'allasse avec lui, tandis que le Procureur impérial marchait à trente mètres en avant, pour n'avoir pas l'air d'être avec moi.

D. Arrivés au Palais, vous avez été l'objet d'un interrogatoire. Là, vous avez affirmé de nouveau que le matin, à huit heures et demie, vous étiez dans la chambre de votre femme. Le Juge d'instruction, si vous l'ignorez, attendant, pour vous mettre en arrestation, de savoir si l'indication que vous donniez sur votre présence chez votre femme était exacte ou non. Alors, sur votre affirmation, il a pris les mesures que vous connaissez, il a fait appeler de suite vos domestiques. — *R.* J'ai eu l'honneur de vous dire que j'avais fait venir avec moi la femme de chambre et la concierge. Elles étaient dans l'antichambre du Juge d'instruction. Je sortais du cabinet avec ce magistrat, à midi, lorsqu'il leur dit : « Allez-vous-en, vous reviendrez à deux heures. » Je fis observer qu'il serait convenable de les garder. Il me répondit : « C'est inutile. » Je répliquai : « Si vous ne le faites pas par rapport à moi, faites-le par rapport au public. » La police avait répandu la chose avec beaucoup de malveillance dans la ville. J'ignorais encore l'accusation dont j'étais l'objet, que déjà toute la ville le savait. Le Juge d'instruction garda donc les deux femmes. Il leur envoya leur dîner, et j'ai été arrêté avant qu'elles aient été entendues.

D. C'est une erreur. — *R.* Le Juge d'instruction l'a dit, je le sais; mais la vérité, c'est que j'ai été arrêté à deux heures et demie. Peu m'importe ce que peuvent penser les autres, ce dont je suis sûr, c'est que j'ai été arrêté avant qu'aucun témoin eût été entendu, et sur l'interrogatoire muet de Maurice Roux, dont on eût pris la peine de s'informer quel était cet homme.

D. Cela prouverait que le Juge d'instruction avait été suffisamment impressionné pour croire aux indices de votre culpabilité. Mais il me semble qu'il affirme que, malgré la conviction que lui avait donnée l'interrogatoire, il avait suspendu le mandat d'arrêt, et tenté de vérifier l'exactitude de l'alibi invoqué par vous avant de prendre une détermination. C'est après avoir entendu la fille de chambre affirmer qu'à huit heures et demie vous n'étiez pas dans la chambre de votre femme, que le Juge d'instruction vous a fait arrêter.

Continuons. Lorsque vous avez quitté le Palais de justice, vous êtes retourné chez vous. Savez-vous que le Juge d'instruction, par une mesure que vous comprendrez, vous faisait surveiller et que votre maison était entourée de gendarmes et d'agents, de sorte que, si vous aviez pris la résolution de fuir, vous en auriez été empêché? — *R.* Si j'avais voulu m'en aller! M. Armand tient trop à son nom et à son honneur pour s'en aller. On aurait pu le mettre en liberté, qu'il ne se serait pas en allé, parce qu'il veut que tout le monde sache la vérité sur les infamies qu'on a dites de lui.

D. Quand vous avez parlé, dans la cave même, au Commissaire de police, de la fille d'Alais, vous avez dit que sa visite avait eu lieu à neuf heures et demie, puis, après réflexion, vous l'avez reportée à huit heures et demie ; si bien qu'on a cherché à établir dans la procédure et qu'on a, je crois, établi que cette fille était venue à huit heures et demie. Pourquoi ? — R. Vous ignorez, M. le premier Président, que je n'ai pas vu ces gens-là. La femme de chambre a dit qu'il était venu quelqu'un à huit heures et demie ou neuf heures. Je n'y ai pas fait attention. Aujourd'hui, je sais que c'est à neuf heures, trois témoins l'affirment, et je sais l'objet de cette visite. J'avais donné cette indication au Juge d'instruction. On a cherché longtemps ces gens-là sans les trouver. Vous verrez comment ils ont été interrogés.

D. Puisqu'ils sont assignés, ils nous fourniront leurs déclarations. Je croyais qu'ils étaient venus à huit heures et demie au plus tôt. Cela me paraissait résulter de la procédure.

Laissons la journée du 8. Vous êtes arrêté et mis en prison à deux heures, deux heures et demie, voilà les faits. M. le Juge d'instruction vous interroge le surlendemain 10, laissant toute la journée du 9 entre ces deux interrogatoires. Ce jour-là, il vous demande encore si vous persistez dans vos précédentes déclarations, notamment si vous affirmez que vous vous êtes trouvé dans la chambre de votre femme à huit heures et demie. Vous persistez. — R. Ce jour-là, M. le Juge d'instruction m'a reçu d'une façon telle, que j'ai cru qu'il y avait trois ou quatre faux témoins qui venaient m'accuser. Il me troubla ; je lui dis : Je ne veux pas continuer, je ne puis rien affirmer, je désire me retirer.

D. C'est un détail insignifiant. Vous avez persisté. Mais voici quelque chose qui a plus de portée. Ce jour-là, vous avez parlé de simulation. Vous n'avez plus cru à l'existence d'un assassinat. Vous avez dit que Roux avait joué la comédie, qu'il s'était étranglé et attaché lui-même. — R. C'était bien naturel. J'ai dit que c'était un misérable qui s'était fait cela, ou se l'était fait faire pour avoir de l'argent. J'avais réfléchi, et je ne pouvais croire autre chose.

D. Je vous demande la cause de ce changement d'idées ? — R. Vous ne comprenez pas cela. Je vois cet homme dans la position où on l'a trouvé, je pense qu'il s'agit d'un crime ; mais quand il m'accuse, je dis : C'est un misérable ! D'après lui, je serais un assassin !

D. On le prétend. — R. Jamais probablement vous n'avez vu devant vous un plus honnête homme que moi. J'ai cette prétention, je l'ai toujours eue.

D. Les débats éclairciront ce point. Quoi qu'il en soit, quand je vous vois parler d'abord d'assassinat et plus tard de simulation, j'ai le droit de vous demander la cause d'un pareil changement dans vos idées. — R. Dès qu'il m'accuse, c'est un misérable qui joue la comédie. C'est chez moi une pensée bien naturelle.

D. Vous ne vous préoccupez pas de cette idée qu'il est extraordinaire qu'il ait pu la jouer ? — R. Je ne me suis pas préoccupé de cela.

D. Ce qui me ferait croire le contraire, c'est que, ce jour-là, vous alliez jusqu'à penser qu'il n'avait pas été seul dans l'accomplissement de son rôle, qu'il avait eu des complices. — R. Je l'ai pensé. S'il fallait vous dire tout ce qui m'est venu dans l'idée, quand j'étais seul !

Après mon second interrogatoire, le Juge d'instruction me dit : On vous a vu à neuf heures moins un quart, vous déjeuniez. Il ne dit pas qu'on m'a vu monter et descendre à la cave. Je pensai alors que ce misérable aurait pu me perdre. Quel malheur d'avoir un domestique ! Je jurai que je n'en aurais plus ; Mme Armand se fera un devoir de m'aider à tenir ma parole. Oui, cet homme pouvait s'entendre avec la femme de chambre, la cuisinière, avec un locataire de la maison, avec les femmes qui viennent dans la maison, et faire dire qu'on m'avait vu monter ou descendre à la cave. Je pensai à la fille d'Alais qui était venue chez moi. La conduite de cette femme, vous la connaîtrez. Elle a tenu une maison peu honorable à Nîmes. Quand j'ai su qui elle était, il m'est venu une foule d'idées. Un matin, à mon réveil, il me vint à la pensée que cette femme était venue pour être justement ce témoin ; en effet elle était venue à neuf heures, mais heureusement la concierge lui parla à son entrée dans la maison, et l'en vit sortir. Alors j'ai été tranquille, j'ai pensé que c'était le témoin qui manquait.

J'appartiens à une honorable famille, j'avais une honorable position, je ne l'ai pas perdue, j'espère la retrouver. Pour m'atteindre, il fallait autre chose que la déclaration de ce misérable ! — Cette femme, c'était le témoin qui manquait à l'accusation !

M. le Procureur général. — Nous ne comprenons pas.

L'accusé Armand. — J'envoyai un petit billet à la maison, pour savoir si on l'avait vue monter à l'appartement ou en descendre. La concierge répondit : Je l'ai vue monter, je l'ai vue descendre, et elle a parlé aux domestiques.

M. le Procureur général. — On l'a entendue. Elle n'a jamais dit qu'elle eût vu Roux descendre à la cave. — R. On ne l'a interrogée que soixante-quinze jours après : elle ne pouvait le dire.

M. le Procureur général. — Quelle est votre idée ? — R. C'est qu'elle était venue pour être la complice de Roux.

Me Lachaud. — C'est une hypothèse, et non pas un fait. L'accusé indique le travail de son esprit ; il suppose que cette femme s'était concertée avec Roux, qu'elle était venue pour témoigner qu'elle avait vu descendre Armand à la cave, mais qu'elle n'avait pas exécuté son projet parce que la concierge était devant la porte.

M. le premier Président. — Voilà les complices, nous verrons cela.

Poursuivons. L'interrogatoire se termine, vous avez la pensée que Roux a joué la comédie, vous avez même dit qu'il pouvait avoir eu un complice et s'être fait lier par ce complice. Cela se rattache à l'enlèvement de la clé. Vous restez en prison, vous êtes interrogé le 13. Savez-vous que dans les trois jours qui se sont écoulés entre le 10 et le 13, Maurice Roux, à l'hôpital, avait été assez gravement malade, à la suite d'une crise qui s'était manifestée, pour qu'on crût ses jours en danger ? Savez-vous qu'alors Roux s'est confessé, qu'il a communié et qu'au moment où il allait recevoir la sainte hostie, le Juge d'instruction l'ayant interpellé solennellement et lui ayant demandé s'il persistait à vous accuser, il a répondu : Devant Dieu et devant la sainte hostie que je vais recevoir, je jure qu'Armand est mon assassin ? — R. Ne dites pas qu'il était gravement malade, il a trompé les médecins.

D. Il a trompé les médecins ! il a trompé la supérieure elle-même, il a trompé tout le monde, jusqu'au prêtre ! — *R.* S'il y avait eu là l'aumônier depuis longtemps attaché à l'hôpital, il ne s'y serait pas laissé prendre, et c'eût été un bonheur. Il aurait pu apprécier ce que vous venez de dire, et aussi que lui et le faire un ecclésiastique attaché depuis peu à l'hôpital.

D. Vous connaissez le fait, ce fait reste. Ce jour-là, le 13, vous avez eu avec Roux une nouvelle confrontation, et il a persisté à vous accuser. Vous souvenez-vous de ce que vous lui avez dit ? — *R.* D'abord, M. le Juge d'instruction m'avait raconté tout ce que vous venez de dire, et aussi que lui et le Procureur impérial, qui est protestant, mais cela ne fait rien, s'étaient agenouillés avec un grand recueillement, et avaient été très-frappés de la scène. Il m'avait donné tous les détails, et avait ajouté que Roux allait mourir. Je répondis : il continue sa comédie. — Comment pouvez-vous dire cela ? me répliqua-t-il. — Eh bien ! huit jours après avoir couru ce danger de mort, il allait au théâtre chaque soir !

Il a persisté dans sa déclaration la veille, en communiant ; il ne peut dire le lendemain que c'est lui qui est l'auteur du crime !

J'arrive donc, amené par l'ordre du Juge d'instruction. Le Procureur impérial et lui étaient là ; un seul gendarme était présent pendant la scène ; et ce gendarme a eu pitié de moi ; il m'a dit en me reconduisant : « Malgré la position que j'occupe, je suis prêt à déposer contre cette infamie. — Voyez de quelle façon je suis mené, lui ai-je dit. — Ah ! Monsieur, que je vous plains, m'a-t-il répondu, mais ne me faites pas perdre ma place. »

A mon entrée, le Juge d'instruction me dit : « Approchez, Armand ; écoutez ce que dit Roux. »

(L'accusé prononce ces dernières paroles d'un ton très-animé.)

Me Lachaud. — Calmez-vous, monsieur Armand.

Armand. — Personne ne saura jamais ce que j'ai souffert ce jour-là.

(L'accusé est très-ému.)

M. le premier Président. — Continuez.

L'accusé Armand. — J'avance, je lui dis : « Misérable ! malheureux ! Vous persistez à m'accuser et vous avez communié hier ! Vous avez pu ainsi tromper le bon Dieu ; vous êtes une canaille ! »

D. Vous vous êtes emporté. — *R.* Je n'y pouvais plus tenir ; alors Roux s'écria : « Faites-le venir, ce misérable, que je l'humilie. » Le Juge d'instruction me dit : « Avancez. » Je ne voulais pas ; il me força. Roux me dit des horreurs et me lança un coup de pied.

D. Un coup de pied ? — *R.* Je jure qu'il m'en a donné un. Il m'a humilié ; j'ai dû me retirer, et le gendarme m'a donné quelque chose pour me réconforter. On n'a dressé le procès-verbal que quand j'ai été sorti ; je ne pouvais plus y tenir. Le Juge d'instruction m'avait dit : « Misérable ! vous voulez donc finir de le tuer ? » Je vous l'avoue, je ne sais pas comment j'ai pu supporter cela. Le gendarme qui m'accompagnait, je le répète, n'a pu s'empêcher de me dire : « Comme je vous plains ! »

D. Ce qu'il y a de certain, c'est que vous avez répondu à Maurice Roux avec une grande violence. — *R.* Le procès-verbal a été écrit quand j'ai été parti. Quand je me rappelle cette scène, il y a de quoi me faire perdre la raison. Si je ne l'ai pas perdue, c'est que Dieu ne l'a pas voulu, afin que je puisse me venger de cette infâme accusation....

(L'accusé est tellement ému, qu'il ne peut continuer.)

M. le premier Président, à l'accusé. — Asseyez-vous. Quant vous serez suffisamment calme, nous continuerons.

(Au bout de quelques instants, M. le premier Président continue l'interrogatoire.)

D. Dans cette scène qui a eu lieu près du lit de Roux, n'avez-vous pas dit entre autres choses : « Mais, Roux, pourquoi vous aurais-je assassiné ? » Alors ne vous a-t-il pas répondu ceci : « Je l'ignore, mais dis-le, toi, car toi seul tu le sais. » Vous souvenez-vous de cela ? — *R.* Je ne puis m'en souvenir, mais j'accorde qu'il l'ait dit.

D. Il a répondu en vous tutoyant ? — *R.* C'est ce qui m'a indigné.

D. Vous ne le tutoyiez pas vous-même, et ce jour-là voilà cet homme auquel vous dites : « Pourquoi vous aurais-je assassiné ? » qui se retourne et vous répond : « Dis-le toi-même, toi seul le sais.. » Vous ne vous en souvenez pas ? — *R.* Non, Monsieur. J'ai eu l'honneur de vous dire que le procès-verbal avait été fait après que j'ai été sorti, et par conséquent très-longtemps après la scène.

D. Vous savez seulement qu'il vous a tutoyé. La scène de la confrontation se prolongeant ainsi, savez-vous ce que M. Dupré, médecin de la Faculté de Montpellier, qui avait suivi le malade depuis qu'il était à l'hôpital, a dit au Juge d'instruction ? — *R.* Non, M. Dupré n'est pas venu pendant que nous étions là ; mais seulement quand l'interrogatoire était fini.

D. Si cela n'a pas eu lieu devant vous, vous ne le savez pas ; mais je vous apprends que, d'après la procédure, M. Dupré a dit : « Il ne faut pas que la confrontation se prolonge ; l'état de Roux est trop grave : cela pourrait mettre ses jours en danger. » Donc, que Maurice Roux jouait la comédie, il trompait tout le monde ? — *R.* Il a trompé tout le monde !

D. Nous en avons fini avec les points principaux de la procédure ; je m'arrête à cette dernière confrontation, et je poursuis dans l'ordre des faits. Votre affaire a suivi son cours ; vous deviez être jugé au mois d'août, c'était le 7 juillet que le crime avait été commis ; je peux dire *crime,* Armand, car que vous disiez la vérité ou non, il y a un crime. Seulement il faut savoir qui, de vous ou de Maurice, en est l'auteur. — *R.* Oui, il n'y a que lui ou moi.

D. C'est donc le 7 juillet que l'événement a eu lieu, et c'est le 20 août que vous étiez cité à comparaître devant les assises ? — *R.* Je suis resté vingt-sept jours au secret sans voir personne.

D. C'est vous qui avez demandé la remise de votre affaire ? — *R.* Ne fallait-il pas me défendre ?

D. Ainsi, vous n'avez pas voulu être jugé le 20 août parce que vous n'étiez pas en état de vous défendre ?

Me Jules Favre. — C'est moi qui ne l'ai pas voulu ; j'en prends la responsabilité.

L'accusé Armand. — Je disais à tout le monde, parce que je le savais, qu'on ne pouvait me condamner.

M. le premier Président. — Je tenais à éclaircir ce point, à savoir que l'affaire était indiquée pour le 20 août, et qu'elle n'est pas venue parce que la défense n'était pas prête ; cela est exact. L'affaire a été renvoyée à la session suivante. Le 18 du mois de novembre, vous deviez être jugé. Ce jour-là, pourquoi ne l'avez-vous pas été?— *R.* Parce que je ne l'ai pas voulu.

D. Vous ne répondez pas... Vous êtes trop intelligent pour ne pas comprendre ma question. Je veux parler du second attentat dirigé contre Maurice Roux, et je vous demande pourquoi, le 18 novembre, l'affaire ayant été commencée, elle n'a pas eu de suite et a été renvoyée à une autre session? — *R.* M. le Président ne m'avait pas encore interrogé sur ce point. Je réponds que le renvoi a eu lieu sur notre demande, fondée sur ce qui venait de se passer.

D. C'est ce que je voulais vous amener à dire. — *R.* J'étais en prison; on est venu me dire ce qui se passait, que Roux avait été assailli par quelqu'un, par un monsieur comme il faut, parlant français, qu'il avait rencontré dans la nuit, et qui, après l'avoir promené, lui avait donné un coup derrière la tête.

D. Voilà le fait. C'est à la suite de cet événement que, le lendemain, aux assises, ne sachant pas si Roux pourrait venir déposer comme témoin, on a demandé pour vous le renvoi à une autre session. Savez-vous quelque chose sur ce fait? — *R.* Je sais beaucoup, j'ai lu l'instruction.

D. Vous savez beaucoup? Savez-vous, en effet, que Roux a reçu un coup violent à la tête?—*R.* Non, Monsieur.

D. Que le coup a été assez violent pour faire couler le sang? — *R.* Je n'ai pas su que le sang ait coulé.

D. Je l'ai su, moi; le sang a coulé. Savez-vous encore que Roux, à la suite de ce coup, est resté dix-sept ou dix-huit jours malade? C'est la durée de la maladie proprement dite. L'accusation pense que Roux est encore gravement malade des suites du coup qu'il a reçu. Les médecins vous diront quel était son état. Je ne vous interroge pas sur cela; je vous demande seulement si vous savez que la tentative ait eu de la gravité? — *R.* Je le sais pas; j'ai su qu'elle ait eu la moindre gravité. J'ai su que c'était toujours la même chose.

D. C'est ce que je voulais vous faire dire. — *R.* Je suis étonné que M. le Président, qui a connu l'affaire, fasse une demande à ce sujet; j'en suis fort étonné.

D. Je veux savoir l'opinion que vous avez sur ce second attentat; votre pensée est que ce second attentat est une comédie comme le premier. — *R.* Cela est visible, parce que cela s'est fait au grand jour.

D. La seconde fois, Roux a encore simulé, selon vous, un assassinat; c'était la suite de son rôle? — *R.* C'est parce qu'il ne voulait pas venir, de même qu'il n'est pas venu aujourd'hui.

D. Nous le verrons demain. — *R.* J'avais une grande crainte qu'il ne vînt pas.

D. Je vous annonce que je prendrai tous les moyens qui sont en mon pouvoir pour être éclairé sur la réalité de son état. — *R.* Je vous remercie, M. le Président.

D. Je tiens à faire vérifier s'il joue encore la comédie; ne doutez pas qu'il y ait des moyens de reconnaître si un homme est réellement malade. Il y a quelque chose qui ne peut tromper les gens de l'art. — *R.* Il y a longtemps qu'il les trompe.

D. Vous m'étonnez! Comment tromper à ce point les hommes de l'art? — *R.* Il me tardait beaucoup de vous dire ceci : quand la seconde affaire a eu lieu, M. Tardieu était à Montpellier. Il a un si grand nom, que nous pensions, mes conseils et moi, qu'il ne serait peut-être pas mal pour la Justice, afin qu'elle changeât de voie, s'il était possible, que M. Tardieu fût admis à voir le malade. Nous demandâmes donc à M. le Juge d'instruction et à M. le Procureur général d'en accorder à M. Tardieu la permission. Cette demande faite d'abord verbalement a été faite ensuite par lettre et par huissier. J'ai été bien fâché, je vous l'assure, qu'on n'ait pas voulu y faire droit; cela m'a peiné.

D. Le malade sera ici; vous ne serez pas jugé, je l'espère, sans qu'il soit entendu. M. Tardieu y est aussi, et pourra le voir. Soyez tranquille, nous ne procéderons pas avec légèreté; et tous mes efforts tendront, du commencement à la fin des débats, à faire ressortir la vérité. Je n'ai pas d'autre intérêt, pas d'autre but, vous n'en pouvez douter. — *R.* Merci, M. le premier Président, j'en suis heureux.

D. Il reste que, dans votre opinion, le coup du 17 novembre était simulé, et que Maurice Roux se l'est fait donner par un complice. — *R.* Je vais vous le dire. Un homme qui me connaissait, et qui m'aimait beaucoup, est malheureusement mort depuis le mois de novembre. Il a exigé que son gendre vînt déposer ici. Il a eu l'idée, à son lever, le matin, quand il apprit l'événement, d'aller visiter les lieux; il a trouvé une pierre à l'endroit où ce misérable était couché, et il n'y avait que celle-là dans la rue.... Peut-être ai-je tort de dire cela : mais j'ai fait comprendre à M. le Juge d'instruction qu'il y avait à Montpellier des individus d'Alais, qui étaient arrivés à dix heures et demie, le même soir, et qu'il pouvait les interroger.

D. Les individus d'Alais reparaissent; je dois supposer que, dans votre opinion, vous conjecturez que Maurice Roux s'est donné le coup, ou se l'est fait donner par des individus d'Alais? — *R.* Je n'accuse personne.

D. Je le sais bien; vous n'accusez personne, excepté Roux. — *R.* Personne que Roux. Il y avait un homme qui m'aimait beaucoup, parce que je lui avais rendu quelques petits services, et ce n'est pas extraordinaire; cet homme avait vu Maurice seul dans la rue.

M. le Procureur général.—Avez-vous signalé cela? — *R.* M. le Juge d'instruction eût pu le savoir comme moi. Car il prit toutes les informations possibles : et même, à ce propos, je lui dis : « Il est bien fâcheux que vous ayez porté les yeux sur une famille honorable comme la nôtre, et que vous ayez commencé par interroger ma famille, par confronter mon neveu et tous mes parents. »

M. le premier Président. — Il ne voulait pas croire à une dénonciation contre vous; il a fait toutes sortes d'efforts pour engager Roux à se rétracter. En lisant son procès-verbal, vous verrez les efforts qu'il a faits pour s'éclairer. — *R.* Je demanderai à M. le Président de vouloir bien donner lecture du procès-verbal.

D. Nous le verrons plus tard; ce sont des détails que je néglige pour le moment. Je poursuis l'interrogatoire. Je crois que je puis considérer comme un fait acquis que, d'après vous, le second coup est une simulation comme le premier.... — *R.* Et des plus claires.

M. le premier Président, continuant. — .... Qu'il se le soit appliqué à lui-même, ou qu'il se le soit fait donner par un tiers.

L'accusé. — Je vous remercie; c'est parfaitement ce que je voulais dire.

D. L'affaire a donc été renvoyée à la session suivante. Alors vous avez eu la pensée de décliner la juridiction de la Cour d'assises de l'Hérault?... Dites-nous pourquoi? — *R.* C'est M° Jules Favre qui l'a conseillé.

D. Je ne puis le lui demander; il sera libre de le dire, s'il le croit nécessaire. Mais je vous le demande à vous, qui ne pouvez l'ignorer. — *R.* J'y ai mis tous les empêchements possibles, je voulais être jugé chez moi. On écrivait régulièrement à M° Jules Favre ce qui se passait. M° Lachaud était présent lors de la seconde affaire, et c'est lui principalement qui nous a décidés à demander le renvoi.

M° Lachaud. — C'est vrai.

D. Vous n'avez pas voulu être jugé à Montpellier? — *R.* C'est malgré moi que je n'y ai pas été jugé. Si vous saviez combien M°° Armand a versé de larmes, et quels efforts ma famille a faits pour me décider!

D. Ainsi, si vous êtes devant nous, il faut que ces Messieurs le sachent, c'est parce que vous avez demandé à la Cour de cassation, qui a admis votre demande, que la Cour de Montpellier fût dessaisie. La Cour de cassation vous a renvoyé ici. — *R.* Voulez-vous me permettre une seule réflexion? Malheureusement, on s'est beaucoup occupé de mon affaire; dans le public, sans que je le susse, il n'était question que de cela. On disait que certainement je serais acquitté, mais que l'on me condamnerait à des dommages-intérêts, qu'il le fallait. Mes défenseurs ont eu vent de ces indiscrétions; voilà pourquoi ils ont tenu à ce que la Cour de Montpellier fût dessaisie.

M° Lachaud. — C'est l'arrêt de la Cour de Montpellier, Monsieur le Président, qui a suffi à la Cour de cassation pour ordonner le dessaisissement. Quand la Cour de Montpellier prononçait le renvoi à une autre session pour les motifs consignés dans son arrêt, il était évident qu'il n'y avait pas de justice calme possible dans ce pays; voilà pourquoi nous sommes ici. J'ai demandé le renvoi à une autre session, malgré Armand. Il a cédé parce que je le voulais, parce que je le lui ai dit que, voulant j'avais l'honneur de défendre un accusé comme lui, il fallait qu'il crût en ma parole; il y a cru. Quand nous avons demandé le renvoi devant une autre Cour pour cause de suspicion légitime, M° Jules Favre l'a exigé; il lui a écrit qu'il le voulait comme moi, et que, chargés de faire proclamer son innocence, il fallait que nous fussions devant des juges qui voulussent bien écouter froidement ce que nous avions à dire.

M. le premier Président. — Vous pouvez être certain que vous aurez ici une justice calme et impartiale.

Voici, je crois, le résumé de l'affaire. On a trouvé Roux, le soir, dans la cave dans un état pitoyable; cela, Armand, il faudra bien que vous l'admettiez. — *R.* Jamais!

D. Il touchait à la mort. Eh bien! il faut, ou qu'il ait été assassiné par vous ou par un autre que vous, ou qu'il se soit assassiné lui-même fictivement. Je crois qu'il résulte de vos réponses que vous ne pensez plus à un assassinat. Vous niez l'avoir commis vous-même, et vous ne pensez pas qu'il y ait un autre assassin. Aujourd'hui, vous êtes bien cantonné dans votre système de défense; c'est Maurice Roux lui-même qui a simulé un assassinat? — *R.* J'en suis sûr comme de mon existence.

D. Dans quel but? — *R.* Pour avoir de l'argent. On attend cet argent pour acheter un café.

D. Vous en a-t-il jamais demandé? — *R.* Il voulait m'en demander par force. N'est-il pas allé chez M. Bertrand, pour tâcher de m'en faire demander?

D. Mais s'il vous demandait de l'argent, il renonçait par là à son accusation. Vous en avait-il jusque-là demandé? — *R.* Non.

D. Avait-il plus qu'un autre besoin d'argent? — *R.* Il avait de grands besoins. Il disait que tous les soirs il allait au Casino.

D. Jouait-il? — *R.* Je ne sais.

D. Était-il dissipateur? — *R.* Si je lui avais connu des défauts, je ne l'aurais pas pris. Je vais vous dire ce qui est arrivé pour sa moralité. Il est malheureux que les journaux aient fait ce qu'ils ne font jamais, qu'ils aient dit les noms et fait connaître des choses qui n'étaient pas vraies, témoin le *Messager du Midi*, lequel a annoncé que j'étais descendu avec mon domestique à la cave.

D. Laissons les journaux de côté. — *R.* Cela a empêché des personnes de venir déposer. Quand on a voulu prendre leurs noms, elles ont dit: « Nous ne voulons pas venir. »

D. Ainsi, il est bien entendu que vous ne pouvez pas même aujourd'hui préciser spécialement un besoin d'argent de la part de Roux. Il n'avait pas de créanciers? — *R.* Il avait l'amour de la fortune.

D. Ainsi, d'après votre système, il s'est dit: « Je simulerai un assassinat; je soutiendrai jusqu'au bout qu'Armand a commis sur moi cet assassinat; je rendrai la Justice complice, involontairement sans doute, mais enfin complice de la comédie que je jouerai, et quand j'aurai fait condamner Armand, je lui demanderai de l'argent? — *R.* C'est bien son système.

D. Il est bien curieux, ce système! — *R.* Voulez-vous une preuve de mon opinion? Je suis bien aise de vous dire ceci: Il était à l'hôpital; il demandait à sortir; on ne voulait pas; cependant, on le lui permet; il sort avec un homme qui l'accompagne. Il se promène dans la ville, au marché, et s'arrête à chaque dix pas, disant: « Ecartez-vous, donnez-moi de l'air, » et cela, à la suite de sa communion, le misérable!

Le lendemain, il veut renouveler la même comédie; il se fait donner du bouillon, mais le médecin s'oppose à sa sortie; alors il sort sans la permission de celui-ci, qui, pour cette raison, n'a plus voulu le recevoir.

D. Ce système bien établi, examinons quelques points: Roux est descendu à la cave le matin; on ne l'a pas vu de la journée. Il y est resté sans manger jusqu'au moment où on l'a retrouvé le soir. — *R.* Il avait pu descendre du pain dans sa poche. Il savait aussi qu'on devait descendre à midi.

D. Pouvez-vous me dire comment il se fait qu'à ce moment Roux n'a pas commencé le ronflement, le râlement qui devait appeler la domestique? — *R.* Il fallait qu'il fit nuit. Il n'aurait trompé personne, s'il avait fait jour.

D. Alors ces pauvres médecins, aveugles pendant la nuit quand ils viennent dire que Roux était aux portes de la mort, ont été trompés? — *R.* Je fais observer à M. le premier Président que si Roux avait été couché à midi comme nous l'avons trouvé, la fille de chambre l'aurait vu, parce que la porte est à claire-voie.

D. Il a été trouvé les mains attachées derrière le dos, les pieds liés, une corde autour du cou, c'est peut-être faisable, nous le verrons; mais pour s'attacher ainsi les mains derrière le dos, il faut avoir une certaine habileté. — *R.* C'est la chose du monde la plus facile, je le soutiens. Nous prouverons qu'il est plus facile de se faire cette ligature à soi-même que de la faire faire par un autre. Je crois même qu'il est impossible que quelqu'un vous la fasse. Il est aussi facile de s'attacher les mains que de poser sa casquette sur sa tête. Je me le ferais en cinq minutes, quoique je sois estropié de la main droite; mais s'il fallait faire sur un autre le même travail, cela me serait impossible.

D. Vous n'admettez pas que Roux fût arrivé à cet état dangereux dont j'ai parlé? Alors je ne dois pas vous demander comment vous expliquez que, quand l'étranglement s'opérait, il n'ait rien fait pour appeler, il n'ait rien fait pour se détacher? — *R.* Je réponds qu'il est peut-être devenu plus malade qu'il ne l'aurait voulu. Vous me dites qu'il pouvait se détacher, oui; mais nous étions là; il aurait fallu aller chercher le Commissaire de police, attendre le serrurier et le médecin.....

D. La corde du cou a été enlevée dès l'instant qu'on est entré dans la cave; l'aggravation n'est donc point survenue pendant le temps écoulé depuis qu'on était descendu dans la cave?

Autre observation : Roux est descendu dans la cave, il y est resté tout le jour; il s'est attaché au point d'en mourir, et cet homme habile s'est enfermé! — *R.* Il le fallait. Je ne le croyais pas habile, mais il l'était beaucoup.

D. Mais ayant organisé son système longtemps à l'avance, selon votre idée, il aurait dû se dire : « Si je m'enferme dans la cave, on trouvera la clé! » Cela ne pouvait manquer. — *R.* C'est précisément pour cela qu'il l'a bien cachée.

D. Mon observation reste. Dans son système, enfermé ou non enfermé, il pouvait dire : « Armand est descendu et m'a frappé. » — *R.* Vous avez vu ma cave, Monsieur le premier Président. Si je m'étais trouvé avec vous à ce moment, je vous aurais montré qu'il était possible de cacher la clé de façon qu'elle ne pût être trouvée; je vais vous dire comment. La maison a quatre étages; c'est une maison bourgeoise; elle est bien construite. Il y a des murs de fondations de 1 mètre 20 à 1 mètre 30 d'épaisseur. Il est aussi facile de cacher une clé dans un des murs de fondation que d'y cacher un grain de blé. Qui a empêché Roux de cacher la clé à 1 mètre sous terre; qui l'a empêché de la mettre sous les fondations? Il est resté à la cave toute la journée!

D. Mais dans tous les cas il s'exposait à ce qu'elle fût trouvée. C'est un système insoutenable. — *R.* On n'a cherché la clé que pour m'accuser, pour savoir si j'aurais pu la jeter par la claire-voie.

D. Il est une chose que je ne vous permettrai pas : c'est de prétendre que ceux qui cherchaient la clé la cherchaient de manière à vous accuser. — *R.* C'était le Commissaire de police qui, deux jours après l'événement, faisait ces recherches.

D. Ne suspectez pas les intentions; il est impossible d'admettre qu'on a cherché la clé avec intention de ne pas la trouver et de vous accuser. — *R.* Permettez-moi une observation. Il y avait du bois dans la cave, de plus il était excessivement facile, avec la main, de faire passer la clé par la grille dans la rue. Je trouve précisément qu'un témoin dit avoir remarqué deux fois un individu qui n'est pas entré à la maison, mais qui stationnait de l'autre côté du boulevard. Je ne sais pas pourquoi il était là.

D. Vous admettez alors l'idée d'un complice venu pour recevoir la clé dès qu'elle passerait par la grille? — *R.* Il a pu aussi la cacher dans les fondations, enfin partout.

D. Il pouvait la cacher, mais je crois, et vous le reconnaîtrez avec moi, qu'on pouvait la trouver en quelque endroit qu'elle fût cachée, et on ne l'a pas trouvée. — *R.* On ne l'a pas cherchée.

D. Je ne puis vous laisser dire cela lorsque le procès-verbal du Juge d'instruction constate qu'elle l'a été. — *R.* Vous saurez comment, et quand.

D. Nous savons qu'à l'heure qu'il est, elle n'est pas encore retrouvée.

Roux a déclaré que le crime avait été commis le matin entre huit heures et demie et neuf heures. Ne comprenez-vous pas qu'en fixant ainsi cette heure, il s'exposait à être au premier pas arrêté dans son système? Il suffisait pour cela que vous pussiez démontrer que vous étiez réellement ailleurs qu'à la cave. Vous soutenez que vous ne pouviez être à la cave parce que vous étiez avec votre femme; convenez que, par sa déclaration, Roux rendait ainsi impossible son accusation. — *R.* Je dis, au contraire, que cela vient à l'appui de l'accusation. Il savait que j'étais au lit avec ma femme, et non ailleurs. Il savait que je me levais entre neuf et dix heures.

D. Il savait donc qu'on pouvait prouver que vous étiez au lit? — *R.* Mais non que j'étais chez Mme Armand.

D. Et la fille de chambre? — *R.* Elle était dans la cuisine; elle ne vient jamais dans la chambre que quand je suis sorti de chez Mme Armand. Il savait que je ne pouvais pas dire que je fusse ailleurs.

D. Ceci rentre dans le débat; c'est de la discussion. Ce que je puis dire, c'est que la fille de chambre vous donne sur ce point un démenti; elle affirme que vous n'étiez pas au lit avec votre femme. — *R.* C'est très-malheureux qu'elle l'affirme.

D. Elle dit ensuite vous avoir vu dans la salle à manger. — *R.* C'est très-malheureux qu'elle l'ait dit. Elle dit aussi qu'elle m'a vu déjeuner à neuf heures, et demie Or d'autres personnes m'ont vu faire mon petit déjeuner à dix heures comme d'ordinaire. J'aurais donc fait deux repas bien vite.

D. Ce que nous pouvons dire, c'est qu'elle n'avait aucun intérêt à dissimuler les circonstances qui vous sont favorables, car elle était à votre service. — *R.* Depuis très-peu de temps.

D. Avez-vous jamais eu à vous plaindre d'elle? Croyez-vous qu'elle fût la complice de Maurice? — *R.* Non; mais il est très-fâcheux que je craigne d'avoir en cette fille une personne qui ne dira pas toute la vérité. Depuis l'événement, elle ne pouvait faire un pas dans la maison sans être partout accompagnée; elle a toujours soutenu, au premier moment, que Maurice s'était suicidé; la cuisinière de même, tandis que moi je disais qu'il s'agissait d'un assassinat. Il est aussi très-regrettable qu'elle ait été voir Maurice à l'hôpital, alors qu'elle disait qu'elle avait peur de lui.

D. C'est vrai, elle y est allée en compagnie de la cuisinière. — *R.* Vous le savez. Cependant je ne l'ai pas vu dans l'instruction.

D. Il ne m'est pas défendu, j'espère, de m'enquérir de ce qui peut aider à la manifestation de la vérité? — *R.* Alors vous m'interrogez sans que je sache les faits sur lesquels porte votre demande.

D. Nous n'avons qu'une intention, c'est de découvrir la vérité. Ne vous étonnez donc pas que je recherche (c'est dans mon droit) tout ce qui peut aider à sa manifestation. — *R.* Et moi?

AFFAIRE ARMAND.

D. Pensez-vous que la cuisinière était, elle aussi, ou complaisante, ou complice? — *R.* Je ne puis le dire; mais j'ai été troublé quand j'ai su qu'elles étaient allées à l'hôpital, parce que la femme de chambre avait prié qu'on ne le dît pas à Madame. J'ai vu que c'était une comédie qui se jouait de sa part quand elle ne pouvait aller d'une pièce dans l'autre sans avoir peur, et qu'il lui fallait quelqu'un pour l'accompagner dans la maison.

D. Vous soutenez que la femme de chambre ne dit pas la vérité? — *R.* Je dis qu'elle se trompe.

D. J'avais besoin de faire fixer ce point. Armand allait jusqu'à accuser cette fille de complicité avec Roux, en expliquant ainsi l'intérêt qu'elle avait d'aller le voir à l'hôpital. — *R.* Donnez à cette visite la couleur que vous voudrez, je puis bien lui en donner une qui ne sera pas la vôtre. Cela a pu m'inquiéter un peu. Quand elle aura déposé, nous en saurons peut-être davantage. Mais voilà une fille qui n'a pas voulu rester à la maison, malgré les efforts qu'on a faits pour la garder.

D. Pourquoi est-elle sortie? — *R.* Nous n'en savons rien. J'espère qu'elle le dira.

D. Il est bien plus fréquent de voir altérer la vérité en faveur d'un accusé que contre lui. — *R.* Cela dépend.

D. Pour moi, je suis très-porté à croire que, dans cette affaire, si des témoins dissimulent tout ou partie de la vérité, ce serait plutôt pour vous être favorables que pour vous être nuisibles.

M. le Procureur général. — C'est dans nos mœurs.

Armand. — Je reconnais avec vous que cela doit être. Mais pendant huit mois on a beaucoup parlé de mon affaire. On a dit des infamies, des choses de l'autre monde. Cela s'est répété dans le public. Pourquoi a-t-on renvoyé l'affaire devant vous, sur ma demande? Cela n'est pas ordinaire. C'est la première fois que cela arrive. Il a dû y avoir des raisons pour cela.

D. D'après vous, Roux est un malheureux? — *R.* Il m'en coûterait la tête pour le dire, que je le dirais toute ma vie.

D Il vous accuse, il persiste à vous accuser devant tous. — *R.* Il m'a accusé devant Dieu, et il a communié!

D. Précisément. Cet homme fait bon marché de son âme. Mais les malheureux comme lui comptent avec leur corps. Savez-vous que si Roux vient ici persister dans son accusation mensongère, s'il est un faux témoin, il s'expose lui-même à une peine terrible? Vous admettez donc que cet homme, après avoir bravé Dieu et les hommes, vient ici compromettre sa sûreté, sa liberté, peut-être sa vie, si, par un faux témoignage, il amenait votre condamnation? Vous croyez qu'il peut tout braver pour avoir de l'argent? — *R.* Tout.

D. S'il est vrai qu'il soit difficile d'admettre que vous, sans motif sérieux, vous vous soyez déterminé à assassiner votre domestique, il est encore plus difficile d'admettre que Roux ait organisé, opiniâtrément soutenu le système dangereux qu'il maintient. — *R.* C'est une appréciation.

D. Un dernier mot. Je viens de dire qu'il pouvait y avoir difficulté à admettre que vous vous fussiez déterminé à assassiner votre domestique. Voyons, Armand, les choses ne se sont-elles pas ainsi passées : n'êtes-vous pas descendu à la cave sans l'intention de le tuer, mais avec l'intention de le corriger, comme vous en aviez corrigé d'autres? — *R.* Mais il sortait de ma chambre!

D. Vous lui aurez donné un coup. La force de ce coup aura dépassé votre attente; il sera tombé évanoui... — *R.* Je serais allé à son secours.

D. Vous auriez été embarrassé en présence de cet homme que vous ne vouliez pas tuer, et qui cependant était à peu près mort. Alors, et c'est ce que je puis admettre de plus favorable pour vous, vous auriez perdu la tête; vous vous seriez dit : « Cet homme reviendra peut-être à la vie; il m'accusera. Il faudra comparaître en justice, me défendre. Eh bien! pour avoir son silence, je vais l'achever. N'est-ce pas vrai? — *R.* Je suis incapable de faire une égratignure à quelqu'un. Je suis un homme trop vif, malheureusement pour moi, pour être allé à la cave derrière cet homme. Je ne savais pas qu'il eût dit que ma maison était une baraque.

D. Vous continuez à nier?

Me *Jules Favre.* — Il ne nie pas, il explique, ce qui vaut mieux.

M. le premier Président. — Demain les débats proprement dits commenceront. Nous entendrons les témoins.

M. le Président, avant de lever l'audience, prévient MM. les Jurés qu'ils ne doivent avoir désormais de communication d'aucune sorte avec personne, à propos de l'affaire qui leur est soumise.

Le lendemain, 15 mars, la Cour entre en séance à dix heures et demie.

On appelle les témoins qui n'avaient pas répondu la veille. Maurice Roux se présente.

M. le premier Président, à Roux. — Pourquoi n'avez-vous pas paru hier? — *R.* J'étais indisposé.

On procède à l'audition des témoins à charge.

M. Bayssade (Jean), Commissaire de police, à Montpellier. — Le 7 juillet, à huit heures et demie du soir, il fut informé qu'on avait trouvé un homme pendu dans la cave d'une maison du boulevard du Jeu de Paume. Cette maison était celle de M. Armand. Il s'y transporta de suite. Étant descendu dans la cave, il y trouva le *cadavre* d'un individu entouré de plusieurs personnes, parmi lesquelles M. Armand, le docteur Surdun. Venu avec l'idée d'un suicide, il demanda en quel lieu le cadavre avait été trouvé. Armand, le premier, répondit : « Ce n'est pas un suicide, c'est un assassinat accompli par plusieurs personnes; une seule n'aurait pu mettre la victime dans cet état. » Le témoin examina le cadavre, et demanda au docteur Surdun si cet homme était mort depuis longtemps. Le docteur Surdun répondit : « Cet homme n'est pas mort; il donne encore quelques signes de vie; mais il est urgent de lui donner les soins les plus énergiques, car sa vie est près de s'éteindre. »

On lui remit une corde qui avait été enlevée de son cou par le docteur Brousse. Une autre corde serrait les bras du patient placés derrière le dos; il voulut lui-même la délier, mais il ne put venir à bout de le faire, parce que le nœud était excessivement serré. Il pria le docteur Surdun de procéder à la rupture de ce nœud, et il croit que le docteur prêta les ciseaux de Raynal, lequel les passa entre les deux bras et coupa ainsi la corde. Le mouchoir qui liait les pieds n'était pas aussi fortement attaché; le témoin put le dénouer et l'enlever.

Sa première pensée fut de faire transporter le malade à l'hospice; mais sur la crainte exprimée par le docteur Surdun qu'il ne mourût en route, il le fit porter, sous la surveillance de l'agent qui l'avait accompagné, dans la chambre qu'occupait Roux, rue des Grenadiers. Lui, sans désemparer, invita M. Armand à lui donner des renseignements qui pussent le mettre sur la voie des auteurs de ce crime, avec l'indication des causes qui auraient pu le provoquer. M. Armand l'engage à monter à son appartement, situé au deuxième étage, et là, lui dit : « Je ne puis donner aucune indication, ni sur la cause de cet assassinat, ni sur ses auteurs ; je ne les connais pas. »

Le témoin lui demanda quelles étaient les relations de Roux au dedans ou au dehors de la maison ; quelle était la nature de ces relations ; s'il lui connaissait des ennemis capables d'avoir commis ce crime. M. Armand lui répondit : « Je ne sais rien de ses relations ; je sais seulement qu'il a la passion des femmes. Je lui a déjà fait des observations à ce sujet. De plus, je l'ai rencontré, il y a peu de jours, aux environs de la gare, en compagnie de deux filles de mine suspecte. Je lui ai signifié que je n'étais pas d'humeur à subir et à tolérer une pareille conduite. » M. Armand ajouta : « Il entretient une correspondance très-active avec une fille d'Alais qui a servi avec lui dans la même maison, et avec laquelle même il paraît avoir des relations très-intimes. Ce matin, à neuf heures, une femme est venue le demander qui arrivait d'Alais, envoyée, paraît-il, par la fille dont je viens de parler ; après s'être assurée, près de la concierge, si Roux était bien domestique dans la maison, elle était montée au deuxième étage, où elle avait trouvé la femme de chambre, à laquelle elle s'était annoncée comme venant de la part de la fille d'Alais, pour réclamer de Roux l'exécution d'une promesse de mariage qu'il lui avait faite. La femme de chambre lui répondit que Roux n'était pas dans la maison, qu'il était sorti, qu'on le trouverait peut-être dans la rue des Grenadiers, à sa chambre. La femme s'était retirée sur cette réponse ; on ne l'avait plus revue. »

Le témoin demanda à M. Armand en quoi consistait le service de Roux. Il lui fut répondu qu'il venait habituellement tous les jours de sept heures à sept heures et demie pour ouvrir les volets, monter l'eau et le bois à la cuisine, etc., en un mot, faire son service de valet de chambre. M. Armand ajouta que ce jour-là son domestique n'était pas venu le matin aux heures habituelles ; que la femme de chambre l'avait vu à huit heures et demie dans la cuisine ; qu'il avait pris alors sa casquette pour redescendre, et qu'à dater de ce moment, il avait disparu.

M. Armand lui dit encore que, dans la matinée, il ne s'occupait pas de son domestique. Quand il était rentré à midi pour dîner, ne le voyant pas pour servir à table, son absence avait attiré son attention. Vers deux heures, préoccupé de cette absence, inquiet de savoir ce que son domestique était devenu, il était allé chercher le serrurier Servent pour faire ouvrir sa chambre. Cela n'avait abouti à aucun résultat ; il n'avait pas trouvé Roux. Vers six heures et demie, ayant une voiture en réparation chez un carrossier, il y était allé, pensant que celui-ci pourrait lui en donner des nouvelles ; le carrossier ne l'avait pas vu. Il était rentré chez lui pour souper, et c'est à ce moment, lorsqu'il était déjà à table, que la femme de chambre était descendue à la cave pour aller chercher du vin, était remontée précipitamment, vivement troublée d'un bruit qu'elle avait entendu dans la cave voisine, celle où Roux avait été trouvé. Armand était descendu à la cave, avait regardé par la claire-voie de la porte, et aperçu Roux étendu par terre. N'ayant pas la clé, ne sachant où elle était, il avait envoyé chez le serrurier Servent pour qu'il vînt ouvrir la porte, et lui-même était allé chercher le docteur Brousse. La porte enfoncée (le serrurier n'avait pu la crocheter), on avait trouvé Roux étendu la face contre terre sur un tas de charbon pulvérisé ; les bras étaient liés derrière le dos, les jambes attachées par un mouchoir. En outre une corde était passée autour du cou. Le docteur Brousse l'avait enlevée pour rétablir la respiration. Le témoin parla à M. Armand de cette femme d'Alais qui était venue ; M. Armand exprima la pensée que cette femme, de même que la fille d'Alais dont elle s'était dite la messagère, pouvaient bien n'être pas étrangères au crime. Il ne disait pas cela d'une manière affirmative. C'étaient plutôt des suppositions, que le témoin considérait comme graves, en ce sens qu'elles le mettaient à même de saisir immédiatement les traces des auteurs du crime.

Cette déclaration reçue, le témoin fit appeler la femme de chambre et la concierge, qui la confirmèrent. La concierge ajouta qu'elle n'avait pas vu Roux dans la matinée, ni personne autre que la femme d'Alais.

Ces premières opérations terminées, le témoin recueillit ses notes, et se rendit ensuite dans la chambre de Maurice Roux, qu'il avait confié aux soins du docteur Surdun. Le malade avait encore ses vêtements, car on avait voulu attendre sa présence pour le déshabiller. Cela fait, et pour s'assurer s'il y avait eu lutte, si la victime s'était défendue, il examina son corps ; mais cet examen fut superficiel, l'état du malade, quoiqu'il ne parût pas complétement désespéré, exigeant un calme absolu. Cependant M. Surdun et le témoin remarquèrent, à la partie postérieure du cou, à droite, une plaque rouge. M. le docteur fit alors cette observation : « Je ne puis pas examiner cette plaque assez sérieusement pour en déterminer la cause et l'origine ; mais demain matin probablement le malade sera un peu mieux, et je procéderai à un examen plus sérieux. » Roux, dans ce moment, était dans un état à ne pouvoir donner, ni sur les auteurs du crime ni sur ses causes, la moindre indication, et pour que le traitement prescrit à son égard eût quelque efficacité, un repos absolu était de toute nécessité.

A la première nouvelle qu'il avait reçue du crime ou suicide, le témoin avait fait prévenir M. le Procureur impérial, M. le Juge d'instruction et M. le Commissaire central, pour qu'ils eussent à se transporter sur les lieux ; mais, sur la déclaration de M. le docteur Surdun qu'il n'y avait rien autre chose à faire que de suivre le traitement qu'il avait prescrit, le docteur et lui se retirèrent vers minuit.

Deux agents furent laissés près du malade, ainsi qu'un élève en médecine, qui était venu offrir spontanément ses services. Il y avait en outre près de lui deux hommes attachés à la maison, Malzac et le concierge.

Le témoin, en quittant la chambre de Roux, avait expressément recommandé aux agents que, s'il reprenait ses sens, on vînt immédiatement l'en avertir. A sept heures du matin, on vint le prévenir que Roux, après une nuit satisfaisante, avait repris ses sens ; que ses facultés mentales étaient revenues, et que notamment il avait répondu aux questions qui lui avaient été faites soit par les agents, soit par l'élève en médecine. Il se transporta près de lui, lui parla, reconnut qu'il entendait, qu'il comprenait, et que s'il ne pouvait répondre par la parole, il pouvait au moins répondre par signes. M. le Procureur impérial et M. le Juge d'instruction devaient venir vers huit heures. Le témoin jugea convenable d'attendre leur arrivée, et quitta la chambre. Vint ensuite le docteur Surdun, qui examina le malade et lui adressa diverses questions. « Vous ne savez pas une chose? lui rapporta aussitôt M. Surdun; vous ne vous douteriez pas qui Roux accuse de l'avoir assassiné? — Non, lui répondit le témoin; mais s'il peut le dire, ce sera très-heureux. » Alors le docteur lui raconta avoir demandé à Roux qui lui avait fait du mal la veille, si c'étaient des gens de la maison? Sur ce dernier point, la réponse avait été affirmative. — Etaient-ce des personnes du rez-de-chaussée? — Réponse négative. — Du premier étage? — Réponse négative. Deux locataires habitent le second. Etaient-ce les gens de l'appartement donnant sur le derrière? — Réponse négative. — Etait-ce quelqu'un de chez M. Armand? — Deux fois réponse affirmative. — Est-ce M. Armand? — Réponse affirmative très-énergique. »

Le témoin pria M. le docteur Surdun de ne rien dire de ces réponses à personne jusqu'à l'arrivée de M. le Procureur général et de M. le Juge d'instruction.

Il se trouvait dans la rue quand il vit venir M. Armand, en compagnie de M. Biquet, son oncle. Après ce qu'il venait d'apprendre, le témoin pensa qu'il y avait lieu d'apporter la plus grande attention à cette visite qu'Armand allait rendre à Roux, et, s'empressant de regagner la chambre, il se plaça de manière à pouvoir étudier avec soin les deux physionomies de l'accusé et de l'accusateur. M. Biquet s'approcha le premier du lit de Maurice, et lui demanda avec un air affectueux comment il se trouvait. Roux répondit par signes qu'il se tenait un peu mieux. Pendant ce temps, Maurice tenait ses regards fixés sur M. Armand, qui les supportait sans s'émouvoir, d'une façon tout-à-fait passive, les deux mains dans les poches de son pantalon. Quand M. Biquet se fut éloigné et qu'Armand eut pris sa place près du lit de Roux, celui-ci se mit à le fixer avec des yeux dont le témoin ne saurait rendre la fidèle expression. M. Armand dit à Roux : « Me reconnaissez-vous? — Réponse affirmative par un léger signe de tête. » Maurice Roux leva alors sa main gauche, la porta jusqu'au gilet d'Armand, où il la tint suspendue pendant quelques instants, puis la laissa retomber. On lisait sur sa physionomie des sentiments qu'il ne pourrait exprimer que quand il aurait recouvré l'usage de la parole. M. Armand paraissait, lui aussi, impressionné; sa figure était légèrement contractée. Etait-ce de voir son domestique en danger de mort? Etait-ce par tout autre motif? Le témoin ne saurait le dire.

M. le Procureur impérial arriva quelques instants après. Il s'empressa de lui communiquer ce que lui avait appris le docteur Surdun, et lui apprit le résultat de ses observations personnelles sur M. Armand et sur Roux. M. le Procureur impérial, pour se rendre compte sans doute du degré d'intelligence du malade et de l'état actuel de ses facultés mentales, demanda qu'on lui apportât un tableau alphabétique, qu'il soumit à Roux, en lui demandant, toutes les fois qu'il pointerait une lettre qui entrerait dans la composition du nom de son assassin, de la lui indiquer. La première lettre de l'alphabet est pointée et indiquée; d'autres lettres succèdent jusqu'à composer le mot *Armand*. M. le Procureur impérial ne voulut pas s'en tenir à une seule épreuve; il renouvela plusieurs fois l'expérience et il obtint toujours le même résultat, c'est-à-dire que chaque fois Roux désigna son maître comme son assassin.

A ce moment vint le Juge d'instruction. M. le Procureur impérial le mit au courant de ce qui venait de se passer. M. le Juge d'instruction procéda lui-même à l'expérience. Le résultat fut identique. Il sembla même que Roux devenait de plus en plus affirmatif.

En présence de cette vive persistance, M. le Juge d'instruction ordonna la confrontation de M. Armand avec Maurice Roux. Auparavant, il essaya de faire comprendre à Roux la gravité de l'accusation qu'il portait contre un homme dont la position sociale devait le mettre à l'abri du soupçon d'avoir commis un crime. Roux persistant avec force, la confrontation eut lieu. Elle amena, de la part de Roux, d'énergiques affirmations; de la part d'Armand, des dénégations non moins énergiques.

A la suite de cette confrontation, M. le Juge d'instruction prescrivit la visite des lieux. Elle fut faite immédiatement; M. Armand accompagna M. le Juge d'instruction et M. le Procureur impérial. Le témoin fut invité à les suivre. Tous se rendirent dans la cave où Roux avait été trouvé; on l'examina en tous sens; le témoin donna communication de tous les renseignements qu'il avait précédemment recueillis.

—Cette visite terminée, continue le témoin, nous montâmes au cabinet de M. le Juge d'instruction. M. Armand s'y rendit avec nous. M. le Juge d'instruction entendit M. Armand et le renvoya vers midi, en lui disant que, s'il avait besoin de lui, il le rappellerait.

A deux heures, je fus mandé par M. le Juge d'instruction. Dès que je fus dans son cabinet, il me remit un mandat d'arrêt décerné contre M. Armand et m'invita à le mettre à exécution à l'instant même. Je n'avais pas autre chose à faire qu'à obéir. Je me transportai chez M. Armand, que je trouvai dans son appartement entouré de sa famille. Je lui dis que j'avais des ordres à accomplir, et l'invitai à se rendre de suite près de M. le Juge d'instruction : « Bayssade, m'avait dit le magistrat, qu'il n'y ait pas de scandale, si c'est possible : tâchez d'arriver par des moyens autres que la force; accomplissez votre mandat de la façon la plus convenable que vous pourrez. » Aussi m'étais-je rendu seul auprès de l'accusé. Eloigné de croire à une arrestation, M. Armand me répondit : « Je n'ai rien à faire avec M. le Juge d'instruction; je suis resté assez longtemps dans son cabinet; je n'ai pas besoin de retourner près de lui. » Je répliquai : « Il serait fâcheux que M. le Juge d'instruction, s'il a besoin de vous voir, fût obligé de recourir à des moyens énergiques; veuillez venir avec moi. » M. Biquet était là; je le priai d'user de son influence sur M. Armand; je lui dis : « Qu'il consente à me suivre, mais qu'il marche avec vous; je ne vous pas le tenir au collet; je vous précéderai à dix pas. » Sur les instances de son oncle, M. Armand consentit à me suivre. Arrivé dans la cour du Palais, je dus mettre à exécution le mandat dont j'étais porteur et que j'exhibai. M. Armand protesta énergiquement contre cette mesure, mais grâce encore à l'intervention de M. Biquet, il consentit à se rendre à la prison. »

Telles sont les opérations auxquelles le témoin a pris part dans la soirée du 7 juillet et dans la journée du 8.

Le lendemain, sur une commission rogatoire de M. le Juge d'instruction, il procéda à une visite domiciliaire dans la maison de M. Armand et dans les divers locaux dépendant de son habitation. Il avait mission de rechercher la clé de la cave qu'on n'avait trouvée nulle part. Après qu'on eut pris connaissance de son mandat, on mit tout à sa disposition. Beaucoup de personnes se trouvaient réunies dans la maison. M. Bencker, M. Biquet, des parents et amis de la famille. Des recherches furent faites partout ; elles ne produisirent aucun résultat. Comme le témoin allait quitter le deuxième étage, Mme Armand voulut soumettre à son examen un paquet de linge sale, mis de côté par Maurice Roux, dans lequel elle supposait qu'on trouverait peut-être des pièces appartenant à la maison et marquées à ses initiales. Il y avait en effet une serviette sale, un torchon de cuisine, marqués A. A.

Le témoin descendit ensuite à la cave. Elle était encombrée de bois, qu'il fallut passer d'un côté pendant qu'on explorait l'autre. Ce travail fut fait en présence de la famille. On ne trouva rien.

M. Bencker fils et le témoin firent une expérience afin de savoir à quelle distance irait tomber une clé jetée de l'intérieur de la cave par la claire-voie de la porte. Cette expérience indiqua 1 mètre à 1 mètre 50.

Le témoin a oublié de dire que, dans le tiroir d'un meuble (un buffet, interrompt la défense), il a trouvé et saisi une corde qui lui a paru être semblable à celle qui liait les bras de Maurice Roux. La cave explorée, le témoin visita le comptoir de M. Armand, les écuries, les remises, la chambre de Roux, toujours accompagné de la famille. Dans l'une des pièces du comptoir, il trouva deux bouts d'une corde pareille à celle qu'il avait saisie déjà ; il les saisit également. Quant à la clé, on ne la trouva nulle part.

Plus tard, le témoin ne saurait préciser le jour, M. le Juge d'instruction l'appela pour assister à la communion de Maurice Roux, à l'hôpital.

Ici le témoin rend compte d'une opération à laquelle il s'est livré, deux jours après l'admission de Roux à l'hôpital, et quand il avait recouvré l'usage de la parole. Il était encore sous le coup de l'impression qu'il avait ressentie de l'entrevue d'Armand avec Maurice Roux, dans la chambre de ce dernier. Il alla trouver Roux à l'hôpital, le questionna. Celui-ci, après lui avoir déclaré qu'il se rappelait bien cette entrevue, ajouta : « Quand j'ai vu Armand, j'ai senti tellement en moi le désir de me venger, que j'ai levé la main vers lui avec le désir de me venger, avec l'intention de lui déchirer le visage ; mais elle est restée suspendue au gilet, et elle n'est retombée que quand Armand a fait un mouvement pour me faire lâcher prise. »

Le témoin paraît fatigué ; cependant, après un instant d'interruption, il continue, et rend compte de la scène de la communion, à laquelle il a assisté, à la demande de M. le Juge d'instruction.

M. le premier Président au témoin. — Votre déposition est terminée ? — *R.* Oui, Monsieur.

D. Vous avez plusieurs fois, dans votre déposition, employé le mot de *cadavre* en parlant de Maurice Roux ; cependant il n'était pas mort ? — *R.* Je ne savais pas dans quelles circonstances il était quand je suis entré dans la cave. J'arrivais sous l'influence qu'un homme avait été trouvé pendu dans la cave. La position du corps était de nature à me confirmer dans cette idée. Voilà pourquoi j'ai dit et répété que je croyais voir un cadavre dans l'individu qui était étendu sur le sol.

D. Vous savez aujourd'hui quel est le système de défense d'Armand ? Il dit que Roux a joué la comédie. Eh bien ! je vous demande si l'impression que vous avez reçue à l'aspect de Roux était que cet homme, en ce moment, jouait une comédie quelconque ? — *R.* Non, Monsieur le premier Président, je n'ai pas cru que Roux jouait la comédie. Je pouvais d'autant moins le croire, que M. Armand m'affirmait qu'il était victime d'un assassinat. D'ailleurs, il avait plutôt l'air d'un cadavre que d'un homme vivant.

D. Pouvez-vous nous dire comment Roux était attaché ? — *R.* La corde du cou était déjà enlevée. Avant de couper les liens qui tenaient les bras, je constatai que *les cordes faisaient trois fois le tour des bras.* C'est la mémoire des yeux qui me sert pour représenter la situation de Roux. Les bras étaient liés l'un à l'autre, et les mains se trouvaient dos à dos.

D. Faites-nous le geste. — *R.* (Le témoin fait le geste.) M. Surdun, qui coupa la corde des bras, passa son instrument entre les deux bras. J'avais essayé inutilement de défaire le nœud ; il était tellement serré, que je n'avais pu y parvenir.

Diverses questions sont encore adressées au témoin, ayant pour but d'établir la position exacte des pieds et l'état de la ligature. Il résulte de ses réponses qu'ils étaient attachés au-dessus des talons, par un mouchoir noué par derrière, et dont les nœuds étaient très-apparents ; que, le corps étant couché sur le ventre, les nœuds faisaient face au spectateur ; que la jambe gauche était légèrement ramenée sur la jambe droite par l'effet du nœud.

D. L'opinion de tous ceux qui vous entouraient n'était-elle pas qu'un assassinat avait été commis sur la personne de Roux ? N'était-ce pas l'opinion d'Armand ? — *R.* Je ne puis dire que c'était l'opinion de tous. Je ne leur ai pas demandé de s'expliquer. Quant à M. Armand, il me l'a dit non-seulement à la cave, mais dans son appartement.

D. Lors de la confrontation entre Armand et Roux, dans la chambre de Roux, vous a-t-il paru que Roux jouât la comédie. — *R.* Non, il m'a paru sincère dans ses affirmations, et nullement excité par une passion quelconque.

D. Il regardait Armand fixement ? — *R.* Deux épées tendues n'auraient pas fait le même effet que ses yeux.

D. N'avez-vous pas constaté alors l'existence d'une plaque rouge sur le cou de Roux ? A quel endroit était-elle ? — *R.* Sur la partie droite du cou, au-dessous du cuir chevelu.

D. C'est-à-dire à la nuque. Etait-elle bien visible ? — *R.* Très-visible ; je la signalai à M. Surdun.

D. A l'hôpital, quand Roux a fait sa communion, vous a-t-il paru sincère ? — *R.* Sincère, et excessivement affirmatif.

D. Comment s'est opérée la recherche de la clé dans la cave ? — *R.* En fouillant le sol à vingt-cinq ou trente centimètres de profondeur.

D. Il y avait des membres de la famille qui cherchaient avec vous, qui vous guidaient dans vos recherches ? — *R.* Oui, je m'inspirais de leurs avis.

D. De sorte que, quand l'opération fut terminée, il demeura acquis pour tous que la clé n'était pas dans la cave ? — *R.* D'une manière très-évidente et très-certaine.

D. Il y a, à côté de la cave dans laquelle vous avez cherché le caveau du vin, qui communique avec la première par une fenêtre grillée. Avez-vous cherché dans ce caveau au vin ? — *R.* Aussi minutieusement que dans la grande cave.

Interpellé sur le torchon et la serviette sales trouvés dans le paquet soumis à son examen dans la cuisine, le témoin pense que tout cela était destiné à la lessive, qu'on ne peut supposer que Roux voulût s'approprier ces deux objets.

M. le premier Président. — Quelle était la réputation d'Armand à Montpellier ? Quel caractère lui accordait la notoriété publique ? — *R.* Un caractère violent, colère. Au reste, M. Armand m'a fourni lui-même l'occasion d'être fixé sur son caractère, et voici dans quelle circonstance. En janvier 1863, il vint à mon bureau, accompagné par son oncle Biquet, pour se plaindre contre un cocher qu'il avait renvoyé, et qui était venu ce jour-là à son comptoir lui réclamer le montant de ses gages. Dans sa plainte, M. Armand me dit que ce cocher s'était présenté chez lui la menace et l'injure à la bouche; qu'il avait été obligé de l'expulser pour se soustraire à ses menaces; que, voulant éviter le retour de pareille scène, il venait me prier d'intervenir auprès de ce cocher, de lui dire surtout qu'il ne se présentât plus pour l'obliger de régler avec lui, qu'il allât chez M. Biquet, qui était autorisé à régler son compte et à le payer.

Je reçus la déclaration de M. Armand. Je lui demandai l'adresse de ce cocher, il me répondit : « Je ne puis donner son adresse, mais il est dans le quartier Saint-Dominique, je crois. »

Je me mis à la recherche de ce cocher, voulant épargner à M. Armand des désagréments. On le trouva; il vint à mon bureau; je lui fis des reproches sur sa conduite. Je lui dis que s'il n'était pas d'accord avec son maître, il pouvait employer les moyens légaux, plutôt que d'user de la menace, de la provocation et de l'injure. Cet homme me répondit : « Je n'ai pas insulté M. Armand; je ne lui ai rien dit; au contraire, c'est lui qui m'a mis à la porte brutalement. D'ailleurs, dit-il, M. Armand, *quand il ne peut pas voler ses domestiques, les assomme.* » Voilà les expressions de ce cocher. C'est ainsi que j'ai été renseigné sur le caractère violent de M. Armand. Je ne dirai pas combien de personnes sont venues depuis, et il n'y a pas cinq jours encore, me donner des preuves de cette violence de caractère. Vendredi ou samedi encore, un homme est venu me dire : « J'ai été employé comme maçon chez M. Armand. J'ai à me plaindre de lui; il m'a bousculé. — Ce n'est pas aujourd'hui que vous deviez vous plaindre, » ai-je répondu. Voilà comment j'ai été amené à pouvoir juger le caractère d'Armand; jamais je n'avais été à même de le connaître auparavant.

M. le premier Président. — Armand, quel est le nom du cocher ?

Armand. — Je ne pourrais pas le dire; cependant je le demanderai à madame, qui se le rappellera.

D. C'est un cocher que vous avez eu à votre service ? — *R.* Je suis allé chez M. le Commissaire pour le prier de faire recevoir à ce cocher son compte, sans qu'il me dit d'injures; il m'en avait déjà adressé au comptoir; mon oncle en avait été témoin. Ce n'est pas moi qui règle les appointements des domestiques, c'est Mme Armand. Je ne sais si l'affaire n'est pas allée au Juge de paix. Je ne l'ai plus revu.

D. Il est évident que ce cocher a une mauvaise opinion de vous ? — *R.* Ce n'est pas étonnant, je l'avais renvoyé.

Me Jules Favre. — C'était un cocher renvoyé.

M. le premier Président. — Il dit que quand vous ne volez pas vos domestiques, vous les assommez ?

Armand. — A-t-il vu les coups ?

M. le premier Président. — Il y a plusieurs témoins appelés sur ce fait.

Me Lachaud. — Ce fait n'est pas nouveau; il est dans l'information. Armand en a parlé dans son interrogatoire du 9.

Armand. — Lorsque j'ai été interrogé, M. le Juge d'instruction m'a demandé si j'avais eu des querelles avec des domestiques. J'ai déclaré que j'en avais eu une avec un domestique à la campagne, Joseph Blanc, et une autre avec le cocher au sujet duquel j'étais allé chez le Commissaire.

Après quelques interpellations au témoin sur l'importance plus ou moins grande que M. Armand aurait attachée à la disparition de son domestique, sur les questions qu'il aurait faites à ce sujet à la femme de chambre ou à la cuisinière, M. le premier Président fait l'ouverture du paquet de pièces à conviction. Elles consistent dans le mouchoir marqué aux initiales A. A., qui a servi à attacher les jambes de Roux dans la journée du 7 juillet; dans la ficelle qui liait ses bras derrière le dos et qui a été coupée lors de la découverte du corps; dans une autre ficelle qui était enroulée autour de son cou, et retirée par le médecin qui lui a donné les premiers secours; enfin dans les cordes ou ficelles, trouvées dans le tiroir d'un buffet de la cuisine d'Armand et à son comptoir.

M. le Président développe la corde qui entourait le cou, pour en faire mieux voir la longueur; elle est neuve et lisse.

La défense constate qu'elle n'a pas été mesurée.

M. le Président fait délivrer à M. Bayssade une corde de la longueur de celle qui attachait les bras de Maurice Roux. *M. Bayssade* l'examine, et dit : « M. le Président, il me faudrait un sujet. »

Sur l'invitation de M. le Président, le concierge du Palais s'avance, et M. Bayssade lui attache les mains derrière le dos de la même manière que, selon lui, celles de Roux étaient attachées.

Me Jules Favre, à M. Bayssade. — Etes-vous bien sûr que c'était comme cela ? C'est contraire à tous les témoignages, qui vous donneront le plus complet démenti.

M. le premier Président. — Les bras n'étaient donc pas liés séparément ?

M. Bayssade. — Non, j'en suis sûr; je le jure.

M. le premier Président. — Je comprends la portée de l'observation que fait la défense, et tout le monde peut saisir l'importance de l'expérience que je fais faire. (*S'adressant au concierge*) : Concierge, montrez à MM. les Jurés comment vous êtes attaché. (*On rit.*) Je supplie l'auditoire d'être silencieux; c'est un moment plus solennel qu'on ne le pense. Messieurs les Jurés, vous voyez comment cet homme est attaché; la corde entoure les deux mains à la fois.

Un Juré. — Le témoin pourrait-il dire de quelle façon on a procédé lorsqu'on a coupé les cordes ? Les morceaux que nous avons semblent l'indiquer; mais je voudrais voir plus nettement faire l'expérience.

M. Bayssade coupe à l'aide d'une paire de ciseaux la corde avec laquelle il a entouré les mains du concierge; il fait ensuite passer à M. le Président les divers morceaux résultant de cette section.

M. le premier Président, après les avoir examinés, déclare qu'il n'avait pas compris l'opération de la sorte ; qu'il n'avait pas compris que les mains étaient juxtaposées sur le dos, et que, pour les rendre libres, il avait suffi de passer entre les deux bras l'instrument qui a tout tranché. (*S'adressant à M. Bayssade*) : Témoin, vous affirmez que les mains étaient ainsi liées; qu'elles n'étaient point attachées séparément, ni reliées l'une à l'autre par un bout de corde ?

M. Bayssade. — Oui ! je le jure, je l'affirme. Il fallait bien qu'elles ne fussent pas liées séparément ; car l'instrument n'aurait pu être introduit entre la corde et le bras sans déchirer ce dernier.

D. Ainsi, selon vous, l'opération que vous venez de faire devant MM. les Jurés est exactement celle qui a dû être exécutée sur Maurice Roux ? — R. Je l'affirme.

Sur l'ordre de M. le Président, l'huissier représente à MM. les Jurés et à MM. les défenseurs les bouts de corde résultant de l'expérience qui vient d'être faite.

Un Juré, à M. Bayssade. — Le témoin peut-il expliquer pourquoi certains morceaux de la corde, de celle qui liait les bras de Maurice Roux, sont courts, et pourquoi d'autres sont d'une longueur double. — *R.* Je ne puis expliquer cette différence autrement que par les nœuds de la corde, ou par la superposition des tours supérieurs sur les tours inférieurs.

M. le premier Président. — Ce qui résulte positivement de la déclaration du témoin, c'est que, selon lui, les poignets étaient juxta-posés, que la corde les entourait tous les deux, et qu'on les a séparés en coupant à travers l'ensemble des tours de cordes.

M. le premier Président. — C'est bien exact ?

M. Bayssade. — Oui, je l'affirme.

M. le premier Président. — Cela me suffit.

M. Bayssade répète, ce qu'il a dit tout à l'heure, que si les deux poignets eussent été liés chacun par une corde, et réunis l'un à l'autre par un bout de corde, il eût fallu, pour les détacher, passer l'instrument entre les bras et la corde ; que le bras eût été déchiré, et qu'on aurait obtenu de cette façon encore beaucoup plus de morceaux.

Un Juré demande si par hasard on n'aurait pas coupé en dessus et en dessous.

M. Bayssade affirme de nouveau que la section a été faite d'un seul trait.

Ici, *M. le Président*, prenant un bout de corde, cherche, à l'aide d'un simulacre de ligature personnelle, à démontrer clairement le vrai point de la discussion, et, s'adressant à M. Bayssade : — Témoin, où était le nœud ?

M. Bayssade. — Sur la partie supérieure de la main.

M. le premier Président. — Comment a-t-on coupé dessus et dessous du même coup ? Prenez un instrument et montrez-moi comment la section a été faite ?

Me Lachaud. — C'est avec des ciseaux, et non avec un couteau qu'on a coupé.

M. le premier Président. — Il est certain cependant qu'on a coupé.

Me Lachaud. — Je demande pourquoi cette complication de couper en dessus et en dessous quand il suffisait de couper d'un seul côté pour délivrer le malheureux ?

M. le premier Président, à M. Bayssade. — Témoin, ce n'est pas vous qui avez coupé ?

M. Bayssade. — Non, c'est Servent.

M. le premier Président fait la constatation des bouts de corde résultant de la section de la ligature des mains de Maurice Roux. Ils sont au nombre de treize, dix morceaux courts, trois morceaux longs. Les morceaux courts entre eux sont d'égale longueur aussi bien que les morceaux longs. Les morceaux courts forment exactement la moitié des longs, autrement deux morceaux courts forment un morceau long.

Un Juré. — Les morceaux courts sont-ils en nombre pair ?

M. le premier Président. — Je trouve dix morceaux courts et trois morceaux longs.

Me Lachaud. — Cela fait treize, et vous devez les trouver. Quand viendront les dépositions des témoins, Messieurs les Jurés se rappelleront ce nombre treize, et nous le discuterons, en présence de la déposition de M. Bayssade, qui déclare que les cordes ne faisaient que trois fois le tour des bras.

M. le premier Président. — Défenseur, ne discutez pas.

Me Lachaud. — Je ne discute pas, je constate.

Armand. — C'est trop heureux, cette constatation.

M. le premier Président. — Voici une nouvelle complication que je dois faire connaître ; il y a un morceau de plus qui a un nœud.

Me Jules Favre. — C'est conforme aux procès-verbaux.

M. le premier Président. — Ainsi, je trouve *onze morceaux courts, trois morceaux longs*.

Au banc de la défense. — C'est cela parfaitement.

M. le premier Président, à M. Armand. — Accusé, avez-vous quelque observation à faire sur la déposition du témoin ?

Armand. — J'aurais beaucoup à dire, mais mes défenseurs déclarent que c'est inutile. La déposition du témoin n'est pas d'accord avec celle que j'ai faite hier. M. le Commissaire a toujours vu un cadavre, *un mort*, il a toujours vu un homme assassiné par quelqu'un. Le procès-verbal qu'il avait dressé de prime abord était bien moins complet, et c'est seulement quelques jours après, quand j'étais en prison, qu'il en a fait un autre bien plus long. Voilà tout ce que j'ai à dire.

M. le premier Président. — Vous suspectez donc la sincérité de M. le Commissaire de police ?

M. le Procureur général, à M. Armand. — Expliquez-vous, altère-t-il la vérité ?

Me Lachaud. — Nous verrons cela.

M. le premier Président. — Quel est le sens des observations de l'accusé ? M. le Commissaire dit qu'il a vu d'abord un cadavre ; que Roux lui a paru sincère plus tard, quand il a recouvré ses sens. L'accusé suspecte-t-il la sincérité de sa déclaration ?

Armand. — J'y suis bien obligé, surtout quand il affirme que les mains étaient liées ensemble.

M. le premier Président. — Vous êtes parfaitement dans votre droit.

Armand. — J'en ai le droit, quand j'ai eu l'honneur de dire que les mains n'étaient pas liées comme le témoin le prétend. Je les ai vues, je suis le premier témoin, j'affirme qu'elles n'étaient pas liées comme il le dit.

M. le premier Président. — Témoin Bayssade, vous affirmez ce que vous avez déclaré ; vos souvenirs ne vous trompent pas ?

M. Bayssade. — Non, M. le Président.

Pierre Raynal, cocher, était au service de madame Armand, la tante. — Le 7 juillet, à sept heures du matin, Maurice Roux, passant devant son écurie, lui a offert la goutte ; n'ayant pas fini son ouvrage, il ne put accepter. Une demi-heure après, il le revit sur l'escalier : Nous avons eu des raisons, lui a-t-il dit alors, M. Armand et moi ; quand je trouverai une place, je m'en irai.

A partir de ce moment il ne l'a plus revu. Vers les

neuf heures et demie, il est descendu à la cave, avec Mme Armand, sa maîtresse, et une domestique pour transvaser de l'huile, et il n'est remonté qu'à onze heures et demie. Pendant tout ce temps, il n'a rien entendu, si ce n'est le bruit de l'eau qu'a jetée un locataire de la maison.

Le témoin continue : J'ai demandé plusieurs fois des nouvelles de Maurice Roux dans la journée. Interrogé par M. Armand sur ce qu'avait pu devenir son domestique, j'ai répondu que je ne l'avais pas vu depuis le matin. A sept heures du soir, M. Armand me dit de descendre à la cave avec la femme de chambre, qui disait avoir entendu des cris comme si c'étaient des chats. Le concierge, qui nous accompagnait avec une lampe, regardant par la porte, aperçut les jambes d'un homme.

M. Armand regarda après lui, et ne vit d'abord rien. Le témoin regarda à son tour avec la lampe qu'il avait à la main, et vit un homme lié jusqu'à la ceinture ; il distingua même ses jambes attachées avec quelque chose de blanc. Le témoin parle ensuite de l'arrivée du médecin et du serrurier qu'Armand et le concierge étaient allés chercher, et décrit la position dans laquelle était Maurice Roux.

M. le premier Président. — Avez-vous autre chose à dire ? — R. Oui, monsieur.

Me *Jules Favre.* — Je demande pardon d'interrompre la déposition de ce témoin. M. Bayssade, qui a été entendu tout à l'heure, vient de sortir, et cause en ce moment avec M. Surdun, qui n'a pas encore déposé.

(Le témoin Bayssade rentre dans la salle.)

M. le premier Président. — Témoin, vous ne devez pas quitter l'audience.

M. Bayssade. — C'est une personne du dehors qui m'a fait demander et qui avait quelque chose à me communiquer.

Me *Jules Favre.* — M. le Commissaire de police pourrait-il nous dire quelle est la personne qui avait à lui faire une communication ? — R. C'était M. le Commissaire central qui m'avait fait appeler pour me demander si j'avais déjeuné. (Hilarité.)

M. le premier Président. — Alors le fait n'a plus d'importance.

Me *Jules Favre.* — Pardon, mon observation subsiste ; son importance peut ne pas apparaître à tout le monde, mais elle reste pour nous tout entière.

M. le premier Président. — Cependant vous avez entendu les explications du témoin aussitôt sa rentrée à l'audience.

Me *Jules Favre.* — Je ne maintiens pas moins qu'un témoin ne doit pas sortir après qu'il a déposé.

M. le premier Président. — Vous avez raison, et je prendrai des mesures pour que le fait ne se renouvelle pas.

M. le Procureur général. — Je trouve aussi l'observation parfaitement juste.

Le témoin *Raynal* reprend sa déposition. Il dit qu'il a quitté le service de Mme Armand, la tante, pour rentrer chez ses anciens maîtres qui lui donnaient de plus forts gages.

Interrogé de nouveau sur l'état de Roux au moment où la cave a été ouverte, il répond : « Il ne bougeait pas, il était froid, glacé ; quand on le remuait, nous l'entendions respirer fortement comme s'il était à l'agonie, mais il ne faisait aucun mouvement. » M. Brousse a détaché la corde. M. Armand voulait qu'on attendît la police. Mais le docteur a dit : « Il y a un peu de vie, je vais lui donner les premiers secours, » et il a défait la corde du cou.

Sur le fait de la ligature des mains, le témoin déclare que la corde faisait *six ou sept tours à chaque poignet*, et que les deux étaient réunis ensemble par un bout de corde, comme si l'on attachait chaque poignet aux deux bouts d'une même corde.

M. le premier Président. — Vous avez ajouté quelque chose à votre déposition : répétez-le. — R. Le domestique et la cuisinière de M. Mey, ainsi qu'une autre fille, au service, je crois, de Mme Guinier, cousine de Mme Armand, étant aux bains de mer de Palavas, ont entendu M. Camille Armand et le fils de M. Biquet dire à un autre monsieur : « Nous savons bien que c'est lui ; mais faites tout ce que vous pourrez pour le sortir de là. »

D. — Vous n'avez pas entendu cela ? — R. On m'a dit que quelqu'un l'avait entendu.

D. — Qui vous l'a dit ? — R. Ce sont les deux domestiques de Mme Mey qui m'ont dit qu'elles avaient entendu M. Camille et M. Biquet jeune dire cela à un monsieur un peu sourd qu'on croyait être M. Bédarride…

Me *Lisbonne.* — M. Bédarride est un avocat de Montpellier.

Le témoin (continuant) : Ce monsieur était un peu sourd, c'est pour cela qu'on criait un peu fort.

M. le premier Président. — Ce fait s'est produit à l'audience pour la première fois. Il n'était pas dans l'instruction.

Le témoin, invité à montrer comment les deux poignets de Roux étaient attachés, lie les bras du concierge du Palais, chacun séparément, en laissant entre les deux un petit bout de corde.

M{es} *Lachaud* et *Jules Favre.* — Les deux poignets sont attachés séparément.

M. le Commissaire de police *Bayssade* est rappelé. Il regarde la manière dont les bras sont attachés et ne reconnaît pas ce mode de ligature comme étant celui qu'il a constaté. D'ailleurs, ajoute-t-il, de cette manière on n'eût pu couper la corde sans déchirer les bras.

M. le premier Président, au témoin Bayssade : Vous avez vous-même vu couper la corde avec des ciseaux ? — R. J'ai voulu dénouer la corde moi-même ; je ne l'ai pas pu, parce que les nœuds étaient trop serrés ; j'ai ordonné alors de les couper.

M. le premier Président fait observer à MM. les Jurés que, dans le mode de ligature indiqué par le témoin Raynal, il ne fallait qu'un coup de ciseaux pour dégager les deux mains l'une de l'autre ; au contraire, dans le système indiqué par le Commissaire de police, il était nécessaire de couper toutes les cordes ; ce qui, du reste, est conforme à sa déclaration.

Armand. — Je crois que M. le Président n'a pas bien compris comment le témoin Raynal avait attaché les cordes. Il m'a semblé qu'il avait fait un nœud à chaque tour. Par conséquent, pour que la corde n'entoure plus chacun des poignets, il faut couper la corde à chaque tour, et non pas donner un seul coup de ciseaux.

Sur la demande de Me Lachaud, *M. le premier Président* fait constater par le témoin (ainsi que lui-même l'a constaté de *visu*) que la cave où il est resté à travailler avec Mme Armand, de neuf heures et demie à onze heures et demie, n'est séparée que par une seule cave de celle où l'on a trouvé Maurice Roux.

Antoine Cazes, journalier et concierge de la maison Armand, dépose en patois.

La femme de chambre est venue le chercher sur l'ordre de M. Armand pour qu'il l'accompagnât à la cave. Son récit, relativement aux circonstances qui ont suivi la découverte de Maurice Roux, est conforme à celui du témoin précédent.

Aux questions de M. le premier Président, *le témoin* répond que Roux était fort malade et qu'il n'a pas cru à une comédie.

M. le premier Président. — Vous avez dit que M. Armand n'avait d'abord rien vu? — *R.* Je ne crois pas l'avoir dit.

D. Vous l'avez dit devant le Juge d'instruction. Vous êtes le concierge d'Armand?

Armand. — Il est le concierge de la maison; je loge chez mon oncle.

M. le premier Président. — Le témoin est borgne et il a vu avec un œil ce que vous, Armand, ne voyiez pas avec les deux yeux. — *R.* Il avait une lumière et je n'en avais pas, voilà pourquoi je n'ai pas vu d'abord. D'ailleurs, aurais-je pris tant de témoins pour descendre avec moi, si je n'avais pas voulu voir?

Me Lachaud. — Le témoin n'a-t-il pas eu occasion de descendre à la cave le 7 juillet, à six heures du soir?

Le témoin répond qu'il est descendu pour balayer et qu'il n'a rien vu et entendu.

M. le Procureur général. — Pourquoi n'avoir pas dit cela devant le Juge d'instruction?

Me Lachaud. — Je me doute de la raison qui l'a empêché d'en parler. Il va vous le dire en patois; je préfère qu'il vous le dise que moi.

Le témoin, après quelque hésitation, dit en patois qu'il est descendu à la cave et qu'il s'est arrêté à un mètre de la porte du caveau *pour pissa.* (Hilarité.)

Me Lachaud. — Il le dit en patois, mais cela se comprend très-bien.

Me Jules Favre. — Est-ce contre la porte?

M. le premier Président. — Il vient de dire à un mètre.

Me Jules Favre. — Ainsi, c'est à un mètre de Roux.

Jean Servent, serrurier, appelé par M. Armand pour ouvrir la cave, fait le récit que l'on connaît déjà sur ce qui s'y est passé le 7 juillet au soir. Sur l'ordre du docteur Brousse, il a détaché la corde qui entourait le cou de Maurice Roux. On attendit l'arrivée de la police pour délier les poignets et les jambes. C'est lui encore qui a détaché les mains, tandis que le docteur Surdun défaisait le mouchoir qui entourait les jambes. Après avoir monté le malade à sa chambre, il est retourné chez lui.

M. le premier Président. — Pouvez-vous nous dire d'une manière exacte comment les mains de Roux étaient attachées?

Servent. — Comme je l'ai dit à M. le Juge d'instruction, dès le 8 juillet, la corde faisait *à peu près dix tours autour du poignet droit,* chaque tour arrêté par un nœud de *tavelle* (nœud qui serre en tirant la corde); autour du poignet gauche, elle ne faisait que *trois tours* avec un nœud seulement.

(Le concierge est rappelé, et le témoin lui lie les mains comme l'étaient, selon lui, celles de Roux.)

D. Les mains étaient-elles l'une contre l'autre? *R.* Elles n'étaient attachées l'une à l'autre que par une seule corde qui laissait entre elles un intervalle de 8 à 10 centimètres, environ la longueur d'un doigt.

D. Comment avez-vous coupé la corde? — *R.* Je n'ai pu la dénouer, tant elle était serrée; la femme de chambre m'a prêté ses ciseaux; je les ai passés entre la corde et les poignets, et j'ai coupé chaque tour l'un après l'autre.

D. Vous avez dit que les deux mains n'étaient retenues l'une à l'autre que par une corde seulement. Pourquoi n'avoir pas d'abord coupé cette corde? Il semble que c'était la première chose à faire. — *R.* Quand on est pressé, on se dépêche, on ne fait pas toutes ces réflexions.

Sur l'observation de Me Lachaud, *le témoin* déclare qu'il a coupé immédiatement les dix tours qui entouraient la main droite, parce que les cordes étaient beaucoup plus serrées que celles de la main gauche.

Me Lachaud. — Et d'ailleurs elles ne faisaient que trois tours.

M. le premier Président. — A l'une des mains il y avait plus de tours qu'à l'autre?

Me Lachaud. — Dix à l'une?

Servent. — A peu près dix.

Le témoin *Bayssade,* rappelé, examine le mode de ligature que Servent vient d'exécuter, et ne reconnaît pas du tout la manière dont Roux était attaché.

M. le premier Président. — Vous en êtes bien certain? — *R.* Je l'affirme encore une fois, sous la foi du serment que j'ai prêté.

Me Jules Favre. — Nous avons deux témoins qui disent le contraire.

Me Lachaud. — Et l'un de ces témoins, Servent, est celui qui a coupé les cordes.

Le témoin *Bayssade* affirme de nouveau que Servent a coupé la corde d'un seul trait; il en est d'autant plus certain aujourd'hui, qu'il voit que les bouts de cordes qui ont été coupés sont égaux les uns aux autres.

Me Jules Favre. — Ceci est du raisonnement.

M. le premier Président. — Le témoin ne raisonne pas, mais l'état des cordes confirme sa déposition.

Me Jules Favre. — Convenez, Monsieur le Président, que ceci est de la discussion, et il n'appartient pas au témoin plus qu'à un autre d'y entrer.

M. le premier Président. — Témoin Bayssade, votre déposition sur ce point a une importance capitale; je vous adjure encore une fois de bien rappeler vos souvenirs. — *R.* J'affirme et je jure qu'il n'y a eu qu'une opération, et qu'elle a été faite instantanément.

(Quelques murmures désapprobateurs accompagnent le témoin lorsqu'il va s'asseoir.)

M. le premier Président. — J'invite le public à s'abstenir de faire suivre chaque déposition de mouvements d'approbation ou d'improbation. Si cela se reproduisait, je prendrais, pour le réprimer, les moyens qui sont en mon pouvoir.

Le témoin *Raynal,* rappelé sur la demande de M. le Procureur général, déclare, en présence de l'insistance de M. le Commissaire, qu'il n'y avait pas d'écartement entre les deux mains.

M. le premier Président. — Servent, comment dites-vous qu'il y avait un écartement?

Servent. — Je l'ai toujours dit, et je le dirai toujours. La corde allait d'une main à l'autre. Je puis me tromper sur le nombre de tours de la main gauche, mais je ne puis me tromper sur l'écartement.

L'accusé Armand. — Veuillez me permettre une explication. Il n'y a qu'à mesurer les bouts de corde qui sont sur le bureau et à voir s'ils forment l'épaisseur d'un ou de deux poignets. On verra par là que Servent dit la vérité.

M. le premier Président. — Nous ferons toutes

ces expériences sur la personne de Maurice Roux. Ce que je constate en ce moment, c'est que le Commissaire de police est aussi affirmatif qu'on peut l'être sur la manière dont les mains étaient attachées, et que la déclaration de Servent est en contradiction complète avec la sienne.

M⁰ Lachaud. — Et Raynal? ne confirme-t-il pas la déposition de Servent sur la circonstance la plus importante? Suivant le Commissaire de police, les mains, quelle que soit leur position, n'étaient réunies que par une seule ligature. Suivant Raynal et Servent, chaque poignet était lié séparément, et ils étaient réunis ensuite l'un à l'autre. Il y a même mieux que la déposition, il y a les expériences. La seule différence qui existe dans leurs dépositions porte sur l'écartement.

M. le premier Président. — Je ne l'avais pas compris ainsi. (S'adressant au témoin Raynal :) Vous souvenez-vous qu'il y eût une corde sur un poignet et une corde sur l'autre? — R. Non, Monsieur. J'ai vu des nœuds l'un sur l'autre.

M⁰ Jules Favre. — Lorsqu'il a montré tout à l'heure comment les mains étaient liées, il a fait un certain nombre de tours, d'abord au poignet droit, ensuite au poignet gauche.

M. le premier Président. — Vous ne pouvez dire si la corde entourait un poignet, puis l'autre, et si un bout de corde joignait les poignets l'un à l'autre.

Raynal. — Il me l'a paru ; mais je ne suis pas sûr.

M. le premier Président. — Il ne faut pas que, dans un intérêt quelconque, on puisse abuser d'expériences mal comprises. Quand je vous ai dit d'attacher le concierge, vous avez attaché une main, puis l'autre ; vous croyiez rendre ainsi exactement ce que vous avez bien vu. — *R.* Je croyais bien faire.

D. Mais quand je vous demande maintenant de préciser si les poignets de Maurice Roux étaient attachés comme vous venez d'attacher ceux du concierge, ou d'une tout autre manière, vous ne pouvez l'assurer. — *R.* Je ne puis l'assurer.

D. Je vous adjure, comme tout à l'heure j'ai adjuré le Commissaire de police, sur votre honneur et conscience, sous la foi du serment que vous avez prêté, de dire si vous vous souvenez, et vous répondez ne pouvoir l'assurer. — *R.* Je ne puis l'assurer.

M. le Procureur général. — Messieurs les Jurés apprécieront.

Un Juré. — M. le Président voudrait-il faire fixer par le témoin Servent quelle était la personne qui tenait la lampe à ce moment, et si tout le monde pouvait voir la manière dont les mains étaient attachées?

Le témoin Servent. — Je ne me le rappelle pas.

M. le premier Président. — Et vous, Monsieur le Commissaire de police? — *R.* Je ne me le rappelle pas d'une manière exacte. Je crois que c'était la femme de chambre, mais je ne puis l'affirmer.

M. le docteur Brousse (Léon-Victor), docteur-médecin à Montpellier, n'est venu donner les premiers soins à Roux que sur l'insistance de M. Armand, car depuis dix ans il est très-souffrant, et il a été obligé d'abandonner l'exercice de sa profession.

Que supposez-vous qu'il peut avoir? dit-il à M. Armand. — Je n'en sais rien, répondit celui-ci ; et il lui raconta la manière dont Roux, disparu depuis le matin, avait été trouvé à la cave.

Le témoin pria M. Armand d'appeler un autre médecin, son état de santé ne lui permettant pas de donner au malade des soins actifs. Mais M. Armand lui répondit : « Je vous en prie, venez donner les premiers secours, et cela me donnera le temps d'appeler un autre médecin. » Le témoin lui indiqua le docteur Surdun, et, sur ses pressantes sollicitations, il se rendit près du malade.

— J'entrai, dit-il, dans la cave, et je trouvai à gauche de la porte d'entrée un homme d'environ 30 ans, étendu sur le sol, et couvert de petits fragments de charbon. Il avait les jambes attachées au-dessus du coup-de-pied par une cravate ou un mouchoir, les mains liées derrière le dos. En me penchant sur lui, je sentis une corde autour de son cou et je m'empressai de la défaire, avec l'aide du serrurier.

Les bras et les avant-bras étaient froids ; la face, au contraire, me paraissait assez chaude, la respiration *bruyante*. Je posai le doigt sur la carotide et je sentis un battement très-faible ; le pouls était à peine sensible ; la paupière inférieure de l'œil droit, que j'abaissai, n'était pas contractée. Pendant que M. Armand était allé prévenir le Commissaire de police et le Juge d'instruction, je fis chauffer de l'eau pour l'appliquer sur les bras, et je comprimai la poitrine, transversalement d'abord, puis d'avant en arrière. Mon état de faiblesse m'empêchant de continuer longtemps ces opérations, le serrurier et les autres personnes présentes me remplacèrent. Bientôt la respiration devint moins bruyante, le pouls plus régulier, et la paupière, que je touchai de nouveau, se contracta immédiatement.

A l'arrivée de M. le docteur Surdun, je lui conseillai d'attendre le Commissaire de police avant de délier les bras et les jambes du malade, parce qu'à mon avis la question de suicide ou d'homicide pouvait être soulevée. M. Surdun se rangea à mon opinion, et je remontai chez moi accompagné de M. Armand, auquel je dis que l'état de son domestique était très-grave, mais que, vu l'amélioration qui s'était déjà manifestée, j'espérais qu'il pourrait s'en tirer. « Tant mieux, répondit-il, nous saurons la vérité sur cette triste affaire. »

M. le premier Président. — Il résulte de votre déposition que vous avez trouvé Roux dans un état voisin de la mort? — *R.* Il aurait pu vivre encore quelque temps ; l'agonie pouvait être longue ; mais il était bien malade.

D. Avez-vous remarqué la manière dont ses mains étaient attachées?—*R.* Non, cet homme était très-mal. Je ne me suis pas occupé de ses mains, j'ai cherché de suite à le rappeler à la vie. De plus, mon état de santé m'empêchait de servir d'expert, et je préférai laisser aux médecins qui seraient appelés les preuves naturelles qui leur permissent d'établir *de visu* leur conviction.

D. Vous n'avez pas voulu détacher les mains parce que vous avez craint que le malade n'expirât dans l'intervalle? — *R.* Ce n'a pas été précisément ma pensée. On pouvait porter des secours à cet homme sans lui délier les mains, et je crus qu'il fallait d'abord le sauver.

M⁰ Lachaud. — Le docteur Brousse peut-il nous dire si la corde qui entourait le cou était ou non retenue par un nœud? — *R.* Il n'y avait pas de nœud.

M. le premier Président. — Cela n'est pas contesté.

Armand. — M. le Commissaire de police a dit que je m'étais opposé à ce que le témoin déliât la corde du cou avant l'arrivée de la police.

M. le docteur Brousse. — Je ne me souviens pas de cela. Bien mieux je puis affirmer, en conscience, que, de la manière dont j'étais placé dans la cave, il est impossible que M. Armand m'ait dit cela.

M. le Procureur général. — Il y a ici une confusion ; M. le Commissaire de police a dit qu'Armand, seul avec M. Brousse, s'était opposé à ce qu'on déliât les pieds et les mains avant l'arrivée de la Justice, mais que, plus tard, à l'arrivée de M. Surdun qui voulait les délier, c'était M. Brousse qui s'y était opposé et qu'Armand n'avait rien dit.

M. le premier Président. — La question est de savoir si, lorsque M. le docteur Brousse a voulu défaire les cordes qui entouraient le cou, c'est Armand qui a dit : « N'y touchez pas, attendez la police. »

Le docteur Brousse. — Cela me paraît impossible. La position des acteurs de la scène est bien marquée ; on ne pouvait les confondre. M. Armand se tenait derrière moi, à ma droite, et près de la porte de la cave. Le groupe d'où est parti ce propos était au contraire à gauche, vers le fond de la cave.

M. le Procureur général. — Je maintiens mon observation, à savoir que M. le Commissaire de police n'étant pas présent à ce moment, n'a pu attribuer ce propos à Armand. C'est Raynal, si je ne me trompe, qui a dit cela.

Le témoin Raynal. — Monsieur a dit qu'il répondait de tout, que M. Brousse rendît la vie à Roux, s'il pouvait. Quant à la phrase, on a crié cela, et je crois bien que c'est Armand qui l'a dit. (*Murmures.*)

M. le premier Président. — Je rappelle que toute manifestation est interdite ; si cela se renouvelait, je ne manquerai ni de justice ni de fermeté, et je serai forcé de faire évacuer la salle.

Le témoin demande à se retirer. Il est invité à rester jusqu'après la déposition du docteur Surdun.

M. Louis Surdun, docteur médecin, à Montpellier.

M° Jules Favre. — Me sera-t-il permis de faire une observation ? Nous avons su qu'une consultation, signée du docteur Surdun, a été répandue dans la ville. Il nous a même été dit, j'ignore si le fait est exact, je n'ai pas voulu m'en enquérir, qu'elle avait été distribuée à quelques-uns de MM. les Jurés, et que la Cour la connaissait. Nous ne la connaissons pas, nous. Je prierai M. le Président de vouloir bien demander à M. Surdun si c'est lui qui a signé la consultation et l'a fait circuler dans tous les cercles d'Aix.

Le témoin Surdun. — Ce n'est pas une consultation, Monsieur le Président ; c'est purement et simplement une réfutation de la consultation du professeur Tardieu. Elle n'a été délivrée qu'à des personnes étrangères qui m'en ont demandé. Je suis persuadé qu'aucun de MM. les Jurés ne l'a eue.

M° Jules Favre. — N'a-t-elle pas été distribuée au Cercle ?

Le témoin. — Il est possible qu'un exemplaire y ait été apporté.

M° Jules Favre. — La défense n'en a pas eu communication.

M. le premier Président. — La défense ignore-t-elle qu'une consultation, signée Tardieu, a été répandue à profusion, non-seulement dans les cercles, mais dans la plupart des maisons d'Aix et de Marseille ?

M° Jules Favre.— Cela est vrai ; mais nous sommes dans une situation qui nous donne le droit de distribuer ce que nous voulons.

M. le Procureur général. — C'est une question !

M° Jules Favre. — Je maintiens que c'est notre droit, et je prétends qu'on n'y porte pas la moindre atteinte. Mais il me paraît nouveau qu'un témoin, appelé à déposer dans le débat, se fasse lui-même l'avocat de telle ou telle idée ; qu'il répande une consultation signée de lui contre l'accusé, et que la défense l'ignore complètement.

M. le premier Président. — Nous n'avons pas à juger la question, puisqu'on ne prend aucune conclusion. Mais voici ce que je crois être autorisé à dire. Il a été répandu à profusion une consultation d'un docteur qui avait été assigné comme témoin. Je comprends alors qu'un autre témoin, à la rigueur, ait pu agir de la même manière.

M° Lachaud. — Mais il y a cette différence, qu'à Montpellier, les deux premiers exemplaires de la consultation de M. Tardieu ont été remis à M. le premier Président et à M. le Procureur général ; ce document a été remis ici, je ne dis pas entre les mains de nos adversaires, M. le Procureur général ne l'est pas, mais entre les mains de ceux qui doivent soutenir l'accusation. M. Surdun nous attaquant aurait dû peut-être faire connaître aux défenseurs de M. Armand quels étaient ses moyens, et nous envoyer cette pièce.

M. le premier Président. — Je suis convaincu que M. Surdun, si en effet il a distribué cet écrit, n'a pas eu la pensée de vous cacher son travail ; il devait supposer qu'il arriverait à votre connaissance, du moment qu'il devenait public.

Le témoin Surdun. — Je n'en ai apporté que cinquante exemplaires ; qu'est-ce à côté de six mille ?

M. le premier Président. — Mon opinion est qu'il vaudrait mieux qu'il n'eût été répandu de consultations ni dans un sens ni dans l'autre, parce que ceux qui les lisent se font quelquefois une opinion là-dessus, et, par l'application de ce proverbe trivial qui rend bien ma pensée : « Qui n'entend qu'une cloche n'entend qu'un son, » l'opinion qu'on se forme peut être erronée.

M° Jules Favre. — L'acte d'accusation a été publié dans toute l'Europe ; un premier son vient frapper l'attention publique avec d'autant plus de gravité, que le lieu d'où il sort inspire plus de confiance. Il est tout simple que la défense y oppose quelque chose. Mais je ne comprends pas que, du sein des témoins, il sorte un auxiliaire de l'accusation qui publie un Mémoire dont la défense n'a pas connaissance.

M. le premier Président. — Je maintiens mon observation.

Le témoin Surdun commence ainsi sa déposition : — Le 7 juillet, je fus appelé pour voir un homme étranglé, garrotté dans une cave. Je trouvai en effet, dans la cave de M. Armand, un homme étendu de tout son long sur un terrain souillé par des brisures de charbon. J'ai examiné cet homme ; sa situation m'inspirait les plus vives appréhensions. Je dis aux assistants : « Prenez cet homme, et portons-le de suite à l'air. » Le docteur Brousse fut d'un avis contraire. Je ne l'avais pas aperçu, parce qu'il faisait très-obscur et que l'éclairage était très-mauvais. Il me dit dans quel état il avait trouvé le malade. Il lui avait enlevé une corde qui serrait le cou, mais il s'était bien gardé de toucher aux liens qui retenaient les pieds et les mains, parce que, disait-il, il serait bon de s'assurer s'il s'agissait d'un suicide ou d'un homicide. J'adhérai à ce conseil, dont je remerciai M. Brousse. M. Brousse étant remonté chez lui, j'attendis, pour toucher au malade, l'arrivée du Commissaire de police. Les mains étaient attachées d'une façon si inextricable, qu'en faisant tous mes efforts, je ne pus trouver le moyen de les séparer, ce qui m'a fait supposer que la corde faisait plusieurs tours; et je dis à Servent : « Ne vous occupez pas de la corde ; il faut avant tout couper et couper de suite. *Introduisez des ciseaux entre la chair et la corde, et tâchez de ne pas blesser le malade.* » Pendant ce temps, je dénouai le mouchoir, qui liait les jambes.

Je fis alors transporter Roux dans sa chambre; cet homme était dans un anéantissement complet, menacé d'une asphyxie imminente. Je m'occupai, pendant une grande partie de la soirée, à ramener la circulation et à rétablir les fonctions du poumon par des frictions méthodiques et fréquentes sur la caisse thoracique, et par des applications et des compresses d'eau bouillante sur les mollets et les avant-bras. La respiration revint lentement; le pouls était toujours faible, et par moment il nous échappait. Ce traitement énergique avait causé beaucoup de fatigue à moi et aux personnes qui m'avaient assisté. C'est alors qu'un jeune élève en médecine, M. Vialette, me proposa de veiller le malade.

Comme j'habitais dans la maison de M. Armand, je dis à l'élève : s'il survient quelque chose, venez m'appeler; je laisserai ma fenêtre ouverte; je serais là de suite.

Le lendemain matin, Maurice Roux était encore très-malade; mais son état ne présentait plus aucun danger, et les symptômes immédiats de l'asphyxie avaient presque disparu. Il n'y avait plus à redouter que les symptômes consécutifs, car l'aspect si grave du malade ne me permettait pas d'admettre qu'il fût purement le résultat de l'asphyxie.

L'examen auquel je me livrai alors me fit remarquer à la nuque une très-légère excoriation, à laquelle j'avoue même n'avoir pas porté à ce moment grande attention.

Maurice Roux m'avait fait comprendre, par signes, qu'il était tout brisé; il était complétement incapable de remuer la jambe ou le bras; à ces symptômes subjectifs s'ajoutait une résolution complète des membres et même des muscles de la tête, qui retombait d'elle-même, quand on la soulevait. L'état si grave où il se trouvait me fit craindre de prendre sur moi une trop grande responsabilité, en le gardant, connaissant déjà l'accusation qu'il portait contre son maître; et il fut transporté à l'hôpital vers les dix heures.

M. le premier Président. — Je dois vous faire encore quelques questions. Vous rappelez-vous comment les mains étaient attachées? — *R.* Je ne suis pas assez sûr de mes souvenirs pour pouvoir le préciser. Ce que je sais, c'est que la corde était si serrée, qu'il a fallu se servir d'un instrument tranchant.

D. Comment les mains étaient-elles posées ? — *R.* L'une contre l'autre, dos à dos, sans aucun ou avec un très-faible écartement des poignets. Cependant je ne donne ces détails qu'avec beaucoup de réserve. Ce qu'il y a de certain, c'est qu'il était impossible de dénouer les cordes.

Mᵉ Lisbonne. — Dans son rapport, M. Surdun a précisé davantage. On y lit : « Les mains avaient été attachées par les poignets réunis à une faible distance; la corde faisait 5 à 6 *tours sur un poignet, et 3 sur l'autre.*

D. Revenons sur l'état de Maurice Roux. Il pouvait passer à peu près pour mort ? — *R.* Il aurait vécu peut-être encore une heure ou deux, mais je ne pense pas qu'il eût pu aller plus loin.

D. Son corps était froid? — *R.* Sauf vers la région du cœur et de l'estomac.

M. le Procureur général. — Pourquoi l'avoir fait transporter dans sa chambre, et pas à l'hospice? — *R.* On m'avait proposé de le faire transporter à l'hospice, j'ai dit : c'est inutile, nous n'arriverons pas ; il vaut mieux aller à sa chambre, si c'est plus près.

D. Quand vous avez appliqué les sinapismes, à onze heures du soir, Maurice Roux n'a pas poussé un cri? — *R.* Aucun, Monsieur le Président; il n'a pas même sourcillé; il était dans un état complet d'insensibilité.

D. Il paraît, — ce n'est pas un reproche que je vous fais, mais enfin, — il paraît qu'il a été malade à l'hôpital des suites de ses brûlures? — *R.* Ce n'est que quatre jours après que la vésication s'est produite : en effet, les principales fonctions de la circulation n'étant pas rétablies, l'insensibilité persistait.

D. Croyez-vous à une simulation d'insensibilité et de mutisme de la part de Roux ? — *R.* Cela n'est guère possible. Quand on l'a remonté de la cave, il était dans un état complet de mort apparente.

D. Faites la description des traces que vous avez remarquées. — *R.* Elles se divisaient en deux groupes : les unes correspondant au niveau du larynx, les autres à un centimètre et demi ou deux plus en arrière : c'étaient de petites traces légèrement élevées, d'une coloration égale, enfin des sugillations et non des ecchymoses, comme on l'a dit. On voyait qu'il y avait eu constriction de la peau, rupture des petits vaisseaux capillaires, extravasion du sang dans la région sous-cutanée. Aussi ces traces, au moment où je les examinai, le 8 juillet, à sept heures et demie du matin, étaient-elles plus apparentes que la veille.

D. Indiquez-nous la place exacte de l'excoriation derrière la tête. — *R.* La trace à la nuque n'était pas la même, ni de même disposition que celle provenant des cordes; elle était légèrement excavée, rentrée; c'est ce qui m'a toujours porté à croire à l'existence d'un coup. Elle était sur le muscle trapèze, dans la région la plus saillante de la nuque, et non dans la région occipitale.

D. Vous avez reconnu que vous aviez fait une erreur anatomique dans la première désignation que vous avez faite de cette excoriation? — *R.* J'ai dit : au niveau de l'insertion du muscle trapèze droit et sur la saillie de ce muscle à la naissance des premiers cheveux. Encore une fois, il s'agit de la nuque, qu'il ne faut pas confondre avec la région occipitale.

D. Pourriez-vous montrer encore la trace de cette excoriation sur le sujet lui-même? — *R.* Oui, Monsieur le Président.

D. Pensez-vous que cette excoriation ait pu être occasionnée par la traction du corps de Roux sur un corps raboteux, sur des morceaux de charbon, par exemple? — *R.* Cela n'est pas possible; d'ailleurs j'ai traité le malade avec les plus grands ménagements : je lui ai tenu la tête moi-même pendant qu'on le transportait.

D. Mais cette trace peut-elle s'expliquer par une simple excoriation à la surface? — *R.* Je ne puis rien affirmer. Il y a tant de variétés dans la manière d'amener des lésions.

D. Roux avait des égratignures sur d'autres parties du corps? — *R.* Je n'y ai attaché aucune importance ; elles étaient sur le flanc, et légères comme des déchirures faites sur la peau avec une épingle.

D. Comment avez-vous su que Maurice, pendant qu'il était dans sa chambre, accusait son maître? — *R.* Je l'ai interrogé moi-même, le lendemain, à sept heures et demie du matin. D'abord, j'étais étonné qu'il ne parlât pas; j'examinais le larynx; je ne concevais pas le mutisme. Je lui dis : Il y a quelque histoire particulière là-dessous? Il me fit signe que non. « Connaissez-vous les personnes qui ont commis l'acte dont vous avez été victime? » — Il répondit affirmativement, par un signe de tête très-long, très-pénible, ayant l'air de souffrir beaucoup en remuant la tête. « Ces personnes sont-elles étrangères, ou de la ville? » Nouveau signe qui indiquait qu'elles étaient de la ville. — « Habitent-elles loin d'ici? — Non. — Dans la rue? — Non. — Dans la maison (cette idée me vint, je ne sais pourquoi)? — Oui. — A quel étage? » — Affirmation prononcée quand j'arrivai au deuxième étage, et quand, après avoir nommé M. Euzet, je prononçai le nom de M. Armand, que j'ai toujours estimé, avec lequel j'ai toujours eu d'excellentes relations. — « Mais vous êtes fou? »

Je m'en allai sans pousser plus loin mon interrogatoire, auquel du reste je n'ajoutais aucune foi.

M. le Procureur général. — Vous n'y ajoutiez aucune foi? — *R.* Bien entendu!

Plus tard, à neuf heures, le Juge d'instruction procéda à un nouvel interrogatoire à l'aide de l'alphabet, et j'appris alors que Roux accusait positivement M. Armand.

D. Laissons là, du reste, ces détails au sujet desquels nous avons beaucoup d'autres témoins, et revenons aux constatations médicales. Vous avez écrit à M. le Juge d'instruction de vous adjoindre deux médecins pour constater l'état de Roux, et surtout l'excoriation? — *R.* Oui, et, dans cette lettre, l'erreur anatomique n'est pas possible; je précise avec soin.

Le témoin répond alors à diverses questions qui lui ont été posées relativement aux effets que peut produire un coup porté à la nuque. Il pense qu'il peut amener une commotion cérébrale et même une syncope, et que, pour ce dernier cas, il n'a pas même besoin d'être violent. Il croit aussi que le coup peut ne pas laisser de traces. Il a trouvé chez Roux des symptômes, tels que le refroidissement presque général, le défaut de réaction des brûlures, l'insensibilité et le mutisme, l'engourdissement et la résolution des membres, qui ne peuvent s'expliquer par l'asphyxie seulement. Toutefois, ajoute-t-il, l'état de la poitrine pouvait expliquer jusqu'à un certain point ces symptômes, mais ce n'était pas suffisant.

M. le premier Président. — Nous reviendrons plus tard sur la question médicale.

Mᵉ Jules Favre. — Vous avez raison, Monsieur le Président; nous devons nous appliquer en ce moment à bien prouver les faits. M. le docteur Surdun a dit que les brûlures pratiquées aux mollets et aux avant-bras du malade n'avaient produit de réaction que quatre jours après. Or il est en opposition complète sur ce point avec l'interne qui a reçu Maurice Roux à l'hôpital, et qui constate, dans son rapport, la trace de quatre vésicatoires qu'il a commencé par panser : « Sur les mollets et les avant-bras, dit-il, on voyait les traces de quatre vésicatoires qu'on avait appliqués à cet homme avant son entrée à l'hospice. Je commençai par panser les vésicatoires. »

M. le docteur Surdun. — Mon explication est bien simple. J'ai dit que, lorsque Roux a été transporté à l'hôpital, ses vésicatoires ne donnaient pas de signes de réaction. Cela n'empêche pas que M. Triadou ait pu les panser. Les vésicules ne se sont produites que quelques jours après, voilà tout. D'ailleurs, est-ce le jour même qu'il a écrit ce rapport?

Mᵉ Jules Favre. — Oui, c'est le jour même. Ce qui est clair et qui n'est pas de la discussion médicale, ce que les pères et les mères de famille peuvent juger, c'est qu'on ne panse un vésicatoire que lorsqu'il y a soulèvement de la peau, produit par l'action du vésicatoire sur l'épiderme. Ce que nous savons aussi, c'est que, quand malheureusement la vie se retire, le réactif reste impuissant, la peau demeure dans son état, comme le disait tout à l'heure M. le docteur. Or, d'après le rapport de M. Triadou, la peau chez Roux était dans un état de décomposition profonde, et on a été forcé de le panser. Voilà mon observation.

Sur la demande de M. le Procureur général, et en vertu de son pouvoir discrétionnaire, M. le premier Président ordonne que l'interne Triadou sera entendu comme témoin.

Mᵉ Jules Favre. — Dans sa déposition, M. le docteur Surdun est encore en contradiction avec son Mémoire au sujet du coup à la nuque et de la commotion. Il vient de dire à l'audience qu'il n'avait pas jugé à propos, le soir, d'examiner cette trace à la nuque, vu la faiblesse du malade. Dans son Mémoire, il dit le contraire : « J'examinai la nuque avec précaution, sans déranger le malade; je ne trouvai rien. » Sans déranger le malade !

M. le premier Président. — On ne peut voir le dos d'un homme sans le retourner.

Mᵉ Jules Favre. — Je constate des faits, Monsieur le Président.

M. le premier Président. — Je vous les laisse constater, défenseur.

Mᵉ Jules Favre. — Les mots sont parfaitement précis; j'examinai la nuque sans déranger le malade. Qu'importe comment il était placé! Il fallait qu'il fût dans une situation où on pût l'examiner, sans cela on ne l'eût pas examiné. Les mots sont l'expression de la pensée; le français est le français, et il exprime des idées. Ces idées, nous les saisissons, et c'est avec elles que nous raisonnons.

M. le premier Président. — Ce qui résulte de tout ceci, c'est qu'en fait M. Surdun, au premier moment où il a examiné la nuque, par une raison ou par une autre, peut-être parce qu'il a examiné trop vite, n'a rien aperçu. Le lendemain matin, reprenant cet examen avec soin, il a vu l'excoriation dont les marques, à ce qu'il prétend, existent encore aujourd'hui.

Mᵉ Jules Favre, à M. Surdun. — Le témoin se rappelle-t-il que le Commissaire de police lui a fait remarquer l'existence d'une plaque rouge sur la nuque? — *R.* Je ne me souviens pas de cela.

M. le premier Président. — Il est incontestable que si M. le Commissaire de police la lui eût fait remarquer, M. Surdun l'aurait vue.

Mᵉ Jules Favre. — Le Commissaire de police le dit positivement : « Je remarquai une place rouge à la partie postérieure du cou, et la fis remarquer à M. Surdun. » Il me semble que cela aurait dû figurer dans le rapport du médecin.

Je désire encore savoir du témoin s'il a eu connaissance de ce qui s'est passé à l'hôpital, de la façon dont Roux en est sorti, malgré l'opposition des médecins, et des ovations qu'on lui a faites. La première fois que Roux est sorti, il a été l'objet d'une ovation; il a voulu sortir de nouveau. M. le docteur Dupré s'y est opposé; alors Roux a jeté de côté son froc de malade; il est sorti et n'est plus rentré à l'hôpital. Je voulais savoir si le docteur Surdun connaissait ces détails?

M. Surdun. — Je n'ai revu le malade qu'après sa sortie de l'hôpital, et avant qu'il ne retournât dans son pays, et encore parce qu'il m'avait fait appeler; je suis enchanté de ne l'avoir pas vu lors du second attentat.

Me Jules Favre. — Une dernière question, Monsieur le Président. Comment M. Surdun sait-il que la trace du coup existe encore?

M. Surdun. — Je dois dire la vérité. J'ai vu Maurice Roux hier; je n'ai pas examiné la nuque, mais je sais par des professeurs de la Faculté que cette marque existe encore.

Me Jules Favre. — Nous sommes très-heureux de savoir comment M. Surdun a appris cela. Il y avait intérêt à le savoir.

M. le premier Président. — Il vous l'a dit, Me Favre. Nous ferons cette constatation sur la personne de Maurice Roux.

Armand, avez-vous quelque question à faire au témoin?

Armand. — Le témoin se souvient-il de mon attitude lorsque j'étais avec lui auprès de Roux? — *R.* J'ai parlé à M. Armand, le soir quand j'ai donné des soins à son domestique, le matin quand il est venu s'informer de lui. Son attitude était très-naturelle; je ne pouvais soupçonner qu'il eût conscience qu'on l'accusait, et surtout qu'il eût à se reprocher un crime, j'en conviens.

M. le premier Président. — Cependant vous saviez déjà que Roux l'accusait? — *R.* Je le savais, mais je n'avais fait aucune espèce d'attention à cette accusation.

Armand. — N'ai-je pas demandé au docteur Surdun s'il n'espérait pas que Roux recouvrerait l'usage des sens et de la voix? Ne me répondit-il pas qu'il n'en était pas sûr, qu'il n'en savait rien?

Le docteur Surdun. — Je me rappelle en effet que M. Armand m'a demandé des nouvelles de son domestique. Il paraissait lui porter beaucoup d'intérêt; mais je ne puis me rappeler en détail ce que j'ai dit.

Armand. — M. Surdun était dans la chambre au moment où le Commissaire de police prétend que Roux a remué les mains vers moi. Il savait alors que Roux m'accusait; s'en est-il aperçu?

Le témoin. — J'étais près du lit, mais je ne crois pas que ce fait puisse être exact, car le malade n'était pas en état de se mouvoir; à peine pouvait-il remuer un bras. Qu'il ait levé la main, je ne le crois pas, cela me paraît surprenant. Toutefois mes souvenirs sur ce point ne sont pas précis.

M. le premier Président. — Vous n'avez peut-être pas regardé cela de très-près?

Armand. — Moi, qui me rappelle très-bien, je me souviens d'avoir demandé à M. Surdun, à la suite de l'accusation de Roux portait contre moi, si la voix lui reviendrait. Il a répondu, je ne sais s'il s'en souviendra, qu'il n'oserait pas l'assurer.

Le témoin Surdun. — M. Armand m'a fait cette question, et je crois avoir répondu à peu près comme il a dit.

Me Jules Favre, insistant. — M. Armand a déclaré hier qu'il avait demandé si le malade recouvrerait la raison et la voix, dans l'espérance que, quand il pourrait parler, il ferait connaître la vérité. M. Surdun a dû nécessairement saisir la nuance?

Le docteur Surdun. — Je saisis très-bien; j'avoue que j'ai dit à peu près ce que M. Armand a entendu.

Me Jules Favre. — Vous avez compris ainsi la pensée d'Armand?

Le docteur Surdun. — Pas en ce moment-là; car je ne croyais pas à l'accusation portée contre lui.

Me Jules Favre. — La question, dans la bouche d'Armand, tout le monde le comprend, peut s'expliquer de deux manières, ou par le désir ou par la crainte de voir Maurice Roux revenir à la vie. Si Armand est innocent, il est incontestable que la question s'explique par le désir de voir son domestique revenir à la vie; s'il est coupable, elle s'explique par la crainte de le voir revenir à la vie. C'est précisément pour cela que je voudrais savoir comment la question a été interprétée par le témoin?

M. le premier Président. — Le témoin a déclaré, je crois, qu'il ne pouvait répondre.

Le docteur Surdun. — Avec d'autant plus de raison, que j'étais bien éloigné, à ce moment, de soupçonner M. Armand.

Vialette (Augustin), étudiant en médecine, dépose que, le 7 juillet au soir, vers les huit heures et demie, apprenant par la rumeur publique qu'un homme venait de s'étrangler, et désireux d'étudier les phénomènes qui accompagnent l'asphyxie par strangulation, il est venu demander au docteur Surdun, qui soignait Roux, la permission de l'aider, et il s'est offert à faire, pendant la nuit, plusieurs visites au malade, dont l'état lui parut d'abord grave, voisin de la mort.

Le témoin ajoute que, dès la première visite, vers le minuit, il constata une légère amélioration; néanmoins l'application de l'eau bouillante laissa le malade en apparence complètement insensible. Revenant une seconde fois, vers les deux heures du matin, le témoin, après s'être livré à un examen attentif sur la partie supérieure du corps de Roux, et avoir constaté sur le cou la trace d'une meurtrissure coupant obliquement les traits qu'avait laissés la corde dans les chairs, eut l'idée qu'un crime avait été commis.

Comme Maurice Roux, continue-t-il, paraissait avoir recouvré ses facultés intellectuelles, l'inspecteur de police Delousteau, qui se trouvait dans la chambre, dit : « C'est bien malheureux que le malade soit privé de la voix, parce qu'on pourrait lui faire dire comment cela est arrivé, s'il y a crime, ou non. — Il y a un moyen facile d'y suppléer, répondit le témoin, c'est de mettre votre main dans la sienne et de lui réciter l'une après l'autre chaque lettre de l'alphabet, en lui demandant d'indiquer par une pression les lettres qui doivent former le nom de son assassin. » A l'aide de cette manœuvre, il obtint le nom d'*Armand*.

Demandant au concierge et à Malzac, qui étaient présents, s'ils connaissaient quelqu'un de ce nom-là, ceux-ci parurent embarrassés. C'est alors que Delousteau dit que le maître de la maison s'appelait *Armand*.

M. le premier Président. — Pouvez-vous supposer que le mutisme de Roux était simulé? — *R.* On ne peut feindre à ce point. Si la sensibilité eût existé chez lui, la douleur provoquée par l'application de l'eau bouillante aurait inévitablement provoqué quelque manifestation de sa part, et il n'a trahi d'aucune manière la moindre souffrance.

D. Quand vous avez demandé à Roux où il souffrait, il a porté le doigt vers la partie supérieure de son corps? — *R.* Oui, Monsieur, et c'est moi qui, faisant des pressions sur cette partie, provoquai de sa part une sensation douloureuse.

D. — Vous avez constaté au cou de Roux une meurtrissure? — *R.* Je n'avais d'abord qu'une opinion incertaine à cet égard; mais les expériences qu'a faites plus tard M. Alquié, et que j'ai moi-même renouvelées, ont transformé mes doutes en intime conviction.

D. — Lorsque, par une suite de pressions de main, vous avez obtenu le mot *Armand*, sans R, Roux ne vous a-t-il pas fait comprendre que vous vous trompiez? — *R.* Oui, et cela avec une expression de souffrance augmentée par l'impossibilité où il se trouvait de parler. J'ai recommencé l'expérience, et j'ai obtenu le nom d'*Armand*.

D. Vous ne connaissiez pas M. Armand? — *R.* Du tout.

Delousteau (Joseph), inspecteur de police à Montpellier, chargé par le Commissaire central de veiller sur Maurice Roux dans la soirée qui suivit l'événement. — Placé au chevet du malade, il lui parut calme. Mais vers les deux heures et demie, le malade, au lieu d'avoir l'œil terne et ténébreux, comme dans le principe, se mit à fixer sur lui des yeux hagards, étincelants. Cela lui fit un certain effet; il fit part au malade des rumeurs qui couraient dans la foule : qu'une femme était descendue à la cave avec deux hommes; que c'étaient ces personnes qui avaient fait la chose; et il lui demanda si ces bruits étaient fondés. Roux lui fit des signes négatifs. Continuant cet interrogatoire, en posant les questions de telle sorte qu'il n'eût à répondre que par un signe négatif ou affirmatif, le témoin obtint encore du malade cette déclaration : qu'on l'avait mis dans l'état où il se trouvait; que c'était une personne seule; qu'il connaissait cette personne, qu'elle restait dans la maison Armand. Pour obtenir un signe affirmatif à cette dernière question, le témoin avait dû lui désigner successivement, plusieurs rues de la ville d'abord, puis plusieurs maisons du boulevard du Jeu de Paume. Mais le nom de la personne, le témoin ne savait par quel moyen l'obtenir; le malade lui faisait toujours des signes avec la main droite, « qu'il ne pouvait remuer beaucoup; » mais il ne comprenait pas ce que cela voulait dire. Il se décida alors, il était trois heures moins un quart, à envoyer chercher M. Vialette; quand il fut arrivé, le témoin lui proposa de faire l'expérience de l'alphabet, ce à quoi M. Vialette consentit.

Le témoin a mis sa main dans celle de Roux; il a appelé toutes les lettres de l'alphabet, depuis A jusqu'à Z, et renouvelé successivement l'opération jusqu'à ce qu'il eût obtenu le mot Armand.

M. le premier Président. — Qu'avez-vous remarqué quand Maurice Roux revint à la vie? — *R.* Il cherchait la veine des signes, mais sa main ne pouvait aller jusqu'à son cou. À l'arrivée de M. Vialette, nous l'avons examiné, et nous avons vu le coup qu'il voulait indiquer.

L'audience est levée à cinq heures.

Le lendemain, 16 mars, on entendra M. Amilhau, le Juge d'instruction, et Maurice Roux.

A l'ouverture de l'audience du 16, au moment où M. Amilhau, Juge d'instruction, à Montpellier, cité comme témoin, s'avance devant la Cour, M° Jules Favre se lève et dépose les conclusions suivantes :

« Attendu que M. Amilhau, Juge d'instruction à Montpellier, a instruit contre Armand, et rendu l'ordonnance qui est la base même de la poursuite;

« Qu'il est, dès lors, dans des conditions qui ne peuvent en rien ressembler à celles que la loi exige d'un témoin;

« Que, d'un autre côté, les fonctions dont il est revêtu, le rôle officiel qu'il a joué dans l'affaire, interdisent à la défense l'examen auquel chaque témoin doit être soumis aux termes de la loi;

« Par ces motifs, et autres qu'il plaira à la Cour suppléer dans sa sagesse, déclarer que M. le Juge d'instruction près le tribunal de Montpellier a été mal à propos cité; ordonner qu'il ne soit point entendu, sous toutes réserves. »

Il ne s'agit ici, dit M° *Favre*, que d'une question de principe, et je n'ai pas besoin de dire à la Cour que l'incident sur lequel j'ai l'honneur d'appeler son attention n'a rien de personnel à l'honorable magistrat que M. le Procureur général a cru devoir citer à cette audience.

Le Juge d'instruction qui s'est déjà occupé de tous les éléments d'une procédure, est-il dans les conditions exigées par la loi, lorsqu'il vient déposer comme témoin? C'est là une question qu'il ne nous a pas paru possible de résoudre par l'affirmative, même en présence des textes et des autorités dont nous ne nous dissimulons pas la gravité. En effet, lorsque le Juge d'instruction a procédé à une information, il ne s'est pas borné à recueillir des renseignements, il les a appréciés, dans l'intérêt de la justice, dans l'intérêt de la vérité. Au moment où il a rendu son ordonnance, il a déjà jugé, son opinion est faite, puisque c'est en vertu de sa résolution que la porte de la prison s'ouvre ou se ferme sur l'accusé, et involontairement, cette opinion, il la défendra.

Je sais bien qu'il peut être entendu si le Ministère public l'exige; mais il ne me paraît pas possible que ce soit avec la qualité de témoin.

Qu'a-t-il besoin de venir prêter un nouveau serment, alors qu'il est déjà lié par celui en vertu duquel il exerce ses fonctions, et qui l'exempte de toute passion personnelle pour ne laisser en lui que le souffle de la vérité? Le bon sens et la conscience publique protestent contre l'assimilation du juge au témoin.

Aux textes et aux documents de jurisprudence qui se prononcent pour l'affirmative, l'honorable avocat oppose un arrêt de la Cour de cassation favorable à son opinion.

A quelles conséquences n'arriverait-on pas, ajoute-t-il, avec le système contraire, une interprétation de la loi aussi absolue? A côté du Juge d'instruction, il y a les Magistrats qui ont rendu l'arrêt de mise en accusation; ils pourraient aussi être cités à la requête de l'accusé; on aurait le droit de leur demander compte de leurs impressions, de discuter leurs paroles et leurs actes, de violer enfin le secret de leurs délibérations! En vérité, cela choque les convenances! Faire descendre le Magistrat au rôle de témoin, ce n'est pas seulement une solution qui peut gêner la défense, c'est porter atteinte aux prérogatives du Magistrat même!

Ce langage, peut-être téméraire de ma part, serait mieux placé, continue M° Jules Favre, dans la bouche de l'éminent magistrat qui remplit ici les difficiles fonctions du ministère public. Mais je suis de ceux qui croient qu'en pareille matière les vérités se protègent les unes par les autres. Vous êtes, Messieurs, les plus sévères gardiens de la défense, et nous qui participons à votre œuvre, nous avons un égal souci de la dignité qui entoure vos siéges, et nous croyons que la défense souffrirait la plus mortelle atteinte, si jamais votre caractère pouvait être diminué. Eh bien! est-ce qu'il n'en serait pas ainsi, si, en regard de la latitude que l'article 319 donne à la défense, le Juge d'instruction était entendu comme témoin? Quoi, Messieurs, voici le Juge qui comparaît à cette barre, et j'ai le droit, d'après l'article 319, d'aller rechercher sa vie, de lui demander compte de chacune de ses inspirations? Ne comprenez-vous pas que, de deux choses l'une, ou le droit de la défense ou la majesté de la loi seront sacrifiés, ou l'article 319 sera déchiré, ou la dignité de la magistrature sera compromise?

Ne dites pas que le Juge d'instruction ne sera interrogé que sur les points se rattachant essentiellement à l'affaire. Dès qu'il dépose de ce qu'il a fait comme magistrat, le secret de son cabinet est violé et la liberté de la défense n'existe plus.

C'est là qu'est le danger de la doctrine consacrée par la Cour de cassation.

L'instruction édictée et mise en pratique par notre législation est secrète, et l'honorable avocat n'hésite pas à reconnaître que le secret de l'instruction a des avantages considérables. Mais, comme dans toutes les choses humaines, à côté de ces avantages sont des dangers. Le pouvoir du Juge d'instruction étant énorme, s'il s'exerce sans contrôle, il peut entraîner des abus, et ces abus sont d'autant plus grands que la conviction du magistrat sera plus forte. Est-ce que de grands exemples ne sont pas venus récemment donner ces enseignements salutaires?

Où se trouvent le remède et la correction de pareils abus? Dans l'indépendance et la sagesse des Magistrats, dans le caractère de MM. les Jurés, dans le grand jour qui éclaire les débats, dans cette vive lumière de l'opinion publique qui ne permet pas qu'un seul égarement la trouble.

Mais si, au contraire, il est permis, il est commandé même de faire à l'audience le récit de tout ce qui s'est passé dans la Chambre du conseil, n'apercevez-vous pas à l'instant quelles interprétations mauvaises peuvent en résulter? Le Juge, pour arriver à la découverte de la vérité, a pu recourir à tous les moyens extrêmes; par cela seul l'accusé et les témoins sont disposés à croire qu'il a abusé de son pouvoir. Nul ne sait cela mieux que nous, qui sommes constamment forcés de contenir les accusés et les témoins nous dénonçant des actes qui leur paraissent odieux, d'interposer notre conscience entre l'instruction secrète et l'instruction publique, d'apaiser, d'étouffer dans leurs germes les tumultes intérieurs, et de les empêcher de se produire au grand jour.

Mais ici, voici que vous allez déchaîner la tempête et placer le Juge dont l'accusé a à se plaindre devant l'article 319, c'est-à-dire que vous allez rendre possibles contre lui les plaintes et les interpellations, et cela, en présence du Président désarmé; car, dès que ce n'est plus un juge, toutes les récriminations peuvent se produire.

J'admets qu'elles soient injustes; il n'y aura pas moins un grand scandale produit, et si, par hasard, le juge n'est pas dans la vérité, la chose n'est pas sans exemple, je puis raisonner dans cette hypothèse, ne ferait-on pas, à côté de ce scandale, les réflexions les plus blessantes pour la justice? Ce sont celles-là que je veux m'interdire.

Pour moi, je ne m'explique pas comment, dans une affaire de la nature de celle-ci, on a pu ainsi faire violence aux précédents et aux habitudes judiciaires. Est-ce que ce n'était pas justement ceci qui devait conseiller à M. le Procureur général la plus stricte circonspection? N'est-il pas vrai que vous n'êtes saisis qu'en vertu d'une émotion qui s'est répandue sur un département entier, qui a gagné tous les esprits, enflammé toutes les âmes, entraîné toutes les intelligences, et qui est telle, que la Cour de cassation, sur le vu même du Réquisitoire envoyé par M. le Procureur général de Montpellier, a pensé qu'il n'y avait pas sécurité à ce que le jugement de l'affaire se poursuivît à Montpellier, qu'il y avait des raisons d'ordre public pour que vous en fussiez saisis?

Et vous allez choisir, dans ce milieu enflammé, ce qui peut renouveler la lutte que la Cour suprême a voulu proscrire? Quant à moi, à tous les points de vue, je considère l'audition de M. le Juge d'instruction comme dangereuse; elle est inutile à votre procédure, elle n'apprendra rien de plus que les procès-verbaux; si le magistrat s'en écarte, il ne peut être cru; s'il les confirme, c'est naturel; s'il les atténue, assurément M. le Procureur général ne voudra pas de son atténuation. C'est donc une excitation inutile, dangereuse que vous allez donner à un débat si calme, si digne, si mesuré, et dont personne ne veut. Pour toutes ces raisons, je persiste dans les conclusions que je viens de développer.

M. le Procureur général Merville. — Je serai court, Messieurs; j'en demande pardon à l'honorable défenseur, mais j'ai beau faire effort sur moi-même, il m'est impossible de considérer comme sérieuses les conclusions qu'il vient de poser devant la Cour. En effet, je ne crois pas avoir besoin de rappeler à la défense, cela n'a rien de nouveau pour elle, que les incapacités sont de droit étroit, qu'elles ne peuvent être suppléées par voie de considération et d'analogie, et que, pour être admises par le juge, elles doivent être écrites dans la loi; que, quand elles n'y sont pas, on ne saurait les y mettre.

Je pourrais m'en tenir là; pour des jurisconsultes, c'est péremptoire; je n'aurai plus rien à dire; cependant je me permettrai d'ajouter que si les conclusions de la défense étaient fondées, il faudrait appliquer la même exclusion à tous les officiers de police judiciaire qui participent, dans une mesure quelconque, à l'instruction criminelle. Or, il est de droit commun, de pratique journalière, que les juges de paix, les commissaires de police, les gendarmes, sont entendus en justice. Si la chose se présente très-rarement en ce qui concerne le Juge d'instruction, il s'en faut que cette circonstance soit sans exemple, et les arrêts même qui ont été cités prouvent qu'elle est toute naturelle.

M. le Procureur général déclare qu'il profitera de l'incident soulevé, bien à tort selon lui, par la défense dans le cas présent, pour rendre une éclatante justice à la loyauté et à la modération avec laquelle M. Amilhau a procédé à cette longue et délicate instruction.

Qu'il me soit permis de le dire, ajoute-t-il en terminant : vouloir exclure le témoignage de ce magistrat, après qu'elle-même a fait citer plusieurs médecins qui ne se sont fait aucun scrupule de délibérer, de faire des consultations, ce ne peut être, de la part de la défense, qu'un de ces petits coups montés pour produire de l'effet et affaiblir d'avance la valeur morale d'un témoignage.

Me Jules Favre. — Il m'est impossible d'accepter les dernières paroles de M. le Procureur général.

M. le Procureur général, immédiatement. — Vous avez raison; elles me sont échappées; je les retire.

M. le premier Président met fin à l'incident.

La Cour, après en avoir délibéré, rend l'arrêt suivant :

« Attendu qu'aucune loi ne s'oppose à ce qu'on entende comme témoin le Juge d'instruction qui a instruit dans une affaire criminelle ;

« Attendu qu'indépendamment des témoignages qu'il a recueillis, des appréciations qu'il a pu avoir à porter sur ces témoignages, le Juge d'instruction peut avoir été témoin de certains faits qu'il importe à la Justice de connaître ;

« Attendu, enfin, que sa qualité de magistrat, loin d'être un obstacle à son audition, n'est qu'une garantie pour la Justice ;

« Ordonne que M. le Juge d'instruction sera entendu. »

M. Amilhau, juge d'instruction. — Le jour de l'attentat il était à Frontignan, délégué par M. le Président de la Cour d'assises de l'Hérault pour l'instruction d'une affaire ; il ne revint à Montpellier que le 8 juillet, à deux heures du matin.

A la gare, il trouva un inspecteur de police chargé de le prévenir, de la part de M. le Procureur impérial, qu'un homme avait été trouvé étranglé dans une maison de la ville. Était-ce un assassinat ? était-ce un suicide ? L'inspecteur n'en savait rien. Tout ce qu'il put lui dire, c'est que M. le Procureur impérial et M. le Commissaire de police Bayssade s'étaient transportés sur les lieux et avaient procédé à une instruction préparatoire. Quant au malade, victime ou suicidé, il était mourant, hors d'état de subir un interrogatoire. Dans cet état de choses il n'y avait pas urgence, le témoin rentra à son domicile après avoir recommandé à l'inspecteur de le tenir au courant des faits nouveaux qui pourraient surgir.

Le matin du même jour, à une heure qu'il ne saurait préciser, on vint l'inviter à se rendre près du malade. Dans l'intervalle, on était parvenu à obtenir de lui, non pas des réponses, car il était privé de l'usage de la parole, mais des signes, par lesquels il déclarait qu'il était victime d'un assassinat, et que l'auteur de ce crime était un nommé Armand.

Quel était cet Armand ? Le témoin n'en avait jamais entendu parler depuis trois ans et demi qu'il était à Montpellier ; il crut être en présence d'un assassinat vulgaire, et ce fut sous cette impression qu'il se rendit dans la chambre où le malade avait été transporté. Là, il trouva M. le docteur Surdun, M. le Procureur impérial, M. le Commissaire de police Bayssade et quelques autres personnes. M. le Procureur impérial lui dit : Un grand crime a été commis. Je viens de faire subir à Maurice Roux, à l'aide d'un alphabet, un premier interrogatoire ; il désigne Armand, son maître, comme son assassin.

M. Bayssade tenait à la main quelques pièces de conviction, parmi lesquelles se trouvait le mouchoir qui liait les jambes de Maurice Roux. Le témoin l'examina ; il portait les deux initiales A. A., celles de l'accusé André Armand. M. Bayssade lui remit en même temps les cordes qui avaient servi à la ligature du cou et des poignets, et lui rendit compte à voix basse de ce qui s'était passé depuis le moment où Roux avait été trouvé dans la cave, jusqu'à l'arrivée de lui, témoin.

Il s'approcha alors du lit du malade, « qui était dans un état d'immobilité complète, la face livide, terreuse, l'œil terne, » et lui dit : « Je suis le Juge d'instruction ; à ce titre, mon devoir est de vous interroger, votre devoir à vous est de me répondre avec sincérité. Faisons table rase des précédents, c'est seulement ici que l'instruction commence. »

A ces mots, cet homme se tourna vers lui, mais telle était l'expression de sa figure, que le témoin crut devoir demander à M. le docteur Surdun s'il était prudent de l'interroger. Sur la réponse affirmative du docteur, l'interrogatoire commença. Il demanda d'abord au malade s'il avait voulu se suicider. Maurice Roux répondit par des signes vivement négatifs. « Quand je dis, explique le témoin, un signe vivement négatif, je ne veux pas dire un geste violent, le malade pouvait à peine se remuer ; je veux dire que dans ce moment-là, et plus tard, toute la vie semblait se concentrer dans son regard. Il n'avait de vie que là et dans les avant-bras, qu'il remuait faiblement. »

Le témoin revient à l'interrogatoire. Il dit au patient : Quelqu'un a-t-il voulu vous assassiner ? — Oui. — Le connaissez-vous ? — Oui. — Pouvez-vous le désigner ? — Oui.

Il plaça alors l'alphabet dont s'était déjà servi M. le Procureur impérial sous les yeux du malade, et lui dit : « Portez votre doigt hors du lit, et quand je poserai mon crayon sur une des lettres qui doivent former le nom de votre assassin, vous remuerez le doigt. » C'est ainsi que fut formé le nom d'Armand. « Armand, observa le témoin, mais c'est votre maître ! Ce n'est pas possible ; il est riche. S'il était mécontent de votre service, il n'avait qu'à vous renvoyer ; il n'avait pas besoin de vous maltraiter ? — Oui. — Si votre maître est vif, ce qui est possible, il n'est pas méchant et cruel à ce point ? — Oui. — Il doit être connu en ville, il doit être à l'abri d'un pareil soupçon ?... Quand je parlais ainsi, dit le témoin, j'ignorais complètement le caractère et les habitudes d'Armand. »

Continuant l'interrogatoire, il dit à Roux : « Prenez garde, vous n'avez que quelques instants à vivre ; voyez quel sera le résultat de vos déclarations ; votre maître va être arrêté, poursuivi, condamné peut-être, et vous irez devant Dieu chargé de la terrible erreur que la Justice aura consacrée ; ce n'est pas possible, réfléchissez. » Le malade suivait toujours des yeux, et approuvait toujours. « Vous persistez donc dans votre accusation ? lui demanda-t-il. — Oui. — Mais alors, pour que votre maître se soit oublié à ce point, il faut qu'il y ait entre vous et lui quelque motif secret de haine, qu'il ait obéi à un besoin secret de vengeance ? — Non. — L'avez-vous reconnu ? »

Le malade fit un signe que le témoin ne comprit pas d'abord, mais dans lequel il crut voir ces mots : « Je l'ai vu et entendu. » Il lui posa la question dans ce sens ; le malade répondit : Oui. — Il vous a donc parlé ? Répétez-moi ce qu'il vous a dit.

A ce moment Maurice Roux fit, pour parler, de vains efforts qui se traduisirent par quelques contractions de son visage. Le témoin reprit l'alphabet, recommença l'opération des lettres, et construisit cette phrase : *Je vais t'apprendre si ma maison est une baraque.* — « Oh ! dit-il au malade, cela est impossible. Nous savons tous que nos domestiques traitent ainsi nos maisons, et non-seulement nous ne les étranglons pas, mais nous les gardons même. » Roux le regarda, et lui fit un signe qu'il expliqua de cette façon : « C'est ainsi. » Le témoin insista : « Prenez garde, jamais un pareil motif ne sera considéré comme sérieux ; jamais vous ne parviendrez à faire croire que votre maître vous ait étranglé pour un motif si futile. Prenez garde, si Armand a commis sur vous un grand crime, vous en commettriez un plus grand encore à son égard en l'accusant faussement. Si la Justice vient à trouver la preuve de l'innocence de votre maître, elle épuisera sur votre tête toutes ses rigueurs, parce qu'il n'est pas de plus grand crime que de faire condamner un innocent. » Il répondit par un signe que le témoin interpréta ainsi : qu'on me coupe le cou, si cela n'est pas vrai.

Le témoin insista de nouveau sur l'imminence d'une mort prochaine. « Vous allez mourir, dit-il à Roux, les médecins qui sont là disent que vous n'avez que quelques heures à vivre. » M. Surdun, dont la parole sur ce point devait avoir plus d'autorité, s'approcha à son tour du malade, et lui dit : « Prenez bien garde à ce que vous dites. Si Armand prouve son innocence, les peines les plus sévères vous attendent, comme aussi, si vous allez mourir dans quelques instants, comme je le crois, vous porterez devant Dieu la responsabilité d'un crime affreux, celui d'avoir fait consacrer par la Justice une erreur déplorable. »

Toutes ses instances demeurèrent inutiles : Roux persista.

Roux allait peut-être mourir, laissant après lui une révélation terrible. Dans l'intérêt de la justice, dans l'intérêt surtout de celui que cette accusation insensée venait atteindre, le témoin comprit qu'une confrontation entre la soi-disant victime et le meurtrier prétendu, était de toute nécessité; et malgré sa propre fatigue et celle du malade, au risque d'abréger la vie de ce dernier, il manda Armand devant lui.

Quoique vivement impressionné des accusations de Roux, l'opinion du témoin n'était pas fixée encore; il voulut se poser en observateur vis-à-vis de l'accusé; il se plaça à quelque distance du lit de Roux, et attendit. Quand M. Armand parut, sa figure ne lui parut pas rassurée, presque consternée, dirait-il, mais ce mot serait trop fort, il vaut mieux dire troublée. Il lui dit : « Monsieur, vous êtes sous le coup d'une accusation des plus graves; je viens d'entendre votre domestique, il vous accuse formellement de l'avoir, dans la journée d'hier, frappé et garrotté. »

Ici le témoin rappelle une circonstance qu'il avait négligée. Quand il avait demandé à Roux, par signes, où le fait s'était produit, voici comment il lui avait expliqué cette scène, qu'il avait eu peine à traduire. Le témoin lui dit : Il vous a étranglé? — Oui et non. — Mais il aura fait autre chose avant? — Oui; et Maurice Roux indiquaient sans cesse une partie de la tête. Ces mouvements répétés appelèrent l'attention du témoin, et, à la suite d'une série de questions, il finit par comprendre que Maurice Roux avait reçu d'abord un coup de bûche ou de bâton, qu'il avait été ensuite lié et étranglé.

Le témoin revient à la confrontation. M. Armand parut fort surpris, comme s'il apprenait à l'instant cette nouvelle, quoiqu'il la connût déjà. Il s'écria : C'est impossible ! c'est impossible ! Le témoin reprit : C'est possible, car Roux vient de l'affirmer. M. Armand lui dit alors : C'est une plaisanterie que vous faites là? — Le Juge fut frappé du ton avec lequel était faite cette réponse; il ne put s'empêcher de répliquer : « En pareille occurrence, dit-il à M. Armand, la Justice ne plaisante pas. Vous êtes en face d'un homme qui vous accuse de l'avoir tué. Soyez convenable, répondez convenablement. » Armand de s'écrier : C'est impossible ! Vous ne le croyez pas. — Approchez, répondit le témoin. Je vais devant vous procéder à l'interrogatoire de cet homme. Vous allez entendre vous-même le récit par signes qu'il m'a fait. »

Tous deux s'approchèrent alors du lit. Maurice avait la figure tournée contre la muraille. « Votre maître est là, » lui dit le témoin. A ces mots, Maurice se retourna et regarda son maître avec une fixité étrange, avec une énergie saisissante, qui ne l'abandonna plus.

Le témoin ressentit une vive impression de ces préliminaires; il sut néanmoins s'en rendre maître devant les devoirs qu'il avait à remplir; il soumit Roux à un nouvel interrogatoire : « Voici votre maître devant vous, dit-il à Roux; persistez-vous à soutenir qu'il vous a mis dans l'état où vous vous trouvez ? — Oui. — Mais il existe des impossibilités; vous basez votre accusation sur le motif le plus futile. Votre maître prouvera peut-être son innocence. Etes-vous certain que vous l'avez vu, qu'il vous a parlé ? Est-ce bien lui qui a commis l'assassinat dans les circonstances que vous avez rapportées ? — Oui. »

Ici se passa un incident que le procès-verbal n'a pu rendre, que le témoin ne saurait rendre qu'imparfaitement devant la Cour. Le malade fit quelques mouvements; ses yeux braqués sur Armand, qui lui-même ne l'avait pas quitté du regard, prirent une expression plus vive, plus énergique. Il leva vers son maître sa main défaillante, elle resta ainsi quelques secondes, jusqu'à ce que le témoin l'eût prise et replacée sur son lit. A partir de ce moment, sa conviction se formait. Il dit à Armand : Voyez, je vous fais juge vous-même. Armand lui répondit : C'est écrasant !

La scène s'était prolongée, Armand était dans un état d'exaspération indicible; le malade était fatigué, le témoin lui-même était fort ému, il pria Armand de se retirer afin qu'il pût en paix procéder à la rédaction de son procès-verbal, constater, recueillir intacte la déclaration de Roux, qu'il regardait comme menacé d'une mort prochaine.

Cependant il voulut essayer d'une nouvelle tentative. Il s'approcha du lit du malade et lui dit : « Maurice, Armand n'est plus là. Vous venez de l'accuser très-vivement devant moi, je n'ai doute pas de votre sincérité. Pourtant, réfléchissez encore. Si vous n'êtes pas sûr de l'avoir vu, de l'avoir reconnu, si vous n'êtes pas certain que c'est lui qui vous a parlé dans la cave, qui vous a frappé et garrotté, dites-le : c'est pour vous un devoir. La Justice ne peut vous poursuivre pour avoir menti une première fois. Rétractez-vous, je vous en prie. »

Ces nouvelles instances furent vaines, Maurice persista. C'est à ce moment, le témoin croit se le rappeler du moins, qu'il leva sa main tremblante, jurant par un serment muet, sur la demande du juge, qu'Armand avait commis le crime dont il l'accusait.

La mission du témoin devenait difficile, redoutable même. Il lui tardait d'entendre les explications de ce maître exceptionnel, pour avoir, par ses réponses, la démonstration soit du crime, soit de la fausseté de la plainte de la victime. M. le Procureur impérial, qui avait assisté à cette première scène, l'avait requis d'opérer l'arrestation immédiate d'Armand. Il répondit à M. le Procureur impérial qu'il était seul juge de la nécessité de cette mesure et du moment où elle devrait recevoir son exécution.

Il déclara à Armand qu'il allait l'emmener avec lui, déclaration que celui-ci considéra sans doute comme un acte de courtoisie, mais qui ne provenait que du désir de lui épargner une humiliation inutile, à lui et à une pauvre femme qu'il ne connaissait pas, et qu'il supposait plongée dans la plus profonde douleur. Il se rendit au Palais en compagnie d'Armand.

Armand fut introduit dans son cabinet en qualité de témoin. Au moment où sa déposition allait se terminer, le Juge lui dit : « Vous connaissez la grave accusation qui pèse sur vous. Je ne vous cacherai pas que je suis presque convaincu. Voici un mandat qui est là sur ma table ; il est signé ; mais j'en suspends l'exécution. Expliquez-vous. »

M. Armand invoqua un alibi. L'alibi, c'est une fin de non-recevoir invincible ; mais s'il n'est pas prouvé, il tourne contre l'accusé. Armand n'était pas encore sorti de son cabinet que le témoin envoyait chercher les domestiques qui pouvaient le renseigner sur l'alibi. Dès qu'elles furent arrivées, il dit à Armand : « Vous pouvez vous retirer ; je prends sur moi de vous maintenir provisoirement en liberté. » Armand parti, il entendit les deux domestiques, la femme de chambre et la cuisinière de M. Armand. Quel fut son étonnement lorsqu'il fut convaincu que l'alibi n'existait pas ! Alors il comprit la gravité de sa situation ; il sentit que le moment était venu d'user de son redoutable pouvoir. Il avait d'un côté les accusations géminées, réitérées, énergiques, saisissantes, de Maurice Roux ; de l'autre part, un alibi, le seul moyen de défense qu'Armand invoquait alors, et qui lui manquait complètement.

C'est ainsi, le témoin le déclare, il l'affirme, que M. Armand, qui était sorti libre de son cabinet à midi, devait y revenir deux heures plus tard en état d'arrestation. Il savait pourtant que cette arrestation allait être un coup mortel pour sa famille. Aussi recommanda-t-il à M. le Commissaire de police Bayssade d'éviter tout scandale ; et en même temps, sous un prétexte quelconque, il fit venir Mme Armand dans son cabinet pour lui épargner le douloureux spectacle de l'arrestation de son mari.

Après une légère suspension d'audience, provoquée par l'indisposition d'un Juré, le témoin continue sa déposition :

Il déclare qu'il en a fini avec la première partie des faits ; ce sont ces faits qui ont servi de base à l'instruction sur laquelle la Justice est appelée à prononcer.

Roux fut transporté, sur son ordre, à l'hospice de Saint-Éloi. Quelle grande joie fut la sienne, quand il apprit le lendemain que le malade parlait ! Il se hâta d'aller près de lui ; mais sa voix était encore si faible, qu'il lui fallut se pencher sur son lit pour recueillir ses paroles. Il y alla plusieurs fois. Comme il sortait un jour de l'hospice, la Sœur supérieure lui fit demander un entretien particulier. Elle croyait Roux plus malade que les médecins ne le pensaient. On avait défendu de laisser approcher personne du patient ; elle désirait que cette interdiction fût levée en faveur de l'aumônier de la prison. Le témoin y consentit avec empressement. Il fut averti le lendemain qu'on allait, le jour d'après, administrer à Roux le sacrement de la communion. Il voulut profiter de cette circonstance solennelle, non pas pour fortifier sa conviction invinciblement formée, mais pour donner une éclatante satisfaction à ses sentiments personnels. Le 10 ou le 11 juillet, à cinq heures du matin, il alla trouver M. l'aumônier, et lui dit : « Je sais la cérémonie à laquelle vous allez présider ; je ne veux la troubler en rien ; mais ne soyez pas surpris si, à un moment donné, j'interviens pour dire quelques paroles à Roux. » Il monta alors près du malade, lui demanda s'il persistait dans son accusation. A ce moment une porte s'ouvrit au fond de la salle (qui est longue comme celle-ci, ajoute le témoin), et l'aumônier parut portant le Saint-Ciboire. Roux ne l'écoutait plus ; il avait l'œil fixé sur le prêtre. Celui-ci s'approcha et déposa la sainte hostie sur l'autel improvisé près du lit. Le témoin dit alors à Roux : « Maurice, voici un moment solennel ; la cérémonie qui se prépare indique clairement que vous n'avez pas longtemps à vivre. Voudrez-vous commettre un sacrilège, le plus odieux des crimes, en persistant à accuser Armand s'il est innocent ? » — Il se dressa légèrement sur le lit, le regarda, leva la main, et dit : « M. le Juge d'instruction, je jure devant Dieu qui est là et que je vais recevoir, qu'Armand est mon assassin, et qu'il a commis le crime que je lui reproche dans les circonstances que je vous ai dites. »

Le témoin s'agenouilla près du lit, et assista à la cérémonie ; il est encore vivement impressionné au souvenir de ces faits. Ce n'était pas une comédie, c'était une tragédie qui laissera dans l'esprit de ceux qui ont assisté à cette scène des souvenirs ineffaçables.

Le témoin considérait son instruction comme terminée ; cependant, avant de clore sa procédure, il sentit la nécessité de remettre encore une fois les deux hommes en présence, l'accusé et celui qui se disait la victime. Il voulut que cette confrontation eût le plus grand nombre de témoins possible. Il avait fait la triste expérience du caractère d'Armand ; il redoutait quelque violence de sa part : aussi le fit-il placer à quelque distance du lit de Roux. Le lit était placé perpendiculairement ; d'un côté de ce lit était un sergent de ville ; le témoin était de l'autre côté. Le gendarme qui avait accompagné Armand se tenait près de lui à quelque distance du lit. L'interrogatoire commença. Le juge transmit à l'accusé la déclaration de Roux, et fit connaître à celui-ci la réponse d'Armand. Tout à coup Maurice lui dit : « Monsieur le Juge d'instruction, faites avancer Armand ; il l'avouera, il ne peut nier. » Cette demande parut si naturelle au témoin, qu'il dit à Armand d'approcher. Celui-ci avance. Maurice jette sur lui des regards énergiques, et lui dit : « Regarde un peu, misérable, dans quel état tu m'as mis ; tu oses dire que ce n'est pas toi qui m'as assassiné ! Mais avoue donc, avoue donc ! » Tout à coup Armand, à ces mots, pousse des cris, ferme les poings et se jette sur Roux. Le témoin n'a que le temps de se mettre devant lui et de le faire reculer. Mais Roux, soit frayeur, soit désir de fuir, soit encore qu'il tentât de résister à l'agression d'Armand, lance un grand coup de pied, qui va frapper le sergent dans l'abdomen, et le fait tomber sur le lit voisin.

Le témoin dit à Armand : « Voyons, Monsieur, qu'allez-vous faire ? Pour moi, voilà le crime ! » Armand répondit : Que voulez-vous dire ! Je n'ai rien fait ! — Comment, vous n'avez rien fait ? mais, sans mon intervention, vous alliez frapper Maurice ? — Non, vous vous trompez, je n'aurais rien fait. — Si mon témoignage pouvait être suspect en pareille matière, j'ai le gendarme, le sergent de ville, mon greffier, et tous les malades pour témoins. — Vous vous trompez. Du reste, je suis fort étonné que vous vous soyez permis de faire cette confrontation ; vous m'avez traité comme un accusé ; ce n'est pas bien ! »

Le témoin répondit qu'il n'avait de conseils à demander à personne pour l'exécution de ses devoirs ; que la confrontation était dans son droit ; qu'elle était tout autant dans l'intérêt de l'accusé que dans l'intérêt de l'accusateur.

Depuis, le témoin a eu l'occasion de revoir l'inculpé au sujet de l'attentat du 17 novembre. C'est un fait à part, et il déclare que, comme témoin, sa déposition est terminée.

M. le premier Président adresse ses félicitations à M. Amilhau sur la clarté, sur la netteté de sa déposition, et lui annonce qu'il veut seulement préciser deux ou trois points sur lesquels il y a contradiction entre lui et Armand, afin que celui-ci, quand il l'interpellera sur ces points, puisse, à son tour, répondre comme il l'entendra.

M. le premier Président, au témoin. — Quand, avant de faire approcher Armand du lit du malade, dans la chambre où il avait été transporté tout d'abord, vous lui dites que celui-ci l'accusait, vous parut-il présenter l'attitude d'un homme auquel, jusque-là, on n'avait rien révélé? — *R.* Voici ses propres expressions : « C'est impossible, vous plaisantez peut-être. »

D. Il ne vous a pas dit à ce moment-là : « On me l'a déjà appris, mais j'avais considéré cela comme une plaisanterie; j'avais cru que Roux était en délire. » — *R.* Non, Monsieur le Président.

Le *témoin* ajoute qu'il a appris, il y a deux ou trois mois seulement, qu'Armand s'était présenté cette nuit-là dans la chambre de Roux.

Armand. — Cela n'est pas!

M. le premier Président, au témoin. — Est-il vrai qu'à la fin de la première confrontation, Armand vous ait dit : « C'est écrasant? » — *R.* Je l'affirme, et d'autres témoins peuvent l'attester.

D. Vous n'avez décerné le mandat d'arrêt contre Armand qu'après avoir entendu la femme de chambre vous déclarer qu'il était impossible qu'à huit heures et demie Armand fût dans la chambre de sa femme? — *R.* Je l'affirme.

D. La première fois que vous avez interrogé Armand, alors qu'il niait, que vous a-t-il dit sur les causes possibles de l'événement? — *R.* Il me dit que le crime avait pu être commis, soit par des femmes d'Alais, soit par une jeune fille de Montpellier, qu'il ne désignait pas, mais que je découvris et entendis.

D. L'idée de simulation et de chantage n'est donc venue que plus tard? — *R.* Je crois que ce n'est que dans le troisième interrogatoire qu'il en a été question, mais je ne garantis pas le fait.

D. Vous avez fait chercher la clé de la cave dans laquelle Maurice Roux a été trouvé. Comment avez-vous été conduit à prescrire cette recherche? Qu'a-t-elle produit? Avez-vous prévenu Armand du peu de succès qu'elle a obtenue? — *R.* Après le premier interrogatoire de Roux, je voulus visiter la cave. Je regardai la porte qui avait été fracturée la veille. Préoccupé de l'absence de la clé, absence que je considérai comme une chose des plus graves pour Armand, et ne pouvant moi-même en faire la recherche, je donnai, séance tenante, verbalement à M. Bayssade une commission rogatoire à l'effet de faire cette recherche, et, le lendemain, je la réitérai par écrit. Quant à la manière dont les recherches ont été faites, je ne puis en rendre compte que d'après les observations de M. Bayssade, mon auxiliaire. J'ai plus tard fait connaître à Armand que la clé n'avait pas été retrouvée.

D. Que vous répondit-il? A-t-il dit : « Il faut qu'on la trouve, qu'on la cherche mieux »? — *R.* Dire quelle fut la réponse d'Armand, cela m'est impossible; mais il n'a pas eu à demander des recherches plus complètes, car elles avaient été faites avec le plus grand soin et d'une façon minutieuse.

M. le premier Président, à l'accusé. — Armand, comment se fait-il que, lorsque M. le Juge d'instruction vous a dit, dans la chambre de Roux : « Voilà cet homme qui vous accuse », comment se fait-il que vous vous soyez contenté de répondre : « C'est impossible! c'est impossible! » et que vous n'ayez pas donné à comprendre, d'une façon quelconque, que vous le saviez déjà?

Armand. — Pour quelle raison l'aurais-je dit au Juge d'instruction, qui était déjà assez excité? Pourquoi lui aurais-je mis dans l'esprit ce qu'il semblait savoir, ce qu'il devait savoir?

D. N'était-il pas naturel que vous disiez : « Oui, on m'en a déjà parlé »? — *R.* Ce qui était naturel, c'est, quand on est innocent comme je le suis, d'être étonné de voir un Juge d'instruction, dès le premier moment qu'il me parle, me traiter comme un coupable, me malmener comme je ne croyais pas qu'en France on pût être malmené, je le ferai voir. Reportez-vous à l'instruction écrite, et vous verrez comment s'y trouve raconté tout ce que vous venez d'entendre. Ne me suis-je pas déjà plaint à M. le Juge d'instruction, dans son cabinet, de ce qu'il ne rapportait pas les choses comme elles s'étaient passées? Ne lui ai-je pas prouvé qu'il me mentait?

M. le premier Président. — Modérez vos expressions. — *R.* C'est la vérité, je le jure.

M. le Procureur général. — Calmez-vous, dans votre intérêt; vous vous faites plus de tort que de bien.

M° Jules Favre. — Voilà les conséquences de l'arrêt de la Cour!

Armand (très-vivement). — J'entends un homme qui m'accuse d'une manière effrayante. Tout le monde en est ému de ces interrogatoires; vous-même, Monsieur le Juge! Puis-je rester sous le coup de cette accusation? Je vous déclare que j'en étais indigné. Je n'ai pu me contenir. M. le Juge d'instruction parle de la clé; il n'a pas voulu répéter ce que j'ai dit; il a nié avoir fait chercher avec les bêches et des pioches, ce qui a fait dire dans le quartier qu'on avait trouvé des cadavres dans la cave. La cave est restée ouverte. Pourquoi est-elle restée ouverte? Pour ce que j'aurais dû demander la clé : je m'en serais bien gardé de la demander, on aurait dit que c'était nous qui l'avions mise là. Nous avons été obligé à beaucoup de réserve. On nous a empêché de faire aucune démarche. M. le Juge d'instruction nous avait fait dire, et m'a dit à moi-même : Ne faites aucune démarche; votre fortune ferait croire que vous avez cherché à soudoyer les témoins.

M. le premier Président. — Armand...! — *R.* Je vous écoute, Monsieur le Président.

M. le premier Président. — Il est une chose au moins que je ne comprends pas...

Armand. — Entendre une pareille accusation !

M. le premier Président. — M. le Juge d'instruction ne vous accuse pas lui-même ; il raconte. Voyez mieux ce qui se passe autour de vous. M. le Juge d'instruction a résisté de toutes ses forces avant d'admettre la réalité de l'accusation de Maurice Roux. Quand M. le Procureur impérial, convaincu, lui demandait votre arrestation immédiate, il vous a emmené dans son cabinet; là, il hésitait encore; il a attendu d'avoir vérifié si l'alibi invoqué par vous était ou non justifié. Ne l'accusez pas d'avoir agi avec précipitation, et encore moins avec acrimonie; c'est injuste.

Armand. — Excusez-moi, je vais m'expliquer.

M. le premier Président. — Quel sentiment lui prêtez-vous? — *R.* J'ai trouvé, et je le lui ai dit plusieurs fois, que M. le Juge d'instruction était plus accusateur que l'accusateur lui-même.

M. le premier Président. — Il ne l'est pas. — *R.* Je suis coupable, d'après lui; il en a la conviction; mais il m'a dit à moi-même, demandez-lui, Messieurs les Jurés, s'il n'est pas vrai qu'il m'ait dit un jour, au retour de la scène de l'hôpital : « Si j'étais juge, je serais bien embarrassé. »

M. le premier Président, à M. Amilhau. — Répondez, témoin! — *R.* C'est avec douleur que je suis obligé de donner un démenti à l'accusé; je le regrette infiniment.

Armand. — Je jure sur l'honneur de toute ma famille que c'est la vérité. Encore une fois, comment faire?

M. le premier Président. — M. le Juge d'instruction est magistrat; mais il dépose sur la foi du serment; il est témoin.

Me Jules Favre. — Voilà ce que je disais. Il n'est plus magistrat, s'il est témoin. Et quand Armand prétend que M. le Juge d'instruction lui a dit : « Si j'étais juge, je serais bien embarrassé, » le Juge d'instruction lui donne un démenti!

Armand. — Je donne ma parole que je dis la vérité; je l'affirme, et je suis incapable de dire une chose qui ne soit pas; je ne suis pas un menteur, sachez-le. Il m'est impossible d'être calme. Je ne puis entendre de sang-froid ce que dit M. le Juge d'instruction.

Il prétend qu'il a envoyé chercher à la maison la femme de chambre et la cuisinière. Il ne se rappelle pas bien les choses. Je les ai emmenées avec moi; elles m'ont suivi au Palais. Elles étaient dans l'antichambre pendant que j'étais dans le cabinet. En sortant, j'ai rappelé à M. le Juge d'instruction que ces deux filles étaient là pour déposer. Il est sorti et leur a dit : « Allez-vous-en, vous reviendrez à deux heures. » Alors j'ai répondu : « Ces deux filles sont mes domestiques; gardez-les. — C'est égal; vous pouvez les emmener. — Mais si vous ne le faites pas pour vous, faites-le par rapport à moi; gardez-les. Faites-le pour le public. » Alors chargez-vous de leur envoyer à dîner. » Voilà, Messieurs, la vérité; ce n'est pas la première fois que je cite ce fait, que M. le Juge d'instruction n'avait pas nié jusqu'à présent.

(L'accusé est dans un état d'agitation extrême; ses défenseurs s'efforcent de le calmer.)

M. Amilhau. — Il serait difficile de répondre à tout ce que dit M. Armand. Si vous le croyez nécessaire, Monsieur le premier Président, je lui répondrai au fur et à mesure qu'il m'interpellera. Quand il prétendra m'avoir dit quelque chose, je le reconnaîtrai, si c'est vrai; je prie la Cour d'en être bien convaincue. Mais comment peut-il soutenir que les deux femmes soient venues avec nous? Avant d'aller au Palais, nous sommes descendus à la cave. Ce n'est qu'en remontant de la cave que je lui ai dit : « Suivez-moi, venez avec moi au Palais. » C'est en nous y rendant que M. le Procureur impérial marchait à 50 mètres de nous. M. Armand et moi nous sommes sortis seuls de la maison, et nous avons traversé le boulevard seuls.

M. le premier Président. — Quelle importance y a-t-il à ce que les deux filles vous aient suivi au Palais, ou qu'elles y aient été appelées après?

Armand. — Le témoin ne veut pas se rappeler les faits.

M. le premier Président. — Il y a ceci. Je me souviens très-bien que dans l'interrogatoire que je vous ai fait subir le premier jour, vous m'avez affirmé que le Juge d'instruction vous avait fait arrêter avant d'avoir vérifié si votre alibi était oui ou non justifié.

— *R.* Je le crois, et voici comment je l'explique. Je serai plus calme, autrement je ne pourrais aller jusqu'au bout. Nous sommes descendus à la cave avec M. le Juge d'instruction. Quand nous avons été remontés, M. le Juge d'instruction m'a dit : « Vous allez me suivre, et dire à la bonne et à la cuisinière de monter au Palais. » Du reste, Messieurs, ces deux femmes sont ici et elles le diront.

Je suis allé dans le cabinet de M. le Juge d'instruction. Il m'a interrogé, et m'a dit que sa conviction était faite. Je vais vous rapporter ses propres paroles : « J'ai là un mandat d'arrêt contre vous. » Le mandat d'arrêt était donc venu avant que M. le Juge d'instruction ait entendu personne, avant même qu'il m'eût entendu. « J'ai là un mandat d'arrêt contre vous; mais vous êtes un homme trop honorable et vous appartenez à une trop honorable famille pour que je l'exécute. Je prends sur moi de le suspendre; j'accepte les conséquences qui pourront en résulter. » Je lui répondis : « Je ne voudrais pas vous exposer à un blâme; j'ai plusieurs propriétés; je me rendrai dans celle que vous m'indiquerez, et m'y tiendrai à votre disposition. — C'est bien, répliqua-t-il; j'ai votre parole, cela me suffit. Seulement, si j'ai besoin de vous, je vous ferai appeler. » Voilà la vérité.

M. Amilhau. — Je ne pouvais pas savoir, au moment où j'ai quitté la maison Armand, de quelle utilité pourraient m'être ces deux femmes, la cuisinière et la femme de chambre; il m'était difficile de deviner qu'Armand allait invoquer un alibi. Je ne l'ai interrogé qu'après la confrontation entre Roux et lui. Tout le monde comprend pourquoi j'ai agi comme je l'ai fait. On croyait que Roux allait mourir. Il fallait bien recevoir sa déclaration et faire la confrontation. Comment deviner que la femme de chambre et la cuisinière allaient m'apporter un témoignage important? Je n'ai connu l'alibi invoqué qu'à la fin de la déposition d'Armand.

Armand. — M. le Juge d'instruction se trompe encore, quand il dit que c'était pour la première fois que mon interrogatoire lui apprenait ce fait. La femme de chambre et la concierge avaient été entendues la veille par M. Bayssade, qui est allé le chercher et ne l'a pas quitté. Il n'ignorait rien; je suis étonné qu'il ne se rappelle pas cela.

Le témoin. — Je ne conteste pas, mais j'ignorais complétement que M. Bayssade eût interrogé sur ce point les deux femmes; cela est possible, mais cela me surprendrait.

Armand. — J'affirme de nouveau que la fille de chambre et la concierge sont montées au Palais prévenues par moi, d'après l'ordre de M. le Juge d'instruction. Je vous jure que c'est la vérité.

(L'accusé consulte des papiers qu'il a à la main).

M. le premier Président. — Vous le voyez, Messieurs les défenseurs, l'accusé a des papiers à la main. A-t-il quelques recherches à faire? Je ne veux pas le gêner dans sa défense.

Armand. — J'ai quelque chose à dire pour prouver combien M. le Juge d'instruction a fait malheureusement, il l'a fait avec conviction, mais combien malheureusement il a fait tout son possible pour me faire paraître coupable. Il a dit et répété que, dans mon interrogatoire, j'avais désigné les deux femmes d'Alais comme étant les auteurs du crime imputé à Roux. J'ai là cet interrogatoire; je vois écrit de sa main le mot *homme*; je n'ai donc pas désigné les deux femmes. Ainsi il prétend que j'ai dit *femme* : ce n'est pas vrai.

M. le premier Président. — Quelle est la conclusion que vous en voulez tirer? — *R.* Je veux prouver que M. le Juge d'instruction n'a pas la mémoire présente.

M. le premier Président. — Il paraît bien l'avoir. Ce qu'il dit concorde avec toutes choses, surtout avec les déclarations de M. Bayssade.

M. Amilhau. — L'accusé voudrait-il me montrer le papier écrit de ma main sur lequel il y a le mot *homme*?

(L'accusé fait passer au témoin, qui l'examine, le papier qu'il avait à la main.)

Le témoin, après avoir examiné. — Je ne conteste pas que ce soit là mon écriture, mais je demande comment Armand est en possession d'une feuille couverte tout entière d'une écriture étrangère avec un mot de ma main. C'est un papier qu'il m'a pris dans mon cabinet.

Armand. — Est-ce que vous me croyez aussi capable de faire un faux? Vous voilà bien!

M. le premier Président. — Je mettrais fin à cet incident, si ce n'était mon désir de faire connaître la vérité. N'avez-vous pas vous-même laissé entendre que les femmes d'Alais pouvaient être pour quelque chose dans le crime? Quelle preuve voulez-vous tirer du fait que vous venez de faire connaître?
— *R.* Je veux en tirer cette preuve, que M. le Juge d'instruction n'a pas bonne mémoire. Je lui ai dit qu'il était venu des gens demander Roux quelques jours avant l'événement; je ne savais pas quelles étaient ces personnes. Je demandai qu'on prît des renseignements, pour savoir si, par hasard, cette visite ne se rattacherait pas au crime. M. le Juge d'instruction prétend que j'aurais dit que c'étaient des femmes, et il a dit que c'étaient des femmes auxquelles j'imputais d'avoir commis le crime. Je n'ai pas dit cela, et la preuve, c'est qu'il a écrit le mot *homme*. C'est écrit sur un papier sur lequel je notais mes souvenirs dans ma cellule.

M. Amilhau. — Voulez-vous me permettre une observation? Je n'ai pas été compris. On me présente une feuille de papier sur laquelle il n'y a de ma main que le mot *homme*. J'affirme ne pas reconnaître que c'est moi qui ai écrit la feuille, et ne pas savoir à qui l'écriture appartient.

Armand. — C'est moi qui l'ai écrite.

Le témoin. — Seulement, je vois en marge *homme;* en effet, je crois que ce mot est de ma main; je pourrais presque l'affirmer. Mais je vois de l'écriture étrangère à côté, et ces mots : « Lundi ou mardi avant le crime... »

Au banc de la défense. — Ce sont des notes que M. Armand écrivait dans sa cellule.

M. le premier Président. — Quelle portée cela a-t-il?

M. Amilhau. — Monsieur le premier Président veut-il me permettre de continuer. Voici ce que je lis : « Lundi ou mardi avant le crime... » Il est possible que j'aie écrit le mot *homme*, mais j'affirme n'avoir aucun souvenir de l'avoir écrit lorsque le papier était déjà couvert d'écriture.

M. le premier Président. — En voilà assez sur ce point. Voici, à mes yeux, ce qu'il y a de plus important. Armand, il est certain que, le surlendemain du jour où vous avez été arrêté, vous avez eu la pensée que Maurice Roux s'était assassiné lui-même pour vous demander de l'argent?

Armand. — Voulez-vous avoir la bonté de répéter votre question, Monsieur le Président? Je suis un peu troublé ; excusez-moi.

D. Il est certain que, peu de temps après l'événement, deux jours après, la date est importante, vous avez eu la pensée que Roux s'était assassiné lui-même d'une manière simulée et pour vous demander de l'argent? — *R.* Oui, Monsieur le Président.

D. Il est certain encore que si Roux s'était ainsi assassiné lui-même dans la cave trouvée fermée, la clé de cette cave devait être dans la cave. Il est certain aussi que le Juge d'instruction a dit qu'on avait cherché la clé, et qu'on ne l'avait pas trouvée. Ce qu'il y a de plus important pour moi, c'est que vous n'ayez pas dit à ce moment à M. le Juge d'instruction : « Cette clé, il faut la trouver; comment l'a-t-on cherchée? Qu'on cherche mieux; il est impossible qu'on ne la trouve pas. » — *R.* Permettez-moi de reprendre. J'ai eu l'honneur de vous dire.....

D. Répondez d'abord à ma question. Avez-vous, oui ou non, lorsque le Juge d'instruction vous apprit qu'on n'avait pas trouvé la clé, avez-vous dit de la mieux chercher? — *R.* Oui, parce qu'on se réservait de faire un grief de son absence.

M. le premier Président, à *M. Amilhau.* — Monsieur le Juge d'instruction, Armand vous a-t-il dit cela? — *R.* Jamais.

M. le Procureur général. — Voulez-vous m'autoriser à lire une phrase du procès-verbal, Monsieur le premier Président?

M. le premier Président. — J'autorise la lecture, en vertu de mon pouvoir discrétionnaire.

M. le Procureur général, lisant : « S'il en est ainsi, Maurice a trouvé un complice. »

M. le premier Président, à Armand. — Vous n'avez pas dit : « Cette clé, il faut la trouver; on ne l'a pas assez cherchée, qu'on la cherche mieux! »

Armand. — Permettez-moi de répondre une réflexion. La cave est restée ouverte trois jours; qui nous aurait empêchés d'y cacher la clé, si nous l'avions eue?

Au banc de la défense. — Si on l'avait trouvée, alors même qu'on l'y eût fait mettre, il aurait eu un moyen de défense de plus.

M. le premier Président. — Ce qu'il y a de certain, c'est que vous n'avez pas dit de la chercher davantage.

Armand. — Hier, j'ai entendu dire par M. le Commissaire qu'on avait fouillé à plus de 30 cent. Vous avez entendu aujourd'hui un témoin qui a dit qu'on ne s'était servi que d'un râteau et d'une pelle.

M. le premier Président. — C'est cette idée qui, aujourd'hui, me faisait vous dire que j'aurais désiré vous voir faire alors cette question : « Comment a-t-on cherché? » — *R.* Vous voulez qu'il me vienne toutes les idées! La porte est restée ouverte pendant quelques jours. La clé n'a été cherchée que pour m'accuser.

M. le premier Président. — Vous dépassez les limites; vos défenseurs en sont convaincus. Vous dites qu'on voulait vous trouver coupable, que la Justice avait cette volonté de vous trouver coupable. N'insultez pas la Justice. — *R.* C'était un motif de plus de m'accuser qu'elle cherchait, parce que j'aurais pu jeter la clé à travers la claire-voie.

D. Je ne puis laisser passer votre accusation contre la Justice; je ne puis laisser dire qu'elle désirait vous trouver coupable. — *R.* Je n'ai pas dit *désirait.*

M⁰ *Jules Favre.* — On a cherché la clé comme pièce de conviction.

M. le Procureur général. — On l'a cherchée pour la chercher.

Armand. — Je répète que la porte est restée ouverte pendant plusieurs jours, et qu'en outre la clé avait pu être jetée par la claire-voie.

M. le Procureur général. — Cet argument sera examiné dans la discussion. On peut y répondre.

M. le premier Président. — Réservons la discussion des faits; sans cela le débat ne finirait jamais. Le fait qui reste est celui-ci : On vous a prévenu que l'on n'avait pas trouvé la clé, et vous n'avez pas répondu : « Qu'on cherche mieux ! »

A-t-on quelques questions à faire au témoin?

M⁰ *Lachaud.* — Puisque M. le Juge d'instruction est ici, ne pourrait-il pas nous parler de la seconde affaire, celle du 17 novembre?

M. le premier Président. — Témoin, voulez-vous nous dire ce que vous savez de la seconde affaire?

Le témoin. — Je n'ai rien à dire, si ce n'est qu'il y a eu une instruction commencée et achevée; et, de même que je n'ai pas parlé de l'instruction faite dans l'affaire actuelle, je ne crois pas pouvoir répondre à la question que le défenseur vient de me faire; cependant, je m'en rapporte à la prudence de la Cour.

M⁰ *Lachaud.*—M. le Juge d'instruction dit qu'il n'a pas parlé de l'instruction qu'il a faite; mais il a développé ses procès-verbaux d'un bout à l'autre ! Est-ce que ces procès-verbaux ne sont pas des pièces de l'instruction?

M. le premier Président. — Ce que vous dites, défenseur, n'est pas rigoureusement exact. Je ne veux pas prétendre que le témoin n'a pas parlé de l'instruction qui a été faite; je veux dire qu'il l'a plutôt fait sur ma provocation que spontanément. Car il a rendu compte surtout des faits dont il avait connu comme témoin, de la confrontation et des procès-verbaux. Si l'arrêt qu'a rendu la Cour avait besoin d'une justification, c'est là que je la trouverais. J'estime qu'il y avait avantage à entendre le témoin lui-même raconter oralement et publiquement, devant ceux qui ont à juger, comment les choses se sont passées. La loi veut, tout le monde le sait, que les jurés se déterminent sur le débat oral, à l'exclusion de l'instruction écrite, qu'il leur est interdit de connaître. Eh bien! je comprends l'intérêt qu'on avait à faire raconter, par le témoin lui-même des confrontations, comment ces confrontations avaient eu lieu. Si vous désirez, M⁰ Lachaud, que le témoin s'explique sur la seconde affaire, et si vous avez quelques questions à lui adresser, je les lui poserai.

M⁰ *Lachaud.* — Je n'ai pas de questions à poser.

M. le premier Président. — Vous n'avez rien à dire, M⁰ Lachaud?

M⁰ *Lachaud.* — Je dis que M. le Juge d'instruction a longuement développé ses impressions qui étaient consignées dans ses procès-verbaux; MM. les Jurés liront ces procès-verbaux écrits; ils se rappelleront ses déclarations verbales, et, quand la discussion viendra, il nous sera facile de prouver que les souvenirs du témoin sont trop éloignés pour être complètement exacts.

Quant à la seconde instruction, M. le Juge d'instruction déclare qu'il n'a rien à dire, soit ; nous en parlerons plus tard.

Le témoin. — J'attends vos questions.

M⁰ *Lachaud.* — Je n'ai pas de questions à vous adresser.

M. le premier Président. — Permettez-moi de vous faire observer qu'on n'a pas posé au témoin une seule question sur la première instruction. Il savait ce qu'il avait à dire. Sur la seconde instruction, il ne veut pas parler, et vous ne lui posez pas de questions.

Le témoin. — Je n'ai pas dressé de procès-verbal sur la seconde affaire.

Le 17 novembre, Roux a été frappé, entre minuit et minuit et demi ; voilà le fait. Une procédure a été suivie ; j'ai entendu 120 ou 140 témoins ; la procédure a été clôturée par une ordonnance de non-lieu. Je n'ai pu découvrir l'auteur de l'attentat. Voilà ma réponse.

Si la défense a quelque question particulière à m'adresser, je puis lui donner satisfaction.

M⁰ *Lachaud.* — Un point ne me paraît pas suffisamment éclairci. M. le Juge d'instruction nous a parlé de l'alibi invoqué par Armand, qui portait sur une heure précise, heure à laquelle l'attentat aurait été commis. Par quel moyen, et à quel moment M. le Juge d'instruction a-t-il appris de Roux, qui était très-malade, qui ne pouvait parler, l'heure précise à laquelle le crime avait été commis ? — *R.* La question est simple, et j'y ferai une réponse simple. La première fois que j'ai vu Maurice Roux dans son lit, je lui ai fait préciser l'heure du crime. C'était lorsqu'il était dans la chambre où on l'avait transporté en le sortant de la cave, et non pas à l'hospice Saint-Éloi. La première fois que je le vis, je dus naturellement lui faire préciser comment les faits s'étaient passés et à quelle heure. Il me déclara, autant que mes souvenirs me servent, que c'était entre huit et neuf heures. Je ne pus pas comprendre autre chose.

D. A l'aide de l'alphabet? — *R.* Je lui demandai : « Est-ce à 9 heures? — Non. — Est-ce entre 8 et 9? — Oui. »

M⁰ *Lachaud.* — C'est ainsi que les faits ont été constatés? C'est important. Vous avez demandé à quelle heure le crime avait été commis, et vous n'avez pas obtenu de réponse précise? — *R.* Parfaitement. Je n'ai pas posé la question ainsi; j'ai dit : « Est-ce à cinq heures, est-ce à six heures, est-ce à huit heures? » La réponse était « non; » mais, à ce moment, il y eut quelque chose qui indiquait que j'approchais. Je posai la question : « Est-ce à neuf heures? — Non. — Alors est-ce entre huit et neuf heures? — Oui. » Or, dans ce moment, j'ignorais complètement ce qu'allait produire la confrontation ; j'ignorais ce qu'allait produire l'interrogatoire de la femme de chambre, que je n'ai entendue qu'entre midi et deux heures.

M. le premier Président. — C'est entendu. Défenseurs, la réponse est-elle suffisamment complète?

M⁰ *Lachaud.* — Parfaitement.

M. le premier Président. — Il n'y a pas d'autres questions?

Témoin, vous pouvez aller vous asseoir. Comme vous êtes magistrat, venez derrière la Cour.

Après l'importante déposition de M. Amilhau on entend *Evesque,* inspecteur de police à Montpellier. — Il est venu le 8 juillet, vers huit heures du matin, relever l'inspecteur Delousteau, près de Roux. M. Delousteau lui dit qu'on avait entendu Maurice Roux... (le témoin se reprend...) M. Delousteau lui dit ce que

Roux avait dit dans la nuit, et ils jugèrent à propos d'aller chercher le Commissaire de police de l'arrondissement.

Le témoin a fait un paquet des effets et pièces de conviction trouvés sur Roux dans la cave.

Il y avait le mouchoir blanc marqué aux initiales A. A. Le témoin l'examina et demanda à Roux s'il avait un mouchoir sur lui dans la cave ; le malade lui répondit : oui, par signes. Il lui demanda alors, en le lui montrant, s'il avait ce mouchoir. Roux répondit, par un signe de la main, qu'il l'avait dans son tablier.

Un peu avant qu'on enlevât Roux de sa chambre, le témoin fut chargé de ramasser d'autres effets qui se trouvaient dans une armoire près de son lit. Afin de savoir si tous ces effets étaient bien à Roux, le témoin les lui montra un à un. Roux lui désigna, toujours par signes, deux essuie-mains comme ne lui appartenant pas.

Tous ces effets furent mis dans la malle de Roux, qui fut fermée et portée au bureau central.

Le lendemain, le témoin assista le Commissaire de police dans la perquisition qui fut faite dans l'appartement de M. Armand, et il participa également aux recherches de la clé dans la cave « Nous avons changé tout le bois de place, dit-il. Quatre hommes de peine, avec des pioches et des pelles, ont remué entièrement tout le charbon. Nous avons cherché à la lueur de plusieurs lampes, en *grattant* le sol ; nous avons même cherché dans les murs et jusque sur la fenêtre, close par des barreaux de fer, qui communique avec un caveau voisin. »

Mariette Alboui, femme Caucanas, cuisinière, venait d'entrer depuis trois jours au service de la famille Armand quand l'événement est arrivé. Elle en est sortie le 18 novembre, le jour où l'affaire devait se juger à Montpellier.

Le 7, au matin, elle rencontra Roux qui était sur l'escalier. Elle l'aperçut ensuite venant demander la clé à Marie Hauterive. Celle-ci lui répondit : « Vous savez où elle est. » Roux la prit. Le témoin alla à la cuisine et vit Roux qui apportait des fagots de sarments. « Vous ne m'apportez que cela ? dit-elle. — Tout à l'heure je vous en apporterai d'autres. »

Plus tard, à huit heures, au moment d'aller au marché, elle le vit encore dans la cuisine, qui cirait des souliers. Il tenait à la main ceux de Madame. « Ces petits souliers, dit-il, ça ne vaut pas deux sous. » A son retour du marché, elle ne le vit plus ; mais elle s'aperçut que le domestique avait rapporté une nouvelle provision de sarments et des bûches.

La veille, Roux avait eu une discussion avec M. Armand pendant le dîner. En revenant de la salle à manger : « Qui donc, nous a-t-il demandé, a dit que la maison était une baraque ? — Pourquoi ? — Parce qu'Armand a dit qu'il se vengerait de celui qui l'avait dit. — Comment pourra-t-il savoir qui a tenu ce propos ? — Il a dit qu'il se vengerait, et il se vengera. »

Quand il a fallu dîner, à la cuisine, Roux ne voulait pas. Il a dit : « J'ai bu trop d'eau. » La femme de chambre lui répondit : « Monsieur vous a donc bien grondé ? — Il a dit que si je voulais bien faire mon service, je pourrais rester longtemps avec lui, pourvu que je fusse exact aux heures. »

Le témoin a rencontré, après l'événement, Suzette, la cuisinière de madame Armand, la tante, qui lui a répété ce propos qu'elle avait entendu de la portière, causant avec la jardinière : « Si j'étais aussi sûre d'avoir 100,000 fr. comme c'est Armand qui a fait le coup, je ne manquerais jamais de pain. »

M. le premier Président, au témoin. — Je vais reprendre votre déposition pour en bien fixer diverses circonstances. A quelle heure êtes-vous sortie pour aller au marché ? — *R.* Vers huit heures et demie.

D. Avant huit heures et demie, vous avez laissé Roux dans la maison en lui disant : « Il me faut plus de sarments et de bois ; » et quand vous êtes revenue, vous avez trouvé plus de l'un et de l'autre ? — *R.* Oui, Monsieur.

D. Dans le courant de la journée, on s'est aperçu de la disparition de Roux ? — *R.* Je m'en suis aperçue, parce que je n'avais pas d'eau. J'en ai réclamé. La femme de chambre a répondu : Roux est absent. Alors, je n'en ai plus demandé.

D. Il n'est pas revenu à midi. On ne s'est pas inquiété de son absence ? — *R.* Je vous demande pardon. Ma cuisine est à côté de la salle à manger. Monsieur a demandé Roux à la femme de chambre, puis a dit : « S'il vient, vous l'enverrez me parler. »

D. Roux vous a parlé la veille d'une querelle qu'il avait eue avec son maître. Que vous a-t-il dit ? — *R.* Roux vint dans la cuisine ; j'y étais avec la femme de chambre ; alors il lui dit : « Est-ce vous qui avez dit que la maison Armand est une baraque ? M. Armand a dit qu'il voulait se venger contre celui qui l'a dit. » La femme de chambre répondit : « Non, je ne l'ai pas dit. » Alors moi, je dis : « Si vous ne l'avez pas dit, si la femme de chambre ne l'a pas dit, moi je ne l'ai pas dit non plus ; alors comment Monsieur se vengera-t-il contre celui qui l'a dit ? Comment saura-t-il, s'il a eu cinquante domestiques, duquel il doit se venger ? » Roux a répondu : Je ne sais pas ; mais pour se venger, il se vengera.

D. Ceci, à mes yeux, a une grande importance. Vous êtes certaine que, dans votre conversation avec Roux, celui-ci vous a dit : « C'est vous qui avez dit que la maison Armand était une baraque ? » — *R.* Il l'a dit à la femme de chambre ; car moi, il n'y avait que deux jours que j'étais dans la maison ; je ne la connaissais pas.

D. Vous avez parlé d'une femme Suzette ; racontez-nous encore ce qu'elle vous a dit ? — *R.* Je rencontrai un jour Suzette, je lui dis : « Que dites-vous ? — Que voulez-vous que je dise ? Je ne sais pas grand'chose. Ce que je peux dire, c'est que j'étais dans la maison et que j'y suis toujours. » Elle ajouta : « Un jour le jardinier venait de voir M. Armand, et elle a dit à la concierge : Ce n'est pas M. Armand qui a fait cela. La portière a répondu : Si j'étais aussi sûre d'avoir 100,000 fr. comme c'est M. Armand qui l'a fait, j'aurais assez de pain.

Me Lachaud. — C'est une conversation entre la portière et la jardinière ; cette conversation a été rapportée à Suzette, laquelle l'a répétée au témoin, et..... probablement cela a continué à marcher. (*Rires.*)

M. le Président. — La concierge vous a dit cela ? — *R.* Non, Monsieur ; Suzette a entendu cette conversation entre la jardinière et la portière.

Me Lachaud. — Suzette, c'est Suzanne Bourgade.

Me Lisbonne. — Le témoin a-t-il demandé à Roux du gros bois et des sarments, ou des sarments seulement ? — *R.* Je n'ai demandé que des sarments.

Me Lisbonne. — Et quand vous êtes revenue, vous avez trouvé des sarments et du bois.

Interpellée par M. le Président, le témoin déclare

que les reproches que M. Armand a faits à Roux, le six au soir, venaient de ce qu'il ne s'était pas rendu à l'heure du service.

Marie Hauterive, femme de chambre, au service de la famille Armand lors de l'événement, depuis trois mois environ, raconte que, le 7 juillet au matin, à neuf heures et quart, une femme d'Alais était venue demander Maurice Roux : « Maurice, lui a-t-elle dit, devait se marier avec une fille d'Alais, mais il est parti au moment de l'épouser ; je viens pour lui parler. La dernière fois qu'il a écrit, il a dit qu'il allait aux eaux avec Monsieur. » Le témoin lui a répondu qu'elle le trouverait sans doute à l'écurie, et lui a indiqué où elle était située.

Le soir, elle est allée chercher du vin à la cave pour le dîner. « A l'entrée de la cave, dit-elle, j'ai entendu des ronflements. J'ai pensé que c'était des chats. Cela me fit peur ; je suis remontée tout en courant : — Monsieur, j'ai eu peur ; je ne sais pas si c'est des chats ou un homme ; il me semble que c'est un homme. —Monsieur me répondit : « Comment voulez-vous que ce soit un homme ? » — Je crois que c'est un homme. Monsieur me dit : « Allez voir si la clé est suspendue dans la cuisine. » J'y suis allée, elle n'y était pas. Il me répéta : « Prenez la lampe, et allez voir. » J'ai répondu : « Je n'y vais pas seule. » J'ai pris le concierge. La porte est à claire-voie ; d'abord nous ne voyions que du bois à travers. Nous avons retourné la lampe et nous avons vu Maurice Roux attaché. Je suis remontée en courant pour le dire à Monsieur.

Il est descendu ; il a appelé ; on est venu ; puis la police est arrivée.

Le témoin rappelle ensuite les faits qui se sont passés la veille, la conversation entre Roux, la cuisinière et elle au sujet du propos : *la maison Armand est une baraque*; le refus de Roux de prendre part au dîner et les motifs qu'il en a donnés. Elle confirme ces paroles de Roux rapportées par la cuisinière : « Monsieur a dit cependant qu'il n'en était pas moins content de moi ; pourvu seulement que je fusse exact à l'heure, je pourrais rester longtemps à son service. »

M. le premier Président. — Nous allons reprendre votre déposition et la rendre plus intelligible.

D. Vous avez vu Maurice Roux le 7 juillet au matin. Quelle heure était-il ? — R. Il était huit heures et demie. Il venait de brosser les effets ; il a pris des allumettes et sa casquette en disant : Je vais à l'écurie. Madame ayant sonné, j'entrai dans sa chambre ; elle me dit d'aller voir pourquoi on ne lui apportait pas un bain qu'elle avait commandé. J'y suis allée ; on m'a répondu qu'il était trop tard. Je suis revenue l'annoncer à Madame, qui m'a dit de lui faire une infusion d'orange. Je la lui ai faite, et suis allée à la salle à manger pour prendre une tasse. Monsieur est sorti de sa chambre, et m'a demandé du pain ; je le lui ai mis sur le buffet.

D. Nous reviendrons là-dessus. Le matin donc, vous avez vu Maurice Roux vers huit heures et demie? — R. Oui, Monsieur. Il s'en allait, et m'a dit : Je vais à l'écurie.

Mᵉ Lisbonne. — Il a pris sa casquette ?
Mᵉ Lachaud. — Et des allumettes.
M. le premier Président. — Vous ne l'avez pas vu dans la journée ? — R. Non, Monsieur.

D. A huit heures et demie, Mᵐᵉ Armand a sonné ; vous êtes entrée dans sa chambre, et elle vous a demandé si on n'avait pas apporté le bain. M. Armand y était-il ? — R. Je ne l'ai pas vu.

D. Vous avez vu Madame ? — R. Oui, Monsieur ; elle était dans son lit.

D. Vous pouvez assurer que Monsieur n'y était pas ? — R. (*Très-bas*). Oui, Monsieur.

D. Vous vous êtes approchée assez près pour voir qui était dans le lit ? — R. (*Toujours très-bas*) Oui, Monsieur.

D. Il faisait assez jour dans la chambre pour voir qui était dans le lit ? — R. Oui, Monsieur. La fenêtre de Monsieur était ouverte et donnait de la clarté à la chambre de Madame.

D. D'ailleurs, la règle de la maison est que vous ne devez pas entrer dans la chambre de madame Armand sans qu'on vous sonne, et quand cela arrive, c'est une preuve que madame Armand est seule ? — R. Oui, Monsieur. Je n'ai vu qu'une fois Monsieur avec Madame.

M. Armand. — Demandez-lui quand, M. le Président ?

M. le premier Président. — Nous le lui demanderons tout à l'heure. (Au témoin.) Vous avez dit qu'il était huit heures et demie à ce moment. Comment pouvez-vous savoir l'heure qu'il était exactement ? — R. J'ai entendu à ce moment sonner la pendule de la salle à manger.

D. L'établissement de bains est-il éloigné de la maison ? — R. C'est tout près du Peyrou ; je ne me suis pas arrêtée ; j'ai marché bien vite.

M. le Président dit qu'il a été constaté que le trajet exige un quart d'heure.

D. Quand vous êtes revenue dire qu'on ne pouvait apporter un bain (c'est-à-dire un quart d'heure après), et que vous êtes rentrée dans la chambre de madame Armand, son mari y était-il ? — R. Je ne l'ai pas vu. Madame m'a demandé une infusion. Je suis allée à la cuisine pour la faire. Je l'ai faite, et c'est en revenant de la cuisine pour prendre une tasse dans la salle à manger, que j'ai vu M. Armand sortir de sa chambre et me demander le pain. Il en a pris et s'est assis sur une chaise.

Le témoin ajoute qu'à midi, Maurice n'étant pas là, elle est allée à la cave chercher du vin. Son maître lui a demandé si elle avait vu Maurice, elle a répondu : non. En sortant de table, M. Armand lui a dit : « Dès que Maurice rentrera, vous me l'enverrez ; j'ai à lui parler. »

M. le premier Président réinterroge le témoin sur toutes les circonstances de la découverte de Roux dans la cave. A midi, quand elle était allée chercher du vin, elle n'avait rien entendu. Le soir, elle a entendu des gémissements, comme si quelqu'un se mourait. Quand elle a cherché à voir, le soir, avec la lampe, elle n'a vu que des jambes d'abord ; c'est en regardant plus attentivement qu'elle a découvert un homme, et qu'elle a reconnu en cet homme Maurice Roux.

D. Quand la cave a été ouverte, que vous êtes entrée, qu'avez-vous pensé de l'événement ? — R. A ce moment, je croyais que c'était lui qui s'était fait cela, je ne savais que m'imaginer. Je disais : « Cela doit être quelque désespoir. » Mais je ne savais pas ; après j'ai bien vu que, comme il était attaché, il ne pouvait pas l'être fait lui-même. Mais alors j'étais effrayée, et je n'ai pu penser que quelqu'un lui eût fait cela.

M. le premier Président. — Vous êtes allée voir Maurice Roux à l'hospice ? — R. J'y suis allée avec la cuisinière.

Ici le témoin explique que, pendant le séjour de M. Armand à Paris, Maurice est venu de temps en temps faire l'appartement à la ville; qu'elle s'est trouvée ainsi en relation avec lui; mais que ce temps ne lui suffit pas toutefois pour qu'elle puisse exprimer une opinion sur son compte, surtout pour répondre à la question que lui adresse M. le Président, si elle croit Maurice capable de s'être assassiné pour tirer de l'argent de son maître.

M. le premier Président. — Pourquoi avez-vous quitté la maison ? — *R.* Pour raison de santé, parce que je n'étais pas bien portante. Je n'avais nullement à me plaindre.

Nouvelle insistance de M. le Président pour que le témoin ait à déclarer si madame Armand était seule dans sa chambre quand elle est entrée; nouvelle affirmation de la part du témoin.

M. le Procureur général. — Quelle heure était-il quand Armand vous a demandé le pain pour déjeuner? — *R.* Neuf heures à peu près; l'infusion n'avait pas encore été donnée; je la préparais.

M. le premier Président. — Était-il habillé, ou en robe de chambre et en pantoufles? — *R.* Je ne me le rappelle pas, je n'y ai pas fait attention.

Armand. — M. le premier Président veut-il demander à la femme de chambre si elle m'a entendu fredonner ce jour-là, comme j'en ai l'habitude, en faisant ma toilette?

Le témoin. — Oui, j'ai entendu chanter M. Armand comme d'habitude.

M. le premier Président. — A quelle heure? — *R.* C'était quand Madame m'a sonnée pour aller lui chercher un bain. Je pense qu'il s'habillait; je ne l'ai pas vu.

M. le Procureur général. — C'est une preuve de plus qu'Armand n'était pas avec sa femme.

Me Lachaud. — C'est une preuve qu'il n'était pas dans la cave, puisque le témoin l'a entendu chanter.

Me Jules Favre. — C'est la destruction radicale de l'accusation !

M. le premier Président, à Armand. — Ce que je constate, c'est que le témoin, en entrant dans la chambre de votre femme à huit heures et demie, ne vous y a pas trouvé, puisqu'elle vous entendait chanter dans votre chambre.

Armand. — Faites-moi le plaisir, M. le Président, de demander au témoin, si, la veille, elle n'est pas entrée dans la chambre de Mme Armand, si elle ne m'a pas vu dans le lit, et si enfin Madame ne lui a pas défendu dorénavant d'entrer dans la chambre sans être appelée.

Le témoin. — Ce n'est pas la veille, mais deux ou trois jours auparavant.

Il s'établit entre le témoin et l'accusé un débat assez confus à ce sujet. Selon la femme de chambre, le fait se serait passé un jour qu'on apportait un bain pour Monsieur. Or Monsieur ne se rappelle pas avoir pris de bain dans la maison. Le témoin, de son côté, n'a que des souvenirs vagues, à cause du long temps écoulé depuis ces faits.

M. le premier Président, au témoin. — A quelle heure, et à quel moment auriez-vous dit à Mme Armand : « J'ai vu Monsieur; il déjeunait, mais il doit être descendu? » — *R.* Quand Madame est sortie de sa chambre, elle m'a dit : « N'avez-vous pas vu Monsieur? » J'ai répondu : « Je ne sais s'il est au boudoir ou s'il est descendu. » C'est probablement vers dix heures; Madame a pris un bain froid.

M. le premier Président. — Madame n'a pas pris de bain.

Le témoin Hauterive. — Madame a pris un bain froid.

M. le premier Président. — Et c'est à ce moment que vous avez fait votre réponse à Mme Armand?

Armand. — A ce moment je déjeunais. La femme de chambre a fait l'infusion à 9 heures. Que lui a dit Madame lorsqu'elle a apporté cette infusion?

Le témoin. — J'allais entrer dans la chambre; Madame m'a dit : « N'entrez pas, posez l'infusion sur la table. »

Armand. — C'est ce qui prouve qu'à ce moment Madame était encore dans son lit, et qu'elle n'était pas seule; car il est naturel qu'une femme de chambre qui vient apporter une infusion à sa maîtresse puisse entrer dans sa chambre; pour cela, elle n'a qu'à frapper. Comme on ne pouvait avoir un grand bain, Mme Armand a demandé en ce moment au témoin un demi-bain. Il a fallu un certain temps pour le préparer. A quel moment Mme Armand lui a-t-elle demandé si j'étais sorti? Est-ce avant ou après le bain?

Le témoin. — Madame n'avait pas encore pris son bain. Elle l'a pris environ à 10 heures.

Armand. — Précisément, et c'est à cette heure que je mangeais un morceau de pain dans la salle à manger.

M. le premier Président, s'adressant à M. Armand. — Laissez-moi résumer cette importante déposition : à huit heures et demie, c'est une heure qu'elle peut affirmer, Marie Hauterive entre dans la chambre de Mme Armand; elle ne vous y voit pas; mais elle vous entend fredonner dans votre chambre. Madame l'envoie à l'établissement demander des nouvelles du bain qu'elle attend et qui n'arrive pas; elle revient un quart d'heure après chez sa maîtresse, qui lui demande une infusion. La fille va dans la cuisine pour la préparer; elle vient ensuite chercher une tasse dans la salle à manger, où elle vous trouve. Vous lui demandez le pain, elle vous le donne, et vous déjeunez. Elle retourne à la cuisine prendre l'infusion, et c'est lorsqu'elle va pour l'apporter à madame Armand, qu'on lui dit : « N'entrez pas. » Elle laisse alors l'infusion dans l'antichambre.

Armand. — Mais elle va préparer le demi-bain, on lui a dit de ne pas entrer.

M. le premier Président. — Nous allons y arriver. Laissez-moi constater ce qu'a dit le témoin.

Me Lachaud. — L'heure est fixée à peu près par ce qu'a dit cette fille. C'est au moment où elle apporte l'infusion que Madame dit : « N'entrez pas! »

M. le premier Président. — Il est certain aussi pour moi qu'avant de porter l'infusion, le témoin est allée la faire. C'est pendant qu'elle se préparait qu'elle est allée dans la salle à manger, où elle a vu Armand qui lui a demandé du pain. Elle le lui a donné; ce n'est qu'après qu'elle est retournée à la cuisine chercher l'infusion, et au moment d'entrer, qu'on lui a dit : « N'entrez pas. »

Armand. — Il faut pourtant bien qu'elle fixe à peu près l'heure.

M. le premier Président. — Je veux bien tout faire fixer; mais ce qui me paraît fixé, indépendamment de l'heure, c'est qu'elle vous a vu dans la salle à manger, et qu'elle vous a donné du pain pendant que l'infusion se préparait, et avant d'aller la porter.

Me Lachaud. — C'est précisément sur ce point que le témoin se trompe. Mettez que c'est à neuf heures que Madame lui a demandé l'infusion; Madame lui a dit aussi de lui préparer un demi-bain. La femme de chambre le prépare, ce demi-bain, et quand, vers les dix heures, elle l'apporte, Madame lui demande si son mari est encore à la maison ou s'il est sorti. Or c'est à ce moment qu'Armand était dans la salle à manger et qu'il déjeunait.

M. le Procureur général. — J'ai bien entendu que vous voulez faire cela à la femme de chambre, mais je n'ai pas entendu qu'elle l'ait dit. — (S'adressant au témoin Marie Hauterive). — Témoin, suivez-moi avec vos souvenirs, et redressez-moi si je me trompe. Vous êtes entrée à huit heures et demie dans la chambre de Madame; vous êtes sûre de l'heure, vous n'avez pas vu Armand?

Marie Hauterive. — Non, Monsieur.

D. A ce moment, vous l'entendez fredonner dans sa chambre? — *R.* Oui, Monsieur.

D. Vous allez chercher des nouvelles du bain; vous revenez; vous entrez une seconde fois dans la chambre; M. Armand n'y est pas?—*R.* Non, Monsieur.

D. Vous allez préparer l'infusion; vous revenez; vous voyez M. Armand; il vous demande du pain; vous le lui donnez. Ensuite vous retournez à la cuisine prendre l'infusion; vous frappez à la porte de Madame; elle vous dit : « N'entrez pas. » Cela est exact et précis autant que possible. Je vous demande maintenant à quel moment Madame vous a demandé si vous aviez vu Monsieur déjeuner? — *R.* Madame était levée quand elle m'a demandé où était Monsieur.

D. Vous a-t-elle demandé si Monsieur avait déjeuné? — *R.* Madame n'a pas parlé de déjeuner; elle m'a simplement demandé si je n'avais pas vu Monsieur. Je lui ai répondu : « Je ne sais pas s'il est dans le boudoir ou s'il est descendu. » Je n'en étais pas sûre, parce qu'il n'y avait pas longtemps que je l'avais vu.

Mᵉ Lachaud. — Quand Madame a demandé au témoin des nouvelles du mari, elle était levée, il n'était pas question de déjeuner.

M. le Procureur général, à Armand. — Eh bien! Armand, comment conciliez-vous la déclaration du témoin avec la réponse que vous avez faite dans l'instruction, que, de huit heures et demie à neuf heures et demie, vous étiez resté près de madame Armand?

Armand. — Je le soutiens, c'est la vérité.

M. le Procureur général. — MM. les Jurés apprécieront.

M. le premier Président. — Messieurs les Jurés apprécieront, cela est hors de doute, c'est leur mission. Quant à nous, notre devoir est de fixer les faits, et, grâce à Dieu, ils nous semblent bien fixés. Vous avez dit à M. le Juge d'instruction, à plusieurs reprises, et vous le soutenez encore aujourd'hui : de huit heures et demie et depuis huit heures et demie jusqu'à neuf heures et demie, j'étais avec ma femme. Sur ce point vous ne concordez pas avec le témoin qui dit qu'à huit heures et demie vous n'étiez pas dans la chambre de votre femme...

Armand. — Le témoin m'a entendu chanter à ce moment dans ma chambre.

M. le premier Président. — Et qu'au retour du témoin de l'établissement de bains, vers les neuf heures, madame Armand était encore seule dans sa chambre.

Mᵉ Jules Favre. — Armand n'était pas près de sa femme, il était dans la maison.

M. le premier Président. — Enfin, il y a contradiction entre le témoin et Armand sur l'heure à laquelle ce dernier était avec sa femme.

Mᵉ Lachaud. — Oui, il y a contradiction; elle est incontestable.

L'audience est un instant suspendue.

M. le premier Président. — J'intervertis l'ordre de la liste des témoins. Huissier, introduisez Maurice Roux.

Un vif mouvement de curiosité se manifeste dans l'auditoire. Quelques instants s'écoulent; enfin Maurice Roux s'avance. Tous les regards se dirigent vers lui. Son visage est pâle; il marche appuyé sur une canne. Sa mise est convenable, élégante même. Il ressemble plutôt à un homme du monde qu'à un domestique.

M. le premier Président. — Plus que jamais je recommande à l'auditoire la plus grande impassibilité et le plus grand silence.

Maurice Roux, 31 ans, cocher à Montpellier.

M. le premier Président. — Vous avez été au service de l'accusé? — *R.* Oui, M. le Président, pendant trois mois et demi.

D. Le connaissiez-vous auparavant? — Non, malheureusement pour moi, pas le moins du monde.

D. Élevez la voix autant que vous pourrez et dites ce que vous avez à dire.

Maurice Roux. — J'ai à dire qu'il y avait déjà quelque temps que cet homme avait une forte haine contre moi, et, quand je servais à dîner, il me regardait avec un air méchant. Il était venu me trouver à ma remise en me faisant des menaces. Quand je m'en suis aperçu, le plus court était de chercher une place. J'allai trouver un ancien cocher, le sieur Guérin, qui m'indiqua une place chez M. Mistral, un très-bon maître. Je fus m'y présenter, mais on n'avait plus besoin de cocher; je revins prendre mon service à la maison. Quand vint le soir, cet homme était plus furieux que jamais, il me disputait, il me querellait et me faisait des menaces très-fortes. Jamais on n'a vu un lion pareil. Ayant l'intention de le quitter, je n'ai jamais rien répondu. Quand il était en fureur, je me disais : tu as l'intention de te placer ailleurs; si tu réponds quelque chose, il te tombera dessus. Voyant la fenêtre de la salle à manger ouverte, je me disais : cela produira un mauvais effet. Aussi je n'ai rien répondu et je suis allé à la cuisine pour dîner. A la suite des menaces qu'il m'avait faites, je n'ai pu manger, je n'ai bu que de l'eau.

Le lendemain, après avoir fini mon ménage et mon ouvrage à l'écurie, je viens à la maison pour mon service; je prends mes clés, je descends chercher du bois à la cave, je monte des sarments et quelques petites bûches. Je crois que je mangeai un morceau. A huit heures j'allai ouvrir les volets, je pris les effets de cet homme pour leur donner un coup de brosse. La cuisinière m'ayant demandé de monter quelques grosses bûches, je reprends les clés, je descends à la cave et je remonte des sarments et des bûches moyennes. Sur l'observation de la cuisinière que ce n'étaient pas de grosses bûches, je me décidai, ayant le temps, à redescendre à la cave. Je ne suis pas remonté cette fois comme j'étais descendu, bien loin de là. Je me mets à genoux pour prendre le bois (il y avait un monte-bois dont je ne me servais pas), je le mets dans mon tablier; c'est alors que j'ai entendu la voix du misérable que voici. Il me dit : *Je vais t'apprendre si ma maison est une baraque!* Je me suis retourné, je l'ai reconnu comme je le reconnais maintenant. C'est lui-même qui m'a assassiné et martyrisé tout le corps que j'en porte les traces de fortes douleurs par tout le corps. (Le témoin s'arrête.)

M. le premier Président. — Continuez.

Maurice Roux. — Il a parlé d'une fille d'Alais; il a dit que c'était moi, pour avoir de l'argent, qui m'étais fait cela. Sachez-bien que jamais, misérable, l'argent ne m'a tenté et ne me tentera. Je tiens plus à mon honneur et à ma personne qu'à l'argent.

M. le premier Président. — Ne vous adressez pas à l'accusé.

Maurice Roux. — J'aime beaucoup l'argent, mais l'argent gagné à la sueur de mon front, et non l'argent gagné comme l'a voulu dire ce misérable-là.

D. Racontez ce qui s'est passé à la cave. — *R.* Lorsqu'il m'a dit : *Je vais t'apprendre si ma maison est une baraque!* je me suis retourné, je l'ai reconnu et en même temps il m'a assommé, il m'a donné un coup qui m'a alourdi. Je n'ai pas entendu autre chose. Je l'ai senti ensuite se précipiter sur moi d'une manière très-violente, très-énergique. J'ai craché le sang longtemps, je le crache encore quand je tousse très-fort, par suite des actions qu'il m'a faites sur la poitrine.

D. Avec quoi vous a-t-il frappé? — *R.* Je ne pourrais pas bien expliquer, M. le Président. Je n'ai pas vu s'il avait quelque chose à la main.

D. Vous avez reçu le coup de suite? — *R.* En me tournant. Sans que je l'aie fixé, je l'ai bien reconnu. Il m'a terrassé sur le coup.

D. Vous n'avez plus rien senti? — *R.* Pardon, j'ai senti qu'il s'est précipité sur moi; même je conserve de fortes traces. La poitrine me fait mal.

D. Vous ne savez pas ce qui s'est passé le soir, quand vous avez repris vos sens? — *R.* Je ne pourrais pas le dire; seulement, quand j'étais dans la cave, il me semblait d'entendre quelque chose, comme si l'on balayait. Je me suis senti tellement pris, que je ne savais pas où j'étais, si j'étais homme ou quoi.

D. D'où vient que vous n'avez pas crié? — *R.* Probablement la respiration me manquait; peut-être j'ai crié. Je ne pourrais m'expliquer. J'étais dans des moments très-graves, très-malade.

D. Vous avez été porté dans une chambre; et là, quand vous êtes revenu à vous, qui avez-vous vu? — *R.* D'après ce qu'on m'a dit, j'ai reconnu d'abord Armand, M. Biquet, enfin beaucoup de personnes, entre autres M. Surdun, je crois.

D. Vous ne savez pas quelles autres personnes? — *R.* Je me rappelle que j'ai vu Armand, M. Biquet et M. Surdun; je ne me souviens pas des autres.

D. On vous a demandé qui vous avait assassiné. Avez-vous répondu? — *R.* Non, M. le Président; mais, *d'après ce que ces Messieurs m'ont dit*, j'ai indiqué le nom d'Armand par les lettres de l'alphabet. Je voulais parler, mais je ne pouvais pas.

D. Vous avez senti qu'Armand s'est approché de votre lit? — *R.* Je me rappelle parfaitement que M. Biquet s'est approché de moi et m'a dit : Vous me connaissez. Par un signe de tête j'ai répondu : Parfaitement. — Reconnaissez-vous Armand? — J'ai répondu : Parfaitement. Il s'est avancé près de moi; je voulais le saisir, mais, n'ayant pas de force dans mon bras, je l'ai attrapé par son gilet, je l'ai senti qui s'en allait. Ces messieurs qui étaient là doivent l'avoir vu comme moi.

D. On l'a fait approcher une seconde fois de votre lit. Vous en souvenez-vous? — *R.* C'est à l'hôpital, M. le Président.

D. Quand vous étiez encore dans votre chambre, le Juge d'instruction ne l'a-t-il pas fait approcher de nouveau de votre lit? — *R.* Je ne me rappelle pas. Il me semble que je ne l'ai vu qu'une fois. Je ne pourrais l'affirmer.

D. A l'hôpital, on l'a conduit près de votre lit; et là, qu'avez-vous dit? — *R.* Ce qu'il méritait, que c'était un assassin. Je le dirai encore, tant que le monde sera monde. Il a beau nier, je jure devant Dieu que c'est lui qui m'a assassiné : il m'a martyrisé tout le corps, je n'ai vu que lui, personnellement que lui.

D. Vous êtes bien sûr de l'avoir reconnu? — *R.* Sûr, plus que certain.

D. Il dit que c'est vous-même qui vous êtes mis dans l'état dans lequel on vous a trouvé à la cave? — *R.* Cela ne m'étonne pas, il y a longtemps qu'il le dit, ce n'est pas d'aujourd'hui. Comment voulez-vous qu'un simple domestique comme moi se frappe d'un coup de bûche, se lie les membres? Qui le dit? C'est un misérable pareil. Moi, je ne suis pas un homme comme lui. J'ai mon honneur comme domestique, et non comme un misérable pareil.

D. Alors vous persévérez dans votre affirmation? — *R.* Je l'affirme devant Dieu, devant ces messieurs et ces dames qui m'entendent, devant la Cour, c'est ce misérable qui m'a assassiné.

D. Et pourquoi vous a-t-il assassiné? — *R.* Je n'ai rien entendu que ceci : *Je vais t'apprendre si ma maison est une baraque!* S'il a dit autre chose, je ne l'ai pas entendu. Du moment que j'étais alourdi, je ne pouvais plus rien entendre.

D. Pourquoi supposez-vous qu'Armand a voulu vous assassiner? — *R.* Il y a ceci. La veille, j'étais dans la cuisine. Je parlais de crime d'infanticide. Je racontais que j'avais connu une fille qui en avait fait un. Le misérable écoutait aux portes. Peut-être a-t-il entendu ce que nous disions. Je ne saurais dire s'il a fait quelque crime qui se rapporte à cela. (*Rumeurs dans l'auditoire.*)

(L'accusé Armand se lève pour parler.)

Me Lisbonne. — Taisez-vous, M. Armand, c'est le salut!

M. le premier Président, à Roux. — Vous ne pouvez trouver quelque autre raison? — *R.* J'ai dit que sa maison était une baraque. Je l'avoue parfaitement. Ce n'est pas une baraque, mais la maison d'un misérable assassin tel que lui!

D. On n'assassine pas un homme parce qu'il a dit que la maison de son maître est une baraque? — *R.* Je ne pourrais dire autre chose. Si je le savais, je le dirais parfaitement. Malheureusement tout le monde pense qu'un homme ne peut avoir assassiné pour cela. Mais je suis ici pour dire franchement la vérité, et je ne puis dire autre chose à messieurs de la Cour.

M. le premier Président. — Armand, vous l'entendez, cet homme?

L'accusé Armand. — Oui, je l'entends et vous aussi, M. le premier Président. Je suppose qu'après l'interrogatoire que vous venez de lui faire subir, vous êtes convaincu comme tout le monde. On lui a demandé, et le Juge d'instruction y a mis beaucoup de complaisance, on lui a demandé bien des fois s'il y avait autre chose. Vous venez de l'entendre dire que j'ai commis un infanticide!

Maurice Roux. — Je ne dis pas cela. Mais il n'y aurait rien d'étonnant qu'il en eût commis, car il a commis un crime sur moi.

Armand. — Misérable!

Maurice Roux. — Misérable vous-même! plus misérable que moi!

Armand. — Vous êtes un misérable comme la terre n'en porte pas. Vous m'avez fait faire huit mois de prison!...

Maurice Roux. — J'espère que vous en ferez davantage. Vous le méritez, misérable assassin!

Mᵉ Lachaud. — Il ne faut pas laisser insulter l'accusé, ou bien il répondra.

M. le premier Président. — Qu'avez-vous voulu dire tout à l'heure? Vouliez-vous accuser Armand d'infanticide?

Maurice Roux. — Je parlais d'infanticide devant la cuisinière et la femme de chambre; alors j'ai raconté l'histoire d'une fille que j'avais connue, qui avait commis le crime d'infanticide. La cuisinière me dit: Taisez-vous. — Ce que nous disons peut parfaitement se dire. — Vous ne savez donc pas que toujours Armand écoute. — Peu m'importe qu'il écoute, cela peut se dire.

D. Quel rapport cela a-t-il avec le motif qu'aurait eu Armand pour vous assassiner? — *R.* Aucun. Seulement, d'après mon expérience, je disais peut-être que cet homme a fait quelque crime; peut-être a-t-il tenté un coup pareil.

D. C'est-à-dire que, cherchant dans votre esprit pourquoi il vous avait assassiné, vous vous êtes imaginé que peut-être c'était pour cela? — *R.* J'ai dit seulement qu'après ce qui m'était arrivé, je n'y voyais pas d'autre motif.

D. Autrement, vous ne pouvez trouver le motif pour lequel il a cherché à vous tuer? — *R.* Malheureusement non. Si je le pouvais, je le dirais.

D. Ce que vous affirmez, c'est que c'est bien lui qui vous a donné un coup sur le derrière de la tête? — *R.* Oui, monsieur le premier Président.

D. Voilà qui est certain? — *R.* Je l'affirme et l'affirmerai toujours.

D. Savez-vous, Maurice Roux, que si vous avez accusé Armand faussement, vous avez commis une action horrible? — *R.* Je ne l'accuse pas à faux, monsieur le Président. Du moment que le fait est réellement vrai, je n'ai rien à me reprocher.

D. Savez-vous qu'il n'y a rien de pire au monde que d'accuser un innocent? — *R.* C'est moi qui me reconnais innocent. Si j'étais mort, je mourrais innocent.

D. Faire mettre un homme en prison pendant huit mois, l'exposer à être poursuivi, condamné peut-être!... — *R.* Il le mérite, il mérite plus de huit mois.

D. C'est quelque chose d'odieux, cela. — *R.* Il en mérite davantage.

D. Savez-vous encore que, si vous êtes reconnu comme un faux témoin, la Justice peut vous faire saisir, emprisonner et vous faire mettre à la place d'Armand? — *R.* Je n'ai pas de crainte du tout; j'ai la conscience nette sur ce point-là, je puis l'affirmer.

D. Réfléchissez devant qui vous êtes. C'est une assemblée auguste, je puis le dire; vous auriez le courage, ici, devant les Jurés, devant la Cour, devant tout ce public imposant, devant Dieu enfin qui vous entend, devant lequel vous avez prêté serment, vous auriez le courage d'accuser faussement cet homme? — *R.* Je ne l'accuse pas du tout à faux; il est parfaitement coupable. C'est lui que j'ai vu dans la cave.

D. Il y a un choix à faire entre vous et Armand; il s'agit de savoir lequel de vous deux dit la vérité. — *R.* C'est moi-même. Je dis la pure et franche vérité.

D. Les conséquences, pour l'un ou pour l'autre, peuvent être terribles, sachez-le bien. — *R.* Je pense que ce ne sera pas pour moi, du moment que ma conscience est parfaitement nette.

D. Vous avez été malade, bien malade? — *R.* Je le suis même encore, car le chemin de fer m'a tellement tracassé qu'il m'a donné des douleurs dans tout le corps. J'en ai dans la tête. Je puis supporter tout ce qui peut m'arriver après les souffrances que m'a fait endurer ce misérable! Si je ne suis pas mort, je ne dois jamais mourir.

D. Quand vous étiez à l'hôpital, on vous a cru bien malade? — *R.* Je l'étais parfaitement.

D. Qui vous a engagé à vous confesser? — *R.* Personne. Seulement le curé me l'a proposé, et je lui ai dit : « Parfaitement, de bon cœur. »

D. On vous a amené un prêtre, vous vous êtes confessé, vous avez communié ensuite; eh bien! au moment de cet acte solennel, n'était-ce pas le cas de vous rétracter? — *R.* Pas le moins du monde. C'est tout le contraire. C'est dans des moments comme ceux-là qu'on peut affirmer ce qui est vrai. Je me sentais à l'article de la mort; j'ai affirmé que ce misérable m'avait assassiné.

D. Vous l'avez répété à ce moment? — *R.* Je l'ai répété et je le répéterai tant que je vivrai.

D. Je ne sais plus que vous dire pour vous adjurer de dire la vérité. — *R.* Vous pouvez me dire tout ce que vous voudrez, m'interroger pendant vingt-quatre, quarante-huit heures, que j'affirmerai toujours que c'est ce misérable qui m'a assassiné. Je le jurerai tant que je vivrai, je n'ai vu que lui. Je suis sûr que c'est lui, plus que sûr.

D. Vous n'avez pas eu la tentation, la pensée de laisser croire que vous aviez été assassiné, vous ne vous êtes pas lié les mains et les jambes, entouré le cou, afin d'arriver à obtenir de l'argent d'Armand? — *R.* Jamais l'argent ne m'a tenté.

D. Vous saviez qu'il était riche, et vous vous disiez peut-être que vous obtiendriez plus d'argent de lui que d'un autre? — *R.* J'ai servi dans des maisons où il y avait plus de fortune que chez lui. Jamais l'argent ne m'a tenté et ne me tentera. J'en ai transporté, étant chez d'autres maîtres, et jamais cet argent ne m'a tenté. *J'en suis plutôt de ma bourse*, que d'avoir de l'argent à mes maîtres! (Rumeurs dans l'auditoire.)

M. le premier Président. — Que voulez-vous dire par là? — *R.* Chez M. Duplessis, par exemple, j'en suis de mon argent plutôt que d'avoir du sien.

D. Voyons, d'où êtes-vous? — *R.* De Bourg-Saint-Andéol. J'y suis né, et j'y suis resté pendant dix-neuf ou vingt ans, je crois. J'ai tiré au sort et je suis entré chez M. de Lamartine, après être resté deux ans garçon-meunier.

D. Combien de temps êtes-vous resté chez M. de Lamartine? — *R.* Pendant neuf ans.

D. Là, n'avez-pas connu une fille nommée Philomène Descret? — *R.* Oui, si elle s'était bien conduite, je l'aurais épousée; mais j'avais des raisons très-graves pour ne pas le faire.

D. Cette fille a eu un enfant de vous? — *R.* De moi ou de quelque autre, monsieur le Président. Beaucoup la fréquentaient comme moi. Je l'ai fréquentée cinq ou six ans.

D. Qu'a-t-elle fait de son enfant? — *R.* Elle a été poursuivie et condamnée pour l'avoir tué. On l'a mise en prison. Elle est à Montpellier.

Mᵉ Lachaud. — Voilà l'infanticide!

M. le premier Président. — A ce moment-là vous n'étiez plus près d'elle? — *R.* Il y avait longtemps. J'étais à Alais, au service de M. Duplessis.

D. En quittant M. Madier de Lamartine, où êtes-vous allé? — *R.* A Paris. J'avais mis mon frère dans ma place et je fus en chercher une à Paris. Mais des cochers m'ont dit : Quand nous sommes arrivés, nous sommes restés un mois sans rien trouver. Comme je n'avais pas d'argent, je suis reparti. Mon ancien maître me fit entrer au service de M. de Felix, à Avignon. Je n'y restai pas longtemps. M. de Felix me mit à sa campagne du côté d'Arles. Comme je n'étais pas content du service chez M. de Felix, je le quittai pour aller chez M. Duplessis, qui m'avait offert d'entrer à son service. J'y suis resté vingt mois environ.

D. Là, vous avez fait encore la connaissance d'une fille, Lucie Abraham. N'avez-vous pas eu d'enfants de cette fille? — *R.* Non, M. le Président.

D. D'où vient que vous ne l'avez pas épousée? — *R.* J'avais des raisons.

D. Vous avez quitté le service de M. Duplessis, et c'est de là que vous êtes entré chez Armand? — *R.* Il y a un intervalle d'un mois et demi ou deux mois. J'ai quitté le service de M. Duplessis le 24 ou le 25 décembre. Je suis resté quelque temps chez moi, ensuite j'ai passé quelques jours chez ma connaissance, à Alais, et je suis venu à Montpellier.

D. Depuis combien de temps étiez-vous chez Armand quand l'événement a eu lieu? — *R.* Depuis trois mois et demi.

D. Pendant ce temps qui fréquentiez-vous à Montpellier? — Personne.

D. Vous n'alliez pas au cabaret? — *R.* Pas souvent.

D. Vous ne dépensiez pas beaucoup d'argent? — *R.* Non, parce que je n'en avais guère.

D. Vous ne jouiez pas? — *R.* Je jouais quand l'occasion s'en présentait, comme tous les cochers le font, au billard et aux cartes.

D. Vous ne jouiez pas d'argent? — *R.* Je faisais la partie; mais je ne me rappelle pas avoir joué un sou, loin de là.

D. Armand se plaint que vous n'étiez pas exact? — *R.* Je ne l'étais que trop.

D. Et ce vous ne faisiez pas régulièrement tout ce que vous aviez à faire, que vous ne vous trouviez pas à l'heure pour mettre le couvert, enfin que vous avez cassé certains objets mobiliers? — *R.* J'ai cassé un porte-huilier, mais s'il me le reproche, je suis ici pour le payer, j'aurai encore de quoi pour cela. Je ne suis pas l'auteur si le porte-huilier s'est cassé. J'ai servi dans des maisons plus difficiles, et l'on a été très-content de moi.

D. La veille du 7 juillet, aviez-vous fait exactement votre service? — *R.* Quand je suis venu, le couvert était mis, mais il était seulement sept heures moins quelques minutes.

D. N'avez-vous pas eu une petite discussion avec Armand? — *R.* J'ai eu avec lui une très-forte difficulté quand je suis rentré. Il s'emportait facilement.

D. Que vous a-t-il dit dans votre discussion? — Il me disait que mon service était très-mauvais; il me faisait de très-fortes menaces. S'il fallait tout rapporter, dame! on ne se rappelle pas ces raisons-là. Je ne lui ai pas répondu; il se serait emporté, il m'aurait battu, et je n'aurais pu me placer à Montpellier.

D. Aviez-vous dit que sa maison était une baraque? — *R.* Oui; dans la cuisine, on peut dire bien des choses.

D. Vous cherchiez une place à ce moment-là. A qui vous êtes-vous adressé pour cela? — *R.* A un cocher de ma connaissance, qui demeure chez un marchand de vin. Il m'indiqua une place.

D. Alors cet assassinat est tombé sur vous presque au moment où vous alliez sortir de chez Armand? — *R.* Il faut que ce soit un misérable, pour m'avoir fait un tour pareil sans aucun motif.

M. le premier Président. — Vous ne pouvez trouver de motif; mais le fait, vous l'affirmez toujours? — *R.* Je l'affirme et l'affirmerai toujours.

D. L'affaire a dû être jugée à Montpellier. Vous y êtes venu pour être entendu comme témoin. Que s'est-il passé la veille du jour où vous deviez déposer devant la Cour d'assises? — *R.* Je suis arrivé deux ou trois jours auparavant avec mon père. (Ici le témoin raconte l'emploi de sa journée et diverses circonstances insignifiantes. Puis il ajoute) : Je voulus aller chez M. Bertrand pour s'il m'avait fait un certificat. Je monte du côté du Palais. Me trouvant fatigué, je m'appuie sur ma canne. Un individu vient me trouver et me dit : « Que faites-vous là? — Vous le voyez, je suis ici pour me reposer. — Vous n'avez pas d'hôtel? — Je vous demande pardon. — Où allez-vous? — Chez M. Bertrand. — Qu'allez-vous y faire? — Je vais me faire du bien. »

— Alors nous causâmes un peu. Il me raconta une sympathie avec une sincérité amicale; c'était un homme qui me portait un intérêt magnifique. Il me quitta, j'entrai chez M. Bertrand; celui-ci était sorti et devait rentrer entre neuf heures et dix heures.

Je revins une seconde fois m'asseoir sur le banc du café du Palais. L'individu que j'avais déjà vu, venant du côté du Midi, vint s'asseoir à côté de moi; il me raconta les mêmes raisons, les mêmes sympathies qu'il m'avait déjà racontées avec un air amical. Je ne me serais jamais douté de ce qu'il allait me faire, bien loin de là.

Après que nous eûmes causé, je retournai chez M. Bertrand. Il n'était pas encore rentré. En sortant, je retrouve encore le même individu qui me demande : « Que vous a-t-il dit? — Je ne l'ai pas vu. — Très-bien, venez, nous irons faire un tour de promenade. »

Nous allâmes autour du palais au Peyrou. Quand nous étions là, je suis retourné voir si M. Bertrand était rentré; il était près de dix heures, il n'y était pas. Je me dirigeai vers la rue de la Blanquerie, chez M. Rivière, où était mon père qui devait m'attendre avec impatience. Un agent de police que je rencontrai me dit que je le trouverais couché et me fit renoncer à mon projet. Il voulut m'accompagner. Je répondis que je retournerais bien seul à la maison. Si j'avais su que l'individu m'attendait, j'aurais bien accepté.

En haut de la Blanquerie, fatigué, je m'asseois. L'individu arrivant du côté de la sous-intendance me dit avec un air surpris : « Vous êtes encore là? Il faut s'en aller; allons-nous-en. » Nous nous en allâmes et nous dirigeâmes vers la place du marché. Quand nous fûmes là, il me demanda mon adresse. Je la lui donnai. Il me dit : Prenons par ici. Je voulais prendre une autre direction; il me répondit : Nous arriverons aussitôt. Nous passâmes donc par le chemin qu'il m'indiquait. C'est alors qu'il me donna un coup très-violent qui me fit tomber à terre, et dont je porte encore les marques. Voilà ce qui s'est passé.

D. Avec quoi vous a-t-il frappé? — *R.* Je ne pourrais dire si c'est avec la canne qu'il portait, et qu'il froissait dans ses mains sur le banc du café du Palais.

D. Il vous a porté un coup très-violent qui vous a renversé à terre? — *R.* Oui, très-facilement, je n'étais pas solide comme aujourd'hui.

D. Avez-vous crié, quand vous êtes tombé? — *R.* Oui, M. le Président; mais je ne sais pas ce que j'ai crié.

D. Qu'avez-vous pensé quand vous avez reçu le coup? — *R.* J'ai pensé que j'étais assassiné, que c'était ce misérable qui me tentait encore un second coup.

D. Armand dit que c'est vous. — *R.* Cela ne m'étonne pas; du moment qu'il a dit que je m'étais assassiné, il peut dire encore cela. Moi, j'ai pensé que c'était ce misérable qui me faisait une seconde fois assassiner. Il paraît que ma présence le gêne. Voyez, il me fait des yeux! il ne me fait pas peur. Je suis ici pour dire la vérité, la pure et franche vérité. Je ne suis pas si lâche de me faire du mal. D'ailleurs, j'en avais suffisamment.

D. Vous avez été longtemps malade des suites de ce coup? — *R.* Ces messieurs le diront. Je le suis encore beaucoup.

D. Que comptez-vous faire à l'avenir? — *R.* Ce que mes forces me permettront. Si je puis reprendre mes fonctions, je les reprendrai. Seulement, je vous prie d'observer ceci: j'ai des marques sérieuses sur les bras et dans le côté, ensuite à la tête ainsi qu'aux jambes. Voilà un de mes bras qui est estropié, le nerf est coupé. Je n'ai pas de forces du tout. Ce sont des cicatrices très-sérieuses, M. le Président, que j'ai de tous côtés sur les membres.

D. Ce sont les cicatrices des brûlures qu'on vous a faites? — *R.* Je ne pourrais le dire, mais d'après ce que l'on m'a raconté, on m'a *bouillanté*.

D. Vous n'avez rien senti quand on vous a *bouillanté*, et par conséquent vous n'avez pas crié? — *R.* Ces messieurs le diront mieux que moi; dans ce moment je n'étais pas bien sûr de moi.

D. Quand vous étiez ainsi dans votre lit, et qu'on vous brûlait, pourquoi ne parliez-vous pas? — *R.* Je ne pouvais pas; si je l'avais pu, je l'aurais fait parfaitement. Je m'y suis efforcé cinq ou six fois, même, à l'hôpital; enfin j'ai entendu un *débouchement;* c'est alors que j'ai pu parler, autrement je ne pouvais pas.

D. Armand prétend que vous jouiez une comédie? — *R.* Il a beau dire, c'est lui qui en jouera une fameuse! Je ne suis pas un homme à jouer des comédies, bien loin de là.

D. Vous auriez pu parler, puisque vous faisiez je ne sais quel calcul? — *R.* Si j'avais pu parler, j'aurais fait comme à présent.

D. Il paraît que lorsque vous avez été porté à l'hôpital, vous étiez parfaitement bien, vous vous sentiez rétabli, et vous avez joué une comédie ?

R. J'avais du courage avant cet événement; mes jambes me portaient; mais, du moment qu'il m'a assassiné, c'est impossible à moi, je n'ai plus de forces; à cette époque, j'étais plus malade que maintenant.

D. Vous êtes resté à l'hôpital plus longtemps, parce que les médecins se sont apitoyés sur votre sort? — *R.* Malheureusement. Si j'étais resté quelques jours de plus, je ne sais pas ce qui serait arrivé. J'ai été très-mal soigné à l'hôpital.

M° *Lachaud.* Voilà la reconnaissance!

Maurice Roux. — M. le professeur Dupré, qui m'a traité, a commis des injustices à mon égard; il m'a fait du mal. Quand il venait à mon lit, il me bousculait d'une manière originale. La seconde fois que j'ai pris un bouillon, je me suis assis sur un fauteuil. M. Dupré me dit, en m'attrapant par le bras, qui avait une très-forte croûte: « Comment ça va-t-il? — Ça ne va pas plus mal. » En me prenant ainsi, il me fit couler le sang de mon bras comme d'une fontaine; les deux agents de police en ont été témoins. Voilà comment je disais que j'ai été très-maltraité.

D. — Vous n'étiez pas content du traitement, parce que vos souffrances continuaient? — *R.* On me maltraitait, car du moment qu'on demande à un homme: Comment allez-vous, et qu'on fait jaillir le sang de son bras, on ne peut pas dire qu'il soit bien traité.

D. Nous ne pouvons admettre que vous ayez été mal traité à l'hospice.

M° *Jules Favre.* — Il faut recueillir cela pour juger ce que vaut l'homme.

M° *Lachaud.* — Et l'état de son esprit; c'est un insensé!

Maurice Roux. — J'ai des preuves de ce que j'ai dit.

M. le premier Président. — Vous êtes un peu romanesque peut-être? — *R.* Pas plus que tous les domestiques.

D. Il y en a qui le sont. Lisiez-vous souvent? — *R.* Comme toutes les personnes de ma classe. J'avais des livres, et quelquefois, au lieu d'aller au café, je lisais.

D. Que lisiez vous? — *R.* S'il fallait dire ce que j'ai lu... dame, je ne suis pas bien au courant de cela.

D. Lisiez-vous des romans surtout? — *R.* S'il fallait vous expliquer ce que c'est qu'un roman, je ne le pourrais pas.

D. C'est peut-être en lisant des romans que vous avez trouvé quelques exemples de domestiques qui se sont plaints d'avoir éprouvé des mauvais traitements de la part de leurs maîtres, afin d'obtenir d'eux de l'argent? — *R.* Je ne suis pas de ces hommes-là. Je lirais ce qu'il y a de plus mauvais, que je ne me ferais pas du mal; je ne dis pas qu'un autre n'a pas fait cela, mais moi, j'ai plus d'honneur que cela, quoique domestique. Je n'aurais pas le courage de me faire du mal; loin de là, on en prend assez sans s'en faire.

M° *Lachaud.* — Monsieur le Président, voulez-vous demander au témoin s'il a lu les *Mémoires d'un enfant trouvé*? *R.* Je ne pourrais pas le dire. Faites-moi voir ce livre. Pendant qu'Armand était à Paris, la cuisinière m'avait prêté un ouvrage. Si c'est celui dont on parle, je le reconnaîtrai (on passe le livre à Maurice Roux, qui l'examine).

Maurice Roux. — Je n'ai pas lu cette couverture-là (*hilarité*). Les ouvrages qu'on m'a prêtés, quoiqu'ayant le même titre, n'avaient pas cette couverture.

M° *Lachaud.* — Il paraît que la reliure n'était pas la même; il n'a pas lu la reliure!

Maurice Roux. — Vous avez beau faire et beau dire, si j'ai lu le livre, ce n'était pas la même couverture.

M. le premier Président. — Enfin, avez-vous lu l'ouvrage? — *R.* Je ne me rappelle pas parfaitement, c'est probable; mais la couverture était différente.

D. Que vous ayez lu cet ouvrage ou que vous en ayez lu un autre, est-il vrai que vous ayez puisé dans vos lectures l'idée de la spéculation que vous avez faite? — *R.* Si je l'avais lu, et que j'y eusse vu de ces choses, je ne suis pas homme à me faire du mal; bien loin de là.

D. Vous faire du mal, vous n'auriez qu'à vous en demander compte à vous-même; mais faire du mal à un autre? — *R.* C'est qu'il mérite que je lui fasse du mal.

D. L'accuser faussement? — *R.* Du tout, je ne l'accuse pas faussement.
D. A quelle heure vous a-t-il frappé? *R.* — Environ à *huit heures*.
D. Comment le savez-vous? — *R.* Je le sais par le service que j'avais fait.
D. Il reste toujours ceci : c'est qu'on ne comprend pas pourquoi Armand vous a assassiné. — *R.* Je ne puis l'expliquer moi-même, c'est pénible de subir les conséquences que je subis.
D. Sans doute, c'est pénible pour vous; mais si vous mentez, vous le méritez. Voyons, Roux, il est encore temps, je vous en conjure, c'est encore une manière honorable de sortir de la fausse voie dans laquelle vous êtes entré : rétractez-vous, si vous n'avez pas dit la vérité. — *R.* J'ai dit parfaitement la vérité.
D. Si nous acquérons ici la conviction que vous mentez, j'ai le droit de vous faire arrêter de suite, de vous faire mettre en prison, de vous faire juger. — *R.* Si vous croyez que c'est moi, faites-moi arrêter de suite. Je ne suis pas homme à dire ce qui n'est pas.
D. Votre maître a pu être violent... — *R.* Oui.
D. ... Emporté, brutal peut-être; mais enfin c'est un homme qui n'avait pas l'habitude d'assassiner.— *R.* J'en ai fait l'expérience par moi-même ; il m'a parfaitement bien assassiné.
D. Le voilà ; il affirme énergiquement, lui aussi.
— *R.* J'affirmerai plus que lui, d'autant que je suis dans mon plein droit, et lui n'y est pas.
D. Il affirme plus fort que vous. Il dit que vous êtes un misérable, que vous avez inventé cela. — *R.* Je puis le traiter de misérable, lui n'a pas ce droit. Je sais ce que j'ai à me reprocher ; si j'ai fait des bêtises, cela ne regarde que moi. Mais je n'ai pas commis le crime ; c'est impossible à moi. Surtout je ne suis pas si lâche que de me faire du mal. J'avais assez de courage et d'adresse pour gagner ma vie.
D. Il faut se prononcer entre vous deux; qui voulez-vous qu'on croie? — *R.* C'est à votre générosité. (*Vives rumeurs.*)
D. L'un dit oui, l'autre dit non. — *R.* D'après les témoins, vous devez voir ce qui s'est passé.
D. Je vous laisse le temps de la réflexion ; je vous adjure de dire la vérité. — *R.* Toute la vérité, je l'ai dite; je l'affirmerai toute ma vie, c'est ce misérable qui m'a assassiné. Je l'accuse parce que je l'ai vu parfaitement.
D. Vous voulez lui demander de l'argent à la suite de cela?—*R.* Je n'ai pas besoin de son argent ; j'ai assez de courage pour gagner ma vie.
M*e* *Lachaud.* — Qu'allait-il faire chez M*e* Bertrand, avocat, à la veille des débats?
Maurice Roux. — J'allais le voir, lui demander conseil pour décider si je me porterais partie civile ou non.
M*e* *Lachaud.* — C'est ce que je voulais lui faire dire.
Maurice Roux. — Que voulez-vous dire ?
M*e* *Lachaud.* — Rien du tout.
Maurice Roux. — A la bonne heure.
M. le premier Président. — Si vous vous portez partie civile, c'est avec l'intention de demander de l'argent ? — *R.* Je crois que j'en ai le droit, surtout dans la position où je me trouve. (*Rumeurs.*)
D. S'il dit la vérité, il en aurait parfaitement le droit, et à supposer que l'accusé l'a mis hors d'état de travailler comme auparavant, sa demande serait naturelle.

D. Regardez Armand.— *R.* Je le regarde parfaitement (*s'adressant à l'accusé*) : Je suis ici, vous devez me reconnaître ; je vous reconnais parfaitement, moi.
Armand. — Misérable !
Maurice Roux. — C'est vous qui l'êtes, et non moi !
M. le premier Président, à Maurice Roux. — Son regard ne vous effraye pas, et, malgré ses dénégations, vous soutenez......
Maurice Roux. — Je soutiens, je jure devant Dieu, devant toute la Cour, que c'est lui qui m'a assassiné.
Armand. — C'est votre fait, misérable ! vous m'avez occasionné huit mois de prison ; vous avez causé de la peine à une famille honorable, misérable coquin !
Maurice Roux. — Être insulté par un homme comme vous !
Armand. — Vous avez trompé la Justice ; vous lui avez menti !
Maurice Roux. — Votre famille peut être honnête ; mais vous, vous ne l'êtes pas !
M. le Procureur général. — Messieurs les Jurés, vous retiendrez cette dernière phrase : « Votre famille peut être honnête, et non vous. »
Armand.— Un homme qui peut commettre un infanticide, qui feint de s'étrangler pour faire condamner un innocent, ne peut être honorable !
M. le premier Président. — Je tiens à bien faire établir la vérité.
M*e* *Lachaud.* — Nous l'avons si bien compris, que nous avons fait citer la femme Philomène Dessert, qui est en prison, et nous demandons encore à la Cour que cette femme vienne nous dire ce que c'est que cet homme ; et quand elle aura expliqué son crime, elle dira quelle en est la cause.
Maurice Roux. — Je ne demande pas mieux de la voir cette femme, pour qu'elle dise la vérité.
M. le premier Président. — Il ne faut pas dénaturer le débat. On ne peut parler d'infanticide que par rapport à ce qu'a dit le témoin au commencement de sa déposition.
M*e* *Lachaud.* — Si vous me permettez, je dis que cette parole fait juger le témoin. Cette femme, avec laquelle il a entretenu des relations, a eu un enfant de lui ; elle l'a tué, et elle a été condamnée pour ce crime. Le sens moral chez cet homme est tellement perverti, qu'il causait de cette affaire avec la cuisinière comme d'une chose indifférente ! Et quand il croit avoir été surpris dans sa confidence, il cherche à faire tomber sur un autre la responsabilité d'un crime qu'il commet.
Maurice Roux. — Je ne suis pas si lâche que cela.
M*e* *Lachaud.* — Je demande à m'expliquer. Je ne parle pas de la responsabilité du crime ; mais je dis qu'il l'a imputé à Armand, en disant : « Il a pu, en écoutant aux portes, penser que je parlais d'infanticide, et, comme il avait quelque chose de semblable à se reprocher, c'est sans doute à cause de cela qu'il m'a assassiné ! »
M. le premier Président. — Quand je lui ai demandé quelle était dans sa pensée la cause possible de l'acte qu'il reprochait à Armand, il m'a répondu: « Quand je cherchais, je ne trouvais que cette question d'infanticide. »
On sait qu'il s'était répandu des bruits dans le public qu'il devait y avoir eu un crime commis en commun par Armand et son domestique, et que c'était

pour étouffer la révélation du domestique qu'Armand l'avait tué.

Me Lachaud. — C'est précisément parce que les bruits les plus impurs étaient venus aux pieds de la Justice que la Cour de Montpellier a été dessaisie. Ici, nous sommes en dehors de cette atmosphère, et la vérité s'est faite.

M. le premier Président. — La vérité se fera.

Maurice Roux. — Je ne demande pas mieux qu'elle se fasse; qu'Armand dise la vérité; je suis ici pour la dire.

Un Juré. — Je demande que le témoin soit interrogé sur la conversation du 6 au soir dans la cuisine?

M. le premier Président. — N'avez-vous pas demandé à la femme de chambre si elle avait dit que la maison d'Armand était une baraque?

R. Quand je suis entré dans la salle à manger, celui-ci parlait à sa femme. J'ai entendu qu'il prononçait le nom de *baraque*, et, après la scène que nous avions eue, j'ai entendu qu'il disait à sa femme: « Je me vengerai, je me vengerai! »

M. le Procureur général. — Quand vous êtes rentré dans la cuisine, qu'avez-vous dit?

R. J'ai dit : « Qui donc a dit que sa maison était une baraque? (la femme de chambre le disait souvent) ; il est joliment en fureur. »

Un Juré. — Je désirerais qu'on demandât au témoin comment il peut expliquer que, se trouvant exactement en face de son agresseur, il a reçu le coup par derrière.

Maurice Roux. — Au moment où il prononça ces mots : « Je vais t'apprendre si ma maison est une baraque, » je me suis tourné vers lui.

D. Comment avez-vous reçu le coup par derrière? — *R.* C'est en me retournant.

D. D'après ce que vous dites, vous avez reçu le coup du côté opposé à celui où était Armand?

(Une courte suspension d'audience a lieu par suite de la sortie d'un des jurés.)

M. le premier Président. — Examinez le plan des lieux, Maurice Roux, pour vous les rappeler. Tâchez de faire comprendre exactement comment vous étiez, comment Armand est entré, comment vous l'avez vu, et comment il vous a frappé. Pour le voir en face, il a fallu vous retourner?

Un Juré. — A-t-il été constaté où était le bois?

M. le premier Président. — A gauche, en entrant.

Me Lachaud. — La porte est à gauche, et il a été frappé à droite.

M. le premier Président. — J'invite messieurs les Jurés et l'un des défenseurs à s'approcher de la Cour pour examiner avec le plan des lieux la position qu'avait Maurice Roux.

(Il est procédé à cet examen, qui dure un certain temps.)

Me Lisbonne. — Je demande si le témoin n'a pas dit le 7 juillet, vers huit heures et demie du matin, à Marie Hauterive, qu'il allait à l'écurie.

Maurice Roux. — C'est possible; mais la preuve que je n'y allais pas, c'est qu'on m'a trouvé assassiné dans la cave.

Me Lisbonne. — Je tiens à constater ceci, que, dans l'information, Maurice Roux a nié avoir dit à Marie Hauterive qu'il allait à l'écurie.

M. le premier Président. — En vertu de mon pouvoir discrétionnaire, je vous autorise à lire cette partie de l'information.

Me Lisbonne lisant : « Je ne crois pas avoir dit que j'allais à l'écurie; la femme de chambre doit se tromper. » Il s'agit de savoir s'il a dit ou s'il n'a pas dit qu'il allait à l'écurie.

Maurice Roux. — Je ne puis l'affirmer; cela se pourrait.

Me Lisbonne. — Je demanderai au témoin si on n'avait pas obtenu pour lui à Montpellier ses entrées gratuites au théâtre? — *R.* Oui.

D. Qui les avait obtenues? — *R.* Je ne pourrais le dire.

Me Lisbonne. — N'est-ce pas le Commissaire central?

R. Je ne pourrais l'affirmer.

Me Lachaud. — On les lui donne sans qu'il s'en doute, l'heureux cocher! on le conduit au théâtre; jugez par là l'importance que cet homme a dû s'attribuer!

M. le premier Président, à Maurice Roux. — On vous demande par qui vous avez su qu'on vous donnait vos entrées au théâtre? — *R.* Par un agent de police.

Me Lisbonne. — Nous n'avons plus rien à demander.

M. le Procureur général. — Quelle conséquence veut-on en tirer?

Me Lisbonne. — C'est un fait, il est assez significatif.

M. le premier Président, à Maurice Roux. — A quelle époque vous les a-t-on fait obtenir?

Me Lisbonne. — Depuis qu'il est à Montpellier pour sa convalescence.

Maurice Roux. — J'y suis allé deux fois.

M. le premier Président. — J'avoue que je cherche la portée de ce fait; je n'y vois qu'une chose, c'est que la police a porté de l'intérêt à cet homme.

Me Lachaud. — Dans les choses utiles et dans les choses agréables.

Maurice Roux — Je le mérite, Messieurs.

M. le premier Président. — Ne serait-ce pas le directeur, dans l'intention d'attirer du monde à son théâtre? Qu'un homme devienne célèbre par une raison ou par une autre, on cherche à le montrer pour attirer ainsi le monde.

Me Lachaud. — Cet homme, qui commet un crime par cupidité, — on peut le supposer après l'infanticide dans lequel il a été mêlé, — cet heureux personnage, on le fait aller au théâtre!

M. le premier Président. — Le fait s'est produit deux fois; je cherche à en tirer les conséquences.

M. le Procureur général. — Nous entendrons le Commissaire central, et, dans le cours de sa déposition, nous l'interrogerons sur les circonstances dans lesquelles il a fait obtenir à Maurice Roux cette faveur.

Me Lachaud. — Cela se devine tout seul; il n'est pas besoin d'interroger le Commissaire central.

Me Jules Favre. — (Revenant sur les descentes successives de Roux à la cave.) La cuisinière a dit qu'elle n'avait demandé que des sarments.

M. le premier Président. — Je crois que vous vous trompez, défenseur.

Me Lachaud. — M. le Président a parfaitement raison; seulement, dans le second voyage, le témoin a monté des sarments et du bois, et la cuisinière en a conclu qu'il avait compris sa demande, et elle en a été satisfaite. Le témoin prétend être descendu une troisième fois, parce que le second voyage n'avait pas été suffisant. Il faut bien expliquer ce troisième voyage.

M. le premier Président. — Maurice Roux a déjà donné toutes les explications sur les trois voyages à la cave.

Quand la cuisinière a déposé, et qu'il s'agissait de savoir si elle avait demandé des sarments ou du

AFFAIRE ARMAND.

bois, elle a dit qu'elle comprenait tout dans la même demande.

Un Juré. — Je demanderai à quoi pouvaient servir les grosses bûches, au mois de juillet?

Maurice Roux. — Probablement pour faire du feu. La cuisinière m'avait dit de monter de grosses bûches; je ne voulais pas avoir de difficultés. Je suis descendu à la cave une troisième fois, pour la contenter, c'est alors que l'événement a eu lieu.

M. le Procureur général. — J'ai une question à adresser à Maurice Roux. Pourrait-il dire si la sensation qu'il a éprouvée, semblable à celle de la pression d'un genou qu'on aurait appuyé sur la poitrine, si cette sensation, il l'a éprouvée de suite après avoir été renversé par terre? — *R.* Je me suis senti terrassé; il s'est précipité sur moi d'une manière violente; j'ai senti une douleur dans la poitrine qui me fait encore souffrir quand je tousse.

D. Vous avez dit cela; mais vous est-il possible d'expliquer si vous avez éprouvé cette sensation de suite, en tombant à terre; pouvez-vous rendre compte de cela? — *R.* Je ne puis le dire.

D. Dans votre déposition, vous avez dit vous souvenir qu'à un certain moment, vous aviez éprouvé une sensation comme celle d'un genou qui s'appuyait sur votre poitrine. — *R.* Jamais je n'avais eu aucune douleur; à partir de ce moment, j'ai jeté le sang, et même quand je tousse fort, j'en jette encore.

Un Juré. — Quand le témoin a été attaqué, il n'a pas vu venir le coup? Il n'a pas cherché à résister à l'attaque dont il était victime? — *R.* J'ai fait un mouvement pour me défendre, mais je n'ai pas eu le temps. Je suis été assommé sur le coup.

Me Lisbonne. — Je demanderai à M. le Président de vouloir bien ordonner la lecture du dernier interrogatoire de Roux.

M. le Procureur général. — Sur quelle partie demandez-vous cette lecture?

Me Lisbonne. — Sur la partie de l'interrogatoire dans laquelle il répond à une question adressée par M. le Juge d'instruction : « La vue de mon maître, les paroles qu'il venait de prononcer, m'ont frappé de stupeur et m'ont privé de mouvement. »

M. le Procureur général. Voici le passage. Mais pour comprendre la réponse, il faut lire la question qui précède. Elle est ainsi conçue :

« Dans le premier procès-verbal que j'ai dressé, j'avais compris à vos signes que le coup avait été reçu par derrière et vous avait fait perdre connaissance; aujourd'hui, vous déclarez que vous avez été alourdi. — *R.* Le coup que j'ai reçu, la terreur que j'ai éprouvée de la présence de mon maître, qu'aucun bruit ne m'avait annoncée, ces paroles prononcées avec colère, m'ont laissé sans force et sans mouvement. Je suis resté un temps que je ne puis préciser avant de recouvrer mon intelligence; je ne me suis pas vu attacher; c'est à mon réveil que je me suis rendu compte de l'état dans lequel il m'avait mis. »

M. le premier Président. — Le témoin Surdun est-il dans la salle? qu'il approche.

(Le témoin Surdun s'avance au pied de la Cour.)

D. Fixez le point où était l'excoriation que vous avez remarquée? — *R.* Sur la saillie de la nuque.
(Le témoin montre sur Maurice Roux la partie de la tête qu'il vient de désigner.)

M. le premier Président. — Roux, remettez-vous à genoux, et montrez comment vous avez été frappé.

(Maurice Roux explique de nouveau comment il a reçu le coup par derrière.)

Le témoin Surdun. — Cela me paraît assez extraordinaire.

Me Lachaud. — Messieurs les jurés l'entendent : le témoin dit que cela lui paraît extraordinaire, et même, c'est dépourvu de vraisemblance.

M. le premier Président, à Maurice Roux. — Quand l'accusé vous a frappé, était-il près de vous? — *R.* Oui, M. le Président.

Le témoin Surdun. — Alors, ce serait possible.

Armand. — Le témoin veut-il, avec la permission de M. le Président, chercher à se rappeler, d'après la connaissance qu'il a des lieux, s'il est possible qu'un coup de bâton ait été donné de près? La porte étant à côté du mur, y avait-il la place suffisante?

Le témoin Surdun. — Cela dépend de la manière dont le coup a été porté, si l'agresseur était en arrière ou en avant.

M. le premier Président. — Ce qui reste établi, c'est ceci : Si l'homme était baissé, le meurtrier étant rapproché, le coup peut avoir été porté là où vous avez cru en reconnaître la trace.

Le témoin Surdun. — Je reconnais la trace; elle existe encore; je ne l'avais pas vue depuis le lendemain de l'événement.

Armand. — Maurice a dit plusieurs fois que j'étais contre le mur, et c'est parce qu'il s'est retourné qu'il s'est trouvé en face de moi.

M. le premier Président. — Témoin, allez vous asseoir.

Anne Pontet, femme *Bourguet,* cuisinière à Alais.
— En passant à Montpellier, elle est allée demander Maurice Roux chez M. Armand, pour lui faire une commission de la part de Lucie Abraham. Ne l'ayant pas trouvé à son écurie, où la femme lui avait dit qu'il devait être, elle a repris le chemin de fer.

M. le premier Président. — Quand vous êtes allée chez M. Armand, quelle heure était-il? — *R.* Dix heures moins un quart environ.

D. Vous ne savez pas ce qu'on a supposé un moment? on a supposé que vous étiez venue là pour assassiner Roux. — *R.* Mais je ne le connaissais pas.

D. Alors vous n'êtes pas venue pour cela? — *R.* Non, du tout.

Me Lachaud demande ce que le témoin venait faire à Montpellier.

Anne Pontet répond qu'elle était venue avec l'intention d'aller aux bains de mer de Cette, mais qu'apprenant que ces bains n'étaient pas ouverts, elle était repartie de suite.

Le défenseur voudrait une raison plus sérieuse; car, dit-il, voilà une femme qui fait un voyage fort coûteux, pour n'apprendre qu'à Montpellier une chose qu'elle pouvait très-bien savoir à Alais. Quant à cette commission, elle n'y attache pas grande importance, puisque, arrivée à sept heures du matin à Montpellier, elle est repartie de suite sans avoir vu Maurice Roux.

M. le premier Président. — Témoin, comment la fille Abraham vous a-t-elle chargée de cette commission? — *R.* J'ai dit que j'allais à Nîmes et à Montpellier. « Si vous allez à Montpellier, me dit-elle, je vous donnerai l'adresse de Roux, vous lui demanderez s'il veut finir son mariage avec moi, et vous lui direz de m'écrire. » C'est à l'auberge où j'étais logée qu'on m'a dit que les bains de mer n'étaient pas ouverts.

M⁰ Lisbonne. — Où étiez-vous logée ? — *R.* En face du boulevard.

M⁰ Lisbonne. — Chez qui? C'est ce qu'il n'y a jamais eu moyen de savoir, pas même de la police.

Armand. — On est allé chez M. le Commissaire central, on l'a conjuré de prendre des renseignements ; il a été impossible de rien savoir.

M. le premier Président. — Que supposez-vous?

Armand. — Je vais vous le dire... Permettez, je vois que je contrarie mes défenseurs, je me tais.

M⁰ Jules Favre revendique pour l'accusé et la défense la liberté de se taire.

M. le premier Président. — Ma question est toute naturelle ; elle n'est pas faite pour embarrasser l'accusé ; je voudrais savoir à quelle supposition il se livrait?

Armand. — J'ai grand plaisir à le dire. Et il explique que dans les longues heures pendant lesquelles il avait pu réfléchir à tout ce qui s'était passé, il a eu la pensée que cette femme était un complice que Roux se ménageait, et qu'elle n'était venue chez lui que pour pouvoir servir de témoin et pouvoir déclarer qu'elle l'avait vu, à neuf heures, descendre à la cave ou en remonter.

Vous remarquerez, continue *M. Armand*, que le témoin dans sa déposition se garde bien de dire neuf heures ; elle dit dix heures ; or vous avez trois témoins qui disent que c'est à neuf heures.

L'écurie et la remise se trouvent à une minute de la maison. Elle n'y a pas trouvé Roux, et elle ne revient pas à la maison, elle part, elle s'en va à Rognac. Elle avait demandé trois jours à son maître pour aller à Nîmes, ajoutant qu'elle irait peut-être à Montpellier. Evidemment elle ne s'est pas arrêtée à Montpellier. Elle a dit qu'elle n'était pas revenue, parce que l'heure du départ la pressait, que le convoi partait à onze heures. Or il ne passe à Montpellier qu'à onze heures cinquante-cinq, ou midi cinq minutes. Et c'est à neuf heures que cela avait lieu.

Ainsi elle vient exprès pour voir Maurice Roux et elle s'en va sans le voir ; son maître l'attend à Alais, elle va à Rognac, et elle n'avait pas entendu dire un mot de l'affaire Roux et Armand jusqu'à sa citation comme témoin, en date du 21 septembre.

M. le premier Président, au témoin. — Êtes-vous venue à Montpellier pour servir de complice à Roux, comme on le prétend ? — *R.* Non, Monsieur, je ne connaissais pas Roux.

M⁰ Lisbonne. — Dans la première déposition, elle n'a pas dit qu'elle venait pour les eaux ; elle n'a pas dit qu'elle ne connaissait pas Roux. Elle a dit ceci : Je ne sais pas si je le reconnaîtrais ; on m'a dit qu'il avait coupé sa barbe.

Le témoin, interpellé, déclare qu'elle n'a vu Roux qu'une seule fois, à Alais, chez M. Duplessis.

Armand. — Encore une chose qui m'a beaucoup frappé. Cette femme revient à Alais. Là, on avait des ordres pour ne pas l'interroger. On la conduit à Montpellier, et là elle déclare pour la première fois qu'elle était accompagnée d'un nommé Sabatier, également d'Alais, qui l'attendait de l'autre côté du boulevard. Ces deux personnages, qui ne peuvent indiquer où ils ont logé à Montpellier, sont revenus dans cette ville la veille même du jour où devaient ouvrir les assises et le soir du second attentat ; et, chose bizarre, dit M. Armand, ils ne furent nullement inquiétés ni interrogés, quoique j'eusse fait part de mes soupçons au Juge d'instruction, et alors que divers membres de ma famille durent subir toutes sortes de questions, et même être confrontés avec Roux.

La première fois qu'ils furent assignés, nous sûmes que l'assignation n'avait pas été remise. On alla chez M. le Procureur général qui nous a dit : « On ne les a pas trouvés, tant pis ! »

Voilà les impressions que je voulais vous faire connaître.

M⁰ Lisbonne, au témoin. — Que venait faire Sabatier à Montpellier ? — *R.* Il venait chercher de l'ouvrage.

M⁰ Lisbonne. — Et il part le lendemain à onze heures sans en avoir demandé à personne. A quelle heure le témoin et Sabatier sont-ils arrivés le 17 novembre au soir, la veille du jour où s'ouvraient les assises à Montpellier ? — *R.* A dix heures et demie du soir.

M⁰ Lisbonne. — Où ont-ils logé. — *R.* A la même auberge. Il y a un bureau de tabac ; la maison est garnie de treilles ; c'est près du boulevard, en face le chemin de fer.

M⁰ Lisbonne. — Au boulevard, en face de la gare, il y a un square.

Sabatier (Auguste), maçon à Alais, a rencontré Anne Pontet à Nîmes ; il l'a accompagnée à Montpellier où il se rendait pour chercher du travail. Il l'a attendue pendant qu'elle s'informait de Maurice Roux, et il est reparti avec elle pour Rognac, d'où il était venu. Interpellé par la défense, le témoin ne peut dire à qui il s'est adressé pour avoir du travail ; il n'est pas resté à Montpellier parce que les journées n'y sont pas assez fortes.

M⁰ Lisbonne. — Il n'y a pas de pays où les journées soient aussi fortes.

M⁰ Lachaud au témoin. — Vous connaissez la femme Pontet depuis longtemps ? — *R.* Oui, Monsieur, nous avons été voisins.

M⁰ Lachaud. — Ces gens-là se sont donnés rendez-vous à Nîmes, c'est dans l'instruction : Je me suis rendu à Nîmes pour trouver Mme Pontet.

M. le Procureur général. — Ils ont des relations ensemble ; cela n'a aucun rapport avec l'affaire actuelle.

M⁰ Lachaud. — Sans vouloir presser cet incident, c'est toujours une chose singulière que de voir ce couple mystérieux qui voyage sans qu'on sache pourquoi, qui descend dans un lieu inconnu ; et cette femme, précisément, vient voir Maurice Roux à une heure où on l'assassinait, pour lui demander s'il veut épouser une femme, comme si l'on dépêchait ainsi des ambassadeurs ! C'est inexplicable!

M. le Procureur général. — Cette femme n'est allée dans la maison d'Armand au plus tôt qu'à neuf heures et demie, et peut-être dix heures. Or, selon l'accusation, le crime a été commis à huit heures et demie ; elle arrivait trop tard.

M. le premier Président. — Savez-vous qu'on vous accuse d'être le complice de Roux par l'intermédiaire de la femme Pontet? Vous seriez allé à la maison de M. Armand pour attester que vous l'aviez vu descendre à la cave. — *R.* On me l'a dit à Montpellier.

M. le Procureur général. — Il a été soupçonné d'avoir assassiné Maurice Roux.

M⁰ Lachaud. — M. Armand a toujours pensé que Roux avait joué une comédie abominable, et qu'il devait avoir des complices.

M. le premier Président. — Je vous demande pardon. C'est une altération par trop évidente. En principe, Armand a supposé que le témoin était venu à Montpellier pour organiser l'assassinat de Maurice Roux au nom de Lucie Abraham. Le soir même du jour où Maurice Roux a été étranglé, c'est Armand lui-même qui a dit : « Il est venu des gens d'Alais; ce sont eux peut-être qui l'ont assassiné. »

M Lachaud. — Vous avez raison.

M. le premier Président. — Dans le nouveau système, ces gens viennent seulement pour être complices de la simulation de Roux. Ce système est sérieux, ou il ne l'est pas. Il faut être de bonne foi, la défense doit choisir.

M Lachaud. — Je répéterai seulement un mot de mon client qui vous a frappés. Nous n'avons pas de système, nous n'avons que la vérité. Or, aujourd'hui, les choses ont tellement marché, qu'il ne faut pas avoir de bien bons yeux pour le voir.

M. le premier Président. — C'est une appréciation peut-être aventurée. MM. les Jurés diront le dernier mot. Mais il fallait rétablir les faits, et expliquer les divers systèmes que M. Armand a successivement mis en avant.

M° Jules Favre. — Ce n'a été, dans la bouche d'Armand, qu'une série d'indications données à la Justice pour l'éclairer. On lui demande ce qu'il suppose; il fait connaître ses suppositions. Il a parlé de vengeance de femme d'abord, il a rattaché naturellement à cela la visite mystérieuse de ces deux personnes d'Alais. Puis, dans son interrogatoire du 10 juillet, c'est-à-dire quarante-huit heures après avoir su que Maurice Roux l'accusait, il a répondu au Juge d'instruction : « Je crois qu'il y a eu des complices pour le placer dans la situation où on l'a trouvé; s'il n'y a pas eu de complices, c'est lui-même qui a dû se mettre dans cet état. Dans tous les cas, c'était pour obtenir de l'argent. »

M. le Procureur général. — Parfaitement.

M. le premier Président. — Si l'on vient à poser l'alternative que Maurice Roux s'est fait la chose lui-même, seul ou à l'aide de complices, MM. les Jurés, s'ils croient aux dépositions, se rappelleront que la femme Pontet, entrée un instant dans la maison, n'y a plus reparu, et, que Sabatier n'y est pas même entré.

Lucie Fumaty, dite Abraham, repasseuse à Alais, a fait la connaissance de Maurice Roux pendant qu'elle était au service de M. Duplessis.

Roux voulait m'épouser, dit-elle, malgré le malheur qui m'était arrivé; le 22 juin, il m'écrivait encore qu'il allait aux bains de mer avec son maître, et qu'il m'épouserait à son retour au mois de septembre.

La femme Pontet m'ayant dit qu'elle passait à Montpellier et m'ayant demandé si je n'avais rien à envoyer à Maurice, je la chargeai de lui porter de mes nouvelles. Mme Pontet partit, et je ne l'ai plus revue.

M. le premier Président. — Ainsi vous avez fait la connaissance de Roux, après en avoir eu un premier, car il vous a abandonnée. — R. Du tout, il ne m'a pas abandonnée, il a seulement été obligé de quitter Alais.

D. C'est bien vous qui avez chargé la femme Pontet d'aller voir Maurice? — R. Oui, Monsieur.

D. Quand vous demandiez de ses nouvelles, c'était une preuve d'intérêt que vous lui donniez. Vous deviez vous marier avec lui, alors vous n'aviez certainement chargé personne de l'assassiner? — R. Au contraire, je n'avais aucun motif de l'assassiner. J'ai dit à la femme Pontet : « Si vous allez à Montpellier, allez voir Roux; voici le nom de son maître, et vous m'apporterez de ses nouvelles. »

M. le Président. — Ainsi le but de ce voyage est bien déterminé.

M° Jules Favre. — Du tout : la femme Pontet ne venait pas à Montpellier seulement pour cela ; ce n'est que par occasion qu'elle s'est chargée de la commission de Lucie Abraham.

M. le Président. — Ce n'est que par cette fille que la femme Pontet a connu l'adresse de Roux.

M° Jules Favre. — Je ne veux pas aggraver la situation difficile du témoin; mais MM. les Jurés se rappellent que Maurice a déclaré qu'il ne voulait plus l'épouser à cause de sa conduite. C'est du reste ce qu'il disait à toutes les filles. Or, de la correspondance, il résulte qu'un enfant a été conçu de ses relations avec cette fille. Le fait est-il vrai?

La fille Lucie interrogée répond négativement.

M° Jules Favre. Voici cependant un passage d'une des lettres de Maurice : « *Sois bien sage, travaille bien, que moi j'espose ma vie pour toi et pour mon enfant.* »

Dans une autre lettre, on lit encore :

« *Ma bien-aimée, tu me dis que tu as peur d'être enciente, oui tu l'ai mais tranquilise-toi ma Lucie...* »

La fille Lucie continue à nier.

M° Jules Favre.—Quand on est vis-à-vis d'un homme comme Roux, on peut avoir des inquiétudes qu'il est bon d'éclaircir. Du reste, s'il est vrai que la femme Pontet ait été chargée d'une commission par Lucie Abraham, son voyage à Montpellier n'en reste pas moins inexpliqué; comme le disait M. le Procureur général, le mystère du voyage de la femme Pontet ne peut se rapporter au mystère de l'affaire actuelle.

Un Juré. — Je désirerais qu'on demandât à Roux ce qu'il voulait dire en écrivant à la fille Abraham : Sois bien sage, j'expose ici ma vie pour toi et pour mon enfant.

M° Jules Favre. — La lettre est du 2 janvier 1863.

M. le premier Président répète à Roux la question posée par M. le Juré.

Roux. — Elle me disait qu'elle était enceinte; je l'ai crue et lui ai envoyé 50 francs.

M. le premier Président. — Que voulaient dire ces mots : « *J'expose ma vie pour toi et mon enfant?* » — *R.* Cela voulait dire que je voulais me placer le plus tôt possible.

M. le premier Président. — Quand on connaît le style de Maurice Roux, on peut s'expliquer de semblables expressions.

M° Lachaud. — Ce style est bien curieux. Voilà un homme qui cherche une place et qui dit : *J'expose ma vie.*

M. le Procureur général. — Si vous étiez dans sa condition, nous verrions quel serait votre langage. Du reste, quand Maurice a écrit cette lettre, il n'était pas chez M. Armand.

M° Lachaud. — Si j'étais dans sa condition, M. le Procureur général, je serais simple, je ne lirais pas de mauvais livres, et je ne ferais pas beaucoup de choses que nous prouverons plus tard qu'il a faites.

L'audience est levée et renvoyée au lendemain.

A l'ouverture de l'audience du 17 mars, M. Crémieux, l'un des Jurés, dont l'état de maladie a été légalement constaté, est excusé et remplacé par le premier des Jurés supplémentaires.

M. le premier Président. — Nous commençons aujourd'hui l'audition des médecins; nous les entendrons à la suite les uns des autres, en commençant par les cinq cités à la requête de M. le Procureur général; nous continuerons par les six ou sept appelés par la défense; ainsi s'épuisera la question médico-légale. Nous allons d'abord entendre l'interne Triadou, cité en vertu de mon pouvoir discrétionnaire.

Triadou (André-Etienne), interne à l'hôpital de Montpellier.—Quand, le 8 juillet, vers dix heures du matin, on a apporté Maurice Roux à l'hospice Saint-Eloi, dans la salle de service du docteur Dupré, il était dans un état d'immobilité complète ; son regard était fixe, son pouls fréquent, sa poitrine embarrassée. A trois heures, j'ai pratiqué sur lui une saignée d'environ trois cents grammes. Le soir, quand je lui demandai comment il se portait, il a murmuré : *Pas plus mal.* J'ai constaté sur son cou des traces de liens, et une excoriation à la nuque. Son état de débilité a duré presque un mois.

D. A-t-il craché le sang? — *R.* Oui, au bout de quelque temps. Avant son entrée à l'hospice, on lui avait apposé des vésicatoires ; celui du bras droit a été le siège d'accidents graves. Son état s'est empiré, et il a dû subir un traitement énergique. Il est sorti de l'hôpital, sans *exeat,* avant d'être complètement guéri.

M° *Jules Favre.* — Maurice Roux s'est plaint de n'avoir pas été bien traité à l'hôpital? — *R.* C'est une opinion que je ne partage pas, naturellement.

M. *le premier Président.* — C'est par suite du traitement qu'il a dû subir, car il est un peu *douillet,* Maurice Roux.

Le témoin déclare qu'il n'était présent ni à la scène du coup de pied, ni à celle de la communion.

M. *Dumas (François-Isidore),* professeur d'accouchement à la Faculté de médecine de Montpellier, a été chargé par le Juge d'instruction, en même temps que MM. les docteurs Dupré et Surdun, de répondre à ces trois questions :

1° — Un coup porté sur la nuque peut-il occasionner une commotion? peut-il occasionner une syncope?

2° — Est-il nécessaire qu'un coup ait été violent, ou très-violent, pour provoquer la commotion et amener la syncope, quand ce coup est porté sur la région précitée?

3° — Un coup porté sur la nuque, et susceptible d'amener la commotion ou la syncope, doit-il toujours laisser, au moment même, des traces marquées de contusions, et en particulier des ecchymoses?

Sur la première question, il a répondu affirmativement ; sur les deux autres, négativement.

Le témoin soutient les conclusions du rapport auquel il a participé, en s'appuyant sur le Mémoire même du docteur Tardieu, qui accorde qu'un coup peut amener une commotion, et produire les divers effets qui sont signalés.

Dans le cas présent, ajoute-t-il, l'étreinte des liens n'a que peu d'importance. A l'époque où la pendaison était encore en usage, Louis, pour s'expliquer la différence que présentaient les diverses physionomies des pendus, s'est adressé à l'exécuteur des hautes-œuvres, à Lyon, qui lui signala qu'à la suite d'une strangulation prolongée, la face du supplicié était tuméfiée, les yeux saillants et injectés, les lèvres épaissies, la langue rouge et hors de la bouche ; dans le cas contraire, les caractères étaient tout différents, la face était livide, avec occlusion des paupières, la bouche close. Le bourreau ajoutait que, pour arriver à une strangulation rapide, il imprimait au pendu un mouvement de rotation qui amenait une rupture du *nœud vital,* ainsi que l'appelle Flourens.

Or Maurice Roux, continue M. le docteur Dumas, présentait des phénomènes appartenant à la fois aux deux espèces, et qui sont en même temps caractéristiques de la commotion cérébrale : l'occlusion des paupières, la résolution des membres, une constipation opiniâtre, le mutisme. Cet état pouvait donc être la conséquence d'un coup sur la nuque. Devergie établit que les corps contondants produisent divers effets : la commotion d'abord, ensuite la contusion, la lacération possible des tissus ou simplement une excoriation. L'état de Roux, conclut le docteur, était la commotion provoquée par un coup sur la nuque, et toute simulation était impossible.

M. *le premier Président.* — Dites-nous ce que vous entendez par une commotion et par une syncope? — *R.* La commotion est une secousse violente, imprimée à la tête, laquelle détermine un tassement dont l'effet est de suspendre les fonctions cérébrales. On distingue trois commotions : la commotion foudroyante, qui tue ; la commotion simple, provenant d'une chute, qui altère seulement l'action vitale ; et la commotion mixte, qui suspend cette action pendant un temps plus ou moins long pendant lequel le sujet entend, sent tout ce qui se passe autour de lui, mais sans pouvoir manifester extérieurement ses impressions. C'est cette dernière qui se remarquait chez Roux.

La syncope est la suspension de la circulation du sang : elle agit sur le cœur, comme la commotion sur le cerveau.

M. *le premier Président* demande si le témoin avait Roux sous les yeux en faisant son rapport, et s'il persiste dans ses conclusions.

Le témoin répond qu'il avait examiné Roux précédemment, et confirme à l'audience les conclusions de son rapport avec cette réserve, à propos de la seconde question, que l'expression violent est une chose essentiellement relative. Ainsi les corps contondants, mus par une grande force, peuvent ne pas laisser de traces sur les tissus. En 1815, lors du siège de Paris, un soldat fut ramassé par terre sans trace apparente de blessure, et traité de lâche par ses camarades. La mort étant survenue, on s'aperçut que les viscères et la colonne vertébrale avaient été broyés par un boulet.

D. Un coup pouvant amener la commotion doit-il toujours laisser une trace? — *R.* Oui, généralement, mais il n'en laisse pas toujours.

D. Avez-vous constaté une trace chez Roux? *R.* — Oui, quelques jours après : cette trace n'apparaît souvent qu'au bout d'un certain temps, et c'est ce qui explique qu'elle a pu ne pas être aperçue par les médecins qui ont assisté Roux au premier moment. Il y a eu chez lui une mortification de la peau, qui s'est ensuite parcheminée. Cette mortification ne pouvait être ni la conséquence d'une traction du corps sur des morceaux de charbons mobiles, ni d'une déchirure pratiquée avec l'ongle.

D. Passons à la strangulation. L'état d'asphyxie incomplet qu'elle produit peut-il se prolonger longtemps avant d'amener la mort? — *R.* L'effet de la strangulation par la corde est très-rapide, si le patient est plein de force et de santé ; son état d'asphyxie se prolongera davantage, si, par une circonstance quelconque, ses facultés sont déjà affaiblies. Et le témoin cite à l'appui de cette opinion des expériences faites sur les animaux hibernants.

Il ne saurait donc fixer d'une manière certaine le temps qu'a pu durer, sans entraîner la mort, l'asphyxie d'un homme comme Roux et dans la situation où il a été trouvé, mais il ne croit pas qu'il ait existé un intervalle de onze heures entre le moment de l'application de la corde et celui de la découverte de Roux. Si Roux dit que le coup sur la nuque et la strangulation se sont succédé immédiatement, il se trompe, et c'est que le temps qui a nécessairement séparé ces deux faits n'a pas existé pour lui.

D. La strangulation doit-elle nécessairement laisser des traces profondes? — *R.* A ce sujet, M. Tardieu a dit lui-même, dans un Mémoire, que la strangulation homicide peut, dans certains cas, ne laisser aucunes traces extérieures. Relativement à la perte de la voix et de la parole chez Roux, elle lui parait être la suite d'une commotion cérébrale, et il est d'avis que l'intelligence peut revenir avant la parole, si le cerveau a été moins contusionné que les nerfs qui président à la voix.

Un Juré. — Ne doit-on pas distinguer entre la strangulation opérée à l'aide d'une cravate, et celle qui serait effectuée par une corde? — *R.* Le Mémoire ne distingue pas; ici, d'ailleurs, nous avons des traces. Mais, je le répète, l'absence de traces peut s'observer dans la strangulation : c'est ce fait que j'emprunte à M. Tardieu.

M. le docteur Germain Dupré, professeur de clinique à la Faculté de médecine de Montpellier, décrit l'état dans lequel se trouvait Roux, dans la matinée du 9 juillet, lors de sa visite, à son hôpital : il était couché sur le dos, le corps légèrement incliné sur le côté droit, la figure pâle, les traits altérés et le regard terne. Sa voix était voilée. Il souffrait des reins et de la poitrine, et sa respiration était embarrassée.

Le témoin remarqua au cou trois lignes en apparence parallèles, consistant en une rougeur brunâtre disparaissant dans les cavités. C'étaient bien réellement des écorchures, et toute autre chose que des sugillations. Le témoin se les expliqua par l'effet d'une corde tournée autour du cou, et comme en sciant. Il aperçut sur le derrière de la nuque, à droite, une autre petite écorchure de la couleur et la nature de celle du cou, et n'en différant que par la forme; du reste, pas la moindre ecchymose, ni de gonflement; pas d'altération, même de la peau la plus voisine. Les cartilages et la glotte paraissaient bien conservés, le larynx légèrement endolori, mais intact. Un gonflement, et comme une sorte de rougeur aux bras et aux jambes, et sous le sein gauche une égratignure pareille aux marques que ferait une piqûre d'épine ou la griffe d'un chat. Cependant la tache de la nuque le préoccupait, il fit raser les cheveux et ne trouva pas autre chose.

M. le docteur Dupré explique ensuite le traitement qu'il a fait suivre à Roux, qu'il ne considérait pas comme étant dans un état alarmant. Dès le lendemain un mieux sensible s'était fait sentir. Plus tard, il est vrai, des symptômes graves, la gangrène, le forcèrent à recourir à une médication énergique et douloureuse. Le 29 juillet, Maurice Roux voulut sortir, le docteur y consentit. Accueilli en ville par une ovation populaire, il rentra fatigué et malade à l'hôpital. Trois jours après, il demandait encore à sortir, le témoin refusa. Le lendemain nouvelle demande, nouveau refus. Enfin Roux décampa pendant que le docteur continuait ses visites, et il quitta définitivement l'hôpital.

M. le premier Président. — A quoi avez-vous attribué la trace sur la nuque? — *R.* J'ai constaté cette trace sans m'en préoccuper beaucoup. Elle pouvait provenir d'une chute, d'un coup porté, ou même de l'emploi de cordes agissant comme une scie.

D. Vous avez constaté chez le malade un emphysème pulmonaire. Selon vous, cet emphysème pouvait exister depuis longtemps; mais ne pouvait-il pas être aussi le résultat d'une compression, comme, par exemple, celle du genou sur la poitrine? *R.* — Cela se pourrait; mais je n'ai rien constaté chez Roux qui pût faire croire à une commotion cérébrale. Son mutisme même avait un caractère étrange, car les organes de la bouche n'étaient pas affectés.

M. le docteur Dumas, rappelé, décrit de nouveau les différents symptômes qu'il a reconnus chez le malade; l'existence de l'emphysème établie par M. Dupré vient confirmer, dit-il, son opinion, qu'il y avait eu une commotion cérébrale.

M. Dupré n'a vu que la pâleur et la résolution des membres; les autres symptômes dont parle M. Dumas avaient disparu lors de l'entrée de Roux à l'hôpital. Or la pâleur et la résolution des membres ne sont pas des signes caractéristiques de la commotion.

M. le premier Président. — Attribuez-vous l'état général dans lequel s'est trouvé Maurice Roux à la commotion cérébrale ou à la strangulation? — *R.* Ni à l'une ni à l'autre. Il aurait fallu les étudier à l'instant et avec grand soin pour pouvoir les juger. (Mouvement.)

M. le Procureur général demande au témoin si le Juge d'instruction, après l'avoir chargé de faire un rapport sur l'état de Roux, apprenant ses relations avec la famille Armand, n'avait pas voulu lui rendre sa liberté.

M. Dupré. — Je répondis à M. le Juge d'instruction qu'il me ferait grand plaisir s'il me rayait de la liste, mais que je ne connaissais pas M. Armand autrement que comme un homme riche et considéré.

Le témoin déclare persister dans ses conclusions, et, à la demande d'un juré au sujet de la scène de la communion, il répond qu'il n'avait pas jugé Maurice Roux comme tellement en danger, que l'administration des sacrements n'eût pu être retardée; qu'habitué comme il l'était à juger de l'opportunité de cette mesure, il ne l'avait même pas conseillée le 11, jour où, par suite de la gangrène, Roux fut le plus malade.

Une discussion s'engage entre M. le premier Président, M. le Procureur général et la défense sur le jour de la communion. Le Juge d'instruction est rappelé, et indique comme dates certaines : la première confrontation le 8, la communion le 13, et le lendemain, c'est-à-dire le 14, la seconde confrontation.

M. Emile Réné, professeur de médecine légale à la Faculté de Montpellier.

Ce témoin, appelé à constater l'état de Maurice Roux après l'attentat du 17 novembre, se fit adjoindre, vu la gravité de la situation et la diversité des bruits qui couraient sur l'affaire qui devait se juger le lendemain, MM. les docteurs Alquié et Moutet. Il a reconnu l'existence derrière la tête d'une petite plaie; l'os était à nu. Quoiqu'il y eût un commencement de commotion (immobilité et dilatation de la pupille, respiration oppressée, perte partielle de la parole, incontinence d'urine), c'était d'ailleurs une blessure légère, mais qui, selon M. Réné, n'avait pu être faite que par une main étrangère, et à l'aide d'une canne ou d'un bâton.

Le docteur Réné termine par quelques considérations sur la commotion en général : Il suffit, dit-il, d'un coup très-faible pour la causer. Il a vu un enfant tomber mort d'un soufflet que son père lui avait donné. Sauf le cas d'une commotion foudroyante qui tue, les organes atteints reprennent peu à peu leurs fonctions; c'est ce qui est arrivé chez Maurice Roux.

M. *Alquié*, chirurgien en chef à l'Hôtel-Dieu Saint-Eloi, de Montpellier. — C'est un des médecins chargés par le Juge d'instruction de visiter Maurice Roux le 18 novembre. Sa déclaration est conforme à celle de M. Réné quant à tous les symptômes observés par celui-ci, et à l'existence d'un état grave de commotion cérébrale, résultat d'un coup porté par un corps contondant. C'est à l'aide d'une canne que le coup a été porté, et la forme de la blessure ferait croire que cette canne était garnie à l'extrémité supérieure d'une plaque métallique.

La blessure principale à l'occiput, dit-il, avait 3 centimètres de long et 2 ou 3 millimètres d'écartement; d'autres petites blessures se voyaient à la main et à la joue. Le docteur ajoute qu'il a parfaitement reconnu à la nuque la cicatrice d'un coup antérieur, qui, d'après sa nature, n'avait pu être porté que par un billot ou un morceau de bois arrondi.

Il a été d'avis, malgré l'insistance de Roux pour assister à l'audience, qu'il ne pourrait supporter les débats avant 20 jours au moins, et il s'est produit des phénomènes subsidiaires qui ont encore retardé la guérison.

Revenant sur les circonstances dans lesquelles avait pu se produire le nouvel attentat du 17 novembre, et sur les moyens d'exécution, le témoin déclare que la direction de la blessure, et le fait que le chapeau de Roux n'avait pas été transpercé, démontrent que celui-ci avait été frappé debout par un individu debout lui-même. Le docteur raconte ensuite les nombreuses expériences auxquelles il s'est livré pendant trois mois et demi publiquement, au milieu de ses élèves, au vu et au su de tout le monde, sur des chiens et des chats, et même sur des cadavres encore *chauds*, expériences desquelles il résulte la confirmation des opinions émises par M. le docteur Dumas sur les effets de la strangulation plus ou moins prolongée, sur les désordres internes qui sont la suite de coups violents, sans que l'épiderme soit affecté, et enfin sur les effets de la strangulation relativement à l'émission de la voix.

A ce moment, un Juré se trouve indisposé. Cette indisposition se prolongeant, l'audience, d'abord suspendue, est renvoyée au lendemain 18 mars.

Le 18, M. le Président annonce l'absence du Juré malade la veille; c'est M. Xavier Luce. Un certificat de médecin, adressé à M. le Procureur général, constate qu'il est atteint d'une céphalalgie, et une dépêche que reçoit à l'instant M. le Procureur général ne permet pas d'espérer que M. Luce puisse reprendre ses fonctions de juré.

Grand émoi chez la défense. L'adjonction nouvelle d'un juré supplémentaire réduirait le nombre total des jurés à douze. Qu'un seul, parmi ces douze, vienne à tomber malade, et le rôle des assises sera interrompu, l'affaire forcément renvoyée à une autre session. Aussi la remise au lendemain, proposée par la défense, est-elle accueillie favorablement. D'ici là, un ami de M. Xavier Luce ira à Marseille prendre de ses nouvelles.

L'audience est levée au milieu du désappointement général et renvoyée au lendemain, dans l'espoir que M. Luce pourra reprendre ses fonctions.

Le 19, l'audience ouvre à midi et demie; M. Luce est au nombre des Jurés.

M. le docteur Alquié continue sa déposition et formule ainsi ses conclusions.

— Maurice Roux a reçu la première fois, le 7 juillet, au moyen d'une bûche, ou de tout autre objet semblable, un coup à la nuque qui a produit une commotion; les cordes, qui faisaient cinq ou six fois le tour de son cou, ont amené la strangulation; il est resté dans cette position un long temps. Enfin, il a reçu, le 17 novembre, un coup de canne qui a amené un nouvel état de commotion, dont il ressent encore les suites, et qui ont mis ses jours en danger.

M⁰ *Lachaud* demande si le témoin, chargé de constater l'état de Roux au 18 novembre, a pris des renseignements auprès de son collègue M. Dupré qui l'avait soigné antérieurement.

M. *Alquié*. — J'ai pris mes informations chez tous les docteurs qui avaient visité Roux depuis le 7 juillet, M. Dupré excepté. Ce malade aurait dû être placé dans mon service; je devais donc garder vis-à-vis du docteur Dupré une réserve facile à comprendre.

Un des jurés demande si les traces de la seconde cicatrice sont encore visibles.

M. *Alquié* répond qu'il a vu les traces des deux coups, qu'elles diminuent tous les jours, et que, pour les apercevoir aujourd'hui, surtout celles de la seconde, il faudrait raser la tête.

M. le premier Président. — Ainsi vous affirmez que Roux a reçu un coup à la nuque? — R. Certainement, et j'ajoute que je me mets à la disposition de la Cour, de MM. les Jurés, et de la défense, pour démontrer, par des expériences, les conclusions que je viens de poser.

D. Vous affirmez que le coup a occasionné une commotion cérébrale, et que les symptômes que vous avez observés sont ceux d'une commotion cérébrale? — R. Incontestablement. Je le crois d'une conviction inébranlable, les symptômes observés sont ceux de la commotion, et non ceux de l'asphyxie incomplète par strangulation.

Et *M. le docteur Alquié* ajoute qu'il se fait fort de démontrer expérimentalement, et quand on le voudra, ces vérités sur des cadavres chauds. (On rit.)

M⁰ *Lachaud*. — On n'a pas toujours des cadavres chauds sous la main.

M. le premier Président fait observer à M⁰ Lachaud qu'il entre dans la discussion, et quant à la manifestation qui vient d'avoir lieu, que si elle se reproduisait, il ferait évacuer la salle.

M. *Frédéric Moutet*, professeur agrégé à la Faculté de médecine de Montpellier. — Il a été appelé par la Justice au chevet du lit de Roux lorsqu'il fut transporté à l'hôtel de la Croix-de-Malte, après l'attentat du 17 novembre.

Son état de stupeur l'a frappé tout d'abord. La plaie qu'il aperçut à l'occiput, après avoir coupé les cheveux imbibés de sang avec des ciseaux courbes, lui parut avoir 2 à 3 centimètres de long. Après avoir décrit l'état de Roux comme l'ont déjà fait ses collègues, il ajoute qu'il s'est fait représenter le chapeau de drap mou que Roux portait en ce moment, et qu'en le lui plaçant sur la tête, tel que celui-ci avait l'habitude de le porter, c'est-à-dire un peu penché en avant, il a constaté qu'il ne couvrait pas la place où le coup avait été reçu.

Il ne possède pas les éléments suffisants pour se prononcer d'une manière précise sur l'attentat du 7 juillet, et il ne peut que constater en général des traces de violence, sans pouvoir en déterminer le caractère.

M. *Ambroise Tardieu*, professeur de médecine légale, et doyen de la Faculté de Paris, dépose en ces termes :

Mᵉ Jules Favre, frappé de l'importance que pouvaient avoir dans cette affaire les questions de médecine légale, me fit l'honneur de me demander mon opinion et me communiqua le dossier. En l'examinant avec attention, je trouvai qu'il existait de graves lacunes dans les constatations qui avaient eu lieu, que les médecins et les magistrats avaient été trompés par de fausses apparences, et que tout, dans les déclarations de Maurice Roux, était de pure invention.

Il ne s'agit pas d'ailleurs d'une simulation de suicide, mais d'une simulation d'homicide.

Le docteur Tardieu commence par définir ce que l'on doit entendre par asphyxie, syncope et commotion. Pour juger l'état de Roux, il suivra son récit, seule base sur laquelle s'appuie l'accusation ; et tout d'abord il laisse de côté le siége de la blessure, qui n'est pour lui qu'un fait accessoire, puisqu'il nie l'existence du coup. En effet, les traces qui ont été signalées à la nuque ne sont qu'une excoriation superficielle et insignifiante.

Trouvera-t-on, continue le docteur, la preuve de ce coup dans ces effets problématiques que Roux dit avoir ressentis? Il parle d'un étourdissement qui en aurait été la suite, mais il ajoute que plus tard il a eu le sentiment de ce qui se passait autour de lui; donc il serait sorti de son évanouissement. Eh bien ! c'est pour moi la preuve qu'on s'est trompé en constatant chez lui un état de commotion ; car si la commotion n'est pas foudroyante, ses effets s'atténuent graduellement, et l'état d'insensibilité ne recommence jamais lorsqu'il a une fois cessé.

Du reste, Maurice Roux n'a eu aucun symptôme caractéristique de la commotion. La faiblesse du pouls? ce n'est pas un caractère spécial à la commotion. Le mutisme? Maurice Roux avait déjà repris ses forces, son intelligence était revenue, et la commotion n'aurait pu produire cet effet isolé. Tout le monde connaît l'effet que produit un coup de bâton.

Je me garderai bien, du reste, de me lancer dans de vagues hypothèses pour chercher à expliquer la trace que portait Roux derrière la tête. Je ferai seulement une remarque qui a son importance : c'est que, dans la strangulation, lorsque l'asphyxie commence, elle produit chez le malade une grande agitation ; Roux, arrivé à cet état, a pu, dans un mouvement dont il n'a pas eu conscience, heurter quelque corps étranger, d'autant plus qu'il n'avait pas la liberté de ses membres.

Ceci m'amène à parler de la ligature des mains, sur laquelle je serai très-bref. Il est très-facile de se la faire soi-même, même en s'attachant les mains derrière le dos. D'ailleurs ce fait, de la ligature des mains derrière le dos, ayant été déjà constaté dans un grand nombre de suicides avérés, on ne peut en tirer aucune conséquence dans la circonstance présente.

Le point capital est celui de la corde enroulée autour du cou. A-t-elle pu, en faisant cinq ou six tours seulement sans être arrêtée par un nœud, déterminer une constriction? C'est possible. Et dans les préoccupations que m'a données cette affaire, j'ai rencontré plusieurs exemples qui prouvent avec quelle facilité s'opère la strangulation.

Le docteur Tardieu cite le fait d'un marin qui s'était couché avec sa cravate, et qui n'avait été sauvé qu'à grand'peine de l'asphyxie.

Ici, dans cette affaire, continue-t-il, je crois que Roux s'est involontairement asphyxié, et, ce qui m'amène à cette pensée, ce n'est pas l'absence de nœuds, mais le peu de traces qu'a laissées l'empreinte des cordes, car un meurtrier aurait très-fortement serré cette corde, et aurait produit sur le cou des ecchymoses profondes.

La conclusion la plus grave que je tire pour arriver à la preuve qu'il y a eu un suicide involontaire, provient de la durée du temps qu'on voudrait assigner à cet état de semi-asphyxie dans lequel Roux serait resté. La strangulation n'a pu tout au plus précéder la découverte de Roux dans la cave que d'une demi-heure ou une heure ; deux heures, c'est le maximum. En effet, on ne remarquait chez lui de gonflement ni à la figure, ni aux mains, ni aux jambes, et cependant les liens se trouvant aux points où les vaisseaux sont le plus superficiels, le gonflement devait arriver beaucoup plus rapidement que s'ils avaient porté sur les cuisses, par exemple, où les vaisseaux sont bien plus profonds.

La respiration de Roux était bruyante, stertoreuse, mais sa face n'était ni livide, ni tuméfiée, ce qui prouve que l'asphyxie n'était encore qu'à son début. Viendra-t-on dire que sur un homme affaibli, abattu, les effets de l'asphyxie ne se produisent pas avec la même rapidité que chez un homme vigoureux et en bonne santé? Je crois qu'aucun médecin ne soutiendra cette opinion.

M. Tardieu cite plusieurs exemples de noyés chez lesquels l'asphyxie s'est prolongée un temps très-long avant d'amener la mort. Mais cela est dû à certaines circonstances qui ne se rencontrent pas dans le cas présent. Maurice Roux n'était pas sous l'eau ; il était dans une cave, à l'air libre : aussi l'état de constriction dans lequel il a été trouvé ne pouvait pas remonter à plus de trois quarts d'heure.

Le témoin n'hésite pas à déclarer que le mutisme était certainement simulé. Et, si l'on s'appuie, pour combattre son opinion, sur ce fait que Roux, se sentant revenir à la vie, n'aurait pu retenir l'expression de ses sentiments ou réprimer la douleur que devaient lui causer les brûlures qu'on lui avait faites, il a deux réponses : la première, c'est que Roux n'avait pas à retenir l'expansion de sa joie, puisqu'il n'avait pas eu conscience du danger que cette simulation lui avait fait courir ; la seconde, c'est que le commencement de l'asphyxie a produit une insensibilité qui a pu se prolonger et l'empêcher de sentir la douleur causée par ces brûlures.

En tout cas, c'est la supposition à laquelle le témoin préfère s'arrêter, car son choix ne saurait être douteux : il aime mieux trouver un malade qu'un menteur et un sacrilége.

M. le premier Président.—Vous comprenez, monsieur le docteur, que je n'ai pas la prétention de soutenir avec vous une discussion médicale. Cependant je vous ferai observer que, n'ayant pas vu le malade, vous n'avez basé vos observations que sur des documents écrits. Or, il y a tel fait sur lequel vous avez appuyé vos raisonnements et dont cependant l'erreur a été reconnue.

M. le docteur Tardieu.— Si vous voulez dire qu'on a reconnu plus tard que les traces de ce coup prétendu se trouvaient une partie plus rapprochée du cou, c'est encore un argument en faveur de mon opinion qu'il n'a pu y avoir de commotion cérébrale.

D. Les traces légères qui existent vous font nier qu'un coup ait été porté. Et cependant des médecins, savants et honnêtes comme vous, disent qu'un coup violent peut amener une commotion et ne laisser aucune trace. — *R.* Il est possible qu'il en soit ainsi.

D. On ne peut donc pas nier l'existence d'un coup parce qu'il n'y a pas de traces ? — *R.* Je ne puis faire une concession aussi absolue. Sans être aussi affirmatif que d'autres médecins, je dis que, s'il y a eu un coup, ses traces sont trop peu caractérisées pour qu'on ne puisse pas l'attribuer à un morceau de charbon ou à un coup d'ongle. Si ce coup eût été assez violent pour produire une commotion, les désordres qui en auraient été la suite eussent été beaucoup plus grands.

M. le premier Président cite tous les symptômes signalés par les médecins entendus avant le témoin comme étant caractéristiques de la commotion.

M. Tardieu répond que le médecin qui a vu Roux le premier, l'a vu lorsque la strangulation avait déjà eu lieu. La commotion, si elle avait existé, aurait dû se produire immédiatement après le coup, et avant la strangulation. Or Roux, déclarant qu'il a perçu des bruits autour de lui, il est évident que la commotion n'existait plus. On a tout confondu; il y a des effets communs à la commotion et à l'asphyxie : d'où l'erreur des médecins.

M. le premier Président. — Mais le mutisme? — *R.* Un caractère de la commotion, c'est sa généralité. Or vous avez constaté chez Roux le retour de l'intelligence, de la vue, du mouvement même; par conséquent la faculté de la parole devait exister aussi chez lui.

D. Vous avez supposé, et c'est votre principal argument, que la strangulation a eu lieu à huit heures du matin, et vous en concluez que Roux n'a pu rester aussi longtemps dans cet état? — *R.* Pardon, je dis que la strangulation n'a pu avoir eu lieu plus de deux heures avant la découverte de Roux. Et à quelle heure maintenant l'accusation prétend-elle fixer l'application des liens?

D. La strangulation peut arriver aussi vite que vous le dites, si la corde est serrée fortement; mais, si elle n'est qu'enroulée simplement, ne peut-il pas se passer un long temps avant que cet état se produise? — *R.* Ceci, c'est de la théorie. Je ne m'occupe que de l'état où se trouvait Maurice Roux; l'asphyxie était imminente, et cette situation était toute récente, sans quoi on aurait constaté sur lui les phénomènes dont nous avons parlé et qui étaient absents.

M. le premier Président rappelle MM. les docteurs Surdun, Dumas et Dupré.

M. le docteur Dumas recommence, en présence de M. Tardieu, l'énumération des phénomènes auxquels on reconnaît la commotion. Il cite plusieurs auteurs qui partagent avec lui l'opinion que si la commotion a pour effet le plus ordinairement une insensibilité générale, il peut arriver que cette insensibilité ne soit que partielle.

M. Tardieu conteste absolument les opinions de M. Dumas et le sens qu'il attribue aux auteurs cités.

M. le Président met fin à la discussion en demandant à chacun des médecins présents s'il croit au coup sur la nuque et à la commotion cérébrale. *MM. Dumas, Surdun, Alquié et René* répondent affirmativement. *M. Dupré* répond négativement.

M. le Président, s'adressant à M. Tardieu, constate que quatre des médecins qui ont vu Maurice Roux, ont conclu à l'affirmative, tandis que lui, qui est pour la négation absolue, n'a pu se faire une opinion que par des documents écrits.

M. Tardieu. — Je maintiens qu'aucun médecin n'a vu Maurice Roux au moment où aurait existé la prétendue commotion, c'est-à-dire dans la cave; et que les symptômes observés plus tard appartiennent à l'asphyxie, et non à la commotion. J'ajoute que tout ce que j'ai entendu aujourd'hui corrobore encore ma conviction.

M⁰ Jules Favre fait observer que sur les quatre médecins qui concluent pour l'affirmative, il y en a trois qui n'ont vu le malade qu'après l'événement du 17 novembre.

M. le premier Président. — MM. les Jurés apprécieront.

M⁰ Jules Favre. — Ils ont apprécié déjà.

M. Gabriel Tourdes, professeur de médecine légale à la Faculté de médecine de Strasbourg, adhère complètement aux conclusions de M. Tardieu. Il n'a pas trouvé d'éléments suffisants pour apprécier la nature et la force du coup qui a pu être porté. Une excoriation siégeant à la nuque, à l'insertion du trapèze, est la seule trace de ce coup : elle a pu être le résultat d'une foule de causes, du frottement, par exemple, ou d'un coup porté obliquement. Mais, outre qu'un coup oblique perd nécessairement de sa force, s'il est porté bas il laissera d'autres traces qu'une simple déchirure, et sera d'autant moins capable de produire la commotion cérébrale.

Le témoin ajoute que l'état de clairvoyance de Roux est une particularité de nature à éloigner toute idée de commotion; c'est au moins une hérésie médicale que d'attribuer ce phénomène à l'état de commotion.

Arrivant à la strangulation, M. le docteur Tourdes tire du mode de ligature, de la faiblesse des traces laissées par le lien, et de la lenteur des effets à se produire, la conséquence que la strangulation n'est pas le fait d'une main étrangère.

Quant au mutisme prolongé et absolu du malade, qui disparaît subitement à un moment donné, on ne peut l'attribuer aux effets de la strangulation, et les circonstances rendent sa simulation non douteuse.

M. Charles Rouget, professeur de physiologie à la Faculté de médecine de Montpellier, donne son adhésion aux conclusions de M. Tardieu, en ce qui concerne les faits qui sont plus spécialement du domaine de la physiologie.

Il entre ensuite dans quelques détails relativement aux faits qui reposent sur la déposition des témoins, spécialement sur celle de Maurice Roux. Rappelant les circonstances dans lesquelles il a été trouvé le 7 juillet, et l'état allégué par lui pendant son séjour dans la cave, il ne peut admettre l'existence des signes caractéristiques de la commotion. Au contraire, tous les phénomènes observés démontrent qu'il était dans un état d'asphyxie touchant à sa dernière période; et le commencement de cet état ne pouvait remonter au delà d'une heure. Analysant ensuite toutes les circonstances du mutisme, le docteur ne voit qu'erreurs et contradictions. Dès le début de l'attentat, Maurice Roux dit s'être trouvé dans l'impossibilité d'appeler à son secours; rappelé à la vie, non-seulement il accuse une douleur au larynx, mais il continue à ne pouvoir crier ni gémir. Et cependant c'est dans la période la plus grave de la strangulation que ses gémissements l'ont fait découvrir, alors qu'il était sans connaissance; à plus forte raison, reprenant ses sens, devait-il, à moins de suivre un plan arrêté, pouvoir parler, car il résulte des constatations que le larynx était complétement intact, et la commotion partielle des nerfs qui président à la voix et à la parole est absolument inadmissible. Aussi voit-on plus tard cette faculté de la parole lui revenir subitement, et ce n'est pas l'intelligence qui lui faisait défaut, puisqu'il composait des mots à l'aide d'un alphabet. Le témoin, sur ce point, déclare qu'il est convaincu que Maurice Roux a simulé l'*aphonie* et le *mutisme*.

M. *Pierre Michel Jacquemet*, chef des travaux anatomiques, et professeur agrégé à la Faculté de médecine de Montpellier. — Plus il a médité sur les détails et l'ensemble de cette grave affaire, plus s'est fortifiée en lui la conviction que les principales allégations de Maurice Roux sont radicalement en désaccord avec les résultats positifs de l'événement, avec les principes de la science, non moins qu'avec la logique du bon sens. 1° Il n'existe aucune preuve médico-légale d'un coup violent porté sur la tête ou sur la nuque de Maurice Roux, à l'aide d'une bûche ou d'un bâton. Toutes traces de contusion ont fait défaut; la simple excoriation qui existait à la nuque n'est pas un signe caractéristique d'un coup contondant. 2° Rien ne prouve qu'il y ait eu une commotion cérébrale. Les phénomènes qui caractérisent cet état morbide sont en contradiction avec ceux que le plaignant prétend avoir éprouvés. 3° Pour ce qui est de la strangulation, il est invraisemblable qu'elle ait été opérée par une main homicide. La disposition de la corde, et l'absence de tout désordre sérieux dans la région du cou, indiquent plutôt la simulation d'un attentat. Il est impossible qu'appliquée dès le matin, la ligature du cou n'ait réalisé les premiers effets de la suffocation que vers huit heures du soir. L'asphyxie aurait suffi pour faire mourir le patient dans un court laps de temps; si, pour expliquer la lenteur inexplicable des effets de cette strangulation si prolongée, on y ajoutait ceux produits par une commotion et une syncope, on serait forcé d'avouer que ces trois causes réunies n'auraient pu qu'activer le trépas. L'insensibilité de la peau aux brûlures pratiquées sur elle est un caractère de l'asphyxie. 4° Il n'est pas vraisemblable que ce soit un assassin qui ait fait les ligatures multiples des membres; le patient a pu se les appliquer lui-même. 5° Maurice Roux n'a présenté aucune lésion anatomique ou fonctionnelle qui pût expliquer son aphonie et son mutisme. Privé de toute voix laryngienne, il avait encore à son service le *parler des lèvres;* il lui restait toujours les moyens si faciles de chuchoter, de gémir, de reproduire enfin les ronflements stertoraux qui avaient appelé à son secours dans la cave.

M. *le docteur Emile Gromier*, professeur à l'Ecole secondaire de médecine, expert près les Tribunaux de la Cour de Lyon, n'admet ni le fait d'un coup violent à la nuque, ni l'existence d'une commotion. Le mouchoir qui liait les jambes portant les initiales d'Armand, comme s'il avait voulu signer son crime; cette corde enroulée autour du cou et qu'on a oublié d'assujettir par un nœud; la disposition, le mode de ligature du poignet (*dix tours autour du poignet droit*, avec un nœud à chaque tour, *trois tours autour du poignet gauche*, avec un nœud à un seul de ces tours), la séparation de 7 à 8 centimètres entre les deux mains, réunies seulement par une petite corde de 6 millimètres de diamètre, tout ce luxe apparent et ridicule, et l'oubli des précautions les plus essentielles, l'ont fait arriver à cette conclusion que cette mise en scène est mensongère.

Le témoin confirme l'opinion des docteurs précédemment entendus relativement aux effets de la strangulation et à la simulation du mutisme.

A la suite de cette déposition, et sur la demande de la défense, M. le docteur Gromier se livre sur lui-même à l'expérience de la ligature des mains derrière le dos, telle que la constatent les témoignages, et l'opère très-facilement et avec rapidité.

M. le Président croit alors devoir nommer une Commission, composée de MM. les docteurs Gromier, de Lyon, Alquié, de Montpellier, et Rimbaud, d'Aix. Cette Commission, chargée d'étudier sur la personne de Maurice Roux la manière dont il avait le cou et les mains liés, se retire pour se livrer à ses expériences et préparer son rapport.

M. *le docteur Sirus Pirondi*, professeur à l'Ecole secondaire de médecine, et chirurgien consultant des hôpitaux de Marseille, connaît M. Armand depuis dix-huit ans. Devant les contradictions qu'il a cru voir entre les constatations des médecins et les déclarations de la prétendue victime, il a examiné le dossier, et il se réfère entièrement et de la manière la plus absolue aux conclusions émises par M. le professeur Tardieu. Revenant plus spécialement sur le fait du mutisme, ajoute-t-il, que Maurice Roux a pu dire distinctement les mots : *Pas plus mal*, c'est la preuve qu'il avait toute faculté pour prononcer de plus longues phrases; dans le cas où il aurait été réellement frappé de mutisme, il n'aurait recouvré la parole peu à peu, et n'aurait pu répondre d'abord que par monosyllabes et d'une manière peu intelligible.

L'interne *Triadou* est rappelé aux débats. Les mots *pas plus mal*, Roux les lui a dit à demi-voix. Ce retour de la voix, qu'il s'attendait à voir revenir d'un moment à l'autre, ne l'a nullement surpris.

M. *le Procureur général*. — Roux vous a-t-il paru dans la journée en état de mettre la main sur son cœur, de mettre la main sur la muraille, comme il ferait dans l'état actuel?

Le témoin *Triadou*. — A toutes mes visites, je l'ai trouvé dans un état d'immobilité complète; même pour l'ausculter, il fallait le soutenir, comme une masse inerte.

Au banc de la défense. — Est-ce que M. le Procureur général prétend refaire entièrement l'instruction?

M. *le premier Président*. — M. le Juge d'instruction a parfaitement expliqué les faits.

Au banc de la défense. — Mais un homme peut ou ne veut pas se lever?

M. *le Procureur général*. — Il peut faire un effort sur son lit pour porter la main sur son cou; il peut s'efforcer pour faire des signes, et il faut bien qu'on traduise ces signes.

M. *le premier Président*. — Voilà quel était l'état du malade. Le témoin, qui était à côté de lui, nous dit que son état d'immobilité et d'insensibilité était tel, qu'il ne formait aucun mouvement. Il fallait le remuer comme *une masse inerte*. Ce sont les expressions que vient d'employer le témoin.

Sur l'interpellation d'un juré, le témoin *Triadou* déclare qu'il n'avait pas interrogé le malade depuis trois heures et demie, quand il a obtenu, à neuf heures et demie, cette réponse *pas plus mal*.

Gingibre (*Louis*), chef de clinique médicale à la Faculté de Montpellier. — Il a vu le malade le 9 juillet, à huit heures du matin; déjà il marchait vers la guérison, avec lenteur, il est vrai, mais les pronostics étaient favorables. Le malade était affaissé, éprouvant des douleurs générales, comme quand on est courbaturé ; il pense que ces douleurs étaient réelles, et non simulées. Le témoin énumère ensuite les diverses traces observées sur le malade et indiquées déjà par d'autres témoins.

M. le premier Président croit entrer dans les vues de MM. les Jurés en renonçant à vaquer. L'audience tiendra le lendemain dimanche.

Avant de passer à l'audition des témoins inscrits, *M. le Président* annonce que l'accusation a fait citer deux témoins nouveaux, Bernier et Jeanne Lacasse.

Mistral (Jean), négociant à Montpellier. — Le 6 juillet, c'est-à-dire la veille de l'événement, un individu s'est présenté chez lui pour demander une place de cocher qu'il croyait vacante. Le témoin, occupé à la lecture de son courrier, lui répondit qu'il n'avait pas d'emploi à donner. Il ne s'informa pas qui était cet homme, ni d'où il venait ; ce fut seulement le 8, au matin, qu'il apprit par la rumeur publique que c'était celui-là même qu'on venait de trouver mourant dans la cave de M. Armand.

Il a su également que Roux s'était d'abord adressé à son garçon de magasin, qui lui avait demandé pourquoi il quittait son maître. « Je veux le quitter, avait répondu Roux, parce qu'il n'y a pas moyen de tenir dans cette maison. M. Armand est violent, et il s'emporte facilement. »

Peut-être, ajoute le témoin, son employé lui a-t-il dit que Roux avait ajouté : « *parce que sa maison est une baraque ;* » mais ce propos a été tenu par tant de monde, que, bien qu'il l'ait déclaré devant le Juge d'instruction, le témoin n'oserait plus l'affirmer aujourd'hui.

Roques Barthélemy, carrossier à Montpellier. — La veille même de son arrestation, M. Armand s'est présenté chez lui à quatre heures du soir, et lui a demandé une voiture à lui qu'il avait en réparation. M. Armand l'examina, dit : c'est bien. Ils causèrent ensuite du récent voyage de M. Armand à Paris, d'une voiture légère qu'il voulait acheter. Comme M. Armand s'en allait, le témoin lui dit : « Monsieur, il faudra me débarrasser de la voiture. Envoyez votre domestique, je lui donnerai des hommes pour l'aider. — Mon domestique, lui répondit-il, il n'est pas venu à midi mettre le couvert ; mais quand il rentrera, je vous l'enverrai. »

M. le premier Président, au témoin. — Ne vous dit-il pas aussi qu'il avait eu une discussion avec son domestique ? — *R.* Il m'a dit : Hier soir, je lui ai fait une observation sur son service, et il m'a répondu : « Monsieur, c'est vrai, j'ai tort ; mais soyez persuadé qu'à l'avenir je ferai mon devoir. »

Bernier (Joseph), garçon de magasin chez M. Mistral, confirme en partie la déposition de son patron. Il ajoute que Maurice lui a dit qu'il cherchait à se placer secrètement. Mais le témoin, qui ne connaissait pas M. Armand, n'a parlé de ces faits à personne, pas même à M. Mistral, avant d'être appelé chez le Juge d'instruction, qui ne l'a entendu d'ailleurs qu'après M. Mistral.

M⁰ Lachaud. — Il y a là quelque chose qui ne se concilie pas bien avec les dépositions écrites ; selon celles-ci ce propos : « Sa maison est une baraque, » M. Bernier en aurait parlé le premier ; ici, au contraire, la révélation première viendrait de M. Mistral.

Grillière (Pierre), Commissaire central de police à Montpellier. — Il est arrivé, le 7, vers huit heures trois quarts, dans la chambre de Maurice Roux. Il lui parut voir chez le malade un commencement de compréhension. Il essaya de l'interroger : « Connaissez-vous votre assassin, lui dit-il ? — Oui, répondit Roux par signes. — Vous me le ferez connaître ? — Oui. — Etaient-ils plusieurs ? — Non. » Le témoin allait continuer. M. Surdun lui dit : « Maurice Roux n'a pas l'air de jouir de toutes ses facultés ; il a un reste de congestion au cerveau ; il faut différer l'interrogatoire. » Le témoin s'abstint de continuer : il était alors neuf heures environ.

M. le Procureur impérial arriva un instant après, posa les mêmes questions, obtint par signes les mêmes réponses, et dut s'arrêter aussi sur l'avis de M. Surdun.

Le témoin se retira à minuit ; à six heures du matin, il apprit que M. Delousteau avait obtenu de Roux, vers une ou deux heures, la déclaration, que M. Armand était son assassin. Il en fut interdit ; vers neuf heures Roux confirmait sa déclaration devant M. le Procureur impérial.

Il reçut l'ordre d'aller chercher Armand, qu'il trouva avec sa femme. M. Armand accourut, et quand on lui eut dit ce qu'il en était, il s'écria : « Mais c'est impossible, c'est une plaisanterie. — La Justice ne plaisante pas, lui répliqua le Juge d'instruction ; répondez-moi décemment. »

Quand Roux fut transporté à l'hôpital, le témoin fit l'inventaire de ses effets. La ville était pleine de rumeurs ; on prétendait que parmi les effets de Roux, on trouverait des mouchoirs marqués AA qu'il aurait volés. Il n'y avait que des mouchoirs marqués MR.

Le témoin s'est trouvé mêlé à l'affaire de la dame Marius, la sœur de la portière. Selon lui, sauf cinquante personnes, le sentiment public à Montpellier était unanime pour accuser, sans preuves, il est vrai, la portière d'avoir vu descendre Armand à la cave.

M⁰ Jules Favre, au témoin. — Vous n'avez pas, je pense, interrogé toute la ville ? — *R.* C'était l'opinion générale.

Le témoin continue sa déposition en ces termes : J'avais cherché à savoir si ce fait était vrai, et j'appris que la femme Marius, sœur de la portière, s'était présentée dans la loge de sa sœur et lui avait dit : « Tu es une coquine, une misérable, tu sais bien que tu m'as dit avoir vu descendre Armand dans la cave ; tu veux déshonorer la famille ; moi je ne veux pas perdre mon âme, et si tu ne veux pas dire la vérité, eh bien, moi, je la dirai. » C'était la femme de chambre de madame Armand, la tante, qui avait entendu cela. Je me rendis donc rue de la Chapelle-Neuve, 3, au domicile de la femme Marius. Je la trouvai seule, et je lui dis : Vous avez tenu tels et tels propos, dites-moi la vérité. Cette femme ne montra aucune difficulté à me répondre. — Je ne serais pas allée chez vous, me dit-elle, mais puisque vous m'interrogez, je vous dirai ce que je sais.

Elle me dit alors qu'un mois après l'événement, causant avec sa sœur, la femme Cazes, de l'affaire Ponjol, qui venait de se juger aux assises, la conversation s'était portée sur l'affaire Armand, et la femme Cazes avait dit : « C'est comme moi, j'ai bien vu descendre M. Armand à la cave, quand je me rendais au marché ; mais je ne me doutais pas de ce qui allait arriver ; car, sans cela, je serais restée et j'aurais porté secours. »

Le lendemain la femme Marius, mandée au bureau du Commissaire central, persista dans sa déclaration. Elle m'affirma que ce qu'elle avait dit était vrai. Il en fut dressé procès-verbal par le témoin qui l'adressa à qui de droit.

Le témoin fit alors appeler la cuisinière, ou femme de chambre de Mme Armand la tante, la femme Bourgade (1), ainsi qu'un sieur Filhon, chapelier. Celui-ci dit tenir de la femme Marius que sa sœur lui avait révélé à elle, femme Marius, qu'elle avait vu Armand descendre à la cave.

Le témoin a appris, il y a huit jours seulement, que la femme Cazes allait souvent chez une femme Nougaret. Il est allé trouver cette femme accompagné d'un agent, et lui a dit : « *Je sais positivement* que la portière de M. Armand vous a dit l'avoir vu descendre à la cave. » La femme Nougaret lui répondit : Je ne pourrais rien dire *positivement*; mais je vais vous dire ce que je sais : Il y a quinze jours, la servante de M. Brousse m'a dit : Vous rappelez-vous qu'il y a environ cinq ou six mois la portière vous ait révélé avoir vu descendre Armand à la cave? — Je ne me l'appelle pas. — Pourriez-vous attester que la portière ne vous l'a pas dit? — Je n'affirme pas, mais je ne nie pas.

Le témoin s'est alors rendu chez la servante de M. Brousse; mais celle-ci s'est dite pressée, n'a pas trop voulu lui répondre, et est rentrée dans sa cuisine, en disant qu'elle ne savait rien. Cependant il a appris de source certaine, et ensuite par une lettre, que la servante de M. Brousse était disposée à déposer. Il en a écrit à M. le Juge d'instruction qui a communiqué sa lettre à M. le Procureur général.

Sur l'interpellation de Me Lisbonne, le témoin ne peut affirmer si la femme Marius lui a dit que la femme Cazes aurait vu descendre Armand, ou Armand et Maurice Roux. *Le défenseur* lit alors le procès-verbal du témoin, duquel il résulte que la femme Cazes aurait dit en confidence à sa sœur, qu'au moment où elle se rendait au marché, « elle avait bien vu descendre le domestique et Armand. » Or, dit le défenseur, Maurice Roux a affirmé, dans son interrogatoire du 9 juillet, que la portière n'était pas dans sa loge quand il est descendu à la cave.

M. le premier Président reconnaît l'exactitude du fait avancé par la défense ; mais il ajoute qu'il serait possible qu'elle ait dit aussi avoir vu descendre Maurice Roux.

M. le Commissaire central, sur l'invitation de la défense, déclare que l'affaire Poujol a été jugée un mois après l'affaire Armand; que c'est le 9 décembre au soir qu'il est allé chez la femme Marius, et que la dispute entre elle et la concierge a eu lieu le vendredi qui a précédé le jour de sa visite.

Me Jules Favre. — Voici deux dates que je prie MM. les Jurés de vouloir bien retenir : août 1863, époque où aurait été jugée l'affaire Poujol, confidence de la portière à sa sœur ; décembre 1863, dispute entre les deux sœurs.

M. le premier Président constate lui-même ces dates.

---

(1) La femme Bourgade, dont M. le Commissaire ne rapporte pas la réponse, bien que, selon M. le Président, ce témoin ait été la source de l'instruction supplémentaire du 28 février 1864, entendue dans cette instruction, en même temps que les témoins Filhon, Giraud et femme Marius, a déclaré, comme elle le déclarera ici à l'heure à l'audience, que, de tout le propos dont le bruit était, disait-on, parvenu jusqu'à elle, elle n'avait recueilli absolument que ces mots : *Tu mens.* — Encore a-t-elle pensé que ces mots de la concierge s'adressaient à l'un de ses enfants.

(*Note de l'Éditeur.*)

Sur l'interpellation d'un Juré, le témoin reconnaît être intervenu près du directeur du Théâtre pour faire accorder à Maurice Roux ses entrées gratuites. Il l'avait vu un soir au parterre, lorsqu'il relevait de sa maladie après le second attentat ; il fut ému de pitié pour lui, et obtint du directeur la faveur dont il a été parlé. Maurice Roux en profita cinq ou six fois. Ç'a été une faveur toute exceptionnelle que Roux n'a due qu'à l'intérêt qu'inspirait sa position malheureuse.

Sur la demande d'un autre Juré, le témoin dit savoir tout ce qui s'est passé au sujet de l'affaire du 17 novembre, dont il a été averti un des premiers. Il a fait prévenir les docteurs Moutet et Réné. Il a fait ensuite des recherches, qui n'ont pas été couronnées de succès, pour découvrir l'assassin.

Enfin, sur la demande de M. le Procureur général, le témoin raconte qu'il a été chargé de mesurer la distance qui sépare les barreaux de la grille de la cave. Avec Malzac, il a essayé de lancer une clef de la grosseur de celle de la porte à travers cette grille, mais il n'a pu parvenir à la faire passer, quoique pourtant ce ne soit pas impossible.

Philippine Martin, femme Marius, cuisinière à Montpellier. — Sa sœur, la femme Cazes, concierge de Madame Armand tante, lui a raconté avoir vu descendre Armand à la cave.

M. le Président. — Quand vous l'a-t-elle dit ? — R. Je ne sais pas. Continuant : Plus tard, sa sœur niant ce propos, elle est allée lui faire des reproches, et l'adjurer, pour l'honneur de la famille, de dire la vérité. Elles ont eu une querelle assez vive à ce sujet malgré ses reproches, sa sœur a persisté à nier, disant : « Je me f.... du monde ; si quelqu'un a quelque chose à me dire, qu'il s'adresse à moi. » Le témoin a répété le propos au chapelier Filhon, en allant porter le chapeau de son mari à arranger.

M. le Président adjure vivement le témoin de dire la vérité. Elle maintient son affirmation, déclarant toutefois que sa sœur ne lui a pas parlé d'avoir vu descendre Roux à la cave ; elle lui a dit seulement avoir vu Armand y descendre le jour de l'événement, sans préciser l'heure.

Sur l'interpellation de Me Jules Favre, s'efforçant d'établir l'époque à laquelle cette conversation entre elle et sa sœur aurait eu lieu, si c'est en été ou en hiver, le témoin déclare ne pas se souvenir

M. le premier Président. — N'est-ce pas à l'occasion du procès Poujol ? — R. Je ne sais pas ; mais c'est à peu près à cette époque.

D. Vous souvenez-vous de l'époque à laquelle vous êtes retournée chez votre sœur pour lui dire : Il faut dire la vérité? — R. Non, mais c'est plus tard (1).

Marie Caïroche, femme Cazes, concierge de la maison Armand. — Le soir du 7 juillet, quand le jeune homme a été trouvé dans la cave, le Commissaire de police l'a fait monter au salon de M. Armand, et lui a demandé si elle n'avait pas laissé la maison seule dans la matinée. Elle a répondu qu'elle

---

(1) Dans l'instruction supplémentaire du 28 février, la femme Marius déclare que la dispute entre elle et sa sœur a eu lieu *quelques jours après* la première conversation ; de là, sans doute, ses hésitations visibles à l'audience. Mais il y a une autre conséquence à tirer de cette déclaration : c'est que M. le Commissaire central ayant fixé la date de cette dispute au vendredi qui a précédé le 9 décembre, c'est-à-dire au 4 décembre, il s'ensuit que la première conversation, ou le premier propos aurait été tenu, non pas en août, comme l'ont cru par erreur, à Aix, l'accusation et la défense, mais vers la fin de novembre, cinq mois presque après l'événement du 7 juillet. (*Note de l'Éditeur.*)

s'était levée à huit heures et un quart; qu'elle était allée chercher du café, puis à la fontaine, avec son petit, pour aller chercher de l'eau; qu'elle était restée absente un quart d'heure, et qu'elle n'avait vu qu'une femme, qui avait demandé Maurice Roux; qu'elle n'avait vu personne d'étranger à la maison descendre à la cave. A neuf heures, elle a vu Madame Armand, la tante, y descendre, puis M. Euzet, puis un domestique de M. Estiquié, et enfin les gens du magasin, qui y sont demeurés toute la journée. Le lendemain, comme le témoin était dans la cave pour éclairer, on lui a dit de monter au Palais chez le Juge d'instruction; elle y est allée de suite; elle y a dîné, et a été entendue la première par le magistrat; elle a répété sa déclaration de la veille, et, sur la demande : si elle avait vu Armand descendre à la cave, elle a répondu négativement; elle a ajouté qu'elle ne l'avait même pas vu de la journée.

Sur les questions de M. le Président, *le témoin* confirme cette déclaration; elle n'a même vu M. Armand que le soir sur le boulevard avec ses amis. Elle nie avoir dit à sa sœur qu'elle avait vu descendre Armand à la cave, et soutient n'avoir eu avec la femme Marius aucune conversation à ce sujet. Elle lui a seulement dit un jour : « Je ne sais pas comment cela est arrivé; j'ai vu Mᵐᵉ Armand qui y est descendue, mais je n'ai pas vu M. Armand de la journée. » Celle-ci étant venue plus tard chez elle lui dire : « On prétend que tu as vu M. Armand descendre à la cave, » elle lui a répondu : « Chacun peut dire ce qu'il veut, moi je ne dirai que la vérité. »

M. le premier Président. — Mais le bruit de ce propos courait à Montpellier?

Mᵉ Jules Favre. — C'est comme l'histoire des têtes d'enfants trouvées dans le jardin.

La femme Marius est rappelée, et maintient l'exactitude de sa déposition.

La femme Cazes. — Vous pouvez vous fier à moi, M. le Président, je dis la vérité; j'ai dit au Commissaire de police les personnes qui étaient descendues dans la cave.

M. le Président demande au témoin quel intérêt la femme Marius peut avoir à ne pas dire la vérité.

La femme Cazes répond que sa sœur a toujours cherché à lui faire tort, disant qu'elle était une bâtarde.

M. le premier Président. — Vous reconnaissez au moins qu'elle est venue chez vous? — *R*. Nous étions brouillées; si elle est venue, ce n'a pas été pour se raccommoder, mais pour faire ce tripotage. Si je n'avais pas été si faible de la recevoir, ce qui arrive aujourd'hui ne serait pas arrivé.

D. Alors votre sœur ment? — *R*. Oui, elle ment pour me faire de la peine.

D. Si l'une de vous est un faux témoin, je la ferai arrêter. — *R*. Vous ferez arrêter qui vous voudrez, je dis la vérité, et je la dirai jusqu'à la mort.

La femme Marius. — Elle me l'a dit, elle me l'a dit !

M. le premier Président, à la femme Cazes. — Vous l'entendez. Quel intérêt peut-elle avoir à soutenir cela? — *R*. C'est par vengeance.

Vivement pressée, *le témoin* raconte que sa sœur la femme Marius ne l'a jamais aimée, et ne cherche qu'à lui nuire par sa déposition.

D. N'avez-vous pas dit à quelqu'un : Ma foi, je sais bien ce qui s'est passé, et si j'avais aussi bien 100,000 francs que je sais qu'Armand a fait le coup, je n'aurais pas besoin de gagner mon pain? — *R*. J'ai dit que je ne voudrais pas être dans la position de M. Armand pour 100,000 francs. Mais pour dire que c'est M. Armand qui a fait le coup, jamais je ne pourrais le dire.

D. Vous avez dit cela? — *R*. Oui, car c'est bien terrible pour un homme s'il est innocent.

Mᵉ Jules Favre. — Voilà comment les propos sont défigurés.

Sur la demande d'un Juré, *le témoin* déclare de nouveau qu'elle a indiqué au Juge d'instruction et au Commissaire de police, aussitôt après l'événement, quelles personnes étaient descendues à la cave le 7 juillet.

M. Bayssade, commissaire de police, est rappelé. Il affirme n'avoir demandé à la femme Cazes autre chose que ceci : si elle avait vu venir dans la maison des personnes étrangères, et que la concierge lui avait parlé seulement de la femme d'Alais qui était venue demander Maurice Roux.

La femme Cazes soutient qu'elle a dit au Commissaire que la cave avait été habitée tout le jour; mais comme M. Armand parlait en même temps, peut-être le Commissaire n'a-t-il pas fait attention à cela.

Mᵉ Jules Favre. — Si cette femme avait vu descendre son maître, elle l'aurait dit sans crainte de lui nuire, d'autant mieux, comme l'a dit M. le Commissaire, que, à ce moment-là, personne ne songeait encore à accuser Armand.

M. le premier Président revient sur la querelle qui a eu lieu entre la femme Marius et la femme Cazes, en décembre dernier, au sujet du propos affirmé par la première et nié par la seconde. La femme Cazes répète ce qu'elle a déjà dit à ce sujet, qu'elle n'a point tenu à sa sœur le propos que celle-ci lui prête.

La femme Marius. — Si ! elle me l'a dit.

La femme Cazes (en patois). — Tu as un fameux toupet!

Filhon (Adolphe), chapelier, à Montpellier. — Dans les premiers jours de décembre, il dit à la femme Marius, qui lui apportait un chapeau à réparer : Votre sœur est concierge de la maison Armand, vous devez être au courant de l'affaire? — Ne m'en parlez pas, lui répondit-elle; ma sœur a vu descendre M. Armand à la cave, et elle l'a vu remonter.

M. le Premier président. — Ainsi, c'est vous qui l'avez questionnée? — *R*. Oui; j'étais à mon travail et je n'attachai pas d'importance à ses paroles.

D. Dans votre déposition écrite, vous ne paraissez pas avoir dit qu'elle l'avait vu remonter? — *R*. Je ne sais pas, je ne me rappelle pas bien.

Mᵉ Lachaud. — C'est la boule de neige, on ajoute toujours un peu.

Marius (François), menuisier, à Montpellier. — Il affirme que sa femme dit la vérité, bien qu'elle ne lui ait pas parlé du propos qu'après avoir été citée pour venir déposer.

Fenouil (Émile), agent-voyer-chef de l'Hérault, à Montpellier. — Il a eu comme domestique, pendant neuf mois, il y a trois ans, la femme Marius. Depuis qu'elle est mariée, Mᵐᵉ Fenouil l'a employée comme auxiliaire, et pendant quelque temps lui a fait faire un appartement qu'elle loue en garni. Le témoin atteste la moralité et l'honnêteté de la femme Marius en tant que domestique, et il la croit incapable de mentir.

Giraud (Jules), employé au Palais de Justice de Montpellier. — A la fin du mois de septembre, il habitait la même maison que la femme Fesquet, belle-sœur de la concierge de M. Armand. Dans une conversation, au sujet de l'affaire Armand, la dame Fesquet dit devant lui, répétant tout haut ce qui se murmurait tout bas dans le public : « Si c'était un pauvre, il serait condamné ; mais comme c'est un riche, il sera acquitté... On dit que ma belle-sœur est en prison, parce qu'elle ne veut pas dire la vérité. » Elle ajouta : « Le jour où l'on a trouvé le domestique dans la cave, ma belle-sœur a vu Armand descendre le matin à huit heures et demie ; elle en fut étonnée, parce qu'il se levait assez tard d'ordinaire. Elle pensa qu'il allait à la campagne, parce qu'il avait un paletot sur le bras. »

Le témoin ne se rappelle pas si la femme Fesquet a dit qu'elle tenait la chose de sa belle-sœur, ou qu'elle l'avait entendue dire dans le public. La belle-mère de la femme Fesquet se mêla à la conversation, et dit : Que parles-tu de ta belle-sœur ? Tu sais bien qu'avec de l'argent on lui fera dire tout ce que l'on voudra.

M. le Président. — Voilà, Messieurs les Jurés, l'opinion de la belle-mère de la femme Fesquet sur la concierge, que vous pourrez mettre en parallèle avec celle de M. Fenouil sur la femme Marius.

Me Lachaud. — Nous avons une observation à faire, c'est que les deux sœurs ont plaidé ensemble. D'ailleurs, nous avons des témoignages venant affirmer que la femme Cazes, la concierge, est une très-honnête femme.

Sur l'interpellation de Me Jules Favre, le témoin dit qu'il n'avait point entretenu ses supérieurs du fait dont il vient de déposer, parce qu'il avait fait très-peu de cas de cette conversation ; mais que le Procureur général en ayant entendu parler, il a été appelé, au moins six semaines après, pour en déposer.

Me Lachaud. — Ce témoin n'était pas cité à Montpellier.

M. le Président. — C'est une instruction supplémentaire qui a été faite depuis.

Me Lachaud. — Nous n'en savions rien, nous avons dû le deviner.

Joséphine Cazes, épouse Fesquet, couturière, à Montpellier. — Le témoin dépose en patois languedocien. Elle était absente lors de l'événement. A son retour, tout le monde disait à Montpellier que sa belle-sœur avait vu Armand descendre à la cave, mais elle ne l'a pas entendu dire par sa belle-sœur. C'est elle, et non sa belle-mère, qui a dit qu'elle était intéressée, et que, pour de l'argent, on lui ferait dire ce que l'on voudrait. Et cela elle a sujet de le dire : la femme Cazes s'est brouillée avec elle, parce qu'à la mort de sa mère, elle, la femme Fesquet, a été avantagée de 200 francs.

M. le premier Président. — C'est pour cela que vous avez pensé qu'elle était intéressée, et qu'on pourrait lui faire dire ce que l'on voudrait.

M. le Commissaire central, rappelé, déclare, sur la demande de M. le Président, que les renseignements pris par lui sur la femme Marius sont excellents. Pour la femme Cazes, il n'en est pas de même : dans la rue de la Verrerie, où elle a demeuré, elle est détestée. Boulevard du Jeu de Paume, elle a voulu recueillir des signatures pour attester sa moralité ; beaucoup de personnes ont refusé de signer. On la dit avide, méchante, mauvaise langue ; on prétend même qu'elle bat son mari.

M. le premier Président. — Il paraît qu'il ne lui manque rien.

M. le premier Président. — Nous allons maintenant entendre les témoins appelés à nous faire connaître le caractère d'Armand.

Bourillion (Emile), à Montpellier. — Le témoin a été au service de l'accusé comme régisseur de ses propriétés. Il reconnaît que M. Armand est vif ; mais, quant à lui, il n'a eu qu'à s'en louer. Il a pu entendre dire qu'il avait eu des discussions avec tel ou tel, mais ces faits ne se sont jamais produits en sa présence.

M. le premier Président. — Mais vous savez qu'il est d'un caractère emporté ? — *R.* Je dis vif.

M. le premier Président. — Devant le Juge d'instruction, vous avez dit qu'il était d'un caractère emporté. Vous établissez donc une différence entre vif et emporté ? — *R.* Je dis comme ça, moi, vif.

La défense fait observer que le débat est oral ; elle constate les expressions dont vient de se servir le témoin, qui a déclaré qu'il n'avait eu qu'à se louer de ses rapports avec M. Armand.

Antoine Paret, cocher, à Montpellier. — Il a été au service de l'accusé pendant deux ans et demi, comme cocher. Il était assez bien avec lui, quoiqu'il le connaisse pour un caractère vif et emporté.

M. le premier Président. — N'avez-vous pas dit quelque chose de plus devant le Juge d'instruction ?

M. Jules Favre. — Mais les témoins sont ici pour déposer ?

M. le premier Président. — Oui, mais pour déposer selon leur conscience, et je dois éveiller leur attention sur ce qu'ils ont dit devant le Juge d'instruction.

Le témoin. — Le jardinier de la campagne de M. Armand, qui est près du cimetière, m'a dit qu'il avait trouvé des ossements en creusant un bassin dans le jardin anglais.

Me Lachaud. — Ah ! oui, les têtes de nègres. (Hilarité.)

M. le Président fait observer au témoin qu'il ne s'agit pas de cela ; qu'il a déposé, dans l'instruction, que M. Armand était un homme vif et emporté, avec lequel il fallait toujours se disputer. — *Le témoin* reconnaît l'avoir dit, mais il y a longtemps qu'il a déposé, et il ne se rappelle pas les phrases. D'ailleurs, il ne sait cela que par le jardinier. Quant à lui, les raisons qu'il a eues avec M. Armand sont celles de maître à domestique. Jamais M. Armand ne l'a menacé d'aucune manière.

Dussol (Laurent), vacher, à Montpellier. — Le témoin a été quatre ou cinq ans au service de l'accusé. Une fois qu'il était un peu en ribote, M. Armand lui a dit : « Tu n'es pas content, tu veux faire comme les autres », et il lui a fait une simple menace, rien de plus, avec une petite canne qu'il tenait à la main ; ce qui ne m'a pas empêché, dit le témoin, de rester encore trois ans chez lui. Il a entendu dire que M. Armand avait eu des disputes par-ci, par-là, avec d'autres personnes.

Pargoire (Justin), domestique, à Montpellier. — Le témoin est resté pendant dix mois au service de l'accusé. Un jour, à la campagne, il a vu M. Armand aux prises avec un homme à l'écurie. Il les a séparés ; puis il est entré avec M. Armand à la cuisine, et a fermé la porte. Mais M. Armand sortit bientôt, disant qu'il voulait être le maître chez lui ; le témoin sortit à son tour, et vit, dans la cour, M. Armand frapper l'homme d'un coup de canne sur la tête. Lors du retour à la ville, le témoin s'est aperçu que la chemise de M. Armand avait été déchirée dans la lutte.

Pressé de questions, il reconnaît avoir dit à une tante de l'accusé : Si je savais que ce soit M. Armand qui ait donné de mauvais renseignements sur moi, j'irais chez lui lui faire des reproches. Il n'a pas dit : Il me le payerait. Je n'avais, ajoute le témoin, *aucun payement à lui faire faire.*

M. le premier Président. — Armand, niez-vous la scène avec le valet, ou l'expliquez-vous ? — *R.* Je l'ai expliquée à M. le Juge d'instruction; elle s'est passée tout autrement qu'on ne vient de le dire. Je vais vous l'expliquer de nouveau.

M. le premier Président. — Expliquez-la. — *R.* J'arrivais de voyage, je n'avais pas, pour ma campagne, d'homme de confiance....

M. le premier Président. — Soyez bref. — *R.* Il faut bien que je raconte les choses; vous me demandez la vérité, il faut bien vous la dire. — Je priai un de mes amis, très-capable, M. Verdier, de venir avec moi voir comment mes fourrages étaient rentrés. En montant au pailler, je trouve un individu qui dormait dans le foin, et je lui dis : « Que faites-vous là? Levez-vous. » Après avoir visité le foin, nous sommes descendus. Pendant que j'étais dans l'écurie, l'individu en question est venu me demander son compte. Je lui répondis que ce n'était pas à moi à le lui faire, et que, du reste, on ne réglait les valets que le dimanche. Alors il s'écria avec colère : « Je veux que vous régliez mon compte ! » En même temps il me prit au collet et me déchira. J'avais une canne à la main, je lui en donnai un coup. Ensuite, je recommandai à mes agents à la campagne de ne pas lui régler son compte et de lui retenir ses effets et son livret. Il n'avait ni effets ni livret. Mais il n'est pas venu chercher son argent, je le lui dois encore. J'annonçai à M. Verdier que j'allais porter plainte contre cet homme. Voilà la vérité; des témoins viendront la confirmer.

M. le Président s'attache à établir qu'il n'y aurait qu'une nuance entre le récit de l'accusé et celui du témoin. — *M. Armand* le conteste : Il m'a déchiré, dit-il, je lui ai donné un coup de canne et me suis en allé.

M. le Président demande ensuite au témoin Pargoire s'il a été lui-même menacé par Armand pendant le temps de son service; celui-ci répond négativement.

M° Jules Favre. — Blanc, celui qui a reçu le coup de canne, raconte le fait comme Armand.

Azibert (Raymond), charron, à Montpellier. — On m'avait commandé pour Armand une charrette dont il avait besoin pour les vendanges, qui devaient commencer un vendredi. Il l'avait promise pour le mardi ou mercredi au plus tard. Le lundi, M. Armand vint voir si sa charrette était prête; elle ne l'était pas. Le témoin était dans son tort; il s'excusa du mieux qu'il put, et finit par promettre qu'elle serait terminée sous deux ou trois jours.

M. Armand revint le jeudi soir, et comme la charrette n'était pas prête, il se fâcha, l'injuria, le traita de menteur, de blagueur et de polisson, et alla jusqu'à le menacer de sa canne. Le témoin lui répondit sur le même ton et le mit à la porte, lui disant qu'il n'aurait pas sa charrette.

M. le premier Président, au témoin. — Ne lui avez-vous pas dit une parole grossière? — *R.* Je lui avais dit des paroles analogues aux siennes; car, ajoute-t-il, je suis aussi violent que lui.

M. le premier Président. — Il y a toujours cette différence, entre vous, qu'Armand, lui, n'en convient pas.

Armand. — Vous me jugez bien mal, M. le Président.

M. le premier Président. — Je vous juge mal !

Je vous juge mal avec tout le monde ; je vous crois violent.

Armand. — Je n'ai encore vu que des domestiques de votre avis.

M. le premier Président. — Voyons, témoin, savez-vous qu'Armand est violent? — *R.* S'il n'était pas violent, il n'avait pas besoin de s'emporter contre moi comme il l'a fait.

Le témoin raconte une querelle d'Armand avec un domestique à qui il avait donné de l'argent pour payer une montre chez l'horloger. Une fois que le domestique a tenu l'argent et la montre, il est parti disant : Monsieur me menaçait avec sa canne, je l'ai planté là.

M. le premier Président. — Armand, vous avez donc toujours la canne en main? — *R.* J'ai une canne à la campagne, mais jamais à la ville.

M. Armand. — Je vais rétablir la vérité sur le fait de la charrette. C'est mon forgeron, M. Gayrault, qui en avait fait la commande. Le mardi, le témoin me l'avait promise positivement pour le vendredi. Quand j'y allai le vendredi soir, elle n'était pas même commencée. J'avais besoin de cette charrette pour les vendanges; j'ai pu m'emporter; car je suis vif.

M. le premier Président. — Je comprends que vous soyez vif à l'égard d'un ouvrier qui vous manque de parole; mais vous allez plus loin et vous lui dites : Vous êtes un polisson, je vous couperai les oreilles !

Le témoin. — Je n'ai pas entendu qu'il m'ait dit cela.

M. le premier Président. — Vous levez la canne, et l'on ne trouve ce geste que chez les hommes violents? — *R.* Je suis vif, mais je ne suis pas violent. Je suis très-bon.

D. Niez-vous avoir levé la canne? — *R.* Oui, je le nie. Je n'ai pas de canne en ville.

Ici, *M. René* demande la permission de se retirer, la lutte médicale qui a fatigué le monde hier ne devant pas sans doute se renouveler. « Heureusement pour nous, ajoute-t-il, nous n'avons pas ici de Molière sténographe ! » (On rit.)

Touchat (Barthélemy), cultivateur, à Mauguio, près Montpellier. — Il a travaillé pendant huit ans pour M. Armand. Pendant sept ans, il n'a pas eu à s'en plaindre, mais la huitième année, dit-il, nous avons eu des difficultés, un procès s'en est suivi, j'ai gagné : probablement que M. Armand avait tort. *(Hilarité.)*

M. le premier Président. — Il faut le croire; la vérité est dans la chose jugée.

Le témoin entre ensuite dans de longues explications sur ses difficultés judiciaires avec M. Armand, qui aurait opposé l'incompétence du Juge de paix. Selon lui, M. Armand serait encore son débiteur, et il n'aurait renoncé à toute poursuite judiciaire qu'à cause des frais.

M° Lachaud conteste le fait. « Le contraire est établi, dit-il, par un rapport de l'arbitre nommé par le Juge de paix que j'ai entre les mains. »

M. le premier Président. — Ceci, c'est de la discussion. Témoin, laissez de côté ce procès, et dites ce que vous savez du caractère d'Armand?

Le témoin raconte qu'un jour il a entendu un domestique se plaindre qu'on ne voulait pas le laisser dormir dans la journée après le dîner, comme c'était l'habitude. Au même moment, il a vu M. Armand arriver en voiture avec M. Verdier : Où sont-ils, dit aussitôt M. Armand, ces grands fainéants, ces grandes rosses qui ne veulent pas travailler ? Et

AFFAIRE ARMAND.

alors, il est monté au grenier à foin, où venait de monter ce même domestique. Quand ils furent descendus, il entendit le domestique Joseph Blanc dire à M. Armand : Faites-moi mon compte, je ne veux pas rester chez vous. Il n'a pas vu la lutte qui s'est passée à l'écurie, il a vu seulement celui-ci sortir ensanglanté, en disant que M. Armand lui avait donné un coup de bâton sur la tête. Il ajoute qu'un peu après, M. Armand lui a demandé une épingle pour attacher sa chemise, qui, le témoin l'a vu, était déchirée.

Une autre fois il l'a vu injurier et menacer François Moules, lui reprochant d'abîmer sa propriété. Il n'a pas entendu les paroles qui ont suivi, mais il a vu Moules prendre une fourche, en disant : « Si vous avancez, je saurai à quoi m'en tenir. »

Le témoin ne peut dire que M. Armand ait levé la canne, car il était à cent mètres de là.

M. le premier Président, au témoin. — Vous n'êtes pas d'accord avec ce que vous avez déclaré dans l'instruction. Vous avez dit que vous aviez vu Armand s'élancer vers Moules et lever la canne pour le frapper. — *R.* Il avait la canne à la main, mais je ne l'ai pas vu la lever.

D. Vous avez même ajouté ceci, que vous intervîntes pour les séparer. — *R.* C'est vrai, mais il s'agit d'une autre discussion au bureau de M. Armand. C'est alors que je suis intervenu entre mon maître et François Moules.

D. Alors vous avez vu deux discussions. Elles ont été assez violentes ? — *R.* Un peu ; cependant M. Armand n'a frappé, ni même menacé.

Le témoin raconte encore qu'un jour, étant à travailler, il a vu M. Armand conduisant seul sa voiture, et on a dit autour de lui qu'il s'était querellé avec son cocher pendant le trajet, et qu'il l'avait laissé en route.

M. le premier Président. — Ils s'étaient battus ? — *R.* Je ne sais pas, nous étions éloignés de près d'un kilomètre. (*Hilarité.*)

Me Lachaud demande à revenir sur l'incident du compte. Le témoin a avancé que M. Armand avait opposé l'incompétence du Juge de paix. La vérité est que M. Armand est allé devant le Juge de paix, et a consenti à la nomination d'un arbitre. Le rapport de l'arbitre, dont l'honorable avocat lit quelques mots, et qui porte le timbre de 1862, établit que le témoin Touchat reste débiteur de M. Armand.

Le témoin prétend que l'arbitre n'a pu finir l'opération, parce que M. Armand avait dénaturé les terres.

M. le Procureur général. — Qui a été condamné en définitive ?

Me Lachaud. — C'est le témoin. Il disait, en commençant, qu'il avait gagné son procès. Il ne se souvient que de ce qui lui profite. M. Armand l'a traduit pour injures en police correctionnelle.

M. le premier Président, au témoin Touchat. — Témoin, avez-vous été condamné à payer quelque chose ? — *R.* Je ne sais pas, je n'ai pas été condamné pour avoir assassiné aucun domestique !

Me Lachaud. — Le témoin n'a-t-il pas été condamné pour vol?

Le témoin Touchat. — Oui.

Me Lachaud. — A la bonne heure ! pour avoir pris un filet dans une propriété.

Le témoin Touchat. — Mais je n'ai jamais assommé personne.

Me Lachaud. — Je ne puis permettre que cet homme dise qu'Armand ait assommé quelqu'un. Ce qu'on peut lui dire à lui, c'est qu'il a été condamné pour vol.

M. le premier Président. — Je suis enchanté, défenseur, que vous ayez provoqué cette constatation. Elle se produit pour la première fois.

Le témoin finit par reconnaître qu'il a été condamné en Police correctionnelle à six mois de prison, pour avoir pris un filet placé dans une propriété dont il était le fermier et qu'il avait emporté.

Interpellé par Me Lisbonne, le témoin avoue qu'après l'événement du 7 juillet, il est allé trouver M. Biquet et lui a dit : Je suis appelé pour témoigner. Si l'argent que me doit M. Armand ne m'est pas rendu, je ne pourrais faire autrement que de le déclarer en justice.

Me Jules Favre. — Le témoin n'a-t-il pas vu Maurice Roux à Mauguio, où il a passé deux mois ?

Le témoin Touchat. — Oui, nous avons été ensemble au café.

Me Jules Favre. — C'est tout ce que je voulais savoir.

Le témoin. — Je dirai la vérité quant à cela aussi.

M. le premier Président. — Vous avez l'air de la dire.

Me Jules Favre. — Il est venu à Montpellier le lendemain de l'événement.

Armand. — Il est venu déposer.

M. le premier Président. — Que voulez-vous supposer ? que cet homme altère la vérité ?

Le témoin Touchat. — Si M. le Président veut savoir la conversation que j'ai eue avec Maurice Roux, je la dirai.

Le témoin raconte à ce sujet que, prenant un verre de bière avec Maurice Roux, il lui a demandé s'il était content de M. Armand. « Oui, répondit Maurice Roux, c'est un homme à faire gagner de l'argent, qui est populaire ; je suis content de lui. — Tant mieux, a ajouté le témoin, le bon Dieu fasse que vous puissiez dire cela longtemps ! »

Servent (Jacques), serrurier, à Montpellier. — Le 7 juillet, vers deux ou trois heures, M. Armand est venu demander qu'on allât ouvrir sa chambre, parce que son domestique lui manquait ; il ne s'était pas rendu à l'heure du dîner pour servir à table. M. Armand est monté à la chambre, et j'ai refermé la porte.

M. le premier Président demande à Armand pourquoi il n'a pas songé à faire ouvrir l'écurie pour faire donner à boire ou à manger aux chevaux, au lieu de faire ouvrir la remise.

L'accusé répond qu'il n'y a pas songé. Il cherchait Maurice Roux; il a fait ouvrir la remise parce que la chambre du domestique est au-dessus.

M. le Procureur général, à Armand. — Pourquoi ne vous êtes-vous pas borné à appeler le domestique de la rue ? — *R.* Je ne pensais pas qu'il fût dans sa chambre à flâner. Je pensais qu'il pouvait lui être arrivé quelque chose.

Bourgade (Suzanne), cuisinière, à Montpellier, chez madame Armand la tante. — Elle est descendue à la cave au moment où l'on a trouvé Maurice Roux, et comme la porte venait d'être ouverte. Les mains étaient attachées par une corde.

M. le premier Président. — Vous avez vu de près les mains ? — *R.* C'est moi qui tenais la lumière.

D. Comment étaient attachées les mains? — *R.* Avec une corde ; il y avait un nœud.

D. Etaient-elles rapprochées l'une de l'autre ? — *R.* Il y avait un peu de vide entre elles, mais elles étaient rapprochées.

M. le Procureur général. — C'est ce qu'a dit M. Surdun.

Un Juré. — Il faudrait que le témoin mît ses mains derrière le dos pour nous montrer.

(Le témoin fait le mouvement et place les mains paume contre paume.)

M. le premier Président. — Elles étaient paume contre paume, et non pas dos contre dos, voilà pour le fait des mains.

On demande au témoin s'il y avait des cordes séparées autour de chaque poignet. Elle répond qu'elle ne peut le dire. — A-t-elle vu comment s'y est pris Servent pour couper les cordes? Elle ne l'a pas vu; à ce moment elle a remis la lampe à une autre personne. Dès qu'on a parlé de faire chauffer de l'eau, de préparer du linge et de la moutarde, le témoin n'a plus fait attention à ce qui se passait. Elle était effrayée, elle se croyait en face d'un mort.

M. le premier Président. — N'avez-vous pas entendu une scène entre la femme Cazes, la concierge, et sa sœur, la femme Marius?

La femme Bourgade. — J'étais dans la chambre de la nourrice, au premier étage. La nourrice m'a dit qu'elle entendait du bruit. J'ai répondu : C'est chez la concierge; elle en a peut-être avec son fils. Du reste, je n'ai pas fait cas de cela; j'ai continué mon ouvrage.

D. Vous n'avez rien entendu de tout ce qui s'est dit? — *R.* La concierge disait : Tu mens! Je ne sais pas à qui elle le disait. Je n'ai vu personne. J'ai pensé qu'elle grondait son fils.

M. le premier Président fait observer à la femme Bourgade qu'elle a été la source de la nouvelle information qui a eu lieu. C'est parce qu'elle a entendu quelque chose, c'est parce qu'elle l'a raconté, lui dit-il, qu'on est allé chez la femme Marius.

La femme Bourgade répond que la femme Cazes ne lui a jamais rien dit; seulement le dimanche, en revenant du temple, elle a entendu une masse de monde dire que la concierge savait quelque chose. Le témoin, en rentrant, l'a trouvé toute triste, contre son ordinaire; elle lui a demandé la cause de sa tristesse, et la concierge lui a répondu qu'elle avait eu une discussion avec sa sœur. Sans entrer dans des détails, le témoin l'a engagée à dire la vérité : « Nous avons une âme, lui a-t-elle dit; si nous la perdons, nous n'en avons pas d'autre; il faut dire la vérité pour qui que ce soit. » La femme Cazes lui a affirmé l'avoir dite.

Sur une nouvelle question de M. le premier Président, *le Témoin* raconte tenir, de la domestique de M. Mey, que celle-ci, étant avec ses maîtres aux Cabanes, avait entendu les parents de M. Armand dire : « Nous savons que c'est lui, mais faites ce que vous pourrez pour le tirer de là. » Quant à elle, elle n'a pas entendu le propos.

Enfin, à une autre question de M. le premier Président, *la femme Bourgade* répond qu'un jour, descendant l'escalier, elle a entendu la concierge dire à la jardinière que si elle avait une somme de 100,000 francs, comme il était certain qu'il avait fait cela, elle ne serait pas en peine. Mais le témoin ne sait pas ni de quoi, ni de qui il était question.

Lacasse (Jeanne), dite Louise, domestique chez M. Mey. C'est l'un des deux témoins cités la veille. — Sur la demande de M. le premier Président, le témoin répond qu'étant aux Cabanes, elle a entendu qu'il lui semble qu'un monsieur qui parlait avec M. Camille Armand a dit : « Nous pensons que c'est lui. » Elle ne connaît pas l'interlocuteur de M. Camille; comme elle connaît la voix de ce dernier, elle est bien sûre que ce n'est pas lui qui parlait. Le monsieur aurait ajouté : « Ce qu'il y a de plus affreux, c'est de l'avoir ainsi laissé du matin au soir. » La femme Lacasse ne sait pas que ce fût un monsieur sourd qui disait cela.

M. le premier Président. — Vous n'avez pas entendu de réponse; mais le propos, vous l'avez raconté? — *R.* On a interprété la chose autrement que je l'avais raconté.

Mᵉ Jules Favre. — Je voudrais, quoique ceci soit bien misérable, je voudrais que ce témoin s'expliquât sur la place où elle était. Elle n'a pas vu la personne qui parlait.

Le témoin répond qu'elle ne l'a pas vue. Elle était dehors de la maison, éloignée « comme d'ici au bureau de la Cour, » dit-elle.

M. le premier Président. — On parlait donc fort? — *R.* Oui, Monsieur.

D. Vous l'avez entendu? — *R.* Il me semble l'avoir entendu.

M. le premier Président. — Si vous n'aviez pas entendu, vous n'auriez pas répété ce propos à d'autres.

Mᵉ Jules Favre. — C'est un petit exemple des propos qui sont nés au milieu des commérages de Montpellier. Comment se défendre sur de pareilles allégations? L'autre jour il s'agissait d'une personne sourde, M. Bédarride. Nous aurions prouvé que le témoin était dans la plus complète erreur, pour ne rien dire de plus. Aujourd'hui, c'est un inconnu, un fantôme, rien de plus.

Un Juré fait remarquer que la femme Bourgade, l'une des personnes à qui la femme Lacasse aurait répété le propos, ne l'a pas raconté dans les mêmes termes.

La femme Bourgade rappelée dit que c'étaient les parents qui parlaient au monsieur étranger, d'après ce que lui aurait dit le témoin, du moins il lui semble que c'est comme cela.

Le témoin Lacasse soutient que c'était la personne étrangère qui parlait.

L'audience est suspendue.

A la reprise, M. le premier Président annonce que le Juré, M. Luce, malade, est définitivement dans l'impossibilité de continuer ses fonctions de juré. Il est remplacé par le second juré suppléant.

Joseph Blanc, valet de ferme, actuellement à Mauguio. — Il dormait un jour sur le foin, M. Armand l'a réveillé, en lui disant : Grande rosse, tu dors! — Je ne suis pas une rosse; si vous n'êtes pas content, donnez-moi mon compte. — Je n'ai pas de compte à te donner ! — et là-dessus, ajoute le témoin, il m'a appliqué un coup de canne sur la tête. Cela se passait dans l'écurie, et il y a quatre ou cinq ans de cela.

M. le premier Président. — Ce coup a fait couler le sang, et vous avez eu à la tête une plaie qui a duré encore longtemps? — *R.* Oui, et j'en ai encore la marque sous les cheveux.

D. Avant le coup de canne, ne vous êtes-vous pas colletés? — *R.* Je ne me rappelle pas, mais je crois bien qu'oui.

D. Est-ce qu'il y avait des témoins? — *R.* Je ne me rappelle pas de ceux qui étaient là; mais il me doit encore 4 francs qu'il ne m'a pas payés.

D. Ainsi vous avez reçu un coup de canne et il ne vous a pas donné les 4 francs qu'il vous devait ? — *R.* Oui, M. le Président. (*Hilarité.*)

Armand. — Je prierai M. le Président de demander à cet homme pourquoi il n'est pas venu réclamer son compte. J'avais recommandé, à la campagne, qu'on retînt les effets et le livret de cet homme, parce que je voulais savoir son nom et sa demeure ; mais cela m'a été impossible ; il n'avait ni effets ni livret. S'il n'est pas venu réclamer son compte, c'est qu'il craignait que je le fisse prendre par la Justice.

Blanc. —Je suis venu le réclamer six mois après, mais il m'a dit qu'il ne me reconnaissait pas.

Armand. — S'il est venu, je ne m'en souviens pas, il n'est pas de Mauguio.

Le témoin déclare qu'il est de Bellier-Capello.

M. le premier Président, à Armand. — Enfin, reconnaissez-vous qu'il lui est dû quelque chose ?
— R. Oui, M. le président ; il lui est dû 4 francs, mais il n'est pas venu les réclamer.

Le témoin Blanc, interpellé de nouveau, déclare ne pouvoir préciser si le coup lui a été donné dans l'écurie ou dans la cour.

Le témoin Pargoire, rappelé, déclare que le coup a été donné dans la cour, mais devant la porte de l'écurie, et qu'auparavant il avait séparé M. Armand et Blanc.

Le témoin Blanc ne se rappelle pas cette circonstance.

M. le docteur René, appelé à examiner la tête de Blanc, dit : à peine s'il y a quelque chose ; franchement, je ne pourrais l'affirmer.

M. le premier Président. — Du reste le coup n'est pas contesté, et nous savons que le sang a coulé.

*M*e *Lachaud* prie M. le Président de vouloir bien entendre sur ce fait MM. Verdier, Petit et Michel.

M. le Président recommande à l'huissier de la Cour d'en prendre note.

Honoré Benoit, jardinier. — Le témoin a été six ans au service de l'accusé. Il déclare que M. Armand est un homme très-vif et très-emporté. Il ne fallait pas le craindre, et, pour lui tenir tête, il fallait se montrer aussi emporté que lui. C'est ce que le témoin a fait. Dans les nombreuses querelles qu'il a eues avec M. Armand, il criait aussi fort que lui ; mais il n'a jamais été frappé.

M. le premier Président, au témoin. — Vous restiez-là, malgré les querelles ? — *R.* Oui ; quand M. Armand criait, je ripostais ; il cessait, et moi aussi.

Un juré. — Et les ossements dont on a parlé ?

Le témoin. — Il y a environ cinq ans, M. Armand voulut avoir un petit bassin dans son jardin. En creusant à l'endroit qu'il m'indiquait, j'ai trouvé de vieux os, quelque chose d'antique, mais là, ancien tout à fait...

*M*e *Jules Favre.* — Oui, d'avant le déluge. C'est là l'histoire de tous les commérages.

François Moule, cultivateur, à Mauguio. — Il résulte de sa déposition que M. Armand l'aurait menacé plusieurs fois de sa canne, mais toujours à distance, soit à propos d'un fossé, soit parce qu'il traversait sa propriété, malgré la défense d'Armand. Quand le témoin le voyait venir, il se mettait en garde, ou il se réfugiait sur sa propriété, en sautant les fossés ; Armand ne le suivait pas. Une fois, entre autres, comme il tenait une fourche à la main, il se dit : S'il tombe sur moi et me donne des coups de canne, je me servirai de ma fourche.

Peut-être, ajoute le témoin, ne l'aurais-je pas attendu.

M. Armand a également menacé sa femme, mais de coups de pieds, et non de coups de canne.

Il a vu aussi M. Armand menacer de sa canne un nommé Albert ; celui-là avait fait un petit canal sans son autorisation.

L'opinion générale à l'égard d'Armand, selon le témoin, était qu'il devait arriver là où il est, parce qu'il est trop brutal.

M. le premier Président, à Armand. — Il me semble que vous aviez souvent la canne à la main, et que vous la leviez souvent en l'air ?

L'accusé répond que Moule était un mauvais fermier auquel il avait donné ses terres à cultiver de compte à demi, avec un sieur Atger. Ils devaient chacun la moitié des fermages.

Moule resta trois ans sans rien payer, malgré les réclamations de M. Armand. Il fallut l'assigner devant la justice de paix. Là, Moule chercha des chicanes, réclama une expertise. Enfin il paya, sans même que l'expertise qu'il avait demandée eût lieu. Il ne remplissait d'ailleurs aucune de ses obligations, ne mettant pas les terres en état, négligeant de les défricher alors qu'il était tenu de le faire.

Quant aux faits dont a déposé le témoin, l'accusé les considère comme des plaisanteries. Il se rappelle seulement qu'un jour Moule avait envoyé son frère prendre une charge de raisin dans ses vignes ; il lui adressa à ce sujet une verte réprimande. Vous avez entendu d'ailleurs, continue Armand, le témoin dire lui-même que je me suis plaint de ce qu'il passait avec une voiture sur mes terres. J'ai une vaste propriété ; si je laissais faire chacun, je ne sais ce qu'il adviendrait ; il est difficile de contenter tout le monde.

Mais *le témoin Moule* cite un autre fait. Comme il allait porter de l'argent à M. Armand, une première fois il a été mis à la porte, une seconde fois il a été menacé dans le corridor.

M. le Président annonce qu'on va épuiser les témoignages relatifs au caractère d'Armand. Il y en a encore cinq ou six. Puis il engage la défense à donner la liste des témoins à décharge se rapportant à cet ordre d'idées, afin qu'il puisse les faire entendre.

On reprend l'audition des témoins à charge.

Maury (Pierre), marchand de poissons. — Le témoin travaillait à la journée chez M. Armand, avec plusieurs autres. S'étant approché d'eux, l'accusé les traita de fainéants et de rosses. Le témoin lui fit des observations sur l'inconvenance de ses propos. M. Armand lui dit de s'en aller.

Comme j'allais chercher mon sac, Armand dit aux autres ouvriers : « Je suis fâché de ne pas lui avoir cassé la tête d'un coup de canne. » Et il s'avança vers le témoin, la canne en l'air. Celui-ci prit alors une bêche, disant à Armand : « Si vous avancez, vous êtes mort. » L'accusé s'arrêta, et le témoin partit.

Armand. — J'ai des témoins qui affirmeront le contraire de ce que vient de dire Maury. Il y a plus de dix ans de cela ; c'était en hiver, il avait fait très-mauvais temps. Seul, je faisais travailler pour donner du pain à ces hommes ; j'occupais soixante à quatre-vingts ouvriers. Je faisais enlever la neige pour faire des défoncements. C'était après 1848. A Mauguio, à cette époque, les républicains étaient des *partageux*, qui s'étaient divisé ma propriété, je l'affirme. Enfin, pour en venir au fait, j'arrive à ma campagne, où je n'étais pas allé depuis deux mois, et j'entends cet homme ou un autre, car je ne connais pas tous les ouvriers que j'emploie, qui parlait de Dieu et des prêtres avec la plus grande irrévérence. Je m'écriai que je ne supporterais jamais qu'on parlât ainsi chez moi, et que si l'on n'était pas content, on eût à se retirer. Cet homme m'a alors menacé de son outil, mais je n'ai pas eu peur.

Le témoin. — C'est faux.

Pierre Rey, cultivateur. — Il a travaillé à forfait pour M. Armand, il y a sept ou huit ans. Quand il s'est agi de régler, il a eu des difficultés avec lui, il a fallu nommer un géomètre pour les accorder. Il lui a été fait une retenue.

Le témoin raconte à son tour la scène avec Joseph Blanc; il a vu Armand donner un coup de canne.

Armand se lève pour donner des explications; mais, sur le conseil de ses défenseurs, il se rassied.

Corvetto (Louis), architecte, à Montpellier. — Le témoin rend compte d'une discussion qui a eu lieu entre lui et M. Armand, à l'occasion d'une demande en règlement d'honoraires qui lui étaient dus par la succession de M. Armand oncle. M. Armand exigeait un mémoire en règle, et, pour remplir cette condition, il manquait certaines pièces importantes. «J'exposai la difficulté, ajoute-t-il, et comme M. Armand ne voulait pas encore payer, emporté par un mouvement de colère, je dis : « Si vous payez les autres comme vous me payez, il n'est pas étonnant que vous soyez riche! » A ces mots, M. Armand s'élança sur moi, me renversa mon chapeau, nous nous bousculâmes, et on nous sépara. « Ce soir au cercle, lui dis-je, je vous parlerai devant tout le monde. » M. Armand, revenant à lui, me dit : « Oubliez ce moment de vivacité provoquée par l'offense que vous avez faite à ma probité; je reconnais que j'ai eu tort. » Et depuis nous avons vécu dans les meilleurs termes. »

Le témoin Jean Jean est absent; on n'a pu retrouver son domicile pour l'assigner.

M. le Procureur général donne lecture de la déposition écrite du témoin. Elle parle de difficultés qui se sont élevées lors d'un règlement de compte entre Armand et lui. Elle se termine par ces mots : Quant à son caractère violent, il est bien connu.

Armand. — Je voulais l'assigner comme témoin à décharge; car il a dit à plusieurs personnes qu'il regrettait de m'avoir quitté, et il est venu plusieurs fois demander à rentrer à mon service.

M. le premier Président. — Cette personne n'est donc pas suspecte, et elle parle de votre violence.

Armand. — Le Juge a demandé aux témoins s'ils ne me connaissaient pas comme un homme violent. La plupart ont répondu oui, sans se rendre compte de la différence qu'il y a entre violent et vif.

M. le premier Président. — Vous avez entendu vous-même ces hommes dire que vous frappiez vos domestiques.

Me Lachaud. — En fait d'hommes frappés, il n'y en a eu qu'un, et encore est-ce en réponse à une agression.

M. le premier Président. — Si la canne n'a frappé qu'une fois, elle a été souvent levée.

Denis Gervais, journalier. Ce témoin n'a été entendu dans l'instruction que le 28 février. — Le témoin dit en patois qu'il a été douze jours au service de M. Armand pour garder les bœufs. Un soir qu'il les faisait rentrer, et qu'il était presque nuit, l'accusé survint, lui reprocha d'avoir quitté le travail et de dételer trop tôt, et lui donna deux coups de pied. Le second renversa le témoin et l'envoya contre la muraille, où il s'est blessé au coude. Il en porte encore la cicatrice. Quand il était à terre, M. Armand l'a menacé avec le manche d'un outil, en disant: « Si tu dis un mot, je te tue! » Le témoin a ensuite été renvoyé sans souper, et on lui a retenu 40 sous.

Armand. — C'est seulement le second jour de mon arrivée à Aix que le nom de ce témoin m'a été signifié. Je ne me rappelle en aucune façon le fait dont il parle. Je ne sais quel est cet homme, ni où il est domicilié. On a parlé de Marianne, mais ce n'est pas là un domicile. Je n'ai pas trouvé le nom de cet homme sur mes registres.

M. le Commissaire central. — Marianne est une femme très-connue. Si l'on s'était adressé à la police, on aurait eu tous les renseignements qu'on pouvait désirer. Elle tient une auberge à Montpellier, dans un cul-de-sac.

Armand. — On s'est adressé partout, et on n'a pu nous dire qui était cette Marianne, et j'ai bien le droit de dire que ce n'est pas un domicile que de loger à l'auberge!

M. le premier Président. — Tout le monde n'a pas un hôtel, comme vous.

Me Lachaud demande au témoin son livret et le passe à M. le Président, qui en donne lecture ainsi que de différents certificats qui y sont joints.

Me Lachaud. — Son travail à la campagne de M. Armand n'y est pas consigné.

M. le premier Président. — Que voulez-vous? il est douteux qu'on lui eût donné un certificat; on l'avait assommé (*réclamations au banc de la défense*). Toujours est-il qu'il a reçu deux coups de pied, et qu'Armand a pris un outil pour le frapper. Voilà le fait.

Armand. — Je le nie.

Me Lachaud. — Je fais remarquer que, dans la première instruction, on n'a pas entendu le témoin, et j'ajoute que je m'inquiète toujours des témoins entendus en février à Montpellier.

M. le premier Président. — Messieurs les Jurés, vous apprécierez.

Alger (François), cultivateur, domicilié à Mauguio. — Il a été pendant plusieurs années fermier de terrains, pour la culture de la garance, appartenant à M. Armand. Il n'a jamais eu à s'en plaindre.

L'accusé explique qu'il était l'associé de Moule.

Sur la demande de M. le premier Président, le témoin dit que Moule ne voulait pas payer, parce que, disait-il, un fossé lui portait préjudice.

Vigouroux (Félix), agriculteur, demeurant à Saint-Brès. — Le témoin est resté un an à la campagne de M. Armand. La maladie seule l'en a fait sortir. Il y rentrerait s'il le voulait.

Il déclare avoir vu plusieurs fois Moule traverser la propriété de M. Armand.

Armand. — Et cependant il n'y a pas eu de procès-verbal de dressé. Ainsi, quoique réputé bien méchant, vous voyez que ma conduite ne l'indique guère.

Michel (Antoine), cultivateur à Pérols. — Il n'a rien à dire sur le compte de l'accusé. Il ne l'a jamais vu maltraiter personne, pendant les deux ans qu'il est resté chef de colle chez lui.

Daumas (Antoine), terrassier, à Pérols. — Le témoin dit que M. Armand est très-bon, fait beaucoup de bien dans le pays, et secourt les familles malades.

Sur la demande de M. le premier Président, le témoin dit que Maury ne faisant pas ce qu'il devait, M. Armand lui dit de s'en aller de sa propriété; alors Maury le menaça d'un outil, et M. Armand se retira.

Armand. — Du reste, Madame était là, et je ne me serais pas oublié devant elle comme on vient de le dire.

M. le premier Président. — Nous n'en sommes pas bien convaincu.

AFFAIRE ARMAND.

Sur la demande d'un des jurés, le témoin déclare être resté sept ans chez M. Armand. Il y a huit ou neuf ans qu'il en est sorti. Il ne l'a jamais vu se porter à aucun acte de brutalité. A Mauguio, il y a de bien mauvaises langues.

Le témoin Maury, rappelé, déclare faux tout ce que le témoin vient de dire. Il serait parti quand Armand lui a dit de partir.

Daumas. — Oui, mais il partait en grommelant et disant de mauvaises raisons.

Maury prétend qu'il s'en allait sans se retourner; qu'il ne s'est arrêté que quand il s'est vu suivi par Armand, et que c'est seulement alors qu'il s'est armé d'une bêche.

Daumas soutient que M. Armand ayant dit à Maury, comme il s'en allait : « Adieu, mauvais sujet, » celui-ci s'est retourné, et a dit : « Approche un peu, si tu l'oses, et je vais te casser la tête. »

Sur la demande d'un juré, *Daumas* affirme qu'Armand faisait beaucoup d'actes de charité.

Sur la demande du Procureur général tendant à savoir si Maury aurait été renvoyé parce qu'il disait du mal des prêtres, *Daumas* dit que c'était parce qu'il faisait mal son travail.

Armand. — Il y avait soixante à quatre-vingts personnes réunies, tout le monde n'a pu entendre. Mais moi, arrivé près de lui, j'ai parfaitement entendu ce qu'il disait.

Michel (Etienne), cultivateur, à Pignan. — Il a été au service de M. Armand pendant vingt mois, et n'a rien à dire contre lui.

Sur la demande d'Armand, il dit qu'il n'était pas présent lors du coup de canne qu'aurait reçu Joseph Blanc ; il était à dîner. Il sait que M. Verdier était là. Tout d'un coup la métayère entra en disant : « Etienne, on veut tuer Monsieur ! » Il sortit, et vit Armand la chemise déchirée, et le domestique ayant un coup à la tête.

Il déclare d'ailleurs n'avoir jamais vu M. Armand maltraiter personne.

Valette (Bertrand), cultivateur, à Pérols. — Il a été pendant six années consécutives au service de M. Armand, et a toujours été content de lui ; les conditions faites ont été tenues exactement, et il a reçu des étrennes. Il n'a jamais vu aucune difficulté entre les travailleurs et lui.

Vidal (Jacques), cultivateur, à Mauguio. — Il a été, pendant une année, au service de M. Armand en qualité de charretier, et n'a rien à dire contre lui. Il en a reçu de bons offices et de bons conseils. Il ne l'a jamais vu maltraiter personne.

Gayrault (François), maréchal-ferrant, à Mauguio. — Depuis environ neuf ans il sert M. Armand, et a toujours été content de lui. Ils n'ont jamais eu de difficultés ensemble. Il n'a pas appris qu'il ait jamais maltraité personne.

Ferrir, propriétaire, à Mauguio. — Pendant huit ans il a été le bourrelier de M. Armand ; ils ont toujours été parfaitement d'accord. Son successeur a continué de travailler pour lui.

Bresillac, propriétaire, à Mauguio. — Il a travaillé pour M. Armand comme maréchal, et a toujours été très-content de lui.

Guin (Thomas), cultivateur, à Pérols. — Il travaille depuis dix ans pour M. Armand, a toujours été très-content de lui, et ne l'a jamais vu maltraiter personne.

Dupont (Etienne), dit *Tambour*, draineur, à Jacou. — Il draine depuis cinq ans pour M. Armand, qui a toujours tenu ses promesses à son égard, lui a rendu des services, et lui a même prêté de l'argent. Il ne l'a jamais vu maltraiter personne, au contraire.

Me Lachaud. — Je demande pardon à la Cour et à MM. les Jurés de tous ces noms, de ce grand nombre de témoins que nous faisons passer devant eux. Mais, vous le voyez, cet homme sauvage, brutal, voilà comment il traite les gens.

M. le premier Président. — Vous avez affaire à des gens intelligents.

Me Lachaud. — Je le sais bien.

Lafon (Gabriel), conducteur de train, à Dôle. — Il a été deux ans au service de M. Armand, comme cocher. Il ne sait rien sur l'affaire. M. Armand a été pour lui un très-bon maître. Il ne l'a jamais vu maltraiter personne. Après avoir quitté la maison, il a demandé à y rentrer. Il était sorti parce qu'il se mariait.

Biquet (Antonin), 29 ans, sans profession, à Montpellier.

Le témoin est cousin de M. Armand. Le 10 juillet il se rendit, comme d'habitude, au bureau avec son père. M. Biquet père parlait avec quelqu'un, lorsque le nommé Touchat vint pour voir M. Armand. M. Biquet fils lui demanda ce qu'il désirait. Il voulait toucher un reste de compte, qu'on lui devait, selon lui, avant d'aller déposer. M. Biquet, consulté, dit de renvoyer Touchat, et que, quant à sa déposition, il la fît selon sa conscience.

Grillet (Alexandre), cultivateur, à Pérols. — Il a travaillé une douzaine d'années pour M. Armand, qui l'a toujours très-bien payé. Il n'a jamais eu à se plaindre de lui, et ne l'a jamais vu maltraiter personne. Il y a trois ou quatre ans, il avait une fille malade, M. Armand lui dit : Faites-la venir à Montpellier, j'ai mon médecin, je paierai, et cela ne vous coûtera rien.

L'audience est levée et renvoyée au lendemain.

A l'ouverture de l'audience, un nouveau témoin est introduit aux débats sur la demande du Ministère public. Il est entendu le premier.

Court (Louis), domestique, à Marseille. — Il a été, il y a environ douze ans, pendant six à sept mois au service de M. Armand, et il n'a jamais eu à se plaindre de lui. M. Armand était vif, c'est vrai ; mais lui-même était un peu vif aussi ; c'est pour cela qu'ils n'ont pu se convenir, et qu'il l'a quitté.

M. le premier Président. — Est-ce que, dans un cas spécial, il n'y a pas eu entre vous une altercation plus forte ? — R. Je ne me le rappelle pas.

M. le Procureur général. — Ne vous est-il pas arrivé de voir Armand se diriger sur vous le poing levé, et ne vous êtes-vous pas armé d'une fourche pour vous défendre ? — R. Un jour nous avons eu une petite discussion à l'écurie pour une voiture que je n'avais pas tenue prête à l'heure indiquée. M. Armand me fit des reproches. Je tenais une fourche à la main ; dans un moment de colère, je l'ai flanquée contre la porte ; mais je l'avais prise pour nettoyer la litière des chevaux, et non pour me défendre ; car M. Armand ne m'avait pas menacé.

M. le Procureur général. — Mais, dans un autre cas, ne vous a-t-il pas forcé violemment de quitter votre siège ?

Me Jules Favre. — C'est un rapport de police, c'est un propos, comme tant d'autres, qui a besoin d'être contrôlé. Autrement, cela tombe dans les bas-fonds de la police.

M. le Procureur général. — Pour prouver qu'il

ne s'agit pas des bas-fonds de la police, je demande la permission de lire la lettre dans laquelle ces renseignements sont reproduits.

L'organe du Ministère public donne ici lecture d'une lettre de M. le Procureur général de Montpellier dans laquelle il est dit qu'un domestique autrefois au service d'Armand, et aujourd'hui au service de M. Xavier Luce (c'est le juré qui a été excusé hier) a raconté à son nouveau maître les deux scènes de violence rappelées à l'audience sous le même aspect que l'accusation vient de les exposer.

Le témoin Court, interpellé, persiste à déclarer qu'il n'a dit à M. Luce rien autre chose que ce qu'il vient de déposer tout à l'heure.

M⁰ *Jules Favre*. — D'après la nature même du document que le Ministère public vient de mettre sous nos yeux, je refuse à ce renseignement tout caractère judiciaire.

M. le Procureur général. — Ce n'est pas en effet une déposition ; c'est une simple communication que j'ai faite avec l'autorisation de M. Luce.

M⁰ *Lisbonne*, au témoin. — A quelle époque étiez-vous au service d'Armand ? — R. En 1852 ou 1853.

A la demande de la défense, on entend les témoins *Verdier* et *Andrieux*, appelés à déposer sur le fait relatif à Joseph Blanc.

Verdier (Paulin), propriétaire, à Montpellier. — Il y a cinq à six ans, se trouvant à la campagne de M. Armand, il entrait avec lui dans l'écurie, quand un domestique se présenta d'un air insolent et dit à M. Armand : « Faites-moi mon compte. — Je ne paie pas ici, répondit M. Armand, venez à Montpellier dimanche, et on vous paiera. » Le domestique se jeta alors sur M. Armand et lui déchira sa chemise. Le témoin voulut les séparer ; mais il reçut lui-même un coup sur le nez, et comme il s'était retourné, il ne put voir si M. Armand avait répondu à l'agression du domestique par un coup de canne ou par un coup de poing.

On rappelle le témoin *Pargoire*, qui maintient sa première déclaration.

M. Verdier. — Ce que dit le témoin est inexact. Je garantis qu'il n'y avait dans l'écurie qu'Armand et moi avec le domestique.

Pargoire. — Ce n'est pas dans l'écurie que le coup a été porté.

Verdier. — Comment ! ce n'est pas dans l'écurie que la scène a eu lieu ; c'est trop fort !

M. le premier Président, à M. Verdier. — Il y a deux faits, le fait de l'écurie et le fait de la cour. — R. Nous étions seuls dans l'écurie, M. Armand et moi, après notre visite au pailler, le domestique est venu et s'est jeté sur M. Armand ; c'est après que j'eus cherché à les séparer, que le cocher est venu et a emmené M. Armand. Pour moi, je suis resté auprès du domestique. Nous l'avons mené ensuite devant la porte de la cuisine ; là nous l'avons lavé, puis renvoyé.

Armand. — Je prie M. le Président de demander au témoin si je ne lui ai pas dit que je voulais porter plainte contre cet individu ?

Le témoin Verdier. — Evidemment, puisqu'il lui avait sauté dessus.

Andrieux (Louis). — Il connaît Armand depuis son enfance ; c'est sa mère qui l'a nourri, et il est entré à son service en 1852, et il y est resté cinq ans ; puis Armand l'a établi et lui a donné 10,000 francs en dot. « Le caractère d'Armand, dit le témoin, est vif, mais il a un cœur excellent. J'en suis la meilleure preuve ; il a veillé sur moi comme un père. Orphelin, il m'a pris chez lui et m'a marié, et je lui dois l'état de bien-être où je me trouve aujourd'hui. S'il se met en colère, et sa colère ne dure pas cinq minutes, c'est pour une cause juste; il ne saurait tolérer qu'un homme ne fasse pas son devoir, alors que lui remplit le sien. »

M. le Président. — Je conçois que vous vous montriez reconnaissant.

Le témoin. — Je suis reconnaissant envers M. Armand, c'est vrai ; mais ce sentiment ne m'empêcherait pas de dire la vérité, si j'avais connaissance qu'il eût commis quelque acte répréhensible.

Interrogé sur le fait d'une discussion à laquelle il avait assisté, il répond : « Un jour, un des travailleurs (ils étaient au nombre de cinquante, occupés à faire une tranchée), homme vif et de mauvais naturel, ayant apostrophé M. Armand en termes injurieux. Mme Armand, qui était présente, m'appela. Je vis cet homme hors de lui, dans un état d'exaspération difficile à décrire, je le saisis, je le maintins, et je le fis partir. Du reste, tout le temps que je suis resté chez M. Armand, je ne l'ai jamais vu maltraiter personne.

L'accusé *Armand* prie M. le premier Président d'interroger le témoin relativement à une scène qui se serait passée avec un certain Albert, son fermier, qu'il aurait poursuivi, dit-on, avec un bâton.

Le témoin répond que ce fermier les avait indignement trompés, lui particulièrement, puisque c'était par son initiative que des avances de semences et des journées de labour lui avaient été fournies sans qu'il ait jamais pensé, après la récolte faite, à donner de l'argent. Dans cette occasion, ajoute-t-il, c'est moi qui étais en colère contre Albert, et c'est M. Armand qui nous a séparés, au moment où je lui disais des choses assez dures. « Viens, me dit-il, en me prenant par le bras. Laisse cet homme; c'est un malheureux. »

M. le premier Président. — Nous allons entendre les témoins appelés à déposer du caractère et de la moralité de Maurice Roux.

Servier (Hyppolite), Juge de paix, à Bourg-Saint-Andéol. — C'est lui qui, apprenant l'événement du 7 juillet, en informa le père de Maurice Roux, et le fit partir pour Montpellier. Le Juge d'instruction de cette ville, lui ayant demandé des renseignements sur Roux et sa famille, il en a donné d'excellents sur le père, qui était resté vingt ans à son service, et sur toute la famille. Quant à Maurice, il avait quitté le pays à l'âge de vingt ans, et il était entré chez M. Lamartine.

Le témoin sait que, dans cette maison, on n'a pas eu à s'en plaindre. On lui reprochait cependant une certaine légèreté de mœurs, qui l'avait impliqué à Pont-Saint-Esprit dans la triste affaire dont il a été question aux débats.

Maurice Roux, pendant sa convalescence, est venu demander au témoin son opinion sur ce qu'il devait faire vis-à-vis d'Armand, dans la supposition que celui-ci fût son assassin. Il ne pouvait plus travailler, disait-il, il pouvait à peine se traîner. Le témoin lui conseilla, au lieu de se porter d'abord partie civile, d'attendre, pour le faire, la décision de la Justice.

Maurice Roux se rendit à Montpellier deux ou trois jours avant celui fixé pour l'ouverture des débats. Son but était de voir un avocat. J'y vins moi-même, ajoute M. Servier, appelé comme témoin, et c'est en me cherchant dans la ville, chez ma sœur, qui avait changé de domicile, que Maurice, dans la soirée du 17 novembre, a été victime d'un second attentat.

M. Madier de Lamartine (Henri), propriétaire, demeurant à Pont-Saint-Esprit. — Il a gardé Maurice Roux neuf ans à son service, de 1853 à 1861 ; il en a toujours été content. Quant à sa moralité, il a couru bien des histoires à ce sujet ; mais le témoin ne les considérait que comme des on-dit, et ne s'en préoccupait pas. Il a même répondu un jour, à une de ses parentes qui se plaignait à lui des assiduités de son domestique auprès de sa femme de chambre, la fille Philomène Dessert : « Gardez, si vous voulez, votre fille de chambre ; quant à moi, je suis content de mon cocher, et je ne le renverrai pas. »

M. le premier Président. — Quelqu'un ne vous a-t-il pas engagé à vous tenir en garde sur son compte ? — *R.* C'était un bruit public ; on disait qu'il me trompait.

D. Vous l'avez observé de près, vous lui avez tendu des piéges ? — *R.* Pas précisément ; mais j'exigeais qu'il rendît compte par écrit, à ma mère, des petites commissions dont je le chargeais.

D. Pourquoi et comment Maurice Roux a-t-il quitté votre service ? — *R.* Parce qu'il voulait se marier, disait-il.

Le témoin ajoute que Maurice Roux s'absentait de temps en temps, le soir ; qu'il prenait son cheval pour aller à Pont-Saint-Esprit, où il descendait au même hôtel que lui ; mais, dit-il, je le tolérais.

Mᵉ Lachaud. — Je dois cependant faire connaître à MM. les Jurés que le témoin, dans sa déclaration écrite, a dit s'être adressé au Commissaire de police au sujet des absences de nuit de son domestique, et que le fait lui avait été confirmé par le Commissaire de police, qui avait même ajouté qu'on avait dressé contre Roux un procès-verbal, et qu'il avait été traduit en Police pour s'être trouvé au café à des heures indues.

M. de Lamartine. — Je suis étonné de cette déposition.

Mᵉ Lachaud. — C'est vous qui l'avez signée.

Le témoin. — J'ai dû considérer le fait comme bien léger, puisque je n'ai pas renvoyé mon domestique.

Mᵉ Lachaud. — Ou bien c'est que vous êtes très-indulgent.

Le témoin. — Il promenait mon cheval.

Mᵉ Lachaud. — C'est une place très-agréable pour un domestique.

Interpellé par M. le Procureur général, *M. de Lamartine* reconnaît avoir parlé à un M. Durand, qui s'était présenté chez lui avec une lettre de recommandation de M. Rivière, conservateur des hypothèques à Largentière, des bruits qui couraient dans le pays contre Maurice, et des plaintes nombreuses dont il avait été l'objet. Il l'a adressé, pour plus amples renseignements, à M. Sisteron, à Pont-Saint-Esprit.

Mᵉ Jules Favre. — Est-il vrai qu'il y a quatre ou cinq ans, Maurice Roux, conduisant une voiture où se trouvait Mᵐᵉ de Lamartine, a lancé tout à coup son cheval au galop, prétendant qu'on avait tiré sur la voiture, et que l'information qui avait suivi ayant démontré la fausseté évidente de ces allégations, Maurice Roux n'a pas moins persisté dans son mensonge ?

Le témoin se rappelle, en effet, que sa femme ayant voulu, un jour, revenir seule de Bourg-Saint-Andéol, où il était allé retirer 8 à 9,000 francs, deux individus avaient crié à Maurice Roux de s'arrêter, et, sur son refus, ils se seraient mis, à ce qu'il paraît, à lancer des pierres sur la voiture qui en a porté les traces. Le témoin, quoiqu'il sache que le maire de Saint-Just s'en est occupé, ne peut dire si cette affaire a eu des suites, parce qu'il n'a pas voulu se porter partie civile.

Mᵉ Jules Favre. — J'ai entre les mains un renseignement important sur cette affaire. Voici ce que m'écrit une personne qui s'est exprimée :

« J'apprends à l'instant même, écrit M. le directeur de *l'Echo de l'Ardèche*, à Privas, un fait qui me paraît avoir une haute portée, et qui pourrait bien être utile à Armand. C'est pourquoi je vous en informe tout de suite, pour le porter à la connaissance des avocats. (La lettre a été écrite à un tiers, qui me l'a adressée.) Il y a quatre ou cinq ans, Maurice Roux, alors cocher de M. Madier de Lamartine, ramenait de Bourg-Saint-Andéol Mᵐᵉ Madier, qui venait de toucher une somme de 8,000 francs. Arrivé au fossé du Moulin, il lança son cheval au galop, en criant que des assassins voulaient arrêter la voiture. Et arrivé à Saint-Just, bien que Mᵐᵉ Madier n'eût pas vu les assassins, Maurice Roux soutint qu'il l'avait sauvée d'un grand danger et qu'on avait tiré sur la voiture.

« Plusieurs personnes firent tous leurs efforts pour faire convenir Maurice Roux qu'il s'était trompé ; mais il soutint son dire, qui fut reconnu faux. »

M. Lamartine dit que Roux ne lui a jamais parlé d'un coup de fusil tiré, il a dit seulement qu'on avait lancé des pierres. Si le témoin eût suspecté Roux, il l'eût renvoyé ; car il n'aurait pas gardé un comédien chez lui. Il reconnaît cependant qu'à la suite de cette affaire, c'est M. Maudan, conducteur des ponts et chaussées, qui a dû reconduire sa femme chez lui.

M. le Procureur général. — Ce sont des bruits.

Mᵉ Jules Favre. — Ce ne sont pas des bruits, car ces renseignements sont signés par des hommes publics.

M. le Procureur général. — Il est sorti de chez vous, parce qu'il disait vouloir se marier ?

Mᵉ Jules Favre. — Et il ne s'est pas marié !

M. de Lamartine. — Je ne le lui ai pas demandé. Je me contentai de l'engager à aller consulter son oncle à Saint-Marcellin.

Mᵉ Lachaud. — Puisque nous arrivons au mariage de Maurice, permettez-moi de lire la déclaration de son père devant le Juge d'instruction : « Quand Maurice, a-t-il dit, a quitté le service de M. Duplessis, il m'écrivit pour me demander mon consentement à son mariage. Je le lui donnai avec toutes les pièces nécessaires. *Je croyais son mariage consommé*, quand j'ai appris ici qu'il n'était pas marié, parce qu'il avait su que la fille avait fait périr un enfant qu'elle avait eu avec lui. »

M. le premier Président. — Je ne vois pas d'autre conséquence à tirer de cette pièce que celle-ci : que Maurice Roux avait demandé le consentement de son père pour se marier, et qu'il l'avait obtenu.

Mᵉ Lachaud. — C'est-à-dire qu'il s'était joué de son père, qui le croyait marié !

Armand. — Un autre fait résulte de la déclaration du père : c'est qu'il ne serait pas vrai, comme il l'a dit en entrant chez moi, qu'en sortant de chez M. Duplessis, Roux était allé se fixer pour quelque temps dans son pays.

M. le Procureur général, à M. Servier. — Est-ce que le père croyait avoir été trompé par son fils ?

M. Servier déclare que le père de Maurice Roux le croyait marié, bien qu'il lui eût laissé la liberté de se marier ou de ne pas se marier. Les correspondances, ajoute-t-il, ne sont pas très-actives à Bourg-Saint-Andéol.

Segala (Théodore), serrurier ajusteur, à Montpellier. — Un monsieur vint le 8, au matin, à son atelier, et après lui avoir demandé s'il connaissait Maurice Roux, lui dit : Il vient de lui arriver une affaire chez moi. Connaissez-vous quelqu'un qui a pu faire cette chose? Le témoin répondit qu'il ne lui connaissait aucun antécédent qui ait pu lui faire arriver une telle affaire. Maurice Roux était son camarade ; il s'était amusé comme tous les jeunes gens, mais il n'y avait rien à lui reprocher.

Après son déjeuner, comme il allait à son travail, quelqu'un lui dit en chemin : « Tu ne sais pas, c'est M. Armand qui a fait le coup. » Il répondit : Ce n'est pas possible.

Le lendemain, il obtint de M. le Juge d'instruction de visiter Maurice Roux à l'hospice, mais seulement en sa présence. Son ami le regarda *d'un air pitoyable*, et lui donna à grand'peine une poignée de main : « Pauvre ami, lui dit Ségala, dans quelle position je te trouve ! Sais-tu qui c'est? — Qui veux-tu que ce soit que ce malheureux Armand ? »

Interpellé de dire comment il a fait la connaissance de Roux, le témoin déclare qu'il le connaît depuis cinq à six ans, alors qu'il était lui-même cocher chez M. Duplessis, voisin de campagne de M. Madier de Lamartine.

M. le premier Président. — Pendant le temps que vous avez fréquenté Roux, quel homme vous a-t-il paru être? — *R.* Il m'a paru être dans le même caractère et dans le même sens que moi, nous aimions tous deux à courir.

D. Vous savez ses petites histoires de femmes? — *R.* Ceci, j'en ai autant à me reprocher que lui ; nous avions le même genre de vie ; nous nous faisions un peu la main. Seulement, j'ai à observer que j'étais toujours en arrière avec lui pour l'avancement des payements, jamais il n'a voulu accepter que je payasse ; il était trop loyal à mon égard comme avec beaucoup d'autres.

D. Vous vous êtes retrouvé à Montpellier. Là vous avez vécu encore ensemble? Vous alliez au Cirque, au Casino? — *R.* Oui, dans les premiers temps.

D. Et vous rentriez le soir à onze heures? — *R.* Oui, Monsieur le Président, c'est vrai.

C'est chez le témoin que Maurice Roux est descendu avec son père, trois jours avant celui fixé pour le jugement de l'affaire. La veille de ce jour, Roux a voulu sortir ; le témoin revient de son travail à six heures, il trouve Roux déjà à table, et lui dit : « Tu es bien pressé de dîner avant moi? — Je me suis pressé de dîner ; j'ai besoin de voir M. Bertrand, et d'autres messieurs qui doivent venir. — Je vais me dépêcher ; ne t'en va pas sans moi. — Ça ne fait rien, ne te dérange pas. — Comme tu voudras. » Et le témoin le laissa partir.

Il sortit après son dîner, et rentra plus tard que d'habitude. Le père de Maurice était là, qui lui demanda où il avait laissé son fils. « Comment, il n'est pas avec vous? Où l'avez-vous laissé? — Mais je le croyais avec vous, lui répondit le père ; il m'a dit qu'il allait chez M. Bertrand, et je ne l'ai pas revu. » Le témoin dit au père : « Vous n'auriez pas dû laisser votre fils seul. » Et il se mit aussitôt à la recherche de Roux. Après des courses inutiles, il revint chez lui, espérant l'y trouver. Mais Roux n'y était pas. Alors l'inquiétude le prit plus fort. Qu'était-il arrivé? Peut-être une faiblesse l'avait pris? Peut-être était-il tombé malade dans quelque coin? Il résolut de parcourir toutes les rues aux alentours de M. Bertrand ; il le fit, mais inutilement. Il était près de minuit quand il revint à la maison, Roux n'était pas rentré. Alors il se dit : On l'a assommé, ou il est mort. Il reprit ses recherches ; mais jamais l'idée ne lui est venue de passer dans la rue où Maurice était allongé.

Enfin, il regagna une dernière fois son logis, place de la Comédie. Là, il sut l'accident arrivé à Roux, et il alla le trouver à l'hôtel où on l'avait transporté, et où se trouvait déjà le Juge d'instruction.

Il sait qu'on accuse Roux de s'être fait assommer ou de s'être assommé lui-même. L'opinion qu'il a de Roux, qui est exactement celle qu'il a de lui-même, ne lui permet pas de s'arrêter un seul instant à cette supposition.

Il termine en déclarant qu'il faut à peu près dix minutes pour aller de chez lui chez M. Rivière.

Marquez (Marie), veuve Segala, mère du témoin précédent. — Quelqu'un s'est présenté chez elle le matin, demandant à voir son fils ; elle a répondu qu'il était à son travail. « Quand il viendra, reprit le Monsieur, dites-lui d'aller chez M. Armand ; on a pendu mon domestique ce matin, et je veux savoir s'il n'a pas de renseignements à donner. » Puis, dans son impatience, il est allé trouver son fils à son atelier.

M. le premier Président. — Nous savons que c'est M. Biquet qui est venu.

Un de MM. les Jurés dit n'avoir pas entendu la déposition du témoin. Il prie M. le Président de la répéter, et, par la même occasion, il le prie aussi d'inviter Me Jules Favre à ne pas se tourner exclusivement du côté de la Cour, parce qu'à l'extrémité du banc où le Jury est placé, les explications qu'il tient beaucoup à entendre ne lui parviennent pas.

Depé (Jean-Marie), tisserand, a considéré Roux comme un brave et honnête garçon, pendant tout le temps de son séjour à Bourg-Saint-Andéol. Il ne le croit pas capable de jouer la comédie pour se faire donner de l'argent par son maître.

Des explications sont échangées entre M. le Procureur général et M. Armand, qui se plaint qu'on l'ait accusé d'avoir cherché à jeter des doutes sur la moralité de filles de Bourg-Saint-Andéol, demeurant dans la maison du témoin, alors qu'il n'avait d'autre but, en désignant ces filles à la Justice, que de la mettre à même de se renseigner.

Depé (Marie), concierge, à Montpellier. — La cuisinière de son maître est de Bourg-Saint-Andéol ; sa sœur est venue la voir le 1er juillet, et elle a connaissance que les deux sœurs ont cherché à voir Maurice Roux. — Celui-ci vint à son tour les demander. Le témoin lui demanda où il restait. Il répondit : « chez M. Armand. — Vous êtes bien? — Je ne me plains pas. » Les filles sont sorties et se sont promenées avec Roux sur le boulevard. Elle considère également Roux comme un honnête garçon, incapable de mentir pour accuser quelqu'un.

Servier (Marie), veuve Runel, rentière, à Montpellier, sœur du Juge de paix de Bourg-St-Andéol. — C'est elle que Mme Armand est venue demander des renseignements sur Maurice Roux. Elle ne connaissait que son père, qui avait été vingt ans à son service, et elle se rappelle avoir dit que, si le fils ressemblait au père, on n'aurait qu'à se louer de ses services.

En réponse à une question de M. le premier Président, le témoin explique qu'elle a changé de logement à Montpellier ; que Maurice n'est jamais venu la voir, et que ce n'est que par M. le Juge d'instruction qu'elle a appris qu'il disait être venu chez elle dans la soirée du 17 novembre. Elle pense qu'il faut dix minutes pour parcourir la distance existant entre la maison qu'elle habite et celle de M. Bertrand.

Veuve Laissac, sans profession, à Montpellier. — Mme Armand, en partant pour Paris, lui a déposé les clés de son appartement en lui recommandant de ne pas les confier à Maurice, sur lequel elle n'avait pas de renseignements suffisants pour lui abandonner sa maison.

M. le premier Président fait observer au témoin que sa déposition orale n'est pas conforme à ses déclarations écrites. Le témoin répond qu'elle était rentrée immédiatement dans le cabinet du magistrat instructeur avec l'intention de rétablir les faits, qui sont tels qu'elle vient de les exposer à l'audience.

Elle ajoute, en dernier lieu, que pendant les dix ou douze ans qu'elle a été boulangère, c'était elle qui faisait cuire les 1,500 ou 1,800 pains que M. Armand distribuait par hiver aux pauvres.

Boucharin (Pierre), agriculteur, à Mauguio. — Il est gérant de la ferme Saint-Marcel, appartenant à M. Armand. A la sollicitation de M. Armand, il a gardé chez lui Maurice Roux pendant les deux mois que M. Armand a passés à Paris. Ce garçon lui a paru doux et tranquille, il aimait beaucoup à lire, il était un peu romanesque.

M. le Procureur général. — Vous n'avez pas dit cela devant le Juge d'instruction? — *R*. On ne l'a pas consigné.

M. le premier Président. — Qu'est-ce que vous entendez par romanesque? — *R*. Un homme qui lit et croit plus aux choses vagues et fabuleuses qu'un autre.

Me Lachaud. — Il répond comme l'Académie.

M. le premier Président, au témoin. — Est-ce par le genre de ses lectures que votre opinion s'est fondée? — *R*. C'est par sa manière de causer et d'envisager les choses. Il n'était positif en rien, ne s'arrêtait à aucune chose.

Le témoin confirme à l'audience ces paroles qu'il a dites à sa femme, et qu'il prétend avoir dites également au Juge d'instruction, bien qu'elles n'aient pas été consignées au procès-verbal : Si j'avais une fille à marier, je ne la donnerais pas à Maurice Roux.

Interrogé sur le genre de livres qu'il avait pu voir dans les mains de Maurice Roux, le témoin cite : *Les Misères d'un enfant trouvé* et *la Reine Margot*.

M. le premier Président. — Pendant son séjour à la campagne, Maurice n'avait rien à faire, pas de travail déterminé. Presque tout son temps était libre, on s'explique qu'il se soit livré à la lecture.

Me Jules Favre. — Il aurait pu mieux choisir assurément.

M. le premier Président. — Vous amènerez difficilement un cocher à lire le *Discours sur l'histoire universelle*, de Bossuet.

Me Jules Favre. — C'est bien ce dont je me plains tous les jours, qu'ils soient trop peu instruits pour se livrer à de bonnes lectures.

M. le Procureur général demande au témoin Segala s'il a remarqué que Roux aimât la lecture? — Quelquefois, répond le témoin.

Sur l'interpellation de M. le Procureur général, *M. Boucharin* reconnaît avoir dit à M. Armand, en entrant à son service : « Quand vous aurez des reproches à faire à un domestique, chargez-moi de le faire ; cela ira mieux. » Ce n'est pas qu'il craignît la vivacité d'Armand, il ne connaissait ni sa personne, ni son caractère. C'est une précaution qu'il a toujours prise comme régisseur, et pour que les domestiques ne fussent pas commandés par tout le monde.

Hilaire (Marie-Etienne), curé de Flaviac. — Il connaît M. Armand depuis quatorze ans. Lorsque l'affaire s'ébruita dans sa paroisse, il crut qu'il s'agissait d'un homonyme. A ses yeux, moralement et physiquement, M. Armand était incapable de commettre un semblable attentat. Il connaît son caractère ; il est vif, mais bon. Il pourrait citer mille exemples de son bon cœur. Arrivait-il qu'une femme étant obligée de nourrir son enfant ne pût travailler : « Mettez votre enfant en nourrice, disait-il, et si votre salaire ne vous suffit pas, je suppléerai de ma poche. » Combien de personnes connaît le témoin à qui M. Armand a rendu de grands services! C'est une belle âme! mon ministère m'a permis de l'apprécier.

Il a occupé de quatre-vingt-dix à cent dix ouvriers; je n'ai jamais vu ni entendu dire qu'il se soit livré vis-à-vis d'aucun d'eux à la moindre violence, à la moindre voie de fait ; et cependant, on le sait, dans les petits villages, les cancans ne chôment pas. Quant à sa moralité, elle est au-dessus de tout soupçon.

Il n'est pas orgueilleux, comme on le dit. Il s'est toujours montré simple et bon avec tous les paysans de sa paroisse. A l'église, il n'a jamais voulu de place réservée, il se mettait près de la première bonne femme venue.

On a souvent parlé au témoin de cette affaire, et jamais il n'a rien entendu dire contre Armand. C'est tout autre chose de Roux. On a fait devant lui le pari (il regrette de n'avoir pas pris les noms des parieurs, mais il ne croyait pas être appelé à déposer), que Maurice Roux recommencerait à Aix la scène et la comédie de Montpellier.

M. le Procureur général, au témoin. — C'est en chemin de fer que vous avez entendu parler de la moralité de Maurice Roux? — *R*. C'est à Montélimart. A Flaviac, j'ai entendu dire que ce jeune homme était très-immoral et qu'il avait de très-mauvais antécédents, qu'il ne reculait devant rien pour se procurer du plaisir, et qu'il faisait de son corps toute espèce de choses.

M. le premier Président. — Vous ne connaissez pas les personnes qui tenaient ce propos? — *R*. Non ; je ne croyais pas être témoin, et je n'ai pas demandé les noms par discrétion.

M. Duplessis (Alexandre), Juge au tribunal civil d'Alais. — M. Duplessis a eu Maurice Roux à son service pendant dix-huit mois, en 1861 et 1862 ; il s'est aperçu dans les trois derniers mois qu'il était un peu coureur et un peu menteur. « Comme je l'avais prévenu à son entrée, dit le témoin, je lui fis entendre qu'il eût à se pourvoir ailleurs. Sur ces entrefaites, il me paria de ses projets de mariage avec Lucie Abraham, la femme de chambre de Mme Duplessis, et me demanda de lui régulariser son compte. Je lui payai tous ses gages, à l'exception du mois en cours, que je ne voulus payer que quand il sortirait. Quand on apprit à Alais qu'il n'était plus à mon service, plusieurs marchands vinrent me réclamer de l'argent (3 ou 400 francs) dont ils lui avaient fait crédit sous mon nom. Mais, leur dis-je, expliquez-vous. Comment lui avez-vous fait crédit? Je n'entends pas payer pour Maurice Roux. — Que voulez-vous! quand un homme porte la livrée d'une maison, il faut bien lui faire crédit. Autrement, les maîtres se fâcheraient. Roux devant, disait-on, aller tantôt à Grenoble, tantôt à Alexandrie, dans son intérêt même, j'écrivis au Commissaire de police de son pays qu'il voulût bien dire à Roux qu'il eût à payer, s'il voulait éviter qu'on portât plainte contre lui. Il me répondit que Maurice était un mauvais sujet, que ce n'était pas la première fredaine qu'il faisait à son père, qui jouissait dans le pays d'une excellente réputation, et que celui-ci venait de remettre à son fils l'argent nécessaire pour payer ses créanciers. »

Roux, continue le témoin, m'a quitté sensément pour aller chercher ses papiers. Lucie Abraham était encore dans la maison, et ne devait en sortir qu'après son mariage accompli. Ne voyant pas revenir Maurice Roux, elle s'inquiéta, s'introduisit par les toits dans la chambre de son futur, et s'aperçut qu'il avait emporté tous ses effets, à l'exception de sa livrée. Elle dit alors : « Il ne reviendra pas, puisqu'il a tout emporté ; il s'est moqué de moi. » Ce qui arriva, en effet, quelque temps après.

M. le premier Président. — Maurice Roux vous paraissait-il avoir un caractère romanesque ? — *R.* Vous voulez sans doute parler de sa manière de vivre ? Elle était peut-être un peu au-dessus de celle d'un domestique. Roux est propre dans sa toilette ; il n'est pas mal de sa personne, il le sait, et il jouit de son physique.

M. le premier Président. — Nous en avons la preuve.

Mᵉ Lachaud. — Après avoir dit, le 13 juillet, que Maurice Roux était un coureur de filles, un menteur, le témoin n'a-t-il pas ajouté qu'il était joueur ?

M. Duplessis. — J'ai su indirectement qu'il avait joué des sommes un peu au-dessus de ce que comportait sa position de domestique ; qu'il y a eu une partie d'argent engagée à Pont-Saint-Esprit, et l'autre à Alais.

Mᵉ Lachaud. — Je demanderai encore au témoin, toujours d'après l'instruction, s'il ne s'est pas aperçu que Maurice Roux avait été un serviteur infidèle, qu'il avait bu une certaine quantité de son vin, et que, divers objets mobiliers ayant disparu chez lui, s'il n'a pas cru que ce fût Roux qui les avait soustraits ?

M. Duplessis. — Dans les derniers trois mois qu'il resta à mon service, je m'aperçus que le vin allait beaucoup plus vite qu'il ne devait. Roux parti, je trouvai dans la remise, sous la paille, quinze à vingt bouteilles vides. Quant aux objets mobiliers, il m'a bien manqué quelques petites choses ; mais je ne le soupçonne que très-vaguement de les avoir prises. J'affirme pour les bouteilles ; mais pour le reste, notamment pour une petite canne, comme mon cabinet est accessible à tous, je n'ose rien préciser.

Appelé à donner des explications sur la nature des dettes contractées par Roux, *le témoin* déclare que Roux était resté devoir à un coiffeur une somme de 80 fr., mais que cette note ne comprenait pas seulement de la parfumerie, qu'il y avait une chemise de flanelle et plusieurs cravates. Il y avait aussi une note de 120 fr. chez un horloger-bijoutier d'Alais, dans laquelle se trouvait comprise une montre de 90 fr. Et Roux avait fait à ce sujet un petit mensonge ; il avait recommandé qu'on lui donnât la plus jolie montre possible, parce qu'il voulait, avant de la payer, la faire voir à Mᵐᵉ Duplessis. Et puis, il prit pour son mariage une petite parure de 30 à 35 francs ; et il devait, indépendamment de tout cela, 180 à 200 francs à un tailleur pour deux habillements complets.

Mᵉ Lachaud demande au témoin s'il a connaissance d'un propos que Roux aurait tenu au sujet de ce mariage projeté avec Lucie Abraham ? — *M. Duplessis* se rappelle que Maurice, au reçu d'une lettre d'Alais même portant cette suscription : *Au cocher de M. Duplessis*, qui lui faisait part de petits torts que cette fille avait à se reprocher, aurait dit : « C'est bien, j'en ferai mon profit. Ce soir, il doit y avoir le dîner des fiançailles ; je sortirai la lettre après le dîner, et je la planterai là. »

Mᵉ Lachaud. — Cette conduite est indigne !

M. le premier Président. — Il ne faut pas juger des sentiments d'un cocher par les vôtres.

Mᵉ Lachaud. — Il est une chose, Monsieur le Président, qui, pour moi, est la même dans toutes les conditions : c'est la délicatesse et l'honneur. Quand un homme apprend que celle qu'il aime et qu'il doit épouser est une misérable, il la quitte et il en souffre ; mais c'est un malheureux, quand il va rire avec elle, dîner avec elle, pour ensuite la planter là.

M. le premier Président. — Le fait qui subsiste, c'est qu'au moment où on lui révèle l'inconduite de celle qu'il doit épouser, il dit : « Je ne l'épouserai pas. »

Mᵉ Lisbonne, au témoin. — La lettre était-elle signée ? — *R.* C'était une lettre anonyme.

Bagnols (*Eugène*), épicier, à Pont-St-Esprit. — Il a connu Maurice Roux, quand il était lui-même employé chez M. Duplessis. Il reproche à Roux quelques procédés d'indélicatesse à son égard, d'abord un faux rapport qu'il aurait fait à M. Duplessis au sujet d'une pesée de 44 francs de foin, rapport qui avait exposé le témoin à payer une somme qu'il ne devait pas, puis d'avoir décacheté une lettre dont M. Duplessis l'avait chargé pour lui. témoin.

Une autre fois, il se trouva que l'un des chevaux de M. Duplessis eut une blessure au pied et des écorchures à la tête. M. Duplessis attribua cet accident à quelques morsures de bêtes. Maurice s'approcha du témoin, et dit : « Ce n'est pas une bête sauvage, ni étrangère qui a fait cela, c'est quelqu'un de la maison. — Que voulez-vous dire, croyez-vous que ce soit moi ? — Je ne crois pas, j'affirme. »

Le témoin se contint ; mais il dit à M. Duplessis : « Vous savez que votre cocher est un galopin. Roux est capable de tout ; c'est un homme de rien et qui fera une mauvaise fin. » La domestique de la maison lui dit à ce sujet : Nous ne savons pas ce que c'est que ce Maurice Roux ; mais toujours est-il qu'il se passe des choses qui ne sont pas claires.

M. Faustin de Félix, propriétaire et négociant, à Avignon. — Il a eu Maurice Roux pour cocher, à sa sortie, prétendue immédiate de chez M. de Lamartine, amenée, lui dit Roux, par des malentendus avec les domestiques. Son service, assez bon dans les commencements, se relâcha bientôt. Un jour même, il s'absenta dès neuf heures du matin et ne revint qu'à neuf heures du soir. Interrogé sur cette absence, Roux lui répondit qu'il était allé dans la montagne, qu'il s'était endormi, et qu'il n'était revenu qu'après s'être réveillé. Mᵐᵉ de Félix avait eu déjà plusieurs fois à se plaindre de lui. Puis, il montrait assez de suffisance. Aussi le témoin lui régla-t-il son compte, vers le 16 ou le 17 mai. Ce jour-là il avait reçu une lettre d'un cocher et une dépêche télégraphique, et il dit au témoin : Monsieur ne sera pas étonné que je rentre au service de M. Lamartine ; cela est bien naturel, après les 10 ans que j'ai passés chez lui.

Plus tard, ajoute le témoin, Roux rencontra mon homme d'affaires, et lui dit : « Si je sortais de chez M. Lamartine, Monsieur voudrait-il me reprendre ?

— N'espérez pas rentrer à son service, lui fut-il répondu. » Je dois ajouter, en terminant, qu'il résulte des confidences qu'il a faites à la cuisine, pendant son séjour chez moi, que Maurice se vantait d'avoir passé trois mois à Paris, où il avait fait la noce, avant son entrée à la maison. Il m'avait donc menti en me disant qu'il venait de quitter M. de Lamartine. Si j'avais connu cette circonstance, je ne l'aurais certes pas pris à mon service.

M. Dartis a été employé pendant plusieurs années dans la maison Armand, dont il tenait les livres. M. Armand l'a toujours traité avec bienveillance et comme un ami, c'était la qualification qu'il lui donnait; et quand la maison a cessé le commerce, il a continué à le protéger.

La Commission dont il fait partie ayant terminé son travail, *M. le docteur Rimbaud* dépose sur le bureau de la Cour le rapport des experts, relatif à la ligature des mains, lequel rapport est ainsi conçu:

« Nommés par M. le premier Président pour rechercher quel genre de ligature étreignait les poignets du sieur Maurice Roux, lorsqu'il fut trouvé dans une cave, nous avons procédé aux opérations suivantes.

« Et, d'abord, comme pièces de comparaison, nous avons reçu *quatorze morceaux de cordes*, dont *trois longs* et *onze plus courts;* nous les avons exactement mesurés. Les plus courts varient entre *seize* et *dix-neuf centimètres;* les plus longs ont *trente-trois* et *trente-cinq centimètres* de longueur, soit le double des précédents; l'un de ces bouts porte sur son milieu un *double nœud* que deux d'entre nous constatent être un double nœud de tavelle, et qui n'est accepté par le dernier que comme double nœud ordinaire.

« Nous avons fait la somme de ces diverses mesures, et nous avons obtenu une longueur totale de trois mètres vingt-cinq centimètres.

« Toutes les cordes devant servir à nos expériences ultérieures ont été réduites à cette dimension.

1re *Expérience. — Procédé Servent.*

« Nous avons fait placer le sieur Maurice Roux à genoux, la tête et le tronc inclinés en avant, les mains derrière le dos. Nous avons remis une corde au sieur Servent, et l'avons prié de reproduire sur les poignets de Roux la ligature qu'il avait observée et décrite pendant sa déposition.

« Il a commencé par circonscrire le poignet droit du sieur Roux par *dix tours de corde* liés l'un à l'autre par des nœuds de tavelle; puis, passant à l'autre poignet, séparé par un intervalle de huit centimètres, il l'a enroulé de *trois tours de corde* retenus par un *double nœud de tavelle* placé entre les deux poignets; puis, prenant des ciseaux, il a successivement coupé chacun des anneaux de la corde, et nous en avons recueilli les morceaux.

2e *Expérience, faite par M. le Commissaire de police Bayssade.*

« Roux étant dans la même position, le Commissaire de police a rapproché dos à dos les deux mains du patient. Il a circonscrit la circonférence des deux poignets par *dix tours de corde* terminés par un nœud simple. Il a fait une double opération pour en opérer la section. Il en a coupé d'abord par le milieu *six anneaux à la partie supérieure;* puis, passant les ciseaux en arrière, il a coupé *au-dessous la totalité des liens*. Ces deux opérations, si différentes dans leur application et dans la manière de couper les liens, ont amené des résultats différents, et certaines ressemblances dans le nombre proportionnel des morceaux.

« La section Servent a produit *quatorze morceaux de corde*, dont *trois beaucoup plus longs* que les autres, parmi lesquels se trouvait un bout coupé après la section comme excédant de corde.

« Les morceaux courts obtenus par Servent *ont la plus grande analogie de longueur avec les pièces de conviction;* car ils varient, comme ces derniers, entre *seize et dix-huit centimètres*, et, de plus, nous avons retrouvé sur l'un des plus longs bouts *la même forme de nœud qui existe sur l'un de ceux qui nous servaient de terme de comparaison*. C'est très-certainement le plein de la corde qui reliait les deux poignets, et sur lequel a été fait le double nœud de tavelle mentionné plus haut.

« Les *morceaux courts* obtenus par le Commissaire de police sont *au nombre de treize*, plus *trois longs;* mais ils sont *très-irréguliers* dans leur longueur, et ils varient entre *vingt-cinq, dix-sept, treize et cinq centimètres*. Ils diffèrent donc tout à fait des longueurs que nous ont présentées les bouts de corde qui nous avaient été remis.

Application des cordes (pièces de conviction) *autour des poignets de Maurice Roux, suivant les procédés de Servent et de M. le Commissaire de police Bayssade.*

« En étudiant attentivement les cordes, pièces de conviction, nous nous sommes assurés que le plus grand nombre des plus courtes embrasse la circonférence isolée de chaque poignet de Maurice Roux, avec cette observation que, toutefois, quelques-unes d'entre elles présentent une différence de longueur de quelques centimètres, variant de un à trois et demi.

« Les bouts de corde les plus longs ayant une longueur double, décrivent deux fois la circonférence du poignet; toutefois, le plus long l'excède de six centimètres.

« Les mains étant appliquées dos à dos, comme l'a décrit M. le Commissaire de police, on obtient une circonférence totale de *vingt-quatre centimètres*.

« Si l'on veut circonscrire cette circonférence par les cordes les plus longues, celles-ci ayant *trente-trois centimètres* de longueur, et la circonférence des poignets réunis n'étant que de *vingt-quatre centimètres*, les cordes font un tour et un tiers autour des poignets.

« Les plus petites, ayant à peu de chose près la moitié de cette étendue, atteignent le même résultat en les réunissant par deux.

« Nous avons refait nous-mêmes ces deux procédés de ligature, soit sur Maurice Roux, *soit que chacun de nous s'attachât sans l'aide de personne*. Nous avons même exécuté un troisième procédé qui a la forme d'un huit. Les deux poignets se touchant dos à dos, les cordes sont enroulées et s'entrecroisent dans leur milieu et à leur partie interne; les tours exécutés sont alors en nombre égal de chaque côté.

« De toutes ces expériences successives, qu'il serait trop long et sans intérêt de vous décrire, il en est résulté pour nous cette conviction, qu'une certaine habileté dans la pratique de l'un de ces procédés et dans la manière d'opérer la section des liens peut singulièrement augmenter ou diminuer le plus ou moins de ressemblance dans les résultats.

« Ainsi, par les trois procédés différents que nous avons expérimentés, nous sommes arrivés à obtenir des bouts de corde ayant une assez grande analogie de longueur avec celle des pièces de conviction.

« Pour nous résumer, nous dirons donc :

« 1° Le procédé Servent donne la longueur des cordes égale, mais n'atteint le nombre des cordes du procès qu'à la condition de porter à plus de dix le nombre de tours faits à l'un des poignets.

« La section des liens sur chaque poignet suffit pour obtenir les bouts de corde égaux entre eux.

« 2° Le procédé du Commissaire de police exige *neuf tours* enveloppant deux poignets réunis, et donne un nombre de bouts de corde égal au nombre des pièces à conviction, mais en diffère *un peu plus* par la longueur.

« La section en est plus difficile ; elle doit s'opérer sur les mêmes chefs par six en avant et en totalité en arrière, et nécessite une certaine pratique pour arriver à ce résultat.

« 3° Le procédé en huit de chiffre donne le nombre et la longueur la plus approximative des bouts de corde qui résultaient de la section des liens comparés aux pièces de conviction ; mais l'application en est beaucoup plus longue, et pour arriver à les couper, la main qui opère doit être exercée et passer successivement les ciseaux en avant et en arrière, et dans le milieu des anneaux constricteurs, au point de leur entre-croisement.

« Par le procédé Servent, *on peut facilement se lier les poignets par devant ou par derrière*, toutefois à la condition expresse de laisser entre les deux poignets un intervalle minimum de sept centimètres, sans lequel on ne peut se lier les mains soi-même.

« Nous avons ensuite examiné la corde qui était autour du cou de Maurice Roux. Elle a une longueur de trois mètres trente centimètres, une largeur de quatre millimètres.

« Cette corde, qui a servi, est un peu usée et présente sur plusieurs points des taches de couleur verte à l'huile. Enroulée autour du cou de Maurice Roux, elle a fourni cinq tours circulaires, plus deux bouts pendants, l'un de soixante-dix centimètres de longueur, l'autre de quatre-vingts centimètres.

« Signé : ALQUIÉ, RIMBAUD, GROMIER.

« Aix, le 21 mars 1864. »

M. le premier Président en fait la lecture, puis il invite M. Rimbaud à donner oralement l'explication des faits consignés dans son rapport.

M. Rimbaud les résume à peu près dans les mêmes termes, avec cette différence toutefois qu'il déclare maintenant que la section opérée par Servent sur chacun des poignets aurait eu lieu d'un seul coup. Puis il ajoute :

Si nous prenons le procédé du Commissaire de police, évidemment il n'arrivera jamais à la pensée de personne qu'on coupe d'abord six tours de corde, qu'on s'arrête au sixième, et encore au sixième déterminé, à celui, enfin, qui porte le nœud, et qu'on coupe ensuite en dessous. Quant au procédé Servent, il vient à la pensée que la première chose à faire, c'est de couper la corde entre les deux poignets avant de couper la corde sur chaque poignet.

M. le premier Président. — Si je vous ai bien compris, il résulte de vos déclarations que, pour obtenir *très-approximativement* les mêmes résultats que ceux fournis par les pièces de conviction, il faut aujourd'hui, quel que soit celui qu'on emploie des trois procédés que vous avez expérimentés, se livrer d'abord à une étude particulière, soit du mode de ligature, soit du mode de section ?

M. Rimbaud. — Parfaitement. J'explique encore que c'est parce que nous agissions avec une longueur déterminée, avec un nombre de tours déterminés.

Dans ces conditions, on peut arriver par toutes sortes de procédés.

M. le Procureur général. — Il me semble que pour que le procédé Servent donne exactement les résultats concordant avec les pièces de conviction, il faut que l'un des deux poignets porte douze tours et non dix.

M. Rimbaud. — Plus de dix tours.

M. le Procureur général. — Combien de tours ?

M. Rimbaud. — Nous n'avons pas cherché à nous en rendre compte d'une manière complète.

M. le Procureur général. — C'eût été cependant utile !

M. le premier Président. — Vous avez donc opéré sur une ligature qui vous donnait dix tours sur un poignet et trois sur l'autre ? Quand la ligature a été faite, la corde était-elle absorbée tout entière ?

M. Rimbaud. — Il restait un bout flottant de 70 à 80 centimètres.

M. le Procureur général. — Personne n'a jamais dit qu'il y eût un morceau flottant.

M. Rimbaud. — C'est M. Servent qui a appliqué la ligature de cette manière, et il nous a parfaitement fait observer que le bout qui restait à la corde qu'il avait vue était bien moins long.

M. Rimbaud ajoute que, par le procédé du Commissaire de police, il restait également un bout flottant d'environ 70 centimètres.

M. le Président prie M. Rimbaud de lui faire passer les bouts de cordes provenant des expériences.

M° *Jules Favre.* — En quoi consiste tout le problème ? A savoir lesquels se rapprochent le plus des pièces de conviction.

Les deux autres experts sont appelés. Ils donnent à la Cour des explications qui ne sont pas entendues de l'auditoire, et que *M. le premier Président*, après avoir rappelé que les pièces de conviction comprennent *trois bouts longs* et *onze bouts courts*, résume en disant aux jurés que les expériences faites d'après le procédé Servent ont donné 13 bouts courts et 2 longs ; celles par le procédé de M. Bayssade 11 bouts courts et 4 longs (1).

M. Gromier déclare qu'il ne peut accepter, comme étant l'expression complète de la vérité, les explications données par son honorable confrère M. Rimbaud. Les experts étaient en face de deux allégations, celle de M. Servent, celle de M. le Commissaire de police. M. Alquié a fait intervenir, pendant l'expertise, une troisième expérience. Devait-on les mettre toutes trois sur le même plan ?

Ici *M. Gromier* paraît vouloir entamer des explications sur les diverses expériences qui ont été faites par les experts. Il est interrompu par M. le Président, qui lui reproche d'entrer dans la discussion.

« M. Gromier, dit *M. le Président*, a déclaré que M. Rimbaud n'a pas dit la vérité totale ; c'est sur ce point seul qu'il doit s'expliquer. »

M. le Procureur général. — En quoi les conclusions orales de M. Rimbaud diffèrent-elles de celles qu'il a signées ?

M. Gromier. — Il m'est impossible de vous expliquer cela sans développements complets, si vous voulez que je vous dise la vérité, toute la vérité. Je suis bien embarrassé !

M. le premier Président. — Je veux que vous disiez toute la vérité.

(1) Le rapport de MM. les Experts, et M. Rimbaud, dans ses explications orales, indiquent d'autres nombres. Nous appelons l'attention du lecteur sur les mots soulignés de la page précédente. (*Note de l'Éditeur.*)

M. Gromier. — Eh bien! laissez-moi la dire avec simplicité.

Reprenant ses explications interrompues, M. Gromier dit qu'il considère le procédé en huit de chiffre comme extrêmement difficile, ou devant amener des dissemblances extrêmes. D'ailleurs, dit-il, ce procédé n'appartient pas à l'expertise; mais il est certain qu'il nous a été très utile : nous avons acquis immédiatement la certitude qu'il était impossible.

Le procédé de M. le Commissaire de police, si l'on coupe droit devant soi, comme c'est naturel, donnera également des bouts très-dissemblables des pièces de comparaison. Si l'on veut arriver, quand même, à produire des bouts de corde analogues aux pièces de conviction, il faut se livrer à une de ces gymnastiques qui exige des combinaisons excessivement longues.

M⁰ *Lachaud* demande que Servent et M. Bayssade fassent à l'audience sur la personne de Maurice Roux la section des cordes telle que la comportent leurs déclarations.

M. le Procureur général déclare s'opposer formellement à une expertise de ce genre, parce qu'il est notoire, dit-il, que Servent s'est longuement exercé à cette opération, tandis que M. le Commissaire de police n'a jamais expérimenté.

M. Rimbaud exprime la pensée qu'il suffirait de faire voir à MM. les Jurés comment Roux aurait été attaché par l'un et l'autre des procédés, et qu'il n'est pas nécessaire d'opérer la section.

M⁰ Lachaud demande à M. Rimbaud son opinion sur la probabilité des moyens dont on s'est servi pour couper la corde dans le procédé de M. le Commissaire de police.

M. Rimbaud. — Je ne pense pas qu'à moins d'une étude très-approfondie du problème à résoudre, on puisse, en face de cordes liées comme elles l'étaient par le procédé de M. le Commissaire de police, arriver à couper comme on l'a fait devant nous.

Un léger débat s'élève sur la question de savoir si un nœud de tavelle permet ou ne permet pas à la corde de se dérouler. Il est établi qu'une corde retenue par un simple nœud se déroule facilement, tandis que cela est impossible, si le nœud est double.

Un Juré exprime, au nom de tous ses collègues, le désir que l'expérience proposée par la défense ait lieu.

M⁰ *Jules Favre* fait remarquer à ce sujet que Servent, déposant sous la foi du serment, fût-il vrai qu'il se soit exercé, comme il s'exercera encore dans le sens de la vérité, et qu'il est honnête homme, l'expérience n'offrira que plus de garantie. « Servent a vu l'homme au moment où il était lié; il pourra peut-être nous dire pourquoi, au lieu de couper la corde entre les deux mains, il a d'abord coupé la corde d'un poignet.

M. le premier Président. — Je l'ai demandé à Servent, quand il a déposé. Il a répondu : « Je ne sais pas; en présence de pareils accidents, on va au plus pressé. »

M⁰ *Lachaud.* — M. Servent, interrogé aussitôt après l'événement, a indiqué comment il s'y était pris pour couper la corde. C'était à un moment où il n'avait pas encore expérimenté, si tant est qu'il ait expérimenté. Il montrera à MM. les Jurés comment il a opéré; ces Messieurs, s'en rapportant à sa première déposition, pourront juger. Quant à M. le Commissaire de police, il a vu couper, et en indiquant à MM. les Jurés l'opération qu'il croit avoir vu faire, MM. les Jurés verront, par la difficulté incroyable de cette opération, s'il est possible qu'elle ait été faite ainsi. Ils apprécieront.

M. le Procureur général. — Il faut faire faire les opérations par ceux de MM. les experts qui les ont faites.

M. le premier Président décide qu'une double expérience sera faite à l'audience par MM. les docteurs Gromier et Alquié.

Personne ne doute, ajoute *M. le Président*, de mon désir d'arriver à la vérité; je n'en ai pas d'autre.

M⁰ *Lachaud.* — Nous serions bien injustes et bien aveugles, si nous ne le reconnaissions pas.

M. le premier Président. — Ce qui me retenait, c'est que nous avions d'un côté un homme exercé, et, de l'autre, un qui n'a jamais attaché ni coupé.

Un Juré. — Nous désirerions être éclairés sur ce fait. M. le Commissaire de police, dans sa déposition, a déclaré formellement que la section avait été faite en un seul coup, d'une seule fois, et, dans l'expérimentation qui a été faite par les experts, la section a été opérée en deux fois.

M. le Président. — Ceci serait de la discussion. Nous allons procéder à l'expérience. Approchez, Maurice Roux.

Maurice Roux quitte son paletot; M. Gromier lui attache les mains derrière le dos, en mettant dix tours au poignet droit, trois au poignet gauche. Il reste un bout de corde d'un mètre pendant.

M. Gromier. — Il est beaucoup plus facile de faire cette opération sur soi-même que sur un autre.

M. Gromier opère ensuite la section et remet à M. le Président les bouts de corde ainsi obtenus.

M. le premier Président. — Voici le résultat de l'opération : un grand bout, trois autres bouts, six bouts courts.

M. Gromier. — Évidemment il y a erreur. Je n'aurai fait que six tours au lieu de dix.

M. Alquié fait à son tour l'expérience sur Maurice Roux; il lui entoure les deux poignets placés dos à dos.

M. Rimbaud fait observer que les poignets ne sont pas attachés, et il retire la corde avec la plus grande facilité, en la faisant glisser sur les mains.

M⁰ *Lachaud.* — Cela s'enlève comme un bonnet.

M. Alquié. — Je ne serrais pas davantage, pour ne pas employer toute la corde.

M. Alquié attache de nouveau, et *M. Rimbaud* fait encore glisser très-facilement la corde sur les mains de Roux.

M. Alquié. — Je ne me suis pas mêlé de l'opération de M. Gromier; qu'on me laisse faire la mienne tout seul!

M. le premier Président. — M. Rimbaud et M. Gromier, allez vous asseoir, et laissez M. Alquié faire son opération.

M. Rimbaud. — Eh bien! puisqu'on nous y oblige, je vais dire ce qui s'est passé. Samedi soir, après que M. le Président nous avait fait l'honneur de nous nommer pour experts, j'ai réuni ces Messieurs chez moi. Nous avons fait venir Roux et M. le Commissaire de police; nous avons fait l'expérience; nous la leur avons fait faire à eux-mêmes. Savez-vous ce qui en est résulté? Nous avons été d'un avis unanime, complet, quant au rapport à faire. J'ai accompagné MM. Alquié et Gromier jusqu'à leurs hôtels. Nous avons été complètement du même avis : c'est-à-dire que le procédé Servent donnait une probabilité infiniment plus grande que le procédé du Commissaire de police. Je raconte ce qui s'est passé. Nous avons été unanimes.

Le lendemain, M. Alquié est venu; il avait réfléchi : « Je crois, dit-il, que nous n'avons pas fini; il faut aller chez M. le Président, et faire une nouvelle expérience. Nous avons cru que notre mission consistait seulement à composer les deux procédés indiqués dans les dépositions faites à l'audience; il faut employer d'autres procédés. »

Nous sommes revenus près de vous, Monsieur le Président, et vous nous avez dit : « Faites toutes les expériences que vous jugerez convenables. »

Nous avons fait, par condescendance pour M. Alquié, l'expérience du 8 de chiffre, que nous n'aurions jamais faite, ni M. Gromier ni moi. Nous avons passé toute la journée d'hier à expérimenter; enfin, hier soir, nous sommes arrivés à des conclusions qui n'étaient pas tout à fait celles de notre rapport; elles étaient un peu plus explicites. Nous avons fait hier soir, je ne dirai pas que ce soit par méfiance, mais nous avons fait signer à M. Alquié un procès-verbal des faits qui s'étaient passés dans la journée. Eh bien! savez-vous ce qui s'est présenté? Nous ne pouvions plus nous entendre. Voilà toute l'histoire! (*Rumeurs en sens divers.*)

M. le premier Président. — M. Rimbaud, vous mettez là une grande animation!

M. Rimbaud. — Je demande mille fois pardon de mon animation.

M. le premier Président. — Ce que je veux vous dire, c'est ceci. S'il est vrai que votre animation d'abord, ou du moins vos soupçons sur M. Alquié, soient venus de ce que M. Alquié n'a pas cru que tout fût fini par la double expérience à laquelle vous vous étiez livrés, l'une sur le procédé Servent, l'autre sur le procédé de M. le Commissaire de police, c'est vous qui vous êtes trompé. C'était une erreur de votre part. Vous avez cru, de la meilleure foi du monde, je n'en doute pas, que je vous avais chargé de faire venir Servent, de lui faire attacher Maurice Roux, et de lui faire couper le lien; de faire venir le Commissaire de police, de lui faire de même attacher et couper la corde; et que tout était là. Vous vous êtes trompé; je vous l'ai dit le lendemain, quand vous êtes venu dans mon cabinet. Je vous ai dit : « Vous avez mal compris le mandat que je vous ai donné. » Dès ce moment, j'avais prévu que Servent et le Commissaire de police n'étaient pas dans les conditions égales; que le Commissaire de police n'avait ni attaché ni coupé, tandis que Servent avait attaché et coupé; on dit, je n'en sais rien, qu'il se serait exercé depuis longtemps à cela. Je vous ai dit : « Il faut non-seulement recommencer les expériences, mais les commencer; car celles auxquelles vous vous êtes livrés ne sont pas celles que je vous avais spécialement commis pour faire. »

Je le répète donc, si vos sentiments à l'endroit de M. Alquié, soient nés de ce qu'il vous a dit : « Il ne faut pas se borner aux premières expériences, il en faut d'autres; » c'est vous, je le répète, c'est vous qui vous êtes trompé.

M. Rimbaud. — Je ne me suis nullement trompé; je n'ai pas dit à ces Messieurs : « Nous ne ferons que telle expérience. » Je constate les faits; vous nous aviez donné une mission; nous avons travaillé deux ou trois heures à la remplir; au bout de ce temps, nous sommes tombés complétement d'accord tous les trois sur ce que nous avions à faire. Par conséquent, ni les uns ni les autres, nous n'avions pas cru ne pas remplir notre mission.

Le lendemain, l'un de nous a voulu revenir là-dessus.

M. le premier Président. — Celui qui a voulu revenir a mieux que vous compris sa mission.

M. Alquié. — Je prie M. le Président de m'accorder un instant la parole. Je ne puis rester sous le coup de cette accusation; j'aurais fait un acte indigne d'un honnête homme; je ne puis la supporter ici. Je m'étonne qu'après avoir apporté le travail de nous trois, l'un de mes confrères élève ici contre moi un soupçon que ma vie entière repousse complétement. Vous l'avez dit, on vous a entendu, j'ai besoin pour ma réputation que ce que vous avez dit soit corrigé dans le public. Il y a une chose que M. Rimbaud a oublié de dire. L'avons-nous, nous l'avons dit dans notre rapport, c'est consigné complétement : dans la manière de faire de M. Servent, et dans celle de M. le Commissaire de police, il y a des résultats tellement différents, je l'ai reconnu, que quand nous avons voulu conclure, j'ai dit : « Permettez, il ne faut pas conclure aussi vite; je désire que demain matin nous revenions, parce que ce que nous avons obtenu cette fois peut bien être l'effet du hasard ou d'autre chose; il faut éclairer ces questions. » Voilà comment les choses se sont passées. Vous avez consenti à revenir; j'ai fait des réflexions, j'ai dit : « Les choses sont différentes; nous avons une mission pour trouver la solution d'un problème; il ne faut pas nous en rapporter à un homme qui dit : « Je vais couper comme cela. » Nous avons un problème à résoudre; ne faut-il pas en chercher la solution? N'est-ce pas à nous, médecins, à réfléchir? »

M. le premier Président. — En voilà assez à ce sujet. Sur ce point du débat, je le répète, et c'est la vérité, après les premières expériences faites, les experts n'avaient pas rempli leur mandat. Si M. Rimbaud l'a cru, il s'est trompé.

M. Rimbaud. — Je me suis parfaitement rendu au désir de M. Alquié. Je demanderai à M. Gromier comment je me suis comporté dans la journée?

M. le premier Président. — Je clos ce débat; je ne veux pas qu'il se poursuive. M. Alquié, faites votre expérience.

M. Alquié procède pour la troisième fois à son opération. M. Gromier s'approche de nouveau; mais, sur l'invitation de M. le premier Président, il s'éloigne de quelques pas.

Cette fois, MM. les Jurés quittent leurs siéges, et entourent M. Alquié pour vérifier par eux-mêmes si la corde est convenablement serrée.

M. Alquié coupe la ligature, et les fragments en sont remis à M. le Président, qui compare ces bouts avec ceux des pièces à conviction.

On procède ensuite au mesurage des poignets de Maurice Roux, tant avec les bouts provenant des pièces à conviction qu'avec ceux résultant des diverses expériences. Ces différents bouts sont recueillis séparément dans des enveloppes, pour passer sous les yeux de MM. les Jurés.

Mᵉ Lachaud. — M. le Président aurait-il la bonté de demander à ces Messieurs, qui ont fait des expériences avec la corde autour du cou de Maurice, s'ils ont aperçu la cicatrice en question et ce qu'elle est aujourd'hui?

M. Rimbaud. — Nous avons vu un bouton cicatriciel sur le cou de Maurice Roux.

Mᵉ Jules Favre. — M. Rimbaud pourrait-il nous dire s'il pense que ce bouton puisse s'expliquer par un coup violent qui aurait amené une commotion?

M. Rimbaud. — Je ne puis rien dire là-dessus.

M. le premier Président. — De tout ce débat, il

résulte que les conclusions auxquelles MM. les experts sont arrivés sont celles-ci : c'est qu'avec de l'habileté et de l'expérience, et en s'étudiant à reproduire ce que le hasard a produit le 7 juillet, on peut arriver à des sections de corde à peu près semblables à celles qui constituent les pièces de conviction, soit que l'on opère d'après le procédé Servent, ou celui du Commissaire de police, ou bien encore d'après le procédé inventé par l'un de MM. les experts; ajoutons toutefois qu'il n'est ni vraisemblable ni naturel que l'on ait pu opérer la section des cordes de la manière indiquée et pratiquée dans le système du Commissaire de police.

M⁰ *Jules Favre.* — Je désirerais savoir de MM. les experts lequel des deux systèmes leur paraît plus vraisemblable, d'après les pièces à conviction, de celui qui consiste à avoir les deux poignets liés séparément, ou de celui qui consiste à avoir les poignets liés ensemble? En un mot, s'ils pensent que Maurice Roux a eu les mains liées séparément, ou bien liées ensemble par un seul tour de corde?

M. le premier Président pose immédiatement la question à MM. les experts.

M. Gromier. — Pour moi, le procédé du Commissaire de police est complétement impossible, et, dans mon âme et conscience, je me prononce pour le procédé Servent.

M. Rimbaud. — Je regarde le procédé du Commissaire de police comme impossible, et celui de Servent comme étant vraisemblable.

M. Alquié. — J'admets qu'on peut arriver par plusieurs procédés à ces mêmes résultats ou à des approximations qui tiendront ou du hasard ou de l'habileté de la personne; mais je ne me prononce pas d'une manière absolue. (*Mouvement de la part des deux autres experts.*) J'avoue que cette manière de se lier les mains derrière le dos m'a surpris tellement, qu'en vérité j'ai été étonné qu'on songeât à faire des choses de ce genre; mais, répondant à la question de M. le Président, je dis qu'on peut obtenir un résultat approximatif aux pièces de conviction, non-seulement par les trois procédés indiqués, mais encore par une suite de procédés à trouver, soit par hasard, soit par des applications raisonnées.

Mᵉ *Jules Favre.* — Mais n'y a-t-il pas un procédé que préfère M. Alquié?

M. Alquié. — Je me range aux conclusions du rapport.

M. le premier Président, sur la demande de la défense, ordonne l'expédition du rapport, qui servira, dit-il, à MM. les Jurés pour se rappeler l'expression de la pensée des experts.

— Ils se rappelleront aussi les impressions de l'audience, ajoute Mᵉ Jules Favre.

On reprend l'audition des témoins.

Madame Boucharin, femme du régisseur, chargé par M. Armand de garder Maurice Roux pendant son voyage à Paris, a, comme son mari, remarqué chez lui de l'exaltation, des conversations sans suite. Il lui a souvent causé de ses amourettes.

M. le Procureur général oppose au témoin que, dans sa déposition écrite, elle déclare l'avoir trouvé toujours très-doux.

M. Sisteron, banquier, à Pont-Saint-Esprit. — J'avais à mon service, depuis neuf mois, la fille Philomène Dessert, lorsqu'au moment où l'on s'y attendait le moins, cette fille accoucha et donna la mort à son enfant. Il était de notoriété que cet enfant était de Maurice Roux, et comme cette fille m'avait été vivement recommandée, que d'un autre côté j'avais entendu dire peu de bien de Maurice Roux, je fis tous mes efforts pour rompre leurs relations.

Mᵉ *Lachaud.* — N'est-il pas établi dans le pays que Maurice Roux prenait tout l'argent de cette fille et le dépensait pour ses plaisirs? — *R.* Cet homme exerçait sur elle une grande influence. Les réclamations d'une nuée de créanciers et de fournisseurs qui survinrent, après que je l'eus mise à la porte, à la suite du malheur qui lui était arrivé, m'apprirent que cette fille faisait des comptes, et gardait l'argent que je lui donnais chaque jour pour les dépenses de la maison. Cela me parut louche, je cherchai l'explication de cette conduite, et je sus que Maurice lui soutirait tout son argent.

Je dois ajouter que cette fille lui ayant écrit à ce moment de venir à son secours, il m'a raconté qu'il aurait eu l'inhumanité de lui répondre par un refus.

M. le Procureur général. — Je demande la permission de lire à MM. les Jurés, la déposition de la fille Philomène : « A peine interpellée, elle nous a fait connaître ses rapports avec Maurice Roux. Elle a déclaré qu'elle connaissait Maurice Roux depuis son bas âge, qu'elle était de Bourg-Saint-Andéol, mais qu'elle n'avait jamais eu de relations avec lui jusqu'à l'âge de vingt-quatre ans; qu'ils s'étaient rencontrés à Pont-Saint-Esprit, et que c'est alors seulement que s'étaient établies des relations intimes entre eux; qu'à la suite de ces relations, et un an après, elle était devenue enceinte de Maurice Roux, auquel elle fit connaître sa position; que Maurice Roux lui avait promis de l'épouser, et que, confiante en la promesse de Maurice Roux, elle n'avait jamais cru devoir la lui rappeler; que cette situation se prolongea jusqu'au septième mois de sa grossesse, et que ce fut alors que Maurice Roux partit de Pont-Saint-Esprit, et ne lui donna plus de ses nouvelles. »

Il paraît donc difficile, ne connaissant pas son adresse, qu'elle lui ait écrit pour obtenir de l'argent.

Mᵉ *Jules Favre.* — C'est M. le Commissaire de police Bayssade qui a reçu la déclaration.

M. Debbeld, consul de Brunswick, à Paris. — Il a connu M. Armand, il y a sept ans, aux bains de Lamalou, où il l'a vu entouré de la plus grande estime et de la plus grande considération; mais avant d'arriver à sa déposition, il prendra la liberté de faire une réserve.

On a dit, après avoir fait un tableau très-malheureux du caractère et des qualités d'Armand, qu'il n'était pas étonnant qu'en sa qualité de millionnaire, il ait pu trouver quelques amis dévoués à sa personne. Le témoin déclare avant tout qu'il n'a jamais eu avec lui aucunes relations d'affaires ni d'intérêt. Les seules relations qu'il revendique sont celles de l'amitié, de l'estime et de la plus profonde considération qu'il professe pour lui. Pendant plusieurs semaines qu'ils ont passées ensemble en diverses fois, le témoin a été à même de reconnaître et d'apprécier toutes les qualités de M. Armand.

On a parlé de son caractère vif, emporté, violent même : le témoin, qui a vécu avec lui, constate que M. Armand a le caractère le plus droit, le plus loyal et le plus honorable qu'il ait jamais rencontré. Esclave de ses engagements et de ses devoirs, il n'est pas étonnant qu'il exige des autres les mêmes qualités. S'il arrive qu'il s'emporte quelquefois, ce n'est là qu'un défaut de surface qu'on exagère beaucoup plus qu'il ne mérite. Cette opinion, ajoute le témoin, tous ceux qui ont approché la professaient avant qu'on l'ait accusé de ce crime monstrueux, et ils la conservent et la conserveront telle que je l'exprime ici.

En terminant, le témoin dit que M. Armand, lors de son séjour à Paris avec sa femme avant le malheureux événement, lui a parlé de son nouveau cocher dont le service lui paraissait régulier ; mais il a ajouté qu'il avait un regard singulier, comme un homme qui a quelque chose à craindre ou à cacher.

M. le premier Président constate que le témoin vient de rendre un hommage parfait au caractère d'Armand.

Paoli, gardien en chef de la maison d'arrêt, à Montpellier. — M. Armand, dit-il, est arrivé le 8 juillet dans la maison d'arrêt. On a donné l'ordre à un gardien de coucher dans sa cellule. Ce gardien est venu plusieurs fois me dire que M. Armand désirait me voir. Je refusai, car je le savais riche, et je ne voulais pas que cela fît causer. Un jour, enfin, le gardien m'ayant dit que M. Armand, apprenant mes refus, me trouvait bien *fier*, cela me piqua ; j'allai le trouver, et la conversation s'engagea. Après m'avoir demandé d'où je venais, et quand je lui eus dit que j'étais Corse et que je venais de Bastia : « Si un homme offrait, me dit-il, 5,000 ou 10,000 francs à un gardien, savez-vous qu'un homme faible pourrait fléchir ? »

Je pris cela pour un ballon d'essai, et comme j'avais devant moi un accusé et à côté de lui un gardien propre à se prêter à son but, je lui répondis : « On m'a confié une mission, et je tâche de m'en tirer aussi honorablement que possible. »

Je rentrai chez moi, l'esprit agité et vivement impressionné de cette conversation. A partir même de ce moment, je commençai à avoir des doutes sur M. Armand et sur son gardien ; je remarquai même, lorsque sa présence ne fut plus nécessaire dans la cellule, c'est-à-dire après que le secret eut été levé, que ce gardien y restait beaucoup trop souvent, qu'il était devenu l'homme indispensable de la famille et de M. Armand. Je soupçonnai quelque intrigue ; aussi j'attendis des ordres avant d'autoriser Mme Armand à rester auprès de son mari, comme elle le demandait, au delà des heures prescrites par le règlement. Je disais toujours : « Je ne suis rien dans la maison, il y a au-dessus de moi toutes les autorités. » M. Armand avait beau me dire : « Faites cela, ne craignez rien, je réponds de tout pécuniairement. — Vous voulez dire, lui répondais-je, que, retiré de ma petite place, vous m'indemniserez avec votre bourse ? Je ne suis pas riche, je ne connais pas la fortune, mais je veux rentrer dans mon pays comme j'en suis sorti, en honnête homme. » Plus tard, on vint me dire que M. Armand faisait des préparatifs pour un départ improvisé. Je repris le qui-vive, mais je ne pus rien savoir de précis. Nous étions au mois de novembre. Je me disais : il attendra peut-être jusqu'après le jugement. Enfin, j'avais pris mes mesures.

Le 18 novembre, les affaires ayant pris une autre tournure, je parlai de tout cela à M. le Préfet. Le gardien en question fut renvoyé, et, quelque temps après, j'eus occasion d'apprendre d'un détenu que rien ne lui serait plus facile que de s'échapper en rampant par une fosse située près de la fontaine, et communiquant avec le dehors par un souterrain. Je lui fis tenter l'expérience, et, en effet, il parvint à sortir de la prison, vint me rejoindre en ville, et me donna la main. En rapprochant les dates et en rappelant mes souvenirs, je trouvai facilement alors l'explication des préparatifs de M. Armand.

M. le premier Président. — Lors des démarches faites par Armand pour vous voir, vous avez compris qu'il s'agissait là d'une tentative de corruption ? — *R*. Oui, Monsieur le Président. Mais au lieu de céder à ses insinuations, je l'ai surveillé de plus près.

Me Lachaud. — Comment se fait-il que le témoin, lorsqu'il a été entendu le 15 décembre, n'a pas dit un mot de cela ?

Me Jules Favre. — Est-ce que le devoir du témoin n'est pas d'informer immédiatement ses chefs de tout ce qui se passe dans la prison ? Est-ce qu'il n'est pas de rigueur que tous les jours il soit fait au directeur un rapport contenant jusque dans leurs plus petits détails le récit des événements de la journée ?

Le témoin Paoli. — Monsieur le Président, priez le défenseur de se taire. J'ai tracé un cercle autour de moi, et je ne veux pas le franchir.

Me Jules Favre. — Comment n'avez-vous pas informé immédiatement le Préfet ou le Procureur général de cette première conversation du mois de juillet avec Armand que vous jugiez si compromettante ? — *R*. Au premier abord, je doutais ; ce n'est qu'à force de douter que je me suis fait une conviction, et alors j'en ai parlé à qui de droit. Jusqu'alors j'avais prolongé à dessein la situation pour mieux surveiller, et j'ai laissé rouler la barque jusqu'au bout, c'est-à-dire jusqu'à la fin du mois d'octobre. Je ne savais pas que je dusse être témoin.

Mais, un jour, M. le Directeur central est venu dans la maison. Je lui ai dit : « Je suis un homme vendu et dans la maison et par les gens de la maison. Il est aussi facile à M. Armand de sortir de la maison que s'il était sur la place du Peyrou. Il y a qu'il se fait des préparatifs pour un départ imprévu ; je suis ici un homme vendu, on veut rejeter la faute sur moi et avoir les bénéfices. «. Votre imagination s'échauffe, m'a-t-il répondu ; vous voyez des géants où il n'y a que des pygmées. » Et comme il considérait mon rapport comme une chimère, et qu'il voulait me prouver que je me faisais illusion, je me suis trouvé paralysé. Toutefois j'ai fait alors un rapport au Préfet qui a destitué le gardien Lafous que je soupçonnais.

Me Lachaud. — Cet homme est pourtant rentré depuis dans la maison d'arrêt ?

Le témoin. — Cela est vrai ; mais quand il est rentré, je lui ai dit : Nous n'avons pas confiance en vous ; vous n'êtes ici que parce que M. le Directeur le veut, mais vous n'êtes absolument rien.

Me Jules Favre. — Il existe beaucoup de subordination dans la maison d'arrêt de Montpellier !

M. le premier Président. — C'est après le départ de Lafous qu'on a découvert qu'il y avait un souterrain qui conduisait de l'intérieur à l'extérieur, et qu'on a appris que ce souterrain avait été déblayé par ordre de Lafous ? — *R*. Oui, Monsieur le Président.

Me Lachaud. — Il faut pourtant supposer que les supérieurs de Lafous l'ont reconnu pour un honnête homme, puisqu'il a été rétabli dans son poste, et que les faits que rapporte le témoin sont inexacts ?

Paoli. — Moi, je suis ici pour dire la vérité ; je prétends que la vérité soit connue, et je la dis. On a fait une enquête dans laquelle Armand devait être interrogé, j'ai déposé, et je n'ai pas dit autre chose que ce que je dis en ce moment.

Armand. — Le témoin vient de dire qu'il avait été fait une enquête, je l'ignore, moi. Mais ce que je puis déclarer sur l'honneur, c'est que tout ce que dit le gardien-chef n'est que mensonge.

M. le premier Président. — Je ne vous permets pas d'attaquer le témoin, vous êtes dans une situation différente de lui, bien différente! Vous avez à vous justifier, et le témoin dépose sous la foi du serment. Il est à la tête de la maison d'arrêt de Montpellier, et je vous préviens que je ne vous permettrai pas de l'insulter.

Armand. — J'ai eu tort, je le reconnais, de m'exprimer ainsi. Je prie seulement M. le premier Président, en vertu de son pouvoir discrétionnaire, de faire appeler les deux gardiens de la maison d'arrêt de Montpellier, et il verra que ce que vient de dire le gardien-chef n'est pas la vérité. Ils vous diront que, quant au passage souterrain, ils ont fait l'expérience avec un individu qui est passé par là, et qui en est sorti noir comme du charbon ; ce qui prouve qu'on n'avait pas nettoyé le canal.

M. le premier Président. — J'avoue que pour envoyer chercher ces deux gardiens le courage me manque. Le nom de Paoli vous avait été cependant signifié ?

Armand. — Mais il n'y avait pas un mot de la déposition qu'il vient de faire!

M. le premier Président. — Ce serait une vérification à faire ; si je la crois nécessaire, je la ferai. Mais, enfin, voilà une insinuation qui a été faite par le témoin, et vous la niez?

Armand. — Energiquement.

Paoli. — Eh bien! moi, je lève la main, et je l'affirme cent millions de fois.

M. le premier Président. — MM. les Jurés apprécieront toute l'importance de ce fait ; ils jugeront qui, du témoin ou de l'accusé, dit la vérité.

Armand. — Le jour où l'arrêt de la Cour de cassation a été connu à Montpellier, le gardien-chef est venu dans ma cellule et m'a dit : « Je viens vous faire mon compliment, vous êtes sauvé maintenant. — Qu'entendez-vous par ces paroles? Ne suis-je pas toujours entre les mains de la Justice? n'est-elle pas la même partout? Que pouvais-je donc avoir à craindre ici ? Mais puisque vous me procurez l'occasion de vous parler, est-il vrai que je vous ai proposé de l'argent pour favoriser mon évasion? — Non, me répondit-il ; je ne veux pas de tripotages et je n'ai jamais inventé de pareilles choses ; j'aimerais mieux aller planter des choux que de faire pareil métier. » Et mon oncle Biquet, à qui il en a parlé, vous dira la même chose tout à l'heure.

M. le premier Président. — Armand, le témoin est bien affirmatif, vous le voyez. Quel intérêt peut-il avoir à venir se parjurer et affirmer un fait faux?

Armand. — Je crois que c'est parce qu'à l'époque de mon pourvoi en cassation, M. le Procureur général de Montpellier a écrit à Paris pour faire part de la proposition que j'aurais faite au gardien-chef, d'une somme de 8 à 10,000 francs, et parce qu'il aurait engagé cet homme à venir l'attester.

M. le premier Président. — Armand, selon vous, M. le Procureur général aurait fait connaître à Paris les faits sur lesquels nous discutons en ce moment ; et, comme M. le Procureur général voulait s'assurer que son affirmation fût confirmée, il aurait engagé le gardien à attester ce fait, lors même qu'il ne serait pas vrai?

Armand. — Nous savons bien que nous avons demandé à Paris une enquête sur ce fait ; mais nous ne savons rien de plus.

M. le premier Président. — Mais enfin quel intérêt a cet homme à faire une semblable déposition?

Armand. — Il a une bonne place, et il veut la conserver.

Paoli. — Oui, je veux la conserver, mais avec mon honneur.

Armand. — Me croyez-vous capable de mentir, Monsieur le premier Président?

M. le Président. — Ne m'interrogez pas là-dessus.

Armand. — Je dis la vérité. Faites venir les deux gardiens, et vous en serez convaincu.

M. le Président. — Je crois plus aisément le témoin, déposant sous la foi du serment, que vous qui êtes accusé. Du reste, MM. les Jurés apprécieront.

Mᵉ Lisbonne. — A la suite de l'arrêt de la Cour de cassation, une information a été faite à Montpellier par M. le Juge d'instruction. Cette information est nécessairement le résultat des révélations du témoin Paoli. Nous ne la connaissons pas, cette information ; mais la déposition que vient de faire tout à l'heure le sieur Paoli doit certainement s'y trouver. Et cette déposition ne peut être celle du 15 décembre, que nous connaissons, puisque celle-ci ne contient pas un mot de ce que vient de dire le témoin Paoli.

M. le Procureur général. — On a pu rechercher si les paroles qu'Armand est soupçonné d'avoir tenues ne constituaient pas une tentative de corruption ; mais cela n'implique pas qu'il y ait eu, à proprement parler, information.

Mᵉ Lisbonne. — Une information peut n'avoir pas abouti à constater un délit ; mais ce que nous désirons savoir, c'est si elle a eu lieu ou si elle n'a pas eu lieu. Si elle a eu lieu, je prétends que cette déposition du sieur Paoli a été un des éléments de cette instruction.

M. le Président. — Comment pouvez-vous, en présence d'une information que vous ne connaissez pas, supposer que la déposition du témoin doive y figurer?

Mᵉ Lisbonne. — Cette information a-t-elle eu lieu?

M. le Président. — Nous ne l'avons pas. Je comprends fort bien que si on a supposé qu'il y eût un élément suffisant pour constituer un délit de corruption, on ait commencé une information pour savoir si en effet ce délit serait poursuivi. Je comprends aussi que si l'on n'a pas trouvé d'éléments suffisants, on ait rendu une ordonnance de non-lieu. Tout cela est possible ; mais je ne sais pas si en réalité l'information a eu lieu. Ce que je sais, c'est que le témoin est interrogé aujourd'hui, qu'il dépose de ce qu'il sait, et qu'il affirme qu'à une époque qu'il indique, telles et telles paroles ont été tenues par Armand à son égard.

Mᵉ Jules Favre. — Il est incontestable que la déposition du témoin n'a pas été provoquée ingénûment. On a voulu, en l'interrogeant, jeter une insinuation dans le débat. Si ce témoin était isolé, rien de plus simple ; mais si d'autres témoins déposent dans le même ordre de faits, il est incontestable que le procédé de M. le Procureur général est contraire non-seulement à la loyauté, mais à toutes les règles.

M. le Procureur général. — Permettez, Mᵉ Jules Favre! En fait de loyauté....

Mᵉ Jules Favre. — Je n'accuse pas la loyauté de M. le Procureur général. C'est le procédé que j'ai qualifié. Un semblable procédé est contraire à la libre défense. Ce que je demande, c'est que l'instruction soit jointe à la procédure ; car, le silence de M. le Procureur général me le prouve, cette instruction existe. Tout dans le débat doit être contradictoire, et il y a un point que nous ne connaissons pas!

M. le Procureur général. — Je n'ai pas cette information.

Mᵉ Jules Favre. — Mais elle a été faite, cela est sûr.

M. le Procureur général. — Je n'en sais rien.

M. le Président. — Voici ce qui me reste à dire : C'est qu'il paraît qu'il y a eu une information basée sur les soupçons d'une tentative de corruption. M. le Procureur général dit que cette information n'est pas en sa possession, il ne peut donc pas la verser au procès. Cela étant, j'ajoute qu'une information ayant été commencée et n'ayant pas abouti, je ne puis laisser qualifier, comme vous le faites, le procédé de M. le Procureur général, qui a pu faire citer un témoin qui venait déposer sur un fait précis et qui avait sa portée, et ne pas faire citer les autres. En vérité, il me semble que M. le Procureur général pouvait agir ainsi.

M. le Procureur général. — La défense sait très-bien que M. le premier Président et moi nous sommes allés à Montpellier. Là, on m'a fait connaître les faits, et j'ai fait assigner le gardien-chef comme témoin important. Je ne sais pas s'il y a eu d'autres témoins qui aient été entendus.

Me *Jules Favre.* — Non-seulement nous ignorions cela, mais bien infailliblement nous devions tomber dans un piège. On appelle le témoin Paoli ; naturellement, nous recourons à sa déposition, où il n'y a rien de tout cela, et voilà le témoin Paoli qui vient déposer de faits tout différents.

M. le Procureur général. — Est-ce que je suis tenu de faire connaître à la défense tous les faits sur lesquels un témoin peut venir déposer ?

M. le premier Président. — Il arrive tous les jours qu'on cite un témoin qui n'a pas été entendu. Il ne nous reste qu'une chose à faire, c'est de demander au témoin comment il se fait que la première fois il n'a pas été explicite, comme aujourd'hui, et pourquoi il n'a pas raconté ce qu'il est venu dire ici.

(Au témoin). — Vous avez été entendu une première fois ; pourquoi n'avez-vous pas déposé des faits dont vous avez parlé aujourd'hui ?

Paoli. — Je n'attachais pas alors d'importance à ces faits. Aujourd'hui, c'est le moment suprême, je dis la vérité. (*Mouvement dans l'auditoire.*)

Me *Lisbonne.* — Vous entendez : il ne les a pas déclarés, parce qu'il les croyait sans importance.

M. le premier Président. — La même chose n'a-t-elle pas lieu pour nous ? Vous citez un témoin, et il vient déposer de faits nouveaux.

Me *Jules Favre.* — Voici ma réponse. Assurément M. le Procureur général est parfaitement maître de citer un témoin nouveau ; mais il n'est pas dans l'usage, et il est contraire à la Loi, quand un témoin a été entendu par le Juge d'instruction, de ne pas faire connaître en entier ce qu'il a déposé.

M. le premier Président. — C'est une procédure étrangère à celle-ci.

Me *Jules Favre.* — Alors pourquoi l'y mêler ?

Bonhomme, peintre en bâtiments, à Montpellier. — Un dimanche, vers six heures du soir, il rentrait chez lui, sortant du café. La soupe n'était pas prête. Sa femme lui dit : « Va faire, en attendant, un petit tour avec Adèle. » Il sortit avec sa fille. Il rencontra un voisin qui lui dit : « Voulez-vous voir Maurice Roux ? venez avec moi. » Le témoin suivit cet individu et alla avec lui chez Laroquette, au troisième étage. Ils parlèrent de l'affaire Armand, et le témoin, dans la conversation, exprima la pensée qu'on pouvait en effet se lier et s'attacher soi-même.

Le témoin ne connaissait pas Roux, et un simple intérêt de curiosité le poussait à aller le voir. En cela, il faisait comme tout le monde de Montpellier.

M. le premier Président. — N'avez-vous pas dit à Maurice Roux : « Vous ne savez pas dans quelle affaire vous êtes engagé ? Armand sortira, et c'est vous qui irez en prison. Un médecin qu'on a fait venir de Paris vous fera mettre en prison. — R. Oui, je l'ai bien dit. J'ai répété ce que j'entendais dire tous les jours à Montpellier.

D. N'a-t-il point été question d'une somme de 40,000 fr. ? — *R.* Je ne sais rien de cela.

D. Ainsi, sans connaître Maurice Roux, vous allez le voir ? — *R.* Je vous le répète, Monsieur le Président, j'y allais par curiosité. Tout le monde à Montpellier en faisait autant.

L'audience est terminée ; il reste encore plus de quatre-vingts témoins à entendre, presque tous à décharge. Ces longs débats sont-ils près de leur fin ? Il semble que chacun tende à les abréger. Écoutons M. le Président.

M. le premier Président, s'adressant aux défenseurs. — Je désirerais, Messieurs, que tous les témoins fussent épuisés à l'audience de demain. Je vous demande donc de profiter de l'intervalle des deux audiences pour classer vos témoins dans l'ordre que vous désirez qu'ils soient entendus, en ayant soin d'élaguer ceux que vous ne croiriez pas devoir maintenir.

Le lendemain 22, l'audience ouvre à dix heures et demie.

M. le premier Président exprime de nouveau le désir que cette audience voie achever l'audition des témoins ; il convie tout le monde à l'aider dans la réalisation de ce projet.

Un témoin nouvellement cité, le nommé Guin, doit être entendu relativement au propos de la concierge sur le fait de la descente de M. Armand à la cave.

La défense a, de son côté, fait citer quatre nouveaux témoins. Ce sont MM. Carles, Villarès, Parent et Castan.

On entend d'abord le nommé Guin.

Guin (Jean), tonnelier, à Montpellier. — Le lendemain de l'événement, vers six heures et demie ou sept heures, il vit la portière appuyée sur son balai devant sa porte ; il la connaissait à peine ; cependant il s'approcha et dit : « J'ai entendu dire qu'on avait fait quelque chose. Qu'est-ce que l'on a fait ? » Elle lui répondit que le domestique de M. Armand s'était étranglé dans la cave. « Est-il mort ? » demanda-t-il. — « Il vaudrait bien mieux qu'il fût mort, répondit-elle ; il ne me donnerait pas tous les tracas qu'il me donne. »

Trois jours après, il rencontra encore la portière. « Dites-moi, portière, on dit que c'est M. Armand qui a fait le coup. Tout le monde le dit. » A ces mots, elle le regarda avec un sourire, prit sa main, et lui dit : « Je crois bien avoir vu monter M. Armand de la cave, mais je ne pourrais pas dire que je n'ai pas vu l'individu qui a été battu. » Cela dit, elle quitta le témoin.

La femme Cazes est rappelée, mais elle ne répond pas. Me Favre demande qu'on la recherche.

Un Juré. — Monsieur le Président, voudriez-vous demander au témoin s'il est voisin de la portière ou s'il l'a rencontrée par hasard ?

M. le premier Président pose la question au témoin. De ses explications, il résulte que la maison Armand ne se trouvant pas sur le parcours direct du témoin pour se rendre de son domicile à l'endroit où il travaille, il n'a pu rencontrer la portière par hasard, et qu'il a été poussé à la voir par un motif quelconque.

En attendant que la femme Cazes soit retrouvée, un autre témoin est appelé.

Cleveci (Laurent), garçon d'hôtel à la Croix de Malte, à Montpellier. C'est l'hôtel où a été transporté Maurice Roux à la suite de l'attentat du 17 novembre.
— Il était de garde, le 20 novembre dernier, quand vers onze heures et demie du soir, un individu assez grand, portant une casquette à la main, entra et lui fit signe qu'il désirait coucher ; le témoin lui a dit qu'il n'y avait pas de lit, et l'individu sortit. Il ne sait s'il était muet ou s'il faisait le muet.

Me Lachaud. — C'est encore une simulation de mutisme.

Un autre individu vint vers une heure et demie, avec un petit paquet sous le bras, lui demander une chambre ; le témoin lui indiqua un hôtel voisin.

Enfin, vers deux heures, arriva un troisième personnage. Celui-là demanda à voir le malade, prétendant être son cousin. Sur le refus du témoin, qui le renvoyait au matin, il insista, disant qu'il partait par le chemin de fer. « Vous tenez donc bien à voir Roux? » lui dit le témoin. — Oui, je partirai pas sans le voir. — Je vais appeler Monsieur. » Comme le témoin allait frapper, l'individu lui dit : « Ne réveillez pas votre maître. Je viendrai demain matin voir le malade. » Il s'en alla, et ne revint pas le lendemain.

M. le Procureur général. — Nous avons fait citer ce témoin pour faire savoir que c'est à la suite de deux scènes mystérieuses de ce genre que Maurice Roux a été confié à la garde de deux sergents de ville, qui ne l'ont plus quitté.

M. le premier Président rappelle ici la visite qu'a faite à Roux le témoin Bonhomme, et cherche à la rattacher aux visites nocturnes dont il vient d'être question.

La femme Cazes s'approche. — Interpellée si elle connaît le témoin Guin, elle répond négativement d'abord ; puis, lorsqu'elle l'a regardé, elle s'écrie : Oh! pour celui-là, je le connais, mais pas par son nom ; il a été homme de peine dans un magasin de la maison.

M. le premier Président. — Avez-vous causé avec lui? — *R.* Une seule fois ; il m'a demandé ce qu'il arrivait dans la maison ; je lui ai répondu que ça ne me regardait pas, qu'il s'adressât à un autre. Et je ne me suis pas seulement arrêtée, en lui disant cela.

D. Ecoutez-moi, et réfléchissez à ce que vous allez répondre, parce que, selon votre réponse, je prendrai une résolution. — *R.* C'est comme vous voudrez ; je suis innocente en tout.

D. Le témoin Guin dit qu'il a causé une première fois avec vous sur la porte de la maison de M. Armand, le lendemain du jour de l'événement? — *R.* Ce n'est pas ; il ment beaucoup. Je vous assure bien que ce n'est pas. D'abord, je n'étais pas bien avec lui, pour causer ; je ne l'aimais pas. Nous avions eu des difficultés du temps qu'il était dans le magasin.

D. Comment pouvez-vous dire avec tant d'affirmation : « Le témoin ment? » Il n'y a qu'un instant, vous avez reconnu que vous aviez parlé avec lui. — *R.* Ce n'était pas le lendemain; c'était peut-être trois ou quatre mois après.

D. Trois ou quatre mois après, que vous a-t-il dit? — *R.* Ce que je viens de dire, pas plus que ça.

M. le premier Président répète au témoin Cazes la première partie de la déposition de Guin ; elle persiste à nier les propos qu'il lui attribue.

Le témoin Guin. — Nous sommes deux témoins.

Femme Cazes. — Quand il y en aurait quatre ! Vous mentez, ce n'est pas vrai !

M. le premier Président. — Vous, témoin Guin, vous regardez le Christ?

Femme Cazes. — S'il pouvait descendre, il mettrait ses saintes mains sur celui qui ment. Je ne risque rien ! Je ne rougis pas !

Le témoin Guin. — Ni moi non plus ; si ce n'était pas, je ne le dirais pas.

M. le premier Président. — Femme Cazes, vous avez bien dit : « Il vaudrait mieux qu'il fût mort, nous ne serions pas dans les tracas où nous sommes? »

Femme Cazes. — Cela n'est pas ; c'est inutile ; quand on me couperait la tête, cela n'est pas.

Le témoin Guin. — Nous étions deux, le nommé Galuchon, tonnelier, et moi.

Me Jules Favre. — Pourquoi Galuchon n'est-il pas cité? Le témoin va chercher des appuis pour ses paroles ; MM. les Jurés apprécieront.

M. le premier Président passe à la seconde conversation entre la femme Cazes et le témoin Guin, et en reproduit les termes mêmes.

La femme Cazes. — Cela n'est pas ; non, Monsieur, cela n'est pas.

M. le premier Président. — Pourquoi cet homme viendrait-il mentir devant la Justice, devant Dieu, dont il regardait l'image ?

La femme Cazes. — Moi aussi, je jurerai ; j'ai dit la vérité.

M. le premier Président. — Vous êtes en contradiction avec le témoin, avec votre sœur. A celle-ci, vous avez dit que vous aviez vu Armand descendre à la cave ; à Guin, vous avez dit l'avoir vu remonter. Et ici, vous ne voulez pas le dire?

La femme Cazes. — Non, je ne l'ai pas dit. Je n'ai pas vu M. Armand de toute la journée.

Les témoins Guin et *Cazes* persistent tous deux à jurer qu'ils ont dit la vérité.

M. le premier Président. — Femme Cazes, je comprends la situation où vous êtes ; je prends pitié de vous. Vous êtes à peu près au service d'Armand, et vous êtes capable de tout faire pour de l'argent, disent vos parents.

Femme Cazes. — On peut dire ce que l'on voudra ; je n'ai pas cela sur la conscience, je dis la vérité.

M. le premier Président. — Gendarmes, gardez-la provisoirement.

(A la femme Cazes) : Vous avez l'attitude de quelqu'un qui ne dit pas la vérité.

Femme Cazes. — Je vous jure que je la dis.

Valemalle (Henri), agent de police, à Montpellier. — Il était de service à l'hôpital, auprès de Roux, lorsqu'il a vu un monsieur s'approcher du lit du malade et lui demander de ses nouvelles. Je demandai à ce monsieur s'il était élève en médecine. — Oui, et j'accompagne M. Alquié dans ses visites. — S'approchant alors de Roux, il lui dit : « Vous ne me reconnaissez pas? — Pardon, vous êtes l'ami de M. Armand. — Comment l'ami de M. Armand ! Parce que je lui ai acheté du vin l'an passé? » J'intervins alors et demandai son nom à ce monsieur, qui me dit s'appeler Guizard, gendre de M. Deleuze, et être négociant en vins.

M. le premier Président fait remarquer à MM. les Jurés ce qu'il y a d'étrange dans cette visite furtive d'un ami d'Armand à Maurice Roux, qu'il ne connaît pas puisqu'il l'appelle Louis. Quel intérêt, dit-il, avait Guizard à voir Maurice Roux, et pourquoi prenait-il la fausse qualité d'étudiant ?

Armand. — Je dois dire que M. Guizard n'est pas

mon ami, tant s'en faut. Nous ne sympathisons pas ensemble, pas plus avec lui qu'avec son beau-père. C'est ce dernier qui malheureusement m'a procuré Maurice Roux.

M. Guizard (Henri). — Il ne connaît M. Armand que de vue.

Me Jules Favre. — Voilà son ami !

Le témoin continuant : Le 8 juillet, il entendit parler au café Clément de ce qui était arrivé la veille au cocher de M. Armand, qu'il était malade. Il connaissait ce malheureux, qui était venu auparavant lui demander une place. Il y avait là un de ses amis, ami lui-même d'un étudiant en médecine nommé Réglade. Celui-ci lui dit : « Nous avons vu le malade; il est très-mal, il ne parle pas. » Désireux de voir Maurice Roux, le témoin accepta la proposition qu'ils lui firent de ce faire entrer à l'hospice, et promit de les rejoindre après son dîner. Il y alla en effet, et entra à l'hospice en disant qu'il venait voir des internes qui lui avaient donné rendez-vous. Il s'approcha de Roux qui, le reconnaissant, lui dit : Vous êtes le gendre de M. Deleuze. Comment se porte-t-il ? Le témoin lui demanda ce qui. lui était arrivé, ne sachant pas qu'on l'avait trouvé dans la cave de M. Armand. Roux lui donna tous les détails, et ajouta : « Si j'étais entré à votre service, cela ne me serait pas arrivé. »

Le témoin ajoute : Roux avait demandé une place à mon beau-père, qu'il connaissait, et précisément il était venu loger dans l'hôtel Forestier, au-dessous de moi. Quand il s'est présenté, si j'avais eu besoin d'un domestique, je l'aurais pris ; car il m'avait fait l'effet d'un garçon intelligent et capable.

Le témoin ajoute qu'en allant à l'hospice, il ignorait la gravité de l'affaire. Quand il sut ce qu'il en était, il regretta la démarche qu'il venait de faire.

M. le premier Président. — Vous ignoriez ce qui s'était passé ? — *R.* Oui, Monsieur ; j'étais allé voir Roux par humanité. On m'avait dit qu'on l'avait porté à l'hospice parce qu'il avait reçu des coups ; mais je ne savais pas qui les lui avait donnés. Il y avait quatorze jours que je n'étais sorti.

D. L'agent de police dit que vous vous êtes donné faussement la qualité d'étudiant en médecine ? — *R.* (Vivement). Il est dans l'erreur.

L'agent de police *Valemalle*, rappelé, déclare que le témoin lui a dit qu'il accompagnait M. Alquié dans ses visites, qu'il était chargé des pansements.

Le témoin *Guizard.* — Vous vous trompez. Roux me connaissant, il fallait avoir un fameux toupet ! Alors, j'aurais perdu la tête.

M. le premier Président. — Témoin Valemalle, il vous l'a dit ? — *R.* Oui, Monsieur.

Le *témoin Guizard.* — M. le Président, je déclare, ma parole d'honneur, que le témoin a formellement menti. Je ne connaissais pas M. Alquié ; il aurait fallu que j'eusse complètement perdu la raison pour dire cela.

Le témoin ajoute qu'en sortant de l'hôpital, il est allé au café faire des reproches à l'étudiant Réglade de ce qu'il avait manqué au rendez-vous. Il lui a raconté en même temps ce qui s'était passé : « Vous avez eu tort, répondit Réglade ; vous allez me compromettre. Nous affirmerons, mes amis et moi, que c'est vous qui avez demandé à entrer à l'hospice. »

Réglade (Eugène), étudiant en médecine, dépose qu'étant au café, le 8 juillet au soir, avec un de ses amis, mort depuis, un monsieur qu'il ne connaissait que de vue, était venu se placer à côté de lui, et lui avait parlé de l'événement qui était alors le sujet de toutes les conversations : « C'est moi qui ai fait placer Roux chez Armand, me dit-il ; je connaissais Armand très-brutal, mais je ne le croyais pas capable de commettre une action pareille. Je désirerais bien voir Roux ; on dit que c'est un homme mort. » — Sur sa demande, je lui désignai les heures de visite de Roux. C'était huit heures et trois heures. Il me répondit qu'il n'avait pas le temps à ces heures, et, sur son insistance, je lui promis de le conduire près de lui ; mais, le lendemain, le sergent de ville de garde près de Roux m'ayant empêché moi-même d'approcher de son lit, j'allai au café pour faire prévenir ce monsieur qu'on ne pouvait voir le malade ni lui parler.

Le témoin *Guizard* est rappelé et confronté avec le témoin *Réglade*. Chacun d'eux soutient avec force la vérité de ses assertions. Guizard, dans un mouvement de colère, s'écrie : « Je jure que ce témoin ment infiniment. »

M. le premier Président. — Je vais faire un exemple. Gendarmes, arrêtez cet homme, qui a l'insolence d'accuser un autre témoin de mensonge. (Les gendarmes s'approchent de Guizard et attendent les ordres ultérieurs de M. le premier Président.)

M. l'Avocat général Reybaud présente les conclusions suivantes : Indépendamment des dispositions du Code d'instruction criminelle qui règlent la procédure à suivre en présence du faux témoignage qui se révèle à l'audience, il y a des textes qui protégent le caractère des témoins contre les outrages qui leur sont adressés. (Art. 6 de la loi du 25 mars 1822.) Un délit d'audience vient d'être formellement commis ici par le témoin Guizard ; en conséquence, nous requérons contre lui l'application de la Loi.

Le témoin Guizard. — Je suis complètement innocent. Je proteste que c'est M. Réglade qui m'a dit que Roux était à l'hospice bien malade ; je n'en savais rien. Il ment, je l'affirme. Je suis allé voir Roux ; il m'a appelé et m'a dit : « Comment allez-vous? comment se porte M. Delenze? » Je suis allé le voir par un simple motif de curiosité. Il n'est pas vrai, je le jure, que j'aie tenu les propos que me prête Réglade ; il n'est pas vrai non plus que j'aie pris à l'hôpital la fausse qualité d'étudiant en médecine pour pénétrer auprès de Roux.

Me Lachaud. — Je me joins aux deux témoins qui ont déposé contrairement à lui, pour prier ce malheureux jeune homme de revenir à la vérité, si sa déposition n'est pas exacte. S'il a fait une démarche imprudente, il est douloureux de le voir persister à soutenir des faits inexacts.

Guizard. — Ce que je dis est exact. Je persiste.

Me Jules Favre réclame l'indulgence de la Cour pour le témoin dont l'intelligence lui paraît très-faible.

Me Lachaud. — Voyons, Monsieur Guizard, reconnaissez que vous avez eu tort de dire à un témoin qu'il a menti. Priez la Cour de vous pardonner une expression mauvaise. Si vous maintenez votre déposition, retirez les expressions fâcheuses qu'elle renferme.

Guizard. — Si j'ai blessé la Cour, je lui en demande pardon ; je retire l'expression fâcheuse dont je me suis servi.

M. le premier Président. — Voilà ce qui reste. Un jeune homme a voulu opiniâtrement approcher Maurice Roux ; il a pris pour cela une fausse qualité, s'est dit étudiant en médecine. Pour mieux déguiser le motif, je ne sais lequel, qui le portait à aller voir

Roux, il a voulu qu'on ne crût pas même qu'il connût l'accusation dirigée contre Armand. Eh bien! Messieurs les Jurés, un premier témoin, un agent de police vous dit : Il s'est donné la qualité d'étudiant en médecine, disant qu'il accompagnait M. Alquié dans sa visite; un autre témoin, étudiant en médecine, a causé avec lui. Ce jeune homme lui a dit : On accuse Armand, je ne le croyais pas capable de cela, quoique je le connusse brutal. Le jeune homme nie, les autres témoins affirment, vous apprécierez.

Toutes les fois que l'accusation fait entendre des témoins racontant des faits servant son système, nous trouvons d'autres témoins en présence qui les démentent, qui les nient, qui ne veulent pas en convenir. Tout à l'heure, c'était la concierge, qui, placée en présence de deux autres témoins, sa sœur et Guin, venait soutenir énergiquement que des paroles qui lui sont prêtées par ces témoins, ne sont pas vraies.

Voilà des enseignements !

M⁰ *Jules Favre.* — M. Réglade a déposé que M. Guizard lui a dit au café, avant d'aller à l'hospice, qu'il connaissait M. Armand. Or, M. Guizard en commençant sa déposition, vous a dit qu'il ne connaissait pas M. Armand. Il y a contradiction manifeste entre les deux dépositions.

M. le premier Président. — C'est juste.

M⁰ *Jules Favre.* — Il demeure établi que M. Guizard ne connaissait pas M. Armand et qu'il connaissait Roux. On veut chercher un lien entre ces dépositions et l'affaire, je n'en vois pas.

M. le Procureur général. — Voici la déposition de l'étudiant qui se trouvait au café avec le témoin Réglade.

« Le 8 ou le 9, j'étais au café vers sept heures du soir. Un homme que je ne connaissais pas causait avec Réglade, et lui demandait des nouvelles du malade Roux. Nous lui en donnâmes, il nous pria de l'introduire près de lui et rendez-vous fut pris pour le lendemain. Guizard a menti s'il a dit que je l'avais accompagné. J'étais étranger à la conversation qu'il avait avec Réglade. Il a menti, s'il a dit ne pas connaître le crime qui était imputé à Armand, car il nous en a parlé.» (Armand se lève pour répliquer et persiste, malgré les efforts de ses défenseurs pour l'en empêcher.)

M. le premier Président. — Voyons, Armand, que voulez-vous dire ?

Armand. — J'ai eu la pensée que ce témoin Guizard était un homme appartenant à Roux. Je dois dire la vérité.

M. le premier Président. — Ne dites que cela.

Armand. — Quand j'ai su qu'il était allé à l'hôpital, je ne savais dans quel intérêt c'était, je me suis imaginé beaucoup de choses.

M⁰ *Jules Favre.* — Chacun cherche dans l'ombre et l'on se rencontre. M. le Procureur général ne sait pas pourquoi cet homme est allé à l'hospice, nous ne le savons pas non plus. Chacun cherche de son côté.

M. le premier Président. — Quelles que soient les suppositions, je voudrais que les témoins dissent la vérité à l'audience.

M⁰ *Jules Favre.* — Vous avec bien raison, nous nous associons à ce désir.

M. le premier Président. — Je ne poursuis pas d'autre but que la recherche et la manifestation de la vérité.

Bourel (Pierre), agent de police, a entendu dire par Roux qu'Armand était son assassin; mais je n'en sais rien, ajoute-t-il.

M. le Président. — Nous allons entendre les cinq témoins qui ont à déposer sur les faits qui se rapportent à la tentative du 17 novembre.

Goury (Jean). — En sortant du théâtre, vers minuit et quart, j'ai entendu, vers le passage Bruyas, une petite voix dans la rue des Augustins, près du couvent des Carmes; puis, en m'approchant, des cris : « *Au secours ! je meurs!* » Pris de frayeur, j'ai commencé par me sauver; mais je suis bientôt revenu sur mes pas avec un allumeur de gaz que j'ai rencontré dans le passage Bruyas. Nous avons trouvé un homme étendu par terre, qui nous a dit qu'il venait d'être assassiné. Nous l'avons relevé et pris sous les bras. Puis l'allumeur de gaz m'a quitté, et j'ai accompagné le blessé jusqu'à l'hôtel de la Croix-de-Malte; là il est tombé en *défaillance*, et je suis tombé avec lui.

M. le premier Président. — Il vous a dit : on m'a assassiné, parce que je dois comparaître demain devant les assises? — *R.* Je ne me rappelle pas.

M. le premier Président. — Vous l'avez dit chez le Commissaire de police. — *R.* Ça se peut, mais je ne m'en rappelle pas.

M⁰ *Lachaud* au témoin. — Est-ce que les cris de Maurice Roux n'étaient pas très-distincts?—*R.* Quand je suis approché, je l'ai entendu très-distinctement.

M. le premier Président. — Vous avez bien entendu qu'il disait : Au secours, je meurs! — *R.* Oui, Monsieur.

M⁰ *Lisbonne.* — Il était alors minuit et quart? — *R.* Oui, Monsieur.

Claude (Jean), allumeur de gaz, confirme la déposition du témoin précédent. Quand il s'est trouvé près de l'homme, il le toucha de la main, et lui dit : On ne se couche pas ainsi sur le pavé; il faut rentrer chez vous. — C'est impossible, on vient de m'assassiner, répondit-il.

Le témoin ajoute que Roux lui dit que c'était un homme bien mis et qui portait une canne qui l'avait assassiné, et qu'il aurait bien mieux fait de l'achever.

Le témoin lui fit plusieurs autres questions, mais il répondait seulement : Regardez ma tête. Il portait une casquette; sur le devant, il n'y avait rien; mais sur le derrière, il y avait du sang.

Sur le boulevard de l'Esplanade, l'individu demanda à prendre quelque chose; mais les cafés étaient fermés, et le témoin indiqua le boulevard de la Comédie où l'on trouverait un hôtel. Le témoin lui demanda s'il était de Montpellier; il lui répondit : Je ne sais pas où je suis.

L'allumeur, ayant son service à faire le quitta et le laissa avec Goury. Rentré chez lui, on vint le chercher pour reconnaître l'homme qui était à la Croix-de-Malte. Là il reconnut dans l'homme, couché sur une banquette, Maurice Roux qu'il avait vu à l'hôpital.

M⁰ *Jules Favre,* au témoin. — Quelle est la distance entre le passage Bruyas et la rue des Augustins? — *R.* Environ deux cents mètres, à cause du détour qu'il faut faire.

Delmas, conducteur d'omnibus, se promenait ce soir-là sur la place de la Comédie, lorsqu'il aperçut deux hommes, dont l'un soutenait l'autre, et qui tout à coup tombèrent tous les deux. Il les croyait ivres. Mais lorsqu'il vit ce que c'était, il conduisit à la Croix-de-Malte le blessé, qui ne pouvait pas se tenir sur ses jambes, et qui, en arrivant, se trouva mal. Le témoin le reconnut alors pour être l'ancien cocher de M. Armand, et il alla prévenir la police.

M. le premier Président. — Avez-vous vu la blessure? — *R.* J'ai trouvé des cheveux mouillés de sang.

Pujin (Gabriel), 37 ans, brigadier de police, à Montpellier. — Le 17 novembre dernier, il se trouvait de service au champ de foire, à Montpellier. Il était à peu près onze heures et dix minutes du soir, quand il le quitta pour aller chercher son épouse au Cirque impérial. A onze heures vingt minutes, il était dans la rue de l'Aiguillerie, lorsqu'il entendit derrière lui quelqu'un marchant à petits pas, tout en frappant le pavé d'une canne. Il se retourna et reconnut Maurice Roux. Il lui demanda où il allait : « Je vais retrouver mon père, qui est chez M. Rivière, le pharmacien. — Mais vous n'en prenez guère le chemin ; vous vous trompez de route. — Je me retrouverai tout de même. — Si vous voulez, je vous y conduirai moi-même. » Et, tout en cheminant, le témoin le conduisit presque devant la pharmacie de M. Rivière; mais tout le monde était couché, et il dit alors à Roux : « Votre père doit être parti. Voulez-vous que je vous accompagne chez vous? — Non, lui répondit-il, je vous remercie, j'irai bien tout seul. » Le témoin lui répéta sa proposition par trois fois, et, sur son refus, il s'en alla se coucher.

M⁰ Jules Favre, au témoin. — Quand Maurice Roux s'est trouvé devant M. Rivière, dont le magasin était fermé, était-il loin de chez lui? La maison de M. Rivière est-elle loin de la rue de Lates? — *R.* Il était à une distance de dix à quinze minutes.

M⁰ Jules Favre. — La rue des Augustins est-elle dans le chemin que l'on doit prendre pour aller de la maison Rivière à la rue de Lates? — *R.* Non.

M. le Procureur général. — Maurice Roux l'a parfaitement indiqué lui-même. — Et M. le Procureur général rappelle la partie de l'interrogatoire relative à l'attentat dont il aurait été victime le 17 novembre.

M⁰ Jules Favre. — Ainsi, après avoir refusé l'offre du sergent de ville, il aurait rencontré un inconnu pour la troisième fois; il l'aurait suivi, et, arrivé à un endroit qui conduisait chez lui, cet inconnu lui aurait proposé de changer de chemin et d'aller se promener, à minuit, et Maurice Roux, au lieu de continuer sa route, aurait accepté. Tout cela paraît bien extraordinaire!

M⁰ Lachaud. — Si on lisait la déposition de Maurice Roux, voici un plan de la ville de Montpellier que nous avons fait faire, nous demandons la permission de le communiquer à MM. les Jurés qui pourraient ainsi suivre l'itinéraire que Maurice Roux a indiqué dans sa déposition.

M⁰ Lisbonne. — L'itinéraire de Maurice Roux est lavé en bleu.

M. le premier Président. — Je ne vois pas de difficulté à communiquer ce plan, et je déclare autoriser cette communication. (Le plan est livré à MM. les Jurés.)

M. le Procureur général. — Mais, non ; je m'y oppose formellement. Je n'ai pas eu connaissance de ce plan.

M⁰ Lachaud. — Ce plan a été fait par l'architecte de la ville, qui l'a signé, et il porte en outre le visa de la mairie de Montpellier.

M. le premier Président. — Ça ne fait rien, je vais faire rendre ce plan, et nous allons lire la déposition de Maurice Roux.

(Le plan est rendu à la défense par MM. les Jurés, et M. le Procureur impérial donne lecture de la déposition de Maurice Roux.)

M⁰ Jules Favre. — Je voudrais constater un fait avec M. le Procureur général. Maurice Roux parle d'une station d'une heure qu'il aurait faite sur un banc du café du Palais, et prétend qu'il a dû être vu par les gens qui entraient et sortaient. Je voudrais qu'on convînt de ce fait, que tous les témoins entendus ont déclaré n'avoir vu personne, et que, ce soir-là, il faisait très-froid.

M. le Procureur général. — On a entendu, il est vrai, un grand nombre de témoins, qui ont déclaré qu'ils ne pouvaient rien dire quant à l'endroit que désigne Maurice Roux, soit qu'ils fussent entrés au café par un autre côté, soit qu'étant entrés par ce côté-là, ils n'aient pas regardé s'il se trouvait quelqu'un sur le banc. Maintenant, il y en a un ou deux qui ont déposé qu'ils croyaient bien l'avoir vu dans la rue, mais seul.

M⁰ Jules Favre. — Ainsi, il est entendu que personne ne l'a vu sur le banc du café du Palais.

M. le premier Président. — Je confirme que vous êtes d'accord avec les témoins que personne ne l'a vu sur le banc du café du Palais; mais quant à toutes les autres indications de Maurice Roux, elles sont exactes, et tous les témoins qu'il a désignés, ont déclaré l'avoir vu et lui avoir parlé.

M⁰ Lachaud. — Mais toujours seul, et personne ne l'a vu avec un personnage mystérieux.

M. le premier Président. — Je crois qu'il y a un témoin qui a dit qu'au moment où il a vu Maurice Roux, à un point quelconque, il a vu derrière lui un monsieur avec une canne.

M⁰ Lisbonne. — Mais ce monsieur n'était pas avec Maurice Roux.

M⁰ Lachaud. — Il est évident qu'il y avait dans la rue des gens qui pouvaient se promener avec une canne. Ce fait d'un individu marchant avec une canne n'explique pas que cet individu fût avec Maurice Roux.

M. le premier Président. — Il y a un témoin qui a dit qu'il avait vu un individu qui marchait derrière Maurice Roux avec une canne. Je crois me rappeler ce fait. (*Signe d'assentiment au banc de la défense.*) Je suis heureux que mes souvenirs concordent avec ceux de la défense.

Maintenant, je tiens à faire remarquer que la lecture que je viens d'ordonner, relativement à Maurice Roux, a été faite à la demande de la défense.

M. le Procureur général (après avoir examiné le plan dont il a été question). — Je crois qu'il n'y aurait pas de difficultés à communiquer le plan que la défense a fait préparer.

M. le premier Président. — Du moment que M. le Procureur général ne s'y oppose pas, il sera distribué. Cependant, il ne faudrait pas que l'attention de MM. les Jurés fût détournée par l'examen de ce plan, et je crois qu'il vaudrait mieux qu'il fût déposé dans la chambre des délibérations, où ils pourraient l'étudier tout à leur aise.

(Assentiment de MM. les Jurés.)

Marie Châlot, veuve Soulier, portière, à Montpellier. — Maurice Roux est venu trois fois le soir pour trouver M. Bertrand, et, ne pouvant pas le rencontrer, il lui a dit qu'il reviendrait le lendemain matin, à sept heures et demie. Il est venu la première fois à cinq heures et demie, la seconde à neuf heures, et la troisième à dix heures et quart.

M⁰ Lachaud. — Le témoin n'a-t-il pas dit à Maurice Roux qu'il n'était pas prudent de courir ainsi la nuit? — *R.* Oui, je lui ai dit qu'il était imprudent de courir ainsi seul.

M. le premier Président. — Mais quelle idée aviez-vous, quand vous avez dit cela à Maurice Roux? — *R.* C'est une idée qui m'est venue et que je lui communiquais.

Mᵉ Lisbonne. — N'est-il pas venu dans la journée avec son père? — *R.* Non, cette journée-là il est venu seul; mais la veille il était venu avec son père.

M. le Procureur général lit la déposition suivante du témoin dans l'instruction :

« Le 17 novembre, j'ai trouvé dans la rue de la Coquille Maurice Roux avec une femme à qui il demandait l'adresse de Mᵐᵉ Rumel, etc., etc. »

Mᵉ Jules Favre. — Cette déposition établit un point important : c'est qu'on a indiqué exactement à Maurice Roux la demeure de Mᵐᵉ Rumel, maison Lasalle, près du Jardin-des-Plantes.

M. le premier Président. — La liste des témoins à charge est épuisée; nous allons passer aux témoins à décharge.

A la demande de M. le Procureur général, MM. de Lamartine et Duplessis sont rappelés aux débats.

M. le Procureur général, à M. de Lamartine. — Puisque vous avez eu Maurice Roux huit ans à votre service, vous avez dû connaître ses habitudes. Avez-vous remarqué qu'il jouissait d'une dextérité de main particulière? — *R.* Il soignait bien les chevaux et il était bon jardinier.

D. Mais n'avez-vous pas remarqué qu'il fît des tours d'adresse? — *D.* Il ne faisait rien de particulier.

M. le Procureur général pose la même question à M. Duplessis.

M. Duplessis parle de fanfaronnades qu'aurait faites Maurice Roux à cheval, sur le pont Saint-Esprit, pour lesquelles même il y aurait eu procès-verbal dressé contre lui; mais il ne peut répondre rien autre chose.

Mᵉ Jules Favre. — Puisqu'on a rappelé deux témoins, je désirerais à mon tour adresser une question à M. de Félix. M. de Félix s'est expliqué hier sur la conduite de Maurice Roux chez lui; mais, si la Cour le permet, je désirerais l'interroger sur son caractère et sur ses habitudes morales.

M. de Félix. — Quant à sa moralité, en fait de probité, je ne sais rien. Maintenant, au point de vue des mœurs, je dirai que nous nous étions aperçu qu'il avait des intelligences avec les domestiques femmes. Après sa sortie de chez moi, certains bruits, que nous ne connaissions pas avant, nous sont revenus aux oreilles. On disait que Maurice Roux était un coureur de filles; qu'il avait déjà porté la douleur dans bien des familles en promettant le mariage à des repasseuses et à des cuisinières, et qu'il se faisait un plaisir de les tromper.

M. le premier Président. — Ainsi, sous le rapport des mœurs, il passait pour un séducteur de filles.

Mᵉ Jules Favre. — Était-il menteur?

M. de Félix. — Il a menti d'abord en entrant chez moi, prétendant qu'il sortait de chez M. Lamartine, tandis qu'il en était déjà sorti depuis quelque temps. Quand Maurice Roux s'est présenté à moi, porteur d'une lettre d'un monsieur de Pont-Saint-Esprit, je ne lui adressai que deux questions : « Sortez-vous directement de chez M. Lamartine? » et il me répondit : « Oui. — Pourquoi en sortez-vous? — Par suite de dispute avec les domestiques. » Je ne lui demandai pas d'autres explications, et, sur le vu de la lettre de M. Durand, je n'exigeai pas de certificats. J'appris plus tard qu'il s'était vanté, après sa sortie de chez M. Lamartine, d'être allé trois mois à Paris faire la noce. Plus tard, pour le service, il n'a pas été d'une grande exactitude. A la campagne, il disparaissait des journées entières; il disait en revenant qu'il était allé à Saint-Remy ou à Tarascon, à une distance de quatre kilomètres de la propriété, et puis nous reconnûmes qu'il avait menti.

Quand il sortit de chez moi, il me fit dire que je ne fusse pas étonné s'il rentrait chez M. Lamartine, tandis que je savais positivement qu'il entrait au service de M. Duplessis. Voilà tout ce que je sais.

M. le Procureur général, au témoin Hauterive. — A quelle heure se levait habituellement Armand? — *R.* A huit heures, huit et demie, neuf heures. Il ne sortait pas dès qu'il était levé. Je n'étais pas là quand il se levait; mais une fois levé, il causait ordinairement avec son oncle, qui venait le voir.

M. Duplessis. — Je désire déposer encore d'un fait; c'est que lorsque Maurice Roux est sorti de chez moi, il est allé se placer à l'hôtel du Petit-Saint-Jean, à Nîmes, et que, là, plusieurs filles d'Alais sont allées le voir.

Pons (Abel), commis négociant, à Montpellier. — Le jour de l'accident, il est descendu à la cave vers huit heures dix minutes. Son patron, M. Galoffre, est venu l'y rejoindre; ils y sont restés jusqu'à neuf heures un quart. A onze heures, il y est descendu de nouveau avec les associés de la maison; ils en sont remontés dix minutes après. Enfin, à trois heures, il y est redescendu avec deux employés pour remonter un peu plus tard.

Il a travaillé dans deux caves, l'une située au fond du corridor, l'autre très-rapprochée de celle où Maurice Roux a été trouvé. A aucun moment, il n'a rien vu, rien entendu.

Mᵉ Lachaud. — Le témoin n'a-t-il pas rangé aussi des barils dans le corridor même? — *R.* Je n'ai fait que verser de l'eau d'en haut; à ce moment, j'ai entendu Mᵐᵉ veuve Armand, la tante, demander au concierge qui versait cette eau, et le concierge a répondu que c'étaient les employés du magasin.

Salendre (Alexis-Pierre), négociant, à Montpellier. — Il confirme entièrement la déposition de son employé Pons, et ajoute que lorsqu'il est remonté de la cave, vers onze heures, il a vu le domestique de Mᵐᵉ veuve Armand fermer la porte d'une cave voisine.

Galoffre (Jean), négociant, à Montpellier. — Il confirme également la déposition de Pons. Pendant ses diverses allées et venues à la cave, à neuf heures, à onze heures, il n'a rien vu, rien entendu.

Giraud, commis négociant, à Montpellier. — Il est descendu à la cave pour boire vers trois heures et demie; il n'a rien vu, rien entendu.

Birotteau (Charles). — Il a eu occasion de voir M. Armand vers dix heures du matin, à dix heures et demie, à six heures du soir, dans la journée du 7 juillet. La première fois M. Armand arrivait à son comptoir souriant et mangeant une croûte de pain. Le témoin lui demanda des renseignements qu'il lui donna avec un calme parfait, une lucidité d'esprit complète et, ajoute le témoin, avec sa bienveillance et sa politesse ordinaires.

Une demi-heure après, passant devant le comptoir, M. Armand l'appela, lui demanda si les renseignements qu'il lui avait donnés lui avaient été utiles. Le témoin lui répondit affirmativement, le remercia. M. Armand était toujours calme et souriant; on ne remarquait chez lui aucun signe de préoccupation quelconque.

Le témoin revit le soir M. Armand sur le seuil de sa porte, causant avec M. Bruyas, banquier à Montpellier. Ils échangèrent quelques mots; à ce moment encore, M. Armand était parfaitement calme, dans un état complétement normal.

Quand, le lendemain, le témoin apprit l'événement, ce calme, cette tranquillité, jusqu'à cette bienveillance qu'il avait été à même de constater la veille chez M. Armand, lui parurent inconciliables avec l'accusation portée contre lui. Coupable, il n'eût pas été ainsi exempt de toute préoccupation. Le témoin n'a donc pas cru un seul instant à la culpabilité de M. Armand, et sa conviction la plus profonde est, en ce moment même, qu'il est innocent du crime dont on l'accuse.

M. le premier Président. — Témoin, on ne vous demande pas d'appréciations.

M. Birotteau. — Je dis la vérité, Monsieur le premier Président.

M. le premier Président. — Je n'en doute pas. Voici le sens de mon observation : il ne faut pas qu'un témoin, oubliant qu'il est appelé pour déposer de faits, exprime son opinion personnelle.

Me Lachaud. — Le témoin ne dépose pas pour la première fois; il a été entendu déjà dans l'information.

Lazuttes (Théodore), commissaire-priseur, à Montpellier. — Personnellement, il connaît très-peu M. Armand, il vient reproduire la déposition de son beau-père, décédé, il y a six semaines environ.

Son beau-père se trouvait au comptoir de M. Armand le 7, au matin, vers dix heures, quand M. Armand y est arrivé. M. Armand a échangé avec son beau-père quelques paroles amicales, puis il a pris connaissance de diverses lettres. Une divergence d'opinion s'est élevée entre M. Armand et M. Biquet sur un fait consigné dans une lettre, et les recherches ont immédiatement donné raison à M. Armand. C'est ce qui a fait dire au beau-père du témoin qu'il ne croyait pas qu'il fût donné à personne de conserver autant de calme après l'accomplissement d'un crime aussi atroce que celui qui venait d'être commis.

Les relations du beau-père du témoin avec M. Armand remontent à environ vingt-cinq ans. Malgré la différence d'âge et de fortune, elles ont toujours été bonnes, amicales même. Ils dînaient souvent ensemble à la ville et à la campagne.

Me Lachaud. — M. le Président voudrait-il demander au témoin si son beau-père ne lui a rien rapporté au sujet de l'événement du 17 novembre?

M. Lazuttes. — A cette occasion, je dois dire que le matin, en descendant du Palais de justice, il vint me demander la rue des Augustins. Comme il se trouvait près du lieu de l'événement, il s'y rendit, et là, il a rencontré, à la place même où le crime aurait été commis, une pierre de grosseur moyenne, qu'il a supposée avoir servi à cet effet.

Mme Armand est introduite; elle se présente voilée.

M. le Procureur général requiert qu'elle ne soit pas entendue comme témoin, consentant à ce qu'elle le soit en vertu du pouvoir discrétionnaire. Après quelques explications échangées, entre l'accusation et la défense, il est résolu, d'un commun accord, que Mme Armand, qui a déjà été entendue dans l'instruction, ne sera pas à l'audience. Elle va se placer à côté de l'estrade où se trouve son mari.

Castan (Hippolyte), négociant, à Montpellier. — Il connaît M. Armand depuis longtemps. Le 7 juillet, entre quatre et cinq heures du soir, M. Armand est venu le trouver chez lui. Il y est resté environ trois quarts d'heure, puis, ils se sont rendus ensemble au café. Il l'a accompagné ensuite jusque chez lui, et l'a quitté à six heures et demie, après une longue conversation dans laquelle M. Armand s'est montré tel qu'il est d'habitude. Le témoin appartient au même cercle que M. Armand; M. Armand s'y est toujours comporté très-convenablement, comme il convient à un homme bien élevé.

Il ajoute que le 7 juillet, au soir, au moment où il quittait M. Armand, celui-ci avait voulu le retenir à dîner, mais qu'il avait remercié.

Mme Bardou (Joséphine), chapelière, à Montpellier. — Le 7 juillet, M. Armand, qu'elle connaissait, s'est présenté chez elle pour acheter un panama; elle n'en avait pas; elle lui montra d'autres chapeaux, parmi lesquels il en mit de côté plusieurs, et il la pria de les envoyer à madame pour qu'elle fît un choix.

Elle les envoya le même jour vers quatre ou cinq heures.

M. le premier Président fait donner lecture de la déposition du témoin *Jean,* directeur de messageries. Elle est ainsi conçue :

« Le soir, entre 7 heures et 7 heures et demie, j'ai rencontré l'inculpé, j'ai causé une demi-heure avec lui, et l'ai trouvé très-calme, et quand j'ai appris l'accusation dont il était l'objet, j'en ai été très-étonné. »

Bosc (Désiré), négociant, à Montpellier.—Le 7 juillet, vers huit heures du soir, se trouvant sur le boulevard du Jeu de Paume avec M. Jules Biquet, ils rencontrèrent M. Armand qui courait. Il les pria de monter chez le Commissaire central, et de lui dire de se rendre de suite chez lui. Le Commissaire central étant absent, un agent de police leur offrit d'aller chercher le Commissaire de l'arrondissement. Il revint vingt minutes après; le témoin conduisit M. le Commissaire de police à la maison de M. Armand, et ils descendirent ensemble dans la cave.

Pendant ce temps M. Armand, craignant que le Commissaire de l'arrondissement fût absent, avait prié M. Biquet d'aller sur la place de la Comédie en chercher un autre.

Le témoin rend compte de l'état dans lequel se trouvait Roux à la cave, les mains et les pieds liés.

M. le premier Président. — Comment les mains de Roux étaient-elles attachées?

M. Bosc. — Elles étaient liées derrière le dos, attachées séparément. Il existait entre les poignets une distance de dix à douze centimètres à peu près. Il y avait *dix tours de corde* sur un poignet, *deux ou trois* sur l'autre.

M. le premier Président. — Vous avez regardé d'une façon toute particulière? — *R.* J'étais devant le cadavre; j'ai vu parfaitement.

D. Vous dites *un cadavre.* Il était donc bien malade? — *R.* Je le crois; cependant il respirait encore.

Me Lachaud. — Le témoin reconnaît qu'indépendamment de la séparation qui existait entre les deux mains, il avait aperçu sur l'une des mains un grand nombre de tours, et sur l'autre deux ou trois tours seulement? — *R.* Oui, Monsieur.

M. Armand fait observer que quand il a prié le témoin Bosc d'aller chercher le Commissaire de police Bayssade, il y était déjà allé lui-même, et que ne l'ayant pas trouvé, il y retournait une seconde fois, en courant.

Dame Vigouron (Mélanie), femme Boncol, marchande d'huile, à Montpellier. — Elle demeure en face du Commissaire de police. Comme son bureau était fermé quand M. Armand s'y est présenté, elle lui a indiqué l'adresse du bureau du Commissaire central.

Fraiche (Léon), prêtre, à Montpellier. — Dans la soirée du 7 juillet, vers neuf heures, il se trouvait dans le jardin du presbytère avec M. le curé, malade, quand le sacristain de la paroisse Saint-Denis vint les avertir qu'on les appelait près d'un pendu, domestique de M. Armand.

Le témoin se rendit immédiatement à l'invitation qui lui était faite. Son premier soin fut de voir Mme Armand, qu'il trouva très-affligée; elle s'empressa de le faire conduire à la chambre du malade. Il le trouva dans un état de stupeur, d'immobilité complète, comme s'il eût été sous l'action du chloroforme.

Il y avait là beaucoup de personnes, parmi lesquelles M. le Procureur impérial, le docteur Surdun; celui-ci se trouvait près du malade. Le témoin lui demanda si le danger était imminent. Il lui répondit que non; qu'il pourrait plus tard venir remplir son ministère. Sur cette réponse, il se retira.

Il revint vers dix heures; il n'y avait dans la chambre que M. Armand et M. le Commissaire de police Bayssade; celui-ci se retirait. Il s'approcha du malade, qui était à peu près dans le même état. Le témoin lui demanda s'il y avait un peu de mieux; il ne répondit ni par paroles, ni par signes. Alors M. Armand insista pour qu'il ne fatiguât pas le malade, le médecin l'ayant ordonné ainsi. Il salua M. Armand, qui lui demanda des nouvelles du curé de Saint-Denis, et partit.

Sur l'interpellation de M. le Président, qui attribue à M. Surdun ces paroles : « Je ne désespère pas de le sauver », le témoin répète que le médecin lui a dit qu'il n'y avait pas de danger, qu'il espérait ranimer les forces vitales.

L'accusé s'entretient un instant avec ses défenseurs, puis M. Lachaud dit :

Me Lachaud. — M. Armand désire que nous fassions observer à MM. les Jurés que nous avons appelé M. l'abbé Fraiche, parce qu'il semblait résulter de la déposition de Roux que M. Armand avait repoussé cet ecclésiastique.

M. le Procureur général. — Il ne le savait pas.

Me Lachaud. — Cela se trouve dans sa déposition. C'est précisément parce qu'il ne devait pas le savoir que nous tenons à constater la vérité.

M. le Procureur général. — M. le Juge d'instruction, deux ou trois jours après l'événement, ayant entendu dire la chose, a demandé à Roux s'il savait qui le lui avait dit. Il n'a pu l'indiquer; puis l'on a entendu l'abbé Fraiche, qui a démenti le fait.

Carles, notaire à Bellegarde, canton de Beaucaire (Gard). — Il se trouvait, vendredi dernier (mars), au café Parant à Nîmes, et il causait avec quelques personnes de l'affaire Armand. Un étranger était là qui n'avait pris aucune part à la conversation. Au moment de sortir, il dit au témoin et à ses interlocuteurs : « L'affaire Armand est une affaire malheureuse. J'ai entendu Roux, au carnaval dernier, tenir le propos que voici : J'ai été malheureux jusqu'ici; mais si un jour j'obtiens 50,000 fr. que je me propose de demander à M. Armand, cela marchera. »

Le témoin ne connaissait pas cet étranger; on lui a dit que c'était un professeur.

Avant de sortir, tenant la porte, il ajouta : Cela, je l'ai entendu, on ne me l'a pas dit. La scène s'est passée à Montpellier chez Mme de Montcalm, dans un moment où je m'y trouvais. L'étranger ajouta cette réflexion : Si j'étais Juré, je ne condamnerais pas M. Armand, parce que je tiens cette affaire pour une affaire d'argent.

M. le Procureur général. — Comment ce Monsieur connaissait-il Roux? — *R*. Je voyais cet étranger pour la première fois ; je n'ai pas même causé avec lui, nous avons accepté ce qu'il a dit.

Me Lachaud. — Il y a une erreur dans nos assignations. Nous savons le nom du témoin qui aurait entendu le propos sortir de la bouche de Maurice Roux; il se nomme Louche, il demeure à Nîmes, et si M. le Procureur général le désire, on peut le faire venir demain matin.

M. le Procureur général. — Certainement, je le désire, si vous voulez invoquer un pareil propos.

Me Lachaud. — Il pourrait paraître singulier que nous appelions les personnes qui ont entendu le propos, et que nous n'appelions pas l'auteur du propos, M. Louche. Nous avions donné des instructions qui n'ont pas été suivies. M. Louche est un ancien professeur de l'Université; il sera ici demain, nous l'entendrons.

C'est seulement vendredi dernier que le propos a été répété.

Parant, limonadier à Nîmes, appuie la déposition du témoin, en confirmant que l'étranger aurait fixé l'origine du propos à l'époque du carnaval dernier.

Villarès (Jean), négociant à Nîmes, rapporte le même propos, avec cette variante que Roux aurait dit : Si le fait est prouvé, je demanderais 50,000 fr. et je serais plus à mon aise. Ces paroles, l'étranger les aurait entendues sortir de la bouche de Roux lui-même, alors qu'il soupait avec lui chez une de ses cousines, Mme de Montcalm, dans les derniers jours du carnaval.

Barre (Adrien), avocat, ancien avoué au tribunal civil de Montpellier. — Il connaît M. Armand depuis vingt ans; il a été mêlé à toutes ses affaires et à celles de sa famille. Ses relations intimes avec M. Armand datent surtout de l'époque où, par la mort de M. Armand oncle, la société existant entre les deux oncles et le neveu s'est trouvée dissoute. En possession de la confiance du défunt, c'est lui, M. Barre, qui a été chargé de la rédaction de son testament. Ce fut, à proprement parler, plutôt un pacte de famille qu'un testament ordinaire. L'oncle avait pour le neveu toute l'affection d'un père; il en avait d'ailleurs rempli, envers lui, toutes les obligations. Le neveu, de son côté, avait été la cheville ouvrière de la maison, et c'est à son intelligence, à son activité que était surtout redevable de sa grande prospérité. De là, quand l'oncle vint à tomber malade, une lutte de reconnaissance entre celui-ci qui voulait laisser à son neveu un legs assez important, et le neveu qui ne voulait rien recevoir, satisfait qu'il était de la position que son oncle l'avait aidé à conquérir. La lutte avait lieu en famille, en présence de la femme du testateur. Le neveu résista longtemps; il lui fallut céder quand l'état du malade s'aggrava. Et comment le fit-il? En n'acceptant que le simple legs de la jouissance à vie de l'habitation du second étage de la maison que son oncle venait de faire bâtir et qu'il donnait par son testament à M. Camille Armand, son fils. Mais l'acceptation de ce legs si modeste était encore une preuve des sentiments qui animaient l'oncle et le neveu; la pensée du mourant était d'assurer par là à ses enfants la continuation facile de la bienveillante protection que son neveu leur avait toujours témoignée en les considérant comme les siens.

Chose singulière, et qui témoignait de la profonde reconnaissance de l'oncle pour son neveu, il était prévu, par le testament même, que si, au moment du mariage de M. Camille Armand fils, l'habitation du premier étage sur le devant, jusqu'alors commune entre la mère et le fils, venait à cesser, Mme Armand mère, que son mari aimait cependant beaucoup, irait habiter le deuxième étage du corps de logis sur le derrière, tandis que M. Armand neveu continuerait, lui, d'occuper l'appartement du même étage sur le devant.

L'oncle mourut. Que fit alors M. Armand neveu? Il pria le témoin de rédiger une clause, qui fut plus tard inscrite sur ses livres, par laquelle, chaque année, il portait au crédit du compte de M. Camille Armand une somme de 1,000 fr. Ainsi, en apparence, la volonté de l'oncle était respectée, son legs était accepté, et sans pourtant en bénéficier, le neveu témoignait de sa reconnaissance pour le testateur.

Ici le témoin entre dans de longues considérations sur l'importance commerciale de la maison Armand, sur le rôle actif que M. Armand neveu a toujours occupé dans sa direction.

M. le Procureur général, interrompant. — Cela n'a aucun rapport avec l'affaire.

M. Barre. — Si la Cour trouve que je suis trop long, je vais m'asseoir.

Me Lachaud. — C'est le caractère de l'homme, de cet homme qui assomme ses domestiques pour ne pas les payer, que le témoin dévoile. Pour moi, je prends à tout cela le plus vif intérêt, et je crois que MM. les Jurés sont de mon avis.

Le témoin Barre reprend sa déposition. — C'est à lui qu'était confiée la direction des affaires contentieuses de la maison Armand. Jamais on n'a vu modération plus grande que celle dont elle a toujours usé vis-à-vis de ses débiteurs, dont quelques-uns existent encore aujourd'hui pour des opérations remontant à 1842. Vingt années durant, elle n'a pratiqué ni expropriation, ni mise en faillite, ni contrainte par corps. Mieux encore : dans plusieurs circonstances, le témoin a trouvé M. Armand plus préoccupé du sort de ceux qui lui devaient que de sa créance.

Dans le débat actuel, ajoute le témoin, j'ai entendu plusieurs fois attribuer à M. Armand un caractère violent et méchant. Pour moi, après les nombreuses relations journalières que j'ai eues avec lui, je proteste contre de semblables allégations. M. Armand est vif, c'est vrai; mais il est en même temps extrêmement généreux, extrêmement charitable. J'ai eu souvent à faire moi-même appel à sa charité. Eh bien! quoique sa maison de commerce eût pris l'habitude de donner chaque semaine, pendant tout l'hiver, des quantités de pain assez considérables, je n'ai jamais trouvé sa générosité en défaut. Il se servait d'une formule particulière : Que voulez-vous que je donne?

Voilà, dit le témoin en terminant, ce que j'ai à dire du caractère d'Armand.

Vassas (Auguste), Président du Tribunal de commerce de Montpellier. — Il connaît M. Armand depuis longtemps. Il a eu souvent occasion de voir M. Armand au cercle dont lui-même fait partie. Sa manière d'être a toujours été affectueuse, affable. Quand on a fréquenté M. Armand un long temps, on s'aperçoit que c'est une nature énergique, ardente, susceptible même de devenir violente, quoiqu'il n'en ait jamais eu la preuve, mais avec cela bon, affectionné, serviable, au cœur chaud et généreux, apportant à rendre service cette ardeur, cette vivacité qu'on rencontre dans toutes ses actions.

Plusieurs négociants et courtiers de commerce de Marseille, MM. *Reymonet (Louis)*, *Jobert de Dehort*, *Gros (Charles)*, *Conte (Alphonse)*, *Pierrot (Jean-François Marius)*, *Morel (Victor-Prosper)*, viennent témoigner chaleureusement des bons souvenirs qu'a laissés M. Armand dans le commerce de Marseille, dont il suivait régulièrement la Bourse pour ses nombreuses opérations commerciales. Probe, loyal, intègre, tel ils l'ont vu toujours. Les fréquents rapports d'amitié ou d'affaires qu'ils ont eus avec lui n'ont jamais amené de discussion, ni d'emportement quelconques.

Quant à l'affaire soumise à la Cour, ils ne la connaissent pas; ils ne sauraient donner aucuns détails.

Durand (Pierre-Louis), négociant à Flaviac. — En 1849 ou 1850, la maison Armand a acheté à Flaviac une usine importante; M. Armand offrit au témoin de la lui céder en location. Il n'avait pas les capitaux nécessaires. M. Armand les lui fournit, sans autre garantie que sa moralité. — « Mais vous êtes vif et ardent, lui dit le témoin, et nous serions exposés à ne pas nous entendre. — Les gens vifs sont bons, » répliqua M. Armand. Plus tard dans un moment critique, M. Armand n'hésita pas à venir à son secours et fit tous ses efforts pour l'aider à se relever. Sa conduite à l'égard du témoin a toujours été digne et généreuse.

Esprit Dumas, négociant à Flaviac. — Il est entré chez M. Armand à l'âge de 14 ans. Plus tard, M. Armand l'a associé à M. Durand pour l'exploitation de l'usine de Flaviac. Le témoin ne lui doit que des remerciments.

Privat (Léon), médecin inspecteur des eaux de Lamalou. — Il a soigné, en 1859, M. Armand de la maladie dont il souffre depuis cette époque, et dont il lui est resté dans les mains un tremblement nerveux, grâce auquel le témoin peut affirmer qu'il lui eût été impossible d'opérer les ligatures dont il a été question dans cette affaire. Il l'a vu en dernier lieu le 29 avril, et certainement il ne pouvait être guéri le 7 juillet.

M. Armand continue de se rendre chaque année aux bains de Lamalou; il y est connu de tout le monde, mais surtout des malheureux.

Le témoin, venant à parler des contradictions médicales qui se sont produites au procès, dit que les médecins sont des hommes, par conséquent sujets aux erreurs. Ce sont comme des artistes; il faut savoir les choisir. (*Murmures*.)

M. le premier Président. — Il me semble que cette question est épuisée.

Le témoin. — Sans m'étendre sur le mérite et l'honorabilité de M. le docteur Tardieu, je ne puis m'empêcher de dire que, dans cette affaire, il a été à peu près comme Nélaton auprès de Garibaldi. Alors que tout le corps médical italien prétendait qu'il n'y avait pas de balle dans la blessure, lui seul a soutenu qu'il y en avait une, et il l'a retirée. Eh bien!

je dis que M. Tardieu a apporté également la lumière dans cette affaire.

M. le premier Président. — Je crois, M. le docteur, que vous êtes un disciple de M. Tardieu.

Le témoin. — Je m'en fais honneur, M. le Président.

Darvieu, médecin. — De médecin qu'il était de M. Armand, il est devenu son ami et il ne peut que rendre hommage à l'excellence de son cœur. En ce qui concerne l'affaire actuelle, de l'étude qu'il a faite des constatations médicales, il est évident pour lui que M. Armand est innocent.

Girodon (Adolphe), négociant à Lyon. — Il ne sait rien de l'affaire criminelle, mais il a quelques mots à dire sur le caractère d'Armand. Pendant de longues années, ajoute-t-il, ma maison a fait des affaires importantes avec M. Armand, qui, comme fileur-moulinier, nous envoyait des marchandises. Entre les fileurs et les négociants, il y a toujours de petits conflits; nous avons passé par ces épreuves, et je dois dire que si nos contestations se sont toujours terminées promptement, c'est par le fait de M. Armand. Il est très-vif de caractère, mais il revient très-promptement.

Dans nos contestations, c'était nous qui faisions des réclamations à M. Armand. Il les discutait avec beaucoup de courtoisie, et s'il se voyait que nous tenions bon, il proposait des conditions qui terminaient le débat.

Un jour, il n'en fut pas ainsi. Soit que les questions fussent plus délicates ou plus nombreuses, il advint que le débat s'anima par degrés, et que nous arrivâmes à des mots aigres. M. Armand, s'apercevant qu'il nous avait blessés, s'arrêta tout-à-coup, et dit : « Nous sommes bien fous de nous faire de la peine, j'accepte toutes vos réclamations. » Le débat fut fini et nous nous quittâmes les meilleurs amis du monde.

Le lendemain, au moment où nous le croyions sur la route de Montpellier, nous le vîmes entrer chez nous. Que nous voulait-il? Bien peu de chose, je vous prie de le retenir. M. Armand n'avait pas voulu quitter Lyon sans nous serrer la main et s'assurer que la scène de la veille n'avait laissé aucun souvenir irritant dans nos esprits. J'ai été en relation avec bien des hommes, mais je n'ai jamais rencontré de rapports aussi excellents et aussi agréables que ceux que j'ai eus avec M. Armand.

MM. Roger (Antoine), propriétaire, *Laissac (Joseph)*, négociant, *Marbouty (Bertrand)*, entrepreneur, *Chambert (Jean-Pierre)*, à Montpellier, rendent tous le plus complet hommage à la loyauté commerciale de M. Armand, à ses nombreux actes de bienfaisance et de charité.

M. Bonnaud (André), propriétaire à Montpellier. — Condisciple de M. Armand, il l'a perdu de vue quelques années seulement. En 1836, le témoin entra lui-même dans la maison de M. Armand oncle. Il peut dire, et avec vérité, que M. Armand neveu a contribué plus que personne, par son activité et son intelligence, à la prospérité de la maison. En 1840, voulant se retirer des affaires, il leur fit, à M. César Martin et à lui, l'offre généreuse de leur céder son commerce, en mettant à leur disposition les capitaux nécessaires pour l'exploiter. Craignant que, sans l'honorabilité de son nom, sans l'aide de ses conseils, ils ne pussent réussir, ils insistèrent pour que M. Armand restât avec eux; il y consentit et assura ainsi leur fortune et leur bonheur.

M. Martin (César), propriétaire à Montpellier, confirme la déposition de M. Bonnaud; il ajoute que, tout en leur accordant, dans l'association si généreusement proposée, une part égale à la sienne, il voulut qu'ils prélevassent en plus annuellement chacun une somme de 1,500 francs. M. Armand était le conseil non-seulement de sa famille, mais encore de tous ses amis.

M. Reyne (Xavier), négociant à Montpellier, employé pendant cinq ans chez M. Armand, ne l'a jamais vu frapper ni menacer personne. Chaque année, il faisait distribuer aux pauvres 12 à 15 balles de farine.

M. Guizard (Jean), négociant à Montpellier. — Il connaît M. Armand depuis quinze ans. Il a toujours remarqué chez lui une conduite honorable et régulière, le dévouement le plus complet, l'affection la plus sincère pour sa femme et pour les siens, une disposition constante à rendre service et à obliger. Le témoin est allé plusieurs fois à sa campagne de Saint-Marcel; il peut témoigner que ses rapports avec ses domestiques étaient ce qu'ils devaient être.

Lafont (Auguste), garde particulier, à Alais, est venu à Montpellier, chargé d'une commission par Lucie Abraham. Il déclare que la femme Pontet lui a confié qu'il y avait une personne qui voulait lui donner le moyen d'ouvrir un café à Lyon, et qu'elle n'avait plus qu'à chercher un local convenable.

Mme Twead (Charlotte-Suzanne), professeur de langues modernes. — Elle demeure depuis onze ans dans la maison de M. Armand. Elle entendait souvent le domestique de M. Armand chanter en pansant son cheval, et elle avait remarqué qu'il s'acquittait de son travail avec soin.

Deux ou trois jours avant l'évènement, il cessa de chanter, d'où le témoin conclut qu'il était enrhumé ou qu'il devait avoir une grande tristesse.

Le témoin rapporte qu'un autre domestique, nommé Antoine, avait eu l'occasion de lui parler de M. Armand. « Oh! Monsieur est bon, m'a-t-il dit un jour. Il lui arrive bien quelquefois pour une bêtise de me dire des gros mots, mais nous ne sommes pas arrivés à l'octroi, que tout est passé, et il plaisante avec nous. » Ce domestique a été très-bien soigné pendant une longue maladie qu'il a faite chez M. Armand, qui montait souvent jusqu'au 4e étage pour s'informer de lui, et Mme Armand avait fait venir une sœur de charité pour le veiller.

Quant au caractère de M. Armand, le témoin le croit trop vif, trop prompt, pour rien faire avec préméditation : chez lui, tout est spontané.

Le témoin a entendu dire par M. Camille Armand, son propriétaire, que s'il avait de bonnes qualités, il les devait à son cousin, qui n'avait jamais cessé de s'occuper de lui depuis son enfance.

Le témoin termine ainsi : « Pour ce qui est de Mme Armand, je la crois si bien née, que lors même qu'elle aurait eu un mari méchant, elle lui aurait toujours témoigné le dévouement et le respect que l'on doit à un mari. Elle est tellement esclave de ses devoirs, qu'elle n'aurait jamais manqué de l'entourer de soins et de respect; mais pour avoir montré un amour aussi héroïque que celui dont elle a fait preuve tout cet hiver, il fallait que son mari ne fût pas en effet méchant. »

Jean François, concierge à la grande Halle de Montpellier. — Le témoin est resté cinq ans au service du beau-père de M. Armand. Il eut besoin d'une certaine somme pour acquitter une dette. M. Armand la lui prêta. Plus tard, après la mort de son beau-père, il se rendit auprès de M. Armand pour lui rendre cette somme, celui-ci lui dit : Gardez-la; mon beau-père aurait agi ainsi S'il n'a pu le faire, je veux le faire pour lui.

M. *Lamouroux*, propriétaire à Béziers, a vu M. Armand, qu'il connaît depuis trente ans, montrer dans maintes circonstances la plus grande sollicitude envers des domestiques qui étaient tombés malades chez lui, principalement à la campagne qu'il possède au bord des étangs.

Le témoin a été à même, dans une affaire très-importante, d'apprécier son bon cœur. Un de ses amis à lui, témoin, fut atteint, dans une faillite, pour une somme considérable. M. Armand se mit généreusement à sa disposition, et fit plusieurs voyages afin de lui rendre service.

Le témoin a été lui-même l'obligé de M. Armand, en 1858, et il profite de la circonstance présente pour lui en témoigner toute sa reconnaissance. M. Armand, dit-il, est un homme d'honneur, de cœur et de dévouement, et je n'en ai pas connu de meilleur.

M. *Petit* (*Jean-Baptiste*), Commissaire de police à Cette, était commissaire de police à Mauguiot lors de la discussion d'Armand avec Blanc.

M. le premier Président dit qu'il n'a rien de particulier à demander au témoin.

M. *Durand* (*Jacques*), depuis longtemps maître-valet à la propriété de M. Camille Armand, n'a eu qu'à se louer de M. Armand qui l'administre pour son neveu.

Mme *Jeanne Vergne*, épouse Jacques Durand, cafetière à Mauguiot, a vu Roux causer avec Touchat. Touchat lui a demandé : Êtes-vous content de votre maître? — Oui, répondit Roux. — Eh bien! moi, je ne puis pas en dire autant. J'ai plaidé avec lui, et il n'a pas voulu me payer.

Donadieu (*Blaise*), gérant à Mauguiot. — Vers la fin de juin, il se trouvait devant le café de Jacques avec M. Boucharin et Maurice Roux. Touchat vint à passer; Roux l'invita à s'asseoir. Le témoin entendit Maurice Roux raconter à Touchat que quelqu'un lui avait proposé un duel au pistolet (le témoin croit qu'il s'agissait de M. de Félix), mais que cette personne était trop *feignant* et trop lâche pour tirer le pistolet avec lui.

Me *Jules Favre*. — Ceci complète la physionomie de ce héros de comédie.

Le témoin connaît M. Armand depuis longtemps. C'est un homme très-populaire. Il s'entretenait souvent avec lui d'agriculture et d'économie rurale. Si tout le monde, disait-il, faisait produire à la terre ce que nous lui faisons produire, la société serait heureuse, et les travailleurs ne manqueraient pas d'occupations.

Me *Lachaud*. — Le témoin n'a-t-il pas proposé à M. Armand, de la part du maire, de le faire nommer membre du Conseil municipal? — *R.* Oui; mais M. Armand a refusé.

Me *Lachaud*. — Nous renonçons aux autres témoins.

M. le premier Président. — Vous renoncez aux autres témoins?

Me *Lachaud*. — Il faut bien renoncer, même aux choses les meilleures.

Le lendemain, dès neuf heures du matin, toute la salle est envahie; il est entré deux fois plus de monde qu'elle n'en peut contenir; tous les sièges sont absorbés, même ceux des sténographes. L'encombrement est tel, que M. le premier Président est obligé de faire évacuer toute la partie supérieure de la salle, afin de rendre libres les places privilégiées. L'exécution de cette mesure a eu lieu avec ordre.

Au commencement de l'audience on entend M. *Louche* (*Joachim*), professeur de comptabilité commerciale et de dessin, à Nîmes, appelé par la défense.

— Il dépose qu'il a entendu dans la journée du Mardi gras, au moment où il sortait du café du Palais, à Montpellier, une conversation entre trois Messieurs. L'un d'eux a prononcé à peu près ces paroles : « Il m'a dit ou on m'a dit qu'il demanderait 40,000 fr. pour monter un café. Un autre a répondu : « Il veut vendre la peau de l'ours avant de l'avoir tué. » Étranger à la ville, ne voulant pas qu'on crût qu'il avait écouté, il ne fit aucune question. Il s'en alla chez un parent chez lequel il était invité à souper.

Me *Lachaud*. — Nous n'insistons pas sur la déposition de ce témoin.

M. le premier Président. — M. le Procureur général va prendre la parole. Je veux que ces débats conservent jusqu'au bout le calme et la décence qui leur conviennent. S'il venait à se produire quelques signes d'approbation ou d'improbation, je ferai immédiatement évacuer la salle, et demain l'entrée de l'audience serait interdite à tous.

M. le Procureur général, vous avez la parole.

M. Merville, *Procureur général*, s'exprime ainsi :

En vous annonçant, au commencement de ces débats, qu'ils seraient, hélas! longs et fatigants, j'ai été plus vrai que je ne le pensais. Grâce aux incidents qui se sont succédé, la réalité a dépassé mon attente. Mais, du moins, je ne m'étais pas abusé, quand je disais que votre dévouement serait à la hauteur de vos devoirs. Si longs qu'ils aient été, ces débats vous ont toujours trouvés religieusement attentifs, et ma première pensée doit être de vous en remercier. Nous avançons vers le terme : cependant il n'est pas encore touché. Ce que vous avez écouté avec attention, il faut maintenant l'apprécier avec intelligence. Pour vous aider dans cette tâche, la loi me commande de vous apporter mon concours. J'ai peu de confiance en ma parole, mais j'en ai beaucoup dans ma cause. Je lui crois assez de force pour m'en prêter à moi-même. La vérité, dit-on, à son éloquence : pour moi, Messieurs, je n'en ambitionne pas d'autre que celle-là.

Quel est-il, d'abord, ce crime que vous avez à juger, ce crime qui a tant ému la ville de Montpellier, et qui même, au dire de l'accusé, l'aurait tant passionnée? Ah! je l'avoue, tel qu'il se présentait à l'origine, il semblait de nature à produire cet effet, et à l'excuser, si jamais il est excusable.

Le 7 juillet, vers 8 heures du soir, un homme est trouvé dans une cave fermée à clé, et dont on fut obligé d'enfoncer la serrure. Il est étendu sur le sol, ou plutôt sur des débris de charbon qui recouvrent le sol. La face est appuyée sur ce charbon, qui l'a souillée et noircie. Ce n'est pas tout, le cou de cet homme est serré par une corde qui l'étrangle. Ses mains sont également liées par une autre corde, qui les fixe derrière le dos. Enfin, il a les jambes liées au cou-de-pied par un mouchoir. Il a d'ailleurs les extrémités froides, les membres froids, les paupières closes; son visage est pâle et stupide, sa bouche exhale une odeur fétide. Bref, suivant l'expression du Procureur impérial, ce corps sans mouvement, sans chaleur et sans voix, *avait plutôt l'apparence d'un cadavre que d'un être vivant.*

Il vivait cependant, et même il s'écoula peu de temps sans que l'on conçût quelque espérance sérieuse de le rappeler à la vie. Le voilà en effet mis aux mains des médecins, qui s'empressent de faire leur devoir et qui le font avec le plus complet dévouement. La Justice, elle aussi, avait à faire le sien. Elle s'informe, elle examine, elle constate. Dès le premier moment, l'attitude du patient était si convaincante, il parut si impossible qu'il se fût mis lui-même en cet état, que tous d'une voix unanime, sans la moindre divergence, s'écrièrent : *Il y a un crime! il y a un assassinat!*

Mais quel était le criminel? Ici, on se perdait en conjectures... La victime avait été reconnue pour être le nommé Maurice Roux, cocher du sieur Armand. Roux était un homme doux, obéissant, inoffensif ; quel ennemi pouvait-il avoir, assez cruel, assez altéré de vengeance, non-seulement pour avoir essayé de le tuer, mais encore pour l'avoir essayé avec ce luxe de précautions barbares que je viens de décrire? Quelqu'un, et vous savez qui, insinua alors que cet homme avait le tort d'avoir de mauvaises mœurs, et que c'était peut-être la vengeance de quelque maîtresse abandonnée qui l'avait mis dans ce lamentable état.

Fallait-il donc ajouter un chapitre de plus à la longue et tragique histoire des homicides par jalousie? Non, Messieurs, la jalousie n'était pour rien dans le traitement cruel qu'avait subi Maurice Roux. Un sentiment bien différent, et en apparence inexplicable, avait inspiré l'événement. Du moins, c'est ce que la victime ne tarda pas à raconter ; car cette victime, dont l'assassin avait voulu s'assurer le silence éternel, avait fini par retrouver la parole avec la vie, elle avait fini par comprendre, puis par se faire comprendre, puis enfin par parler.

Et que dit-elle alors? Elle dit, elle maintint, elle répéta, que dis-je? elle répète encore aujourd'hui, que son assassin, c'était son maître lui-même... qu'il avait suivi le malheureux domestique à la cave, l'avait surpris occupé à charger du bois, lui avait asséné un coup de bâton sur la nuque, que ce coup fut suivi d'évanouissement, et l'évanouissement suivi de strangulation. Maurice Roux ne savait rien de plus, si ce n'est qu'en le frappant de son bâton, son maître Armand lui avait dit avec colère : « Je t'apprendrai si ma maison est une baraque! »

Quoi! étrangler un homme pour un tel propos! Quoi! cet enrichi, ce millionnaire, s'est avili jusqu'à se faire assassin! En un jour, en une heure peut-être, cet opulent négociant est descendu jusqu'au niveau des plus noirs malfaiteurs! Et cela, parce qu'on a tenu sa maison ce propos banal, dont un homme de bon sens se contenterait de sourire : « la maison Armand est une baraque. » La Justice, qui ne connaissait pas Armand, qui ne connaissait pas son caractère, qui, dans le premier moment, n'avait pas encore les lumières suffisantes pour débrouiller ce chaos, la Justice n'y voulait pas croire ; et elle disait à Maurice Roux : « Vous me trompez! vous me trompez non pas sur l'identité de votre assassin (car on ne saurait comprendre qu'un homme si horriblement maltraité aille en accuser Pierre l'innocent au lieu de Paul le coupable); mais vous me trompez sur les causes de l'assassinat. Il y a entre votre maître et vous quelque cause de haine secrète, mystérieuse : plus le crime est atroce, plus la haine a dû l'être aussi. Expliquez-vous! » A quoi Maurice Roux a toujours répondu : « Il n'y avait point de haine, point de mystère d'aucune sorte ; n'en cherchez pas, car vous n'en trouverez pas. »

Maurice avait raison ; on n'a rien trouvé, parce qu'il n'y avait rien. Le crime s'explique autrement, nous l'avons déjà expliqué, et, s'il le faut, quand le moment sera venu, nous l'expliquerons encore. Pour l'instant, nous ne discutons pas, nous exposons. Je poursuis donc le récit des faits, ou plutôt je m'aperçois que ce récit est presque épuisé. Maurice fut si énergiquement persistant, il mit dans ses accusations une fermeté si inébranlable, Armand, de son côté, se montra tour à tour si troublé et si violent, l'alibi qu'il invoqua fut si nettement démenti, qu'il ne parut pas possible de croire plus longtemps à son innocence ; il fut arrêté, et aujourd'hui le voilà devant vous!

Devant vous, Messieurs, que dit-il? Le voici :

Il dit que s'il y a ici une victime, une victime à plaindre et à pleurer, c'est lui, et lui seul! Victime! Il l'est de la plus infernale machination, de la spéculation la plus épouvantable qui se soit jamais produite devant la Justice! Celle-ci est abusée, grossièrement abusée par une fable dont elle n'a pas eu l'intelligence de savoir découvrir ni déjouer la fausseté. Maurice Roux a joué, il joue encore la plus infâme comédie. Tout le mal qu'il a eu, il se l'est fait à lui-même. C'est lui qui s'est étranglé, lui qui s'est lié les mains derrière le dos, lui qui s'est attaché les pieds, lui qui s'est jeté à plat ventre sur un lit de charbon de terre, lui aussi sans doute qui s'est donné un coup derrière la tête, ou plutôt il n'y a pas eu de coup. Mais à un jeu si affreux, et si plein de péril pour l'acteur, il faut un but! Quel était-il? Ah! c'est que Maurice est un garçon avisé.... Vous, Messieurs, qui l'avez vu déposer à cette audience, vous vous en êtes fait une idée toute contraire. Vous avez dû le trouver très-simple d'esprit, très-peu intelligent. Eh bien! détrompez-vous ; c'est l'homme le plus rusé, le plus astucieux du monde. Il s'est dit : « On n'est pas tous les jours le cocher d'un mil-« lionnaire, il faut en profiter. Armand a de l'argent ; « il en a beaucoup ; il ne s'agit que de trouver le « moyen de lui en extorquer. Le moyen, le voici : Je « vais le faire passer pour un assassin, et, à cet effet, « je ne me tuerai pas tout à fait, mais peu s'en faut ; « je m'avancerai jusqu'aux dernières limites de la « vie ; à ce moment-là, je compte sur la Providence, « elle m'enverra quelqu'un pour me délivrer et « m'empêcher de franchir le pas fatal. Revenu à la « vie et à la santé, je dirai que c'est mon maître qui « m'a mis en cet état, et je n'aurai qu'à le dire pour « être cru, et il me suffira d'être cru pour que ma « fortune soit faite. »

Voilà le système de Roux? On assure qu'il a un grand succès près de certaines personnes. Pour moi je ne voudrais en blesser aucune : mais franchement ceux qui croient à ce système ne me paraissent pas bien exigeants sur les lois de la vraisemblance et du bon sens, ni de bien judicieux observateurs de la nature humaine. Ah! je comprends que, quand on se trouvait placé entre deux systèmes qui rivalisaient d'invraisemblance, le système de l'accusation et celui de la défense, on se partageait cet embarras de conscience, j'ai commencé par l'éprouver comme un autre : *Non ignara mali, miseris succurrere disco.* Oui, quand l'accusation professait cette opinion choquante qu'Armand était descendu à la cave tout exprès pour y assassiner son domestique, les meilleurs esprits pouvaient et devaient hésiter ; on n'était satisfait ni d'un côté ni de l'autre ; et moi-même, je le répète, en recevant ce dossier, sur lequel je ne comptais guère, des mains de la Cour de cassation, j'en abordai l'étude avec toutes sortes de scrupules et de méfiances, et ces expressions, je me le rappelle, sont celles-là même dont je me servis en écrivant à M. le Garde des sceaux. Mais aujourd'hui il ne s'agit plus de cela. Armand n'est plus un maître qui s'en va étrangler son domestique plein de vie; c'est un homme qui cède à un mouvement de violence, qui se trouve ensuite effrayé par les conséquences imprévues de cette violence, et qui se détermine à en commettre de nouvelles pour cacher les premières. Rien n'est moins extraordinaire, rien du moins n'est plus facilement acceptable, tandis que le système de la simulation, je n'en connais pas qui soit en plus violente opposition avec le bon sens. C'est ce qu'il s'agit de prouver.

Ici, M. le Procureur général aborde l'argumentation, dont le développement n'a pas duré moins de quatre heures, et dont nous allons reproduire les parties qui nous ont paru les plus saillantes.

D'abord, dit-il, quand l'événement se produisit, quelle impression fit-il à tous les témoins intelligents qu'attira ce spectacle étrange? Tous pensèrent qu'il était impossible que Maurice se fût rendu lui-même victime d'un pareil traitement. Ce fut l'opinion de M. Brousse, celle de M. Surdun, celle du Commissaire de police, et surtout celle d'Armand. Vous n'avez pas oublié la déclaration de M. Bayssade. Il arrivait, nous a-t-il dit, sous l'impression de la rumeur populaire qui signalait un suicide. M. Armand fut le premier qui le détrompa, disant : ce n'est pas un suicide, c'est un assassinat, et cet assassinat doit être l'œuvre de plusieurs personnes réunies.

Et le lendemain 8 juillet, entendu comme témoin, Armand déclarait encore : « *je ne doutai pas un instant qu'un crime n'eût été commis.* » Non que je veuille abuser contre Armand de cet aveu du premier moment; non que je veuille lui refuser le droit d'être tombé du premier coup dans une erreur qu'il aurait ensuite reconnue : mais du moins retenons bien ce premier système sorti de sa bouche, à cause des conséquences graves que nous aurons à en tirer dans la suite de la discussion.

De la question, non épuisée assurément, de savoir s'il y a eu un homicide, passons maintenant à celle-ci : Qui en est l'auteur, comment le nom d'Armand a-t-il été prononcé, et quelles sont les précautions que la Justice a prises pour ne pas tomber dans l'erreur? Dès que Roux a repris ses sens, dès que sont revenues les premières lueurs de la raison, la révélation se produit. Vous n'avez pas oublié, MM. les Jurés, la scène qui vous a été racontée par Delousteau, l'inspecteur de police, et par M. Vialette, l'étudiant en médecine. M. Delousteau vous a dit : A une heure de la nuit, l'œil du malade était terne, et n'indiquait aucun retour à la vie, surtout à la vie intellectuelle; mais, un peu plus tard, l'œil s'anime, et lance, par moments, des éclairs d'intelligence. M. Delousteau interroge alors, et se voit compris. Il remarque certains gestes, l'index du malade dirigé avec une persistance constante vers la nuque; cela le frappe, et il va réveiller l'étudiant en médecine. Celui-ci cherche, scrute, observe, et découvre une meurtrissure qui fait naître dans son esprit l'idée d'un crime, — pour la première fois, car lui n'était pas à la cave, il n'avait rien vu, il ne savait rien de ce qui avait été dit. Il cherche alors à savoir le nom du meurtrier; Maurice Roux ne peut pas parler, mais il sait lire : on le lui demande, et il répond affirmativement par un signe.

« Je vais mettre ma main dans la vôtre, lui dit l'étudiant ; je vais appeler successivement « toutes les lettres de l'alphabet et, chaque fois que « passera celle que vous voudrez indiquer, vous me « serrerez la main. » Cela s'exécute, et on obtient ainsi le nom d'*Amand*. L'épreuve n'a réussi qu'incomplètement; on s'en aperçoit aux signes d'yeux du malade, et on recommence; c'est alors que le nom de l'accusé *Armand* est obtenu. M. Vialette est un étranger à la ville. Ce nom ne lui dit rien; il demande à qui il faut l'appliquer : Connaissez-vous quelqu'un de ce nom? demande-t-il à Malzac et aux concierges qui sont là. Ces deux hommes, ces deux serviteurs fidèles, dévoués, se regardent et ne répondent pas! Cela, Messieurs, est significatif; aucun des deux n'ose dire : « C'est notre maître qui se nomme Armand ! »

L'étudiant a été frappé de l'attitude de ces deux hommes; il est venu vous le dire à l'audience, et vous savez aussi que, peu de temps après, Malzac est venu trouver son maître et lui apprendre que Maurice Roux dirigeait contre lui l'accusation que vous connaissez.

A cette première scène en succède une seconde. Armand, apprenant que son nom est sorti, je ne dis pas de la bouche de Roux, mais de la pression de ses doigts, va se rendre avec un parent, M. Biquet, auprès du malade; il lui adresse des paroles d'intérêt. Le Commissaire de police est présent, et ne remarque pas sans étonnement que Maurice lève la main vers son maître et la porte jusqu'à son gilet; mais sa main défaillante retombe épuisée, et alors Armand se retire le visage légèrement pâle et contracté. Vient ensuite M. le Procureur impérial, qui obtient du malade, à l'aide d'un alphabet, non-seulement le nom du meurtrier, mais la construction d'une phrase qui est à elle seule l'explication du crime. Cette phrase, vous la connaissez : *Ma maison est une baraque*. Une lettre que nous avons reçue dernièrement de M. le Procureur impérial de Montpellier complète son procès-verbal, et nous donne de précieux détails. Ainsi, quand ce magistrat a été amené à lui demander la cause du crime, Roux lui montra sa langue, pour lui faire comprendre que c'était parce qu'il avait trop parlé.

M. le Procureur général donne lecture de la lettre de M. le Procureur impérial, et continue :

Quant à M. le Juge d'instruction, vous savez, par la lecture qu'on vous a faite de quelques fragments du procès-verbal qu'il a dressé, avec quelle lenteur et quelle sage réserve il a accueilli les révélations de Maurice Roux; mais enfin, plus il était resté incrédule et défiant, plus, en homme de bon sens qu'il est, plus, en présence de la persistance de Roux et de l'inutilité de ses efforts pour vaincre cette persistance, plus, dis-je, il a dû croire à la culpabilité d'Armand.

Il semble que la défense a voulu tirer des interprétations équivoques de certains passages de son procès-verbal. Il est bien vrai que, le premier jour, tant que Maurice Roux n'a pu s'exprimer que par signes, le Juge d'instruction a compris que Maurice Roux avait eu la perception de la scène entière depuis le coup de bâton ou de bûche jusqu'à la strangulation.

Mais cette erreur première, parfaitement explicable en présence de la difficulté de recueillir les preuves de l'accusation, a cessé au moment où Roux a retrouvé la parole, où il a pu expliquer sa pensée d'une manière complète. Alors il a répété ce qu'il avait déjà dit, au moyen de l'alphabet, à M. le Procureur impérial : « J'étais descendu à la cave, j'étais à genoux occupé à charger du bois, quand Armand est apparu, et m'a dit, en me frappant de son bâton : Je t'apprendrai si ma maison est une baraque. »

Jamais Maurice Roux, à partir du 9 juillet, n'a dit autre chose ; jamais il n'a varié un instant sur les détails très-courts de cette scène, dont seul il a pu avoir connaissance.

Parmi les épreuves auxquelles a été soumis Maurice Roux, permettez-moi, Messieurs, d'insister sur une scène qui, aux yeux des hommes de bonne foi, a une grande importance ; c'est la scène de la communion.

M. le Procureur général, après avoir expliqué comment la sœur supérieure de l'hospice Saint-Éloi en a eu seule l'initiative, reproduit les principales circonstances de la communion de Roux, puis continue :

Dussé-je prêter à rire à la défense, je vous avoue que la scène m'a paru si touchante, que, la première fois que je l'ai lue, les larmes me sont venues aux yeux. Était-ce chez moi l'effet de je ne sais quelle ferveur particulière, d'un entraînement mystique ? nullement ; mais je suis homme, *homo sum*, et rien de ce qui touche aux sentiments respectables de l'humanité ne saurait me trouver insensible.

Or, quoi de plus beau, de plus respectable, que le spectacle de l'homme luttant contre la mort, conservant dans cette lutte toute son énergie morale, et épurant ses faiblesses terrestres au contact de cette lumière divine, dont il croit apercevoir les premiers rayons. Mais quoi ! à cette audience même, au milieu de toutes ses gaucheries de langage, parmi toutes ces maladresses qui ont si bien révélé son peu d'intelligence et prouvé combien il eût été inhabile à fabriquer cette simulation dont on l'accuse, Maurice Roux, sur ce point particulier de la communion, s'est montré plus simple que je ne viens de l'être, et, justement pour cela, je crains bien qu'il n'ait été plus réellement éloquent. Interrogé par M. le Président, « Monsieur, répondit-il, on ne se joue pas de ces choses-là ! Ce n'est pas dans un pareil moment qu'on a envie de mentir. » Belle réponse, Messieurs, qui prouve que cet homme, quelque mal qu'on vous en ait dit, a donc conservé un sincère sentiment de piété et n'aurait jamais voulu se jouer d'un mystère dont il mesure toute la portée solennelle. Plus il a mis de simplicité dans sa réponse, plus il semble que cette réponse a dû sérieusement vous toucher.

Depuis cette époque, neuf mois se sont écoulés. Maurice Roux est allé dans son pays ; il est revenu à Montpellier ; tous ses actes ont eu de nombreux témoins ; il a tenu sur cette affaire, ou bien on lui a fait tenir une foule de conversations ; eh bien ! a-t-on jamais surpris chez lui la plus légère variation, l'ombre d'une défaillance ? Cet homme, qu'on a représenté, avec raison, comme plein d'instabilité dans le caractère, il a montré dans sa révélation une persévérance qui ne s'est jamais démentie. Cela ne doit-il pas avoir, Messieurs, je vous le demande, une grande valeur à vos yeux ?

Enfin, voici le jour où Maurice Roux comparaît devant vous ; quelle a été son attitude et quelles conclusions faut-il en tirer ?

Pour juger de cette comparution de Maurice Roux, il existe deux points de vue : le point de vue léger, superficiel ; le point de vue grave, réfléchi.

Le point de vue léger et superficiel, c'est celui des personnes qui auraient voulu que Maurice Roux, le cocher, le domestique, se fût exprimé comme un gentleman ou un homme d'esprit, qu'il eût toujours gardé une réserve parfaite et n'eût jamais dit que des choses convenables.

J'avoue que pour ceux-là jamais déception n'aura dû être plus grande, car, pour des maladresses, Maurice en a commis comme à plaisir et de manière à causer à ceux qui s'étaient d'avance constitués ses adversaires une joie qui a dû dépasser leurs espérances.

Mais, Messieurs, me permettrez-vous de vous répéter les paroles qu'un célèbre orateur prononçait naguère dans une autre enceinte : « La convenance, disait-il, est une chose toute relative ; c'est une notion qui se perfectionne à mesure qu'on s'élève dans les hautes régions de la société ; mais elle va s'affaiblissant à mesure qu'on descend dans les couches inférieures. »

C'est pourquoi il vous est impossible, à vous hommes intelligents, qui jugez humainement les choses humaines, de voir un misérable et un menteur dans un homme du peuple, uniquement parce qu'il aura manqué aux convenances ; car vous courriez risque d'embrasser en quelque sorte dans cette qualification imméritée tout ce qui compose la classe populaire.

C'est donc à l'autre point de vue, au point de vue grave, réfléchi, qui fait qu'on raisonne, et qu'on va au fond des choses, que vous devez vous placer. Eh bien ! voyons : plus cet homme s'est montré gauche et dépourvu d'intelligence, plus vous devez, avec moi, avoir confiance dans ses révélations. Car si vous contestez leur sincérité, il faut que vous admettiez le système de M. Armand, c'est-à-dire le système d'une simulation *machiavélique* ; il y a là un dilemme dont vous ne pouvez pas sortir. Eh bien ! est-il possible, je vous le demande, qu'un homme aussi peu intelligent, aussi peu judicieux, ait inventé ce système de simulation qu'on lui prête, système qui demandait des calculs infinis et presque la science d'un médecin ? En effet, nous verrons plus tard qu'il serait nécessaire d'admettre qu'il ait deviné certains phénomènes physiques dont la connaissance lui eût été nécessaire pour opérer lui-même son garrottement.

Tel est, Messieurs, l'argument qui ressort de la comparution de Maurice Roux à cette audience. Laissons donc de côté les gaucheries qui sont, à mon avis, une preuve de plus de sa véracité, et voyons l'essentiel. — L'essentiel, c'était qu'il maintînt ses révélations contre Armand.

Sur ce point, représentez-vous cette scène qui n'a pu s'effacer de votre mémoire : rappelez-vous Maurice Roux placé sous les feux croisés qui l'assaillaient de tous côtés... et dont le plus redoutable était dans l'interrogatoire que lui faisait subir M. le premier Président pour arriver à la découverte de la vérité. Cette vérité, l'honorable magistrat l'a recherchée avec une persistance dont il a le droit de se faire honneur ; il semblait se faire, non un plaisir, mais un devoir, de creuser sous les pieds de Maurice Roux un abîme pour tenter de l'y entraîner.

Mais celui-ci n'y est pas tombé ; il a maintenu avec une constance inébranlable, dont vous n'avez pas pu ne pas être frappés, tout ce qu'il avait affirmé jusque-là. Rien de plus, rien de moins. N'est-ce pas une preuve qu'il se sent impuissant à modifier un récit, qui est la vérité elle-même ?

Je ne puis m'empêcher non plus de vous faire remarquer que cet homme est si gauche, si dénué d'intelligence, qu'un propos qui avait été tenu la veille de l'attentat à Mme Armand par son maître, ce propos qui fut pour nous le trait de lumière cherché depuis si longtemps, il l'avait jusque-là laissé ignorer, et que ce n'a été qu'à l'audience même qu'il l'a révélé.

Ici M. le Procureur général rappelle le propos rapporté par Roux le 6 juillet au soir, dans la cuisine de M. Armand, la révélation qui en a été faite à l'audience, et il reprend ainsi :

A la vérité, on peut se demander si Roux n'a pas prêté à son maître ce prétendu propos, et cela, précisément pour venir à l'appui de la scène de violence imaginaire dont il se proposait de l'accuser. Eh bien, oui! cette objection aurait sa valeur, si c'était Roux qui, de lui-même, eût appris à la Justice l'existence de cette fameuse parole : *je me vengerai*. Mais pas du tout! cette parole, il a semblé ne s'en plus souvenir; c'est la cuisinière et la femme de chambre qui nous l'ont fait connaître; et quant à lui, loin d'avoir devancé la révélation de ces deux filles, il ne l'a confirmée qu'après qu'on l'eut remis sur la voie, et il a fallu le faire accoucher de ce souvenir comme avec un forceps.

Mais si l'accent de Maurice Roux, sa persistance, et j'ajoute son peu d'intelligence, sont déjà une garantie si puissante de la vérité de ses révélations, ce n'est pas à dire qu'il n'y ait pas de nombreuses preuves matérielles qui viennent la confirmer et exclure, à mon avis, d'une manière complète, l'ombre d'un mensonge de sa part.

Voici d'abord deux circonstances qui, grâce au système adopté par l'accusé, ne sont pas décisives, je l'avoue, car je ne cherche jamais à forcer un argument, mais qui me semblent cependant bien importantes. La première, c'est la similitude des cordes, circonstance qui n'est pas en elle-même très-grave parce que beaucoup de cordes se ressemblent.

La seconde circonstance, celle-ci plus importante, c'est que le corps ou plutôt les pieds de Maurice Roux étaient attachés avec un mouchoir marqué aux initiales d'Armand.

Ces deux circonstances ont cet avantage qu'elles resserrent le cercle de la discussion, en excluant la supposition que l'assassinat peut avoir été commis par une personne étrangère à la maison d'Armand. Il est évident qu'une personne étrangère n'aurait pas eu des cordes semblables à celles qu'on a trouvées chez Armand, et surtout n'aurait pas eu un mouchoir appartenant à Armand.

Mais, dit-on, ne voyez-vous pas que c'est précisément là un des traits de lumière qui démontrent le mieux le stratagème? Ne voyez-vous pas que Maurice Roux a voulu se créer une preuve matérielle à l'appui de sa simulation? On s'explique à merveille que Maurice Roux, cherchant à jouer une comédie au préjudice de la bourse de son maître, se soit arrangé de manière à se procurer des preuves compromettantes pour ce dernier, et qu'il ait volé un mouchoir à son maître pour l'employer et pour cacher précisément son initiative personnelle. Mais ce qu'on ne s'explique pas, ce serait la folie d'Armand et l'imprudence qu'il aurait commise, s'il était coupable du crime dont on l'accuse, en se servant d'un mouchoir à ses initiales.

Le raisonnement est certainement spécieux. Mais j'y réponds d'abord par cette simple réflexion : Est-ce que les coupables prévoient tout? M. le docteur Tardieu, qui n'est pas suspect dans la cause, vous l'a dit : Les coupables ne prévoient pas tout.

Si les coupables prévoyaient tout, laisseraient-ils jamais la trace de leurs pas sur un sol fraîchement remué? Oublieraient-ils une casquette, un instrument, un outil qui servira à les faire reconnaître? Chargeraient-ils leur fusil avec un papier dont on trouvera le similaire en leur possession? L'imprévoyance des coupables fait la force de la Justice. C'est quand le coupable a tout prévu, ou que le hasard s'est chargé de prévoir pour lui, que la Justice demeure impuissante. Mais d'ailleurs je soutiens que cette imprudence peut s'expliquer de plusieurs manières, et, en premier lieu, parce que rien ne prouve qu'Armand n'avait pas l'intention d'enlever le cadavre pendant la nuit.

Je n'ai pas à prouver les intentions d'Armand; mais c'est une réflexion bien naturelle qui me conduit à l'hypothèse que je viens d'énoncer.

Allons plus loin, et, supposant toujours qu'Armand soit coupable, demandons-nous comment il se fait qu'il ait employé un mouchoir pour lier les pieds de Maurice Roux? La réponse est toute simple. Parce que les cordes lui ont manqué. En d'autres termes, il n'avait pas prémédité d'attacher les pieds de Maurice Roux avec un mouchoir; aussi comprend-on très-bien que, étant pris à l'improviste, il n'ait pas pensé à la marque ni à l'indice qu'on pourrait en tirer contre lui.

Je dirai plus. Armand avait-il donc sérieusement à craindre que ce mouchoir marqué à ses initiales fût compromettant pour lui, si la victime n'était plus là pour l'accuser? Ne pouvait-on pas penser en effet que ce mouchoir avait été trouvé par les assassins dans la poche du domestique qui l'avait pris par erreur à son maître?

Laissons maintenant les cordes et le mouchoir, et notons trois autres circonstances, qui me semblent, quant à moi, parfaitement inconciliables avec le système de la simulation :

D'abord la clé, qui n'a pas été retrouvée; — la ligature des mains et des pieds, — enfin le coup porté derrière la tête.

Nous commencerons, si vous voulez bien, par le dernier de ces trois faits, celui du coup derrière la tête.

La défense a une manière admirable d'écarter cet argument : elle le supprime, et elle le nie. C'est très-commode, mais est-ce admissible? C'est ce qu'il nous faut examiner, et puisque le cours des idées nous conduit à aborder la question médico-légale, je veux suivre la veine et l'épuiser d'un seul coup.

Est-ce que l'accusation va puiser ses preuves dans les conjectures et les appréciations de la médecine, est-ce que nous avons la prétention de vous faire résoudre des problèmes physiologiques? En aucune façon; ce n'est pas là votre tâche; comme on l'a dit avec raison, si vous êtes un jury, vous n'êtes pas un jury médical.

Les preuves de l'accusation, les voici : C'est le témoignage vivant et parlant de Maurice Roux; c'est la sincérité de son attitude et de son accent; c'est l'impossibilité d'assigner un intérêt quelconque à un mensonge de sa part; c'est le fait avéré qu'on l'a trouvé à moitié étranglé dans la cave, les pieds liés avec un mouchoir marqué aux initiales d'Armand, et les mains attachées derrière le dos. C'est le fait également avéré que quelqu'un a emporté au dehors la clé de la cave; c'est enfin le fait que Maurice Roux a reçu un coup sur le derrière de la tête.

Nous avons encore d'autres preuves, mais je me borne en ce moment à relater les principales. Elles reposent sur des témoignages certains, sur des raisonnements élémentaires en quelque sorte, et accessibles à l'intelligence de tous. Et quand nous avons toutes ces preuves, quand nous avons, à notre avis, tout ce qui peut rassurer la conscience et produire une conviction définitive, voici venir une prétendue science qui prétend souffler sur tout cela, et rester seule maîtresse du terrain en disant : Seule je possède la vérité; toutes les autres preuves auprès des miennes, ou plutôt auprès de mes affirmations, sont dérision et néant.

N'est-ce pas là, Messieurs, une prétention exagérée ? La médecine possède, il est vrai, un certain nombre de vérités acquises ; mais à côté s'étend un champ presque sans limites ouvert aux conjectures, aux hypothèses, un champ dans lequel on peut opposer les négations aux affirmations et les systèmes aux systèmes.

Tout le monde se rappelle le vers connu :

Hippocrate dit oui, et Gallien dit non.

Je sais très-bien que, à travers ces ruines successivement accumulées sur le terrain de la médecine, le progrès néanmoins se fait jour, et à Dieu ne plaise que je veuille ravir à l'art médical la part de gloire et d'honneur qui lui revient dans le grand travail de l'humanité.

Mais dans l'incertitude au sein de laquelle cette science est si souvent plongée, un peu de modestie ne messiérait pas, et l'on devrait prendre un ton un peu moins tranchant et moins affirmatif quant à certains problèmes sur lesquels la science n'a pas encore dit son dernier mot.

Si cela est vrai d'une manière générale, combien ne l'est-ce pas davantage lorsqu'il manque aux médecins cette entière liberté d'esprit, si nécessaire, si indispensable dans les sciences naturelles, pour observer avec justesse et tirer de saines conclusions.

Je m'explique à cet égard, et c'est la seule réflexion que je veuille faire sur ce point : MM. les médecins appelés par la défense ont commencé par prendre communication, ce sont eux qui le disent, de toutes les pièces de la procédure, des rapports des médecins, des interrogatoires, des dépositions des témoins. Lorsque la Justice commet des médecins comme experts, est-ce ainsi qu'elle procède? est-ce ainsi que leur remet la procédure? est-ce qu'elle leur dit : — Commencez par vous faire une opinion sur l'affaire en ce qui concerne les preuves morales qu'on peut invoquer de part et d'autre; prenez les dépositions, les procès-verbaux, les différents éléments qui constituent une procédure criminelle; ensuite vous nous direz votre opinion sur les faits? — Non, la Justice connaît trop bien ses devoirs et ceux de MM. les experts pour leur tenir ce langage; ces devoirs, M. le docteur Tardieu lui-même les a parfaitement formulés dans un de ses discours d'ouverture à la Faculté de médecine de Paris :

« Nous nous efforcerons, disait-il, de rester scrupuleusement dans notre rôle; nous ne savons pas, nous ne voulons pas savoir quelle cause, de l'accusation ou de la défense, nous favorisons, en donnant tout à la vérité. »

Eh bien, Messieurs, est-ce ainsi que M. Tardieu et ses honorables confrères ont procédé? Non, M. Tardieu n'a pas conformé sa conduite, dans ces circonstances, aux préceptes qu'il avait si bien, si excellemment tracés. La critique que je lui adresse (je ne veux pas me servir du mot reproche), c'est

de s'être refusé en quelque sorte à lui-même une entière liberté, une complète indépendance d'esprit, en subordonnant ses appréciations médico-légales aux opinions qui pouvaient résulter pour lui de l'étude du dossier, des dépositions des témoins, surtout en présence d'une accusation qui se produisait avec une physionomie si différente de celle qui lui est actuellement donnée. Je comprends très-bien que, placé ainsi en face d'une accusation invraisemblable, outrée, M. Tardieu, choqué de l'hypothèse dans laquelle on se plaçait, d'un maître tel qu'Armand descendant à la cave pour étrangler de sang-froid, et avec préméditation, un de ses domestiques, ait cherché dans sa science et dans son esprit les moyens de détruire une accusation qui semblait, au point de vue moral, inacceptable. Je suis loin de douter de la sincérité de la conviction qui l'anime ; mais je dis qu'en procédant comme il l'a fait, il n'a pu conserver l'indépendance et la liberté d'esprit avec laquelle il procède quand il a l'honneur d'être appelé comme expert par la Justice.

Permettez-moi d'ajouter encore que ce n'est pas la première fois, dans les affaires criminelles (dans les affaires civiles, c'est encore plus fréquent), qu'aux experts commis par la Justice on oppose des experts chargés de les contredire et de les démentir. M. le docteur Tardieu lui-même, dans sa carrière déjà longue, a dû rencontrer souvent des contradictions de la part de confrères très-savants et très-habiles aussi.

Mais pour me référer à deux exemples bien connus : Mme Lafarge n'a-t-elle pas trouvé des experts qui sont venus soutenir qu'il n'y avait pas de poison dans les viscères de son mari? Dans une autre affaire de date plus récente, et je puis en parler sans doute avec compétence puisque j'ai assisté aux débats, non pas comme acteur mais comme spectateur, celle des époux Favre, à Lyon, accusés d'avoir empoisonné Jean Crépin, j'ai vu de mes yeux sept ou huit médecins cités à la requête de la défense venir affirmer qu'une décoction de pavots, dans la proportion et la mesure indiquées par l'accusation, était impuissante à donner la mort à un homme, et à produire un effet d'empoisonnement. Eh bien ! pour lutter contre ces sept ou huit médecins qui venaient ainsi prêter à la défense le secours d'une science que je considère, moi, comme consciencieuse, l'accusation n'en avait qu'un. Mais il se trouva que celui-là, rappelé après que les autres eurent été entendus, fit une grande impression sur le jury et sur le public, par cette simple observation : les Orientaux, disait-il, ont malheureusement l'habitude de prendre de l'opium : sont-ils, pour cela, empoisonnés ? Oui et non. Non, en ce sens qu'ils ne meurent pas d'un empoisonnement soudain, ni même dans un temps rapproché; mais l'usage de l'opium ne les conduit pas moins à un état d'étisie qui amène la mort au bout d'un temps plus ou moins éloigné, par conséquent les substances narcotiques de ce genre, administrées à un vieillard octogénaire, devaient amener les effets d'intoxication, d'empoisonnement mortel, que l'accusation reproche aux époux Favre d'avoir voulu produire.

Ne prolongeons pas davantage ces détails pénibles. Nous sommes sur un terrain glissant ; j'ai cherché, et j'espère avoir atteint mon but, à m'y maintenir avec toute la modération possible. J'arrive à la discussion des arguments et des objections émanant des différents médecins de la défense. Sans entrer dans les détails, qui nous mèneraient beaucoup trop loin, ces objections peuvent se réduire à trois principales.

D'abord, dit-on, il n'y a pas eu de coup sur la nuque; par conséquent ce coup ne peut avoir produit une commotion cérébrale.

Le mutisme était un jeu; la strangulation altère la voix, mais ne l'enlève pas.

Maurice Roux n'a pas pu rester onze heures dans l'état où on l'a trouvé; il serait mort en beaucoup moins de temps.

Pas de coup porté sur la nuque, pourquoi? Parce que, d'après les médecins de la défense, on n'en trouve pas de traces, ou du moins on trouve des traces tout à fait insuffisantes, une simple écorchure, qui, par conséquent, ne peut correspondre au coup violent qui serait nécessaire pour amener une commotion cérébrale. Qui dit cela? ceux qui n'ont pas vu les traces, ou qui du moins ne les ont connues que par les descriptions qu'ils ont rencontrées à travers la procédure. Quels sont les médecins qui soutiennent l'opinion contraire, qui affirment avoir constaté non une simple écorchure, mais quelque chose d'analogue à la meurtrissure produite par un coup plus ou moins violent? Ce sont ceux qui ont suivi toutes les phases de cet incident, ceux qui ont eu l'occasion, pendant la maladie et les souffrances de Maurice Roux, de porter *de visu* leur attention sur ce point qui leur était particulièrement signalé. Et il n'y a pas qu'un médecin qui vienne vous dire cela : remarquez que nous pouvons compter avec nous MM. Alquié, Dumas, René, Surdun, Vialette, et, qu'il me soit permis d'ajouter, M. le docteur Dupré.

En ce qui concerne M. Dupré, j'ai besoin de donner une explication, et je voudrais la donner avec tous les égards que je dois au caractère honorable dont il est revêtu. Mais enfin, Messieurs, je ne puis me dispenser, quel que soit mon désir de respecter les convenances, de vous faire observer que l'attitude de M. Dupré aux débats m'a choqué. M. le professeur Dupré a signé un rapport qui, comme vous le savez, répondait à trois questions posées par M. le Juge d'instruction à lui, à M. le docteur Dumas, à M. le docteur Surdun. Les questions avaient pour but de savoir si un coup porté sur la nuque pouvait produire une commotion; s'il avait besoin pour cela d'être violent, et s'il devait nécessairement laisser des traces considérables. On a répondu : oui, pour la première; non, pour les deux autres. Aujourd'hui M. Dupré vient dire : — Oui, j'ai répondu ainsi à ces questions, mais au point de vue purement théorique; je maintiens encore les conclusions que j'ai données, mais en pure théorie, *in abstracto*. Si, maintenant, on veut m'interpeller sur la nature de la trace que j'ai remarquée sur le cou de Maurice Roux, je réponds qu'il est difficile de croire que ce soit la trace d'un coup; je n'ai pas précisément d'opinion à cet égard, et je ne me prononce pas. — Peut-être même, je n'en suis pas bien sûr, se prononce-t-il en sens contraire, peut-être M. Dupré va-t-il jusqu'à nier qu'il ait vu la trace d'un coup. Eh bien! malheureusement, M. Dupré reçoit, il faut bien dire le mot, un démenti de la part de ses deux confrères. Quand on sait comment les choses se sont passées, il n'est pas possible de croire un seul instant que M. Dupré ait répondu seulement d'une manière théorique aux deux questions adressées par le Juge d'instruction. En effet, MM. les docteurs Dumas et Surdun vous ont affirmé, et affirmeraient encore au besoin, que les médecins chargés de répondre aux questions qui leur étaient posées par le Juge d'instruction se sont réunis devant le lit de Maurice Roux, qu'ils l'ont examiné, et que c'est à la vue de la trace que ce malheureux portait sur le cou, qu'ils se sont décidés à répondre comme ils l'ont fait.

Mais, Messieurs, le bon sens même l'indique, un Juge d'instruction ne s'avise pas de poser à des médecins, quels qu'ils soient, des questions théoriques; il ne les réunis pas pour le seul plaisir de faire de la science, mais en vue d'un fait déterminé. Sans doute il ne leur communique ni les procès-verbaux, ni les dépositions des témoins, mais il leur donne connaissance du fait spécial sur lequel il appelle leur attention et en vue duquel il sollicite le concours de leurs lumières.

C'est précisément ce qui a eu lieu. M. Surdun, après avoir rédigé son rapport, et bien que son opinion fût qu'il y avait là la trace d'un coup, avait compris toute la gravité de la question, et il pensa, avec une réserve, une timidité, une conscience, qui l'honorent, que cela pouvait avoir quelque chose de délicat. Il écrivit alors au Juge d'instruction une lettre dans laquelle il lui disait : « C'est là un point grave qu'il est nécessaire d'éclaircir, et pour cela je vous demande de vouloir bien m'adjoindre deux médecins qui pourront m'éclairer de leurs lumières, et qui m'aideront à résoudre, de la meilleure manière possible, les questions que vous voudrez poser. » Est-il possible, lorsqu'il s'agissait pour M. Surdun, non pas de résoudre la question théorique, mais d'apprécier la nature de la trace qu'il voyait sur le cou du malade, que les trois médecins ne l'aient pas examinée? D'ailleurs MM. Dumas et Surdun ont affirmé, et M. Dupré ne les a pas contredits, que c'est seulement après l'examen de la trace que le malade portait sur le cou, qu'il a été répondu aux questions que vous connaissez par les réponses que vous connaissez aussi.

Messieurs, il y a d'ailleurs une circonstance que vous ne pouvez avoir oubliée, circonstance que j'ai déjà eu l'honneur de rappeler à un autre point de vue, mais qui est extrêmement importante et significative. C'est la scène qui se passait dans la nuit du 7 au 8 juillet, et dans laquelle vous voyez, d'un côté, près du malade, Vialette et Delousteau, et de l'autre, ce doigt de Maurice Roux dirigé sans cesse du côté de la tête. C'est à la suite de cette indication bien peu claire, mais enfin significative par sa persistance, et dont on finit par comprendre le sens, que la nuque fut examinée, et que l'étudiant Vialette reconnut la meurtrissure dont je discute en ce moment le caractère. Or est-il possible de supposer que Maurice Roux n'avait reçu aucun coup grave à la tête? C'était à ce moment sa seule préoccupation, car il ne savait pas ce qui était arrivé; il ne l'a su que depuis, par les agents de police qui étaient au chevet de son lit ou par le magistrat qui l'interrogeait; il ne savait pas qu'il avait été étranglé, qu'on lui avait lié les mains derrière le dos, qu'on lui avait attaché les pieds; il ne se souvenait que d'une chose, d'avoir reçu un coup de bâton sur la nuque. Voilà l'explication de ce doigt obstinément dirigé vers sa tête. Et c'est alors qu'on a examiné et constaté la meurtrissure dont il s'agit.

Une autre circonstance dont vous devez tenir compte, Messieurs, ce sont les expériences faites depuis deux ou trois mois à Montpellier, dans l'amphithéâtre de la Faculté, par M. Alquié. Il est très-facile de ridiculiser un homme en l'appelant *assom-*

meur de chiens, mais comment se font tous les progrès de la science physiologique? Comment procédait l'illustre Magendie? Comment procède encore de nos jours M. Claude Bernard? Par des expériences de ce genre. M. le docteur Faure a publié sur l'asphyxie un Mémoire qui a quelque réputation, qui est vanté par M. le docteur Tardieu, et qui est rempli d'expériences faites sur des chiens. Comment! voici un professeur célèbre, dont personne ne peut révoquer en doute l'honorabilité, malgré certaines jalousies professionnelles qu'il faudrait savoir étouffer; cet homme de mérite fait des expériences au vu et su de tout le monde, et vous n'auriez aucun égard aux résultats qu'il a constatés! Mais s'ils n'étaient pas exacts, il n'y aurait qu'un cri, qu'une voix pour le démentir! Depuis trois mois, vous dit-il, j'ai fait moi-même une foule d'expériences, peut-être plus de cent; j'en ai fait faire par mes élèves; chacun a pu les vérifier. La preuve que ces expériences ont été faites de bonne foi, c'est qu'elles m'ont donné un résultat que je ne prévoyais pas. Mais enfin, dans les sciences naturelles, tout se sait par l'expérience et par l'expérience seule. Eh bien! j'ai acquis la conviction, la certitude qu'un coup très-violent donné sur la nuque ne laisse aucune trace avec un billot régulier et lisse; que la trace est légère s'il y a quelque irrégularité, quelque nœud dans le bois, en un mot, que l'on peut porter un coup violent, amenant un résultat de commotion, et même un résultat considérable, mortel, sans néanmoins que la peau soit entamée en aucune façon, sans qu'il y ait une apparence de déchirure.

Il ne faut pas d'ailleurs de grands efforts, il me semble, pour se convaincre de la nature de la cicatrice qui existe sur le cou de Maurice Roux. Elle existe encore, on est obligé de la reconnaître, et cinq ou six professeurs et médecins l'ont vue de leurs yeux, ce qui s'appelle vue. Or est-ce qu'une égratignure laisserait des traces aussi persistantes? Non, elles auraient disparu depuis longtemps. Donc cette cicatrice correspond à quelque chose de grave, à une meurtrissure profonde, et c'est ce qui explique qu'elle ait pu persister jusqu'à ce jour.

Le coup est donc sérieux. Maintenant a-t-il pu produire une commotion cérébrale? Il n'y a qu'une chose qui m'étonnerait, c'est qu'il n'en eût pas produit; car, tout le monde le sait, c'est à la nuque, à la base du crâne, que les bouchers frappent l'animal qu'ils veulent abattre, et c'est précisément la commotion cérébrale qui en résulte qui entraîne sa mort. Vous trouverez la confirmation de ce fait au mot *Nuque*, dans le *Dictionnaire des sciences médicales*.

M. le professeur Velpeau, dans sa thèse de concours pour la chaire de pathologie externe, qui avait précisément pour sujet *De la contusion dans tous les organes*, exprime la même opinion. Il ajoute que la structure des parties de cette région, la densité des muscles de la peau, et quelques autres circonstances, font que les traces des blessures doivent être, en général, très-peu apparentes dans cette région, et que les ecchymoses s'y produisent très-difficilement.

N'y a-t-il pas eu d'ailleurs, Messieurs, au début de la maladie de Maurice Roux, des symptômes évidents de commotion cérébrale? Quand je dis « au début, » ce n'est peut-être pas le moment auquel il faudrait se reporter, parce que, j'en conviens, il y a nécessairement des phénomènes qui sont communs à toutes les causes profondément perturbatrices, et je comprends très-bien, quelle que soit la cause de la mort apparente, qu'elle provienne de l'asphyxie, d'un choc, etc.; je comprends que le résultat sera toujours à peu près le même, et qu'il se produira une sorte de perturbation qui se ressemblera dans tous les cas. Toutefois il se dégagera certains phénomènes qui, par leur persistance, mettront en lumière la véritable cause de la commotion.

Eh bien, M. le professeur Dumas, qui a examiné le malade à différentes reprises, qui a étudié les différents caractères de sa maladie, a rendu compte des phénomènes qu'il a constatés lui-même ou qui l'ont été par ses confrères. Pour lui, il n'a pas hésité à reconnaître chez le malade les caractères de la commotion cérébrale. M. Surdun a répété la même affirmation dans les termes les plus positifs. Quant à M. le professeur Dupré, il vous a dit qu'il ne savait pas si les phénomènes tenaient à la commotion cérébrale ou à la strangulation, et que, quant à lui, il ne croyait pas devoir se prononcer sur ce point. Quoi qu'il en soit, les médecins ont constaté la dilatation des pupilles, des maux de tête, un engourdissement du côté droit, une constipation obstinée qui a résisté pendant longtemps à tous les moyens employés pour la combattre etc. Remarquez surtout l'ébranlement, ébranlement qui dure encore; car voyez aujourd'hui Maurice Roux: sa marche est encore chancelante, mal assurée. Le témoignage du juge de paix de son pays est là pour le constater. Cet honorable magistrat vous a déclaré que Maurice était encore très-malade pendant le temps qu'il a passé à Bourg-Saint-Andéol, qu'il marchait difficilement, qu'il avait dans la démarche une titubation, une incertitude qui n'est que la conséquence de la commotion cérébrale. Il ne peut encore supporter aujourd'hui la fatigue de longs trajets en chemin de fer, et à son arrivée ici, comme vous l'avez vu, il s'est trouvé fortement indisposé.

Messieurs, il y a quelque chose qui prouve bien qu'il y a eu une commotion cérébrale. Vous vous rappelez qu'on s'est emparé contre Maurice Roux, pour crier à la simulation, de cette circonstance, qu'il n'y avait pas gonflement au-dessus des ligatures, soit aux pieds, soit aux mains; on a dit qu'il fallait que la strangulation fût toute récente, au moment de la découverte de Roux dans la cave, puisque le gonflement ne s'était pas encore manifesté.

J'affirme qu'il s'est nécessairement passé au moins une heure entre le moment où Maurice Roux a été trouvé dans la cave et celui où on lui a délié les poignets. En effet, il a fallu que la femme de chambre l'entendît, qu'elle remontât vers son maître pour l'avertir de ce qui se passait. Son maître ne veut pas la croire. Quelques instants s'écoulent, la fille redescend, s'assure qu'il y a quelqu'un dans la cave; elle entend une espèce de ronflement stertoreux; elle remonte alors vers Armand. On descend, pas de clé; on va chercher un serrurier, qui fait des efforts inutiles pour ouvrir la porte de la cave. On se décide alors à l'enfoncer. Ce n'est pas tout. Il faut encore le temps d'aller chercher le docteur Brousse. Le docteur Brousse arrive; par mesure de prudence et de précaution, il laisse les mains et les pieds liés et passe un certain temps à faire pratiquer des pressions sur la cage thoracique, parce qu'il s'aperçoit, aux pulsations du pouls, que la vie va s'éteindre et qu'il est nécessaire de ramener la respiration. La santé du docteur Brousse ne lui permettant pas de pratiquer le traitement nécessaire, M. Surdun est appelé. — Celui-ci n'était pas chez lui. Il a fallu le trouver. Il se passe encore un certain temps. M. Surdun arrive et veut délier de suite les mains et les pieds. Sur l'observation de M. Brousse que c'était imprudent, on envoie prévenir les officiers de police judiciaire. N'oublions pas le temps qui s'est passé jusqu'à l'arrivée du Commissaire de police, que M. Armand n'a pas trouvé tout de suite. J'affirme donc, sans crainte d'être sérieusement démenti, qu'il s'est certainement passé au moins une heure avant que M. Bayssade ne soit arrivé sur les lieux et ait ordonné de défaire la ligature des pieds et des mains. Eh bien! cela est vrai, il n'y avait pas de gonflement. Normalement il devrait y en avoir. Et cependant on ne peut nier que, pendant cette heure qui s'est écoulée, Maurice Roux n'ait eu les pieds et les mains liés. C'est un fait que dix, quinze, vingt témoins peuvent affirmer.

A quoi donc attribuer l'absence de gonflement? A la commotion cérébrale et au froid qu'elle amène en suspendant les phénomènes vitaux. C'est sous cette influence que le resserrement des tissus s'est produit, et c'est ainsi que s'explique l'absence de gonflement.

Enfin, Messieurs, laissez-moi dire, — et cela va me servir de transition, — qu'on a trouvé chez Maurice Roux, à ce moment, un autre effet bien constaté de la commotion cérébrale : la perte momentanée de la parole.

On nous dit que ce mutisme était un jeu; que c'était une scène de plus ajoutée à la comédie odieuse que Maurice Roux se proposait de jouer dès le principe.

En vérité, cette assertion me prouve quelles étaient les préoccupations auxquelles obéissaient les médecins qui l'ont exprimée, car il m'est impossible de la prendre au sérieux.

Permettez-moi une preuve morale, car ce sont surtout les preuves morales dont vous êtes les meilleurs juges. A quoi bon cette simulation de mutisme? Qu'est-ce que cela ajoute au succès de la tentative de Roux? En quoi cela pouvait-il faire qu'il fût cru ou qu'il ne fût pas cru? On cite l'exemple d'une jeune fille qui avait simulé le mutisme. Dans l'*Amour médecin* il y a aussi une fille qui simule le mutisme. Ce n'est donc pas une chose entièrement inconnue. Seulement, cette jeune fille, dont parle M. Tardieu, qui jouait la comédie du mutisme dont elle n'était pas atteinte, elle n'avait pas été blessée; sa robe et son corset seulement étaient coupés : elle n'avait d'autre ressource pour se rendre intéressante que de simuler le mutisme. Maurice Roux, lui, était dans un état déplorable, il était à l'état de *cadavre*, les témoins appelés par Armand ont dit naïvement : j'étais près du cadavre. Avait-il donc besoin de jouer le mutisme pour se rendre intéressant? Qu'est-ce que ce nouvel acte de perfidie que vous lui prêtez ? Je n'en vois pas le sens, et il m'est impossible de l'admettre.

Voici un argument que je me proposais de vous présenter, mais que, loyalement, je dois abandonner, parce que cet argument ne porte pas. On avait pensé qu'une des preuves les meilleures et les plus décisives que Maurice Roux ne jouait pas le mutisme, c'est que, malgré l'application des sinapismes réitérés avec de l'eau bouillante, il n'avait pas fait entendre le plus léger gémissement. — Depuis que vous avez entendu à cette audience Maurice Roux vous dire qu'il n'avait senti aucune douleur lors de l'application de ces sinapismes, je reconnais qu'il n'avait aucun motif pour pousser des gémissements.

Cet argument reste donc sans valeur. Seulement on peut juger par là du degré d'insensibilité où ce malheureux était réduit.

Mais suis-je désarmé pour cela? Remarquez, Messieurs, sur quel ordre d'idées reposait l'argumentation du docteur Tardieu. Il s'est imaginé que l'extinction de la voix, le mutisme ne pouvait avoir d'autres causes que la strangulation... Ah! je m'explique parfaitement cette opinion. En effet, il nie le coup et la commotion cérébrale qui en a été la conséquence. Il ne pouvait donc expliquer le mutisme par la commotion cérébrale sans se mettre en contradiction avec lui-même.

Pour nous qui y croyons, qui la tenons pour certaine, nous disons que ces deux phénomènes s'expliquent et se corroborent l'un par l'autre. La commotion cérébrale explique le mutisme, et le mutisme prouve une fois de plus la commotion cérébrale.

Il n'y a pas d'ailleurs que la commotion cérébrale qui produise le mutisme, c'est une observation que faisait un de MM. les jurés. Tout le monde sait qu'une très-vive frayeur peut produire un effet nerveux, une commotion nerveuse qui, suivant qu'elle affecte telle ou telle forme, amènera, dans certains cas, une extinction plus ou moins prolongée de la parole et de la voix.

C'est un fait notoire, et nous pourrions vous citer des recueils de médecine, dans lesquels on se préoccupe précisément des moyens de guérir la perte de la parole ou de la voix résultant de la frayeur.

On a songé, dans ces derniers temps, à employer l'électricité. Je veux vous citer un fait qui est à ma connaissance personnelle. Un magistrat se trouvait avec sa famille aux bains de mer de Boulogne. Il sort dans la journée avec ses deux enfants pour aller leur faire prendre leur bain. Le malheur voulut que, pendant leur absence, on eut l'imprudence de venir annoncer à la femme de ce magistrat que deux enfants venaient de se noyer. Celle-ci déjà inquiète de ne pas voir rentrer sa famille, éprouva une si vive commotion, qu'elle en perdit la parole. On lui administra, pendant plusieurs jours, des douches d'eau froide avant qu'elle pût la recouvrer.

Ici, M. le Procureur général donne lecture d'une lettre du docteur Bernard, attaché à l'hôpital de la Conception à Marseille, et cite plusieurs ouvrages de médecine dans lesquels il est question des effets de la commotion cérébrale, relativement à l'extinction de la voix.

M. le Procureur général continue en ces termes :

Boyer rapporte l'histoire d'un enfant de deux ans qui, à la suite d'une violente commotion, resta pendant plusieurs mois comme hébété, et sans pouvoir prononcer une parole, quoiqu'il parlât très-bien auparavant. Ce ne fut qu'au bout de ce temps qu'il recommença à s'exprimer par oui ou par non, et la parole ne lui revint que lentement et par degré.

Chacun a pu observer des faits du même genre ou en lire des descriptions.

Eh bien, donc : ou je ne m'y connais pas, ou il me paraît prouvé jusqu'à l'évidence, que la perte de la parole peut être le résultat d'une commotion cérébrale. Or il est certain qu'une commotion cérébrale peut être le résultat d'un coup plus ou moins violent porté sur la nuque. J'avais donc raison de dire que, dans la cause, le coup et le mutisme se prouvaient, en quelque sorte, l'un par l'autre.

Arrivons à la troisième objection médico-légale : la strangulation produit des effets trop rapides pour admettre que Maurice Roux ait pu rester onze heures dans l'état où il a été trouvé.

Quant à moi, je ne place pas le fait de la strangulation à huit heures et demie du matin. Armand a passé toute la journée soit dans sa maison, soit à son comptoir. Ce comptoir n'est qu'à cinquante pas de chez lui. Il avait donc toutes les facilités possibles pour redescendre à la cave et accomplir la strangulation, dont nous rechercherons plus tard le caractère au point de vue de l'intention qui a pu y présider. Je ne veux pas dire pour cela que ce n'est qu'au dernier moment, et peu d'instants avant la découverte du corps de Maurice Roux, qu'Armand est descendu à la cave et lui a passé la corde autour du cou. Mais enfin, entre un intervalle de onze heures et un espace d'un ou deux quarts d'heure, il y a bien de la marge. Nous reviendrons là-dessus un peu plus tard.

Pour l'instant, je commence par examiner cette partie de la défense au point de vue des probabilités logiques, qui sont celles qui peuvent, qui doivent le plus vous toucher. Sur quoi repose la défense? sur ce que Maurice Roux aurait compté sur l'habitude qu'avait la femme de chambre de venir chercher du vin à une certaine heure! Car enfin il faut bien qu'il ait compté sur quelque chose, et cet homme, qu'on prétend avoir lui-même fermé la porte, a dû, avant de s'étrangler, calculer les moyens auxquels il demanderait son salut.

Il connaissait, nous dit-on, l'habitude constante de la maison. Il savait que la femme de chambre descendait à sept heures et demie à la cave pour chercher le vin. Maurice Roux savait donc aussi (car combien de choses il lui fallait savoir!) que l'asphyxie, à ce moment, produirait chez lui une respiration bruyante, ronflante, stertoreuse, qui serait entendue par la domestique, que celle-ci en serait effrayée et qu'elle monterait chez son maître pour le prévenir!

En vérité, n'y a-t-il pas là quelque chose qui choque le bon sens? Cet homme devait-il compter sur la régularité d'une habitude qui pouvait lui faire défaut au moment critique? Pouvait-il être sûr d'être entendu de la femme de chambre? S'il avait pu pousser des cris, s'il avait eu la conscience de ces cris qu'il poussait, je comprendrais l'argument. Aussi a-t-on senti la nécessité de changer la physionomie du fait, et, quand je suis allé à Montpellier, et que je me trouvais sur les lieux, les personnes qui s'intéressaient à l'accusé, me dirent : « C'est « de cette cave qu'on a entendu les cris de Maurice « Roux. »

Non, ce n'est pas ainsi qu'il faut s'exprimer, ce serait vraiment trop commode; il ne faut pas transformer en cris le râle d'un agonisant; certes, votre argument deviendra ainsi très-plausible; mais je dois rétablir la vérité des faits. Je ne puis laisser changer en cris, ni même en gémissements dont on a conscience et qu'on sait pouvoir être entendus, le râle d'un mourant, trouvé, comme on vous l'a dit, à l'état de « cadavre. »

Cela seul ne suffît-il pas pour détruire tout l'édifice de la simulation qu'on impute à Roux? Ne voyez-vous pas que cet homme allait nécessairement mourir sans qu'on pût lui porter secours, s'il n'avait eu, pour son salut, ce râle d'agonisant dont il n'avait pas conscience, et par conséquent sur lequel il n'avait pu compter?

Ignorant, de cette ignorance profonde qui appartient à sa classe et à sa condition, pouvait-il savoir à quel moment l'asphyxie se manifeste par une respiration bruyante qui serait entendue dans la cave voisine? Cela ne supporte pas l'examen.

Il y a encore une autre chose qui me paraît une invraisemblance morale du premier ordre. Ce n'est pas seulement à sept heures du soir que la femme de chambre descend chercher du vin, elle y descend à midi pour le dîner. Pourquoi Maurice Roux a-t-il attendu jusqu'à huit heures du soir? Pourquoi n'a-t-il pas joué sa comédie un peu plus tôt? On ne l'a vu nulle part. Il est resté certainement dans la cave depuis le matin jusqu'au soir. Comment eût-il passé le temps, en attendant le moment favorable? Pourquoi a-t-il jugé le soir plus favorable que le matin? Pourquoi s'être ennuyé mortellement toute une journée dans une cave obscure et froide, lorsqu'il pouvait choisir l'heure de midi? Cela dépasse toutes les bornes de l'invraisemblance!

Mais serrons de plus près l'objection, et combattons-la par ses propres armes, les armes médicales. Ce sont les médecins eux-mêmes qui se sont chargés des explications physiologiques, que, pour ma part, j'aurais été fort embarrassé de donner. Leurs avis ont varié, il est vrai, parce qu'il y a là un point obscur pour la science, qui n'a pas encore fait toutes les recherches suffisantes pour qu'on puisse prononcer en toute connaissance de cause. Mais ils vous ont dit que le fait était possible. M. Alquié vous a expliqué, d'après ses expériences, que la strangulation pouvait se prolonger de longues heures, vingt-quatre heures même, dans l'état où Maurice Roux a été trouvé, à la condition de ne pas fixer le nœud strangulateur. Je m'explique. M. Alquié pense qu'on ne peut amener la mort par la strangulation qu'à moins d'employer les deux moyens que voici : ou bien de serrer avec un tourniquet ou garrot, de façon à briser les parties profondes, ou bien à la condition de fixer la corde par un nœud qui l'empêche de se desserrer. Alors c'est comme s'il y avait une traction continue. Mais, suivant lui, — et il affirme que ses expériences lui donnent raison, — la traction opérée sur le cou des animaux pendant plusieurs minutes ne suffit pas pour leur donner la mort. Elle les réduit à un état dangereux, mais ensuite la corde se desserre assez pour que l'animal respire, péniblement il est vrai, mais enfin de manière à conserver la vie.

M. le docteur Dumas a donné une autre explication. Il pense que la commotion cérébrale dont Maurice était frappé, a pu s'opposer aux effets de la strangulation. De même, dit-il, que les animaux atteints du sommeil hibernal, peuvent être placés sous une cloche sans perdre la vie, de même les personnes en état de commotion peuvent, par rapport aux phénomènes respiratoires, se trouver dans des conditions particulières, qui expliqueraient les résultats qui se sont produits chez Maurice Roux.

Il ne dit pas qu'il soit certain que les choses se soient passées ainsi. M. Dumas a trop de conscience pour venir donner des affirmations, alors qu'il croit à de simples possibilités; mais il vous a dit : A mon avis, on ne peut nier que les choses aient pu se passer ainsi. Il n'est pas prudent de le nier!

Je crois, moi, qu'il y a plusieurs manières d'expliquer le fait. Laquelle est la vraie? Je ne sais. Il y en a de possibles, cela me suffit pour que je dise que le fait, tel que le décrit Maurice Roux, n'est pas nécessairement faux.

Il y a d'ailleurs quelque chose de plus fort que les explications, ce sont les faits, ce sont les précédents. Permettez-moi d'en mettre deux sous vos yeux.

Morgagni rapporte avoir connu une femme, à qui des voleurs, qui s'étaient introduits de nuit dans sa maison, avaient serré le cou par un mouchoir, que, la croyant morte, ils ne lui firent point d'autre mal. On la trouva, le lendemain, la face tuméfiée et livide, la bouche remplie d'écume. Cependant elle fut rendue à la vie. On a pu lire aussi plusieurs histoires de pendus rappelés à la vie. Cela est fort rare, et tout exceptionnel ; mais enfin cela a été observé, et il se trouve, notamment dans les recueils de curiosités médicales, des récits de ce genre.

Dans le Mémoire de Prévinaire sur les asphyxies, qui date de 1688, on lit ce passage curieux : « Il y a vingt-cinq ans, on parvint à ranimer un pendu, exécuté pour vol, et qui survécut plusieurs jours à la strangulation. Notez qu'on avait cru ce pendu si bien mort, que les étudiants en médecine de Bruxelles l'avaient décroché, — à cette époque on était un peu barbare, — et l'avaient traîné dans les rues jusqu'à l'amphithéâtre pour le disséquer. C'est alors qu'on s'aperçut qu'il respirait encore, et en effet il recouvra la vie pendant plusieurs jours. On a estimé qu'il avait succombé, non aux effets de la pendaison, mais par suite des contusions nombreuses qu'il avait reçues dans le trajet. » L'auteur ajoute que le fait a été connu de toute la ville.

Eh bien ! de tels faits ne prouvent-ils pas que la strangulation peut quelquefois durer plusieurs heures sans amener la mort ? Pourquoi donc ce phénomène n'aurait-il pu se reproduire sur la personne de Maurice Roux ?

Je vous demande pardon, Messieurs, de tout le temps que j'ai consacré à épuiser cette discussion médico-légale. C'est un devoir que j'accomplis, et j'ai, vous le comprenez, dans cette affaire, une bien grave responsabilité, qui m'oblige à réclamer jusqu'à l'abus toute votre bienveillante attention.

Je me résume toutefois, et je dis que tout le système de la défense consiste à nier le coup porté à la tête. Je le comprends, car ce coup explique tout au point de vue physiologique, et, je pourrais ajouter, au point de vue moral. Il explique la commotion, la commotion explique la suspension des effets de l'asphyxie, et surtout ce mutisme qu'on a prétendu simulé.

Mais, Messieurs, qu'est-ce donc que ces prétendues impossibilités physiologiques à côté des impossibilités morales que je vous prie maintenant de vouloir bien examiner avec moi ?

Parlons d'abord de la clé de la cave qu'on n'a pas retrouvée et qu'il faut bien que quelqu'un ait emportée au dehors. Si Maurice Roux s'est suicidé lui-même, il n'a pu emporter la clé ; il a fallu qu'il la laissât dans la cave au bois, ou qu'il la jetât dans la cave au vin, ou qu'il la lançât par la porte dans le corridor.

Cette clé, l'a-t-on retrouvée sur lui ? non. L'a-t-on retrouvée dans la cave au bois ? non ; dans la cave au vin ? non ; dans le corridor ? pas davantage. Alléguera-t-on que les recherches ont été insuffisantes ? Comment accueillir pareil échappatoire après les explications qui vous ont été données sur ce point ? Non-seulement le procès-verbal dit : Nous avons procédé à des recherches, mais il ajoute : « de la manière la plus minutieuse. » C'est une appréciation personnelle, nous répondra-t-on. Non, certes, car le Commissaire de police n'a pas fait les recherches à lui tout seul, il les a faites en présence des membres de la famille, qui ont été consultés sur la manière de les faire. Ils ont présidé aux travaux auxquels on s'est livré, ils les ont surveillés, ils ont contrôlé, pour ainsi dire, ce que faisait la Justice. Je suppose qu'ils ont dû remplir leur mission avec d'autant plus de zèle qu'ils étaient plus que personne attachés à M. Armand, et qu'ils avaient un plus grand intérêt à sauver l'honneur de la famille. On a défoncé le sol à plusieurs centimètres de profondeur, on a cherché dans les fentes des murs, on a remué toutes les terres avec les mains, on a fait enfin toutes les recherches imaginables, sous l'œil même de la famille. Ces recherches ont-elles donné un résultat ? non ; on n'a rien trouvé.

Cette clé a-t-elle été retrouvée depuis ? Je sais qu'Armand, ou plutôt sa famille, nous répondra : Si depuis nous l'avions retrouvée, vous nous suspecteriez et vous diriez que nous en avons fait faire une autre. Vous n'accepteriez pas ce moyen de justification.

Peut-être ! cela dépendrait des circonstances, et dans tous les cas, MM. les Jurés auraient apprécié. Mais enfin, cette clé, à l'heure qu'il est, malgré toutes les recherches, n'a pas été retrouvée ; elle n'existe pas dans la cave ; donc, c'est qu'on l'a emportée au dehors. Il faut donc croire à un homicide, et non à un suicide pratiqué par Roux sur sa personne.

M. Armand, dans le cours de son interrogatoire, a dit : Mais si j'avais voulu faire croire à un suicide, rien ne m'était plus facile que de jeter cette clé par la claire-voie. Oui, et c'est précisément, Messieurs, ce qui me faisait, au commencement de cette discussion, attirer votre attention sur le système que se mit à soutenir Armand dans les premiers moments, quand il croyait à la mort de son domestique. Il disait : Ce n'est pas un suicide, c'est un assassinat. Dans ce système il ne fallait pas que la clé se retrouvât. Or cette précaution a précisément tourné contre Armand, lorsque Maurice Roux, qu'il croyait mort, est revenu à la vie, a recouvré la parole et a fait connaître son assassin.

On a parlé aussi d'un soupirail fermé par une grille par laquelle on aurait pu faire passer la clé. Cette grille, je l'ai vue, on a mesuré l'espacement des barreaux ; ils sont à 24 millimètres de distance les uns des autres, et la cave a elle-même 3 mètres 65 centimètres de hauteur. Eh bien ! remarquez quelle dextérité il eût fallu pour jeter à cette hauteur la clé, de manière à la faire passer à travers les barreaux de cette grille. Les clés de cave ont, en général, une certaine grosseur, et les barreaux n'étaient distants entre eux que de 24 millimètres. Une comparaison bien vulgaire pourra donner la mesure de la difficulté de cette opération.

Vous connaissez, Messieurs, le jeu du tonneau ; vous savez avec quelle difficulté on introduit le palet dans le trou qui perce le plus haut chiffre. Eh bien, cette difficulté du jeu du tonneau est, à mon avis, presque une facilité, en comparaison du tour de force que l'on attribue à Maurice Roux. En tout cas, il n'aurait pu l'exécuter sans se livrer auparavant à des expériences nombreuses qui eussent attiré les passants, et fait naître pour lui un danger très-grave auquel certainement il ne se fût pas exposé.

Je demande donc ce qu'on a fait de la clé ? ce qu'elle est devenue ? et comme je ne la trouve pas, je suis obligé de conclure que Maurice Roux n'a rien simulé et qu'il y a eu homicide commis par une main étrangère.

Occupons-nous maintenant de la ligature des mains.

Il est bien certain que les mains étaient attachées derrière le dos, et, quelle que fût la manière dont elles étaient attachées, c'est là une opération difficile et à laquelle on ne peut arriver soi-même qu'après un certain nombre d'expériences et un certain degré d'habileté. Il a été constaté par les médecins que, même dans le mode de ligature qui se prête le mieux au système de la défense, et qui est celui de Servent, il se présente des difficultés qu'on ne peut vaincre qu'avec une certaine dose d'adresse et après beaucoup d'exercice. Ajoutons que, dans le cas où on se lierait soi-même les mains derrière le dos, on est forcément obligé de laisser entre les deux poignets un espacement, que la commission des médecins nommés par M. le premier Président a fixé au *minimum* de 7 centimètres.

Eh bien, Messieurs, nous avons quatre témoins, le docteur Surdun, le Commissaire de police, le cocher Raynal, et la cuisinière, qui nous affirment que les mains étaient aussi rapprochées que possible. Je sais bien que Servent prétend le contraire; mais quatre témoignages contredisent sa déposition sur ce point, et il semble bien que c'est la majorité qui doit prévaloir.

Je ne vous parlerai d'ailleurs que pour mémoire des expériences confiées à la commission des médecins et répétées devant vous. Il s'agissait, vous le savez, de retrouver un procédé de section qui donnât des résultats similaires à ceux que vous présentent les pièces à conviction. Sérieusement, de bonne foi, la recherche n'a pas abouti, et par conséquent il ne peut sortir de là aucun bon argument pour personne. Je me garderai donc d'insister, parce que j'ai appris depuis longtemps, dans cette cause plus que dans toute autre, à être sévère dans le choix de preuves que le Ministère public se permet d'invoquer.

C'est d'ailleurs, c'est à un autre point de vue, que je trouve dans cette partie de la cause un argument considérable ou, pour mieux dire, décisif en faveur de l'accusation. A mon avis, la question de savoir quel était le mode de ligature du patient, n'ayant pas pu être éclairée, doit être écartée du débat : mais il en reste une autre dont on n'a pas dit un mot; c'est celle de savoir s'il est possible de s'attacher les mains derrière le dos, quand une fois on a commencé par s'étrangler.

En effet, Maurice Roux a bien commencé par s'étrangler, car s'il s'était lié d'abord les mains, il est évident qu'il n'aurait pu accomplir les autres opérations. Eh bien ! je soutiens que, ayant commencé par s'étrangler, il n'a pu ensuite ni s'attacher les mains derrière le dos, ni se lier les jambes, parce que le resserrement du cou, même quand il ne doit pas occasionner la mort, amène presque immédiatement des phénomènes d'angoisse, de vertige et d'immobilité, qui paralysent nécessairement les forces de l'individu. Ainsi, laissant de côté cette circonstance précédemment démontrée que la commotion cérébrale avait mis Maurice Roux dans l'impossibilité de se lier, je dis encore que, par l'effet seul de la strangulation, il lui eût été impossible de le faire.

Pour justifier cette proposition, pour y trouver des appuis, je n'aurais, parmi les auteurs, que l'embarras du choix. Le phénomène que j'invoque est admis par tous. Voici, par exemple, M. le professeur Grisolle qui nous apprend (*Traité de pathologie interne*) que, « si la respiration est brusquement interrompue, un état de malaise ou plutôt d'angoise se manifeste *au bout de trente ou quarante secondes.* »

D'un autre côté, voici MM. Briand et Chaudé, dans leur excellent *Manuel de médecine légale* (c'est M. Tardieu qui l'appelle *excellent*, et il a bien raison), les voici qui nous disent que, « le plus souvent, l'individu qui s'étrangle lui-même, éprouve, dès qu'il commence à serrer le lien et avant que la contraction soit assez forte pour produire l'asphyxie, un sentiment d'angoisse, de torpeur, de défaillance qui ne lui laisse ni assez de force ni assez de présence d'esprit pour augmenter ou diminuer l'étreinte. »

Je sais bien qu'on me dira que les auteurs ne s'occupent que des strangulations sérieuses, que tout cela, dans la cause actuelle, n'était qu'un jeu, que la corde n'était pas sérieusement passée autour du cou, qu'elle ne serrait pas assez pour produire ces phénomènes dont nous venons de parler; que Maurice Roux n'a fait que tourner cette corde autour de son cou, et que, si la chose est devenue sérieuse, c'est que le gonflement des tissus a produit un resserrement supérieur à celui qui existait dans le principe.

Eh bien! je pose à mes adversaires ce dilemme : ou Maurice Roux était sérieusement serré autour du cou, et alors les phénomènes que je viens de décrire se sont nécessairement produits, et il lui a été impossible de procéder à cette opération difficile, et qui demande du temps, de s'attacher les mains derrière le dos; ou, si l'on persiste à soutenir qu'il n'était pas sérieusement attaché, alors, que l'on m'explique donc l'état d'asphyxie incomplète où on l'a trouvé. Il fallait bien pourtant que la strangulation fût sérieuse pour produire les effets si graves et si alarmants qui ont conduit Maurice Roux aux portes du tombeau.

Je le répète, il y a là un dilemme dont il sera difficile de sortir, et je vous laisse, Messieurs, le soin de tirer la conclusion.

Mais enfin, dit-on, ce n'est pas la première fois que des suicidés ont été trouvés avec les mains liées. On cite, à cet égard, des exemples nombreux. — Oui; mais, ces exemples, remarquez qu'ils ne s'appliquent qu'à de vrais suicides et non à des suicides simulés. Vous allez voir l'importance de cette observation.

Je cite M. le docteur Tardieu lui-même, parlant de ceux qui se sont suicidés, après s'être préalablement attachés les mains ou les pieds : « Ils se défient de l'énergie et de la constance de leur résolution, et prennent soin, en conséquence, de paralyser à l'avance toute résistance de l'instinct conservateur en se liant les pieds et les mains. » Ce raisonnement est juste et je l'admets parfaitement.

Mais, dans l'hypothèse où vous vous placez d'une simulation, Maurice Roux ne voulait pas se tuer; il n'avait pas à redouter la résistance de l'instinct conservateur, puisqu'il existait chez lui à un très haut point. Il ne pouvait pas craindre une défaillance de la volonté du suicide, puisque c'était une comédie qu'il jouait pour tirer une lettre de change sur la bourse et la fortune de son maître.

Votre analogie est donc fausse et sans portée. S'attacher les pieds et les mains, je le comprends chez ceux qui veulent se suicider sérieusement;

mais je ne vois pas pourquoi ceux qui simulent seulement un suicide auraient recours à une précaution si complétement inutile, et si contraire au but qu'ils se proposent.

Ce n'est pas tout, et voici une observation d'une bien autre importance : c'est que tous les suicidés qu'on a trouvés avec les mains liées derrière le dos, ce que je ne révoque pas en doute, rentrent dans la classe des noyés et des pendus. M. Brière de Boismont, que l'on invoque contre moi, serait ici, que je suis bien assuré qu'il ne me démentirait pas. Effectivement, le fait de se lier les mains et les pieds se concilie très-bien avec l'intention de se pendre ou de se noyer, parce que, dans l'un ou l'autre cas, on n'a plus besoin de ses mains ni de ses pieds.

Un individu, par exemple, qui veut se pendre, en supposant qu'il y ait un anneau au plafond de sa chambre, monte sur une chaise, passe la tête dans cet anneau et repousse la chaise qui lui a servi à l'atteindre. Je comprends, dans ce cas, qu'il s'attache les mains derrière le dos, pour s'ôter tout moyen d'empêcher que le suicide ne s'accomplisse. De même pour celui qui préfère se noyer. S'il sait nager, il est naturel qu'il prenne la précaution de se lier les mains derrière le dos.

Mais il en sera tout autrement s'il s'agit de s'étrangler soi-même : il faut absolument avoir la liberté de ses mains : aussi ne pensé-je pas trop m'avancer en défiant que l'on me cite un seul cas d'un individu qui se soit étranglé, autrement que par la pendaison, en s'attachant préalablement les mains derrière le dos.

Messieurs les Jurés, je sais tout ce que je dois attendre ou plutôt ce que je dois craindre de l'habileté des Conseils qui représentent ici la défense. Et cependant je ne puis m'empêcher de penser que voilà autant d'arguments qui leur causeront bien quelque embarras; pour moi, ce n'est pas sans une certaine curiosité d'esprit que j'attends la réponse qu'on voudra bien y faire, et j'espère pour le moins que tout le monde me rendra cette justice que, si j'exprime ici une conviction si énergique et si ferme, elle ne laisse pas de reposer sur des bases dont la solidité est bien propre à me faire illusion, aux yeux mêmes de ceux qui ne la partageraient pas.

Arrivons à l'alibi invoqué par Armand. Il était naturel que, dès le premier moment, on demandât à Armand l'emploi de son temps à l'heure de l'accomplissement du crime. Armand, du reste, alla au-devant des questions sur ce point.

Aussi, vous a dit ici même M. le Juge d'instruction, je fus extrêmement heureux quand je vis Armand appuyer sa défense sur un alibi; je compris qu'il y avait là une porte qui allait nécessairement s'ouvrir ou se fermer, et que les inquiétudes auxquelles j'étais en proie allaient enfin se dissiper.

Interrogé sur l'emploi de son temps, Armand répond : Mon domestique est venu à huit heures dans ma chambre, il a pris mes effets, et avant qu'il ne les rapportât, je me suis levé; puis, suivant une habitude que je pratique surtout pendant la saison d'été, je suis allé trouver Mme Armand dans sa chambre. Je suis resté avec elle jusqu'à neuf heures et demie, j'ai entendu sonner la pendule, je ne croyais pas qu'il fût si tard, je me suis levé précipitamment, et j'ai fait ma toilette.

Ainsi, selon cette réponse, Armand était à huit heures et demie, non-seulement dans la chambre conjugale, mais dans le lit de sa femme; il n'était pas habillé ; la preuve, c'est qu'il s'est levé à neuf heures et demie pour s'habiller.

Or, l'instruction fournit immédiatement la preuve évidente qu'Armand ne disait pas la vérité; car la femme de chambre, qui fut entendue dès le lendemain de l'événement, et dont les souvenirs étaient nécessairement très-précis, dit tout de suite que, de huit heures et demie à neuf heures et demie, elle avait eu occasion d'entrer deux fois dans la chambre de sa maîtresse; qu'elle lui avait parlé, et qu'elle n'avait pas vu Armand.

On fit cette objection à Armand, qui se troubla très-fort, et qui se rejeta sur son défaut de mémoire. Nous lisons dans l'instruction : « Au moment où « nous l'invitons à signer, l'inculpé a déclaré qu'il « était de notoriété publique qu'il « manquait de « mémoire, et que l'état de son esprit ne lui per-« mettait pas pour le moment, ni d'affirmer ni de « contester les faits en question. » Cependant deux jours après, interrogé de nouveau, après avoir eu le temps de réfléchir, il déclara qu'il maintenait sa première déclaration. A moins de s'avouer coupable, il ne pouvait faire autrement. Mais il avait beau maintenir son système, cela ne le rendait pas plus vrai ; et la preuve, c'est que les faits accessoires dont faisait mention la femme de chambre furent confirmés par d'autres témoins : je veux parler de la préparation du bain et de l'infusion demandée par Mme Armand.

Mais combien l'audience n'est-elle pas venue confirmer la charge déjà terrible qui résultait de l'information écrite ! En vérité, je ne comprends pas comment M. Armand n'a pas aperçu la contradiction choquante existant entre le système qu'il avait soutenu dans l'instruction et le système dont il a été question à cette audience. Ce dernier système renferme une circonstance tout à fait capitale, essentielle, qui exclut entièrement la première version de l'accusé.: En effet M. Armand a demandé à la domestique : A huit heures et demie, quand vous êtes venue trouver Madame pour prendre ses ordres relativement au bain, ne m'avez-vous pas entendu fredonner ? — La domestique, qui est sincère, a répondu : — Oui, j'ai entendu fredonner, ce doit être Monsieur qui fredonnait dans sa chambre. — Et à ce moment on a dit au banc de la défense : c'est la destruction radicale de l'accusation. Franchement, je ne comprends pas en quoi cela détruit l'accusation, je trouve au contraire que cela la confirme avec éclat. Voilà ce que c'est que la différence des points de vue, et je vous demande la permission d'exposer brièvement les motifs à l'appui de ma manière de voir.

M. Armand était donc levé à huit heures et demie, il était habillé ou en train de s'habiller ; il faisait sa toilette. Lui-même nous a dit : — J'ai l'habitude de chanter quand je fais ma toilette, et il interpelle à ce sujet la domestique. Soit dit en passant : il prétend n'avoir point de mémoire, et voici qu'il nous parle pour la première fois de ce fait à neuf mois de distance ! Je veux bien admettre, toutefois, car je ne veux pas forcer les arguments, que c'est Mme Armand qui le lui a rappelé.

Mais alors si vous fredonniez, il n'est donc pas vrai, comme vous l'avez affirmé dans l'instruction, comme vous l'avez déclaré à plusieurs reprises, et en dictant vous-même vos réponses, — car le magistrat instructeur a mis en marge des interrogatoires : *réponse dictée par l'accusé lui-même*, — il n'est donc pas vrai qu'à huit heures, au moment où Maurice Roux avait rapporté vos effets dans votre chambre, vous vous étiez levé, non pour vous habiller, mais pour aller trouver Mme Armand, et que vous étiez resté au lit jusqu'à neuf heures et demie, et qu'alors seulement vous aviez commencé votre toilette, réveillé brusquement par la sonnerie de la pendule. Vous interpellez aujourd'hui la femme de chambre pour lui demander si à huit heures et demie vous ne fredonniez pas, et vous dites que vous avez l'habitude de fredonner en faisant votre toilette : donc vous étiez à ce moment dans votre chambre ; donc la domestique ne vous a pas vu dans la chambre de Mme Armand, et ne pouvait pas vous y voir. Tout le système qui consiste à dire que la femme de chambre s'est trompée, que les rideaux ou les persiennes étaient fermés, qu'elle ne s'était pas approchée du lit, qu'elle avait pu s'y méprendre, enfin, tout ce système tombe, s'écroule. Si vous fredonniez dans votre chambre, vous n'étiez pas dans le lit de Mme Armand, et si vous faisiez votre toilette, vous étiez en train de vous habiller ou vous étiez déjà habillé ; donc, vous vous êtes habillé à huit heures et demie et non pas à 9 heures et demie.

Je m'attends à ce que vous allez me dire : — Je fredonnais, donc j'étais au commencement de ma toilette et il m'a fallu le temps de la faire ; or la première scène du crime se serait accomplie vers huit heures et demie. — Permettez, vous dites que vous étiez au commencement de votre toilette, mais vous pouvez aussi bien fredonner quand votre toilette est achevée que quand vous la commencez, et lorsque je vous prends en flagrant délit d'infidélité à la vérité, j'ai le droit de dire qu'à ce moment vous avez pu sortir de votre appartement, voir Maurice descendant à la cave et, le cerveau traversé par une fatale pensée que je déplore..... car enfin vous ne méritiez pas le sort que vous éprouvez en ce moment et je me sens un sincère sentiment de pitié pour vous après les débats qui se sont déroulés ici !... cédant à cette malheureuse idée de vous venger d'un propos assez insignifiant, qui avait blessé sottement votre amour-propre, vous avez pu le suivre à la cave et lui porter le coup funeste qui vous a entraîné plus tard à vouloir cacher votre violence par une violence bien plus grande et bien plus coupable.

Messieurs, il est d'ailleurs quelque chose qui prouve bien qu'Armand n'est pas resté au lit jusqu'à neuf heures et demie ; c'est qu'à neuf heures environ, sans que je puisse autrement préciser, Marie Hauterive, entrant dans la salle à manger afin d'y prendre probablement une cuiller et une tasse pour l'infusion que sa maîtresse l'avait priée d'apporter, y a trouvé M. Armand qui lui a demandé, dit-elle, de lui donner le pain. Donc il était levé ; donc, je le répète, il n'est pas resté jusqu'à neuf heures et demie dans le lit de Mme Armand et dans sa chambre.

Je crois, Messieurs, que ceci est surabondamment démontré et par conséquent je puis dire que l'alibi d'Armand, déjà si nettement démenti dans l'instruction, l'est encore plus énergiquement aujourd'hui, parce que c'est Armand qui se donne ce démenti à lui-même ; parce qu'en changeant son système et en demandant à la femme de chambre si à huit heures et demie elle ne l'avait pas entendu fredonner dans sa chambre, il indique que, de huit heures à huit heures et demie, il n'était pas dans le lit de Mme Armand, comme il l'avait d'abord si fortement soutenu, mais au contraire il était dans sa chambre, s'habillant ou ayant fini de s'habiller.

Voyons maintenant quelle a été l'attitude d'Armand dans la journée. On invoquera certainement en sa faveur le grand sang-froid qu'il a montré dans le cours de cette journée. Il est impossible de le nier et, s'il faut dire bien sincèrement ma pensée, je regrette de ne pouvoir le nier. Je le regrette, entendez bien ma pensée (*signes d'assentiments au banc de la défense*), non pas parce que ce sang-froid apparent me prive d'un argument contre lui (je crois n'en avoir pas besoin) ; mais je le regrette parce que, étant convaincu de sa culpabilité, je trouve là un sentiment ou du moins une attitude qui lui fait bien peu d'honneur. Et toutefois, Messieurs, le sang-froid en pareille circonstance, serait-ce la première fois qu'on en verrait l'exemple ? Ce phénomène ne se reproduit-il pas fréquemment dans les affaires criminelles ? Est-ce que même à propos de très-grands crimes, de crimes d'un caractère odieux, épouvantable, on n'a pas pu constater d'abominables scènes de sang-froid ?

Tenez, il y a en ce moment devant la Cour d'assises des Alpes-Maritimes, car elle y est renvoyée, une affreuse affaire d'assassinat : un percepteur aurait assassiné son surnuméraire à coups de couteau, l'arme s'est brisée à la huitième blessure dans les chairs et sur l'os de la victime. Eh bien ! le meurtrier tout couvert de sang est allé se remettre entre les mains de la gendarmerie, et comme le brigadier courait au secours de la victime, qui malheureusement n'en avait plus besoin, il l'a rappelé en lui disant :
— Tenez, j'oubliais de vous donner la clé !

A Dieu ne plaise que je veuille établir aucune comparaison entre l'homme qui est ici présent et le monstre dont je viens de parler ! C'est certainement bien loin de mon intention ; mais, Messieurs, cela vous prouve, je le répète, que le crime et la violence ne sont pas toujours exclusifs d'un abominable sang-froid ; et si nous considérons, dans l'affaire actuelle, que le crime que j'impute à Armand a été la conséquence, je ne veux pas dire d'un malheur, mais d'une faute, et d'une faute grave mélangée de malheur ; si d'autre part nous nous rendons compte de sa nature énergique, qu'il ne peut nier, et dont il a donné tant de preuves à cette audience, je crois que le sang-froid qu'il a montré est un phénomène moral qui peut trouver parfaitement son explication.

Mais, Messieurs, ce qui n'a pas été naturel, ce qui était assurément affecté, ce sont les recherches qu'a fait faire dans la journée M. Armand. Cet argument a sa valeur, quoiqu'il s'appuie sur de petits faits. Je comprendrais que l'accusé ne se fût pas inquiété du tout de son domestique. Il savait son amour pour les femmes. —J'ai cru, a-t-il dit dans l'instruction, qu'il avait été entraîné par quelque femme. — Soit, c'est une hypothèse comme une autre et qui n'est, avec Maurice Roux, ni trop diffamatoire ni trop invraisemblable. Eh bien, si vous aviez cette idée-là, à quoi bon aller faire ouvrir la remise par un serrurier, pour visiter la chambre de votre cocher ? Si au contraire vous aviez des inquiétudes sérieuses, qui vous ont conduit à prendre cette mesure un peu extrême, je m'étonne que vous n'ayez pas poussé vos recherches plus loin et que vous, homme intelligent, vous ne vous soyez pas dit : Quand a-t-on vu Maurice pour la dernière fois ? Il a monté de l'eau, du bois, allons voir où il a puisé l'eau, où il a pris le bois. L'idée n'en est pas venue davantage aux autres personnes de la maison, soit ; mais les autres personnes ne se sont pas inquiétées comme vous, elles n'ont pas été faire ouvrir les portes. Cela est sans doute peu de chose à côté des raisons considérables que j'ai eu l'honneur d'exposer; je fais seulement cette réflexion, je ne veux pas insister autrement.

Un mot maintenant de la question de savoir si la concierge a vu Armand descendre à la cave, oui ou non.

Messieurs, s'il s'agissait seulement d'être convaincu que la femme Cazes a menti lorsqu'elle a nié avoir dit à sa sœur et à d'autres qu'elle a vu descendre Armand à la cave, je vous déclare, la main sur la conscience, que toute cette partie du débat me paraîtrait d'une gravité extrême. Mais ce qui m'arrête et m'empêche de tirer de cet argument tout le parti que bien d'autres à ma place en tireraient, c'est que je ne suis pas sûr que cette femme n'ait pas voulu se faire valoir; je ne suis pas sûr qu'elle n'ait pas dit avoir vu ce qu'elle n'avait pas vu en réalité. Voilà, Messieurs, pourquoi ce serait, à mon avis, s'arrêter aux broussailles, et reculer inutilement le terme de cette trop longue discussion, que de débattre en détail la question de savoir si la femme Cazes mérite ou non confiance. Oui, ses déclarations à mon avis, sont mensongères. Il est certain qu'elle a dit à la femme Marius ce que celle-ci déclare; il est plus certain encore qu'elle a fait au sieur Guin la confidence dont celui-ci a déposé hier, avec un accent de conviction si énergique, qu'il a dû vous émouvoir et vous frapper. Mais quand elle dit au sieur Guin qu'elle croit avoir vu Armand descendre à la cave; à sa sœur qu'elle croit l'avoir vu remonter, je dis que baser la condamnation d'Armand sur un propos aussi fragile, sur le propos d'une personne méritant si peu de créance, en vérité c'est une chose que le Ministère public ne doit pas faire et ne fera pas, dans l'état actuel de l'information. J'aime mieux pécher par trop de scrupules que par l'excès contraire.

En revanche, vous m'accorderez bien, je l'espère, de vous dire avec une égale franchise ce que je pense de l'objection qu'on voudrait tirer de ce qu'il y a eu dans la matinée, et même à plusieurs reprises dans le cours de la journée, des personnes présentes à la cave. Il est bien certain que de neuf heures et demie à onze heures et demie madame Armand, la tante, était avec son domestique Raynal dans une cave assez voisine de celle de M. Armand, occupée à certaines opérations de ménage. Ils n'ont rien entendu; mais que pouvaient-ils entendre? la première partie de la scène était finie, et s'il y a eu, comme je le crois, une seconde partie, elle a été certainement postérieure.

Il paraît constant encore qu'à une heure qui paraît correspondre avec celle indiquée par Maurice Roux, comme étant l'heure du coup de bâton, des employés droguistes pratiquaient dans la cave certains travaux de leur état. Mais, Messieurs, quand on a vu les lieux comme je les ai vus, et comme vous pouvez après tout les voir, en quelque sorte, en petit, mais exactement figurés dans le plan en relief qui est sous vos yeux, on se rend compte à merveille de la facilité de pouvoir concilier cette présence du témoin Pons avec la scène que Maurice Roux raconte. N'exagérons rien : est-ce qu'il y a eu lutte? est-ce que la scène dont il s'agit a dû produire un bruit quelconque, un bruit pouvant retentir aux oreilles des personnes qui étaient dans la cave? Non, il n'y a eu aucune espèce de lutte; la scène a été entièrement muette, sauf ces paroles : *Je vais l'apprendre si ma maison est une baraque.* Or figurez-vous un corridor de cave d'une longueur de 21 mètres; la cave de M. Armand est à une extrémité, la cave du droguiste à une autre. Chaque cave, et particulièrement celle de M. Armand, se trouve placée dans un large et profond enfoncement. Armand, qui probablement ne devait pas se soucier que la scène eût des témoins, même réduite aux proportions d'une correction infligée au domestique, Armand n'a pas dû crier ces paroles comme on crie sur les toits; elles ont dû être prononcées d'un ton qui n'était pas éclatant, d'une voix qui n'était pas celle d'un Stentor, et un homme occupé probablement en ce moment à aller et venir dans sa cave, à manœuvrer des marchandises, à les placer, car il y a une ouverture par laquelle, à l'aide de poulies et de cordes, on descend les marchandises et on les emménage; un homme ainsi occupé, tantôt dans la cave, tantôt en dehors, faisant entrer et sortir des marchandises, a bien pu ne rien entendre de ce qui se passait à 20 ou 21 mètres de là; ou s'il a entendu du bruit, il n'y a fait aucune attention, parce qu'il n'est pas défendu aux gens de la maison d'aller à la cave. Il n'y a donc rien qui soit exclusif de la culpabilité d'Armand, de la scène que Maurice Roux raconte. Le silence gardé jusqu'à ce jour par Pons et par le maître qui l'employait à cette époque, prouve bien d'ailleurs le peu d'importance de la déclaration. Ces personnes sont les locataires de M. Armand, elles habitent sa maison, elles ont toujours été en bonnes relations avec lui. Si leur déclaration avait dû être nécessairement le salut d'Armand, est-ce qu'elles auraient attendu si longtemps pour la faire? Ce n'est pas que j'attaque la sincérité de leur déclaration; non, mais cette déclaration n'est pas probante, et, par elle-même, elle n'a rien qui soit exclusif de la culpabilité d'Armand, et des démonstrations que j'ai eu l'honneur de vous fournir.

Messieurs, nous avançons dans la carrière que nous avons à parcourir; cependant elle n'est pas encore épuisée. Il faut bien aussi que je vous parle du caractère d'Armand, et que je recherche si ce caractère est exclusif du fait que je lui impute, tel que je l'envisage et l'apprécie, en d'autres termes, si le caractère d'Armand repousse ce fait comme tout à fait invraisemblable et impossible.

Messieurs, dès le commencement des débats, avant toute information orale, contradictoire, j'ai eu l'honneur de vous dire comment j'envisageais le fait incriminé, dans quelles limites et sous quelles réserves je croyais à la culpabilité d'Armand et me proposais de lui demander compte de sa conduite. Maintenant laissez-moi ajouter que je n'ai pas été le premier à interpréter ainsi les faits accomplis le 7 juillet. Déjà mon honorable collègue de Montpellier avait eu la même pensée que moi. J'en ai eu la preuve par le Mémoire qu'il a dû adresser à la Cour de cassation, lors de la demande en renvoi pour cause de suspicion légitime. Dans ce mémoire, racontant et appréciant le crime du 7 juillet, il l'appelle, si je ne me trompe, une tragédie en deux temps. Mais, et je ne fais cette observation que parce qu'elle peut servir d'indice favorable au système dont il s'agit, je n'avais pas, quant à moi, attendu la lecture de ce Mémoire pour me faire de l'événement une idée tout à fait distincte de celle que s'en faisait l'acte d'accusation. A peine j'eus pris connaissance des plus importantes pièces de la procédure, cette idée se présenta à moi et ne m'a plus quitté depuis. Cela est si vrai que, dès ma première dépêche à M. le Garde des sceaux pour lui faire connaître mes impressions sur cette grave affaire, je les traduisais à peu près en ces termes. Je disais : en présence d'une accusation si étrange, d'une si grande invraisemblance morale, je n'ai abordé la lecture du dossier qu'avec une défiance bien naturelle. Mais j'ai bientôt reconnu que cette défiance était injuste, que la culpabilité d'Armand était sûrement démontrée : seulement, il faut s'entendre sur cette culpabilité, et ne pas s'imaginer, comme on l'a fait jusqu'à présent, que M. Armand soit descendu le matin à la cave tout exprès pour y étrangler son domestique; cela n'est pas admissible, et le récit de Maurice Roux, réduit à ses termes véritables, n'implique nullement un pareil système.

Maintenant, et après les débats auxquels nous venons d'assister, et où j'ai eu le droit de m'instruire comme tout le monde, je comprends (je l'avoue) que le doute puisse être poussé plus loin encore et qu'on me dise : Eh bien, vous pensez qu'Armand a cru que Maurice Roux vivait encore à la suite du coup de bâton, qu'il a voulu l'achever en l'étranglant, qu'il a eu peur de ses révélations, et que c'est pour les comprimer, pour les étouffer à jamais dans le silence de la mort, qu'il a serré le cou de sa victime. Que ne faites-vous un pas de plus? Vous avez dit dans votre exposé que peut-être la ligature des pieds et des mains n'était autre chose qu'une simulacre pour déjouer les soupçons; que n'allez-vous plus loin encore? et puisqu'on parle tant dans cette cause de simulation, que n'exprimez-vous l'opinion que peut-être l'enroulement des cordes autour du cou a été elle-même une simulation, mais une simulation pratiquée par le maître et non par le domestique?

Je vais vous dire ce qui me retient pour adopter cette opinion ; ma conviction à cet égard ne tient plus qu'à un fil : si vous le coupez, j'abandonne l'accusation d'assassinat.

Maurice Roux a expliqué à cette audience que la seule chose qu'il eût sentie après le coup de bâton, pendant le cours de l'évanouissement, c'était une compression violente, et il s'imagine qu'elle a porté sur la poitrine. Les désordres qui se sont révélés de ce côté, le crachement de sang, les douleurs que Roux continue à ressentir, semblent prouver qu'il ne s'est pas trompé. Or je me demande pourquoi, si Armand n'avait pas voulu sérieusement étrangler son domestique, il lui aurait mis le genou sur la poitrine; et quand je vois vers cette région une égratignure, qui ne peut s'expliquer, celle-là, par le frottement du corps contre le charbon sur lequel il était gisant, puisque ce n'est pas sur une partie nue, mais sur une partie couverte qu'elle se trouve, en rapprochant de cette égratignure la circonstance que Maurice Roux avait des clés dans son tablier, c'est-à-dire sur ou vers la poitrine, n'est-ce pas la pression du genou sur les clés qui a dû la produire?

Ce qui me retient, je le répète, c'est cette compression de la poitrine à laquelle la strangulation opérée avec violence donne un caractère sérieux. Qu'on me réfute cette objection, qu'on y réponde d'une manière satisfaisante, je me hâterai d'abandonner l'accusation d'assassinat, et je m'empresserai de demander que l'on pose la question subsidiaire de coups et blessures. (Sensation.)

Messieurs, la cause ainsi expliquée, ainsi réduite, voyons un peu si le caractère de M. Armand repousse complètement la scène telle que je me l'imagine, et telle que vous commencez peut-être à vous l'imaginer vous-mêmes.

Je suis le premier à convenir que mon opinion sur le caractère d'Armand est différente à la fin des débats de ce qu'elle était au commencement. Remarquez bien que, même avec les simples éléments de la procédure, je n'ai jamais dit qu'Armand fût dépourvu de toutes qualités; j'ai, au contraire, fait allusion aux amitiés dévouées qu'il avait su se créer. Je savais que beaucoup de personnes lui portaient un vif intérêt, et je n'ai jamais nié qu'il n'y eût agrément et sûreté, dans les relations qu'ont entretenues avec lui les personnes composant sa société. J'ai dit seulement qu'il était dur et violent envers ses inférieurs. Sans me rétracter complètement, je reconnais pourtant qu'il y a quelques concessions à faire sur ce point, et qu'Armand n'est si dur ni si violent que je l'avais supposé d'après la procédure écrite. Posons donc la question dans ses véritables termes :

J'accorde à M. Armand toutes les qualités que vous voudrez ; il sera bienfaisant, généreux, humain, dans telle circonstance donnée. Mais a-t-il été, à un moment donné, capable d'un acte de violence et de brutalité?

La question ainsi posée, je crois qu'il est impossible qu'elle reçoive une autre solution que la mienne. Oui, Armand est capable d'un acte de cette nature. Sans doute il le regrettera après. Mais enfin ces sortes de violences lui sont familières, non pas en ce sens qu'elles se renouvellent fréquemment, ni que tous ses inférieurs s'en soient plaints ; mais il est certain qu'il était rigoureux envers ses ouvriers, envers ses domestiques; qu'il se laissait trop souvent entraîner vis-à-vis d'eux à des actes qu'il doit profondément regretter, et que ceux qui s'intéressent à lui ne regrettent pas moins vivement.

Croyez-vous que je puisse admettre, par exemple, la dénégation d'Armand à l'égard du sieur Gervais? Armand ne prétend pas qu'il lui ait fait une réponse insolente. Cet homme s'était peut-être rendu coupable d'un acte de paresse. Mais était-ce une raison pour l'envoyer d'un coup de pied contre le mur, pour prendre un manche de pioche et lui dire : « Pas un mot de plus ou je t'assomme! » Des faits de ce genre se sont renouvelé sans doute plusieurs fois, puisque son régisseur, en traitant avec lui, a posé cette condition qu'il n'adresserait plus de reproches directs aux ouvriers, et qu'il se servirait de son intermédiaire.

Voici deux dépositions écrites dont je n'ai pas fait citer les auteurs, mais qui me paraissent avoir une véritable importance. Ce sont deux domestiques; ils me paraissent faire du caractère de M. Armand une appréciation si équitable, que je ne résiste pas au plaisir de vous les faire connaître.

M. le premier Président.—J'autorise cette lecture en vertu de mon pouvoir discrétionnaire.

M. le Procureur général. — Ce n'est pas nécessaire pour le réquisitoire ; néanmoins je remercie M. le premier Président.

« *Constantin*, domestique à Auxonne. — C'est un
« homme excessivement violent, emporté, orgueil-
« leux. Il avait des querelles avec ses domestiques
« et les maltraitait; il lui est arrivé souvent de me
« malmener, de me bousculer; mais comme je
« le connaissais, et que, malgré ses excès et ses
« violences, il était extrêmement bon, je n'ai jamais
« riposté, parce qu'alors nous nous serions battus,
« ce qui n'est jamais arrivé. Quand je le voyais
« approcher, je me reculais en disant : « Vous avez
« un mauvais moment, je vous laisse. » Quelques

« instants après, je revenais, il ne se rappelait plus
« de rien et m'aurait donné tout l'argent qu'il
« avait. »

« *Lafont*, conducteur de train. J'ai servi comme
« cocher chez le sieur Armand deux années envi-
« ron ; il avait eu une maladie nerveuse qui lui avait
« laissé une grande irritabilité dans le caractère. Il
« avait souvent des emportements violents contre
« ses gens pour les motifs les plus futiles ; puis il
« revenait promptement à son bon naturel, et, mal-
« gré ses travers, il était singulièrement bon ; ja-
« mais je ne l'ai vu lever la main sur personne. Un
« jour que je le conduisais à la campagne, il fut
« pris d'une irritation subite ; je descendis de mon
« siège et lui remis les guides ; il ne voulut pas les
« prendre, et m'invita à remonter à ma place. Je le
« reconduisis en ville et lui demandai mon compte.
« Il me dit que c'était le résultat de sa maladie,
« que je ne devais pas y faire attention. Je suis en-
« core resté chez lui huit mois, pendant lesquels il
« a été très-bon pour moi. »

C'est un portrait très-exact. Je rends à M. Armand
la justice qu'il mérite, et je serais désolé de la lui
refuser ; je n'exagère rien ; je suis dans les strictes
limites de la vérité, quand je dis qu'à un moment
donné, malheureusement pour lui, il était capable
d'actes de violences et de brutalité. Sa famille même
le reconnaît, et je crois qu'Armand eût été plus
adroit et plus habile dans sa défense s'il eût fait
moins d'efforts pour nier un point aussi évident que
celui-là.

Si le crime du 7 juillet, — car, même réduit à
des coups et blessures, par les circonstances aggravantes
du fait, c'est encore un crime, — si ce
crime est conforme au caractère d'Armand, recherchons
avec la même sincérité, sans prévention, sans
parti pris, si la simulation qu'on impute à Maurice
Roux est conforme à la nature de cet homme. Sans
vouloir faire de Maurice un homme vertueux ni un
saint, ce qui n'est point nécessaire pour n'être pas
un scélérat, vous me permettrez bien de dire que
c'est du moins un domestique comme beaucoup
d'autres, n'ayant ni plus de qualités, ni plus de défauts
que beaucoup d'autres, et dont plus d'un maître
pouvait s'accommoder. La preuve, c'est que
M. Duplessis, qui ne le ménage pourtant pas, ne
l'en a pas moins gardé un an et demi, et ne l'a même
congédié que parce qu'il voulait ou disait vouloir se
marier. Mais surtout comment croire qu'un homme
honorable comme M. Madier-Lamartine ait pu garder
Maurice Roux près de neuf ans, si c'était décidément
un mauvais domestique, et surtout si c'était
un homme pervers, la seule chose, après tout, qui
nous intéresse ?

Faisons un peu le rapprochement que voici. Recherchons
les conditions morales qui seraient nécessaires
pour qu'un homme accomplît le crime (car
c'en serait un, et bien odieux), le crime de simulation
que l'on impute à ce malheureux avec une si
bruyante passion ; puis voyons si nous trouverons
tout ou partie de ces conditions rassemblées dans le
caractère de Maurice.

Il aurait fallu, n'est-il pas vrai ? une grande fertilité
de ressources dans l'esprit, beaucoup d'intelligence,
beaucoup d'adresse. Eh bien ! vous avez vu
Maurice ; qu'est-ce qui vous a frappé en lui ? Assurément
la médiocrité de son esprit, et non son intelligence.
Non-seulement chez lui l'éducation manque,
mais avant tout manque ce qu'on peut appeler
l'étoffe naturelle, l'esprit subtil et aiguisé.

Il aurait fallu encore une grande puissance de dissimulation,
un grand esprit de ruse, une singulière
énergie de caractère, une rare persévérance dans
une idée fixe. Tout cela, c'est le contraire du portrait
de Maurice. Vos témoins eux-mêmes sont venus
nous entretenir de l'instabilité de ses idées. L'un
d'eux disait : « Tantôt ce garçon voulait une chose,
tantôt une autre ; un jour il voulait se marier, un
autre jour le contraire. » Un second témoin ajoutait :
« Je ne lui trouvais pas beaucoup d'esprit, » et
il avait raison.

Et puis, pour concevoir un plan si atroce, pour le
poursuivre jusqu'au bout, il faut un puissant motif.
Quel était le sien ? M. le docteur Tardieu, dans sa
déposition orale, m'a paru insinuer (je ne donne
pas à ce mot un sens fâcheux) que Roux avait pu
obéir à la monomanie de la haine ou à cette manie
de la simulation (considérée en général) qu'engendrent
certains états nerveux. Je ne nie pas qu'on
n'ait pu constater chez certaines femmes hystériques
un penchant maniaque à la simulation : mais en
quoi le tempérament de Maurice Roux, son caractère,
ses habitudes, permettent-ils d'établir une
ressemblance sérieuse avec de tels exemples ? Suffit-il
d'avoir un tempérament nerveux pour être
sujet à de tels excès de scélératesse ? Quant à de la
haine, quand donc Maurice Roux, avant le 7 juillet,
en avait-il témoigné contre son maître ? N'est-ce pas
lui au contraire qui disait au témoin Touchat, lui
demandant comment il se trouvait dans la maison :
« Je m'y trouve bien ; c'est un homme populaire. »
Plus tard sans doute il s'y est moins bien trouvé ;
mais toute sa haine s'est réduite à ces mots : La
maison est une baraque ; j'y suis toujours bousculé.

Ecartons donc ces vaines hypothèses, qui, au
surplus, ne sont pas celles que croit devoir invoquer
la défense, puisqu'elle accuse uniquement et très-formellement
le plaignant d'obéir à la pensée d'un
infâme chantage. Mais ici, pas d'équivoque. Qu'est-ce
que le chantage ? C'est une spéculation destinée
à extorquer de l'argent à l'aide de la menace, menace
fondée sur l'imputation des faits que l'on invente,
ou au moins que l'on exagère gravement. Eh bien !
avant de donner suite à la menace, il faudrait au
moins commencer par la faire. La pratique élémentaire,
c'est d'aller préalablement trouver la personne
qu'on veut faire *chanter* (qu'on me passe le
mot), c'est d'aller la trouver secrètement, sans témoin,
et de lui dire : Si vous ne venez pas à composition,
je vais vous dénoncer pour telle chose ; ou
bien encore on lui écrit, ou on lui fait écrire une
lettre anonyme. Mais c'est un singulier moyen, et
qui ne viendra à l'esprit de personne, pour pratiquer
le chantage, que de se mettre soi-même dans
un état voisin de la mort, ce qui rend impossible
la moindre conférence, la moindre entrevue avec la
personne à laquelle vous voulez extorquer de l'argent !

D'ailleurs, depuis que les faits se sont passés,
Maurice Roux a-t-il offert de se rétracter ? A-t-il fait
faire des propositions à M. Armand ? M. Armand
vous a dit lui-même, dans son interrogatoire, que
jamais l'ombre d'une tentative de ce genre n'avait
été faite auprès de lui ; il faut que cela soit bien vrai,
car la moindre démarche qui aurait pu être interprétée
dans ce sens, lui était trop favorable pour qu'il
ne s'en fût pas emparé. Tandis que, de son côté à
lui, on remarque, au contraire, certains faits, problématiques,
obscurs, je le reconnais, mais qui cependant
peuvent faire naître le soupçon de tenta-

tives essayées près de Maurice Roux pour l'amener à une rétractation. C'est d'abord la visite de Guizard, qui prend la fausse qualité d'étudiant en médecine pour pénétrer près du malade; puis c'est Bonhomme, ce peintre qui s'est introduit chez Maurice Roux à l'époque où il venait déposer comme témoin devant la Cour d'assises de l'Hérault, et qui lui a dit : « Prenez garde, c'est vous qui allez aller en prison. » Qu'on n'exagère pas ma pensée; je suis loin de vouloir caractériser ces faits et d'en imputer formellement la responsabilité à l'accusé; je dis seulement qu'il en peut naître des soupçons. Or, de la part de Roux, nulle trace de soupçons pareils. Aucune tentative de ce genre, si légère que vous la supposiez, n'a eu lieu de son fait.

Mais, dit-on, il voulait se porter partie civile devant la Cour d'assises de l'Hérault, et l'on peut ajouter qu'il pourrait encore se porter partie civile à Aix. D'accord! Mais c'est ici le lieu de répéter : pas d'équivoque! Je n'admets pas le moins du monde que se porter partie civile soit faire un acte de chantage. S'adresser à la Justice, soumettre aux magistrats ses griefs et les supplier de les peser en conscience, c'est un acte loyal et honnête, et non acte de chantage. Si Maurice Roux obtient jamais des dommages-intérêts, il faudra d'abord que les magistrats croient à la vérité de sa plainte, et de plus que, par suite des mauvais traitements qu'il aurait éprouvés, il justifie d'un dommage physique, d'une altération grave de sa santé et de la privation pour l'avenir, en tout ou en partie, de ses moyens de travail.

Ces idées honnêtes, dont chaque jour les fastes judiciaires nous offrent l'application, Maurice s'en est-il écarté? Quand il a songé à se porter partie civile à Montpellier, qui vint-il trouver? Le Juge de paix de son pays, l'ancien maître de sa famille, dont l'honorable magistrat est resté le conseil affectueux. Et que lui a dit le plaignant? Il lui a dit : je ne puis plus travailler; que dois-je faire? Puis-je demander des dommages-intérêts? Voilà quel fut le langage de Maurice. Qu'a-t-il de commun avec cette pensée honteuse de spéculation criminelle, de chantage calomnieux, qu'on impute au plaignant?

Hier, il est vrai, on vous avait entretenus d'un propos de café qu'il aurait tenu à Montpellier, le mardi-gras. « Quand j'aurai les 50,000 francs de M. Armand, ça ira mieux. » Ce propos ne me paraissait pas absolument impossible. Quand on est dans la position de Maurice Roux, l'objet de la curiosité universelle, le point de mire de tant de commérages, on est exposé à bien des conseils de toutes sortes, des bons et des mauvais, et il lui a peut-être fallu plus de vertu qu'on ne lui en suppose pour suivre les bons et résister aux mauvais. Certes il a dû se trouver des gens pour lui dire : « Il faut qu'Armand te donne 50,000 francs; il a bien le moyen de te les payer ! » Il serait étonnant qu'il en fût autrement, et cela eût expliqué le propos. Eh bien ! le propos n'est même pas vrai; quand on a voulu éclairer le fait, il s'est évanoui ; vous vous rappelez que la défense a eu la loyauté de reconnaître au commencement même de cette audience, que, sur ce point, elle avait été trompée.

Est-ce tout? Pas encore, et voici ce qui, aux yeux d'un homme qui voit les choses comme elles sont, donne en vérité le coup de grâce au système de la simulation pratiquée en vue du chantage. L'étrange spéculateur, qui n'a jamais rien fait pour le succès de sa spéculation, qui n'a jamais indiqué un témoin au Juge d'instruction, n'en a jamais visité aucun, s'en est toujours rapporté à ce que faisait ou ce que ferait la Justice, ne s'inquiétant pas seulement des résultats de la procédure, et ne sachant à cet égard que ce que lui apprenait le public! Il s'occupe si peu d'inventer des indications fausses, qu'il oublie même d'en fournir de vraies, quelque importantes qu'elles soient. Ce propos significatif, tenu par Armand à sa femme le 6 juillet, qui explique si bien, en le présageant, ce qui va se passer le lendemain, ce propos que je ne saurais trop vous rappeler : « on a dit que ma maison était une baraque, je me vengerai, » ce propos, nous sommes réduits à l'apprendre par la cuisinière et la femme de chambre; Maurice n'avait pas seulement imaginé d'en parler.

Enfin, l'attentat du 17 novembre, s'il est réel, sérieux, incontestable, est-ce qu'il n'exclut pas d'autant la prétendue simulation du 7 juillet? Il en est si bien ainsi, que la défense s'efforce précisément de transformer cet attentat en une simulation nouvelle qui viendrait s'ajouter à la première. Or c'est là une chose insoutenable. On peut bien dire d'une manière générale, à la condition de laisser de côté les détails : c'est une scène arrangée. Une affirmation est toujours aisée. Mais quand il faudra examiner les détails de l'événement, réfuter les témoins qui ont vu, réfuter les médecins qui ont soigné, décrit, examiné, je ne sais vraiment pas ce que l'on pourra alléguer de sérieux.

Comment ! cet homme est trouvé gisant sur le sol, on est obligé de le relever, sa chevelure et son chapeau sont ensanglantés, il ne peut se soutenir tout seul, il est si faible qu'il entraîne dans sa chute les personnes accourues à son aide; trois médecins distingués, hommes d'expérience, constatent la gravité de sa blessure, reconnaissent que l'os a été mis à nu par la violence du coup, qu'une telle blessure a *nécessairement* été portée par une main étrangère, qu'elle l'a été *probablement* à l'aide d'une canne, le patient est d'ailleurs resté malade pendant des semaines et des mois, il a eu toutes sortes d'accidents graves, prévus et imprévus; il a eu, dans la nuit de l'événement, un refroidissement général allant jusqu'au claquement de dents, et tout cela ne serait que la mise en scène d'une seconde comédie ! Agression, blessure, maladie, rien de cela ne serait sérieux ! Ceux-là seulement le croiront qui se sont fait une loi de ne rien croire de ce que raconte Maurice Roux et de ce qui l'intéresse.

Mais le récit de Maurice est étrange, invraisemblable ! — Il l'est encore moins que la simulation qu'on lui attribue, puisque celle-ci est impossible.— Mais on n'a pas découvert le coupable ! — Ce n'est malheureusement pas la première fois que cela arrive. Faut-il douter de l'existence d'un crime, parce que le criminel est demeuré inconnnu ? — Mais alors prouvez que ce crime est l'œuvre d'Armand ou le fruit de sa provocation.

Ici je m'expliquerai avec une grande réserve, mais qui n'exclura pas la franchise. Si je croyais qu'Armand eût provoqué ce détestable attentat du 17 novembre, je lui en voudrais bien plus que pour le crime du 7 juillet; l'un, à mon avis, serait bien autrement grave, bien autrement odieux. Mais quand je ne connais pas le principal coupable, comment puis-je remonter au complice? Et quand je n'ai aucune preuve contre Armand, de quel droit irai-je l'accuser ? A supposer que j'aie des soupçons, c'est mon devoir, en pareil cas, de les garder pour moi, de ne pas m'en faire une arme qui ne serait plus l'arme de la Justice et de la loi. Toutefois j'ai le droit de croire, parce que la logique le démontre, que le crime a été commis dans l'intérêt d'Armand, pour faire disparaître son dénonciateur et le tirer d'embarras, mais ce n'est pas une raison pour que Armand l'ait ni conseillé ni commandé. J'aime mieux croire qu'il ne l'a même pas connu ; qu'un dévouement aveugle, qu'un excès de zèle déplorable a armé le bras de l'assassin à l'insu même de celui qu'il se proposait de servir.

MM. les Jurés, j'avais promis de ne vous faire entendre, si cela était possible, que le langage de la raison, parce qu'il est celui de la vérité. Je crois avoir tenu mon engagement, avoir écarté loin de moi toute parole passionnée, et m'être borné à vous démontrer d'une manière évidente l'exactitude du récit de Maurice Roux. C'était surtout là mon but, et j'avais cela à cœur pour venger d'honorables magistrats du singulier rôle qu'on voudrait leur faire jouer. Car enfin, remarquez-le bien, si, comme on l'a dit dans un des *Mémoires* médico-légaux, dans celui-là même qui tient le premier rang parmi ceux que l'on a répandus dans le public, si la comédie qu'a entreprise Maurice Roux n'a été qu'une série de grossières supercheries, de grossiers stratagèmes, en vérité, quelle idée veut-on que le public se fasse du discernement des magistrats qui s'y sont laissés prendre ? S'il était vrai, comme on essaie de le faire croire, que Maurice eût dit, un jour, *j'ai vu,* et le lendemain, *je n'ai pas vu,* s'il était vrai que, réputé mourant ou en danger de mort, il se fût mis sur son séant, eût posé la main sur son cœur, levé les yeux au ciel, qu'il eût fait toutes sortes de gestes énergiques et caractérisés comme ceux d'un homme bien portant ; — en un mot, si toute cette peinture n'était pas de pure fantaisie, uniquement imaginée pour fausser la véritable physionomie de l'affaire, — je vous le demande, Messieurs, qui donc aurait pu s'y tromper ? Quel magistrat assez aveugle, quel médecin assez ignorant, auraient donné dans un piège si maladroitement tendu ? Vous avez vu ici même M. le Juge d'instruction de Montpellier, vous avez entendu ses explications si modérées et si précises ; vous a-t-il fait l'effet d'un homme capable de confondre avec si peu d'intelligence la vérité et le mensonge ?

Je le répète donc ; mon but principal devrait être de vous démontrer l'exactitude du récit de Maurice Roux ; je crois y être parvenu. Maintenant, je l'avoue, dans ce drame étrange et lugubre dont Maurice Roux ne raconte et ne peut raconter que la première scène, mais qui se compose de différentes parties toutes liées entre elles par un lien nécessaire et qui révèle un auteur unique, il faut, Messieurs, interpréter les intentions de l'accusé. Dans cette interprétation, on peut faire plus ou moins large la part des circonstances atténuantes, parce qu'on peut croire que, à part le coup de bâton, dont il a eu la pleine et libre volonté, pour le reste, Armand a plus ou moins perdu l'esprit, plus ou moins cédé à des craintes irréfléchies. Cette interprétation, Messieurs, vous la ferez avec l'esprit de modération et d'équité qui préside toujours aux délibérations du jury. Mais quant à admettre cet inadmissible système de la simulation, quant à faire de Roux un imposteur, qui s'en vient gratuitement, sans motif, sans intérêt, jouer une comédie, non-seulement infâme, mais encore horriblement difficile, une comédie qui serait à la fois si prodigieusement au dessus de

son intelligence et si peu conforme à son caractère léger et inoffensif, *doux et obéissant* (ce sont, remarquez-le bien, les termes mêmes dont se servaient les témoins envoyés par Mme Armand les premiers jours de l'instruction), cela est impossible, parce que cela ne se peut admettre sans fouler aux pieds toutes les règles du bon sens et de la raison.

Messieurs, j'ai fait mon devoir ; ce sera bientôt à vous à faire le vôtre. Votre mission est grave, je l'avoue même qu'elle est embarrassante, et je comprends que vous teniez à concilier l'intérêt que vous inspire, à un certain point de vue, l'accusé, avec les devoirs que vous avez à remplir vis-à-vis de la société, — j'ajoute, vis-à-vis de toutes les classes de la société. Car, à vous dire le vrai, si j'ai apporté quelque énergie dans la démonstration que je viens d'essayer, si cette affaire m'a causé tant de préoccupations, si elle m'a même valu plus d'une nuit sans sommeil, c'est que j'y trouvais un frappant, un douloureux exemple, de la plus triste des inégalités, l'inégalité devant la Justice, c'est-à-dire dans les moyens par lesquels on peut agir sur elle et sur ses convictions ; c'est qu'il y avait là une lutte du faible contre le fort, c'est-à-dire un pauvre homme abandonné à lui-même, et obligé de soutenir le combat contre un homme opulent, qui, depuis huit mois, n'a cessé de concentrer sur un même but toutes les ressources que lui procurent et son immense fortune, et ses relations étendues, et son intelligence, et les amitiés dévouées dont il est entouré.

Croyez-moi, Messieurs, c'est à vous de rétablir l'équilibre, c'est à vous de donner un grand exemple de sagesse sociale en prouvant que votre justice ne connaît pas de distinction de classes et que vous êtes au-dessus de ces préoccupations étroites. C'est à vous, — surtout si l'on vous pose des questions subsidiaires, — à trouver le moyen de concilier la nécessité d'une réparation avec l'intérêt que peuvent vous inspirer certains côtés du caractère de M. Armand, que peuvent vous inspirer sa situation de famille et la nature des circonstances dans lesquelles le crime a pu être commis.

Je crois, Messieurs, qu'en vous présentant ainsi la question, en réduisant le débat à ces termes, je donne la preuve d'une entière loyauté. Mais cela même m'autorise peut-être à vous faire sentir combien l'acquittement serait une chose déplorable. Nous sommes dans un temps où les haines de classe à classe tendent sans cesse à se réveiller. A mon avis, un acquittement serait un étrange moyen de les calmer. On ne manquerait pas, au bas de la société, de le considérer comme un déni de justice, qui pourrait soulever dans le cœur du peuple des levains bien amers. Vous chercherez à tout concilier ; vous rendrez un verdict modéré, mais juste ; vous éviterez qu'on puisse dire : Parce que la vérité était du côté d'un domestique, on s'est passionné, on n'a pas su la voir, et la vérité a succombé. (Mouvement.)

Ce réquisitoire, lucide et vigoureux, mais remarquable surtout par le ton de louable modération qui y règne, comparé à l'exposé de la première heure, a été écouté avec le plus vif intérêt. L'hommage que M. le Procureur général a été amené à rendre aux qualités qui distinguent l'accusé, l'abandon du système de l'accusation qui consistait à présenter M. Armand comme dur et violent en toutes circonstances, ont produit la meilleure impression sur l'auditoire généralement disposé en faveur de l'accusé.

A la reprise de l'audience, un instant suspendue, la parole est donnée à M⁰ *Lachaud* qui s'exprime ainsi :

Je ne voulais pas prendre la parole, et j'aurais désiré que mon éminent confrère, avec son inimitable talent, fût seul entendu. Sa bienveillance, toujours trop parfaite pour moi, en a décidé autrement, et je viens, le premier, entrer dans la discussion.

Je veux éloigner du débat tout ce qui ne s'y rattache pas inévitablement, et, après l'attention si soutenue que vous avez prêtée, les nombreuses et si intelligentes questions que vous avez faites, la liberté si complète que la haute justice de M. le premier Président a donnée à l'accusation et à la défense, laissez-moi vous dire qu'à cette heure votre conviction s'est formée, et que vous avez jugé ce procès d'une façon définitive.

Vous savez les faits, Messieurs ; je les résume rapidement.

Le 7 juillet, à sept heures et demie du soir, Maurice Roux était trouvé dans la cave de la maison Armand, dans un état indiqué par les témoins ; il peut succomber bientôt à une asphyxie déterminée par les liens qui sont autour de son cou ; ses mains sont attachées, ses pieds sont retenus. On l'enlève ; il inspire aux médecins qui le voient certaines inquiétudes.

En présence de cet événement inattendu, des suppositions de toute nature se produisent, et dès l'abord de cette affaire, souvenez-vous-en bien, Messieurs, tout le monde croyait à un suicide ; on pensait que Maurice Roux, entraîné par une fatale résolution, était l'auteur de cet acte mystérieux qu'on ne comprenait pas encore.

Un homme s'avance, c'est l'accusé. M. Armand peut supposer qu'il y a un crime ; il veut que ce crime soit immédiatement constaté. Il ne se borne pas à faire appeler un médecin qui donnera des secours au malade ; il lui faut le Commissaire de police. Il n'a rien à cacher, et il appellera la Justice dans sa maison.

Il sort, il va au bureau du Commissaire de police ; il ne le trouve pas, il le cherche ailleurs ; il le trouve enfin, et il le ramène pour que des constatations soient faites, et que, s'il y a un coupable, il soit puni.

Cependant, Messieurs, le malade est transporté dans sa petite chambre ; il paraît insensé. Le lendemain matin, l'intelligence semble lui revenir. On l'interroge, il ne peut pas répondre, et à l'aide, Messieurs, du stratagème que vous connaissez, à l'aide d'un alphabet, il indique, à la stupéfaction de tous ceux qui l'entourent, que le coupable est M. Armand. On suppose qu'il est fou ; on lui fait répéter plusieurs fois son accusation. Alors, Messieurs, la Justice, croyant qu'Armand peut être coupable d'un crime, le fait arrêter.

Les passions sont excitées, et la plus mauvaise de toutes : il est riche!... Ah! quoi qu'en dise M. le Procureur général, c'est un immense malheur d'être riche quand on paraît devant la Justice... On se dit que cet homme, dans cette situation élevée, pourra trouver une protection et une faveur que les autres ne rencontrent pas, et alors, Messieurs, des excitations déplorables se produisent, une population tout entière est pervertie, et la Cour de cassation le comprend si bien que c'est à vous, juges impartiaux et fermes, qu'elle a confié l'examen de cette grave affaire.

Voilà, Messieurs, tout ce que je veux dire quant à présent. Je ne reprendrai pas les dernières paroles de M. le Procureur général, il doit les regretter ; non, personne ne croit qu'il y ait inégalité devant la Justice, protection pour l'opulent, abandon pour le malheureux. Ces pensées-là ne sont dans l'esprit de personne ; les gens malintentionnés pourraient seuls chercher à les exploiter ; les gens sages savent très-bien que la Justice a un niveau sous lequel chacun doit se courber, sous lequel grands et petits sont égaux!...

Il est donc arrêté, Messieurs, et il faut savoir s'il est coupable. Mais, d'abord, vous avez besoin de connaître les antécédents de M. Armand. Ici, je le déclare (et une de mes premières paroles sera un remercîment pour M. le Procureur général), nous n'en sommes plus à l'exposé du premier jour ; les débats ont marché, et le Ministère public me permettra de lui dire que sa conscience est maintenant bien agitée, sa conviction bien troublée. M. Armand n'est plus ce riche orgueilleux, fier de son argent, impitoyable comme un parvenu, assommant ses gens pour ne pas les payer...

M. le Procureur général. — Je n'ai jamais dit cela!

M⁰ *Lachaud*. — Non, c'est un homme bon, c'est un cœur d'or, et je n'ai jamais assisté à un spectacle semblable à celui que nous a été donné hier. Aussi j'avoue que je n'ai pu contenir mon émotion... Ah! je le dis bien haut, il n'y a pas beaucoup d'hommes au monde qui pourraient subir l'épreuve à laquelle M. Armand a été soumis, et, s'il fallait nous passer tous à ce crible qui a été tenu hier par de si nombreux témoins, je ne sais pas s'il en est beaucoup qui en sortiraient comme lui. Pour moi, je le déclare, je m'incline devant l'accusé, il vaut mieux que moi, et que bien d'autres encore.

Et en effet, ne vous souvenez-vous pas de tout ce qui a été dit sur cet homme accusé d'assassinat, de sa bonté, de sa délicatesse, de sa générosité? Ne savez-vous pas quelle a été sa vie? Il a été élevé par un oncle qui lui a servi de père, et, quand son oncle est mort, il a pris ses enfants chez lui, il est devenu leur père à son tour. Est-ce que vous avez oublié l'usage qu'il a fait de sa fortune? Est-ce que vous avez oublié toutes les prodigalités de sa vie, et, ce qui vaut mieux que la générosité même, la délicatesse avec laquelle il a su les produire? ce frère de lait qu'il dote, ce vieux serviteur de la famille auquel il prête de l'argent et à qui il le laisse, en lui disant qu'un de ses parents a oublié de le lui donner et qu'il ne veut pas le recevoir? Est-ce que vous avez oublié ces fortunes qui se font à côté de lui ; ces employés modestes dont il fait des associés et qui viennent ici proclamer qu'ils lui doivent fortune et bonheur? Ne vous souvenez-vous pas encore de cette déposition faite avec un accent si convaincu par l'honorable M. Barre, conseil de la famille, qui vous disait : Je n'ai jamais vu cela, jamais ; l'oncle voulait donner, le neveu ne voulait pas recevoir, le légataire se dérobait au legs ; il a été accepté, c'est par condescendance et soumission ; puis, par une exquise délicatesse, M. Armand fait revenir à M. Camille Armand, son neveu, sans qu'il le sache, le prix de cet appartement dont on veut le faire profiter...

Voilà l'homme de cœur ; voilà le parent, voilà l'ami.

Et puis il aime les pauvres ; ses charités augmentent avec la misère ; il donne du pain l'hiver ; il donne, ce qui vaut mieux que le pain, du travail, car alors l'ouvrier s'honore de gagner sa vie.

Voilà ce que fait M. Armand; voilà l'homme généreux, honnête! Un tel homme peut affronter la Cour d'assises avec la fermeté que vous lui voyez.

Il a ces qualités, mais ce ne sont pas les seules. Est-il au monde un mari meilleur, un homme plus chaste? Sa conduite n'est-elle point, sous ce rapport, irréprochable? Ah! je comprends qu'il soit un mari parfait, car je sais que sa femme est la femme la plus adorable de la terre. Que M. Armand me laisse lui dire : sa vertu si grande, on l'apprécie moins; car, si les hommes prêts à s'égarer avaient des femmes semblables, soyez-en sûrs, le devoir serait facile pour eux, et ils ne l'oublieraient jamais!

Voilà l'homme dévoué, voilà le mari tendre!... Mais il est vif!... Oui, et ce sont les bons qui sont vifs; il n'y a que les mauvais qui ne le soient pas. Le fiel se distille lentement, les ardeurs généreuses courent vite. Oui, il est vif; mais est-ce à dire qu'il soit violent, brutal, implacable? Où donc a-t-on vu cela? Ah! il faut que je revienne sur cette imputation; je ne veux pas que cette tache reste sur cet homme, il ne la mérite pas. Il a employé des milliers d'ouvriers, il a fait des travaux gigantesques, c'est incontestable; combien en a-t-il qui se plaignent? Nous en avons fait venir beaucoup, les chefs de brigade, les chefs d'escouade : chacun d'eux vous a dit, Messieurs, qu'à côté de cette vivacité il y avait toujours de la bonté et de la douceur.

Et cependant dans cet acte d'accusation abandonné par tout le monde, car il a ce bonheur de n'être défendu par personne, on avait fait de M. Armand un monstre de cruauté... Ce crime impossible, il s'explique très-bien de la part de cet homme féroce, qui avait la canne toujours levée, qui avait sans cesse la menace à la bouche, qui était d'une violence sans nom... Il semblait, Messieurs, que les domestiques qui se succédaient chez lui fussent chaque jour victimes de son despotisme brutal.

Que reste-t-il de toutes ces accusations? Un coup de canne donné, il n'y en a pas deux, mais il y en a un, et j'ajoute que, s'il a été donné, il était bien mérité! Et en effet, Messieurs, vous vous le rappelez. Blanc, ce témoin que vous avez entendu, qui a été presque sincère, a reconnu qu'avant de recevoir ce coup de canne, il s'était colleté avec son maître. Mais ce n'est pas tout. M. Verdier, témoin honorable, a vu le commencement de la scène. Le domestique est arrivé impérieux, demandant son compte. M. Armand a répondu qu'il serait fait plus tard. Alors il a saisi son maître à la gorge, et a déchiré sa chemise. Que voulez-vous? M. Armand n'est pas patient, il a frappé; bien d'autres auraient frappé comme lui. Blanc a compris son tort, il n'a pas porté plainte, et ce qui prouve qu'il se sentait coupable, c'est qu'il a été deux ans à réclamer les quatre francs qui lui étaient dus.

Voilà pour cet acte de férocité!

Il en est un autre attesté par un témoin qui m'est bien suspect. Je ne sais pas d'où il vient, qui il est, et M. Armand ne le connaît pas. (*Marques d'étonnement de la part de M. le Procureur général.*)

Me *Lachaud.* — Cela étonne M. le Procureur général, mais j'ai vu quelque chose de bien plus grave dans un procès récent : un individu déclarait qu'il s'était battu en duel avec l'accusé, et celui-ci ne l'avait jamais vu de sa vie, jamais!

Le témoin Gervais déclare donc qu'il a reçu un jour deux coups de pied. Qui les a vu donner? personne; à qui s'est-il plaint? à personne. D'où vient ce témoin? Il loge dans une maison que fréquente beaucoup la police à Montpellier, c'est M. le Commissaire de police qui nous l'a appris, chez la Marianne. Puis, quand a-t-il pour la première fois parlé de ce coup? le 28 février dernier, il y a quinze jours... On a trouvé, d'après ce propos, que ce serait là un témoin fort utile, fort intéressant, puisqu'il avait pour lui les dehors de la pauvreté, et nous avons eu le chagrin de l'entendre faire devant la Justice une fausse déclaration. C'est désolant!

Qu'y a-t-il encore? M. Moule, un locataire mécontent, un voisin fort ennuyeux, qui ne trouve pas que le chemin public soit bon pour lui, et qui aime mieux passer sur le terrain des autres; les gens de la campagne en connaissent beaucoup comme cela! Il est vrai qu'il a un répondant, M. Touchat, très-estimable témoin, celui-ci. Je sais bien qu'il a été condamné à six mois de prison pour vol! mais qu'importe? Je sais bien qu'il prétend que M. Armand lui doit de l'argent, quand j'ai le rapport de l'arbitre commis par le juge de paix qui déclare le contraire... Qu'importe encore? Il avoue lui-même qu'avant de déposer devant M. le juge d'instruction, il a été dans les bureaux de M. Armand lui dire : « Ah! vous ne me donnez pas ce que je vous réclame... Eh bien, je serai forcé de déclarer la vérité. » Nous savons ce que parler veut dire, il ouvrait la main pour la fermer avec quelque chose dedans; sinon il menaçait de déclarer des faits faux.

Je passe, car il faut marcher. Voici M. Maury qui dit du mal des prêtres, et qu'on met à la porte. Il parle de menaces qui lui auraient été adressées, de canne levée sur lui, mais il est démenti par des témoins qui affirment ceci : on avait renvoyé cet homme, il s'est emparé de je ne sais quel instrument, il s'est adossé contre un mur, et il a dit à M. Armand : Si tu avances, je te tue... M. Armand ne s'est pas avancé, et la chose en est restée là!

Voilà tout. Car je ne veux pas parler d'Azibert, carrossier peu exact, mais aussi peu endurant, qui a répondu aux observations de M. Armand en le menaçant; celui-ci s'en est allé; car, dit le témoin, je suis aussi vif, plus vif que lui.

Voilà l'état, le grand état des violences de cet homme. Vous le voyez, ce n'est pas même l'ombre au tableau. Oui, il est vif, mais il est bon; il n'est pas violent, mais quand on l'attaque il se défend, ce qui n'est pas un crime. Et puisque M. le Procureur général lisait deux déclarations, dont l'une a été entendue à cette audience, celle de Lafond, je veux reconnaître que M. Armand s'emporte quelquefois en paroles, mais tout aussitôt il en demande pardon; et, comme le disait bien un témoin, quand la scène commence au jardin, le souvenir en est passé à l'octroi, c'est-à-dire à un demi-kilomètre; alors M. Armand est redevenu le meilleur des hommes, et tout est fini.

Laissez-moi, à propos, vous rappeler une déposition qui vous a frappés, celle de M. Girodon, honorable négociant de Lyon, qui parle si bien et qui doit sentir comme il parle. Il vous disait d'une façon adorable : Dans les nombreuses affaires que nous avons eues ensemble, il s'est élevé des discussions, car M. Armand y met un peu de vivacité; mais il en demande pardon tout aussitôt, il accepte ce qu'on veut de lui et on se serre la main; ce féroce assassin ne peut quitter Lyon sans l'étreindre encore une fois; on le croit parti, et il est resté pour dire une fois de plus qu'il est fâché d'avoir eu un moment de vivacité... Et le lendemain, quand le bureau s'ouvre, la première personne qui s'offre aux yeux, c'est M. Armand qui dit : « Je n'ai pas voulu partir sans vous dire que tout cela était ridicule, je vous tends la main et je serre la vôtre une fois de plus. »

Messieurs, c'est là l'homme qui a commis un assassinat avec préméditation !... — Je me trompe, qui en a commis deux !... car M. le Procureur général, par son nouveau système, croit atténuer le crime, tandis qu'il l'exagère encore, et la question subsidiaire, c'est un second crime plus grave, si je puis dire, que le crime formulé par l'acte d'accusation.

Placé en face de l'homme que nous connaissons maintenant, n'avons-nous pas, Messieurs, une première question à nous poser? Pourquoi aurait-il fait ce qu'on lui reproche ? Il faut un mobile à un crime. Je sais très-bien que l'accusation s'en passe, et que cette partie capitale de la cause a tenu une bien petite place dans l'éloquent réquisitoire que vous avez entendu. Où est-il, le mobile? pourquoi, comment, à quelle inspiration M. Armand a-t-il cédé quand il est descendu dans la cave pour frapper son domestique? Avait-il à se plaindre de lui ? le domestique avait-il commis vis-à-vis de son maître une de ces offenses impardonnables qui égalisent les positions et qui font que le maître a un ennemi dans son domestique et veut se venger? Non; ils vivaient d'accord. D'ailleurs M. Armand le connaissait très-peu. Il l'avait pris au moment de son départ pour Paris, et, le 7 juillet, il était revenu de Paris depuis dix jours. Il n'avait pas de haine, pas de motifs de sérieuse colère.

La vengeance ne trouve donc pas sa place dans un débat semblable, et l'accusation en est réduite à répéter : Roux avait dit que la maison Armand était une baraque, et c'est pour cela que M. Armand le tuait, qu'il le tuait deux fois ! Le matin il l'a assommé ; puis dans l'après-midi il est venu le garrotter... C'est là ce que l'accusation nouvelle appelle une atténuation. Elle est singulière !... Ah ! je préférais le premier acte d'accusation, il était moins cruel en disant : Armand est descendu à la cave, parce que c'est un homme brutal et qui ne domine aucune de ses passions ; le mot de *baraque* l'avait enflammé (c'est dans l'acte d'accusation) ; et alors il a voulu se venger de son domestique jusqu'à la mort !... Et là, subitement, après l'avoir terrassé, il lui a attaché le cou, les mains, les pieds, et s'en est allé en disant : Voilà un maître bien vengé ; les domestiques ne diront plus que les maisons où ils servent sont des baraques !

Cette accusation valait mieux ; seulement elle ne se soutenait plus après le rapport des médecins, et la prétendue *science* de ces Messieurs, pour me servir d'une expression du réquisitoire, mettait l'acte d'accusation parfaitement en déroute.

Alors, il est vrai, M. le Procureur général de Montpellier en fit un nouveau dans son Mémoire à la Cour de cassation : il divisa la scène en deux temps, et il dit : Les choses ont bien pu ne pas se passer comme l'acte d'accusation les raconte ; Armand peut avoir frappé le matin, puis être descendu à la cave dans la journée, à une heure que nous ne savons pas, et, pour ne pas empêcher la découverte de son premier crime, il a voulu le compléter en commettant le second.

Voilà, Messieurs, où nous en sommes aujourd'hui.

Sur cette partie de la cause, je n'ai qu'un mot à vous dire, qu'un souvenir à vous rappeler. Lorsque M. le premier Président, dans son interrogatoire si saisissant, indiquait à M. Armand la possibilité de ce double fait, vous vous souvenez de son attitude, vous n'avez pas oublié ce cri parti de son cœur : — Ah ! Messieurs, si j'avais eu le malheur de le frapper, personne que moi ne lui aurait porté secours, et j'aurais été le premier à le sauver, s'il en eût été temps encore !...

Voilà l'homme ! le cœur généreux, ardent ! Oui, si dans un moment d'égarement il s'était oublié à ce point, il aurait immédiatement secouru sa victime, et près de ce corps blessé vous l'auriez trouvé donnant des soins avec cette tendresse qu'une âme bienfaisante sait prodiguer, alors même qu'elle se compromet par sa générosité.

Ainsi l'accusation ne peut pas indiquer de mobile !

L'homme le plus honorable, le plus noble que je sache, le voilà !... En face de lui, il faut en placer un autre, il faut dire ce qu'est Maurice Roux.

Je comprends bien que ce portrait ait embarrassé M. le Procureur général ; en effet, il n'est pas facile à faire. M. le Procureur général vous a dit : Maurice Roux n'a pas d'esprit ; Messieurs, vous l'avez vu, et je ne suis pas de l'avis de M. le Procureur général. Je trouve que Maurice Roux en a beaucoup trop, et je crois que nous avons tous ici la même pensée.

Qu'est-ce donc que cet homme? est-ce un fou, ou bien est-ce un scélérat? Je serais porté à croire qu'il y a de l'un et de l'autre : mais assurément, s'il n'est pas fou, c'est un misérable, et je le prouverai.

En lisant l'instruction, Messieurs, je m'étais préoccupé de la personne de Maurice Roux... En parcourant les procès-verbaux du juge d'instruction si pleins d'images, — il y en a même trop, car ces images embarrassent l'accusation — en prenant connaissance de ces scènes si touchantes et si dramatiques, je m'attendais à voir apparaître un homme simple, ému, dont la simplicité et l'émotion entraîneraient la conviction, et je n'étais pas le seul à avoir ces préoccupations.. Nous nous demandions comment l'hypocrisie pouvait arriver jusque-là (car jamais nous n'avons douté de l'innocence de M. Armand), et nous attendions cet hypocrite habile à ses explications dernières et suprêmes devant la Cour d'assises... Ah ! j'ai été alors bien rassuré ; jamais je n'avais vu un pareil spectacle. Les journalistes qui sont à cette table l'ont rendu de leur mieux ; ils sont bien habiles, mais ils sont impuissants à reproduire certaines scènes. Ceux qui n'assistaient pas à cette audience ne pourront avoir l'idée exacte de ce qui s'y est passé. D'une part, l'accusé bondissant et jetant dans ses paroles toute la véhémence généreuse de son âme, n'obéissant plus à la voix de ses conseils qui voulaient le modérer, n'écoutant plus le respect que l'on doit ici à la Justice, se montrant tel qu'il est, et proclamant son innocence avec un accent tellement sincère et tellement puissant, qu'après l'avoir entendu, je ne crains pas de le dire, l'accusation était finie. Et devant lui un malheureux qui s'indignait à froid, qui faisait de vains efforts pour s'arracher une parole ardente qu'il ne pouvait pas trouver, qui n'avait à la bouche que cette injure monotone : *Misérable*... (et encore ne prononçait-il pas ce mot avec l'accent que j'y mets) ; qui, lorsque M. le premier Président, plein de cette généreuse ardeur dont nous le remercions tous, essayait, il faut bien que je le dise, de ranimer cette nature morte, restait aussi froid à la parole du magistrat qu'à la parole de sa victime. A ce spectacle, Messieurs, j'ai jugé Maurice Roux. Qu'il soit un habile comédien quand il ne parle pas, et quand on rédige des procès-verbaux magnifiques près de lui, c'est possible ; mais quand on le voit et quand il ouvre la bouche, c'est un triste sire, incapable de porter la conviction dans l'esprit de personne.

Et comment en serait-il autrement? D'où vient-il? Qu'a-t-il fait? Quels sont ses antécédents? Ce Roux qui veut dégrader M. Armand et déshonorer sa famille, où sont donc ses sentiments généreux? Quels sont ses actes? On lui reproche des ignominies partout, il a commis des infamies partout, et peut-être des crimes partout! Il appartient cependant à une famille honorable. Comment le reconnaît-il ? Dans une lettre que je parcourais tout à l'heure, il dit que ses parents sont des ingrats. (*Dénégations au banc du Ministère public.*) Vous ne pouvez le nier, monsieur le Procureur général, j'ai la lettre entre les mains, elle est adressée à sa tante : Mes parents, dit-il, sont des ingrats!

Il a servi dans beaucoup de maisons. Il a été longtemps chez M. Madier de Lamartine. Oh! M. Madier de Lamartine est bien le meilleur des maîtres. La réputation de son domestique est détestable; tout le monde lui dit que celui-ci le vole, il répond que c'est très-bien; que c'est un mauvais sujet, c'est très-bien; qu'il court la nuit, c'est très-bien encore; qu'il prend son cheval pour aller faire des fredaines; le maître ne songe pas à le trouver mauvais. Oui, tout cela est parfait pour les domestiques qui servent M. Madier de Lamartine.

Mais il a été ailleurs, chez M. Sisteron, et vous savez ce que celui-là en pense; chez M. de Félix, et vous savez ce que M. de Félix en pense; chez M. Duplessis, un honorable magistrat, juge au tribunal d'Alais, et qui vous en a dit plus que vous n'aviez besoin d'en connaître. Le portrait fait par M. Duplessis dans l'instruction n'a que quatre mots, mais il est bien ressemblant : Roux, dit-il, est *joueur, menteur, débauché et voleur*; les mots y sont, je ne les invente pas.

A part cela, Messieurs, Maurice Roux a beaucoup d'autres qualités. Il lit de fort mauvais romans, et il fait la cour aux jeunes filles pour les tromper.

Vous n'avez pas oublié ce que nous avons appris. Il a eu des relations avec une infortunée qui est dans une maison centrale pour infanticide! Il a beau dire qu'il n'est pour rien dans le crime dont elle subit la peine, Dieu seul le sait ; mais l'enfant de Philomène Dessert était de lui, le malheureux! Il ruinait cette femme, et elle a déclaré qu'il lui arrachait jusqu'au dernier sou de ses gages pour les appliquer à ses misérables satisfactions. Non content de cela, il la rendait voleuse avant qu'elle fût infanticide, et elle volait son maître pour entretenir son amant !

M. le premier Président. — Je n'ai pas vu dans l'instruction que ce fait fût constaté.

Me Lachaud. — Je vous demande pardon : son maître, M. Sisteron, l'a dit.

M. le premier Président. — C'est moi qui vous demande pardon.

Me Lachaud. — M. Sisteron a déclaré qu'elle n'avait pas payé les fournisseurs avec l'argent qu'il lui avait donné pour les solder, et qu'après le départ de cette femme il avait été forcé d'acquitter 300 fr. qui leur restaient dus. Chacun a entendu; ce n'est pas douteux. Je suis banquier, a dit M. Sisteron, et j'ai toujours l'argent à la main; on paye exactement chez moi, c'est la première condition de la banque. Or, quand cette fille a quitté mon service, il est arrivé des plaintes, et le témoin a expliqué qu'elle avait disposé de l'argent de son maître, pourquoi? pour donner à Roux tout cet argent et le sien.

Enfin, vous savez comment elle a fini, par un infanticide... Or, l'infanticide, c'est l'idée fixe de Maurice Roux. Ainsi, quand on lui demande : Pourquoi donc votre maître vous a-t-il frappé? Il répond : J'ai parlé d'infanticide ; et comme M. Armand, continue-t-il, écoutait toujours aux portes, il m'aura entendu ; il a probablement commis un infanticide, et il aura eu peur...

Mais c'est lui, l'accusateur, qui ne rêve qu'infanticide!

Voici une autre malheureuse, Lucie Abraham, une autre victime de cet homme. Je voudrais bien, après le fait que je vais rapporter, entendre cette femme nous dire qu'elle l'aime encore ! Voici ce qu'il écrivait d'elle à son père. Le père de Maurice Roux avait donné son consentement à ce qu'il épousât Lucie Abraham ; il n'a jamais voulu l'épouser; il l'eût fait s'il l'eût voulu ; et quand son père lui demande pourquoi il ne l'a pas fait, il répond : C'est parce qu'elle a fait périr un enfant... Toujours la pensée de l'infanticide... N'en êtes-vous pas frappés, Messieurs les jurés ?

Ajoutez à ces qualités charmantes l'amour de la toilette. Quand Maurice Roux a quitté M. Duplessis, il a fait chez un parfumeur un achat de 80 francs. Il est vrai qu'il y avait dans cet achat une chemise de flanelle ; mais enfin la somme est encore suffisante ! Il a acheté pour 150 francs, chez un horloger, une petite montre pour lui et une petite parure. Il devait de l'argent à deux tailleurs ; il les a payés, c'est vrai, mais aux dépens de son père.

Libertin, vaniteux, recevant l'argent le plus immonde, se faisant payer par la femme qui est à lui...

M. le Procureur général. — Comment ! mais Philomène Dessert n'avait pas d'argent!

Me Lachaud. — M. le Procureur général, j'ai eu bien souvent envie de me mêler au débat en vous écoutant, mais j'ai pensé que je vous répondrais. Laissez-moi espérer qu'à votre tour vous pourrez me répondre, et permettez-moi de continuer.

En ai-je fini, Messieurs, avec Maurice Roux ? Oh ! non. Il a le cynisme des choses même les plus respectables. Cette malheureuse Lucie Abraham, il prétend qu'elle a commis des fautes, un crime même... Je ne sais, mais voici ce que j'ai à lui répondre. Il devait, vous le savez, l'épouser ; un jour il y a un festin de fiançailles ; une lettre lui arrive qui lui dénonce cette fille, il lit la lettre et vous savez ce qu'il dit : J'irai au festin, et je le planterai là après. — Le malheureux !

Pour perfectionner ses qualités nombreuses, Maurice Roux est allé à Nîmes, où il a passé un mois avec des filles, c'est M. Duplessis qui nous l'a fait savoir. Mais comme Nîmes, quoique grande ville, ne suffit pas pour achever son éducation, il va à Paris, où il passe trois mois à *faire la noce*.

C'est dans cet état de perfection que M. Armand a eu le bonheur de le prendre pour domestique. Il est resté deux mois à la campagne, en l'absence de M. Armand ; il y a vécu je ne sais trop comment. Vous connaissez l'impression qu'il a produite, vous avez entendu la déposition de M. Boucharin ; il fréquentait là M. Touchat, M. Touchat, fort peu l'ami et le défenseur de M. Armand. Un jour M. Boucharin et sa femme parlaient d'établir leur fille, et M. Touchat leur propose Maurice Roux ; ils répondent : Quand il aurait cent mille francs, nous ne la lui donnerions pas.

Voilà l'accusateur, voilà le témoin naïf du Ministère public, voilà l'innocent jeune homme sans esprit, trop candide, et qui est à mille lieues de faire quelque chose de mal quand ce quelque chose doit lui profiter!

C'est ici qu'à mon tour je vais rechercher le mobile de cet homme dans cette accusation odieuse. Le Ministère public n'en trouve pas. Grand Dieu! mais il en a eu deux. La vanité d'abord. Oh! assurément, il s'est fait du mal sans s'en douter, et c'est son expiation, mais il avait ses raisons. Il lit des romans détestables, et il voulait faire parler de lui. Les crimes par vanité sont peut-être plus nombreux que les crimes par cupidité. Maurice Roux a ajouté à tout ce qu'on connaissait dans ce genre, et, à coup sûr, il s'est fait une célébrité très-grande; il aime les ovations. Est-ce que vous ne vous souvenez pas qu'il a quitté l'hôpital sans être complétement guéri, afin de traîner derrière lui, à Montpellier, le cortége nombreux qui l'acclamait? Le médecin croit que ces émotions sont trop vives pour un convalescent, sa santé pourra en souffrir; mais sa vanité en grandit, et il quitte sans permission l'hôpital.

Puis vous savez qu'on a eu pour lui des attentions et des délicatesses toutes particulières. Il a ses entrées gratuites au théâtre, il y va avec ses gardes du corps, car il a une escouade de quatre sergents de ville qui se relèvent près de lui ; il est l'homme le plus satisfait et le plus heureux, il voudrait bien que le procès continuât et ne fût jamais jugé !... Voilà pour sa vanité.

Il a aussi son intérêt. C'est son second mobile. Qu'est-ce que j'entendais donc ? cet homme ne veut pas demander un argent qui ne lui est pas dû ! M. le Procureur général nous a donné la définition de cet affreux mot de « *chantage* » qui a été introduit dans la langue française, j'en suis fâché, mais dont il faut bien se servir, puisqu'il n'y en a pas d'autre pour désigner la même idée. Oui, c'est du chantage; mais il y a deux sortes de chantage : il y a le chantage mystérieux, et le chantage pour ainsi dire officiel. Si Maurice Roux va trouver son maître et lui demande de l'argent pour un crime que celui-ci n'a pas commis, il connaît la nature de M. Armand, il sait qu'il sera repoussé avec indignation. Eh bien, non! il accusera hautement M. Armand d'un crime imaginaire, et le Procureur général vous dira: De quoi vous plaignez-vous? il n'a voulu que se porter partie civile : si vous êtes condamné, il vous demandera des dommages-intérêts, mais c'est la Justice qui prononcera.

Sans doute, Messieurs; mais il en profitera; et s'il a menti, si par ses déclarations infâmes il a entraîné la condamnation d'un innocent, qui en recueillera le bénéfice? Vous voyez donc bien que la cupidité de cet homme a été excitée comme sa vanité, et que le mobile que vous ne pouvez trouver chez Armand, apparaît évident en ce qui concerne Maurice Roux.

Mais qu'importe, après tout, le mobile de cette accusation? Voyons les faits, examinons-les sans placer davantage le malheureux accusé à côté de son accusateur; raisonnons. Si Maurice Roux a été victime d'une cruelle brutalité, même d'un assassinat, si le fait est prouvé, si l'homme le plus irréprochable s'est oublié un moment de sa vie, soit, vous avez raison ; mais il faut le prouver ! C'est ici qu'il faut reprendre avec plus de détails le récit des faits.

Vous savez ce que raconte Maurice Roux, et le prétendu propos du 6 juillet. Voyez, Messieurs les jurés, combien les esprits sont différents ; ce propos raconté à l'audience, et sur lequel insistait M. le Procureur général, c'est, à mon avis, l'argument le plus irrésistible contre l'accusation. Maurice Roux a dit que, depuis quelque temps, il s'apercevait que son maître lui lançait des regards terribles. Pourquoi? Son maître n'avait eu avec lui aucune scène; le propos : « La maison est une baraque, » il ne l'avait pas encore tenu, et vous savez même qu'il n'est pas établi que M. Armand ait eu connaissance de ce propos. En outre, la cuisinière et la femme de chambre déclarent que, le 6 juillet au soir, il disait: Je viens d'avoir une petite discussion avec Monsieur; mais Monsieur a dit que, si je me conduisais bien, je resterais longtemps avec lui. »

Quoi qu'il en soit, dans cette soirée du 6 juillet, Maurice Roux parle avec les autres domestiques, et voici ce qu'il leur dit. Il a surpris une conversation entre M. et Mme Armand, et M. Armand disait à sa femme : Il a traité la maison de *baraque*, je me vengerai, oui, je me vengerai ! — C'était lui, Maurice Roux, qui avait tenu le propos; cependant il demande à la cuisinière et à la femme de chambre qui a pu se servir d'une semblable expression. Il leur dit : Savez-vous qui a tenu ce propos? La cuisinière lui répond : Ce n'est pas moi, et la femme de chambre répond de même : Ce n'est pas moi. Alors il leur répète : Monsieur a dit qu'il se vengerait !

Je le saisis là en flagrant délit de préméditation. Il n'avait rien dit, dans l'instruction, de cette conversation, et je le comprends bien. C'est une arme que nous avons eu le bonheur d'obtenir de lui, mais sans lui; ce sont la femme de chambre et la cuisinière qui ont déposé de ce fait, d'où il résulte évidemment qu'à ce moment, dans la soirée du 6 juillet, il combinait la simulation infâme du lendemain, il préparait l'accusation, et par avance il déposait dans les oreilles de ces deux femmes ce mot d'Armand : Je me vengerai ! — espérant que le lendemain on pourrait s'en servir comme d'une révélation.

Je n'ai pas besoin d'insister, de vous montrer qu'une parole semblable, M. Armand n'a pu la dire à sa femme. L'idée est de Roux, il l'a inventée. Roux était préoccupé depuis quelques jours, et il y a un détail, à cette occasion, qui a une valeur immense, car tout est important... Cette dame anglaise, Mme Tweed, si parfaite de ton et de langage, vous disait: Ce domestique me plaisait, il était bon avec les chevaux; « j'aime que l'on soit bon avec les bêtes. — D'ordinaire il chantait, et trois jours avant l'événement il ne chantait plus... Pourquoi? Il avait l'habitude de chanter... Je n'imagine rien ; mais, Messieurs, quand je trouve ce changement dans sa conduite, cette préoccupation de sa part, et que je le vois dire aux domestiques : Monsieur a parlé de vengeance... si le lendemain il est trouvé à la cave dans l'état que vous connaissez, je conclus naturellement de ces faits qu'il a préparé par avance l'accusation qu'il va formuler.

Cependant nous arrivons à la journée du 7 juillet ; ici il faut bien préciser les faits, et j'en demande pardon à M. le Procureur général, nous les apprécierons avec les déclarations de Maurice Roux lui-même. Je veux lire quatre phrases dans ses quatre interrogatoires. Il sait probablement mieux que nous comment les choses se sont passées; il y était, et nous n'y étions pas. Que, pour les besoins de sa discussion, le Ministère public interprète, modifie les interrogatoires de Maurice Roux, je le veux; mais ce qui reste, c'est ce qu'il a déclaré à M. le Juge d'instruction par signes ou par paroles, et ce qu'il a déclaré à l'audience, tout ce qu'il a dit, et rien que ce qu'il a dit.

Or voici sa première déclaration :

« Le témoin nous indique par signes qu'il a d'abord reçu sur le cou un coup de bûche qui l'a renversé et étourdi; que, se précipitant sur lui, Armand lui a passé une corde autour du cou, qu'il a fortement serrée, puis il lui a lié les mains derrière le dos, et enfin, prenant son mouchoir, il lui a noué les jambes au-dessus des chevilles. »

Permettez, il n'est pas possible qu'un interrogatoire ne soit pas un interrogatoire... J'ai pour M. le Juge d'instruction le plus profond respect, et certainement il n'a dû écrire que ce que les signes lui ont appris; si le signe n'était pas net, le juge n'a pas dû le recueillir, sa conscience ne lui permettait pas d'y ajouter; et quand, lisant le procès-verbal de M. le Juge d'instruction, je vais montrer des manifestations d'une vivacité extrême, je dirai au magistrat qu'elles sont vraies, qu'il n'a pu, je le répète, y ajouter la plus petite couleur, et qu'il aurait manqué à son devoir s'il avait altéré en quoi que soit ce qu'il a vu et ce qu'il devait écrire.

Il m'importe donc peu d'entendre ici, à cette audience, M. le Juge d'instruction revenir sur certaines mentions de son procès-verbal. Il est ici témoin; quand il instruisait il était magistrat, et il n'avait pas d'autre rôle à prendre; ce qui n'était pas établi devait rester dans l'obscurité; ce qu'il ne comprenait pas, il ne devait pas l'écrire.

Dans la première déclaration, je viens de vous la lire, il n'y a pas de division, il n'y a pas deux scènes. Maurice Roux a eu la perception complète et entière de tout ce qui s'est fait. Il a été renversé par un coup de bûche, — un coup de bûche, entendez-vous bien? ce n'est pas même un coup de canne, — il l'a dit, vous l'avez écrit, il n'y a plus de justice si l'on peut retirer un semblable document. — Quand il a été renversé, on lui a lié les mains et puis les pieds; Maurice a dit cela, le Juge d'instruction l'a écrit, le signe était clair, précis, c'était la lumière, le magistrat ne doit écrire que quand c'est la lumière.

Second interrogatoire, interrogatoire parlé. Dans ce second interrogatoire, voici moins de clarté, mais rassurez-vous, la clarté reviendra tout à l'heure.

« Tout à coup, et sans que j'aie entendu le moindre bruit qui m'annonçât son arrivée, je vis devant moi mon maître Armand...; il me dit : « Je vais t'apprendre si ma maison est une baraque. » Je me sentis frappé à l'aide d'une bûche ou d'un bâton derrière la tête, je fus étourdi et je tombai sans connaissance. Dans l'état d'étourdissement dans lequel j'étais plongé, je ne sentis pas qu'il m'étranglait et qu'il liait mes bras à l'aide de cordes, mes jambes à l'aide d'un mouchoir. Je ne puis dire combien de temps je restai dans cette position, mais à mon réveil je me sentis suffoqué; je finis par me rendre compte que j'étais lié. Je suis resté là jusqu'au moment où l'on est venu me porter secours; j'entendais du bruit dans les caves voisines, mais je ne pouvais appeler. »

Troisième interrogatoire.

« En même temps je me sentis frappé derrière la tête, j'étais renversé; je me sentis alourdi, dans l'impossibilité de crier et de faire un mouvement; il m'a semblé qu'il se livrait sur moi à quelque acte extraordinaire, et je me suis trouvé plus tard étranglé et lié. »

Enfin, à l'audience, voici ce que, sous sa dictée même, nous avons écrit :

« J'ai senti qu'il m'avait *jonché* le cadavre... (Il s'est servi du mot, nous le prenons.) J'ai senti qu'il m'avait jonché le cadavre, j'ai entendu dans la cave comme si l'on balayait, je me suis senti pris, je ne pouvais crier, la respiration me manquait. »

Voilà les interrogatoires par signes, par paroles, écrits par le juge d'instruction, et l'interrogatoire fait à l'audience. Tous ne mentionnent qu'une scène, une seule.

Est-il possible maintenant, et en présence des déclarations, de diviser cette scène, et d'en placer une partie le matin, une partie le soir, quand votre prétendue victime, qui a tout vu, n'hésite pas à dire : Frappé d'abord, j'ai été lié ensuite, lié au cou, les mains garrottées, les pieds attachés par un mouchoir, et tout cela au même moment.

Donc, pas de division, c'est impossible, et le système nouveau de l'accusation répugne à la raison et aux faits, je ne crains pas de le dire.

Eh bien! si les faits sont la seule base possible de l'accusation, voyons les charges, et les moyens de la défense.

Je dis d'abord que M. Armand a établi son alibi : c'est clair comme la lumière du jour, et la déclaration de Marie Hauterive, témoin non suspect à l'accusation, nous suffit pleinement. Je crois qu'elle se trompe sur certains points, qu'elle se trompe de bonne foi; mais je dis qu'elle a déclaré devant vous un fait capital et qui empêche que l'accusation puisse se soutenir sérieusement.

Reprenons cette déposition, et tout d'abord écartons une équivoque... M. Armand affirme que cette fille a dû lui ouvrir la chambre de sa femme. Mais ce n'est pas lui qui a fait poser la question. C'est nous qui l'avons adressée au témoin. Voyons ce qui résulte de sa réponse.

A huit heures, Maurice Roux, suivant son habitude, est entré dans la chambre de M. Armand; il a ouvert les persiennes et il est sorti. Depuis ce moment on ne l'a plus vu. M. Armand dit : Je n'ai pu aller à la cave le matin (car vous savez que Maurice Roux prétend que c'est à huit heures un quart qu'il a été frappé); je suis resté, dit M. Armand, de huit heures et demie à neuf heures et demie environ auprès de ma femme. M. Armand et Mme Armand affirment le fait, et tous ceux qui connaissent Mme Armand savent bien que, même pour sauver son honneur, elle ne ferait pas un mensonge!

On a interrogé Marie Hauterive; que dit-elle? Je n'ai pas vu Monsieur dans la chambre de Madame. Il pouvait y être sans qu'elle le vît. L'accusation reconnaît elle-même que M. Armand a été dans le lit de sa femme, et l'on n'est pas obligé, quand on est couché dans le lit de sa femme, d'insister beaucoup pour être vu par une femme de chambre. Mais enfin elle ne l'a pas vu; elle le déclare.

Une circonstance qui serait plus grave, ce me semble, c'est que vers neuf heures M. Armand aurait été dans la salle à manger. M. Armand proteste contre cette déclaration. Mme Armand, de son côté, affirme (et vous comprenez que la date, elle ne l'oubliera jamais), Mme Armand affirme que son mari a passé ce temps dans sa chambre. Le fait est acquis par la déclaration de Mme Armand. C'est la femme de l'accusé, je le veux bien; mais suivons la déclaration de Marie Hauterive. Elle a entendu, dit-elle, Monsieur chanter dans sa chambre. A quelle heure? A huit heures et demie du matin. Comment sait-elle l'heure? Parce qu'elle a entendu sonner la pendule. Donc, si M. Armand, à huit heures et demie, fredonnait dans sa chambre, il est évident qu'il n'était pas dans la cave, comme l'affirme le domestique, pour l'y assassiner.

M. le Procureur général nous fait une objection qui ne me paraît pas bien sérieuse, qu'il me permette de le lui dire. Il nous dit : Vous fredonnez quand vous vous habillez. — Mais M. Armand n'a-t-il pu fredonner en commençant sa toilette avant d'aller chez sa femme?

Voulez-vous une preuve que M. Armand était chez sa femme? En voici une décisive.

Quand la femme de chambre a apporté l'infusion, Mme Armand lui a défendu d'entrer; c'est là un fait reconnu. Je voudrais bien que l'accusation, pénétrant dans ces petits détails domestiques, pût expliquer raisonnablement pourquoi la maîtresse dit à sa femme de chambre : N'entrez pas! Quand le mari est absent, la femme de chambre a toujours accès près de sa maîtresse; mais quand le mari est chez sa femme, c'est autre chose.

Il y avait donc obstacle à ce que la femme de chambre pût entrer. Cet obstacle, la femme de chambre en témoigne elle-même. Madame lui a dit de ne pas entrer. Marie Hauterive s'en souvient.

Fixons donc ces deux moments. A huit heures et demie, au moment du crime, M. Armand fredonne dans sa chambre : singulière préparation pour l'exécrable forfait qu'on suppose; à neuf heures il est près de sa femme, dans son lit. Et vous voulez que cet homme soit coupable! Et vous ne comprenez pas que la jeune servante fait erreur, que la défense qui lui a été faite d'entrer chez Madame démontre jusqu'à l'évidence que le mari était là!

Je n'aurais que ce fait, que je pourrais arrêter la discussion. Il y a là une précision tellement certaine, qu'elle vous frappera, comme elle doit frapper tout homme raisonnable. Mais continuons.

M. Armand ne pouvait être à la cave; il était chez lui ou chez sa femme. Eh! qu'allait donc faire le domestique à la cave? Il y a ici une foule d'objections qui n'ont pas arrêté le Ministère public... Pourquoi Maurice Roux descend-il à la cave? Sommes-nous bien renseignés à cet égard? Il n'avait rien à faire à la cave. Écoutez, en effet, ce que l'instruction établit.

Le matin, il descend une première fois à la cave, et il en rapporte du bois et des sarments. La cuisinière a trouvé que la quantité de sarments ou de bois n'était pas suffisante, et elle a dit à Maurice Roux : Vous irez à la cave chercher plus de sarments. Il y est allé et il en est revenu; il en est si bien revenu, que la cuisinière déclare qu'à son retour du marché elle a trouvé du bois et des sarments de plus. Donc il n'avait pas besoin de descendre une troisième ou une quatrième fois à la cave.

Pourquoi y est-il descendu? L'un de vous, Messieurs les jurés, lui a posé la question. Quelle a été sa réponse? Il fallait du gros bois... Au mois de juillet, pour allumer la cheminée! C'est dérisoire. Il avait apporté du petit bois pour la cuisine, il avait apporté des sarments pour la cuisine encore. Il n'avait pas besoin de retourner à la cave, et il n'a pas dû y aller.

J'ajoute qu'il a déclaré qu'il allait autre part. En effet, Marie Hauterive l'a vu sortir, non pas de la maison, mais de l'appartement; il a pris sa casquette et il a dit : Je vais à la remise. Or, s'il va à la remise, s'il dit qu'il va à la remise, alors qu'il n'a rien à faire à la cave, j'ai le droit d'affirmer qu'il n'est pas allé à la cave, et qu'il en impose quand il prétend y être descendu au moment où M. Armand l'y aurait trouvé.

Nous faisons certains pas, Messieurs, nous avançons; mais nous marcherons jusqu'à la fin; car ce n'est pas un acquittement par le doute qu'il nous faut, c'est la lumière... Il faut qu'aucun point ne demeure obscur, il faut que M. Armand vaille ce qu'il vaut, ce qu'il valait avant l'accusation; il faut qu'il vaille davantage, car le malheur le rendra plus sacré encore, et les grandes vertus s'élèveront par les souffrances qu'il a endurées.

Ainsi, cet alibi, je l'établis encore par l'impossibilité pour Maurice Roux de fournir une bonne raison pour être descendu à la cave.

Et lui, M. Armand, y est-il descendu? Qui l'y a vu? Il y a eu ici, relativement à la déposition de la concierge, un incident dont la bonne foi de M. le Procureur général a fait justice. Et puisque la concierge, au premier moment, a déclaré qu'elle n'a pas vu M. Armand descendre à la cave, quand même plus tard elle aurait pu tenir le propos qu'on lui prête, qu'importe! Est-ce sur de pareils propos, tenus sans vérité, qu'on juge un homme? Le Ministère public reconnaît qu'elle aurait pu parler ainsi pour se donner de l'importance, quand elle n'était qu'un témoin insignifiant. Mais je ne fais pas cette concession. Non, les témoins qui viennent à contredire ne sont pas sincères. Vous avez vu cette femme, vous avez vu son attitude, son assurance; de tous les témoins entendus, elle a été le plus menacé; M. le premier Président lui a dit : Je vais vous faire arrêter. A un moment même, une mesure a été prise contre elle. Elle n'a pas eu la plus petite émotion; elle a répondu avec assurance que, déclarant la vérité, elle n'avait rien à craindre.

Vous avez entendu sa sœur, la femme Marius, son ennemie. Je me suis rappelé que cette femme Marius n'avait pas dit un mot du propos à son mari, et je me demande comment ce secret elle l'a colporté chez un chapelier et chez d'autres fournisseurs en le cachant à son mari.

Le témoin Guin a déposé d'un propos contradictoire. D'ailleurs, les témoins qui s'échappent de Montpellier, du milieu de cette fournaise, qui sont imprégnés d'une telle ardeur contre M. Armand, qui viennent avec cette animosité que les passions les plus mauvaises excitent, me troublent, je l'avoue; et quand la Cour de cassation déclare elle-même que la Justice ne peut pas y être juste, j'ai le droit de dire que les témoins qu'on appelle de Montpellier ne peuvent être sincères.

On dit que la femme Marius a de bonnes attestations. Je réponds que la femme Cazes en a d'aussi bonnes. J'ai des certificats de ses anciens maîtres et des voisins. M. le Procureur général dit qu'il ne s'en rapporte pas à la déclaration de la femme Cazes. Entre lui et moi il y a cette différence : le Ministère public dit qu'elle a bavardé; moi je lui réponds qu'elle n'a pas bavardé, et qu'elle n'a pas tenu le propos qu'on lui prête.

Vous voyez, Messieurs, de quelle manière nous procédons. Dans cette plaidoirie, je ne veux avoir qu'un mérite, celui de progresser lentement, avec ordre, mais de vous saisir par l'évidence. J'ai prouvé déjà l'alibi de M. Armand; j'ai prouvé que Maurice Roux n'a pas dû aller à la cave, j'ai démontré que personne n'a vu M. Armand s'y rendre... Et cependant, dans le système nouveau de l'accusation, il faudrait qu'il y fût allé au moins deux fois.

Maintenant j'arrive à un autre ordre d'idées.

Vous savez, Messieurs, de quelle manière est disposée la cave, et vous savez également ce qui, suivant l'accusation, s'y est passé dans la journée du 7 juillet.

De bonne foi, je vous le demande, est-il possible d'admettre la vraisemblance des faits que l'on vous a exposés tout à l'heure? Comment! voilà un maître qui descend à la cave pour frapper son domestique! Il va le saisir dans la cave! dans la cave qui est un lieu de passage pour tous les locataires de la maison! Mais savez-vous combien il y a de locataires dans cette maison? Dix familles y demeurent, et il y a au moins dix caves, sinon quinze.

Sont-ce des caves obscures? mais vous avez vu, par le *fac-simile* que vous avez sous les yeux, comment elles sont disposées. Les magistrats les ont vues, nous les avons vues nous-mêmes. Il y a un couloir par le milieu, et, à l'extrémité, une baie qui donne une lumière à peu près égale à celle que nous avons ici; les caves ne sont pas aussi claires que le couloir, mais elles ont des claires-voies qui permettent cependant d'y voir, et la lumière y arrive de la façon la plus facile; car, vous le comprenez, la séparation du couloir qui règne dans toute l'étendue des caves contribue à y répandre une certaine clarté. Tout ce qui se passe dans les caves peut être entendu par les personnes qui se trouvent dans le couloir.

Eh bien! M. Armand, qui pouvait aller dans sa remise, où il eût été seul; qui pouvait aller dans la chambre de son domestique, où il eût été seul; qui pouvait entraîner son domestique dans un lieu obscur... non, M. Armand va dans la cave, et là il commet les crimes que le Ministère public lui reproche.

Mais, me dit-on, il a assommé son domestique, et Roux n'a pas crié! Mais est-ce qu'il pouvait se douter qu'il ne crierait pas?

Oui, ajoute le Ministère public, s'il n'y avait pas eu commotion, Roux aurait crié; il devait y avoir et il y a eu commotion, et dès lors Roux ne pouvait pas crier... C'est pousser un peu loin les choses, et comment concevez-vous, Messieurs, qu'Armand n'ait pas craint de s'exposer à être surpris dans l'accomplissement d'un acte aussi horrible? Remarquez que cet acte était commis dans les conditions les plus impossibles, et vous reconnaîtrez à l'instant que les choses ne se sont pas passées comme on voudrait le faire supposer.

Puis, voyons maintenant quelles étaient les personnes qui se trouvaient dans la cave. Il y avait bien du monde, et je vous prie d'écouter avec soin les dépositions de ceux qui s'y trouvaient.

Plusieurs personnes étaient là au moment où le crime se serait accompli. Ainsi il y avait d'abord M. Pons. M. Pons est descendu à huit heures dix minutes à la cave n° 10. On lui fait passer des fûts qu'on appelle des bordelaises; il va, il vient, et comme son travail ne marche pas assez vite, l'un de ses collègues, M. Galoffre, l'un des chefs de la maison, est envoyé à son aide. Ils restent là jusqu'à neuf heures et quart, et ils n'entendent rien, ils ne voient rien, absolument rien! Quelques murs cependant les séparent seulement du lieu du crime, et quand Armand est descendu à la cave, s'il y est descendu, il a bien pu voir qu'il y avait là des témoins; et leur présence ne l'arrête pas et il commet son crime... Est-ce possible?

On revient ensuite à la cave à onze heures. Ce sont les employés de la maison de l'épicier; ils sont tous là. Eh! bien, à cette heure, ils n'ont rien vu non plus, rien entendu.

Il y a quelque chose de bien plus grave encore. Madame veuve Armand a une cave contiguë à celle où le crime s'est accompli; elle est là avec son domestique Reynal, depuis neuf heures du matin jusqu'à onze heures, et elle n'entend rien! Elle est arrivée après le crime, dira-t-on. Mais enfin, puisque Maurice Roux râlait le soir, a plus forte raison aurait-il dû râler le matin... Elle n'entend rien!

La femme de chambre descend à midi, elle va dans la cave contiguë, elle passe devant la porte de la cave où se trouvait Maurice Roux... Elle n'entend rien!...

Puis, à six heures du soir, ce témoin qu'il a été si difficile d'amener à s'expliquer, le nommé Cazes, qui est descendu à la cave, vous savez pourquoi, qui s'est arrêté près de la porte, ce témoin non plus n'a rien entendu, il n'a rien vu!

Enfin, Messieurs, est-ce que tout cela ne vous frappe pas? Est-ce que tout cela ne vous paraît pas bien étrange?

J'arriverai aux constatations médicales. Elles sont pour moi, elles prouvent jusqu'à l'évidence que M. Armand n'est pas coupable. Mais, quand même il n'en serait pas ainsi, n'y a-t-il pas dans toutes ces circonstances des preuves qui valent mieux que les discussions de la science? La science se trompe souvent, le bon sens de tous ne se trompe jamais.

Quand un homme accusé d'un crime oppose un alibi, quand il démontre qu'il n'a pas d'intérêt à commettre ce crime, qu'il prouve qu'il est honnête homme, je dis qu'il faut établir sa culpabilité par des témoins bien impartiaux; autrement il ne subsiste rien de l'accusation, elle tombe d'elle-même. Or, que vient-on vous dire ici? On dit : J'ai appelé des témoins, il y en a eu d'autres encore; mais je n'ai pas de preuves... Voilà la situation, Messieurs, et c'est à vous de vous demander si un crime tel que celui dont on l'accuse pouvait entrer dans la pensée de M. Armand! Non! il y a là une impossibilité morale!

Des impossibilités morales, il y en a d'autres encore, d'un autre ordre, et qui sont saisissantes.

Tout à l'heure, M. le Procureur général était obligé de reconnaître qu'Armand était un honnête homme, et il lui disait : Vous êtes coupable, mais vous êtes bien malheureux; je vous plains, et tout en vous accusant, je comprends tout ce qui sollicite en votre faveur; je puis concevoir comment vous avez été amené à chercher les moyens de cacher une première faute.

Ah! Messieurs les jurés, je repousse un pareil système... Si, après un premier crime, M. Armand avait tenu la conduite qu'on lui suppose, il serait un homme indigne à tous égards... Non, il y a là aussi une impossibilité morale qui vous frappe comme elle me frappe moi-même.

Ne vous rappelez-vous pas les dépositions des témoins Birotteau, Biquet, Castan ; et, en présence de ces dépositions, pouvez-vous admettre un instant le système de l'accusation ?

En supposant que M. Armand se soit laissé entraîner à un acte extrême de violence, ce serait le premier crime qu'il commettrait... Eh ! bien, quand un homme, dans un moment d'emportement, lève la main sur son semblable, quand il frappe, et qu'il voit étendu à ses pieds presque un cadavre, le Ministère public reconnaîtra tout au moins qu'il sera troublé. Il cachera son crime, je le veux... Mais ne comprenez-vous pas les préoccupations de cet homme, le trouble de sa conscience ? Il aura des remords... L'honnête homme en a toujours, le scélérat même en a quelquefois ! Armand coupable aurait donc eu des remords... Eh bien ! il les aurait dissimulés au point que personne n'en aurait saisi la trace !.. il aurait eu une gaieté naturelle !.. il aurait gardé cette tranquillité qui n'appartient qu'à une conscience pure ! Les témoins le déclarent. Non, c'est impossible !...

Vous n'avez pas perdu de vue cette déposition animée de M. Birotteau. J'ai vu M. Armand à dix heures, vous disait-il (c'était probablement au moment même où M. Armand sortait de la cave); je lui ai demandé des renseignements...

(A ce moment, l'un de MM. les jurés se trouvant indisposé par la chaleur, Me Lachaud suspend un instant sa plaidoirie). Bientôt il la reprend en ces termes :

Messieurs les jurés, j'arrivais à une impossibilité morale, l'impossibilité des honnêtes gens ; j'ai dit qu'un homme qui vient de commettre un crime doit être épouvanté par le remords : et, quels que soient les exemples contraires cités par M. le Procureur général, admettons, pour l'honneur de l'humanité, que les criminels pour la première fois sont horreur de leur crime. Je reconnais qu'ils ne se dénoncent pas, mais ils ne sont ni calmes ni tranquilles.

Eh bien ! c'est le jour même, il est dix heures du matin, que M. Birotteau l'a rencontré terminant son déjeuner ; et il est vrai que M. Birotteau lui ayant demandé des renseignements, il lui a répondu : Allez chez un tel, il vous renseignera mieux que moi. A dix heures et demie, M. Birotteau le rencontre encore ; Armand lui dit : « Et vos renseignements, les avez-vous ? » — « Oui, répond M. Birotteau, mais incomplets. » Enfin, à six heures du soir, M. Birotteau le voit pour la troisième fois et il le trouve réjoui, content, satisfait, *riant*... riant ! lui criminel, lui qui s'est rendu coupable de deux crimes dans ce même jour !...

Et le témoin Lazuttes, qui rappelle les souvenirs de son beau-père, aujourd'hui mort... A dix heures, celui-ci va chez M. Armand, à son bureau ; il le trouve là avec M. Biquet, son oncle; celui-ci a une lettre qui contient une fausse indication, et c'est M. Armand qui relève l'erreur !

Vient un de ses amis, M. Castan. Il lui adresse une invitation à dîner. Une invitation à dîner !... à ce moment funèbre où le crime devait être découvert ! Comprenez-vous cette invitation faite par un honnête homme de venir assister au déshonneur de sa maison ?

Et ces détails de chapeau, ce panama, que M. Armand (c'est le témoin qui le déclare) avait choisi, et pour lequel il se réservait de consulter sa femme !

Oh ! s'il avait commis un crime et s'il eût agi ainsi, avec ce calme, avec cette tranquillité, vous auriez bien tort de nous concéder que c'est un homme à plaindre. S'il s'est montré tel que les témoins le représentent après un pareil crime, il aurait donné le signe d'une scélératesse profonde.

Voilà, Messieurs, les impossibilités morales, et, après vous les avoir rappelées, je crois pouvoir dire qu'il n'y a plus d'accusation possible !

Et quand j'arrive aux preuves que me fournit la médecine, je me trouve en présence d'une innocence matérielle, incontestable.

En abordant la question scientifique, je ne me dissimule pas tout qu'on peut dire contre les médecins ; je ne les crois pas infaillibles ; je sais bien qu'ils se contredisent. M. le Procureur général a rappelé à ce sujet deux grands exemples, l'un qui particulier à mon illustre confrère Me Jules Favre, et l'autre qui me concerne, celui de l'affaire de Mme Lafarge.

M. le Procureur général. — Je n'ai pas eu l'intention de faire de personnalités.

Me Lachaud. — Que voulez-vous, Messieurs ? dans le sanctuaire de la justice, devant la chose jugée, je m'incline, et il faut bien que je dise avec vous que Mme Lafarge est coupable. Au dehors et dans la liberté de ma conscience, je pourrais parler autrement. Du reste, ce n'est pas là le procès. Je continue.

Quand des médecins, comme ceux qui ont été entendus à cette audience, sont si affirmatifs et si unanimes, il me paraît bien dangereux de repousser leurs témoignages, de les repousser avec des convenances très-grandes, il est vrai, mais enfin avec un certain dédain de leur savoir.

Nous avons appelé ici les hommes les plus considérables de la science : d'abord M. Tardieu. M. Tardieu est le défenseur de ma cause aujourd'hui ; je l'ai assez souvent comme adversaire pour me réjouir de l'avoir ici pour auxiliaire. C'est l'esprit le plus net, le plus lucide que je connaisse ; il a la parole merveilleusement claire. Enfin, M. Tardieu est à la tête de la médecine légale, et, jeune encore, il est doyen de la plus grande Faculté du monde. Il est honnête homme plus encore qu'il n'est savant ; car si la science a des limites, la probité, grâces à Dieu, n'en a pas.

Ensuite, c'est M. Tourdes, homme aussi modeste que savant, professeur de médecine légale à Strasbourg. Nous les choisissons bien, comme vous voyez ! M. Rouget, professeur de physiologie médicale, qui fait l'honneur de la Faculté de Montpellier et qui sera bientôt peut-être celui d'une autre Faculté : parole ferme, unie à une science élevée.

Nous invoquons encore le témoignage d'autres praticiens non moins habiles et non moins savants :

M. Gromier, professeur de médecine légale à l'école de Lyon, le Tardieu du Ministère public de Lyon : car il y a ceci de particulier dans cette affaire, que nous avons pour nous ceux-là même qui souvent nous ont fait perdre des procès que nous pensions devoir gagner ;

M Pirondi, professeur à Marseille, un chirurgien de premier ordre ;

M. Jacquemet, homme distingué, professeur agrégé à Faculté de médecine de Montpellier et qui y a été longtemps chef des travaux anatomiques.

Voilà ceux que nous avons conduits ici. Et ces hommes, devant Dieu, devant le monde, devant les juges, devant les savants, déclarent que la simulation est évidente; ils affirment que l'accusation s'égare à la suite d'un témoin qui l'a trompée.

Que leur oppose-t-on? Des hommes considérables. Est-ce que vous croyez que je vais traiter dédaigneusement des médecins qui ont fait leurs preuves? Non, certes.

Mais d'abord, il y en a un qui n'est pas avec vous, qui n'y a jamais été; c'est M. Dupré. Le Ministère public est sévère pour lui. Il est suspect à l'accusation! Remarquez, Messieurs, que M. Dupré n'est jamais entré dans les voies de l'accusation, et pourtant il a soigné le malade, il l'a vu mieux que tous les autres, puisqu'il l'approchait chaque jour; aussi ferons-nous souvent appel aux déclarations de M. Dupré.

Vient ensuite M. Dumas, homme très-érudit, qui a fait des citations nombreuses; professeur d'accouchement, je le sais, mais qui peut, indépendamment de cette spécialité, avoir de la science en toute autre matière, je le sais encore.

M. René a été appelé dans la seconde affaire. C'est un homme qui a une grande expérience; il n'a pas inventé la médecine légale, mais il remonte à ses origines. Oui, dans une certaine mesure, M. René est avec vous.

M. Mouttet l'est beaucoup moins; et il ne dit pas grand'chose.

Ah! pour M. Alquié, il est complétement avec vous. C'est un savant, c'est un honnête homme, mais il expérimente beaucoup, beaucoup trop peut-être. Oui, Messieurs, je m'inquiète quelquefois des expériences de cette sorte. D'abord, j'en gémis pour les malheureux animaux qui en sont l'objet, puis j'ai vu opérer M. Alquié, vous l'avez vu vous-mêmes, et quand il disait qu'il opérait de préférence sur des cadavres chauds, j'avoue que je n'ai pu m'empêcher d'un certain frémissement. Je me suis rappelé l'histoire du pendu de Bruxelles, dont les détails sont encore présents à votre esprit; et quand j'ai pensé qu'il avait échappé à la corde et que ce sont les médecins qui l'ont tué, oh! alors, je le confesse, j'ai eu peur. Lorsque les expérimentations peuvent aller jusque-là, je le dis en toute sincérité, ce sont les expérimentations qui sont à craindre. M. Alquié est vif, il a des ardeurs, il voit de bonne foi; mais il voit avec des yeux peut-être passionnés.

Voilà, Messieurs, ce que je voulais vous dire sur les personnes elles-mêmes; et maintenant que nous avons ainsi indiqué les sommités médicales appelées devant vous dans cette affaire, il faut bien résumer leurs opinions.

Nous pourrions, grâce à la présence de tous ces messieurs, constituer ici une véritable Académie de médecine; mais, comme je ne suis pas médecin, laissez-moi résumer simplement ce qui vous a été dit par eux.

Vous le savez, Messieurs, cinq questions principales ont été posées : Y a-t-il eu un *coup?* Y a-t-il eu *commotion?* La strangulation a-t-elle été *homicide?* La *ligature* des mains a-t-elle pu être faite par Maurice Roux? Le *mutisme* était-il réel ou simulé?

Le champ est vaste, comme vous voyez, et, si les médecins discutaient ces questions entre eux, le débat serait encore plus long que celui de l'affaire ne l'a été. Aussi, avec votre permission, nous allons parcourir aussi rapidement que possible l'examen de ces cinq questions.

Y a-t-il eu *coup?* A quel moment s'en est-on aperçu? Quelles en sont les traces ; et quelles devaient-elles être, si le coup eût été violent?

Quand on a relevé Maurice Roux, personne ne s'est aperçu qu'il eût reçu un coup derrière la tête. Il ne faisait pas de gestes, il ne parlait pas.

Cependant on l'a examiné. M. Surdun, — je n'ai pas parlé de lui, et j'ai eu tort, — M. Surdun, qui n'est pas professeur, qui est médecin, et qui, dans un Mémoire qu'il n'aurait pas dû publier et auquel on n'a pas répondu, prétend qu'il est l'enfant peu gâté de la Faculté de médecine de Montpellier (il n'a pas même été gâté du tout par elle, et j'en ai des preuves); M. Surdun, dis-je, a examiné avec précaution, avec attention, le malade, dès le 7 juillet au soir, et il n'a pas constaté la moindre trace de contusion à la tête.

Nous avons assez des médecins, sans nous occuper des élèves; je laisse donc ceux-ci de côté.

Je prends maintenant la déclaration de M. Dupré. Il a vu le malade le 9, et il déclare que la trace qui est derrière la tête est insignifiante.

Ainsi, relativement à cette contusion violente, qui se trouve avoir amené la *commotion* qui constitue la seule circonstance qu'on pourrait retenir dans cette affaire, et à laquelle l'accusation se rattache, sentant bien qu'elle va tout perdre ; cette contusion si violente, elle n'est pas vue par M. Surdun ! Et quand M. Dupré l'examine, il déclare qu'elle est insignifiante.

Mais enfin, reste-t-il des traces matérielles du coup, et quelles sont-elles? Cet homme a-t-il jamais eu une contusion, une bosse sanguine? Non, tous les médecins sont unanimes sur ce point. Il n'y a eu qu'une simple excoriation, extrêmement étroite, et qui a paru, je le répète, insignifiante au docteur qui a soigné le malade pendant un mois.

Voilà ce coup terrible qui détermine une commotion, et qui constituera les charges les plus graves qu'on pourra trouver.

Je sais bien que M. le Procureur général nous dit que les coups ne laissent pas toujours de traces, et que, dans le rapport signé par MM. Dumas, Dupré et Surdun, il y a une réponse que vous connaissez, une réponse par monosyllabe, qui admet la même thèse.

Soit, c'est possible. Seulement il faut bien remarquer que, pour qu'il n'y eût aucune trace, il faudrait supposer que le coup a été porté avec un corps lisse et rond, et non pas avec une bûche, comme l'a déclaré Maurice Roux; car il est bien reconnu qu'une bûche, n'étant ni lisse, ni ronde, doit laisser des traces après elle.

Quoi qu'il en soit, vous avez entendu ce qu'ont dit à cet égard les médecins appelés par l'accusation, à savoir que parfois à la surface il n'y a pas de traces du coup, et qu'à l'intérieur tout est broyé, tout est pulvérisé.

Ici, je me souviens du magnifique exemple que nous a cité M. Dumas, de ce boulet de canon qui n'a pas attaqué la peau, mais qui a tout broyé dans le ventre.

Mais dans le procès il s'agit ici de la nuque, partie très-résistante, comme on vous l'a dit, et pour que le coup pût amener une commotion, il faudrait qu'il eût été terrible.

Je me demande d'abord si M. Armand aurait pu le porter. Mais, en admettant l'hypothèse, vous aurez non-seulement une excoriation à l'extérieur, vous aurez encore à l'intérieur des muscles brisés, une certaine décomposition, enfin tous les caractères qui résultent d'un coup porté violemment.

Ici, vous n'avez rien, rien qu'une excoriation jugée

insignifiante, et même aujourd'hui cette excoriation ne paraît pas être une véritable cicatrice. M. le docteur Rimbaud, qui doit être un homme de valeur, puisque M. le Président l'a désigné comme expert; M. Rimbaud, que j'affirme être un homme de cœur et qui l'a montré lors de l'expérimentation que tout le monde se rappelle, M. Rimbaud a dit: Ceci une cicatrice! c'est tout au plus un bouton cicatriciel. (*Signe de dénégation de M. le Procureur général.*) Je vous affirme, Monsieur le Procureur général, que je suis toujours dans la vérité, et je regrette de voir que nous n'ayons pas écouté tous deux avec la même attention au même moment.

Ainsi, cette excoriation insignifiante, misérable, et qui, pour tous les médecins que vous avez entendus, ne peut pas être la preuve d'un coup, le dernier médecin qui a examiné Maurice Roux vient nous déclarer qu'elle n'est qu'un bouton cicatriciel.

Donc, pas de coup; tout au plus une simple écorchure. Cette petite écorchure, cet homme ne peut-il pas se l'être faite à lui-même? Ne peut-on pas la lui avoir faite sur le charbon quand on l'a relevé? N'y a-t-il pas eu choc? Ou bien quelqu'un l'aura-t-il écorché avec un bouton de son habit? Nous sommes ici dans le champ des hypothèses, et la réalité, ce n'est rien.

Si le coup eût été violent, il y aurait eu des traces; il n'y a pas de traces; encore une fois, il n'y a donc pas eu de coup.

Je passe à la *commotion*.

Combien reconnaît-on de genres de commotions? Il y en a, nous dit-on, du premier, du second et du troisième degré; mais cette division est trop forte pour vous comme pour moi, et ce que nous savons de précis, le voici: quand un homme tombe en commotion, il perd instantanément, non-seulement l'intelligence, mais les sens, il est anéanti. Or, dans cet anéantissement, il n'a aucune espèce de perception, ni complète, ni incomplète. Il n'y a donc pas commotion partielle et commotion totale, il y a commotion; seulement la commotion peut durer une minute ou une heure.

Maurice Roux a-t-il été frappé de commotion? Bien des médecins peuvent dire que non, parce qu'il n'a pas présenté, quand on l'a trouvé dans la cave, les phénomènes qui constituent la commotion. Mais il y a une autre raison, la plus incontestable de toutes, qui ne permet à aucun médecin de dire que Maurice Roux a été en commotion: c'est que depuis huit heures du matin jusqu'à huit heures du soir, moment où on l'a trouvé, personne ne l'a vu!...

Aussi, quand M. le Président faisait à M. le docteur Tardieu cette objection: Vous n'avez pas vu le malade, M. Surdun l'a vu et peut en savoir plus que vous..., M. Tardieu répondait avec raison: M. Surdun n'a vu le malade qu'à huit heures du soir, et à cette heure il n'y avait plus de commotion, car il avait repris ses sens.

Prenons d'ailleurs les déclarations de Maurice Roux, n'importe laquelle, soit devant M. le Juge d'instruction, soit devant la Cour d'assises. Dans toutes il varie; mais il y a toujours un point qui demeure invariable, à savoir qu'il a eu des perceptions. Si, abattu, il a senti la ligature des mains, il y a eu chez lui évidemment sensibilité; s'il a entendu du bruit dans la cave, il n'était plus en commotion, il avait repris l'usage de ses sens. Si encore, comme il vous l'a dit à cette audience, il a entendu qu'on balayait, il n'était plus en commotion, puisqu'il avait la perception des choses. Quand on est en commotion, on ne perçoit rien, on est anéanti; la commotion, c'est la mort; dans cette mort de la commotion, on ne sait, on ne voit, on ne pense rien.

Donc, vous n'établissez pas la commotion. Les plus habiles médecins vous disent que les caractères de la commotion n'ont pas été constatés. Il y a un de ces caractères notamment qui est capital, c'est la perte de la mémoire. Maurice Roux a conservé la mémoire, il se rappelle le coup porté, le coup qui l'aurait mis en commotion. Donc il n'a pas été en commotion.

Il ne saurait y avoir, à cet égard, rien de plus concluant, et nous en avons des exemples bien nombreux. Un homme est frappé, la commotion vient après le coup, il ne conserve pas le souvenir du coup qui l'a frappé, jamais cela n'a lieu. C'est là de la physiologie. M. Rouget en citait un exemple relativement à la femme de l'honorable recteur de l'Académie de Montpellier. Voyageant en chemin de fer, elle est victime d'un accident horrible; elle est frappée de commotion; elle ne se souvient pas de l'accident, elle n'a aucun souvenir du choc qu'elle a éprouvé, elle n'a rien vu, et sa mémoire sur ce point ne lui reviendra jamais.

Un fait à peu près semblable est de notoriété à Marseille, et c'est pour cela que je le cite: un des hommes les plus honorables de cette ville, M. F., et l'on comprendra pourquoi je me borne à une initiale, se promenait avec sa femme au Prado; il est assailli, frappé par des malfaiteurs; une commotion se produit, il ne se rappelle pas le coup qui lui a été porté, il ne sait rien.

Voilà ce que c'est que la commotion.

Ainsi, Messieurs, ne nous perdons pas dans la haute science. Laissons M. Dumas feuilleter les archives de l'Académie de Montpellier. M. Tardieu, avec sa parole charmante, s'est montré beaucoup plus simple que ses confrères dans ses conclusions, et je dis tout simplement aussi avec lui que cet homme n'était pas en commotion: il a senti, il a compris, il a vu avec les yeux de l'intelligence, il se souvient de la commotion; donc, il faut écarter la commotion.

Sur cette question, Messieurs, j'ai pour moi les quatre ou cinq plus grands médecins légistes de France, représentant les Facultés de Lyon, de Strasbourg et de Paris. M. René représentait, si vous voulez, la quatrième Faculté; car il n'y a que quatre Facultés en France; il est vrai que M. René ne dit pas grand'chose, et qu'il aurait autant envie de ne rien dire du tout.

Ainsi, pas de commotion.

J'arrive à la *strangulation*.

M. Armand, suivant l'accusation, a voulu tuer son domestique, le matin, dans la journée, ou le soir, comme il vous plaira; et il a voulu faire croire que le domestique s'était tué.

Mais pour tuer les gens en les étranglant, il faut serrer la corde, et j'ai toujours vu que le meilleur moyen de serrer était de faire un nœud. Il ne manque ici que le moyen d'arriver au crime prémédité, le nœud!... Un seul tour de corde suffisait avec un nœud; M. Armand fera quatre tours, mais sans nœud... Eh bien! les quatre tours de corde ne suffiront pas!...

J'ai eu le malheur de plaider souvent des affaires criminelles. Ce n'est pas aujourd'hui que je m'en plains; c'est un bonheur de défendre un homme pareil, un homme que j'aime et à qui je donne la main trois fois par jour, ce qui n'est pas mon usage avec les criminels; mais M. Armand est un homme que j'estime, un brave homme, et, je l'ai dit, il vaut mieux que moi.

Vous voulez qu'il ait commis un crime, soit; mais il le commettra comme on les commet. Pourquoi donc n'a-t-il pas fait de nœud? Parce que, dites-vous, Dieu veille; parce que la Providence ne permet pas aux accusés de prendre tous les moyens nécessaires pour dissimuler leurs crimes; s'ils étaient aussi habiles, la Justice ne les atteindrait jamais...

C'est là un très-beau motif à donner dans un réquisitoire... Mais peut-il être accepté par un homme sensé? Oui, il y a des choses que les criminels oublient, mais il y en a qu'ils n'oublient jamais; et quand on veut étrangler un homme, qu'on en a le temps, on ne s'amuse pas à faire de petits bracelets autour des mains; quand on prend le temps de faire six tours, on a celui d'en faire un seul *avec un nœud*... M. Armand n'a pas fait de nœud!...

La corde, au moins, était-elle serrée, bien serrée? Non; car elle n'a laissé d'autre trace que des sugillations, c'est-à-dire qu'elle n'a pas entamé la peau. Il y a eu des espèces de frottement, des traces rouges. L'épiderme est à peine atteint, les muscles intérieurs sont parfaitement intacts; la corde ne pénétrait pas, ne tenait pas. Seulement, on a fait en forme de spirale, M. Dupré l'a dit, cinq ou six tours, et, après les cinq ou six tours faits, il restait encore 75 ou 80 centimètres de corde, je ne sais pas au juste, mais beaucoup plus qu'il n'en fallait pour faire un nœud. On a laissé la corde pendante! Qu'en est-il résulté? C'est que Maurice Roux n'était pas étranglé du tout, et qu'il ne pouvait pas l'être. Seulement, cette constriction extrêmement légère, par cela seul qu'elle a duré longtemps, a déterminé des accidents.

Il ne jouait donc pas l'asphyxie? Non; car, lorsqu'on l'a relevé, le cinquième acte de la tragédie avançait, et l'on était bien près du dénoûment. Mais c'est que l'auteur malhabile n'avait pas bien conçu son rôle; il avait commencé trop tôt, ou bien Marie Hauterive est venue trop tard.

Pas de nœud, pas de constriction violente; aucune de ces traces vigoureuses, qui montrent une volonté énergique; et il la fallait, cette volonté... Car, enfin, quand on commet un crime comme celui-là, c'est qu'on est animé par la passion; on serre avec une brutalité terrible... Non; la main du meurtrier était douce; il serrait tout juste assez pour faire un peu de mal. J'en conclus que le meurtrier qui agissait ainsi était celui-là même qui se faisait se léger mal!

Comment oser dire, en présence de ces faits, qu'il y avait là une strangulation homicide!

Et à quel moment aurait-elle eu lieu? Si c'est à huit heures du matin, on aurait trouvé, lorsqu'on est arrivé à sept heures du soir, le cadavre bien froid! Aussi, l'accusation elle-même recule, et nous ne sommes plus maintenant en désaccord que de quelques heures.

Et pourquoi cela? Qui donc donne au Ministère public le droit de déplacer l'accusation? Où trouve-t-il cette puissance? Dans les faits? Si les médecins mêmes appelés par l'accusation prouvent que sa première formule était absurde, je crois que la seconde peut encore bien moins se soutenir. Il est évident que cet homme s'est ainsi *tortillé* (permettez-moi ce mot vulgaire, mais qui rend bien ma pensée) une heure ou une demi-heure avant la venue de Marie Hauterive. Il savait qu'on devait venir; on est venu trop tard, ou il a commencé trop tôt. Mais, si la strangulation était homicide, si elle eût été réelle, n'en doutez pas, cet homme serait mort longtemps avant qu'on accourût. Voilà pour la strangulation.

Parlons de la *ligature* des mains.

M. le premier Président, que nous louerons souvent dans cette affaire (car sa bienveillance est égale à sa justice, et entre l'accusation et la défense il tient la balance comme nous sommes heureux de la voir tenir), M. le premier Président a permis qu'il fût procédé à l'audience même à des expériences qui, au premier abord, peuvent sembler peu dignes de la justice; mais, dans l'esprit de l'éminent magistrat, cette tolérance s'explique et se grandit par la vérité. Il a donc permis des expériences, et elles ont été convaincantes.

Dans quel état a-t-on trouvé les mains de Maurice Roux? Il y a deux versions, celle de MM. Servent et Surdun et celle du Commissaire de police. Le Commissaire de police! j'aimerais bien autant n'en pas parler, je l'avoue, il se trompe, de bonne foi; mais il est bien affirmatif. Il faut que la lumière soit deux fois la lumière pour que j'ose dire que son affirmation est une erreur; mais, grâces à Dieu, nous en sommes là.

On a trouvé Maurice Roux les mains liées derrière le dos. Les mains étaient-elles unies ensemble, ou bien y avait-il dix tours de corde entourant une main et trois tours seulement à l'autre?

Qui déclare que les mains étaient attachées de cette dernière façon, séparément?

C'est Servent d'abord, qui a coupé les liens; nul au monde ne le sait mieux que lui!...

C'est ensuite M. le docteur Surdun. (*Dénégation de M. le Procureur général.*) J'en demande pardon à M. le Procureur général, ce médecin déclare que les mains ont été attachées, les poignets réunis à une faible distance, et qu'il y avait des tours en plus grand nombre d'un côté que d'un autre, six tours d'une part et trois de l'autre.

Puis c'est M. Bosc, que vous avez entendu hier.

Enfin, si je ne m'abuse, Reynal lui-même a été forcé de reconnaître que les mains étaient ainsi attachées.

M. le Commissaire de police, au contraire, prétend que les mains étaient réunies, et par conséquent que le nombre des tours de la main droite se reproduisait sur la main gauche... C'est une erreur; il est seul à le déclarer ainsi, et puis la matérialité des pièces de conviction ne permet pas de le supposer.

Voilà ce qui concerne la *ligature* des mains, qui évidemment auraient été attachées d'une tout autre manière par un meurtrier qu'elles ne devaient l'être et qu'elles ne l'ont été par la prétendue victime elle-même.

Je le répète, qui a pu mieux se rendre compte du fait que celui qui a coupé la corde, que Servent? On lui fait une objection qui me frappe peu; on lui dit : Avant de couper les liens de chaque main, vous auriez dû couper la ficelle qui unissait les deux mains... Pourquoi?... La constriction de chaque poignet aurait subsisté, tandis qu'il fallait avant tout les dégager. S'il avait procédé autrement, les mains sans doute n'auraient plus été liées l'une à l'autre, mais elles seraient demeurées serrées chacune. Il a donc coupé les cordes d'une façon très-naturelle.

Aussi qu'arrive-t-il? Que nous avons dans les pièces de conviction un nombre de liens plus considérable pour une main que pour l'autre, dix ou onze petits morceaux, d'une part, et trois morceaux plus longs, d'autre part.

Dans la version de Servent, il y aura peut-être

onze tours au lieu de dix. Ce qui importe, c'est que les bracelets qu'il indique sont plus nombreux sur une main que sur l'autre, et c'est ce qu'on retrouve quand on les compare aux pièces de conviction.

C'est aussi ce que les experts ont constaté. Mais M. Gromier a laissé un bout flottant?... Parce que, vous l'avez vu, il n'a fait que six tours au lieu de dix.

Puis, pour arriver à l'autre système, pour retrouver, avec la ligature prétendue du Commissaire de police, ce nombre de petits morceaux et de morceaux plus longs, que faut-il faire? Il faut alors disséquer; car M. Alquié, quand il a eu ainsi serré les mains, n'a fait autre chose qu'une dissection, ou, si vous voulez, une combinaison qu'un anatomiste seul peut comprendre.

Ainsi, vous avez neuf liens, — il en a coupé six en haut, — il en a respecté trois, — pourquoi? Je n'en sais rien.

Ce procédé est inadmissible : quand on veut couper les liens d'un malade, on ne fait pas de ces dissections, ce n'est pas ainsi qu'on s'y prend pour sauver un malheureux étendu dans une cave.

Puis il y a une difficulté : M. le Commissaire de police a affirmé qu'on n'a donné qu'un coup de ciseaux et non pas deux, et M. Alquié travaillerait encore longtemps pour trouver le mécanisme qui fera qu'un seul coup de ciseaux puisse donner à la fois des morceaux de corde petits et grands.

Donc, Messieurs, cette expérience est encore la lumière, et la constatation est irréfragable.

Maurice Roux a-t-il pu se faire tout seul ces ligatures? Je n'ai plus besoin de poser la question; à l'heure où je parle, dans toute la France, dans toute l'Europe peut-être, on s'entoure les mains de corde derrière le dos à notre intention. Les plus maladroits comme les plus habiles, ceux qui ont la main légère comme ceux qui ont la main très-lourde, les grands-papas comme les petits-enfants, tout le monde s'attache les mains derrière le dos. Or, c'est d'une facilité incroyable; c'est plus facile sur soi-même que sur une autre personne.

Maurice Roux s'est donc attaché les mains derrière le dos. Comment! dit M. le Procureur général, il a fait cela après s'être étranglé! Mais non, permettez, il ne s'est pas étranglé du tout; il a ménagé considérablement son cou en l'entourant de la corde, et ce n'est pas de sa faute si ensuite la corde s'est remplie et par conséquent resserrée; quand il a préparé ces spirales, la pression était très-douce.

Il a donc pu se lier les mains... Malheureusement, quand on se les est liées, il n'est pas aussi facile de se les délier; et voilà comment, avec la meilleure intention du monde, voulant revenir à la vie, il allait directement à la mort... Il aurait bien mérité que Marie Hauterive n'arrivât pas, et cependant c'eût été un horrible malheur; car on n'aurait pas vu l'homme, on n'aurait pas pu juger de quoi il était capable et ce qu'il avait su faire!

Mais quant à la ligature des mains par soi-même, la démonstration non-seulement de la possibilité, mais de la facilité de cet acte de simulation, est complète.

J'ajoute qu'il n'y a pas eu non plus gonflement des mains, et, si elles avaient été attachées le matin, le gonflement serait certainement arrivé.

Je connais l'objection de M. le Procureur général et j'y répondrai directement. Maurice Roux avait les mains attachées quand on est descendu dans la cave; M. Armand y est descendu, le docteur Brousse aussi; on a appelé un autre médecin, on a attendu le Commissaire de police; il reste les mains dans cet état pendant une heure. Les mains n'ont pas gonflé pendant ce temps; c'est que le gonflement était impossible.

D'abord, une heure c'est trop... Quand un homme est *in extremis*, on ne reste pas une heure pour faire ces constatations; et quand il est étranglé, il est mieux dans son lit que dans la cave. Si le Commissaire de police était resté trois quarts d'heure à venir, on ne l'aurait pas attendu. Donc il n'y avait pas une demi-heure qu'il avait lié ses mains, et voilà pourquoi le gonflement n'était pas arrivé.

Mais l'accusation est là; et, dans son système, tout cela s'est fait très-vite et sans que les mains aient pu gonfler. En réalité, les mains auraient passé douze heures en cet état. Ne faites pas l'expérience, Messieurs; surtout ne la prolongez pas douze heures; mais si jamais vous apercevez des mains que l'on prétend ainsi enveloppées depuis un long temps sans qu'il y ait gonflement, vous aurez la preuve certaine que c'est là un mensonge, que la prétendue victime s'est mise dans cet état au dernier moment.

Ainsi la simulation est prouvée pour la strangulation, pour la ligature des mains. La simulation, c'est l'évidence matérielle, comme c'est l'évidence morale. Le bon sens, la raison, disent comme les médecins, que cet homme est un malfaiteur de la pire espèce, si ce n'est pas un insensé qu'il faille mettre aux Petites-Maisons.

Reste le *mutisme*. Nous pourrions, Messieurs, discuter bien longtemps encore sur l'aphonie et le mutisme, et confondre bien des choses, si nous restions dans les régions de la science, quoique nous ayons fait ces jours derniers des études qui nous profiteront, je l'espère... Mais arrivons à la cause. La commotion produit le mutisme, c'est incontestable; une perturbation morale peut donner le mutisme, est-ce que je le nie davantage? Dans une grande douleur, un homme peut perdre la voix; mais en même temps il perdra la raison. La commotion matérielle amène aussi une commotion morale.

Or qu'est-il arrivé? Cet homme a repris la plénitude de son intelligence, et il ne parle pas!... Pourquoi? Il n'y a pas de raison à en donner, et les médecins disent que ce n'est pas possible...

Est-ce que par hasard le larynx était atteint? Non. Est-ce que par hasard il y avait une paralysie du gosier? Non, rien. Y avait-il encore une vacillation de l'intelligence? Non, pas davantage.

Ah! c'est ici que les procès-verbaux de M. le Juge d'instruction sont bien utiles à lire. Maurice Roux avait la plénitude de sa raison, toutes les animations de la haine; il a joué une comédie indigne avec le talent d'un dramaturge de premier ordre, car il faut bien en croire M. le Juge d'instruction. Je ne parle pas de son récit à l'audience; son procès-verbal est un miroir dans lequel nous allons voir se refléter l'état de l'âme de Maurice Roux. Qu'on ne dise pas que le magistrat a mal vu; il n'y a plus de justice si le magistrat peut jamais écrire ce qu'il n'a pas vu!...

Ainsi cet homme ne parle pas; mais il a la liberté entière de son intelligence, et il fait des gestes tellement expressifs, qu'il est impossible de ne pas en être saisi. Il n'a pas de paralysie; il n'a aucune espèce de lésion au larynx, et il ne parle pas. Les médecins vous déclarent que cette dissemblance entre les différentes facultés des organes ne peut pas se comprendre... Qu'en conclure? Nécessairement que Maurice Roux est un comédien, un comédien des plus odieux, un scélérat exécrable ou un abominable insensé qui, dans une spéculation que je ne comprends pas, trompe la Justice comme il trompait Dieu! (*Mouvement dans l'auditoire.*) Et quand tout à l'heure nous arriverons à cette scène de la confession et de la communion, soyez sûr, Monsieur le Procureur général, que nous aurons le même respect et la même foi que vous pour la religion, et que nous n'en raillerons pas l'acte le plus solennel; mais nous dirons qu'encore une fois ce malfaiteur, qui n'était pas bien malade, se moquait de Dieu comme de la Justice!...

Mais enfin, voyons, quel était donc son état dans ce mutisme? Je vous demande la permission de vous lire le procès-verbal de M. le Juge d'instruction, et vous allez y voir une mimique telle assurément qu'on n'en verrait pas à l'Opéra. Si Maurice Roux a les lèvres closes, c'est qu'il ne veut pas les ouvrir, et tout à l'heure, quand nous saurons comment la parole lui est revenue, nous serons plus étonnés encore. Ce sera une difficulté de plus dans cette affaire, non pas pour la défense, qui n'en a pas, mais pour l'accusation, qui ne parvient pas, qui ne peut pas parvenir à en éluder une seule.

Voici ce que lui demande M. le Juge d'instruction :

« *D.* Vous avez sans doute voulu vous suicider ? — *R.* Avec énergie : signe négatif.

« *D.* On a donc voulu vous assassiner ? — *R.* Signe vivement affirmatif. »

Vivement! C'est un fait, ce n'est pas une appréciation du juge.

« *D.* Connaissez-vous l'auteur du crime ? — *R.* Le témoin *se dresse* autant que ses forces peuvent le lui permettre, et il nous fait de tête un signe affirmatif souvent répété. »

Ainsi, il se dresse un peu; car enfin, s'il ne s'était pas dressé du tout, vous ne l'auriez pas fait se soulever à moitié ; sa tête est libre, puisqu'il fait ces longs signes affirmatifs et négatifs mentionnés dans le procès-verbal, et cela avec le crâne, dans l'état que vous savez, entamé par ces contusions violentes ! Enfin, passons...

Vient l'exercice de l'alphabet. Qui en a eu l'idée? qui l'a commencé? Je l'ignore ; il y a bien des inventeurs du système...

« *D.* Voilà l'alphabet; vous m'arrêterez à chacune des lettres qui forment le nom de votre assassin. — *R.* Le témoin nous a successivement arrêtés aux lettres A, R, M, A, N, D, ce qui compose le nom d'Armand.

« *D.* Est-ce de votre maître que vous voulez parler ? — *R.* Signe de la tête très-affirmatif. »

Ainsi, malgré la commotion, l'asphyxie, les contusions, la strangulation, il fait des signes très-affirmatifs, vivement affirmatifs, il se soulève tant qu'il peut !

Ah ! Messieurs, puisque Dieu permet de telles constatations, c'est qu'il a ses desseins. Oui, Monsieur Armand, vous avez droit à ses bénédictions et à ses consolations, la Providence vous les doit, et déjà la réparation commence pour vous, elle date de huit jours : le terme de vos épreuves approche. Ce sont des juges, des hommes; et soyez sûrs qu'ils vous estiment comme ils s'estiment eux-mêmes, et que vous êtes peut-être le premier accusé dont les Jurés voudraient faire leur ami. (*Mouvement dans l'auditoire.*)

Continuons, Messieurs :

« *D.* Mais ce n'est pas possible; c'est un homme connu, riche, et jusqu'à ce jour à l'abri d'un pareil soupçon. — *R.* Le témoin nous regarde, élève la main droite, et tient quelques instants le bras tendu dans cette position. »

Messieurs, la sensibilité est donc revenue !.. Cette constatation est-elle vraie? Émane-t-elle d'un magistrat ? Oui, et c'est à la suite d'une pareille constatation que M. Armand est mis en prison !..

« *D.* Mais M. Armand, s'il peut être vif, n'est pas cruel et méchant. — *R.* Le témoin nous regarde encore très-fixement et fait un long signe affirmatif.

« *D.* A quelle heure a-t-il accompli ce crime ? — *R.* Le témoin nous répond que c'est entre 8 et 9 heures du matin. »

Toujours sans doute au moyen de l'alphabet.

« *D.* Comment l'a-t-il commis ? — *R.* Le témoin nous indique par signes qu'il a d'abord reçu un coup de bûche qui l'a renversé et étourdi; que, se précipitant sur lui, Armand lui a passé une corde autour du cou, qu'il l'a fortement serrée; puis il lui a lié les mains derrière le dos; et enfin, prenant son mouchoir, il lui a noué les jambes au-dessus des chevilles. »

Enfin, il faut qu'il ait dit, puisque c'est écrit, je ne peux pas m'inscrire en faux contre une pièce semblable émanant d'un magistrat honorable. Le magistrat l'a déclaré, Maurice Roux fait des signes du bras, de la main ; il fait des signes pour indiquer la ligature des pieds, celle des poignets, et l'on ne peut séparer toutes ces indications; car si, parce qu'on trouve un homme dans cet état, on admet que les signes sont bons pour constater tel fait, mais qu'ils sont impuissants à prouver tel autre, où allons-nous?... Non, la vérité, c'est tout ce qui est écrit, il faut admettre tout, et c'est au nom de la Justice que je revendique ces déclarations dans leur intégrité.

Suivons le procès-verbal :

D. « Avez-vous bien reconnu Armand ? — *R.* Il répond affirmativement.

« *D.* A quoi l'avez-vous reconnu ? — *R.* Le témoin nous fait comprendre qu'Armand lui a parlé et qu'il l'a bien vu.

« *D.* Que vous a-t-il dit ? — *R.* Ici à l'aide de l'alphabet, nous avons réuni sur les indications du témoin les lettres suivantes. J,e, v,a,i,s, t',a,p,-p,r,e,n,d,r,e, s,i, m,a, m,a,i,s,o,n, c,s,t, u,n,e b,a,r,a,q,u,e. »

Combien, Messieurs, cet interrogatoire a-t-il duré? Il a bien duré une heure, il a fallu dicter par l'alphabet deux grandes phrases; une heure, remarquez bien, pour ce moribond, pour ce commotionné de la veille ! Mais écoutez encore :

« *D.* La cave est-elle assez éclairée pour qu'on puisse y reconnaître quelqu'un ? — Réponse affirmative.

« *D.* Ce serait donc parce que vous auriez dit que sa maison était une baraque qu'il vous aurait aussi horriblement et si cruellement traité ? — *R.* Signe affirmatif. »

Ainsi M. le Juge d'instruction cause avec cet homme qui, dit-il aujourd'hui, avait la tête très-troublée, qui était très-fatigué, qui était affecté de mutisme, reste de la paralysie, de la commotion, qui avait les facultés encore bien malades. Ils continuent à causer :

« *D.* Mais c'est impossible, on ne tue pas un homme pour un pareil propos. — *R.* Geste signifiant : C'est ainsi.

« *D.* Vous considérez donc Armand comme un homme cruel, capable de tuer ? — *R.* Le témoin nous met la main sur sa poitrine ; il nous regarde, et il fait un long signe affirmatif. »

C'est une scène de mélodrame, comme on en voit à la Porte-Saint-Martin ou à la Gaîté ; mais ce n'est pas dans la nature, et jamais un vrai malade ne prendra la main du juge pour la mettre sur sa poitrine et faire ces longs signes affirmatifs !

Poursuivons, car le tableau n'est pas fini :

« *D.* Réfléchissez, c'est une action horrible que vous lui imputez, mais vous commettez un crime plus horrible si vous l'accusez faussement. — *R.* Le témoin lève la main droite et fait le geste de prêter serment. — *D.* Je vous adjure une dernière fois de me dire la vérité. Est-ce Armand qui est l'auteur de la tentative d'assassinat commise sur votre personne? — *R.* Le témoin fait un signe affirmatif. — *D.* Dans quelques minutes peut-être vous allez mourir, vous n'avez plus que peu d'instants à vivre; vous allez paraître devant Dieu, croyez-vous en sa justice ? — Réponse affirmative. »

J'espère bien qu'il n'y croyait pas.

« *D.* Eh bien ! si vous mentez, vous assumez la plus grande de toutes les responsabilités : Armand sera poursuivi, jugé, et peut-être condamné à une peine irréparable. Persistez-vous ? — *R.* Ici le témoin nous regarde, sourit... »

Sourit... La constatation y est en toutes lettres, Messieurs.

« . . . met la main sur son cœur et nous fait un long signe affirmatif. — *D.* Vous jurez donc, sur le salut de votre âme, devant Dieu qui va peut-être vous appeler à lui, qu'Armand vous a assassiné dans les circonstances que vous m'avez déclarées ? — *R.* Signe affirmatif; de plus il fait un geste très-énergique.

« *D.* Savez-vous que, si vous survivez, et s'il est reconnu que vous l'avez faussement accusé, vous êtes passible d'une peine bien sévère ? — *R.* Le témoin fait un geste qui signifie : Si ce n'est pas vrai, qu'on me coupe le cou.

« Nous avons suspendu quelques instants cet interrogatoire, qui était fort pénible pour le malade et très-fatigant pour nous.

« Nous avons ensuite mandé l'inculpé Armand devant nous. Ce dernier ayant comparu, nous lui avons fait connaître les déclarations de Maurice Roux. L'inculpé s'est alors vivement agité et il s'est écrié plusieurs fois : C'est impossible! c'est impossible !

« Nous l'avons alors conduit près de Maurice Roux. Dès que ce dernier l'a vu, son regard est devenu vif, animé, sa physionomie a pris une expression extraordinaire, et qu'il est impossible de rendre. Puis il nous a lancé un regard et nous a montré Armand du doigt.

« Cette scène a duré quelques secondes, et les témoins seuls peuvent en rendre compte. Mais il n'est pas possible de la consigner ici. »

Qu'a-t-il donc pu faire, si tous les termes sont impuissants pour rendre cette scène? C'est que la méchanceté déborde chez lui ; il a les convulsions que doit avoir celui qui a voulu perdre un honnête homme, puisque M. le Juge d'instruction qui, vous le voyez, a le style facile, n'a cependant pas pu rendre cette scène comme il a rendu la précédente.

Mais continuons toujours :

«Misérable, s'est écrié Armand, tu oses m'accuser ! — L'œil du malade ne s'est plus adouci. Il a dévoré Armand du regard et a tenu toujours ses yeux fixés avec une fermeté inouïe sur celui qu'il accusait.

« Tu m'accuses ! répète Armand. — Signe très-affirmatif du malade. — Mais tu es fou ! C'est impossible ! Tu m'accuses ! — Signe très-affirmatif de Maurice Roux, dont le regard ne quitte plus Armand.

« Comment ! tu oses dire que je t'ai assassiné ! Mais je suis ton maître. Voyons, mon ami, je ne suis pas méchant, tu le sais, je suis bon.

« Ici le regard de Maurice prend une grande expression de colère. Il s'agite et fait des signes violents de dénégation.

« Messieurs, nous dit Armand, vous ne le croyez pas, n'est-ce pas ? Cet homme est fou, ou bien méchant. »

Il est l'un et l'autre. Comme je reconnais bien là mon Armand, dans cet interrogatoire ! Ces mots sont de ceux qu'un honnête homme doit dire.

« Nous avons alors renouvelé à Maurice Roux toutes nos questions en présence d'Armand. Ses réponses ont toujours été identiques et toujours très-énergiques.

« Demandez-lui, ajoute Armand, s'il n'a pas vu, dans la matinée, une femme venue d'Alais. Le témoin répond négativement.

« *Armand:* Mais tu as reçu des lettres d'une fille d'Alais?

« Il répond affirmativement.

« *Armand.* Où sont-elles, et qu'en as-tu fait?

« Ici le témoin fait un signe sur le mur, qui signifie qu'il les a brûlées avec une allumette. »

Si jamais on veut avoir un drame saisissant, qu'on aille trouver un grand auteur et qu'on lui donne ce procès-verbal ; il n'aura pas besoin d'autre chose. Toutes ces scènes sont aussi naturelles que celles d'un long mélodrame dans lequel y a au moins quatorze crimes !

Mon Dieu ! nul plus que moi ne respecte les magistrats, mais nul plus que moi ne se désole de leurs erreurs. Je crois qu'en relisant cette pièce, la vérité devait apparaître ; il n'en a rien été. La persistance de cet homme, son énergie, sa passion, ses débordements, tout ce qui devait amener l'évidence de son mensonge, a produit la croyance dans sa parole, et il a fallu attendre jusqu'aujourd'hui pour convaincre l'univers entier (car, à l'heure où je plaide, je crois qu'il n'y aura pas de doute nulle part) que Maurice Roux a joué une comédie abominable !

Mais je vous demande pardon, Messieurs, je sors de ma cause. J'en suis au mutisme. Cet homme qui s'animait tant, qui changeait de couleur, qui plaçait la main sur sa poitrine et sur son cœur, qui enfin se livrait à une pantomime si animée qu'il était impossible à M. le Juge d'instruction de la dépeindre complètement, cet homme ne parlait pas ! Et pourquoi cela? Dans les commotions qui résultent de grands chagrins et de grandes douleurs, la tête s'en va en même temps que la parole ; mais quand la tête revient, la parole revient toujours.

Comment lui est revenue la parole? Maurice Roux a senti que cela *se débouchait* : c'est son mot. Les médecins vous disent : Comment ! il ne sortait rien ; aucune articulation, aucun son ne pouvait se produire, et voilà que tout d'un coup les paroles se précipitent ! Mais non, on bégaye, on articule quelques sons, les mots se composent, c'est un petit enfant qui marche, c'est un convalescent qui sort de son lit, et ne peut pas encore se tenir sur ses jambes... Nous avons tous vu cela, Messieurs, dans nos familles; car le malheur nous a tous visités. Ce petit enfant, on lui donne le bras, ses jambes flageolent un peu, il pose un pied d'abord, mais il ne peut pas poser le second.

Pour Maurice Roux, la nature interrompt ses lois...

Je le crois bien, il se « *débouche* », c'est-à-dire qu'il parle quand l'heure de parler lui semble arrivée.

Que puis-je vous dire encore? Une objection nous était faite. M. le Procureur général y a loyalement renoncé; elle m'avait un instant inquiétée. M. le Procureur général disait : On a mis à Maurice Roux des sinapismes pour le sauver, on a bien fait; ces sinapismes ont dû lui faire souffrir des douleurs violentes; le mutisme volontaire ne tiendra pas devant la douleur, il y aura le cri de la souffrance. L'homme peut crier, et il crie, pour soulager ses maux physiques... Mais les médecins nous disent que, quand on a appliqué à Maurice Roux ces sinapismes, il était à moitié asphyxié; or l'asphyxie produit l'insensibilité comme la commotion. Il ne faut donc plus retenir cet argument.

J'en aurais fini, — car le mutisme n'est plus au procès, — s'il ne fallait parler des égratignures de la poitrine. Ceci est nouveau. Une épingle l'aura excorié quelque part, et voilà le fil auquel se rattache l'accusation! Si nous coupons ce fil, tout s'en ira, nous dit-on.

Messieurs, je crois que ce fil est déjà rompu. M. le Procureur général a dit que ces excoriations venaient d'une compression de la poitrine. Il suffit de voir Maurice Roux pour comprendre qu'il peut souffrir de la poitrine. Mais les excoriations dont il se plaint sont du côté opposé à celui où il prétend qu'on aurait appuyé les pieds sur lui. On aurait appuyé les pieds sur son côté droit, et c'est le côté gauche qui est malade. Est-ce possible?

Quand on demande aux médecins ce que sont ces égratignures auxquelles l'accusation donne le nom d'excoriations, les médecins disent : Mais ce n'est rien. S'il y avait eu la compression que suppose M. le Procureur général, si l'on eût appuyé les deux pieds sur la poitrine de Maurice Roux, les côtes eussent été brisées, il n'en faut pas tant pour les enfoncer.

Ainsi, rien! La science a parlé, le bon sens a parlé, la simulation éclate de toutes parts. Il n'est pas possible de mettre en doute un seul instant la moquerie abominable dont cet homme a usé vis-à-vis de la Justice.

La simulation, est-ce là, Messieurs, un fait extraordinaire? Est-ce que la simulation attestée ici par tous les médecins ne se serait vue que pour Maurice Roux? Ah! Messieurs les Jurés, il y en a partout! Je ne veux pas citer d'exemples, je ne veux pas lire de lettres, je ne sais pas le nombre de celles que je reçoit M. le Procureur général, mon illustre confrère et ami et moi nous en avons reçu de toutes parts; chacun nous écrit pour nous citer des exemples de simulation.

Ici, une jeune fille, pour faire croire que son amant l'avait pendue, s'est suspendue elle-même.

Là, un fils de famille vole son père, et, quand il a dépensé l'argent volé, il se bâillonne, s'attache les mains derrière le dos, et il prétend que c'est le voleur qui l'a mis dans cet état.

Une servante qui avait égorgé sa maîtresse courait dans la rue; elle avait les mains derrière le dos, très-bien attachées, il y avait même des ecchymoses;

elle déclarait que le meurtrier était venu, qu'il l'avait liée au lit de sa vieille maîtresse; le fait se passait à Gonesse, elle appelait au secours... Elle avait tué sa maîtresse! M. l'avocat général Charrins, qui est un adversaire bien redoutable aussi, me disait dans cette affaire que cette femme avait joué la comédie, que c'était bien facile à prouver. Je fus moins heureux que je ne le serai aujourd'hui, je perdis mon procès; quoique les mains fussent attachées derrière le dos, et qu'il y eut des contusions, cette fille n'en fut pas moins condamnée comme ayant assassiné sa maîtresse.

C'est ainsi que se voient tous les jours les simulations les plus singulières, les plus étranges. Les systèmes varient, la malice a toute espèce de ruses; permettez-moi de dire que les plus simples (et Maurice Roux n'est pas un homme simple), quand ils ont recours à la simulation, deviennent habiles par cela même. Il semble que l'esprit du mal leur souffle toute espèce de desseins et de combinaisons machiavéliques!...

Enfin, j'ajoute que les mains de M. Armand n'auraient pas pu accomplir le crime qu'on lui impute; il les a eues paralysées, leur usage en est resté moins facile pour lui. Comment aurait-il été compliquer la difficulté en mettant autour du cou et des mains de la victime de nombreux tours de corde!...

La simulation est établie, elle est certaine, incontestable; le bon sens le dit, la science le dit, cet homme s'est traité ainsi tout seul, il n'a pas eu de complice.

M. Armand a pu croire quelque temps que Maurice Roux avait des complices. J'en dirai un mot pour faire plaisir à M. Armand. Il y a une femme Pontet et un sieur Sabatier qui sont venus à Montpellier; ils n'y ont rien fait de bon, car leur voyage est très-suspect et très-mystérieux; or on ne voyage pas si mystérieusement quand on a de bonnes intentions. Mais ils n'ont pas pu être les complices de Maurice Roux. Étaient-ils avertis? je le veux. Devaient-ils au besoin être des témoins? je le veux. Mais Maurice Roux était seul dans la cave; seul, il s'est attaché la corde au cou; seul, il s'est lié les pieds; seul, il s'est attaché les mains derrière le dos. Je le crois; je crois que c'était plus facile pour lui seul que pour tout autre. Les médecins en ont été frappés; le bon sens, la science ont parlé.

Messieurs, j'ai examiné les preuves matérielles et les preuves morales. Y a-t-il quelque autre chose? Il ne faut rien laisser derrière nous.

Une confrontation a été faite par M. le Juge d'instruction, je veux parler de la scène de la communion signalée par M. le Procureur général. Je suis de son avis : oui, chez un homme non perverti, l'approche de la mort élève les sentiments. Il va paraître devant Dieu; on pourrait à ce moment lui arracher un aveu qu'il n'aurait pas voulu faire jusque-là. Mais lui, Maurice Roux, le coureur de filles, l'honnête homme qui parle d'infanticides, et qui croit que Dieu permet le sacrifice de la créature humaine, allons donc! allons donc!

Puis il n'est pas aussi malade que vous pouvez le penser : le 13 juillet, après sa communion, il a lancé un coup de pied avec tant de force, qu'un sergent de ville en a été renversé. Le docteur Dupré, qui s'y connaît mieux que la simple religieuse, dit que cet agonisant n'était pas bien malade, et que, si son état a été aggravé, c'est par l'interrogatoire et la confrontation.

Non, ce n'est pas dans l'accomplissement de cet acte sacré de la communion que je trouverai la preuve de la sincérité de cet homme! Il est évident, pour moi, que c'était une profanation de plus ajoutée à toutes les autres, qu'après tout il se sentait valide, et que lorsqu'avec colère il lançait un coup de pied, il le faisait sachant bien à qui il voulait le donner. Écartons donc encore cet argument.

L'absence de la clé de la cave! Mais, s'il y a un argument favorable pour nous, c'est celui-là. Quel jour a-t-on cherché la clé? le 9 ou le 10, deux jours après l'événement, et on avait laissé la cave ouverte, car le serrurier avait enlevé la serrure. Si M. Armand avait eu la clé, n'aurait-il pu détourner l'objection en la remettant dans la cave, où on l'eût trouvée? L'y reporter, c'eût été sa première pensée.

Vous dites qu'il voulait faire croire à un crime, qu'il ne parlait pas de simulation. Que lui importait? Il voyait bien par l'attitude de la Justice à son égard qu'on pouvait avoir des soupçons, et qu'on commençait à croire à l'accusation de Maurice Roux. Cette accusation avait été formulée par Maurice Roux le 8 juillet.

La clé ne s'est pas trouvée. Qu'est-elle devenue? C'est facile à expliquer. N'a-t-elle pas pu se perdre? Il y a du bois dans la cave, il y a du charbon ; on a dû déménager le bois et le charbon, on a dû nettoyer la cave. Maurice Roux a pu se débarrasser de la clé en montant sur le bois pour la jeter dans la rue. Qu'est-elle devenue? Je ne sais.

Le Ministère public nous montrait la hauteur de la cave, et, prenant pour comparaison le jeu de palet, nous faisait cette objection : C'est comme si l'on voulait, en lançant un palet, le faire passer par le trou de la mécanique... Je réponds qu'il n'y a rien de plus facile que de faire passer le palet par le trou de la petite mécanique, si l'on s'approche du trou et si l'on y dépose simplement l'objet que l'on veut y introduire. Rien n'est plus facile... Le bois était empilé contre le mur ; avant de commencer sa strangulation prétendue, Maurice Roux n'avait qu'à se hisser sur la pile de bois et à lancer la clé. Qu'est-elle devenue? encore une fois je l'ignore. Si nous l'avions eue, nous l'aurions remise dans la cave; n'en parlons plus, c'est un argument au profit de la défense.

M. le Procureur général a encore signalé la similitude des cordes qui attachaient Roux avec celles qui ont été trouvées dans la maison et dans le bureau de M. Armand. Si c'est Maurice Roux (et qui peut douter que ce ne soit lui?) qui est l'auteur du fait, il avait accès dans la maison, les cordes étaient à sa disposition! Puis, celles que l'on a saisies sont-elles les mêmes que les pièces de conviction? Je ne sais pas, cela peut être contesté ; mais cela n'est égal.

Quant au mouchoir de M. Armand, qui liait les jambes de Maurice Roux, c'est le voleur laissant sa carte à celui qu'il va voler.

Mais, dans le système nouveau de l'accusation, M. Armand redescend à la cave, il a une partie de la journée pour agir; il peut employer de la corde pour lier les pieds. Il n'emploie pas pour le cou et pour les mains toute la corde qui est à sa disposition; car il reste des bouts qui pendent ; il pourrait ne pas faire autant de tours aux cordes, et se servir du surplus... Non, c'est son mouchoir qu'il faut, c'est son mouchoir qui est là, de sorte que, lorsqu'on viendra et qu'on verra la marque A. A., on dira : C'est le mouchoir de M. Armand...le domestique dit vrai !...

Qui a donc agi ainsi? Celui-là même qui veut perdre M. Armand, qui veut frapper l'attention de la Justice, pour qu'elle ne s'égare pas sur d'autres, pour que le malheureux dont il médite le sacrifice soit désigné à la vindicte publique... Il place là un objet appartenant à M. Armand. On trouvera le mouchoir, et tout d'abord on pensera au propriétaire de ce mouchoir... Mais, si M. Armand est coupable, il se gardera bien de laisser sur les lieux cette preuve !... M. le Procureur général l'a compris; il n'a pas insisté, je n'insiste pas davantage.

Je n'ai plus à parler que de deux faits : la visite à l'hôpital, dont on n'a rien dit, et dont je veux vous entretenir ; puis ce qui regarde M. Paoli, avec lequel il faut bien nous expliquer, car il est nécessaire que chacun ait son compte dans ce débat.

Vous avez entendu M. Paoli vous dire, non pas que M. Armand lui avait fait des propositions, mais qu'il avait eu avec lui des conversations. M. Paoli, en vérité, est trop susceptible, et, tout Corse qu'il est, je trouve qu'il va bien loin. Comment ! parce qu'on a dit devant lui : Vous avez un poste mal payé, — ce poste vaudrait cinq, six ou huit mille francs, — on aurait fait à M. Paoli une proposition indirecte d'argent!... Et remarquez que cette conversation indirecte, que M. Paoli a considérée comme une provocation, a lieu devant qui ? devant Lafous, son cauchemar; Lafous le tourmente plus que M. Armand. Mais mon illustre confrère a fait à M. Paoli une toute petite objection... Comment ! vous, gardien vigilant, scrupuleux, qui avez une susceptibilité au-dessus même de l'épiderme, et qui, quand on cause d'argent sans vous en offrir, prenez chaque mot pour une proposition indirecte, vous vous taisez, vous n'en dites rien ni à votre chef le directeur de la prison, ni au Procureur général, ni au Préfet ! M. Paoli a répondu : J'ai pris ces propos pour des chimères... Si vous les avez pris pour des chimères, d'où vient que vous en parlez aujourd'hui ? — Ah ! c'est qu'aujourd'hui c'est le jour suprême (ainsi parle le témoin), c'est le jour sublime ! — Mais attendez, Monsieur Paoli ; la sublimité du jour n'empêche pas les chimères de rester telles !

Nous poursuivons, et nous disons au témoin : Vous avez été entendu le 15 décembre devant M. le Juge d'instruction, votre déclaration tient trois pages; pourquoi n'avez-vous pas dit mot de ce propos ? — Vous avez entendu sa réponse : il veut *s'enfermer dans un cercle dont M. Jules Favre lui-même ne le fera pas sortir*... Je le crois bien ! il n'avait rien à dire, et il fallait bien qu'il se bornât à l'impression qu'il avait imaginée !

Seulement, ce qu'il y a de grave, le voici : — il faut que tout ici soit connu et soit dit : quand nous sommes allés devant la Cour de cassation, il n'avait pas été question de cette imputation. M. Armand s'en aller, fuir! Mais je crois qu'on l'aurait entraîné avec un escadron de cavalerie qu'il ne serait pas parti; il aurait employé la violence, il y aurait mis bien plus de brutalité que pour se défendre. L'emmener! Mais si vous saviez l'insistance dont il a fallu user pour lui faire signer la requête qui l'a arraché à la Cour de Montpellier ! Vous verriez alors si l'on eût pu l'emmener de France, et l'arracher à des juges qui ne peuvent douter de lui.

Il subit cependant l'avis de son illustre conseil, M⁰ Jules Favre, et la demande de renvoi pour cause de suspicion légitime fut formée devant la Cour de cassation.

M. le Procureur général de Montpellier adressa à la Cour de cassation un Mémoire pour lui demander, en termes énergiques, de ne pas dessaisir la Cour de Montpellier, et c'est alors que, pour la première fois, dans ce Mémoire, M. le Procureur général parlait d'une tentative qui aurait été faite par M. Armand vis-à-vis de son gardien chef... Nous fûmes confondus de cette imputation toute nouvelle. Pendant la maladie de mon illustre confrère, j'étais allé à Montpellier, j'avais tout vu, et je n'avais pas trouvé trace de ce soupçon de nature à déshonorer un innocent.

Aussi l'avocat de M. Armand devant la Cour de cassation, Mᵉ Rendu, se plaignit hautement de cette manière de procéder; il demanda le renvoi en se fondant sur le Mémoire lui-même; il dit notamment qu'on énonçait dans ce Mémoire ce fait inconnu et contre lequel il protestait avec une vive énergie... A la suite de cette protestation, Messieurs, une information a été faite, et cette information n'a produit qu'une chose, l'apparition de M. Paoli dans cette enceinte.

Quant à M. Lafous, « l'affreux » Lafous, que M. Paoli ne veut pas recevoir, il faudra bien qu'il le supporte... on le lui a rendu. Je sais bien que M. Paoli lui a fait un discours d'introduction fort remarquable, où il lui a dit : « Vous êtes gardien, mais vous serez gardien honoraire... » Je crois que Lafous ne demandera pas mieux. Mais enfin il est revenu à la maison d'arrêt, et il faut en tirer une conclusion qui a sa valeur, c'est que l'autorité administrative n'a pas cru un mot de cette fable; c'est que Lafous, cet homme qui, dans le système de M. Paoli, devait faire échapper M. Armand, n'a pas été poursuivi... On l'avait envoyé à la maison centrale... et il est revenu à la maison d'arrêt!

Voilà ce que j'avais à répondre sur la déposition du gardien-chef.

Nous vous fatiguons, Messieurs, je vous en demande pardon. Ordinairement nous cherchons à marcher vite dans le récit des faits. Mais dans cette affaire je ne puis pas marcher vite. M. Armand n'est pas un accusé comme le seraient tant d'autres; c'est un brave homme, un honnête homme et il faut que vous le reconnaissiez pour tel.

Encore deux faits, et, grâces au ciel, j'aurai fini.

Il y a eu des sollicitations de la part du malheureux Guizard, envoyé par nous!... L'habile ambassadeur... il ne sait pas même le prénom de Maurice Roux! Lisez, je vous en conjure, la déclaration de son beau-père... Guizard est un jeune homme qui n'a pas la tête forte, vous avez pu en juger hier. S'est-il fait passer pour étudiant en médecine? L'un dit oui, l'autre dit non. A-t-il été seulement curieux? La grande nouvelle, c'était l'affaire de Maurice Roux: Guizard a voulu aller voir Maurice Roux, et celui-ci était heureux d'être vu.

Il y a enfin le fait de Bonhomme, le bien nommé! ce bon M. Bonhomme!... Comment! M. le Procureur général croit qu'il peut être un agent, et un agent dangereux! Il promène sa petite fille, et il nous fait ce récit en termes charmants : « La soupe n'était pas prête, et, en l'attendant, il a voulu aller voir Maurice Roux. » J'ai fait, disait-il à M. le premier Président, ce que chacun faisait à Montpellier : toute la ville allait voir Maurice Roux. Il a dit à Maurice Roux : « Il va arriver un médecin de Paris; c'est vous qui irez en prison. » Eh bien ! il a raison, il dit son opinion, il escompte l'avenir du procès. Et cet avenir nous appartient, puisqu'il appartient à la Justice !...

Écartons donc ces derniers griefs. Des démarches?... Il n'y a pas de témoins... M. Guizard, mais c'est une misère! Bonhomme allant porter des propositions à Maurice Roux, c'est insensé !

Que reste-t-il? la preuve que j'ai raison, et que, le 7 juillet comme le 17 novembre, Maurice Roux s'est livré à un acte indigne de comédie... Et j'ai eu bien peur d'avoir raison une troisième fois à Aix, et quand Maurice Roux n'a pas répondu à l'appel de son nom à cette audience, je me suis dit : Il est malade! Troisième scène! Il en fera bien d'autres.

Comment! s'écrie M. le Procureur général, vous osez mettre en doute le fait du 17 novembre?

Non, je n'en doute pas ; je suis sûr que c'est une nouvelle comédie, et je vais le prouver. Quel est donc mon intérêt, à moi? Croyez-vous que M. Armand fût intéressé à se débarrasser de cet homme? Mais, s'il était mort la veille des débats, M. Armand aurait dû, à son tour, mourir de désespoir. Ne lui fallait-il pas l'avoir vivant pour pouvoir le regarder, comme il l'a fait, en face de tous, et, montrant par ce regard l'énergie de l'innocence, forcer cet homme à baisser les yeux devant lui!...

Maurice Roux a joué la comédie le 17 novembre, lorsqu'il devait pour la première fois paraître devant la Justice; cette fois il n'a pas osé.

Que s'est-il donc passé le 17 novembre? Je n'en sais rien; mais ce que je sais, c'est que Maurice Roux était avec son père; son père ne le quittait pas de tout le jour ; son père l'avait accompagné chez l'honorable avocat de Montpellier, M. Bertrand, auquel il avait confié ses intérêts. Et voilà que le soir il sort tout seul. Pourquoi? Il a un ami, M. Ségala, que vous avez vu, qui est aussi facile que lui en morale ; il trouve que la débauche est chose toute naturelle, et dit avec un air dégagé : Je fais comme lui, nous nous amusons ensemble, nous allons ensemble au Casino, et ailleurs... Or, cet homme, Ségala, — l'*alter ego* de Maurice Roux, — quand il entend que Maurice Roux veut sortir, lui dit : Mon digne ami, je vais t'accompagner. — Non, répond celui-ci, je veux aller tout seul. — Mais pourquoi donc?... Il est malade, il se traîne péniblement sur une canne. Encore aujourd'hui, il chancelle, il est malade ; il devait par conséquent être encore plus malade et plus infirme au mois de novembre... Mais qu'importe? il veut être seul, c'est une fantaisie.

Où va-t-il? il va trois fois chez son avocat, qu'il ne trouve pas. Que devient-il alors? Pour cela, nous n'en savons rien. Ah ! si : il rencontre un monsieur au parler charmant; ce monsieur s'assied près de lui; il lui donne de tendres consolations, à ce point qu'il ne peut plus s'en séparer. Quel est ce monsieur? Il n'en sait rien. Qui l'a vu? Personne. Je me suis assis, dit Maurice Roux, sur un banc en face d'un café... Cinquante personnes sont sorties de ce café ou y sont entrées. Voyez comme il joue de malheur, il ne s'est pas trouvé un seul témoin qui l'y ait vu. Que fait-il le reste du temps? Il vagabonde à travers la ville ; il connaît Montpellier, et cependant il n'est jamais dans son chemin. Un sergent de ville le rencontre, et lui dit : Voulez-vous que je vous accompagne? Non, répond Maurice Roux, merci, je sais ma route. Il reste donc seul, mais il retrouve son doux monsieur. Il est minuit. Ils se promènent encore ensemble ; puis il dit à ce monsieur : Je veux aller me coucher. — Déjà! Ah, la nuit est si douce! — (remarquez que c'est le 17 novembre) — restons encore, mais ne nous promenons pas sur la place publique, prenons la rue des Augustins.

A la rue des Augustins, cet ami si tendre, cet homme aux douces paroles, ce sylphe le frappe d'un coup de canne et disparaît..., si bien que la police n'a jamais pu le retrouver!...

Messieurs, ce récit, c'est un conte grossier, un conte fait à plaisir ; et, il faut l'avouer, cet homme ne progresse pas dans les mélodrames abominables qu'il compose.

Ne vous en ai-je pas dit assez, Messieurs, pour vous prouver que toute cette prétendue scène du 17 novembre n'est encore de la part de Maurice Roux qu'une comédie?...

Les médecins déclarent qu'on lui a porté un coup. Mais qui nous dit qu'il ne s'est pas frappé lui-même? Il portait une canne. Qu'est-elle devenue? Est-ce qu'il n'a pas pu se porter un coup de canne? Si je voulais me frapper, est-ce que j'agirais autrement?

Il aurait eu là une nouvelle commotion... Mais je ne pense pas que la commotion soit d'une nature particulière à Montpellier. Elle est, je présume, la même partout. Or ce malheureux ainsi frappé d'une commotion appelle du secours. Certes, c'est une commotion très-bénigne, celle-là, puisqu'on peut crier!... On arrive, on le relève ; il a son chapeau ; ce chapeau doit être coupé, ou tout au moins doit porter la trace du coup?... Non, le chapeau n'a rien... Il est vrai que M. Alquié le lui met sur la tête au moment de l'accident. Fort bien... Ne pouvait-il pas l'avoir à la main et se promener ainsi pendant la nuit.

En vérité, je vous le demande, puis-je discuter de pareilles choses ? Est-ce qu'en pareille circonstance le bon sens ne nous donne pas raison de la science et des savants ?

Que Maurice Roux me dise comment il se fait que, lui qui était malade, lui qui avait la protection de son père, l'ait quitté volontairement ; comment et où il a circulé de sept heures du soir à minuit ; comment, quand son ami a voulu l'accompagner, il a refusé ; comment, quand le sergent de ville a voulu le ramener, il a encore refusé. Que faisait-il dans cette rue obscure, misérable et qui n'aboutit à rien? Il a cherché cette rue solitaire, et, quand il l'a eu trouvée, il s'est fait un mal léger ; car, il n'en mourra pas, grâce au ciel. Il en souffre, je le veux, mais il nous en fait bien plus souffrir qu'il n'en souffrira jamais!...

Voilà, Messieurs, la scène du 17 novembre. Elle complète celle du 7 juillet. Les deux scènes se tiennent, elles s'unissent. Le même esprit infernal qui a présidé à la première a organisé la seconde.

Il ne reste plus maintenant que des propos que je dédaigne, que je méprise ; car dans une affaire comme celle-ci, il faut apporter non de misérables propos, mais des preuves.

Croyez-vous, Messieurs, qu'en terminant j'aie la moindre inquiétude sur votre verdict? Vous attendez-vous que j'aie recours aux sollicitations, aux prières? Vais-je essayer de faire vibrer vos cœurs, de vous arracher des larmes? Ah! j'en serais bien fâché vraiment! Ces moyens extrêmes ne sont pas bons, ils ne sont permis que dans les procès où il peut y avoir doute, quand nous avons derrière nous un malheureux qui peut-être est innocent, mais qu'il subsiste encore des charges contre lui. Oui, Messieurs les Jurés, alors, dans l'épouvante qui nous assiège, nous employons tous les moyens. Après la discussion, la prière; après la prière, la discussion encore. Nous implorons la pitié des juges pour l'homme, pour le nom, pour la famille, pour la femme, les enfants!.. Nous parlons de toutes les vertus qui entourent l'accusé, espérant faire rejaillir sur lui les mérites de ceux qui l'aiment. Voilà ce qu'on fait pour un accusé compromis! Mais nous n'en avons pas besoin et nous ne les employons jamais pour un homme comme celui qui est devant vous.

Vous parliez de l'opinion publique !... Oui, monsieur le Procureur général, l'opinion publique proclame l'innocence de M. Armand ; à l'opinion publique il faut un acquittement.

Mais, écoutez, il est aussi une autre satisfaction qu'elle demande : elle dit qu'il y a dans cette affaire un misérable qui est encore en liberté; un parjure, un parjure qui a fait tant de mal et qui n'en a pas encore rendu compte à la Justice ! Ah ! si c'est un insensé, enfermez-le, donnez-lui des soins. Mais si c'est un être nuisible, un scélérat, qu'il soit arraché du sein de la société, que la Justice le frappe ! (*Mouvement dans l'auditoire.*)

Quant à M. Armand, je le dis bien haut, Messieurs les Jurés, il sortira d'ici, non pas seulement acquitté par vous, par ses juges, mais par tous ceux qui ont lu ces débats, c'est-à-dire par la France entière. M. Armand aura ce rare privilège de descendre du banc de la Cour d'assises sans qu'il lui reste la plus légère souillure. Ses amis l'aimeront comme auparavant, plus peut-être; les mains lui seront tendues comme par le passé; les indifférents même l'aimeront, car on s'intéresse toujours à l'honnête homme, surtout quand il a souffert; et sa femme, sa noble femme, cette sainte madame Armand, le modèle des épouses, pourra fièrement au bras de son mari reparaître partout, et dire : Le voilà ! Il a été accusé, mais il est mieux qu'acquitté : il est aimé et estimé de tous.

Cette brillante plaidoirie terminée, des applaudissements et des bravos éclatent de toutes parts et se prolongent pendant plusieurs minutes, sans que la voix de M. le premier Président ou des huissiers puissent parvenir à les dominer.

Lorsque cette effervescence est apaisée, que le silence est enfin rétabli, *M. le premier Président* prononce les paroles suivantes :

Dans l'obscurité qui règne ici en ce moment, il m'est impossible d'obtenir la répression immédiate de la manifestation qui vient de se produire et de faire saisir ceux qui ont insolement bravé les ordres que j'avais donnés au commencement de l'audience. Demain je prendrai les mesures nécessaires pour qu'un pareil scandale ne se renouvelle pas; nous serons seuls dans la salle avec MM. les Jurés, et alors nos séances seront calmes et dignes comme elles doivent l'être. (*Marques d'approbation dans une partie de la salle.*)

J'annonce qu'après le débat auquel je viens d'assister, j'ai pris la résolution de poser la question subsidiaire de coups et blessures, sans intention de donner la mort, avec préméditation, ayant entraîné une incapacité de travail de plus de vingt jours. Je dis cela pour que les défenseurs puissent, dès à présent, préparer leur défense.

L'audience est levée au milieu de la plus vive agitation.

A l'ouverture de l'audience du 24 mars, M° *Jules Favre* dépose sur le bureau de la Cour les conclusions suivantes :

« Attendu que les témoins à charge et à décharge, entendus dans l'affaire, doivent se trouver dans la salle d'audience, où leur présence est indispensable jusqu'à la fin des débats;

« Que cette présence est utile à la manifestation de la vérité;

« Qu'elle est substantielle des droits de la défense;

« Attendu cependant que, sur l'ordre de M. le premier Président, les témoins se voient refuser la porte de l'audience;

« Plaise à la Cour ordonner que les témoins seront introduits et assisteront à la continuation des débats. »

Voici, Messieurs, en fort peu de mots les raisons graves et décisives sur lesquelles s'appuient ces conclusions.

Je n'ai pas à revenir sur l'incident fâcheux qui a marqué la fin de l'audience d'hier. La défense plus que personne l'a regretté, puisque ces manifestations étaient à la fois contraires à l'ordre qui avait été donné par M. le premier Président et à la dignité de la Justice.

Que la Cour juge opportun, pour le délit d'audience qui a été commis hier, d'interdire les portes de cette salle à ceux-là même qui ne s'en sont pas rendus coupables, nous n'avons, Messieurs, qu'à nous incliner devant une décision qu'il ne nous appartient pas de contredire. Que dans sa rigueur, elle aille jusqu'à atteindre les membres du barreau, c'est encore là une décision à laquelle nous ne pouvons nous opposer, bien que cependant elle blesse nos plus chères sympathies et que jusqu'à un certain point, la robe dont nous sommes revêtus souffre de la mesure qui a été prise.

Mais en ce qui concerne les témoins, il nous est impossible d'avoir une pareille condescendance, et nous serions coupables vis-à-vis de l'accusé et de la loi, si nous la poussions jusqu'à cette faiblesse. En effet, Messieurs, les témoins font partie intégrante du débat; ils sont entendus lorsqu'ils sont appelés, chacun à leur tour, mais ils restent dans la salle d'audience à la disposition de la Cour et de la défense.

Il faut qu'ils soient dans la salle d'audience, et en voici la raison décisive : c'est que, présents, ils entendent à la fois, et le réquisitoire et les plaidoiries. Si une erreur échappe à la défense, ils la peuvent réparer; je ne puis pas supposer qu'une erreur échappe au réquisitoire, mais ce n'est pas une chose qui soit absolument impossible; et quelquefois il est arrivé que des témoins, frappés de ces erreurs, faisaient à l'instant passer des observations qui permettaient la manifestation de la vérité. Or c'est la manifestation de la vérité que la Cour désire, elle la veut comme nous : il faut donc qu'elle prenne les moyens de l'obtenir et qu'elle n'étouffe pas le débat.

Au surplus, Messieurs, j'ai tort de fatiguer la Cour par ces développements lorsque le texte de la loi est clair. Il déclare que *chaque* témoin entendu restera dans l'auditoire et ne pourra s'en retirer que sur l'ordre spécial du Président.

Nous demandons donc en conséquence que les témoins à charge et à décharge restent à l'audience, ou plutôt qu'ils y soient introduits.

M. le Procureur général. — Messieurs, sur des conclusions de ce genre et dans de telles circonstances, nous ne pouvons que nous en rapporter à votre justice. Il me semble cependant que les dispositions du Code d'instruction criminelle auxquelles l'honorable défenseur se réfère ne sont pas prescrites à peine de nullité...

Me Jules Favre. — Je vous demande pardon de vous interrompre, mais nous vous déclarons que nous ne cherchons pas un moyen de cassation : c'est uniquement comme moyen de discussion que j'ai invoqué les dispositions du Code d'instruction criminelle.

M. le Procureur général. — Je ne crois pas que la Cour puisse être absolument dépouillée du droit d'exclure les témoins de l'audience, si elle juge que parmi ces témoins même se manifestent des dispositions regrettables au bruit et au désordre. En droit, c'est une question que je ne pourrais résoudre d'une manière absolue, impérieuse, comme l'a fait l'honorable défenseur. En fait, c'est une question d'appréciation : il appartient à la Cour de se rendre compte de ce qui s'est passé à l'audience d'hier. Il lui est impossible de ne pas se demander si ce ne serait pas du sein de la nombreuse légion des témoins à décharge qu'était parti le signal des applaudissements inconvenants, indécents, qui se sont fait entendre à la fin de l'audience d'hier.

Me Jules Favre. — J'insiste, et je vous en demande pardon, mais la question me paraît très-grave, et je serais heureux que l'arrêt de la Cour fût en parfaite harmonie non-seulement avec la loi, mais avec le sentiment qui doit l'inspirer. Or je ne méconnais pas le pouvoir discrétionnaire de M. le premier Président; il est à la fois trop élevé et trop délicat pour que je me permette jamais de le contrôler. Seulement je prends la respectueuse liberté de lui faire observer que lorsque la loi l'en a armé, c'est évidemment dans un intérêt de manifestation de la vérité. Rapprochant le texte de la loi, le défenseur ajoute : Le principe est donc que les témoins doivent assister à tout le débat, jusqu'à ce que les Jurés se retirent. L'exception, c'est que le Président peut en décider autrement.

M. le Procureur général a fait allusion à un fait sur lequel il est impossible de contrôler son assertion. Je ne sais s'il en a été lui-même témoin, ou s'il l'énonce d'après des révélations qui lui auraient été faites; mais je le déclare, ce qui n'est pas possible et, que la Cour me permette de le dire, ce qui n'est pas conforme aux mœurs françaises, c'est de proscrire en masse toute une série de témoins, parce que quelques-uns d'entre eux seraient coupables. Qu'on nomme les coupables et qu'ils soient seuls exclus. Si cela est difficile, il faut en conclure que personne n'a failli, car c'est là le grand privilège de la Justice : elle ne s'abandonne pas aux soupçons; ce n'est pas sur des conjectures qu'elle décide. Lorsqu'elle ne sait pas, l'arme reste inerte entre ses mains, parce qu'il lui est impossible de frapper là où la lumière ne vient pas guider ses coups. Je crois donc que la Cour ne peut vouloir exclure tous les témoins en masse et j'insiste pour l'adoption de mes conclusions.

La Cour se retire dans la chambre de ses délibérations. Au bout de quelques minutes, elle rentre en séance, et M. le premier Président donne lecture d'un arrêt par lequel la Cour, attendu que l'art. 320 du Code d'instruction criminelle, tout en déclarant que les témoins demeureront à l'audience, ne fait pas obstacle à l'exercice du pouvoir discrétionnaire du Président, ce pouvoir n'étant pas au surplus soumis à son contrôle, rejette les conclusions de la défense, et maintient l'exclusion des témoins de l'audience.

Me *Jules Favre.* — Nous demandons tout au moins que M. Tardieu et M. Tourdes soient introduits. Si dans le réquisitoire de M. l'avocat général, une question de médecine légale est soulevée...

M. le premier Président. — Je vais ordonner que les témoins, tant à charge qu'à décharge, soient introduits dans la salle qui leur est affectée.

Me *Jules Favre.* — Ce n'est pas la même chose, M. le premier Président, et j'insiste. Il n'y a rien dans ce que je veux demander qui puisse ressembler à une mesure qui contrarie le moins du monde l'arrêt de la Cour; mais pour sauvegarder notre responsabilité, nous désirons que M. Tardieu et M. Tourdes restent à notre disposition pour nous donner les renseignements dont nous pouvons avoir besoin sur des choses que nous ignorons.

M. le premier Président, en vertu de son pouvoir spécial, en dehors de tout arrêt de la Cour, ordonne que MM. les docteurs Tardieu et Tourdes soient introduits.

Me *Tassy,* du barreau d'Aix, demande à M. le premier Président de vouloir bien permettre que les portes de l'audience soient ouvertes à MM. les avocats en robe, qui n'ont été pour rien dans la manifestation qui s'est produite hier.

M. le premier Président. — Vous m'obligez à dire, défenseur, qu'hier, malgré l'obscurité qui régnait ici, j'ai remarqué que si la manifestation était partie du banc des témoins, elle est aussi partie du banc des avocats. Il m'en coûterait plus qu'à tout autre de blesser les membres du barreau, et pour que la mesure fût générale et n'eût rien de spécial à leur égard, j'ai même décidé qu'aucun magistrat ne serait admis.

Un Juré. — M. le premier Président, je suis chargé par l'unanimité de mes collègues de protester devant vous et devant la Cour contre un bruit malveillant qu'a été répandu en ville et d'après lequel les Jurés se seraient associés à l'acte irrévérencieux qui s'est produit hier. Nous affirmons sur l'honneur qu'il n'en est rien et que ce bruit est complétement faux.

M. le premier Président. — Je prends acte de votre protestation, mais elle n'était pas nécessaire.

Je donne la parole à M. l'Avocat général.

M. l'Avocat général Reybaud s'exprime ainsi :

Messieurs, grâce au ciel, à M. le premier Président et à l'arrêt que la Cour vient de rendre, nous avons obtenu le calme nécessaire à la Justice ; nous n'avons pas à craindre le retour de ces manifestations grossières, de ces applaudissements échappés de mains peut-être vénales qui jettent dans l'esprit de ceux qui ont le devoir et l'honneur de parler devant vous le soupçon d'une assimilation tellement blessante, que je ne veux pas même l'exprimer.

Cela dit, qu'il me soit permis, quand il s'agit d'un procès de cette importance, d'expliquer ma situation particulière : je me croyais réservé à l'honneur silencieux d'assister le chef de notre Parquet durant le cours de ces longues audiences. Sa fatigue, jointe au témoignage qu'il a voulu me donner de sa confiance, m'impose aujourd'hui un autre rôle. Je me trouve ainsi jeté tout à coup dans l'arène, en face de champions redoutables, et forcé en quelque sorte d'accepter le combat. Comment répondrai-je à l'attente de M. le Procureur général ? En appelant à mon aide cette force que donne toujours une conviction profonde, et tout en conservant le sentiment sincère de mon insuffisance, je suis persuadé qu'à défaut d'éloquence (sous ce rapport je me sacrifie d'une manière complète), on ne me refusera pas le mérite de l'intrépidité.

Cette force où la puiserai-je ? Dans des considérations dont personne ne saurait contester le poids. Nous sommes ici à discourir depuis bientôt deux jours : Dans quel but? Pour découvrir la vérité, pour rechercher sa trace ; et nos paroles n'ont pas cette puissance de l'altérer ou de la créer. La vérité, est-ce qu'elle n'existe pas indépendamment de nous, et tout ce que nous pourrions dire à cette heure peut-il changer un iota aux faits, que dis-je, au crime qui s'est accompli dans la matinée du 7 juillet? Est-ce que ce pouvoir fatal a jamais été donné à la parole humaine de modifier, d'obscurcir, de cacher ce qui est? Non, Messieurs ; tâchons donc de découvrir cette vérité ; je crois d'ailleurs la chose facile.

Je prends cette confiance dans un souvenir de mes lectures. Dans un livre admirable, Quintilien trace les savantes et difficiles règles de l'art oratoire ; et, après avoir terminé ce merveilleux édifice, à l'érection duquel il consacra sa vie, il le fait s'écrouler avec un mot : « Règles impuissantes et vaines, dit-il, qui ne peuvent ébranler en quoi que ce soit la conviction d'un homme de bon sens et d'intelligence! » C'est devant cet homme que j'ai l'honneur de parler, et, vous le voyez, j'ai quelques raisons de rassurer mon courage dans cette affaire.

Je me place tout d'abord en présence de l'unique question du procès.

Est-il vrai qu'Armand, dans la matinée du 7 juillet, ait frappé son domestique à la tête, qu'il ait ainsi déterminé une blessure d'une gravité exceptionnelle, et qu'ensuite il se soit livré sur la personne de cet homme à des attentats dont nous aurons tout à l'heure à examiner la nature ?

Si la question, simplement posée *in abstracto* et en théorie, était mise en regard des éléments que fournit la procédure, elle serait facile à résoudre. Eh bien ! renversez la situation, et supposez que, le 7 du mois de juillet, on eût trouvé, dans cette cave, non pas Roux, mais Armand ; qu'on l'eût trouvé attaché comme vous savez, mourant comme vous savez, et qu'ensuite, arraché miraculeusement à une mort imminente, il eût désigné du doigt Roux, son serviteur, comme son meurtrier, comme l'auteur des violences exercées sur sa personne : à l'heure où nous sommes, nous aurions peut-être coupé un peu moins de cordes à Aix, mais je crois bien qu'à Montpellier on aurait depuis longtemps coupé la tête d'un homme !

Je ne crois pas, et je m'associe sur ce point à la défense, je ne crois pas à l'inégalité devant la Justice : riches ou pauvres sont égaux ici. Mais ce que je crois, c'est qu'il y a souvent inégalité dans les moyens de défense, et que si le millionnaire n'a qu'une vertu restreinte, relative, contestable même, ses écus en ont toujours beaucoup ! A ce point de vue, Messieurs, je voudrais plus que ma pensée reçût plus d'extension que je ne veux lui en donner ; aussi je désire m'expliquer nettement.

Quelle est la situation de Roux ? Elle est humble, obscure ; il est malheureux, valétudinaire ; il était inconnu dans la ville de Montpellier, et c'est seulement depuis l'affaire qu'il a acquis une notoriété telle, qu'on le désigne du doigt quand il passe dans la rue ; il n'a pu sur les témoins aucun moyen d'action ; il n'a pu désigner aucun zèle, à l'équité et au devoir des magistrats. A côté de ces pauvres témoins que nous avons recherchés avec tant de peine, qui passent ici leur temps à raison de 1 fr. 50 c. par jour, et qui ne demandent qu'à s'en aller, il en est d'autres qui ne se plaignent pas. Je le crois bien : un hôtel entier a été retenu pour ceux-ci ; l'hôtelier ravi a reçu pour instruction de les héberger plantureusement, de ne leur rien refuser; aussi, on peut le dire, la fin de ces longs débats produira chez eux une consternation générale. N'est-ce pas là un spectacle affligeant ? Et votre justice ne doit-elle pas tendre à établir un juste équilibre, et peser tout dans cette cause plus scrupuleusement peut-être que vous ne feriez dans toute autre ? Remarquez que c'est sur cette preuve testimoniale, repoussée en matière civile à ce point qu'elle n'est pas admise quand il s'agit d'une créance supérieure à 150 fr., que vous avez ici, en matière criminelle, à décider de la liberté, de la vie et de l'honneur des citoyens. Que de scrupules doivent donc assiéger vos consciences, et combien votre pensée doit être attentive à rechercher la vérité! Hier, la défense, dans un élan oratoire sans doute irréfléchi, vous disait: « Votre verdict est déjà rendu » Oh ! Messieurs, quelle injure ! Ne devez-vous pas attendre que toute chose soit dite, pesée, comprise, avant de prendre une décision définitive ?

Sous le bénéfice de ces considérations accessoires, je reviens à la question que je posais tout à l'heure, à la question du procès. Je vais l'étudier avec les éléments mêmes des débats; et si, en embrassant à la fois dans cette étude la réfutation des moyens indiqués hier et la démonstration nouvelle des arguments principaux sur lesquels l'accusation se fonde, je froisse les règles, j'en demande pardon au maître qui est parmi vous ; c'est que ma rhétorique est sans prétention.

Pour conserver toutefois l'ordre suivi dans la discussion, je me renfermerai dans trois propositions: la première est relative aux circonstances antérieures au fait du 7 juillet; la seconde, aux circonstances concomitantes à l'acte; la troisième, enfin, aux circonstances postérieures à cet acte même.

Mais, avant tout, je crois qu'il faut déblayer le terrain de toutes les questions accessoires, étrangères à la cause.

Le défenseur nous révélait, à l'audience d'hier, un secret jusqu'alors peu connu en province. « Il faut, disait-il, réserver les considérations attendrissantes pour la défense des mauvaises causes. » Ce n'était pas seulement là la divulgation du vrai caractère de certains mouvements oratoires, mais c'était encore l'aveu d'une méfiance. Car, si j'ai mémoire, vous ne vous êtes pas fait faute d'invoquer ces considérations, et vous avez eu raison. Il est juste, quand on parle devant des hommes, de faires vibrer en eux tous les sentiments humains; magistrat, je comprends à merveille, et je ressens aussi toute la pitié qui s'attache à ces infortunes imméritées qui viennent forcément s'asseoir à côté d'un coupable. Je compatis à la douleur d'une bonne et vertueuse épouse versant des larmes plus amères sur le veuvage que lui impose la justice des hommes que sur celui qu'impose la volonté de Dieu. Je comprends tout cela. Mais, est-ce que, d'aventure, la loi pénale est faite exclusivement pour les célibataires? N'avons-nous pas vu maintes fois, dans l'enceinte des Cours d'assises, la prière qui tombe de lèvres innocentes impuissante à sauver un voleur ou un meurtrier? Pourquoi? Parce que l'homme qui a une famille, une position, une fortune, et qui déchire ce qu'il y a de plus sacré dans le cœur humain, celui-là est doublement coupable.

Il faut aussi, Messieurs, dépouiller les phrases de leurs ornements, les mettre à nu, puisque nous sommes dans un huis-clos relatif, et passer toutes les considérations qui vous ont été exposées au creuset de la raison. On vous a parlé de la probité commerciale d'Armand : mais elle n'est pas en cause; de sa vertu, de sa charité, de sa bienfaisance : je veux bien croire que les aumônes de sa maison s'épanchaient sur le pauvre, et qu'il puisse aujourd'hui en recueillir le mérite; je veux bien ne pas distinguer entre la main qui donnait des secours au malheureux, et celle qui leur donnait des coups de bâton ; mais ce moyen de défense n'appartiendra donc qu'à l'homme riche ou placé dans la situation d'Armand, tandis qu'il sera absolument refusé au pauvre diable?

C'est un domestique qui a été brutalement frappé : mais ce valet est un homme comme nous, il porte au front l'empreinte de sa divine origine; il a, comme nous, dans un corps mortel, une âme immortelle.

Il a été fortement question, dans le plaidoyer que nous entendions hier avec tant de plaisir et de charme, de l'attitude d'Armand à ces débats, des considérations psychologiques qu'on pouvait en tirer, de l'énergie de ses dénégations. Voyez, disait-on, son geste, voyez son regard, écoutez ses intonations, observez son langage, et convenez que son accent est bien l'accent de la vérité ! Ici, Messieurs, je fais encore une réserve prudente, et, en présence de l'intérêt immense qu'il défend, je cherche la solution de ce problème dans son passé, dans sa vie tout entière. Armand nous révélait qu'autrefois, avant de devenir riche, il avait été voyageur de commerce. C'est une profession dans laquelle on rencontre des hommes honorables, mais, en général, parleurs émérites, et, en définitive, c'est peut-être en souvenir de l'exercice de cette profession qu'Armand s'est appliqué ces formules élogieuses, qui lui servaient autrefois pour vanter sa marchandise. Aussi je n'ai été nullement ému de l'attitude avec laquelle, par exemple, il jurait de ne plus prendre à l'avenir de domestique, serment qu'il ne lui serait facile de tenir à Montpellier, où il n'en trouvera jamais.

Vous avez entendu, à l'audience d'avant-hier, un témoin que je veux croire digne de foi, le curé de Flaviac, décerner à Armand toutes les vertus et s'écrier en parlant de lui, non pas ironiquement, mais sérieusement : *Cette belle âme !* puis, arrivant au portrait de Roux qu'il ne connaît pas, attribuer à celui-ci tous les vices, sur les dires de personnes inconnues qu'il avait rencontrées en chemin de fer.

Ce témoignage nous suggère une réflexion très-naturelle : Si la notoriété publique, dans le département de l'Hérault et à Montpellier, attribue à Armand des vertus si rares, pourquoi a-t-il fui cette Cour d'assises devant laquelle il pouvait si facilement s'en assurer le bénéfice? pourquoi cette requête à la Cour de Cassation, dont le résultat a été de le conduire devant vous, dans un pays où n'a pu pénétrer le bruit lointain de ses bienfaits ?

Mon Dieu! je ne critique pas l'exercice d'un droit puisé dans la loi elle-même : Armand a eu raison de fuir ce prétoire qu'assiégeaient des clameurs hostiles, ce pays où ce qui est, suivant moi, la vérité, se montrait prématurément; mais, s'il a espéré noyer cette vérité dans le Rhône en faisant le voyage, s'il a supposé un moment qu'elle n'arriverait pas jusqu'à vous, je vous en conjure, faisons tous nos efforts pour tâcher de la retrouver et pour qu'elle apparaisse ici et revendique ses droits.

Au point de vue particulier des antécédents d'Armand et de son caractère, je ne veux pas révéler ce que je trouve dans le dossier, notamment dans la requête de M. Ambroise Rendu, et vous montrer que ce parfum de sainteté qu'exhale Armand depuis qu'il est dans le département des Bouches-du-Rhône, est de date toute fraîche, et qu'il n'en était pas le moins du monde imprégné dans le département de l'Hérault; toutes ces considérations accessoires, qui sont comme autant de carrefours dans lesquels nous pouvons faire des excursions curieuses, mais non utiles, sont indignes d'une discussion sérieuse ; elles révèlent des efforts plus démesurés que sincères.

Bornons-nous à examiner les faits principaux de la cause, en prenant pour base de notre discussion les trois propositions que j'indiquais tout à l'heure : circonstances antérieures au fait, circonstances concomitantes et circonstances postérieures.

Sur le premier point, la défense a tracé le caractère de Roux; mais le portrait qu'elle en a fait est tellement éloigné de la vérité, elle a chargé sa palette de si noires couleurs, qu'aucun de vous n'a pu le reconnaître.

Maurice Roux, tel que nous le connaissons, était-il capable de jouer cette comédie infernale qu'on lui reproche? Cela est-il possible? Mais pour arriver à ce résultat il faut que vous mettiez un Machiavel et un Frédérick Lemaître dans l'enveloppe d'un niais !

Il a puisé sa perversion, dit-on, dans de mauvaises lectures. Nous ne connaissons pas ces livres qu'on lui reproche d'avoir lus; mais nous devons à l'obligeance de la défense, qui n'a pas voulu nous en infliger la lecture entière, la communication des pages sur lesquelles la discussion devait s'engager. Ce que je puis assurer, c'est que la page à laquelle on a eu soin de faire une corne pour attirer notre attention ne contient rien qui rappelle les faits du procès. Il s'agit d'un homme (l'ouvrage est intitulé : *les Misères d'un enfant trouvé*) qui est assailli le soir sur une place publique par cinq ou six malfaiteurs, et qui est entraîné dans l'allée obscure d'une maison voisine. Je ne suivrai pas le cours des terribles aventures qu'il a subies depuis; d'ailleurs je n'en sais pas le premier mot.

Un second livre a été mystérieusement annoncé; mais ne troublons pas non plus les cendres de la *Reine Margot*; elle a la conscience au moins aussi chargée que Roux, et laissons-la dormir en paix; je ne crois pas qu'il puisse être ici question d'elle.

Quel souvenir est-il resté à Maurice Roux de ces lectures présentées comme étant de nature à pervertir son imagination? Le souvenir de la couverture du livre: c'est ce qui ressort de son interrogatoire, et son intelligence ne va pas au-delà ! Je me trompe, car dans le cours de cet interrogatoire, pendant lequel un homme qui réfléchit a pu et dû nécessairement le juger, il a dit : — Armand s'est précipité sur moi comme un lion féroce. — Voilà la méchante et pauvre image que lui a inspirée son éducation littéraire !

Mais voyons, cherchons encore un peu dans les replis de cette imagination ténébreuse, tortueuse, ardente, qui va organiser une scène pareille. La défense reproche amèrement à Maurice Roux d'avoir répondu, lorsqu'il était mis en demeure par M. le premier Président de donner une explication de l'attentat commis sur sa personne : — « C'est peut-être parce que j'avais parlé dans la cuisine d'un infanticide. » — Mais notez bien qu'il ne l'affirme pas. Il n'en a pas dit un mot durant tout le cours de l'instruction. L'explication de cette niaiserie nouvelle n'est-elle pas facile? Est-ce que dans les rumeurs absurdes qui circulaient, on n'avait pas fait de la cave d'Armand une nécropole de nouveau-nés? Cela se répétait partout. N'a-t-on pas pu dire à Roux : — Votre maître aura voulu vous tuer parce que vous étiez dans la cave, et, comme c'est un vrai cimetière, il redoutait que vous vinssiez à découvrir les ossements des petits enfants qui y sont enterrés. — Énorme sottise, qui a bien pu faire son effet dans l'esprit d'un sot, et qui expliquerait comment il est venu si niaisement donner cette raison à l'audience.

Laissons tout cela, Messieurs, et mettons-nous en présence des faits. Ah ! il est facile d'écraser un homme sous des épithètes. Il y a beaucoup d'adjectifs dans la langue, mais, en parcourant le dictionnaire, on n'en trouverait peut-être pas une liste plus considérable que celle qui a été présentée hier : débauché, menteur, joueur, voleur, etc.

Mais, ici, il ne faut pas se payer de mots, exprimer envers un malheureux un aristocratique dégoût afin de se dispenser de le juger; il ne faut pas tuer moralement un homme avec de vaines épithètes, après l'avoir assommé physiquement; ce serait un peu trop ! Comment a-t-il joué, comment a-t-il volé? Il est resté neuf ans chez M. Madier de Lamartine. Il était bon cocher, humain envers les chevaux, fidèle, irréprochable au point de vue de la probité, et M. Madier n'en demande pas davantage. Indulgent pour le reste, son maître lui disait : Promène les chevaux dans la journée, mais le soir, lorsque l'angelus est sonné, je te livre la clé des champs ; mets les bêtes à l'écurie, aies-en soin, je ne me préoccupe pas du reste. La cousine de M. de Lamartine, elle, s'inquiète des troubles que le cœur détermine dans le cœur de sa femme de chambre; elle vient trouver son parent et lui dit : Vous avez un cocher bien entreprenant ! — J'ai un bon cocher, j'en suis content et je le conserve ; c'est à vous de garder votre femme de chambre, répondit M. de Lamartine. — Que trouvez-vous d'étrange dans cette situation ? En définitive, il faut ici interroger la nature. Est-ce que, de 20 à 25 ans, les passions ne jettent pas leur gourme? Eh bien! Maurice Roux était coureur, et il a eu l'indignité de courtiser la femme de chambre de la cousine de son maître. Voilà ce qui est acquis au procès.

Quant à l'arrestation à main armée dont on a parlé, c'est une fable grossière, démentie par le témoignage de M. Madier de Lamartine. L'initiative de cette fable est due à l'imagination d'un rédacteur de journal, qui prétend, par une lettre, avoir entendu Maurice Roux raconter qu'il aurait été victime d'une arrestation à main armée lorsqu'il était porteur d'une somme d'argent ; cette scène se serait passée à l'époque du 17 novembre, et le rédacteur prétendait que c'était là un abominable conte inventé par Maurice Roux. Si les renseignements politiques que ce journal donne à ses lecteurs sont aussi exacts que sa chronique épistolaire, combien ils doivent être mal renseignés!

Mais suivons la carrière de Maurice Roux : il quitte M. de Lamartine; il va chez M. de Félix, homme aussi honorable que son précédent maître. Seulement, ici, les rênes des affaires domestiques étaient tenues par des mains beaucoup plus sévères :

aussi, après huit mois, je crois, Maurice Roux ne trouve plus la place à sa convenance, ses habitudes étaient changées; de son côté M. de Félix n'était pas content de lui, et l'on se sépara. Maurice Roux aurait menti, il aurait eu le tort de déployer sa galanterie ordinaire envers la partie féminine de la domesticité: c'est une faiblesse pour laquelle je ne le couronne pas de roses; mais je ne suis pas si sévère que la défense, qui voudrait qu'il fût pendu pour cela.

M. de Félix, qui a bonne mémoire, va nous dire dans quelles circonstances il a menti; il ne tient pas de longs discours à ses domestiques, mais il a le grand mérite de ne pas les assommer de coups à la nuque. Maurice Roux lui dit : « Je sors de chez M. de Lamartine; » c'était la vérité; cependant il n'épanche pas son cœur dans le sein de son maître, qui lui paraissait au premier abord assez rude; il ne dit pas : « Je suis allé prendre à Paris trois mois de consolation avec les économies que j'avais faites pendant neuf années chez M. de Lamartine. » Dissimulation! Atroce menteur qui joue une comédie sur laquelle il faut, s'écrie la défense, s'appesantir! Mais Maurice Roux a menti encore une fois... il a prétendu qu'il avait passé toute une journée à dormir sous un hêtre, et il a mis sur le compte d'un rêve toutes les jouissances que lui avait procurées peut-être la réalité. En vérité, il faudrait que M. de Félix fût bien inflexible si, pour deux peccadilles pareilles, il avait renvoyé son serviteur.

Ces deux faits suffisent pour montrer quelle est l'intensité d'habitude du mensonge chez Maurice Roux; vous voyez dans quelles circonstances et comment il a menti.

J'ai hâte de courir sur ces tableaux qui, malgré moi, peuvent affecter une physionomie plaisante. Je sens qu'ils ne sont pas dans mon rôle.

Maurice Roux est chez M. Duplessis. Celui-ci est un homme excellent; c'est un magistrat; mais, à coup sûr, il ne pèche pas non plus par excès de faiblesse, et je crois que durant cette période, qui vient après le temps où il servait chez M. de Lamartine, le malheureux Maurice Roux dut pousser bien des soupirs. Il quitta la place, qui fut aussitôt prise par un de ses frères. M. Duplessis a-t-il des reproches sérieux à lui faire? Après le départ de Maurice Roux, on a trouvé quinze bouteilles cachées dans la paille de l'écurie, et les bouteilles n'étaient pas pleines!... Mais il faut considérer aussi qu'il y avait dans la maison deux domestiques du même sexe que Maurice Roux, lesquels n'étaient pas toujours parfaitement d'accord entre eux, témoin la scène de pugilat qu'on nous racontait, scène très-indifférente au procès.

Il y a eu ensuite un grand événement dans la maison de M. Duplessis après le départ de Maurice Roux; il y a une canne qui ne s'est plus retrouvée; ce sont de ces catastrophes qui arrivent de temps à autre dans les maisons les mieux organisées. J'ai de mes amis qui perdent une canne par mois en moyenne, et qui cependant n'accusent jamais leurs domestiques de l'avoir dérobée, et M. Duplessis, homme si réservé, après avoir constaté l'événement, vous a dit lui-même : « Je ne puis soupçonner que Roux ait commis ce larcin. » Voilà pour le voleur.

Maintenant, j'en conviens, ainsi que le veut, dans une déposition originale, Théodore Ségala, Maurice Roux était amoureux de son physique; son physique lui procurait des satisfactions auxquelles il tenait. C'est un cocher! vous dites qu'il est romanesque! M. le Président lui a posé la question : « Etes-vous romanesque? » Rappelez-vous la réponse : « Non, je suis domestique. »

Quand il veut avoir quelques jouissances, ce ne sont pas des jouissances purement cérébrales qu'il cherche, croyez-le bien; il est trop grossier pour cela. Amoureux de lui-même, il va dépenser quatre-vingts francs, comme disait la défense, chez un parfumeur. Enormité! Mais les parfumeurs, à Alais, vendent aussi des chemises et des chaussures; Maurice Roux s'est monté de pied en cap avec la somme qu'on disait avoir été employée par lui pour acheter des pots d'essences et de pommades.

Un infanticide a été commis. Rétablissons encore ici la vérité. Le nom de Maurice Roux ne se trouve pas dans le dossier d'infanticide; il n'y figure même pas comme témoin. Lorsqu'on lui a dit : « C'est un tragique souvenir que vous avez dans votre passé... Cette fille, Philomène Dessert, est devenue coupable, parce que vous l'avez rendue mère, » il a répondu, ce que le droit civil donne à chacun le droit de répondre quand il est accusé en pareille matière : « Cet enfant était un enfant anonyme, et ma paternité est contestable. » Comment prouver, en effet, cette paternité? Entassez discours sur discours; mettez l'éloquence la plus entraînante au service de votre cause, et essayez de nous prouver que Philomène Dessert était chaste avec tout le monde, excepté avec Maurice Roux ! Il faut accepter la déclaration de Maurice Roux telle qu'elle est. Il dit : « Cet enfant a été tué à mon insu; j'étais absent depuis trois mois; cet enfant n'était pas le mien. »

Je veux en finir avec l'étude de ce portrait. Je n'aurais pas eu la prétention de le faire; mais comme vous avez prétendu le tracer hier, j'ai voulu détruire aujourd'hui votre esquisse.

On a parlé de ses dettes; il faut dire que son père les a payées. Est-ce que l'argent du père n'est pas celui du fils? n'y a-t-il pas entre eux communauté complète? Peut-on reprocher à Roux d'être parti d'Alais sans avoir payé ce qu'il devait? L'imputation est démentie par l'instruction et par les faits que vous connaissez.

Voici sur ce point ma conclusion : Maurice Roux, représenté sous de si noires et si fausses couleurs, n'est en définitive qu'un simple mortel, un simple cocher; il a les vices et les défauts inhérents à sa condition, à son éducation, et qui sont aussi la conséquence de la liberté que lui laissait M. de Lamartine; sa jeunesse, ses passions l'ont jeté dans quelques grossiers écarts; c'est un domestique, comme il l'a dit lui-même; mais il y a une vertu qui ne lui a jamais fait défaut dans le passé et qui a résisté à toutes les investigations dont il a été l'objet, c'est sa probité. Si, au lieu d'être témoin, il était sur le banc des accusés, nous aurions entendu, non l'amère critique de ce malheureux, mais les pompeux éloges de ses vertus.

Je ne tomberai pas dans le tort dont je viens de faire un reproche aux défenseurs, et en arrivant à esquisser à mon tour le portrait d'Armand, je ne me permettrai pas des exagérations et des excès que l'information repousse et que la vérité n'admet pas. Mais je dis ceci : Armand donne des pièces d'or d'une main, c'est possible, mais il donne des coups de bâton de l'autre; il faut toujours qu'il donne quelque chose... Il est violent, il est brutal dans l'occasion. Je veux interroger chez lui la nature dans le fait, dans l'acte; je ne veux pas analyser les dépositions des témoins; je me fie à votre mémoire à cet égard. Des témoins qui lui sont favorables vous disent qu'il était violent, qu'il avait la main leste. L'architecte que vous avez entendu est un homme presque de sa condition sociale, exerçant un art libéral; il se trouve par son intelligence au même niveau que lui. Un jour il se présente chez lui pour demander l'acquittement d'un mémoire; Armand ne le paye pas; il avait été éconduit déjà plusieurs fois. Je ne veux pas rechercher s'il y avait des raisons pour cela, mais enfin l'architecte est blessé, et lui dit : « Il n'est pas étonnant que vous soyez riche, si vous payez ainsi vos créanciers. » Immédiatement, ne se bornant pas à protester contre ce propos inconvenant, Armand se précipite sur l'architecte pour le battre.

Vous vous rappelez le charron et la menace qui lui a été faite. Ne vaut-elle pas un coup? n'indique-t-elle pas l'homme que la colère aveugle, dans certaines occasions, qui n'est plus maître de lui, et qui se laisse aller à des actes de brutalité? Vous savez ce qu'a dit le charron : il préparait une charrette qu'il devait livrer à Armand; celui-ci se trouvant dans la boutique de cet homme et voyant que la charrette n'était pas finie, dresse sa canne, s'avance furieux, menaçant le témoin. Les charrons, comme les charbonniers, sont maîtres chez eux. Celui-ci dit aussitôt à Armand : « Faites attention; passez-moi la porte un peu vite; vous n'aurez pas votre charrette. » Une discussion s'engage, et Armand, voyant qu'il va avoir affaire à forte partie, sort de l'atelier.

Joseph Blanc a raconté les coups qu'il a reçus à la tête, et il nous a dit dans quelles circonstances le domestique Pargoire était là; il nous a fait un récit minutieux, détaillé; il n'en veut pas à Armand; il rend hommage à certaines de ses qualités; il dit : « J'ai dû enlever le bourgeois qui donnait le mauvais exemple à ses serviteurs, en se colletant avec son charretier; j'ai dû le conduire dans la cuisine; il s'est échappé de mes mains, et il a frappé cet homme à la tête; je l'ai vu, le sang coulait. »

On a fait venir une foule de témoins, — je ne veux pas dire à quel hôtel ils couchent, quoique je le sache, — qui viennent attester, sous la foi du serment, avoir été présents à cette scène dans laquelle, selon eux, l'initiative des torts pèserait sur le valet et non sur le maître. Vous apprécierez. Comment puis-je discuter sur des éléments pareils? La défense pourra bien jeter sans raison la méfiance et le doute par des formules générales sur les témoins que nous produisons, je ne l'imiterai pas; vous apprécierez les nôtres; vous verrez quel intérêt a aujourd'hui le témoin Pargoire à attester le fait dont j'ai parlé.

Pour le fait de Gervais, il n'y a pas eu de témoins produits par la défense; d'autres témoins étaient présents à la scène, mais ils n'ont pu être cités, parce que le sieur Gervais a été trouvé tardivement. On est surpris de sa déclaration. Armand dit : « Je ne le connais pas, je ne l'ai jamais vu chez moi; » et Gervais de répondre : « Je ne vous connais que trop; j'ai été à votre service, et un jour que je ramenais les bêtes du labour, vous m'avez fait des reproches dans des termes qui vous sont familiers (vous vous rappelez qu'Armand appelle les travailleurs qu'il occupe chez lui : *Tas de rosses, tas de canailles*); vous m'avez poussé contre le mur et je porte encore une cicatrice que je montre. Vous m'avez renversé sur le sol, et vous m'avez dit : « Si tu parles, je te tue. » La défense avait infidèlement répété ce propos en le rapportant ainsi : « Si tu ajoutes un mot, je te tue. »

Maurice Roux ne peut avoir eu aucune influence ni aucune action sur cet homme. C'est évident. Quel est l'argument à l'aide duquel on prétend renverser la déposition de Gervais? On dit : « Il n'a pas de domicile; c'est un paysan de la Corrèze qui vient dans les départements méridionaux, plus heureux, louer ses services, gagner quelque chose en travaillant à la journée. Son domicile est dans un grenier à paille où il loge; son mobilier, c'est l'outil en fer qu'il porte à la main ou sur le dos. »

Je ne vois rien là qui puisse indiquer que cet homme soit venu faire un faux témoignage, car oseriez-vous prétendre que la misère est exclusive de la sincérité?

Ainsi, Armand était violent; la colère, qui est une mauvaise conseillère, l'aveuglait souvent, et il lui arrivait, tant ses emportements étaient irrésistibles, de lever le bâton, de lever la main sur des malheureux qu'il aurait dû respecter autant que tous autres. Je ne prétends pas qu'il ait ainsi battu toute la commune de Mauguio; il n'existerait plus, s'il s'était livré à un exercice de ce genre.

On nous parle du cercle où il va habituellement et où il paraîtrait qu'il n'a battu personne... Je le crois; si hebdomadairement ou mensuellement, il avait frappé l'un des membres de cette société, il ne vivrait pas; s'il avait des habitudes semblables, les condamnations se seraient accumulées sur sa tête; mais dans certains moments donnés, le bourru bienfaisant ne s'en tient pas aux paroles, et, pour donner un cours à sa violence, il prend un bâton ou une canne, il lève la main et frappe.

Dans cette étude de la physionomie d'Armand, je fais très-bon marché de la déposition de quelques témoins dont la déposition a été critiquée par la défense, notamment du sieur Touchat, condamné à six mois de prison pour vol, ce qui prouve que la justice de Montpellier ne se trompe pas toujours, qu'elle est clairvoyante quelquefois.

Passons à l'étude du mobile du crime; c'est ici que je sollicite toute votre attention. Après cette session si laborieuse, vous êtes arrivés au moment le plus fatigant de votre œuvre; je ne voudrais pas abuser de votre patience, mais c'est ici le nœud du procès. Je vais démontrer avec quelle merveilleuse habileté la défense glissait hier sur des pentes qui doivent lui être fatales.

La défense a été bien injuste; elle nous a adressé des épithètes bien rudes et bien imméritées. La nouvelle accusation, disait-elle (celle que la générosité loyale de M. le Procureur général formulait hier devant vous), est, au regard de l'accusation de Montpellier, ATROCE; c'est le mot qui a été prononcé hier, et vous souffrirez que je lave le Ministère public d'une pareille imputation.

Quoi! à Montpellier, on vous disait : « Vous êtes descendu dans une cave où était votre serviteur, vous l'avez assommé sans pitié; ensuite, vous acharnant sur le corps du blessé, vous l'avez étranglé, garrotté, vous avez tâché de disputer un reste de vie à un homme qui agonisait; vous avez commis une tentative d'assassinat avec préméditation, et la peine qui vous attend c'est la peine de mort. »

Hier, le Ministère public a dit : « Armand, vous avez été malheureux, vous avez été violent, brutal; vous avez oublié qu'il faut respecter les hommes, quelle que soit leur condition; que faire abus de la force physique et brutale, est toujours un manquement, non-seulement vis-à-vis de sa victime, mais encore vis-à-vis de soi-même; vous avez levé la main sur votre serviteur pour un motif futile ; vous l'avez frappé pour lui infliger une correction, et le coup que vous avez porté a eu des conséquences auxquelles vous ne vous attendiez pas; on vous a imputé d'avoir commis un crime, un crime puni de mort. Nous vous accusons, nous, d'avoir commis d'abord un délit ; puis, effrayé du résultat, vous vous êtes laissé entraîner à cacher ce malheur par un crime. » Voilà l'*atrocité* du Ministère public ; voilà la justification de l'épithète, irréfléchie sans doute, que vous nous adressiez hier ! Et lorsque toutes nos aspirations, — je profite ici glorieusement de l'indivisibilité du Ministère public, — tendaient à être modérées, raisonnables et justes, vous nous avez adressé une expression qui nous eût meurtris si nous l'avions méritée. Mais je suis certain qu'en ce moment, et en présence des explications que je donne, vous les regrettez dans votre âme.

Voyons maintenant le mobile d'Armand, et examinons comment ici tout va être naturel, comment les propositions s'enchaînent les unes dans les autres. Nous avons un sixième sens ; ce sens, c'est la raison ; il est plus infaillible que les autres. Le mobile d'Armand ne peut être déterminé, et vous en concluez qu'il n'a pas commis le crime qu'on lui impute. Examinons.

On a dit de sa maison que c'était une *baraque*. L'architecte que vous avez entendu lui avait dit qu'il était devenu riche en ne payant pas ses dettes, et vous savez ce qui s'en est suivi.

C'est la même physionomie. Armand était profondément irrité ; il ne voulait pas tuer, mais il voulait ajouter un nom à ceux de Joseph Blanc et de Gervais, à cette liste qu'il tient bien secrète et que nous ne connaissons pas en entier. Le serviteur a failli, il a été insolent : « Eh bien ! je vais t'apprendre si ma maison est une baraque. » Voyez, comme le mot indique la mesure, l'intensité de la colère. Le domestique est courbé devant un tas de bois ; Armand est debout avec la bûche dont il vient peut-être de s'emparer dans sa cave, nous ne le savons pas ; peut-être a-t-il une canne plombée ; enfin il a dans la main un engin quelconque, peu importe. Il est debout, la force du coup sera augmentée en raison directe de la distance que le projectile aura à parcourir pour arriver jusqu'à la nuque de celui qui va être atteint. Il lève le bras, il frappe. Maurice Roux, au lieu de se relever, et d'engager une de ces luttes qui devaient être familières à Armand, tombe la face contre terre ; les contractions s'aperçoivent sur sa face..

La tempête commence alors à gronder ; Armand peut se dire : c'est un instant suprême que celui auquel je me trouve ; et, de ce que je vais faire, de mon sang-froid, de ma présence d'esprit, tout mon avenir va dépendre ; que dis-je, mon avenir ? ma liberté ! — Il se croit en présence d'un cadavre. Il est effrayé, il craint les résultats, les peines qui peuvent l'atteindre. Il faut que je me sauve ! pense-t-il alors ! Mais je ne le puis que par le sang-froid, et à l'aide d'un masque. Je ne puis me sauver que par moi-même. Que vais-je faire ? Voyons : simulons un assassinat. — Il attache les mains de la victime derrière le dos ; ensuite il lui lie les pieds. Cela indiquera l'intervention d'étrangers, et c'est l'explication première qu'il a donnée lorsque le cadavre a été trouvé. Et s'il laisse son mouchoir, cette carte de visite dont vous parliez, mettez cela ou sur le compte de son imprévoyance, ou sur cette circonstance fortuite, à laquelle je crois, qu'il a laissé tomber son mouchoir sur le sol, qu'il l'a retrouvé ensuite et confondu avec le mouchoir de son serviteur. Enfin, pour compléter les apparences d'un crime commis par une main étrangère, il enroule autour du cou de cet homme, qu'il croit avoir tué, la corde que vous savez et qui a déterminé la strangulation partielle.

Messieurs, dans cet exposé j'ai fait bon marché des règles oratoires ; je n'ai voulu que vous rappeler les faits de l'accusation. Toutefois, je désire vous soumettre une observation sur le défaut de ligature de la corde enroulée autour du cou. Il n'y a pas de nœud ! L'observation que je veux vous soumettre, chacun de vous a pu la faire en présence de la situation que je viens de vous décrire. Un homme du caractère d'Armand, qui n'est pas habituellement méchant, qui ne l'est que par intermittence, n'a-t-il pas pu, dans un moment de colère, se livrer d'abord à un acte coupable, puis, quand il a été en face d'un cadavre, attacher les pieds et les mains de sa victime pour déguiser les apparences ? La chose est évidemment possible ; il a pu aller de sang-froid jusque-là. Mais lorsqu'il s'agira de cette corde qu'il faut enrouler autour du cou, de cette funèbre cravate de chanvre, est-ce qu'il ne se produira pas dans l'esprit de cet homme qui n'a pas voulu tuer, une grande agitation ? N'a-t-il pas pu soupçonner un reste de vie chez sa victime, et sa main ne s'est-elle pas arrêtée, n'osant pas former le nœud fatal ? Tout cela peut être, et ne voyez-vous pas, Messieurs, combien tout cela s'explique naturellement !

L'intérêt qu'avait Armand à dissimuler était immense. Il gardait un secret terrible sur sa conscience, mais il était sauvé. Lui, deux fois millionnaire, habitué à avoir ses aises, à avoir toutes les jouissances de la vie ; lui entouré de l'affection de toute une famille, il savait que la moindre imprudence, un geste, un regard, un mot, pouvaient le perdre et remplacer tant de bonheur par l'infortune et l'infamie ! Il avait donc un intérêt incontestable à dissimuler, et là se trouve la seule explication raisonnable de sa conduite.

Voilà les mobiles d'Armand, les sentiments et les épreuves terribles qui ont agité son âme, les passions et les instincts auxquels il a cédé.

Au contraire, peut-il y avoir de la part de Maurice Roux un mobile quelconque à l'acte que lui impute la défense ? Examinons maintenant cette question.

Maurice Roux cherchait une place à la date du 5 juillet ; un négociant de Montpellier est venu le dire. Maurice Roux insistait pour entrer chez ce négociant, et alors qu'habile cocher, ayant des certificats favorables de ses anciens maîtres, il peut le lendemain se présenter et obtenir une place avantageuse, savez-vous à quelle résolution il s'arrête ? A celle de s'étrangler, et au profit de qui ? En faveur de ses héritiers, pour se venger. Ma foi, Messieurs, la supposition me paraît excessive. Et je crois, quant à moi, qu'il me suffira de démontrer qu'une strangulation sérieuse ne peut avoir été exécutée de la part de Maurice Roux pour renverser tout cet échafaudage.

En effet, Messieurs, le système de la défense consiste à dire ceci : Maurice est un maître traître, il a joué habilement la scène lugubre du 5ᵉ acte ou du 10ᵉ tableau ; mais, malheureusement pour lui, lorsqu'il s'est frappé du poignard, la lame ne rentre pas dans le manche, et elle lui perce la poitrine. Messieurs, ce sont là des phrases, et pas autre chose. Il s'agit, dans l'espèce, d'une strangulation par la corde, et notez dans quelles conditions, suivant la défense, elle a été faite. Voyez d'ici Roux simulant la strangulation ; il commence par s'attacher les pieds, car il voudra jusqu'au dernier moment conserver la liberté de la respiration ; puis, dans cette position commode, il s'enroulera délicatement autour du cou la corde de 3 mètres que vous connaissez! Il est obligé nécessairement de se livrer à cette seconde opération avant de se lier les mains, car il est manifeste qu'ayant les mains attachées, il lui eût été impossible d'y procéder. Est-ce possible? est-ce admissible? L'absurdité de cette explication est un argument irréfutable contre la défense.

Maurice s'est donc attaché les mains derrière le dos aussi facilement que s'il avait pris pendant six mois des leçons du docteur Gromier. Puis, cette opération faite, va se produire, toujours selon la défense, l'étrange phénomène que j'ai vu indiqué dans un des Mémoires publiés. Un matelot, qui n'avait pas les mains liées derrière le dos, a le malheur de se coucher le soir et de s'endormir avec une cravate négligemment nouée autour du cou ; nous ne savons pas à quel cauchemar il a obéi pendant son sommeil ; mais toujours est-il que, selon le Mémoire, on l'a trouvé le lendemain matin à moitié étranglé! Les cravates ne sont généralement pas funestes à ce point. Quoi qu'il en soit, il faut bien que les choses se passent ainsi, puisque la corde qui n'est même pas tenue par un nœud autour du cou de Maurice, va, sans qu'on tire les deux extrémités, déterminer une pression toute naturelle sur les organes respiratoires, et étrangler, malgré lui, le traître qui a organisé cette infamie!

On vous a dit que Maurice Roux avait la prétention de faire *chanter* M. Armand. Le mot est de mauvais goût, mais il est passé dans la langue, et l'on s'en est servi à plaisir ; il a l'espoir de faire *chanter* M. Armand. Eh bien! s'il en est ainsi, vous me permettrez au moins de croire qu'après avoir organisé cette scène savante, il doit tenir à la faire réussir et à ne pas se faire tuer en faveur de ses héritiers.

Mais, si une corde, dit-on encore, ne se resserre pas d'elle-même, c'est la tuméfaction du cou qui la resserre : admettons-le ; mais la tuméfaction du cou est-elle instantanée? Est-ce un coup de foudre? Est-ce tout à coup que cet histrion qui joue un rôle va passer de l'état de vie à l'état d'homme dangereusement malade? Non, ce n'est pas possible, et les phénomènes dont parle la défense ne se produiront que progressivement et graduellement. Aussi, lorsque Maurice Roux, le comédien, verra que la corde le gêne (car il ne dort pas comme le marin du Mémoire, qui avait eu l'imprudence de garder sa cravate en se couchant), quand Maurice Roux verra, dis-je, que la corde le gêne, bien qu'il ait les mains attachées derrière le dos, il pourra, puisqu'il se les est attachées lui-même, dégager ses poignets pour arranger un peu cet appareil qui l'incommode.

Comment croire, à supposer que Maurice Roux ait eu la tête assez en travail pour organiser cette simulation sans précédent, qu'il ne sentira pas l'instinct de la conservation se réveiller en lui, et ne cherchera pas tous les moyens possibles pour se soustraire aux funestes conséquences dont il se verra menacé? Cela est impossible, et il est évident pour moi qu'il aurait défait ses mains, qu'il aurait organisé un peu mieux cette corde qui le gênait trop d'abord, et qu'il n'aurait pas laissé arriver la strangulation jusqu'à cette période où l'asphyxie lui aurait enlevé la perception des choses extérieures.

L'instinct de la conservation se serait réveillé en lui ; il y a là une raison majeure, et dans une situation semblable, cet homme ne se serait pas laissé aller, sans chercher à s'en défendre, sans pousser même un cri, jusqu'aux limites de la mort!

Je crois avoir démontré d'une manière irréfutable, pour des hommes qui veulent ouvrir les yeux à la raison, qu'il est impossible d'admettre qu'il y ait eu simulation de la part de Roux.

Passons maintenant à la question de l'*alibi*. Ici, j'ai quelques considérations nouvelles à ajouter au procès, et je vous prie d'y prêter toute votre attention. Ces considérations, qui n'ont pas été aperçues pendant le cours de ces débats, résultent de l'emploi du temps d'Armand pendant la journée du 8 juillet. L'*alibi* est une arme qui sauve ou qui tue ; aussi voyons quelles sont les réponses d'Armand, lorsqu'il est appelé devant le magistrat instructeur, après que Roux l'eut dénoncé comme son assassin. Armand dit : « Je suis resté depuis huit heures et demie du matin jusqu'à neuf heures et demie dans la chambre de ma femme, couché dans son lit. » On appelle la domestique de la maison, Marie Hauterive, et Marie Hauterive déclare qu'elle est allée dans la chambre de Mme Armand à huit heures et demie et qu'Armand n'y était pas. « Il n'était pas dans le lit, car il eût été impossible que je ne l'eusse pas vu, et je ne l'ai pas vu. Et la preuve qu'il n'y était pas, c'est que je l'ai entendu chantonner dans sa chambre qui est à côté. » Voilà donc déjà une preuve que l'allégation de l'*alibi* est mensongère.

Marie Hauterive va chez le baigneur pour faire préparer un bain ; il lui faut quelque temps pour cette course. Elle revient ; elle entre dans la chambre de Mme Armand pour lui donner la réponse du baigneur, et à ce moment il est encore manifeste qu'Armand n'y était pas. La domestique se rend alors dans la cuisine pour faire l'infusion que lui a commandée Mme Armand. Lorsqu'elle va dans la salle à manger prendre les objets nécessaires pour servir l'infusion, elle voit Monsieur, non pas déjeunant, mais qui, contrairement à ses habitudes, lui demande du pain. A neuf heures et demie, elle frappe à la porte de Mme Armand qui lui répond : « n'entrez pas. » Armand ne pouvait être couché dans cette chambre, puisqu'il avait été vu précédemment habillé dans la salle à manger ; la femme de chambre n'entre pas, la discrétion lui en fait un devoir, et depuis elle n'a pas revu Armand.

Or, je le demande, pour commettre, non pas le meurtre, mais le délit que j'ai indiqué, le coup reçu par Roux, a-t-il fallu à Armand plus de temps que n'en ont demandé le voyage de Marie Hauterive chez le baigneur et la préparation de l'infusion? Évidemment, ce temps a été plus que suffisant.

Je ne veux pas m'écarter du procès, et je reconnais l'assurance avec laquelle Armand a nié le témoignage de Marie Hauterive. Je laisserai à chaque fait sa physionomie, autant qu'il dépendra de moi ; mais, malgré toute l'assurance d'Armand, il n'en ressort pas moins des dépositions du témoin et des circonstances que l'alibi est mensonger et inexact.

Vous vous rappelez, Messieurs, que le témoin Biroteau a dit : « Vers dix heures, je me trouvais au bureau de M. Armand. Je le vis arriver, il suivait le boulevard, il avait l'air d'un homme qui n'est pas préoccupé le moins du monde, il achevait de grignoter un morceau de pain. » Ne trouvez-vous pas, comme moi, Messieurs, que ce déjeuner dure bien longtemps? Il commence, n'est-ce pas, à neuf heures, il finit à dix heures ; c'est un déjeuner préparatoire, qui précède le vrai déjeuner, le déjeuner substantiel qui a lieu à midi. Aussi, en réfléchissant sur cette attitude d'Armand, attitude que j'ai étudiée plus attentivement qu'il ne suppose, je me disais : Mais ne serait-ce pas plutôt le fait d'un homme qui comprend quel intérêt considérable il a à montrer de la tranquillité, qui comprend que toute sa vie est engagée dans son regard, dans ses gestes, dans ce qu'il va dire, qui comprend qu'avant tout il faut qu'il se sauve ; et la loi du salut est la suprême loi !

Voyez cependant comme il parle de Maurice Roux ! Il s'inquiète de lui, il envoie chercher le serrurier pour ouvrir la remise et la chambre de Roux qui est au-dessus ; il a déclaré qu'il avait une vague appréhension en entrant dans cette chambre et qu'il craignait que quelque accident ne fût arrivé.

Notez que le serrurier n'ouvre que la remise et la chambre de Maurice Roux, et puis qu'il retourne chez lui. Mais de l'autre côté de la rue se trouve l'écurie ; on ne l'ouvre pas ; notez-le bien, car ici voici l'analyse à laquelle je me livre.

Quel pouvait être le sujet des inquiétudes d'Armand ? Il ne tenait pas à garder Maurice Roux, puisqu'il devait le renvoyer dans quelques jours ; il pouvait le faire chercher dans la cave, il ne l'a pas fait. Quels sont les dangers que Maurice Roux peut courir ? Nous connaissons ses habitudes, sa chasteté seule est en péril, sa personne ne court aucun danger. On l'a vu à huit heures et demie du matin dans la cuisine, et il ne vient pas à midi. Quel est le cri naturel que son maître doit pousser en pareille circonstance ? Il est encore allé faire une escapade, il ne rentre pas à l'heure de son service, c'est bien. Mais les chevaux qui sont ainsi abandonnés par un serviteur sur lequel on ne peut avoir aucun souci sérieux et qu'on recherche cependant avec sollicitude, les chevaux, où sont-ils ? que font-ils ? C'est à leur service que Maurice Roux a été particulièrement préposé. Ont-ils été abreuvés ? (Remarquez que nous sommes au mois de juillet.) Le cri du maître, en pareille circonstance, sera celui-ci : mais ce malheureux, qui va ainsi courir la campagne, qui se livre au désordre, et ne fait pas son service quand je le paye et le nourris, il laisse ces pauvres animaux dans l'écurie, sans eau, sans nourriture !

Non, Armand était là en train de faire une perquisition dans la chambre de Maurice Roux, tandis que de l'autre côté de la rue se trouvait l'écurie avec les chevaux, et qu'il n'a pas pensé à donner l'ordre au serrurier, qui était présent, d'ouvrir l'écurie, dont Maurice Roux avait emporté la clef.

Cette observation n'a-t-elle pas une véritable portée ? N'indique-t-elle pas le trouble qui existait dans l'esprit d'Armand ? Il n'aurait pas pu être inquiet à ce point de son domestique, même s'il eût vieilli à son service, et il ne se préoccupe pas de ce dont il devait naturellement se préoccuper. La procédure établit que ce n'est pas à la demande d'Armand, mais bien sur l'instigation de Malzac, un homme de sa maison, que l'on a été chercher de nouveau le serrurier pour faire ouvrir l'écurie et donner les soins nécessaires aux chevaux, et cela à huit heures du soir !

Encore un mot sur l'attitude d'Armand quant à certains faits indiqués par l'instruction.

Lorsque pendant la nuit, vers deux heures du matin, Maurice Roux a repris ses sens, et a désigné Armand comme son assassin en présence de M. Biquet et de Malzac, qui n'ont pas protesté, et qui ont été réveiller et chercher Armand dans sa chambre, Armand aurait dû s'élever énergiquement contre les déclarations de Maurice Roux. Il ne fait pas ce que nous aurions tous fait ; il ne se lève pas en toute hâte et ne va pas frapper à la porte de M. le Procureur général pour lui dire : mais cet individu est un infâme calomniateur !... Pas le moins du monde. Son silence n'est-il pas des plus significatifs ?...

Puis, quand, dans la journée, il est appelé par le Juge d'instruction, lui qu'on a réveillé pour recevoir cet avis essentiel, il feint la stupéfaction la plus profonde, l'indignation la plus subite en apprenant du juge l'accusation dirigée contre lui ; et en fait de comédie, je crois qu'il se montre plus fort que la défense n'a jamais pu supposer Maurice Roux. Il recule de deux pas, et il dit : Vous plaisantez peut-être ? ce n'est pas possible !... On lui répond que la Justice ne plaisante pas ; on le fait s'approcher du lit, puis la confrontation continue.

N'y a-t-il pas là un second symptôme à remarquer chez cet homme, que nous voyons si tranquille dans différentes circonstances, si ferme aux regards de ses amis et des familiers de sa maison ? N'y a-t-il pas dans cette seconde attitude quelque chose qui fait naître le soupçon des qualités spéciales qu'il peut avoir pour défendre, par la dissimulation, les intérêts si énormes de toute sa vie engagés dans cette affaire !

Cela est impossible, diront les défenseurs ; mais ne jugeons pas les autres d'après nous-mêmes, étudions les variétés si infinies de l'espèce humaine avec cette face originale qu'elle présente parfois, et rappelons-nous qu'il y a dans ce procès quelque chose de bien autrement impossible auquel j'arrive et qu'il faut maintenant parfaitement constater.

Lors de la confrontation à l'hospice, — et ici Armand va se peindre non par une phrase, mais par un fait, dès qu'il est en présence du lit de Maurice Roux, — je ne veux pas faire de tableau, je m'en garderai bien, je ne sais pas les faire, — en présence du lit de Maurice Roux, la colère s'empare de lui, il se précipite d'un air menaçant en levant la main sur cet homme couché, et qui, épouvanté, fait un mouvement nerveux qui le jette hors de son lit et détermine le coup de pied qui aurait atteint les agents de police, coup de pied qui n'a pas été donné, comme on vous l'a raconté... Les sergents de ville retiennent Armand à bras-le-corps, et, quand le Juge d'instruction lui reproche de prendre vis-à-vis de sa victime des allures menaçantes, Armand reconstitue soudainement sa physionomie d'auparavant : — Ce n'est pas vrai, je ne l'ai pas menacé, — et il passe sans transition, en quelque sorte, du paroxysme de la colère à une attitude convenable.

Ce fait est certain, constant, et il est beaucoup plus fort que celui de la colère qui, commencée au jardin, finit à l'octroi !... Cette variation subite, cette mobilité d'attitude et de langage est un trait caractéristique qu'il faut observer dans la constitution physiologique toute particulière de l'accusé.

Maintenant, Messieurs, je vous rappelle encore la circonstance de la clé. Nous savons quelles sont les dimensions des clés de cave ; faites celle-ci aussi petite que possible, assurément Maurice Roux ne peut pas l'avoir avalée, car on l'aurait alors retrouvée quelque part à l'hôpital !... Il faut que cette clé se retrouve.

On dit que la clé peut être dans la cave elle-même,

où il y avait des tas de charbon, des pièces de bois; mais les pièces de bois ont été prises une à une; le charbon a été enlevé morceau par morceau. On a ensuite fouillé la terre, ratissé le sol; le tout s'est fait en présence des membres de la famille Armand, et on n'a pas trouvé la clé.

On dit encore qu'elle a pu passer à travers la porte à claire-voie de la cave; mais c'est une supposition puérile; la clé ne peut être lancée à une distance plus considérable que celle des parois des caves environnantes, à un mètre ou un mètre 50; on l'aurait trouvée là.

Il faudrait donc qu'elle eût passé par le soupirail de la cave, et que, par l'effet d'une adresse admirable, Maurice Roux, avant de procéder à sa toilette, toilette toute particulière, soit parvenu à envoyer la clé au travers des mailles qui forment le grillage dont a déjà parlé M. le Procureur général. Or, Messieurs, l'espace dans lequel il aurait fallu faire passer la clé est de 24 *millimètres!* C'est une clé de cave; elle n'a pas les dimensions restreintes d'une clé de secrétaire ou d'un meuble d'intérieur. Il était donc impossible à Maurice Roux d'effectuer ce tour de force que lui attribue la défense au moment où il allait se livrer à l'opération préparatoire et compliquée de sa simulation!...

Examinons maintenant les propos.

La vérité est naturellement comprimée dans le milieu de parents, d'amis, et dans cette population servile qui entoure Armand, qui vit du travail qu'il donne, qui, par conséquent, a intérêt à ménager Armand lui-même, ou peut-être les vertus qui l'entourent.

Rappelez-vous toutefois que la cuisinière a entendu des propos tenus dans la maison de parents d'Armand, sur le bord de la mer : « C'est affreux « d'avoir laissé un homme garrotté ainsi toute une « journée..., mais enfin il faut le tirer de là. » — Ce propos était tenu à huis clos; on s'adressait à un honorable avocat, c'était tout naturel, il fallait avec lui s'exprimer de la sorte. Vous apprécierez tout cela.

La concierge est venue faire preuve à cette audience d'un courage que je considère comme malheureux, bien qu'il ait été si fermement vanté hier. Elle avait raconté le fait à sa sœur, la femme Marius; celle-ci en dépose : elle a vu Armand remonter de la cave.

Mensonge, dit-on, de la femme Marius, parce qu'elle n'aurait pas manqué de le dire à son mari... Mais pourquoi ne l'a-t-elle pas dit à son mari? parce qu'il est brouillé avec la femme Cazes, et elle ne voulait pas dire à son mari qu'elle avait des relations avec sa sœur. Voilà le fait éclairci.

Un témoin a raconté une scène à ce sujet avec le naturel que vous savez. Il voit la femme Cazes, qui, provoqué par un de ses amis, il cherche à se faire donner quelques renseignements; il s'approche de la portière : elle est femme, elle est portière, double titre qui l'obligera à parler; et alors, appuyée sur le manche de son balai, elle sourit aux insinuations et finit par déclarer la vérité.

La femme Cazes peut varier aujourd'hui; mais elle ment, et c'est à l'origine qu'elle a été sincère.

Il est impossible de prolonger ces débats; mais enfin la vérité se fait jour lentement, elle est fille du temps, et, grâce, au ciel, dans ce procès, elle aura eu le temps de naître, puisqu'il y a déjà huit mois et plus que cette affaire est engagée. Voici, à ce sujet, une dépêche télégraphique que je reçois à l'instant même, et qui nous indique deux nouveaux témoins auxquels la femme Cazes aurait dit avoir vu Armand se rendre à la cave.

M*e Jules Favre.* — Il ne manque plus que de faire des instructions par dépêche télégraphique. Toutes les monstruosités nous sont réservées dans cette affaire!

M. l'Avocat général. — Je vous en prie, ne m'interrompez pas. Les interruptions ne sont pas dans nos habitudes judiciaires. J'ai déjà assez de peine à remplir ma tâche sans que vous me la rendiez plus pénible. Armand a une sainteté toute naissante, toute fraîche. Vous devriez lui montrer par votre exemple que la patience est une vertu chrétienne ! Nous vous communiquons une dépêche télégraphique, parce que nous n'avons pas autre chose.

Je reprends. A côté de ces propos, nous voyons la manifestation des manœuvres auxquelles la famille va se livrer pour sauver Armand, et l'inquiétude de ceux qui veulent le ravir aux conséquences de sa faute.

Vous vous rappelez le témoin Guizard qui va trouver Roux à l'hôpital pour avoir, je le suppose du moins, avec lui une conversation périlleuse. Roux n'avait pas encore complètement parlé; il pouvait revenir sur sa déposition. Probablement Armand aurait *chanté* (puisque le mot est admis), si la chose avait pu se faire. A l'aide de la fausse qualité qu'il prend d'étudiant en médecine, il pénètre jusqu'au lit du malade, fait semblant d'examiner la blessure, se fait reconnaître, et la conversation s'engage. Ce témoin a été deux fois convaincu de mensonge, et par l'agent de police qui l'a vu et entendu, et par un étudiant en médecine qui est venu ici raconter la conversation qu'ils avaient eue ensemble. Guizard, ainsi confondu, ne trouve un refuge que dans cette même indépendance qui le protège, et il a l'audace de retourner l'outrage contre ces deux témoins qui devant vous disaient la vérité, et sont restés, eux, fidèles à leur serment.

Toutes ces constatations juxtaposées viennent fortifier les considérations que je vous présentais tout à l'heure, et éclairent la Justice sur les faits de la cause.

Je vous ai dit que je ne voulais pas faire de tableau, ce serait pour moi un péril immense; mais si j'ai démontré que la simulation avait été impossible, encore puis-je invoquer le témoignage du témoin principal dans l'affaire.

A quel moment Roux a-t-il déclaré qu'Armand avait voulu le tuer? C'est à deux heures du matin; et quand cet homme, qui vient de traverser une véritable agonie, qui quelques instants auparavant était malade si gravement, qu'il ne sentait pas l'eau bouillante qu'on versait sur ses chairs, revient à lui, reprend à peine ses sens, il répond sans hésiter à l'étudiant Vialette, en présence de Malzac et de Biquet : c'est Armand qui est le coupable. Et vous voudriez qu'à peine arraché à un péril aussi sérieux, sans être obligé de coordonner de nouveau son système, ses idées, il ait pu, — je ne dirai pas prononcer, il ne parle pas en ce moment, — mais donner une première indication mensongère ! C'est encore là une circonstance qu'il est essentiel de noter.

Je ne rappelle pas les procès-verbaux dressés par le magistrat dans la matinée, je sais parfaitement quel est le sort de ces œuvres consciencieuses auxquelles les magistrats instructeurs se livrent, lorsque le devoir les appelle auprès d'un homme qu'il faut entendre peut-être pour la dernière fois. Je me contente de dire qu'ils ont été rédigés sous la foi du serment, et avec le plus grand soin, avec la plus grande conscience, en présence d'un homme qu'on croyait agonisant. Ce serait fatiguer inutilement votre attention que d'insister sur ce point.

Je laisse aussi de côté le tableau de la scène religieuse qui se passait à l'hôpital quelques jours après : on me répondrait que cette communion a été un sacrilége. Mais voici un argument que je ne veux pas négliger : Roux est malade, tellement malade que la supérieure des religieuses du couvent le croit en péril. Elle vient trouver le Juge d'instruction, et sans que Roux ait songé à ces pratiques religieuses, que le péril de la situation commandait, elle parle de l'urgence de la communion suprême. Cet homme est en danger ; il ne peut pas ne pas croire à la gravité de son état, et devant l'appareil imposant du mystère religieux qui va s'accomplir, il est impossible que l'idée d'une profanation gratuite puisse venir à sa pensée. C'est ce moment solennel qu'il jure qu'Armand est bien réellement l'homme qui s'est livré à cet attentat sur sa personne. Il le jure, et il le jure de nouveau. Et maintenant vous voulez de ce Roux faire un comédien horrible, un histrion comme on n'en a jamais vu, un imposteur, un dramaturge de premier ordre ! Mais, pour Dieu ! s'il en était ainsi, lui qui sans avoir besoin du feu de la rampe, en plein midi, sous les yeux des professeurs de médecine légale, parvient à jouer une comédie semblable, et à tromper tous ceux qui le voient dans ces quarante-huit heures qui ont suivi le coup qu'il a reçu, qu'a-t-il besoin d'obtenir d'Armand ces sacrifices pécuniaires par la peur de la perspective d'une condamnation ? Il aurait mieux à faire encore, si s'est la cupidité qui le fait agir : une vocation de cette puissance se révèle toujours à elle-même ; il n'a qu'à fuir la province, à venir à Paris, et paraître avec succès sur les planches de l'Ambigu !

M. l'Avocat général annonce qu'il n'a pas l'intention de discuter les questions médico-légales qui surgissent du débat. Il examinera seulement quelle est la situation du Juge, en présence des opinions émises dans l'affaire par des médecins justement renommés.

On peut bien admettre la centralisation politique, mais non la centralisation du sens commun ni celle de la science, et il faut s'abstenir de rien accepter aveuglément. Les professeurs de la Faculté de Montpellier ont été cruellement traités dans le cours des débats. Cependant on ne peut nier leur autorité ; partis des rangs les plus humbles, c'est à force de travail qu'ils ont conquis leur position, et la Faculté de Montpellier a au moins le mérite d'être la sœur aînée de celle de Paris. On ne peut traiter légèrement un rapport signé de tels hommes, en qualité d'experts, et sous la foi du serment.

M. l'Avocat général rencontre en face d'eux d'autres médecins également honorables et savants, mais placés dans des conditions différentes, intéressés peut-être, ou entraînés par les récits inexacts et les larmes d'une famille. Il n'entreprendra pas avec eux une lutte inégale ; mais il cherchera à montrer les traces de la passion où elles existent, et il fera ressortir quelques-unes des erreurs ou des contradictions que cette passion a amenées.

Et d'abord M. Tardieu nie d'une manière générale l'intermittence des effets de la commotion cérébrale. M. le docteur Delpech, dans son *Traité élémentaire des maladies réputées chirurgicales*, admet, au contraire, dans ce cas, la suspension momentanée des symptômes.

M. Tardieu soutient aussi dans son Mémoire que ce n'est pas à la nuque que Roux a été frappé, mais à l'occiput, et il en conclut que l'érosion de la peau, partie tendre entre le crâne et le corps contondant, était alors inévitable. Le fait était erroné, le coup a porté sur la nuque, et, pourtant, vous avez entendu M. Tardieu maintenir *à fortiori* l'opinion émise dans sa consultation !

M. l'Avocat général cite quelques autres exemples d'opinions avancées par les médecins, et qui seraient, d'après lui, tout à fait inacceptables ou exagérées. Il relève encore une assertion de M. Pirondi consistant à dire que Maurice Roux aurait été d'autant plus exposé à la mort qu'un plus grand nombre de causes, commotion, asphyxie, syncope, auraient concouru à la produire. M. l'Avocat général trouve dans les souvenirs de sa pratique judiciaire un exemple contraire : un Piémontais avait été d'abord assommé, puis il avait reçu un coup de pistolet ; quoiqu'il ne parût plus qu'un cadavre, son assassin s'acharne et le frappe à plusieurs reprises d'un couteau ; cette dernière violence, opérant comme une saignée, au lieu d'achever, sauve la victime !

M. l'Avocat général clôt l'énumération des erreurs qu'il reproche aux médecins en critiquant cette assertion de M. le docteur Jacquemet, que les cordes mouillées s'allongent et se raccourcissent en séchant ! En lisant une pareille énormité, dit-il, j'ai cru que c'était imprimé à Paris pour être envoyé en province ; mais non, c'est de Montpellier qu'on nous transmet ce bel axiome de physique ! et nous ne savons plus comment à Rome on dressait les obélisques sous le pontificat de Léon X, comment à notre époque on a rétabli à Paris l'équilibre des tours de Notre-Dame !

D'ailleurs l'entraînement de M. le docteur Jacquemet est tel, qu'il commet un délit presque à chaque page de son Mémoire, en y insérant des extraits de procès-verbaux et de dépositions non lus à l'audience, chose défendue et punie par la loi des 10-27 juillet 1849.

Voilà, dit M. l'Avocat général en terminant cet ordre de considérations, à quelles erreurs la faible espèce humaine est entraînée lorsque la passion l'aveugle !

Passant à l'expérience des cordes, M. l'Avocat général rappelle que deux experts nommés par M. le Président ont prétendu à l'audience qu'il était impossible, par le procédé du Commissaire de police, de produire des sections de corde analogues à celles qui figurent dans les pièces de conviction, tandis qu'il était facile d'obtenir ce résultat par le procédé Servent. Or ils avaient signé l'avis contraire dans leur rapport écrit ! Quel affligeant spectacle que celui de pareilles aberrations !

Vous avez été témoins, continue M. l'Avocat général, de l'expérience ordonnée par M. le premier Président : on a essayé, avec les douze petits bouts de corde, d'entourer les poignets de Maurice Roux, et plus de la moitié n'étaient pas assez longs pour les enserrer. Comment l'auraient-ils fait davantage le 7 juillet ? M. Alquié était donc seul dans le vrai lorsque, fidèle à ses conclusions écrites, il disait que, par l'un ou l'autre des deux procédés, on pouvait obtenir des résultats similaires aux pièces de conviction.

Mᵉ Lachaud n'a pas parlé des gens d'Alais, du maçon Sabatier et de la femme Pontet ; doivent-ils être encore cités dans la réplique comme les complices de Maurice Roux ? Je ne sais, dit M. l'Avocat général. Ils ont certainement menti en déclarant qu'ils passaient à Montpellier pour aller aux bains de mer, et qu'ils étaient retournés parce que les bains n'étaient pas ouverts : la Méditerranée ne ressemble pas à un cabinet particulier. Mais qui sait si la femme Pontet, nouveau Mercure galant, n'était pas chargée de quelque message mystérieux; ou bien si elle n'allait pas déposer un nouveau-né aux Enfants Trouvés; ou si enfin elle ne venait pas simplement pour passer non pas la journée, mais la nuit à la ville? Ce qui est certain, c'est qu'ils ne connaissaient ni l'un ni l'autre Maurice Roux, et que la fille Abraham avait chargé la femme Pontet d'aller le voir en passant à Montpellier, et lui avait donné son adresse.

En ce qui concerne l'attentat du 17 novembre, M. l'Avocat général ne prétend pas pouvoir en désigner l'auteur, ni dire qu'on ait voulu tuer Roux. On voulait seulement l'empêcher de comparaître. Mais le système qui consiste à dire que c'était une seconde comédie jouée par Roux, est odieux. M. le docteur Réné a parfaitement constaté la commotion. Si le mystère subsiste, l'attentat est manifeste, et c'est à messieurs les Jurés à l'apprécier.

La défense a beaucoup parlé, dit M. l'Avocat général, des entrées au théâtre accordées à Maurice Roux. Mais c'était un simple acte d'humanité de la part du directeur, et il n'y a aucune conséquence à tirer de ce fait, et quand il aurait été provoqué dans une certaine mesure par le Commissaire central, ce ne serait pas une raison pour le poursuivre de vos sarcasmes.

Il est dans les habitudes de finir par une péroraison, de prendre plus de véhémence, de mettre plus de vivacité dans son langage, je n'en ferai rien. Je n'ai pas eu la prétention de prononcer un discours devant vous; j'ai fait toutes mes réserves à cet égard. Examiner les points culminants de l'affaire, voilà ce que j'ai voulu.

Je termine par une idée que je n'ai pas encore exprimée. Il faut dire tout haut ce que nous pensons tout bas. Si, dans votre conscience, dont je ne prétends pas avoir pénétré les secrets, — prétention que la défense manifestait hier à coup sûr bien témérairement, — vous disiez : le 7 juillet, il y a eu dans la maison d'Armand un événement bien fatal : Armand a frappé Maurice Roux. Au point de vue de l'intention, il n'était pas plus coupable que lorsqu'il frappait Gervais ou Blanc, — ce sont des circonstances identiques, les résultats matériels en ont été seuls différents; — c'est un délit qu'a commis Armand. Depuis huit mois, cet homme, éloigné de sa maison, arraché du sein de sa famille, souffre toutes les douleurs : est-ce que la réparation n'est pas suffisante? Est-ce qu'en proclamant aujourd'hui son innocence nous ne serons pas rigoureusement justes? Si, dis-je, vous vous teniez à vous-mêmes ce langage, vous seriez éloignés, Messieurs, du sentiment du Ministère public. Mais enfin je suppose que quelqu'un de vous pût entrer dans cet ordre d'idées. Le Ministère public vous le déclare, Messieurs, il croit que cette manière de voir serait injuste; que, de votre verdict ne doit pas sortir seulement l'accomplissement de la loi morale qui veut que la réparation suive la faute; que, dans une affaire de cette importance, il y a une autre exigence à satisfaire, celle de la vérité que chacun demande, dont chacun a soif, et que vous avez le devoir de proclamer. Comment, en effet, s'appelle la décision que vous allez prendre : *Vere dictum*, la *Vérité*; l'étymologie du mot l'indique elle-même. Ne failliriez-vous pas au serment que vous avez prêté, au caractère dont vous êtes investis, au nom que porte votre sentence, si vous adoptiez la manière de voir que je viens de supposer pour un instant?

Rappelez-vous les hautes considérations sociales que M. le Procureur général a invoquées hier. Les paroles tombées de ses lèvres ne peuvent plus sortir des miennes. Mais je vous dis, en dehors de ces considérations, et au point de vue purement juridique, il n'est pas vrai, Messieurs, que vous soyez souverains, puisque vous relevez de votre conscience et de votre serment!...

L'audience est suspendue.

La discussion vigoureuse, animée de M. l'Avocat général a nécessité un nouvel effort de la part de la défense. A la reprise de l'audience, Mᵉ *Jules Favre* prend la parole en ces termes :

Je croyais être en droit d'espérer, après onze jours de laborieux débats, après un interrogatoire long et lumineux, après l'audition de cent soixante témoins, un brillant réquisitoire et une éloquente plaidoirie, que nous touchions enfin au terme de ce déplorable procès et qu'il n'y avait plus de place que pour un verdict déjà prononcé dans votre conscience.

Je me suis trompé; le Ministère public insiste et me force à descendre dans l'arène.

Permettez-moi de vous le dire avec sincérité: quand j'avais prié mon si habile confrère et ami, Mᵉ Lachaud, de prendre la parole, je savais par expérience quelle est la fécondité de ses ressources; elle égale la noblesse de son cœur et la solidité de son esprit; j'étais certain d'un succès, et lorsqu'à l'audience d'hier, bravant l'ordre de M. le Président par une infraction que nous devons regretter, tout en la comprenant, l'auditoire a éclaté en applaudissements, que la Cour en soit bien convaincue, il n'y avait dans l'expression irréfléchie et spontanée de l'opinion publique rien qui ressemblât à cette odieuse vénalité que le Ministère public aura regret d'avoir signalée dans cet incident.

Mais qu'il me soit permis d'ajouter que ce talent si souple, si varié, si puissant, n'avait, dans l'affaire actuelle, aucune application véritable. Le danger contre lequel la défense avait à lutter n'existait plus; il s'était dissipé dès les premiers jours de ce débat.

Dès ce moment, Messieurs, je désirais en être écarté, et je me sentais le cœur obsédé de pensées amères que j'aurais voulu et renfermer. Il nous paraissait surtout utile de se préoccuper du sort de l'accusé, alors même que sérieusement nous ne pouvions concevoir aucune inquiétude. C'était une faiblesse; mais il faut que chaque affaire porte avec elle son enseignement. Dans celle-ci des paroles sévères doivent être prononcées, et il importe de faire appel à la moralité qui se trouve au fond de toutes les consciences.

C'est là le rôle que je voudrais remplir, et, vous le voyez, il est supérieur à l'affaire. L'accusé, l'accusateur, le procès, n'existent plus; mais il reste un drame lugubre, et c'est à ce drame que je voudrais demander sa raison d'être. (*Bruits confus au dehors.* — *Interruption...*)

Mᵉ *Jules Favre.* — ... Si le huis-clos est fait contre nous de toutes les manières...

M. le premier Président. — Qu'on tienne les portes closes !

Mᵉ *Jules Favre.* — Je disais, Messieurs, que, si le sort de l'accusé ne me paraît pas en question, sa justification doit et peut être complétée par l'examen de tous les faits qui ont rendu son accusation possible.

Je dis, et c'est là ce que j'essayerai de démontrer devant vous, que non-seulement l'accusation n'existe plus, mais qu'elle n'a jamais existé, en ce sens que les faits sur lesquels elle s'appuie étaient de telle nature, qu'un esprit sérieux et réfléchi a peine à comprendre que la Justice s'y soit jamais arrêtée.

C'est là, Messieurs, ce que j'entends vous exposer. Je le dirai avec l'intention de ne blesser personne, et si, dans mon langage, que j'essayerai de rendre calme et modéré, se rencontrait quoi que ce soit qui pût avoir un semblable caractère, je le désavouerais par avance. Mais en même temps je m'exprimerai, Messieurs, avec cette ferme indépendance dont nous ne pouvons nous dépouiller en paraissant à votre barre, et qui, si elle n'existait pas dans nos cœurs, se lèverait vivante en face de nous dans vos consciences qui nous protégent et nous inspirent.

C'est là, Messieurs, permettez-moi de le dire, ce qui fait la grandeur véritable de ce procès, l'intérêt puissant et unanime qu'il excite dans le monde entier. Nous sommes accablés de toutes parts de correspondances qui s'écrient qu'Armand est innocent et qu'il faut le sauver. Nous rencontrons des avocats d'office dans les moindres bourgades; des magistrats, des hommes de lettres, des propriétaires, des négociants, des femmes, s'irritent à la pensée que cet innocent a pu subir une captivité si longue et si imméritée.

Je pourrais, Messieurs, faire passer sous vos yeux quelques-unes de ces correspondances qui, pour la plupart, contiennent des exemples de simulation qui sont exactement la reproduction des scènes qui ont été jouées par Maurice Roux. Mais, quant à moi, je ne m'arrête pas à cette superficie et je vais au fond des choses.

Je comprends à merveille que cet intérêt ait été surexcité par une situation si dramatique et si douloureuse; la mise en scène habile a d'ailleurs l'a considérablement grandi; mais, soyez-en sûrs, c'est moins de la cause d'Armand que tous ceux qui nous écrivent se préoccupent, que d'eux-mêmes. Ils sentent à merveille que sa cause est leur cause, et que chaque honnête homme se trouve troublé dans sa sécurité par un événement sans exemple, démontrant aux plus incrédules comment, avec les intentions les plus pures et les plus louables, la Justice peut arriver à d'inexplicables erreurs.

Quant à moi, je m'interroge, et je me demande si demain je ne puis pas être l'objet d'une accusation semblable, et si la Justice, précisément parce que je ne suis pas le premier venu en ce monde, et que je n'ai pas le privilége de la pauvreté, ne ferait pas entendre contre moi ces appels aux passions populaires qui ont été dirigés contre Armand.

Voilà ce qui inquiète et trouble les consciences, et voilà ce qui appelle la thèse que j'entends soutenir devant vous. Ce n'est plus un intérêt particulier qui me guide, car pour ce qui est de l'accusation, il n'en reste plus rien, la hâte à pour dernier refuge que l'instruction. Tout ce qui s'est passé devant vous, elle en a fait bon marché; elle s'est démentie ellemême, et au milieu des contradictions dont elle vous a présenté l'affligeant spectacle, c'est à peine si, dans les ténèbres de sa pensée, elle peut saisir un système obscur auquel elle se rattache. J'entends la confondre dès sa première heure, et lui démontrer que si elle avait voulu y voir clair, ou plutôt si elle n'avait pas été conduite par des hommes chez lesquels la passion peut exister avec toutes ses erreurs, si enfin elle n'avait pas été sous l'empire d'une idée préconçue, elle était dès l'abord complétement impossible.

Sous ce rapport, Messieurs, il faut en convenir, nous différons étrangement, M. le Procureur général et moi.

Vous l'avez entendu à l'audience d'hier, et les paroles que vous venez d'entendre n'ont été que la continuation du premier Réquisitoire.

M. le Procureur général vous a dit qu'il avait abordé cette accusation avec hésitation et méfiance; nous nous en sommes bien aperçus quand il a déclaré que le système de l'acte d'accusation était inacceptable et inadmissible, qu'il ne pouvait être cru par aucun esprit sérieux; mais je suis sûr, pour ma part, que les auteurs de l'acte d'accusation pourraient, avec non moins de raison, renvoyer la même attaque à M. le Procureur général, pour le système nouveau qu'il a mis en avant.

Nous sommes donc en présence d'une contradiction perpétuelle, et je puis dire officielle, entre le premier et le dernier acte de la procédure. Les magistrats ne sont pas plus d'accord que les médecins. Mais, quant à moi, ce que je déclare devant vous, Messieurs, c'est que je n'ai jamais varié dans ma conviction. J'ai été, par cette famille éperdue, informé de cet événement affreux au moment même où il a été commis, et, j'en attesterai ceux qui sont venus chercher auprès de moi des consolations que dans aucun cas mon cœur ne leur eût refusées, mon premier mot a été de dire : La Justice est en présence d'une indigne comédie, elle n'aura qu'à regarder pour le reconnaître.

Est-ce qu'il y avait de ma part, Messieurs, intuition particulière? est-ce qu'il y avait intelligence supérieure, ou extraordinaire divination? Non, Messieurs; mais rappelez-vous, au milieu de tous ces faits dont vous avez été témoins, ces paroles si loyales et si fermes prononcées par Armand, lorsqu'il a été mis, dès l'origine, en présence de Maurice Roux. J'en ai été frappé dès le premier moment! De plus, il n'y a vraiment pas de mobile sérieux au crime; on ne peut pas croire qu'un homme se porte à une violence criminelle pour un motif aussi léger que celui qui vous a été signalé.

Étaient-ce là, Messieurs, les seules raisons qui m'aient décidé? Non : il y en avait une autre, dont on n'a pas assez tenu compte, et qui est cependant décisive.

On avait trouvé la victime prétendue les mains liées derrière le dos, les pieds attachés avec un mouchoir et une corde roulée autour du col, et ma première pensée fut celle-ci : Ce sont trop de précautions pour un crime qui a avorté; et la multiplicité des moyens mis en face de la nullité des résultats me démontrait qu'il n'y avait pas un crime, mais une comédie. Ce qui le démontrait surtout sans réplique, alors comme aujourd'hui, c'est que les mains liées derrière le dos étaient une précaution complétement inutile pour arriver à une strangulation.

Je reviendrai plus tard sur cette considération, et je ne vous en parle ici uniquement que pour vous peindre l'état de mon âme au moment même où la famille Armand me fit l'honneur de venir me consulter. Je la rassurai de mon mieux, et lui dis que les magistrats, qui sont tant de fois témoins de scènes semblables, découvriraient bien vite la vérité, et ne pouvaient être dupes de cette comédie. Mais quelle ne fut pas ma stupéfaction quand j'appris qu'Armand avait été arrêté, que le procès se poursuivait, et que je le vis cheminer avec cette déplorable précipitation qui assurément mérite d'inquiéter vos consciences !

Un crime prétendu avait été découvert le 7 juillet au soir. Quinze jours après, l'ordonnance de M. le Juge d'instruction était rendue. Nous fîmes de vains efforts pour obtenir la communication des pièces. Elle nous fut refusée, Messieurs, et je ne puis résister au devoir qui m'oblige de mettre sous vos yeux deux lignes de l'arrêt de la chambre des mises en accusation, par lesquelles cette communication fut refusée : « Attendu, dit l'arrêt, que, tant que dure cette première période des poursuites, le prévenu ne doit pouvoir répondre que sous la seule inspiration de sa conscience aux questions qui lui sont adressées..... »

C'est d'un autre âge, Messieurs, et mes souvenirs se reportent malgré moi à l'époque où l'accusé comparaissait devant ses juges, seul et sans défenseur. Quoi ! dans une accusation où tout n'est qu'hypothèse, il n'a pas même le droit, la possibilité de se défendre ! Comme homme et comme chrétien, je forme des vœux sincères devant vous, en cette circonstance solennelle, pour que le législateur modifie un tel état de choses, et que l'humanité pénètre enfin dans notre Code d'instruction criminelle.

Voilà donc un homme arraché subitement à sa famille, à ses affections, précipité du faîte de la considération et de l'estime dans l'abîme d'une accusation sans fond, présenté à cette ardente population de Montpellier comme l'assassin de son domestique; et quand quinze jours se sont écoulés, et que l'instruction est terminée, il demande à grands cris que les pièces lui soient communiquées, elles lui sont refusées, sa conscience doit lui suffire ! Et quarante-huit heures après, l'arrêt de mise en accusation était rendu : chose sans exemple !

Lorsque j'appris ces faits, je compris immédiatement en face de quel danger je me trouvais, et je le déclare ici sans emphase, c'était autant de la justice de mon pays que du sort de l'accusé que j'avais souci.

Je courus chez M. le Garde des sceaux, et je dois lui rendre ici ce public hommage qu'il écouta ma plainte. Je ne parle pas, Messieurs, de sa bienveillance : elle est acquise à quiconque porte notre robe. Mais ce fut avec un esprit d'humanité, dont je lui serai éternellement reconnaissant, qu'il me fit la promesse de faire tout ce qui était compatible avec son devoir, pour arrêter cette déplorable précipitation de la Justice, qui pouvait la conduire à une irrémédiable erreur.

Cependant le pourvoi que nous avions relevé pour la forme, et pour gagner du temps, devant la Cour de cassation, fut rejeté, et là, une lettre de M. le Procureur général près la Cour de Montpellier nous apprit que la magistrature avait ainsi, contrairement à ses règles ordinaires, précipité la procédure, « parce que l'opinion publique exigeait une prompte satisfaction. »

Ainsi, au lieu de dominer, la Justice subissait une pression.

C'était pour nous, Messieurs, une raison d'être plus fermes. J'avais sollicité un renvoi malgré la résistance d'Armand, qui voulait être jugé à tout prix, qui était à cette époque ce qu'il est aujourd'hui devant vous, qui nous disait : Je suis dans la vérité, qu'ai-je à craindre ? Il nous a fallu une force irrésistible pour le vaincre. Heureusement que l'affection (je l'espérais) s'en est un peu mêlée : il a vu nos cœurs, il a compris à merveille qu'afin d'éviter un malheur qui aurait pu faire couler les larmes éternelles de sa famille, nous nous placions ainsi entre lui et la Justice, qui n'était pas suffisamment éclairée.

Cependant, malgré ma demande, l'affaire fut fixée au mois d'août.

J'ignore par quelle intervention, quoique je la devine, ce résultat fut changé. Un délai de trois mois nous fut accordé.

A son échéance, le défenseur qui a l'honneur de paraître devant vous était frappé d'une grave et cruelle maladie. Vous dire ses angoisses, sa douleur, le chagrin qu'il éprouvait en pensant que la noble tâche qui lui avait été confiée ne pourrait être remplie par lui, et que cette responsabilité dont Dieu seul connaît l'étendue lui échappait, ceci, Messieurs, ne peut être traduit par aucune langue humaine !

Mais je me trompe, toutes ces inquiétudes, toutes ces terreurs, l'amitié se chargea de les dissiper, et quand je sus que Lachaud consentait à tout abandonner, à laisser toutes ses affaires pour courir au secours de l'accusé, ah ! je fus désormais sans crainte, et je pensai qu'Armand n'aurait plus rien à regretter.

Vous savez, Messieurs, quel fut l'incident qui signala la soirée du 17 novembre : une nouvelle comédie! Maurice Roux prétendait avoir été frappé, la nuit, dans une rue obscure de Montpellier.

J'entendais à l'audience d'hier M. le Procureur général, dont la parole dans cette affaire a été si grave, si mesurée, si pleine de modération, — je vous parle de son réquisitoire, — vous dire qu'il ne voyait pas quel intérêt pouvait avoir eu Maurice Roux à jouer cette comédie. Mais n'est-il pas certain que, malgré les recherches infructueuses auxquelles on s'est livré, l'ombre la plus épaisse et la plus ténébreuse couvre encore un mystère qui intéresse et regarde évidemment la famille Armand, contre laquelle on a voulu l'exploiter? M. le Procureur général ne comprend-il pas que le salut de Roux dût avant tout préoccuper Armand? Mais ne voyez-vous pas que, si Roux eût succombé sous les attaques d'un criminel, si l'accusateur n'eût pu être démenti devant tous, la tête d'Armand n'était plus sur ses épaules.

Voulez-vous savoir comment ce sentiment était compris par Armand lui-même? Il nous a fatigués de demandes incessantes pour venir en aide de sa propre bourse au salut de Maurice Roux, et ce n'est qu'avec la plus grande peine que nous sommes parvenus à lui faire comprendre qu'une semblable demande ne manquerait pas d'être mal interprétée. Il s'informait de sa santé, de la gravité de sa blessure, et il n'avait pas d'autre préoccupation que l'état de cet homme. « Je veux me voir face à face avec lui, disait-il, je veux le confondre; pourvu que Dieu le laisse sur la terre ! »

Il est donc certain qu'en parlant à des hommes de sens et de bonne foi, je n'ai pas besoin d'insister pour prouver que ce funeste incident tournait contre l'accusé. Lachaud peut vous le dire mieux que moi, qui étais à ce moment retenu dans mon lit. Il peut vous dire l'état d'effervescence de cette population de Montpellier dans cette funeste journée. Quelle excitation, quels cris! Aussi M. le Procureur général avait-il raison de dire que des clameurs hostiles se faisaient entendre jusque dans le prétoire de la Justice. La Cour a compris alors tout le danger de la situation, et nous serions ingrats si nous ne lui témoignions pas notre reconnaissance pour l'arrêt qu'elle a rendu. Oui, c'est elle qui s'est dessaisie de ses puissantes et loyales mains ! C'est elle qui a déclaré que, dans l'état des esprits, la manifestation de la vérité courait de graves périls, et plus tard, devant la Cour de cassation, son arrêt a été, je ne dirai pas notre seul, mais notre plus sérieux argument.

Tout à l'heure on demandait comment et pourquoi M. Armand n'avait pas voulu comparaître devant ses juges naturels. Ah ! que M. l'Avocat général a été mal informé, lui qui a tant de renseignements divers, et dont les informations se glissent jusque dans les hôtelleries d'où sa police lui transmet des indications vraies ou fausses, mais assurément indignes de cette audience ! Si M. l'Avocat général connu la vérité, il aurait su, et cela lui était facile, que M. Armand avait constamment protesté contre cette procédure de la Cour de cassation qui, en prolongeant sa captivité, le jetait dans un véritable désespoir.

Je le dis ici, Messieurs, parce que j'en dois revendiquer la responsabilité; c'est sur moi seul que doit retomber le reproche qui, tout à l'heure, était adressé à l'accusé par M. l'Avocat général. Je rencontrais autour de moi des opinions contraires, on pensait que la Cour de cassation pourrait hésiter. Quant à moi, jamais je n'ai varié, et j'ai cru que, dans l'état où se trouvaient les esprits à Montpellier, il serait dangereux, inhumain, d'y faire juger un accusé qui rencontrerait un jury ferme, j'en suis sûr, mais auquel les témoins n'auraient pas le courage de dire la vérité. Et c'est ainsi, Messieurs, que nous sommes venus devant vous, où au moins cette vérité a pu se manifester sans que la moindre agitation vînt troubler le cours de vos séances paisibles, devant une magistrature qui a laissé, comme on le disait justement hier, toute espèce de latitude à l'accusation comme à la défense.

Aussi, Messieurs, qu'est-il arrivé? N'est-il pas certain qu'à l'heure où je parle, c'est l'évidence qui nous éclaire, et qu'entre vous et moi il n'y a plus de différence de conviction? Pourquoi, comment ce phénomène s'est-il opéré? Lorsque l'accusé a paru devant vous, n'était-il pas sous le poids de la réprobation naturelle que devaient exciter dans vos consciences la grandeur et la férocité de son crime? Rappelez-vous les termes de l'acte d'accusation : « Il a poussé la cruauté jusqu'au délire. » — Il s'agit, disait-on, d'un homme riche, très-riche, qui maltraite ses gens, les assomme; il a voulu se défaire de son valet, parce que ce valet l'avait insulté; la cruauté fait partie des traditions de cette famille ; — et toutes autres choses, Messieurs, qui sont encore présentes à vos consciences, et que M. le Procureur général est venu aggraver par l'autorité des paroles sévères et cruelles qu'il a prononcées au commencement de ce débat.

Ces paroles, vous ne les avez pas oubliées. Vous vous rappelez que M. Armand vous a été représenté comme un être orgueilleux et brutal, ayant l'habitude de frapper ses domestiques à la tête, et vous avez encore comme moi dans l'oreille et dans le cœur cette phrase qui m'a cruellement blessé : *Le millionnaire est en prison !...*

Oui, c'est là l'acte d'accusation, et c'est ainsi, Messieurs, que, sous prétexte d'établir l'égalité devant la justice, on crée pour une certaine classe la plus dangereuse des inégalités ! Est-ce qu'il y a ici des pauvres et des riches, des millionnaires et des artisans? Est-ce que tous les citoyens qui paraissent devant vous ne dépouillent pas les qualités extérieures qui peuvent les décorer ? Est-ce qu'ils ne sont pas des créatures de Dieu comme vous, revêtues de l'inviolabilité naturelle qui les protége, malgré le droit éternel donné aussi à la société de se protéger elle-même, c'est-à-dire de réprimer les délits en frappant ceux qui s'en sont rendus coupables ?

Si je relève ces faits, c'est qu'ils caractérisent ce procès; c'est qu'ils lui donnent sa véritable physionomie; c'est le procès du pauvre contre le riche qui a produit ces déplorables excitations, et devant la Justice, c'est encore ainsi qu'il a été présenté. C'est précisément pourquoi je cherche à rétablir la vérité, et quand l'accusé vous est dénoncé comme millionnaire, je vous dis, moi : Il est homme, il est votre égal ; bien qu'accusé, il est présumé innocent, et nul n'avait le droit de le flétrir avant que votre sentence ait prononcé.

Eh bien, Messieurs, malgré toutes les préoccupations qui pouvaient assiéger vos esprits après de si terribles épreuves, lorsque M. le premier Président interrogeait Armand, j'en appelle à vos souvenirs, quand vous avez vu cette figure noble et simple, que vous avez entendu cette parole sympathique et vraie, quand vous avez vu qu'il ne reculait devant aucune difficulté, qu'il se créait à lui-même des objections, qu'il se jetait impétueusement dans le débat, ne pouvant pas prévoir quel serait le caractère de telle ou telle question, comme un homme qui n'a rien à redouter parce qu'au milieu de tous ses ennemis il se sent invincible, parce qu'il sait qu'il est protégé par cette divine cuirasse de diamant qui est la vérité, vous vous êtes dit : Cet homme ne saurait être coupable ; — et assurément, lorsque vous sortiez de cette enceinte après cette première séance, je ne suis pas téméraire en disant qu'il n'y avait plus d'accusé, et ce verdict qui avait été prononcé déjà par votre sagesse, mais que vous réserviez dans vos cœurs, il l'était également par toute la France. Car, chose remarquable, le même effet s'est produit en même temps partout, par une sorte de commotion électrique, et le retentissement de cet interrogatoire nous est arrivé de toutes parts avec le caractère qui devait lui être attribué, c'est-à-dire la conviction qui se produisait dans tous les esprits.

Oh ! qu'il me soit permis de le dire, et certes tout le monde le sait, ce n'est pas l'esprit de courtisanerie qui domine dans ma nature, je dois ici l'hommage d'une reconnaissance publique au magistrat qui a dirigé ces débats. On a pu croire dans le principe qu'il ne serrerait pas assez ses questions, et qu'il donnait trop de latitude à l'accusé : noble condescendance qui honore la magistrature! Vous l'avez vu, ne refusant, soit à l'accusation, soit à la défense, aucune liberté, écartant tous les obstacles, allant droit à la vérité, parce qu'elle est supérieure à tout, et laissant aussi à celui qui doit se justifier toute la latitude qui peut faire éclater son innocence. Encore une fois, Messieurs, l'expérience a été décisive, et quant à nous, qui avions une conviction depuis longtemps établie, nous sommes sorti complètement soulagé de cette première épreuve. M. Armand ne cessait de nous répéter : — Que craignez-vous ? je suis dans la vérité, je ne puis me tromper. — J'ai à mes côtés son défenseur, son ami, ce généreux avocat qui n'a pas voulu prendre la parole, bien qu'assurément il eût éloquemment disculpé l'accusé, M° Lisbonne, qui est aujourd'hui pour nous un ami, un camarade chéri ; eh bien, je l'adjure de dire si jamais, alors qu'il a assisté à cette longue agonie, à cette captivité de huit mois de ce malheureux, et qu'il a recueilli toutes ses confidences, si jamais il est sorti de sa bouche quoi que ce soit de contraire à la vérité. Non, et il a eu raison de répondre, avec une espèce de brusquerie dont M. le Président ne s'offensait pas, lorsque, cherchant quelle était la pensée véritable de l'accusé, il lui disait : — Voilà votre système ; — Non, répondait-il, je n'ai pas de système. Et en effet, il n'en a pas ; il est ce qu'il est, il est Armand le vrai, le bon, le juste, un homme sur lequel la société s'est égarée. Le voilà tel qu'il vous est apparu par suite de ces communications sympathiques, irrésistibles, qui vont du cœur au cœur, qui opèrent une conquête à laquelle il est impossible de se soustraire. Aussi, Messieurs, je le répète, après avoir entendu M. Armand, vous avez été convaincus.

Puis on est entré dans le débat. A-t-il été moins significatif ? Mais, dès les premiers témoignages, l'accusation a été en défaut, et voilà que le principal de ceux qu'elle fait entendre présente, en ce qui concerne l'un des points les plus importants du procès, — je veux parler de la ligature des mains, — une contradiction inattendue avec tous les autres témoignages. M. Bayssade, commissaire de police, prétend qu'il a vu et parfaitement vu que les mains étaient liées derrière le dos. Je n'ai pas à insister, maintenant où il faut être rapide, sur la différence de cette version avec celle qui est la vraie. Ce qui importait, c'était d'attribuer à tous les témoins leur véritable caractère, et de faire pressentir au jury le rôle qu'ils avaient dû jouer : cette première épreuve a été décisive.

Il en vint une autre. Le témoin sur lequel l'accusation comptait le plus pour dissiper toute obscurité, Marie Hauterive est entendue. Que dit-elle ? Quand on lui demande si M. Armand se trouvait dans la chambre conjugale à huit heures et demie, elle répond, non pas avec fermeté, mais enfin elle répond qu'elle n'a pas vu M. Armand dans la couche conjugale, qu'elle y a vu Mme Armand seule, que la chambre était suffisamment éclairée, et qu'en conséquence elle ne s'est pas trompée. L'interrogatoire se poursuit, elle prétend qu'à neuf heures et quelques minutes elle a vu M. Armand mangeant dans la chambre ou le salon à côté. Enfin elle déclare, sur une interpellation qui lui est faite, qu'à huit heures et demie elle a entendu M. Armand qui fredonnait dans sa chambre au moment où il faisait sa toilette ; qu'à neuf heures un quart, elle s'est présentée à la porte de la chambre de Mme Armand où elle n'a pu entrer, et qu'ainsi arrêtée à la porte elle a posé sur une tablette extérieure la tasse d'infusion qu'elle avait préparée. — Qu'est-ce à dire, Messieurs, si ce n'est que l'alibi était établi de la manière la plus péremptoire et que la base même de l'accusation s'écroulait ?

Eh bien, Messieurs, c'est ici que je vous demande la permission d'appliquer mon système et de vous dire que cet alibi aurait pu être vérifié dès le 8 juillet, et que la prétention de l'instruction de ne pas l'avoir trouvé est une prétention que je ne pourrais admettre à aucun prix.

Qu'est-ce, en effet, qu'un alibi ? C'est la démonstration que l'accusé ne se trouvait pas sur le lieu du crime au moment où il est commis. Il fallait dès lors se rendre compte de toutes les actions de M. Armand de huit à neuf heures. Si M. le Juge d'instruction avait pris ce soin, évidemment il eût facilement découvert que de huit à neuf heures M. Armand n'avait pas pu descendre à la cave, précisément parce qu'il était dans sa chambre où la domestique l'avait entendu fredonner. Est-ce le procédé qui a été suivi ? Non. Quelle est la question qui a été posée dans l'instruction à Marie Hauterive ? — Avez-vous vu M. Armand dans le lit de sa femme à huit heures et demie ? — Et cette fille ayant répondu négativement, on en a conclu qu'il devait être dans la cave, sans aller plus loin, sans lui adresser d'autres questions, sans faire une seule confrontation ! Comprenez-vous cela ? Un homme juste, vénéré, entouré de toute sa famille, et défendu contre un semblable crime par l'impossibilité morale la plus absolue ! Eh bien, parce qu'une fille de service dit qu'elle ne l'a pas vu là où il prétend être à une heure précise, à huit heures et demie, l'accusation en conclut que l'alibi n'est pas justifié, et que déjà il s'élève une présomption accablante contre l'accusé. Mais, Messieurs, un homme, tout intelligent et exercé qu'il soit, peut-il exactement rendre compte de l'emploi de son temps à un moment donné ? Si l'on me demandait où j'étais précisément hier à huit heures et demie ou à neuf heures et demie, je suis convaincu que je me tromperais d'un quart d'heure ou d'une demi-heure ! Que voulait dire la réponse de M. Armand ? Que le 7 juillet, de bonne heure, conformément à son habitude, il avait été à un moment de la matinée dans la chambre de sa femme, qu'il y avait passé un temps plus ou moins long. Dès l'instant que ce fait était établi, l'alibi était acquis irrévocablement. Il fallait fouiller ces circonstances, contrôler la déclaration de cette fille de service, c'est-à-dire la mettre vis-à-vis de M. Armand et de Mme Armand. Mme Armand, vous le savez, a déclaré conformément à la réponse de son mari que celui-ci était avec elle, et c'est avec raison que Lachaud disait que, même pour sauver son mari, cette noble et sainte femme n'aurait pas menti. Mais enfin je veux que sa qualité, sa tendresse bien naturelle, mais exceptionnelle et héroïque, la pussent pousser dans une circonstance aussi grave à ne pas dire la vérité ; au moins quand on a pour l'alibi, d'un côté la déclaration de M. Armand et celle de sa femme, d'un autre côté la déclaration équivoque de cette fille, qui disait, non pas : — Je ne l'ai pas vu dans la maison, — mais : — Je ne l'ai pas vu dans le lit ; — c'était bien le moins de faire subir une confrontation à ce témoin, et c'est dont on ne s'est pas avisé. On s'est arrêté à cet alibi de cette façon qu'il a porté non pas sur la cave, sur le lieu du crime, mais sur la couche conjugale, qui n'était nullement en question dans le procès, et cette prétendue instruction n'a rien établi autre chose que de dire de Marie Hauterive : A huit heures et demie, M. Armand n'était pas dans le lit de sa femme. Mais il pouvait être dans la maison, et le Juge d'instruction ne l'a pas demandé !

Et vous croyez qu'en présence de pareilles constatations, je n'ai pas le droit de dire que cet homme a été sacrifié ! Si, au premier pas de la procédure, on avait acquis cette vérité, la porte de la prison ne se serait pas fermée sur lui : le Juge d'instruction l'a déclaré. Et c'est ainsi qu'il procède !

Sommes-nous alors en sécurité ? Sur un fait de cette nature, une servante interrogée peut errer. Pour nous, nous croyons que Marie Hauterive se trompe : M. Armand était dans le lit de sa femme ; c'est à un autre moment, un instant auparavant qu'elle l'a entendu fredonner; toutes ces choses se concilient et s'expliquent à merveille. Mais quand même elle ne se tromperait pas, sommes-nous donc ainsi exposés à ce qu'une fragilité de notre mémoire sur l'emploi de notre temps à un quart d'heure près, sans aucune espèce de vérification, entraîne une accusation capitale qui, tombant sur nous, vient désoler notre existence, et attrister notre famille! En vérité, c'est à en frémir, et il était utile que ces constatations fussent faites encore une fois pour empêcher le retour de semblables légèretés.

Mais ce n'est pas tout, Messieurs, et nous allons à chacune des phases de la procédure faire la même constatation, car j'ai le droit de dire que si, après l'interrogatoire de M. Armand, il n'y avait plus d'accusé, après la déposition de Marie Hauterive, il n'y avait plus de procès. Mais nous allons, avec la même facilité, voir disparaître l'accusateur. N'avez-vous pas encore devant les yeux cet homme qui s'est avancé dans cette enceinte pour soutenir l'infâme version qu'il a présentée lors de la procédure? M. le Procureur général prétend le venger, il reproche à mon ami Lachaud d'avoir été trop sévère pour lui. Quant à moi, je n'en veux rien dire et j'en détourne les yeux avec horreur et dégoût. Seulement je retiens, pour la fixer dans vos souvenirs, l'impression que certainement il a produite sur vos consciences.

Vous l'avez vu, cet homme qui, dans la matinée du 7 juillet 1863, aurait été l'objet d'une agression sauvage de la part de son maître, et qui, après avoir été cruellement assommé par lui, aurait été lâchement étranglé, garrotté des pieds et des mains afin que le supplice fût à la fois ignominieux et barbare, et sa tenue a été digne de son caractère et de sa personnalité! J'ai dit que je ne voulais pas revenir sur ces affligeants détails, mais cependant M. l'Avocat général m'y force, et, je l'avoue, ce n'a pas été sans un pénible étonnement que j'ai entendu essayer, par l'organe du Ministère public, cette tâche impossible d'une demi-réhabilitation d'un pareil homme. M. l'Avocat général apprécie avec une sorte de légèreté et de dédain tous les vices que le cours des débats a accumulés sur sa tête. Vous avez entendu ses maîtres, M. Madier de Lamartine, bien qu'il ait été satisfait de son service, vous a suffisamment fait connaître en quoi il consistait. Quant à MM. de Félix et Duplessis, mais ils l'ont constamment surpris en flagrant délit de mensonge et d'infidélité, et ce vaniteux, cet homme qui, pour me servir des expressions que j'ai rencontrées à regret dans le réquisitoire de M. l'Avocat général, *jouissait de son physique;* cet homme qui se posait comme un Lovelace d'antichambre et qui, dans ses déportements de carrefour, ne craignait pas de recevoir de l'argent de celle qu'il conduisait à la Cour d'assises, cet homme avait aussi la faiblesse de prendre le bien d'autrui, notamment celui de ses maîtres. M. Duplessis a déclaré qu'il avait vu disparaître de son cabinet des objets mobiliers que Roux seul avait pu enlever. Mais à l'audience et pour ne saisir que le débat oral, il a dit que, quand Maurice Roux était parti, les fournisseurs qui devaient être payés avec l'argent que M. Duplessis donnait à son domestique étaient venus réclamer, et qu'il avait dû écrire au Commissaire de police; que celui-ci avait averti Roux père, dont personne n'a jamais contesté la probité, et que c'étaient les économies du père qui avaient payé les détournements du fils.

Voilà la vérité sur cet homme, votre témoin, celui que vous voulez présenter comme un être intéressant auquel le salut de M. Armand doit être sacrifié. Quand vous avez parlé de ses faiblesses, il vous a plu de prendre dans votre réquisitoire un ton de raillerie qui, pour ma part, m'a vivement blessé. Qu'importe qu'il soit placé dans les derniers rangs de la société? Est-ce que nous ne sommes pas tous accoutumés à y rencontrer de la délicatesse et de l'honneur? Est-ce que nous n'exigeons pas avant tout des domestiques qui nous servent la gravité et la régularité des mœurs? Est-ce qu'il est permis, dans une Cour de justice, de venir présenter, sous un semblable jour, des débauches impures qui conduisent les malheureuses qui en sont les complices jusqu'au crime le plus abominable? Ah! vous avez dit que ce séducteur de servantes devait être jugé humainement, oui, et c'est pour cela que je le flétris! Je comprends les faiblesses, mais je m'indigne de la bassesse et de l'ignominie, et je ne veux pas les voir autorisées par la misère.

Vous niez cette honte, mais cela est écrit dans la procédure criminelle : M. Sisteron a déclaré que cette malheureuse Philomène n'avait jamais eu que lui pour amant, et quand M. l'Avocat général affirmait que, dans la procédure instruite contre elle, il n'y avait rien qui pût incriminer Maurice Roux, M. l'Avocat général se trompait, qu'il me permette de le lui dire. Ses paroles éveillaient en moi le sentiment qui a toujours existé, une sympathie pleine de pitié pour la pauvre mère délaissée et une indignation profonde contre le séducteur, indignation qui certainement doit être aussi dans le cœur de MM. les Jurés. Ah! je le sais, Messieurs, la loi française est proclamée sage et morale par quelques jurisconsultes dont je n'ai jamais partagé l'avis, parce qu'elle interdit la recherche de la paternité, c'est-à-dire par ce qu'elle donne au sexe le plus fort l'odieux privilége de prendre cette fragile et faible créature, d'en faire un instrument de plaisir, et de la chasser ensuite avec le fruit qu'elle porte dans ses entrailles en en détournant son regard. Quant à moi, cette loi m'a toujours paru la honte de la civilisation, et je suis convaincu que bien des crimes qui se commettent n'en sont que la triste conséquence. Quant à celui-ci, est-ce qu'on en peut douter? est-ce que je ne trouve pas dans l'interrogatoire cité par M. l'Avocat général la justification de ce qui a toujours obsédé ma conscience? On a interrogé Philomène, écoutez ce qu'elle répond :

« *D.* La prudence vous commandait d'accomplir
« votre accouchement ailleurs que dans la maison de
« votre honorable maître; il est étonnant que vous
« n'ayez pas fait les frais d'un voyage dans ce but.

« *R.* Si j'avais eu de l'argent, les choses ne se se-
« raient pas passées ainsi. Mais je suis dans un com-
« plet dénûment. J'espérais que mon séducteur,
« Maurice Roux, ancien cocher de M. Madier de La-
« martine et demeurant actuellement dans la même
« qualité chez M. Duplessis, à Alais, me viendrait en
« aide dans ces circonstances; il m'avait assuré qu'il
« viendrait à Pont-Saint-Esprit. Mon espoir a été
« déçu, et c'est ce qui m'a réduite à la triste position
« où je me trouve. »

Est-ce que je n'ai pas le droit de dire que devant Dieu cet homme est plus coupable que cette malheureuse créature qu'il a entraînée dans le mal? Il lui enseignait ses tristes pratiques de libertinage, il attisait ses passions du récit de ses amours, et, après avoir fait palpiter dans ses flancs cette créature que l'aveu de sa paternité aurait protégée, il l'a abandonnée au dénûment, à la misère et au désespoir;

c'est lui qui l'a prise par la main pour la déshonorer, et c'est lui qui l'a conduite dans la maison centrale.

Tel est l'homme, Messieurs, que M. l'Avocat général voudrait réhabiliter, et ce sont là les faiblesses, les défaillances, les grossières amours qui devraient tout au plus, à l'entendre, provoquer de votre part quelques sourires! Oh! non, c'est l'indignation qui doit s'allumer dans vos consciences, et c'est la honte qui doit marquer au front cet homme comme étant un séducteur émérite, se riant des douleurs qu'il provoque, et ne cherchant que la volupté après laquelle il court.

Aussi, vous le savez, dans la maison de M. Armand il parle d'infanticides. Que s'est-il passé entre lui et Lucie Abraham? je l'ignore. Je rencontre, dans une correspondance qui témoigne de sa part une intelligence développée, une promesse de mariage incessamment répétée à cette fille; j'y rencontre toujours ce système de mensonges, d'artifices, de fraudes; des paroles caressantes qui doivent aller au cœur de cette malheureuse. Il est certain, Messieurs, qu'elles ont été entendues, mais qu'est devenu son fruit? Un voile épais est jeté sur ces choses, et ce n'est pas à moi qu'il appartient de le soulever. Les larmes de Lucie Abraham à cette audience en ont dit assez, et dès lors la moralité de Roux est irrévocablement établie.

C'est entre cet homme et M. Armand que vous avez à juger; j'accepte cette alternative posée par M. le Procureur général. Au milieu des ténèbres dans lesquelles l'accusation se débat, elle n'avait que ce témoin. Le voilà restitué à son véritable caractère, qui est l'infamie. De l'autre côté, vous avez un homme honnête, généreux, juste, qui, jusqu'à cette déplorable accusation, n'avait jamais rencontré que des regards reconnaissants tournés vers lui; un homme dont les douces relations, la générosité, la charité ont été attestées devant vous et ne se sont jamais démenties. Encore une fois, Messieurs, j'accepterais la question posée sur ce terrain, et je serais sans aucune espèce d'inquiétude.

Mais ce que je tiens à constater, ce qui est certainement resté gravé dans votre souvenir, c'est l'impression produite sur vos esprits par la comparaison de cet homme, qui a bien été à cette audience ce qu'il est réellement. Ah! j'en conviens, il n'avait plus derrière lui la traduction intelligente de M. le Juge d'instruction; il était livré à lui-même, ses réponses sont directement arrivées jusqu'à vous, et vous vous les rappelez! Elles étaient empreintes de ce caractère de fourberie et de fausseté qui ne peut tromper personne. Vous aviez entendu la vérité la veille, le lendemain c'était le mensonge qui paraissait devant vous. Et de même qu'il n'y avait plus d'accusé quand M. Armand avait parlé, de même il n'y avait plus d'accusateur quand Maurice Roux a regagné ignominieusement son banc. Cependant c'est cet homme qui a fait illusion à M. le Juge d'instruction! C'est cet homme qui est devenu le pivot de l'accusation; qui, au premier jour, s'est présenté avec obstination comme le dénonciateur d'Armand, et qui s'est trouvé dans des conditions telles, que la Justice a cru qu'il lui était permis d'avoir confiance en lui!

Eh bien, Messieurs, souffrez que j'examine, à l'aurore même de cette affaire, les raisons véritables et sérieuses de cette confiance. Je conviens que le cadre dans lequel Maurice Roux était placé se trouvait fort différent de celui où sa figure s'est présentée devant vous; et lorsque M. le Commissaire de police tout d'abord, M. le Juge d'instruction ensuite, l'ont vu presque enveloppé dans les ombres de la mort, « un cadavre », comme l'ont dit les témoins, il est naturel que leur âme ait reçu une violente commotion de pitié. Saisis de commisération pour la victime, qu'ils la couvrent d'un intérêt contre lequel je suis bien loin de m'élever! Seulement, s'il n'est pas défendu aux magistrats d'obéir aux inspirations de leur sensibilité, il faut toujours que ces inspirations soient gouvernées par la droiture de la raison, par le sang-froid de la réflexion.

Or, quand Maurice Roux a été trouvé dans la cave, son état matériel protestait contre l'hypothèse de l'accusation aujourd'hui voudrait faire triompher devant vous. C'est là que se place, à mes yeux au moins, avec une force irrésistible, l'observation que je vous présentais tout à l'heure, et qui avait frappé mon esprit aussitôt que j'ai eu connaissance des préliminaires de cet odieux procès. Que M. Armand, homme du monde, qui ne sait pas combien de semblables simulations sont fréquentes, voyant cet homme couché sur le sol de la cave, les pieds garrottés, les mains liées derrière le dos, une corde autour du cou, ait dit : « Ce n'est pas un suicide, — comme chacun le pensait, — c'est un homicide, » cela se comprend. Je ne veux pas revenir sur la plaidoirie de Lachaud. Je serais téméraire d'y ajouter quoi que ce soit. Je ne veux pas reprendre une à une ces preuves éclatantes, victorieuses, de l'innocence d'un homme qui, en présence de l'hypothèse d'un suicide, s'écrie : « C'est un assassinat, il y a un meurtrier, il faut le chercher! » Mais je dis que, si une semblable pensée a pu venir à M. Armand, elle ne pouvait venir à un homme expérimenté en ces sortes de choses, comme M. le Commissaire de police et M. le Juge d'instruction. Et pourquoi? par les raisons que je vais faire valoir tout à l'heure. C'est que, incontestablement, si la scène avait eu une vérité quelconque, elle ne se serait pas passée comme l'a tracée la constatation matérielle faite par les témoins. Je suppose que Maurice Roux ait été victime d'un crime, que l'agresseur ait voulu l'étrangler, il est incontestable qu'il ne lui eût pas lié les mains derrière le dos, il est incontestable qu'il ne lui eût pas lié les pieds. Ces opérations étaient complétement inutiles. Dès l'instant qu'il l'avait saisi de manière à faire passer autour de son cou une corde, il était maître de sa vie, et s'il ne l'a pas étranglé, c'est qu'il ne l'a pas voulu. Mais vous trouvez un homme dont les mains sont attachées derrière le dos, dont les pieds liés avec un mouchoir : c'est la reproduction des scènes de simulation que vous rencontrez dans toutes les lettres qui nous ont été écrites, et qui contiennent la constatation judiciaire, authentique, de tant de comédies du même genre. Toutes les fois qu'un homme veut faire croire qu'il a été l'objet de violences, alors que lui seul s'est rendu coupable d'un crime, il prend soin de s'attacher les mains derrière le dos. Ici, comme le fait de lier les mains derrière le dos n'avait évidemment pas eu pour objet de dominer les forces de la victime, comme elle était censée avoir succombé à un crime différent, la strangulation, il devait être certain pour tout observateur attentif et réfléchi que les mains liées derrière le dos n'étaient qu'une mise en scène, et qu'on avait en face de soi non une victime, mais un comédien!

Que dire de la ligature des pieds? on vous en a

parlé. Mais en vérité supposer qu'un homme intelligent, comme M. Armand, ait voulu, après avoir terrassé sa victime, signer son meurtre en mettant aux pieds de son domestique, *Armand fecit*, au moyen d'un mouchoir tiré de sa poche, afin que la Justice ne l'ignorât pas, c'était évidemment une simplicité singulière; il y avait là pour tout magistrat une démonstration plus éloquente que toutes les preuves matérielles ensemble.

Eh bien, nul ne se doute de ces choses. L'opinion est émue, on est en face d'un crime. M. Armand a dit qu'il y avait un crime; on recherche le meurtrier. Je comprends cela au premier moment. Mais voici que la scène va singulièrement s'aggraver et qu'elle se compliquera (permettez-moi de le dire) d'éléments que je ne puis pardonner à la Justice, et sur lesquels il faut que je m'explique avec sincérité.

Quels sont-ils? La victime, recueillie dans la cave, était sur le point d'expirer. Cependant on la rappelle immédiatement à la vie. Vous n'avez qu'à jeter les yeux sur le rapport du docteur Brousse, premier médecin qui ait été appelé, et vous verrez que les mouvements exécutés sur la poitrine ont bientôt rétabli la respiration, laquelle, du reste, n'était pas complètement absente, car en ce cas la vie aurait été éteinte. La respiration rétablie, comme on était en face d'un cas d'asphyxie, il est certain que le malade devait graduellement reprendre ses forces, et revenir à un état de complète guérison. Je ne blâme aucunement la précipitation des médecins qui, en présence de phénomènes très-graves, ont soumis le malade à une médication héroïque, cause véritable de la maladie qui a suivi; mais je constate les faits.

Vous savez que, transporté dans sa chambre, Maurice Roux a été reconnu par M. Surdun, second médecin appelé, comme n'étant pas dans un état immédiatement périlleux. Cela est si vrai, que M. Surdun s'est retiré à onze heures du soir, laissant le malade avec deux agents de police.

Ici, qu'il me soit permis de le dire, se passe une scène qui, à tous les points de vue, mérite votre attention, et dont j'ai droit de m'affliger. Les agents restent seuls avec le malade qui est encore dans un état de demi-asphyxie. Ils commencent un interrogatoire. De quel droit? que s'est-il passé entre ces hommes et Maurice Roux? Nous l'ignorons. Je n'entends incriminer personne. Je l'ai dit, et ma pensée sera suffisamment comprise. Mais je proteste de toutes mes forces contre ces errements singuliers de la procédure criminelle, car ils sont dangereux à tous égards; ils sont contraires à toutes les règles. Voilà un malade qui appartient à la Justice : le Juge d'instruction seul doit l'interroger. Je n'admets pas ces opérations à l'aide desquelles, soit avec des pressions de main, soit avec l'alphabet, on veut arriver à découvrir la vérité. Les interrogatoires par suggestion, les interrogatoires qui peuvent fournir à cet homme, dont vous connaissez la moralité, une idée qui ne se serait pas emparée de son cerveau, qui ont pu la faire germer là où elle va déterminer les ravages, je les repousse de toutes les forces de mon honnêteté.

Cependant ce qu'il faut constater, c'est que, lorsque, le matin, le nom d'Armand étant sorti de ce mécanisme échangé entre le prétendu malade et ses interrogateurs appartenant à la police, lorsque le matin, M. le Procureur impérial et M. le Juge d'instruction, prévenus, lorsque ces deux magistrats sont en présence d'un homme dont l'état s'améliore,

d'un homme qui n'est pas menacé de mort immédiate, ils vont continuer avec les mêmes procédés. Et au lieu d'attendre ce que les médecins avaient prédit, que le malade fût rétabli pour s'expliquer et répondre, ils recommencent ce singulier et dangereux exercice de l'alphabet. Ils arrivent à combiner des phrases, ce qui démontre de quelle lucidité et même de quelle force d'esprit Maurice Roux jouissait à ce moment. Vous pourrez faire l'expérience par vous-mêmes; mais vous n'en avez pas besoin, et vous le comprenez suffisamment, une pareille opération entraîne avec elle des difficultés considérables. Elles l'étaient surtout pour Roux dont l'éducation est incomplète. Quant à moi, en face de ces moniteurs et de cet élève, j'avoue que, lorsque la liberté de mon semblable est en jeu, il m'est difficile de me défendre d'une sérieuse inquiétude. Ce que je dis n'est démenti par personne : alors qu'il est certain que le malade pouvait parler, puisqu'aucun désordre n'existait dans son larynx, qu'aucune paralysie n'y était remarquée, alors qu'un médecin consulté ne s'y serait pas trompé, le Juge d'instruction eût dû surseoir et se défier des épreuves préliminaires qui pouvaient si facilement conduire à des erreurs irréparables. Supposez une inspiration subite de la part de cet homme, lorsque, la première lettre qui se présente étant celle du nom de son maître, il continue à reconnaître les autres lettres qui composent ce nom, et conduit ainsi à une découverte contraire à la vérité. Est-ce que la cupidité n'a pas pu enflammer son cerveau? N'a-t-il pu improviser une simulation ignoble dont vous allez voir le triste dénoûment? Je ne crois pas que les choses se soient ainsi passées; mais je raisonne par hypothèse pour protester contre de semblables procédés, aussi dangereux que nouveaux, contraires au véritable esprit qui doit inspirer la vérité, comme au salut de celui qui est accusé. Le champ doit être libre pour l'accusateur; mais c'est bien le moins que la Justice attende que la parole lui soit revenue, avant de prendre une décision dont les conséquences doivent être si fatales.

Remarquez quel est l'homme vis-à-vis duquel elle se trouve. Ce n'est point un repris de justice, un vagabond, un homme sans feu ni lieu. Il avait de quoi donner toutes les garanties, il les donne à M. le Juge d'instruction, il lui dit : « Dans laquelle de mes propriétés voulez-vous que je me retire; je m'engage à n'en pas sortir et à m'y constituer prisonnier volontaire. » Il disait vrai, il avait son innocence pour lui. Eût-il été coupable, la Justice ne pouvait-elle pas le faire surveiller? Est-ce que l'arrêter aux yeux de la population n'était pas le dénoncer comme coupable, exciter les passions du peuple et s'exposer à créer pour la Justice d'inextricables erreurs? Oh! nous n'en avons vu que trop la preuve! Mais, à ce moment, Maurice Roux, interrogé par le procédé de l'alphabet, faisant connaître son maître, le désignant comme son assassin, arrivant, quoiqu'il mette très-imparfaitement l'orthographe, à des phrases très-correctes, n'était-il pas dans un état qui devait inspirer à la Justice une méfiance considérable, et cette méfiance ne devait-elle pas s'accroître après tous les événements qui se sont ensuite succédé?

On vous a dit que Maurice Roux avait persévéré dans ses déclarations, et que c'était précisément cette obstination qui avait touché la Justice, en même temps que l'impossibilité d'expliquer une simulation aussi odieuse. Je ne m'attache pas à cette dernière idée, sur laquelle je pourrais dire un mot, quoique ce soit bien accessoire, je tiens à rester dans la force et l'intensité même de mon raisonnement. Je suis au chevet de Roux, je me place par la pensée dans la conscience du Juge d'instruction. Comme honnête homme, je me demande ce que j'aurais fait. Et à coup sûr, sans vouloir blesser M. le Juge d'instruction, je n'aurais pas agi comme lui. Je n'aurais pas surtout cherché la confirmation du témoignage de Maurice Roux dans l'épreuve singulière qu'il a cru devoir lui faire subir.

Ah! nous sommes tous ici unanimes : ne pas croire en Dieu, c'est un immense malheur; et l'homme qui a dépouillé toute croyance erre en ce monde, sans boussole et sans lumière, condamné à la satisfaction grossière de ses appétits matériels, ou n'ayant pour le soutenir que l'appui dangereux d'une philosophie décevante. C'est précisément parce que j'y crois, parce que je le vénère et le respecte, parce que les choses religieuses m'apparaissent plus grandes et plus saintes, que les voir profanées est pour moi le plus affligeant spectacle.

Que s'est-il passé le 11 juillet? Maurice Roux était à l'hôpital. Là on le crut, ou on ne le crut pas malade, je n'ai pas intérêt à me livrer à cet examen. Ce que je sais, c'est qu'il ne se faisait pas illusion. Alors que le Juge d'instruction lui disait: « Vous allez probablement paraître devant Dieu, » il riait en lui-même de l'inquiétude du juge, et savait à merveille qu'il avait devant lui suffisamment de jours pour chiffrer sa réclamation. Au surplus, sur ce point, nous avons la déclaration du docteur Dupré, qui nous dit que son état s'était amélioré. Nous avons aussi la déclaration de M. Triadou, qui l'a reçu à l'hôpital le 8, et qui a dit que les pronostics, à cette époque, étaient favorables, qu'aucune espèce de symptôme n'inspirait l'ombre d'une inquiétude. Il est bien certain que les propos tenus par Maurice Roux à la digne religieuse avaient éveillé, dans le cœur de cette noble femme, des craintes que le médecin désavouait, et qu'il y avait là un supplément de comédie de la part de cet homme, pour arriver à l'acte suprême qui a servi à tromper le Juge d'instruction.

Quel était-il, cet acte? Vous le savez. Le Juge d'instruction l'a consigné dans un interrogatoire et en a déposé à l'audience. Il a saisi cette occasion pour se mêler à la manifestation de la vérité. Il s'est mêlé aux prières du prêtre. Il était là, près du malade, près de celui qu'il croyait mourant, et il vous a fait la peinture, encore présente à vos souvenirs, de cette scène qu'il appelle solennelle, et que, pour ma part, je considère comme si affligeante.

Quoi! au moment où cet homme va s'approcher de l'Eucharistie, quand il va recevoir Dieu en lui, quand, dans sa conscience, dans son cœur, dans son être, tout doit appartenir à ce grand acte, quand il ne doit avoir que des paroles de mansuétude et de pardon, la Justice est là, elle se place entre l'hostie et les lèvres du mourant, elle empêche Dieu d'arriver jusqu'à sa créature, afin d'y surprendre la parole qu'elle opposera plus tard à l'accusé! Profanation! Messieurs, disons-le bien haut, et n'ayons à cet égard aucune faiblesse qui nous empêche de faire entendre la vérité! Scène digne d'un autre âge! Épreuve dans laquelle la religion est réduite à un simple moyen de procédure, la confession abaissée jusqu'à je ne sais quelle investigation dont la Justice doit profiter, et qui aboutit en définitive à la communion dont M. le greffier a dressé procès-verbal.

Quelle est la conséquence de tous ces faits? Admettez un instant que Maurice Roux ait été sincère. Les magistrats l'ont cru, et je suis bien convaincu de la loyauté parfaite de M. le Juge d'instruction : ce que j'accuse, c'est sa prudence; ce qu'il a fait n'est pas d'un magistrat réfléchi. Une pareille démarche ne pouvait aboutir qu'à l'erreur et au plus détestable mensonge.

Dans l'acte d'accusation on dit que les habitudes de Maurice Roux étaient pieuses, et qu'il s'était approché avec componction du sacrement de l'Eucharistie. Rappelez-vous la déposition de Ségala, de cette espèce de héros de barrière paraissant devant vous le sourire aviné sur les lèvres, avec ce dandinement impur qui caractérise si bien ses détestables habitudes, et vous disant avec une désinvolture cynique : Je suis l'ami et l'*alter ego* de Maurice Roux. Eh bien! voilà l'homme qui a joué cette scène de honteux sacrilège, et qui, par ses mensonges, a entraîné dans l'erreur la Justice, qui, au lieu de le dominer, se mettait à sa suite et se livrait complétement à lui. Mais ce qui le contrôle et achève de le peindre, ce sont les réponses qu'il a faites devant vous, lorsque, interrogé par M. le Président sur ses habitudes, sur la foi qu'il avait apportée dans l'accomplissement de cet acte religieux, il a répondu avec cynisme et avec le ton dégagé qui se rencontre dans tout son interrogatoire.

Le lendemain du jour où Roux avait été sanctifié par ce grand acte, lorsque, suivant le Juge d'instruction, il était prêt à rendre son âme à Dieu, le magistrat a la singulière idée de confronter la prétendue victime avec l'accusé. Et je lis ici dans le procès-verbal quelque chose que je dois relever, qui m'afflige et me prouve l'illusion singulière dans laquelle se trouvait l'auteur de toute cette procédure :

« En cet instant, ayant fait conduire à l'hospice Saint-Éloi l'inculpé Armand, nous l'avons mis en présence de *sa victime*. »

Roux n'est plus un témoin, c'est *la victime* d'Armand! Armand n'a plus à se défendre, le Juge d'instruction parle de victime et consigne ce mot dans son procès-verbal!

Vous allez voir comment cette *victime*, sanctifiée par le sacrement de l'Eucharistie, va comprendre les devoirs qu'une action aussi sainte devrait lui inspirer.

Armand s'étant approché, Maurice Roux lui dit : « Misérable, que t'ai-je fait pour m'avoir ainsi tué? »

L'interrogatoire continue ainsi. Je ne veux pas vous fatiguer par sa lecture. Vous vous rappelez la scène qui a éclaté à votre audience, ces paroles apprises par cœur, répétées d'un ton terne et sourd par cet homme qui cherchait en vain dans son âme vide un sentiment qui n'y était pas. Quant à M. le Juge d'instruction, cela l'impressionne vivement. Pour moi, cela aurait suffi à me convaincre que j'étais en face d'un imposteur.

Si Maurice Roux avait reçu Dieu avec piété, il aurait été inspiré par un sentiment d'amour, conséquence du rapprochement de la créature et du divin Créateur. S'il avait accusé, il l'aurait fait avec douceur; il aurait trouvé en lui des sentiments généreux. Sa nature eût été complétement transformée par cette association à l'Être suprême, qui l'avait visité et couvert de ses ailes.

Eh bien! cette victime prétendue, ce moribond, cet homme qui vient de s'unir à Dieu, voici comme il termine son interrogatoire. Un coup de pied passe à travers ses draps, dirigé contre Armand, le manque; mais il atteint un agent de police, qui est renversé.

Je le demande à tous les hommes de bonne foi : est-ce que de semblables scènes ne sont pas significatives et de nature à dessiller tous les yeux? est-ce que le Juge d'instruction n'aurait pas dû comprendre que Maurice Roux ne disait pas la vérité?

Cependant l'illusion a continué. M. le Juge d'instruction, voulant que sa conviction fût entière, s'est adressé à des médecins qui ont été chargés de contrôler l'état de Roux, et de dire, d'après les données de la science, quelles conclusions elle en pouvait tirer.

Ici va éclater encore, et avec une évidence bien plus forte, tout ce que j'avais l'honneur de dire relativement à la singulière illusion dans laquelle la Justice était tombée, et que, pour ma part, je ne saurais comprendre.

En effet, la cause se réduisait à des termes extrêmement simples. Il fallait que l'assertion de Maurice Roux fût contrôlée, et que des actes vinssent confirmer ses paroles. Il fallait que l'état pathologique constaté par les médecins fût en complète conformité avec ses déclarations.

Quelles étaient ces déclarations? Je vous les rappelle, sans mettre sous vos yeux le texte des interrogatoires. Maurice Roux avait précisé ceci : Descendu dans la cave à huit heures et demie, il avait été suivi par son maître. Agenouillé pour prendre du bois, il avait vu à sa gauche son maître se dresser devant lui, prendre une bûche, lui dire ces paroles: « Je vais t'apprendre si ma maison est une baraque! » et le frapper sur la tête. Il était tombé étourdi, avait ensuite senti qu'on le liait, et qu'il se passait quelque chose d'extraordinaire.

Ce sont là les premières déclarations de Maurice Roux. Dès lors, quel était le devoir du Juge d'instruction? C'était de s'enquérir, en consultant les hommes de la science, de l'état du corps de Maurice Roux, de savoir si cet état était tel qu'il prouvât la vérité de ses déclarations. Il fallait de toute nécessité que la nuque, sur laquelle le coup de bûche avait été appliqué, portât la trace de cette contusion violente. Elle avait dû être violente; cela ne peut être contesté, puisqu'elle avait produit une commotion.

Il fallait donc rencontrer sur la nuque la trace de ce coup. Si la trace n'existait pas, Maurice Roux en imposait.

Le Juge d'instruction a-t-il fait ce qui était nécessaire pour découvrir la vérité? Je ne doute pas un instant qu'il n'ait employé tous ses efforts dans ce but; mais ce que j'affirme avec une égale autorité, c'est que, s'il avait voulu ne pas arriver à ce résultat, il n'eût pas agi autrement qu'il a agi. En effet, que s'est-il passé, lorsque Maurice Roux a été examiné dans la cave par le docteur Surdun? Je ne remets pas sous vos yeux le rapport de ce médecin; je n'en lirai des passages que s'il s'élevait entre l'accusation et moi la moindre contradiction.

M. Surdun n'a remarqué aucune espèce de trace sur la nuque, voilà ce qui est constaté dans le rapport officiel qui a servi de base à l'acte d'accusation.

Maurice Roux est transporté dans sa chambre. A deux heures du matin, l'une des personnes qui le soignent s'aperçoit qu'il porte souvent la main vers le cou; qu'il semble y indiquer une douleur, et alors l'un des étudiants en médecine qui se trouvaient près de son lit examine le cou et y aperçoit, non pas la trace d'une commotion, mais une simple érosion. Ce n'est rien qu'une érosion, ou plutôt une excoriation, pour me servir des termes mêmes employés par M. le docteur Surdun.

Ainsi, le 8 juillet au matin, la constatation est celle-ci : Rien. Le cou, visité par les médecins, n'offre pas de trace, ou plutôt il en existe une légère, une simple excoriation, et c'est là, Messieurs, précisément ce qui aurait dû être vérifié par M. le Juge d'instruction pour s'assurer au moins si cela était compatible avec la déclaration.

Eh bien, permettez-moi de vous dire que M. Surdun a compris la gravité de la question; il a provoqué les investigations de M. le Juge d'instruction, et lui a fait sentir qu'il importait de presser les opérations, parce que la trace de l'érosion allait disparaître. Voici, en effet, ce que je trouve dans une lettre de M. Surdun, écrite à la date du 9 juillet 1863, et adressée à M. le Juge d'instruction :

« Maurice Roux présente une *très-légère* écorchure de 2 centimètres de longueur sur 1 centimètre dans sa plus grande largeur, marquée en long sur la saillie du muscle trapèze droit, à 4 centimètres et demi environ de l'insertion supérieure de ce muscle sur la crête occipitale externe. Cette mesure n'est exacte qu'autant que la tête est légèrement inclinée en avant pour bien voir cette petite plaie *superficielle*.

« Il serait très-important de pouvoir déterminer d'une manière exacte: 1° si cette petite lésion a été produite par un corps contondant et couvert d'aspérités ; 2° si le coup a été porté avec une violence suffisante, dans cette région, pour produire la syncope. La *précision* et l'affirmation, qui sont, je crois, rigoureusement nécessaires en cette occurrence, m'ont engagé à beaucoup de réserve et à vous soumettre mes doutes, en vous priant de m'adjoindre, pour la détermination de ces faits, un médecin jurisconsulte dont les lumières et l'expérience sont tout à fait indispensables; *et cela, le plus tôt possible, car cette plaie superficielle pourrait n'être bientôt plus qu'une trace imperceptible.* »

Ainsi le 9 juillet, c'est-à-dire quarante-huit heures après le crime, M. Surdun constate une simple érosion et il veut que cette érosion soit immédiatement vérifiée, car la trace imperceptible pourrait bien disparaître.

Je ne raisonne pas ; je me contente simplement de faire appel à votre bon sens pour vous rappeler que ce qui se passe pour une érosion est précisément le contraire de ce qui a lieu pour une ecchymose. L'ecchymose ne laisse pas de trace à la surface, et l'altération des tissus intérieurs se manifeste par des signes connus de tout le monde.

Il est donc bien établi que la déclaration de M. Surdun ne peut pas se rapporter à une ecchymose. Mais je ne m'arrête pas à ces questions et je vais droit au fait juridique, à celui qui va nous occuper.

Voilà donc l'attention des juges mise en éveil ; il faut qu'ils fassent vérifier le cas par des médecins.

Et en effet, le Juge d'instruction rend une ordonnance, sur les termes de laquelle j'appelle toute votre attention.

Voici comment elle est conçue :

« Nous, Henri Amilhau, Juge d'instruction de Montpellier, vu les rapports de MM. Brousse et Surdun, docteurs en médecine, commettons MM. Dumas et Dupré, professeurs à Montpellier, de se transporter, après serment, et de procéder aux recherches ayant pour objet les faits suivants :

« 1° Un coup porté sur la nuque peut-il occasionner une commotion? Peut-il occasionner une syncope?

« 2° Est-il nécessaire qu'un coup ait été violent ou très-violent pour provoquer la commotion et amener la syncope, quand ce coup est porté dans la région précisée dans le rapport de M. Surdun ?

« 3° Un coup porté sur la nuque est-il susceptible d'amener la commotion ou la syncope doit-il toujours laisser au moment même des traces marquées de contusion et en particulier des ecchymoses ? Desquelles visites et recherches, MM. Dumas, Dupré et Surdun nous adresseront immédiatement un rapport *détaillé* contenant, sur les questions soumises, avis *motivés* conformément à la loi.

« Fait à Montpellier, le 10 juillet 1863.

« *Le Juge d'instruction*,

« H.-J. Amilhau. »

Eh bien, Messieurs, je dis qu'un rapport, qui doit être fait sur de telles questions, ne peut aboutir à aucune espèce de conclusion, parce que ces questions sont des questions théoriques. Le Juge d'instruction, au lieu de borner la discussion à un fait précis, l'a portée au contraire dans le domaine élevé de la science. Ce n'est pas ainsi qu'il fallait procéder, il fallait s'en tenir au fait en lui-même. On s'est égaré dans des généralités, et Dieu sait combien les opinions peuvent diverger sur un même fait pris au point de vue théorique ! Ce que la science était appelée à constater, c'était le fait matériel, et c'est là précisément ce qu'on n'a pas l'air de demander et ce qu'on n'a pas demandé en effet. Ainsi dans la dernière question on demande, non pas si la trace existe (nous sommes au 10 juillet, remarquez-le bien), mais si la trace doit avoir existé au moment même où le crime a été commis. La question ainsi posée, cela soit dit sans vouloir nuire à M. le Juge d'instruction, était posée d'une manière fausse et captieuse.

Après avoir ainsi établi ce que je reproche à M. le Juge d'instruction, je passe maintenant à MM. les docteurs et je ne puis m'empêcher de leur adresser également un reproche.

Qu'a demandé M. le Juge d'instruction ? Il a demandé un avis détaillé et motivé. Qu'a-t-il obtenu ? trois mots, trois monosyllabes : *oui*, *non* et *non*.

Et c'est avec ces trois mots que vous avez édifié votre procédure criminelle ! c'est avec ces trois mots que depuis huit mois vous tenez cet innocent en prison, que vous avez passionné l'opinion publique contre lui, que vous avez pu répandre ces calomnies officielles, dont je ne vous accuse pas, mais qui n'en pèsent pas moins sur sa vie !

Trois mots ! alors que le juge a demandé un avis détaillé et motivé ! Je ne puis supposer qu'une chose, c'est que les médecins n'ont pas compris sa pensée. Mais ce qui m'étonne en même temps, c'est que, quand il a reçu ce rapport, il ne leur en ait pas demandé un autre, car enfin, il faut qu'une opinion, quand elle est exprimée, repose sur des phrases qu'on puisse discuter. Malheureusement ce rapport ne contient rien, absolument rien que ces trois mots : *oui*, *non* et *non*. C'est un couteau qui tranche, ce n'est pas une pensée qui éclaire.

Voilà ce que c'est que ce rapport, ce simulacre de rapport, car je ne saurais lui laisser ce nom. Aussi, quand il m'a été apporté par la famille, et qu'avec ardeur j'ai dévoré cette constatation médicale, j'ai senti une douleur profonde, dont je décharge aujourd'hui mon âme qui en a été si longtemps oppressée. Je me suis demandé comment il était possible, avec la législation libérale qui nous régit, avec cette magistrature qui ne veut que la vérité, que de pareils faits pussent se produire, et j'ai douté en me demandant si de même je ne pourrais pas être moi aussi l'objet d'une violence et d'une persécution semblables.

Non-seulement telle est l'impression pénible que devait produire ce rapport, mais il nous a encore conduit forcément à cette conviction qu'il n'y avait pas, qu'il ne pouvait y avoir de coup ni de commotion.

Aujourd'hui, le doute n'est plus possible.

Vous avez entendu les témoins ; le plus intéressant, parmi eux, est sans contredit celui qui le premier a soigné le malade, car les dissertations plus ou moins savantes qui nous ont été présentées par les hommes éminents, devant les études desquels je suis prêt à m'incliner, ne valent pas les observations techniques recueillies au lit du patient par la sœur de charité ou la garde-malade. Eh bien ! ce témoin, que vous a-t-il dit ? Que ces phénomènes, qu'on s'est plu à énumérer, n'ont jamais apparu. Triadou a été interrogé, et voilà quelle a été sa réponse à l'audience : « Je n'ai pas remarqué que ce fût un coup à la nuque, c'était une simple excoriation, et la trace en a existé plusieurs jours. »

Un autre témoin a constaté seulement trois lignes radiées au cou. « Quand Maurice Roux a été apporté à l'hôpital, il marchait, dit-il, vers sa guérison. »

Quant à M. Dupré, il s'en est expliqué avec plus de détail, et voici ce qu'il a dit :

« J'ai constaté une excoriation, une sorte d'érosion, sur la partie droite de la nuque ; les cartilages du cou étaient parfaitement conservés, » et, lorsque M. le Président lui a demandé s'il avait remarqué les symptômes d'une commotion, il a répondu sans hésiter : *Aucun*, de la manière la plus formelle.

Voilà, Messieurs, ce qu'on aurait pu savoir dès le 10 juillet, si on avait voulu le savoir, si l'on en avait pris les moyens. Loin de là, on a suivi une route qui devait conduire à l'erreur. On a posé des questions vagues et captieuses qui devaient amener les réponses qu'elles ont amenées. Et tandis qu'on devait s'éclairer et faire éclater l'innocence de cet homme et l'imposture de son dénonciateur, la Justice n'a pas pris les moyens nécessaires pour trouver et connaître la vérité.

Que voulez-vous que je vous dise sur l'alibi ? Vous avez entendu les témoins, vous avez entendu la femme de chambre de Mme Armand qui déclare avoir entendu fredonner l'accusé dans sa chambre à huit heures et demie.

Quant à Maurice Roux, de ce qu'il a les mains liées derrière le dos, résulte-t-il une preuve en faveur de l'accusation ? N'est-ce pas plutôt, s'il joue la comédie odieuse qui maintenant éclate à tous les yeux, un simulacre de sa part ?

Enfin, pour ce qui est du mutisme, il n'existait pas

en réalité. Il est évident que cet homme, qui donnait tous les signes d'intelligence possible, n'était pas, paralysé.

Eh bien, rien de tout cela ne frappe les yeux de la Justice. Elle ne veut pas voir qu'il n'y a pas eu de coup donné ; elle se bande les yeux, afin que la réalité lui échappe.

Voilà la vérité, je l'affirme, et j'ai le droit de dire non-seulement qu'Armand sortira de ces débats acquitté, mais qu'il n'a jamais été accusé, et que son innocence aurait éclaté dès le premier jour, si la Magistrature, obéissant à un sentiment généreux, n'avait pas craint, en repoussant l'accusation, de paraître se mettre au service du fort contre le faible. Aux clameurs qui s'élevaient de tous côtés, je comprends qu'on ait perdu la tête, qu'on se soit lancé à l'aveugle à la recherche de l'impossible ; mais aujourd'hui que la vérité s'est fait jour, que cette funeste affaire serve d'exemple, que ce soit la dernière victime de semblables erreurs, et qu'à l'avenir les innocents ne soient plus menacés.

Si tout cela est vrai, et vous en êtes comme moi convaincus, qu'ai-je besoin, Messieurs, de vous fatiguer davantage? Évidemment c'est inutile. Et quand il est bien établi que l'alibi protège Armand, qu'il n'y a pas eu de corps de délit, qu'il n'y a pas eu de coup porté, à quoi bon, après l'admirable plaidoirie qui vous a été présentée hier, revenir sur des faits qui établissent d'une façon si claire qu'Armand a été victime d'une imposture de la part de celui qui est venu ici jouer sa grossière comédie ?

Vous le savez, Messieurs, et je vous le disais il n'y a qu'un instant, cet homme avait l'intelligence si saine et si présente, que, dès le lendemain, dans la nuit, il était capable de suivre la composition des mots sur un alphabet.

Rien ne lui échappait, et quand on vous a demandé dans quel but, selon nous, il pouvait contrefaire le muet, la réponse est bien simple, et vous le comprenez, Messieurs, aussi bien que nous ; il voulait donner une apparence de gravité à l'état qui lui valait l'intérêt de tous. Il était bien aise de pouvoir composer son rôle, il observait à merveille tout ce qui se passait autour de lui. Qui sait si ce n'est pas à ces observations qu'a été due l'érosion qu'on a remarquée à deux heures du matin ? Elle n'y était pas quand on l'a relevé ; mais autour de lui les magistrats ont causé, ils ont cherché à se rendre compte de son état ; il a entendu parler de violences possibles sur sa personne ; alors cet être malade, qui ne pouvait que remuer les yeux quand il était question de feindre le mutisme, se sera fait cette écorchure et l'aura fait apparaître aux yeux de l'étudiant.

Quoi qu'il en soit de cette conjecture, ce qu'il y a de certain, c'est que le mutisme était joué.

Ce n'est pas sans dessein que je lui ai posé à l'une de vos audiences cette question qui m'a valu de sa part une réponse qui a été à bon droit relevée à l'audience d'hier. J'avais voulu savoir s'il avait essayé de parler, et vous savez comment la parole lui a été rendue. Il a parlé comme par miracle, au moment où il a cru qu'il était au courant de son rôle, qu'il pouvait le jouer et tromper la Justice. Malheureusement, il y a réussi.

Mais quant à cette simulation, qui est démontrée pour moi comme la lumière du jour, est-ce que la scène du 17 novembre ne vient pas encore la démontrer d'une manière évidente pour tout le monde ?

Suis-je obligé de rentrer dans ces détails, et, après ce qu'a dit Lachaud, de vous rappeler que, le 17 novembre, il a voulu sortir seul, qu'il a refusé le secours du sergent de ville, qu'il s'est attardé sans raison dans la rue, qu'il a suivi un chemin opposé à la destination vers laquelle il devait se diriger ? N'est-il pas certain qu'il s'est perdu volontairement ? et ce personnage qu'il vous représente dans son récit comme sympathique à ses souffrances, ce beau jeune homme, couvert d'un chapeau rond et d'un paletot noir, qui a commencé par dire « qu'Armand est une canaille, » n'est-ce pas l'esprit familier de cet être pervers qui l'assiége pendant la nuit et lui inspire ses desseins? est-ce qu'il ne l'a pas évoqué pour tromper encore une fois la Justice ? n'est-il pas certain que dans cette rue il s'est frappé luimême, qu'il s'est entamé de ses propres mains le cuir chevelu, pour obtenir ainsi le sang qui devait tacher les bandelettes avec lesquelles il comptait se présenter le lendemain devant la Cour d'assises ? C'était un complément dramatique qu'il avait inventé, et quand les médecins se sont opposés à ce qu'il se rendit à l'audience, il a été de mauvaise humeur ; il aurait voulu que le public de Montpellier l'escortât sur une civière de commande, afin d'obtenir des dommages-intérêts plus considérables et une ovation plus triomphale.

Est-ce que cette scène ne le démontre pas ? Je n'en retiens qu'une circonstance.

Cet homme, frappé dans la rue des Augustins, aurait été, suivant le témoignage des docteurs, atteint d'une subite commotion ; car, en arrivant à l'hôtel de la Croix de Malte, sa voix était lente et difficile, et il ne retrouvait pas ses idées. Et cependant, sur les lieux mêmes, il les avait bien retrouvées, puisqu'il poussait des cris assez forts pour être entendus à 200 mètres de distance : « Au secours ! à l'assassin ! »

On arrive près de lui, et cet homme qui a de la peine à articuler une parole, qui est là la face contre terre, c'est-à-dire qui, au moment où l'on approche, a voulu se donner la physionomie d'une victime, afin que personne ne pût croire qu'il venait de combiner un nouveau simulacre, cet homme est cependant si bien maître de ses esprits et de ses sens, qu'au bras de celui qui l'accompagne il raconte toute son histoire et éclate en imprécations contre Armand.

La vérité tout entière n'apparaît-elle pas à votre pensée ? Ai-je besoin d'efforts nouveaux pour la faire luire à vos yeux ? Ce serait faire tort à votre intelligence que d'insister davantage.

Si d'ailleurs vous vous arrêtez sur certains autres détails, vous voyez luire aussitôt la possibilité de la trame qu'il a ourdie ; vous voyez toutes ses passions mauvaises qui se résument en sa personne dans une haine profonde de la domesticité. Vaniteux, débauché, infidèle, il s'armera contre un maître rigoureux, mais juste, qui ne veut pas subir tous ses écarts, et qui, jaloux de maintenir chez lui une autorité moins élastique que celle qu'on rencontre chez M. Madier de Lamartine, fait des reproches à son domestique et s'attire, au lieu de mauvaises réponses, ces sourdes protestations de la haine sombre et farouche préméditant dans la solitude le dessein odieux qu'elle osera exécuter.

N'est-ce pas l'attitude qui a été prise par cet homme ? n'est-ce pas le tableau vivant de cette perversité qui est un des fléaux de la société moderne, mais qui, je l'espère, disparaîtra grâce aux bienfaits de la civilisation, de l'éducation et de l'adoucissement de nos mœurs? N'est-ce pas aussi le dernier mot, la moralité de ce procès, et n'ai-je pas le devoir de protester contre les dernières paroles de M. le Procureur général, qui nous disait qu'un acquittement serait un scandale et ferait douter de l'infaillibilité de la Justice? Eh bien! cet acquittement, il nous le faut, car il ressort de la manière la plus évidente de la question subsidiaire que vous avez posée vous-même. Est-ce que votre obligation n'est pas, en effet, de tout prouver? Vous avez affirmé dans l'acte d'accusation que Maurice Roux avait été assommé et étranglé. Vous aviez raison de parler ainsi, et vous ne pouviez dire autrement, car c'est sur sa seule parole que vous avez prononcé; il est votre unique témoin. Il a déposé trois fois; dans deux interrogatoires, il a fait connaître que les actes s'étaient succédé sans interruption et qu'il s'en était bien rendu compte. Il l'a dit encore à cette audience. Il ne vous est donc pas possible de vous séparer de cette solidarité; elle est acquise aux débats; il vous est interdit d'aborder une autre version, qui ne serait maintenant pour vous qu'une œuvre de pure fantaisie.

Maurice Roux a déclaré que ces actes se sont accomplis simultanément. Le prouvez-vous? Non, la preuve en est impossible, et vous déclarez vous-mêmes que ce système est inadmissible. Quel est donc votre système? Vous supposez qu'Armand serait descendu une seconde fois à la cave; vous l'avez dit dans votre premier Réquisitoire. Remarquez, je vous prie, quel chef-d'œuvre de logique ! vous ne pouvez pas seulement établir qu'il y soit allé une seule fois, et vous l'y faites maintenant descendre à deux reprises différentes !

Je ne veux pas non plus relever les contradictions qui existent entre M. le Procureur général et M. l'Avocat général. M. le Procureur général avait abandonné les propos rencontrés sur les lèvres de certains témoins de Montpellier, et M. l'Avocat général a voulu au contraire les recueillir. Il s'est placé ainsi en complète contradiction avec le chef de son Parquet. Ne nous occupons pas de toutes ces choses. Qu'importe que la femme Cazes, dans son intempérance de langue, ait pu répandre un bruit faux? Ce n'est pas dans tous les cas sur un semblable bavardage que l'on peut fonder une accusation. De tous les faits avancés, il n'y en a donc aucun qui subsiste.

Et quant à la question subsidiaire, voyons en quoi consiste le système du Ministère public. Car enfin Armand comparaît ici sous l'accusation d'un meurtre, d'une tentative d'assassinat. Il a frappé son domestique pour lui donner la mort, et s'il l'a ensuite attaché par le cou, s'il lui a lié les mains derrière le dos et garrotté les jambes, ce n'est que pour mieux assurer son crime. Voilà le texte de l'accusation. Il vous est impossible d'en modifier un fait; mais vous voudriez maintenant en changer la moralité. D'après votre système, que j'ai écouté avec soin, vous supposez qu'après avoir frappé son domestique sans vouloir lui donner la mort, Armand l'avait garrotté pour faire croire à un simulacre de suicide ou d'assassinat. Eh bien! Lachaud a eu raison de dire que, si une pareille supposition était admissible, Armand ne serait pas seulement un assassin, mais un monstre. Supposez que dans un moment de colère, dans un instant d'emportement irréfléchi, Armand eût frappé cet homme avec une bûche et l'eût vu gisant à ses pieds; mais il vous a dit lui-même : Je serais allé à son secours! Et, en effet, si un tel malheur lui fût arrivé, soyez bien persuadés, Messieurs, qu'il aurait voulu racheter cette faute au prix de son sang. Non, Messieurs, vous ne pouvez pas croire à une pareille infamie. Après la scène qui vous a été racontée et qui s'est passée entre lui et M. Corvetto, cette scène où, après lui avoir renversé son chapeau parce que celui-ci l'avait insulté, Armand va à sa rencontre, se jette dans ses bras, le prie de tout oublier; après cette scène depuis laquelle il n'a cessé d'être son meilleur ami, toute supposition de ce genre est impossible. Et quand on vient vous dire qu'en face de ce domestique abattu à ses pieds, au lieu d'être éclairé par un mouvement de pitié, il a été assez abandonné de Dieu pour se ruer sur lui et se livrer à cet étrange calcul : « Je vais le garrotter, lui entourer le cou et faire croire à un suicide, » ne le croyez pas, Messieurs ! Est-ce que ce n'est pas violer la raison? Est-ce que l'esprit de M. le Procureur général n'a pas protesté contre sa parole, quand il a présenté un pareil système? Non, Messieurs, Armand n'est pas cet homme; il n'est pas un assassin, il n'est pas ce monstre compliqué, combinant ces moyens subsidiaires qui révoltent la conscience plus encore qu'un crime irréfléchi.

Il est honnête homme, et vous allez l'acquitter.

Quant à moi, je suis coupable de retenir si longtemps ce verdict qui est déjà sur vos lèvres. Je n'aurais pas voulu le retarder, et Dieu m'est témoin que si j'ai agi ainsi, c'est que j'ai senti que j'avais un grand devoir à remplir, et qu'en face d'une procédure qui contenait les actes que j'ai à bon droit qualifiés, il importait que le monde entier les connût pour les juger en même temps que vous.

Mais pour vous, dans la sphère où se meut votre libre et indépendante conviction, c'est le salut de l'accusé qui doit vous préoccuper, en même temps que celui de la société auquel il est intimement lié. Et voyez à quel danger effroyable la sagesse des Magistrats nous a permis d'échapper ! Si, en effet, dans une autre enceinte, assaillie par le bruit des clameurs populaires, la vérité n'eût pu se manifester, si ma voix se fût brisée sans écho devant les résolutions qui l'auraient étouffée, un innocent aurait pu monter sur l'échafaud, et sa famille en deuil, l'erreur reconnue, aurait vainement demandé à ses Juges un époux, un parent, un protecteur qui lui aurait été ravi.

La condamnation d'un innocent, Messieurs, on l'a dit avec raison, c'est le désespoir de tous les honnêtes gens, et pire encore, laissez-moi ajouter, c'est leur mise en suspicion. Mais non ! Voici le jour où éclate la réparation, où se fait la réhabilitation. Ah! il est le plus beau qu'on puisse imaginer sur la terre; nulle joie plus pure, plus vraie, ne peut exister que celle qui inonde mon cœur se reposant dans l'honnêteté des vôtres; et quand je vous livre le sort de cet homme, je sais que la sentence sera la gloire des Juges, le salut de la société, l'apaisement de toutes les mauvaises passions.

A peine ces dernières paroles sont prononcées, que l'accusé, partageant l'émotion générale, se jette dans les bras de son défenseur et l'embrasse avec effusion.

M. le premier Président. — Armand, avez-vous quelque chose à ajouter à votre défense?

Armand. — Non, Monsieur le Président.

Mº Marguery, avoué près la Cour, s'avance à la barre et demande acte à la Cour de ce que Maurice

Roux déclare se porter partie civile au procès, se réservant de préciser plus tard ses conclusions.

M. le premier Président. — La défense a la parole.

M⁰ Jules Favre. — Nous n'avons rien à dire, Monsieur le Président.

M⁰ Lachaud. — Ah! nous comprenons; ça vient tard; mais ça devait venir; c'est venu.

M. le premier Président donne acte à la partie civile de sa constitution, et après avoir prononcé la clôture des débats, il les résume en ces termes :

M. le premier Président. — Messieurs les Jurés, la lutte est terminée. Ni le temps, ni le zèle, ni l'éloquence n'y ont fait défaut, et vous allez enfin nous faire connaître la solution qui lui appartient.

Mais vous savez qu'avant de vous livrer définitivement à vous-mêmes, j'ai encore un devoir à remplir. J'ai à vous présenter dans un tableau fidèle les signes et les faits divers auxquels on a voulu tour à tour vous faire reconnaître la vérité.

Pendant que je vais remplir cette tâche, ne vous attendez pas à retrouver en moi cette vigueur ou ce prestige de parole que vous avez tour à tour admirés. Heureusement, à la place où je suis, et dans le rôle que je remplis, tout art est inutile, et tout artifice serait déplacé. Je n'ai ni à vous entraîner, ni à vous séduire ; j'ai au contraire à vous garantir contre les séductions et les entraînements, et alors il me semble que la sobriété et la précision du langage peuvent ici tenir lieu avec avantage de tout autre attrait.

Fixons d'abord la dernière formule de l'accusation, et voyons ce que cette accusation demeure après les débats auxquels vous venez d'assister. La voici dans sa plus simple expression.

Dans la journée du 7 juillet dernier, Armand, qui avait à se plaindre d'un propos léger tenu par son domestique et qui voulait s'en venger, est descendu à la cave, où il savait qu'il était, avec l'intention de lui infliger une correction ; il l'a trouvé baissé et ramassant du bois ; il lui a porté un coup de bâton qui l'a atteint à la nuque, et l'a fait tomber sans connaissance à ses pieds.

Voilà le premier acte, s'il m'est permis de m'exprimer ainsi ; voici le second.

Armand a été étonné, effrayé, et affligé lui-même des suites du coup qu'il venait de porter. Dans son embarras, il a enfermé son domestique dans la cave, il en a pris la clé ; il y est redescendu à un moment quelconque de la journée, et, le trouvant toujours sans connaissance, il l'a garrotté et étranglé.

Pourquoi l'a-t-il fait? dans un de ces deux buts:

Ou bien il a vu que son domestique vivait encore, et de peur qu'en reprenant entièrement ses sens il ne l'accusât de la violence qu'il avait commise envers lui, il a résolu de lui donner la mort, pour s'assurer de son silence.

Ou bien il a cru que son domestique était entièrement mort, et, pour éloigner les soupçons, pour détourner l'attention d'un coup porté à la nuque, pour faire croire à un suicide ou à un crime commis par un tiers, il lui a attaché les pieds et les mains, et lui a enroulé une corde autour du cou.

Voilà bien, Messieurs, la double et dernière formule de l'accusation. Dans la première partie, elle affirme avec certitude le coup à la nuque et la commotion cérébrale qui l'a suivi; dans la seconde, elle affirme avec certitude la strangulation; mais elle doute du mobile qui a dirigé la main d'Armand, selon qu'il a cru ou qu'il n'a pas cru à la mort consommée de son domestique.

Après avoir ainsi défini l'accusation, M. le premier Président passe rapidement en revue les divers moyens qui ont été présentés, soit pour la soutenir, soit pour la combattre, et il termine en ces termes :

Telle est, Messieurs, je crois, l'analyse exacte des moyens qui vous ont été présentés, soit par l'accusation, soit par la défense. Je n'y ajoute qu'une observation qui me frappe depuis le commencement de ces débats, et que je crois devoir vous soumettre.

En général, dans les causes qui vous sont soumises, vous avez en présence un accusé qui se défend, la société qui l'accuse, et rien de plus. Les intérêts de l'accusé sont sacrés ; ceux de la société ne le sont pas moins ; mais ils sont vastes, généraux, et s'ils ne touchent directement à personne, il est plus facile de les perdre de vue, et de se laisser toucher, au profit de l'accusé, par des considérations d'indulgence.

Aujourd'hui la situation est différente, et les choses se dessinent autrement.

Vous avez, d'un côté, Maurice Roux qui dit à Armand : Vous m'avez assassiné le 7 juillet dans votre cave ; vous m'avez assassiné en me frappant, en me liant, en m'étranglant.

Vous avez, d'un autre côté, Armand qui dit à Maurice Roux : Vous m'accusez d'être votre assassin, vous en imposez sciemment. C'est vous qui m'assassinez tous les jours, depuis huit mois, en me calomniant, en m'arrachant, comme vous l'avez déjà fait, mon repos d'esprit et ma liberté, et en cherchant à m'enlever encore mon argent, mon honneur et ma vie.

Eh bien! Messieurs, c'est entre ces deux hommes que vous avez à choisir. Acquitter l'un, c'est moralement condamner l'autre. Un verdict qui proclamera l'innocence d'Armand, impliquera ceci aux yeux du monde, il dira à Maurice Roux :

Vous avez froidement conçu, froidement exécuté la plus odieuse des spéculations.

Pour vous procurer de l'argent, ce qui est le plus vil des mobiles, vous êtes descendu à la cave et vous y avez organisé cette fable d'une strangulation consommée par vous par la main de votre maître.

Cette fable indigne, vous l'avez soutenue avec audace devant votre victime dont les dénégations ne vous ont pas ébranlé, dont l'innocence ne vous a pas touché, dont le malheur ne vous a pas fait fondre en larmes.

Cette fable, vous l'avez soutenue devant la Justice, au milieu de ses solennités ; vous l'avez soutenue devant Dieu, le jour même où il est venu vous visiter sur votre lit de douleur, outrageant ainsi à la fois et sa bonté et sa puissance.

Vous êtes un scélérat, vous êtes un monstre, et il n'est pas dans notre langue d'expression assez énergique pour vous flétrir.

Voilà, Messieurs, le sens qui sera donné à votre arrêt. Si vous croyez devoir le rendre, rendez-le, je suis le premier à vous le demander. Mais, avant de le faire, regardez-y à deux fois, surtout lorsque, des deux hommes entre lesquels le conflit est engagé, l'un est pauvre, isolé, dénué de tout ; l'autre est riche, puissant, secondé par toutes les influences.

Et, maintenant, entrez dans la chambre de vos délibérations. Que Dieu vous y accompagne, qu'il vous éclaire, et qu'il vous donne l'intelligence nécessaire pour discerner la vérité et la force nécessaire pour la proclamer.

Je vais donner lecture des questions auxquelles vous aurez à répondre :

1re QUESTION. — L'accusé André Armand est-il coupable d'avoir, le 7 juillet 1863, à Montpellier, commis une tentative d'homicide volontaire sur la personne de Maurice Roux, son domestique, laquelle tentative, manifestée par un commencement d'exécution, n'a manqué son effet que par des circonstances indépendantes de la volonté dudit Armand?

2e QUESTION. — Ledit Armand a-t-il agi avec préméditation?

Voilà les questions résultant de l'arrêt de renvoi et de l'acte d'accusation.

Voici maintenant les questions résultant du débat, les questions que je pose, et auxquelles vous aurez aussi à répondre.

3e QUESTION. — Si André Armand n'est pas coupable du fait mentionné dans la première question, est-il coupable d'avoir, le 7 juillet 1863, volontairement porté des coups et fait des blessures à Maurice Roux?

4e QUESTION. — Ce coup porté et ces blessures faites volontairement, ont-ils occasionné une incapacité de travail personnel pendant plus de vingt jours?

5e QUESTION. — Ledit Armand a-t-il agi avec préméditation?

Après ce résumé, qui pose en termes énergiques l'alternative résultant fatalement des débats, le Jury se retire dans la chambre de ses délibérations, et, quinze minutes après, il revient avec un verdict d'acquittement.

M. le premier Président donne l'ordre d'introduire l'accusé.

A son entrée dans la salle, le gendarme de service à la porte lui apprend qu'il est acquitté : Parbleu ! dit *M. Armand*, en jetant son cigare, est-ce que j'en ai jamais douté !

Il est donné immédiatement lecture de la réponse du Jury, négative sur toutes les questions.

Me Marguery, au nom de Maurice Roux, lit des conclusions par lesquelles il demande 50,000 francs de dommages-intérêts.

Me Jourdan, avoué de M. Armand, s'oppose à leur admission, comme non recevables et subsidiairement mal fondées.

M. le premier Président rend ensuite l'ordonnance d'acquittement, et ajoute :

— Armand, vous êtes libre; Gendarmes, mettez Armand en liberté.

M. Armand quitte aussitôt la sellette et se précipite dans les bras de son cousin. Des personnes qui, malgré la consigne, avaient pénétré au dernier moment dans la salle, s'échappent avec bruit; on entend les cris du dehors : c'est une foule enthousiasmée qui témoigne sa joie de l'acquittement de M. Armand, et qui, à son arrivée sur la place du Palais, lui fait une éclatante ovation. Elle l'entoure, et le poursuit de ses acclamations jusqu'à l'hôtel de la Mule Noire, où l'attendent les membres de sa famille, déjà prévenus de la décision du Jury.

Pendant ce temps, l'audience continue.

Me Marguery a la parole et développe ses conclusions en peu de mots. La demande de Maurice Roux lui paraît parfaitement fondée. Les cours d'Assises, la Cour d'Aix en particulier, n'ont jamais hésité à accorder des dommages-intérêts à la partie civile après l'acquittement de l'accusé.

Quant au chiffre de la demande, il ne lui paraît pas exagéré.

« Je ne connaissais pas Maurice Roux, ajoute-t-il, mais il est venu me voir et m'a dit : « J'aurais fait bon marché de ma demande de dommages-intérêts, si j'avais bon espoir de revenir à la santé; malheureusement je ne l'ai pas, je suis dans l'impossibilité de reprendre l'exercice de ma profession, et même d'en exercer une autre; car je ne pourrai plus me servir de mes membres, qui sont complétement paralysés. Je trouvais dans mon travail les moyens de subvenir à mes besoins. Ne pouvant plus travailler, je suis bien obligé de demander des dommages-intérêts. »

« Si Maurice Roux pouvait revenir à la santé, l'allocation de ces dommages et intérêts devrait être fixée par la Cour dans une mesure modeste, mais la Cour sait la position de Maurice Roux. Moi, je n'ai point assisté aux débats, j'ignore ce qu'il peut y avoir de vrai dans ce que m'a affirmé Maurice Roux, qu'il ne pourrait désormais vivre de son travail. La Cour appréciera.

« J'ajoute, et c'est une considération d'un grand poids, Maurice Roux, s'étant porté partie civile, doit être condamné envers l'Etat au paiement des frais dont le verdict du Jury exonère M. Armand. Ces frais peuvent monter à 18 ou 20 mille francs. Aussi, dans l'allocation à accorder à Maurice Roux, la Cour doit tenir compte de ce chiffre élevé, que Roux devra payer au Trésor.

« Je me borne à ces simples considérations, et j'attends avec confiance la décision de la Cour, qui, je l'espère, fera droit à mes conclusions. »

Me Jules Favre réplique en ces termes :

Mon cœur est trop plein de joie et de reconnaissance pour que je puisse, même en face de l'étrange et inqualifiable demande dont vous êtes saisis, trouver une parole amère. Je constate cependant, et avec bonheur, que ce n'est point un membre du barreau qui s'est présenté pour Maurice Roux. C'est un officier ministériel, qui ne pouvait lui refuser son office et qui vient ici loyalement, au nom de la loi qui lui fait un devoir de le protéger et de l'assister jusqu'au dernier moment, pour faire entendre ses réclamations et essayer de les justifier.

Mais comment peut-il le faire, après les paroles si pleines d'autorité et d'éclat qui ont terminé le résumé de M. le premier Président? La question a été très-explicitement posée, les termes en ont été recueillis avec une scrupuleuse attention par la défense, et c'est ce qui a motivé le verdict du jury. Il s'agissait de prononcer entre deux hommes, et M. le le premier Président a très-nettement dit que l'acquittement de l'un était la condamnation de l'autre; que, si Armand était innocent, Maurice Roux était infâme, qu'il était un imposteur, qu'il avait trompé la Justice, qu'il était indigne de toute espèce d'intérêt.

Je ne m'attache pas, bien entendu, au sentiment si vif et si noblement exprimé par M. le premier Président pour m'en faire un texte d'incrimination nouvelle contre Maurice Roux; mais j'y trouve la preuve, que j'ai à chercher, du peu de fondement de sa demande. C'est à lui qu'il appartient de la justifier. Il est devant une juridiction criminelle, mais il agit au nom d'un intérêt civil. Il ne peut donc pas se dégager des règles qui gouvernent cette espèce

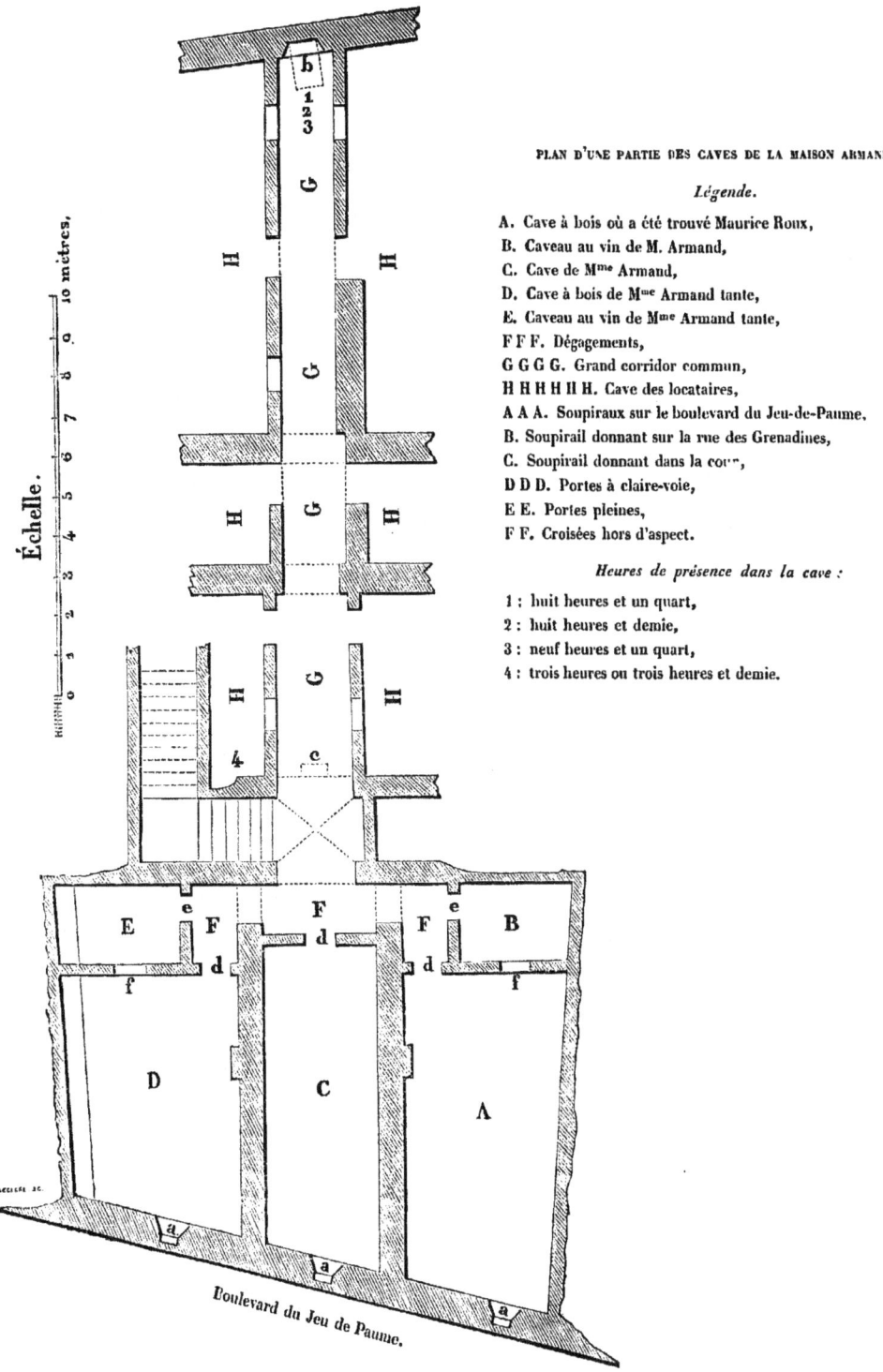

PLAN D'UNE PARTIE DES CAVES DE LA MAISON ARMAND

Légende.

A. Cave à bois où a été trouvé Maurice Roux,
B. Caveau au vin de M. Armand,
C. Cave de Mme Armand,
D. Cave à bois de Mme Armand tante,
E. Caveau au vin de Mme Armand tante,
F F F. Dégagements,
G G G G. Grand corridor commun,
H H H H H H. Cave des locataires,
A A A. Soupiraux sur le boulevard du Jeu-de-Paume,
B. Soupirail donnant sur la rue des Grenadines,
C. Soupirail donnant dans la cour,
D D D. Portes à claire-voie,
E E. Portes pleines,
F F. Croisées hors d'aspect.

Heures de présence dans la cave :

1 : huit heures et un quart,
2 : huit heures et demie,
3 : neuf heures et un quart,
4 : trois heures ou trois heures et demie.

EXTRAIT DU PLAN DE MONTPELLIER. — AFFAIRE ARMAND.

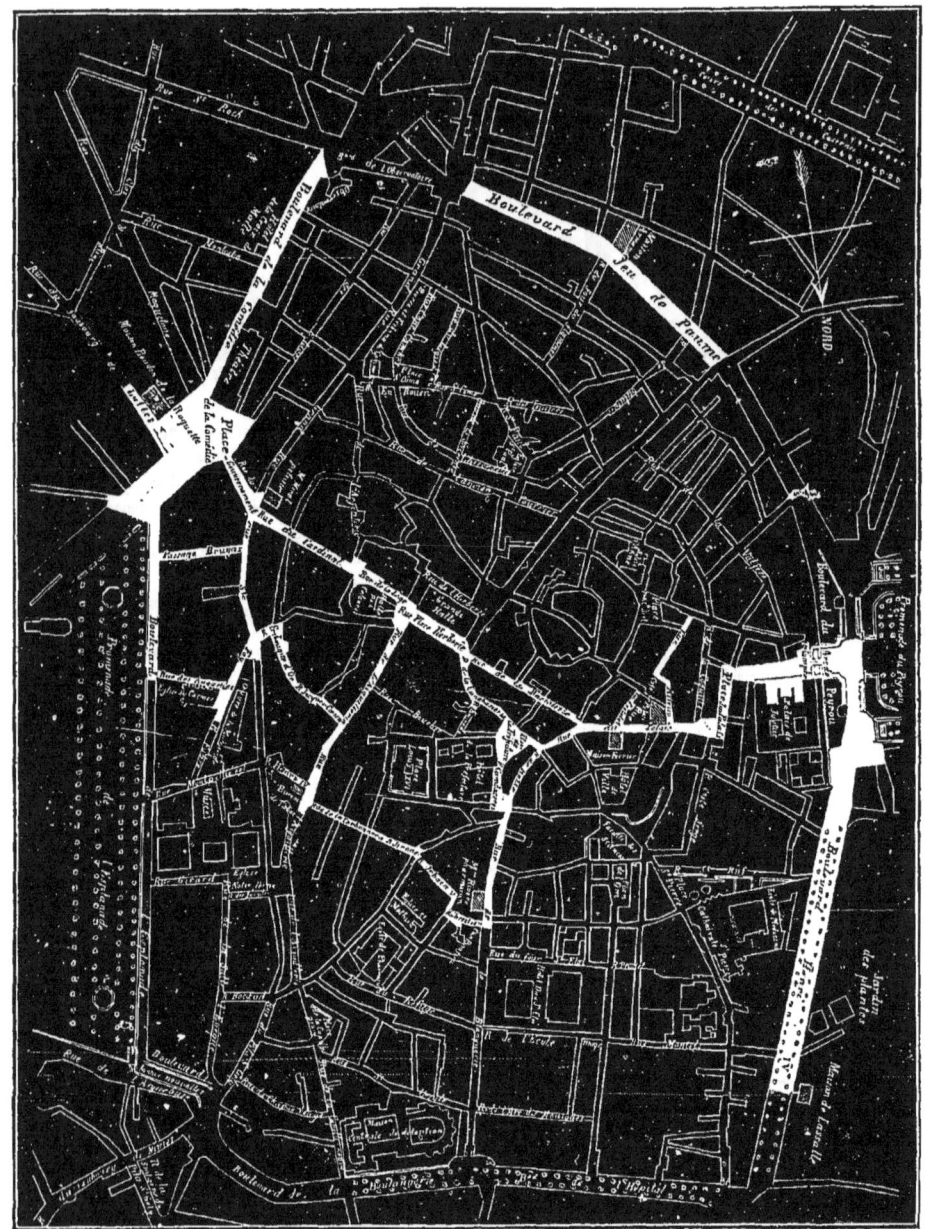

ITINÉRAIRES DE ROUX DANS LA SOIRÉE DU 17 NOVEMBRE 1863 :

1er INTERROGATOIRE :
Rue de la Blanquerie.
[Rencontre avec l'inconnu.]
Rue du Palais.
Boulevard Henri IV.
Banc du café du Palais.
Rue des Augustins.

2e INTERROGATOIRE :
Faubourg de Lattes.
Boulevard de l'Esplanade.
Rues perpendiculaires à l'Esplanade : Embouque

d'Or, Carbonnerie, etc.
Rue de la Blanquerie.
Rue du Palais.
Boulevard Henri IV.
Boulevard du Peyrou.
Porte du Peyrou.
[Première rencontre avec l'inconnu.]
[Première séparation.]

Rue du Palais.
Jardin des Plantes.
Banc du café du Palais.
[Deuxième rencontre.]

Promenade du Palais au Peyrou.
Deuxième séparation.

Rue du Palais.
Itinéraire non décrit (rencontre d'un sergent de ville, rue de l'Aiguillerie).
Rue de la Blanquerie.
Troisième rencontre.

Place de la Préfecture.
Marché aux Herbes.
Rues non désignées.
Rue des Augustins.

ITINÉRAIRE PARCOURU APRÈS L'ÉVÉNEMENT.

Rue du Palais,
Rue de Ratte,
Rue Cambacérès,
Place de la Préfecture,
Rue de la Canabasserie,
Place Herberie,
Rue de l'Aiguillerie,
Rue Jacques-Cœur,
Rue Embouque d'Or,
Rue Sainte-Foy,
Rue des Augustins,

de demande. Il faut qu'il établisse par lui-même le fait sur lequel repose son action, et ce fait, ce serait une violence qui, à l'heure où nous parlons, est dépouillée de toute espèce de culpabilité, mais qui aurait M. Armand pour auteur.

Je comprendrais jusqu'à un certain point, quoique une pareille décision révoltât complétement ma conscience, qu'une Cour d'assises pût prononcer des dommages-intérêts au profit d'une partie civile qui viendrait, après qu'un fait, qualifié crime, a été reconnu par le Jury ne pas mériter ce nom, réclamer des dommages-intérêts. Mais ici, grâce à la précaution qu'a prise la sagesse de la Cour, — et nous l'en remercions, — la question a été complétement épuisée. Une question a été posée au point de vue de la tentative d'assassinat, une question a été posée relative à des coups et blessures. Le Jury a répondu négativement sur les deux questions. C'est donc le fait matériel qui disparaît.

Je ne veux pas, Messieurs, abuser des moments de la Cour, en entrant ici dans une discussion approfondie sur une des plus graves questions qui aient préoccupé les jurisconsultes. Quelle est l'influence de la chose jugée au criminel sur le civil? C'est là une thèse qui se résout par les principes ordinaires applicables à la chose jugée. Et toutes les fois que la décision criminelle laisse aux juges civils la possibilité de rétablir un fait qui n'est plus un fait délictueux, mais un fait dommageable, il est incontestable que l'on peut encore, soit agir devant la juridiction civile, soit, par exception, en vertu de l'article 368 du Code d'instruction criminelle, saisir la Cour d'assises. Ainsi un accusé comparaît devant elle sous l'inculpation de faux. Il est porteur d'un testament qui, suivant la partie civile, aurait été falsifié. Il y a, au point de vue de la culpabilité, une décision négative du Jury; ce qui n'empêche pas que devant la justice civile le testament puisse être argué de nullité.

Dans l'espèce actuelle, ce qui a été l'objet des débats, ce que MM. les Jurés ont voulu dire, ce qu'ils ont dit, c'est que M. Armand n'est pas descendu à la cave, qu'il n'a pas frappé son domestique, qu'il est impossible qu'il soit l'auteur, non-seulement d'un crime, mais des coups et blessures pour lesquels il est poursuivi. Le fait échappe, non-seulement dans l'intention, mais dans la matérialité. Par conséquent, il n'est plus possible que l'action ait une base quelconque.

Ainsi l'a jugé la Cour de cassation, dans un arrêt du 24 juillet 1841, qui a cassé un arrêt de la Cour d'assises de Bourges, rendu dans un cas absolument semblable.

Voici ce que je lis dans cet arrêt :

« Attendu que la déclaration de non-culpabilité de l'accusé, prononcée par le Jury, n'a pour effet que de mettre l'accusé à l'abri des peines portées par la loi et qu'elle n'empêche pas que, si un fait dommageable pour autrui demeure constant contre l'accusé, celui-ci ne puisse être condamné à la réparation du dommage qui en est résulté, conformément à la règle générale posée par l'art. 1382 du Code Napoléon; mais que la décision de la Cour d'assises, qui accorde ces dommages sur le fondement que le fait dommageable reste constant et que l'accusé en est l'auteur, doit pouvoir se concilier avec la délibération du Jury; qu'il ne faut pas que la décision des Juges soit en contradiction avec la décision des Jurés, et présente une violation de la chose jugée par le Jury dans le cercle de ses attributions;

« Attendu que, dans l'espèce, le Jury avait déclaré que l'accusé Souesme n'était coupable ni d'avoir commis volontairement un homicide sur la personne du nommé Cabasson, ni d'avoir volontairement porté des coups et fait des blessures audit Cabasson; que cependant l'arrêt attaqué est motivé sur ce fait, que Souesme a, volontairement et hors le cas de légitime défense, porté à Cabasson un coup qui lui a donné la mort; que dans son ensemble une telle décision reproduit même, sous le rapport de la criminalité, l'imputation écartée par les réponses du Jury, puisque l'arrêt, en déclarant que les coups ont été portés *volontairement et hors le cas de légitime défense*, a apprécié l'intention de l'auteur du fait, intention dont la volonté est le signe non équivoque, et qu'il n'appartient qu'aux Jurés de rechercher et de déclarer;

« Qu'ainsi la Cour d'assises a imprimé au fait des coups portés par Souesme des caractères de criminalité que les réponses du Jury avaient fait disparaître; que l'arrêt attaqué est donc inconciliable avec la déclaration du Jury; qu'il a violé la chose souverainement jugée; qu'il constitue un excès de pouvoir;

« Casse. »

Voilà les principes. Comment votre arrêt pourrait-il s'en écarter? En déclarant qu'une blessure a été portée à Maurice Roux par M. Armand par imprudence, sans aucune espèce d'intention criminelle?

Eh bien, Messieurs, outre que le fait est repoussé par toutes les pièces du procès, outre que sur ce point les grands débats établis devant la Cour ont porté dans l'esprit de tous une conviction qui fait que la décision du Jury sera acceptée par l'opinion publique, comme étant l'expression de la vérité juridique, ce qu'il y a de certain, c'est que les faits sont ici indivisibles. On ne peut supposer que, innocemment, par maladresse, M. Armand a porté un coup à son domestique. Le dire, ce serait nier la lumière, ce serait se mettre en contradiction avec la décision du Jury pour lui faire offense, l'outrager, donner ce spectacle d'une lutte entre deux juridictions. La conscience publique ne saurait accepter de semblables tempéraments. M. le Procureur général n'a jamais fait entendre d'autre langage que celui-ci : Si Armand a porté un coup, c'est un coup criminel. Le dépouiller de toute criminalité, c'est le détruire dans son existence même, ce serait nier la vérité, et je n'attends pas un pareil résultat de l'arrêt de la Cour.

M. le Procureur général Merville. — Messieurs, je crois que je tomberai facilement d'accord avec l'honorable défenseur sur les principes qui doivent me servir à résoudre la question qui nous occupe. Le défenseur convient avec nous que le Jury ne statue point uniquement, n'est pas uniquement appelé à se prononcer sur l'existence matérielle du fait. Il se prononce aussi nécessairement sur l'intention coupable, et il faut la concomitance de l'existence matérielle du fait et de l'intention coupable, pour que le Jury puisse donner une réponse affirmative aux questions qui lui sont posées.

La solution négative n'exclut donc nécessairement qu'une chose : l'intention criminelle. Mais elle n'exclut point avec la même rigueur et la même nécessité logique l'existence matérielle du fait.

Cela étant, si la Cour croyait, d'après les débats qui se sont déroulés devant elle, et dont assurément il est fort inutile de lui rappeler les nombreux éléments, si la Cour croyait qu'un coup violent ait été porté par Armand sur la personne de Maurice Roux, et que ce coup ait occasionné dans la santé de cet individu des désordres, des perturbations, qui non-seulement se sont manifestées dans le passé, mais peuvent se prolonger encore longtemps dans l'avenir, la Cour aurait à se demander, non pas si ce coup a été le résultat d'une volonté coupable, puisque à cet égard il y a chose jugée, mais s'il n'a pu être le résultat d'une faute, qui serait par elle-même constitutive non d'un délit, mais au moins d'un quasi-délit, et devenir ainsi le sujet d'une condamnation à des dommages-intérêts. C'est une question de fait. La Cour la résoudra dans sa sagesse en toute indépendance et liberté.

Et maintenant sur le *quantum* des dommages-intérêts, à supposer que la question de principe soit résolue par la Cour dans un sens favorable aux conclusions prises par la partie civile, nous n'avons qu'à nous en rapporter à la prudence des magistrats.

M⁰ *Jules Favre* se lève. — Où va la Justice, grand Dieu? je ne sais si je dois en croire mes oreilles! Comment M. le Procureur général n'a-t-il pas le courage de son opinion?

M. *le Procureur général*. — Permettez, M⁰ Favre, vous n'avez pas le droit de prendre la parole après le Ministère public.

M⁰ *Jules Favre* (*avec animation*). — Mais ne sommes-nous pas en matière criminelle? Messieurs, je le dis avec douleur devant la Justice, M. le Procureur général n'ose pas formuler son opinion. Il s'en rapporte à la sagesse de la Cour. Mais c'est une question de bonne foi que je lui pose. N'est-ce pas évident? Vous n'avez pas osé, M. le Procureur général, vous prononcer sur la solution que vous demandez à la Cour. Vous n'avez pas osé dire votre opinion. Je le comprends. Mais qu'importe! il ne peut plus y avoir de doute maintenant!

Ma conscience me le crie, la conscience universelle le proclame, le fait n'existe pas. Que la Cour juge!

M. *le premier Président*. — La Cour va délibérer, mais l'arrêt ne sera rendu que demain à midi.

Le lendemain, la Cour a rendu l'arrêt suivant :

« Attendu que, s'il résulte de la déclaration du Jury qu'Armand n'est pas coupable d'avoir volontairement porté des coups, ni fait des blessures à Maurice Roux, cette solution n'exclut pas l'existence matérielle du fait, mais seulement sa criminalité;

« Attendu qu'appelée à statuer, dans sa conscience, sur les conclusions prises par la partie civile, la Cour, tout en respectant la décision du Jury, et sans se mettre en contradiction avec elle, peut et doit rechercher si Armand n'est pas l'auteur d'un fait matériel ayant occasionné à Maurice Roux un préjudice, et lui donnant droit à une réparation;

« Attendu qu'il est résulté des débats la preuve que, dans la journée du 7 juillet dernier, Armand a, maladroitement, porté à Maurice Roux un coup qui peut lui être imputé à faute, et des conséquences duquel il est responsable;

« Attendu que ce coup a gravement altéré la santé de Maurice Roux, qu'il l'a rendu incapable, pour longtemps, de reprendre l'exercice de sa profession, et que les dommages-intérêts, auxquels il a droit, doivent suppléer, pour lui, aux moyens d'existence qu'il ne pourra plus désormais obtenir qu'incomplétement de son travail;

« Par ces motifs :

« La Cour, sans s'arrêter aux exceptions proposées par Armand, et faisant droit, au contraire, aux conclusions prises par Maurice Roux, condamne Armand à payer à ce dernier, à titre de dommages-intérêts, la somme de 20,000 fr. »

Cette condamnation à des dommages-intérêts, après que le Jury avait proclamé souverainement l'innocence de M. Armand, excita partout, à Montpellier excepté, un vif sentiment de surprise et de regret. L'opinion publique, la presse, la discutèrent avec chaleur. Les uns y virent une atteinte à l'indépendance et à l'autorité morale du Jury ; d'autres ne se bornèrent pas à blâmer l'usage qu'avait fait la Cour d'une faculté que lui donnait la loi, ils s'en prirent à la loi même qui lui conférait cette faculté. Mais l'arrêt de la Cour était-il, comme le verdict du Jury, irrévocable? Au-dessus de la Cour d'assises n'y avait-il pas la Cour suprême? M. Armand se pourvut en cassation. M⁰ Rendu, dont cette cause devait être le dernier triomphe (la Magistrature et le Barreau déplorent sa perte au moment où nous écrivons ces lignes), fut chargé de soutenir le pourvoi.

Deux moyens étaient invoqués à l'appui de la cassation demandée :

1° Double violation de la chose jugée, et excès de pouvoir résultant : 1° de ce que le Jury avait écarté le fait matériel que la Cour avait admis ; 2° de ce que l'arrêt avait admis même le fait intentionnel exclu par le verdict ; et, subsidiairement, défaut de motifs et violation de l'article 7 de la loi du 20 avril 1810 ;

2° Incompétence et excès de pouvoir en ce que la Cour a statué sur l'existence d'un délit dont il ne lui appartenait pas de connaître ; et, subsidiairement, défaut de motifs en ce que l'arrêt n'a pas établi la faute civile pouvant donner lieu à dommages-intérêts.

L'affaire fut appelée devant la Cour suprême, à l'audience du 7 mai, présidée par M. Vaïsse.

Après un lumineux rapport de M. Faustin-Hélie, dans lequel il n'hésita pas à reconnaître qu'il était résulté de l'arrêt de la Cour d'Aix un trouble nuisible à la considération de la Justice, M⁰ Rendu développa les motifs invoqués à l'appui du pourvoi. Sa plaidoirie, une des plus remarquables qu'il ait jamais prononcées, et dans laquelle il s'est montré supérieur à lui-même, débutait par ce curieux passage d'un vieil auteur français cité par Dulaure dans son *Histoire de Paris* : « Si un bourgeois est accusé d'avoir frappé un gueux, et si le bourgeois a de la fortune, on dira : « Ah ! ah ! c'est un mutin ; il est trop à son aise, il faut qu'il pâtisse. » On ne s'informera pas si le gueux s'est lui-même blessé pour avoir de l'argent, comme cela se fait ordinairement ; et le bourgeois sera condamné à une forte amende envers le gueux, qui le plus souvent ne la touche point, et aux frais, qui sont considérables. »

« Voilà, ajouta l'honorable avocat, écrite plus de deux cents ans à l'avance, voilà, dans un raccourci d'une exactitude singulière, toute l'affaire Armand qui, pour le vieil auteur, n'eût pas été fort mystérieuse.

M. de Saint-Malo avait été chargé par Maurice Roux de la défense de l'arrêt rendu en sa faveur ; il s'acquitta de cette tâche ingrate avec autant de dévouement que de talent.

Le Ministère public était représenté par M. l'Avocat général Charrins. Dans un savant réquisitoire consacré tout entier à l'examen de la question de droit, il chercha à établir, à l'aide de nombreux exemples empruntés à la jurisprudence même de la Cour, la parfaite légalité de la décision de la Cour impériale d'Aix.

Mais la Cour, contrairement à ses conclusions, rendit, dans son audience du 7 mai, l'arrêt suivant :

« Sur le moyen proposé à l'appui du pourvoi, et pris de la violation de l'article 350 du Code d'instruction criminelle et de la chose jugée, et de l'article 7 de la loi du 20 avril 1810 ;

« Vu les articles 350 et 358 du Code d'instruction criminelle, et l'article 7 de la loi du 20 avril 1810.

« Attendu que si l'article 358 du Code d'instruction criminelle autorise la Cour d'assises, après que l'accusé a été acquitté, à statuer sur les dommages-intérêts prétendus par la partie civile, cette attribution doit se concilier avec le respect dû à la chose jugée ; que la loi ne permet pas, en effet, que la vérité judiciaire, souverainement reconnue par la déclaration du Jury, puisse, dans un intérêt privé, être contestée ou contredite par l'arrêt rendu sur les intérêts civils ;

« Que cet arrêt est donc soumis à l'obligation d'établir, dans les termes les plus explicites et les plus précis, qu'il n'existe aucune contradiction entre ce qui a été jugé au criminel et ce qui a été jugé au civil ;

« Qu'il ne suffit pas d'énoncer, comme le fait l'arrêt attaqué, que la déclaration de non-culpabilité n'exclut pas l'existence matérielle du fait, mais seulement sa criminalité, puisque cette déclaration de non-culpabilité étant indéterminée et pouvant porter aussi bien sur le fait matériel que sur le fait moral, il demeure incertain si c'est l'intention criminelle ou si c'est l'existence du fait qui a été écartée ;

« Qu'il ne suffit pas non plus d'ajouter, comme le fait encore cet arrêt, que la Cour d'assises ne prétend pas se mettre en contradiction avec la déclaration du Jury, et qu'elle ne prend que le fait matériel, puisque la contradiction peut résulter, quelle que soit la déclaration du juge, des faits constatés qui peuvent contenir en eux-mêmes la contradiction niée en termes généraux par la Cour d'assises ;

« Qu'après la réponse du Jury, tant sur la question principale que sur la question résultant des débats, réponse d'où résulte que Armand n'était coupable ni de tentative d'homicide volontaire sur la personne de Maurice Roux, ni de lui avoir volontairement porté un coup et fait une blessure dans la journée du 7 juillet 1863, l'arrêt attaqué déclare qu'il est résulté des mêmes débats que, dans la journée du 7 juillet, Armand a maladroitement porté à Maurice Roux un coup qui peut lui être imputé à faute, sans expliquer comment il était possible de concilier cette imputation avec la déclaration du Jury ;

« Que cette explication était d'autant plus nécessaire, que les réponses du Jury et l'arrêt de condamnation civile portaient sur un seul et même fait, et que dès lors, avant de s'en saisir, l'arrêt devait constater d'une manière expresse que la déclaration du Jury, en proclamant Armand non coupable, n'avait pas exclu sa participation matérielle aussi bien que sa participation morale au fait qui lui était imputé ;

« Qu'il suit de là que l'arrêt ne renferme pas les éléments nécessaires pour que la Cour de cassation puisse apprécier si la Cour d'assises, en jugeant civilement, n'a point excédé les limites de son droit et empiété sur la chose jugée au criminel ; qu'il importe que la Cour de cassation puisse exercer un contrôle qui est l'unique sanction des règles qui séparent les deux juridictions et l'unique garantie du principe de la chose jugée ;

« Que l'arrêt attaqué qui a condamné Armand à 20,000 fr. de dommages-intérêts envers Maurice Roux, se trouve donc dénué de motifs, et ne donne aucune base juridique à cette condamnation, d'où suit une violation expresse de l'article 7 de la loi du 20 avril 1810 ;

« Par ces motifs, la Cour

« Casse et annule l'arrêt de la Cour d'assises des Bouches-du-Rhône, du 25 mars dernier, qui condamne Armand, sur les conclusions prises par Maurice Roux, partie civile, à payer à ce dernier la somme de 20,000 fr., et aux dépens de l'incident ; et pour qu'il soit statué sur ladite demande à fin de réparation civile, renvoie les parties devant le Tribunal civil de Grenoble à ce déterminé, par délibération prise en chambre du conseil. »

Cet arrêt, nous pouvons le dire avec vérité, fut favorablement accueilli par l'opinion. Il prouva aux impatients amis des réformes que les torts dont s'était émue avec raison la conscience publique étaient ceux d'une décision facile à réformer, et non ceux de la loi.

Trois jours après l'arrêt de la Cour suprême, le 10 mai, dix-huit individus comparaissaient devant le Tribunal correctionnel de Montpellier, accusés d'être fauteurs ou acteurs de graves désordres qui avaient éclaté dans cette ville les 26, 27 et 28 mars, et dont l'acquittement de M. Armand avait été la cause, nous aimerions mieux dire le prétexte ; sur le nombre, deux seulement furent acquittés. Les autres, tous repris de justice, ou de moralité déplorable ou douteuse, subirent des condamnations variant entre quinze jours et six mois de prison. « Maurice Roux, a dit à ce propos un spirituel chroniqueur, ferait bien, en tout cas, d'épurer son armée ; des défenseurs comme ceux-là discréditeraient une meilleure cause. »

LES PROCÈS DU JOUR

SÉRIE-ANNEXE DES

CAUSES CÉLÈBRES

AFFAIRE ARMAND

(RECUEILLIE PAR L'AGENCE DE STÉNOGRAPHIE, 38, RUE DE LA HARPE, A PARIS)

La relation du Procès Armand formera 6 livraisons à 50 cent.

AVIS A NOS LECTEURS. — La relation du procès Armand que nous donnons ici, comme celle du Pr[ocès] La Pommerais, en cours de publication, diffère essentiellement des comptes-rendus prétendus sténographiés, pu[bliés] soit en brochures, soit dans la presse, même judiciaire. Rédigée sur une véritable sténographie officielle recueil[lie à] l'audience même, revue ensuite avec le plus grand soin, notre relation est la reproduction fidèle, scrupuleuse[ment] exacte, des débats : Acte d'accusation, Interrogatoire, Témoignages, Réquisitoire, Plaidoirie, Résumé du Présid[ent,] tout ici est fidèlement rendu.

LEBRUN ET Cie
ÉDITEURS, 8, RUE DES SAINTS-PÈRES

CAUSES CÉLÈBRES

DE

TOUS LES PEUPLES

CHAQUE PROCÈS A SA PAGINATION PROPRE ET DISTINCTE, ET SE VEND SÉPARÉMENT BROCHÉ, AVEC COUVERTURE ILLUSTRÉE. — ONT PARU :

	centimes.		centimes.		centimes.
Les Chauffeurs.	75	Duel de Mercy-Rozier.	50	Latude.	50
Lacenaire, François, Avril.	50	Le Squelette de la rue de Vaugirard.	25	Les Assassins par amour.	25
Papavoine. — H^{te} Cornier.	25	Madame Lacoste.	50	Charlotte Corday. — Mme Roland.	50
Madame Lafarge.	50	L. de Marsilly. — Collet.	50	Les Assassins de Saint-Cyr.	50
Verger.	25	Cartouche.	50	Les Associations de Malfaiteurs.	70
Soufflard et Lesage. — Montcharmont.	25	Bande Lemaire.	25	La marquise de Brinvilliers.	70
De Praslin.	50	Duel Dujarier-Beauvallon.	50	Alibaud.	25
Damiens. — Louvel.	25	De Marcellange.	90	La Femme sans nom.	25
De Bocarmé.	50	Madame Levaillant. — Veuve Morin.	40	La Reine de France et Mme Élisabeth.	40
Le Frère Léotade.	75	Lesurques.	75	La Chambre ardente.	50
Louis XVI et Marie-Antoinette.	50	L'Institutrice Doudet.	90	Mandrin.	50
Béranger (Chansons de).	25	Duc d'Enghien.	75	Les Forçats innocents, Lesnier, etc.	70
Mingrat. — Contrafatto.	25	L'Enfant de la Villette.	25	Les Girondins.	75
Fieschi, Morey, Pepin.	75	Veuve Boursier.	25	John Brown l'abolitionniste.	25
Le Capitaine Doineau.	75	Le Garçon de banque d'Orléans.	25	Testament du marquis de Villette.	1^f »
Attentat du 14 Janvier 1858.	60	Le Collier de la Reine.	50	Les assassins de Fualdès.	1^f 25
Benoît. — Doncn-Cadot.	50	Dautun. — Serres de Saint-Clair.	25	Desrues.	70
Curé Delacollonge.	25	La Reine Caroline.	50	Mirès, Paris et Douai.	2^f 50
Calas. — Sirven. — De la Barre.	50	Le Testament du prince de Condé.	75	Maréchal Ney.	50
De Jeufosse. — Ponterie-Escot.	50	Ravaillac. — Jean Chastel.	25	Jobard. — Léger l'anthropophage.	50
Les Faux Dauphins.	25	Les quatre Sergents de la Rochelle.	75	Les Erreurs judiciaires : D'Anglade ; Lebrun; Montbailli; Salmon; Verdure.	50
Duel Sirey-Caumartin.	40	William Palmer.	25		

Toute demande de procès séparés s'élevant à 3 fr. et au-dessus, et accompagnée de timbres ou mandat-poste, est expédiée franco dans toute la France. Au-dessous de 3 fr., ajouter 20 centimes par fr.

ON SOUSCRIT CHEZ LEBRUN ET Cie, ÉDITEURS, RUE DES SAINTS-PÈRES, 8.

AFFAIRE ARMAND

COUR DE CASSATION

PRÉSIDENCE DE M. VAÏSSE

Audience du 6 mai 1864.

A l'ouverture de l'audience, la parole a été donnée au rapporteur, M. le conseiller Faustin-Hélie, qui s'est exprimé en ces termes :

MESSIEURS,

André Armand s'est régulièrement pourvu contre l'arrêt de la Cour d'assises des Bouches-du-Rhône, du 25 mars dernier, qui, statuant après acquittement sur les conclusions de Maurice Roux, partie civile, l'a condamné à 20,000 fr. de dommages intérêts.

C'est la seconde fois que cette affaire, qui a excité une si vive émotion dans le public, est portée devant vous. Vous aviez déjà été appelés à prononcer sur la demande en renvoi devant d'autres juges pour cause de suspicion légitime, et les incidents du procès ont pu démontrer la sagesse de l'arrêt par lequel vous avez dessaisi la Cour d'assises de l'Hérault.

Ce procès ne revient aujourd'hui à votre audience que dépouillé de son caractère criminel, et réduit à un intérêt purement civil. Une déclaration de non-culpabilité a éteint l'action publique: l'action civile qui lui a survécu est le seul fondement du pourvoi. Les questions qui s'élèvent et que vous avez à juger sont celles-ci : la Cour d'assises a-t-elle pu, sans porter atteinte à la chose jugée, et sans contredire la déclaration du jury, reprendre les faits de l'accusation pour en faire la base d'une condamnation à des dommages-intérêts? A-t-elle suffisamment constaté le caractère juridique de la faute qui aurait été la cause du préjudice?

Le point de départ de votre examen est nécessairement la constatation des faits qui, successivement, ont été l'objet de l'accusation, ont été couverts par l'ordonnance d'acquittement, ont été repris enfin par l'action civile. Nous devons donc mettre sous vos yeux une partie de l'exposé de l'arrêt de renvoi, les questions posées au jury, et l'arrêt attaqué.

(Ici *M. le Conseiller-rapporteur* donne lecture de l'arrêt de renvoi, des questions posées au jury, sur lesquelles est intervenu l'arrêt d'acquittement, et enfin de l'arrêt rendu en faveur de Maurice Roux, ainsi conçu :

« Attendu que, s'il résulte de la déclaration du Jury qu'Armand n'est pas coupable d'avoir volontairement porté des coups, ni fait des blessures à Maurice Roux, cette solution n'exclut pas l'existence matérielle du fait, mais seulement sa criminalité ;

« Attendu qu'appelée à statuer, dans sa conscience, sur les conclusions prises par la partie civile, la Cour, tout en respectant la décision du Jury, et sans se mettre en contradiction avec elle, peut et doit rechercher si Armand n'est pas l'auteur d'un fait matériel ayant occasionné à Maurice Roux un préjudice, et lui donnant droit à une réparation ;

« Attendu qu'il est résulté des débats la preuve que, dans la journée du 7 juillet dernier, Armand a, maladroitement, porté à Maurice Roux un coup qui peut lui être imputé à faute, et des conséquences duquel il est responsable ;

« Attendu que ce coup a gravement altéré la santé de Maurice Roux, qu'il l'a rendu incapable, pour longtemps, de reprendre l'exercice de sa profession, et que les dommages-intérêts, auxquels il a droit, doivent suppléer, pour lui, aux moyens d'existence qu'il ne pourra plus désormais obtenir qu'incomplétement de son travail ;

« Par ces motifs :

« La Cour, sans s'arrêter aux exceptions proposées par Armand, et faisant droit, au contraire, aux conclusions prises par Maurice Roux, condamne Armand à payer à ce dernier, à titre de dommages-intérêts, la somme de 20,000 fr. »

M. le rapporteur fait ensuite connaître les conclusions respectivement prises devant la Cour de cassation par Mᵉ Rendu, au nom de M. Armand, et par Mᵉ de Saint-Malo, au nom de Maurice Roux, et continue :)

Tels sont les moyens proposés par les parties pour appuyer le pourvoi ou pour vous demander son rejet. Il est nécessaire, avant de les apprécier, de rappeler d'abord très-succinctement les règles de la matière.

Toute infraction qualifiée crime ou délit par la Loi, en même temps qu'elle cause un trouble social, peut léser un intérêt privé. De là deux actions qui naissent simultanément : l'action publique, qui poursuit au nom de la société l'application de la peine ; l'action civile, qui poursuit au nom de la partie lésée l'indemnité du dommage. Ces actions, longtemps confondues dans l'ancienne législation, n'ont été complétement séparées que dans notre législation moderne, et la séparation n'est pas encore si absolue, que leurs limites ne soient quelquefois incertaines, et que mutuellement elles n'empiètent sur le domaine l'une de l'autre. Elles ont une source commune, le même fait ; mais elles en tirent des conséquences diverses et souvent opposées. Elles tendent à un résultat commun, la réparation du mal causé ; mais il est parfois difficile de diviser le mal social et le mal privé, et surtout de concilier la double appréciation de ces deux intérêts. De là des rapports compliqués et des questions délicates.

C'est pour obvier à quelques-unes de ces difficultés que l'article 3 du Code d'instruction criminelle, par une double exception aux règles de la compétence, décide, d'une part, que « l'action civile peut être poursuivie en même temps et devant les mêmes juges que l'action publique, » et d'une autre part, que, lorsque cette action est portée devant les Tribunaux civils, l'exercice en est suspendu jusqu'à ce qu'il ait été prononcé sur l'action publique. Le vœu de la loi est que les deux actions soient réunies devant la juridiction criminelle, qui se trouve en possession de tous les éléments du procès, et qui, statuant en général sur l'une et sur l'autre par un seul et même jugement, ne peut tomber dans aucune contradiction.

Cette attribution exceptionnelle devrait cesser lorsque le prévenu est renvoyé des fins de la poursuite. La juridiction criminelle devient à ce moment même incompétente pour prononcer sur les intérêts civils. N'étant en effet saisie qu'accessoirement de l'action civile, elle en est dessaisie dès que l'action publique est éteinte. Sa compétence extraordinaire, purement incidente, expire aussitôt que la criminalité du fait est effacée. L'action civile, devenue principale, retourne à ses juges naturels. C'est là ce qui se pratique en matière de police simple et de police correctionnelle (articles 159, 191, 212 du Code d'instruction criminelle), et la même règle est appliquée lorsque le juge d'instruction ou la chambre d'accusation déclarent n'y avoir lieu à suivre ; la partie lésée porte son action devant le Tribunal civil.

Mais cette restriction n'a pas lieu devant la Cour d'assises. La compétence civile de cette Cour se prolonge même au-delà de l'acquittement, au-delà de l'extinction de l'action publique. Les articles 358, 359 et 366 du Code d'instruction criminelle ont consacré cette extension, dont on ne trouve aucune trace dans la législation antérieure. Il a paru au législateur qu'elle était réclamée par la nature des choses. La Cour d'assises ayant sous les yeux l'affaire tout entière, il a semblé plus simple de la lui laisser juger en entier que d'en renvoyer une partie devant le Tribunal civil. Les preuves du délit et les preuves du dommage étant puisées dans les mêmes éléments, pourquoi édifier successivement une double procédure? Le concours de la partie civile apporte à l'action publique une impulsion active et souvent un appui : faut-il la priver de cet utile auxiliaire ? Enfin, le délit et le quasi-délit, c'est le même fait sous deux aspects distincts, c'est le même procès avec une double conclusion. Est-il utile de laisser au Tribunal civil, qui n'a pas les mêmes moyens d'enquête, une tâche que le juge criminel peut accomplir avec plus de promptitude et de facilité ?

Cependant, si cette prorogation de compétence supprime un circuit de procédure, elle ne fait pas disparaître, comme l'avait pensé le législateur, toute possibilité de conflit. La Cour d'assises, en effet, est une juridiction complexe; elle renferme deux éléments, et, en quelque sorte, deux juridictions distinctes : la Cour, et le Jury. Or, de même que les questions de fait et de droit, qui appartiennent à l'une ou à l'autre, n'ont point trouvé de limites précises, la double attribution qui naît de l'action publique et de l'action civile ne se produit pas sans quelque confusion.

Un premier point, qui ne peut donner lieu à aucune contestation, est que la Cour d'assises, qui statue seule et sans le concours du jury sur l'action civile, lorsqu'elle est amenée par les conclusions des parties prises à la suite de l'acquittement à prononcer sur cette action, n'est plus qu'un Tribunal civil; elle n'a pas d'autre caractère, elle n'a pas d'autre pouvoir. Cela est évident en soi, puisqu'elle ne statue que sur des intérêts civils, et l'on en trouverait d'ailleurs la preuve, si elle était nécessaire, dans l'article 429 du Code, qui, en cas de cassation d'un arrêt rendu dans cette hypothèse, prescrit le renvoi devant un Tribunal civil. De là l'on doit induire que les règles qui sont relatives aux rapports et à la compétence respective des deux juridictions, s'appliquent ici. L'une de ces règles a pour objet de déterminer l'influence que doit exercer la chose jugée au criminel sur le civil.

Quel doit être l'effet du jugement intervenu dans un procès criminel sur l'exercice de l'action civile? Quel est le sens de l'adage souvent répété que le criminel emporte le civil? Dans quelle mesure la chose jugée au criminel lie-t-elle le Tribunal civil? Ces questions, qui n'ont pas cessé d'être débattues par les criminalistes, ont été résolues avec une certaine netteté par votre jurisprudence. Il convient de rappeler les règles qu'elle a posées à ce sujet. J'éviterai avec soin toute théorie de droit qui pourrait soulever des objections, je me borne à résumer vos arrêts. Je ne m'occupe d'ailleurs que du point spécial qui fait l'objet de ce débat, la compétence civile de la Cour d'assises après acquittement.

Une première règle est que la Cour d'assises ne peut chercher la base des dommages-intérêts qu'elle prononce que dans les faits qui ont été l'objet de l'accusation. La raison, en effet, de la jonction des deux actions devant la Cour d'assises est l'identité des faits dont elles poursuivent la réparation. C'est parce qu'ils sont identiques que la Cour peut les apprécier à la fois sous l'un et l'autre rapport; c'est parce qu'elle en est saisie criminellement qu'elle les juge civilement. S'ils étaient différents, les deux jugements n'exerceraient l'un sur l'autre aucune influence et devraient être séparés. Vous avez jugé dans ce sens : « Que le droit des Cours d'assises, qui constitue une attribution dérogatoire au droit commun, d'après lequel les Tribunaux civils sont seuls compétents pour statuer sur les intérêts civils, ne peut être étendu sur d'autres faits que ceux qui ont été l'objet de l'accusation. » (Arrêt du 11 octobre 1817.)

Une deuxième règle est que la Cour d'assises ne peut remettre en question aucun des faits affirmés ou déniés par la déclaration du jury. Cette déclaration est souveraine, elle n'est sujette à aucun recours, elle constitue la chose jugée, elle est la vérité judiciaire. Elle ne peut être méconnue, elle ne peut être même discutée par les juges civils, et c'est en cela que consiste l'influence de la chose jugée au criminel. Vous avez en conséquence posé en principe, par les arrêts des 17 mars 1813, 24 novembre 1824, 20 avril 1837, et en dernier lieu par un arrêt de la chambre des requêtes du 14 février 1860, au rapport de M. d'Ubexi, que les jugements rendus au criminel obligent les personnes lésées par les délits, lors même qu'elles n'y ont pas été parties, parce que « les décisions rendues au criminel sont souveraines, qu'elles ont envers et contre tous l'autorité de la chose jugée, et qu'il ne saurait être permis à personne de remettre en question devant la juridiction civile le fait qu'elles affirment ou qu'elles nient; » parce que « l'art. 3 du Code d'instruction criminelle attribue évidemment à l'action publique un caractère préjudiciel ; » enfin parce que « des considérations d'un ordre supérieur ne permettent pas qu'une vérité judiciaire souverainement reconnue et proclamée par les juges criminels, dans un intérêt général, puisse, dans un intérêt purement privé, être déniée, discutée, et peut-être méconnue devant une autre juridiction. »

L'application de cette règle ne donne lieu à aucune difficulté dans la plupart des cas, puisque la déclaration du jury qui proclame l'accusé non coupable n'exclut pas en général l'existence matérielle des faits. Il arrive alors que ces faits, dépouillés de leur criminalité, sont repris à titre de quasi-délit, comme ayant occasionné un dommage qui peut, aux termes de l'article 1382 du Code Napoléon, engendrer une responsabilité civile. Vous avez dans ce cas reconnu le droit de la Cour d'assises en matière de coups et blessures (arr. 22 juillet 1813, 26 mars 1818), d'homicide volontaire (arr. 10 juillet 1862), d'homicide commis en duel (arr. 20 février 1863), d'arrestation arbitraire (arr. 11 octobre 1817), de vol domestique (arr. 28 septembre 1838), de faux (arr. 18 novembre 1854), de recélé d'objets volés (arr. 27 novembre 1857).

Dans quelques cas, vous avez dû vérifier avec un soin scrupuleux si les deux décisions ne se heurtaient pas indirectement. Après une déclaration du jury qui avait reconnu non coupables les auteurs d'un détournement de mineure par fraude ou violence, la Cour d'assises, appelée à statuer sur la demande de la partie civile, avait déclaré que le détournement avait été opéré en employant des manœuvres réprouvées par la morale. Vous avez décidé, en appréciant cet arrêt, que ces expressions n'impliquent pas nécessairement la fraude et la violence; qu'elles peuvent s'appliquer à tous moyens de séduction qui ne rentrent pas dans les définitions du crime de détournement de mineure; que les deux décisions ne sont donc point inconciliables. » (Arr. 14 fév. 1863, au rapport de M. Moreau.) Vous avez encore décidé, dans une accusation de complicité de banqueroute frauduleuse, « que le verdict de non-culpabilité n'impliquait pas nécessairement la négation des faits matériels de détournement d'objets mobiliers et de dissimulation du prix de vente d'un immeuble : que le fait, sous ce double rapport, a été relevé comme existant par l'arrêt attaqué, qui ne l'a envisagé que relativement au dommage qui en avait été la suite et à la réparation qui en était due ; que cette décision, au civil, n'est nullement inconciliable avec la décision rendue au criminel. » (Arr. 26 déc. 1863, rapp. M. Bresson.)

Mais si la Cour d'assises, sans être arrêtée par la déclaration du jury, met en question les faits qu'elle a décidés et s'appuie sur ceux qu'elle a déniés, il est évident qu'elle sort de sa compétence et qu'elle empiète sur la chose jugée.

Un jury avait déclaré que l'accusé (Souesme) n'était coupable, ni d'avoir commis volontairement un homicide, ni d'avoir volontairement porté des coups ou fait des blessures, et cependant la Cour d'assises avait alloué des dommages-intérêts, en se fondant sur ce que l'accusé avait volontairement, et hors le cas de légitime défense, porté un coup qui avait causé la mort. Vous avez cassé, « attendu que la décision de la Cour d'assises, qui accorde les dommages-intérêts sur le fondement que le fait dommageable reste constant et que l'accusé en est l'auteur, doit pouvoir se concilier avec la décision du jury; qu'il ne faut pas que la décision des juges soit contradictoire avec la décision des jurés, et présente une violation de la chose jugée par le jury dans le cercle de ses attributions ; que, dans son ensemble, cette décision reproduit, même sous le rapport de la criminalité, l'imputation établie par les réponses négatives du jury... ; que l'arrêt est donc inconciliable avec la déclaration du jury. » (Arr. 25 juill. 1841.) Un autre jury avait déclaré non coupable le nommé Touron, accusé de coups et blessures volontaires, et néanmoins la Cour d'assises l'avait condamné à des dommages-intérêts envers la partie lésée, par le motif qu'il était constaté que celle-ci avait été volontairement frappée par Touron, et que les blessures ou contusions qu'elle avait reçues lui avaient occasionné une maladie ou incapacité de travail de plus de vingt jours. Vous avez encore cassé, par le motif « qu'une condamnation civile ainsi motivée repose en réalité sur un fait qualifié crime par la loi ; qu'ainsi elle implique contradiction avec la déclaration du jury, et porte atteinte à l'autorité de la chose jugée et à l'inviolabilité des décisions du jury. » (Arr. 6 mars 1852.)

Il en est encore ainsi lorsque la déclaration du jury exclut, non-seulement la criminalité de l'agent, mais l'existence même du fait matériel, car elle exclut par là jusqu'à la faute qui peut survivre au crime. Un jury avait décidé que les coups portés et les blessures faites par l'accusé l'avaient été dans la nécessité de sa légitime défense, et néanmoins la Cour d'assises avait condamné cet accusé à des dommages-intérêts envers la partie civile. Cette condamnation a été cassée : « attendu que, pour qu'il y ait lieu à des dommages-intérêts, il faut qu'il y ait faute ; que la loi ne répute pas en faute celui qui ne fait que ce qu'il a droit de faire, à moins qu'il ne le fasse pour nuire à autrui et sans intérêt pour lui-même ; que la défense de soi-même est de droit naturel ; qu'elle exclut tout crime ou délit ; qu'étant autorisée par la loi positive comme par la loi naturelle, elle exclut également toute faute ; qu'il ne peut donc en résulter une action en dommages-intérêts en faveur de celui qui l'a rendue nécessaire par son agression. » (Arrêt du 19 décembre 1817.) Je crois également devoir citer ici un arrêt de la chambre civile qui, dans une hypothèse analogue, pose la même règle avec une grande précision. La juridiction correctionnelle avait renvoyé de la poursuite un prévenu de blessures causées par imprudence, par le motif qu'il n'était pas établi qu'il en fût l'auteur. Cependant le Tribunal civil, saisi à la suite de ce jugement, avait admis la partie lésée à faire preuve des faits imputés. La chambre civile a cassé, par un arrêt du 7 mars 1855, au rapport de M. Laborie, et dans lequel on lit : « que, lorsque la justice répressive a prononcé, il ne saurait être permis au juge civil de méconnaître l'autorité de ses souveraines déclarations ou de n'en faire aucun compte ; que l'ordre social aurait à souffrir d'un antagonisme qui, en vue seulement d'un intérêt privé, aurait pour résultat d'ébranler la foi due aux intérêts de la justice criminelle, et de remettre en question l'innocence du condamné qu'elle aurait reconnu coupable, ou la responsabilité du prévenu qu'elle aurait déclaré n'être pas l'auteur du fait imputé ; que la chose jugée au criminel, soit sur l'existence ou la non-existence du fait générateur des deux actions, soit sur la participation ou la non-participation du prévenu à ce fait, a une influence souveraine sur le sort de l'action civile ; que la déclaration de culpabilité du prévenu devenant ainsi, pour l'action civile poursuivie ensuite, un titre irréfragable qui ne permet pas au condamné de contester le fait qui a engagé sa responsabilité, il faut, par une nécessaire et juste réciprocité, que l'affirmation de l'innocence absolue du prévenu par la justice répressive soit aussi pour lui un titre irréfragable contre les prétentions contraires de la partie civile; que l'action civile ne conserve son indépendance vis-à-vis du prévenu acquitté que dans les cas où la déclaration de non-culpabilité n'exclut pas nécessairement l'idée d'un fait dont le prévenu ait à répondre envers la partie civile, en telle sorte que la recherche ou la preuve de ce fait ne puisse pas aboutir à une contradiction entre ce qui a été jugé au criminel et ce qui serait jugé ensuite au civil. »

Il résulte de ces arrêts que toutes les fois que la déclaration du jury a laissé subsister les faits matériels et que l'action civile a trouvé un appui dans ces faits, vous avez maintenu l'allocation des dommages-intérêts, parce qu'elle n'était point inconciliable avec l'acquittement. Mais toutes les fois, au contraire, que vous avez aperçu quelque contradiction, soit que la Cour d'assises eût affirmé des faits ou des éléments de culpabilité déniés par la déclaration, soit qu'elle eût admis des circonstances implicitement exclues ou détruites, vous n'avez point hésité à annuler sa décision. Vous avez maintenu l'autorité de la chose jugée au criminel dans tous les points où elle s'étendait réellement. Vous avez pensé que l'intérêt de la justice ne permet pas de laisser subsister entre ses décisions des contradictions qui impliquent nécessairement une erreur de part ou d'autre et qui jettent dans les esprits l'anxiété et le doute. Les juges de la Cour d'assises, quelle que soit leur opinion sur la vérité du verdict, doivent s'incliner avec respect, car ils ne sont point investis d'une juridiction supérieure, et l'action civile ne leur a point été attribuée pour la faire servir à la critique du jugement criminel. Il ne convient pas, au point de vue élevé où ils sont placés, que leurs arrêts prennent le caractère d'une sorte de protestation contre la chose jugée, et j'ajouterai que, loin de porter indirectement atteinte aux déclarations du jury, en contestant les faits qu'elles ont affirmés, en affirmant ceux qu'elles ont déniés, ils devraient plutôt s'efforcer de les fortifier en s'y associant, car le jury est, après tout, la garantie suprême de la justice pénale, et seul il peut supporter de nos jours le poids et la responsabilité des jugements criminels.

Une troisième règle enfin impose à la Cour d'assises la condition de constater la faute ou le quasi-délit qui a causé le dommage et qui est la source de la réparation. La faute, en effet, quand l'acquittement a fait disparaître le crime ou le délit, est la base unique de la responsabilité de l'agent, et il importe de ne pas la confondre avec la criminalité qui n'existe plus, quoiqu'elle sorte des mêmes faits. Il y a là une opération délicate dans laquelle les Cours d'assises ont plus d'une fois échoué. La loi n'établit la responsabilité civile des faits qui ont occasionné un préjudice qu'autant qu'ils sont le résultat d'une faute ; il faut donc constater cette faute, mais à côté et en dehors du délit, en maintenant les faits dégagés de leur criminalité et en établissant leur imputabilité à un autre titre. Cette double condition est la base juridique des dommages-intérêts, et vous l'avez reconnu en déclarant, d'abord, que « pour qu'il y ait lieu à des dommages-intérêts, il faut qu'il y ait faute » (arr. 19 décembre 1817), et en ajoutant ensuite, dans une espèce où la Cour d'assises s'était bornée, en allouant des dommages-intérêts, à relever un fait qui n'avait pas le caractère d'une faute, « que l'arrêt a violé le principe posé dans l'article 1382, en déclarant le fait imputable à l'agent, sans avoir établi qu'il y avait faute de sa part. » (Arr. 10 juillet 1862.)

Toutes ces règles, qui sont destinées à garantir l'indépendance de la juridiction du jury, et à la défendre contre les empiétements de la juridiction civile, ont-elles été observées dans l'espèce actuelle? La Cour d'assises a-t-elle puisé les dommages-intérêts dans les mêmes faits que ceux que l'accusation avait incriminés? Sa décision peut-elle se concilier avec la déclaration de non-culpabilité, sans laisser planer entre l'une et l'autre l'idée d'aucune contradiction? Enfin, a-t-elle suffisamment dégagé la faute qui doit fonder la responsabilité civile? C'est là ce qui reste à examiner.

Est-ce le même fait qui a été l'objet des deux actions? L'objection consiste à dire que l'accusation reposait sur des faits complexes et successifs, tandis que l'arrêt attaqué ne relève qu'un seul fait, un coup isolé. Assurément, en thèse générale, cette difficulté ne serait pas sérieuse. Rien ne s'oppose à ce que la Cour d'assises prenne, au milieu des faits matériels que la déclaration du jury a laissé subsister, le fait qui, après que sa criminalité est effacée, demeure encore un fait dommageable. Elle n'est point enchaînée par l'accusation de manière qu'elle ne puisse apprécier les faits que dans leur ensemble; elle peut les diviser et indiquer la faute où elle la voit. Mais, dans l'espèce, cette scission pouvait-elle être faite? L'accusation, indivisible en elle-même, permettait-elle l'appréciation séparée de l'un de ses éléments? C'est là un point sur lequel nous reviendrons tout à l'heure.

L'arrêt attaqué s'est-il mis en contradiction avec la déclaration du jury? Et d'abord a-t-il affirmé un élément de criminalité que cette déclaration avait écarté? Reprenons les termes de l'arrêt; il déclare « que s'il résulte de la déclaration du jury qu'Armand n'est pas coupable d'avoir volontairement porté des coups et fait des blessures à Maurice Roux, cette solution n'exclut pas l'existence matérielle du fait, mais seulement sa criminalité. » Cette première proposition, copiée sur vos propres arrêts, est, en thèse générale, parfaitement exacte. Nous verrons un peu plus loin si elle peut être rigoureusement appliquée dans l'espèce. L'arrêt énonce encore : « qu'appelée à statuer dans sa conscience sur les conclusions prises par la partie civile, la Cour, tout en respectant la décision du jury et sans se mettre en contradiction avec elle, peut et doit rechercher si Armand n'est pas l'auteur d'un fait matériel ayant occasionné à Maurice Roux un préjudice et lui donnant droit à une réparation. » Ce second motif ne fait encore, comme le premier, que rappeler une règle qui, dans sa généralité, n'est contestée par personne. Mais l'arrêt ajoute : « qu'il est résulté des débats la preuve que, dans la journée du 7 juillet dernier, Armand a maladroitement porté à Maurice Roux un coup qui peut lui être imputé à faute et des conséquences duquel il est responsable. » Ici se présente une première objection.

Porter maladroitement un coup n'exclut pas nécessairement la volonté de le porter : ce n'est pas dire que ce coup, involontairement porté, a été le résultat d'une maladresse, c'est admettre qu'il a pu être porté volontairement, mais qu'il a été mal dirigé; et cette interprétation prend quelque consistance quand le fait est emprunté à une série de violences exercées avec la volonté de nuire. Ainsi, non-seulement l'arrêt maintiendrait un fait commis volontairement, mais c'est en le maintenant accompagné de cette volonté, qu'il en aurait fait la base des dommages-intérêts. Comment concilier cette constatation avec la déclaration qui, en excluant la culpabilité, a nécessairement exclu toute volonté criminelle? L'arrêt pouvait-il, sans excès de pouvoir, reprendre un élément de criminalité écarté par le jury? Vous apprécierez cette objection, qui forme l'un des griefs du pourvoi. Il vous paraîtra peut-être que, si la rédaction, évidemment vicieuse, de l'arrêt donne lieu à plus d'une critique, il serait difficile cependant de faire sortir de ses termes la consécration d'une volonté criminelle. Nous arrivons à une observation plus sérieuse.

L'arrêt s'est-il fondé sur un fait qui avait été implicitement exclu par la déclaration du jury? L'arrêt de renvoi, dont j'ai dû vous donner lecture, saisissait la Cour d'assises, non d'un crime simple résultant d'un seul fait, mais d'une série de voies de fait, et d'actes violents. La question posée comme résultant des débats a changé le titre de l'accusation sans en changer la nature. A la tentative d'homicide volontaire avec préméditation, elle a substitué les coups et blessures avec préméditation et ayant causé une incapacité de travail : ce sont les mêmes faits, sauf l'intention de tuer. Ces faits se composent de coups portés, de la ligature des pieds et des mains de la victime, et d'une strangulation. Or, le jury a déclaré l'accusé non coupable : quel est l'effet de cette déclaration? Exclut-elle l'existence même des faits, la perpétration des violences? Non, car elle n'écarte que la culpabilité; mais n'exclut-elle pas une participation quelconque de l'accusé à ces actes de violences?

La Cour d'assises a pu rechercher, comme l'arrêt le déclare, si Armand n'était pas l'auteur d'un fait matériel ayant occasionné un préjudice. Mais ce fait, ainsi que l'arrêt le déclare encore, elle le trouve dans les violences exercées dans la journée du 7 juillet sur la personne de Roux. D'où il suit que si Armand est l'auteur du fait matériel, il a nécessairement participé aux violences. C'est ici que se révèle la contradiction qui fait l'un des moyens du pourvoi.

Il est vrai que l'arrêt ne saisit qu'un fait matériel. Mais on fait remarquer que si, dans la plupart des accusations, il est possible de séparer le fait matériel de l'intention, et de le maintenir comme fait dommageable quand l'intention est écartée, cette séparation n'est pas possible dans tous les crimes, qu'elle ne l'est pas dans le plus grand nombre des tentatives. Comment comprendre, dans l'espèce actuelle, qu'Armand ait pu, sans aucune intention criminelle, frapper Maurice Roux, lui lier les pieds et les mains et lui passer une corde autour du cou? Le fait intentionnel ne se comprend-il pas ici avec le fait matériel? n'est-il pas évident que si l'intention criminelle n'existe pas, c'est que l'agent n'a pris part à aucun des actes du crime?

La Cour d'assises, toutefois, a distingué parmi ces actes : elle ne s'est point arrêtée aux faits qui supposaient une intention criminelle intrinsèque, elle n'a repris que le seul acte qui, par sa nature, ne supposait pas essentiellement cette intention. Mais tous les faits, dans leur douloureuse série, n'étaient-ils pas indivisibles? N'étaient-ils pas les éléments d'une même accusation, les actes d'exécution d'une même action, les circonstances d'un même crime? Si quelques-uns de ces actes sont nécessairement intentionnels, comment cette intention peut-elle ne pas animer les autres? N'y a-t-il pas un ensemble de violences conçues et accomplies dans une même pensée, qui tendent vers un même but, et qu'il faut imputer ou rejeter en entier?

Il est vrai encore que la Cour déclare qu'elle entend respecter la décision du jury et ne pas se mettre en contradiction avec elle. Mais il ne suffit pas d'exprimer une telle intention pour que l'arrêt soit à l'abri de votre censure. Il faut qu'elle y soit restée fidèle, et que la contradiction contre laquelle elle proteste ne résulte pas des faits même qu'elle affirme en même temps.

A ces objections on oppose, dans l'intérêt de l'intervenant, que l'interprétation donnée à la déclaration du jury est inexacte, et qu'il ne résulte de l'arrêt, ainsi qu'il l'atteste lui-même, aucune contradiction. En effet, déclarer que l'accusé n'est pas coupable, ce n'est pas nécessairement décider que le fait n'existe pas ou qu'il n'en est pas l'auteur. Est-ce qu'on peut connaître les multiples motifs qui déterminent le jury, puisqu'il n'est pas tenu de les énoncer? Peut-être n'a-t-il répondu négativement que parce qu'il n'a pas constaté un degré suffisant de culpabilité pour attirer l'application d'une peine, ou parce qu'il n'a pas trouvé des preuves assez complètes de l'existence du fait ou de la coopération de l'accusé. La Cour d'assises ne peut donc être tout à fait enchaînée, quand elle statue sur l'action civile, par une déclaration de non-culpabilité qui laisse ignorer si le jury a rejeté les faits ou seulement la culpabilité. Elle est liée quant à l'intention criminelle ; elle ne l'est pas quant à la matérialité des faits. Or, pourquoi cette règle d'interprétation, si elle est vraie en thèse générale, ne serait-elle pas appliquée dans l'espèce? Pourquoi chercher quels doivent être les effets de la déclaration du jury, quand il n'a pu exprimer sa véritable pensée, et cela pour arriver à établir une contradiction qui ne reposerait que sur une présomption?

Vous examinerez si cette dernière considération, qui dans la plupart des cas serait décisive, s'applique nécessairement à celui-ci. Chargés de maintenir l'autorité de la chose jugée, vous avez le droit de pénétrer dans la teneur des arrêts pour vérifier le sens et la portée de leurs déclarations, pour reconnaître à quels faits elles s'étendent, à quelles limites elles s'arrêtent, et pour leur appliquer les règles que votre jurisprudence a posées. Vous rechercherez, en conséquence, s'il ne vous est pas possible de déterminer avec précision jusqu'où s'étend la déclaration du jury, et si vous ne pouvez pas alors appliquer votre censure à des contradictions résultant d'assertions qui mutuellement se détruisent ou de faits qui s'excluent les uns les autres.

Il reste une dernière question : l'arrêt a-t-il constaté l'existence d'une faute qui rende le fait imputable? Cette question fait l'objet du deuxième moyen de cassation. L'arrêt n'aurait pas énoncé qu'une faute a été commise, et il serait entaché sous ce rapport d'un défaut de motifs. Il aurait ensuite mis à la place de la faute un fait qualifié délit, et il aurait commis sous ce second rapport un excès de pouvoir.

L'arrêt a-t-il reconnu l'existence d'une faute? On y lit qu'Armand a maladroitement porté un coup « qui peut lui être imputé à faute, » et des conséquences duquel il est responsable. Or, de ce que le coup peut lui être imputé à faute, s'ensuit-il qu'il l'ait été? L'arrêt admet la possibilité de l'imputation. Il ne la déclare pas. La condamnation n'a donc pas une base juridique. On peut répondre que l'arrêt ajoute qu'Armand est responsable, et que par là même il constate implicitement l'imputation. L'inexactitude de la première expression se trouve ainsi corrigée par la suivante. Vous apprécierez cette observation.

Une critique plus grave porte sur la nature du fait qui serait constitutif de la faute. L'arrêt voit cette faute dans un coup maladroitement porté et qui aurait altéré la santé de la victime. Or, en caractérisant ainsi de simple faute le fait de porter maladroitement un coup qui produit une incapacité de travail, l'arrêt n'a-t-il pas commis une erreur? Un tel fait ne rentre-t-il pas dans les termes, soit de l'article 311 du Code pénal, qui punit les coups volontaires, soit de l'article 320, qui punit les coups portés par maladresse, s'il n'est résulté du défaut d'adresse que des blessures? L'arrêt a donc pris un fait qualifié délit au lieu d'une simple faute; il a fait dériver la responsabilité civile, non d'un quasi-délit, mais d'un véritable délit. Nous croyons que cette qualification erronée ne suffirait pas, ainsi que cela a été reconnu (arr. 5 avril 1839), pour entacher l'arrêt de nullité, lorsque d'ailleurs le dispositif vient rectifier l'erreur des motifs. Mais ce qui, dans l'espèce, donne à cette difficulté un caractère plus sérieux, c'est que, si la Cour d'assises était compétente pour apprécier une faute civile, elle ne pouvait connaître du délit sans un empiétement sur de jury.

Le jury, en effet, peut être interrogé non-seulement sur les faits énoncés dans l'arrêt de renvoi, mais encore sur les faits, autres que les circonstances aggravantes et les excuses, qui se produisent dans les débats, pourvu qu'ils se rattachent aux faits de l'accusation, qu'ils en soient la modification ou la dépendance, qu'ils soient, en un mot, les circonstances de la même action. Le fait peut être examiné sous toutes ses faces, avec toutes les variations que les débats lui font subir, avec tous les éléments qu'ils développent. La position des questions subsidiaires a précisément pour objet de recueillir au milieu de la discussion les transformations de l'accusation, les aspects nouveaux qui se trouvent subitement éclairés, les nouvelles circonstances qui viennent s'y joindre pour la compléter. Votre jurisprudence à cet égard est trop formelle pour que j'aie besoin de la rappeler ici. Le président pouvait donc poser au jury la question des coups portés et des blessures faites par maladresse.

On peut opposer toutefois que c'est là une faculté, et non une obligation; cela est vrai, mais pourquoi n'est-ce qu'une faculté? C'est parce que la Cour d'assises est chargée d'examiner quels faits résultent des débats, et ne doit poser que ceux qu'elle juge en sortir. Mais que constate précisément l'arrêt attaqué? « Qu'il est résulté des débats la preuve qu'Armand a maladroitement porté un coup. » La Cour reconnaît donc et constate que le fait est résulté des débats; elle devait donc en faire l'objet d'une question au jury, au lieu de le tenir en réserve pour servir de base à une condamnation civile. Elle ne pouvait enfin l'apprécier elle-même, puisqu'il s'agissait d'un fait modificatif de l'incrimination. Vous apprécierez la valeur de ce moyen.

Telles sont les questions que soulève le pourvoi. Elles se résument en une question de droit et une question de bonne administration de la justice. La question de droit est de savoir où doit s'arrêter l'influence de la chose jugée au criminel. Vous avez souvent annulé les contradictions qu'énonçaient en termes exprès les arrêts de la juridiction civile. Mais ici, la contradiction serait moins dans les termes de l'arrêt que dans les faits eux-mêmes. Elle résulterait de la nature de l'accusation, de l'indivisibilité du crime, elle serait implicite plutôt que littérale. C'est en ce point que la question peut être neuve. N'y a-t-il pas lieu de faire respecter la chose jugée, non-seulement dans les termes qui l'expriment, mais dans toute la portée de sa décision? Voilà ce que vous avez à apprécier et ce qui donne au pourvoi un véritable intérêt. La question d'administration de la justice n'est pas moins grave. Vous n'avez point à rechercher quelle est la pensée qui a pu animer l'arrêt attaqué. Vous ne croirez point assurément que les magistrats qui l'ont rendu aient songé à frapper l'accusé dans l'agent responsable et le crime dans la faute. Mais il suffit que les deux déclarations aient pu sembler, au moins en apparence, s'entre-choquer l'une l'autre, pour qu'il en soit résulté un trouble qui nuit à la considération de la justice. Votre arrêt, quel qu'il soit, aura donc une importance réelle, parce qu'il tracera la ligne, un peu indécise encore, qui doit séparer les deux juridictions de la Cour d'assises, et parce qu'il déterminera dans quelle mesure la juridiction civile est liée par le jugement criminel et à quel point elle doit s'arrêter.

Après ce remarquable rapport, la parole est donnée à M⁰ Ambroise Rendu, avocat de M. Armand, qui s'est exprimé ainsi :

MESSIEURS,

Un vieil auteur français, cité par Dulaure dans son *Histoire de Paris*, passe en revue les diverses conditions sociales et s'exprime ainsi : « Si un bourgeois est accusé d'avoir frappé un gueux, et si le bourgeois a de la fortune, on dira : « Ah ! ah ! c'est un mutin ; il est trop à son aise, il faut qu'il pâtisse. » On ne s'informera point si le gueux s'est lui-même blessé pour avoir de l'argent, comme cela se fait ordinairement ; et le bourgeois sera condamné à une forte amende envers le gueux, qui le plus souvent ne la touche point, et aux frais, qui sont considérables. »

Voilà, écrite plus de deux cents ans à l'avance, voilà dans un raccourci d'une exactitude singulière, toute l'affaire Armand, qui, pour le vieil auteur, n'eût pas été fort mystérieuse.

Deux fois déjà cette affaire vous a été soumise, et vous avez fait acte de profonde sagesse, lorsque, avertis par de graves symptômes, vous avez enlevé à la Cour d'assises de Montpellier une cause qu'elle ne pouvait juger avec calme et avec liberté. Vos prévisions n'ont été que trop justifiées par le déchaînement des passions que vous entendiez gronder de loin ; par ces scènes scandaleuses, heureusement circonscrites à une seule ville, quoi qu'en ait dit la calomnie ; par ces violences sans nom, qui, ne respectant pas même les auxiliaires de la justice, témoins, experts, défenseurs, ont soulevé l'indignation de tous les honnêtes gens, consterné quiconque a souci de l'honneur de notre généreux pays, et qu'il faut ici non pas seulement déplorer, mais flétrir !

Vous avez maintenant à achever votre œuvre. L'ordre matériel a pu être promptement rétabli à Montpellier ; mais un désordre moral s'est produit et subsiste, et il vous appartient de le faire cesser. L'opinion, je dis mieux, la conscience publique a été troublée par l'arrêt inattendu de la Cour d'Aix. Aux yeux de tout le monde, l'arrêt qui a condamné M. Armand à 20,000 fr. de dommages-intérêts est en contradiction flagrante avec le verdict du jury qui l'a déclaré innocent. Aux yeux de tout le monde, il y a conflit entre le jury et la magistrature. Cette contradiction, ce conflit, manifestes dans la réalité des choses, existent-ils au point de vue légal ? Il faut le souhaiter, Messieurs, car s'il en est ainsi, à côté du mal sera le remède, et c'est vous qui l'apporterez.

La gravité de la question peut se mesurer à l'émotion extraordinaire qu'elle a excitée. Cette question de droit a passionné à l'égal des péripéties du drame qui l'a précédé. Toutes les feuilles publiques l'ont débattue, toutes les réunions, dans toutes les classes de la société, l'ont discutée et la discutent encore ; et partout elle a été résolue, d'instinct, de la même manière. Pourquoi cette préoccupation si générale et si persistante ? Est-ce donc l'intérêt qui, dans toute affaire d'éclat, s'attache soit à l'accusé, soit à la victime ? Mais ce sentiment est aussi passager qu'il est véhément parfois. La cause en est plus profonde et plus durable. Le pays s'est senti atteint dans l'une de ses attributions les plus chères ; il a vu le jury menacé dans son autorité morale, et il s'est porté tout entier à sa défense. Voilà, et il ne faut pas le chercher ailleurs, la cause de cette émotion universelle. Ah ! rendons hommage à ce grand mouvement d'opinion, Messieurs ; car un pays s'honore par le prix qu'il met à ses institutions et par l'ardeur qu'il montre à les défendre.

J'attaque l'arrêt de la Cour d'Aix par deux moyens. Je lui reproche d'abord d'avoir méconnu l'autorité souveraine de la décision du jury et violé la chose jugée en faveur d'Armand. Je lui reproche, en second lieu, d'avoir commis un excès de pouvoir et un empiétement sur la juridiction du jury, en statuant sur un délit dont il appartenait au jury seul de connaître. Je démontrerai, en outre, qu'à l'un et à l'autre point de vue, l'arrêt doit être cassé pour n'avoir pas légalement motivé sa décision.

Il est d'abord évident qu'il y a dans la décision de la Cour d'Aix contradiction possible avec la décision du jury. Celle-ci est complexe, d'après la législation actuelle, toute différente à cet égard de la législation qui l'a précédée. Par une disposition dont plusieurs criminalistes ont regretté la sagesse, le Code de brumaire an IV prescrivait de poser aux jurés deux questions distinctes : l'une sur le fait matériel, l'autre sur l'intention coupable. D'après ce système, nulle équivoque n'était possible. Si le fait matériel était déclaré non existant, aucune condamnation aux dommages-intérêts ne pouvait être prononcée. Si le fait matériel était reconnu constant, quoique l'intention coupable fût écartée, la condamnation civile ne pouvait faire difficulté. Aujourd'hui il en est tout autrement, et le jury résout par une seule et unique réponse la double question de l'existence du fait et de l'intention de l'accusé. Il peut donc avoir acquitté, parce que, dans sa conviction, le fait matériel n'existe pas ; et s'il en est ainsi, la Cour, en réalité, contredit le verdict en condamnant, parce que, suivant elle, le fait matériel existe.

Je sais que, d'après votre jurisprudence, cette contradiction possible ne suffit pas pour limiter les pouvoirs de la Cour d'assises statuant sans assistance de jurés sur les dommages-intérêts. Et pourtant il ne faut pas se dissimuler qu'elle produit parfois en elle-même des résultats regrettables, de nature à jeter le trouble dans les esprits. Le bon sens public distingue, et distingue avec raison, deux cas très-différents : celui où, malgré la complexité de la réponse du jury, le fait matériel est demeuré certain, et celui où le fait matériel a réellement disparu. Autant dans le dernier cas il s'inquiète d'une condamnation aux dommages-intérêts, autant il s'en applaudit dans e premier. Vous en avez eu un exemple bien frappant à l'occasion du duel où a succombé le malheureux Dillon. Le fait matériel de l'homicide était constant, avoué. L'acquittement prononcé ne pouvait reposer que sur l'absence d'intention coupable. La condamnation aux dommages-intérêts pour le tort causé par le fait matériel se justifiait d'elle-même.

Aussi ne s'est-il pas élevé dans le public une seule protestation contre l'arrêt de la Cour d'assises. Rien de semblable ici évidemment, et la possibilité d'une contradiction est incontestable.

Mais la possibilité ne suffit pas, dit-on. Il faut encore la certitude.

La certitude, Messieurs, elle existe ; elle a été affirmée de toutes parts. Il n'est pas une voix impartiale et honnête qui ne l'ait proclamée. Serions-nous donc réduits à dire qu'il y a eu erreur commune, erreur universelle ? Ce serait à déplorer profondément.

Que les subtilités du droit s'exercent en matière civile, c'est leur domaine naturel ; elles peuvent sans inconvénient s'y donner carrière ; il s'agit de pourvoir aux complications souvent inextricables des rapports et des intérêts privés.

Mais, en matière criminelle, il en est tout autrement. La législation criminelle est faite pour l'exemple. Il faut qu'elle donne des résultats simples, intelligibles, à la portée de tous. Un éminent criminaliste l'a dit : « Si les citoyens ont l'obligation de connaître la loi, ils n'ont pas celle de l'étudier comme des légistes ; ils ne sont pas tenus d'en commenter les termes, d'en rechercher péniblement l'esprit pour découvrir la règle de leurs actions. Toute interprétation qui n'est pas claire aux yeux de tous, doit être rejetée. » (M. Faustin Hélie, tom. Ier, p. 50.) S'il n'en était pas ainsi, la législation criminelle aurait manqué son but. Au lieu de l'exemple elle pourrait produire le scandale.

Or ici, j'espère, grâce à Dieu, mettre d'accord le droit avec le sentiment universel. Je vais démontrer que la contradiction, qui existe dans la pensée de tous, existe réellement et dans le droit et dans le fait.

J'en donnerai deux preuves également péremptoires, qui se compléteront, se contrôleront, se corroboreront l'une par l'autre.

Je tiens à poser très-nettement les termes de la question.

Nous avons deux décisions à comparer, pour rechercher si elles se concilient ou se contredisent. Or, dans chacune d'elles, il y a au premier abord quelque chose de clair et de certain, et quelque chose d'obscur et de douteux. Ainsi il est évident pour tous que le jury a écarté l'intention au point de vue des coups et blessures ; que la Cour a admis le fait matériel, à savoir l'existence de coups et blessures. Dans ces termes extrêmes, et s'il n'y a pas autre chose, soit dans le verdict du jury, soit dans l'arrêt de la Cour, les deux décisions pourront se concilier. Mais elles seront inconciliables, contradictoires, dans deux hypothèses, soit que le jury ait écarté le fait matériel que la Cour admet, soit que l'arrêt admette l'intention que le verdict exclut.

J'aurai donc justifié le pourvoi à un double point de vue et d'une double manière si j'établis la négation par le jury de toute participation d'Armand au fait matériel admis par la Cour; ou l'admission par la Cour de l'intention que le jury a écartée.

J'examine d'abord la portée de la décision du jury.

Elle résulte de documents que vous pouvez très-légitimement consulter, car ils appartiennent au dossier qui vous est soumis, à l'instruction écrite, dont les éléments sont passibles de votre contrôle. Je sais bien que les débats oraux échappent à votre appréciation ; que, quel qu'ait pu être leur retentissement, ils ne sauraient vous fournir des raisons de décider ; ils peuvent du moins rester dans vos souvenirs pour éclairer ce qui demeurerait obscur dans les pièces mêmes du procès.

Pouvez-vous déclarer que le jury a écarté le fait matériel, ou plus exactement la participation d'Armand au fait matériel? Dans la réalité des choses, il n'y a aucun doute à cet égard. Chacun sait l'alternative nécessaire, fatale, de ce procès. De deux choses l'une : ou, comme l'affirmait Maurice Roux, Armand l'avait, dans sa cave, frappé, lié et presque étranglé, ou, comme l'affirmait Armand, celui-ci était absolument étranger à la scène de la cave et n'était pour rien dans le fait matériel. C'est ce que le président rappelait énergiquement aux jurés par ces paroles fidèlement recueillies et maintenant acquises à l'histoire judiciaire :

« Vous avez, d'un côté, Maurice Roux qui dit à Armand : « Vous m'avez assassiné le 7 juillet dans « votre cave, vous m'avez assassiné en me frappant, en me liant, en m'étranglant. »

« Vous avez, d'un autre côté, Armand qui dit à Maurice Roux : « Vous m'accusez d'être votre « assassin, vous en imposez sciemment. C'est vous qui m'assassinez tous les jours, depuis huit « mois, en me calomniant, en m'arrachant, comme vous l'avez déjà fait, mon repos d'esprit et ma « liberté, et en cherchant à m'enlever encore mon argent, mon honneur et ma vie. »

« C'est entre ces deux hommes que vous avez à choisir. Acquitter l'un, c'est moralement condamner l'autre. Un verdict qui proclamera l'innocence d'Armand impliquera ceci aux yeux du monde :

« Il dira à Maurice Roux :

« Vous avez froidement conçu, froidement exécuté la plus odieuse des spéculations.

« Pour vous procurer de l'argent, ce qui est le plus vil des mobiles, vous êtes descendu à la cave et vous y avez organisé cette fable d'une strangulation consommée sur vous par la main de votre maître.

« Cette fable indigne, vous l'avez soutenue avec audace devant votre victime dont les dénégations ne vous ont pas ébranlé, dont l'innocence ne vous a pas touché, dont le malheur ne vous a pas fait fondre en larmes.

« Cette fable, vous l'avez soutenue devant la justice, au milieu de ses solennités ; vous l'avez soutenue devant Dieu, le jour même où il est venu vous visiter sur votre lit de douleur, outrageant ainsi à la fois et sa bonté et sa puissance.

« Vous êtes un scélérat, vous êtes un monstre, et il n'est pas dans notre langue d'expression assez énergique pour vous flétrir. »

Or, ce que la France tout entière sait, je pourrais dire l'Europe, car j'ai là les journaux étrangers qui discutent cette affaire, vous seuls devez-vous nécessairement l'ignorer?

Ah! Messieurs, les fictions de droit, si utiles, si indispensables, sont respectables à une condition, c'est de ne pas heurter trop ouvertement la réalité des choses. Elles cesseraient d'être utiles elles deviendraient funestes si elles donnaient un démenti flagrant à la vérité. Elles doivent subjuguer les esprits, les dominer, non pas les violenter, les torturer en quelque sorte. On a dit avec une grande sagesse : Il ne faut pas faire de la politique à outrance. Et moi je dis à mon tour : Il ne faut pas faire du droit à outrance. Quand la vérité du fait est là, claire, visible, palpable, il ne faut pas lui donner un démenti par une fiction de droit, si la loi n'y oblige pas. Et qui donc pourrait dire qu'ici la loi y oblige, en présence des documents qui vous sont régulièrement soumis et dont l'appréciation vous appartient?

L'instruction écrite vous est connue dans cette affaire d'une manière toute spéciale. Vous vous l'êtes fait représenter ultérieurement, et c'est par l'examen de cette instruction que s'est formée en vous la conviction qu'il y avait des motifs de suspicion légitime contre la Cour d'assises de Montpellier. Quand je vous en parle, je ne fais donc que réveiller en vous des souvenirs bien récents et des impressions toutes vivantes encore.

Nous y trouvons d'abord l'acte d'accusation et l'arrêt de renvoi.

L'acte d'accusation et l'arrêt de renvoi sont la base de la décision du jury, car, d'après l'article 337 du Code d'instruction criminelle, ce sont les questions résultant de l'acte d'accusation qui doivent être posées au jury, et le débat oral s'ouvre par la lecture de ce document. Et, chose capitale, la loi elle-même le déclare dans cet avertissement adressé aux jurés par l'article 337 du Code d'instruction criminelle : « Ce qu'il est bien essentiel de ne pas perdre de vue, c'est que toute la délibération des jurés porte sur l'acte d'accusation; c'est aux faits qui le constituent et qui en dépendent qu'ils doivent uniquement s'attacher. » Aussi l'article 341 exige-t-il que l'acte d'accusation soit remis aux jurés, et l'article 342 leur enjoint-il de s'attacher aux faits qui constituent l'acte d'accusation et qui en dépendent.

D'après l'acte d'accusation et l'arrêt de renvoi, Maurice Roux était à genoux dans la cave lorsque son maître lui asséna sur le derrière de la tête un coup violent qui le fit tomber la face contre terre. La commotion provoquée par cette agression paralysa les forces de Maurice Roux, qui fut garrotté par Armand de telle sorte que, lorsqu'il fut découvert plus tard presque sans vie, son cou était fortement serré à l'aide d'une corde, ses bras étaient attachés derrière le dos, et ses jambes étaient réunies l'une à l'autre à l'aide d'un mouchoir.

Tel est le fait imputé à Armand et qui a été soumis aux débats. Ce fait, tel qu'il est énoncé, est évidemment un fait complexe et indivisible, dans lequel il est impossible de séparer la matérialité de l'intention. Il renferme une série de violences qu'on ne peut pas concevoir sans une action énergique et persistante de la volonté de son auteur. Frapper un homme et le garrotter de manière à assurer les funestes effets du coup porté, c'est là un fait qui ne peut absolument se produire sans intention, de telle sorte que, de deux choses l'une : ou le fait matériel existe de la part de l'accusé, et existe avec l'intention coupable qui en est inséparable, ou, l'intention n'existant pas, il n'existe pas lui-même et ne peut exister de la part de l'accusé. Aussi n'est-il jamais venu à la pensée de personne qu'Armand eût pu frapper et lier Maurice Roux sans le vouloir. Aussi le débat a-t-il porté tout entier sur cette alternative : ou Maurice Roux a dit vrai, et Armand a commis sur lui les plus odieuses violences ; ou Maurice Roux a menti, et Armand n'est pour rien dans la scène de la cave. N'est-ce pas l'irrésistible évidence de ce dilemme qui inspirait au Président de la Cour d'assises les paroles que j'ai rappelées?

Qu'a donc fait le jury quand, en présence d'une accusation ainsi formulée, il a répondu négativement à cette première question : Armand est-il coupable d'avoir commis une tentative d'homicide volontaire manifestée par un commencement d'exécution? En répondant : « Non, l'accusé n'est pas coupable, » il a nécessairement décidé qu'Armand a dit vrai et que Roux a menti; c'est-à-dire qu'Armand n'a pas fait de blessures à Roux et qu'il n'a pas participé au fait matériel impossible à concevoir distinctement du fait intentionnel.

Il faut tirer la même conséquence de la réponse faite à la question subsidiaire posée aux jurés.

On leur a demandé subsidiairement, non pas si Armand avait porté un coup à son domestique à une époque quelconque, mais si le 7 juillet 1863 il avait volontairement porté des coups et blessures à Maurice Roux. C'était bien là interroger le jury sur la scène même relatée dans l'acte d'accusation, en substituant à l'intention de donner la mort celle de faire des blessures; mais c'était toujours l'interroger sur la scène de violences multiples qui étaient le fait matériel imputé à Armand, c'est-à-dire toujours sur le fait complexe qui n'avait pu se produire que volontairement par sa nature même. Dès lors la réponse négative sur la seconde question comme sur la première écartait la participation d'Armand au fait matériel aussi bien que l'intention elle-même.

Dira-t-on que les débats qui, à la différence de l'acte d'accusation, échappent à la connaissance de la Cour suprême, ont pu modifier le fait primitivement imputé et en changer les circonstances matérielles? Mais j'ai la preuve authentique qu'il n'en a pas été ainsi. Cette preuve, Messieurs, elle résulte de ce que la Cour a fait connaître ce qui lui a paru ressortir des débats. Elle en a fait l'objet d'une question unique, qui est la seule chose nouvelle que les débats aient fait apparaître, et comme je viens de le faire remarquer, cette question présente encore dans son ensemble, sauf une modification dans l'intention, le fait matériel tel qu'il a été l'objet de l'accusation. L'intention de faire des blessures remplace celle de donner la mort. Mais rien n'est changé quant au fait matériel.

Il me semble que la démonstration est complète et péremptoire.

C'est ici, Messieurs, il est pénible, mais il est nécessaire de le constater, c'est ici que l'arrêt vient se heurter à l'évidence et à la vérité légale, par sa rédaction même, quand il admet non pas comme établi d'une manière quelconque, « mais comme résultant des débats » (ce sont les termes de l'arrêt), ce même fait que, d'après la question spéciale qui lui était posée, le jury a déclaré souverainement ne pas résulter des débats. Et ce n'est pas le jury seul qui l'a décidé ainsi, c'est la Cour elle-même. N'est-ce pas, en effet, au moment même où la Cour posait au jury la question, et la seule question qui, suivant elle, ressortait des débats, que la clôture des débats a été prononcée? Rien de nouveau n'a pu en sortir, tout était consommé. Comment donc la Cour pourra-t-elle déclarer plus tard qu'il ressort des débats... quoi? un fait nouveau, un fait qu'elle a implicitement reconnu n'en point ressortir par cela même qu'elle ne l'a pas soumis au jury. Ici, Messieurs, la contradiction éclate. Elle est saisissante, irrésistible.

Après de telles déclarations, en présence de tels éléments, le verdict du jury, c'était bien l'innocence proclamée, l'innocence du fait imputé, sans restriction, sans réserve. C'était bien le terme de cruelles épreuves injustement subies. Il était donc bien vrai qu'Armand n'était pour rien dans la scène de la cave, ramenée à son vrai caractère, celui d'une abominable comédie. Armand pouvait goûter la joie sans mélange de ce sympathique élan qui venait le dédommager en une heure de tant de jours d'angoisses. Armand venait se présenter à tous, amis et ennemis, le front haut; et chacun a pu mettre la main dans sa main, car il n'était plus que la victime d'une machination infernale, car il avait pour lui la chose jugée.

La chose jugée! je ne sais rien de plus magnifique parmi les choses humaines. Voyez : un fait mystérieux vient émouvoir l'opinion; l'anxiété s'empare des esprits; les avis se partagent et se combattent. De tous côtés on discute, on s'anime, on se passionne. Les plus sages hésitent et attendent. Mais voici que le grand jour de la justice arrive. Les débats s'engagent devant le public; l'accusation, la défense se font entendre. Le juge, magistrat ou juré, prononce dans sa conscience. Il y a un innocent, ou il y a un coupable. La sentence est rendue, et tout est dit. Soudain le calme se fait dans les âmes et l'ordre dans la société.

Tel est, Messieurs, le bienfait de la chose jugée! Mais à une condition, c'est que la chose jugée soit respectée; c'est qu'elle soit inviolable et sacrée; c'est que le lendemain une autre décision de justice ne vienne pas replonger les faits dans l'obscurité, et les esprits dans le doute.

C'est pourtant ce que n'a pas craint de faire la Cour d'assises en reprenant ce même fait matériel de coups portés par Armand à Maurice Roux, pour justifier une condamnation en des dommages-intérêts.

C'est cependant ce qu'elle a fait en affirmant qu'Armand avait porté un coup à Maurice Roux en cette même journée du 7 juillet.

Elle a donc ainsi méconnu l'autorité de la décision du jury, et commis l'excès de pouvoir qui doit faire tomber son arrêt sous votre juste censure.

Voilà, Messieurs, ce qu'il faut proclamer bien haut, au nom des principes du droit, au nom de l'intérêt social.

Lorsque devant le jury le débat a porté tout entier, non sur des appréciations d'intention, mais sur le fait matériel lui-même, et sur la participation de l'accusé à ce fait; lorsque la solution du procès est dans l'affirmation de celui qui accuse, ou dans la dénégation de celui qui se défend; quand le débat est ainsi posé, ainsi restreint; quand il est évident pour tous que le mot suprême de la justice est dans la participation ou la non-participation de l'accusé au fait incriminé, que doivent faire les juges civils en présence de la déclaration négative du jury, pour ne pas se mettre en contradiction avec elle? Accepter sincèrement cette déclaration, s'incliner devant cette négation, car s'ils viennent à dire *oui* quand le jury aura dit *non*, ils obscurcissent la notion du vrai et font douter de la justice.

Je crois, Messieurs, avoir justifié ma première proposition en prouvant que le jury avait écarté la participation d'Armand au fait matériel, affirmée pourtant par la Cour d'assises, et que celle-ci a par conséquent violé la chose jugée à un premier point de vue.

J'ajoute que l'arrêt a commis la même violation sous un autre rapport. Je soutiens que, malgré toutes ses précautions de langage, il a réellement admis le fait intentionnel, la volonté de porter des coups et blessures, que le jury a expressément écartée en répondant négativement à la question subsidiaire qui lui était posée. Je montrerai que, dans cet ordre d'idées, l'arrêt de la Cour d'Aix a encouru votre censure, soit en affirmant ce que le jury a nié au point de vue de l'intention, soit tout au moins parce qu'il a motivé sa décision en termes équivoques qui ne satisfont pas au vœu de la loi.

Ici, Messieurs, vous le voyez, ce que j'ai à interpréter, ce n'est plus la décision du jury, c'est celle de la Cour d'assises. Je dois en faire une analyse très-exacte, très-attentive. Dieu me garde de tomber dans la subtilité, et de rabaisser ce grand débat par de mesquines querelles de mots! Pour éviter cet écueil, je prends un guide sûr, le meilleur de tous, le sens commun. Dès que l'arrêt d'Aix a été connu, comment l'a entendu le sens commun? Chacun s'est dit : Dans la pensée de la Cour, Armand a voulu donner une correction à son domestique, et l'a donnée trop forte. Recherchons donc si c'est bien là ce que signifie l'arrêt, et quelle est la portée légale de cette signification.

On se rappelle que le jury a été interrogé sur cette question très-précise et très-formelle :

« Si André Armand n'est pas coupable du fait mentionné dans la première question (tentative d'homicide), est-il coupable d'avoir, le 7 juillet 1863, volontairement porté des coups et blessures à Maurice Roux? »

La réponse du jury a été sur cette question, comme sur la première : « Non, l'accusé n'est point coupable; » c'est-à-dire l'accusé n'a porté volontairement aucun coup à Maurice Roux. Que dit l'arrêt de la Cour d'Aix : « Dans la journée du 7 juillet, Armand *a maladroitement porté un coup* à Maurice Roux. » Or, je soutiens que les mots *porter un coup maladroitement* signifient frapper avec l'intention, avec le dessein de frapper, mais avec maladresse dans l'exécution de ce dessein.

Avant de le montrer, je constate d'abord un premier point : c'est qu'il vous appartient, Messieurs, d'interpréter les arrêts qui vous sont soumis, et d'en déterminer le sens et la portée, pour apprécier s'ils sont ou non conformes à la loi. Cela est vrai en toute circonstance, mais cela est surtout d'une évidente nécessité quand il s'agit pour la Cour suprême, comme dans la cause actuelle, de vérifier si deux décisions sur le même fait sont conciliables ou contradictoires. Cette interprétation est le préliminaire indispensable de l'examen de toute question de chose jugée. Les exemples de l'exercice de ce droit sont innombrables dans la jurisprudence de la Cour de cassation. Or, pour cette interprétation, elle est évidemment souveraine. Elle n'a d'autre guide, d'autre règle que sa conscience et ses lumières.

S'il peut y avoir quelque difficulté sur ce point à l'égard du verdict, qui n'est pas motivé, il n'y en a aucune quand il s'agit d'un arrêt appuyé sur des motifs qui ont précisément pour but et de faire connaître la pensée de l'arrêt, et de vous donner les moyens de déterminer quelle est véritablement cette pensée. Vous êtes juges, Messieurs, et seuls juges de ce qui peut vous éclairer dans cette recherche. Pour apprécier ce qu'un arrêt a voulu dire par une expression obscure et ambiguë, il n'est ni texte, ni principe de droit qui s'oppose à ce que la Cour de cassation tienne compte des circonstances où l'arrêt est intervenu.

C'est ici que l'instruction tout entière vous appartient et que rien n'échappe dans l'affaire elle-même à vos investigations. C'est ici qu'il sera permis de faire appel à tout ce qui peut lever les doutes et dissiper l'obscurité, et il n'est rien au monde qui puisse vous interdire de donner à l'expression qui vous est soumise la signification et la portée que le bon sens suggère.

Ce point bien entendu, je reviens à l'arrêt de la Cour d'Aix, et je dis et j'affirme ceci : les mots dont l'arrêt s'est servi, *porter un coup maladroitement*, qu'on les prenne soit isolément, soit dans leur ensemble, impliquent un fait intentionnel, c'est-à-dire le délit ou le crime, suivant les cas, de coups et blessures volontaires.

Que veut dire d'abord *porter un coup* ?

Dans le langage usuel, cette expression signifie un acte spontané, volontaire au premier chef. Porter, diriger un coup (ce qui est tout un), c'est un effet des organes mus par la volonté. Le mot *porter* a le sens actif au premier chef; il faut ignorer la valeur des termes pour s'y méprendre.

Mais ce n'est pas là seulement le sens usuel, c'est le sens légal du mot. Cette expression « porter des coups, » je la trouve, et je la trouve uniquement, dans la section du Code pénal intitulée : *Blessures et coups volontaires*. L'article 309, qui concerne exclusivement les faits intentionnels, offre deux fois cette expression, et je vois même, au dernier alinéa, les mots *coups portés* employés comme équivalant à ceux *blessures faites volontairement*. C'est si bien là le sens propre de ces mots, *porter des coups*, que l'ancien article 309, tel qu'il existait dans le Code pénal de 1810, les employait sans autre explication et n'avait pas même cru nécessaire d'y joindre le mot *volontairement*.

L'arrêt ajoute : *maladroitement*. Or ce terme, bien loin d'atténuer le sens naturel et légal de l'expression *porter des coups*, le fait ressortir d'une manière plus certaine encore.

La signification du mot, je la donne avec l'usage comme avec le Dictionnaire de l'Académie : « *Maladroitement*, d'une manière maladroite. » Or la chose, l'opération qu'on fait d'une manière maladroite, a-t-on eu la volonté de la faire? Oui, sans doute, car on a eu la volonté de la faire autrement, de la faire plus habilement, plus heureusement, mais enfin de la faire. Cela n'est pas un instant douteux dans le langage usuel. Un chasseur tire *maladroitement*. Est-ce à dire qu'il ne veut pas tirer, qu'il n'a pas l'intention de tirer? Évidemment, non; mais que, voulant tirer, il ne tire pas aussi habilement qu'il le voudrait. Ce même chasseur frappe, corrige son chien *maladroitement*. Que veut-on dire par là : est-ce qu'il l'a frappé involontairement? Non, assurément; mais que, voulant le frapper seulement pour le punir, il s'y est pris si mal, qu'il lui a, par exemple, cassé un membre.

Faire « maladroitement » veut donc dire faire avec intention, mais avec inhabileté, avec maladresse.

Bien différent est le sens de l'expression analogue, mais nullement identique, que la loi a employée dans les articles 319 et 320, où elle ne dit pas *maladroitement* ou *avec maladresse*, mais *par maladresse*.

Je reprends les exemples que je citais plus haut. Un chasseur tire *par maladresse*. Cela signifie que, ne voulant pas tirer, mais désarmer son fusil, il l'a fait partir, ou que, tenant gauchement son arme, il a accroché la détente dans un buisson et a fait partir le coup contre son intention.

Et il ne faudrait pas dire que les deux expressions peuvent se prendre indifféremment l'une pour l'autre. La langue résiste aussi bien que le bon sens à cette confusion. Un horloger fait une montre qui marche mal : on dira qu'il l'a faite maladroitement, avec inhabileté, *avec maladresse*. Personne, parlant français, ne dira qu'il a fait cette montre *par* maladresse.

Au surplus, et si la Cour veut bien poursuivre encore un instant avec moi cette analyse à la fois grammaticale et juridique, elle va voir la différence saisissante des deux termes dans un même fait dont les circonstances présentent successivement, mais très-distinctement, les deux caractères et donnent lieu à l'emploi également très-distinct des deux expressions.

Un cocher inhabile conduit un attelage. Les chevaux vont de ci de là, et s'emportent. On dit que le cocher conduit maladroitement, *avec maladresse*, c'est-à-dire qu'il conduit volontairement, voulant conduire, mais que l'acte qu'il fait de sa propre volonté est accompagné de maladresse.

Mais l'attelage en s'emportant renverse un passant et le blesse. Voilà un individu que le cocher a blessé *par maladresse*, ne voulant pas le blesser. Ce n'est pas la volonté qui a produit le fait, c'est la maladresse. Ainsi, dans le fait de conduire, volonté accompagnée de maladresse ; dans le fait de blesser, maladresse sans volonté. Et dans le premier cas on dira *maladroitement*, dans le second cas, *par maladresse*.

Or, dans cet exemple, je trouve deux faits à chacun desquels je puis appliquer l'une de ces qualifications très-différentes. Mais dans l'affaire qui nous occupe et dans les termes de l'arrêt de la Cour d'Aix, il n'y a qu'un fait unique, ne comportant pas à la fois les deux qualifications dont l'une exclut l'autre. Il nous faut donc nécessairement choisir entre les deux, et le choix, Messieurs, il n'est pas plus douteux pour vous que pour moi.

Je me résume sur ce point capital :

Le coup porté *par maladresse* est le coup donné sans intention, en l'absence de toute volonté de frapper. C'est le cas de l'article 320 du Code pénal relatif aux coups involontaires.

Le coup porté *maladroitement* est celui porté avec la volonté de frapper, sauf à frapper mieux ou autrement. C'est le cas de l'article 309 concernant les coups et blessures volontaires.

Dans la dernière hypothèse, la maladresse a *accompagné* l'acte d'ailleurs déterminé par la volonté qui en est la cause. Dans la première, la maladresse a *déterminé* l'acte et elle a remplacé la volonté. Dans un cas, c'est une circonstance accessoire ; dans l'autre, c'est une cause efficiente.

Tel est le sens vrai, le sens tout à la fois usuel et grammatical, logique et juridique, des mots employés par l'arrêt qui vous est soumis.

Votre jurisprudence a consacré la justesse de cette observation, faite déjà par le savant auteur de la *Théorie du Code pénal* :

« Il ne faut pas, dit-il, confondre avec la faute qui exclut l'intention, celle qui ne serait qu'une exécution maladroite d'une intention criminelle. Un individu veut porter un coup à une personne et en atteint volontairement une autre : est-ce là une blessure ? est-ce là un homicide involontaire ? Nullement, car l'erreur dans le choix de la victime suppose la volonté de faire une victime, la volonté de blesser ou de tuer. » (T. IV, p. 103.)

Vous avez décidé dans ce sens, par arrêt du 7 avril 1853, que l'article 309 du Code pénal (qui punit l'homicide volontaire) est applicable à l'individu qui, en voulant frapper une personne, en atteint une autre qui succombe par suite de la blessure qu'elle a reçue. Voilà une circonstance où le coup a été porté maladroitement, mais non par maladresse ; car il y a dans ce cas, dites-

3

vous, *volonté* de porter un coup, quoique le coup ait été porté autrement que ne l'avait entendu son auteur.

Les chambres de mises en accusation font application de cette jurisprudence à un cas qui se présente fréquemment. Un individu se prend de querelle avec un autre, un de ses amis peut-être. Il frappe, voulant atteindre légèrement, et non blesser sérieusement. Mais, dans sa colère, il a mal calculé son coup, il offense un organe essentiel : au lieu d'atteindre la joue, il atteint l'œil et le crève. Est-ce une blessure par imprudence ou par maladresse, prévue par l'art. 320 du Code pénal? Non; c'est une blessure volontaire punie par l'art. 309, car on a frappé ayant l'intention de frapper. On a fait un mal plus grand, voulant faire un léger mal; mais peu importe! Il suffit qu'on ait voulu le principe, pour qu'on subisse la conséquence. La personne humaine est à ce point sacrée, elle est protégée par la loi de telle manière, que quiconque lui porte un coup volontairement se rend passible de toutes les suites, eussent-elles dépassé l'intention originaire, si elles résultent d'une volonté première de frapper.

Voilà la loi dans ses termes et dans son esprit, et c'est pourquoi tout individu qui porte un coup maladroitement commet, en cas d'incapacité de travail de plus de vingt jours, le crime de l'art. 309, à la différence de celui qui a frappé par maladresse, quelle qu'ait pu être la gravité de la blessure.

Voyez, Messieurs, comme la cause présente un exemple saisissant de la distinction si vraie que je propose.

Placez-vous dans l'hypothèse de coups et blessures portés volontairement par Armand. Comme cette expression : *maladroitement*, sera bien appliquée !

Armand veut corriger son domestique; il s'y prend si maladroitement, qu'il l'assomme, au lieu de le frapper seulement. Épouvanté du résultat de sa maladresse, il veut s'assurer le silence de la victime en lui donnant la mort par strangulation; mais il s'y prend si maladroitement encore, que, voulant l'étrangler, il ne noue pas la corde et la laisse flottante et sans effet. Pour assurer le succès de sa nouvelle action, il veut paralyser davantage les efforts du malheureux, dans le cas où il reviendrait à lui, en le garrottant aux bras et aux jambes; mais il a encore, cette fois, l'insigne maladresse de se servir du mouchoir qui porte ses initiales et de signer ainsi son forfait. Peut-on concevoir un crime plus *maladroitement* accompli?

Oh! voilà le mot bien employé! Mais que veut-il dire, sinon l'exécution volontaire, mais malhabile, du dessein criminel?

Si, au contraire, l'on prétend que le mot n'implique pas l'intention, voyez à quoi il faudra se résoudre. On sera réduit à dire qu'Armand a, par inadvertance, suivi Maurice Roux à la cave, qu'il l'y a terrassé par imprudence, qu'il l'y a étranglé par méprise, qu'il l'y a garrotté par mégarde, qu'il a accompli l'opération la plus suivie, la plus compliquée, la plus persistante par inattention; car tous ces mots sont équivalents du mot par *maladresse*. Est-ce possible?

Je sais qu'il y a une troisième hypothèse, mais elle est encore plus inadmissible, car elle est non pas absurde, mais immorale.

On peut supposer que Maurice Roux, frappé par son maître, aurait, dans son ressentiment, conçu le dessein tout à la fois de se venger et d'exploiter la situation par une machination atroce. Dans cette hypothèse, il se serait garrotté lui-même et étranglé à demi, afin de faire croire à une tentative d'assassinat de la part de son maître, et d'obtenir contre celui-ci une condamnation terrible et une forte indemnité pécuniaire.

Mais, Messieurs, si, dans la pensée de la Cour, telle avait été la vérité, est-ce qu'elle n'aurait pas repoussé la demande de Roux de toute son indignation et de tout son mépris? Est-ce qu'elle aurait récompensé par 20,000 fr. de dommages-intérêts cette abominable vengeance d'un misérable qui, pour assouvir sa haine et sa cupidité, aurait poussé un innocent à l'échafaud? Cette prime donnée à une infâme calomnie, à une comédie sacrilège, mais ce serait un scandale sans exemple! J'outragerais la majesté de la Justice si je prêtais à une Cour française une semblable pensée, et je ne veux plus qu'il soit même question d'une interprétation de l'arrêt qui fait horreur.

Ajouterai-je, d'ailleurs, que cette interprétation me donne raison encore? Car la vengeance de Roux ne se conçoit que si son maître l'a frappé volontairement.

Je reviens donc aux deux seules explications qui soient acceptables, mais entre lesquelles le bon sens ne permet pas d'hésiter, et je conclus : Armand, d'après l'arrêt, a frappé Roux maladroitement, cela veut dire : Il a voulu frapper Roux pour lui administrer une correction; mais il a mal dirigé son coup; au lieu, par exemple, d'atteindre les épaules, où le coup eût été inoffensif, il a atteint la nuque, où il a produit une commotion; mais, à tout prendre, il a frappé intentionnellement.

Voilà le sens naturel, usuel, exact du mot, tel que l'arrêt l'emploie et tel qu'il faut l'admettre.

En effet, tout le monde comprend l'idée que présentent les mots : Armand a frappé Maurice Roux *maladroitement*, *avec maladresse*, si on entend par là qu'il a voulu le frapper, et qu'il s'y est mal pris.

Mais si l'on veut entendre que, dans la pensée de la Cour, Armand aurait frappé Maurice Roux *par maladresse*, sans le vouloir, mais, Messieurs, ce n'est pas l'invraisemblable, le déraisonnable, c'est l'absurde, c'est le ridicule à son comble.

Armand, dans cette hypothèse, est descendu avec Maurice Roux à la cave, il l'a atteint d'un coup de bûche en l'aidant à charger un crochet, puis il l'a lié au cou avec une corde, il lui a ttaché les bras derrière le dos, les jambes avec un mouchoir, sans en avoir conscience, le prenant sans doute pour un fagot, à cause de l'obscurité, tout cela sans le savoir, sans le vouloir.... sans se douter qu'il terrassait un homme, qu'il le garrottait, qu'il l'étranglait...

Messieurs, c'est monstrueux, et je recule devant l'énormité de mon hypothèse. Justifier ainsi l'arrêt, c'est le stigmatiser, c'est le vouer à la dérision. Est-ce que la Cour d'Aix accepterait cette défense, est-ce qu'elle voudrait en subir l'humiliation? Est-ce qu'elle n'aimerait pas mieux laisser douter de son sens juridique que de son bon sens?

Ainsi, taxer l'arrêt d'une énormité ou le taxer d'une illégalité, voilà l'alternative. Quelle est celle qu'il faut choisir? Ai-je besoin de dire que c'est la dernière?

Et en effet, Messieurs, est-ce que vous iriez, pour justifier un arrêt que tout le monde déplore, et j'emploie l'expression des plus modérées, est-ce que vous iriez forcer le sens naturel des mots et faire violence à la raison elle-même? Et dans quel but, grand Dieu! dans quel intérêt?

Ah! je comprends de grands efforts d'esprit, des subtilités même, pour défendre, pour sauver devant vous l'une de ces décisions qui, peu conformes, en apparence, à la rigueur du droit, donnent cependant satisfaction à quelque grande règle d'équité, à quelque grand intérêt public. Mais ici! Il n'y a en France qu'un vœu, qu'un besoin, qu'un cri, c'est qu'il disparaisse, cet arrêt qui nous pèse à tous. Et ce n'est pas là un de ces instincts aveugles, de ces entraînements irréfléchis de l'opinion auxquels votre sagesse doit savoir résister. Cet arrêt, condamné par tous, c'est un arrêt funeste, et dont les suites ont cruellement révélé la portée.

Non, ce n'est pas impunément que les principes conservateurs des sociétés sont violés en haut. A l'instant même le contre-coup retentit ailleurs, et une logique inflexible fait éclater les conséquences. Le lendemain du jour où la Magistrature paraissait méconnaître l'autorité du jury, une foule irritée ajoutait à cette protestation juridique sa protestation sauvage. Cette coïncidence a frappé tous les esprits; elle a inspiré de sévères réflexions. Est-ce, en effet, sans raison que tant de gens ont fait remonter à l'arrêt que j'attaque la responsabilité des troubles de Montpellier?

Comment demander à des masses aveugles et furieuses le respect de la chose jugée, quand elles la voient méconnue par ceux-là mêmes qui en ont le dépôt et la garde? Comment rappeler à l'ordre les passions déchaînées, quand on leur laisse croire, tout au moins, qu'elles peuvent invoquer à leur gré ou la justice du verdict ou la justice de l'arrêt? L'émeute dans la rue, c'est chose bien moins grave que le renversement des principes : l'une est la blessure extérieure qui se cicatrise vite, l'autre est le mal interne et profond qui désorganise et qui détruit. Aussi bien, personne ne parle plus des désordres de Montpellier, et tout le monde s'entretient encore de l'arrêt d'Aix, et chacun s'en inquiète aussi vivement qu'au premier jour.

Ah! Messieurs, on l'a dit depuis longtemps, ce qui manque surtout à notre société, c'est le respect! le respect pour l'autorité et ceux qui la personnifient, le respect pour les principes et les institutions qui les consacrent! Au temps où nous vivons, je ne sais quel mauvais génie nous enlève toutes nos croyances, comme si ce n'était pas arracher une à une toutes les fibres de nos cœurs. Il est une croyance qui survit à tant d'autres et qui vous est confiée : c'est la foi dans la Justice, dans sa sainteté, dans son inviolabilité. Cette foi, qui est le salut des sociétés, comment le peuple la conservera-t-il si les pouvoirs publics ne craignent pas de l'ébranler?

Le respect de la Justice, voilà le grand intérêt du procès. Vous ne le laisserez pas périr.

Qu'on ne dise pas que ce sentiment couvre l'arrêt de la Cour d'Aix aussi bien que le verdict du jury; que l'un et l'autre ont un égal droit au respect de tous et à votre protection : il y aurait là une dangereuse méprise.

A Dieu ne plaise, Messieurs, qu'en défendant la prérogative du jury je dépasse la mesure, et que j'oublie qu'il est un autre intérêt non moins grave, celui de la prérogative des magistrats : à cet égard, je ne veux rien laisser à l'adversaire, et je le dis bien haut : La Magistrature est la justice incarnée ; ses décisions, à l'égal de celles du jury (car il n'y a pas ici de plus ou de moins), sont inviolables et sacrées. Mais à quelle condition? A une condition élémentaire, connue, comprise de tout le monde : c'est que ces décisions soient définitives. Tant qu'il y a un recours à une juridiction plus haute, tout jugement est discutable, est attaquable : celui de première instance, s'il peut être frappé d'appel; celui d'appel, s'il peut être frappé de pourvoi en cassation.

Or, tout arrêt rendu par une Cour impériale peut vous être déféré, il peut être brisé par vous, devenir chose nulle et non avenue. Le verdict d'acquittement, au contraire, est toujours et absolument définitif. Nulle autorité humaine ne saurait l'infirmer. Voilà pourquoi, s'il y a conflit entre le verdict et l'arrêt, c'est le verdict qui doit l'emporter. Et voilà pourquoi aussi la prérogative de la magistrature, l'autorité de la Cour d'assises ne sont pas même en jeu ici. D'une part il y a une décision irrévocable, inviolable ; d'autre part, une décision qui tout à l'heure, je l'espère, ne sera plus qu'un souvenir. On se tromperait donc étrangement si l'on cherchait à impressionner vos esprits en opposant au respect dû à la prérogative du jury le respect dû à celle de la Cour d'assises.

Oh! je le sais bien! il y a dans les questions de ce genre deux périls contraires à éviter, deux écueils opposés, Charybde et Scylla ; il ne faut pas, en défendant le droit du jury, atteindre le droit de la Cour, ni, en réservant le droit de la Cour, entamer celui du jury.

Il y a danger, et danger redoutable, à ce que l'arrêt de la Cour paraisse corriger le verdict du jury, prendre une revanche contre un acquittement non justifié. Tout verdict est chose sacrée, *vere dictum*, et ce qui en infirmerait l'autorité morale serait un scandale.

Il y aurait danger aussi à ce que la Cour fût entravée dans l'exercice du droit que lui donne l'art. 358 du Code d'instruction criminelle.

Eh bien! je veux ici dissiper toute crainte et ne pas même laisser de place au scrupule. Dans la cause actuelle, de quel côté est le mal? de quel côté faut-il porter le remède? Le mal, c'est que l'arrêt de la Cour a été considéré, et considéré à bon droit, comme cette revanche dont je parlais tout à l'heure de la Magistrature contre le jury. C'est au verdict que l'atteinte a été portée, et c'est là ce que vous devez tout d'abord corriger.

Et pourquoi encore, en ce conflit qui a excité dans toutes les âmes une anxiété si vive, pourquoi est-ce vers le jury que doit se porter votre sollicitude? Est-ce par complaisance pour la popularité qui s'attache à cette institution? Non, Messieurs; mais c'est que le jury a besoin, dans l'état de nos lois et de nos mœurs, d'une protection spéciale. Le jury n'a pas, comme la Magistrature, le prestige des traditions, la majesté d'une origine antique, l'autorité de la hiérarchie et l'éclat d'un haut rang parmi les pouvoirs publics. Nouveau venu dans notre organisation judiciaire, Tribunal passager qui sort aujourd'hui de la foule pour y rentrer demain, le jury n'a pour lui que la confiance de la nation et le respect fondé sur la confiance. C'est ce respect qu'a voulu assurer la loi quand elle a dit : « La déclaration du jury ne pourra jamais être soumise à aucun recours. » Ah! gardez-lui ce respect, Messieurs; car si le peuple ne croit plus au Jury, cette justice du peuple même, à qui donc croira-t-il encore en ce monde?

En résultera-t-il une diminution de la prérogative des Cours d'assises? Non, évidemment; car que fera votre arrêt de cassation? Tout en montrant que le droit de la Cour a été dépassé, il fera voir par là même jusqu'où ce droit peut aller; il sauvegardera la juste autorité de la Magistrature en face de celle du jury, et la rendra plus inattaquable en la renfermant dans ses limites.

Et en effet, Messieurs, qu'est-ce qui a soulevé ici l'opinion universelle? Est-ce, comme on l'a dit imprudemment, la faculté même que la loi confère au juge civil après l'acquittement du prévenu, et a-t-on entendu protester contre la loi? Que ceux qui l'ont pensé se détrompent! Ce que l'opinion a blâmé si vivement, ce n'est pas la faculté conférée par la loi, c'est l'usage de cette faculté; c'est la manière dont elle a été exercée, c'est l'abus qui en a été fait.

Or, quel plus grand service pouvez-vous rendre à la Magistrature, à la juridiction des Cours d'assises, que de régler l'exercice de cette juridiction en disant tout à la fois ce qu'elle a eu tort de faire dans la cause, et ce que, dans une autre circonstance, elle pourra et devra faire légitimement? Quel plus grand service pouvez-vous rendre à la chose publique que d'enseigner à tous que les torts dont s'est émue la conscience publique sont ceux d'une décision facile à réformer, et non ceux de la loi, devant laquelle il faut savoir s'incliner?

Tel sera l'effet, et l'effet salutaire, d'un arrêt de cassation. Le rejet du pourvoi, au contraire, tendrait à accréditer cette idée, fausse autant que funeste, que la Cour d'assises peut infirmer, moralement au moins, la décision du jury, comme l'a fait, aux yeux de tout le monde, l'arrêt de la Cour d'Aix.

C'est là, Messieurs, le vrai, le seul péril à redouter.

Je plaide donc ici, avec la cause du jury, celle de la Magistrature, en demandant qu'on la délivre d'un précédent qui l'engage dans un conflit regrettable avec le sentiment public, et qui soulève une de ces protestations nationales qui ne peuvent être le résultat de l'erreur.

Un dernier mot, et je termine ces considérations : « Le jury, a-t-on dit en termes excellents, a sa place à côté de la Magistrature dans l'accomplissement de l'œuvre judiciaire : ce sont deux institutions également indépendantes l'une de l'autre, et qui doivent agir avec un mutuel respect de leurs droits : toute lutte entre elles, même apparente, altère l'unité, la dignité de la justice; quand le jury prononce, il peut se tromper sans doute. Quelle est donc la juridiction infaillible? Mais quand il a prononcé, les convictions contraires n'ont pas à chercher des compensations ou des revanches; il faut qu'elles se résignent et se taisent. Nous sommes à une époque où il n'y a que trop de principes compromis et méconnus. Gardons-nous, même avec les intentions les plus pures, d'égarer les esprits sur le respect que commande la chose jugée en leur donnant le spectacle de deux vérités légales, de deux justices. »

Et maintenant, Messieurs, la conclusion en droit se tire d'elle-même. S'il est vrai, s'il est certain que l'arrêt de la Cour d'Aix a imputé à Armand un coup volontaire, il a encouru la cassation d'après votre jurisprudence constante. Vous avez à plusieurs reprises cassé les arrêts de Cours d'assises qui, après acquittement par le jury sur une question de coups et blessures volontaires, avaient cru pouvoir condamner aux dommages-intérêts en se fondant sur ce que des coups auraient été volontairement portés. Vous avez vu là la violation flagrante du principe sacré qu'invoque le pourvoi.

Le savant rapport que vous venez d'entendre ne me laisse rien à dire sur les précédents si formels de votre jurisprudence, dont un des monuments les plus remarquables, l'arrêt Souesme, du 21 juillet 1841, a été invoqué dans cette affaire même devant la Cour d'Aix. Je me borne à rappeler avec un arrêt plus récent (6 mai 1852) cette déclaration énergique « qu'une condamnation ainsi motivée porte atteinte à l'autorité de la chose jugée, et à l'inviolabilité des décisions du jury. »

J'ai défendu, et, je l'espère, j'ai vengé la chose jugée par le jury, en démontrant que l'arrêt de la Cour d'Aix devait être cassé pour y avoir porté une double atteinte en affirmant ce qu'avait nié le jury, au point de vue du fait matériel comme au point de vue de l'intention.

Il me semble que je vous ai présenté un double moyen de prononcer cette cassation, qui est dans les vœux de tout le monde, *hoc erat in votis!* moyen qui, je puis l'affirmer, a l'approbation des plus excellents esprits.

Me suis-je mépris en soutenant que les termes de l'arrêt attaqué ont certainement, même au point de vue de l'intention, cette portée, cette signification, qui les met en contradiction manifeste avec la décision du jury? Ai-je été trop affirmatif à cet égard? Je ne le crois pas. Mais enfin, j'entends raisonner dans toutes les hypothèses; je veux, contrairement à ce qui est pour moi l'évidence, je veux qu'il y ait doute; je veux que ces mots : *porter un coup maladroitement*, se prêtent à ces deux sens si différents au point de vue légal : *coup porté avec maladresse* ou *coup donné par maladresse*. Est-ce que, dans cette hypothèse, que je n'admets, que je ne pose que pour n'avoir rien négligé dans un si grand débat, *nil omissum, nil intentatum*, est-ce que, dans cette hypothèse, vous laisseriez subsister l'arrêt ?

Assurément non.

Vous voulez, vous exigez, et vous l'avez prouvé cent fois, que les arrêts, surtout en matière criminelle, se justifient d'eux-mêmes. Il ne faut pas qu'une équivoque empêche l'esprit d'apercevoir la pensée du juge et de démêler s'il est dans la vérité ou dans l'erreur; il ne faut pas même que la rédaction adoptée empêche de reconnaître sur quel terrain le juge s'est placé, et s'il a jugé en fait ou en droit. Quand l'équivoque existe sur ce point essentiel, que faites-vous, Messieurs? Vous cassez, et je me bornerai à rappeler les termes saisissants d'un de vos récents arrêts, rendu en matière différente sans doute, mais qui n'en est pas moins applicable à la cause actuelle : « Attendu, dites-vous, que si le juge, par un silence affecté ou par les affirmations vagues et générales où il s'est renfermé, ne permet pas de reviser l'appréciation qu'il a faite... il tend par là à enlever à la Cour de cassation son droit de censure et de contrôle, et viole l'article 7 de la loi du 20 avril 1810. » (Arrêt du 26 juin 1861, affaire Jolly.)

Eh bien ! n'est-il pas certain, n'est-il pas manifeste que l'arrêt de la Cour d'Aix, dans l'hypothèse la moins favorable au pourvoi, présenterait précisément le vice pour lequel vous avez prononcé la cassation de l'arrêt Jolly? Lorsque j'aurai concédé à l'arrêt que l'expression par lui employée peut également signifier « coup porté avec maladresse, » c'est-à-dire coup volontaire, ou « coup donné par maladresse, » c'est-à-dire coup involontaire, qu'en résultera-t-il ? C'est que vous aurez à prononcer sur un terme équivoque, ne permettant pas de saisir la véritable pensée du juge, d'apercevoir s'il a entendu apprécier le fait intentionnel qui échappait à sa juridiction, ou le fait non intentionnel qui seul pouvait lui être soumis. Mais, s'il en est ainsi, vous ne pouvez pas savoir ni affirmer que l'arrêt a respecté l'autorité souveraine de la décision du jury ; vous ne pouvez pas vérifier, par conséquent, la légalité de la décision, et votre contrôle, ce contrôle tutélaire, dont, à bon droit, vous êtes jaloux, car il est une des garanties de notre ordre social, votre contrôle, dis-je, tenu en suspens, est paralysé dans son action et comme annihilé, faute de pouvoir s'exercer à coup sûr.

Est-ce possible, Messieurs, et dépend-il d'une Cour impériale de se soustraire à votre juridiction suprême par l'artifice calculé d'une rédaction ambiguë? C'est ce que vous avez sévèrement interdit aux juges du fait par l'arrêt que j'ai cité; et certes, si jamais il y eut lieu d'appliquer cette prescription, n'est-ce pas dans cette occasion solennelle où la France entière cherche avec anxiété, dans deux décisions qui se heurtent, la vérité légale?

Rappelons-nous le principe qu'un arrêt de la chambre civile, au rapport d'un de ses membres les plus éminents, M. le conseiller Laborie, a proclamé en ce noble langage : « Lorsque la justice répressive a prononcé, il ne saurait être permis au juge civil de méconnaître l'autorité de ses souveraines déclarations, et l'ordre social aurait à souffrir d'un antagonisme qui, en vue seulement d'un intérêt privé, aurait pour résultat d'ébranler la foi due aux arrêts de la justice criminelle. » (7 mars 1855, Dall. 55. 1. 81.)

S'il en est ainsi, la Cour d'assises ne peut condamner aux dommages-intérêts, pour un fait innocenté par le jury, qu'à la condition expresse que son arrêt se conciliera avec le verdict. Cette conciliation est la condition absolue de la légalité d'un tel arrêt. Dès lors l'accomplissement de cette condition doit ressortir clairement des termes de l'arrêt civil. Car alors même qu'il n'appartient pas au juge civil d'analyser et d'expliquer la déclaration complexe du jury, qui est l'un des termes de la comparaison à établir, ce serait toujours son devoir, et son devoir, le plus impérieux, de ne laisser subsister aucun doute sur le sens et la portée de l'autre terme, qui est sa propre décision.

A cet égard, votre jurisprudence est d'une salutaire exigence. Dans un arrêt du 9 novembre 1861, vous avez cassé, par le motif que « la Cour de cassation, à qui appartient l'appréciation des arrêts et jugements qui lui sont soumis, » ne pouvait, en présence de la formule adoptée par le juge, s'assurer du sens de sa décision.

Par un arrêt du 10 juillet 1862, vous avez cassé encore, en disant que le juge n'avait pas suffisamment motivé sa décision ; dès lors qu'il demeurait *incertain* si le fait était ou non imputable à la partie condamnée. Cet arrêt a décidé la question même du procès actuel.

En effet, Messieurs, l'incertitude ici, le doute, n'est pas supportable. Il faut qu'on sache si, oui ou non, l'arrêt civil a respecté l'arrêt criminel, si le juge civil s'est arrêté dans son appréciation devant la barrière légale, ou s'il l'a franchie. Il le faut, parce que, si son arrêt est ambigu, il donnera des armes à ceux qui s'insurgeront moralement contre la décision du jury, parce qu'il permettra d'opposer le sentiment des magistrats à celui du jury. Il le faut, parce que, si le sens de l'arrêt civil est fixé, ou il sera d'accord avec le verdict, et tout le monde devra s'incliner, ou il sera contraire, et alors vous rétablirez l'ordre en cassant la décision qui l'ébranle. Mais le doute, qui pervertit les âmes et tue les sociétés ; le doute sur la justice, il est aussi fatal que le mépris de la justice ; c'est le trouble des consciences, c'est l'échec de l'autorité, c'est le scandale. C'est un de ces désordres que vous ne pouvez souffrir et que votre arrêt fera cesser.

Par toute cette discussion, je crois avoir justifié, en l'analysant, l'impression pénible qu'a produite sur tous les esprits la rédaction de l'arrêt attaqué.

Les magistrats, dit-il, ont statué *dans leur conscience!* Et quel besoin de le dire? Qui donc accuserait, qui donc soupçonnerait une Cour de justice de mentir à sa conscience, et pourquoi la Cour d'Aix se sent-elle pressée d'aller au-devant d'un reproche possible ? Pourquoi, si ce n'est qu'elle est mal à l'aise entre des convictions intimes qu'elle n'a pas la force de sacrifier, comme c'était son devoir, à l'autorité supérieure du verdict, et la nécessité légale de respecter au moins les termes du verdict? La conscience? Eh! il ne s'agit pas de savoir si elle est honnête, mais si elle est éclairée, et c'est précisément le nuage qui l'a obscurcie qui s'étend sur l'arrêt lui-même.

La situation fausse où s'est placée la Cour d'Aix l'a conduite à cette rédaction équivoque contre laquelle, on peut le dire, s'est élevée une clameur universelle. On a reproché à l'arrêt, et je puis l'affirmer maintenant, on lui a reproché, avec raison, de n'être pas sincère. Si la clarté, comme on l'a dit bien souvent, est le premier mérite de l'esprit français, la franchise, c'est le premier mérite du caractère français. Or l'une est l'expression de l'autre. Quand la parole est ambiguë, c'est que la pensée n'est pas franche. Et c'est là, il faut le dire à l'honneur de notre nation, ce que personne n'a pu souffrir. Partisans ou adversaires d'Armand, tout le monde a voulu, et c'était le droit de tout le monde, savoir, d'après l'arrêt, s'il avait voulu ou non frapper Maurice Roux. L'arrêt, en l'interprétant de la manière qui lui est le plus favorable, admet l'une et l'autre hypothèse. En laissant subsister un tel doute, je le dis de toute l'énergie de ma conviction, la Justice n'a pas fait son devoir.

Messieurs, un sentiment profond me dit que c'en est assez, que votre conviction est faite et que ma cause est gagnée. J'ai pourtant présenté à l'appui du pourvoi un second moyen de cassation, qui serait décisif en lui-même; j'en dirai quelques mots rapides, bien persuadé pourtant que vous ne jugerez pas même nécessaire de l'examiner.

Me plaçant dans la supposition tout à fait invraisemblable que l'expression de l'arrêt, *coup porté maladroitement*, serait considéré comme synonyme de *coup donné par maladresse*, j'ai dit, dans mes conclusions, que, même à ce point de vue, l'arrêt devait encore être cassé par plusieurs raisons. Il serait entaché d'incompétence et d'excès de pouvoir pour avoir statué sur un délit dont il n'appartenait pas à la Cour d'assises de connaître sans assistance des jurés; il présenterait en outre un défaut de motifs donnant lieu à cassation, parce qu'il n'aurait pas légalement constaté la *faute civile* pouvant seule donner lieu à des dommages-intérêts.

En effet, Messieurs, la Cour d'Aix ne paraît pas avoir remarqué que l'expression dont elle a cru pouvoir se servir contient précisément la définition d'un délit. Les coups et blessures involontaires, quand ils sont le résultat de la maladresse, constituent un délit prévu et puni par les articles 319 et 320 du Code pénal, à la différence des coups et blessures provenant d'un accident qu'aucune prudence humaine ne pouvait prévenir.

Un chasseur commet le délit prévu par l'article 320 quand il atteint par mégarde un de ses compagnons. Au contraire, un soldat, en faisant l'exercice à feu sur le champ de manœuvre, ne commet aucun délit si sa balle atteint un individu qui s'est glissé près de la cible sans être aperçu. Fait purement accidentel dans ce dernier cas. Fait d'imprudence et délit dans le premier. Ici, le fait serait un coup résultant de l'imprudence, un délit. Mais il est un principe universel, protecteur à la fois des droits de la défense et de l'ordre des juridictions : c'est que les crimes ou délits qui se rattachent au fait principal, à l'objet même de la poursuite, sont de la compétence du jury, et non de celle de la Cour d'assises statuant sans assistance de jurés.

Dans le cas, en effet, où un de ces crimes ou délits accessoires vient à ressortir des débats, il doit faire l'objet d'une question subsidiaire posée aux jurés, d'après l'interprétation que la jurisprudence a donnée à l'article 338 du Code d'instruction criminelle, et c'est dès lors le jury seul qui peut en connaître.

De deux choses l'une, en effet: ou le fait accessoire (crime ou délit) ressort des débats, et c'est le cas de le déférer au jury; ou ce fait ne ressort point des débats, et alors il n'appartient pas à la Cour d'assises de le prendre en considération, celle-ci ne pouvant évidemment s'expliquer que sur les faits établis par les débats qui ont eu lieu devant elle.

C'est au surplus ce que la Cour d'Aix a reconnu et proclamé elle-même quand elle a dit en propres termes qu'il *ressort des débats* que Armand a porté un coup... Mais c'était en même temps proclamer son incompétence, car c'était constater la circonstance même qui, d'après la loi, attribuait au jury la connaissance du fait. Or il ne peut pas y avoir double juridiction, c'est-à-dire conflit d'attributions entre le jury et la Cour d'assises sur le même fait. Il faut dire que si le crime ou délit accessoire au fait principal n'a pas été soumis au jury, la présomption légale est qu'il ne ressortait pas des débats, et que dès lors il échappait absolument à la Cour d'assises elle-même. Si, au contraire, on admet que le fait ressortait des débats, c'était dès lors et par là même le jury seul qui devait en connaître.

Comprendrait-on, en effet, qu'il dépendît de la Cour d'assises de se réserver la connaissance d'une question qui de sa nature appartient au jury, et qu'elle pût ainsi discrétionnairement la faire juger par les jurés ou la juger elle-même? Est-ce qu'il n'importe pas essentiellement à l'ordre des juridictions que leurs domaines soient déterminés? Est-ce que par conséquent l'une des juridictions n'est pas exclusive de l'autre? Est-ce qu'il ne suffit pas de l'attribution d'un fait à l'une d'elles pour que l'autre soit par là même incompétente?

Si les principes exigent qu'il en soit ainsi, le droit de la défense le réclame également. Le crime ou le délit se rattachant au fait principal se débat devant le jury, dans d'autres conditions, avec d'autres garanties que devant la Cour d'assises. Il ne faut pas que l'accusé soit, par l'appréciation tout arbitraire de la Cour, privé de ces conditions et de ces garanties.

Au surplus, Messieurs, la situation dans la cause actuelle était bien déterminée; un fait était, aux yeux de la Cour, ressorti des débats : c'était le crime de coups et blessures volontaires avec incapacité de travail de plus de vingt jours. Or, je le demande, aurait-il été permis à la Cour de se réserver la connaissance de ce crime en s'abstenant d'en faire l'objet d'une question au jury, et de condamner explicitement Armand aux dommages-intérêts parce qu'il serait résulté des débats qu'il aurait volontairement fait des blessures à Maurice Roux? Mais, Messieurs, ceci heurterait toutes les traditions aussi bien que tous les principes. Jamais on n'a admis qu'il y eût en Cour d'assises deux juridictions parallèles ayant également le pouvoir de qualifier les faits au point de vue criminel, c'est-à-dire de disposer de l'honneur des citoyens, sauf à l'une à prononcer des peines afflictives, et à l'autre à prononcer des peines pécuniaires. Un tel parallélisme, disons mieux, un tel antagonisme, est tout ce qu'on peut imaginer de plus contraire à l'institution des Cours d'assises et du jury. Ce qui est vrai, c'est que le quasi-délit seul, et non le délit ou le crime, appartient à la Cour d'assises jugeant sans assistance de jurés.

Or, si cela est vrai et évident à l'égard du crime qui a fait l'objet de la question subsidiaire, s'il est certain que la Cour d'assises n'aurait pu se réserver la connaissance de ce crime, il faut admettre également qu'elle était incompétente à l'égard du délit qui, aussi bien que le crime, appartenait au jury s'il ressortait des débats. Ici encore, le bien le plus précieux des citoyens, leur intérêt le plus sacré, l'honneur, est en jeu; il est sous la sauvegarde du jury, la Cour ne peut en disposer.

L'incompétence existe encore à un autre point de vue. Il est de principe que le jury est saisi directement ou virtuellement de tout ce qui est compris dans la poursuite. Or la poursuite, quand il s'agit comme ici de coups et blessures, embrasse trois choses qui dérivent du même fait : le crime d'homicide ou de tentative d'homicide volontaire, le crime de coups et blessures portés volontairement, le délit de coups et blessures involontaires. Ces trois choses se rattachent au même fait matériel d'avoir frappé. Toutes trois peuvent être soumises immédiatement au jury, en vertu de l'acte d'accusation, à raison de la connexité; le délit peut l'être subsidiairement au cours des débats, s'il paraît en résulter. Aussi n'est-il pas douteux, dans la cause, qu'une question plus subsidiaire n'eût pu être posée aux jurés à cet égard.

Mais si le délit de coups volontaires, qui est ainsi impliqué dans la poursuite, qui y est compris virtuellement, ne fait pas l'objet d'une question posée aux jurés, s'il est ainsi réservé, à qui appartient-il?

Il appartient très-certainement à la juridiction correctionnelle, comme fait ne ressortant pas des débats et devant donner lieu à une instruction nouvelle. C'est ce que l'on décide constamment en cas d'infanticide, où la poursuite correctionnelle pour homicide par imprudence succède à l'acquittement pour homicide volontaire. Si cela est vrai, le délit appartenait à la juridiction répressive, en vertu d'une réserve légale. Mais, dès lors, et par là même, la Cour d'assises ne pouvait pas en connaître civilement, sans enchaîner par avance le juge correctionnel, violer le principe conservateur de l'ordre des juridictions et des droits de la défense, qui défend au juge civil de prononcer avant que la justice répressive n'ait purgé entièrement l'accusation.

En un mot, Messieurs, si le délit ressortait des débats, il appartenait au jury, qui en était virtuellement saisi; s'il n'en ressortait pas, il était réservé à la juridiction correctionnelle. Mais qu'on se place à l'un ou à l'autre point de vue, toujours est-il que le délit appartenait à la juridiction répressive, et que la Cour d'assises, en déclarant l'existence du délit, usurpait sur la compétence de cette juridiction.

L'avocat développe cette considération et continue ainsi :

Si ces principes sont aussi vrais qu'ils sont nécessaires, il faut conclure que la Cour a excédé ses pouvoirs, a usurpé sur la compétence du jury, en prononçant sur un délit accessoire au fait principal objet de l'accusation. *Fecit quod non potuit*. Dès lors, ce motif tiré de l'existence du délit disparaît, et, pour justifier l'arrêt, il est indispensable d'y trouver la constatation de la faute purement civile du quasi-délit, qui seule pourrait motiver la condamnation. Mais sur ce terrain, où la Cour d'Aix était souveraine, elle n'a pas fait ce qu'elle pouvait faire, *non fecit quod potuit*, et je signale dans son arrêt une lacune, une insuffisance, un défaut de motifs, qui doit encore entraîner la cassation.

Que dit, en effet, la Cour d'Aix? Elle dit que le coup porté maladroitement *peut être* imputé à faute à Armand. Mais *peut être* n'est pas synonyme de *doit être*; mais cette expression *peut être* est dubitative; mais elle n'est nullement l'affirmation positive qui exprime une certitude, non une simple possibilité, et qui témoigne de la conviction, non des tendances du juge. C'est ce que vous avez jugé récemment par votre arrêt du 10 juillet 1862, qui a prononcé la cassation d'un arrêt de la Cour d'assises de Lyon pour avoir laissé dans l'incertitude l'existence de la faute civile.

Ainsi le second moyen de cassation est justifié, et, si vous croyez nécessaire d'y statuer, vous annulerez, je n'en doute pas, l'arrêt qui vous est déféré, soit à raison de l'excès de pouvoir qu'il a commis en connaissant d'un délit dont le jury seul devait être saisi, soit à raison de l'évidente insuffisance du motif exprimé pour justifier la condamnation.

Je suis arrivé au terme de la discussion juridique. J'ai accompli dans la mesure de mes forces une tâche dont l'attente universelle doublait les exigences et la responsabilité. Mais cette attente elle-même, Messieurs, mais cette anxiété générale, est-ce qu'elle n'a pas aussi son importance dans la cause, est-ce qu'elle ne vient pas prêter à mes arguments un bien puissant secours?

Ah! je sais que vous ne subissez aucune pression du dehors, et que, appuyés sur la loi, vous ne flottez pas au vent de l'opinion. Mais quand, pourtant, la voix des gens du monde comme celle des gens de loi, les avis des feuilles politiques comme ceux des journaux judiciaires, tout ce qui pense et tout ce qui écrit, se trouvent d'accord sur un même point, il est impossible que vous ne voyiez pas là quelque chose de considérable. J'ai sous la main la collection nombreuse, quoique bien incomplète, des journaux français et même étrangers qui ont discuté notre question de droit. Elle est traitée dans des articles de fonds, dans les variétés, jusque dans les feuilletons et courriers du jour.

Ce serait chose curieuse et peut-être instructive que de passer en revue ces manifestations, si diverses dans la forme, et au fond identiques. Tantôt c'est un littérateur ingénieux à qui le bon sens révèle les arguments de droit; tantôt c'est un publiciste qui raisonne avec les principes généraux de la législation; tantôt un économiste qui se préoccupe d'un trouble apporté à l'ordre public; quelquefois un feuilletoniste qui rencontre en courant la vérité juridique, et fait de la science sans le savoir; ici, c'est le jurisconsulte spéculatif qui pose les règles fondamentales; là, c'est le praticien qui montre les conséquences funestes de l'oubli de ces règles. Mais, partout, c'est la même protestation contre l'arrêt de la Cour d'Aix. Les plus résolus condamnent, les plus timorés déplorent; pas une voix ne s'élève en faveur de l'arrêt qui vous est déféré, en faveur de cette prétention qui, devant la Cour d'Aix, avait trouvé le Barreau tout entier hostile, et le Ministère public silencieux.

Ah! Messieurs, dans notre temps de suffrage universel, une telle unanimité de l'opinion n'est pas chose indifférente, et, même dans la sphère du droit, il faut tenir compte de ce que pense et de ce que dit tout le monde. Placés au sommet de l'ordre judiciaire, vous avez une haute mission sociale à remplir. Jaloux de ce beau titre de Cour régulatrice, vous savez, avant de fixer la jurisprudence, envisager ses effets sur les esprits. Eh bien! vous considérerez ici, dans votre prudence, l'effet d'une décision suprême qui serait en contradiction avec le sentiment universel; vous vous demanderez si elle n'aurait pas un véritable danger pour la justice elle-même et les intérêts supérieurs dont vous êtes les gardiens. Pour assurer à vos arrêts cette soumission des intelligences qui en révèle le prestige et en double l'efficacité, votre sagesse connaît la mesure qu'il ne faut pas dépasser.

Messieurs, c'est l'honneur, ce peut être la gloire du Barreau auquel j'appartiens, d'être appelé devant votre juridiction suprême à plaider, bien au-dessus des intérêts privés, la cause des principes, avec la loi pour juge et la vérité pour cliente. Cet honneur dont je suis fier, il ne m'a jamais paru aussi grand que dans cette circonstance où le principe en jeu est vital, où la loi à appliquer est si haute, où la vérité à défendre émeut toutes les âmes, où je viens soutenu, porté par l'opinion unanime, organe du vœu universel, écho de la voix publique, j'en atteste cette foule qui se presse comme pour m'assister dans ma défense, où je viens revendiquer devant vous une prérogative chère à tous les Français, où je puis dire que le pays est derrière moi.

Vous entendrez cette voix, vous exaucerez ce vœu en mettant le droit d'accord avec la raison. Et le public, attentif à ces débats, emportera, répandra cette impression salutaire que les principes confiés à votre garde sont chose si puissante et si sainte, que, partout et toujours, proclamés par vous, ils donnent satisfaction à la conscience comme à la loi (1).

Après cette plaidoirie, l'audience est levée et renvoyée au lendemain. A l'audience du 7 mai, M⁰ de Saint-Malo, avocat de Maurice Roux, combat le pourvoi.

MESSIEURS,

La violation de la chose jugée vous est présentée par le pourvoi sous un double aspect: l'arrêt attaqué, vous dit-on, est en contradiction avec le verdict du jury, qui a écarté la matérialité du fait ; il est en contradiction avec le verdict, en ce qu'il admet un fait intentionnel également écarté par le jury. Ce sont là deux propositions distinctes dont l'examen et la solution appartiennent à des règles différentes. Et, en effet, quand le demandeur relève la contradiction sur le point intentionnel, il soulève une question d'interprétation; mais quand il soutient, dans la première proposition, que le jury a écarté la matérialité du fait, j'y vois une question plus haute, d'une autre nature, et je me demande s'il est permis, s'il est possible de chercher dans le verdict un autre sens que celui qui résulte nettement, littéralement de sa déclaration? Quant au droit d'interpréter l'arrêt de la Cour d'assises, il est absolu. Mais quant au droit de faire dire au verdict autre chose que ce qui résulte de la réponse donnée à une formule sacramentelle dictée par la loi, et essentiellement complexe, je le conteste absolument, au nom de ces mêmes principes, devant lesquels on déclare s'incliner, mais qu'on viole en réalité, et dont en défendant l'arrêt je sollicite la simple application.

Nous voilà donc, je le prétends du moins, en présence d'une pure matérialité : criminalité, intention, volonté, tout cela est purgé. Je tiens à le dire bien haut, dès le début de ces observations. Comme tout homme sensé, je suis de ceux qui pensent que quand douze honnêtes gens, devant

---

(1) Deux jours avant sa mort, M⁰ Ambroise Rendu, dont la Magistrature et le Barreau déplorent la perte récente, nous adressait de Vichy, *l'Épreuve en bon à tirer* de cette remarquable plaidoirie, « son dernier triomphe », a dit l'un de ses biographes. (*Note de l'éditeur.*)

Dieu et devant les hommes, sous la foi du serment, la main sur le cœur, ont dit : « Non, l'accusé n'est pas coupable, » la vérité est là, la vérité doit être là, mais toujours, bien entendu, dans les termes et les limites de la décision. Je tenais à faire cette déclaration pour témoigner de mon respect à la chose jugée ; je ne la scinde pas. Je n'honore pas une des deux décisions pour avoir le droit de flétrir l'autre. Je m'incline devant les deux, les respectant à un égal degré, dans les faits souverainement constatés, comme l'expression de la vérité judiciaire, comme conforme surtout aux inspirations du devoir, de la conscience et de l'honneur.

Je suis ici, Messieurs, pour défendre l'arrêt, et je le défendrai par des arguments et des moyens légaux, les seuls en rapport avec la nature de votre juridiction. On l'a dit, il y a longtemps et avec raison, il ne faut jamais l'oublier, devant vous, le procès ne s'agite pas, à proprement parler, entre les parties; le procès s'agite entre l'arrêt attaqué et la loi qu'il aurait violée. Je laisse donc les parties dans l'ombre, et sans contester à Armand les sympathies publiques que mérite toujours un innocent et qui le suivent jusqu'à cette audience, je me borne à dire : « L'opinion publique, il ne faut pas, il ne faut jamais la braver; il faut l'éclairer, si on le peut, quand elle s'égare, car elle peut bien s'égarer sur l'application d'un point de droit. Quant à lui résister dans ses entraînements, dans ce qu'elle a d'exagéré, dans ses faveurs à outrance, dans ce qui est en dehors de sa compétence, je suis sans crainte; c'est le devoir le plus simple, c'est la vertu du magistrat.

J'entre donc immédiatement dans le cœur du débat, et je me trouve aux prises avec cette prétention de l'adversaire, à savoir que le verdict a écarté la matérialité du fait. Le reproche est grave, on ne saurait en concevoir de plus grave. On n'en est que plus obligé de le prouver. Où donc est la preuve que le jury a écarté le fait matériel ?

On la trouve d'abord dans un document, le résumé du président des assises. J'écarte ce document, non pas parce qu'il n'a aucun caractère officiel, authentique, mais parce qu'il ne fait pas faire un pas à la question spéciale qui nous occupe. Le président a présenté les arguments pour et contre; à la fin du résumé, il a concentré dans une phrase énergique les deux systèmes en présence. Je ne suis pas plus avancé après le résumé qu'après avoir lu l'accusation, le réquisitoire et les plaidoiries des défenseurs. Voyons l'autre preuve.

On prend l'acte d'accusation, l'arrêt de renvoi, les questions au jury. Ces actes relèvent, dit-on, un fait complexe et indivisible, au point de vue même de la matérialité, consistant en une série de violences, à savoir: un premier coup, puis la strangulation et la ligature par des cordes, de manière à assurer les funestes effets du coup porté. Un tel ensemble de faits emporte nécessairement, forcément par lui-même, l'intention coupable. Exclure cette intention, déclarer l'accusé non coupable, c'est exclure par là même la matérialité.

Messieurs, il y a quelque chose de vrai dans ce mode d'argumentation ; ce qui est faux, c'est sa relation avec les éléments du procès, avec le premier, le principal de ces éléments, l'arrêt attaqué, qui, lui, ne constate et ne relève qu'une chose, un coup porté, rien de plus, rien de moins. En quoi consiste donc ce système? Ah! si vous étiez en présence d'un arrêt ainsi motivé: Armand, après avoir frappé, a garotté Maurice Roux au cou, aux bras, aux jambes, je comprendrais votre système. Vous plaideriez l'évidence, l'arrêt succomberait sous le poids de son absurdité, et je ne serais pas là pour le défendre. Dire qu'un homme en a brûlé un autre à petit feu, l'a tué à coups d'épingles, c'est dire l'intention coupable ; ce serait dès lors contredire le jury qui ne peut avoir acquitté qu'en écartant la matérialité.

Mais tel n'est pas l'arrêt, qui ne relève qu'un coup, pas même une pluralité de coups ou blessures, et qui exclut dès lors toutes les abominations imputées à Armand. On parle d'indivisibilité ; mais c'est, au contraire, la divisibilité, c'est la division qui sont dans la nature des choses, à tel point qu'on est obligé de parler d'une *série* de violences, c'est-à-dire de *faits divers et successifs*, séparés par un trait de temps plus ou moins long. Ai-je besoin, pour cela, de jeter un coup d'œil sur le débat ? Je ne le ferai que sur un point, le rapport des médecins. Si les médecins ne sont pas d'accord sur la gravité du coup, sur ses effets, ils le sont sur le fait même du coup ou de sa trace, quel qu'en soit l'auteur. Viennent ensuite leurs discussions sur les autres faits, à savoir l'attachement par les cordes. L'arrêt attaqué ne retient pas les autres faits, et par là il rend hommage au principe même de votre argumentation ; si l'arrêt est coupable, c'est peut-être d'avoir raisonné comme vous ; il écarte les faits évidemment, parce qu'ils ne pouvaient être relevés contre Armand que comme criminels. Il rend hommage à la déclaration du jury. Vraiment, vous faites à l'arrêt un singulier reproche, le reproche d'avoir raisonné comme vous. Voyez d'ailleurs l'étrangeté d'un système qui, dans le cas d'une accusation comprenant une pluralité de faits, impose au juge l'obligation de les prendre ou de le rejeter tous, enchainant ainsi sa conscience, et lui disant fatalement : tout ou rien. Mais c'est enlever au juge ce qui est de l'essence de sa mission, ce qu'il y a de plus auguste dans l'exercice de son autorité, à savoir discerner ce qui est vrai d'avec ce qui est faux, accepter le vrai et rejeter le faux.

Un seul fait étant retenu, tout le reste disparaît, et ne subsiste plus que comme souvenir de l'accusation ou du débat. Cela étant, le moment est venu de rappeler les vrais principes, car je ne dis pas assez en déclarant que vous n'avez pas prouvé votre proposition, à savoir que le jury a écarté la matérialité du coup porté : je dois ajouter que l'on tente, sous ce rapport, une preuve impossible et dès lors illégale. Quand le jury dit : Non, l'accusé n'est pas coupable, exclut-il la matérialité du fait ? Incertitude. Exclut-il l'intention ? Certitude qu'il l'exclut. Mais qui donc peut dire qu'il exclut la matérialité quand la matérialité et la criminalité sont également contestées ou en jeu ? Je sais bien, moi juré, par quel motif je me décide ; je ne sais pas, je ne puis pas savoir ce que décide mon collègue. Dieu seul le sait. Pour nous tous, défenseurs, magistrats, hommes du monde, le secret est légalement, moralement impénétrable. Eh bien ! c'est précisément cet état d'incertitude invincible qui fait la compétence du magistrat civil, qui fait qu'en déclarant à son tour une matérialité, il ne contredit pas le verdict. Ah ! il est possible, rigoureusement possible, qu'en fait, sans le vouloir, il se trouve en contradiction avec le vrai motif du verdict. C'est là un inconvénient de la faiblesse humaine. Sa possibilité n'a pas arrêté le législateur, n'a pas arrêté votre jurisprudence.

Contre ce malheur, contre cet inconvénient, le législateur nous donne une garantie, et il n'en pouvait donner de meilleure, c'est l'expérience, le savoir, la loyauté du magistrat. Croyons à sa sincérité, croyons à sa loyauté, à son amour de la justice. Le magistrat qui a étudié tous les éléments du procès, qui a assisté au débat, qui a tout fait pour le triomphe de la vérité, à qui la loi a donné ce grand pouvoir de déclarer que le jury s'est trompé au préjudice de l'accusé, et de renvoyer l'affaire à une autre session, est bien l'autorité la mieux placée pour discerner autant que possible la vraie pensée du jury, pour l'interpréter. Il ne rend sa décision qu'après avoir entendu les parties sur l'incident civil, et si alors, dans son âme et conscience, il constate un fait comme base de la réparation, oh ! respectons son arrêt, respectons-le devant cette haute juridiction, comme nous y respectons toute déclaration émanant souverainement du juge du fait.

J'arrive, Messieurs, à la deuxième proposition du pourvoi, la contradiction sur le point de l'intention. Ici, la question est toute d'interprétation. Quels sont les deux termes du débat ? Le verdict, l'arrêt. Le verdict a dit : non coupable. Il y a énigme, énigme insoluble sur la matérialité ; il y a certitude sur l'exclusion de culpabilité, et, par conséquent, de volonté et d'intention. Ce qui est exclu par le verdict est-il retenu par l'arrêt ? Telle est la question.

Oui, me dit-on, l'arrêt contredit le verdict, en déclarant qu'Armand *a porté maladroitement un coup*. Ces mots, pris ensemble ou séparément, impliquent l'existence d'une volonté, et cela suffit pour qu'il y ait contradiction. Porter un coup, mais c'est de l'action, c'est le mouvement des organes poussés par la volonté... Non, porter un coup n'indique pas nécessairement la volonté de le porter. Le bon sens et la loi se réunissent pour me dire avec la clarté de l'évidence qu'on peut porter un coup sans le vouloir, et même à son plus grand regret. L'arrêt Sauvegrain, attaqué devant cette chambre en 1813, déclarait en propres termes que Sauvegrain a porté un coup de bâton sur la tête de

Pierre Morin. Et non-seulement le magistrat n'est pas répréhensible en se servant de telles expressions, j'ajoute qu'il ne peut faire autrement, qu'elles sont dans les nécessités des choses, car elles sont le moyen indispensable pour établir et justifier que la partie condamnée à la réparation est bien l'auteur du fait. Si l'arrêt, pour éviter jusqu'à l'ombre d'une déclaration de volonté, ne constatait pas la relation entre l'auteur et le fait, il tomberait dans un autre vice, vice réprimé par votre arrêt du 10 juillet 1862, où vous cassez une condamnation à fins civiles, fondée seulement sur cet unique motif que la mort de Saumeton était le résultat d'un fait involontaire et accidentel. Vous cassez, parce qu'il demeure incertain si la mort n'est pas le résultat d'un accident étranger à Braud. Donc, nécessité d'indiquer l'auteur du coup, de dire la main qui l'a porté.

Maladroitement; voilà le grand mot. Ce mot, dit l'adversaire, indique bien une volonté ; on est maladroit, on agit maladroitement, quand on fait mal ce que cependant on veut faire. Voici ma réponse : Examinons-nous la valeur intrinsèque, philosophique du mot, ou bien sa valeur juridique et usuelle ? J'examine les deux. L'adversaire y voit un sens de concomitance, un fait marchant avec la volonté, tandis que dans le coup par maladresse, c'est la maladresse qui est la cause, et la volonté est absente. La définition ou l'explication n'est pas exacte, même au point de vue philosophique, car on n'est pas maladroit que dans le cas seulement où l'on fait mal ce qu'on veut faire ; on l'est encore, on l'est surtout quand on fait autre chose que ce qu'on voudrait faire. Voilà un opérateur : il s'agit pour lui d'extraire une membrane qui couvre l'organe visuel ; en incisant la membrane, il donne un coup qui intéresse l'œil. Je dis que cet oculiste est un maladroit et qu'il a agi maladroitement.

Prenons un autre exemple, toujours emprunté, bien entendu, au domaine de l'hypothèse pure, car nous faisons ici de la terminologie, et s'il en résulte une application aux faits de la cause, elle se fera d'elle-même, sans nous et malgré nous. Pierre et Paul, deux amis, entretiennent une discussion politique. Par malheur, Pierre, qui a dans les mains une canne, un canif, une plume, dans la chaleur du débat et l'emportement du geste, blesse son ami; il en est au désespoir, c'est un maladroit, car il ne voulait que gesticuler, et appuyer sa parole par le geste. Supposons maintenant que Paul soit vis-à-vis de Pierre dans une condition d'infériorité sociale, telle que la domesticité. Pierre est bon, sa bonté, son esprit serviable, sa générosité sont connus, et ses bonnes qualités sont rehaussées par un fond de vivacité qui ne gâte rien, mais qui peut avoir des inconvénients. Il a à se plaindre de Paul. En vrai gentleman, il est incapable de frapper son inférieur, car si on a le malheur de frapper un homme, il faut mettre sa vie au bout de la violence. Mais dans la chaleur des reproches, il menace, et malheureusement un coup est porté qui dépasse sa volonté, et qui lui est absolument contraire. Je dis que Pierre est un maladroit, il ne voulait que menacer, effrayer, il a porté un coup. L'expression se concilie donc très-bien avec l'absence de volonté ; et si je ne me trompe, elle confirme encore cette absence, en qualifiant d'accidentel, de non intentionnel le coup qui a été porté.

Mais, soyons de bon compte; dans la pratique des affaires judiciaires, il faut rechercher autre chose que la valeur philosophique des mots. Quand nous avons à interpréter un mot, une clause ambiguë, susceptible de plusieurs sens, nous trouvons des règles marquées par le législateur et le bon sens. Ces règles sont, notamment, qu'il faut interpréter les expressions ambiguës les unes par les autres, rechercher l'intention plutôt que de s'arrêter au sens littéral, entendre la clause dans le sens de l'efficacité. Examinons le mot *litigieux* à la lueur de ces règles ; je trouve qu'il n'est pas seul dans l'arrêt ; il y est précédé par deux motifs qui ne permettent pas de douter que la Cour ne relève qu'un fait matériel, pur de toute volonté. Il suffit de lire ces deux motifs. Voilà donc le sens résultant de l'acte entier.

Au surplus, Messieurs, je vais vous faire faire l'interprétation par vous-mêmes, par vous, magistrats de la chambre criminelle. J'attaque à cette barre un arrêt qui condamne le nommé un tel pour avoir maladroitement porté un coup, aux peines graves du délit intentionnel. Et je vous dis :

Il n'y a pas de délit intentionnel sans volonté. L'arrêt, pour se justifier, devait constater la volonté. Vous casseriez sans hésiter; et s'il ne condamnait qu'aux peines de coup involontaire, vous maintiendriez l'arrêt malgré le pourvoi du ministère public. C'est qu'en effet, le mot *maladroitement*, dans un arrêt, doit s'entendre dans le sens exclusif de la volonté; c'est le sens légal, celui que lui donnent les articles 319 et 320 du Code pénal. Voilà notre interprétation toute faite; elle est obligée, d'autant plus obligée, que le maintien de l'arrêt est le principe; que pour que l'arrêt tombe, il faut qu'il ne puisse pas se concilier avec le verdict; et que pour qu'il vive, il suffit qu'il puisse se concilier avec ce verdict.

Messieurs, avant de quitter cette partie du débat, et pour être complet dans une cause qu'on fait si grande, je dois faire part à la Cour d'une considération très-vraie, mais à mes yeux subsidiaire. Je pourrais concéder à l'adversaire que l'arrêt a constaté une volonté, que la thèse du pourvoi n'en devrait pas moins être repoussée. La volonté qui constitue la criminalité est tout autre que cette volonté simple qui s'applique à la faute civile; juge souverain de la première, le jury demeure étranger à la seconde dont le magistrat civil est le souverain appréciateur. Le fait délictueux, comme l'a très-bien dit un éminent criminaliste, qui a le courage de ses doctrines, ouvre deux comptes contre son auteur, le compte de la réparation pénale, et celui de la réparation civile; on comprend, dès lors, que la volonté purgée au point de vue pénal et criminel reste à examiner sous ses divers aspects au point de vue civil. Je ne fais qu'indiquer cette doctrine; elle se produit sous l'autorité des plus grands noms; je pourrais citer Merlin, Mangin. Il me suffira de prouver qu'elle est conforme à votre jurisprudence.

Voici d'abord un arrêt récent de votre chambre civile, du 22 avril 1863, que je dois vous faire connaître. (L'avocat cite l'espèce et les motifs de l'arrêt.) Voilà donc le juge civil admettant le fait volontaire de l'incendie, à l'encontre du juge criminel, qui l'a écarté. Et cet arrêt n'est pas en contradiction avec votre arrêt dans l'affaire Souesme.

Dans l'affaire Souesme, la Cour d'assises se mettait nettement en contradiction avec le verdict, comme vous l'avez jugé; elle reprenait le fait volontaire sous le rapport même de la criminalité; mais précisément l'arrêt aujourd'hui attaqué exclut positivement ce rapport de *criminalité*, par les motifs, les expressions dont il se sert, et celles dont il ne se sert pas, car il n'emploie pas le mot *volontairement*. Dès lors, toute contradiction est impossible. Mais je puis encore, sur ce point, invoquer votre propre jurisprudence, consacrée dans l'arrêt Hollander (19 novembre 1841), sur lequel j'appelle toute votre attention.

M° de Saint-Malo cite cet arrêt.

J'aurai peu de chose à dire, Messieurs, ajoute l'avocat, sur le deuxième moyen. Il est qualifié d'excès de pouvoirs, d'empiétement sur les attributions du jury, en ce que le coup involontaire étant un délit, se rattachant à l'accusation, ressortant des débats, la Cour d'assises, jugeant civilement, ne pouvait dans aucun cas en connaître.

Sur ce terrain, on abandonne le système de la contradiction. Et comment y aurait-il contradiction, puisque la question de coup involontaire n'est pas posée? A quoi dès lors se réduit le reproche? Il fallait, la Cour devait poser la question. On en parle à son aise. Je dis que la Cour n'était pas tenue de la poser; il me suffit pour cela de rappeler les articles 338, 339 et 340 du Code d'instruction criminelle, lesquels n'imposent au magistrat que de poser les questions de circonstances aggravantes et d'excuse légale, mais nullement les questions modificatives du crime ou du délit. Votre jurisprudence est constante sur ce point; je me borne à invoquer l'arrêt des Chambres réunies du 25 novembre 1841 et celui du 9 novembre 1848. Il s'agit là d'un pouvoir dont l'exercice est laissé à la sagesse, à la conscience de la Cour d'assises, et dont il n'est pas permis de lui demander compte. Sur ce point encore j'invoque l'arrêt Hollander. Ce système, dit-on, porte atteinte à la défense. Erreur; la liberté de la défense est entière devant le juge civil. On en a usé dans l'incident porté devant la Cour.

Le système subsidiaire du pourvoi aurait un autre inconvénient, qu'il faut signaler : il serait la négation de votre jurisprudence sur l'application de la maxime *non bis in idem*, jurisprudence d'après laquelle le prévenu acquitté ou criminel peut être repris au correctionnel pour le même fait, qualifié différemment, et dépouillé de ses caractères de criminalité. On a discuté beaucoup sur cette question. Vous l'avez tranchée, définitivement tranchée par votre arrêt des chambres réunies, du 25 novembre 1841. Voilà donc l'accusé qui peut être repris correctionnellement, à plus forte raison peut-il l'être pour coup involontaire, à plus forte raison encore peut-il l'être devant le juge civil, pour y répondre de la faute civile.

Reste une dernière considération proposée par le pourvoi : l'arrêt, dit le pourvoi, aurait dû, dans ses motifs, constater la faute civile, abstraction faite du fait délictueux. Je réponds que l'arrêt constate la faute civile clairement, et abstraction faite du délit.

Outre la jurisprudence déjà invoquée, j'ajoute que cette doctrine de l'adversaire mènerait à l'impossibilité d'obtenir une réparation civile, quand le fait dommageable serait un crime ou un délit, et que le ministère public, par des motifs dont il est juge, resterait dans l'inaction.

Il n'y a donc ici qu'une faute : c'est le dernier mot de l'arrêt, et ce sera aussi le mien, une faute donnant lieu à une réparation d'argent. Loin de moi la pensée qu'Armand, en soutenant son pourvoi, n'ait voulu soutenir qu'une question d'argent. Je rends hommage à la pensée qui a motivé le pourvoi. Il y a, dans la lutte de l'homme qui croit son honneur entaché par un arrêt, un sentiment qu'il faut honorer et respecter. M. Armand se trompe, il entend mal l'arrêt qu'il attaque. Le verdict a proclamé son innocence ; l'arrêt attaqué laisse son honneur intact ; vous le lui direz encore, en lui faisant connaître le vrai sens de l'arrêt, et en rejetant son pourvoi.

La parole est à M. l'Avocat général Charrins pour ses conclusions. Il s'exprime en ces termes :

MESSIEURS,

Il était bon que ce procès vînt devant vous. Le public avait besoin de cette épreuve, et l'aspect inaccoutumé de votre audience le témoigne assez. Toutefois, il ne faudrait pas se méprendre sur le sens de ce débat ni s'en exagérer les conséquences ; et tel est peut-être le danger aujourd'hui. Pendant que les hommes éclairés, les jurisconsultes n'en attendent que la solution de quelques-unes des questions les plus délicates et les plus importantes du droit criminel, de celles qui touchent aux garanties judiciaires résultant de l'ordre des juridictions, d'autres, et c'est le grand nombre, lui demandent des résultats qu'il ne saurait produire. Beaucoup de personnes qui ont une opinion sur cette affaire sans en bien connaître les éléments, qui, en ce moment peut-être, condamnent l'arrêt de la Cour d'assises d'Aix sans être en état de comprendre les motifs qui peuvent le justifier devant vous, s'imaginent que de vos délibérations va jaillir la lumière sur le fait mystérieux dont se préoccupe l'opinion ; et qu'on saura enfin, après votre arrêt, qui a rencontré la vérité dans cette affaire : du Jury qui a déclaré Armand non coupable, ou de la Cour d'assises qui l'a condamné à des dommages-intérêts.

Ceux-là se trompent : de votre arrêt il ne peut rien sortir de semblable. Il ne s'agit plus ici de la querelle qui a passionné Aix et Montpellier ; du maître et du domestique, ou, comme on disait hier, *du riche et du pauvre* ; il ne s'agit même plus, à proprement parler, d'Armand et de Maurice Roux, mais d'un problème de droit dont ils sont les deux termes ; et, quelle que soit, encore un coup, votre décision, elle n'aura pas même effleuré un point de fait dont il nous est interdit de nous préoccuper ici.

Ce qu'il convient d'ajouter sur-le-champ pour poser les principes dans cette discussion, c'est que, en pareille circonstance, un Jury et une Cour d'assises, quoique paraissant se contredire l'un l'autre, peuvent avoir l'un et l'autre raison ; et la contradiction apparente des deux sentences s'explique par cette raison très-simple qu'elles portent sur des objets différents.

Tout acte criminel, en effet, est susceptible d'engager deux intérêts distincts, d'où naissent deux actions également distinctes : un intérêt général, social, qui repose sur le Ministère public et peut aboutir à une répression ; un intérêt privé, celui de quiconque a reçu préjudice d'un délit, et qui se résout en dommages.

Ces deux intérêts peuvent exister et obtenir satisfaction ensemble ou isolément.

Ainsi un accusé est déclaré coupable de meurtre : la Cour lui inflige la peine prescrite par la loi ; et immédiatement elle peut, sur les conclusions de la partie civile, lui imposer une réparation pécuniaire envers la famille de l'homme qu'il a tué.

Au contraire l'accusé a été déclaré non coupable par le Jury. *Non coupable*, que signifie ce mot ? Il signifie, dans le sens strictement légal, qu'il n'y a pas eu, comme le prétendait l'accusation, homicide volontaire ; que l'intention, la volonté de tuer, constitutives de crime, étaient absentes. Mais, abstraction faite de cet élément moral, il peut rester un fait purement matériel, résultat de l'imprudence, de la négligence, d'une faute quelconque et dont l'auteur est responsable au point de vue du préjudice causé.

Dès lors commence pour la Cour d'assises une nouvelle mission qui n'appartient qu'à elle seule.

Je dis, une nouvelle mission ; car elle en avait une autre qu'elle vient d'épuiser avec le Juge du fait criminel. — Quelque confiance que le législateur ait montrée envers le Jury, il a compris qu'il y aurait un grave danger à l'abandonner à lui-même. A côté et au-dessus de lui, il a placé des magistrats chargés de surveiller, de diriger sa marche, de prévenir ou de réparer ses erreurs. Le Jury, en effet, n'est pas seul à délibérer sur le sort des accusés ; à tous les instants un pouvoir supérieur contrôle le sien. Non-seulement si, dans le cours du débat, quelqu'un de ses membres a manifesté une impression trop vive d'où l'on puisse induire une opinion prématurée, il peut être dessaisi de la cause ; mais si, au moment où il vient de rendre solennellement un verdict de culpabilité, la Cour est convaincue qu'il s'est trompé, elle peut annuler le verdict et renvoyer le jugement de l'affaire à une autre session.

Voilà quelques-unes de ses attributions au criminel. Pour le jugement de l'action civile, la Cour d'assises est seule et souveraine. Elle connaît la procédure, elle a suivi le débat, elle est éminemment compétente, et sur cette question des dommages, son droit d'appréciation, au point de vue du fait, est illimité. En un mot, elle est un véritable *Jury civil*.

Pour tous ceux qui ne sont pas en commerce habituel avec la loi, il semble, je le répète, qu'il y ait là un antagonisme d'attributions judiciaires, et il faut un certain effort de réflexion pour arriver à comprendre que les conséquences d'un même fait puissent motiver des décisions aussi divergentes. Rien de plus simple cependant, et c'est l'application presque textuelle de l'article 358 du Code d'instruction criminelle.

On en citait tout à l'heure un exemple saillant, tiré d'une espèce que la Cour nous permettra de placer en entier sous ses yeux, car on y trouve, comme dans la cause actuelle, un individu acquitté sur l'accusation de coups et blessures volontaires, et immédiatement condamné, sur le même fait, à des dommages-intérêts pour coups et blessures. L'arrêt, à la date du 25 mars 1813, fut rendu sur les conclusions de M. Merlin, qui le rapporte en ces termes dans son Répertoire, v° *Réparation civile :*

« Le 30 janvier 1813, le Procureur général de la Cour d'appel de Caen, d'après un arrêt de cette Cour du 22 du même mois, dresse un acte d'accusation dont le résumé porte « que Louis Sauvegrain est accusé d'avoir, le 10 septembre dernier, porté des coups sur la tête de Pierre Morin, et qu'il est résulté de cet acte de violence une incapacité de travail personnel pendant plus de vingt jours. »

« Le 25 mars suivant, Louis Sauvegrain est mis en jugement, sur cet acte d'accusation, devant la Cour d'assises du département de la Manche.

« Pierre Morin se présente aux débats par le ministère d'un fondé de pouvoir, déclare se rendre partie civile au procès, et conclut à ce que Louis Sauvegrain soit condamné à lui payer 6,000 francs de dommages-intérêts.

« Les débats terminés, le Président pose ainsi la question sur laquelle le jury doit délibérer :

« L'accusé Louis Sauvegrain est-il coupable d'avoir, le 10 septembre dernier, porté des coups sur « la tête de Pierre Morin ; et est-il constant qu'il est résulté de ces actes de violence une incapacité « de travail personnel pendant plus de vingt jours, avec toutes les circonstances comprises dans « le résumé de l'accusation ? »

Le jury répond : « Non, l'accusé n'est pas coupable. »

En conséquence, le Président rend une ordonnance qui déclare « Louis Sauvegrain acquitté de l'accusation, etc. »

Mais sur la demande en dommages-intérêts, la Cour :

« Considérant, en droit, qu'il est de principe rigoureux, consacré par l'art. 1382 du Code civil, que toute personne est responsable des pertes et dommages-intérêts qu'elle cause par son fait à autrui.

« La Cour dit à tort la fin de non-recevoir proposée par Louis Sauvegrain, contre la demande en dommages-intérêts formée par Pierre Morin...

« Au principal, considérant qu'il est constant au procès, notamment par les dépositions écrites des témoins, que, sans cause légitime, Louis Sauvegrain a porté un coup de bâton, ou autre instrument contondant, sur la tête de Pierre Morin, qui lui a fait répandre beaucoup de sang ; qu'à la suite de ce coup, ledit Morin a perdu deux fois connaissance, et qu'il est résulté, pour lui, une incapacité de travail au moins de plusieurs jours ; que la Justice doit s'empresser de réprimer des actes de violence de cette nature...

« La Cour condamne, » etc., etc.

Pourvoi de la part de Sauvegrain. Mais la Cour, conformément aux conclusions du Procureur général :

« Attendu que desdits art. 358, 359 et 366, il résulte textuellement que les Cours d'assises sont investies du droit de statuer sur les demandes en dommages-intérêts qui peuvent avoir été formées par la partie civile, contre un accusé acquitté, conformément à la première disposition dudit art. 358 ; que cette première disposition dudit article se réfère nécessairement à l'art. 337 ; qu'elle suppose donc une ordonnance d'acquittement prononcée sur une déclaration de non-culpabilité, rendue d'une manière indéterminée, ainsi que le veut la loi, et qui, confondant le fait matériel avec le fait moral, ne peut pas être appliquée plus à l'un qu'à l'autre ; que la déclaration du fait étant néanmoins un élément nécessaire de la délibération sur les dommages-intérêts réclamés par la partie civile, il s'ensuit qu'en accordant, dans le susdit cas d'acquittement, aux Cours d'assises le droit de statuer sur les dommages-intérêts, la loi a nécessairement investi ces Cours du droit de prononcer sur le fait matériel dont la décision ne peut pas être prise dans une déclaration de non-culpabilité rendue par le Jury, d'une manière vague et générale.

« Et attendu que, dans l'espèce, Louis Sauvegrain avait été acquitté par une ordonnance rendue sur une déclaration du Jury qui, conçue dans la forme ordonnée par les art. 337 et 345 du Code d'instruction criminelle, avait prononcé qu'il était non coupable ; que cette déclaration laissait incertain si le Jury s'y était décidé d'après la moralité ou d'après la matérialité du fait de l'accusation ; qu'il n'en résultait pas conséquemment que Sauvegrain ne fût pas l'auteur des violences qui avaient blessé Pierre Morin ; que la Cour d'assises du département de la Manche, autorisée par la loi à prononcer sur les dommages-intérêts demandés par la partie civile, était donc aussi autorisée à juger d'après la conviction que lui avaient laissée les débats ; que Sauvegrain avait commis des violences qui avaient constitué le fait matériel de l'accusation portée contre lui ; qu'en jugeant ce fait et en condamnant par suite ledit Sauvegrain en 1,000 francs de dommages-intérêts envers Morin, cette Cour s'est conformée aux attributions que lui donnait la loi ;

« Par ces motifs, la Cour rejette, » etc.

Telle est votre jurisprudence constante, et vous la confirmez chaque jour dans des conditions où la distinction entre l'intention et le fait semble bien plus difficile à établir.

En matière de duel, par exemple. Un homme a donné la mort à son adversaire ; il est traduit aux assises, et le Jury prononce qu'il n'est pas coupable de meurtre. Certes, il est difficile de soutenir qu'il a donné la mort sans intention, et que le verdict négatif de la culpabilité ne couvre pas tout ensemble la volonté et le fait matériel lui-même. On comprendrait, en pareil cas surtout, que l'homme ainsi acquitté vînt dire : « Si le Jury, dans son omnipotence, m'a déclaré non coupable, je ne le suis à aucun degré ; je suis lavé de tout reproche, et on ne saurait désormais trouver de base légale vis-à-vis de moi même pour une condamnation pécuniaire. »

C'est là un moyen qu'on n'essaye pas même de soulever devant vous, et personne ne conteste que la Cour d'assises puisse accorder des dommages-intérêts à la veuve et aux enfants de la victime.

Cette distinction, vous l'avez consacrée encore en matière d'attentat à la pudeur, dans un arrêt à la date du 12 novembre 1846, au rapport de M. Brière-Valigny, et sur les conclusions de M. l'Avocat général Nicias Gaillard :

« Sur le premier moyen, proposé sur la barre et tiré de ce que le demandeur aurait été condamné par la Cour d'assises à des dommages-intérêts envers la partie civile, pour d'autres faits que ceux sur lesquels avaient porté les débats :

« Attendu qu'il résulte de l'arrêt attaqué que les faits sur lesquels a prononcé la Cour d'assises sont les mêmes faits qui avaient été soumis à l'appréciation du Jury ; que le Jury, n'ayant à examiner ces faits que relativement à la culpabilité de l'accusé, a pu déclarer celui-ci non coupable sans qu'il en résultât aucun préjugé sur l'existence matérielle de ces mêmes faits et sur le préjudice qu'ils avaient pu occasionner à la partie civile ; que dès lors, et conformément à l'article 366 du Code d'instruction criminelle, la Cour d'assises, statuant sur les conclusions de la partie civile, a pu et dû prononcer sur les dommages-intérêts réclamés ;

« Qu'en le faisant elle n'a commis aucune violation de la loi ;

« Sur le second moyen, également proposé sur la barre et tiré de ce que la décision négative du jury, sur une question d'attentat à la pudeur, met obstacle à ce que la Cour d'assises examine les faits objets de cette accusation, sous le rapport de leur existence matérielle et du préjudice qui en est résulté pour la partie civile ;

« Attendu que l'article 366 du Code d'instruction criminelle est conçu en termes généraux ; qu'il autorise la Cour d'assises, après que le Jury a prononcé sur l'accusation et quel qu'ait été le résultat de sa déclaration, *absolution*, *acquittement* ou *condamnation*, à statuer sur les dommages-intérêts prétendus par la partie civile ou par l'accusé ;

« Que les faits d'attentat à la pudeur, comme tous les autres faits matériels, peuvent être appréciés par le Jury sous le rapport de la culpabilité de l'accusé, et ensuite par la Cour d'assises sous le rapport du dommage qu'ils ont causé et de l'application des règles du droit civil sur les quasi-délits ;

« Qu'en procédant à cette appréciation, la Cour d'assises ne commet aucune violation de la loi, mais exerce un pouvoir qui lui est expressément conféré par l'art. 366 précité ;

« Rejette, » etc., etc.

Pour qu'il y ait contradiction, inconciliabilité entre les deux décisions, il faut que la Cour d'assises affirme précisément ce que le Jury avait nié, ou qu'elle nie ce que le Jury avait affirmé. Il faut, comme dans l'hypothèse de l'arrêt *Souesme*, par exemple, qu'en présence d'un verdict qui déclare l'accusé non coupable de coups et blessures volontaires, la Cour le condamne à des dommages-intérêts pour avoir, *volontairement et hors le cas de légitime défense* (ce qui implique forcément la culpabilité), porté des coups et fait des blessures; ou bien encore, il faut, quand la matérialité d'un fait résulte du verdict, que la Cour en conteste l'existence.

On soutient, à l'appui du pourvoi, que tel serait le cas ici.

« Supposer, a-t-on dit, que le verdict du jury d'Aix ait laissé subsister l'ombre d'une matérialité « dans cette accusation, c'est porter un défi à la raison et aux souvenirs de tous. De quoi s'a- « gissait-il, et qu'était-ce que cette accusation? C'était tout un drame, dont le coup porté à « Roux n'était qu'un incident. En effet, c'est après l'avoir frappé, étourdi, couché sans mouvement « sur le sol par ce coup meurtrier, qu'Armand l'aurait saisi, lié, garrotté aux jambes, aux poi- « gnets, aux trois quarts étranglé, et l'aurait abandonné râlant l'agonie dans cette cave fermée « à clef. Voilà ce qui résultait de l'arrêt de renvoi et de l'acte d'accusation, voilà de quoi se « composait la tentative d'homicide volontaire. Et on n'en peut rien rabattre; il faut tout ac- « cepter ou tout répudier. Si Armand a frappé dans ces conditions, il a frappé intentionnellement; « il est coupable. Mais le Jury a déclaré qu'il n'était pas coupable; alors c'est qu'il n'a pas frappé; « la non-culpabilité exclut virtuellement le fait matériel; et la Cour d'assises n'a pu affirmer « ce fait nu et isolé sans se heurter à la chose jugée par le verdict. »

Si la loi vous permettait de saisir une affaire, non-seulement dans son résultat juridique, mais encore dans tous ses éléments, même ceux du fait, d'interroger l'instruction écrite, la procédure verbale qui s'est déroulée devant une Cour d'assises, bien plus, les motifs même du verdict, je concevrais cette théorie; mais pouvez-vous aller jusque-là?

Une première question se présente :

Qu'est-ce qui constitue la chose jugée, et d'où résulte-t-elle?

De la décision qui est intervenue.

Or, ici, la décision, c'est le verdict du Jury.

Sur quoi a-t-on interrogé le Jury, et sur quoi a-t-il répondu?

On lui a demandé, au principal : *Si Armand était coupable d'une tentative d'homicide volontaire*,

Et subsidiairement, question résultant du débat: *S'il était coupable d'avoir volontairement porté un coup et fait une blessure à Maurice Roux.*

Sur l'une et l'autre question, le Jury a répondu : *Non.* Voilà son verdict, voilà la décision.

Mais, dit-on, les questions n'étaient que le résumé de l'arrêt de renvoi et de l'acte d'accusation; et ces deux documents eux-mêmes résumaient une procédure établissant des faits multiples, complexes et indivisibles, qui constituaient le prétendu crime.

Des faits multiples, je le veux bien. — Des faits *indivisibles*, c'est autre chose, et voici le point de la difficulté.

Que cette indivisibilité résultât de l'instruction écrite; qu'elle ait paru certaine aux magistrats qui ont rendu l'arrêt de renvoi et dressé l'acte d'accusation, soit; mais qu'elle ait subsisté jusqu'au bout, qu'elle ait présenté la même évidence au Jury et lui ait dicté son verdict, c'est là ce qu'il faudrait établir; et c'est ce qu'il n'est pas possible ni même permis d'établir.

Comment nier, en effet, ces transformations judiciaires qui altèrent profondément ou même effacent tout à fait le corps d'accusation le plus solidement édifié?

Ici, par exemple, il est bien évident que la prétendue indivisibilité n'existait déjà plus pour le Président des assises quand il a cru devoir interroger, à tout événement, sur le fait possible d'un seul coup et d'une seule violence.

Or, si telle a été l'impression de la procédure verbale sur le Magistrat, qui nous dira l'impression qu'en a reçue le Jury? Qui nous dira s'il n'a pas, lui aussi, rompu le faisceau de cette indivisibilité prétendue et bouleversé dans son esprit tout le système de l'accusation; si ces faits qu'on lui donnait comme l'œuvre de la même main, il ne les a pas attribués à des mains différentes, admettant ceux-ci comme réels, repoussant ceux-là comme imaginaires, ou même les balayant tous à la fois et sans distinction dans une même pensée d'incrédulité? Qui nous dira s'il a acquitté Armand parce qu'il a accepté l'alibi qu'invoquait la défense, et non pas plutôt parce que, dans sa conviction, Armand était moralement et matériellement innocent des ligatures, de la strangulation, des violences accessoires; innocent même de toute atteinte volontaire, et parce qu'il n'y avait à lui reprocher qu'un coup indépendant de sa volonté?

On se récrie, on maintient que cela est impossible. Impossible! J'ai longtemps manié les affaires criminelles, et je trouve ce mot bien hardi. Je le trouve bien hardi dans une affaire ténébreuse, autour de laquelle la curiosité publique s'agite et se tourmente encore, et qu'elle ne pénétrera peut-être jamais. Impossible! Est-ce que nous étions à l'audience? Avons-nous entendu les témoins qui, seuls, doivent décider la conscience du juge? Étions-nous là quand on a mis en face l'un de l'autre ces deux hommes, dont la confrontation a tenu pendant une heure la foule haletante, dévorant leur attitude et leurs paroles, épiant chaque mouvement, un cri, un geste, un regard, pour y saisir l'éclair de la vérité?

Et quand nous saurions tout cela pour l'avoir vu, savons-nous, encore un coup, l'impression qu'en ont reçue les Jurés et les suppositions qui ont surgi en eux? Peut-on le leur demander, à eux qui ne doivent compte à personne des motifs de leur décision, pas plus que de leur décision même? Appartient-il à quelqu'un de jeter la sonde dans la conscience de ces hommes?

Je ne supposais pas qu'on oserait l'essayer, et j'avoue que j'ai éprouvé hier un inexprimable étonnement en entendant l'organe du demandeur discuter avec assurance les causes probables de ce verdict, vous dire qu'on ne pouvait l'expliquer que par trois hypothèses, et les essayer tour à tour, et même en faire un texte de spirituelles plaisanteries qui ont égayé l'auditoire.

En entendant ces choses, je me demandais s'il était possible de mettre plus complétement en oubli les principes de la loi. Comment! la loi défend au Jury de motiver ses verdicts; elle le lui défend d'une manière tellement péremptoire et absolue, qu'un arrêt de condamnation qui serait intervenu sur un verdict motivé, vous le frapperiez à l'instant; et devant vous, en pleine cassation, on s'introduit dans la délibération du Jury, on s'efforce de la dévoiler, et on dit : « Le verdict n'est explicable que par trois hypothèses ! »

Trois hypothèses, dites-vous? Il y en a peut-être vingt, peut-être trente dont nous ne nous doutons pas. Mais, quelles qu'elles soient, ces suppositions, ces recherches, sont interdites; et le secret absolu en cette matière est une des conditions du respect légal qui protége l'institution du Jury. Qu'on ait acquitté pour tel motif ou pour tel autre, il n'y a et il ne peut y avoir pour nous qu'une chose certaine, c'est la *non-culpabilité*: voilà *la chose jugée*. — Et comme, à la différence du Code de brumaire, notre loi actuelle ne décompose pas les éléments de la criminalité; comme, après avoir demandé si l'accusé est coupable du fait, elle ne demande pas, par une sorte de dégradation successive, si du moins il n'en est pas matériellement l'auteur, s'il ne subsiste enfin aucune circonstance de nature à lui imposer une responsabilité, il en résulte que, lorsque la matérialité n'a pas été nécessairement déclarée par le verdict, elle en est indépendante, elle appartient souverainement au juge civil, qui peut en faire la base de réparations pécuniaires, sans qu'on soit fondé à lui reprocher aucune contradiction ni aucune espèce d'atteinte au principe de l'autorité de la chose jugée.

Et maintenant, pour compléter la démonstration, rapprochons du verdict l'arrêt de la Cour d'assises.

Qu'a fait la Cour d'assises d'Aix? A-t-elle dit, comme dans l'affaire *Souesme*, que l'accusé avait volontairement, et hors le cas de légitime défense, porté des coups et fait des blessures? — A-t-elle même seulement, comme dans l'espèce où avait conclu M. Merlin, a-t-elle prononcé qu'il avait porté des coups et fait des blessures, en se contentant d'écarter le mot *volontairement?*

Tant s'en faut. Elle a épuisé les précautions, tant elle avait à cœur d'éviter jusqu'à l'apparence d'une contradiction, afin que personne ne pût lui prêter la pensée d'une lutte avec le Jury.

M. l'Avocat général relit l'arrêt de la Cour d'assises d'Aix, et continue :

Voilà, Armand n'a pas frappé son domestique *volontairement*; il l'a atteint d'un coup porté *maladroitement*; mais il n'y en a pas moins eu de sa part une faute qu'il doit réparer.

Vaine précaution ; la Cour reconnaît que Armand a *porté un coup*; et porter un coup, cela, dit le pourvoi, signifie diriger un coup, adresser un coup; un tel mot implique spontanéité, intention.

L'adverbe *maladroitement* viendrait corroborer cette interprétation. Faire une chose maladroitement, ce n'est pas la faire *par maladresse*, mais *avec maladresse*, ce qui est tout différent ; c'est la faire mal quand on voulait la faire bien, mais on voulait toujours la faire.

Messieurs, je ne veux pas trop défendre ce malencontreux adverbe, ni me lancer à mon tour dans une dissertation terminologique qui rappellerait un peu trop les beaux jours de l'hôtel Rambouillet, mais je ne refuse pas de discuter un instant ce système.

Porter un coup, dit-on, c'est diriger un coup, c'est frapper intentionnellement. — La loi me paraît dire le contraire, et votre jurisprudence dit comme la loi.

Quand il s'est agi de formuler un texte sur lequel devaient se décider des questions de vie ou de mort, la loi ne s'est pas contentée des définitions académiques ; elle ne parlait pas seulement pour les lettrés, mais aussi bien pour le dernier paysan du Jury, et surtout pour celui-là. Aussi a-t-elle mieux aimé une redondance qu'une équivoque ; et parce que la volonté est l'élément essentiel de la criminalité, elle l'a marquée par le mot qui l'exprime avec une suprême exactitude et qui en est devenu le signe légal et nécessaire.

On a invoqué les articles 309 et 319 du Code pénal, sans s'apercevoir que l'argument renversait le système.

« Art. 309. — Sera puni de la réclusion tout individu qui, volontairement, aura fait des blessures ou porté des coups, s'il est résulté de ces sortes de violence une maladie ou incapacité de travail personnel pendant plus de vingt jours. — Si les coups portés ou blessures faites volontairement, mais sans intention de donner la mort, l'ont pourtant occasionnée, le coupable sera puni de la peine des travaux forcés à temps. »

Vous le voyez ; pour exprimer le délit, la loi ne s'est pas bornée à dire : *porté des coups*, ce qui suffirait selon la thèse du pourvoi, elle a ajouté : *volontairement*.

« Art. 319. — Quiconque, par maladresse, imprudence, inattention, négligence, ou inobservation des règlements, aura commis involontairement un homicide, ou en aura involontairement été la cause, sera puni d'un emprisonnement de trois mois à deux ans, et d'une amende de cinquante francs à six cents francs. »

Certes, c'est bien ici qu'un grammairien pourrait trouver à redire. Une *maladresse*, une *imprudence* commise *involontairement !*

Mais, aurait-on pu dire au législateur : concevez-vous une *imprudence involontaire*, une *inattention involontaire;* est-ce que ces choses ne sont pas, par elles-mêmes, exclusives de la volonté?

Le législateur le savait bien ; mais il a commis résolûment le pléonasme ; et votre jurisprudence l'a consacré, car, dans les questions qu'on pose au Jury, on ne se contente pas de demander si l'accusé est coupable d'avoir homicidé ou frappé, mais de l'avoir fait *volontairement*. Et si ce mot manque, vous cassez ; vous cassez alors même qu'il y aurait eu, non pas un coup, mais *plusieurs coups* portés, ce qui est passablement intentionnel cependant.

Vous l'avez décidé dans un arrêt du 22 novembre 1841 (*Bulletin criminel*, page 574) :

« Vu l'article 309 du Code pénal portant :

« Sera puni de la réclusion tout individu qui, *volontairement*, aura fait des blessures ou porté
« des coups, s'il est résulté de ces sortes de violences une maladie ou incapacité de travail de
« plus de vingt jours. »

« Attendu que la volonté est une circonstance élémentaire et constitutive du crime prévu par cet article; que la circonstance de pluralité dans les coups portés peut d'autant moins être considérée comme suppléant à l'expression de la *volonté*, dans la déclaration du Jury, que la loi ne s'en est pas contenté, et a voulu, de plus, que le Jury fût consulté sur la volonté qui a dirigé l'accusé ;

« Et attendu que, dans l'espèce, le Président des assises a omis de consulter le Jury sur cette circonstance, qui résultait de l'arrêt de renvoi, et du résumé de l'acte d'accusation ; que le Jury n'a donc pas été consulté, et n'a pas répondu sur l'existence de la volonté dans la perpétration des coups et blessures ;

« Attendu, dès lors, que la condamnation prononcée contre le demandeur manque de base légale ;

« Par ces motifs, la Cour casse et annule la question posée au Jury sur, » etc., etc.

L'application se fait d'elle-même. La Cour d'Aix, par cela seul qu'elle a dit qu'un coup avait été porté, n'a pas dit qu'il avait été volontaire.

Cela suffisait, mais elle a craint que cela ne suffît pas : elle est allée plus loin, elle a ajouté le mot *maladroitement*. Et on part de là pour lui faire dire exactement le contraire de ce qu'elle a voulu dire.

Rien ne prouve mieux combien la loi a été prévoyante et sage dans son excès de précaution ; rien ne le prouve mieux que de voir des hommes éclairés, habitués à peser le sens et la valeur juridique des termes, tomber dans ces erreurs de langage. Le mot a été mal choisi, qui en doute ? Mais n'est-il pas évident, pour quiconque lira l'arrêt sans idée préconçue, sans parti pris, qu'on a employé ce mot *maladroitement*, par opposition, par contraste au mot *volontairement* dont s'était servi le Jury, et que l'expression a trahi la pensée ? Est-il d'une interprétation large et raisonnable, comme celle que vous pratiquez chaque jour, d'éparpiller, d'émietter en quelque sorte un arrêt pour en trouver le sens, et n'est-ce pas au contraire à l'ensemble des éléments qui le composent qu'on doit demander sa signification ? Si vous adoptiez le principe de casser pour un terme impropre ou mal choisi, certes les cassations seraient fréquentes. Nous ne pensons pas, quant à nous, qu'il y ait lieu de déployer une telle rigueur plutôt aujourd'hui qu'hier ou que demain, dans vingt circonstances semblables. Nous plaçons la décision sous vos yeux ; la Cour la lira dans sa sagesse, et nous n'avons rien à dire de plus sur ce point de la discussion.

On reproche à l'arrêt de n'être pas suffisamment motivé. Il parle d'un coup *qui peut être imputé à faute*. Ce n'est là, dit-on, qu'une possibilité, ce n'est pas une affirmation, et la condamnation manque de base juridique.

Je me bornerai à répéter l'observation précédente, savoir, qu'il faut s'attacher non à un mot pris isolément, mais à la pensée générale ; et, quand cette pensée se révèle clairement, vous faites bon marché d'une irrégularité de rédaction. Or, dire qu'un coup a été porté pouvant être imputé à faute, c'est assez dire qu'il y a eu faute.

Et cela même n'était pas nécessaire, car vous avez jugé le 27 novembre 1857 (*Bulletin*, p. 599) qu'il suffisait, en pareil cas, qu'un arrêt articulât nettement, comme motif de condamnation, cette circonstance : « *qu'il résulte des documents de la cause que l'accusé acquitté a causé à la partie civile un préjudice dont il lui doit réparation.* »

Quant à l'arrêt *Brand*, rendu le 10 juillet 1862 (*Bull.*, p. 285), il ne saurait être utilement invoqué ici. Dans l'hypothèse de cet arrêt, la Cour d'assises, après acquittement, avait condamné à des dommages, en disant simplement que, « si l'homicide n'avait pas été volontaire, il avait du moins « été le résultat d'un fait involontaire et accidentel, entraînant responsabilité civile. »

L'arrêt se contentait de constater et de qualifier le fait dommageable, sans en indiquer l'auteur, en sorte que ce pouvait à la rigueur être toute autre personne que l'accusé : dès lors la condamnation manquait d'un élément essentiel. Mais ceci n'a rien de commun avec l'espèce présente.

Le dernier moyen proposé se présente sous un aspect plus spécieux. Il consiste à prétendre que la Cour d'Aix a commis un excès de pouvoir. — Affirmant qu'un coup porté aurait occasionné une incapacité de travail, elle a déclaré, à la charge d'Armand, un véritable délit, prévu par l'article 311 du Code pénal. En cela elle a empiété sur les attributions du Jury.

Tout à l'heure on trouvait que l'arrêt n'était pas assez motivé, à présent on trouve qu'il l'est trop. Pourtant, si l'on admet qu'une Cour d'assises a compétence pour accorder des dommages-intérêts nonobstant acquittement sur l'accusation d'homicide ou de coups et blessures volontaires, quelle formule veut-on qu'elle emploie ?

Si elle se borne à dire qu'il y a eu un fait involontaire d'où est résulté un préjudice, on se récrie : « Cela ne suffit pas, la décision manque de motifs. »

Si la Cour caractérise le fait par ses conséquences, afin de justifier les dommages alloués, on se récrie encore : « C'est là affirmer un délit ! » — Au milieu de tous ces écueils, on ne voit plus où poser le pied, et la conséquence la plus sûre de tout ceci, c'est que l'article 358 du Code d'instruction criminelle deviendrait d'une application à peu près impossible.

Eh bien ! sur ce point encore nous pensons qu'il faut poser une distinction bien simple.

On est entièrement dans le vrai quand on dit qu'une Cour d'assises ne peut déclarer un accusé coupable d'un délit ; et si elle le fait, *au point de vue criminel*, il est certain qu'elle commet une illégalité. M. Merlin, dans l'endroit précité, nous en donne un exemple.

Plusieurs individus avaient été traduits devant la Cour d'assises de la Haute-Garonne comme accusés de viol. Le Jury prononça qu'ils n'étaient pas coupables. Mais la Cour, s'emparant de quelques circonstances accessoires de brutalité qui avaient accompagné le fait qualifié crime, décida, sans aucune assistance ni participation quelconque du Jury, que les accusés avaient commis le délit de violence et voies de fait, et, séance tenante, les condamna à cinq ans de prison et 500 fr. d'amende. C'était une énormité judiciaire, et il va sans dire que l'arrêt fut cassé.

Mais quand une Cour d'assises, statuant sur l'action civile, jugeant exclusivement au point de vue civil, par application de l'article 1382 du Code Napoléon, établit les circonstances constitutives du fait préjudiciable duquel elle accorde réparation, peut-on dire, quelles que soient ces circonstances, qu'elle déclare un délit ?

Il faut prendre garde que le juge se trouve parfois dans la nécessité, s'il veut motiver sa sentence, de constater des faits essentiellement délictueux. J'en trouve la preuve dans un de vos arrêts qu'on a cités ; il est à la date du 26 décembre 1863 :

« Attendu que de la déclaration du Jury, portant que l'accusé n'est pas coupable, il résulte seulement qu'il n'a commis aucun crime pouvant tomber sous l'application de la loi pénale ; mais que, en l'absence de tous motifs exprimés, on ne saurait en induire que le fait matériel n'existe pas, ou que l'accusé n'en serait pas l'auteur ou n'y aurait pas participé ; que, dès lors, cette déclaration et l'acquittement qui l'a suivie ne font pas obstacle à ce que le même fait, dégagé de tout caractère de crime, et réduit aux proportions d'un quasi-délit, puisse, au point de vue civil, devenir la base d'une action en dommages-intérêts ; que c'est ainsi que doit être entendu l'article 3 du Code d'instruction criminelle, combiné avec les articles 358, 359 et 366 du même Code ; que le caractère essentiellement préjudiciel que le premier de ces articles imprime à la décision rendue au criminel laisse cependant toute son indépendance à l'action civile ; que cet article ne serait violé qu'autant que la juridiction civile, en prononçant sur l'action civile ou le fait dommageable qui en est la source, viendrait à affirmer un fait en contradiction ou pleinement inconciliable avec ce qui a été jugé par le juge criminel ;

« *Attendu qu'au procès le verdict de non-culpabilité en faveur de Paul Petit n'impliquait pas nécessairement la négation du fait matériel de détournement de divers objets mobiliers et de la dissimulation volontaire d'une partie du prix de la vente immobilière intervenue entre les deux frères ;*

« *Que le fait, sous ce double rapport, a été relevé comme existant par l'arrêt attaqué ; qu'il ne l'a envisagé que relativement au dommage qui en avait été la suite et à la réparation qui en était due, aux termes de l'article 1382 du Code Napoléon ; qu'il l'a, de plus, formellement qualifié de quasi-délit, et a mesuré sur ses conséquences matérielles la somme de dommages-intérêts à accorder ; que,* en tous ces points, la décision au civil n'est nullement inconciliable avec la décision rendue au criminel, et qu'ainsi l'article 3 du Code d'instr. crim. n'a point été violé, rejette; » etc.

N'est-ce pas de même ici? et quand la Cour d'Aix prononce qu'il y a eu un fait purement matériel qu'il faut réparer, n'a-t-elle pas rappelé la substance même de l'article 1382 et l'hypothèse du quasi-délit?

Au risque d'abuser des citations, je rappellerai même un de vos arrêts dont on a également parlé, et qui, sous un autre rapport encore, répond au pourvoi.

Deux individus acquittés, sur la déclaration négative du Jury, de l'accusation d'homicide volontaire, avaient été, sur les conclusions de la partie civile, condamnés par la Cour d'assises à des dommages-intérêts, comme ayant causé, par imprudence, la mort de la victime. C'était bien là assurément le délit prévu par l'art. 319; on se pourvut en cassation pour violation des articles 358 et 360 du Code d'instruction criminelle, et en outre de l'article 195, c'est-à-dire pour défaut de motifs.

Le pourvoi fut rejeté :

« Attendu, sur le premier moyen de cassation par eux présenté et fondé sur une prétendue fausse application de l'art. 358 du Code d'instruction criminelle;

« Que cet article autorise les Cours d'assises à statuer sur les dommages et intérêts réclamés par la partie civile, contre l'accusé déclaré non coupable par le Jury;

« Mais que, lorsque la non-culpabilité de l'accusé a été déclarée par le Jury d'une manière générale, et conformément à la formule des art. 337 et 345 dudit code, cette déclaration, en excluant le crime de l'accusation, n'a pas nécessairement décidé, en faveur de l'accusé, les faits ou les circonstances qui pouvaient le soumettre à des réparations civiles;

« Que, dans ce cas, les Cours d'assises ne peuvent exercer l'attribution qui leur est conférée par ledit art. 358 sans examiner et juger les faits dont la décision ne résulte pas de la déclaration du Jury, et qui peuvent servir de base à l'action civile sur laquelle elles doivent prononcer; que, si elles sont sans caractère pour y statuer dans l'intérêt de la vindicte publique, leur compétence, pour y statuer dans l'intérêt de l'action civile, est une suite nécessaire de la compétence que la loi leur attribue pour le jugement de cette action;

« Que, dans l'espèce, la réponse du Jury se réduisait à une déclaration générale, par laquelle les demandeurs étaient reconnus non coupables de l'homicide volontaire dont ils avaient été accusés;

« *Que, sur la demande en réparations civiles formée par la veuve de l'individu qui avait été homicidé, la Cour d'assises du département du Calvados a donc pu, sans violer les règles de la compétence, examiner et juger le fait matériel de l'homicide, et les circonstances qui l'avaient précédé et accompagné; qu'elle a pu décider, d'après cet examen, et seulement dans l'intérêt de l'action civile de la veuve Gosse, que l'homicide de son mari avait été l'effet de l'imprudence de Mancel et de Berthout, les condamner, en conséquence, à des dommages et intérêts; que par cette condamnation, ladite Cour n'a ni violé, ni faussement appliqué l'art. 358 du Code d'instruction criminelle.*

« Attendu, sur le deuxième moyen pris d'une prétendue violation de l'art. 360 du même Code d'instruction criminelle;

« Que cet article n'est relatif qu'à l'action publique pour l'application des peines, et que l'action de la veuve Gosse, en des dommages et intérêts, et les condamnations prononcées par la Cour d'assises contre Mancel et Berthout sur cette action, sont purement civiles;

« Attendu, sur le troisième moyen fondé sur l'art. 195 du susdit code;

« Que cet article est étranger aux Cours d'assises prononçant civilement sur des intérêts civils en exécution de l'art. 358;

« Que l'arrêt attaqué est motivé ainsi que l'exige l'art. 7 de la loi du 20 avril 1810; que, d'ailleurs, il est régulier dans ses autres formes;

« D'après ces motifs, ladite Cour rejette, » etc., etc.

Mais pourquoi, nous dit-on, n'avoir pas posé au Jury la question subsidiaire d'un coup involontaire, puisqu'on lui avait posé déjà celle d'un coup volontaire?

Par la même raison sans doute qui avait empêché de la proposer dans l'espèce ci-dessus. Parce que, probablement, le Président de la Cour d'assises, qui est exclusivement chargé de ce soin, et dont l'opinion d'ailleurs n'engage pas la majorité de la Cour, ne l'avait pas jugé nécessaire.

On trouve choquant que le Jury ne soit pas mis à même d'épuiser jusqu'au bout le fait dont il est saisi. Mais il y a des oppositions bien autrement choquantes que celle-là. Que ne nous demande-t-on comment il se fait que le même homme qui vient d'être déclaré non coupable d'homicide volontaire soit, à raison du même fait et le lendemain, poursuivi et condamné correctionnellement pour homicide involontaire? Comment une femme, acquittée du crime d'infanticide, peut, aussitôt après, être poursuivie et condamnée par le tribunal correctionnel pour homicide par imprudence? Comment, à la suite d'un acquittement du crime de viol, le même fait peut motiver une condamnation pour outrage à la pudeur?

S'avise-t-on de dire, dans tous ces cas, comme on le prétendait hier, que ce sont là des voies détournées par lesquelles le magistrat se réserve de déchirer impunément et de mettre sous ses pieds l'honneur d'un accusé qui est sorti pur d'un débat solennel? Avons-nous besoin de rappeler une fois de plus que le même fait matériel, recevant une qualification différente, envisagé exclusivement au point de vue de certaines circonstances dont le Juge criminel n'avait pas eu nécessairement à se préoccuper, constitue un délit nouveau, peut motiver une action nouvelle, susceptible d'être appréciée souverainement par une nouvelle juridiction?

Mais je vais plus loin : je suppose qu'on eût proposé subsidiairement la question d'imprudence, et que sur ce point encore le Jury eût répondu négativement. Croit-on que pour cela la Cour d'assises eût été placée dans l'impossibilité d'accorder une indemnité pécuniaire à la partie civile? nullement. Sans doute alors il ne lui eût plus été possible d'argumenter d'un coup imprudemment porté ; mais elle restait libre d'affirmer un acte auquel l'accusé n'aurait pas été étranger, d'où une faute dont il eût toujours eu à répondre (*Arrêt du 17 novembre* 1841) :

« Attendu . . . .

« . . . que la déclaration de non-culpabilité purge l'accusation; qu'elle éteint l'action publique, et met l'accusé à l'abri de toute peine; mais qu'elle ne fait point obstacle à ce que, par rapport à l'action civile, et d'après les débats qui ont eu lieu devant elle, la Cour d'assises recherche si le fait matériel est imputable à l'accusé, et s'il porte le caractère d'une faute, ou d'un quasi-délit qui rende l'accusé passible de dommages-intérêts ;

« Qu'ainsi, dans une accusation de meurtre, et sur une question d'homicide causé involontairement, par négligence ou par imprudence, question posée comme résultant des débats, la réponse négative du Jury absout l'accusé du délit prévu par l'article 319 du Code pénal, mais qu'elle n'exclut ni la participation de l'accusé au fait matériel, ni l'examen des circonstances qui laissent à l'action son caractère de fait dommageable, pouvant entraîner une réparation civile ;

« Que, dans l'espèce, la Cour d'assises a donc pu, sans se mettre en opposition avec la décision du Jury, déclarer que le fait avait été causé par la faute de l'accusé, et prononcer contre lui une condamnation de dommages-intérêts; qu'en cela elle a fait une juste application des articles 1382 et 1383 du Code civil, et n'a violé aucune disposition du Code d'instruction criminelle; » etc.

La Cour d'assises d'Aix n'a donc pas déclaré coupable d'un délit l'accusé qui venait d'être acquitté d'un crime : elle a affirmé un préjudice causé, et dans des termes qui n'avaient rien d'inconciliable avec le verdict.

Enfin on a prétendu que le droit et les garanties de la défense n'avaient pas été respectés ; que Armand ne devait pas s'attendre à ce que le débat fût porté sur ce terrain, qu'il a été pris à l'improviste.

On pourrait élever l'objection dans toutes les affaires de ce genre ; car jamais, quand une Cour d'assises est appelée à statuer sur l'action civile, les choses ne se passent autrement.

Sans doute l'accusé a dû compter qu'il ne serait pas question, aux débats, d'un fait autre que celui résultant de l'arrêt de renvoi et de l'acte d'accusation ; mais il a dû prévoir aussi que ce fait pourrait être épuisé sous tous ses aspects, dans toutes les qualifications dont il était susceptible ; il a dû prévoir surtout, du moment où il y avait une partie civile en cause, qu'il faudrait discuter l'intérêt civil.

Or, quand l'appréciation de cette question est dévolue à la Cour d'assises, qui a recueilli tous les faits de la procédure, qui puise, dans l'instruction déroulée sous ses yeux, les éléments de sa conviction sur le point de savoir si l'accusé, acquitté envers le Ministère public, est ou non quitte envers son adversaire privé, où donc est le piége, la surprise, où donc est le défaut de garantie judiciaire?

Si l'on veut dire qu'au moment où une nouvelle action se produit, le débat général ne suffit plus, et qu'il peut y avoir là des éléments spéciaux nécessitant une discussion spéciale, je réponds que cette discussion a eu lieu.

Que l'on consulte, en effet, le procès-verbal d'audience; on y lira qu'aussitôt après l'acquittement de l'accusé, l'avoué de la partie civile a pris des conclusions tendant à des dommages-intérêts, conformément à l'art. 1382 du Code Napoléon ; que l'avoué d'Armand a répondu par des conclusions contraires, et que les avocats des deux parties ont plaidé. Ç'a été, en quelque manière, un second procès, pour le jugement duquel rien n'a manqué ni à la défense de la partie poursuivie ni à la conscience du magistrat.

Ce dernier moyen tombe donc comme les autres; et, en définitive, bien que nous n'approuvions pas dans tous ses termes l'arrêt attaqué, nous ne saurions y reconnaître des irrégularités assez graves pour le placer sous le coup de votre censure. Les magistrats ont usé d'un pouvoir qui leur appartenait incontestablement d'après la loi, et l'inconciliabilité de décision qu'on leur reproche n'existe pas. Ce pouvoir, en ont-ils sainement usé, d'après les faits de la cause? C'est ce que nul n'a le droit de leur demander; et, à cet égard, ils ne relèvent que d'eux-mêmes. — N'attendez pas, d'ailleurs, que nous venions défendre ici la Cour d'assises d'Aix avec des mots sonores, elle n'en a pas besoin. Elle n'a pas besoin qu'on la protége contre ce téméraire reproche d'avoir, par une imprudence presque coupable, mis en péril les bases déjà si compromises, vous disait-on, de l'ordre judiciaire et social. Ces bases ébranlées, ce n'est pas avec des paroles comme celles que nous avons entendues hier qu'on pourra les raffermir, ni ranimer un respect qui s'éteint. Laissons-les à d'autres, ces paroles ; ce n'est pas ici qu'elles doivent retentir. Laissons les applaudissements faciles, ne cherchons que la vérité; cherchons-la simplement, sans emphase, pour elle-même. Surtout, Messieurs, qu'on ne se flatte pas de vous arracher des arrêts par la menace et par la peur. Le suffrage universel n'a pas encore droit de vote ici, et vous n'avez pas habitué de puiser vos inspirations dans les clameurs de la rue, qu'elles vous arrivent d'Aix ou de Montpellier. L'opinion publique, elle est plus sage, plus calme et meilleure qu'on ne veut la faire : non, elle ne prétend pas vous imposer ses décisions, elle sait attendre les vôtres : elle les attend respectueusement et elle les reçoit avec confiance.

Nous concluons au rejet du pourvoi.

Contrairement à ces conclusions, la Cour a rendu, le 7 mai, l'arrêt suivant :

« Sur le moyen proposé à l'appui du pourvoi, et pris de la violation de l'article 350 du Code d'instruction criminelle et de la chose jugée, et de l'article 7 de la loi du 20 avril 1810;

« Vu les articles 350 et 358 du Code d'instruction criminelle, et l'article 7 de la loi du 20 avril 1810 ;

« Attendu que si l'article 358 du Code d'instruction criminelle autorise la Cour d'assises, après que l'accusé a été acquitté, à statuer sur les dommages-intérêts prétendus par la partie civile, cette attribution doit se concilier avec le respect dû à la chose jugée ; que la loi ne permet pas, en effet, que la vérité judiciaire, souverainement reconnue par la déclaration du Jury, puisse, dans un intérêt privé, être contestée ou contredite par l'arrêt rendu sur les intérêts civils ;

« Que cet arrêt est donc soumis à l'obligation d'établir, dans les termes les plus explicites et les plus précis, qu'il n'existe aucune contradiction entre ce qui a été jugé au criminel et ce qui a été jugé au civil ;

« Qu'il ne suffit pas d'énoncer, comme le fait l'arrêt attaqué, que la déclaration de non-culpabilité n'exclut pas l'existence matérielle du fait, mais seulement sa criminalité, puisque cette déclaration de non-culpabilité étant indéterminée et pouvant porter aussi bien sur le fait matériel que sur le fait moral, il demeure incertain si c'est l'intention criminelle ou si c'est l'existence du fait qui a été écartée ;

« Qu'il ne suffit pas non plus d'ajouter, comme le fait encore cet arrêt, que la Cour d'assises ne prétend pas se mettre en contradiction avec la déclaration du Jury, et qu'elle ne prend que le fait matériel, puisque la contradiction peut résulter, quelle que soit la déclaration du juge, des faits constatés qui peuvent contenir en eux-mêmes la contradiction niée en termes généraux par la Cour d'assises ;

« Qu'après la réponse du Jury, tant sur la question principale que sur la question résultant des débats, réponse d'où résulte que Armand n'était coupable ni de tentative d'homicide volontaire sur la personne de Maurice Roux, ni de lui avoir volontairement porté un coup et fait une blessure dans la journée du 7 juillet 1863, l'arrêt attaqué déclare qu'il est résulté des mêmes débats que, dans la journée du 7 juillet, Armand a maladroitement porté à Maurice Roux un coup qui peut lui être imputé à faute, sans expliquer comment il était possible de concilier cette imputation avec la déclaration du Jury ;

« Que cette explication était d'autant plus nécessaire, que les réponses du Jury et l'arrêt de condamnation civile portaient sur un seul et même fait, et que dès lors, avant de s'en saisir, l'arrêt devait constater d'une manière expresse que la déclaration du Jury, en proclamant Armand non coupable, n'avait pas exclu sa participation matérielle aussi bien que sa participation morale au fait qui lui était imputé ;

« Qu'il suit de là que l'arrêt ne renferme pas les éléments nécessaires pour que la Cour de cassation puisse apprécier si la Cour d'assises, en jugeant civilement, n'a point excédé les limites de son droit et empiété sur la chose jugée au criminel ; qu'il importe que la Cour de cassation puisse exercer un contrôle qui est l'unique sanction des règles qui séparent les deux juridictions et l'unique garantie du principe de la chose jugée ;

« Que l'arrêt attaqué qui a condamné Armand à 20,000 fr. de dommages-intérêts envers Maurice Roux, se trouve donc dénué de motifs, et ne donne aucune base juridique à cette condamnation, d'où suit une violation expresse de l'article 7 de la loi du 20 avril 1810 ;

« Par ces motifs, la Cour

« Casse et annule l'arrêt de la Cour d'assises des Bouches-du-Rhône, du 25 mars dernier, qui condamne Armand, sur les conclusions prises par Maurice Roux, partie civile, à payer à ce dernier la somme de 20,000 fr., et aux dépens de l'incident ; et pour qu'il soit statué sur ladite demande à fin de réparation civile, renvoie les parties devant le Tribunal civil de Grenoble à ce déterminé, par délibération prise en chambre du conseil. »

Livraison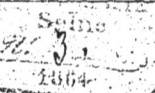

LES PROCÈS DU JOUR

SÉRIE-ANNEXE DES

CAUSES CÉLÈBRES

AFFAIRE LA POMMERAIS

(RECUEILLIE PAR L'AGENCE DE STÉNOGRAPHIE, 38, RUE DE LA HARPE, A PARIS

La relation du Procès La Pommerais formera 6 à 7 livraisons à 50 cent.

AVIS À NOS LECTEURS. — La relation du Procès La Pommerais que nous donnons ici, comme celle du Procès Armand que nous avons déjà donnée, diffère essentiellement des comptes-rendus prétendus sténographiés, publiés soit en brochures, soit dans la presse, même judiciaire. Rédigée sur une véritable sténographie officielle recueillie à l'audience même, revue ensuite avec le plus grand soin, notre relation est la reproduction fidèle, scrupuleusement exacte, des débats : Acte d'accusation, Interrogatoire, Témoignages, Réquisitoire, Plaidoirie, Résumé du Président, tout ici est fidèlement rendu.

LEBRUN ET Cie

CAUSES CÉLÈBRES

DE

TOUS LES PEUPLES

LES TOMES I A V (ANNÉES 1857, 1858, 1859, 1860, 1861) RENFERMENT LES PROCÈS SUIVANTS :

Cahier 1.
LES CHAUFFEURS.
LACENAIRE.

Cahier 2.
PAPAVOINE.
Mme LAFARGE.
VERGER.
SOUFFLARD ET LESAGE.
MONTCHARMONT.

Cahier 3.
DE PRASLIN.
DAMIENS. — LOUVEL.
DE BOCARMÉ.

Cahier 4.
LE FRÈRE LÉOTADE.
LOUIS XVI.

Cahier 5.
BÉRANGER (CHANSONS).
MINGRAT. — CONTRAFATTO.
FIESCHI, MOREY ET PEPIN.

Cahier 6.
CAPITAINE DOINEAU.
ATTENTAT DU 14 JANVIER.

Cahier 7.
BENOIT LE PARRICIDE.
DONON-CADOT.
CURÉ DELACOLLONGE.
DE JEUFOSSE. — POCLON.
— FONTERIE-ESCOT.

Cahier 8.
CALAS. — SIRVEN — DE LA BARRE.
LES FAUX DAUPHINS.
SIREY. — CAUMARTIN.
DUEL DE MERCY-ROZIER.

Cahier 9.
LE SQUELETTE
Mme LACOSTE.
DE MARSILLY. — COLLET.

Cahier 10.
CARTOUCHE.
SANS LEMAIRE.
DUEL DUJARIER. — DE BEAUVALLON ET D'ECQUEVILLEY.

Cahier 11.
DE MARCELLANGE. Vve MORIN.

Cahier 12.
LESURQUES.
INSTITUTRICE DOUDET.

Cahier 13.
INSTITUTRICE DOUDET (fin)
DUC D'ENGHIEN.
ENFANT DE LA VILLETTE.

Cahier 14.
Vve BOURSIER. — MONTÉLY.
COLLIER DE LA REINE.
DAUTUN. — SAINT-CLAIR.

Cahier 15.
CAROLINE DE BRUNSWICK.
TESTAMENT CONDÉ.

Cahier 16.
RAVAILLAC. — JEAN CHATEL
LES QUATRE SERGENTS DE LA ROCHELLE.
WILLIAM PALMER.

Cahier 17.
LATUDE.
LES ASSASSINS PAR AMOUR
La Bergère d'Ivry; le Perruquier Bureau; la Belle Arsène.

CHARLOTTE CORDAY.
Mme ROLAND.

Cahier 18.
ASSASSINS DE SAINT-CYR.
LES ASSOCIATIONS DE MALFAITEURS : les Brigands de la Vienne; l'Auberge aux Tueurs; les Assassins de Péchard, etc., etc.

Cahier 19.
LA Mse DE BRINVILLIERS ;
EXILI ; Ste-CROIX ; LA CHAUSSÉE ; PENNAUTIER.
ALIBAUD.
LA FEMME SANS NOM.

Cahier 20.
LA REINE DE FRANCE ET Mme ÉLISABETH.
LA CHAMBRE ARDENTE
La Voisin, la Vigoureux, la Trianon ; les prêtres Lesage, Guibourg, etc.
MANDRIN.

Cahier 21.
LES FORÇATS INNOCENTS :
Lesnier; Louarn et Baffet.
LES GIRONDINS.

Cahier 22.
JOHN BROWN.
TESTAMENT DU MARQUIS DE VILLETTE.

Cahier 23.
LES ASSASSINS DE FUALDÈS : Jausion, Bastide, Collard, etc., Mme Manzon.

Cahiers 24-25.
MIREs : Paris. — Douai. — Cassation.
DESRUES L'EMPOISONNEUR.

Cahier 26.
(1er Cahier du Tome VI.)
MARÉCHAL NEY.
JOBARD.
LÉGER l'anthropophage.
LES ERREURS JUDICIAIRES, *première partie.*

Les tomes I à V, brochés, et les cahiers 26 à 30, devant former le Tome VI, sont expédiés *franco* dans toute la France contre la remise de 30 francs en mandat-poste.

ON SOUSCRIT CHEZ LEBRUN ET Cie, ÉDITEURS, RUE DES SAINTS-PÈRES, 8.

LE POISON

COUTY DE LA POMMERAIS (1864).

Depuis cinq à six mois, l'opinion publique se préoccupe de cette grave affaire et en recueille avec avidité les moindres détails.

Jamais peut-être, avant d'arriver à l'audience, affaire criminelle n'a autant ému les esprits. Dès huit heures du matin, une foule nombreuse assiége les abords de la Cour d'assises. De sages mesures ont été prises pour éviter tout encombrement. La salle est partagée en quatre zones, et il a été distribué d'avance des billets dont les couleurs correspondent à chacune des trois premières zones; la quatrième est destinée au public habituel.

A neuf heures et demie, les privilégiés sont admis à pénétrer dans la salle. Les places sont successivement occupées dans le plus grand ordre. Un grand nombre de dames ont obtenu la faveur très-recherchée de pouvoir suivre les émouvants débats qui vont s'ouvrir. Les avocats en robe se placent sur une portion du banc des accusés qui leur a été réservée, et au banc de la défense.

La table des pièces à conviction est couverte d'objets de toutes sortes. On y voit deux bocaux contenant, d'après l'étiquette : N° 1, l'estomac et les intestins, extraits par le Dr Tardieu du corps de la défunte Françoise-Julie Testu, veuve de Pauw; N° 2, le foie, le cœur, les deux poumons et les reins, extraits par le Dr Tardieu du corps de la veuve de Pauw.

Il ne reste que la moitié de ces matières, l'autre moitié ayant été employée pour les expériences des experts.

Deux autres bocaux renferment les divers organes extraits du corps de Mme Dubizy.

D'autres bocaux portent ces indications :

« 1° Extrait provenant du traitement alcoolique de l'estomac et de la moitié des intestins de la veuve de Pauw.

« 2° Extrait provenant du traitement, par l'eau distillée chaude, de l'estomac et de la moitié des intestins de la veuve de Pauw.

« 3° Concrétions grattées par l'expert à la surface du parquet, et à l'endroit même où les vomissements sont tombés.

« 4° Extrait provenant du traitement alcoolique des matières grattées à la surface du parquet de la veuve de Pauw, dans la partie occupée par le lit et à l'abri des vomissements. »

En outre, on voit sur la table des pièces à conviction une foule de menus objets, des papiers, des carnets de visite, etc. Au-dessous, se trouve un long paquet recouvert d'une toile d'emballage, contenant les feuilles du parquet de la chambre de Mme de Pauw. Des caisses et des boîtes renferment les substances médicamenteuses saisies chez l'accusé. Les experts ont analysé ces substances, au nombre de plus de neuf cents, parmi lesquelles se trouve la collection la plus complète des poisons les plus énergiques, tous, dit-on, en quantité considérable.

Une petite boîte en chagrin noir, de forme carrée, porte gravée en caractères dorés la formule sacramentelle de la médecine homœopathique : *Similia similibus curantur.*

On lit sur l'enveloppe d'un petit paquet : « Cinq lettres de l'inculpé, un Mémoire, un drame, un article, des notes et un testament trouvés dans la cellule de La Pommerais. »

Il y a également un plan en relief de l'atelier de Mme de Pauw. Sur la toiture et sur l'un des côtés, on remarque les grands châssis vitrés qui l'éclairaient. Une partie de cette toiture se lève à l'aide d'une charnière, ce qui permet de voir l'intérieur de l'appartement dans lequel le crime a été commis.

Telle est la gravité de cette cause, dans laquelle il est question, pour la première fois, de l'empoisonnement par la digitaline, que non-seulement tous les journaux de Paris ont envoyé chacun un rédacteur pour recueillir les débats, mais que des journaux étrangers, de Berlin, de Londres, de Bruxelles, se sont fait également représenter; ces derniers attirés sans doute par l'espoir de rencontrer une seconde édition des empoisonnements Palmer et Bocarmé, jugés, l'un à Old-Bailey (Angleterre), l'autre à Mons (Belgique). Depuis longtemps on n'avait vu à la Cour d'assises une pareille armée de rédacteurs judiciaires.

Plus de soixante témoins ont été cités par le Ministère public, et vingt environ par la défense.

La Cour entre en audience à dix heures; elle est présidée par M. Salvaing de Boissieu, conseiller.

Avant le tirage du Jury, sur les réquisitions de M. le premier avocat général Oscar de Vallée, la Cour, vu la longueur présumée des débats, ordonne l'adjonction d'un Conseiller assesseur et de deux Jurés supplémentaires.

Le tirage du Jury a lieu dans la Chambre du conseil. L'accusé est introduit. Il entre, en promenant sur la foule un regard assuré. C'est un homme de taille moyenne; sa physionomie est distinguée, il est vêtu de noir et a une cravate blanche; il porte un volumineux dossier.

Le siège du Ministère public est occupé par M. l'Avocat général *Oscar de Vallée*, assisté de M. *Bondurand*, substitut du Procureur général.

Me *Lachaud* est assis au banc de la défense.

M. le Président. — Accusé, levez-vous. Quels sont vos noms?

L'accusé. — Edmond-Désiré de La Pommerais.

D. Votre âge? — R. Je vais avoir trente-quatre ans.

D. Votre profession? — R. Docteur en médecine.

D. Où êtes-vous né? — R. A Neuville-aux-Bois (Loiret).

D. Où demeuriez-vous avant votre arrestation? — R. Rue des Saints-Pères, N° 5.

M. le Président. — Il va être donné lecture de l'acte d'accusation dressé contre vous; soyez attentif à cette lecture.

Le greffier Blondeau lit l'acte d'accusation, ainsi conçu :

Au commencement du mois de novembre dernier, dans un petit logement sis au dernier étage d'une maison de la rue Bonaparte, vivait une femme de 42 ans, veuve depuis 1858 d'un artiste peintre, nommé de Pauw. La mort de celui-ci l'avait laissée sans fortune, chargée de trois enfants, dont l'aîné avait huit ans à peine. Elle avait lutté avec courage contre les difficultés de cette situation et travaillé sans relâche pour subvenir aux besoins de sa famille. Sa santé était habituellement excellente; et, le 16 novembre encore, elle ne pouvait inspirer aucune inquiétude.

Cependant, le 19 du même mois, à six heures et demie du soir, cette femme, pleine de vie la veille, expirait à la suite de vomissements dont elle avait été prise pendant la nuit, et dont la violence et les funestes effets semblaient inexplicables.

Ce fatal événement causait aux personnes qui voyaient le plus souvent la veuve de Pauw, un douloureux étonnement. Rapproché de diverses confidences qui leur avaient été faites à plusieurs reprises par la défunte, il leur inspirait les plus graves soupçons. Ces soupçons ne pouvaient être dissimulés à la sœur de la veuve de Pauw, la dame Gouchon; et, le 21 novembre, le mari de celle-ci adressait une plainte au Parquet. Il se bornait d'abord à dire que « le décès de la dame de Pauw paraissait être le résultat d'un empoisonnement par une personne intéressée par suite d'une assurance sur la vie. » Il ne tardait pas à préciser davantage, et de ses explications, comme des divers renseignements qui venaient les compléter, il résultait que la veuve de Pauw était morte empoisonnée, et que La Pommerais était l'auteur de ce crime.

Il fallait, avant tout, rechercher la cause de sa mort : tandis que les plus graves indices donnaient lieu de penser que la veuve de Pauw avait été empoisonnée, le docteur Gaudinot, qui avait été plusieurs fois consulté par la défunte, et qui l'avait vue notamment le 17 novembre, avait signé un certificat aux termes duquel la mort ne pouvait être attribuée qu'aux suites d'une chute qu'elle lui avait dit avoir faite deux ou trois mois auparavant.

L'autopsie était dès lors indispensable pour savoir de quel côté se trouvait la vérité. Le docteur Tardieu, qui y procéda le 30 novembre, constata qu'il n'existait chez la défunte aucune trace de maladie ou de lésion appréciable, soit ancienne, soit récente, pouvant, d'après le seul examen des organes, rendre un compte naturel de la mort. Cette absence de lésions caractérisées et certains indices, notamment l'état du tube digestif, lui parurent « pouvoir faire penser « que la mort avait pu être produite par l'ingestion « d'une substance vénéneuse. L'analyse des viscères « devait seule permettre de se prononcer à cet égard « d'une manière positive. »

En présence de ces résultats, déjà si graves, de l'autopsie, le docteur Gaudinot, loin de persister dans l'opinion par lui émise dans son certificat, reconnut qu'il n'avait constaté lui-même chez la veuve de Pauw ni contusion, ni ecchymose, et qu'il s'en était rapporté aux déclarations qu'elle lui faisait, sans en vérifier l'exactitude.

D'autre part, divers témoins étaient entendus.

Une dame de Ridder, amie intime de la veuve de Pauw, révélait des détails de la plus haute importance, confirmés par une lettre émanée de la défunte et donnant une nouvelle force aux soupçons qui étaient déjà dirigés contre La Pommerais. Il devenait nécessaire d'opérer une perquisition au domicile de l'accusé. Pratiquée le 4 décembre, elle amena la découverte de divers papiers et d'une quantité extraordinaire de poisons de toute nature. On saisit notamment un flacon ayant contenu deux grammes de digitaline et n'en renfermant plus que quinze centigrammes.

L'accusé fut en même temps invité à s'expliquer au sujet des graves imputations dont il était l'objet. Ces explications furent si peu satisfaisantes, que son arrestation dut être immédiatement ordonnée.

Cependant les docteurs Tardieu et Roussin, experts commis par la Justice, procédaient à l'analyse chimique des organes de la veuve de Pauw; ils soumettaient au même examen les matières provenant de vomissements qui couvraient le parquet autour du lit de la défunte, et après s'être livrés à des expériences multipliées, ils terminaient leur rapport par cette déclaration : « La dame de Pauw est morte empoisonnée. »

A cet égard, leurs appréciations ne contiennent aucune réserve : ils affirment de la manière la plus positive que la mort de la dame de Pauw n'est le résultat ni d'une affection du cœur ou de l'estomac, ni d'une lésion provenant d'accident ou de maladie, en un mot d'aucune cause naturelle. Ils constatent en même temps, soit dans les matières vomies, soit dans les organes eux-mêmes, la présence d'un principe toxique très-énergique qui, expérimenté sur des animaux vivants, a produit sur eux des effets semblables à ceux qu'a ressentis la dame de Pauw et les a fait périr de la même manière. Quant à la substance au moyen de laquelle l'empoisonnement a été produit, les experts pensent qu'il doit être la digitaline, dont les effets sont semblables à ceux qui ont été observés sur la dame de Pauw et plus tard sur les animaux qui ont servi aux expériences; la nature de ce poison, qui ne laisse aucune trace, ne leur permet pas sur ce point d'être plus affirmatifs.

Malgré ces réserves, le fait de l'empoisonnement était désormais constant; il restait à l'information à établir comment et par qui cet empoisonnement avait été opéré.

La nature seule du poison disait assez que ce triste événement n'était pas le résultat d'un accident; il ne pouvait davantage être attribué à un suicide dont la veuve de Pauw, au dire de nombreux témoins, n'avait pu même avoir la pensée, et il était évident qu'il devait être l'œuvre d'une main criminelle.

Une première question se posait donc tout d'abord : Quel mobile avait pu inspirer un pareil crime? Ce n'était assurément ni la vengeance ni la haine : la veuve de Pauw n'avait pas d'ennemis; et à ce point de vue elle n'avait rien eu à redouter. Aucun héritier non plus n'était intéressé à sa mort : le produit de son travail constituait toute sa fortune, l'unique ressource de ses trois enfants. De toutes les personnes qu'elle connaissait, un seul homme avait à gagner à un tel événement : c'était La Pommerais.

Il y avait déjà plusieurs années qu'il connaissait la dame de Pauw; appelé comme médecin, en 1858, auprès du mari, il avait vu celui-ci succomber, et il était peu de temps après devenu l'amant de la veuve. Les relations avaient continué jusque vers le milieu de 1861; mais au mois d'août de cette année, le mariage de La Pommerais avec une demoiselle Dubizy était venu les interrompre, et près de deux ans s'étaient ensuite écoulés sans que l'accusé consentît à revoir son ancienne maîtresse; il avait même refusé, malgré ses prières, de venir visiter ses enfants malades.

Tout à coup cependant, au mois de juin dernier, la veuve de Pauw fut fort surprise de le voir arriver chez elle. Pour expliquer ce brusque retour, il prétendit qu'il lui apportait le moyen d'assurer l'avenir de ses enfants; il faudrait seulement garder sur le moyen un silence absolu et éviter soigneusement de mettre personne dans la confidence. Sans entrer ce jour-là dans plus de détails, il se borna à énoncer qu'il s'agissait d'une assurance sur la vie.

Les relations ayant été ainsi rétablies, La Pommerais proposa à la veuve de Pauw la combinaison suivante: elle assurerait sur sa tête une *somme de* 550,000 *francs*, exigible à l'époque de son décès; il se chargerait du payement des primes, et elle lui transférerait le bénéfice des contrats. Mais il était clair que l'opération, réduite à ces termes, ne présentait aucun avantage pour la veuve de Pauw ni pour ses enfants. La Pommerais ajouta donc qu'il y aurait un moyen de tirer de cette affaire un produit presque immédiat. Peu de temps après l'avoir conclue, la veuve de Pauw simulerait une maladie, de manière à faire croire aux Compagnies d'assurances qu'elle était sur le point de mourir. Les Compagnies s'effrayeraient en la voyant menacée, en apparence, d'une fin prochaine; il irait alors les trouver, et il leur proposerait l'annulation des contrats, moyennant une rente viagère de 6,000 francs, à compter du 1er janvier 1864. Il partagerait cette rente avec elle; et, grâce à ce stratagème, elle jouirait d'une aisance dont elle avait été jusque-là bien éloignée.

La veuve de Pauw n'eut pas le courage de repousser ces étranges propositions: fermant les yeux sur ce qu'une telle spéculation avait de déloyal, incapable de soupçonner le véritable but de La Pommerais, dominée d'ailleurs par la passion qu'elle avait eue si longtemps pour lui, et qui venait de se réveiller plus vive que jamais, elle s'abandonna aveuglément à lui et le laissa libre de tout régler ainsi qu'il l'entendrait.

Mais en même temps qu'il se chargeait de tout diriger, l'accusé tenait à éviter d'agir lui-même auprès des Compagnies. Il mit la veuve de Pauw en rapport avec un courtier nommé Desmidt, par qui il avait été récemment initié aux diverses combinaisons possibles en matière d'assurances sur la vie. Ce fut celui-ci qui servit d'intermédiaire: il dit aux directeurs qu'un riche personnage, le comte de La Pommerais, voulait assurer le sort d'enfants qu'il avait eus de la veuve de Pauw; et la santé de celle-ci ayant été reconnue excellente, six compagnies françaises: *la Générale*, *la Paternelle, la Nationale, l'Union, le Phénix, l'Impériale*, et deux compagnies anglo-françaises, *l'Internationale* et *The Gresham*, l'admirent à contracter des assurances pour une somme totale de 550,000 fr. Les huit polices furent signées du 8 au 21 juillet, et la veuve de Pauw y prit l'engagement de payer chaque année, pendant toute sa vie, des primes s'élevant ensemble à 18,840 francs.

Les sommes ainsi assurées n'étaient exigibles qu'après le décès de la veuve de Pauw, mais la propriété de chaque police pouvait d'avance être transférée par un simple endossement; seulement, pour que le transfert fût valable à l'égard des Compagnie, il fallait qu'il leur fût notifié.

La veuve de Pauw était hors d'état d'effectuer, même en partie, le premier versement des polices, et qui était d'environ 15,000 fr. Ce fut La Pommerais qui, conformément à sa promesse, fournit à Desmidt le moyen d'opérer le versement. Les polices furent ensuite à peine livrées, qu'il n'eut plus qu'une préoccupation, celle de s'en assurer le bénéfice.

Il commence par se les faire transférer à la fois au moyen d'endossements par lesquels la veuve de Pauw reconnaît avoir reçu de lui même une somme égale au montant de chaque police et par des actes séparés, rédigés d'après les conseils d'un agent d'affaires nommé Louis. Il se demande ensuite si ces actes forment pour lui un titre suffisant; si, au contraire, ils ne le laissent pas exposé à des contestations trop faciles de la part des héritiers de la veuve de Pauw, et il songe à établir plus valablement la prétendue créance de 550,000 fr. qui sert de prétexte aux transferts.

Cette fois, il va trouver un avoué au tribunal de la Seine, M⁰ Levaux. Sans lui dire que les assurances sont déjà signées et qu'elles s'élèvent à 550,000 fr., il lui expose seulement qu'il a prêté à la veuve de Pauw des sommes importantes formant ensemble un total d'environ 100,000 fr.; que celle-ci, hors d'état de s'acquitter quant à présent, lui offre de contracter avec la compagnie *la Nationale* une assurance sur la vie dont il payera lui-même les primes, et qui lui permettra de toucher les 100,000 fr. à la mort de sa débitrice. Il prie en même temps M. Levaux de lui faire préparer un acte destiné à régulariser cette situation.

M⁰ Levaux n'avait aucun motif de suspecter les déclarations de La Pommerais. Il fit donc rédiger dans son étude un acte par lequel la veuve de Pauw, reconnaissant avoir reçu de La Pommerais de nombreux prêts et avances, dont le compte était fixé à forfait au chiffre de 100,000 fr., s'obligeait à se faire assurer à la compagnie *la Nationale* pour pareille somme, payable à son décès. Il était dit ensuite que cette assurance était contractée au profit de La Pommerais, qui se chargerait de pourvoir au payement des primes.

En priant M⁰ Levaux de lui rédiger cet acte, l'accusé n'avait évidemment qu'un but, celui de se procurer un modèle pour dresser ensuite lui-même un autre acte plus conforme à ses vues. C'était, en effet, à 550,000 fr., et non à 100,000 fr. seulement, que devait être fixé le chiffre de sa créance sur la veuve de Pauw, pour motiver la cession des huit polices d'assurances, dont une seule était mentionnée dans l'acte de M⁰ Levaux. Aussi, à la date du 31 août, faisait-il signer par la veuve de Pauw un autre acte entièrement semblable, sauf que l'arrêté de compte était fixé à 550,000 fr. au lieu de 100,000 fr., et que la veuve de Pauw s'obligeait à contracter au profit de La Pommerais des assurances pour pareille somme, tandis que les contrats étaient déjà signés, et que les huit polices avaient été remises entre ses mains.

Quand il fut nanti de tous ces actes, dans lesquels il figurait comme créancier de la veuve de Pauw, et où les transferts et les cessions lui étaient consentis à titre de remboursement, il ne crut pas encore que sa sécurité fût complète. Voulant parer à toutes les éventualités, et être en mesure de repousser toutes les contestations qui pourraient lui être opposées au nom des enfants de la veuve de Pauw, il se fit remettre par celle-ci un testament par lequel, déclarant de nouveau lui céder et transférer la propriété et le bénéfice des huit contrats d'assurances, elle l'instituait son légataire universel, et allait jusqu'à dire, en terminant, qu'elle lui donnait même l'usufruit de la portion de ses biens réservée à ses enfants, sans qu'il pût être astreint, dans aucun cas, à donner caution.

C'était pourtant une mère, dévouée d'ailleurs à ses

enfants, qui consentait à signer de telles dispositions ; preuve éclatante de l'ascendant que La Pommerais avait pris sur elle, et de la domination qu'elle subissait aveuglément !

Il s'agissait maintenant pour l'accusé de tirer parti de tous ces actes, et de faire en sorte que tant d'efforts ne fussent pas stériles. Or la mort de la veuve de Pauw pouvait seule à la fois le dispenser de payer chaque année des primes hors de proportion avec ses ressources, et lui permettre de toucher ces 550,000 fr. qu'il convoitait si ardemment. C'était au mois de janvier que devait être acquittée la prochaine prime ; il importait à La Pommerais de n'avoir pas à la verser ; aussi commença-t-il immédiatement à préparer l'exécution de ses coupables projets.

Depuis longtemps déjà il s'était muni du poison qui lui était nécessaire. Dès le mois de juin, et au moment même où il renouait ses relations avec la veuve de Pauw, il avait d'abord acheté un gramme, puis, huit jours après, deux grammes de *digitaline*. Il savait à merveille que ce poison ne laisse pas de traces ; mais il était important d'arriver à expliquer d'une façon plus ou moins plausible les vomissements que la digitaline ne manquerait pas de déterminer. Dans ce but, dès qu'il eut entre les mains le testament de la veuve de Pauw, il lui rappela que, pour obtenir à des conditions avantageuses le rachat de ses contrats d'assurances, il était indispensable de simuler une maladie.

Elle s'empressa de suivre ses conseils, et un des derniers jours du mois de septembre, un châssis étant tombé dans son escalier en faisant un grand bruit, elle en profita pour dire qu'elle avait fait une chute violente, et pour se plaindre depuis cette époque de vives douleurs d'estomac. Elle fit plus : dans le but de justifier plus tard de son état prétendu de maladie, elle alla consulter plusieurs médecins qui, sans procéder à un examen suffisant et sans contrôler sérieusement le récit qu'elle leur faisait, lui délivrèrent des ordonnances par lesquelles ils lui prescrivaient divers remèdes. Ces ordonnances étaient tout ce qu'elle voulait, elle se gardait bien de les exécuter, et, en attendant le moment de les produire, elle s'empressait de les remettre à La Pommerais.

Le mois de novembre arriva sans que la veuve de Pauw, qui continuait de parler de sa maladie et de ses douleurs d'estomac, eût cessé de vaquer chaque jour à ses occupations. L'accusé, jugeant alors la préparation suffisante, pensa que le moment était venu pour lui de frapper le dernier coup.

Sur sa demande, la veuve de Pauw se fit délivrer au bureau de l'état civil les expéditions de son acte de naissance qui devaient être produites pour toucher le montant des assurances, et qui autrement eussent été complétement inutiles.

Lorsqu'enfin il ne manqua plus aucune pièce, il invita la veuve de Pauw à garder la chambre et à se dire plus malade que jamais.

En même temps, comme elle témoignait son regret d'être privée, pendant la durée de cette réclusion volontaire, du produit d'une leçon qu'elle donnait à une personne logée au Grand-Hôtel, il lui promit de l'en indemniser en lui remettant lui-même, chaque fois, le prix de cette leçon.

La veuve de Pauw ne sortit donc plus de chez elle à compter du 12 novembre ; elle resta constamment coiffée d'un bonnet de nuit, comme si elle eût été malade, et, pour rendre la simulation plus complète et mieux réussir à tromper les médecins que les Compagnies chargeraient de venir la visiter, l'accusé lui annonça « qu'il lui ferait prendre quelque chose pour lui donner de l'agitation. »

En attendant qu'il réalisât cette perfide promesse, si bien faite pour disposer la veuve de Pauw à prendre sans défiance tout ce qu'il lui donnerait, et à lui faire trouver naturels les malaises qui en seraient la suite, la santé de celle-ci était excellente, et son humeur était même des plus gaies. Les recommandations que La Pommerais lui avait faites de garder le secret ne l'empêchaient pas de confier à ses amies et à ses voisines toutes ses espérances. « Si cela réussit, disait-elle, ce sera mon bonheur et celui de mes enfants. » Elle répétait qu'après le rachat des assurances, elle aurait 3,000 fr. de rentes. Il fallait seulement pour cela faire croire aux médecins des Compagnies, lorsqu'ils viendraient la voir, qu'elle était réellement malade ; et cette maladie feinte devait durer environ quinze jours.

Le vendredi 13, elle écrivait à son amie, la dame de Ridder, pour la prier de venir le lendemain passer la soirée avec elle. Le ton de sa lettre indique le contentement et l'espérance : « Les médecins, dit-« elle ironiquement, me trouvent très-malade ; j'ai « bien l'espoir, d'après ce qu'il m'a dit hier, que si « cela réussit, j'aurai 3,000 fr. de rente : je vous con-« terai cela demain. »

Mais les visites de l'accusé, que désignent évidemment les lignes qui précèdent, devenaient de plus en plus fréquentes. Il fit savoir à la veuve de Pauw qu'il viendrait passer la soirée du samedi avec elle ; et comme il tenait essentiellement à la trouver seule, le rendez-vous donné à la dame de Ridder fut contremandé.

Cependant aucun changement sensible ne se manifestait encore dans l'état de la prétendue malade. Le lundi à cinq heures, elle dînait en compagnie de ses deux filles et de la femme Biord. Elle priait ensuite une voisine, la dame Delettre, d'aller lui chercher un flacon d'essence, et elle procédait à sa toilette avec un soin qui témoignait de sa parfaite santé ; elle attendait alors la visite de La Pommerais.

Celui-ci arrive effectivement à huit heures ; il passe un long temps auprès d'elle, et aucun autre ne la voit jusqu'au lendemain matin. C'est alors que, vers six heures et demie, en venant comme de coutume apporter le pain, la veuve Pigerre est surprise de voir sur la porte la clef que la veuve de Pauw avait toujours le soin de retirer en se couchant. Elle pénètre dans la chambre, et elle y trouve la veuve de Pauw dans le plus triste état : son visage trahit de vives souffrances ; son lit et le parquet qui l'environne sont souillés par les vomissements qui se sont déclarés pendant la nuit.

La veuve Pigerre se hâte d'aller avertir Félicité et Adélaïde de Pauw qui couchent depuis quelque temps à l'entresol. Elles montent aussitôt ; mais leur mère leur dit qu'elle a eu une indigestion et les prie de la laisser seule. Elles obéissent et redescendent dans leur chambre.

Dès huit heures du matin, La Pommerais arrive ; il se trouve, comme pendant la soirée précédente, avec la veuve de Pauw.

La gravité des symptômes qu'elle éprouve est évidente ; néanmoins, loin de lui faire donner les secours urgents que son état réclame, il n'avertit même personne du danger qui la menace et il la laisse seule, livrée aux mêmes accidents et aux mêmes souffrances. Quant à elle, ces souffrances ne lui inspirent aucune inquiétude : ne faut-il pas, pour obtenir cette rente de 3,000 fr. qu'elle espère, paraître gravement malade ? D'ailleurs, La Pommerais vient de la rassurer au sujet des suites que les accidents qu'elle éprouve peuvent entraîner; c'est elle qui l'apprend quelques moments après à sa fille Félicité en ces termes : « Il m'a dit que j'avais le choléra et que j'en avais pour vingt-quatre heures. » Or, ce mot de choléra ne l'effrayait nullement depuis que La Pommerais lui avait raconté qu'il l'avait eu lui-même, et qu'il s'en était guéri en vingt-quatre heures, au moyen d'un médicament qu'il lui apporterait.

Aussi, loin de réclamer les soins de ses filles, elle exige qu'elles se rendent à leur pension comme de coutume. Mais après leur départ le mal continue de s'aggraver, et la malade ne reçoit d'autres secours que ceux de sa voisine, la femme Delettre, qui monte de temps en temps auprès d'elle.

A une heure, arrive un médecin qu'avait plusieurs fois consulté la veuve de Pauw, le docteur Gaudinot. Celui-ci, comme on l'a vu, acceptant sans méfiance les récits qu'elle lui avait faits, avait cru qu'elle était réellement tombée dans son escalier, et que les souffrances dont elle se plaignait étaient sérieuses. En conséquence, il lui avait prescrit un traitement et un régime, sans soupçonner que la veuve de Pauw était d'avance résolue à ne pas les suivre, et il en venait constater le résultat. Mais, en apprenant par la femme Delettre que la veuve de Pauw ne s'y était nullement conformée et qu'elle n'avait exécuté aucune de ses ordonnances, il témoigna son vif mécontentement et se retira sans examiner la malade et sans que d'ailleurs celle-ci fît aucun effort pour le retenir.

Peu de temps après, vers deux heures, La Pommerais revient; il se trouve encore seul avec la veuve de Pauw, et il ne peut se tromper sur les progrès que le mal a faits depuis qu'il l'a quittée. Il repart cependant après avoir passé quelque temps auprès d'elle, et sans avoir pris, ou au moins provoqué aucune des mesures que commande la plus vulgaire humanité. Enfin, à six heures et demie, la veuve de Pauw meurt au moment où vient d'arriver le docteur Blachez, appelé en toute hâte par la demoiselle Huilmand, mais alors que malheureusement il était déjà trop tard pour pouvoir procurer aucun soulagement à la mourante.

L'accusé revient pour la troisième fois à huit heures du soir. La demoiselle Huilmand, qu'il rencontre dans l'escalier, lui annonce la mort de la veuve de Pauw; cette nouvelle ne lui cause ni surprise ni émotion. Il monte jusqu'à la chambre, s'approche froidement du cadavre de celle qui a été si longtemps sa maîtresse, s'assure qu'elle est bien morte, et se retire en paraissant attribuer cet événement à la prétendue chute de la veuve Pauw dans l'escalier. « C'est une dérision! s'écrie la demoiselle Huilmand; Mme de Pauw n'a pas fait de chute. » Et comme il semble vouloir insister : « Ne jurez pas, lui dit-elle, vous savez bien que je suis au courant des affaires de Mme de Pauw. »

Il savait trop bien aussi à quelle cause était due la mort de cette femme, et cette cause ne peut plus aujourd'hui être l'objet d'un doute : la veuve de Pauw a été empoisonnée par La Pommerais dans la soirée du 16 novembre !

L'accusé est la dernière personne qui l'ait vue pendant cette soirée; il a passé un long temps seul avec elle, et c'est durant la nuit suivante qu'elle a été prise de ces vomissements qui fournissent à la science la preuve que le poison lui a été administré quelques moments auparavant. Le lendemain, il l'a revue deux fois, il a encore été seul avec elle, et rien ne lui a été plus facile que de renouveler au besoin la dose du poison. Lui seul avait intérêt à commettre un tel crime, et il en avait évidemment déjà la pensée lorsqu'il faisait contracter à la veuve de Pauw des assurances que rien autrement ne pouvait expliquer.

Quel autre motif, en effet, avait pu le faire agir ? La veuve de Pauw lui devait-elle réellement, ainsi que le dit l'acte du 31 août, une somme de 550,000 f.? Lui-même, dès le début de l'instruction, a été forcé de reconnaître combien ce chiffre était exagéré ; il a commencé par le réduire à 150 ou 100,000 fr.; puis il a avoué que cette évaluation était encore fort au dessus de la vérité, et il fixe définitivement à 25,000 fr. le montant des sommes qui lui sont dues. Mais sur ces 25,000 fr., 13,000 fr., d'après ses propres aveux, n'auraient été remis à la veuve de Pauw qu'à la fin du mois de septembre, longtemps, par conséquent, après la conclusion des traités d'assurances. En réalité, ces prêts ou dons se réduisent à des sommes sans importance, et c'est d'autres personnes que la veuve de Pauw a reçu le plus souvent les secours que son état de gêne lui rendait nécessaires.

Quoi qu'il en soit, et en admettant un moment comme exactes les dernières déclarations de l'accusé, ce serait donc pour arriver au remboursement d'une somme de 12,000 fr. qu'il aurait fait contracter à la veuve de Pauw des assurances s'élevant à 550,000 fr.; c'est pour éviter de perdre une si faible somme qu'il aurait pris lui-même l'engagement de payer chaque année près de 19,000 francs.

Cet engagement même, il était hors d'état de le remplir. Il n'avait eu déjà que trop de peine à pourvoir au premier versement ; il se serait bientôt vu dans l'impossibilité de continuer, et pourtant, il le savait à merveille, les sommes précédemment versées eussent alors été complétement perdues. Aussi entendait-il bien, dès le premier jour, faire en sorte que le payement des primes n'eût pas besoin d'être renouvelé ; et, dès le jour où il se présentait chez son ancienne maîtresse pour lui faire les propositions qui devaient lui être si fatales, le crime qu'il a accompli au mois de novembre était déjà résolu.

Déjà il s'était muni d'une quantité vraiment exorbitante de digitaline, ce poison dont la trace, ainsi qu'il le savait trop bien, est si difficile à retrouver, et dont les effets ressemblent à ceux que produisent certaines maladies de l'estomac; trois grammes de digitaline sont achetés par lui les 17 et 19 juin, et l'on n'en retrouve chez lui que 15 centigrammes! Qu'a-t-il fait de ce qu'il manque? Il ne l'a pas employé dans sa clientèle, car la médecine homœopathique pratiquée par l'accusé n'a pas coutume d'en faire usage, et, en tous cas, elle ne s'en sert que par doses aussi minimes que possible. Il n'indique d'ailleurs aucune personne à qui il en ait ordonné. Il dit bien qu'il en a envoyé à des confrères qui habitent la province, mais il ne peut faire connaître le nom d'un seul de ces confrères ; la mort de la veuve de Pauw explique trop bien au contraire le déficit que la perquisition opérée chez lui a constaté.

A ces charges accablantes, l'accusé répond par les plus complètes dénégations : il n'a jamais songé à attenter aux jours de la veuve de Pauw, et il insinue que si réellement elle est morte empoisonnée, cette triste fin a pu être le résultat d'un acte de désespoir. Mais cette insinuation n'est pas seulement repoussée par tous ceux qui ont connu la veuve de Pauw, elle l'est également par la conduite même de l'accusé pendant la journée du 17 novembre. N'est-il pas évident, en effet, que si la veuve de Pauw eût pris le poison d'une autre main que de celle de l'accusé, celui-ci la retrouvant si malade le mardi matin, après l'avoir laissée en parfaite santé le lundi soir, se fût préoccupé de cet état et en eût recherché la cause ?

L'étude approfondie qu'il dit lui-même avoir faite des poisons ne lui permettait pas de se tromper sur la nature du mal dont souffrait la veuve de Pauw; l'odeur des déjections qui couvraient le lit et le parquet devait à elle seule être pour lui une révélation. Son inaction en présence de tels symptômes, le soin qu'il a pris même de ne rien dire qui pût donner l'alarme ni provoquer l'arrivée des secours, l'empressement avec lequel cependant il est venu à deux heures et à huit heures, seraient inexplicables, si l'on ne savait qu'il avait lui-même administré le poison à la veuve de Pauw, et qu'il en venait surveiller les progrès.

Ce triste événement le surprenait si peu, et il éprouvait une telle impatience de toucher les 550,000 francs en vue desquels il avait accompli son crime, qu'aussitôt après le décès de la veuve de Pauw, il écrivait aux huit Compagnies pour les inviter à se mettre en mesure de lui payer le montant des assurances que ce décès rendait exigibles; puis, redoutant les difficultés qui pourraient résulter de l'existence des enfants de la veuve de Pauw, et voulant faire croire qu'il était d'accord avec ceux qui étaient chargés de veiller sur leur intérêt, il dictait à sa sœur une lettre qu'il lui faisait signer faussement du nom d'un prétendu avocat de Châteauroux, et par laquelle celui-ci semblait se concerter avec l'accusé au sujet des mesures à prendre dans l'intérêt des mineurs de Pauw. Il fallait qu'à tout prix il arrivât à recueillir le fruit de son crime, et pour cela aucun moyen ne devait plus lui coûter.

La Pommerais cependant a prétendu que, loin d'être mu par un sentiment de cupidité, il avait toujours agi dans l'intérêt des enfants de la veuve de Pauw, et à l'appui de cette allégation il a produit un acte, en date du 20 août dernier, par lequel il déclare abandonner aux enfants de la veuve de Pauw le bénéfice des contrats d'assurances qui lui ont été transférés. Mais il a été bientôt démontré que cet acte n'avait rien de sérieux. La Pommerais en était seul détenteur, et aucun double n'en a été trouvé au domicile de la veuve de Pauw, de telle sorte qu'il n'était au pouvoir de personne de l'invoquer, si l'accusé n'en révélait pas lui-même l'existence. De plus, cet acte se trouvait annulé par celui du 31 août, dans lequel la cession des contrats d'assurances était réitérée par la veuve de Pauw, sans aucune réserve en faveur de ses enfants. La Pommerais, du reste, loin de se considérer comme lié par cet acte du 20 août; car, le jour même où il l'a produit, le Juge d'instruction lui ayant demandé quelle était à ses yeux la situation qui en résultait pour lui, il a répondu sans hésiter : « qu'il allait d'abord toucher les 550,000 fr., et que sa conduite serait ensuite subordonnée aux rapports qu'il aurait avec la famille, et au testament fait en sa faveur par la veuve de Pauw, testament qui lui donnait jusqu'à l'usufruit de la part que la loi réserve aux enfants. »

Au moment de son arrestation, La Pommerais a produit pour sa justification, 23 lettres à son adresse, écrites par la veuve de Pauw, et datées du 16 juin au 16 novembre dernier. Il résulterait de ces lettres que le genre d'assurances adopté par la défunte aurait été choisi par elle après un examen approfondi, et malgré les objections qui lui étaient faites; que son but aurait été de dédommager La Pommerais de tous les sacrifices d'argent qu'il avait faits pour elle et qui se seraient encore renouvelés après la signature des contrats; qu'en outre, vers les derniers jours du mois de septembre, elle aurait fait dans son escalier une chute si violente, qu'elle avait cru mourir sur le coup, et que la personne qui était allée chercher un médecin ne croyait pas la retrouver vivante à son retour; qu'enfin, dès le 21 juin, étant déjà souffrante, elle aurait, d'après l'ordonnance de son médecin, « pris de la digitaline en quantité. »

Il a été facile de constater que la plupart des énonciations contenues dans les lettres n'étaient nullement conformes à la vérité.

Ainsi, le 28 septembre, la veuve de Pauw « remercie à genoux » La Pommerais de lui avoir envoyé 30,000 fr., et l'accusé convient qu'il ne lui a pas fait remettre une somme aussi forte. D'autre part, l'information établit que la veuve de Pauw n'a pas fait de chute au mois de septembre, qu'elle s'est très-bien portée jusqu'au 16 novembre, et que, notamment à l'époque où les assurances ont été contractées, par conséquent à une époque postérieure au 21 juin, les médecins des Compagnies ont vérifié que sa santé ne laissait rien à désirer. Comment donc, dans ses lettres, parlait-elle de ses souffrances et de la digitaline ? C'est ce qui, maintenant, est parfaitement éclairci.

Aucune de ces lettres n'a été spontanément écrite par la veuve de Pauw; toutes ont été dictées par La Pommerais, dans le but de s'en faire plus tard un moyen de défense. La veuve de Pauw lui écrivait sans hésitation, pensant qu'elles devaient servir à justifier auprès des Compagnies de sa prétendue maladie, et à expliquer les arrangements intervenus entre elle et La Pommerais. Celui-ci les emportait immédiatement, et il suffit de les examiner pour reconnaître qu'elles ne sont point timbrées de la poste, et qu'aucune d'elles n'offre la trace de ces froissements inévitables quand les lettres passent par plusieurs mains.

L'accusé ne peut dire par qui elles auraient été remises chez lui; de leur côté, les concierges et domestiques de la maison déclarent qu'ils n'en ont jamais vu une seule. Enfin, tandis que la veuve de Pauw y parle toujours comme si elle ne voyait pas La Pommerais, il est certain qu'à la date des 12, 14 et 16 novembre que portent les trois dernières lettres, elle recevait chaque fois la visite de l'accusé. Sa fille Félicité déclare qu'il lui faisait écrire des lettres qu'il emportait aussitôt. Ce sont évidemment celles-là qui, préparées par l'accusé, pour sa défense, viennent au contraire ajouter une nouvelle charge à celles qui pesaient déjà sur lui.

Ces lettres ne sont pas les seules qu'il ait ainsi dictées à la veuve de Pauw : le lendemain de la mort de celle-ci, plusieurs de ses parents, notamment son père et sa sœur, recevaient des lettres écrites par elle et dans lesquelles elle leur disait qu'elle était très-malade, les priant « de venir de suite s'ils voulaient la trouver encore vivante. » Ces lettres, non datées, mises à la poste dans la soirée du 17 novembre, quelques moments après que la veuve de Pauw venait de rendre le dernier soupir, avaient pour but de faire croire à ses parents qu'elle était réellement atteinte d'une grave maladie et devaient éloigner de leur esprit toute autre supposition. C'était encore l'accusé qui, six semaines environ auparavant, était parvenu à les faire écrire par la veuve de Pauw. Elle l'a elle-même raconté à la demoiselle Huilmant, et, selon l'expression de ce témoin, « cela lui avait fait tant de mal de les écrire, qu'elle en pleurait ! »

Le crime dont la veuve de Pauw a été la victime n'était pas le premier que commettait La Pommerais : deux ans auparavant, à l'aide des mêmes moyens, il avait mis fin aux jours de sa belle-mère, la dame Dubizy.

C'est au mois d'août 1861 qu'avait eu lieu son mariage; il ne s'était pas accompli sans d'assez grandes difficultés.

La dame Dubizy se méfiait de son futur gendre, dont les prétendus apports lui paraissaient suspects, et qui, effectivement, avait emprunté, pour quelques jours, d'un nommé Pelardy de la Neuville, les actions au porteur qui en composaient la majeure partie. Quelque fondée que fût sa méfiance, elle n'avait pas réussi à la faire partager à sa fille; elle avait du moins exigé que le régime adopté par les futurs époux fût celui de la séparation de biens.

La Pommerais avait été forcé de subir cette condition, et il se trouvait ainsi hors d'état de disposer de la fortune de sa femme, sur laquelle la dame Dubizy continuait de veiller. La mort de sa belle-mère pouvait donc seule le délivrer d'une surveillance importune, et en même temps mettre à sa disposition les valeurs qui composaient le reste de la fortune de la dame Dubizy.

Deux mois s'étaient à peine écoulés, qu'on le voit, à la date du 4 octobre, acheter chez Ménier 50 centigrammes de digitaline. Presque aussitôt après, à la suite d'un dîner auquel il assistait, sa belle-mère, dont la santé jusque-là était excellente, est subitement prise de vomissements violents. Les docteurs Leboucher et Loiseau sont successivement appelés; ils prescrivent divers remèdes; mais leurs ordonnances ne sont point exécutées. Le docteur Leboucher se borne à une seule visite; et quant au docteur Loiseau, il n'est là, selon l'aveu qu'il en a fait lui-même, « *que pour couvrir La Pommerais*; » c'est celui-ci, en effet, qui dirige le traitement. Il dit, pour expliquer les vomissements, que sa belle-mère est atteinte du choléra, allégation que repousse le docteur Loiseau, et en même temps il fait livrer par le pharmacien Labainville des substances qui ne peuvent être destinées à combattre une telle maladie : 10 centigrammes de digitaline et 25 centigrammes d'hydrochlorate de morphine sont fournis par ce pharmacien, conformément aux ordonnances de La Pommerais, dans la nuit du 9 au 10 octobre, et le jour suivant la dame Dubizy rend le dernier soupir !

Aussitôt l'accusé s'empare de toutes les valeurs mobilières composant la succession de sa belle-mère, et représentant environ 45 ou 50,000 fr. Il refuse de faire procéder à un inventaire, et il dispose à son gré des divers titres dont la majeure partie a aujourd'hui disparu.

Il avait donc atteint son but, et il a pu longtemps croire que son crime resterait ignoré.

Quelque étonnement qu'eût causé la mort si prompte de la dame Dubizy, personne n'avait alors signalé ce qu'un tel événement avait d'inexplicable. Les faits relatifs à la veuve de Pauw ont ramené l'attention sur ceux qui avaient accompagné le décès de la dame Dubizy, et un crime de plus s'est trouvé, par suite, établi à la charge de l'accusé.

L'autopsie, pratiquée plus de deux ans après, n'a pu donner les mêmes résultats que si elle eût été faite immédiatement : le long temps écoulé n'a pas permis aux médecins de se prononcer avec certitude sur la cause de la mort. Le docteur Tardieu a néanmoins constaté que les principaux organes étaient dans un état de conservation qui rendait difficile d'expliquer la mort par une cause naturelle; il fait remarquer en outre ce qu'ont de surprenant, d'une part, cette maladie si rapide développée au milieu de la plus parfaite santé, et qui n'était ni une apoplexie, ni un choléra, ni un anévrisme; de l'autre, ces doses véritablement excessives de morphine et de digitaline livrées par le pharmacien, conformément aux prescriptions de l'accusé.

Ainsi, pour la dame Dubizy, comme pour la veuve de Pauw, l'autopsie ne fait découvrir dans les organes aucune trace de lésion ayant pu déterminer la mort; en même temps l'information ne constate chez toutes deux d'autres symptômes de maladie que des vomissements qui surviennent au milieu de la plus parfaite santé, sans qu'aucun motif plausible puisse les expliquer. Dans les deux cas, La Pommerais est présent quelques moments avant que ces accidents se déclarent, et chaque fois l'on constate de sa part l'achat récent d'une quantité considérable de digitaline, qui a disparu sans qu'il puisse en indiquer l'emploi.

Tout démontre que la dame Dubizy a succombé à un genre de mort semblable à celui de la veuve de Pauw, et que l'accusé les a rendues, l'une et l'autre, victimes de sa cupidité.

En conséquence, ledit Désiré-Edmond Couty de La Pommerais est accusé :

1° D'avoir, à Paris, en 1861, par l'effet de substances pouvant donner la mort, attenté à la vie de Séraphine Desmonne, veuve Dubizy;

2° D'avoir au même lieu, en 1863, par l'effet de substances pouvant donner la mort, attenté à la vie de Julie-Françoise Testu, veuve de Pauw.

Crimes prévus par l'article 302 du Code pénal.

L'accusé a suivi la lecture de cet acte d'accusation sur une copie sans manifester aucune émotion apparente.

On procède à l'appel des témoins tant à charge qu'à décharge.

Après que les témoins se sont retirés dans leur salle, M. le Président procède à l'interrogatoire de l'accusé.

M. le Président. — Accusé, levez-vous. Comme votre interrogatoire sera long, vous pourrez vous asseoir quand vous vous sentirez fatigué. Votre famille habite Neuville-aux-Bois; elle y est entourée de l'estime et de la considération générales, ce qui peut faire comprendre la douleur dans laquelle votre position la plonge. Votre père est médecin; vous avez un oncle qui est ou qui a été pharmacien à Orléans?

L'accusé. Il est négociant.

D. Vous avez une sœur qui a épousé, à Paris, un pharmacien. Quant à vous, vous avez été reçu docteur en médecine en 1854, à Paris. Vous avez embrassé la médecine homœopathique, et, dès cette époque, l'instruction vous représente comme animé du désir de faire parler de vous, et surtout de faire fortune. Vous avez adressé un assez grand nombre de pétitions, soit au ministre de l'Intérieur, soit au ministre de l'Instruction publique, soit au commandant supérieur de la Garde nationale, pour obtenir la croix de la Légion d'honneur, ou un emploi de médecin soit dans les prisons, soit ailleurs.

Dès 1856, vous preniez le titre de comte, qui ne vous appartient pas. — *R.* Le titre de comte m'appartient; c'est pour cela que je l'ai pris. Si j'ai cessé de le porter, c'est par condescendance pour mon père; j'ai compris que sa modestie pourrait en être blessée. J'y tenais si peu, que, lorsqu'un comité a été institué par l'Empereur pour reconnaître les titres de noblesse, je n'ai pas fait valoir mes droits à ce titre, parce que depuis longtemps je ne le portais plus; il m'appartenait si bien, qu'un professeur de l'Ecole des chartes, qui s'occupe de vérifier les titres de noblesse, a validé le mien alors que le comité n'avait pas encore été institué par le Gouvernement.

D. Personne n'avait le droit, en publiant un article généalogique sur votre famille, de vous donner un titre qui ne vous appartenait pas. Ce qu'il y a de certain, c'est qu'aucune personne de votre famille n'a jamais porté le titre de comte, et qu'il est impossible d'obtenir de vous la moindre preuve d'un droit à ce titre. — *R.* C'est précisément parce que ma famille ne l'avait pas porté, que je l'ai pris; mais je me suis rendu au désir de mon père en y renonçant; il m'appartient d'après les documents que je possédais, et d'après ceux qui m'ont été fournis par le baron d'Hauterive, par des élèves très-distingués de l'Ecole des chartes et par des rédacteurs du *Journal de la Noblesse*.

D. Ces messieurs n'avaient aucun droit à valider un titre qui ne vous appartenait pas, que votre père, ni votre grand-père n'ont jamais porté; on s'est procuré leurs actes de naissance, on n'y rencontre pas le titre de comte, et il vous est impossible d'en justifier d'une manière régulière. — *R.* Beaucoup de familles se trouvent dans cette position, attendu que, depuis 1789, énormément de documents venant de nos ancêtres ont été perdus; mais il n'en est pas moins vrai que j'en possédais un certain nombre à l'aide desquels ces messieurs ont pu faire des recherches.

D. Vous n'aviez aucun document. — *R.* J'en avais, puisqu'ils ont permis à M. le baron d'Hauterive de me délivrer une pièce officielle que j'ai entre les mains.

D. Je vous le répète, ce monsieur n'avait pas le droit de vous donner un titre officiel que votre famille n'a jamais porté à aucune époque dans le passé. Quant à vous, vous ne pouvez établir que vous y ayez droit, et la preuve c'est que, vous en convenez, vous avez renoncé à le porter dans les dernières années. — *R.* Je me suis rendu au désir de mon père.

D. Mais si votre père avait le droit de porter régulièrement le titre de comte, pourquoi ne l'eût-il pas pris, et pourquoi vous l'eût-il interdit? — *R.* Parce qu'il était dans une position extrêmement modeste, et qu'il était lui-même très-modeste. Il n'a pas voulu le revendiquer, mais ce titre lui appartient, comme je le sais moi-même.

D. Ce ne sont pas des raisons sérieuses; vous n'avez aucune justification à produire, et, en renonçant vous-même à porter le titre de comte, vous reconnaissez que vous l'avez pris indûment. — *R.* Je ne me suis même pas adressé au comité qui a été formé, car, depuis longtemps déjà, je ne portais plus le titre de comte.

D. Vous vous seriez adressé à la commission du sceau des titres pour faire valider votre droit à prendre le titre de comte, que vous n'eussiez pu produire aucune pièce à l'appui, et qu'elle vous l'eût interdit.

— *R.* Je n'en sais rien. Je ne me suis pas adressé à elle; elle n'a pas pu me l'interdire.

D. C'est probablement parce que vous n'aviez pas de pièces à fournir. — *R.* J'ai déjà plusieurs titres généalogiques, et ensuite ce brevet qui m'a été donné par un professeur de l'Ecole des chartes.

D. Enfin vous avez renoncé depuis à le porter, il faut donc bien que vous ayez reconnu vous-même n'y avoir pas droit. — *R.* Ce n'est que par condescendance pour mon père que j'y ai renoncé.

D. On ne s'expliquerait pas l'insistance de votre père pour vous empêcher de prendre un titre auquel vous auriez eu droit: votre père et votre famille sont dans une position modeste. Votre père est médecin dans un village, chef-lieu de canton; votre sœur a épousé un pharmacien; vous, vous étiez médecin sans clientèle. Par conséquent, rien ne vous autorisait à prendre un titre auquel vous n'aviez pas droit; s'il vous avait appartenu, vous n'y auriez pas renoncé. En voilà assez sur ce point.

Nous avons parlé de pétitions que vous aviez adressées pour obtenir la croix d'honneur ou un emploi de médecin; en 1855, époque à laquelle vous aviez vingt-quatre ans, car vous êtes né en 1830; vous avez adressé une supplique au Pape, et vous lui demandiez de vous donner la croix de Saint-Sylvestre; vous ne l'avez pas obtenue? — *R.* Je dirai pourquoi.

D. Dans votre supplique, vous preniez le titre de comte; vous vous représentiez comme ayant été élevé dans les sentiments les plus chrétiens, comme dévoué et plein de vénération pour la chaire de saint Pierre et la religion catholique, et comme un fils soumis de l'Église. C'est à peu près le texte de votre pétition. — *R.* C'est en 1856.

D. En 1855. — *R.* C'est au moment où j'avais cru devoir prendre le titre de comte; je donnais des soins à deux personnes, dont l'une est héritière de l'un des plus beaux noms de la Bretagne; une autre, qui est commandeur du St-Empire, m'avait demandé s'il me serait agréable d'avoir la croix de Saint-Sylvestre; j'ai accepté. Quant à la pétition, je ne sais ce qu'elle contient; je ne connais pas l'italien; elle n'est pas écrite de ma main; je n'ai fait que la signer. En ce qui concerne le reproche que vous me faites d'y manifester mon dévouement pour le saint Père, c'est une formule; je m'adressais au Souverain temporel.

D. Je ne vous fais pas le reproche d'avoir manifesté ces sentiments, mais je vous reproche de les avoir manifestés sans les avoir réellement. — *R.* J'ignore ce que contient la pétition; je ne sais pas l'italien; elle n'est pas de ma main.

D. Elle a été trouvée chez vous en français et en italien. — *R.* Je n'y ai pas donné suite, parce que, pour obtenir cette croix, il fallait payer une somme exorbitante.

D. Voici la pétition en français, qui a été trouvée chez vous.

La Pommerais. — C'est pour la première fois que j'en ai connaissance.

A Sa Sainteté Pie IX, Souverain Pontife.

« Très-Saint-Père,

« Edmond, comte de la Pommerais, né près d'Orléans, et domicilié aujourd'hui à Paris, rue de la Ferme-des-Mathurins, n° 28, supplie humblement et expose très respectueusement à Votre Sainteté, qu'élevé par des parents chrétiens dans la plus profonde vénération pour la chaire de saint Pierre et la religion catholique, il est resté et sera toujours le fils soumis et dévoué des Pontifes romains, et emploiera tous ses efforts pour aider au triomphe des doctrines catholiques et à la gloire de l'Église, mère des peuples et conservatrice de tout ce qu'il y a de beau et de grand dans l'univers; qu'il a déploré amèrement les douleurs de Votre Sainteté, si cruellement éprouvée et si sublime dans l'adversité, et qu'il se trouve fier et heureux d'appartenir à la grande nation qui prouve par ses actes qu'elle est vraiment la fille aînée de l'Église romaine et l'égide protectrice de ses droits.

« Le soussigné exprime timidement et respectueusement un désir qui comblerait ses vœux et l'attacherait par des liens plus étroits à l'auguste Cour de Rome. Si Votre Sainteté, très-Saint-Père, daignait me nommer chevalier de son Ordre pontifical de Saint-Sylvestre, le comte de La Pommerais en garderait à Votre Sainteté une reconnaissance éternelle.

« Le suppliant se dit avec le plus profond respect, très-Saint-Père, de Votre Sainteté le très-humble et très soumis serviteur et fils.

«Diocèse de Paris, 4 décembre 1855.»

D. Votre pétition est accompagnée de recommandations signées des noms les plus honorables. En tête se trouve celle du curé doyen d'Olivet, diocèse d'Orléans. Vous ne ferez pas croire que ce respectable ecclésiastique, de même que plusieurs personnages importants, vous aient donné leurs signatures sans que vous les leur ayez demandées? — *R*. Quand j'ai fait la demande pour obtenir la croix, c'est qu'on me l'avait proposée; j'ai accepté cette proposition comme tout autre l'eût fait à ma place. Mais quand je me suis présenté chez le protonotaire, je n'ai pas donné suite à ma demande, parce que la somme qu'on me demandait m'a paru exorbitante et peu en rapport avec la décoration.
D. C'est possible, mais vous aviez toujours adressé la pétition dont je viens de donner lecture. — *R*. Je ne dis pas le contraire; j'explique pourquoi j'y ai renoncé.
D. Vous souteniez tout à l'heure que vous ne connaissiez pas cette pétition; que c'est pour la première fois que vous en apprenez le contenu. — *R*. C'est la première fois que j'en connais les termes.
D. Mais elle a été saisie chez vous! Quant aux sentiments que vous y exprimez, ce ne sont pas les vôtres. — *R*. C'est ce qui prouve que la pétition n'est pas de moi.
D. Cela prouve que vous faisiez parade à ce moment de sentiments que vous n'aviez pas. Vos sentiments, à vous, sont les plus opposés à ceux-là. On a trouvé chez vous un testament de votre main. Vous ne pouvez le contester; vous vous adressez à votre femme, au sujet de votre fils qui allait naître, et voici ce que j'y lis:

« Voilà mes dernières volontés. Si je meurs laissant un fils, je désire qu'il soit élevé dans les mêmes sentiments que moi. Son éducation devra reposer exclusivement sur les faits de la nature. Je prie ma femme de lui inspirer avant tout l'amour et le respect pour ses semblables; de cette manière il apprendra à se respecter et à se faire respecter. Elle devra lui faire donner une éducation solide, ce qui lui permettra, une fois ses études achevées, d'envisager toutes les questions religieuses sous leur véritable jour. C'est alors que les prêtres lui apparaîtront comme autant de charlatans, et les religions comme autant de fables; c'est en lui inculquant des principes vrais et sévères, que vous formerez un homme dans toute l'acception du mot, et non une machine, un instrument au service de l'État ou de l'Église. Qu'il sache servir son pays, et non tel ou tel gouvernement.

« Je désire être porté au cimetière comme le dernier des pauvres; on me conduira directement à ma dernière demeure, et si jamais, au dernier moment, je manifestais le désir de voir un prêtre, ce ne pourrait être de ma part qu'un moment d'aberration. Je supplie donc ma femme de ne jamais faire droit à ma demande, c'est-à-dire de ne jamais laisser entrer, sous aucun prétexte, un prêtre dans ma chambre. Je désire enfin qu'aucun service, qu'aucune messe, qu'aucune prière ne soient faits à mon intention, ayant le plus grand mépris pour toutes ces singeries et ces simagrées; seulement, si ma femme le veut, mais seulement si elle le veut, une somme de 100 fr. sera donnée tous les ans au Conseil municipal, et ce pendant cinq ans, afin qu'elle soit distribuée entre les malheureux de mon pays natal, Neuville-aux-Bois. Je préfère donner cette somme aux pauvres, plutôt que de faire rire et faire boire les curés à mes dépens en leur donnant une somme exorbitante pour mon service.

« Une dernière fois, je prie et supplie ma chère femme de veiller à l'éducation et à l'instruction de mon fils, car de là dépendra le bonheur de son enfant.

« Si jamais ma femme peut m'accuser d'avoir été coupable à son égard de quelque manière que ce soit, qu'elle me pardonne, car je lui jure n'avoir jamais eu en vue que son bonheur.

« Paris, le 28 octobre 1861.»

Voilà les sentiments que vous aviez et que vous priiez votre femme d'inculquer à votre fils.

Vous avez fait un cours public, et dans ce cours vous avez professé les mêmes doctrines, c'est-à-dire le matérialisme le plus profond. Vous y disiez que l'âme n'existe pas, qu'elle n'est que l'assemblage de nos organes, d'où résulte la vie. L'idée de Dieu n'est que l'effet d'une habitude enracinée, un préjugé. Sans nos nourrices, qui sont nos premières théologiennes, nous penserions tous de même; vous y niiez la Providence, et vous disiez que s'adresser à elle pour implorer son assistance, c'est une peine bien inutile, puisqu'elle est l'auteur de toutes nos misères et qu'elle y est indifférente.

Voilà vos idées, vos sentiments; vous voyez combien ils sont éloignés de ceux que vous exprimiez dans votre supplique au Saint-Père.

En 1856, vous vous étiez lié intimement avec un nommé Prato, qui, lui aussi, prenait un titre auquel il n'avait pas droit. Il se faisait nommer marquis d'Arnezana; ce n'était, en réalité, qu'un escroc; il a été condamné à six mois de prison par la Police correctionnelle. Il était à la tête d'une société qui avait pour but l'exploitation d'une maison de bains et de jeux à Monaco. Vous étiez un des administrateurs de cette société. Prato avait contracté des dettes; il devait notamment à un nommé Pichevin une somme de 10,000 fr. Vous aviez cautionné envers ce dernier cette dette; votre correspondance constate les inquiétudes que vous causaient les poursuites de M. Pichevin; vous avez obtenu de lui la réduction de la moitié de sa créance; puis, ne pouvant pas payer les 5,000 fr. que vous restiez lui devoir, vous lui avez fait écrire par un nommé Rioublant, agent d'affaires, que vous alliez partir pour l'Amérique et vous expatrier. Pichevin s'est rendu au logement que vous occupiez depuis la mort de votre belle-mère, rue des Saints-Pères, 5. Il a vu l'appartement encombré de malles et de caisses; vous lui avez dit que votre belle-mère, qui venait de mourir, n'avait laissé que des dettes, que vous alliez partir pour l'Amérique. Il a cru cela en voyant le désordre de l'appartement, et vous avez obtenu de lui quittance moyennant une somme de 1,500 fr. Mais ces 1,500 fr., vous ne les avez payés qu'après la mort de votre belle-mère, c'est-à-dire après le 13 novembre 1861. — R. J'avais donné mes soins à M. Prato. Je me trouvai en rapport avec M. Pichevin, qui lui avait vendu des vins pour 10,000 fr. M. Pichevin savait que ces vins avaient été revendus par M. Prato. M. Prato était directeur des bains de Monaco; il me proposa, en reconnaissance des soins que je lui avais donnés, et même des prêts que je lui avais faits, car il me doit encore 1,500 fr., il me proposa d'entrer dans le Conseil d'administration. Je ne crus pas devoir refuser, car parmi les membres de ce conseil se trouvaient des noms fort honorables : M. Dubois de Saligny, consul général ; un général, un évêque *in partibus*. Quelque temps après, MM. Pichevin et Prato me prirent à part et me firent endosser 10,000 fr. de billets qui ne me regardaient pas, parce que M. Prato avait vendu les vins à Bordeaux pour se procurer des ressources. Je n'avais aucune expérience des affaires; jamais je n'avais endossé de billets, car je n'ai jamais eu un centime de dettes, sauf celle qui est en ce moment relevée. Je me laissai endoctriner par ces messieurs; je souscrivis. M. Pichevin m'assura que cela ne m'engageait en rien, qu'il ne ferait aucune poursuite. C'est ce qui n'a pas eu lieu. M. Prato s'en alla, et M. Pichevin me poursuivit. Je crus ne pas devoir payer, parce que cette dette ne m'était pas personnelle. M. Pichevin avait un fils qui vint me trouver ; et sachant que son père devait exercer des poursuites contre moi, il me dit qu'il me laissait sans ressources, qu'il entretenait une femme ; il me pria de lui avancer 3,000 fr.

D. Vous en avez la preuve? — *R.* Non, monsieur le Président. Mais c'était pour un procédé d'argenture au sujet duquel il était associé avec un fabricant de glaces.

Arriva 1861 ; j'écrivis à M. Pichevin père pour lui offrir 1,500 fr. comme solde de compte. Cela faisait 4,500 fr. que j'aurais donnés; il ne voulut pas accepter. Plus tard, il vint me trouver au moment où je déménageais; il fut effrayé, et me demanda si j'allais partir pour l'Amérique ou les colonies. Je voulais me libérer à tout prix, attendu qu'il m'avait extorqué ma signature. Il profita du moyen qui se présentait, et je lui offris 1,500 fr. qui, joints aux 3,000 fr. donnés à son fils, font 4,500 fr. donnés par moi qui ne les devais pas.

D. Vous n'avez pas donné 3,000 fr. au fils. Quant au père, que vous lui ayiez dû directement 10,000 fr. ce n'est pas la question; vous aviez cautionné Prato, votre cautionnement vous avait rendu débiteur, et M. Pichevin déclare que c'est à raison de votre cautionnement qu'il avait fait mettre en liberté Prato détenu à Clichy. — *R.* Je n'ai pu donner ma garantie à M. Pichevin pour faire sortir Prato de Clichy, puisque M. Pichevin, non content de me faire endosser les billets, jugea à propos de se faire donner par Prato des actions de la société de Monaco. Prato était directeur de la société lorsque M. Pichevin m'extorqua ma signature.

D. Il ne vous a pas extorqué votre signature ; vous la lui avez donnée ; par là, vous étiez devenu son débiteur. Il vous a prévenu plusieurs fois, il vous a menacé. Votre correspondance témoigne de vos inquiétudes; en lui faisant croire que vous alliez vous expatrier, vous avez obtenu de lui que, pour 1,500 fr. il vous laissât tranquille. Il déclare, et Massonnet, que vous connaissez bien, déclare aussi qu'à cette époque vous étiez presque sans ressource, sans clientèle; que vous n'aviez presque rien ; vous viviez d'une petite pension que votre père vous faisait. — *R.* Les actions ont été données par M. Prato à Massonnet, pour la garantie de la fameuse créance de 10,000 fr. J'ai cru devoir délivrer ces actions, parce que Massonnet avait emprunté 8,000 fr. à quelqu'un. C'était un chevalier d'industrie associé à Prato ; il vient de faire faillite. Il ne sait rien des ressources que j'avais.

En 1849, j'ai concouru pour la chirurgie militaire. Quand j'eus acquis un peu d'aisance, je vins à Paris, où je concourus pour l'externat en 1849. Déjà mon père me donnait 200 fr. par mois ; il me les a continués jusqu'en 1854, et même, en 1855, je vins à Paris avec 20,000 fr. que mon père m'avait donnés pour m'établir. De plus, il m'a fourni 500 fr. par mois jusqu'en 1858, lorsque j'ai acheté la clientèle de M. Gastier. A dater de cette époque, il ne m'a plus rien donné, si ce n'est 10,000 fr. lors de mon mariage. Depuis 1858, j'ai dépensé 70,000 fr.; ce n'est pas le fait d'un homme qui ne possède rien, qui n'a rien. En 1854, j'avais 50,000 fr. à moi; je vais le prouver.

D. Vous n'aviez, au dire des témoins Pichevin et Massonnet, absolument rien. Vous viviez d'une petite pension que votre père vous faisait. Vous n'aviez pas de clientèle, vous avez voulu en avoir une. Vous suiviez à cette époque les cours du docteur Gastier. Il a déclaré que vous paraissiez rempli de déférence et d'affection pour lui ; c'est un vieillard ; vous le reconduisiez chez lui en sortant de son cours. Vous avez fini par lui proposer de lui acheter sa clientèle, il ne voulait pas. Il a déclaré qu'il la réservait pour son fils, qui n'était pas encore en état d'exercer la profession de médecin. Vous l'avez pressé ; vous lui avez offert une somme. C'est vous-même, dit-il, qui lui avez proposé 7,000 fr. Il a fini par se laisser aller, et par vous vendre, moyennant cette somme de 7,000 fr. la clientèle. Vous deviez payer 2,000 fr. à une époque très-rapprochée, et le reste d'année en année. Vous avez bien payé les 2,000 fr., mais M. Gastier n'a pu rien obtenir aux autres termes de payement. Il vous a écrit lettres sur lettres ; il s'est adressé à votre père ; il l'a même chargé d'être arbitre entre lui et vous, et vous avez répondu que vous veniez de vous brouiller avec votre père, et que, par conséquent, cet arbitrage ne pouvait avoir lieu. Enfin, vous lui avez fait écrire par Rioublant, en lui disant que le traité qu'il avait conclu avec vous était nul ; Rioublant lui a même envoyé un jugement rendu, si nous ne nous trompons, par le tribunal de Versailles dans une affaire analogue. Enfin, par vos menaces et vos refus, vous avez amené ce vieillard à se contenter, comme M. Pichevin, d'une somme de 1,500 fr. De sorte que vous n'avez payé réellement que 3,500 fr. la clientèle que vous deviez payer 7,000. M. Gastier est venu à Paris depuis, et il a déclaré dans l'instruction que toute sa clientèle vous avait abandonné, que vous étiez considéré comme un mauvais collègue, comme un homme cupide, aimant l'argent, et présomptueux ; voilà le portrait qu'il fait de vous. Les faits se sont-ils passés comme il le prétend ? — *R.* Je respecte M. Gastier ; cependant je vous dois la vérité, et je la dirai. On prétend que j'ai acheté une clientèle parce que je n'en avais pas : dès la première année, j'ai eu énormément de clients ; j'ai été très-heureusement favorisé. Vous avez tous les témoignages entre les mains ; lisez-les ; vous verrez que tous les témoins protestent que, dès la première année, j'ai eu une clientèle très-nombreuse pour un débutant. M. Gastier m'a fait proposer sa clientèle par son gendre, que vous pourrez faire venir ; cette proposition m'a été faite au Palais de Justice, au moment où le procès entre les médecins allopathes et homœopathes était engagé. Je crus devoir accepter, parce que, comme le dit M. Gastier, je l'aimais et je le respectais, et j'aurais été heureux de lui succéder. Il me donna sa clientèle pour une somme de 6 à 7,000 fr.; je ne me rappelle pas bien. Non-seulement il me recommanda à quelques clients, mais il me donna un membre de sa famille à soigner d'une fièvre cérébrale. Quand on lui demandait des conseils, il disait de s'en rapporter à moi. Voilà pour le point de vue moral.

Il voulut me donner sa petite-fille en mariage ; mais, pour des motifs dans lesquels je n'entrerai pas ici, qui ne touchent en rien à l'honorabilité de cette jeune personne, je ne voulus pas acquiescer à ce désir, et c'est après cela qu'elle m'a voué une certaine haine et a cherché à me nuire auprès des clients de M. Gastier. C'est à partir de ce moment que celui-ci entra en relations avec des clients de Paris, qui sont venus me trouver et m'en ont donné les preuves. Comme il m'avait cédé sa clientèle, et qu'il rompait le premier ses engagements, je lui ai écrit pour lui faire des reproches. Il n'a pas jugé à propos de se rendre à mes désirs, et il a correspondu avec sa clientèle. Je m'en suis donc tenu à mon premier payement. J'ai fait un premier payement de 1,000 fr., un second de 1,000, et j'en ai offert un troisième de 1,500. Voilà comment les choses se sont passées.

D. Il prétend qu'il a rempli parfaitement ses engagements, et que c'est vous, au contraire, qui avez rompu les vôtres. Il déclare que vous lui avez fait écrire que le traité intervenu entre vous était nul ; vous vouliez vous en débarrasser, et, pour obtenir son consentement, vous lui avez offert 1,500 fr. — R. Je certifie que les choses se sont passées comme je l'ai dit ; quant au jugement qu'il a porté sur mon compte, je ne veux pas en approfondir les motifs.

D. Vous dites que cela vient de son entourage et non pas de lui. Son état de maladie ne lui permettant pas de venir à l'audience, nous lirons son témoignage. Toujours est-il que c'est après la mort de votre belle-mère que vous lui avez fait payer 1,500 fr., comme à Pichevin.

En 1861, vous faisiez partie de la société de secours mutuels de Saint-Thomas d'Aquin ; vous en avez été exclu parce que vos soins coûtaient beaucoup plus cher que tous les autres, et qu'on s'était aperçu que vous vous faisiez remettre, par le pharmacien, la moitié du prix des ordonnances que vous lui donniez à exécuter. Est-ce exact ? — R. C'est complétement faux ; je suis très-étonné que l'accusation me fasse ce reproche. Tous les témoignages le contredisent. Voici comment les choses se sont passées ; peut-être ferais-je mieux de garder cette observation pour le moment où les témoins viendront, mais, si vous le désirez, je puis la faire de suite. Non-seulement je n'ai pas été rayé de la société, mais j'en fais toujours partie ; quand j'ai voulu donner ma démission, le président actuel est venu me prier de vouloir bien rester. En 1863, j'avais soigné quelques sociétaires ; ils me dirent que plusieurs fois le président leur avait demandé des sommes et leur avait refusé des médicaments. Je lui ai écrit, fort étonné de savoir qu'il ne voulût pas délivrer des médicaments prescrits par moi. A quelque temps de là, les sociétaires firent une pétition, qu'ils adressèrent à qui de droit ; elle a eu cet effet, que le président a dû donner sa démission, attendu que dans sa caisse il y avait un déficit de 7 à 8,000 fr. Je tiens du président actuel.

Le membre du conseil, qui a été chargé de faire un rapport sur le fait que vous me reprochez, a dit lui-même qu'il n'avait été nullement question de moi ; qu'il s'agissait d'une mesure administrative qui ne me concernait pas. J'avais adressé des reproches au président parce qu'il faisait payer plusieurs fois les sociétaires et leur refusait les médicaments auxquels ils avaient droit. Le membre du conseil, chargé d'examiner l'affaire, est allé voir le pharmacien pour s'entendre avec lui, mais il n'a pas été en rapport avec moi.

D. Nous avons la déposition de M. Uzanne ; il déclare formellement que vous avez été exclu de la société pour cela. — R. Il a été rayé, lui, de la société, à raison de son indélicatesse, pour un déficit de 7 à 8,000 fr.

D. Vous commettiez aussi des indélicatesses ; nous avons aux pièces les ordonnances dont vous partagiez le prix avec le pharmacien Weber. — R. Vous avez la déposition de M. Weber, pharmacien, qui dit le contraire.

D. Non-seulement M. Weber ne dit pas le contraire, mais il prétend qu'il avait un traité avec vous. Quand vous avez ouvert un dispensaire rue de Verneuil, il s'est engagé vis-à-vis de vous à fournir aux pauvres les médicaments à prix réduits, mais à la condition qu'il partagerait avec vous le prix des ordonnances que vous feriez payer aux riches. — R. Monsieur le Président, vous faites confusion ; voulez-vous me permettre de rétablir les faits ? Je suis médecin d'un dispensaire que j'ai créé moi-même, où viennent tous les malheureux. Pour ce dispensaire, j'ai fait faire des cartes ; moyennant 18 fr. par an, toute une famille peut avoir non-seulement des soins gratuits, mais des médicaments. Quand j'ai proposé à M. Weber de délivrer des médicaments, il était juste que je rentrasse au moins dans une partie des frais faits par moi pour louer l'appartement dans lequel était le dispensaire. J'avais mon cabinet au dehors, et le dispensaire, où je recevais les malheureux, était rue de Verneuil.

D. Dans l'appartement de votre concubine, et c'était elle qui en payait le loyer. — R. Je vous demande pardon, c'était moi.

D. Vous n'avez rien payé du tout. — R. Avec quoi pouvait-elle payer ?

D. Quoi qu'il en soit, elle a été expulsée parce qu'elle ne pouvait plus payer le loyer. Votre dispensaire était dans l'appartement de votre concubine ; vous l'y aviez placé parce que vous ne vouliez pas payer, et vous n'avez jamais rien payé. — R. Je répondrai d'abord que j'ai tout payé ; en second lieu, je ne suis pas arrivé au moment où je répondrai sur ce point. Au sujet du partage avec le pharmacien, le partage ne s'adressait qu'aux malades de mon dispensaire. Relativement aux malades de la société de Saint-Thomas d'Aquin, il n'y en avait pas. Il y a deux choses que vous confondez.

D. Je ne confonds rien. Il résulte des dépositions deux choses : c'est que, pour votre dispensaire, vous faisiez payer, par les ordonnances délivrées aux riches, les médicaments fournis aux pauvres; Weber déclare que vous l'avez trompé, qu'il a rompu son traité avec vous. Quant à la société de secours mutuels de Saint-Thomas d'Aquin, M. Uzanne déclare que vous avez été expulsé à cause du partage, entre le pharmacien et vous, du prix des remèdes que la société payait beaucoup trop cher. — *R.* Non-seulement je n'ai pas été rayé de la société, mais j'en fais encore partie; tandis que M. Uzanne, le président, a été obligé de s'en aller, après une pétition des sociétaires, pour vol commis par lui des fonds de la société.

D. Vous vous expliquerez; jamais, dans l'instruction, vous n'avez dit cela. — *R.* Si j'avais été interrogé sur ce fait, j'aurais répondu comme aujourd'hui.

D. Vous faisiez partie de la société des médecins homœopathes; on a coloré votre expulsion par une démission. Le docteur Simon a déclaré que vos allures, vos réclames, ne pouvaient convenir à la société. Les médecins homœopathes ont voulu se séparer de vous. — *R.* Je faisais un cours qui portait ombrage aux membres de la société; ils m'ont demandé ce que je faisais. Comme je n'avais pas d'explications à leur donner, j'ai envoyé, purement et simplement, ma démission.

D. Jusqu'au moment de votre mariage, votre loyer, rue Neuve-des-Mathurins, était sous le nom de votre mère; vous aviez simulé une cession de votre mobilier à un individu. Vous avez reconnu ce fait, et vous avez déclaré que c'était pour vous mettre à l'abri des poursuites de Pichevin? — *R.* Certainement; je ne lui devais rien; il m'a extorqué ma signature.

D. Comment pouvez-vous appeler extorsion de votre signature la caution que vous avez donnée pour une créance qu'il avait? — *R.* Il y a manière de se faire donner des garanties; ce n'est pas en faisant des promesses mensongères.

D. Il vous a demandé tout simplement d'être caution? — *R.* Il était intime avec Prato; c'étaient deux escrocs ensemble.

D. Nous allons voir à quels mensonges vous vous êtes livré pendant tout le cours de l'instruction. Vous n'aviez que la pension de votre père; vous avez voulu vous procurer une clientèle pour augmenter vos ressources; cette clientèle, vous l'avez achetée de Gastier; vous prétendez qu'il n'a pas rempli ses engagements. Il a dit, lui, que sa clientèle lui rapportait 7,000 fr. par an, et qu'il s'était contenté d'une année de produit que vous lui aviez offerte. Vous prétendez qu'il vous a trompé? — *R.* Il s'est mis en correspondance avec ses anciens malades.

D. Vous avez dit que votre clientèle vous rapportait de 18 à 20,000 fr. par an? — *R.* Je le dis encore.

D. Quel tort vous a fait M. Gastier, puisque, pour 3,500 fr. qu'il a reçus de vous, il vous a donné une clientèle qui vous rapporte de 18 à 20,000 fr.? Il a rempli ses engagements. — *R.* J'avais déjà une clientèle; tous les témoins qui ont été entendus en déposent. Je recevais énormément de monde dans mon cabinet.

D. Vous aurez de la peine à établir que M. Gastier vous ait fait tort. — *R.* Il a rompu ses engagements en correspondant avec ses malades.

D. Il y a deux lettres de lui seulement. — *R.* Cela suffit.

D. Ces lettres sont de 1861, et c'est en 1858 que vous avez acquis la clientèle; vous n'avez rempli aucun de vos engagements, sauf le payement des 2,000 fr. comptant. M. Gastier n'a pu obtenir de vous les autres payements, et quand, dans cette position, il aurait consenti à envoyer des consultations à deux clients, car vous n'en avez produit que deux, en vérité il était dans son droit, il ne vous a fait aucun préjudice. — *R.* Tous les clients qui l'ont consulté ne m'ont pas prévenu.

D. C'est un vieillard retiré dans le département de l'Ain, son pays, et vous ne ferez pas admettre que, de ce département, il ait pu avoir à Paris une clientèle considérable. Encore une fois, vous n'avez produit que deux lettres postérieures à votre refus de remplir vos engagements. — *R.* Il m'arrive tous les jours de correspondre avec des clients de province.

D. MM. les Jurés apprécieront cela. Vous avez acquis une clientèle; puis vous avez cherché la fortune dans une autre voie; vous vouliez vous la procurer par un mariage. Un agent d'affaires, que vous consultiez souvent, lequel, par parenthèse, dit qu'il vous connaît parfaitement, et que vous n'aviez que très-peu de ressources, Louis, déclare que vous avez été mis en rapport avec des agents d'affaires, des courtiers matrimoniaux, et que vous avez contracté ou voulu contracter avec eux des engagements pour des sommes considérables, s'ils pouvaient vous faire trouver une femme riche. Louis affirme que vous lui avez montré ces engagements; il vous a conseillé d'y renoncer, et il ajoute qu'après votre mariage contracté, il a eu à s'occuper pour vous de difficultés avec ces agents d'affaires? — *R.* Je lui donne un démenti formel. Il ne s'est jamais occupé de mon mariage; je dirai comment il s'est fait. S'il s'en était occupé, il aurait des actes entre les mains; je le mets en demeure de les produire. Quant aux conseils que je lui ai demandés, c'est à propos de M. Pichevin et de Massonnet; il est de leur connaissance. M. Massonnet me proposa la fille d'un de mes confrères, qui avait un million de fortune, mais à la condition de lui payer une commission de 40 à 50,000 fr. La proposition me parut immorale; je n'ai pas cru devoir y souscrire. M. Louis est un homme âgé, qui ne se rappelle pas les faits; il a parlé d'une affaire qui a existé antérieurement.

D. Voilà déjà quelque chose. — *R.* Je ne nie pas le fait; Massonnet m'avait proposé la fille d'un de mes confrères qui avait un million de fortune, à la condition de lui payer une commission de 40 à 50,000 fr.; mais j'ai considéré la proposition comme immorale, et je n'y ai pas souscrit.

D. Louis raconte les faits d'une manière différente. Il dit vous avoir représenté que c'était une chose immorale et vous en avoir détourné; il ajoute qu'il a eu, après votre mariage, à s'occuper de difficultés intervenues entre vous et des agents d'affaires à son occasion. Nous verrons plus tard des mentions de dépenses considérables faites pour votre mariage. Nous verrons si elles ne peuvent pas porter à croire que vous auriez payé 3,000 fr. à un agent d'affaires. — *R.* Je donne un démenti formel à M. Louis, et je le mets au défi de fournir le moindre détail, la plus petite note.

D. Il sera entendu. Nous vous disons ce qui résulte de sa déposition. — *R.* Si vous le désirez, je vais vous dire comment mon mariage s'est fait.

D. J'allais précisément vous demander comment vous avez connu votre femme. Des éléments de l'instruction, il résulte que vous suiviez la mère et la fille dans les rues, en omnibus, et qu'enfin vous avez fini par faire leur connaissance et vous introduire chez elles. — *R.* Voici comment les choses se sont passées. Le premier jour que j'ai rencontré ces dames, c'était dans l'omnibus de la Madeleine à la Bastille. J'allais voir un malade. Je remarquai l'une de ces dames par sa distinction. En arrivant à la rue du Temple, elles descendirent; je les suivis un moment dans la rue. Quelque temps après, je me trouvais dans l'omnibus américain; j'allais voir un malade à Sèvres. Ces dames se rendaient à Versailles. La jeune personne était à côté de moi; je remarquai sa réserve et sa grande distinction. Une conversation s'établit entre elles et moi. Je leur dis que j'étais médecin, que j'allais voir un malade. La mère m'apprit qu'elle avait eu pour mari un médecin, ami intime du grand, de l'illustre Larrey; qu'il avait été inspecteur d'un des corps de la Grande Armée. Elle m'apprit qu'elle souffrait d'une affection du cœur, et qu'elle avait perdu une fille de cette maladie. Arrivé à Sèvres, je descendis et je perdis ces dames de vue. Quelques mois après, en allant voir un malade à Belleville, je retrouvai ces dames; je pris des renseignements et priai mon père de faire des démarches. Les démarches furent faites. Trois mois après, mon père revint. La mère avait pris des renseignements sur moi et sur ma famille; elle m'agréa, et je fis ma première visite.

D. Voilà comment vous racontez les faits?—*R.* C'est comme cela que les choses se sont passées.

D. Vous les racontez à votre manière; MM. les Jurés apprécieront. Il en résulte que vous avez rencontré ces dames en omnibus, que vous les avez suivies. — *R.* Je n'ai eu qu'un regret; c'est de n'avoir pas fait ma visite plus tôt. J'aurais eu plus vite la demoiselle pour femme.

D. Quoi qu'il en soit, ce que vous dites de la mère de votre femme n'est pas tout à fait exact. Vous avez dit dans l'instruction que vous vous étiez présenté et que vous aviez été agréé avec empressement. — *R.* Je le dis encore.

D. Mais il résulte des témoignages qui ont été recueillis dans l'instruction, de personnes auxquelles Mme Dubizy confiait ce qu'elle faisait, il en résulte qu'elle éprouvait pour vous une répugnance extrême; qu'elle ne voulait pas consentir au mariage de sa fille. Mais vous aviez plu à celle-ci, et c'est elle qui a voulu vous épouser. Sa mère a cédé à son désir. — *R.* J'ai toujours vécu en bonne harmonie, dans la plus grande harmonie avec ma belle-mère; s'il y avait eu désaccord entre nous, rien ne me forçait à rester avec elle.

D. Elle ne vous a pas gardé longtemps; le mariage était du 7 août, et c'est en octobre suivant que vous avez quitté la maison, et elle exprimait le désir le plus vif d'être débarrassée de vous.—*R.* Au contraire, il a été question de la faire venir près de nous.

D. C'est vous qui le dites. — *R.* Ma femme vous dirait que nous nous aimions, qu'il y avait le plus grand accord entre nous. Elle était très-bonne, il n'y avait pas un cœur meilleur que le sien; seulement elle était très-versatile. Les témoignages viennent le confirmer. A l'un elle disait une chose; à l'autre elle en disait une différente. Elle était arrivée à un âge où elle pouvait avoir ce caractère.

D. Tous les témoins qui ont été entendus ont déclaré qu'elle avait pour vous une antipathie très-prononcée; qu'elle s'était opposée, autant qu'elle l'avait pu, au mariage de sa fille, et qu'elle s'était rendue au désir de celle-ci. — *R.* Elle avait une antipathie pour le mariage, et non pour l'homme; on a confondu. Elle a parlé de la douleur de se séparer de sa fille. (*Rumeurs dans l'auditoire.*)

D. Nous recommandons à l'auditoire le plus profond silence.

(*A l'accusé.*) Vous vous expliquerez devant les témoins. Mais les sentiments que vous prêtez à votre belle-mère n'étaient nullement les siens; elle a dit à des témoins qu'elle supposait que vous la trompiez sur les valeurs apportées par vous en dot. — *R.* Comment a-t-elle pu dire cela? Lorsque mon père s'est présenté chez elle, il lui a offert une ferme ou des valeurs.

D. Mme Dubizy, parlant de vous, a dit que vous aviez offert soit une ferme, soit des valeurs. — *R.* Ce n'est pas moi.

D. Ce n'est pas votre père qui a fait la proposition; elle n'a parlé que de vous. — *R.* Mon père est allé offrir une ferme ou des valeurs. Mme Dubizy n'a pas accepté la ferme, parce que les terres ne rapportaient pas assez; elle a préféré les valeurs, qui sont d'un rapport plus grand.

D. Nous allons voir si les chiffres que vous énoncez sont exacts. Votre femme, Mlle Dubizy, vous a apporté six actions de la banque de France et 2,556 fr. de rente 4 1/2 p. 100. Nous ne parlons pas des effets mobiliers. Cela faisait donc de 80 à 100,000 fr. C'était beaucoup pour vous; l'accusation soutient que vous n'aviez rien. C'était pour vous un mariage très-avantageux. Vous épousiez en outre une femme charmante. Quant à ce qui vous concerne, voici ce que contient votre contrat de mariage : 5,000 fr. d'effets mobiliers, que nous mettons de côté; dix-huit obligations municipales de la ville de Paris, dont les numéros sont portés au contrat, par conséquent vous les avez représentées, d'une valeur de 8,460 fr.; plus, vingt actions du Comptoir d'escompte d'une valeur de 13,250 fr., et enfin une somme de 9,500 fr. en douze actions du Nord, dont sept libérées de 200 fr. seulement. La presque totalité de votre apport, c'est-à-dire les dix-huit actions municipales et les vingt actions du comptoir d'escompte, ne vous appartenaient pas. — *R.* Par une raison bien simple; c'est que j'avais des valeurs étrangères, et ma belle-mère n'en voulait pas; entre autres, des mobiliers espagnols. J'ai prié un client de vouloir bien me les échanger contre des valeurs françaises.

D. Votre belle-mère, dites-vous, ne voulait pas de titres étrangers cotés à la Bourse, et dont la valeur ne peut être contestée, et c'est pour cela que vous avez fait porter dans le contrat de mariage, avec leurs numéros, des valeurs françaises qui ne vous appartenaient pas, empruntées à un M. de la Neuville dans ce but? — *R.* Je donnais en garantie mes valeurs étrangères.

D. Tous les témoins ont dit que votre belle-mère avait exprimé la crainte d'être trompée par vous. — *R.* Elle avait refusé des valeurs étrangères, parce que, n'ayant aucune connaissance des affaires, elle croyait que ces titres n'avaient pas grand prix.

D. Lorsque vous avez été interrogé la première fois par le Juge d'instruction sur les valeurs énoncées dans votre contrat de mariage, vous avez soutenu qu'elles étaient bien votre propriété. — *R.* Ce n'était pas un mensonge; j'avais donné en garantie des valeurs étrangères.

D. Vous lui avez dit qu'elles étaient à vous. Alors il vous a demandé ce qu'elles étaient devenues, et vous lui avez répondu que vous étiez allé à la Bourse; que là vous aviez trouvé un individu dont vous n'avez pu dire ni le nom ni la demeure, et auquel vous aviez remis ces valeurs, celles de votre contrat de mariage ; il ne s'agit pas de valeurs étrangères ; qu'il les avait vendues, et vous avait remis les sommes provenant de cette vente. — *R*. Je n'avais pas besoin de donner des explications sur ce que j'avais fait, puisque je possédais des valeurs étrangères représentant les valeurs énoncées dans le contrat.

D. Pourquoi n'avoir pas dit au Juge d'instruction que vous possédiez des valeurs étrangères dont votre belle-mère n'avait pas voulu, et que vous aviez mis à la place des valeurs que vous aviez empruntées ? Le Juge d'instruction vous a fait cette question : « Les valeurs étaient-elles à vous ? » — *R*. La preuve qu'elles étaient à moi, c'est que je ne les ai plus.

D. Vous avez répondu : « Oui, elles sont à moi. » Il vous a dit : « Elles n'existent plus ; qu'en avez-vous fait ? » Vous avez répondu : « Je les ai vendues. — *R*. Je ne les ai pas vendues, parce qu'elles n'étaient pas à moi ; je les ai rendues en échange de mes valeurs étrangères.

D. Alors pourquoi avez-vous soutenu que vous les aviez vendues ? Pourquoi n'avez-vous pas dit de suite la vérité au Juge d'instruction ? Il a été obligé de se livrer à une enquête sur les numéros de ces valeurs insérées dans votre contrat de mariage ; il a pu en saisir la trace, et alors il a su que ces actions ne vous appartenaient pas, qu'elles étaient à un M. Pélardi de la Neuville. Il l'a fait venir ; il a mandé également votre ami Lelienthal, qui vous les avait procurées, et il a acquis la certitude qu'elles n'étaient pas votre propriété. Dans votre second interrogatoire, le Juge d'instruction commence par vous demander si vous persistez à soutenir que ces actions sont à vous ; si vous persistez à soutenir que vous les avez vendues. Vous l'affirmez de nouveau ; alors il vous dit : « Cette déclaration n'est pas sincère ; les actions appartiennent à M. Pélardi de la Neuville. » C'est à ce moment que vous lui dites : « C'est vrai ; mais j'avais des valeurs étrangères dont ma belle-mère ne voulait pas ; j'ai emprunté les valeurs qui sont au contrat de mariage, et qui représentent la même somme. » Pourquoi n'avez-vous pas dit cela de suite ? — *R*. Je n'avais aucun intérêt à le dire.

D. Mais M. le Juge d'instruction vous interrogeait là-dessus ?—*R*. Mes valeurs représentaient 10,000 fr. de plus que celles que j'ai produites.

D. En quoi consistaient vos valeurs ? — *R*. Il y avait du mobilier espagnol.

D. Combien ? — *R*. Je ne me rappelle plus. Du reste des témoins viendront le dire.

D. Vous soutenez que ces valeurs étaient la représentation exacte de celles qui sont portées au contrat, et vous ne pouvez indiquer en quoi elles consistaient ? — *R*. Il y avait du mobilier espagnol.

D. Combien ? — *R*. Je ne m'en souviens pas.

D. Comment admettre que vous ne puissiez indiquer, à si peu d'années d'intervalle, combien vous aviez de ces valeurs étrangères ? — *R*. Je ne pourrais indiquer les opérations que j'ai faites depuis un an ; j'en ai pourtant beaucoup fait ; vous en avez les bordereaux entre les mains.

D. Voilà quelque chose de bien extraordinaire. Vous avez inséré dans votre contrat de mariage des valeurs dont vous n'étiez pas propriétaire, et pour celles dont vous prétendez avoir été en possession, il vous est impossible de dire exactement en quoi elles consistaient. — *R*. Depuis un an, j'ai fait une quantité d'opérations ; les bordereaux le prouveront ; il me serait impossible de répondre à votre question.

D. Quand aviez-vous acheté les valeurs étrangères ? — *R*. Quelque temps avant.

D. Où ? —*R*. Probablement par le ministère d'un agent de change ou d'un courtier.

D. Lequel ? — *R*. Il y a un homme avec lequel j'ai fait plusieurs opérations, qui avait son cabinet dans le quartier du boulevard Poissonnière. Il me serait impossible de me rappeler son nom.

D. Depuis le mois de décembre que vous avez été arrêté, on vous a interrogé bien des fois sur les valeurs comprises dans votre contrat de mariage ; vous n'avez pu vous rappeler où vous aviez acheté ces valeurs et combien vous en aviez. — *R*. Depuis 1853 que je faisais des opérations de cette nature, comment me les rappeler ? Un de mes amis était chez M. Morel-Fatio chef de la coulisse, et me facilitait ces opérations.

D. On n'a rien trouvé qui puisse expliquer chez vous la possession de ces valeurs étrangères. — *R*. Vous avez dû voir tous les bordereaux.

D. Nous les examinerons tout à l'heure, pour faire comprendre votre position. Nous verrons que l'accusation soutient que, jusqu'à l'époque de votre mariage, vous ne possédiez rien. Vous avez trompé votre belle-mère et votre femme sur les valeurs que vous apportiez en dot. Par conséquent, vous n'avez rien pu vendre ; ce n'est qu'après la mort de votre belle-mère que vous avez pu le faire. Vous vous êtes emparé de la succession ; vous avez empêché qu'un inventaire fût fait. Alors vous avez payé à Pichevin et à Gastier des sommes minimes, qu'ils se sont contentés de recevoir, et les dépenses de votre mariage. — *R*. Sur mon contrat de mariage il y avait 10,000 fr. d'actions du Nord qui m'appartenaient, que j'avais achetées avec l'argent que m'avait donné mon père.

D. Vous venez de dire que votre père vous avait donné 10,000 fr.? — *R*. C'est le jour même du mariage qu'il me les a donnés, en dehors de ce que j'avais.

D. Rien ne le constate.—*R*. Il suffit que je les aie eus.

D. Vous êtes la seule personne qui soit embarrassée pour expliquer des choses que tout le monde pourrait expliquer de la manière la plus nette. A quelle époque avez-vous connu M. de Pauw ? — *R*. Je l'ai connu d'abord en 1856 ; il était venu me consulter ; il avait des tubercules. Je demeurais rue de la Ferme-des-Mathurins ; je le fis vivre deux années. Il eut des crachements de sang.

D. Il est mort à la fin de 1858, et, après sa mort, vous avez continué à voir sa veuve ? — *R*. Voici dans quelles circonstances. Lorsque la veuve vint me voir, elle s'excusa de ne pouvoir me payer mes visites. Je lui donnai mes soins gratuits, et non-seulement mes soins, mais, dans quelques circonstances, je lui avançai des sommes ; ainsi, à la mort de son mari, je lui avais avancé une somme de 3,000 fr. pour remplacer un tableau que son mari avait reçu pour le restaurer, mais qu'il avait vendu, en rendant seulement une copie au propriétaire. M. de Pauw était venu à moi me supplier de lui rendre ce service, me disant que le propriétaire devait le faire mettre à Clichy. Je lui avançai la somme. Je le répète, après la mort de M. de Pauw, sa veuve vint me voir ; elle s'excusa de ne pas pouvoir me payer mes visites ; elle me fit part de sa misère, me dit que son mari était mort ne laissant que des dettes. Je lui donnai les mêmes secours.

D. Vous accusez le mari d'escroquerie ; vous dites qu'il aurait été chargé de restaurer un tableau, qu'il en aurait fait une copie, l'aurait remise au propriétaire au lieu de l'original, et qu'il aurait vendu cet original; à cette occasion, il était menacé de poursuites; il vous a demandé mille écus que vous étiez en état de lui prêter et que vous lui avez avancés. Qui le prouve? — *R.* Les actes.

D. N'arrivons pas encore aux faits relatifs à Mme de Pauw; c'est là un des moyens les plus puissants de l'accusation. — *R.* Je déclare qu'à ce moment j'ai prêté 3,000 fr. à M. de Pauw; il était venu me trouver à raison de la sympathie qui existe entre le malade et le médecin. Je le voyais réduit aux dernières extrémités; je lui ai prêté 3,000 fr. pour qu'il me les rendît. Mais lorsque, plus tard, les relations se sont établies entre sa femme et moi, je n'ai plus gardé aucun titre.

D. Il a dû vous faire un reçu? — *R.* Je ne me le rappelle plus; c'était en 1857.

D. Vous savez parfaitement faire reconnaître des sommes que vous avez remises ou que vous n'avez pas remises, et l'on ne peut admettre que vous ne sachiez pas aujourd'hui si M. de Pauw vous a fait ou ne vous a pas fait un reçu de 3,000 fr. — *R.* Il a dû certainement m'en faire un; je crois qu'il me l'a fait. Mais, plus tard, en face de la misère de sa veuve, et après que des relations ont été établies entre nous, je n'ai plus gardé ce reçu.

D. C'est comme pour le contrat de mariage, vous n'avez pu dire quelles valeurs vous possédiez. Vous ne pouvez justifier non plus que vous ayez prêté à M. de Pauw la somme de mille écus. Vos relations avec la veuve ont continué et sont devenues intimes? *R.* — Elles commencèrent en.....

D. Il est inutile de rechercher l'époque. — *R.* Au contraire, c'est le point capital. Elles n'ont commencé qu'au moment où j'ai établi mon dispensaire rue de Verneuil, 20. Elle avait quitté la rue où elle demeurait, aux Ternes. Ses enfants furent malades; elle aussi. En face de leur grande misère, je vins à leur secours. Elle alla demeurer rue du Cherche-Midi. Je cherchais un local pour mon dispensaire; elle-même cherchait un logement. Je la priai, en cherchant pour elle, de chercher pour moi. Elle trouva l'appartement de la rue de Verneuil, 20, et il lui parut si convenable, qu'elle l'arrêta. Je demeurais alors rue Neuve-du-Luxembourg, 22. Elle avait trouvé l'appartement si bien approprié au but que je me proposais, qu'elle avait cru pouvoir donner le denier-à-Dieu. L'appartement me semblait trop cher; je n'en voulais pas; mais elle me dit qu'il serait plus agréable pour elle de rester là.

D. Cela est parfaitement inutile à la question. — *R.* C'est pour faire voir comment nos relations intimes se sont établies. J'ai installé mon dispensaire rue de Verneuil, 20, Mme de Pauw ayant la moitié de l'appartement.

D. C'est là votre système; mais il n'est pas probable que quand vous établissiez votre dispensaire dans l'appartement de Mme de Pauw, elle ne fût pas déjà votre maîtresse. — *R.* Je jure que nos relations n'ont commencé qu'à ce moment.

D. Quoi qu'il en soit, vous avez eu ensemble des relations intimes, et ces relations ont continué jusqu'à l'époque de votre mariage? — *R.* Elles ont cessé neuf mois, au moins, avant mon mariage.

D. Voilà la première fois que vous précisez à cet égard. — *R.* Je vous demande pardon; je l'ai toujours dit. Ces relations avaient tellement bien cessé neuf mois avant, que j'ai transporté, à ce moment, mon dispensaire rue du Bac, 40. C'est ce qui explique comment, à partir de cette époque, Mme de Pauw n'a pu payer le loyer. J'ai continué de lui donner les sommes nécessaires pour l'acquitter. Nos relations ont cessé à ce moment, et jamais elles n'ont recommencé depuis.

D. Nous allons voir tout à l'heure ce qu'il y a de vrai à cet égard. Vous étiez l'amant de Mme de Pauw, mais vous n'avez pas dit, dans l'instruction, que vos relations avec elle avaient cessé neuf mois avant votre mariage. Vous vous êtes marié au mois d'août 1860; à cette époque, vous n'aviez pas vu Mme de Pauw depuis longtemps, puisque vous prétendez que neuf mois s'étaient écoulés après que vous aviez cessé vos relations avec elle. — *R.* Je parle de relations intimes. Cela ne veut pas dire que je discontinuais de la voir et de lui donner des secours.

D. Puisque vous continuiez d'aller chez elle, pourquoi donc vos relations intimes ont-elles cessé? — *R.* Parce qu'elle savait que je voulais me marier.

D. Vous n'avez pas passé neuf mois à suivre Mlle Dubizy dans les omnibus? — *R.* Pendant un an sa mère m'a reçu, et j'allais jusqu'à trois fois par jour dans la maison.

D. Vous aviez cessé de voir intimement Mme de Pauw, mais vous prétendez que vous lui donniez des secours; nous verrons comment vous l'établissez. Ce sera comme pour les 1,000 écus que vous prétendez avoir donnés à son mari. Alliez-vous chez Mme de Pauw? — *R.* Oui; quoique n'ayant plus de relations intimes avec elle, j'allais cependant la voir. J'y étais bien obligé; elle a eu des enfants malades; elle-même a été très-gravement.

D. Êtes-vous allé chez elle depuis votre mariage? — *R.* Non, Monsieur. Mme de Pauw n'a jamais pu croire que mon mariage se fît; elle a écrit des lettres anonymes à ma belle-mère; elle a fait tout ce qui dépendait d'elle pour empêcher mon mariage. Ma belle-mère n'a pas tenu compte de ces lettres. Quand Mme de Pauw a vu qu'elle ne pouvait s'opposer à mon mariage, elle a cherché à le briser d'une manière indirecte, en écrivant à ma femme, ou en m'écrivant de manière à ce que les lettres tombassent entre ses mains. Je ne répondais à aucune de ces lettres. Non contente de m'écrire, elle est venue un jour chez moi, au domicile conjugal, dans mon cabinet. Je l'ai priée de cesser ses visites; mais il ne me convenait pas d'aller voir le commissaire de police à ce sujet. Elle me disait qu'elle était extrêmement malheureuse, qu'elle avait des dettes, qu'elle ne pouvait vivre avec la charge de trois enfants; cela se comprenait, personne ne venait à son secours, aucun membre de sa famille ne l'aidait. Quoiqu'elle eût un frère qui avait de la fortune, il ne lui envoyait rien, ou n'envoyait que des secours insignifiants; elle était très-malheureuse, elle n'a vécu que par moi; elle est donc venue dans mon cabinet et m'a dit quelle était sa misère. Je me suis engagé à lui donner un secours de 200 fr. par mois, et j'ai toujours continué à lui donner cette somme.

D. Vous êtes en contradiction avec tous les témoins qui ont connu Mme de Pauw; ils déclarent tous que vos relations avec elle ont duré jusqu'à votre mariage; qu'à cette époque, elle avait accepté avec résignation, comme elle le devait, la séparation qui s'accomplissait entre elle et vous. C'est une chose parfaitement naturelle; elle ne pouvait s'y opposer. Ces témoins ont déclaré qu'elle leur avait raconté que, quand elle vous rencontrait dans la rue, vous la fuyiez comme un voleur. — *R.* Elle pouvait accepter avec résignation ma retraite, puisque je lui donnais 200 fr. par mois. Depuis mon mariage, je ne suis allé la voir qu'en 1863.

D. Vous ne l'avez revue qu'en juin? — *R.* Je ne l'ai pas revue à ce moment.

D. Et cette femme a fait ce qu'elle a pu pour empêcher votre mariage, pour le désunir; elle venait jusque chez vous pour vous compromettre près de votre femme. Vous deviez être enchanté d'être débarrassé d'elle? — *R.* Je lui donnais 200 fr. par mois pour cela.

D. Et voilà que tout à coup, en juin 1863, vous vous présentez chez cette femme afin de lui faire contracter des assurances pour un chiffre énorme. Comment pouvez-vous expliquer que vous alliez voir cette femme dont vous aviez gravement à vous plaindre? — *R.* D'abord je ne lui ai pas fait de visite; puis ce n'est pas une assurance pour un chiffre énorme que je devais contracter. Mon intention était de placer une somme de 3 à 4,000 fr. sur sa tête, pour rentrer d'une part dans différents prêts que je lui avais faits, d'autre part pour que les primes que j'aurais versées chaque année aux compagnies ne fussent pas perdues pour mes héritiers; enfin le surplus de l'assurance devait appartenir à Mme de Pauw.

D. Vous avez répondu à une foule de choses auxquelles nous ne sommes pas arrivés. Voilà une femme qui vous a fait tort, chez laquelle vous vous rendez, en juin 1863, afin de lui faire contracter des assurances pour des sommes considérables. — *R.* Je ne suis pas allé chez elle; je lui ai écrit, elle m'a répondu. Si elle n'avait pas consenti aux assurances, je ne serais pas allé chez elle.

D. Vous avez déclaré dans l'instruction être allé chez elle. — *R.* Après les assurances.

D. Au moment des assurances. — *R.* Elles n'ont été terminées qu'en juillet.

D. Il n'est pas probable que vous l'ayez décidée sans aller chez elle lui parler. — *R.* Je vous demande pardon; je ne l'avais pas vue depuis deux ans, et, si elle n'eût pas donné suite à ma proposition, je ne serais pas allé chez elle. Je répondrai quand nous en serons là.

D. Voici ce que vous avez déclaré. Vous alliez avoir un fils; il est né le 19 juillet? — *R.* Je ne me rappelle plus le jour.

D. Vous avez fait assurer votre fils qui allait naître pour une somme de 85,000 fr.? — *R.* Je payais une prime de 2,000 et quelques cents fr.

D. Vous l'avez fait assurer jusqu'à sa majorité pour une somme de 85,000 fr., et vous deviez payer pour cette assurance 2,362 fr. par an. C'est à la même époque que vous êtes allé trouver Mme de Pauw et que vous l'avez décidée à se faire assurer à différentes Compagnies. Elle s'est fait assurer en son nom; vous l'avez d'abord mise en rapport avec Desmidt, par l'entremise duquel les assurances ont été faites. Vous avez déclaré dans l'instruction que Desmidt, courtier d'assurances avec lequel vous étiez en relation, vous ayant expliqué les avantages que l'on pouvait retirer des assurances sur la vie, vous aviez eu l'idée d'aller trouver Mme de Pauw, que vous y étiez allé en effet, et que vous l'aviez décidée à se faire assurer, le 4 juillet, à *la Compagnie générale* pour 100,000 fr.; le 11 juillet, à *la Compagnie nationale* pour 100,000 fr.; le même jour, à *la Paternelle* pour 50,000 fr.; le même jour, à *l'Union* pour 50,000 fr.; le même jour, *au Phénix* pour 50,000 fr.; le 16 du même mois de juillet à *la Compagnie anglo-française internationale* pour 50,000 fr.; le 20, à *la Compagnie anglaise Gresham* pour 100,000 fr., et enfin, le 21, à *la Compagnie impériale* pour 50,000 fr.; en tout pour 550,000 fr. Vous vouliez même porter l'assurance à 600,000 fr.; vous aviez demandé par Desmidt aux Gresham une assurance de 125,000 fr. Cette Compagnie a refusé et a borné l'assurance à 100,000 fr. Pour ces 550,000 fr. d'assurances, vous preniez l'engagement de payer tous les ans une somme de 19,623 fr., près de 20,000 fr. En ajoutant la prime que vous aviez à payer pour votre fils, s'il avait vécu, vous aviez donc à payer tous les ans aux Compagnies plus de 22,000 fr. — *R.* Ce n'est pas 550,000 fr. que je voulais assurer. Lorsque je suis allé voir M. Desmidt pour assurer mon fils, il m'a mis au courant des questions d'assurances, m'a donné différentes brochures; j'ai cru voir qu'on pourrait rentrer de cette manière dans des sommes qu'on aurait avancées à quelqu'un. Mon intention, dans le principe, n'était que d'avancer 3 à 4,000 fr. par an. Mme de Pauw ayant quarante et un ans, en calculant une moyenne de vingt ans pour sa vie, j'aurais eu à payer 60,000 fr. M. Desmidt me dit que, quel que fût le capital assuré, quelles que fussent les primes versées, l'assuré pouvait modifier le contrat, soit en le vendant, soit en réduisant le capital assuré en proportion des primes versées. J'ai accepté de payer 20,000 fr. pendant trois ans par une raison bien simple. Si j'étais venu à mourir après trois ans, ayant versé 3 ou 4,000 fr. par an, mes héritiers n'auraient pas voulu continuer l'assurance, et les Compagnies se seraient trouvées en possession des primes versées, c'est-à-dire de 12,000 fr. J'ai préféré donner de suite 20,000 fr., et j'arrivais de la même façon au but que je m'étais proposé.

D. Nous tenons à la main les polices d'assurances; elles sont toutes semblables, sauf le chiffre : « Mme de Pauw s'assure à la Compagnie générale sur la vie pour la somme de 100,000 fr. » Il n'y a pas d'équivoque possible. Les Compagnies ne consentiraient pas à faire des actes qui ne seraient pas sérieux. Cette assurance est à la date du 4 juillet; toutes les autres sont dans les mêmes termes. Il suffit d'en lire une pour les lire toutes.

Il résulte incontestablement de ces termes que Mme de Pauw s'est fait assurer aux huit Compagnies pour sa vie entière pour une somme de 550,000 fr., et qu'au dos de chacune de ces polices elle vous a fait un transfert en échange d'une somme égale qu'elle vous devait. Elle s'est donc reconnue votre débitrice de 550,000 fr. en vous transférant le bénéfice de ces polices. — *R.* Cette somme de 550,000 fr. était aléatoire, puisqu'au bout de trois ans je pouvais modifier le contrat si Mme de Pauw n'était pas morte.

D. Nous allons entrer dans les explications; nous verrons que votre système actuel n'a été mis en avant que dans une certaine partie de l'instruction. — *R.* Je l'ai toujours soutenu.

D. Jamais. Il est repoussé par toute votre conduite, par les déclarations de Desmidt lui-même, et par ce qui s'est passé depuis. — *R.* Je ne pouvais dire dans l'instruction autre chose que ce que j'ai voulu faire.

D. Certainement, vous l'avez dit, mais vous ne l'avez pas toujours dit; nous allons le prouver. Vous allez voir dans quels mensonges vous êtes entré; nous verrons Desmidt en contradiction avec vous; il soutient que jamais vous n'avez parlé d'une assurance sur la vie entière; jamais vous n'avez voulu modifier les assurances. C'est ce qui rend votre conduite inexplicable. — *R.* J'ai dit les raisons qui m'ont fait accepter de payer 20,000 fr. par an pour que, si je venais à mourir, mes héritiers ne fussent pas frustrés des primes antérieures que j'avais versées.

D. Il n'est pas nécessaire de comprendre les affaires pour apprécier ce que vous avez fait ; il n'y a qu'à s'interroger soi-même. Vous avez assuré Mme de Pauw pour 550,000 fr. ; Desmidt soutient que vous n'avez jamais parlé de faire une assurance limitée. — *R.* Ce n'était pas une assurance limitée.

D. Vous convenez que vous ne comptiez payer la prime que pendant trois années ; par conséquent, vous avouez, et c'est déjà beaucoup, que vous preniez l'engagement de payer pendant trois années une somme de 20,000 fr. aux Compagnies. Chacun peut se demander si, même avec une fortune considérable, il suffirait au payement d'une prime comme celle-là. — *R.* Cela ne devait durer que trois ans pour ne produire qu'environ 100,000 fr. ; la somme de 550,000 fr. était donc aléatoire.

D. C'est un système que vous soutenez. — *R.* Je vous dis ce que j'ai toujours voulu faire.

D. Vous avez compris l'importance du chiffre énorme des assurances et vous avez cherché à l'expliquer. Votre système a été soumis aux Compagnies ; elles ont déclaré qu'il était absurde. — *R.* C'était le résultat de mes conférences avec le courtier ; je n'ai jamais vu aucun des membres des Compagnies.

D. Bornons-nous aux trois ans ; voyons ce qui résulte de votre conduite :

Supposons que, pendant trois ans, vous avez pris un engagement de payer 20,000 fr., c'est-à-dire 60,000 fr. Quand vous vous êtes adressé à Desmidt, vous ne lui avez jamais parlé de cela. Il a déclaré vous avoir fait remarquer les inconvénients d'assurances de la nature de celle que vous avez faite ; il vous a dit que Mme de Pauw pouvait vivre longtemps, peut-être trente ans. Elle avait été votre concubine, quoi qu'elle fût âgée de huit ou neuf ans de plus que vous. Desmidt prétend vous avoir fait remarquer que vous preniez l'engagement de payer pendant des années peut-être la somme de 20,000 f., c'est-à-dire 600,000 fr., pour ne recevoir, si Mme Pauw mourait, que 550,000 fr. ; qu'en ajoutant donc à la somme de 600,000 fr. les intérêts des primes payées chaque année, vous faisiez là une opération désastreuse. — *R.* L'observation de M. Desmidt dont vous me parlez doit bien vous faire penser que je n'aurais jamais fait une pareille assurance ; je n'étais pas assez sot pour cela.

D. L'accusation soutient en effet que vous n'avez jamais été assez sot pour prendre l'engagement de payer 20,000 fr. par an. Nous verrons les charges de l'accusation. Elle soutient que vous faisiez assurer Mme de Pauw pour une somme de 550,000 fr., parce qu'elle devait mourir bientôt, et que vous n'auriez rien à payer, que vous n'auriez qu'à demander un payement. — *R.* J'ai fait un transfert sur la tête des enfants.

D. Nous verrons cela ; c'est une affaire très-longue et très-grave. Nous sommes obligé de faire comprendre à MM. les Jurés comment les faits se sont accomplis. Il résulte de la déclaration de Desmidt que jamais vous n'avez parlé d'une autre assurance que de celle sur la vie entière de Mme de Pauw. Il soutient vous avoir fait remarquer les inconvénients que je viens de signaler, à savoir : que si Mme de Pauw vivait, vous faisiez une opération désastreuse ; que, si vous veniez à mourir avant Mme de Pauw, vos héritiers seraient dans l'obligation ou de renoncer aux primes déjà déboursées par vous, ou de continuer à supporter une charge excessivement onéreuse. — *R.* C'est pourquoi je n'ai voulu verser la prime que pendant trois ans ; mon but était parfaitement défini : c'était de rentrer dans les sommes versées antérieurement à M. de Pauw et celles avancées chaque jour à sa femme. J'allais avoir un enfant ; je ne voulais pas le frustrer de cet argent. Par ce moyen, j'avançais de l'argent à cette femme en lui permettant de vivre, et cet argent pouvait me rentrer. Sans la fatalité que je suis le premier à déplorer, puisque j'en suis la victime, les Compagnies n'auraient eu à payer que 100,000 fr.

D. C'est vous qui êtes la victime dans cette affaire? MM. les jurés, quand ils la connaîtront tout entière, apprécieront si vous dites la vérité.

Desmidt prétend que vous ne lui avez jamais parlé d'assurance limitée. Il ajoute ceci : Quand il s'est présenté aux Compagnies, l'étonnement qu'il éprouvait a été partagé par elles en voyant une femme contracter une assurance pour une somme aussi considérable. Elles lui ont dit : « Mais il faut être très-riche pour contracter des assurances comme celle-là ; cette femme est donc très-riche ? » Et Desmidt a répondu : « Oh non ! ce n'est pas elle qui doit payer les primes ; c'est M. le comte de La Pommerais, un riche personnage qui a eu des relations intimes avec elle ; de ces relations sont nés des enfants, et il veut assurer leur sort. » — *R.* Je n'ai vu aucune compagnie, et je n'ai pas autorisé M. Desmidt à tenir ce langage.

D. Vous ne pouvez faire dire aux témoins autre chose que ce qu'ils ont dit. Voilà ce qu'a déclaré Desmidt. Il ajoute avoir toujours cru que vous étiez extrêmement riche, et il en donne un détail que vous avez reconnu vous-même dans l'instruction. Vous lui avez dit que vous aviez gagné 200,000 fr. à la Bourse..... — *R.* Je ne l'ai jamais dit.

D. Et que ces 200,000 fr., habilement manœuvrés, suffiraient pour payer la prime pendant longtemps. — *R.* Je n'ai pas dit cela. Vous avez tous les actes entre les mains, les lettres, les polices. Ce que dit M. Desmidt n'est relaté sur aucun acte ; s'il en avait eu un de ce genre, il l'eût produit aux Compagnies.

D. Desmidt vous croyait comte, il vous croyait très-riche. Il affirme que vous lui avez dit avoir gagné 200,000 fr. à la Bourse, qui suffiraient, bien manœuvrés, à payer la prime. — *R.* Il n'a pu faire allusion qu'à une conversation que j'avais eue avec lui après que les assurances eurent été contractées ; il me demanda si j'étais en état de payer, et je répondis affirmativement.

D. Vous étiez en état de payer? Nous verrons cela tout à l'heure.

Desmidt a raconté un propos plus grave encore. Un mois avant votre arrestation, quinze jours avant la mort de Mme de Pauw, vous lui avez demandé s'il ne connaissait pas un hôtel de 4 à 500,000 fr. à vendre. — *R.* Aurais-je tenu ce langage, ce ne pourrait être que dans une conversation ; j'aurais fait allusion à un désir manifesté par ma femme.

D. Avez-vous tenu le propos ? — *R.* Du tout. J'ai peut-être fait allusion dans une conversation au désir manifesté par ma femme d'acheter une maison, mais pour un chiffre bien inférieur.

D. Vous reconnaissez donc avoir tenu ce propos ; seulement vous dites que c'était un propos en l'air.

— *R.* Je n'ai pu que faire allusion à une propriété que ma femme voulait acheter à un prix bien inférieur.

D. Votre femme n'a jamais voulu cela. Elle n'a qu'une fortune très-restreinte; elle ne pouvait acheter une maison. — *R.* Avec 130,000 fr. on peut bien acheter une maison.

D. Elle n'a pas 130,000 fr., et d'ailleurs ce n'est pas avec cette somme qu'elle eût pu acheter une maison de 400,000 fr. Quant à vous, vous avez parfaitement tenu le propos, et la preuve c'est que vous ajoutiez ceci : « Mon professeur de rhétorique disait : … » — *R.* C'est mon professeur d'histoire.

D. D'histoire, peu importe : « Mon professeur d'histoire m'a dit qu'il valait mieux faire envie que pitié. » Est-ce que votre professeur d'histoire vous a dit aussi qu'il fallait mentir pour faire envie ? — *R.* Je ne mentais pas.

D. Comment vous ne mentiez pas en disant que vous aviez 200,000 fr. ? — *R.* Je n'ai pas dit que je les avais.

D. Pourquoi Desmidt le dit-il ? — *R.* Il a bien dit qu'il s'agissait d'un hôtel de 6 à 700,000 fr.; je ne puis prendre sur mon compte l'exagération de ses propos. J'ai dit à M. Desmidt que Mme de Pauw avait été ma maîtresse, et qu'en raison de l'intérêt que je portais aux enfants, je voulais assurer leur avenir.

D. Nous verrons l'intérêt que vous leur portiez. — *R.* Ma position de fortune me le permettait. Je n'ai pas dit que j'étais le père des enfants, et rien n'a pu faire penser que je m'attribuais leur paternité. Il a vu souvent Mme de Pauw ; il a pu savoir la vérité. Je ne me suis pas présenté non plus sous le titre de comte et je n'ai pas caché celui de docteur.

D. Quand vous avez fait assurer votre fils, vous avez pris le titre de médecin; et, quand il s'est agi de l'assurance de Mme de Pauw, ce titre a été mis de côté, et nous verrons dans quel intérêt. — *R.* Je ne le cachais pas.

D. Je lis dans l'instruction : « Je ne me rappelle pas avoir dit à Desmidt que j'avais gagné 200,000 fr. à la Bourse et que, bien manœuvrés, ils pouvaient suffire aux éventualités. Il se peut cependant que je le lui aie dit ; mais alors j'avais en vue la demande faite à ma femme par mon testament; les actes le disent. D'ailleurs, un de mes anciens professeurs d'histoire m'a dit qu'il vaut mieux faire envie que pitié, et j'ai toujours pratiqué cette devise. Si ce propos a été tenu, il l'a été longtemps après la signature des polices. J'ai en effet un jour demandé à Desmidt s'il ne connaissait pas un hôtel à vendre du prix de 4 à 500,000 fr. » — *R.* Je n'ai pas dit cela ; je ne prétends pas que M. le juge d'instruction s'est trompé; j'étais trop malade quand cet interrogatoire a été fait ; j'étais très-contrarié. Si ce propos a été tenu, il l'a été après la signature des polices. J'ai demandé à M. Desmidt s'il ne connaissait pas un hôtel à vendre dans les prix de 4 à 500,000 fr.; c'était une parole en l'air, un mois peut-être avant mon arrestation.

D. Vous avez été arrêté le 4 décembre, Mme de Pauw était morte le 17 novembre; c'est donc très-peu avant sa mort que vous reconnaissez avoir tenu ce propos à Desmidt. — *R.* Il eût été facile aux Compagnies, en prenant des renseignements, de se fixer sur ma véritable position; c'était leur affaire. Elles ont agi légèrement, et elles cherchent à se tirer d'embarras en me perdant.

D. Ce sont les Compagnies qui cherchent à vous perdre ? — *R.* C'est possible.

D. Vous voyez que je ne me trompais pas en disant que vous aviez reconnu dans l'instruction avoir tenu le propos; vous n'êtes pas homme à signer des interrogatoires qui n'auraient pas été parfaitement exacts. Le Juge d'instruction a cru devoir, dans la plupart des cas, vous faire dicter à vous-même vos déclarations, pour que n'eussiez pas de reproches à lui faire. — *R.* Cela n'a pas été dicté par moi.

D. Vous l'avez signé. — *R.* Je ne me l'explique que parce que j'étais malade; mais, je le répète, je n'ai pu faire allusion qu'à un désir exprimé par ma femme d'acheter une maison, mais pour un chiffre bien inférieur.

D. Je viens de vous dire comment les choses se sont passées ; vous voilà au moins pendant trois ans obligé de payer aux Compagnies d'assurances une somme de 20,000 fr. par an. C'était un chiffre énorme. Je vous demande pour quel motif vous avez consenti à la dépenser ainsi, au préjudice de votre ménage, de votre femme et de votre enfant qui n'était pas mort, car il est mort deux mois après, comment vous avez consenti à faire cette dépense au profit de votre concubine ? — *R.* Ce n'était pas à leur préjudice, puisque mon but était, en avançant 3,000 fr. sur la tête de Mme de Pauw, de me payer des avances que j'avais faites à son mari et à elle-même, de rentrer aussi dans mes avances pour le payement des primes d'assurances. C'était pour ne pas porter préjudice à mes enfants si j'en avais eu.

D. Cela ne se comprend pas. — *R.* Comment aurais-je contracté une assurance dans un autre but? Je ne la contractais que pour rentrer dans les sommes que j'avais prêtées, dans les primes que j'aurais versées chaque année ; de cette façon, il n'y aurait pas eu de préjudice pour ma famille, et de plus je permettais à Mme de Pauw, qui était dans la plus grande misère, de pouvoir vivre, car personne ne lui donnait rien.

D. Encore une fois, vous n'avez jamais manifesté l'intention de traiter avec les Compagnies pour racheter les assurances. — *R.* Comment a-t-il pu entrer dans la pensée de M. Desmidt et des Compagnies que je pouvais donner 20,000 fr. par an? C'était à eux de prendre des renseignements, à me demander pourquoi je faisais l'assurance.

D. Les Compagnies ne sont pas obligées de faire cette question. — *R.* Aujourd'hui, elles me le demandent bien ; c'était alors qu'il fallait le faire. Il ne pouvait entrer dans l'idée d'une Compagnie d'assurances, ni dans l'idée de M. Desmidt, que je donnasse 20,000 fr. par an. C'était à eux à m'adresser des questions.

D. Desmidt a été chargé par vous de toutes les opérations. — *R.* Je ne m'en suis pas mêlé.

D. Je le crois bien; vous avez tout fait faire par Desmidt ; vous n'avez jamais voulu vous présenter aux Compagnies, tandis que, pour l'assurance pour votre fils, vous vous êtes présenté vous-même. — *R.* Je vous demande pardon; je n'y suis pas allé; c'est M. Desmidt qui s'en est chargé. La compagnie *la Générale* a accepté d'un homme qu'elle avait renvoyé pour indélicatesse, mais je ne l'ai su qu'après, elle a accepté de lui une assurance de 100,000 fr. sur la tête d'une femme; que penser de cela ?

D. N'importe. Vous avez fait assurer la femme de Pauw pour 550,000 fr.; si elle était morte naturellement, au 17 novembre 1863, les Compagnies étaient obligées de vous payer non pas 140,000 fr., mais 550,000 fr. que vous leur avez demandés. — *R.* Permettez-moi de vous expliquer le mécanisme de cette assurance, que je crois que vous ne comprenez pas. Je donnais 3,000 fr. par an. D'après l'état qui m'a été donné par les Compagnies, je devais calculer que Mme de Pauw, qui avait quarante et un ans, pouvait vivre encore vingt ans. Cela faisait 60,000 fr. J'ai préféré verser 20,000 fr. par an en trois ans, ce qui me donnait la faculté d'assurer sur la tête de Mme de Pauw 100,000 fr., si l'on ajoute à ce capital de 60,000 fr. le bénéfice que les Compagnies distribuent. Comme je l'ai dit, la somme de 550,000 fr. n'était qu'une somme aléatoire ; les transferts ont dû être faits en raison des sommes versées, puisque la modification des contrats ne pouvait arriver qu'après trois années. Mon intention était de ne faire d'assurances que pour 150 à 200,000 fr., afin de rentrer, après trois ans, dans le capital assuré, ce qui me permettait de recouvrer toutes les sommes que j'avais avancées à M. de Pauw et à sa femme, ainsi que les primes que j'avais versées ; j'y parvenais en payant 20,000 fr. par an ; je ne frustrais pas ma famille, et je voulais donner le surplus aux enfants de Mme de Pauw, comme le prouvera la déposition de M. Desmidt.

D. Avez-vous dit cela dans l'instruction ? — *R.* Je l'ai dit.

D. Vous avez dit qu'en dépensant 60,000 fr., c'est-à-dire 20,000 fr. par an pendant trois ans, vous pensiez que les Compagnies vous tiendraient compte des intérêts de ces 60,000 fr., c'est-à-dire 3,000 fr. par an, et qu'avec ces 3,000 fr. vous pourriez faire face aux primes d'un capital de 150,000 fr. Les Compagnies vous ont répondu que c'était absurde. — *R.* M. Desmidt me l'avait dit.

D. Elles ont ajouté que vous n'aviez parlé que d'une assurance sur la vie entière de Mme de Pauw. — *R.* Les Compagnies reconnaissent-elles qu'après trois ans un contrat peut être modifié ?

D. Elles reconnaissent que celui qui, après trois ans, ne veut pas continuer l'assurance qu'il a contractée, peut s'adresser à elles, et qu'alors elles consentent à rompre le traité, mais en lui faisant perdre deux des primes qu'il a versées, c'est-à-dire que si, après trois ans, vous vous étiez adressé aux Compagnies en leur disant que vous ne vouliez pas continuer de payer, elles vous auraient dit : Vous nous avez donné 60,000 fr., nous allons vous rendre 20,000 fr., nous en garderons 40,000. — *R.* Les Compagnies comprennent qu'on peut vendre son contrat, le modifier même. Les sommes que j'aurais obtenues en modifiant les contrats m'auraient produit un revenu de 3,000 fr. avec lequel j'aurais assuré 100,000 fr. sur la tête de Mme de Pauw. Voilà ma combinaison.

D. Nous ferons expliquer cela quand les Compagnies seront ici. Mais la cause que vous donnez à ces assurances, et votre conduite depuis qu'elles ont été contractées, tout cela est complétement exclusif du système que vous venez d'expliquer. Vous avez dit, en effet, que vous vous étiez déterminé par trois motifs à contracter sur la tête de Mme de Pauw les assurances dont il s'agit : un reste de sympathie pour elle, le désir de rentrer dans vos avances, et l'intérêt de ses enfants. La sympathie que vous aviez pour elle, il est difficile de l'admettre, car vous avez fait de cette femme le tableau le plus défavorable possible. Elle avait été votre maîtresse ; vous en étiez débarrassé ; depuis votre mariage, vous ne l'aviez pas revue, vous aviez été dix-huit mois sans la revoir ; neuf mois avant votre mariage, vos relations avec elle avaient cessé ; rien ne vous obligeait à aller à la retrouver pour lui parler d'assurances. Dans votre système, elle devait vous être odieuse, car elle avait cherché à empêcher votre mariage, elle avait fait ce qu'elle avait pu pour troubler votre union. Vous avez dit que son mari était un escroc, qu'il vendait les originaux des tableaux qu'on lui donnait à restaurer et en rendait seulement des copies ; vous avez dit, en parlant de Mme de Pauw, que quand on la mettait à la porte elle rentrait par la fenêtre ; nous sommes certain de nous servir des expressions que vous avez employées. — *R.* C'est une domestique qui s'est servie de cette expression ; ce n'est pas moi.

D. Il faut que MM. les jurés sachent comment vous avez traité cette femme. Vous avez dit qu'elle était après vous comme une chienne après un chien. C'est vous qui avez dit cela. — *R.* Je me suis servi des expressions de la domestique qui était chargée de la recevoir.

D. Vous n'avez pas dit que ce fussent les expressions de la domestique. — *R.* Je vous demande pardon ; j'ai dit : « Pour me servir de l'expression de ma domestique. »

D. Je n'avais pas vu cela dans l'interrogatoire. Voici ce que j'y lis : « Après la mort de M. de Pauw, cette femme courut après moi ; quand je la mettais à la porte, elle rentrait par la fenêtre ; elle était toujours chez moi ; c'était comme un chien après une chienne ; c'est ce que disait ma vieille servante. » — *R.* Donc, ce n'est pas moi qui l'ai dit.

D. Mais enfin vous vous êtes approprié parfaitement les expressions que votre vieille servante avait employées. — *R.* Cette femme était en effet toujours chez moi.

D. Vous n'aviez rien de mieux à faire que de vous en débarrasser ; vous n'aviez pas besoin de courir après elle. — *R.* Je n'ai pas couru après elle ; je m'étais engagé à son égard pour 200 fr. par mois ; il était naturel que je rentrasse dans les fonds que je lui avais avancés.

D. Ce que vous dites est vrai ; il ne pouvait y avoir sympathie entre elle et vous. Vous parlez des avances que vous lui avez faites ; que lui avez-vous avancé ? — *R.* D'abord 3,000 fr. à son mari ; puis, de 1858 à 1861, on peut en faire le calcul, environ 2,500 fr. par an.

D. Jusqu'en 1861 cela fait 7,500 à 8,000 fr. ? — *R.* De 1861 à 1863, je lui ai avancé les mêmes sommes ; outre cela, il y a 15 à 1,600 fr. qu'elle m'a empruntés à trois reprises différentes.

D. Pouvez-vous considérer 2,500 fr. par an donnés à votre concubine comme des avances ? — *R.* Mais depuis 1861, elle n'était pas ma concubine.

D. Avant 1861, elle était votre concubine. Vous dites que vous lui donniez 2,500 fr. par an (nous allons voir si cela est vrai), et vous voulez faire considérer cela comme des avances ou des prêts que vous lui faisiez ! — *R.* Je lui ai prêté 1,600 fr. pour acheter des tableaux.

D. Quand vous lui auriez prêté 1,600 fr., est-ce pour cela que vous lui auriez fait contracter des assurances aussi fortes ? — *R.* Si elle avait vécu vingt ans, je lui aurais ainsi donné plus de 40,000 fr., qui se seraient ajoutés aux prix des assurances.

D. Vous continuiez à lui donner 2,400 fr. par an ? — *R.* Cela ne me coûtait rien ; je pouvais lui faire ce bien ; je le savais sans ressources, elle avait des charges de toutes manières.

D. A l'époque des assurances, vous lui aviez déjà donné depuis le commencement 2,500 fr. par an ; cela fait 8 à 10,000 fr. — *R.* Je compte 14 à 15,000 fr.

D. Vous voilà à 14 ou 15,000 fr. Je vous répète

que vous ne pouvez pas raisonnablement soutenir qu'ayant donné 2,500 fr. par an à votre concubine, vous lui avez fait des prêts. — R. Encore une fois, elle n'a été ma concubine qu'un an, en 1860; auparavant, ce sont des prêts que je lui avais faits.

D. Vous prétendez que depuis 1861 elle n'était plus votre concubine; vous dites cela pour votre défense, tous les témoins soutiennent le contraire. — R. Au contraire, tous les témoins disent que, depuis 1861, je ne l'ai jamais revue.

D. Ce que tous les témoins ont déclaré, c'est qu'elle disait qu'elle avait accepté la séparation. — R. Cela ne m'empêchait pas de lui donner des secours.

D. Cette femme qui n'a jamais commis que des escroqueries, selon vous, qui courait après vous comme une chienne après un chien, cette femme pour laquelle vous deviez avoir le plus profond mépris, c'est vous-même qui allez la chercher et qui lui proposez des assurances? — R. Elle venait me demander des secours; si je les lui accordais, c'est qu'elle venait me les demander.

D. Comment justifiez-vous le don de ces secours? — R. Par la somme de 200 fr. donnée chaque mois.

D. Qui le prouve? — R. Je ne lui faisais pas faire de reçus, mais ce qui prouve que je donnais la somme, c'est l'assurance. Aurait-elle contracté une assurance si elle n'avait pas eu une certaine reconnaissance pour les secours que je lui avais avancés?

D. Nous n'en sommes pas encore là; nous verrons ce que les témoins déclarent. MM. les Jurés comprendront votre système. Quant à présent, vous dites avoir donné 200 fr. par mois. Comment les donniez-vous? — R. Je les envoyais par la poste; je n'en tirais pas de reçu.

D. Vous les envoyiez par la poste? C'étaient des secours? Elle était dans la misère, vous lui donniez 200 fr. par mois; c'était par charité, et non pas pour lui faire contracter une obligation de 550,000 fr. — R. Secours qui, pendant vingt ans, auraient fait 40,000 fr.

D. Aviez-vous pris un engagement à cet égard? — R. C'était un engagement verbal; cela s'était passé dans mon cabinet.

D. Un engagement verbal envers votre concubine? Vous aviez donné 3,000 fr. à son mari; si vous en aviez eu un reçu vous ne comptiez plus rentrer dans cette somme; du reste, l'accusation soutient que jamais vous ne l'avez donnée. Quant aux 200 fr. par mois que vous auriez envoyés par la poste depuis votre mariage, c'est complètement invraisemblable. Vos lettres étaient-elles chargées? — R. Non.

D. Il est expressément défendu de mettre à la poste des lettres non chargées renfermant des valeurs ou des billets de banque. — R. C'est pour cela que j'en reçois tous les jours.

D. Cela est expressément défendu, et vous ne ferez pas croire que la poste, très-exacte pour surveiller les lettres, ne se fût pas, à une époque quelconque, aperçue que vous mettiez des valeurs dans vos lettres. C'est inadmissible. — R. Je ne pouvais recommander ces lettres quand j'envoyais plusieurs mille francs; la poste ne donne que 50 fr. pour une lettre perdue.

D. Vous vous seriez fait prendre; vous vous seriez exposé à payer une amende considérable. — R. Je n'ai jamais été pris, et les sommes que j'ai reçues de cette façon n'ont donné lieu à rien de semblable. Pourtant j'en ai reçu beaucoup.

D. L'accusation soutient que vous n'avez jamais mis ces lettres à la poste. — R. Je l'affirme.

D. Comment le prouvez-vous? Tous les témoins déclarent que Mme de Pauw ne recevait rien du tout. Nous allons plus loin. Votre livre de dépense, avant votre mariage, de 1859 à 1860, constate que, pendant ces deux années, vous lui aviez remis 680 fr. — R. D'abord ce n'est pas mon livre de dépenses; ce n'en est qu'une partie.

D. C'est sur votre livre de dépenses. — R. C'est une partie des notes trouvées dans mes papiers; j'avais malheureusement anéanti ce qui se rapportait à Mme de Pauw; si j'avais mes livres, vous reconnaîtriez la vérité de ce que je dis.

D. Quoi qu'il en soit, vous constatez avoir remis à Mme de Pauw, pendant 1859 et 1860, 680 fr. — R. En dehors de cela, je lui ai avancé 1,600 fr. pour l'achat de trois tableaux.

D. Qui le constate? — R. Si vous n'aviez pas mes papiers, vous pourriez dire que je n'ai même pas avancé 680 fr. Je déclare avoir donné ce dont j'ai parlé. Vous ne voulez pas me croire, tout est dit.

D. Mais c'est le relevé de votre livre de dépenses que j'ai à la main. — R. Je ne tenais pas complétement note des dépenses que je faisais pour cette femme, qui ne pouvait me les rendre.

D. Quand même vous lui auriez donné 2,500 fr. par an, vous ne pouviez avoir le courage de les lui faire rendre; elle avait été votre concubine. — R. Elle n'a été ma concubine qu'un an. A partir de 1861, je n'étais plus obligé moralement à lui avancer 200 fr. par mois, et je voulais rentrer un jour ou l'autre dans les sommes que j'avançais.

D. Voilà votre système. Quand le Juge d'instruction est allé chez vous, il vous a demandé comment vous pouviez expliquer ce qui avait amené cette femme à se reconnaître envers vous débitrice de 550,000 fr., et alors vous lui avez dit que vous lui aviez avancé 150 à 200,000 fr. — R. Je répondrai à cela tout à l'heure.

D. Nous reviendrons là-dessus. Vous avez ajouté que, le 28 septembre dernier, vous lui aviez donné 33,000 fr., ce qui était déjà une somme assez considérable, et qu'en ajoutant les primes à payer pendant sa vie entière (vous ne parliez pas alors du rachat des contrats), cela donnait bien une vraisemblance aux contrats d'assurances, et aux causes pour lesquelles ils avaient été faits. Tout cela n'était pas vrai, c'était des mensonges. — R. Lorsque le Juge d'instruction est venu chez moi, il m'a demandé les contrats qui me liaient vis-à-vis des enfants de madame de Pauw, en me disant que rien n'avait été trouvé à cet égard dans ses papiers. Je suis allé dans une pièce à côté chercher les papiers, et je les lui ai apportés. Après cela, le Juge d'instruction m'a demandé des renseignements sur les Compagnies d'assurances, et sur la manière dont les contrats avaient été faits. Comme M. Desmidt venait me rendre compte, chaque jour, des accusations que les Compagnies dirigeaient contre moi, j'ai cru, n'ayant pas d'explications à donner aux Compagnies, devoir, lorsque le Juge d'instruction m'a fait cette question, avancer le chiffre qui me plaisait. Plus tard, quand je sus l'accusation qui était dirigée contre moi, je me suis rétracté, et j'ai dit la vérité tout entière. Mais lorsque le Juge d'instruction est venu dans mon cabinet, il n'est pas venu au nom de l'accusation. Il m'a demandé pourquoi les contrats n'étaient pas dans les papiers de madame de Pauw. Je lui ai donné les miens. Quand il m'a demandé comment les contrats avaient été faits, je lui ai répondu ce qu'il m'a plu, ne croyant pas avoir de compte à rendre aux Compagnies; mais, lorsque j'ai su qu'il venait au nom de la Justice pour une accusation, je lui ai dit ce qu'il en était, que je n'avais avancé que 10,000 fr. J'ai dû aller au devant de ce que diraient les Compagnies.

D. Quand le Juge d'instruction s'est transporté chez vous, c'est en sa qualité de juge d'instruction qu'il venait. Vous avez su que la Justice se présentait chez vous. — R. Il pouvait se présenter au nom de la famille et au nom des Compagnies.

D. Est-ce que le Juge d'instruction pouvait se présenter au nom des Compagnies? La Justice peut être mise en mouvement par des particuliers; mais une fois qu'elle a reçu une plainte, ce n'est pas dans l'intérêt d'un particulier qu'elle se transporte chez un individu; c'est dans un intérêt public, général. C'était la Justice qui se présentait chez vous. — R. Je ne l'ai pas cru; et, quand je l'ai su, je n'ai pas déguisé la vérité.

D. C'est précisément à cause de ce mensonge que le Juge d'instruction a pensé que vous étiez coupable, et qu'il vous a mis en état d'arrestation. Nonseulement vous lui aviez dit avoir avancé à madame de Pauw 150 à 200,000 fr., mais vous aviez ajouté que vous lui donniez non pas 200 fr., mais 1,000 fr. par mois. — R. Je n'avais pas de compte à rendre aux Compagnies; je croyais que c'étaient elles qui venaient. Tous les jours, on me relatait ce qu'elles faisaient; on me disait qu'elles avaient formé des conciliabules, et qu'elles dirigeaient toutes sortes d'accusations contre moi. Jamais je ne suis allé chez les Compagnies. La veille de mon arrestation, M. Desmidt étant allé à une Compagnie pour demander une réponse, le chef du bureau lui avait dit: « Demain, M. de La Pommerais recevra notre réponse. » Le lendemain, j'étais arrêté.

D. Les Compagnies que vous cherchez à mêler dans cette affaire y sont complétement étrangères; c'est avant qu'elles ne connussent régulièrement le décès de madame de Pauw qu'une plainte a été portée contre vous. Madame de Pauw est morte le 17; la plainte est du 19. A ce moment, les Compagnies ne savaient pas le décès. — R. La plainte est du 21. Les Compagnies, à ce moment, connaissaient très-bien le décès.

D. Non, elles ne le connaissaient pas, et nous verrons tout à l'heure pourquoi. Nous le répétons, les Compagnies n'ont adressé aucune plainte à la Justice; elles n'ont donné aucun signe de vie. C'est la famille de madame de Pauw qui vous a accusé d'avoir tué cette malheureuse. — R. Je n'attaque pas les Compagnies, mais je ne croyais pas qu'elles se retrancheraient derrière une personne qu'elles ont mise en avant. Elles n'ont cessé de m'accuser. Elles ont voulu me voir, je n'y ai pas consenti. Je le répète, lorsque j'ai voulu savoir leur réponse, M. Desmidt n'a obtenu de la Générale que cette déclaration : « Demain, M. de La Pommerais recevra sa réponse. » Or, le lendemain, j'étais arrêté. Les Compagnies étaient au courant de tout.

D. Vous avez fait un mensonge au Juge d'instruction, qui a cru que ce mensonge était une preuve contre vous, et il vous a mis en état d'arrestation. Vous avez demandé à être entendu plus tard, et vous lui avez déclaré que vous n'aviez pas dit la vérité, que vous aviez amplifié le chiffre de vos prêts, et qu'au lieu de 1,000 fr. par mois, c'était 200 fr. que vous envoyiez. C'est dans votre second interrogatoire que vous avez réduit le chiffre de vos prêts à 12,000 fr., puis 10,000, puis 8,000, puis enfin à 2,500 fr. par an. — R. Pouvais-je savoir réellement les sommes que j'avais données? je ne les marquais pas.

D. Alors comment constatez-vous avoir avancé telle somme? — R. Il y a un fait que vous ne pouvez nier; c'est que cette femme était sans ressources; elle avait trois enfants; elle était endettée de tous côtés; sa famille ne lui donnait pas un sou. Comment a-t-elle vécu?

D. Sa famille venait à son secours autant qu'elle le pouvait. — R. Elle ne lui donnait rien du tout; je connais les faits.

D. Toutes les personnes qui la connaissaient déclarent que vous ne lui donniez presque rien, et, ce qui le prouve en effet, c'est que, vous le reconnaissez vous-même, elle était dans la misère. — R. Je dirai pourquoi.

D. Elle était dans la misère la plus profonde; quand son mari est mort, elle a été obligée d'emprunter 70 fr. pour ses funérailles; elle a été expulsée de la rue de Verneuil, où votre dispensaire était dans son appartement, devant trois termes. — R. C'est quand je n'y étais plus. Etait-ce ma faute, si elle ne remettait pas au propriétaire ce que je lui donnais?

D. Vous n'avez pas payé le loyer; c'est elle qui vous prêtait gratis une partie de son appartement. — R. Je ne pouvais aller derrière elle savoir à qui elle donnait l'argent.

D. Elle a été de même expulsée, rue du Cherche-Midi, parce qu'elle ne payait pas son loyer, et vous avez cherché à faire supposer que le propriétaire était son amant. — R. Je n'ai fait que rapporter ce qu'elle m'a dit; elle m'a déclaré qu'elle s'en allait, parce qu'ayant eu des rapports intimes avec son propriétaire, celui-ci lui avait suscité des difficultés.

D. Vous avez vous-même dit qu'elle se livrait au premier venu; c'était une raison de plus pour ne pas aller la retrouver. — R. Je ne suis pas allé la trouver; je lui ai écrit.

D. Vous avez dit que vous étiez allé pour lui faire contracter une assurance. — R. Je vous demande pardon; je lui ai écrit au sujet de l'assurance, et je suis allé la voir pour la décider à ce que l'assurance fût faite sur la tête de ses enfants. Je dois dire qu'elle était artiste; quand elle avait 200 fr. à sa disposition, elle savait les manger en deux jours, et elle restait trois semaines sans rien; elle avait très-bon cœur; elle donnait à toutes les personnes qui venaient lui demander, sans rien leur refuser. Voilà comment elle se trouvait toujours sans ressources. Elle brocantait à droite et à gauche, croyait se connaître en tableaux, et elle en achetait très-cher qu'elle donnait ensuite pour un morceau de pain.

Elle avait une femme de ménage qui lui faisait payer 2 fr. ce qui valait vingt sous. Elle était obligeante, mais elle était sans ordre et sans économie.

D. Vous la voyiez souvent, puisque vous êtes si bien au courant de ses affaires? — R. Je savais parfaitement ce qui se faisait; quelquefois je donnais 20 fr. pour le dîner.

D. Vous avez cherché à expliquer autrement la disparition des sommes considérables que vous lui remettiez; vous avez dit qu'elle les donnait à ses amants. — R. A dater de neuf mois avant mon mariage, je n'ai eu aucun rapport intime avec elle; or l'accusation m'a révélé qu'elle était enceinte. Ce n'est pas par l'opération du Saint-Esprit qu'elle l'était devenue. (Murmures dans l'auditoire.) Comme elle ne l'était pas de moi, elle l'était donc d'un autre.

D. Vous avez dit que sa famille n'allait pas à son

secours. Il y a au dossier des lettres de sa famille, de son frère, de son cousin, qui lui ont donné différentes fois des sommes d'argent. Mme de Chalembert l'a secourue. M. Heim, un de nos peintres les plus distingués, membre de l'Institut, âgé de plus de soixante-quinze ans, que vous avez voulu faire passer pour son amant, l'a aidée également; on lui a donné non-seulement de l'argent, mais de vieux vêtements. Quand il a fallu aller chez Desmidt pour se rendre avec lui aux Compagnies d'assurances, elle n'avait pas même un châle : elle en a demandé un qu'on n'a pas voulu lui prêter. Elle est allée chez sa sœur chercher une robe. A sa mort, ses effets étaient au Mont-de-piété, elle devait aux fournisseurs, boucher, boulanger, blanchisseuse; même, ce qui devait lui être pénible, ses enfants avaient été renvoyées de leur pension, parce qu'elle devait 900 fr. à la maîtresse. Et voilà cette femme dans l'état le plus misérable, à laquelle vous auriez donné des sommes considérables! — *R.* Ce n'est pas une somme considérable, 200 fr. par mois. Quand j'étais avec elle, elle dépensait en deux jours ce qui aurait dû faire un mois.

D. Vous avez dit qu'elle se livrait au premier venu. — *R.* Puisque je n'avais aucun rapport avec elle, qu'elle était enceinte de deux mois, d'après ce que l'accusation a révélé, il faut bien que cela soit vrai.

D. Nous arriverons aux faits du procès. Seulement, je vous le répète, le tableau que vous faites d'elle n'est pas celui qu'en font les témoins qui l'ont connue. Ils déclarent tous, au contraire, que c'était une femme courageuse, travaillant sans relâche du matin au soir, aimant tendrement ses enfants, incapable de se livrer au premier venu; à part la liaison qu'elle a eue avec vous, liaison que l'on connaissait, on n'en a signalé aucune autre, et vous-même, malgré vos accusations, vous n'avez rien pu prouver. — *R.* Je n'étais pas là pour savoir ce qui se passait. Si je l'avais cru, je ne lui aurais pas envoyé 13,000 fr.

D. Elle vous aurait dit à vous-même qu'elle aurait eu son propriétaire pour amant? — *R.* Vous entendrez des témoins qui diront que tous les hommes auraient pu aller avec elle; elle parlait à tort et à travers.

D. Plus vous noircirez cette malheureuse femme, moins vous rendrez vraisemblable ce que vous avez fait pour elle. — *R.* J'ai dit qu'elle avait un caractère trop artiste.

D. Vous croyez faire son éloge? — *R.* Elle brocantait, elle vendait des tableaux pour rien. J'ai dit seulement ce que je pouvais supposer, quand l'accusation m'a appris qu'elle était enceinte.

D. Je dois faire connaître à MM. les Jurés toutes les différentes versions qu'elle vous a faites. Nous verrons votre conduite; nous verrons si vous avez pensé un seul instant au système de rachat de vos polices d'assurances.

Vous avez obtenu de Mme de Pauw la cession qui a été mise au dos des polices; j'en ai donné lecture. Elle vous transporte le bénéfice des assurances en échange de 550,000 francs qu'elle reconnaît vous devoir. C'est ici que nous appelons l'attention de MM. les Jurés. Ce premier transfert ne vous a pas suffi ; vous aviez des inquiétudes sur sa validité. Vous êtes allé chez Louis, l'agent d'affaires dont nous avons parlé au commencement de cet interrogatoire; vous l'avez consulté, et il vous a remis un nouveau modèle de cession, que vous avez fait signer par Mme de Pauw. — *R.* Je ne connaissais absolument rien aux polices. Ayant eu occasion de voir M. Louis pour un de ses amis malade, j'emportai les polices pour lui demander si le transfert écrit au dos des polices était valable. Il me répondit que ce transfert ne valait rien. J'écrivis à Mme de Pauw pour qu'elle consultât; elle vit un avocat qui lui dit la même chose; et, sur son conseil, elle fit les huit transferts que vous avez entre les mains. Voilà comment les choses se sont passées.

D. Nous allons voir que cela résulte des lettres qu'elle vous a écrites, ou que plutôt, d'après l'instruction, vous vous êtes fait écrire par elle. Vous vous étiez nanti de la propriété des polices par les transferts qui sont au dos, et, aux yeux des Compagnies, ces transferts étaient parfaitement valables. Vous avez fait faire à Mme de Pauw un second transfert ainsi conçu :

« Je soussignée, veuve de Pauw, née Julie-Françoise Testu, cède et transfère à M. Edmond Désiré Couty de la Pommerais, la propriété et le bénéfice du présent contrat passé entre (suit le nom de la compagnie d'assurances) et moi, pour la somme de...., que je reconnais devoir à M. Couty de la Pommerais, et qui se trouve compensée.

« Je donne en outre à M. Couty de la Pommerais pleine et entière autorisation de transférer à qui bon lui semblera la présente police, ce qui est accepté par lui.

« Fait double à Paris, le 5 août 1863.

Signé : « veuve J. de Pauw. »

Vous voilà nanti d'un second acte de cession que Mme de Pauw a consenti à signer. — *R.* Je ne pouvais savoir que le premier transfert fût valable, puisque les agents d'affaires me disaient le contraire.

D. Cela prouve que vous teniez à vous assurer la possession régulière des contrats d'assurances. — *R.* Je savais que les Compagnies d'assurances montraient le plus mauvais vouloir; il était donc naturel que j'eusse des craintes pour la validité de la cession.

D. Vous vous êtes fait faire une seconde cession très-régulière, et si Mme de Pauw fût morte d'une mort naturelle à ce moment, vous vous seriez présenté aux Compagnies, et vous leur auriez demandé, en vertu de votre acte de cession, de vous payer 550,000 fr. — *R.* Mais non !

D. Je parle de ce moment, 5 août. C'est à vous que les Compagnies auraient payé si Mme de Pauw était morte naturellement. Vous auriez reçu des Compagnies 550,000 fr., c'est incontestable. — *R.* J'avais payé une prime pour cela.

D. Sans contredit. — *R.* Ce sont les Compagnies qui créent ces assurances ; ce n'est pas moi.

D. Je dis qu'en vertu de ces deux cessions, Mme de Pauw venant à mourir après le 5 août, c'était à vous que les Compagnies devaient payer et auraient payé 550,000 fr. — *R.* Mais si elle était morte deux ans et demi après, elle n'aurait pas eu à toucher 550,000 fr. ; le contrat eût été modifié, elle n'eût reçu que 150,000 fr.

D. Enfin, à ce moment, vous seul pouviez toucher les 550,000 fr. Vous n'avez pas encore été rassuré sur la validité de ces deux cessions. Vous êtes allé alors chez un avoué, Me Levaux, pour le consulter; vous lui avez dit que vous étiez créancier de Mme de Pauw; que votre créance résultait d'une reconnaissance informe ; vous lui avez demandé si, dans cette position, vous pouviez avoir une sécurité au moyen d'une assurance contractée sur la tête de cette femme, laquelle assurance vous permettrait de rentrer dans vos avances. Me Levaux vous a répondu que votre créance pourrait être discutée; qu'il ne suffisait pas de déclarer qu'on était créancier pour qu'on le fût, qu'il fallait des titres, et il vous a fait faire dans son étude un projet de cession qui est là, et que vous avez en effet copié et fait signer par Mme de Pauw. — *R.* A ce moment, elle était malade. Au mois d'août, si je m'en souviens, j'eus un remords de l'avoir assurée pour cette somme. Je pensai qu'on pourrait m'incriminer si elle succombait. Je suis allé trouver Me Levaux. J'avais la police de la Compagnie *la Nationale*, portant au dos le transfert qui avait été fait. Me Levaux me demanda pourquoi ce transfert avait été fait. Je dus lui dire qu'il avait pour cause les sommes que j'avais avancées à Mme de Pauw. Il me dit que c'était nul, cela résulte de l'acte qu'il a fait; qu'en cas de mort la Compagnie se refuserait à payer. Il me fit un modèle portant la date du 5 août, celle qui existe sur le contrat antérieurement fait par M. Louis. J'ai envoyé à Mme de Pauw l'acte que Me Levaux m'avait remis lui-même, et de plus un acte que m'avait fait le maître clerc, par lequel je passais tout sur la tête des enfants, ne me réservant purement et simplement que les primes.

D. Nous allons y arriver. Vous êtes allé chez Me Levaux ; vous ne lui avez pas parlé d'autre chose que de la dette de Mme de Pauw envers vous ; vous lui avez demandé si l'assurance pouvait vous faire rentrer dans cette somme. Il vous a remis un modèle d'acte, dans lequel il établit un compte par suite duquel cette femme se reconnaît débitrice envers vous de 100,000 fr., et vous lui avez fait signer cet acte. — *R.* Puisque Me Levaux avait reconnu le transfert non valable, il était naturel, avec la pensée qui m'animait, de passer le transfert sur la tête des enfants. J'avais raison, puisqu'il me disait que les Compagnies ne voudraient pas payer.

D. Vous voilà animé d'une bienveillance extrême pour les enfants de Mme de Pauw. Nous arrivons aux actes que vous auriez faits au profit de ces enfants.

D'abord, il résulte de l'instruction que vous ne voyiez pas ces enfants; vous les faisiez renvoyer de chez leur mère quand vous y alliez. La fille aînée a déclaré n'avoir pour vous que peu de sympathie ; ce sentiment se comprend, malgré l'âge peu avancé de cette enfant. Quant au sentiment qui vous animait, vous, et qui vous a fait faire l'acte du 20 août, vous venez d'en parler ; nous appelons l'attention de MM. les Jurés sur l'explication que vous en avez donnée. Jusqu'au 20 août, tous les actes de cession étaient faits à votre profit ; vous seul pouviez toucher des Compagnies les 550,000 fr. A la date du 20 août, vous prenez, par acte sous seing-privé, l'engagement de remettre aux enfants de Mme de Pauw le montant des polices d'assurances, dans le cas où elle mourrait, et de placer sur leur tête les sommes revenant à leur profit. Voici l'explication que vous avez donnée vous-même de cet acte dans l'instruction, et sur laquelle nous appelons l'attention de MM. les Jurés : « J'ai fait cet acte à un moment où Mme de Pauw était malade; j'ai eu peur que, si elle venait à mourir, les soupçons tombassent sur moi. » Comment pouviez-vous avoir peur que le soupçon tombât sur vous si Mme de Pauw venait à mourir ? — *R.* Cette crainte se trouve parfaitement justifiée.

D. Mais, si vous n'aviez pas l'intention de lui donner la mort, en admettant qu'elle fût malade à ce moment, rien ne pouvait justifier pour un honnête homme un pareil soupçon. Si le contrat était loyal, vous n'aviez pas besoin de prévoir des soupçons qui ne pouvaient atteindre un honnête homme.

— *R.* Il fallait bien un transfert pour donner tout aux enfants.

D. Je le répète, vous n'avez fait cet acte en faveur des enfants que par peur. — *R.* J'ai dit que j'avais eu un scrupule, un remords, d'avoir assuré Mme de Pauw, et, à la pensée qu'elle pouvait succomber, j'ai tout passé sur leur tête.

D. Il ne s'agit pas de l'acte fait au profit des enfants, mais de celui dont Me Levaux vous a donné le modèle. — *R.* Je n'allais chez lui que pour l'acte relatif aux enfants.

D. Voilà le motif que vous donnez, mais il est impossible de le comprendre si vous n'aviez aucun reproche à vous faire. — *R.* Avec cet acte, je n'avais rien à me reprocher.

D. Nous allons voir comment vous-même avez considéré cet acte. Je dis que ce soupçon de votre part est difficile à comprendre. Vous parlez de peur; si c'est par peur que vous avez fait cet acte, comment expliquez-vous votre générosité, dont peu d'hommes seraient susceptibles, comme vous l'avez dit ? — *R.* Il me semble que c'est bien justifié par le soupçon qui pèse sur moi. Mme de Pauw était malade, très-malade.

D. Elle n'était pas malade. Vous ne répondez pas d'ailleurs à ma question. Vous ne pouvez concilier ce sentiment de peur dont vous parlez avec la générosité dont vous vous prévalez encore. — *R.* Quels que fussent mes sentiments, j'ai fait l'acte.

D. Vous l'avez fait, mais il ne vous inspirait aucune inquiétude. Votre générosité ne vous compromettait pas. L'acte porte : « fait double, » mais il n'a pas été fait double. Ce n'est que chez vous qu'on l'a trouvé. — *R.* C'est la première chose que j'ai donné à M. le Juge d'instruction ; il était dans une chambre à côté; je le lui ai remis. Si j'avais eu intérêt à le détruire, je l'aurais détruit.

D. Vous l'avez remis, croyant en tirer un argument en votre faveur. Vous l'avez remis comme vous remis les vingt-trois lettres dont nous parlerons, qui sont une des plus lourdes charges contre vous. — *R.* Je n'avais aucun intérêt à le produire.

D. Vous n'avez jamais eu l'intention d'en faire usage; nous le verrons. Après cet acte, vous en avez fait faire un autre, cette fois uniquement en votre faveur ; il n'y est pas question des enfants. — *R.* Quand je suis allé chez Me Levaux, j'apportai l'acte de *la Nationale*, revêtu du transfert. Il m'a fait un modèle exclusivement pour *la Nationale*. Comme il n'y avait rien d'agréable à faire huit actes pareils, je lui ai demandé s'il était possible d'en faire plusieurs sur le même. Il m'a répondu que oui. Alors j'ai dit à Mme de Pauw de réunir les huit actes qu'elle eût dû faire séparément, et voilà comment l'acte unique se trouve à la date du 31 août.

D. Elle a signé l'acte au profit de ses enfants le 20 août, et, à la date du 31 août, elle en a signé un autre dans lequel il n'est plus question des enfants. C'est à vous seul qu'elle transfère toutes les polices, et elle se reconnaît débitrice envers vous de 550,000 fr. — *R.* Les Compagnies ne connaissaient que moi ; il fallait un acte vis-à-vis d'elles, pour que les héritiers de Mme de Pauw pussent jouir des transferts faits en ma faveur. L'acte a été fait pour établir les droits des enfants.

D. Il n'était pas besoin d'un autre acte fait par Mme de Pauw, puisque vous vous étiez engagé à tout donner aux enfants. — *R.* L'acte fait pour les enfants est pour pouvoir qu'il s'agit exclusivement des assurances et pas d'autre chose. J'ai mis tout ce qui est dans l'acte préparé par M⁰ Levaux; il n'y a pas un mot de moins.

D. Vous êtes allé chez M⁰ Levaux pour avoir un modèle dans votre intérêt? — *R.* Ce modèle était avec le transfert.

D. Mᵐᵉ de Pauw ne l'a jamais eu en sa possession. — *R.* Je lui ai envoyé les deux doubles, elle l'a reconnu.

D. Elle le reconnaît dans ces lettres que vous lui avez fait écrire, lettres que l'accusation présente précisément comme une charge contre vous. On n'a rien trouvé à son domicile, et sa fille, comme tous les témoins, déclare que vous enleviez de chez elle tous les papiers. — *R.* Quels papiers?

D. Tous les papiers des assurances. — *R.* Elle n'avait pas besoin de conserver les contrats qui étaient en ma faveur; elle n'avait à conserver que l'acte en faveur des enfants.

D. Elle ne l'avait pas. — *R.* Est-ce ma faute? Elle m'écrit qu'elle l'a déposé en lieu sûr.

D. Les témoins déclarent que vous ne laissiez rien chez elle. — *R.* Quel intérêt avait-elle à me laisser ces papiers?

M. le Président. MM. les Jurés apprécieront.

Un Juré. Ne pourrions-nous avoir lecture des deux actes dont M. le Président vient de parler?

M. le Président. Vous les aurez dans la chambre de vos délibérations. Néanmoins je vais en donner lecture.

Voici le premier acte, du 20 août:

« Entre les soussignés :

« Edmond-Désiré Couty de La Pommerais, docteur en médecine,

« Et Mᵐᵉ Julie-Françoise Testu, veuve de Pauw, artiste peintre ;

« A été convenu, arrêté et préalablement exposé ce qui suit :

« M. de La Pommerais a fait successivement à Mᵐᵉ de Pauw de nombreux prêts et avances d'argent en différentes fois et en l'espace de plusieurs années.

« Tous ces prêts ont été ainsi faits par obligeance de la part du prêteur et souvent sans reconnaissances écrites.

« Les parties ont donc reconnu la nécessité d'arriver d'abord à un arrêté de compte et ensuite au remboursement de ces divers prêts.

« Quant à l'arrêté de compte, il a été fixé définitivement, à titre de forfait et transaction, au chiffre de 550,000 fr.

« A l'égard du remboursement de cette somme, Mᵐᵉ de Pauw a déclaré à M. de La Pommerais qu'il lui était impossible de le faire quant à présent.

« Mais elle a offert d'en faciliter le payement au moyen de plusieurs assurances sur la vie, de façon à ce que M. de La Pommerais puisse, lui ou ses héritiers, toucher cette somme de 550,000 fr. après la mort de la débitrice.

« En conséquence de ce qui précède, ladite dame veuve de Pauw s'engage formellement à se faire assurer aux compagnies d'assurances dites : Compagnie d'Assurance générale, Compagnie nationale, l'Union, la Paternelle, le Phénix, l'Internationale, le Gresham et la Compagnie impériale, pour un capital de 550,000 fr., exigible et payable après sa mort.

« Mᵐᵉ veuve de Pauw ayant déclaré qu'il lui était également impossible de payer les primes d'assurances, M. de La Pommerais a promis d'en faire les avances de façon à éviter toute espèce de déchéance.

« M. de La Pommerais, désirant d'un autre côté transférer et céder le bénéfice et l'avantage de toutes ces assurances aux trois enfants de Mᵐᵉ de Pauw, renonce entièrement à sa créance et à tous ses droits en faveur des trois enfants.

« M. de La Pommerais devra prélever sur la somme de 550,000 fr., qui lui sera versée par les différentes Compagnies, le remboursement des primes pures et simples qu'il aura avancées chaque année aux Compagnies. Ces primes seront remboursées à M. de La Pommerais sans intérêts aucun. De toutes manières, M. de La Pommerais ou ses héritiers ne pourraient exiger que l'intérêt légal.

« Dans le cas où M. de La Pommerais, pour se faire payer des Compagnies d'assurances, serait obligé d'en venir aux procès, M. de La Pommerais ferait les premières avances ; mais il est bien entendu que les frais qu'il aurait faits pour plaider seraient prélevés sur la somme à revenir aux enfants de Mᵐᵉ veuve de Pauw : ceci est de toute justice.

« M. de La Pommerais s'engage, dans les trois mois qui suivront la mort de Mᵐᵉ de Pauw, à placer sur la tête des trois enfants de Mᵐᵉ veuve de Pauw la somme d'argent qui devra leur revenir.

« Dans le cas où ils seraient mineurs, la somme devrait être convertie sur-le-champ soit en rentes françaises de 3 p. 100, soit en obligations de Chemins de fer, soit en actions de la Banque de France. Une partie servirait à leur donner l'instruction nécessaire, et le surplus serait placé de nouveau sur leur tête.

« En cas de majorité, c'est-à-dire la mère mourant et laissant ses enfants majeurs, ces derniers ne pourront toucher le capital qui leur est offert qu'avec le consentement de M. de La Pommerais ; mais les revenus leur appartiendront de plein droit, et ils en jouiront comme bon leur semblera. Si, dans un temps donné, Mᵐᵉ veuve de Pauw désirait vendre ses polices aux Compagnies d'assurances, lesquelles, d'après leurs statuts, reconnaissent ce genre de contrat, et qu'elles voulussent bien y consentir, M. de La Pommerais autorise Mᵐᵉ veuve de Pauw à conclure l'opération à la condition que les deux tiers de la somme qui serait versée par les Compagnies à Mᵐᵉ de Pauw seraient placés sur la tête des trois enfants.

« Le droit d'enregistrement des présentes, s'il devenait nécessaire, serait à la charge de celle des parties qui y donnerait lieu.

« Signé : LA POMMERAIS. Signé : J. DE PAUW. »

Voici le second acte :

« Entre les soussignés : Edmond-Désiré Couty de La Pommerais, et Julie-Françoise Testu, veuve de M. de Pauw ;

« A été convenu, arrêté et préalablement exposé ce qui suit :

« M. de La Pommerais a fait successivement à Mᵐᵉ de Pauw de nombreux prêts et avances d'argent en différentes fois et en l'espace de plusieurs années.

« Tous ces prêts ont été ainsi faits par obligeance de la part du prêteur et souvent sans reconnaissances écrites.

« Les parties ont donc reconnu la nécessité d'arriver d'abord à un arrêté de compte et ensuite au remboursement de ces divers prêts.

« Quant à l'arrêté de compte, il a été fixé définitivement, à titre de forfait et transaction, au chiffre de 550,000 fr.

« A l'égard du remboursement de cette somme,

Mme de Pauw a déclaré à M. de La Pommerais qu'il lui était impossible, au moins quant à présent, de le faire. Mais elle a offert d'en faciliter le payement au moyen de plusieurs assurances sur sa vie, de façon à ce que M. de La Pommerais puisse, lui ou ses héritiers, toucher cette somme de 550,000 fr. après la mort de la débitrice.

« En conséquence de ce qui précède, la dame veuve de Pauw s'engage formellement à se faire assurer aux Compagnies suivantes :

« 1° A la Compagnie d'assurances générales sur la vie pour un capital de 100,000 fr. exigible et payable après sa mort;

« 2° A la la Nationale pour 100,000 fr. ;

« 3° A l'Union pour 50,000 fr. ;

« 4° Au Phénix pour 50,000 fr. ;

« 5° A la Caisse paternelle pour 50,000 fr. ;

« 6° A l'Impériale pour 50,000 fr. ;

« 7° A l'International life assurance society pour 50,000 fr. ;

« 8° A la Compagnie Gresham life assurance society pour 100,000 fr. ;

« Elle s'engage, par suite, à contracter des assurances pour et au profit de M. Couty de La Pommerais, et, en outre, elle promet de lui donner toutes autorisations et tous consentements nécessaires pour transférer et céder le bénéfice et l'avantage de ces assurances à qui bon lui semblera.

« Enfin, Mme veuve de Pauw ayant déclaré qu'il lui était complétement impossible, au moins quant à présent, de payer les primes d'assurances, M. de La Pommerais a promis d'en faire l'avance de manière à éviter toute espèce de déchéance.

« Fait double le 31 août 1863.
« Signé : Femme DE PAUW.
« Signé : Comte DE LA POMMERAIS. »

M. le Président. Le second acte est la répétition exacte du premier, sauf qu'il n'est plus question des enfants.

A la date du 27 septembre vient un dernier acte. Mme de Pauw envoie à La Pommerais son testament, testament que, selon l'accusation, il se serait fait faire, dans lequel elle lui transfère de nouveau la propriété des contrats d'assurances, et l'autorise à en disposer comme bon lui semblera ; elle l'institue son légataire universel, et prive même ses enfants de la réserve que la loi leur accorde. — *R.* Je vous demanderai pourquoi elle a fait cela. Vous m'avez dit que l'acte du 31 août avait été fait pour annuler l'acte du 20 ; si vous le mettez sur mon compte, pourquoi y mettre aussi le testament? C'est inutile.

D. Vous lui avez fait faire son testament; elle vous l'a envoyé ; nous verrons comment, nous dirons dans quelles circonstances. Quant à vous, vous aviez fait de votre côté, au profit de votre femme, un testament dans lequel vous lui transmettiez l'héritage de votre concubine.

La date est du 2 septembre, postérieure au dernier acte du 31 août. — *R.* Cela s'accorde avec ce que j'ai déclaré. J'ai dit qu'en faisant contracter l'assurance à Mme de Pauw, c'était à la condition de rentrer dans mes primes d'assurances et dans les sommes que j'avais avancées successivement. Mon intention étant de modifier le contrat, il était naturel que je rentrasse dans mes avances.

D. Vous transmettez à votre femme l'héritage de Mme de Pauw. Vous lui imposez l'obligation de payer les primes jusqu'à la mort de celle-ci. — *R.* Je voulais modifier les contrats après trois ans.

D. Vous auriez eu à payer 60,000 fr.? Vous n'étiez pas en état de le faire. — *R.* Je vous demande pardon.

D. Pour faire le payement de la première prime à l'avance, vous avez été obligé de vendre seize actions du Nord qui ne vous appartenaient pas. — *R.* Elles m'appartenaient.

D. Elles faisaient partie de la succession de Mme Dubizy. — *R.* Elles m'appartenaient. Lors de mon mariage, j'avais 50,000 fr.; en juin 1863, j'avais seize actions du Nord; 20,000 fr. argent, et des actions du Midi.

D. Ce n'étaient pas là des valeurs étrangères. — *R.* Je parle de juin 1863. J'avais alors 45,000 fr.

D. Oui, après la mort de Mme Dubizy; nous ne contestons pas cela ; vous n'avez pas voulu qu'on fît un inventaire. En quoi consistait la succession de Mme Dubizy? — *R.* En une rente sur l'Etat de 400 fr. qui a été transférée à ma femme, et en actions de la Banque de France.

D. Quatre actions? — *R.* Lesquelles ont été converties en actions du Midi, qui sont encore en la possession de ma femme. Elle avait encore 16,000 fr. sur lesquels 4,000 fr. ont été employés pour payer les dettes; 2,000 fr. avaient été employés antérieurement, et 10,000 fr. existent encore, qui appartiennent à ma femme.

D. Voilà la première fois que vous parlez de cela ; nous y reviendrons. Dans l'instruction, vous ne saviez rien de la fortune de votre belle-mère. Comme vous vous êtes opposé à ce qu'un inventaire fût fait par les notaires, pour vous emparer des valeurs de la succession, il vous est aujourd'hui facile de dire que les sommes trouvées dans la succession de Mme Dubizy vous appartiennent. — *R.* Cela peut être établi par des actes, et mon avocat l'établira.

D. Il n'y a pas eu d'inventaire? — *R.* On savait ce qu'avait ma belle-mère en se mariant. En sachant ce que les enfants ont eu à la mort de leur père et ce que ma femme a eu à la mort de sa sœur, il sera facile de savoir ce qu'avait ma belle-mère.

D. Vous avez été obligé de vendre seize actions du Nord pour payer la première prime; vous aviez 5,000 fr. à payer en janvier dernier et 20,000 fr. au total à payer dans le cours de cette année; comment les auriez-vous payés? — *R.* J'avais 45,000 fr.; en en donnant 15,000, il m'en restait 30,000.

D. Où existaient-ils, ces 45,000 fr.? — *R.* J'avais, comme je le disais, seize actions du Nord, dix actions du Midi, que l'on a trouvées chez moi ; 7,000 fr. qu'on a trouvés dans mon secrétaire, ce qui fait 17,000 fr.; 13,000 fr. que j'ai donnés à Mme de Pauw, qu'il était difficile de trouver.

D. Nous verrons cela. Ainsi, au mois de juin, vous aviez ce que vous dites. — *R.* En juin 1863, j'avais 50,000 fr.

D. Au mois d'août 1861, époque de votre mariage, vous n'aviez que les valeurs consignées dans votre contrat de mariage, lesquelles ne vous appartenaient pas. — *R.* Elles étaient représentées par les valeurs étrangères que j'avais.

D. Vous ne pouvez établir que vous les eussiez. — *R.* Elles ont été vendues depuis par M. Lepel-Cointet, agent de change.

D. Après la mort de votre belle-mère ! A quelle époque les avez-vous achetées? — *R.* Je ne sais.

D. Chez qui? — *R.* Je l'ignore. J'ai fait quantité d'opérations par un de mes amis, chez M. Morel-Fatio.

D. Il vous est impossible de donner à cet égard

les moindres explications. Quoi qu'il en soit, MM. les Jurés apprécieront. Ce qu'il y a de certain, pour terminer ce sujet, c'est que vous avez été obligé de vendre seize actions du Nord pour payer 15,000 fr., c'est-à-dire une partie de la première prime. En janvier dernier, vous deviez payer 5,000 fr., et dans le cours de cette année-ci, 20,000 fr. en tout. Vous ne pouviez le faire qu'en vendant de nouvelles valeurs. — *R.* Je pouvais parfaitement payer sans cela. J'avais un revenu de 20 à 30,000 fr.; mon cabinet me rapportait 20,000 fr.; je faisais dans mon dispensaire 4 à 5,000 fr.

D. Vos livres de dépenses et de recettes ont été compulsés; on vous a montré que vous n'aviez dû avoir de votre clientèle portée sur les livres que 8 à 9,000 fr.; vous n'avez pu établir autre chose, si ce n'est de dire qu'il vous était dû une douzaine de mille francs par votre clientèle. M. le Juge d'instruction s'est livré à d'autres vérifications, et il a trouvé que ces 12,000 fr. qui vous seraient dus résultaient des exercices antérieurs; que, par conséquent, vous ne pouviez les considérer comme un revenu, que vous ne pouviez espérer les toucher pour l'époque où vous auriez des primes à payer. Rioublant, chargé de vos recouvrements, a déclaré qu'ils se montaient à peu de chose; c'étaient des sommes de 2, 3, 5 fr. Une seule somme importante était de 400 fr., et encore la rentrée de cette somme était quelque chose de très-douteux. — *R.* Déjà M. le Juge d'instruction, qui avait mon livre de recettes entre les mains, a reconnu que j'ai reçu 10,000 fr. jusqu'au mois de décembre; tout le monde sait que les médecins sont payés à la fin de l'année; il y avait le mois de décembre à courir; on sait que la clientèle est plus forte l'hiver. Je pouvais compter recevoir en décembre 2,000 fr.; cela aurait fait 12,000 fr. pour l'année. Comptons qu'il m'était dû seulement 6,000 fr. à la fin de l'année, je prétends l'établir devant vous avec les notes que vous avez entre les mains, cela aurait fait 18,000 fr.; en dehors de ces 18,000 fr. j'ai mon dispensaire, qui m'en rapporte 5,000; et voici comment : j'ai, par semaine, de soixante-dix à quatre-vingts malades. Faites le total; cela fait déjà plus de 4,160 fr. par an. Sur ces 4,160 fr., il y en a 2,160 fournis par cent vingt familles abonnées à 18 fr. par an. Cent soixante personnes sont abonnées à 10 fr., ce qui fait 1,600 fr. Donc 5,000 pour le dispensaire; en tout, 25,000 fr. J'avais le revenu de ma dot, 3,000 fr.; je l'ai établi.

D. C'est une allégation de votre part. — *R.* En dehors, il y a le revenu de ma femme; j'avais donc en tout 35,000 fr.

D. C'est la première fois que vous parlez d'un revenu de 25,000 fr. pour votre clientèle. Vous aviez un loyer de 1,400 fr., rue des Saints-Pères. — *R.* Tant mieux, s'il n'était que de 1,400 fr.

D. Si vous aviez eu 25 à 30,000 fr. de clientèle, vous ne vous seriez pas logé à raison de 1,400 fr., avec le sentiment de vanité qui vous anime; il n'y a pas un médecin ayant une clientèle importante qui se loge moyennant 1,400 fr. — *R.* J'établis les chiffres.

D. Ce sont des allégations; vous n'en avez pas parlé dans l'instruction. — *R.* Je me charge de l'établir à l'audience. Tout le monde sait que les médecins sont payés à la fin de l'année. Or, au moment de mon arrestation, j'avais déjà reçu 10,000 fr. de ma clientèle; comment admettre qu'à la fin de l'année, je n'en aurais pas encore reçu 6,000? Je vois dix mille personnes tous les ans; il n'est pas étonnant que je fasse 25,000 fr.

D. Alors il était inutile d'emprunter à un tiers des valeurs pour les mettre dans votre contrat de mariage. — *R.* J'avais des valeurs étrangères.

D. Je vous ai demandé quelles valeurs, et vous n'avez pu les indiquer. — *R.* C'étaient des Mobiliers espagnols qui ont été vendus par M. Lepel-Cointet.

D. Où les aviez-vous achetés? Comment pouviez-vous les avoir entre les mains? — *R.* Je les ai vendus, donc je les avais.

D. Vous les avez vendus depuis la mort de Mme Dubizy. — *R.* Elle n'avait rien en Mobiliers espagnols.

D. L'accusation assure qu'avant sa mort, vous étiez hors d'état de rien payer; que vous étiez poursuivi pour une créance; que vous aviez mis votre loyer sous le nom de votre mère; que vous aviez simulé une cession de mobilier à un étranger; que vous ne pouviez payer M. Pichevin. Après la mort de votre belle-mère, vous avez refusé de laisser faire l'inventaire, et vous avez pris dans la succession des sommes qui ne vous appartenaient pas. Aujourd'hui, vous dites que votre clientèle vous rapporte 18 à 20,000 fr. tout compris. — *R.* Je n'y comprends pas mon dispensaire.

D. Vous avez parlé de 18 ou 20,000 fr. pour votre clientèle; quant à la fortune de votre femme, elle est connue. — *R.* Elle a un revenu de 7,000 fr.

D. Elle a 3,000 fr. de rentes sur l'État, et soixante actions du Midi, pas autre chose; elle a de 5 à 6,000 fr.; et vous vous dites en avoir 18 à 20,000. Et c'est avec 25,000 fr. de revenu que vous prenez l'engagement de payer, pendant trois ans, 20,000 fr. pour des primes d'assurances? — *R.* Vous avez parlé de dettes que j'aurais eues. Je mets l'instruction au défi de prouver que j'aie eu une seule dette en dehors de l'affaire Pichevin, qui ne me regardait pas. J'ai vécu à Paris depuis 1850; je suis resté dans le même logement, rue Saint-Benoît, jusqu'à l'époque où j'ai été reçu docteur; je mets l'instruction au défi de relever une seule dette. On m'oppose une seule dette qui ne me regarde pas; on m'a escroqué ma signature; pas une seule dette de moi n'est relevée depuis 1849! C'est quelque chose.

D. Il est difficile de constater ce que doit un individu; mais ce que l'on peut constater, ce sont les mesures qu'il prend. Or, vous avez mis votre loyer sous le nom de votre mère, et vous avez fait une vente simulée de votre mobilier. — *R.* J'étais poursuivi par M. Pichevin pour une dette qui ne me concernait pas; on m'avait trompé, on m'avait escroqué ma signature. Je ne devais rien en dehors.

D. Tout le monde peut apprécier l'obligation que vous contractiez avec les revenus indiqués par vous, tout exagérés qu'ils soient d'après l'accusation. — *R.* En dehors de cela, n'avais-je pas mon père, qui aurait payé pour moi si je l'avais voulu?

L'audience est suspendue.

M. le Président : La Pommerais, vous nous avez dit qu'avec les produits de votre clientèle, en y ajoutant les revenus de votre femme, vous aviez de quoi payer chaque année les primes des assurances; vous nous avez dit, de plus, que ces assurances avaient été faites dans l'intérêt de Mme de Pauw et de ses enfants. Voilà votre système. Voici maintenant ce que Mme de Pauw a raconté à tous les témoins qui la connaissaient. Elle a dit qu'au mois de juin dernier vous vous étiez présenté chez elle; qu'elle avait été étonnée de cette visite; que vous aviez à lui parler d'une affaire secrète qui demandait le plus profond mystère et par laquelle elle pouvait vous rendre, en s'en rendant un à elle-même, un service important. Il s'agissait de la faire assurer pour une somme de 550,000 fr. exigible seulement après son décès. Vous deviez lui transférer les contrats d'assurances, et quand tous les titres en règle seraient entre vos mains, voici ce qu'elle ferait : elle simulerait une maladie ; quand cette maladie aurait toutes les apparences de la réalité, vous iriez trouver les Compagnies d'assurances; dans l'intervalle Mme de Pauw serait allée voir beaucoup de médecins pour leur demander des consultations qu'elle vous remettrait. Vous iriez donc trouver les Compagnies d'assurances et vous leur diriez : « Cette femme, sur la tête de laquelle vous venez d'assurer 550,000 fr., est très-malade; voilà les certificats des médecins qui le constatent ; si elle venait à mourir, vous auriez à payer 550,000 fr.; arrangeons-nous : moi, propriétaire des contrats d'assurances, je vais renoncer au bénéfice qui m'appartiendrait, et vous me ferez une rente viagère de 6,000 fr. » Vous aviez dit à Mme de Pauw que vous lui remettriez la moitié de cette rente. Selon les témoins, vous lui auriez annoncé que tout cela serait fait pour le mois de janvier; qu'à ce moment elle serait en possession de ces 3,000 fr. de rente. Qu'avez-vous à répondre? — *R.* D'abord la proposition était fort peu secrète, puisque Mme de Pauw en a parlé à tout le monde. En second lieu, une affaire dans laquelle huit Compagnies d'assurances étaient engagées ne pouvait être bien secrète. De plus, aux uns elle disait qu'elle s'était fait assurer pour reconnaître les services importants que je lui avais rendus et pour avoir certains avantages ; à d'autres, elle disait qu'il s'agissait d'assurer l'avenir de ses enfants; à d'autres enfin que c'était pour l'indemniser de certains tableaux qu'elle avait vendus en Angleterre.

D. Elle n'a jamais dit cela; nous avons lu les pièces du procès. — *R.* J'ai les pièces du procès, je le prouverai. Comment une femme, qui a contracté une assurance sur la vie, pouvait-elle penser que le rachat en serait opéré de suite? elle savait que ce ne pouvait être qu'après trois ans. D'un autre côté, comment pouvez-vous faire concorder le rachat avec le testament qu'elle a fait? Comment admettre qu'une femme de quarante et un ans pût se prêter à une comédie pareille, quand elle pouvait se renseigner près des directeurs des Compagnies? Il y a mieux, elle a été en rapport avec les Compagnies d'assurances; moi, je n'y suis pas allé. Nous reviendrons plus tard sur le prêt de 13,000 fr. que je lui ai fait. Mais quand M. Desmidt est allé la voir quelques jours avant sa mort, comment cette femme, qui avait été en rapport avec ce courtier qui l'avait conduite aux diverses Compagnies, comment cette femme, voulant faire racheter son contrat, ne s'est-elle pas adressée à M. Desmidt et ne lui a-t-elle pas demandé la manière d'opérer?

D. C'est là de l'argumentation. — *R.* D'un autre côté, elle a été en rapport avec les médecins des Compagnies; le rachat ne s'accorde ni avec le testament qu'elle a fait ni avec ce qu'elle savait, que le rachat ne pouvait s'opérer qu'après trois ans.

D. C'était une artiste; elle ne savait pas, malgré les rapports qu'elle a eus avec Desmidt, comment le mécanisme des assurances fonctionnait. Il ne s'agit pas de savoir si elle a dû accomplir telle démarche, mais si elle a fait ce que l'accusation soutient, et si vous, vous êtes parvenu à le lui faire croire. Eh bien! d'après ses récits et ceux des témoins, vous lui aviez persuadé qu'en simulant une maladie, en faisant croire aux Compagnies qu'elle était réellement malade, vous obtiendriez de ces compagnies le rachat des contrats, et, par un arrangement, une rente viagère de 6,000 fr., de la moitié de laquelle elle jouirait. — *R.* Elle a dit bien autre chose!

D. Nous le verrons tout à l'heure. Mais elle ne se dissimulait pas que tout cela pouvait être difficile. Elle disait que les médecins des Compagnies seraient aussi fins que vous. Mais vous lui aviez persuadé que tout devait se passer ainsi. Sa conduite était complétement désintéressée, car les assurances étaient faites sur sa vie entière; ce n'est qu'à sa mort que les primes d'assurances devaient être payées. — *R.* Ses lettres prouvent qu'elle connaissait le but des assurances, elle l'avait su par M. Desmidt.

D. Nous reviendrons aux lettres dans un instant. — *R.* Elle savait qu'une assurance peut être rachetée après trois ans ; elle savait mieux que cela; c'est qu'il n'était pas besoin qu'elle fût malade.

D. Nous allons voir ce qu'elle a fait. — *R.* Vous avez invoqué les déclarations des témoins : aux uns, elle dit que le contrat est valable pour dix ans ; aux autres, que c'est une assurance après sa mort.

D. Encore une fois, c'est là de l'argumentation que vous ferez valoir; votre défenseur la développera avec le talent qu'on lui connaît; mais nous vous demandons de répondre à nos questions, et de ne pas vous lancer dans des discussions qui nous mèneraient trop loin. Selon l'accusation, voilà ce que vous auriez persuadé à la dame de Pauw. Elle était enceinte, et elle disait à tout le monde que vous étiez l'auteur de cette grossesse; que les relations intimes qui avaient existé autrefois entre elle et vous avaient recommencé. Elle ajoutait qu'elle en était heureuse. Elle disait à la femme Peters qu'elle n'était plus seule; que vous aviez renoué avec elle; que vous n'auriez plus d'enfants avec votre femme, et que vous pourriez vous attacher à celui qu'elle allait mettre au monde. A sa sœur, elle avait fait part de sa grossesse. Un jour qu'elles allaient ensemble voir leur père qui habite Saint-Denis, sa sœur lui a même dit : « Si notre père le savait, il ne voudrait plus te voir. » Elle avait une véritable passion pour vous, et elle vous aimait, c'était son expression, comme si elle eût eu vingt ans. Parmi les propos que nous venons de rappeler, il y en a un qui a une gravité considérable : elle a dit à la femme Biord que vous n'auriez plus d'enfants avec votre femme; comment pouvait-elle le savoir? Ce propos ne peut s'expliquer qu'autant que vous auriez repris avec elle des relations intimes, que vous la voyiez très-souvent. Il paraît que déjà quelques nuages s'étaient élevés dans votre ménage. Une note de votre main indique qu'à l'occasion de l'accouchement, vous auriez eu une altercation avec votre femme; celle-ci aurait dit qu'elle ne voulait plus cohabiter avec vous. Contestez-vous qu'il y ait eu une altercation avec votre femme? — *R.* C'est une plaisanterie; ce sont des notes insignifiantes; il existe la plus grande harmonie entre ma femme et moi.

D. Voici des notes que vous teniez vous-même de ce qui se passait. On n'écrit pas et on ne conserve pas des plaisanteries comme celle-là :

« 11 juillet 1863.

« Clotilde, pensant accoucher d'ici à quelques mois, et devant la perspective de rester au lit quelques semaines, m'assure qu'elle ne veut plus avoir d'enfants, et qu'elle préférerait mille fois me voir courir.... »

R. C'était pour mettre sous les yeux de ma femme.

D. « Et à ma demande, si elle n'avait rien à ajouter à ce qui est dit plus haut, elle a répondu que c'était tout, et que je l'ennuyais. A la réflexion que je crus devoir faire que Clotilde pourrait nier avoir tenu ce langage, si je n'en avais pas pris note de suite, indignée, elle me répondit que c'était bon pour moi de nier ce que j'aurais pu dire. » — *R*. C'est une plaisanterie ; si j'ai écrit cela, c'était pour mettre sous les yeux de ma femme; du reste, il existait la plus grande harmonie entre ma femme et moi; vous pouvez en appeler au témoignage de toutes les personnes qui me connaissent.

D. Ceci, est-ce encore une plaisanterie ?

« 15 septembre.

« En dînant, Clotilde m'a reproché de ne lui avoir donné aucun agrément depuis qu'elle est mariée ; par agrément, elle entend avant tout le bal et le théâtre; elle m'a même reproché de ne lui avoir fait aucun cadeau, ou du moins que des cadeaux insignifiants. » (Et vous avez dépensé 20,000 fr. pour votre concubine !) « Et à l'observation que je lui ai faite que ce n'était pas bien de sa part, puisqu'elle savait que je ne pouvais faire plus pour elle :
« C'est bon, me répondit-elle, c'est précisément
« parce que tu le peux, que je suis étonnée que tu
« ne m'aies pas donné davantage. » — *R*. Encore une fois, si j'ai écrit ces notes, c'était pour les mettre sous les yeux de ma femme.

D. Elles peuvent expliquer comment votre concubine disait à un témoin que vous n'auriez peut-être plus d'enfants, ce qui la rendait heureuse. L'enfant dont elle était enceinte était-il de vous? — *R*. Du tout; j'affirme que je n'ai jamais eu de rapports intimes avec cette femme depuis 1861, neuf mois avant mon mariage. Qui prouve que j'en ai eu ?

D. Vous aviez repris vos relations avec elle, vous retourniez chez elle. — *R*. Je n'y suis allé que trois fois : vers le 20 juin, au commencement de juillet ; puis au moment de sa chute.

D. Sous ce rapport, vous êtes en contradiction formelle avec les témoins. — *R*. C'est possible ; mais depuis le premier jour, jamais je n'ai été en contradiction avec moi-même ; je n'ai vu cette femme qu'à cause de ses enfants.

D. Vous avez été confronté avec le concierge de la maison de la rue du Cherche-Midi, où elle demeurait quand vous êtes allé la trouver. Il a déclaré que vous veniez souvent la voir, c'est-à-dire deux ou trois fois par semaine; les concierges de la rue Bonaparte, n° 24, où elle demeurait, déclarent que vous veniez très-souvent, qu'ils ne savaient même pas chez qui vous alliez; qu'une fois la femme a voulu vous arrêter, croyant que vous alliez chez un étudiant en médecine, et vous a parlé; vous ne lui avez pas répondu, vous êtes monté. Toutes les fois que vous veniez, vous ne leur adressiez jamais la parole ; ils vous voyaient venir souvent, ne sachant qui vous étiez. Vous aviez une cravate blanche. — *R*. Devant M. le Juge d'instruction, le concierge de la rue du Cherche-Midi a prétendu m'avoir vu trois ou quatre fois par semaine ; or je suis resté dix-huit mois sans voir madame de Pauw. Quant aux concierges de la rue Bonaparte, si j'étais venu trois ou quatre fois par semaine, comme ils le disent, cela ferait quatre-vingts fois, et, jusqu'au dernier jour, ils n'auraient pas su chez qui j'allais !

D. Contestez-vous ce que le concierge a dit? — *R*. Je ne conteste pas, mais je nie être allé rue Bonaparte avant le 16 novembre.

D. Ce que je puis faire, c'est de mettre la déclaration des témoins sous vos yeux ; quand ils seront là, vous leur direz qu'ils mentent. — *R*. Ce qu'ils disent se comprend, en raison de l'accusation qui pèse sur moi ; ils devaient m'avoir vu ; sans cela, comment eussent-ils fait leur service ?

D.M. le Juge d'instruction vous a mis en leur présence et leur a dit : « Est-ce là la personne dont il s'agit ? » — *R*. Nécessairement, pour l'accusation, ils devaient me reconnaître.

D. Comment, parce que vous êtes accusé, cet homme, qui n'a aucun intérêt à cela, aurait fait une fausse déclaration, et aurait dit à un Juge d'instruction : « C'est Monsieur qui venait souvent. » — *R*. Voici le fait. Le dernier jour que je suis allé voir madame de Pauw, la concierge m'a demandé qui j'étais et où j'allais. Or, quand c'est la quatrième fois qu'on voit une personne, on ne lui demande pas qui elle est et où elle va.

D. Indépendamment des déclarations des concierges, desquelles il résulte que vous veniez souvent dans la maison, nous avons celle de madame de Pauw; elle a dit à toutes les personnes de son intimité, qu'elle était enceinte de vous, que vos relations avec elle avaient recommencé. Quel intérêt avait-elle à le dire? — *R*. Pour une raison bien simple. Ayant eu avec moi des relations antérieures, il était bien plus facile de les avouer que d'en avouer de nouvelles avec un étranger. Qui sait si elle n'a pas pris mon nom pour pallier sa faute aux yeux des personnes qui la connaissaient ? Ces personnes pouvaient comprendre plus facilement qu'elle fût enceinte de moi que de tout autre ; mais jamais je n'ai eu avec elle des relations nouvelles. Si elle était enceinte, elle ne l'était pas de moi. C'est à l'instruction à rechercher de qui elle l'était.

D. L'instruction a fait ce qu'elle a pu pour trouver un autre que vous qui fût en relation avec elle, et jamais Mme de Pauw n'a indiqué d'autre que vous ; elle vous a désigné comme l'auteur de sa grossesse. Vous ne nous persuaderez pas que vous êtes allé la retrouver sans établir de nouvelles relations avec elle. MM. les Jurés apprécieront. Elle a ajouté que vous lui aviez promis de l'accoucher vous-même et de la placer à la campagne ; mais que vous lui aviez recommandé le secret, sans quoi l'affaire des assurances manquerait. Les témoins ajoutent qu'à raison de cette grossesse, vous la pressiez de terminer ; de prendre la résolution de se faire passer pour malade.. Et, en effet, par suite de vos instances, vers la fin de septembre, d'après ce qu'elle a dit, a été convenu entre elle et vous qu'elle simulerait une chute et qu'elle attribuerait à cette chute une maladie qu'elle prétendrait avoir ; qu'elle irait consulter divers médecins ; qu'elle parlerait de vomissements ; qu'elle demanderait à des médecins des ordonnances, et que, plus tard, elle garderait la chambre quelques jours. Elle a ajouté, les témoins le répètent, que pour mieux tromper les médecins des Compagnies qui devaient venir la visiter, il faudrait qu'elle prît quelque chose pour les dérouter. C'est l'expression dont elle s'est servie.

En effet, au mois de septembre, un châssis étant tombé dans son escalier, elle se servit de cette circonstance pour simuler une chute, et elle dit à une voisine, qui lui demandait si elle s'était fait du mal, qu'en effet elle s'en était fait beaucoup. Dans le mois d'octobre et dans les premiers jours de novembre, elle est allée consulter les docteurs Gaudinot, Velpeau, Nélaton, Desormeaux, sur sa prétendue maladie ; elle a déclaré que M. Velpeau lui avait demandé si elle n'était pas une malade imaginaire. Toutes les ordonnances qu'elle a obtenues de ces médecins vous ont été envoyées sans qu'aucune ait été exécutée. Voilà le récit de tous les témoins. — *R.* Quant au secret à garder vis-à-vis des Compagnies d'assurances, j'en ai déjà parlé. Il n'y a plus de secret pour une chose que dix ou douze personnes connaissent. Quant au fait de la grossesse, si elle était enceinte de moi, elle n'en aurait rien dit ; elle se serait bien gardée d'en parler ; si elle en a parlé, c'est parce que ce n'était pas vrai.

D. Est-ce que vous prétendez qu'elle n'était pas enceinte ? — *R.* C'est précisément parce qu'elle en a parlé, qu'elle n'était pas enceinte de moi. J'étais marié, cela ne pouvait que lui nuire.

D. Elle a parlé de sa grossesse. — *R.* Je ne nie pas qu'elle en ait parlé ; ce que je nie, c'est qu'elle fût enceinte de moi.

D. Elle l'a dit, parce que c'était vrai. — *R.* Qu'elle ait fait ou non une chute, je n'en sais rien, mais je l'ai toujours cru. Pour être malade, elle l'était ; je l'ai vue le jour où j'ai reçu la lettre qu'elle m'écrivait peu de temps après sa chute. En dernier lieu, le docteur Gaudinot la soignait ; elle était réellement malade, non-seulement à ce moment, mais depuis longtemps, car j'affirme, contrairement à ce que les experts ont dit, qu'elle avait une affection du cœur ; elle souffrait de l'estomac ; elle avait le pouls serré, contracté, irrégulier, intermittent.

D. Nous n'en sommes pas encore là. — *R.* Je vous demande pardon ; ce que j'affirme, c'est qu'elle était malade lorsque je suis allé auprès d'elle.

D. Quand les experts seront là, nous discuterons ce point. — *R.* Je demande si MM. Nélaton, Velpeau, Désormeaux, ordonnent des médicaments quand ce n'est pas utile. Le docteur Gaudinot l'a soignée trois mois. Comment un homme aussi distingué que lui pourrait-il se tromper en suivant un malade pendant tout ce temps ? Vous avez dit qu'elle m'a envoyé les ordonnances ; elle me les soumettait en raison de l'aggravation de sa maladie, dans ce cas où j'aurais eu à faire quelques observations. Vous dites que les ordonnances ne sont pas estampillées, qu'elles n'ont pas de cachet ; moi, je suis médecin, et il m'arrive de voir souvent mes ordonnances non estampillées.

D. Vous niez être l'auteur de la grossesse de Mme de Pauw ; un détail m'avait échappé ; elle en avait parlé à une dame Maille, qu'elle connaissait, laquelle voyait aussi votre femme. — *R.* Raison de plus pour ne pas lui en parler.

D. Mme Maille a exprimé dans l'instruction sa surprise de ce qu'elle eût renoué des relations intimes avec vous, car vous aviez épousé une jeune et jolie femme, tandis que Mme de Pauw n'avait aucun de ces avantages. — *R.* Si Mme de Pauw avait été enceinte de moi, elle ne l'eût pas confié à une personne qui était en relations avec ma femme.

D. Mme de Pauw a déclaré que, le mercredi 11, il avait été convenu entre elle et vous que, pour simuler la maladie, elle garderait la chambre. C'était sur vos instances : vous la pressiez d'en terminer ; mais elle avait aussi une leçon de peinture à donner à une jeune Anglaise qui demeurait au grand hôtel ; cette leçon lui était payée à raison de 3 fr. Pour l'indemniser du préjudice qu'elle éprouvait de la perte de cette leçon en gardant la chambre, vous lui avez promis de lui donner les 3 fr. par jour. Voilà ce que les témoins racontent comme le tenant d'elle. Votre livre de dépenses constate que, depuis le mois de juin jusqu'à la mort de Mme de Pauw, vous lui avez donné, non pas 200 fr. par mois, mais 80 fr. en tout. — *R.* Vous n'avez jamais vu cela sur mon livre de dépenses.

D. Sur votre livre de dépenses, il y a *Me Dep.* tant. — *R.* Cela veut dire *moyenne dépense*. Toutes les fois que je sortais le matin, je comptais ce qu'il y avait dans mon porte-monnaie. Je prenais, je suppose, une voiture pour aller dans un quartier ; je la quittais pour prendre soit l'omnibus, soit le chemin de fer ; je revenais en prenant soit un omnibus, soit une voiture. Il m'arrivait souvent, le lendemain, ne pas me rappeler les dépenses que j'avais faites ; alors, je marquais sur mon livre de dépenses : *moyenne dépense*, en souvenir d'une dépense qui aurait pu être faite supérieure à celle qui avait été réellement faite. Je ne marquais pas sur mon livre la somme réellement dépensée.

D. Cette explication, vous l'avez donnée au Juge d'instruction : il vous a dit qu'il ne la comprenait pas. MM. les jurés verront s'ils la comprennent mieux.

Vous avez, depuis le mois de juin jusqu'en novembre, tenu des livres de comptabilité. Sur ces livres se trouvent ces mentions : « Me Dep., 6 fr. ; Me Dep., 10 fr. » Le 11 novembre, le jour où, selon les témoins, vous avez exigé que Mme de Pauw gardât la chambre, nous voyons Me Dep. 10 fr. ; le 16, 6 fr. ; mardi 17, 6 fr. Or il est à remarquer que cette mention Me Dep. n'existe ni sur votre comptabilité, avant le mois de juin, ni après la mort de Mme de Pauw. — *R.* Par une raison bien simple, c'est que j'ai été arrêté quelques jours après. Je faisais de nouveaux frais par suite des assurances. Je devais me rendre compte de tout ce que je dépensais ; cette mention Me Dep. voulait dire *moyenne dépense* ou dépense en moyenne.

D. Eh bien ! vous avez dit dans l'instruction que ces mots : moyenne dépense, voulaient dire ceci : Quand vous écriviez une somme de 6 fr., c'était la la somme que vous eussiez dépensée en prenant une voiture pour aller voir un malade. — *R.* Je viens de le dire.

D. Nous voulons voir si MM. les Jurés le comprennent. Laissez-moi d'abord expliquer votre dépense ; quant à moi, je n'y ai rien compris ; tant mieux si MM. les Jurés comprennent. Il était important pour vous d'expliquer cette mention : Me Dep., et alors vous avez dit : « Cela signifie *moyenne dépense*, c'est-à-dire que, allant faire une course, si j'avais pris une voiture, j'aurais dépensé tant ; si au contraire, j'avais pris un omnibus, je dépensais beaucoup moins ; les 6 fr. marqués veulent dire 6 fr. dont j'ai profité. » — *R.* Eh bien ! vous ne comprenez pas cela ? (*Exclamations dans la salle.*)

M. le Président. Nous recommandons le plus profond silence à l'auditoire.

L'accusé. Je le répète, je marquais ces mots : *moyenne dépense*, en souvenir d'une dépense forcée que j'aurais faite, si j'avais continué à aller voir un malade en voiture au lieu de prendre l'omnibus ; cela ne signifie pas autre chose.

D. C'est peut-être un défaut de mon intelligence, mais je ne comprends pas encore votre explication. — *R.* Cela veut dire : en dépense moyenne, j'ai dépensé tant.

D. Vous auriez pu dire que ces mots Me Dep. 6 fr., Me Dep. 10 fr., signifiaient menues dépenses, et expliquer par là les petites sommes que vous donniez à Mme de Pauw; mais vous dites que c'est l'économie que vous faisiez en prenant l'omnibus au lieu d'une voiture? — *R.* Il m'arrivait souvent de ne pas me rappeler le lendemain ce que j'avais dépensé la veille, et alors, voulant me rendre compte de tout, je mettais : voici à peu près ce que j'ai dépensé.

D. Ce n'est pas ce que vous venez de dire. Vous avez prétendu que c'était la différence entre la somme que vous aviez dépensée, et celle que vous auriez dépensée si, au lieu de prendre l'omnibus, vous aviez pris une voiture. — *R.* Du reste, cela arrivait seulement quand, avant de sortir, je n'avais pas compté ce que renfermait mon porte-monnaie. MM. les Jurés apprécieront.

D. M. le Juge d'instruction vous a dit qu'il n'y comprenait rien; je ne comprends pas davantage vos explications, et je suis convaincu que vous êtes la seule personne qui imputiez comme dépense une économie faite. MM. les Jurés sont chargés d'apprécier vos allégations.

Mme de Pauw a pris, de concert avec vous, la résolution de garder la chambre, à partir du mercredi 11; le lendemain, jeudi 12, vous êtes allé la voir. — *R.* Non, monsieur le Président; je ne suis allé chez elle que deux fois depuis sa chute, c'est-à-dire le jour où elle m'écrivit, le 26 septembre, je crois, et ensuite vers le 17 octobre. Elle avait consulté le docteur Gaudinot et le docteur Desormeaux.

D. Vous y êtes allé, d'après les témoins, le jeudi 12. Un témoin, mademoiselle de Pauw, s'appuie pour cela sur ce que sa mère lui aurait fait laisser son encrier; la preuve que vous y êtes allé, c'est que vous avez marqué ce jour-là M^e. Dep. — *R.* Y a-t-il *madame?*

D. Vous avez déjà donné votre explication sur ces mots; MM. les Jurés l'apprécieront. Une circonstance qui a une grande validité prouve que vous y êtes allé. Mme de Pauw a écrit une lettre d'invitation à son amie, Mme de Ridder, pour venir passer la soirée chez elle le samedi; dans cette lettre, on trouve : « *il* m'a dit hier. » Ces mots s'appliquent à vous. — *R.* Cette lettre est adressée à une de ses confidentes intimes. Je ne comprends pas comment, la voyant, elle a eu besoin de lui écrire; d'ailleurs elle ne me nomme pas.

D. Elle n'avait pas besoin de mettre : « La Pommerais m'a dit, » pour qu'il s'agit de vous. — *R.* Mais rien ne prouve qu'il s'agisse de moi.

D. MM. les Jurés apprécieront. Mais ce qui le prouve, c'est le contenu de la lettre. La voici :

« Ma chère madame de Ridder,

« Je vous écris ces quelques lignes pour vous
« prier de venir passer la soirée avec moi demain
« samedi ; je pense que c'est le jour où vous reportez
« votre ouvrage. Vous ne serez pas chez moi avant
« 8 ou 9 heures; cela ne fait rien; il y aura une
« bonne tasse de café bien chaud qui vous attendra
« avec Sophie. La mère Peters m'a demandé la soi-
« rée pour aller chercher une place; quelle chance !
« Nous passerons une bonne soirée avec mon petit
« poêle. Le lendemain, c'est dimanche, Sophie dor-
« mira.

« Vu ma maladie, je suis rentière; ce sont de pe-
« tites rentes, mais on ne me laisse manquer de rien;
« les médecins me trouvent très-malade. J'ai bien
« l'espoir, d'après ce qu'*il m'a dit hier*, que si cela
« réussit, j'aurai 3,000 livres de rentes. Je vous con-
« terai cela demain; venez à l'heure que vous vou-
« drez. Adélaïde me disait hier : Maman, quand tu
« seras guérie, tu me chercheras une bonne bien
« droite (1), car je suis bien malheureuse. Adieu,
« embrassez bien Sophie pour moi; je vous em-
« brasse de toute amitié.

« Veuve DE PAUW.

« Rappelez-moi au souvenir de la veuve Millet. »

Voilà la lettre qu'a reçue Mme de Ridder; elle confirme en tout point les déclarations de Mme de Pauw, à savoir : que sa maladie devait être grave, et que plus elle serait grave, plus vous auriez la certitude d'obtenir des Compagnies, par le rachat des polices, 6,000 livres de rentes, dont vous lui donneriez la moitié. A qui cette lettre peut-elle s'appliquer? — *R.* Cette lettre a-t-elle été inspirée par moi?

D. L'accusation ne dit pas qu'elle ait été inspirée par vous; elle dit qu'il est question de vous dans cette lettre, qui prouve d'abord la visite de la veille, que vous persistez à nier. — *R.* C'est, selon moi, la preuve qui parle le plus en ma faveur. Je vais le démontrer. Si Mme de Pauw voulait faire le rachat des assurances, elle savait qu'elle commettait une mauvaise action en trompant les Compagnies; il lui fallait garder le plus grand secret; il était impossible qu'elle en parlât à Mme de Ridder, pour qui elle avait le plus profond mépris. Je l'ai dit dans l'instruction, quand le nom de cette dame m'est revenu, je me suis rappelé qu'elle avait trompé Mme de Pauw, qui lui reprochait des escroqueries. J'ai dit qu'il n'était pas possible que Mme de Pauw eût laissé subsister entre les mains de cette femme une lettre qui pouvait la compromettre près des Compagnies. Il suffisait qu'elle la leur portât pour qu'il ne fût pas donné suite au rachat. Voyons les termes de la lettre : « Vu ma maladie. » Cela ne signifie pas qu'elle ne fût pas réellement malade. « On ne me laisse manquer de rien. » Je le crois bien! elle avait reçu 13,000 fr. en deux fois; avec cela elle pouvait satisfaire à ses besoins. « Les médecins me trouvent très-malade. » Cela prouve qu'elle était très-malade; M. Gaudinot l'a soignée pendant trois mois : un médecin ne soigne pas pendant trois mois une personne qui n'est pas malade. Quant aux 3,000 livres de rentes, elle faisait allusion à la somme de 30,000 fr. qu'elle m'avait demandée. Elle avait reçu déjà 13,000 fr.; elle comptait en recevoir encore 20,000. On peut croire dans cette lettre elle fait allusion à ces 33,000 fr., d'autant plus que, n'étant pas enceinte de moi, elle devait l'être d'un autre, et cet autre pouvait inspirer la lettre.

D. L'accusation prétend qu'il est impossible d'attribuer sa grossesse à un autre; elle a toujours parlé de vous. Elle a toujours parlé également des 3,000 fr. de rente que les Compagnies d'assurances devaient payer, si le stratagème, dont vous êtes l'instigateur, indélicat, j'en conviens, réussissait. Vous lui aviez persuadé qui c'était une fortune pour elle ; dans l'état de misère où se trouvait cette femme, elle a pu se laisser entraîner. — *R.* Comment! Je lui ai conseillé de simuler une maladie, elle en fait la confidence aux personnes qui l'entourent; au dernier moment, elle arrive au but tant désiré, elle va avoir une rente de 3.000 fr., elle n'en fait pas part à ses confidentes ! jusqu'au dernier moment, elles ne l'ont pas su! Elle leur en fait part seulement quand elle a intérêt à m'escroquer 33,000 fr.? (*Rumeurs.*)

D. Nous allons voir si vous lui avez donné 33,000 fr. — *R.* Je lui en ai donné 13,000.

(1) La femme de ménage de Mme de Pauw était bossue.

D. Nous verrons si vous lui en avez donné 33,000 ou 13,000 ; nous verrons les mensonges que vous avez faits à l'occasion de ces 33,000 fr. Nous verrons si un homme dans votre situation a pu avoir à sa disposition des sommes aussi considérables. Enfin, vous prétendez avoir donné 13,000 fr. à votre ancienne concubine, dépouillant ainsi votre famille, votre ménage des ressources dont ils avaient besoin. — *R.* Cela répond à l'assurance que j'avais contractée pour elle.

D. Si elle faisait allusion aux 13,000 ou aux 33,000 fr., cela prouve qu'il est impossible d'appliquer sa lettre à un autre qu'à vous. C'est bien de vous qu'il s'agissait, quand elle écrivait : « *il* m'a dit hier. » C'est bien de vous qu'il s'agissait, quand elle faisait allusion aux 3,000 livres de rente. — *R.* Du moment qu'elle simulait une chute, elle le faisait dans l'intention de m'intéresser à son sort, pour exciter ma compassion, et pour obtenir de moi des sommes autres que celles que j'avais données.

D. Nous verrons, par la lecture des lettres dont vous parlez, ce qu'il faut penser de votre explication. Vous niez être venu le 12 ? — *R.* Oui, Monsieur le Président, je le nie formellement.

D. Voilà la lettre qui prouve jusqu'à l'évidence que vous êtes venu. — *R.* Pas du tout ; elle ne parle pas de moi.

D. Maintenant, l'accusation ajoute que Félicité de Pauw a reçu de sa mère la déclaration que vous étiez venu le jeudi ; elle se le rappelle par cette circonstance qu'elle avait besoin d'écrire, qu'elle voulait emporter son encrier dans sa chambre et que sa mère l'en a empêchée en disant qu'elle vous attendait, que vous alliez venir, et que vous alliez la faire écrire. Puis, le samedi, elle a vu Mme de Ridder et sa fille et leur a dit la même chose : que vous étiez venu voir sa mère le jeudi. — *R.* Félicité prétend au contraire que sa mère ne lui a rien dit. Du reste, le fait de l'encrier ne prouve rien ; m'a-t-elle vu venir ? Je soutiens que je n'y suis pas allé. D'ailleurs j'ai une preuve meilleure du contraire ; comment y serais-je allé le 12 ? Ce jour-là, M. Desmidt y était allé ; je l'avais envoyé s'assurer par lui-même si Mme de Pauw était réellement malade comme elle le disait. J'avais reçu une lettre d'elle le 12 au matin ; comment vouliez-vous que j'y allasse ?

D. Elle a dit à sa fille qu'elle vous attendait jeudi soir et que vous deviez la faire écrire. Et, en effet, parmi les vingt-trois lettres dont nous parlerons, il y en a deux qu'elle a écrites ce jour-là, l'une datée du matin, l'autre datée du soir. Si elle vous a écrit ce soir-là, évidemment elle a écrit la lettre devant vous, c'est-à-dire que vous la lui avez dictée, et vous l'avez emportée comme les vingt-deux autres qui ont été écrites dans les mêmes circonstances, dans l'intérêt de votre défense, pour tâcher d'éloigner les soupçons que vous prévoyiez déjà devoir vous atteindre, ainsi que vous l'avez déclaré. — *R.* Le matin même, il m'arrivait d'elle une lettre dans laquelle elle me disait qu'elle me recevrait M. Desmidt dans la journée. Quel besoin avais-je d'y aller moi-même ?

D. Vous niez y être allé ; tous les témoins affirment le contraire. Vous y êtes revenu le samedi. — *R.* J'affirme n'y être pas allé.

D. Mme de Ridder devait venir passer la soirée le samedi ; cette invitation fut contremandée le samedi matin, par l'entremise d'une femme Biord ; elle vint lui dire qu'elle ne pouvait pas la recevoir parce qu'elle était indisposée ; cela, pour Mme de Ridder, signifiait que vous deviez venir le soir. —

R. Comment ! voilà une femme qui écrit à sa confidente de venir, puis l'informe par une dame de ne pas venir parce qu'elle est indisposée, et cela signifie que je dois y aller ? Il était bien plus naturel qu'elle fît dire par cette autre confidente : J'attends M. de La Pommerais.

D. Si elle avait écrit, elle aurait pu mettre : Il doit venir ce soir, je ne puis vous recevoir. Mais elle n'a pas voulu écrire ; elle s'est contentée de faire annoncer qu'elle était indisposée ; Mme de Ridder l'affirme, cela voulait dire que vous deviez venir. L'accusation a bien d'autres preuves de votre visite ; ce sont les déclarations des témoins, affirmant que vous êtes venu le jeudi 12 et le samedi 14. Le niez-vous ? — *R.* Je nie aussi être venu le samedi 14.

D. Félicité de Pauw l'affirme ; elle le savait par sa mère qui, le lendemain dimanche, lui a montré une tasse de café dans laquelle il en restait encore un peu ; elle n'en prenait jamais. Elle a dit à sa fille que c'était vous qui aviez bu du café. — *R.* Et parce qu'elle l'a dit, je dois être allé chez sa mère ? Je prétends et j'affirme n'y être pas allé.

D. Chaque fois que vous veniez, vous aviez soin d'exiger que les enfants ne fussent pas là, et chaque fois vous annonciez votre venue par une lettre. — *R.* Je n'y allais pas, je n'avais pas besoin que les enfants n'y fussent pas.

D. Je vous le répète, les concierges affirment qu'ils vous voyaient passer. Vous niez être venu le jeudi, vous niez être venu le samedi, mais vous reconnaissez être venu le lundi. Jusque-là, au dire des témoins, Mme de Pauw jouait la comédie ; elle pouvait avoir quelque indisposition, conséquences d'une grossesse de deux mois, mais elle était parfaitement bien portante, et notamment le lundi 16. Nous appelons l'attention de MM. les Jurés sur ce fait : elle avait dîné avec ses enfants ; elle avait mangé de la soupe à l'oseille et de chou-fleur. La dame Biord avait partagé son dîner. Un détail ne permet pas de douter qu'elle attendait La Pommerais. Le dîner terminé, après avoir renvoyé ses enfants dans leur chambre, elle a fait acheter un flacon d'essences pour s'en parfumer ; et quand la personne qui était allée le chercher est rentrée, elle a trouvé Mme de Pauw se lavant de la tête aux pieds, attendant le flacon pour s'en servir.

(*A l'accusé.*) Ces soins de toilette étaient pour vous, qu'elle attendait. — *R.* Comme j'ai eu l'honneur de vous le dire, je ne suis allé chez Mme de Pauw que deux fois seulement depuis sa chute. Le lundi matin, le 16 novembre, je reçois une lettre contenant ceci, qu'après l'envoi de l'argent, elle irait chez une de ses amies, sans dire ni où elle allait ni avec qui, et qu'elle partait ce jour-là. M. Desmidt devait aller la voir. Quand il est venu, et que je lui ai communiqué la lettre, il a pensé que c'était une fin de non-recevoir. Après dîner, je suis allé m'assurer si véritablement elle était à la campagne, comme elle me l'avait écrit ; je l'ai trouvée très-souffrante, étendue sur un canapé, excessivement souffrante, beaucoup plus souffrante que lors de sa chute. Le pouls était petit, serré, irrégulier, intermittent ; elle se plaignait de douleurs près du cœur, de palpitations. Je l'ai invitée à faire venir son médecin. Elle m'a répondu qu'elle l'attendait le lendemain, car le docteur Gaudinot venait chaque jour la voir. Elle me dit qu'elle avait pris un bain après avoir mangé ; par là s'explique le trouble qui était survenu dans la digestion et l'indisposition ; avec la maladie intérieure qu'elle avait, je comprends qu'ayant mangé de la soupe à l'oseille et du chou-fleur, s'étant ensuite lavée des pieds à la tête, elle ait été malade; il en serait arrivé autant à une personne bien portante.

D. Elle ne s'est pas mis les pieds dans l'eau; elle s'est lavée seulement. — *R.* La femme qui la soignait l'affirme.

D. Elle a déclaré qu'elle ne comprenait pas comment le docteur Gaudinot avait cru qu'elle eût dit que Mme de Pauw avait pris un bain de pieds. Tous les témoins affirment que Mme de Pauw se portait à merveille. Vous êtes arrivé à huit heures du soir; vous êtes resté plus ou moins de temps; d'après un témoin, on peut supposer que vous êtes resté assez longtemps; mais enfin peu importe. Ce qu'il y a de certain, le voici : Cette femme, bien portante avant votre visite, est tombée malade après votre venue. Vous êtes la dernière personne qui l'ayez vue avant l'invasion de sa maladie. Vous prétendez l'avoir trouvée déjà malade quand vous êtes arrivé; tous les témoins le nient. Des témoins ont rapporté, d'après Mme de Pauw, le propos que vous auriez tenu : Il faudrait qu'au moment où les médecins des Compagnies arriveraient pour la voir, elle prît quelque chose pour que sa maladie parût. Combien de temps êtes-vous resté avec elle? — *R.* Un quart d'heure.

D. L'accusation prétend que vous êtes resté plus longtemps; elle soutient que les soins de toilette auxquels s'est livrée Mme de Pauw étaient inutiles, si vous ne deviez rester qu'un quart d'heure. — *R.* Je suis rentré chez moi de suite, et j'y ai trouvé une personne et ma sœur.

D. Votre sœur ne s'en souvient en aucune façon; sa déclaration est formelle; quant à Mme de la Rue, elle prétend être venue chez vous ce soir-là, à l'occasion de votre fête, la saint Edmond. Cette fête est le 20, quoique quelques calendriers la mettent le 16 : saint Édm. D'après certains renseignements, cette femme aurait été votre concubine. — *R.* Jamais!

D. Elle était reçue chez vous? — *R.* Raison de plus, si elle avait été ma concubine, pour que je ne l'eusse pas présentée à ma femme.

D. Cependant les renseignements sur elle, que nous avons au dossier, sont très-défavorables. — *R.* Jamais elle n'a été ma maîtresse. Je m'applaudis d'avoir reçu ses soins quand j'étais étudiant; elle était très-bonne à mon égard. J'ai été très-heureux de l'avoir pour me soigner quand j'étais malade. Mais quant à avoir été ma concubine, c'est faux.

D. Soit : vous niez.

Vous dites n'être resté qu'un quart d'heure chez Mme de Pauw le 16 novembre, au soir? — *R.* Un quart d'heure à vingt minutes.

D. Quel que soit le temps que vous soyez resté, une circonstance a sa gravité : vous aviez donné à Mme de Pauw votre portrait; malgré sa gêne extrême, elle avait chargé un papetier de l'encadrer, et l'avait fait placer dans un écrin de velours vert surmonté d'une couronne de comte. Elle avait dépensé pour cela 20 ou 30 fr., somme considérable pour elle. Ce soir-là, au moment où elle allait être mortellement atteinte, vous enlevez ce portrait. — *R.* Comment! j'enlève! D'abord, pouvais-je prévoir qu'elle serait morte? Quand j'arrivai chez elle, elle était mal; cela ne veut pas dire que je pensais qu'elle dût succomber.

D. Vous avez enlevé le portrait. — *R.* Lorsque je suis arrivé chez Mme de Pauw, ce portrait était sur la cheminée; j'ai trouvé le cadre joli; j'ai prié Mme de Pauw de me le prêter pour en faire faire un pareil, afin d'y mettre la photographie de mon enfant, et de l'offrir à ma femme. Entre l'avoir demandé et l'avoir enlevé, c'est bien différent. Je l'avais emprunté, elle me l'avait confié; je devais le rapporter quand j'en aurais fait faire un pareil.

D. Il est bien singulier que vous choisissiez précisément le moment où cette femme n'a plus que quelques heures à passer dans ce monde pour songer à lui emprunter cet écrin. — *R.* C'était la première fois que je le voyais; elle l'avait probablement mis en évidence avec intention.

D. Il est difficile de ne pas concevoir une autre impression de ce fait.

Quoi qu'il en soit, c'est après votre départ que Mme de Pauw est tombée malade; elle a passé une nuit affreuse; elle a vomi, et ses vomissements sont restés répandus sur le parquet. Elle a éprouvé les plus vives souffrances. Le mardi 17, à huit heures du matin, vous êtes arrrivé : pourquoi? — *R.* Parce que, l'ayant vue si souffrante, je lui avais promis de venir la voir en faisant mes visites.

D. Pourquoi donc alliez-vous chez elle au moment où elle était si malade, puisque vous lui aviez fait écrire et que vous avez répété dans l'instruction que vous ne vouliez lui donner aucun soin, dans la crainte que les Compagnies vous en fissent un grief? — *R.* J'étais venu chez elle savoir si elle était allée à la campagne comme elle l'avait écrit. L'ayant trouvée très-mal, avec des douleurs de cœur affreuses, je lui avais promis de repasser le lendemain en faisant mes visites. Il n'y a rien là que de très-naturel.

D. Ce n'était pas pour lui donner des soins? — *R.* Elle avait un médecin qui la soignait; je lui avais promis de venir, en faisant mes visites. Si, ce jour-là, mes visites m'eussent conduit d'un autre côté, je ne serais pas venu chez elle.

D. MM. les Jurés ont entendu vos explications. Vous êtes venu le matin; vous l'avez trouvée seule; elle avait passé une nuit cruelle; elle avait éprouvé des vomissements, dont nous parlerons. Qu'avez-vous fait? — *R.* Que vouliez-vous que je fisse? Elle avait un médecin qui, depuis trois mois, la soignait, le docteur Gaudinot; je ne pouvais m'en mêler. Je lui ai demandé si son médecin était venu. Elle m'a répondu qu'il allait venir d'un moment à l'autre. Je lui ai donné le conseil de le faire venir au plus vite.

D. Vous n'avez prévenu personne? — *R.* Quand je suis arrivé, ses enfants venaient de descendre. Elle m'a dit qu'une garde-malade, qui demeurait au-dessous d'elle, montait quand elle frappait sur le plancher.

D. Quelle était sa maladie? — *R.* J'ai cru à une lésion de l'estomac, en raison de sa chute arrivée quelques mois avant, et, après ce qu'elle m'a dit avoir fait la veille, j'ai pensé que de là avaient pu venir ses vomissements. Mais quant à croire qu'elle pût succomber, je ne l'ai pas pensé.

D. Ce ne sont pas les soins du docteur Gaudinot qui vous ont empêché de vous intéresser à sa santé; vous avez donné une autre raison. Vous avez dit : « Pour rien au monde, je n'aurais voulu m'assurer de son état. » Par conséquent, vous ne pouvez connaître sa maladie. — *R.* Bien entendu, et je le maintiens encore aujourd'hui. Vous me demandez de quelle maladie elle était atteinte : je vous dis ce que j'ai supposé. Mais ce n'est pas moi qui la soignais, je ne puis donc pas savoir la maladie précise qu'elle avait.

D. A ce moment, elle était gravement malade; vous avez refusé de lui donner les moindres soins, par ce motif que, pour rien au monde, vous n'auriez voulu vous assurer de son état. Avez-vous dit cela au Juge d'instruction? — *R.* C'est possible; je ne me le rappelle pas. Si c'est écrit, c'est que je l'ai dit. Je l'affirme encore; cela s'accorde avec ce que j'ai eu l'honneur de vous déclarer tout à l'heure.

D. Vous avez dit que vous ne vouliez pas vous compromettre vis-à-vis des Compagnies. — *R.* Je pourrais l'ajouter encore. Les Compagnies exigent un certificat du médecin qui a soigné le malade. Je ne pouvais donc donner mes soins à Mme de Pauw.

D. Pour ne pas vous compromettre près des Compagnies et ne pas perdre les 550,000 fr. que vous auriez à leur demander, vous avez refusé de donner vos soins à Mme de Pauw; vous l'avez laissée dans un état très-grave. Vous êtes revenu encore à deux heures; que veniez-vous faire? — *R.* L'ayant vue dans une triste position et lui ayant conseillé de faire venir son médecin, je venais voir comment elle allait, rien que pour ma satisfaction. Je l'avais jugée gravement malade; j'allais savoir ce qu'avait ordonné le docteur Gaudinot.

D. Vous êtes venu deux heures après le docteur Gaudinot, qui avait déclaré qu'elle était perdue. — *R.* Je n'en savais rien.

D. Vous êtes médecin; vous la retrouvez seule, après que le docteur Gaudinot, qui vient de la voir, l'a déclarée perdue; elle était dans l'état le plus grave, elle allait mourir, et vous n'avez rien fait pour elle! — *R.* Le docteur Gaudinot venait de la voir; que pouvais-je faire?

D. Que lui avez-vous demandé? — *R.* Je lui ai demandé ce que le docteur avait ordonné. Il l'avait trouvée si malade, qu'il avait dit qu'il reviendrait avec un médecin, en consultation.

— *D.* Il n'a pas dit cela. Jamais le docteur Gaudinot n'a parlé de revenir avec un autre médecin. — *R.* Que le docteur Gaudinot l'ait dit ou qu'il ne l'ait pas dit, qu'elle l'ait compris ou qu'elle ne l'ait pas compris, toujours est-il que Mme de Pauw m'a affirmé cela.

D. Elle n'a pas pu le dire, puisque le docteur Gaudinot n'en avait pas parlé. — *R.* Elle a bien dit que j'avais déclaré qu'elle avait le choléra; pourtant, je n'avais rien déclaré de semblable.

D. Vous aviez ajouté aussi que dans vingt-quatre heures elle serait guérie. — *R.* Tout le monde sait que ce n'est pas possible.

D. Vous avez ajouté que vous vous en étiez guéri dans les vingt-quatre heures; aussi, en le répétant à sa fille, l'a-t-elle engagée à ne pas s'inquiéter. — *R.* Elle a prétendu qu'elle avait une indigestion; puis elle a dit que j'avais déclaré qu'elle avait la fièvre. Le lendemain de mon arrestation, j'ai écrit au Juge d'instruction. Je ne savais que par Mme de Pauw qu'elle avait vu son médecin; j'ai dit qu'il n'était pas admissible que j'eusse donné quelque chose. C'est moi qui ai dit l'avoir vue la veille, et pourquoi je l'avais vue le lendemain matin aussi, dans la journée et même dans la soirée. On ne peut me reprocher d'avoir fait la moindre restriction. Mme de Pauw, ai-je dit, jouait la comédie pour faire racheter ses contrats d'assurances par les Compagnies. Il n'est pas admissible qu'arrivée au dernier moment, près de jouir des avantages qu'elle espérait, elle n'ait pas fait à ses amies, aux personnes qui l'entouraient, une confidence aussi grave.

D. Quelle confidence? — *R.* La confidence que je lui avais donné quelque chose la veille. Si elle se portait bien, elle n'avait besoin de rien prendre; si elle était malade, et que je lui eusse donné quelque chose, elle l'aurait dit.

D. C'est là de la discussion. Je constate que vous avez laissé Mme de Pauw, à deux heures, dans l'état le plus grave; elle allait mourir. Or, le matin, elle se croyait si peu malade, qu'elle a exigé que ses filles retournassent à leur pension. Le docteur Gaudinot l'a considérée comme perdue, et vous partez sans prévenir personne, ni les voisins, ni même les concierges de la maison. — *R.* Quel besoin avais-je de prévenir quelqu'un? Vous avez reconnu que sa fille était auprès d'elle.

D. Je n'ai rien reconnu du tout. — *R.* A neuf heures du matin, elle avait sa fille auprès d'elle.

D. Je n'ai rien reconnu de pareil. — *R.* Elle vient de faire conduire sa fille à sa pension, il n'y a donc pas que moi qui l'ai vue.

D. Voyez la différence entre vous, l'ancien amant de cette femme, et sa jeune élève Mlle Baup. Peu d'instants après vous, elle a reçu la visite de celle-ci, qui, la trouvant toute seule, s'en est alarmée; elle est descendue prévenir les concierges de la maison, leur disant que cette malheureuse femme ne pouvait rester ainsi seule; elle a fait des démarches pour lui procurer une sœur de charité. — *R.* Les reproches que vous m'adressez pourraient être faits au médecin qui la voyait, car il a jugé que la personne qui la soignait était suffisante: il y avait une voisine auprès d'elle. Si le docteur Gaudinot avait jugé nécessaire une personne de plus, il l'eût demandée.

D. Vous avez dit le matin à Mme de Pauw qu'il fallait faire enlever les vomissements, qu'il n'était pas bon qu'ils restassent près d'elle. — *R.* Je n'ai pu le dire, puisqu'elle avait recommandé, avant mon arrivée, de les enlever; je l'ai su par les dépositions des témoins.

D. Vous êtes en contradiction formelle avec Félicité de Pauw. Elle déclare avoir voulu enlever les vomissements, et sa mère lui a dit de n'en rien faire. Vous avez dit que ces vomissements étaient malsains, et elle a empêché sa fille de les enlever. C'est une autre femme qu'elle a chargée de ce soin. — *R.* Je n'ai rien dit de pareil; les vomissements étaient enlevés avant que j'arrivasse.

D. Nous discuterons cela quand les témoins seront présents. Vers cinq heures, Mme de Pauw s'est trouvée très-mal. On a envoyé chercher en toute hâte le docteur Blachez, qui a assisté à ses derniers moments. Elle est morte à six heures et demie. Vous êtes revenu à huit heures. Que veniez-vous faire? — *R.* C'était tout naturel; je la voyais excessivement mal. Ne pouvais-je pas revenir m'assurer de son état? Ma démarche prouve que je ne lui avais rien donné.

D. Vous avez allégué pour motif de votre visite le désir de connaître le résultat de la consultation annoncée par le docteur Gaudinot. Cette consultation n'a jamais existé. — *R.* Encore une fois, je ne puis que répéter ce que m'a déclaré Mme de Pauw.

D. Elle n'a pu vous le dire, puisque le docteur Gaudinot n'en avait pas parlé. Vous avez rencontré la demoiselle Huilmand, qui vous a appris la mort de Mme de Pauw; cette nouvelle vous a trouvé impassible. D'après la déclaration de cette demoiselle, vous vous êtes approché de la défunte, vous lui avez soulevé les paupières; vous n'avez point parlé de choléra; vous avez dit que la mort était probablement la conséquence de la chute qu'elle avait faite. Elle vous a répondu : « Comment! la chute! mais c'est une dérision ; vous savez bien comme moi qu'elle n'a pas fait de chute. » Vous avez voulu lever la main pour le jurer, et elle vous a dit : « Ne jurez pas, vous savez bien que ce n'est pas. » Vous vous êtes troublé, et vous êtes parti. — *R.* J'attends le témoin pour lui répondre. En effet, lorsque je suis arrivé, ce témoin est venu au devant de moi en sautillant ; je me suis approché de Mme de Pauw, non-seulement comme une personne lui portant intérêt, mais comme médecin ; je lui ai pris le pouls. Si l'on ne m'avait pas dit qu'un médecin avait assisté aux derniers moments, j'aurais fait quelques tentatives pour la ranimer. Quand je me suis retiré dans l'atelier, je me suis trouvé avec la femme Cliche, la portière, et une femme bossue, l'ancienne femme de ménage. J'ai fait quelques questions sur le traitement antérieur : pas un témoin ne m'a dit que Mme de Pauw n'eût pas été malade. La personne dont vous parlez ne pourra soutenir le contraire.

D. Elle dit parfaitement le contraire. — *R.* J'ai adressé ma question aux personnes qui étaient dans l'atelier ; on ne m'a pas dit qu'elle n'eût pas fait de chute.

D. Elle savait, comme vous, qu'elle n'avait pas fait de chute. — *R.* Pourquoi alors ne l'avoir pas dit ? Ces personnes m'ont parlé du traitement qui avait été fait, des médecins qui étaient venus. Quand j'ai quitté l'atelier, au bas de l'escalier, la fille Huilmand s'est approchée en me disant : « Vous savez bien qu'elle n'a pas fait de chute. » J'ai dit alors : « Pourquoi me l'a-t-elle écrit ? »

D. Nous verrons cela avec les témoins. — *R.* Un homme de mon caractère, de mon âge, aurait juré devant une fille de dix-neuf ans !

D. Elle l'a déclaré. Si elle le répète ici, vous lui direz qu'elle n'est pas dans la vérité. Vous avez repoussé sa déclaration, parce que, selon vous, c'était une péronnelle. — *R.* Je le répète, j'ai fait dans l'atelier toutes les questions possibles. Pas une des personnes qui étaient présentes ne m'a dit qu'il y eût eu une supposition de maladie. Comment la fille Huilmand a-t-elle attendu que nous fussions seuls, au bas de l'escalier, pour parler ?

D. Vous avez déjà dit cela. Vous vous expliquerez avec les témoins lorsqu'ils seront ici.

Après avoir constaté la mort, vous êtes rentré chez vous, et vous vous êtes empressé d'écrire à l'instant même à Desmidt pour qu'il prévînt les Compagnies d'avoir à vous payer. Vous écriviez en même temps au frère de Mme de Pauw, en lui disant que vous veniez de constater le décès de sa sœur, que vous étiez disposé à faire quelque chose pour les enfants. — *R.* Il avait les contrats dans les mains.

D. Il ne les avait pas. — *R.* J'avais besoin de le prier de venir me voir.

D. Il habite le Havre, et n'avait pas du tout le double des contrats. — *R.* Je ne pouvais le savoir.

D. Vous convenez avoir écrit à Desmidt, le soir même ? — *R.* Je ne me le rappelle pas.

D. C'est le soir même de la mort, et en rentrant chez vous, que vous avez écrit les deux lettres. — *R.* Je n'en sais rien.

D. Voici la lettre que vous avez écrite au frère :

« Mardi soir, huit heures.

« Je viens de voir pour la dernière fois votre pauvre sœur sur son lit de mort ; c'est vous dire combien j'ai été douloureusement affecté, car vous n'ignorez pas l'intérêt que je lui portais et tout ce que je faisais pour elle et ses chers petits enfants.

« Maintenant que ces derniers sont privés d'une mère qui les aimait tant, je ferai pour eux tout ce qui dépendra de moi. Venez me voir, et je vous donnerai des preuves du bon vouloir qui m'anime à l'égard de ces chers petits êtres si dignes d'intérêt et que j'aime bien aussi.

« Agréez, monsieur, l'assurance de tout mon dévouement,

» C. DE LA POMMERAIS. »

« 5, rue des Saints-Pères. »

Vous ne lui parlez pas du droit des enfants à recueillir les 550,000 fr. — *R.* Je n'avais pas besoin d'en parler.

D. Vous ne lui en parliez aucunement ; il n'en savait rien, il n'avait rien entre les mains. Chez sa sœur, il n'y avait aucune pièce ; les témoins déclarent que vous enleviez tout. Si, comme vous le dites, les enfants eussent été propriétaires des contrats d'assurances, vous auriez écrit en d'autres termes. — *R.* Pourquoi n'est-il pas venu me voir ?

D. Ce n'est pas là une réponse. Vous annonciez que vous feriez ce qu'il dépendrait de vous. Le Juge d'instruction vous a demandé : « Que complotiez-vous faire ? » Vous avez répondu : « Leur donner ce qui leur revenait dans les assurances. » Pourquoi ne pas dire à M. Testu : « Venez, il s'agit de recueillir 550,000 fr., d'exercer les droits des enfants. » — *R.* Il était inutile de lui écrire cela, puisqu'il avait les contrats entre les mains.

D. Je vous répète que M. Testu habite le Havre, et non Paris ; en admettant que Mme de Pauw eût eu un double, ce double était chez elle, et non entre les mains de son frère. — *R.* Il n'était pas au Havre quand il a appris la mort de sa sœur.

D. Vous lui avez écrit au Havre. — *R.* Il devait nécessairement venir me voir avec cette lettre. Pourquoi n'est-il pas venu ?

D. Il y a une autre circonstance très-grave. Le même jour 17, entre trois heures et six heures du soir, deux lettres ont été mises à la poste ; elles sont adressées par Mme de Pauw, l'une à son père, l'autre à sa sœur. Ce n'est pas Mme de Pauw qui a pu les faire mettre à la poste ? — *R.* Ce n'est pas moi, en tout cas.

D. Il n'y a que vous qui ayez pu les mettre ; vous le niez, c'est tout simple ; mais ce qui prouve que c'est vous, le voici : Mme de Pauw avait déclaré, six semaines auparavant, qu'elle avait écrit ces lettres, et qu'elle avait pleuré en les écrivant ; que c'était vous qui les lui aviez dictées. — *R.* Voilà une femme qui a écrit, il y a six semaines, à son père et à sa sœur, les larmes dans les yeux, d'après l'accusation, et elle n'en a pas fait part à sa sœur, sa confidente, avec laquelle elle a déjeuné quelques jours auparavant sa mort ! Elle lui écrit pour lui annoncer sa maladie, et, quand elle la voit, elle ne lui en parle pas ! c'est inadmissible. Voici ce qui a pu arriver : Je l'ai vue le 26 septembre, lors de sa chute ; je l'ai trouvée malade. La voyant si malade, je lui ai donné, après dîner, le conseil amical d'écrire à sa sœur et à son père. Il est possible que ses fameuses confidentes soient venues après moi, et qu'elle leur ait parlé de ce conseil que je lui avais donné. Elle s'est bien gardée de dire que j'ignorais si elle avait ou non fait une chute.

D. Elle avait dit à sa fille et à Mme de Ridder, six semaines avant sa mort, que vous lui aviez fait écrire ces lettres. — *R.* Comment comprendre cela ?

Selon l'accusation, ce serait avec le désespoir dans l'âme et les larmes aux yeux qu'elle les aurait écrites? Or, je l'ai déjà dit, elle a vu sa sœur, elle a déjeuné avec elle quelques jours auparavant, et elle ne lui en a pas fait part.

D. Ce qu'il y a de certain, c'est qu'elle n'a pu ni écrire, ni faire mettre à la poste ces lettres pendant sa maladie. — *R.* A cinq heures, un homme sortait de chez elle : qui est-il?

D. C'est le portier de la maison; il n'y est pas allé à cinq heures. — *R.* Il a dit : « Vous n'avez donc personne pour vous soigner? » et il savait qu'il y avait une femme.

D. Vous avez même voulu faire passer ce jeune homme pour l'amant de Mme de Pauw.

Voici la lettre à sa sœur :

« Ma chère Constance,

« Depuis quinze jours je garde le lit par suite d'une chute affreuse que j'ai faite au mois de septembre, dans mon escalier. J'ai craché et vomi le sang à plein pot. Je souffre comme une malheureuse, je ne digère plus rien, l'eau même ne peut plus passer, ce qui m'a forcée de garder le lit.

« Je sens que je m'en vais de jour en jour. Aussi, je t'engage à venir le plus tôt possible si tu tiens encore à me voir. Ce sont les docteurs Gaston Gaudinot, qui demeure rue du Faubourg-Saint-Honoré, 138, et le docteur Danet, rue Tronchet, 25 et 27, qui me donnent leurs soins chaque jour.

« J'ai consulté, en outre, les professeurs Nélaton et Velpeau, mais aucun ne m'a soulagée.

« Un seul médecin anglais, que je ne connais pas, et qui demeure du côté des Champs-Elysées, chez lequel une de mes amies m'avait conduite, m'a soulagée un peu en me faisant prendre un certain acide et de la digitaline en quantité pour mon cœur, dont je souffre très-fort depuis ma chute. Je verse cet acide sur du sucre, et cela me calme. Tiens, en t'écrivant, je sens que je m'en vais, que je m'affaiblis de plus en plus; viens vite, je t'en prie.

« Ta sœur, qui te dit peut-être adieu et t'embrasse pour la dernière fois.

« Ta sœur et amie,
« veuve Julie de Pauw.

« Préviens Isidore, et prie-le de venir me voir. »

Félicité de Pauw prétend que c'est vous qui avez fait écrire cette lettre à sa mère. Une femme, parlant d'un médecin qu'elle a consulté, ne dirait pas : le professeur un tel. Dans une autre lettre que l'accusation vous reproche de lui avoir fait écrire, vous parlez d'un vieux praticien : ce ne sont pas les expressions qui appartiennent à une femme. C'est là le style d'un médecin qui a suivi les cours des professeurs, et qui, sans le vouloir, se sert de ses expressions habituelles. — *R.* Dans cette lettre, il y a : « Depuis quinze jours je garde le lit, » et d'après l'accusation, ce qui est faux.

D. Certainement, c'est faux. — *R.* Elle n'a gardé le lit que cinq ou six jours. Si j'avais prémédité ce crime, j'aurais fait concorder la maladie avec le nombre de jours portés dans la lettre. Elle parle de docteurs qu'elle a consultés ; elle n'a pu les consulter à l'heure de sa mort seulement. Enfin, elle se sert de l'expression de « professeur; » elle a pu employer les termes dont je me servais moi-même en lui recommandant de s'adresser aux professeurs Nélaton et Velpeau, et disait qu'elle était de plus en plus souffrante, de plus en plus malade. Dans ma réponse, je l'ai priée de s'adresser aux professeurs Nélaton et Velpeau, et alors, écrivant à sa sœur, elle a employé les mêmes expressions que moi.

D. Vous ne lui avez envoyé aucune lettre? — *R.* Mes lettres ont disparu ; mais, je vous le demande, quel intérêt avais-je à les faire disparaître?

D. Vous ne les lui avez jamais adressées. Dans le système de l'accusation, les lettres ont été inspirées par vous comme moyen de défense, pour vous justifier des soupçons qui pourraient tomber sur vous. Nous verrons demain comment ces lettres n'ont pu être écrites par Mme de Pauw, d'elle-même, et dans quel but vous les lui avez fait écrire. — *R.* Pourquoi écrivait-elle à sa sœur, si ce qu'elle disait n'était pas vrai?

D. C'est vous qui lui avez fait écrire cette lettre. — *R.* Pourquoi?

D. Pour prévenir sa sœur qu'elle allait bientôt mourir. — *R.* Mais elle l'avait vue quelques jours avant sa mort!

D. Ce qui prouve qu'elle n'a pas écrit ces lettres le jour de sa mort, c'est qu'à ce moment elle n'avait que des enveloppes jaunes, et auparavant elle se servait d'enveloppes bleues. Toutes les lettres écrites pendant les derniers temps de sa vie étaient enfermées dans des enveloppes jaunes; celles-ci étaient dans des enveloppes bleues. — *R.* Je m'étonne que vous releviez cela. Le papetier qui a vendu ces enveloppes a certifié qu'elles venaient de chez lui.

D. Peu importe l'époque à laquelle elle s'était procuré ces enveloppes. Ce qu'il y a de certain, c'est que toutes les lettres des derniers temps sont dans des enveloppes de papier jaune. Il est probable qu'elle n'a employé ces dernières que quand elle n'en a plus eu de bleues. — *R.* Le papetier vous dira qu'il lui a vendu des enveloppes bleues; par conséquent elle a pu s'en servir.

D. Elle n'avait pas chez elle d'autres enveloppes que les enveloppes jaunes. Elle a déclaré à sa fille et à d'autres témoins que c'est vous qui, six semaines auparavant, lui aviez fait écrire ces lettres et qu'elle avait pleuré en les écrivant. — *R.* Raison de plus, si elle les a écrites six semaines auparavant, pour qu'elle ne soit pas morte empoisonnée, et je le prouverai.

D. Cependant, personne que vous n'a pu mettre ces lettres à la poste? — *R.* Comment ! voilà une femme qui va toucher une somme, et qui simule une maladie?...

D. A-t-elle pu écrire ces lettres le jour de sa mort? — *R.* Je ne le crois pas; cependant le docteur Gaudinot prétend qu'elle l'a pu. Je n'ai aucun intérêt à dire le contraire, et je pense qu'elle n'était pas en état de le faire. Cela ne veut pas dire qu'elle ne les ait pas écrites avant; qui dit qu'elle ne les a pas écrites entre le moment où je l'ai vue pour la première fois et les vomissements? Pour moi, ce n'est là qu'une opinion.

D. Le docteur Gaudinot a aussi constaté que Mme de Pauw était morte des suites d'une chute sur l'angle de la rampe de son escalier, et il dit que cette chute avait amené une rupture, une perforation de l'estomac. L'autopsie a été faite, et l'estomac a été trouvé en parfait état. — *R.* Quoi que les experts en aient dit, Mme de Pauw a pu succomber à une maladie de l'estomac. Je le prouverai, je me charge de leur répondre. Je dis que Mme de Pauw a pu ne pas avoir de rupture de l'estomac, et succomber aux suites d'une gastrite.

D. Vous vous expliquerez là-dessus après le rapport des experts.

L'audience est levée à cinq heures, et renvoyée au lendemain 10 mai.

L'audience, ce jour, est ouverte à 10 heures et quart.

M. le Président. — Accusé, vous avez dit hier, quand je vous ai interrogé sur votre titre de comte, que M. le baron d'Hauterive aurait reconnu vos droits à le porter, et que vous aviez entre les mains des documents qui lui avaient paru suffisants pour établir vos droits?

L'accusé. — Parfaitement.

M. le Président. — Voici une lettre que nous recevons à l'instant de M.-Borel d'Hauterive :

« Monsieur le Président,

« En lisant hier soir le compte-rendu, dans le journal la *Patrie*, du procès de La Pommerais, j'ai remarqué ce passage : « Ce titre de comte, il résulte « de pièces que j'ai, qui m'ont été délivrées par « M. le baron d'Hauterive et plusieurs élèves de « l'école des Chartes, que j'ai le droit de le porter. » Cette allégation est complétement erronée. Loin de reconnaître les prétentions de l'accusé, je lui ai déclaré qu'il n'a pas plus droit à ce titre de comte que moi je n'ai droit à celui de baron, qu'il me donne, pour donner plus de relief à sa défense.

« Je me tiens au besoin à la disposition de la Cour, au cas que vous penseriez que ma comparution puisse être nécessaire. Je crois ma déposition utile pour mon honorabilité et celle des élèves de l'école des Chartes, dont je suis professeur.

« D'HAUTERIVE. »

L'accusé. — Je ne veux pas rester plus longtemps sous le coup de cette lettre. Je prie M. le Président de vouloir faire rechercher dans les pièces le titre qui m'a été délivré par M. d'Hauterive.

D. Je n'ai aucun titre. — *R.* Je vous demande pardon; il a été saisi avec mes papiers. Je désire qu'il soit mis sous les yeux de MM. les Jurés.

Me Lachaud. — Monsieur le Président, auriez-vous l'extrême bonté d'ordonner que tous les cartons renfermant les papiers qui sont ici soient ouverts? Il y a des scellés que nous ne pouvons briser sans votre autorisation. L'accusé affirme que, dans les pièces saisies chez lui, se trouve un parchemin.

L'accusé. — Signé !

Me Lachaud. — Voulez-vous me permettre?... Il constate les faits allégués hier. Si nous avons le parchemin, l'accusé a raison; si nous ne l'avons pas, il aura tort.

M. le premier Avocat général Oscar de Vallée. — Il y a, en effet, au dossier, un parchemin qui porte la signature de M. Borel d'Hauterive.

M. le Président. — Le voilà, en effet, ce parchemin; il est surmonté d'une couronne de comte; MM. les Jurés peuvent le voir de leur place. Nous e leur remettrons d'ailleurs. Je vais en donner lecture :

Diplôme donné par M. d'Hauterive.

« Couty de La Pommerais.

« La famille Couty de La Pommerais, originaire de Bretagne, s'est établie vers la fin du seizième siècle en Normandie, où elle possédait la seigneurie de Saint-Martin de Lhomme.

« Elle a formé plusieurs branches dont une seule, la troisième, existe encore, et se trouve représentée de nos jours dans l'Orléanais par :

« 1° M. Isidore Couty de La Pommerais, dont une fille unique;

« 2° M. Philémond Couty de La Pommerais, dont A, un fils, Edmond Couty de La Pommerais, docteur en médecine, appelé à devenir le chef du nom; B, une fille, Marie Couty de La Pommerais, encore sans alliance;

« 3° Alphonse Couty de La Pommerais, dont un fils.

« La famille Couty de La Pommerais a pour armes :

« *D'or au pommier de sinople, fruitté d'or, posé sur une terrasse de sinople et gardé par un dragon de gueules* (1); *l'écu chargé d'une bordure de gueules*. — Couronne de comte, une branche de chêne et une autre de laurier au naturel, croisées par le pied, nouées de gueules, et portant une banderole d'argent, sur laquelle est écrite la devise : *Quis poma aurea tanget?*

(Bibliothèque imp. de Paris).

« Fait et délivré par nous, soussigné, archiviste paléographe, secrétaire de l'Ecole impériale des chartes, et professeur suppléant à ladite école.

Paris, ce 5 octobre 1855.

« *Signé* : A. BOREL D'HAUTERIVE. »

(Ci cachet personnel de M. d'Hauterive).

La signature est légalisée par le maire du 8e arrondissement de Paris.

Le 6 octobre 1855.

(Avec cachet de la mairie.)

Il résulte de cette lecture que le parchemin contient la description des armes de la famille de La Pommerais, qui aurait été établie en Bretagne ou en Normandie à une certaine époque. Quant au titre de comte, l'aîné seul des enfants existants pourrait le porter s'il y avait droit. — *R.* Il n'a pas de fils.

D. N'importe, c'est lui qui devrait prendre le titre si le droit existait; ce n'est pas vous. M. Borel d'Hauterive ne vous a pas délivré de brevet de comte; il n'en avait pas le droit. Il a constaté seulement vos armoiries, surmontées d'une couronne de comte.

Me Lachaud. — Auriez-vous la bonté, monsieur le Président, de me faire passer le parchemin?

M. le Président. — Nous venons de le lire en entier.

Me Lachaud. — Soit, monsieur le Président; mais je désire en avoir communication.

(Le parchemin est transmis à Me Lachaud.)

M. le Président. — De ce que l'on surmonte des armes d'une couronne de comte, cela ne donne pas le droit de porter le titre de comte.

Me Lachaud. — Le parchemin est signé Borel d'Hauterive. Je constate le fait.

M. le Président. — MM. les Jurés ont entendu la lecture de la lettre de M. Borel d'Hauterive.

Nous allons continuer l'interrogatoire au point où nous l'avons laissé hier.

Il paraît qu'au moment de la mort de Mme de Pauw, et en sortant de chez elle, vous avez écrit, dans la journée même, une lettre à Desmidt pour le prier de presser les Compagnies de vous payer les 550,000 fr. que vous vouliez obtenir d'elles, et qui étaient pour vous une fortune considérable. Desmidt n'a pas reçu votre lettre. Le 19, vous le pressez de nouveau pour qu'il aille trouver les Compagnies et savoir d'elles à quelle époque les sommes vous seront remises. Le 29, vous avez écrit vous-même à toutes les Compagnies d'assurances une lettre dans laquelle vous leur notifiez le décès de Mme de

(1) *A... franc quartier d'argent.*

Pauw, et vous joignez à votre lettre toutes les pièces nécessaires, c'est-à-dire que vous envoyez huit actes de naissance de Mme de Pauw, huit actes de décès, huit certificats délivrés par un docteur, constatant qu'elle est morte d'une perforation de l'estomac ; huit certificats délivrés par le médecin de l'état civil chargé de constater les décès.

Ici se présente un incident qui, aux yeux de l'accusation, a une grande gravité. Les actes de naissance de Mme de Pauw étaient entre les mains de l'accusé dès le 9 novembre. La fille de Mme de Pauw, Mme de Ridder, la demoiselle Huilmand, ont déclaré que l'accusé avait eu plusieurs altercations avec la malheureuse femme à l'occasion de ces actes de naissance ; qu'il exigeait qu'elle les lui remît. Elle est allée elle-même, en effet, au Palais, le 7 novembre, les demander ; elle n'avait pas d'argent pour les payer, et l'accusé ne voulait pas faire cette dépense. Ces actes ont coûté 18 à 20 fr. — R. Puis-je répondre?

D. Répondez brièvement. — R. Je ne puis pas cependant me laisser accuser ainsi.

D. Répondez, mais ne plaidez pas. — R. Je ne plaide pas ; je réponds aux objections que vous venez de faire.

D. Vous étiez en possession de toutes les pièces nécessaires? — R. Comme vous le saurez du reste par les dépositions des témoins, je n'ai rempli moi-même aucune formalité ; toutes ont été accomplies par M. Desmidt, courtier d'assurances. Les lettres elles-mêmes ont été faites par lui. Il était tout naturel qu'après le décès de Mme de Pauw, M. Desmidt se mit en mesure, et fit toutes les démarches nécessaires près des Compagnies pour permettre aux enfants de rentrer dans les sommes que j'avais transférées sur leur tête.

D. Ce n'est pas Desmidt qui a fait les lettres, c'est vous. — R. Je vais répondre en ce qui concerne les actes de naissance. Les dépositions des témoins à ce sujet sont si ridicules, que je n'ai pas à m'y arrêter. Selon eux, j'aurais eu besoin de cette femme pour obtenir des actes de naissance. Mais je pouvais aller les demander seul. J'ai été obligé, pour mon mariage, d'avoir l'acte de décès de mon beau-père ; m'a-t-il fallu la moindre formalité? Je suis allé au guichet du Palais-de-Justice, et on me l'a délivré de suite. Les témoins prétendent que non-seulement j'ai demandé à Mme de Pauw ces actes de naissance, mais que je lui ai donné de l'argent pour cela.

D. J'ai dit tout le contraire. J'ai dit qu'il résultait de la déclaration des témoins que vous n'aviez pas voulu faire la dépense de ces actes, et que vous avez exigé, malgré son état de gêne, que ce fût Mme de Pauw qui les payât. — R. Voulez-vous me permettre de placer sous vos yeux la déposition des témoins?

D. Non ; quand les témoins seront là. — R. Ils disent que j'ai donné l'argent pour les actes de naissance.

D. Ils disent le contraire. — R. Laissons de côté l'argent. Toujours est-il que je n'avais pas besoin de Mme de Pauw pour aller retirer ses actes de naissance ; il était inutile surtout de les retirer huit jours avant sa mort, quand je pouvais les retirer après.

D. Cela est vrai. Mais je constate un fait matériel : c'est que vous avez demandé à Mme de Pauw ses actes de naissance, qui lui étaient complétement inutiles ; que jamais Desmidt ne les lui a demandés, et que ces actes n'étaient nécessaires qu'à raison de sa mort. — R. Comment! vous admettez que j'avais besoin d'envoyer chercher ces actes avant la mort?

D. Je n'admets rien ; j'expose les charges de l'accusation. — R. Je réponds à l'accusation que c'est inadmissible, que c'est ridicule.

D. Je complète la déposition des témoins. Mme de Paw a envoyé, à la date du 9, chercher les actes qu'elle n'avait pu payer le 7 ; elle les a payés depuis avec les sommes que vous lui avez remises. — R. Je dirai pourquoi elle les a payés depuis.

D. Elle a envoyé chercher ces actes par la dame Peters, et quand celle-ci les lui a rapportés, voici le propos que cette femme lui attribue : « Tenez, si cela réussit, c'est mon bonheur et celui de mes enfants. » Et elle aurait ajouté que vous viendriez prendre ces actes le soir. — R. Vous invoquez le témoignage d'une bonne qui a servi plusieurs maîtres dans le même mois. Peut-elle se rappeler, cinq ou six mois après, un propos qui aurait été tenu par sa maîtresse?

D. Le témoignage d'une bonne est aussi important qu'un autre. — R. Je ne dis pas non ; mais elle ne peut se rappeler une chose aussi importante.

D. Pourquoi ne pourrait-elle pas affirmer, surtout quand elle dépose sous la foi du serment, que sa maîtresse lui a dit, lorsqu'elle lui a apporté les papiers qu'elle était allée chercher : « Si cela réussit, c'est mon bonheur et celui de mes enfants »? — R. Voulez-vous que je vous dise l'interprétation?

D. Je n'ai pas d'ordre à recevoir de vous ; je n'ai pas besoin que vous m'indiquiez l'interprétation que je dois donner aux dépositions des témoins. Je raconte les charges de l'accusation ; j'y suis obligé, malheureusement pour moi ; je dis ce que les témoins ont déclaré. Vous repoussez leur témoignage?

— R. Avec justice.

D. C'est à MM. les Jurés à apprécier si les témoins ont inventé ce qu'ils racontent et s'ils ne sont pas dans la vérité.

Voilà comment vous vous êtes procuré les actes de naissance. Vous aviez écrit à M. Testu la lettre dont nous avons donné lecture hier, au sujet de ces chers petits enfants que vous aimiez tant, et que, par parenthèse, vous n'avez pas même cherché à voir depuis la mort de leur mère ; car, jusqu'à votre arrestation, du 17 novembre au 4 décembre, vous n'avez pas mis les pieds dans la maison de Mme de Pauw et n'avez cherché à avoir aucune espèce de rencontre avec ses enfants. Depuis votre arrestation, vous avez écrit à une foule de personnes qu'il fallait forcer les Compagnies à payer et que les enfants n'auraient rien. Vous vouliez que ce fût votre femme qui eût tout ; vous avez même chargé votre honorable défenseur d'insister pour que les Compagnies fussent obligées de payer à son profit. Mais vous aviez écrit à M. Testu, et vous espériez qu'il répondrait ; vous pensiez qu'il vous parlerait des enfants et des démarches qu'il fallait faire dans leur intérêt ; et, avec cette réponse, vous deviez aller presser vous-même les Compagnies. Il ne vous a pas répondu, et alors voici ce que vous avez imaginé. Le 29 novembre, vous vous êtes procuré une lettre venant de Châteauroux ; vous avez conservé l'enveloppe qui porte le timbre de la poste, et vous avez demandé à votre sœur de vous écrire une lettre au nom d'un avocat, docteur en droit, nommé M. de Vistène, dans laquelle celui-ci vous chargeait de presser les Compagnies, dans l'intérêt des enfants de Mme de Pauw, de vous verser les fonds que vous mettiez tant d'ardeur à recueillir. Cette lettre, vous êtes allé la montrer à Desmidt, en lui disant qu'elle était très-importante ; vous lui avez demandé d'aller la montrer aux Compagnies. Desmidt vous a engagé à y aller vous-même et vous avez refusé. Lorsque M. le Juge d'instruction a eu cette lettre entre les mains, il a envoyé une commission rogatoire à Châteauroux pour savoir de M. de Vistène qui l'avait chargé des intérêts des enfants, puisque leur subrogé tuteur était le frère de leur mère et habitait le Havre. Il a été répondu qu'aucun avocat du nom de M. de Vistène n'existait à Châteauroux, et vous avez été obligé de reconnaître que vous aviez fait faire cette fausse lettre. — *R.* Je le reconnais encore aujourd'hui.

D. Voilà comment vous agissez; voilà comment vous comprenez les sentiments de délicatesse et d'honneur. — *R.* Cela n'a pas l'importance que vous y attachez.

D. MM. les Jurés apprécieront si un honnête homme aurait écrit une lettre pareille. — *R.* Voulez-vous me permettre de répondre?

D. Répondez. — *R.* J'avais écrit le 17 ou le 18 à M. Testu; non-seulement il n'était pas venu, mais il ne m'avait pas fait l'honneur de me répondre. Je voyais chaque jour M. Desmidt; il me disait ce que les Compagnies tramaient, leurs conciliabules; elles l'avaient appelé à leur barre. Il me faisait part de leurs accusations. Je raconte ce que M. Desmidt m'a dit, puisque seul il a été en rapport avec les Compagnies. Le jour où il me fit part de l'accusation qui était dirigée contre moi, que ce manége durait depuis plusieurs jours, je reçus une lettre d'un de mes clients de Châteauroux; alors l'idée m'est venue de faire écrire la lettre en question; mon seul but, je le faisant, était de prouver à M. Desmidt que je m'étais adressé à M. Testu. M. Desmidt trouvait étonnant que, malgré ma lettre, M. Testu ne fût pas venu. J'ai cru alors, en prenant le premier nom venu, devoir simuler cette lettre de Châteauroux; cela n'a aucune signification.

D. Comment! cela n'a aucune signification? C'est un faux! Tous ceux qui vous écoutent peuvent se demander si, dans n'importe quelle occasion, quand même leurs intérêts seraient engagés et compromis, ils feraient ainsi fabriquer une fausse lettre pour s'en servir. — *R.* Je ne m'en suis pas servi; j'ai dit pourquoi.

D. Cette lettre ne se comprend pas, car les Compagnies ne se seraient pas décidées à payer sur son simple vu. La voici :

Châteauroux, 27 novembre 1863.

A M. *E.-D. Couty de La Pommerais.*

Monsieur,

Me conformant aux termes du contrat que vous avez passé en faveur des enfants de Mme de Pauw, j'aurai l'honneur de me présenter chez vous dans le délai voulu, muni de pleins pouvoirs.

Je suis chargé de veiller à ce que toutes les sommes que vous annoncez dans le contrat soient intégralement placées sur leurs têtes. J'ai reçu, je vous dirai, à ce sujet, les instructions les plus sévères.

Du reste, si l'intérêt des enfants l'exige, je pense que vous me permettriez de vous voir bien avant le délai que vous avez prescrit afin de m'entendre avec vous.

Agréez, monsieur, etc.

Signé : De Vistène,
Docteur en droit, avocat.

C'est là ce que la loi appelle un faux, et nous voyons tous les jours paraître sur les bancs des individus accusés de faux, qui n'en ont pas fait davantage. — *R.* Encore une fois, Monsieur le Président, si je n'avais pas écrit à M. Testu, je comprendrais le reproche.

D. Comment pouvez-vous prétendre que cette lettre de Châteauroux, montrée à Desmidt, lui prouvait que vous aviez écrit à M. Testu, au Havre? — *R.* Si j'avais reçu une lettre du Havre, j'aurais mis la lettre que vous me reprochez dans une enveloppe du Havre; mais je recevais une lettre de Châteauroux, je me suis servi de son enveloppe; je n'avais pas d'autre but que celui que j'ai indiqué, je le certifie.

D. La famille de Mme de Pauw n'a pas montré la même ardeur que vous; elle n'a même montré aucune ardeur; elle ne savait pas que les enfants eussent quelques droits, en vertu du seul titre que vous possédiez. — *R.* Est-ce que je pouvais le savoir?

D. M. Testu ne vous a pas fait l'honneur de vous répondre; s'il est venu pour les obsèques, il n'est pas allé vous voir. Vous étiez dans une grande inquiétude. Il avait été nommé subrogé tuteur des enfants; vous auriez voulu obtenir son concours pour agir d'une manière plus efficace auprès des Compagnies, qui avaient trouvé singulière l'opération faite sur la tête d'une femme dans l'état de Mme de Pauw, morte peu de mois après. — *R.* Vous ne savez pas ce que j'aurais fait.

D. Vous venez de le dire vous-même. M. Testu ne vous ayant pas fait l'honneur de vous répondre, vous avez pensé à fabriquer un faux. MM. les Jurés apprécieront si ce sont là des moyens honnêtes.

Nous arrivons maintenant à une des charges les plus graves de l'accusation, aux vingt-trois lettres de Mme de Pauw. D'après l'accusation, nous ne faisons que la raconter, voici le but de ces vingt-trois lettres. L'accusé avait un grand intérêt à établir (il n'a pas osé reproduire hier cette allégation au débat) que c'était Mme de Pauw qui avait exigé, dans un intérêt contraire au sien, que les polices d'assurances fussent faites sur sa vie entière. Si l'accusé eût fait sur la tête de cette femme une assurance limitée, par exemple jusqu'à ce qu'elle eût soixante ans, il aurait fallu qu'elle arrivât à cet âge pour que les Compagnies fussent obligées de payer; tandis que, en lui faisant contracter une assurance sur sa vie entière, c'était le cas que les Compagnies devaient payer à elle ou à ses héritiers, ou à celui en faveur duquel elle en aurait disposé. L'accusé a voulu établir par ces lettres que Mme de Pauw avait exigé des assurances sur sa vie entière; il a voulu établir de plus qu'il n'allait pas chez Mme de Pauw, afin que les Compagnies ne pussent pas prétendre qu'en sa qualité de médecin (qu'il n'a pas fait connaître), il était pour quelque chose dans la mort de cette femme. Vous vous rappelez l'observation qu'il a faite au Juge d'instruction, au sujet des soupçons qu'on pouvait diriger sur lui à cette occasion. Il a voulu établir, par la correspondance, qu'il avait refusé de donner des soins à Mme de Pauw, comme médecin; enfin ces lettres sont pour but de raconter la maladie de Mme de Pauw, les consultations qu'elle est allée demander à plusieurs médecins, dont elle lui envoie les ordonnances; aucune d'elles, du reste, n'a été exécutée. Il tenait à les avoir en sa possession. Cette correspondance (l'accusé l'ignorait) était connue de la fille de Mme de Pauw, de Mme de Ridder et de la fille de celle-ci, lesquelles savaient que l'accusé avait fait écrire à Mme de Pauw des lettres expliquant et racontant sa maladie. L'accusé voulait encore établir un point d'un grand intérêt pour lui : c'est qu'il avait fait des avances considérables à cette femme. Dans son système, ces avances avaient été la cause des assurances contractées sur la tête de Mme de Pauw. L'accusé désirait ainsi rentrer dans ses prétendus prêts. — *R.* Voulez-vous me permettre de parler?

D. Que voulez-vous dire? — *R.* Je veux répondre à vos objections.

D. J'ai raconté les faits. — *R.* Vous avez parlé d'assurance limitée. Il est important que j'explique cela à MM. les Jurés.

D. Expliquez-vous sur les assurances. — *R.* J'étais bien loin de vouloir faire contracter à Mme de Pauw une assurance sur sa vie entière. Je lui ai fait connaître mes intentions en lui écrivant et en lui envoyant les prospectus des Compagnies. Quand elle s'est décidée pour une assurance sur sa vie entière, elle ne me l'a pas dit. Voici cependant, je crois, le motif qui l'a décidée. Son mari était criblé de dettes, elle aussi; elle a craint qu'à un moment donné, il n'y eût une opposition sur une assurance limitée, et qu'elle ne touchât rien. En dehors de cela, M. Desmidt m'a fait remarquer que je pouvais placer plus directement sur la tête des enfants une partie de ce dont je pouvais disposer, et les premières démarches furent faites par lui. C'est pour cela qu'il alla trouver Mme de Pauw; j'y suis allé moi-même pour la décider à prendre une assurance limitée sur la tête de ses enfants. M. Desmidt l'a appelée dans son cabinet; nous avons cherché à la convaincre; elle s'y est toujours refusée, vous ne pouvez nier le fait; elle a répondu qu'elle ne le voulait pas. Elle avait ses raisons. Elle a ajouté : « Je sais et je sens que je n'ai pas longtemps à vivre. » Voulez-vous que je vous dise pourquoi elle n'a pas accepté une assurance limitée? Elle m'a toujours dit que sa crainte était de voir, à l'heure de sa mort, ses enfants dans les mains de sa famille, qu'elle n'aimait pas. Elle n'a pas voulu que les sommes qu'elle réservait à ses enfants allassent à sa famille, dont elle n'a jamais rien reçu, ou dont elle n'a reçu que des sommes insignifiantes.

D. Vous prétendez que Mme de Pauw a refusé des assurances limitées, mais que c'était son intérêt de les accepter? C'est vous qui êtes allé lui proposer des assurances pour rentrer dans vos avances; c'était dans votre intérêt, et non pas dans le sien. Avait-elle quelque chose à vous opposer? Vous n'aviez qu'à lui dire : « Si vous ne voulez pas d'assurance limitée, j'y renonce; » elle ne pouvait rien objecter. Elle n'a pu et dû faire que ce que vous avez exigé d'elle.

Les lettres commencent au 16 juin, époque à laquelle les relations se sont rétablies entre vous et elle. — *R.* Je vous demande pardon; à ce moment je ne l'avais pas encore vue.

D. Nous lisons les lettres dans l'ordre de leur date. Voici la première, en date du 1er juin :

« Mon cher monsieur de La Pommerais,

« Je viens de recevoir tous les prospectus, en un mot tous les documents relatifs aux assurances sur la vie. A la prière que vous me faites d'examiner avec soin tous ces modes d'assurances avant de me prononcer, je puis dès aujourd'hui vous déclarer que je n'accepte, en fait d'assurances, que celle qui sera placée sur ma tête. Cependant, puisque votre désir est que je ne prenne pas une détermination à la légère, je veux bien y réfléchir encore quelques jours et vous répondre ensuite; mais, je vous le déclare, ma détermination ne changera en rien pour cela, au contraire même, elle ne fera que s'affermir par le temps, car plus je pense à tous les sacrifices d'argent que vous avez faits pour moi et ma famille, plus je pense à votre désintéressement, et plus je persiste à ne vouloir que ce mode d'assurance.

« Obligée de sortir, je vous quitte et vous promets de vous écrire plus longuement, d'ici quelques jours.

« Agréez, mon cher monsieur de La Pommerais, toute ma reconnaissance.

« Veuve J. de Pauw. »

L'accusé. — Voulez-vous me permettre de répondre?

M. le Président. — Laissez-moi continuer.

A la date du 21 juin, Mme de Pauw écrit encore :

« Mon cher monsieur de La Pommerais,

« Je voulais avant de vous répondre réfléchir mûrement à la proposition que vous m'avez faite de placer une assurance sur ma tête. Je me suis rendue à vos désirs en étudiant de nouveau avec soin tous les différents modes d'assurance sur la vie, et je persiste à ne vouloir que celui sur lequel je m'étais déjà arrêtée; j'ai mes raisons pour cela: je n'ai rien à attendre de ma famille pour laquelle, vous le savez, j'ai le plus grand mépris et qui s'est conduite si mal avec moi; c'est pourquoi je mets toute ma confiance en vous, persuadée que votre conduite sera toujours à la hauteur des sentiments généreux dont vous êtes animé.

« Du reste, je suis heureuse, en agissant ainsi, de vous donner cette marque de reconnaissance; je vous dois tant que, quoi que je fasse, je ne saurais jamais m'acquitter envers vous de tout ce que vous avez fait pour moi et ma famille. Je vous connais et vous estime trop pour ne pas vous laisser *entièrement maître de vos actions*. On ne transige pas avec un cœur aussi noble que le vôtre. Je veux donc que vous fassiez ce que vous voudrez après ma mort et que vous n'ayez aucun compte à rendre à ma famille. Ce qui me fait le plus de peine, c'est de ne pas vous avoir vu depuis plus de seize mois et de vivre avec la pensée de ne plus jamais vous revoir, car je sais que quand vous prenez une détermination, elle est irrévocable. Enfin, je comprends tout ce qu'il y a de délicat dans votre conduite; je comprends par devant les nouveaux devoirs que vous avez à remplir, vous ne transigiez pas avec l'honneur. Les hommes comme vous ne faiblissent jamais. Vous aimez votre femme, je le sais; du moins dois-je en juger ainsi par tout le bien que vous m'avez dit d'elle. Je comprends donc que vous vous devez entièrement à elle maintenant, et peut-être bientôt à vos enfants.

« J'ai été malade dernièrement, et force m'a été d'appeler un médecin étranger, puisque vous refusez absolument de me donner les plus petits soins. Je suis encore souffrante, mais mon médecin fait espérer que je serai rétablie d'ici peu. Il me fait prendre de la digitaline en quantité, et me fait purger avec de l'huile de croton; est-ce bon pour moi?

« Je vous quitte, mon cher monsieur de La Pommerais, en vous assurant de nouveau de toute ma reconnaissance.

« Veuve J. de Pauw. »

MM. les Jurés, nous avons oublié de vous dire, qu'indépendamment des différents buts que se proposait l'accusé par cette correspondance, il y en avait un très-important qu'il avait en vue : il voulait établir que Mme de Pauw avait dit avoir pris dans sa maladie de la digitaline. — *R.* Voulez-vous me permettre de répondre à quelques objections de la lettre?

D. Vous répondrez plus tard ; vous n'oublierez rien, nous en sommes bien convaincu. — *R.* Ne rien oublier dans une lecture de vingt-quatre lettres, c'est difficile.

D. Voici une lettre du 14 juillet :

« Mon cher monsieur de La Pommerais,

« Il est donc dit que je ne vous verrai plus jamais ; quel homme inébranlable vous faites ! Votre lettre m'a fait plaisir, mais j'aurais mieux aimé que vous vous soyez donné la peine de venir en personne. Une lettre n'est pas vous.

« Je viens de voir M. Desmidt qui m'a dit que vous aviez déjà fait un premier versement entre ses mains. En conséquence, il avait, m'a-t-il dit, retiré tous les contrats des Compagnies ; comme ils sont votre propriété, il me les apportera, et je m'empresserai de les passer en votre nom, vous laissant le maître absolu d'en jouir et d'en disposer comme vous l'entendrez.

« Je suis vraiment touchée de l'insistance que vous mettez à vouloir placer sur ma tête ou sur celle de mes enfants une assurance limitée, mais je vous répète une fois pour toutes que je n'en veux pas, et je vous prie en grâce de ne plus m'en parler. Ce que je désire, c'est que M. Desmidt en finisse le plus tôt possible avec la somme qui reste et que vous avez si gracieusement mise à ma disposition. »

C'est le reliquat sur la vente des actions du Nord qui avaient servi à payer les primes.

« ... Je désire, je vous l'ai déjà dit, que ces capitaux soient placés comme les premiers. Puisqu'il est dit qu'il ne sera toujours impossible de vous rembourser les sommes d'argent énormes que vous n'avez cessé de m'avancer depuis des années, j'espère de cette manière vous montrer le désir que j'ai de m'acquitter au moins en partie de tous les prêts que vous m'avez faits à différentes reprises, et je vous en sais d'autant plus gré que ce que vous me donniez était en partie le fruit de votre travail et de vos économies.

« Je n'oublierai jamais combien vous avez tiré mon mari d'embarras, en lui donnant de main à main l'argent dont il avait besoin, et cela, tandis que ma famille, non contente de nous refuser le plus petit secours, nous discréditait aussi ; Dieu vous en récompensera.

« Je suis toujours souffrante : j'ai dans ce moment M. Gaudinot pour médecin, il demeure faubourg Saint-Honoré ; il ne me paraît pas connaître très-bien ma maladie. »

MM. les Jurés verront tout à l'heure si c'est vrai.

« Sa médication ne me fait absolument rien ; aussi mon intention est-elle d'aller consulter d'autres médecins, puisque vous avez juré de ne plus jamais me donner de soins, etc.

« Signé : Veuve J. DE PAUW. »

L'accusé. — M. le Président, je vous prierai de donner lecture à MM. les Jurés des ordonnances des médecins.

M. le Président. — Nous allons y arriver.

Me Lachaud. — Je le crois bien !

M. le Président. — Il faut auparavant lire les lettre qui les contiennent.

Me Lachaud. — Certainement.

M. le Président. — Voici la lettre du 17 juillet.

« Paris, 17 juillet.

« Mon cher monsieur de La Pommerais,

« Je croyais que vous ne deviez plus revenir sur vos assurances limitées ; dans l'insistance que vous mettez, ainsi que M. Desmidt, je viens vous déclarer que je ne veux plus entendre parler d'assurances à aucun prix.

« Mais, tenez ! pour vous prouver que je tiens ma parole plus que vous, je veux bien encore accepter pour le reste, à la condition que ça se fera de suite.

« Croyez toujours à mon amitié.

« Veuve J. de PAUW. »

« Je vous prie de faire remettre la lettre ci-jointe à M. Desmidt. »

« Paris, 5 août.

« Mon cher monsieur de La Pommerais,

« Je me suis enquise comme vous auprès d'un avocat, qui m'a donné le conseil de refaire les transferts sur une feuille de papier timbré, la loi ne reconnaissant, dit-il, que ces derniers contrats.

« Je me suis empressée de me rendre à ses désirs ; je viens donc de les recopier et de les signer. Vous les recevrez par la poste aujourd'hui même. Je vous écrirai ces jours-ci pour vous parler de ma santé, car je suis toujours très-souffrante.

« Signé : Veuve de PAUW. »

A la date du 26 août, on vous écrivait la lettre suivante :

« Mon cher monsieur de La Pommerais,

« Merci mille fois de l'intérêt que vous portez à ma santé, merci mille fois du secours considérable en argent que vous m'avez envoyé ; grâce à votre générosité, j'ai pu me donner tous les soins possibles, je n'ai manqué absolument de rien, aussi est-ce à vous que je dois d'être complètement rétablie, et aujourd'hui, sauf quelques palpitations, je vais réellement bien ; j'ai même repris avec plaisir le pinceau et la palette. Comment m'acquitter envers vous de cette nouvelle dette ? Je ne puis que bénir et remercier Dieu de vous avoir mis sur mon chemin ; vous êtes ce qu'on peut appeler la providence des affligés ; car sans vous, sans le désintéressement que vous mettez à obliger, à soulager celui qui souffre, peut-être serais-je encore, à cette heure, bien souffrante. Je suivrai en tous points le conseil que vous me donnez de ne pas me fatiguer, de travailler peu, et, surtout, de recourir à mon médecin dès que je serai tant soit peu indisposée.

« A la dernière visite que j'ai faite à M. Gaudinot, il m'a trouvée bien souffrante, mais j'ai pris des drogues qu'il m'avait données qui m'ont bien fait. J'espère maintenant, quoique M. Gaudinot dise le contraire, que ce mieux va continuer ; j'en ai besoin pour pouvoir travailler à ma peinture.

« Encore une fois, je vous remercie de tout mon cœur et je vous prie de croire à ma reconnaissance éternelle.

« Signé : Veuve J. de PAUW. »

« P. S. Vous trouverez ci-joint les ordonnances de mon médecin ; je me permets de vous les soumettre afin que vous puissiez voir ce qui m'a été ordonné. Il n'en manque que deux, qui viennent d'un autre médecin que j'ai été consulter, mais j'ignore ce que j'en ai fait. »

Voici, effectivement, cinq ordonnances du docteur Gaudinot jointes à cette lettre. Le défenseur veut-il que nous en donnions lecture ?

Me Lachaud. — Celles-ci ne sont pas bien importantes, mais il y en a d'autres.

M. le Président. — Peu importe, nous allons les lire toutes cinq.

1ʳᵉ *ordonnance.* — Prendre demain matin, à jeun, à un quart d'heure d'intervalle en deux fois :
1/2 bouteille limonade purgative gazeuse (dose 40 gr.).
Thé léger pendant les effets.
Tisane de chicorée sauvage.
Bain simple à 28°, d'une heure, tous les deux ou trois jours.
 30 juin 1863. Signé : Gaston Gaudinot.
2ᵉ *ordonnance.* — Pr. Laudanum de Sydenham, 5 grammes.
      G. Gaudinot.
3ᵉ *ordonnance.* — 10 à 12 gouttes dans un verre d'eau sucrée, dont on prendra une cuillerée toutes les heures jusqu'à parfait soulagement.
11 juillet 63.
Pr. Oxyde de bismuth, 10 centigr.
Extrait d'aconit, 1/2 centigr.
— digitale, 1/2 centigr.
Prendre trois pilules dans le courant de la journée.
 11 juillet. G. Gaudinot.
4ᵉ *ordonnance.* — Cataplasme de farine de lin sur l'estomac et le sein ;
Bains tous les deux jours ;
Petits lavements chaque jour ;
Régime doux ; boire eau de Saint-Galmier.
 18 juillet. G. Gaudinot.
5ᵉ *ordonnance.* — Faire infuser une feuille de digitale fraîche dans une carafe d'eau froide pendant vingt-quatre heures ;
Prendre cette infusion par petites tasses dans l'espace d'un jour ;
Frictionner la région du cœur avec de la teinture de digitale.
Régime doux, boire et manger froid.
 13 août. G. Gaudinot.
(L'accusé a paru suivre la lecture de ces ordonnances avec une grande attention. L'indication de l'aconit et de la digitale a semblé lui causer une vive satisfaction.)

M. le Président. — Voilà les ordonnances du docteur Gaudinot, qui, aux yeux de l'accusation, n'ont pas une grande importance.

Voici une autre lettre du 29 août, qui en a une plus grande :

« Mon cher monsieur de La Pommerais,

« M. Desmidt sort de chez moi à l'instant, et quoique vous m'accusiez dans votre lettre de porter un jugement peut-être faux et téméraire sur son compte, m'invitant à plus de modération et de bienveillance, je persiste à dire qu'il est loin de mériter la confiance que vous sembliez lui avoir accordée. Croyez-moi bien ; c'est un homme qui n'est pas franc ; pardonnez-moi si j'insiste ainsi, mais comme je vous connais très-bon, très-généreux, très-communicatif, je dois vous faire part de mes impressions. Non content, comme je vous le disais dans ma dernière lettre, de me poser des questions indiscrètes, de m'apprendre que vous aviez un fils, que vous l'aviez fait assurer, il revient encore sur le tort que j'avais eu de ne pas accepter vos propositions, sur vos conseils et les siens au sujet de l'assurance limitée que vous vouliez placer sur ma tête ou sur celle de mes enfants ; mais il me dit cela d'un certain air qui me donna l'idée de passer vis-à-vis de lui comme une ignorante, une bétoche en un mot, afin de le laisser parler plus à l'aise ; la femme, vous le savez, a de ces ruses. « Mon opinion, dit-il, c'est que vous n'avez consenti à cette assurance que d'après les conseils de M. de La Pommerais. Eh bien, madame, je crains bien que vous n'ayez à vous en repentir un jour. Du reste j'ai encore 400 francs dont vous pouvez disposer. »

J'ai été sur le point de lui répondre qu'il oubliait que M. de La Pommerais n'était pas M. Desmidt, et que du moment où M. de La Pommerais m'avait laissé le choix de l'assurance, rien ne m'avait forcée d'accepter tel mode plutôt que tel autre.

« Frappée, indignée même de voir quelle opinion il avait de vous, de vous qui lui avez donné votre confiance, j'osai lui donner le plus formel démenti en lui mettant sous les yeux les contrats écrits de votre main qui vous lient vis-à-vis de moi, et que vous avez faits avec cette spontanéité et cet élan de cœur qui vous caractérisent et vous sont familiers. Mais non, je me suis arrêtée, je l'ai laissé causer afin de bien connaître l'homme et je me suis contentée de lui répondre qu'en agissant ainsi je l'avais fait parce que ça m'avait convenu, de mon propre aveu, et que, bien plus, ce serait à recommencer que je le ferais la même chose, et que je ne comprenais pas qu'il osât revenir sur une décision si bien mûrie de ma part et irrévocable. Il se tut cependant, mais ça ne fut pas, croyez-le bien, sans avoir une arrière-pensée.

« Vous allez, n'est-ce pas ? me trouver bien extraordinaire de l'avoir ainsi laissé douter et errer, tandis que je pouvais l'éclairer en un instant sur votre compte et sur vos intentions en lui mettant en main vos engagements ? Mais, je le répète, je n'étais pas fâchée de savoir ce que pensait de vous un homme qui, au définitif, devait se trouver très-heureux de vous avoir rencontré, d'abord au point de vue des relations, ensuite pour gagner quelque argent. Car, à vous dire vrai, il m'a paru être assez gêné. Avouez que s'il voulait prendre mes intérêts, ce n'était pas une raison pour vous mal payer, et, du reste, cette ouverture étant très-maladroite de sa part, au moment où c'était chose conclue et terminée, et qu'il n'y avait plus à y revenir, il aurait dû au moins avoir assez de tact pour se taire et ne pas me parler de vous d'une manière ambiguë.

« Avant de me désapprouver, étudiez-le, et vous reconnaîtrez peut-être que je ne me trompe pas, comme vous semblez le croire.

« J'irai ce soir ou demain, comme vous me le conseillez, déposer vos contrats et engagements en lieu sûr.

« Ma santé est toujours bonne, j'ai repris mon travail avec plaisir.

« Adieu, mon cher de la Pommerais, croyez à ma reconnaissance et à mon dévouement.

« Veuve J. de Pauw. »

Voici encore une lettre du 31 août ; elle porte :

« Mon cher monsieur de La Pommerais,

« Quant à la prière que vous me faites d'aller trouver votre avoué, Mᵉ Levaux, pour m'entendre avec lui, c'est complétement inutile, car à la lecture de toutes les objections qu'il a soulevées et des observations qu'il vous a faites et que renferme votre lettre, disant qu'on pourrait attaquer la valeur des contrats que je vous ai faits, j'ai voulu, moi-même, de mon côté, m'assurer si véritablement ils étaient attaquables ; je suis allée à cet effet demander l'avis d'un vieux magistrat que je connais depuis longtemps, sénateur aujourd'hui, homme des plus honorables, en qui j'ai toute confiance et à qui j'ai tout raconté ; voici sa réponse :

« Ce que vous avez fait est bien fait. Toute personne, a-t-il ajouté, a le droit de se faire assurer au bénéfice d'une autre. Toutes les Compagnies reconnaissent ce droit, et quand même vous ne seriez pas la débitrice de M. de la Pommerais, en supposant même que c'est de votre part une largesse, un don, une simple libéralité, vous auriez encore le droit de céder et transférer à M. de la Pommerais la propriété et le bénéfice des contrats passés entre les Compagnies et vous, et ces dernières seraient obligées de payer, puisqu'elles ont accepté les primes et qu'elles reconnaissent à tout assuré le droit de céder et transférer la propriété des contrats à qui bon lui semble.

« Vous pourriez, me disait-il avec beaucoup de raison, mourir dans peu de temps, mais aussi vous pouvez vivre trente, quarante ans, et même plus, et ce serait après que M. de la Pommerais ou vos héritiers auraient payé, je suppose, 600,000 fr. pendant trente ans, et même 800,000 pendant quarante ans, que les Compagnies pourraient ne pas exécuter, prétextant tout ce que vous voudrez...

« Ça n'est pas admissible, ajouta-t-il, car ce qui constitue l'assurance sur la vie, ce sont les chances à courir de part et d'autre.

« Maintenant pour ce qui concerne les réclamations qui pourraient survenir un jour de la part de vos enfants ou de vos héritiers, m'a-t-il dit, il n'y a pas à en parler, d'abord parce que M. de la Pommerais s'est engagé vis-à-vis de vous par un contrat parfaitement en règle ; en second lieu, puisque c'est lui qui paye les primes, puisqu'en un mot c'est lui qui, de votre consentement, veut bien courir les chances, il est bien clair qu'il en soit dédommagé un jour.

« Un tribunal, quel qu'il soit, tiendra toujours compte des risques et périls qui incombent à M. de la Pommerais, car, comme je vous le disais plus haut, ajouta-t-il, supposez que vous viviez 40 ans, serait-il admissible qu'il aurait payé 800,000 fr. de primes, sans jouir du bénéfice que lui donnent les contrats?

« Quant à l'authenticité de la créance, il ne comprend même plus qu'on puisse venir un jour vous contester que je ne vous dois pas, du moment où je le reconnais par acte authentique et que je suis prête à le proclamer encore de toutes mes forces et de toutes les manières ; mais je serais devant les tribunaux et devant tous les juges de la terre, que je déclarerais, je vous le jure, la main sur la conscience, que je vous suis débitrice d'une somme supérieure, car il me serait donné de pouvoir vous payer, que je ne croirais pas encore pouvoir me libérer avec le double, attendu qu'on ne payera jamais tout ce que vous avez fait pour moi et ma famille.

« Mais là n'est pas la question, puisque, comme m'a dit ce vieux magistrat, en admettant même que je ne sois pas votre débitrice, j'aurais encore le droit de vous céder et transférer la propriété pleine et entière de mes polices d'assurances.

« Je lui ai soumis l'acte que vous a fait votre avoué, il l'a approuvé en me faisant quelques additions nécessaires. Je l'ai signé en sa présence, et je m'empresse de vous le faire remettre. Vous voyez qu'il est très-explicite et qu'il comprend toutes les opérations.

« Du reste, m'a dit ce vénérable sénateur. . . . .

M. le Président. — Il paraît que cet ancien vénérable magistrat était en même temps sénateur. (On rit.)

« . . . . . Cela n'empêchera pas ce brave M. de La Pommerais de garder les autres contrats et de les faire servir et valoir si besoin est.

« Vous voyez, mon cher monsieur de La Pommerais, que vous n'étiez pas encore parfaitement renseigné et que vous aviez besoin que j'allasse moi-même demander conseil à un homme éclairé.

« Comme je vous l'ai dit plus haut je lui ai mis sous les yeux des contrats ou engagements que vous m'avez faits. Il en a été enchanté : Voilà, m'a-t-il répondu, un acte qui émane d'un cœur noble, honnête, généreux et loyal.

« Adieu, mon cher monsieur de La Pommerais ; je pense que vous serez satisfait de cette consultation. Croyez à ma reconnaissance et à mon amitié.

« Veuve J. DE PAUW.

« 31 août. »

M. le Président. — Du reste, nous n'avons pas besoin de dire à MM. les Jurés que, sur tous les points, et notamment à l'endroit de l'ancien magistrat sénateur, l'instruction n'a recueilli aucun renseignement ; Mme de Pauw ne connaissait pas de magistrat sénateur ; la lettre n'est qu'un tissu de faussetés.

L'accusé. — Puis-je répondre?

M. le Président. — Non, pas maintenant. — *R.* Il me serait impossible, à la fin, de répondre à toutes ces lettres. Vous faites des objections après chacune.

D. Je ne fais pas d'objections, je raconte. — *R.* Pourquoi Mme de Pauw a-t-elle écrit ces lettres? Voulez-vous avoir la bonté de me le dire?

D. Ce n'est pas moi ; l'accusation affirme qu'elle les a écrites sous votre dictée ; vous vouliez établir par là qu'elle vous devait non-seulement 10,000 fr., 8,000 fr., les seules sommes que vous avouiez lui avoir avancées, mais des sommes considérables, que le double même des 550,000 fr., montant des assurances, ne suffirait pas à payer. — *R.* Si vous revenez sur les objections que vous m'avez faites hier, il faut que je réponde de nouveau ; car je dois me disculper. Un seul mot détruit ce que vous venez de dire : elle aurait eu le plus grand mépris pour l'homme qui lui aurait fait écrire de pareilles choses ; elle n'aurait pu se rendre sa complice.

D. MM. les Jurés savent comment elle croyait, par une supercherie, arriver à obtenir, à l'aide du rachat des contrats d'assurances, une rente de 3,000 fr. Ces contrats vous avaient été passés, non pas sans cause, mais au contraire pour vous indemniser des sommes énormes que vous aviez avancées. — *R.* C'était une raison pour ne rien faire de plus, et pour ne pas jouer la comédie que l'accusation me reproche de lui avoir fait jouer.

R. C'est à la fin de septembre, d'après les récits des témoins, que Mme de Pauw a pris la résolution de paraître malade. Nous avons dit hier comment, un châssis étant tombé, elle avait profité, en riant, de cette circonstance, pour parler d'une chute qu'elle aurait éprouvée. — *R.* Je vous fais observer qu'avant sa chute elle avait été malade, mais qu'elle était guérie.

D. Elle n'avait pas été malade ; pas une ordonnance n'a été exécutée. — *R.* J'ai répondu hier.

D. Pas une n'a été exécutée, car aucune ne porte le timbre d'un pharmacien. Mme de Pauw a déclaré aux témoins qu'elle se garderait bien d'en suivre une seule. — *R.* Ont-elles été délivrées par des médecins?

D. Elles vous ont été remises. — *R.* Elles sont signées du docteur Gaudinot.

D. Cela est vrai. — *R.* Avec l'expérience qu'il a, le docteur Gaudinot n'aurait pas donné des ordonnances à une femme qui n'était pas malade.

D. Nous verrons comment il a donné le certificat que vous avez transmis aux Compagnies d'assurances. Il avoue lui-même n'avoir pas reconnu l'état de cette femme.

Voici ce que porte la lettre du 26 septembre :

« Mon cher monsieur de La Pommerais,

« Je suis tombée, ces jours derniers, du haut en bas dans mon escalier ; j'ai cru mourir sur le coup ; la chute a été tellement affreuse, que la personne qui se trouvait chez moi à ce moment, et qui était allée chercher un médecin dans le quartier, ne croyait pas me retrouver vivante à son retour. On m'a fait sur les parties douloureuses une application de sangsues qui n'ont pas voulu prendre. De plus, on m'a fait frictionner toutes les parties contuses avec une espèce d'huile et d'eau, puis on m'a donné toutes sortes de potions à prendre. Je vomis et crache le sang encore à plein pot. Je rends tout ce que je prends ; de l'eau même, je ne peux pas la supporter. En un mot, je suis tuée, je souffre nuit et jour.

« Comme je n'allais pas mieux, je suis allée voir mon médecin, M. Gaudinot, qui m'a trouvée très-malade, et m'a ordonné des bains, des lavements et des cataplasmes ; puis je dois me frictionner avec un liniment dans lequel il entre du chloroforme et du camphre, à l'intérieur des pilules de thébaïque.

« Prenez pitié de moi, car je suis bien souffrante.

« Croyez-moi votre toute dévouée.

« Veuve J. de Pauw. »

M. le Président. — Ainsi, pour une femme qui crache le sang à plein pot, il ordonne des lavements, des cataplasmes. Voici l'ordonnance qui est jointe à cette lettre :

« Pr. Chloroforme, 6 grammes ; baume tranquille, 30 grammes ; huile camphrée, 30 grammes.
Pr. Extrait thébaïque, 20 centig.
Mêlez.
Divisez en 5 pilules. G. GAUDINOT. »

Il n'y a pas un seul témoin qui vienne confirmer ce que vous racontez ; jamais Mme de Pauw n'a craché le sang à plein pot, jamais elle n'a été malade.

— *R.* Voulez-vous me permettre de répondre ?

D. Laissez-moi finir de lire les lettres, vous répondrez ensuite. Celle que je viens de lire est de l'époque à laquelle, d'après les témoins, l'accusé avait engagé Mme de Pauw à simuler une maladie. Je recommande celle du 27, qui suit, à l'attention de MM. les Jurés :

« Mon cher monsieur de La Pommerais,

« Mon concierge vient de me remettre à l'instant votre lettre, et quel ne fut pas mon étonnement d'y trouver trois billets de Banque de 1,000 francs ! Quelle surprise agréable pour moi ! Tout cela me prouve que vous ne m'oubliez pas et que vous êtes toujours le même, bon et généreux. Mais, hélas ! ce n'est plus ni l'or ni l'argent qui me rendront la santé, car je vous assure que je souffre au point de ne plus croire à une guérison possible. Croyez bien que je ne me fais pas illusion ; c'est en vain que vous essayeriez maintenant de relever mon courage. Je vous promets cependant de suivre vos conseils en tous points, c'est-à-dire de ne pas travailler, de prendre une garde-malade, de ne sortir qu'en voiture, de me donner, en un mot, tous les soins que comporte ma position.

« Mais avant de mourir, car je vois bien qu'il faut en venir là après les souffrances que j'endure et qu'aucune drogue ne peut calmer ; avant de mourir, dis-je, je vais vous demander un dernier service, un de ces services que vous seul pouvez me rendre. Il me faut 30,000 fr. dans les vingt-quatre heures ; il s'agit de plusieurs dettes d'honneur que j'ai contractées depuis deux ans et je dois m'acquitter de suite. Vous me mettriez au supplice en exigeant de moi les noms des personnes auxquelles je dois, ainsi respectez mon secret... A genoux, je vous en supplie, ne me refusez pas ce dernier sacrifice ; n'oubliez pas que c'est une mourante qui vous envoie cette supplique ; n'oubliez pas que c'est le dernier cri d'une pauvre femme aux abois, qui, avant de mourir, veut payer pour ses enfants ce qu'elle doit.

« Mon Dieu ! que ne puis-je vous voir, vous parler ! Je crois que ma vue seule suffirait pour vous attendrir et exciter votre pitié. Je crois qu'en me voyant aussi malheureuse, votre cœur si noble, si bon, si compatissant, saignerait au récit de mes douleurs, et que vous feriez encore une fois ce sacrifice pour moi.

« Je m'arrête, accablée par les souffrances ; le mal que je ressens à l'intérieur, à l'endroit même où je suis tombée, est si vif, que je ne peux plus garder aucune position.

« Je n'ai plus que la force de me jeter à vos pieds en vous priant, vous conjurant de m'accorder ce que je vous demande.

« Adieu, mon cher monsieur de La Pommerais ; ne repoussez pas la supplique d'une pauvre femme dont le cerveau est en délire. Avec quelle impatience j'attends votre réponse !

« Votre toute dévouée,

« Veuve J. de Pauw. »

L'accusé. — Puis-je répondre à cela ?

M. le Président. — Non. Laissez-moi achever. Le lendemain, 28 septembre, voici la lettre qu'elle vous écrivait :

« Mon cher monsieur de La Pommerais,

« Oh ! merci, merci, merci un million de fois de votre envoi, et surtout de l'empressement que vous avez mis à me faire remettre ces 30,000 fr. A genoux je vous ai adressé ma supplique, à genoux je viens vous adresser mes remercîments ; comme il n'y a ni mots, ni phrases capables de rendre ce que j'éprouve, ne sachant comment m'exprimer sur l'action que vous venez d'accomplir, je préfère m'en tenir là ; mon silence sera plus éloquent que tout ce que je pourrais vous dire.

« Que Dieu, qui voit tout, qui connaît tout, veille sur vous nuit et jour ; qu'il vous conserve pour la société : ce sont mes vœux les plus ardents, c'est la prière que je lui adresse matin et soir.

« Pourquoi, mon Dieu ! avoir une famille que j'exècre tant pour le mal qu'elle m'a toujours fait, tandis qu'il m'est impossible de m'acquitter envers vous de tout ce que je vous dois ? Je vous l'ai déjà dit, Dieu vous en récompensera un jour ; vous trouverez sous ce pli mes dernières volontés.

« Je suis tellement faible que je ne puis continuer d'écrire. Adieu, mon cher monsieur de La Pommerais, mon sauveur, mon libérateur, adieu ! Que Dieu vous bénisse ! adieu ; les prières d'une mourante, d'une agonisante, vous porteront bonheur.

« Veuve J. DE PAUW. »

Voici, en effet, le testament joint à cette lettre :

« Ceci est mon testament.

« Non-seulement je cède et transporte à M. Edmond-Désiré Couty de La Pommerais la propriété et le bénéfice des huit contrats passés entre les Compagnies d'assurance sur la vie et moi, comme il résulte par le transfert apposé par moi sur les susdits contrats ; mais en outre je soussignée veuve de Pauw, née Julie-Françoise Testu, demeurant à Paris rue Bonaparte, 24, déclare instituer pour mon légataire universel M. Edmond-Désiré Couty de La Pommerais, demeurant actuellement rue des Saints-Pères, 5. En conséquence je lui donne et lègue tous les meubles et immeubles qui composeront ma succession au moment de mon décès, pour en jouir par lui en toute propriété ; je donne même à M. Edmond de La Pommerais l'usufruit de la portion réservée à mes enfants et sans qu'on puisse l'astreindre à fournir caution dans aucun cas.

« Fait à Paris, le 28 septembre 1863.
« Veuve J. DE PAUW. »

Inutile de dire que le versement de ces 3,000 fr. le 26 et des 30,000 le 27, résulte seulement des allégations de ces lettres, lesquelles, aux yeux de l'accusation, sont complètement mensongères. Mme de Pauw n'a jamais reçu 33,000 fr. de l'accusé. A cette date, elle n'a point payé de dettes ; elle est morte ne laissant rien, et n'ayant jamais pu solder ses fournisseurs. — *R.* Voulez-vous me permettre de répondre à ce sujet ?

D. Répondez. — *R.* A la visite que j'ai rendue à Mme de Pauw, le jour où elle disait avoir fait une chute, elle m'a paru excessivement malade. En dehors de son état de maladie, je l'ai trouvée fort affligée ; elle était tout en pleurs. Elle m'a fait part de sa position ; elle devait de tous côtés ; elle était excessivement malheureuse ; elle était entourée de personnes qui l'avaient grugée. Elle m'a affirmé qu'elle devait énormément.

D. Lui avez-vous donné 33,000 fr. ? — *R.* Permettez ; il faut bien que je dise comment je lui ai remis les sommes.

D. Dépêchez-vous. — *R.* Il faut bien que j'explique pourquoi et comment je les ai données. Elle m'a supplié de lui fournir mes soins ; je les lui ai refusés, vous savez pourquoi : c'était par un sentiment de délicatesse.

D. C'était pour ne pas vous compromettre aux yeux des Compagnies. Vous alliez sans cesse chez elle. — *R.* Je n'y suis pas allé depuis le 14 juillet, et nous sommes au 26 septembre. En raison de son désespoir et de sa misère, j'ai cru devoir lui envoyer 3,000 fr., non-seulement pour payer ses dettes, mais pour subvenir à ses besoins. Alors elle pensa pouvoir me demander 30,000 fr. Il est une chose certaine ; c'est que je ne me suis pas fait écrire cette lettre pour me faire demander 30,000 fr. dans les vingt-quatre heures.

D. Lui avez-vous donné 3,000 fr. et 30,000 fr. ? — *R.* Non, j'ai eu la folie de lui donner 10,000 fr. ; c'était beaucoup trop ; je m'en suis repenti après.

D. Elle ne parle pas de 10,000 fr. ; elle parle de 33,000. — *R.* Je ne lui ai donné que 10,000 fr. ; si j'avais intérêt à cela, puisque ses lettres étaient entre mes mains, je dirais : « Mme de Pauw a reçu de moi 30,000 fr. »

D. L'accusation soutient que vous n'avez pas plus donné 10,000 fr. que 30,000. — *R.* C'est une affaire de délicatesse ; quand elle a eu fait l'assurance sur sa tête, je n'ai pas cru devoir lui refuser cette somme. Tous les reproches que vous me faites, je me les suis adressés depuis. Je lui ai envoyé 10,000 fr., elle n'en a pas reçu 30,000. Pourquoi m'envoie-t-elle son testament ? Est-ce qu'un rachat de contrat comme celui qu'elle projetait est conciliable avec la rédaction d'un testament ?

D. Elle n'a jamais eu l'intention de faire racheter ses contrats par les Compagnies. C'est vous qui lui avez persuadé que vous les feriez racheter, ce qui lui vaudrait 1,000 écus par an. Elle a dit à un témoin que si vous veniez à lui manquer de parole, quand vous auriez les 6,000 fr. par an, que si vous ne lui remettiez pas sa part, c'est-à-dire 3,000 fr., elle avertirait votre femme. — *R.* Elle a simulé une maladie, selon l'accusation ?

D. Oui. — *R.* Dans quel but ?

D. Dans le but de faire racheter ces contrats. — *R.* Je ne vois pas de concordance entre le rachat des contrats et le testament. Voulez-vous que je vous dise pourquoi elle m'envoie le testament ? C'est pour que je lui expédie les 20 autres mille francs. Elle m'envoie plus tard les actes de naissance que je n'avais pas intérêt à lui demander, car je pouvais les obtenir après sa mort. Elle me les envoie pour me montrer qu'elle remplit ses engagements vis-à-vis de moi, et que, de même, je dois remplir les miens vis-à-vis d'elle. Je ne dis pas que cette idée vienne d'elle, car elle était enceinte, et elle ne l'était pas de moi.

D. Vous le dites... — *R.* Je jure qu'elle n'était pas enceinte de moi ; alors elle l'était d'un autre, et il peut se faire que ce langage lui ait été inspiré par celui-ci.

D. Quand le Juge d'instruction s'est présenté chez vous et vous a interrogé sur les 33,000 fr., vous lui avez soutenu les avoir remis à Mme de Pauw. C'est vous qui avez présenté cette série de lettres comme étant la justification de votre conduite, la preuve de la maladie de Mme de Pauw et l'attestation de vos avances. Vous avez longtemps soutenu au Juge d'instruction que vous aviez réellement remis 33,000 fr., et vous avez fini par réduire ces 33,000 fr. à 10,000. Ce n'est pas de 10,000 fr. ; c'est de 33,000 fr., qu'elle vous remercie à genoux. — *R.* Je le répète, je n'ai aucun intérêt à déclarer lui avoir donné 10,000 fr., quand j'ai d'elle un reçu de 33,000. J'ai dit hier que je n'avais pas de compte à rendre aux Compagnies, car la question m'était faite en leur nom. Hier, vous m'avez rendu justice ; aujourd'hui, vous ne pouvez faire autrement.

D. Que voulez-vous dire par là ? En quoi vous ai-je rendu justice ?

L'accusé se trouble un peu et dit à M. le Président : Il est assez douloureux pour moi d'avoir à repousser l'accusation, sans voir encore derrière vous, Monsieur le Président, des substituts dont j'essuie l'hilarité.

Me Lachaud. — Que les réponses de l'accusé ne soient pas bonnes, soit ; mais qu'on les accepte silencieusement.

L'accusé. — Vous avez derrière vous, Monsieur le Président, des substituts qui rient de mes réponses. Il est assez pénible d'avoir à repousser une accusation injuste sans avoir à subir l'hilarité de ces messieurs.

M. le Président. — Si quelqu'un donne des signes d'approbation ou d'improbation, il est dans son tort. Si c'est derrière moi, je ne puis le voir. Je recommande à tout le monde de s'abstenir d'approbation ou d'improbation.

Que voulez-vous dire, en prétendant que je vous ai rendu justice hier ? — *R.* Quand j'ai vu l'accusation capitale qui était dirigée contre moi, je ne me suis pas servi de la lettre, mais j'ai dit la vérité à M. le Juge d'instruction.

D. Vous aviez d'abord soutenu devant lui que

vous aviez avancé 200,000 fr., puis 33,000. C'est vous qui avez demandé à être entendu : vous avez écrit dans ce but au Juge d'instruction, et vous lui avez dit : « Je vous ai menti. »

Un juré. — Quand et comment l'accusé a-t-il envoyé l'argent?

M. le Président. — Nous allons y arriver. — (*A l'accusé.*) Vous avez été obligé, disais-je, d'en venir à diminuer singulièrement le chiffre des avances et des envois faits à Mme de Pauw. Ayant diminué le chiffre de vos créances, vous avez reconnu, malgré les termes de la lettre, n'avoir pas envoyé 30,000 fr. Le testament que vous envoie Mme de Pauw est exactement copié sur un testament de vous; elle a donc dû le faire sur une copie que vous lui avez donnée. — *R.* Voici comment les choses se sont passées : Quand j'étais rue de Verneuil, n° 20, j'ai fait à Mme de Pauw un testament en sa faveur; elle l'avait entre les mains ; elle a donc pu s'en servir pour écrire le sien. Voilà la réponse que j'ai faite au Juge d'instruction.

D. MM. les Jurés apprécieront. Vous dites avoir fait votre testament et l'avoir remis à Mme de Pauw quand votre dispensaire était rue de Verneuil. Nous ne comprenons pas cela ; mais quand ce serait, ce n'est pas à la personne en faveur de laquelle on le fait qu'on le remet. Quoi qu'il en soit, mon observation subsiste; le testament de Mme de Pauw est la copie exacte de celui que vous aviez fait. — *R.* Je viens de vous répondre.

D. Comment et de quelle manière avez-vous remis à Mme de Pauw les 13,000 et non les 33,000 fr.? — *R.* Après avoir revu Mme de Pauw, j'avais juré de ne pas retourner chez elle, en raison de sa maladie ; mais, à cause de sa détresse, je lui apportai 3,000 f.; j'ai donné la lettre qui les renfermait à la concierge, en lui recommandant de la remettre à Mme de Pauw. Je regrette de n'avoir pas assez gravé dans ma mémoire la figure de la personne qui a reçu cette lettre ; c'était le soir, à la lumière ; il y avait une femme dans un fauteuil à la Voltaire ; un garçon se trouvait dans la loge.

D. Vous demeuriez tout près de Mme de Pauw ; vous étiez rue des Saints-Pères, et elle rue Bonaparte, 24. Vous alliez chez elle, c'est incontestable ; tous les témoins l'affirment, et il est bien étonnant que vous ayez porté deux lettres renfermant 13,000 f., et non plus 33,000, et que vous les ayez remises à une personne dans la loge de la concierge. Toutes les personnes de la maison ont été interrogées par M. le Juge d'instruction, aucune n'a dit avoir reçu de vous de lettre ; elles ont même déclaré, et nous l'avons fait remarquer à MM. les Jurés, que vous ne vous arrêtiez jamais à la loge ; qu'elles ne savaient au juste où vous alliez. Certainement, si vous aviez remis à quelqu'un de la maison des lettres renfermant des sommes aussi importantes pour Mme de Pauw, elles l'auraient su. — *R.* Quelles sont donc les personnes que l'on a interrogées ?

D. Toutes. — *R.* J'ai remis les lettres à une femme et non à un homme ; j'ai ajouté de plus qu'à ce moment il y avait dans la loge un garçon d'hôtel.

D. Il n'a rien vu. — *R.* Il n'a pas été mis en face de moi. On m'a présenté une femme comme étant celle à qui j'aurais dû donner les lettres. En me voyant, elle ne m'a pas reconnu, et elle a dit : « Il vient tant de monde, qu'il m'est difficile de reconnaître les personnes qui viennent dans la maison. » Quant à moi, je ne l'ai pas reconnue, et je n'avais pas intérêt à cela.

D. On vous demande comment vous établissez avoir remis 13,000 fr. à Mme de Pauw. — *R.* Je l'ai expliqué.

D. Il est facile de dire qu'il y avait une femme dans la loge. — *R.* Je serais très-heureux de pouvoir reconnaître la figure de cette femme ; je pourrais affirmer devant vous lui avoir remis les lettres, mais je ne puis affirmer une chose qui n'est pas. Tout ce que je puis dire, c'est qu'il y avait dans la loge une femme et un garçon d'hôtel.

D. Le garçon d'hôtel vous donne un démenti formel ; il ne se rappelle rien de semblable. — *R.* En arrivant, j'ai recommandé d'une manière particulière de monter la lettre à l'instant. Lorsque le témoin sera ici, nous verrons s'il se rappellera ce fait.

D. Vous prétendez avoir remis vous-même les lettres contenant 13,000 fr. à une personne qu'il est impossible de retrouver, au lieu de monter vous-même chez Mme de Pauw. MM. les Jurés apprécieront si vous dites la vérité, et si à cette époque vous avez pu disposer de 13,000 fr. — *R.* Mais j'avais 45,000 fr. dans mon secrétaire.

D. Comment ! 45,000 fr. ! — *R.* Parfaitement.

D. A la fin de juillet, pour pouvoir suffire au payement de la première prime, vous avez été obligé de vendre des actions du Nord qui ne vous appartenaient pas, et puis voilà qu'au mois de septembre, vous prétendez que vous aviez 45,000 fr.? — *R.* Vous revenez toujours sur ce fait que je n'avais pas d'argent; mais je déclare avoir eu 45,000 fr. à cette époque, et je suis prêt à l'établir.

D. Vous ne l'avez justifié en aucune manière. — *R.* J'avais 17,000 fr. lors de mon arrestation.....

D. Qui le prouve ? — *R.* Vous les avez vus et palpés. (*Hilarité.*)

D. Jamais cela n'a été constaté. Je répète qu'un homme qui, au mois de juillet, a été obligé, pour payer des assurances, de vendre des actions provenant du patrimoine de sa femme, ne pouvait avoir 45,000 fr. deux mois après. — *R.* Vous avez derrière vous une personne qui a vu et palpé la somme. (L'accusé désigne M. le Juge d'instruction, assis derrière M. le Président.)

Me Lachaud. — Ne mettez pas dans le débat des personnes qui n'y sont pas.

M. le Président. — Vous ne devez pas trouver étonnant que des personnes se trouvent mêlées au débat, si vous les interpellez.

M. l'Avocat général. — Elles ne s'y sont pas mêlées.

M. le Président. — MM. les Jurés apprécieront. Nous approchons des derniers jours de Mme de Pauw. Voici une lettre du 11 octobre :

« Mon cher monsieur de La Pommerais,

« C'est véritablement trop de bonté de votre part de vous intéresser ainsi à moi. Je voudrais pouvoir vous annoncer un mieux sensible, mais malheureusement il n'en est pas ainsi ; sans être plus mal, je suis toujours dans le même état, je crache du sang, je vomis sans cesse, et la douleur est toujours extrêmement violente aux parties qui ont porté quand je suis tombée.

« Je suis allée voir M. Gaudinot bien des fois depuis ma dernière consultation. Il m'a fait cesser les frictions avec le chloroforme et le camphre, et les a remplacées par une pommade stibiée dont l'ordonnance est ci-jointe, puis m'a fait continuer à l'intérieur les pilules de thébaïque. De plus, il veut que je ne mange que des panades épaisses, qui même ne passe pas. D'après le conseil que vous m'avez donné, je me propose de le payer très-largement ; de cette manière, il fera peut-être plus attention à moi. Mon Dieu ! que je suis désolée de souffrir ainsi !

« Votre toute dévouée,
« Veuve J. DE PAUW. »

Il a été impossible de constater aucun payement fait par Mᵐᵉ de Pauw ; c'est comme pour les dettes d'honneur qu'elle voulait payer avec les sommes que vous prétendez lui avoir données.

Et puis on a saisi chez Desmidt une autre lettre, qui porte la date du 17 du même mois, et qui est ainsi conçue :

« Mon cher monsieur de La Pommerais,

« Ne sachant plus que faire, ne sachant plus à quel saint me vouer, souffrant comme je souffre, je suis allée consulter deux fois le docteur Desormeaux, qui est un vieux praticien et que j'ai payé très-largement. J'ai pensé qu'il aurait tout intérêt à me bien soigner et à me guérir, puisqu'il m'avait reçue dans sa compagnie. Je lui ai dit la chute affreuse que j'avais faite, comment j'étais tombée, ce qui m'avait été déjà ordonné, et, à la vue des souffrances que j'endurais, il m'a écrié : Pauvre femme ! Il m'a ordonné une quantité de choses dont vous trouverez l'ordonnance ci-jointe.

« Quoi que je fasse, je vomis et crache le sang davantage, je souffre horriblement, je n'ai plus un moment de sommeil ; bref, je sens que je m'en vais de jour en jour. Vous qui avez tant de talent, tant de connaissances, je vous en prie, je vous en supplie, donnez-moi un conseil, tâchez de me guérir, car, je le sens, je n'irai pas plus loin comme cela.

« Votre toute dévouée,
« Veuve J. DE PAUW. »

L'ordonnance de M. Desormeaux est jointe à la lettre.

Le docteur Desormeaux a déclaré n'avoir jamais dit : « Pauvre femme ! » Il a déclaré que son ordonnance ne prouvait pas que Mᵐᵉ de Pauw lui eût paru gravement malade. Elle prétend l'avoir payé largement, elle a dit la même chose dans la précédente lettre pour le docteur Gaudinot : or ces deux médecins ont déclaré n'avoir rien reçu. Nous ferons remarquer ces mots de *vieux praticien ;* nous répétons, nous l'avons déjà dit, qu'une femme n'emploie pas ces expressions, quand elle parle d'un médecin ; tandis que vous, dans vos réponses, vous vous en servez constamment. — *R.* Je suis resté près de deux ans avec Mᵐᵉ de Pauw, il n'est pas étonnant qu'elle emploie des expressions qui me sont familières, puisque ma femme, mariée depuis deux ans, s'en sert également.

D. Nous croyons que la femme d'un médecin, parlant d'un autre médecin, ne dirait pas : C'est un vieux praticien. Ne mêlez pas votre femme dans ce débat. L'accusation conclut de cette expression que la lettre était dictée par vous. En voici une autre, du 18 octobre :

« Mon cher monsieur de La Pommerais,

« Je comprends parfaitement les raisons que vous alléguez dans votre lettre, et qui vous mettent dans l'impossibilité, je dirai plus, dans la pénible nécessité de me refuser vos soins ; je comprends si bien vos raisons, que je vous pardonne et que je ne reviendrai plus jamais sur ce chapitre. Seulement, je suivrai les conseils que vous me donnez en allant consulter les professeurs Nélaton et Velpeau. Peut-être me tireront-ils d'affaire. Je vous ferai part de ce qu'ils m'auront dit.

« Croyez-moi toujours votre toute dévouée,
« J. DE PAUW. »

Quelles sont les raisons que vous avez données ? — *R.* J'ai eu l'honneur de vous les faire connaître ; par des motifs de délicatesse, à cause de ma femme, je ne voulais pas lui donner mes soins ; je ne lui ai fait que des visites d'intérêt. La première était pour la déterminer à accepter une assurance limitée. Je n'y suis pas retourné depuis, ayant chargé M. Desmidt de faire les démarches près d'elle. Si je l'ai revue plus tard, vous savez comment et pourquoi.

D. Vos raisons de délicatesse, vous ne les avez pas données dans l'instruction. Vous avez dit, et nous rappelons vos paroles, que, pour un empire, vous n'auriez pas voulu la soigner. — *R.* Je parle de la visite que je lui ai faite après sa chute ; l'interrogatoire porte sur mes dernières visites ; il ne faut pas confondre.

D. L'accusation a de la peine à comprendre comment, par un sentiment de délicatesse pour votre femme, vous n'auriez pas voulu donner des soins à Mᵐᵉ de Pauw, et comment ces raisons de délicatesse ne vous empêchaient pas cependant de faire pour elle des sacrifices considérables et de priver, par conséquent, votre femme et votre enfant, s'il eût vécu, de ce qui leur appartenait. — *R.* L'accusation me reproche d'avoir fait des assurances ; elle me reproche aussi d'avoir fait des avances. Comment concilier ces deux reproches ? Si j'ai fait des assurances, c'est pour rentrer dans mes avances ; je ne puis être coupable deux fois.

D. Vous êtes en désaccord avec l'accusation ; elle prétend que jamais vous n'avez fait d'avances, que vos allégations à cet égard sont mensongères. — *R.* Alors, pourquoi ces lettres, si je n'ai pas fait d'avances ?

D. Selon l'accusation, vous les avez employées comme moyen de défense, pour vous en servir quand le soupçon vous atteindrait. — *R.* Il y avait des contrats qui me liaient avec Mᵐᵉ de Pauw ; les lettres étaient inutiles.

D. Elles devaient vous servir à soutenir les déclarations des contrats ; on peut s'appuyer sur des preuves accessoires, d'autant plus que, comme Mᵉ Levaux vous l'avait dit, les contrats pouvaient donner lieu à des contestations sérieuses. — *R.* Pourquoi n'est-elle pas allée chez Mᵉ Levaux ? Elle le pouvait.

D. Elle vous a déclaré, dans ses lettres, qu'elle était allée trouver un ancien magistrat, un vénérable sénateur ; qu'il lui avait raconté ses affaires, qu'il avait fait de vous le plus grand éloge, l'engageant à souscrire à vos demandes. — *R.* Vous prétendez que j'ai fait écrire ces lettres. Ce qu'elle dit du vieux magistrat sénateur prouve le contraire.

D. Vous discuterez tout cela. Je continue la lecture des lettres.

« 24 octobre.

« Mon cher monsieur de La Pommerais,

« Je suis allée voir le professeur Nélaton, qui, après m'avoir bien questionnée, bien palpée, bien examinée, ne m'a donné, pour ainsi dire, aucun espoir. Du reste, je joins ici son ordonnance.

« C'est quelque chose de terrible, de souffrir toujours ainsi.

« Croyez-moi votre toute dévouée,
« Vᵉ J. DE PAUW. »

Suit l'ordonnance qu'a donnée M. le docteur Nélaton :

« Appliquer, sur le creux de l'estomac, un vésicatoire volant de 10 cent. de diamètre; prendre une cuillerée à dessert d'élixir de pepsine.
« NÉLATON, 21 octobre 1863. »
« Vin de Malaga, 250 gr.
« Iodure de potassium, 10 gr.
« Une cuillerée, chaque matin, à jeûn.
« NÉLATON, 21 octobre 1863. »

M. Nélaton a été entendu dans l'instruction; il n'a jamais déclaré qu'il n'avait aucun espoir de conserver la malade; il se serait bien gardé de dire pareille chose à une personne qui le consultait. Ce n'est pas dans ses habitudes. Elle ne lui a paru, en aucune façon, sérieusement atteinte. — *R.* Un homme comme M. Nélaton n'ordonne pas 10 gr. d'iodure de potassium et ne prescrit pas un vésicatoire à quelqu'un qui n'est pas malade.

D. Vous discuterez cela avec M. Nélaton, il est assigné comme témoin.

Voici une lettre du 30 octobre :

« Mon cher monsieur de La Pommerais,
« Comme j'allais plus mal encore après avoir pris ce que m'avait ordonné le professeur Nélaton, je me suis décidée à aller consulter le professeur Velpeau, qui m'a ordonné des vésicatoires, etc. Vous trouverez l'ordonnance ci-jointe. Jusqu'à présent, nonseulement je n'ai pas de mieux, mais je souffre davantage; je sens que les douleurs sont très-profondes.

« Aussi, vous avouerai-je ma faiblesse ? j'ai cédé à une de mes amies qui m'a conduite chez un médecin anglais, qui demeure du côté des Champs-Élysées; il m'a ordonné de la *digitaline* et de *l'acide prussique*, dont j'en prends quelques gouttes sur du sucre. Je dois dire que c'est le seul médicament qui jusqu'à présent m'a soulagée. Enfin, du courage, c'est le principal.

« Croyez-moi votre toute dévouée,
« Veuve J. DE PAUW. »

Une ordonnance du docteur Velpeau est jointe à la lettre : il prescrit d'appliquer un large vésicatoire volant.

Les ordonnances des médecins sont en général si mal écrites, qu'il est difficile de les lire.

L'accusé. — Deux hommes qui pèsent dans la balance, consultés à deux jours de distance, ont ordonné chacun un large vésicatoire volant; or on n'ordonne pas des vésicatoires pour le plaisir de les ordonner.

D. Une femme arrive à l'heure de leur consultation; elle se plaint de vives douleurs au creux de l'estomac : ces messieurs déclarent qu'ils ne l'ont pas examinée. Ils ont ordonné un vésicatoire qui ne pouvait la conduire au tombeau. — *R.* Je ne suis ni M. Velpeau ni M. Nélaton, mais je ne déclarerais pas une personne malade, si elle ne l'était pas réellement, quand elle vient me voir.

D. Ce que nous tenons à constater, c'est que le médecin anglais, qui a prescrit la digitaline et l'acide prussique à prendre sur du sucre, n'a pas fait d'ordonnance, puisqu'elle n'est pas représentée. Or aucun pharmacien n'a pu délivrer des poisons aussi violents sans ordonnances de médecins. — *R.* Jamais les pharmaciens ne rendent les ordonnances de ce genre. Je reviendrai sur la seconde ordonnance; c'est là le domaine de l'accusation.

D. Nous ne comprenons que trop votre réponse.

— *R.* Je sais, comme médecin, que, quand les pharmaciens reçoivent des ordonnances renfermant des médicaments aussi énergiques, ils les gardent en général.

D. Vous n'avez pas fait cette réponse dans l'instruction. Je continue la lecture des lettres.

« Mon cher monsieur de la Pommerais,
« Me voilà forcée de garder le lit tout à fait; ne prenant aucune nourriture, je suis d'une faiblesse extrême. Je vomis toujours tout ce que je prends. C'est à peine maintenant si je puis parler. J'ai des douleurs profondes; en un mot, je souffre partout. Je vais faire venir de nouveau M. Gaston Gaudinot; car il me serait impossible maintenant d'aller le voir, tant je suis malade, et mon intention est de suivre ses conseils en tout point, ayant pleine et entière confiance en lui.

« Il n'y a donc rien à faire? Dieu! que je souffre !
« Votre toute dévouée,
« V° J. DE PAUW. »
« Lundi matin, 2 novembre 1863. »

D'après les témoins, elle n'était pas malade; elle sortait comme d'ordinaire et donnait tous les jours sa leçon au Grand-Hôtel, à la jeune Anglaise. — *R.* J'étais bien obligé d'accepter la déclaration de l'homme le plus compétent en pareille matière, le médecin qui la soignait. Il a dit qu'il l'avait décidée à garder le lit, qu'il avait déjà remarqué chez elle de très-forts vomissements.

D. Mme de Pauw sortait, c'est certain; elle ne gardait pas le lit. — *R.* Nous voyons tous les jours des malades qui sortent malgré nos prescriptions.

D. Elle dit qu'elle gardait le lit, et cependant elle sortait. — *R.* Ce n'est pas une raison, parce qu'elle sortait, pour croire qu'elle n'était pas malade, puisque le médecin qui l'a soignée déclare qu'elle l'était réellement.

D. Le docteur Gaudinot déclare ne l'avoir examinée qu'avec une grande légèreté. — *R.* Je ne sais si elle avait fait ou non une chute; je reviens pour la dixième fois là-dessus; mais je l'ai vue à ce moment, et je déclare, comme médecin, qu'elle était malade.

D. Je continue la lecture des lettres.

« Mon cher monsieur de La Pommerais,
« Une de mes amies vient me voir à l'instant et me parle d'un médecin, un nommé M. Danet, qui demeure rue Trouchet, 25 et 27; mais avant de l'appeler, je viens vous demander si vous le connaissez, car il y a tant de charlatans à Paris, que je souffre déjà bien assez sans me mettre dans des mains d'ignorants.

« Je ne le ferais venir qu'autant que vous me direz du bien de lui.

« J'attends donc votre réponse avec impatience.

« Votre toute dévouée,
« Veuve J. DE PAUW. »
« Lundi soir 2 novembre 1863. »

Nous arrivons aux derniers moments.

« Mon cher monsieur de La Pommerais,
« Je ne sais si vous vous rappelez que M. Desmidt, dans les premiers temps, m'avait toujours demandé un extrait de naissance pour chaque Compagnie qui, disait-il, exigeait cette pièce, afin de s'assurer si ma déclaration était bien conforme à l'acte. Je lui avais promis de les retirer un jour ou l'autre, et je n'y pensais déjà plus à la promesse que je lui avais faite, lorsque l'autre jour, en causant d'assurances avec une de mes amies, l'idée m'en vint; je

les envoyai alors chercher, et je m'empresse de vous les envoyer, afin de les joindre aux autres pièces.

« Les douleurs ont été peut-être un peu moins vives aujourd'hui. Cependant je souffre toujours d'une manière horrible.

« Votre toute dévouée.
« Veuve J. DE PAUW. »
« 11 novembre 1863. »

D. Desmidt prétend n'avoir jamais demandé les actes de naissance, complétement inutiles pour lui, puisque les assurances étaient faites. — *R.* Je dois vous répondre que M. Desmidt n'a pas dit cela.
D. Nous en sommes certain. — *R.* Je ne vous donne pas un démenti, Monsieur le Président, mais M. Desmidt a déclaré qu'il avait demandé l'acte de naissance pour certaines Compagnies.
D. Nous avons la déposition de Desmidt, nous sommes certain qu'il n'a jamais dit avoir demandé les actes de naissance; il n'en avait pas besoin. — *R.* Moi non plus; j'en avais bien moins besoin que lui.
D. Dans le système de l'accusation, vous en aviez tellement besoin, que vous en avez fait usage aussitôt après les avoir reçus. — *R.* Comment cela ?
D. Mme de Pauw est morte le 17 novembre, et, dès le 27, vous adressiez toutes les pièces aux Compagnies pour réclamer le payement. Votre système, vous le développez. Le 12 novembre Mme de Pauw vous écrit :

« Mon cher monsieur de La Pommerais,
« Vous m'annoncez la visite de M. Desmidt; du moment où il viendra de votre part il me sera toujours agréable de le recevoir.
« Priez-le de s'adresser d'abord à l'entre-sol, escalier au fond de la cour, porte n° 5, et dans le cas où il ne trouverait personne, il aurait la bonté de monter jusqu'à mon atelier (même escalier); du reste il y est déjà venu. Il faut vous dire que je suis tellement malade que je fuis le bruit de mes enfants, et pour être tranquille je préfère coucher en haut.
« Votre toute dévouée,
« Veuve J. DE PAUW. »
« 12 novembre 1863. »

« Mon cher monsieur de La Pommerais,
« Je viens de voir M. le docteur Danet, qui m'assure qu'il arrivera à me guérir, et bien certainement à me soulager de suite. Aussi ai-je l'intention de laisser de côté toutes les autres médications et de suivre exclusivement son traitement; il a commencé par me donner un vomitif qui m'a fait beaucoup de mal.
« Maintenant, me donne-t-il l'espoir de me guérir pour me consoler, ou croit-il véritablement me soulager, c'est ce que je ne sais pas. Je souffre tellement et depuis si longtemps, que je ne crois plus à rien. Cependant, je vais faire tout ce qu'il m'a dit. Je crois que mes douleurs étaient de plus en plus vives, je souffre bien davantage que le premier jour où je suis tombée; on dirait des plaies vives qui me rongent. En plus j'ai des palpitations de cœur affreuses, et il me semble que je suis toute enflée.
« Votre toute dévouée et reconnaissante,
« Veuve J. DE PAUW. »
« Jeudi soir, le 12 novembre 1863. »

« Mon cher monsieur de La Pommerais,
« Comme j'allais beaucoup plus mal après le vomitif que m'avait ordonné ce monsieur Danet, qui, j'en suis convaincue, n'a rien connu à ma maladie, je l'ai congédié après sa première visite, bien résolue de me confier entièrement à M. Gaudinot, en qui j'ai toute confiance.

« Du reste, afin que vous puissiez juger de la douceur de la médica... vous trouverez ci-joint ce qui m'a été ordonné pa... messieurs; mais, je vous le répète, je suis exclusivement M. Gaudinot.

« Votre toute dévouée,
« Veuve J. de PAUW. »
« 14 novembre 1863. »

Voici la nouvelle ordonnance du docteur Gaudinot :

« Appliquer 10 sangsues au siége; cataplasme de farine de lin sur l'estomac; eau gommée légère à la glace.
« Petits lavements émollients amidonnés, préparés avec une décoction de racine de guimauve et de pavot; la valeur d'un verre à bordeaux après chaque garderobe. »
« Demain un bain à 28°, d'une heure.
« 10 novembre 1863.
« G... »

Tous les témoins déclarent que Mme de Pauw n'a rien fait de pareil. Enfin, voici la dernière des lettres; elle est du jour où Mme de Pauw est tombée malade :

« Mon cher monsieur de La Pommerais,
« Il me semble superflu de vous donner de mes nouvelles continuellement, car je suis toujours dans le même état, souffrant comme une malheureuse.
« Comme le docteur Gaudinot n'arrive même pas à me soulager, mon intention est de quitter Paris aujourd'hui ou demain. J'emporterai avec moi toutes les drogues que j'ai. Une de mes amies me proposant de m'emmener chez elle à la campagne, je vais en profiter. J'ai l'intention d'y passer la fin de novembre, et même d'y rester au moins deux mois et plus, si je m'en trouve bien; ce changement d'air me fera peut-être quelque chose.
« Si j'allais plus mal, je vous le ferais dire de suite; dans le cas contraire, je ne vous écrirais qu'à mon retour. Ainsi donc, soyez sans inquiétude, ne vous tourmentez pas ; si vous ne recevez pas de mes nouvelles, c'est que je n'irai pas plus mal. Je vous promets de vous écrire ou de vous faire écrire par mon amie si je me sentais plus mal.
« Adieu, mon cher monsieur de la Pommerais, je pars avec l'espérance que l'air de la campagne me sera favorable.
« Votre toute dévouée,
« Ve J. DE PAUW. »
« 16 novembre 1863. »

On a interrogé dans l'instruction tous les témoins sur cette amie qui aurait engagé Mme de Pauw à venir chez elle à la campagne. Il a été impossible de découvrir personne.

L'accusé, pour expliquer sa conduite du 16, a dit que c'était pour savoir si elle était réellement partie qu'il était venu la voir. — (*A l'accusé*) : Pouvez-vous indiquer cette amie, qui aurait proposé à Mme de Pauw de la recevoir à la campagne? — *R.* Non, je ne la connais pas ; je sais cependant qu'elle avait une amie à la campagne. En cherchant à préciser, j'ai dit au Juge d'instruction que cette amie avait demeuré du côté de Notre-Dame-de-Lorette ; Mme de Pauw m'avait conduit chez elle alors que cette dame était excessivement malade.

D. Il a été impossible d'arriver à rien constater; et, dans le système de l'accusation, vous avez fait écrire cette lettre du 16 novembre pour expliquer votre visite de ce jour.—*R.* Cette lettre m'était inutile. Si j'avais voulu aller chez Mᵐᵉ de Pauw, je n'en avais pas besoin. Mon défenseur s'expliquera sur ces lettres. Cependant vous me permettrez de relever ce qui a rapport à la digitaline. Je demande pourquoi l'accusation s'est attachée à ce médicament, car il est question d'autres médicaments bien plus importants : l'acide prussique, le laudanum, la morphine, les cantharides. Je demande pourquoi ce médicament a été remarqué par l'accusation plus qu'un autre?

D. Quel médicament? — *R.* La digitaline.

D. Vous le demanderez quand nous en serons là; en ce moment, il est inutile d'entrer dans des explications à cet égard.

Nous ferons seulement remarquer à MM. les Jurés ceci : Les témoins, la fille de Mᵐᵉ de Pauw, Mᵐᵉ de Ridder et sa fille, ses amies, connaissaient l'existence de cette correspondance, et elles ont déclaré dans l'instruction que Mᵐᵉ de Pauw avait écrit à l'accusé, sous la dictée de celui-ci, une quantité de lettres expliquant sa maladie; notamment le jeudi soir, au sujet de deux de ces lettres, Félicité déclare que sa mère l'a empêchée d'emporter l'écritoire, parce qu'elle attendait l'accusé, qui devait la faire écrire.

Il y a une circonstance qui est très-importante : à l'époque où l'accusé les a remises au Juge d'instruction, ces lettres étaient dans un état de propreté remarquable, ce qui n'existe plus aujourd'hui, par suite de l'instruction, qui les a fait passer dans différentes mains; il était évident qu'elles n'avaient pas circulé, que l'accusé les avait emportées lui-même au moment où elles venaient d'être écrites; aucune d'elles n'a été mise à la poste. L'accusé les a emportées, ou bien Mᵐᵉ de Pauw les a envoyées par quelqu'un chez lui. Or, l'instruction a fait des recherches, et il lui a été impossible d'arriver à trouver quelqu'un qui aurait, de la part de Mᵐᵉ de Pauw, porté ces lettres à l'accusé; il faudrait qu'elle les y eût portées elle-même. Or il est impossible de s'arrêter à cette idée quant à celles écrites dans les derniers jours de la prétendue maladie, puisqu'elle n'est pas sortie. Personne n'a été découvert comme ayant porté ces lettres, et les gens de l'intérieur de l'accusé, ses domestiques, ont déclaré n'avoir vu personne les apporter. — *R.* Je recevais tant de lettres! ce n'est pas étonnant.

D. Vous répondrez. Nous faisons connaître les faits à MM. les Jurés. — *R.* Pour ce qui est de la propreté des lettres, je réponds qu'après les avoir lues, je les mettais dans mon secrétaire. Je ne voulais pas qu'on en prît connaissance et il était inutile de les laisser dans ma poche. Quant à cette objection qu'elles n'ont pas été mises à la poste, cela parle en ma faveur. Si j'avais voulu m'en servir, je les aurais jetées moi-même à la boîte : qui m'empêchait de le faire? Cette objection de l'accusation tourne donc en ma faveur au lieu d'être contre moi. Quant aux témoins qui ont dit savoir que Mᵐᵉ de Pauw m'avait écrit des lettres, voici ce que j'ai à répondre : Dans l'instruction, j'ai demandé à l'un des témoins s'il pourrait indiquer quelles lettres m'avait écrites Mᵐᵉ de Pauw. Il a été impossible d'obtenir une réponse; je prie M. le Président de faire connaître cette partie de l'instruction à MM. les Jurés. Le témoin n'a pu rien indiquer, par une raison bien simple : c'est que Mᵐᵉ de Pauw m'a envoyé les actes de transfert; en parlant à ses confidentes, c'est à cela qu'elle faisait allusion. M. Desmidt m'avait remis un modèle qu'elle a dû copier sur un papier émané de moi; il fallait que les noms et prénoms fussent mis exactement. Voilà, je le répète, à quoi Mᵐᵉ de Pauw a dû faire allusion. Enfin voici le fait : quand j'ai mis le témoin en demeure de me dire quelles lettres Mᵐᵉ de Pauw m'avait envoyées, je n'ai pas obtenu de réponse précise.

D. Comment pouvait-elle détailler? Il lui était impossible d'expliquer que c'était telle lettre écrite tel jour. Elle a dit ce qu'elle savait en général : Mᵐᵉ de Pauw avait déclaré que vous lui aviez fait écrire des lettres expliquant toute sa maladie.

Un des Jurés. — Comment les lettres ont-elles été saisies?

M. le Président. — Le jour même de l'arrestation de l'accusé, le 4 décembre, lorsque le Juge d'instruction s'est transporté chez lui, il a remis lui-même ces vingt-trois lettres en disant que c'était là sa justification; qu'on verrait, en les lisant, que les contrats d'assurances lui avaient été transférés à raison des avances énormes faites par lui à Mᵐᵉ de Pauw; que cette femme était réellement malade. L'accusation regarde ces lettres comme un moyen de défense préparé par l'accusé. — *R.* Les choses ne se sont pas passées ainsi. On a tout pris, tout enlevé chez moi, vous en voyez la preuve.

(*L'accusé montre la table aux pièces de conviction, couverte de nombreux cartons renfermant ses papiers.*)

D. Le Juge d'instruction constate que vous avez dit que ces lettres contenaient votre justification. — *R.* On a tout enlevé. On n'a pas plus enlevé ces lettres qu'autre chose.

D. Vous avez dit au Juge d'instruction qu'il trouverait dans ces lettres votre justification. — *R.* On pourrait croire que je suis allé au-devant du Juge d'instruction pour lui donner ces lettres. Les choses ne se sont pas passées ainsi. On m'a tout pris. Il n'est pas étonnant que, lorsque j'ai vu prendre ces lettres, j'aie dit d'où elles provenaient et ce qu'elles renfermaient.

D. MM. les Jurés ont vu que dans les dernières lettres, qu'elle écrivait à sa sœur et à son père, mises à la poste le jour même de la mort, Mᵐᵉ de Pauw parle de digitaline. Dans plusieurs autres, elle dit également qu'elle en prenait en quantité; dans l'une, elle raconte qu'un médecin anglais lui en a prescrit. L'instruction a constaté que l'accusé avait acheté, le 11 juin 1863, à l'époque même où il a renoué ses relations avec Mᵐᵉ de Pauw, un gramme de digitaline chez Ménier, fabricant de produits chimiques. Le 19 juin, huit jours après, il a acheté deux grammes, ce qui fait en tout trois grammes. Nous verrons qu'à l'époque de la mort de sa belle-mère, il en avait acheté également cinquante centigrammes. Ainsi, en huit jours, à l'époque où ses relations recommencent avec Mᵐᵉ de Pauw, l'accusé achète trois grammes de digitaline; les experts ont déclaré que c'était là un chiffre énorme. M. Weber, pharmacien homœopathe, que l'accusé employait pour l'exécution de ses ordonnances, a déclaré qu'un gramme de digitaline suffisait pour plusieurs années aux besoins d'une pharmacie homœopathique. Nous devons ajouter que, d'après les recherches qui ont été faites par M. le Juge d'instruction chez les pharmaciens de Paris, la plupart ne tiennent pas de ce poison; il n'est employé qu'en granules, c'est-à-dire en pilules excessivement petites, et qui sont fabriquées de manière à ne contenir chacune qu'un milligramme. On en prend, à ce qu'il paraît, quatre ou cinq au plus.

Voilà donc l'accusé en possession de trois grammes de digitaline. Lorsque le Juge d'instruction s'est transporté chez lui, on a saisi toutes les drogues qu'on a trouvées, soit à son domicile, rue des Saints-Pères, soit à son dispensaire. Elles ont été remises aux experts. Vous verrez quelle quantité énorme de poisons de toute nature s'y trouvait comprise; un flacon portait une étiquette marquant deux grammes de digitaline. Or il n'en contenait plus que quinze centigrammes. Qu'était devenue cette quantité qui avait disparu depuis le mois de juin? Interrogé à cet égard, l'accusé a répondu à M. le Juge d'instruction d'abord : qu'il ne pouvait pas répondre de la saisie qui avait été faite chez lui, qu'elle avait pu être incomplète, que des flacons avaient pu être cassés. Or on a constaté qu'aucun des flacons qui avaient été remis aux experts n'avait été cassé, tous avaient été recueillis avec le plus grand soin. On a voulu rechercher si, dans le dispensaire, quelques flacons avaient été oubliés; de nouvelles perquisitions ont été faites en présence de l'accusé ou hors de sa présence, parce qu'il n'a pas voulu y concourir; on n'a rien pu trouver. Alors il a dit au Juge d'instruction : « Que voulez-vous que j'aie fait de cette quantité énorme de digitaline? il faut qu'elle se retrouve; je n'ai pu en effet en disposer. »

—(*A l'accusé.*) Je vous demande maintenant ce que vous avez fait de cette quantité considérable de digitaline? — *R.* Ma réponse se trouve dans mon interrogatoire. Mais d'abord voulez-vous me permettre trois questions?

D. Non. — *R.* Trois observations? Je demanderai pourquoi l'accusation prétend que j'ai parlé de digitaline dans les lettres que j'ai inspirées?

D. C'est une question que vous m'adressez; je n'ai pas à répondre à vos questions. — *R.* Je prends acte de la réponse.

D. Quand les experts seront là, vous leur adresserez les questions que vous voudrez. — *R.* Je prends acte de l'objection que me fait l'accusation. Elle me dit que si j'ai donné de la digitaline, c'est parce qu'il ne laissait aucune trace. Alors il était bien naturel que je ne le relatasse pas dans les lettres. En second lieu, d'après les experts...

D. Nous ne pouvons discuter le rapport des experts en ce moment. — *R.* J'arrive aux objections que vous me faites.

D. Je ne vous fais pas d'objections; je vous fais des questions, et je vous prie d'y répondre. Qu'avez-vous fait des trois grammes de digitaline que vous avez achetés les 14 et 19 juin? — *R.* Je réponds que non-seulement j'ai eu trois grammes de digitaline, mais je crois en avoir eu plus, attendu que j'ai fait des expériences spéciales sur les alcaloïdes.

D. Qu'en avez-vous fait? — *R.* J'y arrive. J'ai une armoire très-profonde et très-étroite où je mettais mes médicaments. Si vous ne le savez pas, je vous dirai que la digitaline est renfermée dans des flacons excessivement petits. Parmi les milliers de médicaments que je possédais, en prenant celui dont j'avais besoin, il arrivait quelquefois que plusieurs flacons tombaient à terre et se cassaient. Ce n'est pas pour me défendre que je dis cela, attendu que, d'après les experts, quelques milligrammes de digitaline suffisent pour donner la mort; mais les deux commandes faites à huit jours de distance prouvent qu'il est impossible que j'aie employé la quantité qu'elles indiquent.

D. Vous ne me répondez toujours pas. Qu'avez-fait des trois grammes? — *R.* Le fait de la seconde commande à quelques jours de distance indique que, lorsque je prenais un médicament, j'ai dû casser un flacon.

D. C'est la première fois que vous en parlez. — *R.* Je vous demande pardon; veuillez consulter mes interrogatoires.

D. Continuez. — *R.* J'ai employé la seconde commande de digitaline pour ma clientèle, et j'en ai donné à plusieurs de mes confrères. Au dernier moment, lorsque j'ai été arrêté, j'étais en train d'écrire à un confrère qui m'avait fait une commande de médicaments, et je comprenais dans l'envoi environ un gramme de digitaline. Je lui faisais la prière de vouloir bien s'en servir, et je lui signalais les différents usages auxquels elle était destinée, car la digitaline, contrairement à ce que pensent les experts...

D. N'abordez pas le rapport des experts. Je vous demande ce que vous avez fait des trois grammes de digitaline? — *R.* Je l'ai employée pour mes malades. Je suis homœopathe; mais je démontrerai, par des passages de mon livre à côté de la lettre du docteur Malhaire, que je suis homœopathe à ma manière. J'emploie les médicaments à l'intérieur et à l'extérieur, *intus et extra*. Ce n'est pas trois grammes ou même cinquante centigrammes qui sont nécessaires pour empoisonner; quelques milligrammes suffisent.

D. Quelques milligrammes? — *R.* Quelques centigrammes.

D. C'est bien différent. Voici ce que je lis dans votre interrogatoire :

« *D.* Parmi toutes les substances pharmaceutiques saisies chez vous, il n'a été retrouvé qu'un flacon de digitaline; il n'y avait plus dans ce flacon, qui primitivement renfermait deux grammes, que quinze centigrammes; à quoi avez-vous employé les trois grammes, moins quinze centigrammes retrouvés, qui ont été fournis par Ménier? — *R.* Que voulez-vous que j'aie fait de cette digitaline? On doit l'avoir retrouvée. »

Vous ne parlez pas de flacons cassés, ni de prescriptions données à vos malades.

« Nous vous faisons observer qu'on a saisi chez vous toutes les matières pharmaceutiques; qu'un seul flacon de digitaline a été retrouvé; son étiquette porte 2 grammes, et il ne contenait que 15 centigrammes. D'après les experts, il était très-bien bouché. — *R.* Que voulez-vous que je réponde à cela? Je n'ai pas suivi les médicaments, qui ont été emportés de chez moi avec précipitation; il a pu arriver un accident; des flacons ont pu être débouchés ou cassés. — *D.* Il vous a été demandé si vous teniez vos substances pharmaceutiques autre part que là, dans votre appartement et à votre dispensaire, et vous avez dit que vous n'en teniez que là. — *R.* Je le reconnais, j'y persiste; mais il faut bien que cette digitaline se retrouve. Qui sait? »

Nous recommandons cette réponse à MM. les Jurés; elle est dans l'interrogatoire du 9 décembre.

A propos de la grossesse de Mme de Pauw, vous dites : « Qui sait si cela ne lui a pas donné la pensée de...? » c'est-à-dire de s'empoisonner elle-même.

Plus loin, vous dites : « Cette grossesse n'a-t-elle pas contribué, en présence de son état de gêne...? » — *R.* Je prie M. le Président de lire complétement.

Me *Lachaud.* — C'est ce que fait M. le Président.

Seulement, il prend dans l'interrogatoire précédent une question.

M. le Président. — Dans cet interrogatoire, vous avez, en ce qui concerne la digitaline, fait cette supposition que, lors de la saisie, un flacon s'était cassé, ou que, n'étant pas bien bouché, il avait laissé échapper la substance; mais vous n'avez jamais dit avoir donné à vos clients toute cette digitaline. — *R.* Je vous prie de vous reporter à un autre interrogatoire où ce fait est relaté; mon habitude est d'employer les remèdes à l'intérieur et à l'extérieur; j'ai dit pourquoi j'achetais chez Ménier. Enfin, lorsque j'ai manifesté mon étonnement de ce que les experts n'avaient pas trouvé une quantité de digitaline plus considérable, je devais le faire, puisque, le jour de mon arrestation, j'avais laissé sur mon bureau un paquet de médicaments dans lequel était renfermé un gramme de digitaline, en dehors de ce que j'avais employé pour mes malades.

D. Voilà, en effet, une explication que vous avez donnée. Nous allons dire à MM. les Jurés comment. Vous ne pouviez expliquer l'emploi de la digitaline que par ces mots: « Que voulez-vous que j'en aie fait? Il faut bien qu'elle se retrouve. » Vous n'aviez pas pensé au paquet placé sur votre bureau. Lorsque le secret qui pesait sur vous a été levé, lorsque vous avez pu communiquer avec les personnes du dehors, oh! alors, votre système a changé; vous avez dit au Juge d'instruction: « Lorsque vous êtes venu chez moi, j'avais sur mon bureau des paquets de médicaments qui m'avaient été demandés par un médecin de province. L'un de ces paquets contenait au moins un gramme de digitaline. » Le Juge d'instruction n'avait rien trouvé sur votre bureau; s'il y eût trouvé un paquet de médicaments, il n'eût pas manqué de le saisir. Il s'est rendu de nouveau chez vous, et alors voici ce qui s'est passé. Votre domestique lui a dit que votre beau-frère Eyrolles, pharmacien, avait emporté les paquets préparés par vous pour ce médecin de province, paquets au nombre de vingt-sept. Le Juge d'instruction, ayant appelé votre beau-frère, lui a demandé si ce fait était vrai. Celui-ci a répondu qu'en effet il avait emporté vingt-sept ou trente paquets. Il les a représentés: six renferment des poisons de différentes sortes; toutes les étiquettes sont de sa main. Quant aux paquets qui, suivant lui, contenaient au moins un gramme de digitaline, ils ont été saisis et donnés aux experts; ceux-ci les ont examinés, et ils ont déclaré qu'ils ne contenaient pas trace de digitaline, qu'ils ne renfermaient que du sucre de lait, matière employée surtout dans les pharmacies homœopathiques, et qui forme la plus grande partie des substances que les homœopathes donnent à leurs malades. On a demandé à votre beau-frère ce qu'il avait fait de la digitaline; il a prétendu qu'il l'avait administrée aux malades de votre dispensaire, ainsi qu'à quelques-uns des siens. Or il est pharmacien. — *R.* Il est docteur en médecine.

Mᵉ Lachaud. — Il est pharmacien et médecin.

M. le Président. — Le voilà, comme pharmacien, en possession d'un gramme de digitaline, et il déclare l'avoir administré aux malades du dispensaire de l'accusé. On lui a demandé de citer un de ces malades; il a répondu qu'il n'en pouvait indiquer aucun. Comme pharmacien, il n'a pas inscrit sur ses livres l'entrée de poisons, de substances vénéneuses remises à sa disposition; il n'a pu indiquer aucune personne à laquelle il ait administré la plus petite quantité de digitaline. L'accusation en a conclu que vous aviez obtenu de lui une déclaration de complaisance.

Nous ajouterons ceci: l'accusation a constaté, par ses réponses mêmes, qu'il n'avait pas chez lui, comme pharmacien, la plus petite quantité de digitaline. Il se procure des granules de cette substance lorsque les médecins en ordonnent à leurs malades, mais il n'en avait chez lui aucune quantité. — *R.* Je ne puis défendre mon beau-frère; je ne sais ce qu'il a fait. Il répondra, ou mon défenseur répondra. L'accusation prétend que j'ai pu insinuer à mon beau-frère sa réponse; il faut que MM. les Jurés le sachent d'une manière certaine; il n'a pu communiquer avec moi, non plus que ma femme. Depuis cinq mois, je suis au secret absolu. Quand ma femme a communiqué avec moi, il y avait, entre nous deux, le directeur ou un brigadier de la prison.

D. Vous avez communiqué avec votre femme. — *R.* Jamais je n'ai communiqué avec elle que devant le directeur ou un brigadier. Il n'est pas possible que, devant l'un des chefs de la prison, j'aie pu rien dire à ma femme de ce que vous m'imputez. Voici comment les faits se sont passés. Le Juge d'instruction est venu me lire le rapport des experts; à cette lecture, j'ai été fort étonné qu'ils ne relatassent que 15 centigr. de digitaline, puisque je savais qu'un gramme avait dû être préparé pour être adressé à un confrère de province; on avait dû le trouver sur mon bureau. Alors, quand le Juge d'instruction m'a posé cette question: « Qu'avez-vous fait de la digitaline? » J'ai répondu: « Je n'ai pas suivi les médicaments. »

D. Comment! mais vous n'en avez pas parlé au Juge d'instruction, si ce n'est après la levée du secret. — *R.* L'accusation ne peut venir dire que j'ai communiqué avec ma femme; j'ai été au secret le plus absolu jusqu'au dernier moment.

D. Vous vous êtes applaudi à plusieurs reprises, dans votre correspondance, des égards que le directeur de la prison avait pour vous. Vous avez été si bien à Mazas, vous vous êtes tellement loué de ce séjour, que vous nous avez demandé à nous-même de vous y laisser retourner chaque soir, au lieu de vous faire rester à la Conciergerie. Nous nous sommes prêté à ce désir. Si le directeur a fait son devoir en surveillant les communications entre votre femme et vous, il n'a pu vous empêcher d'avoir avec elle des conversations, dans lesquelles vous vous soyez concertés sur telle ou telle déposition. — *R.* Faites fixer la date; il est impossible que cela ait eu lieu. Voici ce qui s'est passé: Le Juge d'instruction est venu me lire le rapport des experts; j'ai été étonné de voir qu'il ne fût question que de 15 centigr. de digitaline, puisque j'en avais laissé sur mon bureau un gramme pour envoyer à un confrère de province.

D. Vous ne l'avez pas dit de suite. — *R.* C'est qu'alors je ne connaissais pas le rapport des experts.

D. Le Juge d'instruction vous demandant ce que vous aviez fait des 3 grammes de digitaline, au lieu de répondre: « Que voulez-vous que j'en aie fait, il est impossible de suivre ces médicaments, » c'était le cas de dire que vous en aviez laissé un gramme sur votre bureau. Monsieur le Président, veuillez donner lecture à MM. les Jurés de ma réponse, et puis je ferai les observations nécessaires.

D. M. Mathaire, médecin de province, voulant se livrer à l'exercice de la médecine homœopathique, s'était adressé à l'accusé pour avoir de lui les préparations homœopathiques. Interrogé, il a déclaré que, si l'accusé lui avait envoyé les paquets dont il parle, il n'aurait pu s'en servir; qu'il n'avait pas besoin de substances pharmaceutiques, pouvant s'en procurer partout ailleurs. Ce qu'il demandait, c'étaient des remèdes préparés homœopathiquement; ne sachant pas les préparer lui-même, il avait besoin qu'ils fussent tout prêts. Quant à la digitaline, notamment, il n'en avait pas besoin. Voici sa lettre :

« Monsieur et très-honoré confrère,

« Depuis quelque temps je me suis livré à l'étude de l'homœopathie, et je vous avoue que d'allopathe je suis devenu homœopathe. Aussi, vais-je arborer franchement la doctrine de l'illustre Hahnemann.

« Au nombre des ouvrages homœopathiques que j'ai en ma possession, je possède notamment votre excellent *Cours d'homœopathie*; vous me permettrez donc, monsieur et très-honoré confrère, de prendre acte de l'obligeance avec laquelle vous vous mettez à la disposition de tout confrère, et de vous faire la demande des principaux médicaments homœopathiques, en tenant compte, bien entendu, du prix des médicaments.

« Ne voulant pas abuser de votre obligeance, veuillez, je vous prie, monsieur, avoir la bonté de m'indiquer la pharmacie homœopathique où je pourrais avoir une entière confiance dans la préparation des médicaments, car vous savez qu'au mauvais vouloir de certains pharmaciens allopathes se joint quelquefois l'incapacité.

« MATHAIRE. »

L'accusé. — Je ne veux pas que MM. les Jurés puissent croire ma réponse faite pour le besoin de ma cause. Je la trouve dans mon cours d'homœopathie. Il n'y a que quelques lignes.

M. Mathaire prétend qu'il devait recevoir des globules; ce n'est pas possible, puisque je combats les globules.

M. le Président. — Il a déclaré dans l'instruction qu'il ne vous demandait que des médicaments préparés homœopathiquement, et non des drogues.

L'accusé, lisant : — « En homœopathie, la *question des petites doses* est tellement secondaire, qu'il ne peut y avoir que les esprits superficiels qui, dans l'ignorance où ils sont de notre doctrine, attaquent les infinitésimaux. Toute objection *sérieuse* à nous opposer doit être dirigée vers le *grand principe* qui nous régit tous, la loi des semblables, et non sur la manière d'appliquer les médicaments. »

(Pages 343 et 344.)

M. le Président. — Vous pourriez longtemps lire ainsi sans aucun profit pour la question qui nous occupe en ce moment. — *R.* Il n'est pas possible que M. Mathaire ait interprété ma réponse comme on le dit; je suis prêt à donner lecture des principaux passages de mon ouvrage, et vous verrez que ce que je professais, c'était l'administration des médicaments à doses massives. Je ne connais que les questions de principes; j'emploie ces médicaments soit à l'intérieur, soit à l'extérieur.

D. Il résulte de la réponse de M. Mathaire qu'il s'attendait à recevoir de vous soit l'indication d'un pharmacien en qui il pourrait avoir confiance, soit des globules préparés. C'est donc des globules qu'il vous demandait. — *R.* Voulez-vous me laisser lire quatre lignes?

D. Lisez les, s'il n'y en pas davantage. — *R.* « De tous les modes d'administration des médicaments homœopathiques, celui à l'état de *globules* est en général préféré. Pour mon compte, quoique élevé dans ces principes, je dois avouer que, sans aucun scrupule, je me suis vu très-souvent obligé d'enfreindre cet *usage* assez généralement accepté, et, grâce à cet écart, j'ai souvent obtenu des *guérisons promptes et éclatantes*; succès qui m'avaient été refusés par les globules employés à des *dilutions élevées*. » (Page 381.)

Quand un confrère lit cela dans un *Cours d'homœopathie*, il est impossible qu'il attende de moi l'envoi de globules que je n'emplo!e pas moi-même.

D. Cela ne répond pas à l'objection. La lettre du médecin Mathaire explique suffisamment qu'il demandait autre chose que ce que vous prétendez.

Voilà les principales charges que l'accusation a relevées contre La Pommerais, en ce qui concerne Mme de Pauw. Ce n'est pas le moment d'insister sur le dernier ordre d'idées : les constatations et les expériences des hommes de l'art. La Justice a ordonné l'exhumation du cadavre de Mme de Pauw; elle a chargé le docteur Tardieu, doyen de la Faculté de médecine de Paris, d'en faire l'autopsie. Cette opération a donné des résultats qui ont permis à M. Tardieu de constater, dans un rapport, que Mme de Pauw était morte sans avoir été malade ; que tous ses organes étaient dans un état de parfaite santé; qu'elle n'avait en elle aucune cause de mort; qu'il fallait aller chercher ailleurs que dans la maladie les causes de la mort. Alors la Justice a cru devoir confier à M. Tardieu et à un chimiste que vous entendrez, une autre série d'expériences. On a enlevé les parties du parquet de l'appartement sur lesquelles les vomissements de Mme de Pauw avaient été répandus dans la dernière journée. On a enlevé également d'autres parties qui n'en avaient point reçu. Les experts ont été chargés de se livrer à des expériences sur des animaux avec ces déjections. Ils ont gratté avec soin les parties du parquet qu'elles couvraient; puis ils ont pris des animaux, des chiens, des lapins, des grenouilles, sur lesquels ils ont opéré. Pour cela, ils ont fait des incisions, notamment aux cuisses, par lesquelles, insinuant les déjections provenant du grattage, ils ont fait mourir ces animaux. Ils ont également réduit, par des procédés chimiques, une partie de l'estomac et des intestins, et ils ont administré l'extrait ainsi produit à un chien. Ils n'avaient obtenu par l'opération que des proportions très-minimes d'extrait; le chien a été empoisonné, mais il a pu survivre. Le résultat n'en est pas moins important. Alors les experts n'ont pas hésité à déclarer que Mme de Pauw était morte empoisonnée.

On leur a soumis toutes les substances saisies chez l'accusé; ils ont été effrayés, ils le déclarent, de la quantité considérable de poisons qui s'y trouvait; l'un d'eux, après avoir respiré la vapeur d'un des flacons qu'il venait de déboucher, en a été gravement indisposé.

Pour ne pas entrer dans des détails superflus, qui seront mieux placés quand les experts viendront rendre compte de leurs opérations et entreront dans tous leurs détails, nous nous contenterons de vous dire que, pour eux, Mme de Pauw n'est morte d'aucune maladie ; sa mort ne peut s'expliquer que par le poison ; la perforation de l'estomac, qui, suivant le docteur Gaudinot, aurait amené la mort, est complètement imaginaire. L'estomac était dans l'état le plus sain; la mort ne peut s'expliquer que par l'empoisonnement. Ils n'ont pas déclaré affirmativement quelle substance avait été employée pour donner la mort,

AFFAIRE LA POMMERAIS.

mais ils inclinent à penser que c'est la digitaline; ils ont constaté que les animaux empoisonnés par les déjections ont passé précisément par les mêmes symptômes constatés par les derniers médecins appelés auprès de la malade au moment de sa mort, lesquels symptômes vous seront décrits.

Pour terminer l'interrogatoire, nous avons encore à parler de la mort de Mme Dubizy.

Messieurs les Jurés, désirez-vous la suspension ou voulez-vous que l'on continue?

MM. les Jurés. — Nous désirons la suspension.

L'audience est suspendue à une heure, et reprise à une heure 25 minutes.

M. le Président, à l'accusé. — Nous avons dit qu'il résultait de la déposition d'une foule de témoins que Mme Dubizy, votre belle-mère, avait vu avec un grand déplaisir votre mariage, qu'elle avait cédé au désir de sa fille, mais qu'elle était loin de partager sa sympathie pour vous. Elle a dit notamment à plusieurs témoins, qui l'ont répété, qu'elle suspectait la sincérité de vos apports. Non-seulement elle regrettait l'union que sa fille avait contractée, mais elle éprouvait une répugnance extrême à vivre avec vous. Vous vous expliquerez avec les témoins lorsqu'ils seront ici.

Dans la soirée du 8 octobre 1862, c'est-à-dire deux mois après votre mariage, Mme Dubizy avait dîné avec vous et sa fille; elle se portait fort bien, lorsque dans la nuit elle a été prise de douleurs accompagnées de vomissements considérables; pendant cette nuit du 8 au 9, elle a été soignée par vous, vous le reconnaissez. — *R.* Non, Monsieur le Président.

D. Vous l'avez reconnu. — *R.* Je répondrai à cela.

D. Vous la soigniez tellement que, dans cette nuit, vous avez fait une ordonnance qui a été exécutée par Labainville, pharmacien à Belleville, où demeurait votre belle-mère. Cette ordonnance contenait une prescription de 10 centigrammes de digitaline et 25 centigrammes d'hydrochlorate de morphine. — *R.* Ma belle-mère était loin de se bien porter; elle avait une hypertrophie du cœur. Quelques jours avant sa mort, elle avait été obligée d'appeler un de mes confrères pour qu'il lui donnât des soins. Je dois ajouter que, deux ou trois ans auparavant, elle avait perdu une fille de la même maladie. Lorsque Mme Dubizy est tombée malade, dans la nuit du 7 au 8, à trois heures du matin, ma femme, réveillée par elle, se rendit à son appel, puis vint m'avertir qu'elle l'avait trouvée très-souffrante. Voici ce qui était arrivé. Mme Dubizy était restée trois heures les pieds sur le carreau : des témoins viendront le déposer. Lorsque je me suis rendu près d'elle, je me suis empressé d'envoyer la bonne chercher le médecin. Il a refusé de venir; alors j'ai envoyé chercher un confrère, le docteur Leboucher, rue du Faubourg-Poissonnière, mais en attendant son arrivée je ne pouvais rester en face des symptômes effrayants qui se présentaient; j'ai fait l'ordonnance dont vous me parlez : 10 centigrammes de digitaline que j'ai prescrits en deux paquets de 5 centigrammes. J'ai mis 5 centigrammes dans un grand verre d'eau. Après dix minutes, j'ai décanté, et j'ai ajouté une plus grande quantité d'eau. J'avais ordonné d'administrer une cuillerée à café tous les quarts d'heure ou toutes les demi-heures, selon la violence des symptômes.

J'ai dit à M. le Juge d'instruction ne pas m'être rappelé d'avoir prescrit de l'hydrochlorate de morphine; si je l'ai prescrit, c'était en vue d'arrêter les vomissements violents de la nuit. Voici ce que je fais en pareil cas: L'hydrochlorate de morphine appliqué sur l'estomac comme vésicatoire produit souvent des symptômes extrêmement graves; depuis que je m'en suis aperçu, je le mets dans une certaine quantité d'eau, j'agite, et, après avoir appliqué le liquide au creux de l'estomac, je paralyse cet organe pour suspendre les vomissements.

On avait donné une cuillerée à café du médicament que j'avais prescrit; le docteur Leboucher survint à ce moment; aussitôt qu'il fut arrivé, on cessa tout, et on suivit ses prescriptions. On alla chercher, chez le pharmacien, ce qu'il avait ordonné. Le lendemain soir, après la visite d'une amie, ma belle-mère voulut voir un médecin allopathe.

D. Vous ne répondez pas directement à ma question. Vous entrez dans un récit des faits qu'il est impossible de suivre; vous jetez la confusion dans tout le débat. Nous vous demandons si, dans la nuit du 8 au 9, et non dans celle du 7 au 8, votre belle-mère est tombée malade? Tous les témoins déclarent que c'est dans la nuit du 8 au 9. Ils le savent aussi bien que vous. — *R.* Ils ne peuvent le savoir.

D. Dans la nuit du 8 au 9, vous avez prescrit pour votre belle-mère une ordonnance contenant ce que j'ai dit. — *R.* Lorsque M. le Juge d'instruction m'a interrogé, j'ai répondu que j'avais prescrit de la digitaline à la dose de dix centigrammes en deux paquets. Quant à l'hydrochlorate de morphine, je ne me rappelle pas en avoir ordonné. Si je l'avais fait, je viens de dire dans quel but je l'aurais prescrit.

D. Les registres du pharmacien constatent qu'il a exécuté pour votre belle-mère, dans la nuit du 8 au 9, l'ordonnance signée de vous dont j'ai parlé. — *R.* Ma belle-mère est tombée malade dans la nuit du 7 au 8; j'ai ordonné dix centigrammes de digitaline, dont cinq ont été mis dans une grande quantité d'eau. Cette substance est insoluble; elle est d'autant plus active qu'elle est agitée plus longtemps dans l'eau pour mettre ses molécules en rapport avec celles de l'eau. Je ne l'ai pas employée autrement.

D. Avez-vous tout employé? — *R.* Je n'en ai employé que cinq centigrammes.

D. Alors qu'aviez-vous besoin d'en prescrire dix? — *R.* J'aurais pu en ordonner vingt si j'avais voulu. Est-ce que nos ordonnances ne sont pas à notre appréciation?

D. Vous avez prescrit, d'une part, dix centigrammes de digitaline, et vingt-cinq centigrammes d'hydrochlorate de morphine, de l'autre. C'était pour les administrer que vous les demandiez. Eh bien! si vous aviez été obligé de vous absenter un instant, il est bien certain que les personnes qui vous auraient remplacé auraient cru devoir exécuter l'ordonnance et administrer les médicaments prescrits? — *R.* J'ai déjà répondu de quelle manière j'emploie la digitaline, en l'agitant dans une grande quantité d'eau pour diviser et mettre en rapport ses molécules avec celles de l'eau; elle tombe ainsi au fond du verre et je décante.

D. Qu'est-ce que cela fait? — *R.* Cela fait que je n'ai pas administré cinq centigrammes.

D. Alors, je le répète, pourquoi avoir demandé dix centigrammes? — *R.* J'aurais pu en demander vingt; demander, ce n'est pas administrer.

D. Votre réponse n'est pas admissible. L'ordonnance que vous avez fait exécuter chez Labainville était bien pour votre belle-mère. — *R.* J'ai eu un enfant malade; j'ai demandé un litre de sirop de chicorée; ce n'était pas pour l'administrer tout entier à un enfant de deux mois; j'ai demandé cinq centigrammes de *semen contra;* ce n'était pas pour les administrer en totalité. Cependant vous avez les factures de Ménier qui constatent ces achats. Donc un médicament demandé n'est pas pour cela administré.

D. Je persiste à dire que, si vous prescriviez ces substances, c'était pour les administrer. — *R.* Quand le médecin est là, il sait bien à quelle dose il doit employer le médicament.

D. Un médecin n'a pas besoin évidemment de demander plus qu'il ne doit employer, et si, je le répète, vous aviez été obligé de vous absenter pour une nécessité quelconque... — *R.* Je ne me suis pas absenté; je suis resté près de ma belle-mère.

D. Vous pouviez être obligé de vous absenter, et les personnes présentes, croyant que la prescription devait être exécutée, pouvaient faire prendre toute la quantité. — *R.* Je vous demande pardon; cinq centigrammes seulement ont été mis dans un verre d'eau.

D. C'est vous qui dites cela. — *R.* Vous pouvez interroger ma femme.

D. Vos allégations sont démenties par l'ordonnance que vous avez fait exécuter. — *R.* Tout à l'heure vous parliez d'autres ordonnances. Dans l'une d'elles, un médecin, un vieux praticien, a prescrit cinquante centigrammes d'hydrochlorate de morphine; quant à moi, je vous le déclare, ma belle-mère n'a pris qu'une cuillerée à café de la digitaline préparée comme je l'ai dit. Le docteur Leboucher étant arrivé, à l'instant même ses prescriptions ont été suivies.

D. Quoi qu'il en soit, MM. les Jurés apprécieront l'allégation de l'accusation et votre réponse. Vous dites avoir prescrit dix centigrammes de digitaline et ne les avoir pas employés? — *R.* Qu'avais-je besoin d'en prescrire? L'accusation prétend que les cinquante centigrammes achetés par moi chez Ménier à ce moment étaient dans le but d'empoisonner ma belle-mère. Si telle eût été mon intention, je n'aurais pas fait faire une prescription chez son pharmacien. Il est d'ailleurs du devoir d'un pharmacien, quand une ordonnance lui paraît extraordinaire, non-seulement de ne pas l'exécuter, mais de venir trouver le médecin; si M. Labainville n'a pas agi ainsi, c'est qu'il n'a pas cru devoir le faire.

D. Il n'est pas nécessaire que les pharmaciens aillent trouver les médecins. — *R.* Voulez-vous que je vous cite des professeurs de l'Ecole de pharmacie qui le font?

D. Cela est inutile. Il tombe sous le sens qu'un pharmacien ne va pas chez le médecin lui faire des observations. La garantie du pharmacien résulte de la signature du médecin mise au bas de l'ordonnance. Enfin vous n'avez pas employé cette quantité de digitaline. MM. les Jurés apprécieront.

Nous persistons à dire que votre belle-mère est tombée malade dans la nuit du 8 au 9; elle se portait très-bien avant. On a fait appeler M. Loiseau et M. Leboucher, homœopathe; ils ont fait chacun une visite et chacun une ordonnance. Ces ordonnances n'ont pas été exécutées; les témoins le déclarent. — *R.* Quels sont ces témoins? Pas un de ceux qui seront entendus ici n'a été près de ma belle-mère. C'est moi-même qui ai fait exécuter les ordonnances.

D. Vous n'en avez fait exécuter qu'une. — *R.* Il en a donc été exécuté une; c'est déjà quelque chose.

D. Vous avez recommandé à Weber de garder l'ordonnance que vous lui remettiez; cela lui a paru très-surprenant. — *R.* Ce sont mes amis qui me l'avaient conseillé; ils m'avaient même engagé à ne pas soigner ma belle-mère, me disant: « Si vous ordonnez des médicaments, veillez à ce que chaque ordonnance soit conservée par le pharmacien. » Ces amis le diront. Ma belle-mère est tombée malade dans la nuit du 7 au 8; non-seulement les médecins ont prescrit les médicaments, mais les ordonnances ont été exécutées. Ma femme était là, continuellement au chevet de sa mère. Vous devez comprendre qu'elle ne serait pas restée sans faire exécuter les prescriptions.

D. C'est vous qui étiez là, qui faisiez tout exécuter. Le docteur Loiseau a déclaré qu'il ne voulait plus revenir, attendu qu'il n'était là que pour vous couvrir. — *R.* Je suis heureux de pouvoir répondre; il est venu la veille de la mort. D'abord, qu'entendez-vous par ces mots : « me couvrir? »

D. C'est le mot dont il s'est servi; il parlait de sa responsabilité. — *R.* Je vais donner, Messieurs les Jurés, une preuve de ce que faisait le docteur Loiseau, et comment il a pu employer cette expression. D'abord il n'est pas possible qu'il se soit respecté assez peu pour tenir un tel propos, et je dis qu'il n'a pu le tenir.

D. Il l'a tenu. Vous êtes en contradiction avec lui. — *R.* Il a vu ma belle-mère la veille de sa mort, il lui a ordonné un médicament; le lendemain matin, il a ordonné une potion. Quelques heures après, dans la journée, il l'a saignée. Est-il possible de suivre une médication plus énergique? En quoi l'ai-je gêné?

D. Ses ordonnances n'ont pas été exécutées. Labainville n'en a trouvé sur ses registres aucune trace. — *R.* Il a prescrit le traitement qui a été suivi dans la nuit; il y avait près de ma belle-mère M. Burguet et sa femme, ses amis; M. Burguet est médecin.

D. C'est la domestique de votre belle-mère qui a déclaré à un témoin qu'aucune des ordonnances des autres médecins n'avait été exécutée, et M. Loiseau a dit au docteur Miquel qu'il ne voulait plus revenir, parce qu'il ne faisait plus que couvrir le gendre. — *R.* Ma femme n'a pas quitté le lit de sa mère; celle-ci a vu les médecins Loiseau et Leboucher; leurs prescriptions ont été suivies.

D. Les témoins déclarent le contraire. — *R.* Pas un seul n'était auprès de ma belle-mère.

D. La domestique l'a dit. — *R.* Il n'est pas possible d'admettre que la fille n'ait pas fait exécuter les remèdes prescrits pour sa mère.

D. Votre femme n'a pas été entendue dans l'instruction; nous ne croyons pas qu'elle puisse l'être ici. Mais il résulte des dépositions des témoins, de la domestique de votre belle-mère, laquelle domestique n'a pu être retrouvée, que les prescriptions du docteur Loiseau n'ont pas été exécutées; il n'y a eu que la vôtre. — *R.* Elles ont été très-bien exécutées; et, en quelques heures, il y a eu plusieurs potions données et une saignée pratiquée.

D. On entendra, à cette occasion, le pharmacien. Votre belle-mère était au plus mal; le lendemain matin, 9, un médecin, oculiste, je crois, M. Burguet, très-lié avec elle, est venu s'installer chez elle; il y a passé la journée et la nuit. Pendant qu'il était là, l'état de votre belle-mère s'était sensiblement amélioré; il l'a quittée le soir. A ce moment, il la considérait comme sauvée; et il s'en allait dans cette conviction. — *R.* C'est-à-dire que les vomissements étaient arrêtés; mais elle n'était pas mieux, au point de vue de la maladie. Moi-même je l'ai trouvée mieux, puisque je l'ai quittée le matin pour aller voir mes malades et ne revenir que le soir.

D. Niez-vous ce fait : que le docteur Burguet la trouvait tellement bien, qu'il la croyait sauvée ? — *R.* Je ne veux rien nier, je ne connais pas sa déposition ; quand il sera ici nous verrons.

D. Après le départ de M. Burguet, vous êtes resté seul quelques instants avec votre belle-mère, puis vous êtes parti malgré votre femme, qui voulait vous retenir. Les vomissements ont aussitôt recommencé ; l'état de la malade s'est aggravé considérablement. C'est alors qu'on est allé chercher en toute hâte le docteur Loiseau. Dans la journée, il a ordonné une potion calmante ; mais il était trop tard, et, quelques heures après, la mort est arrivée. — *R.* C'est complètement inexact. Vous reconnaissez que le docteur Loiseau a donné une potion calmante ; si ma belle-mère avait eu des vomissements, il ne l'aurait pas saignée. Elle a eu une congestion pulmonaire ; d'après les renseignements qui m'ont été donnés, elle a rendu énormément de sang par la bouche ; elle a eu des symptômes congestifs. On est allé chercher le docteur Loiseau, qui a fait une saignée abondante. Je suis très-heureux de ne m'être pas trouvé là, car je me serais opposé à cette saignée, d'après mes opinions ; peut-être la mort ne s'en serait pas moins suivie, et aujourd'hui l'on m'en ferait un grief. Je le répète, le docteur Loiseau ne l'a saignée qu'à cause des symptômes nouveaux, et non pour les vomissements qui n'avaient pas reparu.

D. Cette mort de votre belle-mère a causé dans le quartier une impression extraordinaire ; tout le monde s'est demandé comment cette femme, qui se portait si bien, avait pu être enlevée aussi vite. Les uns pensaient à un anévrisme ; d'autres croyaient au choléra, d'autres à une apoplexie. Le docteur Burguet même et le docteur Leboucher ont cru au choléra. C'est le docteur Loiseau qui a dit à un témoin, Lelandais : « Elle a eu le choléra comme moi ! » Quant à vous, pensez-vous qu'elle a eu le choléra ? — *R.* Les symptômes de la nuit sont des symptômes cholériformes, dus, selon moi, à ce que ma belle-mère est restée les pieds sur le carreau ; en dehors de cela, elle avait une hypertrophie du cœur. Je ne me rappelle pas avoir dit à des personnes qu'elle avait eu le choléra ; cependant je me l'explique : en ne considérant que les symptômes saillants qui s'étaient manifestés, j'ai pu le dire. Nous autres homœopathes, nous ne considérons pas les noms des maladies ; nous ne traitons que les symptômes ; mais j'ai pu me servir de ce mot « choléra », pour me faire comprendre des personnes qui m'interrogeaient, et qui sont toujours heureuses de rattacher un mot à une idée. D'après ce que j'ai prescrit, je pensais à autre chose qu'au choléra, puisque j'ai ordonné la digitaline, qui, dans ma pensée, répondait à des symptômes autres que des accidents cholériformes. Ce sont les symptômes du cœur pour lesquels j'ai ordonné le médicament.

D. Que sont devenus les cinq centigrammes de digitaline que vous n'avez pas employés ? — *R.* Ma femme avait une quantité de médicaments venant de sa sœur et de sa mère ; après la mort de sa mère, elle a tout détruit ; faites-la venir ici, elle vous dira la vérité.

D. C'est votre femme qui aurait détruit le reste des médicaments ? — *R.* Oui, Monsieur le Président.

D. C'est la première fois que vous le dites. — *R.* Qui me l'a demandé ?

D. On vous a interrogé sur la mort de votre belle-mère, sur l'ordonnance que vous aviez fait faire chez Labainville ; jamais vous n'avez parlé de ce que vous dites aujourd'hui. — *R.* Pourquoi le dirais-je, si ce n'était pas ainsi ?

D. Vous dites que votre femme a détruit ces médicaments ? — *R.* Vous pouvez la faire venir.

D. Non, nous ne la ferons pas venir. — *R.* A la mort de sa mère, elle avait une quantité de médicaments provenant de la maladie de sa sœur, morte de la même affection.

D. Vous, médecin, vous laissiez entre les mains de votre femme des poisons aussi dangereux ? — *R.* Ils étaient dans une armoire fermant à clef.

D. Ils étaient à sa disposition, puisqu'elle les a détruits.

Le 4 octobre, c'est-à-dire quelques jours avant la maladie de votre belle-mère, vous aviez acheté chez Ménier 50 centigrammes de digitaline. Qu'aviez-vous besoin d'en demander encore 10 au pharmacien Labainville ? — *R.* Vous le voyez bien ; puisque j'en avais déjà 50 centigrammes, pourquoi en aurais-je demandé chez M. Labainville ? Je l'ai dit tout à l'heure ; c'était inutile, surtout quand les experts viennent vous déclarer que quelques centigrammes sont suffisants pour donner la mort.

D. Vous ne répondez pas à ma question. — *R.* Comment ?

D. Pourquoi avez-vous acheté 50 centigrammes de digitaline, le 4 octobre, chez Ménier, et qu'aviez-vous besoin d'en demander 10, le 8, chez Labainville ? — *R.* Je ne les ai pas achetés pour ma belle-mère chez Ménier ; savais-je qu'elle serait malade ? J'en avais besoin pour moi ; j'aurais pu en demander quelques jours après, cela ne signifierait rien.

D. Vous ne pouvez établir l'emploi de cette substance. — *R.* Je ne puis établir l'emploi de mes médicaments depuis que je suis docteur en médecine.

D. Selon vous, de quoi est morte votre belle-mère ? — *R.* Pendant mon absence, elle a eu des convulsions ; elle avait eu auparavant des vomissements.

D. De quoi est-elle morte ? — *R.* Je crois qu'elle est morte d'une congestion pulmonaire.

D. Les experts ont examiné le cadavre ; mais cet examen a eu lieu deux ans et trois mois après la mort. Ils ont été étonnés d'un bon état de conservation extérieure ; mais à l'intérieur il n'en était pas ainsi. Les organes étaient mêlés ensemble ; il a été impossible de pouvoir faire des constatations aussi exactes que sur le cadavre de Mme de Pauw. Cependant ils déclarent que, selon eux, elle n'est morte d'aucune maladie, qu'elle a été surprise dans le cours de la santé la plus florissante par une maladie subite, qui n'est ni l'apoplexie, ni une congestion pulmonaire, ni le choléra. Vous vous expliquerez à cet égard avec eux. Nous disons seulement ce qui résulte de leur déclaration. Encore une fois, selon eux, elle a succombé à une maladie très-rapide, survenue pendant le cours d'une très-florissante santé. — *R.* Comment les experts peuvent-ils le savoir ?

D. Vous discuterez cela avec eux.

Vous avez parlé de choléra : d'après les témoins, votre femme, qui avait raison de s'enquérir du genre de maladie de sa mère, vous interrogea à cet égard. Vous lui auriez répondu qu'en effet sa mère avait le choléra ; vous l'avez dit également à Weber, le pharmacien. — *R.* Le docteur Leboucher lui-même a cru à une attaque de choléra ou à une violente cholérine. Je vous ai dit comment je m'explique qu'en prenant seulement les symptômes les plus violents, on ait pu croire à la cholérine ; mais, en dehors de la cholérine et du choléra, il y avait des accidents du cœur avec quelques symptômes accessoires; ils étaient sinon plus graves, du moins aussi graves que ceux qui se sont manifestés pendant la nuit. Du reste, j'explique ces vomissements par cette circonstance que ma belle-mère est restée les pieds sur le carreau.

D. Si elle n'avait eu que ces vomissements? — *R.* Cela aurait suffi pour amener la congestion du poumon.

D. Les experts déclarent qu'elle n'a pas eu de maladie du cœur; qu'elle n'est pas morte d'un anévrisme. — *R.* Il n'est pas admissible que des experts, après deux années, puissent déclarer cela.

D. Ils expliquent qu'elle n'est morte ni d'un anévrisme, ni d'une hypertrophie du cœur, ni d'une congestion pulmonaire, ni du choléra, mais qu'elle a été surprise dans le cours d'une santé très-florissante par l'invasion d'une maladie subite. Vous avez dit vous-même à Weber qu'elle était morte du choléra. — *R.* J'ai eu l'honneur de dire pourquoi.

D. Vous avez rencontré Uzanne après le décès de votre belle-mère; vous lui avez laissé entendre qu'elle s'était empoisonnée. Il déclare qu'en apprenant votre arrestation, il a frémi en songeant à la mort de Mme Dubizy. — *R.* Je nie formellement le propos. Les témoins viendront, nous les entendrons. J'ai pris note de ce qu'il résulte de leurs déclarations.

D. J'ai vu dans ces déclarations que M. Uzanne, en apprenant votre arrestation, avait frémi en songeant à la mort de Mme Dubizy.

Le 10, après le départ de M. Burguet, vous êtes resté seul avec votre belle-mère, puis vous êtes parti pour Paris : en revenant, vous avez appris sa mort. Alors, vous vous êtes approché du corps; vous vous êtes assuré qu'elle était bien morte, comme vous l'avez fait plus tard à l'égard de Mme de Pauw; puis vous avez emmené votre femme, et vous avez abandonné complétement le cadavre à des soins étrangers. Vous vous êtes emparé de toutes les valeurs de la succession, et vous vous êtes opposé à ce que le notaire fît un inventaire. Par conséquent, il est impossible de savoir ce que votre belle-mère a laissé. — *R.* C'est complétement inexact sur tous les points. Quand je suis revenu de Paris, ma femme est venue au-devant de moi; nous rencontrâmes dans la rue M. Burguet, qui nous apprit la mort et emmena ma femme chez lui. Mon premier soin, quand je sus que ma belle-mère venait de succomber, ce fut de courir auprès d'elle, de faire non-seulement mon office de gendre, mais de médecin. Avant tout, je devais m'assurer si la mort était réelle; car, s'il y avait eu une lueur d'espoir, j'aurais employé tous les moyens possibles pour la rappeler à la vie. Après avoir reconnu qu'elle était bien morte, je me suis retiré. Croyez-vous qu'il me fût bien agréable de rester dans l'appartement où je venais de perdre ma belle-mère? J'ai trouvé un ami, M. Burguet, qui nous a offert l'hospitalité; nous avons dû l'accepter, nous l'en remercions. Quant aux valeurs, je déclare d'une manière formelle que nous n'avons rien emporté. C'est ma femme elle-même qui s'est rendue plus tard, en compagnie de M. et de Mme Burguet, dans la maison de sa mère, et a pris quelques valeurs qui s'y trouvaient. Quant aux autres, elles se composaient d'une rente sur l'État, qui, depuis, a été passée sur la tête de ma femme, et d'actions de la Banque de France, qui ont été également passées sur sa tête. Mon avocat prouvera les faits avec les actes et les documents. L'accusation me reproche de m'être opposé à l'inventaire; je le crois bien, que je m'y suis opposé, il ne s'agissait que de meubles de très-peu de valeur. Il était de l'intérêt du notaire de faire cet inventaire, parce que cela rapporte toujours quelque chose; mais j'étais marié sous le régime de la séparation de biens. Si donc ma femme l'avait voulu, il aurait été fait.

D. Le notaire déclare que vous y êtes opposé. — *R.* Si ma femme y a renoncé, c'est qu'elle s'est rendue au sage conseil que je lui ai donné plutôt qu'à celui du notaire. Si je lui ai donné ce conseil, c'est dans son intérêt plutôt que dans le mien.

D. Comment! dans son intérêt? Elle était mariée sous le régime de la séparation de biens : si elle n'avait pas d'inventaire, il était impossible de savoir de quoi se composait sa fortune, tandis que, avec un inventaire, on pouvait savoir ce que cette fortune était devenue. — *R.* Ma femme était libre de faire ce que bon lui semblait; elle était libre d'exiger un inventaire; si elle ne l'a pas fait, c'est qu'elle a cru mes conseils plus sages que ceux du notaire.

D. C'est vous qui l'en avez empêchée. — *R.* Je lui ai donné ce conseil parce que les meubles n'en valaient pas la peine.

D. Il ne s'agissait pas des meubles, mais des valeurs. — *R.* Mais les valeurs ont été transférées sur la tête de ma femme.

D. A la mort de Mme Dubizy, on n'a constaté qu'une rente sur l'État, de 414 fr., et quatre actions de la Banque de France; il est évident que votre belle-mère ne pouvait vivre avec ce revenu; elle devait avoir d'autres valeurs. Des témoins ont été entendus à ce sujet : d'après le notaire, qui connaissait sa fortune, elle avait 45 à 50,000 fr.; vous deviez bientôt la quitter pour aller habiter avec votre femme, rue des Saints-Pères, où vous aviez déjà loué un logement. Elle serait restée seule; ce n'est pas avec le revenu dont nous parlons qu'elle aurait pu vivre et payer le loyer de sa maison. — *R.* Mon défenseur répondra à tout cela avec des actes; mais ce que je puis dire, c'est que ma belle-mère était sans fortune; elle avait épousé M. Dubizy, inspecteur d'un corps d'armée sous l'Empire; il avait de la fortune; mais il a tout passé sur la tête de ses enfants. Mme Dubizy n'a hérité que d'une part de la succession d'une de ses filles, l'autre fille, ma femme, ayant eu le reste. Mon défenseur vous établira d'une manière exacte de quoi se composait la fortune de Mme Dubizy.

D. De quoi vivait-elle? — *R.* Des rentes qui lui revenaient de sa fille; cela sera expliqué.

D. Voilà la première fois que vous dites cela. On vous a demandé, dans l'instruction, en quoi consistait la fortune de votre belle-mère; vous, le mari de sa fille, vous deviez le savoir? — *R.* Je répondrai non avec des paroles, mais avec des faits; mon défenseur s'en chargera.

D. Quand vous avez été interrogé, vous n'avez su que répondre; vous avez déclaré que vous ne pouviez dire ce que votre belle-mère avait laissé.

A l'époque de cette mort, vous aviez des sommes considérables à payer. Une note de votre main constate que, du 8 août 1861, jour de votre mariage, jusqu'au 1er juin 1862, vous avez dépensé, en cadeaux de noce et en mobilier, 18,000 fr.; on y voit que l'enterrement de votre belle-mère, son loyer, ses dettes, ont coûté 8,000 fr.; vos frais de maison, à vous, pendant la même période de temps, se sont élevés à 7,000 fr.; vous avez payé à Gastier et à Pichevin 6,000 fr., dites-vous ; l'accusation prétend que vous n'avez payé que 3,000 fr., et que les sommes déguisées sous cette mention ont servi probablement à solder les agents d'affaires qui vous avaient fait connaître Mlle Dubizy. Quoi qu'il en soit, voilà 43,000 fr. au moins que vous avez payés depuis votre mariage jusqu'en juin 1862. Comment avez-vous pu les payer ? — R. Cette note est complètement fausse.

D. Comment ! elle est fausse ? — R. Je vais le prouver. Si vous voulez si bien relever les notes, il faut les relever exactement. Non-seulement celle-ci est fausse par rapport à mes dépenses de mariage, mais encore relativement à M. Gastier et à M. Pichevin, car je ne leur ai pas donné 6,000 fr. J'ai mis ces chiffres pour établir une différence entre ce que j'ai payé et ce que j'aurais eu à payer. J'avais trouvé une personne qui avait acheté pour mon compte à un prix excessivement minime les objets dont j'avais besoin. Ainsi, le chiffre de 18,000 fr. pour la corbeille de mariage n'est pas exact.

D. Puisque vous nous le demandez, nous allons lire la note, et nous ferons comprendre à MM. les Jurés, si toutefois nous le pouvons, votre explication, qui est la même que celle que vous donniez hier à l'occasion des sommes que vous remettiez à Mme de Pauw. — R. Je jure que telle est la vérité.

D. Messieurs les Jurés, voici la note ; elle est écrite de la main de l'accusé.

Du 8 août 1861 au 1er juin 1862, il a été dépensé ou payé 43,000 fr.

« Cadeaux de noces et mobilier. . fr. 18,000
« Enterrement, dettes. 8,000
« Frais de maison. 7,000
« A Gastier et Pichevin. . . . 6,000
« Avec ce qui me restait d'argent, 4,000
j'ai acheté des Midi. »

Total 43,000 fr., dont vous avez disposé. Or, lors de votre contrat de mariage, vous n'aviez annoncé que des valeurs qui ne vous appartenaient pas, et seulement pour une somme de 21,000 fr. — R. Cette somme m'appartenait, je l'ai dit hier.

D. Si vous aviez eu à votre disposition, lors de votre mariage, des valeurs pour 43,000 fr., vous les auriez fait porter dans le contrat. — R. J'ai dit hier que ma belle-mère ne voulait pas de valeurs étrangères.

D. L'accusé prétend, messieurs les Jurés, que cette somme de 18,000 fr., qu'il constate avoir dépensée ou payée, indique un bénéfice qu'il aurait réalisé ; c'est la différence entre les dépenses qu'il aurait été obligé de faire pour son mariage et celles qu'il a faites réellement. — R. Cela est tellement vrai, que je vous prie de mettre sous les yeux de MM. les Jurés la note des dépenses que j'ai réellement faites ; vous l'avez entre les mains.

D. Il y a une note donnée par Lelienthal, votre ami. — R. Il y en a une écrite de ma propre main.

D. C'est la même que celle de Lelienthal. — R. Nécessairement, puisque c'est la vérité. Je vous prie d'en donner lecture à MM. les Jurés.

D. Nous ne pouvons entrer dans tous ces détails. — R. Vous donnez lecture d'une note fausse, invraisemblable ; je vous prie de donner lecture de la note vraie.

D. Comment ! une note fausse ! elle est écrite par vous. — R. L'autre aussi ; donnez-en lecture.

D. L'une contient les détails, et l'autre l'ensemble. — R. Je vous prie de lire les détails de tout l'argent que j'ai payé.

D. Rien ne constate que toutes les dépenses soient portées sur la note, attendu qu'il n'y figure pas de mobilier complet. La note porte : cadeaux de noce et mobilier, 18,000 fr. Vous avez dépensé 9,000 fr. chez Lelienthal. — R. Voulez-vous avoir la bonté de relever sur les registres les sommes que j'ai dépensées pour mes meubles, et vous aurez la somme de 18,000 fr. Quant à la corbeille, veuillez donner à MM. les Jurés lecture de la note que vous avez sous les yeux ; j'y tiens essentiellement.

D. Vous en ferez donner lecture dans la plaidoirie. — R. C'est écrit jour par jour ; il ne peut y avoir d'erreur, et de plus ces payements sont en rapport avec les notes de M. Lelienthal, relatées sur ses livres. C'est avant la mort de Mme Dubizy.

D. Rien ne le constate. Tous les payements, au contraire, sont postérieurs à la mort de votre belle-mère. Vous faites le résumé de vos dépenses du 8 août 1861 au 1er juin 1862, et en y ajoutant 2,000 fr. pour l'impression de votre ouvrage sur le cours d'homœopathie, cela fait 45,000 fr. — R. Vous laissez de côté la note véritable ; puisque vous l'avez, lisez-la.

D. Vous voulez établir que la note de Lelienthal comprend tout ? Elle ne comprend que 9,500 fr., et vous l'avez payée après le décès de votre belle-mère. R. — La seconde note est seule vraie, puisqu'elle est en rapport avec les livres de M. Lelienthal.

D. Pourquoi écrivez-vous que vous avez payé vos cadeaux de noces et votre mobilier 18,000 fr. ? — R. C'est pour établir une différence entre ce que j'ai payé et ce que j'aurais dû payer.

D. A quel propos établissez-vous cette différence ? — R. Il était inutile que j'indiquasse à ma femme à quel prix au juste montaient mes cadeaux de noces ; mais je voulais, à un moment donné, pouvoir lui montrer que je les avais payés plus cher qu'en réalité ils ne m'avaient coûté.

D. Alors vous avez cherché encore à tromper votre femme ? — R. Il ne peut y avoir là de tromperie. Je ne réponds plus. MM. les Jurés sont mariés, ils ont des enfants, ils apprécieront.

D. L'accusation prétend que vous n'aviez rien à vous ; que vous avez trompé Mme Dubizy, votre belle-mère, aussi bien que votre femme, sur les valeurs que vous apportiez en mariage. Et, en effet, il est certain que les valeurs que vous avez consignées dans votre contrat de mariage ne vous appartenaient pas ; elles ont été empruntées par Lelienthal à M. Pelardy de la Neuville pour vous les prêter, et vous les avez restituées le jour même du contrat. Vous ne pouvez établir avoir eu d'autres valeurs ; vous avez parlé d'Espagnols et d'Autrichiens sans dire en quoi consistaient ces valeurs et où vous les aviez achetées ; vous ne possédiez donc rien. Quand on vous voit dépenser, dans le cours de moins d'une année, 43,000 fr., l'accusation prétend qu'ils ont été pris par vous dans la succession de votre belle-mère. Vous dites que les dépenses ainsi portées par vous signifient le bénéfice que vous avez fait en achetant moins cher ce que vous auriez eu à payer plus cher, de même qu'au sujet de Mme de Pauw, cette mention M^e dep. voulait dire la différence entre les courses en cabriolet et celles en omnibus. MM. les Jurés se demanderont si une comptabilité a jamais été tenue ainsi. — R. Ce n'est pas une comptabilité de commerçant.

D. En effet, c'est une comptabilité tout à fait particulière. — R. C'est avant la mort de ma belle-mère que j'ai déposé des valeurs étrangères pour avoir des valeurs françaises. Où me suis-je procuré ces valeurs étrangères ? Puisque ma belle-mère n'était pas morte, elles ne pouvaient venir d'elle,

D. Vous ne pouvez établir avoir eu des valeurs étrangères. — *R.* Par une raison bien simple : c'est que j'étais dans une situation d'esprit assez difficile ; enfermé dans un cachot, il m'a été impossible de me rappeler les opérations que j'avais faites en dernier lieu.
D. Nous ne pouvons admettre cela ; nous ne pouvons croire qu'en se reportant à deux ans, on ne puisse savoir quelles valeurs on avait alors. — *R.* Vous avez les bordereaux entre les mains, consultez-les.
D. Vous avez parlé de valeurs autrichiennes ; quelles valeurs autrichiennes ? — *R.* Reportez-vous aux bordereaux que vous avez.
D. Combien aviez-vous de Mobiliers espagnols ? — *R.* Je ne me le rappelle pas ; veuillez vous reporter aux bordereaux.
D. Il n'y a pas de bordereau antérieur au décès de votre belle-mère. Je vous demande quels autrichiens vous aviez ? — *R.* Je ne me le rappelle pas et ne puis me le rappeler ; mais j'avais des valeurs équivalentes et même supérieures à celles qu'on m'a prêtées.
D. Indiquez-moi quelles valeurs autrichiennes vous aviez ? — *R.* C'étaient des chemins de fer autrichiens.
D. C'est la première fois que vous le dites. Combien en aviez-vous ? — *R.* Je ne me le rappelle pas.
D. Chez qui les aviez-vous achetés ? — *R.* Je les avais achetés comme les autres ; je me trouvais en rapport avec un de mes amis, qui était à la tête de la plus forte maison de la coulisse ; il m'a fait une quantité d'opérations. Vous avez tous les bordereaux entre les mains, vous pouvez vous en assurer.
D. Oui, des opérations faites depuis la mort de votre belle-mère ; mais avant, il n'y a rien.
Quoi qu'il en soit, puisque vous aviez à votre disposition 43.000 fr., que vous avez dépensés depuis votre mariage, vous auriez dû les faire comprendre dans votre contrat ; votre belle-mère se serait parfaitement contentée de 43,000 fr. argent. — *R.* Je n'ai pas besoin de revenir sur ma réponse.
D. Aux 43,000 fr. dépensés jusqu'au 1ᵉʳ juin 1862, il faut ajouter 4,000 fr. qu'au mois de décembre vous avez prêtés à Desmidt ; les 5,000 fr. de valeurs que vous avez remises à Lelienthal ; 1,200 fr. déboursés pour l'impression de votre ouvrage ; 15,433 fr. payés aux Compagnies d'assurances, plus dépenses de ménage ; il faut encore ajouter, selon vous, 13,000 fr. donnés à Mᵐᵉ de Pauw en septembre dernier. Nous arrivons ainsi à 81,000 fr. que vous auriez eus à votre disposition et que vous auriez dépensés depuis votre mariage jusqu'à votre arrestation. — *R.* Comment ! 81,000 fr. ! Vous prenez toujours la fausse note ; vous laissez de côté la véritable qui est en rapport avec les livres de M. Lelienthal.
D. Arrivons aux détails, puisque vous le voulez. Selon vous, les 18,000 fr., montant des cadeaux de noces et du mobilier, c'est une mention fausse ; il faut la réduire à 9,500 fr. Pour l'enterrement et les dettes de Mᵐᵉ Dubizy, il y a 8,000 fr. — *R.* Du tout, c'est ma femme qui a payé l'enterrement ; il n'a pu coûter 8,000 fr.
D. Permettez ; il y a enterrement, dettes de Mᵐᵉ Dubizy, loyer, frais de maison, 8,000 fr. ! Est-ce exact ? — *R.* Du tout ; cette note n'est pas exacte. C'est tellement vrai que vous voyez, pour la corbeille de noces, qu'il faut la réduire à 9,500 fr.
D. Ne me faites pas dire ce que je n'ai pas dit. L'accusation soutient que tout n'est pas compris dans la note de Lelienthal ; mais je réduis, si vous voulez, cette somme à 9,500 fr. ; je passe donc à : « enterrement, dettes, loyer et frais de maison 8,000 fr. »
Combien avez-vous dépensé ? — *R.* Pour l'enterrement, on a dépensé 2,000 fr ; 4,000 fr. ont été payés pour les dettes ; cela fait 6,000 fr. Cela peut s'élever à une somme supérieure, je n'en sais rien ; c'est ma femme qui a payé.
D. Comment donc établissez-vous que le chiffre de 8,000 fr. n'est pas exact ?
Mᵉ Lachaud. — Mᵐᵉ de la Pommerais est héritière de sa mère ; c'est elle qui a payé tout cela.
M. le Président. — L'accusé indique lui-même ce que sa femme a payé.
— (A l'accusé :) Combien avez-vous payé à Gastier et à Pichevin ? — *R.* Je l'ai dit : à M. Pichevin, 1,500 fr., et à M. Gastier 3 ou 4,000 fr.
D. Vous lui avez donné 1,500 fr. — *R.* Et 2,000 fr. la première année.
D. Vous les aviez donnés en 1858 ! — *R.* Je ne les ai pas moins donnés.
D. Il est question ici des dépenses depuis le 8 août 1861 jusqu'au 1ᵉʳ juin 1862. — *R.* Donc, la note est inexacte, puisqu'une somme de 1,000 écus y est comprise pour ce qui a été remis à M. Gastier et à M. Pichevin.
D. Vous avez acheté pour 4,000 fr. d'actions du Midi ? — *R.* Je ne me le rappelle pas ; vous avez tous les bordereaux entre les mains.
D. Soit. La note ne doit, dans votre système, être réduite que de 9,500 fr. Maintenant, vous avez prêté à Desmidt 4,000 fr. ; vous avez prêté 5,000 fr. à M. Lelienthal en actions du Midi qu'il a entre les mains. Vous avez dépensé 1,200 fr. pour l'impression de votre ouvrage ? — *R.* Parfaitement.
D. Vous avez payé aux Compagnies d'assurances 15,400 fr. environ ? — *R.* Oui.
D. Cela fait 68,633 fr., et, en retranchant les 9,500 fr. que vous prétendez ne devoir pas y être compris, cela fait 59,133 fr. — *R.* D'abord, le prêt fait à Desmidt a été pris sur des actions du Midi, qui doivent faire partie des actions appartenant à ma femme. Cela est très-important.
D. Vous avez remis à Mᵐᵉ de Pauw 13,000 fr. Eh bien ! nous sommes à 72,000 fr. Voilà donc les sommes que vous avez dépensées depuis votre mariage jusqu'à votre arrestation. — *R.* Mais, monsieur le Président, j'ai eu l'honneur de vous le dire, dans cette somme, il y a 5,000 fr. prêtés à M. Lelienthal qui ne sont pas de l'argent ; ce sont des actions qui ont été déposées entre ses mains, pour lui permettre de faire un emprunt. D'un autre côté, il y a 8,000 fr. qui ont été prélevés sur l'héritage de ma belle-mère. 8,000 fr., plus 5,000 fr., c'est donc 13,000 fr. qu'il faut mettre de côté.
D. Aujourd'hui, votre femme n'a d'autre fortune que celle-ci : 3,000 fr. de rentes sur l'État, et 60 actions du Midi ; voilà ce qui lui reste ; quant à vous, vous n'avez rien. — *R.* J'ai 10 actions du Midi ; de plus, 4,000 fr., que j'ai prêtés à Desmidt ; plus, 3,000 fr. qui ont été trouvés dans mon secrétaire ; cela fait 17,000 fr.
D. Votre femme a déclaré réclamer comme étant à elle les dix actions du Midi dont vous parlez, lesquelles font partie des 60. — *R.* Mon défenseur répondra à cela.
D. Quant aux 4,000 fr. prêtés à Desmidt, votre femme les réclame aussi ; elle croyait avoir à elle les actions du Nord que vous avez vendues. — *R.* Mon défenseur répondra avec les actes en main.
D. Il expliquera d'une manière plus claire que vous, probablement, comment cette note a été faite, et dans quel intérêt vous la faisiez fausse.

MM. les Jurés ont-ils quelques questions à adresser à l'accusé?

Un Juré. — Nous voudrions savoir si les lettres qui ont été mises à la poste le 17, jour de la mort de Mme de Pauw, sont datées?

M. le Président. — Non; elles n'ont aucune date; elles n'ont que le timbre de la poste. Le directeur du bureau où elles ont été mises déclare que ces lettres, au nombre de trois, et dont l'une est adressée au docteur Gaudinot, par laquelle elle le prie de venir la voir, alors qu'il était venu à deux heures, le directeur du bureau de poste déclare que ces lettres ont été été mises à la poste entre 5 et 6 heures du soir. Nous avons fait remarquer que deux d'entre elles sont renfermées dans des enveloppes bleues, tandis que les lettres écrites dans les derniers temps de la vie sont renfermées dans des enveloppes jaunes.

L'interrogatoire est terminé.

M. le Président. — Nous allons maintenant passer à l'audition des témoins.

M. Gouchon (Louis-Honoré), employé. — Je suis le beau-frère de Mme de Pauw, ayant épousé sa sœur aînée. J'ai eu connaissance de la mort le jour même, à une heure ou deux heures de l'après-midi. Le lendemain matin, ma femme a reçu une lettre de sa sœur, lui annonçant sa maladie. C'est moi qui la lui ai remise. Elle était parfaitement écrite et bien tournée, comme elle ne les faisait pas d'ordinaire. Après l'enterrement, ma femme m'a déclaré qu'on lui avait dit que la mort de sa sœur n'était pas naturelle. J'ai été désolé de n'avoir pas su la maladie, afin d'assister à ses derniers moments. J'ai trouvé cette mort d'autant plus surprenante que, quelques jours auparavant, ma belle-sœur était venue déjeuner avec ma femme, pendant que j'étais à mon bureau; elle ne lui avait pas paru plus malade qu'à l'ordinaire. Dans sa lettre, Mme de Pauw se disait alitée depuis plus de quinze jours; cela me paraissait un peu drôle. On avait dit à ma femme que sa sœur simulerait une maladie dans le but de changer un contrat d'assurance d'une somme importante, sans dire laquelle, en une rente viagère. D'après ce que je savais, j'ai dit : « Cela me paraît grave, il faut en donner connaissance à la Justice. » J'ai fait ma déclaration.

D. C'est effectivement vous qui avez déclaré à la Justice les soupçons que la mort de Mme de Pauw vous inspirait. Vous n'avez fait cette déclaration que par suite de ce que vous avez entendu dire? — *R.* Oui, je ne voyais plus Mme de Pauw depuis le jour de son mariage.

D. Vous dites qu'elle venait déjeuner chez vous? — *R.* Ma femme la voyait, mais pas moi.

D. Votre femme ne venait-elle pas à son secours? ne lui donnait-elle pas quelques sommes d'argent? — *R.* Souvent, quand elle pouvait; cela m'est égal à loin, qu'en dernier lieu elle lui a donné des bijoux et des vêtements qu'elle a mis au Mont-de-piété.

D. Ainsi, son état était très-misérable? — *R.* Très-misérable, surtout depuis qu'elle avait été saisie plusieurs fois, et que tous ses tableaux avaient été enlevés sans lui rien produire.

D. Elle n'a pas dit à votre femme qu'elle allait commencer à faire la malade; mais auparavant elle lui avait dit qu'elle serait obligée de faire la malade, pour donner des inquiétudes aux Compagnies d'assurances, et arriver ainsi à obtenir une rente viagère de 3,000 f.? — *R.* Ma femme m'a raconté cela le samedi.

D. Après la mort? — *R.* Quelques jours après l'enterrement.

D. Vous avez cru devoir aller faire votre déclaration à la Justice; vous avez bien fait. — *R.* J'étais allé annoncer la mort au père; il avait été averti par une lettre semblable à celle qu'avait reçue ma femme.

D. Cette lettre est au dossier. — *R.* Dans la lettre à ma femme, elle disait qu'elle gardait le lit depuis quinze jours; cette lettre était parfaitement bien écrite. C'était la première que je voyais d'elle depuis que nous n'avions plus de relations ensemble; j'ai dit : « Elle a bien appris à écrire, son style a bien gagné! »

D. Accusé, avez-vous quelque question à faire au témoin?

L'accusé. — Je ferai remarquer que Mme de Pauw est morte le 17; le 19, ont eu lieu les obsèques. M. Testu, le frère, est venu à Paris ne sachant rien. S'il y avait eu quelques mesures à prendre, elles auraient été prises par lui sur les renseignements que lui auraient donnés les confidentes.

D. Ce n'est pas le frère de Mme de Pauw qui a fait la déclaration, c'est le témoin, qui vient de dire à MM. les Jurés dans quelle circonstance et pourquoi il l'avait faite.

M. Gouchon. — Je l'ai faite à l'insu du frère de Mme de Pauw; il y avait eu un conseil de famille après les obsèques, et le soir même M. Testu était parti, emportant les papiers qui avaient été déposés provisoirement chez moi.

D. C'est le 21 que vous avez fait votre déclaration?

M. Gouchon. — C'est le samedi 21, j'en suis certain.

Me Lachaud. — Depuis combien d'années n'aviez-vous pas vu Mme de Pauw?

M. Gouchon. — Depuis le jour de son mariage, le 9 janvier 1849.

M. le Président. — Pourquoi aviez-vous cessé de la voir?

M. Gouchon. — A cause de son caractère, qui la rendait excessivement jalouse de ma femme. Elle était venue pendant cinq ans à la maison pour tâcher d'apprendre un état qui la mît à l'abri du besoin. Je l'avais mise dans plusieurs maisons; on l'avait toujours remerciée. On lui a fait apprendre la peinture et le dessin, parce que ma femme apprenait le dessin.

D. C'est à cause de son caractère que vous étiez brouillé avec elle; mais votre femme continuait de la voir?

M. Gouchon. — Depuis la mort de son mari seulement, alors qu'elle était dans le besoin.

Jeanne-Marie Testu, femme Gouchon, femme du précédent témoin, sœur de Mme de Pauw, artiste peintre.

Le témoin est en deuil et voilée.

M. le Président. — Levez votre voile. Racontez ce que vous savez des faits du procès et de la mort de votre sœur.

Mme Gouchon. — J'ai su par Mme de Ridder l'affaire des assurances; je n'y avais d'abord pas fait grande attention; elle ne me paraissait pas devoir produire de résultat. Ma sœur m'a dit plus tard la vérité tout entière à ce sujet. Elle m'a appris que c'était sur le conseil de M. de La Pommerais qu'avaient été faites les assurances; qu'elle et lui y trouveraient leur profit. Je lui dis que je ne croyais pas qu'elle en retirât jamais aucun profit. Pour me tranquilliser, elle me promit de consulter à ce sujet; mais dans tous les cas, disait-elle, n'ayant rien déboursé, elle n'avait rien à perdre. Au bout de quelque temps, elle m'a dit qu'elle serait obligée de simuler une maladie. Mais j'ai été bien surprise, bien affligée, en apprenant qu'elle avait succombé à une maladie que je n'avais pas connue et qui l'avait saisie subitement.

D. Connaissiez-vous les relations de La Pommerais avec votre sœur? — *R.* J'avais connu anciennement ces relations, mais elles avaient cessé. Deux mois avant sa mort, elle m'avait dit qu'elles s'étaient renouées, mais j'ignore à quelle époque elles avaient repris.

D. Ne vous a-t-elle pas fait, à l'occasion de ces relations, une confidence? — *R.* Non, Monsieur.

D. Relativement à sa grossesse? — *R.* Je lui avais exprimé mes craintes à ce sujet. Elle m'a répondu qu'elle avait eu peur d'être grosse, mais qu'il n'en était rien.

D. Quand vous êtes allée un jour à Saint-Denis avec elle pour voir votre père, ne vous a-t-elle pas avoué sa grossesse? — *R.* Non. C'est à ce moment qu'elle m'a dit que ses relations avaient recommencé avec M. de La Pommerais.

D. Vous avez cependant déclaré qu'elle vous avait parlé de sa grossesse? — *R.* Non, je lui avais exprimé des craintes à cet égard; mais, quelques jours avant sa mort, elle m'avait déclaré qu'il n'en était rien.

D. Alors elle ne vous a parlé que de la nouvelle intimité qui existait entre elle et La Pommerais. Ne lui avez-vous pas dit qu'il fallait la cacher? — *R.* Quand elle m'a fait cet aveu, je lui ai dit de cacher ces relations à mon père.

D. Les premières relations avaient été rompues : à quelle occasion? — *R.* A l'occasion du mariage de M. de La Pommerais.

D. Votre sœur avait-elle accepté cette rupture? — *R.* Je le pense, mais je ne pourrais le dire.

D. Votre sœur ne vous avait-elle pas parlé de son état de santé comme étant grave? — *R.* Huit jours avant sa mort, elle paraissait souffrante; cependant elle vint déjeuner chez moi.

D. Elle ne se plaignait pas fortement? — *R.* Elle se plaignait de l'estomac.

D. Avez-vous su, à cette occasion, la comédie qu'elle avait pris le parti de jouer? — *R.* Elle m'en avait parlé bien longtemps avant; je lui en avais témoigné mon déplaisir, elle ne m'en parlait plus.

D. Que vous avait-elle dit? — *R.* Qu'elle serait obligée de simuler une maladie pour augmenter ce qu'elle recevrait des assurances; qu'elle aurait davantage si les Compagnies la jugeaient malade. J'ai su qu'elle consultait des médecins. M. de La Pommerais l'engageait à aller chez plusieurs pour constater son état de santé; cela m'étonnait très-fort.

D. Exécutait-elle les ordonnances de ces médecins? — *R.* Non, elle ne prenait rien.

D. Ne vous a-t-elle pas dit aussi que La Pommerais l'avait engagée à garder le plus profond secret sur les assurances et sur sa maladie? — *R.* Oui, la première fois qu'elle m'en a parlé, elle m'a dit cela.

D. Ne vous a-t-elle pas dit que La Pommerais lui avait fait jurer de n'en parler à personne? — *R.* Il n'était question alors que des assurances.

D. N'a-t-elle pas dit sur quoi elle avait juré? — *R.* Je crois qu'elle avait juré sur la tombe de notre mère.

D. N'a-t-elle pas ajouté, en ce qui vous concerne : « Il croit que tu n'en sais rien? » — *R.* Elle m'a dit : « M. de La Pommerais croit que tu n'en sais rien, car c'est toi qu'il redoute le plus; il s'est emparé d'une lettre que tu m'as écrite, pour voir si tu ne me parlais pas de cette assurance. »

D. C'est vous qu'il redoutait le plus. Votre sœur était dans une grande gêne. Savez-vous si, depuis le mariage de La Pommerais, elle recevait de lui des secours considérables? — *R.* Elle ne me l'a jamais dit.

D. Ces secours ne la sortaient pas de l'état misérable où elle était? — *R.* Elle ne me l'a jamais dit; elle m'a dit cependant que, depuis la mort de son mari, M. de La Pommerais lui avait avancé 500 fr.

D. Mais, depuis son mariage, vous a-t-elle dit qu'il vînt à son secours et lui donnât des sommes considérables? — *R.* Non, Monsieur.

D. Son état de gêne n'en existait pas moins? Elle mettait ses effets au Mont-de-piété. Vous lui avez prêté des bijoux pour qu'elle les y mît? — *R.* Oui, monsieur le Président.

D. Le jour où elle a déjeuné chez vous, elle ne vous a pas parlé de la comédie qu'elle continuait à jouer? — *R.* Non, monsieur le Président.

D. Vous a-t-elle parlé d'une chute qu'elle avait faite longtemps avant? — *R.* Non, Monsieur.

D. Elle ne vous a jamais dit avoir vomi le sang à plein pot? — *R.* Non, Monsieur.

D. Vous n'avez rien appris d'elle qui pût vous faire supposer qu'elle se trouvât dans un état de maladie très-grave? — *R.* Non, Monsieur.

D. Lorsque vous avez appris la mort de votre sœur, qu'avez-vous pensé? — *R.* J'ai cru que c'était la mort de mon père qu'on venait m'annoncer. Le lendemain matin, j'ai reçu une lettre dans laquelle ma sœur me disait que, depuis quinze jours, elle était malade. Je n'y comprenais rien, puisque je l'avais vue huit jours avant. Lorsque je suis arrivée chez elle, Mme de Ridder, à laquelle je manifestais ma surprise, m'a dit que, si j'étais venue la veille, je l'aurais trouvée bien portante. J'ai eu bien du regret de n'être pas montée la voir la veille en passant dans le quartier.

D. Huissier, faites passer cette lettre au témoin. — (Au témoin.) N'est-ce pas là la lettre que vous avez reçue le lendemain de la mort de votre sœur? — *R.* Oui, monsieur le Président.

D. Vous avez remis à la Justice la lettre que votre sœur écrivait à votre père. Nous allons en donner lecture à MM. les Jurés. Elle est ainsi conçue :

« Cher papa,

« Je viens te prier de venir me voir le plus tôt possible, si tu tiens encore à embrasser ta fille, car je suis bien malade, ce qui vient d'une chute que j'ai faite dans mon escalier depuis près de deux mois; je crache le sang, je vomis tout ce que je prends. Je souffre surtout des parties qui ont porté en tombant. Ce sont les docteurs Gaston Gaudinot et Danet qui me soignent; j'ai même consulté les professeurs Nélaton et Velpeau, mais rien ne m'a fait.

« Quand les douleurs sont trop fortes, je les calme avec un acide que m'a ordonné un médecin anglais, ou bien je bois un peu de laurier-cerise, qu'il m'a ordonné aussi; puis, comme je souffre beaucoup du cœur, je prends de fortes doses de digitaline.

« Tout cela n'empêche pas que je souffre toujours d'une manière affreuse, et que je m'affaiblisse chaque jour, ne pouvant prendre aucun aliment.

« Je prie une de mes amies, qui est ici, de mettre cette lettre à la poste.

« Je viens d'écrire à Constance.

« Adieu, cher papa, je t'embrasse peut-être pour la dernière fois.
« Ta fille qui t'aime,
« Veuve J. de Pauw. »

D. La lettre est du 17 novembre, jour de la mort, et ce n'est évidemment pas Mme de Pauw qui a pu l'écrire.

— (Au témoin). Vous avez déposé aussi une lettre de votre sœur, datée du samedi soir? — *R.* C'est la lettre dans laquelle elle m'annonçait sa visite.

Me Lachaud. — Monsieur le Président veut-il bien demander au témoin si, le lundi 9 novembre, quand Mme de Pauw est allée déjeuner avec elle, elle ne lui a pas dit avoir eu, quelques jours avant, des palpitations de cœur très-fortes?

Mme Gouchon. — Elle en avait eu.

Me Lachaud. — Et si, le même jour, Mme de Pauw ne lui a pas dit avoir souffert de l'estomac et être restée alitée quarante-huit heures?

Mme Gouchon. — Je le crois.

Me Lachaud. — Pendant le déjeuner, toujours le 9 novembre, n'a-t-elle pas trouvé que sa sœur était très-nerveuse, et n'a-t-elle pas été frappée de la couleur rouge violacé de ses lèvres?

Mme Gouchon. — Cela est vrai; en entrant, j'en ai été frappée.

Me Lachaud. — Enfin, je voudrais savoir du témoin si, à une certaine époque, au moment où elle lui faisait la confidence des contrats d'assurances, sa sœur ne lui a pas dit que, dans le cas où elle viendrait à mourir, M. de La Pommerais perdrait 20,000 francs?

Mme Gouchon. — Oui, Monsieur.

Me Lachaud. — Je n'ai pas d'autre question à adresser.

M. le Président (au témoin). — A quelle occasion votre sœur vous a-t-elle dit cela?

Mme Gouchon. — Je disais que je craignais que M. de La Pommerais n'eût pas d'intérêt à faire ces assurances; elle me répondit: « Mais si; car, si je mourais, il perdrait 20,000 f. » Aussi c'était ma pensée, quand elle est morte, que M. de La Pommerais avait perdu 20,000 fr.

D. Ne pouvant s'imaginer qu'elle serait empoisonnée, elle supposait que la garantie de sa santé consistait dans l'intérêt de La Pommerais? — *R.* Elle m'avait assuré qu'elle n'accepterait aucun médicament, qu'elle ne signerait rien, craignant de se compromettre. Mais, ce jour-là, elle m'a dit: « J'ai été forcée de signer que M. de La Pommerais seul toucherait l'argent. » Je lui dis: « Tu n'auras rien, puisque tu ne peux toucher toi-même. » Elle m'a répondu: « Si je lui rends service, je ne perds rien, puisque je ne paye rien. »

D. Vous ne croyiez pas que votre sœur recueillît quelque chose de cela.

Vous saviez que votre sœur donnait des leçons de peinture à une jeune Anglaise? — *R.* Elle m'a quittée le lundi pour aller donner sa leçon.

D. N'avez-vous pas su qu'elle avait cessé de donner cette leçon à partir du 11? — *R.* Je ne l'ai su qu'après sa mort.

D. Votre nièce ne vous a-t-elle pas parlé de cette leçon et de l'indemnité que sa mère recevait pendant tout le temps qu'elle n'y allait pas? — *R.* C'est après la mort; elle m'a dit que sa mère recevait 3 fr. par jour, ne pouvant aller à sa leçon.

D. Votre nièce n'a-t-elle pas ajouté que c'était bien peu pour vivre à trois personnes? — *R.* Oui.

D. Votre nièce ne disait-elle pas encore que La Pommerais ne la payait pas très-exactement, mais qu'il ne pouvait pas être très généreux, car sa femme lui laissait à peine l'argent nécessaire à ses voitures?
— *R.* C'est ma sœur qui m'a répondu cela, lorsque je lui disais: « Ne pourrait-il pas t'avancer quelque chose? »

D. Elle avait dit qu'au mois de janvier la question des assurances serait décidée, et qu'elle toucherait une rente de 3,000 fr.? — *R.* Elle ne m'a jamais parlé de cela.

D. Qu'avez-vous pensé de la mort de votre sœur?
— *R.* Ma sœur m'avait dit que M. de La Pommerais lui donnerait quelque chose pour la rendre malade. J'ai pensé que cela avait mal tourné, que le médicament avait produit un mauvais effet. Il ne m'est pas venu d'autre idée.

L'accusé. — Monsieur le Président voudrait-il demander au témoin si sa sœur ne lui a pas parlé d'une somme que je lui aurais donnée pour l'indemniser d'un certain tableau?

Mme Gouchon. — Elle m'a dit que les assurances avaient été faites pour la mettre dans une position meilleure et pour lui rendre une partie de l'argent qu'elle avait perdu par suite des conseils de M. de La Pommerais.

L'accusé. — La sœur du témoin n'avait-elle pas un tableau, un Hobéma, dont elle aurait pu trouver chez Baye, rue Caumartin, 5,000 fr.?

Mme Gouchon. Elle ne l'aurait pas laissé à ce prix.

M. le Président. Effectivement, Baye déclare qu'il avait offert 5,000 fr. du tableau. C'est La Pommerais qui aurait empêché Mme de Pauw de le vendre, et l'aurait engagée à aller en Angleterre en chercher le placement. En Angleterre, elle n'a pu s'en défaire; elle a été obligée de le laisser en nantissement des sommes qu'elle devait. (Au témoin). Votre sœur a habité rue de Verneuil; l'y avez-vous vue?

Mme Gouchon. Oui, Monseieur.

D. N'avez-vous pas su que le dispensaire de La Pommerais s'y trouvait? Qui payait le loyer? —
R. Ma sœur m'a dit que M. de La Pommerais payait le loyer du dispensaire.

D. Elle n'a pas moins été expulsée parce qu'elle ne payait pas. Elle a été également expulsée de la rue du Cherche-Midi? — *R.* C'était encore un loyer trop cher pour elle.

D. A sa mort, a-t-on trouvé 10 ou 13,000 fr., ou bien a-t-elle fait emploi de cette somme? — *R.* Elle ne m'a jamais parlé de rien.

D. Elle devait à tout le monde quand elle est morte, et rien n'a établi qu'elle eût en sa possession, avant sa mort, quelque somme considérable. Son mobilier a été vendu. Votre frère est-il venu pour l'enterrement? — *R.* Il est venu le jour même.

D. Vous a-t-il parlé de la lettre qui lui avait été adressée par La Pommerais, et que vous en a-t-il dit? — *R.* Qu'il n'avait rien à répondre à cette lettre?

D. Savait-il que les contrats d'assurances eussent été passés? — *R.* Non, Monsieur; personne de la famille ne le savait; je n'en avais pas parlé; elle n'aurait pu le savoir que par moi-même.

Mme de Ridder. — Je connaissais beaucoup Mme de Pauw; j'étais très-liée avec elle. M. de La Pommerais avait soigné M. de Pauw; il a continué à aller chez la veuve après la mort du mari. Après s'être marié lui-même, il a continué à soigner les enfants de Mme de Pauw. Un jour, il est venu lui raconter qu'il avait eu une difficulté dans son ménage et qu'il ne pouvait plus y tenir. L'année passée, au mois de mai, il l'avait rencontrée plusieurs fois; il semblait la fuir. A sa grande surprise, il est venu chez elle au mois de juin. Il lui avait promis de lui être utile pour élever ses enfants; il venait pour lui proposer de l'assurer. Il a continué de venir; il a commencé par lui dire qu'il fallait qu'elle allât voir les médecins des Compagnies. M. Desmidt, agent d'assurances, est venu la chercher pour l'y conduire; on s'est ensuite occupé de faire l'assurance. Tous les papiers ont été écrits sous la dictée de M. de La Pommerais, et il les a tous emportés avec lui.

D. Vous parlez de la cession des assurances? — *R.* Il lui a fait écrire deux lettres, l'une pour M. Testu, son père, l'autre pour Mme Gouchon, sa sœur. Dans ces deux lettres, Mme de Pauw disait qu'elle était très-malade. Lorsque l'assurance a été faite, M. de La Pommerais a dit que, comme il voulait vendre les contrats, il fallait qu'il y eût une maladie.

D. Quel devait être le résultat de cette vente? — *R.* L'assurance avait été faite pour 600,000 fr.; il fallait, tous les ans, payer 20,000 fr.; Mme de Pauw savait les moyens de M. de La Pommerais. Ils consistaient à vendre les contrats pour en tirer parti de suite.

D. Vous a-t-elle dit les bénéfices qu'elle devait en tirer? — *R.* Elle disait toujours que ce que faisait M. de La Pommerais était pour elle. Elle disait que, pour vendre les contrats, il fallait une prétendue maladie. Un jour, un chat a fait tomber un châssis dans l'escalier; le lendemain, une voisine dit à Mme de Pauw : « Vous êtes tombée dans l'escalier? » Elle répondit : « Oui, je me suis fait beaucoup de mal. » M. de La Pommerais vint le soir chez elle. Elle lui dit : « Voilà notre affaire! La voisine d'en bas croit que je suis tombée; nous dirons que j'ai fait une chute. » Voilà le commencement de la prétendue maladie. M. de La Pommerais lui a conseillé d'aller voir un médecin; elle est allée chez M. Gaudinot, lui déclarant qu'elle avait fait une chute dans son escalier, et le priant de la soigner. M. de La Pommerais voulait qu'elle lui remît les ordonnances; aussitôt qu'elle rentrait, elle les lui donnait, et il les emportait chez lui. Elle a continué à voir plusieurs médecins. Mais il fallait qu'à la fin elle se mît au lit.

D. Exécutait-elle les ordonnances? — *R.* Non; elle avait dit à M. de La Pommerais qu'elle n'en voulait suivre aucune, puis qu'elle n'était pas malade. M. de La Pommerais disait que ce n'était pas nécessaire. Seulement, quand elle avait fait plusieurs visites chez des médecins qui lui demandaient si elle était malade, elle disait que ces médecins n'étaient pas plus sots que M. de La Pommerais. En dernier lieu, il fallait qu'elle prît quelque chose pour paraître agitée. M. de La Pommerais a toujours continué à venir et l'a toujours envoyée consulter les médecins. Elle avait 145 fr. à recevoir de M. Magrini pour un tableau ; elle l'avait dit à La Pommerais, qui voulait qu'elle conservât cet argent pour faire face à la prétendue maladie; M. de La Pommerais ne pouvait à ce moment lui donner de l'argent. C'est ce qui a retardé la chose de quelques jours. Au bout du compte, il paraîtrait que Mme de Pauw était enceinte de deux mois. M. de La Pommerais a dit : « Il faut presser cette affaire; plus tard, les médecins verraient que vous êtes enceinte, et attribueraient cette indisposition à votre état. »

D. Qui vous avait dit qu'elle fût enceinte? — *R.* C'était elle.

D. Vous a-t-elle dit à qui elle attribuait sa grossesse? — *R.* A M. de La Pommerais.

D. Pour vous, cela ne faisait pas de doute? — *R.* Non, Monsieur.

D. Quel bénéfice Mme de Pauw devait-elle recevoir de la vente des contrats d'assurances? — *R.* Elle m'a dit qu'il y aurait 6,000 fr. de rente à recevoir par an, dont elle aurait 3,000, et M. de La Pommerais 3,000.

D. Vous a-t-elle dit à quelle époque cela serait fait? — *R.* En janvier.

D. Attendait-elle la visite des médecins des Compagnies d'assurances? — *R.* Oui, Monsieur. Une fois qu'elle s'est mise au lit, le 14 novembre, les médecins des Compagnies d'assurances devaient venir la voir pour reconnaître qu'elle était malade.

D. D'après tout ce qu'elle vous a dit et que vous venez de raconter, vous êtes bien convaincue qu'elle n'était pas malade? — *R.* Oh! pour sûr.

D. Vous la voyiez souvent? — *R.* Presque tous les jours; et toutes les fois que M. de La Pommerais était venu chez elle, elle venait chez moi.

D. Ainsi, à peine La Pommerais l'avait-il quittée, qu'elle éprouvait le besoin de venir vous raconter ce qui s'était passé entre elle et lui? Vous a-t-elle dit qu'il lui avait fait écrire des lettres? — *R.* Deux.

D. Vous voulez parler des deux lettres que son père et sa sœur ont reçues le lendemain de sa mort? La Pommerais les avait fait écrire quatre ou cinq semaines auparavant. Ne vous a-t-elle pas dit qu'elle avait eu de la peine à s'y décider? — *R.* Elle m'a dit que, pour la lettre à son père, cela lui avait fait bien du mal, mais qu'elle s'y était décidée, quelque regret qu'elle en eût.

D. Vous a-t-elle dit ce qu'elle pensait du succès de cette affaire? — *R.* Elle m'a toujours dit : « Je ne crois pas qu'il réussira. »

D. N'a-t-elle pas ajouté que les médecins des Compagnies seraient aussi fins que lui? — *R.* Oui, Monsieur.

D. Le vendredi qui a précédé sa mort, n'avez-vous pas reçu d'elle une lettre? — *R.* Oui, Monsieur.

D. Que disait-elle? — *R.* Elle m'invitait à venir passer la soirée avec elle, disant qu'on lui avait promis qu'elle allait avoir 3,000 fr. de rente.

(Un huissier, sur l'ordre du Président, présente une lettre au témoin.)

M. le Président (au témoin). — C'est bien cette lettre? — *R.* Oui, Monsieur.

D. Pourquoi n'êtes-vous pas venue chez elle? — *R.* Parce que, dans la journée, Mme Biord est venue me dire que Mme de Pauw était indisposée, qu'elle avait mal à la tête, qu'elle m'attendrait le lendemain dimanche.

D. Quand Mme Biord est venue vous dire cela, qu'avez-vous compris? — *R.* C'est qu'elle devait recevoir la visite de M. La Pommerais.

D. Qui vous a fait comprendre cela? — *R.* L'avant-veille du jour où elle s'est mise au lit, le 9 novembre, elle est venue chez moi, me disant : « Je vais être malade, je ne pourrai sortir, ayez l'obligeance de venir me voir. » J'ai répondu : « Oui, mais dites-moi à quelle heure il viendra chez vous, car je ne veux pas me rencontrer avec lui. » Alors elle m'a dit : « Je ferai mettre un mot à la poste pour vous prévenir. » Et le vendredi, j'ai reçu la lettre.

D. En recevant la visite de Mme Biord qui vous disait que Mme de Pauw était indisposée, pourquoi avez-vous compris qu'elle ne pouvait vous recevoir parce que La Pommerais allait venir? — *R.* Parce qu'elle avait dit que quand elle recevrait M. de La Pommerais je n'irais pas.

D. Alors vous faisant dire qu'elle était indisposée, cela signifiait que M. de La Pommerais devait venir. Et en effet, le dimanche, quand vous l'avez vue, ne vous a-t-elle pas dit que La Pommerais était venu? — *R.* C'est Félicité, sa fille, qui, en venant chercher ma fille à moi pour faire une commission, m'a dit que sa mère était bien portante, qu'elle m'avait envoyé Mme Biord parce que M. de La Pommerais avait fait dire qu'il viendrait.

D. Ne vous a-t-elle pas dit qu'en effet La Pommerais était venu? — *R.* Oui, Monsieur.

D. N'avez-vous pas su par Mme de Pauw quelques détails au sujet des actes de naissance? — *R.* Par elle, non; mais par ma fille, à qui elle en a parlé.

D. Que vous a-t-elle dit? — *R.* Je ne pourrais vous l'expliquer; ma fille vous l'expliquera.

D. N'avez-vous pas su, par votre fille, pourquoi Mme de Pauw avait envoyé ces actes de naissance? N'est-ce pas La Pommerais qui les a demandés? — *R.* C'est M. de La Pommerais qui les a demandés.

D. N'a-t-elle pas dit à votre fille que La Pommerais avait eu avec elle une altercation à ce sujet? — *R.* Oui; elle n'avait pas d'argent pour aller les chercher, et M. de La Pommerais se plaignait de ne pas les recevoir.

D. Est-ce longtemps avant la mort? — *R.* Non, Monsieur, c'est pendant le temps qu'elle s'est dite malade chez elle et qu'elle ne sortait pas.

D. Ne vous a-t-elle pas tenu un propos à l'occasion des craintes que vous lui exprimiez sur la manière dont La Pommerais exécuterait la promesse qu'il lui aurait faite de partager avec elle les 6,000 fr. de rente? Ne vous a-t-elle pas dit qu'elle espérait bien se faire assurer sa part? — *R.* Oui, Monsieur.

D. Que vous a-t-elle dit à cette occasion? — *R.* Elle ne comprenait pas trop l'affaire des assurances et elle disait : « Je n'ai rien à craindre; je n'ai rien. Si M. de La Pommerais fait cela pour lui, il aura pour que je le dise à sa femme. »

D. Votre déclaration a une grande importance. Vous venez de dire que La Pommerais était l'amant de Mme de Pauw; que sa grossesse, dont elle vous avait fait part, était l'œuvre de La Pommerais; qu'il venait très-souvent la voir. Le jour où elle vous a écrit de ne pas venir, c'est la visite de La Pommerais qui l'aurait forcée à cela. Vous dites que la maladie de Mme de Pauw, la chute qu'elle aurait faite, laquelle aurait amené cette maladie, tout cela, c'était un jeu pratiqué, d'après les instances et les conseils de La Pommerais, pour arriver à simuler une maladie, à obtenir des consultations des médecins chez lesquels elle allait, et dont elle remettait les ordonnances à La Pommerais; vous venez de déclarer que, quand La Pommerais lui a annoncé qu'il était temps de garder la chambre, elle s'y est décidée, dans la persuasion où elle se trouvait que le moment était arrivé où les médecins des Compagnies devaient venir la visiter.

Mme de Pauw vous a-t-elle dit si La Pommerais lui donnait des secours? — *R.* Non, Monsieur; il ne lui en donnait pas.

D. Vous a-t-elle dit que, le 27 ou le 28 septembre, il lui aurait donné 13,000 fr.? — *R.* Non, Monsieur.

D. Si elle avait eu une somme aussi considérable à sa disposition, elle vous l'aurait dit? — *R.* Oui, Monsieur.

D. A-t-elle pu payer, a-t-elle payé quelques dettes importantes dans les derniers temps de sa vie? — *R.* M. de La Pommerais l'a tourmentée longtemps pour qu'elle allât voir les médecins; ils font payer leurs consultations 5 et 10 fr., et elle ne pouvait faire cette dépense. Alors, voyant que l'affaire ne marchait pas, il s'est décidé à lui donner l'argent nécessaire.

D. Quant aux secours qu'elle recevait de lui, ils étaient à peu près nuls? — *R.* Elle lui disait qu'elle n'avait pas les moyens de rester dans sa chambre sans rien faire, qu'il devait lui donner quelque chose; et il lui a donné 3 fr. par jour.

D. En effet, en restant dans sa chambre, elle perdait la leçon qu'elle allait donner au Grand-Hôtel. N'a-t-elle pas dit que La Pommerais avait promis de l'indemniser de la perte de cette leçon, qui lui procurait 3 fr. par jour? — *R.* Ce n'est que le dimanche avant la mort qu'il lui a promis davantage. Elle avait dit qu'elle ne pouvait vivre avec 3 fr.; qu'il lui fallait 6 fr. pour un ménage comme le sien. Alors il avait répondu : « Demain, je vous donnerai 6 fr. »

D. Tous ces faits sont très-importants. Je vous rappelle de nouveau que votre déclaration est faite sous la foi du serment. — *R.* Oui, Monsieur.

D. Vous ne devez rien déclarer qui ne soit exactement la vérité; vous ne devez rien ajouter à ce qui s'est passé entre Mme de Pauw et vous. Si, même à présent, vous avez dit quelque chose qui ne soit pas vrai, vous pouvez encore revenir dessus. — *R.* Tout ce que j'ai dit est vrai. Il est des choses qui ne se représentent pas à ma mémoire en ce moment, mais je n'ai rien dit que de vrai.

D. Vous étiez la confidente la plus intime de Mme de Pauw; vous la voyiez chaque jour. S'était-elle plainte de souffrir de l'estomac, d'avoir des palpitations de cœur? — *R.* Elle en avait toujours eu, alors même qu'elle était demoiselle, et cela avait continué.

D. Vous a-t-elle parlé de maux d'estomac? — *R.* Elle ne m'a parlé que de palpitations.

D. Pour vous, elle était bien portante, et elle-même ne se croyait pas malade. Ses visites aux médecins n'avaient pour but que de procurer à La Pommerais les ordonnances faites par eux, et d'inspirer des inquiétudes aux Compagnies, dans le but d'obtenir de celles-ci le rachat des assurances moyennant la somme de 6,000 fr. de rente viagère? Vous persistez à affirmer que tout cela est exactement vrai; que Mme de Pauw vous en a fait la confidence; qu'elle l'a dit aussi à votre fille, que nous entendrons tout à l'heure? — *R.* Je l'affirme.

D. La Pommerais, vous avez entendu la déposition du témoin; qu'avez-vous à dire?

L'accusé. — Je suis très-étonné. Quand je demeurais rue de Verneuil, n° 20, Mme de Pauw m'avait parlé d'une personne qu'elle ne voyait pas. A la lecture de la déposition du témoin que vous venez d'entendre, j'ai demandé si ce n'était pas la même personne dont Mme de Pauw m'avait parlé. Je vous prie, monsieur le Président, de vouloir bien demander au témoin si elle n'habitait pas alors rue de Rennes, où elle était marchande de bric-à-brac.

Mme *de Ridder.* — Oui, Monsieur, c'est moi.

L'accusé. — Madame est piqueuse de bottines?

Mme *de Ridder.* — Oui, Monsieur.

L'accusé. — En lisant sa déposition, j'ai été surpris de voir que Mme de Pauw la fréquentait, d'après ce qu'elle m'avait dit sur son compte.

M. *le Président,* à l'accusé. — Contestez-vous les faits qu'elle vient de déclarer?

L'accusé. — Je ne puis les contester.

M. le Président. — Je ne sais ce que Mme de Pauw a pu vous dire, mais le témoin vient de nous raconter ce qui s'est passé entre Mme de Pauw et elle. Vous voulez, par les accusations que vous mettez dans la bouche de Mme de Pauw qui n'est plus, infirmer la vérité de la déclaration du témoin, en attaquant sa moralité. Voilà ce que vous voulez faire.

L'accusé. — C'est précisément cela. Lorsque j'ai lu sa déposition, je n'ai pas cru qu'il s'agit de la même personne dont Mme de Pauw m'avait parlé.

M. le Président. — Quelle accusation voulez-vous porter contre elle?

L'accusé. — J'ai dit que Mme de Pauw avait reproché au témoin de lui avoir soustrait des tableaux, et je suis étonné qu'elle l'ait eue plus tard pour confidente.

M. le Président. — C'est une allégation de votre part. Quel que soit votre étonnement, vous ne pouvez le justifier. Si Mme de Pauw a eu quelques torts à lui reprocher, elle les avait probablement oubliés, puisqu'elle en avait fait sa confidente et son amie intime, et que cette intimité a continué jusqu'à la mort, les lettres qu'elle lui a écrites le prouvent. Avez-vous quelque autre fait précis, quelque soustraction de tableaux ou d'argent à lui imputer.

L'accusé. — Non, Monsieur, je ne suis pas bien fixé aujourd'hui à cet égard.

M. le Président. — Cependant vous vous souvenez parfaitement des accusations que Mme de Pauw aurait portées contre ce témoin, dont la moralité est incontestable.

— (Au témoin). Quant à vous, Madame, avez-vous jamais escroqué à Mme de Pauw des tableaux ou de l'argent?

Mme *de Ridder.* — Je n'ai jamais escroqué rien à personne. M. de Pauw, quand il vivait, nous a fait vendre des tableaux, et nous les lui avons payés ; mais jamais Mme de Pauw ne nous en a fait vendre.

M. le Président. — Il n'y a jamais eu de brouille entre Mme de Pauw et vous, aucune querelle à propos des accusations que l'accusé vient de mettre en avant?

Au surplus, nous devons dire à MM. les Jurés que, dans l'instruction, l'accusé ayant inculpé d'une manière grave la moralité du témoin, le Juge d'instruction s'est adressé à la police pour avoir des renseignements. Le Commissaire du quartier, chargé de faire une enquête sur la moralité de Mme de Ridder et sur celle de son mari, a déclaré qu'aucune plainte n'était arrivée jusqu'à lui ; que leur moralité était à l'abri de tout soupçon.

L'accusé. — Le mari se grisait du matin au soir.

M. le Président. — Quand le mari se griserait du matin au soir, cela ferait-il quelque chose à la déclaration de sa femme, qui ne se grise pas ? Elle vient de dire que vous ne donniez que de faibles secours à Mme de Pauw.

Mme *de Ridder.* — Oui, Monsieur, 3 francs seulement par jour.

M. le Président. — Ils ont été payés pendant le temps de la maladie seulement. Vous le voyez, La Pommerais, cela se rapporte aux mentions de votre livre de dépenses que l'accusation traduit par Mme de Pauw, qui sont ainsi conçues : Me Dep. 5 fr., Me Dep. 10 fr.

Il est une chose que nous avions oublié de faire remarquer. Dans le mois de juin, le dimanche 28, il y a mad. de Paw, 5 fr., ce qui veut bien dire Mme de Pauw. Vous n'avez pu le contester ; c'est bien à Mme de Pauw que vous avez donné ces 5 fr.; vous avez écrit en entier le nom de Pauw. Vous avez dit au Juge d'instruction que vous ne compreniez pas comment vous aviez pu le faire, car vous étiez marié, et vous habitiez avec votre femme.

L'accusé. — Mais la première chose à faire eût été pour moi d'effacer la mention en toutes lettres qui était portée sur mon livre de dépenses, si j'avais été coupable.....

M. le Président. — Permettez ; vous n'y avez pas pensé ; vous n'avez pas pensé surtout que la Justice allait arriver chez vous à l'improviste le 4 décembre ; que votre livre de dépenses serait saisi par elle, qu'on s'en ferait un argument, un grief contre vous.

La déposition du témoin est très-grave et très-importante ; vous venez de l'entendre, avez-vous quelque chose à répondre ?

L'accusé. — J'ai eu l'honneur de dire que j'ignorais ce que Mme de Pauw avait à reprocher au témoin.

M. le Président. — Un côté important de la déposition du témoin, ce sont les explications qu'elle donne au sujet des lettres que vous vous faisiez écrire par Mme de Pauw relativement à la maladie feinte.

L'accusé. — Le témoin ne dit pas que j'ai fait écrire ces lettres.

M. le Président. — Témoin, Mme de Pauw vous a-t-elle dit que La Pommerais lui avait fait écrire les lettres contenant le récit de sa maladie ?

Mme *de Ridder.* — Elle ne m'a parlé que des deux lettres qu'elle a écrites à son père et à sa sœur.

M. le Président. — Elle ne vous a pas parlé des autres lettres ?

Mme *de Ridder.* — C'est à ma fille qu'elle en a parlé.

M. le Président. — Expliquez-vous sur ce que vous savez à cet égard.

Mme *de Ridder.* — Ma fille m'a dit qu'elle avait écrit de main en main des lettres concernant sa maladie.

D. C'est-à-dire qu'elle les aurait remises de la main à la main?

— (A l'accusé.) Ainsi il résulte bien de la déposition du témoin que la maladie simulée de Mme de Pauw était convenue entre elle et vous. MM. les Jurés apprécieront si la déclaration de ce témoin est sincère, si elle contient la vérité.

— (Au témoin.) Mme de Pauw vous a confié que La Pommerais était redevenu son amant. Savez-vous qu'il lui avait donné son portrait ?

Mme *de Ridder.* — Elle avait fait faire un écrin pour y mettre ce portrait ; après sa mort, Félicité m'a dit : « Regardez dans l'armoire, vous trouverez un écrin avec le portrait de M. de La Pommerais. Vous le prendrez et vous me le donnerez. » J'y ai regardé et je n'ai rien trouvé.

M. le Président. — En effet, l'accusé convient que, le lundi 16, il avait emporté ce portrait, qui a été trouvé dans son secrétaire.

— (Au témoin.) Encore une fois, Madame, ce que vous racontez est bien la vérité ?

Mme *de Ridder.* — Oui, Monsieur.

D. Vous connaissiez intimement Mme de Pauw. Elle ne vous cachait rien de ce qu'elle faisait ; elle vous avait avoué ses relations intimes avec La Pommerais avant le mariage ?

Mme *de Ridder.* — Depuis le mariage également.

D. Avez-vous su, soit par ses confidences, soit par d'autres moyens, si Mme de Pauw avait d'autres amants ?

Mme *de Ridder.* — Non, Monsieur ; oh ! non, elle n'en avait pas !

D. Etait-ce une femme capable de se livrer au premier venu ? —
Mme de Ridder. — Non, Monsieur.
D. Elle recevait M. Heim, qui venait lui donner des conseils pour sa peinture ; il est âgé de soixante-quinze ans, membre de l'Institut ; elle ne vous a jamais dit qu'il fût son amant ?
Mme de Ridder. — Non, Monsieur.
D. Nous avons plusieurs lettres qu'il a écrites à Mme de Pauw et rien ne constate qu'il ait eu les moindres relations intimes avec elle. Elle n'avait donc pas d'autre amant que La Pommerais. Quand elle se disait enceinte de lui, vous croyiez bien que c'était la vérité. Cette grossesse lui faisait-elle plaisir ?
Mme de Ridder. — Oui, Monsieur.
D. Que vous dit-elle à cette occasion?
Mme de Ridder. — Qu'elle en était heureuse, parce qu'après cela, il aurait tenu à elle et l'aurait aidée.
D. Vous a-t-elle dit, à vous, qu'il n'aurait peut-être plus d'enfants de sa femme ?
Mme de Ridder. — Non, Monsieur ; elle ne m'en a jamais parlé.

(Il est procédé à l'ouverture d'un carton, duquel le greffier sort un écrin qu'il remet à M. le Président.)

M. le Président. — Voilà l'écrin de velours vert renfermant le portrait de l'accusé, qui avait été commandé par Mme de Pauw, chez un papetier en renom ; elle avait dépensé pour cet objet 20 à 30 fr. L'écrin est surmonté d'une couronne de comte. Elle y tenait beaucoup. L'accusé l'a emporté de chez elle quand elle a été mortellement atteinte de la maladie qui l'a enlevée.

Me Lachaud. — Il y avait deux ans que le portrait avait été fait.

M. le Président. — Personne ne le conteste. (A l'accusé.) Pourquoi avez-vous enlevé cet écrin ? — *R.* C'était la première fois que je le voyais chez elle ; il était sur sa cheminée ; je l'ai remarqué parce qu'il est très-joli. J'ai manifesté l'intention d'en faire faire un pareil pour y mettre la photographie de mon enfant et l'offrir à ma femme.

D. Il est bien singulier que ce désir vous soit venu le jour même où cette femme est morte. — *R.* Je ne l'ai vu pour la première fois que ce jour-là.

D. Vous le dites : mais cela n'est guère possible, car cette femme n'avait qu'un très-petit appartement. Le plan de son atelier est là. Elle couchait au fond, dans une partie séparée de l'atelier par une cloison, et disposée en chambre à coucher. — *R.* Quel intérêt aurais-je eu à emporter cette photographie ?

M. le Président. — Ce sera à l'accusation à expliquer cet intérêt. Mais enfin vous avez enlevé le portrait de chez Mme de Pauw au moment où elle allait ne plus en avoir besoin. (Au témoin.) Connaissiez-vous cet écrin ?

Mme de Ridder. — Oui, Monsieur ; Mme de Pauw me l'avait montré quand elle l'avait acheté.

D. Où le plaçait-elle ? — *R.* Je n'en sais rien ; elle était venue chez moi l'ayant avec elle.

D. Vous ne l'avez pas revu chez elle ? — *R.* Non, Monsieur, jamais.

D. Où Félicité de Pauw vous a-t-elle dit de le prendre, le jour de la mort ? — *R.* Dans l'armoire.

M. le Président (à l'accusé). — Il est difficile d'admettre que cette femme, qui avait fait faire un écrin pour votre portrait, ne vous l'eût pas montré.

L'accusé. — Je note les dépositions des témoins. Comment aurais-je pu prendre l'écrin dans l'armoire où il se trouvait, au dire de Madame ?

D. Vous connaissiez le portrait, puisque vous l'avez demandé ? — *R.* Il était sur la cheminée ; sans cela je ne serais pas allé le chercher dans l'armoire.

M. le Président. — Il n'était pas sur la cheminée. (Au témoin.) Les enfants de Mme de Pauw ont déclaré que l'accusé enlevait de chez elle tous les papiers, avez-vous quelques détails à donner à ce sujet ?

Mme de Ridder. — Oui, Monsieur, les papiers, les lettres, les ordonnances des médecins, M. de La Pommerais les emportait sans demander la permission à Mme de Pauw.

D. Vous a-t-elle dit qu'elle avait été obligée de signer la cession des assurances ? — *R.* Oui, il lui faisait signer tous les papiers d'assurances.

D. Mais pour les cessions, qui le mettaient en possession de ces assurances, car elle a signé plusieurs actes à ce sujet, vous a-t-elle donné quelques explications ? — *R.* Non, Monsieur.

Mlle Sophie Huilmand, vingt ans, fille du précédent témoin.

M. le Président. — Connaissez-vous l'accusé ?

Mlle Huilmand. — Je l'ai vu deux fois.

Mme de Pauw m'a raconté l'affaire des assurances ; elle était assurée pour 550,000 fr., moyennant 20,000 par an, et, au bout de dix ans, elle aurait touché la somme. M. de La Pommerais trouva que les primes étaient trop élevées, et il dit qu'il fallait simuler une maladie pour tirer des Compagnies 6,000 fr. de rente, dont il aurait 3,000 fr. et Mme de Pauw 3,000.

Mme de Pauw est morte le 17 novembre ; j'étais allée la voir le dimanche précédent, elle était très-bien portante. Seulement, du 12 au 17, elle a simulé une maladie qui n'était pas ; elle avait dit, pour l'expliquer, qu'elle avait fait une chute dans l'escalier, ce qui n'était pas. Un chat avait fait tomber un châssis dans l'escalier, sur quoi M. de La Pommerais lui avait dit : « Cela fait justement notre affaire, pour simuler une maladie au sujet des assurances. »

D. Ainsi, d'après ce que vous racontez, Mme de Pauw n'était pas malade ; sa maladie était feinte ? — *R.* Oui, Monsieur.

D. Vous a-t-elle raconté les visites qu'elle avait faites à des médecins ? — *R.* Oui, Monsieur.

D. Pourquoi les faisait-elle ? — *R.* Pour avoir des ordonnances et les donner à M. de La Pommerais.

D. A partir de quelle époque a-t-elle jugé à propos de garder la chambre, et qui le lui avait dit ? — *R.* C'était à partir du jeudi 12 novembre ; c'est M. de La Pommerais qui le lui avait dit.

D. Vous avait-elle dit qu'elle remettait à La Pommerais toutes les ordonnances des médecins ? — *R.* Oui, Monsieur.

D. Vous a-t-elle dit comment elle les lui remettait ? — *R.* Je crois qu'elle les lui remettait de main en main.

D. Vous voulez dire de la main à la main. Vous a-t-elle parlé des lettres qu'elle écrivait à La Pommerais ? — *R.* Non, Monsieur, je ne me le rappelle pas.

D. Vous l'avez cependant déclaré. — *R.* J'ai déclaré qu'elle avait dit à sa fille avoir écrit des lettres, mais je ne me rappelle pas lesquelles.

D. Dans l'instruction, vous avez déclaré ceci : « Je tiens encore de Mme de Pauw qu'elle a écrit à M. de La Pommerais, sous sa dictée, des lettres dans lesquelles elle se disait malade et qu'il emportait. » — R. Ce sont les lettres écrites à son père et à sa sœur.

D. Vous ne vouliez désigner que les lettres écrites au père et à la sœur? Elle ne vous a pas parlé d'autres lettres? — R. Non, Monsieur.

D. Mais vous avez su par sa fille qu'elle avait écrit ces autres lettres. — R. Non monsieur; je ne me le rappelle pas.

D. La maladie était simulée? — R. Oui, Monsieur.

D. Combien de jours avant sa mort avez-vous vu Mme de Pauw? — R Je l'ai vue le dimanche; elle est morte le mardi.

D. Vous saviez qu'elle avait invité votre mère à venir passer la soirée chez elle le samedi; vous étiez invitée aussi; pourquoi n'y êtes-vous pas allées? — R. Mme Biord est venue nous dire qu'elle avait mal à la tête, et nous savions que cela voulait dire que M. de La Pommerais devait venir.

D. Vous a-t-elle dit que La Pommerais était venu? — R. Oui, elle nous a dit qu'il était venu le samedi soir.

D. Savez-vous s'il venait souvent? — R. Oui, dans les derniers temps, il venait très-souvent.

D. Était-ce plusieurs fois par semaine? — R. Oui, Monsieur.

D. Le dimanche, lorsque vous êtes allée chez Mme de Pauw, l'avez-vous trouvée malade? — R. Non, Monsieur; elle était parfaitement bien portante; elle m'a fait une tasse de café.

D. Ne vous a-t-elle pas donné rendez-vous pour le mardi 17, en vous disant de ne pas venir le lundi soir, parce que La Pommerais y allait? — R. Oui, monsieur.

D. Le mardi 17, vous êtes allée chez Mme de Pauw croyant la trouver bien portante. A quelle heure êtes-vous arrivée? — R. A cinq heures moins un quart.

D. Dans quel état l'avez-vous trouvée? — R. Bien mal, puisqu'elle est morte entre mes bras quelques instants après.

D. Vous a-t-elle parlé? — R. Oui, Monsieur.

D. Que vous a-t-elle dit? — R. Que M. de La Pommerais était venu le matin et avait dit qu'elle avait le choléra.

D. Cela vous a étonnée? — R. Oui, Monsieur, très-fort.

D. Vous a-t-elle parlé d'autre chose? — R. Non, Monsieur.

D. Personnellement, que pensiez-vous de sa maladie? — R. Sur le moment, je ne savais. Je trouvais extraordinaire, l'ayant laissée bien portante le dimanche, qu'elle fût si mal.

D. Vous étiez chez elle quand elle est morte, puisqu'elle a expiré entre vos bras? Vous y étiez encore lorsque, dans la soirée, La Pommerais est arrivé. Que s'est-il passé entre lui et vous? — R. Je lui ai dit que Mme de Pauw était morte, et je pensais qu'il éprouverait une émotion, mais il n'y en avait pas chez lui. Il s'est approché du lit, a ouvert trois fois les yeux de la morte, puis il est revenu dans l'atelier; il a dit qu'elle lui avait écrit une lettre dans laquelle elle lui faisait savoir qu'elle était malade. En descendant, sur le palier, il m'a dit: « Cela ne m'étonne pas qu'elle soit morte, elle a fait une chute dans son escalier. » J'ai répondu : « C'est une dérision ! » Il a fait un geste pour lever la main comme pour jurer: « Ne jurez pas, lui ai-je dit, je connais les affaires de Mme de Pauw. » Je voulais indiquer par là que je connaissais l'affaire des assurances.

D. Que fit La Pommerais? — R. Il se troubla et partit en me saluant.

D. Les enfants n'étaient pas là? — R. Non, Monsieur; je les avais envoyées chez Mme Delettre.

D. Avez-vous su par les enfants pourquoi elle les avait envoyées à leur pension? — R. Non, Monsieur, je ne l'ai pas su.

D. La Pommerais, vous venez d'entendre la déclaration de cette jeune fille; qu'avez-vous à répondre? — R. J'ai des observations très-graves à faire. Lorsque je suis entré dans l'atelier, il y avait une personne que je ne connaissais pas encore : mademoiselle, et une troisième personne bossue. Je les interrogeai sur la maladie, sur le traitement antérieur qui avait été suivi. Mademoiselle doit se le rappeler; elle était parfaitement au courant de ce que Mme de Pauw avait pris la veille et même du diagnostic porté par les médecins qui l'avaient visitée.

M. le Président. — Cette jeune fille ne savait pas cela. — R. Puisque le témoin me voyait dans l'ignorance complète de la simulation de maladie; que je posais des questions, pourquoi, au lieu de me dire au bas de l'escalier que Mme de Pauw n'avait pas fait de chute, lorsque je lui en ai parlé dans l'atelier, ne me l'a-t-elle pas dit en face des autres personnes? Il me semble que c'était bien plus naturel.

M. le Président.—Elle ne pouvait vous parler d'une chute à laquelle elle ne croyait pas; elle ne pouvait savoir que vous alliez dire que Mme de Pauw était morte des suites d'une chute. — R. Vous ne comprenez pas la portée de ma question. Il s'agit d'une simulation de maladie qui, d'après le témoin, doit être le résultat d'une chute faite dans l'escalier. Eh bien ! lorsque j'étais dans l'atelier avec les personnes dont j'ai parlé, j'ai interrogé le témoin, qui était très au courant de la maladie. Pourquoi, me voyant dans une ignorance complète, ne m'a-t-elle pas édifié à ce moment, pourquoi a-t-elle attendu d'être seule avec moi pour me dire que Mme de Pauw n'avait pas fait de chute?

Mademoiselle Huilmand. — C'était pour ne pas compromettre Mme de Pauw. Je ne voulais pas que tout le monde sût qu'elle avait simulé une maladie dont monsieur lui avait donné l'idée.

M. le Président. Vous n'en avez parlé que lorsque lui-même vous a dit qu'elle était morte des suites de cette chute?

Mlle Huilmand. — Oui, Monsieur; il en a parlé le premier.

L'accusé. — J'ai répondu hier à cela. Il n'est pas possible que j'aie le premier parlé de la chute, puisque, devant les autres témoins, j'avais demandé quelle était la maladie, et quel traitement avait été suivi. Je ne pouvais demander le premier si elle avait fait une chute, puisqu'elle m'avait écrit l'avoir faite. Je l'ai reconnu devant le Juge d'instruction; c'est au bas de l'escalier que le témoin m'a dit que Mme de Pauw n'avait pas fait de chute. De là mon étonnement, puisque Mme de Pauw m'avait toujours entretenu dans cette idée; mais lorsque le témoin m'a fait sa déclaration, je n'y ai pas attaché d'importance; si cela m'eût été dit par une autre personne, j'aurais pu y ajouter foi.

M. le Président. — Comment! vous n'y attachez aucune importance! Cette jeune fille, quand vous arrivez, vous annonce la mort de Mme de Pauw; vous n'éprouvez aucune émotion, vous vous approchez du lit de la défunte, dont vous ouvrez trois fois les paupières pour vous assurer qu'elle est bien morte.

L'accusé. — J'ai dit comment j'étais entré dans la

chambre. Quand je suis entré dans l'atelier, elle est accourue en sautillant, avec un flambeau ; je n'attachais aucune importance aux propos tenus par mademoiselle.

D. Pourquoi cela? — R. Parce que ce n'était pas une personne à laquelle je pouvais attacher de l'importance.

D. Mais pourquoi donc? elle a l'air parfaitement raisonnable. — R. Parce que, pour moi, elle me paraissait.... équivoque ! Je lâche le mot. (*Vives rumeurs.*)

D. Expliquez-vous. — R. Elle me paraissait non croyable ; elle ne m'inspirait aucune confiance.

D. A quel propos et pourquoi? — R. Parce que, je le répète, lorsque je suis arrivé dans l'atelier, elle est accourue au-devant de moi en riant, en sautillant, me remettant le chandelier avec lequel je me suis approché. Lorsque, pour la seconde fois, je lui adressais les questions, et qu'elle ne répondait pas, je ne devais pas, plus tard, ajouter foi à sa déclaration.

D. MM. les Jurés apprécieront si votre explication est satisfaisante, et si cette jeune fille ne doit inspirer aucune confiance. Ils la voient, ils peuvent juger de son intelligence et de la sincérité de son langage. Vous l'avez traitée de péronnelle ; vous avez dit qu'elle ne méritait pas d'être crue par la Justice, et que vos allégations devaient avoir la préférence sur sa déposition.

(Au témoin.) — Est-ce vrai, comme le dit l'accusé, que vous êtes arrivée à lui en riant?

Mlle *Huilmand.* — Je n'avais pas envie de rire en ce moment ; je ne m'étais jamais trouvée dans cette position ; la mort de Mme de Pauw m'avait trop impressionnée. (*Sensation.*)

D. MM. les Jurés vous ont entendue.

Me *Lachaud.* — Je prie M. le Président de demander au témoin si Mme de Pauw, en parlant des contrats d'assurances, ne lui a pas dit que La Pommerais lui avait promis de faire ces assurances pour remplacer le tableau d'Hobbéma dont il a été parlé, et qu'après dix ans, en payant une annuité de 20,000 fr., les Compagnies verseraient 600,000 fr. ?

Mlle *Huilmand.* — Oui, Monsieur.

M. *le Président* (au témoin). — Mme de Pauw vous paraissait-elle comprendre le mécanisme des assurances? — R. Non, Monsieur; elle n'y comprenait rien du tout.

D. Elle était femme, artiste, il n'était pas étonnant qu'elle n'y comprît rien.

N'avez-vous pas su qu'elle a remis à La Pommerais ses actes de naissance? — R. Elle en a remis sept.

D. Que savez-vous à l'occasion de la remise de ces actes? — R. Elle m'a dit seulement que M. de La Pommerais avait réclamé sept actes de naissance.

D. Elle en a remis huit et non sept.

Vous a-t-elle dit qu'il y avait eu quelques démêlés entre elle et lui à l'occasion de la remise de ces actes? — R. Non, Monsieur.

D. Vous n'avez pas assisté à la visite de M. Gaudinot, et vous ne savez pas ce qui a été ordonné par lui? — R. Non, Monsieur.

D. Saviez-vous si Mme de Pauw exécutait les ordonnances que les médecins lui prescrivaient. — R. Non, Monsieur ; elle ne les exécutait pas, elle les donnait à M. de La Pommerais.

D. Vous vous êtes trouvée avec le docteur Blachez ; qui l'a envoyé chercher? — R. C'est Mme Cliche, la femme du concierge de l'hôtel.

D. Le docteur Blachez est arrivé ; vous étiez présente. Il est resté jusqu'à la mort. A-t-il pensé qu'il y eût quelque chose à faire? — R. Il a dit : « Vous venez me chercher pour une personne mourante. » Il a cru qu'elle avait succombé à un anévrisme.

D. C'était l'opinion du docteur ; nous verrons ce qu'il faut en penser et ce que les experts en diront.

(Au témoin.) — Saviez-vous par Mme de Pauw que la Pommerais lui donnait des sommes considérables? — R. Il lui donnait, depuis le mercredi, 3 fr. par jour.

D. Auparavant, savez-vous si habituellement il lui envoyait, par exemple, 200 fr. par mois? — R. Non, Monsieur ; il ne les lui a jamais envoyés. Ce n'est qu'à force qu'elle disait : « Je ne puis payer les visites des médecins, il faut me donner de l'argent, » qu'il les lui a payées. Même elle avait fait un tableau pour un de ses parents, et il voulait qu'elle ne payât pas son loyer, afin de faire face à la maladie avec cet argent.

D. Il voulait qu'elle payât elle-même les visites des médecins avec l'argent que son cousin lui devait ?

Me *Lachaud.* — C'est Mme de Pauw qui l'a dit au témoin, car il est bien entendu qu'elle n'a jamais vu M. de La Pommerais chez elle.

Mlle *Huilmand.* — Mme de Pauw m'a dit que M. de La Pommerais voulait lui faire payer les visites des médecins avec l'argent de son travail.

M. *le Président.* — C'est La Pommerais qui lui a fourni les sommes qu'elle a remises aux médecins consultés par elle.

(Au témoin.) — Avez-vous su par elle si, le 27 ou le 28 septembre, La Pommerais lui aurait donné une somme de 13,000 fr.?

Mlle *Huilmand.* — Il ne lui a jamais rien remis, Monsieur.

L'audience est levée à 5 heures.

Le lendemain, à l'ouverture de l'audience, on introduit une jeune fille vêtue de noir ; c'est Félicité de Pauw, la fille aînée de Mme de Pauw.

Un vif mouvement de curiosité se manifeste dans l'auditoire.

M. *le Président*, à Félicité de Pauw. — Quel âge avez-vous?

Mlle *Félicité de Pauw.* — Quatorze ans et demi.

D. Vous ne pouvez pas prêter serment en raison de votre âge ; mais vous êtes assez intelligente pour comprendre que, déposant devant la Justice, même sans prestation de serment, vous devez dire la vérité, toute la vérité, rien que la vérité.

Vous connaissez l'accusé? Regardez-le. — R. Oui, Monsieur.

D. Pouvez-vous raconter à MM. les Jurés tout ce que vous savez des faits du procès? — R. Oui, Monsieur.

D. Asseyez-vous. Tournez-vous du côté de MM. les Jurés, et répétez tout ce que votre mère vous a dit, ou ce que vous savez par vous-même.

(Le témoin s'assied et ne dit rien.)

D. Vous venez de nous dire que vous connaissiez La Pommerais. Venait-il souvent chez vous? — R. Oui, Monsieur.

D. Le voyiez-vous? — R. Depuis un an je ne le voyais pas.

D. Est-ce qu'il vous témoignait de l'affection, à vous, à votre sœur et à votre frère? — R. Oui, Monsieur.

D. En aviez-vous pour lui? — R. Pas beaucoup.

D. Depuis un an vous ne l'aviez pas vu ; pourquoi? — R. Parce qu'il voulait être seul avec maman.

D. Vous alliez tous les jours à une pension avec votre sœur, et quand La Pommerais venait le soir, votre maman vous renvoyait dans la chambre qu'elle avait louée pour vous à l'entresol. Voilà pourquoi vous n'aviez aucun rapport avec lui et ne le voyiez pas depuis un an? — *R.* Oui, Monsieur.

D. Votre mère ne vous a-t-elle pas parlé des assurances? — *R.* Elle m'a dit qu'il désirait mettre une somme sur sa tête.

D. Vous a-t-elle parlé de la somme? — *R.* Non, Monsieur.

D. A l'occasion de ces assurances, n'avez-vous pas su par votre mère qu'il lui avait fait signer des actes, et qu'indépendamment de ces actes, il lui avait fait écrire et signer des lettres? — *R.* Oui, Monsieur.

D. Quelles lettres? — *R.* Des lettres pour faire connaître qu'elle était malade.

D. Ces lettres, à qui les remettait-elle? — *R.* A M. de La Pommerais.

D. Ainsi, il venait, faisait écrire ces lettres, et les emportait? — *R.* Oui, Monsieur.

D. Avez-vous su que votre mère avait écrit deux lettres, l'une à son père, l'autre à sa sœur? — *R.* Oui, Monsieur.

D. Savez-vous ce que disaient ces lettres? — *R.* Qu'elle était malade.

D. A quelle époque les a-t-elle écrites? — *R.* A peu près un mois avant de mourir.

D. Tout ce que vous me répondez là, vous en êtes bien sûre? — *R.* Oui, Monsieur.

D. Votre mère était-elle bien portante, en général? — *R.* Oui, Monsieur.

D. Elle sortait tous les jours, vous dîniez tous les jours avec elle? Elle pouvait avoir quelque petite indisposition. L'état dans lequel elle se trouvait, et dont nous ne voulons pas vous parler, pouvait amener ces indispositions? Tout le monde a de temps en temps, quelques petites souffrances ; mais, en général, votre mère se portait bien? Elle ne se plaignait pas de palpitations de cœur? — *R.* Quelquefois elle en avait.

D. Se plaignait-elle d'une maladie de l'estomac? — *R.* Quelquefois aussi elle se plaignait du mal à l'estomac.

D. Votre mère a-t-elle fait une chute? — *R.* Non, monsieur.

D. Savez-vous quelque chose à l'occasion de cette prétendue chute? — *R.* M. de La Pommerais avait dit à maman de déclarer au médecin qu'elle avait fait une chute.

M⁰ *Lachaud.* — Et le médecin a dit que c'était cette chute qui avait occasionné sa mort.

Mⁿᵉ *Félicité de Pauw.* — Il avait fait dire par maman au médecin qu'elle avait fait une chute, et celui-ci a dit que c'était cette chute qui avait occasionné la mort.

M. *le Président.* — Mais cette chute n'avait pas eu lieu? — *R.* Non, Monsieur.

D. Savez-vous à raison de quelle circonstance votre mère avait pensé à cette chute? — *R.* Non, Monsieur.

D. Avez-vous su qu'un châssis fût tombé dans l'escalier? — *R.* Non, Monsieur.

D. Votre mère, par suite des conseils de La Pommerais, n'avait-elle pas pris le parti de simuler une maladie comme conséquence de cette chute? Vous l'a-t-elle dit à vous-même? — *R.* Non, Monsieur.

D. Va-t-elle dit être allée chez des médecins, et vous a-t-elle dit leurs noms? — *R.* Elle m'a nommé M. Nélaton.

D. Vous a-t-elle dit ce que M. Nélaton lui avait répondu? — *R.* Que ce n'était pas grand'chose.

D. Elle ne vous a pas répété que M. Nélaton lui avait dit qu'elle était perdue, qu'il n'y avait aucun espoir de la guérir? — *R.* Non, Monsieur.

D. Votre mère allait donner une leçon à une jeune Anglaise qui demeurait au Grand Hôtel? — *R.* Oui, Monsieur.

D. Avez-vous su pourquoi votre mère, à partir du 11 novembre, a gardé la chambre? — *R.* C'était pour faire croire qu'elle était malade.

D. Qui l'a engagée à garder la chambre? — *R.* M. de La Pommerais.

D. Ne lui avait-elle pas dit qu'elle devait être visitée par des médecins? Par qui devaient-ils être envoyés? — *R.* Par lui.

D. Mais au nom de qui? — *R.* C'est maman qui les envoyait chercher.

D. Ce n'est pas ce que je vous demande. Avez-vous su que votre mère devait être visitée par des médecins envoyés par des Compagnies d'assurances? — *R.* Oui, Monsieur.

D. Avant que votre mère ne prît le parti de garder la chambre, avez-vous su qu'elle eût remis à La Pommerais ses actes de naissance? Savez-vous qu'il en voulait faire? — *R.* C'était pour les assurances.

D. Qui les lui avait demandés? — *R.* M. de La Pommerais.

D. Est-il venu les chercher? — *R.* Je ne sais pas.

D. Avez-vous su qu'à l'occasion de ces actes de naissance, il y ait eu, entre votre mère et lui, quelque petite altercation? — *R.* Oui, Monsieur.

D. Que disait-elle? — *R.* Elle disait qu'elle ne pouvait aller les chercher.

D. Pourquoi? — *R.* Parce qu'elle gardait la chambre.

D. Mais elle ne gardait pas encore la chambre, lorsqu'elle est allée les demander. N'est-ce pas plutôt parce qu'elle n'avait pas d'argent? — *R.* Oui, Monsieur ; mais dans les derniers jours elle ne pouvait aller les chercher.

D. Sans doute ; mais c'est elle-même qui est allée les demander. Avez-vous su par elle qu'elle n'avait pas d'argent pour les payer? — *R.* Oui, Monsieur.

D. Avez-vous su par votre mère que La Pommerais lui envoyait par mois 200 fr.? — *R.* Non, Monsieur.

D. Savez-vous s'il lui donnait de l'argent? — *R.* Il lui donnait quelquefois 10 fr., mais pas souvent.

D. Avez-vous su qu'à la fin de septembre, le 26 ou le 27, La Pommerais ait envoyé à votre mère une somme de 13,000 fr.? Vous savez bien ce que c'est que 13,000 fr.? Vous comprenez bien ma question? Votre mère a-t-elle reçu cette somme? — *R.* Non, Monsieur.

D. C'était une somme très-importante pour elle ; votre mère était malheureuse, elle n'avait pas d'argent. Quoique très-jeune, vous avez pu être initiée aux difficultés de sa position ; vous saviez qu'elle avait beaucoup de peine à subvenir à ses besoins et aux vôtres ; elle travaillait pour vivre et pour vous nourrir. Elle avait quelques commandes, recevait quelquefois, à l'occasion de ces commandes, quelques petites sommes d'argent. Savez-vous si votre tante et d'autres personnes lui ont donné des secours? — *R.* Oui, Monsieur.

D. Vous saviez que M. Heim, qui venait la voir quelquefois, lui donnait quelques sommes d'argent ; votre mère ne vous le cachait pas, et, si elle eût reçu de La Pommerais 200 fr. par mois et 13,000 fr. le 26 ou le 27 septembre, vous l'auriez su? — *R.* Oui, Monsieur.

D. Dans les derniers temps, et lorsque votre mère avait pris le parti de garder la chambre, savez-vous si La Pommerais est venu la voir souvent? — *R.* Il est venu trois fois dans la même semaine.

D. Savez-vous s'il est venu le jeudi avant la mort de votre mère? — *R.* Je ne sais pas s'il est venu, mais il a été question qu'il viendrait.

D. Quand il devait venir, votre mère ne vous renvoyait-elle pas dans votre chambre, après le dîner? — *R.* Oui, Monsieur.

D. Savez-vous s'il la prévenait chaque fois qu'il devait venir? — *R.* Oui, Monsieur.

D. Cependant, soit le jeudi, soit le samedi avant sa mort, une circonstance particulière ne vous a-t-elle pas donné la certitude que La Pommerais était venu? — *R.* Il est arrivé le samedi une lettre sans signature de M. de La Pommerais, pour dire qu'il viendrait.

D. Mais un jour, le jeudi ou le samedi, n'aviez-vous pas besoin d'écrire? — *R.* Oui, Monsieur, le jeudi.

D. C'est précisément sur cette circonstance que j'appelais votre attention; que s'est-il passé? Vous vouliez emporter votre écritoire; votre mère vous l'a fait laisser en vous disant qu'elle en avait besoin, parce que La Pommerais allait venir pour la faire écrire? — *R.* Oui, Monsieur.

D. Et en effet, il y a, de ce soir-là, jeudi 12, une lettre de Mme de Pauw à La Pommerais; il y en a même deux à cette date, et l'accusation soutient que toutes deux ont été écrites le soir. En raison de cette circonstance que vous avez dû laisser votre encrier, vous avez pensé que La Pommerais était venu? Votre mère vous a-t-elle dit qu'il fût venu? N'avez-vous su par votre mère que le samedi elle avait invité Mme de Ridder à venir passer la soirée avec sa fille? Pourquoi Mme de Ridder n'est-elle pas venue? — *R.* Parce que maman lui a envoyé dire par Mme Biord qu'il ne fallait pas qu'elle vînt.

D. Le lendemain, dimanche, votre mère vous a-t-elle dit que La Pommerais fût venu? — *R.* Oui, Monsieur.

D. N'y a-t-il pas une circonstance qui vous en a donné la preuve? — *R.* Le lendemain, il y avait une tasse de café dans laquelle il en restait encore un peu.

D. Que vous a dit votre maman à l'occasion de ce café? — *R.* Que M. de La Pommerais n'avait pas pu la finir parce que cela lui faisait mal.

D. Par conséquent il était venu, puisqu'il avait bu un peu du contenu de la tasse. Le lendemain, veille de la mort de votre mère, vous avez dîné avec elle. A quelle heure êtes-vous revenue de votre pension? — *R.* A cinq heures et demie.

D. Est-ce que votre mère était malade? — *R.* Non, Monsieur.

D. Qu'avez-vous mangé à votre dîner? — *R.* De la soupe à l'oseille et des choux-fleurs.

D. Mme Biord a dîné avec vous; après dîner votre mère vous a envoyé dans votre chambre; vous saviez qu'elle attendait La Pommerais, et il est venu en effet. A quelle heure avez-vous quitté votre maman? — *R.* Après dîner.

D. Elle ne se plaignait pas qu'elle fût malade? — *R.* Non, Monsieur.

D. Depuis le 11, elle ne sortait presque pas, et vous nous avez dit que c'était parce que La Pommerais lui avait recommandé de garder la chambre, qu'elle serait bientôt visitée par les médecins. Vous ne saviez pas s'il lui avait promis de l'indemniser de la leçon qu'elle ne pouvait plus donner à Mlle Baup? — *R.* Non, Monsieur.

D. Elle ne vous a pas dit que La Pommerais lui donnait 3 fr. par jour? — *R.* Pardon, Monsieur.

D. Savez-vous s'il les payait exactement? — *R.* Il ne les a donnés que deux fois.

D. Votre mère ne vous disait-elle pas que 3 fr. par jour n'étaient pas assez pour vivre? — *R.* Oui, Monsieur.

D. Qu'il lui fallait 6 fr. — *R.* Elle ne me l'a pas dit.

D. Elle l'a dit à Mlle Huilmand, qui en a déposé. Le lundi soir, quand vous êtes rentrée dans votre chambre, votre mère n'était pas malade. Le lendemain, à quelle heure êtes-vous montée chez elle? — *R.* Il était sept heures, je crois.

D. Vous avez été étonnée de trouver la clef à la porte, votre mère n'avait pas l'habitude de la laisser? — *R.* Non, Monsieur.

D. Elle couchait seule dans sa petite chambre au fond de l'atelier, et avait soin, tous les soirs, de retirer la clef? — *R.* Oui, Monsieur.

D. Le lendemain matin, donc, mardi, 17, vous avez été étonnée de trouver la clef à la porte; vous êtes entrée. Dans quel état avez vous trouvé votre mère? — *R.* Elle vomissait à chaque parole qu'elle disait.

D. Le parquet n'était-il pas couvert de vomissements? — *R.* Pardon, Monsieur.

D. Elle était dans un état de souffrance très-grand. Que vous a-t-elle dit? — *R.* Que M. de La Pommerais, en s'en allant, lui avait trouvé de la fièvre, et avait dit qu'il reviendrait le lendemain à huit heures.

D. Vous a-t-elle dit qu'il devait lui faire prendre quelque chose? — *R.* Non, Monsieur.

D. N'avez-vous pas vu une petite fiole? — *R.* Je ne l'ai pas vue, mais elle m'a dit que c'était pour l'empêcher d'avoir le choléra.

D. Je vous demande si La Pommerais n'avait pas donné à votre mère une petite fiole dont le contenu devait l'empêcher d'avoir le choléra? — *R.* Oui, Monsieur.

D. Avez-vous vu cette petite fiole? — *R.* Non, Monsieur.

D. C'est donc votre mère qui vous a dit qu'il la lui avait donnée? — *R.* Oui, Monsieur.

D. Vous a-t-elle dit qu'elle l'avait prise? — *R.* Non, Monsieur.

D. Elle ne vous a pas expliqué comment les vomissements lui étaient arrivés? — *R.* Non, Monsieur.

D. Est-ce que vous n'avez pas voulu enlever ces vomissements pour nettoyer le parquet? Que vous a dit votre mère? — *R.* Elle a dit que M. de La Pommerais avait déclaré que ce n'était pas sain.

D. C'est le matin, quand vous êtes arrivée chez votre mère, qu'elle vous a dit cela? — *R.* Oui, Monsieur; j'étais montée avant sa visite; j'étais redescendue, je suis remontée après sa visite.

D. Je vous demande si le matin, avant la visite de La Pommerais, qu'ayant trouvé votre mère malade, vous avez voulu enlever les vomissements? — *R.* Non, Monsieur; je n'avais pas le temps à ce moment-là; j'avais dû descendre.

D. C'est donc en remontant, après la visite de La Pommerais, que vous avez voulu enlever les vomissements; votre mère vous en a empêchée, parce que M. de La Pommerais avait dit qu'ils n'étaient pas sains. C'est une autre personne que vous qui les a enlevés? — *R.* Oui, Monsieur.

D. Vous avez trouvé votre mère plus malade encore en remontant? — *R.* Je ne m'y connaissais pas.

D. Vous n'avez pas demandé à votre mère si vous deviez rester près d'elle? — *R.* Elle a dit qu'elle ne voulait pas.

D. Avez-vous compris si elle se trouvait très-malade? — *R.* Elle disait que dans vingt-quatre heures ce serait fini.

D. En effet, La Pommerais lui avait dit, vous venez de le répéter, qu'il s'était débarrassé du choléra dans les vingt-quatre heures. A quelle heure êtes-vous revenue de votre pension? — *R.* A cinq heures et demie.

D. Votre mère vivait encore. Vous êtes montée auprès d'elle; qui est-ce qui s'y trouvait? — *R.* Il n'y avait personne dans ce moment.

D. Vous êtes restée près d'elle? — *R.* Oui, Monsieur; pendant quelque temps.

D. Elle était au plus mal; pouvait-elle parler? — *R.* Presque pas.

D. Vous a-t-elle parlé, à vous? — *R.* Elle m'a dit de ne pas m'approcher, parce que je lui faisais du mal quand je la touchais.

D. Est-ce elle qui vous a renvoyée? — *R.* Non, Monsieur.

D. Vous êtes descendue; à quelle heure êtes-vous remontée? — *R.* Je ne sais pas.

D. Vivait-elle encore? — *R.* Oui, Monsieur.

D. Etes-vous remontée pendant que le médecin qui demeurait en face, et qu'on était allé chercher, était là? — *R.* Oui, Monsieur.

D. A ce moment, pouvait-elle parler? — *R.* Non, Monsieur.

D. Prenait-elle quelque chose? — *R.* On lui a mis un peu de rhum dans la bouche.

D. Etiez-vous là quand votre mère a rendu le dernier soupir? — *R.* Non, Monsieur.

D. Lui avez-vous entendu dire quelque chose au médecin, ou savez-vous ce qu'elle lui a dit? — *R.* Non, Monsieur.

D. A quelle heure êtes-vous remontée, après que votre mère était morte? — *R.* Je ne suis remontée que le soir, je ne sais à quelle heure.

D. Mlle Huilmand était présente; sa mère, Mme de Ridder, y était-elle? — *R.* Elle est montée avec moi.

D. Mme de Ridder était l'amie de votre mère. Elles se voyaient très-souvent? — *R.* Oui, Monsieur.

D. Mlle Huilmand, sa fille, venait-elle aussi? — *R.* Oui, Monsieur.

D. Ce que vous nous racontez-là, vous en êtes bien sûre. — *R.* Oui, Monsieur.

D. Depuis la mort de votre mère, avez vous revu La Pommerais? — *R.* Non, Monsieur.

D. A-t-il cherché à vous voir? — *R.* Je ne sais pas.

D. La Pommerais, qu'avez-vous à dire? — *R.* Rien.

D. Il résulte de la déclaration de cette enfant, que, contrairement à ce que vous soutenez, vous veniez très-souvent chez sa mère. — *R.* Elle ne pouvait savoir si je venais ou non; car elle logeait à l'entresol. Elle n'a pu me voir qu'antérieurement, lorsque j'allais la soigner chez sa mère.

D. Elle vient de déclarer que, depuis un an, elle ne vous avait pas aperçu, mais qu'elle tenait de sa mère que vous veniez souvent. — *R.* Elle a dit dans l'instruction que je venais trois fois par semaine; j'ai là sa déposition. Quant à Mme Gouchon, sa tante, elle prétend que je venais rarement; c'est également dans sa déposition.

D. Cette jeune fille déclare que vous veniez très-souvent chez sa mère; Mme de Ridder et sa fille ont dit également que vous veniez très-souvent. — *R.* Voulez-vous demander au témoin combien de fois je suis venu depuis le mois de juin?

D. (Au témoin.) — Savez-vous par votre mère si l'accusé venait la voir souvent?

Mlle *Félicité de Pauw*. — Oui, Monsieur.

L'accusé. — Je n'y suis allé que le nombre de fois que j'ai indiqué.

D. Quand cette enfant raconte ce qu'elle nous a déclaré tenir de sa mère, c'est comme si sa mère parlait.

L'accusé. — Je ne crois pas que ce soit tout à fait la même chose.

D. Cette jeune fille sait d'autant mieux que vous veniez souvent, que toutes les fois que vous deviez venir, sa mère le renvoyait à l'entresol, dans la chambre qu'elle avait louée pour ses enfants. — *R.* Je n'y allais pas. D'après le témoin, c'est le soir que j'y allais. Or, le soir, je sors rarement; si je sors, c'est toujours avec ma femme, et comme médecin, je ne vais jamais voir un malade, quel qu'il soit, si ce n'est dans un cas exceptionnel.

D. Cependant vous êtes venu, le 16 novembre, voir Mme de Pauw le soir? — *R.* J'ai eu l'honneur d'expliquer comment; mais jamais, d'ordinaire, je ne sors le soir.

D. Comment l'établissez-vous? — *R.* Par les personnes de la maison, qui ne me voient sortir qu'avec ma femme.

D. MM. les Jurés apprécieront.

Vous êtes venu le jeudi soir chez Mme de Pauw; la lettre de celle-ci à Mme de Ridder le dit d'une manière formelle. — *R.* Vous avez dit qu'il y avait deux lettres du jeudi, l'une du matin, et l'autre du soir. Comment ai-je pu lui faire écrire le soir ces deux lettres, puisque dans celle du matin elle m'écrivait pour empêcher M. Desmidt de venir le jour même?

D. Il est certain qu'elle vous a écrit ces deux lettres le soir. — *R.* Mais enfin l'une m'a été remise le matin.

D. Par qui? — *R.* Elle m'a été remise comme toutes les autres.

D. Par qui? — *R.* Je ne sais pas, moi, comment me sont remises toutes les lettres; elles me sont données ou par mon concierge, ou par la femme de chambre, ou par la cuisinière, qui les placent sur mon bureau.

D. Cette jeune fille déclare qu'elle savait parfaitement par sa mère que vous aviez fait écrire à celle-ci des lettres expliquant sa maladie.

Un Juré. — A qui étaient-elles adressées?

M. le Président (au témoin). — Vous nous avez dit que vous saviez par votre mère qu'elle avait écrit des lettres racontant sa maladie qui, selon vous, n'existait pas. A qui ces lettres étaient-elles écrites?

Mlle *Félicité de Pauw*. — A ma tante et à mon bon-papa.

D. Vous parlez des deux lettres écrites à votre tante et à votre grand-père? — *R.* Oui, Monsieur.

D. Mais vous m'aviez dit qu'elle avait écrit des lettres dans lesquelles elle racontait sa maladie? — *R.* C'étaient ces lettres.

D. Vous n'avez donc pas su qu'elle avait écrit à La Pommerais des lettres pour raconter sa maladie? — *R.* Non, Monsieur.

L'accusé. — Si j'avais prémédité un crime, il m'était facile de faire tomber la mort de Mme de Pauw au jour marqué aussi bien que cinq ou six jours plus tôt. D'un autre côté, il y a un fait extrêmement important. Dans ses deux lettres, Mme de Pauw parle d'un médecin qu'elle a appelé dans les derniers jours de sa maladie. Comment peut-elle, cinq ou six semaines à l'avance, parler d'un médecin qu'elle a vu dans les derniers jours de sa maladie seulement? Il y a donc en ce point une erreur.

D. C'est précisément parce qu'elle vous avait écrit et vous avait remis ces lettres un mois ou six semaines avant sa mort, que vous aviez pu lui faire écrire ce que vous vouliez; c'est vous qui l'avez engagée à voir le docteur Danet dont il est question. On comprend facilement, si ces lettres ont été dictées par vous, que vous les ayez dictées comme il vous convenait qu'elles fussent.

L'accusé. — Seriez-vous assez bon de me dire pourquoi?

D. Je n'ai rien à vous répondre; je constate les faits.

Me Lachaud (à l'accusé). — Votre formule est mauvaise; faites des observations et non pas des questions à M. le Président, vous arriverez au même résultat.

L'accusé. — Je n'ai pas vu un seul des médecins que Mme de Pauw a envoyé chercher. Le docteur Danet, que j'aurais indiqué, est celui qui a fait la déposition la plus opposée à ce que je dis. Il a prétendu, d'après cette lettre, qu'elle avait, à ses yeux, une affection légère. Si j'avais indiqué le docteur Danet dans mon intérêt, je lui aurais prêté l'opinion que Mme de Pauw avait une affection grave.

M. le Président. — Le docteur Danet a été indiqué par vous à Mme de Pauw, comme les docteurs Velpeau et Nélaton, et tous ceux qu'elle est allée consulter. Aucun de ces médecins ne peut être supposé avoir été de connivence avec vous. Certainement vous n'êtes pas allé leur dire qu'ils allaient recevoir la visite de Mme de Pauw, mais c'est par vos conseils que Mme de Pauw est allée les voir. — *R.* J'ignore complètement si elle a fait ou non une chute; mais je ne crois pas qu'elle ait simulé une maladie, parce que, pour moi, elle était réellement malade. Qu'elle ait exagéré ses maux, c'est possible; dans quel but? Je n'en sais rien.

D. Elle n'a pas exagéré ses maux, puisque, selon vous, elle en est morte.

Il résulte de la déclaration de Mme de Ridder et de sa fille, de celle de Félicité de Pauw, que vous voyiez sa mère très-souvent. Vous lui avez fait écrire les deux dernières lettres que son père et sa sœur ont reçues le lendemain de sa mort. Elles ont été écrites, sous votre dictée, un mois ou six semaines avant la mort; elle vous les a remises, et c'est évidemment vous qui les avez jetées à la poste le jour même de sa mort. — *R.* J'ai une observation à faire au sujet de ces lettres. Voici ce qui a pu arriver : J'ai vu Mme de Pauw au moment de sa chute. Il peut se faire (je ne m'en souviens pas) que, la voyant malade, je lui aie donné par moi-même le conseil d'écrire à son père et à sa sœur. Si elle n'avait pas fait de chute, il est certain qu'il devait lui en coûter d'écrire à son père et à sa sœur sur un fait qui n'existait pas. Mme de Ridder et ses amies, ses confidentes, sur le témoignage desquelles seules roule l'accusation, ont pu recevoir d'elle la confidence d'un fait accompli, au lieu des conseils désintéressés que j'avais donnés au sujet des médecins. Mme de Pauw n'a pas dit que je savais si elle avait fait ou non une chute.

D. C'est vous qui avez engagé Mme de Pauw à dire qu'elle avait fait une chute.

L'accusé. — J'ai eu l'honneur de vous dire que je ne savais pas si elle avait ou non fait une chute. Le fait de la mise des lettres à la poste est très-grave. J'avais vu Mme de Pauw à deux heures, et, selon l'accusation, je serais revenu à huit heures pour m'assurer qu'elle était morte. Mais un médecin ne peut jamais prévoir qu'un malade succombera à telle ou telle heure juste. Si donc j'avais mis les lettres à la poste entre quatre et cinq heures, et que cette femme eût vécu le lendemain, elle aurait vu sa sœur, à laquelle elle aurait pu confier que c'était moi qui avais fait écrire ces lettres. Cela n'est pas admissible. Je le répète, un médecin ne peut prévoir à quel moment précis un malade doit succomber.

D. Quand un médecin est accusé comme vous d'avoir donné la mort à une femme, il sait très-bien à quelle heure à peu près elle va mourir. Je ne soutiens pas l'accusation; j'expose les charges qu'elle élève contre vous. Si, comme elle le prétend, vous avez empoisonné Mme de Pauw, à votre visite de deux heures, vous avez pu comprendre parfaitement qu'il lui restait peu de temps à vivre; et alors, en sortant de chez elle, nanti que vous étiez de ces lettres qu'elle vous avait remises un mois ou six semaines avant, vous avez cru à propos de les mettre à la poste, afin qu'elle eût l'air de prévenir sa sœur et son père de ses derniers moments.

L'accusé. — Il n'était pas possible de prévoir qu'elle allait mourir aussi vite; je ne suis pas le seul médecin qui ait commis cette erreur. Le docteur Gaudinot lui-même a déclaré qu'il ne croyait pas qu'elle fût si malade, puisqu'il est venu le lendemain matin.

D. Evidemment, il n'a rien compris à la maladie. Mais vous, médecin, qui, d'après l'accusation, auriez fait prendre le poison le lundi à la malheureuse femme, en lui persuadant que vous lui donniez le choléra dont elle guérirait dans les vingt-quatre heures, vous avez pu mettre les lettres à la poste.

L'accusé. — Elle doit simuler une maladie, il faut bien qu'elle ait bu quelque chose. Ainsi, elle se serait trouvée avec ses confidentes, avec ses amies, avec ses enfants, avec toutes les autres personnes, et serait arrivée à son dernier moment sans leur dire qu'elle aurait pris quelque chose? Elle leur aurait déclaré que, la veille, j'avais dit qu'elle avait la fièvre, elle leur aurait parlé ensuite d'une indigestion et elle n'aurait pas raconté qu'elle avait pris quelque chose?

M. le Président. — Ce ne sont pas là des faits, c'est de la discussion.

(Au témoin). — N'aviez-vous pas des craintes que votre mère prît des drogues? Ne lui aviez-vous pas exprimé à elle-même ces craintes?

Mlle Félicité de Pauw. — Oui, Monsieur, je lui ai dit de ne rien prendre sans demander ce que cela devait lui faire.

D. Qu'a répondu votre mère? — *R.* Qu'il n'y avait pas de danger, parce que la surveillance était trop éclairée, qu'on s'en apercevrait, que cela ne se pouvait pas.

D. Ne vous disait-elle pas aussi que, si elle venait à mourir, La Pommerais perdrait tout? — *R.* Oui, Monsieur.

D. Vous saviez donc qu'il avait quelque chose à perdre? quoi? — *R.* Toutes les sommes qu'il avait mises.

D. C'est-à-dire ce qu'il avait payé aux Compagnies d'assurances? Votre mère vous l'avait dit? — R. Oui, Monsieur.

D. Ainsi elle vous disait, quand vous l'engagiez à ne rien prendre, qu'il n'y avait pas de danger, parce que, d'une part, la surveillance était trop grande, qu'on s'en apercevrait, et que d'ailleurs La Pommerais perdrait ses 20,000 fr. ? — R. Oui, Monsieur.

L'accusé. — J'ai soigné Mlle de Pauw depuis 1858. Je prie M. le Président de demander au témoin si sa mère n'avait pas une affection du cœur. Elle était constamment malade ; tous les soirs elle avait les extrémités enflées.

M. le Président (au témoin). — Avez-vous su cela?

Mlle Félicité de Pauw. — Non, Monsieur.

M. le Président (à l'accusé). — Vous invoquez le témoignage de cette enfant; elle vous répond qu'elle n'a rien su de cela. Nous ne pouvons, avec cette enfant, engager une discussion médicale. Le médecin qui a fait l'autopsie a examiné avec soin les parties intérieures du corps. Vous établirez avec lui, quand il sera là, si Mme de Pauw avait une maladie du cœur des plus graves, ou une perforation de l'estomac. Quant à nous, nous ne pouvons continuer avec cette jeune fille un débat de ce genre.

Me Lachaud. — Monsieur le Président, le témoin pourrait-il nous dire si, avant sa maladie simulée, sa mère ne se plaignait pas de palpitations de cœur?

Mlle Félicité de Pauw. — Oui, Monsieur, quelquefois.

Me Lachaud. — Avant sa maladie simulée, n'était-elle pas souffrante?

Mlle Félicité de Pauw. — Non, Monsieur; elle avait quelques indispositions seulement.

M. le Président. — Nous ne pouvons, devant cette enfant, faire connaître une autre cause de cette indisposition.

Me Lachaud. — J'apprécie la réserve de M. le Président, mais je trouve la question consignée dans la déclaration du témoin faite devant le Juge d'instruction. Voilà pourquoi je devais la faire connaître à MM. les Jurés.

M. le Président. — Je n'ai pas de motifs pour m'opposer à votre question, mais il vaut mieux la réserver pour votre discussion.

Me Lachaud. — Elle a répondu devant le Juge d'instruction d'une façon; elle vient de répondre autrement: voilà tout.

M. le Président (à l'accusé). — Indépendamment de tout ce que nous venons de rappeler, il résulte de la déposition du témoin que jamais vous n'avez rien donné à sa mère, comme vous le prétendez; que, notamment, les 13,000 fr. que vous lui auriez envoyés le 26 ou le 27 septembre n'ont jamais été reçus par elle.

L'accusé. — J'ai affirmé et j'affirme positivement avoir envoyé cette somme. Qu'elle ait servi à sa mère ou à d'autres, je l'ignore.

D. Qu'entendez-vous dire? — R. Elle était enceinte, ce n'était pas de moi, c'était donc des œuvres d'un autre. (Vives rumeurs.)

D. Ainsi, si l'on n'a pas trouvé les 13,000 fr. donnés par vous, vous voulez insinuer qu'elle avait pu en disposer en faveur d'un autre homme? — R. C'est possible. J'affirme, sur la tête de mon enfant, que jamais je n'ai eu de relations intimes avec cette femme depuis mon mariage.

D. Comment! elle vous écrit : « Je vous demande à genoux 30,000 fr. pour payer des dettes d'honneur avant de mourir; » vous lui envoyez 13,000 fr.; il est impossible d'établir qu'elle ait payé un sou n'importe à qui; et pour expliquer la disparition d'une somme aussi importante, vous êtes obligé d'arriver à cette singulière allégation, qu'elle aurait donné cet argent à un autre homme! Une circonstance me revient à la mémoire, et me prouve que vous n'êtes pas dans le vrai : vous avez parlé à Desmidt de prétendues avances que vous aviez faites à Mme de Pauw ; vous avez dit lui avoir donné non pas 13,000 fr., mais 33,000 fr. Desmidt vous a demandé si on avait retrouvé cette somme, ce qu'elle était devenue. Vous lui avez répondu que, le mardi soir, quand vous étiez revenu chez cette malheureuse femme après sa mort, vous aviez trouvé là un petit jeune homme à moustaches, qui vous avait inspiré des soupçons et même de la jalousie. — R. De la jalousie, non ; mais des soupçons, oui.

M. le Président. — Nous rappelons l'attention de MM. les Jurés sur cette circonstance. Vous avez parlé au Juge d'instruction non pas de 13,000 fr., mais de 33,000 fr., remis à Mme de Pauw. Vous avez dit qu'ils avaient disparu, que le petit jeune homme à moustaches, qui était probablement son amant, avait bien pu les prendre et les enlever. — R. Quel intérêt alors m'aurait porté à dire la vérité, c'est-à-dire que j'avais donné 13,000 fr. et non 33,000 fr. ?

D. Votre intérêt était évident. Vous vouliez expliquer le transport des assurances par les avances considérables que vous aviez faites à cette femme. Vous souteniez d'abord, devant le Juge d'instruction, que vous aviez donné à Mme de Pauw 200,000 fr., puis 150,000, puis 33,000 au mois de septembre. Vous avez répété à Desmidt que vous aviez donné ces 33,000 fr. Mais, quand vous avez vu l'impossibilité de faire admettre que vous ayez avancé des sommes aussi considérables, vous avez été obligé de réduire. — R. Mais j'avais une reconnaissance de 550,000 fr.! c'était bien plus fort que 150 ou 200,000 fr.

D. Est-ce que vous soutenez avoir donné 550,000 f.? — R. Si j'ai dit avoir donné 13,000 fr., c'était pour rétablir la vérité devant le Juge d'instruction.

D. Vous avez reconnu que vous n'aviez pas dit la vérité. — R. Je vous demande pardon; c'est moi qui suis allé le premier au-devant.

D. C'est-à-dire que lorsque vous avez compris l'impossibilité de soutenir votre premier système; quand vous avez vu qu'on n'admettrait jamais que vous ayez donné à Mme de Pauw 550,000, ou 200,000, ou 33,000 fr. en septembre, vous avez voulu atténuer ce qu'il pouvait résulter de défavorable pour vous d'exagérations pareilles. Vous n'avez plus parlé que 8 à 10,000 fr. au lieu de 200,000 fr., et de 13,000 fr. au lieu de 33,000 fr. — R. Je ne crois pas devoir revenir sur ce que j'ai dit. Je suis très-amoureux de la vérité. (Rumeurs.)

D. Vous êtes amoureux de la vérité? Vous en êtes si peu amoureux, que vous avez été obligé, pour expliquer votre note de dépense de 43,000 fr., de convenir que vous aviez voulu tromper votre femme, en exagérant l'importance des cadeaux que vous lui aviez faits. Vous aviez déjà trompé votre belle-mère pour les valeurs que vous apportiez dans votre contrat de mariage. Vous le voyez donc, la tromperie est le fond de votre caractère. — R. Ma femme ne s'est pas plainte. Non-seulement elle ne s'est pas plainte, mais elle n'a pas à se plaindre, je ne le crois pas. Toutes les notes que vous avez relevées sont des secrets d'intérieur. Je ne comprends pas que l'accusation se soit appuyée dessus. Si l'on fouillait dans l'intérieur de toutes les familles, on trouverait

AFFAIRE LA POMMERAIS.

bien autre chose que cela. MM. les Jurés sont mariés, ils sont pères de famille; ils sauront apprécier ce que vous avez relevé. (*Vives rumeurs.*)

D. Certainement MM. les Jurés apprécieront les circonstances de ce procès. Notre devoir, à nous, est de les leur faire connaître dans tous les détails possibles, pour que leur appréciation soit complète et entière.

Pourquoi Mme de Pauw vous remercie-t-elle des 33,000 fr., puisque vous ne lui en envoyiez que 10,000? — *R.* C'était pour me mettre dans la nécessité de lui envoyer les 20,000 autres; le testament joint à la lettre n'a point d'autre but. L'accusation se base sur une simulation de maladie, pour arriver au rachat des contrats; quel rapport cela avait-il avec l'envoi du testament?

D. Vous ne répondez pas à ma question. Je vous demande pourquoi Mme de Pauw vous remercie à genoux de l'envoi des 33,000 fr, puisque, de votre aveu, elle n'en a reçu que 13,000 en tout? — *R.* Je crois m'être expliqué hier. En lui envoyant les 10,000 fr., je lui disais que je me rendais à son désir, et que j'espérais, dans un temps donné, pouvoir lui envoyer le reste. Pourquoi m'a-t-elle accusé la réception de 30,000 fr.? je me l'explique ainsi: que ce soit elle qui ait eu cette pensée, ou qu'une autre personne la lui ait inspirée, j'imagine qu'elle voulait me mettre dans une position délicate, et me forcer de lui envoyer les 20,000 fr. Elle joint à sa lettre son testament, et vous avez fait remarquer la clause qu'il contient contre les enfants. Pourquoi cette clause, puisqu'elle aimait tant ses enfants? Quel rapport peut-il y avoir entre un testament fait à l'avance et un rachat de contrat?

D. Vous discuterez tout cela dans votre plaidoirie; votre défenseur n'oubliera rien. Quant à moi, je constate que vous ne répondez pas à ma question. Mme de Pauw vous avait demandé 30,000 fr.; elle vous remercie de lui en avoir envoyé 33,000, et cependant vous reconnaissez aujourd'hui qu'elle ne les a pas reçus. — *R.* Aussi je demande pourquoi elle m'accuse réception de 30,000 fr., quand je ne lui en ai envoyé que 10,000.

D. C'est l'accusation qui parle par ma bouche et non pas moi. Elle n'est pas embarrassée de vous expliquer cela. Vous avez voulu faire croire que vous aviez envoyé à Mme de Pauw 33,000 fr., et vous le lui avez fait écrire dans les lettres que vous lui dictiez chez elle, et qu'elle vous remettait; elle vous remercie de les lui avoir envoyés. — *R.* Pourquoi l'a-t-elle écrit?

D. Probablement parce qu'il entrait dans votre système, en prévision des soupçons qui pèseraient sur vous, soupçons dont vous avez parlé dans l'un de vos interrogatoires, de sembler avoir fait pour elle de grands sacrifices, des avances considérables, à propos desquels elle vous remercie. — *R.* Pourquoi son testament est-il joint à sa lettre?

D. Pourquoi? Je n'ai pas à répondre à vos questions. C'est l'accusation qui s'expliquera. Quant à nous, nous ne pouvons pas, nous ne devons même pas vous expliquer.

Nous constatons qu'il vous est impossible de dire pourquoi Mme de Pauw vous remercie des 33,000 fr. que vous ne lui avez pas envoyés.

Vous en avez donné une autre raison que vous ne répétez pas ici, ce qui prouve qu'elle n'est pas vraie. — *R.* J'ai dit au Juge d'instruction qu'elle considérait une promesse de moi comme un engagement, et que, par conséquent, si elle m'a accusé réception

des 20,000 fr. de plus que je ne lui envoyais, c'était pour me mettre dans la nécessité, par délicatesse, de les lui envoyer, puisqu'elle m'adressait en même temps son testament.

D. C'est par la même lettre où elle vous remercie des 33,000 fr. Vous dites que vos promesses étaient pour elle l'équivalent d'un payement comptant, et qu'elle voulait mettre en jeu votre délicatesse. Cependant vous n'avez pas envoyé les 20,000 fr. dont elle vous accusait réception. — *R.* J'ai même le regret de lui avoir envoyé les 10,000 fr.

D. Elle ne vous les a jamais redemandés, ces 20,000 fr., car, dans les autres lettres, il n'en est pas question. — *R.* J'ai eu l'honneur de vous dire que, dans une visite subséquente, elle m'a demandé les 20,000 fr. Elle n'a pas voulu me dire pourquoi elle m'en avait d'abord demandé 30,000. Je ne devais donc pas les lui envoyer. J'ai aujourd'hui le plus grand regret de lui avoir envoyé les 10,000 fr.

M. le Président. — L'accusation soutient que vous ne les avez pas envoyés; par conséquent, vous ne pouvez avoir un grand regret d'avoir enlevé à votre famille une somme que vous n'avez pas ailleurs à votre disposition, et que vous n'avez pu donner, nous ne voulons pas dire à qui, en présence de cette enfant.

Il n'y a pas d'autre question à adresser au témoin?

Me *Lachaud.* — Non, monsieur le Président.

Adélaïde de Pauw, neuf ans. C'est la seconde fille de Mme de Pauw; elle est, comme sa sœur, vêtue de noir.

M. le Président (au témoin). — Connaissez-vous l'accusé?

L'accusé. — Je l'ai soignée assez souvent pour qu'elle me connaisse.

M. le Président (au témoin). — Vous n'avez pas autre chose à dire que ce que vous a raconté votre sœur? Savez-vous quelque chose de particulier?

Adélaïde de Pauw. — Non, Monsieur.

M. le Président. — La défense a-t-elle quelque chose à demander à cette enfant?

Me *Lachaud.* — Absolument rien.

M. le Président. — A raison de l'âge et de la position, nous ne croyons pas devoir insister. Ses réponses, dans l'instruction, ont d'ailleurs été conformes à celles de sa sœur. (Au témoin). — Vous pouvez vous retirer.

— *Veuve Pigerre,* porteuse de pain. — Je ne connais pas l'accusé, je ne l'ai jamais vu. J'allais porter le pain chez Mme de Pauw, je la trouvais toujours seule.

D. Payait-elle exactement? — *R.* Quand elle pouvait, pas tous les jours.

D. Devait-elle au moment de sa mort? — *R.* Oui, Monsieur.

D. Le jour de sa mort, n'avez-vous pas monté le pain à son atelier? — *R.* Oui.

D. A quelle heure? — *R.* A huit heures.

D. Dans quel état l'avez-vous trouvée? — *R.* Elle était bien malade ce jour-là, elle était couchée, et m'a demandé si je pouvais rester un moment pour la soigner.

D. La clef était-elle sur la porte? — *R.* Oui, Monsieur.

D. Mme de Pauw avait-elle l'habitude de la laisser sur la porte? — *R.* Il y avait des jours.

D. Quand vous veniez le matin, la trouviez-vous levée? — *R.* Oui, quand elle se portait bien.

D. La voyiez-vous souvent malade? — *R.* Jamais je ne l'avais vue malade que ce jour-là.

D. Quand vous êtes entrée dans l'atelier, Mᵐᵉ de Pauw était couchée. Avez-vous remarqué si elle avait vomi ? — *R.* Oui, elle avait vomi en grande quantité.

D. Ce n'est pas vous qui avez enlevé les vomissements ? — *R.* Non, Monsieur, je n'avais pas le temps de rester.

D. Elle vous a paru bien malade. Lui avez-vous demandé ce qu'elle avait et vous a-t-elle répondu ? — *R.* Elle ne pouvait presque pas parler.

D. Elle ne vous a pas dit ce qu'elle avait, ni si elle avait pris quelque chose ? — *R.* Non, Monsieur ; elle m'a dit seulement : « Je suis bien malade ; pouvez-vous rester ? »

Mᵐᵉ *Delettre*, rue Bonaparte, 24, voisine de Mᵐᵉ de Pauw. — Le lundi, Mᵐᵉ de Pauw m'a fait appeler et m'a priée d'aller au marché lui acheter de l'oseille et un chou-fleur pour son dîner. En rentrant, j'ai allumé son feu et lui ai fait sa cuisine. Le mardi matin, je suis remontée chez elle et je l'ai trouvée couchée ; il y avait des vomissements sur le parquet ; j'ai dit à sa fille de les enlever, et elle m'a répondu qu'elle n'avait pas de balai. Je suis redescendue à mon ménage, disant, si l'on avait besoin de moi, de frapper. Comme on ne frappait pas, je suis remontée. Mᵐᵉ de Pauw m'a demandé de mettre un fer au feu. Il n'y avait pas de feu chez elle ; mais comme mon poêle était allumé, j'ai fait chauffer un fer. En le plaçant, j'ai touché les pieds, qui étaient comme de la glace. Elle m'a dit de conduire ses filles à la pension. Je les y ai conduites ; en partant, je lui avais recommandé de frapper si elle avait besoin de moi quand je serais de retour. Comme elle ne frappait pas, je suis montée pour ne pas la laisser seule et j'ai trouvé un nouveau vomi. J'ai pris un torchon, je ne sais quoi, sous la fontaine, et j'ai tout enlevé. Puis je lui ai donné une cuvette pour qu'elle pût vomir plus facilement. Comme elle ne me parlait pas, j'ai dit : Je ne veux pas vous importuner, je vais me retirer ; mais je vous demande si vous voulez un médecin. Elle m'a répondu qu'il allait en venir un, et quand il viendrait de le faire monter. Je suis retournée chez moi, et j'ai vu bientôt arriver un monsieur décoré. Ce monsieur m'a dit : Je lui avais défendu de manger, elle a mangé malgré cela.

D. Vous demeurez dans la maison rue Bonaparte ; vous étiez la voisine de Mᵐᵉ de Pauw, occupant un appartement au-dessous de son atelier ; elle avait renvoyé sa bonne, et elle vous a priée de lui rendre quelques services, notamment de faire sa cuisine.

Ne vous a-t-elle pas parlé d'un monsieur qui devait venir la voir, après la visite duquel elle serait *bridée* ? — *R.* Oui, Monsieur.

D. Qu'entendiez-vous par ce mot ? — *R.* Je ne comprenais pas. Je ne me suis pas permis de lui demander ses affaires.

D. Vous a-t-elle dit qu'elle était obligée de faire la malade ? — *R.* Elle m'a dit qu'elle allait faire la malade, qu'elle attendait quelque chose, et que, si cela réussissait, elle achèterait du linge pour elle et ses filles, car elle n'en avait pas.

D. Elle vous a dit qu'il lui fallait simuler une maladie, et que par suite de cette maladie, si cela réussissait, elle aurait assez d'argent pour élever ses filles et leur acheter du linge ? — *R.* Oui, Monsieur.

D. Qu'avec ce qu'elle gagnait elle ne pouvait pas vivre ; elle vous a raconté qu'elle avait fait une chute. Ne vous a-t-elle pas dit où elle s'était fait du mal ? — *R.* Oui, Monsieur. (Le témoin montre son estomac.)

D. Aviez-vous entendu du bruit à cette occasion ? — *R.* Je ne savais pas si c'était chez cette dame.

D. Le lundi, 16 novembre, vous étiez allée chez elle dans la matinée, et elle vous avait chargée de lui acheter de l'oseille et un chou-fleur. Vous a-t-elle remis de l'argent pour cela ? — *R.* Elle m'a remis un franc.

D. C'est vous qui avez préparé le dîner pour elle et ses filles ? — *R.* Oui, Monsieur ; de la soupe à l'oseille et un plat de choux-fleurs.

D. Elle n'était pas alitée ? — *R.* Non, Monsieur ; elle était avec une dame de ses amies.

D. Mᵐᵉ Biord ? — *R.* Je ne connaissais pas son nom.

D. Vers sept heures et demie du soir, ne vous a-t-elle pas envoyée chez un coiffeur acheter un flacon d'odeurs ? — *R.* Oui, Monsieur.

D. Vous a-t-elle donné de l'argent pour cela ? — — *R.* Non, Monsieur.

D. Vous l'avez donc pris à crédit ? Vous a-t-elle dit pourquoi elle vous faisait acheter ce flacon ? — *R.* C'était, disait-elle, pour faire sa toilette ; il y avait longtemps qu'elle ne s'était pas nettoyée.

D. Ne vous a-t-elle pas dit que ce soir elle attendait à huit heures un monsieur qui n'aimait pas à être vu ? — *R.* Oui, monsieur le Président.

D. Vous en êtes bien sûre ? — *R.* Je le jure devant Dieu.

D. Quand vous êtes revenue avec le flacon d'odeurs, comment avez-vous trouvé Mme de Pauw ? — *R.* Elle était en train de se débarbouiller des pieds à la tête.

D. Elle ne prenait pas un bain de pieds ? — *R.* Non, Monsieur ; j'ai vu que je la gênais, je m'en suis allée.

D. Elle avait les pieds dans un petit bassin ? — *R.* Je n'ai pas bien regardé.

D. Le lundi soir, elle n'a pas vomi quand vous étiez là ? — *R.* Non, Monsieur.

D. Le mardi matin, à neuf heures et demie, ses deux filles sont venues vous trouver en pleurant, pour vous dire que leur mère était malade. Quand vous êtes montée chez elle, vous l'avez trouvée couchée. Elle souffrait beaucoup ; elle vous a priée de lui mettre un fer chaud aux pieds ; vous a-t-elle expliqué sa maladie ? — *R.* Non, Monsieur.

D. Vous lui avez demandé ce qu'elle avait ? — *R.* Elle ne m'a pas répondu.

D. Vous lui avez offert une tasse de thé ? — *R.* Oui, Monsieur.

D. Elle était seule. Vous lui avez proposé d'aller lui chercher un médecin, et elle vous a répondu qu'il allait en venir un ? — *R.* Oui, Monsieur.

D. Elle avait encore vomi, et vous avez nettoyé ses vomissements ? — *R.* Oui, Monsieur.

D. Ne vous disait-elle pas où elle souffrait ? — *R.* Elle m'a dit qu'elle étouffait, qu'elle ne pouvait pas vomir.

D. C'est vous qui avez conduit ses filles à leur pension ? — *R.* Oui, Monsieur ; elle a voulu qu'elles y allassent.

D. Dans le milieu de la journée vous avez vu venir un monsieur, un médecin ? — *R.* Je ne savais pas si c'était un médecin.

D. Il a dit : « Vous avez mangé, je vous l'avais défendu ; je ne puis pas toujours m'occuper de vous, j'ai autre chose à penser. » — *R.* Ce monsieur paraissait assez mécontent.

D. Qu'a dit Mme de Pauw? — *R.* Elle a dit : « Ce monsieur m'ennuie. »

D. C'était le docteur Gaudinot, dont la visite a eu lieu vers deux heures, et qui est parti, supposant que la maladie venait de ce que la malade avait mangé la veille, malgré sa défense. A cinq heures, il est venu un autre médecin? — *R.* Je n'ai vu que son dos; il faisait noir, je n'ai pas voulu ouvrir la porte.

D. Quand ce monsieur est venu, y avait-il quelqu'un chez Mme de Pauw? — *R.* Je ne crois pas, elle était encore seule.

D. Vous connaissiez cette dame depuis qu'elle était dans la maison? — *R.* De la voir passer seulement.

D. Savez-vous si elle était heureuse? — *R.* Je ne la connaissais pas, mais elle ne le paraissait pas.

D. Savez-vous si elle devait? — *R.* J'ai entendu dire qu'elle devait au propriétaire.

D. Vous avez déclaré dans l'instruction qu'elle n'était pas heureuse, qu'elle devait partout. En effet, cela a été constaté dans l'instruction.

La Pommerais, avez-vous quelque chose à dire sur cette déposition?

Le lundi soir, Mme de Pauw vous attendait?

L'accusé. — Elle ne pouvait m'attendre, je ne lui avais pas écrit.

M. le Président. — Elle vous attendait. Sa fille savait que vous deviez venir.

L'accusé. — Je n'avais pas écrit que j'irais. Bien mieux, quand M. Desmidt, qui devait venir, a reçu sa lettre du lundi matin, il l'a interprétée comme devant l'empêcher d'y aller.

D. Elle a dit au témoin qu'elle vous attendait. — *R.* Elle a pu dire qu'elle m'attendait, mais non que je dusse venir.

D. Si elle vous attendait, c'est que, apparemment, elle était sûre que vous deviez venir? — *R.* Elle ne pouvait en être sûre, je ne lui avais pas écrit.

D. Elle en était tellement sûre, que vous y êtes allé. — *R.* J'y suis allé pour m'assurer si, comme la lettre qu'elle m'avait écrite me l'annonçait, elle était partie pour la campagne.

D. Elle n'avait pas de campagne où elle pût aller. C'est vous qui lui aviez fait écrire cela. — *R.* Dans quel but le lui aurais-je fait écrire? Quel rapport cela a-t-il avec le rachat des assurances? Cette simulation de maladie, ou cette exagération de son mal, dans quel but, si ce n'est pour exciter ma compassion et ma pitié?

D. Le témoin actuel vient de vous le dire. — *R.* Quoi?

D. Il a raconté que Mme de Pauw simulait une maladie et qu'elle allait se faire encore plus malade; que si elle réussissait elle aurait de l'argent pour élever ses enfants. — *R.* Elle lui a dit aussi qu'elle avait fait une chute. Moi, je ne le savais pas par elle; si elle me l'a dit, c'était pour tirer de moi quelque chose. Elle a pu raconter à diverses personnes ce qu'elle a voulu. Quant à moi, elle ne m'a pas mis au courant. Madame lui a demandé si elle avait pris quelque chose, et elle a répondu qu'elle n'avait rien pris. La voilà arrivée au dernier moment après avoir pris quelque chose pour *l'agiter;* a-t-elle, même alors, puisqu'elle était au comble du bonheur si désiré, a-t-elle prévenu ses amies que je lui eusse donné quelque chose?

D. Elle avait dit aux témoins que nous avons entendus hier (nous allons les faire revenir, si vous le désirez), comme vous le lui aviez fait croire, que si elle faisait la malade vous obtiendriez des Compagnies le rachat de ses contrats d'assurances moyennant 6,000 fr. de rente, dont vous lui donneriez la moitié; la lettre à Mme de Ridder le prouve. — *R.* J'affirme n'avoir rien dit de cela à Mme de Pauw, mais je ne puis prétendre qu'elle ne l'ait pas dit.

D. Pourquoi les témoins viendraient-ils raconter cela? — *R.* Je ne sais pas quel but elle a dit à ces personnes qu'elle simulerait une maladie pour faire racheter les contrats, car elle connaissait d'autant mieux les assurances, qu'elle était continuellement avec M. Desmidt, son initiateur, dans les bureaux des Compagnies. En outre, elle connaissait aussi les assurances par une de ses parentes ou amies qui était assurée. Que s'est-il passé entre Mme de Pauw et cette amie qui avait une rente viagère? Je ne le sais pas. Quel était le système de cette assurance? Je n'en sais rien.

D. Il ne s'agit pas d'une amie qui avait une rente viagère, mais de ce qui a été raconté aux témoins que nous avons entendus hier et aujourd'hui. Leurs déclarations ne laissent pas de doutes sur ce que Mme de Pauw pensait.

Mme *Biord*, institutrice, quai Jemmapes. — Lorsque j'ai déposé devant M. le Juge d'instruction, j'ai parlé pendant deux heures, il m'a été fait des questions. Il me serait impossible de me rappeler ce que j'ai dit.

Je n'ai jamais vu l'accusé. Je connaissais Mme de Pauw depuis dix-huit mois; je suis l'amie de la maîtresse de pension de ses filles.

M. le Président. — Mme de Pauw vous a-t-elle parlé de ses relations avec La Pommerais? — *R.* Oui, elle m'a dit qu'elle l'aimait beaucoup, qu'elle le voyait tous les samedis, et comptait sur lui pour l'avenir de ses enfants. Elle m'a parlé des assurances, c'était un avenir de sécurité pour ses enfants.

D. Vous a-t-elle dit quelles étaient ses relations avec La Pommerais? — *R.* Des relations très-intimes.

D. Saviez-vous que ces relations avaient eu lieu avant le mariage de La Pommerais? — *R.* Oui, Monsieur.

D. Vous a-t-elle dit à partir de quelle époque ces relations s'étaient renouées? — *R.* Non; nous nous étions perdues de vue pendant quelques mois.

D. Ne vous disait-elle pas qu'elle était heureuse de ces relations? — *R.* Oui, Monsieur.

D. Ne vous a-t-elle pas dit, au sujet des contrats d'assurances, qu'elle avait des espérances? — *R.* Elle m'a dit qu'au mois de mars elle aurait 3,000 fr. de rente.

D. Elle ne vous a pas dit : au mois de janvier? — *R.* Non, Monsieur, elle m'a parlé du mois de mars.

D. Cette femme que vous voyiez souvent vous paraissait-elle heureuse? — *R.* Sous quel rapport?

D. Sous le rapport de la fortune? — *R.* Non, Monsieur.

D. Elle vivait de son travail? — *R.* Oui, Monsieur, et très-péniblement.

D. Vous a-t-elle dit qu'elle était enceinte, et de qui elle l'était? — *R.* De M. de La Pommerais.

D. Vous qui la connaissiez, pouviez-vous supposer qu'en vous parlant de La Pommerais comme l'auteur de sa grossesse, elle ne vous disait pas la vérité? — *R.* Je n'ai pas douté un seul instant qu'elle ne me dit la vérité; elle aimait beaucoup M. de La Pommerais et ils se voyaient à peu près tous les samedis.

D. Elle ne vous a jamais parlé qu'elle eût des relations intimes avec d'autres que La Pommerais; si cela eût été, elle vous l'aurait dit? — *R.* Probablement.

D. Vous a-t-elle parlé de médecins qu'elle était allée consulter? — *R.* Oui, Monsieur.

D. Est-elle entrée avec vous dans quelques détails à cette occasion? — *R.* Elle m'a dit que ces Messieurs ne l'avaient pas trouvée aussi malade qu'on aurait voulu qu'ils la trouvassent, qu'ils lui avaient remis des ordonnances, mais qu'elle ne voulait pas les exécuter, dans la crainte de se rendre sérieusement malade.

D. C'était La Pommerais qui l'engageait à aller consulter, dans le but d'obtenir cette rente qui devait arriver au mois de mars. Ne vous disait-elle pas qu'elle ne voulait pas exécuter les ordonnances, notamment une application de sangsues, à cause de son état de grossesse? — *R.* Oui, Monsieur.

D. Ce n'est pas vous qui l'avez engagée à ne pas exécuter les ordonnances, puisque vous saviez qu'elle n'en suivait aucune. Mais vous a-t-elle parlé d'une chute qu'elle avait faite? — *R.* Je n'en ai entendu parler qu'après sa mort.

D. Ne vous disait-elle pas que ses visites aux médecins l'ennuyaient? — *R.* Oui, mais comme le but était sérieux, elle passait par-dessus.

D. Vous n'avez jamais rencontré La Pommerais chez elle? — *R.* Jamais.

D. Vous la voyiez presque tous les jours? — *R.* Surtout dans les derniers temps.

D. A quelles heures? — *R.* Je savais les heures auxquelles Monsieur venait, et je faisais en sorte de ne pas m'y trouver.

D. Venait-il toujours aux mêmes heures? — *R.* C'était généralement le soir.

D. Le samedi 14, ne vous êtes-vous pas trouvée chez elle? — *R.* Elle m'a priée, je crois, de passer la soirée avec ses enfants, parce qu'elle ne pouvait rester avec elles, et ne voulait pas les laisser seules. Je suis demeurée jusqu'à dix heures et me suis retirée quand les enfants ont été couchées.

D. N'avez-vous pas vu chez Mme de Pauw plusieurs billets de La Pommerais? — *R.* Je n'en ai vu qu'un seul.

D. Que disait-il? — *R.* Qu'il ne pouvait venir tel jour, qu'il viendrait tel autre jour.

D. Vous avez dit dans l'instruction avoir vu plusieurs de ses billets? — *R.* C'est possible, mais aucun n'avait plus d'importance que celui-là.

D. J'appelle votre attention sur ce point : avez-vous vu un ou plusieurs de ces billets? — *R.* C'est possible, mais je n'y ai pas attaché d'importance.

D. Vous avez dit dans l'instruction : « J'ai vu plusieurs billets de La Pommerais par lesquels il informait Mme de Pauw des circonstances qui l'empêchaient d'aller chez elle le jour indiqué, et lui fixait un autre jour. » Que ce soit plusieurs billets ou un seul, ils n'avaient d'autre signification que d'indiquer un jour ou l'autre.

D. Le lundi 16, veille de la mort, vous êtes allée chez Mme de Pauw et vous avez dîné avec elle. Etait-elle malade? — *R.* Non, Monsieur.

D. Elle a dîné avec vous? — *R.* Oui, Monsieur, et de très-bon appétit.

D. Vous êtes partie après le repas? — *R.* Je ne me rappelle pas si c'était le samedi ou le lundi que j'ai passé la soirée avec ses filles.

D. Je parle du jour où vous avez dîné, c'était le lundi 16. Vous avez dit dans l'instruction que, dans la matinée, vous étiez passée chez elle; vous vous souveniez très-bien qu'elle n'était pas malade; elle avait renvoyé sa bonne et avait prié Mme Delettre, qui demeurait au-dessous d'elle, de faire le dîner. C'est ce dîner que vous avez partagé. Mme de Pauw ne vous a-t-elle pas dit qu'elle attendait La Pommerais? — *R.* Oui, Monsieur.

D. Et qu'à raison de cette circonstance, qui la forçait de renvoyer ses enfants dans leur chambre, elle vous priait de passer la soirée avec elles? — *R.* C'est pour cela que je disais ne pas me rappeler quel jour j'avais passé la soirée avec les enfants. Ce doit être le lundi, parce que ce jour-là elle n'avait pas de domestique, et que, quand elle en avait, c'était la domestique qui restait avec ses filles.

D. Le 16 décembre, vous n'aviez à cet égard aucune hésitation, et vous disiez que c'était le lundi. Le mardi matin n'êtes-vous pas venue voir Mme de Pauw? — *R.* Oui, Monsieur, elle était très-malade, j'ai engagé ses filles à rester auprès d'elle; mais Mme de Pauw, contrariée, m'a répondu qu'elle n'avait besoin que de solitude.

D. Quelle heure était-il? — *R.* Entre huit et neuf heures du matin.

D. Comment l'avez-vous trouvée? — *R.* Très-pâle et très-changée.

D. Vous lui avez adressé quelques questions sur ce qu'elle éprouvait? — *R.* Elle m'a répondu qu'elle avait eu une très-forte indigestion.

D. Vous lui avez proposé de faire rester ses enfants avec elle, elle ne l'a pas voulu et les enfants sont, en effet, retournées à leur pension. Vous étiez loin de vous douter qu'elle fût très-gravement malade? — *R.* Evidemment; sans cela je ne l'aurais pas quittée, puisque je la savais seule.

D. Vous êtes revenue à cinq heures, et vous avez appris qu'elle était au plus mal? — *R.* Si mal, m'ont dit les voisines, qu'elles me priaient de ne pas monter. J'ai répondu que ce n'était pas le cas de laisser une femme seule si elle était en danger, qu'il fallait aller chercher un homme de l'art. Je suis allée en face demander un médecin; il est venu et a dit : Vous venez me chercher pour une mourante, il n'y a rien à faire.

D. Après le départ du médecin, comment l'avez-vous trouvée? A-t-il ordonné quelque chose? — *R.* Un fer chaud sur la poitrine, des sinapismes sur le corps; on lui a fait également respirer de l'alcali volatil.

D. N'était-elle pas en transpiration? — *R.* Elle était très-froide, et se trouvait mal constamment.

D. Ne disait-elle pas : J'étouffe! Ne demandait-elle pas au médecin de la faire vomir? — *R.* Nous lui avons donné un peu de rhum.

D. Avez-vous constaté que le plancher de sa chambre, son atelier, était couvert de ses vomissements? — *R.* Quand je suis arrivée le matin, il n'y en avait plus.

D. Qu'avez-vous pensé sur cette mort? — *R.* Je n'ai eu aucune mauvaise pensée. J'ai demandé seulement au médecin de quoi elle devait être morte, si c'était une indigestion, pensant que le choux-fleur ne pouvait rendre malade à ce point. Il n'y comprenait rien; il disait que, sans doute, il y avait une affection au cœur; qu'elle était morte d'un anévrisme ou de la rupture d'un vaisseau.

D. C'est le médecin qui vous a dit cela. Vous n'avez pas pensé, en vous-même, que, depuis dix jours, cette femme jouait avec la maladie? — *R.* Oui, je l'ai pensé; je le savais.

D. Avez-vous conclu de ce jeu qu'il avait pu être pour quelque chose dans sa mort? — *R.* C'est une pensée qui m'est venue, sans fondement. On peut simuler une maladie; cela ne fait pas de mal.

D. Vous avez su que La Pommerais était venu le matin, qu'il l'avait vue et avait pu la trouver aussi mal que vous l'aviez trouvée vous-même. Ne vous êtes-vous pas étonnée que lui, médecin, il la laissât sans garde? — R. Si je n'étais pas venue à cinq heures, cette femme mourait seule.

M. le Président. — La Pommerais, vous venez d'entendre la déclaration du témoin! Messieurs les jurés, qui entendent les témoins, les voient aussi. La vue d'un témoin donne souvent la mesure de la sincérité de son langage. Or Mme Biord vient de parler. Mme de Pauw lui a fait, à elle aussi, des confidences; elle connaissait ses relations intimes avec vous, antérieurement à votre mariage; elle lui a avoué que ces relations s'étaient renouées, qu'elle était enceinte de vous et que vous veniez la voir. Venant elle-même dans ces derniers temps lui rendre visite, elle savait les heures auxquelles vous veniez, et se gardait bien de s'y trouver à ces heures-là, pour ne pas la gêner. Voilà des faits graves, qu'avez-vous à répondre?

L'accusé. — D'abord, que le témoin ne m'a jamais vu, et elle ne peut par conséquent affirmer que je venais tous les samedis soir. Il y a un fait très-important que j'ai signalé avant de connaître cette déposition. Le premier jour où j'ai vu Mme de Pauw, le jour de son installation, on frappa à la porte, elle descendit; après quelques mots échangés, elle remonta, me disant que la personne devait repasser, et, dans le cas où je reviendrais pour les assurances, de lui envoyer un billet non signé pour la prévenir. Je ne m'expliquais pas pourquoi, et je lui en demandai la cause. Elle me dit: « C'est pour que, si ma sœur venait, elle ne voie pas un billet signé de vous. » Or, j'apprends aujourd'hui qu'elle faisait à sa sœur la même recommandation.

D. Vous ne répondez pas aux questions que je vous adresse. Je vous fais remarquer que cette femme déclare avoir reçu de Mme de Pauw la confidence de vos relations intimes avec elle, de sa grossesse, que vous ne pouvez contester; elle lui a dit que vous en étiez l'auteur. — R. J'ai eu l'honneur de vous l'affirmer: je n'ai pas eu de rapports avec Mme de Pauw depuis mon mariage, ils avaient cessé neuf mois avant.

D. Plus le nombre des personnes auxquelles Mme de Pauw aura fait des confidences sera grand, plus vos dénégations paraîtront singulières, inexplicables et difficiles à soutenir. — R. Je l'ai dit: il lui en coûtait moins, ayant parlé de ses relations antérieures avec moi, de dire que nous avions renoué, plutôt que d'avouer de nouvelles relations avec un autre.

D. Mme Biord voyait Mme de Pauw, dans les derniers temps, presque tous les jours; Mme de Ridder la voyait également; il était bien impossible de dire à ces confidentes qu'une autre personne que vous venait, à laquelle il fallût attribuer la grossesse. — R. Elle voyait bien d'autres personnes que moi; il venait M. Heim, et une quantité de brocanteurs et de marchands de tableaux. (*Murmures dans l'auditoire.*)

D. Supposez-vous que ces brocanteurs aient eu des relations avec elle? — R. Je n'en sais rien. Je ne suis pas le seul homme qui soit allé chez elle, voilà tout. Au sujet de la grossesse, il y a une réponse que je ferai pour une autre déposition.

D. Tous les témoins ont parlé de la reprise de vos relations avec Mme de Pauw et de la grossesse qu'elle vous attribuait. Votre système est battu en brèche par leurs déclarations.

(A Mme Biord.) — Vous connaissiez, Madame, l'état de gêne de Mme de Pauw. Avez-vous su par elle que La Pommerais fût venu à son secours?

Mme Biord. — Bien loin de là; je lui ai dit bien des fois: « Je ne comprends pas qu'un homme comme il faut vous laisse dans la gêne et dans la misère. » Elle me répondait: « Je ne puis lui en vouloir, il fait ce qu'il peut. » Ce n'était pas une affection qu'elle avait pour cet homme, c'était un culte.

L'accusé. — Comment alliez-vous ce dire avec l'assurance que j'ai faite sur sa tête?

M. le Président. — Je ne suis pas chargé de concilier. L'accusation l'expliquera à MM. les jurés; moi, mon rôle est d'exposer les faits. Si j'étais à la place du Ministère public, je ne serais peut-être pas plus embarrassé que lui, mais je lui laisse ce soin.

Il résulte des déclarations du témoin que vous ne veniez point au secours de Mme de Pauw, qui répondait à ses observations sur votre compte: « Il ne peut pas. »

(*Au témoin.*) — Saviez-vous la position de fortune de La Pommerais?

Mme Biord. — Oui, Monsieur; d'après ce que Mme de Pauw me disait!

D. Elle ne vous a pas parlé qu'il lui donnât 200 fr. par mois. — R. Jamais.

D. Elle vous a encore moins dit que le 27 septembre dernier, peu avant sa mort, il lui avait donné 13,000 fr. et lui en avait promis 33,000 fr. — R. Jamais.

D. Si elle avait reçu les 13,000 fr. vous l'auriez su? — R. Je les aurais vus.

D. Elle faisait à tous les témoins la confidence du bien-être qu'elle espérait du rachat des assurances, et si elle avait reçu 13,000 fr., c'eût été autrement sérieux pour elle, et elle se fût empressée de l'annoncer à ses amies.

(A l'accusé.) — Il résulte de la déclaration du témoin que vous n'avez pas donné 200 fr. par mois et que vous avez encore moins donné les 13,000 fr.

L'accusé. — Je suis convaincu que Mme de Pauw faisait allusion aux sommes qu'elle avait reçues et à celles qu'elle comptait recevoir. Quand elle espérait une rente, c'était le revenu des 13,000 fr. qu'elle avait reçu et des 20,000 fr. qu'elle espérait.

M. le Président. — Ce n'était pas à cela qu'elle pouvait faire allusion, puisqu'elle vous écrivait avoir reçu 33,000 fr. Elle n'avait en vue les contrats d'assurance qui devaient être rachetés en mars ou en janvier.

L'accusé. — Je ne puis savoir ce qu'elle disait à ses confidentes, mais elle m'écrivait, à moi, avoir reçu 33,000 fr. et je ne lui en avais donné que 13,000 fr.

M. le Président. — Messieurs les Jurés apprécieront tout cela.

Un Juré. — Le témoin sait-il quelque chose sur les lettres?

M. le Président. — Avez-vous su, Madame, que Mme de Pauw avait écrit deux lettres, l'une à son père, l'autre à sa sœur?

Mme Biord. — J'ai vu ces lettres chez M. le Juge d'instruction, mais elle ne m'en avait pas parlé.

D. Elle ne vous avait pas parlé non plus des lettres qu'elle écrivait à La Pommerais, dans lesquelles elle lui donnait des détails sur sa maladie? — R. Non, Monsieur.

D. Vous a-t-elle dit qu'elle remettait à La Pommerais toutes les ordonnances que les médecins lui donnaient? — R. Oui, Monsieur.

D. Elle vous a expliqué qu'elle allait les chercher pour les lui remettre, que tout cela était un jeu. Vous pouvez vous retirer.

Veuve Pieters (Sophie), femme de ménage. — Je n'avais jamais vu l'accusé avant qu'on m'ait envoyé chez lui après la mort de Mme de Pauw.

D. Vous ne l'aviez pas vu quand il venait la voir? — *R.* Non, Monsieur.

D. Mme de Pauw ne vous a-t-elle pas dit qu'elle était enceinte de deux mois? — *R.* Oui, Monsieur.

D. Quelques jours après que vous étiez entrée à son service, elle vous a dit qu'elle avait des relations avec quelqu'un, avec qui? — *R.* Avec M. de La Pommerais.

D. Et qu'elle était enceinte de deux mois?

L'accusé. — Elle a dit deux mois et demi.

M. le Président. — Deux mois et demi, si vous voulez. Elle en était très-satisfaite : vous disait-elle pourquoi?

Mme Pieters. — Elle me disait que cela pourrait la rendre heureuse, ainsi que ses enfants.

D. Vous a-t-elle dit à vous qu'il lui avait raconté qu'il n'avait pas d'autres enfants de sa femme? — *R.* Je ne me le rappelle pas.

D. Elle vous a parlé d'assurances que La Pommerais lui avait fait faire. Que vous en a-t-elle raconté? — *R.* Qu'elle serait très-heureuse vers le mois de janvier.

D. Comment cela? — *R.* Parce qu'on lui donnerait de l'argent des assurances.

D. Vous a-t-elle dit en quoi devait consister cet argent des assurances? — *R.* Elle aurait des rentes.

D. Vous a-t-elle dit combien? — *R.* Deux mille francs de rente, voilà.

D. Vous a-t-elle parlé d'une maladie qu'elle allait simuler? — *R.* Elle m'a dit qu'elle devait être malade une quinzaine chez elle.

D. Pourquoi? — *R.* Je ne sais pas; sans doute jusqu'à ce que les actes fussent signés.

D. C'est-à-dire jusqu'à ce que l'affaire des assurances fût terminée. Savez-vous si elle avait fait une chute dans son atelier? — *R.* Elle ne m'en a pas parlé.

D. Vous savez qu'elle a été visitée par des médecins? — *R.* J'en ai conduit dans son atelier.

D. Mais, indépendamment de ceux qui sont venus, avez-vous su qu'elle soit allée en consulter d'autres? — *R.* Deux ou trois sont venus, mais je ne me rappelle pas leurs noms.

D. Vous a-t-elle dit qu'elle allait se rendre plus malade vers le 11 novembre? — *R.* Elle m'a dit qu'elle devait faire la malade.

D. Vous a-t-elle dit qu'elle n'exécuterait aucune des ordonnances des médecins? — *R.* Elle m'a dit : Ils m'en donneront, mais je ne prendrai rien.

D. Cette maladie était simulée, d'après le conseil de La Pommerais, pour arriver à obtenir des Compagnies d'assurances une rente? — *R.* Oui, Monsieur.

D. Vers le 10 ou le 11 novembre, elle vous a dit qu'elle ne pouvait plus vous conserver à son service. Pourquoi vous a-t-elle renvoyée? — *R.* Elle n'avait plus besoin de moi.

D. Ne vous avait-elle pas envoyée quelques jours auparavant au Palais de Justice? Quand cela? — *R.* Une quinzaine de jours avant, un mercredi.

D. C'était le mercredi 9, deux jours avant de commencer à garder la chambre. Elle était déjà allée elle-même au Palais? — *R.* Oui, mais comme il faisait mauvais temps, elle m'a dit d'aller chercher les actes, il y en avait sept.

D. Vous a-t-elle donné de l'argent pour cela? — *R.* Non, c'était payé.

D. Vous a-t-elle dit qui avait payé? — *R.* Elle m'a dit que M. de La Pommerais lui avait donné de l'argent.

D. Elle vous a remis un bulletin pour aller retirer ces actes; vous êtes allée au Palais de Justice, et vous les avez rapportés. Que vous a-t-elle dit quand vous les lui avez remis? — *R.* Elle ne m'a rien dit alors.

D. Rappelez bien vos souvenirs? — *R.* Elle m'a dit : « Quand il viendra ce soir, je les lui donnerai. Je devais aller chercher moi-même ces actes, il ne faut pas qu'il sache que c'est vous. »

D. Elle ne vous a pas dit autre chose? — *R.* Je l'ai oublié.

D. Je suis obligé de vous le rappeler. Ne vous a-t-elle pas dit : « Tenez, si cela réussit.... » ? — *R.* Oui, c'est vrai, elle m'a dit : « Si cela réussit, mon bonheur est fait. »

D. N'a-t-elle pas ajouté : « et celui de mes enfants aussi? » — *R.* Oui, Monsieur.

D. Mais elle vous a dit que La Pommerais devait venir le soir? — *R.* Je crois que oui.

D. A quelle heure la quittiez-vous? — *R.* Je restais en bas avec les enfants.

D. Vous croyez qu'il est venu ce soir-là? — *R.* Je crois que oui.

D. Vous avez quitté Mme de Pauw le lundi matin, et lui avez adressé vos adieux; ne faisait-elle pas son lit elle-même à ce moment? — *R.* Oui, Monsieur.

D. Vous a-t-elle paru malade? — *R.* Non, elle n'était pas malade.

D. Vous êtes retournée chez elle le mardi? — *R.* A cinq heures du soir.

D. Vous alliez chercher votre linge. Comment avez-vous trouvé Mme de Pauw? — *R.* Elle était toute mouillée, et m'a dit : Sophie, Sophie j'étouffe !

D. Avez-vous jamais été chargée par elle d'aller remettre des lettres chez La Pommerais? — *R.* Jamais je n'en ai porté aucune.

D. Vous n'en avez pas non plus mis à la poste pour lui? — *R.* J'en ai porté une avec sa fille chez son cousin.

D. Chez M. Magriny. Si vous n'en avez pas porté chez La Pommerais, avez-vous su que quelque autre personne en ait été chargée? — *R.* Je ne l'ai jamais su.

M. le Président. — La Pommerais, voilà encore un témoin qui a reçu la confidence des relations de Mme de Pauw avec vous et de sa grossesse.

L'accusé. — Cette femme est liée avec Mme de Ridder et Mlle Huilmand, que vous avez entendues; ce sont elles qui l'ont procurée. J'ai une observation très-grave à faire sur son compte. J'ai eu l'honneur de voir Madame, le jour de la mort, lorsque je me suis retiré dans l'atelier, et je m'étonne qu'elle fasse aujourd'hui une déposition contraire à ce qu'elle m'a dit alors. J'ai demandé quel traitement avait été suivi, quels médecins étaient venus; Madame m'a entré dans les détails; non seulement elle ne m'a pas parlé de simulation de maladie, mais elle m'a dit que Mme de Pauw se purgeait et avait une petite fiole dont elle avait pris. Voyant que j'adressais des questions sur la maladie, comment Madame ne m'a-t-elle pas dit ce qu'elle raconte aujourd'hui!

Mme Pieters. — Monsieur ne m'a parlé de rien de tout ce qu'il dit.

M. le Président, au témoin. — Lorsque vous avez vu l'accusé, après la mort, êtes-vous entrée avec lui dans des détails sur la maladie? — R. Non, Monsieur.

L'accusé. — Il y avait trois témoins, je poserai la question à un autre. Mais je vais citer au témoin un détail: ne m'a-t-elle pas dit qu'elle était présente quand le docteur Blachez était venu?

Mme Pieters. — Vous m'avez demandé qui était allé le chercher?

M. le Président. — Messieurs les Jurés, le témoin est allée chercher La Pommerais après la mort de Mme de Pauw.

(*Au témoin.*) — Pourquoi alliez-vous chercher La Pommerais? — R. Je n'en sais rien; c'est Mme de Ridder qui m'y a envoyée!

D. Vous ne l'avez pas trouvé, alors vous n'avez pu donner aucun détail sur la maladie de Mme de Pauw.

L'accusé. — M. le Président veut-il demander au témoin si elle n'était pas présente lors de la consultation du docteur Blachez? C'est elle-même qui m'a donné les détails.

M. le Président. — Le témoin n'a rien dit de semblable dans l'instruction. Quand elle aurait parlé qu'elle avait vu le docteur Blachez, qu'en voulez-vous conclure?

Mme Pieters. — Quand on voit de pareilles choses, on n'est pas en état de beaucoup causer.

M. le Président. — Le fait très-grave, personnel au témoin, dont elle dépose, c'est que Mme de Pauw l'a envoyée au Palais de Justice chercher les actes de naissance que vous lui aviez demandés et qu'elle ne pouvait aller prendre elle-même. Elle lui a remis pour cela un bulletin qu'on lui avait délivré, et quand le témoin a rapporté les actes, sa maîtresse lui a dit: « Tenez, si cela réussit, ce sera mon bonheur et celui de mes enfants. » Elle a ajouté encore: « M. de La Pommerais doit venir les chercher ce soir. »

L'accusé. — J'ai déjà répondu hier. Je n'ai jamais demandé ces actes, et si j'y avais tant tenu, je pouvais me les procurer non pas avant, mais après la mort. J'ai dit, en second lieu, que Mme de Pauw me les avait envoyés, c'était pour m'engager à tenir mes engagements. Je ne lui avais donné que 10,000 fr., elle croyait me mettre ainsi dans la nécessité de lui envoyer l'autre somme de 20,000 fr.

D. Comment l'envoi de ces actes pouvait-il vous mettre dans la nécessité de donner 20,000 fr.? — R. Quel intérêt avais-je à demander les actes de naissance que je pouvais avoir après la mort comme avant?

D. Vous teniez à les avoir pendant la vie de Mme de Pauw. — R. Pourquoi? Dans quel but?

D. Vous aimiez mieux que cette femme vous les remit, que d'aller les demander vous-même. Vous étiez tellement pressé d'agir près des Compagnies d'assurances, que vous leur avez envoyé Desmidt, et que vous avez eu recours à la fausse lettre de Châteauroux dont nous vous avons parlé hier, afin de toucher plus vite les 550,000 fr. — R. Quand on doit toucher une somme de cette importance, ce n'est pas huit jours plus tôt ou huit jours plus tard qui peuvent importer beaucoup! (*Rumeurs dans l'auditoire.*)

D. Voilà le fait, vous ne pouvez équivoquer en disant qu'il vous était facile de vous procurer aussi bien les actes après la mort. Ce qui résulte de l'instruction et des débats, c'est que vous étiez en possession des actes avant la mort. — R. C'est toujours au point de vue de la simulation de la maladie qu'il s'agit de cela. Quel rapport y trouvez-vous avec le rachat des contrats? L'accusation ne roule que sur la simulation de maladie et sur le rachat des contrats. Quel rapport cela a-t-il avec les actes de naissance?

D. Vous direz qu'il n'y a là aucun rapport, l'accusation soutiendra le contraire, moi je constate le fait matériel : Mme de Pauw vous a remis elle-même ses actes de naissance. En les recevant du témoin, elle a dit : « Si cela réussit, c'est mon bonheur et celui de mes enfants. » Elle a ajouté que le soir vous deviez venir les prendre. — R. Croyez-vous que s Mme de Pauw eût été enceinte réellement de moi, elle en eût fait la confidence à cette femme, qu'elle avait à son service depuis un mois seulement? Ce serait quatre ou cinq jours après être entrée au service de Mme de Pauw qu'elle aurait reçu la confidence?

D. Nous ne savons dans quel milieu vivait Mme de Pauw, si elle devait résister au désir de faire des confidences à tous ceux qui l'entouraient; dans la position malheureuse où elle se trouvait, on est quelquefois très-communicatif. Le témoin assure avoir reçu la confidence. Si elle ment, messieurs les Jurés apprécieront sa déclaration. — R. Je veux m'arrêter sur un fait de physiologie.

D. Comment voulez-vous que je pose à ce témoin des questions de physiologie? Attendez que les médecins soient présents, et vous leur poserez vos questions; mais, en ce moment, nous ne pouvons entrer dans les questions médicales.

Mme Maille, sans profession. — M. de La Pommerais a soigné mon beau-frère malade d'une gastralgie, et plus tard il nous a envoyé Mme de Pauw, à laquelle mon mari a donné des soins.

D. Votre mari est dentiste? — R. Oui, Monsieur. Nous avons continué nos relations, Mme de Pauw et moi; je ne savais pas que M. de La Pommerais eût des rapports intimes avec elle. Il s'est marié; Mme de Pauw est revenue; elle a eu besoin de mon mari, et lui a proposé, pour le payer, de lui faire son portrait. Mais comme il ne pouvait poser, il a été convenu qu'elle ferait le portrait de ma fille.

Dans les premiers jours de l'année dernière, elle me parlait toujours de M. de La Pommerais. Je lui ai dit : Qu'avez-vous à vous occuper de lui? Il est marié, laissez-le tranquille, il ne vous doit rien, il ne peut vous aider; des personnes vous portent intérêt, elles vous feront travailler. Elle persistait à me parler de lui, et à me dire qu'un jour il reviendrait parce qu'il n'était pas heureux dans son ménage. — Mais, puisque vous ne le voyez pas, lui dis-je, comment pouvez-vous le savoir? — Elle me répondit : Je le sais par des personnes qui vont chez lui et qui me l'ont rapporté.

D. Vous aviez connu les relations qui avaient existé, antérieurement au mariage de La Pommerais, entre lui et Mme de Pauw? — R. Mme de Pauw me l'avait dit.

D. Ne vous a-t-elle pas dit que ces relations avaient recommencé depuis le mariage? — R. Voici comment je l'ai su. Après avoir fait le portrait de ma fille, elle l'a mis à l'exposition. Je voulais l'avoir, et je suis allée pour cela rue du Cherche-Midi, 102. Le concierge m'a renvoyée rue Bonaparte, et j'ai eu beaucoup de peine à trouver. Je suis montée chez elle; j'ai frappé et l'on ne m'a pas ouvert, quoique la concierge m'eût assuré qu'elle était chez elle. Une voisine m'a dit : Je crois qu'il y a chez elle un monsieur en cravate blanche. J'ai pensé de suite que c'était M. de La Pommerais.

D. On ne vous a pas ouvert et vous vous êtes retirée? — *R.* Quand Mme de Pauw est venue à la maison, elle m'a dit : Vous êtes montée chez moi; que me vouliez-vous? — Je voulais le portrait de ma fille, puisque l'exposition est terminée. — Elle m'a répondu : Nous prendrons jour pour le retirer. — Qu'avez-vous pensé, a-t-elle ajouté, quand vous avez su qu'il y avait quelqu'un chez moi? — Ma foi, je ne sais pas. Je ne voulais pas le dire. — Voyons, vous avez pensé que c'était M. de La Pommerais? — Oui. — Eh bien! c'est vrai. — Mais comment cela se fait-il? il revient donc chez vous? — Oh! il est bien changé pour moi, il est très-bon; il veut me faire une assurance. » Elle a commencé à me dire un tas de choses auxquelles je n'ai rien compris du tout. (*Rire général.*)

D. Elle vous a dit que La Pommerais la voyait, qu'il ne sympathisait pas avec sa femme, que celle-ci était jalouse, et le tourmentait sans cesse à cause d'elle. Vous avez ajouté que vous ne vous rendiez pas compte du rétablissement de ces relations; car de La Pommerais avait épousé, il n'y avait pas deux ans, une jeune et jolie femme, tandis que Mme de Pauw n'était ni jeune ni jolie. Voilà votre déclaration devant le Juge d'instruction. Elle vous a parlé aussi de l'affaire des assurances, que vous n'avez pas plus comprise que tout le monde; seulement il était question pour elle d'une rente viagère. — *R.* Elle avait pris des renseignements près d'un monsieur dont je ne sais pas le nom, parce que M. de La Pommerais, pour une somme aussi forte que celle dont il s'agissait, ne pourrait payer les primes tous les ans, et elle savait qu'en faisant une contre-assurance, elle aurait de suite une somme dont elle ne m'a pas dit le chiffre, mais qui la rendrait plus heureuse. M. de La Pommerais lui avait dit : Vous ne serez plus aussi gênée que par le passé, je vous louerai un appartement, vous aurez un bel atelier. C'est là ce qu'elle désirait.

D. Ne vous a-t-elle pas dit qu'à propos de ces assurances et du bénéfice qu'elle espérait en retirer, elle serait obligée de simuler une maladie? — *R.* Oui, Monsieur. Un jour elle est venue chez moi, sortant du Grand-Hôtel, donner une leçon; je l'ai trouvée très-changée, et elle m'a dit : « Je serai quinze jours chez moi; vous pourrez venir, vous me trouverez. »

D. Elle vous a dit : « Je vais simuler une maladie? » — *R.* Elle m'a dit : « Les médecins des Compagnies doivent venir pour une contre-assurance, il faut que je sois malade. »

D. Ne vous a-t-elle pas dit : « Le docteur Gaudinot doit venir me voir; j'ai fait une chute, et les médecins que j'ai vus à ce sujet m'ont dit que cela m'avait occasionné une tumeur? » — *R.* Oui, Monsieur.

D. N'a-t-elle pas ajouté que les médecins des Compagnies devaient venir la voir, et qu'elle restait chez elle pour cela? Vous avez dit encore dans votre déclaration : « Quand le rachat sera opéré, M. de La Pommerais aura 5 à 6,000 fr. de rente, dont il me donnera la moitié. » C'est bien ce qu'elle vous disait? — *R.* Elle m'a dit cela au bas du pont des Saints-Pères, quand je l'accompagnais chez elle. C'était clair, je commençais à comprendre, et j'ai répondu : « Je ne crois pas que cela réussira. Vous vous êtes plainte de M. de La Pommerais dans diverses circonstances; je ne pense pas que vous ayez jamais les sommes qu'on vous promet. »

D. Vous ne pensiez pas que cela pût réussir. — *R.* Du tout, Monsieur.

D. Elle le croyait, elle? — *R.* Elle en était persuadée.

D. N'avez-vous pas fait quelques observations à propos de la simulation de maladie? — *R.* J'ai dit ; « Quelquefois en jouant avec ces choses-là, on peut mourir. » Elle m'a répondu : « Si je mourais, M. de La Pommerais serait perdu ; il y va de son intérêt que je ne sois pas trop malade, mais il faut que je sois assez malade pour que la chose se termine. »

D. En quoi consistaient les plaintes que Mme de Pauw vous aurait faites sur La Pommerais? — *R.* Un jour elle disait d'une manière, un jour elle disait d'une autre; cela dépendait de sa bonne humeur; tantôt elle disait du bien de Monsieur, tantôt elle en disait du mal.

D. Précisait-elle quelque chose? — *R.* Je ne pourrais répéter ce qu'elle m'a raconté.

D. Cependant vous avez dit qu'elle était folle de lui, qu'elle l'adorait? — *R.* Oui, dans les derniers temps.

D. N'est-elle pas entrée dans quelques détails? — *R.* Je lui ai fait des observations, je lui ai dit : Vous avez de grandes filles, l'aînée va bientôt avoir quinze ans, votre conduite est honteuse pour vos enfants et pour vous. Elle m'a répondu qu'elle avait fait son devoir envers ses enfants, qu'ils n'avaient rien à dire. J'ai répliqué : « Vous avez bien tort de recevoir M. de La Pommerais devant vos enfants. » Elle m'a répondu : « Je ne les laisserai plus avec moi ; M. de La Pommerais doit me donner de l'argent pour prendre un appartement. »

D. Ne vous a-t-elle pas dit que La Pommerais était ravi comme elle de sa grossesse ; qu'au moment de sa délivrance il l'accoucherait, et la placerait lui-même à la campagne? — *R.* Oui, Monsieur.

D. Connaissant Mme de Pauw, vous saviez dans quel état elle vivait? — *R.* J'ai vécu avec elle pendant les six semaines qu'a fallu pour faire le portrait de ma fille. J'apportais tous les jours de quoi manger, il n'y avait pas même de cuiller chez elle.

D. N'avez-vous pas vu chez elle un portrait de La Pommerais? — *R.* Oui, Monsieur.

D. Qu'a-t-elle fait de ce portrait? — *R.* Elle l'a mis dans un écrin de velours vert devant moi, et m'a dit : « Le connaissez-vous? Je suis allée acheter cet écrin chez Tahan, et je l'ai payé 30 fr. » J'ai répondu : « Vous auriez mieux fait d'acheter des souliers à vos enfants. »

D. Vous avez raconté à M. le Juge d'instruction l'impression que la mort de Mme de Pauw vous avait causée? — *R.* Cette mort m'a beaucoup étonnée; l'ayant quittée le mardi très-bien portante, j'ai été surprise d'apprendre sa mort sans avoir connu sa maladie. Je savais qu'elle devait être malade, mais non malade à mourir.

D. Vous le saviez? — *R.* Elle me l'avait dit.

D. On ne prévoit pas qu'on va être malade. — *R.* Elle est venue me prévenir qu'elle allait faire la malade.

D. Quelle idée avez-vous eue en apprenant sa mort? — *R.* J'ai pensé qu'elle avait pu prendre quelque médicament qui avait agi trop violemment sur elle.

D. Voici ce que vous avez dit : « Quand j'ai su la mort de Mme de Pauw, j'ai éprouvé un saisissement des plus vifs ; ma première pensée a été que cette mort avait été une mort violente. » C'est bien là l'idée qui vous est venue? — *R.* Oui, Monsieur.

D. Avez-vous pensé à un suicide? — *R.* Je savais qu'elle tenait beaucoup à la vie ; je ne pensais pas qu'elle se fût donné la mort.

D. C'est effectivement ce que vous avez dit dans l'instruction.

Avez-vous su que La Pommerais donnait 200 fr. par mois à Mme de Pauw? — *R.* Elle ne m'a jamais dit cela.

D. Elle était tellement malheureuse que vous ne pensez pas qu'elle ait reçu cette somme? — *R.* Non, Monsieur.

D. Vous a-t-elle dit que, dans le mois de septembre, le 26 ou le 27, elle eût reçu de La Pommerais 13,000 fr.? — *R.* Elle m'a dit quinze francs. *(Mouvement dans l'auditoire.)*

D. Elle ne vous a pas dit 15,000 fr.? — *R.* Elle savait bien que ce n'était pas possible.

D. Vous ne l'auriez pas cru? — *R.* Je connaissais très-bien M. de La Pommerais, elle n'aurait pas pu me dire cela.

D. Pourquoi cela? — *R.* Parce que je pensais qu'il n'eût pas donné une somme de cette importance.

D. Était-il en état de la donner? — *R.* Je ne sais pas.

M. le Président. — La Pommerais, voilà un témoin qui vous connaît, vous et votre femme. Mme de Pauw lui a parlé de ses relations avec vous et de sa grossesse ; elle lui a dit qu'elle vous adorait. Mme de Pauw lui a dit avoir reçu de vous, non pas 13,000 fr., mais 15 fr.

L'accusé. — Du moment où Madame connaissait ma femme, Mme de Pauw n'aurait pu lui faire de confidences dans la crainte que cela ne vînt aux oreilles de ma femme.

D. Alors Mme de Pauw n'aurait pas dit au témoin qu'elle vivait avec vous? — *R.* Je ne prétends pas qu'elle ne l'ait pas dit.

D. Le niez-vous? — *R.* Je ne sais pas. Madame affirme ; c'est probable, mais je ne comprends pas que Mme de Pauw lui en ait parlé.

D. Il ne s'agit pas de savoir si Mme de Pauw a pu ou dû lui en parler, mais si elle en a parlé. Le témoin l'affirme, et d'autres ont reçu les mêmes confidences.

L'accusé. — M. le Président veut-il demander au témoin si Mme de Pauw ne souffrait pas énormément du cœur et de l'estomac?

Mme Maille. — Je l'ai dit dans ma déposition devant le Juge d'instruction : quand elle peignait elle avait des palpitations de cœur.

M. le Président. — Elle en avait depuis son enfance.

L'accusé. — Voulez-vous demander si elle ne parlait pas continuellement de moi en faisant le portrait de l'enfant de Mme Maille?

Mme Maille. — Oui, Monsieur, je l'ai dit.

L'accusé. — Je ne voyais pas cette femme depuis 18 mois ; elle ne pouvait prévoir que j'y retournerais la voir. Dans quel but parlait-elle constamment de moi, s'il n'y avait pas quelque chose qui l'eût attachée à moi? Quand il n'y a pas d'intérêt à cela, on ne parle pas des gens. C'est une observation que MM. les Jurés apprécieront.

M. le Président. — Par quoi vous était-elle attachée?

L'accusé. — Par les secours que je lui envoyais.

D. Quant à vos relations avec Mme de Pauw, elles ont étonné le témoin, qui a dit : « Mais il vient de se marier avec une jeune et jolie femme. » — *R.* Comment expliquer ces relations, sinon par le contrat d'assurances? Je n'ai eu aucunes autres relations avec Mme de Pauw.

M. le Président. — L'accusation à cet égard se trouve justifiée. Les témoins affirment ce que Mme de Pauw leur a dit.

Me Lachaud. — Je prie M. le Président de demander au témoin si, le 12 novembre, alors que Mme de Pauw disait qu'elle allait simuler une maladie, le témoin a remarqué sa mauvaise mine?

Mme Maille. — Je l'ai dit.

Me Lachaud. — Si Mme de Pauw n'a pas dit avoir fait une chute dans son escalier, et que les médecins consultés pensaient qu'il lui était survenu une tumeur?

Mme Maille. — Je l'ai dit également.

Un Juré. — Elle l'a dit.

M. le Président. — Mme de Pauw a dit qu'elle allait simuler une maladie. Le témoin a ajouté qu'étant naturellement pâle, elle pouvait simuler une maladie, que le bonnet de nuit lui allait très-bien sous ce rapport.

Mme Blaye, marchande de tableaux, rue Caumartin. — Je connaissais Mme de Pauw depuis plusieurs années. Dans les deux dernières, elle m'a parlé plus intimement de ses affaires, entre autres de ses relations avec M. de La Pommerais. Elle le considérait comme un homme très comme il faut, mais très-égoïste. En septembre dernier, lors des vacances de ses enfants, elle est venue chez moi et m'a parlé de l'affaire des assurances, me disant que M. de La Pommerais voulait faire quelque chose pour elle, l'assurer pour une somme considérable. Je crus que c'était un conte, mais elle m'a donné des détails. Je lui dis que je ne croyais pas qu'il pût disposer de sommes aussi considérables, car il ne l'aurait pas laissée dans un si grand état de gêne. Elle ne faisait rien à ce moment, mais l'assurance devait lui procurer du bien-être pour elle et pour ses enfants. Moi je lui disais que j'étais persuadée du contraire. J'ajoutais : « Je crois que M. de La Pommerais veut faire ses affaires et non les vôtres. » Elle me répondit : « Je ne puis pas perdre grand'chose puisque je n'ai rien ; je puis me risquer. » Après cette visite elle m'en a fait plusieurs autres, mais insignifiantes au point de vue du procès.

D. Il résulte de votre déposition que Mme de Pauw était dans la plus grande misère. Savez-vous si La Pommerais lui donnait des sommes plus ou moins considérables? — *R.* Je sais qu'il donnait des soins aux enfants quand elles en avaient besoin.

D. Savez-vous s'il lui donnait de l'argent? — *R.* Elle m'a dit que jamais il ne lui en avait donné. Je ne puis savoir autre chose.

D. Relativement aux assurances, elle ne vous a pas donné beaucoup d'explications? — *R.* Je crois même qu'elle comprenait fort peu les détails. Du reste, je ne lui en ai pas demandé.

D. Elle comprenait seulement le résultat, qui devait être pour elle et ses enfants du bien-être. Vous a-t-elle parlé d'une pension, d'une rente? — *R.* Je crois, sans pouvoir l'affirmer, qu'elle m'a parlé de 3,000 fr. de rente.

M. le Président. — La Pommerais, avez-vous quelque chose à dire?

L'accusé. — Rien.

M. le Président, au témoin. — Avez-vous su par Mme de Pauw qu'elle eût des relations intimes avec La Pommerais?

Mme Blaye. — Elle m'a raconté qu'avant qu'il se mariât, elle avait été sa maîtresse.

D. Vous a-t-elle dit que depuis il avait renoué avec elle? — *R.* Il s'était rapproché d'elle parce qu'il lui voulait du bien.

D. Cela ne vous a-t-il pas paru extraordinaire, sachant La Pommerais marié? — *R.* Mme de Pauw avait une manière de vivre à part; c'était une artiste.

D. Vous n'avez jamais su qu'elle ait eu d'autres relations de ce genre? — *R.* Son langage n'était peut-être pas toujours très-réservé; mais quant à sa conduite, je n'ai rien à en dire.

D. Vous a-t-elle dit qu'elle devait simuler une maladie? — *R.* Je ne l'ai pas revue dans les derniers temps.

Jean Dupuis, sacristain. — J'ai été chargé, sur la demande de Mme Gouchon, sœur de Mme de Pauw, de veiller le corps, et j'étais présent lors de la visite du médecin de l'état civil.

D. Qu'avez-vous remarqué? — *R.* Qu'il avait fort peu regardé la défunte.

M. le Président. — La déposition de ce témoin a pour objet de constater avec quelle légèreté le médecin de l'état civil a vérifié le décès; il s'en est rapporté à la déclaration du docteur Gaudinot, sur laquelle nous appellerons l'attention de Messieurs les Jurés.

M. Jules Desmidt, courtier d'assurances. — M. de La Pommerais est venu pour la première fois à mon cabinet, rue de Provence, dans la seconde quinzaine du mois de mai, ou au commencement de juin de l'année dernière. J'étais absent, et il s'adressa à mon employé M. Crucq. Il revint plus tard, et me dit que, sa femme étant sur le point d'accoucher, il désirait avoir des renseignements complets sur les assurances dites dotales, faites dans le but de constituer une dot aux enfants, à leur majorité. Je lui donnai ces renseignements. Dans le cours de la conversation nous vînmes à parler d'assurances en cas de décès, et des diverses combinaisons possibles en matière d'assurances sur la vie. Il se montra très-bienveillant pour moi.

Un autre jour, il me dit qu'il me ferait traiter sous peu une importante affaire, et il me demanda des chiffres pour l'âge de 41 ans; celui justement de Mme de Pauw. Je les lui donnai. Il ajouta alors ceci: qu'il avait été intimement lié avec une dame, pendant qu'elle était mariée.

D. Ne vous avait pas encore parlé de Mme de Pauw? — *R.* Je ne crois pas que son nom eût encore été prononcé. Il me dit seulement qu'il avait été l'amant d'une femme mariée, qu'elle avait eu des enfants auxquels il portait une affection toute paternelle. Ne pouvant légalement faire le bonheur de ces enfants, il avait résolu de souscrire une assurance sur la tête de la mère pour une somme assez considérable. Il y consacrerait volontiers 20,000 fr. par an.

Je lui fis observer que c'était un engagement qui avait chance de longue durée; que la moyenne de l'existence pour l'âge de 41 ans était de vingt ans; qu'il fallait, pour que le contrat d'assurances en cas de décès pût profiter à celui qui le ferait, avoir la certitude de pouvoir le mener à fin, c'est-à-dire être en mesure de payer la prime jusqu'à l'événement. A la façon dont me parlait M. de La Pommerais, j'avais compris par son nom, par son titre; que j'avais affaire à une personne riche, très-haut placée, pouvant faire des sacrifices sans porter atteinte à sa fortune et sans nuire aux enfants légitimes qu'il avait ou pouvait avoir.

D. Vous parlez de titre, quel titre? — *R.* Il était venu plusieurs fois sans que je susse à qui j'avais affaire. Lorsque je lui demandai son nom, il m'a répondu, je ne puis me tromper, car je l'ai écrit sur mon répertoire sous sa dictée, il m'a répondu: « Comte de La Pommerais, rue des Saints-Pères, 5. »

D. Par conséquent, vous croyiez avoir affaire à un personnage titré et haut placé, en position de consacrer tous les ans une somme de 20,000 fr. à un placement sur la tête d'une personne? — *R.* La première observation que je crus devoir lui adresser avait trait à la possibilité de tenir son engagement. Il me répondit qu'il avait gagné 200,000 fr. à la Bourse; que cette somme, en dehors de sa fortune, maniée par lui-même en reports ou opérations sérieuses de Bourse, pouvait lui produire 15 à 18,000 fr.; toutes ses précautions étaient donc prises. Je lui objectai qu'il pouvait mourir avant de Mme de Pauw. Il me répondit que cela était prévu et que, dans ce cas, un ami après lui pourrait continuer l'opération.

Nous examinâmes le principe de l'assurance. Supposons une somme de cent mille francs à assurer sur la tête d'une personne âgée de 41 ans, il faut payer une prime de 3,400 fr. par an. Les Compagnies savent qu'à ces conditions elles demandent un prix trop élevé; aussi donnent-elles un avantage aux assurés: une participation à la moitié de leurs bénéfices.

D. N'est-ce pas après un certain temps? — *R.* Après trois ans. Cette part dans les bénéfices se traduit de deux façons: en espèces ou en capital; dans le premier cas, la prime à payer est diminuée d'autant; dans le second cas, le capital assuré est accru. Je disais donc à M. de La Pommerais qu'en faisant son opération, tous les trois ans sa prime subirait une réduction; que dans la période de 20 ans la prime serait probablement éteinte, qu'en payant 3,400 fr. par an il aurait ainsi constitué une nue propriété de 100,000 fr.

M. de La Pommerais m'avait dit porter une affection toute paternelle aux enfants, et avoir conservé une profonde amitié pour la mère, bien qu'ayant cessé avec elle toutes relations. Je lui fis cette observation: « Peut-être feriez-vous mieux, au lieu d'assurer une somme considérable, de 5 à 600,000 fr., sur la tête de la mère, d'assurer seulement de ce chef une somme de 200,000 fr. pour laquelle vous auriez à payer environ 7,000 fr. par an; le reste des 20,000 fr. serait divisé en quatre parts: une part serait attribuée à chacun des trois enfants, pour lui assurer une dot à sa majorité, la quatrième part serait versée sur la tête de la mère; de sorte que, si elle arrivait à 60 ans, elle aurait une rente viagère quand elle ne pourrait plus continuer sa profession d'artiste. De cette façon, disais-je, vous atteindrez un double but, et les enfants à la mort de leur mère trouveront toujours un capital. » M. de La Pommerais parut goûter mon opinion.

Le 28 juin, un dimanche, Mme de Pauw et lui, venus chacun séparément, se rencontrèrent dans mon cabinet. Je leur soumis ma proposition, qui fut rejetée par Mme de Pauw. Je revins à la charge, lui disant qu'elle devait non-seulement songer à l'avenir de ses enfants, mais penser à leur procurer quelque ressource pour leur majorité. Elle repoussa bien loin ma combinaison. J'insistai, et l'on convint, avant de se séparer, d'une assurance de 200,000 fr. Mais, le lendemain ou le surlendemain, je reçus une lettre de Mme de Pauw, dans laquelle elle me disait que, bien que n'ayant pas l'honneur de me connaître, elle prenait la liberté de m'écrire à l'insu de M. de

La Pommerais, pour me dire que je n'eusse plus à revenir sur le genre d'opérations que je lui avais proposé. Cette lettre doit se trouver au dossier. Elle me disait que M. de La Pommerais avait toujours été trop noble, trop généreux pour qu'elle voulût rien accepter de lui à son profit et à celui de ses enfants au moyen d'une assurance *limitée*, elle voulait dire *différée*.

On revint donc à la première combinaison. Le lundi ou le mercredi je me rendis chez elle (elle demeurait rue du Cherche-Midi) ; elle me reçut dans son atelier, je ne vis pas l'appartement. Nous montâmes en voiture et nous rendîmes chez M. Desormeaux, médecin d'une compagnie. Plus tard M. le docteur Huet, de la *Nationale*, vint chez moi procéder à l'examen que les personnes qui veulent s'assurer doivent subir.

Chaque fois que j'ai revu Mme de Pauw, d'accord avec M. de La Pommerais, je suis revenu sur la proposition d'assurance *différée*. Je l'ai fait sans doute avec trop d'insistance, car une fois elle m'écrivit une lettre assez sèche, me disant que, malgré ma promesse de ne plus lui parler de cela, j'avais eu l'inconvenance de revenir sur ce sujet. Je croyais bien faire, à tous les points de vue, dans l'intérêt des enfants, et parce que M. de La Pommerais paraissait être entièrement de mon avis.

Sept ou huit jours après, malgré ce que j'avais pu dire, M. de La Pommerais et Mme de Pauw, que je ne voyais pas ensemble (ils ne s'étaient rencontrés qu'une fois le 28 juin chez moi), voulurent donner suite aux assurances projetées. J'ai donc fait des contrats avec la *Générale*, la *Nationale*, l'*Union*, le *Phénix*, la *Caisse paternelle*; il y eut là un temps d'arrêt. J'avais dû rejeter au dernier rang la Compagnie le *Gresham*, que je ne comptais même pas employer ; je ne sais à quoi attribuer le retard qui eut lieu.

D. Vous aviez demandé à cette compagnie une assurance de 125,000 fr. et il a fallu en référer à l'administration supérieure à Londres. Celle-ci ayant refusé d'assurer une somme de plus de 100,000 fr., cela a entraîné un délai. C'est pour ce motif que cette assurance n'a pas été faite à la même date que les autres. — *R.* Je dois à ce sujet revenir un peu sur mes pas. Lorsqu'il s'était agi de l'assurance de son fils, M. de La Pommerais avait voulu la faire pour une somme de 40 ou 45,000 fr., et la première prime à payer se montait, je crois, à 1,500 fr. Je dis : Comme le prix est le même pour un enfant pendant tout le premier mois qui suit la naissance, nous ne signerons le contrat que le 15 du mois, et si l'enfant vient à mourir, nous n'aurons pas fait le premier versement. C'est pour cela que la police est datée de 15 jours plus tard. Lorsque le *Gresham* déclara ne pouvoir accepter qu'une assurance de 100,000 fr., il restait disponible ce que M. de La Pommerais, voulait consacrer aux primes une somme de 1,100 fr. Je lui dis : Ce que vous avez de mieux à faire, c'est d'augmenter la dot de votre enfant légitime. Ces 1,100 fr. ont donc été appliqués à une assurance dotale supplémentaire de 40,000 fr.

D. L'enfant s'est trouvé ainsi assuré pour 85,000 fr. — *R.* A tort ou à raison je considérais les enfants de Mme de Pauw comme appartenant à M. de La Pommerais, mais il ne me l'a jamais déclaré positivement. Je me disais : 550,000 fr. répartis entre trois feront à peu près la même chose que la dot de l'enfant légitime de 85,000 fr. qui doit être doublée à la majorité par les bénéfices.

Monsieur le Président, voulez-vous me donner un point de repère ?

D. Vous avez toujours considéré La Pommerais comme un homme riche, ayant un titre, parce que vous voyiez son papier à lettre portant des armoiries surmontées d'une couronne de comte. Vous nous avez expliqué vos rapports avec La Pommerais et Mme de Pauw. Vous avez fait comprendre à cette dernière les inconvénients d'une assurance sur la vie entière? — *R.* Oui, Monsieur.

D. Il n'a jamais été question d'une combinaison qui permettrait, après trois ans par exemple, de racheter les contrats et d'arriver à ce résultat : ayant payé 60,000 fr., d'obtenir un capital de 260,000 fr.? — *R.* Non, c'est impossible.

D. Les directeurs des Compagnies ont dit que c'était une combinaison absurde. Ainsi il n'a jamais été question, quand Mme de Pauw s'est adressée à vous, que d'une assurance sur la vie entière. C'était donc à sa mort et non à une autre époque, que les Compagnies devaient payer 550,000 fr., montant de ces assurances? — *R.* Les contrats portent : Je m'engage à payer à forfait, une prime annuelle de... pour qu'un capital de... soit payé à ma mort. Un second cas est celui où l'on a une part dans les bénéfices, lesquels réduisent la prime annuelle à payer dans l'avenir. Une troisième combinaison est celle-ci : Une personne s'engage à payer une prime, mais elle ne peut ou ne veut continuer son payement. Alors il arrive ceci : ou le capital assuré est réduit dans une proportion énorme, ou le remboursement des sommes versées est fait à l'assuré en lui faisant subir une perte considérable. Prenons pour exemple un capital assuré de 100,000 fr., qui correspond à une prime de 3,400 fr. Dans le premier cas, le capital sera réduit à 10,000 fr. environ, c'est-à-dire à peu près le montant des primes versées, ou, si l'assuré préfère un remboursement, il perdra environ 35 pour 100. Il y a des Compagnies qui ne remboursent pas plus de 30 pour 100.

D. Votre déclaration est en parfait accord avec celles des directeurs des Compagnies d'assurances faites dans l'instruction. Jamais un contrat d'assurance ne peut être une occasion de bénéfice pour celui qui le fait. Lorsqu'après trois ans on veut traiter avec une Compagnie, on subit toujours une perte considérable. — *R.* Les Compagnies se disent : Nous avons couru des risques pendant trois ans, qu'aurions-nous dû demander? Ceci. Nous avons demandé cela, la différence est la restitution que nous devons faire.

D. L'important, c'est que le résultat est toujours une perte pour l'assuré qui ne peut ou ne veut continuer l'assurance. — *R.* J'ajouterai que cette perte est signalée au dos de chaque police.

D. Jamais l'assurance ne peut être un bénéfice pour celui qui contracte; sans cela, messieurs les Jurés le comprennent, tout le monde se ferait assurer.

C'est vous, monsieur Desmidt, qui avez fait toutes les démarches près des Compagnies. Indépendamment des autres formalités qu'elles exigent, un médecin envoyé par elles doit visiter la personne qu'il s'agit d'assurer. Avez-vous accompagné Mme de Pauw chez les médecins? — *R.* Je l'ai conduite chez les médecins des Compagnies.

D. Nous ne nous rappelions pas que vous aviez pris une part directe à ces formalités. Vous avez donc conduit Mme de Pauw chez huit médecins? —

R. Chez sept. La *Paternelle* a déclaré que, les grandes Compagnies acceptant, elle acceptait.

D. Les sept médecins l'ont examinée avec soin? — *R.* Je n'étais pas présent aux visites.

D. Enfin vous savez que tous ont donné des certificats dans lesquels ils l'ont trouvée parfaitement constituée, et ne présentant aucun symptôme de maladie. Cette formalité de la visite médicale vous paraît-elle d'ordinaire faite avec soin? — *R.* Je crois que certains médecins y apportent trop de minutie, et en font une gêne pour l'assuré. Je ne veux pas citer de noms.

D. Les médecins des Compagnies ont une grande responsabilité dans ces sortes d'affaires. Ils constatent, dit le témoin, avec minutie, et ils ont raison.

(*Au témoin.*) — Selon vous, quand Mme de Pauw voulait une assurance sur sa vie entière, elle agissait contrairement à ses intérêts? — *R.* A ses intérêts personnels, oui ; contrairement à l'intérêt de ses enfants, dans une certaine mesure seulement.

D. Vous lui avez fait toutes les représentations possibles. Vous a-t-elle paru comprendre ces questions? — *R.* Oui, Monsieur. Le contrat en lui-même est fort simple, il n'y a jamais d'équivoque possible. Si l'on ne continue pas le payement des primes, on perd une somme considérable. C'est facile à comprendre.

D. Il n'est pas difficile de saisir que, se faisant assurer pour une somme de 550,000 fr., si elle venait à mourir, cette somme devait être payée par les Compagnies. Mais les combinaisons de rachat des contrats, de la transformation des contrats, d'arrangements nouveaux à demander aux Compagnies après un certain laps de temps, pouvait-elle comprendre tout cela? — *R.* Je n'ai pu dire que ceci : Le rachat des polices constitue toujours une perte considérable. Il n'y avait à penser à la cession des contrats que si M. de La Pommerais ne pouvait continuer le payement des primes ; c'était la seule hypothèse possible.

D. Mme de Pauw, qui n'avait rien, ne courait aucun risque. Vous êtes allé chez elle? — *R.* Oui, d'abord rue du Cherche-Midi.

D. Avez-vous remarqué le logement qu'elle occupait? — *R.* Je l'ai dit avec intention, ce jour-là je n'ai vu que l'atelier. Une voiture de déménagement venait de partir. Mme de Pauw est montée avec moi en voiture, et nous sommes allés d'abord chez le docteur Désormeaux. Comme ce n'était pas elle qui devait payer, je n'ai pas attaché d'importance à sa solvabilité ni au luxe de son appartement.

D. Vous avez donc cru à la solvabilité de La Pommerais, en présentant aux Compagnies les contrats? Les formalités ont été remplies, les polices d'assurances ont été signées. Est-ce vous qui avez payé la première prime ? — *R.* M. de La Pommerais m'avait dit : Je n'ai pas d'argent comptant ; je vais vous donner des valeurs ; vous les déposerez parce qu'elles sont en baisse, et je ne veux pas les vendre ; à la liquidation, je vous donnerai les espèces. Effectivement, quand les polices ont été signées, il m'a remis dix ou douze actions du Midi. Je les ai distribuées en en donnant deux ou trois à chaque Compagnie, en nantissement de la prime à leur payer. Le 28 juillet, M. de La Pommerais m'a remis 15,500 fr., et j'ai retiré les actions que je lui ai rendues de suite.

D. Etes-vous allé chez La Pommerais? — *R.* Souvent, Monsieur.

D. D'après son logement, vous a-t-il paru en état de payer chaque année 20,000 fr. de primes aux Compagnies d'assurances? — *R.* Il est assez difficile d'établir quelle est la fortune d'une personne d'après son appartement s'il présente un certain confortable. M. de La Pommerais n'avait pas un appartement riche, mais beaucoup de personnes riches peuvent en avoir un semblable, quand elles ne veulent pas déployer un grand luxe. De plus, il m'avait dit : Je suis en installation, je suis marié depuis dix-huit mois ; je n'en resterai pas là. Son mobilier de salon était au-dessus de l'ordinaire, ses armes parlantes étaient au dossier de chaque siège, et son portrait se voyait partout.

D. Enfin vous avez eu confiance? — *R.* Tout le temps que nous avons été en relations ensemble, je n'ai eu de lui qu'une excellente opinion sous tous les rapports ; je le regardais comme un parfait gentilhomme, il a toujours montré la plus grande bienveillance pour moi.

D. Il vous a prêté une somme de 4,000 fr. — *R.* Nous n'en sommes pas là, c'est après la mort de Mme de Pauw.

D. Je constate seulement le fait en passant. — *R.* J'y arriverai.

D. Quelque temps avant la mort de Mme de Pauw, ne vous a-t-il pas parlé de l'acquisition qu'il voulait faire d'un hôtel?—*R.* Il m'a dit : « Je ne suis pas convenablement installé pour le faubourg Saint-Germain. Je voudrais trouver un hôtel dans lequel je puisse, comme un grand médecin (je ne puis me rappeler le nom, M. Velpeau ou M. Nélaton), avoir un premier étage pour moi ; je mettrais 4,000 à 5,000 fr. pour moi, et, en sous-louant le reste, je serais convenablement logé comme le médecin dont je parle. »

D. Vous avez pu supposer, d'après sa conversation, que La Pommerais avait, en effet, l'intention d'acheter un hôtel 4 à 500,000 fr. Cela a dû vous persuader davantage qu'il était en état d'exécuter les contrats des assurances? —*R.* Il m'avait dit : « Ma clientèle est dans le faubourg Saint-Germain ; je veux que l'hôtel soit dans le périmètre compris par les rues Bonaparte, du Bac et de Grenelle Saint-Germain. »

D. Ainsi, il avait fixé lui-même dans quel périmètre l'hôtel devait être. — *R.* Je me suis occupé de cette acquisition, je lui ai présenté un hôtel rue de l'Université, de 700,000 fr. Il m'a dit qu'il ne voulait pas aller jusqu'à ce prix, son intention étant de payer comptant.

D. A quelle époque a eu lieu cette conversation? — *R.* En septembre ou peut-être août, je ne pourrais préciser ; c'est bien avant la mort.

D. L'accusé, dans l'instruction et hier encore, a fixé la date à un mois environ avant son arrestation, par conséquent postérieurement à l'époque que vos souvenirs indiquent. Quoi qu'il en soit, le point important, c'est que la conversation entre vous et lui a eu lieu au sujet de l'achat de l'hôtel.

Vous a-t-il parlé de 33,000 fr. qu'il aurait versés à à Mme de Pauw? — *R.* Je voyais assez souvent M. de La Pommerais, qui était toujours pour moi très-bienveillant. Je le voyais très-souvent d'une façon intéressée, parce que je lui croyais de grandes relations, et pensais qu'il pouvait m'être utile. Il m'était très-sympathique ; j'allais chez lui avec grand plaisir, comme ami. En octobre, il m'a montré certaines lettres de Mme de Pauw, qui lui parlait très-intimement. Il me dit : « Elle est tombée malade, et je lui ai envoyé 1,000 fr. » Cela ne me surprit pas. Il me montra une lettre dans laquelle elle lui demandait

30,000 fr. Je lui dis : Qu'avez-vous fait? Il me répondit : Je les lui ai envoyés. — « Vous êtes généreux, » lui répliquai-je.

D. Pour appuyer sur l'envoi fait à Mme de Pauw, il vous montrait la lettre qu'elle lui adressait, dans laquelle elle le remerciait de l'envoi de cette somme. Il vous a dit lui avoir envoyé ces 30,000 fr.? — *R.* Oui, Monsieur.

D. Avez-vous demandé à Mme de Pauw des actes de naissance? — *R.* Non, Monsieur. Quand les contrats ont été faits, une seule Compagnie, le *Phénix*, m'a réclamé un acte de naissance. Généralement les Compagnies ne les demandent pas, parce qu'au moment du décès ils sont exigés, et l'assuré a trop d'intérêt à donner son âge exact pour qu'il soit nécessaire d'en avoir la preuve. Le *Phénix*, par exception, l'avait désirée. Nous avons écrit à Saint-Quentin, l'extrait a été envoyé, et il n'en a plus été question.

D. Cela se passait au moment de la conclusion des contrats. Ces contrats étaient faits, tout était signé; par conséquent vous n'aviez plus besoin de demander à Mme de Pauw ses actes de naissance dont vous n'aviez que faire.

La Pommerais, après la mort de Mme de Pauw, et à l'occasion des 30,000 fr., ne vous a-t-il pas demandé s'ils avaient été trouvés à son décès? — *R.* Je croyais que cet argent avait été donné plus tard, je ne l'ai su qu'en octobre, et je pensais que Mme de Pauw n'était pas sortie depuis qu'elle avait touché l'argent. Alors, après sa mort, j'ai dit : Les 30,000 fr. ne peuvent être perdus, il faut tâcher de les recouvrer, si elle n'est pas sortie depuis. C'est à ce moment qu'il fit une allusion, et m'a dit : « Je suis allé chez Mme de Pauw après sa mort, appelé par des personnes de la maison. En entrant dans la chambre de la morte, j'ai vu un homme jeune, de votre encolure, qui m'a donné de singuliers soupçons. Il ne m'a rien dit de caractéristique; mais j'ai senti un mouvement de jalousie vis-à-vis de ce jeune homme qui s'était trouvé là. J'ai peut-être sous-entendu que l'argent avait pu être pris par ce jeune homme ; cependant je ne puis rien affirmer: c'est la traduction que j'ai faite d'un mot de M. de La Pommerais.

D. Vous avez compris que ce jeune homme à moustaches avait pu lui donner des soupçons, de la jalousie, et qu'il pouvait lui attribuer la disparition des 30,000 fr., soit qu'il les eût enlevés, soit que Mme de Pauw les lui eût donnés.

Avez-vous eu avec Mme de Pauw une discussion vive par suite de laquelle elle avait l'intention de vous mettre à la porte de chez elle? — *R.* Jamais. J'ai discuté avec elle l'affaire des contrats, mais rien n'a pu me faire supposer qu'elle fût tentée de ne pas me recevoir. Aussi, quand M. de La Pommerais m'a lu le commencement d'une lettre dans laquelle elle me traitait assez cavalièrement, je ne l'ai pas laissé achever.

D. Cette lettre commençait ainsi : « M. Desmidt sort de chez moi à l'instant, et quoique vous m'accusiez dans votre lettre de porter un jugement peut-être faux et téméraire sur son compte, m'invitant à plus de modération et de bienveillance, je persiste à dire qu'il est loin de mériter la confiance que vous sembliez lui avoir accordée. »

Elle dit qu'elle a été tentée de vous mettre à la porte. — *R.* Je n'ai pas saisi cette nuance dans sa conversation.

D. Jamais vous n'avez rien remarqué qui pût autoriser un pareil langage? — *R.* Lorsque j'ai causé avec M. de La Pommerais de cette lettre, il m'a dit qu'il était invraisemblable que son représentant, agissant pour lui, se fût permis quelque chose de désobligeant vis-à-vis d'une femme avec laquelle il était très-intime.

D. Qu'avez-vous répondu? — *R.* J'ai dit : Je ne sais ce que cela signifie; je n'ai en aucune façon parlé contre vous, et notre discussion a été des plus calmes quand je lui ai fait observer que le contrat était désavantageux pour elle.

D. D'après vous, elle n'avait aucun intérêt dans le contrat tel qu'elle l'avait signé? — *R.* Du reste elle parlait toujours de M. de La Pommerais en termes très-élevés, disant qu'il avait assez fait pour elle, qu'elle ne voulait plus rien accepter, seulement qu'elle n'avait pas le droit de rien refuser pour ses enfants.

Un juré. — À quelle époque a eu lieu la conversation entre La Pommerais et le témoin lorsque celui-ci a interrompu la lecture de la lettre?

M. Desmidt. — Je crois que cela doit être deux ou trois jours après la réception de la lettre par M. de La Pommerais.

M. le Président. — La lettre est du 29 août.

Me Lachaud. — La Pommerais en aurait donc parlé au témoin du vivant de Mme de Pauw.

M. Desmidt. — J'ai répondu à M. de La Pommerais : Je ne veux pas entendre la suite de cette lettre. Du reste je n'y attachais pas grande importance.

M. le Président. — Comment avez-vous été averti de la mort de Mme de Pauw? — *R.* Elle est morte le mardi 17. Le vendredi matin 20, j'ai trouvé une lettre de M. de La Pommerais, dans laquelle il me disait : « Je suis étonné qu'après la lettre que je vous ai adressée mardi soir, vous ne vous soyez pas rendu près de moi le lendemain. » Je n'y suis pas allé de suite, mais seulement entre 2 et 4 heures, et c'est alors que je l'ai vu et qu'il m'a annoncé la mort.

D. Ainsi vous n'avez pas reçu la lettre du mardi soir dont il parlait? — *R.* J'ai même répondu à M. de La Pommerais : un domestique aura omis de jeter la lettre à la boîte. Il m'a dit : Non, je l'ai adressée et mise moi-même à la poste. Cela ne m'a pas étonné, parce que moi-même j'avais eu plusieurs lettres égarées quelque temps avant.

D. Enfin, que disait la lettre que vous avez reçue? — *R.* C'était un mot de billet dans lequel il était étonné qu'après la lettre qu'il m'avait écrite le mardi soir, je ne fusse pas venu le mercredi. Je ne savais nullement de quoi il s'agissait.

D. Vous ne saviez pas la mort? Par qui l'avez-vous apprise? — *R.* Le vendredi vers deux heures, quand je suis allé chez M. de La Pommerais.

D. Que s'est-il passé dans la conversation entre vous et lui? — *R.* Je ne saurais me rappeler les termes de cette conversation. Il m'a dit : Je vous ai écrit mardi. J'ai affirmé, ce qui était vrai, n'avoir rien reçu et je me suis mis à ses ordres.

D. Vous a-t-il dit de quoi Mme de Pauw était morte? — *R.* En revenant sur mes pas, je pourrais répondre. Quelque temps avant la mort, il me disait : Je ne vois pas Mme de Pauw, obligez-moi d'aller chez elle. Après en avoir demandé l'autorisation à cette dame, j'y suis allé. Je l'ai trouvée couchée, elle souffrait beaucoup de l'estomac, et m'a dit : J'ai fait une chute. Je suis revenu près de M. de La Pommerais et lui ai dit : Je l'ai trouvée assez malade, je ne sais ce qu'elle a, elle souffre de l'estomac. Cependant je ne la croyais pas en danger de mort. En rapprochant diverses circonstances, je crois que c'est le lundi 12 novembre.

D. C'est-à-dire le lendemain du jour où elle avait parti de garder la chambre. Sa mort est venue vous surprendre? — *R.* Oui, Monsieur, beaucoup.

D. En avez-vous parlé avec La Pommerais? — *R.* Je lui ai dit : C'est fâcheux ! Je n'ai pas fait d'autre réflexion. La première pensée qui m'est venue n'a pas été qu'il y eût crime. Je me suis dit : M. de La Pommerais a été l'amant de Mme de Pauw; peut-être lui a-t-il connu quelque maladie organique que les médecins n'ont pu apprécier par un examen extérieur, peut-être a-t-il tenté une spéculation? Aussi j'ai pris une voiture pour aller chez le docteur Gaudinot, me disant : Je ne veux ni pour les Compagnies, ni pour les autres personnes, être considéré comme ayant agi dans un sentiment personnel. Je ne suis qu'un intermédiaire; je veux, pour ma situation personnelle, demander à quel genre de mort a succombé cette femme. Le docteur Gaudinot m'a répondu : « Elle est morte accidentellement, mais très-naturellement. Elle a fait une chute dans son escalier; j'ai suivi sa maladie pas à pas, une perforation de l'estomac est survenue et a nécessitée amené la mort. »

En présence de cette déclaration, j'ai revu M. de La Pommerais, et lui ai dit : Je suis à vos ordres pour remplir les formalités vis-à-vis des Compagnies.

D. La Pommerais a-t-il expliqué les causes de la mort? — *R.* Autant que je m'en souvienne, il m'a dit qu'elle était morte à la suite d'une perforation de l'estomac, seulement je ne lui demandai pas beaucoup de détails, parce que, pour moi, il ne voyait jamais Mme de Pauw, il ne l'aurait revue que lorsque la femme de la maison, rue Bonaparte, serait venue lui annoncer sa mort.

D. La Pommerais vous a-t-il, dès l'origine, montré des contrats passés au profit des enfants ? — *R.* Non, Monsieur.

D. Lorsque vous avez signifié aux Compagnies la cession faite par Mme de Pauw de ses contrats, les Compagnies ne vous ont-elles pas manifesté quelque étonnement ? — *R.* Quand j'avais fait la proposition d'assurances, j'avais annoncé que la personne intéressée voulait garder l'anonyme. J'avais dit officieusement à quelques directeurs : C'est le comte de La Pommerais qui payera les primes. Voilà le seul tort qu'on puisse me reprocher, de n'avoir pas dit qu'il était médecin. Mais je n'y avais pas attaché une grande importance.

D. Est-ce que vous ne saviez pas qu'il était médecin? — *R.* Je le savais; seulement, comme il désirait garder l'anonyme, je ne donnai aucun nom. Mme de Pauw s'était assurée pour sa vie entière, au profit de ses héritiers, c'est-à-dire de ses enfants. On me demandait : Elle est donc bien riche? — Non, c'est une artiste qui vit de son travail, mais les primes seront payées par le comte de La Pommerais, qui a des relations avec elle, et j'expliquais quel intérêt paternel il pouvait avoir à payer.

D. Les Compagnies ont dû trouver cela singulier? — *R.* L'assurance ne s'est pas faite d'un seul jet. Deux contrats ont d'abord été faits, de 100,000 fr. chacun, avec les deux plus anciennes Compagnies.

D. Vous n'avez pas répondu à ma question. Je vous demandais si les Compagnies n'avaient pas trouvé étonnante la cession de ses polices faite par Mme de Pauw à une personne étrangère? — *R.* Elles l'ont trouvée extraordinaire, mais j'ai dû leur répondre ce que je croyais savoir moi-même. Quand M. de La Pommerais me dit : Je veux me faire céder les contrats, je lui répondis : Vous rompez l'engagement que vous aviez pris avec vous-même de garder l'anonyme, et vous allez faire connaître la chose à tout le monde. Chaque Compagnie se compose d'une douzaine d'employés par les mains desquels les polices passeront, et le secret ne pourra être gardé. Mais il me répliqua : « Je ne veux pas que cette fortune tombe entre les mains de la famille de Mme de Pauw, avec laquelle elle n'a jamais été en bons termes; je veux bien qu'elle aille aux enfants, mais d'un autre côté je désirerais retirer les primes que j'aurais versées, et, sur le conseil de Me Levaux, avoué, j'ai fait avec Mme de Pauw un acte par lequel les enfants doivent avoir les 550,000 fr., déduction faite des primes versées par moi. » Cela me paraissait légitime.

D. Elle n'avait pas besoin de faire un acte pour que ses enfants héritassent d'elle. Comment expliquez-vous aux Compagnies la cession faite par elle au profit d'un étranger, au préjudice de ses enfants? — *R.* Parce que cet étranger prenait un engagement de recevoir d'une main et de donner de l'autre, en retenant seulement le montant de ses primes. Il y avait une autre raison. A mon point de vue, comme père des enfants, il agissait en bon père de famille en se réservant l'usufruit; il empêchait ses enfants de toucher au capital sans son autorisation; de cette façon il le faisait leur fortune, mais il les empêchait de le gaspiller.

D. Vous étiez convaincu qu'il était le père des enfants ! Après la mort de Mme de Pauw, vous a-t-il montré une lettre de Châteauroux concernant les enfants? — *R.* Après la mort, il me dit : J'ai écrit à M. Testu, frère de Mme de Pauw, et je suis étonné qu'il ne m'ait pas répondu. Cela me surprenait. Il me fit observer que, probablement, c'était parce qu'il avait été l'amant de sa sœur, qu'un sentiment de délicatesse l'en empêchait. Peu après, il me dit : « Comment trouvez-vous les procédés de la famille? Elle me fait écrire la lettre que voici, au lieu de traiter avec moi. » La lettre me sembla très-sèche et très-dure, adressée à un homme généreux comme il se l'était montré envers les enfants. Elle était signée de Vistène. J'ai offert d'aller à Châteauroux et de m'entendre avec cet avocat.

D. La Pommerais a refusé? — *R.* Oui, Monsieur.

D. L'avocat n'existe pas. N'avez-vous pas donné à La Pommerais le conseil d'aller lui-même porter la lettre aux Compagnies? — *R.* Je voyais seulement trois Compagnies. Je dis : Les Compagnies carottent beaucoup. Je ne connaissais pas l'accusation qui a plus tard été dirigée contre M. de La Pommerais, mais je lui disais : On prétend qu'il y a là une spéculation, qu'il y a un crime; on vous regarde comme intéressé dans l'affaire. Mes rapports avec cinq Compagnies étaient alors impossibles. Je dis à M. de La Pommerais : Il faut éviter qu'on parle mal; prenez l'acte que vous m'avez montré, qui vous rend complètement désintéressé vis-à-vis de ces contrats d'assurances; allez trouver officieusement chaque directeur, ce sont des hommes avec lesquels on peut s'entendre. Il y consentit et me chargea de prendre l'heure de ces directeurs. Je le vis le lendemain ou le surlendemain, et il me dit ceci : « J'ai réfléchi; ma dignité ne me permet pas d'aller au-devant de ces poursuites. » J'ai compris ce sentiment de dignité. J'ajouterai ceci : le 26, je reçus de *l'Union* un mot très-sec, écrit par le sous-directeur, me disant :

« Vous êtes prié de passer à la Compagnie pour donner des renseignements sur l'affaire de Mme de Pauw. » Comme je ne suis pas l'homme-lige des Compagnies, que ma profession est d'être l'homme du public vis-à-vis des Compagnies qui sont assez fortes pour se défendre, j'allai trouver le Directeur et je lui dis : « Vous m'avez fait l'honneur de me demander des renseignements, je vous les donnerai mais personnellement, je ne comparaîtrai pas devant le comité des Directeurs. » J'ai eu tort de dire cela, ne prévoyant pas ce qui devait arriver après.

D. Il est certain que les Compagnies ont trouvé extraordinaire la mort subite de Mme de Pauw si peu de temps après la conclusion des contrats; elles ont pu croire, comme vous l'avez fait vous-même, à une spéculation. — R. Elles n'ont pas dû le croire, car, après ma visite au docteur Gaudinot, je m'étais rendu, le jour même, chez quatre Compagnies, et le lendemain chez les quatre autres pour leur annoncer le sinistre. On s'est récrié. — C'est un accident, il faut en tirer le meilleur parti possible; payez, tirez de là une réclame comme vous le jugerez convenable : voilà ce que je disais.

D. Vous ne pouviez penser à une spéculation en présence de la déclaration du docteur Gaudinot. — R. Du reste, Mme de Pauw ne s'était pas contentée de son médecin habituel; elle était allée voir le docteur Désormeaux, médecin de la compagnie la *Générale*, que je ne connais pas. Il pourra vous donner des détails.

L'audience est suspendue pendant une demi-heure.

(Le témoin Desmidt est rappelé.)

M. le Président. — La Pommerais, vous avez dit au témoin que vous possédiez 200,000 fr. gagnés à la Bourse, lesquels, habilement manœuvrés, suffiraient au payement des primes?

L'accusé. — Je n'ai pas tenu ce langage. Je n'ai dû faire allusion qu'à ma position de fortune, qui me permettait de payer les primes. Du reste, je crois que M. Desmidt a pu faire erreur. C'est après les assurances contractées que je lui aurai parlé des 200,000 fr.

M. Desmidt. — Non, Monsieur.

M. le Président. — Il vient de dire que c'était au moment des assurances.

L'accusé cherche dans le dossier qu'il a devant lui et dit :

Monsieur le Président, permettez-moi de donner lecture de la déposition de M. Desmidt dans l'instruction : « Comme il s'agissait de la prime à payer... » Donc c'était après les assurances contractées.

M. le Président (au témoin). — Vous avez dit que la conversation avait eu lieu avant les assurances?

M. Desmidt. — Je l'affirme.

M. le Président. — En effet, le témoin ne serait pas allé proposer aux Compagnies des contrats pour une somme aussi considérable, s'il n'eût pas cru à la solvabilité de La Pommerais.

(A l'accusé.) — Avez-vous dit que vous vouliez acheter un hôtel de 4 à 500,000 fr. dans un périmètre que vous avez indiqué?

L'accusé. — J'ai déjà dit que je n'avais pas demandé un hôtel de ce prix. Je ne pouvais faire allusion qu'à une maison d'un prix bien inférieur que ma femme voulait acheter.

D. Cependant le témoin précise. — R. Si je l'avais dit, ce n'eût été que dans une conversation générale, comme on en a souvent.

D. Il en a cherché un et vous l'a proposé. — R. J'ai refusé, bien entendu.

D. Vous avez refusé, disant que vous ne désiriez pas mettre 700,000 fr., parce que vous vouliez payer comptant. — R. Je n'ai pu faire allusion qu'à une maison et non à un hôtel.

D. Le témoin a dit également que, jamais entre lui et vous, il n'avait été question d'autre chose que d'une assurance sur la vie entière ; vous ne lui avez jamais parlé de la combinaison que vous avez expliquée depuis votre arrestation, et qu'il a déclarée du reste impossible. — R. Il y a plusieurs points sur lesquels je suis en désaccord avec M. Desmidt, et d'autres sur lesquels nous sommes d'accord.

D. Ne discutez pas. — R. Je ne discute pas. Mais l'accusation prétend que j'ai voulu garder le secret sur les assurances.

D. Ce n'est pas là une question. Faites seulement des questions si vous en avez à faire. — R. On a dit que j'avais prié Mme de Pauw de ne pas parler des assurances à sa famille. Voici ce qui est vrai. Dans une conversation entre M. Desmidt et Mme de Pauw, qui lui avait dit être de Saint-Quentin, celle-ci l'avait prié de ne pas parler à son associé de l'affaire des assurances, parce qu'elle connaissait un banquier qui pourrait faire connaître la chose à sa famille.

M. Desmidt. — M. de La Pommerais a raison en ceci. Mon associé est de Saint-Quentin, et elle m'avait prié de ne pas lui en parler. Mais il était bien difficile de lui cacher une affaire de cette importance. J'admets qu'elle voulait que sa famille n'en sût rien.

M. le Président. — Elle ne l'a pas caché, puisqu'elle l'a dit à tout le monde.

L'accusé. — Pour ce qui regarde le payement de la première prime, Desmidt ne se fâchera pas de ce que je vais dire, je ne le connaissais pas, je ne pouvais lui donner de l'argent avant d'avoir les contrats.

M. le Président. — Ce n'est pas une question que vous adressez. — R. C'est là une question capitale. Lorsque je suis allé chez M. Desmidt je trouvai son premier commis....

D. Je vous dis d'adresser simplement vos questions, si vous en avez. — R. Mais il faut bien établir les faits pour poser des questions. Après plusieurs conversations avec M. Desmidt sur les assurances, m'a-t-il dit qu'au bout de trois ans on pouvait modifier le contrat soit : 1° en le vendant, 2° en réduisant le capital assuré?

M. Desmidt. — Oui.

L'accusé. — Je vais ajouter un fait. En me donnant des calculs sur les combinaisons d'assurances, M. Desmidt m'a dit : Une personne avait donné une somme de... à la Compagnie la *Nationale*, laquelle devait lui payer une rente de.... L'assuré est mort quelques mois après et le capital était perdu. M. Desmidt m'a expliqué que ce capital était perdu parce que l'assuré avait exigé un revenu bien supérieur au revenu légal. Est-ce vrai, M. Desmidt?

M. Desmidt. — Ce sont là deux contrats complètement opposés. Celui auquel vous faites allusion consiste en ceci : l'intérêt légal étant 5 pour cent, je donne à une compagnie 10,000 fr. par exemple, moyennant quoi elle me servira, suivant mon âge, une rente de...; c'est un placement à fonds perdu.

M. le Président. — D'après la déposition qu'a faite le témoin, en aucun cas la modification qu'on apporte aux contrats ne peut être une source de bénéfice. Donc il n'a pu vous dire qu'au bout de trois ans, après avoir versé 60,000 fr. aux Compagnies vous obtiendriez 3,000 fr. de revenus qui vous suffraient à payer les primes d'un capital de 140,000 fr. (Au témoin). — Avez-vous dit cela?

M. Desmidt. — Je ne puis l'avoir dit.

Mᵉ Lachaud. — Je suppose un homme versant pendant trois ans 20,000 fr. à une Compagnie, et s'étant assuré pour 550,000 fr. Au bout de trois ans il ne lui convient pas de vendre son contrat, mais il ne veut plus payer de prime ; il va trouver la Compagnie et lui dit : Vous avez reçu de moi 60,000 fr. ; que payerez-vous à ma mort?

M. Desmidt. — 60,000 fr. à peu près.

Mᵉ Lachaud. — A-t-on une part dans les bénéfices?

M. Desmidt. — Oui, mais non plus en raison du capital primitivement assuré, seulement en raison des sommes qu'on a versées.

Mᵉ Lachaud. — Voilà qui est acquis. On aura droit à un capital égal à peu près aux primes versées et de plus aux bénéfices dans la proportion de ces versements ; j'étais certain de la réponse et je m'asseois, sauf à discuter plus tard.

M. le Président. — Y a-t-il un avantage?

M. Desmidt. — Non. On a versé un capital qui ne se retrouve qu'après la mort. La part de bénéfice est quelque chose, mais c'est moins que l'intérêt légal.

M. le Président. — Il faut ajouter qu'on perd l'intérêt de 60,000 fr., de sorte qu'en aucun cas il ne peut y avoir de bénéfice pour celui qui a fait le contrat.

Mᵉ Lachaud. — Je n'ai jamais dit qu'on dût trouver un bénéfice en calculant les sommes versées et les intérêts qu'elles auraient produits. J'ai dit que, quand on s'était assuré pour 550,000 fr., on pouvait, après trois ans, ayant payé 60,000 fr., se dispenser de servir les primes suivantes, et qu'à la mort de l'assuré la Compagnie payait environ 60,000 fr., plus le bénéfice que ces 60,000 fr. avaient pu produire. Je connais le mécanisme des Compagnies d'assurances et l'importance des bénéfices.

M. le Président. — On perd toujours les intérêts, et cette perte est supérieure aux bénéfices qui sont accordés.

Mᵉ Lachaud. — Cela dépend. Si l'assuré vit 50 ans, oui ; s'il ne vit que 10 ans, non. Nous avons des faits à opposer.

M. le Président (à M. Desmidt). — Comment et dans quelle circonstance avez-vous obtenu de La Pommerais un prêt de 4,000 fr.?

M. Desmidt. — Quelques jours après la mort de Mᵐᵉ de Pauw. Quand il me pria de m'occuper des formalités à remplir, je lui dis : Je vais être quinze jours ou trois semaines sans m'occuper de mes affaires, d'une part, et, d'autre part, j'aurai certains déboursés à faire, j'ai quelques petits besoins d'argent. Comme je dois toucher le reliquat de ma commission de 3,600 fr., veuillez me prêter 5,000 fr. Le lendemain, avec son obligeance ordinaire pour moi, il vint m'apporter, non pas 5,000 fr., mais 4,000 fr., me disant : J'ai 5,000 fr. ; si vous les voulez, prenez-les ; sinon, comme je dois faire quelques achats, je garderai 1,000 fr. que je vous remettrai dans quelques jours. Je lui ai fait un reçu payable au 15 janvier, parce qu'à cette époque j'aurais touché des Compagnies ma commission.

D. A quelle époque a eu lieu le prêt? — *R.* C'était le 29 novembre.

D. Pourquoi le reçu ne porte-t-il pas la véritable date? — *R.* C'est ce que j'allais expliquer. M. de La Pommerais m'avait montré l'acte par lequel ce n'était plus lui qui était appelé à toucher les 550,000 fr. Quand je lui demandai 5,000 fr. et qu'il m'en remit 4,000 fr., il me dit : Ce n'est pas un don, c'est un simple prêt que je vous fais : donnez-moi un reçu en conséquence. J'ai répondu : Il y a mieux à faire ; afin d'établir que ce n'est pas une récompense pour mes soins, antidatons le reçu. Voilà pourquoi il est daté du commencement de novembre.

D. Il est toujours difficile d'expliquer que vous vous soyez fait prêter 4,000 fr. et antidater le reçu? — *R.* Cela peut être mal interprété, mais je ne dis que l'exacte vérité.

D. N'avez-vous pas été l'employé de la compagnie la *Générale*? — *R.* J'en ai été cinq ans inspecteur.

D. Pourquoi l'avez-vous quittée? — *R.* J'ai vu dans le *Droit* le mot « d'indélicatesse, » je repousse bien loin cela. Si vous voulez me permettre une digression, c'est un fait qui est très-important pour moi. J'ai commis une légèreté, et rien qu'une légèreté.

D. Vous avez commis une légèreté qui a amené votre renvoi. — *R.* C'est une personne qui m'est complètement hostile qui l'a causé.

D. Le Directeur entendu dans l'instruction s'est servi d'un autre mot que de « légèreté ». — *R.* Cette personne n'est pas le Directeur, c'est un chef de bureau.

D. N'importe, ce chef de bureau entendu s'est servi d'une autre expression que celle-là. — *R.* Il a eu tort. Je suis incapable de commettre une indélicatesse.

M. Heim (François-Joseph), peintre, membre de l'Institut. Ce témoin déclare être âgé de 77 ans. — Le mari de Mᵐᵉ de Pauw était restaurateur de tableaux ; c'est ce qui m'a mis en rapports avec lui. Nos relations ont duré sept ans. Après sa mort, elles ont continué avec sa veuve. Voici comment : elle vint me dire qu'elle était malheureuse, ne savait comment vivre. Devant faire le portrait du médecin qui avait donné les derniers soins à son mari, elle ne s'en sentait pas la force ; elle m'a prié, m'a supplié de l'aider, alors j'ai consenti à assister à trois séances environ qu'elle a données au docteur.

D. Vous êtes venu au secours de cette femme? — *R.* Très-souvent elle venait me demander un conseil, soit pour des compositions, soit pour suivre des portraits qu'elle faisait. Je l'ai aidée autant qu'il dépendait de moi.

D. Vous lui avez donné quelques petites sommes d'argent? — *R.* Cela s'est répété assez souvent, tantôt pour payer son terme, tantôt pour vivre.

D. N'êtes-vous pas venu chez elle dans les derniers temps de sa vie, quatre ou cinq jours avant sa mort? — *R.* Oui, mais je ne puis préciser. Je passais devant sa maison, je la vis appuyée sur la porte, et elle me pria de monter voir un *saint Louis en prière* qu'elle faisait. Je n'avais pas le temps, et je promis de venir le lendemain. Deux ou trois jours après je revins et la portière me dit : Elle est malade. Alors je me retirais ; mais elle ajouta : Elle n'est pas bien malade. Je suis monté.

D. Ne savez-vous pas, vous qui la connaissiez, que c'était une femme très-courageuse? — *R.* J'allais le dire, elle avait une puissance de volonté que les difficultés n'effrayaient pas ; aussi je tâchais de lui faire obtenir quelques travaux.

D. Elle travaillait beaucoup? — *R.* Extrêmement.

M. le Président (à l'accusé). — Avez-vous quelque chose à dire? — *R.* Non, rien.

D. Vous avez, dans l'instruction, cherché à répandre des insinuations très-malveillantes sur le témoin que vous avez voulu faire passer pour un des amants de Mme de Pauw. (*Hilarité.*) — *R.* Cette réponse ne vient pas de moi, elle vient de Mme de Pauw elle-même. (*Vives rumeurs.*)

D. Ce n'est pas Mme de Pauw qui les a faites elle-même, ces insinuations sont passées par votre bouche, c'est vous qui les avez répétées au Juge d'instruction. Comment avez-vous pu trouver à cette femme quelque chose de si odieux vis-à-vis du témoin dont elle n'a eu qu'à se louer? La vue seule de ce respectable vieillard dément ces assertions. Dans le drame que vous avez composé en prison, que nous déclarons n'avoir pas lu, nous savons que vous faites jouer au témoin et à Mme de Pauw un rôle indigne.

M. Heim. — J'ai quelque chose à ajouter. Mme de Pauw a eu une grande restauration à faire. Son logement ne pouvait pas contenir le tableau. Je lui ai prêté mon atelier, dans la cour de l'Institut. C'était l'hiver, l'atelier est grand, on ne peut y faire de feu; elle n'y a pas moins travaillé; c'est là qu'elle a montré un courage incroyable. Elle était malade à ne pas pouvoir respirer, cependant elle a continué son travail.

Me *Lachaud.* — A quelle époque?

M. Heim. — Je ne puis préciser.

(Le témoin, vu son grand âge, est autorisé à se retirer.)

M. Levaux (*Charles-Philippe-Henri*), avoué près le Tribunal de première instance de la Seine. — Je ne connaissais pas M. de La Pommerais avant qu'il vint dans mon cabinet; cependant il ne m'était pas totalement inconnu. Depuis environ deux ans il était entré dans ma compagnie de la garde nationale, où il était inscrit sous le nom de comte de La Pommerais. On disait même qu'il était sur les rangs pour être nommé médecin de bataillon. Je devais le croire dans une situation très-honorable. Il est venu chez moi, et comme plusieurs personnes attendaient à l'étude, il a donné à mon maître clerc sa carte, sur laquelle il y avait « Le comte de La Pommerais » surmonté d'une couronne de comte. Je l'ai reçu, il était pressé et m'a dit : « Je viens vous consulter sur la validité d'une reconnaissance sous seing privé qui m'a été souscrite par une dame de Pauw, pour 100,000 fr. » Il me l'a montrée. Cette somme me paraissait considérable, et je lui fis quelques objections sur la réalité de cette créance. Il me répondit : « J'ai prêté en différentes fois à Mme de Pauw et à son mari ». — Avez-vous des reçus? lui demandai-je. — « J'en ai seulement quelques-uns ». — Il serait nécessaire d'établir les causes de ces prêts; il faut énoncer que cette créance résulte d'un arrêté de compte. — L'acte fut rédigé en ce sens. J'avais fait remarquer que la somme était importante pour un prêt de cette nature. Il me répondit qu'elle avait fait une brèche à sa fortune.

Il me parlait en même temps d'une assurance qu'il avait fait souscrire à la *Nationale*; Mme de Pauw étant insolvable, il l'avait fait assurer pour 100,000 fr. et s'était fait transférer la police. Si la créance était sincère, toujours est-il que, vis-à-vis de la Compagnie, l'acte que j'allais faire, portant qu'elle résultait d'un arrêté de compte, ne la rendait pas plus certaine. Je le rédigeai dans ce sens : Mme de Pauw se reconnaissait débitrice de 100,000 fr. versés en différentes fois, sans même qu'il y eût toujours des reçus. Mme de Pauw prenait l'engagement de se faire assurer pour 100,000 fr., et d'un autre côté M. de La Pommerais s'obligeait à payer les primes.

En remettant cet acte à M. de La Pommerais, je lui dis : Croyez-moi, il faut rompre l'assurance, elle vous attirera des difficultés. Vous dites que la Compagnie l'a acceptée; les Compagnies reçoivent les assurances et encaissent volontiers les primes, mais quand il s'agit de payer, les difficultés arrivent et quelquefois les procès. Il m'a semblé que M. de La Pommerais éprouvait quelque hésitation, cependant il a ajouté : « J'ai payé, je ne veux pas perdre. » Depuis je ne l'ai pas revu.

D. Il n'a parlé que d'une seule reconnaissance de Mme de Pauw montant à 100,000 fr.? — *R.* Oui, il n'a jamais été question de reconnaissances montant à 550,000 fr. M. le Juge d'instruction, en me montrant l'acte, m'a fait voir qu'on avait ajouté au crayon un chiffre après coup. Du reste, M. de La Pommerais arrivait dans mon cabinet avec deux faits accomplis : une reconnaissance de 100,000 fr., et une police d'assurance pour la même somme; il venait me demander conseil sur ces deux affaires.

D'après le *Journal des Débats*, j'aurais conseillé à M. de La Pommerais. . . . .

D. Il ne faut pas vous préoccuper des erreurs des comptes-rendus de journaux. Il n'a été question dans l'instruction que de l'acte que nous vous représentons. Nous voyons qu'un *six* qui n'est pas de vous précède le chiffre de 100,000. — *R.* J'ai dit à M. de La Pommerais : Mme de Pauw prend l'engagement de s'assurer, vous prenez celui de payer les primes, il faut que l'acte soit fait double.

D. Nous avons entre les mains les deux doubles trouvés au domicile de l'accusé. Bien que Mme de Pauw les ait signés, elle n'était en possession d'aucun. (A l'accusé.) — Qu'avez-vous à dire?

L'accusé. — La déclaration de M. Levaux est exacte, seulement il ne se souvient probablement pas que, le lendemain, je suis retourné chez lui lui demander s'il était loisible de mettre sur un seul acte les sommes provenant d'autres polices, à quoi il m'a répondu que je pouvais le faire. Il est vrai qu'en allant chez lui je ne lui ai communiqué que la police de la *Nationale* avec le transfert qu'elle portait, et c'est sur le vu de cette police qu'il a rédigé l'acte qui porte la date du 5 août. Mais en retournant chez lui je voulais éviter à Mme de Pauw de faire huit actes. Ne connaissant rien aux affaires, j'ai demandé s'il était loisible de mettre sur un seul acte toutes les sommes.

D. Vous avez demandé de mettre sur le même acte la somme de 550,000 fr.? — *R.* Non, j'ai demandé simplement si on pouvait mettre sur le même acte le montant d'autres polices.

D. Il est clair qu'on peut mettre sur un acte 550,000 fr. comme 100,000 fr. Qu'avez-vous à dire, M. Levaux?

M. Levaux. — M. de La Pommerais fait une erreur complète. Quand il m'a parlé de 100,000 fr., il a vu que déjà j'étais étonné de le voir créancier d'une pareille somme ; comment m'aurait-il dit après : « Puis-je mettre 550,000 fr.? »

Me *Lachaud.* — Ce n'est pas ce qu'il dit. Il dit vous avoir demandé s'il pouvait mettre sur le même acte le montant de plusieurs polices, sans fixer le chiffre total.

M. Levaux. — Il n'a pu m'en parler. J'ai bien présent à la mémoire ce qui s'est passé dans mon cabinet, en voici les détails. Il est venu, je crois, le lundi, il était pressé, et m'a demandé quand il pourrait revenir chercher l'acte. Je lui ai fixé le surlendemain. L'acte n'était pas prêt quand il est repassé; il parut assez impatient de ce retard et aucune conversation n'eut lieu ce jour-là entre nous. Le premier jour, quand je lui disais que le transfert n'était pas valable, il me répondit : « Vous n'êtes pas au courant des polices d'assurances, » et il avait raison de la façon dont il l'entendait. La dernière fois que je le revis, je lui remis les deux doubles, et il me demanda ce qu'il me devait; je répondis : rien, cela se retrouvera avec une autre affaire. Il insista, me donna 20 fr., je lui en remis 10, nous nous levâmes, et en le reconduisant, je lui répétai: Si j'étais à votre place, je romprais la police d'assurance. Depuis le commencement jusqu'à la fin, je n'ai cessé de lui tenir ce langage.

L'accusé. — C'est parfaitement exact. Je n'avais parlé que du contrat avec la *Nationale*, et quand M. Levaux me donnait le conseil, bien naturel, de rompre, je lui disais qu'il n'y avait pas à revenir là-dessus, l'assurance étant contractée. Mais, ce dont il ne se souvient pas, c'est que le lendemain je ne me suis pas arrêté longtemps, il est vrai, mais je lui ai posé cette simple question : Puis-je, sur un seul acte, mettre le montant de deux polices? Je l'affirme de la manière la plus positive.

M. Levaux. — Sur un seul acte ! De quel acte voulez-vous parler? Je l'ai expliqué à la Cour et à MM. les Jurés, vous ne m'avez parlé que de cent mille francs et j'ai manifesté un grand étonnement.

L'accusé. — Le projet d'acte ne s'appliquait qu'à l'assurance pour la *Nationale*, et je n'ai parlé que de celle-là le premier jour, mais la dernière fois je vous ai posé ma question pour la réunion de plusieurs polices sur un même acte.

M. le Président. — Le témoin, déjà fort étonné de vous voir créancier pour 400,000 fr. assurés à votre profit, l'eût été bien davantage s'il s'était agi de plusieurs assurances pour des sommes plus importantes.

M. Levaux. — M. de La Pommerais doit reconnaître ceci : quand je l'ai quitté, ce n'est seulement un conseil, c'est une véritable adjuration que je lui adressais en ces termes : Croyez-moi, rompez cette assurance ; voilà mes dernières paroles lorsqu'il quittait mon cabinet, en disant : « J'ai donné de l'argent, je ne veux pas le perdre. »

L'accusé. — Très-bien ! les choses se sont passées ainsi, mais j'affirme ce que j'ai dit quant à la réunion de plusieurs polices sur le même acte.

M. le Président. — Le témoin le nie. Vous l'affirmez, nous ne comprenons pas trop l'intérêt. Cependant nous allons peut-être l'expliquer.

(Au témoin.) — A-t-il été question de l'intérêt des enfants de Mme de Pauw dans cette reconnaissance et cette assurance contractée par elle?

M. Levaux. — Je viens de raconter les faits, j'ai cela très-présent, nous sommes d'accord. Cette dame, selon M. de La Pommerais, était insolvable; il s'agissait de sauver sa créance et non d'autre chose, il ne m'a pas parlé d'enfants. Je crois qu'il m'a dit que cette dame en avait, mais il ne s'agissait pas d'assurance dans l'intérêt des enfants.

L'accusé. — C'est vrai.

M. le Président. — D'après l'accusation vous n'êtes allé chez M. Levaux demander un modèle d'acte qu'afin d'en faire faire un par Mme de Pauw contenant toutes les sommes des diverses polices d'assurances. En effet, elle s'est reconnue votre débitrice d'une somme de 550,000 fr. par un acte identique, sauf la somme, à celui rédigé par M. Levaux. C'est dans les mêmes termes que vous avez fait ensemble l'acte en faveur des enfants. L'accusation dit encore que c'est par suite des craintes qu'avait fait naître chez vous M. Levaux que vous avez obtenu de Mme de Pauw le testament qui venait encore compléter votre sécurité.

Vous affirmez un fait, M. Levaux affirme le contraire. MM. les Jurés apprécieront.

M. Cloquemin (Pierre-Théophile), directeur de la *Paternelle.* — Au commencement de juillet dernier, un M. Desmidt, agent d'assurances de la *Générale*, vint à la Compagnie, porteur de trois polices souscrites par une dame veuve de Pauw, deux à la *Nationale* et à la *Générale* pour 100,000 fr. chacune, la troisième à l'*Union* pour 50,000 fr. Nous avions une confiance absolue dans l'honorabilité et la prudence des Compagnies que je viens de citer, et sur le simple vu des polices et des certificats de médecins, j'acceptai, en principe, l'offre d'une assurance de 50,000 fr. Je posai à M. Desmidt diverses questions sur la fortune de Mme de Pauw, sur les causes de l'assurance, et même sur la situation de famille de cette dame. M. Desmidt me répondit que l'assurance était faite par Mme de Pauw, mais qu'elle était réellement souscrite par le comte de La Pommerais, riche propriétaire de Bretagne, père des trois enfants de la dame et qui voulait assurer leur avenir; que la fortune particulière de M. de La Pommerais lui permettrait de faire face au payement des primes à leur échéance. C'est sous l'empire de ces idées que nous traitâmes. Je dois ajouter que M. Desmidt nous cachait l'importance totale de l'assurance. J'ignorais qu'elle s'élevât à 550,000 fr.

D. Quelles polices vous ont été cachées ? — *R.* Celles du *Gresham,* de l'*Internationale,* de l'*Impériale.*

D. Elles sont postérieures. — *R.* On m'a déclaré, à ce moment, qu'il ne serait pas fait d'autre assurance. On m'avait bien parlé d'une assurance au *Phénix,* déjà faite, mais celle-là, je ne l'ai pas tenue entre les mains comme les trois premières.

D. C'est avec Desmidt que vous avez traité? — *R.* Je n'ai jamais vu M. de La Pommerais. M. Desmidt m'a caché sa qualité de médecin.

D. Cette qualité de médecin, si vous l'aviez connue, aurait-elle exercé sur vous quelque influence? — *R.* Une très-grande influence.

D. Après le décès de Mme de Pauw, Desmidt n'est-il pas venu vous trouver? — *R.* Trois jours après le décès, il vint me l'annoncer à moi-même. Je lui manifestai mon étonnement de ce qu'il avait tant attendu; car d'ordinaire nous sommes très-rapidement informés. Mais il me répondit que la lettre d'avis qu'on lui avait envoyée, s'était égarée. Il me demanda si j'étais disposé à exécuter le contrat. Je me contentai de le prier d'inviter M. de La Pommerais à fournir les pièces justificatives : acte de naissance, acte de décès, certificat du médecin constatant le genre de la maladie qui avait amené la mort. Quelques jours après, ces pièces arrivèrent. Je les examinai. Je ne dirai rien du certificat de médecin, car je ne puis contrôler ces pièces; mais je remarquai avec un certain étonnement, et je crois en avoir fait de suite l'observation, que les actes de naissance avaient été délivrés avant le décès. Or, en général, ces actes ne sont exigés par les Compagnies qu'après le décès.

D. Ils n'étaient pas nécessaires avant? — *R.* En aucune manière.

AFFAIRE LA POMMERAIS.

(M. Desmidt est rappelé au débat.)

M. le Président (à M. Desmidt). — Le témoin vous reproche d'avoir dissimulé la qualité de médecin de La Pommerais.

M. Desmidt. — C'est le seul reproche que j'aie à m'adresser dans cette affaire. Je suis désolé de n'avoir pas déclaré ce titre de médecin, car les Compagnies ont attribué à cette faute une proportion énorme. Je ne crois pas pourtant qu'elles soient fondées à m'en faire un crime. En tout cas, veulent-elles mettre à l'écart une classe entière de personnes ?

D. Les Compagnies ne disent pas qu'elles mettent à l'écart une classe entière d'individus. Quand un médecin se présentera à elles comme médecin, elles traiteront avec lui ; mais elles sauront au moins avec qui elles traitent. M. Cloquemin le déclare, s'il eût connu cette qualité que vous lui avez cachée, cela aurait pu avoir sur lui quelque influence. — *R.* Ce n'est pas officiellement que j'ai prononcé le nom de M. de La Pommerais qui désirait garder l'anonyme. Mais, connaissant M. Cloquemin, je le lui ai révélé. Avec un nom comme celui-là, il pouvait se renseigner.

D. Comment, un nom ! — *R.* Oui, un nom qui n'est pas *Dubois* ou *Martin*.

D. C'est-à-dire le nom de « comte de La Pommerais » ? — *R.* M. Cloquemin a dit que je le lui avais annoncé comme étant propriétaire en Bretagne, c'est une erreur ; j'ai parlé du comte de La Pommerais, originaire de Bretagne.

D. Eh bien ! le témoin a pu croire qu'il était propriétaire en Bretagne puisque vous l'en disiez originaire. Avez-vous pris envers M. Cloquemin l'engagement de ne pas contracter d'autres polices, c'est-à-dire de ne pas dépasser le chiffre de 350,000 fr ? — *R.* Je crois avoir dit qu'on allait en faire d'autres.

M. Cloquemin. — Je regrette de combattre la déclaration de M. Desmidt, mais il m'a dit positivement que les 350,000 fr. ne seraient pas dépassés. Ce qui prouve la vérité de mon assertion, le voici : En général, dès qu'il y a un risque considérable sur une seule tête, les Compagnies se réassurent. J'ai dit à M. Desmidt : « Vous allez vous réassurer à l'*Impériale* ? — J'ai des motifs pour ne pas porter cette affaire à cette Compagnie ; je ne voudrais pas qu'elle la sût. » Évidemment il voulait alors faire une assurance à l'*Impériale*.

M. Desmidt. — M. Cloquemin me rappelle un autre ordre d'idées. Je lui ai dit : « Vous ne trouverez pas à réassurer. »

M. Cloquemin. — C'est une erreur ; vous ne m'avez pas dit cela.

M. le Président. — MM. les Jurés l'entendent, M. Cloquemin est en désaccord avec M. Desmidt sur ce point.

(A *M. Desmidt.*) — Vous pouvez vous retirer.

(A *M. Cloquemin.*) — Quelles sont les modifications qui peuvent être apportées à un contrat d'assurances d'accord entre la Compagnie et l'assuré ?

M. Cloquemin. — Nous ne considérons le contrat comme ayant acquis une certaine valeur réelle au profit de l'assuré qu'après trois ans. Cette valeur, la Cour le comprend, doit être bien inférieure au montant des primes payées. Il faut retenir là-dessus les frais généraux, la commission payée à l'agent, et ce que représentent les chances considérables de mortalité courues par la Compagnie pendant les trois ans. Nous considérons donc que le montant des primes payées ne vaut plus que le tiers environ.

D. Vous n'acceptez pas de modification au contrat avant trois ans ? — *R.* Jamais. Si le payement des primes cesse, il y a déchéance, et nous ne sommes astreints à rien donner ; mais si l'assuré vient nous dire, après ce terme : « Remboursez-moi, » je ne puis continuer, » nous lui rembourson environ un tiers. Ce n'est pas là un chiffre arbitraire, il résulte de nos tarifs. Dans l'hypothèse actuelle c'eût été environ 22,000 fr.

D. Ainsi, sur 60,000 fr. versés, vous auriez rendu 20,000 fr., et l'assuré aurait perdu 40,000 fr. Serait-il possible qu'un individu assuré vînt vous dire : Je vous ai payé 60,000 fr. de primes en trois ans ; je vous demande de me payer 3,000 fr. par an, c'est-à-dire l'intérêt de 60,000 fr., pour me servir à l'assurance d'un capital de 140,000 fr. ? — *R.* C'est complètement impossible. Si l'on nous demandait le remboursement dans ces conditions, on n'aurait à recevoir que 22,000 fr. à peu près ; ce n'est donc pas le capital de 60,000 fr., mais celui de 22,000 qui devrait servir de base au nouveau contrat.

D. Ainsi, sans nous jeter dans des calculs qui compliqueraient cette affaire, en réalité, en cas de demande de modification de contrat, vous n'auriez eu à rembourser que 20,000 fr., et cette somme eût servi de base à un nouveau traité. C'était donc toujours une perte considérable pour l'assuré. — *R.* C'était toujours la même chose.

M. le Président. — M⁰ Lachaud, vous n'avez pas de questions à adresser au témoin ?

M⁰ Lachaud. — Aucune. Je reste avec mon droit de discussion. M. Desmidt a répondu autrement. Je discuterai avec sa réponse.

M. le Président. — Enfin je viens de dire ce qui résulte de la déclaration du témoin.

M⁰ Lachaud. — Oui, mais en contradiction avec M. Desmidt.

(M. Desmidt est rappelé au débat.)

M. le Président (à M. Desmidt). — De votre déclaration il résulte que, dans toute hypothèse, la personne assurée ne peut faire de bénéfice, qu'il y a toujours perte pour elle en modifiant son contrat ? Êtes-vous d'accord sur ce que vient de dire M. Cloquemin ?

M. Desmidt. — Sauf quant à la dernière partie. Je crois qu'elle n'a pas été complètement intelligible ; peut-être n'ai-je pas bien entendu ! Dans l'hypothèse actuelle, après trois ans, ou bien la Compagnie aurait à restituer 20,000 fr. environ, ou bien le capital assuré de 550,000 fr. serait réduit à environ 60,000 fr., auxquels, pendant toute la vie de l'assuré, viendraient s'ajouter sa participation aux bénéfices, à raison de ces 60,000 fr.

M. le Président. — Que payera l'assuré ? — *R.* Il n'aura plus rien à payer. Les 60,000 fr. versés en trois fois à la Compagnie seront acquis à celle-ci, et, après la mort de l'assuré, elle devra payer environ 60,000 fr., augmentés du quantum de la participation aux bénéfices.

M. le Président. — Ainsi, selon vous, non seulement il n'y aurait pas de perte, mais il y aurait bénéfice ?

M⁰ Lachaud. — L'assuré perdrait seulement l'intérêt des 60,000 fr. payés à la Compagnie.

M. le Président. — Laissez M. Desmidt s'expliquer avec M. Cloquemin.

M. Cloquemin. — Voulez-vous me permettre une observation ? Ce qu'a dit M. Desmidt ne détruit en rien ce que j'ai avancé ; c'est une autre façon de liquider le contrat. Dans ce cas nous ne rendons rien, et nous devons aux héritiers ou ayants droit de l'assuré une somme en rapport avec celle qui nous a été versée pendant les trois ans. Avec l'hypothèse actuelle, ce serait 54,000 fr. environ, c'est-à-dire 10 pour 100 de la somme assurée primitivement.

C'est une singulière opération, on en conviendra. L'assuré nous donne 60,000 fr. pour qu'à son décès on touche 54,000 fr., que ce décès ait lieu n'importe quand. Toutefois, quelques Compagnies accordent à leurs assurés une participation dans leurs bénéfices; mais c'est un aléa plus ou moins considérable, quelquefois nul.

M. le Président. — Selon vous, il y aurait toujours une perte sur le capital, et il faut encore ajouter à cette perte celle des intérêts ? — *R.* La question est toujours la même; puisque les Compagnies laissent le choix, c'est qu'elles considèrent que le résultat est identique dans un cas comme dans l'autre. Dans l'un et dans l'autre cas il y a, dans l'hypothèse actuelle, une perte de 40,000 fr. environ pour l'assuré.

D. Nous vous posons cette question qui s'est souvent produite dans le débat : La personne qui s'est assurée tombe gravement malade; on vous fait venir et l'on vous dit : « Sa vie est menacée; voulez-vous vous arranger et transiger, moyennant une rente viagère de 6,000 fr. que vous ferez à elle ou à la personne à laquelle elle a transféré sa police? Un pareil contrat pourrait-il se produire? — *R.* Je ne crois pas qu'il y ait d'exemple d'une pareille transaction de la part des Compagnies. Pour ma part, je le déclare, cela n'est jamais arrivé et n'arrivera jamais dans celle que je dirige. Nous courons les chances des contrats que nous avons acceptés, nous disons aux assurés : Laissez tomber le contrat, rachetez-le, si vous voulez; mais nous ne transigeons pas.

M. le Président. — MM. les Jurés comprennent dans quel ordre d'idées nous avons posé cette question au témoin.

Vous pouvez vous retirer, Messieurs.

M. Gilly (*Alfred*), chef de bureau à la Compagnie d'assurances la *Nationale*. — M. Desmidt est venu, en juillet, à la Compagnie pour une assurance de 100,000 fr. à contracter sur la vie d'une artiste. Cette somme nous parut considérable. M. Desmidt nous dit que cette dame avait eu des relations, même du vivant de son mari, avec le comte de La Pommerais, qu'il ne croyait pas étranger à la naissance des enfants, et qui voulait faire quelque chose pour cette famille. Mais, trop fière pour recevoir pour elle, cette dame ne voulait accepter que pour ses enfants. M. Desmidt me dit qu'il avait déjà une assurance à la *Générale* pour 100,000 fr. Suivant l'usage, je lui demandai un certificat de médecin. Cette dame, selon lui, n'avait jamais été malade, si ce n'est pour ses couches; d'ailleurs, elle avait été déjà examinée par le médecin de la *Générale*. Je devais donc me contenter du certificat de notre médecin. Mme de Pauw ne voulut pas venir à la Compagnie; elle demanda à être visitée chez M. Desmidt, où, en effet, eut lieu l'examen fait par notre médecin. L'assurance fut ainsi traitée.

Quelques jours après, M. Desmidt revint et nous dit : « M. de La Pommerais a lu les conditions générales de la police, et il y a vu qu'elle pouvait être transférée par le simple endossement. Il veut bien faire des sacrifices pour Mme de Pauw et ses enfants, mais il ne veut pas que la police puisse être transférée à un étranger; il désire donc que le transfert soit fait en son nom. » Cette formalité fut remplie. Les choses en restèrent là jusqu'au moment où, vers le 20 ou le 21 novembre, le décès nous fut annoncé par M. Desmidt.

D. M. Desmidt vous a-t-il fait connaître la qualité de M. de La Pommerais? — *R.* Jamais. Il m'a dit : « Une personne très-riche, le comte de La Pommerais ». Je crois me rappeler qu'il a demandé que les époques de payement des primes correspondissent à celles où il touchait ses fermages.

D. S'il vous eût dit qu'il fût médecin, cela eût exercé une grande influence sur vous? — *R.* Une très-grande influence. La somme nous a paru déjà exagérée, et sur la déclaration de sa qualité de médecin, nous aurions pris nécessairement des informations; car il n'était pas connu.

D. La Pommerais, avez-vous quelque chose à dire ?
L'accusé. — Non, monsieur le Président.

M. Crucq (*Édouard-Ferdinand*), directeur particulier de la Compagnie la *Confiance* pour le département de Seine-et-Marne.

M. le Président. — En juillet dernier, n'étiez-vous pas employé chez M. Desmidt? — *R.* Je faisais mon stage. J'avais été admis comme inspecteur dans une Compagnie, à cette condition. M. de La Pommerais vint au bureau de M. Desmidt, vers huit ou neuf heures du matin, demander des explications sur les assurances, celles dites dotales, notamment. A la veille, disait-il, d'avoir un enfant, il voulait l'assurer. Il m'a parlé beaucoup des assurances sur la vie entière, auxquelles je n'entendais pas grand'chose, et je lui ai dit de revenir de quatre à cinq heures pour trouver M. Desmidt.

D. Vous êtes allé chez La Pommerais? — *R.* Oui, lui porter un mot de la part de M. Desmidt.

D. N'avez-vous pas été frappé du peu d'importance du loyer et du mobilier, comparés au chiffre élevé de la prime qu'il s'engageait à payer? — *R.* J'ignorais le prix du loyer. Le mobilier pouvait être très-beau ; mais, dans son ensemble, il me parut au-dessous de la fortune qu'il fallait pour contracter une assurance de 550,000 fr. Cela me frappa.

D. Il restait quelque chose de disponible sur la prime pour l'assurance de l'enfant; ne vous dit-il pas : « Que M. Desmidt emploie cela pour porter l'assurance à 600,000 fr.? » — *R.* Oui; et il me disait cela comme un air de grandeur.

D. Êtes-vous allé chez Mme de Pauw? — *R.* Oui, Monsieur.

D. Dans quelle rue? — *R.* Rue Bonaparte.

D. N'avez-vous pas été frappé de son état de pénurie? — *R.* Plus encore ! J'ai dû gravir sept étages ; cela m'étonna de voir la libéralité d'une prime de 18 à 20,000 fr. par an sur la tête d'une femme dans cet état. Je me disais : elle ne devrait pas rester dans un pareil taudis. En entrant dans l'atelier, j'ai encore été plus choqué de ce que j'ai vu.

M. le Président. — La Pommerais, avez-vous quelque chose à dire?

L'accusé. — Oui, monsieur le Président. La somme dont vient de parler M. Crucq était de 1,500 fr. Mon intention était d'assurer jusqu'à concurrence d'une prime de 20,000 fr., pendant trois ans. M. Desmidt se trouvait en Angleterre; M. Crucq vint me demander à quoi je voulais affecter 1,500 fr. qui restaient, si je voulais les employer à augmenter l'assurance de l'enfant.

M. Crucq. — Je vous demande pardon.

L'accusé. — M. Desmidt l'a dit tout à l'heure ; quand il a été de retour, il m'a donné le conseil de placer la somme sur la tête de l'enfant.

M. le Président. — Il ne s'agit pas de M. Desmidt, mais de ce qui s'est passé entre le témoin et vous. Il déclare que vous lui avez manifesté l'intention de faire reporter les 1,500 fr. sur l'assurance de Mme de Pauw, de manière à la porter à 600,000 fr. — *R.* Ce qui est certain, c'est que je me suis rendu aux conseils de M. Desmidt, et j'ai placé les 1,500 fr. sur la tête de l'enfant.

D. Je vous demande si vous avez dit au témoin : Puisqu'il reste 1,500 fr., il faut porter l'assurance de Mme de Pauw à 600,000 fr. ? — *R.* Je n'ai pas dit cela. D'abord, je ne savais pas qu'il y eût d'excédant. C'est lorsque M. Desmidt a été de retour qu'il me l'a fait remarquer, et j'ai suivi son conseil.

D. Vous niez? — *R.* Je nie le propos du témoin.

Me Lachaud. — Le témoin ne sait-il pas que, dans le principe, il a été question d'une assurance inférieure à 550,000 fr. ?

M. Crucq. — Je n'ai su ce qui concerne l'assurance que par mes conversations avec M. Desmidt, c'est-à-dire indirectement.

Me Lachaud. — Le témoin n'a-t-il pas entendu dire que, d'abord, l'assurance devait être de 200,000 fr., puis de 300,000 fr. et qu'enfin elle a été portée à 550,000 fr. ?

M. Crucq. — Oui, mais pas par M. de La Pommerais.

M. le Président. — L'assurance a été faite pour 550,000 fr., mais l'accusé voulait la porter à 600,000 fr.

Me Lachaud. — M. Desmidt a-t-il parlé au témoin de bénéfices réalisés à la Bourse par M. de La Pommerais qui lui permettaient de faire les assurances, et quel chiffre lui a-t-il indiqué?

M. Crucq. — Il était né chez moi certains scrupules. Ayant vu l'intérieur de M. de La Pommerais, je disais à Desmidt : « Est-ce que cela ne te laisserait pas quelques doutes, à toi qui es inspecteur ? » Il me répondit que non, que M. de La Pommerais avait fait des bénéfices importants à la Bourse. J'ai déclaré dans l'instruction le chiffre de 600,000 fr., il y a peut-être erreur de ma part. D'après une conversation que j'ai eue plus tard avec Desmidt, il paraît qu'il s'agissait seulement d'un bénéfice de 200,000 fr. Je n'avais pas attaché d'importance à cela, j'aurais dit n'importe quelle somme.

M. le Président. — C'est M. Desmidt qui vous en avait parlé. Dans l'instruction il n'a jamais été question de sa part que 200,000 fr. Vous, vous n'en étiez pas également sûr.

M. Crucq. — Je faisais concorder la somme avec une prime à payer encore plus forte.

M. Louis (Pierre-Auguste), agent d'affaires. — Je connaissais M. de La Pommerais plusieurs années avant son mariage. Il n'avait pas de fortune alors, mais il avait beaucoup d'avenir. A l'époque de son mariage, il m'a communiqué son projet de contrat qui devait être fait sous le régime dotal. Je lui ai conseillé de ne pas accepter ce régime qui est toujours embarrassant. On a admis le régime de la séparation de biens.

D. Lors de son mariage ne vous a-t-il pas parlé de certains engagements qu'il avait contractés, ou qu'il voulait contracter avec des agents d'affaires? — *R.* C'était un prêtre, répandu dans une certaine société, qui cherchait à l'exploiter. Ce prêtre lui avait dit que, moyennant une commission de 50,000 fr., si je ne me trompe, il lui ferait épouser une riche héritière, et La Pommerais avait été assez irréfléchi pour lui promettre 25,000 fr. de lettres de change. Je lui ai conseillé de bien se garder de les remettre, de se contenter de passer un écrit, et à cette occasion je lui ai fait connaître le peu de moralité de ce prêtre, et combien il serait imprudent de lui confier des lettres de change.

D. Vous n'avez pas dit un mot de cela dans l'instruction. Voici votre déclaration : « Après son mariage, j'ai eu à m'occuper de difficultés qui s'élevaient entre lui et des personnes que je n'ai pas connues, et qui prétendaient avoir facilité son mariage. Plusieurs fois, antérieurement, il m'avait soumis des engagements, s'élevant à un chiffre considérable, au profit d'agents qui devaient lui faciliter un mariage avantageux. Je l'engageai à s'abstenir de tout acte de cette nature. Mais, en dernier lieu, après son mariage avec Mlle Dubizy, il a traité sans m'en parler. J'ai eu à rédiger, relativement à ces affaires, des protestations qu'un huissier a dû signifier. Je crois que ces contestations ont dû se terminer à l'amiable. » — *R.* Il y a deux faits bien différents. Avant son mariage, M. Pichevin avait proposé de lui faciliter un établissement considérable ; puis il avait traité avec un prêtre, comme je l'ai dit, et je l'avais détourné de prendre le moindre engagement. Après son mariage, il m'a parlé d'un engagement contracté pour un chiffre de 12,000 fr., et je lui ai donné les moyens nécessaires pour s'affranchir du payement de la totalité de cet engagement.

D. Quels moyens? — *R.* Je crois qu'on avait abusé de son entraînement, comme on avait voulu le faire un an avant.

D. Ce n'est pas avec le prêtre qu'il aurait contracté cet engagement? — *R.* Non, avec le prêtre il s'agissait de 25,000 fr.

D. Comment le savez-vous? Avez-vous vu l'engagement? — *R.* Il est venu chez moi me montrer la copie de l'engagement qu'on exigeait de lui. Je lui ai dit : Ne lui remettez pas de lettres de change ; les transmettra, vous serez soumis à la contrainte par corps ; c'est un aventurier.

D. Vous le connaissiez? — *R.* Il avait failli ruiner une famille du département de l'Aisne, et une autre du Berry à une époque voisine de la révolution de 1848.

D. Indépendamment de M. Pichevin et de ce prêtre, y a-t-il eu des engagements passés entre La Pommerais et d'autres pour son mariage? — *R.* Après son mariage il m'a dit avoir signé un engagement qui le gênait, et je lui ai fait prendre des précautions.

D. Envers qui ? — *R.* Je parle d'engagements relatifs au mariage.

D. Vous avez rédigé vous-même des protestations qui ont été signifiées par huissier ? — *R.* Je les ai remises sur papier mort à M. La Pommerais, et il a dû les faire signifier pour le cas où il ne s'arrangerait pas, mais je crois qu'il y a eu un arrangement.

D. A l'époque de son mariage, il avait peu de ressources. Pouvez-vous dire ce qu'il avait approximativement? — *R.* Je crois qu'il n'avait que les avantages que devait lui faire M. son père, que je connaissais depuis longtemps. Il devait, à l'occasion de son mariage, lui constituer en dot une somme assez importante, mais je crois qu'il ne l'a pas remise.

D. Saviez-vous qu'il possédât des Mobiliers espagnols et des valeurs autrichiennes ? — *R.* Non.

D. S'il en avait possédé, l'auriez-vous su ? — *R.* Probablement.

D. L'avez-vous vu à l'époque du décès de sa belle-mère ? — *R.* Dès le lendemain, il est venu me demander s'il pouvait s'opposer à une apposition de scellés ou à un inventaire et je lui ai répondu que si sa femme y consentait, il n'y avait point besoin de ces formalités. Comme il me disait qu'elle ne les désirait pas, je l'ai engagé à se soumettre à sa volonté.

D. Qui vous fait supposer qu'elle n'en désirait

pas? — *R.* Il y avait harmonie dans le ménage. Ce que l'un voulait l'autre le voulait.

D. Vous, agent d'affaires, et qui les connaissez, sachant que Mme La Pommerais était mariée sous le régime de séparation de biens, vous donniez un conseil contraire aux intérêts de cette dame! — *R.* Il me demandait ses droits.

D. L'honnêteté et la loyauté vous faisaient un devoir de dire qu'il fallait un inventaire. La Pommerais vous a-t-il parlé de la maladie dont sa belle-mère était morte? — *R.* Il m'a dit qu'elle avait été traitée par des médecins qui n'avaient pas connu sa maladie. Appelé par sa clientèle, il n'était pas resté là, et n'avait pu concourir à lui donner des secours que sa maladie nécessitait. Probablement, s'il y avait concouru, il l'aurait médicamentée autrement. (*Rumeurs dans l'auditoire.*)

D. Vos souvenirs sont peu précis. Voici votre déposition dans l'instruction; elle est grave, retenez-la bien : « Peu de temps après la mort de Mme Dubizy, de La Pommerais me dit, en parlant de son décès: «Il vient de m'arriver une chose fort extraordinaire, ma belle-mère est morte du choléra. Heureusement elle a été soignée par des médecins étrangers, et je me suis abstenu de lui donner des soins, ayant été absent presque tout le temps; sans cela on aurait peut-être voulu m'inquiéter. »

Vous a-t-il dit cela? — *R.* Il m'a dit : « Si j'avais concouru au traitement, on aurait peut-être prétendu que je n'avais pas fait ce que j'aurais dû faire. » Mais jamais je n'ai eu dans l'idée qu'il pensât qu'on pût le croire criminel.

D. Cependant les termes de votre déclaration ne permettent pas l'équivoque.

L'accusé. — Je demande à rétablir les faits tels qu'ils se sont passés.

D'abord, le témoin a parlé de mon manque de ressources. S'il a dit cela, c'est parce que l'ayant chargé de faire un arrangement avec Pichevin, que je ne voulais pas payer, il a compris que j'étais sans le sou.

Le Président. — Il connaissait votre position. — *R.* Je vous demande pardon, il ne la connaissait pas. Quant à ce mariage dont je lui aurais parlé, il fait allusion à Massonnet, qui avait voulu me faire épouser la fille d'un confrère, avec un million de dot, à la condition de lui payer à lui une commission de 40 à 50,000 fr. J'en ai parlé comme d'une chose immorale, ne voulant pas y donner suite. Le témoin fait confusion relativement au prêtre Celui-ci prétendait avoir de très-grandes propriétés, et, me sachant de l'argent, il est venu pour m'emprunter 25 à 30,000 fr. sur ces terres. Avant de lui prêter cette somme, j'ai cru devoir demander à M. Louis si je le pouvais.

D. Écartons ce prêtre de la déclaration du témoin. Mais, avec d'autres individus, vous aviez pris des engagements considérables pour le cas où l'on pourrait vous faire contracter un mariage avantageux. — *R.* Je n'ai contracté aucun engagement, aucun, je le dis à haute et intelligible voix. Je n'ai parlé de la proposition Massonnet que comme d'une proposition immorale et absurde.

D. Le témoin prétend avoir, après votre mariage, rédigé des protestations à l'occasion des engagements que vous auriez contractés pour 12,000 fr. au profit des individus mêlés à votre mariage. Vous niez cela? — *R.* Je le nie absolument.

D. Vous avez dit au témoin que votre belle-mère était morte du choléra? — *R.* Je ne puis me rappeler ce que j'ai dit à ce moment, il y a trois ans.

D. Vous lui avez dit qu'heureusement pour vous des médecins étrangers l'avaient soignée, sans quoi on aurait pu vous inquiéter? — *R.* Jamais je n'ai pu dire cela.

Femme Cliche, née Louise-Gabrielle Lecomte, maîtresse d'hôtel, rue Bonaparte, 24. — Je connais l'accusé, il est venu plusieurs fois dans la maison. Je le voyais passer, mais je ne savais pas qu'il allait chez Mme de Pauw. Il passait sans parler. Un jour je l'ai appelé, parce qu'un étudiant qui demeure dans ma maison a un ami qui ressemble à Monsieur, et je lui ai dit : M. Delauve n'est pas chez lui; il n'a pas fait attention à mes paroles, et a continué à monter sans se retourner.

D. L'accusé venait-il souvent? combien de fois par semaine? — *R.* Je ne pourrais le dire, il vient beaucoup de monde dans la maison; il venait souvent.

D. Vos souvenirs étaient plus précis dans l'instruction : « La Pommerais venait la voir d'ordinaire, il passait trois ou quatre fois par semaine, il ne la demandait jamais et ce n'est qu'après la mort de Mme de Pauw que j'ai su qui était ce Monsieur, et chez qui il allait. »

D. Mme de Pauw habitait votre maison. Comment vivait-elle? — *R.* Elle se donnait beaucoup de mal pour pouvoir arriver à élever ses enfants, elle n'était pas heureuse.

D. Le mardi, 7 novembre, sur les trois heures de l'après-midi, une demoiselle étrangère n'est-elle pas venue avec sa mère demander Mme de Pauw? — *R.* Oui, Monsieur. Elles sont redescendues me dire qu'elle était bien malade, qu'il fallait placer une sœur de charité près d'elle. Le soir j'ai su que Mme de Pauw était plus mal; je suis montée et lui ai demandé : « Me reconnaissez-vous? — Oui. — Voulez-vous qu'on aille chercher un médecin? » Elle m'a répondu qu'il allait en venir un à sept heures. J'ai dit qu'il en fallait un de suite, et l'on est allé chercher le médecin.

D. Elle ne vous a pas dit quel médecin elle attendait à sept heures? Avez-vous, soit le lundi 16, soit dans la journée du 17, vu venir La Pommerais? — *R.* Je ne l'ai pas vu.

D. Il est venu deux fois? — *R.* Je ne l'ai pas vu du tout.

D. L'avez-vous vu venir le soir après la mort? — *R.* Oui, Monsieur, et il a parlé à mon mari dans l'escalier.

D. Vous êtes sûre que l'accusé venait souvent? — *R.* Oui, Monsieur.

M. le Président (à l'accusé). — Voilà un témoin qui déclare qu'elle vous voyait passer souvent, vous veniez trois ou quatre fois par semaine.

L'accusé. — J'ai eu l'honneur de dire que je n'y allais pas. Aujourd'hui je renouvelle mon observation. Si j'étais venu trois ou quatre fois par semaine, cela eût fait quatre-vingts fois, et il paraîtra étonnant que les concierges ne sachent pas où vu une personne qui vient aussi souvent, ce serait encore bien plus étonnant que la concierge, quand elle m'aurait interpellé, ne m'eût pas demandé chez qui j'allais.

D. Il ne s'agit pas de savoir si elle a bien ou mal fait son service, mais si elle vous a vu. — *R.* Je le nie.

D. Elle vous a arrêté parce qu'il venait dans la maison une personne ayant avec vous la plus grande ressemblance. — *R.* Elle ne savait pas chez qui j'allais.

Mme *Cliche*. — Je l'ai su après.

Me *Lachaud*. — Que veut dire le témoin quand elle dit : je l'ai su après ?

Mme *Cliche*. — Je ne pensais pas qu'il montait chez Mme de Pauw, je l'ai su après.

M. le Président. — Quand l'avez-vous su ? — R. Après que mon mari l'a eu rencontré dans l'escalier.

D. C'est le jour de la mort que vous avez appris chez qui il allait, et depuis vous avez su son nom ? — R. Oui, Monsieur.

D. Pouviez-vous le confondre avec quelque autre personne ? — R. Je crois que c'est bien monsieur qui venait. Monsieur avait une cravate blanche, et celui qui venait chez l'étudiant n'en avait pas.

D. Vous en êtes sûre ? — R. Oui, Monsieur.

D. Vous l'avez formellement reconnu dans l'instruction. Vous a-t-il remis quelquefois des lettres pour Mme de Pauw ? — R. Jamais elle n'en a reçu.

D. Êtes-vous habituellement chez vous ? — R. Quand je n'y suis pas, il y a la bonne, le garçon ou mon mari. Jamais je n'ai vu monsieur tourner la tête du côté du bureau.

D. Avez-vous su s'il avait déposé des lettres pour Mme de Pauw ? — R. Personne ne me l'a dit.

D. Vous l'avez demandé depuis le procès ? — R. La bonne et le garçon m'ont toujours dit ne pas l'avoir vu entrer.

M. le Président (à l'accusé). — Qu'avez-vous à dire ?

L'accusé. — D'abord j'ai porté des lettres. Madame a avoué dans l'instruction qu'elle n'était pas toujours à son bureau, qu'une couturière, une autre personne, était à sa place. Je ne puis affirmer avoir remis les lettres à madame.

D. A qui donc les avez-vous remises ? — R. A une femme qui se tenait dans un fauteuil Voltaire. N'y a-t-il pas un Voltaire dans le bureau ? La femme était dans le fauteuil à l'entrée, un garçon d'hôtel était dans le bureau. J'ai remis moi-même les lettres à la femme, lui recommandant de les faire monter chez Mme de Pauw.

M. le Président. — Témoin, qu'avez-vous à répondre ?

Mme *Cliche*. — Quand monsieur m'a adressé cette question dans l'instruction, je lui ai demandé si la personne qui se tenait dans le fauteuil n'était pas en deuil ; elle n'est plus à Paris.

D. A l'époque où la question vous a été adressée, était-elle à Paris ? — R. Oui, Monsieur.

M. le Président (à l'accusé). — Comment était cette personne ?

L'accusé. — Je ne me le rappelle pas. Je ne pourrais aujourd'hui la reconnaître. J'affirme lui avoir remis les lettres. Quel intérêt ai-je à le dire ? Quant à l'allégation du témoin qui m'aurait reconnu devant le Juge d'instruction, je suis obligé de répéter ce que j'ai dit hier. Je me suis trouvé devant un autre concierge, rue du Cherche-Midi ; quoique je ne fusse pas allé dans la maison, il m'a reconnu en disant : « Je crois bien que je le reconnais ! il venait trois ou quatre fois par semaine. »

D. Il a déclaré que vous veniez. — R. Mais tous les témoins déclarent le contraire, Mme de Pauw elle-même.

D. Mme de Pauw ? — R. Elle l'a dit à des personnes qui l'affirment.

D. Vous avez reconnu que vos relations avec Mme de Pauw avaient commencé en juin pour les assurances. Elle n'a quitté la rue du Cherche-Midi qu'au terme de juillet. Or le concierge déclare que dans les derniers temps vous veniez tous les jours. Il sera entendu.

Le témoin affirme que vous veniez rue Bonaparte trois ou quatre fois par semaine. Comment nier une reconnaissance aussi formelle ? — R. Je n'y suis pas allé.

M. le Président. — MM. les Jurés apprécieront.

(Au témoin.) — Vous n'avez jamais été chargée de mettre à la poste des lettres de Mme de Pauw ?

Mme *Cliche*. — Non, Monsieur.

L'accusé. — Mme de Pauw recevait-elle souvent des lettres ?

Mme *Cliche*. — Oui, Monsieur, très-souvent.

M. le Président. — Vous ne savez pas de qui ? — R. Non, mais c'étaient des lettres de Paris.

L'accusé. — Ces lettres arrivaient-elles par la poste ou bien les apportait-on ?

Mme *Cliche*. — Elles sont toujours arrivées par la poste et pas autrement.

L'accusé. — J'en prends note.

M. le Président. — Que voulez-vous tirer de là ? Dites-le pendant que le témoin est présent ? — R. J'ai envoyé souvent mon domestique porter des lettres.

Mme *Cliche*. — Je n'ai jamais vu personne en apporter.

M. le Président (à l'accusé). — Le témoin déclare n'avoir jamais vu ni vous ni votre domestique porter des lettres. C'est votre domestique qui le dit ? — R. Je ne l'ai plus à mon service.

M. Cliche (*Narcisse*), gérant du grand hôtel de Paris, rue Bonaparte, 24. — Je connais l'accusé. Je le voyais quelquefois passer dans la cour, il ne s'adressait jamais à moi.

D. Êtes-vous bien sûr que ce soit lui ? — R. C'est lui que j'ai vu le jour de la mort ; je lui ai parlé et suis monté avec lui.

D. C'est ce jour-là seulement que vous avez su chez qui il venait ? — R. Oui, Monsieur.

D. Savez-vous que votre femme l'ait interpellé une fois ? — R. Oui, et il n'avait pas même tourné la tête.

D. Que s'est-il passé entre vous et lui le jour de la mort ? — R. Une dame m'avait donné son signalement. Le voyant dans l'escalier, je lui ai demandé s'il allait chez Mme de Pauw ? — Oui. — Elle est morte. Il est monté et je l'ai suivi.

D. Vous êtes certain qu'il venait souvent ? — R. Oui, Monsieur.

D. Mme de Pauw était très-malheureuse, elle devait au boulanger, au charbonnier, à la laitière, au porteur d'eau ? — R. Elle devait à tout le monde.

D. Payait-elle exactement son terme ? — R. Elle avait payé le premier. Le second n'était pas échu.

D. Quand l'accusé est entré avec vous dans l'atelier, qu'a-t-il dit ? — R. Il a pris une bougie, est entré dans la chambre de la morte, a levé les paupières, et a regardé les yeux. Il est revenu dans l'atelier, s'est assis et a dit : Mme de Pauw était malade depuis longtemps, je ne voulais pas la soigner.

D. Il a dit qu'elle était malade depuis longtemps ? — R. Je crois qu'il l'a dit.

D. Avait-il l'air ému ? — R. Pas trop.

D. Depuis sa mort il n'est pas revenu ? Il n'a pas demandé à voir les enfants ? — R. Jamais.

M. le Président (à l'accusé). — Voici le mari du précédent témoin ; il affirme que vous veniez souvent.

L'accusé. — Je m'en tiens à ma première réponse. Je demande, en outre, si le témoin se rappelle que j'ai interrogé une femme bossue qui était là, et une fille Huilmand qui s'est empressée de me donner des détails sur la maladie. Je suis resté un quart d'heure, et je ne l'ai pas passé à me croiser les bras.

M. Cliche. — C'est possible ; mais je ne m'en souviens pas.

M. le Président. — La femme Pieters, interrogée également, a déclaré que rien de semblable ne s'était passé.

L'accusé. — Je suis resté un quart d'heure à demander des renseignements en présence du témoin et de Mlle Huilmand.

(Mlle Huilmand est rappelée.)

M. le Président (à Mlle Huilmand). — Vous souvenez-vous si, au moment où l'accusé est arrivé chez Mme de Pauw après sa mort, il a eu une conversation avec la femme Pieters?

Mlle Huilmand. — Non. M. de La Pommerais a dit qu'il avait des lettres de Mme de Pauw écrites dans le courant de sa maladie, sur quoi j'ai pensé que ces lettres étaient comme celles qu'elle avait écrites à son père et à sa sœur. Il a prononcé le nom de plusieurs médecins. J'ai répondu qu'un seul médecin était venu, M. Danet. Voilà ce que je puis dire.

D. Quant aux explications qu'il aurait demandées à la femme Pieters, vous n'avez rien entendu? — *R.* Il s'est adressé à nous trois, et il n'y a que moi qui aie répondu.

M. le Président (à l'accusé). — Vous le voyez, tous les témoins sont en désaccord avec vous.

L'accusé. — J'affirme avoir interrogé la femme Pieters, qui m'a répondu comme je l'ai dit.

Mlle Huilmand. — Monsieur a demandé à la femme Pieters si elle était allée le chercher le soir chez lui. J'ai répondu que oui, que c'était ma mère qui l'y avait envoyée.

D. Il n'a pas été question de détails sur la maladie? — *R.* Mme Pieters n'est pas capable de dire autrement.

M. le Président. — MM. les Jurés ont entendu et ils voient le témoin Cliche. C'est là ce jeune homme dont l'accusé a parlé à Desmidt ; il a voulu insinuer qu'il aurait pu être l'amant de Mme de Pauw, et recevoir ou enlever les 13,000 fr. donnés par lui à Mme de Pauw.

L'accusé. — Oui, monsieur le Président.

D. C'est là le jeune homme dont vous paraissiez être jaloux? — *R.* Il n'y avait pas à être jaloux.

D. MM. les Jurés ont entendu Desmidt. — *R.* Entre un soupçon sur quelqu'un et de la jalousie il y a de la différence.

D. A quel propos parliez-vous à Desmidt de ce soupçon? — *R.* Par une raison bien simple. Mme de Pauw n'avait jamais voulu me dire pourquoi elle me demandait les 30,000 fr. Ayant rencontré monsieur chez elle, j'avais pensé que l'argent m'avait été demandé pour une personne avec laquelle elle vivait. Je ne savais pas que monsieur était le concierge.

M. Cliche. — Je demanderai quand il m'a rencontré chez Mme de Pauw? Je suis monté deux fois, le jour où elle a emménagé et le jour où elle est morte.

M. le Président. — Il n'est pas question de savoir si vous avez eu avec elle d'autres relations que celles de concierge à locataire.

L'audience est levée à cinq heures un quart ; le lendemain 12, elle est ouverte à dix heures dix minutes.

Un Juré. — Plusieurs de mes collègues et moi désirerions avoir une explication sur ce qui s'est passé entre l'accusé et Mme de Pauw avant la signature de l'acte du 20 août relatif aux enfants. Y a-t-il eu des explications échangées?

M. le Président. — A qui désirez-vous que la question soit faite?

Le Juré. — A l'accusé.

M. le Président (à l'accusé). — Répondez à la question de M. le Juré.

L'accusé. — Je ne l'ai pas très-bien comprise.

Le Juré. — Nous désirons savoir si, avant la signature de l'acte, il y a eu des explications.

L'accusé. — Aucune. Je n'avais pas encore vu Mme de Pauw.

M. le Président. — Le système de l'accusé est qu'il n'a pas vu Mme de Pauw ; tout s'est passé par correspondance.

Un Juré. — Par qui les actes ont-ils été écrits?

M. le Président. — Il y en a un écrit par l'accusé lui-même.

L'accusé. — L'acte en faveur des enfants est écrit par moi ; mais l'autre est entièrement de la main de Mme de Pauw.

M. le Président. — Quel autre acte? — *R.* L'acte dont M. Levaux a donné le modèle. Vous pouvez le mettre sous les yeux de MM. les Jurés.

M. le premier Avocat général Oscar de Vallée. — L'accusation ne conteste pas cela.

M. le Président. — L'acte du 20 août est en entier de la main de l'accusé. Il est déclaré fait double, mais on n'en a trouvé aucun double chez Mme de Pauw. Quant à l'autre acte, il paraît écrit en entier de la main de Mme de Pauw, mais il n'y est nullement question des enfants.

On introduit un témoin.

Femme Moulloire, domestique chez les époux Cliche. — J'étais souvent dans le logement, et je n'ai jamais reçu de l'accusé de lettres pour Mme de Pauw.

M. le Président (à l'accusé). — Voilà encore un des témoins de l'hôtel, rue Bonaparte, 24, qui n'a jamais reçu de lettres.

L'accusé. — Ce témoignage a une grande importance. Le témoin était domestique chez les époux Cliche ; si j'étais venu trois ou quatre fois par semaine, elle m'aurait vu.

M. le Président. — Elle n'était pas constamment dans la loge ; vous pouviez passer sans qu'elle vous vît.

Mme Erton, blanchisseuse de Mme de Pauw. — Vers quatre ou cinq heures, la veille de sa mort, je suis venue chez Mme de Pauw. Je l'ai rencontrée dans l'escalier et suis montée avec elle. Elle s'est plainte d'être un peu fatiguée.

D. Elle ne vous a pas paru malade, et vous avez dû être très-étonnée en apprenant sa mort? — *R.* J'ai été très-surprise.

Femme Gérardot, cuisinière chez M. de La Pommerais. — On m'a représenté un paquet de lettres numérotées, et on m'a demandé si je me rappelais les avoir reçues et remises à M. de La Pommerais. Je n'ai jamais remis de lettres numérotées. Celles que l'on m'a montrées étaient dans des enveloppes jaunes, et la première avait un grand numéro 1. Si je les ai remises, c'est sans qu'elles fussent numérotées.

(On les représente au témoin, qui les reconnaît pour lui avoir été montrées.)

M. le Président. — Les avez-vous remises?

Femme Gérardot. — J'ai pu les remettre comme d'autres, avant qu'elles fussent numérotées.

L'accusé. — C'est moi qui ai mis les numéros.

M. le Président. — Sur chaque enveloppe l'accusé a mis un numéro et une explication : « N° 1, proposition et acceptation ; n° 2, mode d'assurance choisi ; n° 3, première proposition de placement sur la tête des enfants, second refus… », etc. Toutes les autres portent le résumé de ce que chacune contient, à l'endroit du cachet.

L'accusé. — Ma réponse est que toutes les lettres saisies chez moi portent de semblables annotations. Je n'en reçois aucune, même insignifiante, sans écrire à quoi elle se rapporte. Je fais de même pour mes journaux. MM. les Jurés, sans cela, pourraient croire que je ne l'ai fait que pour les lettres de Mme de Pauw.

Femme Roufort, femme de chambre de Mme de la Pommerais. — Je n'ai jamais remis de lettres numérotées sur le bureau de Monsieur.

M. le Président. — Vous avez dit qu'il venait tant de lettres, que vous n'aviez remarqué aucune de celles qu'on vous présentait. Avez-vous vu Mme de Pauw venir chez l'accusé ? — R. Non, Monsieur.

M. Chauveau, concierge, rue de Verneuil, 20. — Mme de Pauw est entrée à la maison en juillet 1859 et a quitté en avril 1861. Je ne me rappelais pas les dates quand je suis allé chez le Juge d'instruction ; mais depuis je les ai vérifiées sur mes livres. Elle payait elle-même le loyer, mais pas très-exactement ; nous avons encore une quittance. Elle a laissé deux toiles. Elle avait fait vitrer une cour, et a abandonné cela.

D. L'accusé venait-il souvent chez elle ? — R. Souvent. Je l'ai vu principalement quand le petit a été malade.

D. Payait-il quelquefois ? — R. Je crois qu'il m'a donné un à compte sur un terme ou bien de quoi acheter le payement d'un autre, mais toujours au nom de Mme de Pauw.

D. Vous n'aviez pas dit cela. Vous aviez répondu : « Je ne sais si pour son dispensaire il payait à Mme de Pauw une sous-location ; mais, quant à moi propriétaire, il n'a jamais rien touché de lui. » Par conséquent, vous n'avez rien touché de lui. Vous avez dit qu'elle avait été renvoyée, sur la fin, parce qu'elle ne payait pas ? — R. Oui, Monsieur.

D. N'étiez-vous pas dans la maison quand elle a fait un voyage en Angleterre, et qu'elle a envoyé (c'est constaté par la déclaration de son frère) 200 fr. pour payer le loyer ? — R. Cela ne me regardait pas.

L'accusé. — C'est complètement faux, Monsieur le Président. Le propriétaire me fit savoir qu'elle n'avait pas payé son loyer, et j'ai payé ; mais, quant à avoir envoyé 200 fr., elle ne le pouvait pas, puisque je lui ai donné de quoi faire son voyage.

M. le Président. — Si vous aviez payé le loyer, le concierge le saurait. — R. J'ai payé au propriétaire lui-même.

M. Chauveau. — C'est possible. Quand on est en retard, on va trouver le propriétaire pour s'arranger.

L'accusé. — Le témoin sait-il que Mme de Pauw était sans ordre et sans économie ?

M. Chauveau. — Non, elle n'en avait pas.

Bouzard, menuisier, rue Saint-Benoît. — Je fournissais à Mme de Pauw ses châssis. J'avais travaillé pour son mari. A la mort de celui-ci, elle vint me prier de lui prêter 200 fr., sur billet, pour le faire enterrer. Je lui prêtai 70 fr., dont je pouvais disposer. Elle me les a rendus quelque temps après. Plus tard, j'avais une note de 82 fr., dont 30 fr. d'argent prêté ; cela m'a été rendu également. Il m'est resté dû 24 fr. d'une part et 2 de l'autre, en tout 26 fr.

D. En octobre dernier ne l'avez-vous pas vue ? — R. Pardon ! le 2, je lui ai fait un petit travail. Elle ne me paraissait pas bien ; elle m'a dit : « J'ai des maux d'estomac. » Je lui ai répondu : « Vous ne vous nourrissez pas bien. — Si, mais j'ai des maux d'estomac ; cela me dévore. » Le 18 octobre, je suis allé prendre une mesure pour un petit travail. Je l'ai trouvée assez bien portante.

D. Ne vous a-t-elle pas parlé de l'accusé ? — R. Oui, comme étant son médecin, mais pas dans les derniers temps.

D. Voici ce que vous avez déclaré : « En octobre dernier, Mme de Pauw se plaignait de l'estomac, et elle m'a dit, à ce propos, qu'elle se faisait soigner par La Pommerais. » — R. Cela, c'est le 2 octobre.

L'accusé. — Je ne soignais pas Mme de Pauw à ce moment.

M. le Président. — Elle a dit au témoin que vous étiez son médecin.

M. Ménier (Justin), pharmacien droguiste en gros, fabricant de produits chimiques. — Je n'ai vu qu'une seule fois l'accusé chez moi. Je lui ai fourni de la digitaline et d'autres produits à plusieurs époques, en 1861 et, je crois, au mois de juin 1863.

D. Vous lui avez fourni 1 gramme et 2 grammes de digitaline. Nous vous représentons vos factures. — R. Je les reconnais. J'ai une comptabilité régulière.

D. Comme pharmacien, vous fournissiez à l'accusé toutes les substances qu'il vous demandait ? — R. Cela m'arrive rarement de fournir aux médecins ; c'est une exception si j'ai livré à M. La Pommerais les médicaments qu'il a pu me demander.

D. En effet, il n'est pas dans les usages que les médecins fournissent eux-mêmes les médicaments à leurs malades. Dans le commencement de l'exercice de l'homœopathie, un médecin homœopathe l'a déclaré, comme il n'y avait pas de pharmacies homœopathiques, les homœopathes délivraient eux-mêmes leurs remèdes, mais depuis qu'il s'est établi un certain nombre de pharmacies homœopathiques, les médecins de cette école se conforment à la loi et envoient chez les pharmaciens.

(A l'accusé.) — Pourquoi ne vous conformiez-vous pas à l'usage et à la loi ?

L'accusé. — Par une raison bien simple, c'est qu'aucun ne m'offrait de garanties suffisantes. Comme M. Ménier est un des pharmaciens qui préparent le mieux, je me suis adressé à lui. Je ne suis ni allopathe ni homœopathe ; avant tout je cherche à m'instruire, tous les moyens me sont bons pour cela. Je ne crois pas déroger en allant chez un homme comme M. Ménier. Il suffit aux pharmaciens, sans ordonnance aucune, ce qu'on lui demande. Quand on est connu, il suffit de se présenter chez lui pour avoir des produits pharmaceutiques. Toutes mes factures de huit ou neuf cents médicaments ont été prises dans sa maison. Ce n'est pas le fait d'un homme qui aurait prémédité un crime comme celui que l'accusation me reproche, d'aller collectionner tant de factures chez M. Ménier, quand il pouvait les aller chercher ailleurs.

M. le Président. — Vous discutez, ce n'est pas le moment. Je vous fais cette question : Pourquoi ne vous conformiez-vous pas à l'usage, et ne faisiez-vous pas exécuter vos prescriptions par un pharmacien ? — R. Aucune pharmacie homœopathique ne m'offre de garanties suffisantes. En fait de pharmacies de ce genre, il n'y en a que deux ou trois : les autres sont leurs succursales.

D. C'est un reproche singulier que vous adressez à ces pharmaciens. Quant à vous, vous n'êtes pas homœopathe, dites-vous; cependant vous avez publié un ouvrage dont nous avons cité quelques extraits au commencement de ce débat. — *R.* L'homœopathie ne consiste pas dans les doses, mais dans les principes. Je ne suis ni allopathe, ni homœopathe.

D. Nous ne voulons pas discuter l'homœopathie; nous disons que vous avez publié un cours d'homœopathie. — *R.* L'homœopathie repose sur des principes que je ne récuse pas.

D. Enfin, je dis que des médecins homœopathes, bien plus occupés que vous, ne distribuent pas eux-mêmes leurs remèdes; ils envoient chez les pharmaciens. — *R.* Du reste je suis le successeur d'un homme qui est le vétéran de l'homœopathie, le docteur Gastier; il a toujours donné les médicaments, je dois marcher sur ses traces.

D. Nous verrons tout à l'heure ce qu'il dit de vous. Le docteur Simon, que nous entendrons, déclare formellement que tous les homœopathes, ses confrères, envoient chez les pharmaciens.

(A M. Ménier.) — Témoin, n'avez-vous pas été surpris, puisque vous ne fournissez pas aux médecins, de la quantité énorme de poisons que l'accusé prenait chez vous, notamment la digitaline?

M. Ménier. — Il s'est présenté chez moi comme parent d'une personne avec laquelle j'étais en correspondance à Orléans.

M. le Président. — C'est son oncle.

M. Ménier. — Je ne sais si c'est son oncle, mais c'est au moyen des rapports que nous avions avec ce monsieur qu'il s'est introduit chez moi; il s'est présenté comme le parent de M. de La Pommerais d'Orléans. Il était docteur, je n'avais donc pas à lui demander ce qu'il faisait des médicaments qu'il prenait chez moi. Seulement, j'étais tenu de l'inscrire; je l'ai fait, et j'ai représenté mes livres à M. le Juge d'instruction.

D. Il s'est offert à vous comme le neveu d'un pharmacien, et vous saviez qu'il était médecin. — *R.* Je savais qu'il était médecin, et non pas seulement neveu d'un pharmacien. Or on a vu dans l'Annuaire qu'il était médecin, et on lui a délivré ce qu'il demandait.

D. Comme d'ordinaire vous ne délivrez pas de drogues aux médecins, vous n'étiez pas étonné de le voir vous en demander? — *R.* Il m'arrive tous les jours de donner des médicaments aux professeurs qui font des expériences. Ces messieurs me demandent des produits; je n'ai pas d'observations à leur faire; je les leur délivre contre reçu ou sur lettre. C'est ce que j'ai fait pour M. de La Pommerais.

M. le Président. — Vous avez bien écrit, en effet, sur vos livres toutes les drogues que vous lui avez remises.

M. Dumont (Charles-Auguste), propriétaire, rue du Cherche-Midi, 102. — Mme de Pauw a habité quinze mois chez moi jusqu'au 8 juillet 1863. Elle a quitté la maison, parce qu'elle ne me payait pas. Elle me redevait 290 fr., pour lesquels elle m'a fait une reconnaissance. J'ai touché 33 fr. après la vente de ses meubles; c'est, je crois, M. Magriny, son parent, qui me les a apportés.

D. Nous sommes obligé de vous adresser cette question : Avez-vous eu des rapports intimes avec Mme de Pauw? — *R.* Non, Monsieur, jamais.

D. Jamais elle ne vous a tenu le moindre propos qui pût vous faire croire que ses mœurs étaient dissolues? — *R.* Jamais.

D. Et vous, vous n'avez eu aucune intention sur elle? — *R.* Je m'intéressais à cette femme, parce qu'elle avait trois enfants. Nous avons perdu, à cause de cela, un terme de plus que nous n'aurions dû. Elle faisait un portrait de l'Impératrice, et elle m'a fait une reconnaissance au moyen de laquelle elle ne pouvait en toucher le prix sans moi.

D. Vous êtes marié, vous avez des enfants? — *R.* Oui, Monsieur; je suis marié, et j'ai un enfant de 25 ans.

M. le Président (à l'accusé). — Pourquoi avez-vous dit dans l'instruction que le témoin avait été l'amant de Mme de Pauw?

L'accusé. — Est-ce que je l'aurais dit si elle ne me l'eût déclaré? (*Murmures dans l'auditoire.*) Un détail me revient. Le témoin a-t-il donné une glace à Mme de Pauw?

M. Dumont. — C'est vrai.

L'accusé. — Je ne puis avoir inventé cela.

M. Dumont. — J'étais entrepreneur de menuiserie; j'ai quitté cette profession, parce que j'étais souvent malade. J'ai fait de mes ateliers des ateliers d'artistes. C'est Mme de Pauw qui a été ma première locataire. Elle me dit : « Vous devriez bien me donner une glace. » Je lui ai répondu : « Vous êtes artiste, tâchez de me faire louer mes autres ateliers, je vous donnerai une glace. » — En effet, je lui ai donné une glace vers le mois de décembre 1862. Voilà ce qui a eu lieu. C'était une glace de 40 fr. qui m'est restée, puisque je suis propriétaire de la maison.

M. le Président. — Vous ne l'auriez pas mise à la porte, cette femme, si vous aviez été son amant, comme le prétend l'accusé.

L'accusé. — Je ne prétends rien; ce n'est pas moi qui le dis.

M. le Président. — Mme de Pauw n'a jamais pu vous dire qu'elle ait été la maîtresse de ce témoin. — *R.* Quel intérêt ai-je à le dire?

D. Vous avez fait peser sur cette femme les accusations les plus odieuses; vous avez cherché à la noircir autant que vous l'avez pu, afin, probablement, de la rendre le moins intéressante possible.

Un Juré. — Mme de Pauw a trois enfants?

M. le Président. — Deux filles que vous avez vues hier, et un petit garçon.

Mme de Chalembert. — J'ai connu Mme de Pauw il y a quatre ans, pour une petite restauration de tableau. J'ai été satisfaite de son ouvrage, et, comme je m'étais aperçue qu'elle était dans la détresse la plus profonde, je lui ai fait quelques commandes.

D. Elle ne vous a pas gardé l'original de votre tableau en vous en remettant seulement une copie? — *R.* Bien certainement non; j'ai été très-satisfaite d'elle.

D. La voyant dans la détresse, vous êtes venue charitablement à son secours? — *R.* Une femme chargée de trois enfants ne peut se suffire à elle-même.

D. Vous lui avez donné des secours en argent? — *R.* Des secours de différentes natures. D'abord, je lui ai fait des commandes. Elle n'avait pas de quoi acheter les couleurs, et je lui avançais l'argent. Elle manquait de vêtements; je lui en ai donné. Elle n'avait pas de linge, pas de chaussures, pas de feu l'hiver.

D. Vous lui avez donné tout cela? — *R.* Elle paraissait très-reconnaissante de ce que je faisais pour elle, et me parlait de différentes choses. C'était une femme d'un esprit léger, tout à fait artiste, mais elle m'intéressait, parce qu'elle était bonne mère, et avait beaucoup de courage.

D. C'était une artiste, mais elle était excellente mère? — *R.* Oh! oui, excellente mère.

D. Elle ne vous disait pas si elle recevait des secours d'autres personnes? — *R.* Je ne le lui ai jamais demandé, mais elle était dans une grande misère.

D. Savez-vous si elle payait la pension de ses enfants? — *R.* Non, Monsieur.

M. le Président (à l'accusé). — Vous entendez dans quel état de misère vivait cette femme?

L'accusé (d'un ton sec). — Je le sais. Cet état a commencé avant la mort de son mari. Déjà il était poursuivi de tous côtés, je l'ai dit.

D. Si vous lui aviez donné 200 fr. par mois et les 10,000 fr. dont vous avez parlé, on ne l'aurait pas trouvée, comme le témoin l'atteste, dans une affreuse misère? — *R.* Elle avait des charges énormes, je le savais; sans cela, je ne lui aurais pas donné ce que j'ai dit.

D. Tous les témoins entendus le contestent. Votre livre de dépenses constate que vous lui auriez donné seulement 680 fr., ou plutôt 660 fr., car elle vous a renvoyé 20 fr. — *R.* Je vais expliquer ce dernier fait. Je lui avais avancé 1,500 fr. pour acheter, disait-elle, des tableaux, et les revendre une ou deux fois plus cher. Une première fois, elle avait été induite en erreur, et avait dû revendre pour rien des tableaux achetés fort cher. Je me suis cru en droit de lui faire des reproches; piquée dans son amour propre, elle m'a envoyé un mot avec la somme de 20 fr. dont vous me parlez.

D. Elle vous a envoyé les 20 fr., et vous les avez gardés. Rien ne constate, pour le reste, votre allégation. — *R.* Elle était continuellement en rapports avec des brocanteurs de Paris pour une chose ou pour une autre.

M. le Président (au témoin).—Avez-vous entendu parler des relations de Mme de Pauw avec l'accusé?

Mme de Chalembert. — Non, Monsieur.

D. Vous n'aviez aucune raison d'entrer dans ces détails? — *R.* Le nom de M. de La Pommerais a été prononcé devant moi. Elle m'a dit que c'était son médecin, un amateur de tableaux, qui l'avait envoyée en Angleterre.

M. le Président (à l'accusé). — Effectivement, vous l'y avez envoyée; elle y est allée avec un de vos amis.

L'accusé. — Je vais expliquer les faits d'une manière complète. Mme de Pauw avait en sa possession un tableau d'Hobbéma de grande valeur. Elle n'a pas voulu le vendre à Paris, quoique je l'aie priée de s'adresser à différentes personnes de ma clientèle. Un jour, passant devant chez M. Blaye, je lui ai demandé s'il connaissait des amateurs pour ce tableau. Mme de Pauw n'a jamais voulu le céder; elle était convaincue qu'en Angleterre elle le vendrait plus cher. Un de mes amis, M. Vachot, architecte, allait en Angleterre; il était bien posé, avait des connaissances dans ce pays; je les ai mis en rapport, et le voyage eut lieu. Comme Mme de Pauw n'avait pas de ressources, je lui donnai de l'argent pour le voyage, et j'ai soutenu sa famille pendant qu'elle était absente. (*Murmures dans l'auditoire.*)

Une fois en Angleterre, elle a abandonné son tableau, je ne sais pourquoi. Quand elle a été de retour, je lui en ai fait des reproches, et elle m'a dit qu'elle ne perdait pas grand'chose. En effet, le tableau ne lui coûtait rien : c'était un original que son mari avait eu à restaurer; il l'avait gardé, en en rendant une copie. Ce tableau avait été demandé par un dentiste demeurant rue de Luxembourg, ayant une propriété à Maisons-Laffitte. Il avait mis sa belle-mère en rapports à ce sujet avec Mme de Pauw. Il est allé en Angleterre pour le retirer.

D'après ce que m'a dit Mme de Pauw, il appartenait à une personne demeurant rue de la Ferme des Mathurins, 28.

M. le Président. — Tout cela n'a pas été vérifié et, ce qu'il y a de certain, c'est que c'est d'après votre conseil qu'elle est allée en Angleterre porter ce tableau, qu'elle eût pu vendre 5,000 fr. à Paris. Vous l'y avez envoyée avec votre ami, M. Vachot, que vous avez ensuite accusé d'avoir été son amant. — *R.* Mais quel profit avais-je à l'envoyer en Angleterre, puisque je l'avais adressée à plusieurs de mes clients à Paris?

M. Velpeau, docteur en médecine. — J'ai connu un peu M. de La Pommerais, sans avoir avec lui de relations particulières. J'ai vu, je crois, une fois, son enfant malade.

D. N'avez-vous pas reçu la visite d'une dame, dont vous connaissez aujourd'hui le nom, Mme de Pauw? Vous rappelez-vous ce qui s'est passé dans la consultation qu'elle est venue vous demander? — *R.* Il m'est impossible de me le rappeler. Elle est venue chez moi, et l'on conçoit que je ne garde pas la mémoire de toutes les personnes qui viennent me demander des consultations.

M. le Président. — Voici votre ordonnance; elle est du 26 octobre.

(On fait passer l'ordonnance au témoin qui l'examine.)

M. Velpeau. — Cette prescription est bien de moi. Pour dire la vérité, je ne me souviens aucunement de la personne. J'en ai bien une idée vague, mais si vague, que je ne puis rien préciser. Elle avait, je crois, prononcé le nom de M. de La Pommerais; c'était une femme d'un certain âge, encore assez jeune, qui avait la physionomie d'une personne langoureuse, à sentiments un peu exaltés.

D. A la vue de l'ordonnance, croyez-vous que cette femme fût dans un état de maladie grave, qui lui aurait fait cracher le sang à pleins pots? — *R.* Cette prescription indique un de ces états qui n'ont rien de bien sérieux et qui cependant exigent quelques soins. D'abord, si son état eût été grave, elle ne serait pas venue chez moi, et si elle eût voulu mes conseils, elle m'aurait prié de passer chez elle. Elle devait avoir ce que nous nommons une indisposition nerveuse, soit des entrailles, soit de l'estomac.

D. Vous a-t-elle dit qu'elle eût fait une chute sur le creux de l'estomac? — *R.* Je n'ai aucun souvenir de ce fait.

M. Nélaton, docteur en médecine.

(L'accusé salue le témoin.)

— J'ai vu M. de La Pommerais un petit nombre de fois, comme confrère, mais je n'ai pas eu de relations avec lui.

D. Vous rappelez-vous avoir été consulté vers le 23 octobre, par une dame à laquelle vous avez remis l'ordonnance que voici?

(On fait également passer au témoin son ordonnance qu'il examine.)

D. J'ai un souvenir vague d'avoir vu la personne dont il est question; mais, je dois l'avouer, mon souvenir est assez confus. Du reste, l'affection dont elle était atteinte, d'après l'ordonnance, n'a pas dû laisser de traces dans mon esprit.

D. Voici cependant comment, dans une lettre, elle a rendu compte de cette visite : « Je suis allée voir le professeur Nélaton, qui, après m'avoir bien questionnée, bien palpée, bien examinée, ne m'a donné aucun espoir. » — R. Je n'ai gardé aucun souvenir de cela. Mon ordonnance n'indique pas l'existence d'une maladie grave, elle semble indiquer un état dyspeptique, c'est-à-dire un dérangement des fonctions digestives, rien autre chose.

D. Est-ce que vous dites aux malades qui sont dans un état désespéré, qu'il n'y aucun espoir ? — R. Jamais, jamais. La prudence la plus élémentaire l'empêche.

D. Cette femme vous aurait-elle dit avoir fait une chute sur le creux de l'estomac ? — R. Je ne me rappelle nullement cela.

D. Vous ne lui avez jamais déclaré qu'il n'y avait pas d'espoir de la guérir ? — R. Je suis sûr de n'avoir pas tenu ce langage.

D. Elle ne vous a pas parlé d'un commencement de grossesse ? — R. Il n'en a pas été question.

M. le Président (à l'accusé). — Qu'avez-vous à répondre ?

L'accusé. — La lettre prouve une seule chose, c'est qu'elle n'est pas de moi. Comme médecin, je ne la lui aurais pas fait écrire.

M. le premier Avocat général. — Ce n'est pas comme médecin que vous l'avez fait écrire.

M. le Président. — L'accusation porte qu'elle a été dictée par vous pour faire croire à l'existence d'une maladie grave.

M⁰ Lachaud. — L'accusé répond qu'il connaît assez la prudence de M. Nélaton pour ne pas lui avoir attribué dans la lettre une phrase impossible.

M. Desormeaux, docteur en médecine. — J'avais complétement oublié que j'avais vu Mme de Pauw. Quand on me l'a demandé, j'ai dit d'abord ne l'avoir jamais vue. Mais on m'a représenté une ordonnance de moi qui a réveillé mes souvenirs. Elle était venue me consulter au sujet des souffrances qu'elle éprouvait, que j'avais considérées comme peu de chose, et que son imagination exagérait beaucoup.

M. le Président. — Voici votre ordonnance.

(On fait passer au témoin son ordonnance qu'il examine.)

M. Desormeaux. — C'est bien cela. Cette ordonnance implique un état de souffrance habituelle et d'anémie.

D. La malade vous a-t-elle dit avoir fait une chute ? — R. Je crois qu'elle m'en a parlé ; mais j'ai mis cela de côté comme n'ayant aucun rapport avec les symptômes dont elle se plaignait.

R. Elle est allée à votre consultation ? — R. Oui, j'arrivais de voyage, et repartais le lendemain ; je pensais que personne ne savait ma présence à Paris ; elle est venue seule ce jour-là.

D. Voici ce qu'elle dit sur ce qui s'est passé entre elle et vous : « Je suis allée consulter le docteur Desormeaux qui est un vieux praticien, et que j'ai payé très-largement. Je pensais qu'il aurait tout intérêt à bien me soigner et à bien me guérir puisqu'il m'avait reçue dans sa compagnie. Je lui ai dit la chute affreuse que j'avais faite, comment j'étais tombée, ce qui m'avait déjà été ordonné, et, à la vue des souffrances que j'endurais, il s'est écrié : Pauvre femme ! Il m'a ordonné quantité de choses dont vous trouverez l'ordonnance ci-jointe. » — R. Je crois pouvoir affirmer que je n'ai pas fait l'exclamation qu'elle me prête, qui n'est nullement dans mes habitudes.

D. L'ordonnance que vous avez délivrée est-elle en rapport avec ce que dit la lettre ? — R. Elle n'indique pas un danger pressant.

D. Vous souvenez-vous que la malade vous ait payé largement ? — R. Par une circonstance particulière, je me souviens qu'elle ne m'a pas payé du tout. (Hilarité.)

M. Magriny (Pierre), négociant. — Je suis le parent de Mme de Pauw. Quelques mois avant son mariage, j'ai cessé de la voir et ne l'ai revue qu'en 1862, vers mai, juin ou juillet. Elle était très-gênée, et je lui ai acheté un tableau pour l'aider à vivre. C'était une copie.

D. Ne s'était-elle pas adressée à vous ? — R. Plusieurs fois, antérieurement, elle m'avait demandé de l'argent. Je recommandais qu'on ne dît pas que j'en avais donné, parce que ses demandes étaient incessantes.

D. Vous lui avez envoyé plusieurs fois de l'argent sans qu'elle le sût ? — R. Oui.

D. Son état était très-misérable ? — R. Elle était très-courageuse, travaillait beaucoup, mais elle était dans une grande gêne.

D. Aimait-elle beaucoup ses enfants ? — R. Passionnément.

D. Connaissiez-vous ses relations ? — R. Pas le moins du monde. Je les ai apprises par les journaux.

Me Lachaud. — Le témoin s'est expliqué dans l'instruction sur le caractère de Mme de Pauw. Je le prierais de reproduire ce qu'il a dit.

M. Magriny. — J'ai dit qu'elle avait de l'esprit, mais pas de bon sens.

Me Lachaud. — Et qu'elle parlait à tort et à travers.

M. Magriny. — Elle manquait de bon sens, et parlait à tort et à travers ; mais elle était excessivement courageuse et très-bonne mère.

M. le Président. — Qu'entendez-vous par ces mots : « Elle parlait à tort et à travers » ? — R. Elle bavardait sans réflexion, et disait tout ce qui lui venait à la tête, elle était indiscrète. Je l'ai perdue de vue pendant dix ou treize ans.

Me Lachaud. — J'aurais désiré savoir ce que le témoin entend par « indiscrète ».

M. Magriny. — Elle disait tout ce qui lui venait à l'esprit.

M. le Président (au témoin). — La supposiez-vous capable d'inventer quelque chose ? — R. Non. Elle était bavarde, elle avait besoin de parler et racontait ses affaires, comme celles des autres.

D. Ce n'était pas une femme d'un caractère méchant ? — R. Pas du tout. Elle était bonne mère, excellente femme.

M. le Président. — Nous allons donner lecture à M. les Jurés, en vertu de notre pouvoir discrétionnaire, des dépositions de divers témoins.

Voici la déposition de Mlle Baup dont il a été souvent question.

Un Juré. — Qu'est-ce qui a empêché ce témoin de se présenter ?

M. le Président. — C'est une étrangère, elle habite la Suisse en ce moment. Elle était logée au Grand-Hôtel, et quand l'assignation lui a été envoyée, elle était retournée dans son pays.

Demoiselle Antonia Baup, actuellement à Vevey (Suisse) :

« C'est le 12 octobre dernier que Mme de Pauw a commencé à me donner des leçons de peinture, à raison de 3 fr. le cachet. Elle me les donnait au

Grand-Hôtel, où je demeure. Ce ne fut d'abord que trois fois par semaine; puis, vers la fin d'octobre, elle vint tous les jours. Elle ne me paraissait pas avoir une très-bonne santé, et souvent elle se plaignait de maux d'estomac; elle me disait qu'elle allait souvent en consultation chez un médecin.

« Le mardi 10 novembre, je lui écrivis pour la prier de ne pas venir me donner une leçon, parce que je devais me rendre à Saint-Germain. Elle reçut ma lettre trop tard, elle vint à son heure habituelle. Comme c'était l'heure de notre départ, elle ne me donna pas de leçon. Après avoir causé avec mon père, elle me prit à l'écart, en me disant qu'elle avait une douzaine de cachets; elle me demanda de les lui payer. « Vous comprenez, me dit-elle, j'ai des enfants et bien des petites choses à payer. » Comme nous étions pressés et que nous ne trouvâmes pas de monnaie, je lui donnai simplement 30 fr., restant lui devoir 6 fr.

« Le jeudi 12, je reçus une lettre par laquelle elle me disait qu'elle était très-souffrante et n'était pas en état de me donner ma leçon.

« Je me présentai chez elle vite avec ma mère; elle travaillait à un tableau; nous la trouvâmes bien fatiguée. Elle nous dit que le médecin lui avait ordonné de garder le lit; mais que le travail qu'elle faisait était pressé, et qu'elle voulait le terminer. Il y avait auprès d'elle une bonne bossue. Je m'étais attachée à elle, la voyant si délaissée, si courageuse et si bonne mère de famille. Je lui promis d'aller la voir le lundi. Elle me proposa d'apporter chez elle mes tableaux, afin d'utiliser ma visite.

« Les circonstances m'empêchèrent d'aller chez elle ce jour-là, et ce n'est que le lendemain matin que je fus la voir avec ma mère, à deux heures et demie ou trois heures. Je frappai à la porte; une voisine me fit observer que la porte était ouverte, et que nous pouvions entrer. Elle ajouta que Mᵐᵉ de Pauw était dans son lit, malade. Il n'y avait personne dans l'atelier; je fus consternée en la voyant; ses lèvres étaient noires ainsi que le dessous des yeux, sa voix était changée; elle vomissait, ses vomissements semblaient être de l'eau; ils tombaient sur le parquet, n'étaient pas abondants, et c'était à la suite d'un léger effort manifesté par un faible toussement qu'ils se manifestaient.

« Elle m'a dit que la nuit elle avait été si mal, qu'elle avait vu deux médecins; l'un lui avait dit qu'elle avait le choléra de l'estomac; elle parlait très-difficilement; je lui dis quelques paroles pour l'encourager. En descendant, j'avertis le concierge de son état alarmant; je cherchai moi-même une sœur de charité, lorsque le lendemain j'appris qu'elle était morte. »

Voici la déposition de *Bridit*, qui était garçon d'hôtel chez les époux Cliche; il n'a pu être retrouvé.

Ce témoin voyait, depuis trois ou quatre mois qu'il était à l'hôtel de Paris, Mᵐᵉ de Pauw aller et venir à peu près tous les jours; elle s'est alitée quelques jours avant sa mort. Il n'a jamais remarqué les personnes qui allaient habituellement chez elle.

M. le docteur Gastier a écrit à M. le Procureur général une lettre dans laquelle il explique qu'un catarrhe pulmonaire chronique l'empêche de se rendre de Trévoux à Paris. L'état de santé du témoin a été légalement constaté par le Juge d'instruction de Trévoux.

Voici sa déposition :

« Pendant les années 1856, 1857, 1858, j'ai fait à Paris, rue de la Harpe, un cours public d'homœopathie; des consultations gratuites étaient délivrées aux indigents. Parmi mes auditeurs, était un jeune médecin, M. de La Pommerais, qui était fort assidu et me montrait une vénération presque filiale. Il m'offrit son bras et m'accompagna presque partout. Il me proposa de lui céder ma clientèle; je résistai. Pour vaincre ma résistance, il me rappela les relations d'amitié qu'il avait eues avec moi. Il me dit qu'il avait espéré être mon successeur, me demanda de le présenter à ma clientèle. Il fut stipulé qu'il me payerait 7,000 fr., 2,000 fr. d'abord et ensuite par à-compte de 1,000 fr.

« J'exécutai loyalement cette convention; je présentai La Pommerais à ma clientèle; j'assistai à ses consultations. Il ne tint pas ses engagements avec la même fidélité. Le premier terme seul fut exactement payé; nos relations cessèrent alors. Je voulus, en 1862, avoir une solution définitive. Ma surprise fut grande de recevoir de Paris une lettre d'un agent d'affaires, qui m'expliquait que la convention était un contrat illicite; il m'offrait, à titre de transaction, 1,500 fr. (pour tout solde de compte). Je refusai énergiquement, me croyant dans mon droit; il me dit que si je n'acceptais pas, je n'aurais rien. Je finis par accepter.

« Dans mon dernier voyage, je vis quelques confrères qui me dirent que mon ancienne clientèle l'avait abandonné, qu'il n'avait pas su s'en faire une nouvelle, que c'était un homme cupide, un mauvais collègue, un médecin présomptueux, sans connaissances pratiques. »

M. le Président (à l'accusé). — Vous voyez le jugement qu'il porte sur votre compte.

L'accusé. — J'ai déjà répondu. Cette opinion n'émane pas de lui, mais de confrères inconnus. Je ne veux pas approfondir les motifs qui les font agir.

M. le premier Avocat général. — Voici une lettre que nous recevons ce matin du docteur Gastier, dans laquelle il porte encore le même jugement. Nous n'en donnons pas lecture pour ne pas allonger le débat.

Mˡˡᵉ Jehennot, maîtresse de pension, à Nogent-sur-Marne. — Ma sœur qui devait déposer est malade; elle m'a priée de la remplacer.

M. le Président. — Vous n'êtes pas citée régulièrement, nous vous entendrons en vertu de notre pouvoir discrétionnaire.

Mˡˡᵉ Jehennot. — Nous avons connu M. de La Pommerais par M. Gastier quand celui-ci a quitté Paris. C'est de la part de M. de La Pommerais que Mᵐᵉ de Pauw nous a amené ses enfants.

D. Payait-elle exactement la pension? — R. Non, Monsieur; nous prenions part à sa position, et nous aurions gardé les enfants plus longtemps sans la faiblesse de leur mère. Elle nous doit encore 900 fr.

D. Connaissiez-vous les relations de Mᵐᵉ de Pauw avec l'accusé? — R. Nous ne connaissons que les enfants et leur mère, nous n'avons pas de rapports journaliers avec les parents de nos élèves.

D. Les enfants se conduisaient-elles bien? — R. Très-bien. Elles n'avaient que les défauts de leur âge.

M. le Président (à l'accusé). — Si, comme vous le dites, vous aviez donné 13,000 fr. à cette malheureuse femme, elle eût payé une dette aussi sacrée que la pension de ses enfants; c'était là une dette d'honneur.

L'accusé. — C'est dans les derniers temps de notre

liaison que je lui ai conseillé de mettre ses enfants en pension. Depuis, je ne la voyais plus, et je n'ai pas su qu'elle ne payait pas. Si je l'avais appris, j'aurais été le premier à payer.

D. Il est difficile d'admettre que vous ne l'ayez pas su? — *R.* Demandez au témoin quand les enfants sont sorties de chez elle.

Mlle Jehennot. — C'est au mois de décembre 1862.

L'accusé. — Je ne voyais plus Mme de Pauw alors.

Mlle Colin, marchande de couleurs. — Mme de Pauw se fournissait chez moi des toiles dont elle avait besoin; elle me doit environ 157 fr. Mes fournitures remontent à 7 ans environ.

M. le Président. — Voici en effet un billet ainsi conçu :

« Au premier à-compte de ma commande au Ministère, je payerai à Mlle Colin la somme de 156 fr. reçus en marchandises.

« *Signé* : Veuve DE PAUW,
« 102, rue du Cherche-Midi. »

(Au témoin.) — Aujourd'hui vous n'êtes pas encore payée? — *R.* Non, Monsieur.

M. le Président donne lecture de la déposition de *Mme veuve Desrousseau*, propriétaire de la maison, rue Bonaparte, 24. Mme de Pauw avait un loyer de 350 fr. qu'elle payait difficilement. Il a fallu subir la perte d'un terme de loyer.

M. le Président donne également lecture de la déposition de *M. Michelez*, sous-chef à la Compagnie d'assurances le *Phénix*, qui est très-gravement malade. Le témoin se plaint, lui aussi, que M. Desmidt ne lui ait pas fait connaître la qualité de médecin de M. de La Pommerais.

(On fait entrer un nouveau témoin.)

M. Pélardy de la Neuville, négociant. — J'ai été appelé dans l'instruction, relativement à des valeurs au porteur que j'avais prêtées à M. Lelienthal, avec lequel je suis en rapports d'affaires. Je tiens à ce qu'on sache que je n'ai pas prêté ces valeurs à M. de La Pommerais. Je n'ai pas demandé, par délicatesse, pourquoi cet emprunt était fait. Je n'ai même pas vu M. Lelienthal; c'est son frère qui m'a envoyé. J'avais dit au Juge d'instruction que ces valeurs, qui représentaient environ 20,000 fr., m'avaient été rendues deux ou trois jours après. C'est le soir même qu'elles m'ont été rapportées.

M. le Président (à l'accusé). — Vous n'avez rien à dire?

Un Juré. — M. Lelienthal sera-t-il entendu?

Me Lachaud. — Certainement.

M. le Président. — Nous l'entendrons tout-à-l'heure.

M. Pichevin, négociant en vins. — Les relations que j'ai eues avec M. de La Pommerais, sont venues par un de mes commettants, M. Prato d'Arnezano, qui se faisait qualifier de marquis. C'était en 1857, je crois. Je lui avais vendu des vins qu'il avait de suite expédiés au Havre et vendus à 40 pour 100. Je portai plainte contre lui. Il me proposa un arrangement, et m'offrit une garantie. Ma créance montait à 9 ou 10,000 fr. Il m'avait remis environ 3,000 fr. en bijoux. Quelque temps après, un an, si je ne me trompe, M. de La Pommerais intervint pour servir de caution. J'écrivis pour avoir des renseignements sur son compte. On les donna excellents sur sa famille et sur lui-même. J'acceptai sa caution, et je rendis les bijoux et des lettres assez compromettantes que M. Prato m'avait écrites.

Connaissant son père, j'éprouvais quelques scrupules à agir contre M. de La Pommerais ; mais je poursuivis M. Prato, que je fis mettre à Clichy. Plus tard, fatigué de le nourrir, je le laissai sortir. Les choses en restèrent là. En 1860, je crois, je ne me rappelle pas bien la date, M. de La Pommerais me proposa un arrangement. Il s'agissait de perdre 50 pour 100, et pour le surplus, je serais payé par fraction de 500 fr., de six mois en six mois; j'acceptai, mais les payements n'eurent pas lieu. En octobre 1861, M. de La Pommerais vint m'annoncer qu'il avait perdu récemment sa belle-mère, et qu'il se trouvait dans une mauvaise position. Il avait pris des engagements auxquels il ne pouvait satisfaire. Sa belle-mère ne lui ayant rien laissé, il voulait s'expatrier. Deux jours après, je reçus une lettre d'un homme d'affaires de la rue Montmartre qui me disait : « Vous devez avoir entendu parler du malheur qui est arrivé à M. de La Pommerais. Il me charge d'arranger son affaire avec vous. » Nous entrâmes donc en accommodement, et moyennant 1,500 fr. cette affaire fut terminée le 9 novembre, je crois. Dans l'intervalle j'étais allé chez M. de La Pommerais, et j'avais vu une sorte de déménagement, un appartement tout en désordre.

D. Dans quelle rue? — *R.* Rue des Saints-Pères. Je m'étais dit : Puisqu'il part, j'aime mieux 1,500 fr. que de ne rien avoir.

M. le Président. — Voici la lettre, que vous avez déposée dans l'instruction, qui vous a été adressée à ce sujet :

« RIOUBLANC FRÈRES, Contentieux, rue Montmartre.

« Monsieur Pichevin, vous n'êtes pas sans connaître le malheur qui vient de frapper M. de La Pommerais ; il va quitter la France, et j'ai été par lui chargé de liquider sa situation avec le quelque argent qu'il m'a remis à cet effet. Je viens donc vous prier de vouloir bien nous entendre sur les propositions que je veux vous faire relativement à la somme que vous dites vous être due. »

Vous êtes allé, dites-vous, rue des Saints-Pères, et vous avez vu là un appartement en désordre, comme si l'on déménageait. Ce n'était pas un déménagement, c'était un emménagement. Vous avez cru à un départ pour l'Amérique, et vous avez accepté 1,500 fr. à titre de transaction. Avez-vous auparavant menacé de poursuivre? — *R.* Non, Monsieur.

D. Est-ce vous qui êtes allé trouver La Pommerais, et vous avez cherché, par des manœuvres plus ou moins loyales, à lui extorquer sa signature et son cautionnement? — *R.* Non, je le jure.

D. Qui vous a proposé ce cautionnement? — *R.* C'est Prato, marquis d'Arnezano.

D. Et La Pommerais y a consenti? — *R.* Oui, Monsieur.

D. Quand il vous a payé les 1,500 fr., lui avez-vous rendu ses billets? — *R.* Non, Monsieur. Les titres émanent de Prato, et je les conserve toujours ; l'accusé avait mis sa caution dessus.

D. Qu'avez-vous à répondre, La Pommerais?

L'accusé. — Les faits se sont passés comme je l'ai dit. M. Pichevin savait que les vins avaient été revendus par Prato, et m'a prié de mettre ma signature sur ses billets, en me disant qu'il n'exercerait aucune poursuite contre moi. Il n'a pas tenu sa promesse. Non-seulement il ne l'a pas tenue, mais il savait que j'avais donné à son fils une somme de 3,000 fr. Ainsi, j'ai payé 4,500 fr. à lui ou à sa famille, quoique je ne lui dusse absolument rien.

M. Pichevin. — Je n'ai aucune connaissance que vous ayez remis une somme à mon fils.

AFFAIRE LA POMMERAIS.

M. le Président (à l'accusé). — Toujours est-il que le sieur Prato a été condamné en police correctionnelle, comme escroc, à six mois de prison. Vous aviez des relations intimes avec lui ; vous étiez administrateur d'une Société pour l'exploitation des bains et des jeux à Monaco. C'est pour le soustraire aux poursuites dont il était l'objet que vous l'avez cautionné. Or vous avez dit hier que M. Pichevin vous avait escroqué votre signature.

L'accusé. — Extorqué ; du reste, je vais le prouver.

Il savait que j'étais le médecin de la maison, que l'argent tiré de la vente des vins ne m'avait profité en rien ; il était de son devoir, comme honnête homme, au lieu de me faire donner ma signature, de la refuser quand on la lui offrait. Du reste, M. Pichevin vivait dans l'intimité de Prato ; j'étais moi-même sur le point d'entrer dans le conseil d'administration de la Société, et je pouvais bien le faire, puisque, je l'ai dit, à la tête se trouvaient un consul général, M. Dubois de Saligny ; un général, un évêque *in partibus.*

D. Comment le témoin vous a-t-il extorqué votre signature ? — *R.* On ne peut admettre que je sois allé au-devant de lui pour la lui offrir au sujet de 10,000 f. qui m'étaient étrangers.

D. Comment voulez-vous faire considérer cela comme une extorsion de signature ? Il était créancier de Prato, et le poursuivait.

M. Pichevin. — A ce moment-là je voulais porter plainte contre lui en escroquerie ; c'est pour l'empêcher que M. de La Pommerais a donné sa signature.

L'accusé. — Cela était bien naturel. Monsieur m'a dit : J'accepte votre signature, mais je ne ferai rien.

M. Pichevin. — Alors je n'avais pas besoin de votre signature, si vous ne deviez pas payer.

L'accusé. — Il m'a demandé ma signature, m'assurant qu'elle ne m'engageait à rien. (*Rumeurs dans l'auditoire.*)

M. Pichevin. — Je ne voulais pas négocier les billets, et j'ai dit à M. de La Pommerais d'être tranquille à ce sujet ; je ne désirais que sa simple caution pour pouvoir rentrer dans mes fonds. Si je ne l'ai pas poursuivi, c'était à cause de son père, et pour ne pas briser son avenir.

L'accusé. — Le témoin a voulu se faire payer ; car il a écrit à mon père, qui est venu s'entendre avec lui. Mais, quand je lui ai eu raconté les faits tels qu'ils s'étaient passés, il n'a rien voulu donner.

M. Pichevin. — Les choses ne se sont pas passées ainsi. Votre père est venu chez moi, et m'a offert 1,000 fr. par an. C'était, je crois, au mois de décembre 1858. Je trouvai que ce serait un peu long, et l'affaire en est restée là. Plus tard, n'ayant pas reçu de réponse, je vous en ai parlé, et vous m'avez dit que vous étiez brouillé avec votre père, et qu'il ne voulait plus s'occuper de cette affaire.

L'accusé. — Je n'ai pas dit cela, mais seulement que je ne voulais pas payer.

M. le Président (à l'accusé). — Pourquoi avez-vous fait écrire la lettre de Rioublanc ? — *R.* Parce que je ne voulais pas payer pour les raisons que j'ai dites. Je voulais à tout prix avoir un arrangement avec le témoin, qui s'était conduit envers moi d'une manière indigne.

M. Pichevin. — Mais j'ai rendu 3,000 fr. de bijoux qui étaient une valeur, quand M. de La Pommerais m'a donné son cautionnement. Or je n'ai reçu que 1,500 fr. au lieu de ces 3,000 fr.

M. le Président. — Quels étaient ces bijoux ? — *R.* Il y avait une parure en corail montée en or, une montre émaillée, très-ancienne, que la reine d'Espagne, à ce que m'avait dit Prato, avait donnée à l'une de ses tantes. Mais comme il mentait beaucoup, cela peut bien n'être pas vrai. Enfin il y avait une montre avec chaîne en or, et, je crois, des bracelets et des boucles d'oreilles.

D. C'était une parure de femme. Est-ce que ce Prato était marié ? — *R.* On le disait.

Me Lachaud. — Il en avait l'air.

M. le Président (à l'accusé). — Vous avez fait croire au témoin que vous partiez pour l'Amérique, et il s'est laissé aller à transiger pour 1,500 fr.

L'accusé. — Seulement il a gardé les titres.

M. le Président. — Il a gardé les titres contre Prato, mais il vous a donné quittance à vous. C'est tout ce que vous pouviez lui demander.

Massonnet (Charles), éditeur de médailles. — J'ai connu M. de La Pommerais dans le courant de l'année 1857 chez un homme se disant Prato marquis d'Arnezano, mais qui, nous l'avons su plus tard, n'était qu'un industriel dont j'ai moi-même été la dupe. M. de La Pommerais, à cette époque, était son ami intime, dévoué ; il était le médecin de la famille, et s'est trouvé avec Prato dans la liquidation d'une Société des bains de Monaco. J'ai connu surtout l'accusé dans une circonstance où il était certainement victime, mais circonstance très-fâcheuse pour lui. Prato avait escroqué à M. Pichevin pour 10,000 fr. de vins qu'il avait vendus 4,000 fr. M. Pichevin se fâcha, et il en avait le droit ; il demanda garantie. Plus tard M. de La Pommerais endossa des billets pour 10,000 fr. montant du prix des vins. A l'époque du payement, M. de La Pommerais, hors d'état d'y satisfaire, voulut faire intervenir son père qui refusa. Alors M. Pichevin ne se contenta plus de la signature de Prato, ni de celle de M. de La Pommerais. Je fus intermédiaire officieux dans cette affaire ; on me remit 15,000 fr. d'actions de la Société des bains de Monaco. Il était dit que, six mois après l'expiration du dernier délai accordé par M. Pichevin, si les 10,000 fr. n'étaient pas payés, les actions seraient vendues à son bénéfice. J'appris, quelque temps après, que Prato était accusé d'avoir détourné des actions de la caisse de la Société dont il était directeur. Je dus aviser. Je crus devoir avertir les administrateurs que j'avais en dépôt 15,000 fr. d'actions, et on fit opposition entre mes mains. M. La Pommerais ayant appris cela se présenta chez moi pour réclamer les actions. Je répondis en produisant l'opposition. Il insista, me menaça, me saisit à la cravate, et me serra vigoureusement contre la cheminée de mon cabinet, en me disant : « Je vous étrangle si vous ne me rendez pas ces actions. »

Je lui répondis : Étranglez-moi si vous voulez, mais vous ne les aurez pas. Je sonnai ma domestique et je lui commandai d'aller chercher la garde.

Alors M. La Pommerais prit son chapeau, me traita de voleur, et s'en alla. Depuis ce moment je ne l'ai plus revu.

D. Que sont devenues les actions ? — *R.* Je les ai déposées au Parquet.

D. Elles n'ont aucune valeur ? — *R.* Non, Monsieur. Je dois ajouter que M. de La Pommerais ne les avait pas prises dans la caisse. C'était évidemment Prato qui se les était appropriées et les lui avait remises. La Pommerais à son tour, et pour se débarrasser de M. Pichevin, me les avait données en dépôt.

D. A cette époque, La Pommerais était intimement lié avec Prato. Etait-il marié, ce Prato? — R. J'ignore s'il était marié, mais il avait une femme.

D. Certains bruits ne couraient-ils pas? — R. Ce qu'on disait était tellement apparent, qu'on ne pouvait le mettre en doute.

D. Quoi? — R. Ç'a été mon opinion et celle de tous les amis de ce monsieur. Je le voyais à cette époque. Sa maison était fréquentée par les hommes les plus éminents. Il en avait imposé un instant à la société parisienne.

D. Quels sont les bruits qui couraient, tellement patents, qu'on ne pouvait s'y tromper? — R. Les bruits auxquels je fais allusion, c'était l'existence d'accointances entre M. La Pommerais et Mme la marquise. Voilà ce que je veux dire.

D. Vous connaissiez La Pommerais. Saviez-vous sa position de fortune? — R. Je l'ai connu chez M. d'Arnezano, et je tiens de Mme la marquise ceci : « Si nous ne nourrissions M. La Pommerais, il mourrait de faim. » Elle ajoutait : « Son père lui envoie une petite pension. »

D. Avait-il une clientèle? — R. On disait alors qu'il n'en avait pas. Il ne faisait rien. D'ailleurs il passait toute sa journée chez Mme d'Arnezano.

D. Ainsi il était très-pauvre, ce qui n'était pas un crime, et on le nourrissait dans cette maison?

L'accusé. — J'y mangeais avec l'argent que je payais, car Prato me doit encore 1,500 fr. Il est difficile d'admettre que je n'avais pas de ressources : mon père m'avait donné 20,000 fr., et me fournissait 500 fr. par mois. Si quelqu'un de nous deux a nourri l'autre, c'est moi qui ai nourri Prato.

M. le Président. — C'est votre allégation, rien ne le prouve.

L'accusé. — Le témoin vous dira qu'il a été chargé par moi de se présenter lors de la saisie, après ma retraite, pour que je pusse rentrer dans ma créance; mais comme il n'y avait rien, je n'ai pas été payé plus que les autres.

M. le Président (au témoin). — Avez-vous su que l'accusé ait prêté 1,500 fr. à Prato? — R. Jamais.

M. le Président. — MM. les Jurés ont entendu; ils apprécieront.

Uzanne (Jules), artiste peintre. — En 1859, deux membres de la Société de secours mutuels de Saint-Thomas d'Aquin, dont j'étais alors président, présentèrent M. de La Pommerais pour être l'un des médecins de la Société. Il s'éleva à ce sujet des difficultés parce qu'il était homœopathe. On passa outre, cependant, et il fut admis. Plus tard, M. de La Pommerais est venu m'annoncer son mariage, et, me disant que M. Petit, chef de division au ministère de l'instruction publique, devait être son premier témoin, il m'a prié d'être le second; j'ai accepté. Dans une autre de ses visites, j'appris avec une grande surprise la mort de Mme Dubizy, sa belle-mère. J'ai cru comprendre, par ses réponses à mes questions, qu'elle s'était empoisonnée.

Je vais dire comment j'ai cessé de voir M. de La Pommerais. Un mémoire de pharmacien m'avait été présenté en dehors des conditions du règlement pharmaceutique de la Société. Je l'ai soumis au Conseil, qui a décidé que, pour cette fois, le mémoire serait payé sans réduction, mais que M. La Pommerais et le pharmacien seraient invités à ne plus recommencer. Quelque temps après, un second mémoire nous ayant été présenté, le Conseil désigna un de ses membres, le docteur Mathias, pour faire un rapport à ce sujet. C'est sur son rapport que l'on retira le service médical de la Société à M. de La Pommerais.

D. Pour quel motif? — R. Nous avons pensé qu'il avait un intérêt avec le pharmacien.

D. Qu'il s'entendait avec le pharmacien? — R. Oui, aux dépens de la Société.

D. Il a été rayé, parce que ses soins coûtaient plus cher que ceux des autres? — R. Ce n'est pas là ce que nous avons pensé. Nous avions été étonnés de voir des ordonnances pour des sociétaires, sans que le Président eût été informé de la maladie; car les règlements exigent qu'il soit prévenu, afin qu'il puisse envoyer un visiteur, d'après le rapport duquel il est pourvu à ce que les sociétaires malades ne manquent de rien.

D. Vous nous avez dit que vous aviez été l'un des témoins de La Pommerais lors de son mariage, et vous avez parlé de votre surprise à la nouvelle de la mort de Mme Dubizy. Que vous a dit l'accusé à ce propos? — R. Il serait difficile de me rappeler ses paroles. Mais, à raison de la magnifique santé de sa belle-mère, je fus consterné. Je n'ai pas entendu d'autre expression de sa part que celle-ci : « C'est terrible ! »

D. Vous êtes entré dans plus de détails dans l'instruction. Voici ce que j'y lis : « Quelque temps après, La Pommerais vint chez moi m'annoncer qu'il avait eu le malheur de perdre sa belle-mère. Cette nouvelle me plongea dans la stupeur. Il entra dans quelques détails et me dit notamment ceci : sa belle-mère avait été prise presque subitement d'un mal très-violent; elle avait eu des vomissements et des douleurs terribles, et on avait perdu beaucoup de temps à courir après lui. »

M. Uzanne. — C'est vrai, il n'était arrivé que deux heures après, et il avait donné des médicaments; mais il était trop tard, et voyant la gravité de la maladie, il était allé chercher un confrère pour se mettre à l'abri.

M. le Président. — Il a ajouté, je reprends votre déposition : « que, effrayé de la gravité du mal, il n'avait pas voulu assumer sur lui seul la responsabilité de la médication, et il avait envoyé chercher un de ses confrères, dont le nom ne me fut pas indiqué. Mes souvenirs sont assez confus, parce qu'ils remontent à plus deux ans; mais l'impression qu'ils ont laissée reste gravée dans mon esprit; cette impression, résultant de l'ensemble de ma conversation avec de La Pommerais, est que sa belle-mère s'était détruite. »

M. Uzanne. — Oui, monsieur le Président, c'est vrai!

M. le Président (à l'accusé). — Qu'avez-vous à dire?

L'accusé. — Rien dans ma conversation avec le témoin n'a pu l'autoriser à tenir un pareil langage. La pensée de suicide n'a jamais pu entrer dans l'esprit de ma belle-mère, pas plus que dans le mien.

J'ai à dire, en second lieu, que je n'ai pas été rayé de la liste des médecins de la Société de Saint-Thomas-d'Aquin, car j'en fais encore partie. Le docteur Mathias en déposera. En attendant, je vais raconter ce qui s'est passé : non-seulement les médicaments étaient refusés par le témoin aux sociétaires, mais il leur faisait payer plusieurs fois les cotisations. Plusieurs s'en plaignirent à moi.

M. le Président. — Que voulez-vous dire?

L'accusé. — M. Uzanne faisait payer plusieurs fois les sociétaires qui ne devaient payer qu'une fois, et il leur refusait les médicaments indispensables.

D. Comment cela? pourquoi? — R. Il avait probablement intérêt à le faire. Lorsque j'ai su cela, j'ai écrit au témoin une lettre que je le somme de montrer, s'il l'a. Vous verrez de quels termes je me servais, et si c'est lui qui m'a rayé de la Société. Les sociétaires ont adressé une plainte collective, sur laquelle M. Uzanne a été rayé comme président de la Société, et il a eu à donner des explications devant le président actuel et devant ses chefs. Je tiens ces détails du président actuel. M. Uzanne n'a jamais pu rendre compte d'une somme de 7 à 8,000 fr. qui avait disparu de la caisse de la Société.

D. Vous accusez à votre tour le témoin d'avoir volé la Société? — *R.* Je répète ce que m'a dit le président actuel.

D. Selon vous, le témoin aurait été destitué de ses fonctions de président de la Société de secours mutuels à raison des actes d'indélicatesse qu'il aurait commis? — *R.* Oui, Monsieur le Président.

M. Uzanne. — Devant de mauvaises natures j'ai dû me retirer, et, à cet effet, j'ai adressé ma démission à S. M. l'Empereur, en même temps que je l'ai fait savoir à S. Exc. le Ministre de l'Intérieur, ainsi qu'à M. le Préfet de police. Voilà comment j'ai quitté la Société. Les personnes qui détruisent la réputation des autres sont celles qui n'ont pas su s'en faire une parmi leurs concitoyens.

M. le Président. — C'est vous qui avez donné votre démission? Les présidents de sociétés de secours mutuels sont nommés par l'autorité?

M. Uzanne. — La Société présente trois candidats. Pendant dix ans, j'ai été nommé par acclamation vice-président, et, à la démission du président, j'ai été désigné de même pour la présidence et nommé par S. M. l'Empereur.

D. Qu'entendez-vous par ces mots : « devant de mauvaises natures? » Il faut que tout soit clairement expliqué; c'est dans votre intérêt même. Vous n'avez rien à ménager en présence de l'accusation que La Pommerais dirige contre vous. — *R.* Des sociétaires exclus de la Société se sont groupés, ont colporté à domicile, chez les marchands de vin et en divers endroits, une pétition pour demander mon renvoi. Alors j'ai dû quitter la Société.

D. Quels griefs vous reprochait-on? — *R.* D'avoir gardé les fonds de la Société.

D. Il n'y a pas eu de poursuites dirigées contre vous? C'est vous qui avez donné votre démission? — *R.* Voici ce qui est arrivé : j'avais eu la pensée de fonder dans l'arrondissement une Bibliothèque et un Musée. Cette pensée a été vivement combattue. J'en avais cependant dit quelques mots en haut lieu, et l'on m'avait presque encouragé. C'est pendant que nous cherchions à réaliser ce projet que les attaques se sont produites contre moi. J'ai dû céder devant ce mauvais vouloir et me retirer. Ma nomination était du 23 février 1861, et c'est dans l'année 1862 que j'ai donné ma démission. Pendant quinze mois, j'avais travaillé de toutes mes forces et de tout mon courage, avec le cœur d'un artiste qui veut attacher son nom à quelque chose d'honorable. Et la calomnie m'atteignait alors que, possesseur d'objets rares et curieux, je voulais les donner à la Société. Au même moment, un administrateur chargé de faire de la propagande, et qui avait eu aussi l'intention de faire un don considérable, en face de ces attaques inouïes, est mort en quelques heures, frappé d'un coup de sang. J'ai failli mourir aussi. Quand on a donné vingt-cinq ans de sa vie pour faire quelque chose de bien, et qu'on se voit reprocher d'avoir volé ou détourné 5 ou 6,000 fr., c'est très-pénible à entendre. Enfin, j'ai quitté la Société, et j'ai bien fait; je puis au moins soigner ma santé très-altérée.

D. En définitive, vous avez été l'objet d'attaques, et vous avez envoyé votre démission à l'autorité. Les soins médicaux, dans votre Société, étaient-ils gratuits? — *R.* Excepté pour deux médecins, oui; mais M. de La Pommerais donnait, lui, des soins gratuits.

D. Vous nous avez dit que son attitude dans les circonstances que vous avez indiquées vous a fait soupçonner qu'il pouvait avoir un intérêt dans les notes du pharmacien.

(A l'accusé.) — La Pommerais, le contestez-vous?

L'accusé. — D'une manière formelle. Du reste, on entendra M. Mathias.

D. Voici une facture de Weber, pharmacien, pour les mois de juillet et août; elle se monte à 122 fr. Il y a au bas : « Remise 50 pour 100, reste 61 fr. » Une note ainsi conçue l'accompagne : « Monsieur, je suis tout seul, c'est-à-dire sans élève, je ne puis donc avoir le plaisir de venir vous voir moi-même. Voilà le montant des ordonnances que vous vouliez bien m'envoyer, et comme les bons comptes font les bons amis, je vous envoie la moitié de la recette. Comme vous le voyez, il y a des potions d'un franc seulement; ce sont des clients de la pharmacie, rue Richelieu, qui ne veulent pas payer plus; il fallait que je passasse par là. C'est un joli commencement pour la morte-saison. Tout en vous remerciant bien de la bonté que vous avez eue de m'envoyer du monde, veuillez recevoir l'assurance de ma parfaite considération. » — *R.* Cette note n'a aucun rapport avec la Société de Saint-Thomas. Elle concerne le dispensaire que j'avais fondé. Une partie des ordonnances que je délivrais aux personnes qui y venaient sans s'abonner m'était attribuée, pour payer le prix du loyer.

D. Quoi qu'il en soit, vous aviez un traité avec Weber par lequel il vous remettait la moitié du prix des ordonnances délivrées par vous. — *R.* Tant qu'il a été pharmacien du dispensaire.

M. le Président (au témoin). — N'est-ce pas vous, monsieur Uzanne, qui avez remis cette note à M. le Juge d'instruction? Elle est jointe à votre déposition.

M. Uzanne. — J'en ai eu connaissance par M. le Juge d'instruction seulement.

D. S'applique-t-elle à la société Saint-Thomas-d'Aquin? — *R.* Je n'ai pas examiné les livres.

D. Weber, pharmacien, ne vous a-t-il pas adressé à vous-même cette note?

Me Lachaud. — Elle a été saisie chez l'accusé. D'ailleurs, monsieur le Président, si, sur ce point, il y avait un doute et qu'on crût utile de l'éclaircir, on pourrait demander si les livres de la Société portent la mention des payements faits à M. Weber et s'ils concordent avec la note.

M. le Président. — Weber est cité comme témoin, il s'expliquera.

Me Lachaud. — La note vient de chez l'accusé, et non de la Société.

M. Mathias, docteur-médecin. — La première fois que mon attention a été appelée sur le nom de M. de La Pommerais, j'étais membre-administrateur d'une Société de secours mutuels. Un jour, on produisit une note de pharmacien pour des médicaments prescrits par l'accusé. Cette note parut excessive. Elle était bien plus élevée que ne le permettaient nos tarifs. Je fus chargé d'aller demander à M. Weber une réduction. Il ne voulut pas y consentir. A une séance ultérieure, je rendis compte de ma mission. J'en pris l'occasion pour témoigner mon étonnement de ce que l'on eût admis, dans une Société de secours mutuels dont les fonds sont fournis par des personnes peu aisées, une médecine problématique et dont les soins coûtaient plus cher que la médecine ordinaire. Je me gardai bien de prononcer le nom de M. de La Pommerais, qui, à cette époque, était entouré de la considération publique, et comptait beaucoup d'amis et même de clients reconnaissants parmi les membres du bureau. Mais, plus tard, quand je fus seul avec le président, je lui dis : « Entre nous, le secret de l'élévation de la note tient à une pratique particulière à l'homœopathie. Il y a un contrat entre le pharmacien et le médecin. Il ne faut pas que les fonds de nos assistés passent là. »

Il y avait huit à dix mois de cela, quand je lus dans un journal la mention du fait qui amène l'accusé sur ces bancs. Rencontrant à la Société le président, je lui dis : Est-ce que le médecin dont il est parlé serait celui de notre Société? Il me répondit : « Malheureusement oui; et, depuis cette affreuse accusation qui pèse sur sa tête, un souvenir m'est revenu. Je le connaissais beaucoup, j'avais assisté à son mariage comme témoin; quinze jours après je reçus un billet de faire part de la mort de sa belle-mère qui m'avait semblé dans un état florissant de santé. Plus tard je rencontrai M. de La Pommerais et lui demandai de quoi sa belle-mère était morte, et il me répondit : « Elle s'est empoisonnée! »

D. Vous aviez eu la conviction que de La Pommerais avait un traité avec le pharmacien Weber, qui lui donnait la moitié du prix des médicaments fournis à la Société? — *R.* Les médecins allopathes croient que tous les homœopathes font ainsi. Je ne formulais donc pas contre M. de La Pommerais une accusation basée sur ce fait; seulement je disais que nous devions exclure de notre Société les pratiques de l'homœopathie, qui coûtaient trop cher.

D. Quel a été le résultat de votre rapport? — *R.* Je l'ignore. Il n'a été pris aucune décision; mais le président a dû aviser. M. de La Pommerais comptait beaucoup d'adhérents, et l'un d'eux, M. de Cessac, quand je parlais des insuccès de l'homœopathie, souriait; il croyait que c'était mon orthodoxie allopathique qui m'inspirait ces réflexions.

D. L'accusé a-t-il continué à fournir ses soins médicaux? — *R.* Je ne sais pas. Nous ne nous réunissons que très-rarement. Je suis seulement administrateur.

M. le Président (à l'accusé). — Qu'avez-vous à dire?

L'accusé. — Rien.

M. le Président (au témoin). — Savez-vous quelque chose sur les causes qui ont porté M. Uzanne à donner sa démission?

M. Mathias. — Je ne connais rien de cela.

M. le Président (à l'accusé). — Vous aviez dit que M. Mathias pourrait donner, à cet égard, des explications?

M. Mathias. — Dans le compte-rendu que j'ai fait de ma mission, il n'a pas été question de M. de La Pommerais personnellement. Je n'ai fait que relever le surcroît de dépense qui se produisait pour la Société. Je ne me serais pas permis, en l'absence d'un confrère, de porter contre lui une accusation.

M. Lemarchand, concierge, rue de Luxembourg, 22. — L'accusé a demeuré dans la maison dont je suis concierge; il y avait un loyer de 1,500 fr., je crois; en 1858 ou 1859, il a quitté la maison pour aller rue de Verneuil.

D. N'a-t-il pas demandé que ses quittances fussent au nom de sa mère, qui n'habitait pas la maison? — *R.* Je n'en ai pas eu connaissance.

D. Enfin, le fait ne vous paraissait pas extraordinaire? — *R.* En tant que concierge, non.

D. La Pommerais recevait-il beaucoup de clients? — *R.* Pas mal. Il y avait des jours où il en venait plus que d'autres, de deux à cinq heures.

Me Lachaud. — Le témoin sait-il s'il payait exactement ses loyers?

M. Lemarchand. — Oui, monsieur le Président; sans aucun arrêt.

M. le Président. — L'accusé a dit que c'était pour éviter les poursuites de M. Pichevin qu'il avait mis son loyer sous le nom de sa mère.

(A l'accusé.) — Vous aviez dit qu'avec la déposition de M. Mathias, vous écraseriez M. Uzanne?

L'accusé. — M. Mathias n'est pas président de la Société. J'ai parlé du président actuel.

M. Lelienthal, négociant. — M. de La Pommerais est mon ami; il a été mon médecin pendant deux ans, et m'a sauvé la vie. Je lui en ai conservé une vive reconnaissance. Un jour, il me dit qu'il avait des valeurs étrangères qu'il ne pouvait vendre, et qu'il avait besoin de 20,000 fr. Je me suis trouvé trop heureux de lui rendre service; car il n'a jamais voulu recevoir de moi d'honoraires.

D. Votre déclaration n'est pas très-explicite. Il vous a demandé de lui procurer des valeurs? — *R.* Il m'a dit qu'il avait besoin de valeurs, et c'est moi qui les lui ai offertes.

D. Ce ne peut pas être vous qui soyez allé lui offrir des titres? — *R.* Je vous demande pardon; j'en étais trop heureux.

D. Vous ne comprenez pas ma question. Je dis que ce n'est pas vous qui êtes allé lui proposer, pour un jour ou deux, les titres de M. Pelardy de la Neuville? — *R.* Il m'a dit qu'il en avait besoin.

D. C'est ce que je disais. Vous a-t-il expliqué le motif? — *R.* Non, monsieur le Président.

D. Vous a-t-il dit combien il lui en fallait? — *R.* Je ne saurais fixer, pour 10 ou 12,000 fr.; je ne me rappelle pas.

D. Vous lui en avez prêté pour plus que cela, car il y avait 8,460 fr. en 18 obligations municipales, et 13,250 fr. en 20 actions du Comptoir d'escompte; total, plus de 21,000 fr. — *R.* Je ne me rappelle pas le chiffre.

D. Comment! il vous demande de lui procurer des titres pour une telle somme, et il ne vous dit pas pourquoi? — *R.* Il ne me l'a pas dit, et je ne lui ai pas demandé. Je le connaissais sous les rapports les plus honorables, et je n'avais jamais rien eu à lui reprocher.

D. Vous êtes allé demander ces valeurs à M. Pelardy de la Neuville et vous en avez donné un reçu? — *R.* Probablement oui, je ne me le rappelle pas.

D. Vous devriez vous le rappeler. Avez-vous demandé un reçu à La Pommerais? — *R.* Non, Monsieur.

D. Et si ces valeurs avaient été perdues? — *R.* Je le connaissais incapable de faire une chose pareille. Il m'a offert une garantie, mais j'ai pris mon chapeau et je suis parti. Je n'étais pas chez moi quand il me les a rapportées, je les ai trouvées en rentrant le même soir.

D. Combien de temps les a-t-il gardées? — *R.* Je ne puis fixer le nombre d'heures, car il ne s'agit que d'heures.

D. Cela a dû vous paraître extraordinaire? Lui

avez-vous demandé depuis ce qu'il en avait fait? — *R.* Non, Monsieur.

D. Vous êtes bien discret. (*Hilarité.*) Vous n'avez fait aucune question sur une chose aussi singulière? — *R.* Celui qui les a prêtées ne m'a rien demandé non plus.

D. Il est difficile de croire que vous ne vous rappelez plus cela. — *R.* C'est mon frère qui a rapporté les valeurs à M. Pelardy de la Neuville.

D. Vous saviez que La Pommerais se mariait, et il ne vous est pas venu à l'idée que ces titres vous étaient demandés à l'occasion de son mariage? — *R.* Non, Monsieur.

D. Vous êtes tellement son ami, que, au moment de son arrestation, il vous a fait le dépositaire de toute la fortune de sa femme. Il y a donc entre vous une intimité très-grande, et vous avez dû connaître le jour où le contrat de mariage a été signé. — *R.* Du tout, je ne l'ai su que quelque temps après.

D. Comment! il vous a caché le jour de son contrat et le jour de son mariage? — *R.* Non, pas le jour du mariage.

D. Il s'est marié le 8, et le contrat est du 7.

M⁰ *Lachaud*. — Je crois que le contrat est du 6, et le mariage du 8.

M. le Président. —C'est l'avant-veille du mariage que le contrat se serait signé et vous n'avez pas supposé que la demande de titres s'y pouvait rattacher? ·

M. Lelienthal. — Le mariage a eu lieu le 9, et j'étais parti le dimanche pour Londres; je n'ai donc pu y assister.

D. C'est chez vous que La Pommerais a acheté les cadeaux qu'il a faits à sa femme. Le prix ne vous en a été payé qu'après la mort de sa belle-mère? — *R.* J'ai donné la note à M. le Juge d'instruction.

D. Il résulte de cette note que la presque totalité des payements sont postérieurs à la mort de la belle-mère. Saviez-vous si La Pommerais était riche? — *R.* Je n'ai jamais connu sa position.

D. A-t-on quelque chose à demander au témoin? La séance est suspendue.

A la reprise, M. *Louis* est rappelé.

M. le Président. — Vous avez donné à La Pommerais un modèle d'acte de transfert pour les assurances?

M. Louis. — Non, monsieur le Président.

D. Pardon, voici le modèle du second transfert que vous avez donné. — *R.* Il a pu me parler de cela par voie de conversation, je l'ai dit.

M⁰ *Lachaud*. — C'est avant d'aller chez M. Levaux.

M. le Président. —La Pommerais vous consultait. Vous nous avez dit hier lui avoir donné le conseil de ne pas faire d'inventaire après la mort de sa belle-mère. Vous avez parlé aussi de certains contrats que l'accusé aurait faits avec des agents d'affaires et d'autres personnes, et vous avez indiqué un ecclésiastique qui aurait exigé 45,000 fr. pour lui procurer un mariage avantageux.

M. Louis. — Peut-être plus de 45,000 fr.

D. Vous étiez, à cet égard, dans une erreur complète; car l'accusé déclare de lui-même que ses rapports avec l'ecclésiastique ont eu lieu à l'occasion d'un emprunt? — *R.* Je suis certain qu'il se trompe, c'est un prêtre qui était à la tête de la *Tribune chrétienne*, et avait de très-belles relations.

D. L'accusé ne peut se tromper, et votre certitude ne peut être plus grande que la sienne. Vous-même, n'avez-vous pas eu des démêlés avec la justice? — *R.* Je suis un ancien officier du premier Empire. Il m'est arrivé de m'abandonner à un acte de violence; j'ai été acquitté, il y a longtemps de cela; jamais on ne me l'a reproché.

D. Le 14 octobre 1822, vous avez été condamné à un an et un jour de prison pour outrages et diffamation? — *R.* Je me suis justifié de cette accusation. Un magistrat, avec lequel je traitais d'égal à égal, s'est pris de querelle avec moi dans des circonstances particulières. Je me suis pourvu en cassation pour règlement de juges, et le Tribunal, auquel était soumise la contestation, en a été dessaisi. Sur le rapport de M. Hua, conseiller, la Cour de cassation a renvoyé d'office devant le Tribunal de Soissons. C'était une affaire très-malheureuse. Le magistrat, objet de cette grave difficulté a été envoyé Procureur général à Cayenne, et j'ai été acquitté, sur la plaidoirie de M⁰ Berryer. Il m'avait même été réservé de me pourvoir à fin de dommages-intérêts.

D. Nous ne voyons pas, sur la note qui vous concerne, ce qu'est devenue la condamnation à un an et un jour de prison. Mais, depuis, vous avez été condamné à un an de prison pour abus de confiance? — *R.* J'ai été un instant directeur général d'une Compagnie d'assurances; ceux qui étaient à la tête ont fait faillite et on m'a rendu responsable. Mais j'ai été gracié immédiatement.

D. Nous n'avons pas à entrer dans les détails, mais la condamnation existe : la Cour de Paris, le 3 avril 1843, vous a condamné à un an de prison. — *R.* J'ai été gracié aussitôt.

D. Vous avez été gracié le 23 septembre suivant, mais après avoir subi un emprisonnement de six mois. — *R.* Je n'ai pas fait un seul jour de prison.

D. C'est-à-dire que vous avez, sur votre demande, été enfermé dans une maison de santé, à cause d'une prétendue maladie que vous avez alléguée.

Depuis vous avez subi encore six mois de prison. Dans ces circonstances, vous avez bien pu donner à l'accusé les conseils dont il a été question.

Allez vous asseoir.

Simon (*Alexandre-Léon*), docteur en médecine.— M. de La Pommerais faisait partie de la Société des médecins homœopathes lors de sa fondation. Au bout de quelques mois, il a publié une circulaire qui a paru en opposition avec nos règlements. On l'a prié de donner des explications. Il a répondu qu'il avait sa liberté d'action et qu'il voulait se la réserver, et il a envoyé sa démission que la Société a acceptée.

D. Sa circulaire était une réclame? — *R.* Elle comprenait trois choses : l'annonce d'un changement de domicile, l'annonce de la fondation d'un dispensaire, et le programme d'un cours. D'ordinaire cela se fait à part; la réunion de ces trois annonces nous a paru en opposition avec nos règlements.

D. Est-il d'usage, parmi les médecins homœopathes, de délivrer eux-mêmes leurs médicaments? — *R.* Actuellement, l'usage parmi nous, comme parmi les autres médecins, est de se soumettre à la loi. Il y a eu un moment où, nous n'avions pas de pharmacies, il fallait bien préparer nous-mêmes nos médicaments et les distribuer; mais aujourd'hui nous avons six pharmaciens chez lesquels nous envoyons nos clients.

D. Vous, médecin homœopathe connu, vous ne délivrez pas chez vous de médicaments, vous faites des ordonnances que les pharmaciens homœopathes exécutent? — *R.* Cependant il peut se trouver des circonstances où nous ayons un malade éloigné qui exige de prompts secours. Dans ce cas, nous avons de petites pharmacies que nous emportons avec nous; mais c'est un fait exceptionnel, et, d'ordinaire, les médicaments que nous prescrivons sont toujours préparés par le pharmacien. La règle, c'est la formule.

D. Les pharmaciens homœopathes vous inspirent-ils confiance? — *R.* Sans doute, autrement nous n'irions pas chez eux. Ils ont fait leurs preuves depuis vingt ans. Il y a M. Catelan, M. Weber et quatre autres. Il y a même au faubourg Saint-Honoré un pharmacien qui fait, à la fois, de la pharmacie homœopathique et de la pharmacie allopathique. On formule aussi chez lui. Pourquoi ne pas aller chez un pharmacien quand il offre toute garantie?

M. le Président (à l'accusé). — Qu'avez-vous à dire?

L'accusé. — Ce n'est pas une raison, parce que le docteur Simon a confiance en deux pharmaciens, pour que j'aie, moi, confiance en eux. Il n'y a que deux pharmacies homœopathiques, les autres maisons ne sont que des succursales; n'ayant pas confiance dans les chefs des maisons principales, je me garde bien d'envoyer dans les succursales.

M. le Président (à M. Simon). — Quant à vous, témoin, ces pharmacies vous inspirent toute confiance?

M. le docteur Simon. — Je dois ajouter qu'elles nous en inspirent à nous tous, médecins homœopathes de Paris, puisque, tous, nous formulons chez eux. Ce n'est pas un fait qui me soit personnel.

L'accusé. — Il faut bien qu'on sache une chose: je ne donne pas toujours les médicaments. Je fais souvent des ordonnances qui sont exécutées, tantôt chez un pharmacien, tantôt chez l'autre. Veuillez demander au docteur, monsieur le Président, si beaucoup de médecins homœopathes, malgré l'existence de pharmacies homœopathiques, ne délivrent pas eux-mêmes leurs médicaments.

M. le Président. — Je l'ai déjà interrogé là-dessus.

M. le docteur Simon. — Je ne puis répondre ici pour tout le monde, mais les médecins homœopathes que je connais, ceux qui font partie de notre Société, ne donnent les médicaments que d'une façon très-exceptionnelle; la règle générale, c'est de formuler chez le pharmacien. Quand le malade est loin, à la campagne, qu'il s'agit d'un cas pressant, on a avec soi, de même que sa lancette et son bistouri, une petite boîte de 50 médicaments. Mais M. de La Pommerais ne me démentira pas: aujourd'hui, avec les ressources que nous possédons dans les pharmacies, nous ne donnons de médicaments que quand nous ne pouvons faire autrement.

L'accusé. — Ma pratique n'étant pas la même que celle du témoin, donnant les médicaments à l'extérieur comme à l'intérieur, *intus et extra*, je ne puis agir comme lui.

M. le Président (au témoin). — Quelle est l'opinion des homœopathes sur l'accusé?

Le docteur Simon. — La Société n'a point d'opinion défavorable sur l'accusé. Il s'est mis, par ses circulaires, en dehors de nos règlements et il a cessé d'être d'accord avec nous; il a marché dans la ligne qu'il s'était personnellement tracée. Nous n'avons à lui reprocher que sa circulaire.

D. Avez-vous connu son cours? — *R.* Je l'ai connu par l'annonce qu'il en a faite, mais je n'y ai jamais assisté.

D. Avez-vous lu son livre? — *R.* Une partie; je l'ai parcouru.

D. Quelle opinion en avez-vous conçue? — *R.* L'opinion d'un savant est individuelle. Je n'aurais pas fait ce livre ainsi; mais je ne puis blâmer M. de La Pommerais de l'avoir écrit comme il l'a écrit.

M. le Président. — Nous pensons sans peine que vous n'auriez pas écrit ce livre.

M. Gozzoli (Victor), notaire à Belleville. — J'ai été chargé de rédiger le contrat de mariage de Mlle Dubizy. Sa mère m'avait consulté sur le régime le plus convenable à adopter, et je lui avais conseillé le régime dotal, avec communauté d'acquêts. A l'époque à laquelle cette conversation avait lieu, Mme Dubizy était déjà très-exaltée contre M. de La Pommerais; elle refusa, et c'est le régime de la séparation de biens qui a été adopté.

D. Vous nous avez dit, je crois, que Mme Dubizy avait une grande répulsion pour M. de La Pommerais? — *R.* Elle avait une antipathie contre le mariage, et contre l'accusé qu'elle connaissait depuis quelque temps. C'est à une époque voisine du mariage, qui a été célébré peu de temps après.

D. Ne vous a-t-elle pas parlé des apports de son gendre? — *R.* Oui, elle m'a parlé de la fortune qu'il devait avoir, d'après les renseignements qui lui avaient été fournis. Sous le régime de la séparation de biens, il n'est pas nécessaire de détailler; cependant nous avions la certitude que les apports n'étaient pas sincères, et, au lieu de garder le silence comme à l'ordinaire dans ce cas, j'ai requis M. de La Pommerais de me faire connaître les valeurs qui constituaient son apport. Il m'en a indiqué quelques-unes. Je lui ai demandé si elles étaient nominatives ou au porteur; elles étaient au porteur. J'ai désiré en prendre note. Un jour, il me faisait une indication; le jour suivant, c'en était une autre. Enfin, le jour du contrat, il m'a fait une désignation, et à l'appui il m'a représenté quelques titres. Cela, pour moi, n'était pas suffisant, car on peut se procurer des titres. Alors, contre l'usage, son apport a été désigné article par article, en mettant dans le contrat les numéros des valeurs.

D. Vous nous avez dit que c'est parce que Mme Dubizy n'avait pas confiance dans la sincérité de ces apports? — *R.* Dans le cas où il y aurait eu mésintelligence entre le mari et la femme plus tard, il y avait, par le moyen employé, l'avantage de pouvoir dire au mari quelle était la fortune qu'il avait réellement apportée.

D. Si l'accusé eût été assisté par un notaire, au lieu de prendre des conseils occultes, il se serait opposé à ce que ses apports fussent inscrits article par article avec les numéros des titres. Mme Dubizy avait la conviction que les apports n'étaient pas sincères? — *R.* Il n'était pas difficile de me la faire partager. La famille très-honorable du futur ne lui faisait pas une constitution de dot pour son mariage. Toutes les apparences étaient contre la fortune qu'il annonçait.

D. Est-ce que Mme Dubizy vous a parlé de valeurs étrangères que La Pommerais possédait, et dans lesquelles elle n'avait pas confiance? Vous a-t-elle dit que c'était pour ce motif que celui-ci avait produit des valeurs françaises pour une somme les représentant à peu près exactement? — *R.* Je ne me le rappelle pas. L'exaltation de cette dame était très-grande; elle disait qu'elle ne croyait pas à la fortune de M. de La Pommerais.

D. Elle avait personnellement une très-grande

répulsion pour le mariage? — *R.* Elle paraissait l'avoir.

D. N'a-t-elle pas cédé au désir de sa fille? — *R.* Je le crois.

D. Vous en a-t-elle parlé? — *R.* J'en ai presque la certitude. Elle est venue me voir quelquefois après le mariage. Je sais que Mlle Dubizy, quand elle eut connu depuis quelque temps M. de La Pommerais, tenait beaucoup à se marier avec lui.

D. Mme Dubizy est morte très-peu de temps après le mariage. Cette mort ne vous a-t-elle pas étonné? — *R.* Elle m'a surpris, parce que c'était une femme de belle apparence, encore jeune, de quarante-et-un ou de quarante-deux ans, très-bien portante. Mais je n'ai pas eu la moindre idée que sa mort fût le résultat d'un crime. J'ai vu l'accusé, qui paraissait très-affecté.

D. On conçoit que vous n'ayez pu avoir le soupçon d'un crime; mais la mort de cette femme, dont la santé paraissait florissante, a dû vous paraître extraordinaire. Avait-elle de la fortune? — *R.* Je n'ai pas de notions bien précises à fournir à la Cour et au Jury à ce sujet; mais Mme Dubizy possédait un mobilier considérable, propre et de bon goût; elle avait un appartement très-convenable, beaucoup de linge, des objets de toilette en grande quantité, dans un proportion peu en rapport avec sa position modeste en apparence.

D. Il fallait qu'elle eût un revenu suffisant? — *R.* Oui, mais elle avait avec elle sa fille qui possédait une fortune indépendante, et elle profitait de ses revenus.

D. On vous a demandé, dans l'instruction, à combien s'élevait la fortune de Mme Dubizy? — *R.* Je l'ai évaluée approximativement à 40 ou 50,000 fr.; mais ce n'était qu'une impression, qui ne se basait ni sur des chiffres, ni sur des actes que j'aurais faits ou connus.

D. Est-ce vous qui avez fait la liquidation? — *R.* Non, monsieur le Président.

Me *Lachaud.* — Il y a eu une première liquidation à la mort de M. Dubizy; une autre a encore été faite à la mort d'une des demoiselles Dubizy; c'est M. Gautherin, notaire à Noisy-le-Sec, qui y a procédé.

M. le premier Avocat général. — Il existe au dossier une lettre du successeur de M. Prévost.

Me *Lachaud.* — M. Gautherin est successeur de M. Prévost.

M. le Président (au témoin). — Vous étiez le notaire de M. Dubizy? — R. Je l'ai été à deux époques, il y a eu une solution de continuité. En 1846, M. Dubizy s'est adressé à mon prédécesseur pour faire son testament en faveur de sa femme. Ce testament, il l'a révoqué sur son lit de mort, il en a fait un autre, par lequel il léguait la quotité disponible à sa fille aînée, plus tard Mme de La Pommerais. Il avait nommé un conseil à Mme Dubizy: c'était M. Michelin, conseiller à la Cour impériale. Les affaires de la succession ont été réglées dans l'étude de M. Prévost, prédécesseur de M. Gautherin. Quand Mme Dubizy a perdu sa plus jeune fille, Mme de La Pommerais était encore mineure; il a fallu liquider cette succession; la liquidation a été faite dans l'étude de M. Gautherin.

D. Vous n'avez pas fait d'inventaire après la mort de Mme Dubizy? — *D.* Non, Monsieur. Cependant Mme de La Pommerais est venue me voir plusieurs fois, et je lui ai conseillé de le faire. Je considérais cet inventaire comme indispensable, et je lui ai expliqué pourquoi: parce que, sous le régime de la séparation de biens, la fortune de la femme doit être établie par un titre. Elle a paru comprendre mes explications, et en a parlé à son mari. Mais, comme il était hostile à cette formalité, elle n'a pas été accomplie.

D. Vous dites que le mari s'y est opposé? — *R.* Il n'est pas venu me voir, mais je sais, par des rapports que j'ai eus avec madame, qu'il s'y est opposé, et elle n'a pas voulu le contrarier.

D. Vous avez dit, dans l'instruction, qu'elle était dominée par son mari, et qu'elle avait été obligée de lui abandonner l'administration de ses biens? — *R.* Elle me l'a dit. Quand je l'ai déclaré, mes souvenirs étaient très-présents. Lors de son mariage, madame avait des actions de la Banque de France, son mari lui a conseillé de les vendre pour acheter des actions de chemin de fer, et cela a été fait. Je disais à cette jeune dame: vous voyez bien que les précautions prises par votre mère deviennent illusoires. Si vous laissez votre mari administrer vos biens, le régime de la séparation vous sera plus fatal que celui de la communauté.

D. En effet, les actions de la Banque ont été vendues et transformées en actions du Midi.

(A l'accusé.) — Qu'avez-vous à dire sur la déposition du témoin?

L'accusé. — Quant aux actions de la Banque, je n'ai pas donné à ma femme le conseil de les vendre. C'est M. Lepel-Cointet, agent de change, qui l'y a engagée, parce que, selon lui, les actions du Midi devaient atteindre un chiffre supérieur à celui qu'elles avaient. Il lui disait: quand elles seront à 1,000 fr. vous les vendrez, et vous achèterez de nouvelles actions de la Banque. Maintenant le témoin a dit que j'avais parlé de valeurs autres que celles que je lui ai présentées; donc j'en avais d'autres.

D. Qu'est-ce que vous dites? — *R.* Le témoin a dit que j'avais parlé d'autres valeurs que celles portées dans le contrat.

M. Gozzoli. — Quand j'ai interrogé l'accusé, d'après le désir exprimé par Mme Dubizy, sur sa fortune et ses apports, il m'a parlé d'actions, mais, plus tard, les valeurs que j'ai analysées n'étaient pas celles qu'il m'avait indiquées.

M. le Président. — Il a varié sur les valeurs qu'il a annoncées. En effet, celles qu'il a présentées, il se les était procurées le jour même du contrat. Mais vous n'avez jamais entendu Mme Dubizy parler de valeurs étrangères qu'elle aurait repoussées? — *R.* Non, Monsieur.

L'accusé. — Le témoin m'a reproché de ne pas lui avoir montré les actions, de n'avoir indiqué que les numéros. Je précise les faits. Voici pourquoi il dit cela, c'est qu'en dehors des actions dont je lui avais parlé avant la signature du contrat, je lui ai donné les numéros d'autres valeurs.

M. Gozzoli. — Je n'ai pas dit cela.

M. le Président (à l'accusé). — Vous voulez établir une confusion dans la déclaration du témoin.

(Au témoin.) — Répétez-nous ce que vous avez dit.

M. Gozzoli. — J'ai dit que, pressé par moi de me faire connaître les valeurs qui composaient sa fortune, je le voulais faire figurer comme apports dans le contrat, il m'avait parlé de valeurs autres que celles qu'il a déclarées ou représentées en partie, car je n'ai eu entre les mains qu'une partie des valeurs qui composaient son apport, la plus petite partie; pour le surplus il ne m'a fourni que les numéros.

L'accusé. — Vous voyez bien que j'avais raison de faire l'objection. Je n'ai produit que les numéros.

M. le Président. — Vous avez présenté une partie des valeurs que vous avez dit être à vous, et vous avez donné les numéros des autres. Celles que vous avez montrées et dont vous avez indiqué les numéros appartenaient à M. Pélardy de la Neuville.

L'accusé. — Je ne puis avoir le tort de les avoir empruntées et celui de ne pas les avoir montrées. Je n'aurais pas indiqué seulement les numéros, si je les avais eues en ma possession.

D. Contestez-vous les avoir empruntées? — R. Non. Seulement j'explique les faits, je veux prouver que le témoin ne se rappelle pas très-exactement comment ils se sont passés.

Quant à ma belle-mère, elle avait une répulsion, non pas pour moi, mais pour le mariage, attendu que c'était un amoindrissement dans sa position. Elle ne pouvait avoir de la répulsion pour moi, puisque, depuis un an, je la connaissais. J'allais quelquefois trois fois par jour chez elle. Elle pouvait prendre, sur moi et sur ma famille, tous les renseignements.

D. Le témoin est en complète contradiction avec vous. C'était pour vous que Mme Dubizy éprouvait de la répulsion; elle était convaincue, et il partageait sa conviction, que vos apports étaient frauduleux.

M. Gozzoli. — Je suis convaincu d'une chose, c'est que le mariage se serait fait, l'accusé eût-il déclaré qu'il n'avait rien, parce que Mlle Dubizy y tenait.

M. le Président. — Mme Dubizy vous a-t-elle expliqué si sa répulsion contre son futur gendre se fondait sur autre chose que les apports frauduleux?

M. Gozzoli. — Des témoins mieux éclairés que moi ont dit que cette répulsion avait une autre cause. Elle tenait à la position et à l'attitude qu'avait prise M. de La Pommerais quand il avait été certain du mariage et de l'affection de la fille; il avait montré trop d'autorité et d'indépendance, et cela avait froissé la pauvre femme.

M. Gautherin, notaire à Noisy-le-Sec. — J'ai dit, dans l'instruction, que je connaissais Mme de La Pommerais antérieurement à son mariage, et que, depuis, je ne l'avais jamais vue, pas plus que l'accusé; par conséquent, je ne savais rien. Quant à la fortune de Mme de La Pommerais, d'après les actes que j'ai faits, elle devait s'élever à environ 150,000 fr., après avoir recueilli la succession de sa sœur. Celle de Mme Dubizy consistait en ce qu'elle avait recueilli dans la succession de sa fille, environ 30,000 fr., sur lesquels elle avait eu à payer les droits de mutation, et en diverses sommes provenant de la jouissance légale pendant le cours de la tutelle. J'ai ici l'acte de liquidation.

D. Enfin, suivant vous, quelle était la fortune de Mlle Clotilde Dubizy? — R. Suivant moi, de 130 à 140,000 fr.

Me Lachaud. — C'est très-facile à établir.

M. le Président. — Le contrat de mariage est loin de l'établir.

M. Gautherin. — Voici un acte homologué par le Tribunal, qui constate que, dans la succession de Mlle Hélène, il s'est trouvé 80,000 fr. Par conséquent, il a dû y en avoir autant pour Mme de La Pommerais. Sa mère ayant un quart, et elle les trois quarts de la succession de sa sœur, elle a dû avoir en tout de 130 à 140,000 fr.

D. Si c'est là la fortune qu'avait Mlle Dubizy, elle est aujourd'hui bien réduite, car elle se compose uniquement de 3,000 fr. de rentes sur l'Etat, et de soixante actions du Midi. — R. Ce que j'ai dit résulte des actes.

Me Lachaud. — Quand elle s'est mariée, Mlle Dubizy n'avait plus sa fortune entière; dans son contrat de mariage, elle se constitue seulement dix actions de la Banque de France, ce qui faisait environ 35 à 36,000 fr., et une rente sur l'Etat de 2,556 fr.

M. Gautherin. — M. le Juge d'instruction m'a interrogé sur la fortune de Mme Dubizy. Il m'est impossible de la dire, parce que, personnellement, je n'ai fait aucun acte dans laquelle ses intérêts fussent engagés. J'ai su seulement, par cette dame elle-même, que, lors de son mariage, elle ne possédait rien, et que l'apport de son contrat était fictif. M. Dubizy lui reconnaissait un apport, quoiqu'elle n'eût rien apporté.

Me Lachaud. — Elle ne pouvait avoir, au moment de la mort de son mari, absolument rien. M. Dubizy était un officier de l'armée; il fallait que sa femme parût avoir une dot, il la lui avait reconnue en se mariant. Elle n'a pu posséder que le quart qu'elle avait recueilli dans la succession de sa fille décédée, quart représentant 30,000 fr.

M. Gautherin. — Cette somme comprenait, je l'ai dit, les droits de mutation et les autres frais.

Me Lachaud. — Si M. le Président me le permet, j'indique que sa fille n'a trouvé dans sa succession que 414 fr. de rente 4 1/2, et quatre actions de la Banque de France.

M. Miguet (Emile), docteur en médecine, adjoint au maire du 19e arrondissement, à Belleville. — J'étais excessivement lié avec le docteur Loiseau. Je le rencontrai un jour, vers trois heures après midi, au coin de la rue de Beaune et de la rue de Paris; il me parut inquiet. Il me dit: Je viens de voir une malade qui m'inspire de grandes craintes; elle m'a fait appeler, me disant qu'elle avait confiance en moi; elle me semble atteinte d'une affection du tube digestif. — Que faites-vous? — Rien. Je n'y vais que par complaisance; elle a son gendre qui est homœopathe. — Vous ne marchez pas sous le même drapeau que lui, il me semble que vous devriez vous retirer. — Je ne le puis, car je soigne la famille Dubizy depuis sept ans.

Le lendemain, je rencontrai le docteur Loiseau vers le soir, et il me dit: Vous savez, cette dame, elle est morte. J'en parus très-surpris, parce que je l'avais remarquée dans la rue qui conduit au marché; elle paraissait fortement constituée, et avait une belle coloration de peau. Je l'avais remarquée sept à huit fois dans l'année, sans la connaître. Le docteur me parut étonné de cette mort subite; son étonnement se manifestait sur sa figure d'une façon qui m'a semblé indiquer un soupçon.

Le lendemain, j'entendis crier partout: Vous avez entendu parler de la dame de la rue de Beaune, on dit que c'est une mort violente, et on l'attribue à son gendre. On disait même: « Ce n'est pas la peine d'avoir un gendre médecin, pour être expédiée si vite. »

Je le répète, le jour de l'enterrement, j'ai entendu de toutes parts tenir ces propos.

D. Le docteur Loiseau ne comprenait pas lui-même cette mort qui l'avait beaucoup frappé? — R. Il avait quelques soupçons.

D. Sa physionomie indiquait le soupçon, mais il ne vous a rien manifesté de particulier? — R. Je ne pouvais, moi, rien soupçonner, puisque je ne connaissais pas Mme Dubizy.

D. M. Loiseau vous a dit : Le gendre fait ce qu'il veut? — R. Pour la mémoire de mon confrère, je dois le déclarer, s'il avait su le genre de médication qui était employé, l'usage de la digitaline, qui n'avait pas de raison d'être dans cette maladie, je suis convaincu qu'il avait trop d'honorabilité pour avoir voulu servir de couverture à un confrère dont on eût pu soupçonner les intentions.

M. le Président. — La mémoire du docteur Loiseau n'a rien à redouter des détails de ce procès.

L'accusé. — Je suis sous l'impression d'une émotion profonde, en entendant le témoin. Je ne le connais pas, mais je vais donner une preuve de sa sincérité. Il dit avoir rencontré, la veille dans la journée, le docteur Loiseau qui lui aurait parlé de ma belle-mère. Or le docteur Loiseau n'a été appelé que la veille au soir. J'insiste énormément là-dessus; il est venu la veille au soir de la mort seulement; il a passé la nuit et est revenu le lendemain matin; quelques heures plus tard, il m'a saignée. Est-il possible qu'un médecin suive une médication plus énergique? Il n'a pu dire, le lendemain, qu'il me couvrait, puisqu'alors ma belle-mère était morte.

M. le Président. — Vous étiez là quand votre belle-mère est tombée malade, vous avez ordonné une prescription renfermant 10 centigrammes de digitaline, exécutée chez Labainville.

L'accusé. — A ce moment, le docteur Loiseau n'y était pas, il ne pouvait dire qu'il me couvrait; il n'est arrivé qu'en dernier lieu, parce que le premier médecin appelé n'a pas voulu venir.

M. le docteur Miquet. — Je vais répondre. Si j'avais à formuler un désir, ce serait que l'innocence de M. de La Pommerais fût constatée, ne fût-ce que par esprit de corporation. Évidemment, le docteur Loiseau, quand il m'a rencontré, n'avait fait aucun traitement. S'il a exécuté quelque chose, ç'a été le soir ou le lendemain matin. Je constate sur l'honneur qu'il m'a dit qu'il ne savait pas le traitement qu'on faisait à la malade, qu'il ne s'en mêlait pas, attendu que son gendre La Pommerais la soignait. L'accusé prétend avoir envoyé chercher un médecin : ce n'est pas lui, c'est une dame du voisinage de Mme Dubizy qui est allée le prier de venir. Il s'y est refusé, par la raison qu'on l'avait quitté depuis cinq ans, et il a dit d'aller chez M. Loiseau.

M. le Président. — Vous affirmez que le docteur Loiseau vous a tenu ce propos?

M. le docteur Miquet. — Je l'affirme sur l'honneur. Il est d'usage, quand nous avons quelqu'un de malade dans nos familles, de réclamer l'appui d'un confrère qui nous préserve des soupçons. On croit, dans le public, que nous n'avons pas le droit de soigner nos parents, cela est accrédité; aussi, quand un médecin tient à sa considération, il doit éviter qu'on lance des soupçons contre lui, s'il arrive un malheur dans sa famille.

Me Lachaud. — Comment se fait-il que, dans sa déposition écrite, le témoin n'ait pas parlé des bruits qui couraient dans le public? Cela avait de la gravité.

M. le docteur Miquet. — J'ai dit que l'opinion publique était très-mauvaise.

Me Lachaud. — Non, Monsieur, vous n'avez pas dit un mot de cela.

M. le Président. — D'autres témoins l'ont dit. M. le Juge d'instruction ne l'a pas constaté à ce moment; voilà tout.

Me Lachaud. — Je constate que le témoin ne l'a pas déclaré.

M. le Président. — Il le dit aujourd'hui dans sa déposition orale.

M. Laloy, docteur en médecine, à Belleville. — Un soir du mois d'octobre 1861, le 9, je crois, Mme Burguet, amie de Mme Dubizy, vint chez moi et me pria de venir voir cette dame, atteinte de vomissements que rien ne pouvait calmer. Elle me dit : c'est son gendre qui la soigne; mais elle n'a pas confiance dans l'homœopathie. Je répondis à Mme Burguet : J'ai deux motifs pour ne pas aller chez Mme Dubizy; d'abord j'ai été pendant plusieurs années son médecin, et j'ai cessé de l'être il y a quelques années, à la suite de mauvais procédés que l'on a eus envers moi; je désire donc ne pas renouer de relations avec cette famille. En second lieu, le gendre est homœopathe et il nous serait difficile de nous entendre. Cependant Mme Dubizy est la veuve d'un confrère, et, si elle le désire absolument, j'irai la voir. Mais pourquoi ne pas aller chez M. Loiseau, son médecin ordinaire?

Mme Burguet me quitta, et, le surlendemain, je reçus, comme médecin des décès, un bulletin pour aller constater la mort de Mme Dubizy. Je m'y rendis et je trouvai une garde assise au pied du lit, puis M. Burguet (circonstance que j'avais oubliée lors de ma déposition ou dans l'instruction), ainsi que Mme Burguet. Mme Burguet m'avait mis au courant des symptômes que Mme Dubizy avait éprouvés, M. Burguet ne put que me répéter ce qu'il m'avait dit. La garde ne dit rien. Je ne vis pas d'ordonnance de M. de La Pommerais, ce qui ne m'étonna pas, car depuis que je suis médecin vérificateur des décès je n'ai jamais vu d'ordonnances d'homœopathes. Ou ils délivrent leurs médicaments eux-mêmes, ou bien leurs ordonnances restent chez les pharmaciens. On me présenta une ordonnance du docteur Loiseau prescrivant une potion calmante, avec du sirop de laitue. Elle n'indiquait pas grand'chose sur les symptômes. Je ne connaissais pas M. de La Pommerais, mais je connaissais intimement le docteur Loiseau qui m'offrait toute garantie; je n'avais pas l'ombre d'un soupçon. J'examinai le corps de Mme Dubizy. Il présentait un embonpoint considérable, qui n'avait pas beaucoup diminué; le ventre n'était pas plus volumineux qu'en bonne santé, le corps était couché sur le dos. La face était un peu pâle, les joues avaient conservé leur relief, les lèvres étaient un peu bleues, et une chose remarquable me frappa : il y avait un pointillé pourpre violacé autour des paupières, surtout les inférieures. Cela n'indiquait pourtant rien de particulier, et s'expliquait par les vomissements répétés qui, pendant plusieurs jours, avaient continuellement fait refluer le sang vers la tête.

J'étais éloigné de toute idée de crime; je me trouvais en présence de deux confrères qui avaient soigné la malade. Je conclus à un étranglement interne. Je ne saurais dire quel mot je mis sur le bulletin, mais c'était là l'expression de ma pensée. C'était une mort prompte pour ce genre de maladie, qui se termine quelquefois cependant d'une façon foudroyante. Depuis vingt-cinq ans j'ai vu des étranglements internes se terminer par la mort en trois ou quatre jours, mais généralement ils durent plus.

D. Aujourd'hui, à quelle cause attribuez-vous la mort de Mme Dubizy? — *R.* Personnellement, je ne puis avoir aucune opinion. Ce que j'ai appris depuis de l'administration des médicaments fournis par M. Labainville, la digitaline et la morphine à doses considérables, peut nécessairement changer, non pas ma conviction, mais l'opinion que j'ai émise lors de la constatation du décès.

D. Quelle est aujourd'hui votre opinion? — *R.* C'est que les vomissements ont été provoqués par l'administration de la digitaline, qui a pour premier symptôme toxique de produire, même à dose médicale, des vomissements.

D. Savez-vous si l'ordonnance du docteur Loiseau a été exécutée? — *R.* Je l'ignore.

D. N'avez-vous pas su plus tard qu'il y avait eu une ordonnance délivrée par La Pommerais, le gendre? — *R.* Je l'ai su de M. Labainville, depuis l'ouverture de l'instruction.

D. Cette ordonnance, prescrivant 10 centigrammes de digitaline et 25 centigrammes d'hydrochlorate de morphine, vous a-t-elle paru appropriée à la maladie que pouvait avoir eue Mme Dubizy? — *R.* Pas du tout.

D. Si vous l'aviez connue avant, ou au moment de la constatation du décès, quelle opinion auriez-vous eue? — *R.* Il me serait difficile de le dire, je ne sais l'impression que j'aurais éprouvée; j'aurais été saisi, et certes je n'aurais pas porté le même diagnostic. J'aurais provoqué nécessairement la présence de M. de La Pommerais, qui n'est las la conduite que j'aurais tenue; mais c'eût été une conduite droite, comme cela doit être en pareil cas.

D. Vous auriez trouvé singuliers les remèdes qu'on avait donnés à Mme Dubizy avec le genre de maladie qu'on lui attribuait? — *R.* J'aurais requis la présence de M. de La Pommerais, et je lui aurais demandé compte des médicaments fournis par M. Labainville, sur son ordonnance.

D. M. Loiseau est mort? — *R.* Oui, Monsieur; il est mort au mois de février de l'année dernière.

D. L'avez-vous vu depuis la mort de Mme Dubizy? — *R.* Oui, je l'ai rencontré bien souvent.

D. Avez-vous causé avec lui de la mort de Mme Dubizy? — *R.* Jamais.

D. Le soir de la mort, vous vous êtes rencontrés, mais vous étiez tous deux en voiture. Avez-vous entendu parler des bruits qui circulaient à l'occasion de la mort de Mme Dubizy? — *R.* Non, je n'ai entendu parler d'aucun. Dans le voisinage, on a été surpris, comme on l'est toujours en pareil cas, de la mort si prompte d'une femme de quarante-deux ans, mais je n'ai entendu formuler, dans le public, aucune opinion malveillante.

M. le Président (à l'accusé). — Qu'avez-vous à dire sur cette déposition?

L'accusé. — J'ai à dire que, non-seulement Mme Burguet est allée chercher M. Laloy, mais que moi-même j'avais envoyé la domestique chez lui auparavant. Je regrette que cette domestique n'ait pas été retrouvée, elle eût pu certifier ce que j'avance.

Me Lachaud. — Voilà le docteur Laloy qui est là lui-même.

M. le Président. — Défenseur, laissez l'accusé s'expliquer.

L'accusé. — J'en viens à la digitaline. Le docteur prétend qu'elle a pu causer les vomissements. C'est impossible, puisque je l'ai donnée pour les arrêter. Lorsque l'on m'a réveillé, ma belle-mère était depuis trois heures les pieds sur le carreau. Ce n'est pas la digitaline qui l'a rendue malade. Je ne me suis pas caché pour prescrire le médicament, puisque j'ai envoyé chez M. Labainville, pharmacien de ma belle-mère, dans le pays même. J'ai constaté non-seulement des symptômes cholériformes, mais encore une hypertrophie du cœur. C'est dans ces conditions que j'ai donné la digitaline. Je ne me souviens pas d'avoir demandé de l'hydrochlorate de morphine. Du reste, il s'agit de 25 centigrammes, et quand ce serait 35, j'aurais pu les donner extérieurement, comme je l'ai fait remarquer. M. Desormeaux a agi de même. Si j'avais voulu l'employer, c'eût été par des applications à l'extérieur.

D. Vous ne l'avez pas employé? — *R.* Je n'ai rien administré du tout.

D. Vous avez administré la digitaline. — *R.* Le docteur Laloy connaît la matière médicale, il peut savoir que la digitaline est un des médicaments les moins solubles dans l'eau. Lorsqu'on la met dans une grande quantité d'eau, l'impulsion du frottement lui donne des propriétés qu'elle n'aurait pas si l'on agissait autrement. Après avoir agité ainsi, j'ai décanté, et fait prendre une ou deux petites cuillerées à café. Quand le docteur Leboucher est arrivé, on a changé de médicament.

D. C'est pour calmer les vomissements chez votre belle-mère que vous avez ordonné la digitaline? — *R.* D'une part pour faire cesser les vomissements, et d'autre part pour arrêter les battements de cœur, suivant les principes sur lesquels je m'appuie.

M. le Président (au témoin). — Que pensez-vous de la médication?

M. le docteur Laloy. — Je dois d'abord rectifier un fait que j'ai démenti déjà. On ne s'est pas adressé deux fois à moi personnellement; il faudrait que la première fois qu'on est venu chez moi, on eût oublié de me le dire, car je connaissais assez Mme Dubizy pour que cela m'eût frappé. Quant à la question de la digitaline, il y a une différence complète entre les allopathes et les homœopathes. Jamais les premiers ne donneraient de la digitaline, substance très-apte à faire vomir, pour calmer des vomissements. C'est là une affaire de doctrine.

M. le Président. — Mais c'est une ordonnance complètement allopathique, que 10 centigrammes de digitaline et 25 d'hydrochlorate de morphine. D'après l'accusé lui-même, il n'a pas administré ses remèdes homœopathiquement, puisqu'il prétend avoir employé 5 centigrammes de digitaline sur 10.

L'accusé. — Vous faites confusion, monsieur le Président, entre la question de cause et la question de principe. Le docteur dit que la doctrine homœopathique et ses principes à lui sont choses différentes. La discussion ne pourrait s'établir que sur une question de principe.

D. Ce qui est acquis, c'est que vous avez prescrit des substances qui, d'après le témoin, n'étaient en aucune façon des remèdes appropriés à l'état de votre belle-mère. — *R.* Mais, d'après l'accusation, j'avais demandé, quelques jours avant, 50 centigrammes de digitaline chez Ménier. Je n'avais pas besoin d'en demander chez M. Labainville, pharmacien de ma belle-mère.

D. L'accusation soutiendra probablement qu'en faisant cette ordonnance chez Labainville, vous vouliez mettre votre responsabilité à couvert? — *R.* Quand quelques centigrammes suffisent pour donner la mort, ce n'est pas là un moyen de se mettre à couvert. Du reste, ma belle-mère n'a pas pris 5 centigrammes; car on a cessé ce remède à l'arrivée du docteur Leboucher, et elle n'en avait pris que quelques cuillerées.

D. Votre belle-mère est tombée malade après le dîner? — *R.* Je vous demande pardon, c'est dans la nuit.

D. Les témoins ont déclaré que c'était après le dîner. — *R.* C'est dans la nuit, vers trois heures, et elle est restée plus de trois heures les pieds nus sur le carreau.

D. Pourquoi cela? — R. Malheureusement elle ne nous a pas prévenus, mais je certifie le fait.

D. Alors comment le savez-vous, si elle ne vous a pas prévenus? — R. Elle-même l'a dit. Ce n'est que quand ma femme a entendu du bruit à côté d'elle qu'elle s'est réveillée; elle est allée près de sa mère et elle m'a fait éveiller. De suite j'ai envoyé chercher le docteur Laloy.

M. le docteur Laloy. — Je me rappelle parfaitement que Mme Burguet est venue, mais, je suis certain de mes souvenirs, je n'ai été demandé qu'une fois, à moins que, si l'on soit venu chez moi, je n'en aie pas été prévenu. Cela est peu admissible, mais je n'en puis répondre.

M. le Président. — Mme Burguet ne vous a pas dit qu'on vous eût déjà envoyé chercher? — R. Non, Monsieur.

D. A quelle heure est-elle venue chez vous? — R. A 7 ou 8 heures du soir.

M. Burguet, médecin oculiste, à Belleville. — Pendant douze ans, j'ai connu Mme Dubizy comme bonne voisine, sans pourtant que nous eussions de grandes relations ensemble; elle voyait peu de monde.

Mme Dubizy était une belle et forte femme, présentant toutes les apparences d'une excellente santé. Plusieurs fois, cependant, elle m'a dit, à moi, qu'elle souffrait d'une affection du cœur.

A quatre heures du soir, comme je rentrais de mes courses, ma femme m'apprit que Mme Dubizy était dangereusement malade. Je l'avais vue l'avant-veille chez moi très-bien portante; je fus surpris. J'allai la voir, et je trouvai sa fille et son gendre vivement affectés de sa position. Mme Dubizy me dit avoir eu, vers trois heures de la nuit, de violentes coliques d'estomac accompagnées de vomissements. Je ne cherchai pas, en présence de son gendre, à porter de diagnostic, et je ne restai que peu de temps, environ dix minutes. M. de La Pommerais me dit d'ailleurs qu'elle allait mieux. Comme il me reconduisait, je l'interrogeai sur la nature de la maladie: il me répondit que c'était le choléra. Cela me sembla se rapporter aux symptômes dont elle m'avait parlé.

D. N'avez-vous pas passé la nuit près de Mme Dubizy? — R. Sitôt rentré chez moi, je rendis compte à ma femme du résultat de ma visite. Elle me dit: « Il est naturel qu'ayant partagé, il y a quelques semaines, les joies de ces pauvres gens, nous prenions part à leurs peines; il faut leur offrir de passer la nuit près de leur mère. » M. de La Pommerais accepta ma proposition.

D. Cette nuit était la dernière de Mme Dubizy. N'allait-elle pas mieux? — R. Quand je suis revenu, vers huit heures du soir, avec ma femme, Mme Dubizy paraissait plus mal; alors, nous l'avons engagée à appeler M. Laloy. Cette proposition a paru lui plaire. Comme j'exprimais la crainte qu'il ne voulût pas venir, ma femme dit: J'irai moi-même le chercher. M. de La Pommerais offrit de l'accompagner; mais elle préféra aller seule. Pour des motifs que je n'ai pas à approfondir, M. Laloy refusa de visiter la malade.

D. Vous avez passé la nuit à veiller Mme Dubizy. La Pommerais vous avait annoncé qu'elle avait le choléra. Vous avez dit, dans l'instruction, qu'elle était dans un état de somnolence continuelle; cependant elle s'éveillait quand on l'appelait, et répondait aux questions qu'on lui adressait. Pendant cette nuit, une réaction s'est opérée? — R. Les extrémités étaient froides; nous avons mis aux pieds une bouteille de grès pleine d'eau chaude. Le pouls, qui était excessivement lent et faible, est alors devenu meilleur; la malade s'est trouvée mieux, M. de La Pommerais l'a lui-même reconnu. Vers sept heures du matin, j'annonçai le mieux à ma femme. J'allai ensuite à mes occupations, et le soir, en rentrant, ma femme m'apprit la mort, ce qui me surprit beaucoup.

D. N'avez-vous pas demandé quelques explications à Mme de La Pommerais? — R. Non, Monsieur; je ne l'ai vue que chez lui ou dans nos amis. Lorsque sa mère a été tout près de mourir, je crois qu'elle est allée au-devant de son mari. Ils s'étaient retirés chez un voisin, et ils ne m'ont donné aucune explication; ils étaient en larmes. J'ai offert à la jeune dame l'hospitalité de ma maison, parce que Mme Dubizy avait un très-petit appartement. Elle a refusé d'abord; mais son mari l'a engagée à accepter.

D. Vous avez dit que La Pommerais partageait votre avis, à savoir que, le matin, Mme Dubizy était sauvée? — R. M. de La Pommerais m'a dit qu'elle allait mieux.

D. Voici les paroles que vous avez prêtées à Mme de La Pommerais: « Après votre départ, mon mari, partageant votre espoir, est allé à Paris, et c'est en son absence qu'une nouvelle crise est survenue. J'ai fait courir après lui, je suis allée moi-même à sa recherche, et c'est pendant ce temps que ma mère est morte. »

Vous voyiez souvent Mme Dubizy? — R. Non, Monsieur; je l'avais vue une fois ou deux avant le mariage. Une première fois, en qualité d'administrateur du bureau de bienfaisance, j'avais des billets de bal à placer, je suis allé lui en offrir. Elle les a pris, en me disant qu'elle s'abstiendrait néanmoins d'y aller, n'ayant pas de cavalier. Je lui ai proposé de l'y conduire, elle a accepté. Plus tard, elle est venue me remercier. Sa seconde visite a eu pour but de me prier d'assister au mariage de sa fille comme témoin.

D. Après la mort de Mme Dubizy, sa fille et son gendre ne vous ont-ils pas parlé de la fortune qu'elle laissait, et ne vous ont-ils pas montré quelques valeurs? — R. Ils habitaient chez moi; ils avaient, dans leur chambre à coucher, des valeurs renfermées dans une cassette assez grande. Je ne saurais affirmer si c'est une appréciation de ma part ou s'ils me l'auraient dit; cette cassette contenait, je crois, 70,000 francs. Un soir qu'ils étaient absents, je me suis levé pour aller chercher la cassette et l'ai rapportée dans ma chambre. A son retour, M. de La Pommerais m'a dit: « Conservez-la, vous n'aurez plus peur. » Je l'ai conservée.

D. Vous ne savez rien de précis sur le chiffre, mais elle contenait des valeurs considérables? — R. Oui, Monsieur.

L'accusé. — J'ai une observation très-importante à faire sur cette déposition. Je lis dans l'instruction: « Elle me raconta que, sur les trois heures du matin, elle avait été prise de vomissements et était restée sans demander secours à ses enfants, les pieds sur le carreau. »

M. le Président. — Vous ferez valoir cela dans votre plaidoirie. Ce qui résulte de plus important de cette déposition, c'est qu'après la nuit passée par le témoin près de votre belle-mère, il y avait un mieux sensible; il est parti convaincu qu'elle était sauvée.

Vous êtes resté près de Mme Dubizy après son départ, et elle a été prise d'une nouvelle crise, à la suite de laquelle elle a succombé.

Me Lachaud. — Quel était le caractère de Mme Dubizy ? N'était-il pas très-versatile ?

M. le Président. — Le témoin, dans l'instruction, a dit « très-changeant. »

Me Lachaud. — « Elle avait le caractère excessivement versatile. Un jour, elle disait beaucoup de bien de sa fille : c'était une enfant charmante, elle l'aimait beaucoup. Un autre jour, elle ne pouvait vivre avec elle. On ne tenait compte ni de ses compliments ni de ses plaintes. »

M. le Président (au témoin). — Vous avez été étonné de la mort subite de Mme Dubizy ?

M. Burguet. — Oui, Monsieur.

M. Leboucher (Adolphe), docteur en médecine, faubourg Poissonnière. — J'ai été appelé auprès de Mme Dubizy le 8 ou le 9 octobre au matin. J'ai trouvé la malade dans un état alarmant : la figure était violacée, les mains étaient froides. Il y avait des déjections, c'est tout ce que je me rappelle. J'ai cru avoir affaire à un cas de choléra et ai fait une prescription en conséquence. Je crois que M. La Pommerais partageait mon opinion. J'ai fait une ordonnance prescrivant, si je ne me trompe, de l'arsenic ou du vératrum. Elle a été exécutée, mais je ne sais si elle a été administrée. Je crois que c'est M. Weber qui l'a préparée.

D. Vous êtes vous-même homœopathe ? — *R.* Oui, Monsieur.

D. D'après l'autopsie, Mme Dubizy ne serait morte ni du choléra ni d'une maladie du cœur. Pouvez-vous expliquer maintenant les causes de sa mort ? — *R.* Je ne puis rien expliquer. Je raconte ce que j'ai vu. Il ne pouvait me venir à la pensée que j'avais affaire à un cas d'empoisonnement.

D. Auriez-vous prescrit 10 centigrammes de digitaline et 25 centigrammes d'hydrochlorate de morphine ? — *R.* Jamais. Comme homœopathe, je n'aurais pas prescrit la digitaline à une dose pareille ; je ne l'aurais même probablement pas prescrite du tout. Mais je n'ai pu suivre la maladie ; je n'en ai vu ni le commencement ni la fin.

D. Avez-vous entendu parler qu'il y eût des cas de choléra à Belleville ? — *R.* Non, Monsieur.

M. le Président (à l'accusé). — Qu'avez-vous à dire ?

L'accusé. — J'ai fait part à mon confrère de l'administration de la digitaline.

M. le Président. — Il ne dit pas cela.

(Au témoin.) — La Pommerais vous a-t-il dit avoir administré de la digitaline à Mme Dubizy ?

M. le docteur Leboucher. — C'est possible, mais je ne m'en souviens pas.

D. Ce n'était pas le médicament approprié ? — *R.* Ce n'est pas ce que j'aurais donné.

D. Avez-vous été d'accord sur ce qu'il fallait faire ? — *R.* Oui, puisque j'ai signé l'ordonnance.

D. Mais il a dû vous dire qu'il avait donné de la digitaline. — *R.* C'est possible, mais je ne puis me le rappeler.

L'accusé. — Monsieur le Président, voulez-vous demander au témoin s'il se rappelle avoir été appelé par moi quelques jours avant pour une affection du cœur dont se plaignait ma belle-mère ?

M. le docteur Leboucher. — Je ne m'en souviens pas, j'en ai un vague souvenir, cependant.

M. le Président (à l'accusé). — La Pommerais, pourquoi avez-vous dit au témoin que votre belle-mère avait le choléra ?

L'accusé. — En raison des accidents violents qui s'étaient manifestés la nuit. Je l'ai déjà expliqué, nous traitons les maladies d'après leurs symptômes, et non d'après le nom qu'on leur donne.

D. Vous avez dit à des témoins, à Weber entr'autres, qu'elle avait le choléra ? — *R.* Je ne le nie pas ; il est possible que j'aie tenu ce langage, parce qu'à ce moment ma belle-mère présentait des symptômes cholériformes.

D. Le docteur Loiseau, auquel on rapportait que vous aviez dit cela, a répondu : « Elle a le choléra comme moi ! » Et vous avez reconnu, dans l'instruction, qu'il avait raison. — *R.* Par un motif bien simple. Avant de mourir, la malade a eu des convulsions, elle a craché énormément de sang. Si les symptômes eussent été exclusivement cholériformes, le dernier médecin n'aurait pas pratiqué une abondante saignée.

M. le Président. — Le docteur Loiseau est mort, nous ne savons pas ce qu'il dirait s'il était présent. Toutefois, il a dit : « Elle a le choléra comme moi ! » et cela parce qu'il n'y avait pas de cas de choléra à Belleville.

L'accusé. — Je demande qu'on pose au témoin cette question : La digitaline répondait-elle aux accidents constatés du côté du cœur ? Ai-je pu, précisément au point de vue de l'homœopathie, administrer dans ce cas la digitaline ?

M. le Président. — Le témoin croyait au choléra. (Au témoin.) — Auriez-vous prescrit 10 centigrammes de digitaline et 25 centigrammes d'hydrochlorate de morphine ?

L'accusé. — La question n'est pas dans la dose. Nous faisons une grande différence entre la prescription d'une substance et la dose à laquelle elle est employée.

D. Un médecin n'envoie pas chez un pharmacien avec l'intention de ne pas employer tout ce qu'il prescrit. Encore une fois, je vous l'ai dit, si vous vous étiez absenté, les personnes qui soignaient la malade pouvaient tout administrer. — *R.* La preuve qu'on peut ordonner, sans pour cela vouloir employer, c'est que vous avez des factures de Ménier de substances que j'ai achetées en quantité ; pour mon fils, par exemple, il y a un litre de sirop de chicorée dont il a pris seulement une ou deux cuillerées à café.

M. le Président (au témoin). — Vous êtes homœopathe ; demandez-vous pour un malade 10 centigrammes de digitaline et 25 centigrammes d'hydrochlorate de morphine, pour ne pas les employer ?

M. le docteur Leboucher. — Ceux qui ne font que de l'homœopathie n'emploient pas la digitaline ; mais certains médecins pratiquent les deux médecines, et emploient cette substance. Quant à la dose, c'est une autre question.

D. Les médecins peuvent employer la digitaline, nous ne le contestons pas, mais c'est surtout en granules. Je vous demande encore si vous prescririez l'ordonnance que je vous ai fait connaître. — *R.* J'ai déjà répondu que non, monsieur le Président.

M. Lelandois (Jean-Nicolas), employé à Belleville. — Le jour du décès de Mme Dubizy, ma mère me prévint de sa maladie. Je montai pour la voir, elle était couchée. Sa fille me reçut dans la salle à manger. Je lui demandai ce qu'avait sa mère ; elle me répondit : « Mon mari m'a dit qu'elle avait le choléra. » Cela produisit sur moi une grande impression. Mme de La Pommerais s'en aperçut et s'écria :

« Qu'avez-vous? vous pâlissez, voulez-vous prendre quelque chose? » — J'ai pris un petit verre de cognac. Une crise survint, et Mᵐᵉ La Pommerais me dit : « Il faut aller chercher un médecin. » Elle est sortie et est allée chez M. Loiseau. Je l'ai vu arriver. Je suis descendu. Je crois qu'il a saigné Mᵐᵉ Dubizy. Quand il a eu fini, je l'ai abordé et lui ai dit : « Savez-vous une vilaine chose? Mᵐᵉ La Pommerais m'a dit que sa mère avait le choléra! » Il m'a répondu : « Elle n'a pas le choléra. » Là-dessus, je suis rentré à la maison.

D. Que savez-vous du mariage de La Pommerais? — *R.* Un jour, Mᵐᵉ Dubizy est venue chez ma mère, se plaignant de ce que sa demoiselle allait se marier. Elle ne voyait pas ce mariage avec plaisir.

D. N'a-t-elle pas parlé des apports de son gendre? — *R.* Elle a demandé conseil à ma mère et à moi, disant : « Mon futur gendre veut apporter en dot une ferme ou des valeurs. » J'ai dit : « A votre place, je prendrais l'immeuble. » Mais avec Mᵐᵉ Dubizy la conversation n'était pas longtemps suivie; elle est tombée, et il n'en a plus été question.

D. N'avez-vous pas su que La Pommerais voulait se marier sans contrat? — *R.* Oui, Mᵐᵉ Dubizy me l'a dit. Je lui ai répondu : « C'est étonnant; allez consulter M. Gozzoli. » Elle avait M. Gautherin pour notaire; mais j'avais appris qu'elle en était mécontente, je ne sais pourquoi; je suppose parce qu'il l'avait fait attendre quelquefois.

D. Quelle était la santé de Mᵐᵉ Dubizy? — *R.* Une fois, entr'autres, je montais l'escalier derrière elle; elle s'est assise sur une marche et a dit : « Je sens une douleur au cœur dans certains moments, surtout quand je suis contrariée. »

D. Avez-vous su à quel moment la maladie a commencé? — *R.* Non, Monsieur.

D. Mᵐᵉ de La Pommerais ne vous en a-t-elle pas parlé? — *R.* Je ne sais pas si c'est elle ou bien la bonne.

D. Vos souvenirs aujourd'hui sont effacés, mais le 18 janvier vous avez dit : « Plus tard, après le décès de sa mère, Mᵐᵉ La Pommerais m'a raconté..... » — *R.* Si j'ai dit cela, c'est la vérité, je l'affirme. Elle m'a dit qu'après avoir dîné, étant dans une autre pièce que la salle à manger, les vomissements l'avaient prise.

D. Vous avez dit « immédiatement après le dîner. » — *R.* Je ne pourrais certifier. Je crois que c'est peu de temps après le dîner.

D. Vous avez déclaré que Mᵐᵉ La Pommerais vous avait raconté que sa mère, dans la soirée du 8, immédiatement après le dîner, avait été prise de vomissements, et avait quitté la salle à manger, priant ses enfants de ne pas s'inquiéter. Persistez-vous dans votre déclaration? — *R.* Oui, Monsieur.

D. N'aviez-vous pas entendu Mᵐᵉ Dubizy dire son opinion sur la médecine homœopathique? — *R.* Oui, Monsieur. Un jour, étant chez ma mère, elle avait déclaré à sa fille que si elle venait à tomber malade, la seule chose qu'elle lui demandait, c'était de ne pas la laisser traiter par l'homœopathie.

D. Cependant elle a envoyé chercher un homœopathe, le docteur Leboucher. Ne vous a-t-elle pas parlé des sentiments qu'elle avait pour son gendre? — *R.* Dans les derniers temps qui ont précédé son décès, elle se plaignait que parfois son gendre, en rentrant, n'attendait pas qu'elle fût prête à dîner et se mettait à table sans elle. Une autre fois, elle s'est plainte également de quelques moments de vivacité chez lui, mais sans en dire les causes.

D. Voici ce que vous avez ajouté : « Mᵐᵉ Dubizy n'était pas bien avec son gendre. Celui-ci manquait d'égards pour elle, et, à la moindre observation de sa part, il s'emportait. Elle me disait que son gendre se mettait à table sans la prévenir, et que, lorsqu'il y avait une dépense à faire, c'était toujours à elle qu'on laissait le soin de la payer. » — *R.* Ce fait est exact. Je certifie qu'elle a dit cela à ma mère et à moi.

D. Quelle a été l'impression que la mort a causée dans le voisinage, à Belleville? Que disait-on? — *R.* Certaines personnes disaient qu'une maladie si prompte, et dans des circonstances semblables, ne pouvait être que le fait d'un empoisonnement.

D. Cette mort, avez-vous dit, a produit une grande impression dans le quartier? — *R.* Oui, mais cela n'a pas duré.

D. Après le décès, Mᵐᵉ de La Pommerais n'a-t-elle pas fait quelques confidences? — *R.* Un ou deux jours après, je montai la voir; — cela m'arrivait très-rarement, car je ne l'avais pas vue depuis l'enterrement; — je la trouvai très-indisposée; elle me dit que Mᵐᵉ La Pommerais et sa demoiselle s'étaient permis de prendre ses clefs et de fouiller dans ses meubles.

D. Mᵐᵉ La Pommerais la mère? — *R.* Oui, Monsieur.

D. Cela l'avait singulièrement blessée? — *R.* Elle dit : « A partir de ce moment, je ne verrai plus la mère ni la fille. »

D. Ne vous a-t-elle pas parlé d'une observation qu'on lui avait faite le jour du décès? M. La Pommerais père lui avait dit : « Mon enfant, maintenant que l'accident est arrivé, donnez-vous vos biens au dernier survivant, votre mari et vous. » — *R.* Oui, Monsieur.

D. Ne vous a-t-elle pas dit que, à cause de cela, elle ne voulait plus revoir la famille de son mari? — *R.* Oui, Monsieur, elle me l'a dit.

M. le Président (à l'accusé). — En effet, on a trouvé dans vos papiers un projet de testament pour votre femme. Le vôtre, vous l'avez fait très-peu de temps après la mort de votre belle-mère. Vous laissiez vos biens à votre femme, et l'accusation prétend que vous ne lui laissiez pas grand'chose. Dans le projet pour votre femme, vous lui recommandiez de bien observer toutes les prescriptions de la loi.

L'accusé. — J'ignore si ma femme l'a fait; mais moi j'ai fait mon testament en sa faveur. Quant à l'allégation du témoin contre ma mère et ma sœur, je la repousse en leur nom. Du reste, la déposition du témoin tombe d'elle-même.

D. Les Jurés apprécieront. — *R.* Quant à l'allégation du témoin que je ne voulais pas de contrat, je l'ai dit, je voulais être marié sous le régime de la communauté, comme étaient mariés mes parents et plusieurs de mes amis! Je n'avais pas cependant de raison pour refuser de faire un contrat, puisque j'avais en perspective ce qui me revenait de ma famille, et que je possédais d'ailleurs 50,000 fr.

D. Comment! vous aviez 50,000 fr. lors de votre mariage? — *R.* Oui.

D. Mais si vous les aviez possédés, vous ne seriez pas allé emprunter des valeurs pour les présenter au notaire? — *R.* J'ai déjà dit que ma belle-mère ne voulait pas de valeurs étrangères. Quant au conseil donné par mon père, j'ai été le premier à le blâmer. Mais ce qu'il a proposé, c'était un testament réciproque. J'ai trouvé le moment très-peu propice pour faire une pareille proposition; mais mon père allait repartir pour la campagne.

M. le Président (au témoin). — Vous affirmez les faits tels que vous les racontez?

M. Lelandois. — Oui, monsieur le Président.

M. le Président. — MM. les Jurés apprécieront.

M. Labainville (Joseph-Eugène), pharmacien à Belleville. — J'étais le pharmacien de Mme Dubizy depuis plusieurs années. Dans la nuit du 8 au 9 octobre 1861, une personne à son service m'apporta une ordonnance de M. de La Pommerais prescrivant vingt centigrammes d'hydrochlorate de morphine, et dix centigrammes de digitaline en deux paquets. Je demandai si M. La Pommerais devait employer lui-même ces médicaments. Sur la réponse affirmative, je les délivrai en conservant l'ordonnance que j'ai inscrite sur mon registre. J'ai mis sur l'étiquette : « usage externe. » Le lendemain, pendant mon absence, vers midi ou une heure, on est revenu avec une nouvelle ordonnance demandant dix centigrammes d'hydrochlorate de morphine, qui ont été délivrés par mon élève. Je m'en suis aperçu le soir en rentrant. On est venu encore avec une autre ordonnance contenant, je crois, une ou deux gouttes de teinture d'aconit étendue dans de l'eau distillée. Le lendemain 10, nouvelle ordonnance demandant : « Eau distillée, soixante grammes, et quatre gouttes teinture de belladone. » Enfin, vers deux heures après-midi, une nouvelle ordonnance du docteur Loiseau a été apportée. Je l'ai préparée, c'était une potion insignifiante.

D. Une potion calmante? — *R.* Oui, Monsieur.

D. Les prescriptions de poisons ne vous ont-elles pas étonné? — *R.* Je n'ai pas fait d'observations : les doses étaient fractionnées, et elles étaient employées par le docteur lui-même. J'étais loin de penser à ce qui est arrivé.

D. Ce n'étaient pas des préparations homœopathiques? — *R.* Je ne suis pas pharmacien homœopathe, je ne pourrais répondre à ce sujet.

D. Connaissiez-vous Mme Dubizy? — *R.* Depuis vingt ans à peu près, sans la connaître particulièrement, parce qu'elle demeurait à côté de mon père. On a, comme voisins, des relations sans être intimes.

D. Vous paraissait-elle jouir d'une bonne santé? — *R.* D'une santé robuste.

D. C'était une femme forte, assez puissante, et qui présentait les apparences de la meilleure santé? — *R.* Certainement.

D. Comme pharmacien, savez-vous si, à Belleville, à l'époque de sa mort notamment, il y avait des cas de choléra? — *R.* Je n'en ai nulle connaissance.

D. Il est probable que vous en eussiez été informé s'il y en avait eu? — *R.* Je n'ai pas entendu parler d'autres cas.

D. Vous êtes certain que la mention portée sur vos registres est bien le relevé de l'ordonnance? — *R.* La première prescription a été délivrée par moi. Je me suis levé vers quatre ou cinq heures du matin; l'élève couchant loin de la pharmacie, je descendis moi-même pour ne pas faire attendre. Cette ordonnance m'a été apportée par une femme de service grande, que j'aurais reconnue si elle m'eût été présentée.

M. le Président. — Il a été impossible de la retrouver.

(A l'accusé.) — Avez-vous quelque chose à dire?

L'accusé. — Rien que ce que j'ai déjà dit. Je ne me rappelle pas avoir demandé autre chose que la digitaline.

D. Le témoin ne peut se tromper, vos ordonnances sont inscrites sur ses livres. — *R.* Je ne sache pas avoir demandé d'autres médicaments que la digitaline, et je n'ai employé que ce que j'ai déclaré.

D. Qu'est devenu ce qui n'a pas été employé? — *R.* Je l'ai déjà expliqué, ces médicaments ont été mis à part dans un placard, et ma femme a tout détruit.

D. En tout cas il vous est impossible de justifier cette dernière allégation.

Mme Harel, rue de Beaune, à Belleville. — Je suis arrivée près de Mme Dubizy au moment de sa mort. La bonne était seule, elle appelait au secours, je suis montée. Je l'ai aidée à remettre la malade dans le lit; elle est morte dans mes bras.

D. A-t-elle prononcé quelques paroles? — *R.* Non, Monsieur, elle ne parlait plus, elle ne voyait plus.

D. Que s'est-il passé à l'arrivée de La Pommerais près de la morte? — *R.* Il s'est mis devant le lit en croisant les bras et a dit que c'était fini. Il s'est approché, a mis l'oreille sur le cœur, et a répété qu'elle était morte, puis il s'en est allé.

D. A partir de ce moment, le gendre et la fille ont quitté la maison? — *R.* Le gendre est remonté différentes fois; mais c'est moi qui ai donné quelqu'un pour garder le corps.

D. Personne ne s'est plus occupé des derniers devoirs à remplir près du corps? — *R.* Non, Monsieur.

D. Ne tenez-vous pas de Mme Dubizy certaines confidences à l'occasion du mariage de sa fille? — *R.* Elle n'en était pas satisfaite, et jusqu'au dernier moment elle espérait qu'il ne se ferait pas, mais elle a fini par céder à la douleur de mademoiselle.

D. Le mariage avait été rompu? — *R.* La mère a fini par céder aux pleurs de sa fille.

L'accusé. — Le mariage ne s'est jamais rompu, monsieur le Président. Mme Dubizy n'y a jamais été opposée.

M. le Président. — Vous êtes en complète contradiction avec le témoin, qui raconte ce que Mme Dubizy lui a dit à elle-même.

M. Weber (Charles), pharmacien, rue Saint-Honoré.

M. le Président. — C'est chez vous que La Pommerais faisait exécuter ses ordonnances? — *R.* Il m'a envoyé beaucoup d'ordonnances.

D. N'étiez-vous pas convenu avec lui de certaines conditions particulières? — *R.* On parle de remises; je ne lui en ai pas fait en réalité. Quand il a voulu fonder un dispensaire, il est vrai que je lui en ai accordé, mais ç'a été à la condition qu'il payerait le loyer du local.

D. Il vous a demandé une remise? — *R.* C'est moi qui la lui ai offerte. Je ne voulais pas payer le loyer du local. D'ordinaire, le médecin donne ses consultations, et le pharmacien paye le loyer du dispensaire. J'ai mieux aimé accorder en cette circonstance une remise que de prendre l'engagement de payer le loyer.

D. Alors vous accordiez au médecin la moitié du prix des ordonnances que vous exécutiez; c'est-à-dire que, quand vous aviez reçu 120 fr. pour ordonnances exécutées, il y en avait la moitié, 60 fr., pour La Pommerais? — *R.* Pour une ordonnance de 1 fr.

50 cent., je lui donnais 75 cent., destinés au prix du loyer.

D. Ainsi vous lui remettiez la moitié, et vous aviez encore du bénéfice? — *R.* Dans la médecine homœopathique ce n'est pas le médicament qui a de la valeur, c'est la peine et les soins que les préparations exigent qui se payent.

D. Vous faites payer très-cher vos remèdes? — *R.* Il est de règle, entre les médecins et pharmaciens homœopathes, que, lorsqu'ils donnent leurs soins à un ouvrier, les médecins mettent sur leurs ordonnances le mot « dispensaire », et, en ce cas, les potions de 1 fr., et même celles de 1 fr. 50 cent., sont délivrées au malade au prix réduit de 50 cent. En accordant directement à M. de La Pommerais la même faveur, je n'étais pas en perte, et je me trouvais affranchi du prix du loyer.

D. Les malades du dispensaire obtenaient les remèdes à prix réduit; mais les autres malades, plus riches, payaient plus cher? — *R.* Bien entendu; néanmoins, chez moi, les médicaments sont moins chers qu'ailleurs.

D. La Pommerais ne vous a-t-il pas trompé? — *R.* Nous ne nous sommes pas entendus à la fin. Je ne devais accorder la diminution que pour la classe ouvrière; il m'a fait des propositions que je n'ai pas voulu accepter; il n'a pas agréé les miennes, et nous en sommes restés là.

D. Avez-vous connu la maladie de Mme Dubizy? — *R.* Non, Monsieur.

D. La Pommerais ne vous a-t-il pas apporté une ordonnance pour elle? — *R.* Mon élève m'a dit qu'il y avait une ordonnance pour la belle-mère de M. de La Pommerais qui était bien malade. Dans la même journée, il est venu lui-même avec une ordonnance du docteur Lehoucher.

D. Qu'est-ce qu'elle prescrivait? — *R.* Du vératrum, je crois.

D. La Pommerais vous a-t-il dit quelle était la maladie de sa belle-mère? — *R.* Je crois qu'il m'a dit qu'il craignait qu'elle eût le choléra?

D. Vous n'avez pas fait d'observation à cet égard? — *R.* J'ai dit : Il y a donc toujours quelques cas de choléra? Il m'a répondu : Il y en a toujours à Paris.

D. Mais il n'y en avait pas. Avez-vous entendu dire qu'il y en eût à Paris en ce moment-là? — *R.* Non, Monsieur.

D. Qu'est devenue l'ordonnance? — *R.* Je l'ai gardée sur la demande de M. de La Pommerais. Au bout d'un an, je l'ai détruite.

D. N'avez-vous pas été surpris de la recommandation qu'il vous a faite de la garder? — *R.* Quand une personne meurt, il est d'usage que le pharmacien garde un an au moins l'ordonnance.

M. le Président (à l'accusé). — Avez-vous dit au témoin que votre belle-mère avait le choléra?

L'accusé. — Je serai obligé de revenir sur mes explications.

D. Avait-elle le choléra? — *R.* Non, elle ne l'avait pas; mais le docteur Lehoucher avait cependant porté le même diagnostic que moi.

D. Vous avez reconnu dans l'instruction, au sujet du propos attribué au docteur Loiseau, que votre belle-mère avait le choléra. — *R.* Je répète qu'elle est morte d'une affection du cœur, attendu qu'au dernier moment elle a eu des crachements de sang très-abondants, précédés de convulsions. Elle avait donc une maladie du cœur, en dehors des symptômes cholériformes qui se sont produits chez elle. Si le docteur Loiseau l'a saignée, c'est qu'il avait reconnu du côté du cœur des symptômes de congestion.

D. Si vous pensiez qu'elle avait une congestion, vous ne pouviez pas dire qu'elle avait le choléra. — *R.* On peut concilier les symptômes les plus saillants de choléra qu'elle a eus avec la maladie de cœur qui l'a tuée.

M. Rioublanc, agent d'affaires. — J'ai été chargé d'opérer pour M. de La Pommerais le recouvrement de ses honoraires de médecin. Au moment de son arrestation, j'en avais à faire une trentaine, le plus grand nombre de 10 fr. à 30 fr., quelques-uns de 50 fr. et 60 fr., et un autre plus important de 400 fr. Généralement ils se faisaient assez bien, mais ce dernier toutefois me paraissait assez compromis. Il se trouvait des notes de 2 fr.; j'en ai même eu de 1 franc. Les recouvrements qui présentaient des difficultés m'étaient seuls confiés.

M. le Président (à l'accusé). — Ainsi, au moment de votre arrestation, vous n'aviez pas de sommes importantes à recouvrer de vos honoraires.

L'accusé. — J'ai dit que les notes des personnes qui me doivent n'étaient pas entre les mains de M. Rioublanc.

D. M. le Juge d'instruction a fait le relevé de vos livres, et constaté que les créances dont vous parlez se référaient à plusieurs années, et non à une seule, et que probablement la majeure partie d'entre elles était aussi compromise que celle de 400 fr. dont a parlé le témoin. — *R.* Je certifie et j'affirme qu'il devait me revenir, à la fin de l'année, plus de 6,000 fr. Il est très-facile de s'en assurer en mettant le relevé de ces créances sous les yeux de MM. les Jurés.

D. Ce relevé a été fait avec soin par M. le Juge d'instruction. Vous prétendiez qu'il vous était dû, non pas 6,000 fr. mais 10 à 12,000 fr.? — *R.* Je le dis encore aujourd'hui. L'autre jour, je fixais mes revenus à 35,000 fr., et encore je n'y comprenais pas les 12,000 fr. qui devaient me rentrer à la fin de l'année. Faites le relevé de mes livres, vous vous assurerez de ce que je dis.

D. M. le Juge d'instruction a fait ce relevé, et soutient que vos calculs sont entièrement faux. — *R.* Il n'a pris que cinq à six clients dans le mois de janvier.

D. Il a constaté que les recouvrements arriérés n'étaient pas de 12,000 fr.; qu'en tout cas ils se rapportaient à plusieurs exercices, et que la plupart étaient perdus ou du moins très-compromis, et ne pouvaient être compris dans vos revenus annuels. — *R.* Je n'ai pas de comptes; ces créances ne peuvent donc se répartir sur plusieurs années. Il n'a relevé que les sommes que j'ai reçues en 1863.

D. Une discussion s'est élevée entre lui et vous à cet égard; il a consigné sa réponse, dans laquelle il établit que les créances que vous aviez portées d'abord à 12,000 fr., puis à 6,000 fr., ne pouvaient se justifier. — *R.* Faites le relevé, et vous verrez que je suis au-dessous de la vérité dans les chiffres que j'indique.

D. Ainsi votre clientèle vous rapporterait 35,000 fr.? — *R.* Non; mais ma recette annuelle atteint cette somme en y comprenant mes revenus et ma clientèle. J'ai dit que mon cabinet me produisait 20,000 fr., mon dispensaire 5,000 fr.; j'ai expliqué comment, enfin, avec les revenus de ma femme, le total est de 35,000 fr.

D. Les revenus de votre femme ne sont pas de 10,000 fr.; elle a été entendue elle-même, et tout ce qui lui reste consiste en 3,000 fr. de rente sur l'Etat, et soixante actions du chemin de fer du Midi, plus les 4,000 fr. que M. Desmidt vous doit, et qu'elle réclame comme étant sa propriété. Quant à vous, vous ne possédez pas la moindre chose. — R. D'abord, c'est moi qui ai prêté à M. Desmidt 4,000 fr. Du reste, mon défenseur se chargera d'établir, actes en mains, que ma femme a encore aujourd'hui ce qu'elle a apporté en mariage.

D. Par conséquent, elle n'a pas 10,000 fr. de rentes. — *R.* Nous les avions, avec les 50,000 fr. que je possédais en me mariant.

D. Où sont-ils? — *R.* Il y avait déjà 10,000 fr. d'actions du Nord, qui m'ont servi pour donner 13,000 fr. à Mme de Pauw; les 4,000 fr. que j'ai prêtés à M. Desmidt; plus 17,000 fr. qui étaient dans mon secrétaire.

D. Où sont-ils, ces 17,000 fr.? — *R.* A l'époque de mon arrestation j'avais 10,000 fr. d'actions du Midi, 3,000 fr. dans mon secrétaire, et 4,000 fr. que j'avais prêtés à M. Desmidt. En dehors de cela il m'était dû, comme je l'ai dit, par ma clientèle plus de 12,000 fr.; faites le relevé.

D. M. le Juge d'instruction a constaté qu'en 1863 vous aviez eu à recevoir, votre femme et vous, 16,650 fr.; et que par conséquent, en faisant le calcul le plus large, votre clientèle vous avait rapporté 9,635 fr. — *R.* Veuillez remettre les pièces sous les yeux de MM. les Jurés; on verra si mes chiffres sont exacts.

D. Enfin, en quoi consistent les 10,000 fr. de revenus dont vous avez parlé? — *R.* Ils comprennent les revenus de ma femme et les miens.

D. Vos revenus à vous, en quoi consistent-ils? — *R.* A l'époque de mon arrestation, j'avais déjà 17,000 fr.

D. Mais les 10,000 fr. d'actions du Midi font partie de la fortune de votre femme. Comment pourriez-vous jamais arriver à prouver 10,000 fr. de revenus? — *R.* Avec 40 à 50,000 fr., je me charge de leur faire produire 4 à 5,000 fr.

D. Mais où sont vos 40 à 50,000 fr.? — *R.* Je ne puis les avoir donnés et les posséder encore.

D. Vous ne les avez donc plus? — *R.* Il me reste 17,000 fr.

D. Où sont-ils? — *R.* Lors de mon arrestation, je le répète, je possédais 10,000 fr. d'actions du Midi, 3,000 fr. qui étaient dans mon secrétaire, plus les 4,000 fr. que j'ai prêtés à M. Desmidt, ce qui fait bien 17,000 fr.

D. MM. les Jurés ont entendu vos calculs, ils apprécieront.

M. Lireux (Auguste), homme de lettres.

M. le Président. — Vous avez connu Mme de Pauw? — *R.* Je l'ai vue une fois. A la fin de septembre, ou au commencement d'octobre, mes souvenirs ne sont pas très-précis, car je n'avais pas de motifs pour faire grande attention à sa visite, elle vint à la *Semaine financière,* dont je suis l'un des rédacteurs, pour demander des renseignements relatifs à une affaire d'assurances. Elle s'exprima avec une telle confusion, qu'il me fut longtemps impossible de comprendre ce qu'elle voulait. Je la priai de me montrer ses polices, elle me répondit : « Je ne les ai pas, on ne les prend? — Qui? — On me les prend, mais je tâcherai d'en avoir une. » A force de questions, je finis par comprendre qu'elle voulait parler d'assurances faites sur sa vie au profit d'un tiers.

Dans le cours de cette conversation, elle me parla de beaucoup de choses que je n'avais pas besoin de savoir, et auxquelles je ne faisais pas attention. La politesse exigeait cependant que je l'écoutasse aussi patiemment que possible. J'arrivai à croire qu'elle éprouvait des inquiétudes au sujet d'un engagement quelconque qu'elle avait à tenir vis-à-vis des Compagnies d'assurance. Elle revenait toujours à cette question : Ne serai-je pas obligée de payer quelque chose? Ne serai-je pas soumise à une poursuite? Je lui répondis : Si les annuités sont payées par d'autres que par vous, le seul danger qu'ils aient à courir, c'est de les perdre; mais, quant à vous, je ne vois en aucune façon quel profit vous pourriez tirer de cette affaire. L'assurance n'est faite ni pour vous ni pour vos enfants dont vous venez de me parler. Ceux qui payent n'ont d'autre intérêt que de souhaiter votre mort.

Elle me rit au nez, non pas insolemment, mais enfin elle se mit à rire. En me quittant, elle me dit qu'elle reviendrait si elle pouvait se procurer une police, afin d'avoir des renseignements plus complets.

J'étais un peu contrarié de cette conversation qui venait me troubler dans mon travail. Cependant l'aspect de cette pauvre femme était navrant; c'était la misère en personne. Elle avait une mauvaise robe, un lambeau pour châle; mais elle était rieuse dans cette misère, et son aspect était attendrissant.

D. Vous a-t-elle dit pour quelle somme elle était assurée? — *R.* Non; elle m'a parlé de beaucoup de papiers, mais elle ne m'a donné aucune explication précise.

D. Elle s'est mise à rire quand vous lui avez dit : « On n'a qu'un souhait à faire, celui de votre mort! » — *R.* Oui, Monsieur.

D. Elle vous a parlé de ses enfants? — *R.* De ses enfants, de sa misère, de tableaux qu'elle avait à faire pour le Gouvernement. Sa conversation était entremêlée d'une multitude de choses étrangères au sujet de sa visite. J'avais beaucoup de peine à comprendre ce qu'au fond elle voulait me demander.

M. Danet (Gustave-Adolphe), docteur en médecine. — Je connais l'accusé depuis 1840.

D. N'avez-vous pas été consulté par Mme de Pauw? — *R.* Le 12 novembre, j'ai reçu une lettre d'elle par laquelle elle me priait de passer la voir à son domicile. Elle se disait malade des suites d'une chute qu'elle avait faite sur l'estomac dans l'escalier. Je me suis rendu chez elle entre cinq et six heures. Je n'ai constaté qu'un petit embarras gastrique, qui se traduisait par un peu de dépôt sur la langue, et n'ai pas attaché une grande importance aux détails qu'elle me donnait sur ses précédentes maladies. Elle m'a dit avoir vomi le sang. L'état dans lequel je l'ai trouvée ne coïncidait pas le moins du monde avec ce qu'elle disait. Je n'ai rien trouvé chez elle qui pût expliquer qu'elle avait fait une chute. Elle était au lit, j'ai palpé l'estomac et n'y ai rien trouvé.

D. La lettre qu'elle vous a écrite est du 11? — *R.* Je l'ai reçue le 12 au matin, et suis allé la voir le soir.

M. le Président. — MM. les Jurés se le rappellent, d'après le récit des témoins, c'est le 12 que Mme de Pauw s'est décidée à paraître plus malade.

(Au témoin.) — Pour vous, elle n'était pas sérieusement malade? — *R.* Elle n'avait qu'un petit embarras gastrique, pour lequel j'ai ordonné un vomitif, de l'ipéca ou du sirop d'ipéca, je ne m'en souviens pas. J'avais promis de revenir le lendemain, et je ne le pus; mais, le surlendemain, je reçus un mot me disant qu'elle avait été plus malade depuis qu'elle avait pris le vomitif, et me priant de cesser mes visites et d'envoyer ma note d'honoraires. Je n'ai pas donné suite à cette affaire.

D. Vous n'avez pas reçu d'honoraires, bien entendu? — *R.* Non, Monsieur.

D. Mᵐᵉ de Pauw est morte le 17. Pensez-vous qu'elle ait pu mourir par suite de la chute qu'elle aurait faite, laquelle aurait amené une perforation de l'estomac? — *R.* Pas le moins du monde.

D. Cette mort si prompte, après ce que vous aviez constaté vous-même, a dû vous paraître singulière? — *R.* Oui, Monsieur.

M. le Président. — Qu'avez-vous à répondre, La Pommerais?

L'accusé. — Rien. Seulement je vous prierai de poser une question à mon confrère. Mᵐᵉ de Pauw avait un embarras gastrique, de plus elle souffrait depuis son enfance d'une affection du cœur; elle a mangé une soupe à l'oseille et des choux-fleurs; elle s'est lavée les pieds à la tête, cela a-t-il pu amener des vomissements? D'après MM. Trousseau et Pidoux, il peut, dans ces circonstances, se produire une congestion au cœur et des caillots de sang dans les artères, qui amènent le collapsus et la mort.

M. le Président (au témoin). — Pourriez-vous répondre à la question?

M. le docteur Danet. — J'aurais bien besoin qu'on m'en répétât les termes un peu embrouillés.

L'accusé. — Je demande si Mᵐᵉ de Pauw, après un repas comme celui qu'elle a fait, s'étant mis les pieds dans l'eau et lavée de la tête aux pieds comme l'ont dit les témoins, il a pu survenir chez elle un trouble général qui ait occasionné des vomissements? Voilà ma première question.

M. le docteur Danet. — En quoi a consisté le repas?

L'accusé. — En soupe à l'oseille et choux-fleurs, et il aurait été copieux.

M. le docteur Danet. — Je crois qu'une personne qui se lave les pieds à l'eau froide en sortant de table peut avoir des vomissements.

L'accusé. — Sans doute. Voici ma seconde question: Ces vomissements peuvent-ils, d'après MM. Trousseau et Pidoux, amener non-seulement une rupture de l'estomac, une déchirure du diaphragme et de la muqueuse, mais produire le plus singulier accident, la coagulation du sang après une syncope très-prolongée? Cela est écrit dans la *Matière médicale*, tome II, page 219.

M. le docteur Danet. — Je ne puis répondre à cette question.

M. le Président (à l'accusé). — Lorsque l'expert sera ici, vous vous expliquerez avec lui; nous verrons s'il a constaté des caillots de sang au cœur. Mais quant au témoin, il ne peut répondre à la question. Il résulte de sa déclaration que, le 12, Mᵐᵉ de Pauw ne lui a pas paru gravement malade.

M. Huet (Michel-Laurent), docteur en médecine. — Je suis médecin de la Compagnie d'assurances, la *Nationale*, et en cette qualité, j'ai été chargé par elle, vers la fin de juillet de l'année dernière, d'aller chez M. Desmidt, courtier d'assurances, pour y visiter une artiste peintre, Mᵐᵉ de Pauw. J'interrogeai cette dame, je pratiquai l'auscultation et la percussion, et je fis les questions d'usage. Mon jugement fut extrêmement favorable à l'assurance.

D. Saviez-vous de quelle somme il s'agissait? — *R.* Non, Monsieur, les médecins n'entrent pas dans les détails de l'affaire elle-même; je me suis renfermé dans les questions purement médicales.

D. Vous avez examiné cette dame avec soin et elle vous a paru dans des conditions excellentes? — *R.* Elle m'a paru bien portante, bien constituée, et j'ai pensé qu'elle devait vivre longtemps.

D. Vous avez déclaré qu'elle avait un long avenir devant elle. Je vous ai demandé si vous connaissiez la somme pour laquelle elle s'assurait, parce que je lis dans votre déposition écrite: « J'examinai avec un soin particulier, sachant qu'il s'agissait d'une assurance considérable. » — *R.* Je ne connaissais pas le chiffre.

D. Après le décès, n'avez-vous pas causé avec le médecin qui avait soigné Mᵐᵉ de Pauw? — *R.* Oui, monsieur le Président; je fus ému de cette mort, arrivée six mois à peine après que j'avais constaté la bonne santé de cette dame. Je sus à la Compagnie qu'elle avait reçu les soins du docteur Gaudinot; je me rendis chez lui, et je lui demandai de me dire à quelle maladie il croyait qu'elle eût succombé. Il me répondit que c'était à des vomissements qu'il avait été impossible d'arrêter. Il les croyait dus à une affection de l'estomac, provenant d'une chute que Mᵐᵉ de Pauw lui avait dit avoir faite sur la rampe de son escalier.

D. N'a-t-il pas parlé de perforation de l'estomac? — *R.* Cela ne m'a pas paru être chez lui une idée très-arrêtée.

D. Vous a-t-il dit avoir constaté par lui-même la chute et le coup que cette chute avait produit? — *R.* Vous me rappelez que j'ai fait quelques questions à M. Gaudinot à cet égard, et il me répondit n'avoir pas été appelé lors de la chute.

D. Ainsi, il attribuait la mort aux conséquences d'une chute qu'il n'avait pas constatée, mais qui cependant aurait été tellement grave, qu'elle aurait amené une perforation de l'estomac. Vous ajoutez que cette opinion ne paraissait pas être arrêtée chez lui. Cependant il a affirmé, dans un certificat, qu'il y avait eu perforation de l'estomac. Ne vous a-t-il pas montré une lettre? — *R.* Non, Monsieur, cette mort avait paru tellement extraordinaire à la Compagnie, qu'on supposa qu'il pouvait y avoir eu substitution de personne, que ce n'était pas la vraie Mᵐᵉ de Pauw qui avait figuré à la consultation. Je demandai donc au docteur Gaudinot: Pourriez-vous me faire voir de son écriture? Il me dit: « Certainement. » — Il chercha un instant, et me dit: « J'ai remis la lettre à M. Desmidt, et quand il me l'aura rendue, je vous la donnerai. » Je n'ai plus entendu parler de cette lettre.

D. Si Mᵐᵉ de Pauw avait eu quelque maladie grave du cœur, comme une hypertrophie, vous en seriez-vous aperçu quand vous l'avez examinée? — *R.* Assurément. Elle n'avait rien qui pût faire croire à une affection organique du cœur. J'ai pratiqué la percussion et l'auscultation.

M. le Président. — La Pommerais, qu'avez-vous à dire?

L'accusé. — Rien, monsieur le Président. Je ne puis contester la déclaration du témoin. Il a pu examiner et ne rien trouver. Cependant il fallait que Mᵐᵉ de Pauw fût malade, puisque les témoins en déposent; elle avait une affection de l'estomac et une maladie du cœur depuis son enfance. Le docteur Gaudinot, qui la soignait, avait assez d'expérience pour ne pas prescrire ce qu'il a ordonné avant d'avoir, lui aussi, ausculté et percuté.

D. Si mes souvenirs sont fidèles, vous avez cherché dans l'instruction à faire peser quelques soupçons sur le témoin; vous l'avez accusé d'avoir, dans l'intérêt de la Compagnie dont il est le médecin, voulu corrompre le docteur Gaudinot? — R. Monsieur le Président, ce n'est pas de moi qu'est venue cette accusation. Vous avez entre les mains la déposition de Desmidt; c'est lui qui a été en rapport avec les Compagnies, et qui m'a rapporté ce qu'elles disaient.

D. C'est donc Desmidt qui vous aurait dit que le docteur Huet avait voulu corrompre le docteur Gaudinot? — R. Je ne me souviens pas des expressions de M. Desmidt; mais ce qui lui a paru extraordinaire, c'est la visite faite à M. Gaudinot par M. Huet, qui avait dit : « Il y a là un médecin homœopathe et un homme d'affaires. » Dans quel but la visite à M. Gaudinot? Nous l'ignorions.

D. Le docteur Huet vient de vous le dire. Sa démarche était parfaitement raisonnable. C'est sur son certificat que la *Nationale* avait fait son assurance. Très-peu de mois après, la personne assurée mourait. M. Huet s'est inquiété, et ayant su qu'elle avait reçu les soins du docteur Gaudinot, il est allé causer avec lui. Cela est très-naturel. L'accusation que vous cherchez à faire peser sur le témoin est de même nature que toutes celles que vous avez voulu diriger contre les autres témoins. — R. Voici la déposition de M. Desmidt : « M. Gaudinot m'a dit que M. Huet était venu lui demander des renseignements sur cette affaire, et aurait tenu vis-à-vis de La Pommerais et moi le propos suivant : « C'est une affaire montée par un petit médecin homœopathe et un agent d'affaires. » Je me suis plaint très-vivement de cette allégation. »

D. Que voulez-vous tirer de cela au sujet de l'allégation de corruption de la part de M. Huet? — R. En tout cas, je trouve le jugement porté par un confrère assez téméraire dans cette circonstance, puisqu'il ne me connaissait pas.

D. Qu'il ait parlé de vous comme d'un petit médecin homœopathe, c'est une appréciation que vous pouvez contester, mais rien n'établit la tentative de corruption que vous alléguez.

M. le docteur *Huet*. — Je ne dirai qu'une chose, c'est que je n'ai pas tenu le propos.

M. le Président (au témoin). — Vous avez été en rapports avec Desmidt? — R. C'est chez lui que j'ai été invité à aller visiter Mme de Pauw, mais je n'ai jamais eu avec lui d'autres rapports.

D. Vous niez complètement le propos qu'on vous attribuait tout à l'heure? — R. Je le nie complètement; il a été inventé probablement par M. Desmidt.

(Le témoin est autorisé à se retirer pour la journée; mais il devra revenir et rester jusqu'après l'audition des experts.)

M. *Blachez* (Paul), docteur en médecine, rue Bonaparte, 21. — Le mardi soir, 17 novembre, vers six heures, on est venu me chercher pour aller chez Mme de Pauw. Je m'y suis rendu de suite, et j'ai trouvé, dans une maison en face de chez moi, au sixième, au fond de la cour, dans un cabinet très-étroit, à côté d'une sorte d'atelier, Mme de Pauw couchée sur un lit. Au moment où j'arrivai, elle était dans un état misérable, presque à l'agonie, sans connaissance. Elle ne pouvait donner aucun renseignement. Ce qui me frappa tout d'abord, c'est qu'elle était couverte d'une sueur froide excessivement abondante, tellement que les objets de literie et ses vêtements en étaient imbibés. Je l'examinai avec soin, elle n'avait plus de pouls; le cœur battait, mais on n'entendait rien. Je demandai des renseignements sur les accidents précédents; ils furent insuffisants. En ce moment, il y avait dans la chambre deux enfants, et une jeune fille qui m'a aidé avec beaucoup d'intelligence et de sollicitude dans mes soins.

M. le Président. — C'est Mlle Huilmand.

M. le docteur *Blachez*. — La malade était une femme de quarante ans environ. On me dit que la maladie durait depuis huit ou dix jours. En présence du trouble de la circulation, manquant d'informations, la première idée qui me vint fut de me rattacher aux symptômes qui me frappaient. On me parla de palpitations; on ne me parla pas ou on ne me parla que très-peu de vomissements. Ce qu'il y a de certain, c'est que, près de la malade, ni sur le parquet, il n'y en avait pas; les objets de literie n'étaient souillés par aucunes déjections stomacales ni alvines. Je dis qu'il s'agissait d'un cas très-grave, que la malade était mourante. Cela parut surprendre les personnes qui se trouvaient là; on courut à la recherche des médicaments que j'avais ordonnés. J'ai prescrit d'appliquer des sinapismes, avec un marteau trempé dans l'eau bouillante, et un vésicatoire sur la poitrine. Je devais chercher à ranimer une personne qui se mourait. Pendant qu'on apprêtait les sinapismes, j'ai changé la femme de linge, avec l'aide de la demoiselle dont j'ai parlé. Elle se plaignait énormément de la tête lorsqu'on la mettait sur son séant, et s'écriait : « Oh ! ma tête ! ma tête ! » Nous ne pouvions lui imprimer un mouvement sans provoquer les mêmes plaintes. Une ou deux nausées sans vomissements se sont produites. J'ai demandé une cuvette; elle a rendu un ou deux glaires, mais non des vomissements abondants. Une syncope complète est survenue, le pouls a disparu. J'ai pris la première chose que j'ai trouvée sous ma main, je lui ai insufflé quelques gouttes de rhum. Elle est un peu revenue à elle, et a recommencé à se plaindre de sa tête. Les sinapismes étant arrivés, j'ai promené sur la poitrine le marteau trempé dans l'eau bouillante, afin d'amener une révulsion. Le pouls s'est relevé, mais sa marche était toujours intermittente, et les battements du cœur étaient tumultueux.

Je m'étais assuré qu'il n'y avait aucune grave lésion appréciable à un premier examen. Je suis resté près d'un quart d'heure cherchant à ranimer la circulation. Tout d'un coup, il est survenu une syncope violente, il est monté une écume blanchâtre à la bouche; la femme est retombée morte. (*Mouvement dans l'auditoire.*)

J'ai demandé à la demoiselle dont j'ai parlé si elle restait près de la morte. Elle m'a dit que oui: elle n'a pas voulu s'en séparer; je l'ai laissée là. Quand je descendais l'escalier, j'ai rencontré des femmes qui, comme toujours en pareil cas, demandent au médecin la cause de la mort. Je ne la savais pas; cependant, en présence des syncopes, des désordres dans la circulation, je pensais qu'il y avait des lésions soit au cœur, soit dans quelques gros vaisseaux, et je répondis : la femme est morte peut-être d'un anévrisme.

D. Mais l'autopsie a constaté qu'il n'y avait aucune maladie semblable? — R. Je ne savais à quoi attribuer les symptômes que je voyais, puisque j'avais été appelé à la dernière période de la maladie. Je ne pouvais avoir d'idée précise sur sa nature; les symptômes me semblaient se rapporter à une affection du cœur ou des gros vaisseaux voisins.

D. Maintenant, que vous savez que le cœur était parfaitement sain, pouvez-vous vous rendre compte plus complètement des causes de la mort? — R. Je ne puis donner aucune réponse précise. Le cœur, m'a-t-on dit, était parfaitement sain, il n'y avait pas de désordres dans les gros vaisseaux; je ne sais alors à quoi l'on pourrait, en dehors de toute préoccupation, rapporter les accidents que j'ai vus. Seulement, ils m'ont paru tels que ceux qu'on observe quelquefois chez les malades qui succombent à la fin d'une maladie de cœur, à la suite de la rupture des gros vaisseaux sans épanchement de sang à l'extérieur.

D. Le poison pourrait-il produire dans la circulation du sang les mêmes troubles que ceux que vous avez constatés? — R. Il faudrait un poison agissant profondément sur la circulation. Je ne pourrais me prononcer là-dessus, cette idée ne m'est pas venue. Ce qui m'a frappé, c'est que la malade s'est écriée à plusieurs reprises : « Ma tête ! ma tête ! » Je n'ai pas songé à une autre maladie que celle dont j'ai parlé.

D. Vous n'avez pas eu l'idée d'un empoisonnement? — R. Je n'avais pas vu de vomissements.

M. le Président. — Les médecins qui ont fait des expériences donneront des explications plus complètes.

(A l'accusé.) — Avez-vous quelque chose à dire?

L'accusé. — Je veux poser à mon confrère la même question qu'au docteur Danet. Cette femme avait une affection d'estomac; elle a mangé de bon appétit de la soupe à l'oseille et des choux-fleurs, et s'est mis les pieds à l'eau après son repas. Dans la pensée du docteur, cela a-t-il pu amener un trouble général qui ait causé des vomissements?

M. le docteur Blachez. — Je pense qu'en effet, si on se met les pieds dans l'eau, à la suite d'un repas, cela peut amener une indigestion. Mais, évidemment, cela ne peut avoir occasionné les troubles violents dans la circulation que j'ai reconnus.

L'accusé. — Elle avait mangé, elle s'est mis les pieds à l'eau, elle avait une affection de l'estomac et du cœur, il ne faut pas l'oublier. Le docteur n'a connu que ce que les personnes présentes lors de sa visite lui ont dit; mais on lui a déclaré qu'elle avait une affection du cœur.

M. le Président. — Du tout, on lui a parlé seulement de palpitations de cœur.

L'accusé. — Je dis qu'un bain général ayant été pris, il a pu survenir des vomissements, lesquels ont pu provoquer, non-seulement la déchirure du diaphragme, mais, d'après MM. Trousseau et Pidoux, le plus singulier des accidents, la coagulation du sang dans les vaisseaux artériels par suite d'une syncope prolongée (*Matière médicale et Thérapeutique*, page 319). Mme de Pauw était chlorotique, et mon confrère sait que, dans cet état, d'après les expériences qui ont été faites en Angleterre, le sang contient une plus grande quantité de fibrine, d'où une prédisposition à la coagulation. Il n'est pas étonnant que, à raison de la constitution de cette femme, avec son affection de l'estomac et du cœur, des vomissements soient survenus après l'imprudence qui a suivi son repas, lesquels ont pu provoquer une syncope et la mort.

M. le Président (au témoin). — Qu'avez-vous à répondre?

M. le docteur Blachez. — Cela me semble un peu exagéré. Je n'ai jamais rien observé de semblable.

M. le Président. — Au surplus, il ne résulte pas de l'instruction que Mme de Pauw ait pris ce que l'on

nomme un bain de pieds. Elle s'est seulement lavé les pieds et tout le corps, et même avec une essence. Le repas n'avait pas été copieux, puisque, entre quatre personnes, on avait mangé un chou-fleur.

(Au témoin.) — Vous ne pouvez rien répondre?

M. le docteur Blachez. — Je désire rester sur un terrain où je puisse répondre avec quelque certitude.

L'audience est levée à cinq heures et demie.

Le 13, l'audience est ouverte à dix heures et demie; le témoin Uzanne est rappelé.

M. le premier Avocat général Oscar de Vallée (au témoin). — Monsieur, l'accusé a parlé hier des motifs de votre retraite comme président de la Société de secours mutuels Saint-Thomas-d'Aquin. Vous n'avez pas donné des explications complètes sur ce point. En présence des allégations de l'accusé contraires aux vôtres, nous avons cru devoir prendre des renseignements. Nous avons reçu de M. le Préfet de police une lettre qui attribue un caractère très-regrettable aux causes pour lesquelles vous avez quitté la Société. En ce point, les allégations de l'accusé seraient justifiées. Nous vous épargnons la lecture de cette lettre, mais nous vous demandons s'il vous convient de fournir des explications à ce sujet.

M. Uzanne. — Pendant longtemps j'ai été l'objet d'attaques très-vives. Deux mois avant de donner ma démission, j'ai été mis en demeure de quitter la Société. J'ai réuni alors l'assemblée générale, et permettez-moi de lire trois lignes de la fin du procès-verbal : « Un membre a la parole pour faire la proposition suivante : Il appartient à l'association, réunie en ce moment, de répondre par un vote solennel aux sentiments que vient d'exprimer notre Président. Ce vote, je le formule et le propose en ces termes : La Société remercie M. Uzanne de son dévouement et des succès constants de son administration, et décide qu'en témoignage de la profonde gratitude de la Société, un souvenir dont la forme et l'importance seront laissés à l'appréciation du bureau, sera offert à M. Uzanne. »

Cette proposition fut votée à l'unanimité moins cinq voix.

Un membre ayant demandé une seconde lecture, un second vote intervint conforme au premier avec la même unanimité moins cinq voix.

Aussitôt après, une liste de personnes qui ne faisaient plus partie de la Société circula. Je reçus un avis, sur cette dénonciation, d'avoir à quitter la Société. Alors, comme j'ai eu l'honneur de le dire, j'envoyai ma démission à S. M. l'Empereur.

M. le Président. — D'après M. l'Avocat général, les renseignements transmis par M. le Préfet de police disent que les faits ne se seraient pas passés comme cela, et vous auriez été obligé de donner votre démission pour éviter des poursuites qui auraient été dirigées contre vous.

M. Uzanne. — En fait de poursuites, voici des médailles d'honneur qui m'ont été données au nom de l'Empereur.

M. le Président. — Nous ne pouvons que constater ce qui est écrit à M. l'Avocat général.

MM. les Jurés ont entendu vos explications, vous pouvez vous retirer.

(A l'accusé.) — Voici une pétition qui a été saisie chez vous et qu'on vous a présentée. Les apostilles et les signatures qui les suivent sont-elles vraies ?

L'accusé. — C'est la copie de l'original qui doit se trouver entre les mains du Ministre de l'Intérieur.

D. Comment! la copie. Qui a fait cette copie? — *R.* C'est moi.

D. Si la pétition est écrite en entier par vous, les apostilles ne sont pas de votre main. — *R.* Je vous demande pardon.

Me Lachaud. — Tout n'est pas de la même main, c'est évident.

M. le Président (à l'accusé). — Expliquez-vous.

L'accusé. — Le corps de la pétition est la copie d'une pétition adressée au Ministre de l'Intérieur. Les apostilles sont de la main de ma femme. L'original étant sale, je me proposais d'aller chez le Commissaire de police, comme je l'ai fait pour une seconde demande, afin de faire légaliser la signature des personnes qui avaient donné les apostilles.

M. le premier Avocat général. — Vous affirmez que M. Andral vous a donné son apostille?

L'accusé. — Je l'affirme.

M. le premier Avocat général. — Le fait sera vérifié.

L'accusé. — Il y a les apostilles du maréchal Magnan, du docteur Andral, mon ancien maître, du docteur Nélaton, du docteur Conneau, dont j'ai soigné un parent, enfin il y en a une du duc Tascher de la Pagerie, auquel j'ai donné des avis médicaux.

M. le Président. — Mais les copies de ces apostilles sont toutes de la même main?

L'accusé. — Il y a, pour les apostilles, l'écriture de ma femme.

D. Nous remarquons que l'apostille au bas de laquelle est la signature Nélaton n'est pas de la main de votre femme. — *R.* C'est de la mienne; je voulais faire ressortir les apostilles qui se trouvaient sur l'original.

D. Si c'était une copie, pourquoi avoir déguisé votre écriture pour une, et pour les autres recouru à votre femme? — *R.* Parce que l'écriture de ma femme est très-fine. Du reste l'original est entre les mains du Ministre.

D. Voici une autre copie dans laquelle les apostilles sont de la même main que le corps de la pétition.

Me Lachaud. — Ne pourriez-vous pas ordonner, monsieur le Président, qu'on apportât du ministère la pièce originale?

M. le premier Avocat général. — Soyez tranquille, on le fera.

Me Lachaud. — Je vous remercie; avec l'original, nous verrons si les signatures sont réelles.

M. le premier Avocat général. — Informé ce matin seulement que l'un des prétendus signataires n'avait aucun souvenir d'avoir donné sa signature, nous allons faire vérifier.

M. le Président (à l'accusé). — Que vouliez-vous faire de ces pièces? Pourquoi faire ressortir ainsi les apostilles sur des copies?

L'accusé. — Parce que, quand on demande une audience au Ministre ou à son secrétaire, on n'attend pas une heure ; ce qui les frappe, ce sont les apostilles.

D. C'est au Préfet de police qu'est adressée la seconde pièce; s'il avait l'original, quel besoin pour vous de cette copie? — *R.* Je vous l'ai dit.

D. Je n'ai pas compris. — *R.* C'était pour faire ressortir les témoignages qui m'étaient donnés.

D. Quel usage vouliez-vous faire de cette copie?
— *R.* C'était pour faire certifier au Commissaire de police que j'avais l'original, et pour adresser au ministère de l'Instruction publique une demande.

D. Mais ces constatations se font sur l'original même ! Si le Commissaire de police avait déclaré, sur cette copie, que les apostilles et les signatures du maréchal Magnan et des docteurs Nélaton, Andral, Conneau, Tascher de La Pagerie étaient sincères, il eût déclaré un fait faux. — *R.* Cela a été fait cependant, vous aurez l'original entre les mains, on a certifié que la copie était parfaitement conforme à l'original.

D. La pièce est certifiée, dites-vous? Laquelle? — *R.* Il y a deux et trois copies; vous pouvez les retrouver.

D. Où sont-elles? — *R.* Une au ministère de l'Intérieur, l'autre à la Préfecture de police.

D. Pourquoi conserviez-vous celle que nous tenons? — *R.* Je ne m'en suis pas servi.

D. On s'étonne que vous ayez eu besoin de reproduire des apostilles, soit de la main de votre femme, soit en déguisant votre écriture. — *R.* Vous aurez l'original, vous pourrez vérifier.

D. Tout cela n'en est pas moins très-extraordinaire.

On introduit le docteur Gaudinot. (*Mouvement d'attention.*)

M. Gaudinot (Gaston), docteur en médecine. — En septembre dernier, Mme de Pauw vint à ma consultation, et me dit qu'en descendant l'escalier de son atelier elle avait fait une chute sur l'estomac, et que depuis cette époque elle éprouvait des douleurs très-vives dans cette région suivies d'envies de vomir. Je désirais l'examiner, et j'insistai à cet égard. Elle s'y opposa, me disant qu'il n'y avait aucunes traces, que d'ailleurs elle avait son corset. Je n'insistai pas davantage. Le pouls ne présentait rien de particulier. Elle paraissait un peu fatiguée. Je lui prescrivis des cataplasmes de graine de lin arrosés avec un liniment, des pilules d'extrait de thébaïque à prendre le soir, de l'eau de gomme ou de gruau. Je fus quelque temps sans la revoir, peut-être 10 ou 15 jours. Alors elle me dit que mes prescriptions n'avaient point amené d'amélioration.

M. le premier Avocat général. — Quelle est la date de votre première consultation?

M. le Dr Gaudinot. — Je ne puis me la rappeler.

M. l'Avocat général. — C'était le 30 juin 1863.

M. le Dr Gaudinot. — Elle est encore venue me consulter en juillet et août, et se plaignait déjà de douleurs d'estomac, de battements de cœur. Je lui prescrivis des pilules d'extrait de thébaïque, un peu d'oxyde de bismuth, de l'extrait d'aconit, et de l'extrait de digitale. Cette première ordonnance était du 11 juillet. Elle revint le 13 août, j'avais oublié cette circonstance, et j'avais même confondu cette ordonnance avec celle du commencement de septembre. Après le 13 août, elle ne revint donc qu'au commencement de septembre. A la consultation suivante, quand elle me dit n'avoir éprouvé aucune amélioration de la première médication, je la changeai et ordonnai des frictions sur la région épigastrique avec de la pommade stibiée pour développer une éruption. Je crois l'avoir revue la surveille de la Toussaint. Je m'imaginais qu'elle était guérie. Elle me dit : une de mes amies m'a conduite chez M. Velpeau, qui m'a prescrit un vésicatoire volant ; une autre m'a conduite chez M. Nélaton, qui m'a prescrit du bismuth. Je la trouvai très-fatiguée et je lui dis : Je crois que ce sont vos courses qui vous mettent dans cet état, il faudrait rester chez vous tranquille. J'ai des malades dans le faubourg Saint-Germain, j'irai vous voir en passant.

Ce fut alors que je commençai mes visites rue Bonaparte. La première a dû être le 2 novembre; elles ne furent pas successives, j'étais quelquefois deux ou trois jours sans venir. La première fois, c'est le jour où elle me présenta ses enfants, je trouvai M*me* de Pauw fatiguée. Elle accusa des douleurs vives, profondes, dans l'estomac avec des envies de vomir. Je lui dis : suivez un régime, je reviendrai dans quelques jours. Quand je revins, je la trouvai alitée, elle me dit qu'elle souffrait. Le pouls ne présentait rien de particulier. Je l'engageai à continuer son régime. Une autre fois, elle me dit qu'elle était atteinte d'une diarrhée violente, que les vomissements étaient continuels. Le pouls était un peu élevé. Je profitai de cela pour l'engager à se mettre des sangsues au siége, à mettre des cataplasmes de graine de lin sur l'estomac, à prendre des lavements amidonnés, et comme aliment du bouillon de poulet glacé seulement. Je ne regardais pas son état comme très-grave.

D. A quelle date? — *R.* Cela doit être le 10 novembre.

D. Elle ne restait pas encore chez elle à ce moment-là. — *R.* Je ne revins pas le lendemain; le surlendemain, elle me dit qu'elle allait beaucoup mieux. Nous arrivons au 12. Ce jour-là, elle me dit qu'elle avait vomi et vomissait encore. C'était toujours là-dessus qu'elle appelait mon attention. J'ai dit : puisque les sangsues vous ont fait du bien, faites-en une application sur l'estomac. — Mais cela me rend tellement nerveuse, dit-elle, que je ne puis vous promettre de les appliquer. — Nous convînmes d'un vésicatoire volant. Cela nous amène au 14.

D. C'était le samedi 14? — *R.* Quand je revins, le vésicatoire n'avait pas été mis. Je la blâmai et l'engageai à l'appliquer, puisque les accidents persistaient. Ma dernière visite, c'était le mardi à une heure. Quand j'arrivai, je trouvai M*me* de Pauw en proie à des vomissements terribles. Je pensai qu'il y avait eu un grand écart de régime. Lorsqu'elle fut un peu calmée, je lui dis : « Comment ! vous n'avez pas une seule personne auprès de vous ! » Elle me répondit : « La femme qui me soigne est atteinte de rhumatismes, elle ne peut monter l'escalier ; c'est une personne au-dessous de moi qui me donne ses soins. » Je fis monter cette femme et lui demandai : Que s'est-il passé? — Elle me répondit : « Je l'ai dit à l'autre médecin, ce matin, M*me* de Pauw n'a point suivi les ordonnances ; de plus, elle a mangé hier soir de la soupe à l'oseille et du chou-fleur; elle a pris ensuite un lavement et un bain de pieds. » J'ai dit alors à M*me* de Pauw : Je désire que cela vous réussisse; mais j'apprends que vous avez un autre médecin, cela m'engage à me retirer. Sous l'influence du mécontentement, j'ajoutai : Il y a longtemps que je me serais retiré, si mes soins n'avaient pas été gratuits. Je ne me retirai pas fâché, et je lui dis en m'en allant : Lorsque vous serez guérie, s'il vous plaît de venir me voir, mon cabinet vous sera ouvert. Voilà mes dernières paroles.

D. Vous avez dû, à cette dernière visite, la trouver gravement malade? — *R.* Oui, à partir de ce moment j'ai conçu des inquiétudes.

D. Elles devaient être très-sérieuses, car elle est morte entre cinq et six heures du soir ! Mais jusqu'à ce moment, vous n'aviez eu aucune inquiétude sur sa santé ? — *R.* On peut être souffrant, sans pour cela faire concevoir des inquiétudes.

D. Était-elle dans la position d'une femme qui, depuis longtemps déjà, vomit le sang à plein pot ? — *R.* Si elle l'eût vomi, j'en aurais été instruit, et j'aurais demandé à voir. Jamais je n'ai vu de vomissements, si ce n'est à ma dernière visite.

D. Le jour de votre première consultation, elle vous a parlé de la chute si grave qu'elle avait faite, et n'a pas voulu se laisser visiter parce qu'elle avait son corset; mais, chez elle, avez-vous demandé à la visiter? — *R.* J'ai vu la région de l'estomac quand elle était couchée, je n'ai rien reconnu. Cela se passait longtemps après; mais s'il y eût eu des traces d'ecchymoses, je les aurais vues.

D. Ainsi vous n'avez vu aucunes traces? — *R.* Cependant, plus tard, quand j'ai vu les accidents qui se sont produits, j'ai pensé à une perforation dans les profondeurs de l'estomac.

D. Selon vous, à quelle maladie a-t-elle succombé? — *R.* A une perforation de l'estomac.

D. L'autopsie a été faite; il n'y avait aucune perforation ; l'estomac était parfaitement sain. — *R.* Si j'avais fait l'autopsie, j'aurais dit : J'ai commis une erreur de diagnostic. Mais mon diagnostic était facile à expliquer.

D. Expliquez-vous sur ce diagnostic. — *R.* J'ai pensé que M*me* de Pauw se plaignant continuellement d'un point douloureux qui existait, il avait pu se former, dans les parties profondes de l'estomac, une ulcération, et que, par suite des contractions violentes de l'organe, occasionnées par les vomissements, il y avait eu rupture. Je ne pouvais expliquer autrement la mort.

D. Mais ne vous a-t-il pas paru extraordinaire qu'une chute capable de déterminer une maladie violente de l'estomac n'eût pas laissé de traces? — *R.* Il n'y avait pas eu de traces extérieures; mais il pouvait exister des dispositions premières, car cette femme m'avait déjà consulté pour une affection d'estomac et des battements de cœur. Les ordonnances dont a parlé M. l'Avocat général datent de cette époque-là.

D. Ce qu'il y a de certain, c'est que M*me* de Pauw n'a jamais suivi aucune de vos ordonnances. — *R.* J'ai été trompé.

D. Vous avez été trompé, sans aucun doute, par elle. Qui vous a demandé le certificat constatant les causes de son décès? — *R.* C'est M. Desmidt.

D. Vous en avez délivré huit. Nous lisons l'un d'eux : ils sont tous semblables :

« Je soussigné, docteur médecin,... ancien médecin de la maison du roi Louis-Philippe, certifie avoir donné mes soins à M*me* veuve de Pauw, artiste peintre, rue Bonaparte, 24, pendant sa dernière maladie, dont l'invasion remonte à trois mois.

« A cette époque, M*me* veuve de Pauw, en descendant le petit escalier de son atelier, tomba sur l'angle aigu qui en couronne la rampe. L'estomac seul fut grièvement atteint. Depuis ce moment, elle éprouva des accidents sérieux, qui nécessitèrent immédiatement mes soins. Les désordres inflammatoires causés par cette chute me parurent s'arrêter un instant; mais bientôt une gastro-entérite aiguë, accompagnée de violents vomissements, s'ensuivit, et produisit, selon ma conviction, une perforation de l'estomac, qui dut amener une mort instantanée.

« Je certifie, en outre, que je connaissais M*me* veuve de Pauw depuis neuf ans; je l'avais soignée à diverses reprises, et rien ne me faisait présager cette fin prématurée, que je n'attribue qu'à l'accident déjà signalé sous forme de perforation de l'estomac.

« 24 novembre 1863.

« Gaston GAUDINOT. »

Comment une chute assez grave pour produire une perforation de l'estomac pouvait-elle avoir eu lieu sans laisser de traces extérieures? — *R.* Lorsque cette femme est venue chez moi, je n'ai pas visité l'estomac; elle s'y est obstinément refusée, en disant qu'il n'y avait pas de traces.

D. Vous vous en êtes rapporté à elle? — *R.* Je ne voyais aucun intérêt de sa part à venir me tromper.

D. Vous avez déclaré à M. Huet que vous vous en étiez rapporté à elle, et que vous n'aviez rien examiné par vous-même. Alors, comment, dans votre certificat, avez-vous pu affirmer qu'elle était tombée sur l'angle aigu de la rampe de son escalier? — *R.* Elle m'avait montré l'endroit où elle était tombée dans l'escalier, mais je me suis servi d'une mauvaise locution.

D. Il n'y a pas de rampe. — *R.* C'est en haut de l'escalier.

D. Vous étiez allé chez elle, on s'étonne que vous ayez pu constater qu'elle avait fait une chute sur l'angle aigu d'une rampe qui n'existe pas. — *R.* C'est un vice de rédaction.

D. Vous vous en êtes rapporté aux allégations d'une personne qui simulait une maladie; vous l'avez soignée pour une maladie imaginaire, elle n'a pas exécuté une seule de vos prescriptions. Il y a des inconvénients à certifier des choses dont on n'est pas parfaitement sûr. Vous étiez de bonne foi, vous avez été trompé; nous ne disons pas que vous ayez agi de mauvaise foi, mais vous avez apporté un peu de légèreté dans vos soins, et surtout dans la délivrance de votre certificat. Vous voyez les inconvénients que cela peut avoir. — *R.* Mon diagnostic était parfaitement posé dans mon esprit.

D. Oui, mais votre esprit était dans l'erreur, puisque vous vous en êtes rapporté aux allégations de la prétendue malade. Il y a une autre conséquence de la légèreté, je reprends l'expression, avec laquelle vous avez délivré votre certificat : c'est que le médecin, chargé de la constatation des décès, s'en est rapporté complètement à ce certificat, et n'a pas même pris la peine de lever le drap qui couvrait le corps, pour s'assurer des causes de la mort. Votre certificat était également de nature à tromper les Compagnies qui avaient assuré Mme de Pauw, car il ne vous a été demandé que pour le leur présenter.

Un Juré. — A-t-on dit pourquoi faire il était demandé?

M. le docteur Gaudinot. — Pour le présenter aux Compagnies.

M. le Président. — C'est après que le docteur Huet vous avait demandé la cause de la mort? — *R.* Je lui avais répondu ce que je viens de répéter tout à l'heure.

D. Votre certificat pouvait entraîner les Compagnies à payer à l'accusé 550,000 fr.

(A l'accusé.) — Vous n'avez rien à demander?

L'accusé. — Rien du tout.

M. Nicolas (Auguste-Louis), docteur en médecine. — Le 18 novembre dernier, à midi et demi, j'ai constaté, comme médecin de l'état civil, le décès de Mme de Pauw. J'ai trouvé auprès d'elle sa sœur, Mme Gouchon. Je lui ai demandé des renseignements sur la maladie qui avait occasionné la mort. Elle m'a dit qu'elle ne pouvait m'en donner, parce qu'elle n'avait pas assisté aux derniers instants. J'ai posé des questions, et ai su que, trois mois avant, la défunte avait fait une chute, qu'elle avait été traitée à cette époque par le docteur Gaudinot, qu'elle s'était rétablie, mais en restant souffrante; que, depuis trois ou quatre jours, elle avait éprouvé une grande gêne dans la respiration, et que des vomissements s'étaient produits, dans lesquels il y avait du sang. Avec ces renseignements, et d'autant plus qu'on m'avait parlé de palpitations de cœur antérieures, j'ai cru pouvoir constater un engorgement pulmonaire.

D. Qui vous a donné les renseignements? — *R.* La sœur de la défunte.

D. Elle ne vous en a donné aucun. — *R.* Pardon, elle m'en a donné; mais ce ne sont peut-être pas ceux-là.

D. Vous avez dit qu'ils étaient nuls? — *R.* Pour les obtenir, il a fallu poser beaucoup de questions. Pour arriver à établir mon diagnostic, j'ai dû demander quel était l'état de santé antérieur; la sœur m'a dit qu'il était bon, seulement qu'elle avait fait une chute dans l'escalier deux ou trois mois avant.

D. Ce n'est pas sa sœur qui vous a dit cela. Tout le monde savait que la chute n'avait pas eu lieu.

Au surplus, voici votre certificat :

« ...... Je certifie de plus que les renseignements presque nuls qui m'ont été donnés lorsque j'ai vérifié ce décès, me faisaient supposer que la mort était la conséquence d'une violente congestion sanguine dans la poitrine. Mais, après avoir eu, par l'honorable confrère qui a donné ses soins à cette dame, des détails circonstanciés sur la maladie qui a brusquement mis fin à ses jours, je déclare avec lui qu'elle a succombé à la suite d'une chute faite quelques semaines auparavant dans son escalier, chute dans laquelle l'estomac porta violemment. »

Vous voyez que les renseignements qui vous avaient été donnés en dehors du docteur Gaudinot étaient nuls. — *R.* C'est évident; mais mon certificat remis à la Mairie a été fait sur les renseignements qui m'avaient été donnés. Pourquoi ai-je modifié mon opinion? c'est d'après le certificat du docteur Gaudinot qui avait suivi la maladie. Il attestait une chute, suivie plus tard d'une gastro-entérite sur-aiguë avec perforation de l'estomac.

D. Il y avait un témoin lorsque vous êtes venu constater le décès. Il a déclaré qu'il avait été singulièrement surpris de la légèreté avec laquelle vous aviez procédé; vous n'avez pas même soulevé le drap qui couvrait la défunte. — *R.* Voici comment je procède d'ordinaire : je pose ma main sur le front, et je constate la température, je regarde la rigidité cadavérique, j'examine la pâleur de la face, enfin je soulève les paupières. Je constate ainsi la mort.

D. Cela n'est pas difficile. Mais quant à la maladie? — *R.* Je demande des renseignements. Si, d'après ceux que l'on me donne, je le juge nécessaire, j'examine de nouveau, je recherche les symptômes extérieurs. Par exemple, dans le cas actuel, les symptômes me faisaient supposer une altération dans la poitrine; comme je ne pouvais rien constater, je n'ai pas eu à retourner près du corps.

D. En réalité, vous n'avez rien constaté vous-même, et vous vous en êtes rapporté uniquement à la déclaration du docteur Gaudinot. — *R.* Sa déclaration m'a fait seulement modifier plus tard mon premier diagnostic.

D. Mais le premier avait été le résultat de renseignements nuls. — *R.* Nuls relativement.

D. Vous êtes chargé d'une mission publique; dans l'intérêt public vous ne devez pas vous en rapporter aux certificats des médecins ou à d'autres renseignements. Vous devez constater vous-même ce que le cadavre vous indique. — *R.* C'est ce que je fais.

D. Vous n'avez rien fait. Le témoin Dupuis, qui était là, a déclaré ici, comme il l'avait fait dans l'instruction, que vous n'aviez rien examiné. Une autre fois, vous comprendrez l'importance de vos constatations; elles peuvent servir à la Justice elle-même, il ne vous est pas permis de négliger la mission qui vous est confiée. — *R.* Je ne crois pas y avoir manqué.

M. Borel d'Hauterive (*André-François-Joseph*), professeur et secrétaire de l'École des chartes.

M. le Président. — Le témoin n'est pas cité régulièrement. Il nous a écrit à l'occasion de ce que les journaux ont rapporté sur le titre ou brevet qu'il aurait délivré à l'accusé. Nous allons l'entendre en vertu de notre pouvoir discrétionnaire.

M. Borel d'Hauterive. — Sans vouloir abuser des moments de la Cour, qu'elle me permette quelques courts préliminaires. La question généralement n'a pas été comprise, même dans cette enceinte. Elle a suscité des réclamations, et j'ai reçu hier une lettre de M. le directeur de l'École. Je ne serai pas long. L'École des chartes a été fondée par un décret de Moscou.....

D. Nous n'avons pas besoin de remonter à la fondation de l'École des chartes; arrivez à l'affaire actuelle. — *R.* Voici où j'en voulais venir : c'est comme simple particulier que j'ai agi, et non comme professeur de l'École. Si j'ai cru devoir prendre ce titre, c'est de la même manière qu'un chevalier de la Légion d'honneur qui, lorsqu'il fait suivre son nom de son titre, ne rend pas la Chancellerie responsable de ce qu'il écrit. Une seconde observation, c'est que le débat a été mal rendu dans les journaux, que vos paroles, monsieur le Président, ont été mal interprétées.

D. Nous ne sommes pas chargés de la rédaction des journaux et de leurs comptes-rendus. Vous nous avez écrit pour demander à être entendu, disant que l'accusé n'avait aucun droit au titre de comte. — *R.* Je le dis encore, je l'affirmerais sous la foi du serment. Je ne suis ni hostile ni favorable à l'accusé. L'incident remonte à neuf ans, il est en dehors de l'affaire. M. de La Pommerais s'est adressé à moi, je ne me rappelle pas de la part de qui. C'est à un moment où il n'y avait point de Conseil du sceau des titres, où j'étais la seule autorité compétente pour juger les armoiries. J'ai cru pouvoir, à cause de mes études de trente années, lui délivrer un titre généalogique.

La circonstance est assez éloignée. Je ne me rappelle pas si j'ai mis ou fait mettre une couronne de comte. Une erreur générale est d'ailleurs qu'une couronne de comte sur un écusson emporte pour la personne le titre de comte.

D. J'ai dit tout le contraire, que la couronne de comte n'emportait pas avec elle le titre de comte pour celui qui la mettait dans ses armoiries. — *R.* Je l'ai lu dans la *Patrie*, qui a été répétée par le *Moniteur.*

D. Je ne suis pas responsable des journaux. — *R.* Si mes souvenirs ne me font pas défaut, c'est en 1855 que j'ai délivré le diplôme, ou du moins l'attestation. Je n'eus l'occasion de voir l'accusé que trois ou quatre fois. En 1858 ou 1859, il vint me demander s'il pourrait se présenter devant le Conseil du sceau. Je lui répondis qu'il n'avait pas le droit de prendre le titre de comte. Je vous apporte des lettres dans lesquelles des aubergistes, des apothicaires, tous bourgeois de Paris, qui, comme l'a dit le président Hainault, quoique n'ayant pas droit à la noblesse, avaient des armoiries. M. de La Pommerais peut avoir droit à des armoiries, mais non au titre de comte. C'est là ce que l'on n'a pas compris.

D. Vous avez délivré à l'accusé le parchemin que voici? — *R.* Je n'ai pas vu la pièce, les journaux disent qu'il y a le titre de comte.

D. Vous l'avez délivré comme professeur de l'École des chartes, et en tête sont les armoiries de l'accusé. — *R.* Ce n'est pas comme professeur. J'ai mis ma qualité. Est-ce indûment, comme me l'écrit mon directeur? On ne me l'avait pas défendu.

D. Vous voyez les inconvénients qu'il y a à cela. On ne peut séparer votre qualité de professeur de celle de simple citoyen. Et quand on obtient de vous un tel parchemin, on dit : C'est M. Borel d'Hauterive, professeur de l'École des chartes, qui me l'a délivré. On peut supposer qu'il a été délivré dans la même intention qui animait celui qui l'a demandé. — *R.* Je ne sais quelle intention l'animait. Mais il n'y avait rien là d'officiel, et la loi de 1858 n'existait pas. J'y aurais regardé de plus près aujourd'hui.

D. Est-ce qu'ordinairement vous délivrez ainsi des parchemins et des armoiries à ceux qui vous en demandent? — *R.* Je voulais vous parler de l'Ecole des chartes à cause de cela.

D. Est-ce qu'on vous en a demandé? — *R.* Certainement, très-souvent même. D'autant que faisant une publication nobiliaire, étant la seule autorité en paléographie (je ne m'en reconnais aucune autre), je ne croyais, en le faisant, manquer à aucun devoir.

D. C'est l'accusé qui vous l'a demandé? — *R.* Il était question de décorations, de titres, il m'a dit : « Je désirerais avoir des armoiries. On distribue en ce moment à Rome des titres. Il n'y a plus que cette autorité capable d'en donner. »(*Rumeurs dans l'auditoire.*)

Je suis constamment appelé à donner des armoiries. Quand on veut des notes de police, on s'adresse au Préfet de police; mais quand on désire des armoiries, il faut bien qu'on s'adresse à moi qui suis la seule autorité en ce genre.

D. Que vous agissiez comme simple particulier, rien de mieux; mais quand vous délivrez des titres sur parchemins avec des armoiries, vous allez peut-être un peu loin. Enfin, vous affirmez avoir dit à l'accusé qu'il n'avait pas droit au titre de comte? — *R.* Oui, Monsieur. Il ne m'a jamais fourni de preuves à l'appui, je n'ai pu le lui dire.

D. Cependant, voici une lettre que vous lui avez écrite dans laquelle vous lui dites « Monsieur le comte. » — *R.* Permettez-moi de m'expliquer : quand quelqu'un m'écrit avec un titre (c'est peut-être une faiblesse, mais je crois qu'elle est commune même aux souverains), je réponds sous la qualification du titre de la personne qui m'écrit.

D. Chargé par lui de faire sa généalogie, vous écrivez à l'accusé en l'appelant « Monsieur le comte ». — *R.* Je ne suis pas le premier qui lui ait donné ce titre, à une époque où il ne lui était pas défendu de le porter, en 1855. Beaucoup de personnes m'écrivent en prenant des titres; j'ai la persuasion qu'elles n'y ont pas droit. Je ne veux désigner aucun nom, mais des personnes très-élevées m'écrivent dans ces conditions. Si, dans ma réponse, je mettais simplement « Monsieur » je serais impoli. Je ne considère le titre que comme une formule de politesse. Si ma signature a trop de valeur, j'en suis humblement confondu; mais si de ce que j'écris à quelqu'un « Monsieur le comte, » on en conclut qu'il a droit au titre, je décline cette qualité.

D. L'accusé vous a-t-il payé? Est-ce gratuitement ou à prix d'argent que vous lui avez délivré ce parchemin? — *R.* Ce n'est pas moi qui ai fait la peinture, je l'ai fait exécuter à un peintre.

D. Est-ce gratuitement, ou l'avez-vous fait payer? — *R.* Je ne l'ai pas fait gratuitement, par la raison bien simple qu'il y avait des dépenses matérielles, et que l'accusé ne disposait ni d'influences pécuniaires ni d'influences sociales. Du temps du Musée de Versailles, il y avait un droit établi pour une expédition délivrée; c'était 25 fr. Je ne sais ce qu'a payé l'accusé; sa correspondance, s'il l'avait, pourrait seule nous éclairer là-dessus.

D. Ainsi ce n'est pas gratuitement que vous avez agi? — *R.* Je n'avais pas l'honneur de connaître l'accusé, je n'aurais pu faire cela pour rien.

D. Enfin, il est résulté de la délivrance de votre parchemin que l'accusé s'est cru autorisé par vous-même à prendre le titre de comte. — *R.* Je le croyais de bonne foi. Il est venu, déclarant vouloir se présenter au Conseil du sceau.

D. D'abord, il n'y a qu'un titre par famille, et c'est l'aîné qui devrait le prendre, s'il était justifié.

Vous avez voulu être entendu pour repousser les allégations de l'accusé. Maintenant, par un esprit de justice et d'équité, nous croyons devoir donner connaissance d'une lettre que votre supérieur nous a adressée. — *R.* Je ne la mérite pas; je crois, elle est très-dure pour moi dans cette circonstance.

M. le Président donne lecture de la lettre, ainsi conçue :

« Monsieur le Président,
« Je vois avec une pénible surprise, dans le compte-rendu des débats de l'affaire de La Pommerais, que M. Borel d'Hauterive ait écrit indûment son titre de professeur suppléant et de secrétaire de l'Ecole des chartes au bas d'un certificat généalogique qu'il n'a pu délivrer qu'en dehors, et non en vertu de ses fonctions à cette Ecole.

« Dans l'intérêt de l'établissement que j'ai l'honneur de diriger, mon devoir est de vous supplier de rendre publique la réclamation que je prends la liberté de vous adresser.

« LACABANNE,
« directeur de l'Ecole impériale des chartes. »

M. Borel d'Hauterive. — Si vous aviez voulu me le permettre, j'aurais dit pourquoi cette lettre avait été écrite.

M. le Président. — Allez vous asseoir.

(A l'accusé.) — Nous avons oublié de parler d'une tentative de suicide que vous avez essayée. Vous avez d'abord, dans votre prison, cherché à vous produire une hémorrhagie nasale. Le fait est-il vrai?

L'accusé. — Oui.

D. Puis, vous avez profité de la liberté qu'on vous laissait pour vous procurer, à l'aide de sous trempés dans du vinaigre, du vert-de-gris? — *R.* Oui.

D. On a saisi dans votre prison et le vinaigre et le vert-de-gris. Quant à votre hémorrhagie nasale, elle n'a pas eu de conséquences graves? — *R.* Non, Monsieur.

D. Les faits sont vrais? — *R.* Non-seulement ceux-là, mais je me suis ouvert les veines.

D. Rien n'a été constaté à cet égard. — *R.* Je vous prie d'examiner la situation dans laquelle je me trouvais. Je venais d'être arrêté. J'avais passé une journée des plus tristes. Je venais de quitter ma femme que je n'avais pu voir, le Juge d'instruction l'avait repoussée; on m'avait mis dans un cabanon, puis on m'avait transporté à Mazas. Lorsque j'y étais arrivé, on m'avait dépouillé de tous mes vêtements et fait revêtir une chemise grossière. J'ai passé la nuit sur le carreau entre quatre murailles, n'ayant qu'une chaise et une table. J'ai perdu la tête, et dans cette situation, livré au désespoir, me croyant complétement perdu, déshonoré, j'ai cru devoir attenter à ma vie. Deux ou trois jours après, le directeur est venu dans ma prison; il m'a parlé de ma femme, il a ranimé mon courage, je suis revenu à moi.

Quant au second essai de suicide dont vous parlez, vous n'avez qu'à vous reporter aux lettres dans lesquelles j'explique les motifs qui m'y ont poussé; ce sera ma justification, je n'ai pas autre chose à dire. Du reste, on comprend la position où j'étais ; je me trouvais en prison sous le coup d'une accusation injuste. Je dois le dire à MM. les Jurés, j'ai été privé tout le temps de nouvelles de ma famille, je n'ai pu communiquer avec qui que ce soit. Le médecin même de la prison était obligé d'entrer dans ma cellule avec les plus grandes précautions; il ne pouvait me voir que sous la surveillance d'un brigadier placé entre lui et moi. Je n'ai vu personne, je n'ai communiqué avec personne, je suis resté au secret le plus absolu. Je le dis publiquement, je dois une énorme reconnaissance au Directeur, qui a fait son possible pour adoucir les ordres rigoureux qu'il recevait du Parquet.

D. Vous avez été traité mieux que ne le sont en général les autres détenus. On a eu pour vous tous les égards possibles; vous nous avez témoigné à nous-même le désir d'être reconduit à Mazas, et nous vous y avons laissé jusqu'au dernier moment, parce que vous vous y trouviez bien. — *R.* J'établis une grande différence entre la Conciergerie et Mazas. A la Conciergerie, l'eau ruisselle partout. On est très-heureux, quand on est en prison, d'habiter une cellule où l'on ne ressent ni air ni humidité. En dehors des ordres sévères donnés pour moi, je dois le dire, le Directeur a fait son possible pour adoucir les rigueurs. Mais je n'ai communiqué avec personne qu'au dernier moment.

D. Vous avez été seul? — *R.* Personne, même les gens de la prison, ne pouvait me voir qu'avec quelqu'un entre lui et moi.

D. Le système cellulaire existe à Mazas. On a eu pour vous tous les égards possibles, mais on ne devait vous communiquer avec personne du dehors. C'est après la levée du secret qu'est arrivé l'incident relatif à votre beau-frère, qui est venu rapporter les médicaments qu'il aurait, dit-il, pris sur votre bureau. — *R.* Je demande à M. le Président de mettre sous les yeux de MM. les Jurés les lettres que j'ai écrites au moment où j'allais rendre le dernier soupir. Ce n'est pas en raison de ma culpabilité que je me donnais la mort, car je proclamais mon innocence d'une manière énergique.

D. Si vous étiez innocent, vous n'aviez pas besoin de vous préoccuper outre mesure des conséquences du procès qui pèse sur votre tête. On a toujours des moyens de faire reconnaître son innocence.

Vous avez aussi composé dans votre prison un drame, et vous vous promettiez de faire rire ceux qui le liraient plus tard. Vous y travestissez votre procès, vous faites jouer à tous les témoins dont vous changez les noms, mais de manière à ce qu'ils soient reconnus, des rôles odieux. M. Heim notamment, qui a été entendu ici, est représenté comme l'amant de Mme de Pauw. Vous la faites elle-même s'empoisonner, et quand elle va rendre le dernier soupir, elle dit aux assistants que, si elle vous a accusé de son empoisonnement, elle doit le regretter, car c'est elle-même qui s'est empoisonnée. — *R.* Vous m'avez déjà demandé si l'insinuation relative à M. Heim venait de moi. Mais l'empoisonnement lui-même n'est-il pas également une insinuation de l'accusation? Lors de mon arrestation, M. le Juge d'instruction m'a dit que cette femme n'était pas morte d'une mort naturelle, qu'elle était morte empoisonnée. D'un autre côté, elle était enceinte de deux mois, d'après les experts. Or, comme je n'avais aucuns rapports intimes avec elle depuis 1861, avant mon mariage; comme je n'ai pas attenté à ses jours, une chose est certaine, c'est que d'autres ont commis les actes qu'on me reproche. Voici le langage que j'ai tenu au Juge d'instruction : Dans quel but a-t-elle tenu le propos qu'elle était enceinte de moi? Elle savait le contraire. Est-ce une question d'amour-propre? Il fallait bien qu'elle fût enceinte de quelqu'un ; ce n'était pas par l'opération du Saint-Esprit qu'elle l'était devenue. N'a-t-elle pas regretté d'avoir fait une confidence pareille à ses amies, et le remords de cette confidence n'a-t-il pu lui donner la pensée, dans la crainte que je connusse la vérité, d'attenter à ses jours? Ce ne serait pas la première fois que ce serait arrivé. Elle recevait de moi des secours, elle pouvait craindre que ces secours lui fussent retirés. Le drame n'a pas été fait dans les derniers temps, mais bien dans les premiers jours de mon arrestation, et après ma tentative de suicide. Il prouve combien j'étais éloigné de la pensée qu'une accusation pouvait retomber sur ma tête. Si je m'étais reconnu coupable, je n'aurais pas écrit cela. Du reste, vous avez le drame, je vous prie de le mettre avec mes lettres sous les yeux de MM. les Jurés.

D. Le défenseur désire-t-il que le carton soit ouvert?

Me Lachaud. — Je vous en prie, monsieur le Président. Si cela n'est pas lu maintenant, je le lirai dans ma plaidoirie. Je ne puis laisser l'accusé sous cette impression que la tentative de suicide serait un indice de sa culpabilité. Une de ces lettres est adressée à sa femme; une autre, paraît-il, m'est adressée.

M. le Président. — Il vous charge dans cette lettre, comme il en charge les autres personnes, de forcer les Compagnies à payer, et de faire en sorte que les enfants de Mme de Pauw n'aient rien du tout.

Me Lachaud. — Je ne sais ce qu'il m'a écrit; je n'ai pas lu la lettre, j'ignore quelles sont ses instructions, mais je serais bien aise de l'avoir, afin de la lire plus tard.

(Sur l'ordre de M. le Président, le greffier représente les scellés à l'accusé et à son défenseur. Il ouvre ensuite le carton et en retire les papiers qu'il contient.)

Me Lachaud. — Vous pouvez les garder, monsieur le Président.

M. le Président. — J'ai lu une partie des lettres, mais je n'ai pas lu le drame.

Me Lachaud. — Moi non plus; ce sera du nouveau.

M. le Président. — M. l'Avocat général pourra en prendre connaissance.

M. l'Avocat général. — Je n'y attache aucune importance.

M. Ambroise Tardieu, professeur de médecine légale, doyen de la Faculté de médecine de Paris.
— J'ai été chargé, dans l'affaire qui occupe actuellement la Cour et le Jury, d'un grand nombre d'opérations, dont je vais rendre compte dans l'ordre suivant lequel elles ont eu lieu.

La première a consisté dans l'exhumation et l'autopsie du cadavre de Mme de Pauw. Elle avait pour objet de rechercher les causes de la mort de cette dame. Cette opération a précédé toute instruction criminelle; aucun renseignement précis ne pouvait nous aider; il fallait examiner avec soin si, dans les organes, il se trouvait des indices de mort naturelle ou de mort violente. L'identité ayant été constatée, l'autopsie a eu lieu 13 jours après le décès. Le cadavre était dans un état de conservation parfaite; aucune décomposition n'avait entravé nos recherches; tous les organes étaient intacts, à ce point qu'on eût pu y reconnaître les moindres traces de lésions ayant existé pendant la vie. Par l'examen extérieur, on constatait un embonpoint satisfaisant, qu'une maladie de longue durée n'avait point altéré gravement. On ne voyait aucune lésion quelconque ; le plus minutieux examen n'indiquait aucune trace de blessure. J'ai donc dû éliminer d'abord l'idée de toute violence ayant contribué à produire la mort.

L'examen des organes intérieurs, dans toutes les parties, a donné un résultat absolument négatif. J'ai constaté l'intégrité la plus parfaite des organes qui président aux grandes fonctions vitales : le cœur, les poumons, le cerveau. Le cœur n'offrait aucune augmentation de volume; il avait les dimensions que l'on trouve dans l'état le plus normal. Le jeu des valvules qui favorisent la circulation était libre; aucune de ses parties n'était atteinte; en un mot, on ne reconnaissait rien de ce qui constitue une affection organique du cœur. L'état du sang appela mon attention; le cœur en contenait qui était à demi coagulé; il n'y avait pas de caillots, ce qui a une grande importance. Les poumons ne présentaient aucune trace d'affection organique, aucune de ces traces que peuvent amener les maladies de longue durée entraînant la mort. Mon attention se porta ensuite sur les organes digestifs. Le résultat de cet examen fut également négatif, quant à des traces de lésions ayant pu amener la mort. Il n'y avait aucune hémorrhagie interne, aucun épanchement dans le péritoine des matières de l'estomac ou de l'intestin, comme il s'en produit à la suite d'une perforation. J'ai examiné si sur la membrane interne se trouvaient quelques-unes des altérations que laissent le plus ordinairement les substances vénéneuses; il n'y en avait point, tout était dans l'état le plus sain. Seulement, dans l'intestin, on voyait quelques suffusions sanguines, disséminées par places, telles qu'on en rencontre dans certains cas d'empoisonnement; mais dans ces cas si divers, qu'elles ne peuvent avoir une importance significative. Ainsi j'ai recherché toutes les causes de mort, et j'ai dû conclure à l'absence de toute trace de maladie récente ou ancienne, de toute lésion qui pût expliquer la mort rapide par une cause naturelle.

Un détail qui pouvait avoir une certaine importance me frappa. Je constatai un commencement de grossesse parfaitement caractérisée; elle n'était pas très-avancée; je ne crois pas me tromper en l'évaluant à sept à huit semaines.

Donc, absence de toute maladie ayant pu causer la mort, et nécessité de rechercher, ailleurs que dans une maladie spontanée, la cause de la mort. Il fallait sauvegarder les recherches ultérieures ; je dus donc extraire les organes pour qu'ils fussent plus tard soumis à l'analyse chimique.

Dois-je parler de suite des opérations qui ont été faites à cet égard ?

M. le Président. — Attendez un peu. Les palpitations de cœur, auxquelles beaucoup de personnes sont sujettes, surtout les femmes, peuvent-elles laisser des traces, et auriez-vous pu constater, après l'examen auquel vous vous êtes livré, si Mme de Pauw était atteinte de palpitations de cœur?

M. Tardieu. — Si vous le permettez, monsieur le Président, nous réserverons cette question, qui sera naturellement traitée dans une autre partie de ma déposition. Mais quant à présent, pour répondre à votre demande, je dirai qu'il y a certaines palpitations qui, nécessairement liées à une lésion du cœur, laissent des traces ; d'autres, au contraire, personne ne l'ignore, peuvent exister avec l'intégrité apparente la plus parfaite de l'organe. C'est sur ce point que j'appellerai plus tard l'attention de MM. les Jurés et de la Cour. Je continue.

L'analyse chimique des organes a été confiée à M. Roussin, que j'assistais en cette circonstance. Sans entrer dans les détails, je dirai que la recherche de tous les poisons minéraux connus a abouti à un résultat négatif. Dans aucun organe il ne s'est trouvé de trace d'arsenic, de phosphore, de cuivre ou de mercure. Donc, s'il y avait eu empoisonnement, nous devions nous trouver manifestement en présence d'un de ces poisons dont malheureusement les effets sont trop certains, poisons empruntés au règne végétal, dont l'analyse chimique ne peut pas toujours constater la présence, et qui ne se reconnaissent que par leurs effets. Pour rechercher ce poison, nous avons dû procéder autrement que par l'analyse chimique. Après avoir éliminé chacun des poisons que les médecins légistes peuvent rendre palpables et mettre sous les yeux du juge, nous devions arriver à ceux qu'on ne peut isoler, et dont l'action seule peut révéler l'existence. Pour compléter notre mission et remplir la tâche qui nous était imposée, nous avons donc été conduits à expérimenter sur des animaux vivants les matières toxiques qui avaient pu être administrées à Mme de Pauw et causer sa mort. Nous n'avons été guidés par aucune idée préconçue ; et nous n'avons circonscrit nos moyens de recherches qu'après avoir épuisé la liste de toutes les substances connues. Parmi ces substances, quelques-unes sont faciles à isoler, parce qu'elles cristallisent ; notamment le principe actif de certaines plantes, la morphine, la strychnine. D'autres ne peuvent être isolées, et de là la nécessité d'un changement radical de méthode dans la manière de constater les empoisonnements. Des substances qui sont fort employées, et employées utilement en médecine et dans les études physiologiques, peuvent produire des effets désastreux, même à la plus petite dose ; leur présence ne peut être reconnue que par cet effet même ; de ce nombre sont certains principes contenus dans la rue, la sabine, l'euphorbe, dans une foule de plantes dont l'action vénéneuse est connue de tous. Il y a encore la digitaline, contenue dans la digitale, la vératrine ; enfin, il y a les poisons dont les sauvages font usage pour empoisonner leurs flèches, tirés de certaines plantes, notamment du curare dont tout le monde connaît au moins le nom. L'empoisonnement par ces substances ne peut être révélé que par les symptômes et par les lésions qu'elles ont produits dans les organes. Nous avons procédé, avec les soins les plus minutieux, à la recherche de ces différents poisons. Une circonstance particulière les a rendues plus faciles ; il est important de la signaler. Les organes extraits du cadavre de Mme de Pauw n'avaient retenu que la plus petite partie du poison ; les vomissements en avaient dû emporter la plus grande. Nous avons trouvé sur le parquet de l'appartement la matière de ces vomissements, ce qui nous permettait de retrouver le poison qu'ils pouvaient contenir. Sur nos indications, des recherches spéciales furent faites ; nous nous rendîmes dans le domicile où avait succombé Mme de Pauw ; nous vîmes le parquet couvert de petites concrétions : c'était la matière des vomissements. Nous avions ainsi la matière rejetée, mais cela ne nous suffisait pas. Nous n'aurions jamais osé conclure, si nous n'avions pu comparer les effets de la matière ainsi recueillie sur les parties du parquet souillées avec les parties non souillées. Nous avons donc demandé que les feuilles du parquet couvertes des vomissements fussent enlevées, de même que d'autres feuilles prises sous le lit, dans des endroits que les vomissements n'avaient certainement pas atteints.

Nos expériences ont porté, en premier lieu sur les extraits préparés avec les matières des vomissements, dans lesquels, s'il y en avait, on devait trouver le poison ; en second lieu, sur les extraits préparés avec les organes eux-mêmes, dans lesquels la présence du poison était soupçonnée ; comme moyen de comparaison, nous avions, en troisième lieu, l'examen des feuilles du parquet que les vomissements n'avaient pas touchées.

Nous avons réduit nos expériences au nombre strictement nécessaire ; nous n'avons pas voulu sacrifier inutilement des animaux ; nous avons agi seulement sur deux chiens, deux lapins et trois grenouilles : en tout, sept animaux. Nous avons pris d'abord l'extrait provenant des matières vomies sur le parquet, et nous l'avons administré à un premier chien. Pour ne pas compliquer l'expérience, au lieu de le lui administrer par la gueule, nous avons fait une incision à la cuisse, et, décollant légèrement la peau sans produire de sensation douloureuse, nous avons introduit cinq grammes de l'extrait. L'animal a été ensuite abandonné à lui-même. Au premier moment, pas de résultat marqué. Bientôt, l'animal s'est montré inquiet, troublé ; les battements du cœur, notés avec soin, marquaient cent douze à la minute avant l'expérience ; ils se sont d'abord montrés tumultueux, précipités, puis se sont successivement ralentis, à ce point qu'ils sont descendus à quarante, en passant par quatre-vingt-dix, soixante-dix. Nous n'avions rien donné dans l'estomac, et cependant l'animal a été pris de vomissements très-répétés, abondants ; le chien ne vomit pas facilement, mais il peut vomir, ce qui permet de le comparer, jusqu'à un certain point, avec l'homme. Il s'est donc manifesté chez le chien des vomissements répétés ; il s'est produit un ralentissement progressif des battements du cœur, jusqu'à ce qu'ils soient tombés à un chiffre très-bas. En même temps, l'animal s'est refroidi ; il a manifesté, par un mouvement des mâchoires, qu'il éprouvait une sensation particulière ; une envie de boire attestait que ses instincts survivaient. Donc l'animal était sous l'influence manifeste de l'extrait vénéneux que nous avions ingéré. Enfin, il a succombé au bout de vingt-deux heures, ayant présenté une analogie frappante avec les symptômes qui ont été signalés chez Mme de Pauw. Ainsi, avec l'extrait de la matière du parquet, un chien vigoureux, bien constitué, de moyenne taille, a succombé en offrant des symptômes identiques avec ceux présentés par la malheureuse femme. Je reviendrai là-dessus; ce que MM. les Jurés doivent retenir, c'est que, pour nous, l'analogie a été des plus frappantes.

Nous avons voulu placer en regard une expérience comparative; nous l'avons faite sur un lapin, animal moins résistant que le chien; nous lui avons administré une portion de l'extrait préparé avec les matières grattées sur les parties du parquet à l'abri des vomissements. L'animal a continué à courir, à manger; il a résisté.

Ce n'est pas tout. L'expérience faite avec les matières provenant des vomissements grattées sur le parquet avait été pour nous décisive. Ces matières contenaient nécessairement une substance vénéneuse; mais il était important de savoir si, dans les organes extraits par nous, du cadavre de Mme de Pauw, il se trouvait du poison. Nous avons procédé sur un autre chien semblable à celui auquel nous avions donné le premier extrait. Nous avons opéré exactement par les mêmes moyens, pour nous placer dans les mêmes conditions. L'animal a présenté d'abord les mêmes phénomènes que le premier chien; il s'est montré inquiet, s'est affaibli. Les battements du cœur, qui étaient de cent deux au commencement, sont graduellement tombés, dans l'espace de cinq heures, à cinquante-cinq, c'est-à-dire ont diminué de près de moitié; il a vomi. Le lendemain matin, il s'est trouvé mieux; le nombre des pulsations était remonté à quatre-vingts; peu à peu, il s'est relevé. Bref, l'animal a guéri. Donc, avec l'extrait provenant des organes, nous avons eu, chez le second chien, un commencement d'empoisonnement manifeste; mais l'animal a résisté, parce que la dose de poison était et devait être plus faible.

J'indique, pour être complet, les expériences que nous avons faites sur les grenouilles; elles n'ont pas eu certes pour objet de conclure ou non à l'empoisonnement; je n'ai pas besoin de protester à cet égard. Il ne m'arrive pas de conclure, pour des faits d'empoisonnement, sur des expériences de cette nature; mais nous étions arrivés à circonscrire les poisons que nous pouvions supposer avoir été employés. La Justice ne nous avait pas caché les circonstances de l'affaire; nous avions vu déjà à plusieurs reprises le nom de la digitaline. Il était intéressant pour nous de savoir si nous avions affaire à la digitaline, plutôt qu'à l'un des poisons qu'on ne peut retrouver en nature; nous avons voulu faire des expériences physiologiques sur la digitaline, à l'aide de grenouilles. Cet animal se prête très-bien à une opération qu'on ne peut faire sur l'homme; on lui ouvre la poitrine, on met le cœur à nu, sans qu'aucun trouble s'opère dans ses fonctions, et l'on peut suivre de l'œil ses battements. C'est donc une expérience comparative entre les effets de la digitaline et ceux des extraits que nous avions obtenus, que nous avons voulu faire; nous n'avons pas voulu, le moins du monde, y chercher une preuve à l'appui de nos conclusions.

Voici comment nous avons opéré : nous avons mis à nu le cœur de trois de ces animaux. La première grenouille est restée dans cet état sans qu'on lui fît autre chose que d'entretenir la surface du cœur humide. Nous avons inséré sous la peau de l'une des deux autres grenouilles un peu de digitaline pure; sous la peau de l'autre, nous avons inséré un peu de notre extrait provenant des vomissements. Voici ce qui s'est passé : la première n'a rien offert à noter; au bout de vingt-huit minutes, les battements du cœur de la seconde ont cessé après avoir diminué graduellement; pour la troisième, ils ont cessé en trente et une minutes; la différence entre les deux n'a été que de trois minutes pour le même résultat. Il faut ajouter ceci, que la diminution des battements du cœur n'est pas le caractère exclusif de la digitaline; mais nos conclusions ne se fondent pas sur cette expérience.

En résumé, il est évident pour nous que Mme de Pauw, chez laquelle il n'existait aucune cause de mort naturelle, n'a pu succomber qu'empoisonnée; quant à la nature du poison, en circonscrivant nos recherches, nous avons admis que le poison employé était probablement la digitaline.

Notre tâche n'était pas encore complète; dans une constatation d'empoisonnement, il n'y a pas à rechercher seulement sur le cadavre les traces du poison; il n'y a pas même à rechercher les indices que peuvent fournir les analyses chimiques. Il y a quelque chose de plus qui, pour un médecin, a une autre valeur que les recherches analytiques : c'est dans les symptômes observés pendant la vie, c'est dans les premiers effets produits dans l'organisme d'une personne auparavant bien portante, qu'on peut chercher la preuve du poison. Notre devoir était donc d'apprécier dans les moindres détails l'état antérieur de santé de Mme de Pauw; il y a des états qui peuvent amener la mort naturellement sans laisser de traces matérielles. Mais quand il n'y a pas de lésions des organes, et qu'on rencontre des symptômes analogues à ceux que produisent les poisons, c'est un faisceau de preuves qui ne peut permettre de doutes. Ici la question était complexe; il y avait une réunion de faits qui méritent la plus sérieuse attention. Par des circonstances que MM. les Jurés connaissent, qu'il ne m'appartient pas d'apprécier, cette femme s'était crue malade, ou avait cru devoir se faire passer pour malade. Toujours est-il qu'elle avait été visitée par des médecins portant de grands noms, très-expérimentés, difficiles à tromper, qui pouvaient nous donner des renseignements très-utiles au sujet de cette mort qui semblait encore mystérieuse.

Dans l'état de santé qui a précédé les symptômes qui se sont terminés par la mort, y avait-il chez Mme de Pauw des faits qui pussent faire prévoir la catastrophe, ou, sans la laisser prévoir (car il n'est pas permis à l'homme de prévoir la mort, la mort n'est pas dans sa main), y avait-il quelque chose qui pût l'expliquer ? Nous devions rechercher avec un grand soin comment cette femme se portait. Après avoir fait cette étude minutieuse, après avoir lu mot à mot chacune des dépositions de nos éminents confrères que vous avez entendus à l'audience d'hier, après les avoir rapprochées des déclarations mêmes de Mme de Pauw, je dois le dire, après avoir dépouillé entièrement la correspondance, pour y surprendre les plus légères indications sur la santé de Mme de Pauw, je vais dire l'opinion à laquelle je suis arrivé; je crois mon opinion parfaitement déduite des faits résultant de la procédure, et je ne réclame que cela pour elle.

Mme de Pauw, évidemment, souffrait de privations, c'est incontestable; dans les conditions où se trouvait cette dame, obligée de vivre de son travail, il y avait chez elle un appauvrissement du sang; elle devait être dans un état nerveux dont l'existence, après la mort, n'est guère facile à reconnaître. Elle devait se trouver certainement dans des conditions très-favorables à des palpitations de cœur, si fréquentes chez les femmes de nos villes. Ces palpitations peuvent exister comme résultat d'un état nerveux sans laisser la moindre trace de lésion dans l'organe du cœur. Nous savons aujourd'hui quelle en est la cause : c'est une altération du sang, un appauvrissement du sang, qui, n'excitant pas suffisamment l'organe, produit la perturbation des fonctions. J'admets, je n'hésite pas à croire que Mme de Pauw était tourmentée de palpitations; mais de là à une affection du cœur il y a un abîme; c'est presque l'opposé. Les palpitations de cœur et l'affection organique du cœur ont des caractères tout différents, auxquels les médecins ne peuvent se tromper. Cette dernière se révèle par un trouble si grave, si connu, que le premier élève venu, en posant l'oreille sur le cœur d'un malade, reconnaît l'existence de la maladie. D'ailleurs une chose tranche la difficulté : nous avons eu le malheur de voir l'organe; le cœur de Mme de Pauw était parfaitement sain. Si elle a eu des palpitations, c'est parce qu'elle était nerveuse, qu'elle avait le sang pauvre, qu'elle était malheureuse. Ce n'était pas une affection du cœur qui les causait. Elle souffrait de l'estomac, dit-elle ; c'est le seul point sur lequel les médecins qu'elle a essayé de tromper, on peut le croire, sont d'accord ; elle était dans un état de dyspepsie. MM. les docteurs Velpeau, Nélaton, Desormeaux, Danet surtout, indiquent un trouble léger des fonctions digestives. On a dit, je crois, qu'il y avait eu une inflammation de l'estomac qui avait amené des douleurs très-vives. Ce sont les privations qui ont produit ces douleurs; ce sont des souffrances que tout le monde connaît, qu'on éprouve quand on a faim; elles ne lèsent pas l'organe, qui reste sain. Mais j'ai encore une réponse péremptoire; j'ai eu l'organe sous les yeux : il était parfaitement sain. A aucun moment de la vie, aucune lésion de l'estomac, aucune inflammation ou gastrite, comme on l'a pu penser, n'a existé; les troubles de l'estomac, comme ceux du cœur, ont eu un caractère nerveux, qu'on retrouve toujours dans les conditions où cette femme vivait.

Un incident se serait produit, qui aurait pu amener une complication nouvelle ; il a appelé notre attention. Mme de Pauw a dit et raconté, elle a écrit qu'elle avait fait une chute violente sur la rampe d'un escalier, chute dans laquelle la partie antérieure de la poitrine, l'estomac lui-même, aurait porté ; depuis ce moment, elle aurait éprouvé des douleurs vives, des crachements de sang ; sa santé aurait été complètement détruite ; elle aurait souffert au point de ne pas pouvoir changer de position ; enfin son état aurait été des plus graves et des plus fâcheux.

Il est très-possible qu'une chute se soit accomplie dans les circonstances indiquées, en tombant sur la rampe d'un escalier (je ne connais pas les lieux, je ne sais comment les choses se sont passées, c'est une simple hypothèse que je fais), il est très-possible que cette femme ait pu se faire une grave contusion lésant les organes profonds, sans laisser la moindre trace extérieure. Mais il ne suffit pas que ce soit possible pour que cela ait eu lieu. Y a-t-il eu chez Mme de Pauw des indices qui permettent de croire un instant à cette chute? De deux choses l'une : ou la chute a eu lieu et n'a pas entraîné de suites graves, et alors il ne faut pas s'en occuper ; ou bien elle a eu des suites très-graves, et il faut lui attribuer la mort. Alors, s'il n'y a pas traces extérieures, il doit y en avoir à l'intérieur, et dans les organes profonds on aurait trouvé des traces matérielles de cette chute qui aurait entraîné la mort.

Sous prétexte de cette chute, Mme de Pauw a consulté plusieurs médecins. Le docteur Gaudinot, son médecin ordinaire, a cru devoir s'en rapporter à ce qu'elle lui disait; il ne lui a pas semblé qu'elle eût intérêt à le tromper ; il n'a pas regardé s'il y avait des traces extérieures et il s'en est rapporté à elle ; il aurait pu ne pas en trouver s'il eût regardé. Mais ce qui ne lui eût pas échappé, et ce qui n'aurait échappé à personne, ce sont les effets terribles qui se seraient produits; ils étaient peu graves, puisqu'il s'est borné à les combattre par des moyens très-simples, très-innocents : des cataplasmes émollients, des lavements. Donc il n'y a pas là l'indication d'une médication énergique, quelle que fût la maladie. Nous sommes donc parfaitement autorisé à dire qu'en admettant la chute, le médecin ordinaire n'a pas cru à sa gravité.

Mais Mme de Pauw a vu plusieurs autres médecins auxquels elle a parlé de sa chute. Certes, personne n'admettra que les docteurs Velpeau, Nélaton, aient pu se tromper sur les conséquences d'une lésion chirurgicale ; précisément, il s'agissait d'une de ces maladies qui sont de leur domaine; nul ne pouvait mieux qu'eux apprécier les faits. Ces messieurs ont été entendus, je n'ai sans doute répété leurs dépositions que j'ai lues; toutes leurs ordonnances ont passé sous mes yeux ; rien ne m'a échappé dans l'étude que je faisais. Pour moi, j'ai vu dans ces ordonnances la preuve que cette femme se plaignait de l'estomac en exagérant ses souffrances, comme cela peut se voir souvent. Ils ont répondu à ses indications en prescrivant des soins appropriés à un état dyspeptique, aux digestions ordinairement mauvaises : des vésicatoires volants appliqués sur le creux de l'estomac. Mais rien ne peut faire croire que ces médecins aient pensé à une lésion grave provenant d'une chute. Le docteur Desormeaux, le docteur Huet et les autres médecins des Compagnies ont examiné cette femme dans une pensée bien autre, qui les obligeait pour ainsi dire à scruter jusque dans les derniers replis de l'organisme humain. J'ignore si MM. les Jurés le savent, mais je connais combien les médecins d'assurances s'appliquent, c'est leur devoir, leur mission n'a pas d'autre objet, à rechercher les moindres traces de lésions, je ne dis pas actuelles, mais même qui n'éclateront que dans plusieurs années, afin de ne pas compromettre les intérêts des Compagnies, qui s'en rapportent à leur opinion. Donc ils ont fait un examen complet, et, en autorisant l'assurance, ils avaient la certitude qu'il n'y avait pas de lésion qui, de près ou de loin, pût compromettre la vie. Le docteur Desormeaux a fait plus : il a donné son avis comme médecin consultant, et, dans cette circonstance, il a fait une ordonnance qui ne montre pas la moindre préoccupation de sa part. Le docteur Danet, qui est, lui aussi, un praticien habile et exercé, appelé à une époque plus voisine de la mort, a reconnu un trouble de la digestion ; je suis certain que cela devait exister. Il a prescrit seulement des moyens simples pour débarrasser l'estomac.

Nous arrivons aux derniers moments, et en considérant Mme de Pauw jusqu'à la veille de la mort, nous sommes obligé de reconnaître que, si elle a fait une chute, cette chute n'a laissé aucune trace appréciable, soit immédiate, soit postérieure; les organes n'étaient pas lésés. Rien ne peut se rapporter à cette chute. Aucun des médecins qui ont vu la malade n'y a cru; si elle a eu lieu, elle n'a troublé la santé que superficiellement. Celle-ci était assez bonne pour qu'un dernier repas ait été composé de soupe à l'oseille et de choux-fleurs; ces aliments, d'ailleurs, quand même ils n'auraient pas été digérés, n'auraient pas amené d'accidents mortels.

La maladie éclate dans la soirée du 16 novembre. Je n'ai pas à apprécier les circonstances; mais de quelle façon se manifeste-t-elle? Par des vomissements, c'est le symptôme dominant, des vomissements incessants, très-abondants, très-douloureux, qui jettent cette femme dans un collapsus très-rapide. Malheureusement ici les investigations médicales manquent sur les détails des symptômes; mais on ne conteste pas que ce qui domine, ce sont des vomissements suivis d'un affaiblissement graduel, un ralentissement graduel du pouls, des sueurs froides, qui sont déjà le phénomène de l'agonie. En prenant les symptômes au moment où la mort va arriver, je suis en présence d'un témoignage d'une valeur énorme : c'est celui du docteur Blachez, qui est un médecin très-distingué. Il a dit ce qu'il avait vu, et ce qu'il avait bien vu; il s'est trouvé en présence d'une agonie qui commençait; il n'y avait évidemment rien à faire. Ce qu'il a essayé, c'est de relever les forces, de ranimer la malheureuse femme qui allait expirer; mais il ne s'est pas contenté de cela; il a noté de la façon la plus exacte l'état du pouls; il a dit, sans aucune prévention, qu'il avait été frappé de son irrégularité, de son intermittence. Ce n'était pas seulement pour lui l'indice de l'agonie; nous savons tous que le pouls se ralentit quand on va mourir, il remonte, on ne le trouve plus. M. Blachez ne dit pas avoir constaté l'absence du pouls, mais il a constaté son irrégularité, son intermittence, et cela à la suite de vomissements très-abondants. Rappelez-vous les pauvres animaux sur lesquels nous avons expérimenté; nous avons suivi, minute par minute, la diminution, la disparition des mouvements du cœur, arrivant jusqu'à la cessation complète.

M. Blachez s'est trouvé dans l'impuissance d'agir; on lui a demandé de quoi mourait cette femme; il a répondu : « Elle doit mourir d'une hémorrhagie interne, de la rupture d'un anévrisme. » Il sait que l'on ne constate pas les causes de la mort en regardant un cadavre, mais qu'il faut en faire l'autopsie. Il a dit la chose la plus vraie, la plus sensée et la plus conforme à ce que nous disons; non pas : cette femme meurt d'une hémorrhagie interne ou de la rupture d'un anévrisme, mais comme meurent les individus qui succombent à une perte interne ou à la rupture du cœur. Et cela était parfaitement juste. En effet, quelles sont les suites d'une perte intérieure et d'une rupture du cœur? Précisément la cessation de l'action du cœur, son impossibilité de chasser le sang dans le corps et d'entretenir la vie partout. C'est comme cela que meurent les individus qui succombent au genre de mort qui, selon M. Blachez, emportait Mme de Pauw. Cette comparaison est parfaitement exacte; elle vient à l'appui de ce que nous disons, que cette femme a succombé à un poison agissant sur le cœur.

Il y a une autre opinion alléguée sur la cause de la mort de Mme de Pauw : c'est celle du docteur Gaudinot, qui a dit que la malade mourait d'une perforation de l'estomac. Elle n'est pas plus morte d'une perforation de l'estomac que d'une rupture du cœur, puisque ces deux organes étaient intacts, et qu'on ne peut se tromper sur des faits de cette nature; il n'y a pas un médecin, ayant ces organes sous les yeux, qui n'eût pu voir si le cœur ou l'estomac étaient intacts. L'hypothèse du docteur Gaudinot (ce n'était qu'une pure hypothèse) était, comme celle du docteur Blachez, en rapport avec la manière dont la femme est morte. Qu'est-ce qui se produit dans une perforation de l'estomac? Ce sont d'abord des vomissements répétés, dont on ne peut se rendre maître; et, à la suite de ces vomissements, il y a affaiblissement graduel des fonctions, terminé par une mort rapide; il n'y a pas de maladie plus foudroyante que celle-là. Donc, M. Gaudinot, comme M. Blachez, employant une comparaison médicale, voyant comment mourait cette femme, a pu faire l'hypothèse dont il a parlé.

Ma tâche est terminée sur ce point. Pour vous, messieurs les Jurés, comme pour nous, il est parfaitement constant que, chez Mme de Pauw, il n'y avait aucune maladie capable de causer la mort. Si elle a fait une chute, celle-ci était parfaitement insignifiante et n'a pas produit de lésion capable de causer la mort; il n'y avait aucune trace extérieure et les organes profonds étaient intacts. Elle a succombé à l'ingestion d'une substance capable d'amener des vomissements abondants et de détruire, d'annuler les battements du cœur dans un temps très-court; elle est morte en vingt et une heures, comme ont péri les malheureux animaux sujets de nos expériences. Bien plus, elle est morte comme meurent tous les individus qui succombent à un empoisonnement, non pas par la digitaline dont l'emploi est très-récent, mais par la digitale. Nous sommes en droit de prendre les symptômes se rapportant à l'emploi de la digitale comme fournissant la preuve que la digitaline a été employée. Dans les recueils de médecine, notamment dans le Traité des poisons du docteur anglais Taylor, il y a un certain nombre d'observations de malades succombant à un empoisonnement par la digitale. Le symptôme dominant, c'est le ralentissement du cœur; ce sont des vomissements répétés, excessivement violents. Tous les médecins qui ont vu des malades très-susceptibles employer de la digitale, même à une dose modérée, savent qu'ils ont éprouvé des vertiges, un embarras de la tête et de l'estomac, des vomissements.

Donc, arrivant à circonscrire les poisons employés, voyant que la femme avait succombé en présentant les symptômes exactement semblables à ceux que produit l'emploi de la digitale, nous étions autorisé à conclure que Mme de Pauw était morte empoisonnée, et très-probablement empoisonnée par la digitaline. C'est pour moi une probabilité, non pas une certitude, qu'il s'agit de la digitaline; ce que j'affirme, c'est que l'empoisonnement a eu lieu par un des poisons qui agissent sur le cœur et sur l'estomac, et qu'il est impossible d'isoler par les procédés chimiques.

J'ai terminé sur le premier fait, monsieur le Président.

M. le Président. — Monsieur le Docteur, vous êtes allé au-devant de toutes les questions que nous comptions vous poser. Nous voulions vous soumettre les ordonnances des médecins que Mme de Pauw a consultés; nous voulions vous faire connaître les dépositions faites par eux à cette audience, et vous adresser des questions auxquelles vous avez répondu d'avance. Cela simplifie beaucoup notre tâche. Nous devons cependant revenir sur la déposition de M. Blachez, qui a assisté aux derniers moments de Mme de Pauw. D'après sa déclaration d'hier, cette femme se plaignait de maux de tête violents ; en mourant, elle disait à la jeune fille qui était auprès d'elle : « Sophie, Sophie, j'étouffe ! » Ce qui a surtout frappé M. Blachez, c'est le trouble extraordinaire dans la circulation du sang qu'il a remarqué. Ce résumé de la déposition de M. Blachez concorde parfaitement avec ce que vous venez d'exposer.

M. Tardieu. — M. le docteur Blachez avait dit cela dans l'instruction.

M. le Président. — Bien que M. Blachez n'ait pas conclu d'une manière positive à un empoisonnement ; cependant les constatations minutieuses et très-détaillées qui résultent de sa déposition, constatations faites au lit de mort de Mme de Pauw, confirment parfaitement ce que vous venez de dire des causes de la mort, et s'allient, selon vous, parfaitement avec les effets produits par le poison.

M. Tardieu. — Oui, monsieur le Président.

M. le Président. — La Pommerais, vous venez d'entendre les déclarations du docteur Tardieu ; d'après lui, Mme de Pauw n'est morte d'aucune maladie appréciable ; tous ses organes étaient parfaitement sains. Par conséquent, elle n'a pas succombé à une affection du cœur, à la rupture d'un vaisseau, ni à une perforation de l'estomac. D'après les expériences auxquelles les hommes de l'art se sont livrés, expériences dont le récit vient d'être fait, Mme de Pauw serait morte empoisonnée.

L'accusé. — Ma situation, comme accusé, ne me permet pas de soutenir une discussion comme j'aurais voulu la soutenir. Mais la parole plus autorisée d'un savant va répondre à M. le docteur Tardieu.

M. le Président. — Vous avez vu Mme de Pauw dans ses derniers moments. Vous prétendez que, le lundi soir, elle était déjà malade.

L'accusé. — Très-malade.

M. le Président. — Vous l'avez vue le lendemain matin à huit heures ; vous l'avez revue à deux heures. Je vous demande quelles ont été les constatations que vous avez faites sur les symptômes de la maladie et sur ses causes ?

L'accusé. — J'ai déjà eu l'honneur de le dire, je n'ai pas soigné Mme de Pauw ; je n'ai pu juger que par les symptômes extérieurs, sans prendre de renseignements approfondis. J'ai dû constater les vomissements qui s'étaient manifestés dans la nuit lorsque je l'ai vue le matin. La veille, elle était étendue sur un canapé, se plaignant d'étouffements, de douleurs vives à l'estomac. Elle m'a dit qu'elle attendait le médecin. Je n'avais pas à l'examiner, je n'avais pas non plus à lui donner de médicaments, puisque son médecin devait venir la voir le lendemain matin. D'après M. Tardieu, il n'y avait pas de perforation de l'estomac ; je crois donc qu'elle a dû succomber à une gastrite aiguë. M. Tardieu a reconnu qu'il y avait un appauvrissement du sang ; d'après plusieurs expériences faites en France et en Angleterre, il est reconnu que, dans un état chlorotique, il se trouve une grande quantité de fibrine dans le sang, ce qui prédispose à une plus facile coagulation de ce liquide. Mme de Pauw avait une constitution de ce genre. Les accidents qui s'étaient manifestés chez elle depuis nombre d'années, car depuis son enfance elle souffrait de l'estomac, le prouvent. M. le docteur Tardieu a dit que cet état tenait aux privations qu'elle avait éprouvées ; toujours est-il qu'elle souffrait de l'estomac, qu'elle souffrait également du cœur. Arrivons à ses derniers moments, elle était enceinte ; elle venait de manger ; elle s'est mis les pieds dans l'eau, elle s'est lavée : il peut être survenu un trouble général qui a provoqué des vomissements. En raison de la constitution de cette femme, il a pu se produire un caillot cardiaque. Je vous prie de me laisser citer un passage pris dans un ouvrage d'un professeur de la Faculté : « Les efforts du vomissement « peuvent donner lieu à une rupture de l'estomac, « à une déchirure du diaphragme, à une hernie, à « une hémorrhagie, » (rien de tout cela n'est constaté par l'autopsie) « mais encore l'accident de « tous le plus grave et le plus singulier, la coagu- « lation du sang dans les vaisseaux artériels par « suite d'une syncope très-prolongée. » Ceci est extrait du *Traité de thérapeutique* de M. le docteur Pidoux, page 719. Il n'est pas possible d'affirmer aujourd'hui si la coagulation du sang constatée par le docteur Tardieu sur le cadavre de Mme de Pauw était le résultat d'un poison, ou si elle provenait de la constitution même de la personne. Voilà la seule observation que je voulais faire ; je ne reviens pas moi-même sur le rapport, attendu qu'il va venir un savant qui discutera avec le docteur Tardieu. Alors, si j'ai des observations à présenter, je demanderai à le faire.

M. le Président. — Monsieur Tardieu, vous l'entendez, d'après l'accusé, la mort de Mme de Pauw pourrait résulter notamment des vomissements susceptibles d'amener la coagulation du sang dans les vaisseaux artériels.

M. Tardieu. — Je me serais bien mal fait comprendre si j'avais dit cela ; j'ai dit le contraire. La coagulation du sang, les caillots trouvés dans les artères, qui peuvent faire périr rapidement, sont une découverte récente. J'ai recherché s'il y en avait ; j'ai écrit dans le rapport que le cœur renfermait une certaine quantité de sang à demi coagulé, c'est-à-dire non coagulé, à l'état de gelée semblable à la gelée de groseilles ; c'est la comparaison classique de l'école. Les caillots auxquels on fait allusion sont très-rares ; ce sont des caillots décolorés, adhérents, qui obstruent les vaisseaux ; on peut les rencontrer dans certaines maladies aiguës. Chez Mme de Pauw, il n'y avait pas de ces caillots ; on voyait au contraire du sang demi-fluide, demi-coagulé. Cette cause matérielle de mort échappe donc comme les autres. Quant aux faits d'indigestion produits par le bain, par cette immersion dans l'eau, je n'ai vu nulle part que Mme de Pauw eût pris un bain. L'administration intempestive d'un bain peut bien amener une indigestion ; mais pour qu'elle devienne mortelle dans un si court espace de temps, il faut que le repas ait été bien autrement copieux, bien autrement difficile à digérer que ne l'était celui de la malheureuse femme. En admettant qu'elle ait pu commencer à vomir, elle a rejeté son repas et voilà tout ; les vomissements n'ont pu amener les caillots, qui, du reste, n'existaient pas.

M. le Président. — Ainsi, selon vous, monsieur Tardieu, les circonstances qui auraient pu amener la mort de Mme de Pauw n'existent pas ?

L'accusé. — Monsieur le Président, voulez-vous demander au docteur Tardieu s'il a examiné les gros vaisseaux artériels ; si, par une autopsie faite dix-sept jours après la mort, il pouvait constater des caillots dans ces vaisseaux ?

M. Tardieu. — C'est élémentaire. Je n'ai pas cherché dans les vaisseaux de la jambe, cela n'aurait rien signifié. J'ai cherché dans les gros vaisseaux qui vont à la poitrine, dans les artères pulmonaires qui vont au cœur, dans l'aorte ; quand on n'y trouve pas de caillots adhérents, on peut répondre que ce ne sont pas les caillots qui ont donné la mort. On *est* surtout autorisé à dire qu'il n'y en avait pas, lorsque l'état du sang trouvé dans le cœur était précisément contraire à la formation de caillots.

L'accusé. — Je suis autorisé à affirmer le contraire. L'expert n'a pas examiné les vaisseaux artériels. Un caillot pouvait se trouver en dehors du cœur; le docteur Tardieu sait comme moi qu'il suffit d'un corps étranger circulant dans un vaisseau pour amener instantanément la mort.

M. Tardieu. — Pas du tout! C'est la plus grosse erreur!

M. le Président. — Vous supposez des choses que le docteur Tardieu n'a pas dites; il soutient le contraire; il a fait l'autopsie avec le plus grand soin. Il a examiné tous les organes essentiels et tous les vaisseaux artériels les plus importants; il ne s'est pas occupé de regarder ceux de la jambe. Il dément complétement votre hypothèse.

L'accusé. — Je prendrai part à la discussion quand je le croirai nécessaire. Je m'en réfère à ce que dira le savant que je ferai entendre.

Un Juré. — Je désirerais savoir si, lorsque la mort arrive par l'effet d'une indigestion, les déjections ont le caractère de celles que M. le docteur Tardieu a observées, et si les matières vomies ne subissent pas une altération qui les rende vénéneuses?

M. Tardieu. — La question est très-nette. Quand une indigestion est mortelle, elle ne modifie pas la qualité des matières vomies; si les aliments ne contenaient pas de poison, les déjections n'en peuvent contenir. Si donc il n'avait pas été donné de poison, ces matières que nous avons administrées aux animaux, sujets de nos expériences, n'eussent produit aucune altération quelconque.

Mᵉ Lachaud. — Les experts n'ont eu, en fait de déjections, que celles grattées sur le parquet; quant à celles qui étaient reçues dans des vases, elles avaient disparu. M. le Président l'a expliqué, mais c'est une observation que je rappelle.

Un autre Juré. — La seconde expérience faite sur le second chien avec l'extrait des organes n'ayant pas amené un empoisonnement complet, je voudrais savoir pourquoi elle n'a pas été renouvelée dans d'autres conditions, avec une plus grande quantité de matière, pour voir ce qui arriverait.

M. Tardieu. — Par des raisons que je suis obligé d'indiquer; c'est que la substance nous manquait. Nous n'avions pas une assez grande quantité de ces matières extractives; nous voulions en réserver une partie pour la mettre à la disposition de la Justice, si elle ordonnait une autre épreuve. Il reste la moitié des organes.

M. le Président. — Enfin, quoique l'expérience ait été incomplète par ses résultats, le chien n'ayant pas succombé, elle vous a cependant paru suffisante?

M. Tardieu. — Elle avait pour nous la plus grande signification.

M. le Président. — Vous avez jugé inutile de la recommencer, parce que pour vous elle était concluante?

M. Tardieu. Elle avait confirmé nos prévisions.

M. le Président. — Quant aux vomissements qui auraient été la suite du bain pris par Mᵐᵉ de Pauw après son dîner, nous devons dire qu'elle n'a pas pris de bain; elle s'est livrée à des ablutions, s'est lavé les pieds et le reste du corps, et dans ce but elle a envoyé chercher un flacon d'essences pour se parfumer. Elle n'a pas même pris un bain de pieds, dans de l'eau très-chaude.

M. Tardieu. — Ce ne sont pas là les conditions ordinaires d'une indigestion.

M. le Président. — La Pommerais, vous avez dit à Mᵐᵉ de Pauw, selon les témoins, qu'elle avait le choléra, et vous lui avez laissé entendre que dans vingt-quatre heures elle en serait débarrassée.

L'accusé. — Je n'ai jamais dit cela. Nous n'avons pas l'habitude, quand nous portons un diagnostic grave, d'en faire part au malade.

M. le Président. — Vous avez dit à la jeune Huilmand que la mort de Mᵐᵉ de Pauw ne vous étonnait pas, parce qu'elle était pour vous la conséquence de la chute qu'elle avait faite.

L'accusé. — J'ai pu le dire, puisque le médecin qui la soignait attribuait la mort à ce résultat. Du reste, vous me faites bien le reproche de lui avoir dit qu'elle avait le choléra, parce qu'elle en avait fait part à ses confidentes; pourtant je ne lui en ai pas parlé. Mais comment ses confidentes ne l'ont-elles pas raconté aux médecins qui sont venus, qui se sont informés de ce que l'on avait fait? Personne n'a répété au docteur Gaudinot ni au docteur Blachez le diagnostic que j'avais porté.

M. le Président. — Vous savez par les résultats de l'autopsie que Mᵐᵉ de Pauw n'est morte ni d'une maladie du cœur, ni d'une perforation de l'estomac, comme le croyait le docteur Gaudinot; enfin qu'elle n'est morte d'aucune maladie qu'on ait pu apprécier.

L'accusé. — Alors de quoi est-elle morte?

M. le Président. — Elle est morte empoisonnée.

L'accusé. — C'est ce que nous allons voir.

M. le Président. — L'empoisonnement, pour les médecins, résulte des expériences qu'ils ont faites sur des animaux avec les déjections recueillies sur le parquet. Avez-vous quelques observations à présenter à l'occasion des constatations faites par les médecins sur ce parquet?

L'accusé. — J'ai eu l'honneur de dire qu'on les fera; je ne suis pas compétent.

M. le Président. — Rien n'empêchera le pharmacien que vous avez appelé de dire ce qu'il voudra. Mais vous-même, pendant que M. Tardieu est présent, avez-vous quelques observations à faire comme médecin et comme accusé?

L'accusé. — MM. les Experts auraient dû extraire des vomissements la matière toxique; ils ne peuvent dire que le poison a éprouvé une certaine modification, puisqu'il a été rejeté de l'estomac. Ils ont dû le retrouver sur le parquet à peu près intact. Ce qui m'étonne, c'est qu'ils n'aient pu le retrouver; ce qui m'étonne, c'est que la personne qui l'avait pris soit morte empoisonnée, et que l'expérience faite sur les organes ait produit des résultats négatifs.

M. le Président. — Il est incontestable, d'après les Experts, que les matières vomies contenaient du poison, puisque l'extrait, inséré sous la peau d'un animal, l'a empoisonné et fait mourir. Vous demandez pourquoi les Experts n'ont pu extraire ce poison des matières vomies?

M. Tardieu. — L'accusé paraît ignorer une chose capitale : c'est que, non-seulement il n'est pas possible d'isoler ce poison, mais que s'il subsiste avec ses qualités fonctionnelles, c'est-à-dire s'il peut produire un empoisonnement (je parle de la digitaline), il perd complétement ses qualités physiques quand il est en contact avec des matières organiques. M. Roussin vous démontrera ce fait : quand on mêle de la digitaline avec une matière organique animale, elle devient brune, au lieu de blanc-jaunâtre qu'elle est; elle perd ses qualités physiques, quand même elle est isolée. Nous l'avons isolée, puisque, par elle, nous avons empoisonné. Mais on ne peut faire ce que l'accusé demande : la reproduire avec ses qualités physiques; elle les a perdues, elle ne les a plus. Je demande la permission d'ajouter à ce que disait M. le Président, que nous n'avons pas seulement conclu à un empoisonnement par suite de nos expériences sur des animaux; nous avons conclu par un autre ordre de preuves : des symptômes concordant avec les effets du poison que nous avions reconnu; et enfin nous nous sommes appuyés sur un troisième ordre de preuves: l'absence de toute lésion caractéristique sur le cadavre.

L'accusé. — Ces preuves sont complétement insuffisantes. MM. les Experts n'ont conclu à l'empoisonnement qu'en rapprochant les symptômes produits sur leurs chiens par un poison qu'ils ne peuvent indiquer, de ceux des symptômes observés chez Mme de Pauw. Je dis ceci : Pour que les expériences fussent concluantes, il aurait fallu rapprocher les symptômes observés sur leurs chiens, sur leurs lapins et sur leurs grenouilles, de ceux observés pendant la maladie de Mme de Pauw depuis le commencement jusqu'à la fin.

M. le Président. — Cela précisément a été fait. Mme de Pauw n'est réellement tombée malade que le lundi soir; elle est morte au bout de vingt-deux heures. Eh bien ! les Experts vous déclarent que les animaux sur lesquels ils ont opéré, sont morts au bout de vingt-deux heures, c'est-à-dire dans le même espace de temps. Ils ont observé chez ces animaux exactement les mêmes symptômes que ceux remarqués dans cette courte maladie de Mme de Pauw.

L'accusé. — L'accusation prétend que Mme de Pauw a été malade pendant vingt-quatre heures. Tout prouve, au contraire, qu'elle l'était depuis fort longtemps, puisque, depuis son enfance, elle souffrait du cœur et de l'estomac. Enfin, que vous ne pouvez nier, les conclusions des Experts ne se rapportent qu'au témoignage d'un médecin appelé en dernier lieu. MM. les Jurés apprécieront si c'est concluant.

M. le Président. — Mais la maladie n'a commencé qu'après le dîner.

L'accusé. — D'après l'accusation.

M. le Président. — Vous attribuez la mort aux conséquences des vomissements; rien ne prouve qu'elle fût malade alors.

L'accusé. — Ces accidents, je le répète, peuvent être le résultat d'une maladie de l'estomac.

M. le Président. — Vouliez-vous que l'on traitât un chien pendant plusieurs années ?

L'accusé. — Non. Seulement on ne peut pas se prononcer d'une manière aussi formelle, puisqu'il n'y a aucun rapport entre les symptômes qui ont été observés sur le chien et ceux qu'on a reconnus chez Mme de Pauw. Personne n'était là pour les constater.

M. le Président. — Les symptômes observés par M. Blachez à la fin de la vie ont été les mêmes, quoique plus graves sans doute que ceux qui se sont manifestés pendant la maladie.

L'accusé. — Vous n'en savez rien; il n'a été appelé qu'en dernier lieu.

M. le Président. — Elle a eu des vomissements, des maux de tête affreux; elle se plaignait d'étouffer. M. Blachez a remarqué ces symptômes. Ils ont paru très-significatifs aux Experts, et, encore une fois, le chien, sujet des expériences, a succombé dans les mêmes circonstances. MM. les Jurés ont entendu la déposition et vos observations; ils apprécieront. Avez-vous quelque autre chose à dire sur la manière dont les experts auraient retiré le poison du parquet ?

L'accusé. — Non, monsieur le Président.

M. le Président. — Vous n'avez rien à dire?

L'accusé. — J'avais fait cette observation au sujet du parquet, qu'un photographe avait habité l'appartement. Il paraît qu'aux yeux des Experts cette observation n'a aucune valeur; je n'y reviens pas.

M. Tardieu. — Tout au contraire nous nous sommes très-sérieusement préoccupés de cette circonstance, et nous avons précisément fait porter nos recherches sur les matières employées par les photographes. Toute une partie de notre rapport est employée à raconter ces expériences; M. Roussin en rendra compte à la Cour.

M. le Président. — Au surplus, Mme de Pauw n'a pas succédé au photographe; l'appartement a été vacant trois mois. Le photographe était simplement un amateur; il n'a fait que quelques expériences.

Me *Lachaud.* — L'accusé indique seulement le fait.

Un Juré. — Est-ce qu'on ne pourrait pas retrouver le photographe qui a habité l'appartement, et savoir de lui s'il aurait répandu des poisons sur le parquet?

M. le Président. — Il n'a pu être retrouvé; mais il a été constaté que c'était un amateur et non pas un photographe. Il travaillait pour son plaisir; il n'a fait que quelques expériences, et l'appartement est resté vacant trois mois. Si MM. les Jurés désirent quelques renseignements, l'Expert que nous entendrons pourra le leur donner avec détails.

M. Tardieu. — Dès à présent, je puis dire que toutes les substances employées par les photographes sont faciles à retrouver. Là, l'analyse chimique peut arriver à des résultats certains. Nous n'avons pas éprouvé le moindre embarras; nous n'agissions pas sur des substances organiques comme dans la première expérimentation.

Quant à la seconde affaire, voici en quoi consiste mon intervention. Vers le milieu du mois de décembre, j'ai été chargé de procéder à l'exhumation du cadavre de Mme Dubizy. Les conditions dans lesquelles l'inhumation avait eu lieu au cimetière de Belleville, ont besoin d'être décrites. Le corps était enfermé dans un cercueil en plomb placé dans un caveau de famille; la case de pierre qui le contenait était hermétiquement close. C'est à ces diverses circonstances qu'il faut attribuer la conservation extraordinaire du cadavre. Après qu'il eut été procédé à l'ouverture, on ne pouvait reconnaître les traits, mais les formes extérieures étaient parfaitement intactes; les organes avaient conservé la même situation. Il était facile de voir qu'il s'agissait d'une femme forte, d'un embonpoint considérable, chez laquelle il était bien clair que la mort n'avait pas été précédée d'une longue maladie. En examinant les organes profonds, j'ai vu, non sans surprise, que leur forme était intacte; cela me permit de faire des constatations sérieuses, quoique la durée du temps écoulé depuis la mort ne permit pas d'appréciations positives. Le cerveau échappait complétement à mes constatations; ce n'était plus qu'un amalgame de matières dans lesquelles il était impossible de reconnaître des lésions ayant amené la mort par apoplexie ou paralysie. Du côté du cœur, les constatations étaient faciles; le cœur était intact;

il semblait qu'il eût été conservé comme pour une étude anatomique. Il avait sa forme, sa couleur. J'ai pu l'examiner comme si la mort datait de quelques semaines; le volume, les dimensions n'étaient pas altérés; donc, il n'y avait pas eu de maladie du cœur. L'estomac, les intestins se trouvaient à leur place; ils étaient parfaitement intacts; il n'y avait ni épanchement ni coloration aucune dans l'intérieur du corps. Quelquefois, dans des circonstances pareilles, après un long temps, on ne retrouve plus les liquides contenus dans les organes, mais on en retrouve la trace dans une coloration partielle; on détermine qu'il y a eu un coup par l'extravasation du sang qui amène la coloration de certaines parties. Rien de semblable n'existait chez Mme Dubizy. Donc il n'y avait perforation ni de l'estomac ni des intestins. Le foie, les reins, étaient de même intacts, et ne présentaient rien de remarquable. Les poumons étaient réduits à des lamelles très-minces; on ne pouvait conclure de leur examen quel avait été leur état dans les derniers temps de la vie.

Il me fallait enlever les organes pour faire procéder à l'analyse; j'ai éprouvé une difficulté particulière. Ils étaient transformés sur place en une matière graisseuse; il était impossible de les enlever sans les désassocier; il fallait les prendre en lambeaux, car ils cédaient sous la moindre pression. Avec du temps et de la patience nous en sommes venus à bout; mais la difficulté était capitale pour l'analyse. La dégénérescence graisseuse des organes a rendu les résultats de nos expériences complétement nuls. En traitant par l'éther, l'organe entier disparaissait, dissous par cet agent. Il ne s'agissait pas de rechercher un poison minéral pouvant se reconstituer par l'analyse; s'il eût été question d'arsenic, et qu'il en eût existé, on l'eût retrouvé; mais du moment qu'on avait affaire à une substance organique, il n'y fallait pas songer.

Ainsi, Mme Dubizy est morte dans des conditions apparentes de santé; elle n'était atteinte d'aucune maladie intérieure ayant pu causer la mort. Il y avait lieu de supposer que cette mort résultait d'une cause non naturelle; cependant cette conclusion était soumise à de grandes réserves, puisque les organes n'ont pu être examinés d'une manière complète, et que l'analyse chimique ne pouvait donner des preuves certaines.

J'ai été chargé d'une dernière opération relative à des substances trouvées dans la cellule de l'accusé, au sujet d'une tentative de suicide. J'ai reconnu la présence d'acétate de cuivre, de vert-de-gris, poison très-actif préparé avec des pièces de monnaie plongées dans du vinaigre.

M. le Président. — D'après vous, Mme Dubizy n'est morte d'aucune maladie appréciable?

M. Tardieu. — Non, monsieur le Président.

M. le Président. — Elle n'est pas morte d'une maladie du cœur, ni du choléra?

M. Tardieu. — Non, monsieur le Président.

M. le Président. — A raison de la conservation du corps, a-t-elle été, selon vous, surprise par une maladie subite très-rapide?

M. Tardieu. — Très-rapide, en pleine santé.

M. le Président. — Elle a été surprise au milieu d'une santé parfaite.

L'accusé. — Il n'est pas étonnant que le corps de Mme Dubizy ait été trouvé parfaitement conservé; cela par quatre raisons: d'abord à cause de la très-courte durée de la maladie; en second lieu, parce qu'il était dans un caveau hermétiquement fermé; en troisième lieu, parce qu'il était à l'abri de l'air, de l'humidité et de la chaleur; enfin, parce qu'il avait été pratiqué une très-abondante saignée, et qu'ainsi il y avait absence des liquides qui se décomposent le plus facilement. Il est étrange de voir l'Expert affirmer qu'il n'y avait pas d'affection du cœur, surtout quand on connaît les symptômes qui se sont manifestés quelques heures avant la mort, car il y a eu un crachement de sang abondant précédé de convulsions. Je ne m'explique pas ce symptôme, s'il n'y avait point de lésion intérieure dans un organe essentiel à la vie. Que le cœur fût intact (je ne sais, je n'ai pas fait l'autopsie, je m'en rapporte à l'Expert), mais il fallait qu'il y eût une altération d'un des organes intérieurs, puisqu'il s'est produit un crachement de sang abondant quelques heures avant la mort. Je croirais à une congestion pulmonaire.

M. Tardieu. — J'ai précisément dit que le poumon n'avait pu être examiné suffisamment par moi. L'hémorrhagie a pu s'y produire sans laisser de traces appréciables, je ne le conteste pas; mais elle n'a pas été le symptôme unique; cette hémorrhagie finale a été précédée d'autres symptômes. Il n'y avait pas de lésion du cœur; donc le crachement de sang ne tenait pas à cette cause.

M. le Président. — Personne n'a parlé de crachements de sang.

L'accusé. — Je vous demande pardon; ils ont existé, il y a eu congestion: le traitement l'indique. Le docteur Loiseau a pratiqué une très-abondante saignée; on ne pratique pas d'abondante saignée quand c'est inutile.

M. le Président. — Rien dans les déclarations des témoins et dans celles des médecins ne constate que la mort ait été précédée de crachements de sang considérables.

L'accusé. — Elle a été précédée de convulsions et de crachements de sang abondants.

M. le Président. — Vous le dites; rien ne le prouve, si ce n'est votre déclaration.

L'accusé. — Je n'y étais pas; je relate seulement ce qui m'a été raconté, à savoir: que ma belle-mère avait été prise avant sa mort, non de vomissements, mais de crachements de sang très-abondants; qu'on avait couru chercher M. Loiseau, lequel avait cru utile de pratiquer une très-large saignée.

M. le Président. — Vous avez déclaré que la mort avait été précédée de crachements de sang; c'est une pure allégation.

L'accusé. — Je n'étais pas présent. Je ne puis certifier par moi-même; je relate seulement ce qui m'a été dit.

Un Juré. — Par qui cela a-t-il été dit?

L'accusé. — Par les personnes qui entouraient ma belle-mère en ce moment.

M. le Président. — Indiquez-en une?

L'accusé. — D'abord ma femme, qui a envoyé chercher le médecin; c'est là une bonne et excellente preuve. Pour moi, j'étais assez atterré pour ne pouvoir me rappeler les personnes qui se trouvaient là en ce moment.

M. Z. Roussin, professeur agrégé de chimie et de toxicologie à l'École impériale du Val-de-Grâce. — J'ai fait, de concert avec M. Tardieu, trois rapports, et un quatrième seul. Ce dernier concerne exclusivement une saisie pratiquée chez le sieur Eyrolles, beau-frère de l'inculpé.

Le premier est de tous le plus important; il est relatif à l'examen des organes de Mme de Pauw, à l'examen et à l'analyse des vomissements trouvés sur le parquet, aux expériences physiologiques qui ont suivi les analyses chimiques et en dernier lieu à l'examen des nombreuses substances saisies au domicile et au dispensaire de l'inculpé. Je commencerai par passer en revue les principales substances trouvées chez l'inculpé, et je me bornerai aux plus importantes.

Ces substances sont en nombre considérable; il me serait impossible d'en rendre compte de mémoire : il y en a environ neuf cents. Parmi elles se trouvent, d'une part, beaucoup de médicaments employés en homœopathie, c'est-à-dire des teintures alcooliques, dans lesquelles l'alcool entre en quantité considérable, et la substance active en quantité insaisissable, impondérable ; d'autre part, des substances absolument semblables à celles qu'on emploie chaque jour dans les pharmacies ; parmi elles un certain nombre de médicaments, d'une activité moyenne, qu'on emploie à dose considérable sans qu'il en résulte d'accidents.

Je n'entre pas dans les détails ; je n'appellerai l'attention du Jury que sur les substances d'une grande activité, et dont l'emploi irréfléchi peut constituer un danger sérieux. Un fait nous a surtout frappé lorsque nous avons passé tous ces produits en revue. C'est d'abord leur nombre considérable ; ainsi que nous l'avons dit, il y en avait plus de neuf cents; c'est d'un autre côté l'accumulation en quantité énorme de certaines substances fort toxiques : ainsi, l'acide arsénieux se rencontrait dans cinq ou six flacons, quelques-uns en renfermant de 15 à 20 grammes; d'autres, presque vides, n'en renfermaient que 1 ou 2 grammes, ce qui semble indiquer un usage assez fréquent. Nous avons reconnu de la poudre de jusquiame, de ciguë, de fèves de Saint-Ignace, d'opium, de belladone, de digitale, d'aconit, d'ellébore noir, de coque du Levant, de stramonium, de noix vomique, etc. Toutes ces substances qui, à la dose de quelques décigrammes, peuvent certainement occasionner la mort, se rencontraient dans les proportions de 250 et quelquefois de 400 grammes. Bien que plusieurs de ces substances soient employées en médecine, leur nombre et leur accumulation en doses énormes au domicile d'un médecin ne laissent pas que d'être surprenants. L'une d'elles, entre autres, m'a causé un véritable accident : l'acide prussique est, comme on le sait, un poison foudroyant qui tue sûrement et rapidement ; son action est tellement énergique, que les médecins ne l'emploient pas à l'état de pureté; on ne le conserve ainsi et on ne le trouve pas dans les collections. Pour en faire usage en médecine, on l'étend dans neuf fois son volume d'eau; il constitue alors l'acide prussique du Codex. Dans cet état de dilution on ne l'emploie encore que par gouttes, et avec les plus grands ménagements. Or, ayant trouvé au milieu des nombreux poisons de l'inculpé un flacon bleu, je l'ai débouché et approché légèrement de mes narines. J'ai été pris subitement d'un vertige et d'une défaillance complète. L'analyse nous a prouvé ultérieurement que cet acide prussique était au quart au lieu d'être au dixième.

M. le Président. — Vous avez été indisposé ?

M. Roussin. — Pendant dix minutes, un quart d'heure ; mon indisposition n'a pas eu de suites graves, mais j'ai dû quitter mes vêtements, me remettre à l'air, et me faire jeter de l'eau à la figure.

Outre ces poisons, nous avons rencontré une cinquantaine de teintures actives, composées dans les proportions de la pharmacie ordinaire et non à doses homœopathiques; nous n'indiquons que pour exemple les teintures de belladone, d'aconit, de ciguë, de coque du Levant, de cantharides, de digitale, de fèves de Saint-Ignace, etc., etc. Outre les produits que je viens d'indiquer, l'inventaire a révélé la présence du sublimé corrosif, médicament extrêmement actif; nous en avons rencontré une fois 75 grammes, une autre fois 125 grammes, puis un flacon à moitié vide renfermant encore 10 grammes de cette substance. Nous avons trouvé 5 grammes de strychnine, poison des plus énergiques, qui tue à la dose de quelques centigrammes ; 4 grammes d'hydrochlorate de morphine. Il est de mon devoir d'ajouter, à propos de cette dernière substance, que, d'après l'examen des factures de la maison Menier, l'inculpé en avait acheté 12 grammes.

Enfin je terminerai cette revue par un flacon ayant pour étiquette : *Digitaline, 2 grammes.* Ce flacon qui porte le nom de Menier était parfaitement bouché; nous avons été frappé de la petite quantité qui restait dans son intérieur, nous n'en avons trouvé que 15 centigrammes.

A propos de digitaline, l'instruction nous a confié plusieurs factures de droguistes, par lesquelles il nous a été démontré que, le 4 octobre 1861, l'inculpé en avait acheté 50 centigrammes ; à la date du 11 juillet 1863, 1 gramme ; et, huit jours après, le 18 ou le 19 juillet 1863, il en achetait encore 2 grammes; total, 3gr 50. De toute cette provision, un seul flacon restait au moment de la saisie, et ce flacon ne renfermait que 15 centigrammes de digitaline. Nous sommes donc fondés à dire qu'il en manquait plus des dix-neuf vingtièmes.

Comme je me propose de revenir plus tard et avec plus d'à propos sur les propriétés de la digitaline, je vais passer immédiatement à l'examen des organes de Mme de Pauw. Lorsque je reçus ces organes, ils étaient contenus dans deux bocaux; l'un renfermait l'estomac et les intestins, l'autre les poumons, le cœur, le foie et la rate. Ce qui me frappa tout d'abord, c'était l'état de conservation véritablement extraordinaire de l'estomac et des intestins ; on eût dit ces deux organes extraits d'un cadavre de la veille. Cet état se remarque dans quelques circonstances particulières et spécialement lorsque des organes ont été en contact avec des substances toxiques : le foie, les poumons et les reins avaient éprouvé un commencement d'altération, insensible même à l'odorat, et que révélait seule une légère tuméfaction de la masse.

Le foie, le cœur, les poumons et les reins ont été sacrifiés à la recherche méthodique des poisons minéraux. Le résultat de ces analyses, aussi longues que pénibles, a été négatif, et nous pouvons affirmer, de la manière la plus formelle, qu'aucun de ces organes ne renfermait de substance minérale toxique.

L'estomac et les intestins, heureusement réservés par nous, ont servi à la recherche des poisons de nature organique. Pour de sérieuses raisons que j'indiquerai plus loin, nous avons exclu du traitement de ces organes tout réactif chimique, et nous n'avons fait usage que d'alcool pur à 95 degrés centésimaux.

Indépendamment des organes de Mme de Pauw, nous avons eu à examiner les vomissements répandus sur le parquet de la chambre où cette dame a succombé. Je dois dire à la Cour et à MM. les Jurés que j'ai assisté le Juge d'instruction dans l'opération de l'enlèvement du parquet ; elle s'est faite sous mes yeux avec toutes les garanties désirables. En pénétrant dans la chambre, nous avons d'abord été frappés de voir près du lit des traînées sinueuses très-manifestes, qui tranchaient nettement sur le fond du plancher. M. le Juge d'instruction, M. le Substitut, M. le Commissaire de police et moi-même les avons constatées. Ces traînées, partant de la tête du lit, allaient, par lignes tortueuses et parallèles, gagner la porte de sortie. Une indication précieuse nous fut donnée séance tenante par la femme Delettre : c'est que les vomissements avaient été plutôt étalés qu'enlevés de la surface du parquet, au moyen d'un balai ou d'un torchon; il n'était donc pas étonnant qu'on en trouvât encore une grande quantité. En me baissant, je remarquai plus particulièrement une concrétion formant un petit monticule plus gros que les autres, encore légèrement humide ; je l'enlevai et le fis mettre de suite sous scellé pour qu'il ne fût pas perdu par les frottements, lorsque le parquet serait mis plus tard sous scellé. Vingt-trois feuilles du parquet et quatre petits morceaux ont été enlevés, puis transportés séance tenante dans notre laboratoire de l'hôpital militaire du Gros-Caillou, où elles ont été soumises à un grattage minutieux et superficiel. Toutes ces raclures ont été traitées par la même procédé que les organes de Mme de Pauw, sans l'emploi intermédiaire d'aucun réactif chimique, exclusivement par l'alcool à 95°, et le produit de l'évaporation, opérée au bain-marie, a été conservé à l'abri de l'humidité pour servir aux expériences physiologiques ultérieures. L'excessive amertume de cet extrait nous frappa tout d'abord. Sa solution aqueuse précipitait abondamment par l'acide tannique; il se colorait en rouge par l'acide sulfurique, et en vert par l'acide chlorhydrique. Ces trois propriétés appartiennent à la digitaline, mais ne lui sont pas spéciales ; beaucoup d'autres substances organiques les présentent.

Comme contre-expertise, il était nécessaire d'opérer de même sur les parties du parquet que les vomissements n'avaient pas souillées; on fit choix à cet effet de la partie occupée par le lit et de l'espace qui séparait le lit de la porte. J'ai raclé moi-même, avec tout le soin possible, la surface des feuilles provenant de cette partie du parquet, et traité les raclures par l'acool à 95° comme dans l'expérience précédente ; l'extrait a été également renfermé dans un flacon pour servir aux expériences physiologiques que M. Tardieu a exposées.

M. le Juge d'instruction nous a fait observer que l'appartement avait été occupé par un photographe, d'après les affirmations de l'inculpé. En nous communiquant cette circonstance, il nous pria d'en apprécier l'importance. Quand nous sommes entrés dans l'appartement, aucune tache noire sur le parquet ne nous avait frappés; or, il est absolument impossible à un photographe, quelque habile et quelque propre qu'il soit, de travailler quelque temps dans le même lieu sans salir ses mains, et notamment le parquet de la chambre dans laquelle il opère. Nous n'avons remarqué aucune de ces taches noires telles qu'en produisent les solutions de chlorure d'or ou de nitrate d'argent. *A priori*, il me sembla déjà bien peu probable qu'un photographe eût travaillé dans cette pièce ; d'un autre côté, si nous passons en revue les principales substances employées par les photographes, voici ce que nous reconnaissons : parmi elles, un grand nombre n'ont aucune action toxique ; tels sont, par exemple, les acides acétique, gallique, pyrogallique, le collodion, l'hyposulfite de soude. Le nitrate d'argent, employé en médecine comme caustique, se décompose rapidement en tombant sur une matière organique, et par conséquent sur le bois; dès qu'on le touche, il traduit son altération par la couleur noire qu'il donne aux mains. Au bout de quelque temps le nitrate d'argent n'existe plus : il est entièrement décomposé. Il en est de même pour le chlorure d'or, qui se décompose encore plus facilement. Le cyanure de potassium, dont quelques photographes se servent, est employé par eux en dissolution très-étendue, 10 grammes pour un kilogramme d'eau. Cette dissolution s'altère déjà spontanément, même dans un flacon bouché à l'émeri; à plus forte raison cette liqueur se décomposera rapidement si on vient à la répandre sur un parquet : au bout de très-peu de temps, tout le cyanure de potassium sera transformé en carbonate de potasse, agent fort inoffensif. Le bichlorure de mercure, qui s'emploie aussi quelquefois en photographie, est un poison énergique; mais, de même que les précédents, il se décompose, est ramené, par son contact avec les matières organiques, à l'état de protochlorure insoluble et inoffensif.

Mais en vérité, messieurs les Jurés, j'ai trop longuement énuméré toutes ces réactions; car un fait répond à toutes les objections : les deux extraits alcooliques du parquet que nous avons préparés ne renferment aucun principe minéral. En les calcinant, le produit de l'incinération n'a laissé aucun principe minéral. Nous avons spécialement recherché la présence des plus légères traces de cyanure de potassium et de bichlorure de mercure; les deux extraits ne contenaient aucune de ces substances.

Avant de décrire les expériences physiologiques auxquelles nous nous sommes livrés, je dois présenter ici quelques considérations particulières.

L'absence bien constatée de tout poison minéral, la nature, et la violence extraordinaire des symptômes qui ont précédé et accompagné la mort de Mme de Pauw, ainsi que la consommation aussi extraordinaire que peu justifiée d'une quantité énorme de digitaline, éveillèrent nos premiers soupçons sur cette redoutable substance. Par conséquent, la première chose dont nous devions nous préoccuper, c'était d'employer un procédé de recherches qui, tout en nous permettant de découvrir les autres poisons organiques, nous mît sûrement à l'abri de toute altération de la digitaline. Car si la digitaline est un poison extrêmement actif, elle est aussi très-altérable. C'est donc avec intention, et après les plus sérieuses réflexions, que nous avons exclu de cette expertise tout réactif chimique ; nous nous sommes contentés de traiter les organes de Mme de Pauw et les raclures du parquet par un dissolvant unique, sans action nuisible sur les matières. Nous avons pris de l'alcool à 95°, dans lequel nous avons mis en macération les organes coupés en morceaux très-menus; les raclures du parquet ont été traitées de même, avec de l'alcool à 95°. Après une digestion de plusieurs heures, les liqueurs alcooliques étaient filtrées au papier et le liquide filtré mis à évaporer au bain-marie. C'est le résidu ultime de cette évaporation qui a été recueilli pour être administré aux divers animaux, sujets de nos expériences.

Les extraits précédents obtenus, il était urgent de savoir d'abord s'ils étaient toxiques : or, dès nos premiers essais, nous avons été frappés de leur puissance toxique, et les animaux auxquels ils furent administrés présentèrent des symptômes d'une analogie frappante avec ceux offerts par Mme de Pauw, remarquables aussi par leur analogie avec ceux qu'on observe dans les empoisonnements par les préparations de digitale. Nous n'avons pas hésité dès lors à entrer dans la voie des expériences physiologiques, et nous les avons exécutées rigoureusement.

Est-il nécessaire, monsieur le Président, de rendre compte de ces expériences physiologiques?

M. le Président. — M. le docteur Tardieu a raconté ce que vous aviez fait ensemble, vous ne pourriez que le répéter. L'accusé le désire-t-il, cependant?

L'accusé. — Non, monsieur le Président.

M. Roussin. — Je passe donc sous silence les expériences physiologiques, et je réponds en dernier lieu à une objection qui peut être dans les esprits, que MM. les Jurés pressentent, et qui ne manquerait pas sans doute d'être soulevée dans les débats.

Pourquoi n'apportons-nous pas et ne présentons-nous pas aux yeux le corps du délit, la digitaline, puisque nous pensons que l'empoisonnement s'est opéré à l'aide de cette substance?

Pour comprendre quelle est la valeur du corps du délit au point de vue de la chimie légale, il faut remonter à l'origine des expériences sérieuses faites sur les empoisonnements. Je ne serai pas long. Jusque vers 1830, les principaux empoisonnements n'étaient dus qu'à l'acide arsénieux, au cuivre, au mercure et à quelques autres produits assez restreints. Or, il est remarquable que ces trois corps chimiques sont presque les seuls dont on puisse facilement isoler le métal par les opérations qu'on leur fait subir. Rien de plus facile que d'isoler les gouttelettes du mercure, de reproduire le cuivre avec sa couleur naturelle, ou de montrer des taches arsenicales. Les principaux empoisonnements ayant lieu par l'arsenic, le cuivre ou le mercure, un chimiste ne pouvait affirmer l'empoisonnement par l'acide arsénieux sans montrer une soucoupe couverte de taches arsenicales; il ne pouvait affirmer un empoisonnement par le cuivre sans présenter une lame de fer ou d'acier chargée de cuivre brillant; il ne pouvait affirmer un empoisonnement par le mercure sans représenter une ou plusieurs gouttelettes de mercure. Cette exigence était logique.

Il en est autrement pour les autres poisons minéraux : pour le phosphore, par exemple, qui tend à remplacer l'arsenic dans les empoisonnements. Il est absolument impossible à un chimiste, quelque habile, quelque autorisé qu'il soit, de représenter le corps du délit n'importe sous quelle forme, ni sous celle de phosphore, ni sous celle d'acide phosphoreux; il le voit dans ses expériences, il le voit dans une réaction de quelques instants, dans une lueur phosphorescente qu'il aperçoit dans son laboratoire, mais qu'il ne peut ni représenter ni reproduire.

Si la difficulté est grande pour les poisons minéraux, elle est encore presque insurmontable pour les poisons organiques. On en a isolé, cependant; mais ce sont des cas particuliers; par exemple, lorsque la substance, soluble dans l'alcool, est insoluble dans l'eau; quand elle cristallise sous des formes géométriques déterminées, qui permettent de mesurer des angles, et de remonter ainsi à l'individualité du poison; lorsqu'elle est volatile, comme la nicotine, qui, outre sa volatilité, présente une odeur extrêmement vive et caractéristique. Dans ces circonstances, on peut représenter le corps du délit, pourvu qu'il soit en quantité suffisante. Mais il y a des poisons organiques d'une activité comparable et même plus grande, dont il est impossible de retrouver trace dans l'organisme. Le curare et le poison de la vipère sont dans ce cas. Il serait absolument impossible de les isoler. Le poison des champignons vénéneux est tout à fait inconnu : tous les efforts des chimistes n'ont abouti qu'à des déceptions; sa nature n'est pas même encore soupçonnée.

La digitaline est aussi de ce nombre; c'est une substance dont les caractères sont tellement négatifs, qu'il est impossible de la représenter comme corps de délit. Quelques mots d'explication sont à ce sujet nécessaires. La digitaline est une substance d'un blanc jaunâtre amorphe, très-peu soluble dans l'eau; lorsqu'on la dissout à chaud dans l'eau, elle ne se précipite pas par refroidissement, elle ne précipite par aucun réactif spécial. Elle est soluble dans le chloroforme, l'éther, et l'alcool; presque tous les dissolvants lui empruntent quelque chose. De plus, elle n'est pas volatile. La présence d'une petite quantité d'acide la détruit; une liqueur alcaline agit de même; tout réactif chimique un peu énergique, mis en contact avec elle, la détruit en peu de temps. Elle ne peut se reconnaître à aucune propriété physique. Aussi, depuis longues années, on savait qu'il existait dans la digitale un poison extrêmement énergique; tous les chimistes et tous les pharmaciens s'en occupaient, et concentraient sur cette plante leurs efforts dans le but d'en isoler le principe toxique; ce n'est qu'après de longues et pénibles recherches qu'on est parvenu à extraire, non pas même le principe actif véritable, mais ce qu'on est convenu d'appeler la digitaline. La composition élémentaire de cette substance n'est pas encore fixée : chaque analyse, comme chaque produit, fournit des chiffres différents.

Mais si les réactifs chimiques sont impuissants à déceler la digitaline, elle produit des phénomènes physiologiques bien caractérisés; si elle ne forme aucunes combinaisons avec les divers corps de la chimie, en revanche elle affecte un organe spécial de l'économie, et l'affecte toujours de la même manière. En un mot, ce n'est pas telle ou telle substance chimique qui est le réactif de la digitaline, c'est le cœur d'un animal vivant; la science n'en connaît pas d'autre jusqu'à ce jour. De même pour l'atropine, autre poison extrêmement énergique : il n'y a pas de meilleur moyen de la reconnaître, que d'en appliquer une petite parcelle sur l'œil d'un animal vivant, dont la pupille se dilate énergiquement.

A supposer même que nous eussions isolé, par impossible, la digitaline dans le plus grand état de pureté, notre embarras eût été le même. Comment, en effet, aurions nous pu reconnaître que la substance que nous avions entre les mains était de la digitaline?

Je vais plus loin, et, sans crainte d'être démenti, j'affirme qu'un chimiste ayant dans son laboratoire de la digitaline dans l'état de pureté où le commerce la livre, et en aussi minime quantité que nous aurions pu l'extraire des organes, serait dans l'impuissance de la caractériser et de la reconnaître, sans recourir à des expériences physiologiques. La physiologie seule est capable de dire que c'est un poison et quelle en est la nature.

J'ai une dernière observation à faire. Nous n'avons opéré, pour obtenir l'extrait alcoolique du parquet, que sur la moitié des feuilles souillées par les vomissements; des vingt-trois feuilles qui étaient dans cet état, nous n'en avons en conséquence employé que onze; il en reste douze auxquelles nous n'avons pas touché. La petite quantité de matière extraite de ces onze feuilles a suffi pour empoisonner trois animaux; or il est bien évident que cette quantité ne représente qu'une très-faible partie des vomissements de la dame de Pauw. On arrive ainsi à montrer que la totalité du poison administré a dû être énorme.

J'ai terminé sur ce que j'avais à dire relativement au premier rapport. Je vais maintenant passer au fait de Mᵐᵉ Dubizy.

M. le Président. — Accusé, avez-vous quelque chose à dire sur la déposition que vous venez d'entendre?

L'accusé. — Je veux répondre seulement au sujet de la quantité de médicaments trouvés chez moi et sur leur emploi. Quant à la question physiologique, on répondra tout à l'heure pour moi.

L'Expert, parlant des substances trouvées à mon domicile et à mon dispensaire, a d'abord commis une erreur, en établissant une distinction entre les poisons et les médicaments, en déclarant les uns inactifs et les autres d'une violence extrême. La pulsatille, l'alcool à 86° sont eux-mêmes des médicaments actifs; je ne veux pas énumérer tous ceux qui, selon moi, le sont à un haut degré. En effet, un médicament n'est pas un poison selon le nom qu'il porte, mais d'après la quantité qu'on administre. La substance la moins funeste peut devenir un violent poison, prise en grande quantité, et, à l'inverse, le poison le plus énergique peut devenir un médicament très-inoffensif.

M. le Président. — Vous voulez dire que les Experts auraient dû comprendre parmi les poisons beaucoup des substances qu'ils en ont éliminées.

L'accusé. — Je veux dire qu'il n'y avait pas de poisons, car tout est poison. Les substances, même innocentes, sont des poisons; nous connaissons les effets différents du rhum ou de l'absinthe purs de tout mélange, selon qu'ils sont pris en petite ou en grande quantité. Le petit verre peut produire la santé et le grand verre causer la mort. Les substances les plus naturelles sont susceptibles d'amener le même résultat. Le pain chaud, pris dans certaines conditions, peut causer une indigestion et, comme conséquence, la mort; nous en avons des exemples.

M. le Président. — On ne considérera jamais le pain chaud comme un poison. (*Hilarité.*)

L'accusé. — Les Experts ont voulu établir une différence très-grande entre les poisons et les médicaments; pour moi, il n'y a pas de poison à proprement parler, mais des médicaments. Il est un homme que l'on peut croire à ce sujet; il a un poids dans la balance : Hahneman; je ne veux cependant pas le citer.

J'arrive aux nombreux médicaments dont il a été question. D'abord, en les achetant chez M. Menier, j'avais à bas prix une quantité considérable de substances que j'aurais payées beaucoup plus cher ailleurs. Puis, dans la suite de mon cours, je voulais faire des expériences sur les animaux, et, contrairement à ce que disent les Experts, j'administrais les médicaments à l'extérieur à des doses massives, lesquelles produisaient de meilleurs effets. L'Expert appartient à cette école dont le maître a écrit ce que je vais lire :

« Nous sommes arrivés à un temps de transition, à une époque critique où toutes les croyances s'ébranlent : on n'a plus pour se conduire un unique fanal, le monde médical s'occupe dans toutes ses parties actives et intelligentes à examiner et à contrôler par l'observation universelle la valeur pratique des doctrines qui ont passé, et à effectuer des découvertes et des perfectionnements de détail. Nous vivons réellement dans un temps d'*éclectisme thérapeutique* où les études les plus solides et les plus variées sont indispensables, en attendant qu'une idée nouvelle, qu'une impulsion puissante ébranle encore la science » (cela prouve la foi qu'ils ont dans leurs connaissances), « pour subir à son tour la destinée des doctrines qui ont passé...

« On sent de toutes parts le besoin d'études plus sérieuses en pharmacologie que celles qu'a faites la génération présente; on commence à s'apercevoir (ceci est écrit en 1859) que, pour être un bon médecin, il ne suffit pas de connaître avec une rigueur mathématique les lésions cadavériques, la marche, les symptômes et la terminaison d'une maladie; que, s'il est indispensable de pouvoir constater les désordres occasionnés par elle, il est plus important encore de les prévenir. Le but est, en définitive, de guérir. » (Bouchardat, *Formulaire*, p. 11.)

C'est l'avis des malades.

Je cite les paroles d'un professeur très-distingué; mon premier devoir était donc de faire des expériences comparatives.

M. le Président. — Contestez-vous les expériences des Experts? Prétendez-vous qu'ils aient agi d'une manière que vous ne pouvez accepter?

L'accusé. — Je ne suis pas compétent pour la question de physiologie; on répondra tout à l'heure.

M. le Président. — On a trouvé chez vous, d'après les saisies qui y ont été faites, des poisons (nous ne pouvons employer un autre mot) en quantité considérable. Peu de médecins en ont autant.

L'accusé. — Je crois avoir répondu en disant que je donne les remèdes non seulement à l'intérieur, mais à l'extérieur. Je me proposais précisément de faire, dans mon cours, des expériences comparatives. Je pourrais citer d'autres passages...

M. le Président. — Non, non, ne citez pas.

M. l'Avocat général (à M. Roussin). — Que pensez-vous de cette explication?

M. Roussin. — Je pense que, pour faire des expériences physiologiques avec des poisons, il est inutile d'en acheter plusieurs centaines de grammes. Si l'on désire expérimenter la belladone par exemple, quelle utilité d'en acheter 500 grammes, alors qu'on tuera un chien avec un gramme ou deux? Nous en dirons autant de l'achat de 30 grammes d'acide prussique au quart, de 12 grammes d'hydrochlorate de morphine, de 5 grammes de strychnine, de 3 grammes 50 centig. de digitaline, alors que un ou deux décigrammes suffisent à donner la mort. Ces doses énormes d'approvisionnement s'expliquent encore moins si l'on a en vue la démonstration des doctrines homœopathiques.

M. le Président. — Parmi les substances saisies, vous en avez reconnu de complétement inoffensives?

M. Roussin. — Beaucoup des substances saisies sont inoffensives en effet. Un certain nombre sont assez actives, mais donneraient difficilement la mort. Enfin un très-grand nombre sont extrêmement dangereuses.

M. le Président. — Quand même les premières seraient données à très-forte dose, elles ne pourraient produire un empoisonnement, tandis que les dernières ne peuvent être employées à doses élevées?

M. Roussin. — On ne peut employer qu'à doses très-faibles, et avec les plus grands ménagements, la digitaline et l'acide prussique, pour ne citer que deux substances prises au milieu de cette nombreuse nomenclature.

M. le Président. — Nous avons dit que, dans les constatations faites chez un grand nombre de pharmaciens de Paris, il ne s'est pas trouvé, notamment, de digitaline; on ne l'emploie qu'en granules, c'est-à-dire en très-petites pilules n'en contenant chacune qu'un milligramme.

L'accusé. — Ce n'est pas une raison, parce que peu de médecins l'ordonnent et qu'un petit nombre de pharmaciens la tiennent, pour que je n'eusse pas de digitaline. Est-ce, oui ou non, un médicament actif? Il m'est bien permis de l'employer sous le mode qui me convient le mieux. Je l'applique surtout à l'extérieur. Je veux arriver à des expériences comparatives.

M. le Président. — Qu'avez-vous fait de la quantité considérable de digitaline que vous avez achetée?

L'accusé. — J'ai répondu que je l'avais d'abord employée pour mes malades; en second lieu, que j'en avais donné aux personnes qui étaient en rapport avec moi pour mon cours. J'avais adressé une demande au doyen de la Faculté pour obtenir de faire à l'Ecole un cours pratique pour les homœopathes : on m'a refusé. On a trouvé chez moi beaucoup de médicaments, ce qui prouve combien je tenais à ce qu'ils fussent expérimentés par d'autres que par moi. Je disais à mes confrères : « Soumettez-les à des expérimentations. »

M. le Président. — En ce qui concerne la quantité de digitaline que vous avez achetée, et dont une très-faible portion a été retrouvée chez vous, lorsque, dans l'instruction, vous avez été interrogé, vous n'avez jamais dit que vous l'employiez extérieurement et que vous aviez pu la dépenser ainsi. Vous avez dit au contraire qu'elle devait se retrouver : « Que voulez-vous que j'aie fait, disiez-vous, d'une quantité si considérable de digitaline? Elle doit se retrouver; les recherches ont été mal faites. » On a fait de nouvelles recherches, on n'a rien trouvé. Vous n'avez point parlé de médecins ou d'élèves en médecine à qui vous en auriez donné.

L'accusé. — Vous revenez sur les mêmes faits, je suis obligé d'y revenir moi-même. Pour les autres médicaments, j'ai répondu comme je viens de le faire; quant à la digitaline, je suis obligé de répéter mon explication. Les experts n'ont mentionné dans leur rapport que 15 centigrammes. Lorsqu'on m'a lu ce rapport, j'ai dit qu'un gramme devait être envoyé à un confrère, qu'on devait en trouver d'autre. Le Juge d'instruction est retourné chez moi; on lui a dit que mon beau-frère avait emporté les paquets qui étaient sur mon bureau et s'en était servi. Voilà l'explication de l'exclamation que j'ai laissé échapper lorsque le Juge d'instruction m'a dit qu'on n'avait pas trouvé de digitaline.

M. le Président. — Vous n'avez jamais parlé de l'emploi de la digitaline à l'extérieur, ni expliqué, comme vous le faites aujourd'hui, la disparition de cette substance.

L'accusé — J'emploie mes médicaments à l'intérieur et à l'extérieur.

M. le Président. — C'est la première fois que vous donnez cette explication.

(M. le docteur Tardieu est rappelé.)

M. le Président (à M. Tardieu). — Est-ce que la digitaline s'emploie à l'extérieur en quantité considérable?

M. Tardieu. — Elle s'emploie à l'extérieur à des doses encore plus faibles que dans l'estomac. La meilleure preuve qu'elle est non moins dangereuse sous cette forme, c'est que, dans nos expériences, nous ne l'avons employée qu'à l'extérieur.

L'accusé. — M. Tardieu devrait ajouter qu'il entend par application à l'extérieur celle sur la peau dépourvue d'épiderme. Ce n'est pas ainsi que je l'entends. En raison des accidents en présence desquels je me suis trouvé après l'application de la morphine, j'ai renoncé à la méthode endermique, et n'ai plus appliqué les médicaments qu'en les dissolvant dans une grande quantité d'eau et en les plaçant sur la partie malade garnie de son épiderme.

M. le Président. — Dans l'un de vos interrogatoires que j'ai sous les yeux, je lis que vous n'avez « pas suivi les médicaments, emportés de chez vous avec tant de précipitation, qu'il a pu se casser ou se déboucher un flacon. »

Me Lachaud. — Quelle est la date de cet interrogatoire?

M. le Président. — C'est l'interrogatoire du 23 janvier. Comme j'en étais sûr, vous n'avez point parlé d'emploi extérieur de la digitaline.

Me Lachaud. — Il y a l'interrogatoire du 1er février 1864, qui est postérieur.

M. le Président. — Nous allons y arriver. J'ai dit qu'après la levée du secret, l'accusé, pour expliquer l'emploi de la digitaline, avait annoncé qu'il avait préparé un certain nombre de paquets de médicaments, pour envoyer à un de ses confrères de province, et que dans l'un d'eux devait se trouver au moins un gramme de digitaline. Je ne vois pas autre chose dans les interrogatoires.

L'accusé. — Sur le premier point, mon observation a été faite lorsque le Juge d'instruction m'a lu le rapport des Experts; sur le second point, j'ai l'honneur de répéter que j'ai été au secret absolu jusqu'à lundi dernier, où je suis entré à la Conciergerie.

M. le Président. — Vous avez vu votre femme?

L'accusé. — Je l'ai vue, ayant entre elle et moi le Directeur ou un brigadier, elle étant à une des extrémités de la pièce, et moi à l'autre. Comment, dans cette situation, aurais-je pu communiquer avec elle?

M. le Président. — Quoi qu'il en soit, vous n'avez jamais parlé au Juge d'instruction de l'emploi que vous auriez fait de la digitaline, pour expliquer la disparition de près de 3 grammes qui manquaient.

L'accusé. — J'ai dit au Juge d'instruction que ma méthode était de donner les médicaments à l'intérieur et à l'extérieur. Je ne pouvais pas plus faire une exception pour ce médicament que pour les autres. La digitaline est insoluble dans l'eau; je la mets dans une grande quantité d'eau, j'agite; quand elle est au fond du vase, je décante et je donne cette eau par cuillerée à café au malade, suivant les cas; j'en fais aussi une application extérieure. Les Experts ont fait eux-mêmes l'expérimentation. Moi, je n'ai pas de système exclusif; je cherche la vérité par tous les moyens possibles. J'ai remarqué, comme je l'ai dit, que la digitaline administrée de cette façon produit des effets bien moins violents que lorsqu'elle est prise aux doses les plus minimes. J'ai moi-même essayé ce médicament, comme tous les autres. Je fais à ce sujet une observation qui a un grand intérêt. L'Expert s'est montré bien malveillant en faisant remarquer que la digitaline que j'emploie en grande quantité ne figure même pas au nombre des 250 médicaments énumérés par moi dans mon Traité d'homœopathie. Il en est de la digitaline comme de tous les autres alcaloïdes : la morphine, la strychnine, la vératrine, l'atropine, enfin quarante ou cinquante alcaloïdes qui ne sont pas encore assez connus.

M. le Président. — Monsieur Tardieu, qu'avez-vous à répondre?

M. Tardieu. — Rien du tout.

M. le Président. — Que pensez-vous de cet emploi à l'extérieur de digitaline en quantité considérable?

M. Tardieu. — C'est un fait personnel à l'accusé.

M. le Président. — Vous ne pouvez rien expliquer?

M. Tardieu. — Non.

M. le Président. — La Pommerais, vous avez bien dit, postérieurement à la date de février, que vous employiez les médicaments, contrairement au système ordinaire de l'homœopathie, à doses massives, soit à l'extérieur, soit à l'intérieur.

L'accusé. — Il s'agissait des médicaments en général.

D. Qu'entendez-vous par *doses massives?* — R. Doses en nature, cela se comprend.

D. Vous administrez à l'intérieur des doses massives? — R. Je vous ai dit que les médicaments ne peuvent être réputés poisons que par la quantité qui est administrée. Ce qui, pour certain médicament, est une dose massive, peut être une petite quantité pour un autre.

D. Administrez-vous la digitaline par doses massives? — R. Si j'en donne 1 centigramme à l'intérieur, c'est une dose massive pour cette substance ; mais pour l'ipéca, c'est une dose minime.

D. Vous administrez donc la digitaline par centigramme? — R. On peut administrer un centigramme de cette substance en la mettant dans de l'eau, agitant, laissant reposer, décantant et donnant une cuillerée à café. On peut même de cette façon mettre 5 centigr. Je le ferais, suivant le malade et la maladie.

D. Nous ne comprenons pas vos doses massives. — R. Cela est relatif.

M. le Président. — Vous avez parlé de doses massives ; vous nous avez dit qu'un poison employé en grande quantité produisait beaucoup moins d'effet qu'en petite quantité. Je demande au docteur Tardieu ce qu'il en pense?

M. Tardieu. — J'éprouve un certain embarras ; il faudrait nier absolument toutes les paroles de l'accusé ; il y a une contradiction dans ce qu'il dit. Il donne 5 centigr., mais il ne les donne qu'à la condition de ne pas les employer. S'il faisait ce qu'il dit, il y aurait de quoi tuer dix personnes; je ne voulais pas dire cela. La digitaline est presque insoluble dans l'eau ; elle se dissout très-lentement. En outre, ce que ne dit pas l'accusé, ce qu'il paraît ne pas savoir, elle reste en suspension ; elle ne se précipite pas, comme il paraît le croire, au fond du vase. Quand on décante, il s'en faut qu'on ait tout enlevé. Les prétentions de l'accusé ne sont que pures chimères, rien de plus. Quant à la dose, ce qu'il dit est complètement erroné ; jamais on ne donne 5 centigr. effectifs, réels ; lorsqu'il prétend les donner, il ne les donne pas, ou, s'il les donne, en effet, il expose le malade aux plus graves accidents, à la mort. (*Sensation.*)

M. le Président (à M. Roussin). — Témoin, lorsque l'incident s'est produit, nous en étions aux paquets que l'accusé devait envoyer à un médecin de province. Ces paquets ont été soumis à votre analyse : veuillez indiquer ce qui résulte de votre examen.

M. Roussin. — M. le Juge d'instruction m'a prié de l'accompagner chez M. Eyrolles, beau-frère de l'inculpé, rue Amelot, 80. Interrogé, celui-ci a déclaré avoir pris lui-même un certain nombre de paquets au domicile de l'inculpé le lendemain de son arrestation. M. le Juge d'instruction a jugé convenable, d'un autre côté, de saisir les substances toxiques contenues dans l'armoire aux poisons, ainsi que les livres et registres de la pharmacie. Mon rapport embrasse l'examen de ces trois objets.

Le paquet pris par M. Eyrolles était à peu près de la grosseur d'un œuf, et renfermait vingt-sept petits paquets ; parmi ces derniers, vingt étaient de la même forme et de la même écriture, les sept autres de forme et d'écriture différentes. J'ai peu de choses à dire sur vingt-six d'entre eux. Les uns étaient des préparations homœopathiques, les autres des préparations non homœopathiques, c'est-à-dire des substances pures. Aucun d'eux ne présente d'importance. Le vingt-septième devait surtout attirer notre attention, attendu qu'il devait contenir, d'après l'inculpé, un gramme de digitaline, et, d'après M. Eyrolles, une quantité moindre, attendu que dans l'intervalle il en aurait dépensé une partie. Il y avait donc un grand intérêt à savoir si ce paquet renfermait de la digitaline. Or, l'étiquette portait : *Digitaline, 50*; cela veut-il dire cinquante centigrammes? ou cela signifie-t-il dilution au cinquantième ? En tout cas, le poids de la poudre blanche qu'il contenait était de soixante centigrammes. D'après M. Eyrolles, le mot cinquante voulait dire cinquante parties, dont une était de la digitaline. Eh bien ! cette cinquantième partie n'existait même pas, attendu qu'une partie de digitaline, mélangée avec quarante-neuf parties de sucre de lait, donne à la masse entière une saveur extrêmement amère, presque insupportable. Or le paquet n'a aucune saveur ; c'est exclusivement du sucre de lait. S'il contient de la digitaline, c'est à dose homœopathique, absolument insaisissable et impondérable.

D. Avez-vous cherché à en trouver? — R. Oui, monsieur le Président, mais je n'ai pu en constater la moindre trace.

M. le Président. — Eyrolles, entendu dans l'instruction, n'a pu indiquer aucune personne à laquelle il aurait donné une partie quelconque de digitaline pour des remèdes.

L'audience, suspendue à une heure et demie, est reprise à deux heures.

M. le Président. —Monsieur Roussin, veuillez compléter votre déposition.

M. Roussin. — Lors de la saisie pratiquée chez le sieur Eyrolles, on a trouvé et mis sous scellés vingt-sept petits paquets ; on a saisi également les produits chimiques, livres, registres et factures de cette pharmacie, ainsi qu'un flacon provenant du dispensaire de l'inculpé. Sur ces vingt-sept petits paquets, vingt portaient une suscription écrite de la même main, et sept d'une autre écriture. Ces paquets se composaient, les uns de substances homœopathiques, les autres de substances pures, telles qu'on les emploie dans la pharmacie ordinaire. Ces paquets n'ont par conséquent aucune importance dans l'affaire ; le seul important est celui qui devait contenir de la digitaline et sur lequel étaient écrits les mots : « Digitaline 50. »

M. le Président. — Cela veut dire une partie de digitaline pour cinquante parties de poudre.

M. Roussin. — Ainsi que je l'ai expliqué précédemment, le paquet du poids de 60 centigrammes ne renferme pas trace de digitaline et ne contient que du sucre de lait.

D'un autre côté, il résulte de l'examen des livres de commerce, registres, factures de toutes sortes, qui ont été saisis chez le sieur Eyrolles, ainsi que des recherches faites sur le livre de copie des ordonnances qui est prescrit par la loi et qui doit contenir toutes les ordonnances préparées dans une pharmacie, que le mot digitaline n'y figure pas une seule fois. Sur le registre *main courante*, qui sert à l'inscription des médicaments de toute sorte délivrés par le pharmacien, avec ou sans ordonnances de médecin, nous n'avons pas trouvé une seule fois l'indication du mot digitaline. Dans un autre registre, qui est destiné à rappeler chaque jour au pharmacien ce qui vient, par suite de la vente, à faire défaut dans son approvisionnement et qui porte le titre : *Objets manquants*, le mot digitaline ne figure pas non plus. Il ne se rencontre qu'une seule fois dans un petit formulaire écrit à la main, espèce de memento à l'usage des médecins et des pharmaciens, et qui renferme en conséquence presque tous les médicaments connus. Enfin, dans toutes les factures que nous avons examinées, le mot digitaline ne se trouve pas; cette substance n'apparaît que sous le nom de granules, et c'est ici qu'il importe de bien établir la différence qui existe entre les granules de digitaline et la digitaline proprement dite.

Il en est de la digitaline comme de l'acide prussique. Les médecins et les pharmaciens ne peuvent employer ce dernier à l'état de pureté; ils n'en font usage que lorsqu'il est étendu de neuf fois son volume d'eau, non pas tant pour diluer la substance elle-même que pour la rendre maniable. Il en est de même de la digitaline. Il existe peu de balances assez sensibles pour peser exactement la petite quantité de ce produit qu'un homme peut supporter. Ces balances ne se trouvent que dans les laboratoires de chimie et ne se rencontrent que fort rarement dans les pharmacies ordinaires. Elles sont du reste d'un maniement lent et très-délicat. Il a donc fallu trouver un autre moyen pratique d'administrer sûrement des doses minimes de digitaline. Le procédé qu'on emploie est fort simple : supposons que l'on veuille préparer mille granules renfermant chacune un milligramme de digitaline. On commence par préparer mille petits morceaux de sucre de la grosseur uniforme d'une tête d'épingle. On fait dissoudre d'un autre côté dans une très-petite quantité d'alcool mille milligrammes, ou un gramme de digitaline pure, et l'on répand cette dissolution sur les mille noyaux de sucre qui l'absorbent complétement et uniformément, de telle sorte que chacun d'eux, l'opération terminée et l'évaporation de l'alcool effectuée à une douce chaleur, retient exactement un milligramme de la substance active. Dans une dernière opération, on recouvre chacun de ces granules d'une petite quantité de sucre, destiné à masquer le goût de la digitaline qui occupe la couche intermédiaire. Le grand avantage de ce mode d'opérer, c'est de supprimer toute pesée à la balance et d'éviter ainsi de fréquentes erreurs; chaque granule compté équivaut exactement à un milligramme de digitaline pesé. C'est presque exclusivement sous cette forme que les médecins et les pharmaciens délivrent et ordonnent la digitaline. Cette substance est tellement active, qu'elle est peu maniable à l'état de pureté; la très-grande majorité des pharmaciens n'en possèdent même pas.

M. le Président. — Avez-vous autre chose à dire?

M. Roussin. — Je n'ai que peu de chose à ajouter en ce qui touche l'empoisonnement de Mme Dubizy nous avons été frappés de la conservation singulière des organes. La recherche des poisons métalliques, pratiquée avec soin, ne nous a conduits à aucun résultat. Nous n'avons pas cru devoir rechercher du reste les poisons organiques, attendu que l'inhumation du cadavre ayant eu lieu 27 mois auparavant, nos efforts auraient été nécessairement stériles.

Relativement à la tentative de suicide de l'inculpé, les faits ont dû être expliqués par M. Tardieu.

M. le Président. — M. Tardieu n'en a pas parlé.

M. Roussin. — Désirez-vous que j'en rende compte, ou préférez-vous entendre M. Tardieu?

M. le Président. — Huissier, faites venir M. Tardieu.

(M. Tardieu se présente.)

Vous ne nous avez pas parlé, je crois, d'un rapport dont vous avez été chargé sur une tentative de suicide de l'accusé?

M. Tardieu. — Nous avons été chargés, ainsi que je l'ai dit déjà, d'examiner un liquide, et nous avons trouvé que ce liquide, préparé par l'accusé dans sa cellule à l'aide de vinaigre et de pièces de cuivre, contenait de très-grandes quantités d'acétate de cuivre en solution.

M. le Président. — Mais quant à la tentative de suicide en elle-même, savez-vous quelque chose ?

M. Tardieu. — Non, monsieur le Président, absolument rien.

M. le Président. — Que pensez-vous d'une ordonnance ainsi préparée : « 40 centig. de digitaline et 25 centig. d'hydrochlorate de morphine », pour un malade?

M. Tardieu. — Une semblable ordonnance ne peut être préparée pour un seul malade, mais bien pour un très-grand nombre de malades.

M. le Président. — Ce serait cependant l'ordonnance constatée sur les livres du pharmacien Labainville, de Belleville, et qui aurait été administrée à Mme Dubizy, la nuit où elle a été prise de vomissements. Il ne vous paraît pas possible que cette ordonnance ait été préparée pour une seule personne, même atteinte de choléra?

M. Tardieu. — Non, monsieur le Président.

M. le Président. — Avez-vous autre chose à dire?

M. Tardieu. — Non, absolument rien.

Me *Lachaud.* — M. Roussin a dit que la digitaline avait une certaine saveur.

M. Roussin. — Oui, une saveur amère.

Me *Lachaud.* — Je demanderai au témoin s'il serait possible de faire prendre à un malade une quantité un peu considérable de digitaline, sans qu'il eût de la répugnance ?

M. Tardieu. — La digitaline est fort peu soluble dans l'eau; par conséquent, ingérée avec la rapidité d'un breuvage ordinaire, elle communique à la bouche une saveur très faible. On peut donc comprendre à la rigueur qu'on puisse avaler une certaine quantité de digitaline sans éprouver une grande amertume.

Me *Lachaud.* — Elle n'est donc pas très-amère?

M. Roussin. — Quand cette substance séjourne longtemps dans la bouche, qu'elle a le temps de s'y dissoudre et d'impressionner ainsi les nerfs du goût, elle présente une saveur amère; mais si elle ne fait que passer seulement dans la cavité buccale, sans avoir le temps de se dissoudre, il peut arriver qu'on s'aperçoive peu de son amertume.

M. le Président (à Mᵉ Lachaud). — Avez-vous quelque chose à ajouter?

Mᵉ Lachaud. — Non, monsieur le Président.

M. le Président. — Faites entrer le pharmacien Hébert.

Messieurs les Jurés, nous arrivons à la déposition des témoins cités à la requête de l'accusé.

M. Hébert (Louis), docteur en médecine, pharmacien en chef de l'hôpital des Cliniques.

M. le Président. — Connaissez-vous l'accusé?

M. Hébert. — Je l'ai rencontré quelquefois; mais jamais je ne l'ai vu chez lui, et il n'est jamais venu chez moi.

M. le Président. — Savez-vous quelque chose sur le procès?

M. Hébert. — J'ai été chargé par Mᵉ Lachaud d'examiner les rapports de médecine légale présentés par les Experts, MM. Tardieu et Roussin, et, si vous le voulez bien, je vous ferai part de mes observations.

(Le témoin tire des papiers de sa poche.)

M. le Président. — Vous ne pouvez pas lire ce que vous avez à dire; il faut que vous déposiez oralement.

M. Hébert. — Ce n'est pas un travail écrit que je tiens là, c'est le rapport de MM. les Experts.

Mᵉ Lachaud. — C'est le rapport des Experts, dont j'ai fait faire une copie, et dont M. Hébert demande à réfuter certains points.

M. Hébert. — Je laisserai de côté les considérations et les témoignages fournis par l'instruction, qu'ont invoqués très-souvent dans leur rapport MM. les Experts; je n'examinerai la question qu'à un seul point de vue, au point de vue toxicologique et purement scientifique.

D'abord, pour ménager vos moments, Messieurs, et ne pas prolonger inutilement ces débats, je m'abstiendrai de parler de ce qui a trait à Mᵐᵉ Dubizy, et cela, pour cette raison que les Experts eux-mêmes reconnaissent qu'ils ont été dans l'impossibilité de se prononcer sur la cause de la mort de cette dame. Je demanderai la permission d'insister, au contraire, avec quelques détails, sur tout ce qui concerne Mᵐᵉ de Pauw.

Selon moi, les conclusions formulées par les Experts ne se trouvent point légitimées par les faits de l'expertise.

Permettez-moi donc d'examiner ces faits, et de rechercher avec vous jusqu'à quel point mon opinion est fondée.

Je relèverai tout d'abord une petite inexactitude. L'observation n'a pas une grande valeur en elle-même; mais je la ferai néanmoins, parce qu'on a paru, dans le rapport, attacher au fait dont je veux parler une certaine importance : il s'agit de l'état de conservation des organes digestifs de Mᵐᵉ de Pauw. Voici, à ce sujet, ce que disent les Experts; M. le Président me permettra de lire la partie du rapport qui y a trait :

« L'estomac est examiné avec le plus grand soin au moment où nous l'avons extrait du bocal qui le renfermait; nous avons été frappés de son peu d'altération et de la couleur naturelle qu'il présente, tant à la partie interne qu'à la partie externe. Le papier de tournesol, mis en contact avec lui, ne dénote aucune réaction alcaline appréciable, signe manifeste d'une conservation qui ne laisse pas que d'être surprenante après quinze jours d'inhumation. Cette sorte de résistance à la décomposition s'observe fort souvent (et tous les traités de toxicologie en font foi), lorsque ces organes ont été mis en contact avec des substances antiseptiques et presque toujours vénéneuses, qui retardent la décomposition et quelquefois l'empêchent totalement. »

Oui, cela est vrai, et tous les traités de toxicologie en font foi, pour les matières minérales, telles que les composés arsenicaux, les sels mercuriels, les sels de zinc, de plomb, enfin pour tous les poisons minéraux; mais cela n'est pas vrai pour les matières organiques. Loin d'être des agents de conservation, les matières animales et végétales, pour la plupart, ont, au contraire, une tendance prononcée à se décomposer elles-mêmes spontanément.

Or, comme on a présumé qu'il avait été fait usage de digitaline, c'est-à-dire d'un poison végétal, et que, d'autre part, l'analyse chimique avait démontré l'absence de substances minérales toxiques dans les matières examinées, il n'y avait pas lieu, selon moi, d'inférer de cet état de conservation des organes de Mᵐᵉ de Pauw une présomption en faveur de l'idée d'un empoisonnement. Mais, comme je l'ai dit, cette observation est de peu de valeur, et je passe à une autre.

J'examine maintenant l'extrait qui a été obtenu avec ce qu'on a gratté sur le parquet de la chambre à coucher de Mᵐᵉ de Pauw. Je laisse de côté le procédé à l'aide duquel on est arrivé à obtenir ce produit; cela n'a aucune importance pour le moment, j'y reviendrai plus tard. Cet extrait présente des caractères chimiques et des caractères physiologiques.

Quant aux caractères chimiques, ils sont consignés dans le rapport, et les voici : « couleur brune, odeur spéciale, légèrement rance et huileuse, saveur très-amère. Cet extrait ne laisse aucun résidu métallique après son incinération. Dissous dans l'eau et filtré, il précipite abondamment par l'acide tannique. A son contact, l'acide sulfurique concentré prend une coloration rouge pourpre et l'acide chlorhydrique se colore manifestement en vert. »

Les deux premières réactions sont communes à bien des corps, et par conséquent ne constituent pas un caractère particulier à la digitaline. En effet, beaucoup de substances sont précipitées, comme elle, par l'acide tannique, et il n'est pas étonnant qu'on ait eu avec ce réactif un précipité abondant, puisque l'on a constaté, d'ailleurs, dans l'extrait examiné, la présence d'une notable proportion de sels calcaires. La coloration en rouge pourpre par l'acide sulfurique concentré n'a pas plus de signification, puisqu'elle se produit avec un nombre considérable de substances. La seule réaction qui aurait pu être caractéristique, si elle avait été convenablement observée, c'est la coloration en vert par l'acide chlorhydrique.

Voyons, à ce sujet, ce que disent les Experts :

« Un essai de purification de cet extrait par la dialyse n'a produit aucun résultat bien satisfaisant; nous y avons renoncé. »

Ainsi, on n'a pas fait l'analyse de l'extrait; on n'a pas vu ce qu'il contenait. On s'est contenté de le traiter par le tanin, l'acide sulfurique et l'acide chlorhydrique.

Or, il y a cette particularité, sur laquelle les auteurs de la découverte de la digitaline ont spécialement appelé l'attention : c'est que l'acide chlorhydrique ne se colore pas seulement en vert avec la digitaline, mais encore avec deux autres substances qu'il peut entraîner en dissolution. Il y en a bien d'autres; mais il en est deux très-importantes et sur lesquelles je veux aussi surtout insister; ce sont : 1° la matière colorante contenue dans les feuilles (chlorophylle);

2° la matière colorante verte de la bile. Ceci, on le conçoit bien, a une importance très-grande. Aussi, MM. Homolle et Quevenne, dans les recherches toxicologiques qu'ils ont entreprises sur la digitaline, recherches consignées dans plusieurs Mémoires qu'ils ont réunis dans un volume que j'ai lu, MM. Homolle et Quévenne, dis-je, ont eu grand soin d'éliminer ces deux matières colorantes. Pour attacher quelque valeur à cette coloration obtenue par les Experts, il aurait donc fallu d'abord séparer la bile et le chlorophylle qui pouvaient se trouver dans l'extrait provenant des raclures du parquet. Or, cela n'a pas été fait; l'expérience sur ce point ne peut donc être, en aucune façon, concluante.

Voilà pour les propriétés chimiques. Je passe maintenant aux propriétés physiologiques, aux expériences qui ont été tentées sur les animaux. On a pris pour sujets de ces expériences des chiens, des lapins et des grenouilles.

Voici ce qui est consigné dans le rapport, relativement à la première expérience physiologique qui a été faite avec l'extrait du parquet :

Première Expérience. — « A une heure cinq minutes, un chien vigoureux, de taille moyenne et jouissant de la meilleure santé, est couché sur une table et maintenu par deux aides pendant qu'on lui pratique, à la partie interne des cuisses, deux petites incisions d'une longueur de trois centimètres environ. Cinq grammes de l'extrait coté O, exactement pesés, sont introduits dans les incisions, que l'on s'empresse de réunir par quelques points de suture.

« Avant cette opération, les battements du cœur étaient de 110 par minute. Le chien, abandonné à lui-même, continue à se promener dans la pièce sans manifester de douleur ou d'appréhension. Au bout de trois quarts d'heure environ, il se couche et se met à lécher ses petites plaies. Vers trois heures et demie, surviennent trois crises de vomissements. L'animal rend successivement des matières glaireuses ainsi qu'un peu de bile, puis se recouche; son attitude est anxieuse et fort abattue.

« Le cœur n'indique plus que 94 pulsations; ces dernières sont fort irrégulières, intermittentes. Les battements, précipités et tumultueux pendant quelques secondes, cessent brusquement, et s'accélèrent de nouveau quelques instants après. La respiration est plus précipitée qu'avant l'opération et légèrement intermittente. A quatre heures et demie, les battements du cœur tombent à 76 et l'animal vomit de nouveau.

« A huit heures du soir, il est couché et considérablement abattu. Il se tient difficilement sur ses jambes; le moindre mouvement qu'on lui fait subir paraît pénible, et provoque un vomissement ou une tentative de vomissement.

« Le cœur indique soixante-huit pulsations et les mêmes irrégularités précipitées, et les mêmes intermittences que précédemment. Ces dernières sont plus énergiques et plus accentuées qu'à quatre heures et demie.

« A huit heures du matin, l'animal est presque froid ; il paraît cependant avoir conservé toute son intelligence, car il s'agite légèrement à notre voix et nous regarde encore.

« Les battements du cœur sont peu énergiques, et leur nombre est tombé à quarante par minute. Leur irrégularité et leur intermittence précipitée sont vraiment remarquables.

« A l'approche de la main on constate sans peine, après un temps de repos de quelques secondes d'abord, six ou sept battements précipités, puis un moment d'arrêt absolu; les battements reprennent ensuite plus ou moins violents, mais toujours précipités, et disparaissent subitement pour reprendre ensuite plus ou moins violents. La respiration est haute et précipitée par intermittence. Ces symptômes se continuèrent jusqu'à onze heures, où l'animal expira sans agonie, et paraissant avoir conservé son intelligence. A aucun moment il n'a présenté d'état comateux véritable.

« L'autopsie pratiquée deux heures après la mort révèle les faits suivants :

« Les poumons, l'estomac et le foie présentent l'état le plus normal. Le cerveau et le cervelet n'accusent aucune trace de congestion. Le cœur seul présente des phénomènes spéciaux. Les deux ventricules sont contractés de la manière la plus évidente, tandis que les oreillettes sont dilatées. Toutes les cavités du cœur sont remplies d'un sang noir, épais et coagulé en partie. Cet organe présente une déformation et une espèce de turgescence fort visible. A la pointe du cœur, mais surtout sur les parois avoisinant cette pointe, on remarque, après l'enlèvement du péricarde, quelques saillies d'un rouge plus vif.

« Nul doute, après les divers symptômes observés et le résultat si caractéristique de l'autopsie, que l'extrait O, administré à cet animal par injection sous-dermique, n'ait déterminé la mort par une action spéciale sur le cœur. »

Ainsi 5 grammes de l'extrait O ont été introduits sous la peau d'un chien de moyenne taille, et, 22 heures après, ce chien est mort. Or, pendant toute la durée de l'expérience, il y a eu un ralentissement graduel et progressif des battements du cœur ; cela est évident ; ainsi, il y a eu d'abord 110 pulsations par minute, puis 94, 76, 68 et enfin 40.

De plus, à l'ouverture de l'animal, pratiquée deux heures après la mort, on a trouvé les ventricules contractés.

En résumé, on a constaté un ralentissement progressif des battements cardiaques, et, à l'autopsie, une contraction des ventricules.

Eh bien! ce sont là deux raisons qui me portent à croire qu'on n'avait pas affaire à la digitaline; car la digitaline, employée à dose toxique, ne donne pas lieu à ces phénomènes.

Dans les empoisonnements par la digitaline, il y a eu, au contraire, accélération des battements du cœur ; dans les empoisonnements par la digitaline, il n'y a pas eu contraction des ventricules, mais, au contraire, relâchement des cavités du cœur.

Et qui dit cela? ce sont des savants distingués, des professeurs de l'Ecole d'Alfort, des membres de l'Académie de médecine, etc.; ce sont MM. Bouley et Reynal, Delafond et Dupuy, en France ; et en Allemagne, le professeur Stannius, lequel a fait, au point de vue toxicologique, de très-nombreuses expériences, qui, à cet égard, sont nettes et probantes.

Tous les médecins savent, tous les thérapeutistes s'accordent à dire que la digitaline, prise à petite dose, ralentit les battements du cœur. Oui, cela est vrai; mais, prise à haute dose, la digitaline agit différemment. Les professeurs d'Alfort l'ont constaté; Quevenne lui-même l'a rapporté, et cependant il avait une sorte d'intérêt à ne pas constater ce caractère, car, voulant exploiter la digitaline au point de vue commercial, il eût pu désirer la voir produire des effets constants et ralentir toujours les battements du cœur. Mais Quevenne, qui était l'un des chimistes les plus consciencieux de ce siècle, ayant vérifié le fait, s'est dit : « Les professeurs d'Alfort ont raison ; la digitaline, quand elle est donnée à dose toxique, accélère les battements du cœur », et il a consigné lui-même cette observation dans un de ses Mémoires.

De plus, MM. Bouley et Reynal, Delafond et Dupuy, ainsi que le professeur Stannius, ont constaté que le cœur était, après la mort, dans un état complet de relâchement. Jamais ces observateurs n'ont trouvé les ventricules contractés.

En outre, dans le cas du lapin, qui fait l'objet de la seconde expérience, il y a aussi une observation importante à faire. Je vous demande la permission de rapporter cette deuxième expérience.

Deuxième expérience. — « A une heure vingt minutes, nous pesons avec soin 2 grammes d'extrait O, que nous dissolvons et délayons dans quelques centimètres cubes d'eau. Cette solution est administrée à l'aide d'un entonnoir en verre à un lapin de taille moyenne et bien portant, qui l'avale sans peine, et la conserve jusqu'à la fin de l'expérience. »

On nous dit que l'animal, jusqu'à la fin de l'expérience, a conservé la solution qu'on lui avait fait avaler.

Et ailleurs, à propos d'un autre lapin, sur lequel on a expérimenté l'extrait P, provenant de la portion de parquet prise sous le lit de Mᵐᵉ de Pauw, et comme pour démontrer l'innocuité de ce second extrait comparé au premier (O), on note encore que ce lapin n'a pas eu de vomissements. Il n'y a, Messieurs, absolument rien à inférer de là ; du moment qu'on fait avaler quelque chose à un lapin, il faut bien qu'il le garde, puisque, de même que le cheval, il ne peut point vomir.

Mais je continue :

« Les symptômes observés sont les suivants :

« Diminution considérable intermittente, irrégularité et précipitation des battements du cœur ; la respiration a paru pénible et légèrement intermittente quelques instants avant la mort.

« A trois heures un quart, on constate quarante et une pulsations du cœur par minute.

« A quatre heures cinq minutes, c'est-à-dire deux heures trois quarts après l'ingestion de l'extrait, l'animal succombe.

« L'autopsie, pratiquée le lendemain, révèle des résultats complétement identiques aux précédents. Le cerveau, les poumons, le foie, l'estomac sont dans l'état normal ; le cœur seul présente une difformation sensible et bien manifeste ; les oreillettes sont dilatées comme dans le cas précédent ; les ventricules sont non-seulement contractés, mais tranchent de la manière la plus évidente par leur couleur noirâtre sur le reste de cet organe.

« L'espace interventriculaire présente notamment une dépression remarquable.

« La pointe du cœur est d'un rouge presque vif, et ses parois présentent plusieurs saillies anormales teintes de petites plaques rouges.

« Nous n'hésitons pas à affirmer que ce lapin a, de même que le chien, succombé par suite de l'ingestion d'un poison spécial renfermé dans l'extrait O, poison qui a porté plus particulièrement son action sur le cœur. »

Ainsi, Messieurs, voici un lapin auquel on a fait avaler environ 3 fois moins de matière toxique qu'on n'en avait introduit, par la méthode sous-cutanée, chez le chien, sujet de l'expérience précédente, et ce lapin meurt deux heures trois quarts après, tandis que pour le chien la mort n'est arrivée qu'au bout de vingt-deux heures.

J'insiste sur ce fait, parce qu'à lui seul il suffirait à démontrer que la matière toxique extraite du parquet de la chambre de la dame de Pauw n'était pas de la digitaline, et que, partant, les présomptions des experts ne sont nullement fondées. En effet le lapin a pris trois fois moins de substance que le chien, et il est mort 8 fois plus vite, bien qu'il fût beaucoup moins sensible que lui à l'action du poison, comme le démontrent les expériences du professeur Stannius et celles de MM. Homolle et Quevenne, relatées par M. Trousseau dans son *Traité de thérapeutique et de matière médicale*. Je ne sais vraiment pas pourquoi l'on s'est obstiné à expérimenter sur des lapins. Car le chien et les autres carnassiers subissent facilement l'influence de la digitaline ; mais les lapins, comme la plupart des herbivores, y sont réfractaires, surtout si elle leur est administrée par l'estomac. Et du reste, ils ne sont pas les seuls, car les oiseaux granivores résistent mieux et même puissamment à l'action de la digitaline et de la digitale.

M. Bonjean, de Chambéry, a donné des quantités excessives de cette dernière substance à des poulets sans pouvoir les empoisonner.

Il y a donc des animaux qui offrent à l'action de certains poisons une résistance plus grande que d'autres. Le lapin est dans ce cas, à l'égard de la digitaline. D'après MM. Homolle et Quevenne, il peut supporter une dose de ce poison trois fois plus forte que celle qui suffirait à donner la mort à un chien de même taille. Comment se fait-il donc que le lapin en question soit mort huit fois plus vite, ayant ingéré une dose environ trois fois moindre de poison, si ce poison était de la digitaline ? Voilà ce que je ne comprends pas et ce que les Experts auront de la peine à m'expliquer.

Mais j'arrive à l'examen d'un produit bien autrement important, je veux parler de l'extrait obtenu avec les organes mêmes de Mᵐᵉ de Pauw.

On a fait, vous le savez, Messieurs, avec la totalité de l'estomac et la moitié des intestins de la dame de Pauw, un double extrait (A et B) résultant d'un premier traitement par l'alcool, et d'un second par l'eau.

On a essayé d'empoisonner avec ces extraits un chien et un lapin. Voyons si l'on y a réussi :

Quatrième expérience. — « A trois heures, on a pratiqué une incision à la partie interne et supérieure de la cuisse droite d'un chien adulte vigoureux et de taille moyenne. Cinq grammes d'un mélange des deux extraits A et B (extraits provenant de l'estomac et des intestins de la veuve de Pauw) ont été déposés dans l'intérieur de la plaie, dont on a réuni les bords par quelques points de suture.

« A ce moment, le cœur indique 102 pulsations par minute.

« Vers quatre heures et demie du soir, l'animal est fort abattu, anxieux. Il se couche et respire par intermittence, et bruyamment. Le cœur indique 86 pulsations. Il est facile de constater leur irrégularité et leur intermittence, bien qu'elles soient un peu plus faibles qu'avec le chien précédent. L'animal a vomi deux fois.

« A huit heures du soir, le cœur indique 53 pulsations manifestement irrégulières et intermittentes. La respiration est haute et paraît sensible. L'animal change souvent de position et pousse quelques cris étouffés. Il paraît avoir conservé toute son intelligence.

« Le lendemain, à huit heures et demie du matin, les battements de cœur se sont relevés et atteignent 70 pulsations par minute. L'état général est meilleur. La respiration paraît normale, et l'état d'anxiété et d'abattement semble avoir diminué. L'animal se lève et se promène.

« A deux heures, les battements de cœur sont à 90 et n'offrent plus qu'une irrégularité éloignée. L'intermittence persiste encore. La respiration est bonne. L'animal mange avec appétit.

« L'état va s'améliorant de plus en plus. Au moment où nous écrivons ces lignes, six jours après l'expérience, ce chien est hors de danger et sa petite plaie se cicatrise.

« Il résulte de cette observation que le chien qui en fait l'objet a subi une intoxication véritable à la suite de l'ingestion sous-dermique des extraits A et B. Cet animal a présenté un cortège de symptômes de tous points analogues à ceux que nous avons observés dans les deux premières expériences. S'il a échappé à la mort, c'est que la substance toxique se trouvait dans les extraits en quantité trop minime, et que l'animal a pu réagir plus énergiquement. »

Cinquième expérience. — « Quatre grammes des extraits précédents A et B, administrés à un lapin avec les mêmes précautions que dans la deuxième expérience, ont déterminé la mort en quelques minutes, probablement par l'effet d'une syncope, et avec une rapidité qui doit faire supposer qu'une complication accidentelle a pu hâter ici l'action du poison. »

Encore un lapin, animal mal choisi, comme je vous l'ai dit, et expérience mal faite. De quoi ce lapin est-il mort ? Je n'en sais rien ; par accident peut-être ; mais, assurément, il n'est pas mort par la digitaline.

M. le Président. —Vous êtes d'accord sur ce point avec les médecins experts.

M. Hébert. — Parfaitement ; c'est ce que je veux dire, et comme cette expérience ne prouve rien, il n'y a donc que la précédente, celle du chien, qui subsiste. Je vais la discuter.

On voudra bien me concéder que ce mélange d'extrait A et B, qui à fortes doses (5 grammes) n'a pu donner la mort à un chien, mais l'a seulement indisposé ; ce mélange d'extrait, dis-je, provenant de l'estomac et des intestins de Mme de Pauw, après quinze jours d'inhumation, pouvait bien, ce me semble, renfermer quelques produits de décomposition ; car, bien que les Experts aient pris soin de nous dire que ces organes se trouvaient dans un état surprenant de conservation, ils n'ignorent pas plus que moi que des matières animales, après quinze jours, peuvent être décomposées en partie ou tout au moins avoir éprouvé quelques modifications. C'est là ce que personne ne contestera. Et, quant à moi, j'ai peine à concevoir que, dans une question aussi grave, on n'ait pas songé à instituer des expériences comparatives pour bien démontrer que, par le procédé (traitement par l'alcool et par l'eau), l'extrait de cadavre expérimenté ne pouvait renfermer aucune parcelle d'aucun de ces produits toxiques de décomposition, capable, tout aussi bien que n'importe quel poison, de déterminer, chez le chien soumis à l'expérience, la légère indisposition que l'on a observée.

Je comprends donc facilement que le chien ait été malade ; je suis étonné même que, par le procédé qu'on a suivi, cet animal ne soit pas mort. Il faut, en effet, qu'il y ait eu bien peu de ces matières putrides, et cela justifie l'expression de *conservation surprenante* employée par les Experts ; car la moindre trace de quelques-uns de ces produits, que d'ailleurs nous ne connaissons pas, introduite dans la peau, peut amener, comme on le sait, de très-grands désordres. Les choses se passeraient d'une tout autre manière, si ces matières étaient ingérées par l'estomac. Il y a eu à Alfort et ailleurs des expériences très-nombreuses et très-concluantes à cet égard. Et tous les médecins, tous les hygiénistes savent qu'on a fait manger à des paysans des villages circonvoisins d'Alfort de la viande de chevaux morts du farcin ou de la morve, sans qu'ils en fussent incommodés.

Il ne s'est jamais déclaré aucun accident. Cela tient à ce que, ingérée dans l'estomac, même en quantité très-notable, la chair de ces animaux malades n'est nullement malsaine, tandis qu'au contraire la moindre trace introduite sous la peau peut déterminer des accidents formidables. Ainsi, il est des poisons qui ne peuvent être absorbés par l'estomac, mais qui le sont très-facilement par la peau et produisent alors inévitablement et plus ou moins promptement la mort.

Qu'une mouche nous pique après s'être posée sur un animal mort du charbon, elle nous communiquera sûrement cette affreuse maladie. Tous les jours, — non, cela heureusement ne se voit pas tous les jours, — mais combien de fois n'est-il pas arrivé que des élèves en médecine, en disséquant un cadavre, en pratiquant une autopsie, se sont fait, avec leur scalpel ou leur bistouri, une simple piqûre qui les a entraînés au tombeau ? Et cependant, de cette façon, ces malheureuses victimes n'avaient pu introduire dans leur organisme que des traces presque infinitésimales de ces matières organiques décomposées.

Je dis donc qu'il pouvait y avoir dans le mélange des extraits alcooliques A et B des matières putréfiées qui ont pu déterminer chez le chien l'indisposition qu'il a éprouvée, et je suis même étonné, je le répète, que les désordres observés n'aient pas eu plus de gravité.

Jusqu'ici donc, je ne vois pas que les experts aient fourni la preuve médico-légale de l'empoisonnement.

Restent maintenant les expériences sur les grenouilles. Elles ont été tentées uniquement dans le but de déterminer la nature des poisons existant sur le parquet de la chambre de la dame de Pauw.

Permettez-moi, Messieurs, de vous dire que je ne crois pas aux résultats fournis par les expériences sur les grenouilles. En effet, Stannius, qui a le plus fait d'expériences sur la digitaline avec les animaux et au point de vue toxicologique, Stannius dit, et le fait est confirmé par plusieurs auteurs allemands et français, que les grenouilles sont très-peu sensibles à l'action de la digitaline.

J'ai répété ces expériences sur les grenouilles et voici ce que ces expériences m'ont démontré. Permettez-moi d'abord de lire le rapport :

Sixième expérience. — « Les résultats des précédentes expériences tendant à démontrer que la substance toxique dont nous observions les effets exerçait son action d'une manière toute spéciale sur le cœur, nous avons voulu comparer ces effets avec ceux de la digitaline qui influence si directement l'action de cet organe, et dont pour plus d'un motif il était permis de supposer que la dame de Pauw avait pu faire usage.

« A cet effet, trois grenouilles ont été simultanément soumises aux essais comparatifs qui vont être indiqués.

« Le cœur ayant été mis à nu, on constatait chez toutes trois une égalité presque absolue dans le nombre des battements cardiaques. »

Voilà déjà une particularité qui m'étonne beaucoup. Je n'ai jamais trouvé pour ma part ce nombre, cette égalité presque absolue de battements cardiaques. Les grenouilles sur lesquelles j'ai expérimenté donnaient 67, 66, 55 pulsations à la minute ; mais je n'ai jamais trouvé un nombre de battements absolument égal et identique.

Je continue la lecture du rapport :

« A la première, rien de plus n'a été fait. Le cœur a été simplement maintenu humide.

« La deuxième a reçu, sous la peau du ventre, six gouttes d'une solution de un centigramme de digitaline dans cent gouttes d'eau. »

Six gouttes ! Il n'y a pas d'erreur ; c'est bien six gouttes que dit le rapport.

« A la troisième, on a étendu sous la peau du ventre environ 50 centigrammes de l'extrait O, celui qui provient des matières vomies sur le parquet.

« Voici maintenant le tableau des variations observées dans le nombre et le rhythme des battements du cœur de ces trois animaux :

	GRENOUILLE 1.	GRENOUILLE 2.	GRENOUILLE 3.
Après 6 minutes.	42 pulsations.	20 pulsations.	26 pulsations.
10	40 id.	16 irrégulières.	24 irrégulières.
20	40 id.	15 id.	20 id.
28	38 id.	0	12 très-irrégul.
31	36 id.	0	0

« Chez les deux dernières grenouilles, lorsque le cœur a cessé de battre, le ventricule était contracté et l'oreillette gonflée. Les fibres musculaires de cet organe, examinées au microscope, n'ont d'ailleurs présenté aucune altération appréciable des éléments anatomiques. »

Ce sont bien là les termes du rapport.

Ainsi, 6 gouttes d'une solution de 1 centigramme de digitaline dans 100 gouttes d'eau ont tué une grenouille en 28 minutes. Mais il faut dire qu'on avait d'abord fait subir à cette grenouille une opération et une opération qui ne laisse pas que d'avoir quelque gravité. On lui avait enlevé la peau, puis la couche des muscles de l'abdomen, et enfin une portion du sternum suffisante pour mettre le cœur à nu. C'est là une opération qui, on le comprendra sans peine, peut bien amener quelque trouble dans la circulation.

Eh bien ! j'ai répété cette expérience. J'ai pris deux grenouilles, je leur ai enlevé avec ménagement la peau, les muscles de l'abdomen, puis une portion du sternum.

J'ai injecté sous la peau de l'une 6 gouttes de ladite solution et rien à l'autre.

Celle des deux grenouilles qui n'avait pas reçu de digitaline avait, en commençant, 57 battements cardiaques, puis 55, puis de 5 en 5 minutes les battements diminuèrent de nombre, de sorte qu'après 30 minutes il n'y avait plus que 43 battements. En commençant l'expérience, je le répète, il y en avait 57. Ce n'est donc pas à la digitaline qu'il faut attribuer la diminution des battements, mais bien à l'opération elle-même.

Ainsi, de 57 à 43, il y a une différence de 14 battements.

L'autre grenouille, au commencement de l'expérience, avait 66 battements, puis 65, 63, 61, 58, 54, 52 et enfin 51.

Donc la différence a été pour celle-ci de 15, et la diminution dans le nombre des battements a été également graduelle.

Cette grenouille n'est morte qu'à 8 heures du soir et l'expérience avait commencé à 4 heures.

De même que la première, la preuve que ce n'est pas la digitaline qui l'a tuée, je la trouve dans deux autres expériences que j'ai faites et dont je vais vous donner connaissance.

J'ai injecté à une grenouille 6 gouttes de ladite solution, puis, de quart d'heure en quart d'heure, 6 autres gouttes, jusqu'à 36 gouttes. Je me suis arrêté à ce chiffre, et la grenouille n'en a nullement été indisposée. A une autre, j'ai donné 50 gouttes de la même solution en une seule fois. Celle-ci a été un peu indisposée, elle a eu quelques déjections alvines, un peu d'abattement ; mais le lendemain elle était parfaitement rétablie.

Du reste, je les ai fait apporter, elles sont là toutes les deux, et, si on veut les voir, on pourra constater qu'elles sont parfaitement bien portantes.

Ces dernières expériences physiologiques, comme vous le voyez, Messieurs, sont encore moins probantes que les autres ; et, si elles sont impuissantes à démontrer la nature du poison, elles peuvent encore bien moins démontrer l'empoisonnement lui-même, puisqu'elles ont porté seulement sur l'extrait tiré du parquet, et non sur le mélange d'extraits provenant des organes de Mme de Pauw.

Enfin, Messieurs, des observations que je viens d'avoir l'honneur de vous présenter, il résulte que :

1° L'extrait provenant de ce qui a été gratté sur le parquet n'a fourni aucune réaction, aucun caractère qui puisse faire admettre que cet extrait renfermât de la digitaline, car la coloration en vert, la seule qui eût été caractéristique, si elle eût été convenablement observée, ne peut rien prouver, puisqu'on n'a pas pris le soin d'éliminer, d'une part la chlorophylle, et d'autre part les matières colorantes de la bile qui existaient très-vraisemblablement dans le produit examiné ;

2° Les expériences faites sur les animaux, chiens, lapins et grenouilles, non-seulement sont insuffisantes à démontrer dans l'extrait tiré du parquet la présence de la digitaline, mais tendraient, au contraire, à prouver très-positivement que cette substance toxique n'y existait pas.

Enfin, et ce dernier point a une extrême importance, l'extrait qui a été obtenu avec les organes retirés du corps de Mme de Pauw, n'a empoisonné aucun animal. Il a été introduit en forte proportion sous la peau d'un chien de moyenne taille, et n'a déterminé chez celui-ci que quelques troubles fonctionnels qui peuvent être parfaitement attribués à l'action des matières putréfiées.

Je conclus donc, en me basant sur les faits antérieurement acquis à la science, sur mes propres expériences, et plus particulièrement encore sur les faits observés par les Experts eux-mêmes (je leur demande bien pardon de ne pas être de leur avis) ; je conclus, dis-je, qu'aucun des faits consignés dans le rapport ne légitime leurs conclusions, et que, pour ma part, rien, absolument rien, ne prouve que Mᵐᵉ de Pauw soit morte empoisonnée.

Telle est, Messieurs, ma conviction.

MM. Tardieu et Roussin sont rappelés au débat.

M. le Président (aux Experts). — Vous avez entendu, Messieurs, ce qui résulte de la déclaration du témoin. Selon lui, le chien qui est mort par suite de l'extrait résultant du parquet, que vous lui avez introduit sous la peau, n'est pas mort empoisonné par la digitaline. Quant à l'autre chien soumis à la même expérience avec l'extrait provenant des organes de Mᵐᵉ de Pauw, il aurait été empoisonné, parce que cet extrait contenait une matière en putréfaction, et, ce qui étonne le témoin, c'est qu'il ne soit pas mort. Quant aux autres animaux, lapins et grenouilles, ils ne sont pas morts empoisonnés. Ils sont morts des opérations que vous leur avez fait subir et non pas du poison.

Veuillez répondre.

M. Tardieu. — J'ai écouté avec la plus grande attention les ingénieuses observations de M. Hébert ; elles n'ont ébranlé en aucune manière ma conviction.

M. Hébert a fait une remarque préliminaire que je suis obligé de relever, car elle donne à tout ce que nous avons dit un sens très-différent. M. Hébert n'a pas voulu tenir compte de ce qui était en dehors de l'analyse physiologique et chimique ; il s'est volontairement privé par là de tous les éléments qui éclairent d'un jour si vif les expérimentations auxquelles nous nous sommes livrés ; car ce n'est pas seulement dans ces analyses que nous trouvons la preuve et la confirmation de l'opinion que nous avons émise, mais dans l'étude scrupuleuse que nous avons faite des symptômes qui se sont manifestés pendant la vie de Mᵐᵉ de Pauw. S'étant placé dans une situation toute différente, il devait naturellement aboutir à un résultat tout différent.

J'ajouterai que M. Hébert a fait assurément une leçon très-intéressante, très-savante et très-nourrie de faits, mais qui ne touche en rien l'affaire qui occupe la Cour et MM. les Jurés. Il ne s'agit pas, en effet, de savoir si les grenouilles sont plus ou moins sensibles à la digitaline, mais de savoir si une femme est morte empoisonnée, et s'il est probable que le poison dont on a fait usage soit la digitaline.

Je maintiens ce que nous avons dit relativement à l'absence de toute maladie capable de causer la mort. Mᵐᵉ de Pauw était une femme hystérique, mais elle n'était affectée d'aucune maladie susceptible d'occasionner sa mort ; et, en l'absence totale de lésions organiques, il était de notre devoir de rechercher nécessairement une cause de mort en dehors des causes naturelles. C'est dans le poison que nous croyons l'avoir trouvée.

M. Hébert a paru s'égayer à nos dépens relativement à la conservation du corps que nous avons constatée. Il nous prête là trop facilement une erreur que nous n'avons pas commise. Qu'il veuille bien remarquer que, lorsque nous avons fait cette observation, c'était tout à fait au début de nos recherches. Nous ne savions pas alors si nous allions trouver de l'arsenic, un poison minéral ou végétal. Nous n'avons fait que constater cette conservation.

Maintenant, nous avons dit que cette conservation se rencontre dans un certain nombre de cas d'empoisonnement ; mais nous n'avons fait en aucune façon de cette conservation, si insolite qu'on la suppose, un des éléments de preuve d'empoisonnement par la digitaline. Nous avons seulement constaté le fait et nous avons eu raison, car il semblerait que nous avons pensé à l'objection qui nous est faite aujourd'hui. Et je suis obligé d'insister d'autant plus sur cette conservation, qu'elle va jouer précisément un grand rôle dans la discussion.

Il n'y a, en effet, de sérieux dans toutes les observations que vient de présenter M. Hébert que celle qui est relative à l'influence qu'aurait pu avoir, dans les expériences, le cadavre, s'il eût été en putréfaction ; c'est la seule chose qui surnage pour moi de cette argumentation.

M. Hébert est médecin, mais il ne pratique pas. S'il eût fait aussi souvent que moi des exhumations juridiques dans les cimetières de Paris, il eût pu voir que ces faits de conservation des corps ne sont pas très-rares. Eh bien ! je dois faire remarquer que moi qui ai l'habitude de ces sortes de choses, j'ai été frappé de l'état de conservation du corps de Mᵐᵉ de Pauw. Et quelque extraordinaire qu'elle puisse paraître, le cas n'est pas aussi rare et aussi insolite que semble le croire M. Hébert.

J'affirme donc qu'il n'y avait là aucune espèce de décomposition putride capable de déterminer dans les organes une altération telle, que l'usage de ces matières ait pu amener les accidents graves dont il vous a été parlé.

Je suis obligé en même temps de relever un fait que je ne voudrais pas voir sortir de cette enceinte sans un correctif. Qu'il me soit permis de protester, au nom de mes collègues d'Alfort comme au nom de l'humanité, que jamais de la vie il n'est sorti de l'École d'Alfort, pour être livrés à la consommation humaine, des produits altérés. C'est sur des porcs que les expériences ont été faites ; mais jamais les paysans des environs d'Alfort n'ont mangé de la viande d'animaux morts du farcin ou de la morve.

J'ajouterai ceci : c'est que M. Hébert a commis une erreur bien autrement grave. Il semble se faire l'écho d'un préjugé très-naturel de la part des personnes du monde, même les plus éclairées. On croirait, à l'entendre, que, dans les expériences que nous avons faites sur les animaux, nous nous sommes servis des substances mêmes, que nous avons fait manger ou que nous avons administré à ces bêtes les organes mêmes de Mᵐᵉ de Pauw, c'est-à-dire les parties plus ou moins décomposées du cadavre. Certes, si nous eussions agi ainsi, nous aurions introduit chez eux des matières putrides qui auraient pu vicier nos expériences. Mais est-ce qu'il ne sait pas que par tous les moyens que nous avons employés, on détruit toute espèce de matières putrides, et que les extraits qui en proviennent ne sont pas capables de retenir ces prétendues matières putrides auxquelles il attribue les symptômes qui se sont manifestés chez les animaux ? Il y a là une confusion complète. Nous avons donné à ces animaux une préparation, un extrait de ces matières en décomposition ; mais nous ne leur avons pas donné ces matières elles-mêmes, et ce qui a été produit chez les animaux ne peut être que le résultat du poison contenu dans cet extrait.

Maintenant, Messieurs, je n'ai plus que bien peu de choses à ajouter.

Il demeure parfaitement établi que le premier animal auquel nous avons donné une certaine quantité de l'extrait provenant du parquet, a bien pris une substance vénéneuse. M. Hébert ne conteste pas ce fait, puisqu'il a recherché lui-même s'il n'y aurait pas un autre poison que la digitaline, et je me contenterai

AFFAIRE LA POMMERAIS.

de cet aveu de sa part. A la suite de cette expérience, nous avons donc affirmé que Mme de Pauw était morte empoisonnée; mais nous n'avons pas affirmé autre chose. Nous avons ajouté qu'il était probable qu'elle avait été empoisonnée par l'action de la digitaline.

J'en demande pardon à M. Hébert, mais il n'a pas parfaitement compris le sens des observations qu'il a rappelées ici. Il est très-positif que la digitaline exerce son action à petite dose. Mais quand M. Hébert est venu dire que la digitaline à forte dose accélère les battements du cœur, et, un instant après, sans précautions oratoires, que la digitaline à dose toxique accélère également les battements du cœur, il a fait confusion entre les effets de la digitaline à dose toxique et à haute dose, car, même à faible dose, la digitaline est toxique.

Il n'est pas nécessaire de donner des doses toxiques pour produire un empoisonnement; celui-ci peut se produire par de faibles doses. C'est ce moyen que nous avons employé, et la preuve c'est que nous n'avons obtenu la mort qu'au bout de vingt-deux heures. Quand on administre des doses fortes, la mort arrive avec des symptômes tout différents. Il n'y a pas de vomissements, et le poison exerce ses effets d'une manière tout autre. A dose toxique, mais faible, au contraire, il y a vomissement; c'est une circonstance capitale, qui fait bien comprendre comment cette malheureuse Mme de Pauw, vomissant constamment, rendait des parcelles de poison, et comment, s'il en est resté dans le corps, il n'en est resté que fort peu. C'est ce qui explique comment, dans les expériences faites avec ses organes, il ne pouvait s'en trouver qu'une dose minime.

Quant aux expériences faites sur des lapins et des grenouilles, M. Hébert nous a fait un singulier reproche. Il nous a reproché de nous être adressés à des animaux peu sensibles à l'action de la digitaline. Mais c'est en parfaite connaissance de cause que nous avons agi ainsi. On choisit justement des animaux peu sensibles pour faire des expériences. Si l'on tuait du premier coup, on n'aurait pas le temps de regarder, d'étudier, et c'est précisément pour cette raison que tous les expérimentateurs et Stannius lui-même, que l'on a cité, ont pris des grenouilles pour faire des observations.

Les grenouilles, je les avais moi-même mises en quelque sorte hors du débat. Maintenant, que M. Hébert soit tombé sur des grenouilles plus ou moins sensibles, je ne contesterai pas le fait le moins du monde. Il est probable qu'on trouve, sur cinquante grenouilles, cinquante résultats différents; mais comme éléments de preuve, j'ai été le premier à dire que je n'y attachais qu'une importance tout à fait secondaire.

M. le Président (à M. Hébert). — D'après vous, de quoi le chien serait-il mort?

M. Hébert. — Je l'ignore, monsieur le Président; mais je dis qu'il peut se faire qu'il soit mort par l'action de matières animales en décomposition. Les plus petites traces de certaines de ces matières introduites par la méthode sous-cutanée peuvent produire des troubles considérables.

M. Tardieu. — Mais il n'existe aucune matière putride dans les lames du parquet. Du reste, on peut les examiner.

Me Lachaud. — Elles ont été nettoyées.

M. l'Avocat général. — Il serait bon d'ouvrir le paquet renfermant les planches du parquet de la chambre à coucher de Mme de Pauw.

(M. le Président donne l'ordre de faire ouvrir ce paquet, et les planches qu'il contient sont soumises à l'examen de MM. les Jurés.)

M. Hébert. — Tout le monde sait que ces matières n'ont pas besoin d'être en quantité très-appréciable, ni d'avoir une odeur manifeste. Par exemple, on sait fort bien qu'il arrive des accidents d'empoisonnement par les boudins et les saucissons altérés. Si ces aliments étaient tellement infects et en état de putréfaction qu'on pût s'en apercevoir, on ne les mangerait pas. Dans ce cas particulier, l'empoisonnement peut avoir lieu même par l'estomac, et il n'est pas nécessaire que les produits de décomposition existants dans ces aliments soient introduits directement dans la circulation.

M. Tardieu. — Mais ici ce n'est pas le cas. Si Mme de Pauw avait mangé du boudin ou du saucisson, au lieu de manger une soupe à l'oseille et des choux-fleurs à son dernier repas, j'aurais pu être de votre avis. Mais, je le répète, ce n'est pas le cas.

M. Hébert. — D'après M. Tardieu, j'aurais commis une erreur grave à propos de la viande de chevaux malades du farcin et de la morve. On a donné, a-t-il dit, de cette viande à des porcs, mais jamais elle n'a servi à l'alimentation humaine. Je lui en demande bien pardon, on a donné de cette viande à des porcs, cela est vrai, mais j'affirme que des hommes aussi en ont mangé. Je n'insiste pas d'ailleurs sur ce fait que je croyais parfaitement connu ; mais j'insiste beaucoup, au contraire, sur les autres faits que j'ai avancés comme étant contradictoires avec ceux consignés dans le rapport. Ce ne sont pas mes opinions que je défends ici, mais celles des savants les plus recommandables. Du reste, la question, plus tard, sera jugée dans une autre enceinte. Je me propose de la porter devant l'Académie de médecine.

M. le Président. — Nous n'avons pas besoin de soulever cette question-là ici. Vous prétendez que c'est la putréfaction des matières vomies par Mme de Pauw et répandues par elle sur le parquet de sa chambre qui a donné la mort aux animaux sur lesquels on a expérimenté, et non une matière vénéneuse?

M. Hébert. — Pour le parquet c'est différent; cela peut être: cependant je ne l'affirme plus. Mais ce que j'affirme, c'est que pour les expériences faites avec les organes de Mme de Pauw, la chose a dû se passer ainsi. M. Tardieu dit : Nous avons traité les matières par l'alcool. Oui, mais vous les avez traitées aussi par l'eau, et de cette manière vous avez obtenu tout ce qui pouvait se dissoudre dans ces deux véhicules.

M. Tardieu. — On a fait un extrait alcoolique en premier lieu.

M. Hébert. — On a fait deux extraits, l'un à l'alcool, l'autre à l'eau, et on les a mêlés ; on a donc tout concentré.

M. le Président. — Pour ce qui est de l'expérience faite avec les matières organiques, l'animal a survécu. Quant à celle faite avec les raclures des lames du parquet, l'animal est mort, et vous attribuez sa mort aux matières en putréfaction qui se trouvaient dans la préparation?

M. Hébert. — Je ne dis pas en putréfaction, mais en décomposition.

M. le Président. — Putréfaction ou décomposition, dans votre déclaration c'est la même chose. Mais enfin, c'est la décomposition de ces matières qui, selon vous, a causé la mort de cet animal?

M. Hébert. — Oui, monsieur le Président.

M. le Président. — Les Experts auraient donc mal fait leurs expériences?

R. Oui, monsieur le Président.

D. Alors, les accidents éprouvés par ces animaux, qui sont pareils aux accidents éprouvés par Mme de Pauw dans le cours de sa maladie, laissent dans votre esprit quelque doute?

R. Mais d'abord ils ne sont pas pareils, puisque Mme de Pauw est morte et que le chien a survécu.

M. le Président. — Mais le chien qui est mort est mort avec les mêmes symptômes que Mme de Pauw, d'où les Experts ont été amenés à conclure que le chien ayant été empoisonné, Mme de Pauw est morte empoisonnée.

M. Hébert. — C'est une conclusion un peu légère.

M. le Président. — Comment pouvez-vous le dire?

M. Hébert. — Je ne conteste pas les faits, je les constate et je les discute. L'Expert, comme homme, ne relève que de sa conscience, je le veux bien, mais, comme savant, il relève de la science et doit compter avec elle.

M. le Président. — Mais puisque, par suite de l'introduction sous la peau d'un peu de ces extraits, ces animaux ont éprouvé les mêmes symptômes que Mme de Pauw, il ne saurait y avoir de doute que celui qui est mort, est mort dans les mêmes conditions qu'elle.

M. Hébert. — .... Et l'autre qui n'est pas mort?

M. le Président. — Il n'est pas mort, parce qu'il n'a pas pris une assez grande quantité de poison.

M. Hébert. — Toujours est-il que les Experts ne l'ont pas fait mourir, et, pour conclure aussi affirmativement, il fallait le faire mourir.

M. le Président. — Ce chien a été également empoisonné, et s'il n'est pas mort, c'est, comme les Experts vous le disent, que la quantité de poison trouvée dans les organes de Mme de Pauw était très-petite, et cela explique que ce chien a pu résister.

M. Hébert. — Les Experts ne devaient pas dire que Mme de Pauw était morte empoisonnée par la digitaline.

M. le Président. — Ils n'ont pas dit cela. Ils ont dit au contraire qu'ils ne pouvaient affirmer qu'elle fût morte empoisonnée par la digitaline.

M. Hébert. — Ils disent qu'ils ont trouvé tous les symptômes de l'empoisonnement par la digitaline.

M. le Président. — Voici leurs conclusions : « Il est « impossible de ne pas faire remarquer que ces « faits offrent une ressemblance frappante avec ce « qui s'est passé dans nos expériences sur les ani-« maux soumis à l'absorption, soit de l'extrait pro-« venant des déjections de la veuve de Pauw, soit « de la digitaline. »

M. Hébert. — Ils devaient s'en tenir là et ne pas affirmer que Mme de Pauw est morte empoisonnée.

M. Tardieu. — Mais vous l'avez dit vous-même.

M. Hébert. — Je n'ai jamais dit cela. J'ai dit que l'extrait de ses organes contenait des matières en décomposition dont le chien a éprouvé les effets et qui l'ont rendu malade.

M. Tardieu. — Que fait le chien à la cause? Il s'agit de Mme de Pauw. Il est certain qu'elle n'est pas morte d'une mort naturelle.

M. Hébert. — Mais je ne sais pas, moi, de quoi elle est morte.

M. le Président. — Il s'agit de savoir de quoi est morte Mme de Pauw. Elle est morte d'une maladie que les médecins ne peuvent pas expliquer. Vous n'avez pas assisté à l'autopsie; mais les Experts, dans l'absence de toute lésion dans les organes de Mme de Pauw, ne pouvant trouver aucune cause naturelle à sa mort, ont été amenés à conclure qu'elle avait été empoisonnée. Ils ont dû alors se livrer aux expériences que la Justice leur a demandées et ils ont déclaré, sur leur âme et conscience et d'après les expériences qu'ils ont faites, que la mort était due au poison. Quant au genre de poison, ils pensent que c'est à l'aide de la digitaline qu'elle a succombé ; ils ne l'affirment pas d'une manière précise. Ce qu'ils affirment, c'est qu'elle est morte empoisonnée.

Me Lachaud. — Je demanderai à M. Tardieu, si, quand une personne est morte sans que l'autopsie indique à quelle mort elle a succombé, on doit nécessairement dire qu'elle est morte empoisonnée.

M. Tardieu. — Évidemment non. On ne devra le dire que lorsque 1° les symptômes observés pendant la vie de cette personne et qui ont précédé immédiatement sa mort, seront des symptômes d'empoisonnement, soit d'une manière générale, soit d'une manière particulière; 2° quand, n'ayant pas trouvé une preuve de mort naturelle, on restera dans le doute sur l'existence d'un poison qui ne laisse pas de trace. On devra faire l'autopsie, qui a alors une grande valeur, et lorsqu'en recherchant dans les organes les traces d'un poison, on aura trouvé une substance quelconque capable d'empoisonner, on sera alors autorisé à dire que la personne est morte empoisonnée. Mais je ne veux pas que l'on sépare l'une de l'autre les deux conditions; il faut qu'elles existent simultanément, et l'absence de lésions dans les organes ne peut pas, à elle seule, faire dire que la personne n'est pas morte naturellement.

M. le Président (à M. Roussin). — Quant à la décomposition des matières vomies, qui, d'après le témoin appelé par l'accusé, aurait occasionné la mort des animaux sur lesquels vous avez opéré, puisque c'est vous qui avez enlevé les déjections de Mme de Pauw, veuillez vous expliquer à cet égard.

M. Roussin. — Il suffirait de voir une planche. Elle parlerait plus éloquemment que tout ce que je pourrais dire (M. Roussin montre les planches à MM. les Jurés). Voici les planches non analysées auxquelles nous n'avons pas touché; elles sont encore couvertes de poussière. Je m'en rapporte à la conscience de M. Hébert pour vous dire s'il y a des matières en décomposition.

M. Hébert. — Je n'en sais rien; mais cela peut être.

M. le Président. — Croyez-vous qu'en grattant ces planches-ci, on pourrait, avec le produit alcoolique qu'on obtiendrait, donner la mort à un animal?

M. Hébert. — Oui, s'il s'y trouvait de ces matières en décomposition dont j'ai parlé. Ingérées dans l'estomac, il en faudrait une dose appréciable; mais introduites sous la peau, une quantité très-faible amènerait des désordres, des troubles très-graves, sinon la mort.

Me Lachaud. — Ce qu'il y a de certain, c'est que le chien traité par l'extrait provenant des planches est mort.

M. le Président (à M. Roussin). — J'appelle votre attention sur la décomposition. Le témoin prétend qu'elle a seule causé la mort d'un des animaux, et la maladie de celui qui a survécu.

M. Roussin. — Ces planches ont été posées horizontalement, et, avec une lame de verre, nous en avons gratté la partie supérieure. C'est le produit de ce grattage très-superficiel que nous avons traité avec de l'alcool à 95 degrés et que nous avons fait évaporer au bain-marie. Je maintiens qu'il n'y a personne qui veuille prendre, en pareille circonstance, la responsabilité de dire qu'un extrait fait dans ces conditions-là puisse empoisonner par des matières putrides qu'il contient.

M. Hébert. —Je vous demande pardon.

M. Roussin. — Comment voulez-vous qu'une matière animale putréfiée puisse exister dans l'extrait d'une solution alcoolique filtrée?

M. Hébert. — Et l'acide sulfhydrique, et l'ammoniaque, et le sulfhydrate d'ammoniaque, et...

M. Roussin. — Ce ne sont pas là des éléments organiques putrides; ils sont volatils et ne peuvent exister dans l'extrait évaporé au bain-marie. Lorsqu'on traite des matières putrides, de la viande putréfiée, la moindre partie, introduite sous la peau, peut déterminer la mort ou tout au moins des accidents très-graves; mais si l'on traite ces mêmes matières par l'alcool à 95 degrés, l'extrait provenant de cette solution alcoolique filtrée sera incontestablement sans action.

M. Hébert. — Qu'est-ce qui le prouve?

M. Roussin. — J'affirme le fait de la manière la plus péremptoire.

M. le Président. — Vous affirmez que ce résidu ne pouvait être empreint d'aucune matière putride en décomposition qui pût par elle-même occasionner la mort d'un animal ou d'une personne?

M. Roussin. — J'affirme le fait.

M. Hébert. — Et moi je le conteste.

M. le Président. — Les deux Experts l'affirment, MM. les Jurés apprécieront.

M. Hébert. — D'ailleurs, Messieurs, je n'ai pas contesté que l'extrait tiré du parquet eût donné la mort à un chien. Maintenant, vous me demandez quel est le poison qui existait dans cet extrait. Je n'en sais rien; c'est à vous, Experts, de me le dire. Vous avez cru reconnaître les caractères chimiques et physiologiques de la digitaline. Eh bien, en m'appuyant sur vos propres observations, j'ai dit que vous n'aviez pas eu affaire à la digitaline. En effet, vous avez remarqué un ralentissement graduel et progressif des battements du cœur, et on a constaté, au contraire, que, à dose toxique, il y a accélération; vous avez trouvé après la mort les ventricules contractés, et les auteurs s'accordent à dire, au contraire, que toutes les cavités du cœur sont dans le relâchement. Ces faits sont consignés dans le Mémoire de MM. Homolle et Quevenne.

M. Tardieu. — Ceci est complétement erroné. MM. Claude Bernard et Vulpian, puisqu'il faut citer des noms connus, ont dit le contraire. M. Claude Bernard a dit que la digitaline était le poison du cœur, et affirme qu'après la mort il y a contraction des ventricules. Nous avons fait nous-même aussi cette remarque, et quand la grenouille, sur laquelle nous avons expérimenté, a été tuée par la digitaline, elle présentait une déformation particulière du cœur.

Voilà les faits d'hier. On vient nous opposer un Mémoire écrit depuis dix ans; je le repousse complétement.

M. l'Avocat général (à M. Hébert). —Voulez-vous citer un nom de savant qui partage votre opinion?

M. Hébert. — J'ai cité MM. Bouley et Reynal, Delafond et Dupuy, le professeur Stannius.

M. Tardieu. — MM. Bouley et Reynal ne diraient pas cela aujourd'hui. Quant à MM. Delafond et Dupuy, ils sont morts.

M. Hébert. — Je demande à lire quelques phrases seulement de l'ouvrage dont j'ai parlé, intitulé : *Archives de physiologie, de thérapeutique et d'hygiène*, par M. le professeur Bouchardat. Elles vous prouveront ce que j'ai avancé, qu'il n'y a pas de contraction après la mort, mais bien relâchement.

Me Lachaud. — De quelle date est ce Mémoire?

M. Hébert. — De 1854; mais il n'y a pas eu d'expériences depuis, et je soutiens que M. Vulpian n'a pas dit qu'il ait trouvé le cœur contracté.

M. le Président. — Vous êtes en désaccord avec les Experts, et ils repoussent les conclusions du Mémoire que vous venez de citer.

Me Lachaud. — Il y a cependant dans ce Mémoire des expériences qui arrivent à des conclusions autres que celles des experts. Il faut alors que, depuis, ces Messieurs aient changé la science.

M. Tardieu. — Il y a à Paris une Société de biologie, présidée par M. Rayer, et dont M. Claude Bernard fait partie. Elle s'occupe de toutes les découvertes les plus récentes, et elle a publié différents Mémoires sur ses expérimentations spéciales, qui ne remontent pas au-delà de trois ans.

Un Juré. — Je demanderai à la Cour qu'elle veuille bien faire citer M. Claude Bernard et quelques-uns des savants dont il a été question.

M. le Président (aux Experts). — Ainsi, vous soutenez que ce n'est pas à l'aide de matières décomposées que vous auriez donné la mort à celui des animaux qui a succombé, et que, quant à celui qui a résisté, ce n'est pas non plus à ces matières qu'il faut attribuer les désordres qu'il a éprouvés.

MM. Tardieu et Roussin. — Non, monsieur le Président.

M. le Président. — MM. les Jurés ne sont pas plus médecins que nous; nous ne pouvons donc discuter une question de médecine. Mais ils apprécieront cette demande : si des matières décomposées soumises à une analyse chimique et un traitement par l'alcool présentent le même danger que si elles n'avaient pas été soumises à cette analyse. On peut avoir une opinion sur de pareils faits, sans être médecin ou chimiste.

Un Juré. — Le témoin pourrait-il nous dire quelle serait son opinion, si le chien était mort après avoir avalé les matières provenant du parquet, au lieu qu'elles lui aient été introduites sous la peau?

M. Hébert. — Pour les matières provenant du parquet, je ne puis rien dire. Mais pour les matières retirées des organes, je crois que s'il les avait avalées, il n'aurait rien éprouvé du tout.

M. le Président. — Vous avez dit, quant à celui qui est mort, que l'opération avait été mal faite.

M. Hébert. — Ce n'est pas pour le chien que j'ai dit cela, mais pour le lapin.

D. Alors de quoi le chien est-il mort? — *R.* Je n'en sais rien.

D. Comment! vous ne savez pas de quoi est mort le chien? Eh bien! voici deux hommes qui ont fait des expériences qui leur ont été ordonnées par la Justice, et qui n'ont pas le plus léger doute à cet égard. — *R.* Les Experts ne savent pas plus que moi de quoi il est mort. (*Murmures prolongés.*)

M. le Président. — Le respect dû à la Justice et à l'accusé commande le silence le plus absolu. —Messieurs les Jurés, nous allons suspendre l'audience pendant cinq minutes. Il y a une circonstance qui nous y oblige.

(Au bout de dix minutes, la Cour rentre en séance.)

M. le Président. — M. Hébert et MM. les Experts, avez-vous quelque chose à ajouter pour compléter votre déposition?

M. Tardieu. — Je terminerai en citant les paroles de M. Claude Bernard. Elles sont tirées des leçons qu'il a professées en 1862-1863. « Les fibres du cœur « sont comme coagulées; le cœur après la mort se « montre toujours en contraction; la digitaline est « à très-faibles doses le seul poison du cœur... »

M. Hébert. — M. Claude Bernard dit que le cœur s'arrête en contraction, mais il ne dit pas qu'il reste contracté, et dans toutes les expériences que j'ai citées tout-à-l'heure et que M. Tardieu a repoussées, on a trouvé qu'au moment de la mort la contraction cesse, et que le cœur reste après dans un état de relâchement.

M. Tardieu. — Mais M. Claude Bernard dit tout le contraire de ce que vous venez de dire.

M. Hébert. — Du tout; j'ai dit que, deux heures après, il y avait un relâchement.

M. le Président. — Vous n'avez pas parlé de deux heures après.

M. Hébert. — Je dis que deux heures après, quand on a ouvert le chien, les ventricules devaient être relâchés et qu'on les a au contraire trouvés contractés.

Du reste, M. Claude Bernard n'a pas fait d'expériences au point de vue purement toxicologique et dans les conditions indiquées par les Experts.

M. l'Avocat général. — Qui est-ce qui a fait des expériences au point de vue toxicologique?

M. Hébert. — D'abord M. Stannius qui en a fait le plus, ensuite les professeurs d'Alfort. Ils disent tous que le cœur est contracté au moment où il s'arrête; mais qu'ensuite il y a relâchement.

M. Claude Bernard, dont je ne décline pas la compétence, M. Claude Bernard qui est assurément l'un des premiers physiologistes de notre siècle, a fait, il est vrai, des expériences sur les poisons, mais ces expériences, selon moi, ne viennent pas contredire celles des auteurs que j'ai cités.

M. le Président. — En quoi différez-vous d'opinion avec les Experts?

M. Hébert. — D'abord, le voici : les Experts ont indiqué un ralentissement graduel et progressif des battements du cœur, tandis que les auteurs que j'ai cités ont trouvé une accélération. En second lieu, ces mêmes auteurs ont constaté qu'il y avait un relâchement des ventricules; et MM. les Experts ont trouvé les ventricules contractés.

Enfin, les Experts ont expérimenté comparativement sur un chien et sur un lapin. Le lapin a reçu, et par l'estomac, environ trois fois moins de substance que le chien, il est mort dans un espace de temps huit fois plus court, et cependant, d'après MM. Homolle et Quevenne, cet animal est 3 à 4 fois moins sensible. Toutes ces raisons me font supposer qu'on n'avait pas affaire à la digitaline.

M. le Président. — De quoi alors les animaux sont-ils morts?

M. Hébert. — Je n'en sais rien; du reste, j'abandonne ce qui a trait au parquet; ce n'est pas le point sur lequel j'ai voulu insister.

M. le Président. — Vous avez soutenu pendant longtemps que, si le chien était mort, c'était par suite de la décomposition des matières grattées sur le parquet, et non par suite de poison, et que toutes matières décomposées suffisaient pour donner la mort. Vous abandonnez maintenant tout cela?

M. Hébert. — J'ai dit cela à propos des organes de Mme de Pauw.

M. Tardieu. — Et le parquet?

M. Hébert. — Je n'ai rien voulu affirmer à l'égard du parquet.

M. le Président. — Vous l'avez dit à l'occasion du parquet, et nous avons soumis votre observation aux experts.

M. Hébert. — Vous m'avez demandé quel était le poison qui existait dans le parquet, et je vous ai répondu qu'il pouvait y avoir des matières végétales ou animales en décomposition.

M. le Président. — Je ne vous ai jamais demandé quel poison il y avait dans le parquet, puisque vous avez soutenu que les matières en décomposition extraites de ce parquet avaient suffi pour donner la mort au chien. Vous avez soutenu, et j'ai appelé l'attention des experts sur ce point, que si le chien qui a succombé était mort, ce n'était pas parce qu'il avait pris du poison, qui, selon vous, n'existait pas sur le parquet, mais parce qu'on lui avait fait prendre des matières décomposées et que la décomposition seule suffisait pour donner la mort. Voilà ce que vous avez dit.

M. Hébert. — Ce n'est pas là ma pensée; je me serai mal exprimé. J'ai soutenu simplement que des matières animales en décomposition pouvaient se trouver dans les organes de Mme de Pauw, et qu'on s'était arrangé de façon à concentrer sous un petit volume ces matières, parce qu'on avait fait un extrait alcoolique et un extrait aqueux, et que de cette manière on avait tout concentré.

M. Roussin. — L'extrait aqueux n'a été fait qu'avec le résidu insoluble du traitement alcoolique, et c'est précisément là le point important que M. Hébert se refuse à voir. Si l'on traite des matières putrides par l'eau, il n'est pas impossible, et c'est encore là une possibilité bien équivoque, qu'on obtienne un liquide qui puisse, après filtration, occasionner des accidents. Mais traitées préalablement par l'alcool à 95°, ni la liqueur alcoolique qui en proviendra, ni l'eau dont on fera usage pour un traitement ultérieur, ne contiendront, après filtration, de matières putrides toxiques.

M. le Président. — La question ainsi expliquée, vous ne contestez plus que les matières provenant du parquet aient pu donner la mort à un animal?

M. Hébert. — Comment le contesterais-je? C'est un fait affirmé dans le rapport.

M. le Président. — Seulement vous dites que le poison que l'on y a trouvé n'est pas de la digitaline?

M. Hébert. — Je dis qu'on n'a pas prouvé que ce fût de la digitaline.

M. le Président. — Les Experts disent que Mme de Pauw est morte empoisonnée; mais ils n'affirment pas que ce soit par de la digitaline. De sorte que si ces planches eussent contenu un autre poison que la digitaline, votre observation serait complètement sans effet. Quant au résidu obtenu par les Experts avec une portion des intestins et l'estomac en entier, soutenez-vous que ces matières en putréfaction ont dû conserver cette putréfaction, même après l'analyse chimique à laquelle elles ont été soumises, et par conséquent que cette putréfaction a pu rendre le chien malade?

M. Hébert. — Par le procédé qu'on a suivi, oui, parfaitement.

M. le Président. — Ainsi, selon vous, le traitement chimique, l'analyse chimique, n'ont pas fait disparaître les éléments en putréfaction?

M. Hébert. — Je ne puis accepter ce mot d'analyse chimique. Il n'y a pas eu d'analyse chimique.

M. le Président. — Nous voulons dire le traitement chimique.

M. Hébert. — Ce n'est pas non plus un traitement chimique; on a fait une simple solution dans l'alcool.

M. Roussin. — Ajoutez donc à 95°!

M. Hébert. — Qu'importe!

M. Roussin. — Mais là est toute la question.

M. Hébert. — Qu'importe, puisque vous reprenez ensuite les organes par l'eau.

M. Roussin. — Mais ne savez-vous pas que tout ferment organique putride est détruit ou rendu inactif par l'alcool à 95°?

M. Hébert. — Par l'alcool, qui les a rendues, dites-vous, inactives? Voilà la question. Je crois, moi, que l'alcool n'a pu faire disparaître certains produits qui, administrés au chien par l'estomac, n'auraient pu rien produire, mais qui, placés sous la peau, l'ont rendu malade.

M. Roussin. — Tout ce qu'on connaît dans la science jusqu'à ce jour est formellement contraire à cette supposition.

M. Tardieu. — Si c'était des matières putrides en nature, il est évident que, introduites sous la peau, elles auraient eu plus d'effet. Sur ce point nous sommes d'accord; mais sous le rapport du traitement par l'alcool, nous ne sommes plus d'accord, car elles auraient été détruites.

M. le Président (à M. Hébert). — Vous n'avez pas examiné ces matières, et vous ne pouvez pas savoir si les organes de Mme de Pauw étaient ou n'étaient pas en putréfaction.

M. Hébert. — Il n'est pas nécessaire que les organes de Mme de Pauw aient été putréfiés de manière à sentir mauvais. Il est évident que les experts ne peuvent pas affirmer qu'il n'y ait eu aucune décomposition, puisque la décomposition commence à la mort même.

M. Tardieu. — En vérité, c'est de l'homœopathie chimique.

M. le Président. — Nous ne cherchons que la vérité et nous ferons appeler demain MM. Claude Bernard et Vulpian.

M. l'Avocat général. — Et si MM. les Jurés le désirent, nous ferons également appeler MM. Bouley et Reynal.

Me Lachaud. — Si vous voulez bien, monsieur l'Avocat général; ce point de la discussion serait ainsi complet.

M. le Président. — Je demanderai à M. Tardieu, lui qui est médecin et qui pratique tous les jours, si, après la mort, un organe quelconque, le cœur par exemple, peut se dilater et être l'objet d'une action quelconque.

M. Tardieu. — L'organe du cœur conserve après la mort son état de contraction, et cet état de contraction peut persister pendant un temps plus ou moins long. Cela varie selon les animaux et les circonstances; mais il faudrait entrer dans des considérations trop étendues pour traiter complètement cette question.

M. Hébert. — Il peut y avoir contractilité, mais non pas contraction, ce qui est bien différent. Que le cœur, après la mort, puisse être contractile, et cela pendant longtemps, soit; mais qu'il reste contracté, je le nie formellement. Les Experts, dans leurs expériences, ont trouvé les ventricules du cœur contractés, je ne le conteste pas; mais ce que je ne saurais admettre d'après les auteurs que j'ai cités, c'est que cette contraction des ventricules fût l'effet de la digitaline.

M. Tardieu. — Et l'opinion de M. Claude Bernard?

M. Hébert. — Selon moi, M. Claude Bernard n'est pas en opposition avec ce qu'ont avancé ces messieurs.

M. le Président. — Nous reprendrons cette question à l'audience de demain.

(MM. Tardieu, Roussin et Hébert retournent à leur place.)

M. le Président (à l'accusé). — Vous avez adressé des pétitions à différents ministres, une entre autres à M. le Ministre de l'Intérieur, afin d'obtenir la croix de la Légion d'honneur. On a trouvé chez vous une copie de cette pétition, et, au bas de cette copie on lit l'indication d'apostilles. Nous avons fait demander des renseignements à cet égard au ministère de l'Intérieur, et voici ce qui nous a été envoyé comme composant votre dossier. C'est une copie de votre pétition, qui y a été déposée ou envoyée par vous, et, au bas de laquelle on lit cette mention du Commissaire de police : « Vu, et conforme aux originaux présentés. »

Vous dites avoir envoyé l'original de la pétition au Ministre; et c'est une copie que nous avons sous les yeux, copie sur laquelle se trouvent reproduites, de la main de votre femme ou de quelque main étrangère, des apostilles de M. le maréchal Magnan, des docteurs Nélaton, Andral, Conneau et de M. le duc Tascher de la Pagerie. Quant aux originaux, nous ne les avons pas.

L'accusé. — Il y a confusion : ce sont deux pétitions distinctes. L'une contient une demande de la croix de la Légion d'honneur et l'autre est relative à une place de médecin dans les prisons. J'ai déposé l'original au ministère, et M. le Ministre doit l'avoir dans ses bureaux.

M. le Président. — Il paraît que non.

L'accusé. — Il doit se trouver dans le bureau de M. Thuillier.

M. l'Avocat général. — Nous avons envoyé à la Préfecture de police et au ministère de l'Intérieur. A la Préfecture de police, on nous a délivré une pétition par laquelle vous demandiez la place de médecin dans les prisons; elle porte les apostilles dont il est question. Au ministère de l'Intérieur, on nous a remis deux pièces : l'une est une demande, sans apostille, adressée par vous au Président de la République, pour obtenir la croix de la Légion d'honneur; l'autre est une pétition faite dans le même but, et qui contient les apostilles qu'on citait tout à l'heure. Il n'existe pas d'autres pièces.

L'accusé. — Les originaux doivent se trouver dans les bureaux de M. Thuillier. Je les lui ai remis moi-même.

M. l'Avocat général. — Il y a, au bas d'une de ces pièces, un certificat du Commissaire de police Benoist qui n'a pu être donné que sur la présentation de pièces originales ou supposées originales, ce qui prouverait que ces pièces ne devaient pas se trouver au dossier. Il est constant, du reste, que les personnes qui obtiennent de semblables apostilles de personnages haut placés, ont l'habitude de les garder, et de n'en déposer qu'une copie. Il paraît donc vraisemblable que c'est vous qui devez être détenteur de ces pièces originales. Où sont-elles ?

L'accusé. — Je vais vous expliquer les faits. J'ai donné des soins à un parent de M. Magnan; j'ai connu M. le docteur Couneau et M. Tascher de la Pagerie. Eh bien! ces messieurs m'ont appuyé dans mes deux demandes. La première, concernant les prisons de la Seine, a été remise pour la première fois au chef de bureau qui est aujourd'hui préfet du Loiret, M. Dureau, et, comme j'ai eu l'honneur de vous le dire, l'original de cette pièce se trouve dans le bureau de M. Thuillier. En dehors de cela, j'avais fait, depuis très-longtemps, une autre pétition pour la Légion d'honneur; M. Tascher de la Pagerie m'a donné une lettre par laquelle il me recommandait à M. le Ministre pour cette faveur. Je suis alors allé chez M. Boudet, et c'est chez lui, dans son cabinet, que cette nouvelle pétition a été déposée; tandis que la première a été remise au chef de bureau du ministère de l'Intérieur, que j'ai cité tout à l'heure; celle-ci doit se trouver chez M. Thuillier; car je ne l'ai pas chez moi. Je vous prie, monsieur le Président, de vouloir bien ordonner des recherches.

M. le Président. — Nous avons fait faire toutes les recherches possibles, et l'on n'a rien trouvé.

L'accusé. — Je suis certain qu'on doit retrouver ces pièces dans le cabinet de M. Thuillier, ou dans celui de M. Normand.

M. l'Avocat général. — Vous affirmez que ces apostilles vous ont été données dans ces deux circonstances, pour obtenir et la croix de la Légion d'honneur et une place de médecin dans les prisons?

L'accusé. — Oui, monsieur l'Avocat général.

M. l'Avocat général. — Dans ces termes-là ?

L'accusé. — Oui, Monsieur. C'est le même jour que j'ai fait ces demandes. Pour la seconde pétition que j'ai remise au secrétaire du Ministre actuel, j'ai été obligé d'en faire une copie, parce que pendant longtemps j'avais conservé l'original dans ma poche; il était tout sale.

M. le Président. — Ce n'est pas le même jour; car l'une est du 25 novembre 1862, et l'autre du 29 janvier 1863.

L'accusé. — J'explique pourquoi. J'ai été obligé de faire copier l'original de la seconde. Mais vous retrouverez l'original de la première chez M. Thuillier ou M. Normand.

M. l'Avocat général. — Je ferai opérer de nouvelles recherches.

L'accusé. — Je vous remercie.

M. l'Avocat général. — Et nous verrons si les personnages dont vous invoquez le nom, ont véritablement donné leur signature.

L'accusé. — J'ajoute que, non-seulement les apostilles m'ont été données par lesdites personnes, mais que le gendre de M. Magnan m'avait promis une lettre de son beau-père pour me présenter chez le Ministre. Des changements survenus dans le ministère ont seuls empêché la réalisation de cette promesse.

M. le Président. — Messieurs les Jurés, à demain dix heures.

Le 14, l'audience est ouverte à dix heures.

M. le Président. — La parole est à M. l'Avocat général.

M. l'Avocat général. — Nous avons fait faire de nouvelles recherches sur l'incident d'hier relativement aux apostilles. Les apostilles ont, en effet, été données.

Au commencement de ce débat, et à propos d'une supplique adressée à Sa Sainteté pour obtenir la croix de Saint-Sylvestre, l'accusé avait cru devoir dire que cette supplique n'était pas son œuvre personnelle. Elle portait aussi des apostilles très-honorables, une notamment du curé d'Olivet. Cette dernière était-elle vraie ou non? Nous avons cru devoir, pour nous assurer de sa sincérité, écrire au curé doyen d'Olivet. Voici la réponse que nous avons reçue et dont nous croyons devoir donner lecture à MM. les Jurés :

« Olivet, 12 mai 1864.

« Monsieur le Procureur général impérial,

« J'ai l'honneur de vous présenter l'hommage de mon profond respect, et de vous assurer que la signature du doyen d'Olivet placée dans la supplique adressée en 1855 par M. de La Pommerais à Pie IX, est authentique. Cinq années passées dans des rapports continuels, comme pasteur et comme ami, avec le père et la mère de ce jeune homme, m'avaient inspiré une grande estime pour le fils. Pendant cette période, ses bonnes qualités et ses talents nous donnaient à tous les meilleures espérances, et ses principes religieux, puisés au sein de la famille et soutenus par les exemples domestiques, nous promettaient un défenseur dévoué des saines doctrines.

« Les passions soulevées par la séduction de la capitale ont ravagé cette âme. Le désordre des mœurs a chassé la foi et ouvert un abîme où tout s'est englouti. Sa famille et moi nous restons inconsolables.

« Nous nous inclinons devant les équitables nécessités de la Justice, et ce n'est qu'à Dieu que nous osons parler de miséricorde et de grâce.

« J'ai l'honneur d'être, avec un profond respect, Monsieur le Procureur général,

« Votre très-humble et très-obéissant serviteur,

« MÉTHIVIER,
« Curé doyen d'Olivet. »

M. le Président. — Messieurs Tardieu, Roussin et Hébert, veuillez approcher.

Avant d'entendre les témoins que nous avons fait citer hier pour l'audience d'aujourd'hui, et, pour empêcher, autant qu'il est en nous, que le débat ne s'égare, nous croyons, messieurs les Jurés, devoir le résumer en présence des Experts.

M. Hébert a commencé par dire que les matières extraites, soit du parquet, soit des organes intérieurs de Mme de Pauw, n'avaient pu donner la mort à l'un des animaux et rendre malade l'autre qu'en raison de la décomposition ou de la putréfaction dont ces matières étaient déjà atteintes; il a soutenu que cette putréfaction suffisait à elle seule pour donner la mort. Il s'est trouvé en opposition complète avec les Experts, qui prétendaient que le traitement alcoolique auquel les matières organiques extraites du corps de Mme de Pauw avaient été soumises avait suffi pour détruire ce principe de putréfaction. Le désaccord entre ces messieurs a été complet.

Nous avons cru alors devoir faire ouvrir le paquet contenant les lames du parquet, afin que MM. les Jurés pussent juger, par la simple inspection, si les matières vomies avaient été l'objet d'une décomposition ou d'une putréfaction notables. A la vue de ces lames de parquet, M. Hébert a modifié son système, et, tout en le maintenant quant aux organes extraits du corps de Mme de Pauw, il l'a abandonné en ce qui concerne les matières vomies. Seulement, si nous ne nous trompons, M. Hébert a soutenu que le chien, mort par suite de l'introduction sous-cutanée d'une partie de ces matières, n'avait pas succombé à une intoxication par la digitaline, attendu que l'action de la digitaline sur le cœur n'était pas celle que les experts avaient constatée. Voilà, nous le croyons, à quoi se réduisent aujourd'hui les objections de M. Hébert.

Monsieur Hébert, vous ne soutenez plus que les matières vomies, recueillies sur le parquet, aient pu, par leur décomposition, donner la mort?

M. Hébert. — Je n'ai pas pu dire cela, car je pense, au contraire, que s'il y avait, dans ce qui a été gratté sur le parquet, des traces de produits de vomissement, il pouvait s'y trouver aussi bien autre chose.

D. Je ne crois pas me tromper en disant que vous souteniez que les matières vomies sur le parquet n'avaient pu donner la mort au chien, qu'elles ne l'avaient rendu malade que par suite de la décomposition et de la putréfaction dont elles avaient été atteintes. — *R.* Pardon, monsieur le Président, il y a eu confusion, ce n'est pas là ce que j'ai dit. Quand j'ai parlé de produits de putréfaction, c'est à propos des organes de Mme de Pauw, et non à propos du parquet.

D. Quant à moi, si j'ai fait défaire le paquet, c'est afin que MM. les Jurés pussent voir si les matières vomies étaient en décomposition et en putréfaction, si, en un mot, c'était du fumier. — *R.* Je répète que je ne voulais pas parler du parquet et que mon affirmation ne portait uniquement que sur le double extrait obtenu par l'alcool et par l'eau en traitant les organes de Mme de Pauw. A cet égard, j'ai dit : il est très-vraisemblable que, après quinze jours d'inhumation, les organes de Mme de Pauw renfermaient des produits de décomposition qui se sont trouvés en partie concentrés dans l'extrait qu'on en a fait, et, pour ma part, je n'hésite pas à attribuer à des produits décomposés bien plutôt qu'à la digitaline, ou à tout autre poison, les quelques légers troubles fonctionnels observés chez le chien qui a reçu cinq grammes de cet extrait dans une plaie faite à la cuisse. C'est alors que M. le Président m'a demandé de lui expliquer comment l'extrait du parquet avait pu donner la mort au chien sur lequel on avait expérimenté, et de lui dire si je pensais qu'il eût existé aussi sur le parquet des matières décomposées auxquelles aurait pu être attribuée la mort de cet animal. J'ai répondu : « Cela peut être », mais je n'ai rien affirmé à cet égard, et je ne pouvais rien affirmer. J'ai seulement fait remarquer que les symptômes observés n'étaient pas ceux de la digitaline. Alors M. le Président m'ayant demandé quel était, selon moi, le poison recueilli sur le parquet, j'ai répondu : « Je n'en sais rien, c'est aux Experts à le dire. »

D. Je ne crois pas m'être trompé en résumant, comme je viens de le faire, ce que vous avez dit hier. Je persiste à soutenir que mes souvenirs sont parfaitement exacts, je m'en réfère à ceux de MM. les Jurés. Vous ne contestez pas, à présent, que les matières du parquet contiennent un principe toxique. — *R.* Comment le contesterais-je? C'est un fait.

D. Vous ne contestez pas que le chien, auquel il a été insinué de ces matières par une incision sous-cutanée n'en soit mort? — *R.* Assurément non, je ne conteste pas cela.

D. Vous ne contestez pas non plus tout ce que les Experts ont noté sur l'agonie de ce chien? — *R.* Non, monsieur le Président; au contraire, je m'en suis servi pour dire que tout me portait à croire que le poison qu'ils ont extrait du parquet n'était pas de la digitaline.

D. Je vous ai fait remarquer, je vous fais encore remarquer ceci : Les Experts n'ont pas affirmé d'une manière absolue que Mme de Pauw fût morte d'un empoisonnement par la digitaline; ils l'ont supposé. Ce qu'ils ont affirmé d'une manière très-énergique, c'est qu'elle était morte empoisonnée. Eh bien! maintenant, dans cette supposition où Mme de Pauw serait morte d'un empoisonnement causé par la digitaline, le désaccord entre les Experts et vous porte sur un seul point : Selon vous, l'action de la digitaline sur le cœur est celle-ci : au lieu de le contracter elle le relâche. — *R.* Ce n'est pas selon moi.

D. C'est d'après vos déclarations d'hier. — *R.* C'est d'après les savants que j'ai cités que je le soutiens.

M. l'Avocat général. — Hier, vous ne vous effaciez pas ainsi devant les autres.

M. Hébert. — Je ne fais que répéter aujourd'hui ce que j'ai dit hier.

M. le Président. — Vous avez donné cette opinion comme vôtre; vous avez dit qu'elle émanait de professeurs dont vous aviez lu les ouvrages; vous avez dit, selon vous, l'action de la digitaline sur le cœur se manifestait non par une contraction, mais par un relâchement. Ce relâchement a-t-il lieu au moment même de la mort ou après?

M. Hébert. — Ce relâchement a lieu après la mort. Évidemment, quand le cœur bat, il y a contraction des ventricules; il ne peut battre que de cette façon.

D. Au moment de la mort, que se passe-t-il? — *R.* Il y a quelquefois, dit Stannius, des contractions spontanées; mais elles cessent très-promptement après la mort.

D. Vous n'avez fait par vous-même aucune expérience? — *R.* Je n'ai pas fait d'expériences sur les chiens avec la digitaline, ni les Experts non plus; c'est une faute que je leur ai reprochée. J'ai répété, au contraire, avec soin, leurs expériences sur les grenouilles, et je vous ai dit ce que j'en pensais.

D. Vous avez dit que l'opération faite sur les grenouilles pouvait causer leur mort, et qu'il n'était pas besoin de leur injecter de la digitaline ou tout autre poison. Vous éliminez par là même l'effet de la digitaline. — *R.* Oui, et j'ai dit de plus que la solution d'un centigramme de digitaline dans cent gouttes d'eau n'était pas assez concentrée pour que six gouttes seulement pussent tuer une grenouille, car j'ai fait prendre à une grenouille trente-six gouttes de cette solution, à une autre cinquante gouttes, et ces deux grenouilles sont aujourd'hui très bien portantes.

D. Tout se réduit à savoir si, non pas Mme de Pauw, mais le chien est mort par suite de l'injection sous-cutanée des matières vomies. Vous ne contestez pas qu'il soit mort par suite d'un principe toxique. Quant à la digitaline, selon vous, les matières vomies par Mme de Pauw n'en contiennent pas. Votre seule raison pour le dire, c'est que la digitaline relâche le cœur, non pas au moment de la mort, mais après. Au moment de la mort, cette action contracte-t-elle le cœur de façon à l'empêcher d'agir? — *R.* J'ai parlé des circonstances dans lesquelles l'expérience a été faite. Deux heures après la mort du chien, on l'a ouvert et l'on a vu les ventricules contractés. Or, dans tous les cas observés par le professeur Stannius et par MM. Bouley et Reynal, les ventricules ont été trouvés relâchés.

D. Combien de temps après la mort? — *R.* D'après M. Stannius, ils sont dans le relâchement à la mort même, mais quelquefois et pendant dix minutes environ, on peut observer des contractions spontanées. Souvent, même, bien que relâchés, les ventricules restent plus longtemps encore susceptibles de se contracter sous l'influence de divers agents. Dans ces cas les ventricules ne demeurent pas contractés, ils sont simplement contractiles. J'ai cru devoir faire hier cette distinction entre l'état de contraction du cœur et sa contractilité. Cette contractilité peut dans certains cas durer très-longtemps, comme l'a remarqué Nysten, et plus récemment M. Vulpian, dans le recueil des Mémoires de la Société de biologie dont a parlé M. Tardieu. En stimulant le cœur, soit avec un instrument, soit par l'électricité, M. Vulpian a pu produire encore des contractions 5 heures après la mort.

D. Vous ne contestez pas que des contractions du cœur puissent causer la mort? — *R.* Je ne le conteste ni ne l'affirme.

D. Si le cœur, par suite d'un empoisonnement, est soumis à des contractions qui l'empêchent de remplir ses fonctions, cela peut-il causer la mort? — *R.* Sans doute, si la contraction est longtemps continuée. Cependant le cœur peut rester longtemps sans agir; il y a des cas de syncope dans lesquels le cœur peut cesser de battre pendant plusieurs heures.

D. Contestez-vous que, par suite de l'ingestion d'un poison, la digitaline par exemple, la contraction du cœur qui, vous ne le contestez pas, existait au moment de la mort, est suffisante pour donner la mort? — *R.* Elle peut donner la mort si elle est longtemps prolongée.

D. Peut-on empoisonner quelqu'un par la digitaline? — *R.* Assurément.

D. Quel est l'effet produit par la digitaline sur le cœur? — *R.* D'abord, je dois dire qu'il y a eu très-peu d'empoisonnements par la digitaline.

D. Puisque vous avez été appelé ici pour contredire les experts, expliquez-vous. — *R.* J'en ai relevé trois cas dans lesquels les individus ne sont pas morts. Les symptômes observés chez Mme de Pauw n'ont été comparés qu'à ceux du chien qui est mort et qu'on a soupçonné être mort par la digitaline. Or, si M. le Président le permet, je ferai remarquer...

D. Vous ne contestez pas qu'on puisse être empoisonné par la digitaline. Est-ce un poison? Est-ce un poison violent? — *R.* Oui.

D. Est-ce un des plus violents? — *R.* Euh!... oui.

D. Par conséquent, on peut être empoisonné avec la digitaline. Eh bien! chez une personne ou chez un animal empoisonnés avec la digitaline, la mort arrivera-t-elle par suite des contractions du cœur qui l'empêcheraient de remplir ses fonctions, ou d'une autre manière? — *R.* Je ne sais pas; je n'ai pas fait l'autopsie d'un individu mort par la digitaline.

D. Comment alors pouvez-vous contredire les Experts, si vous déclarez que vous ne savez pas? — *R.* Mais les Experts n'en savent pas plus que moi, puisqu'ils n'ont pas fait non plus l'autopsie d'individus morts par la digitaline.

D. Ils ont fait l'expérience sur le chien. — *R.* Les Experts ont expérimenté avec ce qui avait été extrait du parquet et non avec la digitaline; c'est ce que je leur ai reproché. Ils auraient dû empoisonner en même temps un chien par la digitaline, afin d'agir comparativement.

Me *Lachaud.* — Ils l'ont empoisonné, mais pas par la digitaline.

M. le Président. — N'interrompez pas, maître Lachaud; nous ne vous empêcherons pas de parler; lorsque le débat sera terminé, nous vous laisserons toute latitude.

Me *Lachaud.* — Monsieur le Président me rendra cette justice, que je n'ai pas abusé de mon droit depuis le commencement des débats.

M. le Président. — Messieurs Tardieu et Roussin, expliquez-vous sur ce que vient de dire M. Hébert.

M. Tardieu. — Vous avez parfaitement résumé, et avec une grande pénétration, monsieur le Président, ce que nous disions précisément à M. Hébert. La cause pour laquelle la digitaline est un poison, c'est qu'elle agit sur le cœur jusqu'à l'empêcher de remplir ses fonctions. Mais vous me permettrez d'ajouter quelques mots sur les contractions du cœur. Lorsqu'un individu succombe à un genre de mort quelconque, après la mort, le cœur est dans un état de relâchement. Par un phénomène propre à la digitaline, qui a fait dire à M. Claude Bernard que c'est le seul poison du cœur à faible dose, lorsque la mort a eu lieu par la digitaline, le cœur est en état de contraction. Le point intéressant, c'est qu'immédiatement après la mort, le cœur, au lieu d'être dilaté, est contracté; cela résulte de faits acquis à la science. Je dois faire une rectification sur un point.

M. le Président. — J'ai pu me tromper.

M. Tardieu. — Monsieur le Président a omis de rappeler que, dans sa déposition d'hier, M. Hébert avait fait une déclaration qu'il ne reproduit pas aujourd'hui, et je crois qu'il est prudent en cela, à savoir que la digitaline, loin de ralentir les mouvements du cœur, les accélère. Je n'avais pas hier sur moi une lettre d'un de mes éminents collaborateurs dont l'ouvrage a été cité, M. Homolle. Cette lettre, en date du 10 mai, et par conséquent antérieure de plusieurs jours à cette discussion, est relative aux recherches nouvelles qu'a faites M. Homolle à ce sujet. Après avoir rappelé les procédés d'expérimentation employés, ce savant ajoute : « On voit les battements du cœur se ralentir et diminuer de fréquence et de régularité. »

Enfin il a été question de M. Quévenne, l'inventeur de la digitaline, et M. Hébert a cité son livre. Je n'avais pas de doute que la digitaline ralentit les mouvements du cœur, cela est évident pour tous après les expériences que nous avons faites.

On nous reproche de n'avoir pas empoisonné un chien par la digitaline; à tort ou à raison, nous ne l'avons pas fait. Nos expériences nous ont paru suffisantes. Nous avons fait une expérience comparative avec des grenouilles. Heureusement, la digitaline est un poison qui n'est pas encore entré dans les statistiques criminelles; Dieu veuille qu'il n'y entre pas! Nous n'avons donc pu nous appuyer sur des empoisonnements antérieurs par cette substance; mais la digitale est depuis longtemps dans la science, on ne peut effacer d'un trait de plume le résultat de tous les empoisonnements qui ont été exécutés par elle. Il y a dans le *Traité de toxicologie* de Taylor quatre exemples d'empoisonnements par la digitale, dont tous les détails sont relatés avec soin. Quels sont les symptômes dominants? Des vomissements incessants, des douleurs de tête intolérables, le ralentissement des battements du cœur. Peut-on trouver rien de plus analogue aux symptômes qui se sont produits chez Mme de Pauw?

Je reviens donc au fait de l'empoisonnement de Mme de Pauw qui est soumis à la Cour. Sans me préoccuper de ces questions plus scientifiques que médico-légales, je dis que Mme de Pauw est morte empoisonnée; je n'affirme pas que ce soit par la digitaline, mais il y a de grandes probabilités pour qu'il s'agisse de ce poison.

M. le Président. — MM. les Jurés comprennent l'importance du débat scientifique qui vient d'avoir lieu. D'après les Experts, Mme de Pauw est morte empoisonnée; M. Hébert ne peut contester cela; il n'a pas été appelé par la Justice, il ne connaît pas les éléments de l'instruction, il n'est pas cité comme témoin; il ne peut contester l'empoisonnement. Les Experts ont supposé qu'elle était morte par la digitaline, mais ils ne l'affirment pas.

Le débat qui va s'engager n'a donc d'autre but que de savoir si, en supposant que Mme de Pauw soit morte par la digitaline, les phénomènes que les Experts ont constatés sont bien ceux qu'on peut appliquer à l'empoisonnement par cette substance. Mais, dans le système de l'accusation, il ne résulterait pas, de ce que les Experts se seraient trompés sur ce point, que Mme de Pauw n'est pas morte empoisonnée.

Monsieur Roussin, avez-vous quelque chose à dire?

M. Roussin. — Je me rallie complétement à l'opinion de M. Tardieu. Permettez-moi cependant d'ajouter quelque chose au sujet du parquet et des organes qu'on prétend être toxiques, par suite de matières animales putrides. Ce fait peut devenir un point capital.

Il est incontestable que M. Hébert s'est servi hier d'un argument à double effet, qui, bien malheureusement, se retourne contre lui. Lorsqu'il a voulu prouver que les extraits étaient peu toxiques et n'avaient pas produit grand résultat, il n'a pas manqué de se servir, comme exemple, de l'extrait provenant des organes, lequel a rendu un chien très-malade et ne l'a pas cependant tué; lorsqu'il a voulu prouver, au contraire, que les matières organiques à elles seules étaient capables de donner la mort aux animaux, il a dit : « Voyez l'extrait O, c'est-à-dire l'extrait du parquet, il a donné la mort aux animaux qui en ont pris. » C'est précisément l'inverse qui eût dû se produire; il y a, en effet, fort peu de matières animales dans le parquet, et par conséquent l'extrait alcoolique qui en provient devait être peu toxique; il y a, au contraire, beaucoup de matières animales dans l'extrait des organes, et par conséquent il devait tuer sûrement; or, c'est tout le contraire qui est arrivé dans nos expériences. Cette objection, à double tranchant, se retourne donc contre M. Hébert lui-même et l'atteint de deux côtés. Il est vraiment impossible de soutenir, et je puis mettre M. Hébert au défi d'en fournir la preuve, que l'extrait provenant du traitement alcoolique de l'estomac et des intestins de Mme de Pauw, par de l'alcool à 95°, puisse contenir des matières putrides capables de donner la mort. Ces organes étaient dans un état parfait, surprenant de conservation; ce fait nous avait frappés avant de commencer nos expériences. Quant au parquet, il est sous les yeux de MM. les Jurés, et sa vue seule suffit à démontrer qu'il ne peut renfermer aucune de ces matières animales infectieuses et putrides dont on parle.

M. le Président. — Monsieur Tardieu, vous avez fait l'autopsie du chien deux heures après la mort?

M. Tardieu. — Je croyais que c'était un peu plus tôt; une heure et demie seulement.

D. L'autopsie a été faite par vous deux heures après la mort. Avez-vous constaté que le cœur de ce chien était encore contracté? — R. Oui, monsieur le Président.

D. Vous avez attribué au poison cette contraction du cœur qui en avait empêché les mouvements et avait amené leur ralentissement par suite de la paralysie, et enfin la mort. Vous avez examiné les symptômes de l'agonie de ce chien, et, les comparant avec ceux de l'agonie de Mme de Pauw, vous avez trouvé entre eux une ressemblance parfaite. Quant au chien, son cœur était contracté deux heures après la mort? — R. Oui, monsieur le Président.

D. Hier, j'ai demandé, après la déclaration de M. Hébert, si les contractions du cœur devaient subsister après la mort; elles ont lieu au moment de la mort, c'est certain, puisque c'est par suite de cela qu'elle arrive. M. Hébert ne le conteste pas; mais je lui ai demandé combien de temps, après la mort, elles pouvaient durer? — R. Très-longtemps; je le disais hier, dans les cas de syncopes, vingt-quatre heures, trente-six heures après la mort, on les voit encore.

M. le Président. — Selon M. Hébert, au contraire, dix minutes après la mort, elles cessent.

M. Hébert. — J'ai dit que Stannius avait constaté que, dans certains cas, elles cessent dix minutes après la mort.

D. Ce n'est pas Stannius qui dépose, c'est vous. — R. Je cite un fait.

D. Vous déposez sous la foi du serment; l'accusé, dans son intérêt, a réclamé votre déposition; elle doit être l'expression de votre conviction personnelle. — R. Assurément, monsieur le Président; je ne dis que la vérité.

D. Je vous demande si, selon vous, les contractions du cœur cessent dix minutes après la mort? — R. C'est un fait scientifique que je n'ai pas constaté. Je dis seulement que, dans plusieurs cas, Stannius l'a vu, sans pouvoir en inférer que, dans tous les cas, les choses se passent de la même manière.

D. Pourquoi dites-vous que, même pour la digitaline, ces contractions du cœur doivent cesser dix minutes après la mort, si vous ne le savez pas par vous-même? — R. Hier, M. Tardieu a avoué qu'il jetait volontiers à l'eau des grenouilles; je croyais qu'il n'en parlerait plus. Aujourd'hui il le reprend, pour nous prouver que le cœur reste contracté.

M. Tardieu. — C'est pour prouver qu'il n'y a pas d'accélération des mouvements du cœur.

M. Hébert. — Mais actuellement, il s'agit du chien, or nous savons que la digitaline agit très-différemment sur les animaux : Par exemple, le crapaud, dit Stannius, n'est nullement influençable par la digitaline; le lapin l'est très-peu, surtout par l'estomac; et j'ai eu lieu d'être étonné que n'ayant pas assez de matière toxique pour tuer un chien, les experts eussent eu l'idée de tenter l'expérience sur un lapin, animal bien moins sensible.

M. Tardieu. — Le lapin est si peu sensible, qu'il en est mort.

M. Hébert. — Il a pu mourir par accident.

M. Tardieu. — Non pas celui-là.

M. Hébert. — Vous avouez qu'il a pu en mourir un de cette façon.

M. Tardieu. — Il ne faut pas faire d'arguties. Un lapin est mort, qui a pris l'extrait O du parquet, nous n'abandonnons pas ce fait-là. Un autre lapin a pris l'extrait A B et celui-là est mort aussi, mais peut-être par accident.

M. Hébert. — Oui par accident, non par la digitaline.

M. Tardieu. — Il y a deux lapins.

M. Hébert. — Oui, c'est ce qui fait qu'il y a souvent confusion.

M. Tardieu. — C'est vous qui la faites.

M. Hébert. — Nullement, l'extrait O est l'extrait tiré du parquet; avec celui-là, on a empoisonné un chien et un lapin, c'est vrai; et c'est en parlant de cet extrait que j'ai fait remarquer qu'on n'avait pas constaté les symptômes de la digitaline, puisque l'on avait noté un ralentissement graduel du cœur et après la mort une contraction des ventricules, ce qui n'a jamais lieu. L'observation de M. Homolle s'applique à des doses faibles ; elle ne prouve rien contre les expériences que j'ai citées.

M. Tardieu. — Elle prouve seulement qu'il y a ralentissement des battements du cœur.

M. Hébert. — A faibles doses, nous sommes tous d'accord ; mais à fortes doses, il y a accélération d'après Stannius.

M. le Président. — Vous parlez, vous, d'après Stannius.

M. Hébert. — Stannius et les professeurs d'Alfort.

M. le Président. — Vous vous appropriez ce qu'ils ont dit, mais vous n'en savez rien par vous-même.

M. Hébert. — Pardon, je sais, en ce qui concerne les grenouilles, que six gouttes de la solution employée par les Experts sont bien insuffisantes pour les tuer.

M. Tardieu. — Nous avons vu les battements du cœur cesser en trente-et-une minutes.

M. Hébert. — J'abandonne les grenouilles, je les jette aussi à l'eau, si vous voulez, mais je dis que l'on n'a pas empoisonné un chien avec l'extrait A B, provenant des organes de Mme de Pauw.

M. Tardieu. — Je vous demande pardon. Il n'est pas mort, mais on l'a empoisonné; tous les jours des gens sont empoisonnés qui ne meurent pas. Quelqu'un avale le phosphore pris sur des allumettes chimiques; il vomit et ne meurt pas : il est empoisonné, cependant.

M. Hébert. — S'il suffit qu'une personne vomisse pour qu'on admette qu'elle est empoisonnée, alors je ne sais pas ce que c'est que d'être empoisonné.

M. Tardieu. — Précisément ! Est-ce que vous contestez qu'une personne qui a pris du poison puisse en guérir?

M. Hébert. — Pas du tout ! car presque tous les médicaments sont des poisons.

M. Tardieu. — Une personne a pris du poison, et elle guérit. Bien qu'elle ne soit pas morte, n'a-t-elle pas été empoisonnée?

M. Hébert. — Oui, elle a été empoisonnée.

M. Tardieu. — C'est l'histoire du second chien.

M. Hébert. — On ne lui a pas donné de poison. On ne sait si l'extrait A B en contenait, puisqu'il ne l'a pas tué, qu'il l'a seulement fait vomir et que l'on peut vomir sans avoir été empoisonné.

M. l'Avocat général. — Il n'a pas été malade d'indigestion?

M. Tardieu. — Il n'a pas mangé. Il a été malade d'empoisonnement.

M. Hébert. — Voilà ce qui n'est pas démontré.

M. Tardieu. — Selon vous, de quoi a-t-il été malade?

M. Hébert. — Mais, je ne sais pas.

M. Tardieu. — Il a vomi ; les battements du cœur ont diminué de 50 pour 100.

M. Hébert. — J'ai insisté hier sur trois points que je demande la permission de rappeler ; cela a une très-grande importance. Je me suis fondé sur trois faits, à savoir que, dans les expériences des Experts, il y avait eu : 1° un ralentissement graduel et progressif de la circulation jusqu'à la mort; 2° que l'on avait trouvé après la mort, à l'autopsie, les ventricules contractés; 3° et c'est là surtout ce qui me faisait supposer qu'on n'avait pas eu affaire à la digitaline, l'extrait O du parquet ayant été donné à un lapin, celui-là était mort beaucoup plus vite que le chien, bien qu'il fût trois fois moins sensible que lui et que, par une méthode que l'on n'eût pas dû employer, il eût pris environ trois fois moins de substance toxique.

M. Tardieu. — Il est mort plus tôt.

M. Hébert. — Oui, il est moins sensible, il a pris deux à trois fois moins de poison, et il est mort près de dix fois plus vite.

M. le Président. — Donc il a été empoisonné plus tôt.

M. Tardieu. — Véritablement, nous sommes ici dans les éléments de la science ! Un mot fera comprendre ce que nous avons fait. Si nous étions arrivés ici, n'ayant fait l'expérience que par le moyen de l'introduction dans une incision sous la cuisse, on nous eût dit : « Ce n'est pas ainsi que la victime a pris le poison ; il fallait l'employer de la même façon. » Nous ne cherchions pas alors la digitaline, mais un poison quelconque. Ce n'est qu'à la fin de nos expériences, en procédant par comparaison, que nous avons émis une probabilité. Quand nous avons tué le chien et le lapin, nous cherchions un poison, tous les poisons. Ce que M. Hébert ne comprend pas, c'est que le chien vomit et le lapin ne vomit pas. Si le lapin avec l'extrait O est mort plus vite, c'est que, ne vomissant pas, il a gardé tout le poison. Le chien qui a pris l'extrait A B a vomi et n'est pas mort. Nous avons voulu vérifier sur le lapin : il a été malade parce qu'il ne vomit pas, et il est mort. C'est un animal inférieur au chien au point de vue de sa résistance aux causes de la mort. Bien qu'il ait reçu le poison à dose plus faible que le chien, il a succombé parce qu'il n'a rien rendu, et le chien a survécu. Cela me paraît très-net et j'espère que tout le monde m'a compris.

M. Hébert. — Je demande à répondre. Le lapin n'a pas vomi, il était dans son droit (*on rit*); mais comment le chien aurait-il pu rendre un poison qu'il n'avait pas dans l'estomac? C'est sous la cuisse qu'on lui avait mis le poison.

M. le Président. — Comment ! vous ne comprenez pas que le chien a vomi parce que le poison lui avait été insinué par l'incision faite à la cuisse ? Le poison provenant de la matière vomie par Mme de Pauw était ainsi passé dans la circulation du sang; son action s'est fait sentir sur l'estomac comme partout. S'il a vomi, cela prouve pour les Experts qu'il avait été empoisonné, le poison, sans avoir été avalé, s'étant trouvé absorbé.

M. Hébert. — Monsieur le Président pense...

M. le Président. — Je ne pense rien. Je constate que vous avez assez d'embarras à dire ce que vous pensez vous-même.

M. Tardieu. — Le chien a vomi, il a survécu parce qu'il se trouvait dans des conditions de résistance plus grandes. Nous recherchions des analogies avec ce qui s'était passé chez Mme de Pauw en faisant nos expériences. Le chien a vomi par l'effet de la digitaline.

Me *Lachaud.* — Le chien, en vomissant, aurait-il pu rendre de la digitaline?

M. Tardieu. — Non; le poison était dans la circulation et non dans l'estomac; il faisait vomir le chien, à la différence du lapin qui ne peut vomir, parce qu'il avait été absorbé.

M. l'Avocat général. — Ce n'est pas ce que disait hier M. Hébert; il s'étonnait que le chien eût vomi de la digitaline.

Un Juré. — Les Experts n'ont pas répondu à l'objection de M. Hébert sur la coloration en vert de la digitaline.

M. Roussin. — Voici pourquoi je n'ai pas répondu. En parlant des propriétés de la digitaline, j'ai commencé par déclarer qu'elle n'avait aucune propriété chimique à l'aide de laquelle on pût la reconnaître. M. Hébert n'est aucunement fondé à lui attribuer une propriété chimique qui permette de la distinguer sûrement. Jusqu'à ce jour on n'en connaît aucune! L'acide chlorhydrique peut colorer en vert des centaines de substances organiques, comme il colore la digitaline. La bile et la chlorophylle de M. Hébert n'ont et ne peuvent avoir aucune valeur dans le cas qui nous occupe. Nous avons cependant constaté que l'extrait O s'est coloré en vert; et nous aurions pu tirer quelque argument de cette coloration, si nous ne savions pas que ce caractère n'a rien de spécial à la digitaline, et que bien des corps peuvent, sous l'influence des réactifs énergiques, prendre des nuances semblables. Il n'y a pas de réactif pour la digitaline; l'analyse élémentaire ne peut même servir à la reconnaître; elle ne cristallise pas, ne se volatilise pas, n'a pas d'odeur, se dissout dans presque tous les véhicules, n'est précipitée par aucun réactif caractéristique, et semble échapper par toutes ses propriétés chimiques négatives aux recherches de la science.

M. Tardieu. — C'est justement ce qui nous a forcés à faire des expériences physiologiques. Le seul réactif de la digitaline, c'est le cœur; nous avons laissé de côté toute action chimique, et, après avoir constaté qu'il s'agissait probablement de la digitaline, c'est aux expériences physiologiques que nous nous sommes adressés pour la reconnaître.

M. le Président. — Nous allons entendre les témoins que nous avons cru devoir faire citer hier dans l'intérêt de la vérité, en vertu de notre pouvoir discrétionnaire.

M. Claude Bernard, professeur au Collège de France et à la Faculté des sciences, est introduit.

M. le Président. — Vous avez étudié l'action de la digitaline sur le cœur. Dites-nous votre opinion sur ce point.

M. Claude Bernard. — Je me suis occupé de la digitaline et des poisons qui ont un effet analogue, et qu'on appelle les poisons du cœur. La science a montré que les poisons qui amènent la mort, la causent chacun par un mécanisme particulier : les uns agissent sur les muscles, les autres sur le système nerveux, ou sur différents éléments de l'organisation. Parmi les premiers, qui sont les poisons musculaires, se trouvent les poisons agissant spécialement sur le cœur. Sous leur influence, les mouvements du cœur se trouvant arrêtés, la vie cesse, chez les animaux supérieurs du moins, car chez les animaux inférieurs, la vie peut continuer encore quelque temps après l'arrêt du cœur. Il y a beaucoup de poisons du cœur; ceux que je connais sont : l'upas antiar, l'ellébore vert, quelques poisons américains, le corowal, le vao, un poison de Boschmann, qui provient probablement d'une euphorbe, un poison américain, que m'a remis M. Boussingault, et dont la nature n'est pas déterminée, le venin du crapaud, la digitaline, etc.

La digitaline, c'est un fait admis par la science, est un de ces poisons; elle a la propriété d'arrêter la vie chez les animaux; seulement, les animaux supérieurs meurent de suite, tandis que ceux de l'ordre inférieur peuvent vivre un certain nombre d'heures après que le cœur s'est complètement arrêté par son influence.

D. Comment agit-elle sur le cœur? — R. Quand on l'administre chez les animaux inférieurs, les grenouilles, par exemple, le cœur se ralentit peu à peu et s'arrête ensuite. Chez les animaux supérieurs, j'ai vu ce poison causer, en général, de l'agitation, des vomissements souvent; le chien, par exemple, est haletant, et, après un certain nombre d'heures, variables suivant la dose de la substance donnée, l'animal meurt, succombant comme par syncope. On trouve ordinairement, en faisant l'autopsie immédiatement après la mort, que le cœur s'est arrêté; il y a du sang rouge dans le côté gauche du cœur, rutilant comme le sang artériel, tandis que, du côté droit, il est noir : c'est que le cœur s'est arrêté avant que l'animal ait cessé de respirer. Le sang est encore artérialisé du côté gauche au moment de la mort, ce qui n'arrive pas, quand la circulation dure après que la respiration a cessé.

D. En un mot, ce sont les contractions du cœur qui causent la mort? — R. C'est l'arrêt des contractions du cœur. Le cœur s'arrête distendu, les cavités sont remplies, et bientôt, beaucoup plus rapidement qu'à l'ordinaire, le cœur tombe dans un état de rigidité complète; le ventricule devient blanc et roide; les oreillettes restent plus longtemps remplies.

D. Le cœur est contracté? — R. Il devient contracté très-rapidement, mais, à l'instant de la mort, il ne l'est pas. Tous les poisons du cœur ont ce même caractère; si l'on ouvre l'animal empoisonné aussitôt après sa mort, le cœur contient du sang; mais, quelques temps après, il se contracte et devient blanc et roide.

D. Par conséquent, peu de temps après la mort, la contraction du cœur existe? — R. Oui, pour les ventricules.

D. Dix minutes après la mort, la contraction a-t-elle cessé ou existe-t-elle encore? — R. Les battements du cœur cessent au moment de la mort, la rigidité arrivera, par exemple, après un quart d'heure.

D. C'est cette rigidité que vous nommez contraction? — R. Non pas; la contraction, c'est le resserrement fonctionnel et passager du cœur.

D. La rigidité pourtant suit la contraction? — R. Mais alors la contraction est permanente.

D. Par conséquent, dix minutes après la mort d'un animal qui a pris de la digitaline, la rigidité résultant de la contraction du cœur persiste? — R. Quand elle est arrivée, elle persiste constamment. Chez les grenouilles, en insinuant la digitaline sous la peau on voit que l'animal saute, va et vient, et cependant si, après une demi-heure, on découvre le cœur, il est rigide.

D. Par conséquent, il n'y a pas de relâchement du cœur? — R. Il y a deux choses à distinguer nettement : lorsque le cœur s'arrête, il s'arrête dans le relâchement, et bien vite après, au bout de dix minutes quelquefois, chez un animal supérieur le relâchement a cessé, il y a resserrement dans le ventricule.

M. le Président. — Monsieur Tardieu, vous entendez ce que dit le témoin? Etes-vous d'accord avec lui?

M. Tardieu. — Absolument; j'ai cité les paroles de M. le professeur Claude Bernard; seulement je ne me suis pas suffisamment expliqué sur un point qu'il vient d'indiquer avec la lucidité qui lui appartient. C'est le phénomène de rigidité cadavérique du cœur auquel je faisais allusion sans en avoir prononcé le nom, et que l'on retrouve, même après un certain temps, quand le cœur n'a pas été examiné au moment de la mort. J'ai employé le mot de contraction qui avait été prononcé dans le débat, mais qui est impropre, puisque la contraction est, à bien dire, l'action de se contracter qui ne peut persister après la mort. La digitaline, poison du cœur, manifeste son action par l'arrêt brusque du cœur et par la rigidité très-prompte et persistante de l'organe.

M. le Président. — Je déclare n'avoir aucune connaissance médico-légale; j'ai pu employer un terme que je ne devais pas employer, mais je tiens à constater que le relâchement du cœur n'existe plus après la mort.

M. Claude Bernard. — La rigidité arrive très-rapidement; il n'y a plus de relâchement quelque temps après la mort.

M. le Président. — M. Hébert nous a dit hier que c'était tout le contraire. Approchez, monsieur Hébert. Vous avez dit hier que, après la mort, le cœur conservait un état de relâchement lorsqu'on avait affaire à la digitaline. Vous le voyez, M. Claude Bernard est en complet désaccord avec vous.

M. Hébert. — Je ne crois pas; mais je demande à mon très-honoré maître, M. Claude Bernard, la permission de lui faire une question. A-t-il examiné le cœur deux heures après la mort? Il importe de savoir s'il s'est placé dans les mêmes conditions que les Experts. On a parlé des expériences faites avec la digitaline sur des grenouilles; mais l'expérience n'a pas été faite sur ces animaux avec l'extrait provenant des organes de Mme de Pauw; c'est sur un chien qu'on a opéré. On a pris 5 grammes de cet extrait et on les a introduits dans l'incision faite à la partie interne de la cuisse. Par suite de cette opération, il est survenu quelques troubles dans les fonctions digestives et circulatoires, mais l'animal n'est pas mort. Or, le produit expérimenté ayant été obtenu par l'alcool et par l'eau, avec les organes de Mme de Pauw après quinze jours d'inhumation, j'ai soutenu que les accidents observés pouvaient être attribués à l'existence de matières en décomposition, bien plutôt qu'à la digitaline ou à toute autre substance toxique. Je demande à M. Claude Bernard son avis.

M. le Président. — Ce n'est pas ce que vous avez dit hier.

M. Hébert. — Pardon, monsieur le Président; je ne refuse pas la discussion; mais il y a un premier fait important à établir, et sur lequel je demande à M. Claude Bernard de s'expliquer.

M. le Président. — Nous allons mettre sous les yeux de M. Claude Bernard la partie du rapport des Experts concernant l'autopsie du chien, et, d'après son expérience, nous lui demanderons si leurs constatations peuvent se rapporter à un empoisonnement par la digitaline.

Voici cette partie du rapport :

« L'autopsie pratiquée deux heures après la mort révèle les faits suivants :

« Les poumons, l'estomac et le foie présentent l'état le plus normal ; le cerveau et le cervelet n'accusent aucune trace de congestion. Le cœur seul présente des phénomènes spéciaux : les deux ventricules sont contractés de la manière la plus évidente, tandis que les oreillettes sont dilatées. Toutes les cavités du cœur sont remplies d'un sang noir, épais et coagulé en partie. Cet organe présente une déformation et une espèce de turgescence fort visible. A la pointe du cœur, mais surtout sur les parois avoisinant cette pointe, on remarque, après l'enlèvement du péricarde, quelques saillies d'un rouge plus vif. »

En ce qui concerne le lapin : « L'autopsie, pratiquée le lendemain, révèle des résultats complètement identiques aux précédents; le cerveau, les poumons, le foie, l'estomac, sont dans l'état normal ; le cœur seul présente une déformation sensible et bien manifeste ; les oreillettes sont dilatées comme dans le cas précédent ; les ventricules sont non-seulement contractés, mais tranchent de la manière la plus évidente, par leur couleur noirâtre, sur le reste de cet organe.

« L'espace interventriculaire présente notamment une dépression remarquable.

« La pointe du cœur est d'un rouge presque vif, et ses parois présentent plusieurs saillies anormales teintées de petites plaques rouges. »

M. Claude Bernard. — Deux heures me paraissent un temps assez rapproché ; très-souvent, le plus souvent, dans la mort ordinaire, le cœur n'est pas rétracté après ce temps, c'est-à-dire que la rigidité n'est pas encore survenue. Chez un chien, dans les conditions ordinaires, les battements du cœur continuent encore après la mort, quelquefois une demi-heure, quelquefois trois quarts d'heure, suivant les circonstances ; le cœur reste plein de sang ; la rigidité n'arrive que plus tard. Ce qui caractérise les effets de la digitaline, c'est qu'elle amène plus tôt ce qui arriverait tout naturellement, mais plus tard. Si l'autopsie avait été plus voisine de la mort, si les symptômes avaient été examinés plus tôt, la rigidité du cœur eût été un caractère plus convaincant et plus caractéristique de la digitaline.

M. le Président. — Les résultats de la constatation des Experts sur l'autopsie du chien ne vous paraissent pas contradictoires avec l'empoisonnement par la digitaline?

M. Claude Bernard. — Nullement; leur signification toutefois eût été plus grande si l'autopsie avait été faite plus tôt.

M. Tardieu. — Il faut que l'on sache bien que nous recherchions, non pas spécialement la digitaline, mais tout poison ayant pu laisser des traces visibles sur les organes. Nous nous sommes placés pour cela dans des conditions de temps en rapport avec le but que nous poursuivions. La rigidité cadavérique du cœur pour tout genre de mort ne serait arrivée que plus tard. J'ai fait de nombreuses expériences sur la mort par suffocation, par strangulation, par asphyxie : jamais dans aucun de ces genres de mort violente le cœur ne se montre contracté ; la rigidité cadavérique elle-même ne se manifeste que plus tard. Pour la trouver après deux heures, il fallait une raison particulière ; cette raison particulière, c'était l'action spéciale du poison sur le cœur. Cependant il y a sur un point une différence entre nos constatations et celles de M. Claude Bernard. Elle a trait à la couleur du sang qu'il a trouvé rutilant dans la cavité gauche. Cela se voit au moment de la mort, on ne peut retrouver cette coloration après deux heures.

M. Claude Bernard. — Cette observation est parfaitement juste. En effet, la couleur rutilante du sang ne peut s'observer que très-peu de temps après la mort.

M. le Président. — M. Tardieu ne sachant pas si le chien avait été empoisonné par la digitaline ou par tout autre poison, n'avait pas intérêt à rechercher, à l'instant de la mort, s'il s'agissait de la digitaline. C'est après les expériences des Messieurs ont faites, qu'ils sont arrivés à supposer qu'ils avaient affaire à la digitaline. La question se réduit à ceci : Les résultats de l'autopsie du chien par les Experts vous paraissent-ils, monsieur Claude Bernard, concorder avec un empoisonnement par la digitaline ?

M. Claude Bernard. — Elles ne contredisent nullement un empoisonnement par la digitaline; elles seraient plutôt en accord avec lui.

M. le Président. — D'après M. Hébert, il y avait contradiction avec les effets de la digitaline, et il s'emparait de votre opinion pour combattre celle des experts.

M. Claude Bernard. — Je n'ai jamais dit et écrit que ce que je viens d'exposer.

M. Hébert. — Je me suis appuyé sur les expériences de MM. Bouley et Reynal, et sur celles de MM. Delafond et Dupuy. Tous ont constaté un relâchement du cœur. Stannius a opéré sur les chats et sur les lapins; il a constaté le relâchement du cœur par l'action de la digitaline à dose immédiatement toxique. C'est en m'appuyant sur toutes ces expériences que j'ai dit : Le cœur ayant été trouvé contracté chez le chien, ce n'est pas là un caractère de la digitaline.

Mais j'ai allégué deux autres preuves : j'ai dit que, dans les expériences des professeurs d'Alfort, il y avait eu, la substance ayant été administrée à dose toxique, accélération et non ralentissement des battements du cœur. M. Homolle a fait aussi des expériences, et il a trouvé qu'à dose thérapeutique, à faible dose, la digitaline ralentit les mouvements du cœur, tandis qu'employée à dose toxique elle les accélère d'une manière très-marquée. Or, dans les expériences qui ont été faites avec l'extrait sur le lapin et sur le chien, on a noté un ralentissement graduel et progressif. J'ai fait remarquer que cela était en contradiction avec tous les travaux qui ont été faits sur ce sujet.

M. Claude Bernard. — Il y a deux questions : il s'agit de savoir s'il y a relâchement, ou contraction du cœur. Il y a constamment relâchement de suite après la mort, c'est-à-dire quand le cœur cesse de battre. Seulement cela dure très-peu, et, au bout d'un quart d'heure quelquefois, chez les animaux d'un ordre élevé, le cœur revient sur lui-même; il était rempli de sang, il se vide, le sang va dans les oreillettes. Si l'on veut qu'au moment de la mort il y ait relâchement, c'est vrai; si l'on dit que ce relâchement persiste, cela n'est pas, ou du moins je ne l'ai jamais vu.

M. le Président. — M. Hébert soutenait précisément le contraire: il disait qu'après la mort le relâchement persistait, tandis que, pour vous, il cesse.

M. Claude Bernard. — Quant à la question d'accélération, sur ce point j'ai fait des expériences avec la digitaline, comparativement avec les autres poisons du cœur. Souvent, il y a accélération de la respiration et également de la circulation au commencement; mais bientôt le ralentissement arrive, le cœur meurt en se ralentissant de plus en plus.

M. le Président. — C'est précisément le contraire de ce qu'avait dit hier et de ce que répète aujourd'hui M. Hébert.

M. Hébert. — Je dis que les professeurs d'Alfort, sur des chevaux, M. Stannius, sur divers animaux, et aussi MM. Bouchardat et Sandras, sur des chiens, ont toujours vu une accélération. On conçoit bien qu'un peu avant que le cœur ne s'arrête, il y ait ralentissement, mais ce n'est pas ce que ces messieurs ont observé : ils ont vu un ralentissement graduel et progressif.

M. Tardieu. — Deux mots pour abréger les instants de la Cour. Tout cela est parfaitement expliqué dans le rapport. Au commencement, le chien est agité, anxieux; nous n'avons pas fait, de minute en minute, cette constatation dont parle M. Hébert. Nous avons noté ce qui se passait au commencement de l'expérience; nous avons pris des chiffres au début de l'expérience, au milieu et à la fin; nous avons constaté ces intermittences, ces irrégularités, ce tumulte dans la circulation indiqué par M. Claude Bernard. Les chiffres confirment ce qu'il disait, les battements du cœur vont toujours en déclinant jusqu'au moment où ils cessent.

M. le Président. — MM. les Jurés peuvent se rappeler la déclaration de M. Blachez, qui a assisté à la mort de Mme de Pauw; il a constaté le tumulte des battements du cœur, le trouble général de la circulation du sang. Voici, quant au chien, ce que disent les experts dans leur rapport :

« Les battements, précipités et tumultueux pendant quelques secondes, cessent brusquement, et s'accélèrent de nouveau quelques instants après. »

C'est exactement ce qu'a constaté M. Blachez chez Mme de Pauw.

M. Hébert. — M. Tardieu disait hier « que la digitaline était le seul poison du cœur. »

M. Tardieu. — Le seul poison du cœur, *à faible dose*, c'est l'expression de M. Bernard.

M. Hébert. — M. Claude Bernard vous a dit tout à l'heure que ces poisons étaient nombreux. (*Murmures.*)

M. Tardieu. — J'ai cité textuellement la phrase de M. Claude Bernard : « Le seul poison, à faible dose, du cœur, est la digitaline. » Il a ajouté cette phrase : « Les autres poisons n'agissent qu'à des doses plus concentrées. » Vous allez voir si M. Hébert ne se trompe pas : « Le cœur s'arrête toujours, c'est le caractère de la digitaline, à très-faible dose le seul poison du cœur. » Il ajoute : « Les autres n'agissent qu'en solutions concentrées. » Il ne faut pas séparer un mot qui a cette importance.

M. Hébert. — A faible dose, ce n'est pas un poison, c'est un médicament.

M. le Président. — Monsieur Claude Bernard, vous n'avez rien à dire ? Monsieur Tardieu, l'extrait de votre rapport, dont je viens de donner lecture, est exact ?

M. Tardieu. — Sans doute, il est exact. Je ne sais de quelle comparaison je me suis servi pour caractériser les effets de la digitaline, mais enfin la digitaline est un poison du cœur, cela est constant; il en existe d'autres très-énergiques, je n'ai jamais dit le contraire.

M. le Président. — Vous pouvez vous retirer, Messieurs.

M. Vulpian, professeur agrégé à la Faculté de médecine, à Paris. — J'ai fait des expériences pour savoir s'il était vrai que la digitaline n'avait pas d'action sur le cœur de la grenouille, comme on l'avait soutenu anciennement. En 1855, je suis arrivé à une conclusion diamétralement opposée. En l'introduisant sous la peau d'une grenouille, même à une distance très-éloignée du cœur, la digitaline produit un arrêt rapide, très-complet, du cœur, caractéristique d'un empoisonnement par cette substance. Le cœur s'arrête chez cet animal, encore plein de vie, et qui continue à sauter avec la même vivacité. D'autres substances produisent également cet effet; mais, dans l'état actuel de la science, il n'y a que des poisons très-violents qui amènent ce résultat. Ainsi, le venin du crapaud et de la salamandre aquatique agissent de même, mais plus lentement. L'upasantiar, qui provient d'un arbre exotique; plusieurs autres substances, telles que le tanghin, le suc de l'ellébore vert, voilà les substances qui déterminent l'arrêt du cœur pendant la vie de la grenouille. J'ai fait des expériences comparatives avec plusieurs substances, en les appliquant sous la peau des cuisses ou des jambes de grenouilles. Aucun poison végétal connu ne produit d'effets pareils à ceux de la digitaline, et des autres substances que j'ai mentionnées. J'ai essayé aussi le tannin, et il n'a eu aucune action sur le cœur.

M. le Président. — En un mot, si on fait une incision à la cuisse de l'animal, et qu'on y place une matière contenant du poison (prenons par exemple la digitaline), quelle sera l'action du poison sur l'animal?

M. Vulpian. — Pendant dix minutes environ, on ne verra rien; mais, après ce temps, le cœur subit des modifications très-apparentes : les oreillettes du cœur commencent à se mouvoir incomplètement; les ventricules eux-mêmes ont des contractions moins régulières. Après quelques minutes encore, le ventricule s'arrête; il devient blanc, resserré; les oreillettes se dilatent. Voilà le plus souvent ce qui s'observe pour la digitaline; mais ce n'est pas absolu.

D. Si nous ne nous trompons, c'est exactement ce qu'a dit tout à l'heure M. Claude Bernard. Au surplus, entre le moment où le poison a été insinué et celui de la mort, quel sera l'effet du poison sur le cœur? Sera-ce une accélération ou un ralentissement? — *R.* Dans les cas observés par moi, ç'a toujours été un ralentissement chez les grenouilles, toujours ralentissement avec irrégularité des battements.

D. A l'occasion d'un chien, voici ce que les Experts commis par justice ont constaté. Durant quelques instants, le chien n'a rien éprouvé; un peu après, il a été inquiet, il y a eu des battements précipités et tumultueux du cœur; pendant quelques secondes ils cessent brusquement, et s'accélèrent de nouveau quelques instants après. Le ralentissement est progressif et très-marqué. Cela vous paraît-il d'accord avec l'action de la digitaline? — *R.* Je n'ai pas fait personnellement d'expériences sur les mammifères; je n'oserais me prononcer sur le chien dont il s'agit. Sur des grenouilles, les effets peuvent et doivent différer.

D. Enfin, pour vous, le ralentissement est certain? — *R.* Il y a un ralentissement, de plus en plus grand, qui finit par un arrêt du cœur.

M. le Président. — Monsieur Tardieu, veuillez approcher. Vous avez entendu la déposition de M. Vulpian; avez-vous quelque observation à faire?

M. Tardieu. — Nous sommes complètement d'accord; c'est de la science la plus positive.

M. le Président. — Nous désirons que vous expliquiez les résultats de vos expériences sur les grenouilles.

M. Tardieu. — Nous avons fait exactement comme M. Vulpian. Nous avons pris trois grenouilles et nous leur avons mis le cœur à nu, en le mouillant, pour qu'il fonctionnât librement. A une première grenouille, nous n'avons rien ingéré; à la seconde nous avons introduit sous la peau du ventre quelques gouttes d'une solution contenant un centigramme de digitaline dans cinq parties d'eau; à la troisième, quelques gouttes de l'extrait provenant des matières recueillies sur le parquet. Les battements du cœur de la première ont diminué de six seulement dans une demi-heure; pour la seconde ils avaient complètement cessé au bout de 28 minutes, et pour la troisième après 31 minutes. Nous nous sommes trouvés exactement dans les mêmes conditions que M. Vulpian; c'est l'identité même.

Mᵉ Lachaud. — Ainsi, M. Tardieu a pris trois grenouilles, l'une n'a rien reçu, à l'autre on a inséré une solution de digitaline, à la troisième l'extrait O.

M. le Président. — Mᵉ Lachaud, vous avez annoncé l'intention de vous servir d'un livre que M. Hébert, appelé par vous, a apporté à l'audience, et de vous prévaloir d'expériences citées dans ce livre. Auriez-vous la bonté d'indiquer le livre et de citer les exemples?

Mᵉ Lachaud. — Le livre a pour titre : *Archives de physiologie, de thérapeutique et d'hygiène*, publiées sous la direction de M. le professeur Bouchardat : *Mémoire sur la digitaline et la digitale, comme poisons*, par MM. Homolle et Quévenne.

M. l'Avocat général. — Indiquez-nous un des exemples à l'appui de votre opinion.

Mᵉ Lachaud. — Je vous prie de permettre que ces indications soient faites par M. Hébert. Il est plus compétent que moi pour dire ce qui l'a déterminé à soutenir l'opinion qu'il a exprimée hier.

M. l'Avocat général. — Qu'il cite des exemples.

(M. Hébert est rappelé.)

Mᵉ Lachaud. — M. l'Avocat général demande que vous citiez quelques exemples pris dans un livre que vous avez eu la bonté de me communiquer, exemples de nature à justifier l'opinion que vous avez émise hier.

M. le Président. — L'ouvrage est de 1854.

M. Hébert. — Ce sont MM. Bouley et Reynal qui parlent :

« *Autopsie.* — Il résulte des lésions qu'on rencontre à l'autopsie des chevaux qui ont succombé à l'empoisonnement par la digitale, que l'action toxique de cette substance porte principalement sur la masse entière du sang qu'elle rend noire, incoagulable et poisseuse, et d'une manière toute spéciale sur l'organe central de la circulation, qui s'est toujours montré plus pâle et plus flasque que dans l'état normal, pour peu que l'autopsie fût différée. Mais chez les animaux qu'on ouvre immédiatement, il présente la teinte et la fermeté ordinaires. »

Second exemple; il s'agit des expériences de Stannius. Il opère sur un jeune chat. Voici ce que constate l'ouverture du thorax :

« Dix minutes après l'autopsie, les contractions du ventricule gauche, jusque-là spontanées, cessent pour ne plus reparaître, même au moyen de l'électricité. »

Autre expérience :

« *Ouverture.* — Six minutes et demie après l'injection, on procède à l'ouverture du thorax.

« Le cœur, entouré du péricarde, ne bat plus, et ne présente aucune contraction spontanée ; il n'en offre pas davantage sous l'influence des moyens d'irritation les plus forts.

« Toutes les cavités du cœur sont dans l'état de relâchement, distendues et gorgées de sang. »

Autre expérience :

« *Autopsie.* — On ouvre aussitôt le thorax. On trouve le péricarde immobile, ainsi que les veines caves supérieures, et celles du poumon.

« Le péricarde ouvert à son tour, on ne trouve aucune trace de contractions dans aucune partie du cœur. Les excitations mécaniques et électriques les plus fortes restent sans effet, bien que l'action de l'appareil électrique ait été continuée pendant trois minutes.

« Au contraire, tous les muscles volontaires, le canal intestinal, les uretères, les veines et les artères mésentériques étaient distendus très-sensibles, et se contractaient visiblement à l'endroit irrité. »

M. le Président. — Que concluez-vous de là ?

M. Hébert. — Je conclus de là que ces messieurs admettent qu'il y a relâchement du cœur et non contraction.

M. le Président. — Au moment de la mort.

M. Hébert. — Immédiatement après.

Mᵉ Lachaud. — Stannius dit qu'on ne peut pas, même avec des opérations mécaniques ou l'électricité, produire de contraction.

M. le Président. — Monsieur Claude Bernard, veuillez approcher. Vous connaissez cet ouvrage ?

M. Claude Bernard. — Oui, Monsieur.

D. Les opinions qui y sont exprimées seraient en contradiction avec ce que vous nous avez dit. — R. Je ne pense pas qu'il y ait de contradiction. Ce que j'ai observé constamment, c'est qu'au moment de la mort, il y a un relâchement complet du cœur, qui dure plus ou moins longtemps, mais relativement très-peu de temps. Si l'on fait l'autopsie de suite, le cœur est relâché, mais la contraction suivra le relâchement. L'intervalle est quelquefois tellement court, que c'est à peine si on a le temps de l'observer si l'on n'agit rapidement. Ainsi chez les oiseaux, la contraction vient beaucoup plus vite ; dès que le cœur est arrêté, il y a resserrement du ventricule. Chez le chien, le relâchement dure plus longtemps. Si l'empoisonnement est très-lent chez certains animaux, si la dose de poison n'est pas assez forte, alors le relâchement peut durer davantage, et le resserrement arrive plus tard.

D. Il y a une foule de circonstances qui peuvent faire varier en plus ou en moins la durée du relâchement. Dans les expériences dont on vient de parler, il s'agit de cinq ou six minutes. — R. Je l'admets parfaitement.

M. le Président. — Vous admettez que le relâchement existe, ce qui n'empêche pas que la contraction soit le caractère des poisons du cœur ?

— Quel est votre avis, M. Vulpian.

M. Vulpian. — Je suis de l'avis de M. Claude Bernard, mais je ne connais que ce qui se passe pour les grenouilles.

M. le Président. — Vos observations s'appliquent spécialement aux grenouilles, mais vous êtes complétement de son avis ?

M. Vulpian. — Mes expériences ont été faites précisément pour combattre les conclusions de Stannius relatives aux grenouilles.

M. le Président. — Le livre est de 1854 ; vous avez fait vos expériences pour combattre les conclusions de Stannius ; depuis ce temps, vos expériences ont-elles confirmé ce que vous pensiez, ou établi la vérité de l'opinion de Stannius ?

M. Vulpian. — Mes expériences ont parfaitement confirmé ce que j'avais pensé. Tous ceux qui les ont répétées ont vu la même chose.

M. le Président. — L'état actuel de la science est celui que vous indiquez, et non pas ce qu'a soutenu Stannius, il y a dix ans.

M. Bouley, professeur à l'École d'Alfort.

M. le Président. — Témoin, vous avez fait des expériences sur la digitaline, au point de vue de son action vénéneuse sur les animaux ?

M. Bouley. — J'ai fait des expériences sur la digitale et non sur la digitaline. La digitale est un poison bien moins actif que la digitaline ; c'est la plante qui fournit la digitaline.

Je dois dire, d'abord, que les expériences faites par moi, de concert avec M. Reynal, mon collègue, à Alfort, portaient sur des animaux herbivores de grande taille, sur des chevaux. Les effets de la digitale sur le cœur varient suivant les stades de l'intoxication. Quand l'intoxication est dirigée de la sorte qu'elle doit se prolonger longtemps, la digitale produit d'abord une excitation, et les battements du cœur s'accélèrent. Mais quand les effets de l'intoxication sont complets, que le poison a passé dans le sang, que l'imprégnation est générale, un ralentissement notable s'opère dans les battements du cœur et dans la respiration, à un tel point que, chez le cheval, dont le cœur bat de trente-huit à quarante fois par minute, ces battements tombent à vingt ou vingt-deux, et la respiration, de douze, tombe à cinq et même quatre. En résumé, quand le poison commence à agir à hautes doses sur le système, sa première manifestation se traduit par une activité plus grande des appareils circulatoires et respiratoires ; mais, à la dernière période, les battements du cœur, comme les mouvements des flancs, se ralentissent. Voilà, en général, à part les variantes, ce que nous avons observé. Toutefois, je dois faire remarquer qu'il est possible qu'après le ralentissement du cœur qui exprime l'intoxication achevée, des phénomènes d'accélération se produisent à nouveau sous l'influence de l'inflammation de la muqueuse intestinale que la digitale administrée avec continuité est susceptible de produire.

M. le Président. — Ainsi, pendant l'intoxication, les mouvements du cœur sont irréguliers, tumultueux ; mais, à la fin, le fait dominant est le ralentissement. MM. les Jurés comprennent la déposition de ce témoin ?

Un Juré. — La seconde accélération se manifeste-t-elle longtemps après le ralentissement ?

M. Bouley. — Je ne puis rien dire ici de précis ; c'est extrêmement variable ; cela dépend de la quantité de poison administrée et du temps pendant lequel on laisse vivre l'animal. J'ai donné une formule générale.

M. le Président. — Vous avez agi sur un animal de haute taille, le cheval ?

M. Bouley. — Oui, par sa force, peut résister plus longtemps que beaucoup d'autres, mais qui ne supporte pas, cependant, des doses même très-petites du poison. Il suffit, pour empoisonner un cheval, de lui donner la poudre de digitale à la dose de 5 à 6 grammes par jour, pendant une dixaine ou une quinzaine de jours.

D. Il résulte de votre déposition que le ralentissement du cœur amène la mort? — *R.* J'ai dit que le cœur se ralentit quand la mort arrive. Il est difficile de soutenir si le ralentissement du cœur amène la mort, ou si le cœur se ralentit parce que la mort arrive. Je dois citer les faits que j'ai observés, et vous allez voir une corrélation rigoureuse entre les phénomènes notés pendant la vie et les lésions constatées après la mort.

D. Quelles sont les lésions constatées après la mort? — *R.* Je précise que c'est du cheval que je parle. On constate presque toujours les faits suivants : épanchement dans le péricarde, sans traces d'inflammation de cette enveloppe du cœur; en second lieu, des taches pétéchiales, des taches de sang qui paraissent comme de larges ecchymoses sur la face interne du cœur; des caillots de fibrine qui sont adhérents, et s'arrêtent dans les brides qui maintiennent les valvules du cœur et limitent leur mouvement.

A part ces dépôts fibrineux, le sang est noir et diffluent; il y a une expression, dans le langage vétérinaire, qui rend cet aspect particulier du sang. Les anciens auteurs disaient qu'en pareil cas, le sang ressemblait alors à de la poix fondue; d'où la qualification de *sang poisseux*. Le sang des chevaux qui succombent à la suite des effets de l'intoxication par la digitale, est extrêmement diffluent.

D. Au moment de la mort le cœur est-il relâché? — *R.* Je n'ai pas constaté qu'il y eût resserrement du cœur; mais pour peu qu'on diffère l'autopsie d'un cheval, animal herbivore, je précise, c'est important, pour peu qu'on la diffère, le cœur devient extrêmement flasque, comme les chairs, du reste; ce n'est pas là un effet de la digitale exclusivement; tous les poisons végétaux énergiques entraînent chez les herbivores une fermentation putride plus rapide que chez les carnivores.

D. Chez le cheval, la rigidité du cœur ne se constate pas? — *R.* Au contraire, il devient très-flasque, pour peu que l'autopsie soit différée. Je le répète, cela est constant chez les herbivores.

D. Avez-vous opéré sur des chiens? — *R.* Non, monsieur le Président; nos expériences ont été faites sur le cheval, au point de vue de la thérapeutique, pour éclairer une question obscure.

M. le Président. — Monsieur Tardieu, veuillez approcher. Vous avez entendu la déposition du témoin; il a opéré sur le cheval, animal herbivore; vous, vous avez opéré sur le chien, animal carnivore. Qu'avez-vous à dire?

M. Tardieu. — Nos observations sont complétement concordantes. On n'a pas cité exactement les écrits du témoin; ce qu'il avait noté comme fait capital et ce que nous avons observé chez le chien, c'était une accélération, un tumulte, une précipitation des battements du cœur, puis un ralentissement et la mort. Une circonstance capitale que M. Bouley n'a peut-être pas fait assez ressortir, répond à la question de l'un de MM. les Jurés: c'est que la scène décrite par M. Bouley se passe en beaucoup plus de temps que la nôtre; les empoisonnements expérimentés par lui ont duré plusieurs jours.

M. le Président. — Il s'agit, de plus, de la digitale.

M. Tardieu. — Il avait affaire d'abord à la digitale, de plus son expérience a duré davantage. Cela explique les phénomènes qui se sont produits : la réaction inflammatoire, qui arrive d'ordinaire dans les longs empoisonnements. Les animaux n'ont été sacrifiés qu'après cinq ou six jours. Les différences symptomatiques observées ne tiennent pas à d'autres causes. Pour tout le reste, nous sommes d'accord.

Me Lachaud. — Les cinq grammes d'extrait qui ont été donnés au chien lui ont-ils été administrés en une ou en plusieurs fois?

M. Tardieu. — En une seule fois.

M. le Président. — Qu'avez-vous à dire au sujet de la flaccidité?

M. Tardieu. — M. Bouley l'a expliquée. Elle dépend d'une part de l'époque à laquelle l'autopsie a été faite; nous trouvons des effets analogues même chez les carnivores, lorsque cette autopsie est différée; et d'une autre part de la nature spéciale des animaux herbivores, et de la flaccidité de tissu qui leur est propre.

M. Reynal, professeur à l'École d'Alfort.

M. le Président. — Avez-vous fait personnellement des expériences sur l'empoisonnement d'animaux par la digitale?

M. Reynal. — Oui, monsieur le Président. Je les ai faites avec M. Bouley, et principalement sur le cheval. L'action du poison est différente, suivant qu'on l'administre à haute ou à petite dose. A haute dose, il produit une surexcitation générale, à la suite de laquelle on observe une réaction sur le système nerveux. Plus tard, arrive un ralentissement dans la circulation et la respiration. Ainsi, au début, circulation accélérée; les battements du cœur ont augmenté; il en est de même des mouvements respiratoires. Mais, plus tard, la circulation et la respiration deviennent très-calmes et descendent au-dessous de la moyenne. Pendant que les mouvements du cœur sont très-forts, on entend un tintement vibratoire très-caractéristique. Voilà les principaux phénomènes que nous avons observés.

D. En un mot, vous avez remarqué un grand tumulte dans les battements du cœur? — *R.* Lorsque la digitale est administrée à petite dose, il n'en est pas de même; il y a d'abord action, bientôt la sédation arrive, un ralentissement s'opère dans les mouvements respiratoires et dans les battements du cœur. Il y a même un temps d'arrêt produit.

D. Il y a toujours un ralentissement marqué dans la circulation? — *R.* La digitale est principalement un poison du cœur.

D. Vous n'avez jamais opéré avec la digitaline? — *R.* Non, Monsieur, nous n'avons opéré qu'avec la digitale.

D. Avez-vous opéré sur des chiens? — *R.* Nous avons opéré seulement sur le cheval.

D. C'est un animal herbivore, de grande taille, et par conséquent ayant une résistance propre. Quels phénomènes avez-vous remarqués dans le cœur au moment de la mort? — *R.* En ouvrant l'animal, j'ai toujours trouvé dans le péricarde une certaine quantité de liquide; en même temps des ecchymoses sur toute la surface extérieure du cœur. Dans l'intérieur, il y avait des caillots qui remplissaient les cavités et se prolongeaient dans les vaisseaux qui arrivent au cœur. Il y avait aussi des dépôts engagés dans les brides qui produisent le jeu des valvules; on voyait des lésions manifestes. Les infiltrations fibrineuses nous ont paru constantes dans toutes nos autopsies.

M. le Président. — Ce que vous venez de dire est parfaitement en rapport avec la déposition de votre collègue, M. Bouley.

La défense a-t-elle quelque question à faire?

Me Lachaud. — Non, monsieur le Président.

M. le Président. — Monsieur Reynal, que deviennent les animaux qui meurent, à l'École d'Alfort, de la morve ou du farcin?

M. Reynal. — Ils sont livrés à l'équarrisseur.

D. Vous est-il arrivé de distribuer ou de faire vendre leur chair à des habitants du voisinage? — *R.* Jamais, monsieur le Président. Nous avons, à une certaine époque, alors que M. Renault était directeur, distribué de la viande d'animaux sains, choisis. C'est cette viande qui a été donnée aux personnes qui en ont demandé dans quelques circonstances, mais jamais elle n'a été vendue. La chair des animaux morveux ou morts de maladie n'a jamais été distribuée à personne.

M. le Président. — M. Hébert avait dit hier que l'École vétérinaire d'Alfort avait distribué aux habitants des environs de la viande provenant d'animaux morts de la morve ou du farcin.

M. Hébert. — J'ai dit qu'on avait mangé de cette viande, qu'importe que ce soit à Alfort ou ailleurs. (*Rumeurs.*) Cela n'a aucun intérêt dans le débat; cependant j'en appelle au témoignage de M. Bouley; on peut donner de la viande d'animaux morts du farcin ou de la morve à des animaux qui n'en sont nullement incommodés.

M. le Président. — Vous avez dit hier que l'École d'Alfort en avait distribué aux habitants des environs.

M. Hébert. — J'ai affirmé que des individus en avaient mangé. En tout cas, ces messieurs ne nient pas qu'on en ait donné à des porcs. (*Nouvelles rumeurs.*)

M. le Président. — Vous nous avez dit hier que les professeurs de l'École d'Alfort avaient distribué aux habitants du voisinage de la viande d'animaux morts de la morve et du farcin. M. Tardieu, doyen de la Faculté de médecine, a à l'instant même protesté, au nom de l'École d'Alfort, contre une pareille allégation. Il est allé au-devant de l'observation que nous voulions faire. Cette observation, nous l'avons réservée pour le moment actuel. Voilà les professeurs d'Alfort qui comparaissent devant la Justice en audience publique; je suis bien aise d'appeler leur attention sur votre allégation pour provoquer leur réponse.

M. Hébert. — Il y a là un malentendu, j'ai cité MM. Bouley et Reynal à propos de leurs expériences, mais je n'ai pas parlé d'eux à propos de la viande de chevaux farcineux. J'ai simplement dit que des hommes avaient mangé de cette viande sans en être incommodés, et M. Tardieu a protesté qu'on n'en avait donné qu'à des animaux. En ce qui concerne les animaux, le fait est bien certain, cela est écrit partout.

M. le Président. — Vous n'avez pas parlé d'animaux, mais d'habitants du voisinage, et c'est à ce sujet que M. Tardieu vous a adressé la protestation que MM. les Jurés ont entendue, comme tous les assistants. Quant à nous, nous remettions à un moment plus éloigné pour protester nous-même dans l'intérêt que nous représentons ici. Je demande à MM. Bouley et Reynal s'ils ont connaissance d'un fait pareil à celui que vous avez allégué?

M. Bouley s'avançant, et avec une grande énergie : — Nous donnons le démenti le plus formel à l'assertion complètement calomnieuse de M. Hébert. A une époque où la question de l'hippophagie était à l'ordre du jour, où il s'agissait de savoir si la viande de cheval pourrait être livrée à la consommation humaine, comme viande de boucherie, nous avons fait engraisser des chevaux dans de bonnes conditions de santé, et leur viande, ainsi que celle d'animaux sains, morts accidentellement, a été distribuée gratis à ceux des habitants du pays, qui ont désiré en manger. Mais quant à avoir donné de la viande d'animaux morveux, c'est là un mensonge comme jamais on n'en a commis un devant la Justice! (*Vif mouvement d'approbation.*)

M. le Président. — Jamais les professeurs d'Alfort n'auraient pu donner cette viande à des hommes; d'ailleurs l'autorité en eût été certainement avertie, et ne l'eût pas souffert.

M. Hébert. — Je n'ai pas dit que les professeurs d'Alfort eussent distribué cette viande. Je ne croyais énoncer qu'un fait bien connu en disant que des hommes en avaient mangé; mais M. Bouley ne conteste pas sans doute qu'on en ait donné à des porcs.

M. le Président. — Vous avez parlé d'habitants du voisinage.

M. Hébert. — Je répète que je n'ai pas voulu calomnier l'École d'Alfort; du reste je ferai remarquer que le fait n'a aucune importance dans ces débats.

M. le Président. — Messieurs, vous pouvez vous retirer.

(MM. les Experts demandent l'autorisation de se retirer complètement; sur l'observation de M. l'Avocat général, les témoins entendus à l'audience d'aujourd'hui obtiennent cette autorisation; mais les Experts devront se représenter à l'audience de lundi.)

Mme Houry, couturière, concierge de la maison rue de Verneuil, 44, que M. de La Pommerais a habitée.

Me Lachaud. — Monsieur le Président, voulez-vous demander au témoin s'il n'est pas à sa connaissance que l'accusé a donné quelquefois de l'argent à Mme de Pauw?

Mme Houry. — Oui, très-souvent même.

M. le Président. — Dans quelles circonstances? — *R.* Ses enfants venaient toujours en chercher.

D. Combien? — *R.* Je ne sais pas les sommes, mais cela avait lieu très-souvent. Ne voulant donner qu'une certaine somme, la bonne venait changer.

D. Que changeait-elle? — *R.* Des pièces de 20 fr.; cela arrivait fréquemment.

D. Comment saviez-vous que l'accusé donnait cet argent? — *R.* Parce que la bonne le disait à mon mari, en venant changer.

D. En quelle année était-ce? — *R.* En 1861.

D. Avant le mariage? — *R.* Oui, Monsieur.

D. Vous ne pouvez indiquer le montant des sommes que l'accusé a pu donner ainsi? — *R.* Non, Monsieur.

Me Lachaud. — M. de La Pommerais, à cette époque, n'avait-il pas une certaine clientèle? Le témoin ne voyait-elle pas venir un assez grand nombre de malades?

Mme Houry. — Oui, Monsieur, beaucoup.

M. le Président. — Est-ce dans la maison où était le dispensaire que vous êtes concierge? — *R.* Non, Monsieur; c'est dans la maison qu'habitait particulièrement M. de La Pommerais.

Vasseur, concierge, rue de la Ferme-des-Mathurins, 51. — Je connais très-bien M. de La Pommerais; il a habité dans la maison dont je suis concierge pendant deux ans et trois mois. Il y est entré en 1856 et en est sorti le 15 octobre 1858.

D. Le loyer était-il en son nom? Il n'était pas au nom de sa mère? — *R.* Non, Monsieur.

D. De combien était ce loyer? — *R.* De 550 fr.

D. A quel étage? — *R.* Au 4e, la porte à gauche. (*Sourires.*)

D. Avez-vous vu venir beaucoup de malades? — *R.* Oui, en grande quantité.

D. Avez-vous remarqué quelque chose d'irrégulier dans les habitudes de La Pommerais? — *R.* Non, Monsieur.

Marie Lamouroux, dite Delarue, couturière. — J'ai connu M. de La Pommerais, il y a dix ans, rue Saint-Benoît, où je demeurais dans la même maison que lui.

Me Lachaud. — Nous faisons entendre ce témoin qui a été appelé dans l'instruction, pour constater que M. de La Pommerais est resté chez lui une partie de la soirée du 16 novembre.

M. le Président (au témoin). — Le 16 novembre, vous avez passé la soirée chez Mme de La Pommerais qui vous reçoit? — *R.* Oui, Monsieur.

D. A quelle heure êtes-vous arrivée? — *R.* A huit heures.

D. Est-ce que La Pommerais s'y trouvait? — *R.* Non, Monsieur.

D. A quelle heure est-il rentré? — *R.* A neuf heures.

D. Comment savez-vous cela? — *R.* C'était sa fête, et j'y vais d'ordinaire ce jour-là.

D. La Saint-Edmond? Cette fête tombe le 20 novembre, et non le 16. — *R.* Sur mon calendrier, elle est le 16.

D. C'est-à-dire que certains calendriers mettent le 16 saint Edm. pour saint Edme; mais la Saint-Edmond est le 20. Or chacun connaît très-bien le jour de sa fête. Rien ne prouve donc que vous fussiez chez l'accusé le 16. — *R.* J'y suis allée.

D. Vous n'avez pas d'autre raison à donner que celle de sa fête pour être allée chez lui ce jour-là? — *R.* Non, Monsieur.

D. Eh bien! la sœur de l'accusé, entendue dans l'instruction, n'a rien dit de cela. Elle était chez lui avec son mari le jour de la fête et n'a pas parlé de vous. — *R.* J'ai dit la vérité.

D. Qui vous fait penser que l'accusé soit rentré, comme vous le dites, à neuf heures plutôt qu'à neuf heures et demie? — *R.* J'ai dit vers neuf heures.

D. Il y aurait toujours une heure entre votre arrivée chez lui, à huit heures, et sa rentrée à neuf heures.

Est-ce que vous n'avez pas eu de relations intimes avec lui? — *R.* Non, Monsieur, jamais; je le jure.

D. Vous demeuriez porte à porte avec lui, rue Saint-Benoît. On a recueilli sur votre moralité des renseignements très-défavorables. — *R.* Je vis de mon travail et n'ai rien à me reprocher.

D. Le Commissaire de police prétend que vous avez été la concubine de l'accusé. — *R.* Je jure que non, devant ces Messieurs.

D. Vos mœurs sont déplorables, selon lui; voici sa lettre : « Marie Lamouroux, dite femme Delarue, au sujet de laquelle vous me demandez des renseignements à l'effet de savoir notamment si elle n'a pas été l'ancienne maîtresse du docteur La Pommerais, a demeuré à deux reprises rue Saint-Benoît, 26 : la première fois un an, la seconde fois cinq ou six ans. M. de La Pommerais était alors étudiant en médecine, et demeurait dans la même maison. Dans cette seconde période, leurs logements, quoique distincts, étaient sur le même carré, 3e étage; et, sans qu'on puisse assurer qu'ils étaient amant et maîtresse, tout donne lieu de supposer qu'il existait entre eux des rapports intimes, attendu qu'ils entraient fréquemment l'un chez l'autre, et que la nommée Delarue n'était pas femme à repousser un homme qui lui aurait fait les moindres avances. Cette femme se disait couturière, mais elle se livrait très-peu au travail de l'aiguille, et vivait principalement de ce que lui donnaient ses amants. L'espèce d'intimité dont je parle aurait duré six mois, et n'aurait pris fin que lors du départ de M. de La Pommerais de la maison susindiquée. »

Voilà les renseignements. Et vous êtes reçue par M. de La Pommerais et sa femme! — *R.* J'ai toujours travaillé, et je travaille beaucoup.

L'accusé. — Je l'ai déjà déclaré à la Cour, je n'ai jamais eu de relations intimes avec Mme Delarue. Je dois lui conserver la reconnaissance que peut témoigner un jeune homme à une femme qui a eu des bontés pour lui. Je me suis trouvé fort heureux de la trouver près de moi pour me soigner. C'est en raison de cela que je l'ai reçue. Du moment qu'elle était admise chez moi, cela suffit pour établir qu'il n'a pas existé de relations intimes entre elle et moi.

D. Les renseignements ne parlent pas de relations depuis votre mariage; mais on peut s'étonner que, si cette intimité a existé, cette personne ait été reçue chez vous par votre femme.

Femme Horvelin, à la Salpêtrière. — J'ai été pendant six ans la domestique de M. de La Pommerais, et c'est lui qui a obtenu mon admission à la Salpêtrière.

Me Lachaud. — Mme de Pauw ne réclamait-elle pas constamment de l'argent à M. de La Pommerais? Le témoin n'a-t-elle pas été chargée fréquemment d'en donner?

M. le Président. — Mme de Pauw venait-elle souvent chez M. de La Pommerais?

Femme Horvelin. — Elle venait le matin, elle venait le soir, elle venait dans la journée.

D. A quelle époque? — *R.* Avant son mariage.

D. Avez-vous été chargée de lui remettre de l'argent? — *R.* Bien souvent, à elle ou à ses enfants.

D. Etait-ce des billets de banque? — *R.* Non.

D. Etait-ce des pièces de monnaie? — *R.* C'était quelquefois 10, quelquefois 15 fr., plus ou moins.

D. M. de La Pommerais n'y était donc pas quand elle venait? — *R.* Bien souvent elle venait avant de se rendre à son ouvrage, quand Monsieur était déjà parti pour aller voir ses malades.

D. Où M. de La Pommerais demeurait-il alors? — *R.* Rue de Verneuil, 44.

D. Mme de Pauw demeurait aussi là? — *R.* Elle demeurait au numéro 20.

Me Lachaud. — Le dispensaire était au numéro 20, et l'appartement de M. de La Pommerais au 44.

D. A quelle époque avez-vous quitté la maison de l'accusé? — *R.* Il y a quatorze mois.

D. Avez-vous continué à être à son service depuis qu'il demeure rue des Saints-Pères? — *R.* Oui; j'y étais encore il y a quatorze mois.

D. Jusqu'à quelle époque Mme de Pauw est-elle venue chez lui? — *R.* Je ne me le rappelle pas. Elle n'y est plus venue dès qu'il a été marié.

D. Y est-elle venue jusqu'à l'époque du mariage? — *R.* Le jour même du mariage, elle était à Belleville.

D. Elle est donc venue jusqu'au jour du mariage? — *R.* Oui; elle m'a dit un jour : « Il prend une femme qui ne l'aimera jamais, tandis qu'il y en a une qui l'aime beaucoup. » J'ai raconté cela à Monsieur.

D. Elle est donc venue chez lui jusqu'au dernier moment? — *R.* Oui, Monsieur. Quand Monsieur est rentré et que je lui ai dit cela, il n'a pas été content. Il l'a fait entrer dans son cabinet. J'étais dans la salle à manger; il lui a fait des reproches. Elle a répondu : « C'est cette vieille s..... qui vous a dit cela. » Quand elle est sortie, je lui ai dit: « Qu'appelez-vous s.....?C'est celle qui court après les hommes. » Monsieur l'a fait sortir, et l'a mise à la porte.

D. Depuis ce temps, il ne l'a jamais revue? — *R.* Elle est encore revenue le lendemain, et a continué jusqu'au jour du mariage; ce jour-là elle était dans l'église de Belleville.

D. Est-ce qu'elle y a causé du scandale? — *R.* Je ne l'ai pas vue. Une personne m'a dit qu'elle y était, je ne lui ai pas adressé la parole.

D. La Pommerais la recevait-il volontiers, quand elle venait avant son mariage? — *R.* Monsieur s'en allait et faisait dire qu'il n'y était pas. Elle revenait au bout d'un quart d'heure. S'il y avait quelqu'un au salon, elle se cachait dans les lieux, dans la cuisine; elle se fourrait partout.

D. Vous ne savez pas si, quelques jours avant son mariage, il la recevait encore? — *R.* Je n'en sais rien.

D. Toutefois, il vous recommandait de dire qu'il était sorti. Alors pourquoi lui ouvriez-vous quand elle revenait? — *R.* Quand elle disait que ses enfants étaient malades, Monsieur lui donnait quelque chose.

D. Il était donc chez lui quand elle venait? — *R.* Elle venait à toute heure, et quand Monsieur était sorti, elle attendait.

D. Elle n'est plus revenue après le mariage? — *R.* Je ne l'ai pas revue.

M. le Président (à l'accusé). — Avez-vous quelque chose à dire?

L'accusé. — Rien.

D. Il est difficile d'admettre que vous n'ayez pas conservé de relations avec Mme de Pauw jusqu'au moment de votre mariage, car vous demeuriez encore à ce moment rue de Verneuil. — *R.* Oui, j'ai eu l'honneur de le dire, mon appartement était au numéro 44; mais mon dispensaire, qui était d'abord au numéro 20, avait été transporté, neuf mois avant mon mariage, rue du Bac. Puisque cette femme venait constamment, tantôt pour elle, tantôt pour ses enfants, il était impossible que je ne la rencontrasse pas une fois sur cent. Mais longtemps déjà avant mon mariage, nos relations avaient cessé. Quant à ses visites chez moi, il en a été question. D'autres domestiques ont dit l'avoir introduite : c'est à ce moment que j'ai pris l'arrangement dont je vous ai parlé.

D. D'après la déclaration du témoin, vous donniez quelquefois de l'argent, mais ce n'était pas des sommes importantes. — *R.* Cela se renouvelait continuellement.

Un Juré. — Cet argent était-il enveloppé dans quelque chose? Quelles étaient les sommes?

Femme Horvelin. — C'était enveloppé dans du papier; je n'ai jamais eu la curiosité de regarder.

M. le Président. — Les livres de dépenses de l'accusé ont été examinés, compulsés par le Juge d'instruction, et il en est résulté que pendant trois ans il a donné 680 fr.

L'accusé. — J'ai déjà répondu à cela. J'ai dit que j'étais fort étonné qu'on eût trouvé quelque chose, car tous mes papiers relatifs à Mme de Pauw avaient été anéantis par moi.

D. S'ils eussent été anéantis, on ne les aurait pas trouvés. — *R.* Je ne pouvais avoir avec Mme de Pauw une comptabilité; les sommes que j'ai relatées sont insignifiantes. Comme l'a dit le témoin, non-seulement je lui donnais de l'argent quand elle venait chez moi, mais quand je dînais chez elle, je lui donnais 20 fr. C'est malheureux que la femme de ménage qui la servait alors soit absente, elle pourrait confirmer le fait. D'un autre côté, en dehors des sommes que je lui remettais, je lui avais avancé 15 ou 1,600 fr. pour acheter des tableaux. Je ne lui ai jamais réclamé cette somme, parce que les tableaux avaient été revendus pour rien ou presque rien.

Je vous prie de demander au témoin si elle ne sait pas que Mme de Pauw m'a écrit à moi ainsi qu'à ma femme depuis mon mariage.

M. le Président (au témoin). — Savez-vous si Mme de Pauw a écrit à l'accusé après son mariage?

Femme Horvelin. — Je n'en sais rien, je ne le pense pas.

M. le Président (à l'accusé). — Comment voulez-vous qu'elle le sache!

Ce sont les sommes peu importantes dont a parlé le témoin que vous avez voulu vous faire restituer au moyen de l'assurance?

L'accusé. — Je le répète, puisqu'il faut que je revienne là-dessus pour la centième fois, je n'ai pas eu la prétention de rentrer dans ces petites sommes. Il ne faut pas confondre ce que j'ai donné et ce que j'ai avancé. Il était de mon devoir, quand j'ai connu le système des assurances, d'employer un moyen excessivement louable, très-honnête, de faire du bien à cette femme et à ses enfants, et de pouvoir rentrer dans les sommes dont je faisais ainsi l'avance.

D. Mais vous ne pouviez avoir la prétention de lui faire restituer même les 200 fr. par mois que vous dites lui avoir avancés, et cela ne pouvait, en aucune façon, justifier la reconnaissance de 550,000 fr. que vous avez obtenue de Mme de Pauw? — *R.* Encore une fois, il ne s'agit pas de 550,000 fr., c'est là une somme aléatoire. Je voulais modifier le contrat après trois ans. Mme de Pauw étant, relativement, jeune; en lui donnant 200 fr. par mois, si elle eût vécu vingt ans, cela eût fait 50,000 fr. que je lui aurais donnés. Y a-t-il un père de famille, quel qu'il soit, qui veuille distraire de sa fortune une somme pareille, sans espérance d'y rentrer? Cependant je m'étais engagé sur l'honneur à lui faire du bien jusqu'à sa mort. J'ai donc dû profiter du moyen que m'offrait l'assurance, moyen qui me permettait en outre de rentrer dans les différents prêts que j'avais faits.

D. Vous n'avez jamais fourni à Mme de Pauw 200 fr. par mois, et quand même vous l'eussiez fait, c'eût été, non comme prêt, mais comme don, à raison de vos relations avec elle. — *R.* Elle n'avait rien; si cette circonstance des assurances ne s'était pas présentée, jamais je n'aurais eu la pensée de lui réclamer quoi que ce soit.

D. Votre devoir à vous, homme marié, eût été de n'avoir aucune relation avec cette femme, et surtout de ne pas consacrer à des assurances sur sa tête, pour rentrer dans une prétendue créance de 2 à 3,000 fr., l'argent de votre famille, même celui de votre femme? — *R.* Si j'ai des comptes à rendre à cet égard, c'est à ma femme, et pas à d'autres. Ce n'est pas elle qui me fait des reproches; il y a toujours eu entre nous la plus grande harmonie. D'ailleurs, je puis répondre de mes emprunts, en admettant que je lui en aie fait, d'abord par mes moyens propres comme médecin, et en outre par les ressources de ma famille, qui est très-honorable, qui a de la fortune, et de laquelle j'aurai à recevoir des sommes plus importantes que celles que m'a apportées ma femme.

D. Votre famille, tout honorable qu'elle soit, n'a pas une grande fortune. — R. Qui peut le dire ?

D. Les renseignements fournis par le Juge de paix nous ont appris que cette fortune peut monter à 40,000 fr. Vous êtes deux enfants ; il ne vous reviendrait donc pas plus de 20,000 fr. Votre devoir était de respecter la fortune de votre femme. Vous avez vendu les actions de la Banque qui lui appartenaient pour les remplacer par des valeurs au porteur plus faciles à négocier. Quant à votre fortune personnelle, il est impossible d'admettre que vous en eussiez, puisque vous avez emprunté les valeurs qui figurent dans votre contrat de mariage. — R. Je vais répondre à tout. (Rumeurs dans l'auditoire.) Les renseignements qu'a fournis le Juge de paix sur la fortune de mon père sont complétement faux. Mon père a reçu de son héritage paternel une ferme qui, en ce moment, vaut 50,000 fr. Il est en outre propriétaire de deux maisons. Voilà ensuite près de quarante ans qu'il exerce la médecine. On sait ce que l'on peut dépenser à la campagne : est-il supposable qu'un homme qui vit avec une grande économie, qui n'a pas de dépenses forcées, se trouve encore avec ce qu'il a reçu de l'héritage paternel, qui d'ailleurs s'élevait à plus de 100,000 fr., je le répète !

D. Votre père ne vous a rien donné lors de votre mariage. — R. Je vous demande pardon, il m'a donné 10,000 fr. Vous pouvez constater que, dans mon contrat de mariage, en dehors des valeurs de M. Lelienthal, il est fait mention de 10,000 fr. d'actions du Nord qui représentent les 10,000 fr. de mon père. J'ai dit aussi au Juge d'instruction qu'en 1855, mon père m'a donné 20,000 fr. pour m'installer à Paris, et il a continué à me faire une pension jusqu'en 1858.

D. Vous démontrerez cela dans votre plaidoirie, vous discuterez la fortune dont vous étiez en possession lors de votre mariage.

M⁰ Lachaud. — Monsieur le Président, voudriez-vous demander de nouveau au témoin si, postérieurement au mariage, Mme de Pauw n'a pas écrit à M. La Pommerais une lettre.

M. le Président (au témoin). — Savez-vous si Mme de Pauw a écrit à l'accusé après son mariage ?

Femme Horvelin. Je n'en sais rien.

Me Lachaud. — Voici ce que vous avez déclaré dans l'instruction : « J'étais encore au service du D^r La Pommerais au moment de son mariage. Je n'ai jamais vu Mme de Pauw venir depuis lors, mais j'ai su qu'elle lui avait écrit ; j'ai eu une fois entre les mains une lettre d'elle qui m'a été remise par le concierge, et que j'ai placée, comme les autres lettres, sur le bureau de Monsieur. »

Femme Horvelin. — Je ne sais ni lire ni écrire, je ne me souviens pas de cela.

(L'audience, suspendue à une heure, est reprise à une heure et demie.)

M. Torillot (Henri). — J'ai été au service de l'accusé ; il s'est montré très-bon pour moi, bon comme peut l'être un père de famille.

Me Lachaud. — Le témoin n'a-t-il pas été chargé de porter des lettres chez Mme de Pauw ?

M. Torillot. — Oui, j'en ai porté plusieurs.

M. le Président. — Avez-vous remis les lettres au concierge lui-même ?— R. Il est possible que j'en aie remis ; car j'en ai porté plusieurs. Il arrivait parfois que le concierge était au fond de la cour ; alors , je l'appelais , lui disant : Voilà une lettre pour remettre à Mme de Pauw elle-même.

D. Y avait-il des valeurs dans ces lettres ? — R. Je ne sais ce qu'elles contenaient.

M. le Président. — L'accusation ne conteste pas que l'accusé ait écrit à Mme de Pauw, notamment chaque fois qu'il devait venir ; il la prévenait par une lettre, afin qu'elle s'arrangeât pour être seule.

M. Torillot. — J'ai vu dans le journal...

M. le Président. — Nous ne nous occupons pas de ce que vous avez vu dans le journal.

M. Bailleul, officier en retraite. — Je ne sais rien relativement à l'accusation. Je puis seulement dire que, depuis 1858, j'ai reçu les soins de M. de La Pommerais, et l'ai toujours trouvé plein d'attentions pour moi et pour mes enfants. Il m'a paru homme de bonne société. Je n'aurais jamais pu supposer qu'une accusation criminelle pût être dirigée contre lui.

M. Petit, chef de division au ministère de l'Instruction publique, ne répond pas à son nom.

Me Lachaud. — Nous n'insistons pas sur cette déposition.

M. Rennes (Alexandre), négociant. — J'ai appelé M. La Pommerais pour ma femme, qui était extrêmement malade, après le départ de M. Gastier, auquel il succédait. Il a soigné ma famille, et je n'ai jamais eu qu'à me louer de son assiduité et de son dévouement.

M. Rennes (Jean-Jacques-Marie), négociant. — Je suis le frère du précédent témoin. Ma femme a été soignée pendant plusieurs années par M. de La Pommerais. Nous n'avons eu qu'à nous louer de lui ; il y a environ trois ans qu'il est notre médecin.

Mme Chapuis. — Je connais M. de La Pommerais depuis deux ans. Il m'a donné des soins très-assidus. Je suis allée très-souvent chez lui, et me suis liée avec Mme de La Pommerais.

D. Avez-vous entendu parler des relations avec Mme de Pauw ? — R. Non, Monsieur.

M. Garland (Louis), propriétaire à Bellevue. — Je connais M. de La Pommerais depuis sept ou huit ans. Je l'ai rencontré chez un de mes amis, qu'il soignait. Ma femme désirant, comme moi, recevoir les soins d'un médecin homœopathe, je l'ai appelé. Il lui a donné des soins dévoués. Je n'ai eu qu'à me louer de mes relations avec lui. M. le Juge d'instruction m'a demandé des renseignements sur ce que j'avais payé, les sommes portées sur les livres lui paraissant exagérées. M. de La Pommerais avait pris ma femme dans un état déplorable, et l'avait guérie de plaies aux jambes. Je lui ai demandé combien je lui devais. Je lui ai envoyé 500 fr., et six mois après encore 500 fr., avec l'intention de lui donner 1,000 fr. par an, en plus des médicaments.

D. Vous preniez donc vos médicaments chez lui ? — R. Non, Monsieur ; mais il m'en a donné plusieurs que, probablement, il ne pouvait avoir chez le pharmacien. J'en ai payé 10, 12 et 15 fr.

M. le Président (à l'accusé). — De La Pommerais, pourquoi délivriez-vous au témoin des remèdes ?

L'accusé. — J'ai déjà eu l'honneur de répondre que j'en délivrais aux trois quarts de mes clients.

D. Vous saviez que vous vous mettiez par là en contravention avec la loi. Pourquoi distribuiez-vous vous-même vos remèdes à vos clients ? —

R. Parce que, je l'ai dit, aucun pharmacien ne m'inspirait confiance; M. Menier, le seul en qui j'aie confiance, n'est pas détaillant.

D. C'est là une raison difficile à admettre. Vous faites peser sur tous les pharmaciens un singulier soupçon. Le docteur Simon nous a dit que tous les homœopathes formulaient chez les pharmaciens ?— *R.* En préparant mes remèdes moi-même, j'étais plus certain de leur effet; or mon but est de guérir.

D. Ce n'était pas une raison pour avoir chez vous des médicaments de toute nature en quantité considérable, et surtout des poisons? — *R.* Ce sont des médicaments.

D. La digitaline, selon vous, ne serait pas un poison, parce que c'est un remède? — *R.* C'est une question de nom. J'avais ouvert un cours dans lequel j'avais pour but d'instruire les étudiants en médecine de la nature de chaque remède; je me livrais à cette fin à des expériences dans mon dispensaire.

D. Votre dispensaire, d'après les renseignements que nous avons pris, était fréquenté par très-peu de personnes? — *R.* Il y avait 60 à 80 personnes tous les lundis; faites venir le domestique, il vous le dira.

D. Sur les cartes que vous distribuiez, et que nous avons là, vous indiquiez M. Weber comme pharmacien en chef de ce dispensaire? — *R.* J'avais deux pharmaciens, l'un pour suppléer l'autre. M. Weber vous a dit qu'il avait rompu, parce que, selon lui, beaucoup de personnes qui auraient pu payer plus cher, se présentaient avec des cartes de médicaments à prix réduits; l'autre pharmacien a cédé sa pharmacie; alors force m'a bien été de délivrer mes médicaments moi-même, dès que je voulais conserver mon dispensaire.

D. Weber, votre pharmacien en chef, vous inspirait confiance à ce moment? — *R.* Oui, mais il s'est retiré, et je ne pouvais aller au-devant de lui.

D. Il fallait en prendre un autre? — *R.* Les autres ne m'inspiraient pas confiance. Mon but était surtout de guérir mes malades. Du moment que je les guérissais, je ne crois pas que j'aie manqué à ma conscience. Un médecin ne relève que de sa conscience, qui est son juge et son censeur.

D. C'est-à-dire que vous faisiez, sur les remèdes, des bénéfices considérables en les achetant chez Menier. Vous saviez très-bien que la loi défend aux médecins de délivrer eux-mêmes leurs remèdes, et vous-même disiez dans la circulaire dont a parlé hier le docteur Simon que M. Weber était votre pharmacien. Tout le temps qu'il l'est demeuré, il vous faisait la remise de la moitié sur le prix des ordonnances qu'il exécutait pour vous. — *R.* M. Weber a eu l'honneur de vous dire que c'était pour remplacer le loyer du dispensaire, lequel est ordinairement à la charge du médecin.

D. Enfin vous étiez en contravention à la loi, vous le reconnaissez vous-même, en délivrant les remèdes à vos malades.

Mme veuve Pierron, rentière. — Au mois d'octobre 1861, j'étais malade de la poitrine, et M. de La Pommerais me soignait. Il me paraissait fort triste; je lui en demandai la raison, et il me répondit qu'il venait de perdre sa belle-mère qui était morte subitement. « Malheureusement j'étais absent, dit-il, on l'a saignée. Si j'avais été présent, peut-être n'aurais-je pas à déplorer cette perte. » Il ajouta : « Je redoute l'émotion pour ma pauvre femme. » Quinze jours plus tard, il vint voir mon mari malade. On l'avait appelé trop tard, mon mari n'était plus. Il le considéra en disant : « Quelle calamité! » Puis, s'approchant de moi, après avoir examiné le mort, il ajouta : « Sommes-nous heureux, Madame Pierron, quand ceux que nous affectionnons nous quittent ainsi! Tandis que ma pauvre belle-mère portait sur sa physionomie l'expression de la souffrance, voyez l'air calme de votre mari! »

D. Il attribuait la mort de sa belle-mère à la saignée? — *R.* Je lui demandai si cette dame était malade depuis longtemps; il me répondit que cela était sans doute, mais que l'indisposition dont elle était morte ne remontait qu'à quelques jours. Le matin, quand il l'avait quittée il était loin de s'attendre à une fin aussi prompte, mais le mal avait fait des progrès très-rapides. On avait fait appeler un médecin, lequel avait jugé convenable de pratiquer une saignée.

D. Il résulte de votre déclaration que l'accusé paraissait éprouver de la mort de sa belle-mère une douleur profonde, et qu'il attribuait cette mort à la saignée qu'on avait pratiquée? — *R.* Il m'a dit : « Je n'aurais peut-être pas à déplorer sa mort, si on ne l'eût pas saignée. »

M. le Président (à l'accusé). — Vous n'avez jamais, dans l'instruction, parlé de la saignée comme ayant occasionné la mort de votre belle-mère.

L'accusé. — J'ai dit que j'étais heureux de ne pas m'être trouvé là, parce que sans doute je me serais opposé à la saignée, ce qui n'aurait peut-être pas empêché la mort, et aujourd'hui on m'en ferait un reproche.

D. Quel reproche aurait-on eu à vous faire ? — *R.* Celui de m'être opposé à la saignée; car, comme médecin, j'eusse donné un avis contraire.

D. Mais, quand on a saigné votre belle-mère elle était déjà à l'extrémité; ce n'est qu'en désespoir de cause qu'on a eu recours à cette opération.

Mme Pierron. — Depuis cette époque, j'ai été soignée avec dévouement et désintéressement par M. de La Pommerais; il a soigné de même des membres de ma famille, et des enfants de mes amis. En parlant des enfants, il disait : « Si j'ai une fille, elle sera la compagne de sa mère; si j'ai un fils, il ne me quittera que le jour de son mariage. » Il comprenait le bonheur domestique, et savait l'apprécier.

Un jour, je suis allée chez lui et l'ai trouvé dans un chagrin extrême, dans le plus grand désespoir : sa femme venait de faire une fausse couche. Plus tard j'étais à la campagne, c'était au mois de juillet dernier, il m'écrivait: « Ma pauvre femme est dans les douleurs; l'accouchement s'annonce comme devant être très-douloureux. » En m'informant de la mort de son fils, il disait : « Sa pauvre mère est folle de désespoir.... » Il s'exprimait ainsi de cœur; je lui ai toujours connu bon cœur.

Au retour de la campagne, le 2 novembre, j'allai lui faire visite. Il me donna des détails. Il me dit : « Ma pauvre femme ne peut voir un petit bonnet ou un petit fichu sans pleurer. Notre enfant était si beau, qu'elle est inconsolable. » Le 16 ou le 18 novembre, je ne suis pas certaine de la date, je vis M. de La Pommerais pour la dernière fois. Il me parla dans les mêmes termes, avec la même tendresse, de madame et du chagrin que lui causait la perte de son enfant.

D. Vous ne saviez pas qu'il connût au dehors de chez lui Mme de Pauw? — *R.* Ses rapports avec moi ont toujours été très-respectueux. Je n'ai rien su de ces relations.

D. Nous ne disons pas qu'il vous en ait parlé, mais nous vous demandons si vous les avez connues? — *R.* Je n'ai jamais entendu parler de cette dame.

L'accusé. — Monsieur le Président, vous m'avez dit tout à l'heure que je faisais payer mes médicaments. Dans la situation où je me trouve, je puis souvent oublier quelque chose. Mais, je tiens à ce que MM. les Jurés le sachent, si je fais payer mes médicaments, ce n'est qu'à très-peu de gens, car les trois quarts de ma clientèle reçoivent les médicaments gratuitement.

Mme Pierron. — C'est vrai.

Cleïsz (Michel-Auguste), évangéliste.

D. Vous êtes ministre? — *R.* Non, j'assiste le pasteur dans ses visites. Je ne connais l'accusé que pour les services qu'il m'a rendus, et l'humanité dont il m'a donné des preuves. Il y a quatre ans environ, ma femme était très-gravement malade; je n'ai eu qu'à me louer de lui. Il nous a souvent soignés avec le plus entier dévouement et un complet désintéressement. Au mois de novembre dernier il sortait de donner des soins à un malade; le malade et sa femme pleuraient de reconnaissance.

Fichot (Charles), artiste dessinateur. — Je connais l'accusé comme médecin. Il nous a soignés, moi et ma famille, et je n'ai que des éloges à lui adresser pour son dévouement et son désintéressement.

Bouquet (Jean-Louis), employé. — J'ai eu, il y a deux ans, un enfant très-gravement malade d'une fièvre muqueuse. Voyant cet enfant dépérir chaque jour entre les mains du médecin qui le soignait, sur le conseil d'un de mes amis, son client, j'appelai M. de La Pommerais. Quinze jours durant, il n'a cessé de donner ses soins à mon enfant auquel il a rendu la vie, et qu'il a guéri complétement. J'ai voulu aller le payer de suite; il m'a dit : « Vous êtes bien pressé, je n'agis pas ainsi, je vous regarde comme un client et je ne règle mes comptes qu'au bout de l'année. » A la fin de l'année, il m'apporta sa note, et, vu ma position, car j'ai cinq enfants, il me dit : « Vous feriez bien de prendre un abonnement au dispensaire qui ne vous coûterait que 18 fr. pour l'année. » J'acceptai et je pris un abonnement. Il a montré vis-à-vis de moi un grand dévouement et un grand désintéressement, car il a réduit à 3 fr., pour moi, ses visites dont le prix est de 5 fr. Or nous demeurons au bout des Batignolles. Cet homme, je l'affirme, ne nous a fait que du bien de toute manière.

Blanchard (Louis-Adolphe), coupeur-tailleur. — Depuis quatre ans M. de La Pommerais a soigné ma famille et il l'a fait d'une manière affectueuse.

D. Vous fournissait-il les médicaments? — *R.* Nous en avons pris chez M. Weber, pharmacien, parce que nous étions abonnés.

L'accusé. — Le témoin est un de ceux auxquels je fournissais les médicaments gratuits.

M. Blanchard. — Vous avez apporté des médicaments à la maison; mais j'en ai pris quelquefois chez le pharmacien.

M. Jourdain (Victor), propriétaire. — J'ai été soigné par l'accusé, et n'ai eu qu'à me louer de ses services.

D. Vous délivrait-il les médicaments? — *R.* Il m'en a délivré quelques-uns.

L'accusé. — Je fais la même observation que tout à l'heure, j'ai toujours fourni gratuitement à monsieur des médicaments.

M. le Président (au témoin). — Vous me paraissez cependant en état de payer les remèdes. Vous payiez les visites; combien les payiez-vous?

M. Jourdain. — Je suis encore à payer, je n'ai pas reçu la note de M. de La Pommerais.

M. Valdener, propriétaire. — Je puis témoigner des bons soins de l'accusé pour moi pendant un an, à diverses reprises, à l'occasion d'étourdissements dont je souffrais.

D. Vous fournissait-il les médicaments? — *R.* Dans le commencement, j'allais chez le pharmacien; mais à la fin il me les fournissait lui-même.

D. Chez quel pharmacien alliez-vous? — *R.* Chez M. Weber.

D. A la fin, payiez-vous les médicaments qu'il vous fournissait? — *R.* Oui, mais moins cher que chez le pharmacien, les 2/3.

D. Cela se comprend, le pharmacien partageait avec lui.

L'accusé. — Le témoin est encore un de ceux qui ont eu une carte de dispensaire; il est un de ceux qui, selon M. Weber, pouvaient payer, et à l'occasion desquels il n'a pas voulu continuer à exécuter nos conventions.

M. le Président. — Quoi qu'il en soit, le témoin dit que vous lui faisiez payer les médicaments.

M. le comte Estève de Pradel, commissaire-répartiteur de la ville de Paris. — Je n'ai que de bonnes choses à dire sur l'accusé. Il était plein de dévouement pour ses amis et ses malades. Il y a huit ans, il m'a soigné nuit et jour à la campagne, et depuis lors, toutes les fois que j'ai été malade, je l'ai appelé. J'avais une fluxion de poitrine, j'étais malade, il a couché dix nuits sur un canapé près de mon lit. J'ai été très-content de ses soins, et lui en suis très-reconnaissant.

Jardin (François), chemisier. — Vers le milieu du mois de décembre, je me trouvais excessivement malade; je me voyais dépérir de jour en jour; j'eus le bonheur de rencontrer un ami qui me fit connaître M. de La Pommerais. Il m'a donné des soins dont je lui suis très-reconnaissant. Il m'a traité jusqu'au moment même de son arrestation.

D. A quelle époque a-t-il commencé à vous soigner? — *R.* Vers le milieu du mois de décembre.

D. Vous êtes dans l'erreur. C'est sans doute au mois de décembre l'année précédente? — *R.* Non, Monsieur; c'est au mois de décembre dernier.

D. L'accusé a été arrêté le 4 décembre. — *R.* Il m'a soigné jusqu'au dernier moment et il avait commencé trois semaines avant.

D. C'est donc au mois de novembre et non en décembre. Quelle maladie aviez-vous? — *R.* Une maladie qui s'était portée dans le bras. (Le témoin a le bras en écharpe.)

D. Vous a-t-il fourni les remèdes? — *R.* Non, Monsieur, ils ont été pris rue du Helder.

D. C'est un pharmacien homœopathe. L'accusé vous envoyait-il chez lui? — *R.* Je ne pourrais vous le dire, il faudrait le demander à ma femme, je ne m'occupe pas beaucoup de ces choses-là.

D. Est-ce lui qui vous a dit d'aller rue du Helder? — *R.* Oui, monsieur le Président.

M. le Président (à l'accusé). — Pourquoi envoyiez-vous le témoin rue du Helder?

L'accusé. — Je ne l'y ai jamais envoyé. J'ai fait des ordonnances; je lui ai dit, comme cela m'arrivait, d'aller chez M. Weber. Mais souvent le malade choisit lui-même son pharmacien. Si le témoin est allé rue du Helder, c'est de son propre mouvement.

D. Le témoin prétend que vous lui auriez indiqué

cette pharmacie. — *R.* Je n'ai jamais envoyé rue du Helder; j'ai des motifs personnels pour ne pas le faire.

D. C'est encore là une pharmacie qui ne vous inspire aucune confiance? — *R.* Il n'y a pas d'autre pharmacie homœopathique que celle-là.

D. Il y en a une rue des Capucines? — *R.* C'est le frère de M. Weber, que je connais. Il n'y a, je le répète, que M. Weber et M. Catelan de pharmaciens homœopathes; ils ne m'inspirent aucune confiance. Les autres maisons sont des succursales.

D. C'est une singulière allégation de votre part, que de prétendre que ces pharmaciens ne vous inspirent aucune confiance. Vous seul d'ailleurs faites exception, puisque les autres homœopathes envoient chez eux. — *R.* Je le répète, les trois quarts de mes clients reçoivent de moi les médicaments à titre gratuit.

M. Mazet (Jean-Pierre), entrepreneur de menuiserie. — Je n'ai vu M. de La Pommerais et ne lui ai parlé qu'une seule fois. Je suis cité, je pense, parce qu'il fait partie de la Société Saint-Thomas-d'Aquin dont je suis le président. Quand j'ai été nommé, en avril 1863, j'ai dû rendre visite à tous les médecins attachés à la Société. M. de La Pommerais était du nombre. Il m'a dit qu'il se trouvait fort heureux de ce que l'ancien président fût parti, parce qu'il se refusait à payer les médicaments qu'il ordonnait, prétendant qu'ils coûtaient trop cher. D'un autre côté, il voulait lui faire payer sa cotisation, et M. de La Pommerais pensait que le médecin qui fournit ses soins ne devait pas la payer. Je lui ai répondu, tout en lui recommandant la plus grande économie possible pour les médicaments, que quand un sociétaire était en danger, coûte que coûte, il devait ordonner le nécessaire ; j'étais aussi d'avis qu'il n'avait pas de cotisation à payer. « Dans ce cas me répondit-il je resterai dans votre Société. » Il a donc continué ses services, et il a soigné de nos malades jusqu'au mois d'octobre dernier.

D. Chez qui les ordonnances s'exécutaient-elles? — *R.* Chez M. Weber.

D. Encore dans les derniers temps? — *R.* Oui, jusqu'à la fin de l'année 1863. J'ai fait alors un mandat de 19 francs pour les notes de 1863. M. de La Pommerais avait soigné seulement trois malades.

D. Vous n'avez pas su qu'il avait un traité avec le pharmacien Weber, et que celui-ci lui remettait la moitié du prix des ordonnances? — *R.* Je l'ai su par les journaux, mais n'en ai pas eu connaissance autrement.

D. Le docteur Mathias ne fait-il pas partie de votre Société? — *R.* Il n'en est plus maintenant. J'ai renouvelé le conseil, et n'ai pas jugé à propos de l'y faire entrer.

D. Vous avez donc à vous plaindre de lui? — *R.* Du tout, mais j'ai renouvelé le conseil.

D. Ainsi vous avez rayé le docteur Mathias, et vous avez gardé La Pommerais. — *R.* Ce n'est pas la même chose. M. Mathias était membre du conseil et n'a pas été renommé. M. de La Pommerais était l'un des médecins de la Société.

M. le Président. — M. Mathias est-il présent? (Personne ne répond.)

Me Lachaud. — Le témoin a été cité pour faire constater que La Pommerais n'a pas été rayé de la société Saint-Thomas-d'Aquin.

M. Mazet. — Il n'a pas été porté sur le dernier compte-rendu pour décembre, janvier et février dernier, nos malades, qui choisissent leurs médecins, ne pouvant s'adresser à lui parce qu'il était empêché.

M. le Président. — C'est-à-dire qu'il avait été arrêté.

M. Mazet. — Il était empêché de donner ses soins.

M. le Président. — En effet, puisqu'il était en prison.

(Au témoin). — Etiez-vous membre du bureau quand M. Mathias a fait son rapport? — *R.* Je suis l'un des fondateurs de la société.

D. Qu'a-t-il proposé? — *R.* Je n'ai rien entendu dire à ce sujet. Je dois déclarer cependant qu'il y a eu une lacune dans mes fonctions de membre du bureau. J'ai donné ma démission en avril 1862, et peut-être la chose s'est-elle passée dans l'intervalle.

D. Il n'y a pas de traces du rapport? — *R.* Nulle part dans les procès-verbaux.

D. Jusqu'au moment de son arrestation La Pommerais a fourni ses soins à vos malades, et c'est par Weber que ses ordonnances étaient exécutées? — *R.* Oui, je l'ai dit, j'ai payé à ce pharmacien une note de 19 fr.

M. le Président (à l'accusé). — Vous envoyiez donc toujours chez Weber?

L'accusé. — J'y étais bien obligé, puisqu'il est pharmacien de la Société de Saint-Thomas-d'Aquin.

M. le Président (au témoin). — Weber est votre pharmacien?

M. Mazet. — Non, Monsieur, je ne le connais même pas.

D. Est-ce un des pharmaciens de la Société? — *R.* Il y en a plusieurs. Je lui ai fait un mandat, il est venu à la maison en toucher le prix, et j'étais absent. Le mémoire avait passé comme les autres sous les yeux du conseil, qui avait jugé qu'on pouvait payer.

D. Vous n'avez rien réduit? — *R.* Seulement quelques centimes.

Je voudrais, monsieur le Président, protester contre les allégations de l'ancien président de notre Société.

M. le Président. — Nous n'avons pas de protestations à entendre ici. Il nous en a été adressé d'autres, que nous ne croyons pas devoir rendre publiques. La Justice n'agit pas pour les intérêts privés, elle agit dans un intérêt général. Des pharmaciens nous ont écrit, nous avons passé leurs lettres sous silence pour ce motif.

M. Mazet. — Les Sociétés représentent un intérêt public.

M. le Président. — L'intérêt d'une Société particulière, comme celui d'un individu, cela est étranger à l'intérêt général, qui seul peut nous animer.

M. Mazet. — Je demandais la permission de protester, voilà tout.

M. le Président. — La liste des témoins est épuisée. Messieurs les Jurés, l'un de vous est souffrant. Nous croyons qu'à cette heure il ne faut pas commencer les plaidoiries; il vaut mieux les renvoyer à lundi prochain. L'audience commencera à dix heures.

L'audience est levée à deux heures trois quarts.

Le lundi, 16 mai, l'audience est ouverte à dix heures.

M. le Président. — Le Juré malade est-il présent?

Le chef du Jury. — Oui, monsieur le Président.

M. le Président. — Avant de donner la parole à M. l'Avocat général, je demande à l'accusé et à son défenseur s'ils ont quelques questions à faire?

Me Lachaud. — Aucune.

M. le Président. — La Pommerais, vous aviez annoncé, à l'une des dernières audiences, que vous vous chargiez d'établir, en présence des médecins, que Mme de Pauw était morte d'une gastrite. Avez-vous quelque chose à dire à ce sujet?
L'accusé. — Je n'ai rien à dire.
M. le Président. — M. l'Avocat général a la parole.

M. le premier Avocat général Oscar de Vallée se lève au milieu du silence le plus profond, et s'exprime ainsi :

Messieurs les Jurés,

En me levant pour soutenir et pour développer cette redoutable accusation, je ne peux pas, je ne veux pas me défendre d'une grande et humaine tristesse. Je suis pourtant bien convaincu que je viens accomplir, devant vous, un devoir de justice sociale; que je suis ici, à cette heure, à cette place, non-seulement l'avocat d'une pauvre femme empoisonnée et de ses enfants orphelins, mais encore l'avocat de tout le monde, celui de la vie humaine et de la vérité.

Jadis, dans nos vieilles sociétés, on oubliait, on semblait du moins oublier qu'un coupable est encore un homme ; on provoquait, on prononçait aisément contre lui les derniers supplices; mais heureusement nous n'en sommes plus là. Notre Justice moderne, comme les Tribunaux ecclésiastiques au moyen âge, a horreur du sang humain ! C'est assez vous dire que je sens toute la grandeur et toute la gravité du devoir qui m'est imposé, et vous me croirez si je l'affirme que j'aurais souhaité, de toute mon âme, trouver un innocent là où je ne peux voir qu'un coupable.

Cette culpabilité, je dois vous la démontrer : c'est ma tâche, et je vais la remplir. La vôtre sera de déclarer l'accusé coupable, si vous êtes convaincus, et quant aux conséquences de votre verdict, c'est la loi, qui nous régit et qui nous protége tous, qui se chargera de les tirer.

Avant tout, il faut que vous connaissiez, Messieurs, la pauvre femme qui s'est éteinte le 17 novembre dernier, au milieu des plus atroces douleurs, dans une misérable mansarde de la rue Bonaparte. L'accusé, sans souvenirs, sans émotion, sans honneur, a fait de cette femme un indigne portrait. Je vous en rappelle les traits avant de reproduire celui que les témoins eux-mêmes en ont fait dans ces débats.

Il a dit que cette femme était devenue sa maîtresse à la suite de rapports qui étaient nés quand il avait donné des soins, comme médecin, au sieur de Pauw. Il vous a parlé de secours par lui fournis libéralement à ce malheureux ; et, devenu après la mort du mari l'amant de la veuve, il ajoute que cette femme n'a cédé en l'aimant qu'à une passion brutale, qu'il a comparée, en prenant le langage d'une domestique, aux ardeurs sexuelles d'un animal.

Il assure aussi qu'il l'a comblée de bienfaits, qu'il l'a enrichie, qu'il lui a donné de l'argent à pleines mains; qu'elle a été ingrate, qu'elle a méconnu sa générosité, qu'elle a été débauchée, et il a osé indiquer les amants nombreux qu'il lui attribue : M. Dumont, le propriétaire de la rue du Cherche-Midi, de chez qui elle a dû sortir parce qu'elle ne payait pas son loyer; le vénérable M. Heim, M. Heim que vous avez vu et entendu, M. Heim qui, placé si loin au-dessus de la pauvre artiste par son talent et sa position sociale, ne s'est rapproché d'elle que pour la conseiller et la secourir. Il a dit encore (car il a épuisé la calomnie sur cette femme après l'avoir tuée) qu'elle est devenue enceinte des œuvres d'un autre, et il a eu l'audace et la folie d'attribuer cette paternité aux quatre-vingts ans de M. Heim.

Que n'a-t-il pas dit de cette malheureuse? il l'a traitée comme un galant homme, fût-il devenu criminel, ne traite pas, s'il lui reste un peu de cœur, s'il n'a pas abdiqué tout sentiment naturel, la femme qui s'est librement donnée à lui. C'est une action plus odieuse qu'un crime, de flétrir ainsi sa maîtresse en la calomniant.

A ce portrait, que l'accusé a ajouté au meurtre, permettez-moi, Messieurs, d'opposer la physionomie qui est réellement celle de Mme de Pauw, le portrait qui en a été tracé par tous les témoins, par ses amis, par ses proches, et qui est comme tout fait dans les lettres qu'elle a écrites.

Elle est née d'une honnête famille d'artisans, et elle avait épousé un modeste artiste comme elle. On a dit qu'elle n'avait pas l'instinct de l'art, qu'elle n'était bonne qu'à *brocanter* des tableaux ! Cependant elle se réjouissait un jour à la pensée d'avoir un atelier où elle pourrait faire de l'art, sans trop souffrir de la misère en faisant du métier.

Elle a toujours bien vécu avec son mari, et l'accusé lui-même ne pourrait trouver dans sa pauvre vie un acte d'inconduite, avant qu'elle l'ait rencontré.

Elle a connu La Pommerais quand il est venu soigner son mari mourant. La Pommerais est entré dans cette misérable maison comme médecin. Il veut avoir prêté de l'argent à son malade, qu'il essaye de travestir en escroc; mais rien n'établit qu'il ait donné une obole à M. de Pauw, qu'il ait fait précéder sa liaison avec Mme de Pauw d'un bienfait. Celle-ci s'est donnée à lui librement et sans calcul, plusieurs mois après la mort de son mari; la pauvre créature s'est mise tout entière dans cette liaison qui flattait son cœur, son amour-propre, et, si vous le voulez, ses sens. Elle était « toute en lui » pour prendre la belle et puissante expression du poëte. Elle l'a aimé avec désintéressement. Ne disait-elle pas à celle de ses amies qui s'étonnait et se plaignait du peu de générosité de La Pommerais : « Que voulez-vous, il n'est pas riche, il vit lui-même en travaillant et ne peut me secourir; il ne fait que commencer sa carrière. » Elle se plaisait dans cette espèce de communauté indigente, quoiqu'elle y fût misérable. Elle a peine à soutenir ses enfants qu'elle adore; elle est obligée de les retirer de leur pension dont elle ne peut payer le prix ; elle dérobe 30 francs à ses faibles ressources, aux charités qu'on lui fait, pour acheter un cadre où elle place le portrait de celui qu'elle aime, et, quoiqu'elle fût une excellente mère, de l'aveu de tout le monde, elle entend une de ses amies le lui reprocher en lui disant que ses enfants manquent de souliers, et elle sent à peine le reproche, tant sa passion est forte et désintéressée.

Elle était accablée par la misère, et nous ne comprenons pas que l'accusé l'ait si longtemps nié. Lui aussi il était pauvre relativement, je le sais, je le dirai : aussi, ne l'aidait-il pas. Ses livres, tenus régulièrement, comme ceux d'un marchand, mentionnent toutes les dépenses qu'il a faites pour elle; elles s'élèvent, pour cette période de leurs relations, à 680 fr. en deux ans.

Aussi Mme de Pauw, au lieu de maudire sa famille, comme l'accusé le prétend, a eu constamment recours à elle, à son cousin Magriny, à son frère Testu, à sa sœur la femme Gouchon; elle a reçu quelques secours de M. Heim, et quand Mme de Chalambert, cette charitable dame, allait chez elle dans la journée ou le soir, y trouvant le foyer sans feu, elle apportait de quoi réchauffer les enfants et soutenir la mère.

Dans la seconde période de leurs relations, nous la retrouvons encore ivre de lui. Quand il revient (et nous dirons bientôt pourquoi il est revenu), elle est au comble du bonheur. Elle ne lui demande rien, quoique par son mariage il soit devenu un peu plus riche.

Quand cette nouvelle liaison, qui commence en juin 1863, a pour résultat une grossesse, la pauvre femme s'en réjouit; elle proclame sa joie, elle le dit à ses confidentes, à ses amies; elle y voit non pas la fortune, car elle sait, ainsi que le lui a dit la dame Blaye, que son amant n'est qu'un vaniteux et un égoïste; mais elle y voit un lien indissolube qui l'attachera à elle pour toujours, un indestructible ciment qui assurera la perpétuité de leurs relations. Cet enfant sera bien à lui, à lui, qui n'en doit plus avoir de sa femme; elle se dit, dans sa tendresse ingénieuse, que désormais elle sera tout pour lui, qu'elle remplacera l'épouse légitime.

Cette femme était bonne, laborieuse, infatigable au travail, et, par dessus tout, excellente mère : tous les témoins l'ont déclaré. Elle est morte le 17 novembre, au sein d'une misère affreuse; elle qui aurait reçu des trésors, 10,000, 30,000, 100,000 fr., elle était obligée d'emprunter à sa sœur quelques effets d'habillement qu'elle engageait au Mont-de-piété.

A sa mort, que laisse-t-elle? Un petit mobilier qui a été vendu 400 francs, et dont le prix modique a été distribué à ses créanciers. La voilà telle qu'elle était réellement, pauvre, indigente, plus qu'indigente, mais bonne mère et incapable d'un mensonge sérieux et calculé.

On ne parviendra pas à démontrer, avec les éléments du débat au moins (avec de l'imagination on démontre tout ce qu'on veut), que cette femme était quelque chose de plus qu'indiscrète et bavarde. L'habile défenseur de l'accusé a bien essayé de faire dire à M. Magriny qu'elle était ce quelque chose de plus, mais M. Magriny a déclaré qu'elle était incapable d'inventer et de mentir méchamment.

La voilà telle que vous la connaissez, telle que les débats l'ont montrée, telle que ses amis, ses voisins, ses parents, ses bienfaiteurs, l'ont dépeinte : je n'ai eu qu'à rétablir sa physionomie altérée par l'accusé.

Maintenant, est-il vrai que cette femme ait été empoisonnée le 17 novembre dernier? C'est la première proposition que je dois examiner et établir devant vous.

La Justice, informée de cette mort imprévue et subite, a chargé M. le docteur Tardieu de faire l'autopsie de Mme de Pauw, et de constater les phénomènes qui avaient précédé, accompagné et suivi la mort. L'Expert a jugé tout de suite et affirmé que la mort n'était pas naturelle, et que l'état du cadavre révélait une mort violente et inopinée. Ce premier pas fait vers la vérité, il fallait chercher les traces et les preuves d'un empoisonnement, on a adjoint M. Roussin à M. Tardieu; ensemble ils ont cherché, ensemble ils ont trouvé le poison qui a tué cette femme. Ils ont extrait du corps les organes, qui étaient dans un état remarquable de conservation; ils ont opéré sur eux, et le poison a jailli de leurs expériences. Ils ont agi sur les matières vomies, et le poison s'est encore retrouvé; alors, ils ont pu dire : Mme de Pauw est morte empoisonnée.

Quel était le poison qui avait donné la mort? Ils ont recherché, et si leurs recherches, dont ils vous ont rendu compte, ne leur ont pas permis d'arriver à une affirmation positive, ils ont pu vous dire que ce poison devait être la digitaline.

Nous avions lu leur rapport avec un soin religieux, nous avions admiré avec quelle prudence ils avaient agi, quelle science ils avaient déployée, et rien ne nous paraissait plus clair que leurs conclusions, quand, tout à coup, a paru celui que l'accusé appelait un savant, le témoin Hébert!

Je crois pouvoir dire qu'on a cherché longtemps des savants pour combattre le rapport des experts, et qu'on n'a guère pu trouver que le pharmacien Hébert, qui a apporté ici une science plus prétentieuse qu'exacte, et un témoignage qui ressemblait beaucoup à une défense concertée.

Voyons ce que dit ce témoin, je me trompe, ce témoin avocat.

Il se trouvait en présence de deux hommes, dont l'un, au moins, devait lui inspirer quelque déférence. C'est le doyen de la Faculté de Médecine, celui qui enseigne la médecine légale, c'est-à-dire l'application de la science à la Justice. Il avait lu, il avait entendu tout ce que cet homme éminent avait dit, et il est venu ici nier tout, incriminer les opérations des experts, et devant M. Tardieu, qui avait agi et déposé sous la foi du serment, il s'est étonné que celui-ci ait pu trouver les organes de Mme de Pauw dans un état parfait de conservation. Il s'est étonné, et les affirmations de M. Tardieu n'ont pas fait cesser son étonnement. Il écartait ses affirmations d'une main assurée, ce jour-là du moins; il allait jusqu'à dire, tant il s'animait à cette défense, que les planches du parquet ne contenaient que des matières décomposées, qu'elles n'étaient que du fumier! Il soutenait que l'extrait des organes ne contenait pas de poison, et que le chien qui n'était pas mort n'avait pas été empoisonné par cet extrait.

Puis, arrivant à sa grande thèse, il a soutenu qu'il n'y avait nulle part de trace de digitaline, que les experts s'étaient trompés, qu'ils avaient fait preuve d'ignorance, et que si, en tout cas, Mme de Pauw était morte empoisonnée, ce n'était pas par la digitaline. Vous l'entendez encore invoquant Stannius et je ne sais plus qui.

Son assurance nous avait tous frappés; pourquoi ne le dirais-je pas? elle m'avait troublé moi-même. Ce n'était pas de la digitaline, disait-il, parce que, lorsque la digitaline est donnée à dose toxique, elle amène l'accélération et non pas le ralentissement du pouls. Ce n'était pas de la digitaline, parce qu'elle amène au moment de la mort, ou après, le relâchement et non la contraction du cœur. Il avait déjà l'accent et l'air du triomphe!

Mais bientôt, de tout cet éclat, il n'est rien resté. Je ne crains pas de le dire, il n'est rien resté que la confusion du pharmacien Hébert; Tel a été le résultat de cette lutte entreprise par l'accusé contre la vérité et contre la science.

Permettez-moi maintenant de vous rappeler comment ont procédé les Experts que la Justice avait commis; je résumerai ensuite la discussion scientifique, en l'analysant suivant mes forces. Vous verrez que les conclusions de l'expertise restent debout et toutes puissantes.

Comment les Experts ont-ils procédé? Je ne parle pas de leur science, de leur loyauté; pourquoi en parlerais-je ? Le principal d'entre eux n'était-il pas, hier encore, l'auxiliaire d'une défense dans laquelle l'habile avocat qui m'écoute et qui va me répondre, a ajouté à sa réputation, et, une fois de plus, affirmé son talent? N'a-t-il pas, ce jour-là, cédant aux inspirations de sa conscience, porté l'appui de son savoir du côté de celui qu'on accusait et qu'il considérait comme innocent? Lui faut-il un titre meilleur? Ne le connait-on pas? N'est-il pas, ainsi que je le rappelais tout à l'heure, le chef acclamé de cette grande Faculté de médecine de Paris? Il a d'abord fait l'autopsie du cadavre de Mᵐᵉ de Pauw. Il a fait bien des autopsies depuis que la Justice a recours à ses lumières, tandis que M. Hébert n'en a jamais fait une seule, du moins au même titre. Que voit-il ? un cadavre très-bien conservé, des organes intacts. Il a pour mission de savoir non pas si Mᵐᵉ de Pauw est morte empoisonnée, ni avec quoi elle a été empoisonnée, mais de découvrir les causes de la mort. Avec sa pénétration, sous la garantie de son serment, il va lire dans ce cadavre; il y lira comme dans un livre, familier qu'il est avec ces tristes lectures. Il y a lu, et il a vu que le cœur était intact, qu'il n'y avait pas de maladie de cet organe. Il y a vu que l'estomac était intact, et que, par conséquent, il n'y avait pas de perforation de l'estomac, comme l'a si longtemps et si imprudemment pensé le docteur Gaudinot. Il n'y avait non plus de gastro-entérite, on ne trouvait la trace d'aucune maladie organique. Alors, instruit par l'autopsie, qui, pour lui, parlait si clairement, il a dit : La mort n'est pas naturelle. Mais là ne s'est pas borné son examen. On disait que Mᵐᵉ de Pauw avait été longtemps, presque toujours malade avant de mourir;—il a alors recherché dans tous les documents du procès s'il y avait eu une maladie antérieure, inaperçue dans l'autopsie, et constante cependant: il a suivi Mᵐᵉ de Pauw pas à pas, pour ainsi dire dans les apparences et dans les réalités de maladie qui ont été mises en avant par la défense.—Suivant ses résultats, cette étude devait confirmer ou contrôler l'autopsie. Mᵐᵉ de Pauw s'était plainte, même dans sa jeunesse, de palpitations de cœur ; elle avait parlé plus tard de maux d'estomac assez fréquents ; mais, au mois de juin 1863, quand elle a consulté pour la première fois le docteur Gaudinot, elle n'était pas malade. M. Gaudinot lui a bien délivré des ordonnances qui s'appliquent à des maux d'estomac et à des palpitations de cœur, mais elle n'était pas malade, car aucune de ces ordonnances n'a été suivie; elles ont toutes été remises à La Pommerais sans avoir été exécutées, et on les a toutes retrouvées chez lui. Ces premiers symptômes auxquels s'est arrêté M. Gaudinot étaient donc sans gravité, si même ils existaient réellement. Un peu plus tard, au mois de juillet, au moment des assurances, elle était visitée par le docteur Huet, médecin d'une des Compagnies; il l'examinait avec le plus grand soin; au nom d'une Compagnie, il examinait cette femme un peu comme une chose, comme un objet de contrat, et il la visitait et l'examinait dans sa santé avec l'attention d'un homme dont la décision va servir à établir ou à rejeter le contrat. Pas de lésions organiques, pas de maladie apparente, pas de maladie latente ; c'était, pardonnez-moi ce langage que la cause justifie, un très-bon sujet d'assurance. Ce n'est pas tout. Postérieurement, pendant cette comédie prolongée dont j'aurai à parler, elle va consulter les uns et les autres. Elle s'adresse tour à tour aux docteurs Desormeaux, Velpeau, Nélaton, pour la chute dont vous savez l'histoire. Elle n'a rien ou presque rien ; elle accuse des maux dont les médecins ne s'effrayent pas. M. le docteur Desormeaux, qui l'a examinée aussi au point de vue des assurances, ne trouve chez elle rien de grave; M. Velpeau non plus; il vous l'a dit en relisant son ordonnance à l'une de vos audiences. M. Nélaton ne trouve rien non plus, quoiqu'elle ait écrit, dans cette fameuse correspondance, qu'il l'avait trouvée mourante, et l'avait cruellement, et sans hésiter, condamnée à mort. Le 12 novembre, elle fait appeler le docteur Danet; elle lui rend compte de tous ses maux. M. Danet l'examine, il voit un petit embarras gastrique occasionné sans doute, ainsi que le disait avec tant de sagacité et de raison le docteur Tardieu, par son genre d'existence, par sa misère, par ses mauvais repas; mais il ne constate aucun mal sérieux, et il ne croit pas, ainsi qu'il l'a dit, avoir affaire à une malade.

Le 16, en pleine santé, il est permis de le dire, malgré quelques signes d'indisposition qui ont été révélés par sa sœur ou par d'autres témoins, elle est prise de vomissements. Le 17, sans que les vomissements aient cessé, elle meurt vers six heures. Le docteur Blachez est appelé au moment de l'agonie; il ignore tout le passé, et sans aucune préoccupation, témoin des phénomènes qui se produisent sur la mourante, il les recueille exactement, judicieusement, et il vous les a décrits avec une savante précision. — Cette malheureuse est inondée de sueurs, son lit en est imprégné, elle éprouve une douleur intolérable à la tête, le pouls est tumultueux, irrégulier, décroissant, le cœur se meurt, pour employer la belle expression de M. Claude Bernard.

En présence de tous ces faits, constants, inattaquables, donnés à l'expert par l'instruction, n'avait-il donc pas le droit d'en tirer une conclusion analogue à celle que déjà il avait tirée de l'autopsie? A-t-il en cela fait autre chose que ce que la raison, la conscience, sa mission, son devoir, la Justice lui demandaient à l'envi? Mais la mission des Experts s'étendait bien au-delà de ces limites;—après ces premières et nécessaires constatations, ils avaient à rechercher les traces d'un crime, puisque c'était un crime qui avait amené la mort de Mᵐᵉ de Pauw, l'idée d'un suicide n'ayant jamais pu être sérieusement proposée. — C'est alors, Messieurs, qu'ils ont eu l'idée de recueillir ce qui restait sur le plancher des déjections de Mᵐᵉ de Pauw.—M. Roussin fait lui-même le grattage, il y met un soin, des précautions, une conscience dont vous êtes juges, et que M. Hébert a vainement essayé d'atteindre. Puis les Experts tirent, à l'aide de procédés scientifiques excellents, un extrait de ces matières ; ils injectent une portion de ces extraits dans les veines d'un chien, et au bout de vingt-deux heures ce chien meurt empoisonné, ayant éprouvé des symptômes analogues à ceux qu'a éprouvés Mᵐᵉ de Pauw et sur le détail desquels je reviendrai bientôt. A cette opération, ils en ajoutent une autre; — ils tirent des organes extraits du cadavre un résidu avec lequel ils empoisonnent aussi un chien.

Il est vrai que cette fois la mort ne suit pas l'empoisonnement; mais, comme ils vous l'ont expliqué, l'estomac avait rejeté en grande quantité du poison, en sorte que les organes en contenaient moins que les matières rejetées. L'empoisonnement avec l'extrait des organes n'a donc été que partiel, mais il a été certain.

Après ces expériences, les hommes de l'art ne pouvaient douter que la mort n'eût été violente, ni qu'elle eût été le résultat d'un empoisonnement. Il n'y avait plus qu'une chose à faire ; c'était la plus difficile, la plus délicate, mais, je ne crains pas de le dire, ce n'était pas la plus nécessaire. Il s'agissait de savoir quelle était la nature du poison qui avait été absorbé par Mme de Pauw. Les experts, se livrant aux expériences comparatives dont ils vous ont rendu compte, ont observé sur les animaux sacrifiés par eux les phénomènes physiologiques auxquels se reconnaît l'action de la digitaline. Voulez-vous qu'en les observant ils pensent à l'accusé, aux quantités considérables de digitaline qu'il avait eues et qu'il n'avait plus au moment de la mort de Mme de Pauw? En quoi cette préoccupation détruira-t-elle la force, la valeur, la portée scientifique et judiciaire de leurs observations? Ils vous ont donné les résultats de leurs observations avec une modération et une convenance de langage dont leur adversaire improvisé ne leur a pas tenu compte; ils vous ont dit que, suivant toutes les probabilités, le poison donné à Mme de Pauw est la digitaline. Serré d'un peu près, M. Hébert a dû réduire sa dissidence à ce point; car, vous ne l'avez pas oublié, M. le Président l'a amené à reconnaître que l'autopsie avait été bien faite, qu'il y avait du poison dans les matières extraites du parquet, que le second chien avait été empoisonné avec l'extrait des organes, bien qu'il ne fût pas mort. Mais sur ce point M. Hébert a insisté; il a soutenu que le poison n'était pas de la digitaline, et il s'est appuyé pour l'affirmer sur les réactions chimiques physiologiques constatées par les Experts. M. Roussin lui a répondu avec une modestie pleine de fermeté que les réactions chimiques étaient impuissantes à faire voir la digitaline, qu'elle ne se reconnaissait ni à la couleur ni à la saveur, et qu'elle ne s'isolait pas sous les réactifs.

Quant aux effets physiologiques, les seuls à l'aide desquels on puisse parvenir à reconnaître le passage de cet horrible poison qui tend à s'introduire au milieu de nous pour semer la mort impunément, ils paraissent être assez constants. Ainsi que l'avaient dit les Experts, le cœur est le véritable réactif de ce poison, c'est là qu'on le voit ou du moins qu'on sent sa présence et qu'on assiste à son action.

Il ralentit les mouvements du cœur, et ce ralentissement a été constaté chez Mme de Pauw par M. Blachez, comme il l'a été par les Experts sur les animaux sacrifiés. C'est sur ce point que M. Hébert a concentré ses forces et sa défense; vous l'avez entendu affirmer devant vous au nom de la science, avec une autorité d'emprunt et une incomparable assurance, que l'effet produit sur le cœur par la digitaline à dose toxique était au contraire l'accélération de la circulation. Il a développé sa thèse à grands renforts d'autorités, et un moment on a pu croire que MM. Tardieu et Roussin s'étaient grossièrement ou volontairement trompés sur les effets physiologiques de la digitaline. M. Hébert invoquait le témoignage des hommes les plus savants en physiologie, il avait prononcé le nom de Claude Bernard. Nous avons appelé ce savant et d'autres encore, au seul désir exprimé par la défense, qu'est-il arrivé? M. Claude Bernard est venu, il a donné tort à M. Hébert. Cet homme illustre que l'Europe nous envie, a déclaré que les expériences qu'il avait faites démontraient l'accélération du pouls. M. Vulpian en a dit autant; les professeurs d'Alfort l'ont dit aussi, bien qu'ils aient agi sur des chevaux avec de la digitale et pendant plusieurs jours, ce qui modifie les conditions de l'expérience. Au fond ils déclarent que l'effet de ce poison est l'accélération et non le ralentissement du pouls. La vérité scientifique est donc restée du côté des Experts, et M. Hébert et Stannius, en supposant que Stannius ait été par lui bien interprété, sont restés sur le carreau de l'audience.

Mais je l'ai trouvée hier très-nettement et très-bien exprimée, cette vérité scientifique, par un savant étranger à ces débats. M. le docteur Jules Guérin a écrit dans un recueil, *la Revue nouvelle*, cette phrase qui est comme le jugement anticipé de la dispute scientifique :

« La digitaline administrée à dose toxique produit des vomissements, le vertige, un abattement général, de grandes irrégularités dans les mouvements du cœur et un ralentissement notable du pouls. »

Mais M. Hébert avait encore affirmé que le phénomène de la contraction du cœur, constaté par les Experts, excluait la présence de la digitaline. Il invoquait le relâchement ordinaire du cœur! Oui, ce relâchement existe au moment de la mort; mais le cœur se contracte bientôt après et la rigidité cadavérique persiste. En ce point encore M. Claude Bernard a tout éclairci.

Que reste-t-il donc de toute la défense de M. Hébert? Le premier jour, son Mémoire à la main, armé en guerre, battant les Experts en brèche, il troublait vos consciences et embarrassait un instant la nôtre! Le lendemain, il reculait et balbutiait ses réponses. Je ne veux pas insister sur la dernière affirmation qu'il a produite; je me borne à la rappeler et à vous demander ce qu'il faut penser d'un homme qui, sous la foi du serment, pour donner de la couleur à son témoignage, avance le fait qu'il a avancé contre les professeurs de l'École d'Alfort, fait qui, le lendemain, est reconnu calomnieux. Allons! on a été mal inspiré en recherchant son témoignage, et la défaite est aussi éclatante que son intervention a été singulière. (*Mouvement*.)

Pour terminer cette partie de ma discussion ou plutôt pour la résumer, je mets sous vos yeux les conclusions mêmes du rapport dressé par les experts, et auxquelles j'en suis sûr, s'arrêteront vos consciences.

Les voici :

« 1° La dame de Pauw est morte empoisonnée.

« 2° Le poison qui l'a tuée est de la nature de ceux qui, empruntés au règne végétal, peuvent ne pas laisser de traces caractéristiques dans les organes, ne pas être isolés par l'analyse chimique, mais révèlent leur présence par l'action meurtrière qu'ils exercent sur les êtres vivants.

« 3° Nous avons, en effet, extrait, non-seulement des matières vomies par la dame de Pauw sur le parquet de la chambre, mais aussi des organes soumis à l'analyse, un principe très-énergique qui, expérimenté sur des animaux vivants, a produit des effets analogues à ceux qu'a ressentis la dame de Pauw, et les a fait périr de la même manière.

« 4° Ces effets et cette action ont une grande ressemblance avec ceux de la digitaline, et, sans toutefois que nous puissions l'affirmer, de fortes présomptions nous portent à croire que c'est à un empoisonnement par la digitaline qu'a succombé la dame veuve de Pauw.

« 5° Cette dame n'était nullement malade avant le jour qui a précédé sa mort : les prétendues affections du cœur et de l'estomac pour lesquelles elle a tour à tour consulté divers médecins, aussi bien que les conséquences funestes qu'elle a attribuées à une chute sans gravité, sont autant de fables inventées par elle, ou auxquelles elle s'est prêtée.

« 6° L'autopsie cadavérique a démontré de la façon la plus positive qu'elle n'est morte ni des suites de la chute, ni d'une hémorrhagie interne, ni d'une gastro-entérite aiguë ou chronique, ni d'une perforation de l'estomac, ou d'aucune autre cause naturelle.

« 7º Parmi les objets très-nombreux et très-divers saisis au domicile de l'inculpé, nous avons signalé une quantité considérable de substances vénéneuses, dont la possession ne peut se justifier par les besoins de la pratique médicale, ni surtout par les usages de l'enseignement homœopathique.

« 8º Parmi ces poisons, nous avons insisté sur les doses considérables de digitaline relatives et en grande partie consommées déjà par l'inculpé. »

Telle est la démonstration de ma première proposition, et, après l'avoir faite, qu'il me soit permis de rendre un hommage public, d'adresser des remerciments solennels aux Experts qui ont accompli cette belle et noble mission qui consiste à allier la Justice avec la Science. M. Tardieu vous disait l'autre jour : Dieu veuille que la digitaline n'entre jamais dans la statistique criminelle ! Oui, sans doute, et, si elle y entrait, vous l'avez bien compris, Messieurs, ce ne serait pas trop de cette alliance, des efforts réunis de la Science et de la Justice, pour combattre ce nouvel adversaire de la vie humaine, cet obscur et presque insaisissable auxiliaire du crime.

Ainsi l'empoisonnement est certain, personne n'en doute plus maintenant, pas même mon habile et loyal adversaire. (*Mouvement.*) Le combat est ailleurs, entre lui et moi.

Quel est l'empoisonneur ? Ici, Messieurs, la tâche grandit, je le reconnais ; je la tiens pour une grande tâche ; mais elle ne me trouble ni ne m'émeut, sauf les réserves d'humanité que je faisais en me levant tout à l'heure. J'ai à vous démontrer que l'empoisonneur est l'accusé assis sur ce banc.

Le crime d'empoisonnement n'est pas un de ceux qui se trahissent, qui s'annoncent à l'avance dans la vie d'un criminel. On le rencontre souvent au milieu d'une vie jusque-là honnête, honorée, et qui repousse le soupçon. En faut-il des exemples ? Rappelez-vous ce jeune homme, moins méchant que l'accusé, médecin aussi, plus laborieux, plus savant; ce jeune homme qui savait aimer, car il avait une maîtresse qu'il aimait réellement et noblement, s'il peut y avoir quelque chose de noble allié à un tel crime ; il avait vingt-sept ans, sept ans de moins que l'accusé ! il s'était fait dans sa carrière une sorte de renommée précoce. Qui aurait dit qu'un jour, le poison à la main, il tuerait son ami ? Et cependant il le tua ; et ici, à cette place où est La Pommerais, il fut jugé, condamné, et, en décembre 1823, sa jeune tête tombait aux portes de ce Palais.

Faut-il encore vous rappeler ce gentilhomme anglais qui se livrait avec fureur au plaisir anglais des courses, et qui vivait dans un monde élégant et choisi ? Il avait un ami qui faisait courir aussi, et qui lui avait transféré un contrat d'assurances ! Eh bien ! il empoisonna cet ami, et le procès apprit qu'il avait déjà empoisonné sa femme et son frère. En juin 1856, il était pendu dans le comté de Stafford !

Enfin, dois-je faire souvenir le brillant avocat qui défend l'accusé et qui va me répondre, qu'au moment où commençait son heureuse carrière, une femme, fille d'un vieux et noble soldat, alliée à de grandes maisons, recherchée pour ses grâces et pour son esprit, empoisonnait son mari et subissait la peine des empoisonneuses ?

Ainsi, la vie de l'accusé fût-elle, en apparence, irréprochable, n'exclurait ni l'accusation ni le crime. Mais il n'a pas même cet avantage de quelques-uns de ses prédécesseurs. Il est né dans un petit village de l'Orléanais, où son père exerce honorablement la médecine et paraît très-estimé, malgré la scène regrettable qu'il a faite à Mme de La Pommerais, aux obsèques de Mme Dubizy. Quant à l'accusé, même dans ce village qu'il a quitté depuis longtemps, il a une mauvaise réputation et il y est jugé comme un homme sans dignité. J'en atteste la lettre suivante :

« Neuville-aux-Bois, 16 décembre 1863.

« Monsieur le Procureur impérial,

« Je m'empresse de vous transmettre les renseignements que vous m'avez demandés sur le sieur Couty de La Pommerais, médecin à Paris. Cet individu a laissé dans son pays natal des souvenirs qui plaident peu en sa faveur. Il y est connu comme un intrigant, d'un caractère excessivement léger, et ne pouvant inspirer beaucoup de confiance sous aucun rapport.

« Quant à sa famille, elle est des mieux posées dans Neuville. Son père jouit, comme médecin, de la considération publique, et il est dans une bonne position de fortune, qu'il a acquise par son activité et son intelligence.

« Signé : *Le Juge de paix.* »

Vous savez, en outre, que l'accusé faisait profession d'athéisme et de matérialisme. Je ne veux pas discuter cela avec lui ; ce n'est pas ici le lieu de le faire, et, le faisant, j'oublierais mon rôle et mon devoir. Il lui convient de dire que l'âme est un composé d'organes ; il lui convient de considérer l'homme comme un animal intelligent ! soit ; mais, si je ne discute pas ses théories, si je ne discute pas les conséquences auxquelles elles conduisent, j'ai le devoir de vous faire remarquer que ces prétendues théories n'ont même pas chez lui l'insignifiant mérite de la sincérité. Il a trouvé, avant trente ans, le secret de se proclamer athée ou matérialiste, et en même temps il s'est jeté frauduleusement aux pieds du Saint-Père, en se disant fervent catholique. Qu'il explique donc cette alliance impossible et qu'il nous dise en quel coin de son âme ont pu s'unir des sentiments et des idées si contraires. Ou cette supplique au Saint-Père est une odieuse hypocrisie qui le rend méprisable à tous les libres penseurs, ou son athéisme et son matérialisme ne sont que d'indignes prospectus. Relisons cette supplique :

« Très Saint-Père,

« Edmond, comte de La Pommerais, expose très-respectueusement à Votre Sainteté :

« Qu'élevé par des parents chrétiens dans la plus profonde vénération pour la chaire de saint Pierre et la religion catholique, il est resté et sera toujours le fils soumis et dévoué des Pontifes romains, et emploiera tous ses efforts pour aider au triomphe des doctrines catholiques et à la gloire de l'Église, mère des peuples et conservatrice de tout ce qu'il y a de grand et de beau dans l'univers ;

« Qu'il a déploré amèrement les douleurs de Votre Sainteté si cruellement éprouvée et si sublime dans l'adversité.

« Le soussigné exprime timidement et respectueusement un désir qui comblerait ses vœux et l'attacherait par des liens plus étroits à l'auguste Cour de Rome. Si Votre Sainteté, Très-Saint-Père, daignait le nommer chevalier de son ordre pontifical de Saint-Sylvestre, le comte de La Pommerais en garderait à Votre Sainteté une reconnaissance éternelle.

« Le suppliant est, etc., etc. »

Ce document a été trouvé chez lui en français et en italien, et, quand il prétend n'en avoir pas connu le contenu, il se moque de la vérité et du sens commun. Non, non, c'était sérieux ; car voici les apostilles qu'il s'est fait donner par M. le curé-doyen d'Olivet, par M. le marquis de Villiers de l'Isle-Adam, chevalier de Malte, par d'autres encore, et qui prouvent qu'il voulait bien cette décoration de Saint-Sylvestre, dont il se serait servi, comme du titre de comte, pour tromper les yeux et les consciences (1).

Si on juge bien dans cette occasion la bassesse de son âme, voici quelques faits qui montrent son improbité.

Il a parlé, au commencement de ces débats, d'un nommé Pichevin ; il en a dit beaucoup de mal, il l'a traité d'escroc, il l'a représenté comme un homme qui lui a extorqué sa signature. J'ai fait venir Pichevin, vous l'avez entendu. Voici le fait. L'accusé demeurait alors rue de la Ferme-des-Mathurins ; il s'était lié avec un nommé Prato, se disant marquis d'Arnezano ; ils étaient entrés ensemble dans la Société des bains de Monaco, dans laquelle il n'y avait que des dupes et ceux qui les dupaient. Pichevin avait fourni une quantité considérable de vins au marquis d'Arnezano, qui les revendit sans les lui payer. Le vendeur allait envoyer l'acheteur à Clichy, il avait reçu en gage les bijoux de la marquise. La Pommerais était un familier de la maison, très-lié avec le marquis, condamné depuis pour escroquerie, et plus lié encore, s'il est possible, avec la marquise. Il y avait longtemps qu'il n'était plus mineur ; il intervint et cautionna la dette de Prato. Les bijoux furent rendus à la marquise ; le marquis ne fut pas mis en prison, cette fois du moins : il y est allé depuis.

C'est à l'occasion de cette dette, librement contractée, que La Pommerais prenait une attitude si superbe et se proclamait victime de l'improbité de Pichevin ; il était, à l'entendre, le volé, Pichevin le voleur. C'était un audacieux mensonge, car je tiens

(1) Voici ces apostilles :

« Je soussigné, curé d'Olivet, diocèse d'Orléans, connaissant parfaitement les mérites de M. le comte de La Pommerais, mon paroissien, ses services rendus aux pauvres et ses principes religieux, j'ose le recommander aux bontés de Sa Sainteté Pie IX.

« Olivet, le 10 décembre 1855.

Signé : « Methivier, curé-doyen d'Olivet, membre de l'Institut historique de France et de la Société asiatique de Paris. »

« Les soussignés, le premier chevalier de l'ordre de Saint-Jean de Jérusalem (Malte), et le second comte du Saint-Empire et chevalier-commandeur de plusieurs ordres, notamment de Saint-Sylvestre, osent prendre la liberté de recommander aussi vivement que respectueusement à Sa Sainteté le Souverain Pontife Pie IX, le comte Edmond de La Pommerais, qui leur est parfaitement connu et qui mérite, sous tous les rapports, les bontés de l'auguste chef de l'Église romaine.

« Paris, 73, rue Neuve-des-Mathurins, le 8 décembre 1855.

Signé : « Marquis de Villiers de l'Isle-Adam, Chevalier de Malte ;
« Comte P. des Gauds d'Argental. »

« Je me fais un plaisir de joindre mes très-respectueuses instances aux témoignages qui précèdent, et qui recommandent le comte Edm. de La Pommerais, d'une manière si honorable pour lui, à la bienveillance toute particulière de Sa Sainteté.

Signé : « Baron de Guise. »

plusieurs lettres écrites par lui à Pichevin un peu avant son mariage ; elles sont à la fois les lettres d'un débiteur aux abois et celles d'un homme qui, loin de se plaindre de son créancier, le traite en ami.

Voici une de ces lettres :

« Mon cher monsieur Pichevin,

« Comme vous m'avez souvent manifesté le désir d'assister à mon cours, je crois vous faire plaisir en vous prévenant que je l'ai commencé lundi dernier et que je le continuerai tous les lundis, à midi, rue du Bac, 40. Il vous sera agréable d'apprendre que, parmi mes nombreux auditeurs de lundi dernier, je comptais une quantité de médecins français et étrangers.

« Inutile de vous dire que j'envisage la question à un point de vue tout à fait matérialiste. »

Il paraît que M. Pichevin est matérialiste.

« Voilà une occasion pour venir m'entendre et ensuite répondre à mes désirs.

« Agréez, etc.

Signé : « E. C. de La Pommerais.

« Paris, 10 mai 1861. »

On n'écrirait pas ainsi à un homme qui, par ruse ou par force, vous aurait arraché votre cautionnement pour 10,000 fr., au sujet d'une dette qui ne vous regardait pas.

La créance de Pichevin était donc légitime. Vous savez comment l'accusé l'a payée. Il s'est présenté comme à bout de ressources, comme un débiteur épuisé, qui va s'expatrier, chercher en Amérique un asile et du pain. Pour faire croire à cette fable, il se sert de son agent d'affaires Rioublanc, et comme il est parvenu à convaincre de sa détresse et de son départ le crédule Pichevin, celui-ci lui donne quittance moyennant 1,500 fr. — Voici la lettre qui établit cette honteuse comédie :

« Mon cher monsieur Pichevin,

« Comme je dois bientôt quitter d'ici pour prendre un appartement plus modeste, mon plus grand désir serait, avant de m'en aller, d'en terminer avec vous d'une manière ou d'une autre. Vous ne sauriez croire combien je passe de nuits dans l'insomnie, à la pensée que vous pouvez d'un moment à l'autre me susciter des difficultés. Je vous en prie, prenez donc pitié de ma position ; et venez généreusement m'annoncer ou que vous avez renoncé à cette affaire ou que vous voulez bien me faire telle ou telle concession. En vous attendant avec la plus grande impatience, croyez-moi, mon cher monsieur Pichevin, votre plus dévoué.

Signé : « E. C. de La Pommerais.

« Paris, 24 avril 1861. »

Ajoutez-y celle de Rioublanc et vous aurez les documents principaux de cette escroquerie.

« Paris, octobre 1861.

« Monsieur Pichevin,

« Vous n'êtes pas sans connaître le malheur qui vient de frapper M. le docteur de La Pommerais et qui le mettra dans la nécessité de quitter Paris sous peu.

« Chargé de liquider sa situation avec le quelque argent qu'il tient à ma disposition, je viens vous prier de passer à mon cabinet, pour nous entendre sur la proposition que j'ai à vous faire au sujet de la somme qui vous est due.

Signé : « Rioublanc. »

Encore un coup, grâce à ce stratagème, pour 1,500 fr., il obtient quittance.

Vous pouvez maintenant juger le caractère de cette petite affaire ; je n'y insiste pas. J'en tire seulement deux conséquences. C'est d'abord que l'accusé n'aime pas à payer quand il doit, quelle que soit la cause de sa dette ; il emploie des subterfuges qu'un homme délicat n'emploierait pas, même pour des engagements contractés sans réflexion et sans prudence. En second lieu, j'en conclus qu'il n'avait pas en ce moment les 50,000 fr. qui paraîtront plus ou moins dans son contrat de mariage. S'il les avait eus, il est probable qu'il aurait payé Pichevin au lieu de jouer cette comédie, qui, rigoureusement, aurait pu finir en Police correctionnelle.

Je passe à un autre fait d'improbité que le débat a signalé. Il s'agit du docteur Gastier, que l'accusé appelle encore aujourd'hui son respectable maître. C'est la seule personne pour laquelle, à cette audience, il ait montré quelque respect. Il était parvenu à déterminer ce vieillard à lui céder sa clientèle de médecin homœopathe, moyennant 7,000 fr. M. Gastier avait d'autres projets ; mais l'accusé s'empare de lui, le circonvient, chaque jour il le reconduit après sa leçon, il l'amène enfin à rompre le projet qu'il avait formé et à lui céder, à lui La Pommerais, sa clientèle pour le prix que je viens d'indiquer. Mais bientôt, je ne sais sous quel prétexte, qui ne s'accorde guère avec le respect qu'il affirmait, hier encore, avoir conservé pour M. Gastier, il imagine de rompre le contrat. Le Tribunal de Versailles et celui de la Seine avaient rendu chacun un jugement qui annulait des conventions de la nature de celle qu'il avait faite avec le médecin Gastier. Il copie de sa main le jugement dont les considérants sont ainsi conçus :

« Attendu que la clientèle des médecins dépend de la confiance qu'ils inspirent et du choix que font d'eux les malades ;

«Attendu qu'aux termes des articles 1126 et 1598 du Code Napoléon tout contrat doit avoir pour objet une chose qu'une partie s'oblige à donner, et, en outre, attendu qu'il faut que cet objet soit dans le commerce ;

« Attendu que la confiance ne peut se donner et n'est pas dans le commerce ;

« Par ces motifs déclare nulle la vente susdite...»

Il envoie cela à M. Gastier, en lui disant : « Voilà comment j'entends vous payer. » C'est un joueur, il sait ce que c'est que le jeu ; on a retrouvé dans ses mains des espèces de martingales pour opérer à la Bourse ; et il agit avec son vénérable maître, le docteur Gastier, comme un joueur qui a perdu et qui ne veut pas payer. Il prend la jurisprudence, et abrite derrière elle sa mauvaise foi et son improbité. Vous jugerez si c'est la conduite d'un honnête homme. Vous vous rappellerez les calomnies qu'il a ajoutées à cela, et vous penserez que cet incident n'est pas non plus inutile à retenir.

Le caractère de ce fait est d'ailleurs très-nettement déterminé dans la lettre que le docteur Gastier, empêché par la vieillesse et la maladie de venir à votre audience, a écrite à M. le Procureur général.

Enfin, Messieurs, au point de vue professionnel, l'accusé mérite encore de graves reproches. Hier, on a fait venir ici un certain nombre de personnes qu'il a bien soignées, qui en sont heureuses et qui l'en ont vivement et publiquement remercié ; à la bonne heure. Mais cette circulaire, que M. le Président a lue en dernier lieu, n'est pas l'œuvre d'un médecin bien honorable. Le docteur Simon, voilant un peu sa pensée, vous a dit que la Société des médecins homœopathes ne l'avait pas exclu de son sein, qu'il en était librement sorti. Cependant il est certain que sa conduite a été blâmée par ses confrères, et que c'est abaisser une noble profession que de faire des circulaires de marchand, dans lesquelles on donne son adresse, on annonce l'ouverture d'un cours d'homœopathie matérialiste, et la création d'un dispensaire. Si les médecins homœopathes en avaient jugé autrement, ils auraient du moins manqué à toutes les convenances ; ils n'ont pas commis cette faute, et parmi eux, obligés peut-être à plus de tolérance que les autres médecins, l'accusé a été considéré comme un charlatan.

Quant au fait relatif à la Société de secours mutuels de Saint-Thomas d'Aquin, j'en conviens volontiers, il s'est beaucoup affaibli à l'audience. L'accusé doit en profiter ; mais, soyez-en sûr, il y a encore ici quelque chose de répréhensible. Cet homme, qui veut entrer partout, qui demande à l'Empereur la croix d'honneur, qui la demande au ministre de l'Intérieur, qui sollicite du Préfet de police une place de médecin des prisons, quoiqu'il déclame aujourd'hui contre les prisons, qui demande au ministre de l'Agriculture et du Commerce une place de médecin des eaux, au général en chef de la Garde nationale une place de chirurgien de la garde nationale ; eh bien ! cet homme qui demande tout, a demandé à entrer dans la Société de secours mutuels de Saint-Thomas d'Aquin. Est-il vrai qu'il ait reçu la moitié des mémoires du pharmacien Weber ? Je ne l'affirme pas. Vous avez entendu à cet égard la déposition de ce témoin, et, même après cette déposition, le fait me semble probable.

Je n'invoque pas M. Uzanne ; son témoignage est ébranlé ; il a commis, paraît-il, un acte d'indélicatesse, mais il a été longtemps l'ami de l'accusé. Dans ses correspondances, La Pommerais parle de lui comme d'un ami ; il a été l'un des témoins de son mariage ; toutefois laissons-le de côté.

Le docteur Mathias, qu'aucun soupçon ne peut atteindre, qui n'était pas médecin de la Société, qui faisait partie du bureau, a dit au président que l'accusé recevait la moitié des mémoires de Weber. S'il est vrai que l'accusé n'ait pas été renvoyé de la Société à ce moment-là pour cette cause, s'il en fait encore partie, si le président actuel de cette Société a cru devoir l'y maintenir jusqu'à la dernière heure, même lorsqu'il était en prison sous le coup de cette grave accusation, il reste bien probable que le docteur Mathias ne s'est pas trompé et que l'accusé a reçu une part du prix des médicaments fournis aux pauvres. On en trouve la preuve jusque dans la déposition écrite de M. Weber, qui ne voudrait pas dire la vérité, mais qui la laisse échapper :

« J'avais offert à de La Pommerais de lui faire une remise sur le montant des recettes que nous procureraient les malades de la Société de secours de Saint-Thomas d'Aquin. » (Interrogatoire du 18 janvier 1864.)

Ainsi, d'après une convention faite entre eux, quand Weber avait fourni 120 fr. de drogues à un malade, le médecin, c'est-à-dire l'homme exerçant une des plus nobles professions qu'il y ait au monde, recevait de la main du pharmacien, pour alimenter, dit-il, son dispensaire, 60 fr., la moitié du prix des drogues. Est-ce là un fait avouable, et quel médecin, digne de ce nom, peut agir ainsi?

J'ai fini sur ces points secondaires, d'où découlent l'immoralité et l'improbité de l'accusé.

J'arrive au mariage, et ici j'écarte beaucoup de détails, ne relevant que ce que les nécessités de la vérité et de l'accusation m'obligent à ne pas négliger. Qu'importe, en effet, qu'il soit arrivé à ce mariage à la suite de courses et de rencontres en omnibus? qu'il ait eu recours, ainsi que l'a dit son intime ami, l'agent d'affaires Louis, condamné trois fois, qu'il ait eu recours à des courtiers plus ou moins clandestins ou infâmes, qu'importe à la vérité que nous cherchons ensemble? Vous avez à cet égard reçu des impressions que vous retiendrez et sur lesquelles il est inutile d'insister. Mais ce sur quoi j'insiste, ce qui est la vérité, ce qui est attesté par les faits du procès, c'est qu'il est entré dans ce mariage le mensonge à la bouche, c'est qu'il a trompé la famille : ce fait est certain. Il est entré dans ce mariage avec des titres faux. Il n'avait pas de fortune : il n'avait pu payer Pichevin. Il avait un mobilier de 5,000 fr., 9,000 fr. d'actions, et c'était tout, car les 10,000 fr. que son père lui aurait donnés pour son mariage, il n'y en a de traces nulle part.

C'est alors qu'il a imaginé d'emprunter des valeurs, et à qui? à Lelienthal, à son ami, à qui il écrivait, dans sa prison : « Mon très-bon, mon très-cher ami, mon heure s'avance; je ne vous verrai pas avant de mourir; » c'est cet homme qui lui procure les titres qui doivent figurer et qui ont figuré frauduleusement au contrat. Que répond-il? Qu'il n'avait que des valeurs étrangères, que sa belle-mère ne les aimait pas, et qu'il les a données en gage pour les valeurs par lui produites! Mais que sont ces valeurs étrangères? où sont-elles? d'où venaient-elles? qu'en a-t-il fait? Rien ; il ne répond rien à cela, et l'apport frauduleux n'est que trop établi.

Faut-il maintenant, pour achever le portrait, vous signaler l'attitude de l'accusé pendant ces longues audiences? Au milieu des émotions qui les ont agitées, au souvenir de sa belle-mère morte, de sa maîtresse morte, des enfants restés orphelins, quand devant ces images nous étions les uns et les autres troublés jusqu'aux larmes, aucune émotion ne l'a gagné ; il est resté calme, froid, et toujours discutant sans que sa parole ait jamais eu l'accent de la vérité ni de la douleur.

Comme dernier trait, voyez-le après la mort de Mme de Pauw. A peine a-t-elle rendu le dernier soupir, qu'il court vers les Compagnies d'assurances et réclame avec vivacité la somme qu'il croit avoir gagnée; pour y réussir mieux et plus vite, il a recours au faux; pour se faire payer la somme convoitée avec tant d'ardeur, et qu'il avait gagnée par un crime, pour arriver à son but, il a recours au faux. Le 2 novembre, il avait reçu une lettre de Châteauroux; c'était quinze jours avant la mort; il garde l'enveloppe, et il se fait écrire par sa sœur, la femme Eyrolles, une lettre portant la signature de Vistène, avocat à Châteauroux, et dans laquelle cet avocat supposé paraît chargé des intérêts des enfants de Pauw et lui demande de mener à fin au plus vite la réalisation des contrats d'assurances. C'était un faux audacieux, commis au lendemain de la mort de sa victime et dont vous savez l'objet; il s'était servi, pour tromper plus sûrement, de l'enveloppe de la lettre qu'il avait reçue le 2 novembre de Châteauroux. — Maintenant ai-je fait autre chose que peindre cet homme tel qu'il était, ai-je forcé les couleurs et chargé le tableau? — Je ne l'ai pas voulu du moins et je me suis interdit de rien outrer dans une cause aussi grave. Puisse Dieu m'avoir permis de suivre ma volonté et de ne pas mêler un seul excès à ma pensée! Est-ce à dire que j'ai montré cet homme capable de commettre un empoisonnement et comblé la distance qui sépare même un faussaire de ce grand et horrible crime? Non, Messieurs, et j'ai encore toute l'accusation à prouver.

Vous connaissez les relations de l'accusé avec la dame de Pauw jusqu'au moment du mariage. La vieille domestique de l'accusé vous en a parlé ; elle vous a montré la femme de Pauw le suivant jusque dans l'église où il se mariait, n'y faisant nul scandale, y portant une robe que cette vieille domestique, qui n'est pas difficile en fait d'élégance, vous a dépeinte comme une robe qui aurait traîné dans les cendres. De la part de cette maîtresse délaissée, ni scandale, ni poursuites, ni lettres écrites. Elle subissait la séparation, vivant misérable comme auparavant, pas plus, mais autant, et profondément résignée.

Tout à coup, en juin 1863, lui qui l'avait abandonnée, qui jamais ne lui avait envoyé ces 200 francs par mois qui sont une dérision, ainsi que l'attestent la misère de cette femme, son âtre sans feu et ses guenilles, il arrive chez elle.

Est-il vrai qu'il y soit venu? C'est un premier point à établir. Oui, il y est venu, non pas comme créancier pour ses avances, mais pour une cause qui ne s'explique pour ce qu'il a fait plus tard. Il est venu; Cliche l'a vu, les enfants l'ont vu, tout le monde l'a vu, et Mme de Pauw en a fait éclater sa joie devant ses amies; elle a été indiscrète, c'est vrai, car elle avait juré sur la tombe de sa mère de ne pas parler de ce retour; elle a violé sa promesse, mais elle a dit la vérité.

Rappelez-vous ce qu'a rapporté Mme Maille. Elle venait retirer le portrait de sa fille. Elle frappe; on ne répond pas ; et un voisin lui dit qu'il y a là, avec Mme de Pauw, un monsieur en cravate blanche; et le soir, Mme de Pauw lui avoue que ce monsieur, c'était La Pommerais. Elle a fait le même aveu à Mme Gouchon, sa sœur, quand elles allaient ensemble voir leur père, et celle-ci lui recommandait de n'en pas parler à ce vieillard, « parce que cela lui ferait trop de chagrin. »

Elle a dit à Mme Blaye, dans l'élan de son bonheur : « Il est revenu, et si vous saviez comme il est bon, excellent pour moi! Je suis heureuse de son retour, je le tiens maintenant. » Mme Blaye ne l'approuvait pas, et lui disait qu'il n'était qu'un vaniteux et un égoïste.

Il est revenu, la correspondance l'atteste. Est-ce qu'elle n'écrivait pas, cette pauvre femme : « Votre femme dont vous m'avez dit tant de bien? » Donc, il est venu. Son livre de dépenses le dit aussi, il est réglé comme celui d'un marchand ; on y trouve de petites sommes par lui données à celle qui est redevenue sa maîtresse ; à la date du 28 juin, il a l'imprudence d'écrire : « Madame de Pauw » en toutes lettres. Puis il se ravise, il n'écrit plus que M. Dep., ce qu'il a traduit ici par ces mots : « moyennes dépenses. »

Oui, il est venu, la lettre suivante écrite à Mme de Ridder le prouve :

« Ma chère madame de Ridder,

« Je vous écris ces quelques lignes pour vous

prier de me faire le plaisir de venir passer la soirée avec moi, demain samedi.

« Je pense que c'est le jour où vous reportez votre ouvrage ; vous ne serez pas chez moi avant huit ou neuf heures du soir : cela ne fait rien. Il y aura une bonne tasse de café bien chaud qui vous attendra, avec Sophie.

« La mère Peters m'a demandé la soirée pour aller chercher une place ; quelle chance ! nous passerons une bonne soirée avec mon petit poêle. Le lendemain, c'est dimanche, Sophie dormira.

« Vu ma maladie, je suis rentière. Ce sont de petites rentes, mais l'on ne me laisse manquer de rien. Les médecins me trouvent très-malade ; j'ai bien l'espoir, d'après ce qu'il m'a dit hier, que, si cela réussit, j'aurai 3,000 francs de rente.

« Je vous conterai cela demain.

« Venez à l'heure que vous voudrez. — Adélaïde me disait hier : « Maman, quand tu seras guérie, tu me chercheras une bonne bien droite, car je suis bien malheureuse ! »

Et Mme de Ridder n'est pas venue parce que La Pommerais est venu. Il est venu le 16, et ici se place un détail saisissant, tellement saisissant, que je ne comprends pas que l'accusé n'ait pas, en y pensant, renoncé à ses dénégations. Qu'est-il venu faire ? tuer, selon moi ; mais, en apparence, il est venu pour une soirée de plaisir ou de débauche.

Mme de Pauw a fait acheter à crédit, — à crédit, entendez-vous ? — un flacon d'odeur, et le soir, après un modeste dîner, où elle a mangé une soupe à l'oseille et des choux-fleurs, elle s'est parfumée comme la maîtresse qui attend l'amant. Donc il est venu comme amant et non comme créancier ; mais elle était enceinte de lui, donc il était venu. Essayera-t-il encore d'attribuer cette grossesse à un autre, à M. Heim, au concierge Cliche, dont le sourire a répondu à la calomnie, comme il convenait de le faire. — Son défenseur ne le fera pas, j'en suis sûr. — Il restera certain pour tout le monde que c'est lui qui, revenu chez cette malheureuse avec l'idée de l'empoisonner, l'a d'abord enchaînée par des caresses qui lui faisaient tout oublier, puis par une grossesse dont elle se réjouissait dans son égarement, et dont elle parlait comme d'un bonheur, sans songer à ses pauvres enfants ; donc il est venu, quoiqu'il soutienne le contraire. Est-il venu comme créancier pour régler son compte? Non, il est venu comme amant. — Il ne lui en a pas coûté, à raison du but qu'il se proposait, de s'éloigner de sa femme dont la beauté ne le retenait guère. — Il s'est fort indigné de ce que M. le Président, interrogeant certains écrits émanés de lui-même, ait cru devoir montrer son intérieur déjà troublé. Sa femme éprouvait un certain dégoût, ne voulait plus redevenir mère, et se plaignait de la parcimonie de son mari. Tout cela appartenait à la cause, et je ne crois violer aucun secret domestique en déclarant que l'accusé s'est éloigné sans peine de sa jeune femme pour retourner vers Mme de Pauw, et y retourner en qualité d'amant.

S'il n'avait voulu revoir Mme de Pauw que pour une prétendue créance, il n'avait pas besoin d'aller chez elle. Rien n'était plus simple que de faire traiter l'affaire par Louis ou par Rioublanc, ces hommes d'affaires. Il pouvait, il devait, dans ce cas, s'adresser à un intermédiaire ; mais de quoi donc était-il créancier ? — qu'avait-il donné ? 680 fr. en 1859 et 1860, 680 fr. à sa maîtresse indigente ! Était-ce là sa créance ? Créancier de sa maîtresse, ce n'est pas français. Mais s'il avait eu la bassesse de vouloir l'être, il aurait des titres, des reçus, des preuves. Il dit bien lui avoir fourni 200 f. par mois depuis son mariage, mais c'est une dérision.—Il a parlé tour à tour de 10,000 fr., 30,000 fr., 150,000, sans pouvoir établir une seule libéralité sérieuse. Il n'était pas assez riche pour en faire. La femme de Pauw a toujours été trop pauvre pour qu'on puisse croire qu'elle en ait reçu. Il invoque, il est vrai, pour établir sa générosité et sa créance, la correspondance de Mme de Pauw trouvée chez lui. Mais c'est sa condamnation ; cette malheureuse s'y proclame débitrice non-seulement des 550,000 fr. montant des assurances, mais du double, c'est-à-dire de plus d'un million, « sans compter sa reconnaissance, » ajoute-t-elle. Qui croira qu'un million, ou même une somme de quelque importance, soit jamais tombée dans cette pauvre mansarde où traînent les haillons, où le feu manque, et peut-être le pain !

L'accusé n'était donc pas créancier ; il ne venait pas régler des comptes, au mois de juin 1863, chez son ancienne maîtresse. Qu'y venait-il donc faire ? Il a deux versions à cet égard. Je vais les examiner l'une et l'autre. Dans l'une il est créancier, et lui, si fertile en artifices, il a trouvé cet ingénieux moyen de se faire payer une grosse créance par une insolvable. C'est une assurance sur la vie, qu'il se fera transférer ; il payera les annuités ; la créance ainsi grossira, mais à la fin il y trouvera son compte, et sera payé avec la valeur de l'assurance. Mais c'est un calcul insensé qui ne peut avoir de résultat, et qui, dès lors, soyez-en sûr, n'a pas été fait par l'homme trop intelligent et trop habile que vous avez à juger.

Il a donné une autre cause à ces assurances, il l'a donnée à Desmidt ; il n'a pas voulu lui dire, comme à Me Levaux, qu'il fût créancier, même de 100,000 fr., d'une pauvre femme dans la misère. Il a changé de langage ; cela ne lui est pas bien difficile. Il va facilement du Saint-Père au matérialisme, et de la qualité de créancier à celle de bienfaiteur. Il a dit qu'il voulait être le bienfaiteur des enfants de Mme de Pauw, dont il était le père. C'est dans ces termes qu'il a initié Desmidt à son désir de faire une assurance. Desmidt a dit aux Compagnies : « Un riche comte Breton doit alimenter les assurances faites au profit d'enfants qu'il a, et que la loi ne lui permet pas de reconnaître. » Desmidt ajoute même qu'un calcul paternel a été fait devant lui : le père légitime, associant, dans un commun désir de bienfaisance, l'enfant légitime et les enfants adultérins, avait dit : « Avec son assurance dotale, mon fils aura, à sa majorité, 150,000 fr. ; au moyen de l'assurance faite au profit de Mme de Pauw, ses enfants auront à peu près autant ; j'égaliserai ainsi les situations. »

Voilà le langage qu'il a tenu à M. Desmidt, voilà le but qu'il a assigné aux assurances. Il a même déclaré que, s'il mourait, quelqu'un se chargerait d'alimenter les contrats jusqu'à la mort de Mme de Pauw. Cette explication mensongère donnée à Desmidt atteste une grande audace, et il faut tout autre chose que du courage pour se proclamer le bienfaiteur d'enfants dont on va tuer la mère, d'enfants qui ne sont pas les siens, qu'il n'aimait pas, qu'il n'a pas même cherché à voir après le 17 novembre, et qui avaient, quant à lui, pour lui, cette instinctive répugnance que l'enfance éprouve auprès d'un méchant et d'un ennemi. Mais, Messieurs, l'eût-il voulu, il ne pouvait faire le bienfaisant, même avec les ressources de la succession de Mme Dubizy ; il était, comme je vais l'établir, dans l'impuissance de payer les primes, ne fût-ce que pendant trois ans. Il n'a été question des enfants que pour tromper les Compagnies d'abord, et plus tard la Justice. Il s'est servi de la mère pour son crime, et des enfants pour le masquer.

Les assurances sont du mois de juillet; dès le 5 août il se les était fait transférer. L'acte qui les transfère aux enfants n'est que du 20 août; mais cet acte même n'est qu'une apparence, et rien de plus; c'est un moyen, c'est un masque. Il n'a pas été fait double. Il savait très-bien qu'ainsi fait il ne constituait aucun droit au profit des enfants. Il entendait assez les affaires pour le savoir, et il avait près de lui des conseillers comme Louis et Rioublanc. Mais où on voit bien que cet acte est chimérique, c'est dans l'acte du 31 août qui lui succède, et surtout dans ce testament du 2 septembre, par lequel l'accusé donne à sa femme ces contrats qui auraient été la propriété des enfants. Voici le passage du testament qui éclaire ce point :

« Mme de Pauw m'ayant donné pleine et entière autorisation de transférer à qui bon me semblera les polices d'assurances ci-jointes, je suis heureux d'en faire bénéficier ma femme, à charge par elle de continuer à payer les primes jusqu'à la mort de Mme veuve de Pauw, sous peine de déchéance. »

Et les enfants de Pauw! Il n'en est plus question, l'acte du 20 août a complétement disparu.

S'il fallait une preuve de plus, je montrerais l'accusé courant aux Compagnies, leur parlant des enfants, de la lettre fausse de Châteauroux, alors qu'il a dans les mains le testament de Mme de Pauw qui est copié sur celui que l'accusé a fait en faveur de sa femme.

Donc, il n'agissait pas comme créancier de Mme de Pauw; donc, il n'agissait pas en faveur des enfants.

A quoi donc songeait-il? A s'enrichir au moyen des assurances, comme cet Anglais dont je vous parlais tout à l'heure. Quelqu'un d'intelligent ne pouvait s'y méprendre, et on comprend très-bien que, consulté sur ces actes par Mme de Pauw, M. Lireux lui ait répondu : « Il n'y a, dans tout cela, qu'une chose bien claire, c'est l'intérêt de M. de La Pommerais à désirer votre mort. »

Qu'est-ce, en effet, que ce contrat? Il est pire que ces contrats repoussés par les juristes romains, et dont ils disaient : *Continent votum mortis*. Il contient la volonté, la nécessité de faire mourir, et de faire mourir vite.

Est-ce vrai? Je vais le prouver en examinant les deux hypothèses dans lesquelles la défense va se placer, et je me demanderai si, dans l'une ou dans l'autre de ces hypothèses, le riche La Pommerais, le comte de La Pommerais pouvait alimenter ces assurances, ou si la nécessité ne l'obligeait pas bientôt à les rompre par la mort de Mme de Pauw.

J'ai entendu le défenseur dire que son client n'avait jamais voulu constituer une assurance qui devait durer autant que la vie de Mme de Pauw. Je dis, moi, qu'il n'a voulu aucune autre chose; qu'il n'a jamais songé à une assurance limitée, différée, mais toujours à une assurance sur la vie entière de Mme de Pauw. C'est ce qu'il a toujours dit à Desmidt, et lorsque celui-ci s'étonnait qu'il s'engageât à payer si longtemps des primes si fortes, il lui parlait de 200,000 fr. qu'il avait gagnés à la Bourse, et auxquels il saurait bien faire produire de quoi payer ces primes.

Je trouve une autre preuve irréfutable de ses intentions dans le testament fait en faveur de sa femme, dans lequel il lui imposait l'obligation de payer les primes jusqu'à la mort de Mme de Pauw.

Mais, voyons, je ne veux rien exagérer dans cette affaire; je veux bien admettre qu'il s'agissait seulement d'une assurance limitée, qui ne devait durer que trois ans! J'admets qu'il n'aurait versé que 60,000 fr., après lesquels il serait arrivé à une liquidation. M. Cloquemin, directeur d'assurances, nous a expliqué que cette opération n'a pas le sens commun : que si, au bout de trois ans, après le payement de trois primes, on voulait ne pas continuer, on obtiendrait à peu près 20,000 fr., c'est-à-dire la prime d'une année en en perdant deux; il a ajouté, pour entrer dans les idées de Me Lachaud, qu'on pouvait faire cette liquidation d'une autre manière, et maintenir dans les mains de la Compagnie le capital provenant de la liquidation en l'associant aux bénéfices de la Compagnie. Mais en même temps M. Cloquemin a déclaré qu'une semblable liquidation ne peut jamais être avantageuse à l'assuré. L'accusé, d'ailleurs, n'a jamais parlé dans l'instruction de ce contre-projet; il a dit le contraire à Desmidt, le testament fait à sa femme prouve le contraire, il faut écarter cette hypothèse introduite par la défense. Elle sera discutée; nous verrons si elle prend un corps et un visage, et alors nous lutterons contre elle. Quant à présent, elle ne comporte pas une discussion plus étendue ni plus sérieuse.

Voyons, d'ailleurs, comment il aurait fait face aux payements de primes même pendant trois années : l'accusé a parlé de la fortune de ses parents; à cet égard, voici les renseignements qui nous sont fournis par le Juge de paix de Neuville-aux-Bois :

« La fortune immobilière du père est de 45 à 50,000 fr. La fortune mobilière est peu facile à déterminer, mais on pense généralement qu'elle doit être au-dessous de la fortune immobilière.

« M. de La Pommerais père ne prend pas le titre de comte, qui ne paraît pas appartenir à la famille. S'il faut en croire les *on-dit* qui circulent dans le pays, cette addition de titre de comte à son nom par le fils La Pommerais aurait été une cause de désunion dans la famille. Le frère aîné du père, qui habite Orléans, aurait rompu avec ce dernier, et aurait cessé complétement de le voir, parce que son fils se serait affublé d'un titre nobiliaire que lui seul, comme aîné de la famille, aurait eu le droit de porter, si ce titre eût été la propriété de la famille.

« Signé : *Le Juge de paix*. »

Voilà la fortune de la famille; et quant aux 10,000 fr. qu'il dit avoir reçus de son père pour son mariage, il n'en est fourni aucune preuve. Il avait un mobilier de 5,000 fr. et 9,000 fr. de valeurs. Voilà tout.

Que gagnait-il comme médecin? Il a beau dire que M. le Juge d'instruction a mal calculé, vous pourrez refaire ses calculs, et vous verrez qu'il gagnait au plus de 9 à 10,000 fr. par an; c'est le résultat de sa dernière année.

Il s'est marié. Qu'a-t-il eu en mariage? 81,000 fr., plus une succession de la sœur de sa femme, en tout 140,000 fr. Ajoutons-y 18,000 fr. venant de Mme Dubizy, et nous aurons toute sa fortune, en comptant largement.

Or, là-dessus nous voyons qu'il a dépensé 43,000 fr. en quinze mois; je ne parle pas de ce qu'il prétend avoir donné à Mme de Pauw, et c'est avec ce qui lui reste qu'il aurait pu faire face aux nécessités de l'assurance! Il lui était donc impossible d'alimenter cette assurance, non pas jusqu'à la mort de Mme de Pauw, mais même pendant les trois années qu'il avait fixées dans ses calculs prétendus.

Nous nous rapprochons ainsi de la nécessité où il s'est trouvé d'arriver à la fin du contrat, et de recourir à la comédie dans laquelle la femme de Pauw allait tomber comme dans un piége homicide.

Il n'avait pour cela d'autre moyen utile, passez-moi ce douloureux langage, que de donner la mort à la personne assurée. Il y avait une circonstance embarrassante pour simuler une maladie, c'était la grossesse; il lève l'obstacle en persuadant à cette malheureuse que tout sera résolu en janvier 1864; qu'à cette époque arrivera la manne céleste sous la forme d'une rente de 3,000 fr. Est-ce vrai? on dit que ce n'était pas possible vis-à-vis des Compagnies! Peut-être; mais cela l'était pour Mme de Pauw, qui n'y entendait rien. Lui a-t-on dit de simuler une maladie pour arriver au rachat? Elle l'a déclaré à tout le monde avec des explosions de joie, à Mme de Ridder, à Mme Blaye qui n'en croyait pas un mot. A cette vieille femme qui lui rapporteit ses actes de naissance exigés par La Pommerais, n'a-t-elle pas dit: « Voilà mon bonheur et celui de mes enfants! » Elle y croyait, et elle écrivait: « Je serai rentière; ce sont des petites rentes, mais on ne me laisse manquer de rien. Les médecins me croient malade. Si cela réussit, j'aurai 3,000 fr. de rente. »

La maladie est simulée; on consulte le docteur Gaudinot, mais on ne suit pas ses ordonnances, qui ont été retrouvées en la possession de La Pommerais.

Mais attendez, elle va se faire tout à fait malade. Elle imagine, car elle y a mis du sien, la chute dans l'escalier de son atelier, et elle parle de cette chute à tout le monde. A tout le monde elle parle de perforation de l'estomac, et ce pauvre docteur Gaudinot y est trompé comme tout le monde. En est-il pour cela moins estimable? Non, car il a voulu voir, vérifier, et elle s'y est toujours refusée.

Les ordonnances vont chez La Pommerais: est-ce pour qu'il soigne la malade? Oh! non. Jusqu'au moment de la mort, le contractant, le vil contractant l'emportera sur le médecin, et il s'abstiendra toujours de donner des soins.

Enfin, le 11 novembre, Mme de Pauw entre en cellule; elle prend son bonnet de nuit qu'elle ne quittera plus, la malheureuse! Cependant, le 13, elle écrit à Mme de Ridder avec gaieté et en plaisantant; elle lui annonce une bonne soirée et une tasse de café bien chaud.

Elle n'est pas malade, le 11, le 12, le 13; le 14, elle attend Mme de Ridder; le docteur Danet l'a vue ce jour-là; il affirme qu'elle n'avait qu'un léger embarras gastrique; le lundi, en déjeunant chez sa sœur, elle avait, dit-on, les lèvres violacées; mais ce malaise s'explique, car elle était d'un sang pauvre; elle vivait pauvrement, et elle était infatigable au travail; elle éprouvait des palpitations de cœur qui ne tenaient point à un vice organique, mais à la mauvaise nourriture, à la misère, à la pauvreté du sang même. Elle n'était pas sérieusement malade.

Le 16, elle est encore bien portante, car le soir elle dîne chez elle avec ses enfants et la dame Biord, une de ces excellentes femmes qu'on a entendues ici, et que nous avons été heureux d'entendre. Le dîner a été frugal sans doute, nullement fait pour empoisonner, un dîner acheté avec les vingt sous tirés de son escarcelle où la charitable Mme de Chalembert les avait déposés. Elle a dîné, bien dîné, car ce n'est pas la succulence des mets qui fait bien dîner, c'est l'appétit qu'on apporte au repas. Ainsi elle dîne bien le 16, cette femme à l'estomac perforé selon le docteur Gaudinot, cette femme condamnée selon ce qu'on faisait dire à M. Nélaton!

Et alors l'accusé arrive, pour un plaisir, dit-on, et nous disons, nous: Pour achever son œuvre. Cette femme se livre à lui pieds et poings liés; elle est toute à lui, elle le reçoit et elle est bien portante. Elle n'a pas eu d'indigestion; elle n'a pas pris de bain, pas même un bain de pieds; elle s'est bornée à des ablutions qu'on s'explique.

Quel temps est-il resté? On ne sait pas au juste. D'après la femme Delarue, cette femme pour laquelle l'accusé a été pris à l'audience d'un sentiment de reconnaissance si vif et si peu d'accord avec ceux qu'il exprime sur cette pauvre Mme de Pauw, il ne serait pas resté plus d'une heure.

Quoi qu'il en soit, lui parti, les vomissements commencent, et ces vomissements ne sont le résultat ni de l'oseille, ni des choux-fleurs; car les matières vomies contiennent du poison.

Il revient le lendemain à huit heures; il ne l'a pas vue vomir le soir; pourquoi revient-il? pourquoi lui dit-il qu'elle a le choléra, comme il l'a dit à sa belle-mère, comme Castaing le disait à sa victime? Il y a dans ce rapprochement quelque chose d'effroyable qui ne vous échappera pas.

Et cependant il ne donne aucun secours à cette pauvre femme: il songe à ses assurances, il ne veut pas compromettre son contrat. Il la voit mourante, et il la laisse sans secours! Il est muet, insensible, il fuit, et il s'étudie à n'être vu de personne.

A deux heures il revient encore, et il sait bien ce qu'il fait. Il a une puissance démoniaque; il connaît les poisons comme on connaît un ami. Lui aussi, soyez-en sûr, il a fait des expériences. Il constate le vertige, les douleurs aiguës de cette femme; il voit les vomissements, et il s'en va encore sans donner à cette mourante les secours de son art. Il sait bien que sa troisième visite coïncidera avec la mort de la malade, et alors se passe ce fait si significatif, que vos consciences ont retenu et qui les a certainement indignées, l'enlèvement de son portrait, qui est là dans une armoire, qu'il n'avait jamais eu jusque-là l'idée d'emprunter et dont il s'empare, parce qu'il sait que la mort va venir. C'est le fait du meurtrier emportant ce qui peut révéler sa présence sur le lieu du crime. C'est alors aussi qu'il va jeter à la poste les deux lettres pour le père et la sœur, dans lesquelles cette malheureuse annonce qu'elle va mourir et qu'on ne la reverra plus.

Et le soir, quand elle est morte dans les conditions qui ont été si bien décrites par le docteur Blachez, il s'approche, il lui ouvre les paupières, il constate la mort, mais il n'est pas ému, et il se borne à dire: « Ah! la chute! » bien qu'il sache qu'il n'y a pas eu de chute, puisque le matin il a dit à cette pauvre femme qu'elle avait le choléra. Et comme il parlait de cette chute devant la jeune Huilmand, cette jeune fille, se redressant de toute sa supériorité morale sur l'accusé, lui dit que c'est une dérision. Il veut jurer, lui le matérialiste, et elle lui dit: « Allons, ne jurez pas, c'est une dérision! »

Que va-t-il se passer? Ici l'assassin va se montrer encore, l'assassin qui croit avoir réussi, l'assassin qui se trahit par une imprudence. Il rentre chez lui, et, entre la mort et son repas du soir, il écrit à Desmidt: « Vite aux assurances! » Il écrit à Testu: « Vite au contrat! » Il écrit à M. Gaudinot, dont la confiance est si regrettable, et il en obtient le certificat que vous connaissez. Vous savez qu'il a aussi écrit aux Compagnies pour qu'elles eussent à lui payer la somme convenue.

« Paris, 25 novembre 1863.

« Monsieur le Directeur,

« Par police N°....., en date du....., votre Compagnie a assuré un capital de 100,000 fr. payable lors du décès de Mme veuve de Pauw, née Julie Testu; la propriété de cette police m'a été transférée et avis de ce transfert vous a été adressé le 25 août dernier. Mme veuve de Pauw étant décédée le 17 novembre courant, pour me conformer à l'article 16 de vos conditions générales, j'ai l'honneur de vous adresser avec la présente :

« 1° L'acte de naissance de Mme veuve de Pauw ;

On sait comment il a eu les actes de naissance ; il dit qu'il eût pu les avoir après la mort; sans doute, mais il s'y est pris d'avance, et il a trouvé bon que sa victime lui remît elle-même ces pièces, qui, en effet, n'étaient utiles qu'après la mort.

« 2° L'acte de décès de ladite ;

« 3° La déclaration du médecin habituel, constatant le genre de mort;

« 4° Le certificat du médecin attaché à l'Etat civil.

« Veuillez, Monsieur, remettre au porteur un accusé de réception de la présente et des pièces y annexées, et, en temps utile, me faire connaître le jour où je pourrai me présenter pour, en échange de la police N°....., recevoir la somme qui m'est due.

« Agréez, etc.

Signé : « E. C. DE LA POMMERAIS (d. m.). »

Il a ainsi préparé et fait le dossier des pièces qu'il fallait fournir aux Compagnies d'assurances. S'il n'a pas réussi, Messieurs, c'est parce que la Justice, informée par M. Gouchon des circonstances de la mort de sa belle-sœur, a commencé à agir; mais les Compagnies, sans cela, se taisaient, et l'accusé avait tout fait pour que le succès suivît son crime.

Si vous ajoutez à tous les éléments de preuve que je viens de réunir devant vous deux circonstances, je n'aurai plus qu'à réfuter le système de défense que semble avoir adopté l'accusé devant vous.

Voici ces deux circonstances. D'abord il avait de la digitaline autant et plus qu'il n'en fallait. Il dira qu'il en avait trop. Eh bien ! non, trop, il en avait assez. Ce qui est certain, c'est qu'il en avait pour commettre plusieurs crimes. Il en avait acheté chez Menier, vous savez en quelle quantité; on n'en a presque plus trouvé chez lui. Qu'en a-t-il fait? On le lui a demandé. Aujourd'hui, il répond en avoir envoyé à un confrère de province, et il associe son beau-frère, le pharmacien Eyrolles, à son système de défense. C'est un mensonge ! La vérité lui a échappé le jour de son arrestation : « Elle se retrouvera, a-t-il dit, cette digitaline; elle ne peut être perdue, je n'ai jamais employé tout cela, il faut qu'on la retrouve. »

La seconde circonstance que je vous rappelle, c'est la commission dont il a chargé Desmidt, son ami, son courtier, son emprunteur. Ayant tout combiné pour avoir le prix des assurances à un moment prochain, il a un peu vendu la peau de l'ours. Quelques semaines avant la mort de Mme de Pauw, il a dit très-sérieusement à Desmidt, non en plaisantant, nous avons le ton, qui est ici très-important, Desmidt nous l'a donné, il ne faut pas le changer; il a dit très-sérieusement : « Connaissez-vous un hôtel à vendre de 450 à 500,000 fr. ? » Il se voyait riche et en mesure d'acheter un hôtel. Il a été imprudent de le dire, mais on comprend qu'il l'ait cru, et que, comme presque tous les coupables, il ait compté sur le succès.

Desmidt a pris la chose au sérieux; il est propre à ces sortes d'opérations; il est homme d'affaires, courtier d'assurances. Il trouve un hôtel de 700,000 fr., il vient le dire à l'accusé. La Pommerais, qui veut payer comptant, qui l'a dit du moins à Desmidt, ne peut pas aller jusqu'à ce chiffre et l'affaire n'a pas de suite parce que le prix de l'hôtel est trop élevé et dépasse 500,000 fr. Mais n'est-il pas évident qu'en annonçant imprudemment ce projet à Desmidt, il parlait comme un homme qui va bientôt tirer les 550,000 fr. des compagnies d'assurances ?

J'arrive à son système de défense, à celui que je connais, car l'autre je le connaîtrai tout à l'heure, et il sera sans doute l'objet d'une seconde discussion.

Voyons donc ce système.

Il soutient d'abord qu'il a fait ce contrat d'assurance dans l'intérêt des enfants. Je n'ai plus rien à dire là-dessus; j'ai déjà répondu à cette prétention.

Il s'est ensuite posé en bienfaiteur et en créancier de la femme de Pauw, et il a produit vingt-trois lettres émanées d'elle qui forment un véritable dossier, où toutes les pièces sont numérotées et annotées, un dossier d'ancien procureur. Ces lettres, dit-il, sont sa justification; or Félicité de Pauw nous a appris que l'accusé avait fait écrire ces lettres par sa mère, cela est au moins certain pour les deux lettres du 12 novembre. La fille Huilmand le dit aussi, et ce doit être vrai, si l'on en juge par l'état matériel de ces lettres, par leur style, par les ratures qu'elles contiennent, les corrections qu'on y remarque, détails qui trahissent une sorte de collaboration. Ces lettres, d'où viennent-elles ? qui les a apportées ? qui les a remises? personne ne peut le dire. Le Juge d'instruction a tout fait pour le savoir, et il n'y a pas réussi.

Ces lettres ont été présentées par l'accusé, le jour de son arrestation, comme l'explication et la justification de tout ce qui avait eu lieu. Alors le Magistrat, que l'accusé outrage indignement s'il pouvait outrager, recherche si ces lettres ont, en effet, un caractère sérieux ; il interroge tout le monde pour savoir si elles ont été librement écrites; comment elles sont arrivées dans les mains de l'accusé; si un autre que la victime les lui a remises. Toutes les recherches sont vaines, personne n'a transmis ces lettres.

Il est donc certain qu'elles ont été écrites et combinées entre lui et la femme de Pauw. En les examinant, on le voit, pour ainsi dire, les dicter en prévision de son crime. Il y est représenté comme la providence des malheureux! Sa maîtresse a reçu de lui un million ! Il est d'un caractère admirable, rien ne peut l'amener chez Mme de Pauw, il voudrait faire une assurance utile seulement à cette pauvre femme, elle s'y refuse obstinément. Il lui fait maudire sa famille, raconter sa fausse maladie, parler de digitaline qu'elle absorbe et annoncer sa mort! C'est un odieux, mais bien imprudent artifice, car, si les preuves manquaient ailleurs à l'accusation, elle les trouverait accablantes et décisives dans cette correspondance.

J'ai terminé, Messieurs, sur la partie la plus redoutable de l'accusation; qu'ajouterai-je pour montrer la gravité de ce crime? Tout le monde la sent et s'en émeut ici et hors d'ici; toute insistance est superflue, toute déclamation serait déplacée. En ce point ma tâche est accomplie.

Je passe à l'empoisonnement de Mme Dubizy. J'ai promis, et je tiendrai parole, de me défendre de toute exagération. Je sais qu'on trouve encore des traces de ce préjugé, bien amoindri cependant, qui fait croire à la foule que celui qui parle dans l'intérêt de la loi et de la société voit toujours et partout des coupables; c'est un sentiment d'un autre âge, indigne des sociétés libres, et qui ne peut plus être qu'une ridicule injustice. Je n'ai ici pour maître que ma conscience, je n'obéis qu'à elle, et, si elle m'avait montré cet homme innocent, je l'aurais dit avant son défenseur, moins brillamment peut-être mais aussi haut que lui. C'est dans ces sentiments que j'ai abordé l'examen de l'accusation relative à la mort de Mme Dubizy; il y a des charges sérieuses, graves, que vous devez connaître et peser. Mais conduisent-elles bien à la certitude? Les voici : Sa belle-mère morte, l'accusé a prévu le soupçon, ce qui n'est pas le fait d'un innocent; car il a dit à Louis l'agent d'affaires, son ami : « Il est bien heureux que je n'aie pas soigné ma belle-mère, on m'aurait *inquiété.* » Louis a bien essayé d'arranger le propos, mais il est relaté tout au long dans l'instruction, dans les termes que j'indique, et sans les arrangements que le témoin a voulu y faire ici. Il a dit à Uzanne, son ami à cette époque, qui aujourd'hui ne l'est plus, celui-ci l'a répété au docteur Mathias : « Je suis bien malheureux, ma belle-mère s'est *empoisonnée.* »

Ces propos sont d'un homme inquiet; ajoutez-y l'émotion qui, à Belleville, a suivi la mort de Mme Dubizy. On a cru à un empoisonnement, on a parlé d'un empoisonnement ; en tout cas, il est certain que Mme Dubizy a été surprise en pleine santé par la maladie et par la mort. L'autopsie faite par le docteur Tardieu ne laisse aucun doute à cet égard; elle n'est pas morte d'une hypertrophie du cœur. L'accusé assistait au repas du dimanche, à la suite duquel sa belle-mère a commencé à vomir; quelques jours auparavant, il avait acheté 50 centigr. de digitaline; Mme Dubizy a été prise de vomissements comme Mme de Pauw, et cette seule analogie est terrible. L'accusé a fait une ordonnance dans laquelle il a prescrit 10 centigr. de digitaline et 25 centigr. d'hydrochlorate de morphine ; il a parlé de choléra ; il n'a pas envoyé chercher le docteur Laloy, comme il le dit : c'est une voisine qui est allée le chercher. M. Loiseau a déclaré qu'il était là pour couvrir le gendre ; il n'a ordonné que des remèdes insignifiants, ne soupçonnant pas d'abord l'empoisonnement et ne croyant pas à une grave maladie. La digitaline prescrite chez Labainville a été employée, puisqu'elle n'a pas été retrouvée, non plus que l'ordonnance qui la prescrivait, et que, s'il peut arriver qu'un médecin n'emploie pas un médicament qu'il a fait composer, l'état de la malade s'étant modifié, rien ne justifie ni n'explique cette abstention. Le remède ou plutôt le poison a donc été donné et l'ordonnance a disparu; car, si elle eût été représentée au médecin des morts, il n'aurait pas conclu, comme il l'a fait, à une mort naturelle.

Mais, de toutes les charges, la plus grave, c'est la similitude des deux crimes. Mme Dubizy, comme Mme de Pauw, est prise en pleine santé de vomissements incoercibles. Comme elle, elle meurt presque aussitôt. Malheureusement le temps s'est écoulé, les soupçons ont été timides, les preuves directes du crime sont effacées ou n'ont pu être recueillies. Mais au moins il y a de bien terribles présomptions. Rappelez-vous en outre la conduite de l'accusé après la mort de sa belle-mère: il s'oppose à l'inventaire ; 60,000 francs, qu'un témoin a vus, disparaissent ; on fouille dans les meubles. La Pommerais paye certaines dettes et fait des dépenses excessives que jusque-là il n'a pu faire.

Tel est l'ensemble des moyens de l'accusation. Je me suis borné à les indiquer, j'aurais pu les discuter avec force, et peut-être jeter dans vos esprits une conviction qui commande à ma propre pensée. Mais ce serait vous demander plus que je ne veux vous demander; même quand l'homme dit : C'est lui, il est coupable, le Juge encore peut hésiter. Vous déciderez, Messieurs, en toute liberté. — Je n'ai plus qu'un mot à dire sur l'accusation principale; je crois l'avoir établie sans passion, sans vivacité de langage, sans mêler un seul excès à l'accomplissement de mon devoir, ni à l'exercice des grands droits du Ministère public. J'attends, non sans émotion, mais avec confiance, votre décision qui rassurera les bons et qui fera trembler les méchants. Vous êtes la plus haute justice du pays, et je m'associe, quant à moi, sans effort à ces justes et belles paroles qu'un magistrat prononçait récemment devant la Cour de cassation : « Le Jury, après tout, est la garantie suprême de la justice pénale, et seul il peut supporter de nos jours le poids de la responsabilité des jugements criminels. » J'ajoute, Messieurs, que quand on veut marquer votre supériorité sur les autres juges, on vous donne comme les plus nobles et les plus libres échos de la conscience publique. Vous apportez ici avec l'amour de la justice cette grande force de l'opinion qui domine tout, et qui, suivant une auguste parole, doit triompher partout, dans la justice comme dans la politique. Soyez fidèles à ce rôle, et le plus grand des crimes sera bientôt atteint du châtiment que la loi lui réserve.

Ce réquisitoire, élevé, calme, digne, modéré dans la forme, puissant dans l'argumentation, a produit une impression profonde.

L'audience, un instant suspendue, est reprise à deux heures. — Me Lachaud a la parole.

Me Lachaud. — Messieurs de la Cour, Messieurs les Jurés, je viens répondre à un réquisitoire éloquent, élevé, et, je le reconnais avec empressement, plein de modération. J'aime, surtout dans ces affaires redoutables, ces luttes courtoises : la Justice y gagne toujours en dignité, et la vérité n'y perd jamais. Aussi, soyez-en sûrs, dans la discussion à laquelle je vais me livrer, ma parole restera mesurée, et j'imiterai le Ministère public en ne lui donnant que les développements nécessaires.

Vous l'avez déjà compris, après ces longs débats, il nous est impossible de rentrer dans tous les détails de la cause. Je vais faire tout au monde pour abréger ; cependant, Messieurs, j'aurai besoin pendant encore de longues heures de toute votre bienveillance.

Je ne veux pas suivre l'ordre indiqué tout à l'heure par le réquisitoire de M. l'Avocat général ; mais je repondrai, croyez-le bien, aux objections que j'y ai trouvées. Je vous mettrai fréquemment en face de cette question unique du procès : Avez-vous la preuve incontestable que l'accusé soit l'auteur d'un crime ?

Tout est là, Messieurs les Jurés. Sans doute nous ne pouvons oublier les circonstances accessoires de cette affaire. Le caractère de l'homme, ses habitudes, les sympathies ou les antipathies qu'il inspire, tout cela, il faut en tenir compte. Cherchez partout; mais quand vous aurez bien cherché, il faudra en revenir à ce qui est la décision suprême ; il faudra demander aux faits mêmes de l'accusation, non pas si l'accusé est honnête ou malhonnête, mais s'il a tué ; non pas si des spéculations misérables ou bonnes ont été essayées par lui vis-à-vis des Compagnies d'assurances, mais s'il a tué. Et quand nous séparerons, quand nous diviserons, quand nous demanderons à l'accusation le dernier mot de sa preuve, laissez-moi vous le dire, vos consciences devront vous répondre que la démonstration qu'on vous avait promise n'est pas arrivée, et que vous devez absoudre.

Ah ! Messieurs les Jurés, prenez-y garde, et, en vous rappelant les derniers mots de M. l'Avocat général, tremblez! L'opinion publique, je ne sais ce qu'elle est pour cet homme ; si elle est ardente, si elle est hostile, est-ce que cela pourra suffire pour entraîner vos consciences? Connaît-elle l'affaire? En a-t-elle, comme vous, pénétré tous les mystères? Ne prend-elle pas l'apparence pour la réalité ? Vous, qui êtes des juges et qui, devant Dieu, avez promis de dire cette vérité judiciaire qu'on attend avec anxiété, est-ce que vous irez chercher au dehors des impressions fatales et qui ne seraient pas la Justice ? Non ! laissez-moi vous le dire sans flatterie, je sais ce que je dois penser de vous ; il y a huit jours que nous nous connaissons, Messieurs ; il y a huit jours que vous êtes impassibles, que les rumeurs de la salle n'arrivent pas jusqu'à vous. Les excitations inévitables dans un pareil débat, vous ne les avez pas éprouvées, et vous êtes tellement cuirassés dans votre conscience, que, M. l'Avocat général le dira avec moi, pas un geste, pas un signe, pas un mot ne vous a trahis !

Eh bien ! devant de tels juges, je me rassure, et, quoique le fardeau soit lourd, avec une conscience honnête je puis m'en charger, et j'espère arriver au résultat que je sollicite.

Et d'abord, avant de pénétrer dans les faits mêmes qui vous sont soumis, demandons-nous quel est cet homme ; que faut-il en penser, que faut-il en dire? Il serait ce qu'assure le Ministère public, que vous n'auriez pas la preuve qu'il est un empoisonneur. Ce serait l'être vaniteux, égoïste, cupide, l'être abject et misérable que vous signaliez tout à l'heure, monsieur l'Avocat général, que vous n'auriez pas fait la preuve ; vous auriez été éloquent, vous auriez éloigné de cet homme les sympathies de tous, mais vous n'auriez pas démontré qu'un crime a été commis.

Eh bien ! Messieurs, de ce portrait si sombre, que de choses à retrancher! Vous avez entendu beaucoup de témoins; beaucoup de faits ont été révélés contre l'accusé : laissez-moi les examiner rapidement.

L'accusé est bien jeune encore ; il a trente-trois ou trente-quatre ans; il appartient à la famille la plus respectable, on en convient. Il a été élevé dans des principes excellents, et près de lui il n'y avait que de bons exemples. Il est venu à Paris, et là il a trouvé toute sorte d'entraînements; mais il ne faut pas exagérer. Qu'a-t-il donc fait de si triste et de si honteux jusqu'au moment où l'accusation le va saisir? Il a été vaniteux comme beaucoup d'autres ; il a un nom noble, il a cru à la possibilité d'un titre ; il a cru, comme l'autorité que vous entendiez il y a quelques jours, qu'il était M. le comte de La Pommerais. On le lui a dit, et une couronne de comte surmontait son blason. Mais un jour, quand la loi est devenue plus sévère, quand il a fallu faire des preuves, justifier de ses droits, il s'est arrêté. Voilà pour cette vanité qu'on lui a continuellement reprochée, voilà pour ce titre si trompeur avec lequel il devait faire des dupes!

Quoi encore ? Il a désiré une croix ! Est-il le seul à blâmer? Ceux, par exemple, qui l'ont encouragé de leurs conseils à ces sollicitations qu'il faut savoir lui pardonner, ne sont-ils pas aussi coupables? Il a eu de grands appuis. C'était un honneur facile à obtenir, il le croyait du moins; et obtenir, même sans le mériter, cette distinction honorable, n'est pas un crime impardonnable. On peut l'excuser; ce n'est pas là un fait si grave, qu'il doive peser sur le jugement de la Cour d'assises. Voilà pourtant, au sujet de sa vanité, tout ce qu'on a pu citer.

Quant à sa probité, oh ! oui, un jour, il est chez un homme qui prend un grand titre, qui s'appelle Prato, marquis d'Arnezano, qui a près de lui une femme charmante ; La Pommerais a vingt-trois ans; Prato manque d'argent pour payer M. Pichevin; La Pommerais n'est pour rien dans l'affaire des vins fournis par M. Pichevin à Prato ; c'est bien entendu, et voilà qu'il se laisse attendrir ! M. La Pommerais accepte son cautionnement. Est-ce bien strictement ce qu'il eût dû faire ! Il a cinquante ans, M. Pichevin, et il est en face d'un jeune homme sans expérience, qui va lui donner de l'argent, car il lui en a donné ; l'acte, quand il intervient, est-il bien irréprochable?

Plus tard, quand il a vieilli, La Pommerais comprend l'imprudence qu'il a commise ; il a donné quelques mille francs au fils Pichevin, mais il ne voudrait pas payer la totalité de la somme. Si c'est sa dette devant la loi, il n'est pas moins vrai qu'il ne doit pas réellement; il veut obtenir des réductions ; il a recours à un moyen qui n'est pas bon, que je blâme ; mais est-ce une de ces indélicatesses notoires qu'il faille signaler comme le fait d'un malhonnête homme? Voilà le fait Pichevin.

Voyons le fait Gastier. M. Gastier est un médecin homœopathe. M. La Pommerais achète son cabinet; il lui paye une partie du prix comptant. On prétend que M. Gastier n'a pas tenu ses engagements, et dans le dossier se trouvent au moins deux lettres qui prouvent que M. Gastier, qui ne devait pas conserver de clients, a donné des consultations. La Pommerais s'irrite, et a recours à un moyen qui peut ne pas être bon. Un homme d'affaires intervient; on dit à M. Gastier qu'on demandera la nullité du traité, parce qu'il a tenu lui-même les conditions qui avaient été réglées. M. Gastier paraît se contenter de cela, et réduit son prix à 3,500 fr. Voilà le fait, qui n'a pas non plus la portée considérable qu'on lui donnait tout à l'heure.

M. de La Pommerais n'a pas été chassé de la Société des médecins homœopathes, un de ces messieurs vous l'a dit. Il a fait un prospectus que vous pouvez blâmer, il a blessé les susceptibilités de ses confrères. On lui a demandé des explications qu'il a refusées, et il a été amené à donner sa démission.

Un fait plus grave, plus honteux, serait celui-ci : Membre de la Société de secours mutuels de Saint-Thomas d'Aquin, il aurait prélevé sur les pauvres je ne sais quelles misérables petites sommes pour les médicaments qu'il ordonnait. On s'est expliqué. Je ne veux pas mettre de noms dans un débat si triste ; qu'avons-nous appris? C'est que la convention passée entre l'accusé et le pharmacien Weber ne s'appliquait pas le moins du monde à la Société de secours mutuels; cette convention, par elle-même, est-elle honteuse, comme le supposait M. l'Avocat général? Voici ce qui s'est passé. Indépendamment de la clientèle qu'il avait chez lui, La Pommerais avait un dispensaire ; il y venait de nombreux clients, et il délivrait des abonnements dont il vous a parlé pendant les débats. J'aurai à y revenir. Quels sont les usages pour les dispensaires? Le loyer, d'ordinaire, est payé par le pharmacien ; bien ou mal, c'est l'habitude. M. Weber a voulu se soustraire à cette obligation, il a préféré faire une remise sur les médicaments et laisser La Pommerais se charger du loyer. Le contrat ainsi réglé est parfaitement honnête, car La Pommerais donnait pour le loyer plus qu'il ne recevait du prix des médicaments. Donc, au point de vue de la probité, on ne trouve là rien de grave, rien qui puisse vous irriter contre cet homme, si l'irritation était possible. Tous ces faits s'expliquent et perdent leur gravité.

J'en aurais fini à ce sujet, si je n'avais pas à répondre sur un ordre de faits qui, quant à moi, me blessent davantage. On a parlé des sentiments religieux de l'accusé, de ces professions de foi déplorables qu'il a faites dans son testament et dans son livre. J'ai bien peu de chose à en dire; pas plus que M. l'Avocat général, je n'ai à lui demander compte de ce qu'il a pensé ; mais je le plains profondément de cette erreur fatale qui, à l'heure où je parle, doit le rendre plus malheureux encore. Pour moi, je ne sache pas de consolations plus grandes ici-bas que celles que nous donnent la foi, et la certitude que Dieu nous jugera ; pour moi, j'ai pitié d'un malheureux qui pense que tout se termine avec la vie de ce monde ; pour moi, je le dis, la raison avant le cœur le proclame, il faut que les malheureux qui n'ont pas mérité leur misère ici-bas, trouvent là-haut la réparation de leurs souffrances, et que les heureux coupables y trouvent le châtiment d'un bonheur qu'ils n'ont pas mérité.

La Pommerais n'avait pas cette croyance? Laissez-moi vous dire qu'il doit l'avoir aujourd'hui. S'il est innocent; si, comme il l'affirme, il est ici par suite d'une erreur déplorable, qui donc lui donnera jamais les consolations et la force? Ce n'est pas le monde ; on lui disait tout à l'heure que l'opinion s'irritait à son nom et à son souvenir. Ce n'est pas la Justice ; elle l'acquittera, elle l'a poursuivi, et elle l'a déshonoré en le poursuivant. Il n'y a que Dieu, auquel il lui faut revenir ; la foi reprendra possession de son âme après cette crise horrible qu'il doit traverser. S'il a douté de Dieu, son malheur le ramènera à Dieu ! (*Sensation*.)

Voilà, sur le passé de cet homme, tout ce que j'avais à vous dire ; voilà ma réponse à ce portrait si sombre qu'a fait M. l'Avocat général.

Soyons justes, si ce n'est pas là une de ces jeunesses irréprochables, vous n'avez pas oublié qu'il a toujours été laborieux. Envoyé à Paris avec des ressources modestes, il a toujours travaillé ; jeune encore, il se faisait, comme médecin, une clientèle dont il peut exagérer les produits, mais qui cependant avait son importance. Jamais il n'a fait une de ces dettes honteuses qui signalent la débauche et les habitudes vicieuses. Avez-vous oublié, Messieurs, que, médecin, il était bon pour ses malades ? Avez-vous oublié ces hommes, ces femmes qui venaient ici lui faire cortège ? Ils viennent témoigner que cet homme était généreux et bon ; ils parlent, non pas seulement de son cœur et de son talent, mais encore de son désintéressement. Il faut lui tenir compte de tout cela ; il ne faut pas en faire un être odieux, parce qu'il ne l'est pas ; il faut le juger comme il mérite de l'être, le blâmer quand le blâme est nécessaire, mais il ne faut pas lui refuser certaines qualités qui ont été déposées en lui et qu'on ne peut méconnaître.

C'est ainsi qu'en 1861 il va contracter mariage. Ici, Messieurs, permettez-moi de le dire, il y a une accusation qui doit disparaître. Je ne sais pas si, précédemment, des marchés misérables et honteux lui avaient été proposés pour des mariages considérables ; je ne sais pas si ces gens immondes qui vendent la femme moyennant une prime qu'on leur donne s'étaient adressés à lui. Mais je sais une chose, c'est qu'il a conquis lui-même la jeune femme qu'il recherchait ; on ne la lui a livrée moyennant une remise. Vous n'ignorez pas comment la rencontre s'est faite. M. l'Avocat général dédaigne beaucoup ces détails : qu'il me permette de m'y complaire davantage.

Un jour, il a rencontré une femme, c'était la mère ; elle était accompagnée d'une jeune fille charmante, meilleure encore qu'elle n'est belle. Pauvre jeune femme ! qu'a-t-elle donc fait à Dieu pour être si cruellement éprouvée ici-bas? Pour elle, au moins, nous n'aurons tous que pitié et tendresse. Ceux qui la connaissent, qui savent toutes les richesses de son âme, apprécient le dévouement admirable qu'elle a pour cet homme ; elle ne doute pas de lui. Dieu a des secrets impénétrables, puisqu'à un cœur si pur il donne de si horribles tortures.

Eh bien ! La Pommerais la vit et la trouva charmante ; il la revit encore, s'en fit remarquer, puis il fut admis dans l'intérieur de la mère. Il fit venir son père, qui alla trouver Mme Dubizy, et lui demanda, pour son fils, la main de sa fille. Le mariage s'est-il fait précipitamment? Il semble que c'est une sorte d'escroquerie conjugale, et que les renseignements n'ont pas été pris. Au contraire, il s'est écoulé huit ou dix mois avant la conclusion ; des renseignements ont été demandés partout. Mme Dubizy a écrit, elle a vu, elle a interrogé. On dit que Mme Dubizy ne désirait pas cette union, qu'elle y résistait, et qu'elle n'a cédé qu'au désir énergique de sa fille ; c'est inexact. Mais si c'était vrai, cela prouverait que Mme Dubizy avait pu prendre tous ses renseignements, et que, le jour où le contrat de mariage s'est rédigé, on connaissait à merveille la situation de La Pommerais.

Quelle était cette situation? Était-ce un jeune homme sans ressources, ne possédant rien, épousant une jeune personne relativement fortunée? Quelle erreur, Messieurs ! Son père a une fortune que je ne veux pas augmenter, mais que je ne veux pas réduire. M. le Juge de paix parle d'un immeuble de 40 à 50,000 fr. ; il ne connaît pas la fortune mobilière ; je crois qu'elle est plus grande qu'il ne le suppose. Qu'importe ! Il y avait là un avenir. Lui, travaillait depuis longtemps, il avait fait des économies ; son père ne lui constituait pas une dot par son contrat de mariage ; par conséquent, quand il déclarait, dans le contrat, qu'il possédait une somme s'élevant à environ 30,000 f., cela représentait ses économies, à lui, et l'argent que son père lui avait donné.

Le contrat se fait ; il y a là une dissimulation ; voulez-vous que je la blâme ? Je la blâmerai. Il avait en valeurs ce qu'il a déclaré posséder, mais les valeurs mêmes qu'il représentait ne lui appartenaient pas. C'est mal. Il vous a expliqué cela ; il résulte même de l'instruction qu'il avait demandé à Mme Dubizy : « Voulez-vous une ferme ou de l'argent? » Elle a déclaré à son notaire qu'elle préférait des valeurs à la ferme. Sa belle-mère était une femme bizarre, on nous l'a dit, les témoins en déposent. La Pommerais avait des valeurs étrangères; il a prié un ami de lui prêter des valeurs françaises pour la même somme, et le contrat s'est fait. Est-ce là une tromperie? Blâmez, soit; mais ne dites pas qu'il s'agit d'une spéculation mauvaise, qui ne peut s'expliquer que par une fraude.

Marié, La Pommerais est resté quelque temps chez sa belle-mère. Il semble, d'après quelques témoins, qu'elle avait pour son gendre une aversion profonde? Il y avait des jours, ne l'oubliez pas, où elle paraissait en avoir aussi pour sa fille, et, le lendemain, quand sa fille revenait, elle était pleine de tendresse et d'amour pour elle. Mme Dubizy était une femme un peu étrange; elle avait un cœur excellent, mais un caractère difficile; elle a traité son gendre avec les difficultés de son caractère et l'excellence de son cœur. Mais la preuve qu'il n'y avait pas entre la belle-mère et le gendre cette hostilité qu'on suppose, c'est qu'il est resté chez elle. Il pouvait ne pas y demeurer; cependant il y a passé quelques mois. Il faut donc singulièrement réduire sur toutes les exagérations qui ont été dites.

C'est, Messieurs, au moment où La Pommerais devait quitter sa belle-mère, au 10 octobre 1861, que Mme Dubizy est saisie d'une maladie terrible, dont elle va mourir. Laissez-moi examiner rapidement ce premier fait que la loyauté de M. l'Avocat général a fait disparaître de l'accusation. Sans doute, vous êtes Juges, c'est vous qui devez prononcer; mais si M. l'Avocat général n'a pas trouvé là de preuve suffisante, comment pourriez-vous en rencontrer? Voyons ce qui s'est passé. Croyez-vous qu'il existait des charges admissibles au sujet de Mme Dubizy? que le travail si long qu'on faisait tout à l'heure pour Mme de Pauw, il aurait été possible de le faire pour Mme Dubizy? Interrogeons les faits; vous ne trouverez rien, aucun intérêt appréciable, au point de vue de l'accusation, pour expliquer que La Pommerais se serait rendu coupable de ce premier crime.

Mme Dubizy était d'une santé florissante; cependant elle souffrait depuis longtemps d'une maladie du cœur. Dans la nuit du 7 au 8 octobre 1861, elle est prise de vomissements très-abondants. La Pommerais partage encore le domicile de sa belle-mère; il est réveillé par sa femme, il se lève, et il pare au plus pressé. Il fait une ordonnance, sur laquelle nous reviendrons tout à l'heure, qui a servi de base à l'accusation. Cette ordonnance seule, à mon avis, établirait son innocence. Mais il n'ignorait pas que Mme Dubizy n'avait pas confiance dans la médecine homœopathique; qu'elle préférait le médecin qui l'avait soignée autrefois, M. Laloy. On envoie chercher. Est-ce La Pommerais qui en a donné l'ordre? Y est-on allé à son insu? Il affirme avoir envoyé une domestique; M. Laloy a déclaré que Mme Burguet étant venue elle-même le chercher, il avait refusé de venir. — Cela est sans intérêt.

La Pommerais a appelé un autre médecin, le docteur Leboucher; mais cela ne lui a pas suffi; il a fait venir M. Loiseau, qui n'était pas un médecin homœopathe. Enfin, il y avait un ami de Mme Dubizy, M. Burguet, médecin aussi, que vous avez entendu. Ce dernier s'est joint à lui, La Pommerais, et a veillé la nuit près de la malade. Voilà donc quatre médecins. Que s'est-il passé? Il est survenu des accidents qui n'ont surpris personne. On prétend que La Pommerais a fait entendre ces paroles : « Ma belle-mère a le choléra. » Oui, il l'a dit, comme M. Leboucher l'a cru. Qu'on ne m'objecte pas qu'il ne devait pas le croire, parce qu'il n'y avait pas de cas de choléra à Belleville : qui ne sait que le choléra est en permanence dans la capitale? Sans doute, il n'y est pas à l'état d'épidémie, et les cas sont rares; mais enfin il y est en permanence. M. Leboucher lui-même n'a-t-il pas cru au choléra, ne l'a-t-il pas déclaré? On oppose que, depuis lors, La Pommerais a changé d'avis, qu'il a été forcé de reconnaître, devant M. le Juge d'instruction, que sa belle-mère n'était pas morte du choléra. Quoi de plus simple? Il n'a pas assisté aux derniers moments de Mme Dubizy; le docteur Loiseau avait été appelé, il a saigné la malade, ce qui est probablement une médication énergique. M. Loiseau a raconté les derniers moments de Mme Dubizy; il a dit qu'elle avait eu des vomissements de sang, qu'il avait dû la saigner, qu'elle avait des convulsions : il a bien fallu en conclure qu'elle n'était pas morte du choléra. La Pommerais s'était trompé avec M. Leboucher sur le diagnostic; Mme Dubizy a succombé à une autre maladie que le choléra. De ces paroles, il n'y a rien à tirer contre La Pommerais.

Où donc y a-t-il des charges? Est-ce par hasard dans un propos qu'il aurait tenu? Tout à l'heure, M. l'Avocat général faisait appel à vos souvenirs et disait : Il est établi qu'il a dit à Louis : « Je suis « heureux de n'avoir pas soigné ma belle-mère dans « sa dernière maladie. » Quand il l'aurait dit, pouvez-vous en conclure l'empoisonnement? Vous ne comprenez pas que sa belle-mère mourant dans une situation semblable, le gendre s'applaudisse de ne l'avoir pas soignée, afin que l'on ne dise pas que son traitement a été inefficace? Ce serait le fait de tout médecin dans une circonstance semblable. Le propos est insignifiant et n'a pas de valeur.

Il aurait dit à M. Uzanne : « Ma belle-mère s'est suicidée. » — Il n'a jamais dit cela, M. Uzanne le déclare. M. Mathias a bien dit que M. Uzanne lui avait raconté que La Pommerais avait tenu le propos; mais M. Uzanne répond : « Il ne m'a pas parlé de cela; c'est moi qui ai cru, d'après notre conversation, que sa belle-mère s'était suicidée. Il me disait : « C'est bien terrible pour moi ! » J'ai rattaché cela à une pensée de suicide ». M. Uzanne y a rattaché la pensée qu'il lui a plu; mais ce qu'il y a de certain, c'est que le propos n'a pas été dit, et on ne peut le retenir à la charge de l'accusé.

Venons à l'ordonnance. Mme Dubizy serait morte à la suite d'ingestion de digitaline. La Pommerais a demandé au pharmacien, dans la nuit du 8 au 9, pour sa belle-mère, différentes doses : dix centigrammes de digitaline et vingt-cinq centigrammes d'hydrochlorate de morphine. L'accusation prétend que cette ordonnance était faite pour tuer la malade. L'accusé a envoyé chez M. Labainville, pharmacien de Mme Dubizy, et son voisin. Voyons ! de bonne foi, quand on va demander un remède qui doit inévitablement causer la mort, est-ce qu'on s'y prend de cette manière? Si La Pommerais avait eu l'horrible pensée qu'on lui prête, comment serait-il allé là où il serait nécessairement découvert? Car cette mort subite pouvait exciter des soupçons; on en a beaucoup parlé, en effet; il y a eu des rumeurs. Le pharmacien aurait dit : « Vous ne savez pas de quoi elle est morte? elle a été empoisonnée; voici l'ordonnance de son gendre. » Réfléchissons et demandons-nous s'il est possible qu'un homme raisonnable, tendant à commettre un crime, s'adresse à celui qui devra le dénoncer.

Non, il a fait, dans cette circonstance, ce qu'il

fait toujours. Il a la manie déplorable d'accumuler chez lui des poisons pour ses expériences. Est-ce moi qui le dis pour les besoins de ma défense? Ne vous souvenez-vous plus de la déclaration de M. Roussin? On a trouvé chez lui, dans son cabinet, sept à huit cents médicaments différents en quantité très-considérable, pouvant, pour la plupart, entraîner la mort. C'est un fait certain. Blâmez-le, dites qu'il a tort d'agir ainsi, j'accepterai, à certains égards, toutes les observations que vous avez présentées; mais vous ne direz pas que cette quantité de poisons a servi à de nombreux empoisonnements. Il y avait d'abord deux qui lui étaient reprochés, maintenant il n'y en a plus qu'un; on semble abandonner le fait Dubizy. Ce n'est donc pas pour empoisonner Mme de Pauw que l'accusé a eu une quantité de poison qui suffirait à empoisonner quarante mille personnes, je n'exagère pas. Que conclure de là? C'est que, quand il a besoin de remèdes, il en demande plus qu'il ne lui en faut. Il voulait quelques centigrammes de digitaline, il en a demandé dix; il pouvait avoir besoin d'hydrochlorate de morphine, il en a demandé vingt-cinq centigrammes. Mais, s'il avait eu l'idée d'empoisonner sa belle-mère par la digitaline, il était inutile qu'il fît cette ordonnance. Le Ministère public a-t-il oublié que, quelques jours avant, le 4 octobre, il avait acheté cinquante centigrammes de digitaline chez Menier? Il n'en faut pas tant pour empoisonner; il en faut deux, peut-être trois centigrammes. Voulez-vous qu'une nature plus vigoureuse en exige quatre? Il lui en restait encore quarante-six. Il a donc du poison; quelle nécessité d'aller en chercher encore? Il l'a acheté chez Menier, qui ignorera que la belle-mère est morte; il n'ira donc pas demander à Labainville de nouveau poison, qu'il n'emploiera même pas.

Ainsi cette ordonnance, qui d'abord servait de base à l'accusation, maintenant que vous connaissez les circonstances qui l'ont accompagnée, devient une preuve d'innocence, au lieu d'être une charge contre l'accusé.

D'ailleurs, est-ce que Mme Dubizy a suivi les prescriptions de cette ordonnance? L'accusé a expliqué sous quelle forme il l'avait appliquée. Il s'agissait de mettre la digitaline dans un grand verre d'eau. Nous faisons remarquer qu'il avait demandé au pharmacien de faire lui-même la division de ces dix centigrammes en deux paquets de cinq centigrammes chacun. L'accusé déclare, il pouvait ne pas le dire, que sa belle-mère n'y a pas ou presque pas goûté. Un paquet a été jeté dans un verre d'eau; or la digitaline ne se dissout pas facilement. Une cuillerée à café, deux au plus, ont été données. Quand le médecin est venu, plus tard, il a fait une ordonnance, et l'accusé ne s'est plus mêlé de rien. Qu'est devenu le surplus de la digitaline? Il est devenu ce que deviennent les médicaments après la mort des malades. En nettoyant l'appartement, on a jeté au feu les remèdes inutiles. Est-ce que chacun ne sait pas qu'il en est toujours ainsi dans nos ménages? Donc il n'y a, dans ce fait, absolument rien qui soit de nature, je ne dis pas à amener une condamnation, mais à retenir un soupçon; au contraire, tout vient protester de l'impuissance de l'accusation sur ce point.

Quel intérêt, du reste, aurait eu La Pommerais à commettre un semblable crime? On a déjà examiné cette question; je vous demande la permission d'y revenir. L'accusé, dit-on, a volé sa belle-mère; il n'a pas laissé sa femme faire un inventaire; il s'est approprié une fortune considérable. Il semble que, pour les besoins du procès, Mme Dubizy devait être une femme très-riche. Sur ce point, il ne peut y avoir incertitude; il s'agit de contrats, de chiffres; nous en parlerons tout à l'heure, et soyez sûrs que je ferai au Ministère public bien des concessions sur lesquelles il peut ne pas compter.

Qu'avait Mme Dubizy au moment de son mariage? Elle n'avait rien; c'est certain. Vous n'avez qu'à vous reporter à la liquidation qui a été faite après la mort de son mari, et dont nous avons la copie. Son mari l'avait avantagée; mais M. Gautherin nous a appris que, quelques jours avant de mourir, il avait révoqué cette libéralité. Veuve d'un inspecteur du service médical militaire, avait-elle, à ce titre, une petite pension? Je n'en sais rien; cela est, du reste, sans importance. Mais elle ne pouvait rien prétendre à la fortune de son mari, puisqu'il y avait deux enfants. Elle a hérité d'une de ses filles qui est morte; elle n'a donc pu posséder que la part qui lui est revenue dans cette succession. Le calcul est bien simple, il ne faut pas être grand mathématicien pour le faire. Savez-vous ce qu'ont eu les demoiselles? Les actes sont là. Chacune d'elles a trouvé 81,583 fr. dans la succession de son père. Mme de La Pommerais devait avoir cette somme, comme sa sœur. Mme Dubizy prenant le quart dans la succession de sa fille, ce quart diminué des droits et de certaines charges, combien reste-t-il? 18,000 fr., 20,000 fr., si vous voulez. On a dit, dans l'une des dépositions que vous avez entendues, que la mère, ayant fait quelques payements pour sa fille, avait eu des reprises à exercer, de sorte que sa part se serait élevée à 25 ou 28,000 fr. Que sont-ils devenus? Je vais vous le dire, ou plutôt je vais l'établir par les actes, ce qui vaudra mieux que des paroles.

Mme Dubizy avait fort mal administré la fortune de sa fille, Mme de La Pommerais, et, quand celle-ci s'est mariée, elle était loin de posséder la fortune qu'elle aurait dû avoir. Certes, personne ne dira que sa mère en aurait conservé une partie; il faut donc reconnaître que Mme Dubizy avait dépensé au-delà de ses ressources, et vous allez en avoir la preuve. En effet, Mme La Pommerais aurait dû posséder, lors de son mariage, les 81,000 fr. trouvés dans la succession de son père, et les trois quarts des 81,000 fr. composant la succession de sa sœur; 81,000 fr. d'une part, 60,000 fr. de l'autre, cela représente 140 à 150,000 fr. Or elle n'avait que 2,500 fr. de rente 4 1/2 pour 100, soit 55,000 fr., et dix actions de la Banque de France représentant 35,000 fr. Additionnez! Mme Dubizy avait si mal administré la fortune de sa fille, qu'elle lui avait fait perdre de 50 à 60,000 fr.

Permettez-moi d'ajouter que Mme de La Pommerais a recueilli dans la succession de sa mère tout ce qu'il pouvait y trouver; son mari n'a pu en soustraire une obole. En effet, il est bien constant, l'accusation le reconnaît, que Mme La Pommerais a recueilli de la succession de sa mère un titre de rente 4 1/2 pour 100 de 414 fr., c'est-à-dire 9 à 10,000 fr.; quatre actions de la Banque de France, valant environ 13,500 fr. Additionnez : vous arriverez précisément aux 25,000 fr. que Mme Dubizy pouvait avoir. Remarquez qu'on a payé les dettes de Mme Dubizy, les frais d'inhumation, les charges qui, d'après une note lue par M. le Président pendant le cours des débats, s'élèvent à 8,000 fr. Réduisons, et vous verrez que, à part le mobilier qui n'a pas été inventorié, peu important, quoi qu'on en dise, Mme La

Pommerais a reçu la totalité de la fortune que sa mère devait avoir.

Donc La Pommerais n'avait aucun intérêt à se rendre coupable d'un crime abominable, et, quand vous le feriez le plus scélérat des hommes, du moment qu'il n'a rien à gagner au forfait, il faut admettre qu'il n'a point commis ce crime. L'accusation tombe donc, non-seulement parce qu'elle manque de preuves, mais parce que l'intérêt même lui fait défaut.

Les constatations des médecins les plus savants sont elles-mêmes favorables. MM. Tardieu et Roussin ont examiné le cadavre de Mme Dubizy : il était parfaitement conservé. Mais il ne faut pas attacher d'importance à cela, on n'en parle plus, le Ministère public n'y a pas même fait allusion dans son réquisitoire. Je le crois bien ! Un cadavre conservé par un poison végétal ! Mais il aurait dû se corrompre beaucoup plus vite. Les poisons minéraux conservent ; les poisons végétaux sont des éléments de putréfaction. La conservation du cadavre s'explique naturellement sans poison. Mme Dubizy avait été saignée presque au moment de la mort ; or, chacun le sait, les liquides facilitent la décomposition. Du moment qu'il y avait moins de liquides dans le corps, la décomposition devait être plus lente. Le cadavre était placé dans un cercueil de plomb, et, de plus, ce cercueil se trouvait dans un caveau parfaitement fermé, à l'abri de l'humidité et de toutes les influences atmosphériques qui facilitent la putréfaction. La conservation du cadavre ne prouve donc absolument rien.

De quoi Mme Dubizy est-elle morte? Personne ne le sait, et ne peut le savoir. Tous les organes n'ont pu être examinés par M. Tardieu. Si la mort est due à une maladie de poitrine, il ne saurait le dire, car l'état des poumons ne permettait aucun examen. Les Experts ont dit : « La mort n'est pas due à une maladie du cœur ; nous avons examiné, nous avons recherché, il n'y a aucune trace de maladie. » Mais, pour les poumons, il n'y avait pas d'examen possible ; donc il n'y a pas de conclusion à tirer de l'autopsie. Même au point de vue des expériences à faire sur des animaux, auxquelles nous reviendrons plus tard, la recherche d'un poison est impossible. Les membranes étaient dans un tel état, que, quand les experts voulaient les toucher, tout cédait ; il a été impossible de faire la plus petite expérience chimique. Aussi ont-ils conclu en ces termes, que je vous demande la permission de lire :

« La transformation graisseuse qu'avaient subie tous les tissus, même dans la trame des organes en apparence les mieux conservés, ne nous a permis d'obtenir, soit en nature, soit en extrait, aucun poison végétal, aucun principe toxique dont nous ayons pu expérimenter les effets sur les animaux.

« En présence de ces résultats négatifs et des données incomplètes de l'autopsie cadavérique, il nous est impossible de nous prononcer avec certitude sur la cause de la mort de la dame Dubizy. »

Voilà, pour le point si grave de l'accusation, voilà, sur la première question à laquelle vous devez répondre, tout ce que j'ai à dire. M. l'Avocat général l'a examinée rapidement, je ne crois pas avoir été plus long que lui. Non, le fait de Mme Dubizy ne reste même pas comme présomption ; la discussion rapide à laquelle je viens de me livrer nous en a débarrassés. La Pommerais n'a pas tué sa belle-mère ; il n'avait pas intérêt à la tuer ; l'accusation ne prouve rien, absolument rien : ni charges directes, ni charges indirectes ; ni charges morales, ni charges matérielles. N'y pensons plus, écartons ce fait : c'était une calomnie monstrueuse qui devait étayer le fait plus grave dont je vais m'occuper ; il se trouve retranché du débat, mais il montre jusqu'où peuvent conduire des suppositions véritablement déplorables.

J'arrive à ce qui est seulement la question du procès, à Mme de Pauw, et ici je comprends cette défense d'une façon que vous allez apprécier tout à l'heure. M. l'Avocat général le sait bien, je ne m'enchaîne jamais à l'accusé que je défends. Je suis ici pour rechercher la vérité avec lui ou sans lui ; lorsque la vérité arrive d'une manière ou de l'autre, c'est un devoir de la retenir.

M. l'Avocat général, ou plutôt l'accusation, me paraît avoir fait une confusion qui serait fatale et terrible, car elle pourrait mener à une iniquité judiciaire. Tout ce qui se rattache aux assurances, à ces combinaisons singulières et étranges, on le scelle à l'empoisonnement, et l'on dit : « Cela ne peut se séparer. L'accusé a fait assurer, il a voulu gagner, il a voulu tromper ; donc il est un empoisonneur. »

Nous ne discuterons pas ainsi. Je vous exposerai sur les assurances ma pensée tout entière ; je les défendrai autant qu'il me sera possible de les défendre ; je chercherai la vérité, et, lorsque j'aurai examiné cette partie du débat, si je trouve que La Pommerais et Mme de Pauw ont voulu escroquer les Compagnies, nous pourrons le constater. Mais l'escroquerie n'est pas l'empoisonnement, et je vous ramènerai toujours à cette question capitale : il me faut cette femme morte empoisonnée ; il me faut cet homme donnant le poison ; il me faut le poison, sinon rapporté en totalité, au moins apporté d'une manière tellement certaine, qu'il ne soit pas possible de douter. Sans cela, vous pourriez dire d'elle, que je respecte autant que vous, qu'elle a voulu se faire des rentes qui ne lui appartenaient pas ; de lui et d'elle, qu'ils se sont proposé de voler les Compagnies. Quel que soit l'odieux que cette hypothèse (ce n'est qu'une hypothèse) peut entraîner sur l'un et sur l'autre, je le déclare, ce ne sont pas là des faits solidaires de l'empoisonnement ; ils marchent séparément, ils agissent séparément. Le Ministère public, à moins de le démontrer jusqu'à l'évidence, ne pourra sceller le fait d'empoisonnement au fait des assurances, auquel j'arriverai tout à l'heure.

Qu'est-ce que Mme de Pauw ? Oh ! une pauvre femme, bien malheureuse ! Vous avez raison, monsieur l'Avocat général ; non, ce n'est pas moi qui l'attaquerai. Elle a beaucoup souffert ; elle vivait en artiste. Qu'on lui ait donné ou non des secours, elle était malheureuse, elle était tourmentée du besoin d'argent. Elle est morte ! Attaquer un mort, même quand on a raison, c'est toujours un mauvais procédé qui irrite les vivants. Nous sommes ainsi faits, et j'en bénis la nature : par cela seul que l'homme est protégé par son cercueil, il est inviolable ; il faut le ménager, quand bien même on recherche la vérité.

Cette pauvre femme a vécu honnêtement avec son mari ; ils n'étaient pas riches. La Pommerais les a rencontrés, les a soignés ; il a prêté de l'argent à M. de Pauw, il l'a dit ; vous le niez, admettons tout ce que vous voudrez sur la question d'argent ! Vous croyez que je vais récriminer avec cela ? L'accusation le sait bien, je placerai la cause là où elle doit être. C'est avec M. Tardieu tout à l'heure que je plaiderai ; c'est lui qui est mon dangereux adversaire, quoique mon excellent ami.

M. de Pauw meurt ; il arrive ce qui doit arriver. La Pommerais a soigné sa veuve quand elle était malade, il a soigné les enfants. Que voulez-vous ! Mme de Pauw était malheureuse, il l'a consolée ; il est devenu son amant. C'est l'histoire de tous les jours. Lui a-t-il donné des secours à ce moment ? C'est incontestable. Lui en a-t-il donné de considérables ? Il le dit ; je n'en sais rien. Mais n'oubliez pas que cette pauvre femme, courageuse, laborieuse, avait à se nourrir avec ses trois enfants, et à subvenir à toutes les nécessités de l'existence. Par conséquent, il lui fallait, quelque petitement qu'elle pût le faire, de quoi fournir aux exigences de quatre estomacs. L'accusé lui a donné des secours, il ne lui a pas fait de prêts. M. l'Avocat général a dit un mot parfait : « Prêter de l'argent à une femme qui est votre maîtresse, ce n'est pas français. » On n'est jamais créancier d'une femme qu'on aime ou qu'on a aimée, je suis bien de votre avis. Aussi n'était-ce pas elle qui devait rendre. Quand nous allons arriver aux assurances, nous chercherons ce qu'elles sont. Elles ne sont pas un moyen d'obliger cette femme à la restitution de l'argent qu'on lui a donné, ce serait une lâcheté ; mais elles sont un moyen, à l'aide des Compagnies, de ne pas perdre l'argent dont on aura largement fait profiter la femme qu'on a aimée. La première action serait une action honteuse ; la seconde est naturelle, légitime ; les Compagnies sont faites pour cela, M. l'Avocat général le comprendra. Son observation est très-juste, son expression est aussi exacte que charmante. Oui, ce qu'il a dit est dans le cœur de tous les honnêtes gens qui ont aimé ; mais sa supposition ne se trouve pas dans la cause.

Donc, cette femme a vécu avec cet homme jusqu'au moment où il a songé au mariage. On prétend qu'elle a été expulsée de la rue de Verneuil, parce qu'elle n'a pas payé son loyer. Quelques mois avant de se marier, l'accusé a transporté son dispensaire rue du Bac ; aussi longtemps que ce dispensaire a été rue de Verneuil, tout a été exactement payé ; lorsqu'il a été rue du Bac, l'accusé donnait à Mme de Pauw de quoi payer son loyer rue de Verneuil. A-t-elle payé ou non ? Lui affirme avoir donné ; le Ministère public prétend qu'elle n'a rien reçu, il n'en sait rien. Cela est insignifiant au débat. Hâtons-nous, car la discussion est encore bien longue.

L'accusé rompt plus ou moins avec Mme de Pauw ; mais, huit ou neuf mois avant de se marier, il cesse complétement de la voir. L'a-t-elle poursuivi, lui a-t-elle écrit ? Il le dit. Lui a-t-il envoyé des secours ? Il le dit. Vous le niez, peu m'importe ; ce n'est pas mon procès. Mais enfin, au mois de juin dernier, ils se retrouvent, et les assurances se font.

Que sont ces assurances ? quelle est leur valeur, quelle est leur portée ? C'est le mécanisme le plus simple du monde. Qu'on ne dise pas que Mme de Pauw ne l'a pas compris : elle était intelligente ; elle était sans jugement, mais elle avait de l'esprit ; elle devait donc comprendre.

En juin 1863, et même avant, La Pommerais avait eu une idée très-sage, une idée de père de famille ; il devait lui naître prochainement un enfant. Il s'était dit : « Je vais le faire assurer à sa naissance jusqu'à sa majorité ; il aura ainsi une dot. » Il s'était trouvé en rapport, à ce sujet, avec M. Desmidt, que vous avez entendu, homme très-habile, qui explique parfaitement les questions d'assurances. Il assure donc son enfant, et, à ce moment, lui vient une pensée, bien naturelle, permettez-moi de vous le dire, qui devrait naître au cœur de tout galant homme ; je ne parle pas encore de chiffre. Voilà un homme qui a aimé une femme ; il a rompu à un moment de son mariage : il n'est pas allé la retrouver, il nous l'a dit ; il aime sa femme, à laquelle il est resté fidèle ; il aime son enfant. Mais il y a le souvenir de la femme que vous avez aimée, et qui meurt de faim. Vous êtes un mari adorable, fidèle, irréprochable, je l'admets, mais vous n'avez pas moins abandonné une pauvre femme qui succombe à la misère ! Je m'adresse au cœur de M. l'Avocat général, je le lui demande, sera-ce un crime de penser à cette femme et de dire ceci : « Je vais lui donner ce qu'elle n'a pas, je vais lui assurer une existence, et cependant je veux m'arranger de manière à ce que ce pain de chaque jour que je lui fournirai ne diminue pas la fortune de ma famille ; je suis médecin, avocat (nous pouvons prendre toutes les professions ; quand il s'agit d'une bonne action, tout le monde veut concourir), je vais assurer cette femme ; je lui donnerai pendant toute sa vie ce qu'il lui faudra, et plus tard la tontine me rendra, à moi ou aux miens, ce que j'aurai fourni. »

Voilà le point de départ de l'assurance. Vous dites que telle n'a pas été la pensée de La Pommerais ? je ne la recherche pas ; mais je juge l'action en elle-même, et je dis qu'elle est naturelle, légitime, loyale ; seulement, le chiffre de l'assurance a été fort.

Comment est-on arrivé à ce chiffre ? C'est ce que vous savez. M. l'Avocat général et moi nous sommes d'accord sur ce point ! On n'a pas songé de suite à 550,000 fr. ; il s'agissait d'abord de 100,000 fr. ; on en a parlé à M. Desmidt, qui n'a pas mieux demandé, c'était son affaire, que d'élever le chiffre. Plus les assurances étaient considérables, plus son bénéfice était important. On a donc traité avec différentes Compagnies. La Pommerais a-t-il trompé M. Desmidt ? Le Ministère public ne l'a pas assuré, il ne faudrait pas qu'on le crût. M. Desmidt l'a présenté comme un grand capitaliste ; mais il savait qu'il était médecin, puisque lui-même avait fait l'assurance de l'enfant, dans laquelle La Pommerais prenait le titre de médecin. Il est allé rue des Saints-Pères, n° 5, dans un appartement convenable, qui n'annonçait pas un comte de Bretagne, possesseur de domaines féodaux. M. Desmidt a rapporté les renseignements qu'il a voulu aux Compagnies ; il a fait de son client un homme considérable et très-illustre ; mais je ne suis pas responsable de ce qu'il a dit. Ce qu'il y a de certain, c'est qu'il connaissait la situation de l'accusé et qu'il ne pouvait pas s'y tromper.

L'assurance est faite et une prime considérable est payée. En effet, si 550,000 fr. représentent le chiffre des assurances, la prime qui a été donnée est de 19,000 fr., mettons 20,000 fr. Mme de Pauw était âgée de quarante-deux ans, je crois ; elle avait, d'après les moyennes de la statistique, vingt ou vingt-deux ans à vivre. Il y avait à payer des sommes énormes, c'était impossible. Aussi, quand on a interrogé l'accusé à cet égard, quand on lui a dit : « Cette assurance est dérisoire ; vous n'avez jamais pu avoir la pensée de payer 20,000 fr. pendant vingt années, » il a donné une explication. M. l'Avocat général disait ne pas l'avoir comprise. C'était la faute de l'accusé, car l'intelligence de M. l'Avocat général comprend vite ; le mécanisme est très-simple. On a vu, que voulant réduire l'assurance après trois ans, il n'y avait à payer que 60,000 fr., pas davantage. Voici, en effet, le système : Il y a, après trois ans, deux manières de traiter avec une Compagnie et de se débarrasser d'une assurance. Les Compagnies le comprennent : on s'assure quand on n'a pas sa fortune faite; c'est presque toujours sur des espérances qu'on se fonde, mais ce sont autant de nuages trompeurs. Des gens espèrent qu'ils iront vite, ils ne vont pas du tout. Alors ils viennent trouver la Compagnie et lui demandent de réduire la prime et de diminuer la somme à recevoir plus tard. La Pommerais s'était dit d'abord : « J'ai fait à Mme de Pauw des avances, je lui en ferai encore, je vais assurer 100,000 fr. sur sa tête, en payant 3,000 fr. par an jusqu'à sa mort. » Puis il a changé d'avis et s'est dit : « Je vais, en trois ans, payer la somme qui sera nécessaire pour me faire rentrer dans la totalité de mes avances; je ne mourrai probablement pas d'ici à trois ans, car je n'aurais à ce moment que trente-cinq ou trente-six ans. Si je meurs plus tard, je laisserai dans ma succession la représentation des sommes que j'aurai données à Mme de Pauw, et ma succession n'aura pas à payer cette prime, qui, pour ma femme, aurait quelque chose de pénible et de peu convenable. » Il a donc fait cette opération qui devait l'amener au résultat qu'il désirait; car, en trois années, il avait à payer 60,000 fr. seulement.

Nous avons interrogé les directeurs des Compagnies d'assurances, et nous leur avons demandé : « Qu'auriez-vous donné, si l'on avait voulu racheter le contrat? » Ils ont répondu : « Un tiers. » Par conséquent, si vous aviez payé 60,000 fr., on vous donnerait 20,000 fr. Mais M. l'Avocat général a bien compris qu'il ne s'agissait pas de racheter le contrat : il s'agissait de rester assuré sans rien demander aux Compagnies, sans changer la nature du contrat; c'était toujours une assurance qui ne devait finir qu'à la mort. Seulement, cette mort arrivant, la somme portée dans les polices aurait éprouvé une diminution considérable, et alors, au lieu d'avoir 550,000 f., on n'en aurait eu que 60,000. M. Desmidt vous a dit 60,000 fr., M. Cloquemin vous a dit au moins 55,000. Mais il y aura autre chose : les bénéfices qui sont distribués entre les assurés. Vous le savez, les Compagnies, pour engager les assurés à venir à elles, les font participer à une partie de leurs bénéfices. La moitié de ces bénéfices, elles la gardent; l'autre moitié est pour les assurés. Il y a des moyennes, des statistiques; on connaît le chiffre que ces bénéfices donnent; en vingt ans, on double ainsi la somme. Vous êtes assuré pour 100,000 fr., vous vivez vingt ans; la Compagnie, à votre mort, payera 200,000 fr., si vous n'avez pas prélevé successivement les bénéfices qui vous revenaient.

La Pommerais pouvait se dire : « Je donnerai à cette femme 20, 25,000 fr., mais il me rentrera, par l'assurance et ses bénéfices, un capital supérieur à celui que j'aurai donné; de plus, je trouverai la facilité d'assurer aux enfants, s'ils survivaient à leur mère, la différence entre les sommes payées par moi et celles que j'aurai reçues. » Je n'examine pas ce calcul que La Pommerais a voulu faire; M. l'Avocat général, supposant qu'il a voulu tuer, ne peut accepter son hypothèse. Je dis seulement que, de la part d'un homme honnête, qu'on ne peut accuser d'un crime, il y a là une combinaison naturelle, loyale, simple, et qu'alors il ne faut pas être effrayé du chiffre de 550,000 fr.

Vous invoquez l'opinion publique; vous dites que cette idée d'un médecin gagnant une somme de 550,000 fr. en assurant une femme de quarante ans, a paru si singulière, qu'on s'est écrié : « Il y a crime; il est impossible que l'opération soit sérieuse ! »

Voilà comment on raisonne, quand on ne connaît pas les choses; comment on se trompe, quand, avec des impressions, on veut arriver à des certitudes. Si l'on avait su qu'il s'agissait de 60,000 fr., au lieu de 550,000 fr., et que, après trois ans, il n'y aurait rien à donner, ce qui paraissait d'abord fantastique, inexplicable, ce qui épouvantait, tout cela, je puis le dire, serait devenu une chose simple, facile à comprendre, à expliquer, et l'on se serait dit : « Il a pu agir ainsi de la meilleure foi et le plus honnêtement du monde. »

Le Ministère public m'objecte : « Il ne pouvait pas plus faire cette opération que l'autre. » Donner 20,000 fr. par an pendant vingt ans, je reconnais que c'est impossible; mais donner 60,000 fr. en trois ans, c'était chose très-facile. Ne tombons pas dans des calculs compliqués, je les réduis en deux mots à leur plus simple expression. Je soutiens qu'il était très-aisé à La Pommerais de donner 60,000 fr. en trois ans.

Je ne sais pas s'il aurait gagné en faisant cette opération; mais quand on donne de l'argent à une femme qu'on a aimée, ce n'est pas pour gagner qu'on le fait. Il veut seulement retrouver la plus grande partie de ce qu'il a donné. Il est très-certain que si, pendant trois ans, il avait placé 20,000 fr. par an, et qu'il eût laissé les intérêts s'accumuler sur les intérêts, il eût eu plus d'avantages; mais en opérant comme il a fait, il arrivait sûrement au résultat.

Voyons ses ressources, et ce qu'il avait à payer. D'abord, il n'avait pas à payer 60,000 fr., mais 40,000. A-t-il donné aux Compagnies 15,000 fr. dont il a quittance? Oui. Est-il vrai qu'il avait prêté à Desmidt 4,000 fr. que celui-ci devait lui rembourser? Oui. Il avait donc simplement, en trois ans, à se procurer 40,000 francs. Le pouvait-il? Ne croyez pas que je le faire plus riche qu'il ne convient; mais vous allez voir sa situation certaine, non contestée par l'accusation. Ne tenons pas compte de sa fortune propre, il en avait cependant; car ce que lui reconnaît son contrat de mariage était bien à lui. Mais si vous tenez à n'en pas faire état, je le veux bien. Il est médecin; que gagne-t-il? J'accepte les calculs de M. le Juge d'instruction; il les a faits avec tout le soin possible, ce n'est pas douteux, mais il a pu se tromper avec une bonne foi entière; il a vu, d'après ses calculs, que 9,000 fr. avaient été reçus pour honoraires, *reçus*, ce qui n'est pas la même chose que *gagnés*, honoraires reçus jusqu'au mois de décembre, non compris, et décembre est le meilleur mois de l'année. Vous reconnaissez bien que les médecins se font tous payer à la fin de l'année. Un témoin à décharge vous a dit qu'il donnait à La Pommerais 1,000 fr. par an, 500 fr. tous les six mois. En portant à 2 ou 3,000 fr. ce qu'il avait encore à recevoir, je suis certainement au-dessous de la vérité; et M. de La Pommerais trouve sans doute que je le fais bien pauvre, bien misérable; mais je le prie de me pardonner, c'est dans l'intention d'éviter des difficultés qui ne seraient pas la cause. Je ne veux qu'une chose, montrer la voie facile et directe de la vérité. Sa profession de médecin lui rapporte de 12 à 14,000 francs. En effet, il avait touché 9,000 fr. en décembre, et devait recevoir les notes arriérées qui se payent à la fin de l'année. Il avait son dispensaire, où de très-nombreux malades venaient, pour lesquels il touchait un nombre très-considérable d'abonnements. Il évalue cela à 5 ou 6,000 fr. Voulez-vous le réduire à 4,000 francs? 13 plus 4, cela fait 17. Sa femme avait 3,000 livres de rentes sur l'État, plus 60 actions du Midi; ses revenus sont entre 6 et 7,000 fr. 17 ou 18 plus 6 ou 7, cela fait 24 ou 25,000 francs dans le présent, sans compter les espérances à venir.

Voyons les dépenses. Puisqu'on additionne si bien les recettes, il faut additionner les dépenses. C'est un petit médecin, il a un loyer de 1,400 fr.; si le loyer est petit, il économise davantage; s'il n'a pas de domestique mâle, tant mieux; s'il a chez lui une femme venant là par occasion, cela lui coûte moins cher; il n'a pas d'enfant, sa femme est économe. Que dépense-t-il? 5, 6, 7,000 francs? Quel est l'excédant? 19, 18, 17, 15,000 fr. Il a trois ans pour payer 40,000 francs, et, en trois ans, il peut disposer de 45,000 fr. au moins!

Est-ce que je me paye de chiffres fantastiques? M. l'Avocat-général dira-t-il encore, comme il l'a dit à l'accusé: « Où est votre fortune? Montrez-la-moi! » Je la montre avec les documents de l'accusation; je vous la montre, en supposant, comme vous le dites, qu'il n'avait pas le premier sou. J'ai tort, cependant, en admettant cela; mais dans la discussion, je puis accepter qu'il n'eût rien que les produits de sa profession. Soit, il n'a que sa profession; mais, enfin, il a devant lui l'avenir; un médecin qui a 33 ans peut espérer gagner davantage d'année en année. J'admets pourtant qu'il reste stationnaire, que pendant les trois ans il ne marchera pas, et je vous prouve encore qu'il pouvait payer ce qu'il avait à fournir pendant ces trois ans.

Donc, sur ce point accessoire de l'affaire, j'ai fait ma preuve, et je l'ai faite, laissez-moi le dire, avec le bon sens et les contrats d'assurances eux-mêmes. J'ai démontré que ce n'était pas 550,000 fr. qu'il s'agissait d'assurer, mais 60,000 fr., plus les bénéfices qui devaient s'y ajouter; j'ai démontré qu'il y avait une pensée charitable dans l'assurance faite en faveur de cette femme, et que l'accusé avait la possibilité de payer les sommes nécessaires. Mon compte doit être accepté par l'accusation elle-même. Pénétrons donc davantage dans les contrats d'assurance.

Le Ministère public dit: « Vous n'avez voulu faire d'assurances ni pour 550,000 fr. ni pour 60,000; il n'y a là rien de sérieux. Vous avez fait croire à cette femme qu'à l'aide de ces contrats d'assurances, vous alliez lui procurer immédiatement des rentes. Vous lui avez dit qu'il fallait se prêter à une comédie, s'enfermer dans sa chambre; on ferait venir tous les médecins de Paris, qui (j'en suis fâché pour eux) seraient trompés par cette escroquerie plus ou moins adroite dont vous lui donniez le conseil, et les hommes d'affaires se présentant aux Compagnies leur diraient: « Voyez la belle opération que vous « avez faite; cette femme va mourir; donnez-lui « 6,000 fr. de rente et vous gagnez un capital de « 550,000 fr. » Mᵐᵉ de Pauw a cru tout cela; elle a fait la malade, elle a écrit les lettres les plus tendres les plus passionnées, sous la dictée de l'accusé. Voulant tromper les Compagnies, elle a été trompée et est devenue la victime d'un criminel. »

Voilà bien, en résumé, l'accusation telle qu'elle a été formulée.

Tout cela serait vrai, excepté la mort, que j'y verrais une escroquerie, et pas autre chose. Car, enfin, ne peut-on admettre, entre un homme qui n'est pas de bonne foi, et une femme malhonnête, une convention comme celle qui a été indiquée par M. l'Avocat général? Elle peut mener en Police correctionnelle; mais si la mort ne s'ensuit pas, vous n'y trouverez pas la preuve d'un crime. Le Ministère public n'a pas fait faire un grand pas à l'accusation, au point de vue de l'empoisonnement, en insistant sur les assurances; il n'a prouvé par là qu'une chose, s'il a raison: c'est que Mᵐᵉ de Pauw a été d'une mauvaise foi insigne vis-à-vis des Compagnies, et que, sachant ce qu'elle faisait, elle a voulu, avec La Pommerais, les tromper, les voler.

Le Ministère public a développé cette thèse avec une habileté à laquelle je rends hommage. Mais, qu'il me permette de le lui dire, tout cela est en dehors du crime d'empoisonnement. Si cette femme s'était associée à cet homme dans une combinaison indigne, coupable, et qu'elle fût venue à mourir naturellement, il resterait une spéculation mauvaise vis-à-vis des Compagnies et non pas un crime. Nous sommes d'accord là-dessus. Donc, quand j'aurai examiné rapidement cette partie de l'affaire, je dirai au Ministère public: Commençons la cause. Elle ne commencera qu'à ce moment; jusque-là, je verrai une spéculation, et non pas un crime. Pour moi, il n'y aura pas crime, tant que vous n'aurez pas saisi une main criminelle et prouvé un résultat qui ne puisse s'expliquer que par un crime.

Sur cette comédie, sur cette prétendue maladie, sur toutes les choses dont a parlé le Ministère public, j'ai beaucoup à vous dire. Telles choses me frappent, telles autres me laissent insensible. N'allez pas croire que je vais donner des démentis aux témoins, je ne le fais jamais; je crois à leur sincérité, et je les discute. Les témoins peuvent se tromper; nous n'avons pas le vrai témoin qui pourrait dire la vérité, Mᵐᵉ de Pauw. J'ai le droit d'appeler votre attention et de vous mettre en garde contre les dangers que vous prévoyez déjà; il faut bien savoir comment Mᵐᵉ de Pauw a parlé, et ce qu'était cette femme. Elle n'était pas menteuse, dit-on, mais elle était bavarde, et parlait à tort et à travers, ce qui se rapproche beaucoup du mensonge; car, lorsqu'on parle à tort et à travers, on ne dit pas toujours la vérité. C'était une nature bizarre, il n'y avait pas de fond à faire sur ses paroles; c'est le sentiment de tous les témoins sérieux que vous avez entendus dans les débats. Elle avait un caractère extraordinaire qui l'avait brouillée avec sa famille; elle ne voyait personne. Sa sœur se cachait de son mari pour la recevoir; son frère ne la voyait pas. Ce n'était pas une malhonnête femme. Elle avait eu tort, à une certaine époque, de se lier avec La Pommerais; mais quand cette liaison avait été rompue, l'affection de la famille aurait pu lui revenir. C'était une femme sans consistance. M. Magriny, l'un de ses parents, ayant à s'expliquer sur son caractère, disait: « Elle avait de l'esprit, mais elle manquait de bon sens; elle parlait à tort et à travers; elle était indiscrète, et disait tout ce qui lui venait à l'idée. » Il ne faut pas attacher, par conséquent, une grande importance à chacune de ses paroles; elles n'ont pas la même autorité que celles d'une personne sérieuse.

Elle a dit beaucoup de choses contradictoires, relativement aux assurances, par exemple; cependant elle en comprenait le mécanisme; il n'est pas possible qu'elle ne le comprît pas. Qu'elle ait écrit les lettres ou qu'on les lui ait dictées, elles contiennent la théorie tout entière de l'assurance sur la vie; elle savait à merveille ce que c'était. M. Desnidt vous a raconté qu'il l'avait parfaitement pénétrée de la simplicité de cet acte. On lui disait: « Vous êtes assurée sur la vie, c'est-à-dire qu'on payera une prime pendant toute votre existence, et, après vous, on recueillera un capital.» Il ne faut pas une grande dose de jugement pour comprendre cela ; on le lui a dicté dans dix lettres ; et M. l'Avocat général, faisant remarquer que c'était là la véritable question, disait que, dans quelques-unes, on parlait de contrats différés, d'assurances limitées. Ces lettres, vous les relirez, et, à moins de fermer vos intelligences, vous reconnaîtrez que quand elle écrivait ou qu'on lui dictait ces lettres, elle devait savoir ce qu'elles contenaient.

Cependant, elle parle de ces assurances d'une façon différente aux divers témoins entendus. Elle dira, par exemple, à Mme Gouchon, sa sœur, qui lui exprimait ses craintes, elle dira que La Pommerais avait intérêt à sa vie, puisque, dans le cas où elle mourrait, il perdrait 20,000 fr. Comment a-t-elle jamais pu croire cela? Elle avait vu le contrat d'assurances ; on a même trouvé chez elle une copie de sa main du transfert de la police fait à La Pommerais. Elle a dit à sa sœur une chose qui n'est pas, qu'elle ne peut croire, dont elle ne peut trouver la preuve nulle part.

Elle dit à Mlle Huilmand que, pour la dédommager de la perte de son Hobbéma, il voulait placer 20,000 fr. par an, et que, dans dix ans, elle retirerait un capital de 600,000 fr. Où donc a-t-elle pu trouver cela? Ce sont les bizarreries de son esprit que je veux vous montrer, pour que vous n'attachiez pas trop d'importance à certaines paroles de cette femme.

A sa fille, elle disait que, si elle venait à mourir, La Pommerais perdrait les sommes qu'il avait versées. Elle tenait le même langage à Mme Maille, que vous avez entendue.

Tenez, il s'agit de ressusciter cette pauvre femme pour savoir ce qu'elle a dit ou voulu dire. A-t-elle été sincère? Si elle a menti, ses déclarations n'ont évidemment aucun fond. Les témoins que vous avez entendus ici ne sont que des échos ; si elle a toujours dit la même chose, il faudra croire à ses paroles rapportées par les témoins ; mais, si elle dit tantôt une chose, tantôt une autre, si elle dit des choses qu'elle sait ne pas être vraies, quelle confiance avoir en elle? Et alors ne déclarerez-vous pas avec moi que, son esprit allant à tort et à travers, il est impossible de la suivre dans les voies mystérieuses où elle nous conduit.

Cela vous apparaît encore plus à l'occasion de la chute ou de la prétendue chute qu'elle a éprouvée. Elle en a fait la confidence à un très-grand nombre de personnes. Raconter à un si grand nombre de personnes qu'on va commettre une mauvaise action, cela est difficile à croire. C'était quelque chose de grave, que de dire : je vais tromper les Compagnies. En réfléchissant, elle devait penser qu'on pouvait la trahir, que les Compagnies averties prendraient des mesures! Non; elle le raconte à tous, non-seulement à sa sœur, non-seulement à ses amies intimes, mais à sa femme de ménage, la femme Pieters, et à sa voisine, la femme Delettre.

Vous dites que la chute est une simulation. Dit-elle à toutes ses confidentes qu'elle n'a pas fait de chute? qu'elle a profité de cet incident qu'un chat avait fait tomber un châssis? Pas du tout ; elle a trompé sur la chute quelques-unes de ses confidentes. Vous avez entendu la femme Delettre, sa voisine : elle lui a dit qu'on lui avait recommandé de faire la malade, et qu'en simulant une maladie, elle arriverait ainsi à obtenir la rente qu'elle désirait ; cependant, Mme Delettre, dans ses déclarations, a rapporté ceci : « Elle m'a dit qu'elle était tombée dans son escalier, et qu'elle s'était fait mal là, en montrant le creux de l'estomac. » Expliquez-moi, si vous pouvez, pourquoi cette femme, qui simulait une maladie, qui l'avoue à un témoin, en le mettant dans sa confidence, pourquoi cette femme ment sur le fait capital de la simulation?

Mais pensez-vous que cette confidence, ainsi ajoutée à un mensonge, n'ait été faite qu'à Mme Delettre? Écoutez le témoignage de Mme Maille ; elle a reçu aussi la confidence sur la simulation de maladie. Mme de Pauw lui dit : « J'ai fait une chute ; les médecins que j'ai vus à ce sujet m'ont déclaré que cela m'avait occasionné une tumeur. »

Je vous avoue qu'en étudiant cette affaire, voyant ces différences de langage, j'en ai été frappé. Je ne prétends pas dire que Mme de Pauw n'a pas voulu simuler une maladie ; je reconnais même qu'elle l'a écrit, car j'accepte la lettre à Mme de Ridder, comme M. l'Avocat général. Mais c'est la seule qui a parlé. Dans quel intérêt? Je n'en sais rien. Pourquoi a-t-elle avoué sa turpitude? Qu'on me le dise. Quelle nécessité de la faire connaître à tous les témoins qui l'entourent? cela ne se comprend pas : c'était très-imprudent, car si l'on avait découvert ce qu'elle espérait et ce qu'elle voulait faire, elle perdait le profit de son stratagème. Cela m'a préoccupé, et c'est dans cet état que je suis arrivé à examiner la correspondance. Je ne la lirai pas plus que M. l'Avocat général ; elle est pourtant bien étrange ! M. l'Avocat général soutient que l'accusé l'a dictée ; permettez-moi de faire remarquer qu'il serait bien maladroit s'il l'avait fait. Si vous lui accordez un peu d'intelligence, il faut reconnaître qu'il ne peut avoir dicté de semblables choses.

Il y a dans la correspondance, je ne me le dissimule pas, des choses difficiles à expliquer. Je ne le méconnais pas, il n'est pas ordinaire d'envoyer 10,000 fr. à une femme qui vous les demande, dans les 24 heures ; je ne veux pas faire violence à ma raison sur ce point. Mais bien d'autres choses sont incompréhensibles et bizarres. La correspondance peut s'appliquer au délit d'escroquerie médité vis-à-vis des Compagnies aussi bien qu'au crime.

D'ailleurs, à qui Mme de Pauw a-t-elle dit que cette correspondance avait été dictée? M. l'Avocat général, involontairement sans doute, a commis une erreur sur ce point. Elle n'a parlé à personne des lettres que La Pommerais lui aurait fait écrire au sujet des assurances. Elle a dit ceci : qu'il lui avait fait écrire deux lettres, l'une à son père, l'autre à sa sœur, lettres qui ont été mises à la poste le jour de la mort; elle a déclaré les avoir écrites cinq ou six semaines avant, au milieu des larmes, et qu'il lui en avait coûté beaucoup d'affliger ainsi sa famille. Elle a dit que La Pommerais lui avait fait écrire de nombreux papiers se rattachant aux assurances, mais elle n'a parlé à personne, pas plus à Mlle Huilmand qu'à sa fille Félicité, que La Pommerais lui avait fait écrire les vingt-trois lettres qui sont entre les mains du Ministère public. Félicité a dit que, le 12, sa mère l'avait prévenue que La Pommerais viendrait et lui ferait écrire quelque chose ; elle lui avait recommandé de laisser son écritoire ; mais Félicité ne sait pas si La Pommerais est venu ce jour-là.

Donc, pour les lettres, je suis aussi fort étonné. Je me demande comment il se fait qu'écrivant ainsi, Mme de Pauw n'en ait rien dit ; elle a parlé de la lettre à sa sœur, de celle à son père, des contrats d'assurances, des transferts, et n'a rien dit des vingt-trois lettres; c'est là une chose étrange, qui vous surprendra comme moi.

Je ne veux pas, quant à présent, insister davantage sur les deux lettres à son père et à sa sœur; deux mots cependant, et vous allez voir qu'encore en cela l'extraordinaire se produit. Comment! six semaines avant sa mort, on lui aurait fait écrire ces lettres! Dans quel but? Qu'on le dise! Je cherche une réponse acceptable pour ma raison. Elle écrit qu'elle est malade; soit. Qu'elle se fasse donner des certificats de médecin, qu'elle prépare ses armes pour dire aux Compagnies d'assurances : « Rachetez-moi mes contrats, car je vais mourir et vous ferez une meilleure affaire en traitant avec moi, que si vous attendez après ma mort; » je l'admets. Mais pourquoi écrire à son père : « Je vais mourir, je ne t'embrasserai plus? » Pourquoi écrire à sa sœur : « C'est la dernière fois que je t'envoie un baiser » ? Dans quel but La Pommerais dicte-t-il de semblables lettres? Quel profit a-t-il à en tirer? Il n'irait pas chercher des armes contre les Compagnies d'assurances chez le père et chez la sœur de Mme de Pauw. Quoi que vous fassiez, vous ne pourrez arriver à une explication raisonnable. Vous le rappelez, d'ailleurs, Mme de Pauw a vu sa sœur le 11; les lettres, dit-on, sont écrites depuis cinq semaines; elles ont été tracées au milieu des larmes. Elle avait confié à sa sœur les projets de La Pommerais, elle lui avait dit qu'il voulait lui faire simuler une maladie. Eh bien! voyant sa sœur, elle ne lui dit pas: « La Pommerais m'a fait écrire une lettre, cette lettre te causera du chagrin, mais ce n'est pas sérieux; j'ai pleuré en te l'écrivant, et je te préviens pour que tu ne sois pas surprise. »

Un autre fait vous paraîtra surprenant. Dans une de ces lettres, Mme de Pauw parle de la consultation du docteur Danet; or cette consultation est à la date du 12 novembre. Quand on lui dictait la lettre, on ne pouvait savoir que le docteur Danet viendrait; il pouvait ne pas venir. Pourquoi ne pas parler plutôt des médecins Nélaton et Velpeau, qu'elle était allée voir? Tout cela vous paraît-il clair, simple? Je n'explique rien.

Mme de Pauw a dit, c'est certain, que La Pommerais lui avait dicté les lettres à sa sœur et à son père; plusieurs témoins en déposent, je les crois. Mais ce qu'elle a dit ne peut être vrai, parce qu'elle aurait prévenu sa sœur, parce que La Pommerais, six semaines avant la mort, ne pouvait parler du docteur Danet, qui est arrivé le 12 seulement. Pourquoi cette femme, à l'imagination bizarre, à l'esprit singulier, cette femme, sans bon sens, parlant à tort et à travers, a-t-elle dit cela? Je n'en sais rien, je ne me charge pas de l'expliquer. C'est le Ministère public qui me doit des explications sur les deux seules lettres que Mme de Pauw a déclaré avoir écrites d'après l'ordre et sous la dictée de La Pommerais. Je maintiens, moi, que ce n'est pas possible.

Quant aux lettres adressées à La Pommerais, elle n'a dit à personne qu'il lui avait demandé de lui écrire. Que trouvez-vous dans ces lettres? Des choses extraordinaires. Vous y trouvez, ainsi que vous le disait M. l'Avocat général en résumant cette partie de la cause, vous y trouvez l'expansion de la reconnaissance envers un homme généreux et bienfaisant, le désir ardent de le voir sans cesse, et la résistance perpétuelle de celui-ci à venir. Vous y voyez l'indication de nombreux secours envoyés; mieux que cela, de sommes ayant véritablement une importance. On vous dit que tout cela n'est pas vrai; comment le savoir? Les visites fréquentes dont vous parlez, qui les a vues? Jamais, dans une affaire, chose aussi singulière que celle-là ne s'est produite. Cet homme vient tous les jours chez cette femme, et ni la fille de Pauw, ni Mme de Ridder, ni Mlle Huilmand, ni Mme Delettre, ni la domestique, ni la veuve Pieters, ne l'ont jamais vu.

L'accusation dit : « Mme de Pauw renvoyait tout le monde quand La Pommerais venait. » — Qu'en savez-vous? — Elle disait bien que La Pommerais allait venir; mais qui l'a vu? La concierge? Je vais y arriver. Ne trouvez-vous pas étrange que toutes les personnes qui approchent Mme de Pauw, ses amies, ses familières, ne le voient pas? Mais, si elle avait un intérêt à dire qu'il venait quand il ne venait pas! Je ne veux pas outrager cette femme, je ne veux pas me rendre l'écho de ce que M. l'Avocat général a appelé des calomnies; je comprends les ménagements qu'elle mérite; pourtant, serait-ce la première femme qui aurait trompé l'homme qu'elle disait aimer? Je ne vais pas plus loin; ce n'est qu'une hypothèse. Supposez qu'un autre fût venu et qu'elle eût désiré qu'on ne le sût pas, comment eût-elle agi? Comme elle a fait. Elle a dit : « Il viendra. » Or personne ne l'a vu.

Examinons les dépositions des concierges : elles sont étranges. D'abord, M. et Mme Cliche disent avoir vu passer souvent La Pommerais; cependant ils auraient eu bien de la peine à le reconnaître. Madame dit : « Un jour, je l'ai vu passer, je l'ai pris pour l'ami d'un monsieur qui logeait dans la maison; je lui ai parlé, il ne m'a pas répondu. Il avait une cravate blanche, il était vêtu de noir. » Or le locataire n'avait pas de cravate blanche. Quant à M. Cliche, il n'a su où allait l'homme qui venait si souvent que le jour de la mort, quand il est monté chez Mme de Pauw et s'est trouvé dans l'escalier avec La Pommerais.

Est-il prouvé qu'il venait souvent? Il vous a dit lui-même le nombre de ses visites; il est venu après la chute, quand elle lui a écrit avoir fait une chute; il est venu le 16, il est venu le 17. Nous reparlerons de ces visites signalées par le Ministère public; mais jusqu'ici on ne nous a pas prouvé, comme on le devait, qu'il y ait eu de fréquentes visites.

La Pommerais prétend avoir fait tout au monde pour que l'assurance ne fût pas sur la vie entière; M. Desmidt dit de même. C'est Mme de Pauw qui l'a exigée absolument. On voulait lui faire contracter une assurance limitée au profit de ses enfants; elle l'a refusée. Les lettres l'établissent, M. Desmidt le confirme. Cela prouve déjà qu'il s'agissait de faire quelque chose au profit des enfants; il ne faut pas le méconnaître.

Est-il vrai qu'il y ait eu un acte en leur faveur? Est-il vrai qu'au moment où Mme de Pauw venait de rendre le dernier soupir, La Pommerais a prévenu M. Testu avant de produire cet acte? M. Testu n'est pas venu; qu'y puis-je faire? L'accusation dit : « Si vous l'aviez prévenu que son neveu et ses nièces avaient 550,000 fr., il se serait dérangé. » Il aurait pu se déranger à moins. Il n'est pas venu. S'il s'était rendu à mon appel, je lui aurais dit quelque chose; je lui aurais montré le contrat; je lui aurais appris le riche don que je voulais faire aux enfants. Donc le projet d'assurance limitée, le projet de bienfaisance en faveur des enfants dont parlent les lettres, tout cela est établi en dehors de la correspondance.

On nous dit que le chiffre des secours est exagéré. Oui, je le veux; cette femme avait toutes les apparences de la misère; elle recevait des charités de beaucoup de monde, je l'admets. Cependant, il lui aurait envoyé des sommes considérables, où sont-elles? Que voulez-vous qu'il réponde? Elle seule pourrait le dire. De ce que les témoins n'ont pas vu l'emploi de l'argent, faut-il nécessairement conclure que cet argent n'a pas été envoyé? De ce que cette femme pouvait avoir intérêt à paraître misérable, faut-il conclure qu'il ne lui donnait pas les moyens de sortir de l'état horrible où elle se trouvait? Vous ne pouvez aller jusque-là.

La correspondance qu'on m'oppose, sur laquelle le Ministère public insiste, prouve, dit-il, la préméditation de la part de cet homme et son entente avec Mme de Pauw. Je cherche à l'expliquer raisonnablement, reconnaissant qu'il peut y avoir de certaines parties bizarres et étranges. Mais l'accusation serait aussi embarrassée que la défense pour donner satisfaction complète aux objections qu'on pourrait lui adresser à ce sujet.

Laissez-moi résumer cette partie de l'affaire. Ou cette correspondance est sincère, ou ce n'est qu'une comédie. Que l'accusation choisisse; au point de vue de l'empoisonnement, cela m'est égal. Je n'ai pas dû déserter complètement cette partie pénible de ma tâche; j'ai dû défendre cet homme comme il entend être défendu. J'ai dû dire avec lui que c'étaient des actes honnêtes qu'il voulait honnêtement exécuter, et que ce qu'il avait promis il voulait le tenir. Si vos esprits n'allaient pas jusque-là; si, sur cette partie de la cause, vous aviez les préoccupations du Ministère public, qu'en résulterait-il? Une seule chose: l'accusé et cette femme se sont entendus pour tromper les Compagnies, et vous expliquerez tout ainsi. Il s'est dit: « Il faut des rentes à cette femme, je lui en donnerai au moyen d'une assurance considérable que nous parviendrons habilement à faire résilier. » Elle l'a cru, elle l'a voulu; elle a acquiescé à la manœuvre, elle en est l'instrument le plus actif; elle a simulé un mal plus considérable que celui qu'elle avait, elle a couru vers un délit qui devait lui donner le bénéfice des assurances; il n'y a pas autre chose. Mais tout cela n'est rien au point de vue de l'empoisonnement! J'ai suivi le Ministère public dans ces détails, qui lui sont favorables, je le reconnais; je vais aborder à mon tour la discussion de ce procès, et je demanderai à l'accusation de me prouver que Mme de Pauw est morte empoisonnée.

(Après quelques instants de repos, le défenseur reprend en ces termes:)

Je vous demande pardon, Messieurs les Jurés, de tous les détails si longs, si ingrats dans lesquels je suis entré; ce n'est pas la cause. J'y arrive. Laissez-moi vous le dire, si vous avez attendu, et j'en suis sûr, pour vous décider et juger dans vos consciences, que le débat fût terminé, vous allez conclure à l'impossibilité absolue d'une conviction semblable à celle du Ministère public.

Mme de Pauw a-t-elle été empoisonnée? La Pommerais l'a-t-il empoisonnée?

Quel était l'état de santé de Mme de Pauw? Ah! il est facile de se débarrasser et de répondre en disant: elle se portait bien, quoiqu'elle souffrît un peu et eût mal à l'estomac. J'en demande pardon au Ministère public, nous suivrons les témoins l'un après l'autre, et les médecins l'un après l'autre. M. Tardieu a si bien défendu ces derniers, que cela vous a paru tout simple; même les consultations dans lesquelles on ordonne des sangsues et de la digitale. Il a fait de cela un récit charmant, comme il sait faire. Nous allons examiner, et nous verrons que si Mme de Pauw se portait à merveille, il ne faut plus faire venir de médecins; car ils ne comprennent rien et ne peuvent rien comprendre aux maladies. Je dis, moi, qu'elle se portait mal; je veux qu'elle ait simulé une maladie plus grave qu'elle ne l'avait, en se disant mourante, et cependant elle est morte. Mais, dit-on, elle n'était pas le moins du monde malade lorsqu'elle prétendait l'être. Est-ce vrai? Voici un extrait de la déposition de sa fille Félicité que je prends dans l'instruction: on ne peut mieux choisir:

« Bien avant sa maladie simulée, maman se plaignait de palpitations de cœur; je crois qu'au moment où elle a commencé à faire la malade, le 10 novembre, elle n'était pas bien portante, mais elle exagérait son mal. »

Oui, elle jouait la comédie; mais cela lui était plus facile qu'à une autre, car elle ne se portait pas bien.

Voyons Mme Gouchon sa sœur, chez laquelle elle est allée le 9 novembre, la veille du jour où la comédie va commencer. Mme de Pauw lui a dit qu'elle simulerait une maladie pour avoir des rentes, et Mme Gouchon lui a fait des observations qui viendront tout à l'heure, quand nous nous demanderons si Mme de Pauw a pu prendre quelque chose des mains de La Pommerais.

« Ma sœur est venue déjeuner chez moi; elle m'a dit que, quelques jours auparavant, elle avait eu des palpitations très-fortes; qu'elle avait souffert de l'estomac, qu'elle était restée alitée pendant quarante-huit heures; je la trouvai nerveuse; je remarquai que ses lèvres étaient d'un rouge violet, et j'en fus frappée. »

Cela me semble grave, quand il s'agit d'une femme qui est morte d'une maladie inconnue.

Mme de Ridder dit: « Jeune fille, Mme de Pauw avait eu des palpitations de cœur. »

Mme Maille l'a vue, le 12, à son avant-dernière sortie: « Le jeudi, 12 novembre, Mme de Pauw vint chez moi; je l'accompagnai en me promenant, du côté de son domicile; elle me dit que, pour vendre ses contrats d'assurances, il lui faudra simuler une maladie. La vérité est qu'elle n'avait pas bonne mine, et qu'en dehors de cette maladie, elle avait l'intention de se purger. »

Lorsque Mme de Pauw peignait, elle avait des palpitations de cœur. M. Heim nous apprend que cette pauvre femme travaillait au point de se rendre malade. Dans un style que vous n'avez pas oublié, il nous a dit: « Il y a un an environ que je lui avais donné un atelier à l'Institut; j'avais fait allumer du feu; mais elle était si souffrante, qu'elle avait froid. » Elle était malade à ne pouvoir respirer. »

Le nommé Bouvard, menuisier, a déposé: « Le 2 octobre, elle m'a dit qu'elle avait un violent mal d'estomac, et que cela la dévorait. »

Si l'accusation trouve qu'une femme, dans ces conditions-là, se porte bien, elle n'est pas difficile sur la santé. C'est certes déjà bien quelque chose. Oui, elle simulera, elle se fera agonisante; elle dira qu'elle a fait une chute; ce n'est pas vrai, je le veux, c'est votre hypothèse; mais elle était malade depuis longtemps; le 2 octobre précédent, elle avait déjà un mal d'estomac qui la dévorait. Le 9 novembre, sa sœur en était inquiète. Le 12, entendez-le bien, Mme Maille, à qui elle disait: « Je vais jouer une comédie, » pensait, à part elle, que cela devait lui être facile, parce que son état de santé s'y prêtait très-bien.

Elle est donc malade. Ceux-là même qui parlent de la simulation savent que son état de santé n'était pas bon. Et puis, elle va voir des médecins qui la trouvent malade plus ou moins gravement, mais enfin qui la trouvent malade; et, à moins de dire que les médecins ne savent rien, ce qui n'est pas vrai, qu'on peut les tromper quand on le veut, ce qui est impossible, il faut avouer que si un médecin est un peu dupe de son malade, il ne l'est pas complètement. Nous savons tous assez de médecine pour connaître que le pouls, la chaleur de la peau, l'état de la langue, le teint du visage, l'expression des yeux, sont des signes non équivoques de santé ou de maladie. Or je ne suppose pas que cinq ou six médecins considérables, dont je vous parlerai, n'aient pas tâté ce pouls, regardé la langue, examiné la malade, au moins en la regardant dans les yeux, et ne se soient en aucune façon assurés de son état. Elle a exagéré, je le veux; elle a simulé, je le veux bien encore, mais elle était malade.

Le docteur Desormeaux, le 13 octobre 1863, bien avant la comédie, a ordonné de la morphine; et cette femme n'avait rien! Singulier traitement, s'il n'avait pas remarqué quelque chose! Vous me direz que l'ordonnance n'a pas été exécutée; qu'est-ce que cela me fait? Vous me direz que tout cela a été organisé pour obtenir des Compagnies une pension; qu'est-ce que cela me fait? on vous répondra que cela a été exécuté, quoiqu'il n'y ait pas de cachet de pharmacien. Je prouve, par l'ordonnance, que Mme de Pauw a été malade, car j'y vois encore ceci : « tous les soirs, prendre 1 gramme de thériaque; matin et soir, faire une friction sur l'épigastre avec le liniment suivant : glycérine pure, 10 gr. ; chlorhydrate de morphine, 50 centigr.; teinture éthérée de cantharide, 1 gr. » Le docteur Desormeaux est trop occupé pour avoir gardé le souvenir de ce qu'il a prescrit; mais voici ce qu'il déclare à l'audience, quand on lui présente cette ordonnance : « La malade à laquelle j'ai donné cette prescription m'a paru être dans un état de souffrance habituel, d'anémie ; l'ordonnance n'indique pas un danger pressant. » Je le crois bien ; ce n'est pas une ordonnance pour une agonisante ou pour une mourante ; mais elle indique une maladie.

J'arrive à la consultation du docteur Nélaton : c'est une grande autorité, celui-là. Il a la probité des autres; de plus, c'est une de nos gloires, et il le mérite bien par son cœur qui vaut son esprit. Il ordonne non pas un cataplasme, remède très innocent, qui se donne aux gens bien portants mais qui veulent se soigner un peu, mais un vésicatoire. Mme de Pauw n'a qu'un appauvrissement du sang ; c'est parce qu'elle ne mange pas qu'on lui ordonne un vésicatoire ? Singulière manière de la fortifier ! Cependant voici l'ordonnance de M. Nélaton : « Appliquer sur le creux de l'estomac un vésicatoire de 10 centim. de largeur. » Quand on la lui présente, et qu'on lui demande quel était l'état de la malade, M. Nélaton ne s'en souvient pas, et répond à M. le Président : « Cette ordonnance n'implique pas un état grave, mais elle indique un dérangement de l'estomac et des intestins. » Mme de Pauw était donc malade le 21 octobre, pas gravement, mais elle a pu le devenir. Quand on est sur la pente d'une maladie, le lendemain on est plus malade que la veille, et on finit par mourir.

Le docteur Velpeau a été plus prodigue que son confrère Nélaton ; il a ordonné un vésicatoire tous les mois pour une personne qui se porterait bien. Les dates sont précieuses, le 24 octobre 1863 : Appliquer : 1° un large vésicatoire (*large!*) volant sur l'estomac tous les mois ; 2° faire des onctions avec une pommade d'iodure de potassium deux fois par jour. » Quand on interroge le docteur Velpeau sur l'état de la malade à laquelle cette consultation a été donnée, il répond : « Cette ordonnance me fait penser que la femme qui m'a consulté était nerveuse, et avait quelque chose du côté des entrailles et de l'estomac. » Ce quelque chose pouvait la tuer ; ce quelque chose l'a tuée, si vous n'établissez pas le contraire.

Un autre médecin, le docteur Danet, moins illustre que les précédents, mais distingué aussi, a ordonné tout simplement du tartre stibié ; il a dit qu'il s'agissait d'un embarras gastrique, et que la personne ne lui paraissait pas sérieusement malade.

Après avoir examiné les consultations de ces hommes éminents, je ne puis oublier les soins qu'a donnés M. Gaudinot, homme habile, honorable, je n'ai pas besoin de le dire, qui a bien été trompé sur la chute, mais qui n'a pas pu l'être sur le reste. Croyez-vous qu'il ait soigné seulement la chute, et ne se soit occupé que de ses conséquences? Vous allez voir ! Il s'était produit des vomissements bien longtemps avant la simulation de la maladie ; il avait soigné la malade pour cela. M. Gaudinot, à qui elle avait dit être tombée, se trouvant en présence des symptômes qui lui faisaient croire à une perforation de l'estomac, a déclaré que cette perforation existait; il le devait; car si Mme de Pauw lui avait dit la vérité sur ce point, la chute pouvait être la cause de la perforation de l'estomac. J'ai une masse de lettres qui m'ont été envoyées de partout : toutes prouvent que le docteur Gaudinot avait porté un excellent diagnostic. Mais j'écarte la chute ; je veux raisonner dans votre hypothèse, sur votre terrain, et je fais bon marché de ce qui s'applique aux assurances et aux combinaisons malhonnêtes indiquées par vous ; je n'y crois pas, mais je veux les admettre, je puis le faire sans danger dans une discussion.

Elle était malade en dehors de la chute, et le docteur Gaudinot était convaincu. Savez-vous combien il a fait de consultations? Sept. Combien il a fait de visites? Quatorze. Voulez-vous savoir à quelles dates les consultations ont été données et les visites faites? Cela a son importance. Les consultations partent du 30 juin 1863 et vont jusqu'au 10 novembre. Est-ce que la date du 10 novembre 1863 ne s'accorde pas avec ce que Mme Gouchon a dit? Ayant trouvé, cette dame, quelque chose de plus grave dans l'état de la malade, le docteur Gaudinot lui a conseillé de rester chez elle, promettant d'aller la visiter, et il est, en effet, venu la voir.

Voyons les ordonnances. Je ferai bon marché de quelques-unes ; j'éliminerai la plupart, toutes celles qui prescrivent un régime. Je n'y attache pas une grande importance ; mais il en est deux sur lesquelles j'appelle toute votre attention. Le 11 juillet 1863, ce n'est pas à l'occasion de la chute, il lui fait préparer une potion dans laquelle entre une certaine quantité de digitaline. Je lis : « Oxyde de bismuth, 10 centigrammes ; extrait d'aconit, 1/2 centigramme ; digitale, 1/2 centigramme. »

J'arrive à la consultation du 13 août, longtemps avant la comédie, qui ne commence qu'au 10 novembre; cette consultation n'a rien de commun avec la chute. Il est bon de la retenir comme la preuve que, pour M. Gaudinot, il y avait quelque chose : « Faire infuser une feuille de digitale fraîche dans une carafe d'eau froide pendant vingt-quatre heures; prendre cette infusion, par tasse, dans l'espace d'un jour; frictionner la région du cœur avec la teinture de digitale; employer 20 grammes matin et soir pendant dix minutes. »

Il ne s'agit pas de chute, il s'agit de maux d'une autre nature. Enfin, en voici une autre, du 10 novembre 1863, qui est plus importante encore : il va faire appliquer à la malade dix sangsues. A qui fera-t-on croire qu'un médecin ordonne dix sangsues à un malade, s'il n'a pas jugé que son état l'exige, s'il ne s'est pas assuré, par l'état du poumon, de la langue, qu'il y a une irritation qu'il faut combattre? Nous avons tous été soignés par des médecins, et presque tous nous avons été mordus par des sangsues; nous savons quelles précautions sont prises avant qu'on arrive à les ordonner.

Je vous rappelle la date : 10 novembre. Or, le 9 novembre, Mme Gouchon avait été frappée de l'état de sa sœur. Le 12 novembre, Mme Maille disait : « Elle veut jouer une comédie, cela doit lui être bien facile, elle me paraît dans un état qui n'est pas excellent. »

Laissez-moi vous lire la déclaration du docteur Gaudinot dans l'instruction, et vous verrez que cette femme était malade depuis longtemps, qu'elle avait vomi bien longtemps avant le jour de sa mort. Il déclare qu'après cette consultation du 10, il lui a dit : « Vous êtes trop souffrante, ne venez plus chez moi. »

Je lis textuellement : « Je trouvai Mme de Pauw tellement souffrante, qu'après lui avoir fait une prescription, je l'engageai à retourner chez elle et à se mettre immédiatement au lit, lui annonçant que j'irais la voir le lundi suivant, rue Bonaparte, 24. Effectivement, le lundi 2 novembre, je commençai à lui donner mes soins régulièrement à son domicile; une gastro-entérite aiguë, accompagnée de vomissements, se manifesta dans le courant de la même semaine. »

Est-ce clair? Ce n'est pas la digitaline donnée le 16 au soir qui a fait vomir dix jours avant. Le médecin a vu les vomissements; il a trouvé la malade dans un état assez grave pour lui dire : « Restez chez vous, j'irai vous voir. » Il y vient, il constate une gastro-entérite aiguë, accompagnée de vomissements qui se manifestent dans le courant de la même semaine, et alors il prescrit une application de sangsues, accompagnée de lavements amidonnés pour conjurer pendant quelques jours ces fâcheux accidents, et cela quatre ou cinq jours avant la mort. Quand on a cédé au parti pris de déclarer que cet homme, n'étant pas intéressant, est nécessairement un empoisonneur, tout va bien, l'accusation marche avec une facilité très-grande. Mais si nous étudions les faits, que voyons-nous? Le docteur Gaudinot ajoute : « Quatre ou cinq jours avant la mort, les vomissements se manifestèrent encore plus violemment; Mme de Pauw refusa de se soumettre, soit à une nouvelle application de sangsues sur la région de l'estomac, soit à un vésicatoire volant, et, le 17 novembre, elle expira. Sur votre interpellation, je crois qu'à compter du 2 novembre, j'ai fait à Mme de Pauw une douzaine de visites; son état m'a paru grave dès le 31 octobre, jour où je l'engageai à se mettre au lit. Quand je la revis chez elle, tout en la considérant comme sérieusement malade, je pensai pourtant pouvoir conjurer la mort. » Eh bien! entendez-vous cela? l'accusation ne peut plus soutenir que Mme de Pauw n'avait d'autre maladie que la fatigue résultant du défaut de nourriture; c'est l'évidence même, qu'elle n'a pas commencé à être malade le 16. Elle était gravement malade depuis le 31 octobre; son médecin le dit. Elle n'a pas vomi, le 16 au soir et le 17, pour la première fois; elle a vomi le 2 novembre; elle a vomi ensuite le 10. On a conjuré cet état par une application de sangsues, et, trois ou quatre jours après, c'est-à-dire le 14 ou le 15, avant-veille de la mort, antérieurement à l'apparition de La Pommerais, le médecin voulait faire une nouvelle prescription à laquelle la malade s'est refusée. Il s'agit de résumer l'opinion du docteur Gaudinot; on lui demande : « Était-elle sérieusement malade? » Il répond : « Oui, Monsieur, elle était sérieusement malade, mais j'espérais pouvoir conjurer le mal. » Ainsi, quand la comédie va commencer, elle était sérieusement malade. Ne voyez-vous pas que vous êtes en présence de difficultés gigantesques? Et quand, dans cette discussion, j'ai un tel point d'appui, j'ai le droit de dire au Ministère public qu'il ne se tirera pas de là avec les lettres et avec les assurances. Elle est sérieusement malade; l'homme qui la soigne dit qu'elle a une gastro-entérite; elle a eu des vomissements le 2, le 10, le 14; et le 17 elle mourra à la suite de vomissements. Eh bien! quoiqu'elle fût malade, l'accusation est obligée de supposer qu'elle se portait bien, et voici le raisonnement qu'elle fait, je vais le préciser.

Le 16 au soir, elle dîne très-bien; dans un but que chacun peut comprendre, elle fait sa toilette et M. de La Pommerais arrive; il arrive avec son poison, car, ne l'oubliez pas, c'est le 16 au soir qu'elle a été empoisonnée. Il le faut bien! Que deviendrait l'expérience du chien, si elle n'avait pas été empoisonnée 22 heures avant sa mort? Il faut que l'empoisonnement ait eu lieu le 16 au soir, pour que les symptômes observés sur le chien concordent avec ceux reconnus chez Mme de Pauw. La Pommerais est donc venu le 16 au soir, sous un semblant de tendresse, et il a fait prendre à cette femme du poison. Qui l'a vu? qui l'a dit? A qui cette femme l'a-t-elle déclaré, s'il vous plaît? J'ai bien le droit de poser ces questions. Lorsqu'on prétend que quelqu'un est venu lui porter du poison, il faut l'établir; c'est probablement de la digitaline? Mme de Pauw avait-elle en La Pommerais une confiance absolue et aveugle, et a-t-elle dû prendre tout ce qu'il a voulu lui donner? Je ne crains pas que le Ministère public puisse l'affirmer. Tous les témoins l'ont dit dans leur déclaration : « Quand Mme de Pauw parlait du projet de la Pommerais au sujet des assurances, et qu'on lui disait : «Prenez-garde,» elle répondait : «Non, je ne crains rien; je ne prendrai rien de lui.» Félicité l'a déclaré; Mme de Ridder, Mme Maille, Mme Gouchon de même, ont jeté le cri d'alarme. Par conséquent, Mme de Pauw était parfaitement avisée; elle comprenait assez les assurances pour savoir que si La Pommerais voulait se débarrasser d'elle, il y avait pour elle un danger.

Mais voulez-vous la preuve qu'elle n'a pas eu en La Pommerais la confiance aveugle que le Ministère public suppose? C'est la démarche qu'elle a faite près de M. Lireux. Le Ministère public a trouvé ce témoin à la fin des débats, j'en suis ravi, il me sert. M. Lireux est directeur d'un journal financier; La Pommerais ne le connaît pas; Mme de Pauw est allée d'elle-même le consulter. Pourquoi? Parce qu'elle était en défiance vis-à-vis de La Pommerais.

Vous me ferez cette concession, vous reconnaîtrez avec moi que si elle avait eu une confiance absolue en lui, elle ne serait pas allée chez M. Lireux. Elle y est allée, et le dernier mot de ce Monsieur a été ceci : « Madame, mon opinion, c'est que vous n'avez rien à craindre des assurances ; mais on n'a plus qu'un intérêt, c'est celui de souhaiter votre mort. »

Voilà donc une femme parfaitement prévenue; elle n'avait pas confiance en La Pommerais, et elle va prendre ce qu'il lui donnera? Mais d'abord, comment établissez-vous qu'il lui a apporté quelque chose? Quelle fiole a-t-on trouvée? Quelle trace de poison en nature a-t-on reconnue?

Enfin, soit; elle a pris ce que lui a donné La Pommerais, et elle se trouve dans un état horrible. Elle en parlera à quelqu'un !

Ici, Messieurs, je sollicite votre attention; vous remarquez comment je plaide cette affaire ; je ne m'amuse pas à exciter chez vous des sentiments plus ou moins ardents; je raisonne avec des hommes de sens qui me comprennent. Je vous ai montré Mme de Pauw malade, sérieusement malade quelques jours avant sa mort; je vous la montre en défiance contre La Pommerais. J'admets que La Pommerais ait apporté le poison, quoique le Ministère public ne le prouve pas. Mme de Pauw le prend, elle est malade. Elle en parlera ! A-t-elle vu quelqu'un? Elle a vu tout le monde ! L'a-t-elle dit à quelqu'un? A personne ! A-t-elle caché la visite de La Pommerais? Elle en a parlé à deux personnes, et, quand elle en parlait, il était bien simple de dire : « Il m'a donné quelque chose. » Elle n'a rien dit ! Elle a vu sa fille, elle a vu Mlle Huilmand, Mme Delettre, Mlle Baup, son élève; son ancienne domestique, la veuve Pieters ; elle a vu le docteur Gaudinot et ne lui a pas dit : « Je souffre davantage aujourd'hui. Votre collègue, un médecin, M. La Pommerais (ou même, si elle ne voulait pas le nommer), un de mes amis, un médecin est venu, m'a donné je ne sais quoi pour me soulager, et depuis lors je suis plus malade. » Non, elle n'a rien dit! Et vous croyez que l'accusation peut expliquer cela? Ce silence ne prouve-t-il pas que La Pommerais n'a rien donné?

Elle a eu sa raison jusqu'à la fin, car le dernier médecin qui soit venu, le docteur Blachez, vous a raconté qu'à part les angoisses qu'elle éprouvait par suite de ses douleurs, elle avait toute son intelligence. Elle n'a pas plus dit à M. Blachez qu'à M. Gaudinot : « On m'a donné quelque chose. » Elle a dit à Mlle Huilmand : « M. La Pommerais est venu, il croit que j'ai le choléra; » mais elle n'a pas ajouté : « Il m'a donné quelque chose pour guérir ce choléra. » Comprenez-vous ce silence !

Dans une affaire de cette nature, il faut que tout soit aussi évident que la lumière du jour. Pouvez-vous croire que cette femme aurait souffert une nuit et un jour, sans parler des causes de son mal? Retenez bien ceci : D'après l'accusation, elle s'est préparée pour recevoir un homme qu'elle aime ; elle s'est livrée à ces soins qui annoncent des espérances. Elle a donc été frappée subitement, presque foudroyée. Elle ne peut douter de l'origine de son mal. Cet homme, avec des moyens que j'ignore, lui a fait avaler de la digitaline, et comme cette substance est amère, elle a dû l'avaler rapidement. Les vomissements commencent, et cette femme ne dira rien ! Oh si ! elle dira quelque chose : elle dira qu'elle a une indigestion; la femme Delettre le répète. Elle a dîné, cette pauvre malade, avec des aliments qui pouvaient lui donner une indigestion ; c'étaient de mauvais aliments pour une personne dans son état. Elle a dit à Mme Delettre, qui en a déposé : « J'ai eu une indigestion, une terrible indigestion. » Elle dit à une autre personne : « La Pommerais est venu, » mais elle n'ajoute pas qu'il ait apporté quoi que ce soit. Retenez bien cela, ici tout est grave, et, si j'hésite, dans cette discussion, à marcher rapidement, vous le comprenez bien, c'est parce que nous sommes dans le vif de la question. Il faut que cet homme ait apporté, le 16, le poison : or cette femme a vécu jusqu'au 17, et elle a conservé sa raison. Si c'était un narcotique qu'elle eût pris, si elle avait perdu la mémoire, si le poison eût fait des ravages tels, qu'elle n'eût pu manifester ni par gestes ni par paroles ce qu'elle voulait dire, je le comprendrais ; mais non ! Elle parlait comme je parle, elle se faisait entendre comme je me fais entendre. Si elle n'eût vu qu'une seule personne à laquelle elle n'eût pas voulu se confier, à la bonne heure ! Mais elle a vu toutes ses amies, ses confidentes, sa fille, son médecin ; rien, rien ! La Pommerais n'a donc rien apporté avec lui, ce n'est pas possible.

Encore une fois, l'accusation ne produit aucune preuve, elle se contente d'affirmer. Moi, je vous le répète, si l'accusé avait apporté le poison, on l'aurait vu, on l'aurait su ; si Mme de Pauw en avait pris, elle l'aurait dit. L'accusation ne peut essayer de renverser cet argument invincible de la défense.

Continuons. Ce qui se passe dans la journée est sans importance. La Pommerais vient à huit heures du matin ; pourquoi ? Parce que, la veille au soir, il avait trouvé Mme de Pauw malade. Il ne la soigne pas. Qu'eussiez-vous dit, s'il l'eût soignée? On eût dit qu'il avait ajouté au poison qu'il avait donné la veille. Non, il ne la soigne pas, mais il vient chercher à voir les ravages de la maladie; il ne l'a pas soignée, parce qu'elle avait d'autres soins. Il a su que le docteur Gaudinot ne croyait pas à un danger pressant ; il déclare que la malade a dit que la femme Delettre pouvait suffire. Ce n'est pas là un fait, c'est une appréciation ; je n'insiste pas.

Il revient à deux heures. Le Ministère public affirme qu'il est venu voir la malade pour s'assurer une dernière fois qu'avant quelques heures cette malheureuse n'existerait plus, et pour jeter les lettres à la poste. Le Ministère public ne sait pas que, si habile qu'on soit à cet égard, on ne peut pas, à heure fixe, connaître les effets d'un poison donné ; il oublie d'ailleurs que La Pommerais aurait pu rester près de la malade. S'il était l'empoisonneur que vous dites, il aurait, dans la pensée exprimée par vous, trouvé l'occasion de rester pour éloigner de lui les causes de danger; il serait resté pour empêcher cette femme de parler. Il aurait dit au docteur Gaudinot : « Je n'ai pas voulu la quitter ; je suis venu ce matin, elle était seule, j'ai attendu votre arrivée; son état m'inquiète. » Il était bien sûr que, lui présent, elle n'aurait rien dit à M. Gaudinot. Au lieu de cela, il s'en va, la laissant seule dans l'attente du médecin, sans nulle inquiétude, n'ayant nul désir de surveiller une conversation qui ne peut avoir pour lui aucun péril. N'est-ce pas vrai? Est-ce que je ne raisonne pas dans les idées du bon sens? Un homme qui a commis un crime, lorsqu'il pourrait rester là, va s'éloigner, laissant la place à d'autres, quand une indiscrétion peut le perdre?

Il s'en va, et revient le soir. Que lui reproche-t-on? de l'insensibilité. C'est Mlle Huilmand qui lui reproche cela! Peut-elle se connaître aux émotions qu'un homme doit ressentir auprès d'une femme morte? N'ayant pas d'expérience, elle prend les cris et les larmes pour de la douleur; elle ne sait pas que la douleur muette est la plus vive. Cet homme est médecin, et il a vu bien des fois la mort dans sa carrière de médecin; il s'est approché de la morte, il a examiné si la vie avait quitté à tout jamais cette pauvre créature. Lorsqu'il a demandé comment elle était morte, et qu'il a manifesté l'opinion que la chute, à laquelle il croyait, y était pour quelque chose, on lui a répondu qu'il n'y avait pas eu de chute. Il en a paru étonné. Que conclure de cela? Qu'est-ce que cela fait à l'empoisonnement? Quelle conséquence en peut-on tirer?

Il rentre chez lui et écrit à M. Desmidt; mais il écrit aussi au frère de Mme de Pauw; sa première pensée n'est donc pas une pensée de spéculation, c'est de faire obtenir aux enfants la part qu'il veut leur réserver. Pourquoi écrire à M. Testu, au Havre, si ce n'est pour se rapprocher de lui, pour lui donner les éclaircissements et les explications qui peuvent lui être nécessaires?

J'ai donc le droit de le dire, j'ai établi bien des choses : d'abord, que Mme de Pauw était sérieusement malade au moment de la simulation prétendue, qu'elle avait vomi avant, qu'elle avait eu une gastro-entérite, qu'elle avait suivi un traitement énergique, qu'il n'est pas possible que cet homme, dont elle se méfiait (la visite à M. Lireux le prouve), lui ait fait prendre un poison quelconque, qu'elle n'a pu être trompée par lui; que si elle avait pris quelque chose, elle l'aurait déclaré à ses amies et à son médecin.

Que reste-t-il? les expertises. Il faut les examiner. Permettez-moi de vous le dire, cela me paraît, à moi, bien facile. Que M. l'Avocat général en soit bien convaincu, je ne change pas d'opinion sur des hommes honorables, suivant que leur témoignage accuse ou que leur témoignage défend, l'homme éminent dont je vais m'occuper, que j'ai proclamé éminent à Aix, l'est pour moi tout autant à Paris. C'est un homme considérable dans la science, et qui sera considérable partout; qui, s'il n'était pas un grand médecin, serait un grand avocat. (*Mouvement dans l'auditoire.*) Il a une parole au moins aussi terrible pour la défense que sa science, et il nous l'a bien prouvé; il a été assez habile et bien inspiré pour paraître d'accord avec M. Claude Bernard, quand celui-ci disait tout le contraire. Je lui rends le témoignage qu'on lui doit; mais j'estime trop M. Tardieu, il m'estime trop lui-même pour ne pas comprendre que je peux discuter sa parole, et ne pas l'accepter de confiance. Il est trop éminent et trop galant homme pour ne pas savoir qu'il peut se tromper, et pour ne pas permettre à un avocat, son ami, de le lui dire respectueusement, et de le prouver, ce qui vaut encore mieux.

Quant au reste, M. Roussin est jeune, il a l'avenir; il est à l'école de M. Tardieu, dans ces grandes affaires, cela lui profitera. Et puis, il y a les savants extraordinaires que vous avez appelés; ils sont à la tête de la science; je m'unis à M. l'Avocat général pour ce qu'il a dit de M. Claude Bernard; c'est un savant que l'univers entier nous envie, c'est la physiologie incarnée; c'est un de ceux qui ont le mieux connu les secrets que Dieu voulait rendre presque impénétrables. Je dis comme vous, mais je vais tout à l'heure m'appuyer sur lui.

Il y a encore M. Vulpian, un savant modeste, qui travaille et fait des observations dont la science profite.

Il y a enfin les honorables professeurs d'Alfort, qui, eux aussi, me seront utiles. Ils ont eu bien tort de s'irriter d'une accusation qui ne les atteignait pas; ils n'avaient qu'à se rappeler l'histoire de 1814. Ils savent ce que je vais trouver dans un livre : c'est qu'à cette époque, on a nourri Saint-Germain et Paris avec des animaux morts de la morve. Les habitants ne s'en sont pas plus mal trouvés. Les chevaux venaient d'Alfort. Chose étrange! c'est dans un livre de M. Tardieu que je trouve cela. Assurément, il ne peut vouloir accuser l'École d'Alfort.

Mais, ce que je ne puis laisser passer, ce sont les reproches un peu sévères de M. l'Avocat général vis-à-vis de M. Hébert, savant peut-être plus modeste et plus jeune que les autres; c'est un parfait honnête homme, et il a bien sa valeur dans la science. Il n'est pas le premier venu, nous ne l'avons pas raccolé à défaut d'autre; et comme ni M. l'Avocat général ni moi n'aimons les insinuations, je serai aussi clair qu'il pourra le désirer sur ce point. Il y a longtemps que M. Hébert s'est occupé de cette affaire, parce qu'il a une situation que chacun connaît. Il est médecin : c'est un titre seulement; mais il est pharmacien en chef de l'hospice de la Clinique, qui est l'hôpital de l'École de médecine. Je crois que cette place ne se donne qu'au concours. Enfin, c'est un pharmacien savant; on ne se débarrassera pas de lui en disant : « Votre pharmacien! » Il y a des pharmaciens qui ont fait faire de très-grands pas à la science. J'ajoute, car enfin on l'a fait si petit, que je demande la permission, non pas de le relever beaucoup, mais de rappeler ses titres, il est vice-président de l'Association polytechnique, que tout le monde savant connaît; il y a, à Paris, une Société des pharmaciens dont il est le secrétaire. J'avoue qu'il ne parle pas à l'audience aussi bien que M. Tardieu; il n'a pas ce talent de dire en un mot beaucoup de choses, et d'atteindre rudement son contradicteur avec une parole qui paraît charmante et mielleuse. Mais quant à dire que c'est un homme arrivant ici pour apporter un témoignage presque concerté, ah! M. l'Avocat général, lui, si honnête, peut-il faire un pareil reproche à un galant homme qui a prêté serment, qui peut se tromper, mais qui, comme les autres, se trompe de bonne foi?

Voilà ce que j'avais à dire sur mon savant. Qu'il me soit permis d'ajouter ceci : Je ne crois pas autant que M. l'Avocat général que M. Hébert soit resté sur le carreau. Non! il l'a combattu; il a pu ne pas être le plus brillant; mais nous allons voir dans la discussion s'il a complétement tort, et cela nous suffira.

Voyons donc un peu, Messieurs, les constatations médicales. Il y en a plusieurs. Une a été exclusivement faite par M. le docteur Tardieu; l'autre a été faite par M. Tardieu et M. Roussin. M. Tardieu a pratiqué l'autopsie; il n'a trouvé dans le corps aucune altération, pas plus dans le cœur que dans les autres organes; il a fait ensuite, avec M. Roussin, des expériences chimiques et des expériences physiologiques sur des animaux; j'y reviendrai tout à l'heure.

Quelle conséquence peut-on tirer de ce que le corps de Mme de Pauw ne portait aucune trace de lésion? Pouvait-on reconnaître les causes de sa mort? M. Tardieu a été obligé d'avouer lui-même qu'il ne pouvait tirer de cet examen aucune espèce de conséquence. Fait en lui-même, isolé de ce qui précède, isolé de ce qui suit, il n'aurait eu aucune importance médicale. Je vous rappelle la question que je lui ai posée; je lui ai dit : « Quand on fait une autopsie et qu'elle ne vous apprend pas les causes de la mort, faut-il conclure à un crime et à un empoisonnement?» Le savant docteur a répondu négativement; je supplie MM. les Jurés de ne pas l'oublier.

J'ai de gros livres de médecine dont je vous épargne la lecture; la science nous apprend que les médecins sont souvent impuissants à trouver dans le corps des lésions qui puissent expliquer la mort, quoique cependant la mort ait eu une cause naturelle. J'ajoute que ces constatations sont infiniment plus nombreuses chez les femmes enceintes que chez celles qui ne le sont pas.

J'ai le livre et des observations d'un homme éminent, à jamais regrettable, Chomel, qui prouve par des exemples que la mort arrive quelquefois sans laisser de traces intérieures, quoiqu'elle soit naturelle.

Si donc nous n'avons pas, dans les expertises qui vont suivre, quelque chose qui puisse expliquer l'absence de désordres, la conclusion première tirée par M. Tardieu ne devra pas vous arrêter.

Mais les Experts ont fait des expériences et ils ont conclu. Dans cette affaire, messieurs les Jurés, les Experts ont agi comme des savants, et en même temps, qu'ils me permettent de le dire, presque comme des Avocats généraux. Ils ne s'en cachent pas, d'ailleurs. D'ordinaire, l'expertise doit être ceci : Vous donnez à un médecin un cadavre; il l'ouvre, l'examine et vous indique les résultats qu'il a obtenus. Vous lui donnez une matière qui doit être soumise à des expériences chimiques; il fait ses expériences et arrive à des résultats qu'il vous fait connaître. Ici, les Experts ont bien procédé sur un cadavre; ils ont bien fait des expériences chimiques, mais, ils l'avouent, c'est dans l'instruction écrite qu'ils ont trouvé le complément de leur conviction. Cela est si vrai, que leur expertise se termine comme un acte d'accusation. J'y lis en effet ceci :

« Nous laisserions notre tâche incomplète si, après avoir recherché la présence du poison dans les déjections de la dame de Pauw et dans les organes extraits de son cadavre, nous ne poursuivions l'étude des phénomènes de l'empoisonnement dans les symptômes que cette dame a éprouvés et dans les lésions que l'autopsie a révélées. »

. . . .

« De nombreux témoignages recueillis dans l'instruction, la correspondance de la veuve de Pauw elle-même, les consultations et ordonnances qui lui ont été délivrées par certains médecins, nous fournissent sur ces différents points les plus précieux renseignements, et nous donnent le moyen de conclure en parfaite connaissance de cause. »

Si bien que, pour arriver à leurs conclusions, ils ne se bornent pas à dire qu'ils sont médecins, ils prennent l'instruction, ils lisent les lettres, examinent la simulation de maladie prétendue, lisent les dépositions des témoins, enfin toute l'instruction, et c'est avec ces éléments, qui ne sont plus de la science, qu'ils arrivent à formuler leurs conclusions.

J'en demande pardon aux Experts, mais c'est là l'œuvre du Ministère public qui s'en acquitte bien. Jusque-là, on avait cru que l'expert était un homme de science, qui ne connaissait rien en dehors de la science, que les témoignages ne lui appartenaient pas, qu'il n'avait pas à apprécier les correspondances, qu'il avait à voir le cadavre, à faire ses expériences chimiques; qu'en dehors de cela, il n'était plus compétent. S'il lui faut, pour arriver à des conclusions certaines, tous les éléments du débat dont vous êtes juges, permettez-moi de le dire, ce ne sera plus un expert, mais un juré qui prononcera avant vous, et je le dis bien respectueusement : c'est la première fois que j'ai vu des Experts prononcer en Jurés sur des faits qui ne leur sont pas d'ailleurs complètement connus. Voici pourquoi : c'est parce que le débat oral a une certaine importance dans les affaires criminelles. Les dépositions des témoins peuvent se modifier, les explications de l'audience sont de nature à changer la physionomie des affaires. Telle lettre incompréhensible y reçoit sa véritable signification. J'ai le droit de m'étonner et de dire que ces conclusions étaient si difficiles, que les savants et honorables Experts ont été embarrassés et n'ont pas trouvé dans leur science seule la possibilité d'une conviction certaine; ils n'ont pas fait uniquement de la science, ils ont fait de la discussion. Leur Rapport porte avec lui-même, par ce que j'en ai fait connaître, la preuve de la difficulté de cette affaire.

Mais enfin ils ont conclu. Je vous demande la permission de formuler très-nettement leurs conclusions; vous les connaissez déjà, mais il faut les remettre sous vos yeux.

Les Experts disent : « Nous affirmons d'une manière certaine que Mme de Pauw est morte empoisonnée, et nous disons qu'il est extrêmement probable qu'elle est morte empoisonnée par la digitaline. » Je soutiens, moi, que les conclusions des Experts sur l'une et l'autre proposition ne sont pas justifiées; qu'il n'est pas plus prouvé que Mme de Pauw soit morte empoisonnée, qu'il n'est prouvé qu'elle soit morte empoisonnée par la digitaline. Remarquez-le bien; je ne m'arrête pas à l'hypothèse prévue par M. l'Avocat général, qui pensait que la défense dirait : « Sans doute Mme de Pauw est morte empoisonnée; mais qui vous prouve que La Pommerais l'a empoisonnée?» Je pourrais lui répondre qu'il n'établit pas que La Pommerais ait pu apporter le poison; je pourrais éloigner cette charge, mais je ne veux pas me borner à cela. Je crois parvenir plus sûrement à mon but en disant aux Jurés : « Les Experts n'arrivent pas avec la preuve d'un empoisonnement. » Voyons en effet leurs constatations.

Dans le cadavre, pas une lésion indiquant l'empoisonnement; dans les organes extraits du cadavre et soumis à l'analyse, rien ! pas de poison minéral ! Et, ils le déclarent eux-mêmes, on ne peut retrouver un poison végétal.

Ils ont fait sur un chien avec l'extrait provenant des organes de Mme de Pauw une expérience : le chien n'est pas mort, cela est incontestable. L'un de vous, Messieurs les Jurés, a demandé pourquoi l'expérience n'avait pas été renouvelée : je n'en sais rien ! elle n'a pas été renouvelée. La matière ne manquait pourtant pas, et la vie des chiens, quoique très-précieuse, ne mérite pas le même respect que l'innocence d'un homme. L'expérience n'a pas été renouvelée. Ce qui était cette femme, son estomac, ses intestins traités comme vous voudrez, l'extrait en provenant a été donné à un chien, et l'animal n'est pas mort. Il a été malade, soit ; a-t-il été empoisonné? Qui pourrait le dire? Puisqu'il n'est pas mort, on n'en a pas fait l'autopsie ; on n'a pas constaté dans l'intérieur l'état de son cœur, de ses poumons et de toutes les autres parties de son être.

— Il a eu des vomissements. — Je le crois bien ! On lui a fait prendre de l'extrait de cadavre, et la mort remontait à quinze jours! Il y avait bien là une putréfaction incontestable et qui pouvait bien suffire à donner des nausées à un chien. Nous sommes d'ailleurs ici tous d'accord sur un point : c'est que, quand on ingère dans l'estomac quelque chose de gâté, en putréfaction, il peut ne pas en résulter d'accidents, car l'estomac est un organe assez vigoureux pour se défendre contre certaines putréfactions. Mais si vous faites une incision à la cuisse d'un animal, et si vous y insérez l'extrait d'une chose putréfiée, il va en résulter des ravages et peut-être la mort. Or, c'est ainsi que le chien a été traité. On ne lui a pas fait avaler l'extrait provenant du corps de Mme de Pauw; on le lui a mis sur la cuisse. Cela peut être le poison, ou la putréfaction; vous n'en savez rien. On vous dit que le lendemain il avait un excellent appétit et ne se sentait plus malade. Cela ne prouve donc pas.

C'est à l'occasion de ces explications que ce pauvre M. Hébert a été si maltraité. Lorsqu'il voulait indiquer les différences qui existent entre une alimentation mauvaise, un produit putride dans l'estomac et des piqûres qui peuvent être faites sur un membre, il vous racontait ce fait, que des chevaux étaient morts de la morve à l'Ecole d'Alfort, que tous les paysans du voisinage en avaient mangé et n'avaient pas été malades. De là, grand tumulte; il a calomnié l'Ecole d'Alfort; elle est incapable de nourrir ainsi ses voisins! Je le crois bien! jamais pareille monstruosité ne se serait vue. Elle s'est vue cependant, mais dans les mauvais temps! Quand on a d'excellent bœuf, on ne prend pas des chevaux avariés; mais quand on n'a pas de bœuf, on mange ce qu'on trouve. Les armées alliées, il est vrai que nous n'étions pas obligés de bien les nourrir (Hilarité), qui avaient à leur suite beaucoup de chevaux malades, les mangeaient faute de mieux, et l'Ecole d'Alfort a fait abattre, en 1814, à Saint-Germain, deux ou trois cents chevaux, malades de la morve ou du farcin, que les habitants ont mangés.

C'est M. Tardieu qui va nous l'apprendre, dans son *Dictionnaire d'hygiène publique et de salubrité*, 1er vol., p. 427 :

« Il ne paraît pas que les corps des chevaux malades possèdent des qualités différentes de celles de chevaux sains. Vers la même époque, trois cents chevaux de l'armée, affectés de morve, furent amenés à Saint-Germain, près Paris, et abattus; ils servirent pendant plusieurs jours à la nourriture des pauvres de la ville, sans que ceux-ci en éprouvassent aucune indisposition. La même chose arriva, quelques années après, dans le bois de Vincennes, où les professeurs de l'Ecole d'Alfort firent conduire et abattre un grand nombre de chevaux attaqués de la morve ou du farcin. Les habitants des villages voisins les mangeaient tous à mesure qu'ils y étaient conduits : aucune maladie ne s'est déclarée parmi eux. »

Disons simplement que cela se passait en 1814. M. Tardieu n'est pas le seul à le dire : M. le docteur Lévy, homme considérable, en dit autant. J'ai lu M. Tardieu; c'était plus court et plus direct au procès. (*Nouvelle hilarité*.)

Il faut donc reconnaître que l'erreur de M. Hébert n'était pas si énorme, et pourtant il a indigné l'Ecole tout entière, et des gens sérieux me disaient : « Vous avez fait appeler un homme qu'on dit savant : comment a-t-il pu déclarer qu'on eût donné des chevaux malades aux habitants du voisinage? » J'ai répondu : « Il l'a dit, parce que cela était; parce que, quand on n'a pas de bonne viande, on mange ce qu'on a. Il l'a dit sur la foi de M. Tardieu. »

M. l'Avocat général semblait prétendre que nous avions couru Paris cherchant des consultations qu'on nous avait refusées. Il ne peut le savoir. Un médecin qui refuserait sa consultation, et qui le dirait, commettrait une indigne action, aussi bien qu'un avocat auquel on voudrait donner une défense, et qui, ne la croyant pas bonne, ne voudrait pas s'en charger et le dirait. Ce n'est là qu'une supposition de M. l'Avocat général. Je veux dire la vérité.

M. Hébert nous avait désigné un savant, un homme considérable : il mariait sa fille, et a répondu qu'il avait des occupations. Un autre, j'ai sa lettre, c'est le seul que j'aie vu, a répondu que le temps lui manquait, et, comme j'ai causé avec lui, laissez-moi vous le dire, si le temps ne lui eût pas manqué, M. Hébert ne serait pas seul.

Mais que nous font toutes ces choses? Est-ce qu'elles font avancer le débat d'un pas?

Après la digression à laquelle je viens de me livrer pour couvrir M. Hébert, qui n'a plus à sa charge le fait des chevaux morveux d'Alfort, je continue ma discussion. Les Experts doivent prouver que Mme de Pauw a été morte empoisonnée. Or l'état du corps ne le prouvait pas; les expériences faites avec l'extrait obtenu au moyen des organes tirés du corps ne le prouvent pas davantage. Où donc est la preuve?

Si le chien était malade, il a pu l'être par suite de la putridité. J'ai des volumes des expériences faites à la Charité indiquant les dangers de cette putridité des cadavres; n'en parlons plus. Arrivons à la seule expérience concluante pour MM. les Experts. Il ne s'agit plus de l'extrait des organes, il s'agit de ce qui a pu être pris sur le parquet que voilà.

Qu'est-ce que ce parquet? C'est un vieux parquet, venant d'une vieille maison. La pièce qu'il recouvrait servait d'atelier à Mme de Pauw. Avant il y avait eu un photographe, et un photographe amateur; or un amateur est, de sa nature, plus aventureux qu'un homme qui exerce son métier. Les photographes manient beaucoup de substances : un photographe amateur a dû en répandre plus qu'un autre. On l'a recherché; si on l'eût trouvé, on lui aurait demandé quelles expériences il avait faites; on ne l'a pas découvert.

Mme de Pauw était peintre; elle broyait des couleurs; les couleurs contiennent toutes sortes d'ingrédients. Ces couleurs ont pu tomber à terre. Enfin, avant Mme de Pauw, avant le photographe, qui habitait là? Nous n'en savons rien. Ce parquet que vous voyez, combien peut-il avoir? Quarante ans, cinquante ans? Qu'a-t-on jeté dessus? Avec quoi l'a-t-on soigné? Est-ce avec de la cire, est-ce avec ces compositions nouvelles qui, sous prétexte d'embellir les appartements, les rendent quelquefois beaucoup plus sales? Vous n'en savez rien, ni moi non plus.

Voyons comment on raisonne dans cette affaire énorme où, n'y eût-il qu'un cheveu pour soutenir cet homme, il serait impossible de le couper. Voilà un parquet, on ne sait d'où il vient; on ne sait qui a habité l'appartement, on ne sait ce qui s'y est fait. Toutes les hypothèses sont permises; toutes sont acceptables. C'est le droit de la défense; elle ne s'arrête jamais, son imagination peut aller partout si vous n'avez pas de preuves certaines pour l'arrêter. On dit à cet homme : « Voilà un parquet dont vous allez répondre, et selon qu'il contiendra ou qu'il ne contiendra pas de poison, vous serez déclaré empoisonneur ou innocent. » J'avoue que je frémis quand j'entends de semblables choses.

MM. les Experts ont agi comme hommes de conscience, je n'en doute pas; mais peuvent-ils parler de ce qu'ils ignorent? Peuvent-ils dire qu'un autre que Mme de Pauw n'a pas laissé tomber là du poison ou d'autres choses malfaisantes? Ils n'en savent rien.

Ils arrivent dans l'appartement; cette femme est morte depuis quinze jours. Ils râclent devant le lit, ils analysent les râclures, et nous disent : « Mme de Pauw est morte empoisonnée, et c'est probablement avec de la digitaline. »

Laissez-moi vous le dire, il n'y a pas là quelque chose de suffisant; nous en sommes heureux, car la science peut amener à des résultats bien déplorables. Nous ne voulons accepter que des données certaines. Voyez ce parquet sur lequel nous sommes, supposez que quelqu'un, quand on va démolir cette salle, en achète les planches, qu'il en fasse parqueter un mauvais cabinet de mansarde; il y a sur ce parquet tous les poisons de l'univers; tous les criminels ont passé sur ces bancs; tous les produits possibles ont pu tomber à terre. Il peut arriver un jour, c'est une hypothèse comme une autre, qu'on fasse sur ce parquet le même travail qui a été fait sur le parquet de Mme de Pauw. — Supposez encore que le logement de Mme de Pauw ait été habité par un chimiste ou bien par un élève en pharmacie; car nous sommes dans le quartier des écoles; il a un petit loyer à payer, il est mieux là haut; il travaille et fait des expériences avec des matières que ses professeurs ou ses amis lui ont données; quelques gouttes tombent par terre; on grattera le parquet : c'est la mort! Est-ce possible? La Justice peut-elle se contenter de pareilles raisons? Pouvons-nous marcher au milieu d'incertitudes pareilles? Tout ne doit-il pas être certain?

Vous devez établir que les matières du parquet proviennent de Mme de Pauw et ne peuvent provenir que d'elle. Vous me direz : c'est probable! — Que m'importent les probabilités! Toutes les probabilités ne font pas que vous ayez une preuve dans cette affaire. Vous ne l'avez pas; vous avez un parquet qui peut se composer de je ne sais quoi, qui peut porter des empreintes que je ne connais pas, ayant pu donner la mort. Elles peuvent venir de tout autre que de Mme de Pauw : cela suffit. Vous ne pouvez donc répondre de ce parquet; il faudrait autre chose.

Il ne s'agit pas des Experts; ils garantissent la vérité de leurs expériences et vous pouvez les croire. L'extrait du parquet a empoisonné un chien; je le veux bien; mais ils ne disent pas, ils ne peuvent pas dire que cet extrait du parquet provenait inévitablement de Mme de Pauw; ils le croient, ils le supposent, mais ils ne peuvent l'affirmer. Où donc est la preuve? Où donc est la certitude? Où donc est la démonstration invincible? C'est là ce qui nous profite! Il ne suffit pas de dire à cet homme qu'il a fait des assurances; il ne suffit pas de lui dire qu'il avait intérêt à la mort de Mme de Pauw; il ne suffit pas de le montrer au début de sa vie dans une situation difficile; il ne suffirait pas de dire qu'il était vaniteux, égoïste. Il faut établir que le parquet à l'aide duquel on a tué un chien, ne pouvait contenir que du poison venant de Mme de Pauw. Vous ne savez pas ce qu'est ce parquet; vous ignorez qui a habité l'appartement; vous ne pouvez répondre.

Mais au moins vous établirez que le chien a été empoisonné par l'extrait du parquet et que le poison était de la digitaline. Si vous faites cette seconde preuve, vous vous rapprocherez davantage de la culpabilité; mais la distance est encore grande. Comme l'accusé a eu de la digitaline en sa possession, la vraisemblance sera que celle trouvée dans le parquet peut provenir de Mme de Pauw à laquelle il l'aurait donnée.

Eh bien! sur cette seconde partie, les Experts n'osent pas conclure. Ils arrivent bien à une probabilité extrême, mais non à une certitude. Laissez-moi ajouter qu'après avoir entendu les savants professeurs qui sont venus hier, M. Claude Bernard, M. Bouley, M. Reynal, je dis que la probabilité existe pour nous; on s'est arrêté à la digitaline, parce que l'accusé en a acheté une quantité considérable. Mais M. l'Avocat général a dit une chose très-vraie : il en a trop acheté pour avoir pu s'en servir. Evidemment, il se l'est procurée pour toute autre chose qu'un empoisonnement. Il n'a pu donner à Mme de Pauw les deux ou trois grammes qui manquent. Les explications qu'il fournit peuvent être acceptées; il est certain que ses correspondants de province lui en demandaient; qu'au moment de son arrestation, les paquets étaient préparés pour la province, et que son beau-frère les a pris. Voulez-vous que cela ne soit pas? Mais il n'a pu donner deux ou trois grammes de digitaline à Mme de Pauw; deux ou trois centigrammes suffiraient. Le reste a dû servir à des expériences. Ce fait, qu'il y a eu empoisonnement par la digitaline parce qu'une quantité considérable de cette substance manque, ce fait, vous ne le reliendrez pas; il ne peut avoir d'importance.

Suivons la discussion. Je dis que les expériences des Experts, comparées aux renseignements qui nous ont été donnés hier par les savants, ne nous permettent pas de croire à la probabilité qu'il s'agit de digitaline. En effet, il y avait eu, entre MM. Tardieu, Hébert et Roussin, vendredi soir, une discussion qui, je le reconnais loyalement, a perdu de sa valeur à l'audience de samedi. M. Hébert disait que l'empoisonnement par la digitaline relâchait le cœur, tandis que M. Tardieu avait trouvé, après deux heures, le cœur du chien contracté et rigide. M. Hébert soutenait que l'effet de la digitaline était d'accélérer les mouvements du cœur; MM. Tardieu et Roussin disaient au contraire qu'elle les ralentissait. Il y avait, Messieurs, de la vérité dans tout ce qui était dit par les uns et les autres; il s'agissait seulement du moment auquel chacun des phénomènes était observé. Il est certain que l'effet de la digitaline est de relâcher le cœur aussitôt après la mort; il est certain que, quelque temps après, le cœur se contracte et devient rigide; il est certain que l'effet de la digitaline est d'abord d'accélérer les mouvements du cœur, puis le ralentissement arrive. Un peu plus tard, une accélération nouvelle se produit; enfin le cœur bat moins vite, il finit par ne plus battre, et il s'évanouit.

Or il y a un chien qui a été l'objet des expériences. Il ne faut parler que du chien et non du lapin; je vais dire pourquoi je dégage le lapin; c'est qu'il est mort trop tôt, ayant reçu une trop petite quantité d'extrait; il est incontestable, et ce n'est pas contesté, que le lapin est, de tous les animaux, un des moins sensibles à la digitaline. Eh bien! on lui a donné deux grammes de l'extrait, tandis que le chien en recevait cinq grammes. Le lapin est mort en deux heures trois quarts, tandis que le chien a mis vingt-deux ou vingt-trois heures à mourir. Je sais qu'il y a des différences entre les animaux; le chien est un animal d'un ordre supérieur au lapin; mais enfin les proportions sont telles, que, j'ai le droit de le dire, ce n'est pas le lapin qui a appelé l'attention des Experts. L'expérience, si elle a quelque valeur, doit porter uniquement sur le chien. Vous savez comment on a procédé envers lui. On lui a fait une incision à la cuisse, et on lui a inséré cinq grammes de l'extrait enlevé au parquet, puis on a observé les phénomènes qui se sont produits. Le chien est mort après vingt-trois heures; l'autopsie a été faite, vous savez ce que l'on a constaté.

Ici, permettez-moi de vous rappeler l'opinion de M. Claude Bernard, et de vous dire : l'expérience n'est pas concluante, parce que l'autopsie vient trop tard. Interrogé, comment a-t-il répondu? Il a dit : « Ce que vous me lisez, monsieur le Président, *ne contrarie pas* les expériences que j'ai faites sur l'empoisonnement par la digitaline. » « *Ne contrarie pas,* » c'est un mot qu'il a répété trois fois : je vous le recommande; c'est un savant qui parle bien aussi, et qui parlait de ses constatations sans enthousiasme. Ne pas contrarier, ce n'est pas affirmer; il ne voit rien d'impossible à ce que le chien ait été empoisonné par la digitaline. Mais ces mots : *Ne contrarie pas*, ne veulent pas dire : très-probablement. Les mots dont il s'est servi ont dans la science leur signification.

Savez-vous pourquoi M. Claude Bernard n'est pas complètement de l'avis des Experts, et pourquoi tout l'art de M. Tardieu n'a pas pu empêcher la contradiction de se produire? Voici la raison : L'autopsie a été faite beaucoup trop tard; le caractère certain de la digitaline, le meilleur de tous, c'est qu'au moment où le chien mourait, le cœur devait être relâché. Or vous n'avez ouvert l'animal que deux heures trois quarts après sa mort, et M. Claude Bernard d'ajouter : « Un quart d'heure après la mort, le cœur du chien devient rigide. » Aussitôt M. Tardieu reconnaît que contraction et rigidité sont la même chose dans l'expérience en question. — Ainsi, il vous manque cet élément capital. La digitaline est un poison qui produit cet effet de relâcher le cœur au moment de la mort, et il dure peu. On ne l'a pas cherché! Les Experts ne cherchaient pas spécialement la digitaline, disent-ils. Que m'importe! Ils concluent à la probabilité; elle ne pouvait résulter que d'une autopsie faite en temps utile. Ils ont fait l'autopsie trop tard; la rigidité devait être arrivée alors, et si leur expérience n'est pas contraire à celles de M. Claude Bernard, l'observation si précieuse dont je parle, ils ne l'ont pas faite, ils ne pouvaient pas la faire; leur autopsie venait trop tard!

Il y a une autre constatation, faite par M. Claude Bernard, qui n'est pas consignée dans les expériences faites sur le chien par les Experts. M. Claude Bernard vous a dit qu'aussitôt après la mort il y a un phénomène singulier : du côté gauche du cœur, le sang est rouge; du côté droit, il est noir. Cette différence de couleur ne dure pas longtemps; quelque temps après la mort de l'animal tué par la digitaline, la couleur du sang des deux côtés devient uniforme. Les Experts ont fait leur autopsie trop tard; la division en sang noir et en sang rouge n'existait plus. Si leurs constatations « ne contrarient pas », elles ne rendent pas plus probable la mort par la digitaline.

Enfin, Messieurs, sont arrivés les professeurs d'Alfort, qui vous ont dit : « Nous avons expérimenté sur des chevaux, qui appartiennent à un ordre d'animaux supérieur, et nous avons toujours opéré avec de la digitale. Nous avons trouvé sur la face externe du cœur de larges ecchymoses. » Or, vous avez l'autopsie de Mme de Pauw; il n'y a pas d'ecchymoses sur le cœur.

Il y avait une expérience à faire qui n'a point été tentée : c'était d'opérer avec de la digitaline pure sur un chien. Il fallait sacrifier un chien de plus; c'était un malheur, mais enfin ce pouvait être bien profitable à la Justice.

Voilà un extrait qui vient d'un parquet dont l'accusation ne peut répondre. Vous dites que l'extrait renferme de la digitaline pure : opérez avec cet extrait sur un animal, comparez les effets produits de cette façon avec ceux que vous obtiendriez avec de la digitaline pure. Si les résultats sont les mêmes dans les deux expériences, vous avez une concordance qui pourra vous servir. Mais les Experts se sont arrêtés; ils n'ont opéré que sur l'extrait du parquet; ils ne nous ont pas donné de points de comparaison, ils n'en ont pas. Par conséquent, si leurs expériences ne démontrent pas qu'il soit impossible qu'il se trouve de la digitaline dans l'extrait, comme le disait M. Hébert allant peut-être trop loin, ils ne peuvent pas dire que très-probablement l'extrait renferme de la digitaline.

Voilà, Messieurs, ce que les expériences et les déclarations des Experts nous ont appris; vous l'avez retenu comme moi, vous avez vu sur quel terrain tout le monde s'est placé. Eh bien ! la dernière preuve s'en va comme toutes les autres.

L'expérience sur les grenouilles est abandonnée; cette expérience a cependant sa valeur scientifique et M. Vulpian a rendu service à la science en prouvant ce qu'un savant avait nié avant lui. On avait prétendu que les grenouilles étaient insensibles à la digitaline : M. Vulpian arrive, il prouve qu'elles y sont sensibles. Nous sommes tous d'accord. L'expérience des grenouilles n'a pas, dans ce procès, une place considérable; il n'y a que celle du chien sur laquelle je me suis expliqué, que j'ai examinée avec les documents de l'expertise et dans les déclarations faites par les divers témoins. Après cet examen complet de ce qui est la cause, je me résume en quelques mots et j'aurai fini.

Messieurs, je vous avais dit : Dans cette affaire, il faut diviser; il y a des faits qui se rapportent à des assurances, à des combinaisons possibles dont je n'ai pas à répondre, qui sont imputables à Mme de Pauw autant qu'à La Pommerais; je chercherai à les expliquer, j'espère y parvenir. J'ai essayé; c'est à vous de juger si mes réponses sur ce point ont été concluantes et décisives. Mais, avais-je ajouté, ce n'est pas le procès; quand même tout cela serait vrai, vous ne pourriez pas déclarer que cet homme est un empoisonneur; vous auriez la pensée que les assurances n'étaient pas sérieuses, au point de vue moral, ce serait grave; vous auriez la certitude que les lettres ne sont pas sincères, que vous vous expliqueriez difficilement pourquoi La Pommerais les a fait écrire. Vous blâmeriez de semblables procédés, mais là n'est pas l'affaire. Elle commence à la maladie de Mme de Pauw, elle finit aux expériences des Experts. Si vous voulez mettre en regard l'accusation et la défense, voyez, Messieurs, comment se formulent, de part et d'autre, les deux systèmes que vous avez à apprécier.

L'accusation vous dit : « Mme de Pauw allait à merveille; le 16 au soir, La Pommerais est venu, il l'a empoisonnée, les vomissements ont commencé. »

La défense répond : « Elle était malade depuis longtemps : les témoins les plus chers à cette femme l'ont déclaré; les médecins ont constaté chez elle un état plus ou moins grave, et le docteur Gaudinot, qui l'a traitée depuis le mois d'octobre, vous affirme qu'elle était sérieusement malade, et que, depuis le 31 octobre surtout, et à compter du 10 novembre, le mal avait empiré. » La défense vous dit qu'au moment où la simulation prétendue, soutenue par l'accusation, va commencer, le docteur Gaudinot a reconnu le sérieux de la maladie. La sœur a eu des inquiétudes, Mme Maille en a témoigné, tous le pensent, et, sur ce point, il est démontré que l'accusation se trompe; la maladie ne date pas du 16 au soir, mais remonte à un mois auparavant.

Avec ce point de départ, vous n'êtes plus embarrassés pour rechercher la vérité; ces vomissements, inexplicables s'ils s'étaient produits comme l'a dit l'accusation, c'est attesté par les témoins, ils se sont produits déjà plusieurs fois. Mme de Pauw a vomi le 2, le 10, le 14 novembre; donc la maladie dont elle était atteinte alors était semblable à celle dont elle est morte; les symptômes desquels vous voulez faire résulter l'empoisonnement s'étaient déjà produits, avaient déjà frappé le médecin et plusieurs témoins.

Arrivant aux détails matériels, l'accusation vous faisait remarquer que le cadavre de cette femme ne portait à l'intérieur aucune lésion particulière pouvant indiquer les causes de son trépas. La défense répond, avec la science, que, si ce fait était isolé, il n'aurait nulle valeur; tous les jours, des femmes enceintes surtout, mais toutes autres personnes, peuvent succomber sans que leur mort laisse aucune trace appréciable de lésion; c'est le secret de la nature, elle a ses mystères impénétrables, c'est un livre bien profond, dans lequel on ne peut toujours lire. L'accusation, avec la science, est obligée d'avouer son impuissance sur un point; elle ne peut présenter le poison. N'est-ce pas là une chose énorme? La défense vous dit : Ce poison, vous ne le rapportez pas, parce qu'on ne peut rapporter un poison végétal. Il y en a beaucoup d'autres dont on peut produire la preuve. Probablement, la science marchant, on pourra prouver l'emploi de la digitaline comme on prouve l'emploi de l'arsenic et d'autres poisons minéraux; mais dans l'état actuel de la science, l'accusation est impuissante à vous faire toucher ce poison, à vous dire : « Le voilà ! » Le corps est dans l'état où il serait s'il n'y avait pas eu empoisonnement. L'accusation vous doit une lumière d'autant plus éclatante, que ses réquisitions sont plus terribles. Elle n'a pas de preuves, et alors, voulant suppléer à ce que vos consciences demandent, à ce besoin qu'elles ont d'être rassurées avant de rendre leur verdict, elle a eu recours à des moyens qui, même employés par les hommes les plus éminents, peuvent tromper. Elle a pris le parquet; sur ce parquet nettoyé, elle va chercher les taches qui s'y trouvent, et elle vous dira : « Ces taches viennent de Mme de Pauw. » C'est sur cela qu'elle base sa conviction ; elle ne comprend pas qu'on doit lui dire : « Rien ne prouve que ces taches viennent de Mme de Pauw. » Les expériences *chimiques* sur les animaux, ou elles ne réussirent pas, ou elles sont incomplètes, et la discussion en prouve le vice et la faiblesse.

Quoi! Messieurs, vous auriez la conviction qu'il vous faut. Quoi! dans vos consciences, il n'existerait pas un pli qui renfermerait un doute! Quoi! la vie humaine se jouerait ainsi! Mais l'erreur peut arriver de toutes parts; la science n'est que conjecturale; les constatations sont incertaines comme la science elle-même, et cependant on vous dit de ne pas hésiter! On vous dit que l'opinion vous presse, qu'elle marche derrière vous, et vous crie : « Cet homme est un empoisonneur! » Ah! si cela était vrai, c'est que l'opinion n'aurait pas vu la défense là où elle devait être placée; qu'elle confondrait tout, que, mal impressionnée de l'homme, elle jugerait la question de science avec les souvenirs que le débat lui a laissés. Mais je n'ai pas peur, je vous connais, je sais qui vous êtes, et comment vous appréciez cette affaire. J'ai vu votre recueillement, quand je parlais. Il était dû non pas à ma parole, mais aux difficultés de l'affaire elle-même. Croyez-vous que je ne lise pas sur vos figures, que je ne sois pas en communication avec vous? Est-ce qu'il y a une heure, quand je me promenais à travers les assurances, vous étiez attentifs et inquiets comme vous l'êtes maintenant?

Je sais bien qu'il y a deux parts dans cette affaire; je sais qu'il y en a une dans laquelle M. l'Avocat-général, avec son talent, pouvait à son gré lancer sur cet homme les accusations les plus graves; mais je sais aussi qu'il est une autre partie de la cause où je puis marcher plus sûrement que lui, car c'est lui qui doit en tracer la voie, car c'est lui qui doit porter le flambeau et la lumière; c'est lui qui doit lever tous les voiles. Eh bien! Monsieur l'Avocat-général, laissez-moi vous le dire, le talent est impuissant à faire un miracle; ce miracle, vous ne l'avez pas fait et vous ne le ferez pas.

Cet homme sera ce que vous voudrez; il aura fait avec Mme de Pauw une spéculation que je blâme, soit ; prouvez donc qu'il l'a empoisonnée! Vous ne le pouvez pas; vous n'avez pas produit une preuve; vous n'avez pas apporté un poison ! Vous n'avez qu'un chien, mort on ne sait comment; et c'est par la mort de ce chien que vous jugez de la mort de Mme de Pauw!

J'ai fini, Messieurs; vous dire tout ce qu'il y a d'intérêt dans cette affaire, c'est inutile. M. l'Avocat général n'a pas fait de péroraison, je veux l'imiter. Vous dire que c'est une de ces affaires dignes de vos préoccupations. A quoi bon! je vous vois, et je sais combien vos âmes sont agitées au moment où je vais finir. Vous parler de la famille de cet homme? Vous la connaissez. Vous parler des angoisses de son père et de sa mère, de ce désespoir que je ne puis calmer, de ces douleurs que je partage? Parler de sa femme, vous dire que, quand à la fin de l'audience je suis obligé d'aller la retrouver, mon cœur se brise; qu'à la vue de tant de vertu et de tant de malheur je ne sais plus trouver un mot pour témoigner à cette infortunée tout ce que j'ai de respect et de sympathie pour elle? Ce n'est pas la cause; tout cela vous vous l'êtes dit, parce que vous avez du cœur et que vous êtes des gens honnêtes; parce que vous avez une famille, parce que vous savez comment l'on s'aime, et que vous comprenez les horribles douleurs de ceux qui aiment. Mais je veux le répéter en m'asseyant : vous devez demander la preuve au Ministère public. Il s'agit d'une affaire terrible; je connais tout ce qui s'est dit au dehors de cette enceinte; je sais bien que si le public a une attitude convenable, ses sympathies ne sont pas avec moi. Eh! de tout cela il ne vous faut tenir aucun compte; vous devez juger comme si l'accusé était le plus sympathique des hommes, demander aux preuves la même valeur, la même certitude, la même puissance. Réclamez donc le poison! Il vous faut la preuve que cette femme en avait pris; il faut qu'on le trouve dans elle, il faut ne rien chercher près d'elle avant d'avoir la preuve en elle. Ce qui est hors d'elle peut venir d'elle, mais peut venir aussi d'une autre cause. Et, à moins de vouloir rendre l'accusé responsable d'un poison dont il ne peut répondre, vous devez dire à l'accusation : « Le crime n'est pas prouvé. » Charger vos consciences d'un verdict de condamnation c'est impossible !

Après cette brillante plaidoirie, qui a paru produire une vive impression sur l'auditoire, l'audience est levée.

L'audience du mardi 17 mai est ouverte à onze heures.

M. le Président. — MM. les Experts Tardieu et Roussin sont-ils présents?

L'Audiencier. — Oui, monsieur le Président.

(MM. Tardieu et Roussin se présentent devant la Cour.)

M. le Président. — Messieurs les Jurés, après les plaidoiries d'hier, et dans un intérêt de vérité, le seul qui nous occupe comme vous, nous avons cru devoir exiger de nouveau la présence des Experts, afin de leur soumettre encore une fois les objections que la défense a présentées. Dans le cas où leurs premières explications ne vous auraient pas paru suffisantes, nous avons cru nécessaire de provoquer les Experts à vous les donner de nouveau. Nous devons leur rappeler d'abord ce que la défense a prétendu.

Si nos souvenirs sont exacts, elle a dit, d'une part, que le chien qui, par l'incision qu'on lui a pratiquée, a reçu une portion de l'extrait provenant des organes de Mme de Pauw et n'a pas succombé, n'a pas été empoisonné; que si ces organes avaient contenu du poison, le chien eût succombé inévitablement; que la maladie à laquelle il a été en proie a pu provenir de la putréfaction des organes aussi bien que du poison que Mme de Pauw aurait avalé. En second lieu, quant au chien qui a succombé, la défense a prétendu que le parquet de l'atelier de Mme de Pauw qu'on avait enlevé, pouvait contenir des matières qu'un photographe, qui avait habité l'appartement trois mois avant, avait pu répandre dessus; que, même avant le photographe, on ne pouvait savoir ce qui avait pu se produire sur ce parquet; que Mme de Pauw, elle-même artiste peintre, avait pu répandre sur le parquet des couleurs et autres matières; qu'ainsi rien ne prouvait que les matières extraites du parquet continssent le poison. Enfin la défense a prétendu que l'expertise avait été incomplète; elle aurait dû sacrifier un animal avec la digitaline, afin de constater si son agonie et ce que l'autopsie aurait pu produire se rapportaient à ce qu'ils avaient observé sur le chien qui avait succombé, et en même temps sur les constatations relatives à la maladie et au décès de Mme de Pauw.

Messieurs les Experts, veuillez vous expliquer de nouveau à cet égard.

M. Tardieu. — Je résumerai très-brièvement les faits que nous avons déjà exposés et dans l'ordre que vient de rappeler M. le Président.

Nos expériences ont porté sur deux éléments principaux : l'un provenant des matières extraites du parquet, l'autre des organes retirés du cadavre. Si nous constatons dans les organes et dans les matières vomies un poison de la même nature, il y avait là pour nous une preuve sinon palpable, du moins très-positive. Nous sommes convaincus de l'avoir fournie. Nous avons donné à un chien, de la façon que nous avons dite, une portion de l'extrait alcoolique préparé avec les organes retirés du cadavre, et nous avons laissé cet animal en observation. Il a été malade, malade par le fait de cette opération ; les effets se sont produits sur lui dans la première période exactement de la même façon que sur le chien qui a succombé à l'administration de l'extrait provenant du parquet. Pendant les six premières heures, il n'y avait point de différence, à ce point que nous étions convaincus que ce chien allait mourir. Mais, de ce qu'il n'est pas mort, faut-il dire qu'il n'ait pas été empoisonné? Nous devons le répéter, et MM. les Jurés vont le comprendre, l'empoisonnement incomplet du second chien est plus probant que s'il avait succombé. Il était bien démontré, bien certain pour nous qu'il ne devait pas se retrouver, dans les organes de Mme de Pauw, du poison en aussi grande quantité que dans les matières vomies; c'est un fait que l'on ne peut nier. Une personne qui a avalé du poison vomit, c'est le premier symptôme ; et le premier vomissement entraîne forcément une partie du poison avant qu'il ne soit absorbé. C'est donc là, dans ces matières vomies, qu'il faut le chercher et qu'on doit le trouver en plus grande quantité.

Est-il possible de trouver une corrélation plus frappante entre deux faits? Avec l'extrait des matières vomies, la mort est donnée à un animal ; avec l'extrait des organes du cadavre qui n'ont pas conservé autant de poison, un empoisonnement incomplet, mais de la même nature que le premier, se produit. L'observation sur le second chien nous a fait voir une maladie très-sérieuse. Les battements du cœur sont descendus à 55, de 104 qu'ils étaient au commencement de l'opération. Ces effets sont complètement en rapport avec ceux de la digitaline; nous avions là une corrélation très-exacte.

M. le Président nous a rappelé une objection qui, d'abord, paraît très-spécieuse : « Pourquoi n'avez-vous pas complété vos observations en empoisonnant un chien avec de la digitaline pure, et en la lui faisant avaler dans des conditions identiques à celles où s'est trouvée Mme de Pauw? » C'est parce que, de quelque façon que nous nous y prissions, nous ne pouvions faire que le chien se comportât comme un être humain. Voulez-vous que je vous dise pourquoi? Je l'ai déjà dit, mais je ne me suis peut-être pas bien fait comprendre. Il y a des raisons capitales, décisives, qui font qu'aujourd'hui ces expérimentations n'apporteraient aucune preuve nouvelle.

D'abord, notre conviction était faite; elle subsiste toute entière; mais une raison déterminante est celle-ci ; ce n'est pas une question de sentimentalisme; on vous a dit que nous n'avions pas voulu sacrifier un animal de plus, ce n'est pas sérieux; notre raison déterminante est celle-ci : Si vous donnez à un chien de la digitaline par la gueule, immédiatement cette substance sera vomie, et alors, si l'on veut faire une expérimentation sérieuse, il faudra, comme tous les auteurs qui ont étudié les effets des poisons sur les chiens, recourir à une opération préliminaire, qui consiste à lier l'œsophage du chien aussitôt le poison administré. C'est ce qu'Orfila a fait dans ses expériences, et on le lui a reproché. On administre le poison à l'intérieur et on lie l'œsophage, c'est-à-dire le conduit de la gueule à l'estomac. Alors l'animal ne vomit pas. Mais cette opération a été très-vivement attaquée dans une savante discussion qui a eu lieu à l'Académie de médecine, il y a plusieurs années. M. Bouley y a pris une part très-décisive. L'opération a été formellement condamnée ; abstraction faite de tout poison administré, la ligature de l'œsophage peut faire mourir le chien. Elle est donc frappée de nullité et ne signifie rien. Je ne suis pas devin ; mais je certifie que si nous avions fait cela, on nous eût dit : « Votre animal n'est pas mort de ce que vous lui avez donné, il est mort de la ligature de l'œsophage ; car voici, dans le *Bulletin de l'Académie,* tel fait relatif à cette opération ; » et nous n'aurions rien pu répondre.

En médecine légale, il faut des résultats francs, nets, qui ne soient compliqués d'aucune circonstance accessoire. Administrer la digitaline pure à un chien, c'était nous exposer à ce que le poison fût rejeté de suite, sans avoir produit autre chose que des vomissements ; c'était une expérience nulle. Ou bien il fallait opérer en liant l'œsophage, et nous ne nous trouvions plus dans des circonstances analogues à celles d'une personne empoisonnée. L'opération compliquait les résultats. Nous avions donc des raisons sérieuses de ne pas agir ainsi.

Je n'admets pas que nous n'ayons pas fait d'expérience comparative. L'opération sur les grenouilles est comparative. Les lésions les plus graves laissent cet animal insensible ; il peut sauter, même quand son cœur ne bat plus ; c'est une propriété qu'il doit à sa nature propre. Nous avons fait sur des grenouilles l'expérience comparative avec l'extrait provenant des matières vomies et avec la digitaline pure. Nous sommes arrivés, en les plaçant en regard, à une concordance parfaite qui nous a permis de conclure à la probabilité de l'empoisonnement par la digitaline. Nous avons fait la comparaison dans les seules limites où il était possible de la faire.

On insiste, et l'on dit : « Les matières retirées du cadavre ne contenaient pas assez de poison, elles n'en contenaient même pas ; le résultat obtenu est insignifiant. »

J'ai dit que le chien avait été malade, qu'il avait été très sérieusement malade. On s'obstine à attribuer cette maladie à la putréfaction. Non, encore une fois, non ! Ce n'est pas une matière putride qui eût pu produire de semblables résultats. D'abord, ce ne sont pas les mêmes effets ; tout le monde connaît les fièvres putrides ; elles ne tuent pas les animaux de la même manière ; les battements du cœur ne descendent pas de cent à cinquante-cinq. Après la mort, lorsqu'elle survient, il y a une diffluence complète du sang, il est liquide ; un grand médecin du siècle dernier, Huxham, a caractérisé les fièvres putrides par la dissolution du sang. Ici, rien de pareil. Mais pourquoi discuter sur des faits qui ne se sont pas produits et qui ne pouvaient se produire ? Il n'y avait pas de matières putrides, M. Roussin l'a démontré. Aucun chimiste ne peut prétendre qu'elles eussent résisté à l'action de l'alcool à 95°.

Mais il y a une question encore bien plus grave : c'est la production par la putréfaction d'un poison soluble. C'est un fait indiqué par M. Réveil, professeur agrégé à la Faculté de médecine, très-apprécié par la Justice, qui lui confie des expertises. Dans un Mémoire non encore publié et qui a été adressé par lui à l'Académie de médecine, travail dont j'ai remis les conclusions à M. l'Avocat général, il dit ceci : « que des expériences nombreuses lui ont démontré « que, dans le travail de la putréfaction, aucune « matière toxique soluble par un véhicule quelcon- « que ne se produisait. » Je ne parle pas des gaz putrides ou des ferments, mais je parle d'une substance qu'on pourra enlever au moyen des réactifs et donner à quelqu'un. Dans le cas particulier, on admettra ce que l'on voudra, excepté que les accidents qui se sont produits chez le chien soient les résultats d'une matière putride qu'on lui aurait donnée.

En me résumant une dernière fois, je le répète, la maladie de Mme de Pauw a eu un caractère de soudaineté, de violence : vomissements répétés, affaissement avec affaiblissement graduel des battements du cœur, mal de tête ; caractères de l'empoisonnement par la digitaline qui sont incompatibles avec une cause de mort naturelle.

Que l'on invoque la grossesse ou une cause quelconque, quand une femme enceinte meurt, ce n'est presque jamais au commencement de la grossesse, c'est le plus souvent à la fin, et c'est toujours une mort subite. Mme de Pauw est morte d'une certaine façon, avec des vomissements répétés, avec des phénomènes qu'on a constatés et qui nous ont autorisés à conclure à l'empoisonnement.

M. le Président. — Le chien qui n'a pas succombé a-t-il été assez gravement malade pour vous faire craindre qu'il ne succombât, et pour vous donner la conviction la plus complète qu'il avait été empoisonné ?

M. Tardieu. — Personnellement, j'ai cru qu'il mourrait ; je ne suis pas resté vingt-quatre heures dans le laboratoire de M. Roussin, je revenais toutes les heures ou toutes les deux heures. Quand les battements du cœur ont été à 55, j'ai dit : « Il mourra. » Mais le lendemain matin ils étaient à 70, puis ils sont remontés à 100 ; le chien s'est remis graduellement.

Un Juré. — Vous n'avez pas parlé du parquet.

M. Tardieu. — Je croyais m'être parfaitement expliqué. Nous avons fait remarquer comment toute confusion de notre part était absolument impossible entre l'extrait des vomissements et des matières étrangères provenant on ne sait d'où. Que l'appartement ait été occupé par un photographe, par un fabricant de produits chimiques, n'importe par qui, nous aurions toujours eu affaire à une substance facile à retrouver. On a parlé de couleurs ; Mme de Pauw était peintre, elle avait pu répandre des couleurs sur le parquet ; parmi les couleurs des peintres, il existe de nombreux poisons. Mais ce sont des poisons minéraux, dont on retrouve la trace aisément par des expériences grossières. En écartant une à une, par l'élimination, les substances minérales que les photographes et les peintres peuvent employer, nous nous sommes trouvés en présence d'une substance que la chimie n'isole pas, mais que la physiologie fait reconnaître, et alors nous avons conclu non pas avec certitude, mais avec la plus grande probabilité.

M. le Président. — Qu'avez-vous à dire, monsieur Roussin ?

M. Roussin. — J'adhère complètement aux nouvelles observations de M. Tardieu.

M. le Président. — C'est vous-même qui avez opéré sur le parquet ?

M. Roussin. — De mes propres mains.

M. le Président. — C'est vous qui avez fait la levée du parquet ?

M. Roussin. — J'ai fait lever le parquet ; j'ai opéré le grattage moi-même. J'ai assisté moi-même à l'évaporation et à la dessiccation de l'extrait : tout a été fait par moi et devant moi.

M. le Président. — C'étaient les matières superficielles ; s'il y en avait eu quelques-unes de dangereuses en dessous, les auriez-vous atteintes?

M. Roussin. — Il suffit de regarder les planches pour voir que le grattage est tout superficiel.

M. Tardieu. — Nous n'avons gratté que la surface.

M. Roussin. — On a même de la peine, en ce moment, à distinguer les planches grattées de celles qui ne l'ont pas été.

M. le Président. — Vous n'êtes pas allé jusqu'au bois?

M. Tardieu. — Jamais, monsieur le Président. Il y avait des parties saillantes de matière, de petites concrétions ; celles-là ont été prises avec soin ; nous les avons traitées à part, pensant qu'elles devaient contenir plus de poison qu'il n'y en avait dans l'estomac. Toutes les précautions ont été prises.

M. Roussin. — On a dit que Mme de Pauw était peintre ; mais toutes les matières toxiques employées par les peintres sont de nature minérale. Or nous avons indiqué que l'extrait alcoolique O ne laissait aucun résidu à l'incinération, et c'est le propre des matières minérales de laisser un résidu dans ces conditions.

M. le Président. — Que reste-t-il aujourd'hui des organes de Mme de Pauw dont vous avez employé une partie?

M. Tardieu. — Il reste un peu plus de la moitié du tube digestif ; nous avons employé l'autre moitié et l'estomac en entier. C'est la partie qui devait contenir la plus grande quantité de poison.

M. le Président. — Pourquoi n'avez-vous pas employé ce qui reste?

M. Tardieu. — C'est une règle très-généralement suivie de laisser quelque chose pour les expériences ultérieures. S'il ne s'était pas agi de digitaline, si nous avions eu affaire à un poison minéral, nous aurions peut-être été obligés de recommencer. Il arrive, dans les expertises de cette nature, que l'opération chimique elle-même fait quelquefois perdre une partie de la substance ; il faut bien la ménager. Nous n'avons pas eu besoin de recommencer, parce que, dans ce que nous avions fait, nous avions trouvé des éléments suffisants ; je ne suis pas convaincu qu'avec tout l'intestin nous eussions produit plus chez le chien que ce qu'il a éprouvé. C'est dans la première partie de l'intestin qu'on trouve toujours la plus grande quantité du poison. Il est très-vraisemblable que si nous avions pris tout l'intestin, le chien eût peut-être été un peu plus malade, mais n'en serait pas mort. Le chien a été empoisonné, c'est toujours ce que nous avons dit, et le fait qu'il n'est pas mort n'ébranle pas le moins du monde notre conviction ; il la fortifie au contraire.

M. le Président. — Ainsi, vos expériences ont été aussi complètes que possible?

M. Tardieu. — Nous en sommes convaincus.

M. le Président. — Vous n'auriez pu faire autrement? Votre conviction est complète, profonde? Et, en ce qui concerne les organes de Mme de Pauw, en employant ce qui reste, vous n'auriez pas obtenu de résultats plus complets?

M. Tardieu. — C'est probable, très-probable, extrêmement probable.

M. le Président. — Ce qui reste de ces organes suffirait-il aujourd'hui pour retrouver le poison?

M. Tardieu. — Ce qui reste produirait moins que ce que nous avons obtenu, mais il y a eu depuis des phénomènes de décomposition ; la digitaline elle-même aura-t-elle résisté à une putréfaction aussi avancée?

M. le Président. — Ce qui reste aujourd'hui des organes de Mme de Pauw, bien que les bocaux qui les renferment soient hermétiquement fermés, est tellement décomposé, que nous avons été obligés de les faire enlever, à raison de l'odeur fétide qu'ils répandaient. Il est probable qu'en employant ce reste on n'obtiendrait pas un résultat appréciable.

M. Tardieu. — En supposant les conditions les plus favorables, on n'obtiendrait pas plus que nous n'avons obtenu.

M. le Président. — Vous avez dit que l'extrait des organes avait produit un effet plus saisissant en raison du poison qu'il contenait?

M. Tardieu. — Produisant un certain effet, cet effet avait infiniment plus de valeur.

M. le Président. — Dans ces organes il y avait moins de poison que dans les matières vomies?

M. Tardieu. — Cela se produit de même pour les poisons minéraux.

M. le Président. — La défense a-t-elle quelque question à faire?

Me *Lachaud.* — Pas une, monsieur le Président.

M. le Président. — Vous avez cependant plaidé tout le contraire de ce qui vient d'être dit?

Me *Lachaud.* — Je le plaiderai encore ; mais je n'entends pas discuter ici avec M. Tardieu. Je plaiderai, pour MM. les Jurés, sur ce qu'a dit M. Tardieu.

M. le Président. — MM. les Jurés sont chargés d'apprécier, en dernière analyse, les faits de ce grave procès. Nous leur demandons de nouveau s'ils ont quelques questions à adresser à MM. les Experts, quelques explications à leur demander ; en un mot, si leurs consciences ont besoin de quelques nouveaux documents, pour pouvoir statuer en parfaite connaissance de cause. C'est pour les mettre à même de demander toutes les explications qu'ils pourraient désirer, que nous avons fait revenir les Experts.

Un Juré. — J'aurais voulu savoir si le docteur Gaudinot a vu les vomissements qui ont eu lieu à trois reprises et qu'il a attestés.

(On appelle M. Gaudinot, qui ne répond pas.)

M. le Président. — Il est résulté de la déclaration du docteur Gaudinot qu'il n'a rien vu personnellement ; il s'en est rapporté complétement à ce que lui avait dit Mme de Pauw. Il avait cru cette femme malade, mais il n'a vu par lui-même aucun vomissement.

(A M. Tardieu.) — La défense a prétendu hier que M. Claude Bernard était en pleine contradiction avec vous, qu'il vous avait reproché notamment d'avoir fait tardivement l'autopsie du chien, ce qui ne vous avait pas permis de faire des expériences concluantes. M. Claude Bernard a été entendu, MM. les Jurés ont entendu ses explications. Ne vous a-t-il pas paru résulter de ce qu'il a dit, qu'il était en parfait accord avec vous?

M. Tardieu. — Dans le plus parfait accord, en effet ; non-seulement ici, mais en dehors de l'audience, nous sommes dans la concordance la plus positive. Quant à l'autopsie tardive, il a reconnu à l'audience qu'un animal mort d'un autre genre de mort n'eût pas présenté la rigidité du cœur ; il a dit : « Si vous aviez ouvert l'animal après un quart d'heure, c'eût été encore plus éclatant. » Cela est vrai ; mais si, après deux heures, nous l'avons trouvé dans des circonstances où nous ne l'aurions pas rencontré s'il n'y avait pas eu d'empoisonnement, il est bien probable qu'il s'agit d'un poison du cœur. Il n'y a pas eu de contradiction entre nous. Je me rappelle les paroles de M. Claude Bernard : « Ce que j'ai observé, notamment pour la digitaline, n'est nullement en contradiction avec ce que vous me faites connaître. » Il ne connaissait rien de l'affaire ; il eût manqué de prudence, s'il en eût dit davantage. Il y a un mot qui a paru en contradiction avec ce que j'avais dit. Quand je parlais des contractions du cœur, M. Claude Bernard disait : « Il y a un moment où le relâchement existe, mais presque de suite le cœur se contracte. » Quand j'ai dit contraction du cœur, il fallait dire état de contraction. Je devais une explication, que je crois avoir donnée. L'accélération des battements du cœur a été indiquée par M. Claude Bernard comme le fait primitif et passager, suivi de la diminution graduelle et persistante des battements. Sur tous les points, sa déclaration a été telle que je l'aurais signée des deux mains.

M. le Président. — MM. les Jurés sont-ils satisfaits de ces explications ? Ont-ils besoin de nouveaux renseignements de la part des Experts, pour éclairer leurs consciences ? (*Silence au banc des Jurés.*)

La parole est à M. l'Avocat général.

M. le premier Avocat général Oscar de Vallée réplique en ces termes :

Messieurs les Jurés,

Il faut que je réponde à la plaidoirie que vous avez entendue hier, et pendant laquelle, si on l'en croit, le défenseur a établi entre vous et lui une intime, une absolue communauté de sentiments et d'idées ; je l'entends s'écrier, non par orgueil, il en est incapable, mais par un artifice qui lui est familier, et que je connais dès longtemps : « Pendant que je parle, vous êtes attentifs, et devenez inquiets... ! » Attentifs, sans doute, puisque vous aviez à recueillir la défense ; mais inquiets ! et pourquoi ? Même au nom de l'accusé, n'allons pas trop loin, ne prenons pas vis-à-vis des Jurés une telle attitude ; parlons-leur, pour les éclairer, d'une manière digne d'eux, sans vouloir troubler leurs consciences, sans chercher à embarrasser ni intimider leur justice.

Il faut que, sur ce point, j'ajoute encore un mot. Personne ne comprend que aisément que moi jusqu'où peut aller la défense en matière criminelle. Je trouve à ses ardeurs, à ses entraînements, à son excessive habileté, un avantage qui m'est personnel. Plus elle s'élève, plus elle est puissante, plus elle me soulage, en diminuant la redoutable responsabilité du ministère que je remplis. Mais enfin, est-il juste, est-il bon, est-il permis de vous dire que, si vous écoutez l'accusation, « vous allez charger vos consciences d'une injustice ?» — Non, ce n'est pas là de la discussion, et les bornes de la libre défense sont reculées au-delà du respect que comporte votre justice. — On m'a reproché d'avoir, en vous parlant, invoqué l'opinion publique. — Oui, je vous ai parlé des impressions de la conscience publique, mais non pour les mettre à la place de la vérité. En cela, je suis allé beaucoup moins loin que la défense, qui vous interdit, sous peine de charger vos consciences, de déclarer l'accusé coupable. Vous avez entendu tout cela sans l'écouter, Messieurs ; des Jurés ne chargent jamais leur conscience en déclarant, en hommes probes et libres qu'ils sont, que l'accusation est justifiée et que l'accusé est coupable. Arrière donc ces vaines émotions et ces vaines formules familières à la défense ! Elles sont à peine dignes d'elle et de son talent ; elles ne conviennent ni à la sérénité ni à la liberté de la Justice.

Maintenant je rentre dans la cause. A cette place où je suis, je cherche la vérité, autant et plus que vous, sans autre intérêt que celui que vous avez vous-mêmes. Je suis libre, j'ose le dire sans crainte qu'on me démente, peut-être plus libre que le défenseur, quoique sans doute il se soit associé volontairement à l'intérêt de son client ; — mais, moi, je ne dépends que de la Loi, je ne suis que l'organe de la société. Je dirais aussi bien, et plus volontiers, non coupable que coupable ; rien ne me porte à l'accusation, rien que la vérité. Ainsi que je le disais hier, si ce débat m'avait montré l'accusé innocent, s'il m'avait seulement laissé un doute sérieux sur sa culpabilité, non pas un doute volontaire, non pas ce doute ennemi de la justice, ennemi de la société, et que la défense sème devant le Jury pour en profiter, ou obscurcir la vérité, je l'aurais proclamé tout de suite. N'ai-je pas donné une marque éclatante de ces sentiments dans cette cause même ? J'en ai été bien mal récompensé. J'avais dit, sur l'accusation relative à la mort de Mme Dubizy, non pas que l'accusé fût innocent, mais qu'il pouvait y avoir place au doute, au vrai doute, à ce doute qui protége les accusés, suivant une maxime de notre droit criminel dans laquelle je reconnais un principe d'humanité et de justice ; j'avais rappelé cette maxime au Jury, et j'en avais laissé le bénéfice à l'accusé, malgré les résistances de ma propre conviction.

Alors on m'a dit, vous l'avez entendu, que cette partie de l'accusation était une calomnie. Ah ! arrêtez ; puisque aussi bien vous m'y forcez, nous allons voir d'un mot si c'est une calomnie. Une calomnie ! Y avez-vous bien réfléchi, maître que vous êtes de toutes vos paroles ! Une calomnie portée par qui ? Par la Magistrature dans son indépendance et la liberté de ses appréciations ! Une calomnie portée par les Magistrats, qui, successivement, ont examiné les indices et les charges, et vous ont déféré à vous, messieurs les Jurés, qui êtes la plus haute expression de la Justice du pays, le jugement souverain du fait ! Ah ! que nous sommes loin d'une calomnie ! Mais si je voulais, au lieu de m'arrêter à ce doute qui peut envahir le juge, et que je ne dois écarter que pour y substituer une certitude ; si je voulais discuter, plaider pour tout dire, je ranimerais sans peine ce chef d'accusation, je montrerais les plus graves, les plus terribles présomptions de culpabilité.

Je le fais en courant, seulement pour l'honneur de cette accusation, et sans me départir de ce que j'ai dit hier. Faut-il donc répéter que l'autopsie du cadavre de Mme Dubizy a prouvé qu'elle n'était pas morte d'une maladie naturelle que les médecins pussent reconnaître ? Le défenseur se rit des autopsies, et se moque des médecins, même quand ils sont amis ; mais, permettez, vous avez professé la doctrine de l'isolement du défenseur ; plus d'une fois, vous séparant de votre client, l'écartant d'un geste, lui, ses idées, ses paroles, vous avez présenté, comme vous l'avez entendu, sa défense. A la bonne heure ; mais cet isolement n'est habile et licite que si le débat et la vérité l'autorisent.

Qu'a dit l'accusé au sujet de l'autopsie du cadavre de Mme Dubizy et sur les causes de sa mort ? L'accusé, discutant avec l'accusation, après avoir eu le temps de préparer longuement sa défense, a dit, affirmé que la mort était due à une hypertrophie du cœur, et qu'à ce titre elle était naturelle. — Il l'a dit librement, comme médecin, comme accusé, pour sa défense. Eh bien! l'autopsie lui donne un démenti formel, et quand la défense cherche d'autres hypothèses que celles de l'accusé lui-même, j'ai le droit de la ramener à l'accusé et de lui dire : L'autopsie démontre que Mme Dubizy n'est pas morte de la mort signalée par l'accusé. M. Tardieu a lu dans ce cadavre comme dans l'autre, et il affirme que les organes de l'estomac et du cœur ne révélaient aucune maladie de la nature de celle que l'accusé a mise en avant; et que la mort n'est pas naturelle. Que si, à cette seule constatation de l'autopsie, on ajoute l'effrayante analogie des symptômes qui ont précédé la mort de Mme Dubizy et de Mme de Pauw, on se sent comme envahi par la conviction. Les vomissements, la durée de la maladie, le tumulte du cœur au moment de la mort, tout cela fait frémir et pourrait entraîner l'homme à condamner, si l'homme pouvait et devait un instant se séparer du juge.

Si je voulais aussi revenir sur cette ordonnance envoyée chez le pharmacien Labainville, je ne serais pas embarrassé pour y trouver une charge importante de l'accusation. On dit qu'elle a été envoyée sans mystère, et que les empoisonneurs ne procèdent pas ainsi. — Cela dépend des circonstances de la nature des empoisonnements. — Tel que nous le connaissons maintenant, La Pommerais a très-bien pu donner cette ordonnance publiquement pour y trouver à la fois un moyen de compléter l'empoisonnement de sa belle-mère, et de se défendre ensuite. Ce qui est certain et bien grave, c'est que cette ordonnance ne s'est pas retrouvée dans la maison de Mme Dubizy, et que l'accusé est réduit à prétendre qu'il ne l'a pas exécutée, comme s'il était vraisemblable qu'une ordonnance ainsi faite n'eût dû servir à rien. Si elle n'avait servi à rien, on la retrouverait, on retrouverait la digitaline, l'hydrochlorate de morphine. On ne retrouve rien; donc ce poison a été employé. — Joignez à cela toutes les circonstances que je vous ai signalées hier : les propos de l'accusé lui-même, les cris de l'opinion, les bruits du voisinage, les paroles du docteur Loiseau, et vous verrez qu'au lieu d'être une calomnie, cette accusation est très-puissante et très-redoutable. — Elle ne s'affaiblit que devant ma conscience inquiète et désireuse d'arriver à la certitude. Elle ne s'affaiblit que devant la responsabilité du juge. Pour me résumer sur elle, je comprends que l'homme croie fermement à la culpabilité; mais je comprends aussi que le juge, interrogé, lui dise : Tais-toi, tu es convaincu, tu crois; mais pourtant il est possible que cela ne soit pas, la preuve n'est pas absolue; tais-toi! Cela, je le comprends, je l'ai dit à MM. les Jurés, et dût cette incertitude protéger un coupable, je ne le combats pas plus aujourd'hui qu'hier.

Mais à côté de ce doute légitime, qui peut sauver l'accusé malgré les plus graves présomptions, il en est un autre sur lequel la plaidoirie a compté pour arracher à la Justice un grand coupable. Mais ici c'est l'adversaire ordinaire de toutes les accusations que je rencontre, on veut introduire dans vos esprits un doute qu'aucun juge consciencieux et ferme ne saurait avouer. Si on réussissait, si la Justice était arrêtée par ces incertitudes que créent les artifices de l'esprit, qui jettent l'embarras dans la vérité, l'obscurité dans la lumière même, la société en serait réduite à ne pouvoir se défendre. Hors les cas de flagrant délit, à moins que l'homme ne soit pris au moment où il commet son crime, le doute pourra toujours naître. En matière d'empoisonnement surtout, il n'y a rien de plus facile que de dire au Jury : il y a doute ; que risquez-vous en le proclamant? Vous risquez, Messieurs, en vous prêtant ainsi à un doute que rien ne justifie et ne motive, de faire un acte d'injustice inouï et d'imprudence sociale.

Voyons si, dans l'affaire de Pauw, la grande, la véritable accusation, un doute est possible, un doute que la conscience avoue, un doute légitime, un doute honnête.

Ah! vous avez voulu isoler les assurances de l'empoisonnement, et vous m'avez reproché de les y avoir scellées. Sans doute, je l'ai fait, et si le Jury venait, par malheur, à oublier cette liaison intime, que tout démontre, qu'aucune raison libre ne peut méconnaître, c'est alors que le doute pourrait commencer; mais il n'est pas possible de désunir les assurances et l'empoisonnement. Les assurances ont été faites par l'accusé La Pommerais avec l'idée de les réaliser à son profit, d'en avoir un bénéfice, et, pour cela, il lui fallait nécessairement la mort de Mme de Pauw, la mort prompte, la mort certaine, la mort presque à jour fixe. Est-ce vrai? Faut-il donc que je vous le rappelle, que je suive de nouveau avec vous cette route douloureuse que nous avons hier parcourue ensemble?

Au mois de juin 1863, La Pommerais conçoit la pensée des assurances; il se rapproche de son ancienne maîtresse, non pour se faire payer une créance, ni pour apporter un bienfait aux enfants de celle-ci, mais pour réaliser une énorme assurance. Il établit une assurance de 550,000 fr. ; à peine les contrats sont-ils dressés, qu'il s'en fait transférer la propriété. Il semble un moment cacher sa pensée et ses desseins derrière l'acte du 20 août, contenant une cession apparente aux enfants. Mais l'acte du 31 août montre l'inanité de celui du 20. Le 2 septembre, l'accusé, dans un testament fait à sa femme, dispose de ce qu'il semble avoir cédé aux enfants, et enfin, pour plus de sûreté, il se fait faire un testament par Mme de Pauw. Il est le maître des assurances, il tient les contrats. Il n'a plus, pour en avoir le bénéfice, qu'à préparer la mort de Mme de Pauw.

Vous le voyez alors faisant simuler à cette malheureuse femme une maladie, après lui avoir persuadé qu'elle a en perspective, par le rachat des contrats, une rente viagère de 3,000 fr. Vous le voyez apprêtant son crime et mettant pour ainsi dire lui-même sa maîtresse sur le lit où il va lui donner la mort.

Enfin ce qui éclaire d'une lueur éclatante et sinistre le but qu'il se propose, c'est qu'à peine la malheureuse est-elle morte, que, armé des contrats, faisant une lettre fausse, se jetant en quelque sorte sur les Compagnies, il cherche son gain, demande son lucre, réclame son bénéfice, la réalisation de ses contrats et le profit de son crime?

Qui pourrait contredire tout cela? L'audience le proclame et l'affirme depuis huit jours; et si on interroge cette correspondance, que l'accusé a présentée comme son bouclier, elle révèle tout. On y voit naître la pensée coupable, les contrats s'y former, naître la fausse maladie, et mourir la victime, le tout caché sous des mensonges imposés par l'accusé, et dont quelques-uns ont été écrits par cette malheureuse en pleurant.

Qu'a-t-on dit contre ces vérités accumulées, que chaque instant de ces longs débats a rendu plus évidentes? La défense, je le sais bien, n'attache pas une grande importance à cette partie de la discussion ; ce n'est pas à ce moment qu'elle vous tenait « inquiets et attentifs » ; elle faisait bon marché de ce qu'elle-même disait sur tout cela. Je le crois bien ! Que pouvait-elle dire ! qu'a-t-elle dit, en effet ? Ne l'oubliez pas, je vous en conjure, elle a soutenu que l'accusé n'avait pas voulu faire des assurances sur la vie de Mme de Pauw avec l'obligation de payer des primes et avec l'idée de bénéficier des contrats d'assurances à sa mort. Cette allégation est démentie de la façon la plus absolue par tous les faits de l'accusation ; je ne comprends pas qu'on ait pu la produire devant vous. Elle est démentie par l'accusé dans tout le cours de l'instruction et jusqu'à l'audience. D'où vient-elle donc ? de l'isolement du défenseur.

Lorsque l'accusé s'est présenté à Desmidt pour faire les contrats d'assurances, il a expliqué qu'il portait le chiffre de ces contrats à 550,000 fr. Dans les actes des 20 et 31 août, il est question des primes successives qu'il serait obligé de payer chaque année ; c'est lui qui en a parlé dans son interrogatoire du 4 décembre. De plus, il a dit à Desmidt qu'il entendait alimenter les contrats d'assurances jusqu'à la mort de Mme de Pauw avec les 200,000 fr. qu'il avait gagnés à la Bourse. Il n'était donc pas question le moins du monde de ces assurances limitées dont on a parlé, et dont tout à l'heure je dirai un mot.

Voici son testament à sa femme ; il lui transmet ces contrats, au nombre de huit : « Comme il résulte de l'acte authentique passé entre Mme de Pauw et moi, que Mme de Pauw se reconnaît ma débitrice et m'a donné pleine et entière autorisation de transférer à qui bon me semblera les polices d'assurances ci-jointes, je suis heureux d'en faire bénéficier ma femme, à charge par elle de continuer *de payer les primes jusqu'à la mort de* Mme *de Pauw, sous peine de déchéance.* »

Tel est, en effet, le véritable contrat à la réalisation duquel, immédiatement après la mort de Mme de Pauw, l'accusé marche avec une ardeur de faussaire.

Aussi loin que puisse aller le système de l'isolement de l'avocat et de l'accusé qu'il défend, il n'explique pas qu'une idée qui, pour la première fois a éclaté à cette audience au banc de la défense, puisse être une idée sérieuse. D'ailleurs, l'idée n'était pas réalisable ; je vais montrer que l'accusé ne pouvait pas plus fournir 60,000 fr. qu'une somme supérieure.

Sur ce système d'assurances limitées, imaginées par le défenseur, dont il a essayé hier d'expliquer le mécanisme, vous avez entendu un homme compétent, M. Cloquemin, directeur de la *Caisse paternelle*. Il avait donné par écrit au Juge d'instruction une explication détaillée et complète qui ne laisse aucun doute sur le résultat auquel devait arriver l'accusé, si tant est qu'il eût eu la pensée de limiter l'assurance ; c'eût été un résultat négatif ; la plus grande partie de son argent eût été perdue. Voici l'explication de M. Cloquemin. A cette heure du débat où il faut que la discussion se ralentisse, et que tout soit dit dans le moins de mots possible, je ne fais que lire.

« 10 janvier 1864.

« Le sieur de La Pommerais prétend n'avoir pas eu l'intention sérieuse de faire, sur la tête de Mme de Pauw, une assurance de 550,000 fr.

« Il ne voulait, dit-il, que payer les primes pendant trois ans, pour donner au contrat une valeur qui lui permit soit d'en faire le rachat, soit d'en faire la base d'une assurance à prime unique.

« Cette explication ne supporte pas l'examen. Il suffira, pour le démontrer, de comparer le total des trois années payées par le souscripteur à la condition du rachat de la police ou de la conversion du contrat par annuités en un contrat à prime unique.

« Si le sieur de La Pommerais avait acquitté les trois premières annuités, et fût venu réclamer la résolution du contrat, quelle eût été la situation ?

« Il aurait versé trois annuités de. . . . . 18,942 fr. chacune.
« Soit. . . . . 56,826 fr.
« Il eût reçu pour la valeur du contrat, d'après nos tarifs. . . . . 23,485 fr.
« C'est-à-dire qu'*il eût perdu*. . . . . 33,341 fr.

« S'il eût demandé la conversion du contrat en un contrat à prime unique, il eût reçu, à la mort de Mme de Pauw, 9 fr. 43 c. p. 100 de la somme assurée, c'est-à-dire. . . . . 51,865 fr.

« *Perdant ainsi*. . . . . . 4,961 fr.

sur les annuités versées, indépendamment des intérêts des versements.

« Ces différences s'expliquent naturellement par les risques courus par les Compagnies d'assurances. En effet, dans l'un comme dans l'autre cas, le décès de Mme de Pauw, dans l'intervalle des trois premières années, les aurait astreintes au payement de 550,000 fr. ; il est donc juste de leur tenir compte des chances de mortalité qu'elles eussent courues et qui sont représentées par les différences signalées.

« L'explication donnée par le sieur de La Pommerais est donc tout simplement absurde. Il eût été mille fois plus avantageux pour lui de conserver le montant des trois premières annuités, et d'en faire le placement en fonds publics ou en obligations, etc.

« *Le Directeur de la Caisse paternelle,*

« CLOQUEMIN. »

Voilà l'explication du directeur de la *Paternelle*. L'hypothèse dans laquelle la défense s'est placée, en dehors de l'accusé et de la vérité des faits, est donc invraisemblable, et ne peut retenir un instant votre attention.

J'ajoute que l'accusé ne pouvait pas plus, comme je l'ai affirmé, alimenter une assurance limitée ou différée que l'assurance consécutive dont il a voulu se faire payer le bénéfice par les Compagnies.

Je tiens son livre de recettes et son livre de dépenses. Le défenseur a augmenté les recettes et diminué les dépenses. J'entends encore les calculs qu'il faisait hier. L'accusé gagnait 17,000 fr. ; sa femme avait 7 à 8,000 fr. de revenus ; il dépensait 4, 5, 6,000 fr. ; donc, il pouvait jeter 20,000 fr. pendant trois années dans ce gouffre des assurances.

D'abord, il ne gagnait pas 17,000 fr. ; MM. les Jurés verront eux-mêmes les documents ; ils sont là. Il gagnait à peine, comme je l'ai dit, 10 à 12,000 fr. Quant aux dépenses, on les a relevées et notées ; au moment où le défenseur, avec une imperturbable confiance, les portait à 6,000 fr., le Magistrat qui m'assiste en faisait le relevé. Elles montaient à 12,811 fr., et l'année n'était pas terminée. Calculez un peu et vous serez convaincus qu'il ne pouvait alimenter ni une grande ni une petite assurance.

Que m'a-t-on dit encore ? que je n'expliquais pas tout, que je n'expliquais pas les lettres du 17 novembre, mises à la poste par l'accusé au moment où commence l'agonie de la victime ; que je n'expliquais pas non plus les autres lettres dont je vous ai parlé et que vous lirez, qui forment ce dossier que l'accusé avait préparé pour sa défense.

Pourquoi il a fait écrire les lettres du 17 novembre? Elles concordent à merveille avec son crime et son système de défense. Il était si bien avisé, en les faisant écrire, que, je vous l'affirme et vous m'en croirez, ces deux lettres ont failli le sauver. Au moment où M. Gouchon a porté sa plainte au Parquet dans les termes qu'il devait employer naturellement, eu égard à la condition sociale où il est, ces deux lettres sont représentées. Il semble, en les lisant, que cette malheureuse femme a prévu sa mort, qu'elle l'a annoncée, qu'elle a adressé un dernier adieu à son vieux père et à sa sœur qu'elle aimait. Le Procureur impérial en est troublé ; le plaignant, qui est atteint de surdité, comprend mal et s'explique mal, et peu s'en est fallu que la plainte n'eût pas la suite qu'elle devait avoir.

Quant aux autres lettres, vous les lirez, s'il vous reste quelque chose à apprendre. Sur les enveloppes de chacune d'elles, il y a des notes de la main de l'accusé qui en résument le contenu. C'est, ainsi que je l'ai dit, un dossier annoté. On me dit : Rien ne prouve qu'il les ait fait écrire. Comment rien ne le prouve! Si l'accusation est là, elle est démontrée jusqu'à la dernière évidence. J'ai dit que leur état matériel, le style, les ratures prouvaient surabondamment qu'elles avaient été dictées par lui et qu'il les avait emportées. J'ai dit encore que toutes, depuis la première jusqu'à la dernière, étaient contraires à la vérité. Elles disent faussement que l'accusé n'est pas allé chez Mme de Pauw, et il est certain qu'il y est allé souvent ; elles disent qu'il l'a comblée de richesses, et il ne lui a rien donné ; elles disent qu'elle crachait le sang à pleins pots, et elle n'a pas été sérieusement malade ; elles parlent de grandes quantités de digitaline absorbées par la malade, et elle n'a pris aucun remède. Ces lettres ont été écrites sous la dictée de l'accusé ; en les examinant avec soin on en est convaincu. C'est la main soumise, asservie, de cette malheureuse qui trace les caractères, quelquefois sans les comprendre. C'est l'esprit criminel et prévoyant de l'accusé qui dicte, qui corrige, qui rature, et les lettres écrites, c'est lui qui les emporte, qui les garde, qui les donne comme sa défense, le jour même où on l'arrête. — Joignez à cela le témoignage de cette jeune fille que La Pommerais a prise pour une jeune fille équivoque, mais qui s'est élevée dans sa déposition au-dessus des plus brillants discours et des plaidoyers les plus étudiés. Sophie Huilmand, sans viser à l'éloquence, s'est trouvée éloquente. Ses paroles, son maintien, son émotion, ses réponses, tout en elle a mérité votre approbation et gagné votre confiance. Elle n'a pas démenti à l'audience ce qu'elle avait déclaré dans l'instruction, où elle s'exprimait ainsi : « Il est à ma connaissance personnelle, d'après ce que Mme de Pauw m'a dit, que six semaines au moins avant sa mort, elle a écrit, sous la dictée de M. de La Pommerais, à sa sœur et à son père, deux lettres dans lesquelles elle se représentait comme très-malade. Cela lui fit tant de mal de les écrire, qu'elle en pleurait. Elle m'a dit aussi avoir écrit à M. de La Pommerais, toujours sous sa dictée, *d'autres lettres dans lesquelles elle expliquait la marche de sa prétendue maladie.*

Félicité de Pauw, le 12, a su que sa mère écrivait sous la dictée de l'accusé, puisqu'on gardait l'écritoire dont elle avait besoin pour ses devoirs.

Ainsi, même au point de vue des témoignages, il est établi que l'accusé a dicté ces lettres. Parmi elles, s'en trouve une adressée par Mme de Pauw à sa sœur, Mme Gouchon, dans laquelle elle lui demande des secours. Elle est chez l'accusé, parce que, ainsi que M. Gouchon vous l'a dit, il n'était pas bien aise qu'elle correspondît avec sa sœur, et, quand il voyait des lettres qu'elle lui adressait, il les prenait.

Voilà ce qu'aujourd'hui j'avais à dire sur cette correspondance qui parle d'elle-même, et qui, pour un homme sérieux, est une charge accablante, à elle seule décisive.

La défense, faisant bon marché de l'honneur de l'accusé, a soutenu qu'il y avait bien eu un complot entre lui et Mme de Pauw pour tromper les Compagnies ; qu'ils avaient commis ensemble et de concert une véritable escroquerie. Il y a bien un peu de vrai dans cette observation, mais l'observation ne conclut pas et ne porte aucune atteinte à l'accusation. Mme de Pauw a cru ou n'a pas cru au succès de ce que vous appelez une escroquerie ; ses amis n'y croyaient pas ; elle s'est prêtée au complot, associée à la fraude. Faites-en un dur reproche à sa mémoire, vous qui aimez tant à dire la vérité aux morts. — Mais ce qui diminue sa faute, c'est sa misère, et, du moins, si c'est une atténuation, elle était de bonne foi dans cette mauvaise pensée, tandis que vous, vous cachiez un assassinat sous une apparente escroquerie. Elle croyait qu'elle allait tirer de la comédie que vous lui faisiez jouer un avantage injuste, dérobé à l'opulence des Compagnies, mais pendant ce temps-là vous songiez à sa mort. Il s'agissait pour elle de 3,000 fr. de rente viagère, c'est à cela qu'elle pensait en se couchant, le 12, sur le lit qui allait être un lit de mort. Jetez-lui autant que vous le voudrez le reproche d'escroquerie ; quant à moi, je n'en ai pas le courage ; car à côté de sa fausse espérance, je vous vois la préparant à mourir, la faisant passer par une illusion et par une espérance avant de la tuer.

Ainsi, c'est bien entendu, dans cette comédie, chacun avait son rôle, elle, celui de victime, et l'accusé, celui d'assassin, marchant à la conquête de 550,000 fr.

Quand Mme de Pauw a été morte, La Pommerais a agi tout à fait comme le bénéficiaire du crime. Il a écrit à toutes les Compagnies d'assurances en leur demandant de satisfaire tout de suite à leurs engagements : les lettres sont là avec les pièces à l'appui. Il y a aussi la lettre fausse attribuée à un avocat de Châteauroux, qui exigeait, dans l'intérêt des enfants, une prompte solution. — Il a même couru chez le docteur Gandinot, de l'inattention et de la faiblesse duquel il a obtenu un certificat, remis aux Compagnies, et attestant une mort naturelle.

Mais j'affirme, sans que personne puisse me contredire sérieusement, que La Pommerais ne pouvait se passer de la mort de Mme de Pauw, et qu'il lui fallait absolument cette mort, naturelle ou violente.

Oui, la mort était nécessaire aux contrats d'assurances. Il fallait qu'elle arrivât, promptement, après la première prime — on ne pouvait pas l'attendre plus longtemps. Eh bien! croyez-vous que la nature se soit complaisamment prêtée à ces calculs, à ces cruelles espérances, à ces désirs homicides? Ce serait un prodige, et ils sont rares. L'accusé aurait été à la fois le plus perspicace et le plus heureux des joueurs. — La mort aurait obéi à son intérêt et presque à son signal. La nature se serait jointe à lui, aurait tué pour lui. Elle aurait frappé cette malheureuse femme à l'heure prévue, souhaitée, nécessaire. Non, non; elle a sans doute ses secrets et ses caprices; mais elle ne se prête pas à de tels jeux, — elle est plus indépendante, plus libre, plus incertaine. On a parlé de miracle de talent essayé, mais en vain, — je n'ai jamais cherché à faire un miracle de talent, — mais ce qui serait un vrai miracle ici, ce serait la mort naturelle de Mme de Pauw, arrivée le 17 novembre, juste avant la seconde échéance, et quand déjà l'accusée ne peut plus alimenter l'assurance. Allez! mettez cette mort sur le compte de la nature, si vous l'osez encore : le bon sens, notre maître, se rira de vos efforts.

Cependant voyons, je le veux bien, si la nature a fait ce miracle, si elle s'est prêtée complaisamment aux vues de l'accusée, si elle est entrée dans ses projets, dans sa cupidité, dans son impuissance à fournir des primes, dans son ardent désir de s'enrichir au plus vite. C'est ici que la défense s'est animée, a pris l'offensive, a déclaré qu'elle allait vous rendre attentifs et inquiets. Elle a annoncé qu'elle prouverait que Mme de Pauw était allée naturellement de la maladie à la mort. — Elle s'est engagée à faire cette preuve avec le témoignage des médecins, des parents, des amis de Mme de Pauw. Mais c'était une équivoque, et, si Mme de Pauw a été souffrante, elle n'a pas été sérieusement malade.

On invoque des témoins! Voyons! Ils ont dit que Mme de Pauw était malade avant le 16 novembre 1863. Quels sont ces témoins et qu'ont-ils dit en effet?

Félicité de Pauw, sa fille aînée, a dit : « Ma mère avait des palpitations, elle souffrait parfois de l'estomac; elle exagérait son mal, mais elle était souffrante. »

Mme Gouchon? « Je l'ai vue le 9 novembre; elle avait les lèvres un peu violacées, elle souffrait; ce jour-là elle a mangé chez moi. »

Mme de Ridder? « Elle avait mauvaise mine et paraissait souffrante. »

Mme Maille? « Elle simulait une maladie; à la rigueur, on pouvait croire qu'elle était malade. »

M. Heim? Un jour à l'Institut, dans un atelier que, dans sa bienveillance, il avait prêté à cette malheureuse, elle souffrait tellement de palpitations, que sa respiration était difficile.

Le témoin Bouvard? « Elle souffrait de l'estomac, son estomac la dévorait. »

Tels sont les témoins, tels sont les témoignages.

Hier, M. Tardieu a dit au Jury ce qu'étaient ces souffrances, ces palpitations de cœur, ces maux d'estomac. Il a dit, avec beaucoup de bon sens et de vérité, que c'étaient des maux naturels chez une personne vivant malheureusement, dans les privations de toutes sortes; c'était de l'anémie, comme l'a jugé le docteur Nélaton; les palpitations remontaient à sa jeunesse et ne provenaient en rien d'une maladie organique. — On remarque cette indisposition dans les grandes villes chez un grand nombre de femmes; elle n'a rien d'inquiétant ni de grave. — Il faut aussi se souvenir, pour expliquer les malaises de Mme de Pauw, de ses souffrances d'estomac, de ses lèvres violacées, etc.; qu'elle était enceinte : mais il y a loin de tout cela à une maladie sérieuse qui bientôt amènera la mort.

Quant aux médecins qui l'ont examinée, et qui, dit-on, l'ont trouvée malade, revenons-y rapidement. Elle a paru malade à M. Gaudinot, en juin 1863, avant la chute de l'escalier, la fameuse chute. Ici le défenseur triomphe. M. Gaudinot a donné sept consultations et fait quatorze visites. — Oui, cela est vrai. M. Gaudinot a donné des consultations comme s'il avait eu affaire à une véritable malade; mais pas une des consultations n'a été suivie, pas une! Elles sont toutes là, dans le dossier formé par l'accusée. Mme de Pauw les lui remettait à mesure qu'elle les recevait. Quant au docteur Gaudinot, il a cru à ce que lui disait Mme de Pauw venant chez lui; il a cru à ses palpitations de cœur, à ses maux d'estomac, et lui a donné des consultations; mais il ne l'a jamais visitée; il avoue lui-même n'avoir jamais pénétré au fond de cette santé; il s'est contenté d'un regard superficiel. Il a cru aux paroles de la malade, il y a cru trop aisément. Il a une ou deux fois tâté le pouls, et, puisqu'on a insisté sur ce détail pour en conclure que ce médecin n'a pas été trompé et ne s'est pas trompé, je vous rappelle qu'il a déclaré ici que l'état du pouls n'avait jamais accusé une véritable maladie. Le docteur Gaudinot, avant la chute, a été un médecin imprudent, inattentif, qui donne des ordonnances au gré de la malade, sans contrôler ses énonciations, — ses plaintes. — Mais comment eût-il alors constaté chez Mme de Pauw une maladie sérieuse?

A la même époque, cette femme a été soumise à l'examen du docteur Huet, médecin des Assurances. Cette fois, elle n'est pas en face d'un médecin facile, qui croit aisément, qui se contente de peu, comme le docteur Gaudinot. Elle est en face de M. Huet, qui l'examine à un point de vue étroit et rigoureux, dans l'intérêt des Compagnies. Le docteur Huet n'a trouvé aucune maladie, aucune souffrance manifeste, aucun organe atteint, et il a conclu en disant qu'elle avait au moins pour vingt années d'existence, et que c'était, à ce titre, un excellent sujet d'assurance.

Plus tard, elle va voir le docteur Desormeaux, qui, sur ses indications, lui donne des remèdes. Pas un remède n'est employé.

Elle va voir le docteur Velpeau. Ce médecin, que vous faites parler à votre gré, entendu à cette audience, entendu dans l'instruction, a toujours déclaré qu'il n'y avait rien de grave dans l'état de la malade qui s'était présentée à lui, et que le mal dont elle se disait atteinte ne lui avait pas semblé d'une *gravité sérieuse*.

Elle a vu le docteur Nélaton, qui, si on en croyait la correspondance mensongère que vous connaissez, lui aurait dit, sans hésitation ni sans pitié, qu'elle était mourante et que son heure approchait. Vous avez entendu ce médecin éminent. Il a cru reconnaître un état dyspeptique, plutôt dans les déclarations de la malade que dans la malade elle-même; elle se plaignait de maux d'estomac; le diagnostic n'était pas difficile.

Enfin, le 12 novembre, tout près du 16, jour où la mort commence, elle est visitée par le docteur Danet, et voici ce qu'il dit : « Je me rendis chez elle entre trois et cinq heures; je la trouvai dans un petit cabinet au fond de l'atelier. Elle était couchée et se plaignait d'être malade depuis deux mois. Je dus constater qu'il y avait un embarras gastrique. Je prescrivis un vomitif avec promesse de revenir le lendemain vers deux heures. Par une circonstance indépendante de ma volonté, je ne pus me rendre au rendez-vous, me promettant d'y revenir le lendemain, quand je reçus de la dame.....

Un Juré. — Elle vomissait, disait-elle.

M. l'Avocat général. — Elle n'avait pas vomi; elle n'a commencé à vomir que le 16.

Or voici la lettre qu'elle a écrite au docteur Danet, pour compléter cette comédie concertée avec l'accusé et dans laquelle du moins elle cherchait à bien jouer son rôle.

« Monsieur Danet,

« Une de mes amies m'ayant parlé de vous, je viens vous prier de me donner vos soins. Je suis tombée, il y a deux mois, dans mon escalier d'artiste, et, depuis ce moment, je souffre beaucoup. Plus je vais en avant, et plus mes douleurs sont fortes. Je suis obligée de garder le lit, je suis d'une faiblesse extrême; je vomis tout ce que je prends, je ne dors pas. Je vous serai obligée de venir me voir demain, de trois à cinq heures.

« Venez, Monsieur, guérir ou du moins soulager une personne bien malade.

« Je vous salue,

Signé : « Veuve de PAUW

« 24, rue Bonaparte. »

Il est venu; vous savez comment elle était malade et jusqu'à quel point elle l'était.

Mais après le 24 septembre, après la chute supposée, la chute imaginaire, elle va voir de nouveau le docteur Gaudinot; elle affirme la chute, elle refuse de se laisser examiner, elle ne veut pas défaire son corset. Le médecin se contente de son affirmation; il ne regarde pas. Il croit à la perforation de l'estomac; il y a cru jusqu'au 24 novembre. Mais au moins il n'y croit plus aujourd'hui. Il a ce mérite, assez rare chez les médecins, comme chez tous les hommes d'ailleurs, de reconnaître sa longue et regrettable erreur; il convient qu'il s'est laissé tromper en juin, en septembre, en octobre, le 31 octobre, jour même où, à en croire sa consultation, Mme de Pauw était très-mal. Il était trompé, il se trompait quelques jours auparavant; il a été trompé, il s'est trompé jusqu'à la dernière heure.

On parle de vomissements, il n'y en a pas eu; de sangsues appliquées, pas une n'a été posée. On demande si le docteur Gaudinot a vu les vomissements; non-seulement il ne les a pas vus, mais qui croira que, dans ce misérable et tout petit logement, des vomissements, s'ils avaient eu lieu, n'auraient pas été vus, sinon par le médecin au moins par l'un ou par l'autre, par les enfants, par la bonne, par les voisines? On a bien vu ceux du 16, on aurait vu les autres. Si des sangsues avaient été posées, on saurait qui les a posées, quel jour, à quelle heure. — Mais non, au moment même où l'aveugle M. Gaudinot croyait sa malade mourante, aucun remède, si insignifiant qu'il fût, n'avait été employé. Elle l'a dit elle-même, parlant de ce médecin et des autres : « Ils m'ordonnent toute espèce de drogues, je n'en prends aucune. »

Mais faut-il expliquer enfin la longue et surprenante erreur de M. Gaudinot? Rien ne m'y oblige, il suffit que son erreur soit certaine. Mais en cherchant à m'en rendre compte, je me souviens involontairement que, dans une affaire criminelle, seul entre tous les hommes de l'art, M. le docteur Gaudinot ne voyait pas les blessures qu'une institutrice, oubliant tous ses devoirs et cédant à je ne sais quel entraînement sauvage, avait faites à de jeunes filles confiées à sa garde. — Sans doute, cette fois encore, M. Gaudinot était consciencieux; mais il n'était pas clairvoyant; on le trompait sans peine, il se trompait aisément. — Il faut ajouter qu'ici il avait affaire à une pauvre femme qui jouait devant lui la comédie de la souffrance, et presque de l'agonie, puisqu'elle lui écrivait :

« Monsieur Gaudinot,

« Venez, je vous prie, en toute hâte, car je sens que je m'en vais. Je souffre comme une malheureuse de plus en plus des parties qui ont porté quand je suis tombée dans l'escalier. Cette douleur est profonde. Je vois bien que je ne me relèverai pas de cette chute. Mon cœur bat aussi avec une telle force, que je me suis un peu calmée, en attendant votre arrivée, avec de la digitaline et d'autres drogues qui me restaient.

« Mon Dieu! que je souffre! venez de suite, je vous en prie.

« Je vous salue,

Signé : « Veuve J. de PAUW. »

Il vient, à la fin, mais trop tard. M. Gaudinot se retire en disant : « On n'exécute pas mes ordonnances, je ne veux pas revenir. »

Telle est, dans la réalité et dans la vérité, l'histoire du docteur Gaudinot. Son témoignage ne saurait servir à la défense, et tout ce qu'il a fait et écrit ne prouve plus maintenant que Mme de Pauw fût sérieusement malade. Il a dit, et j'accepte pour sa justification ces paroles qui résument tout ce qui le concerne : « J'ai dû m'en rapporter aux déclarations de Mme de Pauw. »

Il est maintenant établi jusqu'à la dernière évidence qu'avant le 16, Mme de Pauw n'a pas vomi, comme on le fait dire au docteur Gaudinot; qu'elle n'a pas mis de sangsues; qu'elle n'était pas sérieusement malade; qu'elle est entrée le 11, à peu de chose près en très-bonne santé, dans cette espèce de cellule où elle devait simuler une grave maladie, afin de tromper les Compagnies d'assurances. Osera-t-on dire, après cela, qu'elle est morte le 16 de mort naturelle et prévue?

Le 16, elle est prise de vomissements après la visite de La Pommerais; le lendemain, il revient et lui dit qu'elle a le choléra. Il revient deux heures : il est sûr de la mort qui approche. Comment le serait-il sûr, s'il ne l'a pas donnée? Là, il agit comme un assassin qui s'empare pendant l'agonie des dépouilles de sa victime; il prend l'écrin, et en même temps il met à la poste la lettre mortuaire adressée à la dame Gouchon, et que celle-ci reçoit le lendemain. Vers six heures, Mme de Pauw expire après avoir souffert environ vingt-deux heures. Le docteur Blachez a décrit son état au moment de la mort. Voyez dans son témoignage si c'est une mort naturelle ou violente, si c'est une indigestion, une atteinte de choléra, si aucune des hypothèses de la défense s'accorde avec le récit du dernier médecin. Relisons la déclaration de M. Blachez :

« En arrivant auprès de cette dame, je l'ai trouvée dans l'état suivant : la malade était pâle, fort agitée, dans un état de connaissance incomplète, le corps couvert d'une sueur froide, très-abondante, ayant transpercé la garniture du lit. Elle se plaignait par cris d'un mal de tête insupportable, que le moindre mouvement exaspérait et qui paraissait augmenter de violence lorsque sa tête reposait sur l'oreiller. Elle demandait instamment qu'on la mît sur son séant. Le pouls était très-irrégulier, intermittent, faible; les battements du cœur précipités, tumultueux, cessant par instants pour reprendre ensuite avec irrégularité. La respiration était haute, précipitée également et intermittente. Par moments, survenaient des crises violentes de suffocation pendant lesquelles la malade se dressait sur son lit, criait : Ma tête, ma tête ! En ce moment, le pouls était imperceptible et les battements du cœur presque complétement supprimés. La bouche rejetait une écume blanchâtre sans mélange de sang. Je n'ai pas constaté de vomissements. »

Rien de tout cela n'indique une mort naturelle; au contraire, tout indique une mort violente.

Mais vous me demandez pourquoi, si l'accusé lui a donné le poison, le 16 au soir, elle n'en a parlé, elle ne s'en est plainte à personne. C'a a été là un de vos arguments; j'y réponds sans peine ; il ne m'embarrasse guère. Elle a bu le poison de telle ou telle manière, je ne puis dire comment; si je ne puis pas le montrer dans la fiole qui l'a contenu ou dans les globules qui l'ont dissimulé, je le ferai voir bientôt, j'en prends l'engagement; vous le verrez vous-même, à moins que vous ne fermiez les yeux à la lumière et à l'évidence. Mais pourquoi, dit-on, Mme de Pauw s'est-elle tue? Pourquoi, ayant reçu le poison qui va la tuer, n'en parle-t-elle pas? Elle était défiante, ajoute-t-on, elle a dû parler. Elle était défiante ! Pourquoi ? Parce qu'elle est allée trouver M. Lireux, directeur de la *Semaine financière ?* Rappelons la scène : elle est allée chez M. Lireux lui raconter sa manière l'histoire des contrats d'assurances. M. Lireux lui a dit, avec une sagacité d'ailleurs bien facile : « Le propriétaire de ces titres-là n'a plus qu'à souhaiter votre mort. » Elle s'est mise à rire, parce qu'elle était précisément sans défiance, et qu'elle avait son petit complot qui devait démentir pour elle la conclusion de son interlocuteur. Elle n'était pas défiante du tout, car elle est entrée dans son cercueil le 11, presque heureuse, en disant à tous qu'elle allait au bonheur, qu'elle allait avoir des rentes : « Je suis rentière, » écrivait-elle à Mme de Ridder, parce qu'elle recevait de l'accusé 3 francs par jour, pendant sa captivité, à la place de sa leçon perdue. « Mon bonheur est là, » disait-elle, faisant allusion au succès de sa feinte maladie et aux 3,000 francs de rente viagère. Elle le dit à Mme Biord, qui ne veut pas la croire, à Mme Maille, qui ne la croit pas non plus. Elle était heureuse et pleine de la plus naïve et de la plus fatale confiance. Enfin, elle était aux pieds de l'accusé, enceinte de ses œuvres, l'aimant avec ardeur, passionnée à l'excès, assimilée, par un triste abus de langage, à une chienne courant après un chien. Il s'en fallait bien qu'elle vît dans l'accusé un empoisonneur; elle y voyait un amant retrouvé, un bienfaiteur, un homme digne de sa reconnaissance, et dont la main si sûre ne lui causera pas un mal excessif et inutile. Ne l'a-t-elle pas dit à ses amies qui lui faisaient sagement remarquer qu'il ne faut pas jouer avec la maladie? « Il faut que je sois malade, assez malade, pas trop, et je suis bien sûre avec lui de n'être pas trop malade. » Ne lui a-t-il pas dit d'ailleurs qu'il devait lui donner de l'*agitation* pour que la simulation fût complète, que les Compagnies s'y trompassent, et que les médecins envoyés par elle redoutassent la mort?—C'est pour cela que, fidèle à son rôle, croyant à la sincérité de l'accusé, elle ne s'est pas crue dangereusement et définitivement malade, et qu'elle ne s'est plainte à personne. C'est pour cela qu'elle n'a pas pensé au poison, et qu'elle n'en a parlé conséquemment à personne. Au contraire, elle a parlé d'indigestion le matin, alors qu'elle savait bien n'avoir pas eu d'indigestion, et que l'accusé avait prononcé le mot de choléra. Si, dans la journée du 17, elle ne parle pas, songez à son état; elle a des vertiges, des douleurs de tête atroces, une transpiration effrayante. Et vous vous étonnez qu'elle n'ait pas pris à part une de ses confidentes pour lui dire : « La Pommerais est venu m'empoisonner. »—Encore un coup, elle ne le croyait pas, et d'ailleurs elle ne pouvait presque plus réfléchir ni parler.

Nous voici au rapport des médecins. Ainsi la mort n'est pas naturelle; la maladie n'était pas sérieuse, elle était simulée. Pour Mme de Pauw, ce n'était que le résultat d'une *agitation* que l'accusé devait produire afin de tromper les Compagnies, et cependant elle est morte empoisonnée. Ah ! vous me dites qu'ici la preuve fait défaut. Vous me demandez à grands cris : « Le poison ! le poison ! le poison ! » Mais je vais vous le montrer, non pas dans les mains de l'accusé, bien qu'il y soit avant le crime et qu'il y soit en grande quantité; non pas dans les signes caractéristiques recueillis avec tant de soin et d'intelligence par M. Blachez au moment de la mort ; non pas dans ces vomissements subits que rien n'explique ; mais je vais vous le montrer à terre, à côté de Mme de Pauw, sortant d'elle, de son corps, venant d'être vomi par elle. Comment ! vous me le demandez comme si personne ne l'avait vu? Mais il est là, près du lit de la morte ! Il a été vu par les yeux des Experts, de ces hommes que vous comparez, sans doute dans l'espoir de diminuer l'autorité de leur témoignage, à des Avocats généraux. Ils sont plus que cela, laissez-moi le dire; ils ont été chargés par la Justice de rechercher la vérité et de la découvrir à l'aide de la science, aucune autre préoccupation que celle de la vérité elle-même. Nous, Messieurs, nous développons les éléments de l'accusation sous la garantie d'un serment général; eux, ils reçoivent une mission spéciale, ils prêtent un serment particulier qui les enchaîne à la vérité; ils prennent la plus noble et la plus libre part à l'action de la Justice ! Et quand, avec les yeux de la science, sous la foi de leur serment, ils disent avoir vu le poison, quand ils l'ont extrait, touché, éprouvé, comment pouvez-vous dire encore : « Le poison ! le poison ! montrez-moi le poison ! »

Mais il n'y a pas d'accusation d'empoisonnement qui puisse jamais triompher, si l'on exige que la société, par ses organes, montre le corps du délit autrement, mieux et plus qu'il n'a été montré dans cette cause et que je vais vous le montrer encore.

Nous avons entendu hier une discussion très-animée et très-vive sur le parquet de Mme de Pauw. Tout ici me semble sérieux; mais vraiment, peut-on aller jusqu'à dire que le parquet de cette salle où nous sommes pourrait un jour accuser quelqu'un d'un crime, et trouver dans cette bizarre hypothèse un motif d'écarter les expériences faites sur le parquet de la chambre où Mme de Pauw a vomi avant de mourir? Comme avec ces suppositions et ces chimères nous étions loin de la cause et de la vérité! Revenons donc à la cause et à la vérité.

Mme de Pauw a vomi à partir du 16 au soir; ses déjections ont été enlevées par la femme Delettre qui était auprès d'elle. Dans un mouvement d'humanité, l'accusé avait dit qu'il ne fallait pas que les enfants respirassent les déjections, qu'elles n'étaient pas saines. Elles sont enlevées par la femme Delettre avec un linge; il en reste sur le plancher des traces visibles, humides, plus ou moins saillantes, que vous pouvez voir encore sur les planches qui n'ont pas servi aux Experts. — On a pris vingt-deux planches de cette petite chambre; les Experts, notamment M. Roussin, les ont *raclées* avec un soin minutieux, en écartant tout ce qui n'était pas déjection. Ils tâchent de prendre et ne prennent que la superficie; ils ne vont pas jusqu'au bois, de peur d'introduire dans les matières sur lesquelles ils vont opérer des éléments étrangers. Ils ne se contentent pas de cela: dans cette chambre bien étroite, où le lit n'a pas toujours été à la même place (du temps du photographe il n'y avait pas de lit), ils prennent sous ce lit des planches qu'ils gratteront aussi, et sur lesquelles ils feront des expériences.

Lisons le passage de leur rapport dans lequel ils constatent tout cela. Toute critique devra tomber devant cette lecture :

« Les feuilles du parquet ont été divisées en deux parties égales, dont l'une est immédiatement mise de côté et étiquetée : « Planches non examinées par les Experts. » L'autre portion, composée de douze feuilles, est immédiatement soumise à un grattage méthodique, *mais peu profond*. La surface de chacune de ces planches est raclée à l'aide d'une lame de fer fort propre. Les portions de matières détachées sont reçues sur une feuille de papier blanc et immédiatement introduites dans un ballon de verre contenant un demi-litre d'alcool à 95° bien rectifié. C'est principalement dans l'intervalle qui sépare deux feuillets du parquet que s'accumulent ordinairement les impuretés et souillures de toute sorte qui viennent à tomber sur le plancher. Ces concrétions, *dont plusieurs sont encore humides*, sont soigneusement et profondément détachées des deux côtés de chacune de ces planches et réunies dans le ballon au produit du grattage superficiel beaucoup moins abondant. Les Experts font observer que la surface du parquet portait des traces non équivoques de cire, *ils ont évité, dans la crainte d'introduire dans leurs solutions trop de matières étrangères, de gratter trop profondément cette surface.* »

De ces matières, par des opérations chimiques qu'ils ont indiquées, et dont la régularité et la valeur ne sont contestées par personne, ils obtiennent un extrait qu'ils appellent *Extrait O*, avec lequel ils feront des expériences. Qu'on ne dise pas que ce parquet ainsi éprouvé a pu donner la mort au chien parce qu'il contenait des matières en décomposition. Il y a dans cette allégation comme un débris de la défense présentée par M. Hébert. Mais M. Hébert, arrivé ici d'un air triomphant et soutenant d'abord cette hypothèse, a battu en retraite, et a fini par dire, MM. les Jurés l'ont entendu comme nous, qu'il n'insisterait pas sur la nature du parquet, et qu'il admettait que le chien avait été empoisonné avec l'extrait O.

Le défenseur, le véritable défenseur, de beaucoup le plus important, n'a pas voulu accepter la défaite; il s'est rattaché au parquet; il a réveillé le souvenir d'un photographe ayant occupé cette petite chambre. Il a dit que Mme de Pauw était peintre, et que tout cela pouvait expliquer la présence sur ce parquet de matières toxiques. Mais les Experts ont tout examiné, et l'hypothèse du photographe, et toutes les autres hypothèses. Aucune ne vient en aide à la défense, aucune n'est justifiée, aucune n'est sérieuse et ne devrait être sérieusement soutenue. Ce sont bien les matières vomies, et rien autre chose, qui ont été extraites du parquet. Écoutez les experts.

« L'inculpé affirme que le logement de Mme veuve de Pauw a servi antérieurement de laboratoire et de cabinet de travail à un photographe de profession. M. le Juge d'instruction nous a immédiatement informés de ce fait, en nous priant d'en tenir compte dans nos expériences et d'en discuter la valeur dans notre rapport.

« Nous ferons tout d'abord observer que le parquet de la chambre à coucher ne présente presque aucune tache noirâtre, profonde, et telle qu'en forment le nitrate d'argent et les sels d'or employés dans la photographie. L'examen le plus superficiel porte à croire qu'il a été peu ou point pratiqué d'opérations photographiques dans cette chambre.

« Les substances chimiques employées généralement par les photographes sont les suivantes : azotate d'argent, chlorure d'or, cyanure de potassium, acides gallique et pyrogallique, hyposulfite de soude, sublimé corrosif, sulfate de fer, acide acétique, iodure et bromure de potassium et de cadmium, collodion. Or, parmi ces produits, les acides gallique et pyrogallique, l'hyposulfite de soude, le sulfate de fer, l'acide acétique, l'iodure et bromure de potassium et de cadmium et le collodion ne *sont pas toxiques*, même à doses considérables.

« L'azotate d'argent et le chlorure d'or tombant sur un parquet de bois sont presque immédiatement *décomposés et ramenés à un état insoluble et inoffensif*.

« Le cyanure de potassium, poison fort énergique, se décompose rapidement même en solution dans un flacon bien bouché et à plus forte raison lorsqu'il tombe sur un parquet de bois. Dans ce dernier cas, il est hors de doute qu'après quelques jours il n'en reste plus trace et qu'il se trouve transformé en carbonate de potasse, agent fort inoffensif.

« Le sublimé corrosif se décompose plus difficilement et résisterait davantage à l'altération, encore bien que cette dernière ne tarderait pas à s'accomplir sous l'influence de la matière organique qui ramènerait le sel à l'état de protochlorure de mercure insoluble. Nous nous sommes assurés avec le plus grand soin de l'absence absolue de mercure dans les matières grattées sur le parquet, et nous pouvons affirmer qu'il n'existe pas trace dans le plancher de ce métal toxique.

« La solution alcoolique qui a fourni l'extrait ne contient elle-même aucun composé minéral et par conséquent pas le plus léger indice d'un composé mercuriel.

« Il ressort donc de ces observations et expériences que la chambre à coucher de la veuve de Pauw, eût-elle précédemment occupée par un photographe, ce qui paraît douteux, aucune des matières employées par ces industriels ne se retrouve dans l'extrait O. Les Experts affirment le fait de la manière la plus formelle. »

Qu'a-t-on fait avec cet extrait provenant des matières vomies ? On a empoisonné un chien, sur lequel on a constaté des phénomènes analogues à ceux qui ont été observés chez Mme de Pauw elle-même. Ce chien a été empoisonné. Empoisonné avec quoi ? Avec le résidu des matières vomies, avec le résidu du parquet, le poison même. C'est ce résidu, formé par les Experts d'après les principes de la chimie, qui, en produisant le ralentissement des mouvements du cœur, a donné la mort à un chien au bout de vingt-deux heures. Et le poison n'est pas là ! Et vous me le demandez encore et vous refusez de le voir ! Mais vous l'avez sous les yeux, et si vous le cherchez encore dans un accident du parquet, vous faites descendre, permettez-moi de le dire, cette grande discussion à d'impuissantes et misérables équivoques !

Ai-je besoin d'ajouter qu'on a fait des expériences sur une autre portion du parquet prise sous le lit? Le photographe n'avait pas de lit; c'était un amateur qui ne demeurait pas là et qui s'y livrait seulement à quelques essais de photographie; donc les planches prises sous le lit de Mme de Pauw devaient contenir du poison comme les autres, si ce poison provenait du photographe. En a-t-on trouvé? Non, pas la moindre trace ! Quant aux organes de Mme de Pauw, ils contenaient certainement du poison. Vous venez d'entendre une dernière fois les hommes de l'art, que la conscience de la Cour a voulu interroger encore pour vous éclairer d'une dernière et définitive lumière. Ils vous ont expliqué comment de ces organes, il a dû sortir, sous l'action de l'expertise, moins de poison que des matières vomies. Mais on se rend compte de ce phénomène, même sans la moindre connaissance médicale. Quand l'estomac a absorbé le poison, et qu'il en a absorbé assez pour amener la mort, quand la personne empoisonnée a vomi abondamment comme dans le cas actuel, comment comprendrait-on qu'il en restât beaucoup? On en reste sans doute; on en extraira, à l'aide des procédés chimiques, des organes recueillis; mais on en extraira moins que des matières vomies, qu'il s'agisse d'un poison minéral ou d'un poison végétal. Ainsi, de tous côtés, il y a du poison; ne soyez pas, Messieurs, plus exigeants que la raison, et cédant au désir de voir un homme innocent et d'éviter une grande condamnation, ne dites pas qu'il n'y a pas là de poison, ne fermez pas les yeux à la réalité et à l'évidence. M. Tardieu voit plus clair que vous et moi dans ces matières; il a vu, avec son collègue M. Roussin, le poison dans les organes; il l'a extrait, il l'a touché, et, avec ce poison, il a empoisonné le chien. Empoisonné ! le mot est exact; on peut regretter que l'empoisonnement du chien n'ait pas été poussé jusqu'à la mort, mais l'Expert vous a expliqué très-franchement et très-bien pourquoi il s'était contenté de recueillir tous les symptômes de l'empoisonnement, sans insister jusqu'au sacrifice de l'animal ! Et le fait important ici, le fait probant, ce n'est pas la mort du chien, c'est son empoisonnement. Or qui doute qu'il ait été empoisonné? M. Hébert lui-même n'ose plus le soutenir, et comment le pourrait-il, lui qui n'a pas vu les phénomènes qu'a constatés l'Expert sur l'animal en proie au poison? Celui-là seul qui peut nous éclairer sur ce point, encore une fois, c'est M. Tardieu. On adressait hier à son esprit, à sa personne, des éloges altérés qui n'ont pas dû plaire à sa dignité ni à sa conscience. Met-on en question sa sincérité? Non. Eh bien! pour apprécier la valeur de son témoignage, rappelez-vous qu'il est là, qu'il fait absorber le poison par le chien, qu'il ne le perd pas de vue, qu'il suit sur le pouls, sur l'état morbide de l'animal, les effets de la matière absorbée; il est assez instruit, j'imagine, pour distinguer le caractère des symptômes qui se produisent et se succèdent. Les pulsations du cœur de l'animal s'abaissent à 55 et se relèvent ensuite quand, à raison de la petite quantité de poison, la vie a surmonté la cause de mort qui l'avait menacée. Mais, a-t-on dit d'abord avec assurance, puis avec timidité, tous les symptômes que M. Tardieu a pris pour un empoisonnement sont le résultat engendré par les matières putrides. — Cette hypothèse ne repose sur rien de sérieux; sans l'abandonner entièrement, M. Hébert n'y peut pas insister beaucoup; les données générales de la science ne le lui permettent pas, et, fussent-elles favorables à son opinion, elles ne sauraient prévaloir contre des constatations spéciales et faites avec impartialité. D'ailleurs la science est loin d'abandonner M. Tardieu; jugez-en : voici une lettre que lui adresse à ce sujet M. Réveil, professeur agrégé à l'École de médecine et de pharmacie :

« Mon cher Doyen,

« J'ai déposé, il y a deux ans, à l'Académie de médecine, un Mémoire dans lequel j'ai démontré que, contrairement à ce qu'avaient dit Orfila et d'autres auteurs, il ne se forme pas, pendant la putréfaction. *du cyanhydrate d'ammoniaque, ni aucune autre substance toxique séparable par les dissolvants, ou par les distillations*. Malheureusement, aucun rapport n'a été fait sur ce travail, et il n'a pas été publié; mais j'en tiens copie à votre disposition, si vous le désirez.

« Ceci pour vous dire que, sur ce point comme sur tant d'autres, hélas! votre contradicteur s'est trompé.

« Agréez, etc.

Signé : « Dr Réveil. »

Avec cela, n'oubliez pas que des expériences ont été faites sur des lapins et sur des grenouilles. Là, l'extrait des organes a produit la mort par l'empoisonnement. Donc cet extrait contenait du poison, donc ce n'était pas la putréfaction qui seule agissait, donc c'était la digitaline. Car M. Vulpian, si compétent en ce point, a confirmé tous les résultats de l'expertise faite avec les grenouilles, et il est maintenant à peu près certain que les grenouilles ont éprouvé, sous l'action de l'extrait des organes, les mêmes effets que ceux que produit sur ces animaux la digitaline elle-même.

Ainsi tout reste à l'accusation : ainsi reste cette autopsie que l'avocat écarte dédaigneusement mais sans raison ; cette autopsie faite par un homme qui a le triste devoir d'en faire constamment dans l'intérêt de la science et de la justice, qui, plus qu'aucun autre médecin, peut-être, a l'habitude de chercher et de trouver dans un cadavre, le scalpel à la main, les causes de la mort et les traces visibles de la maladie. Vous avez beau lutter contre le résultat qu'il affirme : pour tous il est certain qu'il aurait vu, si on avait pu l'y voir, dans ces organes examinés, une maladie récente ou ancienne. Il a cherché dans tous les sens et dans toutes les hypothèses; il n'a trouvé rien de ce qu'il faudrait à la défense, rien de ce qu'elle imagine, ni lésion au cœur, ni rupture de vaisseau, ni perforation de l'estomac, ni caillot de sang, ni gastro-entérite. — Alors le défenseur a beau s'écrier : « M. Tardieu n'est pas infaillible. La maladie présente dans les organes lui a échappé, ou il n'a pas su la voir, ou elle est de celles qui se cachent absolument et donnent la mort sans marquer leur passage; » ce n'est là qu'une ressource oratoire, impuissante contre la sûreté de l'autopsie, et contre la certitude que ces résultats bien acquis donnent à toute conscience désintéressée et disposée à se soumettre aux règles ordinaires de la certitude humaine.

Quant aux derniers éléments dont les Experts se sont servis pour éclairer leur opinion, pour la confirmer ou pour la modifier, la défense a été bien injuste, et je puis presque dire volontairement injuste. On leur a reproché d'avoir interrogé les certificats des médecins recueillis par l'instruction, les divers documents de la procédure, les témoignages, tout ce qui pouvait leur apprendre la vérité. — C'est la première fois, a-t-on dit, qu'on a vu les choses se passer ainsi et des Experts consulter un dossier pour remplir leur mission. Le défenseur n'y pense pas; pendant qu'il grandissait dans sa carrière, je vieillissais dans la mienne, et j'ai vu bien des fois les choses se passer comme elles se sont passées ici; elles ne pouvaient se passer autrement.

J'en appelle à la loyauté de mon contradicteur, si j'étais venu, moi seul ici, faisant parler tous ces documents scientifiques, interrogeant les ordonnances des docteurs Nélaton, Velpeau et autres, si j'étais venu ici, avec la seule autorité de ma conviction et le secours des faits : tout cela est le résultat de la simulation, non de la maladie, vous m'auriez répondu : qu'y connaissez-vous? qu'en savez-vous? Vous interprétez des certificats de médecins, vous, Avocat général; allons donc! — Vous ne pouvez pas vous en tirer aussi aisément avec M. Tardieu, et cela prouve qu'il a bien fait d'examiner toutes ces pièces et de leur donner leur véritable sens. — Voyons, vous manquez de justice et presque de reconnaissance envers lui. Hier, il était avec vous dans un grave procès parce que sa conscience l'y poussait; aujourd'hui, parce qu'il est contre vous, vous méconnaissez jusqu'à la sainteté du serment qu'il a prêté.

Me Lachaud. — J'ai dit qu'il n'était pas infaillible, voilà tout! Je vous répondrai, soyez tranquille.

M. l'Avocat général. — Infaillible! Qui a dit qu'il était infaillible? Où est celui qui dit cela? Qui a parlé ici d'infaillibilité? Qui donc y prétend, qui donc y pense? Quant à moi, si cette prétention avait jamais pu monter jusqu'à mon cœur, je me serais dépouillé à l'instant de la robe que je porte, j'aurais quitté le redoutable ministère que je remplis ici, m'y jugeant par cela même impropre, et me proclamant indigne de travailler à l'œuvre sainte de la Justice. Je n'y prétends pas plus pour M. Tardieu que pour moi : ni lui, ni vous, ni moi, ni personne ici-bas n'est infaillible, et c'est, quant à nous, parce que nous sentons notre faiblesse que nous implorons la science et lui demandons, non l'infaillibilité, mais les secours qu'elle peut prêter à notre raison et à nos efforts; ainsi l'interruption a mal porté et pour m'interrompre, dans l'impatience de m'entendre, vous avez supposé que je faisais de M. Tardieu un homme infaillible. Non, non, j'ai défendu l'expertise et les Experts injustement attaqués, voilà tout. J'ai dû le faire d'autant plus que, comme vous l'avez dit, la lutte, après tout, est entre vous et eux, entre la vérité, que, suivant moi, ils affirment, et l'erreur que vous défendez. Le Jury choisira.

Maintenant faut-il que je m'explique sur un point qui n'est pas absolument essentiel dans l'affaire, sur le point de savoir quelle est la nature du poison, si c'est ou non de la digitaline?

Vous vous rappelez tous les débats à ce sujet. Ils ont été aussi complets que libres et animés. A peine le nom de M. Claude Bernard a-t-il été prononcé par M. Hébert comme celui d'un Juge entre les Experts et lui, que nous avons fait appeler M. Bernard, sans y être provoqué par personne, dans le seul désir de nous éclairer et d'éclairer votre justice.

Nous avons joint d'autres savants, M. Vulpian, les professeurs d'Alfort invoqués par la défense. De tout cela qu'est-il résulté?

M. Claude Bernard a dit que les expériences qu'il avait faites ne contredisaient nullement les données, les résultats, les conclusions de l'expertise. S'attachant aux paroles mêmes de l'illustre savant, le défenseur veut y voir ce qui n'y est pas, la réfutation de l'expertise, la réfutation polie, mais certaine.

M. Claude Bernard est trop homme d'esprit et d'honneur pour avoir parlé devant vous avec équivoque; il s'est rendu compte de l'importance, de la gravité de son témoignage, a dit ce qu'il a voulu dire et rien de plus. S'il avait eu quelque chose à dire d'utile à la défense et de contraire à l'accusation, il l'aurait dit avec fermeté et autorité : il ne l'a pas fait. Il a dit que l'ouverture du cadavre du chien ayant été faite *deux heures* après la mort, il s'expliquait comment le relâchement qui se produit au moment où elle arrive n'avait pas été constaté par MM. Tardieu et Roussin; comment on avait constaté au contraire la rigidité cadavérique qui n'est pas immédiate. Il n'a rien dit de plus, j'en suis certain, et j'invoque, au besoin, vos souvenirs. Tout le reste de la déposition est entièrement conforme à ce qu'ont soutenu les Experts.

Je termine sur ce point par une observation. J'invoquais hier, en dehors des Experts, en dehors des témoins appelés à côté d'eux, MM. Claude Bernard et les professeurs d'Alfort, j'invoquais l'opinion d'un homme étranger à ces débats, d'un médecin, d'un savant. — Cette opinion venait d'être exprimée dans une Revue que je tiens à la main, publiée il y a quelques jours. J'emprunte à ce travail un nouveau passage qu'on dirait écrit pour vous, Messieurs les Jurés, tant il est sagement pensé, et tant il s'applique à cette incertitude sur la nature du poison dont la défense voudrait faire, contre toute justice, une cause d'acquittement. Le génie du mal devance souvent le génie de la science, et prend celle-ci un peu au dépourvu; ce ne saurait être un motif de subir les crimes, ni de les laisser impunis. Ecoutez :

« Les lésions organiques déterminées par la digitaline ne sont ni constantes, ni très-accusées..... De là une sorte de garantie d'impunité bien capable d'encourager ceux qui se forment un bouclier des incertitudes de la science. Mais heureusement que ce faux calcul, qui dénote autant d'aberration d'esprit que de perversité de cœur, est toujours déjoué par une égale imprévoyance des événements. Là où le symptôme significatif de l'empoisonnement et le caractère spécifique du poison font défaut, la multiplicité des détails et l'harmonie de l'ensemble suppléent jusqu'à un certain point à cette révélation directe, et viennent ajouter leur portion de concordance aux autres vestiges du crime qui échappent rarement, et qui échappent jamais à l'œil plus clairvoyant de la Justice. » (*Nouvelle Revue de Paris,* 15 mai 1864.)

Pénétrez-vous, Messieurs, de la haute et saine raison qui a inspiré ces lignes, et voyez si, sous le prétexte de quelque incertitude scientifique, il vous convient de laisser impuni un lâche empoisonnement.

Je n'ajoute qu'un mot. On a emprunté hier, suivant l'usage, aux douleurs de la famille, des images touchantes et des sujets d'inévitable émotion; on a voulu exercer sur vos cœurs l'empire des larmes. — Rien n'est plus légitime; mais alors, et au milieu d'émotions contre lesquelles je n'entends pas vous défendre, rappelez-vous ces mots écrits par le doyen d'Olivet, l'ami de la famille, son confident et presque son écho : « Nous restons inconsolables, écrit le curé d'Olivet; nous nous inclinons devant les équitables arrêts de la Justice, et ce n'est qu'à Dieu que nous osons parler de miséricorde. »

Enfin, dans cette cause, suivant moi, la lumière est faite. Le défenseur vous disait que si l'on pouvait placer, entre l'accusation et la défense, un cheveu (c'est son expression même) auquel il fût possible de rattacher le salut de cet accusé, il fallait le faire, tant la Justice doit redouter l'erreur et la fuir! Mais non, Messieurs, il ne le faut pas; il n'y a pas de discussion humaine dans laquelle on ne parvienne à jeter un obstacle sur les pas de la vérité et de la justice. Quand cet obstacle n'a rien de sérieux, l'homme sage et ferme le franchit sans crainte et n'y arrête pas sa conscience.

Si je vous ai parlé hier de l'opinion, ce n'est pas pour agir à tort sur vos esprits. J'ai dit une vérité certaine, j'ai dit que, si votre justice paraissait supérieure aux autres, à celle des magistrats ordinaires, animés comme vous de l'esprit du bien et du sentiment du devoir, c'était parce que vous étiez les libres et immédiats échos de la conscience publique. Oui, on vous prend pour juges, de préférence à tous autres, parce que vous êtes de la foule, que vous apportez ici, non des habitudes d'esprit et des traditions judiciaires, mais tout ce qui se sent, s'éprouve, se dit au sein de la société. Je l'ai dit hier et je le répète aujourd'hui, si vous êtes fidèles à ce rôle, je suis tranquille sur le verdict que vous allez rendre. Si, au contraire, vous prévalant d'un doute qui n'existe pas, qui serait comme volontaire, vous déclariez l'accusé non coupable, j'affirme, Messieurs, permettez-moi de vous le dire, non à coup sûr dans le but d'inquiéter ni d'intimider vos consciences, j'affirme, c'est un cri du cœur, j'affirme que tous nous entendrions bientôt au sein de cette société le bruit d'un long et douloureux étonnement.

Me *Lachaud* réplique en ces termes:

Messieurs les Jurés, ce n'est pas une réplique que vous venez d'entendre; c'est dans le fond et dans la forme un réquisitoire nouveau. Je ne m'en plains pas; nous sommes face-à-face : eh bien ! tant mieux ! et puisque l'accusation se redresse sur le terrain où je l'ai appelée hier, à mon tour d'y revenir et de proclamer encore que l'honnête homme doit acquitter, si sa conscience lui démontre l'impossibilité de la preuve qu'on a promis de lui faire.

Les ardeurs de l'accusation, Messieurs, je les aime, et mon expérience m'apprend qu'elles profitent à l'accusé; les dédains, les leçons à l'adresse de l'avocat, je les aime aussi, car ils ne nuisent pas à la défense. Donc je vais suivre M. l'Avocat général, et j'espère que pas un des arguments qu'il a produits tout à l'heure ne résistera à ma discussion. Je ne suis certes pas embarrassé pour me défendre, et malgré les railleries de l'accusation à ce sujet, je le maintiens, ce que j'ai dit hier est la vérité, et vous serez mes témoins. J'ai dit qu'au moment où j'ai abordé la discussion médicale, au moment où nous nous sommes occupés, vous et moi, de la vraie question qui vous est soumise, vous avez été agités, de cette agitation honnête et consciencieuse de Jurés qui ont prêté serment et qui ne veulent que la vérité. J'ai dit que vos consciences étaient agitées et troublées, et le Ministère public aura beau faire, j'y descendrai toujours avec vous, pour y sentir ces palpitations qui sont la protection et le salut de l'accusé.

Que le Ministère public blâme, j'y consens; mais mon devoir, à moi, c'est de sonder avec vous la cause, de lever tous les voiles; et lorsque, par impossible, je trouve sur ma route un point impénétrable à la lumière, mon devoir est de forcer vos esprits à s'y arrêter, de les contraindre à contempler l'abîme. Je comprends que cela gêne l'accusation; mais quand il s'agit de la vérité et de l'innocence, rien ne saurait jamais m'arrêter.

Cela dit, voyons les nouvelles charges de l'accusation. Ne parlons pas de Mme Dubizy; un mot a blessé l'accusation; je ne demande pas mieux que de l'expliquer. Pourtant, comme il ne s'adressait pas aux Magistrats, je pourrais le maintenir. Qu'avais-je dit? que c'était une accusation impossible, je le répète; qu'il n'y avait pas une preuve sérieuse, je le soutiens; que l'accusation n'a pas même un aide dans les constatations données par l'autopsie; c'est la vérité. Comment nommer une accusation qui n'est pas vraie? Un homme, quand il est innocent, complètement innocent du crime qu'on lui reproche, n'est-il pas calomnié? Mais ce n'est pas la Justice qui a calomnié. Ce n'est pas aux Magistrats que peuvent s'adresser de pareils outrages. En vérité! il faut avoir bien le désir de ne pas comprendre le défenseur, pour faire arriver jusqu'à eux une expression qui ne peut jamais les atteindre.

D'ailleurs, qu'importe! qualifions comme vous voudrez : Erreur, mais erreur capitale! Avez-vous par hasard établi ce matin qu'en ce qui concerne Mme Dubizy, il y avait même une apparence de culpabilité? L'accusé avait mal connu la maladie; mais avait-il fait l'autopsie pour bien la connaître? Il a cru que sa belle-mère mourait d'une maladie du cœur; il est prouvé qu'elle n'est pas morte par cette cause. N'a-t-elle pu mourir d'une maladie de poitrine? Le contraire est-il démontré? M. Tardieu a-t-il eu en sa possession les poumons? Il ne peut conclure, et, en effet, pour Mme Dubizy, il n'arrive pas aux mêmes inductions que pour Mme de Pauw.

Donc, il n'y a rien, ni affirmations de médecins, ni preuves scientifiques, ni témoins *de visu*. Quant à l'intérêt, ce mobile abominable des actions criminelles, j'ai montré hier qu'il ne pouvait pas exister : Mme La Pommerais a recouvré la totalité de la succession de sa mère. N'insistons pas. Disons qu'en ce qui concerne Mme Dubizy, ce n'est pas le doute qui existe, l'innocence est certaine. Que le Ministère public abandonne l'accusation parce que l'évidence des preuves n'est pas suffisante, soit; mais moi, défenseur, je dis que s'il n'y avait que le crime contre Mme Dubizy, j'aurais pu ne pas me lever pour défendre cet homme.

En voilà assez sur ce fait. J'ai hâte d'arriver, et, comme vous, je suis pressé de finir. Voyons le fait de Pauw, suivons les charges principales relevées par le Ministère public.

D'abord, qu'ai-je entendu tout à l'heure? Je me sépare de mon client, je plaide autrement qu'il ne s'est défendu! Que suis-je donc ici? Une machine inerte, sans doute? Mais quand la loi me charge de sauver la vie d'un homme, ne fait-elle pas appel à ma conscience? ne lui donne-t-elle pas le droit de discerner les arguments honnêtes qui sont bons, des arguments dangereux qui sont mauvais? Ah! c'est un vieux sujet de querelle entre l'accusation et la défense. Quand un accusé malhabile se place dans des conditions impossibles; quand, pour sauver son honorabilité apparente, qui, quelquefois, doit périr, il affirme de ces choses qui sont presque absurdes, l'accusation ne veut pas que le défenseur dégage l'homme du crime, et elle lui fait un reproche de ne pas être aussi maladroit et absurde que son client. Eh bien! le Ministère public fera ce reproche aux avocats tant qu'il voudra, les avocats procéderont toujours comme ils doivent procéder, et, chargés d'une mission, ils l'accompliront avec le sentiment du devoir, qui ne relève que de la conscience. Ils ont un accusé à défendre d'un crime; quand l'homme est bon, tant mieux; s'il est mauvais, tant pis; quand il est adroit, à merveille; s'il est maladroit, c'est un malheur; mais il faut toujours rechercher le crime, il faut toujours se demander si, certainement, la preuve est faite. En séparant ainsi l'homme de l'affaire, l'accusation, il est vrai, est souvent vaincue; mais c'est un bonheur; car lorsque vous déclarez que l'accusation se trompe, c'est une vérité favorable que vous proclamez.

Aussi, Messieurs, quand je suis entré hier dans cette discussion, j'ai dû faire ce partage, cette distinction que vous avez bien saisie et qui inquiète le Ministère public; sa parole de tout à l'heure le révélait assez. Quand il s'agit des assurances, quand il s'agit de ce stratagème mauvais dont je dirai un mot, pas plus qu'un mot, là, l'accusation triomphe. Mais s'il s'agit d'établir que la femme est morte empoisonnée, que La Pommerais lui a donné le poison, que l'accusation en a la certitude, non pas une certitude de savant, mais une certitude de magistrat, une certitude de juge: car lorsqu'un savant se trompe, ce n'est qu'une erreur de science; au contraire, quand un Juré se trompe, ce peut être un châtiment irréparable et non mérité; alors, dis-je, le Ministère public n'a plus la même assurance.

J'ai affirmé hier que si cette distinction était faite, l'accusation n'était plus possible, que le doute surgissait de toutes parts. Le Ministère public est presque de mon avis; en effet, il n'en veut pas de cette division, et M. l'Avocat général n'aurait pas une conviction si profonde, si, à l'appui de ce qu'il appelle la preuve de l'empoisonnement, il n'avait pas le contrat d'assurance et tous les faits qui, suivant lui, en sont la confirmation. Au fond, quand l'accusation est obligée de se lier ainsi par avance, et quand il lui faut, pour arriver sûrement à sa démonstration, traverser des faits dont une explication facile peut être donnée, elle voit bien le danger: vous arrivez à la cause à la suite d'impressions qui ne peuvent que vous égarer.

Je n'ai voulu, hier, faire qu'une chose: vous prémunir contre des impressions qui, malgré vous, pourraient vous dicter un verdict qui ne serait pas fondé sur l'évidence des faits.

Avais-je tort de faire cette séparation? Le Ministère public le dit; il dit que, dans mon système, les assurances ne peuvent s'expliquer, que la comédie ne peut pas s'expliquer non plus; il dit que c'est là l'annonce d'un crime, que jamais ce ne sera l'annonce d'un délit.

Comment! il ne peut se trouver un homme et une femme qui, malhonnêtement, feront la combinaison dont j'ai parlé? L'homme dira à la femme: « Vous allez vous assurer, vous ferez la malade; le capital engagé dans l'assurance sera considérable, les Compagnies auront peur, elles céderont à nos exigences. » Comment! ils ne peuvent pas penser que, si les Compagnies ne cèdent pas et veulent s'en tenir à leurs statuts, il y aura à Paris assez de gens d'affaires habitués à manier de l'argent pour faire une spéculation qui leur profitera à tous deux? Est-ce déraisonnable?

Faut-il que je m'échauffe pour le démontrer? Suffit-il de répondre que cela n'a pas le sens commun, que l'accusé a voulu faire une assurance sur la vie, qu'il n'a pas eu cette pensée de l'escroquerie que je suppose, qu'il n'a pu l'avoir? Je dis que, dans les faits de la cause, il se trouve bien d'autres impossibilités. L'accusé a pu vouloir cela, et pour moi, c'est assez. Ce qui concerne le contrat d'assurance ne peut donc être retenu par le Ministère public.

Cependant on insiste, et me voilà encore, par respect pour la discussion du Ministère public, obligé de répondre à quelques-uns des moyens principaux de son argumentation en ce point. « Vous étiez, me dit-il, hors d'état de payer vos assurances; vous n'aviez pas d'argent; vous grossissez vos ressources, vous amoindrissez vos dépenses; » et il ajoute des insinuations à ces paroles.

Soyons simples. Ai-je fait hier mes comptes facilement? Voulez-vous me forcer à rentrer dans la discussion des chiffres? Je le veux bien; ce ne seront pas quelques mille francs qui embarrasseront la conscience de MM. les Jurés. Quand on a une femme qui vous aime, qui possède une fortune de plus de 100,000 fr. dont elle peut disposer, qu'il suffit de lui dire un mot pour qu'elle vous remette 30 ou 40,000 fr., on n'a rien à craindre. Mais La Pommerais avait-il besoin d'aller jusque-là? Après trois ans, pouvait-il faire un nouveau contrat? C'est acquis. M. Cloquemin a envoyé une lettre; elle dit précisément ce que je veux qu'elle dise. Ai-je parlé d'une bonne affaire? J'ai dit que l'affaire qu'il faisait, en supposant qu'elle fût sérieuse, pouvait lui garantir, après la mort de Mme de Pauw, la plus grande partie du capital engagé pour elle, et que, les 60,000 fr. étant payés en trois ans, en vingt ans, au moyen des bénéfices, cette somme serait doublée. Il perdait, il est vrai, l'intérêt de ce qu'il avait versé; mais s'il n'avait rien mis dans les Compagnies, il perdait plus encore. Voilà mon raisonnement, si l'opération est honnête; si elle est malhonnête, il n'a pas besoin d'argent; car il n'a rien à payer. Si l'assurance est faite par l'accusé en vue de simuler une maladie et de faire racheter le contrat au besoin par des agents d'affaires, quel besoin y a-t-il de connaître sa situation de fortune? Vous le voyez bien, dans le système que j'indique, il pourrait ne pas avoir un denier. Par cela seul qu'il a fait un premier versement, s'il s'est arrêté à une pensée d'escroquerie, il lui sera facile de traiter avec les Compagnies; elles aimeront mieux donner mille écus de rente à une femme qui doit mourir que de payer 550,000 fr. après sa mort. Si je plaidais la cause d'escroquerie en Police correctionnelle, certes cette combinaison que je suppose, le Ministère public l'accueillerait avec empressement.

L'accusé était-il dans la détresse qu'a signalée le Ministère public? Vous voulez diminuer ses recettes? — Tant qu'il vous plaira! — Vous voulez augmenter ses dépenses? — Je le veux bien encore! Les livres, jusqu'au mois de décembre, portent 9,000 fr. de recette; or chacun sait que les médecins ne sont pas payés au moment où ils font leurs visites; le mois de décembre va ajouter son produit; il faut tenir compte ensuite de ce qu'on rapporte de nécessaire. Vous reconnaissez qu'il gagne de 10 à 11,000 fr.; je dis qu'il en gagne 15,000, peut-être davantage. Vous ne pouvez réduire la dot de sa femme, elle est de 6 à 7,000 fr. de rentes. Donc, ses revenus dépassent plus de 20,000 fr., et il a l'espérance de l'avenir. Il peut gagner en 1864 plus qu'il n'a gagné en

1863; la progression est ordinaire chez un jeune médecin intelligent qui a de l'avenir. Vous dites qu'il avait en tout 19,000 fr., je l'accepte; qu'a-t-il à payer? 40,000 fr. Ne peut-il en trois ans économiser 40,000 fr.? Voilà ma réponse, qui doit être retenue par MM. les Jurés.

Maintenant, pour les lettres: j'ai dit au Ministère public que je lui portais le défi de les expliquer raisonnablement. Il ne le peut pas, il ne l'a pas essayé. On me répond qu'il a fait écrire ces lettres; pourquoi? Moi, je vous l'affirme, aussi bien pour l'accusation que pour la défense, toute explication est impossible. Vous lirez ces lettres. Vous vous demanderez si un esprit raisonnable a pu les dicter, si ce qu'elles renferment n'est pas de nature à éveiller tous les doutes de la défense. Pour les lettres écrites au père et à la sœur, mises à la poste quelques heures avant la mort, M. l'Avocat général nous disait tout à l'heure que peu s'en était fallu qu'elles ne saunassent l'accusé; le Juge d'instruction le lui avait dit. Je crois à la révélation du Ministère public, je ne doute pas des paroles de M. le Juge d'instruction; mais si cela a été sa première impression, une fois la nuit passée il a vu les choses autrement. Voici la preuve. La plainte avait été portée par M. Gouchon, mari de la sœur à laquelle une des lettres était adressée. Mme de Pauw y disait à sa sœur: « Depuis quinze jours je garde le lit. » Or, huit jours auparavant, elle avait déjeuné avec elle. Elle ajoutait: « Je vomis le sang à plein pot; j'ai vu un médecin; c'est probablement le dernier souvenir que je puis t'envoyer. » Or, Mme Gouchon savait que ce n'était pas vrai. M. Gouchon a dit tout cela au Juge d'instruction, et celui-ci a pensé que la preuve du mensonge, ou du crime, comme vous voudrez, c'était la lettre elle-même. La lettre est inexplicable.

J'en dirai autant des lettres qui ont été adressées à l'accusé. Est-ce qu'on n'a pas fait toutes sortes d'objections à ces lettres? « Vous vous faites écrire, disait-on, que vous lui aviez envoyé 30,000 fr., et cette femme est restée dans la misère la plus profonde; elle était sans pain, sans vêtements. Chaque témoin entendu vient faire le tableau le plus désolant de la détresse abominable de cette malheureuse. Ce n'est pas possible. » Et puis on disait: « Vous n'avez jamais pu avoir la pensée d'envoyer 30,000 fr. à cette femme, sans connaître l'emploi qu'elle en voulait faire. » Pourquoi se serait-il fait écrire ces lettres? Il y est dit qu'elle vomissait du sang, qu'elle avait vu des médecins, lesquels avaient déclaré qu'elle allait mourir; c'est de l'exagération. Encore une fois, il y a là un mystère que je ne connais pas, que je n'approfondis pas. Comment ces lettres ont-elles été écrites, par qui ont-elles été inspirées? Sont-elles l'œuvre de Mme de Pauw, dans un but que je ne puis saisir; sont-elles l'œuvre de l'accusé ou a dirigé la main de celle qui était pliée à toutes ses volontés? Je ne sais; je n'affirme que ce que je sais. Je vois par les yeux du corps et ne peux voir ici par ceux de l'esprit. Seulement, ces lettres ne sont pas plus une charge contre la défense qu'elles ne sont pour la défense un moyen contre l'accusation.

A la dernière audience, quand je disais que vous ne pouviez avoir une preuve, venant de Mme de Pauw, établissant qu'elle avait écrit ces lettres à la demande de l'accusé, j'étais dans la vérité. On vous a parlé de la déposition de Mlle Huilmand dans l'instruction; mais vous savez ce qu'elle a dit à cette audience; elle a voulu parler des lettres écrites au père et à la sœur; elle a terminé par ces mots,

que j'ai copiés à l'instant: « Je ne me rappelle pas que Mme de Pauw ait dit que M. de La Pommerais lui ait fait écrire d'autres lettres. » Donc cette partie de la cause ne tient pas à l'empoisonnement, elle n'en est pas la preuve, c'est à un délit différent qu'on peut la rapporter. Le Ministère public le comprend bien; si nous parvenons à briser cet anneau, à mettre d'un côté une spéculation honteuse, et de l'autre le crime horrible imputé à cet homme, l'accusation eût-elle raison sur la spéculation, elle n'est pas moins tenue de prouver le crime pour lequel elle demande une condamnation.

Que faut-il examiner encore? Ce qui s'est passé au moment de la mort, après la mort? Quelle importance cela a-t-il pour le fait d'empoisonnement? Vous prétendez qu'il a mis les lettres à la poste. Qu'en savez-vous? Qui vous l'a dit? Vous avez interrogé dix personnes; il peut y en avoir une onzième que vous ne connaissiez pas. Vous avez parlé aussi d'un écrin contenant le portrait dont il s'est emparé. Mais il avait les mains pleines de lettres écrites, suivant vous, pour pouvoir les montrer; il avait les contrats d'assurances, les transferts qui le disaient propriétaire des 550,000 fr.; je vous demande si la préoccupation d'une photographie qu'on eût trouvée dans la chambre de cette femme, pouvait l'inquiéter? Cela est misérable et ne prouve rien.

Le Ministère public nous dit: « Voyez, il a fait huit dossiers pour les Compagnies, afin de demander à chacune d'elles ce qu'elle devait. » Mais dans l'hypothèse que j'accepte, il s'était associé avec cette femme pour tromper les Compagnies. La femme est morte, elle est morte naturellement, il va donc demander aux Compagnies d'exécuter leur contrat; il a fait un marché, ce marché, il en veut profiter, c'est tout simple. Mais qu'est-ce que cela fait au crime d'empoisonnement? Pourquoi, en réplique, dois-je insister sur ce point! Par cette seule raison que, si je ne le faisais pas, on pourrait croire que je déserte une partie de la cause, et que je crains que, dans la discussion des faits qui ont précédé l'empoisonnement, il ne se trouve des preuves que je n'ose aborder. Croyez-vous qu'il n'est pas arrivé quelquefois qu'un crime conçu et préparé a été empêché par une faveur providentielle et qu'une combinaison criminelle a échoué parce qu'un succès immérité et innocent est venu donner satisfaction aux plus mauvais desseins. Voulez-vous un exemple? Il est récent. M. l'Avocat général aime les souvenirs judiciaires, je vais le satisfaire.

C'était près d'ici, je plaidais dans une affaire où des négociants, bien coupables, ils l'avouaient, s'étaient entendus pour tromper deux Compagnies anglaises. Un navire avait été chargé et assuré pour 600,000 fr.; la marchandise livrée ne valait pas 50,000 fr. Tout était disposé, la baraterie devait se faire dans la mer Noire. Le capitaine, si l'on peut nommer ainsi un homme de cette sorte, devait se rendre par terre jusqu'au port le plus éloigné; c'est là que le navire devait lui être remis. Dans la mer Noire, le navire disparaissait, le crime était commis, l'escroquerie triomphait. Dieu en a jugé autrement. Le navire a péri dans la Manche par accident de mer. A Rouen, comme à Paris aujourd'hui, l'accusation a proclamé que la Providence ne pouvait permettre de semblables choses, que probablement le navire eût été conservé jusqu'à la mer Noire, si, dans leur impatience, les accusés n'avaient précipité le dénoûment. « Il n'y a pas de crime, avons-nous dit, Dieu n'a pas donné le temps de le commettre; la tempête est intervenue; ce navire, voué à la mort là-bas, est mort naturellement. » Les Jurés ont compris cela, ils ont acquitté.

Donc, on peut séparer une action mauvaise d'un fait criminel. Il ne faut demander à une juridiction que ce qu'elle peut donner; vous ne pouvez demander au Jury de déclarer cet homme empoisonneur parce qu'il a voulu commettre une escroquerie. Donc, assez sur l'escroquerie; éloignons-la.

Je défends dans une mesure que chacun comprend ici; je ne suis pas l'accusé obligé de justifier sa vie tout entière; je suis le défenseur, l'homme de la loi. On m'a promis de me démontrer que cet homme a commis un crime. Où est-il ce crime, que je le voie, que je le touche? Ce poison, est-ce que vous l'avez vu, monsieur l'Avocat général? Laissez-moi vous le dire, vous seriez de ce petit nombre de gens qui, à l'heure où je parle, osent encore assurer qu'il est clair qu'il y a du poison et que la femme est morte victime d'un empoisonnement certain.

Nous voici à la seconde face du procès. Vous en conviendrez, je ne m'embarrasse pas d'un bagage inutile. On me fera l'honneur de le reconnaître, je plaide cette affaire difficile de telle façon que tout galant homme avec sa conscience peut me suivre.

Voyons comment est morte Mme de Pauw. Discutons rapidement. Etait-elle malade? c'est là le point de départ. M. Tardieu vous a dit qu'elle n'était point malade; sa maladie a été spontanée; elle date du 16 au soir. Il l'a dit, parce qu'il avait trouvé dans les dépositions des témoins des documents qui lui permettaient de le dire.

M. Tardieu nous a dit : « La maladie a été spontanée, c'est là un des éléments à l'aide desquels nous avons conclu à l'empoisonnement. » La maladie a-t-elle été spontanée? Voyons!

Il ne s'agit pas de résumer les dépositions, de les traiter légèrement, de dire : Mme de Pauw avait un petit mal, ses lèvres étaient un peu rouges; elle était enceinte : tout cela n'était rien. L'accusation ne peut tenir ce langage. Elle ne se débarrassera pas plus facilement des certificats des médecins en disant: « M. Tardieu! M. Tardieu! » Non! MM. Gaudinot, Velpeau, Nélaton sont hommes à s'expliquer; ils se sont expliqués, je rappellerai leurs explications.

« Bien avant sa maladie simulée, elle se plaignait de palpitations du cœur. » — Je résume pas, je lis la déposition de sa fille : « Je crois que maman a commencé à faire la malade le 10 novembre; elle n'était pas bien portante, mais elle exagérait son mal. » — Enfin, quand vous affirmeriez qu'il fait nuit par le magnifique soleil que nous sommes tous si heureux de retrouver, ce serait une affirmation et rien de plus. Ce que dit l'enfant est-il vrai? Et puis Mme Gouchon a été inquiète; à quelle époque, grand Dieu? A une époque qui correspond précisément à une déclaration du docteur Gaudinot que je lirai, déclaration précise, qui ne fait pas confusion, et qui, par conséquent, doit être retenue, à moins qu'on ne prétexte que c'est un malhonnête homme qui ment à la Justice. Je lis Mme Gouchon : « Le lundi, 9 novembre, ma sœur est venue déjeuner chez moi; elle m'a dit que, quelques jours auparavant, elle avait eu des palpitations très-fortes, qu'elle avait souffert de l'estomac, et qu'elle était restée dans son lit quarante-huit heures. » Il ne s'agit donc pas seulement de lèvres un peu colorées, teintées d'une certaine façon. Elle avoue ensuite à sa sœur qu'elle va simuler une maladie, qu'on lui en a donné le conseil : « Je la trouvai nerveuse, et je remarquai ses lèvres, qui étaient d'un rouge violet, ce qui me frappa. » J'abrége ces lectures. Mme Maille : « Elle m'a dit que pour vendre son contrat d'assurances, il lui faudrait simuler une maladie. La vérité est qu'elle n'avait pas bonne mine, et qu'en dehors de cette maladie, elle avait l'intention de se purger.

Je ne veux pas insister autrement. Seulement, vous comprenez, par les déclarations des témoins, que la maladie n'était pas insignifiante, comme semble le supposer M. l'Avocat général. Cette femme était malade, sérieusement malade, de manière à inquiéter sa sœur et Mme Maille. Il n'est pas possible, à moins de manquer à toutes les règles du bon sens, d'admettre que, si cette femme allait bien, on lui aurait donné les consultations que je tiens.

On dit qu'elle a exagéré les paroles des médecins, je le veux bien; qu'elle a pu tromper les médecins sur l'étendue de son mal, je le veux bien. Mais ce qu'il s'agit de savoir, c'est non pas si elle était mourante, si elle était très-gravement malade, mais si simplement elle était malade quand elle allait chez eux. Or, à moins de proclamer que M. Tardieu doit toujours être cru sur parole, même lorsqu'il n'affirme pas, on ne peut refuser créance aux certificats des médecins qui sont dans la science ses égaux et ses pairs. Qu'ont-ils vu? Qu'ont-ils fait? M. Desormeaux, le 12 octobre, a ordonné du chlorhydrate de morphine, de la teinture de cantharide. Quand il a été interrogé devant vous, il a répondu : « Ceci prouve que l'état de souffrance était habituel; cette femme était dans un état d'anémie, mais l'ordonnance n'indique pas un danger pressant. » Soit; mais elle indique que pour le médecin, à ce moment, elle était dans un état qui avait sa gravité.

Je ne veux pas insister sur le vésicatoire que M. Nélaton a ordonné et sur ceux que M. Velpeau a prescrits tous les mois. Le Ministère public ne lit pas ces pièces; elles lui semblent sans importance. Comment! Un grand médecin ordonne tous les mois un large vésicatoire sur l'estomac, et ceci ne prouve pas que cette femme était malade?

Nous arrivons au docteur Gaudinot. M. l'Avocat général, pour attaquer ce médecin, a rappelé le souvenir d'un fait dont celui-ci n'a point, ici au moins, à se défendre. Un jour, une femme comparaissait sur les bancs de la Cour d'assises, accusée d'avoir voulu tuer un enfant par de mauvais traitements. Le docteur Gaudinot disait qu'on exagérait les faits, et le Jury lui a donné raison. Mais, plus tard, cette femme a été condamnée en Police correctionnelle, pour d'autres faits, je suppose; car je viens d'entendre de belles discussions sur cette théorie, et je ne pense pas qu'on puisse reprendre correctionnellement les mêmes faits sur lesquels la Cour d'assises s'est prononcée. Cela m'a été dit en cassation. Est-il vrai que Mlle Doudet ait été acquittée en Cour d'assises et que le Jury ait cru à la déclaration du docteur Gaudinot? M. l'Avocat général sait bien que oui. Donc, si plus tard, en Police correctionnelle, elle a été condamnée, je me borne à dire ceci : Je ne crois pas que M. Gaudinot en soit considérablement atteint. D'ailleurs, est-ce ou non un honnête homme? N'y a-t-il que les témoins et les Experts du Ministère public qui méritent bienveillance et égards? Sera-t-il traité comme M. Hébert? Est-ce un homme qui fréquente la famille de La Pommerais? A-t-il altéré la vérité? S'est-il prêté à une complaisance criminelle? Qu'on le dise! Qu'on dégrade cet homme, si on l'ose! Qu'on déchire cette vie si respectée jusqu'à présent! Qu'on lui arrache cette croix qui atteste son mérite, cette marque d'encouragement qu'on ne donne qu'aux honnêtes et aux forts! Tant qu'on n'aura pas dit qu'il a été parjure, il faudra bien accepter la vérité de son témoignage. Je ne sache pas que ceux qui n'ont pas vu puissent être plus sûrs que M. Gaudinot, qui a vu, entendez-vous bien? Il n'a pas reconnu de coup; il vous l'a dit; il n'a pas vu de traces de la chute, il l'avoue, il s'en est rapporté à cette femme, il a la franchise de le reconnaître, c'est déjà beaucoup. S'il n'était pas honnête, il n'avait qu'un mot à dire : « J'ai vu des ecchymoses. » Qui lui aurait soutenu le contraire? Ce ne sont pas les témoins qui auraient eu raison contre le médecin! Mais c'est un homme loyal avant tout; et quand il croit s'être trompé sur un point, il le proclame. Il a négligé un détail par raison de convenance : chacun apprécie et accepte ce motif. Quant au reste, est-il possible de douter qu'il ait examiné la malade? A-t-il observé comme on le fait quand on ne veut pas voir? N'ai-je pas lu hier sa déclaration, faut-il la relire? Est-il vrai ou non qu'avant la simulation Mme de Pauw était malade? qu'avant la date du 10 elle avait vomi, à un moment où elle ne jouait pas la comédie? Ses amies fixent d'une manière incontestable le commencement de la maladie au 10; est-il vrai qu'auparavant M. Gaudinot était inquiet de l'état de sa malade et qu'il lui avait interdit de venir chez lui, à une époque qui correspond avec les déclarations de Mme Gouchon et de Mme Maille? Si cela est vrai, comment ose-t-on dire qu'elle se portait à merveille? qu'elle n'était pas sous l'empire d'un mal qui devait devenir grave, qu'elle n'était pas dans une de ces conditions de santé qui rendent explicable l'événement qui s'est produit plus tard? Ici, pas de confusion possible; il faut se rappeler ce qu'a dit le docteur Gaudinot devant le Juge d'instruction. Lorsqu'il déposait devant ce Magistrat, il savait que sur la chute il pouvait avoir été trompé, que les accidents de l'estomac attribués par lui à une perforation dans le certificat qu'il a donné, ne venaient point d'une perforation que l'autopsie n'a point constatée; mais il savait aussi qu'en dehors de tout cela il devait la vérité à la Justice, et, si de ses observations, il était résulté pour lui la certitude que la santé de cette femme était mauvaise, altérée dans une certaine mesure, il devait le déclarer. Voici ce qu'il a dit :

« Je trouvai Mme de Pauw tellement souffrante, qu'après lui avoir fait une prescription, je l'engageai à retourner immédiatement chez elle pour se mettre au lit, ajoutant que j'irais la voir le lundi suivant, rue Bonaparte, 24. Effectivement, le lundi, 2 novembre, je commençai à lui donner régulièrement mes soins à domicile. Une gastro-entérité aiguë, accompagnée de violents vomissements, se manifesta dans le courant de la même semaine; alors une application de sangsues au siège, de l'eau de gomme, de la glace, de petits lavements amidonnés parurent conjurer pendant quelques jours ces fâcheux accidents. Mais quatre ou cinq jours avant la mort (c'est-à-dire le 13 ou le 14), les vomissements se manifestèrent encore plus violemment; Mme de Pauw refusa de se soumettre soit à une nouvelle application de sangsues sur l'estomac, soit à des vésicatoires volants, et, le 17 novembre, elle expira. Son état m'a paru grave dès le 31 octobre, jour où je l'engageai à se mettre au lit. Tout en la regardant comme sérieusement malade, je pensais pouvoir conjurer ce mal, et ce n'est que le 17, vers une heure après midi, que j'acquis la certitude que toute médication était impuissante. »

C'est un médecin qui parle, c'est un homme d'honneur, un témoin qui a prêté serment. Puisqu'on aime cette formule, je m'en servirai : devant Dieu, il dit la vérité. Il ajoute : « Je ne me suis pas fait représenter les selles de la malade; j'ai vu les vomissements; ceux qui m'ont le plus frappé sont ceux du jour de la mort. » Donc elle en avait eu d'autres; on disait cependant le contraire, et j'avais alors ce papier sous les yeux. On a dit qu'il n'avait rien vu. M. Gaudinot sait écrire le français, M. le Juge d'instruction sait copier ce qu'on lui déclare : « Ceux qui m'ont le plus frappé sont ceux du jour de la mort; ils avaient une teinte rosé grisâtre, paraissant provenir d'une déchirure de la membrane muqueuse de l'estomac. Du reste, ces matières n'ont pas été l'objet, de ma part, d'un sérieux examen. »

On vient nous dire que cette femme se portait bien la veille, qu'elle était dans un état de santé excellent, qu'elle a été frappée tout d'un coup dans les conditions que vous savez! Je vous en demande pardon, mais je crois, sur ce point, avoir fait ma preuve : l'état de cette femme était grave, a paru sérieux au médecin; elle a vomi plusieurs fois; il a dû voir ses vomissements, sa déclaration l'implique nécessairement. Et maintenant que j'ai placé ma plaidoirie sur cette base, il ne sera pas possible que le Ministère public triomphe. Il demandera tant qu'il voudra : « De quoi cette femme est-elle morte? » Je répondrai : « Elle est morte de la maladie qu'elle avait. — Laquelle? — L'autopsie ne l'a pas établie; je l'ignore. »

Mais parce que l'autopsie n'établit pas les causes de la mort, est-on nécessairement empoisonné? N'ai-je pas, dans une simple question adressée à M. Tardieu, indiqué ce point qui peut avoir de l'importance? N'ai-je pas eu l'honneur de demander à M. Tardieu : « Monsieur, vous êtes un expert très-habile, vous êtes incontestablement l'homme qui fait le plus d'autopsies en France, et vous découvririez ce que d'autres ne découvriraient pas, je l'ai trop souvent éprouvé; est-il possible qu'une mort naturelle, parfaitement naturelle, soit suivie d'un état semblable à celui que vous avez constaté ici? » Il m'a répondu : Oui. « Mais, a-t-il ajouté, j'ai pris en considération les faits antérieurs et les faits postérieurs. J'ai interrogé celui-ci, j'ai lu les déclarations de celui-là, j'ai fait mes analyses chimiques, et de l'ensemble de tout cela je suis arrivé aux conclusions que j'ai données à la Justice. » A merveille! Mais n'isolez pas l'autopsie, ne dites pas qu'à elle seule elle peut avoir une valeur; car il est établi et vous répétez qu'on peut mourir naturellement sans que l'autopsie produise aucun résultat quant aux causes de la mort.

Ainsi cette femme était malade gravement, sérieument; M. Gaudinot dit qu'elle a pu mourir de la maladie qu'elle avait alors. Cette maladie n'a pas laissé de traces, mais la science prouve par de nombreux exemples que l'absence de ces traces ne peut suffire pour démontrer qu'un crime a été commis. C'est ce que nous avions à rechercher avec les Experts.

Il faut maintenant nous demander, avec le bon sens, pourquoi, empoisonnée par La Pommerais le 16 au soir, Mme de Pauw n'a rien dit jusqu'au 17, à l'heure de sa mort. M. l'Avocat général n'est pas embarrassé de cet argument; il le dit, je le crois, pourtant sa réponse est loin de me convaincre. J'en conclus que l'argument ne l'a pas frappé aussi sérieusement qu'il m'a touché. Voyons! Cette femme est dans un état excellent de santé le 16 au soir, à diner. La Pommerais arrive et lui fait prendre du poison. Sous quel prétexte? L'accusation me dit : « Je n'y étais pas, je ne puis répondre. » — Sous quelle forme? — « C'est probablement de la digitaline; je ne l'affirme pas, mais enfin c'est du poison. » Tout aussitôt, des vomissements terribles se produisent, et le lendemain, à cinq heures du soir, la mort arrive.

Je disais hier : si les choses se sont ainsi passées, et c'est nécessaire pour qu'il y ait accusation possible, il faut que cet homme ait apporté le poison qui n'a pu venir sans lui. Cette femme a dû en parler à quelqu'un, ne serait-ce que pour se faire soigner. Je n'exige pas qu'elle dise : « La Pommerais m'a empoisonnée. » Est-ce que j'ai prétendu une pareille chose? Il est facile de faire raisonner ses adversaires de façon à les rendre ridicules. Non, je n'ai pas demandé cela. Mais Mme de Pauw pouvait dire que La Pommerais lui avait donné quelque chose, et que ce quelque chose lui avait fait mal.

Eh bien! elle n'en a rien dit à personne. C'est là, dans cette affaire, quelque chose de si clair et de si lumineux, que tous les esprits en doivent être frappés; ce sont là des faits comme on n'en a jamais vu. On vous déclare que si vous acquittez, il n'y a plus d'accusation possible pour empoisonnement. Eh bien! moi, de ma vie, je n'ai vu accusation d'empoisonnement moins certaine et moins fondée que celle-ci.

Vous avez parlé des affaires Palmer et Castaing. Puisque vous m'y provoquez, je vais vous suivre sur ce terrain. Ici, voyez où nous sommes : voici une femme à qui l'accusé porte du poison, elle le prend, et n'en parle pas, elle garde le silence. Elle aime cet homme : n'importe! Elle a confiance en lui : très-bien! Mais elle en parlera! Elle dira à ses confidentes que La Pommerais est venu, qu'il lui a déclaré qu'elle pouvait avoir le choléra, qu'il n'aura pas raconté qu'il lui a donné le remède qui lui a fait du mal ou du bien? Est-il vrai qu'elle ait vu sa fille, qu'elle ait vu sa voisine? Est-il vrai qu'elle ait vu son médecin? Quand M. Gaudinot est venu et l'a grondée d'avoir mangé, la veille au soir, de la soupe à l'oseille et du chou-fleur, n'aurait-elle pas dû lui dire : « Mon dîner ne m'avait pas incommodée, vous avez tort de vous montrer sévère; un ami est venu, il m'a donné quelque chose, j'étais probablement mal disposée, cela m'a fait mal. » Non! elle ne parle pas, elle ne dit rien! Mais il faut qu'elle parle, ne serait-ce que pour demander des secours, pour obtenir ce dont elle a besoin, pour éclairer le médecin, pour rassurer ses amies qui peuvent s'inquiéter en la voyant dans cet état? Elle ne dit rien! Voilà quelque chose d'inconciliable avec la raison. Puisqu'on parle de bon sens, cette femme a-t-elle pu cacher pendant vingt-deux heures aux personnes qu'elle aime, à ses confidentes, ce fait si grave que La Pommerais lui a donné quelque chose? Donc, il n'y a pas de preuves qu'il ait apporté le poison, qu'il lui ait donné le poison; personne n'a vu de poison entre ses mains; personne n'a trouvé chez cette femme une drogue ou un poison donné par lui. Elle n'a dit à personne, en parlant de lui, qu'il lui aurait remis une drogue quelconque. La conséquence, c'est qu'il ne lui a rien donné; que, s'il lui avait donné quelque chose, elle aurait parlé. Si vous aviez quoi que ce soit venant de cette femme, un mot dit par elle, une révélation, ce serait un témoin sortant de la tombe pour accabler cet homme; mais vous ne l'avez pas.

En est-il ainsi dans les divers procès que vous avez cités? Nullement. Parmi eux, il y en a un que j'ai été très-étonné de trouver mêlé à cette affaire. Vous nous avez rappelé qu'autrefois une jeune femme avait commis un empoisonnement. J'ai le malheur d'en entendre souvent parler. Le Jury a prononcé, je respecte sa décision et je m'incline devant elle. Mais le souvenir qui m'est pénible et qu'on aurait pu m'épargner, n'a rien à faire au procès. Mme Lafarge était accusée d'un empoisonnement par l'arsenic, poison minéral, et nous sommes dans les poisons végétaux; rappeler son nom était peut-être inutile. Heureusement il n'y a que moi qui en ai souffert. Mais j'ai à pardonner tant de choses aujourd'hui, que je pardonnerai celle-là de même. Quant à Castaing, ce bon jeune homme qui avait une passion au cœur, on nous disait cela hier ; quant à Palmer, on les avait presque pris le poison à la main et le versant. Je ne veux pas vous lire leurs procès; mais puisqu'on veut nous promener dans la juridiction criminelle, et puisque M. l'Avocat général veut faire des assimilations, j'ai le droit de lui répondre et de le suivre sur le terrain où il m'a provoqué.

Palmer s'était fait transporter par son ami je ne sais quelle police d'assurance souscrite à l'occasion des courses anglaises, dans lesquelles il paraît que des sommes autrement fabuleuses que chez nous sont engagées. Au moment où il avait servi à son ami le verre contenant le poison, celui-ci s'était écrié : « Mais ça me brûle, que m'avez-vous donné là? » et il est mort. Ici, avez-vous quelque chose de semblable? Non. Si vous l'aviez, je comprendrais que vous soyez triomphant; vous auriez raison de l'être.

Quant à Castaing, il a été prouvé qu'à quatre heures du matin il s'était levé et était venu chercher à Paris de la morphine; il était rentré à Saint-Cloud après ce voyage inexplicable; il avait demandé du lait, avait présenté le breuvage à son ami, qui, à l'instant, avait été frappé. Vous ne constatez encore rien de pareil ici.

Dans ces deux affaires, l'empoisonneur était vu administrant le breuvage; on constatait le poison chez l'assassin, et l'on fixait l'instant où il passait de ses mains dans le corps de sa victime. Ici, rien d'analogue. Là il y avait des preuves, ici vous n'en avez aucune. Le Ministère public ne peut affirmer qu'aucun témoin ait recueilli de la bouche de Mme de Pauw une parole quelconque révélant l'apport d'une drogue par La Pommerais dans la soirée du 16. Je soutiens, moi, que le silence de cette femme doit être, pour ce malheureux accusé, la plus sûre démonstration de son innocence. A moins d'admettre que, souffrante, elle n'a pas voulu se soigner, le plus simple bon sens se refuse à croire que si La Pommerais lui avait apporté un remède quelconque, elle ne se serait pas empressée de le dire, et quelque témoin serait venu nous répéter sa déclaration.

Ainsi, que de pas nous avons déjà faits! Constatation chez Mme de Pauw d'une maladie grave devenue très-sérieuse; impossibilité pour le Ministère public de ne faire dater cette maladie que du 16 novembre; silence absolu gardé par Mme de Pauw. Que nous reste-t-il à examiner? La déclaration des Experts.

J'avoue, Messieurs, que lorsque j'entendais tout à l'heure M. l'Avocat général aborder cette partie de la discussion, j'ai été atteint, blessé, je ne le dissimule pas, d'un mot sorti de sa bouche. Qu'a voulu dire M. l'Avocat général, en me reprochant d'avoir donné à M. Tardieu des éloges *altérés?* Je ne comprends pas le sens de ce mot, et je voudrais qu'il me fût expliqué. Il paraît que M. l'Avocat général et moi nous ne lisons pas dans le même dictionnaire.

M. le Président. — Le mot de M. l'Avocat général est certainement bien loin de la réponse.

Mᵉ Lachaud. — Je ne puis pas, monsieur le Président, ne pas relever vivement une insinuation qui serait aussi blessante pour M. Tardieu que pour moi. Ce que j'ai dit, je le maintiens : je considère M. Tardieu comme un homme éminent; j'ai en lui la confiance qu'on doit avoir dans un savant; mais, comme il n'est pas infaillible, je puis le discuter. M. l'Avocat général a dit que j'avais été ingrat vis-à-vis de M. Tardieu, le mot a été prononcé. Ingrat! pourquoi, s'il vous plaît? Parce que, dans un grand procès, sa conviction était avec la défense? Mais alors il était donc ingrat envers l'accusation, puisqu'il s'est séparé d'elle, ce jour-là. Ne voyez-vous pas jusqu'où conduiraient vos paroles? M. Tardieu est fort honnête : c'est un homme de bien; il va à l'accusation quand sa conviction l'y pousse, il va à la défense quand sa conviction l'y conduit. Il ne s'est pas étonné, à Aix, que le Procureur général le discutât; pourquoi M. l'Avocat général s'étonne-t-il que je le discute ici? Il n'était pas infaillible là-bas pour l'accusation; est-ce que par hasard il le deviendrait ici pour la défense? Ce qu'il a dit, il l'a déclaré comme un savant doit le faire; sa conviction, il l'a puisée dans tous les éléments de l'affaire. Je m'incline; mais est-ce que par hasard c'est sa conscience qui juge? N'est-ce pas la conscience du Jury qui prononce? Croyez-moi, n'insistons pas sur ces personnalités au moins inutiles, et qui conduiraient dans des voies détestables.

Quant à M. Hébert, pourquoi le nommer sans cesse « le pharmacien? » Ce dédain n'empêche pas qu'il soit honnête homme et capable. Je rappelais une de ses propositions, et j'ai été bien mal compris de M. l'Avocat général. Je n'ai pas soutenu que le parquet eût empoisonné à cause de sa putréfaction; j'ai discuté au point de vue scientifique, et j'ai dit que nous étions dans le doute. Je n'ai pas prétendu que les Experts se fussent trompés, mais j'ai dit que leurs preuves n'étaient pas suffisantes pour qu'on pût asseoir sur elles une conviction tellement inébranlable, que, la main sur le cœur et devant Dieu, on osât affirmer. Je ne prétends rien de plus. Ils peuvent avoir raison, mais cela n'implique pas qu'il y ait une certitude.

Voyons, quelles sont les expériences? Il y en a deux, et non pas trois. La première a été faite avec les organes de Mᵐᵉ de Pauw. Est-il vrai ou non que l'extrait en provenant, placé dans l'incision faite à un chien, n'a pas tué cet animal? Nous sommes tous d'accord à cet égard. On dit pourtant que le chien a été empoisonné : c'est possible; mais empoisonné par qui? Vous ne le savez pas, car il n'a pas été fait d'autopsie d'un chien vivant. Est-il vrai ou non que, dans un cadavre enterré depuis quinze jours, il y a une certaine putridité qu'on ne peut complétement faire disparaître? Cela n'est pas contestable. J'entendais, au commencement de l'audience, M. Tardieu dire que si le chien avait été empoisonné par la putridité dont je parle, il y aurait eu en lui une certaine décomposition particulière, certains accidents indiqués par la science. A merveille! Si le chien était mort, les Experts l'auraient ouvert, et nous auraient dit : « Il est mort par la putridité, car nous trouvons en lui les signes qui l'indiquent. » Le chien a vomi, il n'est pas mort; on a respecté sa vie, on a bien fait. L'expérience n'est pas complète, voilà tout.

A-t-on fait une autre expérience? Peut-on en faire une nouvelle? Non. Les Experts ont employé, ont-ils dit, la partie principale des intestins et l'estomac entier pour composer leur extrait; ils ont encore une partie des intestins; mais ce qui reste serait insuffisant. Je n'exige pas qu'on tue un chien de plus; seulement on n'a pas fait l'expérience concluante. Je le dis sans être savant, mais en homme de bon sens qui ne veut que la vérité, et ne juge qu'avec la vérité. Est-il vrai que l'expérience avec les organes de Mᵐᵉ de Pauw n'ait pas amené la mort du chien? Puis-je soutenir que les vomissements ont été déterminés chez lui par la matière putride qu'on lui a inoculée? que l'autopsie n'ayant pas été faite sur cet animal, qui n'est pas mort, il est impossible de rien conclure? Voilà pour la première expérience : c'est le doute. Je n'attaque pas les Experts; je leur dis : ce qui vous paraît suffisant à vous, me paraît à moi insuffisant; vous n'êtes pas le bon Dieu; je ne me mets pas à genoux devant vous comme devant des fétiches. Vous êtes les auxiliaires de la Justice, je vous discute comme je discute toutes les charges; je le fais courtoisement, respectant votre caractère. Mais la preuve n'est pas faite pour mon bon sens; elle ne l'est pas pour le bon sens de MM. les Jurés; elle ne suffit pas.

Voyons la seconde expérience : c'est la plus grave. Hier, j'ai répété souvent, à satiété, il faut bien redire sans cesse les mêmes choses : l'accusation se réduit à une seule charge, le parquet de Mᵐᵉ de Pauw. On a raclé dessus quelque chose, et avec l'extrait obtenu de ces raclures on a tué un chien. Si vous le voulez, le chien a été empoisonné par cet extrait : que pouvez-vous en conclure? qu'il y avait du poison sur le parquet de Mᵐᵉ de Pauw? Je vous défie d'aller jusqu'à dire que ce poison provenait nécessairement de cette femme. Tout est là. Est-ce que vous croyez que je vais me mettre en opposition certaine avec les Experts? Non. Mais les Experts savent-ils si d'autres personnes sont venues là? si d'autres personnes ont déposé du poison végétal sur le parquet? Comment pourraient-ils le savoir? On a levé ce parquet, on l'a gratté légèrement, je le veux bien, et l'on nous dit : « Voilà un extrait qui renferme du poison; cet extrait a tué un chien. » Mais cela ne suffit pas! Quand vous m'aurez prouvé que le chien a été tué et qu'il est mort empoisonné, je vous demanderai de prouver que La Pommerais a donné la substance qui a entraîné la mort.

On n'a pas conservé les vomissements de Mᵐᵉ de Pauw. Ceci est fâcheux, mais nous n'y pouvons rien. Si vous arriviez ici avec une cuvette qui les renfermât, il y aurait évidence, je n'aurais rien à dire. Mais non! On enlève le parquet le 12 décembre. Les vomissements avaient été balayés. Voici le procès-verbal. M. l'Avocat général en a lu une partie, je vais compléter la lecture :

« La femme Delettre, que nous faisons appeler, et qui, dans sa déposition antérieure, nous a déclaré qu'elle avait, par deux fois, enlevé les vomissements, nous explique que, aidée dans cette opération par Félicité de Pauw, fille aînée de la défunte, elle avait balayé ou plutôt étendu les matières depuis la tête du lit jusqu'à l'extrémité du cabinet. »

La femme Delettre avait pris un linge non mouillé avec lequel elle avait gratté le parquet. Mais nous allons peut-être avoir le balai, et nous verrons s'il porte des traces de vomissements :

« Le balai dont s'est servie Félicité de Pauw et le linge avec lequel le parquet a été frotté n'ont pas été retrouvés. »

Voilà la certitude, voilà la lumière dont on nous parlait ! Il ne peut y avoir, nous dit-on, que les vomissements de Mme de Pauw, et on a nettoyé à deux reprises différentes. Remarquez que M. Blachez n'a pas vu trace de vomissements. Aussitôt qu'ils avaient été recueillis dans la cuvette, on les avait jetés. La malade a vomi sur le parquet, on l'a balayé, et, avec un chiffon, par un moyen qui devait enlever en brossant et en frottant, on a fait disparaître ce qui se trouvait dessus. Le balai, on ne l'a pas ! le linge, non plus ! Quelle certitude ? Comme tout cela rassure ! On nous dit : « Les Experts ont enlevé les planches. » C'est certain ; ce qu'ils disent, ce qu'ils ont vu, je le crois, mais rien au delà.

Il existe un poison qui, dans certaines expériences, se montre et disparaît comme un éclair. Si M. Tardieu me disait : « J'ai vu l'éclair, mais je ne puis le rapporter, » je lui répondrais : « Vous l'avez vu, cela me suffit. » Mais ici, qu'avons-nous ? Des planches. On a dit, le 12 décembre, aux Experts d'enlever ces planches ; ils les ont enlevées ; on leur a demandé s'ils n'apercevaient rien dessus, ils ont répondu qu'ils apercevaient certaines traces, ils les ont grattées, et ont emporté le produit de leur petite opération. Mais d'où vient ce produit ? Pourquoi vient-il de Mme de Pauw plutôt que d'un autre ? Ici commencent les difficultés, et les Experts sont impuissants à les résoudre.

J'ai parlé de photographie, de peinture : qui donc osera soutenir qu'on n'a pu laisser tomber un peu de poison végétal ? Nous voyons des ordonnances dans lesquelles se trouvent de la digitale, de la morphine. Comment assurer que Mme de Pauw n'a pas eu, à un moment donné, recours à un traitement dans lequel entrait un poison végétal ? Une personne ayant des palpitations de cœur peut avoir habité l'appartement ; on lui aura donné de la morphine, de la digitaline ; quelqu'une de ces pilules qui renfermait plus ou moins de ces poisons végétaux sera tombée par terre. Tout le monde a pris de la thériaque, il y a une foule d'autres poisons ; supposez qu'une ou deux pilules tombent : la domestique les écrase par mégarde, le poison reste là, et les Experts, avec l'habileté de la science, en retrouvent une parcelle et disent : « Voilà la trace d'un crime ! » Non ! voilà la preuve que sur le parquet est tombé quelques parcelles d'un poison provenant de celui-ci ou de celui-là ; ou de cet amateur de photographie, ou d'un peintre broyant ses couleurs. Vous nous dites qu'il n'y a que des poisons minéraux employés en peinture ; qu'en savez-vous ? Un amateur n'a-t-il pas pu faire une combinaison avec des poisons végétaux et des poisons minéraux ? Vous le voyez, les hypothèses abondent.

Les Experts nous ont prouvé une chose, et en cela je suis d'accord avec eux ; oui, je le veux bien, le chien a été empoisonné avec l'extrait du parquet ; mais ils n'ont fait par là que la moitié de leur preuve. Il faut me démontrer, je ne cesserai de le répéter, que l'extrait a été obtenu avec des matières provenant de Mme de Pauw ; tant que cette preuve ne sera pas faite, on ne sera arrivé à rien. Or les hypothèses sont nombreuses, elles peuvent être variées à l'infini. Il y a ce que nous pouvons supposer, il y a ce que nous ne pouvons pas deviner. Vous dites à cet homme : « Tu es un assassin, tu vas répondre d'un parquet qui est là depuis cinquante ans ; parce qu'une femme qu'on t'accuse d'avoir tuée a habité cet appartement, et que sur le parquet on trouve des traces de poison, ce sera à ta charge ! » Je le proclame bien haut dans ma raison, c'est placer cet homme dans l'impossibilité de se défendre ; c'est lui demander compte de ce qu'il ne peut savoir, c'est s'éloigner de la preuve que l'on doit faire. Le parquet contient du poison, je l'admets ; mais qui l'y a mis ? Nous n'en savons rien ; vous ne pouvez dire que ce soit La Pommerais.

Vous voyez donc que cette seconde preuve, dont les résultats sont plus complets que ceux obtenus par la première, n'est pas de nature à rassurer pleinement vos consciences.

Nous arrivons maintenant à des accessoires. Le poison du parquet, quel est-il ? C'est un poison végétal, je le veux bien. Mais il y a de nombreux poisons végétaux : auquel d'entre eux a-t-on affaire ? Eh bien ! sur ce point, les Experts eux-mêmes n'osent pas affirmer absolument. Voyez donc quels embarras nombreux dans cette affaire ; voyez les incertitudes ! Vous n'avancez pas sans vous briser contre des impossibilités ou des improbabilités. Si vous aviez la certitude que c'est la digitaline, il pourrait en résulter un commencement de preuve contre l'accusé ; mais vous n'avez pas prouvé qu'il s'agit de digitaline ; les Experts eux-mêmes ne l'ont pas dit : « Il est très-probable que c'est de la digitaline. » Très-probable est à mille lieues de certain. Il est très-probable qu'un homme a commis un crime, néanmoins on l'acquitte ; s'il reste une probabilité qu'il ne l'a pas commis, il n'y a pas certitude, et par conséquent la condamnation n'est pas possible.

Et moi je dis que ce n'est pas probable ; je rappelle rapidement, sans insister, que M. Claude Bernard a dit le contraire. Les mots ont leur valeur chez les hommes de science. Certainement les expériences pouvaient être faites d'une façon plus concluante. Si l'on eût ouvert le chien au moment de la mort, on eût trouvé un relâchement du cœur, au lieu de la rigidité. Il y aurait eu plus de probabilité alors. M. Claude Bernard a dit que le sang se divise en deux parties, de couleur différente. Si l'on eût ouvert le chien de suite, on aurait pu voir si son sang présentait ce caractère distinctif. Les professeurs d'Alfort ont parlé d'ecchymoses au cœur ; nous ne les retrouvons pas ici.

Que conclure de tout cela ? Je n'assure pas que les Experts ont tort, je n'en sais rien ; mais je dis que les Experts ne peuvent pas conclure avec la grande probabilité dont ils ont parlé. Et d'ailleurs, que nous importeraient les probabilités ?

Enfin, n'est-il pas vrai qu'il nous manque, au point de vue de la digitaline, un moyen de comparaison qu'il était bien facile de nous donner ? Pourquoi n'a-t-on pas empoisonné un chien par la digitaline pure ? Pourquoi n'a-t-on pas comparé les accidents qui se seraient produits sur un chien mort de cette façon, avec ceux éprouvés par le chien empoisonné avec l'extrait du parquet ? Nous aurions vu s'il y avait similitude entre les résultats. M. Tardieu nous a dit : « Si j'avais fait avaler de la digitaline à un chien, il aurait rendu la digitaline. » Mais je n'ai pas demandé qu'on introduisît de la digitaline dans l'estomac ; j'ai demandé qu'on traitât un autre chien avec de la digitaline, comme on a traité le premier avec l'extrait du parquet. Si les accidents n'eussent pas été les mêmes chez le chien traité par la digitaline pure et mourant empoisonné par la digitaline, il est évident que l'autre chien aurait été tué par un poison différent. Si, au contraire, les mêmes accidents se fussent reproduits que les vomissements, les battements de cœur eussent reparu, si enfin vous aviez eu un double exemple des caractères de l'empoisonnement par la digitaline, vous auriez alors conclu avec certitude.

Je ne parle pas des grenouilles; on sait à merveille dans quel but les expériences sur ces animaux ont été faites. M. Tardieu l'a déclaré, ce n'était pour lui que le contrôle des expériences précédentes, et avec elles il ne se prononcerait ni sur l'innocence ni sur la culpabilité.

J'ai parcouru de nouveau cette partie de ma tâche, et laissez-moi vous le dire, plus que jamais, j'ai la conviction qu'il ne vous est pas permis d'affirmer. Vous avez là, Messieurs, un problème à résoudre, pour lequel il vous faut des éléments certains. Vous les cherchez vainement, et vous ne pouvez les trouver. Il s'agit d'une femme malade depuis dix-sept jours, gravement malade d'une maladie dont elle va mourir; c'est une femme enceinte, placée dans une de ces conditions où la maladie s'explique bien plus facilement encore, et où, l'expérience le prouve, la mort peut arriver plus rapidement que dans l'état ordinaire. On ne peut montrer cet homme apportant le poison; vous n'avez de la malheureuse aucune révélation qui l'accuse et qui dise : « Voilà mon empoisonneur! »

Les Experts sont savants; ils proclament bien avoir empoisonné un chien; mais celui qu'ils ont tué n'est pas mort au moyen de l'extrait du cadavre; on n'a pas pu faire l'autopsie de celui qui a survécu. La preuve qui devait être confirmée par cette autopsie n'est pas entière, elle ne peut vous suffire. Un chien est mort empoisonné, il a été tué par l'extrait provenant d'un parquet; mais qu'est-ce que ce parquet? Du vieux bois dont évidemment l'accusé ne peut répondre. Vous n'avez pas cette certitude absolue qu'il vous faut pour dire : « Il y avait là, il ne pouvait y avoir là que le restant des vomissements de Mme de Pauw. » Vous ne pouvez pas même supposer une accumulation de ces vomissements, quand vous savez qu'on a, avec un balai, étendu tout ce qui a été rejeté par la malheureuse femme, et, avec un linge sec, essayé de nettoyer la pièce aussi complétement que possible.

Enfin, ce qui pourrait ajouter quelque chose à votre conviction, ce serait la nature du poison, la digitaline, parce qu'il a été question de digitaline dans les lettres, parce que cet homme en avait en sa possession. Or, à ce point, les Experts s'arrêtent, et quelles que soient les probabilités, ils n'osent affirmer qu'il s'agit de ce poison. Et vous oseriez, Messieurs, condamner; et vous accepteriez un pareil résultat pour vos consciences!

M. l'Avocat général nous a dit qu'on ne peut tout expliquer dans une affaire criminelle; je ne suis pas de son avis. Il faut que l'accusation explique tout, ou qu'elle s'attende à être vaincue; il le faut! Or, ici, vous avez des parties pleines d'obscurité.

Réfléchissez-y bien! Non, ce n'est pas l'épouvante que je veux semer dans vos consciences; Dieu me garde d'essayer de vous effrayer! Ce serait d'ailleurs peine inutile; l'effroi ne va jamais à des âmes comme les vôtres. Mais ce qui doit y aller, c'est la certitude; ce qu'il vous faut, c'est la conviction; c'est sous la foi de votre serment que vous allez juger; c'est devant Dieu, Messieurs, que vous avez promis de déclarer la vérité. Pour qu'il y ait vérité, il faut qu'il y ait certitude. Eh bien! où la trouvez-vous? Cherchez! Quel est donc l'élément assez puissant pour vous convaincre? Quand vous serez tout seuls, oubliez les paroles de l'Avocat général et du défenseur; pesez l'affaire, et voyez si vous pouvez dire : « Il est impossible que cette femme soit morte naturellement. »

Il ne vous suffira pas de dire : « Il est probable qu'elle a été empoisonnée; » il ne vous suffira pas de dire que : « Très-probablement elle a été empoisonnée. » Vous n'avez pas juré de décider qu'une chose très-probable constitue un crime; vous avez juré de déclarer, par oui ou par non, s'il y a crime manifeste dans un fait qui n'est pas suffisamment connu.

Eh bien! Messieurs, à vous de juger. Je n'ajouterai plus rien; chacun a sa conscience. J'ai accompli mon devoir autant que je l'ai pu; je me suis associé à cette défense dans les parties où elle me paraissait excellente, j'ai dû la négliger dans les parties qui me semblaient douteuses.

M. l'Avocat général a parlé de l'opinion publique. Lui-même en a fait justice. Est-elle ce matin ce qu'elle était hier? Qui sait? Ce n'est pas sans doute la parole d'un avocat qui a pu la changer; je n'ai pas de ces prétentions vaniteuses. Mais c'est qu'aujourd'hui l'affaire se présente autrement; c'est que, jusqu'ici, l'imagination généreuse d'une population ardente et loyale jugeait avec ses impressions, et qu'à cette heure la raison calme des gens sérieux cherche la vérité et la veut sans nuages.

L'opinion! quel cas voulez-vous que j'en fasse? J'étais, il y a peu de temps, dans une affaire où je voyais, porté en triomphe, un accusé qui, à vingt lieues de là, eût été écharpé s'il y avait été jugé. C'était bien là l'opinion publique : à Aix, des transports; à Montpellier, la mort! Le Jury est au-dessus de tout cela; il voit par lui-même avec les yeux de sa conscience et non pas avec les yeux de la foule, et quand il n'a pas vu clairement, Messieurs, il n'a pas la témérité de vouloir affirmer. Ce qu'il ne sait pas, il ne le dit pas.

Écoutez, Messieurs, c'est ma dernière parole, écoutez une phrase qui appartient à un des plus grands orateurs de cette époque; il parlait aussi devant un Jury dans une affaire obscure, et, comme dans celle-ci, il y avait des difficultés que les esprits les plus habiles ne parvenaient pas à résoudre, et l'éminent orateur s'asseyait en prononçant ces mots :

« Quand Dieu n'a point donné aux hommes le parfait éclaircissement d'un crime, c'est une marque qu'il ne veut pas les en faire juges, et qu'il s'est réservé la décision à son Tribunal suprême. »

Je n'ai plus rien à ajouter, messieurs les Jurés; Dieu seul, je crois, connaît le mystère de cette affaire. Quant à vous, quoi que vous fassiez, vous ne verrez pas au-delà des lumières de l'homme; le crime n'apparaît pas, et, laissez-moi vous le dire, il est impossible que vous le proclamiez!

M. le Président. — La Pommerais, avez-vous quelque chose à ajouter à votre défense?
L'accusé. — Non, monsieur le Président.
M. le Président. — Les débats sont terminés.

Messieurs les Jurés,

Le meurtre n'est puni par la loi de la peine capitale que lorsqu'il est accompagné de la circonstance aggravante de la préméditation. En effet, le législateur ne pouvait placer sur la même ligne celui qui, dans un accès d'égarement ou de fureur, saisit une arme et frappe, et l'individu qui, après avoir de propos délibéré, mûri, médité un crime, attend sa victime pour lui donner la mort. Mais cette distinction sagement faite par la loi ne pouvait être appliquée au crime que vous avez aujourd'hui à juger, le crime d'empoisonnement.

De tous, en effet, c'est le plus lâche; c'est celui contre lequel il nous est le plus difficile de nous prémunir, et qui fait courir à celui qui le commet le moins de dangers personnels. Son caractère principal est encore d'emporter avec lui, plus que tout autre, l'idée de la préméditation. En effet, c'est dans le silence de la réflexion, à tête reposée, que l'empoisonneur agit, prépare son poison, saisit le moment favorable pour l'administrer, et calcule, non-seulement le succès qu'il peut se promettre en accomplissant son crime, mais en même temps toutes les chances qu'il peut avoir pour détourner de lui les soupçons et assurer son impunité.

Et si c'est un médecin qui se rend coupable d'un fait pareil, avons-nous besoin de vous dire combien sa qualité ajoute encore à la gravité de son crime? Vous comprenez donc quelle a dû être, à l'égard de ce crime particulier, la sévérité de la loi.

C'est avec une conviction profonde que l'organe de l'accusation, qui n'agit, lui, que dans un intérêt public, intérêt qui vous touche comme il touche chacun de nous, c'est avec une profonde conviction, vous a-t-il dit, qu'il soutenait devant vous, en cette circonstance, la culpabilité de l'accusé.

Une femme, vous le savez, vivant dans l'isolement et la misère, mais dont la mort pouvait procurer une fortune, cette femme expirait, le 17 novembre dernier, dans une modeste mansarde de la rue Bonaparte; c'était la veuve de Pauw.

L'accusé vous a fait d'elle le tableau le plus défavorable; il a pris, dit-il, soin d'elle et de son mari; il en a été le bienfaiteur. Cependant il les accuse tous deux d'être des escrocs; il a prodigué, dit-il, les trésors, l'argent à la veuve de Pauw, même depuis qu'il s'est marié, et on n'a pas retrouvé chez elle de trace de cette fortune, c'est qu'elle l'a dépensée avec des individus qu'il ne connaît pas.

C'est cette femme qui l'aurait en quelque sorte séduit lui-même; elle courait après lui; il la mettait à la porte, vous dit-il, elle rentrait par la fenêtre; elle se donnait au premier venu. Il a cité des hommes honorables, qui lui ont opposé un démenti formel, comme ayant été les amants de la veuve de Pauw. Enfin, si, au moment de sa mort, elle était enceinte, ce n'était pas de lui, c'était d'un autre qu'il ne peut indiquer. Combien les témoins entendus dans l'instruction, et qui ont déposé devant vous, ont fait de cette malheureuse femme un tableau différent! Selon eux, elle était courageuse, travaillait du matin au soir, luttait avec énergie contre la misère et contre les difficultés de sa position. Elle aimait tendrement ses enfants. Quant à ses mœurs, elles ont été pures tant que son mari a vécu. Depuis, elle a eu la faiblesse de céder à la passion violente que l'accusé lui avait inspirée; mais, en dehors de cette liaison coupable, il a été impossible d'en citer aucune autre. L'intérêt pécuniaire était complètement étranger à la passion de cette femme. Jamais, quoi qu'il en ait dit, quoiqu'il ait cherché à l'établir, jamais l'accusé ne lui a rien donné; il était hors d'état de lui faire du bien. Elle disait elle-même à des témoins, qui vous l'ont répété: « Que voulez-vous que je lui demande? il ne peut rien faire pour moi. Sa femme lui donne à peine de quoi payer les courses qu'il est obligé de faire. »

Ses livres de dépenses, à lui, compulsés par l'instruction, sont la preuve évidente de son peu de ressources, et par conséquent du peu de cadeaux qu'il pouvait faire; on y a constaté que pendant 1858, 1859 et 1860, il n'avait donné en tout que 680 fr. Enfin, des témoins honorables vous ont dit à cette audience quels étaient les dons, soit en argent, soit en vêtements, que leur charité distribuait à cette malheureuse femme.

Lorsque l'accusé, après son mariage, est revenu trouver Mme de Pauw, elle ne s'attendait pas à ce retour, elle n'en prévoyait surtout pas le but. Elle n'y a vu, les témoins l'ont déclaré, autre chose que l'espérance de ne plus être seule, et, quand sa grossesse a été évidente, elle leur a manifesté qu'elle en était heureuse; elle se flattait que La Pommerais ne l'abandonnerait plus. L'enfant qu'elle portait serait un lien de plus entre elle et lui; elle espérait qu'il n'aurait plus d'enfant de son mariage. Vous savez à quoi elle pouvait faire allusion.

Cette femme est morte le 17 novembre, ne laissant que des dettes, au lieu de sommes considérables que l'accusé lui aurait données presque au moment de sa mort, ne laissant que des haillons, au lieu de ses vêtements qu'elle avait été obligée de mettre au mont-de-piété. Cependant elle était entourée de l'affection de tous ceux qui la connaissaient. Elle pouvait être une femme bavarde, indiscrète; mais pour menteuse, méchante, capable d'inventer, par exemple, les circonstances du procès actuel, elle ne l'était pas, vous l'ont dit tous les témoins.

A-t-elle été empoisonnée? C'est là la grave question que vous aurez à examiner.

Dès que la Justice a été informée des soupçons qui pesaient sur la mort de cette femme, elle a fait comme elle fait d'ordinaire en pareil cas: elle a chargé un médecin, digne à tous égards, par ses lumières et sa conscience, de toute la confiance des magistrats, de faire l'examen et l'autopsie du cadavre. Cette opération a constaté que la mort ne pouvait être attribuée à aucune cause naturelle. Dès lors, de nouvelles constatations sont devenues indispensables; elles ont été faites, et les hommes de l'art ont été amenés à cette conclusion, que Mme de Pauw était morte empoisonnée. S'ils n'ont pu affirmer d'une manière positive quelle était la nature du poison employé, et s'ils ont supposé que c'était la digitaline, ils n'ont eu aucun doute sur le fait même de l'empoisonnement. Jamais, à cet égard, la moindre incertitude n'a existé dans leur esprit.

L'accusé a cru devoir faire entendre à l'audience un témoin sur lequel il comptait pour établir que les Experts s'étaient trompés, que leurs opérations avaient été mal faites, que leurs conclusions étaient erronées. Vous avez assisté à cette discussion, vous ne l'aurez pas oubliée. Vous avez pu apprécier si le rapport consciencieux des Experts en est sorti victorieux, et si, en supposant toujours que la digitaline ait été employée, les Experts, dans leurs conclusions, même à ce point de vue, ont pu se tromper.

Comment ont-ils procédé? Ils vous l'ont dit eux-mêmes. Examinant le cadavre de Mme de Pauw, ils sont arrivés à démontrer que toutes les causes supposées de la mort de cette femme, perforation de l'estomac, gastro-entérite, maladie du cœur, toutes ces causes étaient inexactes. Cette femme, examinée très-peu de temps auparavant, avec soin, par les médecins des Compagnies d'assurances, avait été déclarée dans un état de santé parfaite, et depuis il est évident que sa santé ne s'était pas dérangée. Les maux qu'elle avait accusés aux différents médecins qu'elle est allée consulter, la prétendue chute qu'elle avait faite, tout cela n'avait rien de sérieux.

Il est possible que la misère et les privations qu'elle endurait aient occasionné chez elle quelques légères souffrances; mais, encore une fois, elles n'avaient rien de grave, de sérieux, et elles ne pouvaient surtout expliquer les vomissements, les vives douleurs dont sa mort avait été précédée.

Il fallait donc chercher ailleurs les causes de cette mort. C'est alors qu'après avoir recueilli les déjections que cette femme avait répandues sur le parquet de son atelier, les Experts ont agi sur ces déjections. Ils vous l'ont dit eux-mêmes, ils les ont recueillies avec le plus grand soin, vous ne l'avez pas oublié. Il résulte des déclarations, comme du rapport, qu'une partie du parquet était encore humide; on ne pouvait s'y tromper. Ils ont recueilli ces matières humides, et les ont analysées. Ils n'ont pu se tromper et recueillir sur le parquet des matières qui auraient pu y être déposées à une époque antérieure. Ils ont analysé les déjections, et, avec l'extrait résultant de leurs opérations, les Experts ont donné la mort à un animal, à un chien, après le même temps et avec les mêmes symptômes qui ont été constatés lors de la mort de Mme de Pauw. Un autre chien, soumis à la même opération, non pas avec un extrait des matières recueillies sur le parquet, mais avec un extrait obtenu au moyen des organes retirés du cadavre de Mme de Pauw, cet autre chien n'a pas succombé. Mais vous savez pourquoi; les Experts vous l'ont dit, ils n'avaient pas assez de matière pour l'empoisonner complétement. Pour eux, le résultat n'en est que plus décisif; le chien a été empoisonné, complétement empoisonné, s'il a résisté, c'est à cause de la petite quantité de poison insinué. Ces expériences leur ont fait conclure formellement que Mme de Pauw était morte empoisonnée.

Le témoin Hébert, appelé par l'accusé à son secours, a vainement cherché, vous a-t-on dit, à contester les résultats des constatations des Experts. Ses objections ont été complétement détruites devant vous dans une discussion qui sera restée dans vos souvenirs. Quelques efforts qu'on ait faits pour jeter l'incertitude et le trouble dans vos esprits, chose rare dans une affaire de ce genre, vous a dit l'accusation, le travail et les expériences des Experts sont restés complétement debout; ils n'ont pu même être ébranlés dans aucune partie.

Ces résultats sont de nature à rassurer vos consciences. Vous avez pu savoir, par l'expérience du passé, que c'est toujours contre ces expertises que s'élèvent les efforts de la défense, dans l'espérance de provoquer un doute et de jeter le trouble et l'incertitude dans vos consciences. Eh bien! les témoins qu'on a cru devoir appeler dans un intérêt de vérité, des savants éminents, vous ont dit, notamment M. Claude Bernard, qu'ils ont fait eux-mêmes des expériences sur des chiens avec de la digitaline, et que ces expériences ne sont, sous aucun rapport, en contradiction avec celles faites par les Experts et avec les résultats qu'ils ont constatés. Par conséquent, on aurait recommencé sur un autre animal les expériences avec la digitaline, que le résultat n'eût pas été différent.

Mme de Pauw, aux yeux de l'accusation, est donc morte empoisonnée. Le poison administré est probablement la digitaline; mais ce n'est pas là le fait important au procès: il s'agit de savoir si cette femme a été empoisonnée.

Cherchons avec l'accusation quel a été l'empoisonneur, et quel a été son mobile. Toute l'habileté de la défense a été de séparer ce qui, au contraire, doit être réuni; le crime, en effet, ne peut être isolé de l'intérêt qui a fait agir le criminel.

L'empoisonneur, aux yeux de l'accusation, c'est l'accusé.

Quel est cet homme? Il est né d'une famille honnête et considérée, ce n'est pas contesté. Quant à lui, c'est un caractère intrigant et léger, n'inspirant nulle confiance à ceux qui le connaissaient, même dans son pays. Il professait l'athéisme et le matérialisme: ce sera une affaire à régler entre Dieu et lui. Mais ces sentiments ne sont pas même sincères chez lui; il n'a voulu que s'en faire un moyen de se signaler à l'attention publique, dans le cours annoncé par des prospectus répandus à profusion qu'il faisait rue de Verneuil.

Sa probité est essentiellement contestable aux yeux de l'accusation; vous avez su ses relations avec Prato, son ami, qui prenait aussi, lui, le titre de marquis d'Arnezano; ce n'était qu'un escroc, qui avait rendu Pichevin victime d'une escroquerie de 10,000 francs, au sujet d'un achat de vins. Prato a proposé à Pichevin le cautionnement de La Pommerais; celui-ci l'a donné pour soustraire son ami aux poursuites dont Pichevin le menaçait. Pressé plus tard par ce dernier, dont il avait déjà obtenu la remise de la moitié de la dette, il a imaginé de s'en débarrasser en simulant un départ pour l'Amérique; il lui a fait croire que sa belle-mère était morte insolvable, ne laissant que des dettes; Pichevin s'est laissé prendre à cette ruse, et, moyennant 1,500 fr., La Pommerais a obtenu quittance complète, définitive.

Sa conduite est la même à l'égard de Gastier, son maître et son professeur. Il a acheté à ce vieillard, qui avait d'autres vues, sa clientèle qu'il voulait conserver pour son fils. Gastier a cédé aux instances de l'accusé, et a consenti à lui céder pour 7,000 fr., chiffre proposé par La Pommerais lui-même, la clientèle dont il s'agissait. A peine en possession, l'accusé cherche, soit par lui-même, soit par des agents d'affaires, à persuader à Gastier que le contrat intervenu entre eux est illicite; ce vieillard, retiré dans son département, ne voulant pas se jeter dans les embarras d'un procès, s'est décidé à se contenter de 1,500 fr. en sus des 2,000 fr. qu'il avait déjà reçus. Vous savez ce que, dans sa déposition, il a dit du caractère, des habitudes de l'accusé.

Sa défense a fait venir devant vous des témoins, faisant partie de sa clientèle, qui ont attesté le dévouement et le désintéressement de l'accusé. Cependant, les médecins homœopathes, de la société desquels il faisait partie, se sont émus de son charlatanisme; il a été obligé de donner sa démission, ce qui l'a dispensé d'être exclu.

Dans la Société de secours mutuels de Saint-Thomas d'Aquin, sa conduite a donné lieu à des soupçons. Le docteur Mathias vous a dit qu'il supposait qu'il recevait la moitié du prix des ordonnances exécutées par Weber; il y a au dossier une note qui prouve qu'il partageait avec ce pharmacien la moitié du prix des médicaments fournis par le dispensaire.

Quant au mariage de La Pommerais avec Mlle Dubizy, peu importe, dit l'accusation, qu'il ait connu cette jeune fille par l'entremise d'agents d'affaires auxquels il aurait promis une récompense considérable; ce qu'il y a de certain, c'est qu'il a trompé la mère et la fille sur la fortune qu'il possédait. Il n'avait qu'une somme de 9 à 10,000 f.; il a imaginé, pour faire croire à sa belle-mère et à sa femme qu'il possédait une fortune plus considérable, de se procurer, par l'entremise de son ami Lelienthal, des valeurs que celui-ci emprunta pour quelques heures, et il les a fait figurer dans son contrat de mariage, en y insérant leurs numéros. Il prétend aujourd'hui que ces valeurs étaient la représentation de valeurs étrangères que sa belle-mère n'avait pas voulu accepter. Mais il n'a pas établi à cet égard la moindre justification; c'est évidemment un mensonge mis en avant par lui dans l'intérêt de sa défense.

Sa cupidité est telle, qu'à peine Mme de Pauw a fermé les yeux, on le voit se précipiter sur la proie qu'il voulait saisir; il s'empresse de produire aux Compagnies d'assurances les pièces nécessaires. Le 27 novembre, il faisait écrire par sa sœur une fausse lettre, au nom d'un avocat imaginaire de Châteauroux qui paraissait chargé des intérêts des enfants, et il la montrait à Desmidt pour qu'il s'en servît comme d'une arme contre les Compagnies. Un fait de ce genre ne suffit-il pas pour faire juger de la moralité de l'accusé?

Voilà son caractère, voilà son improbité ordinaire.

Son mariage a lieu au mois d'août 1860. A cette époque, les relations anciennes de La Pommerais avec Mme de Pauw avaient cessé. Rien ne prouve, quoi qu'il en ait dit, que cette femme ait cherché à rompre son mariage, ait écrit des lettres anonymes à sa femme. Au contraire, d'après ce que disent les témoins, elle avait accepté, comme une nécessité, une séparation inévitable, et elle poursuivait le cours de sa vie misérable, lorsqu'en juin 1863, La Pommerais, qui jamais ne lui avait envoyé le secours de 200 fr. par mois dont il a parlé, ni même un secours important quelconque, tout à coup se présente chez elle. Il prétend n'y être pas allé : c'est un point essentiel dans l'intérêt de sa défense. Il prétend lui avoir écrit : il est démenti sur ce point par tous les témoignages que vous avez entendus; il est venu lui-même chez cette femme pour traiter des affaires des assurances. Était-ce pour concerter une escroquerie, comme l'a prétendu la défense? La défense a pu se servir de ce moyen, mais ce n'est pas l'accusé qui le lui a fourni; il a toujours soutenu que ces contrats d'assurances étaient une chose parfaitement sérieuse. Une preuve qu'il est allé de sa personne chez Mme de Pauw, c'est que tout le monde était instruit de ses visites. Le concierge de la maison de la rue du Cherche-Midi, où demeurait alors Mme de Pauw; celui de la rue Bonaparte, où elle est venue habiter depuis; les enfants de Mme de Pauw, ses amies, tous déclarent que l'accusé venait souvent la voir. Il lui avait fait jurer sur la tombe de sa mère qu'elle garderait le silence le plus absolu sur les contrats qu'il lui faisait signer; elle n'a pas tenu cette promesse, c'est vrai; mais peut-être, dans les desseins de la Providence, l'indiscrétion de cette femme devait-elle un jour servir à dévoiler le crime de l'accusé. La femme Gouchon, sœur de Mme de Pauw, la femme Maille, Mme de Ridder et sa fille, toutes attestent les visites fréquentes qu'il faisait. Sa comptabilité à lui-même en fournit une preuve; vous savez les mentions qui s'y trouvent et qui constatent, surtout dans les derniers temps, les secours peu considérables en eux-mêmes qu'il fournissait à cette femme; vous vous rappelez la singulière explication qu'il vous a donnée de ces dépenses portées sur ces registres, en vous disant que c'étaient des économies : c'est une explication qu'il donnait en désespoir de cause.

Quant aux visites faites, rappelez-vous la lettre écrite par Mme de Pauw à son amie, Mme de Ridder, pour qu'elle vînt passer la soirée chez elle le samedi; rappelez-vous ces expressions : « Il m'a dit hier que j'aurais les 3,000 livres de rente. » Il était venu la veille, il est venu le lendemain, le surlendemain, tous les autres témoins le déclarent; il ne peut rester sur ce point aucune incertitude.

Dans les derniers temps, il lui rendait des visites fréquentes. Il ne peut nier celle du 16, veille de la mort. Mme de Pauw attendait, ce soir-là, son amant; vous savez à quels soins de toilette elle s'était livrée pour le recevoir; ce n'était évidemment pas un créancier venant lui parler de sa créance qu'elle attendait. Elle était enceinte; elle en a fait la confidence à toutes ses amies, elle en était heureuse. Singulier bonheur en vérité ! Mais enfin, si elle l'avait été des œuvres d'un autre, pourquoi n'eût-elle pas nommé cet autre aussi bien que l'accusé? Pensez-vous que ce soit pour tirer vanité de sa position ? La position de La Pommerais n'était pas si brillante, son nom n'était guère connu non plus! Elle va chercher cet homme pour le faire considérer comme l'auteur de sa grossesse! Mais elle n'avait aucune raison sérieuse de la lui attribuer. Si elle s'est dite enceinte de lui, c'était la vérité; elle a nommé, elle a toujours nommé La Pommerais. Les détails dans lesquels elle est entrée démontrent encore d'une manière superflue qu'elle disait la vérité. L'accusé cherche vainement à rejeter la grossesse sur un autre, qu'il ne peut en aucune façon indiquer.

Est-ce un créancier qui arrive chez Mme de Pauw la visiter pour tirer d'elle quelques débris? Mais si ce n'avait été pour lui qu'une affaire d'intérêt, il aurait pu, vous a-t-on dit, lui envoyer un des nombreux agents d'affaires qu'il avait sous la main, et s'abstenir de visites qui, sous tous les rapports, devaient lui être pénibles. Enfin, il a osé soutenir qu'il était créancier de son ancienne maîtresse; mais ce qu'il a donné à cette femme est excessivement minime. Il a osé soutenir qu'il lui a donné à différentes reprises, qu'il lui a envoyé de quoi lui remettre par sa domestique des sommes d'argent, et que ces sommes n'étaient pas des dons, mais des prêts. Et vous pourriez admettre un pareil moyen de défense? Il était nécessaire pour expliquer les contrats d'assurances inexplicables sans cela; mais pouvez-vous admettre qu'il ait eu la moindre idée de rentrer dans des créances semblables, lui, qui avait eu des relations intimes avec cette femme, qui avait renouvelé ces relations depuis son mariage? Vous êtes évidemment trop raisonnables pour accepter jamais une pareille explication.

Au surplus, de quoi se composerait cette prétendue créance? De quelques misérables sommes que, dans l'espace de trois ou quatre années, il a données à sa maîtresse. Les 200 fr. par mois ne sont pas justifiés. L'accusation l'admet, cependant; mais peut-être croire que pour 7 à 8,000 fr. que l'accusé aurait ainsi remis, d'après ses déclarations à cette audience, en y ajoutant 200 fr. par mois pendant toute la vie de Mme de Pauw, en y ajoutant même les 20,000 fr. à payer aux Compagnies d'assurances pendant trois ans, celle-ci se serait reconnue débitrice de 550,000 fr.? Ce serait faire injure à vos intelligences d'insister sur un pareil moyen. L'accusation rappelle qu'il ne faut pas séparer le crime des assurances; ce sont précisément elles qui expliquent le crime reproché à l'accusé.

Il est vrai que, depuis les assurances contractées, il a prétendu, et se l'est même fait écrire par Mᵐᵉ de Pauw, lui avoir donné 33,000 fr. en deux fois différentes. C'était un mensonge, comme les 200 fr. par mois qu'il aurait donnés pendant les trois dernières années. Il a été obligé de le reconnaître lui-même; il les a réduits à 13,000 fr., qu'il n'a pas plus donnés qu'il n'en a donné 33,000. Où donc sont ses titres? Il n'en a aucun. S'il en a, ils sont dans cette correspondance mensongère, où il a cherché à faire consacrer ses allégations; toute cette correspondance a été évidemment dictée par lui. Mᵐᵉ de Pauw y va jusqu'à prétendre qu'elle ne serait plus libérée envers lui, même par le double des 550,000 fr. montant des contrats d'assurances.

C'est pour le chiffre de 550,000 fr. qu'ont été faites ces assurances. Quand il va trouver l'honorable avoué, Mᵉ Levaux, il indique sa créance comme cause des assurances; mais à Desmidt, homme sur lequel il pouvait compter, aujourd'hui son débiteur de 4,000 fr. qu'il lui a prêtés, il donne aux assurances un motif différent. Pour expliquer à ses yeux leur chiffre si considérable, il dit qu'il veut faire du bien aux enfants de Mᵐᵉ de Pauw, et, en effet, Desmidt vous l'a dit, de ses conversations avec l'accusé il avait conclu que c'était un personnage riche, titré; il lui avait parlé de 200,000 fr. gagnés à la Bourse, qui, disait-il, bien manœuvrés, pouvaient suffire, pendant de longues années, pendant toute la vie de Mᵐᵉ de Pauw, au payement des primes. Jamais il n'a été question d'autres assurances.

Mais les enfants de Mᵐᵉ de Pauw sont complètement étrangers à l'accusé; il ne les a jamais aimés. Ils ont déclaré, dans l'instruction, surtout la fille ainée, Félicité, qu'elle n'avait pour lui aucune sympathie.

L'accusé était marié, il allait être père de famille et l'est en effet devenu. En admettant que cette considération n'ait pas dû l'éloigner de ses relations nouvelles avec Mᵐᵉ de Pauw, si, comme il le prétend, il a voulu faire du bien à cette femme et à ses enfants, il n'avait qu'une chose à faire, bien plus importante pour elle et pour eux en effet; c'était de leur remettre les 15 ou 20,000 fr. montant de la prime qu'il était obligé de payer; elle y aurait trouvé, soit pour le présent, soit pour l'avenir, des ressources dont elle avait le pluspressant besoin.

Mais ce n'est pas ce qu'il a fait. Il a voulu s'assurer, par la mort rapide de Mᵐᵉ de Pauw, le bénéfice de 550,000 fr. Quant aux enfants qu'il prétend avoir aimés, dont il aurait été le bienfaiteur, depuis la mort de leur mère il n'a jamais songé à les revoir et à leur apporter la moindre consolation. Cet intérêt des enfants, mis en avant vis-à-vis de Desmidt, n'était qu'un masque pour déguiser la vérité. Jusqu'au 20 août, toutes les cessions que l'accusé avait obtenues de Mᵐᵉ de Pauw le constituaient seul propriétaire des contrats d'assurances; seul il pouvait s'adresser aux Compagnies pour se faire payer. Mais ce jour-là, et pour les besoins de sa défense future, il a fait un acte au profit des enfants de Mᵐᵉ de Pauw; il a eu le courage d'en donner lui-même les motifs; il les a répétés devant vous à cette audience. Il a avoué qu'il avait peur des soupçons que la mort de Mᵐᵉ de Pauw pouvait faire peser sur lui, et que, dans un sentiment de générosité, il avait voulu restituer aux enfants le bénéfice que, jusque-là, il s'était réservé à lui seul. Mais il est impossible de concilier la frayeur qui le faisait agir, et la générosité dont il fait ici parade. Cet acte n'est qu'une arme dont il voulait se servir dans le cas où les soupçons qu'il prévoyait l'atteindraient. Il n'en pouvait redouter beaucoup les effets, car il n'avait pas été fait double; lui seul le possédait, lui seul pouvait le montrer, suivant les besoins de sa situation; l'autre double n'a pas été retrouvé dans le domicile de Mᵐᵉ de Pauw.

Le 31 août, pour s'assurer le bénéfice de la spéculation qu'il a faite, il lui dicte un acte dans lequel il n'est plus question des enfants, et, en septembre, il obtient un testament par lequel elle dépouille ses enfants autant qu'elle le peut. Lui-même a le courage de transporter à sa femme, par un testament, l'héritage de sa concubine, à la charge par elle de payer pendant la vie de celle-ci les primes aux Compagnies.

Il n'a donc songé qu'à son intérêt propre; c'est afin de s'enrichir aux dépens de Mᵐᵉ de Pauw qu'il lui a fait contracter des assurances pour un chiffre considérable dont lui seul devait profiter. Ces contrats ont donc été en eux-mêmes la cause de la mort rapide de Mᵐᵉ de Pauw.

On a cherché à établir qu'il ne s'agissait pas d'une assurance sur la vie entière; que l'accusé comptait rompre ces contrats après trois années. Cela n'est pas exact. Jamais il n'a parlé à Desmidt d'assurances limitées; celui-ci l'affirme, il vous en a donné pour preuve l'histoire des 200,000 fr. gagnés à la Bourse, dont nous parlions tout à l'heure. Enfin, ce qui prouve encore que l'accusé ne voulait pas rompre les contrats après trois ans, c'est que, dans son testament fait en faveur de sa femme, il charge celle-ci de payer les primes jusqu'à la mort de Mᵐᵉ de Pauw, s'il venait à mourir.

Mais admettons si l'on veut, vous dit l'accusation, qu'il ait eu l'intention de rompre les contrats : on vous a expliqué que cette opération n'avait pas de sens pour lui. Ou il obtiendrait la restitution d'une prime sur trois, ce qui le constituerait en perte d'au moins 40,000 fr, ou bien le capital assuré serait réduit; on vous l'a dit, ces opérations ne peuvent jamais constituer un bénéfice pour l'assuré. La perte eût été à peu près la même dans les deux cas.

Mais enfin, même dans le système de l'accusé, le terme de trois ans est indispensable. Il fallait, pendant ces trois ans, alimenter les polices d'assurances. Le pouvait-il? Évidemment non. La fortune de sa famille est peu considérable; son père avait dépensé des sommes assez importantes, relativement, pour l'établir à Paris; il n'a rien pu lui donner lors de son mariage. Son apport à lui-même, lors de ce mariage, est frauduleux. Ce qui prouve qu'il n'avait pas de ressources, c'est que, pour payer la première prime, il a vendu seize actions du Nord, qui faisaient partie de la fortune de sa femme.

Les ressources qu'il tirait de sa profession, quelles étaient-elles? Le Juge d'instruction s'est livré sur ses registres à des calculs qui lui ont prouvé qu'il gagnait au plus 9 à 10,000 fr. Sa femme lui a apporté 100,000 fr. environ; mettez 130,000 en comptant la fortune qu'elle a pu recueillir après la mort de sa mère, cela ne sera pas suffisant pour satisfaire au payement des primes, car il a dépensé 43,000 fr. depuis son mariage. Aujourd'hui, sa fortune et celle de sa femme se composent en totalité de 3,000 fr. de rentes sur l'État, et de soixante actions du Midi. Comment, dans cette position, avec 6,000 fr. de rente et 9 à 10,000 fr. au plus, produit de sa clientèle, pouvait-il payer, pendant trois années seulement, 20,000 fr. aux Compagnies d'assurances? Il faut, en outre, ajouter, d'après son système, qu'il a pris l'engagement verbal de payer, vous a-t-il dit, à Mme de Pauw pendant toute sa vie 2,400 fr. par an. C'est donc 22,400 fr. qu'il avait à prélever chaque année. Evidemment, il n'y a pas à insister longtemps sur de semblables assertions.

Il fallait donc que Mme de Pauw mourût; sa mort était indispensable à l'accusé.

Il avait persuadé à cette femme que les contrats d'assurances pouvaient se changer en une rente viagère de 6,000 fr., et il avait pris l'engagement verbal de lui en donner la moitié. Cette opération, en elle-même, était impossible; mais ce n'est pas là ce qu'il faut établir; nous devons chercher si Mme de Pauw a cru cette opération faisable. Cette croyance de Mme de Pauw ne peut être un instant douteuse. Elle a raconté les choses à toutes ses amies de cette façon; elle en a parlé à tout le monde en ces termes; elle disait à la personne qui lui apportait les actes de naissance peu de jours avant sa mort : « Si ça réussit, ce sera mon bonheur et celui de mes enfants. » La lettre à Mme de Ridder prouve qu'elle comptait sur ces 3.000 fr. de rente. Elle croyait les obtenir vers le mois de janvier.

S'est-elle prêtée à cette comédie que l'accusé lui avait inspirée? Il est impossible d'en douter un instant, dit l'accusation. Le docteur Gaudinot est le seul témoin important de la défense; le seul qui ait cru à la maladie de Mme de Pauw; mais il a pu se tromper sur la maladie de cette femme, et ce qu'il y a de certain, c'est que celle-ci n'a exécuté aucune de ses ordonnances. Aucun des médecins qu'elle est allée consulter ne l'a jugée sérieusement malade; ils l'ont tous dit à cette audience. Quant au docteur Gaudinot, il a été obligé lui-même de reconnaître que, pour les vomissements qui auraient précédé ceux de la nuit du 16 novembre, il s'en était rapporté aux déclarations de Mme de Pauw et ne les avait pas constatés lui-même. Si elle a imaginé cette chute dont une circonstance fortuite lui a donné l'idée, c'est pour faire croire plus facilement à une maladie et pour tromper les médecins des Compagnies; elle attendait, en effet, leur visite dans les derniers jours de sa vie, visite qui devait amener pour elle le succès, et lui faire obtenir cette rente viagère sur laquelle elle comptait.

A partir du 11 novembre, elle a cru le moment venu pour ces visites; elle a gardé la chambre; elle s'est décidée, vous ont dit les témoins, à se faire passer pour plus malade encore. Ses amies savent que ce n'était qu'une comédie. Pour ceux qui l'ont vue, elle n'avait aucune maladie.

Le 16, elle était bien portante, c'est incontestable, puisqu'elle a dîné avec ses enfants et la dame Biord; elle a fait un repas modeste, comme ses moyens le lui permettaient, et cependant elle allait mourir quelques heures après. Elle a bien dîné, rien ne pouvait faire supposer la perforation de l'estomac, à laquelle, seul, le docteur Gaudinot a pu croire. Elle attendait l'accusé dans cette soirée; le fait est incontestable; le flacon d'essence dont il a été parlé l'indique assez. Les relations intimes avaient été renouées entre eux; c'était un des moyens dont il devait se servir pour assurer ses projets. Dans cette soirée, combien de temps est-il resté chez Mme de Pauw? L'accusation ne peut rien préciser à cet égard. Mais d'après les déclarations mêmes d'un témoin cité par la défense, il serait resté au moins une heure. Peu importe; c'est après son départ que Mme de Pauw a été prise des vomissements qui ont, dès ce moment, annoncé sa mort; car indubitablement ils ne provenaient pas d'une indigestion. Elle a passé la nuit à vomir dans des souffrances atroces.

Le lendemain, à huit heures, l'accusé est revenu la voir. Il ne peut expliquer sa visite d'une manière raisonnable : elle a eu le choléra, dit-il. Il n'a pas donné le moindre secours. Vous vous rappelez encore ce qu'il a dit devant vous : « Pour rien au monde, je n'aurais voulu m'assurer de son état. » Il redoutait les soupçons des Compagnies d'assurances. Il ne songeait qu'à recueillir la proie qu'il convoitait; singulière préoccupation, qui étouffait chez lui tout sentiment d'humanité. Il quitte Mme de Pauw sans prévenir personne, il la laisse seule, et revient, sachant que sa troisième visite, faite à deux heures, devait coïncider à peu près avec la mort de cette femme.

N'oubliez pas cet incident qui a sa gravité : la veille au soir, au moment où elle allait être atteinte de la maladie qui devait l'enlever, il la dépouille de cet écrin contenant son portrait à lui, pour lequel elle avait dépensé 30 fr. environ, et qui lui devenait complètement inutile.

En quittant Mme de Pauw à deux heures, il s'empresse de mettre à la poste les deux lettres pour Mme Gouchon et pour son père, lettres que Mme de Pauw avait dit à ses enfants et à ses amies avoir écrites, en pleurant, six semaines auparavant.

A huit heures du soir, il revient encore, non pour donner des soins, mais pour s'assurer si la mort est arrivée à l'heure fixée. Il trouve la fille Huilmand, qui lui apprend la mort de Mme de Pauw; il lui parle de la prétendue chute, et vous savez la scène qui se passe entre la jeune fille et lui. Vous avez entendu la jeune Huilmand à cette audience; l'accusé a eu peine à rester calme en sa présence.

Certain que Mme de Pauw n'existe plus (il lui a ouvert les paupières à trois reprises), il rentre chez lui, et là il prend la plume à l'instant pour écrire à Desmidt de produire aux Compagnies les pièces nécessaires pour qu'elles payent. Il écrit à M. Testu pour avoir de lui une lettre qu'il puisse montrer aux Compagnies. M. Testu n'a pas jugé à propos de répondre. Alors l'accusé a imaginé la fausse lettre dont nous avons parlé.

Avant la fin du mois, il avait écrit lui-même pour faire connaître à toutes les Compagnies la mort de sa victime, leur avait envoyé toutes les pièces nécessaires, y compris les actes de naissance que Mme de Pauw elle-même lui avait remis avant son décès, le certificat du docteur Gaudinot et celui du médecin de l'état civil. Il tourmente les Compagnies pour qu'elles lui payent les 550,000 fr. qu'il désirait ardemment posséder. Il avait dit quinze jours auparavant à Desmidt de lui chercher un hôtel de 4 à 500,000 fr. dans un périmètre qu'il avait fixé lui-même, voulant, disait-il, payer comptant. Desmidt a cherché, et a dit en avoir indiqué un.

L'accusé avait acheté, à l'époque à laquelle ses relations ont été renouées avec Mme de Pauw, de la digitaline en quantité considérable. Or on n'en avait retrouvé chez lui qu'une petite quantité. Cette circonstance a dû paraître importante aux yeux de l'accusation. Qu'avait-il fait de cette digitaline? Embarrassé de répondre, il avait d'abord dit qu'il fallait bien qu'elle se retrouvât, qu'il n'avait pu l'employer. Depuis, grâce à la complaisance de son beau-frère,

Eyrolles, il a cherché à expliquer cet emploi ; mais celui-ci n'a pu le justifier.

Quels sont les moyens de défense de l'accusé, vous a dit l'organe de l'accusation ? Quand il a vu arriver chez lui le Juge d'instruction, il lui a présenté le contrat fait en faveur des enfants, et les vingt-trois lettres de Mme de Pauw, qu'il tenait en réserve comme contenant sa justification.

Quant au contrat, l'accusation s'en est déjà expliquée. Les lettres de Mme de Pauw, sa fille les connaissait ; sa mère lui en avait parlé ; elle savait qu'elles renfermaient l'histoire de la maladie, elle l'a déclaré dans l'instruction. Vous étudierez ces lettres dans la chambre de vos délibérations ; vous verrez si leur style est celui d'une femme, si les expressions employées n'indiquent pas que les lettres ont été dictées par l'accusé lui-même. Elles n'ont pas été mises à la poste, elles n'en portent pas le timbre ; on n'a pu indiquer personne qui les ait portées au domicile de l'accusé. Ces lettres ne pouvaient servir qu'à lui, elles ne pouvaient prouver qu'une chose : c'est que, comme médecin, il avait refusé de donner les moindres soins à Mme de Pauw pendant sa maladie, qu'il ne la voyait pas. Elles ont encore pour but d'exalter sa générosité, de prouver l'envoi de 33,000 fr., pour expliquer à la Justice les avances qu'il avait faites, et le motif des contrats d'assurances.

Il s'est fait envoyer par Mme de Pauw son testament, et il vous a donné à ce sujet une singulière explication que certainement vous n'avez pu admettre : ce n'était pas, a-t-il dit, pour le rendre d'une manière plus définitive possesseur de 530,000 fr., mais pour lui arracher les 20,000 fr. qu'il n'avait pas encore envoyés et qu'il avait cependant promis. Enfin, les souffrances, les vomissements dont Mme de Pauw parle à chaque instant, tout cela est complétement mensonger.

Donc, aux yeux de l'accusation et en raison de ces preuves qui lui paraissent accablantes, le crime est parfaitement justifié.

Reste l'affaire de Mme Dubizy.

Les charges ne sont pas sans gravité ; cependant elles n'égalent pas celles relatives à Mme de Pauw. La Pommerais a dit qu'il était heureux de n'avoir pas soigné sa belle-mère, sans quoi on eût pu l'accuser et faire porter sur lui le soupçon de sa mort. A Uzanne, il fait entendre qu'elle a pu s'empoisonner elle-même. Dans quelles circonstances tombet-elle malade ? C'est après un dîner qu'elle a pris avec lui et avec sa fille qu'elle est subitement atteinte de vomissements précurseurs de sa mort, absolument comme Mme de Pauw.

L'accusé a fait une ordonnance qu'il a envoyée exécuter chez Labainville ; il ne peut l'expliquer. Elle ne contenait que des poisons et n'était nullement applicable à l'état de Mme Dubizy ; pendant la nuit, lui seul a soigné sa belle-mère et lui a fait prendre en partie les substances comprises sur l'ordonnance. Il n'a pu expliquer la maladie : tantôt il a parlé de choléra, tantôt de maladie du cœur.

La Pommerais n'avait pas encore payé les dépenses considérables que son mariage lui avait nécessitées ; la mort de sa belle-mère lui était nécessaire pour qu'elle lui fournît les ressources dont il avait besoin. Voilà probablement l'explication. Mais le long temps écoulé depuis cette mort est en ce moment pu arriver pour l'accusé un auxiliaire ; les Experts n'ont pu arriver à des constatations aussi précises que pour Mme de Pauw ; ils ont reconnu seulement que Mme Dubizy n'avait succombé ni à une affection du cœur, ni au choléra, et qu'elle avait été surprise par la mort au milieu d'une santé florissante. Que l'accusé profite de ces circonstances !

Mais quant à Mme de Pauw, encouragé par le silence qui avait couvert son premier crime, il a bâti sur la mort de cette femme l'édifice de sa fortune. Elle vivait dans la misère et l'isolement ; il a pensé qu'elle n'inspirerait aucun regret, que personne ne demanderait compte de sa mort, qu'elle ne laisserait après elle aucun vengeur. Il s'est trompé ! La Justice lui demande aujourd'hui compte de cette mort, et l'organe de l'accusation vous a dit en terminant qu'elle attendait de vous, au nom de la société, une décision qui, en même temps qu'elle rassurerait les bons, effrayerait les coupables.

Quelle qu'ait été la modération du langage de l'accusation, vous a dit le défenseur, il espérait cependant établir que vous n'aviez aucune preuve que l'accusé fût l'auteur du crime pour lequel il comparaissait devant vous. C'est là, vous a-t-on dit, ce que vous avez uniquement à rechercher ; vous n'avez pas à vous préoccuper de l'opinion publique dont il a été question, vous devez même la redouter, elle peut être aveugle dans ses jugements ; vous devez juger l'affaire qui vous est soumise par ses circonstances propres, et non par celles qui peuvent exister en dehors.

Quel est l'accusé ? Que devez-vous penser de lui ? Quand ce serait un être abject et cupide, on n'a pas prouvé qu'il soit un empoisonneur. Il est jeune, il appartient à une famille qui lui a donné de bons exemples ; il a pu se laisser aller à des entraînements à Paris, mais il ne faut pas exagérer. Il porte un nom noble ; il a cru, sans pour cela se rendre bien coupable, qu'il pouvait prendre un titre, qu'il a abandonné du reste, quand la loi est devenue plus sévère à cet égard. Faut-il le blâmer d'avoir désiré la croix d'honneur, des emplois ? Il n'est pas le seul, et, si ces faits sont blâmables en eux-mêmes, ils ne peuvent l'accompagner d'une manière défavorable sur les bancs de la Cour d'assises.

Il a cautionné Prato dont il a été question, mais en le cautionnant il ne devait rien à Pichevin ; celui-ci, plus âgé que l'accusé, a pu abuser de sa faiblesse pour obtenir de lui un cautionnement pour une somme de 10,000 fr. L'accusé, qui dit avoir payé au fils Pichevin 3,000 fr., pouvait se croire libéré envers le père. Dans ce fait, il n'y a rien qui paraisse grave.

Quant à Gastier, La Pommerais a acheté la clientèle de ce médecin ; mais celui-ci, après la vente, n'a pas tenu les engagements qu'il avait contractés : deux lettres qui sont jointes au dossier le prouvent évidemment. L'accusé a pu employer un mauvais moyen pour se débarrasser d'un contrat qui n'était pas exécuté, mais cela ne présente non plus aucune gravité.

Il a fait des prospectus qu'on lui reproche, cela a ému les médecins homœopathes, mais c'est lui qui a donné sa démission ; on ne l'a pas exclu de la Société.

Quant à la convention avec Weber, elle ne concerne ni les malades autres que ceux du dispensaire, ni ceux de la Société de Saint-Thomas d'Aquin. Weber avait fait une convention dont plus tard il a voulu se débarrasser, mais tout cela n'est pas sérieux.

On a fait des reproches à l'accusé au sujet de ses sentiments religieux ; il faut le plaindre de son erreur fatale qui lui enlève la seule consolation qu'un malheureux puisse avoir ici-bas, et aujourd'hui il doit en souffrir lui-même cruellement le premier.

Il a toujours été laborieux; jamais il n'a contracté de dettes honteuses; enfin il s'est présenté devant vous, escorté des témoignages de quelques-uns de ses clients venant rendre hommage dans cette enceinte à ses sentiments généreux et charitables.

Il s'est marié en 1861, dans quel but? Il repousse le marché honteux dont il a été question dans ces débats; c'est l'accusé lui-même qui a conquis le cœur de sa jeune femme, qu'il avait rencontrée; elle a voulu l'épouser et lui est aujourd'hui complétement dévouée. M. de la Pommerais père a fait la demande, comme cela se passe ordinairement; des renseignements ont été pris par Mme Dubizy sur lui et sur sa fortune; elle a pu connaître sa position. Son père a quelque fortune, sans que pour cela la défense veuille l'exagérer. Quand l'accusé a apporté au contrat les valeurs qui ne lui appartenaient pas, il pouvait être excusable; elles représentaient pour lui les économies qu'il avait faites et la fortune qu'il pourrait avoir un jour de son père; on peut le blâmer de ce qu'il a fait, mais il n'y a pas là de spéculation honteuse que l'accusation puisse flétrir.

L'accusé a vécu avec sa belle-mère jusqu'à la mort de celle-ci: c'était une femme fantasque, qui parlait à tort et à travers; mais elle revenait promptement des impressions qu'elle avait conçues. Il n'y a qu'exagération dans ce que les témoins ont dit pendant l'instruction et à l'audience. C'est au moment où il allait quitter sa belle-mère que celle-ci a été saisie d'une maladie subite qui est devenue mortelle. L'accusation, dans sa loyauté, a abandonné ce premier chef qui ne pouvait se soutenir. Mme Dubizy était en apparence bien portante, mais en réalité elle était souffrante; elle a été prise d'une maladie grave. Le docteur Laloy, averti n'importe par qui, le docteur Leboucher, le docteur Loiseau, M. Durguet lui-même, qui est un peu médecin, ont soigné la malade. L'accusé ne dit pas que sa belle-mère avait le choléra; sa conviction, le choléra est en permanence à Paris. Il a pu se tromper, comme M. Leboucher, en croyant au choléra. Le docteur Loiseau, en dernier lieu, a soigné la malade; il a cru à une autre maladie. Que conclure de là? c'est qu'il y a eu des opinions différentes parmi les médecins appelés au lit de mort de Mme Dubizy.

L'accusation a reproché à La Pommerais d'avoir dit qu'il était heureux de n'avoir pas soigné sa belle-mère. Il mettait à couvert sa responsabilité de médecin; il n'a parlé que de cela. L'ordonnance, qui lui a été reprochée si souvent, s'explique aux yeux de la défense. C'est chez le pharmacien de Mme Dubizy que l'accusé lui avait fait exécuter; s'il avait été empoisonneur, s'il eût voulu empoisonner sa belle-mère, il se serait adressé à un autre qu'à son pharmacien. Cette ordonnance a été motivée par le désir d'accumuler des médicaments en quantité considérable, pour faire des expériences; il eût pu, en effet, avec les poisons qu'il possédait, empoisonner une grande quantité de personnes, ce que l'accusation ne lui reproche pas. Enfin il avait acheté, quatre jours auparavant, de la digitaline chez Meunier; s'il était criminel, il n'avait pas besoin d'en demander à Labainville. Il est certain que l'accusé n'a pas exécuté cette ordonnance; il n'a pas employé en totalité les substances qui en faisaient l'objet, lesquelles sont devenues ce que deviennent les remèdes après la mort des malades auxquels ils étaient destinés: elles ont été jetées.

L'accusé n'avait pas besoin d'empoisonner sa belle-mère pour se procurer des ressources; la fortune de celle-ci était excessivement modique. Elle ne pouvait lui fournir l'argent dont il aurait eu besoin. Mme Dubizy, en se mariant, n'avait rien; elle a hérité d'une de ses filles et a eu de ce chef 20,000 fr. au plus. Ce qu'il y a de certain, c'est qu'elle avait mal administré la fortune de ses enfants; Mme de La Pommerais, en se mariant, eût dû avoir 140 à 150,000 fr.; elle est loin de les avoir eus; ils ont été diminués par la mauvaise gestion de sa mère. 400 fr. de rente et quatre actions de la Banque de France, c'est tout ce que sa fille a pu recueillir dans sa succession; son gendre n'avait aucun intérêt à l'empoisonner.

Les constatations des Experts n'ont rien établi à cet égard; garderez-vous des préventions que la loyauté du Ministère public a abandonnées?

La seule question du procès est la mort de Mme de Pauw. Ici, l'accusation a fait, vous a-t-on dit, une confusion fatale pour l'accusé. Elle ne sépare pas, et elle tient à ne pas séparer, les assurances du crime. Selon la défense, il ne faut pas procéder ainsi. S'il n'y a eu qu'escroquerie, vous ne pouvez conclure de l'escroquerie concertée par tous les deux à l'empoisonnement qui n'a pas été concerté. Mme de Pauw était une femme malheureuse, misérable. Il faut la respecter, elle est morte. Son mari n'était pas riche, et, malgré les dénégations de l'accusation, on peut admettre que l'accusé a secouru celui-là pendant les derniers temps de sa vie. Depuis, il est devenu l'amant de la veuve, il lui a donné des secours; aux yeux de la défense, ces secours sont incontestables. En effet, cette femme avait à nourrir trois enfants; elle avait besoin qu'on vint à son aide. C'est avec les dons de l'accusé qu'elle avait pu vivre avec ses enfants. Ce n'était pas à elle que l'accusé comptait demander le remboursement des sommes qu'il lui avait versées, mais aux Compagnies d'assurances; et, selon lui, ce contrat est parfaitement légitime.

En se mariant, La Pommerais avait rompu avec la veuve de Pauw. Lui a-t-il envoyé des secours depuis? Peu importe. Mais que sont ces assurances, dont Mme de Pauw comprenait parfaitement le mécanisme que Desmidt lui avait expliqué? L'accusé avait assuré son fils; Desmidt lui avait raconté, à cette occasion, les avantages des assurances. Le souvenir de Mme de Pauw lui est revenu à l'idée; il a songé à assurer à cette femme et à ses enfants une existence dans l'avenir, tout en ménageant les ressources de sa famille; voilà le point de départ des assurances dont il a été tant parlé. Le chiffre en est élevé, la défense en convient; mais, d'abord, au commencement, il s'agissait d'un chiffre bien moins considérable; c'est Desmidt qui a engagé l'accusé à le porter à celui qui a été adopté.

Desmidt, quoi qu'il en ait dit, n'a pu se tromper sur la fortune de l'accusé; d'abord il avait su, en faisant l'assurance de son fils, qu'il était médecin; il n'a donc pu croire ni au titre ni à la fortune que l'accusé se donnait. La prime était considérable, cela est encore certain. Mme de Pauw pouvait vivre vingt ou trente ans; l'accusé ne pouvait payer les primes pendant un si long temps. Mais, aux yeux de la défense, ce n'était pas là le but de l'accusé; son système était fort simple; après trois ans, on peut rompre un contrat ou le modifier; il s'est dit: «J'ai pris l'engagement de faire encore des avances à

Mme de Pauw ; je pourrai rentrer, à sa mort, dans les capitaux que je lui aurai avancés. » Pour trois ans, il eût eu 60,000 fr. seulement à payer aux Compagnies ; s'il avait voulu racheter le contrat, il aurait, dit-on, perdu 40,000 fr. Mais il ne s'agissait pas de rompre le contrat, il s'agissait seulement de le réduire. D'après la défense, le capital se trouvait réduit à 60,000 fr., peut être moins ; mais l'assuré, dans cette hypothèse, a droit aux bénéfices qui sont répartis entre les divers assurés ; l'accusé pouvait croire que ces bénéfices rapporteraient une somme importante après la mort de Mme de Pauw. Si l'accusation avait compris cela, vous dit on, si elle avait compris le mécanisme des assurances, la poursuite qui amène aujourd'hui l'accusé sur ces bancs ne serait pas née.

On dit que l'accusé ne pouvait payer pendant trois années une prime considérable aux Compagnies? Aux yeux de la défense, c'est encore une erreur. Il n'y avait plus à payer que 40 à 45,000 fr. en deux années. Comme médecin, La Pommerais gagnait 9,000 fr., ce n'est pas contesté par l'accusation ; au mois de décembre, il avait déjà recueilli cette somme. C'est à la fin de l'année que les médecins envoient leurs notes et reçoivent la partie la plus considérable de leurs honoraires. On peut espérer qu'il aurait touché encore 2 à 3,000 fr., c'est-à-dire, en tout, 12 à 14,000 fr ; il faut ajouter 4,000 fr. que rapportait le dispensaire ; sa femme avait 6,000 fr. de rente. Nous arrivons ainsi à 24 ou 25,000 fr., qui donnaient des ressources suffisantes pour faire face aux primes. Les dépenses du ménage coûtaient de 5 à 6,000 fr. ; l'accusé pouvait disposer du reste ; et il avait devant lui l'avenir, avec ses chances d'augmentation.

L'accusation soutient que rien de cela n'est sérieux, que l'accusé avait fait croire à Mme de Pauw qu'en simulant une maladie en trompant les médecins, elle obtiendrait 3,000 fr. de rente. Cela serait vrai, dit la défense, qu'on n'y saurait voir qu'une escroquerie, pas autre chose, si la mort de cette femme n'a pas été une mort criminelle.

Les réclamations de Mme de Pauw, les confidences à tous les témoins, il ne faut pas y ajouter trop d'importance. C'était une femme bavarde, et le bavardage est bien près du mensonge ; elle parlait à tort et à travers ; elle a parlé d'une façon à sa sœur, d'une autre à son cousin Magriny. Mais elle comprenait parfaitement le mécanisme des assurances ; les lettres qu'elle a écrites le prouvent. Desmidt le lui avait expliqué. Et cependant, quand elle parle, elle ne dit pas toujours la même chose. A sa sœur, elle dit que si elle mourait, La Pommerais percevrait 20,000 fr. ; à une autre, elle dit que les assurances ont été faites en compensation de la perte de son tableau d'Hobbéma. Ses déclarations ne concordent pas entre elles, par conséquent elles s'écroulent toutes.

Ses contradictions sont plus sensibles encore à l'égard de sa chute ; on ne comprend pas qu'elle ait raconté à ses amies une action aussi honteuse que celle qu'elle avait complotée avec l'accusé. Même à la fin, elle a parlé sérieusement à la femme Deletre de cette chute qu'elle disait avoir faite ; ce n'était pas de la simulation. A d'autres, elle a raconté que, par suite de cette chute, elle avait des douleurs. Le défenseur est frappé de toutes ces contradictions.

Quant à la correspondance de Mme de Pauw avec La Pommerais, il serait bien maladroit de la part de celui-ci de lui avoir fait écrire des choses difficiles à expliquer, notamment l'envoi des 33,000 fr. ; mais cela pourrait s'expliquer pour l'escroquerie complotée vis-à-vis des Compagnies. Mme de Pauw n'a dit à personne avoir écrit les vingt-trois lettres. La défense ne s'explique pas pourquoi La Pommerais eût fait écrire les deux lettres au père et à la sœur ; elles étaient complètement inutiles et ne pouvaient que le compromettre. Au surplus, si tout ne s'explique pas, ce n'est pas à la défense à le rendre clair. Dans ces vingt-trois lettres, il y a des choses difficiles à concilier : on trouve l'expansion de la reconnaissance pour la générosité de La Pommerais, les regrets de ne pas le voir. Pourquoi écrire cela, si La Pommerais, d'après l'accusation, venait tous les jours? Il soutient qu'il n'y allait pas ; aucun témoin ne peut dire l'y avoir vu, pas plus sa fille que ses amis.

Mme de Pauw dit, dans ces lettres, qu'elle n'a pas voulu d'assurance limitée, Desmidt le dit aussi. Elle a exagéré les secours de La Pommerais ; peut-on en conclure qu'elle n'a rien reçu, et la défense est-elle tenue d'expliquer ce que sont devenues ces sommes considérables?

Que peut-il résulter de tout cela? C'est que l'accusé et Mme de Pauw se sont entendus pour tromper les Compagnies, voilà tout ! Mais cela ne fait rien à la question capitale du procès, l'empoisonnement.

Mme de Pauw a-t-elle été empoisonnée? Quel était son état de santé? On prétend que sa santé était excellente. C'est une erreur, dit la défense ; elle se portait mal, très-mal, avant sa dernière maladie. Voyez, ses amies attestent qu'elle n'était pas bien portante ; sa sœur dit la même chose. Quand elle va déjeuner chez celle-ci, elle se plaint de palpitations de cœur, elle souffre de l'estomac ; ses lèvres étaient d'un rouge violet. Le 12, Mme Maille l'a vue, elle avait mauvaise mine, par conséquent elle était malade. Tous les médecins l'ont trouvée plus ou moins mal de ; on peut admettre qu'ils se soient tous trompés ; ils ont pu lui tâter le pouls, s'assurer de son état. Le docteur Desormaux lui a ordonné de la morphine, il l'a donc crue malade ; le docteur Nélaton lui a ordonné un vésicatoire ; on ne prescrit des remèdes de ce genre que pour les malades. Enfin le docteur Gaudinot n'a pu être trompé sur la chute ni sur les maladies ; il a fait de nombreuses visites, lui a ordonné de rester chez elle, lui a dit qu'il irait la voir, parce qu'elle n'était plus en état de venir chez lui ; il a cru à une gastro-entérite, il a été convaincu d'une perforation de l'estomac.

Le 16, elle a bien dîné, dit l'accusation ; ce jour, l'accusé arrive avec le poison et le fait prendre ; mais personne ne l'a vu, Mme de Pauw ne l'a dit à personne ; tous les témoins affirment qu'elle était résolue à ne rien prendre, même des mains de La Pommerais, comprenant l'intérêt qu'il pouvait avoir à sa mort, et M. Lireux a déclaré le lui avoir fait observer. Elle a pris, dit-on, ce que La Pommerais lui a donné. Mais, si c'est vrai, quand elle est devenue plus malade, elle en aura parlé ; elle a vu ses enfants, ses amies, son médecin, le docteur Gaudinot, et elle n'en a rien dit. Ce fait est inexplicable, d'après la défense, d'autant plus qu'elle a conservé son intelligence. Il ne suffit pas de dire que l'accusé a apporté le poison, il faut le prouver ; l'accusation ne le fait pas.

La visite du 17, suivant la défense, est sans importance ; l'accusé est revenu parce qu'il avait vu, la veille, Mme de Pauw malade. S'il l'avait soignée, on dirait qu'il l'a empoisonnée. Il est revenu, dit-on, à deux heures, pour s'assurer des effets du poison ; mais il aurait dû rester près de la malade pour l'empêcher de parler. Il l'a laissée seule, l'a livrée aux indiscrétions qu'elle pouvait commettre.

Il est revenu le soir ; on l'a trouvé insensible ; une jeune fille sans expérience lui adresse des reproches ; elle ne comprend pas qu'un médecin soit moins ému qu'un autre à la vue d'un cadavre. Quand il eût parlé de la chute de Mme de Pauw, qu'est-ce que cela fait pour l'empoisonnement ?

Il a écrit à Desmidt, à M. Testu ; mais, au dernier, c'est pour parler des enfants !

Que reste-t-il donc de l'accusation ? Le rapport des Experts. Il est facile de l'examiner. M. Tardieu est un homme considérable, mais on peut discuter ses paroles ; il peut se tromper comme tous les hommes. M. Roussin est savant, mais il est bien jeune. Quant aux autres qui ont été entendus, ils se sont trouvés en contradiction avec les Experts. M. Hébert est aussi un homme honorable ; il s'est occupé dès longtemps de cette affaire, et il n'a pas eu complètement tort dans les discussions qui se sont élevées.

Dans les constatations des Experts, il y en a qui appartiennent, vous dit-on, à M. Tardieu seul ; d'autres lui sont communes avec M. Roussin. Quelle conséquence à tirer de ce que le corps de Mme de Pauw ne porte la trace d'aucune maladie ? M. Tardieu en est convenu, la mort d'une personne peut arriver sans laisser aucune lésion qui l'explique ; cela arrive surtout chez les femmes enceintes.

Mais il y a, dit-on, les expériences des hommes de l'art ? Ils ont agi avec une prévention contre laquelle ils n'ont pas été à même de se mettre en garde ; ils ont connu les éléments de l'instruction. Ce n'est plus de la science, c'est presque de l'accusation : leurs conclusions sont celles-ci : « Mme de Pauw a été empoisonnée, et probablement par la digitaline. » Selon la défense, aucune de ces conclusions ne peut se soutenir ; il n'y a rien à conclure de l'examen du cadavre ; aucune lésion provenant du poison n'y a été constatée. L'extrait provenant de l'estomac et des intestins a été donné à un animal, il ne l'a pas tué. On n'a pas constaté de poison. La putréfaction a pu donner des nausées à ce chien qui n'avait rien avalé : l'ingurgitation aurait permis plus facilement de constater son état.

Restent les matières recueillies sur le parquet. Avant Mme de Pauw, vous dit-on, un photographe amateur avait habité l'appartement ; il avait pu répandre plus de matières dangereuses qu'un artiste, lequel économise davantage les matières qu'il emploie. On ne sait qui a habité antérieurement l'atelier. On ne sait ce qui s'est produit sur ce plancher, et c'est dans ces circonstances qu'on veut rendre l'accusé responsable de ce qui pouvait se trouver sur ce parquet ! L'accusation peut présenter quelques probabilités ; mais des preuves, elle n'en apporte aucune. Les Experts enfin n'établissent même pas que le chien qui a succombé ait été empoisonné par la digitaline. Ils n'osent l'affirmer. Quant à l'accusé, sa culpabilité ne peut résulter soit des expériences des médecins, soit de ce que, chez lui, il se trouvait de la digitaline en trop grande quantité. Il ne peut y avoir que des probabilités à cet égard.

L'action de la digitaline sur le cœur a donné lieu à une discussion dans laquelle chaque savant pouvait avoir raison, tous ne partant pas du même point. Selon le défenseur, M. Claude Bernard vous a seulement dit que l'opinion des Experts ne contrarierait pas ce qu'il avait remarqué lui-même ; mais il n'a rien affirmé. Vous aurez retenu la discussion que le défenseur a engagée à l'égard de ces prétendues contradictions entre les Experts et les témoins appelés au débat ; nous croyons inutile d'y revenir.

Il resterait encore que les Experts n'ont pas opéré avec de la digitaline pure sur un chien ; cela, selon la défense, était indispensable.

Donc, il n'y a rien de concluant dans les charges relevées par l'accusation ; vous pourriez trouver peut-être quelques présomptions, des doutes ; mais des preuves, aucune. Et quand même tout ce qui se rapporte aux assurances serait vrai, vous n'auriez aucune preuve de la culpabilité de l'accusé, et vous ne pourriez déclarer que c'est un empoisonneur !

Tels sont, Messieurs les Jurés, les différents moyens qui ont été présentés soit à l'appui de l'accusation, soit dans l'intérêt de l'accusé. Nous croyons n'en avoir oublié aucun, au moins de ceux qui sont essentiels. Au surplus, la religieuse attention que nous vous avons vu apporter à ces débats suppléerait aux omissions involontaires que nous aurions pu commettre. Notre tâche à nous, Messieurs, est presque entièrement terminée ; la vôtre va commencer dans ce qu'elle a de plus délicat et parfois de plus pénible, la constatation de la vérité. Sans doute cette tâche a ses difficultés ; cela tient à la faiblesse de notre nature. A Dieu seul appartient le pouvoir de lire au fond des cœurs, et de dire à chacun de nous avec une certitude absolue : Tu as fait cela ! comme il a dit autrefois au premier criminel, qui, lui aussi, cherchait à nier son crime : « Tu as tué ton frère ! » Quant à l'homme, a mille moyens pour obscurcir la vérité aux yeux de ses semblables, et souvent les intelligences les plus développées ont besoin de tous leurs efforts pour parvenir à la dégager. C'est là, Messieurs, la tâche qui vous incombe en ce moment.

Vous examinerez donc, dans la chambre de vos délibérations, les considérations qui vous ont été présentées de part et d'autre avec égale énergie ; vous les pèserez dans la balance de votre justice. Puisse le ciel éclairer vos consciences, et vous inspirer ce que vous devez faire ! Toutefois, si de ces longs débats qui viennent de se dérouler devant vous, de ces assurances exagérées dont les primes étaient hors de toute proportion avec les ressources de l'accusé, si de ces témoignages que vous avez entendus de vos propres oreilles, des déclarations et des expériences des hommes de l'art qui vous ont été si nettement expliquées, si, en un mot, de toutes les circonstances de cette grave affaire, est résultée pour vous la conviction qu'un grand crime a été commis, la société, qui a les yeux fixés sur vous, et qui a réuni en vos mains les intérêts de sa sécurité, a le droit d'exiger de vous qu'une grande réparation ait lieu.

Dans ce cas, Messieurs, vous n'hésiterez pas à remplir avec fermeté la mission si importante qu'elle vous a confiée. Nous sommes convaincu, quant à nous, que ce ne sont pas des hommes comme vous qui pourraient faillir à la fois et à leur conscience et à leur serment.

Voici les questions dont il me reste à vous donner lecture :

1re *Question* : Désiré-Edmond Couty La Pommerais est-il coupable d'avoir, à Paris, en 1861, par l'effet de substances pouvant donner la mort, attenté à la vie de Séraphine Desmarre, veuve Dubizy ?

2e *Question* : Le même Désiré-Edmond Couty La

Pommerais est-il coupable d'avoir, en 1863, à Paris, par l'effet de substances pouvant donner la mort, attenté à la vie de Julie-Françoise Testu, veuve de Pauw?

Nous vous rappelons que votre déclaration sur chacun des faits de ce procès ne peut se former qu'à la majorité, c'est-à-dire par sept voix au moins, et que vous devez l'énoncer en ces termes : « Oui, à la majorité. »

Si, après avoir reconnu l'accusé coupable, vous pensiez qu'il existe en sa faveur des circonstances atténuantes, vous l'énonceriez en ces termes : « A la majorité, il y a des circonstances atténuantes. »

Enfin, le vote doit se faire au scrutin secret.

Huissiers, conduisez MM. les Jurés à la chambre de leurs délibérations.

Après ce résumé fidèle et impartial des débats, la Cour se retire.

Les gendarmes emmènent l'accusé.

Il est cinq heures cinq minutes.

La Cour et le Jury rentrent à l'audience à cinq heures vingt-deux minutes.

M. le Président. — L'audience est reprise. Je recommande à l'auditoire le plus profond silence.

Monsieur le chef du Jury, veuillez faire connaître à la Cour le résultat de votre délibération.

Le chef du Jury, d'une voix émue, lit la déclaration du Jury : sur la première question, la réponse est négative. Sur la deuxième question, elle est affirmative.

L'accusé est ramené, et le greffier lui fait connaître la déclaration du Jury.

M. l'Avocat général, attendu la déclaration du Jury, de laquelle il résulte que l'accusé est reconnu coupable, requiert l'application des dispositions de l'article 302 du Code pénal.

M. le Président. — L'accusé ou son défenseur ont-ils des observations à présenter sur l'application de la peine ?

L'accusé. — Rien !

M. le Président. — La Cour ordonne qu'il en sera délibéré dans la Chambre du conseil.

La Cour se lève et revient cinq minutes après. M. le Président prononce, au milieu du plus profond silence, un arrêt qui, faisant application à Edmond Couty de La Pommerais des articles 301 et 302 du Code pénal, le condamne à la peine capitale.

M. le Président. — Condamné, vous avez trois jours pour vous pourvoir en cassation contre l'arrêt que vous venez d'entendre.

La Cour se retire.

La Pommerais se pourvut en cassation. Le 4 juin, son pourvoi fut rejeté, et cinq jours après, le 9 juin, l'arrêt de la Cour d'assises reçut son exécution.

La contenance du condamné, pendant ces terribles jours qui séparèrent la condamnation de l'expiation suprême, parut être celle d'un coupable préparé à son sort, l'acceptant avec résignation. De même qu'à l'audience et pendant l'instruction il n'avait pas une seule fois repoussé avec vivacité la pensée des crimes que l'accusation lui imputait, le verdict affirmatif du Jury et l'arrêt de mort le trouvèrent également calme et impassible. A l'abattement produit par les angoisses et les fatigues d'une longue et énergique défense, succéda dès lors chez lui une attitude ferme et résignée qu'il conserva jusqu'à la dernière heure.

Ramené à la Conciergerie à l'issue de l'audience, on le revêtit immédiatement, selon l'usage, de la camisole de force. L'heure du dîner venue, il mangea de bon appétit, se coucha ensuite, et dormit toute la nuit d'un sommeil tranquille.

Il reçut le lendemain dès le matin la visite de Me Lachaud. Il avait déclaré, la veille, que son intention était de ne pas se pourvoir en cassation, voulant, disait-il, en finir le plus tôt possible. Sur l'insistance de son défenseur, qui lui en intima l'ordre presque, il consentit à tenter cette dernière chance de salut.

Les formalités légales remplies, La Pommerais fut transféré à la prison de la Roquette, lieu de dépôt des condamnés, pour y attendre le résultat de son pourvoi.

La prison de la Roquette a pour aumônier un digne ecclésiastique, M. l'abbé Crozes. Il s'empressa d'aller voir le condamné. La Pommerais l'accueillit non-seulement sans répugnance, mais avec une évidente satisfaction. Il eut avec le prêtre de longs entretiens qui semblaient lui plaire beaucoup, car il tendait chaque jour à les prolonger.

Bien que devant les gardiens et les employés de la prison il affectât de persister dans les idées dont son testament lu à l'audience avait fait connaître la nature et les tendances matérialistes, à l'aumônier il n'exposait ces idées qu'avec réserve, comme des opinions dont il n'aurait jamais été bien convaincu, et qu'il abandonnerait facilement, disait-il, pour soumettre son esprit aux vérités religieuses qu'il avait acceptées avant que les passions de la jeunesse et l'enseignement des mauvaises doctrines eussent perverti son cœur. C'est ainsi que, de jour en jour, il écoutait avec un silence plus recueilli les exhortations du prêtre et les pieuses lectures dont il les accompagnait.

Ce retour était-il sincère? Peut-être, et il est presque permis de le croire d'après cette pensée exprimée dans son ouvrage sur l'homœopathie : « Pour ma part, je sais fort mauvais gré à la Providence de m'avoir créé pour me laisser exposé au péril de me damner. »

Il avait grand espoir que son pourvoi serait accepté et que, renvoyé devant une autre Cour, sa condamnation ne serait pas maintenue. Il avait déjà même, en prévision de nouvelles assises, fait choix de deux Experts qu'il voulait adjoindre à sa défense.

Quant à la commutation, il la rejetait d'une façon absolue, déclarant hautement qu'il préférait la mort à la vie du bagne. Mais il était facile de deviner, sous ces protestations plus orgueilleuses que sincères, un ardent et secret désir de vivre. « Après tout, disait-il dans un moment de franchise, puisque mon père, puisque ma femme font tant de démarches pour obtenir ma grâce, il faudra bien que je l'accepte, ne serait-ce que par reconnaissance. Qui sait! dans quelques années, peut-être, serai-je rendu à la liberté et à ma chère Clotilde ! » Et il citait l'exemple de condamnés auxquels la honte du bagne avait été épargnée.

Du reste, il disait à Me Lachaud, qui le visitait à la Roquette: « Quel que soit le sort qui m'est réservé, mon énergie ne faiblira pas. »

Les débats devant la Cour de cassation s'ouvrirent le 4 juin, sous la présidence de *M. Vaïsse*. M. le *Procureur général Dupin* occupe le siège du Ministère public ; le rapport a été confié à *M. le Conseiller de Gaujal.*

Me *Bozerian* est chargé de soutenir le pourvoi.

Après le rapport présenté par M. le Conseiller de Gaujal, dont les observations tendent au rejet du pourvoi; après le développement des divers moyens invoqués à l'appui, par le défenseur du condamné, *M. le Procureur général* prend la parole en ces termes :

Messieurs, la défense, ce droit sacré des accusés, n'aura manqué à La Pommerais devant aucun degré de juridiction.

Accusé avec fermeté par l'organe du Ministère public, il a été défendu éloquemment par un avocat qui a épuisé en sa faveur toutes les ressources du talent le plus exercé à convaincre ou à toucher le Jury; et, devant vous, il a trouvé un jurisconsulte dont les recherches patientes sont parvenues à produire cinq moyens qu'il s'agit de discuter.

M. le Procureur général examine ces divers moyens.

Sur le premier moyen, violation des articles 241, 242 et 243 du Code d'instruction criminelle, en ce que l'acte d'accusation n'aurait été signifié qu'après l'interrogatoire de l'accusé, M. le Procureur général reconnaît que la nécessité de cette signification est substantielle. Elle a pour but de mettre l'accusé en position soit de se défendre, soit de se pourvoir contre l'arrêt de renvoi; mais il ne peut y avoir nullité lorsque cette notification, comme dans l'espèce, a été faite dix-neuf jours avant l'ouverture des débats. Le premier moyen n'est donc pas fondé.

Sur le second moyen, résultant de ce que deux enfants âgés de moins de quinze ans ont été entendus sans prestation de serment et à titre de simple renseignement, M. le Procureur général fait remarquer que si l'article 317 exige le serment des témoins en général, l'article 79 fait exception pour les témoins âgés de moins de quinze ans, et permet de les entendre par forme de simple déclaration et sans prestation de serment. A la vérité, cet article 79 est placé sous le chapitre de l'Instruction, mais sa disposition doit suivre les témoins devant la Cour d'assises, parce que là leur incapacité est la même. Il cite des arrêts qui ont consacré cette interprétation.

Sur le troisième moyen, pris de ce que la demoiselle Cécile Jehenot, citée comme témoin, n'a pas comparu, mais a été représentée par sa sœur, que dès lors celle-ci ne peut être considérée comme ayant été appelée en vertu du pouvoir discrétionnaire, puisqu'elle s'est présentée spontanément, M. le Procureur général admet les faits; mais, suivant lui, il n'en résulte aucune nullité, parce que la sœur qui s'est présentée à l'audience n'a pas été entendue comme témoin, puisqu'elle n'était pas citée, mais a été seulement retenue par le Président, en vertu de son pouvoir discrétionnaire, pour être entendue à titre de simple renseignement, ainsi que les jurés en avaient été avertis; qu'ainsi elle n'a pas dû prêter serment.

Sur le quatrième moyen, tiré de ce que plusieurs personnes, la plupart gens de l'art, entendus devant le Jury en vertu de citations du Ministère public, auraient dû prêter serment soit comme experts, soit comme témoins, M. le Procureur général fait d'abord remarquer que, si ces individus ont été cités à la requête du Ministère public, ce n'est pas comme témoins, mais seulement, ainsi que le portent les citations, comme appelés en vertu du pouvoir discrétionnaire de M. le Président, dont le Ministère public n'a fait qu'exécuter l'ordonnance.

Le sieur Massonnet, l'un d'eux, avait été entendu comme témoin dans l'instruction; mais il n'avait pas conservé cette position devant la Cour d'assises, où il n'avait été assigné ni par le Ministère public ni par l'accusé.

Quant aux gens de l'art, ceux qui sont chargés formellement d'une expertise et de faire un rapport sont assujettis à prêter serment, aux termes de l'article 44, et c'est aussi ce qu'ont fait les deux docteurs qui ont reçu cette mission. Ils ont prêté serment avant de faire leur rapport et au moment où ils l'ont déposé. Mais lorsque ensuite ils ont été appelés à l'audience pour donner de simples explications sur leurs rapports, ils ne sont pas pour cela devenus des témoins; leur qualité n'a pas changé, et ils n'ont pas eu de nouveau serment à prêter. Il en a été d'eux comme des témoins qui, après avoir déposé une première fois, sont ensuite rappelés pour être confrontés : ils n'ont pas de nouveau serment à prêter.

Quant aux autres gens de l'art appelés seulement pour donner des éclaircissements, il suffit qu'à leur égard le procès-verbal constate qu'ils n'avaient été appelés qu'en vertu du pouvoir discrétionnaire et entendus qu'à titre de simple renseignement.

Sur le cinquième et dernier moyen, il y aurait certainement lieu à cassation s'il était vrai que des témoins ont été entendus après les plaidoiries, et que la défense n'a pas été mise à portée de discuter les charges qui pouvaient en résulter.

Mais il faut remarquer que si les plaidoiries avaient eu lieu le 16, les répliques devaient avoir lieu le 17. Or, le 17, le Mémoire du demandeur en cassation constate que les deux docteurs, rappelés et entendus ce jour-là, l'ont été *au début de l'audience*, et par conséquent avant la réplique, soit de l'Avocat général, soit de l'avocat de l'accusé.

Les journaux qui ont rendu compte de l'audience sont conformes à cette double assertion; il n'est donc pas besoin d'enquête pour constater ce dont tout le monde est d'accord. Les répliques ont précisément eu pour but de discuter ce qui avait été dit au début de l'audience; et enfin, ce qui coupe court à toute controverse, c'est que le procès-verbal constate en termes formels que, « après ces répliques et avant de clore les débats, M. le Président a demandé à l'accusé s'il avait quelque chose à ajouter à sa défense, et que l'accusé a été entendu le dernier. » Le droit de la défense a donc été respecté.

Ainsi s'évanouissent successivement tous les moyens présentés à l'appui du pourvoi.

M. le Procureur général reprend ensuite et continue en ces termes :

Ainsi la procédure a été régulière; elle sort victorieuse de toutes les critiques élevées devant vous.

On a posé aux Jurés cette question : « Couty de la Pommerais est-il coupable d'avoir en 1863 à Paris, par l'effet de substances pouvant donner la mort, attenté à la vie de Julie-Françoise Testu, veuve de Pauw ? »

Et la réponse du Jury a été affirmative; et le Jury, si libéral quelquefois dans l'octroi de circonstances atténuantes, même, hélas! en matière de parricide, le Jury, cette fois, n'a admis aucune circonstance atténuante en faveur de la Pommerais.

Et quelles auraient donc été ces circonstances atténuantes? à quelles nuances de l'accusation les eût-on empruntées? Est-ce à la nature du crime? est-ce à l'état social de l'accusé? à son degré d'instruction? à sa profession de médecin? Serait-ce aux faits accessoires au milieu desquels l'empoisonnement s'est accompli?

Mais tout cela, au contraire, constituait une accumulation de circonstances aggravantes telles, qu'il est bien rare de les rencontrer au même degré dans aucun procès criminel.

Et d'abord, la nature du crime! Non-seulement l'homicide est le plus grand des forfaits, mais de toutes les manières de procurer la mort de ses semblables, l'empoisonnement est le plus odieux. La loi romaine le dit en termes exprès : *Plus est hominem extinguere veneno, quam occidere gladio*. Cette loi est de l'empereur Antonin.

Et pourquoi cette différence ainsi marquée dans la législation ?

Les auteurs nous en donnent la raison :

« Ceux qui emploient le poison pour faire mourir quelqu'un, dit Merlin, commettent une espèce d'homicide beaucoup plus criminel que celui qui le commet par le fer, attendu qu'on peut se garantir de celui-ci, au lieu que l'autre renferme toujours une trahison, et est souvent commis par celui dont on se défie le moins. »

Nous retrouvons l'expression de ce sentiment dans nos anciennes lois françaises, car elles ne punissent pas seulement ceux qui emploient les poisons, mais ceux qui les inventent et qui les préparent. Tels sont les termes de l'Edit de Louis XIV du mois de juillet 1642, dans lequel on lit l'article 4 :

« Et parce que les crimes qui se commettent par le poison sont non-seulement les plus détestables et les plus dangereux de tous, mais encore les plus difficiles à découvrir, nous voulons que tous ceux, sans exception, qui auront connoissance qu'il aura été travaillé à faire du poison, qu'il en aura été demandé ou donné, soient tenus de dénoncer incessamment ce qu'ils en sauront à nos Procureurs généraux ou à leurs substituts. »

On a prétendu que le crime d'empoisonnement se commet plus communément par les femmes, parce que la faiblesse de leur sexe ne leur permettant pas de se venger à force ouverte et par la voie des armes, les engage à prendre une voie plus cachée et à recourir au poison.

On connaît l'adage porté contre les femmes adultères : *Adultera, ergo venefica*.

Plusieurs exemples ont aussi contribué à accréditer cette opinion.

Tel est celui que Tite-Live rapporte à l'année 423 de Rome républicaine. Un grand nombre de morts subites, toutes avec les mêmes symptômes, jetèrent tout à coup l'effroi dans la société romaine. On ne savait à quelle cause attribuer de si nombreux décès, c'était comme une épidémie, lorsqu'une esclave dénonça le complot formé par vingt dames romaines qui se livraient à la composition de breuvages empoisonnés pour se défaire de ceux qui leur déplaisaient ou dont elles voulaient recueillir la succession. Elles soutinrent pour leur défense que ces breuvages étaient des remèdes ; c'était une sorte d'homœopathie à forte dose.

A la demande de l'esclave qui les avait dénoncées, on les invita, à titre d'essai, à boire leurs préparations, et elles en moururent toutes. Le procès fut continué contre leurs complices, qui furent condamnés au nombre de soixante et dix : tant l'instinct d'imitation est à redouter dans de pareils crimes !

Deux siècles plus tard, au sortir des guerres civiles, ces crimes se renouvelèrent, et Sylla, qui avait porté sa loi contre les *libelles diffamatoires* par lesquels les partis contraires s'entre-déchiraient, porta une seconde loi contre les assassinats et les empoisonnements devenus non moins fréquents. *Lex Cornelia, de Sicariis et Veneficiis*.

Sous les premiers empereurs, la trop célèbre Locuste aurait dû être atteinte par cette loi. Mais Néron en avait besoin, c'est elle qui avait fourni le poison qui foudroya Britannicus. Le monstre voulait la tenir sous sa main, il la combla de faveurs, il la logea dans son palais, et il ne la fit périr à la fin que lorsqu'il apprit qu'elle se préparait à l'empoisonner lui-même.

Dans nos temps modernes, au sein de la société la plus polie, en plein siècle de Louis XIV, une femme de haut parage, une marquise reçue sans doute à la cour, riche de 40,000 livres de rentes, qui en vaudraient 150,000 aujourd'hui, avait déjà empoisonné son père, sa mère et toute sa famille, avant qu'on pût soupçonner que le crime vînt d'une si grande dame ! Elle couvrait tout cela de l'apparence de la dévotion, se confessait assidûment, visitait fréquemment les hôpitaux. Elle faisait l'essai de ses poisons sur les pauvres, à qui elle distribuait des biscuits de sa façon ; elle allait elle-même (comme si elle eût été une dame de charité) les distribuer à l'Hôtel-Dieu, et avait soin de s'informer de l'effet qu'ils avaient produit.

Pour enrichir son amant (car elle était aussi femme adultère), elle fit dans la famille de celui-ci les mêmes ravages qu'elle avait faits dans la sienne propre, et fit périr son père, sa mère et ses frères avec ce qu'on a nommé depuis, avec trop de légèreté, *poudre de succession*!... Elle continuait encore, lorsqu'à la fin divers soupçons, confirmés par la découverte d'une caisse qui lui appartenait et qui était remplie de poisons de diverses sortes, et la saisie d'un livret écrit de sa main, où elle avait consigné toutes ses confessions, amenèrent sa condamnation. La marquise de Brinvilliers fut décapitée et brûlée à Paris le 16 juillet 1676.

De nos jours, pour ne citer qu'un exemple, Mme Lafarge fut convaincue d'avoir empoisonné son mari...

Mais on a vu aussi la pratique des empoisonnements passer des mains des femmes dans des mains plus habiles et plus expérimentées.

Les progrès des sciences naturelles, et particulièrement de la chimie, ont permis de faire entrer certains poisons, à dose légère, dans le traitement de quelques maladies.

Les lois, toutefois, ont pris des précautions pour qu'il ne fût pas permis ni facile de se procurer des poisons à volonté.

La loi du 21 germinal an XI, sur la police de la pharmacie, a pris là-dessus de sages mesures, en ordonnant, article 34, que les poisons seraient tenus sous clef dans les boutiques des pharmaciens et des épiciers, et en disant que « ces substances ne pourront être vendues qu'à des personnes connues et domiciliées qui pourraient en avoir besoin pour leur profession ou pour causes connues, sous peine de 300 fr. d'amende de la part du vendeur contrevenant. »

Voilà la loi. Mais si c'est le médecin lui-même qui, trahissant la plus secourable et l'une des plus belles professions dont s'honore l'humanité, se fait empoisonneur, il aura, on le conçoit, toute facilité pour se procurer des substances vénéneuses, en alléguant qu'il veut en faire des remèdes en les administrant selon les règles de son art, et qu'ainsi elles lui sont nécessaires pour « l'exercice de sa profession. »

En effet, les prescriptions des médecins prennent le nom « d'ordonnances » et le pharmacien obéit. Il lui suffit, pour sa responsabilité, de garder l'ordonnance du docteur et de tenir registre de la livraison.

La science peut aller plus loin; si l'empoisonneur est lui-même un habile chimiste, il peut découvrir et employer de préférence quelqu'un de ces poisons empruntés au règne végétal, et qui ne laissent après eux aucune trace ou ne laissent du moins que des traces bien difficiles à saisir.

Ainsi Castaing a employé la morphine, et La Pommerais a eu recours à la digitaline. Mais alors, avec de tels agents et de tels procédés, à quels dangers la société ne se trouverait-elle pas livrée, si, lorsque de pareils crimes se découvrent, le Jury, qui, en son âme et conscience, est convaincu de la culpabilité de l'accusé, ne le déclarait pas avec la sincérité et la fermeté qui doivent appartenir à des hommes de bien?

On voit souvent en matière criminelle alléguer la misère ou l'ignorance des accusés comme étant la cause pour ainsi dire fatale de leurs crimes, et pouvant, dit-on, leur servir d'excuse. On y cherche, et parfois on y trouve des circonstances atténuantes.

Mais pouvait-il en être ainsi dans une espèce qu'on peut dire raffinée, où le crime principal se trouvait compliqué de faits accessoires attestant les machinations et les calculs les plus étudiés?

Cet accusé se disait noble! L'eût-il été, la Brinvilliers l'était aussi! Et ne sait-on pas que si noblesse oblige, par là même elle n'excuse pas? Et si cette noblesse était feinte, usurpée, qu'était-ce autre chose qu'un charlatanisme effronté pour fasciner les yeux du vulgaire et détourner les soupçons?

L'accusé était savant; il appartenait à la classe lettrée; il savait par conséquent ce qu'il faisait et ce qu'il allait faire aux autres, et dans ce savoir-faire était un danger de plus pour la société.

Il était médecin! par conséquent toutes les pharmacies lui étaient ouvertes.

Admis au lit des malades, tout accès lui était permis.

Ainsi, noble, savant, médecin, il n'y avait là que des aggravations, et le Jury a fait son devoir en disant: « Oui, l'accusé est coupable, » sans admettre aucune circonstance atténuante.

Enfin l'ensemble de toutes les charges, loin de venir en atténuation du crime d'empoisonnement, y ajoutait tout ce qu'a de plus odieux cette combinaison d'une assurance dont la prime, élevée jusqu'au taux de 550,000 fr., ne pouvait se réaliser qu'à l'aide de l'empoisonnement de la personne assurée, comme une succession qui s'ouvre par la mort de celui dont on doit hériter.

Et ceci me fournit, en finissant, l'occasion d'appeler l'attention du législateur et des magistrats sur ce genre de contrat dit *d'assurance sur la vie des personnes*.

Les assurances sur la vie des hommes étaient interdites dans notre ancien droit. L'ordonnance de la marine de 1681 a reproduit cette défense d'une manière expresse. Aucune loi postérieure n'a levée; le Code civil n'en a point parlé, et le plus éloquent de ses rédacteurs en a donné la raison devant le Corps-Législatif à la séance du 7 ventôse an XII (27 février 1804), en présentant son exposé des motifs du *Contrat de vente*, chapitre III, des *Choses qui peuvent être vendues*: « Il est sans doute permis, disait Portalis, de traiter sur des choses incertaines, de vendre et d'acheter de simples espérances; mais il faut que les incertitudes et les espérances qui sont la matière du contrat ne soient contraires ni aux sentiments de la nature ni aux principes de l'honnêteté. Nous savons qu'il est des contrées où les idées de la saine morale ont été tellement obscurcies et étouffées par un vil esprit de commerce, qu'on y autorise les assurances sur la vie des hommes. Mais en France de pareilles conventions ont toujours été prohibées. Nous en avons la preuve dans l'ordonnance de la marine de 1681, qui n'a fait que renouveler les défenses antérieures. L'homme est hors de prix : sa vie ne saurait être un objet de commerce; sa mort ne peut devenir la matière d'une spéculation mercantile. Ces espèces de pactes sur la vie ou la mort d'un homme sont odieux, et ils peuvent n'être pas sans danger. La cupidité qui spécule sur les jours d'un citoyen est souvent bien voisine du crime qui peut les abréger. »

Le même jurisconsulte, en présentant le titre des *Contrats aléatoires* (dans son exposé des motifs à la séance du 14 ventôse an XIII), reproduisait la même idée en disant : « On a proscrit, avec raison, les assurances sur la vie des hommes, la vente de la succession d'une personne vivante, parce que de pareils actes sont vicieux en eux-mêmes et n'offrent aucun objet réel d'utilité qui puisse compenser les vices et les abus dont ils sont susceptibles. »

Ce sont ces conventions que les lois romaines appellent sinistres, et pleines du plus dangereux avenir : *plenæ periculosissimi eventûs*.

Ces funestes prévisions se sont réalisées dans l'espèce par un odieux calcul ; et l'assurance placée sur la tête de l'infortunée victime de La Pommerais, en servant à rendre son crime plus évident, est aussi ce qui le rend plus effroyable et appelle l'intervention du législateur.

En résumé, la procédure est régulière.

La peine la plus sévère a été légalement appliquée au fait le plus criminel et le moins excusable.

Aucun des moyens de cassation n'est fondé.

Nous estimons, en conséquence, qu'il y a lieu de rejeter le pourvoi; on n'aura pas à recommencer d'aussi tristes débats.

Conformément à ces conclusions, le pourvoi fut rejeté.

Il ne restait plus au condamné que le recours à la clémence impériale.

Déjà, et immédiatement après le prononcé du verdict, plusieurs des Jurés, la majorité, avaient chargé le chef du Jury de rédiger une supplique à l'Empereur en commutation de peine. Elle fut remise au défenseur du condamné, qui l'adressa à Sa Majesté, en même temps qu'une demande en grâce formée par M. de La Pommerais père et Mme de La Pommerais.

Mme de La Pommerais implora la faveur d'une audience de l'Impératrice; on dut la lui refuser, avec regret; mais Me Lachaud fut invité, au nom de l'Impératrice, à se rendre aux Tuileries. Introduit près de Leurs Majestés, il fut reçu avec une extrême bienveillance et une affabilité toute particulière. L'avocat fut interrogé sur les principales circonstances du procès et sur les motifs qui seraient de nature à faire accueillir la demande en grâce. Il se retira, plein de confiance dans les bonnes dispositions de l'Impératrice, mais ignorant complètement quelles étaient les intentions de l'Empereur.

Le 8, la décision de Sa Majesté fut connue. Après s'être fait remettre le dossier de l'affaire ; après avoir voulu, avant de se prononcer, l'apprécier lui-même dans tous ses détails, l'Empereur refusait la grâce du condamné. La nature du crime, les circonstances dans lesquelles il avait été commis n'avaient pas permis à la clémence impériale d'intervenir pour arrêter le cours de la justice.

Qu'il nous soit permis d'ajouter cette autre considération, qu'à un moment où s'agite la question du maintien de la peine de mort, la grâce de la vie accordée au médecin empoisonneur aurait été envisagée, par la conscience publique, comme devant entraîner l'abolition définitive, forcée presque, de la peine capitale.

Cependant, depuis quelques jours, La Pommerais était devenu taciturne et pensif, et son attitude inquiète trahissait de sinistres pensées. Durant tout son séjour à la Roquette, il n'avait vu aucun membre de sa famille, et les récentes démarches relatives à la grâce avaient été faites à son insu.

Le 9 juin, à cinq heures et demie du matin, le directeur de la prison, accompagné de l'aumônier, entra dans la chambre du condamné. Ils étaient suivis de M. Claude, chef du service de sûreté, de M. Potier, commis-greffier à la Cour impériale, et de quelques gardiens. La Pommerais était couché et paraissait assoupi. Au bruit qui se faisait autour de lui, il ouvrit les yeux, puis les referma comme un homme troublé dans son sommeil ; puis encore les rouvrant et comprenant ce qui se passait, il se leva sur son séant comme par un mouvement convulsif.

Le directeur lui annonça alors que le dernier moment était venu et que l'arrêt allait être exécuté. La Pommerais ne répondit pas un mot ; mais on vit ses yeux se mouiller de larmes, quand l'aumônier, se jetant à son cou, l'embrassa avec effusion. Aussitôt, sortant ses jambes du lit, il se laissa habiller, en s'y prêtant de lui-même autant que le lui permettait la camisole de force dont il était revêtu.

Le chef du service de sûreté lui demanda s'il avait quelque révélation à faire : « Non, Monsieur, » répondit-il.

M. l'abbé Crozes s'approcha alors du patient, lui dit à voix basse quelques mots auxquels La Pommerais répondit par un signe d'assentiment, et tout le monde s'étant retiré, l'aumônier, demeuré seul avec lui, entendit sa confession dernière. Elle dura environ dix minutes, après lesquelles La Pommerais, se relevant, promit à M. l'abbé Crozes de suivre ses conseils en tout point. « Vous serez content de moi, » ajouta-t-il, au moment où, sortant de sa chambre, il rejoignait les gardiens, qui le conduisirent au greffe pour y subir les derniers préparatifs. Durant ce trajet à travers de longs corridors, aucune parole ne sortit de la bouche du condamné ; il indiqua par un simple geste que les liens de la camisole de force le serraient trop fortement.

A son arrivée au greffe, il fut livré aux mains de l'exécuteur. Pendant que les aides procédaient à la funèbre toilette, l'aumônier lui donna lecture d'une longue lettre que lui avait écrite Mme de La Pommerais ; puis il lui coupa une mèche de ses cheveux et l'approcha de ses lèvres pour qu'il pût y déposer un suprême baiser, dernier et douloureux gage d'affection que la malheureuse femme avait réclamé de son époux. La Pommerais donna le baiser, mais sans manifester la moindre émotion. Pendant toute cette scène, il resta froid et résigné.

On lui demanda de nouveau s'il avait quelque aveu à faire : *Non*, répondit-il ; s'il voulait prendre un verre de liqueur pour se réconforter : *Non*, dit-il encore. Ces deux *non*, articulés d'une voix faible et accompagnés d'un léger mouvement de tête, furent les seuls mots qu'il prononça durant tout l'accomplissement des sinistres préparatifs.

A six heures moins quelques minutes, la toilette achevée, l'exécuteur plaça sur les épaules du condamné le paletot noir qu'il portait à la Cour d'assises, et le funèbre cortège se mit en marche. A peine le malheureux eut-il dépassé la première partie de la cour, que la grande porte de la prison s'ouvrant à deux battants lui laissa voir l'échafaud dressé devant lui. Cette vue produisit sur lui une rapide et profonde impression dont il s'efforça de se rendre maître, et, après quelques secondes d'arrêt, il reprit sa marche d'un pas ferme, accompagné, à sa gauche, par l'aumônier, qui continuait à l'exhorter, et surveillé, plutôt que soutenu, à sa droite, par l'exécuteur. Arrivé au pied de l'échafaud, M. l'abbé Crozes embrassa le condamné ; à son tour, La Pommerais embrassa l'aumônier, et posa ses lèvres sur la Croix que celui-ci lui présentait. Puis, sur le point de mettre le pied sur le premier degré de l'échelle, il se retourna rapidement, se jeta au cou de l'abbé, et l'embrassa de nouveau, en lui disant : « et c'est le dernier mot qu'il ait prononcé, — *pour Clotilde!* » (On sait que c'est le nom de sa femme.) Alors, il se livra aux aides de l'exécuteur qui le soutinrent pendant qu'il franchissait les degrés de l'échafaud, ce qu'il n'eût pu faire de lui-même à cause des entraves qu'il avait aux pieds. Dès qu'il fut arrivé sur la plate-forme, l'exécuteur lui enleva le paletot dont il était couvert, et le poussa rapidement sur la bascule.... Une seconde après, tout était fini !

Immédiatement après l'exécution, le fourgon destiné à transporter le corps des suppliciés recevait les restes de La Pommerais et se dirigeait, sous l'escorte de quatre gendarmes à cheval et suivi comme d'habitude de la voiture de l'aumônier, vers le cimetière du Mont-Parnasse. C'est là, dans une des dépendances de ce cimetière, et dans la partie réservée exclusivement aux suppliciés, que le cadavre, qui n'avait pas été dépouillé de ses vêtements, a été inhumé par les aides de l'exécuteur, pendant que l'aumônier récitait les prières accoutumées. Le lendemain, le corps, réclamé par les parents, était exhumé, en présence de M. l'abbé Crozes et du Commissaire de police du quartier, pour être transporté dans la sépulture définitive que lui avait préparée sa famille, et que protège une simple croix sur laquelle ne se lit aucun nom.

UN ÉPISODE DES JOURNÉES DE JUIN 1848.

À peine avaient-ils franchi la barrière qu'ils furent saisis, injuriés..... (P. 2.)

MEURTRES DU GÉNÉRAL DE BRÉA ET DU CAPITAINE MANGIN.

I.

La France passe, et à juste titre, nous le disons avec orgueil, pour la nation la plus éclairée, la plus courageuse et la plus humaine. Et cependant, malgré cette civilisation, cette valeur et cette humanité, notre histoire, à côté d'actions sublimes de bonté et de désintéressement, présente des faits si odieusement atroces, qu'on les croirait l'œuvre de quelque peuplade encore enveloppée dans les ténèbres de la barbarie.

Et, chose déplorable! c'est toujours dans les commotions politiques que se sont produites ces atrocités qui tachent de sang les pages dorées de nos fastes nationaux.... Sans remonter à ces temps de la monarchie où l'assassinat devenait presqu'un moyen de gouvernement, en ne retournant en arrière que de soixante ans, combien de forfaits dus aux haines politiques!.. Il semble que chaque parti ait voulu revendiquer quelqu'un de ces honteux excès : Après la prise de la Bastille par le peuple, viennent des débordements qui déshonorent la cause populaire; puis une assemblée qui interrompt ses magnifiques travaux pour envoyer Louis XVI à la guillotine; puis, le meurtre juridique du duc d'Enghien qui jette comme un sombre reflet sur l'éclatant génie du grand empereur; puis, l'assassinat de Brune qui stygmatisa le retour des royalistes; puis un garde national de la paix à tout prix qui tue à bout portant un homme qui se rendait prisonnier. Enfin des hommes qui se disent républicains, qui poussent bien haut des cris de fraternité, et qui assassinent lâchement un général qui vient à eux avec des paroles de concorde et de pardon !

Loin de nous la pensée de rendre la nation, ou même un parti, solidaire de ces lâchetés qui n'appartiennent qu'à quelques misérables ; mais aussi que ces partis ne cherchent pas à les innocenter. Si les convictions politiques sont respectables, si l'insurrection est quelquefois le plus sacré des devoirs, l'assassinat est toujours un crime que la société doit venger.

II.

On se rappelle le sentiment de douleur et d'indignation qui accueillit dans Paris la nouvelle de l'horrible catastrophe accomplie dans la journée du 25 juin à la barrière Fontainebleau.

Déjà, à ce moment (c'était le dimanche) l'insurrection avait été arrêtée sur la rive gauche et refoulée par la prise du Panthéon jusqu'à la barrière Fontainebleau. C'était un des quartiers-généraux de l'émeute, et il avait été renforcé par les insurgés vaincus et chassés du Panthéon, de Saint-Séverin, de la rue Mouffetard et de la place Maubert. L'irritation y était à son comble, et il devenait important de reprendre cette position.

Cette difficile mission avait été confiée au général de brigade de Bréa. A la tête d'un corps de troupes considérable, il avait successivement débusqué les insurgés de toutes les positions qu'ils avaient occupées sur cette partie extrême de la rive gauche, et il les avait rejetés hors du mur d'enceinte.

Il avait déjà visité les barrières d'Enfer, Saint-Jacques et de la Santé, quand il se présenta, le dimanche 25 juin au matin, à la barrière de Fontainebleau. Il était accompagné de M. Mangin, capitaine d'état-major, et des commandants Desmarets et Gobert.

Partout, sur son passage, il avait employé les moyens pacifiques, tendant à tous une main amie, et voyant avec bonheur que ce langage était partout compris. Il annonçait le décret de l'Assemblée nationale qui avait voté un crédit de trois millions pour les ouvriers sans ressources, et cette nouvelle était accueillie avec transport.

La mission du général réussissait donc sans effusion de sang, et il songeait à rentrer dans Paris, après avoir tenté un dernier effort à la barrière Fontainebleau.

Ce point était fortifié d'une manière formidable.

On sait qu'en face de cette barrière aboutissent la route d'Ivry et celle de Fontainebleau. Ces têtes de routes étaient barricadées.

D'autres barricades, reliées à celles-ci, barraient à droite et à gauche le boulevard, et un véritable mur de pavés s'élevait contre la grille de la barrière ; de sorte qu'au milieu de ces remparts de pavés, élevés à la hauteur d'un premier étage, les insurgés étaient comme au milieu d'un fort, et occupaient une position retranchée presque imprenable, et dans tous les cas fort difficile à emporter.

Là se trouvaient trois cents insurgés, plus ou moins bien armés, disposés les uns à se rendre, vaincus qu'ils étaient par le découragement, l'épuisement et la fatigue ; les autres, au contraire, à se défendre jusqu'à la dernière extrémité et demandant à recommencer la lutte.

C'est à ces gens que le général de Bréa fasait un appel à la conciliation et à la concorde ; appel qui fut entendu par la première partie des insurgés dont nous venons de parler. Il faisait connaître le décret de l'Assemblée nationale, et cette proclamation était accueillie, comme aux barrières précédentes, par de longues acclamations.

Le général, trompé par les apparences, invité d'ailleurs à sortir de Paris pour parlementer avec les chefs qui occupaient de formidables forteresses, se décida à franchir la barrière ; et fut suivi de M. Mangin, capitaine d'état-major, et de MM. les commandants Gobert et Desmarets, celui-ci appartenant à la ligne, l'autre à la garde nationale.

Le général ne marchait pas seul. Des troupes considérables l'avaient suivi ; mais elles restèrent en dedans de la barrière, et les quatre braves militaires que nous venons de nommer passèrent seuls du côté des insurgés.

A peine avaient-ils franchi la barrière qu'ils furent saisis, injuriés, entraînés au milieu d'un groupe de furieux qui, le sang sur les mains et l'imprécation à la bouche, menaçaient le général et ses compagnons en disant :

— « Mort à Cavaignac ! mort au général ! mort à l'exécuteur du Panthéon ! mort au bourreau de nos frères ! »

Les insurgés prenaient le général de Bréa pour le général Cavaignac, et ils se disposaient à le fusiller, quand une voix s'écria :

— « Ce n'est pas Cavaignac ; je le connais bien. Cavaignac est toujours cuirassé ; voyez si celui-ci a une cuirasse. »

L'erreur une fois reconnue, quelques hommes entreprirent de sauver le général de Bréa :

— « C'est un vieux de la vieille ! c'est un crâne, un vieux brave ! » disaient les bienveillants citoyens qui avaient entrepris cette tâche d'humanité, et ils pensaient intéresser la foule par ce moyen.

Pour soustraire le général et ceux qui l'accompagnaient aux premières violences, ils le firent entrer dans le poste de l'octroi. C'était là une trop faible barrière à opposer à l'irritation sans cesse croissante de la foule, dont la colère se manifestait par des cris de vengeance et de fureur. Il fallut songer à un autre moyen.

Les hommes qui voulaient sauver le général crurent qu'il était prudent de l'éloigner du centre principal de l'insurrection. Ils proposèrent de le conduire, avec ses compagnons, chez le maire de la commune, le sieur Dordelin, qui tient à la barrière l'établissement connu sous le nom de *Grand-Salon*.

Une fois arrivés dans cet établissement, ils se hâtèrent d'en fermer la porte à la foule, qui hurlait des cris de mort en voyant qu'on cherchait à lui enlever sa proie. On conduisit le général dans le jardin de l'établissement, et on le pressa de fuir en escaladant le mur.

Le général hésitait ; il avait à cœur de poursuivre jusqu'au bout la mission de conciliation qu'il avait entreprise, et l'idée de fuir devant un danger révoltait son âme courageuse. Cependant, pressé par ceux qui s'étaient chargés de son salut, il se décida à franchir le mur situé au fond de ce jardin.

Il espérait enfin échapper à cette foule menaçante qui cernait de toutes parts l'établissement du *Grand-Salon*, et dont les efforts allaient triompher de la résistance que lui opposaient les portes qu'on avait fermées. Déjà le général avait une jambe passée par-dessus le mur, quand la multitude irritée, après avoir enfoncé les portes, se rua dans l'établissement de Dordelin et apparut dans le jardin.

A ce moment, l'un des insurgés, le sieur Paris, qui avait accompagné le général, du poste de l'octroi au Grand-Salon, le saisit par son caban et par une jambe, et le fit redescendre. Dans quelle intention a-t-il accompli cet acte, qui a été la cause certaine des crimes qui ont été commis plus tard ? C'est ce que le débat éclaircira. Paris prétend qu'il a empêché le général de fuir par-dessus le mur, parce qu'il savait que l'établissement de Dordelin était entouré de toutes parts, et qu'il a dit au général :

— « Si vous franchissez ce mur, vous êtes mort ! »

Quoi qu'il en soit, le général fut saisi par les insurgés qui avaient fait irruption dans le jardin. On proposa de le faire monter au deuxième étage de la maison, et cette proposition fut acceptée et aussitôt exécutée. On plaça le général devant une table, et on lui demanda d'écrire une espèce de rapport sur la situation, rapport qui devait être lu aux insurgés afin de les calmer et de les détourner d'attenter à la vie du général et de ses compagnons de captivité.

M. de Bréa écrivit, en effet, les lignes suivantes :

« Nous, soussignés, général Bréa et de Ludre, déclarons être venus aux barrières pour annoncer au bon peuple de Paris et de la banlieue que l'Assemblée nationale a décrété qu'elle accordait 3 millions en faveur de la classe nécessiteuse, et qu'elle a crié : « Vive la République démocratique et sociale ! »

Le général n'en put écrire davantage. La foule, qui acquérait la certitude qu'on voulait sauver le général, ne souffrit pas qu'on lui épargnât un crime, et la pièce où les faits que nous venons de rapporter se passaient, fut envahie par les furieux qui en assiégeaient la porte, et qui entrèrent en criant de nouveau, comme si on ne les avait pas déjà détrompés :

— « A mort Cavaignac ! à mort le général ! fusillons-le ! »

Pendant ce temps, le commandant Gobert, qui avait été séparé du général, essaya de le rejoindre. Il avait à peine paru dans la cour de l'établissement du sieur Dordelin, qu'il fut entouré, pressé de toutes parts, menacé d'un pavé qui faillit lui écraser la tête et qui se brisa à ses pieds. On lui arracha son épée, ses épaulettes, et il fut saisi à la gorge par un insurgé. Il demanda à être conduit auprès du général, dont les jours étaient de plus en plus menacés, et qui écrivait en ce moment les lignes suivantes, évidemment destinées à être lues à la foule ameutée autour de la maison :

« Je suis entouré, à la barrière Fontainebleau, de « braves gens, républicains-socialistes et démocrates... »

Il lui fut encore impossible de continuer. Des cris furieux le pressèrent d'ordonner le renvoi des troupes qui l'avaient accompagné à la barrière. Le général résistait : Il lui semblait honteux de donner un ordre qui avait l'apparence d'une faiblesse.

Cependant le danger était imminent pour lui et pour ses compagnons de captivité. Il se décida à écrire cet ordre, et l'on va voir dans quel état de trouble et d'agitation il devait être. Voici cet ordre textuellement :

« J'ordonne à la troupe de se *retir;* qu'elle retourne par la même route. »

Le danger allait toujours croissant. Chaque minute paraissait devoir être la dernière de la vie du général, et ses amis officieux comprirent qu'un nouveau déplacement offrirait une nouvelle chance de conjurer ce danger en le retardant. On décida qu'il serait conduit au grand poste, situé sur la route de Fontainebleau, à une assez grande distance de la barrière. Il y fut donc conduit avec le commandant Gobert.

Là, ils trouvèrent le commandant Desmarest qui, lui aussi, avait eu à lutter contre la fureur des insurgés. On lui avait arraché son épée, ses épaulettes ; on l'avait dépouillé de sa tunique qu'un enfant portait triomphalement au bout d'un bâton en guise d'étendard.

C'est dans ce poste que s'est accompli le double assassinat dont les accusés viennent répondre devant la justice.

L'instruction a éprouvé de grandes difficultés pour éclairer les circonstances des scènes épouvantables qui ont ensanglanté le grand poste. Ces difficultés auraient été plus grandes encore, insurmontables peut-être, si l'instruction n'avait eu pour s'éclairer le témoignage du commandant Desmarets, du 24º léger, qui, sur un avis mystérieusement donné par quelqu'un qui lui dit : « Méfiez-vous de la croisée ! » s'était jeté sur le lit de camp du corps-de-garde et s'y était ainsi dérobé aux regards de la foule. Le commandant Gobert s'était glissé sous ce même lit ; ces deux officiers furent bientôt oubliés par ceux qui paraissaient en vouloir surtout au général.

Dans ces entrefaites, les citoyens honnêtes, qui avaient entrepris de sauver le général et qui avaient trouvé au poste des personnes animées des mêmes intentions tentaient un dernier effort pour arracher le malheureux prisonnier à la rage des forcenés qui en voulaient à sa vie. On essaya de percer le mur du violon, et déjà l'on y avait réussi en partie, quand un enfant de quatre ans dénonça cette généreuse tentative.

Le danger qu'on avait voulu détourner de la tête du général menaça alors les braves citoyens qui s'étaient dévoués à son salut. Ils durent l'abandonner au sort inévitable qui l'attendait, et se dérobèrent à la colère des assaillants de plus en plus furieux.

Le général et le capitaine Mangin avaient été placés devant une table, et M. de Bréa attendait ce qu'on pouvait encore exiger de lui. Ses regards ne rencontraient plus que des visages menaçants. Tout signe de sympathie avait disparu ; aussi s'écria-t-il :

— « Où sont donc mes bons amis de tout à l'heure ? »

De son côté, le capitaine Mangin, qui entrevoyait le seul dénouement possible à cette horrible scène, résolut d'en finir et de mettre un terme à ce martyre, qui se prolongeait et menaçait d'épuiser leurs forces. Se croisant alors les bras sur la poitrine, il se redressa, et interpellant ceux qui remplissaient le corps-de-garde :

— « Que veut-on faire de nous, s'écria-t-il ? Voulez-vous nous fusiller ? Alors dépêchez-vous ? frappez : voilà nos poitrines ! »

Un dernier ami tenta alors un suprême effort. C'était un jeune homme. Il s'approcha du général et lui dit à voix basse :

— « Donnez-moi un de vos insignes et je vous sauve; je cours à la troupe, je lui dis que vous êtes prisonnier et l'on viendra vous délivrer. »

Le général donna sa dernière épaulette, et déclara qu'il garderait sa croix et son épée qu'on lui demandait.

Tout cela avait été compris, et cette dernière tentative hâta peut-être le moment suprême où le général devait succomber sous les coups des meurtriers qui, depuis plusieurs heures, l'injuriaient et le menaçaient. On comprit qu'il allait arriver du secours aux prisonniers, et les cris : « A mort ! à mort ! il faut en finir ! » se firent entendre avec un redoublement de violence.

Ces cris arrivent au dehors et pénètrent la foule d'épouvante et d'horreur. Beaucoup prennent la fuite, les femmes poussent des cris en fuyant, et une voix du dehors venant en aide aux forcenés qui pressaient le général, s'écria :

— « Nous sommes perdus ! trahison ! voilà la mobile ! »

A ce moment, et comme si c'était un signal convenu à l'avance, une terrible explosion retentit dans le corps-de-garde... cinq ou six balles ont atteint le général, le capitaine Mangin tomba d'abord sur les genoux... Une seconde décharge eut lieu et le renversa... Le général et son aide-de-camp avaient cessé de vivre.

La rage des meurtriers n'était pas assouvie. Ils avaient assassiné leurs victimes : ils voulurent les mutiler. L'un d'eux, s'apercevant que le général s'agitait encore, ou (pour parler l'horrible langage par lui employé dans son interrogatoire) qu'il *gigotait*, lui enfonce à deux reprises sa baïonnette dans les reins. Un autre lui fracasse le crâne d'un coup de crosse de fusil, d'autres se ruent sur le corps du capitaine Mangin et lui écrasent la tête. Un dernier, soupçonnant toujours que le général qu'on venait de tuer était le général Cavaignac, a l'horrible sang-froid de palper la poitrine du cadavre pour s'assurer qu'elle n'était pas recouverte par une cuirasse...

MM. Desmarets et Gobert furent oubliés, et bientôt ils recouvrèrent leur liberté. Le premier usage qu'on fit le courageux chef de bataillon du 24º léger fut d'écrire à ses camarades la lettre suivante, qui retrace d'une manière saisissante les divers incidents qui ont signalé la captivité de celui qui l'a écrite :

« Mes chers camarades,

« La Providence seule m'a sauvé avec l'aide de quelques hommes de cœur (car on en trouve dans toutes les classes de la société) ; pendant quatre heures j'ai subi les angoisses de la mort, menacé par les baïonnettes et les pavés, et ayant en perspective d'être fusillé ; j'ai échappé en quelque sorte miraculeusement aux insurgés.

« Enfermé dans le corps-de-garde avec le général de Bréa, son aide-de-camp et un chef de bataillon de la 12º légion, je m'étais blotti dans une encoignure de croisée, d'où j'ai vu de mes propres yeux fusiller les deux premiers par ces cannibales qui revinrent ensuite les achever à coups de crosse. En ce moment le chef de bataillon se glissa sous le lit de camp : puisse-t-il avoir échappé comme moi aux regards de ces gens sans pitié ; car, dans le cas contraire, il aura sans doute subi le même sort que le général et son aide-de-camp.

« Pour moi, oublié, je ne sais, vous dis-je, par quel miracle, je me suis vu arraché du poste par des gens qui, révoltés de l'assassinat qui venait de se commettre, m'ont fait un rempart de leur corps et ont détourné dans la rue les baïonnettes de ceux qui voulaient m'égorger.

« C'est avec grand'peine qu'ils m'ont fait entrer dans une maison voisine où j'ai dû échanger les lambeaux de mes effets militaires contre d'ignobles vêtements d'insurgés, raser mes moustaches et me noircir la figure.

« C'est dans cet accoutrement qu'il m'a fallu traverser plusieurs jardins en franchissant les murs d'enceinte pour arriver à un lieu plus sûr, la maison de M. D..., mon sauveur, lequel est aussitôt allé chercher ma femme et mes enfants, qui sont arrivés plus morts que vifs. Ce brave M. D... m'a encore accompagné le soir, à la brune, jusque chez moi.

« Si, en tentant d'aller vous rejoindre, je n'avais pas la certitude de trouver une mort plus certaine encore que la première fois, je n'hésiterais pas un seul instant à aller partager vos peines et vos fatigues. J'ai été dépouillé de tous mes effets militaires ; coups de pied, soufflets et ignominies de tout genre, rien ne m'a été épargné.

« Prière de faire parvenir ces renseignements, écrits à la hâte, au général commandant les troupes, en remplacement du trop confiant et malheureux général de Bréa, que je n'ai pas voulu abandonner.

« Puissiez-vous, mes bons amis, vous tirer avec bonheur de tous les pas difficiles qui pourraient se présenter, et nous revenir le plus tôt possible.

« E. Desmarets. »

III.

Les faits que nous venons de résumer ressortiront mieux et plus clairement des renseignements fournis par de nombreux témoins, et surtout par MM. Desmarets et Gobert, échappés miraculeusement au massacre du 25 juin. Ces faits sont imputés à vingt-cinq accusés dont voici les noms :

1º Henri-Joseph Daix, sans profession, âgé de quarante ans, né à Huningue, administré de l'hospice de Bicêtre; défendu par Mᵉ Cresson;

2º Pierre Guillaume, dit *la Barbiche*, batteur en grange, âgé de vingt-sept ans, demeurant à Morangis. — Mᵉ Léon Bret ;

3º Antoine-Alexis Coutant, tonnelier, âgé de vingt-huit ans, demeurant à Athis-Mons (Nièvre). — Mᵉ Detours, représentant du peuple ;

4º Louis-Prudent Baude, cordonnier, âgé de vingt-trois ans, né à l'Isle-Adam, demeurant à Paris, — Mᵉ Ernest Picard ;

5º Claude-Hippolyte Mony, âgé de trente-huit ans, charcutier, né à Versailles, demeurant à Ivry. — Mᵉ Nogent-Saint-Laurent.

6º Charles Goué dit *la Pointe*, âgé de vingt-trois ans, né à Nemours, contre-maître tanneur, demeurant à Gentilly. — Mᵉ Genret (Cet accusé avait été transporté par décision de la Commission militaire) ;

7º Edme Masson, âgé de vingt-cinq ans, journalier, né à Neuffontaine, demeurant barrière des Deux-Moulins. — Mᵉ Lachaud ;

8º Louis-Hippolyte-Alphonse Geru, âgé de vingt et un ans, coutelier, né à Paris, demeurant boulevard de la Gare, 23. — Mᵉ Jametel ;

9º Jean-Baptiste Boulley, âgé de trente-un ans, charretier, né à Bearrey (Côte-d'Or), demeurant barrière Fontainebleau, 64. — Mᵉ Cresson ;

10º Louis Paris, âgé de trente-un ans, marchand de chevaux, né à Paris, demeurant barrière Fontainebleau. — Mᵉ Nogent-Saint-Laurens ;

11º François-Désiré Quintin, âgé de vingt-six ans, garçon maçon, né à Ver-Legrand, demeurant barrière Blanche. — Mᵉ Ferbach ;

12º François-Marie Lebelleguy, cantonnier, âgé de dix-sept ans, né à Baucos (Côte-d'Or), demeurant rue des Gobelins. — Mᵉ Robert-Dumesnil ;

13º Charles Naudin, âgé de trente ans, journalier, né à Paris, demeurant rue Vendrezanne. — Mᵉ Cotelle ;

14º Pierre Gautron, âgé de trente-huit ans, né à Vassimieux, demeurant route d'Ivry à Paris. — Mᵉ Celliez;

15º Louis-Nicolas-Claude Moussel, âgé de trente-huit ans, portefaix, demeurant barrière Fontainebleau, 12. — Mᵉ Léon Bret;

16º Louis-Auguste Luc, employé des ponts et chaussées, âgé de trente-sept ans, né à Béthisy, demeurant barrière Fontainebleau, 12. — Mᵉ Boinvilliers fils.

17º Louis-Eugène-Stanislas Vappreaux, aîné, âgé de trente-trois ans, garçon marchand de chevaux, né à Pithiviers, demeurant route de Choisy-le-Roi. — Mᵉ Dupuis ;

18º Charles-Auguste-Victor Vappreaux cadet, âgé de vingt-quatre ans, garçon marchand de chevaux, né à Puisot, demeurant barrière des Deux-Moulins. — Mᵉ Obriot ;

19º Pierre Dugat, âgé de trente-huit ans, charpentier, né à Paris, demeurant barrière Fontainebleau. — Mᵉ Cartelier ;

20º Nicolas Lahr, âgé de vingt-neuf ans, maçon, né en Belgique, demeurant barrière des Deux-Moulins. — Mᵉ Cresson ;

21º Jean-Alexis Nourrit, âgé de dix-huit ans, né à Paris, garnisseur de couvertures, demeurant rue Gracieuse. — Mᵉ Cartelier ;

22º Jean-Robert Bussières, fruitier, sous-lieutenant de la garde nationale, âgé de trente-quatre ans, né à Varesnes, demeurant rue Vendrezanne, barrière Fontainebleau. — Mᵉ Philippon de la Madeleine.

23º Charles-André-Émile Chopart, âgé de vingt-trois ans, employé de librairie, né à Rouvray, demeurant barrière Fontainebleau. — Mᵉ Ducous-Lapeyrière ;

24º Martin Nuens, Belge d'origine, âgé de trente-cinq ans, horloger, demeurant rue Vendrezanne. — Mᵉ Cresson.

25º Jean Brassa, âgé de trente ans, terrassier, né à Réolette (Puy-de-Dôme), demeurant à Bercy. — Mᵉ Jules Grouvelle.

Le nombre des accusés, celui des témoins, qui ne s'élève pas à moins de deux cent cinquante, avaient fait désirer à la justice militaire que les débats eussent lieu ailleurs que dans l'étroite enceinte des Conseils de guerre, et elle avait en conséquence demandé qu'on mît à sa disposition, soit une des salles du Palais-de-Justice, soit une de celles du Luxembourg. Il paraît que la difficulté d'appropriation et les inconvénients possibles du transfert quotidien des accusés n'ont pas permis de faire droit à cette demande, et le génie militaire a cherché tous les moyens possibles de concilier l'exiguïté de la salle du second Conseil de guerre avec le nombreux personnel qui devait prendre part à ce débat.

La salle d'audience affectée au second Conseil de guerre (c'est la plus grande des deux) formait autrefois deux chambres à coucher de l'ancien hôtel des comtes de Toulouse, lesquelles ont été réunies en une seule pièce coupée de chaque côté par un pan de mur qui a dû être conservé pour la solidité de l'édifice. Cette salle, qui a en tout 96 mètres carrés, doit donc contenir 25 accusés et au moins autant d'agents de la force publique, 18 avocats, 15 journalistes, les bureaux des conseils, du ministère public et du greffier, 250 témoins, etc.

Voici comment on s'y est pris d'abord pour résoudre ce problème. On a construit et suspendu au plafond une espèce de galerie aérienne en forme d'orchestre, dans laquelle doivent être placés les 25 accusés. On y monte par une échelle, dite *de meunier*, qui est mobile, et qu'on enlève quand les accusés ont pris place. La disposition de cette galerie est telle que le président du Conseil est constamment forcé, pour interroger les accusés, d'avoir la tête levée et rejetée en arrière. Ajoutons que les accusés sont complétement séparés de leurs avocats, et ne peuvent avoir de communication avec eux qu'autant que ceux-ci se rapprochent d'eux en montant sur des chaises.

Tous ces inconvénients obligeront bientôt, ainsi que nous le verrons, à des changements dans les dispositions de la salle.

IV.

La première audience de cette triste affaire s'ouvrit le 15 janvier 1849.

Dès le matin neuf heures, de forts détachements, tambours en tête, entrèrent dans la cour de l'hôtel. Les factionnaires furent placés partout en double. Un piquet de vingt hommes, commandé par un sous-officier, stationnait dans une pièce voisine de la salle d'audience, un bataillon de réserve campait dans le bâtiment qui sert de prison aux accusés, et qui est en face du Conseil de guerre.

Un peu avant onze heures, la garde introduisit les vingt-cinq accusés, qui furent placés dans l'ordre que nous avons indiqué en les nommant.

On remarque sur le bureau du président un énorme dossier, et sur la table des pièces à conviction, on reconnaît, avec un sentiment de douleur, une des épaulettes de l'infortuné général, les deux épaulettes du brave capitaine d'état-major Mangin, les deux épaulettes du commandant Gobert, qui est parvenu, on le sait, à se soustraire à la fureur des assassins; une contre-épaulette, le sabre bancal, le hausse-col et le chapeau du capitaine Mangin; trois fusils saisis en la possession de l'accusé Daix, un paquet contenant la tunique ensanglantée du général, un pantalon d'uniforme, une chemise, et une manche de la chemise du capitaine Mangin, qui a été saisie sur un accusé; six paquets de poudre, de cartouches, etc.

Dès cette première audience, un débat des plus animés s'engage entre M. le président et Daix, l'un des principaux accusés, qui est interrogé. Nous rapportons les parties les plus importantes de cet interrogatoire.

M. LE PRÉSIDENT. Vous avez participé activement aux complot et attentat dirigés à main armée contre le gouvernement, en défendant en désespéré, le 25 juin, la barricade élevée par vos soins près du pont d'Austerlitz?

DAIX. J'étais à cette barricade rue de Buffon, près le pont d'Austerlitz : j'y ai fait feu contre la troupe, mais je n'étais pas le chef ni le constructeur de la barricade.

— Cela cependant est tellement vrai, qu'un témoin a déclaré vous avoir vu, le 25 juin dernier, à une heure de relevée, défendant, avec vos insurgés, la barricade en question, où vous accusiez hautement l'intention de f.... le feu dans Paris, si vous et les vôtres ne réussissiez pas, et qu'on vous a vu démolir les grilles du Jardin-des-Plantes pour frayer un passage à vos hommes? — C'est faux. — Un autre témoin, qui vous a reconnu dans la soirée du 25 juin, a affirmé qu'après l'avoir arrêté dans cette matinée près la barricade de la rue Buffon, vous aviez voulu l'y faire fusiller ! — Le témoin qui vous a dit cela doit être employé au ministère de la guerre; j'ai vu sa carte de forme ovale, et, au lieu de le faire fusiller, comme il le prétend, je déclare que c'est moi qui ai proposé de le conduire chez lui avec un autre insurgé; ce qu'il refusa en disant qu'il ne craignait rien.

— Le même jour, et après que la troupe vous eût chassé de la barricade de la rue Buffon, vous vîntes vous réfugier dans celle de la barrière d'Italie, où, mêlé avec les insurgés de la commune de Gentilly, vous avez participé à l'arrestation du général de Bréa et de son aide-de-camp. — Je n'ai pas participé à l'arrestation du général de Bréa, car il était trois heures et demie lorsque je suis arrivé à la barrière d'Italie, et c'est là que je vis l'insurgé Moureau sur la barricade, où il annonçait que dans vingt-cinq minutes le général serait fusillé. Je me suis dirigé alors sur le poste de la Maison-Blanche, où, après avoir empêché un lieutenant de la garde nationale de conduire le général à la barrière, afin d'y ordonner à sa troupe la remise de ses armes, j'entrai dans le poste, et j'y ai consolé le général de mon mieux, en le rassurant sur sa vie, et il finit par m'embrasser, en me donnant son adresse, rue Tronchet, 19. — Vous avez tort de le nier. Un témoin vous a vu armé dans cette barricade de la barrière d'Italie, et plusieurs autres ont affirmé qu'ils vous avaient aussi vu, armé d'un fusil à piston, dans le poste de la Maison-Blanche, pendant que le général s'y trouvait prisonnier avec son aide-de-camp et d'autres officiers; que vous étiez un des plus furieux contre ces prisonniers, et que vous criiez avec beaucoup d'autres : « Il faut les fusiller ! il faut les fusiller ! » Au moment de votre arrestation, vous étiez porteur de huit cartouches à balles; un procès-verbal l'établit. — Le fait est inexact, car je n'en ai eu que huit en tout, et j'en ai tiré cinq ; ce n'est donc que de trois dont j'ai été trouvé en possession. — Au poste où a été tué le général, on le traitait d'*aristo* et de *carliste*; vous avez menacé de votre baïonnette le sieur Rocquet? — C'est faux ; je n'avais pas de baïonnette. — A de nombreux témoins, à la Maison-Blanche et à Bicêtre, vous vous êtes vanté d'avoir donné la mort au général. A l'un d'eux, vous avez dit : « Vous pourriez me faire fusiller, car je viens de fusiller le général, » et en même temps vous avez montré la dragonne dont vous étiez porteur, en disant qu'elle avait appartenu au général. En ce moment, vous étiez porteur du sabre de l'aide-de-camp. — Tout cela est faux. — Avant de frapper le général, vous avez voulu vous emparer de son épée, et vous l'avez même fait sortir à moitié de son fourreau. — Ce n'est pas vrai. — Après sa mort, vous avez même frappé de la crosse de votre fusil les cadavres du général et de son aide-de-camp. — Ce n'est pas vrai. — Les faits qui vous sont imputés et qui ont eu pour témoins des personnes qui les rapportent, ont été confessés par vous-même à plusieurs reprises. — Je voudrais que la déesse de la liberté fût là avec son glaive pour punir les délateurs. — Au moment de votre arrestation, vous avez demandé qu'on vous laissât libre encore quelques instants pour en tuer un de plus. — Je n'ai pas desserré les dents de ça. — Un témoin, le sieur Gémeau, vous reconnaît pour être l'homme de cinquante ans dont il a parlé, lequel est sorti précipitamment du poste en quittant la position qu'il occupait derrière la porte ; il se rappelle avoir crié : « Ne tirez pas ! ne tirez pas ! » Mais, qu'avant de s'éloigner, un coup de feu était parti de derrière cette porte, mais qu'il ne peut point affirmer que ce soit vous qui avez tiré. — J'avoue que derrière cette porte il n'y avait place que pour une personne, et que c'était moi qui m'y trouvais; mais je n'ai pas tiré. Le dimanche, je me suis rendu à la rue Poliveau, chez le marchand de vin Loïci, où je suis resté jusqu'à une heure. Mon fusil n'était pas chargé. M'étant rendu à la barricade de la rue Buffon, six cartouches m'ont été données, et j'ai fait usage de mon fusil à trois reprises différentes contre ceux qui m'attaquaient; je l'ai bientôt abandonnée, et je me suis dirigé vers la barrière de Fontainebleau. En y arrivant, j'ai appris que le général de Bréa était prisonnier. Moureau, qui se trouvait sur la barricade, nu-bras, très-animé, annonçait que sous trente-cinq minutes, le général de Bréa serait fusillé. J'ai bientôt gagné le grand poste, où se trouvaient le général et plusieurs officiers. Peu après, je me suis trouvé au milieu de personnes hostiles aux militaires. Des cris de mort s'échappaient sans cesse. Placé près du général, je cherchais à le rassurer par mes paroles, et il a reconnu mon utile intervention, en me promettant de me servir de père si je parvenais à le sauver. Il m'a même donné son adresse en m'appelant homme généreux, car je lui ai assuré que la première balle serait pour moi. A plusieurs reprises, des canons de fusil ayant été abaissés, je les ai relevés, et j'ai empêché le feu. Malgré mes efforts, j'ai été repoussé par un canon de fusil, et, presqu'en même temps, me trouvant encore au corps-de-garde, des coups de fusil sont partis, et le général et son aide-de-camp sont tombés. Comme j'allais me retirer tout ému, j'ai entendu un petit jeune homme en bourgeois qui disait à un pompier, qui avait encore son fusil chargé, de faire feu sur un des officiers, ce qui fut exécuté. — Votre récit est contredit par de nombreux témoins. Un d'eux, qui vous connaît bien, affirme vous avoir vu casser un des carreaux de la fenêtre du poste, du côté de la barrière, poser le pied sur l'appui de la fenêtre, mettre en joue avec un fusil à piston, et tirer sur les officiers. — Ce n'est pas vrai.

L'accusé Nourrit, qui succède à Daix, avoue avoir pris part à l'insurrection et s'être trouvé à la barricade de la barrière Fontainebleau, lors de l'arrestation du général; mais il prétend ne pas avoir assisté à la scène du Grand-Salon et ne point avoir réclamé la mort des officiers.

Malgré ces dénégations, il paraît constant que Nourrit est l'un des plus coupables dans l'affaire tragique dont nous racontons les détails, ainsi que cela résulte du dialogue suivant :

M. LE PRÉSIDENT. Pourtant, après avoir réclamé la mort du prisonnier, vous allâtes prendre place à la fenêtre de droite du poste, à côté de votre complice Lebelleguy ; puis, un peu avant leur mort, on vous entendit crier : « Voilà la mobile ! nous sommes trahis ; faites feu ! » Et aussitôt vous fûtes un des premiers à tirer par cette fenêtre. Le général tomba mort avec son aide-de-camp sous vos coups meurtriers.

NOURRIT. Il est vrai que j'ai fait feu sur le général ; mais ce n'est pas moi qui ai proféré les cris en question ; du reste je n'ai exécuté que l'ordre qu'on m'avait donné. — De qui teniez-vous cet ordre ? — D'un insurgé, qui n'est pas arrêté, et que je ne connaissais pas. — Non content d'avoir tué le général et son aide-de-camp, avec l'aide de vos complices, vous entrez dans le poste immédiatement après, puis vous retournez votre fusil la crosse en l'air, et vous avez la lâcheté d'enfoncer la baïonnette dans la poitrine du général avant de l'achever. — Ce dernier fait est faux. — Vous avez tort de nier, votre horrible crime est trop bien établi par notre instruction, et c'est un témoin qui nous a affirmé que vous aviez commis cette lâcheté sur le cadavre de votre victime. — Je persiste à dire que c'est faux. — Nierez-vous aussi que, lorsque vous vous vantiez à Lebelleguy d'avoir frappé le général *d'à-plomb*, après l'avoir eu mis plusieurs fois en joue, ce complice vous répondit : « Et moi, crois-tu donc que je n'ai rien fait en lui perçant les flancs avec mon épée ? Je lui ai donné le coup de grâce. » Nierez-vous encore que l'on vous a vu porter l'épée du général et les insignes de son aide-de-camp dont vous faisiez trophée, et qui furent retrouvés le lendemain dans un tas d'immondices ? — Je n'ai jamais porté l'épée du général ; c'est un des jeunes gens qui étaient avec moi qui la portait.

V.

A l'ouverture de la deuxième audience, on remarque que pendant la nuit le génie militaire a fait établir une plate-forme le long de la double galerie dans laquelle sont placés les accusés ; cette plate-forme doit servir aux défenseurs lorsqu'ils voudront communiquer avec leurs clients ; ils monteront sur l'échafaudage ; communication d'autant plus incommode que le passage étant sans garde-fou, l'avocat devra être fort attentif à ne pas faire un faux pas.

Aussi ce changement ne peut satisfaire les avocats, dont l'un, M° Cresson, posa des conclusions tendant à obtenir un local plus convenable ; néanmoins, on passa outre aux débats et le lendemain on procéda à un nouvel interrogatoire de Daix.

Quand cet accusé eut reconnu différents objets qui ont été saisis sur lui lors de son arrestation, et qui figurent au nombre des pièces à conviction, M. le président lui demanda d'où lui provenaient ces objets. Daix répondit :

J'étais dans le poste. Quand j'ai vu qu'on allait tirer sur le général, j'ai crié : « Arrêtez, n... de D... arrêtez brigands ! » Un individu s'est alors sauvé emportant un sabre et une dragonne que je lui ai arrachés.

M. LE PRÉSIDENT. D'autres déclarent aussi vous avoir vu.

DAIX. J'étais à droite du général et je ne l'ai pas quitté d'une minute. Il se promenait dans le corps-de-garde ; il paraissait étouffer et avoir besoin d'air. Un jeune homme s'approcha de lui, et lui demanda un de ses insignes pour aller au dehors annoncer sa captivité et le faire mettre en liberté. Le général ouvrit son caban et dit : « Je ne peux vous donner ni mon épée ni ma croix. — C'est juste, lui dis-je, donnez une de vos épaulettes. » Il ne lui en restait qu'une, et il la donna. Je me rappelle que je dis alors : « Mais connaît-on bien ce jeune homme pour avoir confiance en lui ? » On me dit que oui, et je dis : « Si on le connaît, c'est bon ; laissez-le aller, je n'ai rien à dire. »

C'est alors que le général me dit : « Mon ami, si vous parvenez à me sauver, je ne vous oublierai jamais ; je vous servirai de père. Il me donna son adresse, en me disant : « Je m'appelle Jean Bréa, et je demeure rue Tronchet, 19. » Je lui répondis : « Général, je n'ai besoin de rien ; je suis à Bicêtre, j'ai mon pain assuré, mais si vous pouvez faire quelque chose, je me réclamerai pour mon fils. » — Que dites-vous de la déposition de Choppart ? — Elle est infâme.

M. LE PRÉSIDENT à Choppart. Maintenez-vous votre déposition ?

CHOPPART. J'ai dit que je ne l'avais pas vu tirer ; mais j'ai la certitude morale qu'il a tiré.

DAIX. Dans quelle position étais-je ?

CHOPPART. Ce n'est pas une conviction *de visu*, mais une conviction morale résultant de votre attitude au poste.

M. LE PRÉSIDENT. Qui a pu vous donner cette conviction ?

CHOPPART. Daix a voulu entrer au poste à la porte duquel je faisais faction. Sa physionomie n'est pas rassurante ; je me suis opposé à ce qu'il entrât ; il a passé par la fenêtre et s'est placé à côté du général ; il paraissait vouloir le fouiller. Je lui dis : « Si nous étions à une barricade, je te ferais fusiller, car tu as l'air d'un voleur. » Il me dit « Blanc-bec, je suis meilleur républicain que toi, j'ai été blessé trois fois aux barricades. »

DAIX. Je demande que le citoyen Nuens s'explique là-dessus.

NUENS. J'étais à la porte du grand poste, et j'em

pêchais les mauvais citoyens d'entrer. Je vis Daix à côté du général; il causait avec lui. Je savais qu'on travaillait à percer le mur pour faire sauver le général. J'entendis que Daix disait au général : « Ne craignez rien : si l'on tire sur vous, la balle sera pour moi. »

Daix. Je demande à Moussel quelle position j'avais dans le poste.

Moussel. Je n'ai pas bien remarqué ce qu'il faisait.

Nuens. Je dois ajouter que je ne l'ai plus remarqué depuis ce moment.

M⁰ Cresson. Je désire que Daix s'explique sur un fait relatif à la fête du général.

Daix. Ah! oui, c'est juste. Le général se promenait comme je l'ai dit; il regardait et soupirait. Je lui dis : « Général, vous êtes préoccupé; ayez courage. — Hélas! me dit-il, c'est aujourd'hui le jour de ma fête. (Mouvement prolongé.) — C'est juste, lui dis-je, vous vous appelez Jean. Il faut espérer que tout cela finira bien pour vous. — Oh! dit-il, être fusillé le jour de ma fête! (Nouveau mouvement.) — Cela ne sera pas, » lui répondis-je.

M⁰ Cresson. Cela prouve une conversation sans animation ni colère entre Daix et le général.

M. le président. A ce moment, il pouvait ne pas y en avoir; le général est resté là une heure et demie.

Daix. J'étais à la barricade, quand je vis arriver un individu qui portait une missive. Il alla vers la troupe, et il disait : « Si on ne répond pas bien, le général est mort. » Je repartis pour le poste en entendant cela, bien résolu à venir en aide au général, et à empêcher un crime. Je m'adressai à un officier, et je lui dis : « Comment! comment! il n'y a pas moyen de faire quelque chose pour lui? » — J'entrai dans le poste; je me plaçai à côté du général et je ne l'ai plus quitté: je n'ai eu que le temps de me jeter de côté, quand ces deux malheureux sont tombés.

M. le président. Le témoin Deschamps déclare qu'il vous a vu frapper le général d'un coup de crosse après le coup de feu, et frapper aussi le capitaine Mangin.

Daix. Le misérable!

M. le président. Le commandant Gobert dit qu'au moment où vous alliez sortir vous vous êtes écrié : « Ne tirez-pas! ne tirez-pas! » de crainte qu'on vous atteignît. — C'était pour protéger le commandant Gobert, qui sortait avec moi.

M. le président. Deschamps déclare aussi que vous avez crié pour donner l'alarme, de crainte qu'on sauvât le général. — J'étais dedans, je ne pouvais donc crier.

M. le président. La femme Moureau déclare aussi que vous êtes allé chez elle prendre un bouillon? — J'ai pris chez elle un verre d'eau. Elle me dit : « Vous avez l'air tout tremblant. — Effectivement, lui dis-je; je viens de voir tuer le général de Bréa et son aide-de-camp. » Elle m'offra un verre de vin, et je l'acceptai. Elle a fait une délatation horrible à mon égard. Ce qui le prouve, c'est qu'en arrivant à la Salpêtrière un homme se précipita sur moi en me disant : « C'est vous qu'êtes de Bicêtre? — Oui. — C'est vous qu'avez été prendre un bouillon chez ma femme? — Oui. Mais je ne suis pas ici devant le juge d'instruction, laissez-moi tranquille. » Au lieu de cela on m'arrêta, et je fus conduit à Bicêtre, les pieds et les mains liés comme le Christ sur la croix. (Rumeurs.) On me déshabilla en disant : « Voyons s'il n'a pas sur lui de l'or et des billets de banque. » On me mit tout nu; mais on ne trouva que cinq sous, du tabac et ma pipe. De là je fus conduit au fort de Bicêtre et jeté dans une cachemate, où j'ai resté les mains liées derrière de dos, supportant cette torture pendant vingt-trois heures, et laissé nu-pieds pendant huit heures. Le lendemain on me fit comparaître devant M. Bichat. Là, on annonça un citoyen très-recommandable, chef du club de la Maison-Blanche, qui demandait à faire une déclaration. Il était arrêté, et le méritait plus que moi; c'est alors que sa femme, car ce citoyen était le sieur Moureau, est venue faire les mensonges que vous savez pour sauver son mari.

Après quelques autres questions, M. le président reprend :

— Vous avez fait précédemment une dénonciation contre Baude.

Daix. Comme je ne veux pas qu'une tache noire règne sur ma conscience, je vais m'expliquer. Dans la cachemate, Choppart était sans cesse à mon chevet pour me faire trouver des innocents coupables. Choppart me poussait, et j'ai eu tort de céder.

Choppart. Je ne veux pas entrer dans ces sales détails.

Daix, se retournant vers les galeries, dit à haute voix : J'interpelle tous les citoyens qui sont là-haut, et qui connaissent les faits dont je parle, à dire si ce n'est pas l'exacte vérité.

M. le président. Vous vous expliquerez là dessus quand j'interrogerai vos co-accusés. Vous avez fait une dénonciation aussi contre Lahr? — Oui, mais c'est un mensonge. Punissez-moi, j'en subirai les conséquences.

Au sujet de Choppart, je vais vous dire quelque chose. Quand je suis parti pour l'instruction de Baude, Choppart me dit : « Tu le reconnaîtras bien; il est brun, il a des écrouelles au cou. » Choppart nous a fait écrire une lettre pour remettre au citoyen Lacaille (le juge d'instruction), pour faire revenir le citoyen Maillard des pontons et pour l'inculper de complicité dans l'assassinat du général de Bréa. C'est une idée fixe chez lui. Demandez à Lahr et à Choppart si c'est vrai ou non, s'ils ont signé cette lettre avec moi.

Lahr. La lettre a été écrite et j'ai signé pour constater que j'avais vu Maillard porter une épaulette de général, dont on voulait inculper Choppart.

Choppart. J'ai écrit ces lettres à la fille de Daix, mais j'étais sûr qu'elles ne seraient pas envoyées. Je les ai gardées et je m'en vante hautement. — Ainsi vous n'avez pas signalé Maillard? — Je ne prends pas l'innocence de Maillard sous ma responsabilité, mais je n'ai rien su contre lui.

M. le président. Au surplus, il n'est pas ici ; il est transporté.

Il ne ressort rien de l'interrogatoire de Guillaume. Mais celui de Baude offre de l'intérêt.

Cet accusé nie d'abord être entré dans le grand poste, puis il dit :—Le 25 juin, j'étais allé devant le poste comme curieux ; j'avais reconduit comme d'habitude mon père à Bicêtre. Chemin faisant, nous entendîmes dire qu'on avait arrêté un général. Nous dîmes que cela n'était pas possible, parce qu'il n'était guère croyable qu'un général se serait hasardé à venir au milieu des insurgés de la barrière. Cependant, et par curiosité, quand j'eus reconduit mon père, je revins et je m'arrêtai devant le corps-de-garde, où il y avait beaucoup de monde. C'est là que Maillard peut m'avoir vu.

M. le président. Mais il vous a vu avec un fusil? — C'est une erreur; mon père m'avait recommandé de ne pas me mêler de tout ça. — Lebelleguy et Maillard ont dit que c'est vous qui avez donné deux coups de baïonnette dans le cadavre du général, et ces coups de baïonnette existent en effet. — C'est un complot qui s'est tramé contre moi. Maillard et Lebelleguy se sont entendus; Lebelleguy ne me reconnaissait pas, et Maillard lui a fait un signe de me reconnaître.

M. le président. Lebelleguy que dites-vous de cela?

Lebelleguy. C'est Maillard qui a fait le complot. Je ne connaissais pas Baude.

M. le président lit la déclaration de Lebelleguy, qui entre dans les détails les plus précis et les plus circonstanciés sur la participation de Baude et de plusieurs autres accusés aux faits du 25 juin. Lebelleguy se borne à dire qu'il n'a pas fait cette déclaration, bien qu'il l'ait signée.

M. le président. En adoptant ce système, vous vous faites, aux yeux du Conseil, un tort considérable. Choppart a déposé dans le même sens que vous.

Baude. J'ai dit que c'était un infâme mensonge.

M. le président. C'est vous qui avez crié : « Il faut en finir, voilà la mobile. »

Baude. Je nie cela.

Choppart. J'ai mis beaucoup d'hésitation à reconnaître Baude; aujourd'hui, je suis moralement convaincu que ce n'est pas lui.

M. le président. Il est fâcheux que ces hésitations ne se produisent qu'après que les accusés ont pu communiquer.

Choppart. Je suis convaincu qu'il y a eu de l'argent donné de Maillard à Lebelleguy.

Lebelleguy. C'est faux !

M. le président. Daix dit que vous avez fait feu sur le général.

Daix. J'ai dit cela, mais j'avais dans le cœur une tache de sang qui le noircissait, et je veux la faire disparaître. Ce que j'ai dit est faux. Maillard m'avait renseigné pour reconnaître Baude; moi qui ai un caractère faible (De toutes parts : Oh !) j'ai cédé. J'en subirai les conséquences.

VI

Comme on a pu le remarquer déjà, bien loin d'avoir participé au crime horrible qui leur est reproché, tous les accusés ont cherché à sauver l'infortuné général.

A l'audience du 18, Goué, interrogé à son tour, répond ainsi :

M. le président. Avez-vous été au Grand-Salon ? — Oui; on disait qu'un général était venu pour se concilier avec la garde nationale. Je suis allé au Grand-Salon, où je n'ai pas vu de garde nationale. On m'a dit qu'un général était en haut. En attendant, j'ai vu le commandant Gobert qu'on frappait, et je l'ai protégé avec Paris. Je suis monté avec lui dans la chambre où était le général; nous y sommes entrés ensemble. — Si cela est vrai, il se souviendra de vous. — J'y compte bien. — Vous étiez en faction au pied du grand escalier ? — C'est impossible, puisque j'étais en haut. A preuve que le général a eu soif, et j'ai donné 30 centimes pour lui avoir un verre d'eau sucrée. Le général a voulu me donner un bon; je lui ai dit que je le faisais d'un bon cœur, et que je ne voulais pas qu'il me remercie. — Qui prouve cela ? — Le maître de la maison; il sait bien que le verre d'eau n'est pas monté tout seul.

M. le président. Nous reviendrons là-dessus. Quant à présent parlons de la déposition de Deschamps. Choppart, avec qui vous étiez, a dit en voyant Deschamps : « Voilà trois mois que je ne le perds pas de vue, depuis l'élection de Raspail. » Et il lui a allongé des coups de crosse de fusil.

Choppart. Deschamps veut se poser en victime, en homme persécuté; je lui ai allongé un coup de crosse, mais Goué n'était pas près de moi.

M. le président. Choppart, vous avez déclaré que Goué était dans le poste, qu'il était animé contre le général, et que vous aviez dit : « Il faut des ôtages, et non des cadavres. »

Choppart. J'ai menti... Je demande à m'expliquer. Quand j'ai été interrogé à Villejuif, j'ai toujours dit : « Honte et infamie aux assassins du général Bréa ! (S'animant.) Honte aussi à la terreur blanche, à ceux qui fusillent le pauvre peuple prolétaire ! — Je demandais des nouvelles de ma mère. On me répondit : — Si tu ne fais pas connaître l'assassin du général, nous te fusillerons, et nous enverrons ton cadavre à ta mère; c'est ainsi qu'elle recevra de tes nouvelles. » (L'accusé s'anime jusqu'à l'exaltation.) Je n'ai pas eu peur de la mort, car je ne la crains pas; j'ai eu peur de l'infamie; je n'ai pas voulu qu'on dise un jour, en montrant ma mère et mes sœurs : — C'est la mère, ce sont les sœurs de l'un des assassins du général Bréa....

J'ai déclaré alors que Goué était au poste; c'était un mensonge, mais je déclare ici que ce n'est pas vrai. Goué est un honnête homme, incapable de faire ce dont on l'accuse.

M. le président. D'une lecture du procès-verbal de confrontation, il résulte de la manière la plus positive que Goué était dans le poste, qu'il était très-animé, et qu'il disait notamment : — Il ne faut pas tant de monde pour faire leur affaire. — Et il ajoutait qu'il s'en chargerait seul.

Choppart. Cette déclaration du 3 août est en contradiction avec celle que j'ai faite le 3 juillet. Quand on ment, on varie. Aujourd'hui, je dis vrai. Condamnez-moi; mais ne condamnez pas des innocents.

L'accusé Masson convient d'avoir pris part à l'insurrection; mais il nie avoir poussé des cris de mort contre le général, et dit qu'il n'est pas vrai qu'il ait mis en joue le commandant Gobert.

Paris est signalé comme ayant empêché le général

De Bréa.

de se sauver, en l'arrêtant lorsqu'il se disposait à escalader le mur du jardin de la maison de M. Dordelin.

Paris répond que la femme Gauthier, qui l'accuse, est guidée par un motif de vengeance. — Elle dépose contre moi, dit-il, parce qu'un jour qu'elle avait donné à mon chien un coup de bâton, je dis à ce pauvre animal : Tu peux recevoir ça, ton maître n'a pas encore fait banqueroute.

M. LE PRÉSIDENT. Et c'est pour ce motif futile de vengeance que cette femme dépose d'une manière si grave contre vous? — Oui. — Avez-vous envoyé chercher du papier par Bontir? — Non; j'ai vu là-haut des insurgés (car je ne me traite pas ici comme insurgé, au moins;) ils faisaient écrire ce pauvre général, et je leur ai dit que ce n'était pas le fait d'honnêtes gens. Ils m'ont dit que j'étais un blanc; que je n'avais qu'à fuir. Je suis parti, parce qu'on menaçait de mort tous ceux qui prenaient le parti du général. Ma foi, je tenais à ma vie autant qu'à celle d'un autre (on rit), et je me suis sauvé.

VAPPREAUX. Paris a dit souvent, depuis que nous sommes en prison, qu'il connaissait parfaitement les assassins du général de Bréa, mais qu'il ne voulait pas parler, de crainte de compromettre les témoins. Il est déplorable que le silence de cet accusé retombe sur nous et nous laisse sous le poids de graves soupçons. Il a même dit que, s'il était en liberté, il n'en aurait pas pour longtemps à faire arrêter tous les assassins du général de Bréa. Veuillez l'interroger.

PARIS. Voilà un homme qui est capable de tout. Il m'a dû de l'argent que je n'ai jamais pu obtenir, il m'a fait courir des chevaux. Lui et son frère sont capables de tout.

VAPPREAUX. M. Paris, il ne s'agit pas ici d'antécédents, il s'agit de l'affaire Bréa. Étais-je ou non dans la cour du Grand-Salon.

PARIS. Je ne vous ai pas vu; mais j'ai entendu dire

La galerie des Accusés.

que le 24 vous aviez tué le porte-drapeau de la mobile.

LAHR. Ce que dit Vappreaux est vrai. Au fort de Vanvres, Paris a dit que s'il était dehors il ferait connaître les assassins du général. Il disait : « Sur vingt-cinq que nous sommes ici, il n'y en a pas trois coupables. » Paris disait souvent qu'il était plus fort que moi, qu'il me mettrait dans sa poche et son mouchoir par-dessus! (Rire général.) Comment donc qu'il n'a pas sauvé le général, s'il est si fort?

Plusieurs autres accusés confirment ce que vient de dire Vappreaux. Paris, à la conscience duquel M. le président fait un appel, persiste à dire qu'il ne sait rien en dehors des débats.

L'interrogatoire de Lebelleguy produisit une grande sensation dans l'auditoire, par suite des détails que cet accusé fournit, et aussi à cause de l'emportement de Nourrit. Ce double motif nous engage à rapporter cet interrogatoire presqu'en entier.

M. LE PRÉSIDENT. Vous étiez à la fenêtre du poste, à côté de Nourrit. Le commandant Gobert dit que vous étiez assis. — Je ne l'étais pas. — Vous êtes descendu dans le poste quand le général a été tué, et vous disiez à Nourrit : « Tu as vu comme je lui ai donné le coup de grâce; il gigottait encore (mouvement prolongé), et je lui ai passé son épée dans le corps. » Vous vous êtes écrié en brandissant l'épée : « Celui qui la voudra, il faudra qu'il la gagne! » L'épée était sanglante.

NOURRIT. C'est faux; l'épée n'était pas sanglante. Je ne me suis vanté que d'avoir frappé le général.

M. LE PRÉSIDENT. Comment entendez-vous cela? — Je ne voulais pas passer pour n'avoir rien fait; je croyais que c'était une bonne action ; je n'en connaissais pas l'importance. C'est Nourrit qui s'est vanté d'avoir tué le général. — Comment l'a-t-il fait? — Avec son fusil. — L'avez-vous vu? — Oui, il a tiré sur le général. — Un ou plusieurs coups? — Un coup, le premier.

NOURRIT, se levant vivement. M. le président...

M. LE PRÉSIDENT. Vous n'avez pas la parole.

Me CARTELIER. Cette déposition de Lebelleguy donne une nouvelle physionomie aux débats Je demande, dans l'intérêt de la vérité, que Nourrit se retire un instant de l'audience.

M. le président fait droit à cette demande, et Nourrit sort de la salle. L'interrogatoire continue.

M. LE PRÉSIDENT. Lebelleguy, vous avez déjà tergiversé plusieurs fois dans vos déclarations. Faites un appel à votre conscience, et dites-nous ce qui s'est passé.

LEBELLEGUY. Nourrit était à mon côté à la fenêtre ; il a plusieurs fois abaissé son fusil en visant le général et il a fini par faire feu. — Le premier ? — Le premier. — Sur le général ? — Sur le général. — Et le feu de peloton ? — Il a suivi immédiatement. — Et ensuite ? — Il est entré dans le poste ; il a arraché au capitaine Mangin son épaulette avec les aiguillettes. Quand nous avons été dehors, je lui ai dit que le commandant Gobert était sous le lit de camp ; il voulait retourner sur ses pas et il disait : « Si je l'avais su là, je l'aurais fusilé. » — Vous vous êtes vanté devant un témoin que vous aviez frappé le général de son épée. — Je l'ai dit. — Que l'épée était teinte de sang. — Ceci est faux. Nourrit a ajouté : « Et moi, je l'ai frappé plus bas. » — Cinq ou six témoins déposent du fait que l'épée étant saisie, vous avez dit à Nourrit, devant la femme Bruet : « Je lui ai donné le coup de grâce ; son épée est teinte de son sang ? » — C'est faux. — Vous connaissez tous ceux qui ont fait feu ? — Je ne connais que Nourrit.

Nourrit rentre dans la salle, et M. le président lui fait part de ce que Lebelleguy vient de déclarer.

NOURRIT. Ce que vient de dire Lebelleguy est faux. J'ai fait feu comme les autres, dans le feu de peloton qui nous a été commandé.

M. LE PRÉSIDENT. Par qui ?

NOURRIT. Je ne suis pas de la pâte des délateurs.

M. LE PRÉSIDENT. Si vous aviez été derrière une barricade, je comprendrais, sans vous approuver, que vous ne voulussiez pas en faire connaître le chef ; mais ici, il s'agit d'un fait exceptionnel, horrible : ce n'est pas un fait de lutte politique, c'est un assassinat. Un brave militaire se remet aux mains de ses ennemis pour parlementer ; il devait être sacré, et on l'a assassiné. C'est là, heureusement, le premier exemple d'un fait si horrible dans notre histoire.

NOURRIT. Appelez cela un assassinat, si vous voulez. Pour moi, je ne vois pas là un assassinat, mais un fait de guerre. J'avais été bousculé, frappé à coups de crosse... Eh bien ! quand j'ai tenu le général... je *m'ai vengé* (Long mouvement.)

M. LE PRÉSIDENT. Taisez-vous, je vous dis que vous êtes un assassin.

NOURRIT, avec violence. Gardez pour vous ce titre, qui vous appartient et aux membres du Conseil !

Cette audacieuse réplique détermine une explosion d'indignation dans toutes les parties de la salle.

M. LE PRÉSIDENT. Taisez-vous !

NOURRIT, avec un accent de fureur : Oui, c'est vous, c'est vous qui êtes des assassins !

Cette seconde apostrophe excite des murmures violents dans toutes les parties de la salle.

M LE PRÉSIDENT. En vertu de l'art. 10 de la loi du 9 septembre 1835, le Conseil ordonne que Nourrit sera distrait des débats et jugé en son absence.

Me Cartelier, défenseur de Nourrit, insiste pour que cette mesure ne soit pas irrévocable.

Me Ducous-Lapeyrière demande à poser des conclusions dans lesquelles il soutient que les lois de septembre sont abrogées.

M LE PRÉSIDENT. L'art. 10 n'est pas abrogé ; je ne me permettrais pas d'appliquer une loi abrogée.

M. PLÉE. Il n'y a d'abrogés que les art. 4, 5, et 7. Le Conseil remarque d'ailleurs que Nourrit ne s'est pas borné à dire qu'il n'est pas un assassin ; il a ajouté que c'étaient nous qui étions des assassins. Il a donc insulté le Conseil.

Me DECOUS-LAPEYRIÈRE. La justice ne peut être insultée ; elle est trop haut placée pour n'être pas au dessus de semblables attaques. Je ne veux dire qu'un mot sur ce déplorable incident, et ce mot sera le dernier : Clémence et pardon pour Nourrit.

M. LE PRÉSIDENT. Il va être délibéré sur vos conclusions.

La séance est suspendue au milieu de la plus vive agitation ; elle est reprise à deux heures et demie.

M. LE PRÉSIDENT. Le Conseil, après avoir délibéré sur les conclusions de l'avocat Decous-Lapeyrière, ordonne, en vertu de l'article 10 de la loi du 9 septembre 1835, que Nourrit sera expulsé des débats pour aujourd'hui. Le Conseil en l'expulsant purement et simplement et pour aujourd'hui, espère que Nourrit aura demain une meilleure tenue. Le Conseil est décidé à maintenir le respect qui lui est dû et qui est toujours dû à la justice.

Me CARTELIER. Je dois dire à M. le président que je viens de voir Nourrit, et qu'il est désolé de ce qui vient de se passer ; il est prêt à demander son pardon à genoux.

M. LE PRÉSIDENT. Le Conseil a pris en considération que vous plaidez depuis longtemps devant lui. Il compte sur votre influence pour ramener Nourrit à plus de convenance, à plus de modération.

Me Robert-Dumesnil demande, si cela est possible, que la famille du général de Bréa mette à la disposition de la justice l'épée du général, afin de juger par l'état où elle est si elle a été plongée, comme s'en serait follement vanté Lebelleguy, dans le corps de la victime.

M. LE PRÉSIDENT. Il est probable que cette épée a été nettoyée, si elle portait des traces de sang. Quoique ce soit rouvrir les plaies douloureuses de la famille en lui faisant une semblable demande, le Conseil avisera à prendre tous les moyens possibles pour donner satisfaction aux désirs de la défense.

Nous ne pouvons nous dispenser de rapporter, au moins en partie, l'interrogatoire de Luc. Cet homme est souvent en cause dans ce procès.

M. LE PRÉSIDENT. Luc, le témoin Fargatte dit que vous êtes allé l'engager à se mêler de l'insurrection ?

LUC. Je suis persuadé que ce témoin, mis en présence, ne me reconnaîtra pas. — La dame Mercier vous a vu revenir de la Butte-aux-Cailles avec un baril de poudre, en disant : « En voilà de quoi les régaler ! » Et vous êtes rentré chez vous pour y faire des cartouches ? — C'est faux, tout à fait faux. — Deschamps dit qu'il vous a vu revenir du Panthéon, que vous lui avez dit : « Nous avons pris deux fois l'École de Droit, mais nous avons dû céder le terrain, faute de munitions ? » — Deschamps est mon ennemi personnel ; il m'en veut et j'ai failli succomber sous ses coups. Je porte encore la trace de ses violences. — Deschamps vous a vu à la barricade. — Il y était donc, s'il m'y a vu ? — Comment expliquez-vous le désarmement d'un maréchal-des-logis d'artillerie ? — Je n'y suis pour rien. J'ai vu arrêter cet homme devant le poste, et je me suis opposé à ce que les papiers qu'il portait fussent lus en public. — Vous avez été en parlementaire ? — Oui. — Quel jour ? — Le 25. J'étais au poste quand j'entendis dire qu'il y avait un général en dedans de la grille; je regardai et je vis une masse considérable de monde au milieu de laquelle était un général. Je demandai où on le conduisait; on me dit qu'il allait chez le maire. Je dis : « C'est bien. » Alors je me retournai vers la grille, et je vis M. de Ludre qui faisait des signes pour demander un parlementaire. Je me rendis à la grille, obéissant aux désirs de mes camarades du poste et à mes sentiments d'ordre et de bienséance. M. de Ludre me lut un décret de l'Assemblée qui accordait trois millions aux ouvriers, et il me demanda ce que voulaient les insurgés. Je répondis qu'ils ne voulaient *que* la République démocratique et sociale. Il me dit que nous étions près de nous entendre, qu'il y avait assez de sang versé et qu'il fallait mettre un terme à la lutte. Je lui montrai les gardes nationaux qui étaient là, et je lui dis : « Ces hommes me respectent... »

M. LE PRÉSIDENT. Mais l'insurrection durait depuis trois jours; il ne devait plus y avoir des gardes nationaux; il n'y avait plus que des insurgés. Il est singulier de vous voir là, avec les sentiments que vous affectez ici, et de vous y voir avec assez d'influence pour qu'on vous choisisse comme parlementaire. — Je ne les considérais pas comme des insurgés. Les hommes qui étaient là avec moi y étaient pour maintenir l'ordre. La foule d'insurgés qu'on a trouvés à la barrière un peu plus tard, était composée de personnes qui remplissaient les cabarets et des habitants des localités voisines qui sont accourus quand le bruit de l'arrestation du général a été répandu. — Le maire déclare que vous l'avez menacé, en lui demandant des armes et des munitions? — C'est faux. — Et Boutin, à qui vous avez dit : « C'est moi qui ai fait entrer le général par la barrière? » — Je n'ai pas dit ça à Boutin.

Vappreaux aîné, est encore interrogé dans cette séance.

M. LE PRÉSIDENT. Vous avez dit que vous étiez obligé de quitter Paris, de peur d'être fusillé?

VAPPREAUX. Je n'ai pas dit ça; j'ai appris qu'il y avait des mobiles dans la plaine, qu'ils fusillaient tous ceux qu'ils rencontraient. Alors je dis à mon père : « Allons passer la nuit à Vitry, nous rentrerons demain chez nous. » — Vous vous êtes vanté d'avoir tué un porte-drapeau de la mobile et vous avez même dit : « J'ai été étonné de voir pisser tant de sang par une si petite blessure? » (Mouvement.) — Je n'ai pas dit ça, monsieur le président. — Deschamps dit que c'est votre père qui a tenu ce propos à sa femme? — Ceci ne peut être que faux. — Vous vous êtes vanté devant Bonnel d'avoir tué beaucoup de mobiles, que vous en auriez *démoli* davantage si les munitions ne vous eussent pas manqué? — C'est faux. — Bossu vous a vu vous battant le 25 à la barricade de la barrière, quand elle a été attaquée après la mort du général. — C'est faux. Si j'avais été à une barricade, je vous le dirais. Moi, je n'ai pas d'opinion; je ne connais rien ni à la République ni à autre chose. Je n'ai qu'une opinion : travailler, gagner ma vie et celle de ma famille. — Et Boucheny, et Dutout, et la demoiselle Duphot, qui vous ont entendu dire : « Je lui ai donné un coup de fusil; c'en est fait : il est mort. » — C'est faux. — Et devant le maire de Vitry, la fille Routin n'a-t-elle pas dit : « C'est le maquignon qui a fait le coup? » — Oh! il y a plusieurs maquignons à la barrière; il y avait Girard, que M. Gobert a protégé, et qu'il a fait mettre en liberté. — La demoiselle Varenderien dit vous avoir vu faire feu dans le poste avec votre frère? — C'est faux. — A quelle heure êtes-vous arrivé chez le nourrisseur Paul le dimanche? — Vers les deux ou trois heures. — Prenez garde, n'avancez pas trop l'heure; car ce sera d'autant plus grave contre vous, que les témoins établiront davantage votre présence sur les lieux du crime au moment où il a été commis. — Je dis la vérité.

VII

A l'audience du 19, on remarque des changements dans la disposition de la salle, et les vingt-cinq accusés sont placés sur deux rangs de gradins qui ont été élevés à l'endroit où se tenaient les journalistes. Ceux-ci ont été installés dans les tribunes que les accusés occupaient.

D'après ces nouvelles dispositions les accusés sont placés à la droite du Conseil et sur le même plan, et les avocats occupent des tables disposées entre les accusés et le Conseil.

L'accusé Nourrit, qui a été expulsé hier de l'audience, a refusé aujourd'hui de reparaître aux débats. L'illusion de son honorable défenseur, Me Cartelier, qui affirmait hier que si on lui eût laissé adresser à son client une allocution pathétique, celui-ci se serait jeté aux pieds du Conseil pour implorer son pardon, a dû s'évanouir devant le refus qu'il a opposé à l'invitation paternelle que lui a fait adresser M. le président. Une sommation de comparaître va lui être notifiée, et M. le président annonce que lecture du procès-verbal qui en pourra résulter sera faite aux débats.

Les interrogatoires continuent. Pendant celui de Lahr, (à qui l'accusation reproche d'avoir tiré sur le général, et qui, bien entendu, repousse cette inculpation,) Me Cartelier dit que son client Nourrit, ayant refusé de reparaître aux débats, il a le regret d'annoncer au Conseil qu'il ne peut continuer davantage son ministère à cet individu. Mais M. le président fait observer à l'avocat qu'il a été nommé d'office, et qu'il ne peut, sous aucun prétexte, déserter honorablement la défense.

Cette observation du président est accueillie dans l'auditoire avec une satisfaction marquée.

Après cet incident, on interroge Bussières.

M. LE PRÉSIDENT. Le samedi soir, vous étiez avec Charpentier à la tête des insurgés de la barrière Fontainebleau.

BUSSIÈRES. J'étais là avec mes chefs de la garde nationale, auxquels j'obéissais. Le 23, j'ai passé la journée chez moi. Le 25, je suis revenu, comme garde national, à la barrière et au poste. — Reconnaissez-vous que, tenant les épées des prisonniers, vous vous êtes écrié : Voilà leurs épées, nous les tenons. Ceux qui voudront ces épées, je leur passerai la mienne dans le ventre. » — Je reconnais avoir tenu l'épée du général et le sabre du capitaine Mangin. Mais le mien était dans son fourreau. J'avais à la main l'écrit pour lire à la *populace*. — Mais vous avez dit : « Nous les tenons; ils n'échapperont pas! » — J'ai dit à la *populace* : « Ils ne se sauveront pas. » Je ne pouvais pas dire à la foule que je les ferais sauver. — Vous êtes-vous présenté comme chef des insurgés à la barrière? — Je n'ai été à la barrière que comme l'un des représentants de l'ordre. C'est ainsi que j'ai procédé à la construction des barricades que je considérais comme utiles à ma localité. — Vous avez été porteur de l'écrit du général de Bréa? — Oui, j'en fus porteur, pour le lire à la populace. J'allai à la barrière trouver le représentant M. de Ludre. Quand il eut pris connaissance de l'écrit, il dit : « C'est bien. » Je lui demandai un écrit pour porter au général. Il m'écrivit sur un papier, au crayon, ces mots : « Tranquillisez-vous, général, la colonne va retourner par où elle est venue. Signé, E. de Ludre. » Je retournais près du général, lorsque je rencontrai M. le maire, que j'accompagnai près du colonel, qui était à la bar-

rière d'Enfer ou à celle Saint-Jacques. M. le maire portait un nouvel ordre du général de Bréa. Arrivé là, le colonel dit : « C'est bien, mais il faut nous rendre le général. » Je dis : « Colonel, je le ramènerai ; s'il en était autrement, je viendrais me mettre à votre disposition. » Revenu à la barrière Fontainebleau, j'appris que le général avait été tué. Je retournai me mettre à la disposition du colonel Mouton, qui commandait la mobile.
— Dans la cour du Grand-Salon, quand la porte a été forcée, où étiez-vous ? — J'étais auprès du capitaine Mangin, qui me disait : « Lieutenant, il faut sauver le général. » Je lui répondis : « Allons trouver madame Barbot, qui va nous ouvrir sa porte. » Je savais que de la boutique de madame Barbot on pouvait entrer dans la cour ; qu'ainsi on pourrait faire esquiver le général. C'est pendant ce temps que la porte de la cour du Grand-Salon a été forcée par la foule.

L'accusé Choppart paraît de beaucoup supérieur à ses coaccusés par les lumières ; il s'exprime avec facilité. Pendant les journées de juin, il portait à sa casquette une carte de clubiste des Droits de l'Homme, ce qui, dans les quartiers où surgissait l'insurrection, était le meilleur passeport.

Comme M. le président lui reproche d'avoir menacé les officiers, il répond :

— Je dois vous dire que je faisais partie des insurgés, non pas des pillards et des assassins. Quand j'ai vu des actes d'atrocité, je m'y suis opposé ; on voulait écarteler un petit mobile, je l'ai sauvé ; on faisait entendre des cris de mort contre les autres prisonniers, on voulait les emmener au près de Gentilly pour les fusiller ; une fois sortis du poste, je ne pouvais plus répondre d'eux ; je m'opposai à leur sortie.

M. LE PRÉSIDENT. Je vous dirai ce que j'aurais dit à Nourrit s'il s'était représenté. Il n'y a rien de comparable à une révélation dans les circonstances où vous vous trouvez et celle qui serait faite seulement contre des gens s'étant battus criminellement, cela est vrai, mais au moins avec courage et loyauté. D'ailleurs, si vous connaissez les vrais coupables, vous devez les signaler, ne fût-ce que pour éviter au Conseil la condamnation d'innocents.

CHOPPART. Je comprends cela. — Comment expliquez-vous que Foucault vous ait fait arrêter ? — Parce que je l'avais combattu comme officier de la garde nationale, et parce que j'étais connu comme partisan de Raspail, dont je croyais les doctrines bonnes. Et puis, dans le commencement, on croyait que nous allions être déportés sans jugement, et alors on n'hésitait pas à nous charger pour se venger. — Est-ce pour ce motif futile que Foucault vous aurait fait arrêter ? — Certainement. Il faut savoir ce qu'est la population des barrières. Un grade de lieutenant ! mais savez-vous bien que c'est une espèce de royauté de banlieue. (On rit.)

M. LE PRÉSIDENT. Qu'est-ce qui vous a amené à la barrière Fontainebleau ? — Je l'habite. Au commencement, je m'en étais éloigné parce que ce n'est pas un quartier où l'on se bat loyalement en temps de révolution ; on boit et on braille. Je ne voulais pas prendre part à cette sorte d'insurrection ; j'entrai dans Paris où je me suis battu avec des gens qui me sont plus sympathiques. Le dimanche, battus sur divers points, nous rentrâmes chacun chez nous. Je revins chez un de mes bons amis, Duval, pharmacien à la barrière Fontainebleau, un loyal républicain celui-là ! qui s'est brûlé la cervelle le 26 juin pour ne pas être arrêté. J'aurais dû suivre cet exemple, je ne serais pas aujourd'hui accusé d'un assassinat que j'ai voulu empêcher. Enfin, je continue. On criait qu'on venait d'arrêter le général Cavaignac ; je courus pour voir, je reconnus le général de Bréa et son aide-de-camp. Je pris le bras de ce dernier qu'on maltraitait, et je les accompagnai.

M. LE PRÉSIDENT. Avez-vous maltraité le lieutenant Constant ? — Non. — Cela est affirmé, et d'ailleurs vous êtes signalé comme l'un des plus furieux contre le général. — Parce que j'étais connu comme partisan de Raspail, et qu'on me désignait comme communiste et agitateur. — Les témoins vous désignent comme ayant appelé le général de Bréa canaille, et Viel notamment dit que vous êtes un de ceux qui ont tiré sur le général. — Cela n'est pas vrai ; c'est Viel, au contraire, qui a tiré sur le général — Lebelleguy vous avait aussi désigné ; depuis, il est vrai, il s'est rétracté. Le commandant Gobert vous signale comme l'un des plus hostiles au général. — Jusqu'à preuve contraire, je ne puis croire que cela soit dit par le commandant Gobert, auquel j'ai donné de l'eau pour panser ses blessures. — N'avez-vous pas été de faction au bas de l'escalier du Grand-Salon ? — Oui, Monsieur, parce que la chambre où était le général était petite et encombrée de gens exaltés, car tous les témoins que vous entendrez sont des insurgés. Toute la barrière Fontainebleau était en insurrection, et ceux qui viendront déposer contre nous en ont fait autant que nous. Je le répète, il n'y avait à la barrière Fontainebleau que des insurgés, des ivrognes et des pillards. (Mouvements divers.) — Avez-vous quelque chose à ajouter ? — Rien, si ce n'est que je me suis battu pour la République démocratique et sociale ; quant à l'assassinat, j'en repousse l'accusation de toute l'énergie de mon âme. Maintenant il faut que j'ajoute ceci : je rencontrai à la barrière le citoyen Larabit, représentant du peuple, que la foule poursuivait et voulait fusiller, car c'est l'habitude de la barrière Fontainebleau ; je m'avançai vivement et je leur criai de le laisser passer, que c'était Lagrange. Et la foule le laissa passer. Je n'avais pas voulu rester à la barrière Fontainebleau, parce que là on ne se bat pas, on boit ; parce qu'on force les marchands de vin à donner leur vin gratis, ce qui ne les arrange guère (rires), et à incendier.

Je n'entends pas les choses ainsi. Je me suis battu loyalement et animé par des opinions généreuses. J'ai pu avoir tort, selon vous, mais je crois que la République démocratique et sociale peut faire le bonheur du peuple, et je l'ai défendue ; mais je l'ai défendue courageusement, et les hommes qui ont assassiné le général de Bréa sont des lâches. (Mouvement prolongé.)

Choppart se retire, et M. le président fait avancer Nuens.

M. LE PRÉSIDENT. Vous savez que le maire, M. Dordelin, a fait contre vous une déposition fort grave ?

NUENS. Je ne comprends pas comment M. le maire a pu être amené à dire du mal de moi.

M. LE PRÉSIDENT. On vous représente comme un agitateur des clubs et un raspailliste fini. — Je dois vous faire observer qu'il n'y a pas de club dans la commune. Je n'ai fait qu'accepter des délégations du club central pour la présentation des candidats à l'Assemblée nationale. — Mais il paraît que vous avez été le promoteur de toutes les mesures violentes que Raspail voulait faire adopter ? — Plus tard on connaîtra ce que c'est que la population de la barrière Fontainebleau. Si ce n'est le respect que je dois au Conseil, j'en rirais de pitié. L'acharnement qu'on montre contre moi tient à ce que l'on croit que je suis un *raspailliste* déterminé. Mon défenseur expliquera pourquoi je le suis. Je vous ferai observer, du reste, que si M. Dordelin, le maire, avait eu si mauvaise opinion de moi, on ne comprend pas comment il m'aurait appelé dans le sein du conseil municipal.

M. le président s'adresse ensuite à Brassat, auquel il dit :
— Reconnaissez-vous les pièces à conviction ; est-ce là l'épaulette que vous avez arrachée ? — Celle que j'ai arrachée avait trois étoiles, celle-ci n'en a que deux.
— La troisième sera tombée ; vous l'avez arrachée violemment ?
— Violemment, oui ; mais sans malveillance. C'était pour empêcher qu'on ne maltraitât le général.

VIII.

Les interrogatoires furent terminés dans l'audience du 19. On comprend que nous n'avons dû en rapporter que quelques-uns et seulement dans leur partie intéressante. Ceux que nous avons laissés de côté se retrouveront, en substance, dans les dépositions des témoins.

Le premier témoin entendu est M. Pierre Dumont. Il reconnaît Vappreaux aîné, Gauthron et Choppart. Il croit reconnaître Lahr, mais il n'affirme rien à cet égard. Il dépose :

Je me trouvais à la barrière Fontainebleau au moment où le commandant Desmarets, séparé du général, était entouré de furieux qui le frappaient et lui arrachaient ses insignes. Il arriva bientôt devant la maison Penhouel. Je suis intervenu pour le protéger. J'ai reconnu Gauthron qui se précipitait sur le commandant pour le frapper d'un pavé qu'il tenait à la main. Je dis à ces hommes que le commandant Desmarets était mon prisonnier, que j'en répondais, et que j'allais le conduire au poste. Je me disposai en effet à quitter la maison du sieur Penhouel.

A peine fûmes-nous dehors, que j'entendis les cris : « Il faut le tuer ! » et à l'instant je revis Gauthron, armé d'une pierre, qui se disposait à en frapper le commandant. Je pris un individu nommé Oudot par sa blouse, et je lui dis : « Aidez-nous à sauver cet homme. » Il me prêta main-forte et nous arrivâmes ainsi au rond poste, où nous trouvâmes M. Renoult.

En arrivant au poste, le commandant reçut un coup de crosse de mousqueton dans le dos. Je me retournai, et je vis Lahr tenant un mousqueton à la main. Je crois que c'est lui qui a frappé ce coup.

A la porte du poste, je trouvai Choppart. Il était en faction, armé d'un fusil. Il me repoussa, et fit un mouvement avec son fusil comme un homme qui veut tirer.

J'ai vu aussi Bussières au poste ; il avait l'air très-animé, et il était hostile au prisonnier que j'amenais.

Plus tard, le général et le commandant Gobert arrivèrent au poste. On avait enlevé l'épée du général.

Je parvins à la faire rendre, en évoquant les souvenirs de gloire qui se rattachaient à cette arme.

M. LE PRÉSIDENT. Qui a rendu l'épée ?
LE TÉMOIN. Je ne peux le dire. M. Dubois et moi, après l'avoir reprise, nous l'avons rendue au général. J'étais à côté du lit de camp, et j'entendis des individus dire : « Puisque c'est ainsi et qu'on veut les sauver, il faut aller à la barrière ; nous donnerons l'alarme en évacuant le poste, et nous en viendrons plus aisément à bout. »

M. LE PRÉSIDENT. N'a-t-on pas dit : « Et nous les fusillerons à l'aise ? »
LE TÉMOIN. Je n'ai pas entendu ça.

GAUTHRON. Ce témoin exerce des vengeances de la police ; je n'ai point poussé de cris de mort. Que le témoin se touche la poitrine comme je touche la mienne, et qu'il dise la vérité.

LE TÉMOIN. Je maintiens ce que j'ai dit.

GAUTHRON. J'avais un pavé à la main, et je l'ai jeté immédiatement. M. Desmarets était à ma droite ; j'ai jeté le pavé à gauche. Je n'en voulais pas faire usage contre le commandant.

LE TÉMOIN. Si M. Oudot ne m'avait aidé, j'ai la conviction que Gauthron aurait frappé le commandant avec ce pavé.

Me H. CELLIEZ. C'est la première fois que M. Dumont parle de M. Oudot, ce qui fait trois personnes qui revendiquent l'honneur d'avoir sauvé la vie à M. Desmarets. Gauthron dit qu'il avait à sa droite le commandant ; M. Dumont dit qu'il était à gauche de Gauthron : où est la vérité ?

M. LE PRÉSIDENT. Ne répondez pas à l'avocat : parlez au Conseil.

LE TÉMOIN. Je n'ai pas bien remarqué la place qu'ils occupaient respectivement. Tout ce que je peux dire, c'est que Gauthron voltigeait autour du commandant en criant : « Il faut le tuer ! c'est un gueux ! » Il y avait aussi un petit vieillard très-acharné qui disait : « Il faut le mener dans la ruelle et le fusiller. » Ce vieux n'a pas été arrêté.

GAUTHRON. Le témoin est de ceux qui se retirent d'affaire aux frais des autres ; il était très-hostile à la barrière. (Rumeurs.)

CHOPPART. Le témoin dit que je l'ai repoussé du poste. Je lui demande si l'exaltation du dehors n'était pas aussi grande que celle du dedans ?

LE TÉMOIN. L'animation était fort grande partout. Tous ceux à qui je m'adressais me repoussaient. J'étais allé chercher une blouse et une casquette pour faire sauver le commandant. Quand je revins, j'entendis des coups de fusil dans le poste ; je vis un individu frapper le corps du général de plusieurs coups de baïonnette, puis retourner son fusil et frapper sans doute le capitaine Mangin.

M. LE PRÉSIDENT. Quel est cet individu? — Je l'ai vu par derrière; il avait un ensemble grisâtre.

CHOPPART. Étais-je de ceux qui parlaient d'aller donner l'alarme à la barrière?

LE TÉMOIN. Non.

Me CRESSON. Le témoin a-t-il entendu parler Lahr? — Je ne me le rappelle pas. Il était très-exalté.

Me CRESSON. C'était une exaltation de geste?

LAHR. Est-ce au moment où le général est entré au poste, ou bien quand le commandant y est arrivé, que le témoin m'a vu?

LE TÉMOIN. C'est quand le commandant est arrivé.

LAHR. Alors ce n'est pas moi; je n'y étais pas quand Desmarets est arrivé.

LE TÉMOIN. Il avait de petites moutaches.

Me CRESSON. Nous prouverons que nous n'avons jamais porté de moustaches. (Rire général.)

LAHR. Il y avait trois pompiers d'ailleurs.

M. LE PRÉSIDENT. Ce pompier était-il un simple pompier, ou un pompier gradé?

LE TÉMOIN. C'était un caporal.

LAHR. Il y en a douze ou quinze de caporaux dans la compagnie.

BUSSIÈRES. Où le témoin a-t-il été confronté avec moi pour me reconnaître ici?

LE TÉMOIN. Au fort d'Ivry, pendant que les prisonniers traversaient la cour.

BUSSIÈRES. Je n'accepte pas ça comme une confrontation. Je déclare que je n'ai pas mis le pied dans le poste. J'ai une figure reconnaissable; que monsieur dise s'il me reconnaît.

LE TÉMOIN. J'ai vu cet accusé, j'en suis sûr; mais était-ce dans le poste ou hors du poste, je l'ignore; mais je l'ai vu.

M. LE PRÉSIDENT. Comment était-il vêtu? — Dam! je ne sais pas... je ne pourrais pas dire...

Après l'audition d'un second témoin, M. le président ordonne d'introduire M. Desmarets. Aussitôt un frémissement d'intérêt et de curiosité agite l'auditoire.

A raison de sa conduite en juin, et du courage qu'il a montré dans la catastrophe de la barrière Fontainebleau, M. Desmarets a été nommé lieutenant colonel du 6e léger; il porte les insignes de son grade. Sa figure est mâle et énergique; il s'exprime avec beaucoup de modération, et son langage est frappé au coin de la concision militaire.

Il s'avance vers les accusés et les examine avec attention.

— Je reconnais, dit-il, le costume de Daix.

Le témoin s'approche encore du banc et regarde attentivement les figures des accusés. Il cherche Gauthron et le trouve. Il rencontre la figure de Lahr et dit :

— Voilà le pompier. Il continue cet examen, et dit :

— Voilà Naudin, Lebelleguy.

Puis il ajoute :

— Je ne trouve pas Nourrit.

M. LE PRÉSIDENT. Il n'est pas aux débats. Faites votre déposition.

LE TÉMOIN. Le matin, à dix heures, nous sommes partis du Panthéon. Quand notre colonne, après avoir suivi les boulevards depuis la barrière Saint-Jacques, est arrivée à la barrière Fontainebleau, le rond-point était désert et barricadé. La grille était barricadée par des pavés à la hauteur des piques. Le seul passage se faisait par une petite porte dont la clef était en dedans de la barrière.

J'étais exténué de la fatigue des jours précédents; je ne pouvais plus parler, encore moins commander. J'ai donné le commandement du bataillon au plus ancien capitaine, et je suis resté avec le général, de manière à pouvoir diriger encore les mouvements de la colonne, et lui transmettre les ordres que le général me donnerait.

M. de Bréa, M. le colonel Thomas, M. le représentant de Ludre et M. Gobert sont entrés dans le rond-point. M. Gobert avait un grand dévouement. Il allait toujours en avant s'assurer des dispositions des insurgés. Là, il vit ces dispositions, et revint vers M. de Ludre, à qui il dit : « Je ne vous engage pas à parlementer avec eux, ils sont trop mal disposés. »

Le brave de Bréa, qui avait eu des succès aux autres barrières, qui partout avait vu les armes tomber des mains des ouvriers quand il leur lisait le décret de l'Assemblée nationale qui leur accordait trois millions, pensa qu'il serait encore aussi heureux cette fois. Il s'avança vers eux, et crut à la parole de ceux qui lui disaient : « Entrez, entrez; il ne vous sera rien fait. »

M. LE PRÉSIDENT. Où étaient-ils?

LE TÉMOIN. En dedans de la grille. M. de Bréa dit à M. de Ludre : « Entrez-vous? — Ma foi non, dit M. de Ludre. » Le général s'était avancé. Quelques insurgés vinrent à lui, lui prirent la main et lui dirent : « Venez, on ne vous fera rien. » Il les suivit, et M. Singeot, de la compagnie Ansart, partit avec lui. Je m'avançai vers M. Gobert et M. Mangin, et je leur dis : « Comment, nous laissons aller un général seul? Cela est tout à fait contraire aux règles militaires. » Nous nous avançâmes, et à chacun de nous on ouvrait et fermait la petite porte qui est dans la grille dont j'ai déjà parlé.

Un de nos tambours, qui était ivre, entra avec nous. On s'en empara aussitôt; il fut dépouillé de son uniforme, on lui mit une blouse et on lui ordonna de battre la générale.

Aussitôt tous les cabarets se vidèrent de gens qui y buvaient, et je fus environné, en un clin-d'œil, d'une foule menaçante.

M. LE PRÉSIDENT. Quel est ce tambour? — Je ne le connais pas; mais il est toujours au 24e. Je ferai prendre des mesures pour qu'il comparaisse, si le Conseil le désire. Je fus donc environné. On me dit : « Entrez, il ne vous sera rien fait; que demandez-vous? » Je dis : « Je ne viens pas en parlementaire; mais il y a là un représentant qui est porteur d'un décret qui accorde trois millions aux ouvriers, et qui vient vous le lire comme il l'a déjà lu aux ouvriers des autres barrières. » Alors le nommé Gauthron vint près de moi; il me toisa des pieds à la tête, et me dit : « Tu es de la mobile? — Non, lui dis-je. » Et aussitôt il cria : « A mort! à mort! C'est un traître! » Ce cri de mort vola de bouche en bouche, et c'était fait de moi sans MM. Dumont et Gérard, qui me prirent par le bras, en me disant : « Nous allons vous sauver, ou du moins faire pour cela tout ce qui dépendra de nous. »

En un clin d'œil je fus dégradé. Gauthron m'arracha ma passe-épaulette, un autre me prit la contre-épaulette, un troisième déchira ma tunique, qui fut bientôt en lambeaux; mon shako a été enlevé à coups de poing, et on a voulu me prendre mon sabre, que j'ai défendu, luttant contre un de ces hommes qui voulait m'empêcher de le briser sur mon genou, mais qui me fut enfin enlevé.

C'était vers la maison Penhouel que cela se passait. On me fit entrer dans l'arrière-boutique, et on me donna un verre d'eau. J'étais ému, vous le concevez. Je pensais à ma femme, à mes enfants, et quelques larmes mouillèrent mes yeux. (Longue sensation.) C'est alors que M. Dumont me dit : « Courage! nous allons essayer de vous sauver. Il faut aller au grand poste. » Ce fut un trajet pénible. Nuens me saisit par le bras, se plaça à ma droite avec son fusil, et il nous escorta jusqu'au poste. Je suis persuadé qu'il m'a conduit au poste, non pas pour me protéger, mais pour que je fusse sûrement fusillé.

M. LE PRÉSIDENT. Vous ne l'avez pas reconnu tout à l'heure; voyez encore les accusés.

Le témoin regarde les accusés avec attention, et dit en désignant Nuens :
— Le voilà !

— LE TÉMOIN, continuant. J'étais toujours au milieu des insurgés, et l'on voulait toujours me faire arrêter en route pour me fusiller. On criait : « A mort ! à mort ! » Gauthron, qui n'avait pas d'arme, voulait m'assommer avec son pavé, et si je fusse tombé, j'aurais été lardé de mille coups de baïonnette. C'est M. Dumont qui m'a sauvé la vie. Il y avait un petit vieillard, au teint rosé, aux pommettes saillantes, qui voulait me faire fusiller dans une ruelle. Grâce à M. Dumont, qui dit que j'étais son prisonnier et qu'il répondait de moi, je pus arriver vivant encore jusqu'au poste, où la garde nationale me protégea. « C'est un brave officier qui vient ici avec des paroles de paix, dit M. Renault, le capitaine du poste, il faut le respecter. » Des cris : « Pas d'assassinat ! pas de mort ! » se firent entendre, et je fus protégé pendant quelque temps par les gardes nationaux.

Mais bientôt leur poste fut envahi, et Nuens paraissait alors fort exalté. Je reçus en arrivant un coup de crosse de mousqueton allemand sur les reins. M. Dumont m'a dit qu'il avait été donné par Lahr. Dans le trajet, une femme, ma blanchisseuse, se jeta à genoux et dit à ceux qui me tenaient : « Grâce ! c'est un père de famille ; ne lui faites pas de mal ! — Nous aussi, disaient ces furieux, nous sommes pères de famille. A mort ! à mort ! » Nuens avait envahi le poste. Il frappa un coup de crosse de fusil sur la table en criant : « Il faut en finir ; à mort ! » Et il alla crier ces mots à la foule du dehors.

Alors, on s'approcha de moi en me demandant de donner l'ordre de faire déposer les armes à mon bataillon. Je leur dis : « Si c'est ça que vous demandez, fusillez-moi ; je ne donnerai pas cet ordre. »

Les cris redoublèrent, et le général arriva avec MM. Mangin et Gobert. Il se plaça près d'une table, ayant M. Mangin à sa gauche, puis M. Gobert, et je m'assis à côté de M. Gobert. Le général fut saisi à la gorge par un des insurgés ; on voulut lui faire rendre ses armes, il s'y refusa. « Je ne me déshonorerai pas ! fusillez-moi, » disait-il sans cesse.

Je bus avec les insurgés. Je cherchai à lier conversation avec quelques Allemands qui étaient là, parce que ma femme est de Strasbourg. Il ne s'en trouva aucun de cette ville. Le général eut soif aussi ; il demanda à boire et refusa de se servir du verre qui circulait et qu'on lui offrit. Il préféra boire au bidon.

J'étais assis près de la fenêtre, quand une voix me dit avec un certain mystère : « Citoyen, prends garde à la fenêtre. » Cette voix me vint je ne sais d'où. Je me levai et j'allai m'asseoir sur le lit de camp. Aussitôt j'entendis au dehors une voix le mien crier : « Voilà la mobile ! Il faut en finir. » Et des coups de fusil retentirent dans le poste.

J'étais à côté de M. Gobert, qui a montré, je dois le dire, un très-grand courage dans cette occasion. Les coups de feu partirent ; le général tomba la tête sur la table ; Mangin fut abattu. Le pauvre jeune homme se releva un instant sur ses pieds, et prenant sa tête dans ses mains, il poussa en retombant un dernier cri d'agonie et de désespoir. (Vive sensation.)

Un silence épouvantable suivit cette première détonation. Une seconde partit par la porte et par les fenêtres. Je vis alors un individu entrer dans le poste, frapper de la crosse de son fusil les deux cadavres du général et de Mangin, et partir ensuite en disant : « Ils sont morts. » (Mouvement.)

Je me dis : « Il m'oublie, sans doute ; mais mon tour va venir. » (Sensation.) Bientôt, M. Dumont et M. Vielle parurent sur le seuil du poste. Je me jetai dans les bras de Dumont ; mais les cris recommencèrent, et l'on voulait me tuer. S'ils ne l'ont pas fait, c'est qu'ils ont eu peur de tirer sur les leurs. Je me serrais contre M. Dumont et M. Vielle. J'entendis une voix qui disait : « Laissez-le, il en a assez, celui-là. — C'est vrai, a dit une autre voix ; » et je pus poursuivre ma route.

M. Dumont avait été chercher une blouse pour me déguiser. Je jetai mon col d'uniforme et tout ce qui pouvait me faire reconnaître, et on me passa la blouse ; à ce moment je sentis une main vigoureuse me presser fortement le cou. Enfin, je fus conduit chez M. Dumont. On me rasa les moustaches, je coupai moi-même ma mouche, et grâce à une échelle qu'on appliqua au fond du jardin, je pus, d'escalade en escalade, et de jardin en jardin, quitter ces lieux si dangereux pour moi. Bientôt après, j'avais écrit à ma femme et rassuré mes amis. (Sensation.)

Cette déposition a, à plusieurs reprises, vivement impressionné l'auditoire.

DAIX. N'étais-je pas dans le poste, quand vous y êtes venu ?

LE TÉMOIN. Il n'y avait personne dans le poste.

DAIX. Après avoir protégé le général, je m'étais placé entre le volet et le lit de camp.

LE TÉMOIN. C'est la place où je me suis mis, et si vous y aviez été je ne m'en serais pas approché.

DAIX. Un jeune homme ayant demandé un insigne au général, n'ai-je pas dit qu'il ne fallait pas donner d'insigne à un inconnu ?

LE TÉMOIN. Je sais qu'on a demandé au général son épée, et qu'il l'a refusée.

M. LE PRÉSIDENT. Quelle heure était-il quand le général a été tué ? — De cinq heures à cinq heures et demie. Il était deux heures et demie quand nous sommes arrivés à la barrière ; j'ai été une heure séparé du général, et il a été au poste vers trois heures et demie. Il y est resté deux heures. Quand je suis arrivé chez M. Dumont j'ai regardé l'heure, il était six heures et demie.

Gauthron soutient que lorsqu'il a vu le commandant pour la première fois il était dépouillé de ses insignes.

M. DESMARETS. Je maintiens ma déposition. On ne s'est pas donné la peine de défaire le bouton de ma grosse épaulette, on l'a arrachée. Je me suis retourné, et j'ai vu Gauthron ; il avait une blouse bleue.

GAUTHRON. J'ai été franc avec M. Desmarets, quand il m'a vu après mon arrestation, et il veut mésuser de ma franchise ; ce n'est pas digne d'un officier français. (Rumeurs dans l'auditoire.)

M. LE PRÉSIDENT. Je vous invite à vous expliquer avec modération.

GAUTHRON. La modération a toujours été dans mon caractère. Le commandant est venu au fort d'Ivry et, mis en présence de moi, il me dit : « Me reconnaissez-vous ? — Oui, que je lui dis ; c'est moi qui avais un pavé, mais non pour vous en frapper. Vous étiez à droite, j'ai jeté le pavé à gauche. » Alors il me dit ; « J'ai envie de vous faire fusiller ! je ferai un Conseil de guerre pour vous seul. »

M. DESMARETS. On m'a fait venir pour me confronter avec un insurgé ; je reconnais Gauthron, et je dis : « C'est celui qui a voulu m'assommer avec un pavé. Les soldats qui étaient là étaient exaspérés, ils voulaient le fusiller; je n'avais qu'un mot à dire, il eut été fusillé à l'instant même. Je lui dis : « Je vous fais grâce, la justice prononcera sur vous, et je lui fis donner du vin et de la soupe. (Sentiment d'approbation.)

M. Desmarets n'est pas très sûr de reconnaître Larh ; mais il affirme avoir vu la tête de Naudin, cherchant à le voir par la fenêtre du cabinet de Penhouel ; cette figure était animée par la fureur et l'irritation ; il l'avait suivi de la barrière chez Penhouel, en poussant des cris de mort.

Naudin. Cela est tout-à-fait faux ; il y avait des rideaux à la fenêtre de ce cabinet.

Larh. N'ai-je pas été me rendre prisonnier au fort d'Ivry?

M. Desmarets. Il est venu se constituer prisonnier ; mais comme je n'avais pas d'ordre, j'ai refusé de l'arrêter, et je l'ai renvoyé à M. Lacaille, le juge d'instruction.

— Que savez-vous de Lebelleguy? — Lebelleguy et Nourrit étaient à droite et à gauche de la petite fenêtre du corps-de-garde ; ils nous guettaient, ouvrant la fenêtre quand on la fermait. Je ne peux dire s'ils avaient des armes.

Nuens. M. Desmarets, autrefois commandant, aujourd'hui colonel, se trompe sur mes actes. Je l'ai protégé plus que personne, soit chez Penhouel, soit au poste. J'ai eu pour lui un dévouement admirable et je l'adjure de se rappeler ce que j'ai fait pour lui.

Le témoin. J'ai de la peine à croire que je vous doive quelque chose. Nuens a été très-exalté contre moi ; cependant je dois dire qu'il a paru moins hostile à partir du moment où le général est arrivé au grand poste.

On le pressa de fuir en escaladant le mur..... (P. 2.)

Me Cartelier. Quel temps s'est-il écoulé depuis le moment où le capitaine Mangin a dit en découvrant sa poitrine : « Fusillez-nous ! » et le moment où le crime a eu lieu ?

Le témoin. Trois-quarts d'heure.

Nuens. J'étais assis sur le lit de camp à côté de M. Desmarets, et nous avons causé ensemble ; j'ai parlé de Lille.

Le témoin. C'est possible. Il y avait un insurgé à côté de moi, c'est peut-être Nuens... J'ai cru que c'était Leroy ; je les confonds l'un avec l'autre.

M. Plée. Nuens n'était cependant pas si favorable aux prisonniers, puisque ce serait à lui que le capitaine Mangin aurait dit : « Finissez-en avec nous ; fusillez-nous ! »

Nuens. Voici ce qui s'est passé : Le capitaine Mangin voyant que je sympathisais avec le général, s'approcha de moi et me dit : « Enfin, que veut-on faire de nous ? qu'on le dise. Si l'on veut nous fusiller, que ce soit de suite. » Je répondis : « Soyez tranquille, il y a encore d'honnêtes gens ici ; vous ne courez pas de danger. »

Le témoin. Je ne me rappelle pas ces paroles.

La déposition suivante peut faire apprécier la valeur des dénégations de Lebelleguy.

Antoine Mallet, distillateur : Je reconnais Lebelleguy que voilà.

Le témoin s'est trompé. Tout à coup il se retourne et dit :

— Non, non, le voilà, là, dans le coin. (Cette fois c'est bien lui.) Il y a aussi Nourrit, mais je ne le vois pas.

— Le 26 juin, dit-il ensuite, Lebelleguy et Nourrit sont venus boire chez moi. Lebelleguy a dit à Nourrit : « Tu sais que nous vendrons demain les épaulettes que nous avons eues ? » Alors je dis à Nourrit : « Jean (parce que je le connais sous ce nom), on dit qu'on a tué le général ? — Nous l'avons si bien tué, me dit-il, que j'ai ses épaulettes et son épée. — Malheureux ! lui dis-je, qu'as-tu fait là ? » Il changea de couleur et se mit devant la porte.

UNE CONSPIRATION SOUS RICHELIEU (1642).

Cinq-Mars embrassa encore une fois de Thou (P. 11).

CINQ-MARS ET DE THOU.

I

Sur la rive gauche de la Loire, dans cette belle Touraine, qu'on a surnommée le Jardin de la France, s'élevait le château de Chaumont, habité par madame la maréchale d'Effiat.

Ce fut vers ce manoir que le cardinal de Richelieu envoya, en l'année 1639, un messager porteur d'une lettre qui causa à la maréchale une grande joie, mêlée d'une douleur plus grande encore, car le cardinal proposait de faire du plus jeune des fils de la maréchale le favori du roi Louis XIII.

Et si d'un côté la marquise était fière de voir s'ouvrir la carrière des honneurs pour Henri d'Effiat, marquis de Cinq-Mars, de l'autre elle s'affligeait à la pensée de ne plus voir son enfant.

Aussi, lorsque Henri, avant de partir pour Paris, vint s'agenouiller devant sa mère et lui demander sa bénédiction, elle ne put retenir les larmes qui gonflaient sa poitrine. Sans doute elle eut un vague pressentiment de la malheureuse fin du jeune homme; elle entrevit confusément le Golgotha où il devait périr.

Quant à Cinq-Mars, lui aussi partit le cœur gonflé et en même temps plein d'espoir; car il laissait dans le vieux manoir de Chaumont la jeune princesse Marie de Gonzague qu'il aimait, et dont il était aimé. Il avait regret de la quitter; mais aussi il espérait s'élever assez à la cour pour obtenir la main de celle dont il avait déjà le cœur.

II

Le but de Richelieu, en appelant Cinq-Mars auprès de Louis XIII, était d'en faire un instrument qui l'aidât à asservir de plus en plus le faible successeur de Henri IV. Il espérait que le jeune marquis, tout entier aux plaisirs, ne s'occuperait en rien de politique, et se bornerait à être un raffiné de cour, un joyeux compagnon pour un roi désœuvré.

Mais les espérances du cardinal devaient être déçues.

Quelque temps après son arrivée à la cour, Cinq-Mars, qui avait été nommé grand écuyer, disait déjà :

— « Je suis bien malheureux d'être obligé de vivre « avec un homme qui m'ennuie depuis le matin jus- « qu'au soir. »

Néanmoins il supportait cette contrainte ; et lui qui, dans le commencement, ne craignait pas de se brouiller avec le monarque, on le vit avec étonnement se plier à tous les caprices du maître.

Richelieu s'aperçut alors qu'au lieu d'un instrument, il s'était donné un rival, et il y eut dès ce moment, entre le ministre et le grand écuyer, une haine qui ne pouvait s'éteindre que dans la mort.

Cinq-Mars se ligua avec le duc de Bouillon et avec Gaston, ennemis déclarés du cardinal-ministre, et qui ne désiraient rien tant que le renversement de Son Éminence.

Le roi lui-même entra dans la ligue ; il est positif

du moins que plusieurs fois il prit la plume pour signer l'exil de Richelieu qu'il haïssait et dont il avait peur. Mais au moment d'accomplir sa résolution, Louis songeait que le poids des affaires retomberait sur lui-même; il sentait son incapacité, sa faiblesse, et la plume qui devait prononcer le renvoi du ministre adressait à celui-ci des félicitations.

A cette époque, Cinq-Mars se lia étroitement avec de Thou, qui devait partager son supplice.

François-Auguste de Thou, placé, dès son enfance, sous la direction du savant Nicol Rigault, s'était de bonne heure familiarisé avec les langues anciennes, et il avait fait de rapides progrès dans les sciences et les lettres.

A la mort de l'illustre historien Nicolas de Thou, son père, il lui succéda dans la charge de maître de la librairie du roi; mais trop jeune pour l'exercer par lui-même, il obtint de se faire suppléer par Pierre Dupuy, son cousin et son tuteur.

A dix-neuf ans, il fut reçu conseiller au parlement, et bientôt après on le nomma maître des requêtes.

Alors il voulut perfectionner ses connaissances, et visita dans ce but la plupart des États de l'Europe, recherchant l'amitié des savants auprès desquels son nom lui donnait un facile accès.

De retour de ses voyages, de Thou devint conseiller-d'État, et fut employé dans différents postes de confiance.

Lors de l'exil de la duchesse de Chevreuse, de Thou fut choisi par cette dame comme intermédiaire de la correspondance qu'elle continuait d'entretenir avec la reine. Quelques-unes des lettres de de Thou à la duchesse tombèrent entre les mains de Richelieu, qui y vit une preuve de conspiration et ordonna d'arrêter le jeune conseiller.

De Thou, prévenu de ce qui se passait, courut chez le ministre et parvint à l'apaiser; mais il ne put jamais regagner sa confiance, et, convaincu que son avancement et sa fortune étaient désormais impossibles tant que Richelieu serait ministre, il se décida à prendre part à la ligue formée par Cinq-Mars, Gaston et le duc de Bouillon, pour forcer Louis XIII à renvoyer le cardinal.

III

En voyant que le roi n'avait pas assez de force de caractère pour rompre avec son ministre, Cinq-Mars, de concert avec Gaston et le duc de Bouillon, conçut la coupable pensée de faire un traité avec l'Espagne. Par cet acte, les Espagnols s'engageaient à fournir un contingent de 15 à 20,000 hommes, pour aider la conspiration. De Thou n'eut connaissance de cette pièce qu'après que tout fut terminé, et il désapprouva fortement cette démarche.

Quoi qu'il en soit, le cardinal, qui était en Languedoc, allant rejoindre l'armée de Roussillon, eut connaissance de ce traité que la trahison lui livra; et muni de cette pièce, il lui fut facile d'agir sur l'esprit de Louis XIII.

Le roi hésita un peu, dit-on, avant d'ordonner l'arrestation de Cinq-Mars, qui, en définitive, ne conspirait guère qu'avec son royal assentiment. Mais enfin, les obsessions des créatures de Richelieu lui arrachèrent l'ordre d'arrêter le grand-écuyer, qui était alors avec la cour à Narbonne, et qui fut conduit dans la citadelle de Montpellier.

Puis, non content de livrer ainsi celui qu'il nommait son ami, Louis XIII adressa la lettre suivante au parlement de Paris :

« Nos amés et féaux,

« Le notable et visible changement qui a paru depuis
« un an dans la conduite du sieur Cinq-Mars, notre
« grand-écuyer, nous fit résoudre, aussitôt que nous nous
« en aperçûmes, de prendre soigneusement garde à ses
« actions et à ses paroles pour pénétrer et découvrir
« quelle en pouvait être la cause.
« Pour cet effet, nous résolûmes de le laisser
« agir et parler avec plus de liberté qu'auparavant. Par
« ce moyen nous découvrîmes qu'agissant suivant son
« génie, il prenait un extrême plaisir à révéler tous les
« bons succès qui nous arrivaient, à relever et publier
« toutes les nouvelles qui nous étaient désavanta-
« geuses.
« Nous reconnûmes aussi qu'une de ses principales
« fins était de blâmer les actions de notre cousin le
« cardinal duc de Richelieu, quoique ses conseils et ses
« services aient toujours été accompagnés de bénédic-
« tion et de bon succès, et de louer hardiment celles
« du comte duc d'Olivarès, quoique sa conduite se soit
« toujours trouvée malheureuse par les événements.
« Nous découvrîmes encore qu'il était favorable à tous
« ceux qui étaient en notre disgrâce et contraire à ceux
« qui nous servaient le mieux.
« Il improuvait continuellement ce que nous faisions
« de plus utile pour notre État, dont il nous rendit un
« notable témoignage en la promotion des sieurs de
« Guébriant et de la Motte aux charges de maréchaux
« de France, laquelle lui fut insupportable.
« Il entretenait une intelligence très-particulière avec
« quelques-uns de la religion prétendue réformée, mal
« affectionné par le moyen de Chavagnac, mauvais es-
« prit nourri dans les factions, et de quelques autres.
« Il parlait d'ordinaire des choses les plus saintes avec
« tant d'impiété qu'il était aisé à voir que Dieu n'était
« pas dans son cœur comme dans celui de notre cou-
« sin le cardinal.
« Son imprudence, la légèreté de sa langue, les di-
« vers courriers qu'il envoyait de toutes parts et les
« pratiques ouvertes qu'il faisait en notre armée, nous
« ayant donné sujet d'entrer en soupçon de lui, l'in-
« térêt de notre État, qui nous a toujours été plus cher
« que celui de notre vie, nous obligea de nous assu-
« rer en même temps de sa personne et de celle de quel-
« ques-uns de ses complices. »

Mais cette incroyable facilité du roi à charger si odieusement l'homme qu'il avait comblé de sa faveur, n'est rien en comparaison de la lâcheté de Gaston, duc d'Orléans.

Ce prince, qui était l'ennemi personnel de Richelieu, s'abaissa à lui écrire en ces termes :

« Mon cousin,

« Le roi monseigneur m'a fait l'honneur de m'é-
« crire quel a été enfin l'effet de la conduite de ce mé-
« connaissant monsieur le Grand (1); c'est l'homme du
« monde le plus coupable de vous avoir déplu après
« tant d'obligations qu'il vous devait; les grâces qu'il
« recevait de Sa Majesté m'ont toujours fait garder de
« lui et de tous ses artifices; mais vous avez bien vu,
« je m'assure, que si je l'ai considéré, ce n'a été que

(1) C'est ainsi qu'on nommait habituellement le grand écuyer Cinq-Mars.

« jusqu'aux autels ; aussi est-ce pour vous, mon cher
« cousin, que je conserve mon estime et mon amitié
« toute sincère ; et comme je connais que vous m'avez
« tout nouvellement obligé par l'honneur que Sa Ma-
« jesté m'a fait de me donner le commandement de son
« armée de Champagne, je vous prie de croire que
« vous ne sauriez jamais avoir de plus véritable, ni de
« plus fidèle ami que moi, ni qui soit avec plus de sin-
« cérité et de passion votre très-affectionné,

« GASTON. »

Puis il écrivit au roi :

« Monseigneur,

« Ayant su que Votre Majesté pourrait s'arrêter trois
« ou quatre jours à Montfrin pour y prendre des eaux,
« j'envoie l'abbé de la Rivière pour savoir de vos nou-
« velles et pour vous protester toujours de la parfaite
« fidélité que j'ai pour votre service. Je supplie très-
« humblement Votre Majesté de prendre créance en ce
« qu'il dira de ma part, mais particulièrement de mon
« entière soumission à toutes vos volontés. »

Puis encore il adressa des lettres à toutes les créatures du cardinal pour les *supplier d'intercéder* pour
lui auprès de ce dernier.

Enfin il couronna toutes ses bassesses par la déclaration suivante :

« Gaston, fils de France, frère unique du roi, duc
« d'Orléans, étant touché d'un véritable repentir d'a-
« voir encore manqué à la fidélité que je dois au roi
« monseigneur, après tant de témoignages que j'ai reçus
« de sa bonté extrême en de semblables fautes, et dé-
« sirant de tout mon cœur me rendre digne de la grâce
« et du pardon qu'il a plu à Sa Majesté me promettre
« par l'abbé de La Rivière, je lui avoue sincèrement
« toutes les choses dont je suis coupable, et dont j'ai
« connaissance.

« Je déclare et confesse à Sa Majesté que depuis le
« voyage d'Amiens de l'année dernière, j'ai été solli-
« cité plusieurs fois par M. le Grand de nouer intelli-
« gence avec lui pour tâcher de mettre monsieur le
« cardinal hors des affaires, à quoi j'ai résisté d'abord ;
« mais m'étant après assuré, dans une autre entrevue,
« qu'il avait la parfaite confiance du roi, et me voyant
« pressé d'aller au voyage de Languedoc, sans emploi,
« et sans raison ce me semblait, j'entrai en liaison avec
« lui d'autant plus volontiers qu'alors il m'assura du
« service de M. de Bouillon, et qu'il me donnerait Se-
« dan pour retraite en cas de besoin.

« Quelques jours après, par une entrevue avec mon-
« sieur le Grand et monsieur de Bouillon, nous réso-
« lûmes, pour acheminer nos desseins, que monsieur
« le Grand demeurerait près de la personne du roi, et
« que je me retirerais à Sedan avec monsieur de Bouil-
« lon ; que nous ferions un traité avec l'Espagne, dont
« la principale condition serait la paix générale pour
« attirer le peuple à notre parti ; que pendant que le
« roi serait à Perpignan, nous entrerions en armes en
« France, proposant ladite paix ; mais tout ce dessein
« ne fut point exécuté, monsieur le Grand ne le jugeant
« plus nécessaire, s'étant imaginé depuis que sans cet
« embarras il pouvait parvenir à ses fins.

« Toutefois, comme la proposition de traiter avec
« l'Espagne fut plutôt différée que rompue, je mis en-
« tre les mains de Fontrailles, à Paris, au mois de jan-
« vier dernier, deux blancs signés de mon nom seule-
« ment, dans un petit papier, pour en faire deux let-
« tres, l'une adressante au roi d'Espagne et l'autre au
« comte-duc. Lesdits blancs signés ont été remplis par
« Fontrailles, et à ce qu'il m'a dit, ce que je crois

« d'autant plus véritable, que j'ai eu les deux réponses
« à toutes lesdites lettres en créance sur Fontrailles.

« La créance était de demander une armée de douze
« mille hommes à pied, et de quatre mille chevaux des
« vieilles troupes d'Allemagne, et de l'argent raisonna-
« blement pour faire des levées en France. Il y avait
« quelques autres articles pour ma subsistance, et pour
« avoir des lettres pour ma retraite en toutes leurs
« places, si j'en avais besoin. Il y avait aussi un autre
« article pour la subsistance des deux grands seigneurs
« qui n'étaient pas nommés autrement, mais effective-
« ment c'étaient messieurs de Bouillon et le Grand.

« Dans toute cette affaire, j'ai parlé deux fois à mon-
« sieur de Thou, à Paris, que je trouvai informé ; il me
« dit qu'il avait vu monsieur de Bouillon et qu'il l'avait
« trouvé fort froid, ensuite de quoi, à mon arrivée à
« Blois, je le vis et le trouvai de la même humeur,
« toutefois me faisant quelques propositions, à quoi je
« ne m'arrêterai pas.

« Depuis, Fontrailles vint me trouver à Chambord,
« pour me dire que les affaires de monsieur le Grand
« allaient mal, et qu'il fallait pourvoir à notre sûreté.
« Sur quoi j'envoyai le comte d'Aubijoux en Savoie, à
« monsieur de Bouillon, demander une lettre de lui,
« pour me faire recevoir à Sedan, laquelle il m'en-
« voya.

« Ensuite de ce, monsieur le Grand m'envoya un
« courrier pour me dire qu'il était en très-mauvais état
« auprès du roi, et ce que je voulais qu'il devînt. Je
« lui mandai de se trouver à Moulins en Gibbert, le
« quatrième de juillet, et qu'il se retirât avec moi au
« Conté, et de là à Sedan ; mais le courrier trouva qu'il
« était arrêté.

« Si outre tout ce que dessus il se trouve quelques né-
« gociations faites par Montrésor avec monsieur de Thou,
« ou quelques autres de mes gens avec d'autres, direc-
« tement ou indirectement, je les ai désavouées comme
« les ayant faites à mon insu.

« Je proteste devant Dieu et je supplie très-humble-
« ment Sa Majesté de croire que la présente déclara-
« tion que je lui fais, est très-sincère et véritable, et que
« c'est tout ce dont j'ai eu participation, et qui peut
« être venu à ma connaissance, de ce qui peut être de
« conséquence en cette affaire, dont j'en demande
« très-humblement pardon à Sa Majesté. En témoin de
« quoi j'ai écrit et signé de ma main la présente et com-
« mandé à mon secrétaire de la contresigner. Fait à
« Ayguepense, ce septième juillet 1647, signé, GASTON ;
« et plus bas, GOUDAS.

A côté de ce dernier nom on lit le mot TOURNEZ, et
au verso de la page, on trouve ce qui suit :

« Depuis avoir écrit le contenu de l'autre part, je me
« suis souvenu d'avoir omis la réponse qui me fut faite
« d'Espagne, qui fut qu'ils me fourniraient ladite armée
« le premier de juillet, qu'ils me donneraient quatre
« cent mille écus pour faire lesdites levées en France,
« et douze mille écus par mois, comme ils avaient fait
« en Flandre. Le traité me fut apporté à Blois, signé du
« comte-duc ; et ne l'ayant pas voulu signer, je l'ai
« gardé jusqu'à la prise de monsieur le Grand, que je
« l'ai brûlé. J'en devais envoyer la ratification à don
« Francisco de Mela, ce que je n'ai pas fait. Fait le
« jour et an que dessus. Signé, GASTON ; et plus bas,
« GOUDAS : collationné à l'original par moi conseiller et
« secrétaire-d'État. »

IV

Cependant, de Thou, qui s'était rendu sans permission à l'armée, fut arrêté comme l'avait été Cinq-Mars et conduit au château de Tarascon, où Richelieu, quoique malade, se rendit en personne, pour interroger le prisonnier.

Voici mot à mot cet interrogatoire :

M. LE CARDINAL. — Monsieur, je vous prie de m'excuser de vous avoir donné la peine de venir icy.

M. DE THOU. — Monseigneur, je la reçois avec honneur et faveur.

Après, il luy fit donner une chaise près de son lit.

M. LE CARDINAL. — Monsieur, je vous prie de me dire l'origine des choses qui se sont passées cy-devant.

M. DE THOU. — Monseigneur, il n'y a personne qui le puisse mieux savoir que Votre Éminence.

M. LE CARDINAL. — Je n'ay point d'intelligences en Espagne pour le sçavoir.

M. DE THOU. — Le roy en ayant donné l'ordre, monseigneur, cela n'a pu estre sans vous l'avoir fait connoître.

M. LE CARDINAL. — Avez-vous écrit à Rome et en Espagne ?

M. DE THOU. — Oui, monseigneur, par le commandement du roy.

M. LE CARDINAL. — Estes-vous secrétaire d'Estat, pour l'avoir faict ?

M. DE THOU. — Non, monseigneur ; mais le roi me l'ayant commandé, je n'ai pu faillir de le faire.

M. LE CARDINAL. — Avez-vous quelques pouvoirs de cela ?

M. DE THOU. — Ouy, monseigneur : la parole du roy et un commandement de le faire par escrit.

M. LE CARDINAL. — Si est-ce que M. de Cinq-Mars n'en a rien dit ?

M. DE THOU. — Il a eu tort, monseigneur, de ne l'avoir dit ; car il en a eu le commandement aussi bien que moy.

M. LE CARDINAL. — Où sont ces commandements ?

M. DE THOU. — Ils sont en bonnes mains pour les produire quand il sera besoin.

On voit, par ces paroles de M. de Thou, que non-seulement le roi connaissait toute l'intrigue ourdie contre le cardinal, mais encore qu'il avait approuvé la conspiration, et que, en certains moments, il ne désirait pas moins que Cinq-Mars lui-même le renversement de son ministre.

Mais Richelieu *ne voulait* pas savoir que Louis XIII avait donné des ordres contre lui ; il ne voulait pas non plus que les pièces désignées par de Thou fussent produites, et il demanda à Paris des commissaires *ad hoc*, pour suivre l'instruction.

V.

Dès que M. de Cinq-Mars fut arrêté et que le duc d'Orléans se fut excusé, la première inquiétude de Richelieu fut de savoir si M. de Bouillon était prisonnier. Dans le doute, il craignait que le roi ne revint à sa première affection pour Cinq-Mars, et il donna à Chavigny et à Des Noyers, dans des siens qui étaient auprès de Louis XIII, les instructions suivantes :

« Si M. de Bouillon est pris, il est question de faire
« voir promptement que l'on l'a pris avec justice ; pour
« ce faire, il faut découvrir les auteurs de Madame qui
« en ont donné advis, et qu'au cas ladite dame ne vou-
« droit, on peut trouver quelqu'invention, par laquelle
« on puisse faire connoistre qu'on a cette découverte ;
« on le peut faire en resserrant de toutes parts les prison-
« niers sans permettre de parler à personne, parce que,
« par ce moyen *on pourroit faire croire aux uns*,
« *que les autres ont dit ce que l'on sçait ! ce qui leur*
« *donnera lieu de se confesser*, et à tout le moins de le
« croire.

« Faut arrêter Cioniac, que l'on dit avoir des papiers
« secrets. Faut *retirer la cassette de cheveux et amou-*
« *rettes* qu'a monsieur de Choisy.

« Faut représenter au Roy qu'il est très-important
« de ne pas dire qu'il ait bruslé tous les papiers, et en
« effet, on croit qu'il ne l'a pas fait.

« Si monsieur de Bouillon est pris, il faut pourvoir
« l'Italie d'un chef de grande fidélité, pour plusieurs
« raisons qui pressent. Il en faut un en Guyenne et un
« autre dans le Roussillon, estant douteux si monsieur
« de Turenne voudroit servir, et si l'on doit le laisser
« seul ; le Roy y pourvoira s'il lui plaît. »

Cinq-Mars se laissa le premier prendre au piége tendu par Richelieu, et, pour sauver de Thou, déclara que celui-ci connaissait toutes les parties de la conspiration.

On répond bien vite au cardinal que M. de Bouillon a été arrêté, et que le Roy a consenti à faire tous les mensonges qui lui ont été dictés. Pour prouver son obéissance, Louis XIII envoie à son cousin le cardinal le billet qui suit :

« Je ne me trouve jamais que bien de vous voir, je
« me porte beaucoup mieux depuis hier ; et ensuite de
« la prise de monsieur de Bouillon, qui est un coup de
« partie, j'espère avec l'ayde de Dieu que tout ira bien,
« et qu'il me donnera la parfaite santé, c'est de quoy
« je le prie de tout mon cœur. LOUIS. »

Avec un gage pareil, Richelieu pouvait agir, et il agit. Il fait conseiller à Gaston de se retirer hors de France. Voici comment Chavigny apprend ces choses à Richelieu :

« Le Roy parla hier à monsieur de La Rivière, *aussi*
« *bien et aussi fortement qu'on le pouvoit désirer*; je
« lui fis mettre par escrit et signer tout ce qu'il luy dit
« de la part de Monsieur, ainsi que Son Éminence
« verra par la copie que je lui envoye ; et lorsqu'il fit
« difficulté d'obéir aux commandements de Sa Majesté,
« *elle luy parla en maistre*, et il eut si grand peur
« qu'on l'arrestât, qu'il luy prit presque une défail-
« lance ; et ensuite un espèce de *choléra-morbus* dont
« il a esté guery en lui rasseurant l'esprit. Le Roy fut
« ravy de ce que Monseigneur n'eust pas la pensée de
« voir Monsieur.

« En parlant à Monsieur de La Rivière, je l'ai fait
« tomber insensiblement dans le dessein de proposer à
« Monsieur qu'il confesse ingénument toutes les choses
« par un escrit qu'il envoyera au Roy ; pour, après avoir
« vu Sa Majesté, s'en aller pendant un temps hors le
« royaume avec ses bonnes grâces, et *celles de Son*
« *Éminence*.

« Il m'a dit qu'il feroit cette proposition à Monsei-
« gneur, et qu'il luy demanderoit sa parole pour la sé-
« curité de Monsieur, au cas qu'en confessant toutes
« choses par escrit, il vint trouver le Roy, pour s'en
« aller par après hors de France.

« En ce cas, Son Éminence aura agréable de faire
« savoir à *ses créatures*, si Venise n'est pas le meilleur
« lieu où puisse aller Monsieur, et quelle somme elle
« estime qu'on puisse lui accorder par an.

« J'envoie à Monseigneur la réponse du Roy, qui doit
« estre mise au pied de la déclaration de La Rivière,
« afin qu'elle soit corrigée, comme il luy plaira, et de
« la mettre entre ses mains quand il passera.

« Je seray jusqu'à la mort sa très-humble, très-
« obligée, *et très-fidèle créature*.

« CHAVIGNY. »

Cette lettre explique celles écrites par Gaston, qui

eut aussitôt la permission de sortir du royaume.

Le cardinal écrivit à ses agents :

« Je ne fais point difficulté, si le roy le trouve bon, « de donner parole à monsieur de La Rivière, que « Monsieur, déclarant au Roy tout ce qu'il sçait par « escrit, sans réserve, venant voir Sa Majesté, avant « que de sortir du royaume, selon la proposition que « nous en a fait ledit sieur de La Rivière, Sa Majesté « le laissera aller librement : sans qu'il reçoive mal, « s'il sort du consentement du Roy. Venise est une « bonne demeure, et en ces cas il faut que la permission « qu'il demandera au Roy de sortir, porte : « Pour ne « revenir en France que lorsqu'il plaira au Roy nous « le permettre, et nous l'ordonner. »

« Quant à l'argent, je crois qu'il se doit contenter de « ce que le Roy d'Espagne luy devoit donner, sçavoir « dix mille écus par « mois. Car luy don- « ner plus c'est luy « donner moyen de « mal faire ; et le « Roy ne pouvant « consentir qu'il « meine avec luy « les mauvais es- « prits qui l'ont per- « du, il n'a pas be- « soin davantage « pour luy et pour « les gens de bien. « Cependant, s'il « faut passer jus- « ques à quatre cent « mille livres, je ne « crois pas qu'il « faille s'arrester « pour peu de cho- « se. Je suis entiè- « rement à ceux qui « m'aiment comme « vous.

« Le cardinal de RICHELIEU. »

De Tarascon, ce dernier juin 1642.

« Ou monsieur « de LaRivière vient « avec un simple « compliment de « parole, et une « confession de fau- « te déguisée, ou il « vient avec charge de descouvrir une partie de ce qui « a esté fait.

« Si le premier, le Roy *doit adjouster foy* (ou *le témoigner) à ce qu'il dit*, et respondre qu'il pardonne volontiers à Monsieur, et que monsieur de La Rivière luy « rapporte ce qu'il a sur la conscience, qu'il n'en doit « pas estre en peine.

« Si le second, il doit encore luy tesmoigner de « croire que tout ce qu'il dit est tout, et respondre : « Ce que vous venez de descouvrir me surprend, et ne « me surprend pas

« Il me surprend, parce que je n'eusse pas attendu « ce nouveau tesmoignage de manque d'affection de « mon Frère. Il ne me surprend pas, parce que monsieur le Grand estant pris, s'enquiert fort si on ne « l'accuse point d'intelligence avec Monsieur.

« Monsieur de La Rivière je vous parleray franche-« ment : ceux qui ont donné ces mauvais conseils à mon « Frère ne doivent rien attendre de moy que la rigueur « de la justice ; pour mon Frère, s'il me descouvre tout « ce qu'il a fait sans reserve, il recevra des effets de ma « bonté, comme il en a déjà receu plusieurs fois par le « passé.

« Quelque instance que La Rivière fasse d'avoir pro-« messe d'un pardon général, sans obligation de des-« couvrir tout ce qui s'est passé, le Roy demeurera « dans sa dernière reponse, luy disant, qu'il ne vou-« droit pas luy-mesme le conseiller de faire plus que « Dieu, qui requiert un vray repentir, et une ingénue « reconnoissance pour pardonner.

« Qu'il luy doit suffire, qu'il l'asseure que Monsieur « recevra des effets de sa bonté, s'il se gouverne envers « Sa Majesté comme il doit, c'est-à-dire, ainsi qu'il est « dit cy-dessus. »

Comme on le voit, Richelieu faisait, quoiqu'absent, mouvoir toutes les marionnettes, au nombre desquelles il serait injuste de ne pas mettre le roi.

Le 30 juin, Des Noyers écrit au Cardinal : « Le roi m'a « dit qu'il croit que « M. le Grand eût « été capable de se « faire huguenot. « J'y ai ajouté qu'il « se fût fait Turc « pour régner et « ôter à Sa Majesté « ce que Dieu lui a « si légitimement « donné. Sur quoi « le roi m'a dit : — « Je le crois. »

On ne néglige rien pour irriter Louis XIII, et Richelieu donne lui-même des instructions pour *tout ce qui doit arriver*.

Ainsi il dit :

« Quand on amè-« nera M. le Grand « au lieu où sera la « personne de Mon-

Cinq-Mars.

sieur, Monsieur doit dire :

« M. le Grand, quoique nous soyons de différente qualité, nous nous trouvons en même peine, mais il faut que nous ayons recours au même remède. Je confesse notre faute et supplie le roi de la pardonner. »

« Or, M. le Grand prendra le même chemin et demeurera d'accord de ce qu'aura dit *Monsieur*, ou il voudra faire l'innocent ; en quel cas *Monsieur* lui dit :

« Vous m'avez parlé en tel lieu ; vous m'avez dit cela ; vous vintes à Saint-Germain me trouver en mon écurie avec M. de Bouillon, « tel et moi, tels et tels. » Ensuite *Monsieur* dira le reste de l'histoire.

« Il fera de même lorsqu'on lui annoncera M. de Bouillon.

« Il se contentera de la promesse de rester dans le royaume sans jamais prétendre charge ni emploi.

« Je dis ceci après avoir bien philosophé sur cette affaire, *qui peut être celle de la plus grande importance qui soit jamais arrivée en ce royaume de cette nature.*

« Mais *Monsieur* fait beaucoup de difficulté de se laisser confronter aux accusés, il craint de manquer d'assurance devant eux. Le roi n'ose pas l'exiger de son frère ; il faut trouver un biais ; le chancelier Seguier le trouvé et l'envoie bien vite dans les termes ci-après :

« J'ai proposé au roi de mander MM. Talon, conseiller-d'état et avocat-général, le Bret et du Bignon, qui ont tous grandes connaissances en matières criminelles, pour conférer avec moi, sur toutes les propositions que je lui ferai.

« Leur avis est qu'il peut dispenser *Monsieur* d'être présenté à la lecture de sa déclaration aux accusés.

« L'avis est appuyé d'exemples et de raisons : quant aux exemples, nous avons la procédure faite de la Mole et Coconas, accusés de lèse-majesté. En ce procès, les déclarations du roi de Navarre et du duc d'Alençon furent reçues et lues aux accusés sans confrontation, encore qu'ils l'eussent demandée.

« ..... Une déposition d'un témoin avec des *présomptions infaillibles servent de preuves et de convictions contre un accusé de lèze-majesté*, ce qui n'est pas aux autres crimes. »

En conséquence de cette opinion, le chancelier reçut la déclaration de Monsieur en présence des juges, qui étaient Laubardemont, Marca de Paris, Champigny, Miromesnil, de Chazé et de Sève.

Dans le rapport du procès, trop volumineux pour être rapporté ici, Cinq-Mars est ainsi traité :

« Quant à M. le Grand, il est chargé non-seulement
« d'estre complice de cette conjuration, mais ensuite
« d'en estre auteur et promoteur.

« M. le Grand empoisonne l'esprit de Monsieur par
« des craintes imaginaires et supposées par lui : — Pre-
« mier crime.

« Pour se garantir de ses terreurs, il le porte à faire
« un parti dans l'Estat : — Deuxième crime.

« Il le porte à s'unir à l'Espagne : — Troisième crime.

« Il le porte à ruiner M. le Cardinal et le faire chasser des affaires : — Quatrième crime.

« Il le porte à faire la guerre en France, pendant le
« siége de Perpignan, pour interrompre le cours du
« bonheur de cet Estat : — Cinquième crime.

« Il dresse lui-même le traité d'Espagne : — Sixième crime.

« Il produit Fontrailles à Monsieur pour être porteur
« du traité, et envoyé à M. le comte d'Aubijoux. Ces
« suites *peuvent estre estimées* un septième crime, ou
« au moins l'accomplissement de tous les autres.

« Tous sont crimes de lèze-majesté ; celui qui touche
« la personne des ministres, des princes, estant réputé
« par les lois anciennes et constitutions des empereurs,
« de pareil poids que *ceux qui touchent leur propre
« personne.*

« Un ministre *sert bien* son prince et son Estat ; on
« l'ôte à tous les deux ; c'est tout de même que qui
« priveroit le premier d'un bras et le second d'une
« partie de sa puissance. »

Il n'eût pas été difficile de répondre à ces absurdes prétentions d'un pouvoir sans contrôle ; mais il n'y avait rien à dire relativement au traité avec l'Espagne. Certes, si Cinq-Mars eût été moins ardent, moins hautain et plus habile, il eût aisément pu renverser le vieux ministre, sans s'attacher au front l'écriteau *d'allié de l'étranger*, titre toujours détesté des nations, qu'elles soient d'ailleurs monarchiques ou républicaines. Mais Cinq-Mars agissait bien plus par le cœur que par la tête. Il aimait Marie de Gonzague et voulait s'élever assez haut pour atteindre à elle. Du moment qu'il ne pouvait l'obtenir, que lui importait ! Aussi écoutons son interrogatoire, et nous verrons combien peu il craint d'aggraver sa position par d'imprudents aveux.

« M. de Cinq-Mars, dit une relation contemporaine, avoua à M. le chancelier que la plus forte passion qui l'avait emporté à ce qu'il avait fait était de mettre hors des affaires monsieur le cardinal, contre lequel il avait une adversion qu'il ne pouvait vaincre ni modérer.

« Il disait que six choses lui avaient donné cette adversion.

« 1. La première qu'après le siége d'Arras, à la fin duquel il s'était trouvé, M. le cardinal avait parlé de lui comme d'une personne qui n'avait pas témoigné beaucoup de cœur.

« 2. Qu'après l'alliance de monsieur le marquis de Sourdis et de son frère, le cardinal avait dit que M. de Sourdis avait fait honneur à sa maison.

« 3. Qu'ayant souhaité d'être fait duc et pair, monsieur le cardinal en avait détourné le roi.

« 4. Qu'il s'était senti obligé de prendre la protection de M. l'archevêque de Bordeaux, lequel il avait cru qu'on voulait perdre.

« 5. Que lui parlant de la princesse Marie, il dit que *sa mère voulait faire le mariage de lui avec elle ;* Son Éminence dit que *sa mère, madame d'Effiat, était une folle, et que si la princesse Marie avait cette pensée, qu'elle était plus folle encore.* Qu'ayant été proposée pour femme de Monsieur, il aurait bien de la vanité et de la présomption de la prétendre, que c'était chose ridicule.

« 6. Que le cardinal avait trouvé étrange que le roi l'eût admis au conseil, et l'en avait fait sortir. »

Cinq-Mars avoua en outre que de Thou avait eu connaissance de la conspiration et du traité fait avec l'Espagne.

Au surplus, la décision des juges était, on le sent bien, prise à l'avance, et ni Cinq-Mars ni de Thou ne pouvaient se soustraire à une condamnation.

VI

Parmi ces vieux châteaux dont la France se dépouille à regret chaque année, comme des fleurons de sa couronne, il y en avait un d'un aspect sombre et sauvage sur la rive gauche de la Saône. Il semblait une sentinelle formidable placée à l'une des portes de Lyon, et tenait son nom de l'énorme rocher de Pierre-Encise qui s'élève à pic comme une sorte de pyramide naturelle, et dont la cime, recourbée sur la route et penchée sur le fleuve, se réunissait jadis, dit-on, à d'autres rochers que l'on voit sur la rive opposée, formant comme l'arche naturelle d'un pont ; mais le temps, les eaux et la main des hommes n'ont laissé debout que le vieux amas de granit qui servait de piédestal à la forteresse, détruite aujourd'hui. Les archevêques de Lyon l'avaient élevée autrefois, comme seigneurs temporels de la ville, et y faisaient leur résidence ; depuis, elle devint place de guerre, et sous Louis XIII une prison d'État. Une seule tour colossale, où le jour ne pouvait pénétrer que par trois longues meurtrières, dominait l'édifice ; et quelques bâtiments irréguliers l'entouraient de leurs épaisses murailles, dont les lignes et les angles suivaient les formes de la roche immense, perpendiculaire.

Ce fut là que le cardinal de Richelieu conduisit sa proie. Laissant Louis le précéder à Paris, il enleva ses jeunes ennemis de Narbonne, les traînant à sa suite pour orner son dernier triomphe et venant prendre le Rhône à Tarascon, presque à son embouchure, comme pour prolonger ce plaisir de la vengeance, que les hommes ont osé nommer celui des dieux. Étalant aux yeux des deux rives le luxe de sa haine, il remonta le fleuve avec lenteur sur deux barques à rames dorées et pavoisées de ses armoiries, couché dans la première et remorquant ses deux victimes dans la seconde, au bout d'une longue chaîne.

Souvent, le soir, lorsque la chaleur était passée, les deux nacelles étaient dépouillées de leur tente, et l'on voyait dans l'une Richelieu, pâle et décharné, assis sur la poupe; dans celle qui suivait, les deux prisonniers, debout, le front calme, appuyés l'un sur l'autre, et regardant s'écouler les eaux rapides du fleuve. Jadis, les soldats de César, qui campèrent sur ces mêmes bords, eussent cru voir l'inflexible batelier des enfers, conduisant les ombres amies de Castor et Pollux; des chrétiens n'eurent pas même l'audace de réfléchir et de voir un prêtre menant ses deux ennemis au bourreau. Il passa, les laissant en garde à cette ville même où les conjurés avaient proposé de le faire mourir. Il aimait à se jouer ainsi en face de la destinée, et à planter un trophée où elle aurait voulu mettre sa tombe.

« Dans le trajet son bateau, —dit la chronique,— prit terre contre la balme de Bonneri. En cette ville, où quantité de noblesse l'attendait, Monseigneur de Vivier le salua à la sortie de son bateau; mais il fallut attendre de lui parler jusqu'à ce qu'il fût au logis qu'on lui avait préparé dans la ville. Quand son bateau abordait la terre, il y avait un pont de bois, qui du bateau allait au bord de la rivière; après qu'on avait vu s'il était bien assuré, on sortait le lit dans lequel ledit seigneur était couché, car il était malade d'une douleur et ulcère au bras. Il y avait six puissants hommes qui portaient le lit avec deux barres, et les liens où les hommes mettaient les mains étaient rembourrés et garnis de buffleteries. Ils portaient sur leurs épaules et autour du cou certaines trapointes garnies en dedans de coton, et la couverte de buffe, si bien que les sangles ou surfaix qu'ils mettaient au cou étaient comme une étole, qui descendait jusques aux barres dans lesquelles elles étaient passées. Ainsi ces hommes portaient le lit et ledit seigneur dans les villes ou aux maisons auxquelles il devait loger. Mais ce dont tout le monde était étonné, c'est qu'il entrait dans les maisons par les fenêtres; car auparavant qu'il arrivât les maçons qu'il menait abattaient les croisées des maisons, ou faisaient des ouvertures aux murailles des chambres où il devait loger, et en après on faisait un pont de bois qui venait de la rue jusqu'aux fenêtres ou ouvertures de son logis; ainsi étant dans son lit portatif, il passait par les rues, et on le passait sur le pont jusque dans un autre lit qui lui était préparé dans sa chambre, que ses officiers avaient tapissée de damas incarnat et violet, avec des ameublements très-riches. Il logea à Viviers, dans la maison de Montarguy qui est à présent à l'université de notre église. On abattit la croisée de la chambre qui a sa vue sur la place, et le pont de bois pour y monter venait depuis la boutique de Noël de Vielh, sous la maison d'Alès, du côté du nord jusqu'à l'ouverture des fenêtres, où le seigneur cardinal, fut porté de la manière expliquée. Sa chambre était gardée de tous côtés, tant sous les voûtes qu'aux côtés et sur le dessus des logements qu'il couchait. Sa cour ensuite était composée de gens d'importance; la civilité, affabilité et courtoisie était avec eux. La dévotion y était très-grande; car les soldats qui sont ordinairement indévots et impies, firent de grandes dévotions. Le lendemain de son arrivée, qui était un dimanche, plusieurs d'iceux se confessèrent et communièrent avec démonstration de grande piété; ils ne firent aucune insolence dans les villes, vivant quasi comme des pucelles. La noblesse fit aussi de grandes dévotions. Quand on était sur le Rhône, quoiqu'il y eût quantité de bateliers, tant dans les barques qu'après les chevaux, on n'osait jamais blasphémer, qu'est quasi un miracle que de telles gens demeurassent dans une telle retention; on ne leur voyait proférer que des mots qui leur étaient nécessaires pour la conduite de leurs barques, mais si modestement, que tout le monde en était ravi.

« Monseigneur le cardinal Bigni logea à l'archidiaconé. On avait préparé la maison de M. Vanisse pour monseigneur le cardinal Mazarin, mais en partir du bourg Saint-Andéal, il prit la poste pour aller trouver le roi. Le dimanche 25, ledit seigneur fut reporté dans son bateau avec le même ordre. »

Ainsi remorqué par Richelieu, de Thou arriva au château de Pierre-Encise, où l'avait précédé Cinq-Mars, envoyé en avant par Richelieu.

Un rapport, publié il y a cent soixante-douze ans, raconte l'arrivée du grand-écuyer dans la cité lyonnaise.

« Monsieur de Cinq-Mars, » dit ce rapport, « vint à
« Lyon le 4 septembre de la présente année 1642, sur
« les deux heures après midy, dans un carosse traisné
« par quatre chevaux, dans lequel il y avoit quatre
« gardes du corps ayant le mousquet sur le bras, et
« entouré de gardes à pied au nombre de cent, qui es-
« toient à Monsieur le Cardinal-Duc. Devant marchoient
« deux cents cavaliers, la plupart Catalans, et estoient
« suivis de trois cents autres bien montez.

« M. le Grand estoit vestu de drap de Hollande, cou-
« leur de musc, tout couvert de dentelle d'or, avec un
« manteau d'escarlate à gros boutons d'argent à queue;
« lequel estant sur le pont du Rosne, avant que d'en-
« trer dans la ville, demanda à Monsieur de Ceton,
« lieutenant des gardes écossoises, s'il agreoit qu'on
« fermast le carosse; ce qui luy fut refusé, et fut con-
« duit par le pont de Saint-Jean; de là au Change : et
« puis par la rue de Flandres, jusques au pied du chas-
« teau de Pierre-Encise, se monstrant par les rues in-
« cessamment par l'une et par l'autre portiere, saluant
« tout le monde avec une face riante, sortant à demy-
« corps du carosse; et mesme recoynut beaucoup de
« personnes qu'il salua, les appelant par leurs noms.

« Estant arrivé à Pierre-Encise, il fut assez surpris
« quand on luy dit qu'il falloit descendre, et monter à
« cheval par le dehors de la ville, pour atteindre le
« chasteau : Voicy donc la dernière que je feray, dit-il,
« s'estant imaginé qu'on avoit donné ordre de le con-
« duire au bois de Vincennes. Il avoit souvent demandé
« aux gardes, si l'on ne luy permettroit pas d'aller à la
« chasse quand il y seroit.

« Sa prison estoit au pied de la grande tour du chas-
« teau, qui n'avoit point d'autre veue que deux petites
« fenestres qui tomboient dans un petit jardin, au bas
« desquelles il y avoit corps de garde, dans la chambre
« aussi où M. de Ceton couchoit avec quatre gardes dans
« l'arriere-chambre, et à toutes les portes il en estoit
« de mesme. »

On peut juger quelle joie ce fut pour Cinq-Mars et de Thou, quand ils se virent réunis au château de Pierre-Encise.

C'est là où nous les trouverons, au moment où leur sort vient d'être décidé par les juges de Richelieu.

VII.

Lorsque les deux amis furent avertis qu'on allait venir leur donner lecture de l'arrêt prononcé contre eux, ils affermirent leur esprit et se disposèrent à montrer une résolution digne d'eux.

M. de Thou prit la parole, et s'adressant au marquis de Cinq-Mars, il lui dit en souriant :

— « Humainement parlant, je me pourrais plaindre
« de vous, car vous m'avez accusé et c'est par vous que
« je vais mourir. Mais Dieu sait combien je vous aime !
« Ainsi, mourons courageusement et gagnons ensem-
« ble le paradis. »

— Merci, noble ami, murmura Cinq-Mars à travers des sanglots.

Et ils tombèrent dans les bras l'un de l'autre, s'embrassant avec une grande effusion de cœur.

Puis, ils se dirent que, puisqu'ils avaient été si bons amis durant la vie, ce leur serait une grande consolation de quitter ensemble la terre et de se réunir dans la mort.

Le greffier criminel du présidial de Lyon étant alors entré, de Thou s'écria :

— *Quàm speciosi pedes Evangelisantium pacem, Evangelisantium bona!*

Ce à quoi le greffier répondit en lisant un arrêt qui déclarait Cinq-Mars et de Thou « atteints et convain-
« cus du crime de lèze-majesté, sçavoir, le dict d'Ef-
« fiat, marquis de Cinq-Mars, pour les conspirations
« et entreprises, proditions, ligues et traitez faits par
« lui avec les estrangers contre l'Estat ; et le dit de
« Thou pour avoir eu cognoissance des dictes conspira-
« tions, entreprises, etc., pour réparation desquels
« crimes les juges les ont privez de tous honneurs, es-
« tats et dignitez et les ont condamnez et condamnent
« d'avoir la teste tranchée sur un eschaffault, qui pour
« cet effet sera dressé en la place des Terreaux de cette
« ville ; ont déclaré et déclarent leurs biens meubles et
« immeubles généralement quelconques, en quelque
« lieu qu'ils soient situez, acquis et confisquez au roi,
« et à ceux par eux tenus immédiatement de la cou-
« ronne réunis au domaine d'icelle, sur eux préalable-
« ment pris et levé la somme de soixante mille livres
« applicable à des œuvres pies, et néanmoins ordon-
« nent que le dit d'Effiat Cinq-Mars avant l'exécution
« sera appliqué à la question ordinaire et extraordi-
« naire, pour avoir plus ample révélation de ses com-
« plices. ». »

Dès que le greffier eut terminé sa lecture, de Thou se tourna vers Cinq-Mars, en disant :—Dieu soit loué !

—Dieu soit béni ! répondit Cinq-Mars.

Et le grand écuyer se levant, ajouta :

— « La mort ne m'étonne point ; mais j'avoue que
« l'infamie de cette question choque puissamment mon
« esprit ; je la trouve indigne pour un homme de mon
« âge et de ma condition. Je crois que les lois m'en dis-
« pensent, au moins l'ai-je ouï dire. »

En parlant ainsi, il marchait à grands pas, et répétait sans cesse avec agitation :

— « Ah ! certes, la mort ne m'effraie point ; mais je
« ne saurais m'accoutumer à l'idée de cette question ! »

De Thou parvint à calmer son ami, auquel on promit de ne le conduire à la question que pour la forme, et tous deux demandèrent à s'entretenir, l'un avec le père Malavalette, l'autre avec le père Mambrun.

Les gardes avaient les yeux baignés de larmes. Cinq-Mars les remercia de ce témoignage de sympathie.

— « Mes amis, leur dit-il, ne pleurez point ; les lar-
« mes sont inutiles. Priez Dieu pour moi, et assurez-
« vous que la mort ne me fit jamais peur. »

M. de Thou les embrassa l'un après l'autre, et ils sortirent en se cachant le visage dans leurs manteaux.

VIII.

Dans ces entrefaites, le père Malavalette entra. Cinq-Mars courut se jeter dans ses bras, en disant :

— « Mon père, ils veulent me donner la question ;
« j'ai bien de la peine à m'y résoudre. »

Le jésuite s'efforça de le consoler et de le fortifier. Ce ne fut pas sans succès, et Cinq-Mars était décidé à tout subir, lorsque Laubardemont et le greffier le vinrent prendre pour le conduire dans la « *chambre de la gesne.* »

Cinq-Mars, en passant près de son ami, lui dit sourdement :

— « Monsieur de Thou, nous sommes tous deux con-
« damnés à mourir ; mais je suis bien plus malheureux
« que vous, car outre la mort, je dois souffrir la ques-
« tion ordinaire et extraordinaire. »

Comme on le faisait passer dans différentes pièces, il dit en souriant :

— « Vous me menez donc bien loin ! »

En entrant dans « la chambre de la gesne », il s'écria :

— « Oh ! oh ! messieurs, comme il sent mal ici ! »

Cependant, on tint parole à Cinq-Mars ; il fut seulement présenté à la question, mais on ne lui fit subir aucune torture.

De retour de sa prison, il resta environ une demi-heure avec de Thou ; ils se demandèrent tous deux pardon réciproquement et s'embrassèrent avec les démonstrations d'une amitié parfaite ; puis ils se séparèrent sur ce mot de M. de Cinq-Mars:

— « Il est temps, mon ami, de mettre ordre à notre salut. »

Après avoir quitté de Thou, Cinq-Mars demanda une chambre à part pour se confesser ; il ne l'obtint qu'à grand'peine, et passa une heure avec le père Malavalette.

Ensuite, comme il n'avait rien pris depuis vingt-quatre heures, on lui servit des œufs frais et du vin.

Tout en prenant ce modeste repas, il disait au père jésuite :

— « Ce qui m'a le plus étonné, c'est de me voir sé-
« paré de tous mes amis. »

— « En aviez-vous donc beaucoup ? » demanda le père.

— « Mais, répondit Cinq-Mars, pendant que je fus
« dans les bonnes grâces du roi, j'ai toujours tâché de
« m'en faire. »

— « Hélas ! dit le jésuite, il y en a si peu ! »

— « C'est vrai, répliqua Cinq-Mars ; j'étais persuadé
« d'avoir inspiré des sentiments d'amitié sincère ; mais
« à cette heure je connais combien je me suis trompé...
« Comme vous me l'avez dit, les amitiés de cœur ne
« sont que dissimulation. »

Il baissa la tête comme abîmé dans ses réflexions, puis il reprit :

— « C'est bien triste à penser ! »

— « Oui, dit le père Malavalette, c'est bien triste, en
« effet ; mais cela n'étonne point les hommes qui ont
« vécu ; ils savent que l'humeur du monde est ainsi
« faite : il n'a d'affection et de prévenances que pour
« les puissants et les heureux, et il laisse les pauvres et
« les désolés dans l'abandon. »

Ils s'entretinrent ainsi longtemps. Enfin, Cinq-Mars demanda du papier et des plumes, et écrivit à sa mère une lettre que voici :

« Madame ma très-chère et trè-honorée mère, je
« vous écris, puisqu'il ne m'est plus permis de vous
« voir, pour vous conjurer, Madame, de me rendre deux
« marques de votre dernière bonté : l'une, Madame,

« en donnant à mon âme le plus de prières qu'il vous
« sera possible, et qui sera pour mon salut; l'autre,
« soit que vous obteniez du roi le bien que j'ai employé
« dans ma charge de grand-écuyer, et ce que j'en pou-
« vais avoir, d'autre part, auparavant qu'il fût confis-
« qué, ou soit que cette grâce ne vous soit pas ac-
« cordée, que vous ayez assez de générosité pour
« satisfaire à mes créanciers. Tout ce qui dépend de la
« fortune est si peu de chose, que vous ne devez pas me
« refuser cette dernière supplication, que je vous fais
« pour le repos de mon âme. Croyez-moi, Madame, en
« cela plutôt que vos sentiments; s'ils répugnent à mon
« souhait, puisque, ne faisant plus un pas qui ne con-
« duise à la mort, je suis plus capable que qui que ce
« soit de juger de la valeur des choses du monde.
« Adieu, Madame, et me pardonnez, si je ne vous ai
« pas assez respec-
« tée au temps que
« j'ai vécu et vous
« assurez que je
« meurs,
« Ma très-chère
« et très-honorée
« mère, votre très-
« humble et très-
« obéissant et très-
« obligé fils et ser-
« viteur.
« Henri d'Effiat
« de Cinq-Mars. »

IX.

Pendant ce temps,
M. de Thou était
resté avec son con-
fesseur en la salle
d'audience.
Dès qu'ils furent
seuls, de Thou se
jeta au cou du père
Maubrun :
— « Mon père,
« lui disait-il avec
« transport, je suis
« hors de peine,
« nous sommes
« condamnés à
« mort, et vous ve-
« nez pour me me-
« ner dans le ciel.
« Ah! qu'il y a

De Thou

« peu de distance de la vie à la mort! que c'est donc un
« chemin bien court!.. Allons, mon père, allons à la
« mort, allons au ciel! allons à la vraie gloire! Hélas!
« quel bien puis-je avoir fait en ma vie qui m'ait pu ob-
« tenir la faveur que je reçois aujourd'hui de souffrir
« une mort ignominieuse pour arriver plus tôt à la vie
« éternellement glorieuse! »
« Me voyant près de lui en la salle d'audience, » dit
le père Mambrun, « il me dit, après m'avoir embrassé,
« qu'il fallait bien employer le peu de temps qui lui
« restait à vivre, et me pria de ne le pas quitter jusqu'à
« la fin.
« Il me dit encore :
— « Mon père, depuis qu'on m'a prononcé ma sen-
« tence, je suis plus content et plus tranquille qu'aupa-
« ravant; l'attente de ce qu'on ordonnerait, et l'issue
« de cette affaire, me tenaient en quelque perplexité et
« inquiétude; maintenant, je ne veux plus penser aux
« choses de ce monde, mais au paradis, et me disposer
« à la mort. Je n'ai aucune amertume ni malveillance
« contre personne. Dieu s'est voulu servir de mes juges
« pour me mettre en son paradis, et m'a voulu prendre
« en ce temps auquel par sa bonté et sa miséricorde je
« crois être bien disposé à paraître devant lui. Cette
« constance et ce courage, que je puis montrer, pro-
« viennent de sa grâce; car je ne puis rien par moi-
« même. »
Une personne envoyée par sa sœur, Mᵐᵉ de Pontac,
étant venue lui présenter les derniers adieux de cette
dame, de Thou lui dit :
— « Mon ami, dis à ma sœur que je la prie de conti-
« nuer en ses dévotions, comme elle a fait jusqu'à
« présent, que je connais maintenant, mieux que ja-
« mais, que ce
« monde n'est que
« mensonge et va-
« nité, et que je
« meurs très-con-
« tent et en bon
« chrétien; qu'elle
« prie Dieu pour
« moi, et qu'elle ne
« me plaigne point,
« puisque j'espère
« trouver mon sa-
« lut en ma mort.
« Adieu. »
L'envoyé se retira
sans trouver la force
de prononcer un
mot.
Quant à de Thou,
il se sentait un tel
courage en présen-
ce d'une mort si
prochaine, qu'il
craignait que cette
force ne fût due à
la vanit Aussi, il
se tourna vers le
père Mambrun, au-
quel il dit :
— « Mon père,
« n'y a-t-il point
« vanité en cela? »
Et se prosternant,
il s'écria :
— « Mon Dieu!
« je proteste devant
« votre divine ma-
« jesté que de moi-même je ne puis rien, et que toute
« ma force vient tellement de votre bonté et miséri-
« corde, que si vous me délaissiez, je tomberais à
« chaque pas. »
« Après s'être confessé au père Mambrun, il disait,
en se promenant à grands pas dans la chambre.
— « Sans doute, on dira que je suis un étourdi;
« que je n'ai eu aucune sagesse de conduite; que je
« n'ai pas su ménager mes affaires..... Eh bien! c'est
« ce que je désire!... qu'on me blâme, qu'on me mé-
« prise, je le souhaite pour l'amour de Dieu! »
Tandis qu'il parlait ainsi, on introduisit le père Jean
Terrasse, gardien de l'Observance de Saint-François de
Tarascon.
La visite de ce père n'était pas due seulement à l'affection; elle avait un intérêt d'une autre nature. Voici le
fait :

M. de Thou avait, étant à Tarascon, fait pour sa délivrance un vœu qui consistait à fonder une chapelle avec trois cents livres de rente dans l'église de Tarascon.

— « Eh bien ! dit M. de Thou, je veux m'acquitter « de ce vœu, car outre que Dieu me délivre d'une pri-« son de pierre, il me retire encore d'une autre prison « qui est mon corps. »

Alors, il demanda de l'encre et du papier, et écrivit cette inscription qu'il voulait voir figurer en sa chapelle :

Christo liberatori
Votum in carcere pro libertate conceptum
FRANC. AUGUST. THUANUS
E carcere vitæ janjam liberandus
Merito solvit XII *septemb.* MDCXLII.
Confitebor tibi, Domine, quoniam exaudisti me,
et factus es mihi in salutem.

Après avoir tracé cette inscription d'une main ferme, de Thou dit que s'il eût plu à Dieu de le sortir du péril où les circonstances l'avaient engagé, il avait dessein de quitter le monde et de consacrer le reste de sa vie au service du ciel.

Il écrivit deux lettres, l'une à M. Dupuy, son cousin, l'autre à madame la princesse de Guémené. La première de ces lettres fut exactement remise; quant à l'autre, le père Mambrun la garda, on ne sait pour quel motif.

Quoi qu'il en soit, la voici :

« Madame,

« Je ne vous ay jamais eu de l'obligation en toute ma « vie qu'aujourd'huy, qu'estant près de la quitter, je la « pers avec moins de peyne, parce que vous *me l'avez* « *rendue assez malheureuse*, j'espère que celle de l'au-« tre monde sera bien différente pour moy de celle-cy, « et que j'y trouveray des félicités autant par dessus « l'imagination des hommes, qu'elles doivent être leur « espérance ; la mienne, Madame, n'est fondée que sur « la bonté de Dieu et le mérite de la passion de son Fils, « seule capable d'effacer mes péchés, dont j'étois rede-« vable à sa justice, et qui sont à un tel excès, qu'il n'y « rien qui les surpasse que celuy de sa miséricorde; je « vous demande pardon de tout mon cœur, Madame, « de toutes les choses que j'ay faites qui vous ont pu « desplaire, et fait la mesme prière *à toutes les per-« sonnes que j'ai huées à votre occasion*; vous protes-« tant, Madame, qu'autant que la fidélité que je dois « à mon Dieu me doit le permettre, je meurs *trop as-« seurément,* Madame, votre très-humble et très-obéis-« sant serviteur,

« DE THOU. »

Cette lettre semble prouver que la réputation de légèreté, acquise à madame la princesse de Guémené, était bien quelque peu méritée.

X.

Il était environ trois heures après midi quand on vint avertir les condamnés qu'il était temps de partir.

— « Bon ! fit M. de Cinq-Mars, on nous presse, il ne faut pas nous faire attendre davantage. »

Et s'approchant de Thou, il lui dit :

— « Allons, monsieur, allons, il est temps. »

M. de Thou répondit aussitôt :

— « *Lætatus sum in his quæ dicta sunt mihi; in domum Domini ibimus.* »

A ces mots les deux condamnés s'embrassèrent et quittèrent la salle.

M. le grand-écuyer marchait le premier, tenant par la main le père Malavalette, son confesseur. Parvenu sur le perron, il salua, disent les chroniques, « tout le « peuple de si bonne grâce, qu'il tira des larmes des « yeux d'un chacun. »

Pour lui, il demeura ferme, et voyant son confesseur fortement ému, il lui parla ainsi :

— « Qu'est-ce à dire ceci ? mon père. Vous êtes plus « sensible à mes intérêts que moi-même ! »

Cinq-Mars et de Thou se placèrent dans un carrosse escorté d'archers de robe courte, et du chevalier du guet marchant en tête de sa compagnie.

L'exécuteur suivait à pied ; mais ce n'était pas le bourreau d'habitude. Celui-ci s'étant cassé une jambe, on avait pris pour le remplacer un homme de la lie du peuple, « qui n'avait fait jamais aucune autre exécu-« tion que de donner la gesne. »

Durant le trajet, ils s'entretinrent de choses de religion, ne s'interrompant que pour se demander réciproquement pardon, ainsi qu'ils avaient fait déjà.

On rapporte ces paroles que de Thou adressa à son compagnon d'infortune :

— « Monsieur, il semble que vous devez avoir plus « de regret de mourir que non pas moi; vous êtes plus « jeune, vous êtes plus grand dans le monde, vous aviez « de plus grandes espérances, vous étiez le favori d'un « grand roi; mais je vous assure pourtant, monsieur, « que vous ne devez point regretter tout cela qui n'est « que du vent; car assurément nous nous allions « perdre, nous nous fussions damnés, et Dieu a « voulu nous sauver. Je tiens notre mort comme une « marque infaillible de notre prédestination pour la-« quelle nous avons mille fois plus d'obligation à Dieu « que s'il nous avait donné tous les biens du monde, « Aussi, ne saurions-nous jamais assez le remercier. »

M. de Cinq-Mars était tout ému de ce discours. De Thou continua :

— « Ah ! dites, monsieur, mon cher ami, qu'avons-« nous fait de si agréable à Dieu, durant notre vie, qui « l'ait obligé de nous faire cette grâce de mourir en-« semble, de mourir comme son fils, d'effacer tous nos « péchés et de conquérir le ciel par un peu de souf-« france et la honte de l'échafaud…. Ah ! n'est-il pas « vrai que nous n'avons rien fait pour lui ?… Fondons « nos cœurs, épuisons nos forces en actions de grâces, « recevons la mort avec toutes les affections de nos « âmes. »

En approchant du lieu du supplice, une vive contestation s'éleva entre Cinq-Mars et de Thou ; il s'agissait de savoir lequel des deux mourrait le premier.

— « C'est à moi de mourir d'abord, disait Cinq-Mars, « car je suis le plus coupable. »

— « Nous le sommes autant devant Dieu, répondait « M. de Thou. »

— « Ah ! reprenait Cinq-Mars, ce serait mourir deux « fois que de partir après vous. »

— « Je dois passer le premier, reprenait de Thou, « car je suis le plus âgé. »

— « Il est vrai que vous êtes le plus âgé, dit le père « Malavalette. Aussi devez-vous être le plus généreux. »

— « Oui, oui, mon très-cher ami, appuya Cinq-« Mars, ayez de la générosité. »

— « Bien, mon cher ami, répliqua de Thou. Je con-« sens donc que vous me montriez le chemin de la « gloire. »

— « Hélas ! dit Cinq-Mars, c'est le chemin du pré-« cipice que je vous ai ouvert ; mais puisque tout est « fini, précipitons-nous dans la mort pour surgir à la « vie éternelle ! »

En ce moment, on aperçut l'échafaud dressé au mi--

lieu de la place des Terreaux et entouré de quatre compagnies des bourgeois de Lyon, formées d'environ 1,200 hommes.

Aussitôt M. de Thou s'écrie, en voyant l'instrument du supplice :

— « Ainsi, c'est d'ici que nous irons en paradis ! »

Et se tournant vers son confesseur, il ajouta :

— « Mon père, est-il bien possible qu'une créature « aussi chétive que moi doive aujourd'hui prendre « possession d'une éternité bienheureuse ? »

Au moment où il achevait la dernière syllabe, le carrosse s'arrêtait au pied de l'échafaud.

XI.

Dès que les condamnés furent descendus de voiture, le prévôt s'approcha de M. de Cinq-Mars :

— « C'est à vous, lui dit-il, de monter le premier. »

Cinq-Mars embrassa encore une fois de Thou ; puis, ayant remis son manteau à un jésuite, il se dirigea tranquillement vers l'échelle.

Comme il mettait le pied sur le second échelon, un archer placé derrière lui le décoiffa.

— « Par grâce, dit Cinq-Mars, laissez-moi mon cha-« peau »

Sur l'ordre du prévôt, le chapeau fut rendu au jeune homme, qui arriva bientôt sur la plate-forme, et salua en souriant la foule qui se pressait aux alentours de l'échafaud.

Après qu'il eut reçu la bénédiction du père Malavalette et qu'on l'eut débarrassé de son pourpoint, le bourreau s'approcha pour lui couper les cheveux, mais Cinq-Mars ne le voulut point souffrir, et ce fut le père Malavalette qui se chargea de ce soin.

Ensuite l'exécuteur lui rabattit le collet de sa chemise, lui-même aida à cette opération, après quoi il alla se mettre à genoux sur un billot en disant d'un ton pénétré :

« Mon Dieu, je vous offre mon supplice en expiation « de mes péchés. Si j'avais à vivre, je serais tout autre « que j'ai été dans le passé.... mais puisqu'il faut que je « paraisse devant vous, ô Seigneur, prenez mon sang « pour effacer mes fautes. »

Alors il se tourna vers le bourreau, auquel il dit :

— « Que fais-tu là ? qu'attends-tu ? »

A ces mots, l'exécuteur tira son couperet du sac où il se trouvait.

Cinq-Mars s'approcha du poteau et l'étreignit en attendant le coup qui lui fut donné lentement. La tête bondit de l'échafaud à terre, où on la vit palpiter les yeux ouverts.

On rapporte qu'un étrange incident eut lieu au moment de la mort de Cinq-Mars.

Le vieux domestique du grand écuyer tenait son cheval comme à un convoi funèbre ; il s'était arrêté au pied de l'échafaud, et semblable à un homme paralysé, il regarda son maître jusqu'à la fin ; puis, tout-à-coup, comme frappé de la même hache, il tomba mort sous le coup qui avait tranché la tête.

. . . .

Ce fut au tour de M. de Thou. La chronique dit :

« L'exécuteur vint pour lui bander les yeux avec un mouchoir, mais, comme il le faisait fort mal, mettant le corps du mouchoir en bas, qui couvrait sa bouche, il le retroussa et s'accommoda mieux. Il adora le crucifix avant que de mettre la tête sur le poteau. Il baisa le sang de M. de Cinq-Mars qui y était resté. Après il mit son col sur le poteau, qu'un frère jésuite avait torché de son mouchoir, parce qu'il était tout mouillé de sang, et demanda à ce frère s'il était bien, qui lui dit qu'il fallait qu'il avançât mieux sa tête sur le devant, ce qu'il fit. En même temps l'exécuteur s'apercevant que les cordons de sa chemise n'étaient pas déliés et qu'ils lui tenaient fortement le col serré, lui porta la main au col pour les lui dénouer ; ce qu'ayant senti, il demanda : « Qu'y a-t-il ? faut-il encore ôter la chemise. » et se disposait déjà à l'ôter ; on lui dit que non, qu'il fallait seulement dénouer les cordons ; ce qu'ayant fait, il tira sa chemise pour découvrir son col et ses épaules, et ayant mis sa tête sur le poteau, il prononça ces dernières paroles qui furent : *Maria, mater gratiæ, mater misericordiæ...* puis : *In manus tuas...* Alors ses bras commencèrent à trembler en attendant le coup, qui lui fut donné tout en haut du col, trop près de la tête, duquel coup son col n'étant coupé qu'à demi, le corps tomba du côté gauche du poteau, à la renverse le visage contre le ciel, remuant les jambes et haussant faiblement les mains. Le bourreau le voulut renverser pour achever par où il avait commencé, mais effrayé des cris que l'on faisait contre lui, il lui donna trois ou quatre coups sur la gorge, et ainsi lui coupa la tête qui demeura sur l'échafaud.

« L'exécuteur l'ayant dépouillé, porta son corps couvert d'un drap dans le carrosse qui les avait amenés ; puis il y mit aussi celui de M. de Cinq-Mars et leurs têtes, qui avaient encore toutes deux les yeux ouverts, particulièrement celle de M. de Thou, qui semblait être vivante. De là, ils furent portés aux Feuillants, où M. de Cinq-Mars fut enterré devant le maître-autel, sous la balustre de ladite église, par la bonté et autorité de M. de Guy, trésorier de France en la généralité de Lyon. M. de Thou a été embaumé par le soin de sa sœur, et mis dans un cercueil de plomb, pour être transporté en sa sépulture. »

Après la mort du cardinal, le frère de de Thou adressa au roi la requête suivante :

« Jacques Auguste de Thou, conseiller en votre cour « de parlement, remontre très-humblement à Votre Ma-« jesté que l'honneur qu'avait M. François-Auguste « de Thou, conseiller en vos conseils, son frère, d'être « allié, bien voulu et estimé de plusieurs personnes de « très-haute condition, lui ayant acquis la haine du « défunt sieur cardinal de Richelieu, il aurait résolu « d'employer toutes sortes de moyens et toute sa puis-« sance pour le perdre, et l'ayant fait arrêter à Nar-« bonne le 6 juin de l'année 1642, avec le sieur de « Cinq-Mars, grand-écuyer de France, il aurait fait re-« chercher toutes les actions, les voyages et les visites « dudit défunt, et n'y ayant trouvé qui ne fût très-inno-« cent, il aurait mis son principal soin à faire prati-« quer le sieur de Cinq-Mars, en lui promettant l'im-« punité, s'il déclarait quelque chose à la charge dudit « défunt sieur de Thou. Et pour faire que dans l'ins-« truction du procès toutes choses passassent selon sa « volonté, il aurait nommé commissaires qu'il au-« rait voulu, parents entr'eux ou très-intéressés dans « sa fortune, et parce qu'aucun de ces juges choisis « n'avait pas témoigné vouloir adhérer à la passion « du cardinal, il les aurait fait révoquer pour en subs-« tituer d'autres plus faciles à faire ses volontés.

« Ce mauvais principe, Sire, a été suivi d'une infinité « d'injustices et d'infractions à vos ordonnances. Car « la principale déposition sur laquelle a été fondée « toute la charge du procès a été dressée par la sug-« gestion de M. le chancelier qui présidait à la com-« mission, qui fut seul avec le témoin cinq heures du-« rant, sans adjoint et sans greffier. Ce principal té-« moin, à qui on avait suggéré sa déposition par une « nouvelle et extraordinaire injustice, n'a point été

« confronté aux accusés. Une lettre qui allait entière-
« ment à la décharge de l'accusé, et qui détruisait de
« tout cette déposition, a été supprimée. Ledit sieur
« Cinq-Mars, qui déposa contre ledit sieur de Thou, a
« été assuré de la vie à condition de déposer ainsi que
« le cardinal le désirait. Mais ce qui est extrordinaire
« et sans exemple, le dit sieur de Cinq-Mars, étant sur
« la sellette, se leva en présence des commissaires, vint
« parler à l'oreille dudit sieur chancelier, et déclara
« aussitôt ce qu'il avait promis de dire contre ledit sieur
« de Thou. Les commissaires, quoique choisis comme
« dit est, qui proposèrent quelques doutes, furent in-
« timidés par le sieur cardinal, qui les manda tous l'un
« après l'autre la veille du jugement; et lui ayant été
« représenté par une personne de condition très-haute,
« que le sieur chancelier lui avait dit qu'il ne se trou-
« vait point de charges contre ledit sieur de Thou, il
« répondit : *Il n'importe, il faut qu'il meure.* Cet ordre
« précis, Sire, fit tel effet, que le rapporteur du procès
« a fait quelques procédures seul et sans adjoint, con-
« tre ce qui avait été résolu entre ces commissaires.
« Ledit sieur chancelier, quoique justement récusé par
« l'un des accusés, a été jugé sans avoir fait juger la
« récusation. Les gardes dudit sieur de Thou, compo-
« sées partie de celles de Votre Majesté, partie de celles
« dudit cardinal, ont été sollicitées, par argent, pour
« déposer contre lui : son exempt même a été reconnu
« contre lui, lui a été confronté. Trois diverses per-
« sonnes ont servi de greffiers au procès, l'un domes-
« tique dudit sieur chancelier, qui n'a point de serment
« à justice, et qui est cause que le procès ne se trouve
« point dans aucun lieu public, dans aucun greffe, et
« l'on peut dire qu'il a été supprimé, au moins les prin-
« cipaux actes, et sur lesquels la justification de l'accusé
« pouvait être fondée, ont été altérés et falsifiés. Au
« reste, Sire, la précipitation à rendre le jugement a
« été telle, qu'à midi du 12 septembre, ledit sieur de

« Thou était innocent; deux heures après il fut jugé
« comme le plus coupable de tous les hommes. Le pro-
« cureur-général de la commission, sans examiner les
« premières et les dernières charges par l'instruction
« dudit sieur chancelier qui parla à lui en tiers et en
« secret avec Laubardemont, rapporteur, lui fit pren-
« dre des conclusions verbalement à la mort; chose
« sans exemple. Par toutes ces circonstances, Sire,
« Votre Majesté voit en combien de sortes il a fallu vio-
« ler la justice et vos ordonnances pour commettre une
« si haute injustice, pour opprimer une personne in-
« nocente. Quelle gloire à Votre Majesté, à l'entrée de
« son règne, de faire voir le zèle qu'elle a pour la jus-
« tice, de relever ceux qui sont opprimés, de rendre à
« une famille illustre par son antiquité et par ses ser-
« vices l'honneur qu'on lui a voulu ravir par cette in-
« justice, et de ne point refuser à la piété d'un frère
« de purger la mémoire d'un frère, que toute la France
« et tout ce qu'il y a de gens de bien et d'honneur dans
« l'Europe semblent demander avec le suppliant, afin
« qu'il ne soit pas le seul sur lequel demeurent les ves-
« tiges des violences et oppressions passées.
« A ces causes, Sire, il plaira à Votre Majesté per-
« mettre au suppliant de justifier la mémoire dudit dé-
« funt, sieur de Thou, son frère, et pour cet effet lui
« accorder des lettres de révision adressantes à celles
« de vos cours et parlements qu'il plaira à Votre Ma-
« jesté d'ordonner, autres que celle de Grenoble, et or-
« donner aux greffiers ou autres qui se trouveront
« chargés dudit procès, qu'ils aient à le remettre au
« greffe dudit parlement : et le suppliant sera tenu de
« continuer ses prières pour la grandeur, la prospérité
« et la santé de Votre Majesté. »
Mais la justice réclamée par cette requête fut impi-
toyablement refusée, parce qu'on craignit, en reconnaissant l'innocence de M. de Thou, d'autoriser la non-
révélation des complots tramés contre l'Etat,

La lecture de l'arrêt.

KARL SAND (1819). — LES FRANCS-JUGES

Le bourreau tira son épée qui tournoya un moment et s'abattit (P. 10.)

KARL SAND.

I.

Un moment éclairci par la catastrophe de Waterloo, l'horizon politique de la démocratie allemande s'assombrit de nouveau dès l'année 1817. Au despotisme colossal mais brillant du moderne César avait succédé l'oppression individuelle et terne des petits principillons qui constituent la diète germanique. Des nains se partagèrent les dépouilles du géant; mais qu'y gagnèrent les peuples?

Cette question, l'Allemagne se l'adressa, et pour s'affranchir du nouveau joug qui pesait sur elle, elle organisa un vaste réseau de sociétés secrètes.

Ce n'était pas une création, mais seulement une restauration, car l'origine des sociétés secrètes d'Allemagne remonte à une époque assez reculée, comme chacun sait.

Nous ne ferons pas l'historique de ces affiliations; mais nous rappellerons qu'au moment où surgit la Révolution de 1789, comme un phare nouveau destiné à guider, après de cruelles épreuves, l'humanité dans des voies meilleures; à ce moment, les différentes sectes des illuminés, de francs-maçons, etc., acceptèrent avec enthousiasme la propagande républicaine.

Aussi, a-t-on attribué les premiers succès des volontaires français aux secrets efforts des propagandistes étrangers. Ce n'est pas là, du reste, une opinion simplement hypothétique, et les propositions d'un certain nombre de Mayençais au général Custine, pour le déterminer à occuper leur ville, suffisent pour établir la vérité de cette assertion.

Bonaparte n'ignorait pas l'existence de ces sociétés dont la plupart s'organisaient alors publiquement; on a même écrit qu'il en avait fait partie. Quoi qu'il en soit, lorsqu'il eut abdiqué son généralat pour ceindre la couronne impériale, les républicains, qui le considéraient comme un renégat et un traître, non-seulement se soulevèrent contre lui à l'intérieur, mais encore lui suscitèrent des ennemis à l'étranger.

Comme les propagandistes s'adressaient à des passions nobles et généreuses, ils firent de nombreux prosélytes parmi les peuples, et il y eut même des princes qui les encouragèrent, non pas par sympathie réelle, mais parce que les doctrines des sectaires pouvaient pour un temps servir les intérêts des rois.

C'est ainsi que le prince Louis de Prusse, entre bien d'autres, devint grand-maître d'une de ces sociétés qui mirent le poignard à la main de Staps pour en frapper Napoléon.

Mais deux jours après cette tentative de meurtre, on signa la paix de Vienne, et l'abaissement de l'Autriche anéantit le vieux corps germanique. De sorte que, déjà frappées mortellement en 1806, et surveillées étroitement par la police française, ces sociétés ne se recrutèrent plus que dans l'ombre. Quelques-uns de leurs agents furent arrêtés à Berlin, en 1811; mais protégés par les autorités prussiennes, ils échappèrent à la police française.

Deux ans après, les désastres de nos armées ranimèrent le courage de ces sociétés; les étudiants surtout aidèrent de tous leurs moyens les tentatives qu'elles essayèrent. Des écoles presque entières s'enrôlaient à l'envi, choisissant pour capitaines leurs chefs d'établissements et leurs professeurs.

II.

Parmi les jeunes gens qui s'enthousiasmaient ainsi et accouraient sous la bannière de la démocratie, se trouvait le héros du drame que nous écrivons.

Karl-Ludwig (Charles-Louis) Sand avait vu le jour, le 5 octobre 1795, à Wonsiedel, dans les montagnes de Fichtel. Sa famille se composait de Godefroy-Christophe Sand, son père; de Dorothée-Jeanne-Wilhelmine Schapf, sa mère; de George et Fritz, ses frères aînés; et de deux sœurs, Caroline et Julie, la première plus âgée, la seconde plus jeune que lui.

Attaqué au berceau d'une petite vérole violente, il fut pendant plusieurs mois dans une situation désespérée. La vie et la mort se disputèrent longtemps sa personne; mais enfin la mort fut vaincue.

Toutefois, ce rude assaut influa sur ses premières années, et il resta faible et maladif jusqu'à sa septième année, époque à laquelle il fut atteint d'une fièvre cérébrale qui mit une seconde fois ses jours en danger. Il sortit encore triomphant de ce choc.

Ces deux longues maladies avaient laissé fort en arrière son instruction; ce ne fut qu'à l'âge de huit ans qu'il fût à même de commencer ses premières études, et comme les souffrances du corps avaient pour ainsi dire engourdi les facultés de l'esprit, il lui fallut une application double pour atteindre le même résultat que ses compagnons de classes.

Mais Karl était né avec une âme énergique, et à force de volonté il surmonta les défauts de son organisation. Témoin des efforts de l'enfant, le professeur Salfranck, recteur du gymnase de Hof, conçut pour lui une telle affection, qu'ayant été nommé directeur du gymnase de Régensbourg, il ne put se résoudre à une séparation et emmena avec lui son élève.

On dit que l'enfant révèle l'homme. S'il en est ainsi, on put de bonne heure prévoir ce que serait Sand.

Un jour qu'il se promenait avec ses jeunes camarades, aux environs de Régensbourg, Sand, qui avait alors 11 ans, entendit crier au secours, et aperçut un petit garçon de 8 à 9 ans qui venait de tomber dans un étang. Aussitôt Karl s'élance, et, sans faire attention à ses beaux habits de fête, il se jette à l'eau, et, après des peines inouïes, parvient à ramener à terre celui qui se noyait.

L'année suivante il échappa, comme par miracle, à deux dangers. D'abord, une auge pleine de plâtre tomba d'un échafaudage de maçon, et se brisa à ses pieds. Puis, il fut surpris sous une voûte par la voiture du prince de Cobourg (1), qui y entrait au galop de quatre chevaux; se ranger à droite ou à gauche était chose impossible, et le cocher n'était pas maître de son attelage. Karl ne perdit pourtant pas la tête; il se jeta à plat-ventre, et la voiture passa sans que ni les roues ni les chevaux lui eussent fait la plus mince égratignure. De ce jour, on le regarda comme un prédestiné.

III.

Pendant ce temps, les événements politiques marchaient. Napoléon pesait sur l'Allemagne, et Staps était mort en expiation de sa tentative d'assassinat sur le conquérant.

On était alors en 1809. Karl avait 14 ans, et se trouvait au gymnase de Hof, dirigé par son professeur Salfranck. Ayant appris que celui qu'il regardait comme l'antéchrist allait venir dans cette ville, il la quitta et s'en vint chez ses parents, auxquels il dit :

— Je n'aurais jamais pu me trouver dans la même ville que Napoléon sans tenter de lui donner la mort; et je ne me sens pas encore assez fort pour cela.

Et il ne vint reprendre ses études qu'après la paix, qui fut signée le 15 octobre.

Il était encore à Hof en 1811, quand il apprit que le gymnase était dissous et remplacé par une école primaire. Salfranck y restait attaché, mais avec une diminution de la moitié de ses émoluments.

Karl n'aurait pu continuer ses études dans une école primaire. Il écrivit à sa mère pour lui annoncer l'événement et lui peindre l'égalité d'humeur et la résignation avec lesquelles le vieux philosophe supportait le coup qui venait de l'atteindre.

Voici la réponse de la mère de Karl; on y retrouvera ce mysticisme allemand, dont nous ne pouvons nous faire en France qu'une idée imparfaite.

« Mon cher Karl,

« Tu ne pouvais me donner une nouvelle plus douloureuse que celle de l'événement qui vient d'accabler ton professeur et ton père adoptif; cependant, si terrible qu'il soit, il s'y résignera, n'en doute point, pour donner à la vertu de ses élèves un grand exemple de la soumission que tout sujet doit au roi que Dieu lui a imposé. Du reste, sois bien convaincu qu'il n'y a au monde d'autre politique, droite et bien calculée, que celle qui ressort de cet ancien précepte :—Respecte Dieu, sois juste, et ne crains personne.

« Et pense aussi que là où l'injustice es criante contre les justes, la voix publique se fait entendre et relève ceux qui sont accablés.

« Mais, si contre toute probabilité, cela n'arrivait point ainsi, si Dieu imposait à la haute vertu de notre ami cette sublime épreuve, que le monde le méconnût, et que la Providence se fît à ce point sa créancière, elle a aussi pour ce cas, crois-moi, de suprêmes dédommagements; toutes les choses et tous les événements qui agissent autour de nous et sur nous ne sont que des machines qu'une main plus haute met en mouvement, afin de compléter notre éducation pour un meilleur monde, dans lequel seulement nous prendrons notre véritable place. Applique-toi donc, mon cher enfant, à veiller sur toi sans cesse et toujours, afin que tu ne prennes pas de grandes et belles actions isolées pour une vertu réelle, et que tu sois prêt à faire à chaque instant ce que ton devoir demande de toi. Au fond, vois-tu, rien n'est grand, rien n'est petit, quand on regarde les choses isolées les unes des autres, et l'ensemble seul produit l'unité du bien ou du mal.

« D'ailleurs, Dieu n'envoie l'épreuve qu'au cœur où il a mis la force, et la manière dont ton professeur a supporté le malheur qui lui arrive est une nouvelle preuve de cette grande et éternelle vérité. Tu

---

(1) Le prince de Cobourg était alors logé chez les parents de Karl.

prendras modèle de lui, mon cher enfant, et s'il te faut quitter Hof pour Bamberg, tu t'y résigneras avec courage : il y a trois éducations pour l'homme : celle qu'il reçoit de ses parents, celle que lui imposent les circonstances, et enfin celle qu'il se fait à lui-même : si ce malheur arrivait, demande à Dieu de compléter dignement toi-même cette dernière éducation, la plus importante de toutes.

« Je te donnerai encore pour exemple la vie et la conduite de mon père, dont tu as peu entendu parler, car il était déjà mort lorsque tu naquis, mais dont l'esprit et la ressemblance revivent en toi seul, parmi tous tes frères et tes sœurs. Le malheureux incendie qui réduisit sa ville natale en cendres anéantit sa fortune et celle de ses parents; le chagrin d'avoir tout perdu, car les flammes s'étaient déclarées dans une maison voisine de la sienne, coûta la vie à son père; et tandis que sa mère, étendue depuis six ans sur un lit de douleur où la retenaient d'horribles convulsions, nourrissait, dans les intervalles de ses souffrances, trois petites filles du travail de ses mains, il entra comme simple commis dans une des plus grandes maisons d'Augsbourg, où son caractère vif et cependant égal fut le bien venu, y apprit un état pour lequel cependant il n'était point né, et revint dans sa maison natale, avec un cœur pur et sans tache, pour y être le soutien de sa mère et de ses sœurs.

« L'homme peut beaucoup lorsqu'il veut faire beaucoup; joins tes efforts à mes prières, et remets le reste entre les mains de Dieu. »

Il y avait une prédiction dans cette lettre. Salfranck ne tarda pas à être nommé professeur à Richenbourg, où Karl l'accompagna. C'est de là qu'il assista aux événements de 1813, et qu'il écrivit ces mots à sa mère :

« C'est à peine, chère mère, si je puis vous exprimer combien je commence maintenant à être calme et heureux, depuis qu'il m'est permis de croire à l'affranchissement de ma patrie, que j'entends dire de tous côtés devoir être si prochain; de cette patrie que, dans ma confiance en Dieu, je vois d'avance libre; de cette patrie, enfin, pour le bonheur de laquelle j'accepterais les plus grands maux et même la mort. Prenez de la force pour cette crise. Si par hasard elle atteignait notre bonne province, élevez vos yeux vers le Tout-Puissant, puis reportez-les sur la belle et riche nature. La bonté de Dieu, qui a sauvé et protégé tant d'hommes pendant la guerre désastreuse de trente ans, peut et veut encore aujourd'hui ce qu'elle put et voulut alors. Quant à moi, je crois, et j'espère. »

La bataille de Leipsick et les désastres de 1814 semblèrent confirmer les pressentiments de Karl, qui crut à la liberté de l'Allemagne. Il quitta Richenbourg le 10 décembre de cette année avec le témoignage suivant de ses professeurs :

« Karl Sand est du petit nombre de ces jeunes gens élevés qui se distinguent à-la-fois par les dons de l'esprit et les facultés de l'âme : en application et en travail, il dépasse tous ses condisciples, ce qui explique ses progrès rapides et profonds dans toutes les sciences philosophiques et philologiques ; seulement dans les mathématiques, il avait encore quelques études à faire. Les plus tendres vœux de ses professeurs le suivent à son départ. »

Cette note était datée de Richenbourg, le 15 septembre 1814, et signée S. A. Keyn, recteur et professeur de première classe.

Sand alla faire une visite à son frère, qui habitait Saint-Gall; puis il se rendit à Tubengen, où il était attiré par la réputation d'Eschusmaster. Son but alors était de se faire pasteur. Il passa cet hiver tranquille. Rien ne marqua dans sa vie, si ce n'est qu'il se fit recevoir d'une association de Burschen, appelée la Teutonia.

Mais avec la fête de Pâques de l'année 1815 arriva la terrible nouvelle que l'Empereur était débarqué au golfe Juan; et toute la jeunesse allemande se réunit sous les drapeaux.

Sand fit comme tous les jeunes gens, avec cette différence que ce qui n'était que l'effet d'un enthousiasme passager chez les autres fut chez lui le résultat d'une résolution calme et réfléchie.

C'est dans ces circonstances qu'il adressa, le 22 avril 1815, la lettre suivante à sa famille :

« Jusqu'à présent, mes chers parents, vous m'avez trouvé soumis à vos leçons paternelles et aux conseils de mes excellents professeurs; jusqu'à présent, je me suis efforcé de me rendre digne de l'éducation que Dieu m'a envoyée par vous, et je me suis appliqué à être capable de répandre sur ma patrie la parole du Seigneur; c'est pourquoi je puis aujourd'hui vous faire sincèrement part du parti que j'ai pris, certain que, comme parents tendres et affectueux, vous vous tranquilliserez, et que, comme parents allemands et patriotes, vous louerez plutôt ma résolution que vous ne chercherez à m'en détourner.

« La patrie appelle encore une fois à son aide, et cette fois, cet appel s'adresse à moi aussi, car maintenant j'ai le courage et la force. Il me fallut un grand combat intérieur, croyez-moi, pour que je m'abstinsse lorsqu'en 1813 elle fit entendre son premier cri, et la conviction seule que des milliers d'autres combattaient et triomphaient alors pour le bien-être de l'Allemagne, tandis qu'il fallait que je vécusse, moi, pour l'état paisible auquel j'étais destiné. Maintenant il s'agit de conserver la liberté nouvellement rétablie, et qui en quelques lieux déjà a porté de si riches moissons. Le Seigneur tout-puissant et miséricordieux nous réserve encore cette grande épreuve, qui sera certainement la dernière : c'est donc à nous de nous montrer que nous sommes dignes du don suprême qu'il nous a fait, et que nous sommes capables de le maintenir avec force et avec fermeté.

« Le danger de la patrie n'a jamais été si grand qu'à cette heure; c'est pourquoi, parmi la jeunesse allemande, les forts doivent tenir les chancelants, afin que tous se lèvent ensemble. Déjà nos braves frères du nord se rassemblent de toutes parts sous leurs drapeaux; les Etats wurtembourgeois proclament une levée en masse, et de tous côtés des volontaires arrivent, qui demandent à mourir pour la patrie. Moi, je considère comme un devoir de combattre pour mon pays, et pour tous les chers que j'aime. Si je n'étais pas profondément convaincu de cette vérité, je ne vous ferais point part de mes résolutions; mais j'ai une famille au cœur véritablement allemand, et qui me considérerait comme un lâche et comme un fils indigne, si je ne suivais pas cette impulsion. Je sens certainement la grandeur de mon sacrifice : il m'en coûte, croyez-moi, de quitter mes belles études pour aller me mettre sous les ordres de gens grossiers et sans éducation; mais ce sacrifice augmente encore mon courage à aller assurer la liberté de mes frères; d'ailleurs, cette liberté assurée, si Dieu veut bien le permettre, je reviendrai leur rapporter sa parole.

« Je prends donc pour un temps congé de vous, mes bien dignes parents, de mes frères, de mes sœurs et de tous ceux qui me sont chers. Comme, après une mûre délibération, ce qui me paraît le plus convenable est de servir avec les Bavarois, je vais me faire recevoir, pour le temps que durera la guerre, dans une compagnie de tirailleurs de cette nation. Adieu donc; je suivrai vos pieuses exhortations. Dans cette nouvelle voie, je resterai, je l'espère, pur devant Dieu, et je tâcherai toujours de marcher dans le sentier qui élève au-dessus des choses de la terre et conduit à celles du ciel, et peut-être, dans cette carrière, la haute volupté de sauver quelques âmes de leur chute m'est-elle réservée.

« Sans cesse votre chère image m'entourera; sans cesse je veux avoir le Seigneur devant les yeux et dans le cœur, afin de pouvoir soutenir avec joie les peines et les fatigues de cette guerre sainte. Comprenez-moi dans vos prières. Dieu vous enverra l'espérance de temps meilleurs pour vous aider à supporter ce malheureux temps où nous sommes. Nous ne pouvons nous revoir bientôt que si nous sommes vainqueurs; et si nous étions vaincus (ce dont Dieu nous garde), alors ma dernière volonté, que je vous prie, que je vous conjure d'accomplir, ma dernière et suprême volonté serait que vous, mes chers et dignes parents allemands, quittassiez un pays esclave pour quelque autre qui ne serait point encore sous le joug.

« Mais pourquoi nous faire ainsi le cœur triste les uns aux autres? N'avons-nous pas la cause juste et sainte; et Dieu n'est-il pas juste et saint? Comment donc ne serions-nous pas vainqueurs? Vous voyez que, quelquefois, je doute; ainsi dans vos lettres, que j'attends avec impatience, ayez pitié de moi, et n'effrayez pas mon âme, car, dans tous les cas, nous nous retrouverons toujours dans une autre patrie, et celle-là serait la bonne et heureuse.

« Je suis, jusqu'à la mort, votre fils soumis et reconnaissant. »

Et en post-scriptum, il avait placé ces deux vers de Kœrner :

« Peut-être verrons nous au-dessus des cadavres ennemis
« Apparaître l'étoile de la liberté. »

Le 10 mai, Karl, ainsi que son second frère, étaient enrôlés dans les chasseurs volontaires placés sous les ordres du major Falkenhausen. Le 18 juin, à huit heures du soir, il arrivait sur le champ de bataille de Waterloo. Le 14 juillet, il entrait à Paris. Enfin, le 18 décembre, Karl et son frère rentraient sous le toit paternel. Dans les premiers jours de l'année 1816, il quitta sa famille et s'en vint à Erlangen. Pour rattraper le temps perdu, il assujettit sa journée à des règles fixes, et écrivit chaque soir le résultat de sa journée. C'est à l'aide du journal qu'il tint, que nous pourrons suivre le jeune fanatique dans les principales actions de sa vie.

IV.

Le triomphe du mouvement national qui avait amené deux fois jusqu'à Paris l'armée prussienne, formée en grande partie de volontaires, eut, après la conclusion des traités de 1815 et la promulgation de la nouvelle constitution germanique, une réaction terrible en Allemagne.

Tous les jeunes gens qui s'étaient levés au nom de la liberté s'aperçurent bientôt qu'ils n'avaient été que les instruments du despotisme; et quand ils voulurent réclamer les promesses qui leur avaient été faites par leur prince, on les menaça du bâillon et des cachots. Alors, ils abritèrent leur mécontentement du présent et leurs espérances d'avenir dans les universités, qui, jouissant d'une constitution particulière, échappaient plus aisément à l'espionnage des agents de la sainte-alliance. Et quoique les sociétés fussent comprimées, elles n'en existaient pas moins, et correspondaient entre elles à l'aide d'étudiants voyageurs qui parcouraient l'Allemagne sous prétexte d'herboriser.

Sand, qui appartenait à la société Teutonia, prit en religion la grande cause qu'il avait embrassée, et chercha à moraliser ses co-sectaires. Avec des peines infinies, il parvint à réunir autour de lui soixante à quatre-vingts étudiants, appartenant tous à la secte de la Burschenschaft, laquelle poursuivait sa route politique et religieuse, malgré les plaisanteries de la secte opposée, la Landmanschaft.

Sand, et un de ses amis nommé Dittmar, étaient à-peu-près les chefs de leur secte. Bien que leur autorité ne fût pas formellement reconnue, l'influence qu'ils exerçaient sur les décisions prouvait suffisamment qu'à une heure donnée on obéirait à leur impulsion. Les réunions avaient lieu non loin d'Erlangen, sur une petite colline couronnée d'un vieux château, et que Sand et Dittmar avaient baptisé du nom de Ruttli, en souvenir du lieu où les trois Suisses firent le serment de délivrer leur pays.

L'association faisait de tels progrès, que les cabinets des Tuileries et de Saint-Pétersbourg envoyaient des agents en Allemagne.

On était alors en 1817, et un événement terrible vint frapper Sand. Voici comment il raconte ce tragique événement dans une lettre qu'il écrit à sa famille :

« Vous savez que lorsque mes meilleurs amis, U., C. et Z furent partis, je me liai particulièrement avec mon bien-aimé Dittmar d'Anspach ; Dittmar, c'est-à-dire un véritable et digne Allemand, un chrétien évangélique, plus qu'un homme enfin ! une âme d'ange, toujours poussée vers le bien, sereine, pieuse et prête à l'action. Il était venu habiter, dans la maison du professeur Grunler, une chambre contre la mienne. Nous nous aimions, nous nous soutenions dans nos efforts, et nous portions, bien ou mal, bonne ou mauvaise fortune en commun. Cette dernière soirée de printemps, après avoir travaillé dans sa chambre et nous être affermis de nouveau contre tous les tourments de la vie et dans le but que nous voulions atteindre, nous allâmes, vers les sept heures du soir, aux bains de Rednitz. Un orage très-sombre s'élevait en ce moment du ciel, mais n'apparaissant encore qu'à l'horizon. E., qui nous accompagnait, proposa de rentrer, mais Dittmar insista, disant que le canal n'était qu'à quelques pas. Dieu permit que ce ne fut pas moi qui répondis cette parole meurtrière. Nous continuâmes donc notre route; le coucher du soleil était splendide ; je le vois encore avec ses nuages violets et frangés d'or, car je me souviens des moindres détails de cette fatale soirée.

« Dittmar descendit le premier ; c'était le seul de nous qui sût nager, aussi marcha-t-il devant nous pour nous indiquer la profondeur. Nous avions de l'eau à-peu-près jusqu'à la poitrine, et lui, qui nous précédait, en avait jusqu'aux épaules, lorsqu'il nous prévint de ne pas aller plus loin parce qu'il perdait pied, et aussitôt il quitta le fond et se mit à nager ; mais à peine était-il à deux brassées, qu'arrivé à l'endroit où la rivière se sépare en deux branches, il jeta un cri, et, voulant reprendre pied, disparut. Nous courûmes aussitôt sur le bord, espérant de là lui porter plus facilement du secours; mais nous n'avions à notre portée ni perches, ni cordes, et, comme je vous l'ai dit, ni l'un ni l'autre de nous ne savait nager. Nous appelâmes alors à l'aide, de toute notre force. Dans ce moment, Dittmar reparut, et, par un effort inouï, saisit le bout d'une branche de saule qui pendait au-dessus de l'eau ; mais la branche n'avait point la force de résister, et notre ami s'enfonça de nouveau comme s'il eût été frappé par un coup de sang. Vous figurez-vous dans quel état nous étions, nous ses amis, les yeux fixes et hagards, courbés sur le fleuve, cherchant à percer la profondeur de son eau. Mon Dieu ! mon Dieu ! comment ne devînmes-nous pas fous?

« Cependant une grande multitude était accourue à nos cris. Pendant deux heures on le chercha avec des barques et des crocs; enfin on parvint à retirer son cadavre de l'abîme. Hier, nous l'avons solennellement porté au champ du repos. »

Parmi les premières personnes accourues aux cris de Karl et de son camarade, se trouvait un membre de la Landmanschaft, qui était bon nageur ; mais au lieu de porter secours à Dittmar, il s'écria :—Il paraît que nous allons être débarrassés d'un de ces chiens de Burschen. Dieu soit loué !

En outre, les Burschen ayant invité leurs ennemis à assister au convoi, ceux-ci répondirent par la menace de troubler la cérémonie. Les Burschen prévinrent alors l'autorité, qui prit ses mesures, et tous les amis de Dittmar suivirent son corps l'épée nue à la main. En voyant ces dispositions calmes mais résolues, les ennemis n'osèrent point réaliser leurs menaces.

Il résulta de tout ceci que la mort de Dittmar, qui eût dû réunir les deux sectes d'étudiants dans une douleur commune, envenima au contraire la haine qu'elles se portaient.

Les vacances arrivèrent, et Sand quitta Erlangen, alla passer quelques jours dans sa famille, et se rendit ensuite à Iéna pour y continuer sa théologie.

Il y arriva peu de temps avant les fêtes de Nartburg, instituées pour célébrer l'anniversaire de la bataille de Leipsick, et qui avaient une grande solennité dans toute l'Allemagne. C'est au milieu de cette fête que fut signée, par plus de 2,000 députés des différentes universités allemandes, l'acte constitutif de l'association Teutonique.

Mais les princes, qui n'avaient point osé disperser cette réunion par la force, résolurent de la miner par la pensée. Un mémoire terrible contre les associations, rédigé, disait-on, sur les renseignements de Kotzebue, fut publié par M. de Stauren. Karl mentionne ainsi ce fait sur son journal :

24 Novembre. « Aujourd'hui, après avoir travaillé avec beaucoup de soin et d'assiduité, je suis sorti vers quatre heures du soir avec E. En traversant la place du Marché, nous y avons entendu lire la nouvelle et empoisonnée insulte de Kotzebue. Quelle rage possède cet homme contre les Burschen et contre tout ce qui aime l'Allemagne ? »

Dès ce moment, l'idée de délivrer l'Allemagne en immolant Kotzebue ne quitta plus son esprit. Sur la page blanche de la reliure de son journal pour l'année 1818, on lit : « Seigneur, laisse-moi m'affermir dans l'idée que j'ai conçue de la délivrance de l'humanité, par le saint sacrifice de ton Fils. Fais que je sois un Christ pour l'Allemagne, et que, comme par Jésus, je sois fort et patient à la douleur. »

Et cependant, les brochures anti-républicaines de Kotzebue se multipliaient, attaquant, entre autres, la plupart des personnes connues et estimées à Iéna, et excitant de plus en plus les généreuses idées de la jeune Allemagne.

Sand fut désormais dominé par une pensée unique.

Le 3 mai, il écrit sur son journal : « Seigneur, pourquoi donc cette mélancolique angoisse qui s'est de nouveau emparée de moi? Mais une volonté ferme et constante surmonte tout, et l'idée de la patrie donne aux plus tristes et aux plus faibles de la joie et du courage. Quand j'y réfléchis, je m'étonne toujours qu'il ne s'en trouve point parmi nous un assez courageux pour enfoncer un poignard dans la gorge de Kotzebue ou de tout autre traître. »

Quinze jours plus tard, il ajoute : « Un homme n'est rien en comparaison d'un peuple ; c'est une unité comparée à des milliards, c'est une minute comparée à un siècle. L'homme que rien ne précède et que rien ne suit, naît, vit et meurt dans un espace plus ou moins long, mais qui, relativement à l'éternité, équivaut à peine à la durée de l'éclair. Un peuple, au contraire, est immortel. »

Karl Sand.

Enfin, le 31 décembre il trace cette note : « Je finis cette année 1818 dans une disposition sérieuse et solennelle, et j'ai décidé que la fête de Noël, qui vient de s'écouler, serait la dernière fête de Noël que je fêterais. S'il doit ressortir quelque chose de nos efforts, si la cause de l'humanité doit prendre le dessus dans notre patrie; si, au milieu de cette époque sans foi, quelques sentiments généreux peuvent renaître et se faire place, c'est à la condition que le misérable, que le traître, que le séducteur de la jeunesse, l'infâme Kotzebue, sera tombé. Je suis bien convaincu de ceci, et tant que je n'aurai pas accompli l'œuvre que j'ai résolue, je n'aurai plus aucun repos. Seigneur, toi qui sais que j'ai dévoué ma vie à cette grande action, je n'ai plus, maintenant qu'elle est arrêtée en mon esprit, qu'à te demander la véritable fermeté et le courage de l'âme. »

Sand ne confia pas son projet ; seulement on remarqua l'attention particulière qu'il prêtait au professeur d'anatomie, lorsque celui-ci démontrait les différentes fonctions du cœur.

On rapporte encore qu'un de ses amis, entrant un jour dans la chambre de Karl, ce dernier, armé d'un couteau à papier, se précipita sur lui, lui donna un léger coup au front, et, tandis que l'autre y portait la main, le frappa d'un coup plus fort à la poitrine, en disant :— Vois-tu, quand on veut tuer un homme, c'est ainsi qu'on s'y prend : on menace le visage, il y porte les mains, et, profitant de ce mouvement, on lui enfonce un poignard dans le cœur.

Après le meurtre de Kotzebue, ces deux particularités eurent un sens ; mais alors elles passèrent pour de simples singularités de caractère.

Enfin, Karl se résolut à accomplir l'action qu'il avait préméditée depuis si longtemps.

Le 7 mars 1819, il invita tous ses amis à passer la soirée chez lui, et leur annonça son départ; mais il ne voulut pas qu'ils lui fissent la conduite, craignant que cette démonstration ne les compromît dans la suite. Il partit seul pour Manheim, où Kotzebue habitait.

V.

Le 22 mars 1819, un jeune homme vêtu du costume des étudiants allemands, — redingote courte avec brandebourgs de soie, pantalon collant et bottes montant au-dessus du mollet, — s'arrêta aux trois quarts du chemin qui conduit de Kaiserthal à Manheim, et d'où l'on découvre parfaitement cette dernière ville.

En s'arrêtant, l'étudiant souleva sa casquette, qui portait, entrelacées au-dessus de la visière, trois feuilles de chêne brodées en argent.

On put voir alors des traits irréguliers, un visage pâle creusé par la petite-vérole; mais à côté de ces imperfections, il y avait tant de douceur dans le regard, un front si large, si élevé, si intelligent, qu'on se sentait pour lui une sympathie irraisonnée, mais des plus attractives.

Bien qu'il ne fût que neuf heures, le voyageur paraissait avoir fait déjà une assez longue marche, à en juger par ses bottes couvertes de poussière.

Après avoir un moment attaché ses grands yeux sur le paysage qui se déroulait devant lui, il laissa tomber sa casquette, accrocha à sa ceinture la longue pipe inséparable du bursch allemand, et tira de sa poche un petit agenda sur lequel il écrivit ces mots :

« Parti de Weinheim à cinq heures du matin, arrivé en vue de Manheim à neuf heures un quart. Dieu me soit en aide! »

Alors il ramassa sa casquette, remua les lèvres comme s'il eût murmuré une prière, et se dirigea vers Manheim d'un pas ferme.

Devons-nous ajouter que ce jeune étudiant était Karl Sand? Le lecteur l'a déjà deviné.

En arrivant à Manheim, Karl alla se loger au Weinberg, fit inscrire sur le registre des voyageurs le nom de Henri, s'informa aussitôt de la demeure du conseiller Kotzebue, et se rendit chez lui.

Kotzebue était sorti. Karl se présenta une seconde fois, et le conseiller était à déjeuner.

Enfin, vers cinq heures de l'après-midi, Karl se présenta une troisième fois chez Kotzebue, qui donnait ce jour-là un grand dîner, mais qui avait laissé des ordres pour qu'on reçût l'étudiant.

Karl attendit un moment dans un cabinet, où bientôt parut Kotzebue.

Aussitôt, le jeune fanatique s'élança sur le conseiller et le frappa d'un coup de poignard au cœur.

Kotzebue ne poussa qu'un cri et s'affaissa dans un fauteuil. Il était mort.

Au même moment, une charmante petite fille de six ans environ accourut, et se jeta sur le cadavre en poussant des cris déchirants et en appelant son père. Karl n'avait peut-être pas songé que Kotzebue pût être aimé. En voyant la douleur de la petite fille, le remords sans doute le mordit au cœur : il s'enfonça dans la poitrine le poignard encore couvert du sang de sa victime.

Et comme il ne sentait pas la mort venir et qu'il ne voulait pas tomber vivant aux mains des valets, il se précipita dans l'escalier au moment même où les personnes invitées entraient. Au lieu de l'arrêter, ces personnes s'écartèrent, ne sachant que penser de cet homme qui fuyait, pâle, sanglant, et la poitrine traversée d'un couteau.

Sand put donc franchir l'escalier, et s'élança dans la rue. Alors il vit à dix pas de lui un petit peloton de soldats qui allaient relever les sentinelles du château, et, les croyant appelés par les cris qui retentissaient dans la maison de Kotzebue, il se jeta à genoux au milieu de la rue, en murmurant :

—Mon père, reçois mon âme!

Puis, tirant le couteau de son sein, il s'en donna un second coup au-dessous de sa première blessure, et tomba évanoui.

On transporta Sand à l'hôpital, où il resta longtemps entre la vie et la mort.

Quand on apprit à Iéna la catastrophe, le sénat académique fit ouvrir l'appartement de Sand, et y trouva deux lettres.

Par la première, Sand apprenait à ses amis de la Burschenschaft qu'il ne faisait plus partie de la société, ne voulant pas qu'ils eussent pour frère un homme qui allait être justiciable du bourreau.

La seconde, qui explique le caractère et l'action du jeune Allemand, renfermait, entre autres, des passagers qui semblent appartenir aux dévouements antiques :

« A tous les miens,

« Ames loyales et éternellement chéries.

« Pourquoi augmenter encore votre douleur? me demandais-je ; et j'hésitais à vous écrire. Mais la religion du cœur eût été blessée de mon silence ; et plus la douleur est profonde, plus elle a besoin, pour s'effacer, d'épuiser d'abord jusqu'à la lie l'absinthe de son calice. Sors donc de ma poitrine pleine d'angoisses ; — en avant. long et cruel tourment d'un dernier entretien, qui peut seul cependant, lorsqu'il est sincère, adoucir la peine du départ.

« Cette lettre vous apporte le dernier adieu de votre fils et de votre frère.

« Le plus grand malheur de la vie pour tout cœur généreux est de voir la cause de Dieu s'arrêter dans ses développements par notre faute ; et l'infamie la plus déshonorante serait de souffrir que les plus belles choses acquises bravement par des milliers d'hommes, et pour lesquelles des milliers d'hommes se sont sacrifiés avec joie, ne sont plus qu'un rêve passager, sans suites réelles et positives. La résurrection de notre vie allemande fut commencée dans les vingt dernières années, et particulièrement dans la sainte année 1813, avec un courage inspiré par Dieu. Mais voilà que la maison paternelle est ébranlée depuis le faîte jusqu'à la base. En avant! relevons-la neuve et belle, et telle que doit être le vrai temple du vrai Dieu.

« Ils sont en petit nombre ceux qui résistent et veulent s'opposer comme une digue au torrent du progrès de la haute humanité chez le peuple allemand. Pourquoi de grandes masses tout entières plieraient-elles sous le joug d'une perverse minorité? et pourquoi, guéris à peine, retomberions-nous dans un mal pire que celui dont nous sortons?

« Plusieurs de ces suborneurs, et ceux-là sont les plus infâmes, jouent avec nous le jeu de la corruption : parmi eux est Kotzebue, le plus adroit et le pire de tous, véritable machine à paroles, d'où sortent tout discours détestable et tout conseil pernicieux. Sa voix est habile à nous enlever toute humeur et toute amertume contre les mesures les plus injustes, et telle qu'il la faut aux rois pour nous endormir dans ce vieux sommeil fainéant qui est la mort des peuples. Chaque jour il trahit activement la patrie, et n'en reste pas moins, malgré sa trahison, une idole pour la moitié de l'Allemagne, qui, éblouie par lui, accepte sans résistance le poison qu'il lui verse dans ses pamphlets périodiques, protégé et enveloppé qu'il est dans le manteau séducteur d'une grande réputation de poëte. Excités par lui, les princes de l'Allemagne, qui ont oublié leurs promesses, ne laisseront s'accomplir rien de libre ni de bon ; ou, si quelque chose de pareil s'accomplit malgré eux, ils se ligueront avec les Français pour l'anéantir. Pour que l'histoire de notre temps ne soit pas couverte d'une ignominie éternelle, il faut qu'il tombe.

« Je l'ai toujours dit : Si nous voulons trouver un grand et suprême remède à l'état d'abaissement où nous sommes, il faut qu'aucun ne redoute ni le combat ni la douleur, et la véritable liberté du peuple allemand ne sera assurée que lorsque le brave bourgeois se sera mis lui-même au jeu, ou aura parié, et que tout fils de la patrie, préparé à lutte pour la justice, méprisera les biens de ce monde pour n'envier que les biens célestes qui sont sous la garde de la mort.

« Qui donc frappera ce misérable salarié, ce traître vénal ?

« J'attends depuis longtemps dans la crainte, dans la prière et dans les larmes, moi qui ne suis pas né pour le meurtre, qu'un autre me devance, me délie, et me laisse ainsi continuer ma route dans le sentier doux et paisible que je me suis choisi. Eh bien! malgré mes prières et mes larmes, celui-là qui doit frapper ne se présente point. En effet, chacun, ainsi que moi, a le droit de compter sur un autre, et chacun comptant ainsi, chaque heure de retard ne fait qu'empirer notre situation ; car, d'une heure à l'autre, et quelle route profonde ne serait-ce pas pour nous ! Kotzebue impuni peut quitter l'Allemagne, et aller dévorer en Russie les trésors contre lesquels il a échangé son honneur, sa conscience et son nom d'Allemand. Qui pourra nous garantir de cette honte, si chacun, si moi-même, je ne me sens pas la force de sauver ma chère patrie, en me faisant l'élu de la justice de Dieu ? Ainsi donc, en avant ! C'est moi qui m'élancerai courageusement sur lui (ne vous effrayez pas), sur lui, ce séducteur immonde ; c'est moi qui tuerai le traître, afin qu'en s'éteignant, sa voix corruptrice cesse de nous éloigner des enseignements de l'histoire et de l'esprit de Dieu. Un devoir irrésistible et solennel me pousse à cette action depuis que j'ai reconnu à quelles hautes destinées le peuple allemand peut atteindre dans ce siècle ; et depuis que je connais le lâche et l'hypocrite qui l'empêche seul d'y arriver, ce désir est devenu pour moi, comme pour tout Allemand qui veut le bien public, une sévère et rigoureuse nécessité. Puissé-je, par cette vengeance populaire, indiquer à toutes les consciences droites et loyales où gît le véritable danger, et sauver du grand et prochain péril qui les menace nos associations avilies et calomniées ! Puissé-je enfin répandre la terreur sur les méchants et les lâches, et le courage et la foi sur les bons ! Les discours et les écrits ne mènent à rien, les actions seules peuvent. »

VI.

Après trois mois passés à l'hôpital, Karl fut transporté à la maison de force de Manheim. Il resta là deux mois dans une extrême faiblesse, le bras gauche complétement paralysé, la voix presque éteinte, et n'osant bouger à cause des douleurs atroces qu'il ressentait à chaque mouvement. Ce ne fut que le 11 août, cinq mois après, qu'il put écrire à ses parents.

Sand disait dans sa lettre :

« La Commission d'enquête m'a fait part hier qu'il serait possible que j'eusse la joie bien vive d'être visité par vous, et que je pourrais peut-être vous embrasser ici, vous ma mère, et quelques-uns de mes frères et sœurs.

« Vous savez, ma mère, ce qu'un regard de vos yeux, ce que des relations de tous les jours, ce que vos entretiens pieux et élevés pourraient m'apporter de joie et de courage pendant ce temps bien court. Mais aussi, vous savez ma position, et vous connaissez trop bien la marche naturelle de toutes ces douloureuses enquêtes, pour ne pas trouver comme moi qu'une gêne pareille, renouvelée à tous les instants, troublerait beaucoup la joie de notre réunion, si elle ne parvenait pas à la détruire entièrement. Puis, ma mère, après ce long et fatigant voyage que vous seriez forcée d'entreprendre pour me revoir, songez aux douleurs terribles de l'adieu lorsqu'arrivera le moment de nous quitter dans ce monde. »

Après avoir ainsi éloigné sa mère de l'idée de venir souffrir de ses propres douleurs, il dit :

« Quant à mon état physique, je vous écris, que je l'ignore complétement. Cependant vous voyez, puisque je vous écris, que je suis tiré de mes premières incertitudes. Quant au reste, je connais trop peu la structure de mon pauvre corps, pour porter un jugement sur ce que mes blessures décideront de lui. A part un peu de force qui m'est revenue, cet état est toujours le même, et je le supporte avec calme et patience. »

Au bout d'un mois des réponses arrivèrent à Sand. Toute la famille avait écrit ; mais il suffira de reproduire la lettre de Mme Sand ; elle fera apprécier cette femme « au grand cœur », comme l'appelait son fils.

« Cher, inexprimablement cher Karl », disait cette excellente mère, « Combien il m'a été doux de revoir, après un aussi long temps, les traits de ta main chérie! Il n'y aurait pour moi ni aucun voyage assez pénible, ni aucun chemin assez long, pour m'empêcher d'aller te retrouver, et j'irais avec un amour profond et infini à chaque extrémité de la terre, dans la seule espérance de t'apercevoir seulement.

« Mais comme je connais bien et ta tendre affection et ta profonde sollicitude pour moi, et que tu me donnes avec une si grande fermeté et une si mâle réflexion des motifs contre lesquels je n'ai rien à dire, et que je ne puis qu'honorer, il en sera, mon bien-aimé Karl, comme tu l'as voulu et décidé. Nous continuerons, sans nous parler, la communication de nos pensées ; mais sois tranquille, rien ne peut nous séparer : je t'enveloppe de mon âme, et mes pensées maternelles font la garde autour de toi. »

Dans une lettre que Sand écrit à ses parents en janvier 1820, on trouve sur sa situation les détails suivants :

« .... Je passe ma vie silencieuse dans l'exaltation et l'humilité chrétienne, et lorsque le mal, plus violent, interrompait pendant quelque temps ces occupations, je n'en luttais pas moins victorieusement contre l'ennui : car les souvenirs du passé, ma résignation au présent et ma foi dans l'avenir, étaient assez riches et assez forts, en moi et autour de moi, pour ne pas me laisser choir de mon paradis terrestre. Je n'aurais, d'après mes principes, dans la position où je me trouve et où je me suis mis moi-même, jamais voulu rien demander pour mon bien-être ; et, néanmoins, j'ai été comblé à tous égards de tant de bontés, de tant de soins, et cela avec une délicatesse et une humanité que je ne puis, hélas ! reconnaître, par tous ceux avec lesquels je me suis trouvé en contact, que des vœux que je n'aurais point osé former dans le coin le plus secret de mon cœur ont été dépassés, et bien au-delà. Je n'ai jamais été assez vaincu par la douleur du corps pour ne pas pouvoir me dire intérieurement, en élevant ma pensée au ciel : « Devienne ce que pourra cette guenille ! »

« Au reste », continue Sand, « il est rare maintenant que cette douleur me fasse perdre connaissance : l'enflure et l'inflammation n'ont jamais gagné beaucoup, et les fièvres ont toujours été modérées, quoique, depuis près de dix mois, je sois forcé de me tenir couché sur le dos sans pouvoir me soulever, et quoiqu'il soit sorti de ma poitrine, à l'endroit du cœur, plus de quarante pintes de matière. Non, la blessure au contraire, bien que toujours ouverte, est en bon état ; et cela je le dois, non-seulement aux excellents soins dont je suis entouré, mais encore au sang pur que j'ai reçu de vous, ma mère. Ainsi, ni les secours de la terre ni les encouragements du ciel ne m'ont manqué. »

Karl terminait sa lettre par ces mots :

« Pour ne pas trop incommoder la Commission du grand-duc, nous serons forcés, je crois, de renoncer à cette correspondance. »

Les prévisions de Sand étaient justes, et toute correspondance fut interdite. Celle que nous venons de reproduire a fait voir de quels soins Karl était entouré ; cette humanité fut la même jusqu'à la fin.

C'est que personne ne confondait Sand avec un assassin ordinaire ; beaucoup le plaignaient à voix basse, et d'autres l'excusaient et allaient jusqu'à le louer tout haut.

La Commission du grand-duc, elle-même, traînait l'affaire en longueur, comptant bien que l'échafaud serait inutile, et que Sand mourrait des suites de ses blessures. Mais Dieu en avait autrement décidé. Sand ne guérit pas, mais il resta vivant, et l'on vit bien qu'on serait forcé de le tuer, car l'empereur Alexandre, qui avait nommé Kotzebue son conseiller, ne cessait d'insister pour que la justice eût son cours.

Forcée de se mettre au travail, la Commission d'enquête, qui désirait toujours gagner du temps, ordonna qu'un médecin d'Heidelberg visiterait Sand, et ferait un rapport exact sur sa position. Elle espérait que ce rapport, en constatant chez le prisonnier l'impossibilité de se lever, obligerait à un nouveau sursis, puisqu'on ne pouvait pas exécuter un homme dans son lit.

Le docteur désigné par la Commission se présenta à Sand comme attiré par l'intérêt qu'il inspirait ; il lui demanda s'il ne sentait pas quelque mieux, et si sa faiblesse allait jusqu'à ne pouvoir se lever.

Karl ne se méprit point sur la mission du praticien, et il lui dit en le regardant avec un sourire :

—Je comprends, Monsieur, on veut savoir si j'aurais assez de force pour monter sur un échafaud. Je l'ignore moi-même, mais nous allons nous en assurer ensemble.

Alors il se leva, et réunissant toute l'énergie dont son âme était susceptible, il fit deux fois le tour de la chambre. Puis, revenant s'asseoir sur son lit :

—Vous voyez, Monsieur, dit-il, que j'ai des forces suffisantes. Mes juges ne doivent donc pas différer plus longtemps : qu'ils prononcent le jugement, car rien ne s'oppose plus à l'exécution.

Après le rapport du médecin, il n'y avait plus à reculer. Le 5 mai, la Cour suprême de justice rendit l'arrêt suivant :

« Dans les affaires d'enquête, et après l'interrogatoire ressortissant au bailliage, la défense apportée, les avis réunis de la Cour de justice à Manheim, les consultations ultérieures de la Cour de justice, qui déclare l'accusé Karl-Ludwig Sand, de Wonsiedel, coupable d'assassinat, de son aveu même, sur la personne du conseiller d'Etat impérial russe de Kotzebue ; d'après cela, pour sa juste punition, et pour donner à d'autres un exemple qui les effraie, il sera mis, par le fer, de la vie à la mort.

« Tous les frais de cette affaire d'enquête, y compris ceux occasionnés par son exécution publique, seront, vu le manque de fortune, prélevés sur les fonds de la justice. »

On voit que, tout en prononçant la peine de mort, la justice conservait des égards envers Sand, puisqu'elle eût pu ruiner sa famille en lui faisant supporter les frais d'un procès long et dispendieux.

L'arrêt fût signifié à Sand le 17 mai. Quand on le prévint que deux conseillers de justice étaient à sa porte, il se douta du but de leur visite, et demanda un moment pour se lever, ce qu'il n'avait pas fait depuis la venue du médecin d'Heidelberg.

Lorsqu'il eut salué les conseillers, il leur demanda la permission de s'asseoir, étant trop faible pour entendre debout la lecture de l'arrêt.

—Ce n'est pas lâcheté d'âme, dit-il, mais faiblesse de corps.

Et quand il se fut assis, il ajouta :

—Vous êtes les bien-venus, Messieurs. Je souffre tant, depuis quatorze mois, que je dois vous regarder comme les anges de la délivrance.

Après avoir entendu l'arrêt avec calme, il dit :

—J'avais prévu ce qui arrive, dit-il, et lorsque, l'an dernier, je m'arrêtai sur la petite colline qui domine la ville, je vis d'avance la place où serait mon tombeau... Je n'ai donc qu'à remercier Dieu et les hommes d'avoir prolongé si longtemps mon existence.

A ces mots il se leva pour saluer les conseillers qui se retiraient. Après leur départ il se rassit, et demeura pensif sur la chaise près de laquelle se tenait debout M. G., le directeur de la prison. Une larme coula sur les joues du condamné... Mais bientôt rasséréné, il dit à M. G. :

—J'espère que mes parents préféreront cette mort prompte et violente à quelque maladie lente et honteuse qui m'eût consumé dans un cachot... Pour moi, je serai heureux d'entendre sonner l'heure qui satisfera ceux qui me haïssent, et que, d'après mes convictions, je ne puis que haïr aussi.

Sand écrivit alors à sa famille, et lui fit part de l'arrêt qui venait d'être rendu, et dont l'exécution fut fixée à trois jours de là, au 20 mai.

A partir de ce moment, on laissa arriver auprès de Sand les personnes qui désiraient lui parler, et que lui-même consentait à voir.

Parmi les personnes que Sand admit dans sa chambre, était le major Holzungen, qui commandait le petit peloton qui avait ramassé le jeune fanatique au moment où il venait de tomber frappé de deux coups de poignard, non loin de la demeure de Kotzebue. Le major ayant témoigné ses sentiments de condoléance, Karl lui dit :

—Il y a cette différence entre vous et moi, Monsieur, que je vais mourir pour mes convictions, tandis que vous mourrez pour une conviction étrangère.

Sand reçut aussi un des convives qu'il avait rencontrés sur l'escalier après avoir frappé Kotzebue. Cet homme lui demanda s'il reconnaissait son crime et s'il se repentait :

—J'y avais pensé pendant une année entière, dit Sand; j'y pense depuis quatorze mois, et mon opinion n'a varié en rien. J'ai fait ce que je devais faire.

Sand ayant manifesté le désir de causer avec l'exécuteur avant d'aller à l'échafaud, le directeur de la prison déféra à son désir.

Quand le bourreau (M. Widemann) entra, le visage de Sand s'éclaira d'une joie étrange.

—Soyez le bien-venu, lui dit Karl.

Et se soulevant sur son séant et lui prenant la main, il lui demanda des renseignements sur la manière dont il devait se tenir pour rendre l'exécution plus sûre et plus facile.

—Soyez ferme, Monsieur, ajouta-t-il, car ce n'est pas moi qui vous ferai défaut. Je vous promets de ne pas bouger. Et quand même il vous faudrait deux ou trois coups pour séparer ma tête du tronc, comme on dit que cela arrive quelquefois, il ne faudra pas vous troubler pour cela.

A ces mots, Sand se leva pour faire avec le bourreau la répétition du drame où il devait jouer le principal rôle.

M. Widemann se retira en proie à une émotion qu'il lui était impossible de maîtriser.

Trois ecclésiastiques vinrent ensuite. L'un d'eux dit au prisonnier qu'il était chargé d'obtenir la promesse qu'il ne parlerait pas au peuple du haut de l'échafaud.

—Soyez sans crainte, Monsieur, répondit Karl. Quand bien même je le voudrais, ma voix est devenue si faible, que mes paroles ne parviendraient pas jusqu'au peuple.

Il se jeta à genoux en murmurant : Mon père, reçois mon âme. (P. 6.)

VII.

Cependant, on dressait l'échafaud dans la prairie qui s'étend à la gauche du chemin d'Heidelberg, sur une plate-forme de cinq à six pieds de haut, sur une surface de dix pieds carrés.

Le gouvernement prévoyait bien que l'intérêt qu'inspirait le condamné et l'approche de la Pentecôte, attireraient à Manheim une affluence considérable. On appréhendait aussi quelques mouvements des universités. Aussi la garde de la prison fut triplée et l'on fit venir douze cents hommes d'infanterie, trois cent cinquante cavaliers et une compagnie d'artilleurs accompagnés de leurs pièces.

Dès le 19, il arriva, en effet, tant d'étudiants, qui se logèrent dans les villages avoisinant Manheim, que l'on résolut que l'exécution, qui devait avoir lieu le lendemain à onze heures, serait avancée et s'accomplirait à cinq. Sand, qui eût pu s'opposer à ce changement, — car on ne pouvait l'exécuter que trois jours révolus après la lecture de la sentence, — Sand consentit à tout, et écrivit d'une main ferme, sur une feuille de papier qu'on lui présenta :

« Je remercie les autorités de Manheim d'avoir été au-
« devant de mes désirs, en avançant de six heures mon exécution.

« *Sit nomen Domini benedictum.*

« De la chambre de la prison, le 20 mai, au matin,
« jour de ma délivrance.   KARL-LUDWIG SAND. »

Quand on eut pansé sa blessure, Sand prit un bain et fit arranger ses beaux et longs cheveux. Puis il revêtit une redingote de forme allemande, c'est-à-dire courte, et avec le collet de la chemise rabattu sur les épaules; il mit un pantalon collant blanc et des bottes par dessus.

Sa toilette terminée, il alla s'asseoir sur son lit et pria quelque temps à voix basse, en compagnie des prêtres, ajoutant, lorsqu'il eut fini, ces deux vers de Kœrner :

« Tout ce qui est terrestre est terminé,
« Et la vie céleste s'ouvre. »

Prenant ensuite congé des prêtres, il leur dit :

— N'attribuez pas l'émotion de ma voix à la faiblesse, mais à la reconnaissance.

Et comme ces ecclésiastiques lui offraient de l'accompagner jusqu'à l'échafaud :

— C'est inutile, leur dit-il, je suis parfaitement préparé, bien avec Dieu et ma conscience.

Enfin, un des prêtres lui ayant demandé s'il ne s'en allait point avec la haine au cœur, il répondit :

— Eh! mon Dieu! est-ce que j'en ai jamais eu!

Au même instant, le bourreau entra avec ses deux aides. Karl lui tendit la main; et comme M. Widemann paraissait gêné par son glaive qu'il cachait sous une lévite noire, Sand lui dit :

— Venez donc, et montrez-moi votre épée; je n'en ai jamais vu, et je suis curieux de voir comment cela est fait.

Et il prit l'arme qu'il examina avec attention; et passant le doigt sur le tranchant :

— Allons, dit-il, ne tremblez pas, et tout ira bien.

Alors il prit le bras du directeur de la prison, en ajoutant :

— Eh bien! qu'attendez-vous donc, messieurs? Je suis prêt.

Toute la population de Manheim était dans les rues qui conduisaient au lieu de l'exécution et que parcouraient de nombreuses patrouilles. Le jour où l'arrêt avait été lu, on avait cherché par toute la ville une calèche pour conduire Karl à l'échafaud; mais nul, pas même les carrossiers, n'avaient consenti ni à en louer, ni à en vendre; en sorte qu'on avait été forcé d'en acheter une à Heidelberg, sans dire l'emploi auquel on la destinait.

Sand trouva cette calèche dans la cour et monta dedans avec le directeur de la prison, M. G..., auquel il dit à l'oreille :

— Monsieur, si par hasard vous me voyez pâlir, prononcez mon nom, mon nom seulement, entendez-vous?... cela suffira.

Lorsque Sand parut dans la rue, un cri immense sortit de toutes les poitrines :

— Adieu, Sand! adieu! disaient toutes les voix.

Et en même temps on lui jeta une pluie de bouquets. Le sein du condamné se gonfla alors, des larmes vinrent malgré lui à ses yeux; il rendit les saluts qu'on lui faisait de tous côtés, et murmura :

— O mon Dieu! donnez-moi le courage!

Après cette ovation, la calèche, escortée de deux employés des prisons, ayant des crêpes au bras, chemina au milieu d'un profond silence. Les autorités de la ville suivaient immédiatement dans une autre voiture.

L'air était très-froid; il avait plu pendant toute la nuit, et le ciel, sombre et triste, semblait partager le deuil général. Trop faible pour rester assis, Sand était à moitié couché sur l'épaule de M. G... Quand on arriva à la place de l'exécution, qui était entourée d'un bataillon d'infanterie, Sand dit en descendant de la calèche :

— Allons! Dieu m'a donné la force jusqu'à présent.

M. G... et les employés de la prison le soulevèrent dans leurs bras pour lui faire monter les marches de l'échafaud; la souffrance tenait le jeune fanatique courbé; mais en arrivant sur la plate-forme, il se redressa en disant :

— Voilà donc le lieu où je vais mourir!

Tandis que Sand parcourait du regard la multitude qui l'entourait, un rayon de soleil perça les nuages. Karl le salua par un sourire. Ensuite il prit place sur la chaise où il devait s'asseoir pour l'exécution; mais il se leva bientôt, et entendit, debout et sans chanceler, la lecture de son arrêt. Quand cette formalité fut remplie, Sand dit à haute voix :

— Je meurs en me confiant à Dieu...

— Sand, qu'avez-vous promis? interrompit M. G...?

— C'est juste, répondit Sand; je l'avais oublié.

Il se tut alors pour la foule qui se pressait autour de l'échafaud; mais élevant la main droite et l'étendant solennellement en l'air, il dit assez bas pour n'être entendu que de ceux qui étaient à ses côtés :

— Je prends Dieu à témoin que je meurs pour la liberté de l'Allemagne.

A ces mots, il jeta son mouchoir roulé au milieu du peuple.

Puis le bourreau lui coupa quelques boucles de cheveux destinées à sa mère, et noua les autres avec un ruban sur le haut de la tête. Il lui attacha d'abord les mains sur la poitrine; mais comme cette position l'oppressait et, à cause de ses blessures, le forçait d'incliner la tête, on les lui posa à plat sur les cuisses, où on les fixa avec des cordes. Ceci fait, on lui banda les yeux, mais de façon qu'il pût, selon son désir, voir la lumière jusqu'au dernier moment.

Un silence profond et mortel s'établit alors dans cette foule qui entourait l'instrument du supplice. Le bourreau tira son épée, qui tournoya un moment et s'abattit.

Au même instant un cri terrible s'élança de vingt mille poitrines, car la tête n'était pas tombée, et quoique inclinée sur la poitrine, tenait encore au col. Il fallut que le bourreau frappât un deuxième coup, et cette fois il abattit en même temps la tête et une partie de la main.

Aussitôt, et en dépit des efforts des soldats, la haie fut rompue. Hommes et femmes se précipitèrent vers l'échafaud; les mouchoirs épongèrent le sang jusqu'à la dernière goutte; la chaise où la victime avait été assise fut brisée et partagée en morceaux, et ceux qui n'en purent obtenir coupèrent des parcelles de bois à même l'échafaud.

On mit la tête et le corps dans un cercueil drapé de noir, et on les reporta à la prison avec une nombreuse escorte militaire. A minuit, le cadavre fut transporté, silencieusement et dans l'ombre, au cimetière protestant où Kotzebue avait été enterré quatorze mois auparavant. Le cercueil descendit dans une fosse creusée mystérieusement, et l'on fit jurer sur l'Evangile à ceux qui assistaient à l'inhumation de ne pas trahir le secret de cette tombe, qui fut recouverte avec le gazon adroitement enlevé et remis ensuite à la même place.

Ainsi, Kotzebue et Sand reposent à vingt pas l'un de l'autre. Le tombeau de Kotzebue est en face de la porte, à l'endroit le plus apparent du cimetière, et porte cette inscription :

LE MONDE LE PERSÉCUTA SANS PITIÉ,
LA CALOMNIE FUT SON TRISTE PARTAGE,
IL NE TROUVA LE BONHEUR QUE DANS LES BRAS DE SA FEMME,
ET LE REPOS QUE DANS LE SEIN DE LA MORT.
L'ENVIE VEILLAIT TOUJOURS POUR COUVRIR SON CHEMIN D'ÉPINES,
L'AMOUR LUI FIT FLEURIR SES ROSES;
QUE LE CIEL LUI PARDONNE,
COMME IL A PARDONNÉ A LA TERRE.

La fosse de Sand n'a point ce luxe; elle est indiquée maintenant par un simple prunier sauvage, dont chaque voyageur emporte en passant quelques feuilles.

Mais le peuple a appelé la prairie où Sand fut exécuté : — *Sands Himmelfartswiese,* — c'est-à-dire :

LA PRAIRIE DE L'ASCENSION AU CIEL DE SAND.

LES FRANCS-JUGES.

On peut considérer le crime du fanatique Karl Sand comme la dernière manifestation de ces associations mystérieuses et terribles qui, depuis le moyen âge, exercèrent en Allemagne un pouvoir extrajudiciaire. Ce fut, dit-on, au cri de *Vivat Teutonia*, que Sand assassina Kotzebue, et le poignard qu'il laissa dans la blessure portait, ajoutet-on, un écriteau avec ces mots : *Sentence de mort exécutée contre Auguste Kotzebue, le 23 mars 1819.*

Il est donc probable que l'étudiant fanatique appartenait à cette société dite *Tugend-Bund*, ou *Lien de la Vertu*, qui se forma en Allemagne, en 1813, dans le but d'expulser les Français du sol germanique. Les gouvernements coalisés encouragèrent cette résurrection de l'esprit national, tant qu'elle leur fut utile pour résister à Napoléon ; mais, en 1815, l'association fut dissoute, et bientôt persécutée. Quelque temps encore elle vécut dans l'ombre, et, si l'on se rappelle ces mots de Sand : *Un devoir irrésistible et solennel me pousse à cette action*, il semble certain qu'il appartenait à une société moins innocente que la Burschenschaft.

La *Teutonia*, fille du *Tugend-Bund*, n'était autre chose qu'une contrefaçon attardée de la *Sainte-Vehme*, appelée aussi *Tribunal des Francs-Juges* ou Tribunal secret de Westphalie, parce que son siége principal, au moyen âge, était à Dortmund, en Westphalie.

La Sainte-Vehme, dont l'origine paraît remonter au temps de Charlemagne, fut autrefois une de ces institutions qui, dans les siècles de barbarie, suppléaient à l'insuffisance des juridictions officielles. Elle avait pour but de maintenir la religion et la paix publique, et connaissait de tous les crimes qui pouvaient troubler l'une ou l'autre. Ce fut au moins le caractère des cours vehmiques à l'origine de l'institution, du IXe au XIIe siècle. A cette époque, elle présente des rapports avec la Sainte-Inquisition établie en Espagne. Son nom même de *Vehme*, tiré du vieil allemand *fehmen*, condamner, bannir, indique ses prétentions à remplacer la justice régulière impuissante ou partiale.

Mais, bientôt après la paix publique de Westphalie, en 1371, les tribunaux vehmiques se multiplièrent d'une façon dangereuse et devinrent les instruments terribles d'intérêts particuliers et de vengeances égoïstes. La Sainte-Vehme fut un État dans l'État.

Une partie du pays qu'habitaient les anciens Saxons, la Westphalie, était le siège principal de la Sainte-Vehme, et s'appelait seule, à proprement parler, la terre vehmique ; mais, de ce point central, les francs-juges avaient étendu leur juridiction sur presque toute l'Allemagne. Le tribunal se composait d'un grand maître, chef souverain, de francs-comtes qui présidaient les assises, de francs-juges qui prononçaient les arrêts, d'huissiers et d'illuminés faisant office d'officiers, et enfin d'affiliés, auxquels était dévolue la charge d'exécuteurs des sentences. Un cérémonial effrayant accompagnait la réception des affiliés, dont le nombre, à l'époque de la plus haute prospérité de l'association vehmique, au commencement du XVe siècle, dépassait cent mille. Le récipiendaire, qui devait rigoureusement être Germain de naissance, de condition libre, chrétien, et de plus être présenté et garanti par deux francs-juges, s'avançait, tête nue, devant le tribunal ; il s'agenouillait aux pieds du franc-comte, posait la main droite sur une épée nue et sur un nœud de corde, et prononçait, dans cette attitude, le serment suivant : Je jure, par la sainte Trinité, d'aider et de coopérer sans relâche à la sainte chose vehmique, de la défendre contre femme et enfants, contre père et mère, contre frères et sœurs, contre feu et eau, contre tout ce que le soleil éclaire, contre tout ce que mouille la rosée, contre tout ce qui existe entre le ciel la terre, et de rapporter à ce saint siége, sous lequel je suis prosterné, tout ce qui tient à la sûreté de l'empereur, tout ce que je saurai de vrai, ou que j'entendrai dire de gens vrais, et qui mérite peine ou punition, tout ce qui est justiciable ou susceptible d'être gracié ; ce que je ne négligerai ni par amour, ni par douleur, ni par or, ni par argent, ni par pierres précieuses, et ce que je cautionne de mon corps et de ma fortune ; je promets, en outre, d'honorer ce franc siége et tribunal au-dessus de tous les autres, ce que je tiendrai et exécuterai fermement : en quoi Dieu me soit en aide et son saint Évangile.» Le franc comte prononçait ensuite un discours sur les devoirs des francs-juges ; on donnait lecture au candidat des statuts de l'association, et on l'instruisait des différents signes au moyen desquels les initiés pouvaient se reconnaître.

Le serment prononcé par le candidat devait être observé à l'extrême rigueur, car l'épée nue et la corde n'étaient pas là des accessoires purement comminatoires. La mort punissait immédiatement la plus légère indiscrétion commise par un initié, l'avertissement le plus détourné donné par geste ou par parole à un condamné qu'on voulait sauver : ainsi un illuminé paya de sa vie seule phrase murmurée dans un repas à l'oreille d'un de ses amis sur lequel le glaive vehmique était suspendu : *On mange ailleurs de meilleur pain qu'ici*. Les châtiments, dont le moindre consistait dans la mort pure et simple de le fer ou par la corde, étaient gradués selon la position vehmique du coupable : l'initié sans grades était pendu seulement sept fois plus haut que les criminels vulgaires, tandis que le franc-comte convaincu d'infraction aux règlements était saisi par les familiers, enveloppé d'un voile et couché sur le ventre : puis on lui faisait au derrière du cou une incision assez profonde pour qu'on pût faire sortir sa langue par là ; ensuite on le pendait.

Les francs-juges pouvaient siéger partout en tribunal, dans les maisons comme au milieu des forêts, dans les souterrains comme en plein air ; les familiers, munis de cordes et de poignards, gardaient les approches du sanctuaire, et mettaient aussitôt à mort les imprudents surpris en flagrant délit de curiosité. Le tribunal procédait de deux façons : par débats contradictoires avec l'inculpé, ou par voie inquisitionnelle. Lorsqu'une dénonciation était portée contre un individu par l'un des cent mille membres de l'association vehmique, l'un des familiers allait sommer le prévenu de comparaître devant les francs-juges. Il attachait l'assignation avec la pointe d'un poignard de forme particulière, à quelque partie que ce fût du lieu qu'habitait le malheureux dénoncé, en proclamant à haute voix la mission qu'il accomplissait, et il emportait un fragment de pierre ou de bois enlevé avec son poignard, comme preuve qu'il s'était acquitté de son devoir. Trois fois cette sommation était renouvelée dans les mêmes formes avant le jour fixé pour le jugement. Arrivé devant le tribunal, l'accusé était interrogé, et il avait le droit de repousser les dénonciations. En cas de condamnation, ce qui était la conclusion la plus ordinaire du procès, on brisait une baguette sur sa tête et on l'abandonnait aux familiers, qui l'avaient bientôt pendu. Si le dénoncé ne comparaissait pas, on le condamnait sur la foi du dénonciateur : cette procédure sommaire, dite inquisitionnelle, était la plus généralement employée. Toutes les fois que deux francs-juges se portaient simultanément dénonciateurs, toutes les fois qu'il y avait un flagrant délit constaté par un affilié, on se dispensait d'appeler l'accusé ; son procès était instruit, sa condamnation prononcée, sans qu'il pût se douter du péril qui le menaçait. Deux des plus jeunes affiliés du ressort recevaient mission d'exécuter la sentence ; ils s'attachaient aussitôt aux pas de la victime qui leur était livrée, et, s'emparant d'elle par force ou par ruse, ils la mettaient à mort en l'étranglant ou en la poignardant. Le condamné appelait inutilement à son aide ; à la vue du poignard

Une Exécution.

vehmique, dont la forme était connue, chacun demeurait immobile, parce que la moindre intervention en faveur d'un proscrit mis au ban vehmique était un crime puni de mort. Les exécuteurs de la Sainte-Vehme n'attachaient pas leurs victimes aux gibets communs ; ils voulaient que leurs œuvres ne fussent pas confondues avec celles de la justice régulière ; ils laissaient aussi, pour qu'on pût distinguer leurs actes, leur poignard dans le corps de celui qu'ils avaient immolé, et les cadavres restaient sans sépulture. Protégée par la terreur même qu'elle inspirait, l'association vehmique se maintint en pleine puissance pendant plusieurs siècles. A la fin, cependant, quelques villes allemandes, indignées de tout ce qu'il y avait d'odieux et d'abusif dans une pareille institution, formèrent leurs habitants en association mutuelle contre les francs-juges, et opposèrent à la Sainte-Vehme ses propres armes, la corde et le poignard. D'un autre côté, les empereurs d'Allemagne, après avoir longtemps autorisé et protégé un tribunal dont ils avaient fait un des plus actifs et des plus énergiques auxiliaires de leur pouvoir, s'alarmèrent du développement effrayant qu'avait pris la Sainte-Vehme, qui, de subordonnée, tendait à devenir maîtresse. L'association avait, en outre, subi une modification dans son caractère ; un archevêque de Cologne étant arrivé à la grande maîtrise, le tribunal était devenu peu à peu exclusivement religieux, et avait pour cela même perdu du terrain. Différentes causes travaillaient ainsi à détruire l'institution vehmique, lorsque la révolution religieuse du XVIe siècle et les progrès des lumières vinrent lui porter les derniers coups. Son organisation était cependant si forte, que la destruction n'en put être opérée que lentement ; l'abolition n'en fut même jamais formellement décrétée. A la fin du dernier siècle, les francs-juges, conservant toujours leur nom redouté, mais dépouillés de leur pouvoir, et innocents comme les francs-maçons, se rassemblaient encore pour donner lecture de leurs vieux statuts.

LA JUSTICE D'ÉTAT.

LES MARTYRS DE LA LIBERTÉ ITALIENNE.
SILVIO PELLICO, CONFALONIERI, MARONCELLI, ANDRYANE, ETC. (1820-1824).

Le prisonnier était conduit dans une gondole préparée sous le *Pont des Soupirs* (PAGE 4).

La raison d'Etat, de tout temps, a donné naissance à une sorte de justice qu'on peut appeler la *Justice d'Etat*. Cette justice a tous les caractères de la vengeance et de la peur. L'idée d'expiation lui est, le plus souvent, étrangère, et elle ne s'occupe que de supprimer un ennemi. Elle frappe, non pas seulement ceux qui ont menacé le gouvernement établi, mais aussi ceux qui pourraient le menacer un jour. Elle ne mesure pas les châtiments au délit ou au crime, mais à son propre intérêt de conservation ; et, comme il est de son essence de dissimuler ses pensées et ses actes, ce n'est pas au grand jour qu'elle frappe. L'appareil solennel de la justice ordinaire lui semble encore un danger, et ses armes favorites sont ou la condamnation arbitraire, dépouillée de toute forme légale et judiciaire, ou le tribunal d'exception.

En France, sous l'ancienne monarchie, la Justice d'Etat procède par la lettre de cachet et envoie pourrir à la Bastille, sur un simple soupçon, pour la plus légère offense aux puissants, un malheureux qui ne saura même pas souvent ni qui le punit, ni pour quoi on le punit (*Voyez* Latude).

En Autriche, il n'y a que peu d'années encore, la Justice d'Etat avait pour organes des commissions inquisitoriales, chargées, en apparence, de faire le procès à des accusés. C'est cette justice exceptionnelle dont nous voulons montrer les allures : sa procédure est sommaire, expéditive, et ne nous retiendra pas longtemps.

On sait quel esprit de réaction contre les idées de liberté avait, en 1815, réuni dans une action commune les principaux gouvernements de l'Europe. Limiter ou annuler la liberté de la presse, étouffer les sentiments d'indépendance qu'on avait un moment encouragés contre la France de Napoléon, mettre l'intelligence humaine dans toutes ses manifestations sous la direction de la police, fut la préoccupation constante de la Sainte-Alliance. Deux gouvernements surtout représentaient cet esprit de conservation à outrance, cet effort de reconstruction du passé, cette haine de la révolution : c'étaient la Russie et l'Autriche.

L'Autriche, établie en Italie par droit de conquête, gouvernait *patriarcalement*, c'est-à-dire sans constitution, sans garantie de représentation nationale, les provinces Lombarde et Vénitienne. L'empereur de Vienne régnait à Milan et à Venise du même droit que dans ses Etats héréditaires, du droit qui lui venait de Dieu. Plus logique que tous les autres gouvernements de l'Europe, celui-là s'était établi vigoureusement dans l'absolutisme, et, à ses yeux, toute pensée de liberté chez les peuples était un crime de lèse-majesté divine et royale.

La révolution, cependant, avait laissé en Italie des traces trop profondes pour que la compression la plus écrasante les fît, en un instant, disparaître. Là, comme en Allemagne, comme en France, l'esprit de liberté s'agitait dans les sociétés secrètes, et s'entourait des mystères d'une sorte de franc-maçonnerie née à Naples, le Carbonarisme (*Voyez les Sergents de la Rochelle*). Les rois avaient pour raison dernière les canons et les baïonnettes; les libéraux eurent le poignard.

Si quelque chose pouvait justifier jamais l'emploi du poignard en politique, ce serait peut-être le sentiment d'indépendance, le droit de chasser du sol natal un vainqueur étranger. Mais il est juste de dire que, si grande que fût leur haine pour l'Autriche, les Italiens, après 1815, ne firent le plus souvent du poignard symbolique qu'un jouet de société secrète. Quand, en 1820, la révolution espagnole réveilla, par l'Europe entière, les pensées de liberté, Napolitains et Piémontais laissèrent de côté le poignard et s'armèrent du fusil.

Nous n'avons pas à raconter ici comment, en 1820 et 1821, les révolutions de Naples et de Turin avortèrent, sous la menace de l'Europe absolutiste assemblée à Layhach, et sous les baïonnettes de l'Autriche. Disons seulement qu'en Lombardo-Vénétie, pendant que retentissait dans l'Italie insurgée le bruit des armes libres et des constitutions, il y avait un petit groupe de patriotes italiens, hommes de cœur et d'intelligence, amoureux de la liberté, honteux de l'asservissement qui pesait sur leur patrie : ces hommes étaient un comte Luigi Porro, un Confalonieri, un Arrivabene, grands citoyens, dont les nobles efforts avaient, en 1815, poursuivi l'espoir d'une libre Italie. Ceux-là ne conspiraient pas : ils attendaient; ils préparaient la régénération politique de leur pays par sa régénération morale. Porro introduisait en Italie le gaz, la vapeur, les écoles mutuelles. Un journal se fondait, le *Conciliateur*, que rédigeait l'illustre auteur de la *Françoise de Rimini*, Silvio Pellico. Le poëte Monti, l'historien Carlo Botta, le poëte en maçon Piero Maroncelli, toute la noblesse de Lombardie et de Vénétie s'affilièrent à cette conspiration toute morale.

L'Autriche comprit le danger que lui faisait courir cette noble association de talents et de vertus. Les pacifiques conspirateurs furent décimés, aussitôt que les baïonnettes autrichiennes eurent rétabli l'ordre dans le sud de l'Italie. Le comte Porro dut chercher son salut dans la fuite. Confalonieri fut arrêté une première fois, mais sans qu'on pût trouver encore un prétexte à torturer ce grand citoyen. Silvio Pellico fut conduit, le 13 octobre 1820, à la prison de Sainte-Marguerite de Milan.

Qui n'a lu ce livre sublime, inspiré par la plus évangélique résignation, *Mes Prisons*? Silvio Pellico y a raconté ses tortures, sans accuser un seul instant ses juges. Sa jeunesse perdue, son âme et son corps martyrisés pendant dix ans, il n'a rien reproché à ses bourreaux; il n'a même pas dit quels ignobles simulacres de justice présidèrent à sa condamnation. « De cela, dit-il, en commençant son admirable récit, je ne dirai rien. Comme un amant mécontent de sa belle et qui sait bouder avec dignité, je laisse la politique où elle est, et je parle d'autre chose. »

C'est donc ailleurs qu'il nous faut chercher des indications sur la procédure autrichienne. Nous la trouverons décrite dans les *Mémoires d'un prisonnier d'État* par Alexandre Andryane.

Le procès de 1820, terminé en 1822, avait eu pour victimes Silvio Pellico, l'illustre économiste Melchior Gioja, Piero Maroncelli et plusieurs autres. Maroncelli et Silvio avaient été condamnés, le 21 février 1822, à la peine de mort, commuée par la clémence impériale en quinze années de *carcere duro* pour Silvio, en vingt années pour Maroncelli. Silvio Pellico nous raconte au moins les circonstances de la condamnation.

Le procès se poursuivait à Venise. Le lendemain du jour où l'arrêt fut rendu, des sbires vinrent prendre les condamnés aux *Plombs*, les firent monter en gondole; on aborda au palais du Doge. Là, après leur avoir fait descendre l'escalier des Géants, on les fit entrer sous le grand portique qui, de la cour du palais, donne sur la Piazzetta. Là était dressé un échafaud, et, de l'escalier des Géants à cet échafaud, étaient rangées deux files de Croates et de hussards hongrois. On fit passer les prisonniers entre ces deux files et on les fit monter sur l'échafaud : c'était le pilori.

« Debout sur l'échafaud, dit l'illustre poëte, nous regardâmes autour de nous, et sur cette immense population nous vîmes planer la terreur. On apercevait dans l'éloignement d'autres soldats se former en pelotons sur divers points. On nous dit que là étaient les canons avec les mèches allumées... Le capitaine autrichien nous cria de nous tourner du côté du palais et de lever les yeux en haut. Nous obéîmes, et ce fut pour voir sous les arcades de la terrasse un homme du palais qui tenait un papier à la main : c'était la sentence. Il la lut à haute voix. Il se fit un grand silence jusqu'à cette expression : *condamnés à mort*. Alors s'éleva un murmure général de compassion. »

Voilà le côté public, ostensible de la justice d'État. Andryane va nous révéler les mystères de cette justice cruelle.

Alexandre Andryane était Français. A vingt-quatre ans, il lui prit fantaisie de voir l'Italie, et il eut le malheur de passer par la Suisse. Là, il fut mis en rapport avec les réfugiés italiens, dont le chef, un disciple ardent et énergique de notre Babeuf, était Michel-Ange Buonarrotti. Le conspirateur émérite chargea Andryane de porter aux Carbonari de Milan des papiers, des chiffres, des listes, dossiers de conspiration si utiles à celui contre qui on conspire. Andryane, qui n'était pas même initié au Carbonarisme, fut saisi, nanti de ces papiers compromettants. On crut avoir découvert en lui un redoutable intermédiaire de la révolution avec les mécontents de la Lombardo-Vénétie. On lui fit longuement, patiemment son procès.

Une *Commission inquisitoriale*, établie à Milan, fut chargée de l'instruire. Après quelques interrogatoires de police, Andryane fut conduit devant ses juges. Laissons-le raconter son étonnement à la vue de ce tribunal étrange.

« Au lieu d'une vaste salle, de juges en robes et en simarres, de tout l'appareil, enfin, dont j'avais revêtu dans mon imagination la trop célèbre Commission, je ne voyais qu'une chambre étroite, une table carrée, près de laquelle était assis un homme encore fort jeune, à figure pâle, à cheveux noirs et frisés, ainsi que deux autres personnages beaucoup plus âgés, vêtus comme lui d'un simple habit bourgeois. À droite, sur la même table, un secrétaire taillait une plume qu'il essayait. Cette simplicité, si différente de l'apparat que je m'étais figuré, contribua sans doute à me rendre toute ma présence d'esprit. Je saluai celui qui semblait présider l'assemblée, et, sur un signe qu'il me fit, je m'assis sur une chaise placée devant la table, en face de lui et des autres juges. »

Le président de la Commission était un certain Salvotti, célèbre dans l'histoire des tortures autrichiennes à cette époque. C'était un homme aux traits intelligents et réguliers, aux yeux noirs, perçants, au regard faux et cruel; le doux Silvio lui-même nous le dit : insinuant tour à tour, ou grossièrement féroce, cet homme était le type achevé de ces vils instruments qu'un pouvoir suprême arme d'une autorité absolue, irresponsable. Ses deux assesseurs, personnages muets, étaient des Tyroliens, connaissant à peine la langue italienne, comparses de justice opinant du bonnet.

— « Vous êtes, dit Salvotti à Andryane, accusé et *convaincu* du crime de haute trahison. Efforcez-vous d'atténuer votre faute en donnant à l'autorité, par des aveux complets, la preuve de votre repentir.

— « Je ne sais rien, répondit Andryane, et je n'ai rien à révéler. Je demande simplement justice.

— « Prompte, n'en doutez pas, et entière, répondit Salvotti, en prenant une prise de tabac, et avec un regard qui disait clairement : Quoi que tu dises, ton sort est décidé. »

Salvotti attendit en vain des aveux; voyant qu'Andryane gardait le silence :

— « Je vous le dis, votre mort est certaine si vous persistez à refuser à la justice de Sa Majesté les lumières qu'elle est en droit d'exiger de vous.... Vous êtes perdu, jeune homme, perdu à tout jamais, entendez-vous? si vous persistez dans ce silence.... Qu'espérez-vous, je vous le demande? De conserver votre tête?... Mais ce que nous avons ici entre les mains, l'a déjà mise sous la main du bourreau. De garder le secret des sectes coupables dont vous faites partie? Mais le gouvernement de l'empereur en sait déjà bien assez pour arriver à connaître le reste sans votre participation.... De sauver vos complices du dehors et ceux de Milan? Mais cela n'est plus désormais en votre pouvoir. Persuadez-vous bien, tandis qu'il en est temps encore, que vous ne cacherez, ne sauverez personne, et que vous périrez. La clémence de Sa Majesté est aussi grande que sa puissance; soyez assez ami de vous-même, assez sage pour y recourir. À l'intérêt qu'inspire votre jeunesse, joignez le mérite de la sincérité; rachetez votre tête par des aveux qui ne changeront rien à la position des choses, puisque tout est connu, mais qui seront au moins de votre part une preuve que vous avez été plutôt coupable d'imprudence que de méchanceté. »

Andryane objecta que, s'il était condamné à l'avance, il était fort inutile qu'il se défendît. « Mais, ajouta-t-il, si je dois me défendre devant un tribunal régulier, on ne confondra pas un imprudence, un projet sans commencement d'exécution, avec un complot sérieux. Je compte sur les débats pour établir que je n'ai rien dit, rien fait contre l'Autriche. »

Salvotti, avec un sourire de pitié :

— « C'est devant la Commission seule que vous plaiderez votre cause; il n'y a pas pour vous d'autre tribunal; et, quant au défenseur, c'est moi qui vous en servirai. »

Et comme le malheureux jeune homme laissait lire sur ses traits sa stupéfaction et son incrédulité :

— « Eh! continua Salvotti, nous croyez-vous assez simples pour faire monter un accusé sur le piédestal de l'amour-propre et de la célébrité, comme en France ou en Angleterre, pour donner à l'Europe le scandale de vos cours d'assises, où les prévenus et leurs insolents avocats prêchent, sous les yeux mêmes de leurs juges, le mépris et la haine du pouvoir? Nous sommes, en Autriche, et plus sages et plus justes : en voulant la fin, nous voulons les moyens; nous traitons les procès politiques sans apparat, sans publicité, en famille, comme vous voyez ici. L'empereur, toujours bon, regarde ses sujets coupables, même de haute trahison, comme des enfants égarés, sur les fautes desquels il faut jeter le voile mystérieux d'une paternelle indulgence. L'accusé, livré à lui-même, sans espoir de gagner de misérables bravos par l'affectation de son maintien, ou de tromper la justice par les phrases dorées de son avocat, n'a plus, chez nous, d'autre chance de salut que la vérité et le repentir.

— « Quoi! s'écria Andryane, c'est ici, devant vous seuls que se passera mon procès? C'est vous qui en ferez l'instruction? vous qui conduirez les débats? vous qui me jugerez?

— « *Cosi è* (c'est ainsi).

— « Et je n'aurai, moi, pauvre étranger, qui ne connais ni votre langue, ni vos lois, je n'aurai ni conseil pour m'assister, ni avocat pour me défendre?

— « *Cosi è*.

— « Ainsi, la liberté, l'existence des prévenus dépendent ici de ceux-là mêmes qui sont le plus intéressés à les trouver coupables!

— « *Basta* (c'est assez). »

Andryane se refusa à toute révélation, et, après des mois de cette lutte inégale, Salvotti, fatigué, termina les interrogatoires en disant d'une voix altérée par la colère : — « Vous vous moquez de la Commission; mais sachez qu'on ne raille pas en vain la justice impériale. Vous serez pendu. — Pendu! certes, c'est une parole que j'aurais attendue de toute autre bouche que de celle du juge, qui doit aussi être mon avocat... Je vous promets de ne pas l'oublier, je m'y préparerai... Cependant, avant de m'éloigner, je solliciterai une grâce. — Dites, dites, répliqua vivement l'inquisiteur... —

C'est la communication du Code criminel. — Impossible, inutile, vous n'en avez pas besoin. — Comment! sans défenseur, sans avocat, on me refuse même le Code! Alors je ne suis plus un accusé, mais une victime... — Une victime, non, mais vous serez pendu... »

Voilà la procédure de la Justice d'État, quand elle consent à avoir une procédure. Si elle cherche la vérité, c'est uniquement à son profit. L'appareil qu'elle déploie, les investigations qu'elle exerce, les tortures qu'elle fait subir n'ont qu'un but, la découverte de nouveaux ennemis. Quant à celui qui est tombé dans ses mains, sa sentence est déjà portée, irrévocable.

Si le prisonnier, nous ne disons ni le prévenu ni l'accusé, se refuse à parler, le juge a recours au moyen suprême, à la bastonnade. Et le procès n'a pas de terme fixé par la loi; il durera dix ans s'il le faut. Qu'importe! puisque la peine commence avec l'arrestation. A pareil juge, tous les moyens sont bons, et le mensonge a son prix, s'il est utile. Aussi, pour tirer des aveux du prisonnier, supposera-t-on les aveux de ses complices.

Quand les longs interrogatoires d'Andryane furent arrivés à leur terme, il eut la simplicité d'en demander la lecture, qu'on lui refusa en raillant; et, quand il eut écrit sa défense, celui qui prétendait être en même temps juge et défenseur, la lut avec des haussements d'épaules et des regards de pitié. Andryane fut, comme il pouvait s'y attendre, condamné à mort, peine commuée en *carcero duro* à vie. La sentence, il est vrai, devait être confirmée par le tribunal supérieur de Vérone; mais on eut soin de le prévenir que ces degrés de juridiction n'étaient qu'apparents, et que le tribunal confirmait toujours.

Il est naturel qu'une justice semblable ait à son service des châtiments effroyables : encore une fois, il ne s'agit pas ici d'expiation, mais de vengeance. Aussi l'Autriche avait-elle les *Cloaques*, les *Plombs*, les *Puits*, le *Spielberg*. A Ste-Marguerite de Milan, entre le théâtre de la Scala et la Piazza dei Mercanti, un vieux cloître de religieuses renfermait des cachots à niveau du sol, noirs, humides, fétides; le prisonnier y perdait bien vite la vue et les cheveux. A Venise, les Plombs, c'est-à-dire la partie supérieure de l'ancien palais des doges, toute couverte en plomb, séjour glacial en hiver, étouffant en été. Dans les Puits, la lagune baignait le prisonnier de ses eaux croupies. Quand la peine était définitivement prononcée, le prisonnier, attaché par une chaîne transversale, de la main droite au pied gauche, était conduit par des sbires dans une gondole préparée sous le *Pont des Soupirs*. On ramait vers Fusine, et là commençait le long voyage du Spielberg.

Le Spielberg, forteresse de Moravie, qui s'élève près du village d'Austerlitz, était la prison d'Etat de l'Autriche; l'empereur lui-même en était le geôlier. De Vienne, il surveillait, avec une paternelle sollicitude, le régime de ses prisonniers, leur retranchant toute douceur, maintenant, avec une scrupuleuse exactitude, les rigueurs salutaires du *carcere duro*. Or, être au *carcere duro*, c'était porter une chaîne aux pieds, dormir sur la planche nue, manger une soupe nauséabonde faite de farine aigre et de lard rance, dans laquelle nageaient quelques tranches de pain de seigle. Le prisonnier faisait de la charpie ou tricotait des bas; il était privé de livres, et si on lui accordait les secours de la religion, le prêtre indigne qui l'assistait était un agent de la police impériale. La chemise du prisonnier, sa cravate étaient de toile d'étoupes, de véritables cilices. Le costume, mi-parti de gris et de couleur capucine, était, comme le régime, celui des forçats.

C'est ainsi que furent traités Lafayette à Olmütz, Andryane, Silvio Pellico, Confalonieri, Maroncelli et tant d'autres, à Sainte-Marguerite, à Venise, au Spielberg.

La Justice d'Etat n'a pas le pouvoir de faire des condamnés; elle ne fait que des martyrs. Aussi, le jour où l'Italie s'est révoltée enfin contre l'impitoyable main qui la torturait, les pleurs et le sang de toutes ces victimes sont retombés sur le bourreau, et le monde entier a applaudi à la chute d'une domination qui, en pleine civilisation, se déshonorait encore par l'usage infâme de la Justice d'Etat.

PIERRE COIGNARD (1819).

Sur un signe du comte, il jeta Darius à la porte (p. 98).

PIERRE COIGNARD (LE FAUX COMTE DE SAINTE-HÉLÈNE).

(USURPATION DE NOMS ET DE TITRES; VOLS, ESCROQUERIES, TENTATIVE DE MEURTRE.)

I

Par une belle matinée du mois de mai 1818, une foule nombreuse se pressait aux abords de la place Vendôme, où avait lieu une revue des troupes en garnison à Paris.

Tandis que chacun s'extasiait sur la bonne tenue des soldats et admirait les brillants uniformes, un homme, placé au premier rang des curieux, attachait avec une singulière fixité ses regards sur un des officiers supérieurs qui, ainsi qu'eussent dit nos pères, *faisaient la muffe* sous les yeux des badauds.

Cet homme était le nommé Darius, forçat libéré sorti depuis peu du bagne de Toulon, où il était demeuré pendant vingt ans par suite d'une condamnation pour crime de faux.

L'officier qu'il couvrait d'un regard stupéfait était le lieutenant-colonel de la 72e légion (qui était celle de la Seine), connu sous le nom de comte de Pontis de Sainte-Hélène.

Des mots sans suite s'échappaient de la bouche de Darius.

— Lui!... lui!... disait-il; lui à la tête d'un régiment français... chamarré de décorations! Lui! au milieu de ce brillant état-major!... Ce n'est pas possible, il faut que j'aie la berlue. Et pourtant... c'est bien sa taille, c'est bien son port, c'est bien son regard; c'est tout lui, enfin!

Pendant plusieurs minutes, Darius hésita. Il n'osait en croire ses yeux. Tout à coup, il poussa un cri :

— C'est bien lui! dit-il.

Ses doutes étaient devenus une conviction. Il avait reconnu, d'une manière certaine, le lieutenant-colonel à un tic nerveux qui excluait toute méprise.

Il s'informa du nom de cet officier, ne le perdit pas de vue un instant, et dès que la revue fut terminée, le suivit de loin jusqu'à sa demeure, où il pénétra presqu'en même temps que lui.

II

Assurément, quiconque eût vu s'introduire Darius, le galérien, chez le lieutenant-colonel de la légion de la Seine, eût été loin de soupçonner le genre de rapports qui pouvaient exister entre ces deux êtres, dont l'un sortait du bagne, dont l'autre appartenait aux sommités sociales.

Car si nous avons dit ce qu'avait été Darius, voici ce qu'était, en apparence du moins, notre second personnage.

Lorsque Mina se trouvait dans l'Estramadure, il reçut un jour la visite d'un homme qui se présenta à lui comme étant le comte de Pontis de Sainte-Hélène; il était accompagné d'une personne assez jolie qu'il annonça être la comtesse sa femme. Le général l'admit avec le titre d'officier dans un des régiments sous ses ordres.

Le nouvel officier se distingua dans plusieurs affaires et ne tarda pas à recevoir, comme récompense de son courage, les décorations d'Alcantara et de Saint-Vladimir.

Ce n'était là que le début d'une carrière qui devait briller bien plus encore.

Personne n'ignore les événements qui amenèrent la guerre entre l'empire français et la nation espagnole. L'homme dont nous venons de parler, et qui avait, quelques mois avant, quitté l'armée de Mina, se présenta alors au maréchal Soult, lui fit voir les états de service du comte de Sainte-Hélène, tant en Amérique qu'en Espagne, et lui demanda à entrer dans l'armée française. Le maréchal, séduit par le langage de cet homme, trompé par les papiers qu'il produisait, et pensant avec beaucoup de raison qu'il pourrait tirer d'utiles services d'un officier qui avait la connaissance approfondie du pays et de l'armée ennemie, le reçut avec une grande distinction et lui conféra, dans les termes les plus honorables, le grade de chef de bataillon. Dans cette nouvelle position, l'individu ne démérita pas, il se fit bien voir de ses chefs, et ne cessa de jouir, avec convenance, de la considération et des honneurs qu'on rendait au comte et à la comtesse de Sainte-Hélène.

Cependant les événements de 1814 et la première restauration survinrent. Le prétendu comte de Sainte-Hélène en profita pour rentrer en France avec Maria, pensant bien qu'au milieu des bouleversements qui allaient avoir lieu, un homme comme lui trouverait inévitablement de nouveaux éléments de fortune et de réussite. On va voir qu'il ne se trompait pas.

A peine arrivé à Paris, son premier soin fut de demander au roi Louis XVIII une audience particulière. Il obtint cette audience, parla avec chaleur de sa famille et de ses ancêtres, peignit sous les couleurs les plus pathétiques les malheurs qu'il avait éprouvés, les pertes qu'il avait faites, offrit son bras et son sang à la famille des Bourbons, et demanda provisoirement un secours en argent dont il avait le plus grand besoin.

Le roi le reçut avec effusion, lui dit qu'il était heureux de voir le dernier rejeton des comtes de Pontis de Sainte-Hélène, lui accorda tout ce qu'il demandait, et lui promit, pour toujours, sa haute protection. Tout le monde, à la cour, avait partagé son enthousiasme pour cet homme.

Les événements marchaient et la fortune du comte de Sainte-Hélène avec eux. Napoléon avait quitté l'île d'Elbe et s'avançait de succès en succès jusqu'à Paris. Le roi, hors d'état de lutter avec un si formidable ennemi, était parti une fois encore sur la terre d'exil. Il s'était réfugié à Gand, suivi seulement de quelques-uns de ses plus fidèles serviteurs, auxquels s'était joint le héros du singulier drame que nous racontons.

Le malheur rend confiant pour ceux qui vous entourent et qui semblent se dévouer à votre sort; aussi le nouveau comte de Sainte-Hélène s'insinua-t-il de plus en plus dans les bonnes grâces du roi et des personnes de sa cour. On le voyait partout aux côtés du monarque, il semblait se multiplier pour son service et vouloir reconnaître ainsi les bontés dont il avait été l'objet. Son crédit augmentait chaque jour, et comme il était le plus malheureux des serviteurs du roi, celui sur lequel la fortune s'était jetée avec le plus d'acharnement, puisqu'il prétendait avoir été dépouillé de tous ses biens, on lui accordait pour lui et pour la comtesse, qui était restée à Paris, des secours et des gratifications de tous les instants, avec promesse de faire plus lorsqu'on serait parvenu à rentrer en France.

En effet, les Cent-Jours s'écoulèrent; l'empereur, après sa dernière et magnifique campagne, quitta à jamais la terre de France pour aller mourir d'une mort sublime sur un rocher. Les Bourbons rentrèrent, escortés de tous leurs serviteurs, au nombre desquels était toujours le fameux comte de Sainte-Hélène. A peine arrivé aux Tuileries, le nouveau roi fut entouré de courtisans et de solliciteurs de tous genres; et, comme il arrive ordinairement, les plus méritants, ceux qui avaient fait preuve d'un dévouement réel, furent les derniers à se présenter. Quant au comte de Sainte-Hélène, il ne se fit pas attendre, et vint des premiers réclamer l'accomplissement des promesses qui lui avaient été faites, accompagnant sa demande de nouvelles et plus nombreuses protestations de dévouement. La fortune lui sourit comme par le passé: d'après le désir formel du roi, le ministre de la guerre le nomma lieutenant-colonel de la 72e légion, en garnison à Paris.

Alors, il jouit grandement de sa nouvelle position, se monta une maison somptueuse, acheta des équipages, et se fit recevoir dans les meilleures sociétés, où il présenta sa campagne qui se targuait plus que jamais du nom fastueux de comtesse de Sainte-Hélène.

La faveur du comte augmentait avec son audace; on le nomma membre de la Légion-d'Honneur, puis officier, puis chevalier de Saint-Louis; et des personnes bien informées affirmèrent qu'il fut sur le point d'être nommé aide-de-camp du duc d'Angoulême. Les journaux ministériels de l'époque, qui reçurent ordre d'entretenir le moins possible le public de cette affaire, ne firent point mention de cette dernière circonstance, qui ne saurait nuire en rien au roi Louis XVIII; car, en homme d'esprit, il ne craignait pas de raconter la mystification dont il avait été l'objet. On sait avec quelle adresse Coignard était parvenu à exciter et à entretenir la pitié de ses nobles protecteurs.

Il est impossible de prévoir jusqu'où la fortune de cet homme hardi se serait élevée, si la circonstance fortuite de sa rencontre avec Darius ne l'eût arrêté au milieu de ses succès.

III

Lorsque Darius eut été introduit auprès du comte.
— Me remets-tu? lui dit-il.

Le comte se retourna, et répondit d'un air dédaigneux:
— Quel est cet homme?
— Je suis Darius, reprit celui-ci. Darius, ton ancien compagnon de chaîne. Me reconnais-tu?

Le lieutenant-colonel se leva, et prenant en main un cordon de sonnette qui pendait auprès de la cheminée, il dit tranquillement:
— Le comte de Sainte-Hélène n'a rien à démêler avec un misérable tel que toi. Si tu ne sors à l'instant, je te fais chasser par mes valets.
— S'il y a un misérable ici, c'est toi, reprit Darius... Tu n'es pas le comte de Sainte-Hélène; tu es Coignard, entends-tu?... Pierre Coignard, condamné au bagne pour vol!...

Pour toute réponse, celui qui prenait le titre de comte de Sainte-Hélène sonna.
— Tu as tort, dit Darius. Je ne te voulais pas de mal et je ne t'eusse pas dénoncé... Je faisais un appel à ton cœur pour un ancien camarade dans la détresse... Tu me repousses; tu te repentiras de ta dureté!

A ce moment un homme revêtu de la livrée de laquais, et qu'on sut plus tard être Alexandre Coignard, entra, et, sur un signe du comte, il jeta Darius à la porte.

Ce malheureux, la rage dans le cœur, se rendit aussitôt au ministère, et demanda à parler à M. le duc Decases, alors ministre de l'intérieur. Comme il déclara qu'il s'agissait d'une affaire de la dernière urgence, il fut admis sans retard dans le cabinet du ministre. Là, il expliqua toute la vérité, raconta que le comte de Sainte-Hélène n'était autre qu'un forçat évadé nommé Pierre Coignard, et offrit les preuves nécessaires à l'appui de sa déclaration.

M. Decazes fut atterré de cette révélation; il comprit de suite le scandale qu'elle allait exciter; il sentit avec raison qu'il pourrait se débarrasser de cette affaire désagréable en la renvoyant à l'autorité militaire de laquelle elle ressortait, et il dit à Darius d'aller, de sa part, trouver le général Despinoy, qui commandait la division militaire, et de lui répéter, tout au long, ce qu'il venait de lui dire.

Darius, satisfait de ce premier commencement de vengeance, se rendit aussitôt auprès du général et lui répéta scrupuleusement ce qu'il venait de déclarer au ministre et ce que celui-ci lui avait répondu.

En entendant cette révélation, le général, qui était un vieux soldat de la république et de l'empire, un vieux type d'honneur et de probité, sentit le rouge lui monter au visage, et s'écria avec vivacité :

— Quelle preuve pouvez-vous me donner de cette horrible vérité?

— Mon général, répondit Darius, faites-moi garder ici; ordonnez à Coignard de se rendre de suite auprès de vous, et confrontez-moi avec lui; mais, avant, ayez la bonté de me faire donner à manger, car je n'ai rien pris d'aujourd'hui.

Le général se rendit à sa prière; il le fit déposer provisoirement au violon, lui fit servir à manger, et envoya un cavalier d'ordonnance au lieutenant-colonel de la 72e légion, avec injonction de se rendre, sans perdre une minute et toute affaire cessante, au quartier-général de la première division.

Coignard ne tarda pas à arriver en grande tenue et couvert de toutes ses décorations. En le voyant entrer, le général lui dit d'un ton mêlé d'ironie et d'indignation :

— Monsieur le comte de Pontis de Sainte-Hélène, vous n'abuserez pas plus longtemps le gouvernement et moi. Je sais que vous êtes Coignard, évadé des fers.

A cette véhémente apostrophe, le misérable parut ne pas se déconcerter.

— Je vous remercie, général! s'écria-t-il, de la qualification dont vous me gratifiez; je vais retourner chez moi et vous apporter des pièces qui vous prouveront qui je suis.

— Non, non, reprit le général, vous n'irez pas seul; je vais vous faire accompagner par un officier et deux gendarmes. Mais, avant, je vais vous faire subir une petite épreuve.

En même temps, il fit introduire Darius, à la vue duquel Coignard ne put réprimer une certaine émotion qui fut remarquée du général. Darius répéta toutes ses allégations, appuya plus fortement encore sur chacune d'elles, et Coignard lui répondit par les plus violentes invectives. Le général, pour en finir, appela un officier de son état-major et lui ordonna d'accompagner, avec deux gendarmes, le colonel à son domicile, rue Basse-Saint-Denis; il lui enjoignit de ne pas le quitter, et lui déclara qu'il le rendait responsable de ses ordres.

Ils partirent.

L'officier, par égard pour le grade dont Coignard était revêtu, obligea les gendarmes à se tenir à distance. Pendant le trajet, Coignard, causant avec l'officier, se plaignit de la conduite *infâme* qu'on tenait vis-à-vis de lui et déclara qu'il allait confondre la calomnie et les calomniateurs en montrant ses papiers. L'officier lui répondit qu'il en était persuadé. On arriva rue Basse-Saint-Denis. Les deux gendarmes restèrent dans la cour; Coignard monta avec l'officier, auquel il fit servir une bouteille de vin d'Alicante, afin qu'il pût se rafraîchir.

En voyant entrer ces trois personnes dans la maison, la prétendue comtesse de Saint-Hélène se troubla. Coignard, pour la rassurer, lui conta ce qui venait de se passer, et l'officier ajouta avec galanterie :

— M. le comte se justifiera facilement, et confondra la calomnie.

— J'en réponds, reprit le comte.

Puis il versa à boire à l'officier, qui trouva le vin délicieux; puis il lui demanda la permission de passer dans la chambre voisine pour chercher ses papiers, ajoutant qu'il ne serait qu'un instant, et, qu'en son absence, la comtesse, sa femme, lui tiendrait compagnie. L'officier y consentit.

Alors, il fit signe à un domestique, revêtu d'une livrée complète, et ils sortirent ensemble. Aussitôt, il s'empara de la veste, du pantalon et de la casquette de ce domestique qui, ainsi que nous le verrons bientôt, était son propre frère, et le même qui avait jeté Darius à la porte. Ainsi travesti, le comte prit un plumeau à sa main, mit une serviette sous son bras, expliqua en quelques mots à son frère ce dont il s'agissait, descendit un escalier dérobé, traversa la cour au milieu des deux gendarmes, qui ne le reconnurent point, et alla se réfugier rue Saint-Maur, barrière des Trois-Couronnes, chez un nommé Lexcellent.

Cependant, l'officier était resté à causer avec la comtesse, tout en dégustant le vin d'Alicante, double circonstance qui l'empêchait de trouver le temps long; et comme il avait servi en Espagne, la conversation se porta sur ce beau pays, sur ses monuments si poétiques, sur sa nature si pittoresque, sur ses femmes si aimables, et à ce souvenir son imagination s'échauffait de plus en plus. Enfin, après une heure de ces excursions lointaines, il pensa à revenir à Paris, où il avait laissé son prisonnier; il fit observer à la comtesse que son mari était bien longtemps, et celle-ci lui ayant paru interdite, il se leva, frappa à la porte, l'ouvrit et parcourut l'appartement dans tous les sens; mais il ne rencontra que des domestiques qui semblaient éviter de le voir et de lui parler. Il en trouva cependant un plus effronté que les autres et lui demanda où était son maître.

— Il y a plus d'une heure qu'il est parti, répondit le domestique, et en ce moment il est loin.

Cette réponse pétrifia l'officier, qui sortit précipitamment sans prendre congé de la comtesse, rejoignit ses deux gendarmes, et retourna avec eux auprès du général, auquel il conta naïvement et d'un air désespéré ce qui venait de lui arriver. Le général le réprimanda de la manière la plus vive, et l'envoya avec les deux gendarmes à la prison de l'Abbaye. Ils y restèrent huit jours entiers.

IV

Un coup d'œil en arrière devient utile ici pour faire comprendre au lecteur comment le forçat Coignard avait pu parvenir à usurper le nom de comte de Pontis de Sainte-Hélène.

Le 18 octobre 1800, un homme d'une intelligence et d'une audace peu ordinaires était condamné par le tribunal criminel du département de la Seine à quatorze années de travaux forcés pour différents vols commis de nuit dans des maisons habitées, à l'aide d'effraction et de fausses clefs. Cet homme se nommait Louis-Pierre Coignard.

Fils d'un vigneron de Langeais (Indre-et-Loire), Coignard avait autrefois été destiné à l'état de chapelier. Mais les mouvements militaires qui s'opéraient alors en France l'appelèrent à faire partie des légions que la République organisait à la hâte; il entra, avec le grade de caporal, dans les grenadiers de la Convention; mais, oubliant bientôt la dignité qu'impose le noble métier des armes, il se lia avec quelques misérables dont les penchants pervers ne pouvaient guère trouver de frein dans la vie agitée de camp sans organisation; et un certain nombre d'escroqueries et de vols lui valurent la condamnation dont nous venons de parler.

Cinq ans plus tard, malgré la surveillance la plus active, ce même homme s'échappait du bagne de Toulon, où il était détenu.

Dans la nuit qui suivit son évasion, il s'embarqua sur un petit navire espagnol qui se rendait en Catalogne, où il aborda peu de temps après. Son étoile le dirigea vers une petite ville, non loin de la côte, et lui fit faire la connaissance de la fille Maria Rosa, qui avait été au service du comte de Pontis de Sainte-Hélène, émigré français, mort depuis peu de temps.

Le comte était d'une ancienne et noble famille des environs de Soissons; il avait quitté de bonne heure la France pour aller prendre du service dans les armées du roi d'Espagne; il avait été envoyé dans l'Amérique méridionale et s'était particulièrement distingué à l'affaire de Buénos-Ayres. Il possédait les plus beaux états de service et jouissait d'une grande réputation de courage et d'honneur. Sa santé l'ayant forcé de quitter l'Amérique, il revint en Espagne, afin de demander à être incorporé dans un corps sédentaire; mais la mort le surprit bientôt, loin de son pays et de sa famille, ayant perdu tous ses biens et ne possédant, pour toute fortune, que son épée. Il avait reçu, pendant le cours de sa maladie et jusqu'à son dernier soupir, les soins empressés de Maria, à laquelle il avait laissé, par reconnaissance, le peu qu'il possédait encore.

Maria avait recueilli précieusement les objets dont se composait sa petite succession, elle les avait vendus afin de pourvoir, pendant quelque temps, à sa modique existence; mais ses faibles ressources s'étaient épuisées, et il ne lui restait plus qu'une petite cassette renfermant de vieux parchemins, et que le comte avait recommandée à toute sa sollicitude, comme ce qu'il laissait de plus précieux sur terre.

Telle était la situation de cette fille, lorsque Coignard la vit, et parvint, à force d'empressement et d'adresse, à se rendre maître de son esprit, encore honnête.

Sans ressources tous les deux, ils finirent par se confier, l'un à l'autre, l'extrémité de leur position, firent ensemble leur inventaire, et ne trouvèrent rien; et, comme la nécessité les pressait, ils convinrent de vendre à un juif, qui la convoitait depuis longtemps, la précieuse petite cassette; mais avant de la livrer, Coignard voulut en faire l'ouverture. Il vit que les parchemins qu'elle renfermait étaient les titres authentiques de noblesse du comte, et ses états de service.

Aussitôt une idée s'empara de son esprit, et il comprit, en un instant, le parti qu'il pourrait tirer de cette importante découverte, dans un pays comme l'Espagne, où les titres de noblesse ont exercé de tout temps un prestige indestructible.

Le lendemain, Maria et lui abandonnaient la ville, sortaient de la Catalogne pour se diriger vers l'Estramadure, et prenaient, pour ne les plus quitter, les noms de comte et de comtesse de Pontis de Sainte-Hélène.

Leurs débuts furent heureux, et nous avons vu comment Coignard se fit présenter sous son nouveau nom à Mina, puis au maréchal Soult.

V

Pierre Coignard, qui n'avait pas su profiter de la fortune pour faire oublier son passé et pour revenir à une vie et à des sentiments meilleurs, ne sut pas davantage profiter de sa liberté. Il se jeta, tête baissée, dans les mains de la justice. Deux jours après son évasion, il partit pour Toulouse avec Lexcellent, qui avait été son camarade de bagne et chez lequel il s'était réfugié, et deux Italiens nommés Saffieri et Carretti. Ils restèrent quinze jours absents et revinrent à Paris. Trois jours après leur arrivée, ils se présentèrent en fiacre à la Caisse de Poissy; Coignard monta seul chez le caissier et lui demanda un billet sur Toulouse. En même temps qu'il versait sur la table deux mille francs en or, il se saisissait de la clef de la caisse; le caissier, effrayé de son air audacieux, lui demanda de quelle part il venait; il répondit qu'il ne venait de la part de personne, et que si on ne voulait pas lui donner de billet il allait partir; en même temps il ramassa son or et descendit précipitamment les escaliers.

Le caissier se mit à crier au voleur! au secours! On arriva, on se saisit du fiacre: Saffieri et Carretti, armés de pistolets, firent lâcher prise à ceux qui les retenaient. Lexcellent seul, moins leste que les autres, fut arrêté.

Cependant, Coignard avait lui-même jugé convenable de courir rue Saint-Maur, où il habitait, et demanda si l'on n'y avait vu Lexcellent. Rosa Marcen répondit négativement, et Coignard en conçut de vives alarmes, et déclara que ce qu'il y avait de mieux à faire c'était de quitter le logement au plus vite.

Pendant qu'on faisait les paquets, on aperçut le commissaire de police. — Coignard ne jugea pas à propos de l'attendre; il sauta par une fenêtre qui donnait sur la ruelle Ferdinand, et s'enfuit.

Le commissaire, après avoir éprouvé quelque difficulté à se faire ouvrir la porte, entra enfin, s'adressa à Rosa Marcen, et demanda si elle connaissait le nommé *Carelle* (sobriquet pris par Coignard). Rosa Marcen déclara ne pas connaître cet individu, mais fit sonner bien haut le nom du comte de Pontis de Sainte-Hélène, son mari. Il n'en fallut pas davantage pour fortifier les doutes de la police, car on se rappelle comment le soi-disant Pontis de Sainte-Hélène lui avait échappé.

On procéda, dans la maison de Lexcellent, à une perquisition qui amena des résultats bien plus importants que ceux que l'on en attendait. Ainsi, l'on y trouva des poignards, des pistolets, des masques en cuivre fondu, de faux favoris, de fausses moustaches; en un mot, l'équipement complet d'une bande d'assassins et de voleurs.

On se repentit aussitôt de n'avoir pas arrêté d'abord *Mme de Sainte-Hélène*, qui s'était hâtée de prendre la fuite; cependant on soupçonna qu'elle n'était pas loin, et l'on fit des recherches dans les vignes qui dominent les pavillons de la rue Saint-Maur. Son bonnet, aperçu à travers les ceps et les échalas, la fit découvrir. Mais cette arrestation ne signifiait rien. Il restait à s'emparer de Coignard et des autres complices. On soupçonna, avec raison, que le faux comte de Sainte-Hélène, inquiet du sort de Rosa Marcen et de ses autres affidés viendrait dans la soirée rôder autour de la maison. Vidocq reçut les ordres les plus positifs pour dresser une embuscade; des agents furent postés dans la ruelle Ferdinand.

Le soir, à onze heures, un de ces agents, nommé Fouché, se trouva nez à nez avec Coignard, qui rentrait : il le saisit au collet, et l'arrêta au nom du roi; Coignard répondit à cette sommation par un coup de pistolet, qui traversa la main et l'épaule de Fouché. Ce dernier, quoique blessé, riposta par un coup de pistolet, qui n'atteignit point Coignard; mais les autres agents, attirés par les deux détonations, arrivèrent, et se saisirent de Coignard et de Saffieri, qui était à vingt pas de là. Trois jours après, Carretti était également arrêté. La justice, alors, commença à instruire et à poursuivre.

On sent que, d'après ces dernières circonstances, la personne de Coignard ne devait plus inspirer d'intérêt. Ce n'était plus l'ancien forçat, qui, par son courage et son intelligence, avait cherché à se réhabiliter et à reconquérir son rang dans la société, c'était un misérable scélérat, qui n'avait jamais cessé de fréquenter ses pareils, et qui avait toujours conservé les mœurs ignobles des prisons et des bagnes. Il comparut une première fois devant la Cour d'Assises de la Seine, jugeant sans jurés, pour voir statuer sur la question de son identité.

Voici un extrait du compte rendu de cette audience :

M. LE PRÉSIDENT, à l'accusé. Comment vous nommez-vous?

COIGNARD. Je me nomme le comte Pontis de Sainte-Hélène, qu'une foule de témoins veulent absolument reconnaître pour Coignard.

M. LE PRÉSIDENT. Votre état?

COIGNARD. Lieutenant-colonel.

Après ces réponses, M° Dupin jeune est nommé avocat d'office.

M. Agier, procureur-général, après avoir raconté les faits qui amènent Coignard devant la Cour, demande que les témoins propres à constater l'identité de personne avec Pierre Coignard soient entendus.

M. LE PRÉSIDENT. Vous venez d'entendre le réquisitoire de M. le procureur du roi; qu'avez-vous à répondre?

COIGNARD. On se trompe sur mon compte; je puis ressembler à Coignard, on me l'a déjà dit en Espagne, où je l'ai beaucoup connu. La femme avec laquelle il vivait est à Saint-Lazare, on peut l'appeler, et elle dira si elle me reconnaît.

M. LE PRÉSIDENT. Il y a plusieurs témoins qui vous ont connu au bagne.

COIGNARD. Je les récuse; ils sont sous l'influence de la police.

M. LE PRÉSIDENT. Vous protestez que vous êtes le comte de Sainte-Hélène, mais vous ne rapportez de ce fait d'autres preuves que vos protestations.

COIGNARD. Monsieur, il y a 40 jours que je suis au secret, je n'en suis sorti que ce matin : pendant tout ce temps je n'ai pas vu un oiseau, comment vouliez-vous que je vous prouvasse que je suis le comte de Sainte-Hélène?

M. L'AVOCAT GÉNÉRAL. Lorsque la police militaire vous soupçonnait d'être le forçat Coignard, le comte Despinoy vous a laissé pendant plusieurs mois la facilité de vous faire reconnaître par votre famille; toute latitude vous a été accordée à cet égard. Vous n'avez jamais pu donner sur eux les moindres renseignements, et les papiers que vous présentez sont probablement faux.

Les témoins Antoine Bois, sa femme, Jean Vincent, et la dame de Montigny, qui avaient paru comme témoins en l'an IX, (1808) lors du premier procès de Coignard, ne reconnaissent pas le prévenu.

De tous les autres témoins, trois déclarent avoir connu le prévenu à Toulon; l'un dit qu'il a été son compagnon de chaîne, l'autre se rappelle qu'étant secrétaire des commissaires à Toulon, il a écrit le nom d'Alexandre Coignard sur les matricules.

COIGNARD, avec force. Je récuse des hommes notés d'infamie, qui ne parlent ainsi qu'à l'instigation d'un agent de police, mon plus cruel ennemi. D'ailleurs, ce témoin ment quand il dit avoir été secrétaire des commissaires; vous avez pu voir qu'il ne sait même pas parler français. En outre, il me donne le prénom d'Alexandre, tandis que Coignard s'appelait Pierre.

Un ancien prisonnier de Bicêtre, ainsi que plusieurs concierges de cette prison, reconnaissent Coignard pour un ancien détenu.

Le prévenu oppose à tous ces témoignages une dénégation absolue.

M. L'AVOCAT GÉNÉRAL. Pierre Coignard n'était pas marié, mais il avait pour maîtresse une fille Lordat, morte dernièrement à Saint-Lazare. On a trouvé dans les effets de cette fille, le portrait du nommé Coignard. Ce portrait, le voici.

L'accusé avoue qu'il y a de la ressemblance, mais il jure qu'il ne s'est jamais fait peindre.

L'avocat général soutient l'accusation, et il conclut qu'il y a identité parfaite entre le condamné Pierre Coignard et le soi-disant comte de Sainte-Hélène.

Le défenseur, M° Dupin, demande à la cour un délai afin de pouvoir conférer avec son client et faire assigner des témoins à décharge qui puissent établir que le prévenu servait en Espagne à l'époque de la condamnation de Pierre Coignard.

Au moment où le tribunal allait délibérer, un spectateur qui se trouvait par hasard dans la salle, fit une déclaration accablante pour le comte de Sainte-Hélène.

Ce témoin, entendu en vertu du pouvoir discrétionnaire de M. le président, déclare se nommer Viguier et avoir connu toute la famille de l'accusé. Il reconnaît Pierre Coignard pour l'avoir logé deux ans avant sa première condamnation. Il lui doit encore deux cents et quelques francs, et il a été parrain de sa fille, baptisée à Saint Sulpice. Il ajoute que, grâce à lui, Coignard a été reçu dans les grenadiers de la Convention; il dit aussi que le père du prévenu existe encore, et qu'il est étonné de ne l'avoir pas vu venir pour *défendre son fils.*

COIGNARD. C'est un tissu d'impostures : il faudrait entendre aussi la femme de monsieur. Qu'on examine les registres de baptême, et qu'on vérifie si la signature est de moi. Coignard a servi dans les grenadiers de la Convention, eh bien! que l'on compare les signalements qui doivent exister au ministère de la guerre; s'il y a seulement un pouce de différence, je ne suis pas Coignard.

Après cet incident, qui impressionna fortement l'auditoire, la Cour remit la cause au 10 du même mois, afin que l'accusé pût conférer avec son conseil, et fût libre de produire des témoins à décharge.

VI

Le 10 juillet, les débats de cette importante affaire furent repris.

Un des témoins à décharge, M. Lambanet, supérieur du séminaire de Soissons, croit avoir vu l'accusé en Espagne, mais il ne se souvient pas précisément de l'époque; à plusieurs faits que Coignard lui rappelle, le témoin hésite soit à les nier soit à les affirmer, n'ayant de quelques-uns qu'un souvenir vague et confus.

M. Dreuil, autre témoin, n'a vu l'accusé qu'en 1812, époque à laquelle ce dernier s'est présenté chez lui comme un émigré français, originaire du Poitou. Il rapporte en outre qu'un jour, dans une conversation, un M. Belfort, officier espagnol, lui dit que depuis quinze ans il servait avec le comte de Sainte-Hélène, tant en Amérique qu'en Portugal.

M. LE PRÉSIDENT. Accusé, pourquoi vous disiez-vous originaire du Poitou, si votre famille n'en est pas.

COIGNARD. J'ai été présenté par un M. Lanneau, qui a bien pu se tromper sur le lieu de ma naissance.

M. L'AVOCAT GÉNÉRAL. A moins qu'il n'y ait en France deux comtes de Sainte-Hélène, il faut que ce soit vous qui ayez écrit au maire de Saint-Pierre Duchemin les deux lettres qui sont parvenues entre nos mains. Dans la première, on écrit au maire pour lui apprendre que madame Pontis de Sainte-Hélène, passant avec son mari dans ce bourg, mit fortuitement au monde un enfant qui fut baptisé à l'église paroissiale, et on l'engage à envoyer l'extrait de baptême de cet enfant qui est le signataire de la lettre. Le maire ayant répondu que les registres ne portaient pas d'inscription au nom de Pontis, on lui expédie une seconde missive dans laquelle on cherche à insinuer que sans doute le registre a été brûlé. On lui dit qu'aux termes de la loi, il serait possible de faire un nouvel acte, avec l'assistance de sept témoins, qui déclareraient le reconnaître pour l'enfant né de madame Pontis de Sainte-Hélène. On promet au maire, pour récompense de ses soins, la croix de Saint-Louis et une place d'officier pour son fils, s'il veut servir. (A Coignard.) Est-ce vous qui avez écrit ces deux lettres?

COIGNARD. Mon avocat répondra.

M. LE PRÉSIDENT. Vous seul pouvez savoir si vous avez écrit ou non, répondez.

COIGNARD. Oui, monsieur, j'ai écrit ces lettres, et je dirai plus tard les raisons qui m'y ont forcé.

M. LE PRÉSIDENT. Il me semble qu'il serait à propos de les expliquer maintenant.

COIGNARD. Eh bien, monsieur, c'était pour mon frère que j'ai écrit ces lettres, je savais qu'il était né en Poitou, et je voulais avoir son extrait de naissance.

M. LE PRÉSIDENT. Jusqu'à présent vous étiez dit fils unique.

COIGNARD. Mon père était un homme fort dur, qui de toute sa vie ne m'a pas dit deux paroles; j'ignorais qui de mon frère ou de moi était né dans la Vendée. Mon fils à moi, s'est trouvé dans le même cas; il est né à Colmar, lorsque ma femme y passait pour me suivre en Allemagne.

Les témoins à charge sont entendus.

Après quelques explications entre Me Dupin jeune et M. l'avocat général, la Cour ordonne que la femme Viguier soit entendue ; elle dépose dans le même sens que son mari, seulement elle dit que l'accusé lui doit 400 *francs moins 3 livres*.

Un des surveillants du jardin des Tuileries reconnaît l'accusé pour être son compatriote, et avoir servi avec lui dans les grenadiers de la Convention.

Le témoin Bourgeois, commissionnaire de roulage, reconnaît l'accusé pour avoir demeuré dans la même maison que lui, sous le nom de comte Pontis de Sainte-Hélène.

La femme Métras reconnaît l'accusé à son organe : « Je le reconnais pour un infâme scélérat, dit-elle, et pour avoir débauché une jeune fille qu'il a entraînée au mal. »

Parmi les autres témoins, il en est un qui déclare se nommer Alexandre Coignard; il reconnaît l'accusé, qui n'est autre que son frère, pour un Pontis de Sainte-Hélène. Le témoin, dont les traits offrent avec ceux de l'accusé une grande ressemblance, se retire, et M. le président demande à l'accusé s'il le connaît.

COIGNARD. Je vous ai déjà dit que Coignard, avec qui j'ai le malheur de me trouver confondu, avait servi sous mes ordres en Espagne. Celui-ci est venu me voir et m'a dit qu'il était son frère.

M. LE PRÉSIDENT. A quel titre a-t-on sollicité votre protection.

COIGNARD. C'est l'ordinaire. On cherche toujours à faire la cour aux gens en place.

A la demande de l'accusé, la Cour lui accorde un nouveau délai pour qu'il puisse faire appeler d'autres témoins justificatifs, et, du consentement du ministère public, la cause est continuée au 20 juillet suivant.

VII.

A l'ouverture de cette nouvelle audience, sur la demande du président, l'accusé raconte l'histoire des premières années de sa vie.

—J'ai quitté la France, dit-il, à l'âge de quatre ans, pour suivre mes parents en Amérique. Je n'ai jamais su les raisons de ce voyage. Mon oncle me ramena en France au bout de onze ans, je descendis dans un hôtel de la rue Saint-Nicaise, puis nous passâmes en Espagne. Ma mère était morte en Amérique. En 1790, mon père me fit obtenir une sous-lieutenance. Je me rappelle qu'il dit un jour : « Mon fils est né en France, commune de Saint-Pierre, dans la Vendée. »

M. l'avocat général fait remarquer à l'accusé qu'il avait annoncé dans ses états de service être né à Châtillon.

COIGNARD. C'est sans doute mon secrétaire qui a commis cette erreur; et puis, moi, j'étais d'un caractère très-brouillon.

M. LE PRÉSIDENT. Vous avez dit que vous aviez été marié.

COIGNARD. Oui, monsieur, avec la demoiselle Marie Moreno; elle est morte en couches.

M. LE PRÉSIDENT. N'est-ce pas la même personne avec laquelle vous viviez à Paris?

COIGNARD. Non, c'était impossible, puisque l'autre était morte ; celle dont vous me parlez se nomme Rosa Mareen.

M. LE PRÉSIDENT. A une dernière audience, vous avez dit que votre mère s'appelait Linière d'Aubusson de la Feuillade ; il est constant qu'aucune demoiselle de cette famille n'a épousé un M. de Pontis. — Que sont devenus votre père et votre mère?

COIGNARD. Ils sont morts de chagrin depuis que j'ai quitté l'Amérique.

M. l'avocat général demande à l'accusé s'il n'a pas à la jambe quelques signes ressemblant à des marques de variole; celui-ci répond négativement, et sur l'attestation d'un gendarme présent à l'audience, auquel l'accusé a montré ces signes, il relève son pantalon et déclare que ce sont des meurtrissures causées par les coups de pied de Vidocq. Me Dupin fait l'observation que l'attestation d'un docteur peut seul faire autorité.

Deux autres témoins reconnaissent l'accusé. Un troisième dépose l'avoir vu à Malaga, vers 1811 et 1812; il le connaissait, dit-il, sous le nom de Pontis de Sainte-Hélène, et il disait avoir servi à Buenos-Ayres.

Avant d'entendre M. l'avocat général, M. le président donne lecture d'une lettre confidentielle écrite par l'accusé, contenant la leçon qu'on doit faire à plusieurs témoins pour déclarer qu'ils ont vu l'accusé en Espagne en 1803 ou 1804, sous le nom de Pontis de Sainte-Hélène; l'auteur se flatte que si les démarches réussissent, et qu'on le reconnaisse pour de Pontis, le reste ne sera plus qu'une bagatelle, et qu'on lui rendra son grade. Une femme Laurence devait se charger des commissions. « Ayez soin, dit-il, de faire attention à ce que « Laurence rapportera à mon avocat. M. Dupin a pleine « confiance en moi, et croit tout ce que je lui dis. »

Interpellé sur le motif qui l'a conduit à écrire cette lettre, l'accusé répond qu'il voulait engager les témoins à dire la vérité.

M. l'avocat général persiste dans ses précédentes conclusions, qui sont la déclaration d'identité.

Me Dupin obtient la parole. Après un brillant exorde, le défenseur entre en matière.

Suivant le récit de Me Dupin, l'accusé serait né à Soissons, en 1774, dans le cours d'un voyage que ses parents faisaient à Mons. Il y fut baptisé à l'église de Saint-Germain, et l'avocat cite les noms des parrain et marraine. « Je fournirai, dit-il, la preuve légale de ces faits; c'est un acte de notoriété passé devant notaire à Paris, signé de quatre témoins recommandables, le registre de baptême de Soissons ayant été détruit par un incendie. »

L'avocat lit ensuite l'état des services de son client: on y mentionne ses exploits à la tête des Espagnols contre les Anglais. Lorsque Me Dupin arrive au moment où le prétendu comte de Sainte-Hélène se présenta au maréchal Soult :

« Concevez-vous, dit-il, qu'un homme échappé du bagne de Toulon se soit trouvé tout à coup en état de remplir les fonctions d'officier supérieur? La bravoure peut être innée, mais les connaissances militaires ne s'acquièrent que par une longue et pénible expérience. »

Me Dupin avoue que son client, accusé de n'être pas le comte de Sainte-Hélène, a eu tort de ne pas se livrer volontairement aux mains de la justice, et surtout de se réfugier chez un homme soupçonné de vol; mais le défenseur prétend que le comte ignorait les précédents du nommé Lexcellent.

Revenant à l'acte de notoriété, dont il donne lecture, Me Dupin dit que c'est un titre de naissance régulier, légal, et conforme à la possession d'état du comte. « Vous savez, Messieurs, ajoute Me Dupin, quelle est la puissance de la possession d'état, accompagnée d'un titre? L'accusé se trouve donc dans un camp retranché d'où l'on ne peut l'attaquer qu'avec des moyens formidables et, à l'aide de témoignages irréprochables. »

Quant à la plus grande partie des témoins, Me Dupin les récuse : « Ce ne sont que des forçats, dit-il, qui, ayant rompu tous les liens de la société, ne peuvent mériter aucune confiance, et quels que soient au surplus le nombre, la gravité des témoignages, ils tomberaient devant une preuve qui ne saurait être récusée : c'est le signalement de Coignard (Pierre) au bagne de Brest. D'après cette pièce que je produis, Pierre-Louis Coignard est âgé de trente-un ans, et sa taille est de 1 mètre 68 centimètres (5 pieds 2 pouces). Eh bien, l'accusé a 1 mètre 98 centimètres (5 pieds 4 pouces).

« On ajoute qu'a les cheveux châtains, mêlés de gris, et les cheveux du prévenu sont parfaitement noirs. Coignard avait le visage marqué de petite vérole et une marque à la lèvre supérieure. Qu'on examine le prévenu; si l'on trouve sur lui une marque de petite vérole, je passe condamnation. Il est encore désigné comme ayant deux cicatrices sous la jointure du pouce droit; le prévenu n'a qu'une cicatrice gagnée au champ d'honneur et sur le pouce même. Enfin, Coignard avait sur la jambe gauche deux signes, c'est-à-dire deux taches noire et blanche; ces indices ne se remarquent pas davantage sur le prévenu; il n'est donc pas Coignard.

« Je vais, au contraire, poursuit Me Dupin, prouver que l'accusé porte sur lui des traces incontestables qu'il est bien M. de Pontis. Il a en sa possession des états de service et d'autres papiers dont on a eu beaucoup de peine à se rendre compte dans le système de l'accusation. D'abord on dit : L'accusé vint à Paris avec une jeune demoiselle qui a connu M. de Pontis; elle a pu lui communiquer les papiers de ce dernier. Les journaux se sont emparés avec intérêt de cette version qui contient une double erreur. »

Ici, l'avocat cherche à établir que la dame dont il s'agit prenait le nom de *Pontès* et non de *Pontis;* puis, que l'accusé n'a connu cette personne qu'en 1811 ou 1812, à Malaga, et lorsqu'il était déjà notoirement connu sous le nom de Pontis de Sainte-Hélène.

Me Dupin s'efforce de trouver un autre moyen de justification dans les états de service de l'accusé.

« Ces états, dit l'avocat, portent la désignation et la date des blessures qu'il a reçues à Buénos-Ayres, à la Corogne, etc., en 1804, 1805, 1806 : cinq coups de sabre à la tête, deux coups de sabre sur les pouces; un coup de baïonnette au bas-ventre; un coup de feu à la jambe droite, un autre à la partie supérieure du tibia. Toutes ces cicatrices existent sur le corps de l'accusé; elles sont ineffaçables. Si l'on prétend, comme plusieurs journaux l'ont dit, que mademoiselle Marcen lui a donné les papiers de M. de Pontis, il faudra dire aussi qu'elle lui a livré ses blessures. »

Après une péroraison brillante, où l'orateur compare l'accusé au malheureux et innocent *Lesurques* (1), Me Dupin lit les conclusions suivantes :

« A ce qu'il plaise à la cour, lors de sa délibération, « de faire comparaître l'accusé, et appeler un chirurgien « pour constater qu'il n'a aucun grain de petite vérole; « que les signes qui existaient sur Coignard ne se trou- « vent pas sur lui, et que les blessures qui sont rappe- « lées sur les états de service de M. de Pontis existent « sur le prévenu. »

M. Agier, avocat général, dans une réplique vigoureuse, affaiblit de beaucoup les moyens de défense de Me Dupin. Ainsi, il donne connaissance d'un certificat délivré par M. l'ambassadeur d'Espagne, qui atteste que jamais le nom de Pontis ne s'est trouvé sur les cadres des armées espagnoles; il ajoute que l'accusé a pu séduire, par ses artifices, les autorités espagnoles, comme il s'est efforcé de tromper les autorités françaises. D'ailleurs, il se serait trouvé, suivant lui-même, dans des lieux fort éloignés des champs de bataille où le vrai de Pontis aurait reçu des blessures.

Après avoir réfuté un à un les arguments de la défense, l'organe du ministère public conclut que l'accusé est bien réellement Pierre Coignard. La cour adopte cet avis et déclare QUE L'IDENTITÉ EST CONSTANTE.

En conséquence, elle ordonne l'exécution de l'arrêt de 1808, et met Pierre Coignard à la disposition du procureur général, pour être procédé à l'instruction des nouveaux faits qui lui sont imputés.

A la lecture de cet arrêt, l'accusé s'écrie :

— *Dieu vous demandera compte de ce jugement. Jamais je n'ai eu aucun des signes qui couvraient le corps de celui pour qui vous me prenez. J'en appellerai.*

VIII

Après onze mois d'une instruction dirigée avec un

(1) Le procès de Lesurques, l'un des plus intéressants et des plus remarquables à tous les titres, trouvera place dans une de nos prochaines livraisons.

soin scrupuleux, le prétendu comte de Sainte-Hélène, comparut pour la troisième fois (le 22 juin 1819) devant la cour d'assises, pour rendre compte des crimes commis par lui, depuis son séjour à Paris.

Ces crimes consistaient dans des vols avec effraction, la nuit; dans des faux, dans une tentative d'homicide. Le malheureux avait profité de la haute position que lui donnait son grade, des relations qu'il avait acquises, pour se livrer aux crimes les plus effrontés. C'était ainsi qu'il faisait face à son luxe et à ses folles dépenses.

Un fait remarquable et qui prouve combien sont pernicieuses les mauvaises fréquentations, c'est que depuis sa sortie du bagne, en 1805, jusqu'à l'année 1815, époque à laquelle il est venu à Paris, et où il s'est mis à fréquenter ses anciens camarades, sa conduite a été irréprochable.

Enfin, un arrêt de la chambre des mises en accusation le renvoya devant la Cour d'Assises comme prévenu des différents crimes dont nous venons de parler. Parmi les chefs d'accusation, il en est un qui mérite d'être rapporté, parce qu'il peint le caractère de l'homme et la manière dont il usait de l'influence morale qu'il avait acquise.

En arrivant à Paris, il s'était présenté chez M. Prévost, intendant militaire qui occupait une place élevée au ministère de la guerre. Madame Prévost était une demoiselle de Pontis, et Coignard se fit passer auprès d'elle pour un parent éloigné. Il fut parfaitement reçu dans la maison, où il présenta sa prétendue femme.

Cette famille lui fit faire la connaissance de M. Sergent de Champigny, chef de division au ministère de la guerre, homme des plus recommandables.

Un jour il alla chez ce dernier, et lui présenta un de ses prétendus amis qui avait une faveur à solliciter. M. Sergent les reçut avec les plus grands égards l'un et l'autre, et pendant qu'il écrivait une lettre, Coignard ouvrit familièrement plusieurs tiroirs du secrétaire, et y apercevant des bijoux et de l'argenterie, en grand nombre, il montra ces objets à l'individu qui l'accompagnait, en disant :

— Mais voyez donc tout cela ; il est logé et meublé comme un ministre.

Puis, il demanda à M. Sergent, enchanté de ce compliment, la permission de visiter le reste de l'appartement. M. Sergent y consentit de grand cœur.

Alors ils allèrent dans toutes les pièces et levèrent avec de la cire l'empreinte des serrures. Toutes ces mesures prises, l'exécution du vol fut fixée au 14 décembre 1816, jour auquel M. Sergent de Champigny donnait son audience publique au ministère de la guerre.

Pour être certain que M. Sergent ne rentrerait pas chez lui pendant l'exécution du vol, Pierre Coignard se rendit à cette audience dès son ouverture, et y resta jusqu'à la fin, quoiqu'il n'eût rien à solliciter. M. Sergent s'approcha de lui à différentes reprises pour lui demander s'il ne pourrait pas faire quelque chose qui lui fût agréable. Pierre Coignard se confondit en remer-

Il le saisit au collet, et l'arrêta au nom du roi (p. 101).

ciements, et comme il venait souvent au ministère de la guerre, sa présence n'excita aucun soupçon.

Pendant qu'il gardait ainsi à vue M. Sergent, des individus de sa bande dévalisaient sa maison et lui enlevaient son argenterie, ses bijoux, une grande quantité d'objets précieux et tout son argent comptant.

Le soir, en rentrant chez lui, M. Sergent fut stupéfait d'un vol aussi audacieux. Le lendemain il reçut la visite de Coignard qui venait lui témoigner combien il était sensible à son malheur et lui offrait tous ses soins pour l'aider à mettre la main sur les auteurs d'une si audacieuse tentative.

L'honnête M. Sergent le remercia, les larmes aux yeux, de tant de bonté, et il accepta ses offres de service avec la dernière reconnaissance. Coignard l'accompagna chez le préfet de police, chez le procureur du roi, et déclara qu'on se plaignait généralement des vols nombreux qui depuis quelque temps désolaient la capitale, et qu'il était de leur devoir de redoubler de zèle et d'activité pour empêcher le retour de pareilles scènes. En même temps il dit qu'il avait recueilli sur le vol commis chez M. Sergent des données certaines et qui mettraient la police sur la trace des vrais coupables. Les indications qu'il fournit firent échouer les recherches de la police, et ce ne fut que longtemps après, lorsqu'on eut retrouvé quelques-uns des objets volés, tant à son domicile qu'à celui de Lexcellent, qu'on parvint à découvrir la vérité.

Les autres vols commis par cette même bande étaient aussi adroits et aussi audacieux.

On peut s'en convaincre par le récit de faits que nous consignons ici.

Pierre Coignard avait connu autrefois le général espagnol Pierre Marti, qui se trouvait à Paris, et logeait rue Basse-du-Rempart, n° 64. Il chargea le nommé Caretti de découvrir la demeure de ce général, et Caretti, dans son interrogatoire du 29 mai, est convenu d'avoir été chargé de cette commission par le prétendu de Pontis.

Le 31 décembre 1817, Pierre Coignard envoya Rosa Marcen chez ce général. Elle eut soin de se faire annoncer sous le nom de madame de Pontis, comtesse de Sainte-Hélène. Une mise décente et recherchée, une voiture derrière laquelle figurait comme domestique Alexandre Coignard, et enfin un air de dignité dans les manières, persuadèrent au général Marti que cette femme, qui se présenta comme étant la veuve d'un officier français qui avait émigré, en lui laissant une fille de son mariage, disait la vérité. Elle lui annonça qu'elle avait l'intention de passer en Amérique, et qu'elle désirait connaître à Paris l'adresse du général Mina, frère de celui qui commandait un corps d'insurgés américains. Le général espagnol ne connaissant pas cette adresse, envoya aussitôt son domestique la demander chez un de ses amis, et la remit à la prétendue comtesse de Sainte-Hélène.

« On a, dit l'acte d'accusation, tout lieu de croire qu'au moment où la prétendue comtesse prenait connaissance des localités intérieures, Alexandre Coignard examinait avec soin les localités extérieures. Il paraît toutefois que l'on ne s'était pas encore procuré les notions suffisantes. Le lendemain, 1er janvier 1818, Rosa Marcen, toujours accompagnée d'Alexandre Coignard, déguisé en laquais, retourna chez le général, sous prétexte de lui faire une visite de remerciement, et demeura longtemps toute seule dans le salon, pendant que don Marti achevait de s'habiller. »

Cette visite de bonne année fut très-funeste au général; car, le 18 janvier, on lui vola 700 fr. en or et en argent, de riches habits d'uniforme, une grande quantité de linge, d'argenterie, et trois croix de la Légion-d'Honneur.

C'est à raison de ces différents faits et de plusieurs autres dont nous parlerons plus loin que Coignard et

Il lui marcha sur le corps, et se sauva (p. 107).

ses complices étaient traduits devant la Cour d'Assises, ainsi que la fille Rosa, que l'accusation prétendait être Rosa Marcen et non Rosa Maria.

Six complices, indépendamment de Rosa Marcen, comparurent en même temps que Pierre Coignard de la Cour d'Assises. C'étaient :

1° Alexandre Coignard, réputé frère de Pierre;

2° Laurence Laurent, vivant avec ce dernier;

3° Lexcellent, ex-limonadier;

4° Carrette, ou Caretti, bijoutier;

5° Sallieri, ex-garde magasin, né en Piémont;

6° Lenormand, portier à la grille de l'Orangerie, à Versailles.

Au moment où lecture va être faite de l'acte d'accusation, Pierre Coignard se lève et dit :

— M. le président, je vous ai écrit hier pour vous

demander la remise de la cause; voilà treize mois que je suis en prison, et j'en ai passé dix au secret. Je n'ai pas eu le temps de prendre communication de la procédure, ni d'appeler des témoins, ni de me procurer des pièces indispensables à ma défense. En mon nom et en celui de mes co-accusés, je demande la remise de la cause à une prochaine session.

— Vous avez tort de dire que vous parlez au nom de vos co-accusés, répond M. le président, plusieurs d'entre eux ont formé par écrit une demande toute contraire.

M⁰ Millot, chargé de la défense de Pierre Coignard; M⁰ Dupin jeune, avocat de Rosa Marcen, et le défenseur de Saffieri insistent pour la remise. Le premier surtout attache une grande importance à ce délai.

— Mon insistance est très-concevable, dit M⁰ Millot, car le premier accusé, dont je suis l'avocat, est le plus intéressé à rassembler tous ses moyens de défense, puisqu'à raison de la récidive, il y va pour lui des galères perpétuelles, et peut-être même de la peine de mort.

Ici M⁰ Millot est interrompu par M. le président, qui lui reproche de faire connaître aux jurés le résultat possible de leur déclaration.

— Vous savez très-bien, dit M. le président, que les jurés manquent à leurs devoirs s'ils prennent en considération les dispositions de la loi pénale.

L'avocat de Lexcellent, M⁰ Pinet, s'oppose à la remise si vivement sollicitée par son confrère.

— Aucune communication, dit M⁰ Pinet, ne m'ayant été refusée au greffe, les avocats des prévenus auraient pu obtenir avec la même facilité, tous les renseignements utiles à la défense.

M. Hamelin, avocat général, combat les prétentions de M⁰ Dupin et de ses confrères. Le délai réclamé ne lui paraît qu'un moyen dilatoire pour obtenir un ajournement définitif.

A peine M. Hamelin a-t-il parlé, que Coignard se lève et s'écrie avec force :

— M. Lexcellent est entouré de je ne sais combien de femmes qui viennent le visiter dans sa prison et qui intriguent pour lui; voilà pourquoi il est pressé d'être jugé. Il a encore d'autres motifs que je dévoilerai. Au surplus, je suis malade, et je déclare que si l'on ne veut pas remettre la cause, je ne répondrai pas.

Pendant que la cour entre en délibération sur cet incident, une altercation très-vive s'élève entre Coignard et Lexcellent. Les gendarmes sont obligés d'intervenir pour empêcher que cette dispute ne devienne plus sérieuse.

Enfin, le calme se rétablit, et aussitôt la cour rentre en séance, et fonde le rejet de la remise sur ce motif : que la requête n'avait pas été présentée aux termes de l'art. 306 du code d'instruction criminelle, avant la première réunion du jury dans cette session.

Le greffier donne ensuite lecture de l'acte d'accusation dont la première partie est consacrée à Coignard, et le suit dans les principales circonstances de sa vie.

Après cette lecture, M. Hamelin, organe du ministère public, prend la parole et soutient les points principaux de l'accusation.

Pendant ce discours, Rosa Marcen garde une contenance modeste; ses yeux sont constamment baissés, son extérieur est fort agréable, et son costume, quoique d'une extrême simplicité, est empreint d'un cachet de véritable élégance.

Quant aux soi-disant comte de Sainte-Hélène qui, depuis le procès en identité, a laissé croître ses favoris, il observe une attitude fière et martiale; sa voix est forte et impérieuse, et ses regards sont très-animés.

Coignard fut le premier soumis au débat; et malgré ses menaces de jouer le muet volontaire, il se dispose à répondre aux interpellations de M. le président.

M. LE PRÉSIDENT. Pierre Coignard, d'après les faits que vous venez d'entendre, vous êtes accusé de faux.

COIGNARD. Je ne suis pas Coignard, je suis André-Pierre de Pontis, comte de Sainte-Hélène.

M. LE PRÉSIDENT. Par arrêt du 20 juillet dernier, qui a l'autorité de chose jugée, vous êtes Pierre Coignard; c'est sous cette dénomination que vous devez répondre.

COIGNARD. J'ai été jugé sur les dépositions de quelques galériens. De pareils témoignages ne peuvent anéantir ni mon état, ni mes titres, ni mes états de service qui constatent des faits vrais : vous étiez au bagne de Toulon à l'époque où, d'après vos états de service, vous étiez dans tel ou tel corps en Amérique!

COIGNARD. C'était Coignard, et non pas moi; je l'ai connu, ce malheureux, je lui ai rendu quelques services; il est mort.

M. L'AVOCAT-GÉNÉRAL. Vous étiez officier dans un corps de partisans espagnols, quand, après avoir été fait prisonnier par les Français, le maréchal Soult vous donna un grade dans son armée. Vous étiez muni de plusieurs états de service; mais le maréchal, ni qui que ce soit, n'a vérifié s'ils vous appartenaient ou s'ils étaient vrais. Vous les avez usurpés.

COIGNARD. Ils étaient à moi, comte de Sainte-Hélène. Qu'on me montre un autre comte de Sainte-Hélène que moi. Personne dans Paris, ni vous non plus, ne peut croire que je sois Coignard.

Jusqu'à la fin, l'accusé persiste à dire qu'on le confond avec un autre. Voici encore un échantillon de ses dialogues avec le président des Assises.

M. LE PRÉSIDENT. Pierre Coignard, est-ce vous qui avez fait obtenir à votre co-accusé Lenormand, une pension de retraite de 300 fr., sur de faux états de service?

COIGNARD. J'ai déjà eu l'honneur de dire à M. le président que je me nomme de Pontis, et que je ne répondrai pas au nom de Coignard. La mort serait là, que je ne changerais pas de langage.

Afin de tout concilier, M. le président n'adresse plus la parole à Coignard qu'en l'appelant *premier accusé*.

Lenormand, interpellé lui-même sur le fait reproché à Pierre Coignard, et dont lui, Lenormand, est le complice, raconte avec une naïveté remarquable par quel fatal concours de circonstances il se trouve compromis dans le procès. Après avoir servi sous Louis XVI, il eut le bras percé de part en part; alors il était encore sous les drapeaux du roi martyr. Plus tard, il reçut en Espagne d'autres blessures.

— Enfin, dit-il, ce n'est pas ma faute si le conseil d'administration du corps a rempli une petite lacune dans mes états de service, en disant que j'avais été fait prisonnier à la Jamaïque, puis sergent-major, puis volontaire royal, etc.

COIGNARD. A l'époque où vous avez passé la visite, je n'étais plus président du conseil d'administration du corps; j'étais occupé à instruire et former la légion de la Seine.

LENORMAND. C'est vrai, mais vous m'avez recommandé à M. B***.

COIGNARD. C'eût été contre mes principes, car M. B*** est un Suisse, et je n'ai jamais aimé les étrangers.

A ces mots, l'accusé entre dans le détail de sa vie militaire et en appelle à ses vertus guerrières de l'outrage fait à son honneur.

Puis, comme M. le président l'invite à s'exprimer avec plus de calme, il dit :

— Que voulez-vous? je parle comme un soldat. Vous remplissez vos devoirs de président. Moi je suis militaire, du fond du cœur. *Je n'aurais pas fait tant de belles choses si j'eusse été avocat.* Mais il semble que je sois ici un bouc de malédiction! On veut que je sois l'auteur de tous les faux, de tous les vols qui se sont commis dans Paris... Je dévoilerai les brigands, les monstres qui me persécutent... Je ne parle pas de M. le préfet de police qui est un fort honnête homme, mais des subalternes, des misérables qui...

Et comme M. le président l'invite de nouveau à se modérer, Coignard répond avec ironie.

— Eh bien! pour aller plus vite, envoyez-moi au cachot, et faites-moi mettre tout de suite la chaîne au cou!...

Alexandre Coignard, frère de Pierre, est interrogé à son tour.

Cet accusé est le premier qui soit tombé entre les mains de la justice. On l'arrêta à neuf heures du soir, rue de la Paix, n° 17, dans le bureau du sieur Richard-Mont-Soyeux, banquier. Un garçon nommé Petit, y ayant vu de la lumière, y courut et éprouva d'abord quelque résistance à ouvrir la porte. Cependant Alexandre, en ayant poussé la porte avec violence, saisit Petit à la gorge, le terrassa, lui marcha sur le corps et se sauva. Les cris poussés par Petit, et le bruit que cette lutte avait occasionné, attirèrent plusieurs personnes de la maison. Le portier ferma aussitôt la porte cochère; et Alexandre Coignard, qui était déjà descendu en criant lui-même : *Au voleur!* fut arrêté dans la cour : il pria celui qui s'était emparé de lui de ne pas le perdre, et de le laisser aller; refusa longtemps de dire son nom, mais protesta qu'il était d'une famille honnête.

A l'en croire il avait rencontré sur les boulevards une jeune fille qui lui avait dit se nommer Adèle, et être en service dans cette maison, sans lui indiquer le nom des maîtres qu'elle servait et l'étage où elle demeurait. Elle était convenue avec lui de laisser sa porte ouverte. Pendant qu'il la cherchait vainement d'étage en étage, il entendit crier : Au voleur! craignit d'avoir compromis cette fille, et entra, sans savoir comment, dans le bureau de M. Richard-Mont-Soyeux.

Les débats durèrent cinq jours et révélèrent les faits que nous venons de raconter et beaucoup d'autres du même genre.

Les preuves étaient accablantes pour tous les accusés et surtout pour Coignard. Par exemple, lors de l'arrestation de Coignard, on avait trouvé sur lui, entre une paire de pistolets de poche, deux châles cachemires, dont l'un fut reconnu provenir d'un vol. On découvrit encore 5,200 francs en or cachés dans ses bottes, plus une montre d'or volée, et la croix de la Légion-d'Honneur du général Marti.

Il paraît aussi que Coignard avait oublié un moment cette présence d'esprit qu'il avait conservé pendant tant d'années, et qui ne l'abandonna pas même devant le tribunal, où il joua jusqu'au dernier instant le rôle qu'il s'était imposé. Si l'on en croit l'un de ses compagnons de captivité à la Force, Coignard, se promenant un matin dans la cour de la Grande-Force, aurait dit au nommé Dégend :

— Vous voyez bien cet exhaussement de muraille, eh bien! il a été fait *pour moi*.... Je veux dire pour ce fameux Coignard, avec qui l'on cherche à me confondre : c'est par là qu'il voulut s'évader autrefois.

Au reste, ce n'est pas ce propos qui influa sur l'opinion des juges. Les témoins étaient nombreux et positifs, puis, ce qui aggravait la position des prévenus, c'était la résistance armée qu'ils avaient apportée à l'exécution des ordres de la justice. Mais la défense tira un grand parti de la position de chacun, elle fit valoir les antécédents de plusieurs des accusés et surtout de Coignard, dont la conduite et le courage, en Espagne, avaient mérité les plus grands éloges; lui-même il parla avec une certaine dignité et produisit un effet favorable à sa cause en montrant sa poitrine sillonnée de cicatrices. Ces circonstances firent rejeter par les jurés la question d'homicide qui aurait entraîné la peine de mort.

Enfin, après cinq jours de débats animés, la Cour, sur le verdict du jury, rendit, à la date du 10 juillet 1819, un arrêt qui condamnait Pierre Coignard aux travaux forcés à perpétuité avec exposition, Safficri à dix ans, Carretti, Lexcellent et Alexandre Coignard, à cinq ans, et qui acquittait la fille Rosa, et une autre accusée du nom de Laurence Laurent, qui vivait avec Alexandre Coignard. Plus tard, Alexandre Coignard, en raison de ses antécédents et des révélations qu'il avait faites fut gracié et placé seulement sous la surveillance de la haute police.

La fin de cette audience fut des plus accidentées :

Les deux femmes introduites les premières avec les trois hommes acquittés montrent l'émotion la plus vive et versent des larmes abondantes. Lenormand et les deux autres ne dissimulent point leur joie. Le premier crie à plusieurs reprises :

— Vive le roi! vivent nos princes!

Les deux frères Coignard et Lexcellent sont ensuite amenés par une forte escorte de gendarmes; Lexcellent qui, en se voyant lié au sort des deux principaux, craint d'encourir une peine aussi grave que celle qu'il leur croyait réservée, se livre au plus profond désespoir; cependant, il se remet un peu de son abattement, en entendant sa condamnation à cinq années de prison seulement.

Pierre Coignard montre une rare effronterie, mais son frère laisse apercevoir une profonde consternation en entendant la lecture de la délibération du jury.

M. l'avocat général ayant requis l'application de la loi, en citant les articles du code, M. le président demande aux trois condamnés s'ils n'ont rien à dire sur l'application de la peine.

Ici, Alexandre Coignard intéresse l'auditoire en demandant de quelle peine il était menacé.

M. le président, sans répondre à sa question, l'invite à consulter son avocat, et la cour se retire pour délibérer.

Pendant ce temps, Pierre Coignard se penche sur le barreau et demande aux avocats quel sort est réservé à lui et à son frère, on le lui dit à voix basse.

— Ah! j'entends, s'écrie-t-il, c'est l'effet de ce fatal arrêt de reconnaissance du 20 juillet.... Il faut prendre son parti!

Lorsqu'Alexandre Coignard entendit sa sentence, il s'écria avec désespoir :

— Messieurs les juges, vous allez connaître mon innocence, je vais nommer les coupables.

— C'est Caretti qui vous a mis dans cette mauvaise affaire, dit Pierre Coignard.

— Oui, messieurs, reprit Alexandre. Sans Caretti, je ne serais pas devant vous.

Le président des assises interrompit ces récriminations, en disant aux accusés qu'ils avaient trois jours pour se pourvoir en cassation, et il ajouta :

— Dans tous les cas, vous devez subir votre arrêt avec le courage et la résignation que l'on doit éprouver quand on a été jugé par des hommes impartiaux et condamné justement.

— Dites injustement! s'écria Pierre Coignard; car jamais je ne vous pardonnerai l'arrêt du 20 juillet.

IX

On croyait ce procès entièrement terminé, car la justice, dans son impartiale équité, avait prononcé sur le sort de chacun des accusés, lorsqu'on apprit, le surlendemain du prononcé de l'arrêt, que Rosa Marcen, Caretti et Saffieri n'étaient pas mis en liberté. Alexandre Coignard, dans le désordre de son désespoir, avait fait de nouvelles révélations, et, de son côté, le ministère public menaçait encore de ses foudres ces trois individus, pour des faits non compris dans l'acte d'accusation, et sur lesquels il aurait été statué le jour même où l'arrêt de la Cour d'Assises prononçait leur acquittement dans le procès principal.

Le 17 juillet, ces trois accusés comparurent devant le tribunal de police correctionnelle comme prévenus d'avoir procuré à Pierre Coignard le passeport qu'il avait falsifié, et à l'aide duquel, sous le nom de Carette, il était parvenu à se soustraire, pendant un certain temps, aux recherches de la justice. Le ministère public conclut à cinq années d'emprisonnement et à cinquante francs d'amende contre chacun d'eux; mais le tribunal, déclarant qu'il n'était pas prouvé qu'ils avaient agi *sciemment,* les renvoya de la plainte et ordonna définitivement leur mise en liberté.

Il restait donc à connaître quel sort attendait le pourvoi que les frères Coignard avaient formé contre l'arrêt de la cour d'assises; ce pourvoi ne se fit pas longtemps attendre, et, le 31 juillet, malgré les efforts de M° Millot, la cour régulatrice confirma la sentence des premiers juges.

X

Pierre Coignard supporta sa peine avec énergie. Lorsqu'il partit avec la chaîne des galériens pour le bagne, une foule immense se rendit à Bicêtre pour le voir et dans les villes qu'il traversait il excitait la même curiosité.

Enfin, il arriva à Toulon; tous ses anciens compagnons de captivité le reconnurent et le reçurent avec enthousiasme. On vérifia sur les registres du bagne son signalement, et il se rapporta entièrement avec les détails fournis à Paris lors du premier jugement. On le mit à la double chaîne.

La fille Rosa alla s'établir à Toulon pour être plus à portée de le voir et de lui prodiguer ses soins, qu'elle continua jusqu'à sa mort, arrivée depuis peu d'années.

Le lendemain, le jury rendit, comme on pouvait s'y attendre, un verdict d'acquittement en faveur des quatre accusés. Statuant sur les conclusions de la partie civile, la cour les condamna aux dépens pour tous dommages-intérêts.

L'acquittement des accusés de Jeufosse répond aux sentiments les plus respectables, et de tels verdicts sont une réparation et une garantie accordées à l'esprit de la famille. Mais à côté de la question sociale, il y a une question légale; ce que la société absout, la loi quelquefois le condamne; et qui pourrait l'en blâmer? Cette opposition nécessaire de la loi écrite et de la loi morale veut être démontrée. Quelques exemples feront comprendre au lecteur jusqu'à quel point et dans quelle mesure la société, représentée par le jury, vient réviser, en pareilles circonstances, les arrêts absolus du législateur.

POCHON (1857).

... L'homme tombe à la renverse, atteint en plein corps (p. 18.)

Voici une autre affaire du même genre, dans laquelle on trouvera, plus clairement accusés encore que dans la précédente, les caractères de l'homicide volontaire et de la préméditation. Mais la justification est la même, la défense du domicile et l'honneur de la famille.

Avant de discuter, racontons :

Le maire de la commune d'Habonville, annexe de Saint-Ail, canton de Briey (Moselle), était, en 1857, un cultivateur aisé du nom de Jean-Nicolas-Philippe Pochon. Cet homme jouissait de l'estime et de la considération publiques; âgé de 55 ans, il vivait heureux et tranquille, entouré d'une femme et de deux enfants. L'aîné de ces deux enfants, Jean-Hubert Pochon, était âgé de 17 ans; la fille, Clémentine Pochon, venait d'atteindre sa quinzième année.

Ce bonheur fut troublé par les entreprises d'un malheureux contre Clémentine; mais, cette fois, la jeune fille fut complice de son propre déshonneur.

Son séducteur n'était pas un *dangereux* de province, mais tout simplement un pauvre journalier, Joseph Basset. Probe et laborieux, Basset soutenait ses parents de son travail; ceux-ci touchaient ses gages; lui se contentait des pourboire.

Comment commença la séduction, on aurait de la peine à le dire. S'il faut en croire la chronique scandaleuse d'Habonville, Clémentine Pochon fut le véritable séducteur. Par un beau dimanche de septembre, elle résolut d'aller aux noisettes, avec une de ses amies, et engagea Basset à les accompagner. Basset avait projeté une partie de boules à Saint-Ail, et cueillir la noisette à trois ne lui semblait pas un plaisir à comparer aux joies d'une partie, arrosée de quelques litres du petit vin blanc des côteaux de la Moselle. Basset refusa. C'était peu galant. Mais quoi, ce que fille veut!... Clémentine, piquée au jeu, passa devant le rustre et appuya son petit pied sur les gros souliers du dédaigneux. Cela fit réfléchir Basset: fille qui marche sur le pied d'un jeune homme lui parle une langue facile à comprendre en tous pays; Joseph renonça à sa partie de boules et prit le chemin du bois. On y resta de midi à cinq heures; il faisait si chaud! et la complaisante amie de Clémentine s'égara plus d'une fois à la recherche des noisettes.

Depuis ce jour, le triomphant Joseph Basset se vit l'amant, qui sait? un jour, peut-être, le mari de Clémentine. Quel parti pour un valet de ferme: la moitié des écus du père Pochon, la moitié de ses terres, et la fille de Monsieur le maire par-dessus le marché!

Mais une pareille aubaine ne viendrait pas toute seule; il y fallait la voix du père Pochon, et comment l'obtenir si la fille n'était pas compromise?

Basset n'eut rien de plus pressé que de raconter son bonheur à qui voulut l'entendre. La gazette du village, c'est la mère-Dombelot, l'aubergiste; c'est à elle que Basset va confier sa bonne fortune inespérée. — Clémentine, lui dit-il d'un air vainqueur, m'a rencontré chez un voisin et m'a invité à aller aux noisettes. J'ai refusé d'abord, mais, en passant par le corridor, elle a bien su me rattraper; elle m'a marché sur le pied et m'a fait signe. On sait ce que ça veut dire. Alors, ma foi, je me suis décidé; nous avons été aux noisettes, et nous avons fait connaissance. Voilà une chance, mère Dombelot: Clémentine est folle de moi, et ça va me faire là un joli mariage. Le père Pochon a des écus. — Ne t'y fie pas, mon garçon, et prends garde, répondit l'aubergiste. Le père Pochon n'est pas commode, et quand il a bu un coup de trop, il a la main lourde. Ne t'y fie pas. — Bah! mère Dombelot, qui ne risque rien n'a rien. D'ailleurs, Clémentine saura bien forcer son père à la chose. Une fille comme ça, quand ça veut, ça veut, et quand c'est pris pour un homme, ça ne démord pas. Tenez, la voilà là-bas à sa fenêtre; tant que je serai là, le diable ne l'en fera pas démarrer. Aussitôt que j'aurai fini ma chopine et que je lèverai le siège, vous la verrez rentrer.

Le scandale éclatait à tous les yeux, et, comme il arrive toujours, les plus intéressés à connaître la conduite de Clémentine et de Basset étaient les seuls à ignorer leurs amours. Deux parentes des époux Pochon se chargèrent de leur ouvrir les yeux; c'est à la mère qu'elles firent cette triste confidence. La pauvre femme resta atterrée. Qu'allait dire le père? à quels excès ne l'entraînerait pas cette révélation?

Pochon fils était à la chasse. La mère attendit son retour, et lui apprit le fatal secret. Tous deux se consultèrent et se décidèrent à prévenir le père, en redoutant les effets de sa juste colère. Cette colère fut terrible. La fille coupable comparut devant ce tribunal de famille; elle n'eut pas l'audace de nier, et elle essuya en silence les longs et amers reproches qui lui furent prodigués.

Il lui fallut avouer que, depuis le jour des noisettes, elle avait reçu plus d'une fois Basset la nuit dans sa chambre. Clémentine couchait au premier étage, sur le derrière de la maison, du côté de la cour et du jardin. Basset, la nuit faite, escaladait le mur peu élevé du jardin, décrochait une échelle et l'appliquait au mur, ou tout simplement montait en se hissant à la pierre d'évier et en s'accrochant aux lames de la persienne.

Une nuit, l'échelle avait été aperçue du dehors, et on avait fait dans Habonville des gorges chaudes de l'amoureuse au petit Basset. Un honnête homme, chez qui servait Basset, s'indigna de cette intrigue, et signifia à son valet de ferme son congé pour la Noël. Le malheureux n'en continua pas moins ses escalades, et, le 22 décembre, il oublia ses brodequins dans la cour de Pochon. Une servante les trouva; ces amours n'étaient un mystère pour personne.

Atterré de ces révélations, Pochon sent bientôt s'éveiller sa fureur; son fils craint un malheur; il va chercher le voisin Geny, pour calmer et pour conseiller son père. Vains efforts! Pochon père n'entend rien; il ne voit que la malheureuse, dont la vue l'irrite et le désole, et le séducteur, contre lequel il profère de sourdes menaces. La mère entraîne sa fille et lui dresse un lit dans sa chambre; le père reste dans la salle commune, buvant de temps en temps un verre de vin, et nourrissant silencieusement sa colère.

Tout à coup, Pochon père se lève, regarde son fils avec des yeux étincelants, et, d'une voix sourde qui accuse une rage concentrée: «Garçon, va coucher dans la chambre de ta sœur, prends ton fusil, et si quelqu'un vient à la croisée et veut entrer, tu tireras dessus!»

Pochon fils n'a pas l'habitude de discuter les ordres de son père. Il obéit, et, tandis que les époux se retirent dans leur chambre à coucher du rez-de-chaussée, gardant auprès d'eux la coupable, Jean-Hubert monte au premier étage, dans la chambre de sa sœur.

A peine y est-il entré, qu'un objet frappe ses yeux; c'est une paire de brodequins d'homme; ce sont ces chaussures que Joseph a oubliées le matin même dans la cour, dont la servante s'est emparée, et que Clémentine a ressaisies à son tour et cachées dans sa chambre. Cette preuve nouvelle de l'infamie de sa sœur frappe vivement le jeune homme et le confirme dans sa résolution d'obéir à l'ordre fatal. Il s'étend sur le lit de la malheureuse et il attend, son fusil près de lui.

Une demi-heure environ s'écoule, et tout à coup Jean-Hubert entend un léger bruit sous la fenêtre. Il saisit son arme, ouvre la fenêtre et regarde. Un homme est là, monté sur la pierre d'évier, qui s'accroche des mains à la persienne et se hisse vers la chambre. — «Qui es-tu? que me veux-tu?» s'écrie Jean-Hubert, et, comme l'homme va redescendre, la tête penchée en arrière, offrant à découvert sa poitrine, le frère de Clémentine laisse pendre sur lui son arme et, sans épauler, la décharge. L'homme tombe à la renverse, atteint en plein corps. La mort est instantanée; un des plombs a traversé le cœur.

Cet homme, c'est Basset. Il est venu chercher le plaisir, il a trouvé la mort.

Le bruit de l'explosion réveille Pochon père, que le vin a engourdi. «Ah! c'est bien, dit-il, le fils a fait ce que je lui avais dit de faire.»

Jean-Hubert descend et lui dit que l'homme est mort; alors, on songe aux conséquences. Il faut appeler des témoins. On sort, on dit aux voisins, réveillés par l'explosion, que Pochon fils a tué *un homme* qui cherchait à s'introduire dans la maison par escalade. On accourt, et les voisins reconnaissent Basset. «En voilà un qui a bien cherché ce qui lui arrive, dit-on autour du cadavre; il n'a que ce qu'il a voulu.»

On mande l'adjoint et on avertit la gendarmerie de Briey. Basset reconnu, Pochon père dit hautement: «C'est moi qui ai commandé à mon fils d'agir ainsi, et je ne m'en repens pas; et si c'était à recommencer, je le ferais encore.»

Dès le lendemain 23, Pochon père et fils furent placés en état d'arrestation, et, le 27 février 1858, ils comparurent devant la Cour d'assises de la Mocelle, l'un comme auteur, l'autre comme complice d'un homicide volontaire, commis avec préméditation et guet-apens.

Cette fois encore, on ajoutait à l'accusation principale le reproche d'avoir laissé gisant inanimé sur le sol le corps de la victime, sans s'assurer s'il y avait encore en lui un reste de vie et sans lui donner de secours.

La défense des accusés fut très-simple. « Mon père me l'avait ordonné, » dit Jean-Hubert. « C'est bien Basset que j'attendais, mais je n'avais pas l'intention de le tuer. J'ai agi sans réfléchir. »

Dans les premiers moments, le fils Pochon avait assumé toute la responsabilité de l'événement; mais devant ses juges, Pochon père revendique son autorité : « Je croyais, dit-il, avoir le droit de tuer, à cause de l'escalade. J'étais dans un grand état d'exaspération. »

M. le président. — Croyez-vous que vous avez le droit de tuer quiconque s'introduit chez vous par escalade ? Mais si l'on arrive attiré par quelqu'un de la maison ?... Croyez-vous, par exemple, avoir le droit de tuer une femme qui prendrait le moyen de l'escalade pour arriver à la chambre de votre fils, ou de tuer l'amant de votre servante qui franchirait vos murs, pour se rendre à son rendez-vous nocturne ?

— R. Non, mais c'était à ma fille qu'on en voulait. J'ai agi dans le transport de la colère, exaspéré de l'offense que Basset nous avait faite.

Le père et la mère de Joseph Basset se sont constitués parties civiles. Me Pistos, en leur nom, et M. l'avocat général Salmon réclament une condamnation, et Me Louis, du barreau de Nancy, insiste avec force pour l'acquittement. M. le président a posé, comme résultant des débats, la question subsidiaire de coups et blessures volontaires ayant occasionné la mort sans l'intention de la donner.

Le jury rapporte un verdict d'acquittement, et la Cour, statuant sur les conclusions des parties civiles, qui demandaient 15,000 fr. de dommages-intérêts, en accorde 8,000.

Voilà clairement posées, dans cette affaire, les questions d'inviolabilité du domicile et d'homicide impuni. Arrêtons-nous ici pour étudier ces questions au point de vue légal.

La question de l'inviolabilité du domicile est régie, en France, par l'art. 359 de la Constitution de l'an III; par l'art. 76 de la Constitution du 22 frimaire an VIII; et par l'art. 184 du Code pénal. C'est là une question assez grave, car elle se rattache à celle de la liberté individuelle, pour que nous en tracions rapidement l'histoire.

Pénétrer illégalement dans le domicile d'un citoyen, c'est, chez les peuples libres, violer la liberté de l'individu. En dehors des cas assez nombreux où cette liberté est limitée par les nécessités de la sécurité publique et de l'obéissance à la loi, la maison de chaque citoyen est un asile inviolable. Tout au plus, la loi reconnaît-elle certains cas de force majeure qui autorisent *le particulier* à pénétrer, *pendant la nuit*, dans la maison du citoyen, à savoir; les cas d'incendie, d'inondation ou de réclamation venant de l'intérieur de la maison.

Le fou dangereux qui pénètre dans le parc de Jeufosse, le séducteur grossier de Clémentine Pochon sont donc, aux yeux de la loi, deux violateurs du domicile. Mais peut-on les tuer sans crime ? Ici, la loi et la conscience publique ne parlent pas le même langage.

Les législations modernes distinguent, à bon droit, dans l'homicide, la *matérialité du fait* et *l'intention* de l'auteur; d'où l'homicide *légal* et *légitime* et l'homicide *illégitime*. Dans la première catégorie, la loi range : 1° l'homicide commandé par l'autorité légitime; 2° l'homicide commandé par *la nécessité actuelle de la légitime défense de soi-même ou d'autrui.*

Or, ces cas de nécessité actuelle se réduisent à deux : 1° si l'homicide a été commis en repoussant pendant la nuit l'escalade ou l'effraction des clôtures, murs ou entrée d'une maison ou d'un appartement habité ou de leurs dépendances; 2° si le fait a eu lieu en se défendant contre les auteurs de vols et de pillages exécutés avec violence.

Prenez la loi à la lettre, a-t-il été nécessaire *de repousser* l'escalade de Guillot ou de Basset? Non, assurément. A-t-il fallu se défendre contre eux, repousser leurs violences? encore moins. Et cependant leurs meurtriers sont restés impunis; c'est que, peut-être, la loi n'avait pas tout prévu.

Laissez à une cour d'assises le soin d'examiner ces questions si délicates, et elle ne pourra qu'appliquer la loi. Or, la loi n'a jamais rangé parmi les actes légitimes l'homicide commis soit pour la défense d'une propriété violée, soit pour la réparation d'un outrage à l'honneur. La loi ne légitime l'homicide que s'il a été nécessaire d'opposer la force à la force; en toute autre circonstance, elle ne confie le droit de punir qu'à l'autorité publique. Supposez même des coups ou des violences graves, le Code n'y verra qu'une *excuse*, motivée par la *provocation*, par cette *nécessité coupable*, comme l'appelle ingénieusement Bacon. Or, l'excuse ne fait pas disparaître le crime, mais l'atténue seulement (1).

Cette jurisprudence, si clairement écrite dans le Code de 1810, semble pourtant infirmée par un arrêt de la Cour de cassation dans la curieuse affaire que l'on va lire.

Au mois de mai 1844, un sieur Braquet avait à son service un domestique, Jean Lacore. Il le renvoya, soupçonnant que cet homme entretenait avec sa femme des relations intimes. Mais bientôt, persuadé que Lacore profitait de toutes les occasions pour pénétrer de nuit dans son domicile, il partit pour un village voisin, et, sans être attendu, revint à la nuit, puis, franchissant le mur de son jardin, se cacha près de sa maison. Il reconnut qu'une fenêtre était ouverte et attendit. Il était alors dix heures et demie. Bientôt après, sa femme sortit, regarda quelque temps au dehors et rentra. Presque aussitôt, Lacore descendit dans le jardin, et se dirigea vers la fenêtre. Braquet se leva alors, armé d'un couteau, s'élança sur Lacore, et, au moment où celui-ci se retournait au bruit de ses pas, il le frappa dans la poitrine. Lacore, sans armes, s'enfuit, poursuivi par Braquet jusqu'à une maison voisine, où il fut secouru. Le domestique adultère ne fut quitte pour quelques jours d'hôpital.

Braquet fut renvoyé devant la chambre des mises en accusation de la Cour royale de Limoges, sous la prévention de tentative d'assassinat. Les premiers juges avaient considéré les faits comme constituant

(1) Code pénal, Ch. I, Titre II, Liv. III, art. 326. Lorsque le fait d'excuse sera prouvé — S'il s'agit d'un crime emportant la peine de mort, ou celle des travaux forcés à perpétuité, ou celle de la déportation, la peine sera réduite à un emprisonnement d'un an à cinq ans.

une tentative de ce genre avec guet-apens; mais la chambre des mises en accusation, par arrêt du 17 juin 1844, déclara qu'il n'y avait pas lieu à suivre, attendu que si Braquet avait frappé Lacore, c'était parce que ce dernier avait, pendant la nuit, escaladé la clôture de son jardin, et pour l'empêcher d'entrer dans sa maison. « Quand même il serait vrai, ajoutait l'arrêt, que Braquet avait l'opinion que Lacore ne voulait pas pénétrer dans son habitation pour le voler, mais bien pour y entretenir un commerce criminel avec sa femme, il aurait pu user de la violence pour éloigner Lacore du toit conjugal, car il aurait été bien plus important pour lui d'empêcher la consommation d'un adultère que le vol de quelques objets mobiliers, et d'ailleurs il aurait pu craindre que sa sûreté personnelle ne fût compromise en s'opposant, par des paroles seulement, à l'entreprise immorale de Lacore; ainsi le prévenu n'a commis ni crime, ni délit, parce qu'il a agi dans un cas de nécessité actuelle de la légitime défense de soi-même, etc.»

Le ministère public se pourvut contre cet arrêt, pour fausse application de l'art. 329. M. Dumont de Saint-Priest, procureur général près la Cour royale de Limoges, soutint le pourvoi en disant : La loi permet de repousser l'escalade et non de la punir, de s'opposer à ce fait menaçant et non de le réprimer quand on l'a laissé s'accomplir. Elle permet de réprimer l'escalade et non de frapper parce qu'on a escaladé. En outre, pour repousser l'escalade ou l'entrée d'une maison et se trouver dans le cas de légitime défense, il faut des conditions clairement indiquées par ces mots : *nécessité de défense actuelle*; il faut que la violence de l'agression motive et légitime celle de la résistance; il faut que cette résistance par la force soit nécessaire, c'est-à-dire la seule possible. En présentant la loi à l'adoption du Corps législatif, le rapporteur, exposant ses motifs, disait :

« L'homicide est légitime quand, dans un pressant danger, on repousse la force par la force : ainsi l'homicide qui a lieu la nuit pour repousser l'escalade.... Mais si la loi consent à légitimer l'action qui repousse la mort dont nous sommes menacés, c'est dans le seul cas où l'impérieuse nécessité nous en fait un devoir.»

Dans l'espèce, comme le montrait bien M. Dumont de Saint-Priest, aucune de ces conditions : nulle agression violente, nul danger pressant; la présence de Braquet était ignorée des coupables. La résistance par la force n'avait été une nécessité ni pour sa sûreté personnelle, ni pour empêcher d'entrer dans sa maison. L'importance du but, si grande qu'elle puisse être, ne suffit pas à légitimer les moyens.

Ce sont là les vrais principes. La Cour de cassation rejeta cependant le pourvoi par un arrêt en date du 11 juillet 1844, attendu, dit l'arrêt, « qu'en décidant, par appréciation des faits, que ledit Braquet avait agi dans la nécessité actuelle d'une légitime défense, et qu'ainsi il n'y avait pas lieu à accusation contre lui sur le fait faisant l'objet de la prévention, l'arrêt dénoncé n'a pu ni refuser à ces faits la qualification légale, ni violer aucune loi. »

Mais, qu'on ne s'y trompe pas, la magistrature, en poursuivant comme homicides non excusables des faits de ce genre, est dans la stricte interprétation de la loi, qui n'a jamais voulu confondre le fait de vengeance avec le fait de défense légitime.

Heureusement, si la loi est positive quant au fait, le jury n'a pas seulement à prononcer sur l'existence matérielle de ce fait, il en apprécie encore la moralité et toutes les circonstances qui peuvent en modifier la criminalité. Il est interdit au juré, cela est vrai, de penser aux conséquences pénales de sa déclaration; mais dans certains cas où la loi, dans sa teneur rigoureuse et absolue, se trouve en contradiction avec la conscience humaine, qui pourra faire un reproche au juré de nier la vérité la mieux établie, d'écarter le fait le plus incontestable, de déclarer innocent celui que la loi déclare coupable. Belle et dangereuse mission!

Le jury, ce n'est plus la loi au langage nécessairement absolu, c'est la société intervenant directement dans ses propres intérêts, c'est le citoyen commentant, redressant quelquefois l'œuvre de la justice pénale. En matière politique, le verdict du jury n'aurait souvent que la valeur de la passion ou de l'épigramme; en matière criminelle, il a l'autorité supérieure de la famille et de la société.

Il faut remonter jusqu'à des époques troublées, où la société vient de s'arracher à des périls suprêmes, où la famille est à peine respectée, pour trouver un jury qui hésite à absoudre un père qui frappe le violateur de son honneur et de sa maison. Et encore, le droit imprescriptible du *patriarche* est ici si évident, que les préventions, la calomnie la plus habilement ourdie, ne prévaudront pas entièrement contre les principes écrits au plus profond du cœur humain.

C'est ce qu'on va voir dans une affaire qui remonte par sa date au commencement du siècle. Là, plus encore que dans les précédentes affaires, le droit est clair, la punition de l'agresseur morale et providentielle, l'innocence du meurtrier évidente. Jamais homicide ne fut plus *légitime* que celui que nous allons raconter.

PONTERIE-ESCOT (1807).

En l'année 1806, vivait à Bergerac un sieur Ponterie, d'une famille attachée depuis longtemps au culte réformé. Jean-Jacques Ponterie, ses prénoms disent assez l'époque de sa naissance, avait vu le jour près de Bergerac. Ses premières années s'étaient écoulées en Suisse, et il en avait rapporté ces habitudes de roideur puritaine, et aussi ces principes d'austère vertu qui distinguent encore aujourd'hui quelques familles patriarcales dans lesquelles s'est conservée la vieille tradition de Calvin. L'éducation du jeune Ponterie était une anomalie au milieu des frivolités élégantes du dix-huitième siècle expirant. Après une apparition de quelques années dans le service militaire, Ponterie se maria; il épousait une demoiselle Marie Escot, et les deux fortunes réunies firent de lui un des plus riches propriétaires de la contrée.

Dès lors, Ponterie-Escot (c'est une habitude du pays de réunir les noms des deux époux) n'eut plus d'autre occupation que celle de régir les domaines considérables qu'il possédait près de Bergerac. Plusieurs fois, cependant, le suffrage de ses concitoyens l'arracha à cette vie de calme bonheur. D'abord maire de Bergerac, puis administrateur du district et du département de la Dordogne, juge de paix du canton de la Force, Ponterie-Escot fut enfin, de l'an IV à l'an VI, élu membre du Corps législatif. Mais, à partir de l'an VII, il vécut surtout dans sa maison du Meynard, commune de Prigourieux, canton de la

Force. Là, il avait repris ses occupations les plus chères, les soins de l'agriculture et l'éducation de sept enfants que lui avait donnés sa femme, deux fils et cinq filles.

En 1806, le fils aîné combattait en Allemagne, dans les rangs de la grande-armée; l'aînée des filles seule était mariée; la plus jeune était presque un enfant.

Dans l'hiver de cette année, la famille Ponterie vint, comme d'habitude, passer quelques mois à Bergerac. Sa fortune, ses relations, la juste considération accordée à son chef, la plaçaient naturellement à la tête de la société. Mme Ponterie-Escot conduisit ses filles dans les meilleurs salons de Bergerac. C'est là que Cécile Ponterie vit et aima celui qui devait la perdre, Hilaire Dehap.

Cécile avait dix-sept ans; elle était belle, sa dot serait considérable, et une alliance avec sa famille pouvait soulever un homme et le mettre en lumière. C'est ce qu'avait calculé Dehap. Fils d'un ancien contrôleur des actes devenu officier municipal à Bergerac, Hilaire ne possédait rien; il n'avait ni fortune, ni position; élevé dans l'oisiveté et dans l'ignorance, il se sentait incapable de s'élever par le travail ou par le talent. Mais Hilaire était beau, bien fait, jeune, élégant : un *cavalier* accompli, comme on disait alors; un *aimable libertin*, n'était-ce pas assez pour faire fortune? Cécile vit cet inepte *merveilleux*, dont les talents dans l'*art de Terpsichore* produisaient dans les salons de Bergerac une sensation des plus vives. Ce Gardel gascon, cet *aimable libertin*, n'eut pas de peine à éblouir, à captiver la jeune innocente. Dans toutes les réunions de Bergerac elle ne vit bientôt plus qu'un seul homme, le beau danseur à la mode. Des aveux furent échangés, une correspondance s'engagea entre les deux jeunes gens; mais Dehap n'était pas reçu chez les Ponterie, et Cécile était trop bien gardée pour que le séducteur pût réussir dans ses projets. Lorsque la famille Ponterie retourna au Meynard, on promit de s'écrire; mais une correspondance, si passionnée qu'elle pût être, ne suffirait pas à compromettre Cécile : Dehap lui fit promettre d'échapper à la surveillance paternelle.

Une occasion se présenta bientôt. Au mois de juin 1806, Cécile obtint la permission de passer quelques jours à Gillet, près Fleix, chez sa sœur aînée, mariée récemment à un médecin du pays. Là, plus libre que dans la maison de son père, Cécile put revoir Hilaire. Celui-ci n'était pas, il est vrai, admis dans l'intimité du beau-frère de Cécile; mais il s'était établi dans le voisinage, et un bois placé derrière la maison du médecin favorisa les rendez-vous des deux amants. Un coup de feu tiré par le séducteur annonçait sa présence, et la jeune fille accourait à ce signal.

Hilaire Dehap avait compté sur un scandale; il ne se trompait pas. Les rendez-vous du bois furent bientôt connus de tous les habitants de Gillet, et la famille de Cécile ne put ignorer son déshonneur.

Ramenée au Meynard, Cécile y fut accueillie par des larmes et par de justes reproches. Elle fit l'aveu de sa liaison avec Dehap, mais sans excuse réelle, dit-elle, dans l'espérance d'une union prochaine. Son père, sans doute, ne repousserait pas plus longtemps Hilaire, quand il saurait que son amour était partagé.

M. Ponterie ne comprenant rien à ces paroles, Cécile lui montra les lettres dans lesquelles son amant déplorait l'obstination du père à refuser son consentement à un mariage qui devait faire le bonheur de sa fille. Dès lors, il n'y avait plus à en douter, Dehap était un misérable intrigant, qui spéculait sur la faiblesse d'une imprudente enfant. On n'avait pu lui refuser la main de Cécile : il ne l'avait jamais demandée.

Navré de douleur, M. Ponterie pardonna cependant; mais il fallait faire disparaître les traces d'une liaison criminelle : il dicta à Cécile une lettre dans laquelle celle-ci disait à Hilaire un éternel adieu, et lui redemandait ses lettres, témoignages d'une passion dont elle voulait effacer jusqu'au souvenir. Cécile obéit, mais elle écrivit secrètement à Dehap que cette démarche était l'effet de la contrainte.

Pendant un mois, Dehap se refusa à rendre les lettres de Cécile; il s'y décida pourtant, espérant par là fléchir le père en sa faveur. Seulement, en homme habile, Dehap eut soin de garder une lettre, une preuve!

Tout semblait fini cependant; au Meynard, on cherchait à oublier ce triste incident qui avait troublé si profondément le repos d'une honnête famille. La plaie secrète saignait toujours, mais les habitudes patriarcales des Ponterie pouvaient faire illusion sur leur bonheur. Et cependant, jamais ce bonheur n'avait été plus menacé. C'est le foyer paternel que Dehap allait prendre maintenant pour théâtre de ses scandales; il comptait bien forcer enfin ce père à réparer un honneur bruyamment outragé.

Dehap n'avait pas cessé de correspondre avec Cécile. Il en obtint bientôt de nouveaux rendez-vous. Caché dans les charmilles qui touchaient le parc du Meynard, il attendait, déguisé en officier, déguisement prudent, qui permettait au séducteur d'avoir une arme pour sa défense. La trop crédule Cécile ne savait rien refuser à cet amour, dont elle ne soupçonnait pas l'infamie.

« Il m'en coûte, écrivait-elle à Hilaire, de fausser la parole que j'avais donnée de ne plus vous écrire; mais je n'ignore pas que Dehap est tout aussi discret que sensible. Ainsi, je n'ai pas à craindre que mon manque de foi soit connu de personne au monde que de lui. »

Mais la discrétion n'eût pas fait le compte du misérable intrigant. A peine eut-il obtenu de Cécile qu'elle retombât dans sa faute, qu'il s'empressa de faire à tout le monde la confidence de son crime. La famille de Dehap était dans le secret de l'intrigue; son père et sa mère, deux vieillards, l'aidaient dans ce honteux projet de s'introduire violemment dans une honorable et riche famille.

Cependant, le bruit de ces nouveaux désordres n'était pas parvenu jusqu'aux parents de Cécile. On savait leur malheur, on le leur cachait.

Cécile, depuis que sa faute avait éclaté à tous les yeux, ne quittait plus le Meynard. Mais là même, sous les yeux de ses parents, elle devait trouver des complices de sa faute. Un domestique à peu près idiot, Jean Faure dit *Cacaud*, avait été le messager secret des amours de Dehap et de Cécile; lorsque cette correspondance fut connue, et qu'on sut par quel intermédiaire elle avait pu être échangée, M. Ponterie fit à Cacaud défense expresse de porter à l'avenir aucun message de ce genre; Cacaud promit, mais ne tint pas parole.

Telle était la situation de la famille, quand, au commencement de l'année 1807, le caractère de Cécile s'aigrit et s'assombrit d'une manière alarmante. Tout devint pour elle sujet d'humeur ou d'impatience; elle manifesta une antipathie subite pour sa sœur puînée, Eugénie, qui partageait sa chambre et son lit. Pour mettre fin aux tracasseries incessantes dont elle poursuivait sa sœur, les parents jugèrent à propos de les séparer. Eugénie fut placée dans une autre chambre. Cécile continua d'occuper la première.

La maison du Meynard consistait presque entièrement en un vaste rez-de-chaussée, situé entre cour et jardin. Au milieu de la façade donnant sur la cour, était la salle à manger, flanquée d'un côté de la cuisine et de ses dépendances, de l'autre de la chambre à coucher des époux Ponterie. A la suite de la salle à manger, et toujours dans le milieu du corps de logis, était un salon de compagnie donnant sur le jardin. La chambre de Cécile était à côté de ce salon, avec lequel elle communiquait par une porte. Une simple cloison séparait cette chambre de la chambre à coucher des père et mère, mais sans communication directe.

Qu'on se représente bien cette chambre à coucher de Cécile, si l'on veut comprendre le drame terrible dont elle va être le théâtre. Cette chambre est éclairée par deux croisées, donnant, l'une sur le jardin, l'autre sur un chemin public qui longe l'extrémité latérale de la maison. Dans cette chambre, deux lits sont placés côte à côte, séparés seulement par la croisée qui donne sur le jardin. L'appui de cette croisée n'a au-dessus du sol que 1 mètre 62 centimètres d'élévation; la croisée qui donne sur le chemin est élevée de 4 mètres environ, la maison et le jardin formant terrasse au dessus de ce chemin.

A la suite du jardin est un bois de charmille, qui en est séparé par un mur. Dans le milieu de ce mur est une porte communiquant du jardin dans le bois, dont une simple haie forme la clôture. Après le bois sont des vignes et, dans les environs, plusieurs mares d'eau dormante. Vers l'entrée de la cour sont de vastes granges.

Le Meynard, à deux lieues de Bergerac et à une demi-lieue du bourg de la Force, est une habitation isolée; les maisons les plus rapprochées sont quelques logements de vignerons. C'est là que vit la famille Ponterie, avec un domestique peu nombreux, un valet de chambre, une femme de chambre, une cuisinière, une fille de service, une enfant chargée de la basse-cour, deux valets bouviers et un vacher de treize ans.

Dans la soirée du jeudi 26 février, cette famille patriarcale avait passé, comme d'ordinaire, la veillée de l'après-souper à quelques jeux auxquels avaient pris part tous ses membres, à l'exception de Cécile. Depuis quelques jours, par suite de l'humeur qui la dominait, celle-ci s'abstenait de partager ces divertissements communs; vers neuf heures, elle se retirait dans sa chambre, tandis que le reste de la famille prolongeait la veillée jusque vers dix heures et demie.

Ce soir-là, on avait joué le whist jusqu'à dix heures, dans la salle à manger. Alors le fils Ponterie s'était retiré le premier, et avait gagné sa chambre, dont la porte s'ouvrait dans le salon de compagnie, au côté opposé à celle de Cécile. Les jeunes filles rangeaient les cartes et les flambeaux, et fermaient les armoires. Mme Ponterie eut besoin de quelques pièces de linge, qui se trouvaient dans une armoire placée dans la chambre de Cécile. Elle prend un flambeau, va à la porte de sa fille et lève le loquet; mais la porte résiste : contre l'ordinaire, elle est fermée en dedans. « Cécile, dit la mère, ouvre donc! — Oui, maman, » répond Cécile, et cependant ce n'est qu'après quelques instants écoulés qu'elle vient, en chemise, ouvrir la porte. Mme Ponterie entre : sa fille ne s'est pas encore remise au lit, et pourtant les rideaux s'agitent. Mme Ponterie s'étonne, regarde et elle voit une tête d'homme derrière les rideaux entr'ouverts. La surprise, l'effroi, lui arrachent un cri perçant; les jeunes sœurs, alarmées, courent à leur mère; M. Ponterie s'élance à leur suite, et il voit un homme en chemise, qui saute du lit de sa fille, saisit un pistolet sur le lit voisin, et, le dirigeant sur lui, s'écrie : *Eh bien!*

Fondre sur cet homme, de sa main gauche détourner la main armée, et de sa main droite saisir l'homme à la gorge et l'étreindre avec fureur, tout cela fut pour M. Ponterie l'affaire d'un instant. Averti, de son côté, par le premier cri de sa mère, Ponterie fils est accouru, demi-nu. L'homme tient encore, dans sa main chancelante, le pistolet qu'il dirigeait sur le père; Ponterie fils l'arrache et le jette sous le lit. Tout à coup, sous l'étreinte vigoureuse de la main qui l'étrangle, l'homme s'agite, râle et tombe inanimé.

Cette scène terrible n'a duré qu'un instant, et déjà un cadavre gît sur le carreau de la chambre; ce cadavre de l'homme qui partageait la couche de Cécile, c'est celui de Dehap. Quant à Cécile, à ce spectacle elle s'est évanouie. Sa mère et ses sœurs éperdues l'emportent dans la chambre de son frère.

Quelle plus juste colère, que celle de ce père trouvant un séducteur dans l'asile inviolable de la famille, et qu'un misérable ose menacer de mort au moment où on le découvre! S'il a tué cet homme, quel plus juste châtiment! quel homicide plus légitime! Si ce n'est pas assez d'un outrage infâme et de la propriété violée pour justifier ce père, la nécessité de la défense y suffira sans doute. Au pistolet assassin du séducteur le père a opposé sa main vengeresse, dont l'indignation a décuplé la force. La loi n'a qu'à s'incliner.

Et cependant, ô misère humaine! ce fait si simple, cette évidence du droit vont s'obscurcir aux yeux des juges. La passion, la prévention vont altérer le fait, confondre les notions du droit, et c'est à peine si ce père de famille pourra échapper tout meurtri, après de longues angoisses, à l'inique punition dont on va le menacer.

Après les premiers moments de stupeur, Ponterie père avait dominé son trouble. Cet homme mort chez lui, la justice devait être prévenue. Il ordonne à son fils d'aller, en toute hâte, au bourg de la Force, instruire le juge de paix de ce qui vient de se passer. Le fils va s'habiller, et Ponterie père court à l'autre extrémité de la maison éveiller Cacaud le domestique.

Il revient dans la chambre fatale, et, à la place de ce cadavre renversé sur le carreau, il voit un homme qui s'est redressé contre le lit, qui se débat et s'agite ouvrant des yeux étonnés. Dehap n'est pas mort. La fureur de Ponterie s'est calmée. Cet homme, qu'il eût anéanti tout à l'heure, il le prend dans ses bras et le dépose sur le lit, dont la couverture et les matelas ont glissé dans la ruelle pendant la lutte. Ainsi couché sur la paillasse, Dehap est recouvert de ses habits; et, ne pouvant soutenir ce spectacle, le malheureux père envoie chercher les deux valets de bouvier, qu'il prépose à la garde de Dehap.

Le fils Ponterie, cependant, accompagné de Cacaud, part à pied pour la Force, par une nuit noire et humide et par des chemins effondrés. Ils arrivent, informent le juge de paix de ce qui vient de se passer au Meynard : ils le supplient de venir constater ce funeste événement, car, à leurs yeux, Dehap est bien mort. Mais le juge de paix se refuse, à cette heure et par ce temps, à faire la levée du corps; il n'ira au Meynard que le lendemain matin.

Ponterie fils et Cacaud reviennent vers une heure du matin, haletants, en sueur, et on leur apprend cette étonnante nouvelle de Dehap ressuscité. C'est un chirurgien qu'il faut quérir maintenant; or, il n'y en a pas d'autre dans le voisinage que le père du juge de paix de la Force, vieillard de quatre-vingt-deux ans, qui ne se dérangera pas de nuit. M. Ponterie fait atteler et envoie porter à Bergerac plusieurs lettres, dans lesquelles il avertit de l'événement ses parents et un ami commun des familles Ponterie et Dehap, le sieur Rolland, qu'il charge d'amener le chirurgien Venancie. C'est celui qui déjà soigna Dehap lors d'une blessure assez grave reçue en duel.

Vers trois heures, Cacaud part avec la voiture; M. Ponterie l'a chargé d'appeler, en passant, et de lui envoyer deux de ses vignerons, dont la demeure est sur la route.

La nuit s'écoule dans ces courses, dans ces inquiétudes. Nuit de douleur et d'effroi, passée entre un misérable qui se débat contre la mort, une fille coupable en proie tour à tour à l'évanouissement et au délire, une épouse et des enfants désolés.

Les vignerons arrivent; ils remplacent les gardiens de Dehap; et comme ce malheureux, à mesure qu'il se ranime, s'agite et se débat plus désespéré, il faut le contenir en lui passant sur le corps un drap roulé dont on fixe les deux bouts au bois de lit. Bientôt même, il faut lui attacher les pieds et les mains.

Le jour parut enfin, et le juge de paix de la Force arriva, suivi peu de temps après du chirurgien Venancie. Les premiers secours furent donnés par l'un, tandis que l'autre préparait les éléments d'un procès-verbal, décrivait l'état dans lequel il avait trouvé Dehap, saisissait le pistolet jeté sous le lit et les objets trouvés dans les poches du malade.

Dans l'après-midi, le chirurgien jugea que Dehap pouvait être transporté sans inconvénient au bourg de la Force. On le plaça dans une charrette couverte d'un drap, soigneusement garnie de paille, de matelas et de coussins, et on le déposa chez un sieur Chignac, aubergiste et maire de la Force. Il se trouva que c'était dans cette maison que Dehap était descendu la veille au soir, à cheval; il y avait laissé sa monture et son porte-manteau. Après le souper, vers sept heures, il en était sorti, après avoir retiré un pistolet de son porte-manteau.

Le malheureux avait été chercher la mort; car, dans la nuit du 28 février au 1er mars, il expira.

C'est ici que commence l'œuvre incroyable de la passion et de la prévention. Ces faits si simples, cette si juste défense d'un père, ce châtiment providentiel d'un misérable agresseur, tout cela va se métamorphoser, en quelques heures, en un guet-apens, en un assassinat.

Aussitôt que la nouvelle de l'événement du Meynard arriva à Bergerac, les amis de la famille Dehap s'agitèrent; le mot d'assassinat fut prononcé. La jeunesse s'indigna, prit parti pour ces amours traversées, pour ce séducteur puni. Les séducteurs étaient fort à la mode en ce temps-là. Le Directoire avait légué à l'Empire une France démoralisée; la République avait ébranlé l'esprit de la famille dans ses bases les plus sacrées par la loi du divorce. La *sensibilité*, la *nature* étaient les mots de passe de cette dépravation générale, dont les romans galamment orduriers et les niais opéras de cette époque ne peuvent donner qu'une idée fort incomplète. Les Éllevious de Bergerac se crurent menacés dans la personne de Dehap, et un héro formidable s'éleva contre ce père de famille qui défendait son bonheur et son foyer.

Dehap venait à peine d'expirer qu'une dénonciation, signée par deux parents du défunt, les sieurs Mazère et Lacoste, fut envoyée au directeur du jury de Bergerac. On y affirmait que le malheureux Hilaire avait été trouvé chez Ponterie *massacré, mutilé*. Ce dernier mot, habilement commenté, frappa les imaginations crédules et déréglées des oisifs de la petite ville. On se plut à voir dans Dehap un nouvel Abélard, traité par un barbare comme l'amant d'Héloïse. On se rendit en pèlerinage au bourg de la Force pour repaître des yeux impudiques de ces mutilations prétendues.

Les magistrats, cependant, assistés de quelques hommes de l'art, procédaient à la visite extérieure et à l'autopsie du cadavre. Ils en conclurent que *l'interruption de la respiration et de la circulation, empêchées par une pression forte et longtemps continuée au cou*, avait été la cause principale de la mort. Quatre ecchymoses trouvées au cou, l'une du côté droit, deux du côté gauche, la quatrième à la partie antérieure, signalaient la longue et forte pression exercée par *une* main puissante : ce fut là l'opinion de trois chirurgiens; le quatrième, un sieur Denoix, pensa seul que ces quatre ecchymoses n'avaient pu être faites en même temps par une seule main. Cette opinion isolée fut contredite par quatre médecins distingués, appelés par la famille Ponterie.

Tous les hommes de l'art se réunirent d'ailleurs dans cette opinion que les liens avec lesquels on avait attaché les mains et les pieds n'avaient pu contribuer à la mort, puisqu'ils n'agissaient sur aucun organe essentiel à la vie. Quant aux mutilations horribles dont on a parlé, elles n'existaient que dans l'imagination des accusateurs de Ponterie. Un cordonnier, un teinturier, un boucher de Bergerac n'en persistèrent pas moins à soutenir qu'ils avaient *vu* ces mutilations.

C'est sur ces bases ridicules que la passion populaire échafauda son roman sinistre. Une foule ameutée vint s'emparer des tristes restes de Dehap. On prépara tout pour des funérailles dramatiques, et le cortège tumultueux qui se pressait autour du cercueil de la *victime* parcourut bruyamment les rues de Bergerac et de plusieurs communes environnantes, aux cris de mort proférés contre l'*assassin*. Arrivés à Bergerac, devant la maison de Ponterie, les organisateurs de cette pompe sacrilège s'arrêtèrent, vomirent des imprécations contre le malheureux père, et un boucher, les mains teintes du sang tout frais d'un bœuf qu'il venait d'égorger, en rougit la porte, sur laquelle un autre fanatique écrivit ces trois mots : *Maison des bourreaux*.

Une niaise complainte fut faite pour la circonstance; un libelle sanglant, intitulé *la Mort de Dehap*, fut répandu à profusion. L'auteur, en langage du temps, commençait par une invocation *au sombre génie du terrible Dante*, et y plaçait Ponterie au-dessus des *Procuste* et des *Phalaris*.

Le père d'Hilaire fit imprimer une lettre accusatrice, dans laquelle il prenait faussement le titre d'*ancien magistrat;* enfin, la coterie se remua tellement qu'elle parvint à faire insérer l'article suivant dans le n° du 24 mars du *Journal de l'Empire*.

— Un événement affreux, arrivé sur la fin du mois dernier dans la ville de Bergerac, y occupe encore tous les esprits, et le nombre des lettres que nous recevons ne nous permet pas de le passer sous silence. Si nous n'insérons pas la lettre que nous a adressée le père de la malheureuse victime, nous espérons qu'il sentira lui-même qu'il est de notre devoir de ne jamais provoquer l'opinion dans toute affaire qui doit être soumise aux tribunaux.

Voici un narré des faits *dont nous garantissons l'authenticité*:

« Un jeune homme, nommé Dehap, fils d'un ancien magistrat aujourd'hui octogénaire, recherchait en mariage une fille de M. Ponterie-Escot, ex-membre d'une de nos assemblées délibérantes: les fortunes n'étaient pas égales, et le père de la demoiselle refusa son consentement, en interdisant toute espérance pour l'avenir. Comme elle approchait de sa majorité, elle crut pouvoir garder sa foi à celui qu'elle aimait, et lui indiquer les moyens de la voir, mais sans que les rendez-vous donnés aient jamais porté atteinte à sa réputation.

« Le jeudi 26 février, au matin, le jeune Dehap reçut une lettre de M¹¹ᵉ Ponterie-Escot, alors à la campagne; elle l'invitait à venir le soir. Quoique cette lettre eût été visiblement ouverte et recachetée, M. Dehap fut exact au rendez-vous. Le lendemain, le juge de paix le trouva mort, couché nu sur une paillasse, les mains liées derrière le dos, les pieds au-dessus du chevet du lit, la face renversée. Le père de la jeune fille a disparu depuis ce moment; on est à sa poursuite.

« La population entière de la ville de Bergerac a assisté aux funérailles du jeune Dehap; les détails particuliers qu'on donne sur cet événement ajoutent à l'horreur que fait naître la catastrophe. »

On voit quel rapide chemin avait fait la calomnie, et combien ce récit, dont un journal accrédité garantissait l'authenticité, ressemblait peu à la vérité des faits que nous avons racontés tout à l'heure.

L'invention la plus habile était celle de la lettre de

... Un bois favorisa les rendez-vous des deux amants (p. 21.)

Cécile, interceptée, ouverte et recachetée. Par là, on établissait le guet-apens. En supposant une demande en mariage, repoussée par Ponterie, on déguisait l'immoralité des relations entre Cécile et Dehap.

« Des propositions de mariage avaient été faites au père affreux de Cécile, » osait dire dans sa lettre l'*ancien magistrat*. La ridicule complainte, chantée sur tous les tréteaux des foires et des marchés, ne nommait pas Dehap autrement que *l'époux de Cécile*.

A ces habiles insinuations s'ajoutèrent des calomnies plus grossières. La mère de Dehap avait fait disparaître les habits que portait son fils, et les magistrats, après avoir décrit une déchirure au bas de la redingote, et une autre à la chemise, avaient eu le tort de se dessaisir de ces pièces à conviction. Ces vêtements disparus, on imagina des déchirures significatives, qui attestaient une lutte et démentaient le récit de Dehap trouvé nu dans la chambre de Cécile: Hilaire avait donc été saisi ailleurs que dans le domicile de Ponterie.

Telles furent les manœuvres employées pour appeler sur la famille Ponterie l'exécration publique. On y réussit si bien que, dès les premiers jours, la fureur fut au comble. Une populace imbécile se réunissait sur les places publiques de Bergerac, menaçant d'incendier les propriétés de Ponterie. Le père et le fils, prévenus qu'on devait les attaquer de nuit, durent pourvoir à leur sûreté. Un mandat de dépôt avait été lancé, le 2 mars, contre Ponterie père; un mandat d'amener avait été obtenu contre son fils. Mais si la justice paraissait épouser les odieuses passions de la multitude, elle était impuissante à procurer aux prétendus coupables même la triste protection des prisons. La disposition des esprits était telle que les gendarmes n'eussent pu réussir à amener leurs prisonniers vivants à Bergerac.

Ponterie père et fils se résignèrent donc à chercher un asile ignoré, et à laisser le champ libre à leurs ennemis jusqu'au grand jour de la justice.

Alors, dans cette maison abandonnée, se passèrent

les scènes les plus étranges. Les amis de Dehap, les jeunes beaux de Bergerac, l'envahirent. Il y en eut d'assez effrontés pour venir réclamer Cécile. Ponterie, proclamaient les époux Dehap, avait cessé d'être le père de sa fille, et c'était au nom de Cécile qu'ils réclamaient justice. Le Meynard était placé sous la garde des gendarmes : il fallut en chasser quelques fous qui voulaient faire signer à Cécile une lettre dans laquelle on lui faisait réclamer le secours des magistrats contre l'autorité paternelle.

La procédure se continua. Des mandats d'amener furent lancés contre la dame Ponterie, ses filles, et contre Cécile elle-même.

Les accusés ne pouvaient accepter sans danger le débat devant la Cour d'assises de la Dordogne. L'opinion publique, le jury, la magistrature elle-même eur étaient à l'avance défavorables. Ils demandèrent le renvoi devant la Cour d'assises de Bordeaux, pour cause de suspicion légitime; leur demande fut accueillie par la Cour de cassation.

Alors Ponterie, sa femme et ses enfants se constituèrent prisonniers et, le 24 août 1807, les débats s'ouvrirent à Bordeaux.

La famille Ponterie avait choisi pour défenseur un des hommes les plus estimés du barreau girondin, Jean Denucé.

Né en 1759, à Pinsac, près Martel (Lot), Denucé avait été reçu au parlement de Bordeaux en 1782. Sa carrière, comme celle de tant d'autres, avait été interrompue par la Révolution. Il n'avait recommencé à plaider que lorsque la société s'était sentie rassurée par le premier Empire. Denucé n'ayant plaidé que jusque vers l'année 1810, son plaidoyer pour Ponterie-Escot est une des rares occasions dans

De sa main droite, saisir l'homme à la gorge et l'étreindre avec fureur (p. 22.)

lesquelles on puisse apprécier ce talent ferme et honnête. La réputation de Denucé n'eût été, sans cette curieuse affaire, que celle d'un excellent avocat consultant, d'un digne collègue des Ravez, des Martignac père et des Brochon (1).

Il avait, dans cette cause, à combattre un ennemi plus terrible quelquefois que l'évidence d'un crime, la prévention. Ses clients n'étaient placés, dans l'acte d'accusation, que sous la prévention d'*homicide* ou *meurtre*; mais le procureur général avait cru trouver, dans les circonstances, de quoi aggraver le premier titre, et il avait substitué la qualification d'*assassinat* à celle de simple meurtre. Il avait même ajouté une accusation nouvelle à la première, celle d'*attentat à la liberté ou sûreté individuelle*.

Dès les premiers mots, M⁰ Denucé se félicite de cette direction donnée à l'affaire. Vous avez, dit-il,

(1) Denucé mourut, le 13 novembre 1820, procureur du Roi près le tribunal de première instance de Bordeaux.

fourni vous-même la mesure de votre confiance dans l'accusation principale. Vous avez senti qu'elle était insuffisante pour atteindre les accusés, « et c'est déjà quelque chose que de trouver la justification préjugée par l'opinion du magistrat que la loi charge d'accuser. »

Il faut détruire la prévention d'abord dans le cœur des juges; aussi M⁰ Denucé commence-t-il par expliquer la position difficile de ses clients, la nécessité pour eux de récuser des juges évidemment hostiles, d'échapper aux coups de leurs persécuteurs.

« Sans doute, messieurs, tout ce qui se tramait contre les sieurs Ponterie faisait de leur retraite, et d'une retraite ignorée, une mesure commandée par l'impérieux besoin de leur sûreté. Ils ne fuyaient point les regards de la justice, ils fuyaient les préventions et les poignards; non qu'en demandant des juges autres que ceux de leur département, ils se soient défiés de la justice et des intentions de ceux-ci; mais des juges, mais des jurés pouvaient-ils être entièrement libres sous l'active et cruelle influence de leurs ennemis, qui avaient tant fait pour pervertir l'opinion publique? Etait-il impossible que des préventions, que j'ai vu gagner jusqu'aux meilleurs esprits, n'atteignissent jusqu'à eux? Magistrats de la Dordogne, vous pardonnerez aux craintes des sieurs Ponterie, en vous rappelant ces belles paroles de l'illustre d'Aguesseau : « Justes par la droiture de vos intentions, êtes-vous toujours exempts de l'injustice des préjugés, et n'est-ce pas cette espèce d'injustice que nous pouvons appeler l'erreur de la vertu et, si nous osons le dire, le crime des gens de bien? » (D'AGUESSEAU, XVIIe mercuriale.)

« La cour suprême de cassation a reconnu légitime le renvoi réclamé par les sieurs Ponterie, et vous avez été investis, messieurs, du droit de les juger.

« Aussitôt, ils se sont volontairement remis dans vos prisons; et lorsque, depuis ce moment, tout s'est agité pour les noircir à vos yeux et les rendre odieux au public; lorsque, tout récemment encore, en même temps que des agitateurs ramassaient à Bergerac le sang des animaux pour en rougir les murs de leur maison et y placer l'infâme inscription : *Maison des bourreaux*, des émissaires venaient souffler ici la calomnie et la prévention, annonçant qu'inutilement les tribunaux les déclareraient sans crime, qu'ils trouveraient la mort sur leurs foyers s'ils osaient y rentrer; eux cependant, tranquilles comme l'innocence, ont paisiblement attendu le jour de la justice.

« Il est arrivé. »

Et d'abord, Me Denucé raconte les faits avec plus de simplicité qu'on ne pourrait s'y attendre en ce temps de langage emphatique, avec une clarté dont nos lecteurs vont admirer quelques exemples. La part faite aux habitudes de style de l'époque, la plaidoirie de Denucé est un modèle de sagacité, de justesse, de chaleur vraie, de discussion solide et lumineuse.

Il a raconté les événements de cette triste nuit du 26 février. Le fait est incontestable :

« Il n'est que trop vrai que la mort d'un homme a eu lieu, et le sieur Ponterie a été le premier à reconnaître qu'elle a été la suite de la violente action qu'il exerça sur cet individu.

« Mais la loi, d'accord avec le sentiment et la raison, a reconnu qu'il pouvait y avoir homicide sans crime.

« La règle générale, et peut-être la seule sans exception, est qu'il ne peut y avoir de crime sans le dessein de l'intention de le commettre; aussi la loi a-t-elle impérieusement prescrit, et à peine de nullité, que, dans toute accusation soumise à des jurés, la question relative à l'intention leur fût proposée.

« C'est aussi pour cela qu'elle déclare l'homicide exempt de crime quand il a été commis *involontairement*. Elle le déclare encore exempt de crime, quand il a été commandé par la nécessité de sa propre défense ou de celle d'autrui ; et alors, loin de punir l'homicide, elle le qualifie *légitime*.

« Le cas où l'homicide prend un caractère d'atrocité est celui où il a été commis avec préméditation; alors il reçoit la qualification d'*assassinat;* et, pour ce seul cas, la loi applique la mort du coupable.

« C'est cette affreuse qualification d'assassinat qu'on donne à l'action du sieur Ponterie. On veut que ce ne soit pas dans la chambre de Cécile que Dehap ait été surpris. On veut que le sieur Ponterie, instruit de la venue de Dehap, l'ait attendu dans la charmille ou le jardin; que là il l'ait assailli, puis conduit, traîné ou porté dans la chambre de sa fille pour l'y montrer coupable d'un attentat dont il aurait toujours été innocent.

« Quelles preuves fournit-on de ces horreurs? Aucune, absolument aucune. Quelles présomptions? On les tire de certains faits ou suppositions que nous allons examiner, et de prétendues invraisemblances que l'on trouve à ce que Dehap se soit introduit dans la chambre de Cécile et s'y soit laissé surprendre. »

La lettre prétendue, interceptée par le père de Cécile, aucun témoin n'a pu même en établir l'existence ; aucun indice ne peut faire supposer qu'elle ait été écrite ou envoyée. Et on persiste à en parler, à invoquer la lettre insérée au *Journal de l'Empire*.

« Vieillard malheureux! vous n'écrivîtes pas vous-même ce libelle atrocement calomniateur; car les phrases de rhéteur qui le composent ne coulèrent jamais sous la plume d'un père désolé. Laissez-moi croire que votre signature fut surprise ; que, tout entier à votre douleur, vous fûtes abusé par une main perfide. Il m'en coûte trop de penser que vous ayez flétri vos derniers jours par l'imposture qui fondait, sur un assassinat supposé, l'horrible espoir d'un assassinat judiciaire.

« Et vous tous, qui crûtes à l'existence de cette lettre de Cécile, interceptée, ouverte et recachetée par son père; vous, aux yeux de qui on ne cessa de baser sur ce mensonge horrible la préméditation imputée au sieur Ponterie, revenez donc de la funeste erreur où l'on vous égara. Sachez que non-seulement on ne rapporte pas le moindre indice de ce fait, mais que la malheureuse Cécile, en l'absence de son père, libre de toute contrainte, a déclaré au magistrat qui l'interrogeait, qu'à cette époque elle n'avait point écrit à Dehap, qu'elle ne lui avait pas écrit depuis la Noël; et reconnaissez enfin de quoi sont capables ceux qui ont pu inventer cette atrocité.

« Mais, dit-on, si elle ne lui écrivit pas, elle lui fit verbalement donner le rendez-vous par le domestique Cacaud. Les derniers aveux de ce témoin, quand il s'est vu presser par la crainte de voir la cour sévir contre lui, nous ont appris ce qu'il avait toujours dissimulé, que, par cet intermédiaire, s'était continuée la correspondance, ou écrite ou verbale, entre Cécile et Dehap; il l'avait dissimulé au sieur Ponterie comme à la justice ; et, ce qu'il y a de plus vraisemblable (car il n'avait pas d'autre intérêt à nier ce fait), c'est que la cause de son déni était le désir de laisser ignorer au sieur Ponterie le manquement qu'il avait commis en violant les défenses qui lui avaient été faites.

« Mais pour que les messages continués de Cacaud pussent élever contre le sieur Ponterie un soupçon de préméditation, il faudrait que le sieur Ponterie eût été instruit et de ces messages, et des rendez-vous qu'ils pouvaient donner. Or, il n'existe pas le moindre indice de ce fait dans la procédure. Ce serait même choquer toutes les vraisemblances que de supposer qu'il eût mis dans la confidence celui-là même dont il transgressait la prohibition.

« Mais un fait constant vous prouvera que c'est à l'insu du sieur Ponterie que Cacaud avait continué à servir la correspondance entre Cécile et Dehap.

« Vous vous souvenez que Cécile, pour réclamer ses lettres de Dehap, en écrivit une dictée par son père, vous vous souvenez aussi qu'en même temps, Cécile en écrivit une au crayon pour lui annoncer que la première était l'effet de la contrainte. Ces deux lettres partirent en même temps et furent portées par Cacaud.

« Or, assurément, le sieur Ponterie, qui faisait écrire par sa fille de manière à rompre tout rapport entre elle et Dehap, était bien loin de savoir que Cacaud portait en même temps une autre lettre destinée à détruire l'effet de la première. C'est donc incontestablement à l'insu du père de famille que ce valet continue à servir la correspondance.

« Ainsi, les messages, quoique continués, quoique portés par le même Cacaud, ne prouvent rien contre le prévenu : il les ignorait. Quoi de plus naturel que cette ignorance? quoi de mieux prouvé? Il avait défendu à son domestique de continuer à porter des lettres de Cécile à Dehap, et, le jour même de la défense, le domestique l'enfreint. Le sieur Ponterie a donc été trompé dès le premier moment. N'est-il pas certain dès lors qu'il a dû continuer à l'être? Et qui peut croire que Cacaud, infidèle le jour même de la prohibition, aura depuis déclaré au sieur Ponterie, non-seulement qu'il a porté des lettres, mais qu'il a trahi sa promesse et contrevenu à ses ordres exprès? Qui peut croire aussi que si le sieur Ponterie eût été instruit que, malgré ses défenses, une correspondance continuait, des rendez-vous se donnaient, il fût demeuré, depuis le mois de juin jusqu'au mois de février, sans prendre de nouvelles mesures pour arrêter ce désordre?

« Concluons donc que tout repousse l'idée que le sieur Ponterie ait connu la continuation de la correspondance entre Dehap et Cécile, et dès lors s'évanouit encore cet indice de la préméditation. »

Mais la préméditation, on la trouvait encore dans l'état des habits déchirés qui, disait-on, contrariait ce récit de Dehap trouvé couché dans la chambre. M⁰ Denucé discute habilement ce point de l'accusation; il constate par les témoignages l'état de ces habits chez Ponterie et chez Chignac. Quatre témoins ont parlé de déchirures autres que celles de la première vérification. Un d'eux, le sieur Vignal, intime ami de Dehap, a seul vu le revers du gilet déchiré et le collet décousu. Il est le seul également, avec Tavaux, autre chaud partisan de la famille Dehap, à voir que la redingote de casimir est *neuve* ou *presque neuve*, tandis que les premiers témoins, à leur tête le juge de paix, l'ont trouvée *demi-usée*.

« Mais que nous importe en quel état aient été trouvés les vêtements dans la maison du sieur Chignac? N'a-t-on pas pu, dans cette maison, soit volontairement, soit involontairement, ajouter aux déchirures? N'a-t-il même pas pu s'en opérer dans le transport de l'individu du Meynard au bourg de la Force, en le plaçant sur la charrette, en le retirant, en le déposant dans la maison de Chignac, en l'habillant, en le déshabillant; et la seule chose à considérer sur ce point, est l'état où étaient les habits chez le sieur Ponterie. Là, tout fut examiné, puisqu'on habilla le malade pièce à pièce; là, point de déchirure à son gilet; déchirure seulement à l'épaule de la chemise et au bas de la redingote.

« Or, est-il vrai, comme on veut le faire croire, que ces déchirures se lient nécessairement à une attaque effectuée dans le jardin, dans la charmille ou ailleurs?

« Dehap, marchant la nuit, traversant des vignes non taillées, des bois, des broussailles, franchissant des murs, des haies n'a-t-il pas pu déchirer sa redingote au bas de la taille? ce qu'a pu faire le plus léger accident, l'accroc qu'ont pu opérer un buisson, un pieu, un tronc d'arbuste, une pierre aiguë, deviendrait donc une preuve d'assassinat? Où est l'homme raisonnable qui, d'un fait aussi indifférent, et qui peut avoir mille causes simples, osât tirer cette affreuse conclusion?

« Et remarquez, messieurs, que Dehap ne reçut aucun coup à la partie du corps où peut correspondre cette partie du vêtement. Nulle blessure, nulle contusion n'a été reconnue dans la partie postérieure de son corps. Ainsi, rien ne peut porter à penser que cette déchirure, au bas de la taille, soit l'effet d'une attaque commise sur sa personne.

« Mais quand Dehap serait arrivé sans que cette déchirure existât à la redingote, souvenez-vous que c'est avec ce vêtement qu'il a été couvert quand il fut placé sur le lit; qu'en s'agitant il le faisait glisser sous son corps; qu'on l'en retira quelquefois pour le recouvrir. Or, assurément, il peut très-facilement arriver, dans ces occasions, que, tirant un peu la redingote, on la déchire involontairement à l'endroit indiqué. Il est donc, encore une fois, impossible de prendre pour présomption d'assassinat une déchirure qu'ont pu produire mille causes simples et naturelles.

« .... Mais, au surplus, puisqu'on se proposait d'argumenter contre nous de toutes ces déchirures, *pourquoi les objets ont-ils disparu?*

« On ne peut pas dire que ce soit par irréflexion, et sans avoir déjà attaché une grande importance à ces objets, qu'on les a anéantis. Les remarques des spectateurs s'étaient déjà portées sur ces vêtements; chacun d'eux paraît avoir voulu plus ou moins exactement s'assurer de leur état; on se les montrait les uns aux autres. Celui-là même qui convient avoir présidé à leur destruction, en en faisant revêtir le cadavre, le sieur Vignal, plus que personne, voulait faire tirer de puissantes inductions des habits déchirés, puisqu'il indique des déchirures que nul autre que lui n'a vues. Encore une fois, pourquoi les vêtements ont-ils disparu?

« Ils ont disparu par les soins des parents, des amis de Dehap. Ah! n'en doutez pas, messieurs, s'ils avaient pu être avantageusement, contre le sieur Ponterie, des témoins accusateurs, ils n'eussent pas accompagné Dehap dans sa tombe.

« Autre présomption d'assassinat : le chapeau de Dehap a été trouvé froissé.

« Quoi donc, un chapeau froissé est la preuve d'un assassinat commis sur celui à qui il appartient! Mais on ne parle d'aucun coup porté à la tête. De plus, c'est après avoir passé la nuit dans la chambre que ce chapeau est, dans la matinée du 27 février, remarqué par le juge de paix et son greffier. Mais, depuis le moment où il avait quitté la tête de Dehap, ne put-il pas être touché par plusieurs mains? Et, dans le désordre et le tumulte de cette affreuse nuit, n'est-il pas plus que probable que ce chapeau, changé de place, tomba sous la main de quelqu'un qui, sans même y songer, put le toucher, le froisser, le laisser tomber dans la chambre?

« Oui, il tomba dans la chambre et non ailleurs; la Providence en fournit une preuve irrésistible. Quelques dépositions attestent que ce chapeau portait une empreinte de *poussière*. De ce fait constant résulte une importante conséquence. La poussière du chapeau prouve que c'est dans la chambre qu'il tomba. Si Dehap eût été assailli dans le jardin, le chapeau, tombé, dans une nuit pluvieuse, sur un sol mouillé, eût porté des empreintes de boue et non de poussière. »

Ici, M⁰ Denucé va attaquer corps à corps les arguments sur lesquels on étaye la présomption d'assassinat. Toute cette partie de son plaidoyer est habilement et solidement tissée. La voici :

Invraisemblance. Comment croire qu'un téméraire ravisseur ait osé s'introduire, à une heure où toute la famille veillait encore, dans une chambre voisine du salon, où les parents réunis pouvaient entendre jusqu'au moindre mouvement?

C'était précisément l'heure où l'entreprise pouvait être tentée avec moins de danger. Elle était impraticable, lorsqu'une fois les père et mère seraient retirés dans leur chambre, qui n'est séparée de celle de Cécile que par une cloison. Alors eût régné dans la maison un calme profond, un silence absolu, et le bruit le plus léger eût pu frapper l'oreille du père ou de la mère, dont l'œil se fût trouvé momentanément dérobé au sommeil.

On n'avait pas autant à craindre lorsque la famille, réunie au salon, y jouait et causait. Il était très-facile alors de ne pas être entendu : il eût été presque impossible de ne pas l'être en tout autre moment.

Ainsi, l'heure ou le lieu n'ont rien d'invraisemblable.

Mais ne l'est-il pas, continue-t-on, que Dehap, au lieu de réunir tous ses vêtements, les ait laissés épars; ses bottes entre les deux lits, sa redingote d'un côté, sa montre et son chapeau de l'autre?

Ah! sans doute, si ce téméraire avait eu quelque prudence, ce n'est pas seulement à mieux disposer ses habits qu'il se fût étudié, c'est à s'abstenir d'une rencontre nocturne, c'est à modérer une passion désordonnée qu'il se fût appliqué.

Eh! pourquoi veut-on supposer plus de prévoyance et de réflexion au jeune libertin, brûlant de se plonger dans l'ivresse des jouissances, qu'au froid assassin qui se livre aux profondes combinaisons du crime? Et si ce fut, de la part du premier, une étourderie de laisser ses habits dans un imprévoyant désordre, l'autre eût-il commis la faute de ne pas les montrer dans la disposition la plus propre à faire croire ce qu'il voulait persuader?

Mais, poursuit-on encore, la fenêtre était ouverte; Dehap, au lieu de se montrer à la dame Ponterie, et de se laisser surprendre dans la chambre, eût gagné la fenêtre : il ne pouvait l'avoir laissée ouverte qu'à cette fin.

Je puis répondre : Dehap était nu ; il avait quitté jusqu'à la chaussure. Surpris dans cet état, on peut concevoir qu'il n'eut le temps ni de se reconnaître, ni de se mettre en état de fuir. La malheureuse complice, ayant une fois répondu à sa mère, qui l'appelait, put croire qu'il y avait moins de danger à ne pas trop la faire attendre qu'à résister, et surtout, comme l'a dit Cécile dans son interrogatoire, il n'est que trop vrai que *l'un et l'autre perdirent la tête.*

Mais nous sommes autorisés à penser qu'une autre idée, audacieuse sans doute, et qui pourtant n'a rien de fort extraordinaire, vint frapper l'esprit de cet insensé.

Ecoutons la déposition du sieur Meslon, du sieur Meslon, que M. le procureur général a appelé *le sage, l'honnête Meslon;*

Du sieur Meslon, sur qui l'organe des sieur et dame Dehap vous a prononcé ces paroles remarquables que je vous prie de ne pas oublier : *Meslon est un honnête homme dont on ne peut récuser le témoignage.*

Voici donc ce qu'il a déposé, en rendant compte de ce qui se passa au Meynard dans la matinée du 27 février :

« Qu'après que le sieur Dehap fut parti (pour la Force sur la charrette), le déclarant demanda à voir Cécile Ponterie, sa nièce. On le conduisit dans une chambre, où il la trouva couchée. Ayant demandé à être seul avec elle, il lui fit quelques reproches sur son imprudence, en lui demandant pourquoi elle avait ouvert la porte avant de le faire sortir par où il était entré; à quoi elle répondit *qu'elle avait bien voulu l'y engager, mais qu'il ne l'avait pas voulu;* et elle ajouta ces mots : *Eh! qui aurait pu imaginer qu'il en fût résulté ce qui est arrivé?*

« Le déclarant lui ayant demandé s'il était venu souvent, elle répondit : *Que trop!* »

Retenez bien ces expressions, messieurs les jurés, *qu'elle avait bien voulu l'engager à sortir, mais qu'il ne l'avait pas voulu.* Elles vous donneront la clef du projet qu'osa former, dans cet instant, une tête en délire, et de l'espoir que son égarement put lui en faire concevoir.

Ce n'est pas le premier séducteur qui désira d'être surpris dans une situation qui forçât les parents à ne plus mettre obstacle au mariage.

Et vainement nous dit-on que la fenêtre, qu'on n'avait pu laisser ouverte que pour s'évader au besoin, contraste avec cette détermination de se faire surprendre dans le lit de Cécile.

Car la résolution pouvait bien n'avoir été ni méditée, ni calculée d'avance : elle put naître subitement de l'embarras où l'arrivée imprévue de la mère dut jeter ces deux malheureuses victimes d'une passion désordonnée.

Mais, quoi qu'il en soit, la circonstance de la fenêtre ouverte, qu'on trouve en opposition avec cette dernière résolution de Dehap, contraste bien davantage avec la supposition qu'on veut accréditer, que Dehap fut assailli dans la charmille ou le jardin, et conduit de force dans la chambre de Cécile par ses assassins.

En effet, s'il en était ainsi; si Dehap n'a pas été introduit dans la chambre par Cécile; si d'horribles assassins l'y ont traîné malgré lui, la voie la plus naturelle qu'ils auront dû prendre aura bien été d'y entrer par la porte, c'est-à-dire d'entrer du jardin dans la salle de compagnie, et de là dans la chambre de Cécile, qui la touche (et c'est bien là la version imaginée par l'auteur du libelle, *la Mort de Dehap*).

Mais alors pourquoi auront-ils ouvert la fenêtre de la chambre? En apercevez-vous la moindre utilité, la moindre vraisemblance? Arrivés dans la chambre par la porte, loin d'en ouvrir la fenêtre, n'auront-ils pas dû, au contraire, s'y renfermer avec le plus grand soin, pour consommer leur horrible forfait?

Voulez-vous, au contraire, que, au lieu d'introduire Dehap par la porte, on l'ait lancé ou traîné par la fenêtre (quoique je n'aperçoive pas de motif à la bizarrerie qui, pour entrer dans la maison dont on est maître, préfère la fenêtre à la porte)? Alors, ce que les assassins, une fois parvenus dans la chambre, auront eu de plus pressant à faire, aura été de refermer la fenêtre ; car il n'existe aucun motif de la laisser ouverte, et tout commande, au contraire, de la fermer pour s'ensevelir dans le plus profond mystère.

Mais si, par une inconcevable inadvertance, on a négligé de la fermer ; si, par là, les assassins doivent craindre de s'être trahis, du moins se garderont-ils bien de révéler un fait dont ils ont à redouter qu'on ne tire avantage contre eux ; et cependant vous n'avez la connaissance de la fenêtre trouvée ouverte que par les déclarations de la famille Ponterie. Eux seuls en ont parlé, eux seuls pouvaient en parler, puisque seuls ils assistèrent à la scène si malheureuse et si inattendue, qui les mit en présence de Dehap dans la chambre de Cécile.

Ainsi, la circonstance de la fenêtre laissée ouverte, qui se concilie très-bien avec le fait que Dehap fut introduit dans la chambre par Cécile, est absolument inexplicable dans le système d'une agression préméditée et exécutée dans la charmille ou le jardin.

On insiste cependant, et l'on veut conclure que Dehap ne s'était pas introduit dans la chambre de Cécile : on veut le conclure des témoignages d'Anne Morillon et du sieur Blanc, qui, rapportant les confidences que Dehap leur faisait de ses rendez-vous avec Cécile (même de rendez-vous nocturnes, puisque Blanc convient que, pour s'y rendre, il partait avant le jour, qu'il ne revenait que le surlendemain), ne manquent pas d'ajouter que cependant Dehap les assurait qu'il se gardait bien d'aller dans la maison de Cécile, qu'il trouvait le moyen de la voir ailleurs.

Et puis ce propos de ruelle tant répété, que les lettres de Cécile, quoique respirant la passion la plus vive, sont d'un style trop décent pour que la liaison de ces deux amants eût rien de contraire à la pudeur.

Eh bien! Messieurs, des faits constants, avérés, seront sans doute plus puissants que ces récits dont la vérité est équivoque, plus décisifs que ces raisonnements, qui ne peuvent être concluants que pour ceux qui ont résolu de tout croire contre nous.

Or, écoutez. N'est-il pas constant que, le 26 février, vers sept heures du soir, après souper, Dehap partit de chez Chignac, aubergiste du bourg de la Force?

N'est-il pas constant qu'il se rendit tout au moins dans les alentours de la maison du Meynard?

N'est-il pas constant enfin qu'il y venait pour trouver Cécile?

Ce sont là trois faits que personne ne révoque en doute.

Maintenant, pour qu'il parvienne à son but, il faut de deux choses l'une : ou que Cécile sorte ou s'évade de la maison paternelle pour aller joindre Dehap, ou que Dehap soit introduit dans la maison. Je n'aperçois pas de terme moyen entre ces deux alternatives.

Or, puisqu'on parle ici de vraisemblances, puisqu'on veut les trouver partout si rigoureusement observées, qu'on daigne me dire si l'on trouve plus vraisemblable qu'une jeune personne, naturellement craintive et timide, que sa faiblesse ou sa passion peut bien égarer, mais qui ne peut le mettre au-dessus d'un reste de pudeur, ni des frayeurs naturelles à son âge et à son sexe, franchisse de nuit les limites du seuil paternel, et s'élance d'une fenêtre pour courir sous le ciel à la rencontre d'un amant?

Voilà cependant ce qu'il faut soutenir, lorsque, en avouant que Dehap se rendait de nuit près de Cécile, on ne veut pas admettre qu'il se soit introduit dans sa chambre; voilà ce que préfèrent les zélateurs de cet innocent amour.

A leurs yeux, Cécile peut, sans blesser les convenances, franchir la fenêtre et se rendre de nuit dans un bois, auprès de son amant; mais l'avoir introduit dans la chambre contrarie trop l'honnêteté de ses lettres pour pouvoir le supposer.

Et ils se disent de bonne foi!

Enfin, messieurs, si l'on ne peut, par des témoins étrangers à la famille, prouver que c'est dans la chambre, dans le lit que Dehap a été trouvé, vous voyez que c'est parce qu'il y a impossibilité qu'il existe d'autres témoins d'un événement que ceux qui y sont présents.

Mais tous les membres de la famille, séparément interrogés, ont fait sur ce point une déclaration unanime.

Cécile, la trop malheureuse Cécile, n'a eu qu'un même langage avec son père, sa mère, son frère et ses deux sœurs; et cependant voyez quel était son intérêt contraire : son honneur à défendre d'une noire calomnie. Le seul ascendant de la vérité a donc pu la subjuguer.

Et ce qu'il est surtout bien essentiel d'observer, c'est que cette déclaration de Cécile, plusieurs fois répétée, a été, pour la première fois, donnée dans un moment où il était impossible qu'aucun concert régnât sur ce point entre elle et sa famille.

Je viens de vous rappeler la déposition du sieur Meslon. N'oubliez pas non plus celle du sieur Venancie, chirurgien.

Dès le matin même du 27 février, après avoir donné ses premiers soins à Dehap, il est engagé par Jenny Ponterie à visiter sa sœur Cécile : il la trouve encore alors dans le délire.

Il lui fait, après midi, une seconde visite. La raison était revenue. Elle déplore le sort de Dehap, et n'en accuse qu'elle-même.

Il la voit une troisième fois, le dimanche matin, 1er mars. C'est pour lui annoncer que Dehap n'est plus. Toujours le même langage : ce n'est qu'à elle-même qu'elle impute sa mort.

Et quand, le 27 février, elle parle, soit au sieur Meslon, soit au sieur Venancie, elle ignore encore, elle ne peut savoir ce que son père a déclaré au juge de paix. Et cependant elle dit les mêmes choses que lui.

Enfin, deux fois elle est interrogée par le directeur du jury. Toujours sa déclaration est formelle : que, *cédant aux désirs* de Dehap (ce sont ses expressions), elle l'a introduit dans sa chambre; que c'est là qu'ils ont été surpris.

Si donc il est un fait que vous ne puissiez révoquer en doute, c'est assurément celui-là.

Mais s'il faut parler encore de vraisemblance et de probabilités, quand l'évidence luit, suivez avec moi, je vous en supplie, le cumul des invraisemblances d'une attaque préméditée et exécutée, comme on l'a tant dit, dans la charmille ou le jardin.

D'abord, quel est ce nouveau genre d'assassins qui vont en embuscade sans arme d'aucune espèce?

Si c'est hors de la maison que Dehap fut assailli, s'il y fut attendu, si l'on se posta pour le surprendre, il dût être percé d'un fer, atteint d'un plomb mortel ou atterré d'un coup de massue? Vîtes-vous beaucoup d'assassins aller attendre un homme qu'on doit supposer armé, avec la main nue pour toute arme offensive?

En second lieu, si vous supposez Ponterie assassin, vous devez lui supposer quelque prudence pour cacher son crime.

Or, la plus forte, la plus dangereuse, la plus inconcevable de toutes les imprévoyances eût été de réserver un témoin qui pouvait tout dire, tout dévoiler.

Non, messieurs, Ponterie assassin n'eût pas laissé un reste de vie à Dehap; car, enfin, pouvait-il calculer, quand il lui vit un retour au mouvement et à l'existence, pouvait-il calculer où s'arrêteraient les progrès? Pouvait-il avoir l'assurance que Dehap ne recouvrerait pas les sens et la parole? Et alors, si Dehap avait été pris dans une embuscade, de quelque espèce qu'elle fût, Ponterie n'avait-il pas la certitude que Dehap dirait tout, qu'il proclamerait l'assassinat et ses horribles détails?

De plus, vous connaissez les empreintes faites sur le cou de Dehap par la main qui le saisit; vous savez que c'est sur sa gorge nue que cette main fut appliquée.

Or, Dehap n'eût pas été trouvé nu dans la charmille

ou dans le jardin : là, c'est sur sa cravate que la main se fût appliquée ; et cependant vous savez qu'elle l'a été sur la gorge nue. Cette remarque suffit seule pour détruire toute supposition d'attaque faite hors de la maison.

Mais, messieurs, ce n'est pas encore en tout cela que consiste la plus forte invraisemblance; il en est une autre, et le cœur de tout père, fût-il d'ailleurs un monstre, l'a déjà prévenue.

Ponterie a saisi Dehap au jardin, dans le bois, je le veux.

Le voilà maître de sa victime, il peut en disposer à son gré, il le peut sans compromettre l'honneur de sa fille, qui, dans sa chambre, tranquille et innocente, ignore le crime médité et consommé.

Possesseur d'un immense local, n'a-t-il pas des moyens de soustraire son crime à tous les yeux? Lui faut-il d'autre aide que les ombres de la nuit, les bras vigoureux de son fils et les siens.

Au lieu de cela, père plus barbare encore qu'implacable ennemi, c'est de la chambre de sa fille qu'il fait l'antre du cyclope; c'est là qu'il traîne et vient immoler sa victime ; il livre à l'opprobre cette fille innocente ; il en fait rejaillir le déshonneur sur quatre autres infortunées, sur leur mère, sur une famille entière, et lui-même se résigne à ne marcher désormais que le front marqué de la honte qu'il s'est imprimée?

Ah! messieurs, il ne fut jamais enfanté par la nature le monstre que je viens de signaler... Qu'ai-je dit, le monstre? Il m'en faut cinq : le père, la mère, le fils, les deux filles ; tous, hors cette malheureuse Cécile, seront un peuple de cannibales, car tous ont tramé, favorisé, exécuté l'épouvantable complot.

Et ces filles, ces filles, messieurs, je les ai pourtant vues, dans la prison de leur père, l'enlacer de leurs bras, l'accabler de leurs innocentes caresses, et le père les presser contre son sein paternel!... Ah! me suis-je dit, ce n'est pas là une famille de monstres. Les doux élans de la piété filiale, les tendres émotions de l'affection paternelle ne partiront jamais de cœurs aussi atrocement pervers.

Et Cécile, cette Cécile si indignement outragée, si abominablement sacrifiée! donnera-t-elle aussi son assentiment à un opprobre qu'elle n'a pas mérité?

Qu'on cesse de répéter *que le mensonge est pour elle un acte de vertu!* Cette vertu est au-dessus de l'humanité. Avoir vu son amant immolé par une horrible trahison, immolé comme ayant souillé sa couche lorsqu'il n'y serait jamais entré; l'avoir vu traîné dans sa chambre pour faire croire faussement qu'elle l'y introduisit; voir son père la proclamer coupable lorsqu'elle serait innocente, la montrer l'opprobre de sa famille lorsqu'elle en serait la seule exempte de crime... Ah! messieurs, les idées se bouleversent, les cœurs se brisent, et Cécile doit s'écrier : Monstre horrible, tu n'es plus mon père! ce n'est pas toi qui me donnas le jour, puisque, par une sanguinaire imposture, tu veux me ravir l'honneur. Je ne te dois plus rien que le supplice que méritent tes forfaits!

Ah! sans doute elle eût accepté comme un bienfait les offres qui lui furent portées de la retirer de cette maison d'exécration; elle eût cédé aux instances qui lui furent faites de le permettre.

Et cependant elle s'y refusa.

Et cependant tout ce qu'a dit le père, Cécile le confirme; elle l'avait même confirmé sans savoir ce que son père avait déclaré.

J'ose croire qu'il n'est plus possible maintenant de douter de bonne foi que ce fût dans la chambre de Cécile que Dehap fut trouvé.

Mais qu'ai-je entendu, et quelle nouvelle horreur vient d'être enfantée? Eh bien! s'est écriée hier, dans cette enceinte, la partie civile, si Dehap était dans la chambre, il y aura eu encore assassinat; car, tandis que la mère aura frappé à la porte de Cécile, les Ponterie seront allés en dehors s'emparer de la fenêtre et s'opposer à la fuite de Dehap.

Elle était bien digne, cette nouvelle invention, de ceux qui créèrent l'imposture de la lettre surprise, ouverte et recachetée; de ceux qui firent publier cette calomnie dans toute la France *avec garantie de l'authenticité du fait.*

Mais depuis quand est-il donc permis de supposer, d'imaginer un fait qui constituerait un assassinat?

Et si non-seulement il n'en existe aucune sorte de preuve, mais s'il est impossible que celui qui l'articule en ait ni certitude ni présomption raisonnable, ne se décerne-t-il pas lui-même la couronne *due aux calomniateurs?*

Un dernier fait ajoutera, messieurs, à votre conviction qu'il n'y eut aucune préméditation de la part du sieur Ponterie.

Quelques moments après la terrible action exercée sur Dehap, le sieur Ponterie, encore livré au désespoir, s'en prenait à tous du malheur qu'il venait d'éprouver. « C'est vous, malheureuse! dit-il à la femme de chambre Marie Taurel, sitôt qu'elle fut levée; c'est vous qui étiez la confidente de Cécile; c'est vous qui avez favorisé cette intrigue et qui l'avez conduite à cet affreux résultat. » Celle-ci s'en défendit. Il fit des reproches à peu près pareils aux autres servantes, et l'on peut imaginer la violence qu'avaient le ton et l'accent d'un homme dans l'état où il était. Toutes ces filles, en protestant de leur innocence, parurent très-alarmées du soupçon.

Quelque temps après, devenu un peu plus calme, peiné du chagrin qu'il pouvait leur avoir injustement causé, il passe à la cuisine, et adresse à toutes ces filles ces touchantes paroles : « Si vous n'avez pas les torts que je vous ai supposés, je suis fâché de ce que je vous ai dit, mais vous devez pardonner à un homme malheureux. »

Marie Taurel a déposé de ce fait.

Et le reproche, et les excuses eussent-ils été le langage du sieur Ponterie s'il avait eu du rendez-vous l'affreuse connaissance qu'on a voulu supposer; si d'avance il avait calculé les coups à porter; si, en un mot, il avait préparé, prémédité l'événement? Non, le sieur Ponterie, dans ce cas, aurait eu dans l'âme la noirceur du crime et non les émotions de la sensibilité.

Ainsi, double résultat, que rien dans la procédure ne saurait affaiblir.

C'est dans la chambre et le lit de Cécile que Dehap a été trouvé.

Nulle preuve, pas même le plus léger indice, que le sieur Ponterie fût instruit d'un rendez-vous donné.

Il n'existe donc pas de *préméditation,* ni par conséquent d'*assassinat.*

La préméditation écartée par l'avocat, reste le fait de cette mort; mais ce n'est plus un assassinat, c'est un simple homicide; c'est un homicide involontaire ; et, fût-il déclaré volontaire, c'est un homicide légitime.

L'homicide est légitime, s'il résulte de cette pression terrible, dans laquelle, en face du pistolet du séducteur, Ponterie a fait passer toute son âme indignée. Or, il est constant que les liens dont Dehap fut attaché, n'ont pas contribué à la mort, et si un seul des chirurgiens a prétendu que plus d'une pression avait été exercée, le procès-verbal de visite prouve le contraire. Les quatre ecchymoses, formant la place d'une seule main, et produites, d'un côté par la pression du pouce, de l'autre, par celle des trois doigts suivants, le démontrent. S'il y avait eu plus d'une main, le nombre des ecchymoses eût été plus grand. Si, après une première pression, la même main, ou toute autre, était revenue à la charge, les doigts n'eussent pas exactement rencontré les mêmes places; le nombre des ecchymoses eût été plus grand.

« Ce fait unique, cette action indivisible de Ponterie n'a eu aucun rapport avec sa volonté. Qu'on se représente la situation de ce malheureux père, au moment où il entre dans la chambre de sa fille. Tout ce qui peut bouleverser une âme, égarer la raison, enfanter la fureur, se présente à lui. Il n'est plus, il ne peut plus être lui-même. Ce n'est plus lui qui veut, qui agit; toutes ses facultés morales sont enchaînées. Incapable d'avoir une volonté, un instinct irrésistible le précipite; et dans la violence de son transport, il ne peut en calculer les effets, ni en prévoir les résultats. Si le coup qu'il porte donne la mort, c'est un acte de son désespoir, et non de sa raison qui l'a abandonné, ni par conséquent de la volonté, qui ne peut exister sans elle.

« La mort de Dehap fut d'autant moins un acte de la volonté de Ponterie, que lorsque celui-ci lui trouve un reste de vie, il n'a garde de le lui arracher : et remettre Dehap vivant aux mains de la justice est l'intention qu'il manifeste, en envoyant sur-le-champ quérir le juge de paix.

« Vous ne déclarerez donc pas, messieurs, l'homicide de Dehap *volontairement* commis; et c'est cependant la première condition requise pour qu'il existe un crime.

« Mais si le transport d'une rage impossible à maîtriser pouvait être à vos yeux une *volonté*, alors vous déclareriez du moins *légitime* l'homicide qui en a été la suite. »

En cas d'homicide légitime, il n'existe point de crime, dit la loi. Elle définit aussitôt l'homicide légitime : « Celui qui est indispensablement commandé par la nécessité actuelle de la légitime défense de soi-même ou d'autrui. »

Le sieur Ponterie a-t-il été dans une indispensable nécessité de se défendre?

Cette défense était-elle légitime?

Et ce pistolet dont Dehap s'était armé? On dit qu'il devait servir à donner un signal amoureux : supposition absurde, toute la famille eût entendu l'explosion. Et d'ailleurs, charge-t-on une arme avec une balle pour donner un signal? C'est Ponterie, dit-on, qui a mis la balle dans le pistolet. Mais cette balle n'était pas de calibre; on l'avait enveloppée de papier, et ce papier, comme celui qui formait la bourre, était écrit de la main de Dehap!

Ponterie avait donc dû se défendre. On a osé dire : *Il pouvait fuir*.

« L'ai-je bien entendu? Ô honte! ô opprobre!.... Un père fuir, laissant sa fille aux mains du ravisseur! un père fuir devant l'audacieux impudent dont l'arme meurtrière lui offre le cercueil à côté de la couche déshonorée de sa fille!... Protecteurs des mœurs! vengeurs de la morale publique outragée! ah! nous en faisons le serment, puissent toutes les accusations fondre sur nos têtes, si, pour les éviter, il ne nous reste que cette dernière infamie!

« Ponterie se défendit; il dut se défendre : et malheur à qui ne trouverait pas une telle défense légitime! »

« Jurés! vous avez entendu avec quelle force terrible nous a pressés l'éloquente voix du magistrat accusateur; vous avez vu que sa tonnante parole ne nous a fait grâce d'aucune des circonstances qu'il a cru pouvoir tourner contre nous. Il nous est donc permis de nous couvrir de son égide, quand, malgré la rigueur d'un ministère si sévèrement rempli, une opinion, dictée par sa profonde raison, nous a été favorable. Il vous a dit (et veuillez bien le retenir), que, s'il faut admettre le récit de Ponterie, on ne peut pas balancer à déclarer l'homicide *légitime*. »

C'est avec la même habileté passionnée que M⁰ Denucé repoussa l'étrange accusation d'attentat à la liberté individuelle. La discussion légale terminée, il s'éleva à ces considérations de morale publique et privée qui dominent tout procès de ce genre.

« Ce n'est pas, sans doute, dans le temple des lois, qui doit être aussi celui des mœurs, que j'aurai besoin de prouver qu'il commet un délit, celui qui, violant l'asile du père de famille, va porter dans la couche de sa fille l'opprobre et l'infamie.

« Fatale illusion de nos mœurs corrompues! Si, au lieu d'un jeune homme que l'imagination, aujourd'hui séduite, se représente comme doué de toutes les grâces du bel âge, et victime d'un amour malheureux, Ponterie eût rencontré, la nuit, dans sa maison, un misérable, conduit par le dessein de le voler, conduit par le besoin peut-être, l'action de Ponterie eût paru naturelle et légitime; on eût trouvé tout simple qu'il se fût assuré du coupable, même en le garrottant: aucune larme n'eût coulé sur ses entraves, ni même sur ses blessures.

« Il faut pourtant avoir le courage de le dire (de quelque improbation qu'on puisse être assuré dans une certaine classe d'auditeurs) : quelle distance entre le ravisseur dont on déplore si amèrement le sort, et le voleur nocturne, qui n'eût trouvé ni une âme sensible, ni un œil humide! Demandez à Ponterie à quel prix il eût acheté la substitution d'un simple ravisseur de sa fortune, à la place du ravisseur de sa fille; et décidez ensuite s'il a pu croire que l'un et l'autre méritaient un semblable traitement...

« Eh quoi! c'est à l'infamant poteau que, par vos mains, on voudrait lier le père de famille qui, pendant cinquante ans, vécut irréprochable ; ce père de famille, dont tout le crime consiste à n'avoir pu dévorer l'opprobre dont un séducteur vint incendier sa maison!

« Non, jurés! vous ne serez pas les ministres de ces passions qui se débordent ici contre nous. Le torrent des préventions populaires ne vous entraînera pas : et, malgré les clameurs qui vous assiègent, ces clameurs de l'immoralité, déguisée sous le masque de la sensibilité, vous saurez demeurer fidèles à vos consciences et à l'honneur. »

La dame de Ponterie, qu'on voulait impliquer dans l'accusation, avait écrit elle-même au chirurgien qu'on mandait pour soigner le coupable; mais on l'accusait d'avoir dit que si elle avait été seule, elle eût fait usage de son couteau contre le ravisseur de sa fille. Ici, l'avocat de s'écrier :

« Mais à propos, quand on admettrait qu'il a été tenu par la dame Ponterie, racontant les sentiments qui l'agitaient à ce fatal moment, qu'aurait-il donc de si extraordinaire?

« N'ai-je pas entendu plus d'une mère de famille me dire, depuis le commencement de ces débats : « Et moi aussi, si je trouvais un amant dans le lit de ma fille, je serais capable de le poignarder. »

« Et n'a-t-elle pas retenti jusqu'au fond de vos cœurs cette exclamation paternelle : « Telle serait peut-être notre conduite si nous étions réservé à cet excès de malheur ! » Et de quelle bouche est-elle sortie ? De celle qui nous accuse d'une manière si terrible. Mais c'est la bouche d'un père : en lui, si le magistrat accuse, vous voyez que le père absout. »

D'où pouvait venir, dans cette cause, l'étrange triomphe de la prévention. M° Denucé n'en voyait pas seulement la cause dans le travail souterrain ou dans les mensonges bruyants de la famille Dehap; il la cherchait encore dans un sentiment naturel à l'âme humaine :

« Il y a dans les choses qui tiennent à l'amour, dans ses plaisirs, dans ses peines, jusque dans le châtiment qu'il éprouve, une séduction secrète dont les âmes vulgaires n'ont jamais su se garantir. Mais ce n'est pas dans cette enceinte, où les mœurs reposent sous la sauve-garde des lois, où tout doit être imposant et sévère, qu'on peut reproduire ces tableaux qu'une austère morale désavoue, intéresser en faveur d'une liaison criminelle, déplorer un suborneur qui, méditant la honte d'une famille, fut sur le point d'en immoler le chef.

« Où serait la garantie de la morale publique, si, à l'aide de quelques couleurs habilement assorties, si, par le prestige du langage des passions, de pareils excès pouvaient paraître non-seulement excusables, mais intéressants et presque légitimes ?

« Voulez-vous en connaître tous les dangers ? Voulez-vous que je vous fasse abhorrer à jamais cet amour de Dehap et de Cécile qui a rendu ce père accusé si défavorable ? Ecoutez à votre tour.

« Supposons que, dans cette nuit fatale où Ponterie et Dehap se sont si inopinément rencontrés, le sort du combat eût été funeste à ce père ; supposons qu'il eût succombé sous les coups de son ennemi, je vous le demande, quels tableaux vous eût alors présenté cet amour qui a fait couler tant de larmes ?

« Prête-moi, à mon tour, tes pinceaux, terrible Dante ! aide-moi à retracer l'affreux contraste de la rage homicide qui succède à l'ivresse du plaisir ; emprunte à ton enfer un langage digne de ce monstrueux mélange de jouissances et d'assassinats ; peins ce séducteur d'une fille dénaturée, debout, à côté du cadavre de ce père foudroyé, et environné de sa famille, orpheline à la fois et déshonorée. Trouve, s'il se peut, dans l'âme de tes démons, toutes les passions qui les agitent, dans le désespoir qui les dévore, quelque chose qui ressemble aux sentiments dont le cœur de Cécile est corrodé; de Cécile qui, dans le même instant, coupable envers l'honneur, coupable envers la nature, flétrie et parricide, occuperait, à côté de cet amour tant regretté, la place où siége son malheureux père.

« Eh bien ! jurés, si cette terrible supposition ne s'est pas réalisée, à quoi la catastrophe a-t-elle tenu ? Encore un mouvement, une détente pressée, encore un instant presque imperceptible et tout eût changé.

« Ce père était abattu. Il devenait à son tour l'objet de la douleur générale; Dehap eût été l'assassin; Cécile eût été le monstre; et cet amour, dont le châtiment a tout excusé, n'eût paru que le plus noir et le plus atroce des sentiments qui puissent entrer dans le cœur des hommes !

« Revenons à la vérité. Tant que la maison du père de famille ne sera pas le sanctuaire inviolable des mœurs; tant que la chambre et le lit de nos filles ne seront pas inaccessibles à une jeunesse passionnée et téméraire, ce père de famille sera justifié.

« Je ne crains pas de le dire, parce que j'ai fait le serment d'être vrai : l'arrêt qui le frapperait porterait un coup mortel aux mœurs publiques.

« Jurés, vous êtes pères, vous êtes époux ! je vous laisse ces deux grandes pensées en terminant ce discours. »

Ce beau plaidoyer, dans lequel le lecteur n'aura surpris que rarement les traces de la phraséologie emphatique à la mode sous l'Empire, n'eut pas un succès complet. Les débats avaient commencé le 24 août 1807; M° Denucé avait plaidé le 29. Dans une dernière audience, le jury rapporta un verdict unanimement négatif sur l'accusation principale. Mais la Cour avait cru devoir poser, en outre, une série de questions relatives à des excès ou violences. Les accusés en furent déclarés coupables, et furent, en conséquence, condamnés à la peine correctionnelle d'une année d'emprisonnement, 1,000 francs d'amende et 25,000 francs de dommages-intérêts, applicables aux hospices.

Ce fut une sorte de satisfaction accordée aux immorales préventions qui égaraient l'opinion publique.

LE MEURTRE.

ROSSEEL ET VANDENPLAS (1848).

I.

Dans le courant du mois d'août 1847, deux hommes, débouchant de la rue de la Colline, arrivèrent sur la Grand-Place, à Bruxelles, (place de l'Hôtel-de-Ville), où ils s'arrêtèrent pour causer avec un troisième individu.

Des deux premiers, l'un était vêtu d'une blouse, l'autre d'une redingote.

Quant au troisième, il portait ce tablier de toile verte auquel on reconnaît un menuisier.

L'homme couvert d'une blouse était un nommé Sylvestre, journalier, de Hal.

Celui qui avait la redingote se nommait Vandenplas; il avait été pendant quelque temps établi boulanger sur la chaussée d'Etterbeek, près de Bruxelles.

Le personnage au tablier de toile verte était François Rosseel, ouvrier menuisier.

Ces trois individus s'étaient connus à la prison des Petits-Carmes, où ils avaient été détenus dans le même temps.

— Eh bien, dit Vandenplas à Rosseel en l'abordant, comment cela va-t-il *avec vous* ?

— Mal, répondit Rosseel. Je suis dans la misère; mon emprisonnement m'a ruiné.

— Il en est de même *avec moi*, reprit Vandenplas. Je crèverais de faim, si je *n'aurais* pas un cabaretier qui me doit 60 francs, et *où que* je peux manger jusqu'à ce que la somme soit *nettoyée*.

— Ah! dit Rosseel, j'ai assez de Bruxelles. Aussi, j'ai été faire viser mon passe-port pour la Hollande.

— Et qu'irez-vous faire en-n'-Hollande? Est-ce qu'il y a de bonnes occasions de voler, par là ? demanda Vandenplas.

— Je n'en sais rien, dit Rosseel.

— C'est qu'aujourd'hui, reprit Vandenplas, ce qu'il y a de mieux à faire, c'est de voler; *savez-vous* ?

— Et tenez, continua-t-il, je connais un camarade qui sait une bonne affaire à Alsemberg. Si ça vous va, venez-y dimanche.

— *Je suis content* (je le veux bien), répondit Rosseel. A dimanche.

— Prenez garde, fit observer Sylvestre. Peut-être le nommé Bochs est celui qui doit vous donner des renseignements, et il ne faut pas trop s'y fier : c'est un mouchard! savez-vous ?

— Eh bien, dit Vandenplas, j'ai un autre camarade en ville qui nous indiquera un moyen de voler beaucoup d'argent.

— En ville, objecta Rosseel, c'est trop dangereux. J'aimerais mieux qu'on *irait* à Alsemberg.

— Marche pour Alsemberg, dit Vandenplas.

— Allons, dit Rosseel, je travaille à l'estaminet du Renard, et il faut que je m'en aille. Mais venez m'y trouver demain à dix heures et demie et nous causerons de ça.

— Bon, dit Vandenplas, le plus tôt sera le mieux. Car dès que j'aurai mangé mes 60 fr., je n'aurai plus rien.

A ces mots, Rosseel quitta les deux autres individus, qui continuèrent leur promenade vers la porte de Hal.

II.

Quelques jours après la rencontre et la conversation

que nous venons de rapporter, un crime horrible vint jeter la consternation parmi les habitants de Bruxelles. Voici dans quelles circonstances il eut lieu.

La demoiselle Evenepoel, habitait avec son frère et deux servantes, Marie-Thérèse Desain et Anne-Marie-Gertrude Smeets, une maison place Saint-Géry, n° 13, à Bruxelles.

Cette maison était séparée de la rue par une avant-cour, dans laquelle se trouvait une petite laverie et une des portes d'entrée de la cuisine.

Le nommé Corneille Morrens, cocher de M. Evenepoel, venait prendre ses repas chez son maître, et passait la nuit près des chevaux, dans une écurie située rue de la Digue.

Le 2 septembre 1847, Morrens revint comme d'ordinaire, pour souper, entre neuf heures et demie et dix heures du soir. Ayant sonné trois fois inutilement, il remarqua que la porte était *sur serre* (1), et en entrant dans la cour il vit la lampe des servantes qui brûlait dans la cuisine. Il prit un bougeoir et se dirigea vers la laverie, où il devait fendre du petit bois pour le feu du lendemain matin; mais, en ouvrant la porte, il aperçut un cadavre.

Epouvanté à cette vue, il courut chez les voisins qui s'empressèrent d'avertir la police, et l'on constata bientôt qu'un triple assassinat venait d'être commis chez mademoiselle Evenepoel. Les cadavres mutilés des deux servantes se trouvaient dans la petite laverie, et celui de la demoiselle Evenepoel dans la chambre (salle) à manger.

Au fond de l'avant-cour, et près de la porte d'entrée du corps-de-logis, on remarquait deux mares de sang, des débris de cervelle, des fragments de crânes et des esquilles osseuses; il y avait depuis cet endroit jusqu'à la laverie deux traînées de sang parallèles.

Le cadavre de mademoiselle Evenepoel baignait aussi dans une mare de sang.

D'après le rapport des médecins légistes, les deux servantes avaient eu le crâne enfoncé à coup de marteau, et les coups avaient été si nombreux et si violents que le cerveau de la fille Smeets était réduit à l'état de bouillie; elles avaient aussi reçu des blessures produites par un instrument tranchant et acéré comme un couteau pointu ou un long poignard, blessures qui avaient principalement attaqué les veines jugulaires et le canal vertébral.

Mademoiselle Evenepoel avait péri de la même manière, puisqu'elle avait une fracture du crâne produite par un instrument contondant et une énorme blessure qui divisait la veine jugulaire interne et l'artère carotide, et qui semblait avoir été faite par un long poignard à lame plate et tranchante.

Les traces de pas dans la maison indiquaient la présence de deux personnes qui avaient fouillé les meubles de plusieurs chambres, forcé la partie supérieure d'un secrétaire de M. Evenepoel, et cherché à ouvrir, au moyen d'un ciseau de menuisier, la partie inférieure du même secrétaire.

Les auteurs du crime avait enlevé beaucoup d'objets d'or et d'argent : Six montres, 945 florins des Pays-Bas, en pièces de dix et de cinq florins (monnaie d'or), et 17 pièces de trois florins (monnaie d'argent) des Pays-Bas. Ces dix-sept pièces de trois florins se trouvaient dans le secrétaire de mademoiselle Evenepoel.

(1) Expression locale qui correspond à notre locution familière : *Une porte entrebaîllée*. Nous avons eu déjà, et nous aurons souvent occasion, dans le cours de ce procès, de nous servir d'expressions particulières à la Belgique; mais nous aurons soin de les souligner, et même d'en traduire le sens quand elles ne seront pas parfaitement compréhensibles.

Il n'y avait, du reste, ni dans l'avant-cour, ni dans le jardin de la maison, aucune trace d'escalade, d'effraction ou de fausses clefs; de sorte que les auteurs du crime avaient dû s'introduire en sonnant à la porte d'entrée principale, en se faisant ouvrir cette porte par les servantes.

Le crime avait eu lieu enfin, entre sept heures et demie et neuf heures du soir, puisque la veuve Drabbe, envoyée chez mademoiselle Evenepoel, par madame Keymolen, sa sœur, avait fait à sept heures et demie la commission dont elle était chargée, et avait causé avec la cuisinière qui était venue lui ouvrir la porte. Un quart d'heure plus tard, se présenta un facteur de lettres qui sonna trois fois inutilement, et vers huit heures et demie le nommé Danckaerts, qui courtisait la cuisinière, avait frappé à quatre reprises différentes sur le mur correspondant à la petite laverie. Personne n'avait répondu à cet appel qui annonçait toujours la présence de Danckaerts, et celui-ci avait remarqué au même instant de la lumière dans la chambre de M. Evenepoel. Enfin, à neuf heures ou neuf heures un quart, la fille Ghain, servante chez madame Renard, place Saint-Géry, 14, avait vu, en passant devant la maison, une personne qui entr'ouvrait la porte extérieure, qui passait la tête en dehors et la rentrait immédiatement; mais il lui fut impossible, à cause de l'obscurité, de donner le signalement de cette personne, et les auteurs du crime n'avaient laissé à l'intérieur ni à l'extérieur aucune trace qui dût les faire reconnaître.

Des fouilles pratiquées avec soin dans les puits, citernes et fosses d'aisance de la maison Evenepoel, ainsi que dans la rivière (*la Senne*), qui entoure la place Saint-Géry, n'avait produit aucun résultat, et, malgré les recherches minutieuses qui eurent lieu chez tous les repris de justice, on ne parvint pas à percer le mystère qui protégeait les assassins.

III

Deux mois et demi s'étaient écoulés, lorsqu'un propos échappé à Sylvestre donna l'éveil à la justice.

Sylvestre aurait dit à un nommé Hanquet :

— Si je le voulais, les assassins seraient arrêtés avant quinze jours.

Informé de ce propos par Hanquet, M. le procureur du roi délégua M. van Beersel, commissaire de police en chef, qui interrogea Sylvestre et en obtint l'aveu de la conversation qui avait eu lieu au mois d'août précédent, entre Rosseel et Vandenplas.

Aussitôt un agent fut chargé de suivre les traces de Vandenplas. On alla à Ixelles; là on apprit qu'il était allé demeurer à Saint-Josse-ten-Noode, et là on sut qu'il avait transféré son domicile à Bruxelles, rue des Cinq-Etoiles, 9, où il voulait organiser une maison de prostitution. Cette circonstance parut remarquable. Comment se faisait-il que Vandenplas, qui était dans la misère, eût trouvé les moyens de monter un semblable établissement?

D'un autre côté, le commissaire s'étant rendu à l'Hôtel-de-Ville pour consulter le registre des passeports, constata que Rosseel avait habité depuis le mois de janvier jusqu'au mois de décembre 1846, une maison appartenant à la demoiselle Evenepoel, et qu'il avait obtenu deux passeports dans le cours de trois semaines.

Ces premiers renseignements déterminèrent la justice à s'assurer de Rosseel et de Vandenplas, qui furent arrêtés en même temps, le 16 novembre 1847, le premier à Bruges et le second à Bruxelles.

IV.

Lors de son interrogatoire, et pendant la plus grande partie des débats, Vandenplas nia toute participation dans l'assassinat de la place Saint-Géry. Mais des charges nombreuses s'élevaient contre lui, et il est curieux de suivre l'acte d'accusation dans le récit qu'elle trace de la vie de cet homme.

Arrêté le 20 février 1847, sous prévention d'avoir commis une tentative d'incendie, Vandenplas avait été mis en liberté le 11 mai, à défaut de preuves suffisantes, et le jour même il déclarait à deux témoins qu'il était comme un oiseau tombé du ciel ; qu'il ne savait de quel bois faire flèche. Le 16, il accusait encore une profonde misère en disant qu'il n'avait pas de quoi acheter du pain, et en empruntant une pièce de 5 francs qu'il n'a jamais rendue. Il annonçait même des idées de suicide : il déclarait qu'il se ferait un malheur ou qu'il ferait un malheur à une autre personne ; et il était tellement paresseux qu'il serait mort de faim, d'après le dire d'un témoin, si la femme Bulteau n'était venue à son secours, et si elle ne lui avait donné asile depuis sa sortie de prison jusqu'au milieu du mois de juillet.

En sortant de chez la femme Bulteau, Vandenplas était allé occuper une chambre chez la femme Pianné, à raison de 4 francs par mois, et la femme Pianné avait dû le congédier au commencement du mois d'août parce qu'elle ne pouvait en obtenir une misérable somme de 6 à 7 francs. Depuis cette époque, il prenait son logement et sa nourriture chez un nommé Vandenhove, à peu près aussi pauvre que lui, en paiement d'une créance de 31 francs 93 centimes, et il avait été obligé, le 24 août, pour se procurer la chétive somme d'un demi-franc, de déposer au Mont-de-Piété son unique redingote, qu'il avait dégagée le 4 septembre, deux jours après le crime.

Le lendemain, 5 septembre, on le vit arriver à la kermesse (fête) de Saint-Gilles (faubourg de Bruxelles) avec deux jeunes filles, prendre trois bouteilles de vin et dépenser une somme de 6 francs et demi. Le dimanche suivant, 11 septembre, il se rendit en vigilante (1) à la kermesse de Vilvorde, offrit à dîner au garde champêtre, qu'il ne connaissait pas, et but avec lui une bouteille de vin de Bordeaux et une demi-bouteille de vin blanc. Il but encore deux bouteilles de vin dans l'après-dînée avec une autre personne, et neuf bouteilles dans la soirée avec les nommés André Renard et Joseph Simons. Vandenplas paya seul toutes ces dépenses, et il donna une pièce d'or de 10 florins pour les neuf dernières bouteilles, alors qu'on avait volé plus de 900 florins en pièces d'or chez M. et mademoiselle Evenepoel.

Vandenplas débuta le lendemain matin, 13 septembre, en prenant une bouteille de vin chez le cabartier Delche ; il en prit neuf autres avec Simons et Renard chez le cabartier Vercaeren, où il donna en paiement une seconde pièce de 10 florins. Après avoir fait d'autres dépenses à Vilvorde, il revint à Bruxelles avec Simons, le mardi 14 septembre, et il dépensa avec lui une troisième pièce de 10 florins au quartier Louise. Il conduisit plus tard Simons et deux autres compagnons dans la rue des Cailles (2), où ils burent, comme dit le témoin « *une quantité de litres de faro.* » Vandenplas fit encore seul toute cette nouvelle dépense, et il termina sa journée dans une petite rue du quartier des Minimes, où il passa la nuit avec une femme publique.

Il avait retrouvé, à *la Grenade*, rue des Cailles, une fille de Louvain, qu'il connaissait depuis longtemps et qui se nommait BARBE AMOUR. Pendant la semaine qui suivit ses premières orgies à Vilvorde, Vandenplas amena Barbe Amour à la kermesse de Molenbeek-Saint-Jean, et le dimanche 19 septembre il la conduisit à Vilvorde, où il dépensa une trentaine de francs en deux jours, et où il échangea une quatrième pièce de 10 florins.

De retour à Bruxelles, le mardi, Vandenplas séjourna à *la Grenade* jusqu'au mercredi soir et il fit une dépense de 70 francs, sur laquelle il donna deux pièces de 10 florins et deux pièces de 5 florins. Il avait déjà remis en paiement à *la Grenade*, depuis le 2 septembre, trois autres pièces de 10 florins, et ses dépenses à Vilvorde avaient paru si exorbitantes, qu'on l'avait soupçonné d'être un des assassins de mademoiselle Evenepoel, et qu'on avait engagé le commissaire de police à le mettre en état d'arrestation.

Depuis ce moment et jusqu'à la fin d'octobre, l'instruction nous montre Vandenplas dépensant encore vingt-deux pièces de 10 florins avec Barbe Amour, qui avait abandonné *la Grenade* pour le suivre, et avec laquelle il voulait établir une maison de passe, petite rue des Cinq-Etoiles, n° 9. Ces vingt-deux pièces, jointes aux neuf autres que Vandenplas avait dépensées à Vilvorde, au quartier Louise et à *la Grenade*, forment un total de trente-une pièces de 10 florins, et il en aurait eu trente-cinq, d'après Rosseel.

Quoiqu'il fût assez difficile, après deux mois et demi, de suivre toutes les démarches et toutes les dépenses de l'accusé, l'instruction signale encore une pièce de 3 florins qu'il a remise à la femme Vandenhove, deux jours après le crime, et sept pièces de 5 florins qu'il a données en paiement : le vol comprenait, comme nous l'avons vu, des pièces de 10, de 5 et de 3 florins.

Pour expliquer d'aussi fortes dépenses, l'accusé fait revivre trente-deux pièces de 10 florins qui proviendraient, à l'en croire, de la succession de sa mère, et qu'il aurait conservées en prison lorsqu'il était prévenu du crime d'incendie. Mais il résulte clairement de la procédure que Vandenplas avait dépensé antérieurement tout ce qu'il avait recueilli de ce chef ; qu'il avait même été obligé, en sortant de prison, d'abandonner ses meubles et ses marchandises à son principal créancier. La prétendue possession de trente-deux pièces d'or à une époque où il annonçait la plus profonde misère, ne peut d'ailleurs se concilier avec ses habitudes d'ivrognerie et de débauche ; elle n'a été imaginée par Vandenplas que pour sauver le change à la justice et pour expliquer une position de fortune qu'il attribuait tantôt à une succession de Bruges, quelquefois aux ressources personnelles de sa maîtresse, quelquefois même aux indemnités qu'il aurait reçues du gouvernement à raison de la poursuite dont il avait été l'objet.

Vandenplas a donc évidemment partagé avec Rosseel les pièces de 10 et de 5 florins, comme il a partagé le produit des deux ventes faites par son complice, et dont nous parlerons plus loin. Les révélations de ce dernier ne laissent d'ailleurs pas le moindre doute à cet égard.

V

Voici les aveux faits par Rosseel quant au crime d'abord, et ensuite au sujet du partage avec Vandenplas des objets volés.

« J'ai commis l'assassinat, dit Rosseel, conjointement avec Guillaume Vandenplas, selon que nous étions

---

(1) Ce nom de *Vigilante* est pris à Bruxelles dans une acception générique, et désigne toutes les voitures que nous nommons fiacres.

(2) Cette rue est entièrement composée de mauvais lieux, à ce point qu'en plein jour une honnête femme n'oserait y passer.

convenus. Nous nous sommes rendus à la place Saint-Géry vers les sept heures du soir, le 2 septembre ; j'ai sonné le premier et j'ai demandé à la servante qui est venue m'ouvrir si la dame Evenepoel y était, ajoutant que je venais lui payer ce que je lui devais encore du chef de loyer d'une maison, à elle appartenant, que j'avais habitée. Elle me répondit que je savais sans doute bien que madame était morte depuis longtemps ; je lui dis que je l'ignorais et lui demandai si la demoiselle était au logis. Elle me répondit que oui. Je lui demandai si elle était seule, elle me répondit oui, et elle me demanda qui elle devait annoncer. Je lui dis : — Dites que c'est Rosseel, de la rue d'Anderlecht, qui vient payer le loyer de la maison qu'il a habitée. — Elle m'a alors introduit dans le cabinet en bas, sur la cour de devant. J'ignorais qu'il y eût un fils dans la maison, je ne l'avais jamais vu.

« La servante est allée appeler la demoiselle Evenepoel qui se trouvait à l'étage. Elle m'a introduit dans le cabinet de derrière où elle a été assassinée. Je lui ai dit alors que je la priais de faire mon compte, et de me dire ce que je devais encore ; qu'elle ne devait pas prendre de mauvaise part que j'avais tardé à venir la satisfaire, que j'avais eu des malheurs, et que je m'étais trouvé pendant quatre mois en prison. Elle me répondit qu'il était vrai que j'avais tardé longtemps, mais que je voyais bien qu'elle ne m'en voulait pas, puisqu'elle ne m'avait pas encore fait de frais.

« J'avais traîné cette conversation pour gagner du temps, car il était convenu avec Vandenplas que lorsque je resterais pendant cinq minutes dans la maison, ce serait un signe qu'il n'y aurait aucun obstacle à l'exécution de notre projet, et qu'il devait venir.

« Vandenplas devait s'introduire chez mademoiselle sous prétexte de louer une maison vacante et située rue d'Anderlecht. et pendant qu'il faisait la commission à la servante, il devait l'assommer à l'aide d'un marteau qui appartenait à un vacher demeurant hors de la porte Louise, dans un fond où la route fait un coude ; sa maison est à l'endroit dit de *Lange-haeg* (La longue-haie), où Vandenplas allait alors boire et manger, lequel marteau il avait pris à l'insu du vacher.

« Nous ignorions qu'il y eût une seconde servante. Pendant que mademoiselle Evenepoel feuilletait un registre, j'entendis un coup de sonnette, et je me dis que c'était Vandenplas... Il se passa quelques minutes sans que j'entendisse quelque chose, et ignorant ce qui avait eu lieu en bas, je pris un prétexte pour descendre ; je dis à la demoiselle Evenepoel : — Excusez-moi, je dois m'en aller pour faire une commission ; je n'ai pas l'argent sur moi ; je reviendrai demain. — Elle me répondit que c'était bien, car elle n'avait pas encore trouvé mon compte.

« Je descendis et je trouvai Vaudenplas dans l'embrasure de la porte du cabinet où j'avais d'abord été introduit. Nous sommes immédiatement montés ensemble dans le cabinet de derrière où se trouvait la demoiselle Evenepoel, qui s'écria en voyant Vandenplas : — Qu'est-ce que c'est ! qu'est-ce que c'est ! (*Wat is dat ? wat is dat*)? — C'est mon camarade, et je vais vous payer de suite... — Et mettant ma main dans ma poche, nous nous sommes aussitôt jetés tous deux sur elle. Vaudenplas l'a assommée à coups de marteau, et lorsqu'elle était tombée à terre, je lui ai coupé la gorge avec mon poignard.

« Je dois cependant faire observer qu'il m'est impossible de dire avec précision si Vandenplas l'a frappée sur la tête ou sur d'autres parties du corps. La demoiselle Evenepoel n'a eu que le temps de jeter deux cris :

c'étaient deux appels à l'une de ses servantes dont elle a prononcé le nom que j'ai oublié.

« Au moment où je descendais et que j'ai trouvé Vandenplas dans l'embrasure de la porte du cabinet, comme je l'ai déjà dit, il me demanda si la demoiselle était déjà morte. Sur ma réponse négative, il me traita de *lâche* et me dit qu'il avait déjà tué les deux servantes, et me demanda où était la demoiselle. C'est alors que nous nous sommes précipitamment rendus dans la chambre où celle-ci se trouvait. Vandenplas me dit qu'il y avait *deux* servantes. Je les entendais gémir ; j'en trouvai une couchée sous la porte, et l'autre dans la cuisine près de la pompe. Je leur ai coupé la gorge avec mon poignard. Ensuite, j'ai traîné celle qui se trouvait sous la porte jusqu'auprès de l'autre.

« Plus tard, Vandenplas m'a raconté qu'il avait assommé la servante qui était venu ouvrir, près de la porte, et que pendant qu'il était occupé à l'achever à coups de marteau, il avait vu l'autre servante sortir de la cave avec une lumière et entendu que cette dernière disait, sans doute parce qu'elle avait entendu du bruit : —Qu'est-ce que c'est ? (*Wat is dat ?*) et qu'il avait aussitôt couru vers la seconde servante et l'avait assommée, sans qu'elle eût le temps de proférer une seule parole. »

Après ces aveux, voici d'autres faits qui expliquent quelle part eut Vandenplas dans le partage des objets volés.

Six jours après son arrestation, on conduisit à Bruges où il avait établi son domicile, l'accusé Rosseel, qui remit lui-même à la justice les ouvrages de cinq montres d'or. On avait déjà retrouvé, dans une première perquisition, les verres de ces montres, trois cuillères à café en argent, dont une était noircie par le feu, une paire de boucles d'oreilles en diamant, et une bague de même nature, une serrure de bracelet en or, deux chaînes de montre en or, deux boucles d'oreilles avec petites turquoises, une petite bague avec topaze ; une bague en or émaillée et cinq épingles en or sans têtes.

Tous ces objets, soigneusement cachés dans la maison de Rosseel, ont été reconnus par M. Evenepoel et par madame Keymolen, de même qu'une petite broche que Rosseel avait donnée à la fille Berckmans, sa servante.

Rosseel avait vendu à l'Ecluse (bourg hollandais près de la frontière belge, à trois ou quatre lieues de Bruges), les autres objets d'or et d'argent : d'abord, le 27 octobre, une chaîne et un bracelet en or, à la veuve Leenhouts, et le surplus, le 8 du mois de novembre, à un juif nommé Abraham Levy.

La première vente lui avait rapporté 89 fr. 24 c., et il avait envoyé le lendemain, 50 fr. à Vandenplas ; il lui disait dans sa lettre d'envoi qu'il n'avait reçu que 50 fr. à-compte ; qu'il consentait à les lui prêter et qu'il en enverrait encore 50 au même titre, la semaine suivante ; mais qu'il ne pouvait pas forcer les gens (*ik kan de menschen niet forceren*).

Quoique Rosseel affirme que cet argent provenait de la veuve Leenhouts, et par conséquent de la vente des objets volés, quoique cela résulte encore mieux d'un simple rapprochement des dates, puisque Rosseel avait vendu le *vingt-sept* et qu'il envoyait l'argent le *vingt-huit*. Vandenplas donne à l'argent de Bruges une toute autre origine : il soutient qu'il avait fourni du pain et prêté de l'argent à Rosseel lorsque Rosseel demeurait rue des Cailles, au commencement de 1847, tandis que le boulanger de Rosseel était un nommé Wetterings, qui lui fournissait deux, trois et quatre pains par jours.

L'ancien garçon boulanger de Vandenplas, qui portait du pain chez un autre habitant de la rue des Cailles, n'en a jamais porté chez Rosseel, et le nom de Rosseel ne figure pas même au registre sur lequel Vandenplas inscrivait le nom des personnes qui prenaient du pain à crédit.

Vandenplas a donc imaginé une fable pour assigner à l'argent de Bruges une origine qu'il n'avait pas.

La vente faite à Lévy le 8 octobre avait rapporté 740 fr. Vandenplas était arrivé à Bruges le 5 ou le 6, il en était reparti le 7 pour Landeghem et Somerghem (Flandre orientale entre Gand et Bruges, à proximité du chemin de fer) avec un cuirassier et une jeune fille, et il était revenu à Bruges avec cette dernière dans la matinée du 9, après avoir dépensé en route tout ce qu'il possédait et après avoir engagé son parapluie pour 3 fr. Il avait dit à la cabaretière Colette Misot, qu'il devait retourner à Bruges pour y toucher une lettre de change de 650 fr; qu'il aurait bien voulu en être payé le dimanche, mais qu'on l'avait fait attendre jusqu'au mardi, jour de l'échéance. Or, Rosseel avait été précisément à l'Ecluse le lundi, et Vendenplas qui engageait le mardi son parapluie à Landeghem, possédait le soir même à Bruges une somme de 4 à 500 francs. Il prenait, avant de se coucher, deux bouteilles de vin, et il en buvait cinq autres le lendemain à Landeghem, en dégageant son parapluie et en attendant le convoi qui devait le ramener à Bruxelles.

Interrogé le 23 décembre, il a soutenu qu'il s'était borné à prendre quelque argent pour son voyage de Somerghem et qu'il avait laissé le surplus dans sa redingote noire dans la chambre qu'il occupait chez Rosseel, tandis que le cuirassier et la jeune fille prétendent que Vandenplas n'a rien laissé chez Rosseel et qu'il a pris tous ses vêtements avec lui, sauf un paletot qu'il avait abandonné au cabaret de la *Belle-Vue*, près du chemin de fer.

Vandenplas lui-même s'expliqué d'ailleurs d'une toute autre façon à l'égard de certains témoins, puisqu'il disait à l'un qu'il venait de recueillir une succession à Bruges, à un autre qu'il avait prêté de l'argent à des habitants de cette ville, et que ceux-ci s'étaient libérés envers lui.

VI

Entre Rosseel qui avouait tout, et Vandenplas qui se renfermait dans une dénégation absolue, il n'était pas difficile de décider de quel côté se trouvait la vérité.

Ainsi, outre que les détails fournis par Rosseel coïncident parfaitement avec le rapport des médecins légistes; il résulte encore du procès-verbal dressé par le commissaire de police des troisième et quatrième sections(1), que l'on a trouvé sur la table dans la chambre où gisait le cadavre de mademoiselle Evenepoel, un registre relié en parchemin, une écritoire de porcelaine et une paire de lunettes.

Vandenplas.

Lorsqu'à la suite des aveux de Rosseel on alla examiner le registre qu'on avait machinalement fermé et placé à l'écart au moment de la découverte du crime, on y retrouva, à l'endroit même où figurait le compte Rosseel, trois ou quatre petites gouttes de sang, les lunettes de mademoiselle Evenepoel et un relevé écrit de sa main pour établir le montant de ce que devait Rosseel.

D'autres renseignements, fournis par Rosseel, ne sont pas moins empreints d'exactitude. Ainsi, il déclare qu'il était venu voir Vandenplas chez Vandenhove, le 30 août, le 31 et le 1er septembre, et qu'il est allé le chercher le jour du crime, que, voyant un marteau sur la tablette d'une fenêtre, il a conseillé à Vandenplas de le prendre; que Vandenplas l'a *mis en poche* et qu'il s'en est servi pour assommer les deux servantes. Vandenhove possédait ce marteau depuis cinq ans; on l'employait chez lui à briser la houille; et voilà sans doute pourquoi les auteurs du crime, en repoussant la porte de la laverie pour y introduire les cadavres, ont laissé l'empreinte d'une main noircie. L'instrument lui-même ayant été soumis à des expériences chimiques, on a retrouvé du sang à la partie du manche qui était engagée dans la tête du marteau. Il est donc évident que ce marteau a servi à la perpétration du crime.

Rosseel ajoute qu'il a essayé, avec Vandenplas, de fondre les objets d'or et d'argent; qu'il s'est servi d'un soufflet appartenant au nommé Slypers, ébéniste, rue des Minimes, n° 24, et on a trouvé dans le portefeuille de Vandenplas un billet écrit de la main de Rosseel, par lequel il prie son complice de reporter le soufflet à l'adresse indiquée plus haut. Il est certain, d'un autre côté, que des objets avaient été soumis à l'action du feu : une cuillères, reproduites par Rosseel, le démontre positivement.

Rosseel parle encore d'un canal où il aurait jeté son poignard et son ciseau de menuisier, et ces deux instruments ont été retrouvés, l'un le 26, et l'autre le 28 novembre à l'endroit désigné par lui.

Comme on le voit, les déclarations de Rosseel sont justifiées de tous points, et prouvent irrésistiblement la participation de Vandenplas dans l'assassinat de la place Saint-Géry.

(1) La ville de Bruxelles est divisée en *sections*, comme Paris est partagé en arrondissements.

Au surplus, Vandenplas était depuis longtemps poursuivi de l'idée de voler et d'assassiner pour s'enrichir. Cette intention, que nous lui avons vu exprimer dans une conversation avec Rosseel, il l'a reproduite en parlant de sa misère au serrurier Vanderbucken, réclusionnaire libéré, à qui il avait proposé de chercher à faire un bon coup, ajoutant que c'était le meilleur métier; que sans cela il n'y avait pas d'argent à gagner. Toujours poursuivi de cette pensée fatale, il la manifesta encore au nommé Anselme Debacker : il lui dit qu'il lui arrivait souvent de ne pas avoir à manger; qu'un serrurier lui avait indiqué une maison où l'on avait caché 30,000 francs pendant la révolution; qu'il n'y avait dans cette maison qu'une vieille dame, une servante et un domestique, et qu'il suffirait de tuer ces trois personnes. Il avait demandé en même temps à Debacker s'il n'aurait pas peur de l'accompagner dans cette expédition, pour laquelle Vandenplas s'est effectivement rendu sur les lieux avec Rosseel et Vanderbucken, la veille du jour où mademoiselle Evenepoel a été assassinée.

Malgré ces déclarations si formelles de Rosseel, de Vanderbucken, de Sylvestre et de Debacker, Vandenplas n'en persista pas moins à se dire innocent.

Mais il est aisé de voir que si Rosseel a dit la vérité, Vandenplas a accumulé mensonges sur mensonges.

Ainsi, nous avons vu qu'il ne pût justifier de l'origine de l'argent qu'il avait si stupidement et si salement dépensé.

Plus tard il tenta d'échapper à la poursuite par un *alibi*, en soutenant qu'il avait été, le 2 septembre, d'abord au *Beau-Site*, sur la plaine d'exercice, ensuite au *Château d'Anvers*, chez van Holsbeck, chaussée de Louvain, et enfin à la *Maison des Brasseurs* (1), (également chaussée de Louvain), où il y avait bal, et d'où il ne serait revenu qu'à onze heures du soir.

Mais, quoique Vandenplas soit borgne et très-reconnaissable, il n'y eut pas une seule personne de ces trois établissements qui pût attester sa présence pendant la soirée du 2 septembre. Le nommé Hendrickx, qui connaissait Vandenplas depuis longtemps et qui faisait la ronde pour les musiciens chez van Holsbeck, affirma de la manière la plus positive que Vandenplas n'y était pas venu, qu'il y avait fort peu de monde, et que la maîtresse de la maison dut même faire l'office de cavalier pour compléter un quadrille.

Vandenplas ne put pas d'ailleurs indiquer une seule personne qui aurait eu des rapports avec lui dans l'un ou dans l'autre des trois établissements. Il ajouta qu'en sortant de la *Maison des Brasseurs*, il était allé sonner chez la femme Bulteau, à Saint-Josse Ten Noode, et qu'il aurait passé la nuit chez Vandenhove. Il prétendit même que ce fut Vandenhove qui lui ouvrit la porte. Mais ces deux personnes lui donnèrent encore un démenti à cet égard.

VII

En conséquence des faits que nous venons de rapporter, Vandenplas et Rosseel furent renvoyés devant la cour d'assises du Brabant. La première audience fut fixée au 8 février 1848.

Cette affaire, qui préoccupait depuis six mois l'attention publique, attira, lors des débats, une affluence de curieux de toutes les classes de la société, sans exemple, peut-être, dans les annales judiciaires de la Belgique.

Dès neuf heures, au jour fixé, la place du Palais-de-Justice, la cour intérieure et les abords de la salle d'audience sont encombrés par la foule que les jurés, les avocats et les témoins ont peine à traverser. A l'intérieur, les places réservées aux avocats et aux témoins sont envahies une demi-heure après l'ouverture des portes. Des dames, appartenant pour la plupart à des familles de membres de la magistrature, se partagent, avec les sténographes des différents journaux, l'enceinte du prétoire. Plusieurs magistrats, et M. le comte de Woyna, ministre plénipotentiaire d'Autriche, occupent des places réservées derrière le bureau de la cour.

Sur une table, placée devant le bureau, on remarque les pièces de conviction : ce sont des dalles offrant des taches de sang, des registres et des vêtements.

A dix heures, les accusés sont introduits; tous deux sont vêtus décemment et simplement; mais chaussés de lourds sabots, suivant les réglements de la prison.

Les accusés, placés sur le même banc, sont cependant séparés par une distance de deux mètres l'un de l'autre.

Rosseel porte un pantalon bleu à raies, un habit de couleur olivâtre, un gilet de flanelle rouge, et une cravate noire.

Vandenplas est vêtu d'une redingote noire, d'un gilet et d'une cravate de soie noire, et d'un pantalon semblable à celui de son co-accusé.

Tous les regards se portent avec une avide curiosité sur ces deux hommes, auxquels un triple crime a acquis une si horrible célébrité.

Rosseel est de taille moyenne; il porte écrit sur ses traits, sur la forme de sa tête, les criminels instincts qui l'ont conduit sur son banc. On comprend, en observant l'expression sauvage, dure, haineuse de cette physionomie accusatrice, qu'il a suivi sa nature : c'est un de ces hommes que l'on peut appeler *les prédestinés du code pénal*.

Un phrénologue ne manquerait pas de dire que l'organe de la *destructivité* est extrêmement développé chez lui. Cet organe, on le sait, est situé au-dessus de l'ouverture de l'oreille et se trouve vers la partie inférieure de la portion écailleuse du temporal. Chez Rosseel, il est tellement développé, que le haut de l'oreille est chassé en avant, et affecte une position horizontale. En revanche, les organes de l'intelligence sont fort déprimés chez lui : son front est bas; ses cheveux, durs et hérissés comme des soies, descendent presque jusque vers ses sourcils. Le frontal présente une dépression visible à l'endroit où siége l'organe de la bienveillance.

Au reste, dans l'ensemble aussi bien que dans les détails, la face de Rosseel est repoussante; son visage est court et carré; son nez, très-large, à peine saillant; ses sourcils, gros et irréguliers, se joignent sur le front et voilent à moitié son regard oblique; sa mâchoire inférieure est osseuse et carrée; ses épaules sont larges et carrées. On dit que Rosseel a servi de modèle à un artiste belge pour un des bourreaux du Christ.

La mise de Rosseel est celle d'un homme de sa classe. Il porte une redingote faite sans aucune espèce de prétention à l'élégance, mais propre et telle que doit l'avoir un ouvrier à son aise.

Un peu plus grand que Rosseel, Vandenplas est un type tout différent. C'est ce qu'on peut appeler un beau garçon; ses traits ont une certaine distinction, son front ne manque pas d'intelligence, son crâne n'atteste pas des instincts destructeurs; sa taille est élégante; sa démarche facile est presque celle d'un homme du monde. Cependant, Vandenplas vous fait éprouver un sentiment de dégoût plus vif encore que celui que vous ressentez à la vue de Rosseel.

(1) Cabarets flamands, connus sous ces divers noms.

Ce dernier vous fait peur : c'est une bête sauvage. Vandenplas vous répugne : c'est un homme dégradé. Son élégance, la distinction de ses traits augmentent encore cette répulsion ; c'est un de ces misérables qui sentent l'estaminet et le mauvais lieu ; la débauche, les fréquentations crapuleuses, l'ont conduit à la misère, au vice, au malheur. Il a cet aspect immonde du crime fangeux, le geste de l'homme perdu de mœurs ; sa face est hâve et terreuse, ce qui contraste encore avec la correction des lignes du visage. Son regard se tourne sur vous, puis s'en détourne encore plus vite; mais cet instant a suffi; vous vous sentez frappé comme par le dard d'une vipère.

Vandenplas est borgne, et cette difformité a quelque chose de repoussant chez lui : il semble ici que ce ne soit pas un malheur, mais une flétrissure.

Les vêtements de Vandenplas, quoique fort usés, affectent encore une certaine recherche, une certaine prétention à l'élégance, qui est d'accord avec tout ce que la tenue et l'aspect de ce grand coupable révèlent sur son caractère, sur ses habitudes.

Cent vingt-cinq témoins furent appelés à confirmer tous les faits avoués par Rosseel et déniés par Vandenplas.

L'appel de la fille Barbe-Amour, maîtresse de Vandenplas, et d'Antoinette Berchmans, qui vivait avec Rosseel, produisit dans l'auditoire un brouhaha que M. le président des Assises eut toutes les peines du monde à réprimer, et provoqua les rires éclatants des deux accusés.

Un incident dramatique signala la fin de l'avant-dernière audience : en voyant que, malgré les charges les plus accablantes, Vandenplas persistait dans ses dénégations, Rosseel résolut de faire un appel à la conscience de son complice.

Après avoir obtenu de M. le président la permission de parler, Rosseel dit avec un accent de profonde conviction, et en s'adressant à Vandenplas :

— C'est moi, moi, Rosseel, qui vous a engagé à commettre ce crime, et comme c'est moi, je veux être l'instrument de votre salut; c'est pourquoi je vous engage de toutes mes forces à faire l'aveu du crime que nous avons commis ensemble; le sang innocent qui est répandu sur ces dalles crie vengeance. Après le jugement des hommes, auquel vous ne pouvez pas échapper, car les jurés ne croient pas à vos dénégations, doit venir le jugement de Dieu. Pour paraître devant Dieu, de manière à obtenir grâce de lui, avouez ici le crime que vous avez commis.

— Je n'ai pas commis de crime ; je ne redoute pas le jugement de Dieu, dit Vandenplas.

— C'est moi qui vous a engagé à le commettre, reprit Rosseel. C'est pour cela que je vous supplie, sur le bord de notre tombe, car la guillotine est dressée pour nous; de dire la vérité, de vous mettre à côté de moi. Nous ne devons pas avoir peur de la mort. Ce n'est rien que de mourir par la main du bourreau, mais nous devons craindre le jugement de Dieu.

— Tout ce qu'il dit est faux, persista Vandenplas.

— Vandenplas, dit M. le président, si vous avez commis le crime, avouez-le, dans votre intérêt; car si les hommes sont convaincus de votre culpabilité, ils seront inexorables pour vous. Je vous engage à penser sérieusement à cela, et peut-être vos réflexions vous porteront à avouer demain.

— Je n'ai rien fait, répondit froidement Vandenplas.

— Vandenplas, ajouta encore Rosseel, nous avons toujours eu du courage, nous n'avons jamais eu peur, montrez que vous êtes un bon guerrier et que vous n'avez pas peur. Notre Seigneur est bien mort pour les hommes. Mettez la main sur votre conscience; si vous voulez qu'à notre mort nous soyons entourés de bons anges, avouez; dans le cas contraire, nous serons entourés de mauvais génies et démons.

Pendant cette scène, qui a vivement impressionné tout l'auditoire et même la cour, Vandenplas est resté impassible ; il a écouté les paroles de Rosseel avec une indifférence extrême, sans que son visage laissât soupçonner la moindre émotion.

Le lendemain, à l'ouverture de l'audience, M. le président annonça qu'un rapport verbal, qui venait de lui être fait par M. le procureur du roi, lui semblait nécessiter l'audition de ce fonctionnaire devant la cour.

L'attention, déjà si vivement excitée la veille, redoubla dans l'auditoire, et ce fut au milieu d'un profond silence que M. Verheyen, procureur du roi, fit la déposition suivante :

— « Ce matin je suis allé de bonne heure à la prison pour prendre quelques renseignements sur d'autres affaires. Je m'adressai au directeur, qui me dit : — M. le procureur du roi, je m'aperçois que Vandenplas est devenu inquiet. J'ai vu dans le journal l'allocution que lui a faite Rosseel ; ne pensez-vous pas qu'au sortir de la prison, ce matin, je pourrais lui dire quelques mots pour l'engager à dire la vérité dans cette affaire? Je lui dis : — Agissez avec prudence ; je ne m'y oppose pas ; que voulez-vous dire? — Il reprit : — Ne pourrais-je pas dire à Vandenplas qu'il doit sentir que ses dénégations sont trop continues et que je vous l'engage également à dire la vérité? — Je lui dis que oui.

«Tout à l'heure le directeur de la prison est venu me dire que Vandenplas avait compris les quelques mots qu'il lui avait adressés, et qu'il convenait du crime; que, toutefois, il ne dirait rien devant la Cour, devant les jurés et devant le public, mais qu'il me dirait tout à moi.

« Je me suis alors rendu avec le directeur dans la cellule de l'accusé. Après quelques instants Vandenplas m'a dit qu'il ne pouvait rien dire devant le public, parce qu'il ne saurait pas s'exprimer, et que ce serait excéder ses forces que d'exiger qu'il convint publiquement de son crime. Je lui ai fait comprendre alors que son crime était grand, que son repentir devait l'être aussi. Je l'engageai à avouer toutes les circonstances du crime. Vandenplas, par un sentiment que je comprends et qui est peut-être le seul qui lui reste, a dit qu'il n'avouerait rien ; que tous les efforts qui seraient tentés pour lui arracher un aveu seraient inutiles, mais que si les jurés voulaient individuellement se rendre dans sa cellule, il avouerait tout.

« Je lui fis comprendre que ce qu'il demandait était impossible, et je fis tous mes efforts pour l'engager à s'exprimer publiquement : mais il n'a pas voulu. Dans l'intérêt de la vérité et de la justice, voici ce que je lui dis : — Vandenplas, dites-moi les circonstances du crime. Si vous le faisiez et si je les rapportais à la cour, viendriez-vous me donner un démenti, ou bien confirmeriez-vous mes paroles? — Vandenplas, alors, a consenti à ce que je rapportasse ce qu'il me dirait et m'a promis de tout confirmer, pourvu qu'il ne soit pas forcé d'entrer lui-même dans des détails.

« Vandenplas a dit d'abord qu'il était coupable... (Sensation prolongée;) qu'il avait assisté au crime; qu'il y avait pris part ; et qu'il savait qu'il devait mourir. Puis, sans entrer dans aucune particularité, il m'a dit (je rapporte textuellement), qu'il y avait beaucoup de témoins qui avaient menti; que c'est ainsi qu'on a rapporté hier qu'il avait dépensé 130 francs à la *Grenade*, tandis qu'il ne pouvait avoir dépensé que 70 à 80 fr.

« Je lui fis remarquer qu'il était possible que des témoins n'eussent pas dit toute la vérité, mais qu'il était à présumer, cependant, qu'ils étaient de bonne foi, et que cela ne pouvait provenir que d'un défaut de mémoire.

Alors, il m'a dit que Rosseel était entré le premier et qu'il l'avait suivi; qu'une servante s'était présentée et qu'il l'avait frappée. Puis, comme je lui demandais s'il l'avait frappée avec le marteau de Vandenhove, qui est sur le bureau du président, il m'a répondu que oui. Il m'a dit encore qu'il avait voulu monter; qu'une seconde servante s'était présentée et qu'il l'avait frappée aussi; qu'il a ensuite continué son chemin dans la maison; qu'il a rencontré Rosseel; qu'ils se sont rendus ensemble près de la demoiselle Evenepoel, et qu'ils se sont précipités tous deux sur elle; mais il ignore s'il l'a frappée; il ne sait pas non plus si les deux servantes vivaient encore; c'est Rosseel, dit-il, qui les a achevées en leur coupant le cou. Je lui ai demandé alors s'il s'était livré au vol après l'assassinat; il m'a répondu que oui! Je n'ai pas cru devoir pousser mes interrogations plus loin.

M. LE PRÉSIDENT. Et Vandenplas vous a dit que si je l'interpellais sur ces faits il répondrait affirmativement?

M. LE PROCUREUR-GÉNÉRAL. Oui, M. le président.

M. LE PRÉSIDENT. Vandenplas, ce que le témoin déclare, est-ce la vérité?

VANDENPLAS Oui, M. le président! (Une profonde sensation se manifeste dans l'auditoire)

Désormais, la tâche du ministère public devenait facile. Aussi, M. le procureur-général se borna-t-il à résumer les charges principales de l'accusation.

Quant aux défenseurs, que pouvaient-ils faire?... rien, si ce n'est d'appeler le pardon sur les coupables, Me Verhaegen, avocat de Rosseel, le fit en termes touchants :

— Monsieur le président, messieurs les jurés, dit-il, vous avez entendu hier des paroles d'une éloquence si religieuse, d'une énergie si triste, qu'il ne me reste qu'à y ajouter un seul mot pour en compléter le sens. Rosseel m'a chargé de demander pardon à la société du crime horrible qu'il a commis; il m'a surtout chargé de demander pardon à la famille Evenepoel, qu'il a privé d'un de ses membres, et dont il a brisé l'union. Ce pardon, il espère l'obtenir par son repentir, par ses larmes et par l'expiation qui va suivre.

Le pardon, ce sont les larmes les plus nobles, les regrets les plus touchants que vous puissiez offrir à la mémoire de cette sœur chérie dont vous pleurez la mort... La justice de Dieu pardonne beaucoup à qui se repent et expie; la justice des hommes, qui en relève, sera-t-elle plus cruelle et plus implacable?

Quelques mots, dans le même sens, sont ensuite prononcés par Me Gilbert, avocat de Vandenplas. Puis le jury passe dans la salle des délibérations.

Pendant la suspension de l'audience les accusés sont reconduits dans leur cellule. En y entrant, ils se jetèrent dans les bras l'un de l'autre et s'embrassèrent avec effusion. Puis ils se mirent à boire du *faro* (1), et causèrent amicalement.

— Maintenant, je suis content, dit Rosseel, je n'aurais pas voulu mourir sans que vous eussiez avoué.

Rosseel.

— Je ne voulais pas venir à l'audience aujourd'hui, répondit Vandenplas; si j'avais pu, je me serais tué cette nuit.

— Je le savais bien, reprit Rosseel; c'est pourquoi j'ai dit au sergent de ne pas vous perdre de vue une minute.

— Ce n'est rien de mourir, dit Vandenplas, je voudrais qu'on m'y conduisît tout de suite; ce qui me fait le plus de mal c'est de devoir entendre ma condamnation.

Après une absence de près de deux heures, le jury rentre dans la salle.

Bientôt les accusés sont ramenés à leur banc; leur visage est resté le même; cependant, on remarque que Vandenplas est plus pâle que de coutume, sa main, appuyée sur la balustrade, est agitée d'un léger tremblement. Rosseel est toujours souriant, sa figure est colorée.

Le greffier donne lecture d'un arrêt qui condamne François Rosseel et Guillaume Vandenplas à la peine de mort.

Les accusés entendent cette lecture avec un calme complet.

Aucun des accusés ne se pourvut en appel, et, peu de temps après leur condamnation, ils subirent leur peine sur la place de l'Hôtel-de-Ville, où se font les exécutions.

Quoique plus d'un an se soit écoulé depuis le crime qu'ils ont commis, le souvenir de Vandenplas et de Rosseel est encore présent à tous les esprits, non-seulement à Bruxelles, mais dans toute la province du Brabant. L'assassinat de la place Saint-Géry a pris place dans la mémoire du peuple aussi bien que dans les annales judiciaires du pays.

(1) Sorte de bière particulière à la ville de Bruxelles, où elle se fabrique exclusivement.

Le procès Rosseel et Vandenplas appartient à la série des Drames judiciaires publiée par la librairie Ethnographique en 1848-49. Les diverses CAUSES comprises dans cette série paraîtront successivement dans l'édition populaire des Causes célèbres.

CAUSES CELEBRES

Le bûcher.

URBAIN GRANDIER

(SUPERSTITION, SORCELLERIE, AUTO DA-FÉ).

I.

Le 19 août, la ville de Loudun présentait un étrange spectacle. Une foule immense inondait les rues; les cloches des églises, des couvents ou monastères sonnaient de manière à faire croire à un incendie; et tout le monde se portait avec empressement vers un vaste bâtiment attenant à l'église de Sainte-Croix.

Des groupes, des attroupements se formaient à chaque carrefour, à chaque coin de rue. On y tenait des propos animés, quelquefois furieux; puis les conversations cessaient, et l'on n'entendait plus qu'une voix qui semblait exhorter ou lire, et à laquelle succédaient des cris de rage ou des exclamations pieuses.

Si le groupe se dissipait, on pouvait reconnaître dans l'orateur un récollet ou un capucin, qui, tenant à la main un crucifix de bois, montrait à la foule le grand bâtiment vers lequel elle se dirigeait.

La multitude reprenait alors ses conversations où dominaient les mots de magie, d'ensorcellement, de possession, de curé, de religieuses, etc.

Cependant, les cloches redoublèrent leur sonnerie étourdissante, et tous les yeux se tournèrent vers l'extrémité de la principale rue de Loudun.

C'est que l'on découvrait la tête d'une longue procession dont la bannière et les piques s'élevaient au-dessus de la foule, qui s'ouvrait pour laisser passer ce cortége, où le ridicule se mêlait au sinistre.

D'abord venaient des archers à barbe pointue, coiffés de larges chapeaux à plumes, et armés de longues hallebardes. Ils marchaient deux de front et formaient une double haie de chaque côté de la rue. Au milieu de l'espace laissé libre entre cette muraille vivante et mouvante, on voyait deux lignes de pénitents gris, nom sous lequel on désignait, dans quelques provinces du midi de la France, des moines vêtus d'une ample robe grise couvrant entièrement la tête, et dont le masque, d'étoffe semblable, se terminait en pointe comme une barbe, et n'avait que trois trous pour les yeux et le nez.

Ces pénitents avaient à la main des cierges énormes, et leur marche lente et automatique, aussi bien que leurs yeux qui semblaient flamboyer sous le masque, leur donnaient un air de fantôme qui attristait les uns et effrayait les autres.

L'un de ces religieux portait une bannière allégorique, représentant un diable dans les flammes, avec un moine qui lui attachait une chaîne au cou.

Après les pénitents s'avançaient des juges en robe écarlate; ils étaient au nombre de quatorze, et suivis de MM. les conseillers au présidial de Poitiers.

Enfin, l'on vit s'avancer la supérieure du couvent des Ursulines, accompagnée de toutes les religieuses. Elle et six autres sœurs avaient leur voile relevé, afin que le peuple pût contempler les traits de ces malheureuses qu'on disait possédées du démon.

A l'exception de cette particularité, rien ne distinguait la supérieure des autres religieuses, si ce n'est

DRAMES JUDICIAIRES.

pourtant l'immense rosaire à grains noirs qui tombait de son col à ses pieds.

Mais sans parler de la curiosité qu'excitait cette proie principale de messire Satanas, la beauté seule de cette personne eût suffi pour fixer tous les regards.

Son visage était d'une blancheur éclatante, relevée encore par la couleur brune de son capuchon. Ses yeux noirs et pleins de feu respiraient la passion; ils étaient surmontés de sourcils admirablement dessinés, mais ayant entre eux un pli léger qui révélait une agitation forte et habituelle dans les pensées.

Toutefois, cette femme affectait le plus grand calme dans tous ses mouvements et dans tout son être; ses pas étaient lents et cadencés; ses deux mains, remarquablement belles, étaient jointes et aussi blanches et aussi immobiles que celles des statues de marbre qui prient éternellement sur les mausolées.

De chaque groupe devant lequel passait la supérieure des Ursulines, un cri unique mais général s'élevait soudain. Toutes les voix prononçaient en même temps ces trois mots :

—Qu'elle est belle!

Auprès de la supérieure marchaient deux jeunes laies, les sœurs Agnès et Claire, qui pleuraient à chaudes larmes.

Des exclamations d'attendrissement répondaient aux larmes des pauvres filles.

Mais tout-à-coup les chuchottements cessèrent; un profond silence s'établit, et nulle parole, nul mouvement n'agita plus la foule. On eût dit que le peuple se sentait glacé tout-à-coup par quelque enchantement.

Ce mouvement n'avait d'autre cause que l'apparition d'Urbain Grandier, curé de Loudun, qui s'avançait à la suite des religieuses, au milieu de quatre pénitents qui le tenaient enchaîné.

Urbain était revêtu de la robe de pasteur; son visage était plein de noblesse et rien n'égalait la douceur de ses traits.

Sans affecter un calme insultant, il regardait avec bonté et semblait chercher à droite et à gauche quelque regard ami. Ce dernier bonheur d'un homme qui voit approcher son heure dernière ne lui fut pas refusé. Il vit bien des yeux se fixer sur lui avec attendrissement; il entendit quelques sanglots; il vit des bras s'élever vers lui et dont plusieurs étaient armés; mais il ne répondit à aucun signe. Il baissa la tête avec résignation, ne voulant pas perdre ceux qui l'avaient aimé et qui l'aimaient encore; il eût craint de leur communiquer par un coup d'œil la contagion de l'infortune.

Au milieu de ce silence que troublaient seuls quelques gémissements, la procession s'arrêta soudain à un signe du dernier homme qui la suivait et qui paraissait commander à tous.

Cet homme était grand, sec, pâle; on lisait sur sa physionomie l'hypocrisie et la cruauté. Il était enveloppé d'une longue robe noire et avait la tête couverte d'une calotte de même couleur.

Ce personnage patibulaire était M. de Laubardemont.

En s'arrêtant, il fit un signe d'effroi et ordonna aux gardes de l'entourer, tout en leur désignant du geste un groupe de bourgeois dont l'air sérieux et menaçant le plongeait dans l'inquiétude.

Quand il se vit entouré d'une haie d'archers, de chanoines et de capucins, il se rassura un peu, et lut d'une voix glapissante ce curieux arrêt :

« Nous, sieur de Laubardemont, maître des requêtes, étant envoyé et subdélégué, revêtu du pouvoir discrétionnaire, relativement au procès du magicien *Urbain Grandier*, pour le juger sur tous les chefs d'accusation, assisté des révérends pères Hygnon, chanoine, *Barri*, curé de Saint-Jacques de Chinon, du père Lactance et de tous les juges appelés à juger icelui magicien, avons préalablement décrété ce qui suit : *Primò*. La prétendue assemblée des propriétaires nobles ou bourgeois de la ville et des terres environnantes est cassée, comme tendant à une sédition populaire; ses actes seront déclarés nuls, et sa prétendue lettre au roi contre nous, juges, interceptée et brûlée en place publique comme calomniant les bonnes sœurs Ursulines et les révérends pères et juges. *Secundò*. Il sera défendu de dire publiquement ou en particulier que les susdites religieuses ne sont pas possédées du malin esprit et de douter du pouvoir des exorcistes, à peine de vingt mille livres d'amende, et punition corporelle.

« Les baillifs et échevins s'y conformeront, ce 18 juin de l'an de grâce de 1639. »

Avant qu'il eût prononcé la dernière syllabe de cette pièce singulière, un bruit discordant de trompettes couvrit, quoique imparfaitement, les murmures du peuple.

Le sieur de Laubardemont ordonna de doubler le pas, et la procession entra précipitamment dans le grand bâtiment qui tenait à l'église; c'était un ancien couvent dont les étages étaient tombés en ruine, et ne formait plus qu'une seule et immense salle, fort convenable pour l'usage qu'on allait en faire.

Malgré les goupillons des capucins, les bannières des pénitents gris et les hallebardes des archers, M. de Laubardemont ne se crut en sûreté que quand il fut entré dans le bâtiment et qu'il eut entendu les lourdes et doubles portes se refermer sur la foule qui éclatait au dehors en menaces et en imprécations.

Pour comprendre la scène que nous venons de décrire, une explication est maintenant nécessaire.

II.

Urbain Grandier était né à Rovère, près Sablé, où son père était notaire royal et sa famille estimée; il fit ses études à Bordeaux, chez les jésuites, avec assez de succès, et mérita le suffrage de ses professeurs, qui, dit-on, lui firent obtenir la cure de Saint-Pierre-du-Marché, de Loudun. Quoi qu'il en soit, il fut, peu de temps après, pourvu d'un canonicat de l'église de Sainte-Croix dans la même ville.

La réunion de ces deux bénéfices dans les mains d'un ecclésiastique étranger au diocèse (1) excita la jalousie et l'envie.

Cependant, il se peut qu'avec de la modestie, le curé de Loudun fût parvenu à éteindre ce premier ferment d'animosité; mais Grandier était hautain et d'une causticité qui n'épargnait personne. Partout il n'était bruit que de ses railleries piquantes.

Ainsi, il y avait à Loudun une maison de carmes; Urbain mécontenta ces religieux en attaquant leurs privilèges. Il déclama dans ses sermons contre les confréries et d'autres pratiques de religion auxquelles on était attaché; il montra une bienveillance marquée en faveur des protestants, et fit en un mot tout ce qu'il fallait pour s'attirer de nombreux ennemis.

D'un autre côté, sa conduite comme ecclésiastique n'était pas précisément irréprochable. Il recherchait avec empressement la compagnie des femmes, et passait pour avoir plus de goût pour elles qu'il ne convenait à un homme de son état. On parlait publiquement de ses galanteries, et ses ennemis lui reprochaient de faire de son église même le théâtre de ses désordres.

(1) Grandier appartenait au diocèse du Mans.

Attaqué ainsi dans ses mœurs, il ne donna que trop de prise à ceux dont il avait fait naître la haine, et il ne craignit pas d'empiéter imprudemment sur l'autorité épiscopale, en accordant des dispenses aux autres, ou bien en s'en passant pour lui-même.

Des plaintes sur sa conduite furent adressées à M. de la Rochepozai, évêque de Poitiers ; l'officialité en prit connaissance, et il en résulta que Grandier fut arrêté et mis en prison. Son procès fut fait, et par sentence du 2 juin de l'année 1463, il fut condamné à jeûner au pain et à l'eau, tous les vendredis, pendant trois mois, interdit *à divinis* pour cinq ans dans le diocèse, et pour toujours dans la ville de Loudun.

Urbain Grandier appela de ce jugement au métropolitain, Mgr d'Escoubleau de Sourdis, qui l'absout. Il remporta une victoire semblable devant le tribunal de Poitiers, auquel le parlement de Paris, qu'on avait voulu saisir de cette affaire, l'avait renvoyé.

M. de Sourdis avait su apprécier le caractère de Grandier ; il lui conseilla de permuter ses bénéfices et de quitter le diocèse, où, après un tel éclat, il ne pouvait plus faire de bien.

Malheureusement l'orgueil d'Urbain n'était pas disposé à faire à ses ennemis la moindre concession ; il revint, au contraire, à Loudun, et entra triomphalement dans la ville, ayant un laurier à la main.

Ainsi, au lieu de chercher à adoucir ceux qu'il s'était aliénés, il les brava et acheva de les irriter par sa morgue.

On avait depuis peu établi à Loudun un couvent d'Ursulines, composé en grande partie de filles de qualité ; leur directeur étant mort, on prétend que Grandier, qui pourtant jusque-là n'avait eu aucune communication avec elles, désira de lui succéder ; et il paraîtrait que, soit que sa réputation lui fît tort, soit pour tout autre motif, elles le refusèrent et lui préférèrent un nommé Mignon, chanoine de Sainte-Croix, avec qui Grandier avait déjà eu des discussions. Cette circonstance envenima encore la haine qui existait entre ces deux hommes.

Les choses en étaient là, et il y avait peu de temps que le nouveau directeur était en place, lorsqu'il se passa dans le couvent des choses d'un genre extraordinaire.

III.

Le bruit se répandit dans le public que des spectres et des fantômes apparaissaient dans le couvent ; de singuliers symptômes agitaient, disait-on, les religieuses et même la supérieure.

D'abord, on regarda cela comme des effets naturels ; bientôt cependant ils prirent un caractère plus prononcé, et l'on crut ou l'on feignit d'y remarquer les signes d'une possession diabolique.

Des exorcismes eurent lieu, et le diable répondit, par la bouche des religieuses, que l'auteur du maléfice était Urbain Grandier, et que le sortilège avait été opéré au moyen d'une branche de rosier fleuri jetée dans le couvent, en sorte que toutes celles qui avaient flairé les roses avaient été ensorcelées.

En se voyant attaqué personnellement, Grandier se pourvut en plainte de calomnie par-devant les juges et l'évêque de Poitiers, qui refusa alors de se mêler de cette affaire ; mais l'archevêque de Bordeaux, Mgr d'Escoubleau de Sourdis, étant venu dans son abbaye de Saint-Jouin, à proximité de Loudun, Grandier lui porta ses plaintes.

M. de Sourdis fit examiner Grandier par des prélats vertueux, des magistrats éclairés, des médecins instruits, qui déclarèrent l'accusé innocent, et qui, tous indignés, imposèrent silence aux démons de fabrique humaine, firent taire les prophètes et taire l'enfer.

Les adversaires du curé de Loudun furent humiliés de la publicité donnée aux débats ; et comme *Urbain* fut bien accueilli du roi, aux pieds duquel il alla se jeter à Paris, ils comprirent que s'il triomphait décidément, eux seraient perdus et désormais regardés comme des imposteurs.

Déjà le couvent des Ursulines n'était plus, pour beaucoup de gens, qu'un théâtre d'indignes comédies ; les religieuses des actrices déhontées.

Mais une circonstance vint porter le dernier coup à l'intérieur de l'infortuné curé de Sainte-Croix.

IV.

Vers ce temps, Louis XIII ayant résolu de faire raser tous les châteaux forts des villes de France, le conseiller d'État Laubardemont, chargé de la démolition de celui de Loudun, arriva dans cette ville pour y remplir sa mission.

Laubardemont eut connaissance de ce qui s'était passé dans le couvent des Ursulines, dont la supérieure, Jeanne de Belfiel, fille du baron de Cose, était sa nièce ; et de retour à Paris il entretint le cardinal et le roi de cette affaire.

Voici comment on s'y prit pour amener Richelieu à aider de sa toute-puissance la perpétration du crime qu'on méditait contre Grandier.

Une femme de Loudun, appartenant à la classe inférieure et nommée Hamon, ayant eu le bonheur de plaire à la reine lors de son passage en cette petite ville, la princesse l'attacha à son service.

Or, à cette époque, une haine implacable séparait la cour d'Anne d'Autriche de celle de Richelieu. La reine et le cardinal se disputaient avec acharnement la faveur du monarque, et jamais on ne savait lequel de ces deux personnages régnerait le lendemain.

Dans un moment où la reine l'emporta sur l'éminence, une satire parut, ayant pour titre : *La Cordonnière de la reine-mère*. Cette satire était bassement écrite, mais elle renfermait sur la naissance et la personne du cardinal des choses si injurieuses que les ennemis du ministre s'en emparèrent et lui donnèrent une vogue qui l'irrita. Il paraît qu'on y révélait ses secrets, ses intrigues, ses mystères que Richelieu croyait impénétrables ; quand il eut pris lecture de cette brochure, il voulut à toute force en connaître l'auteur.

C'est dans ces circonstances que les capucins de Loudun écrivirent au père Joseph, ce capucin qu'on appelait l'*Éminence grise*, et qui était l'âme damnée de Richelieu. Les moines loudunois disaient à Joseph qu'une correspondance continuelle entre Grandier et la femme Hamon ne leur laissait aucun doute que le curé de Sainte-Croix ne fût l'auteur de la diatribe intitulée : *La Cordonnière de la reine-mère*.

En vain Grandier avait-il publié des livres de piété, tels que l'*Oraison funèbre de Scévole de Sainte-Marthe*, dont le style seul devait l'absoudre d'avoir mis la main à un libelle écrit dans le langage des halles ; Richelieu, dès longtemps prévenu contre Grandier, ne voulut voir que lui de coupable. On lui rappela que lorsqu'il n'était encore que prieur de Coussay, Grandier lui disputa le pas et obtint les privilèges que lui-même sollicitait.

Dès lors, le sort de Grandier fut fixé.

Laubardemont revint à Loudun avec une commission

royale, en date du 30 novembre 1633, qui l'autorisait à informer contre le curé, qui, le 17 décembre, fut arrêté et conduit au château d'Angers. Ses papiers avaient été saisis, et l'on y trouva une pièce qui servit contre lui : c'était un manuscrit contre le célibat des prêtres, composé dans le but d'apaiser les remords de Mlle de Brou, qu'il aimait et dont il était aimé.

Telle était, en effet, la passion de Madeleine de Brou pour Urbain, qu'elle avait constamment refusé de se marier et voulait prendre le voile.

Au surplus, l'éloquence de Grandier, sa beauté et la grâce de ses manières, avaient souvent exalté des femmes qui venaient de loin pour l'entendre parler. On en avait vu s'évanouir durant ses sermons; d'autres s'écriaient que c'était un ange, cherchaient à toucher ses vêtements et à baiser ses mains lorsqu'il descendait de la chaire.

Mais tout cela ne constituait pas un crime punissable de la mort. On le sentit si bien que, à bout de moyens, on se résolut à réveiller l'ancienne accusation de sorcellerie.

On évoqua une kyrielle de témoins.

Deux femmes vinrent déclarer qu'elles avaient entretenu avec Urbain un commerce charnel, et l'une d'elles affirma qu'il lui avait proposé de la faire princesse des magiciens.

Six autres femmes et soixante témoins déposèrent d'adultères, d'incestes, de sacriléges commis par Grandier. Les Ursulines l'accusèrent de s'être introduit de jour et de nuit dans leur couvent, *sans toutefois, dirent-elles, qu'on l'y ait jamais vu entrer*, et tous les historiens contemporains s'accordent à dire que jamais il n'avait vu ces religieuses.

Les exorcismes recommencèrent de plus belle, et Grandier y fut constamment accusé d'avoir fait des *pactes* avec le diable, et jeté un sort sur le couvent. Voici un échantillon de ces momeries.

V.

Les misérables qui avaient imaginé toutes les absurdités avancées contre Grandier affirmaient gravement que la supérieure avait dans le corps sept démons; ils étaient, disaient-ils, parvenus à en déloger deux, l'un nommé *Eazas*, l'autre appelé *Beherit*; quant aux cinq autres, sommés par les exorcistes de se retirer, ils avaient fièrement répondu qu'ils ne le feraient qu'après avoir prouvé leur puissance, dont les huguenots et les hérétiques doutaient. Ils ajoutaient que le démon *Elinie*, qui était le plus méchant, avait juré qu'il enlèverait dans une prochaine séance la calotte de M. de Laubardemont.

Si le peuple, dépourvu d'instruction, ajoutait créance à ces contes bleus, il y avait bien quelques hommes dont la foi était moins robuste; et voici ce qui se passa dans l'expérience d'exorcisme où le malin esprit devait décoiffer le conseiller Laubardemont.

Trois personnages incrédules, un abbé, le chirurgien Duneau et le comte Du Lude, s'en allèrent comme tout le monde voir les fameux diables de Loudun.

L'abbé savait que les démons s'annonçaient comme parlant toutes les langues, et après quelques questions en latin, il les interrogea en grec; mais la supérieure, Jeanne de Belfiel, qui était l'organe de Satan, demeura sans voix, et ne put répondre.

—Hum! hum! fit le chirurgien Duneau, il est bien surprenant que le démon, qui n'ignore rien, fasse des barbarismes en latin, et ne sache pas du tout le grec.

En ce moment, la jeune supérieure, qui était sur son lit de parade, se tourna du côté du mur, et dit tout bas au père Barré, l'un des exorcistes :

—Monsieur, je n'y tiens plus.

—Tiens! dit l'abbé, il paraît que le diable se fatigue!...

—Ce n'est pas cela, dit Duneau; seulement ce démon n'a pas fait toutes ses classes, et ne peut y répondre.

A cette ironie, les trois principaux exorcistes entrèrent en fureur. Ils s'écrièrent qu'on devait bien savoir qu'il y avait des démons plus ignorants que des paysans; mais que quant à leur force physique on n'en pouvait douter, et qu'on allait bien le voir quand les esprits nommés : *Grésil des Trônes, Anneau des Puissances* et *Asmodée*, allaient, selon leur promesse, enlever la calotte de M. Laubardemont.

Pendant que les exorcistes se préparaient à demander à Grésil et compagnie de tenir leur parole, le docteur Duneau hocha la tête en disant :

—Qu'est cela?

Et il montrait du doigt un mince fil qu'il venait de découvrir, attaché à une colonne comme un cordon de sonnette, et qui retombait tout près de la tête du conseiller d'État.

—Peste! dit Duneau, Asmodée me parait assez ingénieux; nonobstant il eût pu cacher un peu mieux ses ficelles.

—Huguenot! beugla le père Lactance.

—Juif! hurla le père Mignon.

—Misérable! dit Laubardemont. Je te ferai pendre!

—Heureusement, murmura l'abbé, que Duneau est protégé par M. le maréchal de Brézé... sans quoi il s'en tirerait malaisément.

Tandis que l'abbé se livrait à cette réflexion, M. le comte Du Lude s'approcha avec sang-froid des exorcistes, et les pria d'être assez obligeants pour vouloir bien agir devant lui. Ces messieurs s'empressèrent de se rendre à son désir.

Le père Lactance se chargea des sœurs Agnès et Claire; il éleva les deux mains, et regardant les jeunes filles avec un regard dur et farouche propre à les fasciner par la peur :

—*Quis te misit, Diabole?* cria-t-il d'une voix terrible.

—*Urbanus*, répondirent avec un ensemble parfait les deux sœurs.

Le père Lactance, tout fier de son succès, allait continuer l'interrogatoire, quand M. Du Lude, tirant d'un air de componction une petite boîte d'or de sa poche, lui dit :

—J'ai là une relique que je tiens de mes ancêtres, et ne doutant pas de la possession, je désire éprouver mon talisman.

Le père Lactance fut ravi; il se saisit de la boîte et en toucha le front des deux jeunes filles.

A peine eut-il fait ce mouvement, que sœur Agnès et sœur Claire firent des sauts prodigieux, se tordant les pieds et les mains.

Lactance triomphant hurlait ses exorcismes, et répétait par centaines les *Vade retrò, Satanas!*

Barré et toutes les vieilles bigottes se jetaient à genoux en criant au miracle.

Mignon et les juges applaudissaient à tout rompre.

Laubardemont faisait des milliers de signes de croix.

Cependant, M. Du Lude reprit la boîte, et les religieuses se tinrent tranquilles, comme si rien ne se fût passé.

—Eh bien! dit en se redressant le père Lactance, je ne crois pas que vous doutiez désormais de la vérité de vos reliques?

—Oh! non, répliqua M. Du Lude, pas plus que de la vérité de la possession.

Et il ouvrit lentement sa boîte qui était vide.
— Vous moquez-vous de nous! s'écria le père Lactance, qui devint d'une rougeur apoplectique.
— Pas plus que vous ne vous moquez de Dieu et des hommes! répondit l'abbé avec indignation.
Et il sortit immédiatement, certain que Laubardemont le ferait arrêter s'il ne prenait la fuite.

Cette scène ne déconcerta pas les exorcistes, et l'étrange procédure dirigée contre Grandier ne dura pas moins de sept mois.

Pendant son cours les notables habitants de Londres avaient adressé au roi la pièce suivante :

Sire,

« Les officiers et habitants de votre ville de Loudun se
« trouvent enfin obligés d'avoir recours à Votre Majesté,
« en lui remontrant
« très-humblement
« que dans les exor-
« cismes qui se font
« dans ladite ville de
« Loudun aux reli-
« gieuses de Sainte-
« Ursule et à quel-
« ques filles séculiè-
« res, que l'on dit
« être possédées du
« malin-esprit, il se
« commet une chose
« très-préjudiciable
« au public et au
« repos de vos fidè-
« les sujets, en ce que
« les exorcistes, abu-
« sant de leur minis-
« tère et de l'autorité
« de l'église, font
« dans les exorcis-
« mes des questions
« qui tendent à la
« diffamation des
« meilleures famil-
« les de ladite ville
« et M. Laubarde-
« mont a déjà ajouté
« tant de foi aux
« dires et réponses
« de ces démons, que
« sur une fausse in-
« dication par eux
« faite, il est allé
« dans la maison
« d'une demoiselle,
« avec éclat et suivi
« d'un grand nombre d'agents et populace, pour
« y faire perquisition de livres imaginaires de magie.
« En outre, d'autres demoiselles ont encore été arrê-
« tées dans l'église dont on avait fermé les portes, et
« on a procédé sur leur personne à une perquisition
« ayant pour but de découvrir ces pactes magiques sem-
« blablement imaginaires. Depuis, ce mal a passé si
« avant, qu'on fait aujourd'hui telle considération
« des dénonciations, témoignages et indications des dits
« démons, qu'il a été imprimé un livret, semé dans ladite
« ville, par lequel on veut établir cette créance dans
« l'esprit des juges : *Que les démons dûment exorcisés*
« *disent la vérité ; que l'on peut asseoir sur ces dépositions*
« *un jugement raisonnable, et qu'après les vérités de la*
« *foi et les démonstrations des sciences, il n'y a point de*
« *plus grande certitude que celle qui vient de là, et que*

Urbain Grandier.

« *lorsqu'on ajoute foi aux paroles du diable dûment ad-*
« *juré, on reçoit ces paroles, non comme du père du men-*
« *songe, mais comme de l'église qui a le pouvoir de forcer*
« *les diables à dire la vérité.*—Et pour établir encore
« plus puissamment cette dangereuse doctrine, il a été
« fait, en présence de M. Laubardemont, deux sermons
« en conformité des propositions ci-dessus. En suite de
« quoi, et sur des dénonciations comme les précédentes,
« ledit sieur de Laubardemont a fait arrêter et prendre
« prisonnière, par un exempt du grand prévôt, une fille
« des meilleures familles de la ville, laquelle fille fut re-
« tenue deux jours en la maison d'un gentilhomme veuf.
« Tellement, sire, que les suppliants voyant et connais-
« sant que l'on s'efforce d'établir parmi eux et au cœur
« de votre royaume une image des oracles anciens, con-
« tre la prohibition expresse de la loi divine et l'exemple
« du Sauveur, qui
« n'a pas voulu ad-
« mettre les démons
« à dire et publier
« des choses vérita-
« bles et nécessaires
« à croire ; contre
« l'autorité des apô-
« tres et des anciens
« pères de l'Eglise,
« qui les ont tou-
« jours fait taire, et
« défendre de les
« enquérir ni de
« familiariser avec
« eux ; et encore la
« doctrine de Saint-
« Thomas et autres
« docteurs et lumiè-
« res de l'Eglise.
« Mais outre cela,
« les mauvaises ma-
« ximes insérées
« dans ce livret et
« qu'on veut aujour-
« d'hui faire préva-
« loir, ont été précé-
« demment, et dans
« un cas semblable,
« condamnées par la
« Sorbonne et la fa-
« culté de Paris.
« Donc, les sup-
« pliants, poussés par
« leur propre inté-
« rêt, vu que si l'on
« autorise ces dé-
« mons en leurs ré-
« ponses et oracles, les plus gens de bien, et les plus ver-
« tueux et innocents, auxquels conséquemment ces dé-
« mons ont une haine plus mortelle, demeureront exposés
« à leur malice,—les suppliants requièrent humblement
« Votre Majesté d'interposer son autorité royale, pour
« faire cesser ces abus et profanations des exorcismes,
« qu'ils font journellement à Loudun, en présence du Saint-
« Sacrement ; en quoi Votre Majesté imitera l'exemple
« de l'empereur Charlemagne, l'un de ses très-illustres
« devanciers, qui empêcha l'abus qui se faisait, dès son
« temps, de quelques sacrements, etc. »

Comme on le pense, cette requête n'arriva pas à son adresse ; et Laubardemont y répondit par une ordonnance fort dure contre les audacieux qui osaient s'attaquer à lui.

Après quoi il emporta les pièces à la cour, où on les

fit examiner; et, comme on crut y trouver des motifs suffisamment accusateurs, des lettres patentes délivrées le 8 juillet 1634 nommèrent une commission composée de quatorze membres pris dans différentes juridictions, qui fut chargée de juger le curé de Sainte-Croix souverainement.

Voilà pourquoi nous avons vu une procession se diriger vers l'église Sainte-Croix, conduisant Urbain Grandier au tribunal exceptionnel créé pour lui.

VI.

Malgré l'usage des séances secrètes, alors mis en vigueur par Richelieu, les juges du curé de Loudun avaient voulu que la salle fût ouverte au peuple. Ils crurent en avoir assez imposé à la multitude par leurs jongleries, qui, ainsi que nous venons de le dire, se prolongèrent pendant sept mois; leur but était que l'indignation du pays sanctionnât l'arrêt qu'ils avaient l'ordre et la volonté de porter.

Celui qui dirigeait toute cette affaire, le sieur de Laubardemont, était une espèce d'oiseau de proie que le cardinal employait chaque fois que ses vengeances avaient besoin d'un agent sûr, prompt et décidé à passer sur toutes les considérations. En cette occasion Laubardemont justifia le choix qu'on avait fait de sa personne. Il ne commit qu'une faute, celle de permettre, contre l'usage, la séance publique. Il voulait intimider et effrayer à-la-fois. Or, il ne réussit pas complètement : il effraya bien, mais il n'intimida pas : il fit horreur.

Cependant, il y avait deux heures que la foule attendait à la porte, pendant qu'un bruit sourd mais continu de marteaux annonçait l'achèvement, dans la grande salle, de préparatifs inconnus et faits à la hâte.

Enfin, on satisfit à l'impatience du peuple. Des archers firent tourner péniblement sur leurs gonds rouillés les lourdes portes de la rue, et la multitude se précipita dans l'enceinte. Quoique l'on fût au milieu du jour, des flambeaux éclairaient cette salle, mais presque tous étaient placés à l'extrémité, et à l'endroit où s'élevait l'estrade des juges, rangés derrière une longue table, en sorte que la partie de cette pièce où se trouvait la foule était plongée dans l'obscurité.

Les fauteuils, les tables, les degrés, tout était couvert de drap noir, et la lumière, en s'y réfléchissant, jetait sur les visages de livides reflets.

Sur la gauche, on avait réservé un banc à l'accusé, et sur le crêpe qui le couvrait, on avait brodé en relief des flammes d'or, pour figurer les causes de l'accusation.

C'est qu'était assis le prévenu, entouré d'archers, et toujours les mains attachées par des chaînes que deux moines tenaient, en simulant la frayeur, et en affectant de s'écarter au plus léger mouvement de l'infortuné, comme s'ils eussent tenu en laisse un tigre ou un loup enragé, ou que la flamme eût dû s'attacher à leurs vêtements. Ils empêchaient aussi, avec un soin scrupuleux, que le peuple pût voir sa figure.

M. de Laubardemont, la tête haute et le visage impassible, dominait les juges de son choix; plus grand qu'eux de presque toute la tête, il était en outre placé sur un siège plus élevé que les leurs, et chacun de ces regards ternes et inquiets leur envoyait un ordre.

Il avait changé sa robe noire contre une autre couleur de sang; il semblait occupé à débrouiller des papiers qu'il faisait passer aux juges et circuler de mains en mains.

Les accusateurs, tous ecclésiastiques, siégeaient à droite des juges; ils étaient revêtus d'aubes et d'étoles.

Le père Lactance se distinguait par la simplicité de son habit de capucin, par son visage noir, et par ses yeux pleins de méchanceté.

L'évêque de Poitiers était caché dans une tribune : des femmes voilées se trouvaient dans d'autres.

Aux pieds des juges, et derrière six religieuses, s'agitait une foule ignoble d'hommes et de femmes appartenant à la lie du peuple : — c'étaient les témoins.

Des archers nombreux et armés de longues piques, étaient chargés de contenir la multitude immense, sombre et silencieuse qui encombrait la salle. Cette multitude était en proie à une terreur qui passait dans l'âme des juges, car elle prenait sa naissance dans l'intérêt pour l'accusé.

A un geste du président on fit retirer les témoins, auxquels un huissier ouvrit une porte étroite. On put remarquer alors que la supérieure des Ursulines, en passant devant M. de Laubardemont, s'avança vers lui, en disant assez haut :

—Vous m'avez trompée, Monsieur!

Laubardemont demeura impassible; Jeanne de Belfiel sortit.

Plusieurs minutes s'écoulèrent, pendant lesquelles un silence profond régnait dans l'assemblée.

Enfin, un des juges, nommé Houmain, lieutenant criminel d'Orléans, se leva avec gravité, mais avec un trouble visible. Il se mit à lire une espèce d'acte d'accusation d'une voix très-basse et si enrouée, qu'il était impossible d'en saisir un seul mot. On n'entendait que les parties destinées à frapper l'esprit du peuple.

Houmain divisa les preuves du procès en deux sortes; les unes résultant des dépositions de soixante-douze témoins : « les autres », ajouta Houmain d'une voix plus forte et en se signant, « les autres et les *plus certaines* « résultant des exorcismes des révérends pères ici pré-
« sents. »

Les pères Lactance, Barré et Mignon, s'inclinèrent profondément, non sans répéter à leur tour le signe de croix.

Houmain reprit la parole :

« Oui, messeigneurs, dit-il, s'adressant aux juges, on
« a reconnu et déposé devant vous ce bouquet de roses
« blanches et ce manuscrit signé du sang du magicien,
« copie du pacte qu'il avait fait avec Lucifer, et qu'il
« était forcé de porter sur lui pour conserver sa puis-
« sance. On lit encore avec horreur ces paroles écrites
« au bas du parchemin : *La minute est aux enfers, dans*
« *le cabinet de Lucifer.* »

A ces mots, un éclat de rire sardonique résonna sous les voûtes de la salle. Laubardemont rougit et ordonna aux archers de s'emparer de l'audacieux qui venait de se montrer si fort irrévérent. Mais le coupable ne put être trouvé.

Le rapporteur reprit :

« Les démons ont été forcés de déclarer leurs noms
« par la bouche de leurs victimes; ces noms et leurs
« faits sont déposés sur cette table : ils s'appellent
« Astaroth, de l'ordre des Séraphins; Eusus, Celsus,
« Acaos, Cédron, Asmodée, de l'ordre des Trônes;
« Alex, Zabulon, Cham, Uriel et Achéas, des Princi-
« pautés, etc., car le nombre en était infini. Quant à
« leurs actions, qui de nous n'en fut pas témoin ? »

L'assemblée accueillit cette question par un long murmure ! Le président imposa silence; les hallebardes frappèrent les dalles; tout se tut. Houmain continua :

« Nous avons vu avec douleur la jeune et respectable
« supérieure des Ursulines déchirer son sein de ses
« propres mains et se rouler dans la poussière; les au-
« tres sœurs, Agnès, Claire, etc., sortir de la mo-
« destie de leur sexe par des gestes passionnés ou

« des rires immodérés. Lorsque des impies ont voulu
« douter de la présence des démons, et que nous-même
« avons senti notre conviction ébranlée, parce qu'ils
« refusaient de s'expliquer devant des inconnus, soit en
« grec, soit en arabe, les révérends pères nous ont raf-
« fermi en daignant nous expliquer que la malice des
« mauvais esprits étant extrême, il n'était pas surpre-
« nant qu'ils eussent feint cette ignorance pour être
« moins pressés de questions ; qu'ils avaient même fait,
« dans leurs réponses, quelques barbarismes, solé-
« cismes, et autres fautes, pour qu'on les méprisât, et
« que par dédain, les sieurs docteurs les laissassent en
« repos, et que leur haine était si forte, que, sur le
« point de faire un de leurs tours miraculeux, ils
« avaient fait suspendre une corde au plancher pour
« faire accuser de supercherie des personnages aussi
« révérés, tandis qu'il a été affirmé sous serment, par
« des personnes respectables, que jamais il n'y eut de
« corde en cet endroit. Mais, Messieurs, tandis que le
« ciel s'expliquait aussi miraculeusement par ses saints
« interprètes, une autre lumière nous est venue tout-à-
« l'heure : à l'instant même où les juges étaient plongés
« dans leurs profondes méditations, un grand cri a été
« entendu près de la salle du conseil ; et, nous étant
« transporté sur les lieux, nous avons trouvé le corps
« d'une jeune demoiselle d'une haute naissance ; elle
« venait de rendre le dernier soupir dans la voie pu-
« blique, dans les mains du révérend père Mignon,
« chanoine, et nous avons su de ce même père, ici pré-
« sent, et de plusieurs autres personnages graves, que,
« soupçonnant cette demoiselle possédée, à cause du
« bruit qui s'était répandu dès longtemps de l'admira-
« tion d'Urbain Grandier pour elle, il eut l'heureuse
« idée de l'éprouver, et lui dit tout-à-coup en l'abor-
« dant : *Grandier vient d'être mis à mort* ; sur quoi elle
« ne poussa qu'un seul grand cri, et tomba morte, pri-
« vée par le démon du temps nécessaire pour les se-
« cours de notre sainte mère l'Église catholique. »

La foule, en entendant ces paroles, se sentit soulevée par un sentiment de profonde indignation ; et bien des bouches proférèrent ce mot :
—Assassin ! qui eut des échos lugubres dans cette salle funèbre.
Les huissiers couvrirent ce mot par des cris répétés de : silence ! et le rapporteur put continuer.
« Chose infâme ! Messeigneurs, dit-il, on a trouvé sur « le corps de cette malheureuse demoiselle cet ouvrage « écrit de la main d'Urbain Grandier. »
En parlant ainsi, il tira du milieu de ses paperasses un livre couvert en parchemin.
A peine Urbain eut-il entrevu ce livre, qu'il poussa une exclamation de douleur et parut en proie à la plus anxieuse agitation.
—Archers ! crièrent les juges, veillez bien sur le prisonnier.
—Sans doute, ajouta le père Lactance, le démon va se manifester. Resserrez les liens du misérable.
Les archers obéirent.
Le lieutenant criminel reprit la parole :
—Elle était âgée de dix-neuf ans, dit-il, et elle se nommait Madeleine de Brou.
A ce mot, Urbain se leva sur son banc.
—Grand Dieu ! s'écria-t-il.
Et il tomba évanoui sur le sol.
Ce fut alors un tumulte extrême dans cette salle. Les exclamations de colère et de pitié se croisaient. Les uns plaignaient les malheureux amants ; d'autres les maudissaient.
On fit revenir Grandier en lui jetant de l'eau froide au visage ; on l'attacha sur son banc, et le rapporteur poursuivit :
Il m'est enjoint de lire à la cour le début de ce livre. Et il lut ce passage :

« C'est pour toi, douce et belle Madeleine, c'est pour « mettre en repos ta conscience troublée que j'ai peint « dans un livre une seule pensée de mon âme. Elles « sont toutes à toi, fille céleste, parce qu'elles y retour- « nent comme au but de toute mon existence ; mais cette « pensée, que je t'envoie comme une fleur, vient de toi, « n'existe que pour toi, et retourne à toi seule.
« Ne sois pas triste parce que tu m'aimes ; ne sois point « affligée parce je t'adore. Les anges du ciel, que font- « ils? et les âmes des bienheureux, que leur est-il promis? « sommes-nous moins purs que les anges? nos âmes sont- « elles moins détachées de la terre qu'après la mort ? « O Madeleine ! qu'y a-t-il en nous dont le regard du « Seigneur s'indigne ? Est-ce lorsque nous prions en- « semble, et que, le front prosterné dans la poussière « devant ses autels, nous demandons une mort pro- « chaine qui nous vienne saisir durant la jeunesse et « l'amour? est-ce ces temps où, rêvant seuls sous les « arbres funèbres du cimetière, nous cherchions une « double tombe, souriant à notre mort et pleurant sur « notre vie? serait-ce lorsque tu viens t'agenouiller de- « vant moi-même au tribunal de la pénitence, et que, « parlant en présence de Dieu, tu ne peux rien trouver de « mal à me révéler, tant tu as soutenu ton âme dans les « régions pures du ciel? Qui pourrait donc offenser notre « Créateur? Peut-être oui, peut-être seulement, je le « crois, quelque esprit du ciel aura pu m'envier ma féli- « cité, lorsqu'au jour de Pâques, je te vis prosternée « devant moi, épurée par de longues austérités du feu « de souillure qu'avait pu laisser en toi la tache origi- « nelle. Que tu étais belle ! ton regard cherchait ton « Dieu dans le ciel, et ma main tremblante l'apporta sur « tes lèvres pures, que jamais lèvre humaine n'a su ef- « fleurer. Être angélique, j'étais seul à partager les secrets « du Seigneur, ou plutôt l'unique secret de la pureté de « ton âme ; je t'unissais à ton créateur qui venait aussi de « descendre dans mon sein. Hymen ineffable dont l'Eter- « nel fut le prêtre lui-même, vous étiez seul permis en- « tre la Vierge et le Pasteur; la seule volupté de chacun « de nous de voir une éternité de bonheur commen- « cer pour l'autre, de respirer ensemble les parfums du « ciel, de prêter l'oreille à ses concerts, et d'être sûrs que « nos âmes, dévoilées à Dieu seul et à nous, étaient dignes « de l'adorer ensemble.
« Quel scrupule pèse encore sur ton âme, ô ma sœur ; « ne crois-tu pas que j'ai rendu un culte trop grand à ta « vertu? crois-tu qu'une si pure admiration ne m'ait « détourné de celle du Seigneur ?...... »

VII.

La porte par laquelle étaient sortis les témoins s'ouvrit à ce moment et interrompit la lecture d'Houmain. Les juges se regardèrent avec inquiétude et se parlèrent à l'oreille. Laubardemont interrogea les pères du regard, pour savoir s'il s'agissait de quelque scène préparée par leurs ordres ; mais ceux-ci, non moins surpris que lui, ne purent répondre à cette muette interrogation,
Au surplus, avant cet échange de regards, l'assemblée stupéfaite vit apparaître trois femmes en chemise, pieds nus, la corde au col et un cierge à la main.

Ces trois femmes s'avancèrent lentement jusqu'au milieu de l'estrade, et l'on reconnut la supérieure du couvent des Ursulines, suivie des sœurs Agnès et Claire.

Ces deux dernières pleuraient ; quant à la supérieure, son port était assuré, et ses yeux fixes et secs étaient, non pas hardis, mais courroucés et accusateurs.

Elle se mit à genoux, imitée dans ce mouvement par ses compagnes, et d'une voix nette et accentuée, elle jeta ces paroles qui retentirent dans toutes les parties de la salle :

—Au nom de la Très-Sainte-Trinité, moi, Jeanne de Belfiel, fille du baron de Cose, moi, supérieure indigne du couvent des Ursulines de Loudun, j'implore de Dieu et des hommes le pardon du crime que j'ai commis en accusant l'innocent Urbain Grandier....

Un immense frémissement agita la foule ; mais Jeanne reprit la parole, et les poitrines firent silence :

—Ma possession était fausse, continua Jeanne ; mes déclarations m'avaient été suggérées, et le remords m'accable et me tue....

Les tribunes éclatèrent en applaudissements ; les juges se levèrent : les archers tournèrent les yeux vers Laubardemont, qui s'écria d'une voix perçante :

—Que chacun se taise ; archers, remplissez vos devoirs ! Et se tournant vers les juges, il ajouta :

—Mes pères, que pensez-vous ?

—Que le démon vient sauver son ami, répliquèrent unanimement les religieux.

Le père Lactance s'écria d'une voix formidable, et comme s'il eût exorcisé la supérieure :

—*Obmutesce, Satanas!*

Jeanne se leva subitement, et promenant ses yeux noirs et brillants sur les moines qui baissèrent leurs regards devant la fixité du sien, elle s'avança vers Lactance, et elle lui dit avec une énergie suprême :

—Taisez-vous, imposteur ! Le démon qui m'a possédée, c'est vous !... Vous m'avez odieusement trompée ; Urbain ne devait pas être jugé ; d'aujourd'hui seulement je sais qu'il l'est... J'entrevois sa mort : je parlerai.

—Foible créature, dit Lactance, en simulant la pitié ; le démon vous égare !

—Non, répondit Jeanne, mais le repentir m'éclaire.

Se tournant alors vers les deux jeunes sœurs qui l'accompagnaient :

—Filles aussi infortunées que moi, leur dit-elle, levez-vous et parlez : Urbain n'est-il pas innocent ?

—Nous le jurons ! affirmèrent les deux sœurs Claire et Agnès.

Mais aussitôt elles fondirent en larmes, et Agnès eut à peine prononcé ce mot, que, se tournant vers le peuple, elle s'écria :

—Secourez-moi ; ils vont me punir, me torturer, me donner la mort !

Et entraînant la sœur Claire, elle se jeta dans la foule qui les accueillit avec tendresse. Mille voix leur promirent protection ; les imprécations s'échappaient de toutes les bouches, des bâtons frappaient le sol avec menace ; on n'osa pas s'opposer à la volonté du peuple, qui fit sortir les deux pauvres filles.

Le père Lactance ne voulait pas, cependant, s'avouer encore vaincu ; quand il fut un peu remis de l'attaque soudaine que lui livrait Jeanne de Belfiel, il se tourna vers le président, auquel il dit :

—Voici une preuve bien évidente que le ciel nous envoie sur la possession, car jamais madame la supérieure n'avait ainsi oublié la modestie et la sévérité de son ordre.

Cette jésuitique observation ne demeura pas sans réplique :

—Que tout l'univers n'est-il ici pour m'entendre ! dit Jeanne de Belfiel. Je ne puis être assez humiliée sur la terre, et assurément Dieu me repoussera : car j'ai consenti à devenir votre complice.

Laubardemont avait le visage inondé de sueur. Néanmoins, il trouva la force de répondre :

—Quel conte absurde nous faites-vous là, ma sœur ? Et qui donc vous force d'agir ainsi ?

—L'amour ! dit Jeanne de Belfiel en portant la main à son cœur et en regardant Urbain Grandier.

Celui-ci, qui jusque-là était resté la tête basse et comme étranger aux débats, leva lentement les yeux sur la supérieure, qui poursuivit avec animation :

—Oui, c'est l'amour qui m'a poussée à cet horrible crime, l'amour qu'Urbain n'a jamais connu tout entier, que j'avais puisé dans ses traits, dans ses regards, dans ses discours... Urbain est pur comme l'ange, mais il est bon comme l'homme qui a aimé... Hélas ! je ne savais pas qu'il eût aimé !..

Elle s'arrêta un moment ; puis, quittant l'accent passionné pour prendre le langage de l'indignation :

—C'est vous, dit-elle d'une voix éclatante, en montrant du doigt les pères Lactance, Mignon et Barré : c'est vous qui m'avez appris qu'il aimait, c'est vous qui, ce matin, m'avez trop cruellement vengée, en tuant d'un mot ma rivale, mademoiselle Madeleine de Brou.

Sa voix s'entrecoupe alors, et elle dit :

—Je ne voulais que les séparer... C'était déjà un crime ; mais j'aimais, j'étais jalouse... Vous me permettiez d'avoir Urbain pour ami et de le voir tous les jours. Je succombai aux tentations que vous me présentiez...

Elle se tut quelques secondes ; puis, versant un torrent de larmes, elle tomba aux pieds d'Urbain, en criant :

—Peuple, il est innocent !

Et à travers les sanglots, elle dit à Urbain :

—Martyr ! pardonne-moi ; j'embrasse tes pieds.

Grandier s'efforça d'élever ses mains étroitement liées, et lui dit d'une voix douce, en lui donnant sa bénédiction :

—Allez, ma sœur, je vous pardonne au nom de celui que je verrai bientôt. Je vous l'ai dit naguère, et vous le savez aujourd'hui : Les passions font bien du mal quand on ne les tourne pas vers le ciel.

Le front de Laubardemont s'empourpra de colère.

—Malheureux ! dit-il, tu te sers des paroles de l'Eglise !

—Je n'ai jamais quitté son sein, dit Grandier.

—Qu'on emporte cette folle ! cria Laubardemont.

Et voyant que le peuple éclatait en reproches énergiques et en gestes menaçants, le président leva la séance et fit conduire Urbain dans une pièce voisine. Le peuple resta dans la salle, debout, sombre et fort mal disposé pour le tribunal.

VIII.

Une fois dans la pièce voisine, Laubardemont et ses dignes acolytes reprirent leur audace et leur cruauté. Le malheureux Grandier fut couché sur l'instrument de torture, et les barbares enfroqués brisèrent ses membres au nom d'une religion de grâce et de pardon.

Grandier endura ce supplice une heure durant. Au bout de ce temps, on entendit sa voix faible dire lentement :

—O mes pères ! adoucissez la rigueur de vos tourments, car vous réduiriez mon âme au désespoir et je chercherais à m'arracher le peu de vie qui me reste...

Quand ces paroles lui parvinrent, le peuple ne mit plus de bornes à sa fureur. Il renversa les archers et se précipita vers la porte de la pièce où l'on suppliciait Grandier; mais quand on eut enfoncé la porte, la pièce était vide: les juges étaient partis emportant leur victime.

IX.

La nuit était sombre; la pluie tombait à torrents, le tonnerre éclatait en roulements sourds, auxquels se mêlaient les cris de femmes qui gémissaient et d'hommes qui menaçaient.

Aux lueurs tremblotantes de quelques torches allumées au coin des rues, on distinguait des cavaliers armés qui passaient au galop de leurs montures, écrasant tous ceux qui ne se rangeaient pas assez vite.

Ces cavaliers couraient vers la place de Saint-Pierre-le-Marché, qui leur avait été indiquée comme point de réunion.

Cette place offrait, dans cette soirée-là un triste mais étrange spectacle.

Entièrement occupée par des gardes à cheval et des archers, elle était en outre barricadée de toutes parts. Des charrettes attachées aux bornes des rues en fermaient toutes les issues, et des sentinelles armées d'arquebuses veillaient, séparées entre elles par une distance de quelques pas seulement.

Au milieu de la place s'élevait un bûcher formé de poutres énormes, posées les unes sur les autres, de façon à former un carré. Ces poutres étaient recouvertes de

Le malin esprit.

menu bois, et au centre du carré s'élevait un immense poteau, près duquel se tenait un homme vêtu de rouge et ayant à la main une torche baissée.

Aux pieds de cet homme, qui était le bourreau, on pouvait apercevoir un grand réchaud, recouvert de tôle à cause de la pluie.

Toutes les croisées s'ouvrirent, tous les balcons furent occupés par des hommes et des femmes; mais on n'entendait d'autre bruit que celui de la pluie qui tombait et de l'orage qui continuait à gronder en se rapprochant.

C'est que si le spectacle qu'offrait la place de Saint-Pierre excitait la curiosité dans tous les esprits, il jetait en même temps la terreur et la pitié dans toutes les âmes.

Tout-à-coup l'église de Sainte-Croix, qui jusque-là était restée plongée dans l'obscurité, parut s'illuminer.

Peu après les deux grandes portes s'ouvrirent, et à la lueur d'une innombrable quantité de flambeaux, on vit paraître tous les juges et tous les ecclésiastiques entourés de gardes.

Au milieu de cette longue procession de robes noires, on reconnut Urbain Grandier, soutenu, ou pour mieux dire, porté par six hommes recouverts du costume de pénitents noirs. Cet appui était devenu indispensable à Urbain, car ses jambes brisées et entourées de bandages ensanglantés ne pouvaient plus soutenir le poids du corps.

Au reste, le curé de Loudun était méconnaissable; une pâleur livide couvrait une peau luisante comme l'ivoire, et il semblait qu'il n'y eût plus de sang sous cette peau que la souffrance avait, en quelques heures, rendue sèche comme le parchemin, et qui ne paraissait plus adhérente aux chairs. Il n'y avait plus de vie chez

Urbain que dans ses yeux noirs qu'on pouvait croire agrandis de moitié et qu'il promenait autour de lui. Ses cheveux bruns étaient épars sur son col et sur une chemise blanche qui l'enveloppait tout entier et laissait sur son passage une forte odeur de soufre. On avait entouré son cou d'une longue et solide corde, dont les bouts retombaient sur son sein.

On força Urbain de s'arrêter sur le péristyle de l'église. Là, le capucin Lactance plaça dans la main droite de sa victime et y soutint une torche ardente, en disant avec une inflexible dureté :

—Fais amende honorable.

Et comme Urbain ne répondait pas, Lactance reprit :

—Demande pardon au Dieu que tu as offensé, de ton horrible crime de magie.

Grandier tourna les yeux vers le ciel, et dit en faisant tous ses efforts pour parler :

—Au nom du Dieu vivant, Laubardemont, juge prévaricateur! je t'ajourne à trois ans !...

Après un repos, il ajouta :

—On a éloigné mon confesseur, et j'ai été réduit à confesser mes fautes à Dieu même, car mes ennemis m'entourent...

—C'est toi, dit Lactance, c'est toi qui es l'ennemi des hommes et du ciel, que tu blasphèmes en l'invoquant.

—Laissez-le donc parler ! cria une voix. C'est bien assez de le tuer!

Et toutes les autres voix répétèrent unanimement :

—Laissez-le donc parler!

—J'en atteste le Dieu de miséricorde, reprit Grandier ; je n'ai jamais été magicien ; je n'ai connu d'autres mystères que ceux de la religion catholique, apostolique et romaine, dans laquelle je meurs ; j'ai beaucoup péché contre moi, mais jamais contre Dieu et notre Seigneur...

—Arrête ! s'écria le père Lactance, feignant de croire que le nom du Sauveur fût souillé en passant par la bouche d'Urbain.

Et comme Grandier voulait continuer à parler, il lui mit la main sur la bouche, en disant :

—Misérable endurci, retourne au démon qui t'a envoyé!

Après avoir dit ces mots, il appela quatre prêtres qui s'approchèrent armés de goupillons, et exorcisèrent l'air que le prétendu magicien respirait, la terre qu'il touchait, et le bois qui devait le brûler.

Pendant que les ecclésiastiques procédaient à cette cérémonie si utile et si humaine, le lieutenant criminel se mit à lire un arrêt, que l'on trouve dans les pièces de ce regrettable procès, et qui déclare Urbain Grandier « dûment atteint et convaincu du crime de magie, ma- « léfice et possession, arrivés par son fait ès personnes « d'aucunes religieuses ursulines, et autres séculières, « lequel Grandier pour ces mêmes faits est condamné à « faire amende honorable, tête nue, et être son corps « brûlé vif avec les pactes et caractères magiques restés « au greffe, etc. »

Le lieutenant criminel interrompit plusieurs fois sa lecture, ébloui qu'il était par la lueur des éclairs. A la fin, il se tourna du côté de M. de Laubardemont, et lui demanda si, vu le temps qu'il faisait, on ne pouvait pas remettre l'exécution au lendemain.

Mais M. de Laubardemont ne l'entendait pas ainsi.

—L'arrêt porte exécution dans les vingt-quatre heures, dit-il ; ne craignez point ce peuple incrédule : il va être convaincu...

En ce moment, plusieurs notables habitants de la cité de Loudun s'avancèrent vers Laubardemont ; il continua :

—Le magicien n'a jamais pu prononcer le nom du Sauveur ; il s'obstine à repousser son image.

A cet instant, et comme pour paraphraser les paroles de M. de Laubardemont, le capucin Lactance sortit du milieu des pénitents, portant dans sa main un énorme crucifix de fer qu'il semblait porter avec précaution et respect, et qu'il approcha des lèvres de Grandier.

Aussitôt, le curé de Sainte-Croix parut donner raison à Laubardemont ; il se rejeta violemment en arrière, et réunissant toutes ses forces, il parvint par un geste du bras à faire tomber le crucifix des mains du père Lactance.

—Eh bien ! cria celui-ci d'un air triomphant, vous le voyez tous, j'espère! Ce misérable a renversé l'image du Dieu mort pour nous racheter !...

—Profanation ! dirent quelques prêtres.

—Crime irrémissible ! firent plusieurs moines et pénitents.

—Infâme jonglerie! s'écria une voix forte et indignée qui fit taire toutes les autres.

Celui qui venait de parler ainsi avait observé toute cette scène d'un œil scrutateur ; il avait été frappé de cette circonstance que le crucifix en tombant sur les degrés plus exposés à la pluie que la plate-forme, avait produit cette espèce de grésillement du plomb fondu jeté dans l'eau ; et voulant expliquer le fait, il s'était approché du crucifix avec l'intention de s'en saisir. Mais à peine y eut-il porté la main, qu'il la retira vivement : il s'était brûlé.

Saisi d'indignation, cet homme s'enveloppant la main dans les plis d'un manteau de voyage, prit le crucifix, et poussant le cri que nous venons de rapporter, il s'élança vers Laubardemont.

—Infâme scélérat! lui dit-il de sa voix vibrante, porte la marque de ce fer rougi !

Et il le frappa au front avec le crucifix.

Un moment atterré par cet incident, Laubardemont reprit promptement son audace, et s'écria en désignant l'étranger :

—Arrêtez cet insensé !... Emparez-vous de ce misérable !...

Mais le peuple avait entendu et compris le personnage qui venait de dévoiler courageusement l'odieuse trame des juges de Grandier ; et plusieurs hommes tenaient déjà Laubardemont en criant :

—Justice ! justice ! au nom du roi !

—Nous sommes perdus ! murmura le père Lactance avec effroi.

Mais sa haine contre Grandier l'emporta sur sa frayeur ; il ne voulut pas que sa proie pût échapper, et s'adressant aux prêtres et aux archers qui l'entouraient, il leur dit avec un zèle infernal :

—Au bûcher! au bûcher !

Obéissant au féroce capucin, les pénitents entraînèrent Grandier vers la place, tandis que les juges et les archers rentraient dans l'église en se débattant contre les citoyens furieux.

X.

Une corde avait été préparée pour étrangler Urbain au moment où l'on mettrait le feu au bûcher; mais, soit que le bourreau craignît de n'avoir pas le temps d'attacher le patient, soit que l'horrible cruauté de Laubardemont et du capucin Lactance préférât l'atroce joie de voir brûler un homme vivant, Grandier fut couché, avec sa robe enduite de soufre, sur le bois qu'on alluma.

Cependant, la pluie qui tombait par torrents, éteignait le bois à mesure qu'il s'enflammait, et Urbain eût pu être sauvé. Mais la barbare précaution de Lactance obtenait un plein succès; Grandier brûlait dans son vêtement couvert de soufre.

Et pourtant le peuple voulait à toute force sauver le curé de Sainte-Croix. Le cri de *justice!* volait de bouche en bouche, et circulait en même temps que le récit de ce qui s'était découvert.

Déjà deux barricades avaient été forcées, et malgré quelques coups de fusil, les archers étaient repoussés peu à peu vers le centre de la place.

Enfin, après une demi-heure de lutte, le peuple arriva au bûcher; mais aucune lumière n'y brillait plus; et les moines, les prêtres, et même le bourreau avaient disparu.

Pénétrés d'un funeste pressentiment, les amis de Grandier arrachent et jettent au loin les planches auxquelles on avait dû mettre le feu; l'une d'elles brûlait encore, et aux lueurs vacillantes qui s'en échappaient, on découvrit sous un amas de cendre et de boue sanglante une main noircie, préservée du feu par un énorme bracelet de fer et une chaîne. On parvint à ouvrir cette main, et l'on vit que les doigts tenaient une petite croix d'ivoire et une image de Sainte Madeleine.

C'étaient les reliques du martyr!

XI.

Jeanne de Belfiel, l'infortunée supérieure des Ursulines de Loudun, mourut folle.

Quant à Laubardemont, voici comment il finit:

Lorsque, trois ans après la mort de Grandier, Cinq-Mars paya de sa vie la tentative qu'il fit pour arracher Louis XIII à la domination de Richelieu, Laubardemont fut encore chargé de la procédure inique suivie contre le grand écuyer du roi de France.

Mais, soit que le cardinal eût horreur de son instrument, soit qu'il craignît ses révélations s'il lui refusait les grâces qu'il invoquait au nom du sang versé en tant d'occasions, le cardinal abandonna Laubardemont à la haine du père Joseph, ce capucin qu'on avait surnommé l'*Eminence grise*; et le père Joseph fit jeter le père Laubardemont dans le Rhône, au moment même où le juge prévaricateur espérait toucher le prix de ses crimes. Ceci se passait trois ans, jour pour jour, après l'auto-da-fé de Grandier; et l'événement justifia l'ajournement fait par le curé de Sainte-Croix à son assassin.

La plupart des pères qui avaient joué de si ignobles rôles dans les exorcismes n'eurent pas une mort moins cruelle. Plusieurs, et notamment Lactance, terminèrent leur vie souillée de crimes dans d'affreuses convulsions.

Dieu vengeait déjà Grandier sur cette terre avant de punir ses meurtriers dans l'éternité.

Nous soumettons à nos lecteurs les réflexions suivantes, extraites de la *Biographie universelle*, relativement au procès de Grandier:

« On a parlé diversement de la possession de Loudun, et beaucoup ont écrit pour et contre.

« Un protestant, nommé Aubin, a fait l'*Histoire des diables de Loudun* (1); il y tourne la possession en ridicule, et n'omet rien de ce qui peut la faire passer pour une jonglerie. De la Menardaye a répondu au livre d'Aubin par un autre livre (2), où il établit d'abord en fait que le pouvoir des esprits malins sur les hommes fait partie de la doctrine de l'Église, et que, de temps immémorial, jusqu'à l'édit de Louis XIV, la jurisprudence du royaume a admis le crime de sorcellerie, et jugé ceux qui en étaient prévenus. Il essaie ensuite de montrer que, dans ce qui s'est passé aux Ursulines de Loudun, se trouvent tous les caractères d'une véritable possession; qu'elle a été reconnue pour telle par d'éminents personnages et des hommes éclairés, témoins des exorcismes; enfin, que des personnes qui n'étaient nullement disposées à croire aux vérités de la religion, en ont été tellement frappées, qu'elle a opéré leur conversion (3). Cependant le sentiment contraire a prévalu. Ménage et Théophraste Renaudot, contemporains de l'événement, traitent de chimérique la possession de Loudun, et font l'éloge de Grandier. La plupart des historiens qui ont écrit depuis, et même l'auteur moderne de l'*Histoire du Cardinal de Richelieu* (M. Jay), ne voient dans les religieuses de Loudun que des filles fanatisées, dont on avait monté l'imagination pour leur faire jouer ce rôle; et, dans tous ceux qui prirent part au procès, que des gens animés par la passion, ou des instruments de la vengeance du cardinal-ministre, choqué, suivant eux, de s'être vu dans sa jeunesse disputer par Grandier quelques droits honorifiques, ou irrité d'un libelle publié contre lui, et attribué à cet ecclésiastique. « Cependant, dit, ce nous semble, très-judicieusement, le père Griffet (4), il y a tout lieu de croire que la possession, ou vraie ou prétendue, commença sans que le cardinal en eût connaissance; qu'il n'en fut averti que quand elle devint publique, et que s'il nomma une commission, on n'en saurait conclure qu'il ait cherché à susciter des accusateurs à Grandier. » D'ailleurs, en supposant à Richelieu la volonté de perdre un prêtre obscur et déjà impliqué dans de mauvaises affaires, tout-puissant comme l'était ce ministre, n'avait-il pas mille autres moyens plus faciles et plus prompts de se satisfaire, sans recourir pour cela à une farce sacrilége? « On ne peut nier toutefois, dit encore le père Griffet, que le cardinal ne se soit déclaré pour ceux qui croyaient à la possession, et qu'il n'ait continué d'envoyer à Loudun, aux frais du roi, des religieux de différents ordres, pour y faire les fonctions d'exorcistes, soit qu'il crût à la possession, soit qu'il imaginât justifier par là le jugement des commissaires qu'il avait choisis pour faire le procès à Grandier. » Il est certain qu'à cette époque, la croyance aux sorts jetés, et aux pouvoirs de certaines personnes pour le faire, formait encore l'opinion publique: l'affaire de Gaufridi était récente. Cinq mois avant l'exécution de Grandier, le 8 avril 1634, le nommé Adrien Bouchard,

---

(1) Un vol. in-12, Amsterdam, 1716. Quelques exemplaires sont intitulés: *Cruels effets de la vengeance du cardinal de Richelieu.*

(2) *Examen et discussion critique de l'histoire des diables de Loudun, de la possession des religieuses ursulines, et de la condamnation d'Urbain Grandier,* vol. in-12, Paris, 1744. On trouve dans la préface, pag. xv et suiv., une notice assez étendue des ouvrages imprimés et manuscrits pour et contre la possession.

(3) Celle de M. de Queriolet, conseiller au parlement de Rennes, de milord Montaigu, d'un jeune avocat qui se fit capucin avec plusieurs de ses amis, etc. *Voyez,* pour M. de Queriolet, *le grand Pécheur converti,* par le P. Dominique de Ste-Catherine, religieux carme, etc., Paris, 1668, in-8°.

(4) XIV° vol. de l'*Histoire de France* de *Histoire de Louis XIII*, page 582 et suiv.

et Gargan, l'un de ses complices, avaient subi le même supplice au milieu de Paris, sans qu'on eût trouvé cela extraordinaire ; et, en 1670, le Parlement de Rouen, fort de tous les arrêts rendus contre ce crime, dans des remontrances à Louis XIV, le suppliait de ne rien changer à la jurisprudence des tribunaux à cet égard, et de permettre que l'on continuât l'instruction des procès pour sortilége. L'édit de ce prince, qui défend de recevoir les simples accusations de sorcellerie, n'intervint que deux ans après (*Voy.* GAUFRIDI). On a de Grandier : I. *L'Oraison funèbre de Scévole de Ste-Marthe*, imprimée dans les œuvres de ce savant, Paris, 1629 ; elle avait été prononcée dans l'église de Saint-Pierre de Loudun, le 11 septembre 1623. II. *Factum de Grandier pour sa défense.* Suivant une remarque de Bayle, il ne serait pas sûr que Grandier fût l'auteur du manuscrit contre le célibat des prêtres. »

« Le sortilége avait été opéré au moyen d'une branche de rosier fleuri. » (Page 3.)

Nous intercalons dans le N° 245 la fin de l'Affaire Bréa, le pourvoi et l'exécution. Ces quatre pages doivent être enlevées pour être placées à la suite d'UN ÉPISODE DES JOURNÉES DE JUIN 1848.

CAUSES CÉLÈBRES

N° 246 — 10 Centimes.
Un N° par Semaine.

LEBRUN ET Cⁱᵉ, Éditeurs.
Rue des Saints-Pères, 8.

SÉBASTIEN-BENOIT PEYTEL.

I

Vers la fin d'octobre 1838, M. Peytel, notaire à Belley, quitta la ville qu'il habitait pour aller passer quelques jours à Mâcon. Il emmenait avec lui sa femme, et Louis Rey son domestique.

Quelques jours plus tard, le 1ᵉʳ novembre, les habitants de Belley furent éveillés par les cris d'un homme qui, en proie à la plus violente agitation, implorait le secours de tous les médecins de la ville, frappait brusquement à leurs portes et agitait avec une sorte de frénésie les sonnettes de leurs maisons.

Cet homme était le notaire Peytel.

Il racontait que sa femme, étendue et mourante dans sa voiture, venait d'être frappée, sur la route de Lyon, d'un coup de feu tiré par son domestique, auquel lui-même avait ensuite arraché la vie.

A ce bruit, à ces cris, à ce récit, un grand nombre de personnes accoururent, et un spectacle horrible s'offrit à leurs yeux.

Dans le fond d'une voiture, une jeune femme gisait sans vie; tout son corps ruisselait comme s'il sortait de l'eau; elle paraissait grièvement blessée au visage, et sa robe et ses jupons, relevés, malgré un temps pluvieux et froid, laissaient voir ses genoux presque entièrement découverts.

A cette vue, on s'écria que le premier soin à donner à une femme dans cet état, c'était de la préserver du froid, de la couvrir. Mais un médecin, l'ayant examinée, déclara que tous les soins étaient inutiles : madame Peytel était morte.

Peytel prétendit que le docteur se trompait, et redoubla ses instances pour qu'on allât chercher d'autres médecins.

Cette scène étrange, les discours de Peytel, qui ne cessait de répéter qu'il avait *achevé* son domestique à coups de marteau, donnèrent des soupçons au lieutenant Wolf, commandant de la gendarmerie de Belley ; il donna l'ordre d'arrêter Peytel ; mais celui-ci se jeta au cou d'un des assistants, qui intercéda pour lui, et obtint qu'on ne l'incarcérât pas immédiatement.

Le cadavre de la dame Peytel fut transporté dans son appartement. Puis, on courut en hâte, sur la route, relever le corps sanglant du domestique.

Pendant ce temps, Peytel, interpellé sur les causes de ce double meurtre, raconta ainsi l'événement :

« Il était parti de Mâcon, dit-il, le 31 octobre, à onze heures du matin, pour retourner à Belley, avec sa femme et son domestique. Ce dernier conduisait un chariot découvert; Peytel et sa femme suivaient dans une voiture à quatre roues, traînée par un cheval. Arrivés à Bourges à cinq heures du soir, ils en étaient partis à sept pour aller coucher à Pont-d'Ain, où ils ne furent rendus qu'à minuit. Dans le trajet, Peytel crut remarquer que Louis Rey avait ralenti le pas de son cheval. Descendu à l'hôtel, il lui avait ordonné de déposer dans sa chambre 7,500 francs qui se trouvaient dans sa voiture ; mais Louis avait répondu que la précaution était inutile, parce que la cour de l'hôtel fermait bien, et Peytel s'était vu dans la nécessité de transporter lui-même le sac d'argent.

« Le lendemain, 1er novembre, ils se remirent en marche à neuf heures du matin, sans que Louis fût venu, comme de coutume, prendre les ordres de son maître. Arrivés à Tenay, vers trois heures, ils le quittèrent à cinq, et il en était huit lorsqu'ils atteignirent le bourg de Rossillon, où ils firent une pause d'une demi-heure pour donner l'avoine aux chevaux.

« Au moment du départ de Rossillon, le temps était menaçant et la pluie commençait à tomber. Peytel avait dit à Louis de se procurer une couverture, afin de garantir les objets placés sur le chariot; mais le domestique s'y était refusé, en disant, d'un ton ironique, que le temps était beau. Déjà, depuis quelques jours, Peytel avait remarqué que Louis était sombre et taciturne.

« Après avoir dépassé d'environ 500 pas le pont d'Andert, jeté sur la rivière du Furens, et parcouru la partie la moins rapide de la montée de la Darde, Peytel avait crié à son domestique, qui allait toujours en avant, de descendre du chariot pour finir la côte à pied. En ce moment, un vent violent soufflait du sud, et la pluie tombait avec force. Peytel était enfoncé dans le coin, à droite de la voiture, et sa femme, rapprochée de lui, dormait la tête appuyée sur son bras gauche. Tout-à-coup, il avait entendu la détonation d'une arme à feu dont il avait aperçu la lumière à plusieurs pas de distance, et sa femme s'était écriée :

— « Mon pauvre mari, prends tes pistolets ! »

« Au même instant, son cheval s'était emporté et avait pris le trot. Peytel, néanmoins, avait tiré immédiatement un coup de pistolet sur un individu qu'il avait vu courant sur la route. Ne se doutant pas que sa femme fût atteinte, il s'était élancé à terre par un côté de la voiture, tandis que madame Peytel sautait de l'autre; il avait alors tiré sur son domestique, qu'il venait de reconnaître, un second coup de pistolet, inutile comme le premier. Louis se sauvait, et Peytel, courant après lui, le frappa par derrière d'un coup de marteau. Louis, s'étant retourné, avait levé sur son maître son bras armé du pistolet qu'il venait de tirer; mais, plus prompt que lui, Peytel lui avait porté un deuxième coup de marteau qui l'étendit la face contre terre; lui plaçant alors son pied sur le dos, il le frappa du même instrument à coups redoublés, et l'acheva malgré les cris de : Grâce ! qu'il ne cessait de pousser.

« Bientôt le souvenir de sa femme lui revenant à l'esprit, il l'appela plusieurs fois par son nom, et courut éperdu, la cherchant en vain de tous les côtés de la route. Arrivé au pont d'Andert, il avait retrouvé sa femme, étendue dans un pré couvert d'eau, sur les bords du Furens. Cette découverte horrible l'avait d'autant plus étonné, qu'il ne croyait pas sa femme atteinte du coup de feu; il avait cherché à la retirer de l'eau, et ce n'est qu'après de longs efforts qu'il était parvenu à la placer sur le talus de la chaussée, la face contre terre; la supposant à l'abri de plus grands dangers et ne la croyant encore que blessée, il avait pensé à aller implorer du secours dans une maison isolée, située sur la route, du côté de Rossillon. Dans cet instant, il avait aperçu sa voiture tout près de lui sans qu'il sût s'expliquer comment son cheval avait pu revenir sur ses pas et quitter tout seul la direction de Belley.

« Les sieurs Thermet père et fils, chez lesquels il était allé frapper, auraient ouvert leur porte à sa voix; il les aurait engagés à venir l'aider et à le secourir, en leur disant que sa femme venait d'être assassinée par son domestique. Descendu au pont d'Andert, Thermet père s'était approché du cadavre, et, après l'avoir examiné, aurait dit à Peytel que sa femme était morte; aidé de son fils, le témoin avait placé le corps dans le fond de la voiture, où ils étaient ensuite montés tous ensemble pour se rendre à Belley, et, en passant près du cadavre de son domestique, il voulait l'écraser sous les roues de sa voiture. Enfin, c'était pour lui voler 7,500 fr. que lui Peytel, avait reçus à Lyon, que son domestique avait tenté de l'assassiner. »

II

A peine ce récit étrange fut-il connu, qu'il souleva la raison publique. Peytel l'avait commencé au pont d'Andert sur le corps glacé de son épouse, il l'avait développé, en détail, dès le 2 novembre, en présence des médecins, devant ses voisins rassemblés, et des personnes qui la veille encore étaient ses amis; il l'avait enfin plus tard achevé et rendu complet dans ses interrogatoires, dans ses conversations, dans ses écrits, dans ses lettres aux magistrats, et partout ces paroles, tant de fois reproduites, n'avaient rencontré qu'une incrédulité douloureuse. C'est qu'indépendamment du caractère singulier que présentaient, dès les premiers moments, l'attitude, les mouvements et les propos de l'accusé, son récit semblait renfermer une inexplicable énigme, et que les contradictions, les invraisemblances et les impossibilités étaient telles, que les esprits froids en étaient révoltés, et que l'amitié même se refusait à les admettre.

La justice, inquiète des préoccupations de l'opinion publique, se livra sans retard aux plus actives recherches. Le corps des victimes fut soumis aux investigations des hommes de l'art; les plaies et les projectiles furent consultés, les lieux furent explorés avec soin; la moralité des auteurs de cette scène affreuse fut l'objet d'un examen rigoureux. Les exigences de l'accusé, ses formes affectées, son silence calculé ou ses réponses froidement insultantes, ne furent pour l'instruction que d'impuissantes entraves, et la justice arriva enfin, à l'aide d'une marche prudente, et par ses découvertes, à la plus cruelle certitude.

Louis Rey, enfant de l'hospice de Lyon, fut confié dès ses plus jeunes années à d'honnêtes cultivateurs qui le gardèrent jusqu'à l'époque où il devint soldat. Sa conduite, son intelligence, la douceur de ses mœurs furent telles pendant ce long espace de temps, que cette famille devint pour lui comme une famille d'adoption, dont il sut se concilier tous les membres, et que son départ fut pour elle la cause d'une véritable affliction. Lorsque Louis quitta l'armée, il retourna chez ses bienfaiteurs et y fut reçu comme un fils. Malgré une assez longue absence, ils le trouvèrent tel qu'ils l'avaient connu; seulement il avait appris à lire et à écrire, et les certificats de ses chefs attestaient qu'il avait été bon et brave soldat. Le besoin de se créer des ressources le détermina à sortir de cette maison pour entrer chez le sieur de Montrichard, lieutenant de gendarmerie, alors à Belley; il a reçu de cet officier de nouveaux témoignages d'intérêt que l'instruction a dû recueillir. Louis, il est vrai, pouvait aimer le vin et avoir de la passion pour les femmes; mais il avait été militaire, et ces défauts étaient bien compensés, au dire des témoins, par son activité, son intelligence et l'agrément de son service.

Vers le mois de juillet 1838, Louis Rey quitta volontairement le sieur Montrichard, et Peytel l'ayant, à la même époque, rencontré à Lyon, ne balança pas à se l'attacher. Quel que soit aujourd'hui le langage de l'accusé, il est certain que Louis Rey le servit jusqu'à son dernier jour en domestique éprouvé, vigilant et fidèle; plus d'une fois ses maîtres en dirent du bien. Toutes les personnes qui ont travaillé ou qui ont été chez la dame

Peytel ont fait l'éloge de son caractère, et on peut dire qu'à cet égard tous les témoignages sont unanimes.

Dès la nuit même du 1er novembre et peu d'instants après la catastrophe, on remarqua les insinuations que Peytel rassemblait sur son domestique, et l'art avec lequel, pour les rendre plus sûres, il les dissémina dans les diverses parties de son récit; mais elles ont reçu, dans le cours de la procédure, un éclatant démenti. Ainsi, le serviteur indocile qui, à Pont-d'Ain, se refusait de porter l'argent dans la chambre de ses maîtres, sous le prétexte que les portes de l'hôtel fermaient bien, s'était empressé, en arrivant, de dételer et de soigner les chevaux fatigués par leur longue course, sans qu'aucun des témoins présents à leur arrivée ait entendu le moindre mot sortir de la bouche de Peytel ou de celle de Louis, dont ils remarquèrent le zèle et les soins.

Ainsi, le domestique oublieux, qui le lendemain n'alla pas prendre, comme à l'ordinaire, les ordres de son maître, était prêt à partir avant sept heures du matin, s'informant avec empressement si les sieur et dame Peytel étaient réveillés, et apprenait par la fille de l'hôtel qu'ils ne commandaient rien pour leur déjeuner; ainsi, cet homme qui se refusait d'emporter en route une couverture pour garantir les effets placés sur son chariot, offrait, au contraire, la sienne et de se dépouiller pour protéger contre la pluie des objets de peu de valeur; ainsi, ce même domestique, qui était si sombre depuis quelques jours et ne parlait presque pas, donnait sur son passage et dans tous les hôtels des preuves de son naturel facile et même indiscret. A Mâcon et à Bourg il mettait les domestiques dans la confidence de sa position, et se louait devant eux de la bonté de son maître et de sa maîtresse.

Le garçon de l'auberge du *Dauphin* disait, en parlant de lui : « C'était un grand jeune homme, doux et gentil; nous avons quelquefois causé chevaux et voitures; il avait l'air tout naturel et non pas préoccupé. »

A Pont-d'Ain, il racontait dans ses conversations qu'il était enfant d'hospice; il parlait des lieux où il avait été élevé et de ceux où il avait servi; enfin à Rossillon, une heure avant sa mort, il s'entretenait familièrement avec le maître de poste, et parlait avec lui de choses indifférentes.

Toutes les insinuations de Peytel contre son domestique n'avaient d'autre but que de montrer dans les allures de Louis Rey tous les signes avant-coureurs d'un attentat prémédité. De quoi l'accuse-t-il, en effet? D'avoir voulu lui voler 7,500 fr., et d'avoir tenté l'assassinat pour arriver au vol. Mais, pour un crime réfléchi, quelle incroyable imprévoyance dans la préparation des moyens! quelle déraison et quelle faiblesse dans l'exécution!

Que d'insurmontables obstacles pour consommer le vol et en profiter! En partant de Belley, le 23 octobre, Louis, instruit, si on en croit Peytel, que son maître devait rapporter de l'argent, se serait muni d'un pistolet d'arçon, que la dame Peytel avait déjà aperçu une fois parmi ses effets; mais il y avait des balles dans le cabinet de Peytel; on en a même trouvé quatre, le 6 novembre, dans la malle du domestique.

Et cet homme, qui avait formé un sinistre projet, emportait, pour commettre un meurtre, une arme à feu sans munitions; car Peytel a révélé à la justice que le 31 octobre, une heure avant son départ de Mâcon, Louis avait acheté six balles à un armurier. L'assassin devait immoler deux victimes, il ne s'arme que d'un pistolet à un coup, et il sait que dans tous ses voyages, Peytel, pour sa défense, a toujours sur lui deux pistolets. Enfin, dans l'obscurité de la nuit et au milieu des agitations d'un voyage, il peut porter un coup mal assuré, et, dans ce cas terrible, pour l'agresseur, il n'a plus rien pour se garantir des dangers de la vengeance.

L'exécution du crime offre des incidents plus étranges encore. Ce n'est que lorsque Peytel lui ordonna de descendre du chariot que Louis se décida à mettre pied à terre; ce n'est que lorsqu'il a l'assurance que son maître a l'œil ouvert qu'il songe enfin à lui ôter la vie. Il fait sombre, et les deux époux sont enveloppés dans leurs manteaux, l'assassin tire sur eux à cinq ou six pas de distance; il dirige son arme au hasard sans s'inquiéter du choix de la victime, et le soldat assez audacieux pour entreprendre un double meurtre n'a ni le courage, ni les moyens de le consommer; il fuit, emportant dans sa main inutile, et sur ses épaules, une couverture pesante, sans que la détonation de deux pistolets et les pas précipités d'un maître furieux réveillent en lui, dans sa fuite, un sentiment plus éclairé de conservation; et cet homme plein de jeunesse est renversé la face contre terre, au milieu d'un chemin public, succombant sans résistance et sans lutte sous les coups d'un marteau.

Mais si le meurtrier eût réussi dans son coupable projet, quel fruit en eût-il retiré? Laissant sur la route les cadavres ensanglantés de ses deux maîtres, obligé de conduire à la fois deux voitures, sous peine de se voir découvert, ne pouvant retourner sur ses pas après le soin qu'il a pris lui-même à chaque station de parler de l'argent porté par Peytel, trop prudent pour paraître seul à Belley, arrêté à la frontière par la douane qui devait lui opposer jusqu'au jour une barrière infranchissable, que pouvait-il faire et devenir?

L'examen du chariot a constaté que Louis Rey n'avait, au moment du crime, ni linge, ni vêtements, ni effets. On ne trouva dans ses poches, lors de la levée du cadavre, ni passeport, ni certificat, ni livret; mais elles contenaient une balle de gros calibre qu'il avait montrée en jouant à une fille d'auberge de Mâcon, un petit couteau à manche de corne, une tabatière, un petit paquet de poudre de chasse, et une bourse à fermoir contenant un sou et de la ficelle. Voilà le bagage que, dans son plan homicide, Louis s'était préparé à loisir pour aller chercher un asile à l'étranger. Non, Louis Rey ne fut point coupable du crime dont Peytel l'accusa. Si, pour ceux dont il fut connu, son naturel ouvert et ses mœurs douces, une carrière militaire modeste et sans tache, et les regrets touchants que lui ont donnés ses anciens maîtres, doivent éloigner de lui tout soupçon; pour tout homme impartial et froid, les circonstances qui se rattachent à la préparation du crime, à son exécution et à ses suites, ne permettent pas qu'on inflige à la mémoire de cet infortuné une odieuse flétrissure.

Mais la justice a déchiré le voile dont se couvrait une main impie. Déjà, dans la nuit du 1er novembre, on croyait l'avoir reconnue à cette agitation sans mesure, à ces soins d'un empressement si tardif, à cette douleur si bruyante et à ces élans calculés que ne connaît pas la nature. Le coupable que la conscience publique avait pressenti, celui dont l'instruction a lentement mis à nu l'affreuse combinaison et détruit pas à pas le système mensonger, le meurtrier à qui une famille éplorée et la société tout entière demandent compte aujourd'hui du sang d'une épouse, ce meurtrier, c'est Peytel.

III.

Sébastien-Benoît Peytel est né à Mâcon, où sa famille avait sa résidence. Sept ou huit ans avant l'événement, il traita d'une charge de notaire en cette ville, et se présenta pour être admis; mais des soupçons sur sa probité et quelques doutes fort peu honorables pour sa délicatesse ne permirent pas qu'on accueillît sa demande; ses compatriotes le repoussèrent. Cependant, en 1838, il fut plus heureux à Belley, où il devint le successeur du sieur Cerdon.

Il était depuis peu de temps dans sa charge, lorsqu'il songea à se marier, et jeta les yeux sur la demoiselle Félicie Alcazar, jeune créole, fille d'un colon mort au service de l'Angleterre. Il avait eu occasion de voir cette jeune personne à Belley, auprès de sa sœur, madame de Montrichard, et il connaissait parfaitement sa position et sa fortune. Il écrivit à madame Alcazar des lettres où il traçait, sous les plus riantes couleurs, aux yeux inquiets d'une mère, l'avenir de son enfant.

Il fit aussi écrire à cette dame par un de ses amis, le sieur Roselli-Mollet, qui, après avoir fait de la personne de Peytel un portrait des plus flatteurs, parlait de ses bonnes qualités, et, passant aux considérations de fortune, fixait celle de Peytel à un chiffre exorbitant. Comme Peytel avait dissipé le peu de bien qu'il avait recueilli de la succession paternelle, on donnait une évaluation démesurée aux propriétés de sa mère, et l'on assurait en même temps que Peytel se trouvait déjà possesseur de 60,000 fr., y compris sa charge, qui était, assurait-on, payée.

Cependant, le consentement de madame Alcazar se faisant attendre, Peytel partit pour Paris et parut tout-à-coup auprès de cette dame. On voulait différer encore et prendre des informations, mais Peytel, qui avait des raisons pour hâter la conclusion du mariage, insista si vivement que, lorsque certains renseignements arrivèrent, l'engagement pris ne pouvait plus être rompu.

Félicie Alcazar ne se faisait pas illusion; elle était bien loin de voir dans le nœud quelle allait former le gage de son bonheur. Docile et résignée à la décision de sa famille, mais libre et expansive dans ses sentiments, elle ne dissimulait pas, même en présence de Peytel, le peu de sympathie qu'elle éprouvait pour lui; plus d'une fois elle exprima à ses parents son éloignement pour l'époux qu'on lui destinait. Affligée, à vingt ans, d'une myopie extrême; ayant, à ce qu'il paraît, un esprit peu cultivé et une éducation peu soignée, la jeune fille s'accusait quelquefois, devant l'homme qui recherchait sa main, de son peu de mérite et de ses défauts; mais Peytel ne tenait aucun compte des répugnances de Félicie; il trouvait dans la dot une compensation suffisante à ses imperfections. L'union fatale s'accomplit.

IV.

Quelques heures à peine s'étaient écoulées depuis l'union de Peytel et de Félicie, et déjà le caractère irascible de Peytel se faisait connaître sans contrainte; dès les premiers jours, saisissant le moindre prétexte pour donner carrière à son humeur querelleuse, il se livrait aux reproches les plus amers envers sa jeune femme, qui, railleuse et peu modérée dans ses procédés, ne donnait, il faut en convenir, que trop d'occasions au naturel emporté de son mari. Mais du moins Félicie s'était montrée d'avance telle qu'elle était, et ne s'était faite dans ses discours ni plus riche, ni meilleure. Peytel, au contraire, qui avait, à l'entendre, une position sociale et tenait des capitaux en réserve, Peytel n'avait pas même payé sa charge de notaire, et il s'était fait donner par le sieur Cerdon, à l'occasion de son mariage, une quittance de complaisance pour environ 48,000 francs; aussi, à peine le mariage fut-il consommé, que, sans vouloir attendre quelques mois qui manquaient à sa femme pour atteindre sa majorité, il se fit autoriser à vendre une rente sur l'État qu'elle possédait, et toucha ainsi plus de 50,000 fr. Les nouveaux époux quittèrent bientôt Paris et se rendirent à Bourg, chez madame de Montrichard, où ils furent accompagnés par madame Broussais, sœur de l'infortunée qui devait périr si misérablement.

Là, les querelles et les scènes violentes se renouvelèrent. Si l'esprit peu élevé et les habitudes peu distinguées de sa femme blessaient vivement l'orgueil de Peytel, il faut convenir qu'il ne trouvait aucune compensation dans les rapports du cœur; aussi rien ne venait tempérer les excès de son emportement, et il se laissait parfois entraîner si loin, qu'un jour on le vit, pour calmer sa fureur, plonger sa tête dans un bassin d'eau froide. Ce devait être, pour des parents témoins de tous ces faits, un affligeant spectacle, que cette désaffection, cette aigreur, cet éloignement réciproque, qui font de la vie commune un intolérable supplice, et sont trop souvent la source des plus terribles catastrophes. Ces dissentiments, il est vrai, étaient tenus secrets pour les étrangers; mais les chagrins, pour être intérieurs, en sont-ils moins profonds? — Il y avait des moments où Peytel inspirait à sa femme une véritable terreur; elle disait à madame Broussais:

— «Je tremble devant lui; quand nous sommes seuls je ne sais ce qu'il me fait écrire, et il m'arrive quelquefois de recommander mon âme à Dieu.»

Quelques semaines après le mariage, madame Peytel écrivait à son mari pour lui demander grâce; elle avouait ses torts et ses fautes; elle s'engageait par serment à changer de conduite, et jurait, par les cendres de son père, de se soumettre aux moindres volontés de son mari. Plus tard, et dans un autre écrit, elle lui faisait d'inexplicables aveux; sa conduite lui faisait horreur; elle ne pouvait maîtriser la honteuse passion qui la dominait, et il n'avait plus, disait-elle, qu'à la conduire chez sa mère ou à la mettre dans un couvent.

Placés dans le cabinet de Peytel, ces deux écrits frappèrent l'attention des magistrats, lors de leur première perquisition. Peytel, qui, avant d'aller en prison, visita soigneusement ses papiers et en emporta une assez grande quantité, se garda bien de faire disparaître ces deux pièces. Dès que leur existence et leur contenu furent divulgués, l'opinion publique, déjà incertaine et flottante, s'égara, trompée par des révélations inouïes; elle s'abandonna, sur le compte de madame Peytel, aux plus injurieuses suppositions; la vie même de la jeune fille devint la proie de la calomnie, et la tombe fermée sur l'épouse ne put la défendre contre les conjectures les plus flétrissantes.

L'instruction ne tarda pas à percer le mystère dont ces lettres étaient environnées, et réhabilita la mémoire de la jeune femme.

Ainsi, l'on sut que Peytel dicta la première de ces lettres, dont il donna le modèle, écrit de sa main, à Félicie, qui le copia sans le comprendre. M. Montrichard en déposa; il l'avait vu, dans la maison et sur son bureau, l'original tracé par Peytel; il précisa l'heure, le jour et le lieu.

Peytel avait renfermé dans le même lieu l'acte qui l'avait uni à Félicie Alcazar, le testament par lequel elle lui assurait sa fortune, et la lettre où, par obéissance, par ignorance ou par crainte, elle lui avait fait le sacrifice de sa réputation.

Mais ici viennent se placer de nouveaux faits:

Lorsque le mariage fut résolu, madame Alcazar, qui voulait que les époux fussent soumis au régime dotal, finit par se rendre aux instances de Peytel, qui préférait celui de la communauté; mais ce fut sous la condition expresse que le contrat serait rédigé comme celui de ses deux gendres, et qu'on stipulerait toutes les garanties nécessaires pour assurer, le cas échéant, la restitution de la dot. Ces sages intentions furent complétement méconnues. Le contrat de mariage, conforme d'abord à celui de M. Broussais, contenait une donation d'usufruit de tous les biens meubles et immeubles au survivant, mais à la charge par ce dernier de fournir caution et de faire emploi de toutes les valeurs mobilières. Peytel prit communication du contrat, et, supprimant cette dernière clause, il fit déclarer, par une disposition contraire, que le survivant serait dispensé de fournir caution et de justifier d'aucun emploi.

Ainsi dénaturé, le contrat fut porté aux parents qui le signèrent de confiance.

C'était beaucoup sans doute qu'une donation universelle d'usufruit; mais Peytel voulait davantage. Il disait à sa femme:

— Quoique tu ne sois pas bien gentille pour moi, j'ai fait un testament par lequel je te lègue tous mes biens présents et à venir; tu devrais bien en faire autant pour moi.

Félicie racontait les obsessions de Peytel à sa sœur, qui lui répondait:

— Si c'est le seul moyen d'avoir la paix, fais ton testament; mais ta santé est bonne et tu vas être mère; ton contrat d'ailleurs lui donne déjà bien assez.

Peytel comprit bien vite le danger qu'il y avait pour lui dans ces révélations et dans la découverte du testament. Informé, le 6 novembre, que celui qu'il avait obtenu de sa femme avait échappé aux regards des magistrats, il songea au moyen de s'en emparer. Ce fut encore le sieur Roselli-Mollet qui vint en aide à Peytel, et qui, muni de ses intentions, se rendit dans le cabinet de son ami, accompagné de M. Cerdon, qui en avait les clés; là, il s'empara du testament qui était renfermé dans un coffre-fort. Ce fait n'ayant été révélé que longtemps après, la justice interpella Peytel et M. Roselli-Mollet; mais ils ne répondirent pas d'abord, et l'instruction fut entravée pendant bien des jours. Enfin Roselli avoua que madame Peytel avait, vers le mois de juillet, fait un testament en faveur de son mari; lui et Peytel s'engagèrent à produire cette pièce avant l'arrêt; mais ils ne tinrent pas leur promesse.

Quelle affreuse lumière jaillit de tous ces faits!

Les lettres émanées de madame Peytel et ses dispositions testamentaires sont entre les mains de son mari. Trois mois s'écoulent, et cette malheureuse jeune femme meurt assassinée!

Peytel.

Quel autre que Sébastien Peytel a pu concevoir et commettre cet attentat? demande l'acte d'accusation; à qui devait-il profiter? Quel autre avait une chaîne odieuse à rompre et une succession à recueillir? Que parle-t-on d'un projet de vol et de la coupable surprise d'un valet? Le pistolet trouvé près du cadavre de Louis, les balles achetées par lui à Mâcon, sont évidemment le résultat de la plus noire perfidie.

Ce qui confirme dans cette opinion, c'est que le pistolet saisi avait été acheté à Lyon; et le marchand qui l'avait vendu, sans pouvoir affirmer que Peytel en ait été l'acquéreur, déclara le reconnaître, comme étant souvent venu lui acheter des objets de curiosité.

D'un autre côté, le lendemain de l'assassinat, vers trois heures du soir, Peytel, au moment d'aller en prison, recommanda de faire une visite minutieuse dans la malle de Louis; il renouvela cette demande le 5 novembre, et la malle fut fouillée; parmi les effets on découvrit quatre balles semblables à celles trouvées dans le cabinet de Peytel, et l'on se rappela qu'au milieu de la nuit fatale, et dans le paroxysme du désespoir, Peytel avait souvent porté les mains dans les poches de sa redingote; ses amis, après l'avoir engagé à ôter ses vêtements qui étaient mouillés, le laissèrent seul quelque temps; à leur retour, ils l'aperçurent couvert encore des mêmes habits, sortant d'un corridor qui conduit à la chambre du domestique, où se trouvait la malle ouverte.

Ces deux circonstances étaient accablantes pour Peytel. Mais celles relatives à l'attentat lui-même le sont encore plus, s'il est possible.

Arrivé à Tenay, le 1er novembre, à trois heures de l'après-midi, Peytel n'en repartit qu'à cinq heures. Il attribua cette longue station à ce qu'ayant quatre à cinq lieues à faire pour arriver à Belley, il avait l'habitude de couper ainsi sa route quand il venait de Pont-d'Ain. Mais s'il en était ainsi, pourquoi s'arrêta-t-il une seconde fois à deux ou trois lieues de distance, à Rossillon? — On comprend que pendant toutes ces haltes, la nuit venait et pouvait favoriser une tentative criminelle.

Lorsque Peytel eut assouvi sa fureur sur Louis, il chercha sa femme qu'il avait vue descendre de la voiture; il l'aperçoit bientôt dans un pré submergé par les eaux. Il la croyait vivante, dit-il, et au lieu de prendre les précautions nécessaires dans un cas pareil, il la plaça la figure contre terre; puis oubliant qu'une santé délicate et une grossesse avancée veulent d'abord être garanties du froid, il ne couvre pas la pauvre femme des effets qu'il a sous la main dans sa voiture.

Le dépôt du cadavre dans la voiture et son transport à Belley n'accusent pas moins Peytel. Il ne s'approche pas de Félicie; époux depuis six mois, presque à la veille d'être père, il ne verse pas une larme sur les restes glacés de sa femme, il ne cherche pas à savoir si son sang jaillit, ni pourquoi sa femme est sans mouvement; ce sont deux étrangers qui soulèvent le triste fardeau, tandis que le mari tient le cheval par la bride. On lui dit que sa femme est morte, et il ne cherche même pas à s'en assurer; il ne la regarde plus..... Ce n'est que quand il n'est plus temps, que Peytel implore du secours; c'est quand les médecins ont prononcé l'irrévocable sentence qu'il s'agite et appelle des soins qu'il sait, hélas! bien inutiles....

D'ailleurs, les rapports des experts démentent encore les allégations de Peytel.

Lors de l'autopsie du corps de madame Peytel, les médecins reconnurent deux plaies causées par deux balles de grosseur inégale; l'une à la partie moyenne et postérieure de la joue, l'autre à la joue droite, sous la paupière au milieu du nez. Ces deux plaies offraient des différences notables dans leur direction; celle de la première était horizontale et de gauche à droite; celle de la seconde était un peu oblique, de droite à gauche et de haut en bas; la peau qui environnait cette seconde plaie était brûlée dans tout le contour de l'ouverture, ainsi que les cils des deux paupières et le sourcil. Après avoir sondé ces plaies, les médecins déclarèrent que les deux balles n'avaient pu provenir du même coup de feu. De nombreuses expériences furent faites, et les officiers d'artillerie commis par les magistrats assurèrent, comme les médecins, unanimement convaincus, que la brûlure de la peau et celle des cils et du sourcil n'avaient pu être produites que par une arme tirée à bout portant. Or, Peytel prétendait qu'il se trouvait assis entre l'assassin qui tirait à droite de la voiture et sa femme qui dormait sur son bras gauche. Il affirmait qu'une détonation s'était fait entendre qu'il avait vu la lumière d'une arme à feu. Le coup tiré au visage de madame Peytel ne pouvait donc l'avoir été par le domestique. Pour tâcher d'expliquer la différence dans la direction des blessures, Peytel alléguait la possibilité de déviation d'une balle et d'un ricochet. Les experts répondirent que la voiture ne présentait dans son intérieur aucune trace de projectile quelconque; que le coup de feu ayant dû, pour brûler la peau, être tiré à bout portant, la divergence des balles n'a pu être telle, que l'une passât devant le visage pour aller dans la capote, tandis que l'autre entrait dans la joue, près du nez; enfin, que d'après la construction de la voiture, la balle s'il y avait eu ricochet, se serait écartée au lieu de venir frapper à la tête de la victime.

Le rapport des médecins fut encore foudroyant, dans la circonstance suivante :

Peytel avait déclaré que sa femme lui avait adressé la parole après la détonation du coup de pistolet; les médecins répondirent que la commotion du cerveau avait dû être instantanée, et que, de plus, la fracture des os du nez s'était opposée à ce que madame Peytel pût prononcer des paroles distinctes.

V.

Peytel comparut, le lundi 26 août 1839, devant la Cour d'assises de l'Ain, séant à Bourg.

Dès la première audience, un incident très-dramatique redoubla et surexcita l'attention et la curiosité.

Voici ce qu'on lit à ce sujet dans un journal du temps :

« A voir ce nombre prodigieux d'étrangers qui remplissent Bourg, ces conversations bruyantes et animées, ce mouvement, cette vie inaccoutumée dans une petite ville, l'on pressent aisément que la curiosité publique est venue pour assister au terrible drame du Pont-d'Andert, qui va se dérouler devant la Cour d'Assises. Des notabilités des villes voisines, des magistrats, des hommes de lettres en grand nombre sont accourus.

« Dès huit heures et demie la foule assiége les abords du palais. Des sténographes, venus de Paris et de Lyon, témoignent de tout l'intérêt qu'excite cette affaire. Des dames nombreuses et en brillante toilette occupent la plus grande partie de l'enceinte réservée aux personnes munies de billets. Cette sage précaution a été prise la veille au soir, afin de prévenir tout désordre. C'est surtout vers la grille du palais que se pressent les curieux et les étrangers, afin de voir l'accusé Peytel à son passage de la prison à la cour d'assises.

« A neuf heures un bruit extraordinaire se fait entendre sur le banc des témoins; Mme Casimir Broussais, belle-sœur de Peytel, est saisie d'une crise de nerfs terrible; elle s'agite, elle pousse des cris; on s'empresse de lui faire respirer des sels, on l'emporte.

« Ce premier épisode, et avant que la Cour soit entrée et que l'accusé soit amené, émeut tristement l'auditoire.

« A neuf heures un quart, on fait l'appel des jurés, et la Cour entre en séance. Elle est composée de MM. Durieu, conseiller à la Cour royale de Lyon, Bon et Sirand, juges au tribunal de Belley. M. Perret, procureur du roi, occupe le fauteuil du ministère public.

« Au moment où l'accusé sort de prison pour être conduit à l'audience, des cris furieux partent de la foule. On entend ces apostrophes : *A la guillotine! A la potence!* Ces cris sont indignes d'une population honnête. Quel que soit le crime imputé à un accusé, devant ses juges il est sous une présomption d'innocence, et c'est offenser la justice que de l'insulter avant qu'il soit jugé.

« Peytel est introduit; sa physionomie est pâle; ces cris paraissent l'accabler. Après avoir pris place sur son banc, au milieu de deux gendarmes, il se remet peu à peu, devient plus calme, et jette des yeux inquiets sur les personnes de sa connaissance; c'est un homme de petite taille, vêtu de noir, très-proprement et avec goût; son front est large et découvert, ses cheveux noirs sont rejetés en arrière, à la mode nouvelle, et un large collier de barbe encadre sa figure un peu gravée; son œil ardent est enfoncé dans son orbite. Il cause avec ses défenseurs, Me Margerand, avocat au barreau de Lyon, et Me Guillon, avocat de Bourg. »

Nous ne rapporterons ni l'interrogatoire, ni les débats, ni les plaidoiries, parce que tous les passages saillants de toutes les parties du procès se retrouvent dans une lettre publiée par M. de Balzac, et que nous reproduisons plus loin.

Lorsque le président eut résumé les débats, MM. les jurés eurent à prononcer sur les questions suivantes :

« Sébastien Benoît Peytel est-il coupable d'avoir, dans
« la soirée du 1er novembre 1838, commis un meurtre
« sur Louis Rey, son domestique?
« Ce meurtre a-t-il été commis avec préméditation?
« Est-il coupable d'avoir commis un meurtre sur Thé-
« rèse-Félicie Alcazar, sa femme?
« Ce meurtre a-t-il été commis avec préméditation? »

MM. les jurés se retirent pour délibérer; au bout d'une heure, ils rentrent à pas lents, un à un; chacun cherche à lire dans leurs yeux, et sur leur physionomie qui paraît assombrie.

Le chef du jury, la main tremblante sur la poitrine, se lève (tous les jurés se lèvent en même temps), et dit

d'une voix altérée : « Sur mon honneur et ma conscience, « devant Dieu et devant les hommes, la déclaration du « jury est :
« Sur la première question, oui, à la majorité, l'accusé « est coupable ;
« Sur les circonstances, oui, à la majorité.
« Sur la deuxième question, oui, à la majorité ;
« Sur les circonstances, oui, à la majorité. » (Mouvement longtemps prolongé.)
M. LE PRÉSIDENT. Gardes, faites entrer l'accusé.
Peytel est ramené ; à peine est-il sur son banc que sept ou huit gendarmes se placent à ses côtés.
Il se baisse pour demander à son défenseur quel est son sort.
M. LE PRÉSIDENT. Greffier, donnez lecture du verdict du jury.
A cette lecture, Peytel lève la tête et écoute avec une anxiété mortelle ; une pâleur livide couvre son visage, ses yeux sont hagards ; on y voit une contraction nerveuse impossible à décrire. Il est immobile et muet.
M. LE PRÉSIDENT. La parole est à M. le procureur du roi sur l'application de la peine.
L'ORGANE DU MINISTÈRE PUBLIC : Nous requérons pour le roi, qu'il plaise à la Cour faire à l'accusé l'application de la loi qui le condamne à la peine de mort. (Mouvement.)
M. LE PRÉSIDENT. L'accusé et les défenseurs ont-ils quelque chose à dire sur l'application de la peine?
L'accusé incline la tête et la relève en silence ; il est saisi de mouvements nerveux aussitôt réprimés ; il porte la main de son cœur à son front et prononce ces mots :
« Ah ! mon Dieu ! la tête me fend, je vais prendre un coup de sang. »
Me GUILLON, l'un des avocats, se lève et demande acte de ce que les deux balles trouvées à Belley, dans la chambre des morts de l'hospice, et présentées parmi les pièces de conviction, n'ont pas été dégagées de l'enveloppe cachetée sous laquelle les a placées le juge d'instruction de Belley.
M. LE PRÉSIDENT. La Cour va délibérer.
Les juges se rangent en demi-cercle derrière leur siége ; deux minutes après ils reprennent place.
M. le président lit l'arrêt qui condamne Peytel à la peine de mort.
M. LE PRÉSIDENT. Accusé, vous avez trois jours pour vous pourvoir en cassation contre l'arrêt qui vient d'être rendu contre vous.
Me MARGERAND. Nous prions la Cour de statuer sur nos dernières conclusions.
M. LE PRÉSIDENT, après avoir consulté MM. les juges. « La Cour donne acte à la défense, de ce que les deux balles trouvées à Belley, dans la chambre des morts de l'hospice, et présentées parmi les pièces de conviction, n'ont pas été dégagées de l'enveloppe cachetée sous laquelle les a placées le juge d'instruction de Belley, avec la circonstance toutefois, que ces objets, déposés sur le bureau de la Cour, sont restés ainsi pendant les débats sans aucune réclamation ni du ministère public, ni de l'accusé ou de ses défenseurs. »
M LE PRÉSIDENT. MM. les jurés, lasession est close.
Vivent les jurés ! s'écrie au même instant une voix partie du sein de la foule.
M. LE PRÉSIDENT, se levant avec vivacité : Gendarmes, arrêtez celui qui a proféré ce cri, et quiconque troublera l'ordre. (Profond silence.)
M. LE PRÉSIDENT donne ordre aux gendarmes de n'emmener Peytel que quand la salle sera complètement évacuée.

Le public s'écoule lentement, tous cherchent à voir le condamné, dont l'altération des traits est affreuse.
On examine avec une curiosité avide sa contenance, l'expression de sa physionomie ; on cherche à lire les émotions de son âme ; son œil n'a plus rien de hagard ; mais il est abattu et mourant.
Le surlendemain de l'arrêt, Peytel se pourvut en cassation.

VI.

Quelques heures après cet arrêt, Gavarni arrivait en poste de Paris, manifestant la plus profonde douleur en apprenant la condamnation. Il est introduit auprès du condamné ; Peytel, étendu sur une paillasse, s'est écrié en l'apercevant : « Pauvre ami, dans quel état tu me vois ! »
Il comptait tellement sur son acquittement qu'il avait proposé à sa sœur de partir immédiatement après l'arrêt de la Cour, pour Mâcon, afin d'embrasser sa mère, en proie aux plus violentes angoisses.
Huit jours après, M. de Balzac, l'illustre romancier, rejoignait à Bourg M. Gavarni, et allait voir le pont d'Andert ; son but était de composer en faveur de Peytel le mémoire suivant, que les journaux publièrent à la fin de septembre, et avant que la Cour de cassation eût prononcé sur le sort du condamné.
Voici ce qu'on lit dans ce mémoire :
« J'ai vu Peytel trois ou quatre fois chez moi, en 1831 et 1832. Depuis, je n'en entendis plus parler qu'à propos de son retour au notariat ; il m'annonça lui-même son projet de quitter la vie littéraire. Je l'avais jugé comme l'ont jugé beaucoup de ceux qui le connurent alors, si peu capable d'une mauvaise action que, lors de son procès, M. Louis Desnoyers, à une séance du comité de la Société des gens de lettres, eut besoin de m'affirmer que le notaire alors en jugement était ce Peytel que nous avions entrevu. Dès la première visite qu'il me fit en en m'apprenant son acquisition d'une part d'intérêt au Voleur, Peytel me parut être ce qu'il est maintenant : un homme d'un tempérament sanguin jusqu'à la pléthore, vif, emporté, doué d'une grande force morale et physique, passionné, incapable de maîtriser son premier mouvement, orgueilleux, je dirais presque vaniteux et parfois entraîné dans la parole seulement, comme la plupart des gens vains, au-delà du vrai ; mais essentiellement bon. Là où l'Accusation a été partiale, cette Défense ne le sera pas. La conséquence d'un tel caractère est l'ambition. L'ambition littéraire avait amené Peytel à Paris, où il se lia naturellement avec quelques écrivains ; il pratiqua la plupart de ceux qui travaillaient à cette époque dans la presse parisienne ; enfin, il se mit comme tant d'autres sur le trottoir de la spéculation et de la littérature.
« Deux faits authentiques dans le monde littéraire peignent Peytel tout entier. En sa qualité de propriétaire du Voleur, comme beaucoup de gens qui ne prennent un intérêt dans un journal que pour y écrire, il rendait compte des théâtres. Un de ses articles blessa vivement le directeur d'un spectacle, qui s'en plaignit amèrement. Peytel, à qui ces plaintes furent rendues d'une façon menaçante, alla chez le directeur, muni de ce billet qu'il lui adressait au lieu de carte :
« Monsieur,
« Vous désirez connaître l'auteur de l'article sur le Gymnase : il est debout devant vous. »
« A propos de la vente de ce même journal, Peytel se crut ou trompé ou lésé dans la vente, non par ses co-vendeurs, mais par l'acquéreur ; il attend son homme sur le boulevard et l'insulte gravement, en plein jour. Le ca-

ractère français comporte un si grand fonds de générosité que l'acquéreur, saisi de pitié en apprenant la condamnation de l'homme envers qui sa haine était certes fondée, a escompté à Gavarni les valeurs avec lesquelles nous avons subvenu aux frais de nos voyages. Le seul ennemi légitime de Peytel a eu cette générosité, convaincu de sa non-culpabilité, souhaitant à Gavarni bon succès. Les ennemis que compte Peytel à Bourg et à Belley ont été bien différents, mais peut-être aujourd'hui sont-ils honteux de leur ouvrage. Ces deux traits peignent tout un homme, son vrai caractère et ses habitudes de franchise.

« Peytel a cet œil qui regarde toujours en face et dont les rayons sont directs, un œil sans faux-fuyants, plein d'ardeur, qui s'allume d'une soudaine colère, un œil qui dément l'hypocrisie que lui prête le Réquisitoire. En le voyant, il est facile de deviner qu'il lui est impossible de soutenir longtemps un rôle quelconque. Quand il s'agit d'un homme placé dans le monde où vivait Peytel, toute accusation va chercher ses éléments dans le caractère : l'Accusation l'a bien senti; aussi a-t-elle tout tenté pour donner le change à l'opinion publique; elle n'a pas reculé devant des assertions qui, de la part d'un particulier, seraient diffamatoires. Les deux faits de vie privée que je viens de raconter confirment les inductions à tirer de la physionomie et du caractère de l'accusé. Vous connaissez sa colère prompte et facilement oubliée; maintenant, voici un trait qui vous expliquera sa bonté.

« Dans une famille honnête et connue de ses amis se trouvait un homme d'une grande inconduite et qui avait lassé la patience de tous. Cette homme, errant, sans feu ni lieu dans Paris, rencontre quelques amis de Peytel, alors rentré dans la voie du notariat après ses infructueux essais de journalisme et d'entreprises littéraires. On expédie à Peytel ce garçon malheureux, à qui l'on voulait faire un sort en lui procurant du travail dans la fabrique de Lyon. Peytel l'accepte, le loge, l'habille et le nourrit. Mais, ce qui est bien autrement difficile, Peytel tente de

... Je ne sais ce qu'il me fait écrire (PAGE 4).

le réconcilier avec lui-même, de le mettre dans la bonne voie ; il le maintient dans une vie décente, il le suit, le conseille, le dirige avec des soins constants, touchants, paternels. Ainsi, sa bonté n'est pas une bonté de premier mouvement et d'épiderme, comme chez beaucoup de gens violents, et comme pourrait le faire supposer l'anecdote, révélée à l'audience par un témoin, sur l'argent donné à un enfant pour commencer un commerce qui a prospéré. La bonté de Peytel est continue, persistante. Tous ceux qui l'ont connu savent que chez lui l'obligeance est sans bornes : son orgueil et son faste sont solidaires de son dévouement. Ces sentiments se retrouvent jusque dans sa vie d'enfance, au collège.

« Eh quoi ! l'Instruction, l'Accusation fouillent toute la vie d'un homme afin d'y trouver les racines d'un crime, et ne la fouillent que dans un sens! Elles n'y prennent que les faits dont elles ont besoin pour leur thèse et qui chargent un seul des plateaux de la balance ! Le réquisitoire se dresse à Lyon : Peytel a fait son second stage notarial à Lyon, sa bienfaisance s'est exercée à Lyon, et l'Accusation l'ignore ! Elle sait ce que faisait ou ne faisait pas Peytel le lendemain, la veille de son mariage à Paris, et elle ferme les yeux sur des faits éminents de sa vie littéraire qui devaient appeler et fixer le doute sur le chef grave de la préméditation ! Puis elle peindra cet homme comme un homme dissimulé, cupide! L'Accusation dit : Peytel est cupide parce qu'il a fait un crime. Mais pour rendre sa cupidité solidaire de son crime, il faudrait prouver par des faits et le crime et la cupidité, établir victorieusement le caractère et les habitudes d'un homme intéressé : toute la préméditation, ce chef accablant, est là ! Mais c'est là précisément que je me charge de montrer combien l'Accusation a été fausse, combien l'Instruction est incomplète. Je procède autrement, je vous objecte des faits avant d'en tirer des conséquences. Voici donc trois circonstances connues, que plusieurs témoins

CAUSES CÉLÈBRES

dignes de foi attesteront, et qui prouvent que Peytel est un homme violent, allant droit à son but, sans dissimulation. Où donc est l'homme comblé de ses bienfaits ? Pourquoi n'a-t-il pas traversé la France pour courir au secours de Peytel calomnié par ses ennemis ? Peut-être le malheureux est-il en pays étranger. Soyez-en sûrs, nous saurons le retrouver. Si le procès se recommence, ce témoignage s'adjoindra à tous ceux qui faillirent à Peytel. Ces oublis de l'Instruction sont constants et flagrants. A chaque pas que nous allons faire dans ce procès, vous trouverez l'Instruction et l'Accusation en faute.

« Le devoir de l'Instruction criminelle est un des plus terribles, des plus minutieux, des plus astreignants que je sache dans notre société. Aussi le juge est-il investi des plus grands pouvoirs : il a tout à ses ordres, les paperasses de la police et ses agents, l'argent du Fisc, il fait tout mouvoir ; à sa voix, les préfets, les autres juridictions, les polices locales, tout s'empresse ; il a le temps à lui, rien ne le hâte, aucune autorité n'entreprend sur lui, ni le public ni l'État, il ne relève que de sa conscience ; il peut, il doit retarder l'Instruction pour le plus léger détail, il a la charge de tout interroger dans le passé d'un homme : moyens de fortune, dettes et créances, habitudes. Il doit demander compte de tout, rechercher la pensée d'autrefois, appeler ou ne pas appeler l'inculpé à ses investigations ; examiner, recueillir toutes les probabilités, suivre le crime ou la pensée du crime à la piste, en refaire le chemin moralement et physiquement ; car les preuves du pour et du contre sont partout, *dans les êtres, dans les choses, dans les lieux;* mais à lui de résumer, d'inscrire le bien et le mal, de les balancer en faisant connaître le Doit et l'Avoir moral de l'inculpé. Sans ce rapport essentiellement impartial à la confection duquel la société, le pouvoir, les citoyens concourent de toutes leurs forces, la religion du tribunal, la religion de la Cour, successivement appelés à prononcer sur la mise en accusation, est surprise.

. . . Il l'acheva malgré les cris de : Grâce ! (PAGE 2).

« L'Accusation et l'Instruction n'ont pas voulu voir les faits qui prouvaient en faveur de Peytel ; elles ont favorablement accueilli, non pas les actes, non pas les faits à discuter, mais les dires et les calomnies qui le perdaient. L'acte d'accusation, qui doit être une sèche narration des faits, a plaidé contre l'accusé. Publié par avance et sans réponse, cet acte a été ingénieux comme une Nouvelle, partial là où il devait se montrer froid et calme, affirmatif là où il devait être sceptique. Je n'ai pas la prétention de faire de Peytel un saint : il a été souvent entraîné à des légèretés. Ces légèretés, qui d'ailleurs ne touchent en rien la probité, l'ont conduit à avoir, au moment où j'écris, les fers aux pieds comme les plus vils criminels, et à vivre dans l'incertitude de savoir s'il sortira de sa prison ou pour aller à l'échafaud, ou pour comparaître devant une autre Cour d'assises, ou pour traîner le boulet d'un homme gracié.

« En parlant ainsi, j'ai en vue la déposition qui a le plus nui à Peytel, celle du président de la chambre des notaires de Mâcon. Pressé par l'accusé, par ses défenseurs d'expliquer le refus d'admettre Peytel parmi les notaires de Mâcon, le président a prononcé les mots d'incapacité, d'improbité. Quel avantage pour moi que la chambre des notaires de Mâcon ait taxé le postulant d'incapacité ! Déjà voici cette compagnie induite en erreur. Peytel a donné les preuves de la capacité la plus étendue à Lyon et à Belley. Ici la chambre répond que la capacité s'entend de l'observance des règles relatives au stage. Mais comme cette inutile accusation sonne mal aux oreilles des jurés qui s'arrêtent au sens vulgaire des mots ! Reste l'improbité.

« Ce point exige une digression de la plus haute importance. Peytel a commencé ses études de notariat chez M. Cornaton. Le refus de la chambre fut basé sur des renseignements donnés par ce notaire. L'Instruction, l'Accusation avaient donc pour appuyer leurs foudroyantes allégations le délibéré de la chambre des notaires de Mâcon. Comment l'Instruction n'a-t-elle pas mandé M. Cornaton, en l'obligeant à déduire les raisons intimes de ses renseignements? pourquoi n'a-t-elle pas mis en présence, confronté la chambre des notaires et M. Cornaton, puis M. Cornaton et Peytel, et enfin Peytel, M. Cornaton et la chambre, afin que ce refus expliqué dans le silence de l'Instruction ne pesât point dans le plateau des charges ou y restât sans discussion possible? L'Instruction, l'Accusation vont taxer un homme de cupidité, d'improbité, et ni l'Instruction ni l'Accusation ne s'enquièrent des *faits* sur lesquels la chambre a prononcé. Ici, comme il s'agit pour Peytel d'être déclaré probe ou improbe, je dois établir publiquement ce que l'Instruction devait faire en secret. J'ai les mains sur des questions délicates, mais personne ne souffrira de ma parole.

« Le sentiment qui dicta jadis à M. Cornaton les renseignements sur Peytel est inhérent au cœur de l'homme: il a pu être blessé plus vivement encore et plus intimement atteint que l'acquéreur du journal ; mais je prends sur moi de dire qu'il sent comme nous, à ses pieds, peser les fers de Peytel ; que, devant une autre Cour, il réhabilitera plus entièrement encore qu'à l'audience les antécédents de son clerc. Quand Peytel était chez lui, M. Cornaton avait cru s'apercevoir qu'il manquait de petites sommes à sa caisse. Suivant sa déposition devant la Cour, il a dit qu'il n'avait aucune certitude que ces détournements eussent été pratiqués par Peytel. Bien plus, un des jurés lui a demandé si, Peytel parti, les infidélités avaient continué, a-t-il répondu: *Oui, mais moins fréquemment et pour des sommes moindres*. N'est-il pas évident que l'auteur des détournements comptait sur le jeune clerc et se comportait de manière à laisser croire qu'il y avait deux coupables au logis ? Eh bien, peut-être M. Cornaton a-t-il, quand il s'est agi de recevoir Peytel notaire à Mâcon, trop écouté ses ressentiments? La chambre a dû consulter le premier patron du postulant, un notaire qui demeure à peu de distance de Mâcon. Aujourd'hui M. Cornaton doit être au désespoir d'avoir provoqué la délibération de la chambre des notaires. Un corps tient à ce qu'il a mis sur ses registres, la discussion était impossible entre M. Cornaton devenu généreux en présence du danger de Peytel et le président de la chambre des notaires appuyant la décision de sa chambre sur les renseignements donnés par M. Cornaton. Opposons un fait à *de simples soupçons*, en admettant que le délibéré de la chambre des notaires soit fondé.

« Pendant sa cléricature et son principalat chez M. Farine et chez M. Fuchez, le successeur, une des études les plus occupées de Lyon, Peytel a eu le maniement des fonds considérables et qui sont montés à deux millions. En quittant l'étude et rendant son compte de caisse, il s'est trouvé une erreur d'environ mille francs. Remarquons qu'une erreur légère, comparée au total des sommes reçues, ne compromet la probité de personne. Un premier clerc qui, voulant voler, volerait mille francs dans deux millions, mériterait aux galères les plaisanteries de tous les condamnés. Peytel agit comme tout le monde en pareil cas ; il tira de sa poche un billet de mille francs pour aligner les comptes, en protestant de son exactitude, en suppliant son successeur de rechercher l'erreur. Il lui était alors impossible de rester à Lyon jusqu'à l'apurement des comptes, il avait traité à Belley. Quelques mois se passèrent sans que l'erreur fût découverte, mais elle se découvrit : on avait oublié de porter une somme payée ou reçue chez un banquier de Lyon, en dehors des comptes de l'étude. M. Péricaud, le successeur de Peytel dans son principalat, l'en instruisit à Belley ; Peytel le remercia par une lettre où il exprimait combien cette erreur, quoique aussitôt couverte, lui pesait et l'inquiétait. Cette étude est à Lyon, le notaire est à Lyon; M. Péricaud, le successeur de Peytel, est encore à Lyon, l'acte d'accusation s'est dressé à Lyon. Avouez qu'il y a d'étranges fatalités dans cette affaire. Ce fait n'est pas d'un homme improbe : il comporte les allures d'une vie honnête. Les seules fautes de jeunesse que Peytel a pu commettre ont pour origine une passion très-pardonnable.

« Maintenant étudions l'ordre logique de ce fait. Peytel quitte Paris pour se faire notaire, il se présente à Mâcon, il est refusé sous prétexte d'incapacité, ce qui implique défaut de temps de cléricature, ou défaut d'instruction. Son premier patron, consulté par la chambre, parle peut-être d'inconduite et d'indélicatesse en étendant le sens du mot probité. Un chevalier d'industrie ainsi démasqué retournerait à Paris ou partirait pour l'Amérique ; à quarante lieues à la ronde, la province n'est plus tenable pour lui ; mais non, point! Peytel, au lieu de renoncer à une carrière que lui fermerait une pareille note, se rend à Lyon, à quelques lieues de Mâcon, y devient premier clerc et traite plus tard à Belley. Assurément, un homme accusé d'improbité, d'un détournement de fonds quelconque, eût alors rencontré des difficultés : il n'en éprouve aucune, il est reçu. Il serait horrible, dans une société fondée sur le repentir, de ne pas admettre qu'un jeune homme (je dis cela pour ceux qui ont des reproches à s'adresser) ne pût se corriger de ses erreurs. Or, des erreurs problématiques reprochées à Peytel par l'Accusation à un double meurtre, n'y a-t-il pas bien des abîmes à franchir? »

Renouvelant ici les reproches qu'il a adressés déjà à l'instruction et à l'accusation, M. de Balzac dit qu'il eût été très-important, dans l'intérêt de l'accusé et de la vérité, de vérifier, au moyen d'un supplément d'instruction, ce qu'étaient réellement les actes d'improbité reprochés à Peytel. Puis il poursuit :

« Beaucoup d'écrivains et plusieurs gens illustres le connaissent et sont prêts à déposer de ses mœurs loyales, à jour, faciles, décentes. C'est ici l'occasion d'insister sur un détail des débats, auquel les journaux de Paris n'ont pas donné toute la publicité désirable en présence de l'Accusation lue et discutée par toute la France pendant quinze jours avant les débats. M. Casimir Broussais a représenté M. de Lamartine comme ennuyé des persécutions de Peytel et ne cédant qu'à des importunités, soit en assistant au contrat, soit en conduisant Félicie Alcazar à la mairie, à l'église, à l'autel, à la célébration légale du mariage. Il rapporte ce propos si spirituel de Félicie Alcazar à son prétendu : *Vous connaissez tant M. de Lamartine que je commence à croire que vous ne le connaissez pas du tout!* Le soin qu'a pris M. de Lamartine de servir de père à Félicie n'est pas une affaire de simple politesse. Certes, pour beaucoup de personnes, en ce moment, M. de Lamartine aurait fait lâcher prise à Peytel quand ce malheureux saisissait notre grand poète par sa robe étoilée. Il en est de M. de Lamartine comme de dix personnes à Belley, comme de beaucoup d'autres à Paris, croyant toutes à l'acquittement de Peytel et redoutant toutes de comparaître en cour d'assises. Mais ne croyez pas que l'orateur courageux, que le poète généreux ait renié l'enfant de Mâcon. Voici le dernier paragraphe de la lettre écrite par M. de Lamartine, à Peytel, en prison.

« Mâcon, 12 novembre 1839.

« Votre déplorable situation préoccupe ici tous les esprits : on ne doute pas que les révélations inattendues que le temps et les circonstances amènent toujours ne justifient complètement l'exactitude des détails que vous donnez vous-même, et ne fassent promptement succéder à ces préventions dont vous me parlez, l'intérêt, la pitié universels. En attendant, Monsieur, j'aime à vous attester que ces interprétations n'ont trouvé ici accès dans l'esprit de personne, et que si vous avez besoin d'autres preuves que votre malheur et votre désespoir, vous les trouverez ici *dans l'attestation unanime de la pureté de vos antécédents et de l'irréprochabilité de votre vie.*

« Recevez, avec l'expression de ma douloureuse sympathie, l'assurance de mes sentiments distingués.

« De Lamartine. »

«Voulez-vous voir les allures de cet homme dans sa vie privée? Peytel a le même tailleur depuis douze ans, et solde avec lui ses comptes comme le bourgeois le plus rangé. Ce tailleur est M. Buisson, qui ne s'occupe de sa facture que quand elle monte à mille écus, tous les trois ans, tant il connaît à fond Peytel. Le tailleur est le *criterium* du crédit d'un jeune homme. Je n'arrive pas sans raison à ce minutieux détail : aux débats, un marchand de vin, ami de collège, a dit qu'il n'aurait pas fourni *une pièce de vin à crédit* à Peytel. Or, Peytel est de Mâcon et possède des vignes ! Cette déposition, quoique faite sans malveillance, a produit le plus mauvais effet. Ainsi, par une étrange fatalité, tout a compromis Peytel, même un témoignage qui voulait être bienveillant.

« Je m'interromps ici pour faire à tous ceux qui me lisent une interrogation essentielle à l'honneur de tous, et d'une excessive importance dans notre droit public. La Magistrature, dans l'exercice de ses fonctions, est-elle dispensée des lois auxquelles sont astreints les autres citoyens? Accuser d'escroquerie publiquement un homme donne lieu à un procès en diffamation : le diffamateur n'a pas le droit de rapporter les preuves de son dire, il est condamné. Si l'Accusation faite dans l'intérêt général jouit d'un privilège que n'ont pas les individus, si elle peut taxer impunément Peytel, ou tout autre accusé, d'escroquerie, n'est-ce pas à la charge de prouver son dire? Si elle ne prouve rien, l'Accusation n'est-elle pas odieuse, là où l'individu n'est que passionné? Pour la Justice, rigoureusement parlant, il n'y a d'escrocs que ceux qu'elle a condamnés pour escroquerie à un tribunal de police correctionnelle quelconque. Avec beaucoup de laisser-aller, elle peut soupçonner d'escroquerie un homme contre lequel il y aurait de ces plaintes qui meurent dans les greffes et que le Parquet peut retrouver. Mais ici, contre Peytel, il n'y a ni chose jugée, ni plainte portée et retirée, ni même un de ces faits capitaux, décisifs, incontestables, apportés à l'audience par des témoins dignes de foi.

« A travers cette narration, nous sommes arrivés à l'établissement de Peytel à Belley. Vous serez bientôt édifiés sur la manière dont les premiers éléments de la procédure y ont été disposés. Peytel était pour Belley un étranger, un Parisien, il y a soulevé des animosités violentes; le fond de son procès se trouve là. L'usure dévore le département de l'Ain et la frontière de Savoie. Les notaires sont plus ou tous réunis en état de juger cette plaie ; Peytel, homme extrêmement intelligent, dut en être frappé. N'était-ce pas se bien poser dans un pays que d'y faire baisser le taux de l'intérêt? Etrange erreur ; Peytel rendait service à des victimes isolées, peu propres à la reconnaissance, occupées de leurs cultures, incapables de communiquer leurs impressions et de produire une action utile en sa faveur, tandis que les usuriers, placés sur le terrain même où vivait Peytel, avaient un lien commun dans leur haine contre celui qui troublait la source de leurs profits. Ce fait si grave, enfoui dans les ténèbres de la vie de province et qui a valu au nouveau venu une bonne haine sourde de douze et même quinze pour cent annuellement perdus dans les capitaux, est la plus forte cause du soulèvement des esprits contre ce malheureux jeune homme plein de bonnes intentions.

« Une fois le Parisien mal vu dans une ville de province, il est incroyable comment vont les choses : il devient l'objet de commentaires perpétuels et malicieux; tout de lui s'interprète en mauvaise part. Peytel remarque que beaucoup de gens sont en état de concubinage à cause de la cherté des contrats; il offre à l'évêque de faire gratis les contrats de mariage des gens pauvres, afin d'aider à leurs mariages. Aussitôt Peytel est taxé d'hypocrisie religieuse. Des contrats gratis ! abaisser le taux de l'usure ! Quelle abomination ! On ne parlait pas des pertes entraînées par la difficulté de prêter à dix-huit et vingt-quatre pour cent, quand Peytel offrait de l'argent à six; mais Peytel fut si bien attaqué par les discours calomnieux, qu'il devint à Belley ce que lord Byron était à Londres. Il ne buvait pas précisément dans un crâne, mais il donnait des gants blancs à son domestique pour servir à table, ce qui paraissait aussi exorbitant. Il avait été journaliste à Paris ; il y avait des horreurs dans sa vie ; il était duelliste.

« Enfin, à son insu d'abord, il fut sous le poids des commérages les plus venimeux ; puis en les apprenant, il commit le dangereux plaisir de rimer quelques épigrammes contre ses ennemis et de leur lancer quelques chansons. Le Parisien combiné d'homme de province, le littérateur reparut, avec plus d'esprit que ses adversaires : autre crime ! Cette petite guerre entretenait la haine; mais il n'y eut jamais, remarquez-le ! d'accusations relatives à sa probité. Les attaques n'atteignaient que son caractère : on le disait capable de tout. N'est-ce pas ce que la calomnie dit d'un homme quand elle mâche à vide et n'a point de pâture sous les dents ? La calomnie alla si loin que, pour mieux perdre Peytel quand il fut en prison, on profitait de son offre à l'évêque pour le peindre comme un cagot aux gens d'opinions libérales, à qui l'on disait que Peytel servait la messe et l'entendait tous les jours. Aux gens religieux, on disait que les magistrats avaient trouvé chez lui des choses infâmes qui attestaient une débauche effrénée.

« Vraiment, il faut raconter ici le seul fait qui puisse rendre moins sombre une discussion où il s'agit de la vie d'un homme. Peytel avait un très-riche mobilier pour un homme établi près de la Savoie. Peytel, de qui nous connaissons le goût, visitait souvent les marchands de curiosités. En furetant, il avait trouvé à Lyon une des choses les plus rares, je ne sais si M. du Sommerard en possède une; il s'agit d'une de ces ceintures de chasteté, si célèbre dans les anciens conteurs, et qui sans doute venait d'Italie. Il n'en fallut pas davantage à Belley pour ôter à Peytel toute sympathie; il fut accusé de pratiquer les plus cruels errements de la jalousie italienne au moyen-âge. Mais, comme me l'ont écrit les gens sensés du pays, Peytel avait cet instrument bizarre appendu dans un coin, et ses amis ont mille fois vu cette curiosité que le musée qui ornait son cabinet. Cette ceinture fit des ravages effrayants dans l'opinion publique.

« Néanmoins, les gens de la campagne auxquels Peytel avait rendu des services l'aimaient, mais ils étaient impuissants. La haine fermentait dans la petite ville, les intérêts blessés ne lui pardonnaient point. Aussi le premier mot d'un de ses concurrents, quand il apprit l'événement du pont d'Andert, fut-il : « *Quoi qu'il y ait, Peytel est un homme perdu !* » Ce cri est à mes yeux d'un plus grand poids que bien des phrases ampoulées de l'acte d'accusation; il révèle ces implacables haines de petite ville qui ont agi dans l'instruction, et que je me charge de retrouver à l'œuvre quand j'examinerai la procédure en terminant cette lettre. Disons ici que Peytel compte dans l'arrondissement de Belley des affections chez des gens élevés, incapables de petits calculs. Rétablissons dans la plus haute estime M. Roselli-Mollet, homme d'esprit, considéré dans le pays par les gens de la première société, mais que la justice a failli rendre complice de Peytel, comme elle faisait de M. Perrin, notaire de madame Alcazar, le complaisant de Peytel, qu'il ne connaissait point, et assez complaisant pour intercaler au contrat des stipulations défavorables à sa cliente, au dire de l'accusation. Ces stipulations seront l'objet de mon examen et ce ne sera pas ma faute s'il en résulte de grandes bévues judiciaires dans l'accusation soit orale, soit écrite.

« La bonté de Peytel, de laquelle dépose le fait relatif à l'hospitalité donnée à Lyon, éclate surtout dans ses rapports avec sa femme. L'instruction, l'accusation, la famille admettent tout d'abord ce qu'on a nommé l'extrême myopie de Félicie, défaut dans la vue qui la portait à tenir la tête baissée afin de se dérober aux regards ; puis son manque d'éducation, son insubordination, sa constante résistance aux désirs de son mari. En beaux et bons termes, Félicie Alcazar n'était pas bonne pour son mari. Je suis obligé de dire ces choses pour expliquer combien un homme violent, incapable de maîtriser ses premiers mouvements, dont l'ambition était de se maintenir dans la première société de son pays d'adoption, dut prendre sur lui pour cacher ses impatiences, retenir ses réprimandes et sans cesse pardonner des torts extrêmement graves chez une jeune mariée de quelques mois. J'ai les plus fortes raisons de croire qu'il ne s'agissait pas d'enfantillages, mais de faits graves, de mensonges et de dissimulations incompatibles avec la jeunesse, de familiarités qui ne convenaient point à la femme d'un homme revêtu d'un caractère public et qui a besoin de considération.

« Dégageons maintenant les faits de l'emphase judiciaire, et disons-les comme ils doivent se produire à l'esprit.

« Un notaire nouvellement marié, sa jeune femme et leur domestique reviennent de Bourg à Belley, où ils demeurent. La jeune femme a vingt-un ans, depuis quelques jours ; elle est grosse de cinq mois et demi. A quelques portées de fusil de Belley, à onze heures du soir, sur la grande route, deux personnes sont assassinées, la femme et le domestique : une seule survit. Sur une route observée par la douane, qui a l'une de ses lignes intérieures à peu de distance, sur une rivière où les gens pêchent en fraude la nuit, entre le village de Rothonod et la ferme de la Bâty, près de la maison d'un forgeron située à cinquante pas, le hasard veut qu'il n'y ait aucun témoin oculaire ni auriculaire de ces deux morts également violentes. Personne à dix lieues à la ronde ne peut être inculpé. D'ailleurs, les meurtres ont été commis avec un ou deux pistolets, avec un marteau faisant partie de l'équipage des voyageurs. Enfin le survivant accepte la responsabilité d'un homicide. Ce survivant, ce jeune marié, ce notaire, c'est Peytel. Rien de tout cela n'est sujet à contestation. Quelque étrange que soient les circonstances de l'homicide commis sur Louis Rey, l'instruction là-dessus est éclairée : Peytel l'a tué, il l'a déclaré dès le premier moment, il doit être cru, surtout quand sa version explique tout ; quand la thèse de l'accusation, qui n'explique rien, arrive à l'absurde.

« En droit, en fait, en morale, tuer pour tuer constitue une infirmité facile à reconnaître et qui provient de lésions intérieures au siège de l'intelligence. Léger avait une partie de la cervelle gâtée, lui qui enlevait sa victime et allait la manger dans un coin. Un homme alors passe de la section judiciaire à la section médicale, et de la prison dans un hospice. Peytel, au cas où il aurait commis deux meurtres au lieu de l'homicide qu'il avoue, sans aucun motif et par une aliénation mentale, eût été déjà placé dans une maison de fous, et sa vie antérieure contiendrait quelques preuves, quelques faits avant-coureurs de la frénésie qui l'aurait saisi à la montée de la Darde. Sur ce point, ministère public, accusation, défenseurs, accusé, tout le monde est d'accord, il faut rayer le cas de folie. Dès lors, l'homicide commis sur Louis Rey, le seul avoué, et le meurtre qu'on prétend avoir été prémédité sur la femme dans le système de l'accusation, ont des motifs, des raisons parfaitement saisissables, qui peuvent être recherchés, qui doivent être nécessairement trouvés en parcourant les diverses propositions en vertu desquelles un homme est conduit à tuer sa femme et son domestique, sur une grande route, à un endroit déterminé. Ce travail est un peu long, mais il n'est pas impossible : dans sa conclusion, il y a la vie d'un homme.

« Tous les criminalistes sont portés à croire que les crimes se commettent par celui à qui ils profitent ; le droit criminel en a fait un axiome. Cet axiome n'est pas exactement vrai. Le crime de Papavoine serait inexplicable et le crime de Fieschi ne lui profitait guère. En d'autres termes, un bravo vous débarrasse très-bien, pour le plus léger lucre, de votre ennemi. Papavoine et Fieschi prouvent que tous les bravi ne sont pas en Italie. Ici, Peytel n'a pu tuer son domestique, enfant trouvé, pour le compte de personne ; il n'avait aucun intérêt pécuniaire à le tuer pour son propre compte. Voici déjà l'homicide avoué par Peytel inexplicable, soit pour le compte d'autrui, soit par intérêt pécuniaire. Au lieu de méditer profondément sur ce non-sens moral, en faveur de Peytel contre Peytel, contre et pour Louis Rey, pour et contre Félicie Alcazar, l'accusation et l'instruction ont inventé que Peytel avait tué son domestique et sa femme, tous deux, remarquez-le bien ! par préméditation ; remarquez encore ce chef terrible ! en prétendant ces deux meurtres nécessaires à l'accusé pour s'emparer de la fortune de Félicie Alcazar sa femme, et le jury, sans hésiter a résolu ces chefs d'accusation affirmativement.

« Parmi les raisons probables que peut avoir un homme de se défaire de sa femme, notre malheureuse société place en première ligne l'intérêt pécuniaire, en seconde la détestation profonde pour l'individu même, en troisième la détestation à cause d'un amour adultère. Sans une de ces trois raisons il n'y a plus de crime possible, l'accusation croule tout entière. Félicie Alcazar peut encore avoir été tuée involontairement et pour une autre personne. Cette explication si naturelle au cas où les trois autres raisons manqueraient, fait partie d'un système dans lequel, sous aucun prétexte, je ne veux ni ne dois entrer. S'il paraît justement impossible que le meurtre commis sur cette femme ait été conseillé par l'intérêt ou par une haine inexorable, je ne continuerai même la discussion qu'après l'arrêt de la cour suprême, s'il casse celui de la cour d'assises.

« Pour établir la préméditation de deux meurtres commis par intérêt, l'accusation devait prouver chez Peytel un urgent besoin d'argent, une grande ambition, un défaut de fortune personnelle et la nécessité de s'emparer de celle de sa femme. Vous comprenez, dès l'abord, de quelle importance est, dans cette thèse, la fortune de Peytel. Peytel est-il riche ? Peytel est-il pauvre ? est-il endetté ? Sa condamnation ou son acquittement est en partie dans la réponse. Peytel riche, Peytel devant être plus riche que ne l'est Félicie Alcazar, ne saurait tuer sa femme par intérêt. Peytel aussi riche que son ami Roselli-Mollet le représente à M. de Montrichard, gendre de madame Alcazar, n'entre pas dans une famille par une tromperie, il n'escroque plus une dot. Tout est là pour la prétendue préméditation, comme pour la rapidité de la scène au pont d'Andert, tout est dans le caractère sanguin-bilieux de Peytel, évident pour qui le regarde en face. Ainsi, la plus grande partie de la non-culpabilité de Peytel est dans un examen approfondi de cette fortune, que l'accusation a dit être dissipée sans administrer la moindre preuve.»

Ici M. de Balzac établit, par des calculs estimatifs, que la fortune immobilière de Peytel, et qu'il pouvait espérer de sa mère, s'élevait à une valeur de 97,000 fr. Et il ajoute :

« Selon l'accusation, Peytel aurait pourchassé Félicie Alcazar pour la fortune de cette jeune personne, en exagérant la sienne propre, et il aurait *tracé aux yeux inquiets d'une mère l'avenir de son enfant sous les plus riantes couleurs.*

« D'abord, il serait singulièrement impolitique à un prétendu de tracer à une mère l'avenir de son enfant sous de sombres couleurs. Puis, dans l'opinion des observateurs sérieux, il eût été singulièrement difficile que Peytel poursuivît Félicie Alcazar pour d'autres motifs que les avantages pécuniaires. Aux yeux de qui que ce soit, Félicie n'avait pas d'autre chose à offrir. Elle était des quatre sœurs la moins belle, elle avait peu d'éducation, peu de manières. Selon une déposition due à un membre de la famille, elle avait le sentiment de ses imperfections, et néanmoins, comme la plupart des femmes de beauté contestable, elle ne manquait pas de coquetterie. Ici, je n'ai nul désir d'accabler une pauvre femme morte de la mort la plus malheureuse. Quelque graves que puissent être ses torts au début de son mariage, ils ont aussi leur excuse dans l'explication de son caractère et de sa vie antérieure, dans mille causes qui ne sont pas du domaine de cette discussion et relèvent de la famille. Les magistrats ne sont pas la justice, ils n'en sont que les organes, ils la préparent ; mais, devant un tribunal secret où il serait possible de tout expliquer, peut-être les trois acteurs de ce singulier et mystérieux drame seraient-ils également excusables. Il est de ces malheurs devant lesquels les hommes ne peuvent que lever les yeux et les mains au ciel en disant comme Jésus : « Mon Dieu, pardonnez-leur ! » Leur vrai tribunal est là-haut.

« Chacun sait comment se font presque tous les mariages, et principalement ceux de gens qui achètent des offices publics : on cherche une bonne dot, on prend sa femme là où la met le hasard des écus. Une héritière en bas bleus, on la formera ! Une fois en voiture, la fille d'un boucher ou d'un boulanger n'est plus la même femme. Enfin toute fille d'argent devient très-bien en tous lieux, même à Paris, la femme de quiconque a à sa charge à payer. Ferait-on un crime à Peytel d'avoir suivi les erremens de son état? d'avoir cru qu'une jeune fille peu jolie, ayant un défaut dans la vue, aurait quelque reconnaissance de trouver un mari bien établi, et qu'elle lui donnerait le bonheur? Allez-vous faire le procès à tous ceux qui n'ont pas épousé de belles femmes, à tout mariage de convenance, le seul mariage que M. de Montrichard et Peytel et madame Alcazar aient prétendu faire? Maintenant, en dehors de ceci, voulez-vous savoir les motifs déterminants de Peytel? Félicie Alcazar était la sœur de madame de Montrichard. M. de Montrichard avait un poste à Belley, et Peytel trouvait dans cette famille un appui pour s'implanter dans cette ville. Il se voyait le beau-frère de M. Casimir Broussais. Il augmentait sa considération de celle de ses alliés. L'accusation dit ici que Peytel a mis une excessive ardeur dans cette recherche, elle le peint impatient, elle fait jouer à M. Roselli-Mollet un rôle outré. Il semble que l'un et l'autre aient couru sus à une riche héritière. M. Roselli-Mol-

let, comme cela se pratique d'ailleurs dans quatre-vingts mariages sur cent, aurait exagéré la fortune de Peytel, qui eût été ruiné... »

M. de Balzac, complétant ici l'état de fortune de Peytel, et ajoutant aux 97,000 fr. de valeurs immobilières les valeurs mobilières que possédait Peytel, soit en numéraire, soit en meubles et objets d'art, présente le condamné comme ayant une fortune de 114,000 fr. Il passe ensuite à l'examen de la fortune apportée en dot par Félicie, et arrive à ce résultat, que l'apport se réduirait à 60,000 fr. Il rappelle les discussions qui se sont élevées au sujet du contrat de mariage, et dit être en mesure de prouver que la clause relative au survivant n'a pas été insérée subrepticement, mais du consentement exprès de Mme Alcazar, à laquelle on fit comprendre que cette clause était favorable à la fille qui avait plus à recevoir de Peytel que celui-ci n'avait à recueillir de sa femme. D'ailleurs, on ne peut admettre qu'un notaire, et particulièrement M. Perrier, notaire de la famille Alcazar, ait pu se prêter à une pareille supercherie.

Après s'être ainsi attaché à démontrer que Peytel n'avait que de médiocres avantages à attendre du contrat de mariage, M. de Balzac examina quel profit il eût pu attendre du testament. D'après ses calculs, réduisant de la fortune de Félicie la réserve qui revenait à sa mère, et en tenant compte des avantages résultant pour Peytel du contrat de mariage, et qui ne pouvaient lui être enlevés, le bénéfice que celui-ci eût retiré du testament se réduisait à 8,311 fr. 48 cent. ¼.

Aussi, M. de Balzac s'écrie :

« Suivant l'accusation, Félicie aurait donc été assassinée pour huit mille trois cent onze francs quarante-huit centimes et demi !

« Mais, pour comble d'absurdité, remarquez que les avantages du testament sont nuls. Peytel doit s'en tenir à son contrat de mariage. Ce contrat lui assure la jouissance de tout, sans être tenu de donner caution ni de faire emploi, attendu sa portion de biens au soleil à Mâcon; il n'avait qu'à rendre 17,311 fr. 49 c. à sa belle-mère. Il était bien plus héritier par son contrat de mariage que par le testament. Si vous admettez un meurtrier par calcul et que ce meurtrier soit un notaire, au moins faut-il le faire conséquent avec sa propre science, avec les titres du code qu'il est obligé de mettre en action tous les jours, et d'expliquer à ses clients. Pour tuer sa femme, Peytel devait attendre qu'elle lui rapportât tout ce qu'elle pouvait lui rapporter. Trois mois et demi plus tard, sa femme grosse eût accouché d'une fille dont la naissance privait madame Alcazar de sa portion réservée, et assurait à Peytel le quart de la fortune de madame Alcazar, comme tuteur de sa fille.

« Dans le cas qui nous occupe, Peytel aurait choisi pour tuer sa femme le moment précis où elle lui rapportait le moins ! Et l'accusation en fait un profond scélérat qui rêve le crime en signant son contrat de mariage, et dont elle doit dire en pleine audience : *Le lieu, le temps, les moyens, il a tout habilement disposé !* Et ce profond scélérat aurait commis un meurtre pour s'assurer les bénéfices d'un testament qui lui donnerait moins d'argent que son contrat de mariage lui en assurait. De quel nom appellerai-je ces non-sens judiciaires ? Pourquoi ces paroles : *Le jour où Félicie signa son testament, elle signa son arrêt de mort ?* Le testament est donc inutile et l'accusation doit s'en tenir à prétendre que Peytel a tué sa femme pour recueillir les bénéfices du contrat ; le meurtrier cupide, qui sait si bien choisir son temps, aurait toujours commis une absurdité morale en tuant sa femme au pont d'Andert. Trois mois et demi plus tard, en la tuant avec succès, il y gagnait près de 60 mille francs, composés des 17,311 francs 49 centimes qu'il n'aurait pas eu à donner à l'aïeule de son enfant pour la portion réservée aux ascendants, et de la fortune de sa fille, dont il aurait eu la jouissance pendant dix-huit ans, laquelle peut bien s'estimer à 40,000 francs.

« Ainsi le meurtre commis par Peytel sur sa femme, au lieu d'être le résultat des plus perfides combinaisons, serait le sublime de la bêtise. Peytel mériterait deux fois la mort, comme un infâme meurtrier et comme le plus grand sot de France. L'accusation avait comme nous à sa disposition le contrat de mariage de Peytel, où sont tous les éléments du compte que nous faisons ; elle n'ignore pas les quatre règles de l'arithmétique instituées pour tout le monde : nous ne lui ferons pas l'injure de penser qu'elle ignore les articles du Code, titre des successions et des donations ; tout en sondant les cœurs et pénétrant les plus secrets motifs des hommes, n'aurait-elle pu se livrer à quelques opérations mathématiques avant de fulminer ses terribles paragraphes sur l'opportunité du meurtre, sur les bénéfices que le testament apportait à Peytel, et s'épargner les phrases sonores qui ont induit les jurés en erreur ? Avant de commettre un meurtre, Peytel pouvait prendre une somme deux fois supérieure à cet *haceldama* (prix du sang) chez des amis qui la lui eussent prêtée à sa première demande. Deux témoins, parmi lesquels se trouve son successeur chez le notaire de Lyon, ont prouvé que Peytel eût emprunté facilement chez chacun d'eux plus de 8,000 francs.

« Quand, dans un acte d'accusation, l'un des écrits les plus importants qui puissent émaner du ministère public, il existe de pareilles erreurs de chiffres, quand aux débats les assertions enfantées d'après des pièces aussi vivantes, aussi authentiques que le sont des actes notariés, sont démenties par ces pièces mêmes ; quand, pendant vingt jours, la France entière a lu cet acte d'accusation sans que l'accusé pût y répondre, cette lettre est un faible dédommagement pour un homme condamné à mort sur de semblables suppositions. Peut-être, d'ailleurs, Félicie a-t-elle très-librement consenti son testament à Peytel. L'accusation n'a produit d'autre témoin sur cette circonstance que madame Broussais, abusée par sa sœur, et qui s'est montrée accablante, soit par sa parole, soit par son maintien. Félicie, dit l'accusation, racontait à sa sœur les persécutions de Peytel à ce sujet. Madame Broussais est un de ces témoins qui sont, relativement à l'accusation, dans la catégorie de la sœur ou de la mère de Peytel relativement à la défense, c'est-à-dire extrêmement discutable. Mais, en ceci, l'honneur de Félicie Alcazar n'est plus en jeu. Eh bien ! Félicie disait très rarement la vérité. Là où l'accusation est en défaut, sans preuves, l'accusé, qui a noblement gardé le silence sur les vices moraux de sa femme, a mis de côté les preuves de ce que j'imprime.

« Le système adopté par l'accusé devant la cour d'assises envers sa femme morte a empêché les défenseurs d'éclaircir la vérité, de faire comparaître des témoins relativement à ce testament, connu de tout Belley, et dont Peytel avait parlé comme d'un enfantillage, ce qui n'annonçait guère de mauvais desseins. Madame Peytel, selon des discours recueillis par l'acte d'accusation, tremble devant son mari, son mari lui fait peur, il la tourmente pour un testament. D'après les données du caractère de Félicie Alcazar, tous ces dires peuvent être faux, avancés à dessein. Un notaire ne demande pas un testament à sa femme sans en supputer les bénéfices, opération qui ne veut pas un quart-d'heure de calcul. Ce testament, inutile au cas où Peytel aurait eu des enfants, les bénéfices de cet acte ne l'eussent alors emporté du double, l'était encore plus pendant la minorité de sa femme, car, aux termes de la loi, le testament émané d'un mineur est réductible de moitié. Ce testament ne pouvait donc lui servir à rien jusqu'au 25 septembre 1838, et je crois avoir démontré jusqu'à l'évidence qu'à l'époque de la majorité de sa femme, Peytel avait environ 60,000 fr. à recueillir en ajournant le meurtre à trois mois et demi. De quelque côté que se tourne l'accusation, dès qu'elle se fonde sur la cupidité, elle devient absurde, et relativement à la somme, et relativement au moment choisi par Peytel, et relativement à la préméditation. L'accusation sur ce chef est insoutenable.

« Le testament a donné lieu à d'autres imputations. J'y reviendrai encore en examinant l'Instruction, et pour M. Roselli-Mollet, et pour les juges, et pour l'accusé.

« Examinons maintenant la possibilité du meurtre par horreur pour l'épouse.

« Entre ces deux époux, l'horreur et la haine sont du côté de Félicie ; il est à peu près certain que Peytel la recherchait et qu'elle le fuyait ; l'accusation, à cet égard, ne laisse aucun doute. Les correspondances citées, le peu qui a transpiré des scènes d'abord secrètes puis divulguées de ce ménage ont établi le fait pour le public. Sur ce point, il règne à Belley une sorte de notoriété dont l'accusation parle. Vous y voyez la calomnie poursuivant madame Peytel morte. Cette calomnie a le pouvoir de donner le change sur le meurtre pendant quelque temps. Quelle autorité avait donc la conviction publique pour arrêter l'action de la justice envers un homme haï ? Les faits, à cet égard, appartiennent à cet ordre de choses dans lequel j'ai déclaré ne pas vouloir entrer. D'ailleurs, aucun criminaliste, aucun moraliste n'admettra chez un homme de la force morale et corporelle de Peytel une répulsion violente sans un remplacement quelconque et dans l'ordre moral et dans l'ordre physique. Un mari qui ne veut pas de sa femme en recherche une ou plusieurs autres. Sur ce point, l'instruction est nulle, l'accusation est muette. Peytel menait à Belley une vie irréprochable. Si quelque chose est facile à constater en province, n'est-ce pas les liaisons hors mariage ? Peytel, incessamment occupé de ses affaires, Peytel cherchant des asphaltes dans le pays des asphaltes dès que les asphaltes deviennent matière à spéculation, et renouvelant pour ses recherches géologiques son bagage de géologue, se faisant faire un meilleur marteau à casser les roches ; Peytel marié nouvellement à une jeune femme qui avait fait, elle seule, quelques efforts pour ne pas l'épouser, en se dépréciant elle-même, Peytel n'avait à Belley aucune intrigue, aucun attachement qui donnât prise sur lui. L'état d'hostilité dans lequel était le pays envers lui n'eût pas laissé sous ce rapport la plus légère infraction aux mœurs inconnue, eût-elle été commise hors du département. Ainsi cet homme assez violent pour aller se plonger la tête dans un baquet d'eau froide afin de dompter sa colère, fait que l'accusation lui reproche au lieu de l'en louer comme d'un effort très-beau sur lui-même, et de le donner en preuve de son désir de ne pas maltraiter sa femme, le mari de Félicie, jeune fille mal élevée, non pas timide comme dit l'acte d'accusation, mais honteuse de sa myopie, courtise sa femme, met un frein à ses emportements excités par elle ; il lui pardonne des fautes graves, il est bon avec elle, il fonde un grand espoir sur la maternité de Félicie, il attend cette révolution pour juger la jeune étourdie qu'il a prise pour sa femme. Il y a une lettre de lui à madame Peytel, sa mère, où sa joie d'être père et ses espérances éclatent ; il écrit des enfantillages à propos de la layette en engageant sa mère à la tenir prête pour le mois de mars ou la fin de février. S'il peut être acquis aux défenseurs de Peytel une chose favorable à leur client, n'est-ce pas son désir de faire bon ménage, attesté par de nombreux témoins? D'ailleurs ici les lois de la nature morale sont en harmonie avec les faits. Peytel est un homme orgueilleux. L'accusation va plus loin, elle le dit très-vain. Quand un homme vain, âgé de trente-six ans, à passions violentes, se trouve avoir épousé une femme honteuse de ses imperfections et qu'il se voit méprisé par elle, méprisé est le mot de l'accusation, il doit s'obstiner à vaincre les répugnances de cette femme. Une laideur repoussante disparaît alors dans l'action morale de la poursuite. La persistance seule et l'aigreur d'une fille mal élevée pourraient avoir poussé Peytel à bout; mais Peytel a précisément assez d'esprit pour savoir qu'il ne ferait pas changer sa femme par le meurtre. Un homme qui s'est frotté à la civilisation parisienne emploie des moyens plus sûrs : il n'ignore pas que dans ces sortes de circonstances, une rivale opère des merveilles. N'était-il pas plus simple d'atteindre sa femme dans son amour-propre de femme que de lui tirer, selon l'accusation, deux coups de pistolet dans la figure? Aussi pour établir la possibilité du meurtre volontaire et prémédité de Peytel sur Félicie, l'accusation est-elle obligée de présenter à l'audience un homme emporté, violent, comme un imposteur de première force, un homme qui a persisté pendant quatre ou cinq ans à se faire notaire, comme un chevalier d'industrie!

« Maintenant, tous les esprits impartiaux doivent reconnaître que Peytel n'a pas tué sa femme par intérêt, ni par haine, ni pour satisfaire une passion adultère. Cependant, imaginons un moment qu'il a formé le projet de la tuer. S'il y perdait 60,000 francs, il en gagnait 8,000. Le caractère de sa femme lui offrait la moins riante des perspectives. Il aurait pu naître seulement voleur et se contenter de dérober des sommes considérables à ses clients; mais il est né meurtrier. D'ailleurs il est violent et fourbe, il est escroc et géologue. Puis il est dédaigné par sa femme, ennuyé de sa femme, il la jetterait pour un rien par dessus un pont; il y a des gens qui ont cette envie et qui y résistent : il n'y résistera pas, et il ne volera qu'en famille, par une délicatesse particulière aux gens du monde. Composons une avalanche de petits faits inconnus, qui a roulé pour éclater dans cette fatale journée, et jugeons l'homme dont l'accusation dit que *lieux, temps, moyens, il a tout habilement disposé!*

« Peytel appartient à la génération actuelle, il est instruit, Peytel est un homme quasi-littéraire; il a, si vous voulez, sinon d'accusation, étudié le crime sur les théâtres de Paris, où il s'invente, entre la Porte Saint-Antoine et la Porte Saint-Martin, une foule de crimes dramatiques plus ou moins ingénieux par année et qui constituent une école où les forçats et les gamins de Paris se forment la main. Si Peytel est capable de faire le mauvais raisonnement sur lequel repose un crime, il le méditera certes un peu mieux que le dernier des forçats. L'accusation a dit de lui : *Pour parvenir à son but, l'empoisonnement, le meurtre, tout lui eût été bon.*

«Ici, nous quittons la sphère des intérêts et des passions, nous allons entrer dans l'appréciation des circonstances locales et matérielles, nous discuterons les circonstances dans lesquelles fut accompli le crime, en examinant les lieux, le moment, les plus légers détails, en y cherchant cette habileté tant vantée. Je le déclare ici sur mon honneur, j'ai parcouru consciencieusement la route de Bourg à Belley de manière à me trouver au pont d'Andert et à monter la côte de la Darde à l'heure où l'homicide de Louis Rey a eu lieu. Ce que je vais articuler repose sur un examen auquel personne ne s'est livré.

« A partir de la petite ville d'Ambérieux, entre les montagnes alpestres qui donnent à la route de Bourg vers la Savoie sa physionomie suisse, commence un long col semblable à tous ceux des Alpes et où la nature avait indiqué le tracé de la route aux ingénieurs. Dans ce col qui serre étroitement Saint-Rambert, qui s'ouvre après Rossillon, il existe une vingtaine d'endroits où Peytel aurait pu accomplir ses desseins, s'il en avait eu, en mettant la justice en défaut. Entre tous ces lieux favorables au crime, M. Gavarni et moi nous en avons remarqué un qui ne laisse rien à désirer au criminel le plus inquiet, le plus méticuleux. La route côtoie un petit lac qui, dans la saison où se faisait le voyage, avait assez d'eau pour que Peytel y précipitât sa femme, son domestique, son cheval et sa voiture, s'il avait tenu à tuer femme et domestique. Un habile imposteur aurait pu forger de longue main un prétexte pour retenir à Saint-Rambert Louis Rey, afin de ne précipiter dans le gouffre que Félicie Alcazar, et se mettre à barbotter lui-même jusqu'à l'arrivée du domestique, en criant au secours et s'enfonçant dans la vase, de manière à se montrer dans l'impossibilité de dégager sa femme. Il aurait peut-être gagné un rhume, il aurait certainement évité l'échafaud. A cet endroit, les montagnes forment un vaste entonnoir. Le crime, commis sans pistolet ni marteau, y eût été sans témoins : la ligne des douanes n'opère pas de Rossillon vers Bourg, mais de Rossillon vers Belley. Rossillon se trouve après ce lac. Ainsi, point de douaniers en vedette. En plusieurs endroits de ce lac, femme, domestique, cheval pouvaient être précipités de six toises de hauteur dans six pieds d'eau, et dix pieds de cette vase claire et verdâtre qui donne aux lacs des Alpes leur singulière couleur. Au moment où nous y sommes passés, il s'y trouvait encore trois pieds d'eau, des barques y flottaient. La route n'a ni parapets en terre ni parapets en bois. L'endroit invite au crime, il est tentant pour un homme qui aurait de mauvais desseins, le crime y est impénétrable, il échappe à toutes les recherches, à toutes les suppositions de la justice.

. . . .

« Enfin, ce théâtre si favorable au crime est à une égale distance de Rossillon et de Saint-Rambert : un assassin n'y avait pas le voisinage d'une grande ville, où se trouvent plus d'autorités habiles, des gens d'un esprit plus alerte que ne l'est celui des cultivateurs et des paysans du Bugey, groupés autour de Saint-Rambert et de Rossillon. Si l'instruction s'était livrée à cette enquête, si elle avait parcouru comme moi la route, à l'aspect de ce lieu, certes, l'Accusation aurait effacé le mot préméditation de ses réquisitoires; elle eût été convaincue de l'innocence de Peytel, au moins jusqu'au pont d'Andert. S'il est une chose démontrée en criminalité, n'est-ce pas le soin avec lequel les meurtriers préméditant choisissent l'heure, le lieu, disposent les circonstances? Ici, avant tout, Peytel, qui n'a besoin de tuer que sa femme, se serait mis deux meurtres sur les bras, aurait doublé son horrible tâche, aurait compliqué sa situation, en se donnant deux adversaires. D'un à un, les chances sont en faveur du meurtrier qui peut surprendre sa victime; mais d'un à deux les chances sont infinies contre l'assaillant. La mort par immersion est indéchiffrable pour la justice, et Peytel aurait mieux aimé donner la mort avec ses pistolets et son marteau? Ces seules considérations, bien pesées par un juge, sont de nature à ébranler sa conviction sur la préméditation prétendue. Mais l'absurde des combinaisons de ce profond hypocrite va se dévoiler de plus en plus. Au lieu d'accomplir ses mauvais desseins dans cet endroit, que les plus innocents reconnaîtraient propice à un assassinat, Peytel choisit le pont d'Andert, sur lequel plonge la maison du père Thermet, forgeron, habitée par lui et par son fils; un endroit surveillé par les douaniers qui peuplent la campagne en s'y mettant en embuscade; une rivière où pêchent en fraude les paysans à la nuit; la montée de la Darde à peu de distance de laquelle existent la ferme de la Bâti et le village de Rhotonod, et qui se trouve à une demi-heure de Belley. Le temps a été couvert, il a plu; il aurait choisi le moment où le clair de la pleine lune jetait sa lueur sur la route; enfin il se serait servi de son marteau pour tuer Louis Rey, arme dont les empreintes sont faciles à reconnaître, à constater; il aurait tué sa femme avec un ou plusieurs pistolets à lui, tandis que Peytel doit savoir, depuis l'établissement des gazettes des tribunaux, que les balles, les pistolets, les marteaux, les armes à feu, les objets contondants ont donné, par leurs effets spéciaux, des preuves matérielles évidentes dans cent procès criminels, et cet homme aurait, selon l'accusation, prémédité son crime! Peytel aurait mis, relativement à sa culpabilité, dans le choix des lieux et des instruments, la même justesse que dans l'époque, relativement à ses intérêts! Il aurait choisi le temps où la mort de sa femme lui rapportait le moins d'argent, et le lieu où tout était contre lui!

« Maintenant, examinons les circonstances qui ont suivi ce double malheur, sans oublier que la mort de la pauvre Félicie Alcazar est, moi je n'en doute pas, un effet du plus triste hasard, car Peytel n'a jamais eu que Louis Rey à poursuivre. Quelque fausse ou mauvaise que pût être sa femme pour lui, elle aurait toujours été un soutien utile à sa défense. La stupeur de Peytel, en la trouvant morte, a été causée par ces considérations. J'ai vu le forgeron Thermet, il m'a formellement dit que Peytel était hors d'état de tenir la bride de son cheval pendant que lui et son fils mettaient le corps de Félicie Alcazar dans la voiture. Selon lui, Peytel était tombé dans un profond abattement. J'ai reconnu là cette torpeur qui suit, chez les natures violentes, les grands efforts, les déploiements de force inaccoutumée. Peytel est bon, il croyait sa femme vivante, et après avoir tué Louis Rey, il l'a cherchée; en la voyant morte, il a été abasourdi par la perte de Félicie, par celle de son enfant et par le danger de sa position. Il n'a été retiré de sa torpeur qu'à la vue du cadavre de Louis Rey; sa fureur s'est réveillée, il a voulu faire passer sa voiture dessus en s'écriant : « Voilà l'assassin de ma pauvre femme! » Il n'y a, dans tout ceci, rien que de très-naturel, en admettant la position avouée de Peytel.

« J'oubliais de vous dire qu'à l'audience l'Accusation a présenté Peytel comme un triple assassin, en comptant l'enfant, qui n'existait ni légalement, ni socialement, ni naturellement, au nombre des meurtres prémédités. C'est une horrible plaisanterie judiciaire. La discussion des intérêts de Peytel prouve qu'il avait un immense avantage à être père. »

Ici M. de Balzac reproche à l'Instruction d'avoir négligé de relever sur les lieux les empreintes des pas des trois acteurs de ce drame mystérieux, et le sillon des roues des deux voitures. « A quelle distance de la voiture de Peytel étaient les empreintes des pas de Louis Rey? La disposition de ces empreintes eût pu servir à appuyer le récit de Peytel, lorsqu'il affirmait qu'il avait frappé Louis Rey dans sa fuite. En observant les pas de Félicie Alcazar, depuis l'endroit où elle avait sauté de voiture, jusqu'à l'endroit où elle a été trouvée, on aurait su si elle avait marché, puis si elle avait marché seule ou en compagnie. »

M. de Balzac poursuit longuement encore cette protestation en faveur de Peytel; mais malgré les efforts du grand écrivain, la conviction de la Cour de cassation fut la même que celle de la Cour d'assises. Peytel fut définitivement condamné, et le 28 octobre 1839, il mourait sur la place publique de Bourg.

Aujourd'hui, M. Roselli-Mollet, auquel l'accusation semble reprocher trop de complaisance envers Peytel, — M. Rosselli-Mollet, disons-nous, siége, comme représentant du peuple, à l'Assemblée nationale.

(Septembre 1849).

Devant la cour d'assises.

L'Extrême-Onction.

LE DOCTEUR CASTAING.

I.

Il était environ onze heures, lorsque, le 29 mai 1823 (un jeudi), deux jeunes gens descendirent des voitures publiques venant de Paris, et entrèrent à l'auberge de la Tête-Noire, à Saint-Cloud.

Après avoir échangé quelques paroles avec les maîtres de l'auberge, ils furent conduits et laissés dans une chambre à deux lits, où ils passèrent la nuit.

Le lendemain soir, vendredi, l'un des jeunes gens fut saisi d'une indisposition qui commença après qu'il eut bu un verre de vin chaud. Cette indisposition devint une maladie grave le samedi, après que celui qui en était atteint eut pris une tasse de lait froid ; enfin elle se transforma en agonie quelques minutes après qu'il eut avalé une cuillerée de potion calmante.

Dès ce moment, le malade perdit connaissance, et il expira le dimanche sans l'avoir recouvrée.

Il y avait dans ce fait quelque chose d'extraordinaire. — L'invasion du mal avait été brusque, sa marche rapide, son issue foudroyante.

Le défunt avait rendu le dernier soupir loin de tous les siens, dans la compagnie de celui avec lequel il était arrivé à Saint-Cloud, et qui seul lui avait administré les boissons et les médicaments qu'il avait pris.

Bien des gens s'étonnèrent. On se demanda ce qu'étaient les deux étrangers, et de terribles soupçons planèrent sur le survivant, avant même que le mort fût porté en terre.

Or, celui qui venait de terminer si promptement et si malheureusement la vie, était Claude-Auguste Ballet, avocat, âgé de 25 ans, et fils d'un riche notaire de Paris.

L'autre personnage s'appelait Edme-Samuel Castaing ; il exerçait la profession de docteur en médecine, était dans sa vingt-septième année, et appartenait à une famille peu riche, mais honorablement placée dans la société.

Les soupçons que fit naître cette mort si prompte se changèrent en une presque certitude, quand on apprit que Ballet laissait une belle fortune, et que, bien qu'il eût des parents, il avait institué Castaing pour son légataire universel.

La justice, avertie immédiatement, ordonna l'arrestation provisoire du docteur Castaing ; puis elle se livra à des investigations d'où ressortirent les faits suivants :

II.

Castaing était né en 1797 à Alençon ; son père occupait une place d'inspecteur général des eaux et forêts.

Dès sa première jeunesse, Castaing montra un caractère ardent, ferme, plein de ténacité. Il fit ses études au collège d'Angers, où une figure charmante, une application continuelle et un grand amour du travail lui valurent l'affection de ses professeurs, qui le citaient comme exemple à ses condisciples.

A 17 ans il avait terminé ses études; il vint à Paris où sa famille s'était fixée depuis quelques années.

Castaing dut alors choisir un état. Les deux frères aînés occupaient des grades, l'un dans l'artillerie, l'autre dans le service actif des eaux et forêts; lui se décida pour la carrière de la médecine. Au moyen d'une pension modeste, son père le mit à même de suivre ses nouvelles études.

Le jeune homme marcha vite; le 10 mars 1815 il prit sa première inscription à l'École de Médecine, et dès ce moment il se livra assidûment au travail. Suivant avec exactitude les cours de la Faculté, il paraissait avide de s'instruire, et pendant les trois premières années il passa plusieurs examens avec succès.

Bientôt, cependant, son ardeur se ralentit; la passion de l'étude fut remplacée chez lui par une passion plus impérieuse.

Voici comment cet amour avait pris naissance :

Dans le courant de l'année 1819, Castaing avait été appelé, en sa qualité d'élève, près d'une dame, veuve d'un ancien magistrat, et que dans le procès on évite de nommer, non-seulement par respect pour une passion réelle et pour une grande douleur, mais aussi par égard pour la famille à laquelle appartenait cette personne, qui était belle-sœur d'un magistrat éminent, membre de la Chambre des Pairs.

Cette dame était belle, spirituelle, indulgente; Castaing conçut pour elle un sentiment exalté mais sincère. Bientôt lui-même fut aimé.

Le 17 juillet 1820, un enfant vint rendre plus étroite l'union de Castaing avec la femme qu'il aimait; mais les parents de l'élève en médecine s'affligèrent de le voir négliger ses travaux et lui firent des remontrances; il reprit ses études, et au mois de juillet 1821 il fut reçu docteur médecin.

On sait que les bénéfices, au début de cette carrière, sont à peu près nuls. Castaing, même exempt de passions, devait donc se trouver dans une situation un peu gênée; et l'on conçoit que cette gêne dut s'accroître par la liaison qu'il avait formée, car sa maîtresse était elle-même si pauvre que Castaing avait à sa charge, outre ses besoins personnels, ceux de cette femme et des trois enfants issus de son mariage. En ajoutant à ces charges l'entretien de ses deux enfants nés du commerce illégitime qui s'était établi entre lui et la dame B., il est évident que Castaing ne pouvait suffire à une dépense chaque jour plus considérable.

Les nécessités de sa position le tourmentaient d'autant plus cruellement, qu'on voit, par la correspondance qui a été trouvée, que sa liaison, blâmable par son irrégularité, ne méritait pas d'autres reproches; ce n'était pas le résultat d'une débauche grossière, c'était une union des cœurs plus que des sens.

Castaing adorait la mère, à laquelle il donnait le nom d'épouse, et il idolâtrait ses enfants. Ces trois êtres chéris, comme il les appelait toujours, occupaient toutes ses pensées; il ne rêvait qu'à eux, et songeait sans cesse aux moyens de leur assurer une existence.

D'un autre côté, l'ardeur et l'impétuosité du caractère de Castaing, le vif désir qu'il avait toujours manifesté de faire fortune, ne pouvaient manquer de l'entraîner dans de grands écarts. Et en effet, on lit dans une lettre saisie chez lui, que sa mère, il y a quelques années, lui disait *des horreurs*. Quelles étaient ces horreurs? Par respect pour la nature, on n'a pas dû interroger sa mère; par ménagement pour une grande passion bien malheureuse, on n'a pas voulu questionner l'auteur de la lettre. Le père était aussi fort mécontent de son fils.

Telle est pourtant l'organisation humaine, qu'un défaut peut quelquefois devenir une qualité. Cette ardeur de Castaing engendra une louable application au travail; et, soif de fortune ou goût de la science, il est certain qu'il voulait devenir un praticien distingué, et que pour arriver à ce but il se livra à un travail opiniâtre et à des études fort étendues.

Mais on frémit tout d'abord en remarquant que les studieuses investigations du jeune adepte embrassèrent particulièrement les différentes espèces de poison. Il recherchait avec le plus grand soin quels étaient ceux qui laissent après eux des traces dénonciatrices, et ceux bien plus perfides qui ne laissent aucun vestige perceptible, même aux yeux de l'anatomiste le plus habile et le plus exercé. Castaing enfin était arrivé à la funeste certitude que tels poisons n'agissent qu'à l'égal de telles maladies, et ne signalent leur passage que par des symptômes identiques avec ceux que pourraient offrir à la mort ces mêmes maladies.

Cette terrible science de Castaing était déjà bien accusatrice en présence des circonstances de la mort de son ami.

Un autre fait non moins important fut signalé par l'acte d'accusation : Castaing qui, au mois de juin 1822, se trouvait dans l'impossibilité de payer une modique somme de 600 francs, était, au mois d'octobre suivant, en possession de capitaux considérables. Ainsi, il prêta 30,000 francs à sa mère, et opéra, sous des noms supposés, le placement de 70,000 francs dans les fonds publics.

D'où lui venait cette fortune subite?

Pour répondre à cette question, il nous faut suivre un autre ordre d'idées, et faire avant tout connaître la famille Ballet.

III.

M. Ballet père, notaire à Paris, et dont l'étude se trouvait à la Croix-Rouge, après être resté célibataire jusqu'à l'âge de cinquante ans, se maria en 1797 avec une de ses clientes, Mme Adélaïde Lafont, veuve d'un sieur Leroi. Auguste Ballet fut le premier fruit de cette union, et entra dans la vie le 21 mars 1798.

Peu de jours après sa naissance, sa nourrice en l'allaitant, le laissa tomber de ses bras; la mère, épouvantée de cette chute, perdit connaissance et fut atteinte de graves accidents. L'enfant ne fut point blessé; mais la mère ne put jamais oublier la frayeur qu'il lui avait occasionnée mit ses jours en danger; elle conçut pour lui une sorte d'antipathie; et lorsque, l'année suivante, elle eut donné le jour à un second fils, qu'on nomma Hippolyte, elle reporta sur celui-ci et sur une fille qu'elle avait eue de son premier mariage toutes les affections de son cœur.

Repoussé des bras maternels, Auguste fut élevé parmi les domestiques de la maison, avec lesquels il dînait à la cuisine; et, dès qu'il eut cinq ans, on s'en débarrassa en le mettant en pension; — et cela, tandis que son frère, élevé dans la maison paternelle, était l'objet de la sollicitude de sa mère.

M. Ballet gémissait de l'injustice de sa femme; mais trop faible pour s'y opposer, il se bornait à faire de fréquentes visites à la pension de son fils aîné.

Il résulta de ceci qu'Auguste perdit dans l'indolence d'heureuses dispositions et fit de très-mauvaises études. Et quand, en 1815, il quitta la pension, non-seulement il ne savait rien, mais encore il ne comprenait pas la nécessité de l'instruction. Toutefois, son père, qui le destinait au notariat, lui fit prendre ses inscriptions à l'École de Droit, et le plaça, en qualité de quatrième clerc, chez M. Margré, avoué. Plus tard, il entra dans l'étude du successeur de son père, M° Séné.

Mais Auguste était vif, bouillant, incapable d'application, et un pareil caractère ne pouvait guère s'harmoniser avec les fastidieuses études du droit et les paisibles occupations du notariat. Aussi il faisait peu de progrès et ne remplissait ses devoirs que comme une chose insupportable.

Auguste fréquentait peu son frère, dont les goûts étaient opposés aux siens, et dont il était d'ailleurs jaloux, non sans raison, car Mme Ballet, qui tenait son fils aîné dans un état de gêne perpétuelle, ne refusait rien à Hippolyte.

Celui-ci, né le 17 août 1799, avait été l'objet de la tendresse aveugle de sa mère. Mais il sembla que Dieu voulût punir l'injustice de Mme Ballet, car les soins extrêmes dont elle entourait Hippolyte, et les précautions exagérées qu'elle prit de sa santé, en augmentèrent la délicatesse naturelle. Dès l'âge de neuf ans, on crut remarquer en lui des symptômes de phthisie.

Néanmoins il apportait dans ses études une grande application, et à la fin de l'année 1821 il fut reçu avocat.

Cependant la mort se mit dans la famille Ballet. Le père et la mère moururent à cinq mois l'un de l'autre; un oncle mourut aussi.

Les deux frères se partagèrent alors une fort belle fortune. Chacun d'eux eut en partage plus de 400,000 francs.

Dès lors, Auguste se livra à son goût pour l'indépendance, et se hâta d'abandonner la carrière que son père lui avait choisie.

Les deux frères se séparèrent, sans toutefois qu'il y eût entre eux de mésintelligence : Hippolyte, qui recherchait les soins et les épanchements de la famille, se rapprochant d'une fille utérine de sa mère, mariée à un marchand épicier de la rue de la Verrerie, M. Martignon, aujourd'hui juge au tribunal de commerce; Auguste, au contraire, se jetant dans la dissipation, entretenant des actrices, et faisant brèche à sa fortune pour se monter une maison fastueuse, avec de luxueux équipages, et courir les chances d'un mariage avantageux.

Ce fut dans ces circonstances qu'ils se lièrent l'un et l'autre avec Castaing, qu'ils avaient eu occasion de voir quelquefois du vivant de leur père, car il habitait, ainsi qu'eux, avec sa famille, la rue d'Enfer.

IV.

Dans les premiers jours du mois d'octobre 1822, Hippolyte Ballet, qui était d'une santé délicate, et qui, à ce titre, accordait plus de confiance à Castaing, éprouva les premières atteintes d'une maladie d'abord peu grave. Cependant le 22 il mourut, n'ayant reçu dans sa courte maladie de soins que de Castaing, lequel avait éloigné de lui ses parents, ses amis, et qui, lorsqu'il eut rendu le dernier soupir, resta seul enfermé deux heures durant dans son appartement.

Un homme honorablement connu dans les lettres, M. Raisson, qui était intimement lié avec les deux frères, raconte ainsi les particularités qui suivirent la mort d'Hippolyte :

« Ce fut par Castaing qu'Auguste Ballet apprit la mort de son frère; mais, en lui apprenant cette nouvelle, il le précipita dans un piège où le malheureux devait bientôt laisser sa fortune et sa vie.

« —Au moment d'expirer, lui dit-il, votre frère, pour reconnaître mes soins, a disposé, en ma faveur, de son épingle en brillants, de sa montre et de ses autres bijoux.

« —C'est bien, répondit Auguste; je suis son seul héritier, et j'approuve pleinement ce qu'il a fait.

« —Prenez garde, interrompit Castaing en baissant la voix; prenez garde, vous ne savez pas tout ce qu'il a fait!

« Alors il lui raconta qu'Hippolyte, incité contre lui par des rapports mensongers, avait écrit en double, de sa main, un testament par lequel il instituait sa sœur utérine, la dame Martignon, sa légataire, ne lui laissant, à lui Auguste, qu'une pension viagère dont le chiffre dérisoire était une nouvelle humiliation.

« A l'appui de ce qu'il disait, il tira de sa poche un des doubles du testament, qu'il déclara avoir trouvé dans le secrétaire d'Hippolyte après sa mort, ajoutant que son amitié pour Auguste l'avait déterminé à s'en emparer.

« —Merci! merci! cent fois s'écria Auguste; mais où est l'autre copie? sans elle ma spoliation, ma ruine sont consommées.

« —Peut-être, reprend Castaing. Je crois bien que tout dépend encore de vous. Vous sentez-vous assez de fermeté, d'énergie, pour tenter de parer, au prix de sacrifices nécessaires, le coup qui menace de vous frapper?

« —Que faut-il faire? Je suis décidé à tout. Mais où est ce double du testament?

« —Dans les mains d'un homme que vous connaissez, d'un homme qui a eu pendant trente ans la confiance de votre père, et qu'Hippolyte a dû choisir comme le dépositaire le plus sûr auquel il pût se confier.

« —C'est Lebret, l'ancien premier clerc de l'étude, dit Auguste; Lebret, qui nous a vu élever, qui nous aimait comme ses enfants, et qui ne voudrait pas que la fortune si laborieusement amassée par notre père passât à des mains étrangères.

« —Combien vous connaissez peu les hommes, mon pauvre ami! interrompit Castaing; Lebret, qui a travaillé toute sa vie pour acquérir à peine le nécessaire, tient votre fortune, tout votre avenir dans ses mains, et vous croyez qu'il va, de gaîté de cœur, anéantir un testament, commettre un crime, uniquement parce qu'il vous a vu naître et grandir? Non, non, ce n'est pas avec des phrases à la Berquin qu'il vous faut espérer de l'attendrir. Vous voulez que le double du testament vous soit remis, faites alors un pont d'or à la conscience timorée du vieux premier clerc; il s'agit de gagner quatre cent mille francs, sacrifiez-en cent mille, et je me fais fort d'imposer silence à la probité murmurante de Lebret.

« Auguste Ballet trouvait que c'était beaucoup que cent mille francs; il batailla, mais finit par consentir. Il était possesseur d'actions de la Banque, il en vendit des coupons, réalisa la somme et conduisit Castaing jusqu'à la porte de la demeure de Lebret, où celui-ci feignit de rester quelques instants en conférence. Bientôt il descendit, reprit place à côté de Ballet dans sa voiture et lui remit le double du testament qui fut aussitôt déchiré, mais dont Ballet conserva le cachet et la signature.

« Or, voici ce qui, en réalité, s'était passé. Toute l'histoire relative à Lebret était une fable. Castaing, après la mort d'Hippolyte, avait trouvé les deux doubles du testament dans le secrétaire de celui-ci; il en avait remis un à Auguste, et il avait imaginé la ruse qu'on vient de lui voir mettre en œuvre, pour arracher cent mille francs à l'imprudent, qui, de ce moment, devenait son complice et se croyait son obligé.

« Le soir même du jour où cette comédie du testament avait été jouée, ajoute M. Raisson, Ballet vint me voir. Il était agité, ému : sans que je lui fisse de question, il me raconta, en pleurant comme un enfant, tout ce qui venait de se passer, terminant son récit par me montrer les derniers fragments de la pièce détruite, fragments qu'il jeta dans le foyer de ma cheminée, et que nous regardâmes se consumer lentement. »

Les regrets sincères, les larmes vraies d'Auguste témoignèrent de la douleur que lui causait la mort de son frère.

Ce fut alors que Castaing, qu'Auguste avait peu vu jusque là, se lia tout-à-coup avec lui.

Le pauvre Auguste ne se doutait pas que l'amitié de Castaing donnait la mort!

V.

Après la mort d'Hippolyte, son frère et sa sœur firent procéder à l'autopsie. Le procès-verbal constata une maigreur, caractère spécifique de la phthisie, mais insuffisante pour faire croire à la mort par épuisement.

Au surplus, les médecins qui firent cette opération, et au nombre desquels se trouvait Castaing lui-même, ont énuméré les divers symptômes remarqués sur le sujet.

Une autopsie eut également lieu après la mort d'Auguste, et les praticiens ont trouvé de l'analogie entre les symptômes observés dans l'un et l'autre corps.

Cependant ils ne se prononcèrent pas sur la question de fait, et déclarèrent que ces funestes symptômes pouvaient résulter aussi bien de certaines maladies naturelles que de certains poisons. Mais ce qui donna une couleur toute particulière à cette remarque, ce qui la rendit accablante pour Castaing, c'est qu'à cette époque, et de son propre aveu, il manipulait des poisons, et précisément ceux qui ont pu tuer Hippolyte et Auguste, sans laisser des traces autres que celles communes à certaines affections naturelles.

Ainsi, plusieurs années avant ces tristes événements, Castaing avait rencontré dans ses cours, un jeune pharmacien nommé Chevalier, et qui depuis est devenu membre de l'Académie, et fait partie du conseil de salubrité.

M. Chevalier avait publié sur les poisons un ouvrage qui fixa l'attention de Castaing, qui, ayant rencontré l'auteur sur la place Saint-Germain-l'Auxerrois, lui demanda des renseignements sur l'effet que pouvaient produire, sur des chiens, les poisons végétaux. Bien que, si le malheureux Castaing roulait dès ce moment dans sa pensée l'atroce dessein d'employer des poisons végétaux sur des hommes, ce n'était point des hommes mais seulement des animaux qu'il devait oser parler. Chevalier n'a pu se rappeler au juste l'époque de cette conversation ; mais voici un fait qui le prouva d'une manière précise, et par une preuve matérielle : le sieur Caylus, autre pharmacien, dépose qu'en mai 1822 il vendit dix grains d'acétate de morphine à Castaing, et qu'il lui en vendit une quantité pareille le 18 septembre de la même année. Le sieur Caylus, dit l'acte d'accusation, a apporté ses registres ; ces deux ventes y sont inscrites à ces deux dates. Ainsi, dans les temps qui précédèrent la mort d'Hippolyte, Castaing s'occupait de recherches sur les poisons végétaux; il faisait des expériences sur les animaux. Et, le 18 septembre 1822 — quelle date! — dix-sept jours avant la mort d'Hippolyte, Castaing achetait dix grains d'acétate de morphine. Douze jours après, Hippolyte est subitement surpris par une maladie que l'on croit être une fluxion de poitrine ; cet ami si savant s'enferme alors avec le malade ; pendant quatre jours il reste seul auprès de lui. Il expire le cinquième jour, et les médecins, d'après l'autopsie, aiment mieux croire que la mort a été produite par une congestion au cerveau, résultat possible d'une fluxion de poitrine, quoique cependant ils n'osent affirmer que les symptômes remarqués après la mort ne fussent pas les mêmes, que l'acétate de morphine avait été administré au malheureux Hippolyte.

Comme on a pu le voir, Castaing, après la mort d'Hippolyte, se trouvait en bon train de fortune. Déjà, dans les 100,000 francs, il avait recueilli une partie des dépouilles d'Hippolyte. Mais là ne s'arrêtait pas sa cupidité, et il est évident qu'il voulait recueillir la fortune entière d'Auguste, puisqu'il s'était fait faire par celui-ci un testament qui lui donnait tout ce que possédait Ballet. Toutefois, Castaing n'ignorait pas qu'un testament est un acte bien fragile, et toujours destructif au premier caprice du testateur. Et Auguste se refroidissait ! et Auguste voulait aller demeurer loin de lui ! et Auguste, impatient de son joug, de ses assiduités, de sa surveillance, paraissait vouloir reprendre sa liberté!—Qu'en ferait-il ? que deviendrait le testament? Chaque heure, chaque minute, chaque seconde pouvait renverser de fond en comble les espérances de Castaing. Mais Castaing savait trop ce qu'en pareil cas il est possible de faire, et quel était le moyen de fixer à jamais les choses dans l'état où elles étaient encore. Il n'y avait même pas, pour d'autres raisons, beaucoup de temps à perdre : Auguste venait de réaliser un capital de 100,000 francs. Cela n'est pas douteux, car peu de jours avant le voyage de Saint-Cloud, il les avait montrés à son ami Raisson, qui en a déposé. Castaing ne l'ignorait pas, il savait encore quel était précisément celui de ses meubles dans lequel il les avait enfermés.

C'est sur ces entrefaites mêmes et sur la fin de mai que se lia entre Auguste et Castaing une partie de campagne, sans que personne puisse savoir ni dire comment elle s'arrangea, lequel des deux la proposa, pourquoi ils la firent seuls, et enfin quel en fut le but.

En prenant les faits tels qu'ils étaient, c'est le 29 mai, de six à sept heures du matin, qu'Auguste et Castaing allèrent ensemble, par les petites voitures publiques, faire une course à Saint-Germain, et que, de retour de cette promenade, ils repartirent vers sept heures du soir, sans dire où ils allaient, après qu'Auguste eut prévenu seulement qu'ils seraient absents pendant un ou plusieurs jours.

Le lieu où ils allaient, cependant, était Saint-Cloud.

Ils s'y rendirent seuls, et, comme nous l'avons dit, par les voitures publiques, circonstance au moins bizarre, car Auguste avait trois chevaux, plusieurs voitures, plusieurs domestiques.

Ce ne fut que deux jours après, c'est-à-dire le 31 mai, que les domestiques apprirent où était leur maître. Ce jour-là on reçut dans l'après-midi une lettre de Castaing adressée aux domestiques de Ballet.

Ce billet contenait ces mots :

« M. Ballet se trouvant indisposé à Saint-Cloud, Jean
« viendra de suite le rejoindre avec le cheval gris et le
« cabriolet ; lui et la mère Buret (1) en parleront à per-
« sonne de tout cela. On dira à ceux qui le deman-
« deront qu'il est à la campagne, et cela par ordre ex-
« près de M. Ballet. »

(1) C'était la femme de charge d'Auguste Ballet.

« Adresse de M. Ballet : Tête-Noire, à St-Cloud. »
Jean obéit, et partit avec le cabriolet.

Quand il arriva à St-Cloud, il trouva son maître au lit, se plaignant d'avoir éprouvé des coliques, des diarrhées et des vomissements.

On sait la triste issue de ce mal.

VI

Que s'était-il donc passé dans ce malheureux voyage?

Le voici : Castaing et Auguste étaient arrivés à Saint-Cloud, le jeudi 29 mai, vers onze heures du soir. On donna aux voyageurs une chambre à deux lits, qu'ils occupèrent ensemble toute la journée du vendredi 30, sauf le temps du dîner, qu'ils vinrent prendre à l'auberge, et après lequel ils ressortirent. Ils furent de retour à neuf heures du soir, et Castaing demanda alors une demi-bouteille de vin chaud sans sucre, attendu qu'ils avaient le leur avec eux. Le vin fut monté, et les voyageurs y mirent de leur sucre et des citrons que Castaing avait achetés. Les choses en étaient là, lorsque Castaing, sans nulle provocation, quitta la chambre, et se trouva quelques moments devant le lit d'un jeune domestique de la maison qui était malade, lui tâta le pouls, ne lui prescrivit rien, et redescendit auprès d'Auguste.

Auguste avait trouvé le vin très-mauvais, et il n'avait pas bu ce qui lui avait été versé. Castaing a même dit à quelqu'un qu'il n'en avait bu qu'une cuillerée, quoiqu'il eût dit à un autre qu'il en avait bu plusieurs verres. La servante de la maison survint, et Auguste lui dit : « J'ai mis trop de citron dans ce vin ; il est si amer que je ne puis le boire. » La servante le goûta et le trouva effectivement bien sur ; elle se retira, les deux amis se couchèrent. Cette nuit n'eut pour témoin que Castaing. On sait que son récit ne peut être admis qu'avec une extrême circonspection. Quoi qu'il en soit, voici ce dont il est obligé lui-même de convenir. Auguste fut agité toute la nuit ; il ne dormit pas, il se plaignit plusieurs fois de ne pouvoir rester en place ; il eut des coliques. Le matin, enfin, il déclara qu'il ne pouvait sortir du lit, qu'il avait les jambes enflées, qu'il ne pouvait mettre ses bottes.

Quant à Castaing, il sortit, à ce qu'il dit, pour faire un tour dans le parc. Ce n'était pas seulement une fantaisie déplacée, c'était encore une fantaisie bien pressée, car il n'était encore que quatre heures du matin, et un des domestiques de la maison fut obligé de se lever exprès pour lui ouvrir les portes. On saura bientôt que cette prétendue promenade dans le parc n'est qu'une allégation mise en avant pour voiler une bien affreuse vérité.

Rentré vers les huit heures, le premier soin de Castaing fut de demander pour Auguste du lait froid. Il a prétendu avoir demandé du lait chaud ; tous les témoins ont déposé du contraire. C'est du lait froid qu'il a demandé, et il avait pour cela de bonnes raisons. Auguste prit le lait ; peu de temps après l'avoir pris, les vomissements se succédèrent et les coliques le saisirent. On se débarrassa sur-le-champ de toutes les déjections. Cependant l'état du malade empirait sensiblement. Il demanda un médecin ; Castaing lui proposa d'en faire venir un de Paris, mais Auguste voulut qu'on en prît un sur les lieux mêmes. Ce médecin, le sieur Pigache, ne put arriver que vers onze heures du matin ; il demanda à Castaing ce qu'il pensait de la maladie ; celui-ci lui répondit qu'il le regardait comme un *choléra-morbus*. M. Pigache ordonna des émollients et se retira. Il revint sur les trois heures, le malade était plus mal ; son ami était sorti pour la troisième fois de la journée. M. Pigache revint à cinq heures ; il prescrivit une ordonnance calmante et annonça l'intention de revenir dans la soirée. Castaing lui dit que cela n'était pas nécessaire. Celui-ci, au reste, avait écrit la lettre qu'on a vue plus haut, et qui motiva l'arrivée du nègre Jean.

Les soins de ce fidèle serviteur furent à peu près inutiles. Les symptômes alarmants augmentèrent : la respiration du malade était gênée, il ne pouvait plus avaler sa salive. Castaing, sur ces entrefaites, lui administra une cuillerée de la potion ; l'effet en fut prompt et malheureux : cinq minutes après, il eut une espèce d'attaque de nerfs ; à partir de ce moment il n'eut plus sa connaissance. Castaing le laissa dans cet état jusqu'à onze heures et demie du soir ; alors M. Pigache, averti par un domestique de la maison, à qui Castaing avait dit que son ami ne passerait pas la nuit, vint encore une fois.

Ici l'acte d'accusation s'étend sur les divers symptômes que M. Pigache, à son arrivée, observa sur le malade, dont tout le corps était couvert d'une sueur froide et parsemé de taches bleuâtres. Une saignée ayant produit un peu de mieux, le docteur dit à Castaing qu'il regardait l'état de son ami comme désespéré, mais que cependant une seconde saignée pourrait être salutaire. Castaing s'opposa à ce qu'elle fût pratiquée. M. Pigache, alors, demanda un médecin de Paris ; mais comme il était une heure du matin, Castaing désira que l'on attendît. A trois heures, le nègre Jean partit avec deux lettres de M. Pigache, pour deux médecins de Paris, avec ordre de ramener l'un ou l'autre. Castaing alors, sur l'avis de M. Pigache, alla chercher le curé de Saint-Cloud, auquel il dit que la maladie d'Auguste était une fièvre cérébrale. Pendant qu'on administrait l'extrême-onction à son ami, Castaing resta à genoux, priant avec un tel recueillement, une telle ferveur, que le sacristain qui assistait le curé fut frappé, et dit à celui-ci, en le lui désignant du geste : « Voilà un jeune homme bien pieux. » La cérémonie terminée, Castaing sortit de nouveau, il resta dehors une ou deux heures. Il rentra vers six heures, peu après l'arrivée du docteur Pelletan fils, qui pensa, ainsi que M. Pigache, que le malade était sans ressource. On tenta néanmoins quelques nouveaux remèdes qui ne produisirent aucun effet.

Auguste expira au milieu des pleurs et des gémissements de Castaing, qui semblait pénétré de douleur et de regrets.

VII

Il faut maintenant dévoiler les démarches que, dans les trois malheureuses journées que nous venons de dire, Castaing avait espéré couvrir d'un mystère impénétrable. Et pour cela, nous reporterons le lecteur au vendredi 30 mai.

On n'a pas oublié qu'Auguste, après avoir pris, le jeudi, à l'heure de son coucher, une portion plus ou moins forte d'un vin suspect, avait passé une nuit si mauvaise, que, de l'aveu même de Castaing, le malade n'avait pas eu la force de se lever.

On se souvient encore que le vendredi matin, dès quatre heures, Castaing était sur pied et quittait son ami en proie à de vives souffrances, pour aller, à ce qu'il prétend, se promener.

Si cette assertion de Castaing eût été vraie, elle serait odieuse, car on ne comprendrait pas qu'un homme quittât un ami dont l'existence était sinon en danger, du moins compromise, pour aller courir les bois. Mais cette déclaration était un mensonge : Castaing n'allait pas se promener quand il sortit au point du jour ; il allait à Paris, et pour qu'on n'attribuât, en effet son absence qu'à une promenade, il prenait une voiture pour y arriver très-vite et pour revenir aussi vite.

Et qu'allait-il faire si promptement et si mystérieusement à Paris? Hélas! on ne le devine que trop : il allait chercher du poison, de ce même poison qu'il avait acheté dix-sept jours avant la mort d'Hippolyte Ballet, et dont les effets sont identiquement les mêmes que ceux produits par certaines maladies ; en sorte que les plus habiles praticiens ne peuvent dire s'il y a maladie ou empoisonnement... En un mot, il allait acheter de l'acétate de morphine.

Castaing arriva à Paris comme on ouvrait les boutiques. Il entra dans celle de M. Robin, pharmacien, rue de la Feuillade, nº 5; il n'y trouva que l'élève, auquel se donnant lui-même pour un commissionnaire, il présenta une ordonnance au crayon, signée Castaing, docteur médecin, pour se faire délivrer douze grains d'émétique. L'élève, effrayé de la quantité, qui est plus que suffisante, en effet, administrée en masse, pour donner la mort, parut hésiter. Le prétendu commissionnaire lui dit que c'était pour faire prendre en lavage, selon la méthode du docteur Castaing. Etourdi par ce grand mot, l'élève livra les douze grains. Muni de ce premier moyen de destruction, Castaing se transporta, sans perdre de temps, à la place du pont Saint-Michel, chez M. Chevalier, autre pharmacien, dont il a déjà été question à propos de la mort d'Hippolyte Ballet, et lui acheta un demi-gros d'acétate de morphine. Dans la conversation, forcé de s'expliquer sur l'usage auquel il le destinait, il déclara que c'était pour faire des essais sur des animaux.

Il remonta en cabriolet et revint en toute hâte à St-Cloud. En rentrant dans l'auberge, il demanda du lait froid pour son ami ; Auguste but le lait ; les vomissements et les coliques le travaillèrent sur-le-champ, et désormais, pour quiconque n'est pas privé de bon sens, tout n'est que trop bien expliqué. En effet, il devient évident qu'en partant pour Saint-Cloud, Castaing s'était muni d'une dose de poison quelconque, qu'il avait crue suffisante pour l'effet qu'il s'en promettait ; et cette dose, il avait eu toutes les facilités du monde pour l'emporter. On a fait une perquisition chez lui, on y a trouvé de l'acétate de morphine en grande quantité, et d'autres poisons, tant minéraux que végétaux. D'où il suit que Castaing a pu puiser à son gré dans ses provisions de poison, en partant. Une autre circonstance est bien remarquable encore : on se rappelle que le jour où les deux amis sont partis pour Saint-Cloud, le soir, ils avaient fait une course à Saint-Germain. Il n'est pas probable que Castaing se fût muni avant cette course de la dose de poison dont il méditait de se servir à Saint-Cloud; aussi, entre les deux voyages de Saint-Germain et de Saint-Cloud, il est retourné chez lui sans grand besoin apparent. Le vrai besoin était de s'approvisionner pour Saint-Cloud. Ce fait connu, tout s'explique dans les bizarreries de la conduite extérieure de Castaing, à Saint-Cloud. Auguste et lui arrivent le 29. Le 30 ils se promènent, et, dans cette promenade, Castaing achète du citron et du sucre pour sa préparation du soir. Il fallait acheter soi-même du citron et du sucre, pour que l'aubergiste ne montât pas le vin tout préparé, et pour que Castaing eût un prétexte de mettre la main à la confection et pût y glisser l'ingrédient mortel. Il fallait du citron surtout; l'acétate est très-amer ; l'amertume dans le vin pouvait trahir sa présence et empêcher Auguste de boire. La saveur du citron a une grande énergie ; Cas-

taing espérait qu'elle masquerait et vaincrait la saveur de l'acétate de morphine. A présent, on voit pourquoi Auguste a trouvé le vin amer, pourquoi, n'en ayant bu que très-peu, le premier empoisonnement a manqué son effet. On voit comment Castaing fut contrarié de voir son projet arrêté ; comment , dégarni qu'il était désormais de poison, soit parce qu'il avait mis dans le vin tout ce qu'il en avait apporté, soit parce que, après y avoir mis la dose jugée par lui suffisante, il s'était hâté, dans le trajet de la chambre d'Auguste à celle du domestique, près duquel il fut vu quelques instants après qu'on eut monté le vin, de se défaire de tout ce qu'il avait pu en conserver sur lui, — comment, persistant toutefois dans son affreux projet, il fut obligé d'aller à Paris, si matin, et avec tant de mystère, en faire une nouvelle provision. On voit comment, de retour à St-Cloud, il demanda aussitôt du lait, du lait froid, que cette qualité rend plus propre à resserrer les saveurs ; comment il le fait boire à Auguste, après y avoir mis certainement les douze grains d'émétique ; comment le lait a produit sur-le-champ les vomissements, les coliques et les tranchées. On voit comment, après avoir administré ce lait, Castaing faisait une course sans but apparent, mais dont le but caché était d'ôter de sa possession et de déposer quelque part l'acétate, qu'il voulait conserver pour le besoin. On voit comment, rentré à l'auberge, et s'apercevant que l'effet du lait ne marchait ni assez vite ni assez violemment, craignant peut-être que la bonté du tempérament d'Auguste triomphât de ce lait homicide, il sortait pour aller reprendre de l'acétate ; comment il donna, à son retour, la cuillerée de potion, et comment, après cette cuillerée de potion préparée par lui, et subitement, Auguste entra en agonie. On voit enfin comment ces douze grains d'émétique et cette acétate de morphine achetés par Castaing ne peuvent plus être représentés par lui. Il ne peut plus les représenter, parce qu'il les a mis dans le lait et dans la potion !

Le procureur-général, après s'être livré à une discussion des faits qui établissent l'empoisonnement d'Auguste, ajoute : On voit que, dans la matinée du 31, Castaing s'était emparé des clés de deux meubles qui se trouvaient dans l'appartement d'Auguste, à Paris, et dans l'un desquels se trouvait alors une somme de 70,000 francs en billets de banque ; que, maître de ces clés, aussitôt que Jean fut arrivé, il les lui donna, en lui disant que son maître les lui avait confiées pour les remettre à quelqu'un à Paris ; mais que ne pouvant le quitter, c'était lui, Jean, qu'il chargeait de les porter à la personne désignée. Cette personne était, ainsi qu'on l'a su depuis, un sieur Malassis, clerc de Mᵉ Collin Saint-Menge, notaire à Paris, marché Saint-Honoré, et dépositaire du testament d'Auguste, objet de la convoitise et du dernier crime de Castaing.

A peine arrivé dans la prison de Versailles, continue le procureur-général, Castaing chercha un prisonnier qui pût recevoir ses confidences et l'aider à combattre les difficultés de sa position , en devenant un intermédiaire entre lui et les personnes qu'il était intéressé à engager au silence. Il crut rencontrer un intermédiaire dans un sieur Goupil, compagnon de sa captivité, mais qui n'était détenu que pour un délit fort léger, et dont les démarches ou les lettres n'étaient pas, par conséquent, soumises à une grande surveillance. C'est à ce Goupil que Castaing fit, sauf l'aveu de ses crimes, des confidences très-étendues sur sa triste situation ; sur la résolution qu'il avait prise de se suicider par un usage très-subtil et très-doux, si l'autopsie eût été à charge contre lui ; sur son commerce avec une femme dont il avait eu des enfants ; sur l'amitié qui l'avait lié avec les Ballet ; sur les soupçons qui se rattachaient à lui, par rapport à la mort presque subite des deux frères; sur les 100,000 francs qu'il possédait, et qui lui venaient, disait-il, d'un oncle; sur les placements qu'il en avait faits, et qu'il lui détailla; sur les poisons qu'il avait en sa possession; sur ceux qu'il avait achetés dernièrement; sur le grand danger qu'il y avait pour lui que beaucoup de ces faits fussent connus; et sur le grand intérêt d'obtenir de ceux qui les connaissaient qu'ils voulussent bien se taire. Il proposa à ce même Goupil (qui était ce que l'on appelle en terme de prison un *mouton*) de se charger du soin d'écrire à sa mère, pour qu'elle fît auprès de ces personnes toutes les démarches propres à les persuader d'accéder à ce vœu. Goupil y consentit. Il écrivit à la mère de Castaing, et celle-ci en est convenue; puis, tourmenté du poids de ces singulières confidences, il les a transmises à la justice. Ces mêmes agitations poursuivirent Castaing dans les prisons de Paris; là encore il s'occupa de nouer des intrigues analogues avec des prisonniers, pour qu'ils écrivissent à Chevalier de dire que ce n'était pas de l'acétate de morphine qu'il avait acheté chez lui. Là aussi, ne sachant plus comment sortir du chaos inextricable de contradictions et de mensonges accumulés dans ses divers interrogatoires, il prit le parti de faire le fou, circonstance qui, soit que la folie fût véritable ou feinte, est plus propre à l'accuser qu'à le justifier, car les innocents, à propos d'une accusation, ne deviennent pas ordinairement fous, et surtout ne feignent pas de le devenir.

VIII

La fin prématurée des deux frères Ballet et l'arrestation de Castaing, accusé d'être l'auteur de leur mort, avaient produit une profonde sensation dans Paris. Et cela se conçoit; car d'un côté, Auguste Ballet appartenait à la fashion; il entretenait des relations publiques avec Mlle Perceillie, qui venait d'abandonner le Grand-Opéra pour l'Odéon, où le suffrage public l'avait accueillie comme une autre Georges ; il était donc naturel que le monde au milieu duquel avait vécu Auguste et surtout les nombreux amis qu'il s'était faits s'intéressassent à une affaire où un nom figurerait, où une ombre devait être vengée. D'un autre côté, la famille de Castaing occupait un rang honorable; lui-même faisait partie, en qualité de médecin, d'une corporation puissante et qui avait intérêt à combattre, dans l'opinion publique, l'apparence même d'une monstrueuse culpabilité.

La conséquence de ceci fut que, dès les premiers moments où ces événements s'ébruitèrent, deux opinions bien tranchées prirent racine dans les esprits : les uns ne voyaient dans Castaing que le type de l'assassin lâche et perfide, accomplissant dans l'ombre un crime où l'avait conduit une insatiable cupidité; d'autres au contraire considéraient cet homme comme la victime innocente d'un fatal concours de circonstances, habilement exploitées dans l'intérêt des héritiers de Ballet, frustrés par un testament de leurs légitimes espérances.

Cependant Castaing, nous l'avons dit, avait été conduit dans les prisons de Versailles ; mais il en fut extrait bientôt, parce que la cour royale évoqua l'affaire à Paris. L'instruction fut confiée aux soins de M. Desmortiers; les témoins entendus dépassaient le nombre de cent, et néanmoins, malgré les renseignements précis qu'ils fournirent, il n'eût pas été possible peut-être de réunir un faisceau de preuves suffisantes pour motiver le renvoi de l'accusé devant les assises en l'absence du corps du délit qui échappait aux investigations; mais le système absurde de défense adopté par Castaing, et les imprudentes confidences qu'il fit dans sa prison au compagnon de captivité placé sans doute à dessein près de lui pour capter sa confiance; ces renseignements fournirent à l'accusation une réunion d'indices, de documents et pour ainsi dire de preuves morales, de nature à convaincre le jury, autant qu'eût pu le faire une preuve matérielle et palpable.

A la suite de cette instruction, qui se prolongea durant cinq mois, Castaing fut renvoyé et dut comparaître le 10 novembre 1823, devant la cour d'assises de la Seine, présidée par M. Hardouin, et ayant pour avocat général M. de Broë. La défense fut confiée à M. Roussel, ami de collège de Castaing, appuyé par Me Berryer.

M. et Mme Martignon, beau-frère et belle-sœur d'Auguste et d'Hippolyte Ballet, s'étaient portés parties civiles, et avaient choisi Me Persil pour avocat.

Les témoins à entendre étaient au nombre de quatre-vingt-onze.

On peut imaginer avec quelle avidité les regards se portèrent sur Castaing lorsqu'il parut sur le banc des accusés.

C'était un homme de petite taille, complètement vêtu de noir et ayant une contenance modeste et calme. Ses traits, d'une remarquable régularité, avaient un caractère particulier de réflexion et de recueillement, auquel ajoutait encore l'habitude de tenir les yeux baissés vers la terre. Son teint était clair et mat. Rien dans sa personne et ses mouvements ne trahissait les cruelles inquiétudes auxquelles on pouvait le croire en proie.

Le greffier donna lecture de l'acte d'accusation, qui avait été dressé par le procureur-général Bellart; cette lecture occupa l'audience jusqu'à deux heures. Il était donc près de trois heures, lorsque commença l'interrogatoire de l'accusé; aussi ne put-il être terminé ce jour-là.

Les premières questions roulèrent sur la mort d'Hippolyte. Les réponses de Castaing établirent qu'à l'époque de cette mort, il faisait une étude spéciale des poisons; qu'il s'était procuré une assez grande quantité d'acétate de morphine; qu'il avait eu connaissance du testament d'Hippolyte, et qu'il avait reçu cent mille francs d'Auguste.

M. LE PRÉSIDENT. Le 11 octobre 1822, vous avez prêté 30,000 fr. à votre mère ; le 15, vous avez déposé 66,000 fr. entre les mains de l'agent de change Vatry, pour acheter des rentes. Vous avez déposé aussi 4,000 fr. entre les mains d'une tierce personne. Comment étiez-vous possesseur de ces sommes ?

CASTAING. C'est Auguste Ballet qui me les avait données. Il vint un jour chez moi et me les proposa; je refusai; et comme il insista, je consentis à les recevoir au fur et à mesure que je trouverais à les placer.

L'accusé ajoute qu'Hippolyte désirait lui laisser en mourant 4,500 fr. de rente; qu'Auguste le savait, et que c'était le motif de ce don considérable.

Le président passant aux faits relatifs à la mort d'Auguste, Castaing dit que celui-ci, redoutant, à la suite de la mort de son père, de sa mère et de son frère, une fin semblable, a voulu faire son testament. Il se croyait atteint de la même maladie que sa mère, et son imagination en était frappée.

M. LE PRÉSIDENT. N'avez-vous pas demandé à votre parent et ami Malassis, clerc de notaire, si un testa-

ment fait en faveur d'un médecin était valable?
CASTAING. Oui, Auguste m'avait prié de consulter pour son testament.

M. LE PRÉSIDENT. Malassis ne vous a-t-il pas donné un modèle de testament olographe?—Oui, en quatre ou cinq lignes.—A la seconde visite, ne lui avez-vous pas parlé d'un ami à vous, qui était mal avec sa sœur, et qui voulait vous donner 12,000 livres de rentes?—C'est possible.—Vous lui avez dit que cet ami était atteint d'une maladie grave?—J'ai dit qu'il se croyait atteint, qu'il avait craché le sang.—N'était-ce pas le 29 mai, et avant de partir pour Saint-Cloud, que vous avez été lui porter ce testament?—Oui.—A quelle heure?—A sept heures et demie.—Vous aviez donc lu ce testament?—Auguste me l'avait montré il y avait longtemps.

Arrivant au voyage à Saint-Cloud, l'accusé rend compte de l'épisode du vin chaud, dont il prétend avoir bu une tasse; il parle de l'invasion subite du mal, etc.

M. LE PRÉSIDENT. N'êtes-vous point sorti de l'auberge à cinq heures et demie du matin?
CASTAING. Je crois qu'il n'était que quatre heures.
M. LE PRÉSIDENT. Vous avez réveillé les domestiques pour ouvrir les portes?—Oui.—Pourquoi sortiez-vous à cette heure?—Pour venir à Paris.—Dans quel but?—Pour acheter, à la prière de Ballet, des substances qui devaient servir soit à détruire les chats de l'auberge, qui l'empêchaient de dormir, soit à faire ensemble des expériences.—Vous avez d'abord caché ce voyage; vous avez dit que vous alliez faire un tour dans le parc. D'un autre côté, c'est la première fois que vous parlez de l'intention de faire des expériences?—Tel a été mon but.—Pourquoi ne l'avoir pas déclaré d'abord?—Je n'y ai pas pensé; j'attachais à cela peu d'importance.

M. LE PRÉSIDENT. Cette supposition est inadmissible. Vous y attachiez une telle importance, que vous avez été, selon vous-même, effrayé du concours de circonstances qui s'élevaient contre vous, et jamais elles vous comptiez pour beaucoup vos voyages à Paris. Expliquez-vous donc dans votre intérêt.

CASTAING. Dans le principe, j'ai craint de dire qu'Auguste Ballet, bien que n'étant pas médecin, voulut s'occuper de pareilles expériences. J'ai craint de nuire à sa réputation et de faire tort à son cœur.

M. DE BROE. D'autant plus que Ballet voulait, selon vous, empoisonner tous les chiens et les chats de l'auberge.

M. LE PRÉSIDENT. Vous avez dit qu'Auguste n'avait pas voulu, comme vous le lui proposiez, envoyer chercher sa voiture, parce qu'il voulait retourner à Paris le soir même. Dès lors, pourquoi empoisonner les chats?—C'est lui qui l'a voulu; je lui proposai d'envoyer chercher sa voiture: il s'y refusa: Peut-être, me dit-il, je retournerai ce soir à Paris.—Mais comment, dès cinq heures du matin, vous aurait-il envoyé chercher des poisons à Paris?—Je dis les faits tels qu'ils sont, sans pouvoir y ajouter des réflexions que Ballet ne m'a pas faites lui-même.—Mais donnez du moins quelques explications?—Il ne m'en a pas donné.

—Je doute que votre réponse satisfasse MM. les jurés. N'était-il pas plus simple d'aller loger dans une autre auberge?—Nous n'aurions pas trouvé peut-être un logement aussi agréable. — N'était-il pas encore plus simple d'aller à Paris?—Auguste avait les jambes gonflées. — Pourquoi d'abord avez-vous caché ce voyage?—A cause des soupçons qu'on avait témoignés contre moi.—Raison de plus pour expliquer clairement votre conduite, au lieu de faire un mensonge.—

Pourquoi avez-vous été chercher des poisons à Paris?—J'ignorais s'il y avait un pharmacien à Saint-Cloud.—Il y en avait un à Boulogne, à quatre cents pas de l'auberge.—Je n'y ai pas pensé.—Pourquoi choisir de l'acétate de morphine pour empoisonner des chats?—Parce que je voulais aussi faire des expériences—Mais vous n'aviez pas été à Saint-Cloud pour faire des expériences? Vous ne deviez y passer que deux jours.—Je n'y avais pas été pour faire des expériences; mais les circonstances ayant amené l'achat des poisons, j'ai préféré prendre de l'acétate de morphine pour qu'il me servit à ce double but.—Vous n'avez jamais parlé de ces expériences dans le cours de l'instruction?—J'étais malade et troublé quand on m'a interrogé.—Oui, à la Force vous étiez dans la plus grande agitation; mais on attendit qu'elle fût calmée. On vous a interrogé à plusieurs reprises, et jamais vous n'avez dit cela.

L'accusé ne répond pas.

—Pourquoi n'avez-vous pas pris de la mort-aux-rats à Saint-Cloud?—Parce que je voulais faire des expériences.—A Paris, pourquoi avez-vous été chez deux pharmaciens différents?—Mon intention était d'abord d'aller chez moi. Puis, je fis réflexion que mon frère était arrivé avec sa famille. Je ne l'avais pas vu depuis plusieurs années, il m'aurait retenu, et je n'aurais pas pu faire retourner Auguste à Saint-Cloud; c'est ce qui me décida à aller chez Chevalier.—Mais pourquoi avez-vous été chercher de l'émétique chez un autre apothicaire?—J'avais besoin d'aller rue Saint-Honoré. Cet apothicaire se trouvait sur ma route, et c'est alors seulement que me vint l'idée d'acheter de l'émétique.— Encore une contradiction: vous avez déclaré d'abord dans l'instruction que vous aviez été en premier lieu chez Robin, puis chez Chevalier; maintenant vous dites le contraire.—J'ai été d'abord chez Chevalier.— Pourquoi avez-vous remis à l'apothicaire une ordonnance portant que l'émétique devait être pris en lavage, selon la méthode de Castaing?—Comme j'en demandais une très-grande quantité, j'ai craint que l'on me la refusât.—En donnant votre nom et votre qualité vous l'auriez eue certainement.—J'ai préféré faire une ordonnance. (On la lui représente, il la reconnaît.)—N'avez-vous pas redemandé cette ordonnance à l'élève de Robin?—Non. Il y avait sur le bureau un papier qui était retourné: je le pris pour envelopper l'émétique; il se trouva que c'était l'ordonnance; il me le fit observer, je la lui remis.—Ne l'avez-vous pas engagé à vous la rendre?—Non, je ne crois pas.—Vous êtes retourné promptement à Saint-Cloud?—Oui.—A quelle heure y êtes-vous arrivé?—Entre sept et huit heures. —En arrivant avez-vous demandé du lait froid?—C'est Ballet qui en a témoigné le désir. Je suis descendu et j'ai commandé du lait selon son désir.—Du lait froid?—J'ai demandé du lait sortant du pis de la vache.—Vous avez déclaré qu'on avait apporté une jatte de lait chaud?—J'entendais par là du lait sortant du pis de la vache.—Qui a versé le lait?—Auguste.—En avez-vous bu!—Oui.—Devant qui?—Je crois qu'un domestique était présent.—Aucun ne l'a déclaré. Il paraît que vous n'avez eu d'autre témoin de ce fait que Ballet? —Je crois bien qu'un domestique m'a vu.—Pourriez-vous le reconnaître?—Ce serait difficile.—Trois quarts-d'heure après qu'Auguste eut bu le lait, il eut des vomissements opiniâtres, des évacuations de bile et de matières noires?—Oui.—N'avez-vous pas dit au domestique de vider le vase où se trouvaient ces matières?—Je ne me le rappelle pas.—Cependant vous en êtes convenu vous-même et le domestique le déclare.—Je me rappelle qu'Auguste avait dit de retirer ce vase.

N° 249 — 10 Centimes.
Un N° par Semaine.

CAUSES CÉLÈBRES

LEBRUN ET Cie, Éditeurs.
Rue des Saints-Pères, 8.

Je dis au domestique de faire ce qu'il désirait. — Vous êtes médecin; vous avez dû sentir toute l'importance d'une telle action. Pourquoi n'avez-vous pas conservé ces matières pour les montrer aux médecins? — Je me rappelle avoir dit seulement au domestique de les retirer, mais non pas de les jeter. — Cette nouvelle version n'est conforme ni à vos aveux ni à la déposition du témoin. Il déclare et vous aviez dit en propres termes de vider le pot? — J'aurai peut-être cédé au désir de Ballet. — Enfin, répondez positivement. Quel ordre avez-vous donné? — Je ne me le rappelle pas. — Ensuite n'êtes-vous pas sorti? — Oui. — Pourquoi? — J'ai été jeter dans les latrines l'acétate de morphine et l'émétique que j'avais achetés à Paris, et que j'avais mêlés dans une fiole. — Pour quel motif? — Parce que j'ai été effrayé du concours de circonstances qui pouvaient me faire soupçonner. — Et cependant ces circonstances, disiez-vous tout-à-l'heure, sont sorties de votre mémoire. Vous n'y attachiez aucune importance? — Il y a des choses qui en sont sorties et d'autres qui y sont restées. — Mais la fosse des latrines a été vidée, et on n'y a trouvé aucune fiole? — On m'a lu le procès-verbal : j'ai été on ne peut pas plus surpris d'entendre qu'on n'avait pas trouvé la fiole. Sans doute les recherches ont été mal faites. Il est certain que j'y ai jeté les poisons intacts; j'en suis sûr. — Ce qui prouve que les recherches ont été faites avec soin, c'est qu'on a trouvé une autre fiole d'un moindre volume que la vôtre. — Je répète que ma surprise est extrême.

M. DE BROÉ. C'est la première fois que l'accusé parle d'une fiole. Il aurait dit jusqu'à présent qu'il avait jeté les substances elles-mêmes? — Je n'attachais aucune importance à cette circonstance.

M. LE PRÉSIDENT. A quelle heure est arrivé le médecin, M. Pigache? — A onze heures. — Qu'a-t-il prescrit? — Une limonade. — Son ordonnance a-t-elle été exécutée? — M. Ballet n'a voulu boire que deux fois. — Le médecin est revenu à deux heures. Qu'a-t-il prescrit? — Une limonade tartrée. — Chez qui la potion a-t-elle été préparée? — Chez Anselme, pharmacien à Boulogne. — Lorsque la potion a été apportée, n'avez-vous pas renvoyé chercher l'ordonnance? — Oui. — Dans quel but? — Je n'en avais pas. — Ce soin est étrange. Vous l'avez même serrée dans votre portefeuille; n'était-ce pas dans l'intérêt de la validité du testament fait à votre profit? Cette ordonnance ne devait-elle pas vous ser-

Castaing.

vir à prouver qu'un autre médecin que vous avait soigné Ballet dans sa maladie? — Non. — Vous avez donné vous-même une cuillerée de cette potion à Ballet? — Je lui en ai donné plusieurs. — N'avez-vous pas donné la première entre cinq et six heures? — Je ne me le rappelle pas. — Un témoin déclare qu'il vous l'a vu donner, et que cinq minutes après, les symptômes les plus alarmants se sont déclarés et ont été suivis de l'agonie. — Lorsque ces symptômes ont paru, il avait pris déjà plusieurs cuillerées. — A quelle heure? — A neuf heures. — A quelle heure a-t-il perdu connaissance? — Vers dix heures. — Vous êtes démenti formellement par le témoin. A onze heures, lorsque M. Pigache est revenu, il a pratiqué une saignée? — Oui. — N'en a-t-il pas proposé une seconde? — Il me dit de poser les sangsues. Je le fis. Alors il me parla d'une seconde saignée; mais il ajouta qu'il craignait que le malade expirât au milieu de la saignée. Je dis alors que c'était une chose très-délicate. — Vous êtes démenti par M. Pigache. — Je ne m'y suis point opposé. J'ai fait une simple observation, et parce qu'il me demandait mon avis. — Il a aussi proposé d'aller chercher un médecin à Paris? — Oui. — Et vous vous y êtes opposé? — Il était une heure du matin; j'ai dit que je craignais qu'aucun médecin ne voulût venir, et que nous nous priverions du cabriolet, qui pouvait nous être utile. Quelle a été votre opinion sur les causes d'une maladie dont la marche était si rapide? — J'ignore les causes: quant à la nature, elle me parut d'abord être un *cholera-morbus*; puis j'ai cru à une congestion au cerveau, causée par une inflammation intestinale. — Vous avez dit après la mort de Ballet que c'était un *cholera-morbus*, et à Martignon que c'était une congestion au cerveau? — Je fais observer qu'une affection intestinale avec le *cholera-morbus* peut devenir en très-peu de temps une affection cérébrale. Il n'est pas étonnant que j'aie assigné deux causes différentes. Il y a eu à la fois des symptômes de l'une et de l'autre, et l'affection n'était pas tellement prononcée, qu'on pût dire positivement si c'était une affection cérébrale ou une affection de ventre. — N'avez-vous pas écrit à Malassis une lettre dans laquelle vous lui annonciez que vous lui envoyiez deux clefs, en lui recommandant de ne pas dire qu'elles venaient de vous, et de garder le secret sur le testament de Ballet et sur votre parenté avec Malassis?—Oui (il reconnaît la lettre).—Pourquoi ce secret?—Quant au testament, je voulais éviter des rapports pénibles avec M. Martignon; quant à la parenté, je craignais que cette circonstance ne me fût préjudiciable, parce que je ne connais pas les lois.— On vous a demandé, le 10 juin, si vous aviez écrit à Malassis; vous l'aviez nié : pourquoi ce mensonge?— Pour cacher une circonstance aggravante.—Le témoignage de votre conscience ne vous rassurait-il pas? Le 30 mai, n'avez-vous pas remis deux clefs à Jean?— Non, ce fut le lendemain, 1er juin.—Vous êtes démenti sur ce fait par Jean. Vous connaissiez ces deux clefs? —J'ai déjà dit que non, et je l'affirme.—Saviez-vous ce que contenaient les meubles?—Non.—D'autres cependant, moins avant que vous dans la confiance de Ballet, savaient qu'il avait touché depuis peu 100,000 francs, dont 70,000 francs en billets de banque étaient encore dans l'un de ces meubles? Quand vous a-t-il remis les clefs?—Le 31 au soir.—Tout s'arrangeait parfaitement pour vos intérêts de légataire universel. Il paraît qu'Auguste ne songeait qu'à vous, même dans son agonie. Le jour de l'ouverture du cadavre, n'avez-vous pas cherché à parler à M. Pelletan?—Oui.— Pourquoi?—Pour lui demander le résultat de l'opération.—N'avez-vous pas demandé si rien n'avait été découvert qui pût vous inspirer des craintes?—Je ne me le rappelle pas.—Pourquoi cette inquiétude, si votre conscience ne vous reprochait rien?—De terribles soupçons planaient sur moi.—Dans la prison, n'avez-vous pas engagé Goupil à écrire au pharmacien, pour l'engager à déclarer qu'il vous avait vendu de la morphine et non pas de l'acétate de morphine?—Voici les faits tels qu'ils se sont passés. Je m'entretenais avec Goupil des circonstances dans lesquelles je me trouvais ; je lui dis qu'entre autres choses affligeantes pour moi, j'avais dans ma chambre un droguier que j'avais acheté du concierge de la maison de santé de M. Dubois; que ce droguier contenait, avec d'autres drogues, des drogues vénéneuses et de l'acétate de morphine. Il me dit que cette circonstance était très-sérieuse et très-grave, me demanda l'adresse du pharmacien chez lequel je les avais achetées, et me conseilla d'écrire à ce pharmacien, ou de lui faire parler par mes parents, pour l'engager à ne point le déclarer; j'ai suivi ce conseil.

M. LE PRÉSIDENT. Cette déclaration est entièrement démentie par Goupil. Sans attacher au témoignage de ce dernier plus d'importance qu'il n'en mérite, je ferai cependant observer à MM. les jurés que tous les renseignements qu'il a donnés, soit sur le placement des capitaux, soit sur d'autres objets, se sont trouvés conformes à la vérité.

MM. les jurés sont invités à questionner l'accusé s'ils le désirent.

UN JURÉ. Pourquoi le 1er juin, jour où Ballet était le plus mal, Castaing n'a-t-il pas placé une garde-malade auprès de son ami?

CASTAING. J'avais pour le soigner les domestiques de la maison.

M. LE PRÉSIDENT. Il résulte de l'instruction que, sur les huit heures du matin, Castaing recommanda à un domestique de monter auprès de Ballet pour lui tenir la tête.

UN SECOND JURÉ. L'accusé a dit que, dans la voiture, en venant de Paris à Saint-Cloud, il avait mêlé dans une fiole la moitié de l'acétate de morphine avec tout l'émétique. Qu'est devenu le surplus de l'acétate de morphine?

CASTAING. A Saint-Cloud, je l'ai mis aussi dans la fiole.

LE MÊME JURÉ. Pourquoi faire ce mélange?—J'étais bien aise de voir ce qu'il produirait.—Pourquoi ne pas le faire à Saint-Cloud, mais sur la route?—C'est machinalement et sans conséquence.

M. LE PRÉSIDENT fait remarquer qu'il était bien plus simple de le faire à Saint-Cloud, et M. de Broë ajoute que c'était même plus utile, puisque Castaing prétend que ces substances devaient servir à faire des expériences avec Auguste, selon le désir que ce dernier en avait exprimé; car, dit en terminant M. de Broë, s'il faut en croire l'accusé, Auguste voulait aussi faire son éducation dans les poisons.

IX

Lors de la première audience, quand on avait vu paraître Castaing avec son attitude résignée, sa physionomie en apparence candide; quand on le vit ainsi, ayant auprès de lui son vieux père et ses deux frères, l'un touchant au terme d'une longue carrière toute d'honneur et de probité, les deux autres s'étant déjà créé une position distinguée par le travail, la droiture et le talent ; quand, en présence du public qui le dévorait des yeux, il avait serré avec effusion la main de ses défenseurs, il avait produit une impression toute favorable, et chacun pensa qu'en l'absence du corps du délit, il serait sinon justifié complétement, au moins acquitté faute de preuves suffisantes.

Mais lorsqu'on eut entendu l'interrogatoire, l'impression fut toute différente. Les explications embarrassées et invraisemblables, les divagations de Castaing, semblèrent établir sa culpabilité; et dès ce moment on put pressentir sa condamnation.

Cependant on entendit les témoins.

Le premier entendu fut M. Martignon, beau-frère des défunts, et qui, en qualité de partie civile, ne prêta pas serment.

La déposition de ce témoin, empreinte d'une grande modération, parut impressionner vivement l'accusé; et il laissa à ses défenseurs le soin de la combattre.

On entendit ensuite le docteur Laennec, qui avait soigné Hippolyte avant que ce dernier se remît, pour son malheur, entre les mains de Castaing.

M. Laennec parla des circonstances de la mort d'Hippolyte, puis il finit ainsi :

—Comme médecin, je ne puis rien affirmer; comme homme, si j'avais été témoin des derniers moments d'Hippolyte Ballet tels qu'on les raconte, j'aurais soupçonné l'empoisonnement et provoqué l'autopsie; j'ajoute qu'avant même l'ouverture du corps, j'aurais pensé que l'empoisonnement avait eu lieu par l'introduction de quelque substance végétale dont on ne trouverait aucune trace dans l'estomac. Le procès-verbal, loin de détruire mon opinion, l'a confirmée.

Interpellé au sujet de cette déposition par M. le Président, Castaing dit :

—Je n'ai pas commis le crime qu'on m'impute; je puis vous regarder en face.

Jetant alors les yeux sur le Christ placé derrière les sièges du tribunal, il ajouta :

—Je puis regarder derrière vous!... Ce que vient de dire Monsieur est son opinion. Je n'ai rien à dire ; je me soumettrai à l'arrêt de la Cour.

Huit autres médecins furent entendus, et après eux M. Chaussier, professeur à la Faculté de médecine, dont la déposition est fort curieuse.

Il déclara d'abord que, chargé de l'examen des parties qui avaient été détachées lors de l'autopsie pour être soumises à l'analyse, il n'avait trouvé aucun vestige ni végétal ni minéral.

—Les traces d'inflammation remarquées dans l'estomac ne sont pas, dit-il, une preuve d'empoisonnement.

M. le Président. Les accidents que vous avez remarqués ont-ils pu être produits par le poison ?

M. Chaussier. Non, monsieur ; il n'y a pas eu empoisonnement.

M. le Président. Vous êtes, sur ce point, en contradiction avec la majorité de vos confrères.

M. Chaussier. C'est possible ; je m'en inquiète peu.

M. le Président. Vous êtes en contradiction avec vous-même, car vous avez signé, conjointement avec eux, dans l'instruction, une déclaration contraire. Je vous réitère donc ma question.

M. Chaussier, après avoir hésité un moment. *A posse ad actum non valet consequentia.*

M. le Président. Il ne s'agit pas de conséquence ; veuillez répondre catégoriquement.

M. Chaussier. Oui, à la rigueur, cela peut avoir pour cause un poison végétal, minéral ou animal.

M. le Président. L'acétate de morphine peut-il être absorbé de manière qu'il n'en reste aucune trace ? — Oui, mais alors il faut du temps, *et primo de corpore delicti constare debet.* — Quand il y a eu des vomissements, la mort peut-elle s'ensuivre ? — Non, le poison est expulsé. — Est-il possible de retrouver les poisons végétaux ? — Oui. — L'acétate de morphine ? — Oui. — Mais lorsqu'il a été absorbé, il est impossible de le retrouver ? — Oui, mais il faut du temps.

On lit au témoin la réponse qu'il a signée, et dans laquelle il déclare qu'il est possible qu'on ne puisse plus retrouver l'acétate de morphine lorsqu'il a été absorbé.

— Oui, dit M. Chaussier ; mais alors le corps du délit manque.

M. le président fait observer au témoin que c'est là un point de jurisprudence sur lequel il n'a pas à se prononcer.

Ensuite on lit au témoin le journal de la maladie d'Auguste et le procès-verbal d'autopsie. M. le président prie M. Chaussier de dire si les accidents remarqués dans la tête ont pu être le résultat du poison.

— Oui, répond M. Chaussier ; ils ont pu être produits par le poison et par mille autres circonstances, par tout ce qui cause un afflux de sang.

Sur la même question relativement aux désordres de l'abdomen et de la poitrine, il répond : Non, sûrement non ; mais en même temps il avoue qu'ils ne sont pas exclusifs du poison. Il répond encore, à une demande de Me Roussel, que les poisons narcotiques causent toujours une prodigieuse dilatation de la pupille, et l'acétate de morphine produit cet effet.

M. le président lui fait remarquer qu'il est ici en désaccord avec Orfila. M. Chaussier réplique ainsi :

— J'ai une expérience qu'Orfila n'a point.

La déposition de M. Chaussier, corroborée par celles de MM. Barruel et Magendie, fut considérée comme un témoignage du parti pris par le corps médical tout entier de soutenir quand même l'innocence de ses membres.

Mlle Percillie chargea Castaing avec une grande vivacité. L'accusé, pour combattre sa déposition, entra dans de longs détails sur la liaison d'Auguste avec cette actrice : il dit que ses allégations étaient dues à la haine qu'elle lui portait pour avoir cherché à la brouiller avec son amant.

Quand ce fut le tour du nègre Jean, il déposa des derniers moments de son maître, en imitant sa douloureuse agonie dans une pantomime qui émotionna l'auditoire.

Après ces dépositions, la plus curieuse est celle de M. Malassis, clerc de notaire.

— Castaing, dit-il, dont je suis parent, vint un jour me demander si un médecin pouvait recevoir par testament le legs d'un de ses malades. Je lui lus les dispositions de la loi. Vers le 22 mai, il revint en me disant que cet avis le concernait, et que le testament avait été fait en sa faveur. Je lui demandai si le testateur était malade ; il me répondit qu'il était atteint d'une maladie grave, qu'il crachait le sang ; qu'il avait une sœur à qui il ne voulait pas laisser sa fortune ; que le testament devait être régulier, puisque le testateur avait étudié en droit, et qu'il ne l'avait plus soigné comme médecin. Je lui parlai des formalités nécessaires, et je lui proposai de déposer l'acte ou à mon notaire ou à moi. Il me dit qu'il me l'enverrait.

Castaing m'invita à venir chez sa mère ; et comme il devait, me dit-il, aller voir son ami malade, qui était à la campagne, d'où il ne pouvait revenir que le dimanche, le dîner fut fixé à ce jour-là. Deux ou trois jours après, il m'envoya le testament, avec une lettre qui n'était ni datée ni signée. Je mis le testament sous enveloppe, et je le serrai dans mon bureau, avec une étiquette. Le dimanche, j'ai été dîner chez M. Castaing. Ce n'est que le soir que j'ai reçu la lettre de Castaing qui m'apprenait la mort d'Auguste Ballet. Le lundi soir, j'ai vu M. Martignon ; je lui promis de déposer le testament le lendemain. J'allai, en effet, au Palais, avec mon notaire, pour le déposer, lorsque, ayant rencontré M. Séné, qui était le notaire de la famille Ballet, nous lui remîmes le testament pour en faire le dépôt.

Castaing. Le témoin se trompe. Je n'ai pas dit que j'allais voir mon ami malade à la campagne ; j'ai dit que mon ami croyait être malade, parce qu'il crachait le sang.

M. le Président. Il y a une grande différence d'avoir dit qu'Auguste se portait bien, qu'il avait une maladie grave, lorsqu'il est mort trois jours après, ou d'avoir dit qu'il se croyait malade.

Malassis persiste dans sa déposition.

Castaing prétend que le testament a été remis par lui chez Malassis le 29 mai, avant de partir pour Saint-Cloud, et qu'Auguste l'a accompagné jusqu'à la porte du notaire.

M. le Président. Pourquoi Auguste n'a-t-il pas écrit la lettre ?

Castaing. Il m'a dit de l'écrire.

M. le Président. Où a-t-elle été écrite ?

Castaing. Chez Ballet.

M. le Président. Malassis, qu'est devenue la lettre ?

Malassis. Je l'ai déchirée ; mais j'affirme qu'elle était ainsi conçue : « Je vous envoie le testament de M. Ballet ; prenez-en connaissance, et conservez-le pour le représenter. »

M. le Président. Êtes-vous sûr que la lettre ne contenait pas autre chose ?

Malassis. J'en suis sûr, et je l'affirme.

X

Six audiences avaient été consacrées aux débats de ce procès, lorsque Me Persil, avocat de M. et Mme Martignon, parties civiles, prit la parole.

« Que le ministère public, Me Persil, poursuive, dans l'intérêt de la société, l'auteur de crimes atroces, qui la révoltent, rien ne sera négligé : son zèle et son habileté dévoileront des forfaits inouïs, et vos consciences, débarrassées du plus léger doute par la clarté et la force de la discussion, pourront prononcer en toute sûreté.

« Mais ce n'est pas assez pour la famille de la victime, pour une sœur dont les affections ont été si étrangement calomniées. La nature et la loi, d'accord avec nos mœurs, lui imposent un devoir qu'elle ne peut méconnaître. »

Après que M⁰ Persil eut ainsi expliqué les motifs qui avaient déterminé M. et Mme Martignon à prendre qualité de parties civiles, M. de Broë, avocat-général, prononça son réquisitoire. Faisant allusion aux termes dont s'était servi M. Chaussier, dans sa déposition, il expliqua aux jurés qu'il ne fallait pas confondre le *corps du délit* avec les *preuves du délit*, et il cita à l'appui de son dire ces paroles de d'Aguesseau : — « Le corps du délit n'est autre chose que le délit lui-« même ; quant aux preuves du délit, elles varient à « l'infini, suivant la nature des choses ; elles sont tan-« tôt générales, tantôt spéciales, tantôt principales, tan-« tôt accessoires, tantôt directes, tantôt indirectes ; en « un mot, elles forment cet ensemble qui détermine la « conviction d'un honnête homme. »

« Supposons un cas, ajoute M. de Broë : Un homme empoisonné reçoit à temps les secours d'un médecin ; il échappe à la mort. On n'ira pas chercher les preuves de l'empoisonnement par l'autopsie : où les trouvera-t-on ? dans les circonstances accessoires. »

M. de Broë termina en rappelant qu'à l'arrivée du curé de Saint-Cloud dans la chambre où mourait Auguste, Castaing se mit à genoux et feignit des élans de douleur et de piété qui édifièrent tous les assistants.

— « Oui, s'écria l'avocat-général, il devait pleurer, Castaing ! s'il pleurait sur lui-même et sur son forfait. Il devait trembler, car l'image du Dieu qui voit tout était là... il devait être troublé, car les derniers gémissements de sa victime étaient comme une voix d'en haut qui l'appelait à venir tôt ou tard devant un tribunal autre que celui qui le juge aujourd'hui ! Ainsi, Castaing violait à la fois ce qu'il y avait de plus sacré au monde : la religion et l'amitié... A huit heures, tout était fini : le légataire universel était investi de toute la fortune... »

Parlant des interrogatoires de Castaing, l'organe de la vindicte publique disait : « Au milieu des questions accablantes qui lui étaient adressées, au milieu de l'hypocrite affectation d'un maintien modeste et d'un langage doucereux, n'avez-vous pas remarqué comme mille fois le trouble qui agitait sa conscience coupable, le remords qui déchirait son âme ? Ne vous a-t-il pas semblé qu'à la suite de ces honteux et absurdes mensonges, allait enfin arriver sur ses lèvres un aveu que, du moins, il eût offert à Dieu et aux hommes, en expiation de ses forfaits?

« Quel serait, continue M. de Broë, quel serait l'honnête homme qui ne frémirait, à la pensée d'un empoisonnement qui réunit à l'horreur de l'homicide l'infamie de la lâcheté ! Quel serait le cœur généreux qui, ayant goûté les douceurs de l'amitié, n'éprouverait pas une juste indignation au spectacle de l'amitié bassement et cruellement trahie ! Quel homme religieux ne gémirait pas au scandale de l'immoralité conduisant au crime, et de l'hypocrisie enfantant le sacrilège et la profanation ! Quel citoyen enfin, quel père de famille ne tremblerait pas à l'idée qu'un médecin, qu'un homme initié par ses travaux dans les secrets de la nature, abusât d'une science protectrice, pour porter dans l'intérieur des familles, au lieu de ses titres à une confiance nécessaire, les calculs affreux d'une basse cupidité ; au lieu de ses soins pour la conservation de la vie, la mort, la mort avec toutes ses horreurs, la mort froidement combinée et surprenant la victime sans trahir le meurtrier !

Auguste Ballet.

Il nous a suffi, messieurs, de dérouler devant vous ce déchirant tableau. Vous avez senti jusqu'à quel point il intéresse l'ordre social. Vous ne donnerez pas à l'empoisonneur les riches dépouilles qu'il vient réclamer de vous, tenant de chaque main la tête d'un ami. Vous ne donnerez pas à l'empoisonneur un brevet d'encouragement et d'impunité. La société consternée a jeté le cri d'alarme, la société sera vengée.

M⁰ Roussel, en prenant la parole après l'avocat-général, débuta par bien préciser ce fait, que cette question qu'on devait poser au jury : « L'accusé est-il coupable ? » était une question complexe, subdivisée en deux questions principales, savoir : « Le délit a-t-il été commis ? — L'accusé en est-il l'auteur ? »

Ceci posé, le défenseur de Castaing continua ainsi : « Le délit est un effet, l'accusé n'est que la cause. Il est donc inutile de s'occuper de la cause, si l'effet n'est pas certain. Avant tout, il faut un corps de délit ; il faut que ce délit soit constaté par des preuves matérielles, qui n'aient pas besoin du secours du raisonnement ; il faut qu'il soit bien établi que l'innocence n'est pas possible ! »

M⁰ Roussel déclara ensuite qu'à son sens le corps du délit ne pouvait être prouvé que par des symptômes appartenant exclusivement au poison, ou par la découverte du poison lui-même, ou par la constatation, lors de l'autopsie, d'altérations que le poison seul eût pu produire. Et comme rien de pareil ne résultait de l'instruction, M⁰ Roussel conclut que l'empoisonnement n'était pas constant.

Le défenseur passa ensuite en revue les diverses charges de l'accusation, et finit par une péroraison chaleureuse, dont le but était de jeter le doute dans l'esprit des jurés :

« Ne vous laissez pas égarer, dit-il en s'adressant à ces derniers, à l'idée de la société en alarmes. Ce qui pourrait surtout alarmer la société, ce serait une condamnation fondée sur des présomptions. Il est une vertu qui ne donne pas dans les excès, c'est l'amour de la vérité. C'est lui qui m'a inspiré, et c'est à lui que je recommande et l'accusation et l'accusé. »

M⁰ Berryer prit la parole après son jeune confrère. Nous reproduisons les passages suivants extraits de sa brillante improvisation :

« Sans doute, messieurs les jurés, dit-il, vous avez recueilli avec un soin religieux tout ce qui a été dit hier pour la défense de l'accusé; mais, dans ce moment suprême où les débats vont être terminés, dans ce moment où aucune parole justificative ne pourra plus parvenir jusqu'à vous, dans ce moment où vous allez user du plus terrible des pouvoirs que la société exerce sur ses membres, comment nos cœurs ne seraient-ils pas émus, comment n'aurions-nous pas le désir d'ajouter encore quelques mots !

« Peut-être quelque chose a-t-il été omis pour le salut de ce malheureux. Peut-être un mot, un seul mot a-t-il été omis pour éclairer, pour ébranler votre conviction ; peut-être est-ce à la puissance de nos paroles que sont confiés la vie et le repos d'une famille entière. Ne craignons pas d'ajouter encore quelque chose à tout ce que nous avons dit, à tout ce que nous avons fait.

« La société est alarmée, la sécurité est troublée, de graves présomptions s'accumulent ; un magistrat consciencieux vous a parlé de sa conviction, vous a presque dicté votre arrêt; si quelque nouveau forfait est commis, c'est sur vous qu'on en fait porter la responsabilité. Certes il faut du courage pour la défense, mais il ne nous manquera pas. Nous aussi, notre devoir est public ; si la société réclame vengeance, elle veut aussi n'avoir point à gémir d'une erreur judiciaire.

« Messieurs, s'il est une famille en larmes qui veut venger la mort d'un frère, il est une autre famille qui environne cette audience, qui nous presse, qui n'a que nous pour soutiens ; ce sont les accents de sa douleur que nous reproduisons devant vous ; ce matin encore elle me couvrait de ses larmes pour me supplier d'ajouter, s'il est possible, quelques mots à la défense. Soutenez-moi, je vous en supplie, par une attention dont la bienveillance se montrera dans vos regards. Il faut donc rouvrir la discussion. Il le faut ; mais je discuterai avec loyauté ; je ne trahirai point mon ministère, mais je ne le souillerai ni par un mensonge, ni par un coupable effort d'esprit.

« Souffrez donc que je me transporte un instant avec vous dans la salle des délibérations. Ne craignez rien : c'est un homme de bien de plus au milieu de vous ; souffrez que je recherche un instant avec vous le problème terrible que vous allez résoudre d'un seul mot. La loi ne vous demande aucun compte de vos motifs ; la loi ne vous dit qu'un mot. Avez-vous une intime conviction? Le juré doit donc se dire : On ne me demande pas compte de mon jugement ; mais moi ne dois-je pas m'en rendre compte ? Ne faut-il pas qu'il ne puisse y avoir dans mon esprit aucune possibilité d'innocence ? Car cette possibilité peut grandir, elle peut devenir frappante; alors que deviendraient ces argumentations qui auraient pu m'ébranler? Il faut donc que le juge seul se dise : « J'ai envoyé mon semblable à l'échafaud, mais ma conscience est en paix. » Oui, elle sera en paix, s'il est impossible que l'accusé ne soit pas coupable. »

Hippolyte Ballet.

Examinant la partie de l'accusation relative à la mort d'Hippolyte Ballet et à la soustraction du testament, M⁰ Berryer discuta le témoignage du prisonnier Goupil, qu'il représenta comme un *mouton* qui avait trahi la vérité dans l'intérêt de ses vils calculs de révélateur.

M⁰ Berryer reprit ensuite le thème développé par M⁰ Roussel sur la nécessité d'un corps de délit pour prononcer une condamnation ; il soutint qu'il n'y avait pas eu empoisonnement, et termina ainsi :

« On a reproché à l'accusé, messieurs, sa contenance, son hésitation, ses variations aux débats. Rendez-vous compte de la situation de cet accusé ; songez que dans le silence d'un cachot mille pensées viennent traverser cette tête déjà si faible ; et, lorsque ce jeune homme est accusé devant vous, messieurs les jurés, devant vous, qui allez prononcer sur sa vie, sur son honneur, sur l'existence de sa famille, devant ce Dieu qui le juge aussi, pensez-vous qu'il puisse être maître de lui? Nous aussi, messieurs, nous avons été affectés; nous espérions voir dans les réponses de l'accusé une justification entière, lucide, pleine. Ne croyez pas que nous voulussions lui prêter notre ministère s'il était coupable; ne plaise à Dieu que nous détournions le glaive de la tête du coupable; nous voudrions alors que notre voix pût le décider à faire de ses fautes un aveu qui du moins pourrait satisfaire la justice céleste.

« Une dernière justification, messieurs, et c'est par elle que je dois finir. Avant que vous prononciez une sentence terrible, permettez que je vous rappelle ces mots qu'un roi de France, justement célèbre, adressait aux magistrats de son royaume.

« Toute fois et quand Dieu ne leur a point donné le « parfait éclaircissement d'un crime, c'est une marque « qu'il ne veut pas les en faire juges, et qu'il en réserve « la décision à son suprême tribunal. »

« Telle sera aussi, messieurs, la règle de votre conduite; et ici je m'arrête. J'ai rempli la tâche que m'avaient imposée l'accusé, sa famille et mon ministère. Vous saurez remplir la vôtre avec prudence et fermeté. »

Après les répliques du ministère public et une dernière tentative de Mᵉ Roussel, le président résuma les débats et donna lecture des questions suivantes, sur lesquelles le jury eut à prononcer :

« 1° Edme-Samuel Castaing est-il coupable d'avoir, « dans le courant d'octobre 1822, à l'aide de substan- « ces vénéneuses, causé la mort d'Hippolyte Ballet? »

(Il est utile de faire remarquer que cette première partie de l'accusation avait été abandonnée par le ministère public à la sagesse des jurés.)

« 2° Est-il coupable d'avoir, de complicité avec Au- « Ballet, détruit le testament d'Hippolyte Ballet, frère « de ce dernier?

« 3° Est-il coupable d'avoir, le 30 mai dernier et le « 1ᵉʳ juin, à l'aide de substances vénéneuses, causé la « mort d'Auguste Ballet? »

Les jurés entrèrent à neuf heures dans la salle des délibérations; deux heures après, ils en sortirent rapportant un verdict de culpabilité sur les deux derniers chefs d'accusation. Et comme la déclaration du jury n'avait été prononcée qu'à la stricte majorité de sept voix contre cinq, la Cour se réunit unanimement à la majorité du jury.

Sur l'ordre du président, on ramena à l'audience Castaing, qu'on avait fait sortir précédemment.

Castaing s'avança d'un pas ferme, et entendit avec sang-froid la déclaration du jury et les paroles de l'avocat-général, qui concluait à l'application des peines portées par la loi.

Alors, le président fit la demande d'usage :

— Accusé, avez-vous quelque chose à dire sur l'application de la peine?

Aussitôt, Castaing se leva, et dit d'une voix forte et retentissante :

— Non, M. le président; je saurai mourir, quoique je sois bien malheureux, et quoique environné de circonstances qui me plongent dans la tombe! J'irai retrouver mes deux malheureux amis!... On m'accuse de les avoir assassinés lâchement..... Oh! s'il y a une Providence, s'il y a quelque chose de divin dans l'être qui vit, eh bien! le quelque chose ira retrouver Auguste et Hippolyte Ballet!...

Après s'être arrêté un moment comme pour se remettre de l'émotion qui le dominait, Castaing reprit, en désignant d'un geste solennel l'image du Christ placée derrière le siège du président :

— Ce ne sont pas ici de vaines déclamations : je n'implore rien de ce qui est humain; j'implore ce qui est divin!..... J'appelle la mort, et je marcherai avec délices à l'échafaud... Oh! oui, parce que ma conscience ne me reproche rien, parce que ma conscience ne m'accusera pas, lors même que je le sentirai.....

Ici, Castaing s'arrêta de nouveau, et pour compléter sa pensée, il porta ses deux mains à son cou, faisant ainsi allusion à la lunette de la guillotine.

A ce geste, on entendit un sourd frémissement parcourir l'auditoire; et l'accusé ajouta au milieu de cette agitation :

— Hélas! il est plus aisé de comprendre ce que j'éprouve que de l'exprimer.

L'avocat de M. et Mᵐᵉ Martignon, Mᵉ Persil, se leva, et lut, d'une voix altérée, des conclusions tendant à la nullité du testament. Alors Castaing, qui était resté debout, se retourna vers lui, et s'écria d'une voix vibrante :

— Vous avez voulu ma mort : la voilà!

On ne saurait imaginer l'effet que ces quelques mots produisirent dans toute la salle. Pendant l'absence de la Cour, qui s'était retirée pour délibérer, les jurés et le public restèrent comme anéantis.

Tout, en ce moment, était de nature à inspirer la terreur. Il était plus de minuit; les lampes, qui auraient eu besoin d'être alimentées, ne jetaient plus que des reflets douteux et vacillants sur les visages immobiles et altérés par la fatigue et l'émotion.

Mᵉ Roussel, resté seul au banc de la défense, était tout en larmes.

Castaing lui serra affectueusement les mains, en disant :

— Allons, mon ami, rassurez-vous; tournez-vous vers moi : je suis calme; je suis innocent! Embrassez mon vieux père, ma mère chérie, mes deux frères si bons... ma pauvre fille!...

Il s'interrompit, et demeura un instant silencieux; puis tout-à-coup, s'adressant aux avocats et aux jeunes gens placés dans l'enceinte du prétoire, il leur dit d'une voix ferme :

— Et vous, jeunes gens qui avez assisté à mon jugement; vous, mes contemporains, assistez aussi à mon exécution. Ma fermeté ne se démentira pas; une prompte mort est la seule grâce que je réclame... Je rougirais d'implorer la clémence!...

Sans doute il allait continuer; mais un bruit de sonnette, annonçant la rentrée de la Cour, lui coupa la parole. Le président lut cet arrêt, au milieu d'un profond silence :

« La Cour, vu la déclaration du jury, vu les art. 439, « 301 et 302 du Code pénal, condamne Castaing à la « peine de mort. »

XI.

Castaing se pourvut en cassation, et en attendant les délais du pourvoi, on le conduisit, selon l'usage, à Bicêtre.

Dix-sept jours après sa condamnation, le 4 décembre, la section criminelle de la Cour de cassation, réunie sous la présidence de M. Laplagne-Barris, fut appelée à examiner le pourvoi présenté par M. Odilon Barrot, alors avocat au conseil, et dont Mᵉ Buschopp fit le rapport. Le principal moyen de cassation consistait en ce que la déclaration du jury n'ayant été rendue qu'à la simple majorité, parmi les conseillers qui avaient concouru à l'arrêt de la Cour se trouvait M. Bergeron d'Anguy, beau-frère du procureur-général Bellart, rédacteur de l'acte d'accusation ; que les moyens de cassation fondés sur les degrés de parenté et d'alliance, prévus par l'art. 378 du Code de procédure civile, sont applicables aux matières criminelles, et que, d'après l'art. 63 de la loi du 20 avril 1820, les juges qui ont avec le ministère public ce degré de parenté ne peuvent être simultanément membres du même tribunal, etc.

Ce moyen, développé par M. Odilon Barrot, et sur lequel il insista seul, fut rejeté sur les conclusions de l'avocat général Marchangy, qui s'étonna que l'on eût cité l'art. 378 du Code de procédure civile comme applicable aux matières criminelles.

« Cet article, dit M. Marchangy, n'a prévu que le cas où la conscience des juges se trouve en contact avec des intérêts privés. S'agit-il donc ici d'un intérêt privé !

« Il s'agit de la vindicte publique ; il s'agit de cet intérêt grave et religieux qui exclut l'idée de toute autre pensée, et ne peut motiver la récusation, qui ne s'exerce que d'après des causes personnelles. »

Ce pourvoi une fois rejeté, on prit des mesures pour que l'exécution eût lieu le 6 décembre.

D'après l'intérêt et la curiosité qu'avait excités le procès, on prévit qu'une affluence plus considérable que d'ordinaire se porterait sur le chemin que Castaing aurait à parcourir de la Conciergerie à la place de Grève, où l'on supplicierait en ce temps.

En conséquence, on ordonna que l'exécution eût lieu à deux heures, et non pas à quatre, comme on le faisait d'ordinaire.

Après sa condamnation, et pendant les dix-sept jours écoulés depuis le verdict du jury, Castaing ne s'était point départi de ce calme affecté qu'il avait montré dans le cours du procès, et qui ne l'abandonna qu'aux derniers moments des débats.

Cependant, comme on craignait, malgré ces apparences d'indifférence et de résignation, qu'il ne cherchât à se soustraire à l'échafaud par le suicide, on exerçait envers lui une surveillance incessante, et dont on eut bientôt occasion de se louer.

En effet, le directeur ayant autorisé, sur la prière du prisonnier, qu'on lui fît passer de l'extérieur une montre, on découvrit, en examinant avec attention ce bijou, qu'il contenait, dans l'épaisseur de sa double boîte, une dose d'un poison subtil, suffisante pour donner la mort.

Castaing ne put donc accomplir son dessein de suicide.

Enfin, le samedi 6 décembre, à sept heures du matin, on l'éveilla pour lui apprendre qu'il allait être transféré à Paris ; et comme il s'informait des motifs de cette mesure, on lui répondit qu'on avait une communication à lui faire au Palais de Justice. Castaing alors secoua la tête d'un air incrédule en disant :

— Je vois ce que c'est.

Lorsqu'il arriva vers huit heures à la Conciergerie et qu'on l'instruisit de son sort, il ne répliqua rien, et se borna à demander la permission d'écrire à son ancienne maîtresse.

On satisfit à ses désirs ; il traça alors une longue lettre dont on prit lecture avant de la faire parvenir, et dans laquelle il entremêlait d'une façon assez incohérente les idées religieuses et philosophiques qui lui étaient venues à l'esprit.

D'après ce qu'il rappelait, ou feignait de rappeler, lui et la femme qu'il avait aimée s'étaient beaucoup entretenus des sublimités de la religion et de la morale.

Il se reprochait aussi de ne s'être pas fait assez comprendre, lorsqu'il avait exprimé la pensée d'unir la fille aînée de Mme B., âgée d'environ quinze ans, à son ami Auguste Ballet.

Après avoir écrit cette lettre, Castaing se rendit dans la chapelle de la Conciergerie, qu'il ne quitta plus qu'au moment où on le fit passer dans l'avant-greffe pour être livré à l'exécuteur. Castaing, qui s'était confessé plusieurs fois depuis sa condamnation, écoutait avec calme et résignation les consolations que lui donna jusqu'au dernier instant l'abbé Montès.

Castaing avait témoigné le désir d'embrasser une dernière fois sa fille et de revoir son vieux père. M. le procureur-général s'était empressé d'autoriser ces entrevues ; mais elles n'eurent pas lieu.

Castaing demanda par écrit la bénédiction de son père ; elle lui fut envoyée, et l'on remarqua qu'elle avait été passée au vinaigre avant de lui être remise.

Un peu avant deux heures, on vint l'avertir que l'instant fatal était arrivé. Le malheureux tomba presqu'en défaillance, et parut regretter vivement les deux heures dont, disait-il, on abrégeait sa vie.

Cependant il reprit un peu de courage, et se fit servir un potage et un verre de vin. Mais bientôt ses défaillances se renouvelèrent.

A deux heures, le condamné sortit de la Conciergerie.

La foule inondait la grande cour du Palais, encombrait les escaliers ; les curieux affluaient sur la place, aux fenêtres, et jusque sur les toits des maisons.

Lorsque Castaing parut, un murmure confus, mais réprobateur, l'accueillit ; il parut n'éprouver qu'une médiocre émotion ; toutefois, on ne tarda pas à le voir se jeter sur le crucifix qu'il embrassa avec force et à plusieurs reprises.

Le condamné était vêtu d'une redingote bleue jetée sur les épaules ; sa poitrine était découverte, et il avait la même coiffure qu'aux débats.

Le secours de deux hommes fut nécessaire pour le hisser dans la fatale charrette. Pourtant, son teint, très-coloré en cet instant, ne subit aucune altération pendant qu'on lui liait les mains ; il promenait même d'un air froid ses yeux sur ceux qui l'entouraient.

Mais cette froideur, ce maintien étudié changèrent aussitôt qu'il sortit de la cour du Palais ; il tomba dans le plus complet découragement : son visage se couvrit d'une livide pâleur ; ses yeux étaient tour-à-tour baissés ou levés vers le ciel ; sa tête, cédant aux secousses de la charrette, était incessamment ballottée, et retombait sur l'épaule de l'abbé Montès, aux discours duquel il paraissait néanmoins prêter une grande attention.

On parvint ainsi à la place de Grève, et on fit descendre de la charrette Castaing, qui tomba à genoux au pied de l'échafaud, et pria durant quatre minutes. Sans force pour se relever, il fut soutenu ou plutôt porté sur l'échafaud.

Parvenu sur la plate-forme, il regarda le terrible instrument, et se rejeta en arrière par un mouvement instinctif. Alors il leva les yeux vers le ciel et remua les lèvres comme s'il priait.

Enfin, à deux heures vingt minutes, Castaing, après avoir satisfait à la justice des hommes, allait comparaître devant la justice de Dieu !

. . . .

Pour ne pas nuire à l'enchaînement et à la clarté

des faits, nous avons cru devoir reléguer à la fin de ce procès, le testament d'Auguste Ballet. Voici le texte de cette pièce :

Testament d'Auguste Ballet.

« Quoique dans un parfait état de santé, je peux mourir d'un instant à l'autre, ou par maladie, ou par accident imprévu.

« En conséquence, de mon plein gré et mouvement, j'institue pour mon seul et unique héritier et légataire universel, M. Edme-Samuel Castaing, docteur en médecine, demeurant à Paris, rue d'Enfer, N° 31, auquel je donne les biens mobiliers et immobiliers qui composeront ma succession au jour de mon décès, pour, par lui en jouir en toute propriété, et comme bon lui semblera, à la charge toutefois d'exécuter les volontés que je vais énoncer : 1° de donner à mon ami Adolphe Briant, étudiant en droit, demeurant aussi à Paris, rue des Fossés-Monsieur-le-Prince, n° 4, la somme de 4,000 fr., une fois payée, et d'y joindre mon épingle, ma montre et tous les autres bijoux qui se trouveront après ma mort ; 2° à M. Gustave Lenchère, demeurant à Paris, rue Saint-Germain-des-Prés, à la poste aux chevaux, la somme de 4,000 fr. également une fois payée, et mon cheval gris, mon cabriolet et le harnais de cuivre ; 3° à Jean, mon domestique, s'il est encore à mon service au jour de mon décès, 2,000 fr. une fois payés ; 4°, à la femme Buret, 200 fr. de rente perpétuelle et viagère, qu'elle soit ou non à mon service ; 5° à Pierre Picard, ancien domestique de mes père et mère, la nue propriété de la rente de 450 fr., dont il a l'usufruit, et à laquelle j'ai droit pour les trois quarts dans la nue propriété.

« J'entends que si quelqu'un de ceux désignés venait à mourir avant moi, la disposition faite en sa faveur profiterait aux autres légataires par portions égales.

« C'est après avoir mûrement réfléchi que j'ai tracé ces dispositions dernières, comme gage de l'amitié sincère que je n'ai cessé de porter un seul instant à MM. Castaing, Briant et Lenchère, et pour reconnaître les bons et loyaux services de mes domestiques et ôter par ce moyen tous les droits auxquels M. et Madame Martignon, mon beau-frère et ma sœur, pourraient prétendre légalement sur ma succession, persuadé, en mon âme et conscience, qu'en agissant ainsi je rends justice à chacun ainsi qu'elle lui est due.

« Fait à Paris, ce 1er décembre 1822.

« Signé : Auguste Ballet. »

L'Expiation.

LIBRAIRIE LEBRUN ET Cⁱᵉ, ÉDITEURS, RUE DES SAINTS-PÈRES, 8.

Belle collection de 225 Portraits sur acier, imprimés en taille-douce, par CHARDON aîné, des

HOMMES UTILES
BIENFAITEURS ET BIENFAITRICES DE TOUS PAYS ET DE TOUTES CONDITIONS
QUI ONT ACQUIS DES DROITS A LA RECONNAISSANCE PUBLIQUE

des traits de dévouement, de charité, par des fondations philanthropiques, par des travaux, des perfectionnements, des découvertes utiles à l'humanité, etc.;

GRAVÉS PAR MM. RICHOMME, FORSTER, BLANCHARD, BOUVIER, CONQUY, FRANÇOIS, FONTAINE, GEILLE, GOUTTIÈRE, LEFÈVRE, LEROUX, MULLER, NARGEOT, PANNIER, PELÉE, PIGEOT, ETC.

Chaque portrait, sur huitième jésus, 50 centimes; la collection, 75 francs.

Liste alphabétique des Portraits composant la collection des Hommes Utiles:

Adam (de Rouen) [J.-C.].
Agnesi [comtesse].
Alihen [J.].
Anhalt-Dessau [prince de].
Arcet [J. d'].
Archangé.
Armand [Félix].
Balguerie [B.].
Banks [J.].
Barbé-Marbois.
Barral [évêque de].
Bastreri.
Beaujon.
Beaumont [Ernest].
Beauvisage.
Beccard.
Bellini-Tornielli [comtesse].
Belsunce.
Bentham [J.].
Bernard (des Alpᵉˢ) [St].
Bernt-Anker.
Berthollet.
Béthune-Charost [duc de].
Beukels [Wilhem].
Bichat.
Blosseville [Jules de].
Boigne [comte de].
Bon-Henri.
Borromée [St Charles].
Boulard.
Bourgelat.
Bremontier.
Brezin.
Brial [Dom].
Brune (de Rouen).
Brune [le maréchal].
Brunswick [Léopold de].
Buffon.
Caccia [comte].
Caraman [duc de].
Caron [abbé].
Caylus [comte de].
Chaptal.
Cheverus [cardinal de].
Clarkson.
Cochin [Jean-Denis].
Cochin [Jean-Denis-Marie].
Cœur [Jacques].
Coffin.
Coignard [J.-B.].
Colbert.
Collot.
Cook [J.].
Coram [Th.].
Corvisart.
Cottolengo [abbé].
Craponne [Adam de].
Crespel-Delisle.
Cuvier.

Cigna.
Dandolo [comte].
Davy [H.].
Deinsac [madame].
Delessert [Etienne].
Desault.
Descartes.
Devillas.
Didion [mademoiselle].
Drouot [général].
Dumartray [mademoiselle].
Dumoulin [vicomtesse].
Dupont (de Nemours).
Dupuytren.
Elisabeth [madame].
Epée [abbé de l'].
Erard [Sébastien].
Eustache [le nègre].
Fénelon.
Fœdorowna [Maria].
Foix [N.-M.].
Fothergill.
Fougeret [madame de].
Fourier [baron].
Fournet [madame].
Franke [Hermann].
Franklin.
Fry [Elisabeth].
Fulton.
Gaimard [Paul].
Galilée.
Gaultier [abbé].
Gerson [le chancelier].
Girard [Stephen].
Godinot [abbé].
Goffin (père).
Goffin (fils).
Guizot [madame].
Gutenberg.
Hallette [Alexis].
Hamon [Jean].
Haüy [René-Just].
Haüy [Valentin].
Harves [W.].
Henri IV.
Henry [Thomas].
Howard [John].
Isaure [Clémence].
Itard [docteur].
Jacquard.
Jacquemont [Victor].
Jamerai-Duval.
Jeanne de Navarre.
Jecker.

Jenner.
Jussieu [Antoine de].
Jussieu [Bernard d.].
Jussieu [Joseph de].
Jussieu [Antoine-Laurent de].
Jussieu [Adrien de].
Jussieu [Laurent de].
Jussieu [Alexis de].
Kercado [comtesse de].
Kleberg [Jean].
Kopernik.
Lahoulaye-Marillac [madame de].
Laffitte [Jacques].
Lagrandière [Benoît de].
Lagrange.
Lamartine (mère) [madame de].
Lancaster [J.].
Lapeyrouse.
Larochefoucault-Doudeauville.
Larochefoucault-Liancourt.
Las-Casas.
Latour [de].
Latour-d'Auvergne.
Lavoisier.
Lebreton.
Legendre.
Legras [madame].
Legris-Duval [abbé].
Lenoir [Richard].
Lesczynski [Stanislas].
Lhospital [le chancelier].
Linné.
Linth (Escher de la].
Louis XII.
Majour [François-Jean].
Malesherbes.
Marthe [sœur].
Martin [Claude].
Martinet [le cuirassier].
Méjanes.
Mérault [abbé].
Mérian [Philippe].
Miquel [docteur].
Molé [Mathieu].
Moncey [maréchal].
Mongolfier [Joseph-Michel].
Mongolfier [Jacques-Etienne].
Montyon.
Necker [madame].
Newton [Isaac].
Nieuwenhuysen [J.].
Oberkamps.
Oberlin.
Origet.
Pagave [G. de].

Paillette.
Palissy [Bernard].
Paoli.
Paré [Ambroise].
Parmentier.
Peiresc [Fabri de].
Penthièvre [duc de].
Perier [J.-Constantin].
Perronet.
Pestalozzi.
Petit.
Petit Manteau Bleu.
Poivre.
Pothier.
Pourtalès [J.-L. de].
Purry [D.].
Ravrio.
Reber.
René d'Anjou.
Renty [marquis de].
Riparfont [Gabriau de].
Riquet.
Rollin [Charles].
Rosa Govona.
Rosier [abbé].
Rotrou.
Roubo.
Roze [le chevalier].
Saint-Pierre [abbé de].
Salle [abbé de la].
Saluces [comte de].
Schlaberndorf.
Senefelder.
Serres [Olivier de].
Simon.
Sottile [chanoine].
Stulz [baron G.].
Sully.
Sussex [duc de].
Tancrède.
Ternaux.
Thaer [Albrecht].
Tournefort.
Tourny [Aubert de].
Triest [abbé].
Trivulzi [prince].
Turgot.
Vanderbuch.
Vanderkemp.
Van Schoonbeke.
Vauban.
Vaucanson.
Vesale.
Vignon [veuve].
Vincent de Paul [St].
Watt.
Wilberforce.

Tous ces Portraits ont été exécutés, d'après les sources les plus authentiques, sous la direction de M. Jarry de Mancy, professeur d'Histoire à l'École des Beaux-Arts et au collège Bourbon (lycée Bonaparte).

Il nous reste quelques exemplaires des 225 Portraits, avec notices biographiques, formant 5 vol. in-8° raisin :
PRIX, BROCHÉS, 50 FRANCS.

www.ingramcontent.com/pod-product-compliance
Lightning Source LLC
Chambersburg PA
CBHW070411230426
43665CB00012B/1322